Diccionario
Cambridge
POCKET

ENGLISH - SPANISH
ESPAÑOL - INGLÉS

CAMBRIDGE
UNIVERSITY PRESS

CAMBRIDGE UNIVERSITY PRESS
Cambridge, New York, Melbourne, Madrid, Cape Town, Singapore, São Paulo, Delhi

Cambridge University Press
C/ Basílica 17, 28020 Madrid, Spain

EDICIONES SM
C/ Impresores 2, Urbanización Prado del Espino, 28660 Boadilla del Monte (Madrid)

www.cambridge.org

© Cambridge University Press and Ediciones SM 2008

First published 2008

Printed in Spain

ISBN 978-84-832-3476-1 POCKET paperback + CD-ROM (the Americas)
ISBN 978-84-832-3489-2 POCKET flexi-cover (the Americas)
ISBN 978-84-832-3471-5 POCKET paperback (the Americas)
ISBN 978-84-832-3478-5 POCKET flexi-cover + CD-ROM (Europe)

ISBN 978-84-832-3477-8 COMPACT paperback + CD-ROM (the Americas)
ISBN 978-84-832-3482-2 COMPACT paperback (the Americas)
ISBN 978-84-832-3475-4 COMPACT paperback + CD-ROM (Europe)

Diccionario

Cambridge

POCKET

Proyecto editorial
Concepción Maldonado

Coordinación editorial
Nieves Almarza
Yolanda Lozano

Asesoramiento y revisión
Mike Champion

Equipo de redacción
Amparo Cantalejo
Richard Cook
Cristina Cristóbal
Elena Díaz-Plaza
Mercedes Escudero
Juan Fernández
Miguel Ángel Galindo
Patricia Matas
Eva Piñeiro
Heather Sutton
Irene Tablado
Aránzazu Tauroni

Cuadros gramaticales y de uso
Carolina Blázquez

Ilustración
Fátima García García
Javier Olivares
Mª Antonia Santolaya
Javier Vázquez

Guía de Conversación
Mike Champion
Mercedes Escudero
Diseño e ilustraciones: Julio Sánchez

Gestión de la Base de Datos
Ana Castro
Antonio del Saz

Análisis del Corpus
Julie Moore

Apoyo base de datos del diccionario y el Corpus
Dominic Glennon

Preimpresión
Negra / Proyectos Gráficos

Universidad de Salamanca
Julia Alonso
Amparo Cantalejo
Federico Faccio
María Jesús Fernández
Marta Fernández
Teresa Fuentes
Lucía Morado
Miguel Sánchez
Santiago Sánchez
Lara Sanz

Fotografía
Javier Calbet; Sonsoles Prada; R. Open, J. Hancer, G. Howard, J. Player, J. Mead, S. Powell, M. Kaylan, M. Quaraishy / CAMERA PRESS-ZARDOYA; M. Franck, T. Hoepker, M. Parr, B. Barbey / MAGNUM-ZARDOYA; Laguna, R. Whitman / LIAISON-ZARDOYA; R. Shing, W. O. Appelioftt / ZARDOYA; Archivo SM; C. Windsor, D. E. Myers, S. Westmorland, N. Fobes; M. Smith; W. Corbett / FOTOTECA STONE; j: M. Navia; B. Simmons, C. Lacz, J. P. Durand, Lopesino Hidalgo / MARCO POLO; J. J: Balbuena; AGE FOTOSTOCK; J. M. Ruiz; M&C Denis Huot, M. Brodsky, B. Simmons / STOCK PHOTOS; Pedro Carrión; Olimpia Torres; F. López Aranguren, Amaro Olivares; J: M. Reyero; José Julián Rico; SIPA PRESS; EL CAMALEÓN; Gabriel Echevarría; José Luis González; Carlos Jiménez; Pascual Rubio; José Sacristán; A. Salazar; M. Carrazo / CONTIFOTO; P. A. Thompson / INDEX; J. Jaén / STAFF.

ÍNDICE GENERAL

Introduction

Cambridge POCKET is a bilingual dictionary specifically written to meet the needs of Spanish beginner learners of English.

This Spanish-English dictionary includes not only thousands of words, phrases and examples together with their translations, but also extensive notes highlighting the most common mistakes made by Hispanic learners of English all over the world, informed by the Cambridge Learner Corpus. At the same time, Grammar boxes focus on the most difficult and problematic aspects of English providing simple explanations and examples. The dictionary has an excellent coverage of British and American English as well as Spanish spoken in Spain and Latin America.

In addition, Cambridge POCKET includes a thorough 32 page Conversation Guide which contextualises common conversations and communications, showing the most frequent expressions and structures as well as essential vocabulary. This resource allows students of English visiting an English-speaking country for the first time to communicate successfully in various situations.

The 32-page full-colour section of illustrated vocabulary is designed to help students learn and consolidate the key vocabulary and to put it into context.

The English-Spanish dictionary section is filled with 'clues' in Spanish showing the different meanings of a word as well as real examples taken from the Cambridge International Corpus of more than a billion words in order to ensure students choose the correct word for any given situation.

Presentación

Cambridge POCKET es un diccionario bilingüe, pensado especialmente para cubrir las necesidades de estudiantes hispanohablantes de inglés, de nivel inicial.

Este diccionario ofrece, además de cientos de palabras, expresiones y ejemplos junto a sus traducciones, numerosas notas para destacar los errores más comunes cometidos por los hispanohablantes al expresarse en inglés. Estos errores han sido extraídos del Cambridge Learner Corpus. Asimismo, se han incluido unos cuadros de gramática que recogen los aspectos más problemáticos del inglés, con explicaciones sencillas y ejemplos prácticos. El diccionario cubre de manera extensiva el inglés británico y americano, así como el español de España y el de Hispanoamérica.

Igualmente, se incluye una Guía de Conversación de 32 páginas en la que se contextualizan conversaciones frecuentes, con vocabulario y estructuras esenciales para un estudiante de inglés que se encuentre por primera vez en un país de habla inglesa. Esta Guía le permitirá afrontar con éxito diversas situaciones de comunicación.

Las 32 páginas de ilustraciones temáticas en color están diseñadas para ayudar a aprender el vocabulario de forma significativa y contextualizada.

El diccionario inglés-español facilita la elección de los términos mediante abundantes 'pistas' en español sobre los distintos significados posibles de una palabra y ejemplos reales, obtenidos del Cambridge International Corpus que contiene más de mil millones de palabras.

Índice de cuadros gramaticales y de uso

Ordenados alfabéticamente, independientemente de que
estén en la parte *English-Spanish* o en la parte español-inglés

Índice de la guía de conversación

Repertorio de las expresiones más útiles ordenadas alfabéticamente por temas

Índice de ilustraciones en color

Ordenados alfabéticamente por temas

Ejemplos de uso

Indicación en las palabras más usuales *(las primeras que hay que aprender)* → **bike** /baɪk/ *n* [C] **1** *(inform)* ⇨bici **2** *(inform)* ⇨moto

Transcripción fonética y notas de pronunciación *(en la página 15 están todos los signos fonéticos)* → **clothes** UK: /kləʊðz/ US: /kloʊðz/ *n* [PL] ⇨ropa: *Where did you put my clothes?* - ¿Dónde has puesto mi ropa? ■ PRON. La *e* no se pronuncia

Distinción inglés británico e inglés americano → **lorry** UK: /ˈlɒr.i/ US: /ˈlɔːr-/ *[pl* lorries] *UK n* [C] **1** *(UK/US tb* truck) ⇨camión **2** ~ driver ⇨camione-ro,ra

Formas comparativas y superlativas del inglés → **dizzy** /ˈdɪz.i/ *adj [comp* dizzier, *superl* dizziest] ⇨mareado,da

Información sobre el plural → **beach** /biːtʃ/ *[pl* beaches] *n* [C] ⇨playa

Formas irregulares de verbos → **arise, arose, arisen** /əˈraɪz/ [arising] *v* [I] ⇨pre-sentarse ⇨surgir

answer[1] UK: /ˈɑːn.səʳ/ US: /ˈæn.sə/ *v* [T, I] **1** ⇨con-testar ⇨responder **2** to ~ the door ⇨abrir la puerta

Distinción clara entre locuciones y *phrasal verbs* →
PHRASAL VERBS
· **to answer back** ⇨replicar ⇨dar una mala contestación
· **to answer to *sb* (for *sth*)** ⇨responder ante alguien [de algo]

Notas gramaticales y de uso para evitar malas traducciones o usos incorrectos →

prohibit /prəˈhɪb.ɪt/ *v* [T] *(form)* ⇨prohibir ■ CONSTR. 1. to prohibit sb from doing sth 2. Se usa más en pasiva

advice /ədˈvaɪs/ *n* [U] ⇨consejo: *He asked me for advice* - Me pidió consejo; *I gave him a piece of advice* - Le di un consejo ■ Se dice *some advice* o *a piece of advice*. Incorrecto: *an advice* ■ Distinto de *notice* (aviso)

library /ˈlaɪ.brərᵢ.i, -bri/ *[pl* libraries] *n* [C] ⇨biblio-teca: *to take some books out of the library* - sacar unos libros de la biblioteca ■ Distinto de *bookshop* (librería)

continuous /kənˈtɪn.ju.əs/ *adj* ⇨continuo,nua ⇨constante ■ Se usa para algo que no se interrumpe. Comparar con *continual*

adhesivo, va ∎ *adj.* **1** ⇝adhesive: *cinta adhesiva* - adhesive tape ∎ **adhesivo** *s.m.* **2** *(sustancia)* ⇝adhesive **3** *(pegatina)* ⇝sticker

Distintas categorías en una misma palabra

estación *s.f.* **1** *(del año)* ⇝season **2** *(de tren o de autobús)* ⇝station

Pistas que ayudan a encontrar la traducción deseada

llamada *s.f.* **1** *(telefónica)* ⇝phone call ⇝call: *llamada a cobro revertido* - reverse-charge call **2** *devolver la llamada* - to call back **3** *pasarle una llamada a alguien* - to put sb through

Abundantes ejemplos de uso

brazo *s.m.* **1** ⇝arm **2** *(de mar)* ⇝inlet **3** ~ de gitano ⇝Swiss roll **4** con los brazos abiertos ⇝with open arms **5** con los brazos cruzados ⇝with folded arms **6** dar el ~ a torcer *col.* ⇝to give way **7** del ~ ⇝arm in arm **8** ser el ~ derecho de alguien ⇝to be *sb's* right-hand person

Locuciones y expresiones usuales

mujer *s.f.* **1** ⇝woman *(pl* women) **2** *(esposa)* ⇝wife *(pl* wives)

Plurales irregulares

antena *s.f.* **1** *(de un aparato)* ⇝aerial *UK;* ⇝antenna *US (pl* antennas) **2** *(de un insecto)* ⇝antenna *(pl* antennae)

Distinción inglés británico e inglés americano

piscis *adj. / s.com.* ⇝Pisces *n*

Categoría de la traducción, cuando no coincide exactamente con la del español

botella *s.f.* **1** ⇝bottle [Hay dos formas de decir *una botella de vino: a bottle of wine* (si está llena) y *a wine bottle* (si está vacía)] **2** {de/en} botella ⇝bottled

Notas gramaticales y de uso para evitar malas traducciones o usos incorrectos

depender *v.* ⇝to depend [CONSTR. 1. to depend on sth/sb 2. to depend + interrogativo] [Se dice: *It depends on you - Depende de ti.* Incorrecto: *It depends of you*] **1 2 3**

fruta *s.f.* ⇝fruit [Normalmente se usa como nombre incontable. Se dice *the fruit, some fruit* o *a piece of fruit.* Incorrecto: *a fruit*]

Índice de abreviaturas

adj	adjective	*numer.*	numeral
adj.	adjetivo	*offens*	offensive
adv	adverb	*old-fash*	old-fashioned
adv.	adverbio	*pl.*	plural
AMÉR.	Hispanoamericano	*poét.*	poético
art	article	*poses.*	posesivo
art.determ.	artículo determinante	*prep*	preposition
art.indeterm.	artículo indeterminado	*prep.*	preposición
Aus	Australian English	*prnl.*	pronominal
AUX	auxiliary verb	*pron*	pronoun
C	countable	*pron.*	pronombre
col.	coloquial	PRON.	Pronunciación
conj	conjunction	*pron.excl.*	pronombre exclamativo
conj.	conjunción	*pron.pers.*	pronombre personal
CONSTR.	Construcción	*relat.*	relativo
demos.	demostrativo	*s.*	sustantivo
desp.	despectivo	*s.amb.*	sustantivo ambiguo
euphem	euphemism	*sb*	somebody
excl	exclamation	*s.com.*	sustantivo común
excl.	exclamación	*s.f.*	sustantivo femenino
form	formal	*s.m.*	sustantivo masculino
form.	formal	*Scot*	Scottish English
hum	humorous	*sing*	singular
I	intransitive	*sth*	something
indef.	indefinido	T	transitive
inform	informal	U	uncountable
interj.	interjección	UK	British English
interrog.	interrogativo	US	American English
lit	literary	*v*	verb
n	noun	*v.*	verbo
NO PL	no plural	*very inform*	very informal
North Eng	Northern English	*vulg*	vulgar

Símbolos empleados en este diccionario

⊂➙	Traducción	■	Notas
~	Sustituye la palabra que se traduce	/ /	Transcripción fonética
▌	Separación de distintas categorías gramaticales	{.../...}	Se puede elegir cualquier elemento de los encerrados entre llaves
®	Palabras que son marca comercial o proceden de una marca comercial	↑	Precede a las palabras más usuales (las primeras que hay que aprender)

Signos de transcripción fonética

Sonidos vocálicos

Vocales cortas

Símbolo:	Se pronuncia:
/æ/ | at, can,
/e/ | egg, bed,
/ɪ/ | in, did, sit,
/ɒ/ | on, off, top
/ʊ/ | put, book, could
/ʌ/ | us, sun, but
/i/ | very, happy
/ə/ | ago, balloon, cinema

Vocales largas

Símbolo:	Se pronuncia:
/ɑ:/ | arm, car, father
/i:/ | eat, me, see
/ɜ:/ | bird, her, learn
/ɔ:/ | or, horse, saw
/u:/ | you, blue, too

Diptongos

Símbolo:	Se pronuncia:
/eɪ/ | day, station, eight
/aɪ/ | I, my, time
/ɔɪ/ | boy, toy, coin
/əʊ/ | open, go, home
/oʊ/ | low (US)
/aʊ/ | out, now, brown
/ɪə/ | ear, year, here
/eə/ | air, hair, where
/ʊə/ | pure, tour
/aɪə/ | fire, hire
/aʊə/ | our, sour, shower

Sonidos consonánticos

Símbolo:	Se pronuncia:
/b/ | big, cab
/d/ | do, sad
/dʒ/ | gentleman, just, bridge
/f/ | fat, if
/g/ | go, bag
/h/ | happy, house
/j/ | yes, you
/k/ | cat, black
/l/ | leg, little
/m/ | me, time
/n/ | not, can
/ŋ/ | ring, sang
/p/ | pen, top
/r/ | red, dry
/s/ | sit, less
/ʃ/ | she, fish
/t/ | ten, bit
/t̬/ | better (US)
/tʃ/ | chip, catch
/v/ | vet, give
/w/ | we, window, queen
/z/ | zip, lazy
/ʒ/ | pleasure, television
/ð/ | this, they, then
/θ/ | thin, think, bath

Signos de transcripción fonética

Sonidos vocálicos

Vocales cortas

Símbolo	Se pronuncia
æ	at, can
e	egg, bed
ɪ	in, fit, sit
ɒ	on, off, top
ʊ	put, book, could
ʌ	us, sun, bus
i	very, happy
ə	ago, balloon, cinema

Vocales largas

Símbolo	Se pronuncia
ɑː	arm, car, father
iː	eat, me, see
ɜː	bird, her, learn
ɔː	or, horse, saw
uː	you, blue, too

Diptongos

Símbolo	Se pronuncia
eɪ	day, station, eight
aɪ	I, my, fine
ɔɪ	boy, toy, coin
əʊ	open, go, home / low (US)
aʊ	out, now, brown
ɪə	ear, year, here
eə	air, hair, where
ʊə	pure, tour
aɪə	fire, hire
aʊə	our, sour, shower

Sonidos consonánticos

Símbolo	Se pronuncia
b	big, cab
d	do, sad
dʒ	gentleman, just, phone
f	fat, if
g	go, bag
h	happy, house
j	yes, you
k	cat, black
l	leg, little
m	me, lime
n	no, can
ŋ	ring, sang
p	pen, top
r	red, dry
s	sit, less
ʃ	she, dish
t	ton, bit
t̬	better (US)
tʃ	chin, catch
v	yet, give
w	we, window, queen
z	zip, lazy
ʒ	pleasure, television
ð	this, they, then
θ	bath, think, both

Dictionary

ENGLISH

SPANISH

a¹ /eɪ/ [pl a's] n [c] *(letra del alfabeto)* ⇨a

†**a²** /ə, eɪ/ *art* **1** ⇨un,-a: *It's a girl* - Es una niña **2** ⇨un,-a: *I have a dozen eggs* - Tengo una docena de huevos; *a lot of ideas* - una cantidad de ideas **3** *(frecuencia)* ⇨al: *twice a year* - dos veces al año ■ Ver cuadro en esta página y ver cuadros any / a (en frases negativas e interrogativas) y a / an / the

A /eɪ/ [pl A's] ■ n [c, u] **1** *(nota musical)* ⇨la **2** *(en un examen)* ⇨sobresaliente ■ n [c] **3** ⇨A ■ Procede de de amp (amperio)

abaci n [PL] See **abacus**

aback /əˈbæk/ to be taken ~ ⇨dejar a alguien desconcertado,da

abacus /ˈæb.ə.kəs/ [pl abaci, abacuses] n [c] *(instrumento para cálculos aritméticos)* ⇨ábaco

†**abandon** /əˈbæn.dən/ v [T] **1** ⇨abandonar **2** ⇨renunciar: *She abandoned her plan* - Renunció a su plan

abattoir UK: /ˈæb.ə.twɑːʳ/ US: /-twɑːr/ UK n [c] ⇨matadero

abbey /ˈæb.i/ n [c] ⇨abadía ■ Al dar el nombre de una abadía, se escribe con mayúscula inicial: *Westminster Abbey*

†**abbreviate** /əˈbriː.vi.eɪt/ [abbreviated, abbreviating] v [T] ⇨abreviar

abbreviation /əˌbriː.viˈeɪ.ʃᵊn/ n [c] ⇨abreviatura ⇨sigla

abdicate /ˈæb.dɪ.keɪt/ [abdicated, abdicating] v [T, I] ⇨abdicar: *to abdicate in favour of sb* - abdicar en favor de alguien

abdomen /ˈæb.də.mən/ n [c] *(form)* ⇨abdomen

abduct /æbˈdʌkt/ v [T] **1** ⇨secuestrar **2** ⇨abducir ■ CONSTR. Se usa más en pasiva

abide /əˈbaɪd/ [abided, abiding] v [T] ⇨soportar: *I can't abide this heat* - No soporto este calor ■ Normalmente se usa con *can't* o *couldn't*

| PHRASAL VERBS
· **to abide by sth 1** *(una decisión)* ⇨acatar **2** *(una promesa)* ⇨cumplir

†**ability** UK: /əˈbɪl.ɪ.ti/ US: /-ə.ˤţi/ [pl abilities] n [c, u] **1** ⇨capacidad **2** ⇨talento

ablaze /əˈbleɪz/ adj ⇨en llamas

†**able** /ˈeɪ.bl̩/ adj **1** ⇨capaz ⇨competente **2** to be ~ to ⇨ser capaz de ⇨poder ■ Se usa como infinitivo de can

†**abnormal** UK: /æbˈnɔː.məl/ US: /-ˈnɔːr-/ adj ⇨anormal

†**aboard** UK: /əˈbɔːd/ US: /-ˈbɔːrd/ adv, prep *(en una embarcación, en un avión, en un tren)* ⇨a bordo

abode UK: /əˈbəʊd/ US: /-ˈboʊd/ n [c] *(form)* ⇨morada ⇨domicilio

†**abolish** UK: /əˈbɒl.ɪʃ/ US: /-ˈbɑː.lɪʃ/ [abolishes] v [T] ⇨abolir ⇨suprimir

abolition /ˌæb.əˈlɪʃ.ᵊn/ n [U] ⇨abolición

abominable UK: /əˈbɒm.ɪ.nə.bl̩/ US: /-ˈbɑː.mɪ-/ adj **1** ⇨abominable: *the abominable snowman* - el abominable hombre de las nieves **2** ⇨pésimo,ma

aboriginal /ˌæb.əˈrɪdʒ.ɪ.nəl/ adj ⇨aborigen

a / an

• **A** se usa delante de palabras que empiezan con sonido consonántico "a balloon" y delante de palabras que empiezan con "y", "eu" o "u" cuando estas letras iniciales se pronuncian como se pronuncia el pronombre "you" ("a young woman").

• **An** se usa delante de palabras que empiezan con sonido vocálico "an orange" y delante de palabras que empiezan por "h" cuando esta letra no se pronuncia ("an hour").

a	an
a dog	an envelope
a European country	an elephant
a yard	an instrument
a hero	an honour

(Ver también cuadro **a / an / the**.)

A †**abort** UK: /ə'bɔːt/ US: /-'bɔrt/ v [T] **1** ⇨abortar [intencionadamente] **2** *(un proceso)* ⇨paralizar

abortion UK: /ə'bɔː.ʃ°n/ US: /-'bɔːr-/ n [C, U] ⇨aborto [intencional]

abortive UK: /ə'bɔː.tɪv/ US: /-'bɔːr.°t̬ɪv/ adj *(form)* ⇨fallido,da: *an abortive attempt* - un intento fallido

abound /ə'baʊnd/ v [I] ⇨abundar

| PHRASAL VERBS
· **to abound {in/with}** *sth* ⇨abundar algo: *This region abounds with vineyards* - En esta región abundan los viñedos

†**about** /ə'baʊt/ adv, prep **1** ⇨sobre ⇨acerca de **2** ⇨aproximadamente ⇨más o menos **3** ⇨casi **4** ⇨por todas partes **5** {how/what} about...? ⇨¿qué tal si...? **6** to be ~ ⇨tratar de

†**above** /ə'bʌv/ adv, prep **1** ⇨encima de ⇨por encima de ■ Ver cuadro over / above **2** ⇨arriba: *to receive orders from above* - recibir órdenes de arriba **3** ⇨más de: *above average* - más del promedio **4** ~ **all** ⇨sobre todo

abrasive /ə'breɪ.sɪv/ adj **1** *(un comportamiento)* ⇨brusco,ca ⇨corrosivo,va **2** *(una sustancia)* ⇨abrasivo,va ⇨áspero,ra

abreast /ə'brest/ adv **1** ⇨a la par **2** to keep (sb) ~ of sth *(form)* ⇨mantener al corriente de algo

†**abroad** /ə'brɔːd/ adv ⇨en el extranjero ⇨al extranjero ■ Incorrecto: *We're going to abroad*

†**abrupt** /ə'brʌpt/ adj **1** ⇨brusco,ca ⇨abrupto,ta ⇨inesperado,da **2** ⇨brusco,ca ⇨cortante

abscess /'æb.ses/ [pl abscesses] n [C] *(en medicina)* ⇨absceso

†**absence** /'æb.s°nts/ n [C, U] **1** ⇨ausencia **2** in the ~ of ⇨a falta de: *In the absence of tea, I'll drink coffee* - A falta de té, beberé café

absent /'æb.s°nt/ adj ⇨ausente ⇨distraído,da

absentee /ˌæb.s°n'tiː/ n [C] ⇨ausente

absent-minded /ˌæb.s°nt'maɪn.dɪd/ adj ⇨despistado,da ⇨distraído,da

†**absolute** /ˌæb.sə'luːt, '---/ adj ⇨absoluto,ta ⇨total

absolutely /ˌæb.sə'luːt.li, '--,--/ adv **1** ⇨completamente ⇨absolutamente **2** ⇨realmente **3** ⇨desde luego: *«Do you think we will win?» «Absolutely!»* - «¿Crees que vamos a ganar?» «¡Desde luego!»

absolve UK: /əb'zɒlv/ US: /-'zɑːlv/ [absolved, absolving] v [T] *(form)* ⇨eximir: *The official report absolves him of blame* - El informe oficial le exime de culpa ■ CONSTR. to absolve sb from/of sth

†**absorb** UK: /əb'zɔːb/ US: /-'zɔːrb/ v [T] **1** ⇨absorber **2** ⇨asimilar **3** ⇨amortiguar

absorbent UK: /əb'zɔː.b°nt/ US: /-'zɔːr-/ adj *(un material)* ⇨absorbente

absorbing UK: /əb'zɔː.bɪŋ/ US: /-'zɔːr-/ adj ⇨cautivador,-a ⇨que te atrapa

abstain /æb'steɪn/ v [I] *(form)* ⇨abstenerse: *I abstained from voting* - Me abstuve de votar ■ CONSTR. to abstain from + doing sth

†**abstract** /'æb.strækt/ adj **1** ⇨abstracto,ta **2** in the ~ ⇨en abstracto

†**absurd** UK: /əb'sɜːd/ US: /-'sɝd/ adj ⇨absurdo,da

abundance /ə'bʌn.d°nts/ n [U, NO PL] *(form)* ⇨abundancia: *in abundance* - en abundancia

abundant /ə'bʌn.d°nt/ adj *(form)* ⇨abundante

abuse[1] /ə'bjuːs/ ■ n [C, U] **1** ⇨abuso: *an abuse of power* - un abuso de poder ■ n [U] **2** ⇨insultos **3** ⇨malos tratos

abuse[2] /ə'bjuːz/ [abused, abusing] v [T] **1** ⇨abusar de **2** ⇨insultar ⇨ofender **3** ⇨maltratar

abyss /ə'bɪs/ [pl abysses] n [C] *(lit)* ⇨abismo

†**academic** /ˌæk.ə'dem.ɪk/ adj **1** ⇨académico,ca: *academic standards* - niveles académicos **2** ⇨intrascendente ⇨irrelevante **3** ⇨teórico,ca ⇨especulativo,va

academy /ə'kæd.ə.mi/ [pl academies] n [C] ⇨academia

†**accelerate** UK: /ək'sel.ə.reɪt/ US: /-ɚ.eɪt/ [accelerated, accelerating] v [T, I] ⇨acelerar

†**accent** /'æk.s°nt/ n [C] **1** ⇨acento: *She speaks Spanish with a French accent* - Habla español con acento francés **2** *(en ortografía)* ⇨tilde ⇨acento **3** ⇨énfasis

accentuate /ək'sen.tju.eɪt/ [accentuated, accentuating] v [T] ⇨acentuar ⇨enfatizar ⇨realzar

†**accept** /ək'sept/ ■ v [T, I] **1** ⇨aceptar ⇨aprobar ■ v [T] **2** ⇨acoger **3** ⇨aceptar ⇨admitir **4** ⇨confesar ⇨reconocer ■ CONSTR. to accept + (that) ■ PRON. la primera c se pronuncia como una k y la segunda como una s

acceptable /ək'sep.tə.bl̩/ adj ⇨aceptable ■ PRON. la primera c se pronuncia como una k y la segunda como una s

acceptance /ək'sep.t°nts/ n [U] ⇨aceptación ⇨aprobación ⇨acogida

†**access** /'æk.ses/ n [U] **1** *(a un lugar)* ⇨entrada ⇨acceso **2** *(a algo)* ⇨acceso ■ PRON. La primera c se pronuncia como una k y la segunda como una s

accessible /ək'ses.ə.bl̩/ adj ⇨accesible ■ PRON. La primera c se pronuncia como una k y la segunda como una s

accessory UK: /ək'ses.°r.i/ US: /-ɚ-/ [pl accessories] n [C] **1** ⇨accesorio ⇨complemento ■ Se usa más en plural **2** *(form)* ⇨cómplice: *to be an accessory to sth* - ser cómplice de algo

†**accident** /'æk.sɪ.d°nt/ n [C] **1** ⇨accidente **2** *It was an accident* - Fue sin querer **3** by ~ **1** ⇨por casualidad: *I met him by accident* - Me lo encontré por casualidad **2** ⇨por descuido: *I dropped it by accident* - Se me cayó por descuido ■ PRON. La primera c se pronuncia como una k y la segunda como una s

accidental UK: /ˌæk.sɪˈden.tᵊl/ US: /-ˤt[ə]l/ *adj* ⇨casual un encuentro accidental; ⇨accidental ■ PRON. La primera *c* se pronuncia como una *k* y la segunda como una *s*

accidentally UK: /ˌæk.sɪˈden.tᵊl.i/ US: /-ˤt[ə]l-/ *adv* ⇨casualmente ⇨accidentalmente

acclaim¹ /əˈkleɪm/ *n* [U] ⇨aclamación ⇨aplauso ⇨buena acogida

acclaim² /əˈkleɪm/ *v* [T] ⇨aclamar

†**accommodate** UK: /əˈkɒm.ə.deɪt/ US: /-ˈkɑː.mə-/ [accommodated, accommodating] *v* [T] **1** ⇨alojar **2** *(form)* ⇨adaptar(se) **3** ⇨complacer ⇨condescender

accommodation UK: /əˌkɒm.əˈdeɪ.ʃᵊn/ US: /-ˌkɑː.mə-/ (*US tb* **accommodations**) *n* [U] ⇨alojamiento ⇨habitaciones ⇨vivienda

accompaniment /əˈkʌm.pᵊn.ɪ.mənt/ *n* [C, U] **1** *(en música)* ⇨acompañamiento **2** *(en una comida)* ⇨guarnición

†**accompany** /əˈkʌm.pə.ni/ [accompanies, accompanied] *v* [T] **1** *(form)* ⇨acompañar: *to accompany sb to a place* - acompañar a alguien a un sitio **2** *(en música)* ⇨acompañar

accomplice UK: /əˈkʌm.plɪs/ US: /-ˈkɑːm-/ *n* [C] ⇨cómplice

†**accomplish** UK: /əˈkʌm.plɪʃ/ US: /-ˈkɑːm-/ [accomplishes] *v* [T] ⇨lograr ⇨realizar

accomplished UK: /əˈkʌm.plɪʃt/ US: /-ˈkɑːm-/ *adj* *(form)* ⇨consumado,da ⇨experto,ta

accomplishment UK: /əˈkʌm.plɪʃ.mənt/ US: /-ˈkɑːm-/ *n* [C, U] **1** ⇨logro ⇨realización **2** ⇨talento

accord¹ UK: /əˈkɔːd/ US: /-ˈkɔːrd/ *n* [C, U] **1** ⇨acuerdo [formal] ⇨convenio **2** *with one ~ (form)* ⇨de común acuerdo

accord² UK: /əˈkɔːd/ US: /-ˈkɔːrd/ *v* [T] *(form)* *(un trato especial)* ⇨conceder ⇨dar ■ CONSTR. to accord + dos objetos

| PHRASAL VERBS
└ · **to accord with sth** *(form)* ⇨coincidir con algo

accordance UK: /əˈkɔː.dᵊnts/ US: /-ˈkɔːr-/ *in ~ with sth (form)* ⇨de acuerdo con algo: *In accordance with her wishes she was buried next to her husband* - De acuerdo con sus deseos, la enterraron junto a su marido

accordingly UK: /əˈkɔː.dɪŋ.li/ US: /-ˈkɔːr-/ *adv* **1** ⇨por consiguiente **2** ⇨en consecuencia: *to act accordingly* - actuar en consecuencia

†**according to** *prep* ⇨según: *According to him, the fire was arson* - Según dice él, el incendio fue provocado

accordion UK: /əˈkɔː.di.ən/ US: /-ˈkɔːr-/ *n* [C] ⇨acordeón: *to play the accordion* - tocar el acordeón

account¹ /əˈkaʊnt/ *n* [C] **1** ⇨relato [de un evento] **2** ⇨cuenta bancaria **3** ⇨contabilidad **4** ⇨factura

5 *{by/from} all accounts* ⇨por lo que dicen **6** *of no ~ (form)* ⇨sin ninguna importancia **7** *on ~* ⇨a cuenta **8** *on ~ of* ⇨a causa de **9** *on {that/this} ~ (form)* ⇨según {eso/esto} **10** *to take sth into ~* ⇨tener algo en cuenta

account² /əˈkaʊnt/
| PHRASAL VERBS
| · **account for sth** **1** ⇨explicar ⇨rendir cuentas
└ **2** ⇨constituir

accountable UK: /əˈkaʊn.tə.bl/ US: /-ˤtə-/ *adj* ⇨responsable ■ CONSTR. Se usa detrás de un verbo

accountancy UK: /əˈkaʊn.tᵊnt.si/ US: /-ˤt[ə]nt-/ *UK n* [U] ⇨contabilidad

†**accountant** UK: /əˈkaʊn.tᵊnt/ US: /-ˤt[ə]nt/ *n* [C] ⇨contable ⇨contador,-a *AMÉR.*

accounts /əˈkaʊnts/ *n* [PL] ⇨contabilidad ⇨cuentas

†**accumulate** /əˈkjuː.mjʊ.leɪt/ [accumulated, accumulating] *v* [T, I] ⇨acumular(se)

accuracy /ˈæk.jʊ.rə.si/ *n* [U] ⇨precisión ⇨exactitud

†**accurate** /ˈæk.jʊ.rət/ *adj* ⇨correcto,ta ⇨fiel ⇨preciso,sa

accusation /ˌæk.juˈzeɪ.ʃᵊn/ *n* [C, U] ⇨acusación: *a false accusation* - una acusación infundada

†**accuse** /əˈkjuːz/ [accused, accusing] *v* [T] ⇨acusar: *to accuse sb of committing a crime* - acusar a alguien de cometer un delito ■ CONSTR. to accuse of + doing sth

accused the ~ ⇨el acusado, la acusada: *The accused appeared before the judge* - Los acusados comparecieron ante el juez

accustom /əˈkʌs.təm/
| PHRASAL VERBS
| · **to accustom oneself to {sth/doing sth}** ⇨acostumbrarse a algo

accustomed /əˈkʌs.təmd/ *adj* ⇨acostumbrado,da: *You'll soon get accustomed to it* - Pronto te acostumbrarás ■ CONSTR. accustomed to doing sth ■ PRON. La *e* no se pronuncia

ace /eɪs/ *n* [C] **1** *(naipe)* ⇨as **2** *(en tenis)* ⇨saque ganador

ache¹ /eɪk/ *n* [C] ⇨dolor ⇨molestia

ache² /eɪk/ [ached, aching] *v* [I] **1** ⇨doler: *My arms ache* - Me duelen los brazos **2** ⇨tener agujetas: *My legs ached the next day* - Tuve agujetas al día siguiente ■ PRON. Rima con *make*

†**achieve** /əˈtʃiːv/ [achieved, achieving] *v* [T] ⇨lograr ⇨conseguir ■ Nunca se usa seguido de otro verbo

achievement /əˈtʃiːv.mənt/ *n* [C, U] ⇨logro ⇨realización

aching *adj* **1** ⇨dolorido,da **2** ⇨con agujetas

acid¹ /ˈæs.ɪd/ *n* [C, U] ⇨ácido

acid² /ˈæs.ɪd/ *adj* **1** ⇨ácido,da **2** *(un comentario)* ⇨mordaz **3** *(un sabor)* ⇨agrio,gria

acid rain *n* [U] ⇨lluvia ácida

A †**acknowledge** UK: /ək'nɒl.ɪdʒ/ US: /-'nɑː.lɪdʒ/ [acknowledged, acknowledging] v [T] ⇨reconocer ⇨admitir ■ CONSTR. 1. to acknowledge + (that) 2. to acknowledge + doing sth 3. to acknowledge + to do sth

acne /'æk.ni/ n [U] ⇨acné ■ PRON. La segunda sílaba se pronuncia como *knee*

acorn UK: /'eɪ.kɔːn/ US: /-kɔːrn/ n [C] ⇨bellota

acoustic /ə'kuː.stɪk/ adj ⇨acústico,ca

acoustics /ə'kuː.stɪks/ n [PL] ⇨acústica: *The acoustics in the hall are great* - La acústica de la sala es estupenda

†**acquaintance** /ə'kweɪn.t⁼nts/ n [C] **1** ⇨conocido,da: *They're not friends, just acquaintances* - No son amigos, solo conocidos **2** to make sb's ~ (form) ⇨conocer a alguien [por primera vez]

acquainted UK: /ə'kweɪn.tɪd/ US: /-⁼t̬ɪd/ adj **1** (form) ⇨familiarizado,da ■ CONSTR. Se usa detrás de un verbo **2** to be ~ with sth/sb (form) ⇨conocer ⇨estar familiarizado,da **3** to get ~ with sth/sb (form) ⇨conocer [por primera vez] ■ PRON. La e se pronuncia como la *i* en *did*

acquiesce /ˌæk.wi'es/ [acquiesced, acquiescing] v [I] (form) ⇨condescender ⇨aceptar ⇨consentir ■ CONSTR. to acquiesce in/to sth

†**acquire** UK: /ə'kwaɪəʳ/ US: /-'kwaɪɚ/ [acquired, acquiring] v [T] **1** (posesiones) ⇨adquirir ⇨obtener ⇨conseguir **2** (conocimientos, habilidades) ⇨adquirir ■ PRON. Rima con *fire*

acquisition /ˌæk.wɪ'zɪʃ.⁼n/ n [C, U] ⇨adquisición

acquit /ə'kwɪt/ v [T] ⇨absolver ■ CONSTR. Se usa más en pasiva

†**acre** UK: /'eɪ.kəʳ/ US: /-kɚ/ n [C] (unidad de medida) ⇨acre

acrobat /'æk.rə.bæt/ n [C] ⇨acróbata

acrobatics UK: /ˌæk.rə'bæt.ɪks/ US: /-'bæ⁼t̬-/ n [PL] ⇨acrobacia

acronym UK: /'æk.rəʊ.nɪm/ US: /-rə-/ n [C] ⇨acrónimo

†**across** UK: /ə'krɒs/ US: /-'krɑːs/ adv, prep **1** ⇨a través de ⇨por **2** ⇨al otro lado de **3** ⇨de un lado a otro **4** ⇨al otro lado **5** *I ran across the street* - Crucé la calle corriendo ■ Se usa frecuentemente con verbos de movimiento. Al traducirlo en español su significado suele estar implícito en el verbo: *to swim across the river* - cruzar el río nadando ■ Ver cuadro **6** ⇨de ancho **7** ~ from ⇨enfrente de

acrylic¹ /ə'krɪl.ɪk/ adj ⇨acrílico,ca

acrylic² /ə'krɪl.ɪk/ ■ n [U] **1** (tela) ⇨acrílico ■ n [C] **2** (pintura) ⇨acrílico

†**act**¹ /ækt/ ■ v [I] **1** ⇨actuar ⇨hacer algo **2** ⇨comportarse ⇨hacer ■ v [T, I] **3** (en teatro, en cine) ⇨actuar ⇨interpretar

act² /ækt/ ■ n [NO PL] **1** (para disimular) ⇨acto ⇨engaño ■ n [C] **2** ⇨acto ⇨acción **3** (en teatro) ⇨acto **4** (en un espectáculo) ⇨número **5** (tb Act of Parliament) ⇨ley ⇨normativa **6** in the ~ ⇨con las manos en la masa ⇨in fraganti **7** to get one's ~ together (inform) ⇨organizarse **8** to put on an ~ (inform) ⇨fingir

acting¹ /'æk.tɪŋ/ adj ⇨interino,na ⇨en funciones

acting² /'æk.tɪŋ/ n [U] ⇨arte dramático ⇨interpretación

†**action** /'æk.ʃ⁼n/ n [C, U] **1** ⇨acción **2** in ~ ⇨en acción: *You must come and see me in action* - Tienes que venir a verme en acción **3** to be out of ~ ⇨no funcionar: *This car is out of action* - Este coche no funciona **4** to put sth into ~ ⇨poner en práctica

activate /'æk.tɪ.veɪt/ [activated, activating] v [T] ⇨activar: *to activate a device* - activar un dispositivo

†**active** /'æk.tɪv/ adj **1** ⇨activo,va ⇨dinámico,ca **2** ⇨activo,va ⇨implicado,da **3** (un volcán) ⇨en actividad

actively /'æk.tɪv.li/ adv ⇨activamente

activist /'æk.tɪ.vɪst/ n [C] (en política) ⇨activista

†**activity** UK: /æk'tɪv.ɪ.ti/ US: /-ə.⁼t̬i/ [pl activities] n [C, U] **1** ⇨actividad ■ Se usa más en plural **2** ⇨movimiento ⇨bullicio

†**actor** UK: /'æk.təʳ/ US: /-tɚ/ n [C] ⇨actor ⇨actriz ■ Para una mujer se suele usar *actress*

actress [pl actresses] n [C] ⇨actriz

†**actual** /'æk.tʃu.əl, -tju-, -tʃul/ adj ⇨real ⇨verdadero,ra ■ Distinto de *current* (actual)

†**actually** /'æk.tʃu.ə.li, -tju-, -tʃu.li/ adv **1** ⇨de hecho: *I grew more and more bored and actually fell asleep for a few minutes* - Estaba cada vez más aburrido; de hecho, me quedé dormido unos

across / through

- Se usa **across** para expresar un desplazamiento de un lado a otro:

 · *to walk across the road.*
 (cruzar la calle.)

- Se usa **through** para expresar un desplazamiento en el que se atraviesa un lugar con obstáculos:

 · *I had to go through the city and there was a terrible traffic jam.*
 (Tenía que cruzar la ciudad y había un tráfico horrible.)

 También se utiliza **through** para expresar el paso por un espacio en tres dimensiones:

 · *to go through a tunnel.*
 (pasar por el túnel.)

minutos **2** ⇨en realidad **3** ⇨a decir verdad ■ Distinto de *currently* (actualmente)

acupuncture UK: /ˈæk.jʊ.pʌŋk.tʃəʳ/ US: /-tʃɚ/ *n* [U] ⇨acupuntura

acute /əˈkjuːt/ *adj* **1** ⇨extremo,ma ⇨grave **2** ⇨agudo,da: *an acute pain* - un dolor agudo **3** *(un ángulo)* ⇨agudo,da **4** *(un sentido o una mente)* ⇨agudo,da ⇨perspicaz

ad /æd/ *n* [C] *(inform)* ⇨forma abreviada de **advertisement** (anuncio publicitario)

AD /ˌeɪˈdiː/ *adv* ⇨d.C. ⇨después de Cristo ■ Procede de *Anno Domini* (en el Año del Señor)

adamant /ˈæd.ə.mənt/ *adj* ⇨categórico,ca ⇨firme

Adam's apple /ˌæd.əmzˈæp.l̩/ *n* [C] *(en un hombre)* ⇨nuez ⇨bocado de Adán

† **adapt** /əˈdæpt/ *v* [I] ⇨adaptar(se): *to adapt to a new situation* - adaptarse a una nueva situación; *Adapt the content for your audience* - Adapte el contenido para su público

† **add** /æd/ *v* [T] **1** ⇨sumar **2** ⇨añadir ⇨agregar **3** *(un dato)* ⇨añadir ■ CONSTR. to add + that

| PHRASAL VERBS
· **to add up** *(inform)* *(una situación)* ⇨cuadrar ⇨encajar *col.;* ⇨tener sentido
· **to add (sth) up** [M] *(cifras)* ⇨cuadrar
└ **to add up to (sth)** ⇨ascender a

adder UK: /ˈæd.əʳ/ US: /-ɚ/ *n* [C] *(animal)* ⇨víbora

† **addict** /ˈæd.ɪkt/ *n* [C] ⇨aficionado,da ⇨adicto,ta

addicted /əˈdɪk.tɪd/ *adj* ⇨adicto,ta

addiction /əˈdɪk.ʃən/ *n* [C, U] ⇨adicción ⇨dependencia

addictive /əˈdɪk.tɪv/ *adj* ⇨adictivo,va

addition /əˈdɪʃ.ən/ *n* [C, U] **1** *(en matemáticas)* ⇨suma **2** ⇨agregación ⇨incorporación ⇨adquisición

additional /əˈdɪʃ.ən.əl/ *adj* ⇨adicional ⇨extra

additive UK: /ˈæd.ɪ.tɪv/ US: /-ə.ˤtɪv/ *n* [C] ⇨aditivo

† **address**¹ UK: /əˈdres/ US: /ˈæd.res/ [*pl* addresses] *n* [C] **1** ⇨domicilio ⇨dirección **2** *(form)* ⇨discurso [formal]: *to give an address* - pronunciar un discurso

address² /əˈdres/ [addresses] *v* [T] **1** ⇨dirigir ⇨poner la dirección del destinatario **2** *(form)* ⇨dirigir **3** *(form)* *(al hablar)* ⇨dirigirse **4** *(un asunto, un problema)* ⇨abordar ⇨tratar

adept¹ /əˈdept/ *adj* ⇨ducho,cha ⇨hábil ■ Distinto de *supporter* (adepto,ta)

adept² /əˈdept/ *n* [C] ⇨experto,ta ■ Distinto de *supporter* (adepto,ta)

† **adequate** /ˈæd.ə.kwət/ *adj* **1** ⇨suficiente **2** ⇨apropiado,da ⇨adecuado,da

adhere UK: /ədˈhɪəʳ/ US: /-ˈhɪr/ [adhered, adhering] *v* [I] *(form)* *(a una superficie)* ⇨adherirse ⇨pegarse

| PHRASAL VERBS
· **to adhere to sth** *(form)* *(una norma, regla o promesa)* ⇨cumplir con ⇨observar **2** *(form)* └ ⇨apoyar algo ⇨adherirse a algo

adhesive¹ /ədˈhiː.sɪv/ *n* [C, U] ⇨adhesivo ⇨pegamento

adhesive² /ədˈhiː.sɪv/ *adj* ⇨adhesivo,va

† **adjacent** /əˈdʒeɪ.sⁿnt/ *adj (form)* ⇨adyacente ⇨contiguo,gua

† **adjective** /ˈædʒ.ek.tɪv/ *n* [C] *(en gramática)* ⇨adjetivo

adjoining /əˈdʒɔɪ.nɪŋ/ *adj* ⇨colindante ⇨contiguo,gua

adjourn UK: /əˈdʒɜːn/ US: /-ˈdʒɝːn/ *v* [T, I] **1** *(form)* ⇨parar ⇨aplazar **2** *(form)* ⇨suspender(se) **3** *(en un tribunal): The court is adjourned* - Se levanta la sesión

† **adjust** /əˈdʒʌst/ ■ *v* [T] **1** ⇨ajustar ⇨regular ⇨reajustar ■ *v* [I] **2** ⇨adaptarse

administration /ədˌmɪn.ɪˈstreɪ.ʃən/ *n* [U] **1** ⇨administración **2** *US* ⇨gobierno: *the Kennedy administration* - el Gobierno de Kennedy

administrative UK: /ədˈmɪn.ɪ.strə.tɪv/ US: /-ˤtɪv/ *adj* ⇨administrativo,va

admirable /ˈæd.mɪ.rə.bl̩/ *adj* ⇨admirable

admiral /ˈæd.mɪ.rəl/ *n* [C] ⇨almirante

admiration /ˌæd.mɪˈreɪ.ʃən/ *n* [U] ⇨admiración

† **admire** UK: /ədˈmaɪəʳ/ US: /-ˈmaɪr/ [admired, admiring] *v* [T] **1** ⇨estimar ⇨admirar **2** ⇨contemplar ⇨admirar

admission /ədˈmɪʃ.ən/ ■ *n* [C] **1** *(de culpa o debilidad)* ⇨confesión ⇨reconocimiento **2** *n* [U] ⇨entrada ⇨admisión

† **admit** /ədˈmɪt/ [admitted, admitting] ■ *v* [T, I] **1** ⇨reconocer ⇨admitir ■ CONSTR. 1. to admit + (that) 2. to admit + doing sth 3. to admit + to doing sth ■ *v* [T] **2** ⇨admitir ⇨permitir la entrada

adolescence /ˌæd.əˈles.ⁿns/ *n* [U] ⇨adolescencia ■ PRON. La primera *c* no se pronuncia

† **adolescent** /ˌæd.əˈles.ⁿnt/ *adj, n* [C] ⇨adolescente

† **adopt** UK: /əˈdɒpt/ US: /-ˈdɑːpt/ ■ *v* [T, I] **1** *(un niño)* ⇨adoptar ■ *v* [T] **2** *(una actitud, un plan)* ⇨adoptar

adopted UK: /əˈdɒp.tɪd/ US: /-ˈdɑːp-/ *adj* ⇨adoptivo,va

adore UK: /əˈdɔːʳ/ US: /-ˈdɔːr/ [adored, adoring] *v* [T] **1** ⇨adorar **2** ⇨encantar: *I adore black and white films* - Me encantan las películas en blanco y negro

adorn UK: /əˈdɔːn/ US: /-ˈdɔːrn/ *v* [T] *(form)* ⇨adornar ⇨embellecer

adrenalin /əˈdren.ⁿl.ɪn/ *(tb* adrenaline*)* *n* [U] ⇨adrenalina

adrenaline *n* [U] See **adrenalin**

adult[1] /'æd.ʌlt, ə'dʌlt/ *n* [C] ⇨adulto,ta ⇨mayor

adult[2] /'æd.ʌlt, ə'dʌlt/ *adj* ⇨adulto,ta ⇨para adultos

adulthood /'æd.ʌlt.hʊd, ə'dʌlt-/ *n* [U] **1** *(etapa)* ⇨madurez **2** ⇨mayoría de edad

advance[1] UK: /əd'vɑːnts/ US: /-'vænts/ *n* [C, U] **1** *(en movimiento)* ⇨avance **2** ⇨progreso ⇨avance **3** *(sueldo)* ⇨adelanto **4** in ~ ⇨con antelación ⇨por adelantado

advance[2] UK: /əd'vɑːnts/ US: /-'vænts/ [advanced, advancing] ∎ *v* [T, I] **1** ⇨avanzar ⇨progresar ∎ *v* [I] **2** *(en movimiento)* ⇨avanzar

advanced UK: /əd'vɑːnst/ US: /-'væntst/ *adj* **1** ⇨casi acabado,da ⇨adelantado,da **2** *(de nivel)* ⇨avanzado,da ⇨superior ∎ La e no se pronuncia

† **advantage** UK: /əd'vɑːn.tɪdʒ/ US: /-'væn.ˁɾɪdʒ/ *n* [C, U] **1** ⇨ventaja ⇨provecho **2** *(en tenis)* ⇨ventaja **3** to take ~ of *sth* ⇨aprovechar algo **4** to take ~ of *sb* ⇨aprovecharse de alguien ∎ PRON. La última *a* se pronuncia como la *i* en *did*

advantageous /ˌæd.væn'teɪ.dʒəs/ *adj* ⇨ventajoso,sa

† **adventure** UK: /əd'ven.tʃəʳ/ US: /-tʃɚ/ *n* [C, U] **1** ⇨aventura **2** ~ sports ⇨deportes de riesgo ∎ PRON. Rima con *butcher*

adventurous UK: /əd'ven.tʃˁr.əs/ US: /-tʃɚ-/ *adj* **1** ⇨aventurero,ra **2** ⇨emprendedor,-a **3** ⇨aventurado,da

† **adverb** UK: /'æd.vɜːb/ US: /-vɝb/ *n* [C] *(en gramática)* ⇨adverbio

† **advert** UK: /'æd.vɜːt/ US: /-vɝt/ *UK n* [C] ⇨forma abreviada de **advertisement** (anuncio publicitario)

† **advertise** UK: /'æd.və.taɪz/ US: /-vɚ-/ [advertised, advertising] ∎ *v* [T] **1** ⇨anunciar: *to advertise a product* - anunciar un producto ∎ *v* [I] **2** ⇨poner un anuncio **3** ⇨hacer publicidad

advertisement UK: /əd'vɜː.tɪs.mənt/ US: /'æd.vɝ.taɪz.mənt/ *n* [C] **1** ⇨anuncio [publicitario] **2** *a job advertisement* - una oferta de trabajo ∎ La forma abreviada es ad o advert ∎ Distinto de *announcement* (declaración)

† **advice** /əd'vaɪs/ *n* [U] ⇨consejo: *He asked me for advice* - Me pidió consejo; *I gave him a piece of advice* - Le di un consejo ∎ Se dice *some advice* o *a piece of advice*. Incorrecto: *an advice* ∎ Distinto de *notice* (aviso)

advisable /əd'vaɪ.zə.bl̩/ *adj* ⇨aconsejable: *It's advisable to do physical exercise* - Es aconsejable hacer ejercicio físico ∎ CONSTR. Se usa detrás de un verbo

advise /əd'vaɪz/ [advised, advising] *v* [T, I] ⇨recomendar ⇨aconsejar ∎ CONSTR. 1. to advise + that 2. to advise + doing sth 3. to advise + to do sth 4. to advise + interrogativa indirecta

advisory UK: /əd'vaɪ.zˀr.i/ US: /-zɚ-/ *adj* ⇨consultivo,va: *an advisory committee* - un comité consultivo

advocacy /'æd.və.kə.si/ *n* [U] ⇨apoyo ⇨defensa

advocate[1] /'æd.və.keɪt/ [advocated, advocating] *v* [T] ⇨propugnar ⇨abogar por ⇨recomendar

advocate[2] /'æd.və.kət/ *n* [C] **1** *UK* ⇨defensor,-a **2** *UK* ⇨abogado defensor, abogada defensora **3** ⇨adalid ⇨abanderado,da

aerial UK: /'eə.ri.əl/ US: /'er.i-/ *UK (US antenna) n* [C] ⇨antena [de un aparato]

aerobics UK: /eəˈrəʊ.bɪks/ US: /er'oʊ-/ *n* [U] *(gimnasia)* ⇨aeróbic

† **aeroplane** UK: /'eə.rə.pleɪn/ US: /'er-/ *UK (US airplane) n* [C] ⇨avión ∎ La forma abreviada es plane

aerosol UK: /'eə.rəʊ.sɒl/ US: /'er.ə.sɑːl/ *n* [C] ⇨aerosol

aesthetic UK: /es'θet.ɪk/ US: /-'θeˁt̪-/ *(US tb esthetic) adj* ⇨estético,ca ⇨bonito,ta

† **affair** /əˈfeəʳ/ US: /-'fer/ *n* [C] **1** ⇨asunto: *That is my affair* - Eso es asunto mío **2** ⇨ocasión ⇨acontecimiento **3** ⇨aventura amorosa ⇨lío *col.*

† **affect** /ə'fekt/ *v* [T] **1** ⇨afectar ⇨influir **2** ⇨conmover ⇨emocionar ∎ CONSTR. Se usa más en pasiva

affected /ə'fek.tɪd/ *adj* ⇨afectado,da ⇨fingido,da

† **affection** /əˈfek.ʃˀn/ *n* [U] ⇨cariño: *to have great affection for sb* - sentir mucho cariño por alguien ∎ Distinto de *condition* (afección)

affectionate /əˈfek.ʃˀn.ət/ *adj* ⇨cariñoso,sa: *She's a very affectionate person* - Es una persona muy cariñosa

affective *adj (form)* ⇨afectivo,va

affirm /əˈfɜːm/ US: /-'fɝm/ *v* [T] *(form)* ⇨afirmar ⇨declarar

affirmative UK: /əˈfɜː.mə.tɪv/ US: /-'fɝ.mə.ˁt̪ɪv/ *adj (form)* ⇨afirmativo,va

affix /'æf.ɪks/ *[pl affixes] n* [C] *(en gramática)* ⇨afijo

† **afford** /əˈfɔːd/ US: /-'fɔːrd/ *v* [T] **1** *(una compra)* ⇨pagar ⇨permitirse **2** *(un error)* ⇨permitirse [el lujo de] **3** *(form)* ⇨proporcionar ∎ CONSTR. to afford + to do sth

† **afraid** /əˈfreɪd/ *adj* **1** ⇨asustado,da: *Don't be afraid* - No estés asustado ∎ CONSTR. Se usa detrás de un verbo **2** I'm ~ (that) ⇨me temo que: *I'm afraid that I won't be able to go* - Me temo que no podré ir **3** to be ~ for *sth/sb* ⇨temer por **4** to be ~ (of *sth*) ⇨tener miedo: *He's afraid of flying* - Tiene miedo a volar ∎ CONSTR. to be afraid of + doing sth **5** to be ~ to do *sth* ⇨no atreverse a hacer algo

Africa /'æf.rɪ.kə/ *n* [U] ⇨África

African /'æf.rɪ.kən/ *adj, n* [C] ⇨africano,na

African-American *(tb Afro-american) adj, n* [C] ⇨afroamericano,na

Afro-american *adj, n* [c] See **African-Amer-ican**

† **after**[1] UK: /'ɑːf.təʳ/ US: /'æf.tɚ/ *prep* **1** *(tiempo)* ⇨después de **2** *(lugar)* ⇨detrás de **3** *(en una escala)* ⇨después de **4** *US (para las horas)* ⇨y **5** ~ **all** ⇨después de todo ⇨con todo **6** ~ **you** ⇨usted primero ⇨después de usted ⇨tú primero **7** **the day** ~ **tomorrow** ⇨pasado mañana **8** **to be** ~ *sth* ⇨buscar algo ⇨pretender

† **after**[2] UK: /'ɑːf.təʳ/ US: /'æf.tɚ/ *conj* ⇨después de: *After finishing my homework, I phoned him* - Después de hacer los deberes, lo llamé por teléfono; *After forty-five minutes, the train finally arrived* - Después de cuarenta y cinco minutos, el tren por fin llegó ■ Nunca se usa seguido de un verbo en futuro

† **afternoon** UK: /ˌɑːf.tə'nuːn/ US: /ˌæf.tɚ-/ *n* [c, u] *(hasta las seis de la tarde)* ⇨tarde ■ Se usa desde las doce del mediodía hasta las seis de la tarde. Comparar con *evening* ■ Ver cuadro partes del día

afterward *US adv* See **afterwards**

† **afterwards** UK: /'ɑːf.tə.wədz/ US: /'æf.tɚ.wɚdz/ *(US tb afterward) adv* ⇨después: *We left shortly afterwards* - Nos fuimos poco después

† **again** UK: /ə'gen/ UK: /-'geɪn/ US: /-'gen/ *adv* **1** ⇨de nuevo ⇨otra vez **2** ~ **and** ~ ⇨una y otra vez **3** **never** ~ ⇨nunca más **4** **once** ~ ⇨una vez más

† **against** UK: /ə'genʲst/ UK: /-'geɪnʲst/ US: /-'genʲst/ *prep* **1** *(contacto)* ⇨contra **2** *(en deportes)* ⇨contra **3** ⇨en contra de: *I'm against the death penalty* - Estoy en contra de la pena de muerte

† **age**[1] /eɪdʒ/ *n* [u] **1** ⇨edad **2** ⇨época **3** ⇨vejez **4** **for ages** *(inform)* ⇨hace mucho ⇨mucho tiempo **5** **under** ~ ⇨menor de edad ⇨demasiado joven

age[2] /eɪdʒ/ [aged, aging; *UK tb* ageing] *v* [T, I] ⇨envejecer: *She has aged a lot recently* - Ha envejecido mucho últimamente

aged[1] /'eɪ.dʒɪd/ *adj* ⇨viejo,ja ⇨mayor ■ Pron. la *e* se pronuncia como la *i* en *did*

aged[2] /eɪdʒd/ *n* ⇨de... años: *She has two girls, aged two and four* - Tiene dos hijas, de dos y cuatro años ■ Pron. La *e* no se pronuncia

ageing[1] /'eɪ.dʒɪŋ/ *UK (US* aging) *adj* ⇨avejentado,da

ageing[2] /'eɪ.dʒɪŋ/ *UK (US* aging) *n* [u] ⇨envejecimiento

agency /'eɪ.dʒᵊnt.si/ *[pl* agencies] *n* [c] **1** ⇨agencia ⇨organismo **2** **temp** ~ ⇨empresa de trabajo temporal

† **agenda** /ə'dʒen.də/ *n* [c] ⇨orden del día ■ Distinto de *diary* (agenda)

† **agent** /'eɪ.dʒᵊnt/ *n* [c] ⇨agente ⇨representante

aggravate /'æg.rə.veɪt/ [aggravated, aggravating] *v* [T] **1** *(inform)* ⇨fastidiar ⇨incordiar *col.;* ⇨irritar **2** ⇨agravar

† **aggression** /ə'greʃ.ᵊn/ *n* [u] **1** ⇨agresión **2** ⇨agresividad

aggressive /ə'gres.ɪv/ *adj* **1** ⇨agresivo,va **2** *(una actitud)* ⇨violento,ta

agile UK: /'ædʒ.aɪl/ US: /-[ə]l/ *adj* ⇨ágil: *You've got a very agile mind* - Tienes una mente muy ágil

aging /'eɪ.dʒɪŋ/ *US adj, n* [u] See **ageing**

agitated UK: /'ædʒ.ɪ.teɪ.tɪd/ US: /-ᵊtɪd/ *adj* ⇨perturbado,da ⇨nervioso,sa ■ Pron. La *e* se pronuncia como la *i* en *did*

agnostic UK: /æg'nɒs.tɪk/ US: /-'nɑː.stɪk/ *n* [c] ⇨agnóstico,ca

† **ago** UK: /ə'gəʊ/ US: /-'goʊ/ *adv* ⇨hace: *I started learning English only two years ago* - Empecé a estudiar inglés hace solo dos años ■ Se sitúa detrás del período al que hace referencia y suele aparecer al final de la frase. Se usa con verbos en pasado simple o en pasado continuo. Comparar con *for* y *since*

agonize /'æg.ə.naɪz/ [agonized, agonizing] *v* [I] ⇨atormentar(se) ⇨reconcomer(se) ■ Constr. to agonize about/over sth ■ Distinto de *to be dying* (agonizar)

agony /'æg.ə.ni/ *[pl* agonies] *n* [c, u] ⇨sufrimiento ⇨agonía ⇨dolor [extremo]

agony aunt *UK n* [u] *(en un periódico o revista)* ⇨consejero,ra sentimental

† **agree** /ə'griː/ [agreed] ■ *v* [T, I] **1** ⇨estar de acuerdo ■ Constr. to agree + (that) **2** ⇨ponerse de acuerdo ■ Constr. 1. to agree + (that) 2. to agree + to do sth ■ *v* [I] **3** ⇨consentir ⇨acceder ■ Constr. to agree + to do sth **4** ⇨aprobar ⇨aceptar **5** **not to** ~ **with** *sb* ⇨no sentarle bien a alguien

agreeable /ə'griː.ə.bl̩/ *adj* **1** *(form)* ⇨conforme: *I'm agreeable to it* - Estoy conforme con ello ■ Constr. to be agreeable to sth **2** *(form)* ⇨agradable

agreed /ə'griːd/ *adj (un precio, una norma)* ⇨fijado,da ⇨establecido,da ⇨acordado,da

† **agreement** /ə'griː.mənt/ *n* [c, u] **1** ⇨acuerdo: *to reach an agreement* - llegar a un acuerdo **2** **in** ~ ⇨de acuerdo

† **agriculture** UK: /'æg.rɪ.kʌl.tʃəʳ/ US: /-tʃɚ/ *n* [u] ⇨agricultura

ah /ɑː/ *excl* ⇨¡ah!

aha /ɑː'hɑː/ *excl* ⇨¡ajá! *col.:* *Aha, now I understand you!* - ¡Ajá, ahora te entiendo!

† **ahead** /ə'hed/ *adv* **1** ⇨delante: *Who was ahead of me in the queue?* - ¿Quién estaba delante de mí en la fila? **2** **straight** ~ ⇨todo recto: *Go straight ahead until you get to the hospital* - Sigue todo recto hasta llegar al hospital **3** **to be** ~ ⇨llevar ventaja

ahead of *prep* **1** ⇨delante de: *Tony sat just ahead of Mary* - Tony se sentó justo delante de Mary **2** **ahead of {schedule/time}** *to be a month ahead of schedule* - llevar un mes de adelanto sobre lo calculado

AI /ˌeɪˈaɪ/ n [U] ⇒forma abreviada de **artificial intelligence** (inteligencia artificial)

aid[1] /eɪd/ n [C, U] **1** ⇒ayuda ⇒apoyo ⇒auxilio **2** in ~ of sth/sb ⇒a beneficio de

aid[2] v [T] ⇒ayudar ⇒facilitar

† **AIDS** /eɪdz/ n [U] ⇒sida ■ Procede de *Acquired Immune Deficiency Syndrome* (síndrome de la inmunodeficiencia adquirida)

ailment /ˈeɪl.mənt/ n [C] ⇒achaque ⇒dolencia ⇒enfermedad

† **aim**[1] /eɪm/ ■ n [C] **1** ⇒objetivo ⇒propósito ■ n [U] **2** ⇒puntería **3** to take ~ ⇒apuntar

† **aim**[2] /eɪm/ v [T, I] **1** *(con un arma)* ⇒apuntar **2** ⇒proponerse ⇒querer ⇒pretender **3** to ~ sth at ⇒dirigir algo a

aimless /ˈeɪm.ləs/ adj ⇒sin objetivo ⇒sin propósito fijo ⇒sin sentido

ain't /eɪnt/ **1** *(inform)* (am not, are not, is not) See **be 2** *(inform)* (have not got, has not got) See **have**

† **air**[1] UK: /eəʳ/ US: /er/ n [U] **1** ⇒aire: *to get some fresh air* - tomar el aire **2** *(manera, apariencia):* *He had an air of incredulity* - Parecía no creerlo **3** by ~ ⇒por avión **4** up in the ~ ⇒en el aire *col.*

air[2] ■ v [T, I] **1** *(una prenda de vestir)* ⇒airear ⇒orear ■ v [T] **2** *(un lugar)* ⇒ventilar ⇒airear

† **air conditioning** n [U] ⇒aire acondicionado

† **aircraft** UK: /ˈeə.krɑːft/ US: /ˈer.kræft/ [pl aircraft] n [C] ⇒avión

airfare UK: /ˈeə.feə/ US: /ˈer.fer/ n [C] ⇒precio del billete de avión

airfield UK: /ˈeə.fiːld/ US: /ˈer.fiːld/ n [C] ⇒aeródromo

air force n [C] ⇒fuerzas aéreas

air hostess [pl air hostesses] UK n [C] ⇒azafata ⇒aeromoza *AMÉR.*

† **airline** UK: /ˈeə.laɪn/ US: /ˈer-/ n [C] ⇒línea aérea ⇒compañía aérea

airliner UK: /ˈeə.laɪ.nəʳ/ US: /ˈer.laɪ.nə/ n [C] ⇒avión [comercial] ⇒avión de pasajeros

airmail UK: /ˈeə.meɪl/ US: /ˈer-/ n [U] ⇒correo aéreo: *by airmail* - por correo aéreo

airplane UK: /ˈeə.pleɪn/ US: /ˈer-/ US n [C] See **aeroplane**

† **airport** UK: /ˈeə.pɔːt/ US: /ˈer.pɔːrt/ n [C] ⇒aeropuerto

air raid n [C] ⇒ataque aéreo

airtight UK: /ˈeə.taɪt/ US: /ˈer-/ adj *(un contenedor)* ⇒hermético,ca

airway UK: /ˈeə.weɪ/ US: /ˈer-/ n [C] **1** *(en anatomía)* ⇒vía respiratoria **2** *(en aviación)* ⇒ruta aérea

airy UK: /ˈeə.ri/ US: /ˈer.i/ adj [comp airier, superl airiest] **1** *(una habitación)* ⇒bien ventilado,da **2** *(una persona, una actitud)* ⇒poco serio,ria ⇒despreocupado,da

aisle /aɪl/ n [C] *(en un supermercado, un avión o una sala)* ⇒pasillo ■ PRON. La *s* no se pronuncia

† **alarm** UK: /əˈlɑːm/ US: /-lɑːrm/ ■ n [U] **1** ⇒alarma ⇒miedo ⇒pánico ⇒susto **2** n [C] *(de luz o sonido)* ⇒alarma **3** to raise the ~ ⇒dar la alarma

alarm clock n [C] ⇒despertador

alas /əˈlæs/ adv *(lit)* ⇒desgraciadamente ⇒por desgracia

Alaska /əˈlæs.kə/ n [U] ⇒Alaska ■ La forma abreviada es *AK*

Alaskan /əˈlæs.kən/ adj, n [C] ⇒de Alaska

Albanian /ælˈbeɪ.ni.ən/ adj, n [C] ⇒albanés,-a

albeit UK: /ɔːlˈbiː.ɪt/ US: /ɑːl-/ conj *(form)* ⇒aunque

album /ˈæl.bəm/ n [C] **1** ⇒álbum: *photo album* - álbum de fotos **2** *(en música)* ⇒álbum

† **alcohol** UK: /ˈæl.kə.hɒl/ US: /-hɑːl/ n [U] ⇒alcohol

alcoholic UK: /ˌæl.kəˈhɒl.ɪk/ US: /-ˈhɑː.lɪk/ adj, n [C] ⇒alcohólico,ca: *alcoholic drinks* - bebidas alcohólicas

ale /eɪl/ n [C, U] ⇒cerveza: *pale ale* - cerveza rubia ligera

alert[1] UK: /əˈlɜːt/ US: /-ˈlɜːt/ adj **1** *(mentalmente)* ⇒espabilado,da ⇒despierto,ta **2** ⇒alerta: *to be alert to sth* - estar alerta a algo

alert[2] UK: /əˈlɜːt/ US: /-ˈlɜːt/ n [C] **1** ⇒alarma ⇒alerta **2** bomb ~ ⇒aviso de bomba

A level n [PL] ⇒en el Reino Unido, examen estatal para estudiantes de diecisiete y dieciocho años

algae /ˈæl.giː/ n [PL] ⇒algas

algebra /ˈæl.dʒə.brə/ n [U] *(en matemáticas)* ⇒álgebra

Algerian UK: /ælˈdʒɪə.ri.ən/ US: /-ˈdʒɪr.i-/ adj, n [C] ⇒argelino,na

alibi /ˈæl.ɪ.baɪ/ n [C] ⇒coartada: *to have an alibi* - tener una coartada

alien[1] /ˈeɪ.li.ən/ adj ⇒extraño,ña ⇒ajeno,na

alien[2] /ˈeɪ.li.ən/ n [C] **1** ⇒extraterrestre ⇒alienígena **2** *(form)* *(persona)* ⇒extranjero,ra

alienate /ˈeɪ.li.ə.neɪt/ [alienated, alienating] v [T] **1** ⇒alienar: *His job alienated him* - Su trabajo lo alienaba **2** ⇒ofender ⇒provocar un alejamiento

alight /əˈlaɪt/ UK adj **1** ⇒encendido,da ⇒ardiendo ■ CONSTR. Se usa detrás de un verbo **2** to set sth ~ UK ⇒prender fuego a algo

align v [T, I] ⇒alinear

PHRASAL VERBS

· to align *oneself* with sb ⇒aliarse con alguien: *They aligned themselves with the minority faction* - Se aliaron con la facción minoritaria

alike[1] /əˈlaɪk/ adj **1** ⇒similar **2** *(carácter)* ⇒igual **3** to look ~ ⇒parecerse: *You two look very alike* - Vosotros dos os parecéis mucho ■ CONSTR. Se usa detrás de un verbo

alike² /ə'laɪk/ *adv* **1** ⇒igual ⇒por igual **2** ⇒tanto: *both men and women alike* - tanto hombres como mujeres

† **alive** /ə'laɪv/ *adj* **1** ⇒vivo,va: *I think she's still alive* - Creo que sigue viva; *The bar of soap seems to be alive* - Parece que la pastilla de jabón está viva ■ CONSTR. Se usa detrás de un verbo **2** ~ **and kicking** ⇒vivito,ta y coleando *col.* **3** to keep *sth* ~ ⇒conservar

† **all¹** UK: /ɔːl/ US: /ɑːl/ *pron* ⇒todo: *All you need is a bit of self-confidence* - Todo lo que necesitas es un poco más de confianza en ti mismo; *She's a woman that has seen it all* - Es una mujer que lo ha visto todo

all² UK: /ɔːl/ US: /ɑːl/ *adj* **1** ⇒todos,das: *All my friends came to the party* - Todos mis amigos vinieron a la fiesta **2** *(cantidad entera)* ⇒todo,da

† **all³** UK: /ɔːl/ US: /ɑːl/ *adv* **1** ⇒por completo ⇒totalmente ⇒muy **2** *(en deportes): The score was three all* - El resultado fue empate a tres **3** ~ **along** ⇒todo el tiempo **4** ~ **but** **1** ⇒todos,das menos: *All but Steven came to the ceremony* - Vinieron todos a la ceremonia, menos Steven **2** ⇒casi: *She all but died* - Casi se muere **5** ~ **in** *(en un precio)* ⇒todo incluido **6** ~ **in** ~ ⇒en resumen ⇒en general ⇒a fin de cuentas **7** ~ **over** ⇒por todo,da: *There were sheets of paper all over the floor* - Había papeles por todo el suelo **8** ~ **the better** ⇒tanto mejor **9** ~ **the more** ⇒todavía más: *It is snowing today, which makes our excursion all the more exciting* - Está nevando, lo que hace que nuestra excursión sea todavía más emocionante **10** ~ **too** ⇒demasiado **11** **in** ~ ⇒en total **12 not at** ~ ⇒en absoluto: *He isn't at all stupid* - No es tonto en absoluto **13 that's** ~ ⇒eso es todo ⇒nada más **14 to be** ~ **over** ⇒haberse terminado: *It's all over, Jane, and I don't want to see you again* - Se ha terminado, Jane, y no quiero volver a verte

† **allegation** /ˌæl.ə'geɪ.ʃən/ *n* [C] **1** ⇒alegación ⇒aseveración **2** ⇒acusación

† **allege** /ə'ledʒ/ [alleged, alleging] *v* [T] ⇒alegar: *She alleged that she was abroad at the time* - Alegó que se encontraba en el extranjero ■ CONSTR. 1. to allege + (that) 2. to allege + to do sth 3. Se usa más en pasiva

allegiance /ə'liː.dʒənts/ *n* [U] ⇒lealtad: *to pledge allegiance to the flag* - jurar lealtad a la bandera

allergic UK: /ə'lɜː.dʒɪk/ US: /-ˈlɝː-/ *adj* ⇒alérgico,ca: *I'm allergic to cats* - Soy alérgica a los gatos ■ CONSTR. Se usa detrás de un verbo

allergy UK: /'æl.ə.dʒi/ US: /-ɚ-/ [*pl* allergies] *n* [C] ⇒alergia: *I've got an allergy to some kinds of food* - Tengo alergia a algunos alimentos

alley /'æl.i/ *n* [C] ⇒callejón ⇒callejuela

† **alliance** /ə'laɪ.ənts/ *n* [C] ⇒alianza ⇒acuerdo

† **allied** /'æl.aɪd, ə'laɪd/ *adj* **1** ⇒aliado,da **2** ⇒relacionado,da: *allied subjects* - temas relacionados

alligator UK: /'æl.ɪ.geɪ.tər/ US: /-ˈt̬ɚ/ *n* [C] ⇒caimán

all-night *adj* **1** *(un negocio)* ⇒abierto,ta toda la noche **2** *(un evento)* ⇒que dura toda la noche

† **allocate** /'æl.ə.keɪt/ [allocated, allocating] *v* [T] ⇒asignar ⇒repartir ■ CONSTR. to allocate + dos objetos

allot UK: /ə'lɒt/ US: /-ˈlɑːt/ [allotted, allotting] *v* [T] ⇒asignar ■ CONSTR. 1. to allot + dos objetos 2. Se usa más en pasiva

all-out UK: /'ɔːl.aʊt/ US: /ɑːl-/ *adj* ⇒total: *an all-out offensive* - una ofensiva total

† **allow** /ə'laʊ/ *v* [T] **1** ⇒permitir ⇒dejar ■ CONSTR. 1. to allow + to do sth 2. to allow + dos objetos 3. Se usa más en pasiva **2** *(form)* ⇒conceder ⇒admitir ■ CONSTR. to allow + that **3** ⇒calcular: *Allow five hour for the journey* - Calcula cinco horas para el viaje

PHRASAL VERBS
· **to allow for** *sth* ⇒tener algo en cuenta ■ CONSTR. to allow for + doing sth

allowance /ə'laʊ.ənts/ *n* [C] **1** ⇒concesión **2** *(dinero)* ⇒pensión ⇒asignación ⇒subvención **3** *US* ⇒paga semanal **4 to make** ~ **for** *sth* ⇒tener algo en cuenta: *We have to make allowance for bad weather* - Debemos tener en cuenta el mal tiempo **5 to make allowances for** *sth/sb* ⇒hacer concesiones ⇒ser compasivo,va

alloy /'æl.ɔɪ/ *n* [C] ⇒aleación

all right¹ *adj, adv* **1** ⇒bien: *The show was all right* - La función estuvo bien **2** ⇒seguro ⇒bien ■ CONSTR. Se usa detrás de un verbo

all right² *excl* ⇒de acuerdo

all-time UK: /'ɔːl.taɪm/ US: /'ɑːl-/ *adj* **1** ⇒de todos los tiempos: *an all-time record* - un récord de todos los tiempos **2** ⇒nunca visto,ta ⇒sin precedentes

ally¹ /'æl.aɪ/ [*pl* allies] *n* [C] ⇒aliado,da

ally² /ə'laɪ/ [allies, allied]

PHRASAL VERBS
· **to ally** *oneself* {to/with} *sb* ⇒aliarse con alguien

almond UK: /'ɑː.mənd/ US: /'ɑːl-/ *n* [C, U] ⇒almendra: *almond flakes* - láminas de almendra

† **almost** UK: /'ɔːl.məʊst/ US: /'ɑːl.moʊst/ *adv* ⇒casi: *Tim is almost as tall as his father* - Tim es casi tan alto como su padre; *I'm almost finished* - Casi he terminado

† **alone** UK: /ə'ləʊn/ US: /-'loʊn/ *adj, adv (sin compañía)* ⇒solo,la ■ CONSTR. Se usa detrás de un verbo ■ Hace referencia al estado. Comparar con *lonely*

† **along¹** UK: /ə'lɒŋ/ US: /-'lɑːŋ/ *prep* ⇒a lo largo de ⇒por

A

A †**along**[2] UK: /ə'lɒŋ/ US: /-'lɑːŋ/ adv **1** *(hacia ade-lante): Drive along slowly until you see it* - Con-duce despacio hasta que lo veas ■ Se usa frecuente-mente con verbos de movimiento. Al traducirlo en español su significado suele estar implícito en el verbo: *to drive along* - conducir **2** ~ **with** *sth/sb* ⇒con: *Are you coming along with us?* - ¿Te vienes con no-sotros?

†**alongside** UK: /ə‚lɒŋ'saɪd/ US: /ə'lɑːŋ.saɪd/ adv, prep ⇒junto a ⇒al lado de ⇒al costado de ■ Se usa con objetos móviles. Comparar con *next to*

†**aloud** /ə'laʊd/ adv ⇒en voz alta ⇒a voces

†**alphabet** /'æl.fə.bet/ n [c] ⇒alfabeto ⇒abecedario

alphabetical UK: /‚æl.fə'bet.ɪ.kəl/ US: /-'beˤt̬-/ adj ⇒alfabético,ca: *in alphabetical order* - por orden alfabético

†**already** /ɔːl'red.i/ adv **1** *(antes de ahora)* ⇒ya **2** *(antes de lo esperado)* ⇒ya ■ Se usa en oraciones afirmativas e interrogativas ■ Ver cuadro

†**alright** UK: /ɔːl'raɪt/ US: /ɑːl-/ adv See **all right**

†**also** UK: /'ɔːl.səʊ/ US: /'ɑːl.soʊ/ adv ⇒también ⇒ade-más ■ Normalmente *also* se sitúa delante del verbo prin-cipal y después del verbo auxiliar. *Too* y *as well* siempre se sitúan al final.

altar UK: /'ɒːl.tə[r]/ UK: /'ɒl-/ US: /-ˤt̬ə[r]/ n [c] ⇒altar: *high altar* - altar mayor

†**alter** UK: /'ɒl.tə[r]/ US: /'ɑːl.ˤt̬ə[r]/ v [T, I] **1** ⇒alterar ⇒cambiar **2** *(una prenda de vestir)* ⇒arreglar

alteration UK: /‚ɒl.tə'reɪ.ʃən/ US: /‚ɑːl.ˤt̬ə-/ n [c, U] **1** ⇒cambio ⇒alteración **2** *(ropa)* ⇒arreglo

†**alternate** UK: /'ɒl.tə.neɪt/ US: /'ɑːl.ˤt̬ə-/ [alternat-ed, alternating] ■ v [T] **1** ⇒alternar **2** ⇒alternar ⇒oscilar ■ CONSTR. Se usa generalmente seguido de las preposiciones *between* y *with* ■ v [I] **3** ⇒turnarse

†**alternative** UK: /ɒl'tɜː.nə.tɪv/ US: /ɑːl'tɜː.nə.ˤt̬ɪv/ n [c] ⇒alternativa ⇒posibilidad ⇒opción

alternatively UK: /ɒl'tɜː.nə.tɪv.li/ US: /ɑːl'tɜː.nə.ˤt̬ɪv-/ adv **1** ⇒si no **2** *We could go to the cinema, or al-ternatively, we could go to the theatre* - Podemos ir al cine, o podemos ir al teatro

†**although** UK: /ɔːl'ðəʊ/ US: /ɑːl'ðoʊ/ conj **1** ⇒aun-que: *Although I didn't study hard, I passed the exam* - Aprobé el examen, aunque no estudié mucho **2** ⇒a pesar de que ⇒aunque

altitude UK: /'æl.tɪ.tjuːd/ US: /-ˤt̬ə.tuːd/ n [c, U] ⇒al-tura ⇒altitud

†**altogether** UK: /‚ɔːl.tə'geð.ə[r]/ US: /‚ɑːl.ˤt̬ə'geð.ə/ adv **1** ⇒totalmente ⇒del todo ⇒completamente **2** ⇒en total: *How much is it altogether?* - ¿Cuánto es en total?

†**aluminium** /‚æl.jʊ'mɪn.i.əm/ UK n [U] **1** *(en quí-mica)* ⇒aluminio **2** ~ **foil** ⇒papel de aluminio

†**always** UK: /'ɔːl.weɪz/ US: /'ɑːl-/ adv **1** ⇒siempre: *You can always change your mind* - Siempre puedes cambiar de idea ■ Se sitúa detrás del verbo *to be* y de los verbos auxiliares y modales, y delante de los demás verbos: *James has always turned up late* - Ja-mes siempre ha llegado tarde; *I always walk to school* - Siempre voy andando al colegio **2** **as** ~ ⇒como siempre

already / yet

• **Already** se usa en oraciones afirmativas y en interrogativas que expresan sorpresa. **Already** se sitúa detrás de los verbos auxiliares y modales, y delante del resto de los verbos. Cuando expresa sorpresa porque la acción ha terminado solo puede situarse al final.

afirmativa	negativa	interrogativa
*I have **already** seen that film.* (Esa película ya la he visto.) *I **already** phoned him* (Ya le llamé.)	–	*Have you finished **already**?* (¿Has terminado ya?)

• **Yet** se usa en oraciones negativas y en interrogativas. **Yet** se sitúa al final de las oraciones.

afirmativa	negativa	interrogativa
–	*She hasn't phoned me **yet**.* (Aún no me ha llamado.)	*Have you finished **yet**?* (¿Has terminado ya?)

(Ver también cuadro **todavía**.)

† a.m. /ˌeɪˈem/ *adv* ⇨de la mañana: *School starts at 8.30 a.m.* - Las clases empiezan a las 8.30 de la mañana ■ Cuando se dice *a.m.* no se dice *o'clock* ■ Procede de *ante meridiem* (antes del mediodía)

am /æm, əm/ ⇨primera persona singular del presente del verbo *to be*

AM /ˌeɪˈem/ *n* [U] *(en la radio)* ⇨AM ■ Procede de *amplitude modulation* (modulación de amplitud)

amalgamate /əˈmæl.gə.meɪt/ [amalgamated, amalgamating] *v* [T, I] ⇨fusionarse

† amateur UK: /ˈæm.ə.tər/ US: /-ˤt̬ə/ *adj, n* [c] ⇨aficionado,da ⇨amateur

† amaze /əˈmeɪz/ [amazed, amazing] *v* [T] ⇨asombrar ⇨alucinar ■ PRON. La segunda sílaba, *maze*, rima con *days*

amazed /əˈmeɪzd/ *adj* **1** ⇨asombrado,da ⇨sorprendido,da ⇨alucinado,da **2** *I was amazed to hear that they had married* - Aluciné al oír que se habían casado ■ CONSTR. 1. amazed at/by sth/sb 2. amazed + to do sth 3. amazed + (that) ■ Ver cuadro adjetivos terminados en "-ed" / "-ing": excited / exciting

amazement /əˈmeɪz.mənt/ *n* [U] ⇨asombro: *He looked at me in amazement* - Me miró con asombro

amazing /əˈmeɪ.zɪŋ/ *adj* ⇨asombroso,sa ⇨alucinante ■ PRON. La segunda parte, *maz*, rima con *days* ■ Ver cuadro adjetivos terminados en "-ed" / "-ing": excited / exciting

amazingly /əˈmeɪ.zɪŋ.li/ *adv* ⇨increíblemente ⇨extraordinariamente

† ambassador UK: /æmˈbæs.ə.dər/ US: /-də/ *n* [c] ⇨embajador,-a

amber UK: /ˈæm.bər/ US: /-bə/ *n* [U] **1** *(joya)* ⇨ámbar **2** *(color)* ⇨ámbar **3** *(en un semáforo)* ⇨amarillo

ambient /ˈæm.bi.ənt/ *adj (form)* ⇨ambiental: *ambient temperature* - temperatura ambiental

ambiguity UK: /ˌæm.bɪˈgjuː.ɪ.ti/ US: /-ə.ˤt̬i/ *[pl ambiguities]* *n* [c, U] ⇨ambigüedad

† ambiguous /æmˈbɪg.ju.əs/ *adj* ⇨ambiguo,gua

† ambition /æmˈbɪʃ.ən/ *n* [c, U] **1** ⇨ambición ⇨aspiración **2** *(cualidad)* ⇨ambición

ambitious /æmˈbɪʃ.əs/ *adj* ⇨ambicioso,sa

† ambulance /ˈæm.bju.lənts/ *n* [c] ⇨ambulancia: *Call for an ambulance!* - ¡Pide una ambulancia!

ambush /ˈæm.bʊʃ/ *[pl ambushes]* *n* [c] ⇨emboscada

amen /ˌɑːˈmen, ˌeɪ-/ *excl* ⇨amén

amend /əˈmend/ *v* [T] *(un texto legal)* ⇨modificar ⇨enmendar ■ CONSTR. Se usa más en pasiva

amends /əˈmendz/ **to make ~** ⇨compensar a alguien por algo [mal hecho]

amenity UK: /əˈmiː.nɪ.ti/ US: /əˈmen.ə.ˤt̬i/ *[pl amenities]* *n* [c] ⇨instalación ⇨comodidad ⇨servicio ■ Se usa más en plural

American¹ /əˈmer.ɪ.kən/ *adj* **1** ⇨estadounidense ⇨norteamericano,na ⇨americano,na **2** *(América del sur, central y del norte)* ⇨americano,na

American² /əˈmer.ɪ.kən/ *n* [c] ⇨estadounidense ⇨norteamericano,na ⇨americano,na

American Indian *(tb* **Indian***)* *adj, n* [c] *(de América del norte)* ⇨indio,dia ⇨amerindio,dia

amiable /ˈeɪ.mi.ə.bl̩/ *adj* ⇨atento,ta ⇨amable ⇨afable

amicable /ˈæm.ɪ.kə.bl̩/ *adj* ⇨amistoso,sa ⇨amigable

† amid /əˈmɪd/ *prep (form)* ⇨entre: *She told it to me amid sobs and tears* - Me lo contó entre sollozos y lágrimas

ammunition /ˌæm.juˈnɪʃ.ən/ *n* [U] **1** ⇨munición **2** *(en una discusión)* ⇨argumentos

amnesia /æmˈniː.zi.ə, -ʒə/ *n* [U] ⇨amnesia: *to suffer from amnesia* - padecer amnesia

amnesty /ˈæm.nɪ.sti/ *[pl amnesties]* *n* [c, U] ⇨amnistía: *to grant an amnesty* - conceder una amnistía

† among /əˈmʌŋ/ *(tb* **amongst***)* *prep (más de dos cosas o personas)* ⇨entre ■ Ver cuadro entre (among / between)

amongst *prep* See **among**

† amount¹ /əˈmaʊnt/ *n* [c] **1** ⇨cantidad ⇨suma ■ Se usa especialmente con nombres incontables **2** **to ~ to** *sth (una cantidad)* ⇨ascender a algo ⇨equivaler a algo

amount² /əˈmaʊnt/

PHRASAL VERBS
· **to amount to** *sth (una cantidad)* ⇨ascender a algo ⇨equivaler a algo

amp /æmp/ *n* [c] **1** *(en física)* ⇨amperio **2** *(inform)* ⇨forma abreviada de **amplifier** (amplificador)

† ample /ˈæm.pl̩/ *adj* ⇨abundante ⇨más que suficiente

amplifier UK: /ˈæm.plɪ.faɪ.ər/ US: /-ə/ *n* [c] ⇨amplificador ■ La forma abreviada es *amp*

amplify /ˈæm.plɪ.faɪ/ [amplifies, amplified] *v* [T] **1** ⇨amplificar **2** *(form)* ⇨ampliar

amputate /ˈæm.pju.teɪt/ [amputated, amputating] *v* [T, I] ⇨amputar

† amuse /əˈmjuːz/ [amused, amusing] *v* [T] **1** ⇨divertir ⇨hacer gracia **2** ⇨entretenerse ⇨divertirse ■ CONSTR. Se usa más como reflexivo

amusement /əˈmjuːz.mənt/ *n* [U] ⇨diversión ⇨entretenimiento ⇨distracción

amusing /əˈmjuː.zɪŋ/ *adj* ⇨divertido,da ⇨entretenido,da ■ Distinto de *amused* (que se divierte) ■ Ver cuadro adjetivos terminados en "-ed" / "-ing": excited / exciting

† an /ən, æn/ *art* See **a** ■ Ver cuadros a / an y a / an / the

anaemia /ə'niː.mi.ə/ *UK* (*US* **anemia**) *n* [U] (*en medicina*) ⇒anemia ■ PRON. La segunda sílaba, *nae*, rima con *knee*

anaesthetic *UK*: /ˌæn.əs'θet.ɪk/ *US*: /-'θeˤt̬-/ *UK* (*US* **anesthetic**) *n* [C, U] ⇒anestesia

analogy /ə'næl.ə.dʒi/ [*pl* analogies] *n* [C, U] ⇒analogía: *by analogy* - por analogía

[†]**analyse** /'æn.ᵊl.aɪz/ [analysed, analysing] *UK v* [T] ⇒analizar: *to analyse a text* - analizar un texto

analyses *n* [PL] See **analysis**

analysis /ə'næl.ə.sɪs/ [*pl* analyses] *n* [C, U] **1** ⇒análisis **2 in the {final/last}** ~ ⇒a fin de cuentas

[†]**analyst** /'æn.ə.lɪst/ *n* [C] **1** ⇒analista: *He works as a financial analyst* - Trabaja como analista financiero **2** ⇒psicoanalista

analytical *UK*: /ˌæn.ə'lɪt.ɪ.kᵊl/ *US*: /-'lɪˤt̬-/ *adj* ⇒analítico,ca

anarchy *UK*: /'æn.ə.ki/ *US*: /-ɚ-/ *n* [U] ⇒anarquía

anatomy *UK*: /ə'næt.ə.mi/ *US*: /-'næˤt̬-/ [*pl* anatomies] *n* [C, U] ⇒anatomía

[†]**ancestor** *UK*: /'æn.ses.tə^r/ *US*: /-tɚ/ *n* [C] ⇒antepasado,da ⇒precursor,-a

[†]**anchor** *UK*: /'æŋ.kə^r/ *US*: /-kɚ/ *n* [C] **1** ⇒ancla: *to drop anchor* - echar anclas **2** (*persona*) ⇒pilar ⇒sostén

[†]**ancient** /'eɪn.tʃᵊnt/ *adj* **1** (*en historia*) ⇒antiguo,gua **2** (*inform*) ⇒muy viejo,ja: *Your car is ancient!* - ¡Tu coche es muy viejo! ■ Distinto de *elderly man/elderly woman* (anciano,na)

[†]**and** /ænd, ənd, ən/ *conj* **1** ⇒y: *Pat plays the guitar and the violin* - Pat toca la guitarra y el violín **2** (*secuencia*) ⇒y **3** ⇒con: *fish and chips* - pescado con patatas fritas **4** (*comparación*): *higher and higher* - cada vez más alto **5** (*repetición*): *I've worked and worked* - He trabajado sin parar

Andorra /æn'dɔː.rə/ *n* [U] ⇒Andorra

Andorran /æn'dɔː.rən/ *adj, n* [C] ⇒andorrano,na

anecdote *UK*: /'æn.ɪk.dəʊt/ *US*: /-doʊt/ *n* [C] ⇒anécdota

anemia /ə'niː.mi.ə/ *US n* [U] See **anaemia**

anesthetic *US n* [U] See **anaesthetic**

[†]**angel** /'eɪn.dʒᵊl/ *n* [C] **1** ⇒ángel **2** (*persona*) ⇒ángel ⇒cielo

[†]**anger** *UK*: /'æŋ.gə^r/ *US*: /-gɚ/ *n* [U] ⇒enfado ⇒ira

[†]**angle** /'æŋ.gl̩/ *n* [C] **1** ⇒ángulo: *at a 180° angle* - en un ángulo de 180°; *an acute angle* - un ángulo agudo **2** ⇒punto de vista

Anglican /'æŋ.glɪ.kən/ *n* [C] ⇒anglicano,na

Anglo-Saxon *UK*: /ˌæŋ.gləʊ'sæk.sᵊn/ *US*: /ˌæŋ.gloʊ-/ *adj, n* [C] ⇒anglosajón,-a

Angola *UK*: /æŋ'gəʊ.lə/ *US*: /-'goʊ-/ *n* [U] ⇒Angola

Angolan *UK*: /æŋ'gəʊ.lən/ *US*: /-'goʊ-/ *adj, n* [C] ⇒angoleño,ña

angrily /'æŋ.grɪ.li/ *adv* ⇒con ira ⇒airadamente

[†]**angry** /'æŋ.gri/ *adj* [*comp* angrier, *superl* angriest] **1** ⇒enfadado,da **2 to get** ~ ⇒enfadarse ⇒embroncarse *AMÉR. col.*

anguish /'æŋ.gwɪʃ/ *n* [U] (*sufrimiento físico o mental*) ⇒angustia ⇒congoja

angular *UK*: /'æŋ.gju.lə^r/ *US*: /-lɚ/ *adj* **1** ⇒angular: *angular shapes* - formas angulares **2** (*una persona*) ⇒huesudo,da

[†]**animal** /'æn.ɪ.məl/ *n* [C] **1** ⇒animal **2** (*offens*) ⇒bruto,ta *desp.;* ⇒bestia *desp.*

animate¹ /'æn.ɪ.mət/ *adj* ⇒viviente ⇒vivo,va ⇒animado,da

animate² /'æn.ɪ.meɪt/ [animated, animating] *v* [T] **1** ⇒animar: *A faint smile animated her face* - Una leve sonrisa animó su rostro **2** ⇒hacer dibujos animados

animated *UK*: /'æn.ɪ.meɪ.tɪd/ *US*: /-ˤt̬ɪd/ *adj* **1** ⇒animado,da ⇒vivaz **2** ~ **cartoons** ⇒dibujos animados

animation /ˌæn.ɪ'meɪ.ʃᵊn/ *n* [U] **1** ⇒vivacidad ⇒animación **2** (*en cine o en informática*) ⇒animación ⇒imágenes animadas

[†]**ankle** /'æŋ.kl̩/ *n* [C] ⇒tobillo: *Kelly twisted her ankle yesterday* - Kelly se torció el tobillo ayer

[†]**anniversary** *UK*: /ˌæn.ɪ'vɜː.sᵊr.i/ *US*: /-'vɜː.sɚ-/ [*pl* anniversaries] *n* [C] ⇒aniversario: *a wedding anniversary* - un aniversario de boda

[†]**announce** /ə'naʊns/ [announced, announcing] *v* [T] ⇒anunciar ⇒declarar ⇒comunicar ⇒hacer público,ca ■ CONSTR. to announce + (that)

announcement /ə'naʊnt.smənt/ *n* [C] ⇒declaración ⇒anuncio ■ Distinto de *advertisement* (anuncio publicitario)

announcer *UK*: /ə'naʊnt.sə^r/ *US*: /-sɚ/ *n* [C] (*en la radio, en la televisión*) ⇒locutor,-a ⇒presentador,-a ⇒conductor,-a *AMÉR.*

annoy /ə'nɔɪ/ *v* [T] ⇒irritar ⇒mosquear *col.;* ⇒molestar ⇒fregar *AMÉR. col.;* ⇒chingar *AMÉR. vulg.*

annoyance /ə'nɔɪ.ᵊnts/ ■ *n* [U] **1** ⇒enfado ⇒enojo ■ *n* [C] **2** ⇒molestia ⇒irritación

annoyed /ə'nɔɪd/ *adj* ⇒enfadado,da ⇒irritado,da ⇒mosqueado,da *col.*

annoying /ə'nɔɪ.ɪŋ/ *adj* ⇒molesto,ta: *That noise is very annoying* - Ese ruido es muy molesto

[†]**annual** /'æn.ju.əl, -jʊl/ *adj* ⇒anual: *annual income* - ingresos anuales

anonymity *UK*: /ˌæn.ɒn'ɪm.ɪ.ti/ *US*: /-ə'nɪm.ə.ˤt̬i/ *n* [U] ⇒anonimato

[†]**anonymous** *UK*: /ə'nɒn.ɪ.məs/ *US*: /-'nɑː.nə-/ *adj* ⇒anónimo,ma: *an anonymous letter* - una carta anónima

anorak /'æn.ᵊr.æk/ *UK n* [C] **1** ⇒anorak **2** *UK* (*persona*) ⇒obseso,sa

anorexia /æn.ə,rek.si.ə.nə'vəu.sə/ (tb **anorexia nervosa**) n [U] *(en medicina)* ⇒anorexia

†**another**[1] UK: /ə'nʌð.əʳ/ US: /-ə/ adj ⇒otro,tra ■ Se usa especialmente con sustantivos en singular sin artículo u otros determinantes, y con sustantivos en plural acompañados de un numeral: *Can you give me another sandwich? - ¿Me puedes dar otro sándwich?*; *We have to wait another three months - Tendremos que esperar otros tres meses.* Comparar con *other*

†**another**[2] UK: /ə'nʌð.əʳ/ US: /-ə/ pron ⇒otro,tra: *I don't like this jacket; I want another - Esta chaqueta no me gusta; quiero otra* ■ Nunca se usa con artículo delante u otros determinantes. Incorrecto: *I want the another, I want other.* Comparar con *other*

†**answer**[1] UK: /ɑːnt.səʳ/ US: /'ænt.sə/ v [T, I] **1** ⇒contestar ⇒responder **2 to ~ the door** ⇒abrir la puerta

|PHRASAL VERBS
| · **to answer back** ⇒replicar ⇒dar una mala
| contestación
| · **to answer sb (for sth)** ⇒responder ante al-
|_ guien [de algo]

†**answer**[2] UK: /ɑːnt.səʳ/ US: /'ænt.sə/ n [C] **1** ⇒contestación ⇒respuesta **2 in ~ to sth** ⇒en respuesta a algo ■ PRON. La *w* no se pronuncia

†**answering machine** (UK tb **answerphone**) n [C] ⇒contestador automático ■ PRON. La *w* no se pronuncia

†**answerphone** UK: /ɑːnt.sə.fəun/ US: /'ænt.sə.foun/ UK n [C] See **answering machine**

†**ant** /ænt/ n [C] ⇒hormiga

antagonism /æn'tæg.ə.nɪ.zªm/ n [U] ⇒antagonismo ⇒hostilidad

Antarctic UK: /æn'tɑːk.tɪk/ US: /-'tɑːrk-/ adj ⇒antártico,ca

antelope UK: /'æn.tɪ.ləup/ US: /-ˤt[ə]l.oup/ n [C] ⇒antílope

antenna /æn'ten.ə/ n [C] **1** *(de un insecto)* ⇒antena ■ Su plural es *antennae* **2** US (UK **aerial**) *(de un aparato)* ⇒antena ■ Su plural es *antennas*

anthem /'ænt.θəm/ n [C] ⇒himno: *national anthem - himno nacional*

anthology UK: /æn'θɒl.ə.dʒi/ US: /-'θɑː.lə-/ [pl anthologies] n [C] ⇒antología

anthropologist UK: /,ænt.θrə'pɒl.ə.dʒɪst/ US: /-'pɑː.lə-/ n [C] ⇒antropólogo,ga

anthropology UK: /,ænt.θrə'pɒl.ə.dʒi/ US: /-'pɑː.lə-/ n [U] ⇒antropología

†**antibiotic** UK: /,æn.ti.baɪ'ɒt.ɪk/ US: /-ˤti.baɪ'ɑː.ˤtɪk/ n [C] *(en biología)* ⇒antibiótico ■ Se usa más en plural ■ PRON. La tercera sílaba, *bi*, rima con *by*

antibody UK: /'æn.ti,bɒd.i/ US: /-ˤti,bɑː.di/ [pl antibodies] n [C] *(en biología)* ⇒anticuerpo

†**anticipate** /æn'tɪs.ɪ.peɪt/ [anticipated, anticipating] v [T] **1** ⇒prever: *Do you anticipate any obstacles? - ¿Prevés algún obstáculo?*; ⇒esperar ■ CONSTR. to anticipate + that **2** ⇒adelantarse ⇒anticiparse

anticipation /æn,tɪs.ɪ'peɪ.ʃ³n/ n [U] **1** *(previo a algo)* ⇒ilusión ⇒excitación **2 in ~ of** ⇒en previsión de

anticlimax UK: /,æn.ti'klaɪ.mæks/ US: /-ˤti-/ [pl anticlimaxes] n [C] ⇒anticlímax ⇒decepción

antics UK: /'æn.tɪks/ US: /-ˤtɪks/ n [PL] **1** ⇒travesuras ⇒payasadas **2 to be up to one's ~** ⇒hacer de las suyas col.

antidote UK: /'æn.ti.dəut/ US: /-ˤti.dout/ n [C] ⇒antídoto: *Laughing is a good antidote to stress - La risa es un buen antídoto contra el estrés*

antiquated UK: /'æn.tɪ.kweɪ.tɪd/ US: /-ˤtə.kweɪ.ˤtɪd/ adj ⇒anticuado,da

antique[1] /æn'tiːk/ n [C] ⇒antigüedad ⇒reliquia

antique[2] /æn'tiːk/ adj **1** ⇒antiguo,gua [con valor]: *an antique vase - un jarrón antiguo* **2 ~ dealer** ⇒anticuario,ria

antler UK: /'æn.tləʳ/ US: /-lə/ n [C] **1** *(de un ciervo, un alce, o un reno)* ⇒asta ⇒cuerno **2 antlers** *(de un ciervo, un alce, o un reno)* ⇒cornamenta

anus /'eɪ.nəs/ [pl anuses] n [C] ⇒ano

†**anxiety** UK: /æŋ'zaɪ.ə.ti/ US: /-ˤti/ n [U] **1** ⇒preocupación ⇒inquietud **2** ⇒ansiedad: *anxiety attack - ataque de ansiedad*

anxious /'æŋk.ʃəs/ adj **1** ⇒preocupado,da ⇒nervioso,sa: *I'm always anxious before an exam - Siempre estoy nerviosa antes de un examen* **2** ⇒deseoso,sa ⇒ansioso,sa

anxiously /'æŋk.ʃə.sli/ adv **1** ⇒con gran preocupación **2** ⇒ansiosamente ⇒con ansiedad

†**any** /'en.i/ adj, pron **1** *(con nombres contables en oraciones interrogativas)* ⇒alguno,na **2** *(con nombres contables en oraciones negativas)* ⇒ninguno,na **3** *(con nombres incontables en oraciones interrogativas)* ⇒algo de **4** *(con nombres incontables en oraciones interrogativas)*: *I haven't got any money. Have you got any? - No tengo dinero. ¿Tú tienes?* ■ Sin traducción en español **5** *(con nombres incontables en oraciones negativas)* ⇒nada **6** ⇒cualquiera: *You can get this book in any bookshop - Este libro se consigue en cualquier librería* **7** *(en oraciones condicionales): If I had any friends here... - Si tuviera amigos aquí...* ■ Normalmente se usa en oraciones interrogativas o negativas. Comparar con *some* ■ Ver cuadro en página siguiente y ver cuadro *some / any*

†**anybody** UK: /'en.i,bɒd.i/ US: /-,bɑː.di/ pron See **anyone**

anyhow /'en.i.haʊ/ adv See **anyway**

any more not... any more ⇒ya no: *Brook doesn't live here any more - Brook ya no vive aquí*

A † **anyone** /ˈen.i.wʌn/ (tb **anybody**) pron **1** (en oraciones interrogativas) ⇒alguien **2** (en oraciones negativas) ⇒nadie **3** (en oraciones afirmativas) ⇒cualquiera ⇒todo el mundo ■ Normalmente se usa en oraciones interrogativas o negativas. Comparar con somebody

anyplace /ˈen.i.pleɪs/ US adv See **anywhere**

† **anything** /ˈen.i.θɪŋ/ pron **1** (en oraciones interrogativas) ⇒algo **2** (en oraciones negativas) ⇒nada **3** (en oraciones afirmativas) ⇒cualquier cosa ⇒lo que sea ■ Normalmente se usa en oraciones interrogativas o negativas. Comparar con something **4** ~ but ⇒todo menos: They were anything but nice - Eran todo menos agradables

† **anyway** /ˈen.i.weɪ/ (tb **anyhow**) adv **1** (spoken) ⇒de todas formas ⇒de todos modos **2** (spoken) ⇒al menos **3** (spoken) ⇒bueno: Anyway, give my regards to Hannah - Bueno, saluda a Hannah de mi parte **4** (spoken) (para cambiar de tema) ⇒cambiando de tema ⇒bueno

† **anywhere** UK: /ˈen.i.weəʳ/ US: /-wer/ (US tb **anyplace**) adv **1** (en oraciones interrogativas) ⇒en algún sitio ⇒a alguna parte **2** (en oraciones afirmativas) ⇒en cualquier lugar ⇒a cualquier lugar **3** (en oraciones negativas) ⇒en ningún sitio ⇒a ninguna parte

† **apart** UK: /əˈpɑːt/ US: /-ˈpɑːrt/ adv **1** ⇒separado,da ⇒aislado,da **2** He stood some metres apart from the crowd - Permaneció a unos metros de la multitud **3** ~ from ⇒de no ser por ⇒aparte de

† **apartment** UK: /əˈpɑːt.mənt/ US: /-ˈpɑːrt-/ US (UK **flat**) n [c] ⇒piso ⇒apartamento ⇒departamento AMÉR.

apathetic UK: /ˌæp.əˈθet.ɪk/ US: /-ˈθeᵗt̬-/ adj ⇒apático,ca

apathy /ˈæp.ə.θi/ n [U] ⇒apatía

ape /eɪp/ n [c] ⇒simio,mia

apologetic UK: /əˌpɒl.əˈdʒet.ɪk/ US: /-ˌpɑː.ləˈdʒeᵗt̬.ɪk/ adj **1** ⇒apologético,ca ⇒de disculpa **2** to be ~ about sth ⇒disculparse: He was very apologetic about it - Se disculpó mucho por lo ocurrido

apologise [apologised, apologising] UK v [I] See **apologize**

† **apologize** UK: /əˈpɒl.ə.dʒaɪz/ US: /-ˈpɑː.lə-/ [apologized, apologizing] (UK tb **apologise**) v [I] ⇒disculparse ⇒pedir disculpas

apology UK: /əˈpɒl.ə.dʒi/ US: /-ˈpɑː.lə-/ [pl apologies] n [c] **1** ⇒disculpa ■ Distinto de defence (apología) **2** to make no {apologies/apology} for sth ⇒no disculparse por algo

apostle UK: /əˈpɒs.l̩/ US: /-ˈpɑː..sl̩/ n [c] ⇒apóstol

† **apostrophe** UK: /əˈpɒs.trə.fi/ US: /-ˈpɑː.strə-/ n [c] (en ortografía) ⇒apóstrofo ■ Ver cuadro signos de puntuación

† **appal** UK: /əˈpɔːl/ US: /-ˈpɑːl/ [appalled, appalling] UK v [T] **1** ⇒horrorizar ⇒indignar ⇒dejar consternado,da **2** ⇒repeler ⇒repugnar

appalling UK: /əˈpɔː.lɪŋ/ US: /-ˈpɑː-/ adj **1** ⇒horrible ⇒espantoso,sa **2** ⇒pésimo,ma ⇒atroz

apparatus UK: /ˌæp.əˈreɪ.təs/ US: /-ˈræᵗt̬.əs/ ■ n [U] **1** ⇒aparato ⇒equipo ■ n [c] **2** (en una organización) ⇒aparato ■ El plural es apparatus o apparatuses **3** (en anatomía) ⇒aparato ■ El plural es apparatus o apparatuses

† **apparent** UK: /əˈpær.ᵊnt/ US: /-ˈper-/ adj **1** ⇒claro,ra ⇒evidente **2** ⇒aparente ⇒supuesto,ta

† **apparently** UK: /əˈpær.ᵊnt.li/ US: /-ˈper-/ adv ⇒al parecer ⇒por lo visto ⇒dizque AMÉR.

† **appeal**¹ /əˈpiːl/ ■ n [c] **1** ⇒petición **2** ⇒llamamiento ■ n [c, U] **3** (en derecho) ⇒apelación ⇒recurso ■ n [U] **4** ⇒atractivo ⇒encanto

appeal² /əˈpiːl/ v [I] **1** ⇒pedir ⇒solicitar **2** ⇒atraer ⇒interesar ■ CONSTR. to appeal + to sb **3** (en derecho) ⇒apelar

† **appear** UK: /əˈpɪəʳ/ US: /-ˈpɪr/ v [I] **1** ⇒aparecer ⇒salir **2** ⇒parecer ⇒parece ser que ■ CONSTR. 1. to appear + (that) 2. to appear + to do sth **3** (en derecho) ⇒comparecer

appearance UK: /əˈpɪə.rənts/ US: /-ˈpɪr.[ə]nts/ ■ n [c] **1** ⇒aparición: He recorded his appearance on TV - Grabó su aparición en televisión ■ n [c, U] **2** ⇒aspecto **3** to keep up appearances ⇒mantener las apariencias

appendicitis UK: /əˌpen.dɪˈsaɪ.tɪs/ US: /-ˈᵗt̬ɪs/ n [U] ⇒apendicitis ■ La penúltima sílaba ci rima con my

any / a (en frases negativas e interrogativas)

• Any se usa:

– Con nombres en plural:

· Have you got any cookies?
(¿Tienes galletas?)

· We don't have any stamps.
(No tenemos ningún sello.)

– Con nombres incontables

· Is there any sugar left?
(¿Queda algo de azúcar?)

• A solo se usa con nombres contables en singular:

· Have you got a pen?
(¿Tienes un bolígrafo?)

· She hasn't got a dog.
(Ella no tiene un perro.)

(Ver también cuadro some / any.)

appendix /əˈpen.dɪks/ [*pl* appendices, appendixes] *n* [c] ⇒apéndice

† **appetite** /ˈæp.ɪ.taɪt/ *n* [c, u] **1** ⇒apetito **2** ⇒apetencia ⇒deseo

appetizer UK: /ˈæp.ɪ.taɪ.zəʳ/ US: /-zɚ/ *n* [c] **1** (*comida*) ⇒aperitivo ⇒antojitos AMÉR. **2** US (UK starter) ⇒primer plato

appetizing /ˈæp.ɪ.taɪ.zɪŋ/ *adj* ⇒apetitoso,sa

† **applaud** UK: /əˈplɔːd/ US: /-ˈplɑːd/ *v* [T, I] ⇒aplaudir

applause UK: /əˈplɔːz/ US: /-ˈplɑːz/ *n* [u] **1** ⇒aplauso **2** *A round of applause for our guest* - Un aplauso para nuestro invitado

† **apple** /ˈæp.l̩/ *n* [c] ⇒manzana

† **appliance** /əˈplaɪ.ənts/ *n* [c] **1** ⇒aparato **2** electrical ~ ⇒electrodoméstico

applicable /əˈplɪk.ə.bl̩/ *adj* ⇒aplicable

application /ˌæp.lɪˈkeɪ.ʃʰn/ ∎ *n* [c, u] **1** ⇒solicitud: *Please fill in the application form* - Por favor, rellene el impreso de solicitud **2** ⇒uso ⇒aplicación ∎ *n* [u] **3** ⇒puesta en práctica ⇒aplicación **4** ⇒aplicación ⇒dedicación

applied /əˈplaɪd/ *adj* (*una ciencia o disciplina*) ⇒aplicado,da

† **apply** /əˈplaɪ/ [applies, applied] ∎ *v* [I] **1** ⇒solicitar **2** ⇒referirse ⇒afectar ∎ *v* [T] **3** ⇒aplicar ⇒utilizar **4** ⇒aplicar ⇒extender **5** to ~ oneself ⇒aplicarse

† **appoint** /əˈpɔɪnt/ *v* [T] ⇒nombrar: *She was appointed chairwoman of the board* - Fue nombrada presidenta del consejo

† **appointment** /əˈpɔɪnt.mənt/ ∎ *n* [c, u] **1** ⇒nombramiento ∎ *n* [c] **2** ⇒cita [formal]: *I've got an appointment with the dentist* - Tengo cita con el dentista ∎ Se usa para citas con especialistas (médico, dentista, abogado, etc.). Comparar con meeting y date

appraisal /əˈpreɪ.zʰl/ *n* [c, u] ⇒evaluación ⇒valoración

† **appreciate** /əˈpriː.ʃi.eɪt/ [appreciated, appreciating] ∎ *v* [T] **1** ⇒agradecer **2** ⇒apreciar ⇒valorar **3** (*un asunto*) ⇒comprender ∎ *v* [I] **4** (*bienes*) ⇒revalorizarse

† **apprehension** /ˌæp.rɪˈhen.ʃʰn/ *n* [u] **1** (*form*) ⇒aprehensión ⇒arresto **2** (*form*) ⇒aprehensión ⇒comprensión

apprentice UK: /əˈpren.tɪs/ US: /-ˈt̬ɪs/ *n* [c] ⇒aprendiz,-a ⇒chícharo AMÉR.

† **approach¹** UK: /əˈprəʊtʃ/ US: /-ˈproʊtʃ/ [approaches] ∎ *v* [T, I] **1** ⇒acercarse ⇒aproximarse ∎ *v* [T] **2** (*un asunto*) ⇒abordar ⇒enfocar ⇒plantear **3** to ~ sb ⇒acudir en ayuda de alguien

† **approach²** UK: /əˈprəʊtʃ/ US: /-ˈproʊtʃ/ [*pl* approaches] ∎ *n* [c, u] **1** ⇒acercamiento ⇒aproximación ∎ *n* [c] **2** ⇒enfoque ⇒planteamiento

† **appropriate¹** /əˈprəʊ.pri.ət/ US: /-ˈproʊ-/ *adj* ⇒adecuado,da ⇒oportuno,na ⇒apropiado,da ∎

PRON. La segunda *a* se pronuncia como en el adverbio inglés *ago*

appropriate² UK: /əˈprəʊ.pri.eɪt/ US: /-ˈproʊ-/ [appropriated, appropriating] *v* [T] **1** (*form*) ⇒apropiarse **2** (*form*) ⇒destinar [dinero]

appropriately UK: /əˈprəʊ.pri.ət.li/ US: /-ˈproʊ-/ *adv* ⇒apropiadamente ⇒adecuadamente ⇒debidamente

approval /əˈpruː.vʰl/ *n* [u] **1** ⇒aprobación ⇒consentimiento **2** ⇒apoyo ⇒aprobación [de una propuesta] **3** on ~ ⇒a prueba: *to buy sth on approval* - comprar algo a prueba

† **approve** /əˈpruːv/ [approved, approving] ∎ *v* [I] **1** ⇒aprobar ⇒estar de acuerdo ∎ CONSTR. to approve of sth ∎ *v* [T] **2** (*una propuesta, un plan*) ⇒ratificar ⇒aprobar

† **approximate** UK: /əˈprɒk.sɪ.mət/ US: /-ˈprɑːk/ *adj* ⇒aproximado,da

approximately UK: /əˈprɒk.sɪ.mət.li/ US: /-ˈprɑːk-/ *adv* ⇒aproximadamente ∎ La forma abreviada es approx

apricot UK: /ˈeɪ.prɪ.kɒt/ US: /-kɑːt/ *n* [c] **1** (*fruta*) ⇒albaricoque ⇒damasco AMÉR. **2** (*color*) ⇒albaricoque

† **April** /ˈeɪ.prʰl/ *n* [c, u] ⇒abril: *in April* - en abril; *on April 10th* - el diez de abril ∎ La forma abreviada es Apr

April Fool's Day /ˌeɪ.prʰlˈfuːlzˌdeɪ/ *n* [c, u] ⇒día de los inocentes ∎ Se celebra el 1 de abril y equivale al día de los Santos Inocentes en España.

apron /ˈeɪ.prən/ *n* [c] ⇒delantal

apt /æpt/ *adj* **1** ⇒acertado,da ⇒adecuado,da **2** to be ~ to do sth ⇒tener tendencia a hacer algo: *He's apt to forget his anniversary* - Tiene tendencia a olvidar el aniversario

aptitude UK: /ˈæp.tɪ.tjuːd/ US: /-tuːd/ *n* [c, u] ⇒aptitud ⇒talento

aquarium UK: /əˈkweə.ri.əm/ US: /-ˈkwer.i-/ [*pl* aquaria, aquariums] *n* [c] (*para peces*) ⇒acuario

Aquarius UK: /əˈkweə.ri.əs/ US: /-ˈkwer.i-/ [*pl* Aquariuses] *n* [c, u] (*signo del zodíaco*) ⇒acuario

aquatic UK: /əˈkwæt.ɪk/ US: /-ˈkwæˈt̬-/ *adj* ⇒acuático,ca: *an aquatic plant* - una planta acuática

Arab UK: /ˈær.əb/ US: /ˈer-/ *adj, n* [c] ⇒árabe ∎ Distinto de arabic (el idioma árabe)

Arabic¹ UK: /ˈær.ə.bɪk/ US: /ˈer-/ *n* [u] (*idioma*) ⇒árabe ∎ Distinto de Arab (gentilicio)

Arabic² UK: /ˈær.ə.bɪk/ US: /ˈer-/ *adj* ⇒árabe: *Arabic script* - la escritura árabe

arable /ˈær.ə.bl̩/ US: /ˈer-/ *adj* ⇒cultivable ⇒de cultivo

† **arbitrary** UK: /ˈɑː.bɪ.trə.ri/ US: /ˈɑːr.bə.trer-/ *adj* **1** ⇒arbitrario,ria **2** ⇒indiscriminado,da

arbitrate UK: /ˈɑː.bɪ.treɪt/ US: /ˈɑːr-/ [arbitrated, arbitrating] *v* [T, I] ⇒mediar ⇒arbitrar

arc UK: /ɑːk/ US: /ɑːrk/ n [C] ⇒arco

arcade UK: /ɑːˈkeɪd/ US: /ɑːr-/ n [C] ⇒soportales ⇒galería [comercial]

arch[1] UK: /ɑːtʃ/ US: /ɑːrtʃ/ [pl arches] n [C] (en una construcción) ⇒arco

arch[2] UK: /ɑːtʃ/ US: /ɑːrtʃ/ [arches] v [T, I] **1** (la espalda) ⇒arquear **2** (las cejas) ⇒enarcar

archaeologist UK: /ˌɑː.kiˈɒl.ə.dʒɪst/ US: /ˌɑːr.kiˈɑː.lə-/ UK n [C] ⇒arqueólogo,ga

† **archaeology** UK: /ˌɑː.kiˈɒl.ə.dʒi/ US: /ˌɑːr.kiˈɑː.lə-/ UK (US **archeology**) n [U] ⇒arqueología

archaic UK: /ɑːˈkeɪ.ɪk/ US: /ɑːr-/ adj ⇒arcaico,ca

archbishop /ˌɑːtʃˈbɪʃ.əp/ n [C] ⇒arzobispo

archeology UK: /ˌɑː.kiˈɒl.ə.dʒi/ US: /ˌɑːr.kiˈɑː.lə-/ US n [U] See **archaeology**

archery UK: /ˈɑː.tʃə.ri/ US: /ˈɑːr.tʃɚ.i/ n [U] ⇒tiro con arco

† **architect** UK: /ˈɑː.kɪ.tekt/ US: /ˈɑːr-/ n [C] ⇒arquitecto,ta

architecture UK: /ˈɑː.kɪ.tek.tʃəʳ/ US: /ˈɑːr.kɪ.tek.tʃɚ/ n [U] ⇒arquitectura

archive UK: /ˈɑː.kaɪv/ US: /ˈɑːr-/ n [C] ⇒archivo [histórico]

Arctic UK: /ˈɑːk.tɪk/ US: /ˈɑːrk-/ adj ⇒ártico,ca

ardent UK: /ˈɑː.dᵊnt/ US: /ˈɑːr-/ adj ⇒apasionado,da ⇒ferviente

are /ɑːʳ/, /əʳ/ ⇒tercera persona plural del presente del verbo to be

† **area** UK: /ˈeə.ri.ə/ US: /ˈer.i-/ n [C] **1** ⇒área ⇒superficie ⇒zona **2** (unidad de superficie) ⇒área **3** ⇒área ⇒ámbito

area code US (UK **dialling code**) n [C] ⇒prefijo telefónico: What is your area code? - ¿Cuál es tu prefijo telefónico?

arena /əˈriː.nə/ n [C] **1** ⇒estadio **2** ⇒pista **3** (en una plaza de toros) ⇒ruedo **4** ⇒ámbito ⇒escena

aren't UK: /ɑːnt/ US: /ɑːrnt/ (are not) See **be**

Argentina UK: /ˌɑː.dʒənˈtiː.nə/ US: /ˌɑːr-/ n [U] ⇒Argentina ■ PRON. La segunda sílaba, gen, se pronuncia como en gentleman

Argentine adj, n [C] See **Argentinian**

Argentinian UK: /ˌɑː.dʒənˈtɪn.i.ən/ US: /ˌɑːr-/ (tb **Argentine**) adj, n [C] ⇒argentino,na ■ PRON. La segunda sílaba, gen, se pronuncia como en gentleman

arguable UK: /ˈɑːg.ju.ə.bl̩/ US: /ˈɑːrg-/ adj **1** (form) ⇒discutible **2** it is ~ that (form) ⇒podría afirmarse que

† **argue** UK: /ˈɑːg.juː/ US: /ˈɑːrg-/ [argued, arguing] ■ v [I] **1** ⇒reñir ⇒discutir ■ Se usa para discusiones con discordia. Comparar con to discuss (hablar, discutir) ■ v [T, I] **2** ⇒alegar: He argued that he didn't know anything about it - Alegaba que él no sabía nada ■ CONSTR. to argue + that **3** ⇒sostener ⇒opinar

† **argument** UK: /ˈɑːg.ju.mənt/ US: /ˈɑːrg-/ n [C] **1** ⇒riña ⇒discusión **2** ⇒argumento ⇒razonamiento **3 to have an ~** ⇒discutir

arid UK: /ˈær.ɪd/ US: /ˈer-/ adj ⇒árido,da

Aries UK: /ˈeə.riːz/ US: /ˈer.iːz/ [pl Arieses] n [C, U] (signo del zodíaco) ⇒aries

† **arise**, arose, arisen /əˈraɪz/ [arising] v [I] ⇒presentarse ⇒surgir

arisen past participle of **arise**

aristocracy UK: /ˌɒr.ærˈɪˈstɒk.rə.si/ US: /-ˌer.ɪˈstɑː.krə-/ [pl aristocracies] n [C] ⇒aristocracia ■ Por ser un nombre colectivo se puede usar con el verbo en singular o en plural

aristocrat UK: /ˈær.ɪ.stə.kræt/ US: /ˈer-/ n [C] ⇒aristócrata

† **arithmetic** UK: /əˈrɪθ.mə.tɪk/ US: /-ˤt̬ɪk/ n [U] ⇒aritmética ⇒cálculo

ark UK: /ðiˈɑːk/ US: /-ˈɑːrk/ **the ~** (en la Biblia) ⇒arca de Noé

† **arm** UK: /ɑːm/ US: /ɑːrm/ n [C] **1** ⇒brazo: I broke my arm - Me he roto el brazo **2** (en una prenda de vestir) ⇒manga **3 ~ in ~** ⇒del brazo: They walked arm in arm - Iban cogidos del brazo **4 to twist sb's ~** (inform) ⇒liar a alguien col.; ⇒persuadir a alguien ⇒convencer a alguien

armband UK: /ˈɑːm.bænd/ US: /ˈɑːrm-/ n [C] ⇒brazalete [de tela]: the Captain's armband - el brazalete del capitán

† **armchair** UK: /ˈɑːm.tʃeəʳ/ US: /ˈɑːrm.tʃer/ n [C] ⇒sillón

armed UK: /ɑːmd/ US: /ɑːrmd/ adj **1** ⇒armado,da **2 ~ robbery** ⇒atraco a mano armada ■ PRON. La e no se pronuncia

armed forces (tb armed services) n [PL] ⇒fuerzas armadas

Armenia UK: /ɑːˈmiː.ni.ə/ US: /ɑːr-/ n [U] ⇒Armenia

Armenian[1] UK: /ɑːˈmiː.ni.ən/ US: /ɑːr-/ ■ n [U] **1** (idioma) ⇒armenio ■ n [C] **2** (gentilicio) ⇒armenio,nia

Armenian[2] UK: /ɑːˈmiː.ni.ən/ US: /ɑːr-/ adj ⇒armenio,nia

armistice UK: /ˈɑː.mɪ.stɪs/ US: /ˈɑːr-/ n [C] ⇒armisticio

† **armour** UK: /ˈɑː.məʳ/ US: /ˈɑːr.mɚ/ UK (US **armor**) n [U] ⇒armadura

armpit UK: /ˈɑːm.pɪt/ US: /ˈɑːrm-/ n [C] ⇒sobaco ⇒axila

arms UK: /ɑːmz/ US: /ɑːrmz/ n [PL] **1** ⇒armamento **2** ⇒armas **3 to be up in ~** ⇒estar en pie de guerra

† **army** UK: /ˈɑː.mi/ US: /ˈɑːr-/ [pl armies] n [C] ⇒ejército de tierra ■ Por ser un nombre colectivo se puede usar con el verbo en singular o en plural

aroma UK: /əˈrəʊ.mə/ US: /-ˈroʊ-/ n [C] ⇒aroma: the aroma of freshly made coffee - el aroma del café recién hecho

arose UK: /ə'rəʊz/ US: /-'roʊz/ past tense of **arise**

† **around** /ə'raʊnd/ *adv, prep* **1** (*UK tb* round) (*lugar*) ⇒alrededor de **2** (*UK tb* round) (*distintos lugares*) ⇒por **3** (*cálculo aproximado*) ⇒aproximadamente ⇒alrededor de **4** (*UK tb* round) (*lugar*) ⇒alrededor **5** (*UK tb* round) ⇒de un lugar a otro ⇒de un sitio para otro **6** (*UK tb* round) ⇒cerca ⇒por aquí

† **arouse** /ə'raʊz/ [aroused, arousing] *v* [T] **1** ⇒provocar ⇒suscitar **2** (*un sentimiento o una sensación*) ⇒despertar **3** ⇒enfadar ⇒alterar **4** ⇒excitar [sexualmente] **5 to ~ sb from sleep** (*form*) ⇒despertar a alguien

† **arrange** /ə'reɪndʒ/ [arranged, arranging] *v* [T] **1** ⇒acordar ⇒quedar ■ CONSTR. to arrange + to do sth **2** ⇒concretar ⇒fijar **3** ⇒organizar ⇒colocar **4** (*en música*) ⇒arreglar

arrangement /ə'reɪndʒ.mənt/ ■ *n* [C, U] **1** ⇒acuerdo: *to come to an arrangement with sb* - llegar a un acuerdo con alguien ■ *n* [U] **2** ⇒disposición ■ *n* [C] **3** ⇒arreglo

arrangements *n* [PL] ⇒preparativos ⇒planes ■ CONSTR. arrangements + to do sth

arrest¹ /ə'rest/ *v* [T] **1** ⇒arrestar ⇒detener **2** (*form*) ⇒contener ⇒frenar

arrest² /ə'rest/ *n* [C, U] **1** ⇒arresto ⇒detención **2 to be under ~** ⇒estar detenido,da

arrival /ə'raɪ.v°l/ ■ *n* [U] **1** ⇒llegada: *the arrival of flight 2202* - la llegada del vuelo 2202; *arrivals hall* - sala de llegadas **2** ⇒llegada ⇒inicio ■ *n* [C] **3** *the new arrivals* - los recién llegados

† **arrive** /ə'raɪv/ [arrived, arriving] *v* [I] ⇒llegar: *to arrive at a conclusion* - llegar a una conclusión ■ CONSTR. 1. to arrive in se usa con países, ciudades, pueblos, etc.: *We arrived in London at 10 p.m.* - Llegamos a Londres a las 10 de la noche. 2. to arrive at se usa con edificios, estaciones, aeropuertos, etc.: *What time did you arrive at the hotel?* - ¿A qué hora llegaste al hotel? 3. Cuando se hace referencia a la llegada a casa, se usa sin preposición: *I arrived home late* - Llegué a casa tarde

† **arrogant** UK: /'ær.ə.gºnt/ US: /'er-/ *adj* ⇒arrogante

† **arrow** UK: /'ær.əʊ/ US: /'er.oʊ/ *n* [C] (*arma*) ⇒flecha

arson UK: /'ɑː.sºn/ US: /'ɑːr-/ *n* [U] ⇒incendio provocado

arsonist UK: /'ɑː.sºn.ɪst/ US: /'ɑːr-/ *n* [C] ⇒incendiario,ria ⇒pirómano,na

† **art** UK: /ɑːt/ US: /ɑːrt/ ■ *n* [U] **1** ⇒arte: *art lessons* - clases de arte ■ *n* [C, U] **2** ⇒arte ⇒habilidad ⇒destreza

artery UK: /'ɑː.tºr.i/ US: /'ɑːr.ˤţ⋟-/ [*pl* arteries] *n* [C] ⇒arteria

art gallery [*pl* art galleries] *n* [C] **1** ⇒museo de arte **2** ⇒galería de arte

artichoke UK: /'ɑː.tɪ.tʃəʊk/ US: /'ɑːr.ˤţɪ.tʃoʊk/ *n* [C] ⇒alcachofa: *stuffed artichoke* - alcachofa rellena

† **article** UK: /'ɑː.tɪ.kḷ/ US: /'ɑːr.ˤţɪ-/ *n* [C] **1** ⇒artículo ⇒reportaje **2** (*en gramática*) ⇒artículo **3** ⇒objeto: *an article of value* - un objeto de valor **4 ~ of clothing** ⇒prenda de vestir

articulate UK: /ɑːˈtɪk.ju.lət/ US: /ɑːr-/ *adj* **1** ⇒elocuente ⇒facundo,da *form*. **2** *She's very articulate* - Se expresa con mucha facilidad

† **artificial** UK: /ˌɑː.tɪ'fɪʃ.ºl/ US: /ˌɑːr.ˤţɪ-/ *adj* **1** (*un objeto*) ⇒artificial **2** (*una actitud, una persona*) ⇒artificial ⇒insincero,ra ⇒forzado,da

artificial intelligence *n* [U] ⇒inteligencia artificial ■ La forma abreviada es *AI*

artillery UK: /ɑː'tɪl.ºr.i/ US: /ɑːr'tɪl.⋟-/ *n* [U] ⇒artillería: *heavy artillery* - artillería pesada

artisan UK: /'ɑː.tɪ.zæn/ US: /'ɑːr.ˤţɪ-/ *n* [C] ⇒artesano,na

artist UK: /'ɑː.tɪst/ US: /'ɑːr.ˤţɪst/ *n* [C] ⇒artista ■ Se usa para referirse a una persona que crea una obra de arte

artistic UK: /ɑː'tɪs.tɪk/ US: /ɑːr-/ *adj* ⇒artístico,ca

artistically UK: /ɑː'tɪs.tɪ.kli/ US: /ɑːr-/ *adv* ⇒artísticamente

† **arts** UK: /ɑːts/ US: /ɑːrts/ *n* [PL] (*en la universidad*) ⇒letras ⇒humanidades

artwork UK: /'ɑːt.wɜːk/ US: /'ɑːrt.wɜːk/ *n* [U] **1** ⇒ilustración ⇒material gráfico **2** *This book has got excellent artwork* - Este libro está muy bien ilustrado

† **as** /əz, æz/ *conj, prep* **1** (*función*) ⇒como **2** (*con profesiones*) ⇒como **3** (*modo*) ⇒como ■ Se usa para comparar oraciones (*I'll do it as I please* - Lo haré como me parezca), pero nunca para comparar sintagmas nominales ni para dar ejemplos. Comparar con *like* **4** (*tiempo*) ⇒cuando ⇒mientras **5** (*causa*) ⇒ya que ⇒como **6 as... as** ⇒tan... como: *My younger brother is almost as tall as I am* - Mi hermano pequeño es casi tan alto como yo **7 ~ for sth/sb** ⇒en cuanto a: *As for the flat, the relatives will decide what to do with it* - En cuanto al piso, los familiares decidirán qué hacer con él **8 ~ {from/of}** (*form*) ⇒a partir de: *as from 6 June* - a partir del seis de junio **9 ~ {if/though}** ⇒como si: *She talks as though she were the boss* - Habla como si fuera la jefa **10 ~ it is** ⇒vista la situación **11 ~ much again** ⇒otro tanto **12 ~ to sth** (*form*) ⇒en cuanto a algo **13 ~ yet** ⇒hasta ahora

asap /ˌeɪ.es.eɪ'piː/ ⇒forma abreviada de **as soon as possible** (lo antes posible)

asbestos UK: /æs'bes.tɒs/ US: /-tɑːs/ *n* [U] (*mineral*) ⇒amianto

ascend /ə'send/ *v* [T, I] **1** (*form*) ⇒subir ⇒ascender ⇒elevar(se) ■ *v* [I] **2** (*form*) (*en el trabajo*) ⇒ascender

ascent /ə'sent/ ■ *n* [C, NO PL] **1** ⇒subida ⇒ascenso ■ *n* [C] **2** ⇒cuesta

A **ascertain** UK: /ˌæs.ə'teɪn/ US: /-ə-/ v [T] (form) ⇒averiguar: They'll ascertain how the robbery was carried out - Averiguarán cómo se cometió el robo ■ CONSTR. to ascertain + interrogativa indirecta

ascribe /ə'skraɪb/

PHRASAL VERBS
· **to ascribe sth/sb** (form) ⇒atribuir algo a: Everyone ascribes the anonymous letter to him - Todos le atribuyen la carta anónima

ash /æʃ/ [pl ashes] ■ n [C, U] **1** ⇒ceniza: Their house was reduced to ashes - Su casa quedó reducida a cenizas ■ n [C] **2** (árbol) ⇒fresno

† **ashamed** /ə'ʃeɪmd/ adj **1** ⇒avergonzado,da **2 to be ~** ⇒tener vergüenza ■ CONSTR. ashamed of sth/sb ■ PRON. La e no se pronuncia

ashore UK: /ə'ʃɔːr/ US: /-'ʃɔːr/ adv **1** ⇒en la orilla **2** ⇒en tierra **3 to {come/go} ~** ⇒desembarcar

ashtray /'æʃ.treɪ/ n [C] ⇒cenicero

Asia /'eɪ.ʒə/ n [U] ⇒Asia ■ PRON. La primera a se pronuncia como en ate

Asian /'eɪ.ʒən/ adj, n [C] ⇒asiático,ca ■ PRON. La primera A se pronuncia como ei en eight

† **aside** /ə'saɪd/ adv, prep ⇒a un lado: Move aside - Échate a un lado

† **ask** UK: /ɑːsk/ US: /æsk/ ■ v [T, I] **1** ⇒preguntar ⇒hacer una pregunta ■ CONSTR. 1. to ask + interrogativa indirecta 2. to ask + dos objetos **2** ⇒pedir ■ CONSTR. 1. to ask + to do sth 2. to ask for sth ■ v [T] **3** ⇒invitar **4 don't ~ me!** (inform) ⇒¡yo qué sé! **5 for the asking** ⇒con solo pedirlo **6 to ~ for {it/trouble}** (inform) ⇒buscarse problemas

PHRASAL VERBS
· **to ask after sb** ⇒preguntar cómo está alguien

† **asleep** /ə'sliːp/ adj **1** ⇒dormido,da: The baby is sound asleep - El bebé está profundamente dormido ■ CONSTR. Se usa detrás de un verbo **2 to fall ~** ⇒quedarse dormido,da

asparagus UK: /ə'spær.ə.gəs/ US: /-'sper-/ n [U] ⇒espárrago: asparagus tips - puntas de espárragos

† **aspect** /'æs.pekt/ ■ n [C] **1** ⇒aspecto ⇒faceta **2** (de un edificio) ⇒orientación ■ n [NO PL] **3** (form) ⇒aspecto ⇒apariencia

asphalt UK: /'æs.fɔːlt/ US: /-fɑːlt/ US (UK Tarmac®) n [U] ⇒asfalto

† **aspiration** UK: /ˌæs.pɪ'reɪ.ʃən/ US: /-pə'eɪ-/ n [C] ⇒aspiración ⇒objetivo ■ Se usa más en plural

aspire UK: /ə'spaɪər/ US: /-'spaɪr/

PHRASAL VERBS
· **to aspire to sth** ⇒aspirar a algo

aspirin /'æs.pɪ.rɪn/ [pl aspirin, aspirins] n [C] ⇒aspirina®: to take an aspirin - tomar una aspirina

ass /æs/ [pl asses] n [C] **1** (tb donkey) (old-fash) (animal) ⇒asno,na ⇒burro,rra **2** (inform) ⇒imbécil col. desp.

† **assassin** /ə'sæs.ɪn/ n [C] ⇒magnicida ⇒asesino,na ■ Se usa cuando la víctima es una persona importante. Comparar con murderer

assassinate /ə'sæs.ɪ.neɪt/ [assassinated, assassinating] v [T] ⇒perpetrar un magnicidio ⇒asesinar ■ Se usa cuando se refiere a una persona importante. Comparar con murder

assault¹ UK: /ə'sɒlt/ US: /-'sɑːlt/ ■ n [C, U] **1** (a una persona) ⇒agresión ■ n [C] **2** ⇒ataque [militar] ⇒incursión ⇒asalto

assault² UK: /ə'sɒlt/ US: /-'sɑːlt/ v [T] ⇒agredir ⇒atacar

assemble /ə'sem.bl̩/ [assembled, assembling] ■ v [T, I] **1** ⇒reunir(se) ⇒congregar(se) ■ v [T] **2** ⇒montar ⇒armar

† **assembly** /ə'sem.bli/ ■ n [C] **1** ⇒reunión ■ El plural es assemblies **2** ⇒asamblea ■ El plural es assemblies ■ n [C, U] **3** ⇒asamblea escolar ■ n [U] **4** ⇒montaje ⇒ensamblaje

† **assert** UK: /ə'sɜːt/ US: /-'sɜːt/ v [T] **1** (form) ⇒aseverar ⇒afirmar ■ CONSTR. to assert + that **2** (la autoridad) ⇒hacer valer ⇒imponer **3** (un derecho) ⇒reivindicar ⇒reclamar ■ Distinto de to reclaim (recuperar) **4 to ~ oneself** ⇒imponerse

assertive UK: /ə'sɜː.tɪv/ US: /-'sɜː.ˁtɪv/ adj ⇒firme ⇒que se hace valer

assess /ə'ses/ [assesses] v [T] **1** ⇒tasar ⇒valorar **2** ⇒calcular ⇒estimar **3** ⇒evaluar

asset /'æs.et, -ɪt/ n [C] **1** ⇒ventaja ⇒punto a favor ⇒baza **2** (de una empresa) ⇒empleado,da muy valioso,sa **3** (en economía) ⇒activo ⇒bien ■ Se usa más en plural

† **assign** /ə'saɪn/ v [T] **1** (una tarea) ⇒encargar ⇒asignar ■ CONSTR. 1. to assign sb to sth 2. Se usa más en pasiva **2** ⇒asignar: They assigned all the colours a letter - Asignaron una letra a cada color **3** (una herencia) ⇒ceder ⇒legar ■ CONSTR. to assign + dos objetos **4** (a un lugar) ⇒destinar ■ CONSTR. Se usa más en pasiva

assignment /ə'saɪn.mənt/ n [C] **1** ⇒tarea ⇒trabajo ■ n [U] **2** ⇒misión

assimilate /ə'sɪm.ɪ.leɪt/ [assimilated, assimilating] ■ v [T] **1** ⇒asimilar: to assimilate new ideas - asimilar nuevas ideas ■ v [T, I] **2** (a un entorno) ⇒integrar(se) ⇒adaptar(se)

† **assist** /ə'sɪst/ v [T, I] ⇒ayudar ⇒asistir

† **assistance** /ə'sɪs.tənts/ n [U] (form) ⇒ayuda: Thank you for your assistance - Gracias por su ayuda

† **assistant** /ə'sɪs.tənt/ n [C] **1** ⇒ayudante ⇒asistente **2 ~ manager** ⇒subdirector,-a

associate¹ UK: /ə'səu.si.eɪt/ US: /-'sou-/ [associated, associating] v [T] ⇒asociar ⇒relacionar ⇒vincular

associate² UK: /ə'səu.si.ət/ US: /-'sou-/ n [C] ⇒socio,cia

† **association** UK: /ə͵səʊ.si'eɪ.ʃᵊn/ US: /-͵soʊ-/ ■ *n* [c] **1** *(organización)* ⇒asociación ■ Por ser un nombre colectivo se puede usar con el verbo en singular o en plural ■ *n* [c, u] **2** *(unión)* ⇒conexión ⇒asociación

assorted UK: /ə'sɔː.tɪd/ US: /-'sɔːr.ᵗtɪd/ *adj* ⇒variado,da ⇒surtido,da

assortment UK: /ə'sɔːt.mənt/ US: /-'sɔːrt-/ *n* [c] ⇒variedad ⇒surtido ⇒colección

† **assume** UK: /ə'sjuːm/ US: /-'suːm/ [assumed, assuming] *v* [T] **1** ⇒suponer ⇒dar por sentado ■ CONSTR. to assume + (that) **2** ⇒asumir **3** ⇒adoptar

assumed *adj* **1** ⇒falso,sa: *an assumed name* - un nombre falso **2** ⇒presunto,ta

assumption /ə'sʌmp.ʃᵊn/ ■ *n* [c] **1** ⇒suposición ⇒supuesto ■ *n* [u] **2** ⇒adquisición ⇒toma

assurance UK: /ə'ʃɔː.rənts/ US: /-'ʃɝ.[ə]nts/ ■ *n* [c] **1** ⇒garantía ⇒promesa ■ *n* [u] **2** ⇒confianza

† **assure** UK: /ə'ʃɔː/ US: /-'ʃɝ/ [assured, assuring] *v* [T] ⇒asegurar ⇒prometer ■ CONSTR. to assure + (that)

† **asterisk** UK: /'æs.tᵊr.ɪsk/ US: /-tɚ-/ *n* [c] *(en ortografía)* ⇒asterisco

asteroid UK: /'æs.tᵊr.ɔɪd/ US: /-tə.rɔɪd/ *n* [c] ⇒asteroide: *the asteroid belt* - el anillo de asteroides

asthma /'æs.mə/ US: /'æz-/ *n* [u] *(en medicina)* ⇒asma

† **astonish** UK: /ə'stɒn.ɪʃ/ US: /-'staː.nɪʃ/ [astonishes] *v* [T] ⇒asombrar ⇒dejar pasmado,da

astonishment UK: /ə'stɒn.ɪʃ.mənt/ US: /-'staː.nɪʃ-/ *n* [u] ⇒asombro ⇒sorpresa ⇒estupor ■ Distinto de *stupor* (sopor)

astound /ə'staʊnd/ *v* [T] ⇒pasmar ⇒dejar atónito,ta ⇒asombrar

astray /ə'streɪ/ **1 to go ~** ⇒descarriarse ⇒extraviarse **2 to lead** *sb* **~** ⇒llevar a alguien por mal camino

astride /ə'straɪd/ *adv, prep* ⇒a horcajadas: *to sit astride* - sentarse a horcajadas

† **astrology** UK: /ə'strɒl.ə.dʒi/ US: /-'straː.lə-/ *n* [u] ⇒astrología

astronaut UK: /'æs.trə.nɔːt/ US: /-nɑːt/ *n* [c] ⇒astronauta

† **astronomy** UK: /ə'strɒn.ə.mi/ US: /-'straː.nə-/ *n* [u] ⇒astronomía

astute UK: /ə'stjuːt/ US: /-'stuːt/ *adj* ⇒sagaz ⇒listo,ta ⇒astuto,ta

asylum /ə'saɪ.ləm/ *n* [u] ⇒asilo político: *They are seeking asylum* - Buscan asilo político

† **at** /ət, æt/ *prep* **1** *(lugar concreto)* ⇒en **2** *(tiempo)*: *at night* - por la noche **3** *(para las horas)* ⇒a **4** *(velocidad)* ⇒a **5** *(precio)* ⇒en **6** *(en una dirección)* ⇒en ■ Se usa cuando se especifica el número de la calle. Comparar con *in* **7** *(dirección)* ⇒hacia ■ Ver cuadro on / in / at (preposiciones de tiempo)

ate /et, eɪt/ past tense of **eat**

† **athlete** /'æθ.liːt/ *n* [c] ⇒atleta

athletic UK: /æθ'let.ɪk/ US: /-'leᵗt̬-/ *adj* ⇒atlético,ca

athletics UK: /æθ'let.ɪks/ US: /-'leᵗt̬-/ *UK n* [u] ⇒atletismo: *an athletics meeting* - una competición de atletismo

† **atlas** /'æt.ləs/ [*pl* atlases] *n* [c] **1** ⇒atlas **2** *road ~* ⇒mapa de carreteras

ATM /͵eɪ.tiː'em/ *US n* [c] ⇒forma abreviada de **Automatic Teller Machine** (cajero automático)

† **atmosphere** UK: /'æt.məs.fɪəʳ/ US: /-fɪr/ ■ *n* [c, u] **1** *(gas, aire)* ⇒atmósfera ■ *n* [c] **2** *(de un planeta)* ⇒atmósfera ■ *n* [NO PL] **3** *(en un lugar específico)* ⇒ambiente

atmospheric /͵æt.məs'fer.ɪk/ *adj* ⇒atmosférico,ca: *atmospheric conditions* - condiciones atmosféricas

† **atom** UK: /'æt.əm/ US: /'æᵗt̬-/ *n* [c] *(en química)* ⇒átomo

atomic UK: /ə'tɒm.ɪk/ US: /-'taː.mɪk/ *adj* ⇒atómico,ca

atrocious UK: /ə'trəʊ.ʃəs/ US: /-'troʊ-/ *adj* **1** ⇒atroz ⇒cruel **2** ⇒horrible ⇒espantoso,sa ⇒pésimo,ma

† **attach** /ə'tætʃ/ [attaches] *v* [T] **1** ⇒adjuntar: *I attach a copy of the contract* - Le adjunto una copia del contrato **2** ⇒atar ⇒unir **3 to ~ importance to** *sth* ⇒darle importancia a algo: *I didn't attach any importance to it* - No le di ninguna importancia

attached /ə'tætʃt/ *adj* **1** ⇒unido,da **2** ⇒adjunto,ta: *the attached document* - el documento adjunto **3 to be ~ to** *sth/sb* ⇒tener cariño a ⇒estar unido,da a

† **attack**¹ /ə'tæk/ *n* [c, u] ⇒ataque: *a frontal attack* - un ataque frontal

† **attack**² /ə'tæk/ *v* [T, I] ⇒atacar: *The soldiers attacked the military post* - Los soldados atacaron el puesto militar

attain /ə'teɪn/ *v* [T] **1** *(form)* ⇒alcanzar ⇒conseguir **2** *(form) (a una edad, una condición)* ⇒llegar ■ Nunca se usa seguido de otro verbo

† **attempt**¹ /ə'tempt/ *n* [c] **1** ⇒intento: *to make an attempt* - hacer un intento **2 an ~ on** *one's* **life** ⇒intento de asesinato

† **attempt**² /ə'tempt/ *v* [T] ⇒intentar ⇒tratar ■ CONSTR. to attempt + to do sth

† **attend** /ə'tend/ *v* [T, I] **1** ⇒acudir ⇒asistir **2** ⇒atender ⇒cuidar

|PHRASAL VERBS
|· **to attend to** *sth/sb* ⇒ocuparse de

attendance /ə'ten.dᵊnts/ *n* [c, u] **1** ⇒concurrencia ⇒asistencia **2 to be in ~** *(form)* ⇒estar presente

attendant /ə'ten.dᵊnt/ *n* [c] *(de un lugar público)* ⇒celador,-a ⇒encargado,da ⇒vigilante

† **attention** /ə'ten.tʃᵊn/ *n* [u] **1** ⇒atención: *Can I have your attention, please?* - Atención, por favor

A

2 to {attract/get} (sb's) ~ ⇒llamar la atención (de alguien)

attentive UK: /ə'ten.tɪv/ US: /-ˤt̬ɪv/ *adj* ⇒atento,ta: *You should always be attentive to the signs* - Deberías estar siempre atento a las señales

attic UK: /'æt.ɪk/ US: /'æˤt̬-/ *n* [c] ⇒desván ⇒buhardilla ⇒entretecho *AMÉR.* ■ Distinto de *top floor* (ático)

†**attitude** UK: /'æt.ɪ.tjuːd/ US: /'æˤt̬.ɪ.tuːd/ *n* [c, ʊ] ⇒actitud ⇒postura

†**attorney** UK: /ə'tɜː.ni/ US: /-'tɜːr-/ *US* (*UK/US tb* lawyer) *n* [c] ⇒abogado,da

†**attract** /ə'trækt/ *v* [T] **1** ⇒atraer: *Honey attracts bears* - La miel atrae a los osos **2** ⇒atraer [sexualmente] ■ CONSTR. Se usa más en pasiva

attraction /ə'træk.ʃªn/ ■ *n* [c] **1** ⇒atracción ⇒atractivo ■ *n* [ʊ] **2** ⇒encanto ⇒atractivo ⇒atracción

†**attractive** /ə'træk.tɪv/ *adj* **1** ⇒guapo,pa ⇒atractivo,va **2** ⇒atractivo,va ⇒interesante

attribute¹ /ə'trɪb.juːt, -juːt/
| PHRASAL VERBS
└ **· to attribute** *sth* **to** *sth/sb* ⇒atribuir algo

attribute² /'æt.rɪ.bjuːt/ *n* [c] ⇒atributo

aubergine UK: /'əʊ.bə.ʒiːn/ US: /'oʊ.bɚ-/ *UK* (*US* eggplant) *n* [c] ⇒berenjena

auburn UK: /'ɔː.bən/ US: /'ɑː.bən/ *adj (el pelo)* ⇒cobrizo,za ⇒castaño rojizo

auction¹ UK: /'ɔːk.ʃªn/ US: /'ɑːk-/ *n* [c, ʊ] ⇒subasta: *to bid at an auction* - pujar en una subasta

auction² UK: /'ɔːk.ʃªn/ US: /'ɑːk-/ *v* [T] ⇒subastar: *She auctioned her collection of paintings* - Subastó su colección de cuadros

audible UK: /'ɔː.dɪ.bl̩/ US: /'ɑː-/ *adj* ⇒audible

†**audience** UK: /'ɔː.di.ənts/ US: /'ɑː-/ *n* [c] **1** *(en un espectáculo)* ⇒público ■ Por ser un nombre colectivo se puede usar con el verbo en singular o en plural **2** *(en un programa de radiotelevisión)* ⇒audiencia ■ Por ser un nombre colectivo se puede usar con el verbo en singular o en plural **3** *(form)* ⇒audiencia ⇒recepción

audio UK: /'ɔː.di.əʊ/ US: /'ɑː.di.oʊ/ *adj (un equipo o un sistema)* ⇒de audio

audit¹ UK: /'ɔː.dɪt/ US: /'ɑː-/ *n* [c] ⇒auditoría ⇒revisión de cuentas

audit² UK: /'ɔː.dɪt/ US: /'ɑː-/ *v* [T] ⇒auditar ⇒hacer una auditoría

audition¹ UK: /ɔː'dɪʃ.ªn/ US: /ɑː-/ *n* [c] ⇒audición ⇒prueba

audition² UK: /ɔː'dɪʃ.ªn/ US: /ɑː-/ *v* [T, I] ⇒hacer una audición

auditorium UK: /ˌɔː.dɪ'tɔː.ri.əm/ US: /ˌɑː.dɪ'tɔːr.i-/ *[pl* auditoria, auditoriums] *n* [c] *(sala)* ⇒auditorio

auditory UK: /'ɔː.dɪ.tri/ US: /'ɑː-/ *adj (form)* ⇒auditivo,va ■ Distinto de *auditorium* (auditorio)

†**August** UK: /'ɔː.gəst/ US: /'ɑː-/ *n* [c, ʊ] ⇒agosto: *in August* - en agosto; *on August 1st* - el 1 de agosto ■ La forma abreviada es *Aug*

†**aunt** UK: /ɑːnt/ US: /ænt/ *n* [c] *(pariente)* ⇒tía

auntie *n* [c] *(inform) (pariente)* ⇒tía

au pair *n* [c] ⇒au pair

austere UK: /ɔː'stɪəʳ/ US: /ɑː'stɪr/ *adj* ⇒austero,ra

Australasia UK: /ˌɒs.trə'leɪ.ʒə/ US: /ˌɑː.strə-/ *n* [ʊ] ⇒Australasia

Australia UK: /ɒs'treɪ.li.ə/ US: /ɑː'streɪl.jə/ *n* [ʊ] ⇒Australia ■ PRON. *stra* rima con *day*

Australian UK: /ɒs'treɪ.li.ən/ US: /ɑː'streɪl.jən/ *adj, n* [c] ⇒australiano,na

Austria UK: /'ɒs.tri.ə/ US: /'ɑː.stri-/ *n* [ʊ] ⇒Austria

Austrian UK: /'ɒ.striː.ən/ US: /ɔː.striːən/ *adj, n* [c] ⇒austríaco,ca

†**authentic** UK: /ɔː'θen.tɪk/ US: /ɑː'θen.ˤt̬ɪk/ *adj* ⇒auténtico,ca

†**author** UK: /'ɔː.θəʳ/ US: /'ɑː.θɚ/ *n* [c] ⇒autor,-a ■ PRON. La sílaba *au* se pronuncia como *aw* en *saw*

authoritarian UK: /ˌɔː.θɒr.ɪ'teə.ri.ən/ US: /əˌθɔːr.ɪ'ter.i-/ *adj* ⇒autoritario,ria: *an authoritarian regime* - un régimen autoritario

authoritative UK: /ɔː'θɒr.ɪ.tə.tɪv/ US: /ə'θɔːr.ɪ.ˤt̬ə.ˤt̬ɪv/ *adj* **1** ⇒autoritario,ria: *an authoritative voice* - una voz autoritaria **2** ⇒serio,ria ⇒acreditado,da

†**authority** UK: /ɔː'θɒr.ɪ.ti/ US: /ə'θɔːr.ɪ.ˤt̬i/ ■ *n* [ʊ] **1** ⇒autoridad ⇒poder ■ *n* [c] **2** *(persona)* ⇒experto,ta ⇒autoridad ■ El plural es *authorities* **3 to have** *sth* **on good ~** ⇒saber algo de buena tinta *col.*

†**authorize** UK: /'ɔː.θᵊr.aɪz/ US: /'ɑː.θɚ-/ [authorized, authorizing] *v* [T] ⇒autorizar: *Are you authorized to enter?* - ¿Estás autorizado a entrar?

autobiography UK: /ˌɔː.təʊ.baɪ'ɒg.rə.fi/ US: /ˌɑː.ˤt̬ə.baɪˈɑː.grə-/ *[pl* autobiographies] *n* [c] ⇒autobiografía ■ PRON. La tercera sílaba, *bi*, se pronuncia como *buy*

autograph UK: /'ɔː.tə.grɑːf/ US: /'ɑː.ˤt̬ə.græf/ *n* [c] ⇒autógrafo: *Could I have your autograph, please?* - ¿Me da su autógrafo, por favor?

automate UK: /'ɔː.tə.meɪt/ US: /'ɑː.ˤt̬ə-/ [automated, automating] *v* [T] ⇒automatizar: *to automate a process* - automatizar un proceso

†**automatic** UK: /ˌɔː.tə'mæt.ɪk/ US: /ˌɑː.ˤt̬ə'mæ.ˤt̬-/ *adj* ⇒automático,ca: *automatic car* - coche automático

automobile UK: /'ɔː.tə.məʊ.biːl/ US: /'ɑː.ˤt̬ə.moʊ-/ *US* (*UK/US tb* car) *n* [c] ⇒automóvil ⇒carro *AMÉR.;* ⇒auto *AMÉR.*

autonomous UK: /ɔː'tɒn.ə.məs/ US: /ɑː'tɑː.nə-/ *adj* ⇒autónomo,ma: *autonomous region* - región autónoma

autonomy UK: /ɔːˈtɒn.ə.mi/ US: /ɑːˈtɑː.nə-/ n [U] ⇒autonomía: to preserve one's autonomy - mantener la propia autonomía

autopsy UK: /ˈɔː.tɒp.si/ US: /ˈɑː.tɑːp-/ [pl autopsies] n [C] ⇒autopsia: to perform an autopsy - realizar una autopsia

†**autumn** UK: /ˈɔː.təm/ US: /ˈɑː.ᵗt[ə]m/ (US tb **fall**) n [C, U] ⇒otoño: in the autumn - en otoño

auxiliary¹ UK: /ɔːɡˈzɪl.i.ᵊr.i/ US: /ɑːɡˈzɪl.i.er-/ adj ⇒auxiliar ■ Ver cuadro en página siguiente

auxiliary² UK: /ɔːɡˈzɪl.i.ᵊr.i/ US: /ɑːɡˈzɪl.i.er-/ [pl auxiliaries] n [C] ⇒ayudante

avail¹ /əˈveɪl/ **to {little/no}** ~ ⇒en vano ⇒inútilmente

avail² /əˈveɪl/
| PHRASAL VERBS
| · **to avail oneself of sth** (form) ⇒hacer uso de
└ algo ⇒aprovechar algo ⇒disfrutar de algo

†**available** /əˈveɪ.lə.bl̩/ adj **1** ⇒disponible: I'm available - Estoy disponible **2** There are still tickets available for the concert - Aún quedan entradas para el concierto **3** ⇒libre

avalanche UK: /ˈæv.ᵊl.ɑːntʃ/ US:/-æntʃ/ n [C] ⇒avalancha ⇒alud

avant-garde UK: /ˌæv.ɑ̃ʔɭ̩ˈɡɑːd/ US: /-ˈɡɑːrd/ adj ⇒vanguardista

Ave n [U] ⇒forma abreviada de **avenue** (avenida): 5th Ave. - la quinta avenida ■ Solo se usa cuando se nombra una avenida determinada

†**avenue** UK: /ˈæv.ə.njuː/ US: /-nuː/ n [C] **1** ⇒avenida ■ La forma abreviada es Ave ■ Al dar el nombre de una avenida, se escribe con mayúscula inicial: Fremont Avenue **2** ⇒posibilidad ⇒vía

†**average¹** UK: /ˈæv.ᵊr.ɪdʒ/ US: /-ɚ-/ adj **1** ⇒normal ⇒común **2** ⇒mediocre ■ PRON. La segunda a se pronuncia como i en did

†**average²** UK: /ˈæv.ᵊr.ɪdʒ/ US: /-ɚ-/ n [C, U] ⇒promedio ⇒media

aversion UK: /əˈvɜː.ʃᵊn/ UK: /-ʒᵊn/ US: /-ˈvɜːr.ʒ[ə]n/ n [C] ⇒aversión ⇒antipatía

avert UK: /əˈvɜːt/ US: /-ˈvɜːt/ v [T] ⇒evitar: to avert a conflict - evitar un conflicto

†**aviation** /ˌeɪ.viˈeɪ.ʃᵊn/ n [U] ⇒aviación

avid /ˈæv.ɪd/ adj ⇒ávido,da ⇒anhelante ⇒ferviente

avocado (pear) UK: /ˌæv.əˈkɑː.dəʊ/ US: /-doʊ/ n [C] ⇒aguacate ⇒palta AMÉR.

†**avoid** /əˈvɔɪd/ v [T] ⇒evitar ⇒eludir ⇒esquivar ■ CONSTR. to avoid + doing sth

await /əˈweɪt/ v [T] (form) ⇒esperar ⇒aguardar

†**awake¹** /əˈweɪk/ adj ⇒despierto,ta: Are you awake? - ¿Estás despierto?

awake², awoke, awoken /əˈweɪk/ [awaking] v [T, I] (lit) ⇒despertar(se): This awoke my curiosity - Esto despertó mi curiosidad; He awoke me with a kiss - Me despertó con un beso

awaken /əˈweɪ.kᵊn/
| PHRASAL VERBS
| · **to awaken sb to sth 1** (lit) ⇒advertir a alguien de algo: to awaken sb to a danger - advertir a alguien de un peligro **2** ⇒hacer consciente a alguien de algo
└ ciente a alguien de algo

award¹ UK: /əˈwɔːd/ US: /-ˈwɔːrd/ n [C] ⇒premio ⇒galardón

award² UK: /əˈwɔːd/ US: /-ˈwɔːrd/ v [T] **1** ⇒premiar [con algo]: They awarded him a gold medal - Lo premiaron con una medalla de oro **2** ⇒conceder: She was awarded the prize for best actress - Le concedieron el premio a la mejor actriz ■ CONSTR. 1. to award + dos objetos 2. Se usa más en pasiva

†**aware** /əˈweᵊr/ US: /-ˈwer/ adj **1** ⇒consciente: Are you aware of the problem? - ¿Eres consciente del problema? ■ CONSTR. to be aware of/that sth **2** She is not aware that we are here - Ella no sabe que estamos aquí ■ CONSTR. to be aware of/that sth **3 as far as I am** ~ ⇒que yo sepa **4 to make sb** ~ **of sth** ⇒concienciar a alguien de algo

awareness UK: /əˈweə.nəs/ US:/-ˈwer-/ n [U] ⇒conciencia ⇒conocimiento

†**away** /əˈweɪ/ adv **1** ⇒de viaje: I was away when you phoned - Cuando llamaste, estaba de viaje **2** (distancia) ⇒a... de **3** (en deportes) ⇒fuera de casa

†**awe** UK: /ɔː/ US: /ɑː/ n [U] **1** ⇒veneración **2** ⇒temor y respeto **3 to be in** ~ **of sb 1** ⇒sentir gran admiración y respeto por alguien **2** ⇒sentirse intimidado,da por alguien

†**awful** UK: /ˈɔː.fᵊl/ US: /ˈɑː-/ adj **1** ⇒horrible ⇒espantoso,sa **2** ⇒pésimo,ma **3** (una persona, un estado) ⇒muy malo,la ⇒horroroso,sa

awfully UK: /ˈɔː.fᵊl.i/ US: /ˈɑː-/ adv (inform) ⇒muy ⇒tremendamente

†**awkward** UK: /ˈɔː.kwəd/ US: /ˈɑː.kwəd/ adj **1** (una situación, un asunto) ⇒violento,ta ⇒delicado,da ⇒incómodo,da **2** (un movimiento) ⇒torpe ⇒desgarbado,da

awkwardness UK: /ˈɔː.kwəd.nəs/ US: /ˈɑː.kwəd-/ n [U] **1** (de una situación) ⇒incomodidad **2** (de un movimiento) ⇒torpeza

awoke UK: /əˈwəʊk/ US: /-ˈwoʊk/ past tense of **awake**

awoken UK: /əˈwəʊ.kᵊn/ US: /-ˈwoʊ-/ past participle of **awake**

axe /æks/ (US tb **ax**) n [C] **1** ⇒hacha: to chop wood with an axe - cortar leña con el hacha **2 to have an** ~ **to grind** ⇒tener un interés personal en algo

axis /ˈæk.sɪs/ [pl axes] n [C] ⇒eje

axle /ˈæk.sl̩/ n [C] (de un vehículo) ⇒eje

aye¹ /aɪ/ adv ⇒sí: to say aye - decir sí

aye² /aɪ/ n [C] ⇒voto a favor

A

A

auxiliary verbs: be / do / have

En inglés hay tres verbos que se utilizan a veces como verbos auxiliares: **be**, **do** y **have**.

- **Be** se usa para formar:

 - **Los tiempos continuos:** "be" + la forma en "-ing" del verbo principal:

 · *They **are playing** football.* · *I **was walking** through the park when I found a ring.*
 (Están jugando al fútbol.) (Estaba caminando por el parque cuando me encontré un anillo.)

 - **La voz pasiva:** "be" + el participio pasado del verbo principal:

 · *English **is spoken** in Australia.* · *I **was walking** through the park when I found a ring.*
 (En Australia se habla inglés.) (Estaba caminando por el parque cuando me encontré un anillo.)

 - **Oraciones cortas** (cuando se quiere evitar la repetición de una parte de la oración):

 · *Was Jim at the party? No, he **wasn't**.*
 (¿Estaba Jim en la fiesta? No.)

- **Do** se usa para formar:

 - **El presente**, en oraciones negativas e interrogativas: "do" + el infinitivo sin "to" del verbo principal:

 · *I **don't drink** coffee.* · *Do you want an apple?*
 (No tomo café.) (¿Quieres una manzana?)

 - **El pasado**, en oraciones negativas e interrogativas: "did" + el infinitivo sin "to" del verbo principal:

 · *I **didn't understand** that film.* · *Did you have a good time?*
 (No entendí esa película.) (¿Te lo has pasado bien?)

 - **Oraciones cortas** (cuando se quiere evitar la repetición del verbo o de una parte de la oración):

 · *Does your mother speak English?* · *My mother doesn't like cooking,*
 *Yes, she **does**.* *but I **do**.*
 (¿Tu madre habla inglés? Sí.) (A mi madre no le gusta cocinar, pero a mí sí.)

 - **Question tags:**

 · *She usually comes back at 6 pm, **doesn't** she?* · *You didn't see her last night, **did** you?*
 (Ella vuelve normalmente a las 6 de la tarde, ¿no?) (No la viste anoche, ¿no?)

- **Have** se usa para formar:

 - **El presente perfecto simple** ("have" + el participio pasado del verbo principal):
 · *I should **have studied** harder.* / (Debería haber estudiado más.)

 - **El presente continuo** ("have" + "been" + la forma en "-ing" del verbo principal):
 · *We **have been looking** for you.* / (Te hemos estado buscando.)

 - **El pasado perfecto** ("had" + el participio pasado del verbo principal):
 · *Susan **had left** when I arrived home.* / (Susan se había ido cuando llegué a casa.)

 - **El pasado continuo** ("had" + "been" + la forma en "-ing" del verbo principal):
 · *He told me he **had been waiting** for a long time.* / (Me dijo que había estado esperando mucho tiempo.)

 - **Oraciones cortas** (cuando se quiere evitar la repetición del verbo o de una parte de la oración):
 · *Have you done your homework? / Yes, I **have**.* · *Had she warned you about it? / No, she **hadn't**.*
 (¿Has hecho tus deberes? / Sí.) (¿Te había advertido de eso? / No.)

 - **Question tags:**
 · *You haven't told him, **have** you?* · *He hasn't seen her today, **has** he?*
 (No se lo has dicho, ¿no?) (No la ha visto hoy, ¿verdad?)

b /biː/ [pl b's] n [C] *(letra del alfabeto)* ⇨b

B /biː/ [pl B's] n [C, U] **1** *(calificación)* ⇨notable **2** *(nota musical)* ⇨si

BA /ˌbiːˈeɪ/ n [C] ⇨forma abreviada de **Bachelor of Arts** (licenciatura en una carrera de Humanidades o de Ciencias Sociales)

babble¹ /ˈbæb.l̩/ [babbled, babbling] v [T, I] **1** ⇨barbullar *col.;* ⇨cotorrear *col.* **2** ⇨farfullar *col.*

babble² /ˈbæb.l̩/ n [U] **1** ⇨balbuceo **2** ⇨cuchicheo

babe /beɪb/ n [C] **1** *(very inform)* ⇨nena *col.: I miss you, babe* - Nena, te echo de menos **2** *(lit)* ⇨bebé

† **baby** /ˈbeɪ.bi/ [pl babies] n [C] **1** ⇨bebé ⇨guagua AMÉR. **2** *(de un animal)* ⇨cría **3 to have a ~** ⇨dar a luz ⇨tener un niño

baby carriage US (UK **pram**) n [C] ⇨cochecito [de niño]

babyish /ˈbeɪ.bi.ɪʃ/ adj ⇨infantil

babysit /ˈbeɪ.bi.sɪt/ [babysitted, babysitting] v [T, I] ⇨cuidar niños

babysitter UK: /ˈbeɪ.biˌsɪt.əʳ/ US: /-ˌsɪˀt̬.ɚ/ n [C] ⇨niñero,ra ⇨canguro *col.*

babysitting n [U] ⇨cuidado de niños [como canguro]

bachelor UK: /ˈbætʃ.ªl.əʳ/ US: /-ɚ/ n [C] **1** *(hombre)* ⇨soltero ■ Se emplea únicamente con hombres **2** **Bachelor of Arts** ⇨licenciatura en una carrera de Humanidades o Ciencias Sociales ■ La forma abreviada es **BA 3 Bachelor of Science** ⇨licenciatura en una carrera de Ciencias ■ La forma abreviada es **BSc**

† **back¹** /bæk/ adv **1** ⇨hacia atrás: *Move back, please* - Échate hacia atrás, por favor **2** ⇨de vuelta: *I'll be back at five* - Estaré de vuelta a las cinco **3** *When are you coming back?* - ¿Cuándo vuelves? **4** ⇨de nuevo ⇨otra vez **5 ~ and forth** ⇨de acá para allá: *People ran back and forth fetching water* - La gente corría de acá para allá cogiendo agua ■ Se usa frecuentemente para expresar reciprocidad. Al traducirlo en español su significado suele estar implícito en el verbo: *to smile back* - devolver una sonrisa

† **back²** /bæk/ n [C] **1** ⇨parte de atrás: *at the back of the house* - en la parte de atrás de la casa **2** ⇨espalda: *My back aches* - Me duele la espalda; *to sit back-to-back* - sentarse espalda contra espalda **3** *(de un asiento)* ⇨respaldo **4 ~ to front** UK ⇨al revés: *You're wearing your shirt back to front* - Llevas la camisa al revés **5 behind sb's ~** ⇨a espaldas de alguien: *to talk behind sb's back* - hablar a espaldas de alguien **6 to turn one's ~ on sth/sb** ⇨dar la espalda

back³ /bæk/ v [T] **1** ⇨dar marcha atrás **2** ⇨apoyar ⇨respaldar **3** ⇨financiar ⇨subvencionar

| PHRASAL VERBS
· **to back away 1** ⇨retroceder **2** *(un plan, una idea)* ⇨cancelar
· **to back down** ⇨echarse atrás ⇨rajarse *col.*
· **to back onto sth** *His house backs onto the beach* - Su casa da a la playa
· **to back out** ⇨rajarse *col.;* ⇨retirarse
· **to back sth up** [M] **1** *(en informática)* ⇨hacer una copia de seguridad **2** ⇨respaldar ■ CONSTR. Se usa más en pasiva

† **back⁴** /bæk/ adj ⇨trasero,ra

backache /ˈbæk.eɪk/ n [C, U] ⇨dolor de espalda: *I have a backache* - Tengo dolor de espalda ■ PRON. La última sílaba, ache, rima con make

backbone UK: /ˈbæk.bəʊn/ US: /-boʊn/ ■ n [C] **1** *(en anatomía)* ⇨espina dorsal **2** ⇨pilar ■ n [U] **3** ⇨arrojo ⇨agallas *col.*

backfire UK: /ˈbæk.faɪəʳ/ US: /-faɪr/ UK: /ˌbækˈfaɪəʳ/ US: /-ˈfaɪr/ [backfired, backfiring] v [I] **1** ⇨fallar ⇨salir mal **2** *(un motor)* ⇨petardear *col.*

† **background** /ˈbæk.graʊnd/ ■ n [U] **1** ⇨orígenes ⇨antecedentes ■ n [C] **2** *(de una foto o cuadro)* ⇨fondo

backing /ˈbæk.ɪŋ/ n [U] **1** *(especialmente económico)* ⇨apoyo ⇨respaldo **2** *(en música)* ⇨acompañamiento

backlash /ˈbæk.læʃ/ n [C] ⇨reacción violenta

backlog UK: /ˈbæk.lɒg/ US: /-lɑːg/ n [C] *I have a big backlog of work* - Tengo mucho trabajo atrasado

B

backpack /'bæk.pæk/ *US* (*UK* **rucksack**) *n* [C] ⇒mochila

B backpacker UK: /'bæk.pæk.ə²/ US: /-ə/ *n* [C] ⇒excursionista ⇒mochilero,ra

backside /'bæk.saɪd/ *n* [C] (*inform*) ⇒trasero *col.*

backspin *n* [U] (*de una pelota*) ⇒efecto hacia atrás

backstage /'bæk.steɪdʒ/, /-'-/ *adv* ⇒entre bastidores ⇒entre bambalinas

†**backup** /'bæk.ʌp/ ∎ *n* [C, U] **1** ⇒apoyo ⇒soporte ∎ *n* [C] **2** (*en informática*) ⇒copia de seguridad

backward UK: /'bæk.wəd/ US: /-wəd/ *adj* **1** ⇒atrás: *a backward look* - una mirada atrás **2** ⇒atrasado,da *desp.;* ⇒retrasado,da *desp.* ∎ Las expresiones *to be a slow learner* o *to have learning difficulties* se consideran más apropiadas

†**backwards** UK: /'bæk.wədz/ US: /-wədz/ *adv* **1** ⇒hacia atrás: *Careful you don't fall backwards* - Cuidado, no te caigas hacia atrás **2** ⇒hacia atrás ⇒de atrás hacia delante **3** ~ **and forwards** ⇒de un lado para otro

backyard UK: /ˌbæk'jɑːd/ US: /-'jɑːrd/ *n* [C] **1** *UK* ⇒patio trasero **2** *US* ⇒jardín trasero

†**bacon** /'beɪ.kⁿn/ *n* [U] ⇒panceta ⇒beicon

†**bacteria** UK: /bæk'tɪə.ri.ə/ US: /-'tɪr.i-/ *n* [PL] ⇒bacteria

†**bad** /bæd/ *adj* [*comp* worse, *superl* worst] **1** ⇒malo,la ⇒mal **2** ⇒malo,la ⇒perjudicial **3** ⇒grave ⇒serio,ria **4** not ~ at all ⇒nada mal **5** to be ~ at *sth I'm bad at figures* - Se me dan mal los cálculos **6** too ~ (*inform*) ⇒mala suerte *col.;* ⇒yeta *AMÉR. col.*

bade /bæd/ past tense of **bid**

†**badge** /bædʒ/ *UK n* [C] ⇒insignia ⇒pin ⇒chapa

badger UK: /'bædʒ.ə²/ US: /-ə/ *n* [C] (*animal*) ⇒tejón

badly UK: /'bæd.li/ *adv* [*comp* worse, *superl* worst] **1** ⇒mal **2** ⇒gravemente ⇒seriamente **3** ⇒con urgencia ⇒urgentemente **4** to be badly-off **1** ⇒andar mal de dinero **2** (*en una situación o lugar*) ⇒estar mal

badminton /'bæd.mɪn.tⁿn/ *n* [U] ⇒bádminton: *a game of badminton* - un partido de bádminton

baffle /'bæf.l̩/ [baffled, baffling] *v* [T] **1** ⇒dejar perplejo,ja ⇒desconcertar **2** (*planes, esfuerzos*) ⇒frustrar ∎ CONSTR. Se usa más en pasiva

†**bag** /bæg/ *n* [C] **1** ⇒bolsa ⇒bolso **2** bags of *sth UK* (*inform*) ⇒un montón de algo *col.;* ⇒una pila de algo *col.* **3** to be in the ~ (*very inform, old-fash*) ⇒tener en el bote *col.*

bagel /'beɪ.gⁿl/ *n* [C] ⇒panecillo en forma de rosca

†**baggage** /'bæg.ɪdʒ/ *n* [U] ⇒equipaje: *excess baggage* - exceso de equipaje; *hand baggage* - equipaje de mano ∎ PRON. La última *a* se pronuncia como la *i* en *did*

baggy /'bæg.i/ *adj* [*comp* baggier, *superl* baggiest] (*una prenda de vestir*) ⇒holgado,da

bagpipes /'bæg.paɪps/ *n* [PL] ⇒gaita: *to play the bagpipes* - tocar la gaita

BAGPIPES

bail /beɪl/ *n* [U] ⇒fianza: *to be released on bail* - poner en libertad bajo fianza; *to stand bail for sb* - pagar la fianza

bailiff /'beɪ.lɪf/ *UK n* [C] (*en derecho*) ⇒alguacil

bait /beɪt/ *n* [U] ⇒cebo ⇒anzuelo

†**bake** /beɪk/ [baked, baking] *v* [T, I] ⇒asar ⇒hornear

baked beans *n* [PL] ⇒alubias en salsa de tomate [enlatadas]

baked potato [*pl* baked potatoes] *n* [C] ⇒patata asada [con piel] ∎ PRON. La *e* no se pronuncia

†**baker** UK: /'beɪ.kə²/ US: /-kə/ *n* [C] ⇒panadero,ra ⇒pastelero,ra

baker's [*pl* bakers'] *n* [C] ⇒panadería ⇒pastelería

bakery UK: /'beɪ.kⁿr.i/ US: /-kə.i/ [*pl* bakeries] *n* [C] ⇒panadería ⇒pastelería

†**balance**¹ /'bæl.ⁿnts/ *n* [U] **1** ⇒equilibrio **2** ⇒báscula **3** (*en economía*) ⇒saldo **4** on ~ ⇒a fin de cuentas **5** to throw *sb* off ~ ⇒pillar a alguien desprevenido

†**balance**² /'bæl.ⁿnts/ [balanced, balancing] *v* [T, I] **1** ⇒mantener en equilibrio **2** ⇒compensar ⇒nivelar **3** (*una cuenta*) ⇒cuadrar ∎ Distinto de *to swing* o *to rock* (*balancear*)

balanced *adj* ⇒equilibrado,da: *a balanced diet* - una dieta equilibrada

balcony /'bæl.kə.ni/ [*pl* balconies] *n* [C] **1** ⇒balcón **2** ⇒terraza [de una casa]

†**bald** UK: /bɔːld/ US: /bɑːld/ *adj* ⇒calvo,va

†**ball** UK: /bɔːl/ US: /bɑːl/ *n* [C] **1** ⇒bola ⇒pelota **2** ⇒ovillo: *a ball of wool* - un ovillo de lana **3** ⇒baile **4** to be on the ~ ⇒estar espabilado,da **5** to have a ~ (*inform*) ⇒pasarlo bomba *col.* **6** to set the ~ rolling ⇒poner algo en marcha ⇒comenzar algo ∎ Distinto de *balloon* (globo)

ballad /'bæl.əd/ n [C] ⇨balada

ballerina /ˌbæl.ə'riː.nə/ n [C] ⇨bailarina [de ballet]

† **ballet** UK: /'bæl.eɪ/ US: /-'-'-/ n [U] **1** ⇨ballet **2** ~ **dancer** ⇨bailarín,-a

ball game n [C] **1** ⇨juego de pelota **2** US ⇨partido de béisbol **3 to be a whole new ~** ⇨ser otro cantar col.

† **balloon** /bə'luːn/ n [C] **1** ⇨globo: He bought some balloons for the party - Compró unos globos para la fiesta **2** ⇨globo aerostático ∎ Distinto de ball (balón)

ballot¹ /'bæl.ət/ n [C] **1** ⇨votación: to hold a ballot - someter algo a votación **2** ⇨papeleta ⇨voto ⇨boleta AMÉR.

ballot² /'bæl.ət/ UK v [T] ⇨votar [en secreto]

ballpark UK: /'bɔːl.pɑːk/ US: /'bɑːl.pɑːrk/ US n [C] **1** ⇨estadio de béisbol **2 a ~ figure** ⇨una cifra aproximada

ballroom /'bɔːlruːm/ n [C] ⇨salón de baile

Baltic adj ⇨báltico,ca

bamboo /bæm'buː/ n [C, U] ⇨bambú

ban¹ /bæn/ [banned, banning] v [T] ⇨prohibir [por ley]: to ban smoking in public places - prohibir el tabaco en los lugares públicos

ban² /bæn/ n [C] ⇨prohibición [por ley]

† **banana** UK: /bə'nɑː.nə/ US: /-'næn.ə/ n [C, U] **1** ⇨plátano ⇨banana **2 banana tree** - platanero

† **band** /bænd/ n [C] **1** ⇨cinta **2** (en una prenda de vestir) ⇨raya ancha **3** (de música) ⇨grupo ⇨banda ∎ Por ser un nombre colectivo se puede usar con el verbo en singular o en plural **4** (de personas) ⇨grupo ⇨pandilla ∎ Por ser un nombre colectivo se puede usar con el verbo en singular o en plural **5** (en la radio) ⇨banda de frecuencia

bandage¹ /'bæn.dɪdʒ/ n [C, U] ⇨venda ⇨vendaje ∎ PRON. La última a se pronuncia como la i en did

bandage² /'bæn.dɪdʒ/ [bandaged, bandaging] v [T] ⇨vendar: The nurse bandaged her arm - El enfermero le vendó el brazo ∎ PRON. La última a se pronuncia como i en did

Band-Aid® US (UK plaster) n [C] ⇨tirita® ⇨curita® AMÉR.

bandit /'bæn.dɪt/ n [C] ⇨bandido,da

† **bandwagon** /'bændˌwæg.ən/ n **to {get/jump} on the ~** ⇨subir(se) al carro col.: They were quick to jump on the bandwagon - No dudaron en subirse al carro

bang¹ /bæŋ/ n [C] **1** ⇨golpe ⇨portazo: He left the room shutting the door with a bang - Salió de la habitación dando un portazo **2** ⇨estallido ⇨estruendo

bang² /bæŋ/ v [T, I] **1** ⇨dar golpes ⇨dar un portazo **2** ⇨golpear

bang³ /bæŋ/ adv **1** UK (inform) ⇨justo ⇨exactamente **2** ~ **goes sth** UK (inform) ⇨adiós a algo: He has to work in August, so bang goes our summer holiday - Tiene que trabajar en agosto, así que adiós a nuestras vacaciones **3 to go ~** (inform) ⇨explotar ⇨estallar

banger UK: /'bæŋ.ər/ US: /-ə/ UK n [C] **1** (explosivo) ⇨petardo **2** (inform) (coche) ⇨cacharro col. **3** (inform) ⇨salchicha: bangers and mash - salchichas con puré de patatas

Bangladesh n [U] ⇨Bangladesh

Bangladeshi adj, n [C] ⇨bangladeshí

bangs /bæŋz/ US (UK fringe) n [PL] ⇨flequillo

banish /'bæn.ɪʃ/ [banishes] v [T] ⇨desterrar: The King banished the disloyal knight - El rey desterró al desleal caballero; I'll banish all thoughts of him from my mind - Lo desterraré completamente de mi mente

banister UK: /'bæn.ɪ.stər/ US: /-stə/ n [C] (en una escalera) ⇨barandilla ⇨pasamanos

† **bank¹** /bæŋk/ n [C] **1** (de dinero) ⇨banco **2** (de un lago o un río) ⇨orilla ⇨ribera **3** ⇨banco [de arena]: The boat ran aground on a bank near the shore - El barco encalló en un banco de arena cerca de la costa

bank² /bæŋk/ ∎ v [T, I] **1** ⇨tener una cuenta: Who do you bank with? - ¿En qué banco tienes una cuenta? ∎ v [T] **2** ⇨ingresar: Wait until Monday to bank your cheque - Espera al lunes para ingresar el talón

|PHRASAL VERBS
· **to bank on sth/sb 1** ⇨contar con: We are banking on your presence - Contamos con su presencia **2** ⇨fiar(se): I wouldn't bank on it - Yo no me fiaría

† **bank account** n [C] ⇨cuenta bancaria: to open a bank account - abrir una cuenta

banker UK: /'bæŋ.kər/ US: /-kə/ n [C] **1** ⇨banquero,ra **2** (en un juego) ⇨la banca

bank holiday UK n [C] ⇨día festivo en que cierran los bancos y muchos establecimientos comerciales

banking /'bæŋ.kɪŋ/ n [U] (actividad) ⇨banca

† **bankrupt** /'bæŋ.krʌpt/ adj ⇨en bancarrota ⇨arruinado,da

bankruptcy /'bæŋ.krəpt.si/ ∎ n [U] **1** ⇨bancarrota **2** ⇨decadencia: moral bankruptcy - decadencia moral ∎ n [C] **3** ⇨quiebra ∎ El plural es bankruptcies

banner UK: /'bæn.ər/ US: /-ə/ n [C] **1** ⇨banderín ⇨estandarte **2** ⇨pancarta

banquet /'bæŋ.kwɪt/ n [C] ⇨banquete: They held a banquet for two hundred guests - Dieron un banquete para doscientos invitados

baptism /'bæp.tɪ.zəm/ n [C, U] ⇨bautismo

baptize

baptize /bæp'taɪz/ [baptized, baptizing] (UK tb **baptise**) v [T] ⇨bautizar

■ B † **bar**¹ UK: /bɑː'/ US: /bɑːr/ n [c] **1** (lugar) ⇨bar **2** (en un bar) ⇨barra ⇨mostrador **3** (de metal) ⇨reja ⇨barra ⇨barrote **4** (en música) ⇨compás

bar² UK: /bɑː'/ US: /bɑːr/ [barred, barring] v [T] **1** ⇨prohibir la entrada: They have barred me from entering the building - Me prohibieron entrar al edificio **2** ⇨enrejar ⇨poner barrotes **3** ⇨tapar ⇨bloquear

barbarian UK: /bɑːˈbeə.ri.ən/ US: /bɑːrˈber.i-/ n [c] (en historia) ⇨bárbaro,ra

barbaric UK: /bɑːˈbær.ɪk/ US: /bɑːr-/ adj **1** ⇨bárbaro,ra ⇨extremadamente cruel **2** a barbaric act - una atrocidad

barbecue¹ UK: /ˈbɑː.bɪ.kjuː/ US: /ˈbɑːr-/ n [c] **1** (para cocinar) ⇨barbacoa ⇨parrilla **2** (evento) ⇨barbacoa

barbecue² UK: /ˈbɑː.bɪ.kjuː/ US: /ˈbɑːr-/ [barbecued, barbecuing] v [T, I] ⇨hacer a la barbacoa

barbed wire n [U] ⇨alambrada ⇨alambre de espino

† **barber** UK: /ˈbɑː.bə'/ US: /ˈbɑːr.bə/ n [c] ⇨peluquero,ra [de hombres] ⇨barbero,ra

bar code n [c] ⇨código de barras

† **bare** UK: /beə'/ US: /ber/ adj **1** ⇨desnudo,da ⇨biringo,ga AMÉR. col.; ⇨pilucho,cha AMÉR. col. **2** (un armario) ⇨vacío,a **3** ⇨básico,ca

barefoot UK: /ˈbeə.fut/ US: /ˈber-/ adj, adv ⇨descalzo,za: to walk barefoot - andar descalzo

† **barely** UK: /ˈbeə.li/ US: /ˈber-/ adv ⇨apenas: You've barely eaten - Apenas has comido

bargain¹ UK: /ˈbɑː.gɪn/ US: /ˈbɑːr-/ n [c] **1** ⇨ganga ⇨chollo **2** ⇨acuerdo ⇨trato **3** into the ~ UK ⇨además

bargain² UK: /ˈbɑː.gɪn/ US: /ˈbɑːr-/ v [I] ⇨negociar ⇨regatear

|PHRASAL VERBS
| · to bargain {for/on} sth ⇨contar con algo ⇨es-
└ perar algo

barge UK: /bɑːdʒ/ US: /bɑːrdʒ/ n [c] ⇨barcaza

baritone UK: /ˈbær.ɪ.təun/ US: /-toun/ n [c] ⇨barítono

bark¹ UK: /bɑːk/ US: /bɑːrk/ n [c] **1** ⇨ladrido **2** (de un árbol) ⇨corteza

bark² UK: /bɑːk/ US: /bɑːrk/ v [I] ⇨ladrar: Her dog barks at strangers - Su perro ladra a los desconocidos ■ CONSTR. to bark at sth/sb

barley UK: /ˈbɑː.li/ US: /ˈbɑːr-/ n [U] (cereal) ⇨cebada

barmaid UK: /ˈbɑː.meɪd/ US: /ˈbɑːr-/ UK (US **bartender**) n [c] (en un bar) ⇨camarera ■ Se emplea únicamente con mujeres

barman UK: /ˈbɑː.mən/ US: /ˈbɑːr-/ [pl barmen] UK (US **bartender**) n [c] ⇨barman ⇨camarero

barmy UK: /ˈbɑː.mi/ US: /ˈbɑːr-/ UK adj [comp barmier, superl barmiest] (inform) ⇨chiflado,da col.; ⇨piantado,da AMÉR. col.

† **barn** UK: /bɑːn/ US: /bɑːrn/ n [c] ⇨granero ⇨establo [para vacas]

barometer UK: /bəˈrɒm.ɪ.tə'/ US: /-ˈrɑː.mɪ.ˤtə/ n [c] ⇨barómetro

baron /ˈbær.ən/ n [c] **1** (título nobiliario) ⇨barón **2** ⇨magnate

baroness /ˈbær.ən.es/, /ˌ--ˈ-/ [pl baronesses] n [c] (título nobiliario) ⇨baronesa

barracks /ˈbær.əks/ [pl barracks] n [c] ⇨cuartel [militar] ■ Se puede usar con el verbo en singular o en plural

barrel /ˈbær.ᵊl/ n [c] **1** ⇨barril ⇨tonel **2** (de un arma) ⇨cañón

barren /ˈbær.ᵊn/ adj ⇨árido,da ⇨yermo,ma

barricade¹ /ˈbær.ɪ.keɪd/, /--ˈ-/ n [c] ⇨barricada: To the barricades! - ¡A las barricadas!

barricade² /ˈbær.ɪ.keɪd/, /--ˈ-/ [barricaded, barricading] v [T] **1** ⇨poner una barricada **2** to ~ oneself ⇨refugiarse ⇨parapetarse ■ CONSTR. Se usa generalmente seguido de una preposición

† **barrier** UK: /ˈbær.i.ə'/ US: /-ə/ n [c] ⇨barrera ⇨valla

barrister UK: /ˈbær.ɪ.stə'/ US: /-stə/ n [c] **1** (en Reino Unido y Australia) ⇨abogado,da que puede intervenir en todos los tribunales **2** prosecution ~ ⇨fiscal ■ Comparar con solicitor

barrow UK: /ˈbær.əu/ US: /-ou/ n [c] **1** UK (UK/US tb **wheelbarrow**) ⇨carretilla **2** ⇨túmulo

bartender UK: /ˈbɑː.ten.də'/ US: /ˈbɑːr.ten.də/ US (UK **barmaid/barman**) n [c] (en un bar) ⇨camarero,ra

barter UK: /ˈbɑː.tə'/ US: /ˈbɑːr.ˤtə/ v [T, I] ⇨cambiar ⇨canjear

base¹ /beɪs/ n [c] **1** (de un objeto) ⇨base ⇨pie **2** ⇨sucursal ⇨sede **3** ⇨base [militar]

† **base**² /beɪs/ to be based {at/in} ⇨estar establecido,da en

† **baseball** UK: /ˈbeɪs.bɔːl/ US: /-bɑːl/ n [U] ⇨béisbol: to play baseball - jugar al béisbol

baseball cap n [c] ⇨gorra de béisbol

basement /ˈbeɪs.mənt/ n [c] ⇨sótano

bases /ˈbeɪ.siːz/, /ˈbeɪ.sɪz/ n [PL] **1** See **basis 2** See **base**

bash¹ /bæʃ/ [pl bashes] n [c] **1** (inform) ⇨porrazo col. **2** (inform) ⇨fiesta: my birthday bash - mi fiesta de cumpleaños **3** to have a ~ at sth UK (inform) ⇨intentar algo

bash² /bæʃ/ [bashes] v [T] (inform) ⇨dar(se) un porrazo col.; ⇨golpear(se) ⇨pegar con fuerza

† **basic** /ˈbeɪ.sɪk/ adj ⇨básico,ca ⇨fundamental

basically /ˈbeɪ.sɪ.kli/ adv **1** ⇨en el fondo **2** ⇨básicamente ⇨fundamentalmente

basil UK: /'bæz.ºl/ US: /'beɪ.z[ə]l/ n [U] ⇨albahaca

† **basin** /'beɪ.sºn/ n [C] **1** UK ⇨cuenco **2** UK (en un cuarto de baño) ⇨lavabo ⇨lavatorio AMÉR.; ⇨pileta AMÉR. **3** UK ⇨palangana **4** (en un río, lago o mar) ⇨cuenca

† **basis** /'beɪ.sɪs/ [pl bases] n [C] **1** ⇨base **2** on the ~ of sth ⇨de acuerdo con algo

† **basket** UK: /'bɑː.skɪt/ US: /'bæs.kɪt/ n [C] **1** ⇨cesto **2** (de mimbre) ⇨cesta ⇨canasta **3** (en baloncesto) ⇨canasta

† **basketball** UK: /'bɑː.skɪt.bɔːl/ US: /'bæs.kɪt.bɑːl/ n [U] ⇨baloncesto ⇨basquetbol AMÉR.

bass¹ /beɪs/, /bæs/ [pl basses] ■ n [C] **1** (tb double bass) (instrumento musical) ⇨contrabajo **2** (instrumento musical) ⇨bajo ■ n [C, U] **3** (cantante) ⇨bajo

bass² /beɪs/, /bæs/ adj (en música) ⇨bajo

bat¹ /bæt/ n [C] **1** ⇨murciélago **2** ⇨pala ⇨bate

bat² /bæt/ [batted, batting] v [T, I] ⇨batear

batch /bætʃ/ [pl batches] n [C] **1** ⇨lote [de cosas o personas] **2** ⇨hornada

† **bath¹** UK: /bɑːθ/ US: /bæθ/ n [C] **1** UK (US bathtub) ⇨bañera ⇨tina AMÉR.; ⇨bañadera AMÉR. **2** (en la bañera) ⇨baño

bath² UK: /bɑːθ/ US: /bæθ/ UK v [T, I] (en la bañera) ⇨bañar(se)

bathe /beɪð/ [bathed, bathing] ■ v [I] **1** (en el mar o en una piscina) ⇨bañarse ■ v [T, I] **2** (una herida o una parte del cuerpo) ⇨lavar

bathing costume (tb costume) UK n [C] (old-fash) ⇨bañador

bathrobe UK: /'bɑːθ.rəʊb/ US: /'bæθ.roʊb/ n [C] **1** ⇨albornoz **2** US (UK dressing gown) ⇨bata

† **bathroom** UK: /'bɑːθ.rum/ UK: /-ruːm/ US: /'bæθ-/ (UK tb toilet) n [C] ⇨cuarto de baño ⇨aseo ⇨lavatorio AMÉR.

bathtub UK: /'bɑːθ.tʌb/ US: /'bæθ-/ n [C] US (UK bath) ⇨bañera ⇨tina AMÉR.; ⇨bañadera AMÉR.

baton UK: /'bæt.ɒn/ US: /'bæ°ʈ.[ə]n/ n [C] **1** US ⇨porra ⇨cachiporra **2** (en música) ⇨batuta **3** (en una carrera de relevos) ⇨testigo

batsman /'bæt.smən/ [pl batsmen] UK n [C] (en cricket) ⇨bateador

batsmen UK n [PL] See **batsman**

battalion /bə'tæl.i.ən/ n [C] ⇨batallón

batter¹ UK: /'bæt.əʳ/ US: /'bæ°ʈ.ɚ/ n [U] **1** (para freír) ⇨rebozado **2** (para creps o tortitas) ⇨masa **3** (en béisbol) ⇨bateador,-a

batter² UK: /'bæt.əʳ/ US: /'bæ°ʈ.ɚ/ v [T, I] **1** ⇨maltratar [físicamente] ⇨apalear **2** (un objeto) ⇨golpear con fuerza **3** (el viento, las olas) ⇨azotar ■ CONSTR. Se usa generalmente seguido de las preposiciones against, at, on, o de un adverbio

battered UK: /'bæt.əd/ US: /'bæ°ʈ.ɚd/ adj **1** ⇨maltratado,da **2** ⇨usado,da ⇨ajado,da

† **battery** UK: /'bæt.ºr.i/ US: /'bæ°ʈ.ɚ.i/ [pl batteries] n [C] **1** ⇨pila: a rechargeable battery - una pila recargable **2** (de un coche) ⇨batería

battle¹ UK: /'bæt.l/ US: /'bæ°ʈ-/ n [C] ⇨batalla ⇨lucha

battle² UK: /'bæt.l/ US: /'bæ°ʈ-/ [battled, battling] v [I] ⇨combatir ⇨luchar

bawl UK: /bɔːl/ US: /bɑːl/ v [T, I] **1** (inform) ⇨berrear: The child started to bawl - El niño empezó a berrear **2** (inform) ⇨chillar ⇨gritar

† **bay** /beɪ/ n [C] **1** ⇨golfo ⇨bahía ■ Al dar el nombre de un golfo o una bahía, se escribe con mayúscula inicial: the Bay of Biscay - el golfo de Vizcaya **2** to {hold/keep} sth/sb at ~ ⇨mantener a raya

bayonet /'beɪ.ə.nət/ n [C] ⇨bayoneta

bay (tree) n [C] (árbol) ⇨laurel

bazaar UK: /bə'zɑːʳ/ US: /-'zɑːr/ n [C] **1** (en algunos países orientales) ⇨bazar **2** ⇨mercadillo

B&B n [C, U] ⇨forma abreviada de **bed and breakfast** (pensión con desayuno)

BC /ˌbiː'siː/ adv ⇨a.C. ■ Procede de Before Christ (antes de Cristo)

† **be, was/were, been** /biː/, bi/, /bɪ/, /bɪ, wɒz/wɜːʳ, biːn/ [being] ■ v **1** (cualidad) ⇨ser **2** (estado) ⇨estar **3** (lugar) ⇨estar ■ CONSTR. Se usa generalmente seguido de una preposición o un adverbio. En este sentido, been se emplea como participio de pasado del verbo to go para indicar que alguien ha ido y ha regresado de un lugar: I've been to London twice this year - He estado en Londres dos veces este año **4** (medida) ⇨tener **5** (distancia) ⇨quedar ⇨estar **6** (edad) ⇨tener **7** ⇨tener lugar ⇨estar **8** (sensación) ⇨tener **9** (sentimiento o sensación) ⇨estar ■ v [AUX] **10** ⇨estar: I am reading right now - Ahora mismo estoy leyendo; What were you doing when I phoned? - ¿Qué estabas haciendo cuando te llamé? ■ Ver cuadro en página siguiente y ver cuadro auxiliary verbs

† **beach** /biːtʃ/ [pl beaches] n [C] ⇨playa

bead /biːd/ n [C] **1** ⇨cuenta ⇨abalorio **2** (de líquido) ⇨gota

beak /biːk/ n [C] (de un pájaro) ⇨pico

beaker UK: /'biː.kəʳ/ US: /-kɚ/ UK n [C] **1** (en química) ⇨vaso de precipitados **2** UK (de plástico) ⇨vaso

beam¹ /biːm/ n [C] **1** ⇨rayo de luz ⇨haz de luz **2** ⇨viga: a wooden beam - una viga de madera **3** ⇨gran sonrisa ⇨sonrisa radiante

beam² /biːm/ ■ v [I] **1** ⇨sonreír abiertamente **2** ⇨brillar ⇨resplandecer ■ v [T] **3** (un programa de televisión) ⇨retransmitir ■ CONSTR. Se usa más en pasiva

† **bean** /biːn/ n [C] **1** ⇨judía: green beans - judías verdes; ⇨habichuela AMÉR.; ⇨frijol AMÉR. **2** ⇨grano: coffee beans - granos de café

beanstalk n [C] ⇨tallo [de una judía]

B

bear

bear | ok **46**

↑ **bear¹, bore, borne** UK: /beəʳ/ US: /ber/ v [T] **1** (un peso) ⇒aguantar **2** ⇒soportar: *I can't bear being alone* - No soporto estar solo ▪ CONSTR. 1. to bear + doing sth 2. to bear + to do sth **3** ⇒portar ⇒llevar **4** (form) ⇒dar a luz ⇒tener hijos,jas **5** ⇒guardar rencor **6 to ~ a {relation/resemblance} to** sth/sb ⇒guardar {relación/parecido} con **7 to ~** sth/sb **in mind** ⇒tener en cuenta [para el futuro] **8 to ~ {left/right}** ⇒girar {a la izquierda/a la derecha}

| PHRASAL VERBS

└ **to bear** sth/sb **out** [M] ⇒confirmar ⇒apoyar

bear² UK: /beəʳ/ US: /ber/ n [C] ⇒oso,sa

bearable UK: /'beə.rə.bl̩/ US: /'ber.ə-/ adj ⇒soportable: *It's hot here, but it's bearable* - Hace calor aquí, pero es soportable

↑ **beard** UK: /bɪəd/ US: /bɪrd/ n [C] ⇒barba: *to have a beard* - llevar barba

bearer UK: /'beə.rəʳ/ US: /'ber.ə/ n [C] **1** (de un documento o un talón) ⇒portador,-a ⇒titular **2** ⇒porteador,-a [de carga] **3** (de una credencial) ⇒titular

beast /biːst/ n [C] **1** (form) (animal) ⇒bestia **2** (persona) ⇒bestia desp.

↑ **beat¹, beat, beaten** /biːt/ ■ v [T] **1** ⇒batir ⇒vencer a ■ v [T, I] **2** ⇒golpear: *The wind was beating against the windows* - El viento golpeaba contra las ventanas ■ CONSTR. Se usa generalmente seguido de una preposición o un adverbio ■ v [I] **3** ⇒latir

beat² /biːt/ n [C, U] **1** (de un tambor) ⇒golpe **2** ⇒ritmo: *the beat of the music* - el ritmo de la música **3** (tb heartbeat) ⇒latido ⇒ritmo cardíaco

beaten UK: /'biː.tⁿn/ US: /-ˤt̬[ə]n/ past participle of **beat**

beating UK: /'biː.tɪŋ/ US: /-ˤt̬ɪŋ/ n [C] **1** ⇒golpeteo ⇒redoble **2** ⇒paliza **3** ⇒latido **4** ⇒derrota [muy clara] ⇒paliza col. **5 to take some ~** ⇒ser difícil: *It will take some beating to defeat this team* - Será difícil ganar a este equipo

beautician /bjuːˈtɪʃ.ⁿn/ n [C] ⇒esteticista

beautiful UK: /'bjuː.tɪ.fl̩/ US: /-ˤt̬ɪ-/ adj ⇒hermoso,sa ⇒bello,lla ⇒precioso,sa

beautifully UK: /'bjuː.tɪ.fl̩.i/ US: /-ˤt̬ɪ-/ adv ⇒estupendamente ⇒de maravilla

↑ **beauty** UK: /'bjuː.ti/ US: /-ˤt̬i/ n [U] ⇒belleza

beauty salon n [C] ⇒salón de belleza

beaver UK: /'biː.vəʳ/ US: /-vɚ/ n [C] (animal) ⇒castor

became /bɪˈkeɪm/ past tense of **become**

↑ **because** /bɪˈkɒz/, /-ˈkʌz/ conj ⇒porque: *He bought a chocolate cake because his sister loves them* - Compró una tarta de chocolate porque a su hermana le encantan ■ La forma abreviada es 'cos o 'cause

because of prep ⇒debido a: *They postponed the match because of the rain* - Han aplazado el partido debido a la lluvia

to be (ser / estar)

present simple

affirmative	contractions	negative	questions
I am	I'm	I'm not	am I?
you are	you're	you aren't	aren't you?
he/she/it is	he/she/it's	he/she/it isn't	is he/she/it?
we are	we're	we aren't	are we?
you are	you're	you aren't	are you?
they are	they're	they aren't	are they?

past tense

affirmative	negative	questions	the -ing form
I was	I wasn't	was I?	being
you were	you weren't	were you?	
he/she/it was	he/she/it wasn't	was he/she/it?	
we were	we weren't	were we?	**past participle**
you were	you weren't	were you?	been
they were	they weren't	were they?	

(Ver también cuadro **auxiliary verbs**.)

beckon /'bek.ªn/ ■ *v* [T, I] **1** ⇨llamar con señas ⇨hacer señas ■ *v* [I] **2** ⇨atraer ⇨fascinar

† **become, became, become** /bɪ'kʌm/ [becoming] *v* [I] **1** ⇨convertirse en ⇨hacerse **2** ⇨tornarse ⇨volverse

| PHRASAL VERBS
└ **to become of** *sth/sb* ⇨ser de

becoming /bɪ'kʌm.ɪŋ/ **1** *adj (old-fash)* ⇨favorecedor,-a **2 to be ~** *(old-fash)* ⇨sentar bien: *His jacket is very becoming* - Esa chaqueta le sienta muy bien

† **bed** /bi:'ed/, /bed/ *n* [C] **1** ⇨cama: *to make the bed* - hacer la cama **2** *(en un río)* ⇨lecho **3** *(en un mar)* ⇨fondo

bed and breakfast *n* [C, U] ⇨pensión con desayuno ■ La forma abreviada es *B&B* o *B and B*

bedbug *n* [C] *(animal)* ⇨chinche

bedclothes UK: /'bed.kləʊðz/ US: /-klouðz/ *n* [PL] ⇨ropa de cama

† **bedroom** /'bed.rʊm/,/-ru:m/ *n* [C] ⇨dormitorio ⇨habitación ⇨recámara AMÉR.

bedside /'bed.saɪd/ *n* [C] ⇨cabecera: *Sit at his bedside* - Siéntate junto a su cabecero

bedspread /'bed.spred/ *n* [C] ⇨cobertor ⇨colcha

bedtime /'bed.taɪm/ *n* [U] ⇨hora de acostarse

† **bee** /bi:/ *n* [C] ⇨abeja: *worker bee* - abeja obrera; *queen bee* - abeja reina

beech (tree) /bi:tʃ/ [*pl* beeches] *n* [C, U] *(árbol)* ⇨haya

† **beef** /bi:f/ *n* [U] ⇨carne de vaca: *roast beef* - rosbif

beefburger UK: /'bi:f.bɜ:.gəʳ/ US: /-.bɜ:.gə/ *UK* (*UK/US tb* hamburger) *n* [C] ⇨hamburguesa

beehive /'bi:.haɪv/ *n* [C] ⇨colmena ■ La forma abreviada es *hive*

been /bi:n/ past participle of **be**

beep¹ /bi:p/ *v* [T, I] **1** ⇨pitar ⇨tocar [el claxon] **2** *(un despertador)* ⇨sonar

beep² /bi:p/ *n* [C] ⇨pitido

† **beer** UK: /bɪəʳ/ US: /bɪr/ *n* [C, U] ⇨cerveza: *beer mug* - jarra de cerveza

beet /bi:t/ *US* (*UK* beetroot) *n* [C, U] ⇨remolacha ⇨betarraga AMÉR.

beetle UK: /'bi:.tl̩/ US: /-ˤtl̩/ *n* [C] ⇨escarabajo: *dung beetle* - escarabajo pelotero

beetroot /'bi:.tru:t/ *UK n* [C, U] See **beet**

† **before¹** UK: /bɪ'fɔːʳ/ US: /-'fɔːr/ *prep* **1** ⇨ante ⇨delante de **2** *(tiempo)* ⇨antes de **3** *(lugar)* ⇨antes de

† **before²** UK: /bɪ'fɔːʳ/ US: /-'fɔːr/ *conj* ⇨antes de: *Think before you speak* - Piensa antes de hablar
■ Nunca se usa seguido de un verbo en futuro

before³ UK: /bɪ'fɔːʳ/ US: /-'fɔːr/ *adv* **1** ⇨antes: *Have you been here before?* - ¿Has estado antes aquí? **2** ⇨antes ⇨anterior

beforehand UK: /bɪ'fɔː.hænd/ US: /-'fɔːr-/ *adv* ⇨de antemano: *I spoke to him beforehand* - Hablé con él de antemano

† **beg** /beg/ [begged, begging] ■ *v* [I] **1** ⇨mendigar: *A lot of people beg in big cities* - Mucha gente mendiga en las grandes ciudades ■ *v* [T, I] **2** ⇨rogar ⇨suplicar ■ CONSTR. to beg + to do sth

began /bɪ'gæn/ past tense of **begin**

beggar UK: /'beg.əʳ/ US: /-ə/ *n* [C] **1** ⇨mendigo,ga **2 the poor ~** *(inform)* ⇨el pobre diablo col.

† **begin, began, begun** /bɪ'gɪn/ [beginning] *v* [T, I] **1** ⇨empezar ⇨comenzar ■ CONSTR. 1. to begin + doing sth 2. to begin + to do sth **2 to ~ with 1** ⇨al principio **2** ⇨para empezar

beginner UK: /bɪ'gɪn.əʳ/ US: /-ə/ *n* [C] ⇨principiante: *beginner's luck* - suerte del principiante

beginning /bɪ'gɪn.ɪŋ/ *n* [C] ⇨comienzo ⇨principio ⇨origen

begun /bɪ'gʌn/ past participle of **begin**

† **behave** /bɪ'heɪv/ [behaved, behaving] *v* [I] **1** ⇨portarse ⇨comportarse **2 ~ oneself** ⇨comportarse

behavior *US n* [U] See **behaviour**

behaviour UK: /bɪ'heɪ.vjəʳ/ US: /-vjə/ *UK* (*US* behavior) *n* [U] ⇨comportamiento ⇨conducta

behead /bɪ'hed/ *v* [T] ⇨decapitar ■ CONSTR. Se usa más en pasiva

† **behind¹** /bɪ'haɪnd/ *prep* **1** ⇨detrás de **2** ⇨por detrás de: *We are behind other companies in technological development* - Vamos por detrás de otras empresas en desarrollo tecnológico **3** ⇨a favor de

† **behind²** /bɪ'haɪnd/ *adv* **1** ⇨atrás ⇨detrás **2** ⇨atrasado,da ⇨retrasado,da

behind³ /bɪ'haɪnd/ *n* [C] *(inform, euphem)* ⇨trasero col.

beige /beɪʒ/ *adj, n* [U] ⇨beige ⇨beis

being /'bi:.ɪŋ/ ■ *n* [C, U] **1** ⇨ser ■ *n* [U] **2** ⇨existencia **3 to come into ~** ⇨nacer ⇨crearse

belated UK: /bɪ'leɪ.tɪd/ US: /-ˤtɪd/ *adj* **1** ⇨tardío,a **2** *A belated Happy Birthday!* - ¡Feliz Cumpleaños, aunque sea tarde!

Belgian /'bel.dʒən/ *adj, n* [C] ⇨belga

Belgium *n* [U] ⇨Bélgica

† **belief** /bɪ'li:f/ *n* [U] **1** ⇨creencia **2** ⇨opinión **3 beyond ~** ⇨increíblemente ⇨increíble **4 in the ~ that** ⇨confiando en que

† **believe** /bɪ'li:v/ [believed, believing] *v* [T] **1** ⇨creer: *I believe you* - Te creo; *I don't believe my ears* - No me lo puedo creer **2** ⇨pensar ⇨creer ■ CONSTR. to believe + (that) **3 ~ it or not** ⇨aunque no lo creas

| PHRASAL VERBS
· **to believe in** *sth/sb* ⇨creer en: *Do you believe in witches?* - ¿Crees en las brujas?

believer UK: /bɪˈliː.vəʳ/ US: /-vɚ/ n [C] **1** ⇒creyente **2 to be a ~ in** *sth* ⇒ser partidario,ria de algo

B ↑ **bell** /bel/ n [C] **1** ⇒timbre: *to ring the bell* - tocar al timbre **2** ⇒campana

bellow[1] UK: /ˈbel.əʊ/ US: /-oʊ/ v [T, I] ⇒bramar ⇒gritar

bellow[2] UK: /ˈbel.əʊ/ US: /-oʊ/ n [C] ⇒bramido ⇒grito

belly /ˈbel.i/ [pl bellies] n [C] (inform) ⇒barriga col.; ⇒panza col.; ⇒guata AMÉR. col.

belly button n [C] (inform) ⇒ombligo ■ Pertenece al lenguaje infantil

↑ **belong** /bɪˈlɒŋ/ US: /-ˈlɑːŋ/ v [I] **1** ⇒pertenecer: *This belongs to my grandfather* - Esto pertenece a mi abuelo; *I feel I don't belong here* - Siento que este no es mi sitio **2** ⇒ser miembro de ⇒pertenecer

belongings UK: /bɪˈlɒŋ.ɪŋz/ US: /-ˈlɑːŋ-/ n [PL] ⇒pertenencias

Belorussian[1] ■ n [U] **1** (idioma) ⇒bielorruso ■ n [C] **2** (gentilicio) ⇒bielorruso,sa

Belorussian[2] adj ⇒bielorruso,sa

beloved /bɪˈlʌv.ɪd/,/-ˈlʌvd/ adj (lit) ⇒amado,da

↑ **below**[1] UK: /bɪˈləʊ/ US: /-ˈloʊ/ prep ⇒por debajo de ⇒bajo

↑ **below**[2] UK: /bɪˈləʊ/ US: /-ˈloʊ/ adv ⇒bajo ⇒de abajo ⇒abajo

↑ **belt** /belt/ n [C] **1** ⇒cinturón: *seat belt* - cinturón de seguridad **2 to be below the ~** ⇒ser un golpe bajo

↑ **bench** /bentʃ/ [pl benches] n [C] **1** ⇒banco ⇒asiento **2** (en deportes) ⇒banquillo ⇒banca AMÉR. **3** (en política) ⇒escaño

↑ **bend**[1], **bent**, **bent** /bend/ v [T, I] ⇒doblar ⇒encorvar
|PHRASAL VERBS
└ **to bend down** ⇒agacharse ⇒inclinarse

bend[2] /bend/ n [C] **1** ⇒curva: *a tight bend* - una curva cerrada **2** ⇒recodo **3** (en fontanería) ⇒codo **4 round the ~** (inform) ⇒chalado,da col.; ⇒loco,ca

↑ **beneath** /bɪˈniːθ/ prep ⇒debajo de ⇒bajo

benefactor UK: /ˈben.ɪ.fæk.təʳ/ US: /-ˈtɚ/ n [C] ⇒benefactor,-a

beneficial /ˌben.ɪˈfɪʃ.ªl/ adj ⇒beneficioso,sa ⇒útil ⇒provechoso,sa

↑ **benefit**[1] /ˈben.ɪ.fɪt/ n [C, U] **1** (elemento positivo) ⇒beneficio ⇒ventaja **2** ⇒subsidio **3** ⇒función benéfica **4 to give** *sb* **the ~ of the doubt** ⇒conceder a alguien el beneficio de la duda

benefit[2] /ˈben.ɪ.fɪt/ v [T] ⇒beneficiar

benevolent /bɪˈnev.ªl.ªnt/ adj **1** (form) ⇒benevolente **2** ⇒benéfico,ca

benign /bɪˈnaɪn/ adj ⇒benigno,na: *a benign tumour* - un tumor benigno

bent /bent/ past tense and past participle forms of **bend**

bequeath /bɪˈkwiːð/ v [T] (form) ⇒legar: *to bequeath sth to sb* - legar algo a alguien ■ CONSTR. to bequeath + dos objetos

bequest /bɪˈkwest/ n [C] ⇒legado

bereaved /bɪˈriːvd/ adj **1** ⇒que ha perdido un ser querido **2** *the bereaved family* - la familia del difunto

beret UK: /ˈber.eɪ/ US: /bəˈreɪ/ n [C] ⇒boina ■ PRON. La última *e* rima con *way*

↑ **berry** /ˈber.i/ [pl berries] n [C] ⇒baya

berserk UK: /bəˈzɜːk/ US: /bəˈzɝːk/ adj **1** ⇒desquiciado,da **2 to go ~** (inform) ⇒perder los estribos ⇒ponerse como un fiera col.

berth[1] UK: /bɜːθ/ US: /bɝːθ/ n [C] **1** (en una embarcación) ⇒camarote **2** (en un tren) ⇒litera

berth[2] UK: /bɜːθ/ US: /bɝːθ/ v [T, I] (una embarcación) ⇒atracar

beset, **beset**, **beset** /bɪˈset/ [besetting] v [T] **1** (form) ⇒agobiar **2** (form) *to be beset by doubts* - estar lleno de dudas ■ CONSTR. Se usa más en pasiva

↑ **beside** /bɪˈsaɪd/ prep **1** ⇒al lado de ⇒junto a **2 ~ oneself (with** *sth***)** ⇒fuera de sí [por algo]

besides[1] /bɪˈsaɪdz/ prep ⇒además de ⇒aparte de

besides[2] /bɪˈsaɪdz/ adv ⇒además

besiege /bɪˈsiːdʒ/ [besieged, besieging] v [T] **1** ⇒asediar ⇒sitiar **2** ⇒asediar ⇒bombardear ⇒acosar ■ CONSTR. Se usa más en pasiva

↑ **best**[1] /best/ adj **1** the superlative form of **good 2 ~ before** (en un producto) ⇒consumir preferentemente antes de

↑ **best**[2] /best/ adv **1** the superlative form of **well 2 as ~ you can** ⇒lo mejor que puedas

best[3] /best/ n [NO PL] **1 all the best!** (inform) ⇒que te vaya bien **2 at ~** ⇒como mucho ⇒en el mejor de los casos **3 to {do/try} one's ~** ⇒hacer todo lo posible: *I'll do my best to go* - Haré todo lo posible por ir **4 to make the ~ of** *sth* ⇒sacar el máximo partido de algo

best man [pl best men] n [NO PL] ⇒padrino de boda

bestseller UK: /ˌbestˈsel.əʳ/ US: /-ɚ/ n [C] **1** (para libros) ⇒éxito de ventas ⇒superventas ⇒best seller **2** ⇒producto de mayores ventas

best-selling /ˌbestˈsel.ɪŋ/ adj **1** (un escritor) ⇒de éxito **2** (un producto) ⇒de mayores ventas

↑ **bet**[1], **bet**, **bet** /bet/ [betting] v [T, I] **1** ⇒apostar ■ CONSTR. 1. to bet on sth 2. to bet + dos objetos + (that) **2 I ~** (inform) ⇒seguro que ⇒a que **3** *I wouldn't bet on it!* - ¡No me fiaría! **4 you bet!** (inform) ⇒¡ya lo creo! col. ■ CONSTR. to bet + (that)

B

bet² /bet/ *n* [C] ⇨apuesta: *They made a bet on the result of the match* - Hicieron una apuesta sobre los resultados del partido

† **betray** /bɪ'treɪ/ *v* [T] **1** ⇨traicionar: *Never betray your friends* - Nunca traiciones a tus amigos **2** *(un secreto)* ⇨revelar

† **better¹** UK: /'bet.əʳ/ US: /'beˤt̬.ɚ/ *adj* **1** the comparative form of **good**: *Peter used to get better marks in Secondary School* - Peter sacaba mejores notas en el instituto; *The slower, the better* - Cuanto más despacio, mejor **2** to be no ~ than ⇨no ser más que

† **better²** UK: /'bet.əʳ/ US: /'beˤt̬.ɚ/ *adv* **1** the comparative form of **well**: *Since he's been having guitar lessons, he can play much better* - Desde que va a clases de guitarra toca mucho mejor **2** to be ~ off (without *sth/sb*) ⇨estar mejor [sin algo o sin alguien]

better³ UK: /'bet.əʳ/ US: /'beˤt̬.ɚ/ *n* [U] to get the ~ of *sb (un sentimiento)* ⇨superar a alguien ⇨vencer a alguien

† **between¹** /bɪ'twi:n/ *prep* **1** *(dos cosas o personas)* ⇨entre **2** *(unión de dos cosas)* ⇨entre **3** *(cálculo aproximado)* ⇨entre **4** *(tiempo)* ⇨entre ■ Ver cuadro entre (among / between)

† **between²** /bɪ'twi:n/ *adv* ⇨en medio

† **beware** UK: /bɪ'weəʳ/ US: /-'wer/ *v* [I] ⇨tener cuidado: *Beware of the dog!* - ¡Ten cuidado con el perro! ■ CONSTR. to beware of + doing sth ■ Normalmente se usa solo en imperativo e infinitivo

bewildering UK: /bɪ'wɪl.dəʳr.ɪŋ/ US: /-dɚ.ɪŋ/ *adj* ⇨desconcertante

bewitch /bɪ'wɪtʃ/ [bewitches] *v* [T] ⇨cautivar ⇨encantar ⇨hechizar ■ CONSTR. Se usa más en pasiva

beyond¹ UK: /bi'jɒnd/ US: /-'jɑ:nd/ *prep* **1** ⇨más allá de **2** to be ~ *sb (inform) He's beyond me* - No puedo entenderlo

beyond² UK: /bi'jɒnd/ US: /-'jɑ:nd/ *adv* ⇨más allá

† **bias** /'baɪ.əs/ [*pl* biasses] *n* [C, U] ⇨prejuicio ⇨parcialidad

biased /'baɪ.əst/ *adj* **1** ⇨parcial **2** to be ~ towards *sth* ⇨tener inclinación por algo

bib /bɪb/ *n* [C] ⇨babero

† **Bible** /'baɪ.bl̩/ *n* [C, NO PL] ⇨Biblia: *the Holy Bible* - la Santa Biblia

biblical /'bɪb.lɪ.kəl/ *adj* ⇨bíblico,ca

bibliography UK: /ˌbɪb.liˈɒg.rə.fi/ US: /-'ɑː.grə-/ [*pl* bibliographies] *n* [C] ⇨bibliografía

biceps /'baɪ.seps/ [*pl* biceps] *n* [C] ⇨bíceps

bicker UK: /'bɪk.əʳ/ US: /-ɚ/ *v* [I] ⇨discutir por menudencias

† **bicycle** /'baɪ.sɪ.kl̩/ *n* [C] ⇨bicicleta ■ Normalmente se usa bike

bid¹ /bɪd/ *n* [C] **1** ⇨oferta **2** *(en una subasta)* ⇨puja **3** ⇨intento ⇨conato **4** to make a ~ for *sth* ⇨intentar conseguir algo

bid², bid, bid *(tb* bade, bidden) /bɪd/ [bidding] *v* [T, I] **1** ⇨ofrecer ■ CONSTR. to bid + dos objetos **2** ⇨pujar

bidden past participle of **bid**

bide /baɪd/ to ~ *one's* time ⇨esperar el momento oportuno

biennial /baɪ'en.i.əl/ *adj* ⇨bienal

† **big¹** /bɪg/ *adj* [*comp* bigger, *superl* biggest] **1** ⇨grande ■ Ver cuadro grande (big / great) **2** ⇨importante: *a big decision* - una decisión importante

big² /bɪg/ *adv* [*comp* bigger, *superl* biggest] *(inform)* ⇨a lo grande

Bigfoot [*pl* bigfeet] *n* [C] ⇨yeti del noroeste de EE. UU. y oeste de Canadá

big-headed /ˌbɪgˈhed.ɪd/ *adj* ⇨engreído,da

bigoted UK: /'bɪg.ə.tɪd/ US: /-ˤt̬ɪd/ *adj* ⇨intolerante

† **bike** /baɪk/ *n* [C] **1** *(inform)* ⇨bici **2** *(inform)* ⇨moto

biker UK: /'baɪ.kəʳ/ US: /-kɚ/ *n* [C] ⇨motociclista

bikini /bɪ'ki:.ni/ *n* [C] ⇨biquini: *bikini bottom* - parte de abajo del biquini; *bikini top* - parte de arriba del biquini

bilingual /baɪ'lɪŋ.gwəl/ *adj* ⇨bilingüe

† **bill** /bɪl/ *n* [C, NO PL] **1** *UK (US* check) ⇨cuenta: *to pay the bill* - pagar la cuenta **2** ⇨factura **3** *(en derecho)* ⇨proyecto de ley **4** to {fill/fit} the ~ ⇨satisfacer los requisitos

billboard UK: /'bɪl.bɔːd/ US: /-bɔːrd/ *US (UK* hoarding) *n* [C] ⇨valla publicitaria

billiards UK: /'bɪl.i.ədz/ US: /'bɪl.jədz/ *n* [U] ⇨billar

billing /'bɪl.ɪŋ/ to give {star/top} ~ to *sb (en una película u obra de teatro)* ⇨encabezar el cartel

billion /'bɪl.jən/ *n* [C] ⇨millardo ⇨mil millones ■ Distinto de trillion (billón). Anteriormente billion significaba one million million (billón)

† **bin** /bɪn/ *UK (US* trash can) *n* [C] **1** ⇨cubo de basura ⇨caneca *AMÉR.* **2** ⇨papelera

binary UK: /'baɪ.nəʳr.i/ US: /-nɚ-/ *adj* ⇨binario,ria: *binary code* - código binario

bind¹, bound, bound /baɪnd/ *v* [T] **1** ⇨atar: *They bound the package with string* - Ataron el paquete con una cuerda **2** ⇨encuadernar

bind² /baɪnd/ *n* [C] *(inform)* ⇨lata *col.;* ⇨rollo *col.*

binder UK: /'baɪn.dəʳ/ US: /-dɚ/ *n* [C] ⇨carpeta: *ring binder* - carpeta de anillas ■ Distinto de carpet (alfombra)

binding¹ /'baɪn.dɪŋ/ *n* [C, U] **1** ⇨encuadernación **2** ⇨ribete

binding² /'baɪn.dɪŋ/ *adj* ⇨vinculante: *a binding obligation* - un compromiso vinculante

binge /bɪndʒ/ *n* [C] **1** *(inform)* ⇨comilona *col.* **2** *(inform)* ⇨borrachera *col.*

■ **B**

bingo UK: /ˈbɪŋ.gəʊ/ US: /-goʊ/ *n* [U] ⇨bingo: *to play bingo* - jugar al bingo

binoculars UK: /bɪˈnɒk.jʊ.ləz/ US: /-ˈnɑː.kjʊ.ləz/ *n* [PL] ⇨prismáticos

biochemical UK: /ˌbaɪ.əʊˈkem.ɪ.kəl/ US: /-oʊ-/ *adj* ⇨bioquímico,ca

biochemistry UK: /ˌbaɪ.əʊˈkem.ɪ.stri/ US: /-oʊ-/ *n* [U] ⇨bioquímica

biodegradable UK: /ˌbaɪ.əʊ.dɪˈɡreɪ.dɪ.bl̩/ US: /-oʊ-/ *adj* ⇨biodegradable

biodiversity UK: /ˌbaɪ.əʊ.daɪˈvɜː.sɪ.ti/ US: /-oʊ.�'ɪrˈvɝː.sə.ˤti/ *n* [U] ⇨biodiversidad

bioengineering *n* [U] ⇨bioingenería ■ Pron. *bi se pronuncia como* by *y la* o *es larga, como en el término inglés* no

biographer UK: /baɪˈɒɡ.rə.fər/ US: /-ˈɑː.grə.fɚ/ *n* [C] ⇨biógrafo,fa

† **biography** UK: /baɪˈɒɡ.rə.fi/ US: /-ˈɑː.grə-/ *[pl* biographies] *n* [C, U] ⇨biografía

biological UK: /ˌbaɪ.əˈlɒdʒ.ɪ.kəl/ US: /-ˈlɑː.dʒɪ-/ *adj* ⇨biológico,ca: *biological clock* - reloj biológico

biologist UK: /baɪˈɒl.ə.dʒɪst/ US: /-ˈɑː.lə-/ *n* [C] ⇨biólogo,ga

† **biology** UK: /baɪˈɒl.ə.dʒi/ US: /-ˈɑː.lə-/ *n* [U] ⇨biología

biotechnology UK: /ˌbaɪ.əʊ.tekˈnɒl.ə.dʒi/ US: /-oʊ.tekˈnɑː.lə-/ *n* [U] ⇨biotecnología

birch UK: /bɜːtʃ/ US: /bɝːtʃ/ *[pl* birches] *n* [C] *(árbol)* ⇨abedul

† **bird** UK: /bɜːd/ US: /bɝːd/ *n* [C] ⇨ave ⇨pájaro

biro® *[pl* biros] *UK n* [C] ⇨bolígrafo ⇨birome *AMÉR.;* ⇨esfero *AMÉR. col.*

† **birth** UK: /bɜːθ/ US: /bɝːθ/ ■ *n* [C, U] 1 ⇨nacimiento ⇨parto 2 ⇨natalidad ■ *n* [NO PL] 3 ⇨cuna ⇨origen 4 **to give ~** ⇨dar a luz: *She gave birth to a beautiful baby boy* - Dio a luz a un precioso niño

birth control *n* [U] 1 ⇨control de natalidad 2 ⇨método anticonceptivo

† **birthday** UK: /ˈbɜːθ.deɪ/ US: /ˈbɝːθ-/ *n* [C] ⇨cumpleaños: *Happy birthday!* - ¡Feliz cumpleaños!; *When is your birthday?* - ¿Cuándo es tu cumpleaños?

birthmark UK: /ˈbɜːθ.mɑːk/ US: /ˈbɝːθ.mɑːrk/ *n* [C] ⇨mancha de nacimiento ⇨antojo

birthplace UK: /ˈbɜːθ.pleɪs/ US: /ˈbɝːθ-/ *n* [C] ⇨lugar de nacimiento

† **biscuit** /ˈbɪs.kɪt/ *UK (US* **cookie)** *n* [C] ⇨galleta ⇨masita *AMÉR.* ■ Pron. *La parte final,* cuit, *se pronuncia como* kit

bisexual /baɪˈsek.sju.ᵊl/ *adj, n* [C] ⇨bisexual

† **bishop** /ˈbɪʃ.əp/ *n* [C] 1 ⇨obispo 2 *(en ajedrez)* ⇨alfil

bison /ˈbaɪ.sᵊn/ *[pl* bison] *n* [C] *(animal)* ⇨bisonte ■ Pron. *La parte inicial se pronuncia como* bye

† **bit¹** /bɪt/ *n* [C] 1 ⇨trozo: *small bits of broken glass* - trozos pequeños de cristal roto 2 *(en informática)* ⇨bit 3 *(para un caballo)* ⇨bocado ⇨freno 4 **a ~ 1** ⇨un poco: *I'm a bit tired* - Estoy un poco cansado; *Could I have a bit more soup, please?* - ¿Podría tomar un poco más de sopa, por favor? 2 *(inform)* ⇨un rato ⇨un periquete *col.* 5 **a ~ much** *(inform)* ⇨demasiado 6 **~ by ~** ⇨poco a poco 7 **bits and pieces** *(inform)* I could only find bits and pieces of information - Sólo pude encontrar información suelta 8 **not {a/one} ~** ⇨en absoluto

bit² /bɪt/ past tense of **bite**

bitch /bɪtʃ/ *[pl* bitches] *n* [C] *(animal doméstico)* ⇨perra

† **bite¹**, bit, bitten /baɪt/ [biting] *v* [T, I] 1 ⇨morder 2 ⇨picar: *Mosquitoes bit his arm* - Los mosquitos le picaron en el brazo

bite² /baɪt/ *n* [C] 1 *(de insecto)* ⇨picadura 2 *(de mamífero, reptil o pez)* ⇨mordedura 3 *(comida)* ⇨bocado

bitten /ˈbɪt.ən/ past participle of **bite**

bitter¹ UK: /ˈbɪt.ər/ US: /ˈbɪˤt̬.ɚ/ *adj* 1 *(de sabor)* ⇨amargo,ga 2 ⇨enfadado,da ⇨amargado,da 3 ⇨glacial ⇨gélido,da

bitter² UK: /ˈbɪt.ər/ US: /ˈbɪˤt̬.ɚ/ *UK n* [U] ⇨cerveza tostada ⇨cerveza amarga

bitterly UK: /ˈbɪt.ə.li/ US: /ˈbɪˤt̬.ɚ-/ *adv* ⇨con amargura

† **bizarre** UK: /bɪˈzɑːr/ US: /-ˈzɑːr/ *adj* ⇨extraño,ña ■ Distinto de courageous *(*bizarro*)*

† **black¹** /blæk/ *adj* 1 ⇨negro,gra: *jet black* - negro azabache 2 ⇨malo,la ⇨oscuro,ra

† **black²** /blæk/ *n* [C] *(color)* ⇨negro

† **black³** /blæk/
PHRASAL VERBS
· **to black out** *(inform)* ⇨perder el conocimiento ⇨desmayarse

blackberry UK: /ˈblæk.bᵊr.i/ US: /-ber-/ *[pl* blackberries] *n* [C] 1 *(fruta)* ⇨mora 2 *(planta)* ⇨zarzamora

blackbird UK: /ˈblæk.bɜːd/ US: /-bɝːd/ *n* [C] *(ave)* ⇨mirlo

† **blackboard** UK: /ˈblæk.bɔːd/ US: /-bɔːrd/ *(US tb* **chalkboard)** *n* [C] ⇨pizarra

blackcurrant UK: /ˌblækˈkʌr.ᵊnt/ US: /ˈblæk.kɝː-/ *n* [C] *(fruta)* ⇨grosella negra

blacken /ˈblæk.ᵊn/ ■ *v* [T, I] 1 ⇨ennegrecer(se): *The fire has blackened the walls* - El fuego ha ennegrecido las paredes ■ *v* [T] 2 ⇨manchar ⇨mancillar

blacklist¹ /ˈblæk.lɪst/ *n* [C] ⇨lista negra: *to be on a blacklist* - figurar en una lista negra

blacklist² /ˈblæk.lɪst/ *v* [T] ⇨poner en la lista negra: *He has been blacklisted* - Lo han puesto en la lista negra ■ Constr. *Se usa más en pasiva*

blink

blackmail¹ /'blæk.meɪl/ n [U] ⇒chantaje: *It's emotional blackmail* - Es un chantaje emocional

blackmail² /'blæk.meɪl/ v [T] ⇒chantajear: *He was blackmailed by the mafia* - La mafia lo estaba chantajeando

blackness n [U] ⇒negrura ⇒negror

blacksmith /'blæk.smɪθ/ n [C] ⇒herrero,ra

bladder UK: /'blæd.əʳ/ US: /-ə/ n [C] *(en anatomía)* ⇒vejiga

†**blade** /bleɪd/ n [C] **1** *(de un cuchillo)* ⇒hoja ⇒filo **2** *(de un ventilador)* ⇒aspa **3** *(remo)* ⇒pala **4** *(hierba)* ⇒brizna: *a blade of grass* - una brizna de hierba

†**blame¹** /bleɪm/ [blamed, blaming] v [T] **1** ⇒culpar: *Don't blame me!* - ¡No me eches la culpa!; *to blame oneself* - culparse a sí mismo **2** *to be to ~ (for sth)* ⇒tener la culpa de algo

†**blame²** /bleɪm/ n [U] ⇒culpa: *to put the blame on sb* - echar la culpa a alguien

bland /blænd/ adj ⇒soso,sa ⇒insípido,da ⇒insulso,sa ■ Distinto de *soft* (blando)

blank¹ /blæŋk/ adj **1** ⇒en blanco: *a blank sheet of paper* - una hoja en blanco; *My mind went blank* - Se me quedó la mente en blanco **2** *(una pantalla, una pared)* ⇒vacío,a **3** *(una cara, una expresión)* ⇒impasible **4** ⇒perdido,da ⇒vacío,a ⇒inexpresivo,va **5** *(una sensación)* ⇒vacío,a **6** *~ cartridge* ⇒cartucho de fogueo

blank² /blæŋk/ n [C] **1** *(en un formulario)* ⇒espacio en blanco **2** ⇒bala de fogueo

blanket¹ /'blæŋ.kɪt/ n [C] ⇒manta ⇒cobija AMÉR.; ⇒frazada AMÉR.

blanket² /'blæŋ.kɪt/ v [T] *(lit)* ⇒cubrir

blanket³ /'blæŋ.kɪt/ adj ⇒general ⇒completo,ta

blare UK: /bleəʳ/ US: /bler/ [blared, blaring] v [I] ⇒sonar a todo volumen

blasphemy /'blæs.fə.mi/ [pl blasphemies] n [C, U] ⇒blasfemia

blast¹ UK: /blɑːst/ US: /blæst/ n [C] **1** ⇒ráfaga: *a blast of wind* - una ráfaga de viento **2** *(de agua)* ⇒explosión ⇒chorro

blast² UK: /blɑːst/ US: /blæst/ v [T, I] ⇒destruir [con explosivos]

blast-off UK: /'blɑːst.ɒf/ US: /'blæst.ɑːf/ n [U] ⇒lanzamiento [de una nave espacial]

blatant /'bleɪ.tⁿnt/ adj ⇒descarado,da ⇒flagrante

blaze¹ /bleɪz/ [blazed, blazing] v [I] **1** ⇒arder: *The logs blazed in the fireplace* - Los troncos ardían en la chimenea **2** ⇒brillar

blaze² /bleɪz/ n [C] **1** ⇒incendio ⇒hoguera **2** *a ~ of glory* ⇒un momento de gloria

blazer UK: /'bleɪ.zəʳ/ US: /-zə/ n [C] *(prenda de vestir)* ⇒blazer ⇒americana

bleach¹ /bliːtʃ/ n [U] ⇒lejía ⇒lavandina AMÉR.

bleach² /bliːtʃ/ v [T] **1** ⇒lavar con lejía ⇒blanquear **2** ⇒aclarar: *The sun has bleached my hair* - El sol me ha aclarado el pelo

bleak /bliːk/ adj **1** *(un clima)* ⇒inhóspito,ta ⇒desapacible ⇒crudo,da **2** *(un lugar)* ⇒desolado,da **3** *(una situación)* ⇒desolador,-a ⇒nada prometedor,-a

bleat /bliːt/ v [I] ⇒balar

bled past tense and past participle forms of **bleed**

†**bleed, bled, bled** /bliːd/ v [I] ⇒sangrar: *My hand is bleeding* - Me sangra la mano

bleep¹ /bliːp/ n [C] ⇒pitido

bleep² /bliːp/ v [I] *(un aparato electrónico)* ⇒dar pitidos ⇒llamar

blemish /'blem.ɪʃ/ n [C, U] ⇒tacha ⇒mancha

blend¹ /blend/ ■ v [T] **1** ⇒mezclar ■ v [T, I] **2** ⇒combinarse

|PHRASAL VERBS
| · **to blend into sth** ⇒integrarse en algo
|_ · **to blend in (with sth/sb)** ⇒armonizar

blend² /blend/ n [C] ⇒mezcla: *a blend of tea* - un té de mezcla

blender UK: /'blen.dəʳ/ US: /-də/ n [C] ⇒licuadora

†**bless, blest, blest** *(tb blessed, blessed)* /bles/ [blesses] v [T] **1** ⇒bendecir: *to bless sb* - bendecir a alguien ■ Se usan más las formas regulares del pasado y del participio **2** *~ you!* *(para un estornudo)* ⇒¡Jesús! **3** *to be blessed with sth* ⇒gozar de algo

blessed /blest/, /'bles.ɪd/ adj **1** ⇒bendito,ta **2** ⇒dotado,da: *He's blessed with good qualities* - Está dotado de buenas cualidades **3** *(en religión)* ⇒santísimo,ma

blessing /'bles.ɪŋ/ n [C, U] **1** *(en religión)* ⇒bendición **2** ⇒visto bueno **3** *to be a ~ in disguise* ⇒no hay mal que por bien no venga

blest past tense and past participle forms of **bless**

blew /bluː/ past tense of **blow**

†**blind¹** /blaɪnd/ adj ⇒ciego,ga: *a blind date* - una cita a ciegas

blind² /blaɪnd/ v [T] ⇒deslumbrar ⇒cegar

blind³ /blaɪnd/ n [C] **1** ⇒persiana: *to raise the blinds* - subir las persianas; *to lower the blinds* - bajar las persianas **2** *US (UK hide)* ⇒observatorio [de animales]

blindfold¹ UK: /'blaɪnd.fəʊld/ US: /-foʊld/ n [C] *(para los ojos)* ⇒venda

blindfold² UK: /'blaɪnd.fəʊld/ US: /-foʊld/ v [T] ⇒vendar los ojos

blinding /'blaɪn.dɪŋ/ adj **1** *(una luz)* ⇒cegador,-a **2** *a ~ headache* ⇒un dolor de cabeza terrible

blind spot n [C] **1** ⇒punto débil **2** *(en la conducción)* ⇒ángulo muerto

blink¹ /blɪŋk/ ■ v [T, I] **1** ⇒parpadear ■ v [I] **2** ⇒centellear ⇒titilar

B

blink[2] /blɪŋk/ *n* [c] ⇨parpadeo

blip /blɪp/ *n* [c] **1** ⇨pitido **2** *(en un radar)* ⇨señal luminosa

bliss /blɪs/ *n* [u] ⇨dicha ⇨felicidad

blister UK: /'blɪs.tə'/ US: /-tɚ/ *n* [c] *(en la piel)* ⇨ampolla

blistering UK: /'blɪs.t'r.ɪŋ/ US: /-tɚ-/ *adj* **1** ⇨abrasador,-a **2** ⇨mordaz ⇨feroz **3** *(en deportes)* ⇨arrollador,-a **4** *(velocidad)* ⇨vertiginoso,sa

blitz /blɪts/ *n* [c] ⇨campaña intensiva

blizzard UK: /'blɪz.əd/ US: /-ɚd/ *n* [c] ⇨ventisca

bloated UK: /'bləʊ.tɪd/ US: /'bloʊ.ᵗɪd/ *adj* ⇨hinchado,da: *His belly was bloated from drinking* - Después de beber, tenía la barriga hinchada

blob UK: /blɒb/ US: /blɑːb/ *n* [c] **1** ⇨gota gorda: *a blob of glue* - una gota gorda de pegamento **2** ⇨mancha

bloc UK: /blɒk/ US: /blɑːk/ *n* [c] ⇨bloque [de países]

block[1] UK: /blɒk/ US: /blɑːk/ *n* [c] **1** ⇨bloque: *a block of concrete* - un bloque de hormigón **2** *(de edificios)* ⇨bloque ⇨manzana ⇨cuadra AMÉR. **3** ⇨obstáculo ⇨impedimento

† **block**[2] UK: /blɒk/ US: /blɑːk/ *v* [T] **1** ⇨bloquear ⇨obstruir **2** ⇨tapar **3** ⇨impedir **4** *(en deportes)* ⇨parar

blockade[1] UK: /blɒk'eɪd/ US: /blɑː'keɪd/ *n* [c] *(militar o de comercio)* ⇨bloqueo

blockade[2] UK: /blɒk'eɪd/ US: /blɑː'keɪd/ [blockaded, blockading] *v* [T] ⇨bloquear

blockage UK: /'blɒk.ɪdʒ/ US: /'blɑː.kɪdʒ/ *n* [c, u] ⇨obstrucción ⇨atasco

blockbuster UK: /'blɒk₁bʌs.tə'/ US: /'blɑː.k₁bʌs.tɚ/ *n* [c] **1** *(inform)* ⇨éxito de taquilla **2** *(inform)* *(para libros)* ⇨gran éxito de ventas **3** *(un producto)* ⇨gran éxito de ventas

block capitals *n* [PL] ⇨letras mayúsculas

block of flats [*pl* blocks of flats] *UK n* [c] ⇨bloque de pisos

blog UK: /blɒg/ US: /blɑːg/ *n* [c] *(en internet)* ⇨cuaderno de bitácora ⇨blog

† **bloke** UK: /bləʊk/ US: /bloʊk/ *UK n* [c] *(inform)* ⇨tío *col.;* ⇨tipo *col.* ■ Se emplea únicamente con hombres

blond *adj* See **blonde**

† **blonde** UK: /blɒnd/ US: /blɑːnd/ *adj, n* [c] ⇨rubio,bia ⇨güero,ra AMÉR.

† **blood** /blʌd/ *n* [u] ⇨sangre: *a blood test* - un análisis de sangre; *a blood donor* - un donante de sangre; *blood group* - grupo sanguíneo ■ PRON. La doble vocal se pronuncia como la *u* en el término inglés *sun*

blood pressure *n* [u] *(en medicina)* ⇨tensión arterial

bloodshed /'blʌd.ʃed/ *n* [u] ⇨derramamiento de sangre

bloodshot UK: /'blʌd.ʃɒt/ US: /-ʃɑːt/ *adj (un ojo)* ⇨inyectado,da en sangre ⇨rojo,ja

bloodstained /'blʌd.steɪnd/ *adj* ⇨manchado,da de sangre

bloodstream /'blʌd.striːm/ *n* [NO PL] **1** ⇨corriente sanguínea ⇨flujo sanguíneo **2** *injected directly into the bloodstream* - inyectado directamente en la sangre ■ PRON. La doble vocal se pronuncia como la *u* en el término inglés *sun*

bloodthirsty UK: /'blʌd,θɜː.sti/ US: /-,θɝː-/ *adj* [*comp* bloodthirstier, *superl* bloodthirstiest] **1** ⇨sanguinario,ria ⇨ávido,da de sangre **2** ⇨sangriento,ta: *a bloodthirsty film* - una película sangrienta

† **bloody** /'blʌd.i/ *adj* [*comp* bloodier, *superl* bloodiest] **1** ⇨sangriento,ta: *a bloody battle* - una batalla sangrienta **2** *UK (very inform)* ⇨maldito,ta *col.;* ⇨puñetero,ra *col.* ■ PRON. La doble vocal se pronuncia como la *u* en el término inglés *sun*

bloom[1] /bluːm/ *v* [I] ⇨florecer: *The roses are blooming* - Las rosas están floreciendo

bloom[2] /bluːm/ *n* [c] ⇨flor

blossom[1] UK: /'blɒs.ᵊm/ US: /'blɑː.s[ə]m/ *v* [I] ⇨florecer

blossom[2] UK: /'blɒs.ᵊm/ US: /'blɑː.s[ə]m/ *n* [c, u] ⇨flor [de un árbol frutal]

blot[1] UK: /blɒt/ US: /blɑːt/ [botted, blotting] *v* [T] **1** ⇨secar [con papel o tela] **2** *(un papel)* ⇨emborronar

PHRASAL VERBS
· **to blot** *sth* **out** **1** ⇨tapar algo **2** ⇨borrar algo de la mente

blot[2] UK: /blɒt/ US: /blɑːt/ *n* [c] **1** ⇨mancha: *a blot on sb's reputation* - una mancha en la reputación de alguien **2** ⇨borrón [de tinta]

blotch UK: /blɒtʃ/ US: /blɑːtʃ/ [*pl* blotches] *n* [c] *(en la piel)* ⇨mancha

blouse UK: /blaʊz/ US: /blaʊs/ *n* [c] ⇨blusa

† **blow**[1], blew, blown UK: /bləʊ/ US: /bloʊ/ *v* [I] **1** ⇨soplar: *The wind is blowing hard today* - El viento sopla muy fuerte hoy **2** *(un silbato)* ⇨tocar **3** *to ~ a {fuse/gasket} (inform, old-fash)* ⇨ponerse hecho,cha una fiera **4** *to ~ one's nose* ⇨sonarse: *Take this handkerchief and blow your nose* - Coge este pañuelo y suénate

PHRASAL VERBS
· **to blow** *sth* **away** [M] *(el viento, el aire)* ⇨llevarse algo
· **to blow** *sth* **down** [M] *(el viento)* ⇨derribar
· **to blow** *sth* **out** [M] ⇨apagar algo [con aire]: *to blow a candle out* - apagar una vela
· **to blow over 1** ⇨ser derribado,da [por el viento] **2** *(una tormenta)* ⇨pasar **3** *(un escándalo)* ⇨olvidarse
· **to blow up (at** *sb***)** *(inform)* ⇨ponerse hecho,cha una furia con alguien

blow² UK: /bləʊ/ US: /bloʊ/ n [c] **1** ⇒golpe: *a low blow* - un golpe bajo **2 to come to blows (over sth)** ⇒llegar a las manos [por algo]

blown UK: /bləʊn/ US: /bloʊn/ past participle of **blow**

† **blue¹** /bluː/ adj **1** *(color)* ⇒azul **2** *(relacionado con el sexo)* ⇒verde ⇒porno **3** *(inform)* ⇒triste: *I feel blue* - Me siento triste

† **blue²** /bluː/ n [c, u] **1** ⇒azul: *light blue and dark blue* - azul claro y azul oscuro **2 out of the ~** *(inform)* ⇒de repente ⇒inesperadamente

blueberry /ˈbluːˌbᵊr.i/, /-ˌber-/ [pl blueberries] n [c] *(fruta)* ⇒arándano

blue-collar UK: /ˌbluːˈkɒl.əʳ/ US: /-ˈkɑː.lə/ adj *(un trabajador)* ⇒que emplea la fuerza física en su trabajo

blue-eyed boy UK *(US fair-haired boy)* n [c] *(inform)* ⇒niño mimado

blueprint /ˈbluː.prɪnt/ n [c] **1** ⇒programa ⇒proyecto **2** *(en arquitectura)* ⇒primer proyecto ⇒anteproyecto

bluff¹ /blʌf/ v [t, i] **1** ⇒tirarse un farol *col.;* ⇒engañar **2** ⇒fingir ⇒vacilar *col.*

bluff² /blʌf/ n [c, u] ⇒mentira ⇒farol *col.;* ⇒engaño

blunder¹ UK: /ˈblʌn.dəʳ/ US: /-də/ n [c] ⇒metedura de pata *col.;* ⇒metida de pata *AMÉR. col.;* ⇒error

blunder² UK: /ˈblʌn.dəʳ/ US: /-də/ v [i] **1** ⇒meter la pata *col.: I blundered telling her the secret* - Metí la pata al contarle el secreto **2** ⇒precipitarse: *The country is blundering towards a crisis* - El país se precipita hacia la crisis

blunt /blʌnt/ adj **1** ⇒desafilado,da ⇒romo,ma **2** ⇒directo,ta ⇒brusco,ca

blur UK: /blɜːʳ/ US: /blɜː/ [blurred, blurring] ∎ v [t, i] **1** *(una imagen)* ⇒desdibujarse ⇒hacerse borroso,sa **2** *(una diferencia)* ⇒atenuarse ∎ v [t] **3** ⇒empañar: *Tears blurred his eyes* - Las lágrimas empañaban sus ojos

blurred UK: /blɜːd/ US: /blɜːd/ adj **1** ⇒borroso,sa ⇒difuso,sa ⇒desenfocado,da **2** *(un recuerdo)* ⇒vago,ga ⇒borroso,sa ∎ PRON. La *e* no se pronuncia

blurt UK: /blɜːt/ US: /blɜːt/ *(tb blurt out)* v [t] ⇒soltar ⇒espetar

† **blush¹** /blʌʃ/ [blushes] v [i] ⇒ruborizarse ⇒ponerse rojo,ja

† **blush²** /blʌʃ/ US n [c] See **blusher**

blusher UK: /ˈblʌʃ.əʳ/ US: /-ə/ UK *(US blush)* n [c, u] *(maquillaje)* ⇒colorete

boar UK: /bɔːʳ/ US: /bɔːr/ [pl boar, boars] n [c] **1** *(animal)* ⇒verraco **2 wild ~** ⇒jabalí

board¹ UK: /bɔːd/ US: /bɔːrd/ n [c] **1** ⇒tabla ⇒tablón **2** ⇒pizarra **3** *(tb board of directors)* ⇒junta directiva ⇒consejo de administración ∎ Por ser

un nombre colectivo se puede usar con el verbo en singular o en plural **4** *(de un juego)* ⇒tablero **5** *(en hotel o pensión)* ⇒comida **6 above ~** ⇒ilícito,ta ⇒ilegal **7 across ~** ⇒en todos los niveles **8 on ~ 1** *(en un avión o embarcación)* ⇒a bordo de **2** *(en un tren)* ⇒dentro de ∎ Incorrecto: no se usa con la preposición *of*

board² UK: /bɔːd/ US: /bɔːrd/ v [t, i] **1** *(a un avión o embarcación)* ⇒embarcar ⇒subir a bordo **2** *(a un tren)* ⇒subir **3** ⇒hospedar

|PHRASAL VERBS
· **to board sth up** [m] *(una puerta, una ventana)* ⇒tapar con tablas

boarder UK: /ˈbɔː.dəʳ/ US: /ˈbɔːr.də/ n [c] **1** *UK (un alumno)* ⇒interno,na **2** *US (UK lodger) (de una casa particular)* ⇒huésped,-a

boarding school n [c] ⇒internado: *to attend a boarding school* - ir a un internado

boast¹ UK: /bəʊst/ US: /boʊst/ v [t, i] **1** ⇒fanfarronear ⇒jactarse ⇒presumir ∎ Constr. 1. to boast + that 2. to boast about sth/sb **2** *(form)* ⇒gozar de ⇒contar con

boast² UK: /bəʊst/ US: /boʊst/ n [c] ⇒fanfarronada ⇒alarde

boastful UK: /ˈbəʊst.fᵊl/ US: /ˈboʊst-/ adj *(al hablar)* ⇒presuntuoso,sa ⇒presumido,da ⇒fanfarrón,-a *col.*

† **boat** UK: /bəʊt/ US: /boʊt/ n [c] ⇒bote ⇒barca ⇒barco ⇒buque ∎ Se usa con embarcaciones pequeñas y, coloquialmente, con todas. Comparar con *ship*

boating UK: /ˈbəʊ.tɪŋ/ US: /ˈboʊ.ᵗtɪŋ/ n [u] ⇒paseo en barca: *to go boating* - ir de paseo en barca

bob¹ UK: /bɒb/ US: /baːb/ [bobbed, bobbing] v [t] ⇒flotar [en el agua meciéndose con las olas]

|PHRASAL VERBS
|_ **to bob up** ⇒aparecer ⇒surgir

bob² UK: /bɒb/ US: /baːb/ n [c] **1** *(inform)* ⇒chelín **2** ⇒pelo a lo garçon ∎ Se emplea únicamente con mujeres

bobby UK: /ˈbɒb.i/ US: /ˈbaː.bi/ [pl bobbies] *UK* n [c] *(inform)* ⇒poli *col.*

bode UK: /bəʊd/ US: /boʊd/ [boded, boding] v [t, i] *(lit)* ⇒augurar ⇒auspiciar

bodily¹ UK: /ˈbɒd.ɪ.li/ US: /ˈbaː.dɪ-/ adj ⇒corporal ⇒fisiológico,ca

bodily² UK: /ˈbɒd.ɪ.li/ US: /ˈbaː.dɪ-/ adv **1** ⇒en persona **2** *(con los brazos)* ⇒a la fuerza **3** ⇒en conjunto

† **body** UK: /ˈbɒd.i/ US: /ˈbaː.di/ [pl bodies] n [c] **1** ⇒cuerpo: *a healthy body* - un cuerpo sano **2** ⇒cadáver **3** ⇒grupo ⇒organismo **4** ⇒en conjunto **5 ~ and soul** ⇒en cuerpo y alma

bodybuilding UK: /ˈbɒd.iˌbɪl.dɪŋ/ US: /ˈbaː.di-/ n [u] ⇒culturismo

bodyguard UK: /ˈbɒd.i.gɑːd/ US: /ˈbɑː.di.gɑːrd/ *n* [c] ⇒guardaespaldas ⇒guardia personal ■ Se puede usar con el verbo en singular o en plural

bog¹ UK: /bɒg/ US: /bɑːg/ *n* [c] **1** ⇒ciénaga **2** *(very inform)* ⇒váter *col.*; ⇒meadero *vulg.*

bog² UK: /bɒg/ US: /bɑːg/ [bogged, bogging]
| PHRASAL VERBS
| · **to be bogged down** ⇒estancar(se) ⇒empan-
└ tanarse ⇒atascarse

bogus UK: /ˈbəʊ.gəs/ US: /ˈboʊ-/ *adj* ⇒fraudulen-to,ta ⇒falso,sa

† **boil** /bɔɪl/ *v* [T, I] **1** ⇒hervir: *Water boils at 100ºC* - El agua hierve a cien grados **2** ⇒cocer
| PHRASAL VERBS
| · **to boil down sth** ⇒reducirse a algo
| · **to boil over** ⇒salirse [por el calor]: *The milk
└ is boiling over!* - ¡Se está saliendo la leche!

boiler UK: /ˈbɔɪ.ləʳ/ US: /-lɚ/ *n* [c] **1** ⇒caldera ⇒calentador [de agua] **2** *(en una embarcación)* ⇒calderas

boiling *adj* **1** *(inform)* *(el tiempo, el día)* ⇒muy caliente ⇒asfixiante **2** *It's boiling!* - ¡Me aso!

boiling point *n* [U] ⇒punto de ebullición

boisterous UK: /ˈbɔɪ.stʳr.əs/ US: /-stɚ-/ *adj* ⇒bullicioso,sa ⇒escandaloso,sa ⇒alborotado,da

† **bold** UK: /bəʊld/ US: /boʊld/ *adj* **1** ⇒audaz ⇒valiente **2** ⇒descarado,da ⇒atrevido,da **3** ⇒bien definido,da ⇒marcado,da **4** ⇒llamativo,va **5** e {be/make} so ~ (as to do sth) *(form)* ⇒atreverse a hacer algo

Bolivia *n* [U] ⇒Bolivia

Bolivian *adj, n* [c] ⇒boliviano,na

bolster UK: /ˈbəʊl.stəʳ/ US: /ˈboʊl.stɚ/ *v* [T] **1** *(la moral)* ⇒levantar **2** *(una industria)* ⇒impulsar **3** *(una imagen, un argumento)* ⇒reforzar

bolt UK: /bəʊlt/ US: /boʊlt/ *n* [c] **1** *(de una puerta, ventana)* ⇒cerrojo **2** ⇒perno ⇒tornillo **3** ⇒rayo ⇒relámpago

† **bomb¹** UK: /bɒm/ US: /bɑːm/ *n* [c] **1** ⇒bomba [explosiva]: *a bomb alert* - un aviso de bomba **2** to go little a ~ ⇒ir como un rayo ■ PRON. No se pronuncia la *b* final

bomb² UK: /bɒm/ US: /bɑːm/ *v* [T] ⇒bombardear

bombard UK: /bɒmˈbɑːd/ US: /bɑːmˈbɑːrd/ *v* [T] **1** ⇒bombardear [con bombas] **2** ⇒acosar ⇒bombardear

bomber UK: /ˈbɒm.əʳ/ US: /ˈbɑː.mɚ/ *n* [c] **1** *(avión)* ⇒bombardero **2** ⇒persona que pone bombas

bombshell UK: /ˈbɒm.ʃel/ US: /ˈbɑːm-/ *n* [c] **1** *(inform)* ⇒notición ⇒bombazo *col.* **2** ⇒mujer despampanante

bond¹ UK: /bɒnd/ US: /bɑːnd/ *n* [c] **1** ⇒lazo ⇒vínculo **2** ⇒pacto **3** *(en economía)* ⇒bono

bond² UK: /bɒnd/ US: /bɑːnd/ ■ *v* [T, I] **1** ⇒unir(se) ⇒adherir(se) ■ *v* [I] **2** ⇒establecer lazos afectivos

bonds UK: /bɒndz/ US: /bɑːndz/ *n* [PL] ⇒ataduras ⇒cadenas

† **bone** UK: /bəʊn/ US: /boʊn/ *n* [c, U] **1** *(del cuerpo)* ⇒hueso **2** *(de la carne)* ⇒hueso **3** *(del pescado)* ⇒espina **4** to have a ~ to pick with sb *(inform)* ⇒tener que arreglar cuentas con alguien: *I have a bone to pick with you* - Tú y yo tenemos que arreglar cuentas

bone marrow *n* [U] *(en anatomía)* ⇒médula ósea

bonfire UK: /ˈbɒn.faɪəʳ/ US: /ˈbɑːn.faɪr/ *n* [c] ⇒hoguera: *to make a bonfire* - encender una hoguera

bonnet UK: /ˈbɒn.ɪt/ US: /ˈbɑː.nɪt/ *n* [c] **1** UK *(US hood)* *(en un vehículo)* ⇒capó **2** *(de señora)* ⇒sombrero **3** *(de bebé)* ⇒gorro

† **bonus** UK: /ˈbəʊ.nəs/ US: /ˈboʊ-/ [*pl* bonuses] *n* [c] *(paga)* ⇒extra ⇒prima ⇒plus

bony UK: /ˈbəʊ.ni/ US: /ˈboʊ-/ *adj* [*comp* bonier, *superl* boniest] ⇒huesudo,da ⇒óseo,a

boo¹ /buː/ *v* [T, I] ⇒abuchear: *The spectators booed the players* - El público abucheó a los jugadores

boo² /buː/ *n* [c] ⇒abucheo

boob /buːb/ *n* [c] **1** *(inform)* ⇒metedura de pata *col.*; ⇒metida de pata AMÉR. *col.* **2** *(inform)* ⇒tonto,ta *desp.*; ⇒bobo,ba *desp.*

booby prize *n* [c] *(en una competición)* ⇒premio de consolación al último clasificado

† **book¹** /bʊk/ *n* [c] **1** ⇒libro **2** ⇒libreto **3** to be in sb's bad books ⇒estar en la lista negra de alguien **4** to be in sb's good books ⇒gozar del favor de alguien

† **book²** /bʊk/ ■ *v* [T, I] **1** ⇒reservar ■ *v* [T] **2** UK *(en deportes)* ⇒amonestar **3** ⇒contratar **4** *(inform)* *(la policía)* ⇒fichar **5** to be booked up **1** ⇒estar sin plazas **2** *(inform)* ⇒estar ocupado,da
| PHRASAL VERBS
└ · **to book in** *(en un hotel)* ⇒registrar(se)

bookcase UK: /ˈbʊk.keɪs/ *n* [c] ⇒estantería ⇒librería

booking /ˈbʊk.ɪŋ/ *n* [c] UK **1** ⇒reserva: *booking fee* - suplemento por hacer la reserva **2** UK *(en deportes)* ⇒amonestación

booklet /ˈbʊk.lət/ *n* [c] ⇒folleto

bookmaker UK: /ˈbʊkˌmeɪ.kəʳ/ US: /-kɚ/ *n* [c] ⇒corredor,-a de apuestas

bookmark¹ UK: /ˈbʊk.mɑːk/ US: /ˈbʊk.mɑːrk/ *n* [c] **1** ⇒marcapáginas **2** *(en internet)* ⇒favorito

bookmark² UK: /ˈbʊk.mɑːk/ US: /ˈbʊk.mɑːrk/ *v* [T] *(en internet)* ⇒añadir a la lista de favoritos

bookseller UK: /ˈbʊkˌsel.əʳ/ US: /-ɚ/ *n* [c] ⇒librero,ra

bookshelf UK: /ˈbʊk.ʃelf/ [*pl* bookshelves] *n* [c] ⇒estante [para libros]

† **bookshop** UK: /'buk.ʃɒp/ US: /-ʃɑːp/ *UK* (*US* **bookstore**) *n* [c] *(establecimiento)* ⇒librería

boom¹ /buːm/ *n* [c, u] 1 ⇒estruendo 2 ⇒boom

boom² /buːm/ *v* [i] ⇒retumbar ⇒tronar ⇒resonar

boomerang /'buː.mə.ræŋ/ *n* [c] ⇒bumerán

boost¹ /buːst/ *n* [c] 1 ⇒estímulo [positivo] ⇒impulso ⇒empujón 2 ⇒aumento

boost² /buːst/ *v* [t] 1 *(ventas, beneficios)* ⇒dar un empujón a ⇒estimular ⇒impulsar ⇒disparar 2 ⇒aumentar ⇒alentar

boot¹ /buːt/ *n* [c] 1 ⇒bota 2 *UK* (*US* **trunk**) ⇒maletero ⇒baúl *AMÉR.;* ⇒cajuela *AMÉR.*

boot² /buːt/ *v* [t] 1 ⇒dar una patada 2 **to ~ sth (up)** *(en informática)* ⇒arrancar algo ⇒iniciar algo
| PHRASAL VERBS
| · **to boot** *sb* **out** *(inform)* ⇒poner a alguien de
└ patitas en la calle *col.*

booth UK: /buːð/ US: /buːθ/ *n* [c] 1 ⇒cabina: *a telephone booth* - una cabina de teléfono 2 *(en una feria)* ⇒caseta

booze¹ /buːz/ *n* [u] *(inform)* ⇒bebida alcohólica

booze² /buːz/ [boozed, boozing] *v* [i] 1 *(inform)* *(alcohol)* ⇒soplar *col.;* ⇒pimplar *col.;* ⇒beber 2 **to go out boozing** - salir de copas

† **border¹** UK: /bɔː.dəʳ/ US: /'bɔːr.dɚ/ *n* [c] 1 ⇒frontera: *the border between the two countries* - la frontera entre los dos países 2 ⇒borde

border² UK: /bɔː.dəʳ/ US: /'bɔːr.dɚ/ *v* [t, i] ⇒limitar ⇒lindar
| PHRASAL VERBS
└ · **to border on** *sth* ⇒rayar en algo

borderline¹ UK: /'bɔː.də.laɪn/ US: /'bɔːr.dɚ-/ *adj* ⇒dudoso,sa: *a borderline case* - un caso dudoso

borderline² UK: /'bɔː.də.laɪn/ US: /'bɔːr.dɚ-/ *n* [NO PL] ⇒línea divisoria ⇒límite

bore¹ UK: /bɔːʳ/ US: /bɔːr/ [bored, boring] ∎ 1 past tense of **bear** ∎ *v* [t] 2 ⇒aburrir

bore² UK: /bɔːʳ/ US: /bɔːr/ ∎ *n* [NO PL] 1 *(inform)* ⇒pesadez ⇒rollo *col.* ∎ *n* [c] 2 *(inform)* ⇒pelmazo,za *col.;* ⇒pesado,da

bored UK: /bɔːd/ US: /bɔːrd/ *adj* ⇒aburrido,da: *to be bored stiff* - aburrirse como una ostra ∎ PRON. No se pronuncia la *e* ∎ Ver cuadro adjetivos terminados en "-ed" / "-ing": excited / exciting

boredom UK: /'bɔː.dəm/ US: /'bɔːr-/ *n* [u] ⇒aburrimiento

boring UK: /'bɔː.rɪŋ/ US: /'bɔːr.ɪŋ/ *adj* ⇒aburrido,da: *The film was really boring* - La película era muy aburrida; *a boring speech* - un discurso aburrido ∎ Distinto de *to be bored* (estar aburrido) ∎ Ver cuadro adjetivos terminados en "-ed" / "-ing": excited / exciting

† **born¹** UK: /bɔːn/ US: /bɔːrn/ **to be ~** ⇒nacer: *I was born in 1977* - Nací en 1977

born² UK: /bɔːn/ US: /bɔːrn/ *adj* 1 ⇒nato,ta: *She's a born artist* - Es una artista nata 2 ⇒nacido,da ∎ CONSTR. Se usa detrás de un verbo

borne UK: /bɔːn/ US: /bɔːrn/ past participle of **bear**

borough UK: /'bʌr.ə/ US: /'bɝː.oʊ/ *n* [c] 1 ⇒municipio 2 *(en Londres y Nueva York)* ⇒distrito municipal

† **borrow** UK: /'bɒr.əʊ/ US: /'bɑː.roʊ/ US: /'bɑːr.oʊ/ *v* [t] ⇒pedir prestado,da ⇒tomar prestado,da

borrowing UK: /'bɒr.əʊ.ɪŋ/ US: /'bɑːr.oʊ-/ *n* [u] 1 *(en economía)* ⇒crédito 2 *(en lingüística)* ⇒préstamo

Bosnia-Herzegovina *n* [u] ⇒Bosnia y Herzegovina

Bosnian *adj, n* [c] ⇒bosnio-herzegovino,na ⇒bosnio,nia

bosom /'buz.ᵊm/ *n* [c] 1 ⇒busto ⇒seno 2 ⇒seno: *in the bosom of the family* - en el seno de la familia

boss¹ UK: /bɒs/ US: /bɑːs/ *[pl* bosses*] n* [c] ⇒jefe,fa

boss² UK: /bɒs/ US: /bɑːs/ *v* [t] ⇒dar órdenes ⇒mandar ∎ CONSTR. to boss sb about/around

bossy UK: /'bɒs.i/ US: /'bɑː.si/ *adj* [*comp* bossier, *superl* bossiest] ⇒mandón,-a *col.: Don't be so bossy* - No seas tan mandón

botany UK: /'bɒt.ᵊn.i/ US: /'bɑː.ᵊt[ə]n-/ *n* [u] ⇒botánica

botch¹ UK: /bɒtʃ/ US: /bɑːtʃ/ *v* [t] ⇒estropearlo ⇒cagarla *vulg.*

botch² UK: /bɒtʃ/ US: /bɑːtʃ/ *[pl* botches*] n* [c] 1 ⇒error ⇒metedura de pata 2 ⇒chapuza *col.: to make a botch of sth* - hacer una chapuza

† **both** UK: /bəʊθ/ US: /boʊθ/ *adj, pron* 1 ⇒ambos,bas ⇒los dos, las dos 2 **both... and...** ⇒tanto... como...

† **bother¹** UK: /'bɒð.əʳ/ US: /'bɑː.ðɚ/ ∎ *v* [t] 1 ⇒molestar ⇒fregar *AMÉR. col.* ∎ *v* [t, i] 2 ⇒molestarse 3 ⇒preocupar ∎ CONSTR. 1. to bother + that 2. to bother + doing sth 3. to bother + to do sth 4 **can't be bothered** 1 *UK (inform)* ⇒no dar la gana 2 ⇒pasar *col.* 5 **I'm not bothered** ⇒me da igual

bother² UK: /'bɒð.əʳ/ US: /'bɑː.ðɚ/ *n* [u] ⇒molestia

† **bottle¹** UK: /'bɒt.l̩/ US: /'bɑː.ᵊt̩l/ *n* [c] 1 ⇒botella 2 ⇒frasco

bottle² UK: /'bɒt.l̩/ US: /'bɑː.ᵊt̩l/ [bottled, bottling] *v* [t] ⇒embotellar ⇒envasar ∎ CONSTR. Se usa más en pasiva

bottle bank *n* [c] ⇒contenedor para vidrio [para reciclar]

† **bottom¹** UK: /ˌbɒt.əm/ US: /ˌbɑː.ᵊt̩əm/ UK: /'bɒt.ᵊm/ US: /'bɑː.ᵊt̩əm/ *n* [c] 1 ⇒fondo ⇒final ⇒pie 2 ⇒culo ⇒trasero *col.* ∎ Distinto de *button* (botón)

bottom² UK: /ˌbɒt.əm/ US: /ˌbɑː.ᵊt̩əm/ UK: /'bɒt.ᵊm/ US: /'bɑː.ᵊt̩əm/ *adj* ⇒último,ma

bough /baʊ/ *n* [c] *(lit) (de un árbol)* ⇒rama [grande]

bought UK: /bɔːt/ US: /bɑːt/ past tense and past participle forms of **buy**

B **boulder** UK: /ˈbəʊl.dəʳ/ US: /ˈboʊl.dɚ/ n [c] ⇒roca grande

boulevard UK: /ˈbuː.lə.vɑːd/ US: /ˈbʊl.ə.vɑːrd/ n [c] ⇒bulevar

† **bounce** /baʊnts/ [bounced, bouncing] v [T, I] **1** ⇒botar ⇒hacer rebotar **2** (un cheque) ⇒rechazar ⇒ser devuelto,ta

| PHRASAL VERBS
└ **to bounce back** (inform) ⇒recuperarse

bouncer /ˈbaʊnt.səʳ/ US: /-sɚ/ n [c] (de un bar) ⇒gorila col.; ⇒portero,ra

bouncing /ˈbaʊnt.sɪŋ/ adj (una persona) ⇒rebosante

bouncy /ˈbaʊnt.si/ adj [comp bouncier, superl bounciest] **1** ⇒jovial ⇒dinámico,ca **2** (una pelota) ⇒que bota [bien]

bound[1] /baʊnd/ adj **1** ⇒obligado,da: to be bound by the rules to do sth - estar obligado por las normas a hacer algo **2** ~ up with sth ⇒ligado,da a algo **3** to be ~ for ⇒navegar con rumbo a **4** to be ~ to do sth ⇒seguro que: You're bound to lose your bet - Seguro que pierdes la apuesta

bound[2] /baʊnd/ ■ **1** past tense and past participle forms of **bind** ■ v [I] **2** ⇒correr dando saltos ⇒saltar ■ CONSTR. Se usa generalmente seguido de una preposición o un adverbio

† **boundary** /ˈbaʊn.dʳr.i/ [pl boundaries] n [c] ⇒frontera ⇒límite

bounds /baʊndz/ n [PL] **1** ⇒límites: beyond reasonable bounds - más allá de los límites razonables **2** out of ~ ⇒zona donde no se puede entrar ⇒zona prohibida

bouquet /buˈkeɪ/ n [c] ⇒ramo [de flores]: a bouquet of roses - un ramo de rosas

bourgeois UK: /ˈbɔːʒ.wɑː/ US: /ˈbʊrʒ-/ adj ⇒burgués,-a

bout /baʊt/ n [c] **1** (en medicina) ⇒ataque **2** (en boxeo) ⇒combate **3** (de una actividad) ⇒racha

boutique /buːˈtiːk/ n [c] ⇒boutique ⇒tienda de ropa

† **bow**[1] /baʊ/ UK: /bəʊ/ US: /boʊ/ v [T, I] **1** (la cabeza) ⇒bajar ⇒inclinar **2** ⇒hacer una reverencia ⇒inclinarse

† **bow**[2] /baʊ/ UK: /bəʊ/ US: /boʊ/ n [c] **1** ⇒reverencia **2** (en náutica) ⇒proa **3** (arma) ⇒arco **4** (de un instrumento musical) ⇒arco **5** ⇒lazo ⇒cinta

bowel /ˈbaʊ.ªlz/, /baʊəlz/ n [c] ⇒intestino ■ Se usa más en plural

† **bowl**[1] UK: /bəʊl/ US: /boʊl/ n [c] **1** ⇒tazón ⇒bol ⇒cuenco **2** ⇒plato hondo **3** ⇒bola ⇒pelota

† **bowl**[2] UK: /bəʊl/ US: /boʊl/ v [T, I] ⇒lanzar [la pelota]

bowler UK: /ˈbəʊ.ləʳ/ US: /ˈboʊ.lɚ/ UK n [c] (en cricket) ⇒lanzador,-a

bowler hat UK (US derby) n [c] (sombrero) ⇒bombín

bowling UK: /ˈbəʊ.lɪŋ/ US: /ˈboʊ-/ (UK tb tenpin bowling) n [U] ⇒bolos: to go bowling - ir a jugar a los bolos

bowling alley n [c] ⇒bolera

bow tie n [c] ⇒pajarita

box[1] UK: /bɒks/ US: /bɑːks/ [pl boxes] n [c] **1** ⇒caja ⇒estuche **2** ⇒palco **3** (en un formulario) ⇒recuadro ⇒casilla

box[2] UK: /bɒks/ US: /bɑːks/ v [T, I] **1** ⇒boxear **2** ⇒embalar ■ CONSTR. Se usa frecuentemente seguido de la preposición up

boxer UK: /ˈbɒk.səʳ/ US: /ˈbɑːk.sɚ/ n [c] ⇒boxeador,-a

boxer shorts n [PL] (ropa interior) ⇒boxer

† **boxing** UK: /ˈbɒk.sɪŋ/ US: /ˈbɑːk-/ n [U] ⇒boxeo

Boxing Day n [c, U] ⇒fiesta del 26 de diciembre

box office n [c] (en un teatro o cine) ⇒taquilla

† **boy** /bɔɪ/ n [c] ⇒niño ⇒chico ⇒chamaco AMÉR. ■ El uso de boy para referirse a un adulto puede resultar ofensivo

boycott[1] UK: /ˈbɔɪ.kɒt/ US: /-kɑːt/ n [c] ⇒boicot

boycott[2] UK: /ˈbɔɪ.kɒt/ US: /-kɑːt/ v [T] ⇒boicotear

† **boyfriend** /ˈbɔɪ.frend/ n [c] ⇒novio ⇒pololo AMÉR. col.

boyhood /ˈbɔɪ.hʊd/ n [U] ⇒niñez ■ Se emplea únicamente con hombres

boyish /ˈbɔɪ.ɪʃ/ adj **1** ⇒juvenil ■ Se emplea únicamente con hombres **2** ⇒hombruno,na

Boy Scout n [c] ⇒scout ⇒niño explorador

† **bra** /brɑː/ n [c] ⇒sujetador ⇒corpiño AMÉR.; ⇒ajustador AMÉR.

brace[1] /breɪs/ [braced, bracing] v [T] **1** (un tejado o una pared) ⇒sujetar **2** ⇒apoyar **3** to ~ oneself (for sth) ⇒mentalizar(se) ⇒prepararse [para algo difícil]

brace[2] /breɪs/ n [c] **1** ⇒soporte [ortopédico] **2** ⇒collarín **3** UK (US braces) ⇒ortodoncia: to wear a brace - llevar una ortodoncia **4** (de dos cosas iguales) ⇒pareja

† **bracelet** /ˈbreɪ.slət/ n [c] ⇒brazalete ⇒pulsera ■ PRON. La primera parte, brace, rima con race

braces /ˈbreɪ.sɪz/ n [PL] **1** UK (US suspenders) ⇒tirantes ⇒suspensores AMÉR. **2** US See **brace**

bracing /ˈbreɪ.sɪŋ/ adj ⇒tonificante ⇒estimulante

bracket[1] /ˈbræk.ɪt/ n [c] **1** (soporte) ⇒abrazadera **2** ⇒grupo **3** ⇒categoría **4** square brackets ⇒corchetes

bracket² /'bræk.ɪt/ v [T] **1** ⇨agrupar **2** ⇨equiparar ■ CONSTR. 1. to be bracketed with sth/sb 2. Se usa más en pasiva **3** ⇨poner entre paréntesis

brackets n [PL] ⇨paréntesis: *in brackets* - entre paréntesis ■ Ver cuadro signos de puntuación

brag /bræg/ [bragged, bragging] v [I] ⇨jactarse ⇨presumir ■ CONSTR. to brag about sth

braid /breɪd/ ▮ n [C] **1** US (UK plait) ⇨trenza ▮ n [U] **2** (labor textil) ⇨pasamanería

Braille /breɪl/ n [U] ⇨Braille

†**brain** /breɪn/ n [C] **1** (órgano) ⇨cerebro **2** (inteligencia) ⇨cerebro **3** to have sth on the ~ (inform) ⇨tener algo metido en la cabeza

brains /breɪnz/ n [PL] **1** ⇨seso ⇨inteligencia **2** (inform) ⇨líder ⇨cerebro

brainstorming UK: /'breɪnˌstɔː.mɪŋ/ US: /-ˌstɔːr-/ n [U] ⇨intercambio rápido de ideas ⇨lluvia de ideas

brainwash UK: /'breɪn.wɒʃ/ US: /-wɑːʃ/ v [T] ⇨lavar el cerebro ■ CONSTR. to brainwash sb into + doing sth

brainwave /'breɪn.weɪv/ UK (US brainstorm) n [C] ⇨idea brillante

brainy /'breɪ.ni/ adj [comp brainier, superl brainiest] (inform) ⇨inteligente ⇨listo,ta

brake¹ /breɪk/ n [C] **1** (de un vehículo) ⇨freno **2** to put the brakes on ⇨frenar

brake² /breɪk/ [braked, braking] v [I] (un vehículo) ⇨frenar

branch¹ UK: /brɑːntʃ/ US: /bræntʃ/ [pl branches] n [C] **1** (de un árbol) ⇨rama **2** (de una empresa) ⇨sucursal

branch² UK: /brɑːntʃ/ US: /bræntʃ/
|PHRASAL VERBS
· to branch off (un camino o una carretera) ⇨desviar(se) ⇨bifurcarse

brand¹ /brænd/ n [C] (de un producto) ⇨marca

brand² /brænd/ v [T] **1** ⇨calificar: to brand sb as sth - calificar a alguien de algo **2** (el ganado) ⇨marcar

brandish /'bræn.dɪʃ/ [brandishes] v [T] ⇨empuñar ⇨blandir

brand new adj ⇨nuevo,va ⇨recién estrenado,da ⇨flamante

†**brandy** /'bræn.di/ [pl brandies] n [C, U] ⇨brandy

brash /bræʃ/ adj **1** ⇨presuntuoso,sa ⇨insolente **2** (un color o una prenda) ⇨alegre ⇨chillón,-a

†**brass** UK: /brɑːs/ US: /bræs/ n [U] ⇨latón

brat /bræt/ n [C] (inform) ⇨mocoso,sa desp. ■ Normalmente se usa para niños

bravado UK: /brə'vɑː.dəʊ/ US: /-doʊ/ n [U] ⇨bravata ⇨bravuconería

brave¹ /breɪv/ adj ⇨valiente: a brave decision - una decisión valiente

brave² /breɪv/ [braved, braving] v [T] (una adversidad) ⇨desafiar ⇨soportar

bravery UK: /'breɪ.v°r.i/ US: /-və-/ n [U] ⇨valentía ⇨valor

brawl UK: /brɔːl/ US: /brɑːl/ n [C] ⇨reyerta

Brazil n [U] ⇨Brasil

Brazilian adj, n [C] ⇨brasileño,ña

breach¹ /briːtʃ/ [pl breaches] n [C] **1** (form) ⇨ruptura **2** ⇨infracción ⇨incumplimiento **3** ⇨fallo

breach² /briːtʃ/ v [T] **1** ⇨infringir ⇨incumplir **2** (form) (una promesa) ⇨romper

†**bread** /bred/ n [U] ⇨pan: wholemeal bread - pan integral; white sliced bread - pan de molde ■ Se dice a piece of bread, a slice of bread o a loaf of bread. Incorrecto: a bread

B ▬

BREAD

A PIECE OF TOAST ROLL LOAF PITTA BREAD

breadcrumbs /'bred.krʌmz/ n [PL] **1** ⇨pan rallado **2** fish in ~ ⇨pescado empanado

†**breadth** /bredθ/, /bretθ/ n [U] **1** ⇨anchura ⇨ancho **2** ⇨amplitud: breadth of knowledge - amplitud de conocimientos

break¹, broke, broken /breɪk/ ▮ v [T, I] **1** ⇨romper ▮ v [T] **2** (una ley) ⇨violar **3** (una promesa) ⇨incumplir **4** (una caída) ⇨amortiguar **5** (un viaje) ⇨interrumpir **6** (un código) ⇨descifrar **7** (un récord) ⇨superar ▮ v [I] **8** (el tiempo) ⇨cambiar **9** (una tormenta) ⇨estallar **10** (una noticia) ⇨hacerse público,ca **11** (la luz) ⇨quebrarse **12** (las olas) ⇨romper **13** to ~ (for sth) ⇨hacer un descanso [para algo]
|PHRASAL VERBS
· to break away (from sth) ⇨separarse [de algo] ⇨romper [con algo]
· to break down 1 (un vehículo o una máquina) ⇨averiarse 2 ⇨romper a llorar ⇨derrumbarse
· to break sth down [M] 1 ⇨derribar algo 2 ⇨desglosar algo ⇨dividir algo
· to break in 1 ⇨entrar forzando algo ⇨allanar 2 ⇨interrumpir
· to break into sth ⇨forzar la entrada para robar

B

· **to break (sth) off** ⇨interrumpirse ⇨callarse
· **to break out 1** ⇨producirse **2** ⇨estallar
· **to break out of sth** ⇨escaparse de algo
· **to break through sth** ⇨abrirse camino a través de algo
· **to break up 1** (una relación sentimental) ⇨romper ⇨separarse **2** UK (un período escolar) ⇨terminar ⇨acabar
· **to break sth up** [M] ⇨dividir algo ⇨separar algo

break² /breɪk/ n [c] **1** ⇨ruptura **2** ⇨pausa ⇨descanso **3** UK (US **recess**) (en la escuela) ⇨recreo **4** ⇨agujero ⇨hueco **5** (inform) ⇨golpe de suerte **6 to give sb a ~** ⇨dar un respiro a alguien **7 to make a ~ for it** ⇨intentar escapar

† **breakdown** /'breɪk.daʊn/ n [c] **1** (de un vehículo o una máquina) ⇨avería ⇨pana AMÉR.; ⇨varada AMÉR. **2** ⇨interrupción: a breakdown in peace talks - una interrupción de las negociaciones de paz **3** ⇨desglose **4** ⇨crisis [de salud]

† **breakfast** /'brek.fəst/ n [c, u] **1** ⇨desayuno **2 to have ~** ⇨desayunar

break-in /'breɪk.ɪn/ n [c] (en un edificio) ⇨robo [con allanamiento]

† **breakthrough** /'breɪk.θruː/ n [c] **1** ⇨gran avance **2** ⇨descubrimiento significativo ⇨adelanto significativo

† **breast** /brest/ n [c, u] **1** (de una persona o un animal) ⇨pecho **2** (de ave) ⇨pechuga n [c] **3** (de mujer) ⇨pecho ⇨mama

breast-feed /'brest.fiːd/ v [t, i] ⇨dar el pecho ⇨amamantar

breaststroke UK: /'brest.strəʊk/ US: /-stroʊk/ n [u] (en natación) ⇨estilo braza

† **breath** /breθ/ n [c, u] **1** ⇨respiración ⇨aliento **2** ⇨aire **3 ~ of fresh air** ⇨soplo de aire fresco **4 out of ~** ⇨sin aliento **5 to catch one's ~** ⇨recuperar el aliento ⇨contener la respiración **6 to get one's ~ back** ⇨recuperar el aliento **7 to take sb's ~ away** ⇨dejar a alguien boquiabierto,ta **8 under one's ~** ⇨entre susurros

breathe /briːð/ [breathed, breathing] v [t, i] **1** ⇨respirar: to breathe deeply - respirar profundamente **2 not to ~ a word** ⇨no soltar ni una palabra **3 to ~ down sb's neck** (inform) ⇨estar encima de alguien **4 to ~ (new) life into sth** ⇨infundir vida a algo

| PHRASAL VERBS
· **to breathe (sth) in** ⇨aspirar [algo]
└ **to breathe (sth) out** ⇨espirar [algo]

breathing /'briː.ðɪŋ/ n [u] (proceso) ⇨respiración
breathless /'breθ.ləs/ adj ⇨sin aliento
breathtaking /'breθ.teɪ.kɪŋ/ adj **1** ⇨impresionante **2** (velocidad) ⇨vertiginoso,sa

bred past tense and past participle forms of **breed**

breed¹ /briːd/ n [c] (de un animal) ⇨raza
breed², bred, bred /briːd/ ■ v [t, i] **1** (un animal) ⇨criar ■ v [t] **2** ⇨producir ⇨generar ⇨engendrar ■ v [i] **3** ⇨reproducirse

† **breeze** /briːz/ n [c] ⇨brisa ⇨aire

brew /bruː/ ■ v [t] **1** (cerveza) ⇨elaborar ■ v [t, i] **2** (una infusión) ⇨hacer ⇨preparar

brewery UK: /'bruːə.ri/ US: /'bruːr.i/ [pl breweries] n [c] ⇨cervecería ⇨fábrica de cerveza

bribe¹ /braɪb/ n [c] ⇨soborno

bribe² /braɪb/ [bribed, bribing] v [t] ⇨sobornar: to bribe sb to lie - sobornar a alguien para que mienta ■ CONSTR. to bribe + to do sth

bribery UK: /'braɪ.bºr.i/ US: /-bɚ-/ n [u] ⇨soborno

brick¹ /brɪk/ n [c] **1** ⇨ladrillo **2** (inform) ⇨pedazo de pan col.: He's a brick - Es un pedazo de pan

brick² /brɪk/

| PHRASAL VERBS
└ **to brick sth {in/up}** ⇨tapiar algo

bricklayer UK: /'brɪk.leɪ.əʳ/ US: /-ɚ/ n [c] ⇨albañil,-a

† **bride** /braɪd/ n [c] (en una boda) ⇨novia

bridegroom /'braɪd.grʊm/, /-gruːm/ n [c] (en una boda) ⇨novio ■ La forma abreviada es groom

bridesmaid /'braɪdz.meɪd/ n [c] ⇨dama de honor

bridge¹ /brɪdʒ/ n [c] **1** ⇨puente: a suspension bridge - un puente colgante **2** (en una embarcación) ⇨puente de mando **3** ⇨vínculo **4** (juego de cartas) ⇨bridge

bridge² /brɪdʒ/ **to ~ the {gap/gulf} between sth and sth** ⇨aunar ⇨salvar ⇨unificar ⇨acortar la distancia

bridle /'braɪ.dl/ n [c] (de un caballo) ⇨brida

† **brief** /briːf/ adj **1** ⇨breve: Be brief, please - Sé breve, por favor **2 in ~** ⇨en resumen

briefcase /'briːf.keɪs/ n [c] ⇨maletín

briefing /'briː.fɪŋ/ n [c, u] ⇨briefing ⇨reunión informativa [antes de algo]

briefly /'briː.fli/ adv **1** ⇨brevemente ⇨por un corto espacio de tiempo **2** ⇨en pocas palabras

briefs /briːfs/ n [PL] **1** ⇨calzoncillos **2** ⇨bragas ⇨calzonarias AMÉR.; ⇨blúmer AMÉR.

brigade /brɪ'geɪd/ n [c] **1** ⇨brigada **2 fire ~** ⇨cuerpo de bomberos

† **bright** /braɪt/ adj **1** ⇨brillante ⇨luminoso,sa **2** ⇨listo,ta **3** ⇨alegre **4** (una luz) ⇨fuerte **5** (un color) ⇨vivo,va

brighten UK: /'braɪ.tºn/ US: /-ˁt[ə]n/ (tb brighten up) ■ v [t, i] **1** ⇨iluminar(se) ⇨alegrar(se) ■ v [t] **2** (un sitio) ⇨iluminar más ⇨dar más luz a **3** (una perspectiva o el tiempo) ⇨mejorar

brightly /'braɪt.li/ adv 1 ⇒intensamente: *The moon was shining brightly in the sky* - La luna brillaba brillante en el cielo 2 *(sonreír; saludar, decir)* ⇒alegremente

† **brilliant** /'brɪl.i.ənt/ adj 1 ⇒brillante 2 ⇒inteligente ⇒brillante 3 *UK* ⇒estupendo,da ⇒chévere *AMÉR. col.*

brim /brɪm/ n [C] 1 *(de un vaso)* ⇒borde 2 *(de un sombrero)* ⇒ala

† **bring, brought, brought** /brɪŋ/ v [T] 1 ⇒traer ■ CONSTR. to bring + dos objetos 2 ⇒reportar [beneficios]

| PHRASAL VERBS
· **to bring** *sth* **about** [M] ⇒producir algo ⇒provocar algo ⇒generar algo ⇒causar algo
· **to bring** *sth* **back** [M] 1 ⇒devolver algo ⇒restaurar algo 2 ⇒recordar algo
· **to bring** *sth* **down** [M] 1 *(un precio)* ⇒reducir 2 *(UK tb* **to put sth down into sth**) ⇒atribuir 3 ⇒derribar algo
· **to bring** *sth* **forward** ⇒adelantar algo
· **to bring** *sth* **off** ⇒lograr algo
· **to bring** *sth* **on** ⇒provocar algo
· **to bring** *sth* **out** [M] 1 *(un producto)* ⇒sacar ⇒lanzar 2 ⇒publicar 3 ⇒realzar
· **to bring** *sb* **round** ⇒hacer que alguien vuelva en sí
· **to bring** *sth/sb* **together** ⇒reconciliar ⇒unir
· **to bring** *sth* **up** [M] 1 ⇒mencionar algo 2 *UK (inform)* ⇒vomitar ⇒devolver
└· **to bring** *sb* **up** [M] ⇒criar a alguien ⇒educar

† **brink** /brɪŋk/ n [NO PL] ⇒borde: *They were on the brink of ruin* - Estaban al borde de la ruina; *on the brink of the precipice* - al borde del precipicio

brisk /brɪsk/ adj 1 ⇒rápido,da 2 ⇒vigoroso,sa 3 *(un negocio)* ⇒activo,va

Brit /brɪt/ n [C] 1 *(inform)* ⇒forma abreviada de **British** (británico,ca) 2 ⇒forma abreviada de **Briton**

Britain n [NO PL] See **Great Britain**

British[1] UK: /'brɪt.ɪʃ/ US: /'brɪˤt̬-/ adj ⇒británico,ca

British[2] UK: /'brɪt.ɪʃ/ US: /'brɪˤt̬-/ **the ~** *(gentilicio)* ⇒los británicos, las británicas ■ El singular es *a British man, a British woman* o *a Briton* ■ La forma abreviada es *Brit*

Briton UK: /'brɪt.ən/ US: /'brɪˤt̬-/ n [C] *(gentilicio)* ⇒británico,ca ■ La forma abreviada es *Brit*

brittle UK: /'brɪt.l̩/ US: /'brɪˤt̬-/ adj ⇒quebradizo,za ⇒frágil

broach UK: /brəʊtʃ/ US: /broʊtʃ/ [broaches] v [T] ⇒abordar ⇒sacar a colación

† **broad** UK: /brɔːd/ US: /brɑːd/ adj 1 ⇒ancho,cha ⇒amplio,plia 2 *(un acento)* ⇒marcado,da 3 **in ~ daylight** ⇒a plena luz del día

broadband UK: /'brɔːd.bænd/ US: /'brɑːd-/ n [U] *(en internet)* ⇒banda ancha

broadcast[1] UK: /'brɔːd.kɑːst/ US: /'brɑːd.kæst/ n [C] *(en radio o televisión)* ⇒emisión ⇒retransmisión

broadcast[2], broadcast, broadcast *(US broadcasted, broadcasted)* UK: /'brɔːd.kɑːst/ US: /'brɑːd.kæst/ v [T, I] 1 *(en radio o televisión)* ⇒emitir ⇒retransmitir ■ CONSTR. Se usa más en pasiva 2 ⇒publicar ⇒propagar

broaden UK: /'brɔː.dən/ US: /'brɑː-/ v [T, I] 1 ⇒ensanchar 2 ⇒ampliar: *to broaden one's knowledge* - ampliar los conocimientos

broadly UK: /'brɔːd.li/ US: /'brɑːd-/ adv 1 ⇒en líneas generales 2 *(sonreír)* ⇒abiertamente

broadsheet UK: /'brɔːd.ʃiːt/ US: /'brɑːd-/ *UK* n [C] ⇒periódico de gran formato y de calidad

broccoli UK: /'brɒk.ªl.i/ US: /'brɑː.k[ə]l-/ n [U] ⇒brécol

brochure UK: /'brəʊ.ʃəʲ/ US: /broʊ'ʃʊr/ n [C] ⇒folleto [grande]: *a holiday brochure* - un folleto de vacaciones

broiler UK: /'brɔɪ.ləʲ/ US: /-lə/ *US (UK/US tb* **grill**) n [C] ⇒parrilla ⇒grill

broke[1] UK: /brəʊk/ US: /broʊk/ adj 1 *(inform)* ⇒sin blanca *col.;* ⇒quebrado,da *AMÉR. col.* 2 **to go ~** *(inform) (una empresa)* ⇒quebrar

broke[2] UK: /brəʊk/ US: /broʊk/ past tense of **break**

broken[1] UK: /'brəʊ.kən/ US: /'broʊ-/ adj 1 ⇒roto,ta 2 ⇒fragmentado,da 2 ⇒estropeado,da ⇒averiado,da 3 ⇒fracasado,da ⇒destrozado,a

broken[2] UK: /'brəʊ.kən/ US: /'broʊ-/ past participle of **break**

broken-hearted UK: /ˌbrəʊ.kən'hɑː.tɪd/ US: /ˌbroʊ.k[ə]n'hɑːr.ˤt̬ɪd/ adj 1 ⇒descorazonado,da 2 **to be ~** ⇒tener el corazón roto

broker UK: /'brəʊ.kəʲ/ US: /'broʊ.kə/ n [C] ⇒forma abreviada de **stockbroker** (corredor,-a de bolsa)

bronchitis UK: /brɒŋ'kaɪ.tɪs/ US: /brɑːŋ'kaɪ.ˤt̬ɪs/ n [U] ⇒bronquitis ■ PRON. La segunda sílaba, *chi*, rima con *my*

† **bronze** UK: /brɒnz/ US: /brɑːnz/ n [U] ⇒bronce

brooch UK: /brəʊtʃ/ US: /broʊtʃ/ [pl brooches] n [C] ⇒broche

brood /bruːd/ v [I] 1 *(ave)* ⇒empollar 2 ⇒cavilar ⇒dar vueltas [a algún problema]

brook /brʊk/ n [C] ⇒arroyo ⇒quebrada *AMÉR.*

broom /bruːm/, /brʊm/ n [C] 1 ⇒escoba 2 *(planta)* ⇒retama

broth UK: /brɒθ/ US: /brɑː.θ/ n [U] ⇒caldo ⇒sopa

† **brother** UK: /'brʌð.əʲ/ US: /-ə/ n [C] ⇒hermano ■ Se refiere únicamente a los hermanos de sexo masculino. Para hacer referencia a los hermanos en general hay que utilizar la locución *brothers and sisters*: *How many brothers and sisters have you got?* - ¿Cuántos hermanos tienes?

B

brother-in-law UK: /'brʌð.ə.rɪn.lɔː/ US: /-ɚ.ɪn.lɑː/ [pl brothers-in-law] n [c] ⇨cuñado

brotherly UK: /'brʌð.əl.i/ US: /-ɚ.li/ adj ⇨fraternal ⇨fraterno

brought UK: /brɔːt/ US: /brɑːt/ past tense and past participle forms of **bring**

brow /braʊ/ ∎ n [c] **1** (de la cara) ⇨frente ∎ Se usa más forehead ∎ n [NO PL] **2** UK (de una colina) ⇨cima

brown¹ /braʊn/ n [c, u] ⇨marrón

† **brown²** /braʊn/ adj **1** ⇨marrón **2** (el pelo) ⇨castaño,ña **3** (la piel) ⇨moreno,na **4** (el azúcar) ⇨moreno,na

brownie /'braʊ.ni/ n [c] ⇨bizcocho de chocolate y nueces ⇨brownie

Brownie /'braʊ.ni/ n [c] ⇨niña exploradora de entre siete y diez años

† **browse** /braʊz/ [browsed, browsing] v [I] **1** (una revista) ⇨hojear **2** (en una tienda) ⇨echar un vistazo ⇨curiosear ⇨mirar **3** ⇨pastar ⇨pacer
|PHRASAL VERBS
· **to browse through** sth (una publicación) ⇨hojear

browser UK: /'braʊ.zə/ US: /'braʊ.zɚ/ (tb web browser) n [c] (en informática) ⇨navegador

† **bruise¹** /bruːz/ n [c] **1** ⇨moratón ⇨cardenal **2** (en la fruta) ⇨golpe

bruise² /bruːz/ [bruised, bruising] v [T] ⇨hacerse un moratón ⇨magullar(se) ∎ CONSTR. Se usa más en pasiva

brush¹ /brʌʃ/ [pl brushes] n [c] **1** ⇨cepillo **2** ⇨brocha **3** ⇨pincel

brush² /brʌʃ/ v [T] ⇨cepillar: to brush one's hair - cepillarse el pelo
|PHRASAL VERBS
· **to brush against** sth ⇨rozar algo ligeramente al pasar
· **to brush** sth {aside/off} [M] ⇨rechazar algo ⇨no hacer caso a algo
· **to brush {by/past}** sth/sb ⇨pasar rozando ⇨pasar muy cerca (de)
· **to brush** sth **up** ⇨dar un repaso a algo

brushed adj (una tela, un tejido) ⇨peinado,da

brusque UK: /bruːsk/ US: /brʌsk/ adj (maneras) ⇨brusco,ca ⇨poco cortés

† **brutal** UK: /'bruː.tᵊl/ US: /-ˤt̬[ə]l/ adj ⇨brutal ⇨cruel

brute /bruːt/ adj ⇨bruto,ta: brute force - fuerza bruta

BSE /ˌbiː.esˈiː/ n [U] ⇨forma abreviada de **Bovine Spongiform Encephalopathy** (encefalopatía bovina espongiforme)

BTW (en internet) ⇨forma abreviada de **by the way** (a propósito)

bubble¹ /'bʌb.l̩/ n [c] ⇨burbuja ⇨pompa

bubble² /'bʌb.l̩/ [bubbled, bubbling] v [I] **1** ⇨borbotar **2** ⇨burbujear

bubble gum (tb gum) n [U] ⇨chicle [de globo]

bubbly /'bʌb.li/ adj [comp bubblier, superl bubbliest] **1** (una persona) ⇨animado,da ⇨entusiasta ⇨dicharachero,ra **2** ⇨espumoso,sa ⇨burbujeante ⇨efervescente

buck¹ /bʌk/ n [c] **1** (inform) ⇨dólar americano o australiano **2** (de algunos animales como el ciervo o el conejo) ⇨macho **3** the ~ stops here ⇨yo soy el último responsable ⇨yo soy la última responsable **4** to make a quick ~ (inform) ⇨hacer pasta rápidamente col.; ⇨hacer dinero fácil col.

buck² /bʌk/ v [I] **1** (un caballo) ⇨dar brincos **2** to ~ the trend ⇨ir contra la corriente
|PHRASAL VERBS
· **to buck** sb **up** (inform) ⇨animar a alguien

† **bucket** /'bʌk.ɪt/ n [c] (recipiente) ⇨cubo

buckle¹ /'bʌk.l̩/ n [c] ⇨hebilla: the belt buckle - la hebilla de un cinturón

buckle² /'bʌk.l̩/ [buckled, buckling] ∎ v [I] **1** ⇨doblarse ⇨fallar ∎ v [T] **2** ⇨combar(se): The door buckled when he kicked it - Combó la puerta de una patada **3** to ~ sth {on/up} ⇨abrochar algo

bud /bʌd/ n [c] **1** (de una hoja) ⇨brote **2** (de una flor) ⇨capullo **3** US (inform) ⇨amigo ∎ Se emplea únicamente con hombres

Buddhism /'bud.ɪ.zᵊm/ n [U] ⇨budismo

Buddhist /'bud.ɪst/ adj, n [c] ⇨budista

budding /'bʌd.ɪŋ/ adj ⇨en ciernes: a budding friendship - amistad en ciernes

buddy /'bʌd.i/ n [pl buddies] n [c] (inform) ⇨colega col.; ⇨tío col. ∎ Se emplea únicamente con hombres

budge /bʌdʒ/ [budged, budging] v [T, I] **1** ⇨ceder ⇨cambiar de opinión **2** ⇨mover(se): She won't budge from the village - No se moverá del pueblo

budgerigar UK n [c] ⇨periquito,ta ∎ La forma abreviada es budgie

budget¹ /'bʌdʒ.ɪt/ n [c, u] **1** ⇨presupuesto: to go over budget - exceder el presupuesto **2** (en política) ⇨presupuestos generales

budget² /'bʌdʒ.ɪt/ v [T, I] **1** ⇨presupuestar **2** (los gastos) ⇨planificar **3** to ~ for sth ⇨contar con algo

buff¹ /bʌf/ adj, n [U] ⇨beige ⇨beis

buff² /bʌf/ n [c] **1** ⇨entusiasta ⇨aficionado,da **2** film ~ ⇨cinéfilo,la

buffalo UK: /'bʌf.ə.ləʊ/ US: /-loʊ/ [pl buffaloes, buffalo] n [c] **1** ⇨búfalo,la **2** ⇨bisonte [americano]

buffer UK: /'bʌf.ə/ US: /-ɚ/ n [c] **1** (de un tren) ⇨tope **2** ⇨amortiguador

bunch

buffet /'bʌf.ɪt/ UK: /'bʊf.eɪ/ US: /bə'feɪ/ n [c] **1** *(comida)* ⇨bufé **2** *UK (en un tren o una estación de tren)* ⇨cafetería ⇨bar

bug¹ /bʌg/ n [c] **1** ⇨chinche ⇨bicho col. *(inform)* **2** *(de personas u ordenadores)* ⇨virus **3** *(inform)* ⇨micrófono oculto

bug² /bʌg/ [bugged, bugging] v [T] **1** *(inform)* ⇨molestar: *Is that noise bugging you?* - ¿Te molesta este ruido? **2** *(un teléfono)* ⇨pinchar **3** ⇨poner un micrófono oculto

buggy /'bʌg.i/ [pl buggies] (UK tb **pushchair**) n [c] ⇨carricoche [de bebé] ⇨cochecito

† **build**, built, built /bɪld/ v [T, I] ⇨construir ⇨crear ⇨producir ■ PRON. Rima con bill

|PHRASAL VERBS
· **to build sth in 1** ⇨incorporar algo **2** *(un mueble)* ⇨empotrar
· **to build on sth** ⇨aprovechar algo
· **to build sth/sb up** ⇨poner muy bien
└· **to build sth up** [M] ⇨fortalecer ⇨alimentar

builder UK: /'bɪl.dəʳ/ US: /-dɚ/ n [c] **1** ⇨constructor,-a **2** ⇨albañil,-a ■ PRON. La parte inicial, buil, se pronuncia como bill

† **building** n [c, U] ⇨edificio: *a three storey building* - un edificio de tres plantas ■ PRON. La parte inicial buil se pronuncia como bill

building society [pl building societies] UK n [c] ⇨sociedad de préstamos hipotecarios

build-up /'bɪld.ʌp/ n [c, U] **1** ⇨aumento progresivo **2** ⇨acumulación ⇨concentración **3** ⇨propaganda **4 the ~ to sth** UK *(de un evento)* ⇨período antes de ⇨período de preparación previo

built past tense and past participle forms of **build**

built-in /ˌbɪlt'ɪn/ US adj **1** ⇨incorporado,da **2** ⇨inherente **3** ⇨empotrado,da: *a built-in cupboard* - un armario empotrado

built-up /ˌbɪlt'ʌp/ adj ⇨edificado,da

bulb /bʌlb/ n [c] **1** (tb **light bulb**) ⇨bombilla ⇨foco AMÉR.; ⇨ampolleta AMÉR. **2** *(planta)* ⇨bulbo

Bulgaria n [U] ⇨Bulgaria

Bulgarian¹ ■ n [U] **1** *(idioma)* ⇨búlgaro ■ n [c] **2** *(gentilicio)* ⇨búlgaro,ra

Bulgarian² adj ⇨búlgaro,ra

bulge¹ /bʌldʒ/ [bulged, bulging] v [I] **1** *(una estructura)* ⇨sobresalir **2** ⇨estar repleto,ta

bulge² /bʌldʒ/ n [c] **1** ⇨protuberancia ⇨bulto ⇨abombamiento **2** ⇨aumento [transitorio]

bulk /bʌlk/ ■ n [c] **1** *(de una persona)* ⇨volumen ⇨masa ■ n [U] **2** *(cantidad)* ⇨la mayor parte **3 in ~ to** ⇨al por mayor ⇨en grandes cantidades ⇨a granel

bulky /'bʌl.ki/ adj [comp bulkier, superl bulkiest] ⇨voluminoso,sa ⇨abultado,da

† **bull** /bʊl/ n [c] ⇨toro: *a charging bull* - un toro que está embistiendo

bulldog UK: /'bʊl.dɒg/ US: /-dɑːg/ n [c] *(perro)* ⇨bulldog

bulldozer UK: /'bʊlˌdəʊ.zəʳ/ US: /-ˌdoʊ.zɚ/ n [c] *(máquina pesada)* ⇨bulldozer ⇨topadora AMÉR.

† **bullet** /'bʊl.ɪt/ n [c] ⇨bala: *a stray bullet* - una bala extraviada; *a bullet wound* - una herida de bala

bulletin UK: /'bʊl.ə.tɪn/ US: /-ˤtɪn/ n [c] **1** ⇨boletín informativo **2** *(de un organismo oficial)* ⇨boletín **3** ⇨parte ⇨comunicación

bulletin board US (UK **noticeboard**) n [c] ⇨tablón de anuncios

bullion /'bʊl.i.ən/ n [U] **1** ⇨oro en lingotes **2** ⇨plata en lingotes

bullock /'bʊl.ək/ n [c] ⇨novillo castrado

bully¹ /'bʊl.i/ [bullies, bullied] v [T] ⇨intimidar ⇨meterse con ■ CONSTR. to bully sb into + doing sth

bully² /'bʊl.i/ [pl bullies] n [c] ⇨matón,-a col.; ⇨acosador,-a

bum¹ /bʌm/ n [c] **1** UK (inform) ⇨culo ⇨culete col. **2** US (inform) ⇨vagabundo,da **3** (inform) ⇨holgazán,-a

bum² /bʌm/ [bummed, bumming]

|PHRASAL VERBS
└· **to bum around** ⇨vagabundear

bumbag /'bʌm.bæg/ UK (US **fanny pack**) n [c] *(bolsa)* ⇨riñonera

bumblebee /'bʌm.bl̩.biː/ n [c] ⇨abejorro

bummer UK: /'bʌm.əʳ/ US: /-ɚ/ n [NO PL] *(offens)* ⇨rollo col.; ⇨lata col.

bump¹ /bʌmp/ v [T] ⇨chocar ■ CONSTR. Se usa generalmente seguido de las preposiciones against e into

|PHRASAL VERBS
· **to bump into sb** (inform) ⇨toparse con alguien ⇨encontrarse con alguien
· **to bump sb off** [M] (inform) ⇨cargarse a alguien col.; ⇨liquidar a alguien col.
· **to bump sth up** (inform) ⇨aumentar algo
└ ⇨subir algo

bump² /bʌmp/ n [c] **1** ⇨montículo ⇨bache **2** ⇨chichón **3** ⇨ruido ⇨golpe **4** ⇨abolladura

bumper¹ UK: /'bʌm.pəʳ/ US: /-pɚ/ n [c] ⇨parachoques ⇨bómper AMÉR.

bumper² UK: /'bʌm.pəʳ/ US: /-pɚ/ adj ⇨abundante ⇨excepcional

bumpy /'bʌm.pi/ adj [comp bumpier, superl bumpiest] **1** *(una carretera)* ⇨con baches **2** *(un vuelo)* ⇨con turbulencias **3** *(una superficie)* ⇨desigual

bun /bʌn/ n [c] **1** UK ⇨bollo **2** *(en el pelo)* ⇨moño

bunch¹ /bʌntʃ/ [pl bunches] ■ n [c] **1** ⇨ramo **2** ⇨manojo **3** ⇨racimo ■ n [NO PL] **4** *(inform) (de personas)* ⇨grupo ⇨panda col.

B ■

bunch

62

bunch² /bʌntʃ/ v [T, I] ⇨agrupar(se) ⇨apiñar(se)
bundle¹ /ˈbʌn.dl/ n [C] **1** ⇨fardo ⇨fajo **2** ⇨montón **3** ⇨haz
bundle² /ˈbʌn.dl/ [bundled, bundling] v [T, I] ⇨apretujar(se): *We bundled into the car* - Nos apretujamos en el coche ■ CONSTR. Se usa generalmente seguido de la preposición *into*
|PHRASAL VERBS
· **to bundle** *sth* {**together/up**} [M] *(varias cosas)* ⇨liar ⇨amarrar
bung¹ /bʌŋ/ *UK* n [C] **1** *(inform)* ⇨tapón **2** *(inform)* ⇨soborno
bung² /bʌŋ/ *UK* v [T] **1** *(inform)* ⇨poner [rápidamente] ⇨meter [rápidamente] ■ CONSTR. Se usa generalmente seguido de una preposición o un adverbio **2** *(inform)* ⇨arrojar [rápidamente] ⇨tirar **3** *(inform)* ⇨taponar(se): *My nose is bunged up* - Se me ha taponado la nariz
bungalow UK: /ˈbʌŋ.gəl.əu/ US: /-ou/ n [C] ⇨bungaló
bungee jumping /ˈbʌn.dʒi.dʒʌm.pɪŋ/ n [U] ⇨puenting: *to go bungee jumping* - hacer puenting
bungle /ˈbʌŋ.gl/ [bungled, bungling] v [T] ⇨hacer mal ⇨desaprovechar una oportunidad
bunk¹ /bʌŋk/ n [C] **1** ⇨litera **2 to do a ~** *(inform)* ⇨poner pies en polvorosa *col.*
bunk² /bʌŋk/ *excl (inform)* ⇨¡tonterías!
bunk³ /bʌŋk/
|PHRASAL VERBS
· **to bunk off** (*sth*) *UK (inform)* ⇨pirarse [de algún lugar] *col.*
bunny [*pl* bunnies] n [C] ⇨conejito,ta ■ Pertenece al lenguaje infantil
buoy¹ UK: /bɔɪ/ US: /ˈbuː.i/ n [C] ⇨boya
buoy² UK: /bɔɪ/ US: /ˈbuː.i/ *(tb buoy up)* v [T] ⇨animar: *She was buoyed up by his words* - Sus palabras la animaron ■ CONSTR. Se usa más en pasiva
buoyant /ˈbɔɪ.ənt/ *adj* **1** ⇨animado,da **2** ⇨boyante **3** ⇨que flota
burden¹ UK: /ˈbɜː.dən/ US: /ˈbɜː-/ n [C] ⇨carga ⇨peso
burden² UK: /ˈbɜː.dən/ US: /ˈbɜː-/ v [T] **1** ⇨cargar: *I was burdened with all the responsibility* - Me cargaron con toda la responsabilidad **2** ⇨agobiar
bureau UK: /ˈbjuə.rəu/ US: /ˈbjur.ou/ [*pl* bureaux; US bureaus] n [C] **1** ⇨agencia ⇨oficina **2** ⇨escritorio **3** *US* (*UK/US tb* **chest of drawers**) ⇨cómoda
bureaucracy UK: /bjuəˈrɒk.rə.si/ US: /bjuːˈrɑː.krə-/ [*pl* bureaucracies] n [C, U] ⇨burocracia
†**burger** UK: /ˈbɜː.gəʳ/ US: /ˈbɜː.gə/ n [C] ⇨forma abreviada de **hamburger** (hamburguesa)

†**burglar** UK: /ˈbɜː.gləʳ/ US: /ˈbɜː.glə/ n [C] ⇨ladrón,-a [que entra en una casa a escondidas] ⇨caco *col.*
burglary UK: /ˈbɜː.glər.i/ US: /ˈbɜː.glə-/ [*pl* burglaries] n [C, U] *(en un edificio)* ⇨robo
burgle UK: /ˈbɜː.gl/ US: /ˈbɜː-/ [burgled, burgling] *UK* v [T] *(en un edificio)* ⇨robar ■ CONSTR. Se usa más en pasiva ■ Ver cuadro robar (steal / rob / burgle)
†**burial** /ˈber.i.əl/ n [C, U] ⇨entierro
burly UK: /ˈbɜː.li/ US: /ˈbɜː-/ *adj* [*comp* burlier, *superl* burliest] ⇨fornido,da ⇨corpulento,ta
burn¹, burnt, burnt (*US tb* burned, burned) UK: /bɜːn/ US: /bɜːn/ ■ v [T, I] **1** ⇨arder ⇨quemarse ■ v [T] **2** ⇨quemar: *They've burnt all their old papers* - Han quemado todos los papeles viejos **3** *(los ojos, una herida)* ⇨escocer **4 to ~ for** *sth*/**to do** *sth* ⇨arder en deseos de algo
burn² UK: /bɜːn/ US: /bɜːn/ n [C] **1** ⇨quemadura **2** *(en Escocia)* ⇨arroyo
burning UK: /ˈbɜː.nɪŋ/ US: /ˈbɜː-/ *adj* **1** ⇨ardiente **2** ⇨grande ⇨intenso,sa **3** ⇨candente
burnt UK: /bɜːnt/ US: /bɜːnt/ past tense and past participle forms of **burn**
burp¹ UK: /bɜːp/ US: /bɜːp/ v [I] ⇨eructar
burp² UK: /bɜːp/ US: /bɜːp/ n [C] ⇨eructo
burrow¹ UK: /ˈbʌr.əu/ US: /ˈbɜː.ou/ v [I] ⇨excavar: *to burrow a hole* - excavar un agujero ■ CONSTR. Se usa generalmente seguido de la preposición *into*
burrow² UK: /ˈbʌr.əu/ US: /ˈbɜː.ou/ n [C] ⇨madriguera
burst¹, burst, burst UK: /bɜːst/ US: /bɜːst/ v [T, I] **1** ⇨estallar ⇨reventar ⇨explotar **2 to be bursting to do** *sth* ⇨reventar por hacer algo *col.* **3 to ~ open** ⇨abrirse de golpe **4 to ~ out laughing** ⇨soltar una carcajada
|PHRASAL VERBS
· **to burst** {**in/into** *sth*} ⇨irrumpir
· **to burst out** ⇨salir de golpe [de una habitación]
burst² UK: /bɜːst/ US: /bɜːst/ n [C] **1** *(de un sentimiento)* ⇨arranque **2** *(de aplausos)* ⇨salva **3** *(de disparos)* ⇨ráfaga
†**bury** /ˈber.i/ [buries, buried] v [T] **1** ⇨enterrar: *Shakespeare was buried in Stratford* - Shakespeare fue enterrado en Stratford **2** ⇨clavar ■ CONSTR. Se usa más en pasiva ■ PRON. Rima con *merry*
†**bus** /bʌs/ [*pl* buses] n [C] **1** ⇨autobús ⇨guagua *AMÉR.;* ⇨camión *AMÉR.;* ⇨colectivo *AMÉR.* **2** *Where can I catch the number 29 bus?* - ¿Dónde cojo el 29?
†**bush** /buʃ/ [*pl* bushes] n [C] **1** ⇨arbusto **2** *(en África, en Australia)* ⇨sabana
bushy /ˈbuʃ.i/ *adj* [*comp* bushier, *superl* bushiest] **1** *(un bigote, una barba)* ⇨poblado,da **2** *(un*

rabo de animal) ⇒peludo,da 3 *(una planta)* ⇒frondoso,sa 4 ⇒con arbustos

busily /'bɪz.ɪ.li/ *adv* 1 ⇒afanosamente 2 ⇒enérgicamente

† **business** /'bɪz.nɪs/ ∎ *n* [U] 1 ⇒negocio: *a profitable business* - un negocio rentable; *to do business with sb* - hacer negocios con alguien 2 ⇒cuestión ⇒asunto ∎ *n* [C] 3 ⇒empresa: *a successful business* - una empresa de éxito ∎ El plural es *businesses* 4 **on ~** ⇒de negocios: *His father is away on business* - Su padre está fuera en viaje de negocios ∎ La *u* inicial se pronuncia como la *i* en *bill* 5 **to get down to ~** ⇒ir al grano *col.* 6 **to go out of ~** ⇒quebrar 7 **to have no ~ doing sth** ⇒no tener derecho a hacer algo

businesslike /'bɪz.nɪs.laɪk/ *adj* 1 ⇒profesional: *She's very businesslike at work* - Es muy profesional en su trabajo 2 ⇒serio,ria ⇒formal 3 ⇒sistemático,ca

† **businessman** /'bɪz.nɪs.mən/ [*pl* businessmen] *n* [C] ⇒hombre de negocios

† **businesswoman** /'bɪz.nɪsˌwʊm.ən/ [*pl* businesswomen] *n* [C] ⇒mujer de negocios

busk /bʌsk/ *UK v* [I] ⇒cantar o tocar algún instrumento en la calle para obtener dinero

bus station *n* [C] ⇒estación de autobuses

† **bus stop** *n* [C] ⇒parada de autobús

bust¹, bust, bust (*US* busted, busted) /bʌst/ *v* [T] 1 *(inform)* ⇒destrozar ⇒echar abajo 2 *(inform)* ⇒detener: *The police busted him yesterday* - La policía lo detuvo ayer ∎ CONSTR. Se usa más en pasiva 3 *(inform)* ⇒hacer una redada ⇒registrar

bust² /bʌst/ *n* [C] 1 *(de mujer)* ⇒busto ⇒pecho 2 *(estatua)* ⇒busto

bust³ /bʌst/ *adj* 1 *(inform)* ⇒escacharrado,da *col.*; ⇒roto,ta ∎ CONSTR. Se usa detrás de un verbo 2 **to go ~** *(una empresa)* ⇒quebrar ⇒quedarse en bancarrota

bustle¹ /'bʌs.l̩/ [bustled, bustling] *v* [I] ⇒trajinar

bustle² /'bʌs.l̩/ ∎ *n* [U] 1 ⇒bullicio ⇒ajetreo ∎ *n* [C] 2 *(prenda de vestir)* ⇒polisón

† **busy** /'bɪz.i/ *adj* [*comp* busier, *superl* busiest] 1 ⇒atareado,da ⇒ocupado,da 2 ⇒concurrido,da ⇒lleno,na 3 *US* (*UK* engaged) *(un teléfono)* ⇒comunicando ∎ PRON. La *u* se pronuncia como la *i* en *big*

† **but¹** /bʌt, bət/ *conj* ⇒pero ⇒sin embargo

† **but²** /bʌt, bət/ *prep* 1 ⇒excepto ⇒menos 2 **~ for sth/sb** ⇒de no haber sido por

butcher¹ UK: /'bʊtʃ.əʳ/ US: /-ɚ/ *n* [C] ⇒carnicero,ra

† **butcher²** UK: /'bʊtʃ.əʳ/ US: /-ɚ/ *v* [T] ⇒matar

butcher's [*pl* butchers'] *UK n* [C] ⇒carnicería

butler UK: /'bʌt.ləʳ/ US: /-lɚ/ *n* [C] ⇒mayordomo

butt¹ /bʌt/ *n* [C] 1 *US (inform)* ⇒culo *col.* 2 ⇒colilla [de un cigarrillo] 3 ⇒tonel 4 ⇒blanco: *to be the butt of all the criticism* - ser el blanco de todas las críticas

butt² /bʌt/ *v* [T] ⇒dar un cabezazo

|PHRASAL VERBS
· **to butt in** *(inform) (una conversación)* ⇒interrumpir

† **butter¹** UK: /'bʌt.əʳ/ US: /'bʌˤt̬.ɚ/ *n* [U] ⇒mantequilla ⇒manteca AMÉR.

butter² UK: /'bʌt.əʳ/ US: /'bʌˤt̬.ɚ/ *v* [T] ⇒untar con mantequilla: *to butter a piece of toast* - untar una tostada con mantequilla

buttercup UK: /'bʌt.ə.kʌp/ US: /'bʌˤt̬.ɚ-/ *n* [C] *(en botánica)* ⇒ranúnculo

† **butterfly** UK: /'bʌt.ə.flaɪ/ US: /'bʌˤt̬.ɚ-/ [*pl* butterflies] *n* [C] 1 ⇒mariposa 2 **to have butterflies (in one's stomach)** *(inform)* ⇒sentir un cosquilleo en el estómago

buttock UK: /'bʌt.ək/ US: /'bʌˤt̬-/ *n* [C] ⇒nalga

button¹ UK: /'bʌt.ᵊn/ US: /'bʌˤt̬-/ *n* [C] *(en una prenda o en una máquina)* ⇒botón ∎ Distinto de *bottom* (último, fondo)

† **button²** UK: /'bʌt.ᵊn/ US: /'bʌˤt̬-/
|PHRASAL VERBS
└ **to button sth (up)** ⇒abrochar(se) algo

buttonhole¹ UK: /'bʌt.ᵊn.həʊl/ US: /'bʌˤt̬.[ə]n.hoʊl/ *n* [C] *(en una prenda de vestir)* ⇒ojal

buttonhole² UK: /'bʌt.ᵊn.həʊl/ US: /'bʌˤt̬.[ə]n.hoʊl/ [buttonholed, buttonholing] *v* [T] ⇒aprovechar una oportunidad para hablar ⇒enganchar *col.*

† **buy¹, bought, bought** /baɪ/ *v* [T] ⇒comprar: *She'll buy David a new school bag* - Le comprará una cartera nueva a David ∎ CONSTR. to buy + dos objetos

buy² /baɪ/ *n* [C] ⇒compra

buyer UK: /'baɪ.əʳ/ US: /-ɚ/ *n* [C] ⇒comprador,-a: *We have a buyer for the house* - Tenemos un comprador para la casa

buzz¹ /bʌz/ *n* [NO PL] 1 *Skiing gives me a buzz* - Esquiar me vuelve loca 2 *(inform)* ⇒llamada telefónica ⇒toque 3 ⇒zumbido 4 ⇒murmullo

buzz² /bʌz/ *v* [I] 1 ⇒zumbar: *My ears are buzzing* - Me zumban los oídos 2 ⇒estar muy animado,da: *The party is buzzing* - Esta fiesta está muy animada ∎ CONSTR. Se usa más en pasiva

|PHRASAL VERBS
└ **to buzz off** *(inform)* ⇒largarse *col.*

buzzer UK: /'bʌz.əʳ/ US: /-ɚ/ *n* [C] ⇒timbre [eléctrico]

† **by¹** /baɪ/ *prep* 1 *(autoría)* ⇒por 2 *(plazo de tiempo)* ⇒para 3 *(transporte)* ⇒en 4 *(modo)* ∎ Se usa con verbos en gerundio para indicar el modo en el que se lleva a cabo una acción: *He makes a living by selling cars*

B ↑

- *Se gana la vida vendiendo coches* **5** ⊸junto a ⊸cerca de

by² /baɪ/ *adv* **1** ⊸por delante: *She went by without saying a word* - Pasó por delante sin decirnos una palabra **2** to {keep/put} *sth* ~ ⊸guardar algo para más tarde

bye (*tb* bye-bye) *excl* **1** *(inform)* ⊸¡adiós! ⊸¡hasta luego! **2 bye for now** ⊸hasta pronto

bye-bye *excl* See **bye**

by-election /'baɪ.ɪˌlek.ʃᵊn/ *n* [c] ⊸elecciones parciales

bypass¹ UK: /'baɪ.pɑːs/ US: /-pæs/ [*pl* bypasses] *n* [c] **1** *(en medicina)* ⊸baipás ⊸puente **2** *(carretera)* ⊸circunvalación

bypass² UK: /'baɪ.pɑːs/ US: /-pæs/ *v* [τ] **1** ⊸evitar ⊸saltar **2** ⊸circunvalar

by-product UK: /'baɪˌprɒd.ʌkt/ US: /-ˌprɑː.dəkt/ *n* [c] **1** ⊸subproducto **2** ⊸consecuencia ⊸resultado

bystander UK: /'baɪˌstæn.dəʳ/ US: /-dɚ/ *n* [c] **1** *(de un hecho)* ⊸espectador,-a ⊸testigo **2** *Several innocent bystanders were injured* - Varios transeúntes resultaron heridos

C ▪

c /siː/ [pl **c's**] n [c] *(letra del alfabeto)* ⇨c ▪ PRON. Se pronuncia como *see*

C¹ /siː/ [pl **C's**] n [c, ʊ] *(nota musical)* ⇨do

C² /siː/ n [ʊ] ⇨forma abreviada de **centigrade** (escala centígrada)

cab /kæb/ n [c] **1** *(de un camión)* ⇨cabina **2** *(inform)* ⇨taxi

CAB UK n [c] ⇨forma abreviada de **Citizens' Advice Bureau** (oficina de información al ciudadano)

cabaret UK: /'kæb.ə.reɪ/ US: /-ə.eɪ/ n [c, ʊ] ⇨cabaré

† **cabbage** /'kæb.ɪdʒ/ n [c, ʊ] **1** ⇨repollo ⇨col **2** red ~ ⇨lombarda ▪ PRON. La última *a* se pronuncia como la *i* de *did*

cabin /'kæb.ɪn/ n [c] **1** ⇨camarote **2** *(de un camión o un avión)* ⇨cabina ▪ Distinto de *booth* y *box* (cabina)

† **cabinet** n [c] ⇨vitrina ⇨armario [de objetos] ▪ Por ser un nombre colectivo se puede usar con el verbo en singular o en plural ▪ Distinto de *booth* y *box* (cabina)

† **cable** /'keɪ.bl̩/ n [c, ʊ] ⇨cable: *a length of cable* - un trozo de cable

cable car n [c] ⇨teleférico

cache /kæʃ/ n [c, ʊ] ⇨alijo: *a cache of arms* - un alijo de armas

cactus /'kæk.təs/ [pl cacti, cactuses] n [c] ⇨cacto ⇨cactus

cadet /kə'det/ n [c] ⇨cadete

Cadillac® n [c] ⇨Cadillac®

caesarean UK (US cesarean) n [c, ʊ] ⇨cesárea

café /'kæf.eɪ/ n [c] ⇨cafetería ⇨café

cafeteria UK: /ˌkæf.ə'tɪə.ri.ə/ US: /-'tɪr.i-/ n [c] *(en un colegio, en una oficina)* ⇨cafetería ⇨cantina

caffeine /'kæf.iːn/ n [ʊ] ⇨cafeína

† **cage** /keɪdʒ/ n [c] ⇨jaula

cagey /'keɪ.dʒi/ adj [comp cagier, superl cagiest] ⇨reservado,da [para dar información]

† **cake** /keɪk/ n [c, ʊ] **1** ⇨tarta ⇨torta *AMÉR.;* ⇨ponqué *AMÉR.* **2** ⇨pastel **3** to have one's ~ and eat it ⇨estar en misa y repicando *col.*

caked adj ⇨cubierto,ta: *caked with dust* - cubierto de polvo

calamity UK: /kə'læm.ɪ.ti/ US: /-ə.ˤt̬i/ [pl calamities] n [c] ⇨desastre ⇨calamidad

calcium /'kæl.si.ˤm/ n [ʊ] ⇨calcio

† **calculate** /'kæl.kjʊ.leɪt/ [calculated, calculating] v [T] ⇨calcular: *to calculate the purchase price* - calcular el importe de una compra

calculation /ˌkæl.kjʊ'leɪ.ʃˤn/ n [c, ʊ] ⇨cálculo

calculator UK: /'kæl.kjʊ.leɪ.təˤ/ US: /-ˤt̬ə/ n [c] ⇨calculadora

† **calendar** UK: /'kæl.ɪn.dəˤ/ US: /-dɚ/ n [c] ⇨almanaque ⇨calendario

calf UK: /kɑːf/ US: /kæf/ n [c] **1** ⇨ternero,ra ▪ El plural es *calves* **2** ⇨pantorrilla ▪ El plural es *calves*

calibre UK: /'kæl.ɪ.bəˤ/ US: /-bɚ/ UK n [ʊ] ⇨calibre [de un arma] **2** ⇨calibre ⇨nivel

† **call¹** UK: /kɔːl/ US: /kɑːl/ v [T, I] **1** ⇨llamar ⇨gritar **2** *(UK tb* ring*)* ⇨telefonear ⇨llamar

| PHRASAL VERBS

· **to call back** ⇨volver: *She'll call back in a couple of hours* - Volverá en un par de horas

· **to call (sb) back** *(UK tb* to ring (sb) back*)* ⇨devolver la llamada ⇨volver a llamar: *Can you call me back in five minutes?* - ¿Puedes volver a llamar dentro de cinco minutos?

· **to call for sth 1** ⇨pedir: *He is calling for help* - Está pidiendo ayuda **2** ⇨avisar ⇨llamar **3** *This news calls for a celebration!* - ¡Esta noticia hay que celebrarla! **4** ⇨requerir ⇨exigir **5** ⇨recoger: *I will call for Susan at six* - Recogeré a Susan a las seis

· **to call sth off [M]** **1** *(un trato o un plan)* ⇨anular ⇨cancelar **2** *(una búsqueda)* ⇨abandonar

† **call²** UK: /kɔːl/ US: /kɑːl/ n [c] **1** ⇨grito ⇨llamada **2** ⇨llamada telefónica **3** *Can you give me a call at six?* - ¿Puedes llamarme a las seis? **4** ⇨necesidad: *There was no call for you to be rude* - No había necesidad de ser tan grosero **5** ⇨llamamiento

caller UK: /'kɔː.ləˤ/ US: /'kɑː.lɚ/ n [c] **1** ⇨persona que llama [por teléfono]: *The caller didn't give*

me his name - La persona que llamó no me dijo su nombre **2** *UK* ⇨visitante ⇨visita

calling UK: /'kɔː.lɪŋ/ US: /'kɑː-/ *n* [c] **1** ⇨vocación **2** ~ **card 1** *US* ⇨tarjeta de visita **2** *US* ⇨tarjeta telefónica

callous /'kæl.əs/ *adj* ⇨cruel ⇨insensible

† **calm¹** /kɑːm/ *adj* **1** ⇨calmado,da ⇨tranquilo,la ⇨sereno,na **2** *Be calm!* - ¡Tranquilizaos!

calm² /kɑːm/ *v* [T] ⇨calmar ⇨tranquilizar

| PHRASAL VERBS
| · **to calm (*sb*) down** [M] ⇨calmar(se) ⇨tranqui-
└ lizar(se)

calm³ /kɑːm/ *n* [U] ⇨calma

calmly /'kɑːm.li/ *adv* ⇨con calma ⇨tranquila-mente

calorie UK: /'kæl.ᵊr.i/ US: /-ɚ-/ *n* [c] ⇨caloría: *a low calorie diet* - una dieta baja en calorías

calves UK: /kɑːvz/ US: /kævz/ *n* [PL] See **calf**

camcorder UK: /'kæm,kɔː.dəʳ/ US: /-,kɔːr.dɚ/ *n* [c] ⇨cámara de vídeo

came /keɪm/ past tense of **come**

camel /'kæm.ᵊl/ *n* [c] ⇨camello,lla: *to ride a camel* - montar en camello

† **camera** /'kæm.rə/ *n* [c] ⇨cámara fotográfica

cameraman /'kæm.rə.mæn, -mən/ [*pl* cameramen] *n* [c] *(persona)* ⇨cámara

Cameroon /,kæm.ə'ruːn/ *n* [U] ⇨Camerún

Cameroonian /,kæm.ə'ruː.ni.ən/ *adj, n* [c] ⇨camerunés,-a

camouflage¹ /'kæm.ə.flɑːʒ/ *n* [U] ⇨camuflaje

camouflage² /'kæm.ə.flɑːʒ/ [camouflaged, camouflaging] *v* [T] ⇨camuflar(se)

camp¹ /kæmp/ *n* [I] ⇨acampar

camp² /kæmp/ *n* [c] ⇨campamento

campaign¹ /kæm'peɪn/ *n* [c] **1** ⇨campaña electoral **2** ⇨campaña militar

campaign² /kæm'peɪn/ *v* [I] ⇨hacer campaña

campaigner UK: /,kæm'peɪ.nəʳ/ US: /-nɚ/ *n* [c] **1** ⇨militante **2** *(de una causa)* ⇨defensor,-a

camper UK: /'kæm.pəʳ/ US: /-pɚ/ *n* [c] **1** ⇨campista **2** *UK* ⇨autocaravana **3** *US* ⇨caravana

camping /'kæm.pɪŋ/ *n* [U] **1** ⇨acampada **2** *(actividad)* ⇨camping

campsite /'kæmp.saɪt/ (*US tb* **campground**) *n* [c] **1** ⇨zona de acampada **2** *(lugar)* ⇨camping

† **campus** /'kæm.pəs/ [*pl* campuses] *n* [c, u] ⇨campus ⇨ciudad universitaria

† **can¹** /kæn, kən/ *v* [MODAL] **1** *(posibilidad)* ⇨ser capaz ⇨poder **2** *(peticiones)* ⇨poder ■ La forma condicional *could* se usa frecuentemente en peticiones y es más cortés. También se puede utilizar la forma *may*, para peticiones en primera persona, pero es más formal **3** *(habilidad, capacidad)* ⇨saber **4** *(permiso)* ⇨poder ■ La forma condicional *could* también se usa y

es más cortés **5** *(probabilidad)* ⇨poder ■ CONSTR. can + do sth ■ *Be able to* se emplea como forma infinitiva de *can* ■ *Could* es el pasado y el condicional de *can* ■ Ver cuadro modal verbs

can² /kæn/ *n* [c] **1** *(de bebida)* ⇨lata ⇨bote **2** (*UK tb* tin) *(de un alimento)* ⇨lata

CAN

can³ /kæn/ [canned, canning] *v* [T] ⇨enlatar

Canada /'kæn.ə.də/ *n* [U] ⇨Canadá ■ PRON. Se acentúa la primera sílaba

Canadian /kə'neɪ.di.ən/ *adj, n* [c] ⇨canadiense

† **canal** /kə'næl/ *n* [c] **1** *(para barcazas)* ⇨canal [de agua] **2** *(en anatomía)* ⇨tubo

canary UK: /kə'neə.ri/ US: /-'ner.i/ [*pl* canaries] *n* [c] *(ave)* ⇨canario,ria

† **cancel** /'kænt.sᵊl/ [cancelled, cancelling; *US* canceled, canceling] *v* [T] ⇨cancelar: *They cancelled the show* - Cancelaron el espectáculo

| PHRASAL VERBS
└ **to cancel *sth* out** ⇨compensar algo

cancellation /,kænt.sᵊl'eɪ.ʃᵊn/ *n* [c, u] ⇨cancelación

† **cancer** UK: /'kænt.səʳ/ US: /-sɚ/ *n* [U] *(en medicina)* ⇨cáncer

† **Cancer** *n* [c, u] *(signo del zodíaco)* ⇨cáncer

candid /'kæn.dɪd/ *adj* **1** ⇨franco,ca: *a candid response* - una respuesta franca **2** *(una fotografía)* ⇨espontáneo,a ⇨natural

† **candidate** /'kæn.dɪ.dət, -deɪt/ *n* [c] **1** ⇨candidato,ta **2** *UK* ⇨examinando,da ⇨opositor,-a **3** *(para un puesto)* ⇨aspirante ⇨solicitante

† **candle** /'kæn.dl/ *n* [c] ⇨vela ⇨cirio

candlelight /'kæn.dl.laɪt/ *n* [U] ⇨luz de una vela

candlestick /'kæn.dl.stɪk/ *n* [c] ⇨candelabro

† **candy** /'kæn.di/ [*pl* candies] *US* (*UK* **sweet**) *n* [c, u] ⇨caramelo

cane /keɪn/ *n* [c, u] **1** ⇨caña: *sugar cane* - caña de azúcar **2** ⇨mimbre **3** ⇨bastón **4** *UK* ⇨vara

canine /'keɪ.naɪn/ *adj* ⇨canino,na

canine (tooth) [*pl* canine (teeth)] *n* [c] ⇨diente canino ⇨colmillo

canister UK: /'kæn.ɪ.stə'/ US: /-stɚ/ *n* [C] **1** *(de té, de galletas)* ⇒lata **2** ⇒bote

cannabis /'kæn.ə.bɪs/ *UK* (*US* **marijuana**) *n* [U] *(planta, droga)* ⇒cannabis

canned /kænd/ *adj* **1** (*UK tb* **tinned**) *(un alimento o una bebida)* ⇒enlatado,da **2** ⇒enlatado,da *col.;* ⇒grabado,da *col.*

cannibal /'kæn.ɪ.bᵊl/ *n* [C] ⇒caníbal

cannon /'kæn.ən/ *n* [C] *(arma)* ⇒cañón

† **cannot** UK: /'kæn.ɒt/ US: /-ɑːt/ See **can** ■ La contracción es *can't*

canoe /kə'nuː/ *n* [C] ⇒canoa ⇒piragua

canoeing /kə'nuː.ɪŋ/ *n* [U] ⇒piragüismo ⇒canotaje *AMÉR.*

can opener *n* [C] ⇒abrelatas

canopy /'kæn.ə.pi/ [*pl* canopies] *n* [C] **1** ⇒dosel **2** ⇒techo ⇒toldo ⇒marquesina

† **can't** UK: /kɑːnt/ US: /kænt/ *(cannot)* See **can**

† **canteen** /kæn'tiːn/ *n* [C] **1** ⇒cantina ⇒comedor **2** ⇒cantimplora

canter UK: /'kæn.tə'/ US: /-tɚ/ *n* [C] ⇒trote rápido

canvas /'kæn.vəs/ ■ *n* [U] **1** ⇒lona: *canvas shoes* - zapatillas de lona ■ *n* [C] **2** *(en arte)* ⇒lienzo ■ El plural es *canvases* **3** **under ~** ⇒en una tienda de campaña: *to live under canvas* - vivir en una tienda de campaña

canvass /'kæn.vəs/ [*pl* canvasses] *n* [C] *(form)* ⇒sondeo [de opinión]

canyon /'kæn.jən/ *n* [C] *(en geología)* ⇒cañón

cap¹ /kæp/ *n* [C] **1** ⇒gorra **2** *(de un bolígrafo)* ⇒capuchón ⇒tapón ⇒tapa

cap² /kæp/ [capped, capping] *v* [T] **1** ⇒superar **2** **to ~ it all** *(inform)* ⇒para colmo *col.*

capability UK: /ˌkeɪ.pə'bɪl.ɪ.ti/ US: /-ə.ˤti/ [*pl* capabilities] *n* [C, U] ⇒aptitud ⇒capacidad

† **capable** /'keɪ.pə.bl/ *adj* **1** *(cualidad)* ⇒competente ⇒capaz **2** *(con potencial)* ⇒capaz

† **capacity** UK: /kə'pæs.ə.ti/ US: /-ˤti/ [*pl* capacities] *n* [C, U, NO PL] **1** *(de un lugar)* ⇒capacidad ⇒aforo **2** ⇒aptitud ⇒capacidad

cape /keɪp/ *n* [C] **1** *(prenda de vestir)* ⇒capa ⇒capote **2** *(en geología)* ⇒cabo

caper¹ UK: /'keɪ.pə'/ US: /-pɚ/ *v* [I] ⇒dar saltos [de alegría] ⇒brincar ■ CONSTR. Se usa generalmente seguido de una preposición o un adverbio

caper² UK: /'keɪ.pə'/ US: /-pɚ/ *n* [C] **1** *(planta)* ⇒alcaparra **2** ⇒travesura ⇒fechoría

Cape Verde UK: /ˌkeɪp'vɜːd/ US: /-'vɝːd/ *n* [U] ⇒Cabo Verde

Cape Verdean UK: /ˌkeɪp'vɜː.di.ən/ US: /-'vɝː-/ *adj, n* [C] ⇒caboverdiano,na

capillary UK: /kə'pɪl.ᵊr.i/ US: /-ɚ-/ [*pl* capillaries] *n* [C] *(en anatomía)* ⇒vaso capilar

† **capital** UK: /'kæp.ɪ.tᵊl/ US: /-ˤt[ə]l/ ■ *n* [C] **1** *(en geografía)* ⇒capital ■ *n* [U] **2** *(en economía)* ⇒capital **3** ⇒mayúscula **4** *(de una columna)* ⇒capitel **5 to make ~ (out) of** *sth* ⇒sacar partido de algo

† **capitalism** UK: /'kæp.ɪ.tᵊl.ɪ.zᵊm/ US: /-ˤt[ə]l-/ *n* [U] ⇒capitalismo

capitalize UK: /'kæp.ɪ.tᵊl.aɪz/ US: /-ˤt[ə]l-/ [capitalized, capitalizing] *v* [I] *(form)* ⇒poner en mayúsculas ■ Se usa más *to put in capitals*

│ PHRASAL VERBS
│ · **to capitalize on** *sth* ⇒capitalizar algo ⇒sacar
└ provecho de algo

capitulate /kə'pɪt.ju.leɪt/ [capitulated, capitulating] *v* [I] ⇒capitular

cappuccino UK: /ˌkæp.u'tʃiː.nəu/ US: /-nou/ *n* [C, U] ⇒café capuchino

Capricorn UK: /'kæp.rɪ.kɔːn/ US: /-kɔːrn/ *n* [C, U] *(signo del zodíaco)* ⇒capricornio

capsaicin *n* [C] ⇒componente del chile

capsize /kæp'saɪz/ [capsized, capsizing] *v* [T, I] *(un embarcación)* ⇒volcar

capsule UK: /'kæp.sjuːl/ US: /-s[ə]l/ *n* [C] **1** ⇒cápsula **2** *a space capsule* - una cápsula espacial

captain¹ UK: /'kæp.tɪn/ US: /-t[ə]n/ *n* [C] **1** *(de un barco, de un avión)* ⇒capitán,-a ⇒comandante **2** *(del ejército, de la marina)* ⇒capitán,-a **3** *(de un equipo)* ⇒capitán,-a

captain² UK: /'kæp.tɪn/ US: /-t[ə]n/ *v* [T] ⇒capitanear ⇒liderar

caption /'kæp.ʃᵊn/ *n* [C] **1** ⇒pie de foto **2** ⇒encabezamiento ⇒título

captivate /'kæp.tɪ.veɪt/ [captivated, captivating] *v* [T] ⇒cautivar

captive¹ /'kæp.tɪv/ *adj* **1** ⇒cautivo,va ⇒en cautiverio **2 to {hold/take}** *sb* **~** ⇒apresar a alguien

captive² /'kæp.tɪv/ *n* [C] ⇒cautivo,va

captivity UK: /kæp'tɪv.ɪ.ti/ US: /-ə.ˤti/ *n* [U] ⇒cautividad ⇒cautiverio

capture¹ UK: /'kæp.tʃə'/ US: /-tʃɚ/ [captured, capturing] *v* [T] **1** ⇒capturar ⇒cazar **2** ⇒conquistar ⇒tomar ⇒captar

capture² UK: /'kæp.tʃə'/ US: /-tʃɚ/ *n* [C, U] **1** ⇒captura **2** *(un lugar)* ⇒conquista ⇒toma **3** *(de datos)* ⇒captura ⇒recogida

† **car** UK: /kɑː'/ US: /kɑːr/ *n* [C] **1** *(US tb* **automobile)** *(UK tb* **motor car)** ⇒coche ⇒carro *AMÉR.;* ⇒auto *AMÉR.* **2** *US* *(UK* **coach)** ⇒vagón [de tren]

caramel UK: /'kær.ə.mᵊl/ US: /'kɑːr.məl/ UK: /'ker.ə-/ *n* [U] **1** ⇒caramelo **2** ⇒azúcar tostado

carat UK: /'kær.ət/ US: /'ker-/ *UK* (*US* **karat)** *n* [C] ⇒quilate: *4 carat gold* - oro de cuatro quilates

caravan UK: /'kær.ə.væn/ US: /'ker-/ *UK* (*US* **trailer)** *n* [C] **1** *(remolque grande)* ⇒caravana **2** ⇒carromato

carbohydrate UK: /ˌkɑː.bəʊˈhaɪ.dreɪt/ US: /ˌkɑːr-/ n [c, u] *(en química)* ⇨hidrato de carbono

† **carbon** UK: /ˈkɑː.bᵊn/ US: /ˈkɑːr-/ ■ n [u] **1** *(en química)* ⇨carbono ■ n [c] **2** ⇨hoja de papel carbón

carbon copy [pl carbon copies] n [c] **1** ⇨copia hecha con papel carbón **2** ⇨réplica ⇨calco

car boot sale UK n [c] ⇨mercadillo en el que particulares venden objetos de segunda mano, normalmente desde el maletero del coche

carcass UK: /ˈkɑː.kəs/ US: /ˈkɑːr-/ [pl carcasses] n [c] **1** *(de un animal muerto)* ⇨cadáver ⇨restos ⇨despojos **2** *(de un edificio)* ⇨ruinas ⇨armazón **3** *(de un vehículo)* ⇨carcasa

† **card** UK: /kɑːd/ US: /kɑːrd/ n [c] **1** ⇨forma abreviada de **postcard** (postal) **2** ⇨tarjeta: *a birthday card* - una tarjeta de cumpleaños; *a greetings card* - una tarjeta de felicitación **3** ⇨naipe ⇨carta **4** ⇨tarjeta [personal] ⇨carné **5** on the cards *(inform)* ⇨probable **6** to play one's cards right ⇨jugar bien las propias cartas

† **cardboard** UK: /ˈkɑːd.bɔːd/ US: /ˈkɑːrd.bɔːrd/ n [u] ⇨cartón ⇨cartulina

cardiac UK: /ˈkɑː.di.æk/ US: /ˈkɑːr-/ adj ⇨cardíaco,ca: *He suffered a cardiac arrest* - Sufrió un paro cardíaco

† **cardigan** UK: /ˈkɑː.dɪ.gən/ US: /ˈkɑːr-/ n [c] ⇨rebeca ⇨chaqueta de punto

cardinal¹ UK: /ˈkɑː.dɪ.nəl/ US: /ˈkɑːr-/ n [c] **1** *(en religión)* ⇨cardenal **2** *(ave)* ⇨cardenal

cardinal² UK: /ˈkɑː.dɪ.nəl/ US: /ˈkɑːr-/ adj **1** See **cardinal (number) 2** *(form)* ⇨esencial ⇨fundamental **3** *a cardinal sin* - un pecado capital

cardinal (number) n [c] ⇨número cardinal

† **care¹** UK: /keəʳ/ US: /ker/ [cared, caring] v [ɪ] ⇨importar: *I don't care how you sorted it out* - No me importa cómo lo solucionaste ■ CONSTR. to care + interrogativa indirecta

| PHRASAL VERBS
· to care for sth/sb **1** ⇨atender ⇨cuidar **2** *(form)* ⇨gustar: *I don't care for chocolate* - No me gusta el chocolate **3** *(form)* ⇨apetecer

† **care²** UK: /keəʳ/ US: /ker/ ■ n [u] **1** ⇨atención ⇨cuidado ■ n [c, u] **2** ⇨preocupación: *She seems to have no cares* - Parece no tener preocupaciones **3** take care! *(en despedidas)* ⇨¡cuídate! **4** to take ~ of sth/sb **1** ⇨cuidar **2** ⇨encargarse ⇨ocuparse

† **career¹** UK: /kəˈrɪəʳ/ US: /-ˈrɪr/ n [c] ⇨carrera [profesional]

career² UK: /kəˈrɪəʳ/ US: /-ˈrɪr/ v [ɪ] ⇨correr muy deprisa

carefree UK: /ˈkeə.friː/ US: /ˈker-/ adj ⇨libre de preocupaciones

careful UK: /ˈkeə.fᵊl/ US: /ˈker-/ adj **1** ⇨cuidadoso,sa ⇨cauteloso,sa ⇨prudente **2** be careful! ⇨¡ten cuidado!

carefully UK: /ˈkeə.fᵊl.i/ US: /ˈker-/ adv ⇨con cuidado

careless UK: /ˈkeə.ləs/ US: /ˈker-/ adj ⇨descuidado,da ⇨tonto,ta ⇨negligente ⇨imprudente

carer UK: /ˈkeə.rəʳ/ US: /ˈker.ə/ UK (US caretaker) n [c] ⇨cuidador,-a

caress¹ /kəˈres/ v [T] ⇨acariciar

caress² /kəˈres/ [pl caresses] n [c] ⇨caricia

caretaker UK: /ˈkeə.teɪ.kəʳ/ US: /ˈker.teɪ.kə/ n [c] **1** UK (US janitor) *(de un edificio)* ⇨conserje ⇨portero,ra ⇨vigilante **2** US (UK carer) ⇨cuidador,-a

† **cargo** UK: /ˈkɑː.gəʊ/ US: /ˈkɑːr.goʊ/ [pl cargoes, cargos] n [c, u] ⇨carga ⇨cargamento ■ Distinto de *post* (carga)

Caribbean UK: /ˌkær.ɪˈbiː.ᵊn/ UK: /kəˈrɪb.i-/ US: /ˌker.ɪˈbiː-/ adj, n [c] ⇨caribeño,ña

caricature UK: /ˈkær.ɪ.kə.tʃʊəʳ/ US: /ˈker.ɪ.kə.tʃʊr/ n [c, u] ⇨caricatura

† **caring** UK: /ˈkeə.rɪŋ/ US: /ˈker.ɪŋ/ adj **1** ⇨cariñoso,sa y comprensivo,va **2** ⇨humanitario,ria

carnation UK: /kɑːˈneɪ.ʃᵊn/ US: /kɑːr-/ n [c] ⇨clavel

carnival UK: /ˈkɑː.nɪ.vᵊl/ US: /ˈkɑːr-/ ■ n [c, u] **1** ⇨carnaval: *the carnival queen* - la reina del carnaval ■ n [c] **2** US (UK fête) ⇨feria [benéfica] ⇨fiesta

carnivore UK: /ˈkɑː.nɪ.vɔːʳ/ US: /ˈkɑːr.nɪ.vɔːr/ n [c] ⇨carnívoro,ra

carol UK: /ˈkær.ᵊl/ US: /ˈker-/ n [c] ⇨villancico

carousel UK: /ˌkær.ʊˈsel/ US: /ˌker.ə-/ n [c] **1** US (UK tb roundabout) ⇨carrusel ⇨tiovivo **2** ⇨cinta [transportadora]

† **car park** UK (US parking lot) n [c] ⇨aparcamiento ⇨parqueadero AMÉR.; ⇨parqueo AMÉR.

carpenter UK: /ˈkɑː.pɪn.təʳ/ US: /ˈkɑːr.pɪn.ˠtə/ n [c] ⇨carpintero,ra

carpet¹ UK: /ˈkɑː.pɪt/ US: /ˈkɑːr-/ n [c, u] ⇨moqueta ⇨alfombra ⇨tapete AMÉR. ■ Distinto de *binder* y *folder* (carpeta)

carpet² UK: /ˈkɑː.pɪt/ US: /ˈkɑːr-/ v [T] ⇨alfombrar ⇨enmoquetar

† **carriage** UK: /ˈkær.ɪdʒ/ US: /ˈker-/ ■ n [c] **1** UK *(en un tren)* ⇨vagón de pasajeros **2** ⇨carruaje ⇨carroza ■ n [u] **3** UK ⇨transporte de mercancías ■ PRON. Rima con *fridge*

carriageway UK: /ˈkær.ɪdʒ.weɪ/ US: /ˈker-/ UK n [c] **1** ⇨calzada **2** ⇨carretera: *dual carriageway* - carretera de dobe calzada

carrier UK: /ˈkær.i.əʳ/ US: /ˈker.i.ə/ n [c] **1** ⇨empresa de transportes **2** ⇨compañía aérea **3** ⇨portador,-a [de una enfermedad]

carrier bag UK n [c] ⇨bolsa de plástico

† **carrot** UK: /ˈkær.ət/ US: /ˈker-/ n [c] **1** ⇨zanahoria **2** *(inform)* ⇨recompensa

↑ **carry** UK: /'kær.i/ US: /'ker-/ [carries, carried] ■ *v* [T] **1** ⇨llevar: *Do you want me to carry the suitcase?* - *¿Quieres que te lleve la maleta?* **2** ⇨soportar ■ *v* [I] **3** ⇨oírse desde lejos: *His voice carries* - *Su voz se oye desde lejos*

|PHRASAL VERBS
 · **to carry** *sb* **away** [M] ⇨dejarse llevar por algo: *They were carried away by their excitement* - Se dejaron llevar por la emoción
 · **to carry** *sth* **off** [M] ⇨salir airoso,sa de algo ⇨llevarse ⇨alzarse con
 · **to carry** *sth* **out** [M] **1** ⇨llevar algo a cabo ⇨realizar algo **2** *(una promesa)* ⇨cumplir
 · **to carry** *sth* **through** ⇨llevar algo a término
 · **to get carried away** ⇨emocionarse ⇨entusiasmarse

cart[1] UK: /kɑːt/ US: /kɑːrt/ *n* [C] **1** ⇨carro **2** ⇨carreta **3** *US (UK* trolley*)* ⇨carrito de la compra **4** ⇨carretilla

cart[2] UK: /kɑːt/ US: /kɑːrt/ *v* [T] *(inform)* ⇨transportar ⇨cargar con ■ CONSTR. Se usa generalmente seguido de una preposición o un adverbio

|PHRASAL VERBS
 · **to cart** *sth* **{about/around}** *(inform)* ⇨cargar con algo
└ · **to cart** *sth/sb* **{away/off}** *(inform)* ⇨llevarse

carton UK: /'kɑː.tᵊn/ US: /'kɑːr.ᵗʈ[ə]n/ *n* [C] *(envase)* ⇨cartón ⇨tetra brik

↑ **cartoon** UK: /kɑː'tuːn/ US: /kɑːr-/ *n* [C] **1** ⇨chiste gráfico ⇨viñeta **2** ⇨dibujos animados **3** *(en arte)* ⇨dibujo ⇨cartón

CARTOON

cartridge UK: /'kɑː.trɪdʒ/ US: /'kɑːr-/ *n* [C] **1** ⇨película [fotográfica] **2** ⇨cartucho [de tinta] **3** *(de un arma de fuego)* ⇨cartucho

↑ **carve** UK: /kɑːv/ US: /kɑːrv/ [carved, carving] *v* [T] **1** ⇨esculpir ⇨tallar **2** ⇨grabar

|PHRASAL VERBS
 · **to carve** *sth* **out (for** *oneself***)** ⇨forjarse algo
 · **to carve** *sth* **up** [M] ⇨repartir(se) algo ⇨dividir(se) algo

carving UK: /'kɑː.vɪŋ/ US: /'kɑːr-/ ■ *n* [C] **1** ⇨escultura ⇨talla ■ *n* [U] **2** *(actividad)* ⇨escultura

cascade /kæs'keɪd/ *n* [C] **1** ⇨cascada ⇨salto de agua **2** *(lit)* ⇨aluvión

↑ **case** /keɪs/ ■ *n* [C] **1** *(ejemplo)* ⇨caso **2** *UK (UK/US tb* suitcase*)* ⇨maleta ⇨maletín **3** ⇨funda **4** ⇨proceso judicial ■ *n* [NO PL] **5** ⇨argumentos **6** court ~ ⇨causa ⇨juicio **7 in any** ~ ⇨en cualquier caso ⇨de cualquier forma ⇨de todos modos **8 (just) in** ~ ⇨por si acaso ⇨por si

↑ **cash**[1] /kæʃ/ *n* [U] **1** ⇨dinero en efectivo **2** *to pay in cash* - pagar en efectivo **3** ~ **on delivery** ⇨entrega contra reembolso ■ La forma abreviada es *COD*

cash[2] /kæʃ/ *v* [T] ⇨cobrar: *to cash a cheque* - cobrar un cheque

|PHRASAL VERBS
└ · **to cash in on** *sth* ⇨aprovecharse de algo

cash card *UK n* [C] ⇨tarjeta bancaria

cash desk *UK n* [C] *(en un establecimiento)* ⇨caja

cashier UK: /kæʃ'ɪə'/ US: /-'ɪr/ *n* [C] ⇨cajero,ra

↑ **cash machine** *(UK tb* cashpoint*)* *n* [C] ⇨cajero automático

cashmere UK: /'kæʃ.mɪə'/ US: /-mɪr/ *n* [U] ⇨cachemir

cashpoint /'kæʃ.pɔɪnt/ *UK n* [C] See **cash machine**

casino UK: /kə'siː.nəʊ/ US: /-noʊ/ *n* [C] ⇨casino

cask UK: /kɑːsk/ US: /kæsk/ *n* [C] ⇨barril ⇨cuba

casket UK: /'kɑː.skɪt/ US: /'kæs.kɪt/ *n* [C] **1** *UK* ⇨cofre [para guardar objetos de valor] **2** *US (UK/US tb* coffin*)* ⇨ataúd ⇨cajón AMÉR.

casserole UK: /'kæs.ᵊr.əʊl/ US: /-ə.roʊl/ *n* [C] **1** *(tb* casserole dish*)* *(para el horno)* ⇨cazuela **2** ⇨guiso ■ Distinto de *saucepan* (cacerola)

↑ **cassette** /kə'set/ *n* [C] ⇨cinta ⇨casete

cast[1] UK: /kɑːst/ US: /kæst/ *n* [C] **1** *(en un espectáculo)* ⇨reparto ■ Por ser un nombre colectivo se puede usar con el verbo en singular o en plural **2** ⇨molde

cast[2], **cast, cast** UK: /kɑːst/ US: /kæst/ *v* [T] **1** *(en un espectáculo)* ⇨seleccionar ⇨hacer el reparto ■ CONSTR. Se usa más en pasiva **2** ⇨votar ⇨dar el voto **3** *(lit)* ⇨lanzar ⇨tirar ■ CONSTR. Se usa generalmente seguido de una preposición o un adverbio **4** *(en escultura)* ⇨vaciar **5** **to** ~ **a spell on** *sth/sb* ⇨hechizar **6 to** ~ **one's vote** ⇨votar ⇨dar el voto

|PHRASAL VERBS
 · **to cast {about/around} for** *sth* *(form)* ⇨buscar algo
 · **to cast** *sth/sb* **aside** [M] *(form)* ⇨dejar de lado ⇨desechar
 · **to cast** *sth* **off** [M] *(form)* ⇨deshacerse de
└ algo

caste

caste UK: /kɑːst/ US: /kæst/ n [C, U] ⇒casta ⇒grupo social

cast iron n [U] ⇒hierro con un alto contenido de carbono

castle ↑ UK: /ˈkɑː.sl̩/ US: /ˈkæs.l̩/ n [C] 1 ⇒castillo 2 *(en ajedrez)* ⇒torre ■ PRON. La *t* no se pronuncia

castrate /kæsˈtreɪt/ [castrated, castrating] v [T] ⇒castrar

casual ↑ /ˈkæʒ.ju.əl/ adj 1 ⇒despreocupado,da: *a casual attitude* - una actitud despreocupada 2 *UK* ⇒temporal ⇒esporádico,ca ⇒ocasional ■ Distinto de *chance* (casual)

casually /ˈkæʒ.ju.ə.li/ adv ⇒de manera informal ⇒despreocupadamente

casualty ↑ /ˈkæʒ.ju.əl.ti/ ■ n [C] 1 ⇒víctima ⇒baja ■ El plural es *casualties* ■ n [U] 2 *UK* ⇒sala de urgencias ■ Distinto de *coincidence* y *chance* (casualidad)

cat /kæt/ n [C] 1 ⇒gato,ta 2 ⇒felino

Catalan UK: /ˈkæt.ə.læn/ US: /ˈkæˤt̬-/ n [U] *(idioma)* ⇒catalán ■ PRON. Se acentúa la primera sílaba

catalogue¹ UK: /ˈkæt.ˤl.ɒg/ US: /ˈkæˤt̬.[ə]l.ɑːg/ n [C] 1 ⇒catálogo 2 ⇒serie: *a catalogue of problems* - una serie de problemas 3 ⇒fichero

catalogue² UK: /ˈkæt.ˤl.ɒg/ US: /ˈkæˤt̬.[ə]l.ɑːg/ [catalogued, cataloguing] v [T] ⇒catalogar

catalyst UK: /ˈkæt.ˤl.ɪst/ US: /ˈkæˤt̬-/ n [C] ⇒catalizador

catamaran UK: /ˈkæt.ə.mə.ræn/ US: /ˈkæˤt̬-/ n [C] *(barco)* ⇒catamarán

catapult¹ UK: /ˈkæt.ə.pʌlt/ US: /ˈkæˤt̬-/ v [T] ⇒catapultar ■ CONSTR. Se usa generalmente seguido de una preposición o un adverbio

catapult² UK: /ˈkæt.ə.pʌlt/ US: /ˈkæˤt̬-/ n [C] 1 ⇒catapulta 2 *UK* ⇒tirachinas

cataract UK: /ˈkæt.ə.rækt/ US: /ˈkæˤt̬-/ n [C] 1 *(de los ojos)* ⇒catarata 2 *(form) (de agua)* ⇒catarata

catarrh UK: /kəˈtɑː/ US: /-ˈtɑːr/ *UK* n [U] *(form)* ⇒catarro

catastrophe /kəˈtæs.trə.fi/ n [C] ⇒catástrofe

catch¹, caught, caught /kætʃ/ v [T] 1 ⇒coger ⇒agarrar 2 ⇒cazar ⇒atrapar ■ CONSTR. to catch + doing sth 3 ⇒pillar(se) 4 *(un medio de transporte)* ⇒tomar ⇒coger 5 *(una efermedad)* ⇒coger ⇒contraer 6 ⇒oír ⇒entender 7 to ~ fire ⇒arder ⇒prender(se)

|PHRASAL VERBS|
· to {be/get} caught up in *sth* ⇒estar metido,da en algo
· to catch at *sth* ⇒tratar de agarrar algo
· to catch on ⇒poner(se) de moda
· to catch on (to *sth*) ⇒enterarse de algo
· to catch *sth* out [M] *UK* ⇒coger desprevenido,da a alguien ⇒pillar a alguien
· to catch up with *sth/sb* ⇒alcanzar ⇒ponerse al día

catch² /kætʃ/ [pl catches] n [NO PL] 1 ⇒trampa ⇒gato encerrado col. 2 ⇒pesca 3 ⇒cierre ⇒cerradura 4 to be *sb* a good ~ ⇒ser un buen partido col.

catching /ˈkætʃ.ɪŋ/ adj 1 ⇒contagioso,sa 2 *(una norma, una cláusula)* ⇒general ⇒para todo

catchment area UK: /ˈkætʃ.mənt̩.eə.ri.ə/ US: /ˈketʃ.mənt̩.er.i-/ *UK* n [C] ⇒distrito ⇒zona de captación

catchphrase /ˈkætʃ.freɪz/ n [C] ⇒frase favorita ⇒frase de moda

catchy /ˈkætʃ.i/ adj [comp catchier, superl catchiest] *(una canción, una melodía)* ⇒pegadizo,za

categorical UK: /ˌkæt.əˈgɒr.ɪ.kˤl/ US: /ˌkæˤt̬.əˈgɑːr-/ adj 1 ⇒categórico,ca 2 *(una negación)* ⇒enfático,ca ⇒rotundo,da

category ↑ UK: /ˈkæt.ə.gri/ US: /ˈkæˤt̬-/ [pl categories] n [C] ⇒categoría

cater UK: /ˈkeɪ.tə/ US: /-ˤt̬ə/ v [I] ⇒abastecer: *to cater for sb* - abastecer a alguien

|PHRASAL VERBS|
· to cater for *sth/sb* *UK* (*US* to cater to *sb*) ⇒dirigirse a ⇒atender a: *to cater for sb's needs* - atender a las necesidades de alguien
· to cater to *sth/sb* ⇒satisfacer los caprichos

catering UK: /ˈkeɪ.tˤr.ɪŋ/ US: /-ˤt̬ə/ n [U] 1 ⇒catering 2 ⇒estudios de hostelería

caterpillar UK: /ˈkæt.ə.pɪl.ə/ US: /ˈkæˤt̬.ə.pɪl.ə/ n [C] 1 ⇒oruga 2 ⇒tractor de oruga

cathedral /kəˈθiː.drəl/ n [C] ⇒catedral ■ PRON. La *e* se pronuncia con énfasis y como la *i* de *Spanish*

Catholic ↑ /ˈkæθ.ˤl.ɪk/ adj, n [C] ⇒católico,ca: *She's a Catholic* - Es católica ■ PRON. La *th* se pronuncia como la *z* española y la *o* no se pronuncia

Catholicism UK: /kəˈθɒl.ɪ.sɪ.zˤm/ US: /-θɑː.lɪ-/ n [U] ⇒catolicismo

cattle ↑ UK: /ˈkæt.l̩/ US: /ˈkæˤt̬-/ n [PL] ⇒ganado vacuno

catwalk UK: /ˈkæt.wɔːk/ US: /-wɑːk/ n [C] ⇒pasarela [de desfiles]

caught UK: /kɔːt/ US: /kɑːt/ past tense and past participle forms of **catch**

cauldron UK: /ˈkɔːl.drˤn/ US: /ˈkɑːl-/ n [C] 1 *(lit)* ⇒caldero 2 *a cauldron of unrest* - un semillero de descontento

cauliflower UK: /ˈkɒl.ɪˌflaʊ.əˤ/ US: /ˈkɑː.lɪˌflaʊr/ n [C, U] ⇒coliflor

cause¹ ↑ UK: /kɔːz/ US: /kɑːz/ n [C, U] 1 *(origen)* ⇒causa 2 ⇒razón 3 *(propósito)* ⇒causa

cause² ↑ UK: /kɔːz/ US: /kɑːz/ [caused, causing] v [T] ⇒hacer ⇒causar ■ CONSTR. 1.to cause + to do sth 2. to cause + dos objetos

causeway UK: /ˈkɔːz.weɪ/ US: /ˈkɑːz-/ n [C] ⇒camino elevado

caustic UK: /'kɔː.stɪk/ US: /'kɑː-/ adj **1** ⇒cáustico,ca **2** ⇒mordaz

caution[1] UK: /'kɔː.ʃ°n/ US: /'kɑː-/ ■ n [U] **1** ⇒cautela ⇒precaución ■ n [C, U] **2** ⇒advertencia **3** UK ⇒amonestación **4** to {cast/throw} ~ to the winds ⇒abandonar toda precaución

caution[2] UK: /'kɔː.ʃ°n/ US: /'kɑː-/ v [T] **1** (form) ⇒advertir: to caution sb about sth - advertir a alguien de algo **2** ⇒leerle los derechos a alguien ■ CONSTR. Se usa más en pasiva

cautious UK: /'kɔː.ʃəs/ US: /'kɑː-/ adj ⇒cauto,ta ⇒precavido,da ⇒prudente

cavalry /'kæv.°l.ri/ n [U] ⇒caballería: cavalry charge - carga de caballería ■ Por ser un nombre colectivo se puede usar con el verbo en singular o en plural

cave[1] /keɪv/ n [C] ⇒cueva ⇒caverna

†**cave**[2] /keɪv/

| PHRASAL VERBS
| · to cave in (una estructura) ⇒venirse abajo ⇒de-
└ rrumbarse ⇒ceder

caveman /'keɪv.mæn/ [pl cavemen] n [C] ⇒troglodita ⇒cavernícola

cavern UK: /'kæv.°n/ US: /-ən/ n [C] ⇒caverna

cavewoman [pl cavewomen] n [C] ⇒troglodita ⇒cavernícola

caviar UK: /'kæv.i.ɑːʲ/ US: /-ɑːr/ UK: /ˌ--ˈ-/ n [U] ⇒caviar

cavity UK: /'kæv.ɪ.ti/ US: /-ə.ˁti/ [pl cavities] n [C] **1** ⇒cavidad **2** ⇒caries

†**CD** /ˌsiːˈdiː/ n [C] ⇒CD ■ Procede de compact disc (disco compacto) ■ PRON. La C se pronuncia como see y la D rima con ello

†**CD player** n [C] ⇒reproductor de CD ■ Procede de compact disc player (reproductor de discos compactos)

†**CD-ROM** UK: /ˌsiː.diːˈrɒm/ US: /-ˈrɑːm/ n [C, U] ⇒CD-ROM ■ Procede de compact disc read only memory (disco compacto solo de lectura)

CE n [NO PL] ⇒forma abreviada de **Church of England** (iglesia anglicana)

†**cease** /siːs/ [ceased, ceasing] v [T, I] **1** (form) ⇒cesar ⇒terminar **2** (form) ⇒dejar de: The machine ceased to function - La máquina dejó de funcionar ■ CONSTR. 1. to cease + doing sth 2. to cease + to do sth

ceasefire UK: /'siːs.faɪəʲ/ US: /-faɪr/ n [C] ⇒alto el fuego: to announce a ceasefire - declarar un alto el fuego

ceaseless /'siː.sləs/ adj (form) ⇒incesante ⇒continuo,nua

†**ceiling** /'siː.lɪŋ/ n [C] **1** ⇒techo: to look up at the ceiling - mirar al techo **2** ⇒tope ⇒límite ■ PRON. La primera sílaba, cei, se pronuncia como see

†**celebrate** /'sel.ɪ.breɪt/ [celebrated, celebrating] v [T, I] ⇒celebrar ⇒festejar

celebrated UK: /'sel.ɪ.breɪ.tɪd/ US: /-ˁtɪd/ adj ⇒célebre: to be celebrated for sth - ser célebre por algo

celebration /ˌsel.ɪ'breɪ.ʃ°n/ n [C, U] ⇒celebración ⇒fiesta ■ PRON. La c se pronuncia como una s

†**celebrity** UK: /sɪ'leb.rɪ.ti/ US: /-ˁti/ [pl celebrities] n [C] ⇒celebridad

celery UK: /'sel.°r.i/ US: /-ə-/ n [U] ⇒apio

†**cell** /sel/ n [C] **1** ⇒célula: living cells - células vivas **2** ⇒celda

†**cellar** UK: /'sel.əʲ/ US: /-ə/ n [C] ⇒sótano ⇒bodega

cellmate /'sel.meɪt/ n [C] ⇒compañero,ra de celda

cello UK: /'tʃel.əu/ US: /-ou/ n [C] ⇒violonchelo ⇒chelo ■ PRON. La c se pronuncia como una ch

cellular UK: /'sel.jʊ.ləʲ/ US: /-lə/ adj ⇒celular

†**Celsius** /'sel.si.əs/ (tb centigrade) adj, n [U] ⇒escala de Celsius ⇒escala centígrada ■ La forma abreviada es C ■ Con números se escribe normalmente el signo °C en lugar de centigrade: 25 °C - 25 grados ■ PRON. La c se pronuncia como una s

Celtic /'kel.tɪk, 'sel-/ adj ⇒celta ⇒céltico,ca ■ PRON. Las dos c se pronuncian como una k

cement[1] /sɪ'ment/ n [U] ⇒cemento ■ PRON. La c se pronuncia como una s

cement[2] /sɪ'ment/ v [T] **1** ⇒fortalecer: Time cemented their relationship - El tiempo fortaleció su relación **2** ⇒revestir de cemento

†**cemetery** UK: /'sem.ə.tri/ US: /-ter.i/ [pl cemeteries] n [C] ⇒cementerio ■ PRON. La c se pronuncia como una s. La última e no se pronuncia

censor[1] UK: /'sent.səʲ/ US: /-sə/ v [T] ⇒censurar ■ CONSTR. Se usa más en pasiva

censor[2] UK: /'sent.səʲ/ US: /-sə/ n [C] ⇒censor,-a

censure[1] UK: /'sen.ʃəʲ/ US: /-ʃə/ [censured, censuring] v [T] (form) ⇒censurar ⇒desaprobar

censure[2] UK: /'sen.ʃəʲ/ US: /-ʃə/ n [U] (form) ⇒censura ⇒desaprobación

census /'sent.səs/ [pl censuses] n [C] ⇒censo ⇒padrón

†**cent** /sent/ n [C] (moneda) ⇒centavo ■ PRON. La c se pronuncia como una s

centenary UK: /sen'tiː.nºr.i/ US: /-'ten.ºr-/ /-'ten.ə-/ [pl centenaries] UK n [C] ⇒centenario

center UK: /'sen.təʲ/ US: /-ˁtə/ US n [C], v [T] See **centre**

centigrade[1] UK: /'sen.tɪ.greɪd/ US: /-ˁtɪ-/ (tb **Celsius**) n [U] ⇒escala centígrada ⇒escala de Celsius ■ La forma abreviada es C ■ Con números se escribe normalmente el signo °C en lugar de centigrade: 25 °C - 25 grados ■ PRON. La c se pronuncia como una s

†**centigrade**[2] UK: /'sen.tɪ.greɪd/ US: /-ˁtɪ-/ adj ⇒centígrado ■ PRON. La c se pronuncia como una s

†**centimetre** UK: /'sen.tɪˌmiː.təʲ/ US: /-ˁtɪˌmiː.ˁtə/ UK n [C] ⇒centímetro ■ La forma abreviada es cm ■ PRON. La c se pronuncia como una s

C ■

central /'sen.trəl/ *adj* **1** ⇒central **2** ⇒central ⇒principal **3** *(en una ciudad)* ⇒céntrico,ca ■ PRON. La *c* se pronuncia como una *s*

centralize /'sen.trə.laɪz/ [centralized, centralizing] *v* [T] ⇒centralizar: *to centralize power* - centralizar el poder ■ CONSTR. Se usa más en pasiva

centrally /'sen.trə.li/ *adv* ⇒en el centro

centre¹ UK: /'sen.tə'/ US: /-ˁt̬ə/ *UK* (*US* **center**) *n* [c] ⇒centro: *the town centre* - el centro de la ciudad ■ PRON. La *c* se pronuncia como una *s*

centre² UK: /'sen.tə'/ US: /-ˁt̬ə/ [centred, centring] *UK* (*US* **center**) *v* [T] ⇒centrar ■ PRON. La *c* se pronuncia como una *s*

PHRASAL VERBS
· **to centre {around/on}** *sth/sb* ⇒centrarse en: *I tried to centre my attention on the task* - Procuré centrar mi atención en la tarea

century UK: /'sen.tʃ°r.i/ US: /-tʃə-/ [*pl* centuries] *n* [c] **1** ⇒siglo: *in the 19th century* - en el siglo XIX; *over the centuries* - con el paso de los siglos **2** *(mucho tiempo)* ⇒siglo **3** *(en cricket)* ⇒cien carreras ■ PRON. La *c* se pronuncia como una *s*

cereal UK: /'sɪə.ri.əl/ US: /'sɪr.i-/ *n* [c, U] **1** ⇒cereal **2** ⇒cereales: *breakfast cereals* - cereales de desayuno ■ PRON. La *c* se pronuncia como una *s* y la sílaba *cer* rima con *near*

cerebral /'ser.ɪ.brəl/ *adj* **1** *(form)* ⇒cerebral ⇒mental **2** *(form) (una persona)* ⇒cerebral ⇒calculador,-a

ceremonial UK: /ˌser.ɪ'məʊ.ni.əl/ US: /-'moʊ-/ *adj* ⇒ceremonial

ceremony /'ser.ɪ.mə.ni/ [*pl* ceremonies] *n* [c] ⇒ceremonia: *the opening ceremony* - la ceremonia de apertura ■ PRON. La *c* se pronuncia como una *s*

cert UK: /sɜːt/ US: /sɜːt/ *UK n* [c] *(inform)* ⇒ganador seguro, ganadora segura

certain UK: /'sɜː.t°n/ US: /'sɜː-/ *adj* **1** ⇒seguro,ra: *Do you know for certain?* - ¿Estás seguro?; ⇒convencido,da **2** ⇒determinado,da ⇒cierto,ta **3 for ~** ⇒con seguridad **4 to make ~ (that)** ⇒asegurarse (de que) ■ PRON. La *c* se pronuncia como una *s*

certainly UK: /'sɜː.t°n.li/ US: /'sɜː-/ *adv* **1** ⇒seguro ⇒con toda certeza **2** ⇒desde luego ⇒por supuesto

certainty UK: /'sɜː.t°n.ti/ US: /'sɜː-/ ■ *n* [U] **1** ⇒seguridad ⇒certeza ■ *n* [c] **2** ⇒hecho ⇒realidad ■ El plural es *certainties*

certificate UK: /sə'tɪf.ɪ.kət/ US: /sə-/ *n* [c] **1** ⇒certificado ⇒partida **2** *(de educación)* ⇒título ⇒diploma **3 doctor's ~** ⇒baja médica ■ PRON. La primera *c* se pronuncia como una *s*

certify UK: /'sɜː.tɪ.faɪ/ US: /'sɜː.ˁt̬ə-/ [certifies, certified] *v* [T] ⇒certificar

cesarean *US* (*UK* **caesarean**) *n* [c] ⇒cesárea

CFC /ˌsiː.efˈsiː/ *n* [U] *(en química)* ⇒CFC ■ Procede de *chlorofluorocarbon* (clorofluorocarbono)

chain¹ /tʃeɪn/ *n* [c] **1** ⇒cadena **2 in chains** ⇒encadenado,da ■ PRON. Rima con *rain*

chain² /tʃeɪn/ *v* [T] ⇒encadenar ⇒atar ■ CONSTR. Se usa generalmente seguido de las preposiciones *up* y *to* ■ PRON. Rima con *rain*

chain-smoke UK: /'tʃeɪn.sməʊk/ US: /-smoʊk/ [chain-smoked, chain-smoking] *v* [T, I] ⇒fumar como un carretero *col.*

chain store *n* [c] ⇒tienda que pertenece a una cadena de establecimientos

chair¹ UK: /tʃeə'/ US: /tʃer/ *n* [c] **1** ⇒silla **2** ⇒presidente,ta **3** *(en la universidad)* ⇒cátedra

chair² UK: /tʃeə'/ US: /tʃer/ *v* [T] ⇒presidir

CHAIR

GARDEN CHAIR
ARMCHAIR
ROCKING CHAIR
WHEELCHAIR
CHAIR

† **chairman** /'tʃeə.mən/ [pl chairmen] n [c] ⇒presidente

chairperson n [c] ⇒presidente,ta

chairwoman UK: /'tʃeə,wum.ən/ US: /'tʃer-/ [pl chairwomen] n [c] ⇒presidenta

chalet /'ʃæl.eɪ/ n [c] *(en una montaña)* ⇒chalé [de madera] ■ PRON. La *t* no se pronuncia

chalk¹ UK: /tʃɔːk/ US: /tʃɑːk/ n [U] **1** ⇒tiza **2 like ~ and cheese** ⇒como la noche y el día: *We are like chalk and cheese* - Somos como la noche y el día

chalk² UK: /tʃɔːk/ US: /tʃɑːk/ UK v [T] ⇒escribir [con tiza]: *He chalked his name on the blackboard* - Escribió su nombre en la pizarra

| PHRASAL VERBS
　· **to chalk** *sth* **up** [M] *(una victoria, un punto)* ⇒apuntarse ⇒anotarse

chalkboard UK: /'tʃɔːk.bɔːd/ US: /'tʃɑːk.bɔːrd/ US *(UK/US tb* **blackboard***)* n [c] ⇒pizarra

† **challenge¹** /'tʃæl.ɪndʒ/ n [c, u] **1** ⇒desafío ⇒provocación **2** ⇒reto: *Learning Russian was a big challenge for me* - Aprender ruso fue un reto

challenge² /'tʃæl.ɪndʒ/ [challenged, challenging] v [T] **1** ⇒desafiar ⇒retar ⇒provocar **2** ⇒cuestionar

challenging /'tʃæl.ɪn.dʒɪŋ/ adj **1** ⇒desafiante ⇒difícil **2** ⇒estimulante

chamber UK: /'tʃeɪm.bər/ US: /-bɚ/ n [c] **1** *(form)* ⇒cámara: *a torture chamber* - una cámara de tortura **2** ⇒cámara [parlamentaria] ■ PRON. La primera parte, *cha*, rima con *day*

chamberlain n [c] ⇒chambelán

† **champagne** /ʃæm'peɪn/ n [U] ⇒champán ■ PRON. La *ch* se pronuncia como la *sh* en *shall* y la última parte, *pagne*, se pronuncia como *pain*

champion¹ /'tʃæm.pi.ən/ n [c] **1** ⇒campeón,-a **2** ⇒defensor,-a ⇒abanderado,da

champion² /'tʃæm.pi.ən/ v [T] ⇒defender ⇒abanderar

championship /'tʃæm.pi.ən.ʃɪp/ n [c] ⇒campeonato

† **chance¹** UK: /tʃɑːnts/ US: /tʃænts/ n [c, u] **1** ⇒posibilidad: *I don't stand a chance of winning* - No tengo ninguna posibilidad de ganar **2** ⇒suerte: *Work hard, don't leave it to chance!* - ¡Trabaja duro y no te fíes de la suerte! **3** ⇒oportunidad: *to miss a chance* - perder una oportunidad **4 by (any) ~** ⇒por casualidad: *Are you from Australia, by any chance?* - ¿Eres de Australia, por casualidad? **5 chances are (that)** ⇒lo más probable es (que): *Chances are that he'll pass the exam* - Lo más probable es que apruebe el examen **6 to take a ~** ⇒correr el riesgo: *I'll take the chance* - Correré el riesgo

chance² UK: /tʃɑːnts/ US: /tʃænts/ [chanced, chancing] v [T] *(inform)* ⇒probar suerte

chance³ UK: /tʃɑːnts/ US: /tʃænts/ adj ⇒casual ⇒fortuito,ta

† **chancellor** UK: /'tʃɑːnt.səl.ər/ US: /'tʃænt.s[ə]l.ɚ/ n [c] **1** ⇒canciller **2** *(en algunas universidades)* ⇒rector,-a **3 Chancellor of the Exchequer** UK ⇒ministro,tra de Economía y Hacienda

chandelier UK: /,ʃæn.də'lɪər/ US: /-'lɪr/ n [c] ⇒candelabro

† **change¹** /tʃeɪndʒ/ [changed, changing] ■ v [T, I] **1** ⇒cambiar: *This country has changed a lot in the last twenty years* - Este país ha cambiado mucho en los últimos veinte años **2** *(en un medio de transporte)* ⇒hacer transbordo **3** v [T] ⇒cambiar [moneda] ■ PRON. *chan* rima con *rain*

| PHRASAL VERBS
　· **to change over** ⇒cambiar [de una cosa a otra]

† **change²** /tʃeɪndʒ/ ■ n [c, u] **1** ⇒cambio: *I'm amazed by the change in her attitude* - Estoy asombrado por su cambio de actitud; ⇒transformación ■ n [u] **2** *(dinero)* ⇒cambio ⇒vuelta ⇒vuelto AMÉR. **3** ⇒dinero suelto ⇒feria AMÉR. **4 a ~ of clothes** ⇒una muda ■ PRON. *chan* rima con *rain*

changeover UK: /'tʃeɪndʒ,əu.vər/ US: /-,ou.vɚ/ n [c] ⇒cambio ⇒transición

changing room UK n [c] **1** *(en deportes)* ⇒vestuario **2** *(en una tienda)* ⇒probador

† **channel¹** /'tʃæn.ªl/ n [c] **1** ⇒canal **2** ⇒cadena ⇒emisora **3 The (English) Channel** ⇒el Canal de la Mancha ■ PRON. Se acentúa la primera sílaba

channel² /'tʃæn.ªl/ [channelled, channelling; US channeled, channeling] v [T] ⇒canalizar ⇒dirigir

chant¹ UK: /tʃɑːnt/ US: /tʃænt/ v [T, I] ⇒corear

chant² UK: /tʃɑːnt/ US: /tʃænt/ n [c] **1** ⇒consigna ⇒canción **2** ⇒canto **3** *(en religión)* ⇒canto litúrgico ⇒salmodia

† **chaos** UK: /'keɪ.ɒs/ US: /-ɑːs/ n [U] ⇒caos ■ PRON. La primera sílaba, *cha*, rima con *day* y la *ch* se pronuncia como una *k*

chap /tʃæp/ UK n [c] *(inform)* ⇒tío col.

† **chapel** /'tʃæp.ªl/ n [c] ⇒capilla

chaplain /'tʃæp.lɪn/ n [c] ⇒capellán ■ PRON. La última parte, *lain*, rima con el término inglés *in*

† **chapter** UK: /'tʃæp.tər/ US: /-tɚ/ n [c] ⇒capítulo: *in the opening chapter of the book* - en el primer capítulo del libro

† **character** UK: /'kær.ɪk.tər/ US: /'ker.ɪk.tɚ/ ■ n [c, u] **1** ⇒carácter ⇒temperamento ■ n [c] **2** ⇒personaje: *the most important character* - el personaje principal **3** ⇒carácter: *Japanese characters* - caracteres japoneses ■ PRON. Se acentúa la primera sílaba

characteristic¹ UK: /,kær.ɪk.tə'rɪs.tɪk/ US: /,ker-/ n [c] ⇒característica

characteristic² UK: /ˌkær.ɪk.təˈrɪs.tɪk/ US: /ˌker-/ *adj* ⇒característico,ca

characterize UK: /ˈkær.ɪk.tə.raɪz/ US: /ˈker.ɪk.tə.aɪz/ [characterized, characterizing] *v* [T] 1 ⇒caracterizar ■ CONSTR. Se usa más en pasiva 2 ⇒describir ⇒calificar

charade UK: /ʃəˈrɑːd/ US: /-ˈreɪd/ *n* [C] ⇒farsa

charcoal UK: /ˈtʃɑː.kəʊl/ US: /ˈtʃɑːr.koʊl/ *n* [U] 1 ⇒carbón vegetal 2 *(en arte)* ⇒carboncillo

† **charge¹** UK: /tʃɑːdʒ/ US: /tʃɑːrdʒ/ [charged, charging] ■ *v* [T] 1 ⇒cobrar ■ CONSTR. to charge + dos objetos 2 ⇒acusar ■ CONSTR. 1. to charge sb with sth 2. Se usa más en pasiva ■ *v* [T, I] 3 ⇒cargar ⇒embestir 4 ⇒recargar ⇒cargar

† **charge²** UK: /tʃɑːdʒ/ US: /tʃɑːrdʒ/ ■ *n* [C, U] 1 ⇒precio ⇒pago ■ *n* [C] 2 ⇒acusación ⇒cargo 3 ⇒carga ⇒acometida ⇒carga [explosiva] 4 ⇒carga 5 **to be in ~ of** *sth/sb* ⇒estar al frente de ⇒estar a cargo de ⇒ser el responsable de

chariot UK: /ˈtʃær.i.ət/ US: /ˈtʃer-/ *n* [C] *(en la antigüedad)* ⇒cuadriga ⇒carro

charisma /kəˈrɪz.mə/ *n* [U] ⇒carisma: *She has a lot of charisma* - Tiene mucho carisma

charitable UK: /ˈtʃær.ɪ.tə.bl̩/ US: /ˈtʃer.ɪ.t̬ə-/ *adj* 1 ⇒caritativo,va ⇒benéfico,ca 2 ⇒comprensivo,va

† **charity** UK: /ˈtʃær.ɪ.ti/ US: /ˈtʃer.ɪ.t̬i/ ■ *n* [U] 1 *(form)* ⇒caridad ■ *n* [C, U] 2 ⇒institución benéfica ■ El plural es *charities*

charity shop *UK n* [C] ⇒tienda de una organización benéfica

charlie UK: /ˈtʃɑː.li/ US: /ˈtʃɑːr-/ *n* [C] *(inform, old-fash)* ⇒tonto,ta ⇒primo,ma *col.*

charm¹ UK: /tʃɑːm/ US: /tʃɑːrm/ ■ *n* [C, U] 1 ⇒encanto: *She used all her charms to persuade me* - Empleó todos sus encantos para convencerme ■ *n* [C] 2 ⇒amuleto 3 *(un plan): to work like a charm* - funcionar a las mil maravillas

charm² UK: /tʃɑːm/ US: /tʃɑːrm/ *v* [T] ⇒encantar ⇒cautivar ■ CONSTR. Se usa más en pasiva

charming UK: /ˈtʃɑː.mɪŋ/ US: /ˈtʃɑːr-/ *adj* 1 *(una persona)* ⇒encantador,-a ⇒cautivador,-a 2 *(un lugar)* ⇒encantador,-a 3 *(un objeto)* ⇒muy bonito,ta ⇒muy mono,na

chart¹ UK: /tʃɑːt/ US: /tʃɑːrt/ *n* [C] 1 ⇒tabla ⇒gráfico 2 ⇒carta de navegación 3 **the charts** ⇒lista de éxitos [musicales]: *at the top of the charts* - en el número uno de la lista de éxitos

chart² UK: /tʃɑːt/ US: /tʃɑːrt/ *v* [T] 1 ⇒levantar un mapa ⇒trazar una carta de navegación 2 ⇒reflejar ⇒dejar constancia

charter¹ UK: /ˈtʃɑː.tə²/ US: /ˈtʃɑːr.t̬ə/ *n* [C] ⇒carta ⇒estatuto

charter² UK: /ˈtʃɑː.tə²/ US: /ˈtʃɑːr.t̬ə/ *v* [T] ⇒fletar: *to charter a ship* - fletar un barco

† **chase¹** /tʃeɪs/ [chased, chasing] ■ *v* [T, I] 1 ⇒perseguir: *The dogs chased the fox to the river* - Los perros persiguieron al zorro hasta el río ■ *v* [T] 2 *UK* ⇒andar a la caza de algo *col.* ■ PRON. Rima con *face*
│ PHRASAL VERBS
│ · **to chase** *sb* **up** [M] *(inform)* ⇒contactar a alguien [para averiguar por qué no se ha cum-
└ plido algo]

chase² /tʃeɪs/ *n* [C] ⇒persecución: *a car chase* - una persecución de coches

chasm /ˈkæz.²m/ *n* [C] ⇒abismo ■ PRON. La *ch* se pronuncia como una *k*

chassis UK: /ˈʃæs.i/ US: /ˈtʃæs.i/ UK: /ˈʃæs.iz/ US: /ˈtʃæs.iz/ [*pl* chassis] *n* [C] *(en un automóvil)* ⇒chasis

chastity UK: /ˈtʃæs.tə.ti/ US: /-²ti/ *n* [U] ⇒castidad

chat¹ /tʃæt/ [chatted, chatting] *v* [I] ⇒charlar: *We chatted until two in the morning* - Estuvimos charlando hasta las dos de la madrugada
│ PHRASAL VERBS
│ · **to chat** *sb* **up** [M] *UK (inform)* ⇒coquetear con
└ alguien ⇒ligar con alguien *col.*

chat² /tʃæt/ *n* [C, U] 1 ⇒charla ⇒conversación 2 *(en el ordenador)* ⇒chat ⇒conversatorio *AMÉR.*

chat room *n* [C] *(en internet)* ⇒foro

chatter¹ UK: /ˈtʃæt.ə²/ US: /ˈtʃæt̬.ə/ ■ *v* [I] 1 ⇒cotorrear *col.;* ⇒charlar 2 *(un pájaro)* ⇒gorjear ■ *v* [T, I] 3 *(los dientes)* ⇒castañetear [por frío]

chatter² UK: /ˈtʃæt.ə²/ US: /ˈtʃæt̬.ə/ *n* [U] 1 ⇒charloteo *col.;* ⇒cháchara *col.* 2 *(de un pájaro)* ⇒gorjeo 3 *(de los dientes)* ⇒castañeteo

chauffeur¹ UK: /ˈʃəʊ.fə²/ US: /ʃouˈfɜː/ *n* [C] ⇒chófer ⇒chofer *AMÉR.* ■ PRON. La *ch* se pronuncia como *sh* en *shop*

chauffeur² UK: /ˈʃəʊ.fə²/ US: /ʃouˈfɜː/ *v* [T] ⇒llevar en coche ■ CONSTR. Se usa generalmente seguido de las preposiciones *around* y *about* ■ PRON. La *ch* se pronuncia como *sh* en *shop*

† **cheap** /tʃiːp/ *adj* 1 ⇒barato,ta: *That's very cheap!* - ¡Eso es muy barato! 2 *(un chiste, un comentario)* ⇒fácil ⇒de mal gusto 3 *US* ⇒tacaño,ña *desp.;* ⇒rácano,na *col. desp.*

cheat¹ /tʃiːt/ ■ *v* [I] 1 ⇒hacer trampas ⇒copiar [en un examen] ■ *v* [T] 2 ⇒engañar ■ PRON. Rima con *eat*
│ PHRASAL VERBS
│ · **to cheat on** *sb (inform)* ⇒poner los cuernos a alguien *col.;* ⇒engañar a alguien
│ · **to cheat** *sb* **out of** *sth* ⇒quitar algo a alguien
└ [engañándolo]

cheat² /tʃiːt/ *n* [C] ⇒tramposo,sa ⇒fullero,ra ■ PRON. Rima con *eat*

† **check¹** /tʃek/ ■ *v* [T, I] 1 ⇒revisar ⇒comprobar ⇒checar *AMÉR.;* ⇒chequear *AMÉR.* ■ CONSTR. to check +

(that) **2** *(en ajedrez)* ⇨dar jaque ▌ *v* [T] **3** ⇨poner freno a ▌ *v* [I] **4** ⇨consultar

PHRASAL VERBS
· **to check in** *(en un hotel)* ⇨registrar(se) **2** *(en un aeropuerto)* ⇨facturar ⇨checar *AMÉR.;* ⇨chequear *AMÉR.*
· **to check** *sth* **off** [M] ⇨comprobar y tachar [de una lista]
· **to check out** *(en un hotel)* ⇨dejar la habitación
· **to check** *sth* **out** [M] *US* ⇨sacar [un libro de una biblioteca]
· **to check** *sth/sb* **out** [M] **1** *(inform)* ⇨verificar ⇨comprobar **2** *(inform)* ⇨echar un vistazo
⌐: **to check up on** *sb* ⇨investigar a alguien

check² /tʃek/ ▌ *n* [C] **1** ⇨revisión ⇨comprobación **2** *to do a check on sth* - comprobar algo **3** *US* (*UK* bill) ⇨cuenta ⇨factura **4** *US* (*UK* tick) ⇨visto bueno ⇨marca **5** *US* (*UK* cheque) ⇨cheque **6** *(en ajedrez)* ⇨jaque ▌ *n* [C, U] **7** ⇨tela de cuadros **8** *to* {hold/keep} *sth* **in ~** ⇨contener algo ⇨controlar algo

checkbook /'tʃek.bʊk/ *US* (*UK* **chequebook**) *n* [C] ⇨talonario de cheques

checked /tʃekt/ *adj* ⇨de cuadros: *a blue and white checked shirt* - una camisa de cuadros blancos y azules ▪ PRON. La última *e* no se pronuncia

checkers /'tʃek.əz/ *US*: /-ɚz/ *US* (*UK* **draughts**) *n* [U] *(juego)* ⇨damas

check-in /'tʃek.ɪn/ ▌ *n* [C] **1** *(en un aeropuerto)* ⇨mostrador de facturación ▌ *n* [U] **2** ⇨facturación [del equipaje]

checking account *US* (*UK* **current account**) *n* [C] ⇨cuenta corriente

checklist /'tʃek.lɪst/ *n* [C] ⇨lista que uno escribe para acordarse de algo

checkmate /'tʃek.meɪt/ *n* [U] *(en ajedrez)* ⇨jaque mate ▪ PRON. La última parte, *mate*, rima con el término inglés *late*

† **checkout** /'tʃek.aʊt/ *n* [C] *(en una tienda)* ⇨caja

checkpoint /'tʃek.pɔɪnt/ *n* [C] ⇨puesto de control: *to pass through a checkpoint* - pasar por un puesto de control

check-up *n* [C] ⇨revisión médica ⇨chequeo

† **cheek** /tʃiːk/ *n* [C] **1** ⇨mejilla **2** *UK She's got a cheek!* - ¡Qué cara tiene! ▪ CONSTR. *to have a cheek to do something*

cheekbone UK: /'tʃiːk.bəʊn/ US: /-boʊn/ *n* [C] ⇨pómulo ▪ Se usa más en plural

cheeky /'tʃiː.ki/ *UK adj* [*comp* cheekier, *superl* cheekiest] ⇨fresco,ca ⇨descarado,da ⇨impertinente

cheer¹ UK: /tʃɪəʳ/ US: /tʃɪr/ *v* [T, I] ⇨vitorear ⇨animar ⇨vivar *AMÉR.*

PHRASAL VERBS
· **to cheer** *sb* **on** [M] ⇨animar a alguien ⇨alentar a alguien
· **to cheer** *sth* **up** [M] ⇨dar vida ⇨alegrar algo
· **to cheer** *(sb)* **up** [M] ⇨alegrar(se) ⇨animar(se)

cheer² UK: /tʃɪəʳ/ US: /tʃɪr/ *n* [C] ⇨hurra: *Three cheers for our team!* - ¡Tres hurras por nuestro equipo!

† **cheerful** UK: /'tʃɪə.fʰl/ US: /'tʃɪr-/ *adj* ⇨alegre: *You're very cheerful today* - Estás muy alegre hoy

cheerfully UK: /'tʃɪə.fʰl.i/ US: /'tʃɪr-/ *adv* ⇨alegremente ⇨tranquilamente

cheerfulness UK: /'tʃɪə.fʰl.nəs/ US: /'tʃɪr-/ *n* [U] ⇨alegría

cheering¹ UK: /'tʃɪə.rɪŋ/ US: /'tʃɪr-/ *adj* ⇨alentador,-a

cheering² UK: /'tʃɪə.rɪŋ/ US: /'tʃɪr-/ *n* [U] ⇨aliento ⇨ánimo

cheerleader UK: /'tʃɪəˌliː.dəʳ/ US: /'tʃɪrˌliː.dɚ/ *n* [C] *(en deportes)* ⇨animador,-a ▪ Se usa más con mujeres

cheers *excl* **1** *(en un brindis)* ⇨¡salud! **2** *UK (inform)* ⇨¡gracias! **3** *UK (inform)* ⇨¡adiós! ⇨¡hasta luego!

† **cheese** /tʃiːz/ *n* [C, U] ⇨queso

cheeseburger UK: /'tʃiːzˌbɜː.gəʳ/ US: /-ˌbɜː.gɚ/ *n* [C] ⇨hamburguesa con queso

cheesecake /'tʃiːz.keɪk/ *n* [C, U] ⇨tarta de queso

cheetah UK: /'tʃiː.tə/ US: /-t̬ə/ *n* [C] ⇨guepardo ▪ PRON. La última *h* no se pronuncia

† **chef** /ʃef/ *n* [C] ⇨chef ▪ PRON. La *ch* se pronuncia como *sh* en *shop*

chemical¹ /'kem.ɪ.kʰl/ *adj* ⇨químico,ca ▪ PRON. La *ch* se pronuncia como una *k*

† **chemical²** /'kem.ɪ.kʰl/ *n* [C] ⇨sustancia química ▪ PRON. La *ch* se pronuncia como una *k*

chemically /'kem.ɪ.kli/ *adv* ⇨químicamente ▪ PRON. La *ch* se pronuncia como *k* y la *a* no se pronuncia

† **chemist** /'kem.ɪst/ *n* [C] **1** ⇨químico,ca **2** *UK* (*UK/ US tb* **pharmacist**) ⇨farmacéutico,ca ▪ PRON. La *ch* se pronuncia como una *k*

† **chemistry** /'kem.ɪ.stri/ *n* [U] ⇨química

chemist's [*pl* chemists'] (*US* **drugstore**) *n* [C] ⇨farmacia ▪ PRON. La *ch* se pronuncia como una *k*

† **cheque** /tʃek/ *UK* (*US* **check**) *n* [C] ⇨cheque ⇨talón

chequebook /'tʃek.bʊk/ *UK* (*US* **checkbook**) *n* [C] ⇨talonario de cheques

cherish /'tʃer.ɪʃ/ [cherishes] *v* [T] **1** ⇨acariciar ⇨considerar **2** ⇨valorar

† **cherry** /'tʃer.i/ [*pl* cherries] *n* [C] **1** ⇨cereza **2** *cherry tree* - cerezo

C ▪

† **chess** /tʃes/ n [U] ⇒ajedrez: *to play chess* - jugar al ajedrez

† **chest** /tʃest/ n [C] **1** ⇒pecho **2** ⇒cofre **3 to get** *sth* **off** *one's* **~** *(inform)* ⇒desahogarse

chestnut[1] /'tʃest.nʌt/ n [C] **1** *(fruto)* ⇒castaña **2** *(árbol)* ⇒castaño ■ PRON. La *u* se pronuncia como en el término inglés *sun*

chestnut[2] /'tʃest.nʌt/ adj ⇒castaño,ña ■ PRON. La *u* se pronuncia como en el término inglés *sun*

chest of drawers [pl chests of drawers] UK (US **bureau**) n [C] ⇒cómoda: *a wooden chest of drawers* - una cómoda de madera

† **chew** /tʃuː/ v [T, I] ⇒masticar: *This steak is hard to chew* - Me cuesta masticar este filete

|PHRASAL VERBS
· **to chew** *sth* **over** [M] *(una idea o un tema)* ⇒rumiar *col.*

† **chewing gum** n [U] ⇒chicle

chick /tʃɪk/ n [C] **1** *(animal)* ⇒pollo **2** *(inform)* ⇒chavala

chicken[1] /'tʃɪk.ɪn/ ■ n [C] **1** ⇒pollo ⇒gallo ⇒gallina **2** *(inform)* ⇒miedica *col.* ■ n [U] **3** ⇒carne de pollo

chicken[2] /'tʃɪk.ɪn/
|PHRASAL VERBS
· **to chicken out** *(inform)* ⇒rilarse *col.*; ⇒rajarse *col.*

chief[1] /tʃiːf/ adj ⇒principal: *my chief concern* - mi principal preocupación ■ PRON. La primera parte, *chie*, rima con el término inglés *me*

chief[2] /tʃiːf/ n [C] *(de una tribu o de un servicio)* ⇒jefe,fa ■ PRON. La primera parte, *chie*, rima con el término inglés *me*

chiefly /'tʃiː.fli/ adv ⇒principalmente

chieftain /'tʃiːf.tⁿn/ n [C] *(de una tribu o de un clan)* ⇒jefe,fa ⇒cacique

† **child** /tʃaɪld/ [pl children] n [C] **1** ⇒niño,ña **2** ⇒hijo,ja: *He has a four-year-old child* - Tiene un hijo de cuatro años **3 to be a child's play** ⇒ser un juego de niños ⇒ser muy fácil ■ PRON. La *i* se pronuncia como el pronombre de primera persona *I*

childbirth UK: /'tʃaɪld.bɜːθ/ US: /-bɜːθ/ n [U] *(actividad)* ⇒parto

childcare UK: /'tʃaɪld.keəʳ/ US: /-ker/ n [U] **1** ⇒cuidado de los niños **2 ~ facilities** ⇒guarderías

childhood /'tʃaɪld.hʊd/ n [U] ⇒infancia ⇒niñez

childish /'tʃaɪl.dɪʃ/ adj ⇒infantil ⇒pueril

childminder UK: /'tʃaɪld,maɪn.dəʳ/ US: /-dɚ/ UK n [C] ⇒niñero,ra que cuida niños en su propia casa

children /'tʃɪl.drən/ n [PL] See **child** ■ Se dice *three children*. Incorrecto: *three childrens* ■ PRON. La *i* se pronuncia como en *ill*

Chile /'tʃɪl.i/ n [U] ⇒Chile

Chilean /'tʃɪl.i.ən/ adj, n [C] ⇒chileno,na

chill[1] /tʃɪl/ ■ v [T] **1** ⇒enfriar: *Put some ice in the drinks to chill them* - Echa hielo a las bebidas para enfriarlas ■ v [I] **2** ⇒enfriarse

|PHRASAL VERBS
· **to chill out** *(inform)* ⇒relajarse

chill[2] /tʃɪl/ ■ n [NO PL] **1** ⇒escalofrío: *That noise sent a chill down my spine* - Ese sonido me produjo un escalofrío en la espalda **3** UK ⇒resfriado

† **chilli** /'tʃɪl.i/ [pl chillies] UK ■ n [C, U] **1** ⇒chile ⇒guindilla ⇒ají AMÉR. ■ n [C] **2** *(plato)* ⇒chile

chilly /'tʃɪl.i/ adj [comp chillier, superl chilliest] ⇒frío,a: *It's a chilly afternoon* - Hace frío esta tarde; *a chilly stare* - una mirada fría

chime[1] /tʃaɪm/ [chimed, chiming] v [T, I] ⇒repicar ⇒dar

|PHRASAL VERBS
· **to chime in** *(en una conversación)* ⇒interrumpir

chime[2] /tʃaɪm/ n [C] **1** ⇒campanada **2** ⇒repique

† **chimney** /'tʃɪm.ni/ n [C] *(para la extracción de humos)* ⇒chimenea ■ Comparar con *fireplace*

chimpanzee /,tʃɪm.pæn'ziː/ n [C] ⇒chimpancé

† **chin** /tʃɪn/ n [C] ⇒barbilla ⇒mentón

china /'tʃaɪ.nə/ n [U] **1** ⇒porcelana **2** ⇒vajilla de porcelana ■ Distinto de *pebble* (china) ■ PRON. La *i* se pronuncia como el pronombre de primera persona *I*

Chinatown /'tʃaɪ.nə.taʊn/ n [U] ⇒zona de una ciudad que acoge el centro social de la comunidad china en la que hay muchas tiendas y restaurantes chinos ■ PRON. La *i* se pronuncia como el pronombre de primera persona *I*

Chinese[1] /tʃaɪ'niːz/ adj ⇒chino,na ■ PRON. La *i* se pronuncia como el pronombre de primera persona *I*

Chinese[2] /tʃaɪ'niːz/ n [U] **1** *(idioma)* ⇒chino **2 the ~** *(gentilicio)* ⇒los chinos, las chinas ■ El singular es *a Chinese man, a Chinese woman* ■ PRON. La *i* se pronuncia como el pronombre de primera persona *I*

chink /tʃɪŋk/ n [C] **1** ⇒grieta ⇒abertura **2** ⇒tintineo **3 a ~ in** *sb's* **armour** ⇒punto débil

chip[1] /tʃɪp/ n [C] **1** UK ⇒patata frita [natural]: *Do you want chips with your steak?* - ¿Quieres patatas fritas con el filete? **2** US *(UK* **crisp***)* ⇒patata frita [de bolsa] **3** *(en informática)* ⇒chip **4** *(en fútbol)* ⇒vaselina **5** *(en un juego)* ⇒ficha **6** ⇒astilla [de madera] **7** ⇒mella ⇒desportilladura **8 a ~ off the old block** *(inform)* ⇒de tal palo tal astilla *col.* **9 to have a ~ on** *one's* **shoulder** *(inform)* ⇒ser un,-a resentido,da

chip[2] /tʃɪp/ [chipped, chipping] v [T] ⇒mellar ⇒desportillar ⇒romper(se)

|PHRASAL VERBS
· **to chip in** *(sth)* [M] *(inform)* ⇒hacer un fondo común ⇒contribuir [con dinero]

chirp UK: /tʃɜːp/ US: /tʃɜːp/ v [I] *(un pájaro)* ⇒gorjear ⇒trinar

chirpy UK: /ˈtʃɜː.pi/ US: /ˈtʃɜ-/ *UK adj* [comp chirpier, superl chirpiest] *(inform)* ⇒alegre ⇒animado,da

chisel /ˈtʃɪz.ᵊl/ n [c] ⇒cincel

chives /tʃaɪvz/ n [PL] *(planta)* ⇒cebollino

chlorine UK: /ˈklɔː.riːn/ US: /ˈklɔːr.iːn/ n [U] ⇒cloro

chocaholic UK: /ˌtʃɒk.əˈhɒl.ɪk/ US: /ˌtʃɑː.kəˈhɑː.lɪk/ n [c] See **chocoholic**

chocoholic UK: /ˌtʃɒk.əˈhɒl.ɪk/ US: /ˌtʃɑː.kəˈhɑː.lɪk/ *(tb chocaholic)* n [c] *(inform, hum)* ⇒adicto,ta al chocolate ⇒chocolatero,ra

†**chocolate** UK: /ˈtʃɒk.lət/ US: /ˈtʃɑːk-/ ∎ n [U] **1** ⇒chocolate: *a bar of chocolate -* una tableta de chocolate ∎ n [c] **2** ⇒bombón: *a box of chocolates -* una caja de bombones ∎ PRON. La segunda *o* no se pronuncia y la *a* se pronuncia en *ago*

†**choice**[1] /tʃɔɪs/ ∎ n [U, NO PL] **1** ⇒elección **2** *If I had a choice, I wouldn't stay -* Si yo pudiera elegir, no me quedaría **3** ⇒selección ⇒variedad ∎ n [c] **4** *to make choices -* tomar decisiones

choice[2] /tʃɔɪs/ adj ⇒selecto,ta: *the choicest jewels -* las joyas más selectas

†**choir** UK: /kwaɪəʳ/ US: /kwaɪr/ n [c] ⇒coro ⇒orfeón ∎ Por ser un nombre colectivo se puede usar con el verbo en singular o en plural ∎ PRON. La *ch* se pronuncia como una *k*

choke[1] UK: /tʃəʊk/ US: /tʃoʊk/ [choked, choking] ∎ v [I] **1** ⇒atragantarse ⇒atorarse AMÉR. **2** ⇒ahogarse ∎ v [T] **3** ⇒estrangular **4** *(tb choke up)* ⇒atascar ∎ CONSTR. Se usa más en pasiva

PHRASAL VERBS
· to choke sth back [M] ⇒tragarse algo ⇒contener algo

choke[2] UK: /tʃəʊk/ US: /tʃoʊk/ n [c] *(en un coche)* ⇒estárter

cholera UK: /ˈkɒl.ᵊr.ə/ US: /ˈkɑː.lə-/ n [U] *(en medicina)* ⇒cólera

cholesterol UK: /kəˈles.tᵊr.ɒl/ US: /-tə.rɑːl/ n [U] ⇒colesterol

†**choose, chose, chosen** /tʃuːz/ [choosing] ∎ v [T] **1** ⇒seleccionar ⇒elegir ∎ v [I] **2** ⇒elegir ⇒decidir: *He has chosen to go to university -* Ha decidido ir a la universidad ∎ PRON. Rima con el verbo inglés *lose*

chop[1] UK: /tʃɒp/ US: /tʃɑːp/ [chopped, chopping] v [T] ⇒trocear ⇒cortar

PHRASAL VERBS
· to chop sth down [M] ⇒talar algo
· to chop sth off [M] ⇒cortar algo [con una herramienta afilada]: *to chop off a branch -* cortar una rama

chop[2] UK: /tʃɒp/ US: /tʃɑːp/ n [c] **1** ⇒chuleta: *pork chops -* chuletas de cerdo **2** ⇒tajo

chopper UK: /ˈtʃɒp.əʳ/ US: /ˈtʃɑː.pə/ n [c] **1** *(inform)* ⇒helicóptero **2** ⇒hacha pequeña

choppy UK: /ˈtʃɒp.i/ US: /ˈtʃɑː.pi/ adj [comp choppier, superl choppiest] *(el mar)* ⇒picado,da ⇒revuelto,ta

chopsticks n [PL] ⇒palillos [chinos]

choral UK: /ˈkɔː.rᵊl/ US: /ˈkɔːr.[ə]l/ adj ⇒coral: *choral music -* música coral ∎ PRON. La *ch* se pronuncia como una *k* y se acentúa la primera sílaba

chord UK: /kɔːd/ US: /kɔːrd/ n [c] *(en música)* ⇒acorde

chore UK: /tʃɔːʳ/ US: /tʃɔːr/ *[pl chores]* n [c] **1** ⇒trabajo rutinario **2** ⇒faena de la casa

choreography UK: /ˌkɒr.iˈɒg.rə.fi/ US: /ˌkɔːr.iˈɑː.grə-/ n [U] ⇒coreografía

chorus[1] UK: /ˈkɔː.rəs/ US: /ˈkɔːr.əs/ *[pl choruses]* n [c] **1** *(en una canción)* ⇒estribillo **2** *(en un espectáculo)* ⇒coro ∎ Por ser un nombre colectivo se puede usar con el verbo en singular o en plural ∎ PRON. La *ch* se pronuncia como una *k*

chorus[2] UK: /ˈkɔː.rəs/ US: /ˈkɔːr.əs/ *[choruses]* *UK* v [T] ⇒corear

chose UK: /tʃəʊz/ US: /tʃoʊz/ past tense of **choose**

chosen UK: /ˈtʃəʊ.zᵊn/ US: /ˈtʃoʊ-/ past participle of **choose**

†**Christ** /kraɪst/ *(tb Jesus Christ)* n ⇒Cristo ∎ PRON. La primera parte, *chri*, se pronuncia como *cry*

christen /ˈkrɪs.ᵊn/ v [T] ⇒bautizar

†**Christian** /ˈkrɪs.tʃən, -ti.ən/ adj, n [c] ⇒cristiano,na

Christianity UK: /ˌkrɪs.tiˈæn.ɪ.ti/ US: /-tʃiˈæn.ə.ˤti/ n [U] ⇒cristianismo

Christian name n [c] ⇒nombre de pila

†**Christmas** /ˈkrɪs.məs/ *[pl Christmases]* n [c, U] ⇒Navidad: *Where are you going to spend Christmas? -* ¿Dónde vas a pasar la navidad? ∎ La forma abreviada es *Xmas*

Christmas cracker *UK* *(UK tb cracker)* n [c] ⇒piñata de papel [con forma de caramelo]

chrome UK: /krəʊm/ US: /kroʊm/ n [U] *(en química)* ⇒cromo

chromosome UK: /ˈkrəʊ.mə.səʊm/ US: /ˈkroʊ.mə.soʊm/ n [c] ⇒cromosoma

†**chronic** UK: /ˈkrɒn.ɪk/ US: /ˈkrɑː.nɪk/ adj **1** ⇒crónico,ca: *a chronic complaint -* una afección crónica **2** ⇒empedernido,da ⇒incorregible

chronicle[1] UK: /ˈkrɒn.ɪ.kl̩/ US: /ˈkrɑː.nɪ-/ n [c] ⇒crónica

chronicle[2] UK: /ˈkrɒn.ɪ.kl̩/ US: /ˈkrɑː.nɪ-/ [chronicled, chronicling] v [T] ⇒registrar ⇒hacer una crónica

chronological UK: /ˌkrɒn.əˈlɒdʒ.ɪ.kᵊl/ US: /-ˈlɑː.dʒɪ-/ adj ⇒cronológico,ca: *in chronological order -* en orden cronológico

chubby /'tʃʌb.i/ adj [comp chubbier, superl chubbiest] ⇒regordete,ta col.

chuck /tʃʌk/ v [T] **1** (inform) ⇒lanzar ⇒echar ■ CONSTR. Se usa generalmente seguido de una preposición o un adverbio **2** (inform) ⇒abandonar

PHRASAL VERBS
· **to chuck** sth {away/out} [M] (inform) ⇒tirar algo [a la basura]
· **to chuck** sth in [M] UK (inform) ⇒abandonar algo ⇒mandar algo al diablo col.
· **to chuck** sb out [M] UK (inform) ⇒largar a alguien col.

chuckle[1] /'tʃʌk.l/ [chuckled, chuckling] v [I] ⇒reír(se) entre dientes

chuckle[2] /'tʃʌk.l/ n [C] ⇒risa entre dientes

chum /tʃʌm/ n [C] (inform) ⇒colega col.

chunk /tʃʌŋk/ n [C] ⇒trozo gordo: a chunk of bread - un trozo gordo de pan

† **church** UK: /tʃɜː.tʃ/ US: /tʃɝtʃ/ [pl churches] n [C, U] ⇒iglesia: to go to church - ir a la iglesia ■ PRON. La primera parte, chur, rima con el término inglés her

churchyard UK: /'tʃɜː.tʃ.jɑːd/ US: /'tʃɝtʃ.jɑːrd/ n [C] ⇒cementerio de una iglesia

churn UK: /tʃɜːn/ US: /tʃɝn/ ■ v [T] **1** (un líquido) ⇒remover ⇒mezclar ■ v [I] **2** (el estómago) ⇒revolverse

PHRASAL VERBS
· **to churn** sth out [M] (inform) ⇒producir algo como churros col.

chute /ʃuːt/ n [C] **1** ⇒tobogán: to go down the chute - bajar por el tobogán **2** (inform) ⇒forma abreviada de **parachute** (paracaídas) ■ PRON. Se pronuncia como shoot

cider UK: /'saɪ.dəʳ/ US: /-dɚ/ n [C, U] ⇒sidra: a bottle of cider - una botella de sidra

cigar UK: /sɪ'gɑːʳ/ US: /-gɑːr/ n [C] ⇒puro

† **cigarette** UK: /ˌsɪg.ᵊr'et/ US: /-ə-/ n [C] ⇒cigarrillo: a pack of cigarettes - un paquete de cigarrillos

cinder UK: /'sɪn.dəʳ/ US: /-dɚ/ n [C] ⇒ascua ⇒brasa

† **cinema** /'sɪn.ə.mə/ UK (US movie theater) n [C] (local) ⇒cine ■ PRON. La c se pronuncia como una s

cinnamon /'sɪn.ə.mən/ n [U] ⇒canela

† **circle**[1] UK: /'sɜː.kl̩/ US: /'sɝ-/ n [C] ⇒círculo ■ PRON. La primera c se pronuncia como una s

circle[2] UK: /'sɜː.kl̩/ US: /'sɝ-/ [circled, circling] ■ v [T, I] **1** ⇒dar vueltas ■ v [T] **2** ⇒rodear: Circle the right answers - Rodee la respuesta correcta ■ PRON. La primera c se pronuncia como una s

circuit UK: /'sɜː.kɪt/ US: /'sɝ-/ n [C] **1** ⇒circuito [de carreras] **2** ⇒circuito **3** ⇒gira ⇒tour ■ PRON. La primera c se pronuncia como una s y la u no se pronuncia

circular[1] UK: /'sɜː.kju.ləʳ/ US: /'sɝ.kju.lɚ/ adj ⇒circular ⇒redondo,da ■ PRON. La primera c se pronuncia como una s

circular[2] UK: /'sɜː.kju.ləʳ/ US: /'sɝ.kju.lɚ/ n [C] ⇒circular ⇒comunicado ■ PRON. La primera c se pronuncia como una s

† **circulate** UK: /'sɜː.kju.leɪt/ US: /'sɝ-/ [circulated, circulating] ■ v [I] **1** ⇒circular ⇒correr ■ v [T, I] **2** ⇒circular ⇒fluir

circulation UK: /ˌsɜː.kju'leɪ.ʃᵊn/ US: /ˌsɝ-/ n [C] **1** ⇒circulación [sanguínea] **2** ⇒circulación ■ n [NO PL] **3** (en prensa) ⇒tirada ■ PRON. La primera c se pronuncia como una s

circumcise UK: /'sɜː.kəm.saɪz/ US: /'sɝ-/ [circumcised, circumcising] v [T] ⇒circuncidar

circumference UK: /sə'kʌm.fᵊr.ᵊnts/ US: /sɚ'kʌm.fɚ-/ n [C, U] ⇒circunferencia

† **circumstance** UK: /'sɜː.kəm.stɑːnts/ US: /'sɝ.kəm.stænts/ n [C] ⇒circunstancia: not under any circumstances - bajo ninguna circunstancia ■ PRON. La primera c se pronuncia como una s

† **circus** UK: /'sɜː.kəs/ US: /'sɝ-/ [pl circuses] n [C] **1** ⇒circo **2** UK ⇒glorieta ■ PRON. La primera c se pronuncia como una s

cistern UK: /'sɪs.tən/ US: /-tᵊn/ n [C] ⇒cisterna

cite /saɪt/ [cited, citing] v [T] (form) ⇒citar ⇒nombrar

† **citizen** UK: /'sɪt.ɪ.zᵊn/ US: /'sɪˈt̬-/ n [C] ⇒ciudadano,na ■ PRON. La c se pronuncia como una s

city UK: /'sɪt.i/ US: /'sɪˈt̬-/ [pl cities] n [C] **1** ⇒ciudad: the city centre - el centro de la ciudad **2** the City UK ⇒el centro financiero de Londres ■ PRON. La c se pronuncia como una s

civic /'sɪv.ɪk/ adj **1** ⇒municipal **2** ⇒cívico,ca

† **civil** /'sɪv.ᵊl/ adj **1** ⇒civil: civil war - guerra civil **2** civil engineer - ingeniero de caminos **3** (una persona, un comportamiento) ⇒educado,da ⇒cortés

† **civilian** /sɪ'vɪl.i.ən/ n [C] ⇒civil: civilian casualties - bajas civiles

† **civilization** /ˌsɪv.ᵊl.aɪ'zeɪ.ʃᵊn/ n [C, U] ⇒civilización ■ PRON. La c se pronuncia como una s y li rima con my

civilized /'sɪv.ɪ.laɪzd/ adj ⇒civilizado,da ■ PRON. La c se pronuncia como una s y la e no se pronuncia

civil rights n [PL] ⇒derechos del ciudadano

Civil Service n [NO PL] ⇒administración pública: to work in the Civil Service - trabajar en la administración pública

cl n [C] ⇒forma abreviada de **centilitre** (centilitro)

clad /klæd/ adj **1** (lit) ⇒vestido,da: to be clad in blue - ir vestido de azul **2** ⇒cubierto,ta

claim[1] /kleɪm/ n [C] **1** ⇒afirmación **2** ⇒reclamación ⇒petición ⇒demanda ⇒reclamo AMÉR. **3** ⇒derecho: to have a claim to sth - tener derecho a algo ■ Distinto de reclamation (recuperación de un terreno)

† **claim**[2] /kleɪm/ ■ v [T] **1** ⇒afirmar ■ CONSTR. 1. to claim + (that) 2. to claim + to do sth **2** ⇒reclamar **3** (una

vida) ⇔cobrarse ▪ *v* [T, I] **4** *(un subsidio)* ⇔solicitar
▪ Distinto de *to reclaim* (recuperar)

clam¹ /klæm/ *n* [C] ⇔almeja

clam² /klæm/ [clammed, clamming]

│ PHRASAL VERBS
└ **to clam up** *(inform)* ⇔cerrar el pico *col.*

clamber UK: /'klæm.bə'/ US: /-bə/ *v* [I] **1** ⇔trepar:
to clamber up a tree - trepar a un árbol **2** ⇔subir
con dificultades ▪ CONSTR. Se usa generalmente segui-
do de una preposición o un adverbio

clammy /'klæm.i/ *adj* [*comp* clammier, *superl*
clammiest] ⇔pegajoso,sa ⇔sudoroso,sa

clamour UK: /'klæm.ə'/ US: /-ə/ *UK v* [I] ⇔clamar
⇔pedir ▪ CONSTR. 1. to clamour [for/against] sth 2. to
clamour + to do sth

clamour² UK: /'klæm.ə'/ US: /-ə/ *UK n* [U, NO PL]
(form) ⇔clamor: *a public clamour* - un clamor po-
pular

clamp¹ /klæmp/ *n* [C] ⇔abrazadera

clamp² /klæmp/ *v* [T] **1** ⇔sujetar(se) con fuerza **2**
⇔sujetar con una abrazadera ▪ Se usa generalmen-
te seguido de una preposición

│ PHRASAL VERBS
│ **to clamp down on** *sth* ⇔reprimir algo ⇔ac-
└ tuar contra algo

clampdown /'klæmp.daʊn/ *n* [C] ⇔medida drás-
tica: *a clampdown on delinquency* - una medida
drástica contra la delincuencia

clan /klæn/ *n* [C] **1** ⇔clan **2** *(familia)* ⇔clan *col.*

clandestine /klæn'des.tɪn/ *adj* *(form)*
⇔clandestino,na: *a clandestine meeting* - una
reunión clandestina

clang¹ /klæŋ/ ▪ *v* [I] **1** ⇔sonar ⇔repicar ▪ *v* [T] **2**
⇔hacer sonar ⇔tocar

clang² /klæŋ/ *n* [C] **1** ⇔sonido metálico **2** ⇔es-
truendo

clank¹ /klæŋk/ *v* [I] ⇔hacer un ruido metálico

clank² /klæŋk/ *n* [C] ⇔ruido metálico

clap¹ /klæp/ [clapped, clapping] *v* [T, I] **1** ⇔aplau-
dir **2** *to ~ sb on the back* ⇔dar una palmadita
en la espalda

clap² /klæp/ ▪ *n* [C] **1** ⇔palmadita: *a clap on the
back* - una palmadita en la espalda ▪ *n* [NO PL] **2**
⇔aplauso **3** *a ~ of thunder* ⇔un trueno

clapping *n* [U] ⇔aplausos

clarification UK: /ˌklær.ɪ.fɪˈkeɪ.ʃən/ US: /ˌkler-/ *n*
[C, U] ⇔aclaración: *to seek a clarification* - pedir
una aclaración

clarify /'klær.ɪ.faɪ/ US: /'kler-/ [clarifies, clari-
fied] *v* [T] ⇔aclarar: *to clarify a situation* - aclarar
una situación ▪ PRON. La última sílaba, *fy*, rima con *my*

clarinet UK: /ˌklær.ɪˈnet/ US: /ˌkler-/ *n* [C] ⇔clari-
nete: *to play the clarinet in an orchestra* - tocar
el clarinete en una orquesta

clarity UK: /'klær.ɪ.ti/ US: /'kler.ɪ.ˤti/ *n* [U] ⇔clari-
dad: *to write with unusual clarity* - escribir con
claridad inusual

clash¹ /klæʃ/ ▪ *v* [I] **1** ⇔chocar ⇔enfrentarse ▪
CONSTR. Se usa generalmente seguido de las preposicio-
nes *over* y *with* **2** *(colores, estilos)* ⇔desentonar ▪ *v*
[T, I] **3** ⇔producir un sonido metálico

clash² /klæʃ/ [*pl* clashes] *n* [C] **1** ⇔enfrentamien-
to ⇔choque ⇔conflicto **2** ⇔sonido metálico

clasp¹ UK: /klɑːsp/ US: /klæsp/ *v* [T] ⇔agarrar ⇔su-
jetar

clasp² UK: /klɑːsp/ US: /klæsp/ ▪ *n* [C] **1** ⇔cierre
⇔broche ▪ *n* [NO PL] **2** ⇔apretón ⇔agarrón

† **class¹** UK: /klɑːs/ US: /klæs/ [*pl* classes] ▪ *n* [C] **1**
⇔clase ⇔grupo de estudiantes ▪ Por ser un nombre
colectivo se puede usar con el verbo en singular o en
plural **2** ⇔clase ⇔tipo **3** ⇔clase ⇔condición social
4 *to be in a ~ of one's own* ⇔ser inigualable **5**
n [C, U] *(lección)* ⇔clase **6** *n* [U] *(inform)* *(estilo)*
⇔clase ▪ Al ser incontable, no tiene plural

class² UK: /klɑːs/ US: /klæs/ *v* [T] **1** ⇔clasificar **2**
(a una persona) ⇔etiquetar ⇔catalogar ▪ CONSTR.
to class sb as sth

classic¹ /'klæs.ɪk/ *adj* **1** *(un caso, un ejemplo)*
⇔clásico,ca ⇔típico,ca **2** *(un estilo)* ⇔clásico,ca
⇔conservador,-a **3** *That film is a classic film* - Esa
película es un clásico

classic² /'klæs.ɪk/ *n* [C] ⇔clásico: *a classic of
world literature* - un clásico de la literatura uni-
versal

† **classical** /'klæs.ɪ.kəl/ *adj* ⇔clásico,ca: *classical
music* - música clásica

classify /'klæs.ɪ.faɪ/ [classifies, classified] *v* [T]
⇔clasificar ⇔ordenar ▪ CONSTR. Se usa más en pa-
siva

classmate UK: /'klɑːs.meɪt/ US: /'klæs-/ *n* [C]
⇔compañero,ra de clase

† **classroom** UK: /'klɑːs.ruːm/ UK: /-rʊm/ US:
/'klæs-/ *n* [C] ⇔aula ⇔clase

classy UK: /'klɑː.si/ US: /'klæs.i/ *adj* [*comp* classi-
er, *superl* classiest] *(inform)* ⇔con estilo: *a classy
dress* - un vestido con estilo

clatter¹ UK: /'klæt.ə'/ US: /'klæˤt̬.ə/ *n* [NO PL] ⇔es-
trépito ⇔estruendo

clatter² UK: /'klæt.ə'/ US: /'klæˤt̬.ə/ *v* [I] ⇔causar
un estruendo

† **clause** UK: /klɔːz/ US: /klɑːz/ *n* [C] **1** *(en derecho)*
⇔cláusula **2** *(en gramática)* ⇔proposición

claustrophobia UK: /ˌklɒs.trəˈfəʊ.bi.ə/ US:
/ˌklɑː.strəˈfoʊ-/ *n* [U] ⇔claustrofobia

claw¹ UK: /klɔː/ US: /klɑː/ *n* [C] **1** ⇔garra **2** ⇔pinza
3 *(de un gato)* ⇔uña

claw² UK: /klɔː/ US: /klɑː/ *v* [T, I] ⇔arañar

clay /kleɪ/ *n* [U] ⇔arcilla

C ▪

clean

† **clean¹** /kliːn/ adj **1** ⇒limpio,pia: *He keeps his house very clean* - Siempre tiene la casa muy limpia **2** ⇒limpio,pia ⇒justo,ta ⇒honesto,ta **3** ⇒moral ⇒decente **4 to make a ~ break** ⇒cortar por lo sano *col.;* ⇒acabar por completo con algo

† **clean²** /kliːn/ v [T, I] ⇒limpiar: *to clean one's teeth* - lavarse los dientes

PHRASAL VERBS

· **to clean** *sth* **off** [M] ⇒limpiar algo

· **to clean** *sth* **out** [M] ⇒hacer una limpieza a fondo

· **to clean** *sth/sb* **out** [M] *(very inform)* ⇒dejar temblando *col.*

· **to clean** *(sth/sb)* **up** [M] **1** ⇒ordenar ⇒limpiar **2** ⇒limpiar: *The police cleaned up the neighbourhood* - La policía limpió el barrio

cleaner UK: /ˈkliː.nər/ US: /-nɚ/ ∎ n [c] **1** *(oficio)* ⇒limpiador,-a ∎ n [c, U] **2** *(sustancia)* ⇒producto de limpieza ⇒limpiador

cleaner's UK: /ˈkliː.nəz/ US: /-nɚz/ [pl cleaners'] n [c] ⇒tintorería

cleaning /ˈkliː.nɪŋ/ n [U] ⇒limpieza ⇒lavado

cleanse /klenz/ [cleansed, cleansing] v [T] ⇒limpiar a fondo

† **clear¹** UK: /klɪər/ US: /klɪr/ adj **1** ⇒claro,ra ⇒despejado,da ⇒limpio,pia ⇒transparente **2** ⇒claro,ra ⇒sencillo,lla **3** ⇒claro,ra ⇒obvio,via **4** ⇒seguro,ra ⇒claro,ra **5 as ~ as day** ⇒más claro que el agua **6 as ~ as mud** *(hum)* ⇒incomprensible ⇒nada claro,ra **7 to be in the ~** ⇒estar fuera de sospecha **8 to make** *sth* **~ to** *sb* ⇒dejar algo claro a alguien

† **clear²** UK: /klɪər/ US: /klɪr/ ∎ v [I] **1** ⇒despejar ∎ v [T] **2** ⇒recoger ⇒despejar **3** *(un obstáculo)* ⇒salvar **4 to ~ the air** ⇒aclarar las cosas

PHRASAL VERBS

· **to clear** *sth* **away** [M] ⇒quitar algo

· **to clear off** *UK (inform)* ⇒largarse *col.*

· **to clear** *sth* **out** ⇒hacer una limpieza de algo ⇒ordenar algo

· **to clear up 1** *(el día)* ⇒abrir **2** *(el tiempo)* ⇒mejorar

· **to clear** *sth* **up** [M] ⇒aclarar algo ⇒resolver algo

clear³ UK: /klɪər/ US: /klɪr/ adv **1** ⇒claramente **2** ⇒lejos

clearance UK: /ˈklɪə.rənts/ US: /ˈklɪr.[ə]nts/ n [c, U] **1** *(de un lugar)* ⇒desocupación **2** ⇒permiso [oficial]: *The plane had clearance to land* - El avión tenía permiso para aterrizar **3** ⇒gálibo **4** *(en fútbol)* ⇒despeje **5 ~ sale** ⇒liquidación

clear-cut UK: /ˌklɪəˈkʌt/ US: /ˌklɪr-/ adj ⇒claro,ra ⇒manifiesto,ta

clearing UK: /ˈklɪə.rɪŋ/ US: /ˈklɪr.ɪŋ/ n [c] *(en un bosque)* ⇒calvero ⇒claro

clearly UK: /ˈklɪə.li/ US: /ˈklɪr-/ adv **1** ⇒evidentemente ⇒claramente **2** ⇒claramente ⇒con claridad **3** ⇒desde luego: *Clearly you do not understand* - Desde luego, no entiendes

cleavage /ˈkliː.vɪdʒ/ n [c, U] ⇒escote ∎ PRON. La *a* se pronuncia como la *i* en *did*

clef /klef/ n [c] *(en música)* ⇒clave

clement /ˈklem.ənt/ adj **1** *(form) (una persona)* ⇒clemente **2** *(el tiempo atmosférico)* ⇒benigno,na

clench /klentʃ/ [clenches] v [T] ⇒apretar: *to clench one's fists* - apretar los puños

clergy UK: /ˈklɜː.dʒi/ US: /ˈklɜː-/ n [PL] ⇒clero

clergyman UK: /ˈklɜː.dʒi.mən/ US: /ˈklɜː-/ [pl clergymen] n [c] ⇒clérigo

clerical /ˈkler.ɪ.kəl/ adj **1** ⇒clerical **2** *(un trabajo)* ⇒de oficina

clerk UK: /klɑːk/ US: /klɜːk/ n [c] **1** ⇒oficinista **2** ⇒empleado,da **3** *US (UK shop assistant)* ⇒dependiente,ta **4** *US (en un hotel)* ⇒recepcionista ∎ PRON. La primera parte, *cler*, rima con *far*

† **clever** UK: /ˈklev.ər/ US: /-ə/ adj **1** ⇒listo,ta **2** ⇒hábil **3** ⇒ingenioso,sa: *a clever idea* - una idea ingeniosa **4 to be too ~ by half** ⇒pasarse de listo,ta *col.*

cliché UK: /ˈkliː.ʃeɪ/ US: /-ˈ-/ *US* n [c] ⇒cliché ⇒tópico ∎ PRON. La *ch* se pronuncia como la *sh* en *shop*

click¹ /klɪk/ ∎ v [T, I] **1** ⇒chasquear **2** *(en informática)* ⇒hacer clic ∎ v [I] **3** *(inform)* ⇒caer en la cuenta *col.;* ⇒entender

click² /klɪk/ n [c] **1** ⇒chasquido **2** *(en informática)* ⇒clic **3** ⇒taconazo

† **client** /ˈklaɪ.ənt/ n [c] ⇒cliente ∎ PRON. La primera parte, *cli*, rima con *fly*

clientele UK: /ˌkliː.ɒnˈtel/ US: /-ɑːn-/ n [NO PL] ⇒clientela ∎ Por ser un nombre colectivo se puede usar con el verbo en singular o en plural

† **cliff** /klɪf/ n [c] ⇒acantilado: *a very steep cliff* - un acantilado muy abrupto

† **climate** /ˈklaɪ.mət/ ∎ n [c, U] **1** ⇒clima: *climate change* - cambio climático ∎ n [c] **2** ⇒ambiente ⇒situación ∎ PRON. La primera sílaba, *clim*, rima con el término inglés *time*

climatic UK: /klaɪˈmæt.ɪk/ US: /-ˈmæᶠt̬-/ adj *(form)* ⇒climático,ca: *climatic conditions* - las condiciones climáticas

climax /ˈklaɪ.mæks/ [pl climaxes] n [c] ⇒clímax ⇒culmen ∎ PRON. La primera parte, *clim*, rima con el término inglés *time*

† **climb¹** /klaɪm/ v [T, I] **1** ⇒ascender ⇒subir **2** ⇒trepar: *to climb a wall* - trepar por un muro **3** *(un precio)* ⇒subir ∎ PRON. La *b* no se pronuncia. Esta palabra rima con el término inglés *time*

close-knit

PHRASAL VERBS
· **to climb down** UK (inform) ⇒admitir un error ⇒recular col.; ⇒retractarse
· **to climb out of sth** ⇒salir
└ **to climb up sth** ⇒subirse a algo

† **climb²** /klaɪm/ n [c] ⇒escalada ⇒subida ■ PRON. La b no se pronuncia. Esta palabra rima con el término inglés time

climbing /'klaɪ.mɪŋ/ n [U] ⇒montañismo ⇒alpinismo ⇒andinismo AMÉR. ■ PRON. La b no se pronuncia

clinch /klɪntʃ/ v [T] **1** (inform) ⇒cerrar con éxito: to clinch a deal - cerrar un trato con éxito **2** ~ it His performance in the final audition clinched it for him - Su actuación en el casting final fue decisiva para él

† **cling, clung, clung** /klɪŋ/ v [I] **1** ⇒agarrar(se): Cling on to the rock until they rescue you! - ¡Agárrate a la roca hasta que te rescaten! ■ CONSTR. Se usa generalmente seguido de las preposiciones on, together y to **2** ⇒aferrarse

PHRASAL VERBS
└ **to cling to sb** ⇒estar atado a alguien

clingfilm® /'klɪŋ.fɪlm/ UK n [U] ⇒plástico transparente

† **clinic** /'klɪn.ɪk/ n [c] ⇒clínica

† **clinical** /'klɪn.ɪ.kᵊl/ adj **1** ⇒clínico,ca: clinical trials - ensayos clínicos **2** (una actitud) ⇒frío,-a

clink¹ /klɪŋk/ ■ v [T, I] **1** (objetos metálicos o de cristal) ⇒chocar ■ v [I] **2** ⇒tintinear

clink² /klɪŋk/ ■ n [c] **1** ⇒tintineo ■ n [U, NO PL] **2** (inform) ⇒talego col.

clip¹ /klɪp/ n [c] **1** ⇒clip **2** ⇒tráiler [de una película]

clip² /klɪp/ [clipped, clipping] ■ v [T, I] **1** ⇒sujetar con un clip ■ v [T] **2** ⇒cortar **3** ⇒golpear

clipboard UK: /'klɪp.bɔːd/ US: /-bɔːrd/ n [c] ⇒carpeta con un clip en la parte superior que sirve para sujetar papeles

clique UK: /kliːk/ US: /klɪk/ n [c] ⇒camarilla ■ Por ser un nombre colectivo se puede usar con el verbo en singular o en plural

cloak¹ UK: /kləʊk/ US: /kloʊk/ n [c] (prenda de vestir) ⇒capa

cloak² UK: /kləʊk/ US: /kloʊk/ v [T] to be cloaked in sth - estar envuelto en algo

cloakroom UK: /'kləʊk.rʊm/ UK: /-ruːm/ US: /'kloʊk-/ n [c] **1** ⇒guardarropa **2** UK (form, old-fash) ⇒lavabo ⇒aseo

† **clock¹** UK: /klɒk/ US: /klɑːk/ n [c] **1** ⇒reloj [de pared]: to set the clock - poner en hora el reloj; That clock is fast - Ese reloj está adelantado **2** UK (en un vehículo) ⇒cuentakilómetros **3** around/round the ~ ⇒las veinticuatro horas del día **4** to turn the ~ back UK ⇒volver atrás: If

only I could turn the clock back! - ¡Ojalá pudiese volver atrás!

† **clock²** UK: /klɒk/ US: /klɑːk/ v [T] ⇒cronometrar

PHRASAL VERBS
· **to clock in** (UK tb **to clock on**) (al llegar al trabajo) ⇒fichar ⇒checar AMÉR.
· **to clock off** (UK tb **to clock out**) (al salir del trabajo) ⇒fichar ⇒checar AMÉR.
└ **to clock sth up** [M] ⇒acumular algo

clockwise UK: /'klɒk.waɪz/ US: /'klɑːk-/ adj, adv ⇒en el sentido de las agujas del reloj ■ PRON. wi rima con my

clockwork¹ UK: /'klɒk.wɜːk/ US: /'klɑːk.wɜːk/ adj ⇒de cuerda: a clockwork toy - un juguete de cuerda

clockwork² UK: /'klɒk.wɜːk/ US: /'klɑːk.wɜːk/ n [U] **1** ⇒mecanismo de cuerda **2** as regular as a ~ ⇒como un reloj col. **3** to go like ~ ⇒marchar como un reloj col.; ⇒salir a las mil maravillas col.

clog¹ UK: /klɒg/ US: /klɑːg/ n [c] ⇒zueco ⇒chanclo

clog² UK: /klɒg/ US: /klɑːg/ [clogged, clogging] (tb **clog up**) v [T, I] ⇒bloquear: The accident clogged up the road - El accidente bloqueó la carretera

cloister UK: /'klɔɪ.stəʳ/ US: /-stɚ/ n [c] ⇒claustro ■ PRON. La primera parte, cloi, rima con boy

clone¹ UK: /kləʊn/ US: /kloʊn/ n [c] ⇒clon

clone² UK: /kləʊn/ US: /kloʊn/ [cloned, cloning] v [T] ⇒clonar

† **close¹** UK: /kləʊz/ US: /kloʊz/ [closed, closing] v [T, I] **1** (UK tb **shut**) ⇒cerrar: Close your eyes - Cierra los ojos; The corner shop closes on Fridays - La tienda de la esquina cierra los viernes **2** ⇒concluir ⇒clausurar

PHRASAL VERBS
· **to close (sth) down** [M] ⇒cerrar algo [definitivamente] ⇒clausurar algo
· **to close in** ⇒acercarse: The enemy closed in for the attack - El enemigo se acercó para atacar

† **close²** UK: /kləʊs/ US: /kloʊs/ adj **1** ⇒próximo,ma ⇒cercano,na **2** ⇒cercano,na ⇒íntimo,ma **3** ⇒minucioso,sa ⇒cuidadoso,sa **4** It was close, but we escaped - Escapamos por los pelos **5** ⇒reservado,da **6** ⇒reñido,da ⇒disputado,da **7** ⇒bochornoso ⇒sofocante

† **close³** UK: /kləʊs/ US: /kloʊs/ adv ⇒cerca: We're getting close - Ya estamos cerca

close⁴ UK: /kləʊz/ US: /kloʊz/ ■ n [NO PL] **1** ⇒final ⇒fin ■ n [c] **2** UK ⇒calle: I live at 22 Kensington Close - Vivo en el número 22 de la calle Kensington

closed UK: /kləʊzd/ US: /kloʊzd/ adj ⇒cerrado,da ■ PRON. La e no se pronuncia

close-knit UK: /ˌkləʊsˈnɪt/ US: /ˌkloʊs-/ adj ⇒unido,da: a very close-knit group - un grupo muy unido

closely UK: /'kləu.sli/ US: /'klou-/ adv 1 ⇒estrechamente 2 ⇒atentamente

closet UK: /'klɒz.ɪt/ US: /'klɑː.zɪt/ n [c] US (UK/US tb wardrobe) ⇒armario ropero

close-up UK: /'kləus.ʌp/ US: /'klous-/ n [c] ⇒primer plano

closing UK: /'kləu.zɪŋ/ US: /'klouz-/ adj ⇒último,ma ⇒final

closure UK: /'kləu.ʒəʳ/ US: /'klou.ʒəʳ/ n [c, u] 1 ⇒cierre [de un negocio] 2 ⇒fin

† **cloth** UK: /klɒθ/ US: /klɑː.θ/ ∎ n [u] 1 ⇒paño ⇒tela: a piece of cloth - una tela ∎ n [c] 2 ⇒bayeta ⇒trapo

† **clothes** /kləuðz/ US: /klouðz/ n [PL] ⇒ropa: Where did you put my clothes? - ¿Dónde has puesto mi ropa? ∎ PRON. La e no se pronuncia

clothes peg UK n [c] ⇒pinza de la ropa ⇒gancho AMÉR.

† **clothing** UK: /'kləu.ðɪŋ/ US: /'klou-/ n [u] 1 ⇒ropa 2 a piece of clothing - una prenda de vestir 3 the clothing industry - la industria textil

cloud[1] /klaud/ ∎ n [c, u] 1 ⇒nube ∎ n [c] 2 ⇒nube [de algo]: a cloud of smoke - una nube de humo ∎ PRON. La ou se pronuncia como en el término inglés out

cloud[2] /klaud/ ∎ v [T] 1 ⇒nublar(se) ⇒ofuscar(se) ∎ v [I] 2 ⇒empañar(se): The mirror clouded - Se empañó el espejo

|PHRASAL VERBS
· to cloud over ⇒nublar(se): The sky clouded over - El cielo se nubló

cloudless /'klaud.ləs/ adj ⇒despejado,da ⇒raso,sa

cloudy /'klau.di/ adj [comp cloudier, superl cloudiest] 1 ⇒nuboso,sa ⇒nublado,da 2 ⇒turbio,-a ∎ PRON. La ou se pronuncia como en el término inglés out

clout[1] /klaut/ UK v [T] (inform) ⇒dar un tortazo col.

clout[2] /klaut/ ∎ n [c] 1 UK (inform) ⇒tortazo col. ∎ n [u] 2 ⇒influencia: a person with clout - una persona con influencia

clover UK: /'kləu.vəʳ/ US: /'klou.və/ n [u] ⇒trébol

clown /klaun/ n [c] ⇒payaso,sa ∎ PRON. La ow se pronuncia como en how

† **club**[1] /klʌb/ n [c] 1 ⇒club: to be a member of a club - ser socio de un club 2 ⇒porra ⇒palo 3 ⇒palo de golf 4 ⇒discoteca ∎ PRON. La u se pronuncia como en el término inglés run

club[2] /klʌb/ [clubbed, clubbing] v [T] ⇒aporrear ⇒golpear con un palo ∎ PRON. La u se pronuncia como en el término inglés run

|PHRASAL VERBS
L· to club together UK ⇒hacer un fondo común

clubbing /'klʌb.ɪŋ/ to go ~ ⇒ir de discotecas ∎ PRON. La u se pronuncia como en el término inglés run

clubs /klʌbz/ n [u] (naipe) ⇒tréboles

cluck[1] /klʌk/ v [I] ⇒cloquear ⇒cacarear

cluck[2] /klʌk/ n [c] ⇒cacareo

† **clue** /kluː/ n [c] 1 ⇒pista: Give me a clue - Dame una pista 2 not to have a ~ (inform) ⇒no tener ni idea col.: He doesn't have a clue about car mechanics - No tiene ni idea de mecánica ∎ PRON. Rima con blue

clump /klʌmp/ n [c] 1 ⇒grupo de árboles 2 ⇒manojo ⇒mata

† **clumsy** /'klʌm.zi/ adj [comp clumsier, superl clumsiest] ⇒torpe ⇒manazas col.; ⇒patoso,sa col.

clung /klʌŋ/ past tense and past participle forms of **cling**

cluster[1] UK: /'klʌs.təʳ/ US: /-tə/ n [c] 1 ⇒grupo pequeño: The students talked in clusters - Los estudiantes hablaban en pequeños grupos 2 (en estadística) ⇒grupo 3 ⇒racimo [de fruta]

cluster[2] UK: /'klʌs.təʳ/ US: /-tə/ v [I] 1 ⇒apiñarse: The kids clustered around their grandfather - Los niños se apiñaron alrededor de su abuelo 2 (números, casos) ⇒agruparse

clutch[1] /klʌtʃ/ v [T] ⇒agarrar ⇒apretar

|PHRASAL VERBS
· to clutch at sth ⇒intentar agarrar algo ⇒intentar aferrarse a algo

clutch[2] /klʌtʃ/ ∎ n [c, u] 1 ⇒garra ∎ El plural es clutches ∎ n [c] 2 ⇒nidada ∎ El plural es clutches ∎ n [u] 3 ⇒embrague

clutter[1] UK: /'klʌt.əʳ/ US: /'klʌˈt̬.ə/ v [T] (un lugar) ⇒abarrotar ⇒atestar ∎ CONSTR. Se usa más en pasiva

clutter[2] UK: /'klʌt.əʳ/ US: /'klʌˈt̬.ə/ n [u] ⇒desorden ⇒confusión

cm n [c] ⇒forma abreviada escrita de **centimetre** (centímetro)

c/o UK: /ˌsiː'əu/ US: /-'ou/ prep ⇒forma abreviada de **care of** (en casa de): Please send the parcel to Mike Simpson, c/o the Wilkins family - Por favor, envíe el paquete a Mike Simpson, en casa de los Wilkins

coach[1] UK: /kəutʃ/ US: /koutʃ/ v [T] 1 ⇒entrenar 2 ⇒dar clases

† **coach**[2] UK: /kəutʃ/ US: /koutʃ/ [pl coaches] n [c] 1 UK ⇒autocar ⇒autobús 2 ⇒coche de caballos 3 UK (US car) ⇒vagón [de tren] 4 US (en un avión o en un tren) ⇒asiento de tarifa reducida 5 ⇒entrenador,-a ⇒preparador,-a

† **coal** UK: /kəul/ US: /koul/ n [u] 1 ⇒carbón: a coal mine - una mina de carbón 2 coals ⇒brasas de carbón

coalition UK: /ˌkəu.ə'lɪʃ.²n/ US: /ˌkou-/ n [c] ⇒coalición: to form a coalition - formar una coalición ∎ Por ser un nombre colectivo se puede usar con el verbo en singular o en plural

coarse UK: /kɔːs/ US: /kɔːrs/ *adj* **1** ⇒grueso,sa ⇒áspero,ra *(una persona)* ⇒vulgar *desp.;* ⇒grosero,ra ∎ PRON. Rima con *horse*

† **coast¹** UK: /kəʊst/ US: /koʊst/ *n* [C, U] ⇒costa: *the Mediterranean coast* - la costa mediterránea

coast² UK: /kəʊst/ US: /koʊst/ *v* [I] **1** *(un vehículo)* ⇒ir en punto muerto **2** ⇒deslizar(se): *The sports car coasted down the motorway* - El deportivo se deslizaba por la autopista

coastal UK: /ˈkəʊ.stᵊl/ US: /ˈkoʊ-/ *adj* ⇒costero,ra

coaster UK: /ˈkəʊ.stəʳ/ US: /ˈkoʊ.stɚ/ *n* [C] ⇒posavasos

coastguard UK: /ˈkəʊst.gɑːd/ US: /ˈkoʊst.gɑːrd/ *n* [C] **1** *(organización)* ⇒servicio de guardacostas **2** *(persona)* ⇒guardia costero,ra ∎ PRON. La *u* no se pronuncia

coastline UK: /ˈkəʊst.laɪn/ US: /ˈkoʊst-/ *n* [C, U] ⇒litoral

† **coat¹** UK: /kəʊt/ US: /koʊt/ *n* [C] **1** ⇒abrigo ⇒chaquetón **2** *(de un animal)* ⇒pelaje **3** ⇒mano de pintura: *It'll need two coats* - Necesitará dos manos de pintura

coat² UK: /kəʊt/ US: /koʊt/ *v* [T] ⇒cubrir ⇒bañar

coat hanger *n* [C] ⇒perchero ⇒percha ⇒gancho *AMÉR.*

coax UK: /kəʊks/ US: /koʊks/ [coaxes] *v* [T] ⇒persuadir: *to coax sb into doing sth* - persuadir a alguien para que haga algo ∎ CONSTR. to coax into + doing sth

| PHRASAL VERBS
| · **to coax sth {from/out of} sb** ⇒sonsacar algo
└ a alguien

cobbler UK: /ˈkɒb.ləʳ/ US: /ˈkɑː.blɚ/ *UK n* [C] *(old-fash)* ⇒zapatero,ra

cobweb UK: /ˈkɒb.web/ US: /ˈkɑːb-/ *n* [C] ⇒telaraña

cocaine UK: /kəʊˈkeɪn/ US: /koʊ-/ *n* [U] ⇒cocaína

cock¹ UK: /kɒk/ US: /kɑːk/ *n* [C] *UK* (*US* **rooster**) ⇒gallo: *the song of cock* - el canto del gallo

cock² UK: /kɒk/ US: /kɑːk/ *v* [T] **1** *(un arma)* ⇒amartillar **2** ⇒levantar: *to cock an eyebrow* - levantar una ceja **3 to ~ sth up** ⇒cagarla *vulg.*

cockney¹ ∎ *n* [C] **1** ⇒persona nacida en el este de Londres ∎ *n* [U] **2** ⇒dialecto de las personas de clase obrera nacidas en el este de Londres

cockney² *adj* ⇒del este de Londres y de su gente

cockpit UK: /ˈkɒk.pɪt/ US: /ˈkɑːk-/ *n* [C] ⇒cabina [de un avión]

cockroach UK: /ˈkɒk.rəʊtʃ/ US: /ˈkɑːk.roʊtʃ/ [pl cockroaches] *n* [C] ⇒cucaracha: *I saw a cockroach last night* - Anoche vi una cucaracha

cocktail UK: /ˈkɒk.teɪl/ US: /ˈkɑːk-/ ∎ *n* [C] **1** ⇒cóctel: *a cocktail bar* - un bar de cócteles ∎ *n* [C, U] **2** ⇒macedonia [de frutas]

† **cocoa** UK: /ˈkəʊ.kəʊ/ US: /ˈkoʊ.koʊ/ *n* [U] ⇒cacao ⇒chocolate

coconut UK: /ˈkəʊ.kə.nʌt/ US: /ˈkoʊ-/ *n* [C] ⇒coco

cocoon /kəˈkuːn/ *n* [C] **1** ⇒capullo [de un gusano] **2** ⇒caparazón

cod UK: /kɒd/ US: /kɑːd/ *[pl* cod] *n* [C, U] ⇒bacalao

COD UK: /ˌsiː.əʊˈdiː/ US: /-oʊˈ-/ *adv* ⇒forma abreviada de **cash on delivery** (entrega contra reembolso)

† **code** UK: /kəʊd/ US: /koʊd/ ∎ *n* [C, U] **1** ⇒código ⇒clave ∎ *n* [C] **2** *(en derecho)* ⇒código

coded UK: /kəʊd.ɪd/ US: /koʊd-/ *adj* **1** ⇒codificado,da **2** ⇒indirecto,ta ∎ PRON. La *e* se pronuncia como la *i* en *did*

coerce UK: /kəʊˈɜːs/ US: /koʊˈɜːs/ [coerced, coercing] *v* [T] *(form)* ⇒coaccionar ∎ CONSTR. to coerce into + doing sth

† **coffee** UK: /ˈkɒf.i/ US: /ˈkaː.fi/ ∎ *n* [U] **1** ⇒café ∎ *n* [C, U] **2** *(referido a la bebida y su recipiente)* ⇒café **3 ~ maker** ⇒cafetera

coffee pot *n* [C] ⇒cafetera

coffin UK: /ˈkɒf.ɪn/ US: /ˈkaː.fɪn/ (*US tb* **casket**) *n* [C] ⇒ataúd

cog UK: /kɒg/ US: /kɑːg/ *n* [C] **1** ⇒rueda dentada **2** *(en una rueda dentada)* ⇒diente

cogent UK: /ˈkəʊ.dʒᵊnt/ US: /ˈkoʊ-/ *adj* (form) ⇒convincente ⇒contundente

cognitive UK: /ˈkɒg.nɪ.tɪv/ US: /ˈkɑːg.nɪ.ˤtɪv/ *adj* ⇒cognoscitivo,va

coherent UK: /kəʊˈhɪə.rənt/ US: /koʊˈhɪr.[ə]nt/ *adj* **1** ⇒coherente ⇒consecuente **2** *(una forma de hablar)* ⇒inteligible

cohesion UK: /kəʊˈhiː.ʒᵊn/ US: /koʊ-/ *n* [U] ⇒cohesión

cohesive UK: /kəʊˈhiː.sɪv/ US: /koʊ-/ *adj* ⇒cohesionado,da ⇒equilibrado,da

coil¹ /kɔɪl/ *n* [C] **1** ⇒espiral **2** ⇒rollo [de cuerda o de alambre] **3** *(en un coche)* ⇒bobina eléctrica **4** *UK (inform)* ⇒diu ⇒dispositivo intrauterino

coil² /kɔɪl/ *v* [I] ⇒enrollar(se)

coin¹ /kɔɪn/ *n* [C] ⇒moneda: *coin collecting* - colección de monedas

coin² /kɔɪn/ *v* [T] ⇒acuñar: *to coin money* - acuñar moneda

† **coincide** UK: /ˌkəʊ.ɪnˈsaɪd/ US: /ˌkoʊ-/ [coincided, coinciding] *v* [I] ⇒coincidir: *Our opinions coincide with yours* - Nuestras opiniones coinciden con las vuestras ∎ PRON. La última sílaba, *cide*, se pronuncia como el sustantivo inglés *side*

† **coincidence** UK: /kəʊˈɪnt.sɪ.dᵊnts/ US: /koʊ-/ *n* [C, U] ⇒coincidencia ⇒casualidad

coke UK: /kəʊk/ US: /koʊk/ *n* [U] **1** ⇒coque **2** *(inform)* ⇒cocaína ⇒coca *col.*

Coke® UK: /kəʊk/ US: /koʊk/ *n* [C, U] ⇒coca cola®: *Two Cokes with ice, please* - Dos cocacolas con hielo, por favor

C ∎

cola UK: /'kəʊ.lə/ US: /koʊ-/ n [c, ʊ] *(bebida)* ⇨cola

colander UK: /'kʌl.ɪn.dəʳ/ US: /'kɑː.lən.dɚ/ n [c] ⇨escurridor ⇨colador

† **cold**[1] UK: /kəʊld/ US: /koʊld/ adj 1 ⇨frío,a: *The soup is cold* - La sopa está fría 2 *to be ~* 1 ⇨tener frío: *I'm so cold!* - ¡Tengo mucho frío! 2 ⇨hacer frío: *It's very cold, two degrees below zero* - Hace mucho frío, estamos a dos grados bajo cero 3 *to get ~* 1 ⇨enfriarse 2 ⇨coger frío 4 *to {get/have} ~ feet* ⇨entrar miedo ⇨acobardarse ■ Generalmente indica una temperatura fría y desagradable. Comparar con *cool*

cold[2] UK: /kəʊld/ US: /koʊld/ ■ n [ʊ, NO PL] 1 ⇨frío ■ n [c] 2 ⇨resfriado: *I have a bad cold* - Tengo un buen resfriado 3 *to catch a ~* ⇨resfriarse

cold-blooded UK: /ˌkəʊld'blʌd.ɪd/ US: /ˌkoʊld-/ adj 1 ⇨desalmado,da ⇨despiadado,da 2 ⇨de sangre fría: *Reptiles are cold-blooded animals* - Los reptiles son animales de sangre fría

coldly UK: /'kəʊld.li/ US: /'koʊld-/ adv ⇨fríamente ⇨con frialdad

coldness UK: /'kəʊld.nəs/ US: /'koʊld-/ n [ʊ] ⇨frialdad

collaborate /kə'læb.ə.reɪt/ [collaborated, collaborating] v [I] ⇨colaborar ⇨participar

collaboration /kəˌlæb.ə'reɪ.ʃ°n/ ■ n [c, ʊ] 1 ⇨colaboración ⇨participación ■ n [ʊ] 2 ⇨colaboracionismo

collage UK: /'kɒl.ɑːʒ/ US: /'kɑː.lɑːʒ/ ■ n [c, ʊ] 1 *(obra)* ⇨collage ■ n [ʊ] 2 *(técnica)* ⇨collage

collapse[1] /kə'læps/ [collapsed, collapsing] ■ v [I] 1 ⇨derrumbarse ⇨desplomarse ⇨venirse abajo 2 *(una persona)* ⇨desmayarse ■ v [T, I] 3 *(un mueble)* ⇨plegar(se)

collapse[2] /kə'læps/ ■ n [ʊ] 1 ⇨derrumbamiento ■ n [c, ʊ] 2 ⇨desmayo ⇨desfallecimiento 3 ⇨caída: *the collapse of the Government* - la caída del Gobierno

† **collar** UK: /'kɒl.əʳ/ US: /'kɑː.lɚ/ n [c] 1 *(de una prenda de vestir)* ⇨cuello 2 *(de un animal)* ⇨collar

collarbone UK: /'kɒl.ə.bəʊn/ US: /'kɑː.lɚ.boʊn/ n [c] ⇨clavícula

collateral[1] UK: /kə'læt.°r.°l/ US: /-'læˤt̬.ɚ-/ n [ʊ] *(form)* ⇨garantía bancaria ⇨fianza

collateral[2] UK: /kə'læt.°r.°l/ US: /-'læˤt̬.ɚ-/ adj *(form)* ⇨colateral

† **colleague** UK: /'kɒl.iːg/ US: /'kɑː.liːg/ n [c] *(de trabajo)* ⇨compañero,ra ⇨colega ■ PRON. *llea* rima con el término inglés *me*

† **collect**[1] /kə'lekt/ ■ v [T] 1 ⇨coleccionar 2 ⇨reunir ⇨recabar ■ v [T, I] 3 *(dinero)* ⇨recaudar ⇨recolectar ■ v [I] 4 ⇨reunirse

collect[2] /kə'lekt/ US adj, adv ⇨a cobro revertido: *a collect call* - una llamada a cobro revertido

collected /kə'lek.tɪd/ adj 1 ⇨sereno,na ⇨sosegado,da 2 ⇨completo,ta ■ PRON. La última *e* se pronuncia como la *i* en *did*

collection /kə'lek.ʃ°n/ ■ n [c] 1 ⇨colección: *a collection of postcards* - una colección de postales 2 ⇨colecta 3 ⇨conjunto ⇨grupo ■ n [c, ʊ] 4 ⇨recogida

collective[1] /kə'lek.tɪv/ adj ⇨colectivo,va: *collective noun* - sustantivo colectivo

collective[2] /kə'lek.tɪv/ n [c] ⇨cooperativa

collector UK: /kə'lek.təʳ/ US: /-tɚ/ n [c] 1 ⇨coleccionista 2 ⇨revisor,-a: *Get your ticket ready, the collector is coming* - Saca el billete, que viene el revisor

† **college** UK: /'kɒl.ɪdʒ/ US: /'kɑː.lɪdʒ/ n [c, ʊ] 1 ⇨facultad universitaria 2 *UK* ⇨escuela superior de formación profesional 3 *US* ⇨universidad ■ PRON. La última parte, *llege*, rima con *fridge*

collide /kə'laɪd/ [collided, colliding] v [I] 1 ⇨chocar(se): *I collided with the lamp-post* - Choqué contra la farola 2 ⇨estar en desacuerdo ⇨chocar

colliery UK: /'kɒl.i.°r.i/ US: /'kɑː.ljɚ-/ [pl collieries] *UK n* [c] ⇨mina de carbón

collision /kə'lɪʒ.°n/ n [c] ⇨choque ⇨colisión

colloquial UK: /kə'ləʊ.kwi.°l/ US: /-'loʊ-/ adj ⇨coloquial: *in colloquial speech* - en lenguaje coloquial

Colombia /kə'lʌm.bi.ə/ n [ʊ] ⇨Colombia

Colombian /kə'lʌm.bi.ən/ adj, n [c] ⇨colombiano,na

colon UK: /'kəʊ.lɒn/ US: /'koʊ.lən/ n [c] 1 *(en gramática)* ⇨dos puntos ■ Ver cuadro signos de puntuación 2 *(en anatomía)* ⇨colon

colonel UK: /'kɜː.n°l/ US: /'kɝː-/ n [c] ⇨coronel ■ PRON. La primera parte, *col*, se pronuncia como *cur* en *curtain* y la segunda *o* no se pronuncia

colonial UK: /kə'ləʊ.ni.°l/ US: /-'loʊ-/ adj ⇨colonial

† **colony** UK: /'kɒl.ə.ni/ US: /'kɑː.lə-/ [pl colonies] n [c] ⇨colonia: *a colony of ants* - una colonia de hormigas

color UK: /'kʌl.əʳ/ US: /-ɚ/ *US n* [c, ʊ], v [T] See **colour**

colored *US adj* See **coloured**

colorful *US adj* See **colourful**

colossal UK: /kə'lɒs.°l/ US: /-'lɑː.s[ə]l/ adj ⇨colosal ■ PRON. Se acentúa en la segunda sílaba, *lo*

colossus UK: /kə'lɒs.əs/ US: /-'lɑː.səs/ [pl colossi, colossuses] n [c] ⇨coloso

† **colour**[1] UK: /'kʌl.əʳ/ US: /-ɚ/ *UK (US* color*)* n [c, ʊ] 1 ⇨color: *What colour is it?* - ¿De qué color es? 2 *to {be/feel} off ~* ⇨no sentirse bien

colour[2] UK: /'kʌl.əʳ/ US: /-ɚ/ *UK (US* color*)* ■ v [T, I] 1 ⇨colorear ■ v [T] 2 *(una opinión o una idea)* ⇨marcar ■ CONSTR. Se usa más en pasiva

colour-blind UK: /'kʌl.ə.blaɪnd/ US: /-ɚ-/ UK adj ⇒daltónico,ca: *He is colour-blind and sees red as green* - Es daltónico, lo que es rojo lo ve verde ▪ PRON. *blind* rima con *find*

coloured UK: /'kʌl.əd/ US: /-əd/ UK (US **colored**) adj **1** ⇒de color: *an earth-coloured fabric* - un tejido de color tierra **2** ⇒coloreado,da ▪ PRON. La *e* no se pronuncia

colourful UK: /'kʌl.ə.fᵊl/ US: /-ɚ-/ UK (US **colorful**) adj **1** ⇒lleno,na de color ⇒con mucho colorido **2** ⇒pintoresco,ca

colouring UK: /'kʌl.ᵊr.ɪŋ/ US: /-ɚ-/ UK n [U] **1** ⇒colorido **2** ⇒color [de la cara]: *Eve has bad colouring* - Eve tiene mal color **3** ⇒colorante

colt UK: /kəʊlt/ US: /koʊlt/ n [c] *(animal)* ⇒potro

† **column** UK: /'kɒl.əm/ US: /'kɑː.ləm/ n [c] **1** *(estructura arquitectónica)* ⇒columna **2** *(en un periódico)* ⇒columna ▪ PRON. La *n* no se pronuncia

coma UK: /'kəʊ.mə/ US: /'koʊ-/ n [c] *(en medicina)* ⇒coma

comb¹ UK: /kəʊm/ US: /koʊm/ n [c] **1** ⇒peine **2** ⇒peineta ▪ PRON. La *b* no se pronuncia

comb² UK: /kəʊm/ US: /koʊm/ v [T] **1** ⇒peinar: *Wash your face and comb your hair* - Lávate la cara y péinate **2** *(una zona)* ⇒rastrear ⇒peinar ▪ PRON. La *b* no se pronuncia

combat¹ UK: /'kɒm.bæt/ US: /'kɑːm-/ n [c, U] ⇒combate: *combat zone* - zona de combate

combat² UK: /kəm'bæt/ US: /'kɑːm.bæt/ v [T] ⇒combatir: *to combat an illness* - combatir una enfermedad

combination UK: /ˌkɒm.bɪ'neɪ.ʃᵊn/ US: /ˌkɑːm-/ ▪ n [c, U] **1** ⇒combinación **2** n [c] *(de números)* ⇒combinación

† **combine** /kəm'baɪn/ [combined, combining] v [T, I] ⇒combinar

combined adj ⇒conjunto,ta ▪ PRON. La *e* no se pronuncia

† **come, came, come** /kʌm/ [coming] v [I] **1** ⇒venir ⇒ir **2** ⇒venir ⇒llegar **3** *(en una secuencia)* ⇒ser **4** ⇒ser de **5** ⇒llegar a ▪ CONSTR. to come + to do sth **6** *(un producto)* ⇒venir **7** ⇒pasar ⇒ocurrir *vulg.* **8** ~ on! **1** ⇒¡venga ya! **2** ⇒¡vamos! ¡venga! ⇒¡ándale! *AMÉR.* **9** to ~ to nothing ⇒quedarse en nada ▪ PRON. El presente *come* rima con el término inglés *some*. El pasado *came* rima con el término inglés *same*

| PHRASAL VERBS
 · **to come about** ⇒suceder ⇒ocurrir
 · **to come across sth/sb** ⇒tropezarse con ⇒dar con ⇒encontrar por casualidad
 · **to come along 1** ⇒acudir ⇒asistir ⇒venir ⇒acompañar **2** ⇒ir ⇒progresar
 · **to come apart** ⇒deshacerse ⇒romperse

· **to come {around/round} to sth 1** *(el humor)* ⇒cambiar **2** *(una opinión)* ⇒empezar a compartir ⇒llegar a compartir
· **to come away (from sth)** ⇒desprenderse [de algo] ⇒alejarse [de algo] ⇒marcharse
· **to come back 1** ⇒volver ⇒regresar **2** ⇒responder **3** ⇒recordar ⇒acordarse
· **to come by sth** ⇒conseguir algo ⇒adquirir algo
· **to come down 1** *(los precios, un nivel, una escalera)* ⇒bajar **2** *(las hojas de los árboles, la lluvia o la nieve)* ⇒caer **3** *(un avión)* ⇒aterrizar **4** *(inform)* ⇒desplomarse ⇒desvanecerse
· **to come forward** ⇒ofrecerse
· **to come in 1** ⇒entrar ⇒llegar **2** *(la marea)* ⇒subir **3** *(inform)* ⇒aparecer ⇒entrar en escena
· **to come in for sth** UK ⇒ser el blanco de
· **to come off 1** ⇒caerse ⇒desprenderse **2** *(inform) (un plan)* ⇒tener éxito ⇒salir bien **3** *(un botón)* ⇒salir(se) **4** *Come off it!* - ¡Venga ya! **5** *(una medicina)* ⇒dejar [de tomar]
· **to come on 1** *(en deportes)* ⇒entrar [al campo] **2** ⇒salir [al escenario] **3** ⇒progresar **4** *(una luz)* ⇒encenderse
· **to come out 1** *(de un lugar)* ⇒salir **2** *(una mancha)* ⇒salir ⇒desaparecer **3** ⇒poner de manifiesto **4** ⇒salir del armario *col.* **5** *(una flor)* ⇒florecer **6** ⇒resultar ⇒salir
· **to come out with sth 1** ⇒soltar algo *col.* **2** ⇒salir
· **to come over 1** ⇒venir [a un lugar] **2** ⇒dar una imagen ⇒parecer
· **to come over sb 1** *(un sentimiento)* ⇒invadir a alguien **2** *I don't know what come over me* - No sé qué me pasó
· **to come round 1** UK ⇒visitar ⇒ir a ver **2** ⇒recobrar la consciencia ⇒volver en sí
· **to come through (sth)** ⇒sobrevivir [a algo] ⇒superar
· **to come to** ⇒volver en sí [después de un golpe o una operación]
· **to come to sth 1** *He's an expert when it comes to DIY* - Es experto cuando se trata de bricolaje **2** *(una cantidad)* ⇒ascender a algo **3** ⇒llegar [a una situación generalmente negativa]
· **to come up 1** *(el sol, la luna)* ⇒salir **2** *(un problema, una oportunidad)* ⇒surgir **3** *(un tema)* ⇒mencionar ⇒hablar ⇒surgir
· **to come up against sth/sb** *(un problema, una dificultad)* ⇒encontrarse con
└ **to come up to sb** ⇒acercarse

comeback /'kʌm.bæk/ n [c] **1** *(a una actividad)* ⇒retorno ⇒vuelta **2** ⇒réplica ⇒contestación

C ▪

comedian

86

comedian /kəˈmiː.di.ən/ n [c] **1** ⇨humorista **2** ⇨comediante ∎ PRON. *me* se pronuncia como el término inglés *me*

†**comedy** UK: /ˈkɒm.ə.di/ US: /ˈkɑː.mə-/ ∎ n [U] **1** *(género)* ⇨comedia ∎ n [c, U] **2** *(obra)* ⇨comedia ∎ El plural es *comedies*

comet UK: /ˈkɒm.ɪt/ US: /ˈkɑː.mɪt/ n [c] *(en astronomía)* ⇨cometa

comfort[1] UK: /ˈkʌm.fət/ US: /-fɚt/ n [U] **1** ⇨comodidad ⇨confort **2** ⇨consuelo ∎ PRON. La *r* no se pronuncia y la segunda *o* se pronuncia como la *a* en el adverbio inglés *ago*

comfort[2] UK: /ˈkʌm.fət/ US: /-fɚt/ v [T] ⇨confortar ⇨consolar

†**comfortable** UK: /ˈkʌm.fə.tə.bl̩/ US: /-fɚ�.ˤtə-/ adj **1** ⇨cómodo,da ⇨confortable **2** *(una victoria)* ⇨fácil **3** *(una mayoría)* ⇨amplio,plia

comfortably /ˈkʌm.ft.ə.bli/ adv **1** ⇨cómodamente **2** ⇨fácilmente **3 to be ~ off** ⇨vivir con holgura

comforter UK: /ˈkʌm.fə.tə²/ US: /-ˤtɚ/ US *(UK/US tb* duvet*)* n [c] ⇨edredón

comfy /ˈkʌm.fi/ adj [comp comfier, superl comfiest] *(inform)* ⇨cómodo,da

comic[1] UK: /ˈkɒm.ɪk/ US: /ˈkɑː.mɪk/ adj ⇨cómico,ca

comic[2] UK: /ˈkɒm.ɪk/ US: /ˈkɑː.mɪk/ n [c] **1** ⇨tebeo ⇨cómic **2** ⇨cómico,ca

coming[1] /ˈkʌm.ɪŋ/ n [NO PL] **1** ⇨llegada: *the coming of autumn* - la llegada del otoño **2** *(en religión)* ⇨advenimiento

coming[2] /ˈkʌm.ɪŋ/ adj ⇨próximo,ma ⇨venidero ⇨que viene

†**comma** UK: /ˈkɒm.ə/ US: /ˈkɑː.mə/ n [c] *(en gramática)* ⇨coma ∎ Ver cuadro signos de puntuación

command[1] UK: /kəˈmɑːnd/ US: /-ˈmænd/ ∎ n [c] **1** ⇨orden: *to obey a command* - obedecer una orden **2** *(en informática)* ⇨comando ∎ n [NO PL] **3** ⇨dominio ⇨habilidad ∎ n [U] **4** ⇨mando: *to be in command* - estar al mando

command[2] UK: /kəˈmɑːnd/ US: /-ˈmænd/ ∎ v [T, I] **1** *(form)* ⇨ordenar ∎ CONSTR. to command + to do sth **2** *(form)* ⇨disponer [de recursos] ∎ v [T] **3** *(form)* ⇨mandar

†**commander** UK: /kəˈmɑːn.də²/ US: /-ˈmæn.dɚ/ n [c] **1** *(en el ejército)* ⇨comandante **2** *(de una embarcación)* ⇨capitán

commando UK: /kəˈmɑːn.dəʊ/ US: /-ˈmæn.doʊ/ [pl commandoes, comandos] n [c] **1** *(en el ejército)* ⇨comando **2** *(grupo de personas)* ⇨comando

commemorate /kəˈmem.ə.reɪt/ [commemorated, commemorating] v [T] ⇨conmemorar

commence /kəˈments/ [commenced, commencing] v [T, I] *(form)* ⇨dar comienzo ⇨emprender ⇨empezar

commend /kəˈmend/ v [T] **1** *(form)* ⇨elogiar: *He commended me for my success* - Me elogió por mis éxitos ∎ CONSTR. Se usa más en pasiva **2** ⇨recomendar **3** *(el alma, el espíritu)* ⇨encomendar

†**comment**[1] UK: /ˈkɒm.ent/ US: /ˈkɑː.ment/ n [c, U] ⇨observación ⇨comentario

†**comment**[2] UK: /ˈkɒm.ent/ US: /ˈkɑː.ment/ v [T, I] ⇨comentar: *I commented that she should be more careful* - Le comenté que debía tener más cuidado ∎ CONSTR. 1. to comment + that 2. to comment + on

commentary UK: /ˈkɒm.ən.tri/ US: /ˈkɑː.mən.ter-/ [pl commentaries] n [c, U] ⇨comentario ⇨crónica

commentator UK: /ˈkɒm.ən.teɪ.tə²/ US: /ˈkɑː.mən.teɪ.ˤtɚ/ n [c] ⇨comentarista ⇨cronista

†**commerce** UK: /ˈkɒm.ɜːs/ US: /ˈkɑː.mɜːs/ n [U] *(actividad)* ⇨comercio

commercial[1] UK: /kəˈmɜː.ʃəl/ US: /-ˈmɜː-/ n [c] ⇨anuncio [publicitario]: *TV commercials* - los anuncios de la tele ∎ PRON. La *ci* se pronuncia como *sh* en *shop*

commercial[2] UK: /kəˈmɜː.ʃəl/ US: /-ˈmɜː-/ adj **1** ⇨comercial ⇨mercantil **2** ⇨vendible ⇨comercial ∎ PRON. La *ci* se pronuncia como *sh* en *shop*

commercial traveller n [c] See **traveller**

commission[1] /kəˈmɪʃ.ən/ ∎ n [c, U] **1** ⇨encargo **2** ⇨comisión ⇨porcentaje **3** n [c] *(en política)* ⇨comisión ⇨comité

commission[2] /kəˈmɪʃ.ən/ v [T] ⇨encargar: *I commissioned her to design my wedding dress* - Le encargué el diseño de mi traje de novia

commissioner UK: /kəˈmɪʃ.ən.ə²/ US: /-ɚ/ n [c] ⇨comisario,ria

†**commit** /kəˈmɪt/ [committed, committing] v [T] **1** ⇨cometer: *She has never committed a crime* - Nunca ha cometido un delito **2** *(recursos)* ⇨asignar **3 to ~ oneself 1** ⇨comprometerse **2** ⇨pronunciarse **4 to ~ sth to memory** *I've committed it to memory* - Lo he aprendido de memoria

committed UK: /kəˈmɪt.ɪd/ US: /-ˈmɪˤt-/ adj **1** ⇨devoto,ta **2 to be ~ to sth/sb** ⇨estar comprometido,da ⇨entregarse

†**committee** UK: /kəˈmɪt.i/ US: /-ˈmɪˤt-/ n [c] ⇨comité: *to sit on a committee* - estar en un comité ∎ Por ser un nombre colectivo se puede usar con el verbo en singular o en plural ∎ PRON. Se acentúa en la segunda sílaba

commodity UK: /kəˈmɒd.ə.ti/ US: /-ˈmɑː.də.ˤti/ [pl commodities] n [c] **1** ⇨artículo ⇨mercancía **2** *(en economía)* ⇨materia prima

†**common**[1] UK: /ˈkɒm.ən/ US: /ˈkɑː.mən/ adj **1** ⇨corriente ⇨común **2** ⇨corriente ⇨frecuente **3** ⇨corriente ⇨ordinario,ria ⇨normal **4** ⇨común ⇨compartido,da **5** *UK (offens)* ⇨vulgar ⇨ordinario,ria **6 in ~** ⇨en común

common² UK: /ˈkɒm.ən/ US: /ˈkɑː.mən/ *n* [c] **1**
⇒ejido **2 the Commons** *(en Reino Unido y Ca-*
nadá) ⇒la Cámara de los Comunes

commonly UK: /ˈkɒm.ən.li/ US: /ˈkɑː.mən-/ *adv*
⇒generalmente ⇒por lo general

commonplace UK: /ˈkɒm.ən.pleɪs/ US: /ˈkɑː.mən-/
adj ⇒habitual ⇒normal

commons *US n* [PL] See **common**

Commonwealth the ~ ⇒la Commonwealth

commotion UK: /kəˈməʊ.ʃən/ US: /-ˈmoʊ-/ *n* [U, NO
PL] ⇒conmoción

communal UK: /ˈkɒm.ju.nəl/ UK: /kəˈmjuː-/ US:
/ˈkɑː.mjə-/ *adj* ⇒comunal

commune UK: /ˈkɒm.juːn/ US: /ˈkɑː.mjuːn/ *n* [c]
⇒comuna ■ Por ser un nombre colectivo se puede usar
con el verbo en singular o en plural ■ PRON. La *u* se pro-
nuncia como *you*

† **communicate** /kəˈmjuː.nɪ.keɪt/ [communicated,
communicating] *v* [I] ⇒comunicarse ■ PRON. La *u*
se pronuncia como *you*

communication /kəˌmjuː.nɪˈkeɪ.ʃən/ *n* [c, U] **1**
⇒comunicación: *communication problems* - pro-
blemas de comunicación **2** *(form)* ⇒mensaje ■
PRON. La *u* se pronuncia como *you*

communicative UK: /kəˈmjuː.nɪ.kə.tɪv/ US: /-ˈtɪv/
adj ⇒comunicativo,va: *She's not very communi-*
cative - No es muy comunicativa

communion /kəˈmjuː.ni.ən/ *n* [U] ⇒comunión ■
PRON. La *u* se pronuncia como *you*

communiqué /kəˈmjuː.nɪ.keɪ/ *n* [c] ⇒comunica-
do: *to issue a communiqué* - emitir un comuni-
cado

† **communism** /ˈkɒm.ju.nɪ.zəm/ US: /ˈkɑː.mjə-/
n [U] ⇒comunismo

† **community** UK: /kəˈmjuː.nə.ti/ US: /-ˈt̬i/ *[pl com-*
munities] *n* [c] **1** ⇒comunidad **2** ⇒colonia: *a*
British community - una colonia británica ■ Por
ser un nombre colectivo se puede usar con el verbo en
singular o en plural ■ PRON. La *u* se pronuncia como *you*

commute /kəˈmjuːt/ [commuted, commuting] ■ *v*
[I] **1** ⇒viajar para ir al trabajo ■ *v* [T] **2** ⇒conmu-
tar ■ PRON. La *u* se pronuncia como *you*

compact /kəmˈpækt/ *adj* ⇒compacto,ta

compact² UK: /ˈkɒm.pækt/ US: /ˈkɑː.m-/ *n* [c] ⇒pol-
vera

compact disc *n* [c] ⇒disco compacto ■ La forma
abreviada es *CD*

† **companion** /kəmˈpæn.jən/ *n* [c] *(de viaje, de la*
vida) ⇒compañero,ra

† **company** /ˈkʌm.pə.ni/ *[pl* companies] *n* [c] **1**
⇒empresa ⇒compañía ■ La forma abreviada es *Co.* **2**
⇒compañía ⇒grupo de artistas ■ Por ser un nombre
colectivo se puede usar con el verbo en singular o en plu-
ral **3 to keep** *sb* **~** ⇒hacer compañía a alguien

company car *n* [c] ⇒coche de empresa

comparable UK: /ˈkɒm.pᵊr.ə.bl̩/ US: /ˈkɑːm.pɚ-/
adj ⇒comparable: *to be comparable to sth* - ser
comparable con algo ■ PRON. La primera *a* práctica-
mente no se pronuncia

† **comparative** UK: /kəmˈpær.ə.tɪv/ US: /-ˈper.ə.ˤt̬ɪv/
n [c] ⇒comparativo ■ Ver cuadro en página siguiente

† **compare** UK: /kəmˈpeəʳ/ US: /-ˈper/ [compared,
comparing] *v* [T] ⇒comparar(se)

comparison UK: /kəmˈpær.ɪ.sᵊn/ US: /-ˈper-/ *n* [c, U]
⇒comparación: *in comparison* - en comparación

compartment UK: /kəmˈpɑːt.mənt/ US: /-ˈpɑːrt-/ *n*
[c] **1** *(de un vagón de tren)* ⇒compartimento **2**
(de un objeto) ⇒compartimento

compass /ˈkʌm.pəs/ *[pl* compasses] *n* [c] **1** ⇒brú-
jula **2** *US* See **compasses** ■ PRON. La primera parte,
com, se pronuncia como *come*

compasses /ˈkʌm.pə.sɪz/ *UK* (*US* compass) *n*
[PL] *(en matemáticas)* ⇒compás

compassion /kəmˈpæʃ.ᵊn/ *n* [U] ⇒compasión: *to*
feel compassion for sb - sentir compasión por al-
guien

† **compatible** UK: /kəmˈpæt.ɪ.bl̩/ US: /-ˈpæˤt̬-/ *adj*
⇒compatible ■ PRON. La última parte, *ble*, se pronun-
cia como en *table*

compel /kəmˈpel/ [compelled, compelling] *v* [T]
(form) ⇒obligar: *They compelled him to resign* -
Lo obligaron a dimitir

† **compensate** UK: /ˈkɒm.pən.seɪt/ US: /ˈkɑː.m-/
[compensated, compensating] ■ *v* [T, I] **1** ⇒com-
pensar **2** *v* [T] ⇒indemnizar: *The airline com-*
pensated the victims - La compañía aérea in-
demnizó a la víctima

† **compete** /kəmˈpiːt/ [competed, competing] *v* [I] **1**
⇒competir ⇒participar **2** ⇒competir ⇒medirse ■
PRON. *pete* rima con *feet*

† **competence** UK: /ˈkɒm.pɪ.tᵊnts/ US: /ˈkɑː.m-/ *n* [c,
U] **1** ⇒competencia [para hacer algo] ⇒capaci-
dad **2** *(de un tribunal)* ⇒competencia

competent UK: /ˈkɒm.pɪ.tᵊnt/ US: /ˈkɑː.pə.ˤt̬[ə]nt/
adj ⇒eficiente ⇒competente ■ PRON. La última *e* se
pronuncia como la *a* en el adverbio inglés *ago*

competition UK: /ˌkɒm.pəˈtɪʃ.ᵊn/ US: /ˌkɑː.m-/ ■ *n*
[c] **1** ⇒competición ⇒concurso ■ *n* [U] **2** ⇒compe-
tencia ⇒rivalidad

competitive UK: /kəmˈpet.ɪ.tɪv/ US: /-ˈpeˤt̬.ə.ˤt̬ɪv/
adj ⇒competitivo,va: *competitive spirit* - espíri-
tu competitivo

competitively UK: /kəmˈpet.ɪ.tɪv.li/ US: /-ˈpeˤt̬.ə.ˤt̬ɪv-/
adv **1** ⇒competitivamente ⇒con espíritu competi-
tivo **2** *competitively priced* - a precios competi-
tivos

competitor UK: /kəmˈpet.ɪ.təʳ/ US: /-ˈpeˤt̬.ɪ.ˤt̬ə/ *n*
[c] ⇒competidor,-a ⇒rival **2** ⇒participante

comparative and superlative forms of adjectives

- **Formación:**

– **"-er", "-est"**

Con adjetivos de una sílaba y con adjetivos de dos sílabas que terminan en "-y", se forma el comparativo añadiendo "-er" y el superlativo añadiendo "-est":

<table>
<tr><td>tall</td><td>taller</td><td>tallest</td></tr>
<tr><td>(alto</td><td>más alto</td><td>el más alto)</td></tr>
</table>

The black tower is taller then the white.
(La torre negra es más alta que la blanca.)

The black tower is the tallest of the three.
(La torre negra es la más alta de las tres.)

Atención: algunos adjetivos de dos sílabas que no terminan en "-y" también forman el comparativo y el superlativo de esta manera:

narrow	narrower	narrowest	simple	simpler	simplest
(estrecho	más estrecho	el más estrecho)	(sencillo	más sencillo	el más sencillo)

– **"more" y "most"**

Con muchos adjetivos de dos sílabas que no terminan en "-y", y con todos los adjetivos de tres o más sílabas, se forma el comparativo con "more" y el superlativo con "most":

boring	more boring	the most boring	intelligent	more intelligent	the most intelligent
(aburrido	más aburrido	el más aburrido)	(inteligente	más inteligente	el más inteligente)

- *John thinks he's **more intelligent** than I am.*
 (John cree que es más inteligente que yo.)
- *Carol is **the most intelligent** person in our class.*
 (Carol es la persona más inteligente de la clase.)

- **Formas irregulares**

Algunos adjetivos tienen formas irregulares para el comparativo y el superlativo:

adjetivo	comparativo	superlativo
good (bueno)	**better** (mejor)	**best** (el / la mejor)
bad (malo)	**worse** (peor)	**worst** (el / la peor)
little (pequeño)	**less** (menos)	**least** (el / la más pequeño / la más pequeña)
much / many (mucho)	**more** (más)	**most** (el / la más)
far (lejos)	**farther / further** (más lejos)	**farthest / furthest** (el más lejano / la más lejana)

Las formas en "-er" y "-est" siguen algunas normas ortográficas:
– Cuando el adjetivo termina en consonante + "e", se omite la "e":

- *Peter is nic**er** than his brother.*
 (Peter es más amable que su hermano.)

– Cuando el adjetivo termina en vocal + consonante, se duplica la consonante:

- *Which is the big**gest** country in Europe?*
 (¿Cuál es el país más grande de Europa?)

– Cuando el adjetivo termina en consonante + "-y", la "y" se convierte en "i":

- *I think German is eas**ier** than Chinese.*
 (Creo que el alemán es más fácil que el chino.)

†**compile** /kəm'paɪl/ [compiled, compiling] v [T]
⇒recopilar: *to compile data* - recopilar datos ■
PRON. *pile* rima con *smile*

†**complain** /kəm'pleɪn/ v [I] ⇒quejarse ⇒protestar ■
CONSTR. 1. to complain + that 2. to complain about sth

complement¹ UK: /'kɒm.plɪ.ment/ US: /'kɑːm-/ v
[T] **1** ⇒ir bien con ⇒realzar **2** ⇒complementar

complement² UK: /'kɒm.plɪ.ment/ US: /'kɑːm-/ n
[c] **1** ⇒complemento **2** *(form)* ⇒dotación **3** *(en gramática)* ⇒complemento

†**complete¹** /kəm'pliːt/ adj **1** ⇒completo,ta ⇒entero,ra **2** ⇒completo,ta ⇒concluido,da

†**complete²** /kəm'pliːt/ [completed, completing] v
[T] **1** ⇒completar ⇒acabar ⇒terminar **2** ⇒rellenar: *to complete a form* - rellenar un formulario

completely /kəm'pliːt.li/ adv ⇒completamente
⇒totalmente

†**complex¹** UK: /'kɒm.pleks/ UK: /kəm'pleks/ US:
/'kɑːm-/ adj ⇒complejo,ja

complex² UK: /'kɒm.pleks/ US: /'kɑːm-/ [pl complexes] n [c] **1** ⇒complejo [urbanístico] **2** *(en psicología)* ⇒complejo

complexion /kəm'plek.ʃ°n/ n [c] **1** ⇒cutis **2** ⇒naturaleza ⇒carácter ⇒cariz

complexity UK: /kəm'plek.sɪ.ti/ US: /-sə.°ti/ n [c,
u] ⇒complejidad

compliance /kəm'plaɪ.ənts/ n [U] *(form)* ⇒conformidad ■ PRON. *pli* rima con *fly*

†**complicate** UK: /'kɒm.plɪ.keɪt/ US: /'kɑːm-/ [complicated, complicating] v [T] ⇒complicar: *Don't complicate things* - No compliques las cosas

complicated UK: /'kɒm.plɪ.keɪ.tɪd/ US:
/'kɑːm.plɪ.keɪ.°tɪd/ adj **1** ⇒complicado,da **2** *to get more complicated* - complicarse ■ PRON. La *e* se pronuncia como la *i* de *did*

compliment¹ UK: /'kɒm.plɪ.mənt/ US: /'kɑːm-/ n
[c] ⇒cumplido ⇒piropo

compliment² UK: /'kɒm.plɪ.mənt/ US: /'kɑːm-/ v
[T] ⇒felicitar: *They complimented me on my work* - Me felicitaron por mi trabajo

complimentary UK: /ˌkɒm.plɪ'men.t°r.i/ US:
/ˌkɑːm.plɪ'men.°tə-/ adj **1** ⇒halagador,-a **2** ⇒gratuito,ta: *a complimentary ticket* - una invitación

†**comply** /kəm'plaɪ/ [complies, complied] v [I] *(form)*
⇒cumplir ⇒obedecer ■ PRON. *ply* rima con *fly*

component¹ UK: /kəm'pəʊ.nənt/ US: /-'poʊ-/ n [c] **1**
⇒componente ⇒parte **2** ⇒pieza [de un mecanismo]

†**component²** UK: /kəm'pəʊ.nənt/ US: /-'poʊ-/ adj
⇒integrante

†**compose** UK: /kəm'pəʊz/ US: /-'poʊz/ [composed,
composing] v [T] **1** *(un tema musical)* ⇒componer ⇒crear **2** *(un texto)* ⇒redactar **3** ⇒integrar
⇒componer ■ CONSTR. Se usa más en pasiva **4** *to ~ oneself* ⇒serenarse ⇒tranquilizarse

composed UK: /kəm'pəʊzd/ US: /-'poʊzd/ adj **1**
(una persona) ⇒dueño,ña de sí ⇒sereno,na

composer UK: /kəm'pəʊ.zə²/ US: /-'poʊ.zə/ n [c]
⇒compositor,-a

composition UK: /ˌkɒm.pə'zɪʃ.°n/ US: /ˌkɑːm-/ n
[c, u] **1** ⇒constitución ⇒composición **2** ⇒redacción

compost UK: /'kɒm.pɒst/ US: /'kɑːm.poʊst/ n [U]
⇒compost ⇒abono

composure UK: /kəm'pəʊ.ʒə²/ US: /-'poʊ.ʒə/ n [U]
⇒compostura ⇒serenidad

compound¹ UK: /'kɒm.paʊnd/ US: /'kɑːm-/ n [c] **1**
⇒recinto **2** ⇒compuesto químico

compound² UK: /'kɒm.paʊnd/ US: /'kɑːm-/ adj **1**
⇒compuesto,ta ⇒combinado,da **2** *(en gramática)* ⇒compuesto,ta

compound³ /kəm'paʊnd/ v [T] ⇒agravar

comprehend UK: /ˌkɒm.prɪ'hend/ US: /ˌkɑːm-/ v
[T, I] *(form)* ⇒comprender: *to comprehend a problem* - comprender un problema

comprehensible UK: /ˌkɒm.prɪ'hent.sɪ.bl̩/ US:
/ˌkɑːm-/ adj ⇒comprensible

comprehension UK: /ˌkɒm.prɪ'hen.tʃ°n/ US:
/ˌkɑːm-/ n [U] ⇒comprensión

comprehensive¹ UK: /ˌkɒm.prɪ'hent.sɪv/ US:
/ˌkɑːm-/ adj ⇒completo,ta ⇒exhaustivo,va ■ Distinto de *understanding* y *sympathetic* (comprensivo)

comprehensive² UK: /ˌkɒm.prɪ'hent.sɪv/ US:
/ˌkɑːm-/ *UK* n [c] ⇒centro de enseñanza secundaria

compress /kəm'pres/ v [T] **1** *(en informática)*
⇒comprimir **2** ⇒condensar ⇒resumir

†**comprise** /kəm'praɪz/ [comprised, comprising] v
[T] **1** *(form)* ⇒abarcar ⇒constar **2** ⇒componer
⇒formar ⇒comprender

compromise¹ UK: /'kɒm.prə.maɪz/ US: /'kɑːm-/ n [c,
u] ⇒acuerdo ⇒arreglo ■ Distinto de *commitment* (compromiso)

compromise² UK: /'kɒm.prə.maɪz/ US: /'kɑːm-/
[compromised, compromising] v [I] **1** ⇒llegar a un acuerdo **2** ⇒comprometer

†**compulsion** /kəm'pʌl.ʃ°n/ ■ n [U] **1** ⇒obligación ■
n [c] **2** ⇒deseo irresistible

compulsive /kəm'pʌl.sɪv/ adj **1** ⇒compulsivo,va
⇒empedernido,da **2** *(un libro)* ⇒absorbente

compulsory UK: /kəm'pʌl.s°r.i/ US: /-sə-/ adj **1**
⇒obligatorio,ria **2** *(un despido)* ⇒forzoso,sa ■ PRON. La *u* se pronuncia como en el término inglés *sun*

†**computer** UK: /kəm'pjuː.tə²/ US: /-°tə/ n [c] ⇒ordenador ⇒computadora *AMÉR.* ■ PRON. La *u* se pronuncia como *you* ■ Ver cuadro ordenador

†**computer game** n [c] **1** ⇒juego de ordenador
2 ⇒videojuego

computing UK: /kəm'pjuː.tɪŋ/ US: /-°tɪŋ/ n [U] ⇒informática ■ PRON. La *u* se pronuncia como *you*

C

comrade UK: /'kɒm.reɪd/ US: /'kɑːm.ræd/ n [c] *(lit)* ⇒camarada ⇒compañero,ra

con¹ UK: /kɒn/ US: /kɑːn/ [conned, conning] v [T] *(inform)* **1** ⇒estafar ⇒timar *col.* ■ CONSTR. to con sb out of sth **2** ⇒engañar ⇒engatusar *col.* ■ CONSTR. to con sb into doing th

con² UK: /kɒn/ US: /kɑːn/ n [c] *(inform)* ⇒estafa ⇒timo *col.*

con artist *(tb con man)* n [c] ⇒timador,-a ⇒estafador,-a

† **conceal** /kən'siːl/ v [T] **1** *(un objeto)* ⇒ocultar **2** *(un sentimiento)* ⇒disimular ⇒ocultar

† **concede** /kən'siːd/ [conceded, conceding] ■ v [T] **1** ⇒reconocer: *He conceded that the other boy was the winner* - Reconoció que el otro chico era el ganador ■ CONSTR. to concede + (that) **2** ⇒darse por vencido,da ⇒rendirse **3** v [T, I] ⇒ceder: *to concede a right* - ceder un derecho ■ PRON. *cede* se pronuncia como *seed*

conceit /kən'siːt/ n [U] ⇒engreimiento ■ PRON. *ceit* se pronuncia como *seat*

conceive /kən'siːv/ [conceived, conceiving] ■ v [T, I] **1** ⇒concebir ⇒quedarse embarazada **2** ⇒imaginar(se) ⇒concebir ■ v [T] **3** ⇒concebir ⇒idear

† **concentrate** UK: /'kɒnt.sⁿn.treɪt/ US: /'kɑːnt-/ [concentrated, concentrating] v [I] ⇒concentrarse: *I have to concentrate on this task* - Tengo que concentrarme en esta tarea ■ PRON. La segunda *c* se pronuncia como una *s*

concentration UK: /ˌkɒnt.sⁿn'treɪ.ʃⁿn/ US: /ˌkɑːnt-/ ■ n [U] **1** *(capacidad mental)* ⇒concentración ⇒atención ■ n [c, U] **2** ⇒concentración ⇒cantidad ■ PRON. La segunda *c* se pronuncia como una *s*

concentric /kən'sen.trɪk/ adj *(en geometría)* ⇒concéntrico,ca

† **concept** UK: /'kɒn.sept/ US: /'kɑːn-/ n [c] ⇒concepto ■ PRON. La segunda *c* se pronuncia como una *s*

conception /kən'sep.ʃⁿn/ ■ n [c, U] **1** ⇒concepción ⇒idea ■ n [U] **2** *(de un niño, un animal)* ⇒concepción

† **concern¹** UK: /kən'sɜːn/ US: /-'sɜːn/ v [T] **1** ⇒concernir ⇒afectar ⇒incumbir **2** ⇒preocupar **3 to ~ oneself** ⇒interesarse ⇒preocuparse ⇒ocuparse ■ PRON. La segunda *c* se pronuncia como una *s*

concern² UK: /kən'sɜːn/ US: /-'sɜːn/ ■ n [c, U] **1** ⇒preocupación: *My main concern is...* - Mi principal preocupación es... **2** ⇒interés ■ n [c] **3** ⇒negocio: *a going concern* - un negocio rentable ■ PRON. La segunda *c* se pronuncia como una *s*

† **concerned** UK: /kən'sɜːnd/ US: /-'sɜːnd/ adj **1** ⇒preocupado,da **2** ⇒interesado,da ⇒en cuestión **3 as far as sth/sb is ~** ⇒en cuanto a ⇒con respecto a ■ PRON. La última *e* no se pronuncia y la segunda *c* se pronuncia como una *s*

concerning UK: /kən'sɜː.nɪŋ/ US: /-'sɜː-/ prep ⇒acerca de ⇒sobre

† **concert** UK: /'kɒn.sət/ US: /'kɑːn.sət/ n [c] ⇒concierto ⇒recital ■ PRON. La segunda *c* se pronuncia como una *s*

concerted UK: /kən'sɜː.tɪd/ US: /-'sɜː.ᵗtɪd/ adj ⇒coordinado,da ⇒concertado,da ⇒conjunto,ta

concerto UK: /kən'tʃɜː.təʊ/ US: /-'tʃer.ᵗtoʊ/ [pl concerti, concertos] n [c] *(composición musical)* ⇒concierto ■ PRON. *cert* se pronuncia como *shirt*

† **concession** /kən'seʃ.ⁿn/ n [c, U] ⇒concesión

conciliation /kənˌsɪl.i'eɪ.ʃⁿn/ n [U] *(form)* ⇒conciliación

concise /kən'saɪs/ adj ⇒conciso,sa ■ PRON. La segunda *c* se pronuncia como una *s* y *ise* se pronuncia como el término inglés *ice*

† **conclude** /kən'kluːd/ [concluded, concluding] ■ v [T] **1** ⇒concluir ⇒llegar a la conclusión ■ CONSTR. to conclude + that ■ v [T, I] **2** *(form)* ⇒finalizar ⇒terminar

conclusion /kən'kluː.ʒⁿn/ n [c] **1** ⇒conclusión: *to come to a conclusion* - llegar a una conclusión **2 in ~** *(form)* ⇒en conclusión **3 to jump to conclusions** ⇒llegar a una conclusión precipitadamente

conclusive /kən'kluː.sɪv/ adj ⇒concluyente ⇒decisivo,va

concoct UK: /kən'kɒkt/ US: /-'kɑːkt/ v [T] **1** ⇒inventar(se): *to concoct an excuse* - inventarse una excusa **2** ⇒crear ⇒confeccionar ⇒preparar

concourse UK: /'kɒŋ.kɔːs/ US: /'kɑːn.kɔːrs/ n [c] *(en un edificio público grande)* ⇒vestíbulo

† **concrete¹** UK: /'kɒŋ.kriːt/ US: /'kɑːn-/ n [U] ⇒hormigón ⇒concreto AMÉR.

concrete² UK: /'kɒŋ.kriːt/ US: /'kɑːn-/ adj ⇒concreto,ta: *concrete noun* - nombre concreto ■ Comparar con *specific*

concur UK: /kən'kɜː/ US: /-'kɜː/ v [T, I] *(form)* ⇒coincidir ⇒comulgar

concurrent UK: /kən'kʌr.ⁿnt/ US: /-'kɜː-/ adj ⇒coincidente ⇒simultáneo,a

† **condemn** /kən'dem/ v [T] **1** ⇒condenar ⇒desaprobar **2** ⇒declarar en ruina ■ PRON. La última *n* no se pronuncia

PHRASAL VERBS
· **to condemn sb to {sth/do sth}** **1** *(un castigo)* ⇒condenar **2** *(un sufrimiento)* ⇒obligar a alguien a algo ⇒condenar a alguien a algo

condensation UK: /ˌkɒn.den'seɪ.ʃⁿn/ US: /ˌkɑːn-/ n [U] ⇒condensación

condense /kən'dens/ [condensed, condensing] ■ v [T, I] **1** *(un gas, un líquido)* ⇒condensar(se) ■ v [T] **2** ⇒resumir: *to condense a speech* - resumir un discurso

† **condition¹** /kənˈdɪʃ.ᵊn/ ■ n [U, NO PL] **1** ⇒situación ⇒estado ■ n [C] **2** ⇒requerimiento ⇒condición **3** ⇒enfermedad ⇒afección **4 out of ~** ⇒en baja forma
condition² /kənˈdɪʃ.ᵊn/ v [T] **1** *(un comportamiento)* ⇒condicionar ⇒influir ■ CONSTR. 1. to condition + to do sth 2. Se usa más en pasiva **2** *(el pelo)* ⇒acondicionar
conditional¹ /kənˈdɪʃ.ᵊn.ᵊl/ adj **1** ⇒condicional **2 to be ~ {on/upon}** *sth* ⇒estar supeditado,da a algo ⇒estar condicionado,da a algo
conditional² /kənˈdɪʃ.ᵊn.ᵊl/ **the ~** *(en gramática)* ⇒el condicional ■ El condicional se usa para expresar acciones que dependen de que suceda algo más ■ Ver cuadro en página siguiente y ver cuadro verb tenses
conditioning /kənˈdɪʃ.ᵊn.ɪŋ/ n [U] **1** ⇒condicionamiento **2 air ~** ⇒aire acondicionado
conditions /kənˈdɪʃ.ᵊnz/ n [PL] ⇒condiciones ⇒circunstancias
condo UK: /ˈkɒn.dəʊ/ US: /ˈkɑːn.doʊ/ US n [C] *(inform)* See **condominium**
condolence UK: /kənˈdəʊ.lənts/ US: /-ˈdoʊ-/ n [C, U] **1** ⇒condolencia ⇒pésame **2** *My condolences* - Te acompaño en el sentimiento
condom UK: /ˈkɒn.dɒm/ US: /ˈkɑːn.dəm/ *(US tb rubber)* n [C] ⇒preservativo ⇒condón
condominium UK: /ˌkɒn.dəˈmɪn.i.ᵊm/ US: /ˌkɑːn-/ n [C] **1** *(US tb condo)* ⇒apartamento en condominio **2** *(US tb condo) (edificio)* ⇒condominio AMÉR. **3** ⇒país gobernado por otros dos o más países
condone UK: /kənˈdəʊn/ US: /-ˈdoʊn/ [condoned, condoning] v [T] ⇒perdonar ⇒excusar **2** ⇒aceptar ⇒aprobar
condor UK: /ˈkɒn.dɔːʳ/ US: /ˈkɑːn.dɔːr/ n [C] *(ave rapaz)* ⇒cóndor
conducive UK: /kənˈdjuː.sɪv/ US: /-ˈduː-/ adj **1** ⇒propicio,cia **2** *This music is conducive to sleep* - Esta música invita al sueño
conduct¹ UK: /ˈkɒn.dʌkt/ US: /ˈkɑːn-/ n [U] **1** ⇒conducta ⇒comportamiento **2** *(form)* ⇒gestión
conduct² /kənˈdʌkt/ ■ v [T] **1** ⇒realizar ⇒llevar a cabo **2** ⇒conducir ⇒transmitir ■ v [T, I] **3** ⇒dirigir: *Who conducts the school orchestra?* - ¿Quién dirige la orquesta del colegio? **4 to ~ oneself** ⇒comportarse
conductor UK: /kənˈdʌk.təʳ/ US: /-tɚ/ n [C] **1** ⇒director,-a de orquesta **2** *(en un transporte)* ⇒revisor,-a ⇒cobrador,-a [de billetes] ■ Distinto de *driver* (conductor) **3** *(material)* ⇒conductor ■ PRON. La u se pronuncia como en el término inglés *sun*
cone UK: /kəʊn/ US: /koʊn/ n [C] **1** *(forma)* ⇒cono **2** ⇒cucurucho ⇒cono **3** *(de un pino o un abeto)* ⇒piña

confectionery UK: /kənˈfek.ʃᵊn.ri/ US: /-er.i/ *UK* n [U] ⇒repostería
confer UK: /kənˈfɜːʳ/ US: /-ˈfɜː/ [conferred, conferring] ■ v [I] **1** ⇒discutir ⇒deliberar ⇒consultar ■ v [T] **2** *(form)* ⇒conceder ⇒otorgar
† **conference** UK: /ˈkɒn.fᵊr.ᵊnts/ US: /ˈkɑːn.fɚ-/ n [C] **1** ⇒conferencia ⇒congreso **2** ⇒reunión
† **confess** /kənˈfes/ [confesses] v [T, I] **1** ⇒confesar ⇒admitir ■ CONSTR. to confess to + doing sth **2** *(en religión)* ⇒confesar
confession /kənˈfeʃ.ᵊn/ n [C, U] ⇒confesión
confide /kənˈfaɪd/ [confided, confiding] v [T, I] ⇒revelar ⇒confiar ■ CONSTR. to confide + that
| PHRASAL VERBS
| · **to confide in** *sb* ⇒confiar en alguien ⇒fiarse de alguien
† **confidence** UK: /ˈkɒn.fɪ.dᵊnts/ US: /ˈkɑːn-/ ■ n [U] **1** ⇒confianza: *You lack confidence* - Te falta confianza ■ n [C] **2** ⇒secreto ⇒confidencia **3 in ~** ⇒en confianza **4 to have ~ in** *sb* ⇒fiarse de alguien ⇒tener confianza en alguien ■ Distinto de *secret* (confidencia)
confident UK: /ˈkɒn.fɪ.dᵊnt/ US: /ˈkɑːn-/ adj **1** ⇒seguro,ra de sí mismo,ma **2 to be ~ {of** *sth/* **that}** ⇒estar seguro,ra de ■ Distinto de *confidant* e *informer* (confidente)
† **confidential** UK: /ˌkɒn.fɪˈden.tʃᵊl/ US: /ˌkɑːn-/ adj ⇒confidencial: *a confidential document* - un documento confidencial
confidently UK: /ˈkɒn.fɪ.dᵊnt.li/ US: /ˈkɑːn-/ adv ⇒con seguridad
† **confine** /kənˈfaɪn/ [confined, confining] v [T] **1** ⇒encerrar ⇒confinar ■ CONSTR. Se usa más en pasiva **2 to be confined to bed** ⇒tener que guardar cama
confines UK: /ˈkɒn.faɪnz/ US: /ˈkɑːn-/ n [PL] ⇒confines ⇒límites
† **confirm** UK: /kənˈfɜːm/ US: /-ˈfɜːm/ v [T] **1** ⇒confirmar ⇒ratificar ⇒constatar **2** *(en religión)* ⇒confirmarse
confirmation UK: /ˌkɒn.fəˈmeɪ.ʃᵊn/ US: /ˌkɑːn.fɚ-/ n [C, U] **1** ⇒confirmación ⇒comprobación **2** *(en religión)* ⇒confirmación
confiscate UK: /ˈkɒn.fɪ.skeɪt/ US: /ˈkɑːn-/ [confiscated, confiscating] v [T] ⇒confiscar: *to confiscate sth from sb* - confiscar algo a alguien
† **conflict** UK: /ˈkɒn.flɪkt/ US: /ˈkɑːn-/ n [C, U] ⇒conflicto: *to come into conflict* - entrar en conflicto
conform UK: /kənˈfɔːm/ US: /-ˈfɔːrm/ v [I] ⇒comportarse [correctamente] ■ Distinto de *to make up* (conformar)
| PHRASAL VERBS
| · **to conform {to/with}** *sth* **1** ⇒seguir algo ⇒atenerse a algo **2** ⇒ajustarse a algo: *Does it conform to our requirements?* - ¿Se ajusta a los requisitos?

conditional

• El primer condicional

	oración condicional	oración principal
If	presente	"will" / "can" / "may" / "might" / "must" + verbo principal

· *If you need help, you can call me.*
(Si necesitas ayuda, puedes llamarme.)

Se utiliza:

– Para describir situaciones reales o probables en el futuro:

· *If we play music too loudly, it will disturb the neighbours.*
(Si ponemos la música muy alta molestará a los vecinos.)

– Para dar avisos, consejos o hacer promesas:

· *If I don't call my mother, she might worry.*
(Si no llamo a mi madre, podría preocuparse.)

• El segundo condicional

	oración condicional	oración principal
If	pasado	"would" / "could" / "might" + verbo principal

· *If I had a plane, I would travel around the world.*
(Si tuviera un avión, viajaría por todo el mundo.)

Se utiliza para referirse a situaciones en el presente o en el futuro que son improbables o imaginadas:

· *What would you do if you were me?*
(¿Qué harías si fueras yo?)

• El tercer condicional

	oración condicional	oración principal
If	pasado perfecto	"would have" / "could have" / "might have" + verbo principal

· *If we hadn't got lost we would have arrived on time.*
(Si no nos hubiéramos perdido, habríamos llegado a tiempo.)

Se utiliza para referirse a situaciones posibles del pasado que no han sucedido:

· *If you had made the reservations, we could have slept in that hotel.*
(Si hubieras hecho las reservas, podríamos haber dormido en ese hotel.)

• Condicional mixto

	oración condicional	oración principal
If	pasado perfecto	would / might + be

· *If we hadn't taken the shortcut, we would still be walking now.*
(Si no hubiéramos cogido el atajo, todavía seguiríamos caminando.)

Se utiliza para referirse a situaciones posibles del pasado que no han sucedido y a su hipotético impacto en el presente o en el futuro.

† **confront** /kən'frʌnt/ v [T] **1** ⇨confrontar: *They confronted him with the witnesses* - Lo confrontaron con los testigos **2** ⇨hacer frente ⇨afrontar **3 to be confronted {by/with}** sth ⇨enfrentar(se) a algo

† **confuse** /kən'fjuːz/ [confused, confusing] v [T] **1** ⇨desconcertar ⇨confundir **2** ⇨despistar ⇨confundir ■ PRON. La *u* se pronuncia como *you*

confused /kən'fjuːzd/ adj ⇨confuso,sa ■ PRON. La *e* no se pronuncia y la *u* se pronuncia como *you*

confusing /kən'fjuː.zɪŋ/ adj **1** ⇨confuso,sa ⇨lioso,sa **2** *How confusing!* - ¡Qué lío!

confusion /kən'fjuː.ʒən/ ■ n [C, U] **1** ⇨desbarajuste ⇨confusión ■ n [U] **2** ⇨confusión ⇨equivocación **3** *(situación)* ⇨lío ⇨confusión ⇨caos ■ PRON. La *u* se pronuncia como *you*

congeal /kən'dʒiːl/ v [I] ⇨coagular(se) ⇨cuajar

congenial /kən'dʒiː.ni.əl/ adj **1** *(form)* ⇨cordial ⇨gentil **2** *(form)* ⇨placentero,ra ⇨agradable

congenital UK: /kən'dʒen.ɪ.t°l/ US: /-ˤt[ə]l/ adj **1** ⇨congénito,ta **2** ⇨contumaz ⇨compulsivo,va

congested /kən'dʒes.tɪd/ adj ⇨congestionado,da

conglomerate /kən'glɒm.°r.ət/ US: /-'glɑː.mə-/ n [C] ⇨grupo empresarial

† **congratulate** /kən'græt.ju.leɪt/ [congratulated, congratulating] v [T] ⇨felicitar: *I congratulate you on your new job* - Te felicito por tu nuevo trabajo ■ PRON. La *u* se pronuncia como *you*

congratulations /kən,græt.ju'leɪ.ʃ°nz/ excl ⇨¡felicidades! ⇨¡enhorabuena! ■ PRON. La *u* se pronuncia como *you*

congregate UK: /'kɒŋ.grɪ.geɪt/ US: /'kɑːŋ-/ [congregated, congregating] v [I] ⇨congregarse ⇨reunirse

† **congress** n [NO PL] **1** ⇨congreso ⇨conferencia **2 Congress** *US* ⇨congreso ■ El Congreso de EE. UU. está formado por la Cámara de Representantes y el Senado ■ Por ser un nombre colectivo se puede usar con el verbo en singular o en plural

conical UK: /'kɒn.ɪ.k°l/ US: /'kɑː.nɪ-/ adj ⇨cónico,ca

conifer UK: /'kɒn.ɪ.fə'/ US: /'kɑː.nɪ.fə/ n [C] *(en botánica)* ⇨conífera

conjecture UK: /kən'dʒek.tʃə'/ US: /-tʃə/ n [C, U] ⇨conjetura

† **conjunction** /kən'dʒʌŋk.ʃ°n/ n [C] **1** ⇨conjunción **2 in ~ with** sth/sb ⇨conjuntamente con

conjure UK: /'kʌn.dʒə'/ US: /-dʒə/ [conjured, conjuring] v [T] ⇨hacer aparecer: *He conjured a coin out of her ear* - Hizo aparecer una moneda de su oreja

| PHRASAL VERBS
· **to conjure** sth **up** [M] **1** ⇨evocar: *That sound conjures up pleasant memories* - Este sonido me evoca bellos recuerdos **2** ⇨visualizar ⇨imaginarse **3** *(una comida)* ⇨preparar algo [rápidamente]

con man [*pl* con men] n [C] See **con artist**

† **connect** /kə'nekt/ ■ v [T, I] **1** ⇨conectar ⇨unir *(un transporte público)* ⇨enlazar ⇨conectar **3** v [I] ⇨relacionar ⇨asociar **4** ⇨conectar [por teléfono]

connected /kə'nek.tɪd/ adj ⇨conectado,da ⇨unido,da ⇨relacionado,da ■ PRON. La última *e* se pronuncia como la *i* en *did* **C** ■

connection /kə'nek.ʃ°n/ ■ n [C, U] **1** ⇨conexión ⇨relación **2** ⇨conexión [a internet] ■ n [C] **3** *(en transporte público)* ⇨enlace **4 in ~ with** ⇨con respecto a **5 to have connections** ⇨tener enchufe col.

connoisseur UK: /,kɒn.ə'sɜː'/ US: /,kɑː.nə'sɜː/ n [C] ⇨entendido,da ⇨experto,ta ■ PRON. *oi* se pronuncia como la *a* en el adverbio inglés *ago* y *sseur* rima con el término inglés *her*

conquer UK: /'kɒŋ.kə'/ US: /'kɑːŋ.kə/ v [T] **1** ⇨conquistar ⇨invadir **2** *(un problema)* ⇨dominar ⇨vencer ■ PRON. La *qu* se pronuncia como una *k* y *quer* rima con el término inglés *her*

conquest UK: /'kɒŋ.kwest/ US: /'kɑːŋ-/ n [C, U] ⇨conquista ■ PRON. La *qu* se pronuncia como en *queen*

† **conscience** UK: /'kɒn.tʃ°nts/ US: /'kɑːn-/ n [C, U] ⇨conciencia: *to have a clear conscience* - tener la conciencia tranquila; *He had a guilty conscience* - Le remordía la conciencia

conscientious UK: /,kɒn.tʃi'ent.ʃəs/ US: /,kɑːn-/ adj **1** ⇨concienzudo,da **2 ~ objector** ⇨objetor de conciencia

† **conscious** UK: /'kɒn.tʃəs/ US: /'kɑːn-/ adj **1** ⇨consciente ⇨despierto,ta **2** ⇨consciente ⇨deliberado,da **3 to be conscious of** sth - ser consciente de algo

consciousness UK: /'kɒn.tʃə.snəs/ US: /'kɑːn-/ ■ n [U] **1** ⇨consciencia ⇨conocimiento ■ n [NO PL] **2** ⇨conciencia

conscript UK: /'kɒn.skrɪpt/ US: /'kɑːn-/ n [C] ⇨recluta

consecrate UK: /'kɒnt.sɪ.kreɪt/ US: /'kɑːnt-/ [consecrated, consecrating] v [T] ⇨consagrar

† **consecutive** UK: /kən'sek.ju.tɪv/ US: /-ˤtɪv/ adj ⇨consecutivo,va ■ PRON. La *u* se pronuncia como *you*

† **consensus** /kən'sen.səs/ n [U, NO PL] ⇨consenso: *to reach a consensus* - alcanzar un consenso

consent¹ /kən'sent/ n [U] ⇨consentimiento: *I gave my consent for them to go ahead* - Di mi consentimiento para que continuaran

consent² /kən'sent/ v [I] ⇨condescender ⇨consentir ⇨acceder ■ CONSTR. to consent + to do sth

† **consequence** UK: /'kɒnt.sɪ.kwənts/ US: /'kɑːnt-/ n [C] ⇨consecuencia

consequent UK: /'kɒnt.sɪ.kwənt/ US: /'kɑːnt-/ adj *(form)* ⇨consiguiente ■ Distinto de *consistent* (consecuente)

consequently UK: /ˈkɒnt.sɪ.kwənt.li/ US: /ˈkɑːnt-/ *adv (form)* ⇒en consecuencia ⇒por consiguiente

conservation UK: /ˌkɒnt.səˈveɪ.ʃən/ US: /ˌkɑːnt.sɚ-/ *n* [U] **1** ⇒conservación ⇒preservación **2** ⇒conservación ⇒ahorro ■ PRON. *vation* rima con *station*

†**conservative** UK: /kənˈsɜː.və.tɪv/ US: /-ˈsɝː.və.ˤtɪv/ *adj* **1** ⇒conservador,-a **2** *(un cálculo)* ⇒prudente ⇒cauteloso,sa

conservatory UK: /kənˈsɜː.və.tri/ US: /-ˈsɝː.və.tɔːr.ri/ [*pl* conservatories] *n* [C] **1** ⇒habitación acristalada de una casa ⇒solárium **2** ⇒conservatorio [de música o de arte]

conserve UK: /kənˈsɜːv/ US: /-ˈsɝːv/ [conserved, conserving] *v* [T] **1** ⇒ahorrar: *to conserve energy* - ahorrar energía **2** ⇒proteger ⇒preservar

†**consider** UK: /kənˈsɪd.əʳ/ US: /-ɚ/ *v* [T] **1** ⇒considerar ⇒estudiar ⇒reflexionar ■ CONSTR. *to consider + doing sth* **2** ⇒juzgar ⇒considerar

†**considerable** UK: /kənˈsɪd.ᵊr.ə.bl/ US: /-ɚ-/ *adj* ⇒considerable ■ PRON. La *a* se pronuncia como en el adverbio inglés *ago*

considerate UK: /kənˈsɪd.ᵊr.ət/ US: /-ɚ-/ *adj* ⇒considerado,da ⇒atento,ta ■ PRON. La *a* se pronuncia como en el adverbio inglés *ago*

consideration /kənˌsɪd.əˈreɪ.ʃən/ ■ *n* [C] **1** ⇒importancia ⇒interés ■ *n* [U] **2** ⇒consideración ⇒estudio ⇒reflexión **3** ⇒deferencia ⇒consideración **4 to be under ~** ⇒estar siendo estudiado,da ⇒ser objeto de estudio **5 to take sth into ~** ⇒tener en cuenta

considering UK: /kənˈsɪd.ᵊr.ɪŋ/ US: /-ɚ-/ *conj, prep* **1** ⇒considerando ⇒teniendo en cuenta **2** *She is very agile, considering her age* - Está muy ágil para su edad

consign /kənˈsaɪn/
| PHRASAL VERBS
| · **to consign sth/sb to sth 1** *(form)* ⇒deshacerse de **2** ⇒abandonar a: *The child was consigned to an orphanage* - El niño fue abandonado en un orfanato **3** ⇒relegar a: *an actor consigned to oblivion* - un actor relegado al olvido ■ Distinto de *to record* y *to set aside* (consignar) ■ PRON. *sign* rima con el término inglés *mine*

consist /kənˈsɪst/
| PHRASAL VERBS
| · **to consist in sth** *(form)* ⇒tratar(se) de ⇒consistir en
| · **to consist of sth** ⇒consistir en ⇒constar de

consistency /kənˈsɪs.tᵊnt.si/ ■ *n* [U] **1** ⇒consistencia ⇒regularidad ■ *n* [C, U] **2** ⇒consistencia [de un líquido]

†**consistent** /kənˈsɪs.tᵊnt/ *adj* **1** ⇒coherente ⇒consecuente **2 to be ~ with sth** *(form)* ⇒estar en concordancia con algo ■ Distinto de *firm* y *solid* (consistente)

consolation UK: /ˌkɒn.səˈleɪ.ʃən/ US: /ˌkɑːn-/ *n* [C, U] ⇒consuelo ■ PRON. *lation* rima con *station*

console¹ UK: /kənˈsəʊl/ US: /-ˈsoʊl/ [consoled, consoling] *v* [T] ⇒consolar

console² UK: /ˈkɒn.səʊl/ US: /-soʊl/ *n* [C] *(en informática)* ⇒consola

consolidate UK: /kənˈsɒl.ɪ.deɪt/ US: /-ˈsɑː.lɪ-/ [consolidated, consolidating] ■ *v* [T, I] **1** ⇒afianzar ⇒consolidar ■ *v* [I] **2** *(un grupo, una empresa)* ⇒consolidar(se) ⇒fusionar(se)

consolidation UK: /kənˌsɒl.ɪˈdeɪ.ʃən/ US: /-ˌsɑː.lɪ-/ *n* [U] *(de un grupo, de una empresa)* ⇒consolidación

†**consonant** UK: /ˈkɒn.sə.nənt/ US: /ˈkɑːn-/ *n* [C] ⇒consonante

consortium UK: /kənˈsɔː.ti.əm/ US: /-ˈsɔːr.ˤti-/ [*pl* consortia, consortiums] *n* [C] ⇒consorcio

conspicuous /kənˈspɪk.ju.əs/ *adj* **1** ⇒notable ⇒llamativo,va **2 to be ~ by its absence** ⇒brillar por su ausencia *col.*

†**conspiracy** /kənˈspɪr.ə.si/ [*pl* conspiracies] *n* [C, U] ⇒conspiración

conspire UK: /kənˈspaɪəʳ/ US: /-ˈspaɪr/ [conspired, conspiring] *v* [I] **1** ⇒conspirar: *to conspire against sb* - conspirar contra alguien ■ CONSTR. *to conspire + to do sth* **2** ⇒volverse en contra

constable UK: /ˈkʌnt.stə.bl/ US: /ˈkɑːnt-/ *n* [C] ⇒policía [agente] ■ PRON. La *a* se pronuncia como en el adverbio inglés *ago*

†**constant** UK: /ˈkɒnt.stᵊnt/ US: /ˈkɑːnt-/ *adj* **1** ⇒continuo,nua ⇒constante **2** ⇒leal ⇒fiel

constantly UK: /ˈkɒnt.stᵊnt.li/ US: /ˈkɑːnt-/ *adv* ⇒constantemente

constellation UK: /ˌkɒnt.stəˈleɪ.ʃən/ US: /ˌkɑːnt-/ *n* [C] ⇒constelación ■ PRON. *llation* rima con *station*

constipated UK: /ˈkɒnt.stɪ.peɪ.tɪd/ US: /ˈkɑːnt.stɪ.peɪ.ˤtɪd/ *adj* ⇒estreñido,da ■ Distinto de *to have a cold* (estar constipado,da) ■ PRON. La *e* se pronuncia como la *i* en *did*

constipation UK: /ˌkɒnt.stɪˈpeɪ.ʃən/ US: /ˌkɑːnt-/ *n* [U] ⇒estreñimiento ■ Distinto de *cold* (constipado) ■ PRON. *pation* rima con *station*

†**constituency** /kənˈstɪt.ju.ənt.si/ [*pl* constituencies] *n* [C] ⇒distrito electoral

constituent /kənˈstɪt.ju.ənt/ *n* [C] **1** ⇒componente **2** ⇒elector,-a

†**constitute** UK: /ˈkɒn.stɪ.tjuːt/ US: /ˈkɑːn.stɪ.tuːt/ [constituted, constituting] *v* [T] **1** ⇒constituir **2** ⇒componer ⇒integrar

†**constitution** UK: /ˌkɒn.stɪˈtjuː.ʃən/ US: /ˌkɑːn.stɪˈtuː-/ *n* [C] **1** *(en derecho)* ⇒constitución ⇒estatuto **2** *(de una persona)* ⇒constitución

constitutional UK: /ˌkɒn.stɪˈtjuː.ʃən.ᵊl/ US: /ˌkɑːn.stɪˈtuː-/ *adj* ⇒constitucional

constraint /kən'streɪnt/ n [c] ⇨limitación ⇨restricción ⇨constricción

constrict /kən'strɪkt/ ∎ v [T] 1 ⇨coartar ⇨constreñir ∎ v [T, I] 2 ⇨apretar(se) ⇨constreñir(se)

†**construct** /kən'strʌkt/ v [T] ⇨construir: *to construct a bridge* - construir un puente ∎ Se usa más *build* ∎ PRON. La *u* se pronuncia como en el término inglés *sun*

construction /kən'strʌk.ʃ°n/ ∎ n [U] *(actividad)* ⇨construcción ∎ n [c] 2 *(obra)* ⇨construcción ⇨edificio ∎ PRON. La *u* se pronuncia como en el término inglés *sun*

construe /kən'struː/ [construed, construing] v [T] ⇨interpretar

consul UK: /'kɒnt.s°l/ US: /'kɑːnt-/ n [c] ⇨cónsul

consulate UK: /'kɒn.sju.lət/ US: /'kɑːn.sjə-/ n [c] ⇨consulado ∎ PRON. La *a* se pronuncia como en el adverbio inglés *ago*

†**consult** /kən'sʌlt/ ∎ v [T] 1 ⇨consultar ∎ v [T, I] 2 *(un asunto)* ⇨tratar ⇨consultar ∎ PRON. La *u* se pronuncia como en el término inglés *sun*

consultant /kən'sʌl.t°nt/ n [c] 1 ⇨asesor,-a ⇨consultor,-a 2 UK ⇨especialista [médico] ∎ PRON. La *u* se pronuncia como en el término inglés *sun*

†**consume** UK: /kən'sjuːm/ US: /-'suːm/ [consumed, consuming] v [T] ⇨consumir ⇨utilizar ⇨gastar 2 *(form)* ⇨consumir ⇨ingerir 3 **to be consumed {by/with}** *sth Vincent was consumed with jealousy* - A Vincent le consumían los celos ∎ PRON. La *u* se pronuncia como *you*

consumer UK: /kən'sjuː.məˀ/ US: /-'suː.mɚ/ n [c] 1 ⇨consumidor,-a 2 *consumer society* - sociedad de consumo

consumerism UK: /kən'sjuː.mə.rɪ.z°m/ US: /-'suː.mə.ɪ-/ n [U] ⇨consumismo

consummate¹ UK: /'kɒn.sju.meɪt/ US: /'kɑːn.sə-/ [consummated, consummating] v [T] 1 *(el matrimonio)* ⇨consumar 2 ⇨culminar ⇨cumplir

consummate² UK: /'kɒn.sə.mət/ US: /'kɑːn-/ adj *(form)* ⇨consumado,da ⇨experto,ta

consumption /kən'sʌmp.ʃ°n/ n [U] 1 ⇨consumo ⇨compra 2 ⇨consumo ⇨uso ⇨gasto 3 ⇨consumición ∎ PRON. La *u* se pronuncia como en el término inglés *sun*

†**contact¹** UK: /'kɒn.tækt/ US: /'kɑːn-/ ∎ n [U] 1 ⇨contacto [físico] 2 ⇨trato ⇨contacto ∎ n [c] 3 ⇨enchufe *col.;* ⇨contacto 4 See **contact lens**

†**contact²** UK: /'kɒn.tækt/ US: /'kɑːn-/ v [T] ⇨ponerse en contacto ⇨contactar

contact lens [pl contact lenses] *(tb* contact) n [c] ⇨lente de contacto ⇨lentilla

contagious /kən'teɪ.dʒəs/ adj ⇨contagioso,sa: *a highly contagious disease* - una enfermedad muy contagiosa ∎ PRON. *ta* rima con *day* y la *i* no se pronuncia

†**contain** /kən'teɪn/ v [T] 1 ⇨contener 2 ⇨controlar ⇨contener(se) ∎ CONSTR. Se usa más como reflexivo

container UK: /kən'teɪ.nəˀ/ US: /-nɚ/ n [c] 1 ⇨contenedor ⇨recipiente 2 *(para el transporte)* ⇨contenedor

contaminate /kən'tæm.ɪ.neɪt/ [contaminated, contaminating] v [T] ⇨contaminar

†**contemplate** UK: /'kɒn.təm.pleɪt/ US: /'kɑːn.ˤtəm-/ [contemplated, contemplating] v [T] 1 ⇨plantearse ⇨considerar ∎ CONSTR. to contemplate + doing sth 2 ⇨contemplar

†**contemporary¹** UK: /kən'tem.p°r.°r.i/ US: /-pə.rer-/ adj 1 ⇨contemporáneo,a 2 ⇨coetáneo,a

contemporary² UK: /kən'tem.p°r.°r.i/ US: /-pə.rer-/ [pl contemporaries] n [c] ⇨coetáneo,a

†**contempt** /kən'tempt/ n [U] 1 ⇨desprecio 2 ~ **of court** *(en derecho)* ⇨desacato al tribunal

contend /kən'tend/ v [T] 1 *(form)* ⇨sostener ⇨afirmar ∎ CONSTR. to contend + (that) 2 **to ~ for** *sth* 1 ⇨luchar por algo 2 ⇨competir por algo: *They contended for the first prize* - Compitieron por el primer premio

PHRASAL VERBS
· **to contend with** *sth* ⇨enfrentarse a algo: *to contend with a problem* - enfrentarse a un problema

content¹ UK: /'kɒn.tent/ US: /'kɑːn-/ n [NO PL] 1 *(de un texto o de una película)* ⇨contenido ⇨tema 2 *(de una comida, de una materia)* ⇨contenido

content² /kən'tent/ adj ⇨contento,ta ⇨satisfecho,cha

contented UK: /kən'ten.tɪd/ US: /-ˤtɪd/ adj ⇨contento,ta ⇨satisfecho,cha ∎ PRON. La última *e* se pronuncia como la *i* de *did*

contention /kən'ten.tʃ°n/ ∎ n [c] 1 *(form)* ⇨opinión ∎ n [U] 2 ⇨discusión ⇨disensión 3 **a bone of** ~ ⇨objeto de discordia

contentious /kən'ten.tʃəs/ adj *(form)* ⇨polémico,ca ⇨controvertido,da

†**contents** UK: /'kɒn.tents/ US: /'kɑːn-/ n [PL] ⇨contenidos ⇨materias ∎ También se utiliza a menudo la forma singular *content*

contest¹ UK: /'kɒn.test/ US: /'kɑːn-/ n [c] 1 ⇨concurso ⇨certamen 2 ⇨lucha ⇨contienda

contest² /kən'test/ v [T] 1 ⇨rebatir: *I decided to contest the decision* - Decidí rebatir la decisión 2 ⇨competir ⇨disputar 3 *(una decisión)* ⇨impugnar ∎ Distinto de *to answer* (contestar)

contestant /kən'tes.t°nt/ n [c] 1 ⇨concursante 2 ⇨contrincante

†**context** UK: /'kɒn.tekst/ US: /'kɑːn-/ n [c, U] ⇨contexto

contextual /kən'tek.stju.əl/ adj *(form)* ⇨contextual

† **continent** UK: /'kɒn.tɪ.nənt/ US: /'kɑːn.ˤt̬[ə]n.ənt/ n [C] **1** ⇒continente **2** the Continent *UK* ⇒Europa Continental

continental UK: /ˌkɒn.tɪ'nen.t̬ᵊl/ US: /ˌkɑːn.ˤt̬[ə]n'en.ˤt̬[ə]l/ adj ⇒continental

continental breakfast n [C] ⇒desayuno continental

contingency /kən'tɪn.dʒᵊnt.si/ [pl contingencies] n [C] ⇒contingencia

contingent /kən'tɪn.dʒᵊnt/ n [PL] **1** ⇒contingente [militar] **2** (de un país, de una organización) ⇒representación ■ Por ser un nombre colectivo se puede usar con el verbo en singular o en plural

continual /kən'tɪn.ju.əl/ adj ⇒continuo,nua ■ Se usa para algo que se repite con frecuencia. Comparar con continuous ■ PRON. La u se pronuncia como you

continuation /kənˌtɪn.ju'eɪ.ʃᵊn/ n [C] ⇒continuación

† **continue** /kən'tɪn.juː/ [continued, continuing] v [T, I] ⇒seguir ⇒continuar ■ CONSTR. 1. to continue + doing sth 2. to continue + to do sth ■ La forma continued que se utiliza en los textos como continúa puede ser abreviada con cont. ■ PRON. La última parte, ue, se pronuncia como en you

continued /kən'tɪn.juːd/ adj ⇒continuo,nua ■ PRON. La u se pronuncia como you y la e no se pronuncia

continuity UK: /ˌkɒn.tɪ'njuː.ɪ.ti/ US: /ˌkɑːn.t̬[ə]n'uː.ə.ˤt̬i/ n [U] ⇒continuidad

continuous /kən'tɪn.ju.əs/ adj ⇒continuo,nua ⇒constante ■ Se usa para algo que no se interrumpe. Comparar con continual

continuously /kən'tɪn.ju.ə.sli/ adv ⇒continuamente ⇒constantemente

contort UK: /kən'tɔːt/ US: /-'tɔːrt/ v [T, I] ⇒contorsionar(se) ⇒retorcer(se)

contour UK: /'kɒn.tɔːʳ/ US: /'kɑːn.tʊr/ n [C] **1** ⇒contorno ⇒silueta **2** (en un mapa) ⇒línea de nivel ■ PRON. La ou se pronuncia como aw en saw

contraband UK: /'kɒn.trə.bænd/ US: /'kɑːn-/ n [U] ⇒contrabando ⇒fayuca AMÉR. col.

contraception /ˌkɒn.trə'sep.ʃᵊn/ US: /ˌkɑːn-/ n [U] ⇒contracepción ■ PRON. La segunda c se pronuncia como una s

† **contract¹** UK: /'kɒn.trækt/ US: /'kɑːn-/ n [C] ⇒contrato: to sign a contract - firmar un contrato

contract² /kən'trækt/ ■ v [T] **1** (form) ⇒contraer: to contract an illness - contraer una enfermedad ■ v [T, I] **2** ⇒contratar

contraction /kən'træk.ʃᵊn/ n [C] ⇒contracción

contradict UK: /ˌkɒn.trə'dɪkt/ US: /ˌkɑːn-/ v [T] ⇒contradecir(se): to contradict sb - contradecir a alguien

contradiction UK: /ˌkɒn.trə'dɪk.ʃᵊn/ US: /ˌkɑːn-/ n [C, U] ⇒contradicción

contrary UK: /'kɒn.trə.ri/ US: /'kɑːn.tre-/ adj **1** ⇒contrario,ria ⇒opuesto,ta **2** ~ to sth ⇒en contra de algo: contrary to popular belief - en contra de lo que se suele creer **3** on the ~ ⇒por el contrario

† **contrast¹** UK: /'kɒn.trɑːst/ US: /'kɑːn.træst/ n [C, U] ⇒contraste

contrast² UK: /kən'trɑːst/ US: /-'træst/ v [T, I] ⇒contrastar: This contrasts with their previous attitude - Esto contrasta con su postura anterior

† **contribute** UK: /kən'trɪb.juːt/ UK: /'kɒn.trɪ.bjuːt/ US: /'kɑːn-/ [contributed, contributing] v [T, I] ⇒contribuir ⇒aportar ■ PRON. La u se pronuncia como en you

| PHRASAL VERBS
· **to contribute to sth** ⇒participar en algo ⇒contribuir a algo

contribution UK: /ˌkɒn.trɪ'bjuː.ʃᵊn/ US: /ˌkɑːn-/ n [C] **1** (de dinero) ⇒contribución ⇒aportación **2** ⇒contribución ⇒ayuda ■ PRON. La u se pronuncia como en you

† **control¹** UK: /kən'trəʊl/ US: /-'troʊl/ n [U] **1** ⇒control ⇒poder **2** Who's in control? - ¿Quién manda aquí? **3** ⇒control ⇒manejo **4** (instrumento) ⇒control **5** the control panel - los mandos **6** (en un experimento) ⇒control **7** ⇒restricción **8** ⇒calma **9** ⇒mando ⇒tecla **10** out of ~ ⇒descontrolado,da ⇒fuera de control

† **control²** UK: /kən'trəʊl/ US: /-'troʊl/ [controlled, controlling] v [T] **1** ⇒controlar ⇒manejar **2** ⇒contener ⇒controlar

controlled adj **1** ⇒controlado,da **2** (una emoción) ⇒contenido,da

controls n [PL] ⇒mandos ⇒controles

controversial UK: /ˌkɒn.trə'vɜː.ʃᵊl/ US: /ˌkɑːn.trə'vɜː-/ adj ⇒controvertido,da ⇒polémico,ca

† **controversy** UK: /'kɒn.trə.vɜː.si/ UK: /kən'trɒv.ə-/ US: /'kɑːn.trə.vɜː-/ [pl controversies] n [C, U] ⇒controversia ⇒polémica

convene /kən'viːn/ [convened, convening] v [T, I] (form) ⇒convocar ⇒congregar(se)

convenience /kən'viː.ni.ənts/ ■ n [U] **1** ⇒conveniencia ■ n [C] **2** ⇒comodidad **3** convenience food - platos preparados

convenience store US n [C] (establecimiento) ⇒ultramarinos ⇒abarrotería AMÉR.

† **convenient** /kən'viː.ni.ənt/ adj **1** ⇒conveniente ⇒adecuado,da ⇒oportuno,na ⇒práctico,ca **2** ⇒bien situado,da ⇒a mano col. **3** to be ~ ⇒convenir ⇒parecer bien

convent UK: /'kɒn.vənt/ US: /'kɑːn-/ n [C] **1** ⇒convento **2** to enter a convent - hacerse monja

† **convention** /kən'ven.tʃⁿn/ ■ *n* [C, U] ⇒convención ⇒práctica **2** *to break with convention* - salir de lo establecido ■ *n* [C] **3** ⇒asamblea ⇒congreso **4** ⇒convención ⇒acuerdo

conventional /kən'vent.ʃⁿn.ᵊl/ *adj* **1** ⇒convencional: *a conventional lifestyle* - un estilo de vida convencional **2** ~ *wisdom* ⇒sabiduría popular

converge UK: /kən'vɜːdʒ/ US: /-'vɜːdʒ/ [converged, converging] *v* [I] **1** ⇒converger: *The lines converge at this point* - Las líneas convergen en este punto **2** ⇒coincidir ⇒unirse

† **conversation** UK: /ˌkɒn.və'seɪ.ʃⁿn/ US: /ˌkɑːn.və-/ *n* [C, U] ⇒conversación: *to have a conversation with sb* - mantener una conversación con alguien

converse¹ UK: /kən'vɜːs/ US: /-'vɜːs/ [conversed, conversing] *v* [I] *(form)* ⇒conversar ⇒departir *form.*

converse² UK: /'kɒn.vɜːs/ UK: /kən'vɜːs/ US: /'kɑːn.vɜːs/ UK: /kən'vɜːs/ *the ~ (form)* ⇒lo contrario

conversion UK: /kən'vɜː.ʃⁿn/ UK: /-ʒⁿn/ US: /-'vɜː-/ ■ *n* [C, U] **1** ⇒conversión ■ *n* [C] **2** *(de un edificio)* ⇒reforma ⇒remodelación **3** *(en rugby)* ⇒transformación

† **convert** UK: /kən'vɜːt/ US: /-'vɜːt/ *v* [T, I] **1** ⇒transformar(se): *They converted their house into a hotel* - Transformaron su casa en un hotel **2** ⇒convertir(se): *to convert to another religion* - convertirse a otra religión

convertible¹ UK: /kən'vɜː.tɪ.bl̩/ US: /-'vɜːˠt̬ə-/ *adj* **1** *(en economía)* ⇒convertible **2** *(un sofá)* ⇒transformable [en cama]

convertible² UK: /kən'vɜː.tɪ.bl̩/ US: /-'vɜːˠt̬ɪ-/ *n* [C] *(un vehículo)* ⇒descapotable ⇒convertible *AMÉR.*

† **convey** /kən'veɪ/ *v* [T] **1** ⇒transmitir ⇒expresar **2** ⇒transportar ⇒llevar ■ PRON. La segunda sílaba, *vey*, rima con *day*

conveyor belt *n* [C] ⇒cinta transportadora

convict¹ /kən'vɪkt/ *v* [T] *(en derecho)* ⇒condenar ⇒declarar culpable ■ CONSTR. Se usa más en pasiva

convict² UK: /'kɒn.vɪkt/ US: /'kɑːn-/ *n* [C] ⇒condenado,da ⇒presidiario,ria

† **conviction** /kən'vɪk.ʃⁿn/ ■ *n* [C, U] **1** ⇒convicción ■ *n* [C] **2** ⇒condena

† **convince** /kən'vɪnts/ [convinced, convincing] *v* [T] ⇒convencer: *Don't try to convince me about it* - No intentes convencerme de ello ■ CONSTR. 1. to convince + that 2. to convince + to do sth ■ PRON. *in* se pronuncia como el término inglés *in*

† **cook¹** /kʊk/ *v* [T, I] **1** ⇒cocinar **2** *to* ~ *the books (inform)* ⇒falsificar los libros de contabilidad ■ PRON. Rima con *book*

| PHRASAL VERBS
· *to cook sth up* [M] *(inform)* ⇒tramar ⇒inventar

TO COOK C

TO BOIL TO ROAST

TO GRILL TO BARBECUE

cook² /kʊk/ *n* [C] ⇒cocinero,ra ■ PRON. Rima con *book*

cookbook /'kʊk.bʊk/ *n* [C] ⇒libro de cocina

cooked /kʊkt/ *adj* **1** ⇒cocinado,da ⇒cocido,da **2** *cooked meal* - comida caliente ■ PRON. La *e* no se pronuncia

cooker UK: /'kʊk.əʳ/ US: /-ə/ *UK* *(US* stove) *n* [C] *(aparato)* ⇒cocina

cookery UK: /'kʊk.ᵊr.i/ US: /-ə-/ *UK n* [U] ⇒cocina: *a cookery class* - una clase de cocina; *cookery books* - libros de cocina

† **cookie** /'kʊk.i/ *US n* [C] **1** *(UK* biscuit) ⇒galleta ⇒masita AMÉR. **2** *(inform)* ⇒tipo,pa col. **3** *(en informática)* ⇒cookie

cooking /'kʊk.ɪŋ/ *n* [U] ⇒cocina: *Italian cooking* - la cocina italiana ■ Se usa más *cuisine* **2** ⇒comida: *vegetarian cooking* - comida vegetariana

† **cool¹** /kuːl/ *adj* **1** ⇒fresco,ca ■ Indica una temperatura agradable. Comparar con *cold* **2** *(en el manejo de una situación)* ⇒sereno,na ⇒tranquilo,la **3** ⇒frío,a ⇒distante **4** *(inform)* ⇒guay *col.;* ⇒chulo,la *col.;* ⇒chévere *col.* AMÉR. **5** *(inform) (una persona)* ⇒guay *col.;* ⇒genial **6** *to* {keep/stay} ~ ⇒mantener la calma ■ PRON. *coo* rima con *too*

cool² /kuːl/ *v* [T, I] ⇒enfriar(se): *Wait until the soup has cooled a little* - Espera a que se enfríe un poco la sopa

| PHRASAL VERBS
· *to cool (sb)* {down/off} [M] **1** ⇒calmarse: *Cool down a bit, Alice* - Cálmate un poco, Alice **2** *(una relación)* ⇒enfriarse
· *to cool (sth/sb)* {down/off} [M] **1** ⇒refrescar: *It has cooled down a bit* - Ha refrescado un poco **2** ⇒enfriarse: *His enthusiasm cooled off quickly* - Su entusiasmo se enfrió rápidamente

coolness /'kuːl.nəs/ *n* [U] **1** ⇒frialdad **2** *(del agua, del aire)* ⇒frescor

† **cooperate** UK: /kəʊ'ɒp.ᵊr.eɪt/ US: /koʊ'ɑː.pə.reɪt/ [cooperated, cooperating] *(tb* co-operate) *v* [I] ⇒cooperar ⇒colaborar

cooperation UK: /kəʊˌɒp.ºr'eɪ.ʃºn/ US: /koʊˌɑː.pəˈreɪ-/ *(tb* **co-operation)** *n* [U] ⇒cooperación ⇒colaboración

cooperative[1] UK:/kəʊˈɒp.ºr.ə.tɪv/US:/koʊˈɑː.pə.ə.ˤtɪv/ *adj* **1** ⇒cooperativo,va ⇒colaborador,-a **2** *She has been very cooperative* - Ha colaborado mucho

cooperative[2] UK:/kəʊˈɒp.ºr.ə.tɪv/US:/koʊˈɑː.pə.ə.ˤtɪv/ *(tb* **co-operative)** *n* [C] ⇒cooperativa ■ la forma abreviada es *co-op*

cooperatively UK: /kəʊˈɒp.ºr.ə.tɪv.li/ US: /koʊˈɑː.pə.ə.ˤtɪv-/ *(tb* **co-operatively)** *adv* ⇒cooperativamente ⇒conjuntamente

coordinate UK: /kəʊˈɔː.dɪ.neɪt/ US: /koʊˈɔːr-/ [coordinated, coordinating] *v* [T] **1** ⇒coordinar **2** ⇒combinar: *She coordinates colours very well* - Combina muy bien los colores

coordinates UK: /kəʊˈɔː.dɪ.nəts/ US: /koʊˈɔːr-/ *(tb* **co-ordinates)** *n* [PL] **1** *(prendas de vestir)* ⇒conjunto **2** ⇒coordenadas [de un mapa]

coordination UK: /kəʊˌɔː.dɪˈneɪ.ʃºn/ US: /koʊˌɔːr-/ *n* [U] **1** *(de personas)* ⇒organización ⇒coordinación **2** *(del cuerpo)* ⇒sincronización ⇒coordinación

cop UK: /kɒp/ US: /kɑːp/ *US n* [C] *(inform)* ⇒poli *col.;* ⇒madero,ra *col.;* ⇒paco,ca *AMÉR. col.*

† **cope** UK: /kəʊp/ US: /koʊp/ [coped, coping] *v* [I] **1** ⇒arreglárselas *col.;* ⇒llevar [una situación] **2** ⇒aceptar ⇒resignarse **3** ⇒poder

copious UK: /ˈkəʊ.pi.əs/ US: /ˈkoʊ-/ *adj* ⇒copioso,sa ⇒abundante

† **copper** UK: /ˈkɒp.əʳ/ US: /ˈkɑː.pə/ ■ *n* [U] **1** ⇒cobre ■ *n* [C] **2** *UK (inform)* ⇒poli *col.;* ⇒madero,ra *col.;* ⇒paco,ca *AMÉR. col.*

† **coppers** *UK n* [PL] *(inform)* ⇒calderilla

† **copy**[1] UK: /ˈkɒp.i/ US: /ˈkɑː.pi/ *[pl* copies] *n* [C] **1** ⇒copia **2** ⇒ejemplar: *How many copies do you have?* - ¿Cuántos ejemplares tenéis?

† **copy**[2] UK: /ˈkɒp.i/ US: /ˈkɑː.pi/ [copies, copied] *v* [T] **1** ⇒copiar: *to copy a document* - copiar un documento **2** ⇒imitar: *My little brother copies everything I do* - Mi hermano pequeño imita todo lo que hago

| PHRASAL VERBS
· **to copy** *sth* **out** [M] *UK* ⇒copiar algo [a mano
└ en papel]

copyright UK: /ˈkɒp.i.raɪt/ US: /ˈkɑː.pi-/ *n* [C, U] ⇒derechos de autor ⇒copyright

coral UK: /ˈkɒr.əl/ US: /ˈkɔːr-/ *n* [U] ⇒coral: *She's wearing a coral bracelet* - Lleva una pulsera de coral ■ PRON. Se acentúa la primera sílaba, *co*

cord UK: /kɔːd/ US: /kɔːrd/ *n* [C, U] **1** ⇒cuerda ⇒cordón **2** *US (UK tb* **flex/lead)** ⇒cable [eléctrico]

cordless UK: /ˈkɔːd.ləs/ US: /ˈkɔːrd-/ *adj* ⇒inalámbrico,ca: *a cordless phone* - un teléfono inalámbrico

cordon[1] UK: /ˈkɔː.dºn/ US: /ˈkɔːr-/ *n* [C] ⇒cordón: *a police cordon* - un cordón policial ■ PRON. Se acentúa la primera sílaba, *cor*

cordon[2] UK: /ˈkɔː.dºn/ US: /ˈkɔːr-/

| PHRASAL VERBS
└ **to cordon** *sth* **off** [M] ⇒acordonar

cords UK: /kɔːdz/ US: /kɔːrdz/ *n* [PL] *(inform)* ⇒pantalón de pana: *three pairs of cords* - tres pantalones de pana

corduroy UK: /ˈkɔː.də.rɔɪ/ US: /ˈkɔːr-/ *n* [U] ⇒pana

† **core** UK: /kɔːʳ/ US: /kɔːr/ ■ *n* [NO PL] **1** *(de la Tierra, de un reactor nuclear)* ⇒núcleo ⇒centro **2** ⇒esencia ⇒lo esencial **3** *the core issues* - los asuntos esenciales **4** *the core business* - la actividad principal **5** *core skills* - capacidades esenciales ■ *n* [C] **6** *(de una fruta)* ⇒corazón **7** *to the ~* ⇒hasta la médula *col.;* ⇒extremadamente

coriander UK: /ˌkɒr.iˈæn.dəʳ/ US: /ˈkɔːr.i.æn.də/ *n* [U] *(planta)* ⇒cilantro

cork UK: /kɔːk/ US: /kɔːrk/ ■ *n* [U] **1** *(material)* ⇒corcho ■ *n* [C] **2** *(de una botella)* ⇒corcho

corkscrew UK: /ˈkɔːk.skruː/ US: /ˈkɔːrk-/ *n* [C] ⇒sacacorchos: *Where is your corkscrew?* - ¿Dónde está el sacacorchos?

† **corn** UK: /kɔːn/ US: /kɔːrn/ ■ *n* [U] **1** *UK (US* **grain)** ⇒cereal ⇒grano **2** *US (UK* **maize)** ⇒maíz ⇒mazorca **3** *US (UK/US tb* **sweetcorn)** ⇒maíz tierno **4** *US (inform)* ⇒cursilería ⇒sentimentalismo ■ *n* [C] **5** *(en el pie)* ⇒callo ⇒dureza

† **corner**[1] UK: /ˈkɔː.nəʳ/ US: /ˈkɔːr.nə/ *n* [C] **1** ⇒esquina: *I'll meet you at the corner of Cross Street and Bridge Road* - Te espero en la esquina de Cross Street y Bridge Road ■ Se emplea la preposición *at* cuando se hace referencia a una zona abierta, como por ejemplo una calle **2** *(de una habitación, de una caja)* ⇒rincón ■ Se emplea la preposición *in* cuando se hace referencia a una zona cerrada, como por ejemplo una habitación **3** *(en fútbol)* ⇒saque de esquina ⇒córner **4** ⇒sitio: *a picturesque corner* - un sitio pintoresco **5** *just* {around/round} *the* ~ ⇒a la vuelta de la esquina: *Her birthday is just around the corner* - Su cumpleaños está a la vuelta de la esquina ■ PRON. La sílaba *ner* se pronuncia como en *dinner*

corner[2] UK: /ˈkɔː.nəʳ/ US: /ˈkɔːr.nə/ ■ *v* [I] **1** *(conduciendo)* ⇒torcer ■ *v* [T] **2** *(a una persona o un animal)* ⇒acorralar ⇒arrinconar **3** *(un mercado)* ⇒acaparar ■ PRON. La sílaba *ner* se pronuncia como en *dinner*

cornerstone UK: /ˈkɔː.nə.stəʊn/ US: /ˈkɔːr.nə.stoʊn/ *n* [C] ⇒piedra angular

cornflakes UK: /ˈkɔːn.fleɪks/ US: /ˈkɔːrn-/ *n* [PL] ⇒copos de maíz

corny UK: /ˈkɔː.ni/ US: /ˈkɔːr-/ *adj* [comp cornier, superl corniest] **1** *(inform)* ⇒malo,la: *a corny joke*

- un chiste malo **2** *(inform)* ⇨cursi ⇨sensiblero,ra

corona UK: /kə'rəʊ.nə/ US: /-'roʊ-/ *[pl* coronae, coronas] *n* [C] *(en astronomía)* ⇨halo ⇨corona

coronation UK: /ˌkɒr.ə'neɪ.ʃⁿn/ US: /ˌkɔːr-/ *n* [C] ⇨coronación ■ PRON. *nation* rima con *station*

coroner UK: /'kɒr.ə.nəʳ/ US: /'kɔːr.[ə]n.ə/ *n* [C] ⇨persona encargada de la investigación de muertes no naturales o repentinas

corpora UK: /'kɔː.pⁿr.ə/ US: /'kɔːr.pə-/ *n* [PL] See **corpus**

corporal[1] UK: /'kɔː.pⁿr.ⁿl/ US: /'kɔːr.pə-/ *n* [C] *(en el ejército)* ⇨cabo

corporal[2] UK: /'kɔː.pⁿr.ⁿl/ US: /'kɔːr.pə-/ *adj (form)* ⇨corporal

† **corporate** UK: /'kɔː.pⁿr.ət/ US: /'kɔːr.pə-/ *adj* **1** ⇨corporativo,va: *corporate image* - imagen corporativa **2** ⇨colectivo,va ■ PRON. La *a* se pronuncia como en el adverbio inglés *ago*

† **corporation** UK: /ˌkɔː.pⁿr'eɪ.ʃⁿn/ US: /ˌkɔːr.pə'reɪ-/ *n* [C] **1** ⇨corporación ⇨grupo empresarial **2** *UK* ⇨ayuntamiento ■ Por ser un nombre colectivo se puede usar con el verbo en singular o en plural ■ La forma abreviada es *Corp.*

corps UK: /kɔːʳ/ US: /kɔːr/ *[pl* corps] *n* [C] **1** *(en el ejército)* ⇨cuerpo **2** ⇨colectivo ⇨cuerpo ■ Por ser un nombre colectivo se puede usar con el verbo en singular o en plural ■ PRON. No se pronuncia *ps*. Rima con la conjunción inglesa *or*

† **corpse** UK: /kɔːps/ US: /kɔːrps/ *n* [C] ⇨cadáver

corpus UK: /'kɔː.pəs/ US: /'kɔːr-/ *[pl* corpora, corpuses] *n* [C] **1** ⇨corpus **2** ⇨obra ⇨bibliografía

† **correct**[1] /kə'rekt/ *adj* **1** *(verdadero, preciso)* ⇨correcto,ta **2** *(una vestimenta, una manera, un habla)* ⇨apropiado,da ⇨adecuado,da ⇨correcto,ta **3** *to be correct* - tener razón

correct[2] /kə'rekt/ *v* [T] ⇨corregir: *to correct an exercise* - corregir un ejercicio

correction /kə'rek.ʃⁿn/ *n* [C, U] **1** ⇨corrección **2** ⇨rectificación

correctly /kə'rekt.li/ *adv* ⇨correctamente

correlation UK: /ˌkɒr.ə'leɪ.ʃⁿn/ US: /ˌkɔːr-/ *n* [C] ⇨correlación ■ PRON. *lation* rima con *station*

† **correspond** UK: /ˌkɒr.ɪ'spɒnd/ US: /ˌkɔːr.ɪ'spɑːnd/ *v* [I] **1** *(form)* ⇨cartearse **2** ⇨corresponderse ⇨concordar

correspondence UK: /ˌkɒr.ɪ'spɒn.dənts/ US: /ˌkɔːr.ɪ'spɑːn-/ ■ *n* [U] **1** ⇨correo ⇨correspondencia ■ *n* [C, U] **2** ⇨correspondencia ⇨conexión ⇨relación

† **correspondent** UK: /ˌkɒr.ɪ'spɒn.dⁿnt/ US: /ˌkɔːr.ɪ'spɑːn-/ *n* [C] ⇨corresponsal: *our correspondent in Moscow* - nuestro corresponsal en Moscú ■ Distinto de *corresponding* (correspondiente)

corresponding UK: /ˌkɒr.ɪ'spɒn.dɪŋ/ US: /ˌkɔːr.ɪ'spɑːn-/ *adj* ⇨correspondiente ■ Distinto de *correspondent* (corresponsal)

† **corridor** UK: /'kɒr.ɪ.dɔːʳ/ US: /'kɔːr.ɪ.də/ *n* [C] *(entre paredes)* ⇨pasillo

corrugated UK: /'kɒr.ə.geɪ.tɪd/ US: /'kɔːr.ə.geɪ.ⁿtɪd/ *adj (un metal o un trozo de papel)* ⇨ondulado,da

† **corrupt**[1] /kə'rʌpt/ *adj* **1** ⇨corrupto,ta ⇨deshonesto,ta **2** ⇨corrupto,ta ⇨dañado,da ■ PRON. La *u* se pronuncia como el término inglés *sun*

corrupt[2] /kə'rʌpt/ *v* [T] **1** ⇨corromper: *to corrupt sb* - corromper a alguien ■ CONSTR. Se usa más en pasiva **2** ⇨dañar ⇨estropear ■ PRON. La *u* se pronuncia como el término inglés *sun*

cos (lettuce) *UK n* [C] ⇨lechuga romana ■ PRON. La segunda sílaba de *lettuce*, *tuce*, rima con *kiss*

cosmetic UK: /kɒz'met.ɪk/ US: /kɑːz'meⁿt̬-/ *adj* **1** ⇨cosmético,ca: *a cosmetic cream* - una crema cosmética **2** *(la realidad)* ⇨disfrazado,da ⇨maquillado,da

cosmetics UK: /kɒz'met.ɪks/ US: /kɑːz'meⁿt̬-/ *n* [PL] ⇨cosmético

cosmopolitan UK: /ˌkɒz.mə'pɒl.ɪ.tⁿn/ US: /ˌkɑː.z.mə'pɑː.lɪ.ⁿt̬[ə]n/ *adj* ⇨cosmopolita

† **cost**[1] UK: /kɒst/ US: /kɑːst/ *n* [C, U] **1** ⇨coste ⇨precio **2** *to buy sth at cost* - comprar algo a precio de coste **3** *at all costs* ⇨como sea ⇨a cualquier precio

† **cost**[2], **cost**, **cost** UK: /kɒst/ US: /kɑːst/ *v* [T] ⇨costar: *It cost him a fortune* - Le costó un dineral; *How much does this cost?* - ¿Cuánto cuesta esto? ■ CONSTR. 1. to cost + to do sth 2. to cost + dos objetos

cost[3] UK: /kɒst/ US: /kɑːst/ *v* [T] ⇨presupuestar ⇨calcular costes ■ En esta acepción, el pasado y el participio tienen forma regulares

co-star UK: /'kəʊ.stɑːʳ/ US: /'koʊ.stɑːr/ *n* [C] *(en el cine o el teatro)* ⇨coprotagonista

Costa Rica UK: /ˌkɒs.tə'riː.kə/ US: /ˌkɑː.stə-/ *n* [U] ⇨Costa Rica

Costa Rican UK: /ˌkɒs.tə'riː.kən/ US: /ˌkɑː.stə-/ *adj, n* [C] ⇨costarricense

costly UK: /'kɒst.li/ US: /'kɑːst-/ *adj [comp* costlier, *superl* costliest] ⇨costoso,sa ⇨caro,ra

† **costume** UK: /'kɒs.tjuːm/ US: /'kɑː.stuːm/ *n* [C, U] **1** *(en un espectáculo o en una película)* ⇨vestuario **2** ⇨traje típico ⇨traje regional **3** *(para una fiesta)* ⇨disfraz **4** *(tb* bathing costume) *UK (old-fash)* ⇨bañador

† **cosy** UK: /'kəʊ.zi/ US: /'koʊ-/ *UK (US* cozy) *adj [comp* cosier, *superl* cosiest] ⇨acogedor,-a ⇨cómodo,da

cot UK: /kɒt/ US: /kɑːt/ *n* [C] **1** *UK (US* crib) ⇨cuna **2** *US* ⇨catre

† **cottage** UK: /'kɒt.ɪdʒ/ US: /'kɑː.ⁿt̬ɪdʒ/ *n* [C] ⇨pequeña casa de campo ■ PRON. La *a* se pronuncia como la *i* de *did*

cottage cheese

cottage cheese *n* [U] ⇨queso blanco ⇨reque-són ■ PRON. La *a* se pronuncia como la *i* en *did*

† **cotton** UK: /'kɒt.ᵊn/ US: /'kɑː.ˢt[ə]n/ *n* [U] **1** *(planta)* ⇨algodón **2** *US* See **cotton wool** ■ PRON. La segunda *o* apenas se pronuncia

cotton wool *UK* (*US* cotton) *n* [U] ⇨algodón hidrófilo

couch¹ /kaʊtʃ/ [*pl* couches] *n* [C] **1** ⇨sofá: *I'm going to lie down on the couch* - Voy a tumbarme en el sofá **2** ⇨diván ■ PRON. *cou* se pronuncia como *cow*

couch² /kaʊtʃ/ *to* ~ *sth* {as/in} *sth* ⇨expresar algo {de/en} una forma determinada ■ PRON. *cou* se pronuncia como *cow*

couch potato [*pl* couch potatoes] *UK n* [C] *(hum)* ⇨teleadicto,ta ■ PRON. *cou* se pronuncia como *cow*

† **cough**¹ UK: /kɒf/ US: /kɑːf/ *v* [I] ⇨toser: *I couldn't stop coughing* - No pude parar de toser

| PHRASAL VERBS
| · **to cough (sth) up** [M] *(inform)* *(dinero o información)* ⇨soltar ⇨apoquinar *col.*
|⌐ **to cough sth up** [M] ⇨escupir algo

cough² UK: /kɒf/ US: /kɑːf/ *n* [C] ⇨tos

† **could**¹ /kʊd, kəd/ *v* [MODAL] **1** *(habilidad)* ⇨aprender a **2** *(posibilidad): That book could be in the library* - Ese libro podría estar en la biblioteca **3** *(permiso): Could I open the window, please?* - ¿Podría abrir la ventana, por favor? ■ Se usa también la forma *can*, pero es menos cortés **4** *(petición): Could you tell me where the nearest chemist's is, please?* - ¿Me podría decir dónde está la farmacia más cercana, por favor? ■ Se usa también la forma *can*, pero es menos cortés **5** *(sugerencia): We could go to the cinema tomorrow* - Podríamos ir al cine mañana **6** how ~ you...? ⇨¿cómo has podido...?: *How could you do that to me?* - ¿Cómo has podido hacerme esto? **7** if I ~ ⇨si pudiera: *If I could afford it, I would buy a house on the beach* - Si pudiera permitírmelo, compraría una casa en la playa ■ Va seguido de un infinitivo sin *to* ■ PRON. La *l* no se pronuncia y *ou* se pronuncia como la *u* en *put* ■ Ver cuadro modal verbs

† **could**² /kʊd, kəd/ See **can**

† **couldn't** /'kʊd.ᵊnt/ *(could not)* See **could**

could've /'kʊd.ᵊv/ *(could have)* See **could**

† **council** /'kaʊn.sᵊl/ *n* [C] **1** ⇨ayuntamiento: *a council officer* - un empleado del ayuntamiento **2** ⇨consejo: *a council of war* - un consejo de guerra ■ Se puede usar con el verbo en singular o en plural **3** ~ flat *UK* ⇨piso subvencionado por el ayuntamiento **4** ~ house *UK* ⇨casa subvencionada por el ayuntamiento ■ PRON. La segunda *c* se pronuncia como una *s*

councillor UK: /'kaʊn.sᵊl.əʳ/ US: /-ə/ *UK n* [C] ⇨concejal,-a: *She is a local councillor* - Es concejala del ayuntamiento local ■ La forma abreviada es *Cllr*

counsel¹ /'kaʊn.sᵊl/ ■ *n* [U] **1** *(lit)* ⇨asesoramiento ■ *n* [C] **2** ⇨abogado,da

counsel² /'kaʊn.sᵊl/ [counselled, counselling; *US tb* counseled, counseling] *v* [T] *(form)* ⇨aconsejar ■ CONSTR. to counsel + to do sth

† **count**¹ /kaʊnt/ ■ *v* [T, I] **1** ⇨contar ⇨numerar **2** ⇨considerar ■ *v* [I] **3** ⇨valer ⇨contar **4** to ~ the cost (of *sth*) **1** ⇨pagar las consecuencias [de algo] **2** ⇨reparar en el coste [de hacer algo]

| PHRASAL VERBS
| · **to count down (to sth)** ⇨contar los días que quedan [para algo]
| · **to count sb in** *(inform)* ⇨contar con alguien ⇨considerar
| · **to count on sth** ⇨asumir [en los planes] ⇨esperar [que algo ocurra]
| · **to count on sb** *(para apoyar o ayudar)* ⇨contar con alguien ⇨confiar en alguien
| · **to count sb out** ⇨no contar con alguien ⇨no incluir a alguien
| · **to count towards sth** ⇨contribuir a algo
|⌐ **to count up sth/sb** ⇨contar

count² /kaʊnt/ *n* [C] **1** ⇨recuento **2** ⇨conde

countable UK: /'kaʊn.tə.bl̩/ US: /-ᵊt̬ə-/ *adj* *(en gramática)* ⇨contable ■ Ver cuadro

countdown /'kaʊnt.daʊn/ *n* [C] ⇨cuenta atrás

countenance¹ UK: /'kaʊn.tə.nᵊns/ US: /-t[ə]n.ᵊnts/ ■ *n* [C, U] **1** *(form)* ⇨semblante ⇨rostro ■ *n* [U] **2** *(form)* ⇨aprobación ⇨consentimiento

countenance² UK: /'kaʊn.tə.nᵊns/ US: /-t[ə]n.ᵊnts/ [countenanced, countenancing] *v* [T] *(form)* ⇨aprobar ⇨tolerar ⇨consentir

counter¹ UK: /'kaʊn.təʳ/ US: /-ᵊt̬ə/ *n* [C] **1** ⇨mostrador: *Ask at the counter* - Pregunta en el mostrador **2** *(en un juego)* ⇨ficha **3** ⇨contador

counter² UK: /'kaʊn.təʳ/ US: /-ᵊt̬ə/ *v* [T] **1** ⇨contrarrestar: *to counter the negative effects of sth* - contrarrestar los efectos negativos de algo **2** ⇨rebatir

† **counter**³ UK: /'kaʊn.təʳ/ US: /-ᵊt̬ə/ ~ *to sth* ⇨en contra de algo

counteract UK: /ˌkaʊn.tə'rækt/ US: /-ᵊt̬ə.ækt/ *v* [T] ⇨contrarrestar

counter-attack *n* [C] ⇨contraataque: *to mount a counter-attack* - montar un contraataque

counterfeit UK: /'kaʊn.tə.fɪt/ US: /-ᵊt̬ə-/ *adj* ⇨falso,sa ⇨fraudulento,ta ■ PRON. La última *e* no se pronuncia

counterpart UK: /'kaʊn.tə.pɑːt/ US: /-ᵊt̬ə.pɑːrt/ *n* [C] ⇨homólogo,ga: *my counterpart in the other team* - mi homólogo en el otro equipo

counterproductive UK: /ˌkaʊn.tə.prəˈdʌk.tɪv/ US: /-ˈt̬ɚ-/ *adj* ⇨contraproducente

countess UK: /ˈkaʊn.tes/ US: /-ˈt̬əs/ [*pl* countesses] *n* [c] ⇨condesa

countless /ˈkaʊnt.ləs/ *adj* ⇨innumerable: *countless times* - innumerables veces

† **country** /ˈkʌn.tri/ ∎ *n* [c] **1** ⇨país ∎ El plural es *countries* ∎ *n* [U, NO PL] **2** ⇨campo ⇨campaña *AMÉR*. **3** ⇨terreno ∎ PRON. *coun* rima con el término inglés *sun*

countryman /ˈkʌn.tri.mən/ [*pl* countrymen] *n* [c] **1** ⇨compatriota **2** ⇨campesino

† **countryside** /ˈkʌn.tri.saɪd/ *n* [U] ⇨campo ⇨campiña ⇨campaña *AMÉR*.

† **county** UK: /ˈkaʊn.ti/ US: /-ˈt̬i/ [*pl* counties] *n* [c] ⇨condado ⇨provincia ∎ La forma abreviada es *Co*. ∎ PRON. *cou* se pronuncia como *cow*

† **coup** /kuː/ *n* [c] ⇨golpe de Estado

† **couple**¹ /ˈkʌp.l̩/ ∎ *n* [c] **1** ⇨pareja: *They are a couple* - Son pareja ∎ Por ser un nombre colectivo se puede usar con el verbo en singular o en plural ∎ *n* [NO PL] **2** ⇨par **3** a ~ of ⇨algunos,nas: *I last saw him a couple of months ago* - Lo vi por última vez hace algunos meses ∎ PRON. *cou* se pronuncia como la *u* en el término inglés *sun*

couple² /ˈkʌp.l̩/ [coupled, coupling] *v* [T] **1** ⇨unir ⇨asociar ∎ CONSTR. Se usa más en pasiva **2 coupled with sth** ⇨unido,da con algo

coupon UK: /ˈkuː.pɒn/ US: /-pɑːn/ *n* [c] ⇨cupón ⇨vale

† **courage** UK: /ˈkʌr.ɪdʒ/ US: /ˈkɝː-/ *n* [U] ⇨valor ⇨coraje ∎ PRON. La *a* se pronuncia como la *i* de *did*

courgette UK: /kɔːˈʒet/ US: /kʊr-/ *UK* (*US* zucchini) *n* [c, U] ⇨calabacín

courier UK: /ˈkʊr.i.ə/ US: /-i.ɚ/ *n* [c] **1** ⇨mensajero,ra: *We'll send it to you by courier* - Te lo enviaremos por mensajero **2** *UK* ⇨guía turístico,ca ∎ PRON. La *e* se pronuncia como la *a* del adverbio inglés *ago*

† **course** UK: /kɔːs/ US: /kɔːrs/ ∎ *n* [c] **1** ⇨curso: *a history course* - un curso de historia **2** ⇨plato: *What will you have as first course?* - ¿Qué van a tomar de primer plato? **3** ⇨pista [de carreras] **4** ⇨campo [de golf] **5** *UK* (*en medicina*) ⇨tratamiento **6** ⇨transcurso: *in the course of a month* - en el transcurso de un mes ∎ *n* [c, U] **7** ⇨rumbo ⇨dirección ⇨ruta **8** a ~ of action ⇨una línea de actuación **9** {during/in} the ~ of sth ⇨durante: *in the course of the meeting* - durante la reunión **10** of ~ ⇨desde luego ⇨por supuesto **11** of ~ not ⇨por supuesto que no ⇨claro que no ∎ PRON. Rima con *horse*

coursebook UK: /ˈkɔːs.bʊk/ US: /ˈkɔːrs-/ *UK n* [c] ⇨libro de texto ∎ PRON. *course* rima con *horse*

coursework UK: /ˈkɔːs.wɜːk/ US: /ˈkɔːrs.wɝːk/ *UK n* [U] ⇨trabajo realizado por un estudiante que cuenta para la nota final

† **court**¹ UK: /kɔːt/ US: /kɔːrt/ *n* [c, U] **1** ⇨juzgado ⇨audiencia ⇨tribunal **2** ⇨corte real **3** (*en deportes*) ⇨pista ⇨cancha **4** to take *sb* to ~ ⇨llevar a alguien ante los tribunales ∎ PRON. La *u* no se pronuncia

court² UK: /kɔːt/ US: /kɔːrt/ ∎ *v* [T, I] **1** (*old-fash*) ⇨cortejar ∎ *v* [T] **2** ⇨intentar conseguir **3** ⇨halagar **4** ⇨exponerse: *to court danger* - exponerse a un peligro ∎ PRON. La *u* no se pronuncia

courteous UK: /ˈkɜː.ti.əs/ US: /ˈkɝː.ˀt̬i-/ *adj* ⇨cortés ∎ PRON. *cour* rima con el término inglés *her* y la *e* se pronuncia como una *i*

† **courtesy** UK: /ˈkɜː.tə.si/ US: /ˈkɝː.ˀt̬ə-/ ∎ *n* [U] **1** ⇨cortesía ⇨gentileza ∎ *n* [c, U] **2** ⇨elogio: *They exchanged courtesies* - Se intercambiaron elogios ∎ El plural es *courtesies* **3** (by) ~ of sth/sb ⇨por gentileza de ⇨por cortesía de

courtship UK: /ˈkɔːt.ʃɪp/ US: /ˈkɔːrt-/ ∎ *n* [c, U] **1** (*form*) ⇨noviazgo ∎ *n* [U] **2** (*de animales*) ⇨cortejo

C

countable / uncountable nouns

• Los **nombres contables** designan realidades que se pueden contar:

 · *a book, two books, three books*
 (un libro, dos libros, tres libros)

• Los **nombres incontables** designan realidades que no se pueden contar:

 · *water (agua)*

 · *air (aire)*

Atención: los nombres contables no tienen plural y nunca van acompañados por "a", "an" o números:

 · *I need money.* (No: *I need a money.*)
 (Necesito dinero. No: Necesito ~~un~~ dinero.)

 · *Drink some water.* (No: *Drink one water.*)
 (Bebe agua. No: Bebe ~~un~~ agua.)

Es posible transformar un nombre incontable en contable utilizando "a piece of":

 · *furniture* ***a piece of*** *furniture*
 (mobiliario) un mueble)

Atención: hay palabras que en español son contables pero en inglés son incontables, como "advice", "news" y "data":

 · *Let me give you **a piece of advice**.* (No: *Let me give you an advice.*)
 (Déjame darte un consejo.)

 · *I have an interesting **piece of news**.*
 (Tengo una noticia interesante.)

courtyard UK: /'kɔːt.jɑːd/ US: /'kɔːrt.jɑːrd/ n [c] ⇒patio ■ PRON. La *u* no se pronuncia

↑cousin /'kʌz.ᵊn/ n [c] ⇒primo,ma: *first cousin - primo carnal* ■ PRON. *ou* se pronuncia como la *u* en el pronombre inglés *us*

cove UK: /kəʊv/ US: /koʊv/ n [c] ⇒cala [entrante del mar]

covenant /'kʌv.ᵊn.ᵊnt/ n [c] **1** ⇒convenio ⇒pacto **2** ⇒documento escrito por el que alguien se compromete a pagar una cantidad de dinero a una organización benéfica durante un período de tiempo determinado

↑cover¹ UK: /'kʌv.əʳ/ US: /-ə/ v [T] **1** ⇒cubrir ⇒tapar **2** ⇒recorrer **3** (*un área*) ⇒ocupar **4** ⇒abarcar ⇒tratar ■ PRON. La *o* se pronuncia como la *u* en el término inglés *sun*

| PHRASAL VERBS
· **to cover for** *sb* ⇒sustituir a alguien [temporalmente]
· **to cover** *sth* **up** [M] ⇒ocultar algo ⇒cubrir algo
· **to cover up for** *sb* ⇒cubrir las espaldas a alguien

↑cover² UK: /'kʌv.əʳ/ US: /-ə/ ■ n [c] **1** (*en un libro*) ⇒tapa ⇒cubierta **2** ⇒funda ⇒envoltura **3** ⇒tapadera: *This is a cover for illegal activities - Esto es una tapadera de actividades ilegales* **4** *to blow sb's cover* - desenmascarar a alguien ■ n [U] **5** ⇒garantía [financiera] ⇒cobertura [financiera] **6** (*del tiempo o de un ataque*) ⇒protección **7** *from ~ to ~* ⇒de principio a fin **8** *to take ~ (from sth)* ⇒resguardarse [de algo] **9** *under ~ of sth* ⇒al amparo de algo ■ PRON. La *o* se pronuncia como la *u* en el término inglés *sun*

coveralls UK: /'kʌv.ə.rɔːlz/ US: /-ə.ɑːlz/ n [PL] *US* (*UK* **overalls**) (*de un trabajador*) ⇒mono ⇒mameluco *AMÉR.;* ⇒overol *AMÉR.*

covering UK: /'kʌv.ᵊr.ɪŋ/ US: /-ə-/ n [c] **1** ⇒cubierta **2** ⇒capa: *a covering of snow* - *una capa de nieve*

covers UK: /'kʌv.əz/ US: /-əz/ n [PL] (*en la cama*) ⇒mantas

covert UK: /'kəʊ.vɜːt/ US: /koʊ.vɜːt/ UK: /-'-'-/ adj (*form*) ⇒encubierto,ta ⇒clandestino,na

cover-up UK: /'kʌv.ə.rʌp/ US: /-ə.ʌp/ n [c] ⇒encubrimiento

covet /'kʌv.ɪt/ v [T] (*form*) ⇒codiciar

↑cow /kaʊ/ n [c] ⇒vaca

↑coward UK: /'kaʊ.əd/ US: /'kaʊ.əd/ n [c] ⇒cobarde ■ PRON. La *r* no se pronuncia

cowardly UK: /'kaʊ.əd.li/ US: /-əd-/ adj ⇒cobarde ⇒miedoso,sa

cowboy /'kaʊ.bɔɪ/ n [c] **1** ⇒vaquero **2** *UK* (*inform*) ⇒chapucero,ra *desp.*

co-worker UK: /ˌkəʊˈwɜː.kəʳ/ US: /ˌkoʊˈwɜː.kə/ n [c] ⇒compañero,ra de trabajo

cowshed /'kaʊ.ʃed/ n [c] **1** ⇒establo **2** ⇒vaqueriza

coy /kɔɪ/ adj [*comp* coyer, *superl* coyest] **1** ⇒evasivo,va ⇒reservado,da **2** ⇒tímido,da **3** *a coy smile* - *una sonrisa coqueta y tímida*

cozy UK: /'kəʊ.zi/ US: /'koʊ-/ *US adj* [*comp* cozier, *superl* coziest] See **cosy**

crab /kræb/ n [c, U] ⇒cangrejo: *crab salad* - *ensalada de cangrejo*

crack¹ /kræk/ ■ v [T, I] **1** ⇒resquebrajar(se) **2** ⇒crujir(se): *Don't crack your knuckles!* - *¡No te crujas los dedos!* ■ v [T] **3** (*un huevo o una nuez*) ⇒cascar ⇒romper **4** ⇒golpear(se) ■ v [I] **5** ⇒desmoronar(se): *In the end, he cracked* - *Al final se desmoronó* **6** *to get cracking* (*inform*) ⇒poner(se) manos a la obra

| PHRASAL VERBS
· **to crack down (on** *sth/sb***)** ⇒tomar medidas (contra)
· **to crack up** (*inform*) ⇒sufrir una crisis nerviosa

crack² /kræk/ ■ n [c] **1** ⇒raja ⇒grieta **2** ⇒rendija ⇒abertura **3** ⇒crujido **4** ⇒comentario [irónico]: *to make cracks about sth* - *hacer comentarios sobre algo* **5** (*inform*) (*una persona*) ⇒crack *col.* ■ n [U] **6** (*droga*) ⇒crack **7** *at the ~ of dawn* ⇒al amanecer

crackdown /'kræk.daʊn/ n [c] ⇒medidas enérgicas: *The police have launched a crackdown on speeding* - *La policía está tomando medidas enérgicas contra el exceso de velocidad*

cracker UK: /'kræk.əʳ/ US: /-ə/ n [c] **1** *UK* (*UK tb* christmas cracker) ⇒paquete sorpresa [con forma de caramelo] **2** ⇒galleta salada

crackle¹ /'kræk.l̩/ [crackled, crackling] v [I] ⇒crepitar ⇒crujir

crackle² /'kræk.l̩/ n [c, U] ⇒crepitación ⇒crujido

cradle¹ /'kreɪ.dl̩/ [cradled, cradling] v [T] **1** ⇒acunar: *She cradled the baby in her arms* - *Acunó al bebé entre sus brazos* **2** ⇒mecer

cradle² /'kreɪ.dl̩/ n [c] **1** ⇒cuna mecedora **2** (*en mecánica*) ⇒soporte **3** ⇒cuna ⇒origen

↑craft UK: /krɑːft/ US: /kræft/ ■ n [c, U] **1** ⇒artesanía: *arts and crafts fair* - *feria de artesanía* **2** ⇒oficio ■ n [c] **3** ⇒barco ⇒nave ■ El plural es *craft*

craftsman UK: /'krɑːfts.mən/ US: /'kræfts-/ [*pl* craftsmen] n [c] ⇒artesano

crafty UK: /'krɑːf.ti/ US: /'kræf.ti/ adj [*comp* craftier, *superl* craftiest] ⇒astuto,ta ⇒ladino,na

crag /kræg/ n [c] ⇒peñasco

cram /kræm/ [crammed, cramming] v [T] **1** ⇒atestar ⇒atiborrar ■ CONSTR. Se usa generalmente seguido de una preposición o un adverbio **2** ⇒apiñar(se):

The children crammed into the car - Los niños se apiñaban en el coche ■ Constr. Se usa generalmente seguido de una preposición o un adverbio **3** *US* (*UK* **swot**) (*inform*) ⇒empollar *col.*

cramp[1] /kræmp/ *n* [c, u] ⇒tirón [muscular] *col.;* ⇒calambre

cramp[2] /kræmp/ *v* [I] (*inform*) ⇒frustrar ⇒cortar *col.*

cranberry UK: /ˈkræn.bᵊr.i/ US: /-ber-/ [*pl* cranberries] *n* [c] (*fruta*) ⇒arándano

crane /kreɪn/ *n* [c] **1** ⇒grúa: *They are using a crane on that building* - Están usando una grúa en ese edificio **2** (*ave*) ⇒grulla

crank /kræŋk/ *n* [c] **1** (*inform*) ⇒bicho raro *col.* ■ Normalmente tiene un matiz negativo **2** *US* (*inform*) ⇒cascarrabias *col. desp.* **3** ⇒manivela

crap[1] /kræp/ *n* [u] (*vulg*) ⇒chorrada *col.: Cut the crap* - Basta de chorradas

crap[2] /kræp/ *adj* (*inform*) ⇒pésimo,ma

crash[1] /kræʃ/ [*pl* crashes] *n* [c] **1** (*US tb* wreck) ⇒choque ⇒accidente **2** ⇒estrépito **3** ⇒quiebra ⇒caída **4** (*en informática*) ⇒fallo

crash[2] /kræʃ/ *v* [T, I] **1** ⇒chocar: *He crashed his car into a lamp-post* - Se chocó con el coche contra una farola **2** ⇒quebrar ⇒romper **3** (*en informática*) ⇒colgarse

| PHRASAL VERBS
· **to crash (out)** (*inform*) ⇒dormir(se) ⇒acostar(se)

crass /kræs/ *adj* **1** ⇒burdo,da: *a person of crass manners* - una persona de modales burdos **2** (*un error*) ⇒craso,sa

crate /kreɪt/ *n* [c] ⇒cajón ⇒caja

crater UK: /ˈkreɪ.tər/ US: /-ˈt̬ə/ *n* [c] ⇒cráter ■ Pron. La sílaba *cra* rima con *day*

crave /kreɪv/ [craved, craving] *v* [T, I] ⇒anhelar ⇒morirse *col.*

crawl[1] UK: /krɔːl/ US: /krɑːl/ *v* [I] **1** ⇒andar a gatas ⇒gatear **2** **to be crawling with** ⇒estar plagado,da de **3** **to ~ (along)** (*el tráfico*) ⇒ir a paso de tortuga *col.* **4** **to ~ (to sb)** ⇒hacer la pelota (a alguien): *Stop crawling to your boss* - Para de hacerle la pelota a tu jefe

crawl[2] UK: /krɔːl/ US: /krɑːl/ ■ *n* [c] **1** ⇒paso de tortuga ■ *n* [u, NO PL] **2** (*en natación*) ⇒estilo crol

crayon UK: /ˈkreɪ.ɒn/ US: /-ɑːn/ ■ *n* [c] **1** ⇒pintura [de cera] ■ *n* [u] **2** (*en arte*) ⇒pastel

craze /kreɪz/ *n* [c] ⇒moda ⇒fiebre

[†]**crazy** /ˈkreɪ.zi/ *adj* [*comp* crazier, *superl* craziest] **1** ⇒loco,ca **2** ⇒disparatado,da **3** ⇒enfadado,da

creak /kriːk/ *v* [I] ⇒chirriar ⇒crujir

cream[1] /kriːm/ ■ *n* [u] **1** ⇒nata ⇒crema de leche **2** (*color*) ⇒crema **3** ⇒la flor y nata ■ *n* [c, u] **4** (*en cosmética*) ⇒crema **5** ⇒pomada

[†]**cream**[2] /kriːm/ *v* [T] ⇒batir: *cream the egg whites until stiff* - batir las claras de huevo a punto de nieve

| PHRASAL VERBS
· **to cream sth/sb off** [M] ⇒quedarse con lo mejor de

crease[1] /kriːs/ *n* [c] **1** ⇒arruga **2** ⇒raya [de un pantalón]

crease[2] /kriːs/ [creased, creasing] *v* [T, I] ⇒arrugar(se): *She didn't want to crease her dress* - No quería arrugarse el vestido

[†]**create** /kriˈeɪt/ [created, creating] *v* [T] ⇒crear ⇒producir

creation /kriˈeɪ.ʃᵊn/ ■ *n* [u] **1** ⇒creación ⇒elaboración ■ *n* [c] **2** ⇒creación ⇒obra

[†]**creative** UK: /kriˈeɪ.tɪv/ US: /-ˈt̬ɪv/ *adj* ⇒creativo,va: *creative minds* - personas creativas

creativity UK: /ˌkriː.eɪˈtɪv.ɪ.ti/ US: /-ˈt̬ɪv.ə.ˈt̬i/ *n* [u] ⇒creatividad

creature UK: /ˈkriː.tʃər/ US: /-tʃə/ *n* [c] **1** ⇒criatura **2** **~ of habits** ⇒esclavo,va de sus propias costumbres

creche /kreʃ/ *n* [c] *UK* **1** ⇒guardería; *US* **2** ⇒belén

credentials /krɪˈden.tʃᵊlz/ *n* [PL] **1** ⇒credenciales ⇒referencias **2** ⇒títulos **3** ⇒currículum vitae

[†]**credible** /ˈkred.ɪ.bl̩/ *adj* ⇒creíble ⇒verosímil

[†]**credit** /ˈkred.ɪt/ ■ *n* [u] **1** ⇒crédito: *Did you buy your car on credit?* - ¿Compraste el coche a crédito?; *Is her credit good?* - ¿Se le puede dar crédito? **2** ⇒mérito ⇒reconocimiento ■ *n* [c] **3** ⇒saldo positivo **4** (*en contabilidad*) ⇒haber **5** **to be a ~ to sth/sb** ⇒hacer honor a: *She is a credit to her family* - Hace honor a su familia **6** **to do ~ to sb** ⇒honrar a alguien

[†]**credit card** *n* [c] ⇒tarjeta de crédito

credits the ~ (*en una película o en un programa de televisión*) ⇒los títulos de crédito

creed /kriːd/ *n* [c] ⇒credo

creek /kriːk/ *n* [c] **1** *UK* (*en geografía*) ⇒cala **2** *US* ⇒arroyo **3** **to be up the ~ without a paddle** ⇒estar en apuros ⇒ir apañado,da *col.*

creep[1], crept, crept /kriːp/ *v* [I] **1** ⇒deslizarse sigilosamente ⇒ir sigilosamente **2** ⇒arrastrarse: *The mouse crept under the sofa* - El ratón pasó arrastrándose por debajo del sofá **3** (*una sensación, un sentimiento*) ⇒invadir **4** (*una planta*) ⇒trepar ■ Constr. Se usa generalmente seguido de una preposición o un adverbio **5** (*inform*) ⇒hacer la pelota *col.*

creep[2] /kriːp/ *n* [c] *UK* (*inform*) ⇒pelota *col.;* ⇒pelotillero,ra *col.*

creepy /ˈkriː.pi/ *adj* [*comp* creepier, *superl* creepiest] (*inform*) ⇒horripilante ⇒espeluznante

cremate UK: /krɪˈmeɪt/ US: /ˈkriː.meɪt/ [cremated, cremating] *v* [T] ⇨incinerar ⇨cremar

crematorium UK: /ˌkrem.əˈtɔː.ri.əm/ US: /-ˈtɔːr.i-/ [*pl* crematoria, crematoriums] *n* [C] ⇨crematorio

crept /krept/ past tense and past participle forms of **creep**

crescendo UK: /krɪˈʃen.dəʊ/ US: /-doʊ/ *n* [C] **1** (*en música*) ⇨crescendo **2** ⇨aumento ⇨incremento repentino

crescent /ˈkres.ᵊnt/ *n* [C] **1** ⇨medialuna **2** ⇨calle curva ■ PRON. La segunda *c* no se pronuncia

crest /krest/ *n* [C] **1** ⇨cima ⇨cumbre **2** ⇨cresta **3** (*en heráldica*) ⇨blasón

crestfallen UK: /ˈkrestˌfɔː.lᵊn/ US: /-ˌfɑː-/ *adj* ⇨cabizbajo,ja ⇨afligido,da

cretaceous *adj* ⇨cretáceo,cea

crevasse /krəˈvæs/ *n* [C] ⇨grieta profunda [de un glaciar]

crevice /ˈkrev.ɪs/ *n* [C] ⇨grieta [de una roca]

† **crew** /kruː/ *n* [C] **1** ⇨tripulación: *lifeboat crew -* tripulación de un bote salvavidas **2** ⇨equipo ■ Por ser un nombre colectivo se puede usar con el verbo en singular o en plural ■ PRON. Rima con *too*

crib¹ /krɪb/ *n* [C] **1** *US* ⇨cuna **2** ⇨pesebre **3** *US* (*inform*) ⇨copia

crib² /krɪb/ [cribbed, cribbing] *v* [T, I] **1** (*inform*) ⇨plagiar **2** (*inform*) ⇨copiar [en un examen]

† **cricket** /ˈkrɪk.ɪt/ ■ *n* [U] **1** ⇨cricket ■ *n* [C] **2** ⇨grillo ■ PRON. La *e* se pronuncia como la *i* en *did*

cricketer UK: /ˈkrɪk.ɪ.təʳ/ US: /-ˁt̬ə/ *n* [C] ⇨jugador,-a de cricket

† **crime** /kraɪm/ ■ *n* [C] **1** ⇨delito: *to commit a crime -* cometer un delito **2** ⇨crimen: *a crime of passion -* un crimen pasional ■ *n* [U] **3** ⇨delincuencia: *the fight against crime -* la lucha contra la delincuencia ■ PRON. Rima con *time*

criminal¹ /ˈkrɪm.ɪ.nᵊl/ *adj* **1** ⇨delictivo,va **2** (*en derecho*) ⇨penal **3** ⇨inmoral

† **criminal²** /ˈkrɪm.ɪ.nᵊl/ *n* [C] ⇨delincuente ■ Distinto de *murderer* (criminal)

crimson /ˈkrɪm.zᵊn/ *adj* ⇨carmesí

cringe /krɪndʒ/ [cringed, cringing] *v* [I] ⇨morirse de vergüenza: *to cringe at sth -* morirse de vergüenza por algo

cripple /ˈkrɪp.l̩/ [crippled, crippling] *v* [T] **1** ⇨dejar inválido,da ■ CONSTR. Se usa más en pasiva **2** ⇨traumatizar: *Her death crippled him emotionally -* Su muerte lo traumatizó **3** ⇨paralizar ⇨perjudicar ■ CONSTR. Se usa más en pasiva

† **crisis** /ˈkraɪ.sɪs/ [*pl* crises] *n* [C, U] ⇨crisis ■ PRON. La sílaba *cri* rima con *my*

crisp¹ /krɪsp/ *adj* **1** ⇨crujiente **2** (*en meteorología*) ⇨frío, seco y soleado **3** (*un tono de voz*) ⇨tajante ⇨seco,ca

crisp² /krɪsp/ *UK* (*US* **chip**) *n* [C] ⇨patata frita [de bolsa]

crispy /ˈkrɪs.pi/ *adj* [*comp* crispier, *superl* crispiest] ⇨crujiente: *crispy bacon -* beicon crujiente

criteria *n* [PL] See **criterion**

† **criterion** UK: /kraɪˈtɪə.ri.ən/ US: /-ˈtɪr.i-/ [*pl* criteria] *n* [C] ⇨criterio

† **critic** UK: /ˈkrɪt.ɪk/ US: /ˈkrɪˁt̬-/ *n* [C] **1** ⇨crítico,ca: *a film critic -* un crítico de cine **2** ⇨detractor,-a: *She is a fierce critic of bullfighting -* Es una detractora acérrima de los toros

† **critical** UK: /ˈkrɪt.ɪ.kᵊl/ US: /ˈkrɪˁt̬-/ *adj* **1** ⇨crítico,ca **2** ⇨criticón,-a *col.* **3** ⇨crucial: *a critical decision -* una decisión crucial **4** ⇨muy grave

† **criticism** UK: /ˈkrɪt.ɪ.sɪ.zᵊm/ US: /ˈkrɪˁt̬-/ ■ *n* [U] **1** ⇨crítica: *He doesn't take criticism well -* No acepta bien las críticas ■ *n* [C, U] **2** ⇨crítica ⇨reprobación ■ PRON. La segunda *s* se pronuncia como una *s*

† **criticize** UK: /ˈkrɪt.ɪ.saɪz/ US: /ˈkrɪˁt̬-/ [criticized, criticizing] *v* [T, I] ⇨criticar: *He was criticized for his decision -* Fue criticado por su decisión ■ CONSTR. 1. to criticize for + doing sth 2. Se usa más en pasiva ■ PRON. *cize* se pronuncia como *size*

critique /krɪˈtiːk/ *n* [C] (*texto elaborado, ensayo*) ⇨crítica

croak¹ UK: /krəʊk/ US: /kroʊk/ *v* [I] ⇨croar

croak² UK: /krəʊk/ US: /kroʊk/ *n* [C] ⇨graznido

Croat UK: /ˈkrəʊ.æt/ US: /ˈkroʊ-/ ■ *n* [U] **1** (*idioma*) ⇨croata ■ *n* [C] **2** (*gentilicio*) ⇨croata

Croatia UK: /krəʊˈeɪ.ʃə/ US: /kroʊ-/ *n* [U] ⇨Croacia

Croatian UK: /krəʊˈeɪ.ʃən/ US: /kroʊ-/ *adj* ⇨croata

crochet UK: /ˈkrəʊ.ʃeɪ/ US: /kroʊˈʃeɪ/ *n* [U] ⇨labor de ganchillo ■ PRON. La *t* no se pronuncia y *chet* rima con *day*

crockery UK: /ˈkrɒk.ᵊr.i/ US: /ˈkrɑː.kɚ-/ *n* [U] ⇨loza ⇨vajilla

† **crocodile** UK: /ˈkrɒk.ə.daɪl/ US: /ˈkrɑː.kə-/ *n* [C] ⇨cocodrilo

crocus UK: /ˈkrəʊ.kəs/ US: /ˈkroʊ-/ [*pl* crocuses] *n* [C] (*flor*) ⇨azafrán

croissant UK: /ˈkwæs.ɒ/ US: /kwɑːˈsɑː/ *n* [C] ⇨cruasán ⇨medialuna *AMÉR.*

crony UK: /ˈkrəʊ.ni/ US: /ˈkroʊ-/ [*pl* cronies] *n* [C] (*inform*) ⇨colega *col.* ■ Tiene un matiz negativo

crook /krʊk/ *n* [C] **1** (*inform*) ⇨granuja ⇨ladrón,-a **2** (*de un brazo, de una pierna*) ⇨cara interior **3** ⇨báculo ■ PRON. Rima con *book*

crooked /ˈkrʊk.ɪd/ *adj* **1** ⇨con curvas ⇨tortuoso,sa **2** ⇨torcido,da: *That picture is crooked -* Ese cuadro está torcido **3** (*inform*) ⇨poco limpio,pia ⇨deshonesto,ta ■ PRON. La *e* se pronuncia como la *i* de *did*

† **crop**[1] UK: /krɒp/ US: /krɑːp/ n [c] ⇨cosecha

crop[2] UK: /krɒp/ US: /krɑːp/ [cropped, cropping] ∎ v [T] ⇨rapar(se): *to crop one's hair* - raparse el pelo **2** ⇨recortar ∎ v [T, I] *(un animal)* ⇨pacer ⇨pastar

| PHRASAL VERBS

└ · **to crop up** ⇨suceder ⇨surgir

croquet UK: /ˈkrəʊ.keɪ/ US: /kroʊˈkeɪ/ n [U] *(juego)* ⇨croquet ∎ PRON. La sílaba *quet* rima con *day*

† **cross**[1] UK: /krɒs/ US: /krɑːs/ v [T, I] **1** ⇨cruzar ⇨atravesar **2 to ~ oneself** ⇨santiguarse

† **cross**[2] UK: /krɒs/ US: /krɑːs/ [pl crosses] n [c] **1** ⇨cruz: *It's a cross we have to bear* - Es una cruz que tenemos **2** ⇨cruce ⇨mezcla

cross[3] UK: /krɒs/ US: /krɑːs/ adj **1** ⇨enfadado,da **2 to get ~** ⇨enfadarse ⇨embroncarse *AMÉR. col.*

crossbar UK: /ˈkrɒs.bɑːʳ/ US: /ˈkrɑːs.bɑːr/ n [c] *(en deportes)* ⇨larguero **2** ⇨barra de la bicicleta

cross-country UK: /ˌkrɒsˈkʌn.tri/ US: /ˌkrɑːs-/ adv ⇨a campo través: *to drive cross-country* - conducir a campo través

crossfire UK: /ˈkrɒs.faɪəʳ/ US: /ˈkrɑːs.faɪr/ n [U] **1** ⇨fuego cruzado **2 caught in the ~** ⇨entre dos fuegos

crossing UK: /ˈkrɒs.ɪŋ/ US: /ˈkrɑː.sɪŋ/ n [c] **1** ⇨travesía [por mar] **2** ⇨cruce [vial] **3** ⇨paso de peatones **4** *(acción)* ⇨cruce

cross-legged UK: /ˌkrɒsˈlegd/ UK: /-ɪd/ US: /ˌkrɑːs-/ adv ⇨con las piernas cruzadas

crossly UK: /ˈkrɒs.li/ US: /ˈkrɑː.sli/ adv *'Shut up'*, *he said crossly* - 'Cállate', dijo enfadado

cross purposes to talk at ~ ⇨hablar de cosas distintas: *I think we are talking at cross purposes* - Creo que hablamos de cosas distintas

crossroads UK: /ˈkrɒs.rəʊdz/ US: /ˈkrɑːs.roʊdz/ [pl crossroads] n [c] **1** ⇨cruce [de calles o carreteras] **2 to be at a ~** ⇨estar en una encrucijada

cross-section /ˈkrɒs.sek.ʃºn/ n [c] **1** ⇨corte transversal **2** ⇨muestra representativa: *a cross-section of the population* - una muestra representativa de la población

crosswalk UK: /ˈkrɒs.wɔːk/ US: /ˈkrɑːs.wɑːk/ US (UK zebra crossing) n [c] ⇨paso de peatones ⇨paso de cebra

crossword (puzzle) n [c] ⇨crucigrama: *to do a crossword* - hacer un crucigrama

crotch UK: /krɒtʃ/ US: /krɑːtʃ/ [pl crotches] (UK tb crutch) n [c] ⇨entrepierna

crouch /kraʊtʃ/ [crouches] v [I] ⇨ponerse en cuclillas ⇨agacharse ∎ PRON. *crou* rima con *now*

crow[1] UK: /krəʊ/ US: /kroʊ/ n [c] **1** ⇨cuervo **2 as the ~ flies** ⇨en línea recta ∎ PRON. Rima con *grow*

crow[2] UK: /krəʊ/ US: /kroʊ/ v [I] **1** ⇨cacarear **2** ⇨jactarse: *They were crowing about their victory*

for days - Se jactaron de su victoria durante días ∎ PRON. Rima con *grow*

† **crowd**[1] /kraʊd/ ∎ n [c] **1** ⇨multitud: *A large crowd gathered in the square* - Una gran multitud se reunió en la plaza **2** ⇨público ∎ n [NO PL] **3** *(inform) (de personas)* ⇨grupo ⇨panda *col.* ∎ Por ser un nombre colectivo se puede usar con el verbo en singular o en plural ∎ PRON. *crow* rima con *now*

crowd[2] /kraʊd/ v [T] ⇨amontonarse: *They all crowded into the room* - Se amontonaron para entrar en la habitación ∎ PRON. *crow* rima con *now*

| PHRASAL VERBS

· **to crowd {around/round} (sth/sb)** ⇨apiñarse alrededor

· **to crowd {in/into sth}** ⇨entrar en tropel ⇨apretujarse *col.*

└ · **to crowd (sth) into sth** ⇨meter en algo ⇨apiñar en algo

† **crowded** /ˈkraʊ.dɪd/ adj **1** ⇨abarrotado,da: *The station was crowded* - La estación estaba abarrotada de gente **2** ⇨concurrido,da ∎ PRON. La *e* se pronuncia como la *i* de *did*

crown[1] /kraʊn/ n [c] **1** ⇨corona **2** ⇨coronilla **3** ⇨cumbre [de una colina] **4** ⇨corona [de un diente] **5 the Crown** UK ⇨el Estado ∎ PRON. Rima con *brown*

crown[2] /kraʊn/ v [T] ⇨coronar ∎ PRON. Rima con *brown*

† **crucial** /ˈkruː.ʃºl/ adj ⇨crucial: *It's at a crucial stage* - Está en un momento crucial

crucifix /ˈkruː.sɪ.fɪks/ [pl crucifixes] n [c] ⇨crucifijo ∎ PRON. La segunda *c* se pronuncia como una *s*

crucify /ˈkruː.sɪ.faɪ/ [crucifies, crucified] v [T] ⇨crucificar ∎ CONSTR. Se usa más en pasiva ∎ PRON. La segunda *c* se pronuncia como una *s* y *fy* rima con *my*

† **crude** /kruːd/ adj **1** ⇨rudimentario,ria: *a crude method* - un método rudimentario **2** ⇨burdo,da ⇨grosero,ra ⇨tosco,ca ∎ Distinto de *raw* (crudo,da)

† **cruel** /ˈkruː.əl, kruəl/ adj ⇨cruel ∎ PRON. La *e* se pronuncia como la *a* en el adverbio inglés *ago*

cruelty UK: /ˈkruː.əl.ti/ UK: /ˈkruəl-/ US: /-ˈºti/ [pl cruelties] n [c, U] ⇨crueldad

cruise[1] /kruːz/ n [c] **1** ⇨crucero: *to go on a cruise* - hacer un crucero **2** ⇨travesía ∎ PRON. *crui* rima con el adjetivo inglés *true*

cruise[2] /kruːz/ [cruised, cruising] v [I] **1** ⇨hacer un crucero **2** *(un avión)* ⇨volar [a velocidad de crucero] ∎ PRON. *crui* rima con el adjetivo inglés *true*

crumb /krʌm/ n [c] **1** ⇨miga **2** ⇨pizca ∎ PRON. La *b* no se pronuncia

crumble[1] /ˈkrʌm.bl̩/ [crumbled, crumbling] v [T, I] **1** ⇨derrumbar(se) ⇨desmoronar(se) **2** ⇨desmigar **3** *(una alianza)* ⇨deshacer(se)

crumble[2] /ˈkrʌm.bl̩/ UK n [c, U] ⇨pastel: *an apple crumble* - un pastel de manzana

crumple

106

C

crumple /ˈkrʌm.pl̩/ [crumpled, crumpling] ∎ v [T, I] **1** ⇒arrugar ⇒engurruñar col. ∎ v [I] **2** ⇒desmayarse ⇒desplomarse

crunch¹ /krʌntʃ/ ∎ v [T, I] **1** ⇒masticar haciendo ruido ∎ v [I] **2** ⇒crujir: *The snow crunched under my feet* - La nieve crujía bajo mis pies ∎ PRON. La *u* se pronuncia como en el término inglés *sun*

crunch² /krʌntʃ/ [pl crunches] n [c] **1** ⇒crujido **2** (inform) ⇒momento decisivo ∎ PRON. La *u* se pronuncia como en el término inglés *sun*

crusade /kruːˈseɪd/ n [c] **1** ⇒cruzada **2** *to wage a crusade against sth* - hacer una campaña en contra de algo

crush¹ /krʌʃ/ v [T] **1** ⇒aplastar: *to crush a can with your foot* - aplastar una lata con el pie **2** (el ánimo) ⇒abatir ∎ PRON. La *u* se pronuncia como en el término inglés *sun*

crush² /krʌʃ/ [pl crushes] n [c] **1** ⇒aglomeración [de personas] **2** (inform) ⇒flechazo [de amor] col.: *to have a crush on sb* - sentir un flechazo por alguien ∎ PRON. La *u* se pronuncia como en el término inglés *sun*

crust /krʌst/ n [c, U] **1** (del pan) ⇒corteza **2** (de la Tierra) ⇒corteza

crutch /krʌtʃ/ [pl crutches] (UK, US crotch) n [c] **1** ⇒muleta **2** ⇒apoyo [excesivo] **3** UK ⇒entrepierna

crux /krʌks/ n [NO PL] ⇒quid: *the crux of the matter* - el quid de la cuestión

†**cry¹** /kraɪ/ [cries, cried] ∎ v [I] **1** ⇒llorar: *Stop crying!* - ¡Deja de llorar! ∎ v [T, I] **2** ⇒exclamar ⇒gritar ∎ Se usa más *shout* **3** *to ~ one's eyes out* ⇒llorar a lágrima viva col.

| PHRASAL VERBS
└ **to cry out for** *sth* ⇒pedir algo a gritos

†**cry²** /kraɪ/ [pl cries] n [c] **1** ⇒grito: *a cry for help* - un grito de socorro **2** ⇒llorera ⇒llantina col.

crying /ˈkraɪ.ɪŋ/ adj **1** *a crying need* - una necesidad apremiante **2** *a crying shame* - una verdadera lástima

crypt /krɪpt/ n [c] ⇒cripta

cryptic /ˈkrɪp.tɪk/ adj ⇒críptico,ca ⇒enigmático,ca

†**crystal** /ˈkrɪs.tl̩/ n [U] **1** ⇒cristal **2** *a sugar crystal* - un terrón de azúcar **3** *a salt crystal* - un grano de sal **4** *crystal clear* - totalmente claro

cub /kʌb/ n [c] **1** ⇒cachorro,rra **2** ⇒niño Scout

Cuba /ˈkjuː.bə/ n [U] ⇒Cuba

Cuban /ˈkjuː.bən/ adj, n [c] ⇒cubano,na

cube /kjuːb/ n [c] (forma) ⇒cubo ∎ PRON. La *u* se pronuncia como *you*

cubicle /ˈkjuː.bɪ.kl̩/ n [c] **1** ⇒cubículo **2** ⇒probador **3** ⇒vestuario ∎ PRON. La *u* se pronuncia como *you*

cuckoo /ˈkuk.uː/ n [c] (ave) ⇒cuco

†**cucumber** UK: /ˈkjuː.kʌm.bəʳ/ US: /-bɚ/ n [c, U] ⇒pepino ∎ PRON. La primera *u* se pronuncia como *you*

cuddle¹ /ˈkʌd.l̩/ [cuddled, cuddling] v [T, I] ⇒abrazar ⇒achuchar ∎ PRON. La *u* se pronuncia como en el término inglés *sun*

| PHRASAL VERBS
├ · **to cuddle up {against/to}** *sb* ⇒acurrucarse
└ junto a alguien

cuddle² /ˈkʌd.l̩/ n [c] ⇒abrazo ∎ PRON. La *u* se pronuncia como en el término inglés *sun*

cue¹ /kjuː/ n [c] **1** (en teatro, en cine) ⇒señal ⇒entrada **2** ⇒taco [de un billar] **3** *right on ~* ⇒en el momento justo **4** *to take one's ~* ⇒seguir el ejemplo de alguien ∎ PRON. *ue* se pronuncia como *you*

cue² /kjuː/ [cued] v [T] (en teatro, en cine) ⇒hacer una señal ⇒dar la entrada ∎ PRON. *ue* se pronuncia como *you*

cuff¹ /kʌf/ n [c] **1** ⇒puño [de una camisa] ⇒bocamanga **2** US ⇒vuelta [de un pantalón] **3** ⇒manotazo **4** *off the ~* (decir algo) ⇒espontáneamente **2** *an off the cuff remark* - un comentario improvisado ∎ PRON. La *u* se pronuncia como en *cup*

cuff² /kʌf/ v [T] **1** ⇒dar un manotazo **2** (inform) ⇒esposar: *The police handcuffed the thief* - La policía esposó al ladrón ∎ PRON. La *u* se pronuncia como en *cup*

cuisine /kwɪˈziːn/ n [U] ⇒cocina

cul-de-sac /ˈkʌl.də.sæk/ n [c] ⇒callejón sin salida

culinary UK: /ˈkʌl.ɪ.nʳr.i/ US: /ˈkʌl.ə.ner-/ adj ⇒culinario,ria

cull /kʌl/ v [T] ⇒sacrificar a un animal ⇒carnear AMÉR.

culminate /ˈkʌl.mɪ.neɪt/ [culminated, culminating] v [T, I] (form) ⇒culminar ∎ CONSTR. to culminate in/with sth

culpable /ˈkʌl.pə.bl̩/ adj (form) ⇒culpable

culprit /ˈkʌl.prɪt/ n [c] **1** ⇒culpable **2** ⇒móvil ⇒causa

cult /kʌlt/ n [c] **1** ⇒secta **2** ⇒culto ∎ PRON. La *u* se pronuncia como en *cup*

cultivate UK: /ˈkʌl.tɪ.veɪt/ US: /-ˈtə-/ [cultivated, cultivating] v [T] ⇒cultivar: *to cultivate coffee* - cultivar café; *to cultivate a friendship* - cultivar una amistad ∎ PRON. La *u* se pronuncia como en *cup*

cultivated UK: /ˈkʌl.tɪ.veɪ.tɪd/ US: /-ˈtə.veɪ.ɾɪd/ adj **1** ⇒cultivado,da ⇒labrado,da **2** (una planta) ⇒de cultivo **3** (una persona) ⇒culto,ta ∎ PRON. La *u* se pronuncia como en *cup*

cultivation UK: /ˌkʌl.tɪˈveɪ.ʃᵊn/ US: /-ˈtə-/ n [U] ⇒cultivo: *the cultivation of sunflowers* - el cultivo de girasoles

cultural UK: /ˈkʌl.tʃᵊr.ᵊl/ US: /-tʃɚ-/ adj ⇒cultural ∎ PRON. La primera *u* se pronuncia como en *cup*

† **culture** UK: /ˈkʌl.tʃəʳ/ US: /-tʃɚ/ ■ *n* [U] **1** ⇒cultura ⇒conocimientos ■ *n* [C, U] **2** ⇒cultura ⇒civilización ■ PRON. *La primera* u *se pronuncia como la* u *de* cup *y la terminación* ture *se pronuncia como la sílaba* cher *de* butcher

cumbersome UK: /ˈkʌm.bə.səm/ US: /-bɚ-/ *adj* **1** ⇒voluminoso,sa **2** ⇒engorroso,sa ⇒incómodo,da

cumulative UK: /ˈkju:.mjʊ.lə.tɪv/ US: /-ˤtɪv/ *adj* ⇒acumulativo,va

cunning[1] /ˈkʌn.ɪŋ/ *adj* ⇒astuto,ta ⇒ingenioso,sa ■ PRON. *La* u *se pronuncia como en* cup

cunning[2] /ˈkʌn.ɪŋ/ *n* [U] ⇒astucia ⇒maña ■ PRON. *La* u *se pronuncia como en* cup

† **cup**[1] /kʌp/ *n* [C] **1** ⇒taza: *two cups of coffee* - dos tazas de café **2** ⇒copa ⇒trofeo **3** (not) to be *sb's* ~ of tea ⇒(no) ser del gusto de alguien: *That kind of music is not my cup of tea* - Ese tipo de música no es de mi gusto ■ PRON. *La* u *se pronuncia como en el término inglés* sun

† **cup**[2] /kʌp/ [cupped, cupping] *v* [T] ⇒ahuecar [las manos] ■ PRON. *La* u *se pronuncia como en el término inglés* sun

† **cupboard** UK: /ˈkʌb.əd/ US: /-ɚd/ *n* [C] ⇒armario ⇒alacena ⇒aparador

curate UK: /ˈkjʊə.rət/ US: /ˈkjʊr.ət/ *n* [C] ⇒coadjutor de la Iglesia Anglicana

curator UK: /kjʊˈreɪ.təʳ/ US: /kjɝːˈeɪ.ˤtɚ/ *n* [C] *(de un museo, de una galería)* ⇒conservador,-a ■ PRON. *Entre la* c *y la* u *se pronuncia una* y *como en* yes, *y la sílaba* ra *rima con* day

† **curb**[1] UK: /kɜːb/ US: /kɝːb/ *v* [T] ⇒frenar: *They wanted to curb foreign exports* - Querían frenar las exportaciones extranjeras

curb[2] UK: /kɜːb/ US: /kɝːb/ *n* [C] **1** ⇒freno: *The Government imposed a curb on public spending* - El Gobierno puso freno al gasto público ■ CONSTR. a curb on sth **2** *US* See **kerb**

curdle UK: /ˈkɜː.dl̩/ US: /ˈkɝː-/ [curdled, curdling] *v* [T, I] ⇒cortarse: *The milk has curdled* - La leche se ha cortado

cure[1] UK: /kjʊəʳ/ US: /kjʊr/ *n* [C] **1** ⇒cura ⇒remedio **2** ⇒solución ■ PRON. *Entre la* c *y la* use *pronuncia una* y *como en* yes

† **cure**[2] UK: /kjʊəʳ/ US: /kjʊr/ [cured, curing] *v* [T] ⇒curar ⇒sanar **2** *(un alimento)* ⇒curar ⇒secar **3** ⇒resolver ⇒remediar ■ PRON. *Entre la* c *y la* use *pronuncia una* y *como en* yes

curfew UK: /ˈkɜː.fju:/ US: /ˈkɝː-/ *n* [C, U] **1** ⇒toque de queda **2** to be in before the curfew - estar de vuelta en casa antes del toque de queda

curiosity UK: /ˌkjʊə.riˈɒs.ɪ.ti/ US: /ˌkjʊr.iˈɑː.sə.ˤti/ *n* [U] **1** ⇒curiosidad: *to feel curiosity about sth* - sentir curiosidad por algo ■ *n* [C] **2** ⇒curiosidad ⇒rareza ■ *El plural es* curiosities

† **curious** UK: /ˈkjʊə.ri.əs/ US: /ˈkjʊr.i-/ *adj* **1** ⇒curioso,sa ⇒intrigado,da **2** ⇒raro,ra ⇒curioso,sa ■ PRON. *Entre la* c *y la* use *pronuncia una* y *como en* yes

curl[1] UK: /kɜːl/ US: /kɝːl/ *n* [C, U] ⇒rizo ■ PRON. *cur rima con el término inglés* her

curl[2] UK: /kɜːl/ US: /kɝːl/ *v* [T, I] ⇒rizar(se) ■ PRON. *cur rima con el término inglés* her

|PHRASAL VERBS
| · to curl up **1** ⇒acurrucarse: *She curled up on the sofa* - Se acurrucó en el sofá **2** ⇒curvarse

curly UK: /ˈkɜː.li/ US: /ˈkɝː-/ *adj* [comp curlier, superl curliest] ⇒rizado,da: *curly hair* - pelo rizado ■ PRON. *cur rima con el término inglés* her

currant UK: /ˈkʌr.ənt/ US: /ˈkɝː-/ *n* [C] **1** ⇒pasa **2** ⇒grosella

† **currency** UK: /ˈkʌr.ənt.si/ US: /ˈkɝː-/ ■ *n* [C, U] **1** ⇒moneda ⇒divisa ■ *El plural es* currencies ■ *n* [U] **2** ⇒aceptación **3** to gain ~ ⇒difundirse

† **current**[1] UK: /ˈkʌr.ənt/ US: /ˈkɝː-/ *adj* ⇒actual: *What's the current situation?* - ¿Cuál es la situación actual?; *current affairs* - temas de actualidad ■ *Distinto de* common *y* ordinary (corriente)

current[2] UK: /ˈkʌr.ənt/ US: /ˈkɝː-/ *n* [C] **1** ⇒corriente: *The current took the paper boat away* - La corriente se llevó el barco de papel; *to go against the current* - ir a contracorriente **2** *n* [C, U] ⇒corriente eléctrica: *to turn the current off* - cortar la corriente eléctrica

current account *UK* (*US* checking account) *n* [C] ⇒cuenta corriente

curricular UK: /kəˈrɪk.jʊ.ləʳ/ US: /-lɚ/ *adj* ⇒curricular

† **curriculum** /kəˈrɪk.jʊ.ləm/ [pl curricula, curriculums] *n* [C] ⇒currículo ⇒plan de estudios ■ PRON. *La* u *se pronuncia como en el término inglés* sun

curry[1] UK: /ˈkʌr.i/ US: /ˈkɝː-/ [pl curries] *n* [C, U] *(en cocina)* ⇒curry

† **curry**[2] UK: /ˈkʌr.i/ US: /ˈkɝː-/ [curries, curried] *v* [T] **1** ⇒preparar un alimento con curry **2** *(a un caballo)* ⇒almohazar ⇒cepillar **3** to ~ favour with *sb* ⇒intentar congraciarse con alguien ■ *Tiene una connotación negativa*

curse[1] UK: /kɜːs/ US: /kɝːs/ *n* [C] **1** ⇒maldición: *to put a curse on sb* - echar una maldición a alguien **2** ⇒palabrota **3** ⇒cruz **4** ⇒desgracia ■ PRON. *La sílaba* cur *rima con el término inglés* her

curse[2] UK: /kɜːs/ US: /kɝːs/ [cursed, cursing] *v* [T, I] ⇒maldecir ■ PRON. *La sílaba* cur *rima con el término inglés* her

cursor UK: /ˈkɜː.səʳ/ US: /ˈkɝː.sɚ/ *n* [C] *(en informática)* ⇒cursor

cursory UK: /ˈkɜː.sʳr.i/ US: /ˈkɝː.sɚ-/ *adj* **1** *(form)* ⇒somero,ra **2** to give *sth* a cursory glance - mirar algo muy brevemente **3** *(form)* (una saludo) ⇒mínimo,ma

curt UK: /kɜːt/ US: /kɜːt/ *adj* ⇒brusco,ca ⇒seco,ca

curtail UK: /kəˈteɪl/ US: /kə-/ *v* [T] *(form)* ⇒acortar ⇒reducir

† **curtain** UK: /ˈkɜː.tⁿn/ US: /ˈkɜː.ᵗt[ə]n/ *n* [c] **1** ⇒cortina **2** *(en teatro)* ⇒telón **3 to draw the curtains** ⇒correr las cortinas ■ PRON. La sílaba *cur* rima con el término inglés *her*

† **curve**¹ UK: /kɜːv/ US: /kɜːv/ *n* [c] **1** ⇒curva **2** *the learning curve* - el proceso de aprendizaje ■ PRON. La sílaba *cur* rima con el término inglés *her*

curve² UK: /kɜːv/ US: /kɜːv/ [curved, curving] *v* [T, I] ⇒curvar(se) ⇒hacer una curva ■ PRON. La sílaba *cur* rima con el término inglés *her*

curvy UK: /ˈkɜː.vi/ US: /ˈkɜː-/ *adj* [comp curvier, superl curviest] ⇒con curvas ⇒curvilíneo,a

cushion¹ /ˈkʊʃ.ⁿn/ *n* [c] ⇒cojín

cushion² /ˈkʊʃ.ⁿn/ *v* [T] ⇒amortiguar ⇒mitigar

cushy /ˈkʊʃ.i/ *adj* [comp cushier, superl cushiest] *(inform) (un trabajo, una situación)* ⇒cómodo,da ⇒fácil ⇒chupado,da *col.*

custard UK: /ˈkʌs.təd/ US: /-təd/ *n* [U] ⇒tipo de natillas que se sirve caliente ■ PRON. *us* se pronuncia como el pronombre inglés *us*

custodian UK: /kʌsˈtəʊ.di.ən/ US: /-ˈtoʊ-/ *n* [c] **1** *(form)* ⇒guardián,-a **2** *US* ⇒conserje

custody /ˈkʌs.tə.di/ *n* [U] **1** ⇒custodia **2** ⇒detención ⇒arresto **3 to take sb into ~** ⇒detener a alguien ⇒arrestar a alguien

† **custom** /ˈkʌs.təm/ ■ *n* [c, U] **1** ⇒costumbre ⇒tradición ⇒hábito ■ *n* [U] **2** ⇒clientela ■ PRON. *us* se pronuncia como el pronombre inglés *us*

† **customer** UK: /ˈkʌs.tə.mə²/ US: /-mə/ *n* [c] ⇒cliente: *customer service* - servicio de atención al cliente ■ PRON. *us* se pronuncia como el pronombre inglés *us*

customs /ˈkʌs.təmz/ *n* [PL] ⇒aduana: *to go through customs* - pasar por la aduana

† **cut**¹, cut, cut /kʌt/ [cutting] ■ *v* [T, I] **1** ⇒cortar: *Can you cut the bread into slices?* - ¿Puedes cortar el pan en rebanadas? ■ *v* [T] **2** ⇒recortar: *to cut the budget* - recortar el presupuesto **3** ⇒tallar: *to cut a diamond* - tallar un diamante **4** ⇒cortarse **5 ~ it out!** *(inform)* ⇒¡Déjalo ya! ⇒¡Ya te vale! *col.*

PHRASAL VERBS

· **to cut across sth 1** ⇒atajar por algún lugar **2** ⇒rebasar algo ⇒superar algo

· **to cut {back/down} (on sth) 1** ⇒reducir algo: *to cut down on sugar* - reducir el consumo de azúcar **2** *to cut down on expenses* - reducir los gastos

· **to cut sth down [M] 1** ⇒talar ⇒cortar **2** ⇒acortar ⇒reducir

· **to cut in** ⇒interrumpir: *She cut in on our conversation* - Interrumpió nuestra conversación

· **to cut sth/sb off [M] 1** ⇒aislar algo ⇒incomunicar **2** *(un suministro o un servicio)* ⇒cortar ■ CONSTR. Se usa más en pasiva

· **to cut sth out [M] 1** ⇒recortar algo **2** ⇒dejar de {beber/comer...} algo: *You should cut out chocolate* - Deberías dejar de comer chocolate

· **to cut sth up [M]** ⇒cortar algo: *He cut up the card into four pieces* - Cortó la tarjeta en cuatro trozos

· **to not be cut out {for/to be} sth** ⇒no estar hecho,cha para algo

cut² /kʌt/ ■ *n* [c] **1** ⇒corte: *He has a cut on his finger* - Tiene un corte en el dedo **2** ⇒recorte: *a cut in spending* - un recorte de gastos ■ *n* [NO PL] **3** *(inform)* ⇒pellizco *col.;* ⇒parte

cutback /ˈkʌt.bæk/ *n* [c] ⇒reducción ⇒recorte

cute /kjuːt/ *adj* **1** ⇒mono,na *col.;* ⇒lindo,da ⇒chiche *AMÉR.* **2** *US (inform)* ⇒listillo,lla *col.;* ⇒listo,ta ■ PRON. La *u* se pronuncia como *you*

cutlery UK: /ˈkʌt.lə.ri/ US: /-lə.i/ *UK n* [U] ⇒cubertería ⇒cubiertos

cutlet /ˈkʌt.lət/ *n* [c] ⇒chuleta [de carne]

cutout UK: /ˈkʌt.aʊt/ US: /ˈkʌᵗt-/ *n* [c] **1** ⇒recorte [de papel] **2** *(en electrónica)* ⇒fusible ⇒cortacircuitos

cut-price /ˌkʌtˈpraɪs/ *UK adj* ⇒a precio reducido ⇒a bajo precio

cut-throat UK: /ˈkʌt.θrəʊt/ US: /-θroʊt/ *UK adj* ⇒despiadado,da ⇒implacable

cutting¹ UK: /ˈkʌt.ɪŋ/ US: /ˈkʌᵗt-/ *n* [c] **1** *UK* ⇒recorte de prensa **2** *(en botánica)* ⇒esqueje

cutting² UK: /ˈkʌt.ɪŋ/ US: /ˈkʌᵗt-/ *adj* ⇒cortante: *a cutting remark* - un comentario cortante

† **CV** /ˌsiːˈviː/ *UK n* [c] ⇒CV ⇒currículum vitae ■ Procede de *curriculum vitae* (currículo)

cyanide /ˈsaɪə.naɪd/ *n* [U] ⇒cianuro

cyberspace UK: /ˈsaɪ.bə.speɪs/ US: /-bə-/ *n* [U] ⇒ciberespacio ⇒espacio cibernético

cycle¹ /ˈsaɪ.kl̩/ *n* [c] **1** ⇒ciclo: *the moon's cycle* - el ciclo lunar **2** ⇒bicicleta ⇒bici *col.*

cycle² /ˈsaɪ.kl̩/ [cycled, cycling] *v* [I] ⇒ir en bicicleta ⇒montar en bicicleta

cyclical /ˈsaɪ.klɪ.kⁿl, ˈsɪk.lɪ-/ *adj* ⇒cíclico,ca

cycling /ˈsaɪ.klɪŋ/ *n* [U] ⇒ciclismo

cyclone UK: /ˈsaɪ.kləʊn/ US: /-kloʊn/ *n* [c] ⇒ciclón

cylinder UK: /ˈsɪl.ɪn.də²/ US: /-də/ *n* [c] ⇒cilindro

cymbal /ˈsɪm.bⁿl/ *n* [c] *(instrumento musical)* ⇒platillo

cynic /ˈsɪn.ɪk/ *n* [c] ⇒escéptico,ca ⇒persona recelosa ■ Distinto de *hypocrite* (cínico)

Cypriot /ˈsɪp.ri.ət/ *adj, n* [c] ⇒chipriota

Cyprus /ˈsaɪ.prəs/ *n* [U] ⇒Chipre

cyst /sɪst/ *n* [c] ⇒quiste ■ PRON. Se pronuncia como *sist* en *sister*

D
d

d /diː/ [pl d's or ds] n [C] *(letra del alfabeto)* ⇨d ■
Pron. Se pronuncia como *dee* en *deep*

D /diː/ [pl D's or Ds] n [C, U] *(nota musical)* ⇨re

DA /ˌdiːˈeɪ/ *US* n [C] ⇨forma abreviada de **district attorney** (fiscal)

dab¹ /dæb/ [dabbed, dabbing] v [T, I] **1** ⇨aplicar(se): *She dabbed iodine on the cuts* - Aplicó yodo en las heridas **2** ⇨limpiar(se): *He dabbed at his lips with the napkin* - Se limpió los labios con la servilleta ■ Constr. to dab at sth

dab² /dæb/ n [C] ⇨poquito: *a dab of glue* - un poquito de pegamento; ⇨pizca *col.*

† dad /dæd/ n [C] *(inform)* ⇨papá

† daddy /ˈdæd.i/ [pl daddies] n [C] *(inform)* ⇨papá ⇨papi *col.* ■ Pertenece al lenguaje infantil

dado rail UK: /ˈdeɪ.dəʊ.reɪl/ US: /-doʊ-/ n [C] *(en la pared)* ⇨moldura [de madera]

daffodil /ˈdæf.ə.dɪl/ n [C] *(planta)* ⇨narciso: *Daffodils come out in spring* - Los narcisos suelen salir en primavera

† daft UK: /dɑːft/ US: /dæft/ *UK adj* **1** *(inform)* ⇨bobo,ba *col.*: *Kevin, don't be daft!* - ¡Kevin, no seas bobo! **2** *(inform) That's daft!* - ¡Eso es una tontería!

dagger UK: /ˈdæg.ə/ US: /-ɚ/ n [C] *(arma blanca)* ⇨daga

daily¹ /ˈdeɪ.li/ *adj, adv* **1** ⇨diario,ria: *a daily meal* - una comida diaria **2** ⇨a diario **3** ⇨cotidiano,na ■ Pron. dai se pronuncia como day

daily² /ˈdeɪ.li/ [pl dailies] n [C] ⇨diario ⇨periódico

dainty UK: /ˈdeɪn.ti/ US: /-ˤt̬i/ *adj* [comp daintier, superl daintiest] ⇨delicado,da

dairy¹ UK: /ˈdeə.ri/ US: /ˈder.i/ [pl dairies] n [C] ⇨lechería

dairy² UK: /ˈdeə.ri/ US: /ˈder.i/ *adj* ⇨lechero,ra ⇨lácteo,a: *to consume dairy products* - consumir productos lácteos

daisy /ˈdeɪ.zi/ [pl daisies] n [C] ⇨margarita

dally /ˈdæl.i/ [dallies, dallied] v [I] **1** *(old-fash)* ⇨entretenerse: *Come on, Jack, don't dally!* - ¡Venga, Jack, no te entretengas! **2** to ~ with sb's

affections ⇨jugar con los sentimientos de alguien
|PHRASAL VERBS
L · to dally with **sth** ⇨coquetear con [una idea, un proyecto]

dam¹ /dæm/ n [C] ⇨presa [de agua]

dam² /dæm/ [dammed, damming] v [T] ⇨construir una presa [de agua]

† damage¹ /ˈdæm.ɪdʒ/ n [U] ⇨daño: *The hurricane caused a lot of damage* - El huracán causó muchos daños ■ Pron. La segunda a se pronuncia como la i en did

† damage² /ˈdæm.ɪdʒ/ [damaged, damaging] v [T] ⇨dañar: *The fire damaged the building* - El fuego dañó el edificio ■ Pron. La segunda a se pronuncia como la i en did

dame /deɪm/ n [C] **1** *US (inform, old-fash)* ⇨mujer **2** *UK* ⇨personaje de mujer anciana interpretado a algunas mujeres como honor especial

Dame n [C] ⇨En el Reino Unido, título que se concede a algunas mujeres como honor especial

damn¹ /dæm/ *adj (inform)* ⇨maldito,ta *col.;* ⇨condenado,da ■ Pron. La n no se pronuncia

damn² /dæm/ *adv (inform)* ⇨redomadamente ⇨rematadamente ■ Pron. La n no se pronuncia

damn³ /dæm/ not to give a ~ *(inform)* ⇨importar un bledo *col.*: *I don't give a damn what she says* - Me importa un bledo lo que diga ■ Pron. La n no se pronuncia

damn⁴ /dæm/ v [T] ⇨condenar ⇨criticar ■ Constr. Se usa más en pasiva ■ Pron. La n no se pronuncia

damning /ˈdæm.ɪŋ/ *adj* **1** ⇨condenatorio,ria: *damning evidence* - pruebas condenatorias **2** ⇨mordaz ■ Pron. La primera n no se pronuncia

damp¹ /dæmp/ *adj* ⇨húmedo,da ⇨mojado,da ■ Tiene una connotación negativa. Comparar con *moist* y con *humid*

† damp² /dæmp/ n [U] ⇨humedad: *Damp is destroying the paintwork* - La humedad está estropeando la pintura ■ Tiene una connotación negativa. Comparar con *humidity*

† damp³ /dæmp/ v [T] See **dampen**

| PHRASAL VERBS

• **to damp sth down** [M] **1** *(un fuego)* ⇨sofocar **2** *(un sentimiento, una emoción)* ⇨apaciguar

dampen /'dæm.pən/ *(tb* damp) v [T] **1** ⇨humedecer **2** ⇨aplacar ⇨amortiguar

≡ D **† dance¹** UK: /dɑːnts/ US: /dænts/ [danced, dancing] v [T, I] ⇨bailar: *He dances very well* - Baila muy bien

† dance² UK: /dɑːnts/ US: /dænts/ n [C, U] ⇨baile

dancer UK: /'dɑːnt.sə'/ US: /'dænt.sə/ n [C] ⇨bailarín,-a

dancing n [U] ⇨baile

dandruff UK: /'dæn.drʌf/ US: /-drəf/ n [U] ⇨caspa

† danger UK: /'deɪn.dʒə'/ US: /-dʒə/ ∎ n [C, U] **1** ⇨peligro ∎ n [C] **2** ⇨riesgo ⇨peligro ∎ Pron. *da* se pronuncia como *day*

† dangerous UK: /'deɪn.dʒ°r.əs/ US: /-dʒə-/ adj ⇨peligroso,sa ⇨arriesgado,da ⇨riesgoso,sa AMÉR. ∎ Pron. *da* se pronuncia como *day*

dangerously UK: /'deɪn.dʒ°r.ə.sli/ US: /-dʒə-/ adv ⇨peligrosamente ⇨arriesgadamente ⇨riesgosamente AMÉR.

dangle /'dæŋ.gl/ [dangled, dangling] ∎ v [T, I] **1** ⇨pender ⇨colgar ∎ v [T] **2** ⇨tentar ∎ CONSTR. *to dangle sth before/in front of sb*

Danish¹ /'deɪ.nɪʃ/ n [U] **1** *(idioma)* ⇨danés **2 the ~** *(gentilicio)* ⇨los daneses, las danesas ∎ El singular es *a Dane* ∎ Pron. La primera parte, *Da*, se pronuncia como *day*

Danish² /'deɪ.nɪʃ/ adj ⇨danés,-a

dank /dæŋk/ adj ⇨frío,a y húmedo,da

† dare UK: /deə'/ US: /der/ [dared, daring] v [I] **1** ⇨atreverse: *I didn't dare to tell him* - No me atreví a decírselo; *I daren't contradict her* - No me atrevo a contradecirla ∎ CONSTR. *to dare + (to) do sth* **2 don't you ~** *(inform)* ⇨ni se te ocurra: *Don't you dare lie to me* - Ni se te ocurra mentirme **3 how ~ you...?** ⇨¿cómo te atreves...?: *How dare you speak to me like that?* - ¿Cómo te atreves a hablarme de esa manera? **4 I ~ say** ⇨me atrevo a decir ⇨creo ⇨no me sorprendería **5 to ~ sb to do sth** ⇨retar a alguien a hacer algo ⇨desafiar a alguien a hacer algo

daring¹ UK: /'deə.rɪŋ/ US: /'der.ɪŋ/ adj ⇨atrevido,da ⇨audaz

daring² UK: /'deə.rɪŋ/ US: /'der.ɪŋ/ n [U] ⇨atrevimiento ⇨osadía

† dark¹ UK: /dɑːk/ US: /dɑːrk/ adj **1** ⇨oscuro,ra **2** ⇨moreno,na ⇨morocho,cha AMÉR. **3** ⇨aciago,ga

† dark² UK: /dɑːk/ US: /dɑːrk/ n [U] **1** ⇨oscuridad **2 after ~** ⇨de noche: *Don't go out after dark!* - ¡No salgas de noche!

darken UK: /'dɑː.kən/ US: /'dɑːr-/ v [T, I] **1** ⇨oscurecer(se): *The sky darkened* - El cielo se oscureció **2** ⇨ensombrecer ⇨amargar

darkly UK: /'dɑː.kli/ US: /'dɑːr-/ adv **1** *(un lugar)* ⇨en penumbra **2** ⇨misteriosamente ⇨enigmáticamente

darkness UK: /'dɑːk.nəs/ US: /'dɑːrk-/ n [U] ⇨oscuridad

darkroom UK: /'dɑːk.rʊm/ UK: /-ruːm/ US: /'dɑːrk-/ n [C] *(en fotografía)* ⇨cuarto de revelado ⇨cuarto oscuro

† darling UK: /'dɑː.lɪŋ/ US: /'dɑːr-/ n [C] ⇨cariño: *Are you OK, darling?* - ¿Estás bien, cariño? ∎ Se usa como vocativo

darn UK: /dɑːn/ US: /dɑːrn/ v [T, I] ⇨remendar ⇨zurcir

dart¹ UK: /dɑːt/ US: /dɑːrt/ n [C] ⇨dardo: *to play darts* - jugar a los dardos

dart² UK: /dɑːt/ US: /dɑːrt/ v [I] ⇨lanzarse ⇨precipitarse ∎ CONSTR. Se usa generalmente seguido de una preposición o un adverbio

dash¹ /dæʃ/ v [I] ⇨correr ⇨darse prisa ⇨apurarse AMÉR.

† dash² /dæʃ/ *[pl* dashes] ∎ n [C] **1** *(signo de puntuación)* ⇨guión largo ⇨raya ∎ Ver cuadro signos de puntuación **2** ⇨pizca col. ∎ n [NO PL] **3** ⇨carrera: *to make a dash* - echarse una carrera

dashboard UK: /'dæʃ.bɔːd/ US: /-bɔːrd/ n [C] *(en un vehículo)* ⇨salpicadero ⇨control de mandos

† data UK: /'deɪ.tə/ US: /-ˤt̬ə/ n [U] ⇨datos ⇨información ∎ Se puede usar con el verbo en singular o en plural: *The data is/are being checked* - Se están revisando los datos ∎ Pron. *da* se pronuncia como *day*

† database UK: /'deɪ.tə.beɪs/ US: /-ˤt̬ə-/ n [C] ⇨base de datos ∎ Pron. *da* se pronuncia como *day*

† date¹ /deɪt/ n [C] **1** ⇨fecha **2** ⇨cita: *a blind date* - una cita a ciegas ∎ Comparar con *appointment* y *meeting* **3** ⇨dátil

date² /deɪt/ [dated, dating] ∎ v [T] **1** ⇨fechar ⇨datar ∎ v [T, I] **2** ⇨pasar(se) de moda **3** ⇨salir [con alguien] **4 to ~** *(form)* ⇨hasta la fecha

| PHRASAL VERBS

• **to date {back/from}** **1** ⇨datar de **2** ⇨remontarse a

dated UK: /'deɪ.tɪd/ US: /-ˤt̬ɪd/ adj ⇨pasado,da de moda ⇨anticuado,da ∎ Pron. La e se pronuncia como la *i* en *did*

† daughter UK: /'dɔː.tə'/ US: /'dɑː.ˤt̬ə/ n [C] ⇨hija ∎ Pron. La *gh* no se pronuncia

daughter-in-law UK: /'dɔː.tər.ɪn.lɔː/ US: /'dɑː.ˤt̬ə.ɪn.lɑː/ *[pl* daughters-in-law] n [C] ⇨nuera ∎ Pron. La *gh* no se pronuncia

daunting UK: /'dɔːn.tɪŋ/ US: /'dɑːn.ˤt̬ɪŋ/ adj *(una tarea)* ⇨abrumador,-a

deathly

dawn[1] UK: /dɔːn/ US: /dɑːn/ *n* [c, u] ⇨amanecer ⇨alba

dawn[2] UK: /dɔːn/ US: /dɑːn/ *v* [i] ⇨amanecer

† **day** /deɪ/ *n* [c] **1** ⇨día: *during the day* - durante el día; *two days a week* - dos días a la semana; *three days ago* - hace tres días **2** ~ **in** ~ **out** ⇨un día sí y el otro también **3 in the (good) old days** ⇨en los buenos tiempos **4** *some* ~ *(tb one of these days)* ⇨algún día: *Some day I'll be famous* - Algún día seré famoso **5 the** ~ *after tomorrow* ⇨pasado mañana **6 the** ~ *before yesterday* ⇨anteayer ⇨antes de ayer **7 these days** ⇨hoy día **8 to call it a** ~ ⇨terminar por hoy **9 to call it a** ~ ⇨dejarlo para otro día ⇨tener suficiente por ese día **10 to have seen better days** ⇨haber conocido tiempos mejores **11 to make** *sb's* ~ ⇨hacer feliz a alguien

daybreak /ˈdeɪ.breɪk/ *n* [u] ⇨amanecer

daydream[1] /ˈdeɪ.driːm/ *v* [i] ⇨soñar despierto,ta: *Stop daydreaming!* - ¡Deja de soñar despierto!

daydream[2] /ˈdeɪ.driːm/ *n* [c] ⇨ensueño ⇨fantasía

daylight /ˈdeɪ.laɪt/ *n* [u] **1** ⇨luz del día **2 in broad** ~ ⇨a plena luz del día

day return UK *n* [c] ⇨billete de ida y vuelta para un mismo día

† **daytime** /ˈdeɪ.taɪm/ *n* [u] ⇨día: *Our baby sleeps in the daytime* - Nuestro bebé duerme durante el día

day-to-day /ˌdeɪ.təˈdeɪ/ *adj* **1** ⇨diario,ria **2** ⇨cotidiano,na

day trip *n* [c] ⇨excursión de un día: *to go on a day trip* - hacer una excursión de un día

daze /deɪz/ **to be in a** ~ ⇨estar aturdido,da

dazed /deɪzd/ *adj* ⇨aturdido,da

dazzle /ˈdæz.l̩/ [dazzled, dazzling] *v* [t] **1** ⇨deslumbrar: *The headlights dazzled me for a moment* - Los faros me deslumbraron por unos instantes **2** ⇨maravillar ⇨deslumbrar ■ CONSTR. Se usa más en pasiva

dazzling /ˈdæz.lɪŋ/ *adj* **1** ⇨deslumbrante ⇨impresionante **2** ⇨deslumbrante ⇨cegador,-a

deacon /ˈdiː.kən/ *n* [c] *(en religión)* ⇨diácono

† **dead**[1] /ded/ *adj* **1** ⇨muerto,ta: *dead or alive* - vivo o muerto **2** *(una parte del cuerpo)* ⇨dormido,da **3** *(una máquina)* ⇨desconectado,da **4** *(una pila)* ⇨gastado,da **5** *(un lugar)* ⇨muerto,ta

dead[2] /ded/ *adv* **1** *(inform)* ⇨muy: *This book is dead good* - Este libro está muy bien **2** *(inform)* ⇨completamente: *I'm dead sure* - Estoy completamente segura ■ PRON. Rima con *red*

deaden /ˈded.ə̩n/ *v* [t] **1** *(un sonido)* ⇨amortiguar **2** *(el dolor)* ⇨calmar

dead end *n* [c] ⇨callejón sin salida

dead heat *n* [c] *(en una carrera)* ⇨empate

† **deadline** /ˈded.laɪn/ *n* [c] ⇨plazo ⇨fecha tope

deadlock UK: /ˈded.lɒk/ US: /-lɑːk/ *n* [u, NO PL] *(en una negociación)* ⇨punto muerto

deadly /ˈded.li/ *adj* [comp deadlier, superl deadliest] ⇨mortal

† **deaf** /def/ *adj* ⇨sordo,da: *to be deaf in one ear* - ser sordo de un oído

deafening /ˈdef.ə̩n.ɪŋ/ *adj* **1** ⇨ensordecedor,-a **2** *a deafening silence* - un silencio absoluto

deal[1] /dɪəl/ *n* [c] **1** ⇨trato [comercial]: *It's a deal!* - ¡Trato hecho! **2** ⇨acuerdo: *to make a deal with sb* - llegar a un acuerdo con alguien **3 a {good/great}** ~ ⇨mucho,cha: *He ate a good deal* - Comió mucho ■ Se usa con sustantivos incontables o sin nada detrás

† **deal**[2], dealt, dealt /dɪəl/ *v* [t, i] **1** ⇨comerciar ⇨tratar **2** *(en naipes)* ⇨repartir ■ CONSTR. to deal + dos objetos

PHRASAL VERBS
· **to deal in** *sth* ⇨comerciar con algo
· **to deal with** *sth* ⇨ocuparse de algo: *I'll deal with that* - Yo me ocupo de eso
· **to deal with** *sb* ⇨tratar con alguien: *Do you usually deal with him?* - ¿Sueles tratar con él?; *She is a hard woman to deal with* - Es difícil tratar con ella

dealer /ˈdiː.ləʳ/ US: /-lɚ/ *n* [c] **1** ⇨comerciante **2** *(en naipes)* ⇨jugador,-a que reparte

dealing *n* [c, u] ⇨tráfico [de drogas o de armas]

dealt /delt/ past tense and past participle forms of **deal**

dean /diːn/ *n* [c] **1** *(en una universidad)* ⇨decano,na **2** *(en religión)* ⇨deán

† **dear**[1] UK: /dɪəʳ/ US: /dɪr/ *adj* **1** *She was very dear to me* - La quería mucho **2** *(en una carta)* ⇨querido,da ⇨estimado,da **3** UK ⇨caro,ra: *That is very dear* - Eso es muy caro

† **dear**[2] UK: /dɪəʳ/ US: /dɪr/ **oh, dear!** ⇨¡vaya! ¡Dios mío! ¡madre mía!

dear[3] UK: /dɪəʳ/ US: /dɪr/ *n* [c] ⇨cariño: *Are you OK, dear?* - ¿Estás bien, cariño? ■ Se usa como vocativo

dearly UK: /ˈdɪə.li/ US: /ˈdɪr-/ *adv* ⇨mucho: *I would dearly love to go* - Iría con mucho gusto

† **death** /deθ/ *n* [c, u] **1** ⇨muerte: *Till death do us part* - Hasta que la muerte nos separe **2 the** ~ **penalty** ⇨pena de muerte **3 to catch** *one's* ~ **of cold** *(inform)* ⇨pillar un trancazo *col.* **4 to put** *sb* **to** ~ ⇨matar a alguien ■ PRON. Rima con la palabra española *pez*

deathly /ˈdeθ.li/ *adj, adv* **1** ⇨sepulcral: *a deathly silence* - un silencio sepulcral **2** ⇨como un muerto **3** ⇨como una tumba

debase /dɪˈbeɪs/ [debased, debasing] *v* [T] **1** *(form)* ⇒depreciar ⇒desvalorizar **2** *(form) (una moneda)* ⇒devaluar

debatable UK: /dɪˈbeɪ.tə.bl̩/ US: /-ˤt̬ə-/ *adj* ⇒discutible: *a debatable point* - una afirmación discutible

debate¹ /dɪˈbeɪt/ *n* [C, U] ⇒debate ⇒discusión ■ PRON. La segunda sílaba, *bate*, rima con el término inglés *late*

debate² /dɪˈbeɪt/ [debated, debating] ▮ *v* [T] **1** ⇒debatir ⇒discutir ■ CONSTR. to debate + interrogativa indirecta **2** *v* [T, I] ⇒debatir ⇒discutir ■ PRON. La segunda sílaba, *bate*, rima con el término inglés *late*

debit¹ /ˈdeb.ɪt/ *n* [C, U] ⇒débito

debit² /ˈdeb.ɪt/ *v* [T] *(un banco)* ⇒cargar ⇒cobrar

debris UK: /ˈdeb.riː/ UK: /ˈdeɪ.briː/ US: /dəˈbriː/ *n* [U] **1** ⇒escombros **2** ⇒restos ■ PRON. La s no se pronuncia

† **debt** /det/ *n* [C, U] ⇒deuda ⇒culebra AMÉR. ■ PRON. La *b* no se pronuncia

debtor UK: /ˈdet.əʳ/ US: /ˈdeˤt̬.ɚ/ *n* [C] ⇒deudor,-a ■ PRON. La *b* no se pronuncia

† **decade** /ˈdek.eɪd, -ˈ-/ *n* [C] ⇒década ■ PRON. La última parte, *cade*, rima con el término inglés *made*

decadence /ˈdek.ə.dᵊnts/ *n* [U] ⇒decadencia

decaffeinated UK: /diːˈkæf.ɪ.neɪ.tɪd/ US: /dɪˈkæf.ɪ.neɪ.ˤt̬ɪd/ *adj* ⇒descafeinado,da ■ PRON. La última e se pronuncia como la *i* en *did*

decay¹ /dɪˈkeɪ/ *v* [I] **1** ⇒deteriorarse **2** ⇒decaer ⇒desmoronarse **3** ⇒descomponerse ⇒pudrirse **4** *(los dientes)* ⇒picarse

decay² /dɪˈkeɪ/ *n* [U] **1** ⇒deterioro **2** ⇒desmoronamiento **3** ⇒descomposición **4** tooth ~ ⇒caries

deceased¹ /dɪˈsiːst/ *adj (form)* ⇒difunto,ta ⇒finado,da ■ PRON. La última e no se pronuncia

deceased² /dɪˈsiːst/ the ~ *(form)* ⇒el difunto, la difunta ⇒el finado, la finada ■ PRON. La última e no se pronuncia

deceit /dɪˈsiːt/ *n* [C, U] ⇒engaño ■ PRON. La última parte, *ceit*, se pronuncia como *seat*

† **deceive** /dɪˈsiːv/ [deceived, deceiving] *v* [T] ⇒engañar: *She deceived me* - Me engañó ■ PRON. *cei* se pronuncia como *see*

† **December** UK: /dɪˈsem.bəʳ/ US: /-bɚ/ *n* [C, U] ⇒diciembre: *in December* - en diciembre; *on December 5th* - el cinco de diciembre ■ La forma abreviada escrita es *Dec* ■ PRON. La *c* se pronuncia como *s*

decency /ˈdiː.sᵊnt.si/ *n* [U] ⇒decencia ⇒decoro

† **decent** /ˈdiː.sᵊnt/ *adj* ⇒decente ■ PRON. *de* rima con el término inglés *me* y la *c* se pronuncia como *s*

† **deception** /dɪˈsep.ʃᵊn/ *n* [C, U] ⇒engaño ■ Distinto de *disappointment* (decepción)

deceptive /dɪˈsep.tɪv/ *adj* ⇒engañoso,sa: *Her smile was deceptive* - Su sonrisa era engañosa

† **decide** /dɪˈsaɪd/ [decided, deciding] ▮ *v* [T, I] **1** ⇒decidir: *What have you decided to do?* - ¿Qué has decidido hacer? ■ CONSTR. 1. to decide + (that)

2. to decide + to do sth 3. to decide + interrogativa indirecta ▮ *v* [T] **2** ⇒determinar [un resultado]

| PHRASAL VERBS
· **to decide on sth/sb** ⇒decidirse por ⇒optar
└ por

decided /dɪˈsaɪ.dɪd/ *adj* **1** *(form)* ⇒evidente ⇒claro,ra **2** *(un carácter o una manera)* ⇒resuelto,ta ⇒firme ■ Distinto de *decisive* (decisivo,va)

decimal /ˈdes.ɪ.məl/ *adj, n* [C] ⇒decimal ■ PRON. La c se pronuncia como s

decipher UK: /dɪˈsaɪ.fəʳ/ US: /-fɚ/ *v* [T] *(un mensaje)* ⇒descifrar

decision /dɪˈsɪʒ.ᵊn/ ▮ *n* [C] **1** ⇒decisión: *He made the decision to quit the job* - Tomó la decisión de dejar el trabajo **2** *n* [U] ⇒decisión ⇒arrojo ■ PRON. La c se pronuncia como s

decision-making *n* [U] *(actividad)* ⇒toma de decisiones

† **decisive** /dɪˈsaɪ.sɪv/ *adj* **1** ⇒atrevido,da ⇒decidido,da **2** ⇒decisivo,va: *the decisive moment* - el momento decisivo ■ PRON. La segunda sílaba, *ci*, rima con *my*

† **deck** /dek/ *n* [C] **1** ⇒cubierta [de un barco] **2** *(de un autobús o de un avión)* ⇒piso **3** *US (UK pack)* ⇒baraja [de cartas] **4** ⇒pletina

deckchair UK: /ˈdek.tʃeəʳ/ US: /-tʃer/ *n* [C] ⇒tumbona

† **declaration** /ˌdek.ləˈreɪ.ʃᵊn/ *n* [C] ⇒declaración [oficial]

† **declare** UK: /dɪˈkleəʳ/ US: /-ˈkler/ [declared, declaring] *v* [T] ⇒declarar: *to declare war on a country* - declarar la guerra a un país ■ CONSTR. to declare + that

| PHRASAL VERBS
· **to declare {for/against} sth/sb** ⇒pronunciarse {a favor/en contra} de alguien
└

decline¹ /dɪˈklaɪn/ *n* [U, NO PL] **1** ⇒decaimiento ⇒deterioro ⇒declive **2** ⇒disminución

decline² /dɪˈklaɪn/ [declined, declining] ▮ *v* [I] **1** ⇒empeorar ⇒debilitarse **2** ⇒reducirse ▮ *v* [T, I] **3** *(form)* ⇒rechazar ⇒rehusar ⇒declinar ■ CONSTR. to decline + to do sth

decoder UK: /diːˈkəʊd.əʳ/ US: /-ˈkoʊd.ɚ/ *n* [C] ⇒descodificador

decompose UK: /ˌdiː.kəmˈpəʊz/ US: /-ˈpoʊz/ [decomposed, decomposing] *v* [I] *(una planta o un animal)* ⇒descomponer(se) ⇒pudrir(se)

decor UK: /ˈdeɪ.kɔːʳ/ UK: /ˈdek.ɔːʳ/ US: /ˈdeɪkɔːr/ *n* [U, NO PL] ⇒decoración

† **decorate** /ˈdek.ə.reɪt/ [decorated, decorating] ▮ *v* [T] **1** ⇒decorar **2** *v* [T, I] ⇒pintar **3** ⇒condecorar ■ CONSTR. Se usa más en pasiva

decoration /ˌdek.əˈreɪ.ʃᵊn/ ▮ *n* [C, U] **1** ⇒decoración ▮ *n* [C] **2** ⇒condecoración

decorations *n* [PL] ⇨adornos: *Christmas deco-rations* - adornos navideños

decorative UK: /'dek.ªr.ə.tıv/ US: /-ɔ.ə.ˤtɪv/ *adj* ⇨decorativo,va

decorator UK: /'dek.ªr.eı.təª/ US: /-ɔ.eı.ˤţə/ *n* [C] **1** ⇨decorador,-a **2** *interior* ~ ⇨interiorista

decoy /'diː.kɔı/ *n* [C] ⇨señuelo ⇨reclamo

decrease[1] UK: /dɪ'kriːs/ US: /'diː.kriːs/ [decreased, decreasing] *v* [T, I] ⇨disminuir ⇨reducir ∎ PRON. *crea rima con el término inglés* me

decrease[2] /'diː.kriːs/ *n* [C, U] ⇨disminución ⇨re-ducción

decree[1] /dɪ'kriː/ *n* [C] ⇨decreto ⇨sentencia

decree[2] /dɪ'kriː/ [decreed] *v* [T] ⇨decretar: *The king decreed that there would be a truce* - El rey decretó una tregua ∎ CONSTR. to decree + that

decrepit /dɪ'krep.ıt/ *adj* ⇨decrépito,ta

†**dedicate** /'ded.ı.keıt/ [dedicated, dedicating] *v* [T] **1** ⇨dedicar ⇨consagrar **2** *(un libro)* ⇨dedicar ∎ CONSTR. En 1 y en 2, to dedicate sth to sb

dedicated UK: /'ded.ı.keı.tıd/ US: /-ˤţıd/ *adj* **1** ⇨entregado,da: *She is dedicated to her research* - Está entregada a sus investigaciones **2** ⇨es-pecializado,da ∎ PRON. La última e se pronuncia como la i en did

dedication /ˌded.ı'keı.ʃªn/ ∎ *n* [U] **1** ⇨dedicación ⇨entrega ∎ *n* [C] **2** *(en un libro)* ⇨dedicatoria

deduce /dɪ'djuːs/ US: /-'duːs/ [deduced, deduc-ing] *v* [T] *(una conclusión)* ⇨deducir ⇨inferir ∎ CONSTR. to deduce + (that)

deduct /dɪ'dʌkt/ *v* [T] *(una cantidad)* ⇨deducir ⇨restar

deduction /dɪ'dʌk.ʃªn/ *n* [C, U] **1** ⇨deducción **2** ⇨descuento ⇨rebaja

deed /diːd/ *n* [C] **1** *(form)* ⇨hecho **2** ⇨hazaña **3** *(en derecho)* ⇨escritura ∎ Se usa más en plural

†**deem** /diːm/ *v* [T] *(form)* ⇨considerar: *This place is deemed to be unsafe* - Este sitio se considera peligroso ∎ CONSTR. to be deemed + to do sth

†**deep** /diːp/ *adj* **1** ⇨profundo,da **2** *(un sonido)* ⇨bajo,ja ⇨grave **3** *(un color)* ⇨intenso,sa **4** to be ~ in *sth* ⇨estar sumido,da en algo ⇨es-tar absorto,ta en algo

deepen /'diː.pªn/ ∎ *v* [T, I] **1** *(un agujero)* ⇨ha-cer(se) más profundo,da **2** ⇨intensificar ⇨au-mentar ∎ *v* [I] **3** *(la luz, el color)* ⇨oscure-cer(se)

deep freeze *n* [C] ⇨congelador ⇨heladera AMÉR.; ⇨freezer AMÉR.

deeply /'diː.pli/ *adv* **1** ⇨en profundidad **2** ⇨pro-fundamente: *She breathed deeply* - Respiraba profundamente

deer UK: /dɪəª/ US: /dɪr/ [pl deer] *n* [C] **1** ⇨ciervo,va ⇨venado **2** ⇨ciervo macho

default[1] UK: /dɪ'fɒlt/ US: /-'faːlt/ *n* [U] **1** ⇨incumpli-miento ⇨impago **2** ⇨valor por defecto **3** by ~ *(form)* ⇨por defecto: *The program is installed by default* - El programa se encuentra instalado por defecto

default[2] UK: /dɪ'fɒlt/ US: /-'faːlt/ *v* [I] ⇨demorarse en el pago: *He defaulted on the mortgage* - Se demoró en el pago de la hipoteca ∎ CONSTR. to de-fault on sth

†**defeat**[1] /dɪ'fiːt/ *v* [T] ⇨derrotar ⇨batir

†**defeat**[2] /dɪ'fiːt/ *n* [C, U] ⇨derrota

defect[1] /'diː.fekt/ *n* [C] ⇨defecto: *one of his big-gest defects* - uno de sus mayores defectos

defect[2] /dɪ'fekt/ *v* [I] ⇨desertar: *He defected from his country to Ireland* - Desertó de su país para ir a Irlanda

defence /dɪ'fents/ UK (US defense) *n* [C, U] ⇨de-fensa

defenceless /dɪ'fent.sləs/ UK (US defenseless) *adj* ⇨indefenso,sa

†**defend** /dɪ'fend/ *v* [T] **1** ⇨defender: *She defended him tooth and nail* - Lo defendió con uñas y dien-tes **2** ⇨defender ⇨apoyar **3** *(en derecho)* ⇨de-fender

defendant /dɪ'fen.dªnt/ *n* [C] ⇨acusado,da ⇨de-mandado,da

defender UK: /dɪ'fen.dəª/ US: /-də/ *n* [C] **1** *(en de-portes)* ⇨defensa ⇨zaguero,ra **2** ⇨defensor,-a

defense US *n* [C, U] See **defence**

defensive /dɪ'fent.sıv/ *adj* **1** ⇨defensivo,va: *a de-fensive strategy* - una estrategia defensiva **2** to be ~ about *sth* ⇨estar a la defensiva con algo

defer UK: /dɪ'fɜːª/ US: /-'fɜː/ [deferred, deferring] *v* [T] ⇨posponer ⇨aplazar

deference UK: /'def.ªr.ªnts/ US: /-ə-/ *n* [U] ⇨defe-rencia

defiance /dɪ'faı.ənts/ *n* [U] ⇨desobediencia ⇨de-safío

defiant /dɪ'faı.ənt/ *adj* ⇨desobediente ⇨desafiante

†**deficiency** /dɪ'fıʃ.ªn.si/ [pl deficiencies] *n* [C, U] **1** ⇨carencia **2** ⇨deficiencia: *deficiencies in the security measures* - deficiencias en las medidas de seguridad

deficient /dɪ'fıʃ.ªnt/ *adj* **1** ⇨carente **2** ⇨deficiente

†**define** /dɪ'faın/ [defined, defining] *v* [T] ⇨definir ⇨caracterizar

†**definite** /'def.ı.nət/ *adj* **1** ⇨claro,ra ⇨seguro,ra **2** ⇨definitivo,-va ∎ PRON. ite se pronuncia como it

definitely /'def.ı.nət.li/ *adv* ⇨definitivamente ⇨sin duda ∎ PRON. ite se pronuncia como it

definition /ˌdef.ı'nıʃ.ªn/ ∎ *n* [C] **1** *(de una palabra)* ⇨definición ∎ *n* [U] **2** *(de una imagen)* ⇨claridad ⇨definición

definitive UK: /dɪ'fın.ı.tıv/ US: /-ɔ.ˤţıv/ *adj* **1** ⇨defi-nitivo,va **2** ⇨irrevocable **3** *This book is definitive*

in its field - Este libro es el mejor exponente en su campo

deflate /dɪ'fleɪt/ [deflated, deflating] ∎ *v* [T] **1** ⇨desilusionar(se) ∎ CONSTR. Se usa más en pasiva ∎ *v* [T, I] **2** *(un globo o una rueda)* ⇨desinflar(se) ⇨deshinchar(se)

deflect /dɪ'flekt/ *v* [T, I] ⇨desviar: *He deflected the arrow* - Desvió la flecha

deforestation UK: /diː,fɒr.ɪ'steɪ.ʃ°n/ US: /-,fɔːr-/ *n* [U] ⇨deforestación

deformed UK: /dɪ'fɔːmd/ US: /-'fɔːrmd/ *adj* ⇨deformado,da ⇨deforme

deformity UK: /dɪ'fɔː.mɪ.ti/ US: /-'fɔːr.mə.°ţi/ [*pl* deformities] *n* [C, U] ⇨deformidad

defrost UK: /,diː'frɒst/ US: /-'frɑːst/ *v* [T, I] ⇨descongelar(se): *Please defrost some meat* - Por favor, descongela algo de carne

deft /deft/ *adj* ⇨hábil ⇨diestro,tra

defunct /dɪ'fʌŋkt/ *adj* **1** *(una organización o un grupo)* ⇨desaparecido,da **2** ⇨fallecido,da ⇨muerto,ta

defuse /,diː'fjuːz/ [defused, defusing] *v* [T] **1** *(una situación tensa)* ⇨atenuar **2** *(una bomba)* ⇨desactivar [quitando la mecha] ∎ PRON. La *u* se pronuncia como *you*

† **defy** /dɪ'faɪ/ [defies, defied] *v* [T] **1** ⇨desafiar **2** *to ~ sb to do sth* ⇨retar a alguien a hacer algo ∎ PRON. *fy* rima con *my*

degenerate /dɪ'dʒen.ə.reɪt/ [degenerated, degenerating] *v* [I] ⇨degenerar ∎ CONSTR. *to degenerate into sth*

degrade /dɪ'greɪd/ [degraded, degrading] ∎ *v* [T] **1** ⇨degradar ⇨humillar ⇨injuriar **2** ⇨deteriorar ⇨degradar ∎ *v* [T, I] **3** *(una imagen o un sonido)* ⇨distorsionar ∎ *v* [I] **4** *(una sustancia)* ⇨degradar

† **degree** /dɪ'griː/ ∎ *n* [C] **1** ⇨título universitario ⇨licenciatura **2** *(de un ángulo o de temperatura)* ⇨grado ∎ *n* [C, U] **3** ⇨nivel ⇨grado **4** *by degrees* ⇨poco a poco **5** *to {a/some} ~* ⇨en cierta medida

dehydration /,diː.haɪ'dreɪ.ʃ°n/ *n* [U] ⇨deshidratación ∎ PRON. *hy* se pronuncia como *high*

deign /deɪn/ *to ~ to do sth* ⇨dignarse (a) hacer algo: *She didn't deign to speak* - No se dignó hablar ∎ PRON. La *g* no se pronuncia

deity UK: /'deɪ.ɪ.ti/ US: /'diː.ə.°ţi/ [*pl* deities] *n* [C] *(form)* ⇨deidad

dejected /dɪ'dʒek.tɪd/ *adj* ⇨desanimado,da

† **delay¹** /dɪ'leɪ/ *v* [T, I] **1** ⇨retrasar(se) ⇨demorar(se) **2** ⇨retrasar ⇨posponer ∎ CONSTR. *to delay + doing sth* ∎ PRON. *lay* rima con *day*

† **delay²** /dɪ'leɪ/ *n* [C, U] ⇨retraso ⇨demora ∎ PRON. *lay* rima con *day*

delegate¹ /'del.ɪ.gət/ *n* [C] ⇨delegado,da

delegate² /'del.ɪ.geɪt/ [delegated, delegating] *v* [T] ⇨delegar ⇨encomendar

delegation /,del.ɪ'geɪ.ʃ°n/ ∎ *n* [U] **1** ⇨delegación ⇨cesión ∎ *n* [C] **2** ⇨delegación ⇨comisión ∎ Por ser un nombre colectivo se puede usar con el verbo en singular o en plural

† **delete** /dɪ'liːt/ [deleted, deleting] *v* [T] *(datos)* ⇨borrar ⇨eliminar ⇨suprimir ∎ PRON. *lete* rima con *meet*

deliberate¹ UK: /dɪ'lɪb.°r.ət/ US: /-ə-/ *adj* **1** ⇨deliberado,da ⇨intencionado,da **2** *(un movimiento)* ⇨lento,ta ⇨pausado,da

deliberate² /dɪ'lɪb.ə.reɪt/ [deliberated, deliberating] *v* [T, I] *(form)* ⇨deliberar ∎ PRON. *rate* rima con el término inglés *mate*

deliberately UK: /dɪ'lɪb.°r.ət.li/ US: /-ə-/ *adv* ⇨deliberadamente ⇨adrede ⇨aposta

deliberation /dɪ,lɪb.ə'reɪ.ʃ°n/ *n* [C, U] ⇨deliberación ⇨intención

delicacy /'del.ɪ.kə.si/ ∎ *n* [C] **1** ⇨exquisitez [gastronómica] ∎ El plural es *delicacies* ∎ *n* [U] **2** *(cualidad)* ⇨delicadeza ⇨fragilidad

† **delicate** /'del.ɪ.kət/ *adj* **1** ⇨delicado,da ⇨frágil **2** ⇨delicado,da: *a delicate matter* - un tema delicado **3** ⇨suave: *a delicate flavour* - un sabor suave ∎ PRON. La *a* se pronuncia como en *ago*

delicatessen /,del.ɪ.kə'tes.°n/ *n* [C] ⇨tienda de delicatessen ∎ La forma abreviada es *deli*

† **delicious** /dɪ'lɪʃ.əs/ *adj* ⇨delicioso,sa ∎ PRON. La sílaba *ci* se pronuncia *sh*

delight¹ /dɪ'laɪt/ *n* [C, U] **1** ⇨placer ⇨deleite **2** *to take ~ in sth* ⇨deleitarse en algo

delight² /dɪ'laɪt/ *v* [T] ⇨encantar ⇨deleitar

delighted UK: /dɪ'laɪ.tɪd/ US: /-°ţɪd/ *adj* ⇨encantado,da: *Delighted to meet you* - Encantado de conocerte ∎ PRON. La última *e* se pronuncia como la *i* en *did*

delightful /dɪ'laɪt.f°l/ *adj* **1** ⇨encantador,-a **2** ⇨delicioso,sa ⇨maravilloso,sa

delinquency /dɪ'lɪŋ.kw°nt.si/ ∎ *n* [U] **1** ⇨delincuencia: *juvenile delinquency* - delincuencia juvenil ∎ *n* [C] **2** *(form)* ⇨acción ilegal o inmoral ∎ El plural es *delinquencies*

delinquent /dɪ'lɪŋ.kw°nt/ *n* [C] ⇨delincuente: *juvenile delinquent* - delincuente juvenil

delirious /dɪ'lɪr.i.əs/ *adj* **1** ⇨delirante **2** ⇨exultante: *Hugh was delirious with happiness* - Hugh estaba exultante de felicidad

† **deliver** UK: /dɪ'lɪv.ə°/ US: /-ə-/ *v* [T, I] **1** ⇨entregar ⇨repartir **2** *(un recado)* ⇨dar ⇨comunicar ⇨mandar **3** ⇨pronunciar **4** ⇨atender un parto **5** ⇨cumplir [una promesa]

delivery UK: /dɪ'lɪv.°r.i/ US: /-ə-/ ∎ *n* [C] **1** ⇨entrega ⇨reparto ∎ El plural es *deliveries* **2** ⇨parto ∎ El

plural es *deliveries* ▪ *n* [U] **3** ⇒oratoria **4** ⇒presentación ⇒declamación

delta UK: /'del.tə/ US: /-ˤt̬ə/ *n* [C] ⇒delta [de un río]

delude /dɪ'luːd/ [deluded, deluding] *v* [T] ⇒engañar(se) ⇒hacer creer ▪ Constr. 1. to delude into + doing sth 2. Se usa más en pasiva

deluge¹ /'del.juːdʒ/ *n* [C] **1** ⇒avalancha [de cosas] ⇒aluvión [de cosas] **2** ⇒diluvio

deluge² /'del.juːdʒ/ [deluged, deluging] *v* [T] ⇒abrumar: *He is deluged with work* - Le abruma el trabajo ▪ Constr. Se usa más en pasiva

delusion /dɪ'luː.ʒən/ *n* [C, U] **1** ⇒error **2** ⇒ilusión ⇒engaño **3** *Poor boy, he's under the delusion he'll get the job* - Pobrecillo, se cree que le van a dar el trabajo

deluxe /dɪ'lʌks/ (*tb* de luxe) *adj* ⇒de lujo: *deluxe products* - productos de lujo ▪ Pron. La *u* se pronuncia como en el término inglés *sun*

demand¹ UK: /dɪ'mɑːnd/ US: /-'mænd/ ▪ *n* [U, no pl] **1** ⇒demanda ▪ *n* [C] **2** ⇒petición ⇒exigencia ▪ *n* [C, U] **3** *(en economía)* ⇒demanda **4** in ~ ⇒muy solicitado,da **5** on ~ ⇒a petición

†**demand²** UK: /dɪ'mɑːnd/ US: /-'mænd/ *v* [T] **1** ⇒pedir ⇒exigir ▪ Constr. 1.to demand + that 2. to demand + to do sth **2** ⇒requerir ⇒exigir

demanding UK: /dɪ'mɑːn.dɪŋ/ US: /-'mæn-/ *adj* **1** ⇒exigente **2** ⇒absorbente: *a demanding job* - un trabajo absorbente

demise /dɪ'maɪz/ *n* [no pl] **1** *(form)* ⇒final ⇒fin **2** *(form)* ⇒deceso *form.;* ⇒fallecimiento ▪ Pron. *mi* se pronuncia como *my*

demo UK: /'dem.əʊ/ US: /-oʊ/ *UK n* [C] **1** *(inform)* ⇒forma abreviada de **demonstration** (manifestación) **2** *(inform)* ⇒maqueta: *a demo tape* - una maqueta musical **3** *(en informática)* ⇒demo

†**democracy** UK: /dɪ'mɒk.rə.si/ US: /-'mɑː.krə-/ [*pl* democracies] *n* [C, U] ⇒democracia

democrat /'dem.ə.kræt/ *n* [C] **1** ⇒demócrata **2** *(miembro del Partido Democrático Norteamericano)* ⇒demócrata

democratic UK: /ˌdem.ə'kræt.ɪk/ US: /-'kræˤt̬-/ *adj* ⇒democrático,ca: *a democratic debate* - un debate democrático

†**demolish** UK: /dɪ'mɒl.ɪʃ/ US: /-'mɑː.lɪʃ/ [demolishes] *v* [T] **1** ⇒demoler ⇒derribar **2** *(un argumento)* ⇒desmontar

demolition /ˌdem.ə'lɪʃ.ən/ *n* [C, U] ⇒demolición

demon /'diː.mən/ *n* [C] **1** ⇒demonio **2** *(amenaza)* ⇒fantasma **3** ⇒as ⇒fiera ▪ Pron. La primera sílaba, *de*, rima con *see*

demonic UK: /dɪ'mɒn.ɪk/ US: /-'mɑː.nɪk/ *adj* ⇒demoníaco,ca

†**demonstrate** /'dem.ən.streɪt/ [demonstrated, demonstrating] ▪ *v* [T] **1** ⇒demostrar ⇒probar ▪ Constr.

to demonstrate + interrogativa indirecta **2** ⇒demostrar ⇒mostrar ▪ Constr. to demonstrate + that ▪ *v* [I] **3** ⇒manifestarse

demonstration /ˌdem.ən'streɪ.ʃən/ ▪ *n* [C, U] **1** ⇒demostración ⇒prueba ▪ *n* [C] **2** ⇒manifestación

demonstrative UK: /dɪ'mɒnt.strə.tɪv/ US: /-'mɑːnt.strə.ˤt̬ɪv/ *adj* ⇒expresivo,va

D■

demonstrator UK: /'dem.ən.streɪ.tə/ US: /-ˤt̬ə/ *n* [C] ⇒manifestante

demotivate UK: /ˌdiː'məʊ.tɪ.veɪt/ US: /-'moʊ.ˤt̬ɪ-/ [demotivated, demotivating] *v* [T] ⇒desmotivar

den /den/ *n* [C] **1** ⇒madriguera **2** ⇒escondrijo ⇒guarida **3** ⇒tugurio ⇒antro *desp.* **4** *US* ⇒cuarto de estar

denial /dɪ'naɪ.əl/ ▪ *n* [C, U] **1** ⇒rechazo ⇒negación ▪ *n* [U] **2** ⇒negación ⇒denegación ▪ Pron. La primera sílaba, *de*, rima con *see*

†**denim** /'den.ɪm/ *n* [U] ⇒tela vaquera: *a denim jacket* - una cazadora vaquera

denomination UK: /dɪˌnɒm.ɪ'neɪ.ʃən/ US: /-ˌnɑː.mə-/ *n* [C] **1** ⇒denominación ⇒clase **2** ⇒confesión [religiosa] **3** ⇒valor [de una moneda]

denounce /dɪ'naʊnts/ [denounced, denouncing] *v* [T] ⇒denunciar ⇒acusar ⇒sindicar *AMÉR.*

†**dense** /dents/ *adj* ⇒denso,sa ⇒espeso,sa

densely /'dent.sli/ *adv* ⇒densamente ⇒espesamente ⇒apretadamente

density UK: /'dent.sɪ.ti/ US: /-sə.ˤt̬i/ [*pl* densities] *n* [C, U] ⇒densidad: *population density* - densidad de población

dent¹ /dent/ *n* [C] **1** ⇒abolladura **2** *(deuda, pérdida)* ⇒agujero ▪ Distinto de *tooth* (diente)

dent² /dent/ *v* [T] **1** ⇒abollar **2** ⇒mermar: *The result dented her confidence* - El resultado mermó su confianza

†**dental** UK: /'den.t̬əl/ US: /-ˤt̬[ə]l/ *adj* ⇒dental: *dental treatment* - tratamiento dental

†**dentist** UK: /'den.tɪst/ US: /-ˤt̬ɪst/ *n* [C] ⇒dentista

denunciation /dɪˌnʌnt.si'eɪ.ʃən/ *n* [C, U] ⇒denuncia

†**deny** /dɪ'naɪ/ [denies, denied] *v* [T] **1** *(una historia)* ⇒desmentir **2** ⇒negar ▪ Constr. 1.to deny + (that) 2.to deny + doing sth 3. to deny + dos objetos **3** ⇒negar ⇒impedir

deodorant UK: /di'əʊ.dər.ənt/ US: /-'oʊ.də-/ *n* [C, U] ⇒desodorante ▪ Pron. *de* rima con *see*

†**depart** UK: /dɪ'pɑːt/ US: /-'pɑːrt/ *v* [I] *(form)* ⇒salir: *The train departs from platform five at 10.50* - El tren sale del andén cinco a las 10.50 ▪ La forma abreviada es *dep.*

†**department** UK: /dɪ'pɑːt.mənt/ US: /-'pɑːrt-/ *n* [C] **1** *(de un colegio, de una tienda, de una empresa)* ⇒departamento ▪ La forma abreviada es *dept* **2** *(en Gran Bretaña)* ⇒ministerio

departmental UK: /ˌdiː.paːtˈmen.tᵊl/ US: /-paːrtˈmen.ˤt[ə]l/ *adj* ⇨departamental

† **department store** *n* [c] ⇨grandes almacenes

departure UK: /dɪˈpaː.tʃəˈ/ US: /-ˈpaːr.tʃəˈ/ *n* [c, u] **1** ⇨salida: *the departure of flight 603 to London* - la salida del vuelo 603 con destino a Londres **2** *What's your departure time to London?* - ¿A qué hora sales para Londres? **3** ⇨cambio [en una tendencia] ■ la forma abreviada escrita es *dep.* ■ Pon.: La última sílaba, *ture*, se pronuncia como en *picture*

† **depend** /dɪˈpend/ *v* [I] **1** ⇨confiar ⇨contar **2** ⇨depender: *It doesn't depend on me* - No depende de mí ■ Constr. 1. to depend on 2. to depend + interrogativa indirecta
| PHRASAL VERBS
· **to depend {on/upon}** *sth/sb* **1** ⇨depender: *I still depend on my parents* - Todavía dependo de mis padres **2** ⇨confiar en ⇨contar con

dependable /dɪˈpen.də.bl̩/ *adj* ⇨fiable ⇨de confianza

dependant /dɪˈpen.dᵊnt/ *UK* (*US* **dependent**) *n* [c] *He is a single man with no dependants* - Es un hombre soltero sin personas a su cargo

† **dependence** /dɪˈpen.dᵊnts/ *n* [u, NO PL] ⇨dependencia: *alcohol dependence* - dependencia del alcohol

† **dependent¹** /dɪˈpen.dᵊnt/ *adj* **1** ⇨dependiente,ta **2 to be ~ on** *sth* ⇨depender de algo

† **dependent²** /dɪˈpen.dᵊnt/ *US n* [c] See **dependant**

† **depict** /dɪˈpɪkt/ *v* [T] ⇨retratar ⇨pintar ⇨describir

deplore UK: /dɪˈplɔːˈ/ US: /-ˈplɔːr/ [deplored, deploring] *v* [T] **1** *(form)* ⇨abominar ⇨aborrecer **2** *(form)* ⇨lamentar ■ Distinto de *to grieve* (deplorar)

deploy UK: /dɪˈplɔɪ/ *v* [T] **1** ⇨desplegar [militarmente] **2** ⇨utilizar

deport UK: /dɪˈpɔːt/ US: /-ˈpɔːrt/ *v* [T] ⇨deportar

depose UK: /dɪˈpəʊz/ US: /-ˈpoʊz/ [deposed, deposing] *v* [T] ⇨destituir ⇨derrocar ⇨remover *AMÉR.*

deposit¹ UK: /dɪˈpɒz.ɪt/ US: /-ˈpaː.zɪt/ *n* [c] **1** ⇨fianza ⇨señal **2** *(en un banco)* ⇨depósito **3** ⇨fianza **4** ⇨depósito ⇨sedimento

deposit² UK: /dɪˈpɒz.ɪt/ US: /-ˈpaː.zɪt/ *v* [T] **1** ⇨ingresar ⇨depositar **2** ⇨poner ⇨depositar **3 to ~** *sth* **with** *sb* ⇨dejar en manos de alguien

depot UK: /ˈdep.əʊ/ US: /ˈdiː.poʊ/ *n* [c] **1** ⇨depósito ⇨almacén **2** ⇨cochera **3** *US (de autobuses, de trenes)* ⇨estación ■ Pron. La *t* no se pronuncia

† **depress** /dɪˈpres/ [depresses] *v* [T] **1** ⇨deprimir: *The news depressed everybody* - La noticia los deprimió a todos **2** *(un precio)* ⇨reducir ⇨bajar

depressed /dɪˈprest/ *adj* ⇨deprimido,da: *He's a bit depressed* - Está un poco deprimido ■ Pron. La última *e* no se pronuncia

depressing /dɪˈpres.ɪŋ/ *adj* ⇨deprimente

† **depression** /dɪˈpreʃ.ᵊn/ *n* [c, u] **1** ⇨depresión **2** *(en economía)* ⇨depresión ⇨recesión

† **deprive** /dɪˈpraɪv/ [deprived, depriving]
| PHRASAL VERBS
· **to deprive** *sb* **of** *sth* ⇨privar a alguien de algo: *to deprive sb of a right* - privar a alguien de un derecho

deprived /dɪˈpraɪvd/ *adj* ⇨necesitado,da: *a deprived family* - una familia necesitada

† **depth** /depθ/ ■ *n* [c, u] **1** ⇨profundidad: *What is the depth of this swimming pool?* - ¿Qué profundidad tiene esta piscina? ■ *n* [u] **2** *He was amazed at the depth of their knowledge about this subject* - Se quedó asombrado con el conocimiento tan profundo que tienen en esta materia **3 in ~** ⇨en profundidad

† **deputy** UK: /ˈdep.jʊ.ti/ US: /-ˤt̬i/ [*pl* deputies] *n* [c] ⇨vice- ⇨sub- ■ Pron. La *u* se pronuncia como *you*

derail /ˌdiːˈreɪl/ ■ *v* [T, I] **1** *(un tren)* ⇨descarrilar(se) ■ *v* [T] **2** *(un plan, un proyecto, un proceso)* ⇨estropear ⇨fastidiar ⇨hacer descarrilar

deranged /dɪˈreɪndʒd/ *adj* ⇨trastornado,da ⇨enloquecido,da ■ Pron. La última *e* no se pronuncia

derby UK: /ˈdaː.bi/ US: /ˈdɜ-/ [*pl* derbies] *n* [c] **1** *UK (en deportes)* ⇨derbi **2** *(en hípica)* ⇨derby **3** *US (UK bowler hat)* ⇨bombín

derelict /ˈder.ə.lɪkt/ *adj (un edificio)* ⇨abandonado,da ⇨en ruinas

deride /dɪˈraɪd/ [derided, deriding] *v* [T] *(form)* ⇨ridiculizar ⇨mofarse de

derision /dɪˈrɪʒ.ᵊn/ *n* [u] *(form)* ⇨burla ⇨mofa

derisive /dɪˈraɪ.sɪv/ *adj (un gesto)* ⇨burlón,-a

derisory UK: /dɪˈraɪ.sᵊr.i/ US: /-ə.i/ *adj* **1** *(form) (una suma de dinero)* ⇨irrisorio,ria **2** ⇨cruel ⇨mordaz

derivation /ˌder.ɪˈveɪ.ʃᵊn/ *n* [c, u] ⇨derivación [lingüística]

derivative UK: /dɪˈrɪv.ɪ.tɪv/ US: /-ə.ˤt̬ɪv/ *n* [c] **1** *(en lingüística)* ⇨derivado **2** *(una expresión artística)* ⇨poco original

† **derive** /dɪˈraɪv/ [derived, deriving] *v* [T] ⇨obtener ⇨hallar
| PHRASAL VERBS
· **to derive (sth) from** *sth* **1** ⇨derivar(se) de algo **2** ⇨obtener ⇨encontrar ■ Constr. Se usa más en pasiva

dermatologist UK: /ˌdɜː.məˈtɒl.ə.dʒɪst/ US: /ˌdɜ.məˈtaː.lə-/ *n* [c] ⇨dermatólogo,ga

derogatory UK: /dɪˈrɒg.ə.tᵊr.i/ UK: /-tri/ US: /ˈraː.gə.tɔːr-/ *adj* ⇨despectivo,va

† **descend** /dɪˈsend/ *v* [T, I] *(form)* ⇨descender: *to descend a mountain* - descender una montaña

descendant /dɪˈsen.dᵊnt/ *n* [c] ⇨descendiente

descent /dɪ'sent/ ■ *n* [C, U] **1** ⇨descenso **2** ⇨pendiente [de un terreno] ■ *n* [U] **3** ⇨origen ⇨ascendencia **4** ⇨incursión: *His descent into drugs was unexpected* - Su incursión en las drogas fue inesperada ■ Normalmente tiene un sentido negativo

† **describe** /dɪ'skraɪb/ [described, describing] *v* [T] ⇨describir: *Can you describe what you have seen?* - ¿Puede describir lo que ha visto? ■ CONSTR. to describe + interrogativa indirecta

description /dɪ'skrɪp.ʃ°n/ *n* [C, U] ⇨descripción

descriptive /dɪ'skrɪp.tɪv/ *adj* ⇨descriptivo,va: *a descriptive report* - un informe descriptivo

desert[1] UK: /'dez.ət/ US: /-ɚt/ *n* [C, U] ⇨desierto: *The Sahara desert* - el desierto del Sahara ■ Distinto de *dessert* (postre) ■ PRON. La primera e se pronuncia como una e española

desert[2] UK: /dɪ'zɜːt/ US: /-'zɜːt/ ■ *v* [T, I] **1** ⇨desertar ■ *v* [T] **2** ⇨desamparar ⇨abandonar **3** ⇨dejar desierto ■ PRON. La primera parte, *de*, rima con el término inglés *me*

deserted UK: /dɪ'zɜː.tɪd/ US: /-'zɜː.ˤtɪd/ *adj* ⇨desierto,ta: *The streets were deserted* - Las calles estaban desiertas ■ PRON. La primera parte, *de*, rima con el término inglés *me*, y la última, *e*, se pronuncia como la i en *did*

deserter UK: /dɪ'zɜː.tə/ US: /-'zɜː.ˤtɚ/ *n* [C] ⇨desertor,-a

desert island *n* [C] ⇨isla desierta ■ PRON. La primera e se pronuncia como una e española

† **deserve** UK: /dɪ'zɜːv/ US: /-'zɜːv/ [deserved, deserving] *v* [T] ⇨merecer: *They deserve to win the championship* - Se merecen ganar el campeonato ■ CONSTR. to deserve + to do sth ■ PRON. La primera e se pronuncia como una e española y *ser* rima con el término inglés *her*

deserving UK: /dɪ'zɜː.vɪŋ/ US: /-'zɜː-/ *adj* **1** ⇨digno,na de ser ayudado,da **2** ⇨meritorio,ria

† **design**[1] /dɪ'zaɪn/ ■ *n* [C] **1** *(de un edificio)* ⇨plano ⇨proyecto **2** ⇨dibujo ⇨diseño **3** ⇨plan ■ *n* [U] **4** ⇨diseño **5** ⇨intención ⇨propósito

† **design**[2] /dɪ'zaɪn/ *v* [T, I] ⇨diseñar ⇨idear: *designed to protect* - ideado para proteger ■ PRON. La segunda sílaba, *sign*, rima con el término inglés *mine*

designate /'dez.ɪg.neɪt/ [designated, designating] *v* [T] ⇨designar ⇨nombrar

designer[1] UK: /dɪ'zaɪ.nə/ US: /-nɚ/ *n* [C] ⇨diseñador,-a: *a fashion designer* - un diseñador de moda

designer[2] UK: /dɪ'zaɪ.nə/ US: /-nɚ/ *adj* ⇨de marca ⇨de diseño

desirable UK: /dɪ'zaɪə.rə.bl̩/ US: /-'zaɪr.ə-/ *adj* **1** ⇨conveniente **2** ⇨envidiable ⇨deseable ⇨atractivo,va

† **desire**[1] UK: /dɪ'zaɪə/ US: /-'zaɪr/ ■ *n* [C, U] **1** ⇨ansia ⇨deseo **2** *n* [U] ⇨deseo sexual: *to feel desire for sb* - sentir deseo por alguien

desire[2] UK: /dɪ'zaɪə/ US: /dɪ'zaɪr/ [desired, desiring] *v* [T] *(form)* ⇨desear ■ CONSTR. to desire + to do sth

† **desk** /desk/ *n* [C] **1** ⇨escritorio ⇨pupitre ⇨mesa de trabajo **2** *She's not at her desk at the moment, I'm afraid* - Me temo que no está en su sitio en este momento

D

† **desktop** UK: /'desk.top/ US: /-tɑːp/ *n* [C] **1** ⇨ordenador personal **2** *(en la pantalla de un ordenador)* ⇨escritorio

desolate /'des.ªl.ət/ *adj* **1** *(una persona)* ⇨desolado,da ⇨afligido,da **2** *(un lugar)* ⇨desolador,-a

despair[1] UK: /dɪ'speə/ US: /-'sper/ *n* [U] ⇨desesperación

despair[2] UK: /dɪ'speə/ US: /-'sper/ *v* [I] ⇨desesperar ⇨perder la esperanza ■ CONSTR. to despair of + doing sth

despatch /dɪ'spætʃ/ [despatches] *UK n* [C, U], *v* [T] *(form)* See **dispatch**

† **desperate** /'des.pºr.ət/ US: /-pɚ/ *adj* **1** ⇨desesperado,da ⇨desanimado,da **2** *(una situación)* ⇨muy grave ⇨desesperado,da ■ PRON. La a se pronuncia como en el adverbio inglés *ago*

desperation /ˌdes.pə'reɪ.ʃ°n/ *n* [U] ⇨desesperación

despicable /dɪ'spɪk.ə.bl̩/ *adj* ⇨despreciable

despise /dɪ'spaɪz/ [despised, despising] *v* [T] ⇨despreciar ⇨detestar

† **despite** /dɪ'spaɪt/ *prep* ⇨a pesar de: *We played the match despite the rain* - Jugamos el partido a pesar de la lluvia

despondent UK: /dɪ'spɒn.dºnt/ US: /-'spɑːn-/ *adj* ⇨abatido,da ⇨desalentado,da

despot UK: /'des.pɒt/ US: /-pɑːt/ *n* [C] ⇨déspota

† **dessert** UK: /dɪ'zɜːt/ US: /-'zɜːt/ *n* [C, U] ⇨postre: *What would you like for dessert?* - ¿Qué quiere de postre? ■ Distinto de *desert* (desierto) ■ PRON. La sílaba *de* rima con el término inglés *me* y se acentúa la segunda sílaba

dessertspoon UK: /dɪ'zɜːt.spuːn/ US: /-'zɜːt-/ *UK n* [C] **1** ⇨cuchara [de postre] **2** ⇨cucharada [de postre]: *Add a dessertspoon of sugar* - Añada una cucharada de azúcar

† **destination** /ˌdes.tɪ'neɪ.ʃ°n/ *n* [C] *(lugar)* ⇨destino

destined /'des.tɪnd/ *adj* **1** ⇨destinado,da: *He was destined to be president* - Estaba destinado a ser el presidente **2** ⇨con destino **3** *They were destined to succeed* - Estaba escrito que triunfarían ■ PRON. La última e no se pronuncia

destiny /'des.tɪ.ni/ *[pl* destinies] *n* [C, U] ⇨destino ⇨sino

destitute UK: /ˈdes.tɪ.tjuːt/ US: /-ˤtɪ.tuːt/ adj ⇒desamparado,da ⇒indigente

† **destroy** /dɪˈstrɔɪ/ v [T] ⇒destruir ⇒destrozar

destroyer UK: /dɪˈstrɔɪ.əʳ/ US: /-ə/ n [C] (embarcación) ⇒destructor

destruction /dɪˈstrʌk.ʃən/ n [U] ⇒destrucción

■D **detach** /dɪˈtætʃ/ [detaches] v [T] ⇒separar: Detach the rope from the hook - Separa la cuerda del gancho

detached /dɪˈtætʃt/ adj 1 ⇒distante ⇒alejado,da 2 ⇒imparcial 3 (una vivienda) ⇒separado,da ■ PRON. La última e no se pronuncia

detachment /dɪˈtætʃ.mənt/ ■ n [U] 1 ⇒distanciamiento ⇒alejamiento 2 ⇒imparcialidad ■ n [C] 3 (en el ejército) ⇒destacamento

† **detail**[1] UK: /ˈdiː.teɪl/ US: /-ˈ-/ n [C, U] 1 ⇒detalle: We can sort out the details later - Los detalles los podemos arreglar luego 2 in ~ ⇒en detalle ⇒detalladamente 3 to go into ~ ⇒entrar en detalles

detail[2] UK: /ˈdiː.teɪl/ US: /-ˈ-/ v [T] ⇒detallar: Could you detail how it happened? - ¿Podría detallar cómo ocurrió? ■ CONSTR. to detail + interrogativa indirecta

detailed UK: /ˈdiː.teɪld/ US: /-ˈ-/ adj ⇒detallado,da: a detailed description - una descripción detallada ■ PRON. La última e no se pronuncia

detain /dɪˈteɪn/ v [T] 1 ⇒detener: The accused was detained by the police - El acusado fue detenido por la policía ■ CONSTR. Se usa más en pasiva 2 ⇒entretener: I don't want to detain you - No quiero entretenerte más

† **detect** /dɪˈtekt/ v [T] ⇒detectar ⇒descubrir

detection /dɪˈtek.ʃən/ n [U] 1 ⇒detección 2 ⇒descubrimiento

† **detective** /dɪˈtek.tɪv/ n [C] ⇒detective ■ La forma abreviada es Det

detector UK: /dɪˈtek.təʳ/ US: /-tə/ n [C] ⇒detector: metal detector - detector de metales

detention /dɪˈten.tʃən/ ■ n [U] 1 ⇒arresto ⇒detención ■ n [C, U] 2 (en el colegio) ⇒castigo

† **deter** UK: /dɪˈtɜːʳ/ US: /-ˈtɜː/ [deterred, deterring] v [T] ⇒disuadir ■ CONSTR. to deter from + doing sth

detergent /dɪˈtɜː.dʒənt/ US: /-ˈtɜː-/ n [C, U] ⇒detergente

† **deteriorate** UK: /dɪˈtɪə.ri.ə.reɪt/ US: /-ˈtɪr.i-/ [deteriorated, deteriorating] v [I] ⇒deteriorarse ⇒empeorar

determination UK: /dɪˌtɜː.mɪˈneɪ.ʃən/ US: /-ˌtɜː-/ n [U] ⇒determinación ⇒voluntad

† **determine** /dɪˈtɜː.mɪn/ US: /-ˈtɜː-/ [determined, determining] v [T] 1 (form) ⇒determinar ⇒decidir ⇒resolver ■ CONSTR. 1. to determine + to do sth 2. to determine + interrogativa indirecta 2 (form) ⇒fijar: They determined the date for the event -

Fijaron la fecha de la celebración ■ PRON. min rima con el término inglés in

† **determined** UK: /dɪˈtɜː.mɪnd/ US: /-ˈtɜː-/ adj 1 ⇒decidido,da ⇒resuelto,ta 2 ⇒empeñado,da [en algo]: He is determined to learn to play the piano ■ Está empeñado en aprender a tocar el piano ■ PRON. La última e no se pronuncia y min rima con el término inglés in

† **determiner** UK: /dɪˈtɜː.mɪ.nəʳ/ US: /-ˈtɜː.mɪ.nə/ n [C] (en gramática) ⇒determinante

deterrent /dɪˈter.ᵊnt/ n [C] 1 ⇒freno 2 ⇒elemento disuasorio

detest /dɪˈtest/ v [T] ⇒detestar: I detest being late - Detesto llegar tarde ■ CONSTR. to detest + doing sth

detonate UK: /ˈdet.ᵊn.eɪt/ US: /ˈdeˤt-/ [detonated, detonating] v [T, I] ⇒detonar: to detonate a bomb - detonar una bomba

detour UK: /ˈdiː.tɔːʳ/ US: /-tʊr/ n [C] 1 (un camino) ⇒rodeo 2 US (UK diversion) ⇒desviación ⇒desvío

detox UK: /ˈdiː.tɒks/ US: /-tɑːks/ n [NO PL, U] ⇒desintoxicación ■ PRON. La primera sílaba, de, rima con el término inglés me

detract /dɪˈtrækt/

PHRASAL VERBS

· **to detract from sth** ⇒empañar algo ⇒restar mérito a algo ⇒desmerecer

detriment /ˈdet.rɪ.mənt/ to the ~ of sth/sb (form) ⇒en detrimento

devaluation /ˌdiː.væl.juˈeɪ.ʃən/ n [C, U] ⇒devaluación

devalue /ˌdiːˈvæl.juː/ [devalued, devaluing] v [T] ⇒devaluar: to devalue a currency - devaluar una moneda

† **devastate** /ˈdev.ə.steɪt/ [devastated, devastating] v [T] 1 ⇒devastar: The fire devastated the forest - El incendio devastó el bosque 2 (a una persona) ⇒desconsolar ⇒afligir

devastating UK: /ˈdev.ə.steɪ.tɪŋ/ US: /-ˤtɪŋ/ adj 1 ⇒devastador,-a ⇒desolador,-a 2 ⇒demoledor,-a ⇒aplastante

† **develop** /dɪˈvel.əp/ ■ v [T, I] 1 ⇒desarrollar(se) 2 ⇒elaborar 3 ⇒convertirse 4 v [T] ⇒revelar [una foto] 5 ⇒urbanizar [un lugar] 6 ⇒contraer [una enfermedad]

developed /dɪˈvel.əpt/ adj ⇒desarrollado,da: developed countries - países desarrollados ■ PRON. La última e no se pronuncia

developer UK: /dɪˈvel.ə.pəʳ/ US: /-pə/ ■ n [C] 1 ⇒promotor,-a 2 (de una idea o de un diseño) ⇒productor,-a ■ n [C, U] 3 (en fotografía) ⇒revelador

† **developing**[1] /dɪˈvel.ə.pɪŋ/ adj ⇒en desarrollo

† **developing**[2] /dɪˈvel.ə.pɪŋ/ n [U] (en fotografía) ⇒revelado

die

development /dɪ'vel.əp.mənt/ ∎ n [c, u] 1 ⇒desarrollo ⇒evolución 2 ⇒crecimiento ∎ n [c] 3 ⇒acontecimiento ⇒suceso 4 ⇒urbanización ∎ n [u] 5 ⇒surgimiento 6 ⇒construcción ⇒edificación

deviant /'diː.vi.ənt/ adj, n [c] ⇒pervertido,da desp.

deviate /'diː.vi.eɪt/ [deviated, deviating] v [I] ⇒desviarse: to deviate from the norm - desviarse de lo habitual

† **device** /dɪ'vaɪs/ n [c] 1 ⇒dispositivo ⇒mecanismo ⇒aparato 2 ⇒plan ⇒estrategia

† **devil** /'dev.ᵊl/ n [c] ⇒diablo ⇒demonio

devious /'diː.vi.əs/ adj 1 ⇒astuto,ta ⇒taimado,da 2 (una carretera) ⇒tortuoso,sa

† **devise** /dɪ'vaɪz/ [devised, devising] v [T] ⇒concebir ⇒idear

devoid /dɪ'vɔɪd/ adj (form) ⇒carente ⇒desprovisto,ta

devolution /ˌdiː.və'luː.ʃᵊn/ n [u] (en política) ⇒descentralización ∎ Distinto de return (devolución)

† **devote** UK: /dɪ'vəʊt/ US: /-'voʊt/ [devoted, devoting]
| PHRASAL VERBS
└ **to devote sth to sth/sb** ⇒dedicar(se)

devoted UK: /dɪ'vəʊ.tɪd/ US: /-'voʊ.ᵊtɪd/ adj ⇒dedicado,da ⇒entregado,da ∎ PRON. La última e se pronuncia como la i en did

devotee /ˌdev.ə'tiː/ n [c] 1 ⇒seguidor,-a ⇒forofo,fa 2 (en religión) ⇒devoto,ta

devotion UK: /dɪ'vəʊ.ʃᵊn/ US: /-'voʊ-/ n [u] 1 ⇒devoción [religiosa] 2 ⇒adoración ⇒veneración 3 (a una actividad) ⇒entrega ⇒dedicación

devour /dɪ'vaʊəʳ/ US: /-'vaʊɚ/ v [T] 1 ⇒devorar 2 (un libro o una publicación) ⇒devorar

devout /dɪ'vaʊt/ adj 1 ⇒devoto,ta ⇒piadoso,sa 2 ⇒a ultranza: a devout supporter - un defensor a ultranza

dew UK: /djuː/ US: /duː/ n [u] ⇒rocío

dexterity UK: /dek'ster.ə.ti/ US: /-ᵊti/ n [u] ⇒destreza

diabetes UK: /ˌdaɪə'biː.tiːz/ US: /-ᵊtəs/ n [u] ⇒diabetes ∎ PRON. di rima con my y be se pronuncia como el verbo inglés be

diabolical UK: /ˌdaɪə'bɒl.ɪ.kᵊl/ US: /-'bɑː.lɪ.k[ə]l/ adj 1 ⇒diabólico,ca ⇒diablesco,ca 2 (inform) ⇒diabólico,ca col.; ⇒espantoso,sa

† **diagnose** /ˌdaɪ.əg.nəʊz/ US: /ˌdaɪ.əg'noʊz/ [diagnosed, diagnosing] v [T] 1 ⇒diagnosticar ∎ CONSTR. to diagnose with/as having stg 2 ⇒detectar: to diagnose a fault - detectar un fallo

diagnosis UK: /ˌdaɪ.əg'nəʊ.sɪs/ US: /-'noʊ-/ [pl diagnoses] n [c, u] ⇒diagnóstico: What is the diagnosis? - ¿Cuál es el diagnóstico? ∎ PRON. di rima con my

diagnostic UK: /ˌdaɪ.əg'nɒs.tɪk/ US: /-'nɑː.stɪk/ adj ⇒diagnóstico,ca: diagnostic methods - métodos diagnósticos

† **diagonal** /daɪ'æg.ᵊn.ᵊl/ adj, n [c] ⇒diagonal

diagonally /daɪ'æg.ᵊn.ᵊl.i/ adv ⇒en diagonal ⇒diagonalmente

† **diagram** /'daɪ.ə.græm/ n [c] ⇒diagrama ⇒esquema ∎ PRON. La primera parte, di, rima con my

dial¹ /'daɪ.əl/ n [c] 1 ⇒dial 2 (en un reloj) ⇒esfera ∎ PRON. La primera parte, di, rima con my

dial² /'daɪ.əl/ [dialled, dialling; US dialed, dialing] v [T, I] ⇒marcar ⇒discar AMÉR. ∎ PRON. La primera parte, di, rima con my

dialect /'daɪ.ə.lekt/ n [c, u] ⇒dialecto

† **dialogue** UK: /'daɪ.ə.lɒg/ US: /-lɑːg/ n [c, u] ⇒diálogo ∎ PRON. La primera parte, di, rima con my

diameter UK: /daɪ'æm.ɪ.təʳ/ US: /-ə.ᵊtə/ n [c, u] ⇒diámetro

† **diamond** /'daɪə.mənd/ n [c, u] 1 ⇒diamante 2 (forma) ⇒rombo ∎ PRON. La primera parte, di, rima con my

diamonds /'daɪə.məndz/ n [PL] (naipe) ⇒diamantes ⇒rombos ∎ PRON. La primera parte, di, rima con my

diaper UK: /'daɪ.pəʳ/ US: /-pə/ US (UK nappy) n [c] ⇒pañal: disposable diapers - pañales desechables

diaphragm /'daɪ.ə.fræm/ n [c] ⇒diafragma

diarrhoea /ˌdaɪ.ə'riː.ə/ UK (US diarrhea) n [u] ⇒diarrea ∎ PRON. di rima con my y rhoe con el término inglés me

† **diary** UK: /'daɪə.ri/ US: /'daɪr.i/ [pl diaries] n [c] 1 ⇒agenda: I'll check in my diary if I'm free tomorrow - Miraré en mi agenda si mañana estoy libre 2 ⇒diario [personal]

dice¹ /daɪs/ [pl dice] n [c] ⇒dado

dice² /daɪs/ [diced, dicing] v [T] (en cocina) ⇒cortar en dados

† **dictate** UK: /dɪk'teɪt/ US: /'--/ [dictated, dictating] ∎ v [T, I] 1 ⇒dictar ∎ v [T] 2 ⇒decidir ⇒dictar ∎ CONSTR. to dictate + interrogativa indirecta
| PHRASAL VERBS
└ · **to dictate to sb** ⇒dar órdenes a alguien ⇒mandar a alguien

dictation /dɪk'teɪ.ʃᵊn/ n [c, u] ⇒dictado ∎ PRON. La sílaba ta rima con day

dictator UK: /dɪk'teɪ.təʳ/ US: /'dɪk.teɪ.ᵊtə/ n [c] ⇒dictador,-a ∎ PRON. La sílaba ta rima con day

dictatorship UK: /dɪk'teɪ.tə.ʃɪp/ US: /-ᵊtə-/ n [c, u] ⇒dictadura

† **dictionary** UK: /'dɪk.ʃᵊn.ᵊr.i/ US: /-er.i/ [pl dictionaries] n [c] ⇒diccionario: Look it up in the dictionary - Búscalo en el diccionario

did /dɪd/ past tense of **do**

didactic /daɪ'dæk.tɪk/ adj 1 ⇒didáctico,ca 2 (literatura) ⇒didáctico,ca ⇒moralizador,-a

† **didn't** /'dɪd.ᵊnt/ (did not) See **do**

† **die** /daɪ/ [died, dying] v [I] 1 ⇒morir(se): He died of a heart attack - Murió de un ataque al corazón;

to die of old age - morirse de viejo **2 to be dying to do** *sth* (*tb* **to be dying for sth**) *(inform)* ⇨morirse de ganas por hacer algo

| PHRASAL VERBS
· **to die away** *(un sonido)* ⇨disminuir paulatinamente hasta desaparecer
· **to die down** ⇨disminuir ⇨amainar
· **to die off** ⇨morirse uno tras otro
· **to die out 1** *(un animal)* ⇨extinguirse **2** *(una costumbre)* ⇨desaparecer

diesel /ˈdiː.zᵊl/ ∎ *n* [U] **1** ⇨gasóleo ∎ *n* [C] **2** *(un vehículo)* ⇨diésel ∎ PRON. La primera *e* no se pronuncia

† **diet¹** /ˈdaɪ.ət/ ∎ *n* [C, U] **1** ⇨dieta: *a balanced diet* - una dieta equilibrada **2** *n* [C] ⇨régimen ⇨dieta ∎ PRON. La primera parte, *di*, rima con *my* y la *e* se pronuncia como la *a* en el adverbio inglés *ago*

diet² /ˈdaɪ.ət/ *v* [I] ⇨hacer régimen: *Have you been dieting?* - ¿Has estado haciendo régimen? ∎ PRON. La primera parte, *di*, rima con *my* y la *e* se pronuncia como la *a* en el adverbio inglés *ago*

dietetic *adj* ⇨dietético,ca

† **differ** UK: /ˈdɪf.əʳ/ US: /-ɚ/ *v* [I] **1** ⇨diferenciarse ⇨ser diferente **2** *(form)* ⇨discrepar ⇨diferir **3** *I beg to differ* - Siento tener que disentir

difference UK: /ˈdɪf.ᵊr.ᵊnts/ US: /-ɚ-/ *n* [C, U] **1** ⇨diferencia: *There is a little difference between them* - Hay pocas diferencias entre las dos **2 to make a** ⇨influir: *Your diet can make a difference to your health* - Tu dieta puede influir en tu salud

different UK: /ˈdɪf.ᵊr.ᵊnt/ US: /-ɚ-/ *adj* ⇨diferente ⇨distinto,ta ∎ CONSTR. *different from/to sth.* Incorrecto: *different of sth*

differentiate /ˌdɪf.əˈren.ʃi.eɪt/ [differentiated, differentiating] ∎ *v* [T, I] **1** ⇨diferenciar: *Can you differentiate between these two images?* - ¿Puedes diferenciar estas dos imágenes? ∎ CONSTR. *to differentiate between sth and sth* ∎ *v* [T] **2** ⇨distinguir ⇨diferenciar ∎ CONSTR. *to differentiate sth from sth*

differently UK: /ˈdɪf.ᵊr.ᵊnt.li/ US: /-ɚ-/ *adv* ⇨de manera diferente

† **difficult** /ˈdɪf.ɪ.kᵊlt/ *adj* **1** ⇨difícil **2** *I find it difficult to speak in public* - Me cuesta hablar en público

difficulty UK: /ˈdɪf.ɪ.kᵊl.ti/ US: /-ˤti/ ∎ *n* [U] **1** ⇨dificultad: *I had no difficulty in finding it* - No tuve dificultad en encontrarlo ∎ CONSTR. *difficulty + doing sth, difficulty in + doing sth* ∎ *n* [C] **2** ⇨aprieto ⇨apuro ∎ El plural es *difficulties*

diffident /ˈdɪf.ɪ.dᵊnt/ *adj* **1** ⇨tímido,da **2** ⇨reservado,da

† **dig¹**, dug, dug /dɪg/ [digging] ∎ *v* [T, I] **1** ⇨excavar: *to dig a hole in the ground* - excavar un agujero en el suelo ∎ *v* [T] **2** ⇨cavar: *The prisoner dug a tunnel from his cell* - El prisionero cavó

un túnel desde su celda **3** ⇨ **in!** *(inform)* ⇨¡al ataque! ∎ Se usa antes de empezar a comer **4 to ~ one's heels in** ⇨mantenerse en sus trece

| PHRASAL VERBS
· **to dig {in/into}** *sth* *(inform)* ⇨empezar a comer
· **to dig (sth) into** *sth/sb* ⇨clavar algo en
· **to dig** *sth* **out** [M] ⇨sacar [algo guardado]
· **to dig** *sth/sb* **out** [M] ⇨sacar [cavando]
· **to dig** *sth* **up** [M] **1** ⇨desenterrar algo: *The dog dug up a bone* - El perro desenterró un hueso **2** ⇨sacar algo a la luz **3** *(una superficie)* ⇨levantar

dig² /dɪg/ ∎ *n* [C] **1** ⇨excavación: *to work on a dig* - trabajar en una excavación **2** ⇨pulla ⇨indirecta ∎ *n* [NO PL] **3** *(inform)* ⇨codazo

digest¹ /daɪˈdʒest/ *v* [T] **1** *(un alimento)* ⇨digerir **2** *(una información)* ⇨digerir ⇨asimilar ∎ PRON. La sílaba *di* rima con *my* y la *g* se pronuncia como en el término inglés *general*

† **digest²** /ˈdaɪ.dʒest/ *n* [C] ⇨resumen ⇨compendio ∎ PRON. La sílaba *di* rima con *my* y la *g* se pronuncia como en el término inglés *general*

digestion /daɪˈdʒes.tʃᵊn/ *n* [C, U] ⇨digestión ∎ PRON. La sílaba *di* rima con *my*

digger UK: /ˈdɪg.əʳ/ US: /-ɚ/ *n* [C] ⇨excavadora

digging *n* [U] ⇨excavación

† **digit** /ˈdɪdʒ.ɪt/ *n* [C] **1** ⇨dígito ⇨número **2** *(form)* ⇨dedo

digital UK: /ˈdɪdʒ.ɪ.tᵊl/ US: /-ˤt[ə]l/ *adj* ⇨digital ∎ PRON. La primera parte, *dig*, rima con *bridge*

digital camera *n* [C] ⇨cámara digital ∎ PRON. La *g* se pronuncia como en *gentleman*

dignified /ˈdɪg.nɪ.faɪd/ *adj* **1** ⇨distinguido,da ⇨solemne **2** ⇨decoroso,sa ⇨digno,na

dignitary UK: /ˈdɪg.nɪ.tᵊr.i/ US: /-nə.ter-/ *[pl* dignitaries] *n* [C] ⇨dignatario,ria

† **dignity** UK: /ˈdɪg.nɪ.ti/ US: /-ə.ˤti/ *[pl* dignities] *n* [C] ⇨dignidad

dike /daɪk/ *n* [C] See **dyke**

dilapidated UK: /dɪˈlæp.ɪ.deɪ.tɪd/ US: /-ˤtɪd/ *adj* **1** *(un edificio)* ⇨en estado de ruina ⇨ruinoso,sa **2** *(un vehículo)* ⇨destartalado,da ∎ Distinto de *squandered* (dilapidado)

† **dilemma** /daɪˈlem.ə/ *n* [C] ⇨dilema ∎ PRON. La sílaba *di* rima con *my*

† **dilute** /daɪˈluːt/ [diluted, diluting] *v* [T] **1** ⇨diluir: *Dilute the paint with turpentine* - Diluye la pintura con aguarrás **2** ⇨suavizar ⇨debilitar ∎ PRON. La sílaba *di* rima con *my*

dim¹ /dɪm/ *adj* [comp dimmer, superl dimmest] **1** ⇨tenue ⇨débil **2** *(un recuerdo)* ⇨vago,ga ⇨borroso,sa **3** *(un lugar)* ⇨sombrío,a **4** *(la vista)* ⇨turbio,bia **5** *(un futuro)* ⇨poco prometedor,-a

dim² /dɪm/ [dimmed, dimming] v [T, I] *(la luz)* ⇨atenuar(se)

dime /daɪm/ n [C] *(en Canadá y en EE. UU.)* ⇨moneda de diez centavos

dimension /ˌdaɪˈmen.tʃ°n/ n [C] ⇨medida ⇨dimensión

† **diminish** /dɪˈmɪn.ɪʃ/ [diminishes] v [T, I] **1** ⇨disminuir **2** ⇨infravalorar: *He's always trying to diminish her works* - Siempre intenta infravalorar sus obras

diminutive¹ UK: /dɪˈmɪn.jʊ.tɪv/ US: /-ˤtɪv/ adj *(form)* ⇨diminuto,ta

diminutive² UK: /dɪˈmɪn.jʊ.tɪv/ US: /-ˤtɪv/ n [C] ⇨diminutivo

dimple /ˈdɪm.pl̩/ n [C] *(en la cara)* ⇨hoyuelo

din /dɪn/ n [NO PL] **1** ⇨estruendo **2** ⇨barullo *col.*

dine /daɪn/ [dined, dining] v [I] **1** *(form)* ⇨cenar: *They dined in a small restaurant* - Cenaron en un pequeño restaurante **2** **to ~ out** *(form)* ⇨cenar fuera ■ PRON. Rima con el término inglés *mine*

diner UK: /ˈdaɪ.nəʳ/ US: /-nɚ/ n [C] **1** ⇨comensal **2** *US* ⇨bar donde se sirven comidas baratas ■ PRON. La primera parte rima con el término inglés *mine*

dinghy /ˈdɪŋ.gi/ [pl dinghies] n [C] *(embarcación)* ⇨bote ■ PRON. La *h* no se pronuncia

dingy /ˈdɪn.dʒi/ adj [comp dingier, superl dingiest] ⇨oscuro,ra y mugriento,ta

† **dining room** n [C] *(en una casa)* ⇨comedor ■ PRON. La primera parte rima con el término inglés *mine*

† **dinner** UK: /ˈdɪn.əʳ/ US: /-ɚ/ n [C, U] **1** ⇨cena ⇨comida AMÉR. **2** **to go out for dinner** - salir para cenar **3** *UK* ⇨comida ⇨almuerzo **4** **to have ~** ⇨cenar ■ Se dice *to have dinner* o *to dine*. Incorrecto: *to dinner*

dinner jacket *UK (US tuxedo)* n [C] ⇨esmoquin

dinosaur UK: /ˈdaɪ.nə.sɔːʳ/ US: /-sɔːr/ n [C] ⇨dinosaurio ■ PRON. La sílaba *di* rima con *my* y *saur* se pronuncia como *saw*

diocese /ˈdaɪ.ə.sɪs/ n [C] ⇨diócesis

dip¹ /dɪp/ n [C, U] **1** ⇨salsa espesa [para mojar] ■ n [C] **2** *(en una superficie)* ⇨hondonada ⇨depresión **3** ⇨bajada ⇨descenso ⇨caída **4** *(inform)* *(en el mar o en una piscina)* ⇨chapuzón ⇨baño

dip² /dɪp/ [dipped, dipping] ■ v [T] **1** ⇨mojar: *I like dipping biscuits in coffee* - Me gusta mojar las galletas en el café ■ v [I] **2** ⇨descender

| PHRASAL VERBS
| · **to dip into sth 1** *UK* ⇨hojear algo **2** ⇨echar
└ mano [de los ahorros]

diphthong UK: /ˈdɪf.θɒŋ/ UK: /ˈdɪp-/ US: /-θɑːŋ/ n [C] *(en gramática)* ⇨diptongo

diploma UK: /dɪˈpləʊ.mə/ US: /-ˈploʊ-/ n [C] ⇨diploma

† **diplomacy** UK: /dɪˈpləʊ.mə.si/ US: /-ˈploʊ-/ n [U] ⇨diplomacia

diplomat /ˈdɪp.lə.mæt/ n [C] ⇨diplomático,ca

diplomatic UK: /ˌdɪp.ləˈmæt.ɪk/ US: /-ˈmæˤt̬-/ adj ⇨diplomático,ca

dire UK: /daɪəʳ/ US: /daɪr/ adj **1** ⇨extremo,ma ⇨acuciante ⇨apremiante **2** *(form)* *(una situación)* ⇨monstruoso,sa

† **direct¹** /daɪˈrekt/ adj **1** ⇨inmediato ⇨directo,ta **2** ⇨franco,ca ⇨directo,ta **3** ⇨sin intermediarios

† **direct²** /daɪˈrekt/ v [T] **1** *(una película, una obra de teatro)* ⇨dirigir **2** ⇨dar indicaciones ⇨indicar **3** ⇨organizar ⇨dirigir

direct debit n [C, U] ⇨domiciliación bancaria

† **direction** /daɪˈrek.ʃ°n/ ■ n [C] **1** ⇨dirección ⇨sentido ■ n [U] **2** ⇨dirección ⇨mando

directions /daɪˈrek.ʃ°nz/ n [PL] ⇨indicaciones ⇨instrucciones

directive /daɪˈrek.tɪv/ n [C] *(form)* ⇨directiva ⇨directriz

directly /daɪˈrekt.li/ adv **1** ⇨directamente **2** ⇨enseguida **3** **~ {after/behind/opposite...}** ⇨justo {después/detrás/enfrente...}: *directly after lunch* - justo después de cenar

directness /daɪˈrekt.nəs/ n [U] ⇨franqueza

director /daɪˈrek.təʳ/ n [C] ⇨director,-a: *The director of this film also made...* - La directora de esta película también hizo... ■ PRON. La sílaba *di* rima con *my*

directorate /daɪˈrek.t°r.ət/ n [C] ⇨junta directiva ■ Por ser un nombre colectivo se puede usar con el verbo en singular o en plural

† **dirt** UK: /dɜːt/ US: /dɜːt/ n [U] **1** ⇨suciedad **2** ⇨tierra: *The little boy was playing in the dirt* - El niño jugaba en la tierra **3** **to dig {the/up} ~ on sb** *(inform)* ⇨sacar los trapos sucios de alguien ■ PRON. dir rima con el término inglés *her*

dirty¹ UK: /ˈdɜː.ti/ US: /ˈdɜː.ˤt̬i/ adj [comp dirtier, superl dirtiest] **1** ⇨sucio,cia **2** *(un tema, un chiste)* ⇨verde ⇨picante **3** *(una práctica)* ⇨sucio,cia ⇨injusto,ta ■ PRON. La sílaba *dir* rima con el término inglés *her*

dirty² UK: /ˈdɜː.ti/ US: /ˈdɜː.ˤt̬i/ [dirties, dirtied] v [T] ⇨ensuciar: *Don't dirty the floor* - No ensucies el suelo ■ PRON. La sílaba *dir* rima con el término inglés *her*

dis /dɪs/ [dissed, dissing] *US* v [T] *(inform)* ⇨faltar al respeto

† **disability** UK: /ˌdɪs.əˈbɪl.ɪ.ti/ US: /-ə.ˤt̬i/ [pl disabilities] n [C, U] ⇨discapacidad

† **disabled** /dɪˈseɪ.bl̩d/ adj ⇨discapacitado,da ■ PRON. La *e* no se pronuncia

† **disadvantage** UK: /ˌdɪs.ədˈvɑːn.tɪdʒ/ US: /-ˈvæn.ˤt̬ɪdʒ/ n [C, U] ⇨desventaja: *to be at a disadvantage* - estar en desventaja ■ PRON. La última *a* se pronuncia como la *i* en *did*

D

disadvantaged

122

disadvantaged UK: /ˌdɪs.əd'vɑːn.tɪdʒd/ US: /-'væn.ˤtɪdʒd/ *adj* ⇨marginado,da ⇨desfavorecido,da

†**disagree** /ˌdɪs.ə'griː/ [disagreed] *v* [I] **1** ⇨discrepar ⇨no estar de acuerdo ■ CONSTR. 1. to disagree + that 2. to disagree with sb/sth **2** *Let's agree to disagree* - Vamos a aceptar que tenemos opiniones distintas

| PHRASAL VERBS
| · **to disagree with sb** *(una comida)* ⇨sentar
└ mal alguien

disagreeable /ˌdɪs.ə'griː.ə.bl̩/ *adj (form)* ⇨desagradable

disagreement /ˌdɪs.ə'griː.mənt/ *n* [C, U] ⇨discrepancia ⇨desacuerdo

disallow /ˌdɪs.ə'laʊ/ *v* [T] *(en deportes)* ⇨anular ⇨no aceptar

†**disappear** UK: /ˌdɪs.ə'pɪəʳ/ US: /-'pɪr/ *v* [I] ⇨desaparecer: *The ship disappeared over the horizon* - El barco desapareció en el horizonte

disappearance UK: /ˌdɪs.ə'pɪə.ʳn̩ts/ US: /-'pɪr.[ə]n̩ts/ *n* [C, U] ⇨desaparición

†**disappoint** /ˌdɪs.ə'pɔɪnt/ *v* [T] ⇨decepcionar: *The film really disappointed me* - La película me decepcionó mucho

disappointed UK: /ˌdɪs.ə'pɔɪn.tɪd/ US: /-ˤtɪd/ *adj* ⇨decepcionado,da ⇨defraudado,da ■ PRON. La e se pronuncia como la i en did

disappointing UK: /ˌdɪs.ə'pɔɪn.tɪŋ/ US: /-ˤtɪŋ/ *adj* ⇨decepcionante: *It was a disappointing end to the story* - El final de la historia fue decepcionante

disappointment /ˌdɪs.ə'pɔɪnt.mənt/ *n* [C, U] ⇨decepción ■ Distinto de deception (engaño)

disapproval /ˌdɪs.ə'pruː.v°l/ *n* [U] ⇨desaprobación

†**disapprove** /ˌdɪs.ə'pruːv/ [disapproved, disapproving] *v* [I] ⇨desaprobar: *I disapprove of your lying* - Desapruebo que mientas ■ CONSTR. to disapprove of sth/sb. Incorrecto: to disapprove sth/sb

disarm UK: /dɪ'sɑːm/ US: /-'sɑːrm/ *v* [T, I] ⇨desarmar(se): *The police disarmed the thief* - La policía desarmó al ladrón

disarmament UK: /dɪ'sɑː.mə.mənt/ US: /-'sɑːr-/ *n* [U] ⇨desarme

†**disaster** UK: /dɪ'zɑː.stəʳ/ US: /-'zæs.tə/ *n* [C, U] ⇨desastre: *natural disaster* - desastre natural

disastrous UK: /dɪ'zɑː.strəs/ US: /-'zæs.trəs/ *adj* ⇨desastroso,sa

disband /dɪs'bænd/ *v* [I] *(form)* ⇨deshacer(se) ⇨disolver(se)

disbelief /ˌdɪs.bɪ'liːf/ *n* [U] ⇨incredulidad

†**disc** /dɪsk/ *(US tb* disk*)* *n* [C] **1** *(forma)* ⇨disco **2** ⇨disco [musical] **3** *(en anatomía y en mecánica)* ⇨disco ■ Distinto de disco (discoteca)

discard UK: /dɪ'skɑːd/ US: /-'skɑːrd/ *v* [T] **1** ⇨tirar ⇨deshacerse de **2** ⇨descartar: *to discard an option* - descartar una opción

discern UK: /dɪ'sɜːn/ US: /-'sɜːn/ *v* [T] **1** *(form)* ⇨divisar ⇨distinguir **2** *(form)* ⇨percibir **3** ⇨discernir

discharge¹ UK: /dɪs'tʃɑːdʒ/ US: /-'tʃɑːrdʒ/ [discharged, discharging] ■ *v* [T] **1** ⇨dar el alta ■ CONSTR. Se usa más en pasiva **2** *(en el ejército)* ⇨licenciar [permanente] ■ CONSTR. Se usa más en pasiva **3** ⇨disparar: *to discharge a gun* - disparar un arma ■ *v* [T, I] **4** ⇨descargar ⇨verter **5** *(una deuda)* ⇨liquidar ⇨pagar

discharge² UK: /'dɪs.tʃɑːdʒ/ US: /-'tʃɑːrdʒ/ *n* [C, U] **1** ⇨alta médica **2** *(en el ejército)* ⇨licencia [absoluta] **3** ⇨descarga [de una arma] **4** ⇨expulsión ⇨vertido **5** ⇨supuración

disciple /dɪ'saɪ.pl̩/ *n* [C] ⇨discípulo,la ■ PRON. sci rima con my y la c no se pronuncia

disciplinary UK: /ˌdɪs.ə'plɪn.ˀr.i/ US: /'dɪs.ə.plɪ.ner-/ *adj* ⇨disciplinario,ria

†**discipline** /'dɪs.ə.plɪn/ *n* [U] ⇨disciplina ■ PRON. La c no se pronuncia y ine se pronuncia como el término inglés in

disc jockey *n* [C] ⇨pinchadiscos: *He works as a disc jockey* - Trabaja como pinchadiscos ■ La forma abreviada es DJ

†**disclose** UK: /dɪ'skləʊz/ US: /-'skloʊz/ [disclose, disclosing] *v* [T, I] *(form)* ⇨revelar ■ CONSTR. to disclose + that

disclosure UK: /dɪ'skləʊ.ʒəʳ/ US: /-'skloʊ.ʒə/ *n* [C, U] *(form)* ⇨revelación: *disclosure of information* - revelación de información

†**disco** UK: /'dɪs.kəʊ/ US: /-koʊ/ *n* [C] ⇨discoteca ■ Distinto de disc (disco)

discomfort UK: /dɪ'skʌm.fət/ US: /-fət/ ■ *n* [U] **1** ⇨molestia [física] **2** ⇨inquietud ⇨trastorno ■ *n* [C, U] **3** ⇨situación incómoda

disconcerting UK: /ˌdɪs.kən'sɜː.tɪŋ/ US: /-'sɜː.ˤtɪŋ/ *adj* ⇨desconcertante: *a disconcerting silence* - un silencio desconcertante

disconnect /ˌdɪs.kə'nekt/ *v* [T] ⇨desconectar ⇨cortar

disconnected /ˌdɪs.kə'nek.tɪd/ *adj* ⇨desconectado,da

discontent /ˌdɪs.kən'tent/ *n* [U] ⇨descontento: *discontent among the ranks* - descontento entre las filas

discontinue /ˌdɪs.kən'tɪn.juː/ [discontinued, discontinuing] *v* [T] ⇨interrumpir ⇨suspender ■ CONSTR. Se usa más en pasiva

discord UK: /'dɪs.kɔːd/ US: /-kɔːrd/ *n* [U] *(form)* ⇨discordia **2** *(en música)* ⇨disonancia

discount¹ /'dɪs.kaʊnt/ *n* [C, U] ⇨descuento

discount² /dɪˈskaʊnt/ v [T] **1** ⇨descontar **2** ⇨desechar ⇨descartar

†**discourage** UK: /dɪˈskʌr.ɪdʒ/ US: /-ˈskɜː-/ [discouraged, discouraging] v [T] **1** ⇨desanimar ⇨desalentar **2** ⇨disuadir: *They discouraged us from trying it* - Nos disuadieron de probarlo ■ CONSTR. to discourage from doing sth ■ PRON. La *a* se pronuncia como la *i* en *did*

discouraging UK: /dɪˈskʌr.ɪ.dʒɪŋ/ US: /-ˈskɜː-/ adj ⇨desalentador,-a

†**discover** UK: /dɪˈskʌv.əʳ/ US: /-ɚ/ v [T] ⇨descubrir ■ CONSTR. 1. to discover + (that) 2.to discover sb + doing sth 3. to be discovered + to have sth 4. to discover + interrogativa indirecta

discovery UK: /dɪˈskʌv.ᵊr.i/ US: /-ɚ-/ [pl discoveries] n [C, U] ⇨descubrimiento

discredit /dɪˈskred.ɪt/ v [T] (form) ⇨desacreditar: *to discredit sb* - desacreditar a alguien

discreet /dɪˈskriːt/ adj ⇨discreto,ta ■ PRON. La última parte, *creet*, rima con *meet*

discrepancy /dɪˈskrep.ᵊnt.si/ [pl discrepancies] n [C, U] ⇨discrepancia ⇨diferencia

discretion /dɪˈskreʃ.ᵊn/ n [U] **1** ⇨discreción ⇨mesura **2** ⇨criterio

†**discriminate** /dɪˈskrɪm.ɪ.neɪt/ [discriminated, discriminating] v [I] **1** ⇨discriminar: *to discriminate against sb* - discriminar a alguien **2** ⇨distinguir ⇨discernir

discriminating UK: /dɪˈskrɪm.ɪ.neɪ.tɪŋ/ US: /-ˈt̬ɪŋ/ adj ⇨exigente y sagaz

discrimination /dɪˌskrɪm.ɪˈneɪ.ʃᵊn/ n [U] ⇨discriminación: *a clear case of discrimination* - un claro ejemplo de discriminación

discriminatory UK: /dɪˈskrɪm.ɪ.nə.tᵊr.i/ US: /dɪˈskrɪm.ɪ.nə.tɔːr.i/ adj ⇨discriminatorio,ria

†**discuss** /dɪˈskʌs/ [discusses] v [T] ⇨hablar ⇨discutir ■ Se usa para discusiones sin discordia. Comparar con *to argue* (discutir, pelear)

discussion /dɪˈskʌʃ.ᵊn/ n [C, U] ⇨conversación ⇨discusión

disdain /dɪsˈdeɪn/ n [U] (form) ⇨desdén

†**disease** /dɪˈziːz/ n [C, U] ⇨enfermedad: *Parkinson's disease* - enfermedad de Parkinson ■ Se usa *disease*, y no *illness*, cuando se especifica la enfermedad ■ PRON. *sea* rima con el sustantivo inglés *tea*

disembark UK: /ˌdɪs.ɪmˈbɑːk/ US: /-ˈbɑːrk/ v [I] (form) ⇨desembarcar: *We disembarked in Marseilles* - Desembarcamos en Marsella

disenchanted UK: /ˌdɪs.ɪnˈtʃɑːn.tɪd/ US: /-ˈtʃæn.t̬ɪd/ adj ⇨desencantado,da ⇨desilusionado,da

disentangle /ˌdɪs.ɪnˈtæŋ.gl̩/ [disentangled, disentangling] v [T] **1** ⇨liberar ⇨separar ⇨soltar **2** ⇨desenredar(se): *She disentangled her hair* - Se

desenredó el pelo **3** ⇨desentrañar: *to disentangle a mystery* - desentrañar un misterio

disfigure UK: /dɪsˈfɪg.əʳ/ US: /-jɚ/ [disfigured, disfiguring] v [T] ⇨desfigurar

†**disgrace¹** /dɪsˈgreɪs/ [disgraced, disgracing] v [T] ⇨deshonrar

†**disgrace²** /dɪsˈgreɪs/ n [U] ⇨deshonra ⇨vergüenza ■ Distinto de *misfortune* (desgracia)

disgraceful /dɪsˈgreɪs.fl̩/ adj ⇨deshonroso,sa ⇨vergonzoso,sa ■ Distinto de *unlucky* (desgraciado)

disgruntled UK: /dɪsˈgrʌn.tl̩d/ US: /-ˈt̬l̩d/ adj ⇨disgustado,da: *to be disgruntled at sth* - estar disgustado por algo

disguise¹ /dɪsˈgaɪz/ n [C, U] ⇨disfraz ■ PRON. *gui* rima con *my*

disguise² /dɪsˈgaɪz/ [disguised, disguising] v [T] **1** ⇨disfrazar(se): *The spy disguised himself as a tourist* - El espía se disfrazó de turista ■ CONSTR. Se usa más como reflexivo **2** (un sentimiento) ⇨disimular ⇨ocultar ■ PRON. *gui* rima con *my*

disgust /dɪsˈgʌst/ n [U] **1** ⇨asco **2** ⇨indignación ■ Distinto de *upset* (disgusto) ■ PRON. La *u* se pronuncia como el pronombre inglés *us*

disgusted /dɪsˈgʌs.tɪd/ adj **1** ⇨asqueado,da **2** ⇨disgustado,da ■ PRON. La *e* se pronuncia como la *i* en *did*

†**disgusting** /dɪsˈgʌs.tɪŋ/ adj ⇨asqueroso,sa ⇨repugnante ■ Distinto de *upset* (disgustado) ■ PRON. La *u* se pronuncia como en el pronombre inglés *us*

†**dish¹** /dɪʃ/ [pl dishes] n [C] **1** ⇨plato: *Will you wash the dishes?* - ¿Puedes fregar los platos?; *a meat dish* - un plato de carne **2** ⇨fuente [para servir comida] **3** (antena) ⇨parabólica

†**dish²** /dɪʃ/ [dishes]

PHRASAL VERBS
· **to dish sth out** [M] **1** (inform) ⇨repartir algo [sin pensarlo mucho]: *He arrived and started dishing out criticism* - Llegó y se puso a repartir críticas **2** ⇨servir [comida]
· **to dish (sth) up** [M] UK (inform) ⇨servir (comida]: *Could you dish up the rice?* - ¿Puedes servir el arroz?

dishcloth UK: /ˈdɪʃ.klɒθ/ US: /-klɑː.θ/ n [C] ⇨trapo ⇨paño ⇨bayeta

disheartened UK: /dɪsˈhɑː.tᵊnd/ US: /-ˈhɑːr.ᵊt̬[ə]n-/ adj ⇨desanimado,da

dishevelled /dɪˈʃev.ᵊld/ UK adj **1** (una apariencia) ⇨desaliñado,da **2** ⇨despeinado,da

†**dishonest** UK: /dɪˈʃɒn.ɪst/ US: /-ˈsɑː.nɪst/ adj **1** ⇨deshonesto,ta **2** ⇨avieso,sa ⇨fraudulento,ta ■ PRON. La *h* no se pronuncia

dishonour¹ UK: /dɪˈʃɒn.əʳ/ US: /-ˈsɑː.nɚ/ UK n [U] ⇨deshonor

dishonour² UK: /dɪˈʃɒn.əʳ/ US: /-ˈsɑː.n̩/ UK v [T] **1** ⇨deshonrar **2** (un acuerdo) ⇨quebrantar

D

† **dishwasher** UK: /ˈdɪʃˌwɒʃ.əˠ/ US: /-ˌwɑː.ʃəˠ/ n [c] ⇒lavavajillas ⇒lavaplatos col.

disillusion /ˌdɪs.ɪˈluː.ʒˠn/ v [T] ⇒desencantar ⇒desilusionar

disillusionment /ˌdɪs.ɪˈluː.ʒˠn.mənt/ n [U] ⇒desencanto ⇒desilusión

■ **disinfect** /ˌdɪs.ɪnˈfekt/ v [T] ⇒desinfectar: *My father has disinfected the kitchen* - Mi padre ha desinfectado la cocina

disinfectant UK: /ˌdɪs.ɪnˈfek.tˠnt/ US: /-ˈt[ə]nt/ n [c, U] ⇒desinfectante

† **disintegrate** UK: /dɪˈsɪn.tɪ.greɪt/ US: /-ˈtˠə-/ [disintegrated, disintegrating] v [I] ⇒desintegrar(se) ⇒desmoronar(se)

disinterested /dɪˈsɪn.trə.stɪd/ adj ⇒desinteresado,da

disjointed UK: /dɪsˈdʒɔɪn.tɪd/ US: /-ˈtˠɪd/ adj ⇒inconexo,xa ⇒desarticulado,da

† **disk** /dɪsk/ n [c] **1** ⇒disquete **2** US See **disc**

diskette /dɪsˈket/ n [c] ⇒disquete

dislike¹ /dɪˈslaɪk/ [disliked, disliking] v [T] ⇒no gustar ⇒sentir antipatía ■ CONSTR. to dislike + doing sth

dislike² /dɪˈslaɪk/ n [c, U] ⇒aversión

dislocate UK: /ˈdɪs.ləʊ.keɪt/ US: /dɪˈsloʊ-/ [dislocated, dislocating] v [T] ⇒dislocarse: *to dislocate one's shoulder* - dislocarse un hombro

dislodge UK: /dɪˈslɒdʒ/ US: /-ˈslɑː.dʒ/ [dislodged, dislodging] v [T] **1** *(a una persona)* ⇒desalojar **2** *(un objeto)* ⇒mover ⇒quitar ⇒sacar **3** ⇒arrebatar el puesto **4** ⇒retirar ⇒extraer

disloyal /ˌdɪsˈlɔɪ.əl/ adj ⇒desleal

dismal /ˈdɪz.məl/ adj **1** ⇒tétrico,ca ⇒lúgubre **2** ⇒pésimo,ma

dismantle UK: /dɪˈsmæn.tl/ US: /-ˈtˠl/ [dismantled, dismantling] ■ v [T] **1** ⇒desmantelar: *to dismantle a ring of smugglers* - desmantelar una red de contrabandistas ■ v [T, I] **2** *(un aparato)* ⇒desmontar ⇒desarmar

dismay /dɪˈsmeɪ/ n [U] ⇒consternación

dismember UK: /dɪˈsmem.bəˠ/ US: /-bəˠ/ v [T] **1** ⇒desmembrar [un cuerpo] **2** *(lit)* ⇒desmembrar: *to dismember a State* - desmembrar un Estado

† **dismiss** /dɪˈsmɪs/ [dismisses] v [T] **1** *(una idea o una opinión)* ⇒descartar ⇒desechar **2** ⇒despedir ⇒cesantear AMÉR.; ⇒botar AMÉR. ■ CONSTR. Se usa más en pasiva **3** ⇒dejar salir

dismissal /dɪˈsmɪs.ˠl/ ■ n [U] **1** ⇒rechazo [de una idea o una opinión] ■ n [c, U] **2** ⇒despido: *How has she taken the dismissal?* - ¿Cómo ha encajado el despido?

dismissive /dɪˈsmɪs.ɪv/ adj ⇒desdeñoso,sa

dismount /dɪˈsmaʊnt/ v [I] *(form)* *(un caballo o una bicicleta)* ⇒desmontar ⇒apear(se)

disobedience UK: /ˌdɪs.əʊˈbiː.di.ənts/ US: /-ə-/ n [U] ⇒desobediencia

disobey UK: /ˌdɪs.əʊˈbeɪ/ US: /-ə-/ v [T, I] ⇒desobedecer: *You shouldn't disobey your mother* - No deberías desobedecer a tu madre

disorder UK: /dɪˈsɔː.dəˠ/ US: /-ˈsɔːr.dəˠ/ ■ n [c, U] **1** ⇒trastorno [psicológico] **2** ⇒trastorno ⇒deficiencia ■ n [U] **3** ⇒desorden ⇒entrevero AMÉR. col. **4** *(en el comportamiento)* ⇒desorden

disorderly UK: /dɪˈsɔː.dˠl.i/ US: /-ˈsɔːr.dəˠ.li/ adj **1** *(un lugar)* ⇒desordenado,da ⇒sucio,-a **2** *(un comportamiento)* ⇒escandaloso,sa **3** drunk and ~ *(en derecho)* ⇒persona ebria acusada de alterar el orden público

disorganised UK adj See **disorganized**

† **disorganized** UK: /dɪˈsɔː.gə.naɪzd/ US: /-ˈsɔːr-/ *(UK tb* **disorganised***)* adj ⇒desorganizado,da ⇒desordenado,da ■ PRON. La e no se pronuncia

disorientated UK adj See **disoriented**

disoriented UK: /dɪˈsɔː.ri.ən.tɪd/ US: /-ˈsːɔr.i.ən.ˠtɪd/ *(UK tb* **disorientated***)* adj ⇒desorientado,da

disown UK: /dɪˈsəʊn/ US: /-ˈsoʊn/ v [T] ⇒renegar

dispatch¹ /dɪˈspætʃ/ *(UK tb* **despatch***)* v [T] **1** ⇒enviar: *They dispatched their troops to the zone* - Enviaron sus tropas a la zona **2** ⇒despachar: *to dispatch a missive* - despachar una misiva

dispatch² /dɪˈspætʃ/ *(UK tb* **despatch***)* ■ n [U] **1** ⇒envío ■ n [c] **2** ⇒despacho ⇒notificación ■ El plural es *dispatches*

dispel /dɪˈspel/ [dispelled, dispelling] v [T] ⇒disipar ⇒alejar

dispense /dɪˈspents/ [dispensed, dispensing] v [T] **1** ⇒distribuir: *They dispensed food among the needy* - Distribuyeron alimentos entre los necesitados **2** *(una máquina)* ⇒expender **3** ⇒dispensar: *to dispense medicines* - dispensar medicinas **4** ⇒eximir **5** ⇒administrar justicia

| PHRASAL VERBS
└ **to dispense with sth/sb** ⇒prescindir de

† **disperse** UK: /dɪˈspɜːs/ US: /-spɜːs/ [dispersed, dispersing] v [T, I] ⇒dispersar(se): *The crowd dispersed after the concert* - La multitud se dispersó después del concierto

displace /dɪˈspleɪs/ [displaced, displacing] v [T] **1** ⇒desplazar **2** ⇒reemplazar

display¹ /dɪˈspleɪ/ n [c, U] **1** ⇒exposición ⇒exhibición **2** ⇒manifestación ⇒demostración **3 to be on ~** ⇒exponer(se) ⇒exhibir(se)

display² /dɪˈspleɪ/ ■ v [T] **1** ⇒exponer ⇒exhibir **2** *(un sentimiento)* ⇒mostrar ⇒manifestar ■ v [T, I] **3** *(en informática)* ⇒mostrar [en pantalla]

disposable UK: /dɪˈspəʊ.zə.bl/ US: /-ˈspoʊ-/ adj **1** ⇒desechable **2** *(en economía)* ⇒disponible

disposal UK: /dɪˈspəʊ.zᵊl/ US: /-ˈspoʊ-/ *n* [U] **1**
⇨desechos ⇨despojos **2** *at sb's* ~ *(form)* ⇨a dis-
posición de alguien

disposed UK: /dɪˈspəʊzd/ US: /-ˈspoʊzd/ *to be* ~ *to
do sth (form)* ⇨estar dispuesto,ta a

disposition /ˌdɪs.pəˈzɪʃ.ᵊn/ *n* [C] ⇨temperamento
⇨forma de ser

disproportionate UK: /ˌdɪs.prəˈpɔː.ʃᵊn.ət/ US:
/-ˈpɔːr-/ *adj* ⇨desproporcionado,da

disprove /dɪˈspruːv/ [disproved, disproving] *v* [T]
⇨refutar: *to disprove a theory* - refutar una teoría

dispute¹ /dɪˈspjuːt, ˈdɪs.pjuːt/ *n* [C, U] **1** ⇨disputa
⇨conflicto **2** {in/under} ~ ⇨en litigio: *That ques-
tion is still in dispute* - Esa cuestión todavía se
encuentra en litigio

dispute² /dɪˈspjuːt/ [disputed, disputing] *v* [T, I]
⇨discutir ⇨oponerse ⇨rebatir ■ CONSTR. to dispute
+ (that)

disqualify UK: /dɪˈskwɒl.ɪ.faɪ/ US: /-ˈskwɑː.lə-/
[disqualifies, disqualified] *v* [T] **1** ⇨inhabilitar:
He was disqualified from driving for a year - Lo
inhabilitaron para conducir durante un año **2**
(en deportes) ⇨descalificar ■ CONSTR. Se usa más en
pasiva

disregard¹ UK: /ˌdɪs.rɪˈɡɑːd/ US: /-ˈɡɑːrd/ *v* [T]
⇨hacer caso omiso: *He disregarded my advice* -
Hizo caso omiso de mi consejo

disregard² UK: /ˌdɪs.rɪˈɡɑːd/ US: /-ˈɡɑːrd/ *n* [U] **1**
⇨indiferencia **2** *(a una ley o una norma)* ⇨des-
acato

disreputable UK: /dɪsˈrep.ju.tə.bl̩/ US: /-ʃə.ᵊt̬ə-/
adj **1** ⇨de mala reputación **2** ⇨de mala fama

disrepute /ˌdɪs.rɪˈpjuːt/ *n* [U] ⇨descrédito: *He fell
into disrepute* - Cayó en el descrédito

disrespect /ˌdɪs.rɪˈspekt/ *n* [U] ⇨falta de respeto

†**disrupt** /dɪsˈrʌpt/ *v* [T] **1** ⇨interrumpir ⇨trasto-
car [el curso de algo] **2** ⇨desorganizar ⇨romper
⇨estropear ■ PRON. *ru* se pronuncia como en el térmi-
no inglés *run*

dissatisfaction UK: /dɪsˌsæt.ɪsˈfæk.ʃᵊn/ US:
/ˌdɪs.sæᵊt̬.əs-/ *n* [U] ⇨insatisfacción

†**dissatisfied** UK: /ˌdɪsˈsæt.ɪs.faɪd/ US: /-ˈsæᵊt̬.əs-/
adj ⇨insatisfecho,cha ⇨descontento,ta ■ PRON. La
última parte, *fied*, rima con el sustantivo inglés *side*

dissent /dɪˈsent/ *n* [U] ⇨disconformidad ⇨desa-
cuerdo

dissertation UK: /ˌdɪs.əˈteɪ.ʃᵊn/ US: /-ɚ-/ *n* [C] **1**
⇨disertación **2** *(en la universidad)* ⇨tesina

dissident /ˈdɪs.ɪ.dᵊnt/ *n* [C] ⇨disidente

dissimilar /ˌdɪsˈsɪm.ɪ.lər/ US: /-lɚ/ *adj* ⇨dife-
rente ⇨distinto,ta

dissociate UK: /dɪˈsəʊ.ʃi.eɪt/ US: /-ˈsoʊ-/ [dissoci-
ated, dissociating] *v* [T] ⇨disociar ■ CONSTR. to dis-
sociate sth from sth

PHRASAL VERBS
· **to dissociate** *oneself* **from** *sth* ⇨separarse
└ de algo ⇨distanciarse de algo

†**dissolve** UK: /dɪˈzɒlv/ US: /-ˈzɑːlv/ [dissolved, dis-
solving] ■ *v* [T, I] **1** ⇨disolver(se) ⇨diluir(se) ■ *v* [T]
2 ⇨disolver ⇨anular ■ CONSTR. Se usa más en pasiva

dissuade /dɪˈsweɪd/ [dissuaded, dissuading] *v*
[T] ⇨disuadir: *She dissuaded her from leaving
the country* - La disuadió de abandonar el país ■
CONSTR. to dissuade from + doing sth ■ PRON. *ua* se pro-
nuncia como *way*

†**distance¹** /ˈdɪs.tᵊnts/ *n* [C, U] **1** ⇨distancia **2** in
the ~ ⇨a lo lejos

†**distance²** /ˈdɪs.tᵊnts/ [distanced, distancing] **to** ~
oneself **from** *sth/sb* ⇨distanciarse de: *He dis-
tanced himself from her* - Se distanció de ella

distant /ˈdɪs.tᵊnt/ *adj* **1** ⇨lejano,na **2** ⇨distante
⇨frío,a

distaste /dɪˈsteɪst/ *n* [U] ⇨aversión: *to have dis-
taste for sth* - tener aversión a algo

distasteful /dɪˈsteɪst.fᵊl/ *adj* ⇨desagradable

distil /dɪˈstɪl/ [distilled, distilling] *UK v* [T] ⇨desti-
lar: *to distil alcohol* - destilar alcohol

†**distinct** /dɪˈstɪŋkt/ *adj* **1** ⇨claro,ra ⇨marcado,da
2 ⇨distinto,ta ⇨diferente

†**distinction** /dɪˈstɪŋk.ʃᵊn/ *n* [C, U] **1** ⇨distinción
⇨diferencia **2** ⇨distinción ⇨honor

†**distinctive** /dɪˈstɪŋk.tɪv/ *adj* ⇨distintivo,va ⇨par-
ticular ⇨peculiar

†**distinguish** /dɪˈstɪŋ.ɡwɪʃ/ [distinguishes] ■ *v* [T,
I] **1** ⇨distinguir ⇨diferenciar ■ *v* [T] **2** ⇨distin-
guir ⇨divisar **3** **to** ~ *oneself* ⇨distinguirse ⇨des-
tacar

distinguished /dɪˈstɪŋ.ɡwɪʃt/ *adj* ⇨distinguido,da
⇨eminente ■ PRON. La *e* no se pronuncia

distort UK: /dɪˈstɔːt/ US: /-ˈstɔːrt/ *v* [T] **1** *(un dato o
una información)* ⇨distorsionar ⇨tergiversar **2**
(un sonido o una forma) ⇨distorsionar

†**distract** /dɪˈstrækt/ *v* [T] ⇨distraer: *Don't distract
me while I'm working* - No me distraigas cuan-
do estoy trabajando

distracted /dɪˈstræk.tɪd/ *adj* ⇨distraído,da ■
PRON. La *e* se pronuncia como la *i* en *did*

distraction /dɪˈstræk.ʃᵊn/ *n* [C, U] ⇨distracción

distraught UK: /dɪˈstrɔːt/ US: /-ˈstrɑːt/ *adj* ⇨an-
gustiado,da ⇨consternado,da

†**distress** /dɪˈstres/ *n* [U] **1** ⇨aflicción ⇨angustia
⇨pena **2** ~ *signal* ⇨señal de socorro **3** in ~ ⇨en
apuros

†**distribute** UK: /dɪˈstrɪb.juːt/ UK: /ˈdɪs.trɪ.bjuːt/ US:
/-juːt/ [distributed, distributing] *v* [T] ⇨distribuir
■ PRON. La *u* se pronuncia como *you*

distribution /ˌdɪs.trɪˈbjuː.ʃᵊn/ *n* [C, U] ⇨distribu-
ción ■ PRON. La *u* se pronuncia como *you*

D ⬛

distributor UK: /dɪ'strɪb.ju.təʳ/ US: /-jə.ˤt̬əʳ/ n [c] ⇨distribuidor,-a

†**district** /'dɪs.trɪkt/ n [c] **1** (en una ciudad) ⇨distrito ⇨barrio **2** (en un país) ⇨región ⇨zona

distrust[1] /dɪ'strʌst/ n [u] ⇨desconfianza

distrust[2] /dɪ'strʌst/ v [T] ⇨desconfiar: to distrust on sth - desconfiar de algo

†**disturb** UK: /dɪ'stɜːb/ US: /-'stɜːb/ v [T] **1** ⇨molestar ⇨interrumpir ⇨fregar AMÉR. col. **2** ⇨inquietar **3** ⇨perturbar ⇨trastornar **4** ⇨desordenar ■ PRON. ur rima con el término inglés her

disturbance UK: /dɪ'stɜː.bⁿns/ US: /-'stɜː-/ n [c, u] **1** ⇨molestia **2** ⇨alboroto **3** ⇨alteración [del orden] **4** ⇨interrupción **5** ⇨interferencias [radiofónicas]

disturbed UK: /dɪ'stɜːbd/ US: /-'stɜːbd/ adj ⇨trastornado,da ⇨enloquecido,da ■ PRON. ur rima con el término inglés her y la última e no se pronuncia

disturbing UK: /dɪ'stɜː.bɪŋ/ US: /-'stɜː-/ adj ⇨perturbador,-a ⇨inquietante ■ PRON. ur rima con el término inglés her

disused /dɪ'sjuːzd/ adj ⇨abandonado,da: a disused factory - una fábrica abandonada ■ PRON. La e no se pronuncia

ditch[1] /dɪtʃ/ [pl ditches] n [c] **1** ⇨cuneta **2** ⇨zanja

ditch[2] /dɪtʃ/ v [T] **1** (inform) (a la pareja) ⇨dejar plantado,da col.; ⇨abandonar **2** (inform) ⇨deshacerse [de algo] ⇨abandonar

dither UK: /'dɪð.əʳ/ US: /-ə/ v [I] ⇨titubear ⇨vacilar

ditto UK: /'dɪt.əʊ/ US: /'dɪˤt̬.oʊ/ n [c] ⇨ídem

dive[1], dived, dived (US tb dove, dove) /daɪv/ [diving] v [I] **1** ⇨zambullirse ⇨tirarse de cabeza ⇨sumergirse **2** ⇨bucear **3** (un avión, un pájaro) ⇨caer en picado **4** (en deportes) ⇨tirarse en plancha **5** (precios) ⇨caer en picado ⇨bajar **6** to ~ {into/under} sth ⇨meterse {en/debajo de} algo [precipitadamente]

dive[2] /daɪv/ n [c] **1** ⇨zambullida ⇨inmersión **2** ⇨salto de cabeza ⇨salto en picado **3** ⇨bajada vertiginosa [en la bolsa] **4** (inform) ⇨garito col.; ⇨antro desp.

diver UK: /'daɪ.vəʳ/ US: /-və/ n [c] ⇨buceador,-a

diverge UK: /ˌdaɪ'vɜːdʒ/ US: /dɪ'vɜːdʒ/ [diverged, diverging] v [I] **1** ⇨discrepar **2** ⇨apartarse ⇨salirse **3** ⇨separarse ⇨divergir

†**diverse** UK: /daɪ'vɜːs/ US: /dɪ'vɜːs/ adj ⇨diverso,sa

diversify UK: /daɪ'vɜː.sɪ.faɪ/ US: /dɪ'vɜː-/ [diversifies, diversified] v [T, I] ⇨diversificar(se): Their company has diversified - Su empresa se ha diversificado

diversion UK: /daɪ'vɜː.ʃⁿn/ US: /dɪ'vɜː-/ n [c] **1** UK (US detour) ⇨desviación ⇨desvío **2** ⇨distracción

†**diversity** UK: /daɪ'vɜː.sɪ.ti/ US: /dɪ'vɜː.sə.ˤt̬i/ [pl diversities] n [U, NO PL] ⇨diversidad: a wide diversity of opinion - una amplia diversidad de opiniones

divert UK: /daɪ'vɜːt/ US: /dɪ'vɜːt/ v [T] **1** ⇨desviar **2** to ~ sb's {attention/thoughts} ⇨distraer a alguien ■ Distinto de to amuse (divertir) ■ PRON. La primera parte, di, rima con my

†**divide** /dɪ'vaɪd/ [divided, dividing] ■ v [T, I] **1** ⇨dividir ⇨separar ■ Se usa generalmente seguido de las preposiciones by e into ■ v [T] **2** ⇨partir ⇨repartir **3** ⇨dividir ⇨enfrentar

divided adj ⇨dividido,da ■ PRON. La e se pronuncia como al i en did

†**dividend** /'dɪv.ɪ.dend, -dənd/ n [c] (en economía) ⇨dividendo ⇨beneficio

divine UK: /dɪ'vaɪn/ adj ⇨divino,na ■ PRON. La segunda sílaba, vine, rima con el término inglés mine

diving /'daɪ.vɪŋ/ n [U] **1** ⇨buceo ⇨submarinismo **2** ⇨saltos de trampolín

diving board n [c] ⇨trampolín [de una piscina]

†**division** /dɪ'vɪʒ.ⁿn/ ■ n [U] **1** ⇨división **2** ⇨cálculo ■ n [c, u] **3** ⇨desacuerdo ■ n [c] **4** ⇨sección ⇨departamento **5** (en el ejército) ⇨división **6** (en deportes) ⇨división **7** ⇨votación

†**divorce**[1] UK: /dɪ'vɔːs/ US: /-'vɔːrs/ n [c, u] **1** ⇨divorcio **2** to get a divorce - divorciarse

divorce[2] UK: /dɪ'vɔːs/ US: /-'vɔːrs/ [divorced, divorcing] v [T, I] ⇨divorciar(se): She divorced him - Se divorció de él

divulge /daɪ'vʌldʒ/ [divulged, divulging] v [T] (form) ⇨divulgar ■ CONSTR. to divulge + interrogativa indirecta ■ PRON. La primera sílaba, di, rima con my

†**DIY** /ˌdiː.aɪ'waɪ/ UK n [U] ⇨forma abreviada de do-it-yourself (bricolaje) ■ PRON. Se pronuncia cada letra por separado

†**dizzy** /'dɪz.i/ adj [comp dizzier, superl dizziest] ⇨mareado,da

DJ /ˌdiː'dʒeɪ, '--/ n [c] ⇨forma abreviada de disc jockey (pinchadiscos)

DNA /ˌdiː.en'eɪ/ n [U] ⇨ADN ■ Procede de deoxyribonucleic acid (ácido desoxirribonucleico)

†**do**[1], did, done /də, du, duː/ [does] ■ v [T] **1** ⇨hacer **2** ⇨hacer ⇨recorrer **3** ⇨estudiar ■ v [I] **4** ⇨servir ⇨valer ⇨bastar **5** ⇨venir bien ■ v [AUX] **6** «Does she study German?» «Yes, she does» - «¿Estudia alemán?» «Sí»; I don't know - No lo sé; My brother plays basketball more than I do - Mi hermano juega más al baloncesto que yo; I did tell you - Te lo dije ■ En español no se traduce **7** How do you do? (saludo) ⇨encantado,da ⇨mucho gusto **8** {it/that} {will never/won't} ~ ⇨no puede ser **9** that does it! ⇨¡esto es el colmo! **10** that's done it! (inform) ⇨cagarla vulg.; ⇨fastidiarla **11** that

will do! ⇔¡ya basta! ⇔¡es suficiente! **12 to {be/ have} to ~ with** *sth/sb* ⇔tener que ver con **13 to ~ one's best** ⇔hacer lo que se puede **14 to ~** *sb* **good** ⇔sentar bien a alguien **15 what do you do?** ⇔¿en qué trabaja? ⇔¿a qué se dedica? ■ Ver cuadros auxiliary verbs y hacer (to do / to make)

PHRASAL VERBS
· **to do away with** *sb* *(inform)* ⇔cargarse a alguien *col.*
· **to do** *sth* **up** [M] **1** *UK* ⇔abrochar(se) algo **2** ⇔envolver algo **3** *(un edificio)* ⇔reformar ⇔renovar
· **to do without** *sth/sb* ⇔prescindir de ⇔pasar(se) sin

do² /du:/ [*pl* do's, dos] *UK* ∎ *n* [C] **1** *(inform)* ⇔fiesta: *her leaving do* - su fiesta de despedida ∎ *n* [U, NO PL] **2** (*tb* doh) *(nota musical)* ⇔do **3 do's and don'ts** ⇔reglas ⇔consejos

docile UK: /'dəʊ.saɪl/ US: /'dɑ:.s[ə]l/ *adj* ⇔dócil

dock¹ UK: /dɒk/ US: /dɑ:k/ *n* [C] **1** *(en un puerto)* ⇔muelle ⇔dársena **2** *(en un puerto)* ⇔dique **3** *UK (en un tribunal)* ⇔banquillo de los acusados

dock² UK: /dɒk/ US: /dɑ:k/ *v* [T, I] **1** *(un barco)* ⇔atracar ⇔arribar **2** ⇔llegar en barco

† **doctor¹** UK: /'dɒk.təʳ/ US: /'dɑ:k.tɚ/ *n* [C] ⇔doctor,-a ⇔médico,ca ∎ La forma abreviada es Doc o Dr

doctor² UK: /'dɒk.təʳ/ US: /'dɑ:k.tɚ/ *v* [T] **1** ⇔adulterar **2** ⇔amañar

† **Doctor** *n* [C] **1** *(distinción académica)* ⇔doctor **2 ~ of Medicine** ⇔doctor en medicina ∎ La forma abreviada es MD **3 ~ of Philosophy** ⇔doctor titulado ∎ La forma abreviada es DPhil o PhD

doctorate UK: /'dɒk.tʳr.ət/ US: /'dɑ:k.tɚ-/ *n* [C] ⇔doctorado

doctrine UK: /'dɒk.trɪn/ US: /'dɑ:k-/ *n* [C, U] ⇔doctrina

† **document¹** UK: /'dɒk.jʊ.mənt/ US: /'dɑ:.kjʊ-/ *n* [C] ⇔documento ∎ PRON. La u se pronuncia como en you

† **document²** UK: /'dɒk.jʊ.ment/ UK: /-ment/ US: /'dɑ:.kjʊ-/ *v* [T] ⇔documentar ∎ PRON. La u se pronuncia como en you

documentary¹ UK: /ˌdɒk.jʊ'men.tʳr.i/ US: /ˌdɑ:.kjə'men.�̩tɚ-/ [*pl* documentaries] *n* [C] ⇔documental ∎ PRON. La u se pronuncia como en you

† **documentary²** UK: /ˌdɒk.jʊ'men.tʳr.i/ US: /ˌdɑ:.kjʊ'men.ᵗtɚ-/ *adj* ⇔documental: *documentary evidence* - pruebas documentales ∎ PRON. La u se pronuncia como en you

docusoap UK: /'dɒ.kju:.səʊp/ US: /'dɑ:.kju:.soʊp/ *n* [C] *(programa de televisión)* ⇔docuserie

dodge UK: /dɒdʒ/ US: /dɑ:dʒ/ [dodged, dodging] ∎ *v* [T, I] **1** ⇔esquivar ⇔hacer un quiebro ∎ *v* [T] **2** ⇔eludir

dodgy UK: /'dɒdʒ.i/ US: /'dɑ:.dʒi/ *UK adj* [*comp* dodgier, *superl* dodgiest] **1** *(inform)* ⇔desleal ⇔deshonesto,ta **2** *(inform)* ⇔arriesgado,da: *a dodgy situation* - una situación arriesgada **3** *(inform)* ⇔débil ⇔delicado,da

doe UK: /dəʊ/ US: /doʊ/ *n* [C] **1** ⇔coneja **2** ⇔liebre hembra **3** ⇔cierva

does /dʌz, dəz/ See **do**

doesn't /'dʌz.ᵊnt/ *(does not)* See **do**

† **dog¹** UK: /dɒg/ US: /dɑ:g/ *n* [C] ⇔perro,rra: *Suddenly the dogs began to bark* - De repente, los perros empezaron a ladrar

dog² UK: /dɒg/ US: /dɑ:g/ [dogged, dogging] *v* [T] **1** ⇔seguir ⇔perseguir **2** *(un problema)* ⇔perseguir

dogged UK: /'dɒg.ɪd/ US: /'dɑ:.gɪd/ *adj* ⇔tenaz: *a dogged attitude* - una actitud tenaz

dogsbody UK: /'dɒgz.bɒd.i/ US: /'dɑ:gz.bɑː.di/ [*pl* dogsbodies] *UK n* [C] *(inform)* ⇔persona que hace siempre el trabajo sucio o el trabajo aburrido

dog-tired UK: /ˌdɒg'taɪəd/ US: /ˌdɑ:g'taɪrd/ *adj* *(inform)* ⇔agotado,da ⇔molido,da *col.*

doh UK: /dəʊ/ US: /doʊ/ (*tb* do) *n* [U, NO PL] *(nota musical)* ⇔do

doing /'du:.ɪŋ/ *n* [U] ⇔obra: *I'm sure this is his doing* - Estoy seguro de que esto es obra suya

dole UK: /dəʊl/ US: /doʊl/ *UK n* [NO PL] **1** *(US welfare)* *(inform)* ⇔subsidio de desempleo **2** ⇔paro: *the dole queue* - la cola del paro **3 to be on the ~** *(US to be on welfare)* *(inform)* ⇔cobrar el paro

† **doll** UK: /dɒl/ US: /dɑ:l/ *n* [C] *(juguete)* ⇔muñeca

† **dollar** UK: /'dɒl.əʳ/ US: /'dɑ:.lɚ/ *n* [C] *(moneda)* ⇔dólar

dolphin UK: /'dɒl.fɪn/ US: /'dɑ:l-/ *n* [C] ⇔delfín

† **domain** UK: /dəʊ'meɪn/ US: /doʊ-/ *n* [C] **1** ⇔ámbito ⇔sector **2** *(form)* ⇔dominio ⇔territorio **3** *(en internet)* ⇔dominio

dome UK: /dəʊm/ US: /doʊm/ *n* [C] ⇔cúpula

† **domestic** /də'mes.tɪk/ *adj* **1** ⇔casero,ra ⇔hogareño,ña **2** ⇔doméstico,ca **3** ⇔nacional: *domestic economy* - economía nacional

domesticated /də'mes.tɪ.keɪ.tɪd/ US: /-ᵊtɪd/ *adj* ⇔que tiene buena disposición para realizar las tareas domésticas

dominance UK: /'dɒm.ɪ.nənts/ US: /'dɑ:.mə-/ *n* [U] ⇔dominación ⇔dominio

† **dominant** UK: /'dɒm.ɪ.nənt/ US: /'dɑ:.mə-/ *adj* **1** ⇔dominante ⇔dominador,-a **2** ⇔predominante

† **dominate** UK: /'dɒm.ɪ.neɪt/ US: /'dɑ:.mə-/ [dominated, dominating] *v* [T, I] **1** ⇔dominar: *The Romans dominated many nations* - Los romanos dominaron a muchos pueblos **2** ⇔dominar ⇔destacar

D ▪

domination UK: /ˌdɒm.ɪ'neɪ.ʃ°n/ US: /ˌdɑː.mə-/ *n* [U] ⇒dominación ⇒dominio

domineering UK: /ˌdɒm.ɪ'nɪə.rɪŋ/ US: /ˌdɑː.mə'nɪr.ɪŋ/ *adj* ⇒dominante ⇒mandón,-a *col.*

Dominica /dəˈmɪn.ɪ.kə/ *n* [U] ⇒Dominica

Dominican UK: /dəˈmɪn.ɪ.kən/ US: /doʊ-/ *adj, n* [C] **1** *(de la República Dominicana)* ⇒dominicano **2** *(de Dominica)* ⇒dominiqués

Dominican Republic the ~ ⇒República Dominicana

dominion /dəˈmɪn.jən/ *n* [U] **1** *(form)* ⇒dominio ⇒poder ∎ *n* [C] **2** ⇒dominio ⇒territorio

domino UK: /ˈdɒm.ɪ.nəʊ/ US: /ˈdɑː.mə.noʊ/ [*pl* dominoes] *n* [C] ⇒ficha de dominó

dominoes UK: /ˈdɒm.ɪ.nəʊz/ US: /ˈdɑː.mɪ.noʊz/ *n* [U] ⇒dominó: *to play dominoes* - jugar al dominó

† **donate** UK: /dəʊˈneɪt/ US: /ˈdoʊ.neɪt/ [donated, donating] *v* [T, I] ⇒donar

donation /dəʊˈneɪ.ʃ°n/ US: /doʊˈneɪ-/ ∎ *n* [U] **1** ⇒donación: *blood donation* - donación de sangre ∎ *n* [C] **2** ⇒donativo: *to make a donation* - hacer un donativo

done¹ /dʌn/ past participle of **do**

done² /dʌn/ *adj* ⇒acabado,da ⇒hecho,cha

† **donkey** UK: /ˈdɒŋ.ki/ US: /ˈdɑːŋ-/ (*tb* ass) *n* [C] ⇒asno ⇒burro,rra

† **donor** UK: /ˈdəʊ.nə²/ US: /ˈdoʊ.nɚ/ *n* [C] ⇒donante: *an anonymous donor* - un donante anónimo ∎ Pron. Se acentúa la primera sílaba

† **don't** UK: /dəʊnt/ US: /doʊnt/ *(do not)* See **do**

donut UK: /ˈdəʊ.nʌt/ US: /ˈdoʊ-/ (*tb* doughnut) *US n* [C] ⇒donut®

doodle¹ /ˈduː.dl̩/ [doodled, doodling] *v* [T, I] ⇒hacer garabatos

doodle² /ˈduː.dl̩/ *n* [C] ⇒garabato

doom /duːm/ *n* [U] **1** ⇒condena ⇒perdición **2** ⇒fatalidad **3** merchant of ~ *UK* ⇒agorero,ra **4** prophet of ~ ⇒catastrofista

doomed /duːmd/ *adj* ⇒condenado,da ⇒abocado,da

† **door** UK: /dɔː²/ US: /dɔːr/ *n* [C] **1** ⇒puerta: *to knock on the door* - llamar a la puerta **2** *He lives three doors away* - Vive tres casas más arriba **3** out of doors ⇒al aire libre

doorbell UK: /ˈdɔː.bel/ US: /ˈdɔːr-/ *n* [C] ⇒timbre [de la puerta]: *The doorbell rang* - Sonó el timbre de la puerta

doorknob UK: /ˈdɔː.nɒb/ US: /ˈdɔːr.nɑːb/ *n* [C] ⇒pomo ⇒tirador

doorman UK: /ˈdɔː.mən/ US: /ˈdɔːr-/ [*pl* doormen] *n* [C] *(en un hotel o en un edificio público)* ⇒conserje

doorstep UK: /ˈdɔː.step/ US: /ˈdɔːr-/ *n* [C] **1** ⇒peldaño **2** on *one's* ~ ⇒a un paso ⇒muy cerca

doorway UK: /ˈdɔː.weɪ/ US: /ˈdɔːr-/ *n* [C] **1** ⇒vano [de una puerta] **2** ⇒entrada [a un edificio] ⇒portal

dope¹ /dəʊp/ US: /doʊp/ *n* [U] **1** *(inform)* ⇒chocolate *col.;* ⇒hachís **2** *dope test* - control antidopaje

dope² UK: /dəʊp/ US: /doʊp/ [doped, doping] *v* [T] **1** ⇒dopar **2** ⇒narcotizar

dormant UK: /ˈdɔː.mənt/ US: /ˈdɔːr-/ *adj* ⇒inactivo,va ⇒dormido,da ⇒en estado latente

dormitory UK: /ˈdɔː.mɪ.t²r.i/ US: /ˈdɔːr.mə.tɔːr-/ [*pl* dormitories] *n* [C] **1** ⇒dormitorio **2** *US* (*UK* hall of residence) ⇒colegio mayor

dosage UK: /ˈdəʊ.sɪdʒ/ US: /ˈdoʊ-/ *n* [C] See **dose**

† **dose** UK: /dəʊs/ US: /doʊs/ (*tb* dosage) *n* [C] ⇒dosis: *in small doses* - en pequeñas dosis

dossier UK: /ˈdɒs.i.eɪ/ US: /-ɚ/ US: /ˈdɑː.si.eɪ/ *n* [C] ⇒dossier ⇒expediente

dot¹ UK: /dɒt/ US: /dɑːt/ *n* [C] **1** ⇒punto **2** on the ~ ⇒en punto: *at twenty past five on the dot* - a las cinco y veinte en punto ∎ Ver cuadro signos de puntuación

dot² UK: /dɒt/ US: /dɑːt/ [dotted, dotting] *v* [T] **1** ⇒esparcir ∎ Constr. Se usa más en pasiva **2** ⇒poner puntos **3** to ~ the i's and cross the t's ⇒dar los últimos retoques a algo ⇒retocar

dot.com UK: /ˌdɒtˈkɒm/ US: /ˌdɑːtˈkɑːm/ *n* [C] ⇒empresa que desarrolla su actividad principalmente por internet

dote UK: /dəʊt/ US: /doʊt/ [doted, doting]

PHRASAL VERBS
· **to dote on** *sb* ⇒adorar a alguien: *She dotes on her grandson* - Adora a su nieto

doting UK: /ˈdəʊ.tɪŋ/ US: /ˈdoʊ.°tɪŋ/ *adj* *(una persona)* ⇒que adora a alguien

† **double¹** /ˈdʌb.l̩/ *adj, n* [C] **1** ⇒doble: *a double room* - una habitación doble; *a double meaning* - un doble sentido **2** *George is your double!* - ¡George es tu doble!

† **double²** /ˈdʌb.l̩/ [doubled, doubling] *v* [T, I] ⇒duplicar(se)

PHRASAL VERBS
· **to double** *(sb)* **{over/up}** **1** ⇒retorcerse **2** *to double up with laughter* - partirse de risa
· **to double (up) as** *sth* ⇒hacer las veces de algo ⇒valer también como

double-barrelled /ˌdʌb.l̩ˈbær.²ld/ *UK adj* **1** *(un arma)* ⇒de dos cañones **2** *(un apellido)* ⇒compuesto,ta

double bass [*pl* double basses] (*tb* bass) *n* [C] *(instrumento musical)* ⇒contrabajo ∎ Pron. *bass* rima con *face*

double-check /ˌdʌb.l̩ˈtʃek/ *v* [T] ⇒comprobar ⇒cerciorar(se)

double-click /ˌdʌb.lˈklɪk/ v [T, I] *(en informática)* ⇒hacer doble clic

double-cross UK: /ˌdʌb.lˈkrɒs/ US: /-ˈkrɑːs/ [double-crosses] v [T] *(inform)* ⇒engañar ⇒traicionar

double-decker (bus) [pl double-decker (buses)] *UK n* [C] ⇒autobús de dos pisos

double-glazing /ˌdʌb.lˈɡleɪ.zɪŋ/ *UK n* [U] ⇒doble acristalamiento

double-page spread *n* [C] ⇒doble página

doubly /ˈdʌb.li/ *adv* ⇒doblemente: *That's doubly dangerous* - Es doblemente peligroso

† **doubt¹** /daʊt/ *n* [C, U] **1** ⇒duda **2** in ~ ⇒dudoso,sa ⇒incierto,ta **3** no ~ ⇒seguro ⇒indudablemente **4** to cast ~ on *sth* ⇒poner en duda ⇒sembrar la duda **5** without (a) ~ ⇒sin duda ⇒sin lugar a duda ■ PRON. La *b* no se pronuncia y rima con el término inglés *out*

† **doubt²** /daʊt/ v [T] ⇒dudar: *I doubt that they'll come* - Dudo de que vengan ■ CONSTR. to doubt + (that) ■ PRON. La *b* no se pronuncia y rima con el término inglés *out*

doubtful /ˈdaʊt.fºl/ *adj* ⇒dudoso,sa ■ PRON. La *b* no se pronuncia y la primera sílaba, *doubt*, rima con el término inglés *out*

doubtfully /ˈdaʊt.fºl.i/ *adv* ⇒dudosamente

doubtless /ˈdaʊt.ləs/ *adv* ⇒sin duda ⇒indudablemente

dough UK: /dəʊ/ US: /doʊ/ *n* [C, U] *(alimento)* ⇒masa ⇒pasta ■ PRON. Rima con el término inglés *go*

doughnut UK: /ˈdəʊ.nʌt/ US: /ˈdoʊ-/ *(US tb donut) n* [C] ⇒donut®

dour UK: /dʊəʳ/ US: /dʊr/ *adj* ⇒adusto,ta ⇒huraño,ña ⇒arisco,ca

douse /daʊs/ [doused, dousing] v [T] **1** ⇒extinguir [un fuego] **2** ⇒empapar

dove /dʌv/ *n* [C] ⇒paloma ■ PRON. La *o* se pronuncia como la *u* en el término inglés *run*

dove² UK: /dəʊv/ US: /doʊv/ *US* past tense and past participle forms of **dive**

dowdy /ˈdaʊ.di/ *adj* [comp dowdier, superl dowdiest] *(una prenda de vestir, una persona)* ⇒pasado,da de moda ⇒poco atractivo,va

† **down¹** /daʊn/ *adv, prep* **1** ⇒hacia abajo: *He went down the hill I think* - Creo que se fue hacia abajo ■ Se usa frecuentemente con verbos de movimiento. Al traducirlo en español su significado suele estar implícito en el verbo: *to go down a mountain* - descender una montaña **2** ~ **under** *(inform)* ⇒Australia **3** to be ~ to *sb UK* ⇒ser la responsabilidad de alguien

down² /daʊn/ *adj* **1** ⇒más bajo,ja **2** ⇒triste ⇒decaído,da **3** *The server was down all day* - El servidor no funcionó en todo el día

down³ /daʊn/ *n* [U] **1** ⇒plumón: *duck down* - plumón de pavo **2** ⇒pelusa ⇒pelusilla **3** to have a ~ on *sb UK (inform)* ⇒tener manía a alguien *col.*

down⁴ /daʊn/ v [T] *(inform)* ⇒beber rápidamente: *The child downed two glasses of water* - El niño se bebió rápidamente dos vasos de agua

down-and-out /ˌdaʊn.əˈnaʊt/ *adj, n* [C] ⇒indigente

downcast /ˈdaʊn.kɑːst/ *adj* **1** ⇒abatido,da **2** *His eyes were downcast* - Tenía la mirada baja

downgrade /ˌdaʊnˈɡreɪd/ [downgraded, downgrading] v [T] ⇒bajar de categoría ⇒bajar de nivel

downhearted UK: /ˌdaʊnˈhɑː.tɪd/ US: /-ˈhɑːr.ºtɪd/ *adj* ⇒desanimado,da

downhill¹ /ˌdaʊnˈhɪl, ˈ--/ *adv* **1** ⇒cuesta abajo **2** ⇒en decadencia: *to be going downhill* - estar en decadencia

downhill² /ˌdaʊnˈhɪl, ˈ--/ *adj* **1** ⇒cuesta abajo **2** to be all ~ ⇒ser coser y cantar *col.*

download¹ UK: /ˌdaʊnˈləʊd/ UK: /ˈ--/ US: /-ˈloʊd/ v [T, I] *(en informática)* ⇒bajar(se) ⇒descargar

download² UK: /ˈdaʊn.ləʊd/ US: /-loʊd/ *n* [C] *(en informática)* ⇒descarga

downloadable UK: /ˌdaʊnˈləʊd.ə.bl̩/ US: /-ˈloʊd-/ *adj (un archivo informático)* ⇒que se puede descargar [de internet]

downmarket UK: /ˌdaʊnˈmɑː.kɪt/ US: /ˈdaʊnˌmɑːr-/ *UK adj* ⇒de baja calidad

downplay /ˌdaʊnˈpleɪ/ v [T] ⇒quitar importancia

downpour UK: /ˈdaʊn.pɔːʳ/ US: /-pɔːr/ *n* [C] ⇒chaparrón: *a sudden downpour* - un chaparrón repentino

downright¹ /ˈdaʊn.raɪt/ *adj (informal)* ⇒declarado,da ⇒manifiesto,ta

downright² /ˈdaʊn.raɪt/ *adv* ⇒completamente

downside /ˈdaʊn.saɪd/ *n* [NO PL] ⇒lado negativo ⇒inconveniente

downsize /ˈdaʊn.saɪz/ [downsized, downsizing] v [T, I] *(euphem) (en una empresa)* ⇒reducir

downstairs¹ /ˌdaʊnˈsteəz/ US: /-ˈsterz/ *adj, adv* **1** ⇒de abajo: *That's my downstairs neighbour* - Ese es mi vecino de abajo **2** ⇒abajo: *I'll wait for you downstairs* - Te espero abajo

† **downstairs²** UK: /ˌdaʊnˈsteəz/ US: /-ˈsterz/ **the ~** *(en una casa)* ⇒el piso de abajo

downstream /ˌdaʊnˈstriːm/ *adv* ⇒río abajo: *to swim downstream* - nadar río abajo

down-to-earth UK: /ˌdaʊn.tuːˈɜːθ/ US: /-ˈɜːθ/ *adj* ⇒práctico,ca y sencillo,lla: *a down-to-earth person* - una persona práctica y sencilla

† **downtown** /ˌdaʊnˈtaʊn/ *US adj, adv* **1** ⇒en el centro [de la ciudad] **2** ⇒del centro [de la ciudad]

downtrodden UK: /ˈdaʊnˌtrɒd.ºn/ US: /-ˌtrɑː.d[ə]n/ *adj* ⇒oprimido,da ⇒sometido,da

D

downturn UK: /'daʊn.tɜːn/ US: /-tɜːn/ n [C] *(en economía)* ⇒descenso

↑**downwards** UK: /'daʊn.wədz/ US: /-wədz/ UK adv
⇒hacia abajo: *to move downwards* - ir hacia abajo

doze¹ UK: /dəʊz/ US: /doʊz/ [dozed, dozing] v [I]
⇒dormitar ⇒echar una cabezada

≡D | PHRASAL VERBS
 └· **to doze off** ⇒dormirse

doze² UK: /dəʊz/ US: /doʊz/ UK n [NO PL] ⇒cabezada ⇒siesta

↑**dozen** /'dʌz.ªn/ n [C] ⇒docena: *I want half a dozen eggs* - Quiero media docena de huevos ■ Se dice *a dozen sth*. Incorrecto: *a dozen of sth* ■ La forma abreviada es *doz*

↑**Dr** n [C] ⇒forma abreviada de **doctor** (doctor,-a)

drab /dræb/ adj [comp drabber, superl drabbest]
⇒monótono,na ⇒aburrido,da

draft¹ UK: /drɑːft/ US: /dræft/ n [C] **1** ⇒borrador
⇒esbozo **2** *(en banca)* ⇒orden de pago **3** US See
draught 4 the ~ US *(en el ejército)* ⇒llamada a filas

draft² UK: /drɑːft/ US: /dræft/ v [T] **1** ⇒hacer un
borrador **2** US *(en el ejército)* ⇒llamar a filas ■
CONSTR. Se usa más en pasiva

| PHRASAL VERBS
| · **to draft sb in** [M] UK ⇒designar a alguien ⇒en-
└ viar a alguien

draftsman UK: /'drɑːfts.mən/ US: /'dræfts-/ [pl
draftsmen] US n [C] See **draughtsman**

drafty UK: /'drɑːf.ti/ US: /'dræf.ªti/ US (UK draughty) adj [comp draftier, superl draftiest] ⇒con corriente

drag¹ /dræg/ [dragged, dragging] ■ v [T] **1** ⇒arrastrar: *She dragged the suitcase into the room* - Arrastró la maleta hasta la habitación ■ CONSTR. Se usa generalmente seguido de una preposición o un adverbio ■ v [I] **2** *(tb drag on)* ⇒alargarse ⇒pasar muy lentamente ⇒hacerse pesado,da

drag² /dræg/ ■ n [NO PL] **1** *(inform)* ⇒rollo col.:
The film was a real drag - La película era un auténtico rollo **2** *(very inform)* *(una persona)*
⇒pelmazo,za col.; ⇒pesado,da ■ n [C] **3** *(inform)*
⇒calada [de un cigarro]

dragon /'dræg.ªn/ n [C] ⇒dragón

dragonfly /'dræg.ªn.flaɪ/ [pl dragonflies] n [C]
⇒libélula

drain¹ /dreɪn/ ■ v [T] **1** ⇒escurrir: *Drain the mushrooms* - Escurre los champiñones **2** v [I] *(un lugar)* ⇒drenar ⇒desaguar **3** ⇒agotar: *emotionally drained* - emocionalmente agotado **4** *(un vaso)*
⇒beber [entero]

| PHRASAL VERBS
| · **to drain (sth) away** [M] ⇒agotarse algo ⇒desa-
└ parecer algo

drain² /dreɪn/ n [C] **1** ⇒desagüe ⇒alcantarilla **2 a ~ on** *sth* *(de dinero o energía)* ⇒chorreo ⇒sangría

drainage /'dreɪ.nɪdʒ/ n [U] ⇒desagüe ⇒drenaje ■
PRON. La segunda *a* se pronuncia como la *i* en *did*

drained /dreɪnd/ adj ⇒agotado,da ⇒sin fuerzas

dram /dræm/ Scot n [C] ⇒trago [de bebida]

↑**drama** UK: /'drɑː.mə/ US: /'dræm.ə/ n [C, U] **1** ⇒obra
de teatro **2** *(arte)* ⇒teatro **3** *(un evento)* ⇒drama

dramatic UK: /drə'mæt.ɪk/ US: /-'mæªt̬-/ adj **1** *(referido al teatro)* ⇒dramático,ca **2** ⇒espectacular:
a dramatic fire - un incendio espectacular

dramatist UK: /'dræm.ə.tɪst/ US: /-ªt̬ɪst/ n [C] ⇒dramaturgo,ga

dramatize /'dræm.ə.taɪz/ [dramatized, dramatizing] v [T] **1** ⇒dramatizar ⇒hacer teatro **2** *to be dramatized on film* - ser llevado a la pantalla **3** *to be dramatized on stage* - hacer una representación teatral

drank /dræŋk/ past tense of **drink**

drape /dreɪp/ [draped, draping] **1 to ~ sth {across/on/over}** *sth* ⇒colgar algo sobre algo **2 to ~ {in/with}** *sth* ⇒cubrir con algo ⇒envolver con algo

drapes /dreɪps/ US n [PL] ⇒cortinas

drastic /'dræs.tɪk/ adj **1** ⇒drástico,ca **2** ⇒radical

draught UK: /drɑːft/ US: /dræft/ UK (US draft) n
[C] ⇒corriente de aire ■ PRON. La *gh* se pronuncia como una *f*

draughts UK: /drɑːfts/ US: /dræfts/ UK (US checkers) n [U] *(juego)* ⇒damas

draughtsman UK: /'drɑːfts.mən/ US: /'dræfts-/ [pl
draughtsmen] UK (US draftsman) n [C] **1** ⇒dibujante **2** ⇒delineante

draughty UK: /'drɑːf.ti/ US: /'dræf.ªt̬i/ UK (US drafty) adj [comp draughtier, superl draughtiest] ⇒con corriente: *a draughty room* - una habitación con corriente ■ PRON. La *gh* se pronuncia como una *f*

↑**draw¹, drew, drawn** UK: /drɔː/ US: /drɑː/ ■ v [T, I]
1 ⇒dibujar **2** *(en deportes)* ⇒empatar ■ CONSTR. *to draw with sb* ■ v [T] **3** ⇒atraer ⇒despertar interés
4 *(de un banco)* ⇒sacar [dinero] **5** ⇒sacar [un arma] **6** *(las cortinas)* ⇒correr ⇒descorrer **7 to ~ a comparison** ⇒hacer una comparación ⇒comparar **8 to ~ (sb's attention) to** *sth/sb* ⇒llamar la atención de

| PHRASAL VERBS
| · **to draw back** ⇒apartarse ⇒retroceder
| · **to draw in** UK *(los días)* ⇒acortarse
| · **to draw on** *sth/sb* ⇒hacer uso ⇒sacar provecho
| · **to draw up** ⇒parar(se) ⇒detener(se)
| · **to draw sth up** [M] **1** *(un plan)* ⇒preparar
└ ⇒elaborar **2** *(una carta)* ⇒redactar

drily

draw² UK: /drɔː/ US: /drɑː/ n [c] **1** *UK* ⇨empate ⇨tablas **2** (*US tb* drawing) ⇨sorteo **3** ⇨atractivo ⇨encanto

drawback UK: /ˈdrɔː.bæk/ US: /ˈdrɑː-/ n [c] ⇨inconveniente ⇨desventaja

† **drawer** UK: /drɔː/ US: /drɑː/ n [c] ⇨cajón: *It's in the drawer* - Está en el cajón ■ Pron. Rima con *floor*

drawers UK: /drɔːz/ US: /drɑːz/ n [PL] *(old-fash)* ⇨calzoncillos: *a pair of drawers* - unos calzoncillos

drawing UK: /ˈdrɔː.ɪŋ/ US: /ˈdrɑː-/ n [c, u] **1** ⇨dibujo **2** *US* (*UK/US tb* draw) ⇨sorteo

drawing pin *UK* (*US* thumbtack) n [c] ⇨chincheta ⇨tachuela ⇨chinche AMÉR.

drawing room n [c] *(old-fash)* ⇨cuarto de estar

drawl UK: /drɔːl/ US: /drɑːl/ n [NO PL] ⇨habla pausada que alarga las vocales ⇨voz cansina

drawn¹ UK: /drɔːn/ US: /drɑːn/ adj ⇨cansado,da ⇨demacrado,da

drawn² UK: /drɔːn/ US: /drɑːn/ past participle of **draw**

dread¹ /dred/ v [T] **1** ⇨tener pavor ⇨temer ■ Constr. to dread + doing sth **2** I ~ **to think** ⇨me da miedo pensar ■ Pron. Rima con *red*

dread² /dred/ n [U] ⇨pavor ⇨terror ■ Pron. Rima con *red*

† **dreadful** /ˈdred.fᵊl/ adj ⇨pavoroso,sa ⇨horrible ⇨espantoso,sa ■ Pron. La primera parte, *dread*, rima con *red*

dreadfully /ˈdred.fᵊl.i/ adv **1** ⇨muy mal ⇨fatal **2** *UK (form)* ⇨muchísimo: *He said he felt dreadfully sorry* - Dijo que lo sentía muchísimo

dreadlocks UK: /ˈdred.lɒks/ US: /-lɑːks/ n [PL] ⇨rastas

† **dream¹** /driːm/ n [c] ⇨sueño: *I had a strange dream last night* - Tuve un extraño sueño anoche

† **dream²**, dreamt, dreamt (*US tb* dreamed, dreamed) /driːm/ v [T, I] **1** ⇨soñar: *I dreamt of you* - Soñé contigo **2** ⇨imaginar ⇨soñar ■ Constr. to dream + (that)

dreamer UK: /ˈdriː.məʳ/ US: /-mə/ n [c] ⇨soñador,-a

dreamt past tense and past participle forms of **dream** ■ Pron. *ea* se pronuncia como la *e* en *red*

dreamy /ˈdriː.mi/ adj [comp dreamier, superl dreamiest] **1** ⇨soñador,-a **2** (*una música*) ⇨apacible **3** ⇨de ensueño ⇨maravilloso,sa **4** *to have a dreamy look* - estar en las nubes

dreary UK: /ˈdrɪə.ri/ US: /ˈdrɪr.i/ adj [comp drearier, superl dreariest] **1** ⇨lóbrego,ga ⇨sombrío,bría **2** ⇨deprimente ⇨aburrido,da

dredge /dredʒ/ [dredged, dredging] v [T] ⇨dragar: *to dredge a river* - dragar un río

drench /drentʃ/ [drenches] v [T] ⇨empapar(se): *We got drenched on the way back home* - Nos empapamos al volver a casa ■ Constr. Se usa más en pasiva

† **dress¹** /dres/ ■ v [T, I] **1** ⇨vestir(se) ■ v [T] **2** (*una ensalada*) ⇨aliñar **3** (*una herida*) ⇨curar **4** (*un escaparate*) ⇨decorar

| PHRASAL VERBS
| · **to dress up** **1** ⇨disfrazarse **2** ⇨ponerse elegante
| · **to dress sth up** [M] ⇨disfrazar algo ⇨adornar algo

† **dress²** /dres/ ■ n [c] **1** ⇨vestido ■ El plural es *dresses* ■ n [u] **2** ⇨ropa

dresser UK: /ˈdres.əʳ/ US: /-ə/ n [c] **1** *US* ⇨tocador ⇨peinador AMÉR. **2** *UK* ⇨aparador [de cocina] **3** ⇨ayudante de vestuario

dressing /ˈdres.ɪŋ/ ■ n [c, u] **1** ⇨aliño ■ n [c] **2** ⇨vendaje

dressing gown *UK* (*US* robe) n [c] **1** ⇨bata **2** ⇨albornoz

dressing room n [c] **1** ⇨vestidor ⇨vestuario **2** ⇨camerino

dressing table *UK* n [c] ⇨tocador ⇨peinador AMÉR.

dressmaker UK: /ˈdres.meɪ.kəʳ/ US: /-kə/ n [c] ⇨modisto,ta [de mujeres]

drew /druː/ past tense of **draw** ■ Pron. Rima con *blue*

dribble /ˈdrɪb.l̩/ [dribbled, dribbling] v [T, I] **1** ⇨babear **2** ⇨gotear: *Water was dribbling out of the tap* - El grifo estaba goteando **3** (*en deportes*) ⇨regatear

drier UK: /ˈdraɪ.əʳ/ US: /-ə/ (*tb* dryer) n [c] **1** ⇨secador [de pelo] **2** (*UK tb* tumble dryer) ⇨secadora [de ropa] ■ Pron. La primera parte, *dri*, se pronuncia como *dry*

drift¹ /drɪft/ v [I] **1** ⇨dejarse llevar ⇨dejarse arrastrar **2** ⇨ir a la deriva: *The boat drifted* - El barco iba a la deriva **3** (*la nieve, la arena*) ⇨apilar(se) ⇨amontonar(se) ■ Constr. Se usa generalmente seguido de una preposición o un adverbio

drift² /drɪft/ ■ n [U, NO PL] **1** ⇨movimiento ⇨cambio ■ n [c] **2** (*de nieve*) ⇨montón ■ n [NO PL] **3** ⇨idea general: *Do you get the drift?* - ¿Captas la idea general?

drill¹ /drɪl/ ■ n [c] **1** ⇨taladro ⇨taladradora **2** ⇨práctica ⇨ejercicio ■ n [u] **3** (*en el ejército*) ⇨instrucción

drill² /drɪl/ ■ v [T, I] **1** ⇨taladrar ⇨perforar **2** (*en el ejército*) ⇨entrenar(se) ■ v [T] **3** ⇨instruir ⇨educar ■ Constr. Se usa generalmente seguido de una preposición o un adverbio

drily /ˈdraɪ.li/ adv **1** ⇨secamente **2** ⇨con ironía

D

† **drink¹**, **drank**, **drunk** /drɪŋk/ v [I] ⇨beber ⇨tomar [bebidas alcohólicas] *AMÉR.*

PHRASAL VERBS
· **to drink to sth/sb** ⇨brindar por
└ · **to drink (sth) up** [M] ⇨terminarse una bebida

† **drink²** /drɪŋk/ n [C, U] **1** ⇨bebida **2** *Shall I get you a drink? - ¿Te traigo algo de beber?* **3** *Let's go out for a drink - ¿Vamos a tomar una copa?*

drinker UK: /'drɪŋ.kəʳ/ US: /-kə/ n [C] ⇨bebedor,-a: *an inveterate drinker - un bebedor empedernido*

drinking /'drɪŋ.kɪŋ/ n [U] *(hábito)* ⇨bebida

drinking water n [U] ⇨agua potable

drip¹ /drɪp/ [dripped, dripping] v [T, I] **1** ⇨gotear **2** *The roof is dripping - Hay goteras en el techo*

drip² /drɪp/ ▌ n [NO PL] **1** ⇨goteo ▌ n [C] **2** ⇨gota **3** *(en medicina)* ⇨gotero **4** *(inform)* ⇨panoli *col. desp.;* ⇨ñoño,ña *col. desp.*

† **drive¹**, **drove**, **driven** /draɪv/, /drəʊv/, 'drɪv.ən/ [driving] v [T, I] **1** ⇨conducir ⇨manejar *AMÉR.* **2** ⇨impulsar **3** ⇨hacer funcionar **4** *to ~ sb {crazy/mad/wild}* ⇨volver loco,ca a alguien *col.* **5** *to be in the driving seat* ⇨tener la sartén por el mango *col.*

PHRASAL VERBS
· **to drive off** ⇨alejarse [en coche] ⇨arrancar el
└ coche y marcharse

drive² /draɪv/ ▌ n [C] **1** ⇨paseo [en coche]: *Let's go for a drive - ¿Damos un paseo en coche?* **2** *(tb driveway) (de una casa)* ⇨camino de entrada **3** ⇨campaña **4** *(en deportes)* ⇨ataque **5** *(en informática)* ⇨unidad de disco **6** *(en mecánica)* ⇨transmisión **7** ⇨impulso ▌ n [U] **8** ⇨energía ⇨empuje

drive-in /'draɪv.ɪn/ US n [C] ⇨lugar exterior de algunos establecimientos en los que se sirve a los clientes sin que salgan del coche

driven /'drɪv.²n/, /'drɪv.ən/ past participle of **drive** ▌ PRON. *La i se pronuncia como en did*

driver UK: /'draɪ.vəʳ/ US: /-və/ n [C] ⇨conductor,-a: *taxi driver - conductor de taxi;* ⇨chófer ⇨chofer *AMÉR.* **2** *(en un tren)* ⇨maquinista **3** *(en informática)* ⇨controlador **4** *(en economía)* ⇨propulsor

driver's license US n [C] See **driving licence**

driveway /'draɪv.weɪ/ *(tb drive)* n [C] *(de una casa)* ⇨camino de entrada

driving /'draɪ.vɪŋ/ n [U] **1** ⇨conducción ⇨manejo *AMÉR.* **2** *driving instructor - profesor de autoescuela*

† **driving licence** UK *(US driver's license)* n [C] ⇨carné de conducir: *to get one's driving licence - sacarse el carné de conducir* ▌ PRON. *La primera parte de licence, li, rima con my*

drizzle¹ /'drɪz.l̩/ n [U] ⇨llovizna ⇨chirimiri ⇨garúa *AMÉR.*

drizzle² /'drɪz.l̩/ [drizzled, drizzling] v [I] ⇨chispear ⇨lloviznar

drone¹ UK: /drəʊn/ US: /droʊn/ ▌ n [NO PL] **1** ⇨zumbido [de insectos] **2** ⇨soniquete **3** ⇨roncón [de una gaita] ▌ n [C] **4** *(insecto)* ⇨zángano

drone² UK: /drəʊn/ US: /droʊn/ [droned, droning] v [I] ⇨zumbar

PHRASAL VERBS
· **to drone on (about sth)** ⇨hablar monótona-
└ mente [sobre algo]

drool /druːl/ v [I] **1** ⇨babear **2** *to ~ at sth* ⇨hacerse la boca agua *col.: We drooled at the sight of the meal - Se nos hizo la boca agua al ver la comida*

PHRASAL VERBS
· **to drool over sth/sb** ⇨caerse la baba *col.: He drools over his children - Se le cae la baba*
└ con sus hijos

droop /druːp/ v [I] **1** ⇨caer lánguidamente **2** *(una planta)* ⇨ponerse mustio,tia ⇨marchitarse **3** *(el ánimo)* ⇨decaer

† **drop¹** UK: /drɒp/ US: /drɑːp/ [dropped, dropping] ▌ v [I] **1** *(un objeto)* ⇨caer(se) ⇨dejar caer **2** ⇨bajar: *Sales have dropped considerably - Las ventas han bajado bastante* ▌ v [T] **3** *(un plan, una idea)* ⇨abandonar **4** *(en coche)* ⇨dejar [de camino] **5** *to ~ sb a hint* ⇨soltar una indirecta **6** *to ~ sb a line* ⇨escribirle una nota a alguien **7** *to ~ dead* ⇨morir súbitamente

PHRASAL VERBS
· **to drop behind** ⇨quedarse rezagado,da
· **to drop {by/in}** *(inform)* ⇨hacer una visita: *I'll drop in tomorrow - Te haré una visita mañana*
· **to drop off 1** *(inform)* ⇨quedarse dormido,da **2** ⇨disminuir ⇨menguar
· **to drop out 1** *(de una competición, de un juego)*
└ *go)* ⇨retirarse **2** *(la universidad)* ⇨abandonar

† **drop²** UK: /drɒp/ US: /drɑːp/ ▌ n [C] **1** ⇨gota **2** *It's just a drop in the ocean - Es solo una gota en el mar* **3** *(inform)* ⇨trago ▌ n [NO PL] **4** ⇨caída: *a drop in prices - una caída de precios* **5** ⇨caída ⇨pendiente **6** ⇨lanzamiento de provisiones [desde un avión]

dropout UK: /'drɒp.aʊt/ US: /'drɑːp-/ n [C] **1** ⇨marginado,da **2** ⇨persona que no acaba sus estudios universitarios

droppings UK: /'drɒp.ɪŋz/ US: /'drɑː.pɪŋz/ n [PL] ⇨excremento [de un animal]

drought /draʊt/ n [C, U] ⇨sequía ▌ PRON. *Rima con el término inglés out*

drove UK: /drəʊv/ US: /droʊv/ past tense of **drive**

† **drown** /draʊn/ v [T, I] **1** ⇨ahogar(se): *The ship sank and twenty people drowned - El barco se hundió y se ahogaron veinte personas* **2** ⇨inundar(se)

PHRASAL VERBS

· **to drown** *sth/sb* **out** [M] *(inform) (un ruido)* ⇨ahogar

drowsy /'draʊ.zi/ *adj* [comp **drowsier,** superl **drowsiest**] ⇨adormecido,da ⇨somnoliento,ta

drudgery UK: /'drʌdʒ.ªr.i/ US: /-ɚ-/ *n* [U] ⇨trabajo pesado

† **drug**[1] /drʌg/ *n* [C] **1** ⇨medicamento ⇨fármaco **2** ⇨droga ■ Se usa más en plural

† **drug**[2] /drʌg/ [drugged, drugging] *v* [T] ⇨drogar

drug addict *n* [C] ⇨drogadicto,ta

† **drugstore** UK: /'drʌg.stɔːʳ/ US: /-stɔːr/ *US (UK* **chemist's)** *n* [C] ⇨farmacia

drum[1] /drʌm/ *n* [C] **1** *(instrumento musical)* ⇨batería **2** ⇨tambor

drum[2] /drʌm/ [drummed, drumming] *v* [T, I] **1** ⇨tocar la batería **2** ⇨tocar el tambor **3** ⇨repiquetear ⇨tamborilear

PHRASAL VERBS

· **to drum** *sth* **into** *sb* ⇨hacer comprender algo a alguien ■ Constr. Se usa más en pasiva

· **to drum** *sth* **up** [M] *(el apoyo, el interés)* ⇨aumentar ⇨conseguir

drummer UK: /'drʌm.əʳ/ US: /-ɚ/ *n* [C] *(persona)* ⇨batería

drumming *n* [U, NO PL] ⇨repiqueteo: *the drumming of the rain on the roof* - el repiqueteo de la lluvia contra el techo

† **drunk**[1] /drʌŋk/ *adj* **1** ⇨borracho,cha **2** **to get ~** ⇨emborracharse ■ Pron. La *u* se pronuncia como en el término inglés *run*

† **drunk**[2] /drʌŋk/ past participle of **drink** ■ Pron. La *u* se pronuncia como en el término inglés *run*

drunken /'drʌŋ.kən/ *adj* **1** *(una persona)* ⇨bebido,da ⇨borracho,cha **2** ⇨etílico,ca

† **dry**[1] /draɪ/ *adj* [comp **drier** or **dryer**, superl **driest** or **dryest**] **1** ⇨seco,ca ⇨árido,da **2** ⇨aburrido,da **3** ⇨irónico,ca

† **dry**[2] /draɪ/ [dries, dried] *v* [T, I] ⇨secar(se): *Help me dry the dishes* - Ayúdame a secar los platos

PHRASAL VERBS

· **to dry (sth) out** ⇨secar(se)

· **to dry up 1** *(un río, un lago)* ⇨secarse **2** *UK (una persona)* ⇨atascarse ⇨quedarse en blanco col. **3** *(un recurso)* ⇨agotarse **4** *(la vajilla)* ⇨secar

· **to dry (sth) up** [M] *UK* ⇨secar [los platos]

dry clean *v* [T, I] ⇨limpiar en seco

dryer UK: /'draɪ.əʳ/ US: /-ɚ/ *(tb* **drier**) *n* [C] **1** ⇨secador **2** *(UK tb* **tumble dryer**) ⇨secadora [de ropa]

† **dual** UK: /'dju:.əl/ US: /'du:.[ə]l/ *adj* ⇨dual ⇨doble

dual carriageway *UK n* [C] ⇨autovía ⇨carretera de doble sentido

dub /dʌb/ [dubbed, dubbing] *v* [T] **1** ⇨apodar **2** ⇨doblar: *The film was dubbed into Spanish* - La película estaba doblada al español ■ Constr. Se usa más en pasiva ■ Pron. La *u* se pronuncia como en el término inglés *run*

† **dubious** UK: /'dju:.bi.əs/ US: /'du:-/ *adj* **1** ⇨dudoso,sa ⇨poco fiable ⇨sospechoso,sa **2** **to be** *dubious about sth* - tener dudas sobre algo **3** **to have the dubious honour of doing sth** - tener el discutible honor de hacer algo ■ Pron. La *u* se pronuncia como en *you*

duchess UK: /'dʌtʃ.es/ [pl **duchesses**] *n* [C] ⇨duquesa

duck[1] /dʌk/ *n* [C] **1** *(ave)* ⇨pato,ta **2** *(en cricket)* ⇨cero

duck[2] /dʌk/ ■ *v* [T, I] **1** ⇨agacharse: *I ducked just in time to dodge the ball* - Me agaché justo a tiempo para esquivar el balón **2** *v* [T] *(inform) (un problema)* ⇨eludir ⇨torear col.

PHRASAL VERBS

· **to duck out of** *sth* ⇨escaquearse de algo ■ Constr. to duck out + of + doing sth

duckling /'dʌk.lɪŋ/ *n* [C, U] ⇨patito,ta: *the ugly duckling* - el patito feo

duct /dʌkt/ *n* [C] ⇨conducto: *air duct* - conducto de aire

dud[1] /dʌd/ *n* [C] *(inform)* ⇨birria col. desp.; ⇨patata col. ■ Pron. La *u* se pronuncia como en el término inglés *sun*

dud[2] /dʌd/ *adj* **1** *(inform)* ⇨que no funciona: *a dud light bulb* - una bombilla que no funciona **2** *(una bomba)* ⇨que no estalla **3** *(una moneda)* ⇨falso,sa **4** *(un talón)* ⇨sin fondos ■ Pron. La *u* se pronuncia como en el término inglés *sun*

dude /du:d/ *US n* [C] *(very inform)* ⇨colega col.; ⇨tío col.

† **due**[1] UK: /dju:/ US: /du:/ *adj* **1** *(form) When is the baby due?* - ¿Cuándo se espera que nazca el bebé? **2** *(deuda): Our rent is due today* - El plazo para pagar el alquiler vence hoy ■ Constr. Se usa detrás de un verbo **3** *(form)* ⇨debido,da: *to treat sb with due respect* - tratar a alguien con el debido respeto **4** **~ to** ⇨debido a: *Due to the weather, we had dinner inside* - Debido al tiempo, cenamos dentro **5** **to be ~ for** ⇨tocar: *I'm due for a visit to the dentist quite soon* - Me toca ir al dentista dentro de poco

due[2] UK: /dju:/ US: /du:/ **to give** *sb* {his/her/their} **~** ⇨para ser justo,ta con alguien ⇨reconocer el mérito de alguien

duel UK: /'dju:.əl/ US: /'du:.[ə]l/ *n* [C] ⇨duelo

dues UK: /dju:z/ US: /du:z/ *n* [PL] *(de una asociación, de un sindicato)* ⇨cuotas

duet UK: /dju'et/ US: /du:-/ *n* [C] *(en música)* ⇨dúo ⇨dueto

D ▪

dug

dug /dʌg/ past tense and past participle forms of **dig** ■ Pron. La *u* se pronuncia como en el término inglés *gun*

† **duke** UK: /djuːk/ US: /duːk/ *n* [c] ⇒duque

† **dull** /dʌl/ *adj* **1** ⇒soso,sa ⇒aburrido,da **2** ⇒nublado,da ⇒gris **3** *(un sonido)* ⇒sordo,da ■ Pron. La *u* se pronuncia como en el término inglés *gun*

duly UK: /ˈdjuː.li/ US: /ˈduː-/ *adv* **1** *(form)* ⇒debidamente **2** *(form)* ⇒como es debido: *She duly arrived at 4 o'clock* - Llegó a las cuatro en punto, como es debido **3** *(form)* ⇒como estaba previsto

dumb /dʌm/ *adj* **1** ⇒mudo,da **2** US *(inform)* ⇒tonto,ta *desp.;* ⇒boludo,da AMÉR. *vulg. desp.* ■ Pron. La *b* no se pronuncia

dumbfounded /ˌdʌmˈfaʊn.dɪd/ *adj* ⇒perplejo,ja

dummy¹ /ˈdʌm.i/ [*pl* dummies] *n* [c] **1** ⇒maniquí **2** ⇒réplica ⇒copia **3** US *(inform)* ⇒memo,ma *desp.* **4** UK *(US* **pacifier)** ⇒chupete ⇒chupón AMÉR. **5 ~ run** ⇒ensayo ⇒simulacro

dummy² /ˈdʌm.i/ *adj* ⇒de juguete

dump¹ /dʌmp/ *v* [т] **1** ⇒verter **2** ⇒tirar **3** *(inform)* ⇒dejar ⇒plantar *col.*

dump² /dʌmp/ *(UK tb* tip) *n* [c] **1** ⇒vertedero **2** *(en el ejército)* ⇒depósito **3** *(inform) (una habitación, una casa)* ⇒cuadra *desp.;* ⇒leonera *desp.* **4** *(inform) (un lugar)* ⇒antro

dumpling /ˈdʌm.plɪŋ/ *n* [c] ⇒bola de masa que se utiliza en repostería o bien se come como acompañamiento de carne o verduras

dumps /dʌmps/ **to be (down) in the ~** *(inform)* ⇒estar bajo,ja de ánimo

dun /dʌn/ *adj* ⇒pardo,da

dune /djuːn/ US: /duːn/ *n* [c] ⇒duna

dung /dʌŋ/ *n* [U] ⇒boñiga ⇒bosta

dungarees /ˌdʌŋ.gəˈriːz/ UK *(US* overalls) *n* [PL] ⇒peto ⇒mono ⇒mameluco AMÉR.

dungeon /ˈdʌn.dʒ³n/ *n* [c] ⇒mazmorra ■ Pron. La primera parte, *dun*, rima con el término inglés *sun*

duo UK: /ˈdjuː.əʊ/ US: /ˈduː.oʊ/ *n* [c] ⇒pareja ⇒dúo

dupe UK: /djuːp/ US: /duːp/ [duped, duping] *v* [т] ⇒engañar: *Don't let him dupe you* - No te dejes engañar por él ■ Constr. to be duped + into + doing sth

duplicate¹ UK: /ˈdjuː.plɪ.keɪt/ US: /ˈduː-/ [duplicated, duplicating] *v* [т] ⇒duplicar: *He always duplicates important documents* - Siempre duplica los documentos importantes

duplicate² UK: /ˈdjuː.plɪ.kət/ US: /ˈduː-/ *n* [c] ⇒duplicado

duplicate³ UK: /ˈdjuː.plɪ.kət/ US: /ˈduː-/ *adj* ⇒duplicado,da

durable UK: /ˈdjʊə.rə.b̩l/ US: /ˈdʊr.ə-/ *adj* ⇒duradero,ra

duration UK: /djʊəˈreɪ.ʃ³n/ US: /duː-/ *n* [U] **1** ⇒duración **2 for the ~ (of *sth*)** ⇒hasta el término de algo ⇒mientras dure algo

duress UK: /djuˈres/ US: /duː-/ **under ~** *(form)* ⇒bajo coacción

† **during** UK: /ˈdjʊə.rɪŋ/ US: /ˈdʊr.ɪŋ/ *prep* ⇒durante: *Smoking isn't allowed during the flight* - No está permitido fumar durante el vuelo; ⇒a lo largo de

dusk /dʌsk/ *n* [U] ⇒atardecer ⇒anochecer

dust¹ /dʌst/ *n* [U] ⇒polvareda ⇒polvo ■ Pron. *us* se pronuncia como el pronombre inglés *us*

dust² /dʌst/ ■ *v* [т, ɪ] **1** ⇒quitar el polvo: *Dust those shelves* - Quítale el polvo a esos estantes ■ *v* [т] **2** ⇒espolvorear

| PHRASAL VERBS
· **to dust** *sth* **{down/off}** [м] ⇒desempolvar algo

† **dustbin** /ˈdʌst.bɪn/ UK *(US* garbage can) *n* [c] ⇒cubo de basura ⇒caneca AMÉR. ■ Pron. *us* se pronuncia como el pronombre inglés *us*

duster UK: /ˈdʌs.tə³/ US: /-t̬ə/ *n* [c] **1** UK ⇒gamuza ⇒trapo **2** ⇒borrador [de pizarra]

dustman /ˈdʌst.mən/ [*pl* dustmen] UK *(US* garbage man) *n* [c] ⇒basurero

dustpan /ˈdʌst.pæn/ *n* [c] ⇒recogedor

dusty /ˈdʌs.ti/ *adj* [*comp* dustier, *superl* dustiest] ⇒polvoriento,ta: *a pile of dusty newspapers* - un montón de periódicos polvorientos ■ Pron. *us* se pronuncia como el pronombre inglés *us*

Dutch¹ /dʌtʃ/ *n* [U] **1** *(idioma)* ⇒neerlandés ⇒holandés **2 the ~** *(gentilicio)* ⇒los holandeses, las holandesas ■ El singular es a *Dutchman* o a *Dutchwoman*

Dutch² /dʌtʃ/ *adj* ⇒holandés,-a: *Are you Dutch?* - ¿Eres holandesa?

Dutchman /ˈdʌtʃ.mən/ [*pl* Dutchmen] *n* [c] ⇒holandés

Dutchmen *n* [PL] See **Dutchman**

Dutchwoman /ˈdʌtʃ.wʊm.ən/ [*pl* Dutchwomen] *n* [c] ⇒holandesa

Dutchwomen *n* [PL] See **Dutchwoman**

dutiful UK: /ˈdjuː.tɪ.f³l/ US: /ˈduː.ᵗt̬ɪ-/ *adj* **1** ⇒sumiso,sa ⇒obediente **2** ⇒cumplidor,-a

† **duty** UK: /ˈdjuː.ti/ US: /ˈduː.ᵗt̬i/ [*pl* duties] *n* [c, u] **1** ⇒obligación ⇒deber **2** ⇒responsabilidad ⇒función **3** ⇒impuesto **4 to be off ~** ⇒estar fuera de servicio **5 to be on ~** ⇒estar de servicio

duty-free UK: /ˌdjuː.ti²friː/ US: /ˌduː.ᵗt̬i-/ *adj* ⇒libre de impuestos: *a duty-free shop* - una tienda libre de impuestos

† **duvet** UK: /ˈduː.veɪ/ US: /-¹-/ UK *(US* comforter) *n* [c] ⇒edredón ■ Pron. La *t* no se pronuncia

† **DVD** /ˌdiː.viːˈdiː/ *n* [c] ⇒DVD ■ Procede de *digital versatile disc* (disco digital polivalente) o *digital video disc* (disco digital de vídeo)

dwarf[1] UK: /dwɔːf/ US: /dwɔːrf/ [*pl* dwarves, dwarfs] *adj, n* [c] ⇨enano,na

dwarf[2] UK: /dwɔːf/ US: /dwɔːrf/ *v* [T] ⇨empequeñecer: *My boat is dwarfed by those large ships* - Esos grandes barcos empequeñecen mi bote ■ CONSTR. Se usa más en pasiva

dwell, dwelt, dwelt (*tb* **dwelled, dwelled**) /dwel/ *v* [I] *(form)* ⇨morar ⇨habitar ■ CONSTR. Se usa generalmente seguido de una preposición o un adverbio

| PHRASAL VERBS
· **to dwell {on/upon} sth** ⇨obsesionarse con algo: *Don't dwell on it* - No te obsesiones con
└─ eso

dwelling /ˈdwel.ɪŋ/ *n* [c] *(form)* ⇨morada ⇨vivienda

dwelt past tense and past participle forms of **dwell**

dwindle /ˈdwɪn.dl̩/ [dwindled, dwindling] *v* [I] ⇨disminuir ⇨reducirse ⇨menguar

dye[1] /daɪ/ *n* [c, U] ⇨tinte ⇨tintura

dye[2] /daɪ/ [dyed, dyeing] *v* [T] ⇨teñir(se): *to dye one's hair* - teñirse el pelo

dying /ˈdaɪ.ɪŋ/ *adj* **1** ⇨moribundo,da ⇨agonizante **2** ⇨último,ma **3** ⇨que se está perdiendo ⇨en vías de extinción

dyke /daɪk/ (*tb* **dike**) *n* [c] **1** ⇨dique **2** *UK* ⇨acequia

†**dynamic** /daɪˈnæm.ɪk/ *adj* **1** ⇨dinámico,ca **2** *(persona)* ⇨activo,va ⇨dinámico,ca *col.* ■ PRON. La primera sílaba, *dy*, rima con *my*

dynamics /daɪˈnæm.ɪks/ *n* [U] ⇨dinámica: *group dynamics* - dinámicas de grupo ■ PRON. La primera sílaba, *dy*, rima con *my*

dynamism /ˈdaɪ.nə.mɪ.zᵃm/ *n* [U] ⇨dinamismo

dynamite[1] /ˈdaɪ.nə.maɪt/ *n* [U] **1** ⇨dinamita **2** *(inform)* ⇨bomba: *Their new album is pure dynamite* - Su nuevo disco es la bomba ■ PRON. La primera sílaba, *dy*, rima con *my*

dynamite[2] /ˈdaɪ.nə.maɪt/ [dynamited, dynamiting] *v* [T] ⇨dinamitar ■ PRON. La primera sílaba, *dy*, rima con *my*

dynasty UK: /ˈdɪn.ə.sti/ US: /ˈdaɪ.nə-/ [*pl* dynasties] *n* [c] ⇨dinastía

dysentery UK: /ˈdɪs.ᵃn.tᵊr.i/ UK: /-tri/ US: /-ter-/ *n* [U] *(en medicina)* ⇨disentería

dyslexia /dɪˈslek.si.ə/ *n* [U] ⇨dislexia

D

e /iː/ [pl e's] n [C] (letra del alfabeto) ⇒e

E /iː/ [pl E's] n [C, U] (nota musical) ⇒mi

each¹ /iːtʃ/ adj ⇒cada

each² /iːtʃ/ pron ⇒cada uno,na: The avocados cost one pound each - Los aguacates cuestan una libra cada uno

each other (tb one another) pron ⇒el uno al otro, la una a la otra ⇒se

eager UK: /ˈiː.gəʳ/ US: /-gɚ/ adj **1** ⇒anhelante ⇒ávido,da ⇒deseoso,sa **2** to be ~ to do sth ⇒tener ganas de hacer algo ⇒estar ansioso,sa por hacer algo

eagle /ˈiː.gl̩/ n [C] **1** ⇒águila **2** with an eagle eye - con ojo de lince

ear UK: /ɪəʳ/ US: /ɪr/ n [C] **1** ⇒oreja **2** ⇒oído: She has a good ear for music - Tiene buen oído para la música; ear infection - infección de oídos **3** ⇒espiga [de trigo] **4** to be all ears ⇒ser todo oídos **5** to be up to one's ears in sth ⇒estar desbordado,da de algo: They're up to their ears in problems - Están desbordados de problemas **6** to play sth by ~ (en música) ⇒tocar de oído **7** to play it by ~ (una situación) ⇒improvisar

earache UK: /ˈɪə.reɪk/ US: /ˈɪr.eɪk/ n [C, U] ⇒dolor de oídos: to have an earache - tener dolor de oídos ■ PRON. La última sílaba, ache, rima con make

eardrum UK: /ˈɪə.drʌm/ US: /ˈɪr-/ n [C] ⇒tímpano

earl UK: /ɜːl/ US: /ɝːl/ n [C] ⇒conde [británico]

early¹ UK: /ˈɜː.li/ US: /ˈɝː-/ adj [comp earlier, superl earliest] **1** ⇒temprano,na **2** ⇒primero,ra: One of my earliest memories... - Uno de mis primeros recuerdos... **3** ⇒prematuro,ra ⇒anticipado,da **4** the ~ hours ⇒la madrugada ■ Hace referencia al principio de un período. Comparar con soon

early² UK: /ˈɜː.li/ US: /ˈɝː-/ adv [comp earlier, superl earliest] **1** ⇒pronto ⇒temprano ⇒antes [de lo previsto] **2** (en el día) ⇒pronto ⇒temprano **3** ⇒a principios: early last year - a principios del año pasado **4** ⇒prematuramente **5** at the earliest ⇒como muy temprano **6** ~ on ⇒al poco de empezar ■ Hace referencia al principio de un período. Comparar con soon

earmark UK: /ˈɪə.mɑːk/ US: /ˈɪr.mɑːrk/ v [T] ⇒destinar: Some money has been earmarked for that purpose - Han destinado dinero a ese fin ■ CONSTR. 1. to earmark sth for sth 2. Se usa más en pasiva

earn UK: /ɜːn/ US: /ɝːn/ v [T] **1** ⇒ganar [dinero por medio del trabajo]: He earns a lot of money - Gana mucho dinero **2** ⇒merecerse **3** ⇒ganarse: to earn one's crust - ganarse el pan

earnest UK: /ˈɜː.nɪst/ US: /ˈɝː-/ adj **1** ⇒serio,ria ⇒sincero,ra **2** ⇒decidido,da **3** ⇒ferviente **4** in ~ ⇒de verdad ⇒en serio

earnings UK: /ˈɜː.nɪŋz/ US: /ˈɝː-/ n [PL] ⇒ganancias ⇒ingresos ⇒sueldo

earphones UK: /ˈɪə.fəʊnz/ US: /ˈɪr.foʊnz/ n [PL] ⇒auriculares ⇒cascos

earring UK: /ˈɪə.rɪŋ/ US: /ˈɪr.ɪŋ/ n [C] ⇒pendiente ⇒arete AMÉR.; ⇒aro AMÉR. ■ Se usa más en plural

earshot UK: /ˈɪə.ʃɒt/ US: /ˈɪr.ʃɑːt/ to be out of ~ ⇒estar a cierta distancia de una persona de manera que no se pueda oír lo que dice

earth¹ ■ n [U, NO PL] **1** (planeta) ⇒Tierra ■ n [U] **2** (en geología) ⇒tierra ⇒suelo **3** to {charge/cost} the ~ UK ⇒{cobrar/costar} un ojo de la cara col. **4** to come (back) down to ~ ⇒bajarse de las nubes ⇒volver a la realidad **5** What on earth...? (inform) ⇒¿qué demonios...? col.

earth² UK v [T] (en electricidad) ⇒conectar a tierra

earthly UK: /ˈɜːθ.li/ US: /ˈɝːθ-/ adj (lit) ⇒terrenal: earthly paradise - paraíso terrenal

earthquake UK: /ˈɜːθ.kweɪk/ US: /ˈɝːθ-/ n [C] ⇒terremoto ⇒seísmo ■ La forma abreviada es quake

ease¹ /iːz/ n [U] **1** ⇒facilidad: with great ease - con gran facilidad **2** ⇒bienestar ⇒desahogo **3** at ease! (en las fuerzas armadas) ⇒descansen **4** to {be/feel} at ~ ⇒estar a gusto ⇒sentirse a gusto

ease² /iːz/ [eased, easing] v [T] **1** ⇒aliviar: Cold water will ease your pain - El agua fría te aliviará el dolor **2** ⇒aflojar **3** ⇒reducir: to ease traffic problems - reducir los atascos **4** to ~ sth/sb {across/back/into/out/up} ⇒mover a alguien

con cuidado ■ CONSTR. Se usa más como reflexivo **5 to ~ one's mind** ⇒tranquilizarse

| PHRASAL VERBS
· **to ease {off/up} 1** ⇒moderarse **2** *(una presión, un dolor)* ⇒disminuir **3** *(la lluvia, una tormenta)* ⇒amainar

easel /'iː.z°l/ n [c] ⇒caballete

easily /'iː.zɪ.li/ adv **1** ⇒fácilmente **2** ⇒perfectamente **3 ~ the {best/biggest/worst...}** ⇒seguramente el/la {mejor/mayor/peor...} ⇒con mucho el/la {mejor/mayor/peor...}

† **east**[1] /iːst/ n [U] ⇒este: *the east of Spain* - el este de España ■ La forma abreviada es **E 2 the East** ⇒Oriente ⇒el oriente

† **east**[2] /iːst/ adj ⇒este ⇒del este ⇒oriental

† **east**[3] /iːst/ adv ⇒al este ⇒en dirección este

† **Easter** UK: /'iː.stəʳ/ US: /-stəʳ/ n [c, U] ⇒Semana Santa ⇒Pascua

eastern UK: /'iː.st°n/ US: /-stən/ (tb **Eastern**) adj ⇒oriental ⇒del este ■ La forma abreviada es **E**

easy adj, adv [comp easier, superl easiest] **1** ⇒fácil **2** ⇒relajado,da **3 easier said than done** ⇒más fácil dicho que hecho **4 I'm ~** *(inform)* ⇒me es igual **5 to go ~ on sth/sb** *(inform)* ⇒tener cuidado con ⇒no pasarse con **6 to take {it/things} ~** ⇒tomarse las cosas con calma

easy-going UK: /ˌiː.zi'gəʊ.ɪŋ/ US: /-'goʊ-/ adj ⇒de trato fácil ⇒afable ⇒tolerante

† **eat, ate, eaten** /iːt/ v [T, I] **1** ⇒comer: *Eat your dinner* - Cómete la cena **2 What's eating {him/you...}?** ⇒¿Qué mosca {le/te...} ha picado?

| PHRASAL VERBS
· **to eat away at sth 1** ⇒corroer algo ⇒carcomer algo ⇒desgastar **2** *(un roedor)* ⇒roer
· **to eat out** ⇒salir a comer: *They often eat out on Sundays* - A menudo salen a comer los domingos
· **to eat (sth) up** [M] ⇒comerse algo ⇒acabar con algo

eaten past participle of **eat**

eater UK: /'iː.təʳ/ US: /-°t̬əʳ/ n [c] **1** *(persona)* ⇒comedor,-a **2** *She's a good eater* - Come bien **3** *She's a big eater* - Es una comilona

eavesdrop UK: /'iːvz.drɒp/ US: /-drɑːp/ [eavesdropped, eavesdropping] v [I] ⇒escuchar a hurtadillas

ebb[1] /eb/ v [I] **1** *(la marea)* ⇒bajar **2** ⇒disminuir ⇒mermar

ebb[2] /eb/ **the ~ (tide)** ⇒el reflujo

ebony /'eb.²n.i/ n [U] ⇒ébano

eccentric /ek'sen.trɪk/ adj, n [c] ⇒excéntrico,ca

echo[1] UK: /'ek.əʊ/ US: /-oʊ/ [pl echoes] n [c] **1** *(de un sonido)* ⇒eco ⇒resonancia **2** *(de un evento o de una idea)* ⇒repercusión ⇒eco

echo[2] UK: /'ek.əʊ/ US: /-oʊ/ v [T] **1** ⇒repetir ⇒hacerse eco de **2** *(un sonido)* ⇒resonar ⇒retumbar

eclipse[1] /ɪ'klɪps/ n [c] ⇒eclipse

eclipse[2] /ɪ'klɪps/ [eclipsed, eclipsing] v [T] ⇒eclipsar ■ CONSTR. Se usa más en pasiva

ecological UK: /ˌiː.kə'lɒdʒ.ɪ.k°l/ US: /-'lɑː.dʒɪ-/ adj ⇒ecológico,ca

† **ecology** UK: /i'kɒl.ə.dʒi/ US: /-'kɑː.lə-/ n [U] ⇒ecología

economic UK: /iː.kə'nɒm.ɪk/ UK: /ek.ə-/ US: /-'nɑː.mɪk/ adj **1** *(relativo a la economía)* ⇒económico,ca **2** ⇒rentable ⇒provechoso,sa

economical /ˌiː.kə'nɒm.ɪ.k°l/ adj **1** ⇒barato,ta ⇒económico,ca **2** *economical with the truth* - que no dice toda la verdad

economics UK: /ˌiː.kə'nɒm.ɪks/ UK: /ek.ə-/ US: /-'nɑː.mɪks/ n [U] ⇒economía

economize UK: /ɪ'kɒn.ə.maɪz/ US: /-'kɑː.nə-/ [economized, economizing] v [I] ⇒ahorrar ⇒economizar

† **economy** UK: /ɪ'kɒn.ə.mi/ US: /-'kɑː.nə-/ [pl economies] n [c, U] **1** ⇒economía **2** *economy pack* - envase familiar

ecosystem UK: /'iː.kəʊˌsɪs.təm/ US: /-koʊ-/ n [c] ⇒ecosistema: *to upset the ecosystem* - alterar el ecosistema

ecstasy /'ek.stə.si/ [pl ecstasies] n [c] **1** ⇒éxtasis **2 Ecstasy** *(droga)* ⇒éxtasis

ecstatic UK: /ɪk'stæt.ɪk/ US: /-'stæ°t̬-/ adj ⇒extasiado,da ⇒loco,ca de contento,ta

ecstatically UK: /ɪk'stæt.ɪ.kli/ US: /-'stæ°t̬-/ adv ⇒con mucho entusiasmo ⇒con euforia

Ecuador UK: /'ek.we.dɔːʳ/ US: /-dɔːr/ n [U] ⇒Ecuador

Ecuadorian /ˌek.we'dɔː.ri.ən/ adj, n [c] ⇒ecuatoriano,na

† **edge**[1] /edʒ/ n [c] **1** ⇒borde: *on the edge* - al borde **2** ⇒filo **3** ⇒orilla **4** ⇒canto [de una moneda] **5 to be on ~** ⇒estar nervioso,sa ⇒tener los nervios encrespados **6 to take the ~ off sth** ⇒suavizar algo ⇒calmar algo

edge[2] /edʒ/ [edged, edging] v [I] **1** ⇒orlar ⇒ribetear **2 to ~ away (from sth/sb)** ⇒alejarse poco a poco

edgy /'edʒ.i/ adj [comp edgier, superl edgiest] *(inform)* ⇒nervioso,sa ⇒crispado,da

edible /'ed.ɪ.bl/ adj ⇒comestible

† **edit** /'ed.ɪt/ v [T] **1** *(una publicación)* ⇒editar **2** *(un texto)* ⇒preparar ⇒corregir ⇒revisar ⇒cortar

† **edition** /ɪ'dɪʃ.²n/ n [c] **1** ⇒edición: *first edition* - primera edición **2** ⇒tirada ⇒impresión

editor UK: /'ed.ɪ.təʳ/ US: /-°t̬əʳ/ n [c] **1** *(de un periódico)* ⇒director,-a ⇒editor,-a **2** *(de un libro)* ⇒corrector,-a ⇒revisor,-a **3** *(de un texto)* ⇒editor,-a ⇒redactor,-a **4** *(de una película)* ⇒montador,-a ⇒editor,-a

editorial

138

editorial UK: /ˌed.ɪˈtɔː.ri.əl/ US: /-əˈtɔːr.i-/ *adj, n* [C] *(en un periódico)* ⇒editorial

†**educate** /ˈed.ju.keɪt/ [educated, educating] *v* [T] ⇒educar: *She was educated in a school in Wales* - Fue educada en un colegio de Gales ■ CONSTR. Se usa más en pasiva

educated UK: /ˈed.ju.keɪ.tɪd/ US: /-ˤt̬ɪd/ *adj* **1** ⇒preparado,da: *a highly educated professional* - un profesional muy preparado ■ Distinto de *polite* (educado,da) **2** an ~ guess ⇒una predicción fundada

education /ˌed.juˈkeɪ.ʃ°n/ *n* [U, NO PL] ⇒enseñanza ⇒formación académica

educational /ˌed.juˈkeɪ.ʃ°n.əl/ *adj* ⇒instructivo,va ⇒educativo,va

eel /iːl/ *n* [C] ⇒anguila

eerie UK: /ˈɪə.ri/ US: /ˈɪr.i/ *adj* ⇒inquietante ⇒raro,ra y misterioso,sa

†**effect** /ɪˈfekt/ *n* [C, U] **1** ⇒resultado ⇒efecto **2** for ~ ⇒para impresionar **3** in ~ ⇒en realidad ⇒de hecho **4** to no ~ ⇒en vano ⇒inútilmente **5** to take ~ *(en medicina)* ⇒hacer efecto **6** to {that/this} ~ ⇒a tenor de {eso/esto}

effective /ɪˈfek.tɪv/ *adj* ⇒eficaz ⇒efectivo,va

effectively /ɪˈfek.tɪv.li/ *adv* ⇒eficazmente

effectiveness /ɪˈfek.tɪv.nəs/ *n* [U] ⇒efectividad

effeminate /ɪˈfem.ɪ.nət/ *adj* ⇒afeminado,da

efficiency /ɪˈfɪʃ.ən̩t.si/ *n* [U] **1** ⇒eficacia ⇒eficiencia **2** *energy efficiency* - uso eficiente de la energía

†**efficient** /ɪˈfɪʃ.ənt/ *adj* ⇒eficiente ⇒eficaz

efficiently /ɪˈfɪʃ.ənt.li/ *adv* ⇒de manera eficaz

†**effort** UK: /ˈef.ət/ US: /-ɚt/ ■ *n* [C, U] **1** ⇒esfuerzo ■ *n* [C] **2** ⇒intento

†**e.g.** /ˌiːˈdʒiː/ *adv* ⇒forma abreviada de **exempli gratia** (por ejemplo)

†**egg**[1] /eg/ *n* [C, U] **1** ⇒huevo: *to lay an egg* - poner un huevo; *a fried egg* - un huevo frito **2** to put all *one's* eggs in one basket *(inform)* ⇒jugárselo todo a una carta

†**egg**[2] /eg/

PHRASAL VERBS
· to egg *sb* on [M] ⇒animar a alguien [a hacer algo malo o peligroso]

eggplant UK: /ˈeg.plɑːnt/ US: /-plænt/ *US* (*UK* **aubergine**) *n* [C] ⇒berenjena

ego UK: /ˈiː.gəʊ/ US: /ˈiː.goʊ/ *n* [C] **1** ⇒ego **2** to boost *sb's* ~ ⇒ensalzar el ego de alguien

Egyptian /ɪˈdʒɪp.ʃ°n/ *adj, n* [C] ⇒egipcio,cia

eh /eɪ/ *UK excl* **1** *(spoken)* ⇒¿cómo? ⇒¿qué? **2** ⇒¿no? ⇒¿no es así?

†**eight** /eɪt/ ⇒ocho: *There are eight of them* - Son ocho; *He is eight years old* - Tiene ocho años

†**eighteen** /eɪˈtiːn, ˈ--/ ⇒dieciocho

eighteenth /eɪˈtiːntθ, ˈ--/ **1** ⇒decimoctavo,va **2** *(para las fechas)* ⇒dieciocho ■ Se puede escribir también *18th*

eighth[1] /eɪtθ/ **1** ⇒octavo,va: *He finished eighth in the race* - Terminó octavo en la carrera **2** *(para las fechas)* ⇒ocho **3** *It is her eighth birthday today* - Hoy cumple ocho años ■ Se puede escribir también *8th*

eighth[2] /eɪtθ/ *n* [C] ⇒octavo ⇒octava parte

†**eighty** UK: /ˈeɪ.ti/ US: /-ˤti/ ⇒ochenta

either[1] UK: /ˈaɪ.ðəʳ/ UK: /ˈiː-/ US: /-ðɚ/ *conj* either... or... *(en oraciones positivas)* ⇒o ■ *Either* siempre se sitúa delante del primer objeto

†**either**[2] UK: /ˈaɪ.ðəʳ/ UK: /ˈiː-/ US: /-ðɚ/ *adj* **1** ⇒ambos,bas: *There were flowers on either side of the path* - Había flores a ambos lados del camino **2** ⇒cualquier,-a de los dos

†**either**[3] UK: /ˈaɪ.ðəʳ/ UK: /ˈiː-/ US: /-ðɚ/ *adv* ⇒tampoco ■ Se usa en oraciones negativas y se sitúa al final

†**either**[4] UK: /ˈaɪ.ðəʳ/ UK: /ˈiː-/ US: /-ðɚ/ *pron* **1** ⇒cualquiera **2** *(en oraciones negativas)* ⇒ninguno,na

eject /ɪˈdʒekt/ *v* [T] **1** ⇒echar [a una persona] ⇒expulsar ■ CONSTR. Se usa más en pasiva **2** *(de una máquina)* ⇒arrojar

elaborate[1] UK: /ɪˈlæb.ᵊr.ət/ US: /-ɚ-/ *adj* **1** ⇒elaborado,da **2** *(un diseño, una arquitectura)* ⇒complicado,da ⇒rebuscado,da **3** *(un plan)* ⇒detallado,da

elaborate[2] /ɪˈlæb.ə.reɪt/ [elaborated, elaborating] ■ *v* [T] **1** ⇒elaborar: *to elaborate a theory* - elaborar una teoría ■ *v* [I] **2** ⇒entrar en detalles ⇒desarrollar

elapse /ɪˈlæps/ [elapsed, elapsing] *v* [I] *(form)* *(tiempo)* ⇒transcurrir

elastic[1] /ɪˈlæs.tɪk/ *adj* **1** ⇒elástico,ca *(un material, un plan)* ⇒flexible ⇒adaptable

elastic[2] /ɪˈlæs.tɪk/ *n* [U] ⇒elástico

elastic band *UK* (*UK/US tb* **rubber band**) *n* [C] ⇒goma elástica

elated /ɪˈleɪ.tɪd/ US: /-ˤtɪd/ *adj* ⇒eufórico,ca ⇒exultante

†**elbow** UK: /ˈel.bəʊ/ US: /-boʊ/ *n* [C] ⇒codo

†**elder** UK: /ˈel.dəʳ/ US: /-dɚ/ *adj* **1** the comparative form of **old 2** ⇒mayor: *my elder brother* - mi hermano mayor ■ Se usa cuando se comparan las edades de las personas, especialmente de los miembros de una familia. Nunca se usa con *than*. Si se usa con un nombre, siempre se sitúa delante de este: *My elder brother is a singer* - Mi hermano mayor es cantante **3** an elder statesman - un viejo y respetado estadista

elderly[1] UK: /ˈel.dᵊl.i/ US: /-dɚ.li/ *adj* ⇒mayor: *an elderly woman* - una señora mayor ■ Es una palabra más formal que *old* para personas

†**elderly**[2] UK: /ˈel.dᵊl.i/ US: /-dɚ.li/ *n* [PL] the ~ ⇒los mayores: *a leisure centre for the elderly* - un centro de ocio para los mayores

† **eldest** /'el.dɪst/ adj, n [NO PL] **1** the superlative form of **old 2** ⇨mayor: *the eldest brother* - el mayor de los hermanos ∎ Se usa cuando se comparan las edades de las personas, especialmente de los miembros de una familia. Nunca se usa con *than*. Si se usa con un nombre, siempre se sitúa delante de este: *Joel is the eldest member of the family* - Joel es el mayor de los miembros de la familia **3** ⇨mayor: *Kelly was the eldest of the three sisters* - Kelly era la mayor de las tres hermanas

† **elect** /ɪ'lekt/ v [T] ⇨elegir: *She was elected as the new President* - Fue elegida nueva presidenta ∎ CONSTR. Se usa más en pasiva

election /ɪ'lek.ʃən/ n [C, U] **1** ⇨comicios ⇨elecciones **2** *an election campaign* - una campaña electoral

electoral UK: /ɪ'lek.tᵊr.ᵊl/ US: /-tɚ-/ adj ⇨electoral

electorate UK: /ɪ'lek.tᵊr.ət/ US: /-tɚ-/ n [C] ⇨electorado ∎ Por ser un nombre colectivo se puede usar con el verbo en singular o en plural

† **electric** /ɪ'lek.trɪk/ adj **1** *(un aparato)* ⇨eléctrico,ca **2** ⇨electrizante **3** *US the electric bill* - la factura de la luz **4** *electric fence* - valla electrificada

electrical /ɪ'lek.trɪ.kᵊl/ adj *(relativo a la electricidad)* ⇨eléctrico,ca

electrician /ˌɪl.ek'trɪʃ.ᵊn/ n [C] ⇨electricista

† **electricity** UK: /ˌɪˌlek'trɪs.ɪ.ti/ US: /-ə.ˤṭi/ n [U] **1** ⇨electricidad **2** *UK the electricity bill* - la factura de la luz

electric shock *(tb shock)* n [C] ⇨descarga eléctrica: *to get an electric shock* - recibir una descarga eléctrica

electrocute /ɪ'lek.trə.kjuːt/ [electrocuted, electrocuting] v [T] ⇨electrocutar ∎ CONSTR. Se usa más en pasiva

electrode UK: /ɪ'lek.trəʊd/ US: /-troʊd/ n [C] ⇨electrodo

electromagnetic UK: /ɪˌlek.trəʊ.mæg'net.ɪk/ US: /-troʊ.mæg'neˤṭ-/ adj ⇨electromagnético,ca

electron UK: /ɪ'lek.trɒn/ US: /-trɑːn/ n [C] ⇨electrón: *electron gun* - cañón de electrones

† **electronic** UK: /ˌɪˌlek'trɒn.ɪk/ US: /-'trɑː.nɪk/ adj ⇨electrónico,ca: *an electronic device* - un dispositivo electrónico; *electronic publishing* - edición por internet

electronics UK: /ˌɪˌlek'trɒn.ɪks/ US: /-'trɑː.nɪks/ n [U] ⇨electrónica

elegance /'el.ɪ.gᵊnts/ n [U] ⇨elegancia

† **elegant** /'el.ɪ.gᵊnt/ adj ⇨elegante

† **element** /'el.ɪ.mənt/ n [C] **1** *(una parte de algo)* ⇨elemento ⇨componente **2** *(en química)* ⇨elemento **3** ⇨resistencia [eléctrica]

elementary UK: /ˌel.ɪ'men.tᵊr.i/ US: /-ˤṭɚ-/ adj **1** ⇨elemental ⇨básico,ca **2** *(un nivel)* ⇨rudimentario,ria

† **elephant** /'el.ɪ.fənt/ n [C] ⇨elefante,ta

elevator UK: /'el.ɪ.veɪ.tᵊr/ US: /-ˤṭɚ/ *US (UK* lift) n [C] ⇨ascensor ⇨elevador *AMÉR.*

† **eleven** /ɪ'lev.ᵊn/ ⇨once: *There are eleven of them* - Son once; *He is eleven years old* - Tiene once años

elevenses /ɪ'lev.ᵊn.zɪz/ n [U] ⇨desayuno de media mañana

eleventh /ɪ'lev.ᵊnθ/ **1** ⇨undécimo,ma **2** *(para las fechas)* ⇨once **3** *It is his eleventh birthday today* - Hoy cumple once años ∎ Se puede escribir también *11th*

E ◾

elf /elf/ [pl elves] n [C] ⇨elfo ⇨duende

elicit /ɪ'lɪs.ɪt/ v [T] **1** ⇨suscitar ⇨provocar **2** ⇨obtener: *to elicit an answer* - obtener una respuesta

† **eligible** /'el.ɪ.dʒə.bl/ adj **1** ⇨elegible ∎ CONSTR. 1.eligible for sth 2. eligible + to do sth **2** *to be eligible for sth* - cumplir los requisitos para algo **3** ⇨cotizado,da: *an eligible bachelor* - un soltero cotizado

† **eliminate** /ɪ'lɪm.ɪ.neɪt/ [eliminated, eliminating] v [T] **1** ⇨eliminar ⇨suprimir ⇨erradicar **2** ⇨descartar **3** *(en deportes)* ⇨eliminar ∎ CONSTR. Se usa más en pasiva

† **elite** /ɪ'liːt/ n [C] ⇨elite ∎ Por ser un nombre colectivo se puede usar con el verbo en singular o en plural

elm (tree) n ⇨olmo

elope UK: /ɪ'ləʊp/ US: /-'loʊp/ [eloped, eloping] v [I] ⇨fugarse para casarse

eloquent /'el.ə.kwᵊnt/ adj ⇨elocuente

El Salvador UK: /ˌel'sæl.və.dɔːr/ US: /-dɔːr/ n [U] ⇨El Salvador

† **else** /els/ adv **1** ⇨más: *«Anything else?» «Nothing else, thanks»* - «¿Algo más?» «Nada más, gracias»; *Who else is going?* - ¿Quién más va? **2** ⇨otra cosa ∎ Se sitúa detrás de las palabras compuestas formadas con *any-, no-, some-* y *every-*, y detrás de los interrogativos *how, what, why, where, who* y *when*: *If you don't like it, you can have something else* - Si no te gusta, puedes tomar otra cosa **3** *(tb* elsewhere) ⇨en otra parte **4** *or ~* ⇨si no: *Help me now, or else I'll never speak to you again* - Ayúdame; si no, no volveré a dirigirte la palabra

† **elsewhere** UK: /els'weᵊr/ US: /-'wer/ UK: /'--/ *(tb* else) adv ⇨en otro sitio ⇨a otra parte

elude /ɪ'luːd/ [eluded, eluding] v [T] **1** ⇨escapar(se) **2** *(una responsabilidad)* ⇨eludir **3** *(un dato)* ⇨no recordar

elusive /ɪ'luː.sɪv/ adj **1** *(una persona)* ⇨escurridizo,za ⇨difícil de encontrar ⇨esquivo,va **2** *(un objetivo)* ⇨difícil de alcanzar **3** ⇨fugaz: *an elusive memory* - un recuerdo fugaz

elves /elvz/ n [PL] See **elf**

'em /əm/ *(inform, spoken) (them)* See **them**

emaciated

emaciated UK: /ɪˈmeɪ.si.eɪ.tɪd/ US: /-ˤtɪd/ *adj (form)* ⇨demacrado,da ⇨escuálido,da

† **email** /ˈiː.meɪl/ (*tb* **e-mail**) *n* [C, U] ⇨e-mail: *to send an email* - mandar un e-mail ■ Procede de *electronic mail* (correo electrónico)

emanate /ˈem.ə.neɪt/ [emanated, emanating] *v* [I] *(form) (un sonido, un olor, una expresión)* ⇨emanar ⇨provenir

E **embankment** /ɪmˈbæŋk.mənt/ *n* **1** *(de una carretera, de un ferrocarril)* ⇨terraplén **2** ⇨ribazo **3** *US (UK* verge*)* ⇨arcén

embargo UK: /ɪmˈbɑː.gəʊ/ US: /-goʊ/ [*pl* embargoes] *n* [C] ⇨embargo: *a trade embargo* - un embargo comercial

embark UK: /ɪmˈbɑːk/ US: /-bɑːrk/ *v* [I] *(en un barco, en un avión)* ⇨embarcarse

| PHRASAL VERBS
| · **to embark on sth** ⇨embarcarse en algo ⇨emprender algo

† **embarrass** UK: /ɪmˈbær.əs/ US: /-ˈber-/ [embarrasses] *v* [T] ⇨avergonzar ⇨hacer pasar vergüenza

embarrassing UK: /ɪmˈbær.ə.sɪŋ/ US: /-ˈber-/ *adj* **1** ⇨embarazoso,sa ⇨violento,ta **2** *How embarrassing!* - ¡Qué corte!

embarrassment UK: /ɪmˈbær.ə.smənt/ US: /-ˈber-/ *n* [C, U] ⇨bochorno ⇨vergüenza ■ Distinto de *pregnancy* (embarazo)

† **embassy** /ˈem.bə.si/ [*pl* embassies] *n* [C] ⇨embajada

embedded /ɪmˈbed.ɪd/ *adj* **1** ⇨incrustado,da **2** ⇨arraigado,da

embittered UK: /ɪmˈbɪt.əd/ US: /-ˈbɪˤt̬.əd/ *adj* ⇨amargado,da

emblem /ˈem.bləm/ *n* [C] ⇨emblema: *a national emblem* - una emblema nacional

embodiment UK: /ɪmˈbɒd.i.mənt/ US: /-ˈbɑː.dɪ-/ *n* [C] *(form)* ⇨encarnación ⇨personificación

embody UK: /ɪmˈbɒd.i/ US: /-ˈbɑː.di/ [embodies, embodied] *v* [T] **1** *(form)* ⇨encarnar: *She embodies elegance* - Ella encarna la elegancia **2** *(form)* ⇨incorporar

embrace¹ /ɪmˈbreɪs/ [embraced, embracing] *v* [T, I] **1** ⇨abrazar: *The pair embraced* - Los dos se abrazaron **2** ⇨adoptar: *to embrace a religion* - adoptar una religión **3** ⇨atrapar: *to embrace an opportunity* - atrapar una oportunidad

embrace² /ɪmˈbreɪs/ *n* [C, U] ⇨abrazo

embroider UK: /ɪmˈbrɔɪ.dəʳ/ US: /-dɚ/ *v* [T] **1** ⇨bordar **2** ⇨adornar: *He embroidered the truth* - Adornó la verdad

embroidery UK: /ɪmˈbrɔɪ.dᵊr.i/ US: /-dɚ-/ ■ *n* [C, U] **1** ⇨bordado ■ El plural es *embroideries* ■ *n* [U] **2** ⇨arte de bordar

embryo UK: /ˈem.bri.əʊ/ US: /-oʊ/ *n* [C] **1** ⇨embrión **2** ⇨germen: *We have the embryo of a great project* - Tenemos el germen de un gran proyecto

emerald /ˈem.ə.rəld/ *n* [C, U] ⇨esmeralda

† **emerge** /ɪˈmɜːdʒ/ US: /-ˈmɜːdʒ/ [emerged, emerging] *v* [I] **1** ⇨surgir ⇨salir **2** ⇨descubrirse ⇨salir a la luz

† **emergency** UK: /ɪˈmɜː.dʒᵊnt.si/ US: /-ˈmɜː-/ [*pl* emergencies] *n* [C, U] **1** ⇨urgencia ⇨emergencia **2** *an emergency landing* - un aterrizaje forzoso **3** *emergency powers* - poderes extraordinarios

emigrant /ˈem.ɪ.grənt/ *n* [C] ⇨emigrante

emigrate /ˈem.ɪ.greɪt/ [emigrated, emigrating] *v* [I] ⇨emigrar: *When the war broke out, many people emigrated* - Cuando estalló la guerra mucha gente emigró

eminent /ˈem.ɪ.nənt/ *adj* ⇨eminente ⇨ilustre

emission /ɪˈmɪʃ.ᵊn/ *n* [C, U] ⇨emisión: *gas emissions* - emisiones de gas

emit /ɪˈmɪt/ [emitted, emitting] *v* [T] **1** *(calor o un sonido)* ⇨producir ⇨emitir **2** *(un gas o un olor)* ⇨desprender

emoticon UK: /ɪˈməʊ.tɪ.kɒn/ US: /ɪˈmoʊ.ˤt̬ɪ.kɑːn/ *n* [C] *(en informática)* ⇨emoticono

† **emotion** UK: /ɪˈməʊ.ʃᵊn/ US: /-ˈmoʊ-/ *n* [C, U] **1** ⇨emoción **2** ⇨sentimiento: *You should express your emotions* - Deberías expresar tus sentimientos

EMOTIONS

HAPPY SAD NERVOUS ANGRY

emotional UK: /ɪˈməʊ.ʃən.əl/ US: /-ˈmoʊ-/ *adj* **1** ⇨emocional: *emotional blackmail* - chantaje emocional **2** ⇨emotivo,va ⇨conmovedor,-a **3 to get ~** ⇨emocionarse

emotionless UK: /ɪˈməʊ.ʃən.ləs/ US: /-ˈmoʊ-/ *adj* ⇨impasible

emotive UK: /ɪˈməʊ.tɪv/ US: /-ˈmoʊ.ˤtɪv/ *adj* ⇨emotivo,va ⇨conmovedor,-a

empathy /ˈem.pə.θi/ *n* [U] ⇨empatía

† **emperor** UK: /ˈem.pˤr.ɔʳ/ US: /-pə.ə/ *n* [C] ⇨emperador

emphasis /ˈemp.fə.sɪs/ [*pl* emphases] *n* [C, U] **1** ⇨énfasis ⇨hincapié **2** ⇨acento: *The emphasis is on the second syllable* - El acento se pone en la segunda sílaba

emphasise [emphasised, emphasising] *UK v* [T] See **emphasize**

† **emphasize** /ˈemp.fə.saɪz/ [emphasized, emphasizing] (*UK tb* emphasise) *v* [T] ⇨enfatizar ⇨recalcar ■ CONSTR. to emphasize + that

emphatic UK: /emˈfæt.ɪk/ US: /-ˈfæˤt-/ *adj* **1** ⇨enfático,ca **2** ⇨categórico,ca: *an emphatic refusal* - una negación categórica **3** ⇨aplastante: *an emphatic victory* - una victoria aplastante

† **empire** UK: /ˈem.paɪəʳ/ US: /-paɪr/ *n* [C] ⇨imperio: *the rise of an empire* - la emergencia de un imperio

† **employ** /ɪmˈplɔɪ/ *v* [T] **1** ⇨emplear ⇨contratar **2** (*form*) ⇨emplear ⇨utilizar ■ CONSTR. to employ + to do sth

employable /ɪmˈplɔɪ.ə.bl̩/ *adj* ⇨capacitado,da [para un trabajo]

employee /ɪmˈplɔɪ.iː, ˌ--ˈ-/ *n* [C] ⇨empleado,da

employer /ɪmˈplɔɪ.əʳ/ US: /-ə/ *n* [C] **1** ⇨empresario,ria ⇨patrón,-a **2** *a big employer* - una empresa que emplea mucha gente

employment /ɪmˈplɔɪ.mənt/ *n* [U] ⇨empleo

† **empress** /ˈem.prəs/ [*pl* empresses] *n* [C] ⇨emperatriz ■ Distinto de *company* y *enterprise* (empresa)

emptiness /ˈemp.tɪ.nəs/ *n* [U] ⇨vacío

† **empty¹** /ˈemp.ti/ *adj* [*comp* emptier, *superl* emptiest] **1** ⇨vacío,a ⇨hueco,ca **2** (*un piso, una silla*) ⇨libre ⇨desocupado,da

empty² /ˈemp.ti/ [empties, emptied] *v* [T] **1** ⇨vaciar: *Empty the bin; it's overflowing* - Vacía el cubo de la basura; está a rebosar **2** (*un lugar*) ⇨desalojar

empty-handed /ˌemp.tiˈhæn.dɪd/ *adj* ⇨con las manos vacías: *He arrived empty-handed* - Llegó con las manos vacías ■ CONSTR. Se usa detrás de un verbo

empty-headed /ˌemp.tiˈhed.ɪd/ *adj* ⇨tonto,ta *desp.;* ⇨simple *col. desp.* ■ CONSTR. Se usa detrás de un verbo

† **enable** /ɪˈneɪ.bl̩/ [enabled, enabling] *v* [T] ⇨permitir ⇨hacer posible ■ CONSTR. to enable + to do sth ■ PRON. Rima con *table*

enact /ɪˈnækt/ *v* [T] **1** (*una ley*) ⇨promulgar ■ CONSTR. Se usa más en pasiva **2** (*form*) (*una obra de teatro, una escena*) ⇨representar ■ CONSTR. Se usa más en pasiva **3 to be enacted** (*form*) ⇨llevar a cabo ⇨tener lugar

enamel /ɪˈnæm.əl/ ■ *n* [C, U] **1** (*de una superficie*) ⇨esmalte ■ *n* [U] **2** (*de los dientes*) ⇨esmalte

encephalitis *n* [U] ⇨encefalitis

enchanted UK: /ɪnˈtʃɑːn.tɪd/ US: /-ˈtʃæn.ˤtɪd/ *adj* **1** (*un castillo, un bosque*) ⇨encantado,da **2** (*una persona*) ⇨encantado,da

enchanting UK: /ɪnˈtʃɑːn.tɪŋ/ US: /-ˈtʃæn.ˤtɪŋ/ *adj* ⇨encantador,-a

encircle UK: /ɪnˈsɜː.kl̩/ US: /-ˈsɜː-/ [encircled, encircling] *v* [T] **1** (*form*) ⇨rodear: *The enemy forces encircled the castle* - El enemigo rodeó el castillo ■ CONSTR. Se usa más en pasiva **2** ⇨ceñir

† **enclose** UK: /ɪnˈkləʊz/ US: /-ˈkloʊz/ [enclosed, enclosing] *v* [T] **1** ⇨encerrar **2** ⇨adjuntar: *They enclosed some leaflets with their letter* - Adjuntaron algunos folletos en su carta **3** ⇨cercar: *The house is enclosed with railings* - La casa está cercada con verjas ■ CONSTR. Se usa más en pasiva

enclosure UK: /ɪnˈkləʊ.ʒəʳ/ US: /-ˈkloʊ.ʒə/ ■ *n* [C] **1** ⇨recinto ⇨reservado **2** (*form*) ⇨carta adjunta ⇨anexo ■ *n* [C, U] **3** ⇨cercado

encore UK: /ˈɒŋ.kɔːʳ/ US: /ˈɑːŋ.kɔːr/ *n* [C] (*en un concierto*) ⇨bis ⇨repetición

encounter¹ UK: /ɪnˈkaʊn.təʳ/ US: /-ˤtə/ *v* [T] **1** ⇨encontrar **2** (*form, lit*) ⇨topar(se): *to encounter sb* - toparse con alguien

encounter² UK: /ɪnˈkaʊn.təʳ/ US: /-ˤtə/ *n* [C] ⇨encuentro

† **encourage** UK: /ɪnˈkʌr.ɪdʒ/ US: /-ˈkɜː-/ [encouraged, encouraging] *v* [T] ⇨fomentar ⇨animar ■ CONSTR. to encourage + to do sth ■ PRON. La *a* se pronuncia como la *i* en *did*

encouraging UK: /ɪnˈkʌr.ɪ.dʒɪŋ/ US: /-ˈkɜː-/ *adj* ⇨alentador,-a ⇨de aliento

encyclopaedia *UK n* [C] See **encyclopedia**

encyclopedia /ɪnˌsaɪ.kləˈpiː.di.ə/ (*UK tb* encyclopaedia) *n* [C] ⇨enciclopedia

† **end¹** /end/ *n* [C] **1** ⇨final ⇨fin **2** ⇨extremo ⇨punta **3 at the ~ of** *sth* ⇨al final de algo: *at the end of the chapter* - al final del capítulo **4 ~ to** ⇨uno tras otro **5 for {hours/days/weeks…} on ~** ⇨durante mucho tiempo ⇨sin fin ⇨indefinidamente **6 in the ~** ⇨finalmente ⇨al final ⇨por fin **7 to be at the ~ of** *one's* **tether** ⇨no aguantar más

† **end²** /end/ *v* [T, I] ⇨terminar: *The film ended at five* - La película terminó a las cinco

E ∎

PHRASAL VERBS
· **to end {in/with} sth** ⇒acabar {en/con} algo: *The evening ended in a party* - La tarde acabó en una fiesta
· **to end up** ⇒terminar ⇒acabar

endanger UK: /ɪnˈdeɪn.dʒəʳ/ US: /-dʒɚ/ v [T] ⇒poner en peligro: *to endanger the welfare state* - poner en peligro el estado de bienestar

E **endangered** UK: /ɪnˈdeɪn.dʒəd/ US: /-dʒɚd/ adj 1 ⇒en peligro 2 ⇒en peligro de extinción: *an endangered species* - una especie en peligro de extinción ■ Pron. La última *e* no se pronuncia

endear UK: /ɪnˈdɪəʳ/ US: /-dɪr/
PHRASAL VERBS
· **to endear sb to sb** ⇒granjearse [las simpatías de alguien] ⇒ganarse a alguien ⇒hacerse querer por alguien

endearing UK: /ɪnˈdɪə.rɪŋ/ US: /-ˈdɪr.ɪŋ/ adj ⇒entrañable ⇒encantador,-a

endeavour UK: /enˈdev.əʳ/ US: /-ɚ/ UK v [I] ⇒afanarse ⇒esforzarse

ending /ˈen.dɪŋ/ n [C] ⇒terminación ⇒desenlace ⇒final [de una obra narrativa]

endive /ˈen.daɪv/ n [C, U] 1 UK ⇒escarola ⇒achicoria 2 US ⇒endibia

endless /ˈend.ləs/ adj ⇒sin fin ⇒interminable

† **endorse** UK: /ɪnˈdɔːs/ US: /-ˈdɔːrs/ [endorsed, endorsing] v [T] 1 *(form) (un plan)* ⇒aprobar ⇒apoyar ■ Constr. Se usa más en pasiva 2 ⇒promocionar: *to endorse a product* - promocionar un producto 3 *(un cheque)* ⇒endosar

endow /ɪnˈdaʊ/ v [T] 1 *(form)* ⇒sufragar los gastos ⇒financiar 2 **to be endowed with sth** *(form)* ⇒estar dotado,da de algo

endurance UK: /ɪnˈdjʊə.rⁿnts/ US: /-ˈdʊr.[ə]nts/ n [U] ⇒resistencia ⇒aguante

† **endure** UK: /ɪnˈdjʊəʳ/ US: /-ˈdʊr/ [endured, enduring] ■ v [T] 1 *(form)* ⇒soportar ⇒resistir ■ v [I] 2 *(form)* ⇒perdurar: *The bad weather will endure this week* - Durante esta semana perdurará el mal tiempo

enduring UK: /ɪnˈdjʊə.rɪŋ/ US: /-ˈdʊr.ɪŋ/ adj ⇒duradero,ra ⇒perdurable

† **enemy** /ˈen.ə.mi/ [pl enemies] n [C] ⇒enemigo,ga: *to make enemies* - hacer enemigos

energetic UK: /ˌen.əˈdʒet.ɪk/ US: /-ɚˈdʒeˈt̬-/ adj ⇒enérgico,ca ⇒activo,va

† **energy** UK: /ˈen.ə.dʒi/ US: /-ɚ-/ [pl energies] n [C, U] ⇒energía ⇒vigor

† **enforce** UK: /ɪnˈfɔːs/ US: /-ˈfɔːrs/ [enforced, enforcing] v [T] 1 *(una ley)* ⇒hacer cumplir 2 ⇒forzar ⇒obligar

† **engage** /ɪnˈgeɪdʒ/ [engaged, engaging] ■ v [T] 1 ⇒requerir los servicios ■ v [I] 2 *(form) (la atención,*

el interés) ⇒atraer ⇒captar 3 *(form)* ⇒contratar ■ Constr. to engage + to do sth ■ v [T, I] 4 *(una máquina)* ⇒engranar con 5 *(una pieza)* ⇒acoplar
PHRASAL VERBS
· **to engage in sth** ⇒tomar parte en algo ⇒participar en algo
· **to engage sb in conversation** ⇒entablar una conversación con alguien

† **engaged** /ɪnˈgeɪdʒd/ adj 1 *(una persona)* ⇒prometido,da 2 UK *(US busy) (el teléfono)* ⇒comunicando 3 UK *(US occupied) (el cuarto de baño)* ⇒ocupado,da 4 **to get ~** ⇒prometerse: *Sam and Jenny got engaged last week* - Sam y Jenny se prometieron la semana pasada ■ Pron. La última *e* no se pronuncia

engagement /ɪnˈgeɪdʒ.mənt/ n [C, U] 1 ⇒compromiso ⇒noviazgo 2 *(form)* ⇒cita ⇒compromiso

engagement ring n [C] ⇒anillo de compromiso

engaging /ɪnˈgeɪ.dʒɪŋ/ adj ⇒atractivo,va ⇒entretenido,da ⇒interesante

† **engine** /ˈen.dʒɪn/ n [C] 1 ⇒motor ■ Normalmente se usa para vehículos. Comparar con *motor* 2 ⇒locomotora

engine driver UK *(US engineer)* n [C] ⇒maquinista [de tren]

engineer¹ UK: /ˌen.dʒɪˈnɪəʳ/ US: /-ˈnɪr/ n [C] 1 ⇒ingeniero,ra: *a civil engineer* - ingeniero de caminos, canales y puentes 2 ⇒técnico [de mantenimiento] 3 US *(UK engine driver)* ⇒maquinista [de tren]

engineer² UK: /ˌen.dʒɪˈnɪəʳ/ US: /-ˈnɪr/ v [T] ⇒maquinar ⇒planear ■ Constr. Se usa más en pasiva

engineering UK: /ˌen.dʒɪˈnɪə.rɪŋ/ US: /-ˈnɪr.ɪŋ/ n [U] ⇒ingeniería

English¹ /ˈɪŋ.ɡlɪʃ/ n [U] 1 *(idioma)* ⇒inglés 2 **the ~** *(gentilicio)* ⇒los ingleses, las inglesas ■ El singular es *an Englishman, an Englishwoman* ■ No hace referencia a la gente de Gales, Escocia ni Irlanda del Norte

English² /ˈɪŋ.ɡlɪʃ/ adj ⇒inglés,-a

English breakfast UK n [C, U] ⇒desayuno inglés

Englishman /ˈɪŋ.ɡlɪʃ.mən/ [pl Englishmen] n [C] ⇒inglés

English muffin US *(UK muffin)* n [C] ⇒bollo de pan que se suele tomar caliente y con mantequilla

engrave /ɪnˈɡreɪv/ [engraved, engraving] v [T] *(una inscripción)* ⇒grabar

engraving /ɪnˈɡreɪ.vɪŋ/ n [C] ⇒grabado ⇒estampa

engrossed UK: /ɪnˈɡrəʊst/ US: /-ˈɡroʊst/ **to be ~ {in/with} sth** ⇒estar enfrascado,da en algo ⇒estar absorto,ta en algo

† **enhance** UK: /ɪnˈhɑːnts/ US: /-ˈhænts/ [enhanced, enhancing] v [T] 1 *(form)* ⇒mejorar 2 *(form) (un valor)* ⇒aumentar 3 *(form) (un color, la belleza)* ⇒realzar

enhanced *adj* ⇒mejorado,da ■ PRON. La última *e* no se pronuncia

enigma /ɪˈnɪɡ.mə/ *n* [c] ⇒enigma: *It remains an enigma* - Sigue siendo un enigma

enigmatic UK: /ˌen.ɪɡˈmæt.ɪk/ US: /-ˈmæˠt̬-/ *adj* ⇒enigmático,ca

† **enjoy** /ɪnˈdʒɔɪ/ *v* [T] **1** ⇒disfrutar ⇒gustar ■ CONSTR. to enjoy + doing sth **2** ~ **your meal!** ⇒¡que aproveche! **3** **to** ~ **oneself** ⇒divertirse ⇒pasárselo bien

enjoyable /ɪnˈdʒɔɪ.ə.bl̩/ *adj* **1** ⇒agradable: *We spent an enjoyable evening* - Pasamos una agradable velada **2** ⇒divertido,da

enjoyment /ɪnˈdʒɔɪ.mənt/ *n* [U] ⇒disfrute ⇒satisfacción ⇒placer

enlarge UK: /ɪnˈlɑːdʒ/ US: /-ˈlɑːrdʒ/ [enlarged, enlarging] *v* [T] **1** *(una imagen)* ⇒agrandar ■ CONSTR. Se usa más en pasiva **2** *(una casa, un campo de acción, un círculo de amigos)* ⇒ampliar ⇒extender

| PHRASAL VERBS |
| · **to enlarge {on/upon} sth** *(en una explicación)* ⇒extenderse |

enlargement UK: /ɪnˈlɑːdʒ.mənt/ US: /-ˈlɑːrdʒ-/ *n* [c, u] ⇒ampliación ⇒extensión ⇒aumento

enlighten UK: /ɪnˈlaɪ.tⁿn/ US: /-ˈt̬[ə]n/ *v* [T] *(form)* ⇒explicar ⇒informar ⇒aclarar

enlist /ɪnˈlɪst/ ■ *v* [I] **1** *(en el ejército)* ⇒alistar(se) ■ *v* [T] **2** *(form)* *(apoyo o ayuda)* ⇒conseguir

enmity UK: /ˈen.mɪ.ti/ US: /-ˠt̬i/ [*pl* enmities] *n* [c, u] *(form)* ⇒enemistad

† **enormous** UK: /ɪˈnɔː.məs/ US: /-ˈnɔːr-/ *adj* ⇒enorme

enormously UK: /ɪˈnɔː.mə.sli/ US: /-ˈnɔːr-/ *adv* ⇒enormemente

† **enough**[1] /ɪˈnʌf/ *adj* **1** ⇒suficiente ⇒bastante ■ Normalmente se sitúa delante de un nombre o detrás de un adjetivo: *He has enough money* - Tiene suficiente dinero; *He's not old enough to go to discos* - No es lo bastante mayor para ir de discotecas ■ Ver cuadro demasiado / suficiente **2 that's enough!** ⇒¡ya basta! **3 to have had** ~ ⇒cansarse de ⇒estar harto,ta

† **enough**[2] /ɪˈnʌf/ *adv* **1** ⇒suficientemente: *Put another jumper on if you aren't warm enough* - Ponte otro jersey si no estás suficientemente abrigado **2 oddly** ~ ⇒curiosamente

† **enough**[3] /ɪˈnʌf/ *excl* ⇒¡vale ya! ⇒¡basta ya!

enquire /ɪnˈkwaɪəʳ/ US: /-ˈkwaɪr/ [enquired, enquiring] *(tb* inquire*)* *UK v* [T, I] *(form)* ⇒preguntar ⇒informarse ■ CONSTR. 1. to enquire about sth 2. to enquire + interrogativa directa

enquiring *UK* *(UK/US tb* inquiring*)* *adj* ⇒curioso,sa ⇒inquieto,ta ⇒inquisitivo,va

enquiry UK: /ɪnˈkwaɪə.ri/ US: /ˈɪn.kwə.ri/ [*pl* enquiries] *UK* *(UK/US tb* inquiry*)* *n* [c, u] **1** *(form)* ⇒pregunta **2** ⇒investigación

enrage /ɪnˈreɪdʒ/ [enraged, enraging] *v* [T] ⇒enfurecer ■ CONSTR. Se usa más en pasiva

enrich /ɪnˈrɪtʃ/ [enriches] *v* [T] ⇒enriquecer: *This milk is enriched with calcium* - Esta leche está enriquecida con calcio ■ CONSTR. Se usa más en pasiva

enriching *adj* ⇒enriquecedor,-a: *an enriching experience* - una experiencia enriquecedora

enrol UK: /ɪnˈrəʊl/ US: /-ˈroʊl/ [enrolled, enrolling] *UK v* [T, I] ⇒matricularse ⇒inscribirse

† **ensure** UK: /ɪnˈʃɔː/ US: /-ˈʃʊr/ [ensured, ensuring] *(US tb* insure*)* *v* [T] **1** *(form)* ⇒asegurar(se) ■ CONSTR. to ensure + (that) **2** ⇒garantizar ■ CONSTR. 1. to ensure + (that) 2. to ensure + dos objetos

entail /ɪnˈteɪl/ *v* [T] *(form)* ⇒conllevar: *It will entail a risk* - Va a conllevar un riesgo ■ CONSTR. to entail + doing sth

† **enter** UK: /ˈen.təʳ/ US: /-ˠt̬ə/ *v* [T] **1** ⇒entrar: *He entered my room without permission* - Entró en mi habitación sin permiso ■ Incorrecto: *to enter in a building* **2** ⇒introducir **3** *(en informática)* ⇒introducir **4** *(en un concurso)* ⇒presentarse ⇒participar

† **enterprise** UK: /ˈen.tə.praɪz/ US: /-ˠt̬ə-/ ■ *n* [c, u] **1** *(un negocio)* ⇒empresa ⇒entidad **2** ⇒proyecto ⇒iniciativa ⇒empresa ■ *n* [u] **3** ⇒iniciativa [empresarial]

enterprising UK: /ˈen.tə.praɪ.zɪŋ/ US: /-ˠt̬ə-/ *adj* ⇒emprendedor,-a ⇒con iniciativa

† **entertain** UK: /ˌen.təˈteɪn/ US: /-ˠt̬ə-/ *v* [T] **1** ⇒divertir ⇒entretener **2** *(un invitado)* ⇒recibir ⇒invitar [en casa]

entertainer UK: /en.təˈteɪ.nəʳ/ US: /-ˠt̬əˈteɪ.nə/ *n* [c] **1** ⇒animador,-a **2** *(de un espectáculo)* ⇒artista

entertaining UK: /en.təˈteɪ.nɪŋ/ US: /-ˠt̬ə-/ *adj* ⇒divertido,da ⇒entretenido,da

entertainment UK: /en.təˈteɪn.mənt/ US: /-ˠt̬ə-/ *n* [c, u] ⇒diversión ⇒entretenimiento

† **enthusiasm** UK: /ɪnˈθjuː.zi.æz.ᵉm/ US: /-ˈθuː-/ *n* [c, u] ⇒entusiasmo

enthusiast UK: /ɪnˈθjuː.zi.æst/ US: /-ˈθuː-/ *n* [c] ⇒entusiasta

enthusiastic UK: /ɪnˌθjuː.ziˈæs.tɪk/ US: /-ˌθuː-/ *adj* **1** ⇒entusiasmado,da: *to be enthusiastic about sth* - estar entusiasmado con algo **2** *not very enthusiastic* - con pocas ganas

entice /ɪnˈtaɪs/ [enticed, enticing] *v* [T] ⇒atraer ⇒tentar ⇒inducir ■ CONSTR. to entice + to do sth

† **entire** UK: /ɪnˈtaɪəʳ/ US: /-ˈtaɪr/ *adj* ⇒todo,da ⇒entero,ra

entirely UK: /ɪnˈtaɪə.li/ US: /-ˈtaɪr-/ *adv* ⇒por completo ⇒totalmente

entirety UK: /ɪnˈtaɪə.rɪ.ti/ US: /-ˈtaɪr.əˠt̬i/ *n* [U] *(form)* ⇒totalidad: *in its entirety* - en su totalidad

† **entitle** UK: /ɪnˈtaɪ.tl̩/ US: /-ˈt̬l̩/ [entitled, entitling] *v* [T] **1** ⇒titularse **2** to be entitled to (do) *sth* ⇒tener derecho a algo: *You're entitled to a subsidy* - Tienes derecho a recibir una subvención **3** to ~ *sb* to (do) *sth* ⇒dar a alguien derecho a algo ⇒permitir

entitlement UK: /ɪnˈtaɪ.tl̩.mənt/ US: /-ˈt̬l̩-/ *n* [c, U] ⇒derecho: *to have an entitlement to sth* - tener derecho a algo

entity UK: /ˈen.tɪ.ti/ US: /-ˈt̬ə.ˈt̬i/ [*pl* entities] *n* [c] *(form)* ⇒ente ⇒entidad

† **entrance** /ˈen.trəns/ *n* [c] **1** ⇒entrada **2** ⇒admisión: *We reserve the right to refuse entrance* - Se reserva el derecho de admisión

entrance hall *n* [U] *(en un edificio público)* ⇒vestíbulo ⇒recibidor

entrant /ˈen.trənt/ *n* [c] **1** ⇒persona que acaba de ingresar en una institución **2** *(en una competición)* ⇒participante **3** *(en una prueba)* ⇒candidato,ta ⇒aspirante

entrepreneur UK: /ˌɒn.trə.prəˈnɜːr/ US: /ˌɑːn.trə.prəˈnɝ/ *n* [c] **1** ⇒empresario,ria **2** *(en economía)* ⇒capitalista

entrust /ɪnˈtrʌst/ *v* [T] ⇒encomendar

† **entry** /ˈen.tri/ [*pl* entries] ■ *n* [c, U] **1** *(a un lugar)* ⇒entrada ■ *n* [c] **2** *(en un diccionario o en una enciclopedia)* ⇒entrada **3** *(a una organización)* ⇒ingreso

envelop /ɪnˈvel.əp/ *v* [T] *(form)* ⇒envolver ■ CONSTR. Se usa más en pasiva

† **envelope** UK: /ˈen.və.ləʊp/ US: /ˈɑːn.və.loʊp/ *n* [c] ⇒sobre: *to seal an envelope* - cerrar un sobre; *a padded envelope* - un sobre acolchado

enviable /ˈen.vi.ə.bl̩/ *adj* ⇒envidiable ■ PRON. La *a* se pronuncia como la *a* en el adverbio inglés *ago*

envious /ˈen.vi.əs/ *adj* **1** ⇒envidioso,sa **2** to be ~ of *sth/sb* ⇒tener envidia de

† **environment** UK: /ɪnˈvaɪə.rən.mənt/ US: /-ˈvaɪr.ən-/ *n* [c] **1** ⇒medio ambiente: *to save the whales* - salvar a las ballenas **2** ⇒ambiente ⇒entorno

environmental UK: /ɪnˌvaɪə.rənˈmen.tʰl/ US: /-ˌvaɪr.ənˈmen.ˈt̬[ə]l/ *adj* ⇒medioambiental

environmentalist UK: /ɪnˌvaɪə.rənˈmen.tʰl.ɪst/ US: /-ˌvaɪr.ənˈmen.ˈt̬[ə]l-/ *n* [c] ⇒ecologista

envisage /ɪnˈvɪz.ɪdʒ/ [envisaged, envisaging] *UK v* [T] **1** ⇒prever **2** ⇒imaginar(se): *It's difficult to envisage such a situation* - Es difícil imaginar una situación así

envoy /ˈen.vɔɪ/ *n* [c] ⇒enviado,da

envy[1] /ˈen.vi/ *n* [U] ⇒envidia ■ PRON. La última sílaba, *vy*, rima como *we*

envy[2] /ˈen.vi/ [envies, envied] *v* [T] ⇒envidiar: *I don't envy other people* - No envidio a nadie ■ CONSTR. to envy + dos objetos

enzyme /ˈen.zaɪm/ *n* [c] ⇒enzima

ephemeral UK: /ɪˈfem.ʰr.ʰl/ US: /-ɚ-/ *adj* ⇒efímero,ra

epic[1] /ˈep.ɪk/ *n* [c] **1** ⇒épica **2** ⇒epopeya

epic[2] /ˈep.ɪk/ *adj* ⇒épico,ca: *an epic journey* - un viaje épico

epidemic /ˌep.ɪˈdem.ɪk/ *n* [c] ⇒epidemia

epilepsy /ˈep.ɪ.lep.si/ *n* [U] ⇒epilepsia

epileptic /ˌep.ɪˈlep.tɪk/ *adj, n* [c] ⇒epiléptico,ca: *to have an epileptic fit* - tener un ataque epiléptico

† **episode** UK: /ˈep.ɪ.səʊd/ US: /-soʊd/ *n* [c] **1** *(en televisión y en radio)* ⇒episodio ⇒capítulo **2** ⇒acontecimiento **3** *(en medicina)* ⇒ataque

epitaph UK: /ˈep.ɪ.tɑːf/ US: /-tæf/ *n* [c] ⇒epitafio

epitome UK: /ɪˈpɪt.ə.mi/ US: /-ˈpɪˈt̬-/ to be the ~ of *sth* ⇒ser la máxima expresión de algo

epoch UK: /ˈiː.pɒk/ US: /-pɑːk/ [*pl* epochs] *n* [c] *(form)* ⇒época ■ PRON. La *ch* se pronuncia como la *k*

equal[1] /ˈiː.kwəl/ *adj, n* [c] **1** ⇒igual **2** ~ opportunities ⇒igualdad de oportunidades

equal[2] /ˈiː.kwəl/ [equalled, equalling; *US tb* equaled, equaling] *v* [T] **1** *(en matemáticas)* ⇒ser igual **2** ⇒igualar: *Nobody can equal her as a pianist* - Nadie puede igualarla como pianista

equality UK: /ɪˈkwɒl.ɪ.ti/ US: /-ˈkwɑː.lə.ˈt̬i/ *n* [U] ⇒igualdad

equalize /ˈiː.kwə.laɪz/ [equalized, equalizing] ■ *v* [I] **1** *(en deportes)* ⇒igualar el marcador ⇒empatar ■ *v* [T] **2** ⇒igualar ⇒nivelar

equally /ˈiː.kwə.li/ *adv* **1** ⇒equitativamente **2** ⇒igualmente

equate /ɪˈkweɪt/ [equated, equating] *v* [T] ⇒equiparar ⇒comparar

equation /ɪˈkweɪ.ʒn/ *n* [U] ⇒ecuación: *to solve an equation* - resolver una ecuación

equator UK: /ɪˈkweɪ.tər/ US: /-ˈt̬ɚ/ *n* [NO PL] *(en geografía)* ⇒ecuador

Equatorial Guinea *n* [U] ⇒Guinea Ecuatorial

Equatorial Guinean *adj, n* [c] ⇒guineano,na ⇒ecuatoguineano,na

† **equip** /ɪˈkwɪp/ [equipped, equipping] *v* [T] **1** ⇒equipar ■ CONSTR. to equip with sth **2** ⇒capacitar: *She's well equipped to deal with it* - Está bien capacitada para tratar el asunto ■ CONSTR. to equip + to do sth

equipment /ɪˈkwɪp.mənt/ *n* [U] **1** ⇒equipo ⇒equipamiento **2** ⇒material ■ Se dice *the equipment, some equipment* o *a piece of equipment*. Incorrecto: *an equipment*

equitable UK: /ˈek.wɪ.tə.bl̩/ US: /-ˈt̬ə-/ *adj* *(form)* ⇒equitativo,va: *an equitable distribution* - una distribución equitativa

† **equivalent** /ɪˈkwɪv.ʰl.ʰnt/ *adj, n* [c] ⇒equivalente

ER UK: /ˌiːˈɑːʳ/ US: /-ˈɑːrt/ **1** ⇒forma abreviada de **Elizabeth Regina** ■ Es el sello real de la reina Isabel II de Inglaterra que se puede ver, por ejemplo, en los buzones de correos ■ *n* [c] **2** *US* ⇒forma abreviada de **emergency room** (sala de urgencias)

† **era** UK: /ˈɪə.rə/ US: /ˈɪr.ə/ *n* [c] *(período de tiempo)* ⇒era ⇒época

eradicate /ɪˈræd.ɪ.keɪt/ [eradicated, eradicating] *v* [T] *(form)* ⇒erradicar: *to eradicate a disease* - erradicar una enfermedad

erase UK: /ɪˈreɪz/ US: /-ˈreɪs/ [erased, erasing] *v* [T] ⇒borrar

eraser UK: /ɪˈreɪ.zəʳ/ US: /-ˈreɪ.sə/ *n* [c] **1** *US* ⇒borrador [de pizarra] **2** *(UK tb* rubber*)* ⇒goma de borrar

erect[1] /ɪˈrekt/ *adj (form)* ⇒erguido,da: *Keep your head erect* - Mantén la cabeza erguida

erect[2] /ɪˈrekt/ *v* [T] *(form)* ⇒levantar ⇒erigir

erection /ɪˈrek.ʃ°n/ *n* [U] **1** *(form)* ⇒construcción [de un edificio] **2** ⇒erección

ERM *n* [c] ⇒forma abreviada de **Exchange Rate Mechanism** (mecanismo de cambio)

erode UK: /ɪˈrəʊd/ US: /-ˈroʊd/ [eroded, eroding] *v* [T] **1** ⇒erosionar: *The waves erode the rocks* - Las olas erosionan las rocas ■ CONSTR. Se usa más en pasiva **2** *(form)* ⇒afectar a ⇒deteriorar

erotic UK: /ɪˈrɒt.ɪk/ US: /-ˈrɑː.ˤtɪk/ *adj* ⇒erótico,ca

errand /ˈer.ənd/ *n* [c] ⇒recado: *to run an errand for sb* - hacer un recado a alguien

erratic UK: /ɪˈræt.ɪk/ US: /-ˈræˤt̬-/ *adj* **1** ⇒irregular: *an erratic performance* - una actuación irregular **2** ⇒impredecible

† **error** UK: /ˈer.əʳ/ US: /-ə/ *n* [c, u] ⇒error ⇒equivocación ⇒falla *AMÉR.*

† **erupt** /ɪˈrʌpt/ *v* [I] **1** *(un volcán)* ⇒entrar en erupción **2** *(una emoción o un suceso)* ⇒estallar

eruption /ɪˈrʌp.ʃ°n/ *n* [c, u] **1** ⇒erupción [de un volcán] **2** ⇒brote [de ira]

escalate /ˈes.kə.leɪt/ [escalated, escalating] *v* [T, I] **1** ⇒aumentar ⇒intensificarse **2** ⇒degenerar

† **escalator** UK: /ˈes.kə.leɪ.təʳ/ US: /-ˤt̬ə/ *n* [c] ⇒escalera mecánica ■ Distinto de *climber* (escalador)

escapade /ˈes.kə.peɪd/ *n* [c] ⇒aventura ⇒travesura

† **escape**[1] /ɪˈskeɪp/ [escaped, escaping] ■ *v* [I] **1** ⇒huir ⇒escapar **2** *(un gas o un líquido)* ⇒fugarse ⇒escaparse ■ *v* [T, I] **3** *(una situación difícil)* ⇒evitar ■ *v* [T] **4** *(una información)* ⇒escapar ⇒olvidar **5** to ~ *sb's* {attention/notice} ⇒pasar inadvertido,da **6** to ~ {unharmed/unhurt} ⇒salir ileso,sa

† **escape**[2] /ɪˈskeɪp/ *n* [c, u] *(de un sitio o de un peligro)* ⇒escapada ⇒fuga

escort[1] UK: /ˈes.kɔːt/ US: /-kɔːrt/ *n* [c, u] ⇒escolta: *under police escort* - bajo escolta policial **2** *(form)* ⇒acompañante

escort[2] UK: /ɪˈskɔːt/ US: /-kɔːrt/ *v* [T] **1** ⇒escoltar: *They escorted the President to his car* - Escoltaron al presidente hasta su coche **2** *(form)* ⇒acompañar

Eskimo UK: /ˈes.kɪ.məʊ/ US: /-kə.moʊ/ *[pl* Eskimo, Eskimos] *n* [c] ⇒esquimal ■ La palabra *Inuit* se considera más apropiada

especial /ɪˈspeʃ.°l/ *adj (form)* ⇒especial ⇒excepcional ■ Se usa más *special*

† **especially** /ɪˈspeʃ.°l.i/ *adv* **1** ⇒especialmente ⇒sobre todo **2** ⇒muy ⇒sumamente ■ La forma abreviada es *esp.*

espionage /ˈes.pi.ə.nɑːʒ/ *n* [U] ⇒espionaje

espresso UK: /esˈpres.əʊ/ US: /-oʊ/ ■ *n* [U] **1** ⇒café exprés ■ *n* [c] **2** ⇒taza de café exprés

† **essay** /ˈes.eɪ/ *n* [c] **1** *(en una publicación)* ⇒ensayo **2** *(en el colegio o en la universidad)* ⇒redacción ⇒composición

† **essence** /ˈes.°n¹s/ ■ *n* [U] ⇒esencia ⇒característica ■ *n* [c, u] **2** *(de una sustancia)* ⇒esencia

† **essential** /ɪˈsen.tʃ°l/ *adj* ⇒esencial ⇒imprescindible

essentially /ɪˈsen.tʃ°l.i/ *adv* ⇒esencialmente ⇒básicamente

essential oil *n* [c] ⇒aceite esencial

† **establish** /ɪˈstæb.lɪʃ/ [establishes] *v* [T] ⇒establecer ⇒fundar ■ CONSTR. Se usa más en pasiva

established /ɪˈstæb.lɪʃt/ *adj* **1** ⇒establecido,da ⇒asentado,da **2** *(un hecho)* ⇒comprobado,da **3** *(una religión)* ⇒oficial ■ La forma abreviada es *Est*

† **establishment** /ɪˈstæb.lɪʃ.mənt/ *n* [c] **1** ⇒establecimiento **2** ⇒fundación **3** the Establishment ⇒las instituciones y personas que llevan y sustentan el poder

† **estate** /ɪˈsteɪt/ *n* [c] **1** ⇒finca: *a private estate* - una finca privada **2** ⇒propiedad **3** ⇒legado ⇒herencia

estate agent *UK (US* realtor/real estate agent*)* *n* [c] ⇒agente inmobiliario

estate car *UK (US* station wagon*)* *n* [c] ⇒ranchera

esteem /ɪˈstiːm/ *n* [U] *(form)* ⇒estima: *to hold sb in high esteem* - tener a alguien en alta estima

esthetic UK: /esˈθet.ɪk/ US: /-ˈθeˤt̬-/ *US (UK/US tb* aesthetic*)* *adj* ⇒estético,ca

† **estimate**[1] /ˈes.tɪ.mət/ *n* [c] **1** ⇒cálculo aproximado **2** ⇒estimación ⇒presupuesto

† **estimate**[2] /ˈes.tɪ.meɪt/ *v* [T] ⇒calcular [aproximadamente] ⇒estimar ■ CONSTR. to estimate + that

estimation /ˌes.tɪˈmeɪ.ʃ°n/ *n* [U] **1** ⇒juicio ⇒opinión **2** to go {up/down} in *sb's* ~ ⇒{ganar/perder} el

aprecio que alguien tiene a algo o a alguien ■ Distinto de *assessment* (estimación)

Estonia UK: /es'təʊ.ni.ə/ US: /-'toʊ-/ *n* [U] ⇨Estonia

Estonian¹ UK: /es'təʊ.ni.ən/ US: /-'toʊ-/ ■ *n* [U] **1** *(idioma)* ⇨estonio ■ *n* [C] **2** *(gentilicio)* ⇨estonio,nia

Estonian² UK: /es'təʊ.ni.ən/ US: /-'toʊ-/ *adj* ⇨estonio,nia

estranged /ɪ'streɪndʒd/ *adj* **1** *(form)* ⇨separado,da **2** *(form) (emocionalmente)* ⇨distanciado,da ⇨alejado,da **3 to be ~ from** *sb* **1** ⇨vivir separado,da de alguien **2** ⇨estar distanciado,da de alguien [emocionalmente]

estuary UK: /'es.tjʊə.ri/ US: /-tu.er.i/ [*pl* estuaries] *n* [C] ⇨estuario

ETA /ˌiː.tiː'eɪ/ *n* [NO PL] ⇨forma abreviada de **Estimated Time of Arrival** (hora prevista de llegada)

† **etc.** ⇨forma abreviada de **et cetera** (etcétera)

eternal UK: /ɪ'tɜː.nəl/ US: /-'tɜː-/ *adj* ⇨eterno,na: *eternal rival* - rival eterno

eternity UK: /ɪ'tɜː.nɪ.ti/ US: /-'tɜː.nə.ᵊt̬i/ *n* [U] ⇨eternidad

ethereal UK: /ɪ'θɪə.ri.əl/ US: /-'θɪr.i-/ *adj* ⇨etéreo,a

ethic /'eθ.ɪk/ *n* [C] ⇨ética ⇨moral

ethical /'eθ.ɪ.kᵊl/ *adj* ⇨ético,ca: *It's not ethical* - No es ético

ethics /'eθ.ɪks/ *n* [U] *(estudio)* ⇨ética

Ethiopia UK: /ˌiː.θi:'əʊ.pi.ə/ US: /-'oʊ-/ *n* [U] ⇨Etiopía

Ethiopian UK: /ˌiː.θi:'əʊ.pi.ən/ US: /-'oʊ-/ *adj, n* [C] ⇨etíope

† **ethnic** /'eθ.nɪk/ *adj* ⇨étnico,ca

ethos UK: /'iː.θɒs/ US: /-θɑːs/ *n* [NO PL] *(conjunto de ideas y creencias)* ⇨espíritu ⇨escala de valores

etiquette UK: /'et.ɪ.ket/ US: /'eᵊt̬.ɪ.kət/ *n* [U] ⇨etiqueta ⇨protocolo

EU /ˌøi̯,iː'juː/ *n* [NO PL] ⇨UE ■ Procede de *European Union* (Unión Europea)

euphoria UK: /juː'fɔː.ri.ə/ US: /-'fɔːr.i-/ *n* [U] ⇨euforia

Euro [*pl* Euro, Euros] *n* [C] *(moneda)* ⇨euro ■ PRON. La primera parte *eu* se pronuncia como la *you*

Europe UK: /'jʊə.rəp/ US: /'jʊ-/ *n* [U] **1** ⇨Europa **2** *UK* ⇨Europa [excluyendo el Reino Unido]

European UK: /ˌjʊə.rə'piː.ən/ US: /ˌjʊr.ə-/ *adj, n* [C] ⇨europeo,a: *the European Union* - la Unión Europea

euthanasia /ˌjuː.θə'neɪ.ʒə/ *n* [U] ⇨eutanasia

evacuate /ɪ'væk.ju.eɪt/ [evacuated, evacuating] *v* [T] ⇨evacuar ⇨desalojar

evacuee /ɪˌvæk.ju'iː/ *n* [C] *(persona)* ⇨evacuado,da

evade /ɪ'veɪd/ [evaded, evading] *v* [T] **1** ⇨evadir: *to evade paying taxes* - evadir impuestos **2** ⇨eludir: *He evaded the issue* - Eludió la cuestión

evaluate /ɪ'væl.ju.eɪt/ [evaluated, evaluating] *v* [T] *(form)* ⇨evaluar

evaluation /ɪˌvæl.ju'eɪ.ʃᵊn/ *n* [C, U] *(form)* ⇨evaluación

evaporate UK: /ɪ'væp.ᵊr.eɪt/ US: /-ɚ-/ [evaporated, evaporating] ■ *v* [T, I] **1** ⇨evaporar(se) ■ *v* [I] **2** ⇨esfumar(se)

evasion /ɪ'veɪ.ʒᵊn/ *n* [C, U] ⇨evasión: *tax evasion* - evasión de impuestos

evasive /ɪ'veɪ.sɪv/ *adj* ⇨evasivo,va

eve /iːv/ *n* [NO PL] ⇨víspera: *on the eve of the match* - en las vísperas del partido

even¹ /'iː.vᵊn/ *adj* **1** *(un terreno)* ⇨llano,na ⇨liso,sa **2** *(en una competición)* ⇨empatado,da ⇨igual **3** *(un número, una cifra)* ⇨par **4** *(un color)* ⇨uniforme **5** *(una temperatura)* ⇨constante **6** *(inform) Invite me to dinner and we'll be even* - Invítame a cenar y quedamos en paz

† **even²** /'iː.vᵊn/ *adv* **1** ⇨incluso ⇨hasta **2** ⇨aún: *This film is even worse* - Esta película es aún peor **3 ~ if** ⇨aunque: *Even if you left immediately, you wouldn't arrive in time* - Aunque salieras ahora mismo, no llegarías a tiempo **4 ~ so** ⇨aun así: *He wasn't feeling OK but even so he wanted to go out* - No se sentía bien, y aun así, quiso salir **5 ~ though** ⇨aunque: *Even though he says he isn't in love, I'm sure he is* - Aunque diga que no está enamorado, yo estoy seguro de que lo está

† **even³** /'iː.vᵊn/
|PHRASAL VERBS
└**· to even** *(sth)* **out** [M] ⇨igualar

† **evening** /'iːv.nɪŋ/ *n* [C] ⇨tarde ⇨noche ■ Se usa desde las seis de la tarde hasta la hora de acostarse. Comparar con *afternoon* ■ Ver cuadro partes del día

evening class [*pl* evening classes] *n* [C] ⇨clase nocturna

evenly /'iː.vᵊn.li/ *adv* **1** ⇨por igual ⇨equitativamente **2** ⇨uniformemente

† **event** /ɪ'vent/ *n* [C] **1** ⇨acontecimiento ⇨suceso **2** ⇨acto **3** ⇨prueba deportiva ⇨competición deportiva **4 in the ~** *UK* ⇨finalmente ⇨al final **5 in the ~ of** *sth* *(form)* ⇨en caso de

eventful /ɪ'vent.fᵊl/ *adj* ⇨memorable ⇨muy movido,da ⇨con muchos incidentes

† **eventual** /ɪ'ven.tju.ᵊl/ *adj* ⇨definitivo,va ⇨final ■ Distinto de *temporary* (eventual)

eventually /ɪ'ven.tju.ᵊl.i/ *adv* **1** ⇨al fin **2** ⇨a la larga ■ Distinto de *on a temporary basis* (eventualmente)

† **ever** UK: /'ev.əʳ/ US: /-ɚ/ *adv* **1** ⇨alguna vez ■ Se usa en oraciones interrogativas **2** ⇨nunca ■ Se usa en oraciones cuyo sujeto o verbo va en forma negativa. Comparar con *never* **3 as ~** ⇨como siempre **4 ~ after** ⇨para siempre **5 ~ since 1** ⇨desde que **2**

⇒desde entonces **6 for ~** (*tb* **forever**) *UK* ⇒siempre ⇒para siempre

evergreen UK: /'ev.ə.griːn/ US: /-ɚ-/ *adj* **1** (*una planta o un árbol*) ⇒perenne ⇒perennifolio,lia **2** ⇒mítico,ca: *an evergreen song* - una canción mítica

† **every** /'ev.ri/ *adj* **1** ⇒todos,das: *I go to the club every Sunday* - Voy al club todos los domingos ■ El nombre debe estar siempre en singular: *I speak to her every day* - Hablo con ella todos los días **2** ⇒cada **3 ~ so often** ⇒de vez en cuando ⇒alguna que otra vez

everybody UK: /'ev.riˌbɒd.i/ US: /-ˌbɑː.di/ *pron* See **everyone**

everyday /'ev.ri.deɪ/ *adj* ⇒cotidiano,na ⇒diario,ria ■ Distinto de *every day* (todos los días)

† **everyone** /'ev.ri.wʌn/ (*tb* **everybody**) *pron* ⇒todos ⇒todo el mundo

everyplace /'ev.ri.pleɪs/ *adv* See **everywhere**

† **everything** /'ev.ri.θɪŋ/ *pron* ⇒todo: *Everything depends on you* - Todo depende de ti; *Thank you for everything* - Gracias por todo

† **everywhere** UK: /'ev.ri.weəʳ/ US: /-wer/ (*tb* **everyplace**) *adv* ⇒por todas partes

evict /ɪ'vɪkt/ *v* [T] ⇒desahuciar ■ CONSTR. to evict sb from sth

† **evidence** /'ev.ɪ.dⁿts/ *n* [U] **1** ⇒pruebas ⇒indicios **2** (*en un tribunal*) ⇒testimonio

† **evident** /'ev.ɪ.dⁿnt/ *adj* (*form*) ⇒evidente: *It was evident to Mike* - Para Mike era evidente

evidently /'ev.ɪ.dⁿnt.li/ *adv* ⇒evidentemente

evil[1] /'iː.vəl/ *adj* **1** ⇒maligno,na ⇒malvado,da **2** *the evil eye* - el mal de ojo **3** (*el clima*) ⇒malo,la

evil[2] *n* [C, U] ⇒mal ⇒daño

evocative UK: /ɪ'vɒk.ə.tɪv/ US: /-'vɑː.kə.ˤtɪv/ *adj* ⇒evocador,-a: *evocative beauty* - belleza evocadora

evoke UK: /ɪ'vəʊk/ US: /-'voʊk/ [evoked, evoking] *v* [T] ⇒evocar

evolution /ˌiː.və'luː.ʃⁿn, ˌev.ə-/ *n* [U] ⇒evolución

evolve [evolved, evolving] ■ *v* [I] **1** (*la especie*) ⇒evolucionar ■ *v* [T, I] **2** (*un proyecto*) ⇒evolucionar

ewe /juː/ *n* [C] ⇒oveja hembra

ex /eks/ [*pl* exes] *n* [C] **1** (*inform*) ⇒ex novio,via **2** (*inform*) ⇒ex marido, ex mujer

† **exact** /ɪg'zækt/ *adj* ⇒exacto,ta ⇒preciso,sa

exacting /ɪg'zæk.tɪŋ/ *adj* **1** ⇒exigente **2** ⇒arduo,dua

exactly[1] /ɪg'zækt.li/ *adv* ⇒exactamente ⇒precisamente

exactly[2] /ɪg'zækt.li/ *excl* ⇒¡exacto! ⇒¡en efecto!

† **exaggerate** UK: /ɪg'zædʒ.ə.reɪt/ US: /-ɚ.eɪt/ [exaggerated, exaggerating] *v* [T, I] ⇒exagerar: *Don't exaggerate* - No exageres

† **exam** /ɪg'zæm/ *n* [C] ⇒forma abreviada de **examination** (examen)

examination /ɪgˌzæm.ɪ'neɪ.ʃⁿn/ *n* [C, U] **1** (*form*) ⇒examen ■ La forma abreviada es *exam* **2** ⇒reconocimiento ⇒revisión

† **examine** /ɪg'zæm.ɪn/ [examined, examining] *v* [T] **1** (*form*) ⇒examinar ⇒poner un examen **2** ⇒examinar ⇒contemplar **3** ⇒registrar ⇒revisar

† **example** UK: /ɪg'zɑːm.pl/ US: /-'zæm-/ *n* [C] **1** ⇒ejemplo ⇒modelo **2** (*de un documento*) ⇒ejemplar **3 for ~** ⇒por ejemplo ■ La forma abreviada es *e.g.* **4 to set a {good/bad} ~ to sb** ⇒dar {buen/mal} ejemplo a alguien

exasperate UK: /ɪg'zɑː.spə.reɪt/ US: /-'zæs.pə.eɪt/ [exasperated, exasperating] *v* [T] ⇒exasperar: *Your attitude exasperates me* - Tu actitud me exaspera

exasperated UK: /ɪg'zɑː.spə.reɪ.tɪd/ US: /-'zæs.pə.eɪ.ˤtɪd/ *adj* ⇒exasperado,da

exasperation UK: /ɪgˌzɑː.spə'reɪ.ʃⁿn/ US: /-'zæs.pə-/ *n* [U] ⇒exasperación

excavate /'ek.skə.veɪt/ [excavated, excavating] *v* [T] ⇒excavar: *to excavate an area* - excavar una zona

† **exceed** /ɪk'siːd/ *v* [T] ⇒sobrepasar ⇒exceder ⇒superar

exceedingly /ɪk'siː.dɪŋ.li/ *adv* (*form*) ⇒sumamente: *I am exceedingly grateful to you* - Le estoy sumamente agradecido

excel /ɪk'sel/ [excelled, excelling] *v* [I] (*form*) ⇒destacar

† **excellent** /'ek.sⁿl.ⁿnt/ *adj* ⇒excelente

† **except** /ɪk'sept/ *prep* **1** ⇒excepto ⇒salvo ⇒menos **~ that 2** ⇒si no fuera porque

exception /ɪk'sep.ʃⁿn/ *n* [C, U] ⇒excepción: *to make an exception* - hacer una excepción; *the exception that proves the rule* - la excepción que confirma la regla

exceptional /ɪk'sep.ʃⁿn.ⁿl/ *adj* **1** ⇒extraordinario,ria ⇒excepcional **2** (*fuera de lo común*) ⇒excepcional ⇒singular

excerpt UK: /'ek.sɜːpt/ US: /-sɝːpt/ *n* [C] ⇒extracto [de un texto] ⇒fragmento

excess *n* [U, NO PL] **1** ⇒exceso: *an excess of sth* - un exceso de algo **2** *excess baggage* - exceso de equipaje **3 ~ weight** ⇒exceso de peso ⇒sobrepeso **4 in ~ of** ⇒por encima de **5 to do sth to ~** ⇒hacer algo en exceso

excessive /ek'ses.ɪv/ *adj* ⇒excesivo,va ⇒exagerado,da

exchange[1] /ɪks'tʃeɪndʒ/ ■ *n* [C, U] **1** ⇒intercambio: *an exchange of ideas* - un intercambio de ideas ■ *n* [C] **2** (*entre varios colegios*) ⇒intercambio **3** ⇒pelea ⇒riña **4** ⇒cambio de divisas **5 in ~ for** ⇒a cambio de

E ⇒

exchange

† **exchange²** /ɪksˈtʃeɪndʒ/ [exchanged, exchanging] *v* [T] **1** ⇨intercambiar: *We exchanged phone numbers* - Intercambiamos los teléfonos **2** *(en una tienda)* ⇨cambiar

excitable UK: /ɪkˈsaɪ.tə.bl̩/ US: /-ˤt̬ə-/ *adj* ⇨excitable ⇨nervioso,sa

† **excite** /ɪkˈsaɪt/ [excited, exciting] *v* [T] **1** *(form)* ⇨excitar ⇨alterar **2** ⇨despertar ⇨avivar

excited UK: /ɪkˈsaɪ.tɪd/ US: /-ˤt̬ɪd/ *adj* **1** ⇨emocionado,da ⇨ilusionado,da **2** ⇨nervioso,sa ■ PRON. La última *e* se pronuncia como la *i* en *did* ■ Ver cuadro

adjetivos terminados en "-ed" / "-ing": excited / exciting

- No hay que confundir los adjetivos terminados en "-ed" con los terminados en "-ing", porque tienen distinto significado.
- Los adjetivos terminados en "-ed" describen cómo se siente una persona. Los adjetivos que terminan en "-ing" describen la cosa, la situación, el lugar o la persona que provoca ese sentimiento o esa sensación:

 · *Bungee jumping was a very **exciting** experience. Tom was really **excited**.*
 (Hacer puenting fue una experiencia muy emocionante. Tom estaba realmente emocionado.)

 ↳ "Exciting" ('emocionante') describe cómo es la experiencia de hacer puenting. "Excited" ('emocionado') describe cómo se siente Tom.

 · *The film was very **boring**. I was so **bored** that I fell asleep*
 (La película era muy aburrida. Estaba tan aburrido que me dormí.)

 ↳ "Boring" ('aburrida') describe cómo es la película. "Bored" ('aburrido') describe cómo me siento.

Otros ejemplos:

amazed (alucinado, da)	amazing (alucinante)
amused (entretenido, da)	amusing (que entretiene)
bored (aburrido, da)	boring (que aburre)
excited (emocionado, da)	exciting (emocionante)
interested (interesado, da)	interesting (interesante
tired (cansado, da)	tiring (que cansa)

(Ver también cuadro **aburrido**.)

excitedly UK: /ɪkˈsaɪ.tɪd.li/ US: /-ˤtɪd-/ *adv* ⇨entusiasmadamente

excitement /ɪkˈsaɪt.mənt/ *n* [C, U] **1** ⇨emoción **2** ⇨nervios

exciting UK: /ɪkˈsaɪ.tɪŋ/ US: /-ˤtɪŋ/ *adj* ⇨emocionante: *an exciting match* - un partido emocionante ■ Ver cuadro adjetivos terminados en "-ed" / "-ing": excited / exciting

† **exclaim** /ɪkˈskleɪm/ *v* [I] ⇨exclamar

exclamation /ˌek.skləˈmeɪ.ʃ³n/ *n* [C] ⇨exclamación

† **exclamation mark** *n* [C] *(en ortografía)* ⇨signo de admiración ■ Ver cuadro signos de puntuación

† **exclude** /ɪkˈskluːd/ [excluded, excluding] *v* [T] ⇨excluir: *James was excluded from the game* - James fue excluido del juego ■ CONSTR. 1. to exclude sth/sb from sth 2. Se usa más en pasiva

excluding /ɪkˈskluː.dɪŋ/ *prep* ⇨exceptuando ⇨excepto

exclusion /ɪkˈskluː.ʒ³n/ *n* [C, U] **1** ⇨exclusión **2** to the ~ of sth *He is focused on his studies, to the exclusion of everything else* - Está concentrado exclusivamente en sus estudios

† **exclusive** /ɪkˈskluː.sɪv/ *adj* ⇨exclusivo,va ⇨selecto,ta

excursion UK: /ɪkˈskɜː.ʃ³n/ US: /-ˈskɝː-/ *n* [C] ⇨excursión: *to go on an excursion* - ir de excursión

† **excuse¹** /ɪkˈskjuːz/ [excused, excusing] *v* [T] **1** ⇨perdonar ⇨disculpar ■ CONSTR. to excuse sb for + doing sth **2** ⇨dispensar ⇨disculpar ■ CONSTR. to excuse sb from sth **3** ~ me ⇨perdón ⇨disculpe ■ Normalmente se dice antes de interrumpir o molestar a alguien. Comparar con *sorry*

† **excuse²** /ɪkˈskjuːs/ *n* [C] ⇨excusa: *That's no excuse* - Eso no es ninguna excusa

† **execute** /ˈek.sɪ.kjuːt/ [executed, executing] *v* [T] **1** *(form) (a una persona)* ⇨ejecutar **2** *(una orden)* ⇨cumplir

execution /ˌek.sɪˈkjuː.ʃ³n/ *n* [U] **1** *(de una acción)* ⇨ejecución **2** *(de una persona condenada)* ⇨ejecución

executioner UK: /ˌek.sɪˈkjuː.ʃ³n.əʳ/ US: /-ɚ/ *n* [C] ⇨verdugo

executive¹ UK: /ɪgˈzek.jʊ.tɪv/ US: /-jə.ˤtɪv/ *adj* ⇨ejecutivo,va ⇨de ejecutivo,va

executive² UK: /ɪgˈzek.jʊ.tɪv/ US: /-jə.ˤtɪv/ *n* [C] **1** ⇨ejecutivo,va: *executive director* - director ejecutivo *UK* **2** ⇨junta directiva

exempt¹ /ɪgˈzempt/ *adj* ⇨exento,ta: *to be exempt from paying* - estar exento de pagar ■ CONSTR. Se usa detrás de un verbo

exempt² /ɪgˈzempt/ *v* [T] *(form)* ⇨eximir: *to exempt sb from all responsibility* - eximir a alguien de toda responsabilidad ■ CONSTR. Se usa más en pasiva

† **exercise¹** UK: /ˈek.sə.saɪz/ US: /-sɚ-/ ∎ *n* [C, U] **1** *(físico)* ⇒ejercicio **2** *(por escrito)* ⇒ejercicio **3** *military exercises* - maniobras militares ∎ *n* [U] **4** ⇒ejercicio [de poder]

exercise² UK: /ˈek.sə.saɪz/ US: /-sɚ-/ [exercised, exercising] ∎ *v* [I] **1** ⇒hacer ejercicio ∎ *v* [T] **2** *(a un perro)* ⇒sacar **3** *(form) (un derecho)* ⇒ejercer

exert UK: /ɪgˈzɜːt/ US: /-ˈzɝt/ *v* [T] **1** ⇒ejercer: *He exerts a great influence on Peter* - Ejerce una gran influencia en Peter **2** *to ~ oneself* ⇒esforzarse

exertion UK: /ɪgˈzɜː.ʃ°n/ US: /-ˈzɝ-/ *n* [U] ⇒esfuerzo

exhaust¹ UK: /ɪgˈzɔːst/ US: /-ˈzɑːst/ *v* [T] ⇒agotar: *The walk exhausted the children* - El paseo agotó a los niños

exhaust² *n* [U] **1** ⇒gases [del tubo de escape] **2** *UK* *(en un vehículo)* ⇒tubo de escape ⇒exosto *AMÉR.*

exhausted UK: /ɪgˈzɔː.stɪd/ US: /-ˈzɑː-/ *adj* ⇒exhausto,ta ⇒agotado,da

exhausting UK: /ɪgˈzɔː.stɪŋ/ US: /-ˈzɑː-/ *adj* ⇒agotador,-a: *an exhausting journey* - un viaje agotador

exhaustion UK: /ɪgˈzɔːs.tʃ°n/ US: /-ˈzɑː-/ *n* [U] ⇒agotamiento

exhaustive UK: /ɪgˈzɔː.stɪv/ US: /-ˈzɑː-/ *adj* ⇒exhaustivo,va

exhibit¹ /ɪgˈzɪb.ɪt/ ∎ *v* [T, I] **1** ⇒exhibir ⇒exponer ∎ *v* [T] **2** *(form) (un sentimiento)* ⇒mostrar

exhibit² *n* [C] *(en una exposición)* ⇒pieza expuesta

exhibition /ˌek.sɪˈbɪʃ.°n/ *n* [C, U] ⇒exposición: *to see an exhibition* - ver una exposición

EXHIBITION

exhilarating UK: /ɪgˈzɪl.ə.reɪ.tɪŋ/ US: /-ˈt̬ɪŋ/ *adj* ⇒emocionante: *an exhilarating roller-coaster ride* - una vuelta emocionante en la montaña rusa

exhilaration /ɪgˌzɪl.əˈreɪ.ʃ°n/ *n* [U] ⇒euforia ⇒emoción

ex-husband /ˌeksˈhʌz.bənd/ *n* [C] ⇒ex marido: *Her ex-husband works in a bank* - Su ex marido trabaja en un banco

exile¹ /ˈek.saɪl, ˈeg.zaɪl/ ∎ *n* [U] ⇒exilio: *to live in exile* - vivir en el exilio ∎ *n* [C] **2** ⇒exiliado,da

exile² /ˈek.saɪl, ˈeg.zaɪl/ [exiled, exiling] *v* [T] ⇒exiliar

† **exist** /ɪgˈzɪst/ *v* [I] **1** ⇒existir **2** ⇒sobrevivir: *You can't exist without food* - No puedes sobrevivir sin comer nada

existence /ɪgˈzɪs.t°nts/ *n* [U] ⇒existencia

existing /ɪgˈzɪs.tɪŋ/ *adj* ⇒existente ⇒actual

† **exit** /ˈek.sɪt, ˈeg.zɪt/ *n* [C] **1** ⇒salida: *No exit* - Prohibida la salida **2** *to make a quick exit* - escapar pronto o rápidamente ∎ Distinto de *success* (éxito)

† **exotic** UK: /ɪgˈzɒt.ɪk/ US: /-ˈzɑː.ˤt̬ɪk/ *adj* ⇒exótico,ca: *an exotic island* - una isla exótica

† **expand** /ɪkˈspænd/ *v* [T, I] **1** ⇒expandir(se): *The company has expanded* - La empresa se ha expandido **2** ⇒dilatar(se): *The pupil expands when there is little light* - La pupila se dilata cuando hay poca luz

| PHRASAL VERBS
· **to expand on** *sth* ⇒extenderse sobre algo
└ ⇒desarrollar algo

expanse /ɪkˈspænts/ *n* [C] **1** ⇒extensión [de mar, de tierra] **2** ⇒amplitud **3** *(de un ave, de un avión)* ⇒envergadura

expansion /ɪkˈspæn.tʃ°n/ *n* [C, U] ⇒expansión

expansive /ɪkˈspæn.sɪv/ *adj (form)* ⇒expansivo,va ⇒comunicativo,va ⇒sociable

expatriate UK: /ekˈspæt.ri.ət/ US: /-ˈspeɪ.tri-/ *adj, n* [C] ⇒expatriado,da

† **expect** /ɪkˈspekt/ ∎ *v* [T] **1** ⇒esperar: *I expect him to arrive any minute now* - Lo espero de un momento a otro; *She's expecting a baby* - Está esperando un bebé ∎ CONSTR. to expect + to do sth ∎ Se usa cuando existen razones para creer que algo sucederá. Comparar con *hope* (desear que algo suceda) ∎ *v* [I] **2** ⇒suponer ⇒creer ∎ CONSTR. to expect + (that) **3** ⇒confiar ⇒esperar

expectancy /ɪkˈspek.t°nt.si/ *n* [U] ⇒expectación: *an air of expectancy* - un ambiente de expectación

expectant /ɪkˈspek.t°nt/ *adj* **1** ⇒expectante ⇒ilusionado,da **2** ⇒encinta ⇒embarazada

expectation /ˌek.spekˈteɪ.ʃ°n/ *n* [C] **1** ⇒esperanza ∎ *n* [C, U] **2** ⇒expectativa: *What are your expectations?* - ¿Cuáles son tus expectativas? ∎ Se usa más en plural **3** *{against/contrary} to (all) expectations* ⇒contra todo pronóstico ∎ Distinto de *expectancy* (expectación)

expected /ɪkˈspek.tɪd/ *adj* ⇒esperado,da

expedition /ˌek.spəˈdɪʃ.°n/ *n* [U] **1** ⇒expedición **2** *(form) with the greatest possible expedition* - lo antes posible

expel /ɪkˈspel/ [expelled, expelling] *v* [T] ⇒expulsar ∎ CONSTR. Se usa más en pasiva

† **expend** /ɪk'spend/ v [T] *(form)* ⇨dedicar ⇨gastar ⇨usar ■ CONSTR. 1. to expend + doing sth 2. to expend sth on sth

expendable /ɪk'spen.də.bļ/ *adj (form)* ⇨prescindible

expenditure UK: /ɪk'spen.dɪ.tʃəʳ/ US: /-tʃɚ/ n [U] **1** *(form)* ⇨gasto [de dinero o de energía] **2** ⇨gastos

† **expense** /ɪk'spents/ n [C, U] ⇨gasto ⇨coste

expensive /ɪk'spent.sɪv/ *adj* ⇨caro,ra: *an expensive car* - un coche caro

experience¹ UK: /ɪk'spɪə.ri.ᵊnts/ US: /-'spɪr.i-/ ■ n [C] **1** ⇨experiencia ■ n [U] **2** ⇨experiencia ⇨práctica

experience² UK: /ɪk'spɪə.ri.ᵊnts/ US: /-'spɪr.i-/ [experienced, experiencing] v [T] **1** ⇨experimentar: *I experienced a feeling of great joy* - Experimenté una gran alegría **2** ⇨pasar: *He experienced hunger during the war* - Pasó hambre durante la guerra **3** ⇨atravesar: *She's experiencing a serious crisis* - Atraviesa una gran crisis

experienced UK: /ɪk'spɪə.ri.ᵊntst/ US: /-'spɪr.i-/ *adj* ⇨experimentado,da ⇨con experiencia ■ PRON. La última *e* no se pronuncia

† **experiment¹** /ɪk'sper.ɪ.mənt/ n [C, U] ⇨experimento

experiment² /ɪk'sper.ɪ.ment/ v [I] ⇨experimentar ■ CONSTR. 1. to experiment with sth 2. to experiment on sth/sb

† **expert** UK: /'ek.spɜːt/ US: /-spɝːt/ *adj, n* [C] ⇨experto,ta [en una materia] ⇨especialista

expertise UK: /ˌek.spɜː'tiːz/ US: /-spɝː-/ n [U] ⇨pericia ⇨habilidad

† **explain** /ɪk'spleɪn/ v [T, I] ⇨explicar: *Explain it to me* - Explícamelo ■ CONSTR. 1.to explain + (that) 2. to explain sth to sb 3. to explain + interrogativa indirecta

explanation /ˌek.splə'neɪ.ʃᵊn/ n [C, U] ⇨explicación: *You owe me an explanation* - Me debes una explicación

explanatory UK: /ɪk'splæn.ə.tri/ US: /-tɔːr.i/ *adj* ⇨explicativo,va ⇨esclarecedor,-a

explicit /ɪk'splɪs.ɪt/ *adj* ⇨explícito,ta

† **explode** UK: /ɪk'spləʊd/ US: /-'sploʊd/ [exploded, exploding] ■ v [T, I] **1** ⇨explotar: *The bomb exploded at 22.00* - La bomba explotó a las 22.00 ■ v [I] **2** *(una persona)* ⇨estallar ⇨explotar

exploit¹ /ɪk'splɔɪt/ v [T] ⇨explotar ⇨aprovecharse ■ CONSTR. Se usa más en pasiva

exploit² /'ek.splɔɪt/ n [C] ⇨hazaña ⇨proeza ■ Se usa más en plural

exploitation /ˌek.splɔɪ'teɪ.ʃᵊn/ n [U] **1** *(de una persona)* ⇨explotación ⇨abuso **2** *(de tierra)* ⇨explotación

† **explore** UK: /ɪk'splɔːʳ/ US: /-'splɔːr/ [explored, exploring] v [T] ⇨explorar: *to explore an area* - explorar una zona

explorer UK: /ɪk'splɔː.rəʳ/ US: /-rɚ/ n [C] ⇨explorador,-a

explosion UK: /ɪk'spləʊ.ʒᵊn/ US: /-'sploʊ-/ n [C, U] ⇨explosión

explosive¹ UK: /ɪk'spləʊ.sɪv/ US: /-'sploʊ-/ *adj* ⇨explosivo,va

explosive² UK: /ɪk'spləʊ.sɪv/ US: /-'sploʊ-/ n [C, U] ⇨explosivo

export¹ UK: /'ek.spɔːt/ US: /-spɔːrt/ n [C, U] ⇨exportación

export² UK: /ɪk'spɔːt/ US: /'ek.spɔːrt/ ■ v [T, I] **1** ⇨exportar: *to export goods* - exportar mercancías ■ v [T] **2** *(un archivo informático)* ⇨exportar

† **expose** UK: /ɪk'spəʊz/ US: /-'spoʊz/ [exposed, exposing] v [T] **1** ⇨destapar ⇨sacar a la luz ⇨desenmascarar **2** ⇨revelar ⇨descubrir **3** *(en fotografía)* ⇨exponer

PHRASAL VERBS
· **to expose** *oneself* ⇨hacer exhibicionismo
└ · **to expose** *sb* **to** *sth* ⇨exponer(se) a algo

exposed UK: /ɪk'spəʊzd/ US: /-'spoʊzd/ *adj* **1** *(un lugar)* ⇨desprotegido,da **2** ⇨al descubierto **3** *(en fotografía)* ⇨expuesto,ta ⇨revelado,da

exposure UK: /ɪk'spəʊ.ʒəʳ/ US: /-'spoʊ.ʒɚ/ n [U] **1** *(a un peligro)* ⇨exposición **2** *(condición física)* ⇨congelación **3** *(de un secreto)* ⇨revelación **4** ⇨publicidad: *The event received a lot of exposure* - El evento recibió mucha publicidad **5** *(en fotografía)* ⇨abertura ⇨exposición

† **express¹** /ɪk'spres/ v [T] ⇨expresar: *to express an idea* - expresar una idea

express² /ɪk'spres/ *adj* **1** ⇨exprés ⇨rápido,da **2** ⇨expreso,sa ⇨explícito,ta

express³ /ɪk'spres/ n [C] ⇨tren expreso

† **expression** /ɪk'spreʃ.ᵊn/ ■ n [C] **1** *(de la cara)* ⇨expresión ⇨gesto **2** ⇨expresión ⇨frase ■ n [C, U] **3** ⇨manifestación ⇨expresión

expressive /ɪk'spres.ɪv/ *adj* ⇨expresivo,va

expressively /ɪk'spres.ɪv.li/ *adv* ⇨expresivamente

expressly /ɪk'spres.li/ *adv* **1** *(form)* ⇨expresamente ⇨explícitamente **2** ⇨rotundamente

expressway /ɪk'spres.weɪ/ *US* (*UK* motorway) n [C] ⇨autopista: *on the expressway* - en la autopista

expulsion /ɪk'spʌl.ʃᵊn/ n [C, U] ⇨expulsión

exquisite /ɪk'skwɪz.ɪt/ *adj* ⇨exquisito,ta

† **extend** /ɪk'stend/ ■ v [T] **1** ⇨prolongar ⇨alargar ⇨ampliar ■ v [I] **2** ⇨extenderse **3** to ~ *sth* to *sb* *(form)* ⇨dar algo a alguien ■ CONSTR. Se usa generalmente seguido de una preposición o un adverbio

extended /ɪk'sten.dɪd/ *adj* ⇨prolongado,da: *an extended period of time* - un período prolongado de tiempo

extension /ɪk'sten.tʃªn/ *n* [C, U] **1** ⇨ampliación ⇨prolongación **2** *Can I have an extension for the essay, please?* - ¿Puedo tener más tiempo para hacer la redacción, por favor? **3** *(de un teléfono)* ⇨extensión

† **extensive** /ɪk'sten.sɪv/ *adj* ⇨grande ⇨extenso,sa

† **extent** /ɪk'stent/ *n* [U, NO PL] **1** ⇨extensión **2** ⇨alcance ⇨importancia **3 to what extent...?** ⇨¿hasta qué punto...?

exterior¹ UK: /ɪk'stɪə.ri.əʳ/ US: /-'stɪr.i.ə/ *adj* ⇨exterior

exterior² UK: /ɪk'stɪə.ri.əʳ/ US: /-'stɪr.i.ə/ *n* [C] **1** ⇨exterior **2** ⇨apariencia: *the exterior of a car* - la apariencia de un coche

exterminate UK: /ɪk'stɜː.mɪ.neɪt/ US: /-'stɜː-/ [exterminated, exterminating] *v* [T] ⇨exterminar

† **external** UK: /ɪk'stɜː.nəl/ US: /-'stɜː-/ *adj* **1** ⇨externo,na ⇨exterior **2** *for external use* - de uso tópico

extinct /ɪk'stɪŋkt/ *adj* **1** *(una especie)* ⇨extinguido,da **2** *(de una especie): to become extinct* - extinguirse

extinction /ɪk'stɪŋk.ʃªn/ *n* [U] ⇨extinción: *a species in danger of extinction* - una especie en peligro de extinción

extinguish /ɪk'stɪŋ.gwɪʃ/ [extinguishes] *v* [T] *(formal)* ⇨extinguir ⇨apagar ■ Se usa más *to put out*

extort UK: /ɪk'stɔːt/ US: /-'stɔːrt/ *v* [T] ⇨extorsionar [dinero]

extortionate UK: /ɪk'stɔː.ʃªn.ət/ US: /-'stɔːr-/ *adj (un precio)* ⇨abusivo,va ⇨exorbitante

† **extra¹** /'ek.strə/ *adj* ⇨extra ⇨adicional

extra² /'ek.strə/ *adv* ⇨extra ⇨más

extra³ /'ek.strə/ *n* [C] **1** ⇨extra [no incluido en el precio base] **2** *(en cine)* ⇨extra **3** *US* ⇨repuesto **4** ⇨número extraordinario [de un periódico]

extract¹ /ɪk'strækt/ *v* [T] **1** ⇨extraer **2** *(form)* ⇨extraer ⇨sacar

extract² /'ek.strækt/ *n* [C] **1** *(de un texto)* ⇨resumen ⇨extracto **2** *(sustancia)* ⇨extracto ⇨esencia

extradite /'ek.strə.daɪt/ [extradited, extraditing] *v* [T] ⇨extraditar: *He has been extradited* - Fue extraditado ■ CONSTR. Se usa más en pasiva

† **extraordinary** UK: /ɪk'strɔː.dɪn.ªr.i/ US: /-'strɔːr.d[ə]n.er-/ *adj* ⇨extraordinario,ria

extravagant /ɪk'stræv.ə.gªnt/ *adj* **1** ⇨derrochador,-a ⇨excesivo,va **2** *She's very extravagant with her gifts* - Es demasiado generosa con sus regalos **3** *(estilo)* ⇨peculiar ⇨extravagante

† **extreme** /ɪk'striːm/ *adj* ⇨extremo,ma: *extreme temperatures* - temperaturas extremas **2** *extreme sports* - deportes de riesgo

extremely /ɪk'striːm.li/ *adv* ⇨extremadamente

extremist /ɪk'striː.mɪst/ *n* [C] *(en política)* ⇨extremista

extremity UK: /ɪk'strem.ɪ.ti/ US: /-ə.ʰti/ *[pl extremities]* *n* [C] **1** *(form)* ⇨extremidad ⇨punta **2** *(form) (del cuerpo)* ⇨extremidad **3** *(form)* ⇨apuro ⇨necesidad

extricate /'ek.strɪ.keɪt/ [extricated, extricating] **1 to ~ sb from sth** *(form)* ⇨sacar a alguien [de una situación desagradable]: *to extricate sb from a difficult situation* - sacar a alguien de una situación difícil **2 to ~ oneself from sth** *(form)* ⇨escaparse [de una situación desagradable] ⇨lograr salir [de una situación desagradable]

extrovert UK: /'ek.strə.vɜːt/ US: /-vɝːt/ *adj, n* [C] ⇨extrovertido,da

exuberant UK: /ɪg'zjuː.bªr.ªnt/ US: /-'zuː.bə-/ *adj* **1** *(una planta)* ⇨exuberante **2** ⇨enérgico,ca y entusiasta ⇨vivaz

exude UK: /ɪg'zjuːd/ US: /-'zuːd/ [exuded, exuding] ■ *v* [T] **1** ⇨emanar ⇨irradiar ■ *v* [T, I] **2** ⇨exudar ⇨rezumar

ex-wife /ˌeks'waɪf/ *n* [C] ⇨ex mujer: *His ex-wife is an actress* - Su ex mujer es actriz

† **eye¹** /aɪ/ *n* [C] **1** ⇨ojo **2** *(en una aguja)* ⇨ojo **3 can't {keep/take} one's eyes off sth/sb** ⇨no poder quitarle el ojo a algo o a alguien **4 in sb's eyes** ⇨en opinión de alguien ⇨desde el punto de vista de alguien **5 to be up to one's eyes in sth** *(una persona)* ⇨estar desbordado,da de algo ⇨estar agobiado,da **6 to catch one's ~** ⇨llamar la atención a alguien **7 to keep {an/one's} ~ on sth/sb** ⇨echar un ojo *col.;* ⇨vigilar **8 to keep one's eyes {open/peeled}** ⇨estar atento,ta **9 to see ~ to ~ (with sb)** ⇨estar de acuerdo (con alguien)

eye² /aɪ/ *(eyed, eyeing; US tb eying)* *v* [T] ⇨mirar [con atención]

eyeball UK: /'aɪ.bɔːl/ US: /-bɑːl/ *n* [C] ⇨globo ocular

† **eyebrow** /'aɪ.braʊ/ *n* [C] ⇨ceja

eye-catching /'aɪˌkætʃ.ɪŋ/ *adj* ⇨vistoso,sa ⇨llamativo,va

† **eyelash** /'aɪ.læʃ/ *[pl eyelashes]* *n* [C] ⇨pestaña: *to curl your eyelashes* - rizar las pestañas

eyelid /'aɪ.lɪd/ *n* [C] ⇨párpado

eyesight /'aɪ.saɪt/ *n* [U] **1** *(de los ojos)* ⇨vista **2** *to have very bad eyesight* - ver muy mal

eyesore UK: /'aɪ.sɔːʳ/ US: /-sɔːr/ *n* [C] ⇨monstruosidad ⇨horror

eyewitness /'aɪˌwɪt.nəs/ *[pl eyewitnesses]* *n* [C] ⇨testigo ocular ⇨testigo presencial

E

f /ef/ [pl f's] n [c] *(letra del alfabeto)* ⇒f

F¹ /ef/ [pl F's] n [c, u] *(nota musical)* ⇒fa

F² /ef/ adj, n [u] ⇒forma abreviada de **Fahrenheit** (escala de Fahrenheit)

fa *(tb* fah*)* n [u, NO PL] *(nota musical)* ⇒fa

fable /ˈfeɪ.bl/ n [c] ⇒fábula ■ PRON. Rima con *table*

†**fabric** /ˈfæb.rɪk/ n [c, u] **1** *(en sastrería y tapicería)* ⇒tejido **2** the ~ (of *sth*) ⇒el tejido [de algo] ⇒la estructura [de algo] ■ Distinto de *factory* (fábrica)

fabulous /ˈfæb.ju.ləs/ adj ⇒fabuloso,sa ⇒de fábula

facade /fəˈsɑːd/ n [c] **1** ⇒fachada [de un edificio] **2** ⇒apariencia ⇒fachada

†**face¹** /feɪs/ n [c] **1** ⇒cara ⇒rostro **2** ⇒ladera [de una montaña] **3** ⇒corte [de un acantilado] **4** ⇒faz [de la tierra] **5** ~ {down/up} ⇒boca {abajo/arriba} **6** ~ to ~ ⇒cara a cara **7** in the ~ of *sth* ⇒ante algo **8** on the ~ of it ⇒a primera vista ⇒aparentemente **9** to make a ~ *(UK tb* to pull a face*)* ⇒hacer una mueca [por disgusto] **10** to make faces **1** ⇒hacer muecas **2** ⇒hacer burla **11** to save ~ ⇒guardar las apariencias ⇒quedar bien **12** to *sb's* ~ ⇒a la cara: *Say it to my face* - Dímelo a la cara

†**face²** /feɪs/ [faced, facing] v [T] **1** ⇒estar orientado,da a ⇒dar a **2** ⇒enfrentar(se) ⇒afrontar **3** ⇒asumir ⇒aceptar **4** let's ~ it ⇒seamos realistas

PHRASAL VERBS
· to face up to *sth* ⇒enfrentarse a algo ⇒afrontar algo

facelift /ˈfeɪs.lɪft/ n [c] **1** *(cirugía estética)* ⇒lifting **2** ⇒cambio de imagen ⇒lavado de cara

facet /ˈfæs.ɪt/ n [c] **1** ⇒faceta [de una piedra preciosa] ⇒lado **2** ⇒faceta ⇒aspecto

facetious /fəˈsiː.ʃəs/ adj ⇒burlón,-a ⇒jocoso,sa ⇒guasón,-a

face-to-face /ˌfeɪs.təˈfeɪs/ adj, adv ⇒cara a cara

face value n [c] **1** *(en economía)* ⇒valor nominal **2** to take sth at face value - creer algo a pies juntillas

facial¹ /ˈfeɪ.ʃᵊl/ adj ⇒facial

facial² /ˈfeɪ.ʃᵊl/ n [c] ⇒tratamiento facial

facile /ˈfæs.aɪl/ adj *(form)* ⇒superficial ⇒simplista ■ Distinto de *easy* (fácil)

facilitate /fəˈsɪl.ɪ.teɪt/ [facilitated, facilitating] v [T] *(form)* ⇒facilitar: *to facilitate things* - facilitar las cosas

facilities UK: /fəˈsɪl.ɪ.tiz/ US: /-ə.ˤt̬iz/ n [PL] ⇒instalaciones: *a building with very modern facilities* - un edificio con instalaciones muy modernas; *sports facilities* - instalaciones deportivas; ⇒medios ⇒servicios

†**facility** UK: /fəˈsɪl.ɪ.ti/ US: /-ə.ˤt̬i/ [pl facilities] n [c] ⇒facilidad

facing /ˈfeɪ.sɪŋ/ n [c] **1** *(en una pared)* ⇒revestimiento **2** ⇒entretela

†**fact** /fækt/ n [c] **1** ⇒hecho: *It's a fact* - Es un hecho **2** ⇒realidad **3** in (actual) ~ *(tb* as a matter of fact*)* **1** ⇒de hecho: *I like it, in fact I'm going to buy it* - Me gusta; de hecho, me lo voy a comprar **2** ⇒en realidad **3** ⇒a decir verdad

faction /ˈfæk.ʃᵊn/ n [c] ⇒facción ⇒bando [de personas]

†**factor** UK: /ˈfæk.təʳ/ US: /-t̬ɚ/ n [c] **1** ⇒elemento ⇒factor **2** *(en matemáticas)* ⇒factor

†**factory** UK: /ˈfæk.tᵊr.i/ US: /-t̬ɚ.i/ [pl factories] n [c] ⇒fábrica ⇒maquila AMÉR. ■ Distinto de *fabric* (tejido)

factual /ˈfæk.tjuəl/ adj ⇒factual ⇒basado,da en hechos

†**faculty** UK: /ˈfæk.ᵊl.ti/ US: /-ˤt̬i/ [pl faculties] n [c] **1** ⇒facultad ⇒habilidad ■ Se usa más en plural **2** US ⇒facultad [universitaria] ⇒profesorado

fad /fæd/ n [c] ⇒moda ⇒manía

†**fade** /feɪd/ [faded, fading] ❚ v [T, I] **1** ⇒decolorar(se) ⇒perder color **2** *(un sonido)* ⇒desvanecer(se) ⇒apagar(se) **3** *(una imagen de cine o televisión)* ⇒fundir(se) ❚ v [I] **4** *(tb* fade away*)* *(un sentimiento)* ⇒desvanecerse **5** *(la belleza)* ⇒marchitarse

fah /fɑː/ *(tb* fa*)* n [u, NO PL] *(nota musical)* ⇒fa

†**Fahrenheit** /ˈfær.ᵊn.haɪt/ adj, n [u] ⇒escala de Fahrenheit: *fifty degrees Fahrenheit* - cincuenta

grados Fahrenheit ■ La forma abreviada es *F* ■ Con números normalmente se escribe el signo °F en vez de *Fahrenheit*: 50°F

† **fail**¹ /feɪl/ ∎ *v* [ɪ] **1** ⇒fallar ⇒fracasar ⇒no conseguir ■ CONSTR. to fail + to do sth **2** *(un negocio)* ⇒quebrar ∎ *v* [ᴛ, ɪ] **3** ⇒fallar ⇒faltar **4** *(un examen)* ⇒suspender: *Sonia failed her maths exam* - Sonia suspendió el examen de matemáticas; ⇒reprobar *AMÉR.* ∎ *v* [ᴛ] **5** *(a alguien)* ⇒fallar ⇒defraudar

fail² /feɪl/ *n* [c] **1** *(en un examen)* ⇒suspenso **2** *without ~* ⇒sin falta: *I have to go to the bank tomorrow without fail* - Mañana tengo que ir al banco sin falta

failing¹ /ˈfeɪ.lɪŋ/ *n* [c] **1** ⇒defecto **2** *(de una persona)* ⇒debilidad ⇒defecto

failing² /ˈfeɪ.lɪŋ/ *prep* ⇒en su defecto ⇒a falta de

failure UK: /ˈfeɪ.ljəʳ/ US: /-ljɚ/ ∎ *n* [u] **1** ⇒fracaso ∎ *n* [c] **2** *(una persona)* ⇒fracasado,da ∎ *n* [c, u] **3** *(de un motor)* ⇒avería ⇒fallo ⇒pana *AMÉR.;* ⇒varada *AMÉR.* **4** *(en medicina)* ⇒crisis ⇒ataque **5** *~ to do sth failure to follow the instructions* - el incumplimiento de las instrucciones

faint¹ /feɪnt/ *adj* **1** ⇒tenue ⇒débil **2** *(una posibilidad, una esperanza o una idea)* ⇒ligero,ra ⇒poco,ca **3** *to feel ~* ⇒sentirse mareado,da: *The sight of blood makes me feel faint* - Ver sangre me hace sentir mareado

faint² /feɪnt/ *v* [ɪ] ⇒desmayarse: *He almost fainted with the heat* - Casi se desmaya del calor

faintly /ˈfeɪnt.li/ *adv* **1** ⇒algo: *I felt faintly disturbed* - Me sentí algo revuelto **2** ⇒ligeramente

† **fair**¹ UK: /feəʳ/ US: /fer/ *adj* **1** ⇒justo,ta: *It's not fair!* - ¡No es justo! **2** *(el cabello)* ⇒rubio,bia ⇒huero,ra *AMÉR.;* ⇒güero,ra *AMÉR.* **3** *(la tez)* ⇒blanco,ca **4** *(el clima)* ⇒agradable ⇒bueno,na

fair² UK: /feəʳ/ US: /fer/ *n* [c] **1** ⇒feria ⇒exhibición **2** ⇒fiesta ⇒feria **3** ⇒parque de atracciones

fair-haired *adj* ⇒rubio,bia

fair-haired boy UK: /ˌfeə.heədˈbɔɪ/ US: /ˌfer.herd-/ *US (UK* blue-eyed boy*)* *n* [c] ⇒niño mimado ■ PRON. La *e* no se pronuncia

fairly UK: /ˈfeə.li/ US: /ˈfer-/ *adv* **1** ⇒bastante: *He is a fairly intelligent child* - Es un chico bastante inteligente **2** ⇒justamente ⇒limpiamente

fair trade *n* [u] ⇒comercio justo

† **fairy** UK: /ˈfeə.ri/ US: /ˈfer.i/ *[pl* fairies*] n* [c] ⇒hada

† **faith** /feɪθ/ *n* [u] **1** ⇒fe ⇒confianza **2** ⇒fe [religiosa] **3** *in* {good/bad} *~* ⇒de {buena/mala} fe: *to act in good f ith* - actuar de buena fe **4** *to put sb's ~ in sth/sb* ⇒confiar en algo o en alguien

faithful /ˈfeɪθ.fᵊl/ *adj* ⇒fiel ⇒leal

faithfully /ˈfeɪθ.fᵊl.i/ *adv* **1** ⇒fielmente ⇒con devoción **2** *Yours ~* ⇒atentamente ■ Se usa cuando en una carta no se nombra al destinatario. Comparar con *yours sincerely*

fake¹ /feɪk/ *adj* ⇒falso,sa ⇒no genuino,na

fake² /feɪk/ *n* [c] **1** *(objeto)* ⇒falsificación ⇒imitación **2** *(persona)* ⇒farsante *col.;* ⇒impostor,-a

fake³ /feɪk/ *[*faked, faking*] v* [ᴛ] **1** ⇒fingir: *He faked an injury* - Fingió estar herido **2** ⇒falsificar

falcon UK: /ˈfɒl.kᵊn/ US: /ˈfɑːl-/ *n* [c] *(ave)* ⇒halcón

† **fall**¹, fell, fallen UK: /fɔːl/ US: /fɑːl/ *v* [ɪ] **1** ⇒caer(se) **2** ⇒descender ⇒bajar **3** *to ~* asleep ⇒dormirse ⇒quedarse dormido,da **4** *to ~* in love with *sth/sb* ⇒enamorarse ⇒encamotarse *AMÉR. col.*

PHRASAL VERBS

· *to fall apart* ⇒hacerse pedazos ⇒desvencijar(se)
· *to fall back* **1** *(tropas)* ⇒retroceder ⇒replegarse **2** *(un precio)* ⇒caer
· *to fall back on sth/sb* ⇒recurrir a algo o a alguien
· *to fall behind* ⇒quedarse atrás ⇒retrasarse
· *to fall down* **1** *(una persona o una cosa que está en vertical)* ⇒caerse **2** *(un plan)* ⇒fracasar
· *to fall for sth (inform)* ⇒picar *col.;* ⇒caer en la trampa
· *to fall for sb (inform)* ⇒colarse por alguien *col.*
· *to fall in (un techo)* ⇒derrumbarse ⇒desplomarse
· *to fall off (una cantidad o una calidad)* ⇒disminuir
· *to fall out* **1** ⇒caer **2** *(dos o más personas)* ⇒pelearse ⇒estar enfadado,da
· *to fall out with sb UK* ⇒pelearse con alguien ⇒discutir con alguien
· *to fall over* ⇒caer(se)
· *to fall over sth/sb* ⇒tropezar(se) con
· *to fall through* ⇒fracasar

† **fall**² UK: /fɔːl/ US: /fɑːl/ ∎ *n* [c] **1** ⇒caída **2** ⇒descenso ⇒bajada ∎ *n* [c, u] **3** *US (UK/US tb* autumn*)* ⇒otoño **4** falls ⇒cataratas

fallen UK: /ˈfɔː.lən/ US: /ˈfɑː-/ *past participle of* fall

falling UK: /ˈfɔː.lɪŋ/ US: /ˈfɑː-/ *adj the falling birth rate* - un índice de natalidad decreciente

† **false** UK: /fɒls/ US: /fɑːls/ *adj* **1** ⇒falso,sa: *a false identity* - una identidad falsa; *a false alarm* - una falsa alarma **2** ⇒artificial ⇒postizo,za ⇒falso,sa **3** *a ~* move ⇒un paso en falso

false friend *n* [c] *(en idiomas)* ⇒falso amigo ■ Ver cuadro en página siguiente

falsify UK: /ˈfɒl.sɪ.faɪ/ US: /ˈfɑːl-/ *[*falsifies, falsified*] v* [ᴛ] ⇒falsificar: *to falsify a document* - falsificar un documento

falter UK: /ˈfɒl.təʳ/ US: /ˈfɑːl.ᵊtɚ/ *v* [ɪ] **1** ⇒tambalearse: *Their relationship was faltering* - Su

false friends

Los **falsos amigos** son palabras que son parecidas en dos lenguas, pero con significados diferentes:

– La palabra inglesa **library** significa '**biblioteca**', (no 'librería').

– La palabra inglesa **embarrassed** significa '**avergonzado**', (no 'embarazada').

• Al traducir del inglés al español y del español al inglés hay que tener cuidado para no cometer errores con los falsos amigos. Algunos ejemplos:

 F

inglés → español	español → inglés
assist → 'ayudar'	*asistir* → 'to attend'
constipated → 'estreñido'	*constipado* → 'a cold'
deception → 'engaño'	*decepción* → 'disappointment'
embarrassed → 'avergonzado'	*embarazada* → 'pregnant'
exciting → 'emocionante'	*excitante* → 'stimulating'
exit → 'salida'	*éxito* → 'success'
large → 'grande'	*largo* → 'long'
lecture → 'conferencia'	*lectura* → 'reading'
library → 'biblioteca'	*librería* → 'bookshop'
realise → 'darse cuenta'	*realizar* → 'to do'
sensible → 'sensato'	*sensible* → 'sensitive'
sensitive → 'sensible'	*sensitivo* → 'related to the senses'
succeed → 'tener éxito'	*suceder* → 'to happen'
support → 'apoyar'	*soportar* → 'to stand'
terrific → 'genial'	*terrorífico* → 'terrifying'

Además, existen algunas palabras en español que vienen del inglés, pero no se corresponden exactamente a su forma original. Algunas de las más frecuentes son:

español → inglés
camping → *camping site*
esmoquin → *tuxedo*
parking → *car park*
footing → *jogging*

fart

relación se tambaleaba **2** ⇒vacilar ⇒titubear **3** ⇒entrecortar(se) **4** *(en economía)* ⇒decaer ⇒no sostenerse

† **fame** /feɪm/ *n* [U] ⇒fama: *to get fame* - conseguir la fama

† **familiar** UK: /fəˈmɪl.i.əʳ/ US: /-jɚ/ *adj* **1** ⇒conocido,da ⇒familiar **2** ⇒demasiado cariñoso,sa o cercano,na **3 to be ~ with** *sth* ⇒conocer algo ⇒estar familiarizado,da con algo **4 to be on ~ terms (with** *sb***)** ⇒tutearse (con alguien)

familiarity UK: /fəˌmɪl.iˈær.ə.ti/ US: /-ˈer.ə.ʳt̬i/ *n* [U] **1** ⇒familiaridad **2 ~ with** *sth* ⇒conocimientos de algo: *familiarity with technology* - conocimientos de tecnología

† **family** /ˈfæm.ªl.i/ *[pl families] n* [C] **1** ⇒familia: *My family lives in London* - Mi familia vive en Londres ■ Por ser un nombre colectivo se puede usar con el verbo en singular o en plural **2 to run in the ~** ⇒ser cosa de familia

family name *n* [C] ⇒apellido

famine /ˈfæm.ɪn/ *n* [C, U] **1** ⇒hambre ⇒hambruna **2 ~ relief** ⇒ayuda contra el hambre

† **famous** /ˈfeɪ.məs/ *adj* ⇒famoso,sa ⇒afamado,da ■ PRON. La primera parte, *fam*, rima con el término inglés *game* ■ Tiene un matiz positivo. Comparar con *notorious*

† **fan** /fæn/ *n* [C] **1** ⇒seguidor,-a ⇒fan ⇒forofo,fa **2** *(en fútbol)* ⇒hincha **3** ⇒abanico **4** ⇒ventilador: *a ceiling fan* - un ventilador de techo **5 ~ club** ⇒club de fans

fanatic UK: /fəˈnæt.ɪk/ US: /-ˈnæˈt̬-/ *adj, n* [C] ⇒fanático,ca

fanatical UK: /fəˈnæt.ɪ.kªl/ US: /-ˈnæˈt̬-/ *adj* ⇒fanático,ca: *Peter is a fanatical about ballroom dancing* - Peter es un fanático del baile de salón

fanciful/ˈfænt.sɪ.fªl/*adj***1** *(una idea)* ⇒fantástico,ca ⇒descabellado,da **2** *(una apariencia)* ⇒extravagante **3** *(una persona)* ⇒fantasioso,sa

fancy[1] /ˈfænt.si/ [fancies, fancied] *v* [T] **1** *UK (inform)* ⇒gustar ■ CONSTR. to fancy + doing sth **2** *UK (inform)* ⇒apetecer ⇒tener ganas ■ CONSTR. to fancy + doing sth **3** *(form)* ⇒creer ■ CONSTR. to fancy + (that) **4** *(form)* ⇒creerse **5** ⇒querer llegar a ser **6 ~ (that)!** *UK (old-fash)* ⇒¡fíjate!

fancy[2] /ˈfænt.si/ *n* [U] **1** *(lit)* ⇒quimera ⇒fantasía **2** ⇒capricho **3 to {catch/take}** *one's* **~** ⇒cautivar a alguien **4 to take a ~ to** *sth/sb* ⇒encapricharse: *I took a fancy to that motorbike* - Me encapriché de esa moto

fancy[3] /ˈfænt.si/ *adj* [comp fancier, superl fanciest] **1** ⇒elaborado,da ⇒sofisticado,da **2** *(inform)* *(una idea)* ⇒estrambótico,ca col. **3** ⇒de lujo ⇒lujoso,sa ⇒elegante

fancy dress *UK n* [U] *(para diversión)* ⇒disfraz

fanny pack *US* (*UK* **bumbag**) *n* [C] *(bolsa)* ⇒riñonera

† **fantastic** /fænˈtæs.tɪk/ *adj* **1** ⇒fantástico,ca **2** *(inform)* ⇒estupendo,da ⇒magnífico,ca ⇒fantástico,ca ⇒extraordinario,ria

† **fantasy** /ˈfæn.tə.si/ *[pl fantasies] n* [C, U] ⇒fantasía

FAQ /ˌefˌeɪˈkjuː/ *n* [C] ⇒forma abreviada de **frequently asked question** (pregunta frecuente)

† **far**[1] UK: /fɑːʳ/ US: /fɑːr/ *adv* [comp farther or further, superl farthest or furthest] **1** ⇒lejos ■ Se usa en oraciones interrogativas y negativas. En las oraciones afirmativas se suele usar *a long way* **2** ⇒mucho **3 as ~ as** ⇒hasta **4 as ~ as I know** ⇒que yo sepa ■ Se utiliza para dar una opinión o hacer un comentario **5 as ~ as** *sth/sb* **is concerned** ⇒en cuanto a algo o alguien ⇒en lo que respecta a algo o alguien **6 by ~** ⇒con diferencia de lejos **7 ~ and wide** ⇒por todas partes **8 ~ away** ⇒lejos **9 ~ from it** *(inform)* ⇒ni mucho menos **10 ~ too** ⇒demasiado ■ Va seguido de un adjetivo **11 how ~** ⇒hasta qué punto **12 in {as/so} ~ as** *sth* ⇒en la medida en que **13 so ~** ⇒hasta ahora ⇒de momento **14 to go too ~** ⇒pasarse

† **far**[2] UK: /fɑːʳ/ US: /fɑːr/ *adj* [comp farther or further, superl farthest or furthest] **1** ⇒lejano,na: *the Far West* - el Lejano Oeste **2** *(un lado, un extremo)* ⇒opuesto,ta

faraway UK: /ˌfɑː.rəˈweɪ/ US: /ˈ---/ US: /ˌfɑːr.ə-/ *adj* *(lit)* ⇒lejano,na ⇒remoto,ta

† **fare** UK: /feəʳ/ US: /fer/ *n* [C] ⇒tarifa ⇒precio [de un viaje]

farewell[1] UK: /ˌfeəˈwel/ US: /ˌfer-/ *excl (old-fash)* ⇒¡adiós!

farewell[2] UK: /ˌfeəˈwel/ US: /ˌfer-/ *n* [C] **1** *(form)* ⇒despedida: *a farewell party* - una fiesta de despedida **2 to {bid/say} ~ to** *sth/sb* *(form)* ⇒despedirse de algo o de alguien

† **farm**[1] UK: /fɑːm/ US: /fɑːrm/ *n* [C] **1** ⇒granja ⇒chácara *AMÉR.;* ⇒chacra *AMÉR.* **2 fish ~** ⇒piscifactoría

farm[2] UK: /fɑːm/ US: /fɑːrm/ *v* [T, I] **1** ⇒cultivar: *to farm the land* - cultivar la tierra **2** ⇒labrar

farmer UK: /ˈfɑː.məʳ/ US: /ˈfɑːr.mɚ/ *n* [C] ⇒granjero,ra ⇒agricultor,-a ⇒ganadero,-a

farmhouse UK: /ˈfɑːm.haʊs/ US: /ˈfɑːrm-/ *n* [C] *(en una granja)* ⇒vivienda ⇒casa de labranza

farming UK: /ˈfɑː.mɪŋ/ US: /ˈfɑːr-/ *n* [U] **1** ⇒agricultura **2** ⇒ganadería

farmland UK: /ˈfɑːm.lænd/ US: /ˈfɑːrm-/ *n* [U] ⇒tierras de labranza ⇒tierras de cultivo

farmyard UK: /ˈfɑːm.jɑːd/ US: /ˈfɑːrm.jɑːrd/ *n* [C] *(en una granja)* ⇒patio ⇒corral

fart[1] UK: /fɑːt/ US: /fɑːrt/ *v* [I] *(very inform)* ⇒tirarse un pedo *col.*

fart[2] UK: /fɑːt/ US: /fɑːrt/ *n* [C] *(very inform)* ⇒pedo *col.*

farther 156

farther UK: /'fɑː.ðəʳ/ US: /'fɑːr.ðəʳ/ (tb **further**) adj, adv the comparative form of **far**

farthest UK: /'fɑː.ðɪst/ US: /'fɑːr-/ adj, adv the superlative form of **far**

farthing UK: /'fɑː.ðɪŋ/ US: /'fɑːr-/ n [c] (moneda antigua) ⇒cuarto de penique

†**fascinate** /'fæs.ɪ.neɪt/ [fascinated, fascinating] v [T] ⇒fascinar: India fascinates me - La India me fascina

fascinated UK: /'fæs.ɪ.neɪ.tɪd/ US: /-ˤtɪd/ adj ⇒fascinado,da ■ PRON. la c no se pronuncia y la e se pronuncia como la i en did

fascinating UK: /'fæs.ɪ.neɪ.tɪŋ/ US: /-ˤtɪŋ/ adj ⇒fascinante: How fascinating! - ¡Qué fascinante!

†**fascism** n [U] ⇒fascismo

fascist /'fæʃ.ɪst/ adj, n [c] ⇒fascista

†**fashion** /'fæʃ.ᵊn/ n [c, U] 1 ⇒moda: He is a fashion victim - Es un esclavo de la moda; the latest fashion - lo último en moda 2 out of ~ ⇒pasado,da de moda 3 to {be in/come into} ~ ⇒{estar/ponerse} de moda

fashionable /'fæʃ.ᵊn.ə.bl̩/ adj ⇒moderno,na ⇒de moda

fashion-conscious UK: /'fæʃ.ᵊn͵kɒn.tʃəs/ US: /-͵kɑːn-/ adj ⇒interesado,da en la última moda ⇒que lleva ropa de moda

fashion designer n [c] ⇒diseñador,-a de moda ■ PRON. sign rima con el término inglés mine

†**fast¹** UK: /fɑːst/ US: /fæst/ adj 1 ⇒rápido,da: a very fast car - un coche muy rápido ■ Normalmente se usa en referencia a la velocidad. Comparar con quick 2 ⇒adelantado,da: This clock is fast - Este reloj va adelantado ■ CONSTR. Se usa detrás de un verbo 3 to make sth ~ ⇒sujetar bien algo ⇒amarrar bien algo

†**fast²** UK: /fɑːst/ US: /fæst/ adv 1 ⇒rápido: Don't walk so fast - No vayas tan rápido 2 ~ asleep ⇒profundamente dormido,da: He is fast asleep - Está profundamente dormido

fast³ UK: /fɑːst/ US: /fæst/ v [I] ⇒ayunar: We are going to fast tomorrow - Mañana vamos a ayunar

†**fast⁴** UK: /fɑːst/ US: /fæst/ n [c] ⇒ayuno

†**fasten** UK: /fɑː.sᵊn/ US: /'fæs.[ə]n/ v [T, I] 1 ⇒abrocharse 2 ⇒sujetar: Fasten it with a safety pin - Sujétalo con un imperdible 3 to ~ sth {on/to/together} ⇒unir algo ⇒atar algo ■ PRON. la t no se pronuncia

fastener UK: /'fɑːs.ᵊn.əʳ/ US: /'fæs.[ə]n.ə/ n [c] ⇒cierre ⇒broche ■ PRON. la t no se pronuncia

fast food n [U] ⇒comida rápida

fast-forward UK: /͵fɑːst'fɔː.wəd/ US: /͵fæst'fɔːr.wəd/ v [T, I] 1 (una cinta, un video, un CD o un DVD) ⇒pasar hacia adelante 2 Fast-forward to the next song - Salta a la siguiente canción ■ La forma abreviada es ff

fastidious /fæs'tɪd.i.əs/ adj 1 ⇒meticuloso,sa 2 ⇒escrupuloso,sa 3 ⇒puntilloso,sa ■ Distinto de tiresome (fastidioso)

†**fat¹** /fæt/ adj [comp fatter, superl fattest] ⇒gordo,da: He's a bit fat - Está un poco gordo; to get fat - engordar

fat² /fæt/ n [c, U] 1 ⇒grasa 2 ⇒manteca

†**fatal** UK: /'feɪ.tᵊl/ US: /-ˤt[ə]l/ adj 1 ⇒mortal: a fatal accident - un accidente mortal 2 ⇒fatídico,ca ⇒fatal 3 ⇒desastroso,sa ⇒muy grave

fatality UK: /fə'tæl.ə.ti/ US: /-ˤti/ ■ n [c] 1 ⇒deceso form. ■ El plural es fatalities 2 ⇒víctima mortal ■ El plural es fatalities ■ n [U] 3 ⇒fatalidad

†**fate** /feɪt/ n [c, U] 1 ⇒destino: One never knows what fate may bring - Nunca se sabe lo que nos deparará el destino 2 ⇒suerte

fated UK: /'feɪ.tɪd/ US: /-ˤtɪd/ adj ⇒predestinado,da: She was fated to become a lawyer - Estaba predestinada a ser abogada ■ CONSTR. 1. to be fated + to do sth 2. Se usa detrás de un verbo

fateful /'feɪt.fl̩/ adj ⇒fatídico,ca: the fateful day - el día fatídico

†**father** UK: /'fɑː.ðəʳ/ US: /-ðə/ n [c] 1 ⇒padre ⇒taita AMÉR. 2 the ~ of sth ⇒el padre de algo: the father of genetics - el padre de la genética

fatherhood UK: /'fɑː.ðə.hʊd/ US: /-ðə/ n [U] ⇒paternidad

father-in-law UK: /'fɑː.ðəʳ.ɪn.lɔː/ US: /-ðə.ɪn.lɑː/ [pl fathers-in-law] n [c] ⇒suegro

fatigue /fə'tiːɡ/ n [U] ⇒fatiga ⇒cansancio

fatten UK: /'fæt.ᵊn/ US: /'fæˤt-/ v [T] (una cuenta) ⇒engordar

fattening UK: /'fæt.ᵊn.ɪŋ/ US: /'fæˤt-/ adj (comida) ⇒que engorda

fatty UK: /'fæt.i/ US: /'fæˤt-/ adj [comp fattier, superl fattiest] 1 (una comida) ⇒grasiento,ta ⇒graso,sa 2 (en medicina) ⇒adiposo,sa

faucet UK: /'fɔː.sɪt/ US: /'fɑː-/ US (UK/US tb tap) n [c] ⇒grifo ⇒canilla AMÉR.

†**fault¹** UK: /fɒlt/ US: /fɑːlt/ ■ n [c] 1 (en una máquina, en un sistema) ⇒falla ⇒defecto 2 (en el carácter de una persona) ⇒defecto ■ n [U] 3 ⇒culpa: It's my fault, I'm sorry - Es culpa mía, lo siento 4 (en tenis) ⇒falta 5 (en geología) ⇒falla 6 to be at ~ for sth ⇒tener la culpa de algo

fault² UK: /fɒlt/ US: /fɑːlt/ v [T] ⇒encontrar defectos: You can't fault him - No le encontrarás ningún defecto

faultless UK: /'fɒlt.ləs/ US: /'fɑːlt-/ adj 1 ⇒impecable 2 ⇒perfecto,ta: to say sth in faultless English - decir algo en perfecto inglés

faulty UK: /'fɒl.ti/ US: /'fɑː.ˤti/ adj [comp faultier, superl faultiest] ⇒defectuoso,sa: This television set is faulty - Este televisor está defectuoso

fauna UK: /'fɔː.nə/ US: /'fɑː-/ n [U] ⇒fauna

favor *US n* [C], *v* [T] See **favour**

favorite *US adj* See **favourite**

favour¹ UK: /'feɪ.və³/ US: /-və/ *UK* (*US* **favor**) *n* [C] **1** ⇒favor: *Could you do me a favour, please?* - *¿Puedes hacerme un favor?* ■ Se dice *do a favour* (hacer un favor). Incorrecto: *to make sb a favour* **2** *in sb's* ~ ⇒a favor de alguien: *The final score was 5-7 in Spain's favour* - El marcador quedó 5 a 7 a favor de España **3** *to be in* ~ *of sth/sb* ⇒estar a favor de algo o de alguien: *I'm in favour of universal suffrage* - Estoy a favor del sufragio universal

favour² UK: /'feɪ.və³/ US: /-və/ *UK* (*US* **favor**) *v* [T] **1** *(form)* ⇒ser partidario,ria de ⇒estar a favor de **2** ⇒favorecer ■ CONSTR. Se usa más en pasiva

favourable UK: /'feɪ.v³r.ə.bl̩/ US: /-və-/ *UK adj* ⇒favorable ⇒propicio,cia

† **favourite** /'feɪ.v³r.ɪt/ *UK* (*US* **favorite**) *adj, n* [C] ⇒favorito,ta ⇒preferido,da ■ PRON. La primera sílaba, *fa*, rima con *pay* ■ La forma abreviada es *fave*

favouritism /'feɪ.v³r.ɪ.tɪ.zᵊm/ *UK n* [U] ⇒favoritismo

fawn¹ UK: /fɔːn/ US: /fɑːn/ ■ *n* [C] **1** *(animal)* ⇒cervato ■ *n* [U] **2** *(color)* ⇒beige ⇒beis

fawn² UK: /fɔːn/ US: /fɑːn/ *adj* ⇒beige ⇒beis

fawn³ UK: /fɔːn/ US: /fɑːn/

|PHRASAL VERBS
· **to fawn {on/over}** *sb* ⇒adular a alguien ⇒lisonjear a alguien

fax¹ /fæks/ [*pl* faxes] *n* [C] ⇒fax

fax² /fæks/ *v* [T] ⇒mandar por fax ⇒poner un fax ■ CONSTR. to fax + dos objetos

FBI /ðiːˌef.biːˈaɪ/ *n* [NO PL] ⇒FBI ■ Procede de *Federal Bureau of Investigation* (oficina federal de investigación del gobierno de EE.UU.)

FE *n* [U] ⇒forma abreviada de **Further Education** (enseñanza superior no universitaria)

† **fear¹** UK: /fɪə³/ US: /fɪr/ *n* [C, U] **1** ⇒temor ⇒miedo **2** *for* ~ *of {sth/doing sth}* ⇒por temor a algo o a hacer algo

fear² UK: /fɪə³/ US: /fɪr/ *v* [T] ⇒temer ⇒tener miedo ■ CONSTR. to fear + (that)

fearful UK: /'fɪə.fᵊl/ US: /'fɪr-/ *adj* **1** *(form)* ⇒temeroso,sa **2** *to be fearful of sth* - temer algo **3** *(form)* ⇒terrible **4** *to be* ~ *for sb* ⇒temer por alguien

fearless UK: /'fɪə.ləs/ US: /'fɪr-/ *adj* ⇒intrépido,da

fearsome UK: /'fɪə.səm/ US: /'fɪr-/ *adj* ⇒temible

feasible /'fiː.zə.bl̩/ *adj* ⇒viable ⇒factible

feast¹ /fiːst/ *n* [C] ⇒banquete ⇒festín

feast² /fiːst/ *v* [I] ⇒festejar ⇒darse un banquete

|PHRASAL VERBS
· **to feast on** *sth* ⇒hartarse de algo: *We feasted on cookies* - Nos hartamos de galletas

feat /fiːt/ *n* [C] ⇒hazaña ⇒proeza

† **feather** UK: /'feð.ə³/ US: /-ə/ *n* [C] ⇒pluma [de un ave]

† **feature** UK: /'fiː.tʃə³/ US: /-tʃə/ *n* [C] **1** ⇒rasgo [de la cara] ■ Se usa más en plural **2** ⇒rasgo distintivo ⇒característica

feature (film) *n* [C] ⇒largometraje

† **February** UK: /'feb.ru.ə.ri/ US: /-ruː.er-/ [*pl* Februaries] *n* [C, U] ⇒febrero: *in February* - en febrero; *on February 20th* - el 20 de febrero ■ La forma abreviada es *Feb*

fed /fed/ past tense and past participle forms of **feed**

federal UK: /'fed.ᵊr.ᵊl/ US: /-ə.[ə]l/ *adj* ⇒federal: *a federal state* - un estado federal

federation UK: /ˌfed.ᵊr'eɪ.ʃᵊn/ US: /-əˈreɪ-/ *n* [C] ⇒federación

† **fed up** *adj (inform)* ⇒harto,ta: *to be fed up with sth* - estar harto de algo ■ CONSTR. Se usa detrás de un verbo

fee /fiː/ *n* [C] **1** ⇒remuneración ⇒honorarios **2** ⇒matrícula [escolar] **3** ⇒precio ⇒cuota

feeble /'fiː.bl̩/ *adj* **1** ⇒débil: *a feeble child* - un niño débil **2** ⇒endeble ⇒poco convincente

† **feed, fed, fed** /fiːd/ *v* [T] **1** ⇒alimentar ⇒dar de comer **2** *(en informática)* ⇒meter ⇒introducir **3** ⇒suministrar

|PHRASAL VERBS
· **to feed on** *sth* ⇒alimentarse de algo ⇒nutrirse de algo

† **feedback** /'fiːd.bæk/ *n* [U] **1** ⇒reacción **2** *(en un sistema o una máquina)* ⇒retroalimentación

† **feel, felt, felt** /fiːl/ *v* [T, I] **1** ⇒sentir **2** ⇒creer ■ CONSTR. to feel + (that) **3** ⇒palpar ⇒tocar **4** *to* ~ *for sth* ⇒buscar algo a tientas **5** *to* ~ *good* ⇒sentirse bien **6** *to* ~ *like {sth/doing sth}* ⇒apetecer ⇒tener ganas **7** *to* ~ *one's way* ⇒ir a tientas

|PHRASAL VERBS
· **to feel for** *sb* ⇒sentirlo por alguien

feeling /'fiː.lɪŋ/ ■ *n* [C] **1** ⇒sensación: *a strange feeling* - una sensación rara; ⇒sentimiento: *She hurt my feelings* - Hirió mis sentimientos ■ *n* [C, U] **2** ⇒sensibilidad ⇒tacto ■ *n* [NO PL] **3** ⇒presentimiento **4** *{bad/ill}* ~ ⇒resentimiento ⇒rencor

feet /fiːt/ *n* [PL] See **foot**

fell /fel/ ■ **1** past tense of **fall** ■ *v* [T] **2** *(un árbol)* ⇒talar **3** *(form) (a una persona)* ⇒derribar

fella /'fel.ə/ (*tb* **fellow**) *n* [C] *(inform, old-fash)* ⇒tío *col.* ■ Se emplea únicamente con hombres

† **fellow** /'fel.əʊ, -oʊ/ (*tb* **fella**) *n* [C] **1** *(inform, old-fash)* ⇒tío *col.: Jamie is a nice fellow* - Jamie es un buen tío **2** ⇒compañero,ra: *She is a fellow passenger* - Es mi compañera de viaje

fellowship UK: /'fel.əʊ.ʃɪp/ US: /-oʊ-/ *n* [C] **1** *(form)* ⇒asociación: *a veterans fellowship* - una

asociación de veteranos **2** ⇒puesto de becario de investigación [en la universidad]

felt¹ /felt/ *n* [U] ⇒fieltro

felt² /felt/ past tense and past participle forms of **feel**

felt-tip pen *n* [C] ⇒rotulador

† **female¹** /ˈfiː.meɪl/ *adj* **1** *(un animal, una planta)* ⇒hembra **2** ⇒de mujer ⇒femenino,na

female² /ˈfiː.meɪl/ *n* [C] **1** ⇒hembra: *Often male birds are more colourful than the females* - A menudo, los pájaros machos tienen más colores que las hembras **2** ⇒mujer

† **feminine** /ˈfem.ɪ.nɪn/ *adj (cualidades)* ⇒femenino,na

feminism /ˈfem.ɪ.nɪ.zᵊm/ *n* [U] ⇒feminismo

fence¹ /fens/ *n* [C] **1** ⇒valla ⇒cerca **2** ⇒alambrada

fence² /fens/ [fenced, fencing] *v* [I] **1** ⇒hacer esgrima ⇒practicar esgrima **2** *(pregunta, argumento)* ⇒evadir ⇒desviar ⇒esquivar

fencing /ˈfen.sɪŋ/ *n* [U] **1** ⇒vallas **2** ⇒material para construir vallas **3** ⇒construcción de vallas **4** *(deporte)* ⇒esgrima

fend /fend/

| PHRASAL VERBS
| · **to fend for *oneself*** ⇒cuidar de sí mismo,ma ⇒valerse por sí mismo,ma
└ · **to fend *sth/sb* off [M]** ⇒repeler ⇒rechazar

fender /ˈfen.dəʳ/ US: /-dɚ/ *n* [C] **1** *UK* ⇒rejilla protectora [de la chimenea] **2** *US (UK* **wing/ mudguard)** *(en un vehículo)* ⇒guardabarros ⇒salpicadera *AMÉR.*

ferment¹ UK: /fəˈment/ US: /fɚ-/ *v* [T, I] ⇒fermentar

ferment² UK: /ˈfɜː.ment/ US: /ˈfɝː-/ *n* [U] *(form)* ⇒conmoción ⇒agitación

fern UK: /fɜːn/ US: /fɝːn/ *n* [C] *(planta)* ⇒helecho

ferocious UK: /fəˈrəʊ.ʃəs/ US: /-ˈroʊ-/ *adj* ⇒feroz

ferocity UK: /fəˈrɒs.ə.ti/ US: /-ˈrɑː.sə.ˤti/ *n* [U] ⇒ferocidad

ferry /ˈfer.i/ *[pl* ferries] *n* [C] ⇒transbordador ⇒ferry: *car ferry* - ferry de coches

† **fertile** UK: /ˈfɜː.taɪl/ US: /ˈfɝː.ˤt[ə]l/ *adj* **1** ⇒fértil: *a fertile piece of land* - un terreno fértil **2** ⇒fecundo,da

fertilize UK: /ˈfɜː.tɪ.laɪz/ US: /ˈfɝː.ˤt[ə]l.aɪz/ [fertilized, fertilizing] *v* [T] **1** *(un terreno)* ⇒fertilizar **2** ⇒fecundar ⇒abonar

fertilizer UK: /ˈfɜː.tɪ.laɪ.zəʳ/ US: /ˈfɝː.ˤt[ə]l.aɪ-/ *(UK tb* **fertiliser)** *n* [C] ⇒fertilizante ⇒abono

fervent UK: /ˈfɜː.vᵊnt/ US: /ˈfɝː-/ *adj (form)* ⇒ferviente: *a fervent admirer* - un ferviente admirador

fester UK: /ˈfes.təʳ/ US: /-tɚ/ *v* [I] **1** ⇒viciar(se) **2** ⇒infectar(se): *The wound festered because of the dirt* - La herida se infectó por la suciedad **3** *There was an evil smell of festering remains* - Había olor a restos en putrefacción

† **festival** /ˈfes.tɪ.vᵊl/ *n* [C] **1** ⇒festival: *a dance festival* - un festival de danza **2** *(en religión)* ⇒fiesta

festive /ˈfes.tɪv/ *adj* ⇒festivo,va

festivities UK: /fesˈtɪv.ɪ.tiz/ US: /-ə.ˤtiz/ *n* [PL] ⇒fiestas ⇒festejos

† **fetch** /fetʃ/ [fetches] *v* [T] **1** ⇒ir por ⇒recoger ⇒ir a buscar **2** *(un precio)* ⇒alcanzar

fête /feɪt/ *UK (US* **carnival)** *n* [C] **1** ⇒fiesta **2** ⇒feria [benéfica]

fetus UK: /ˈfiː.təs/ US: /-ˤtəs/ *[pl* fetuses] *US n* [C] See **foetus**

feud¹ /fjuːd/ *n* [C] ⇒rencilla ⇒enemistad crónica entre dos personas o bandas

feud² /fjuːd/ *v* [I] *(a largo plazo)* ⇒pelearse ⇒tener una reyerta con alguien

feudal /ˈfjuː.dᵊl/ *adj* ⇒feudal

† **fever** UK: /ˈfiː.vəʳ/ US: /-vɚ/ *n* [C, U] ⇒fiebre: *to have a slight fever* - tener algo de fiebre

feverish /ˈfiː.vᵊr.ɪʃ/ *adj* ⇒febril

† **few** /fjuː/ *adj* **1** ⇒poco,ca: *I knew very few people at the party* - Conocía a muy poca gente en la fiesta **2** a ~ ⇒unos,nas ⇒algunos,nas **3** a good ~ ⇒un buen número ⇒bastantes ⇒unos cuantos, unas cuantas **4** ~ and far between ⇒escasos,sas ⇒pocos,cas **5** quite a ~ ⇒un buen número ⇒bastantes ■ Se usa con nombres contables. Comparar con *little* ■ Ver cuadro en página siguiente

fiancé UK: /fiˈɒ̃.seɪ/ US: /ˌfiː.ɑːnˈseɪ/ *n* [C] ⇒novio ⇒prometido

fiancée UK: /fiˈɒ̃.seɪ/ US: /ˌfiː.ɑːnˈseɪ/ *n* [C] ⇒novia ⇒prometida

fiasco UK: /fiˈæs.kəʊ/ US: /-koʊ/ *[pl* USA fiascoes; fiascos] *n* [C] ⇒fracaso ⇒fiasco

fib /fɪb/ *n* [C] *(inform)* ⇒mentirijilla *col.: to tell fibs* - decir mentirijillas

† **fibre** UK: /ˈfaɪ.bəʳ/ US: /-bɚ/ *UK* ■ *n* [U] **1** *(en un alimento)* ⇒fibra ■ *n* [C, U] **2** *(en una tela)* ⇒fibra ⇒hilo ■ *n* [C] **3** *(en anatomía)* ⇒fibra

fickle /ˈfɪk.l̩/ *adj (una persona)* ⇒voluble ⇒imprevisible ⇒inconstante

† **fiction** /ˈfɪk.ʃᵊn/ *n* [U] **1** ⇒ficción **2** ⇒literatura [de ficción]: *I write fiction for children* - Escribo literatura de ficción para niños

fictional /ˈfɪk.ʃᵊn.ᵊl/ *adj* ⇒de ficción: *a fictional character* - un personaje de ficción

fiddle¹ /ˈfɪd.l̩/ [fiddled, fiddling] ■ *v* [T] **1** *UK (inform)* ⇒amañar: *They accused him of fiddling the data* - Le acusaron de amañar los datos ■ *v* [I] **2** *(inform)* ⇒tocar el violín

| PHRASAL VERBS
| · **to fiddle {about/around}** ⇒perder el tiempo
| · **to fiddle ({about/around}) with *sth*** **1** ⇒juguetear: *She was fiddling around with her earring* - Estaba jugueteando con su pendiente

⌐ 2 ⇒manipular: *Somebody fiddled with the machine* - Alguien manipuló la máquina
fiddle² /'fɪd.l/ *n* [C] **1** *(inform)* ⇒violín **2** *UK (inform)* ⇒chanchullo *col.;* ⇒timo *col.* **3 to play second ~ to sb** *(inform)* ⇒estar a la sombra de alguien
fiddler UK: /'fɪd.lə⁽ʳ⁾/ US: /-lə/ *n* [C] *(inform)* ⇒violinista
fiddly /'fɪd.li/ *UK adj* [*comp* fiddlier, *superl* fiddliest] *(inform)* ⇒complicado,da [por tratarse de objetos muy pequeños]: *I find sewing too fiddly for me* - Coser es muy complicado para mí
fidelity UK: /fɪ'del.ə.ti/ US: /-ˤt̬i/ *n* [U] ⇒fidelidad ■ Se usa más *faithfulness*
† **field¹** /fiːld/ *n* [C] **1** ⇒prado ⇒campo **2** *US (UK* pitch) *(en deportes)* ⇒campo ⇒terreno [de juego] **3** *(en deportes)* ⇒participantes ⇒concursantes **4** *(en una actividad, en un negocio)* ⇒participantes ⇒candidatos **5** ⇒campo [de actividad o de interés] **6** *(en informática)* ⇒campo
† **field²** /fiːld/ ■ *v* [T, I] **1** *(en cricket o en béisbol)* ⇒parar [una bola] ■ *v* [T] **2** *(en deportes)* ⇒alinear
field hockey *US n* [U] ⇒hockey sobre hierba
fiend /fiːnd/ *n* [C] **1** ⇒desalmado,da **2** ⇒fanático,ca: *a chocolate fiend* - un fanático del chocolate
† **fierce** UK: /fɪəs/ US: /fɪrs/ *adj* ⇒fiero,ra ⇒feroz
† **fifteen** /ˌfɪf'tiːn, '--/ ⇒quince
fifteenth /ˌfɪf'tiːnθ, '--/ **1** ⇒decimoquinto,ta **2** *(para las fechas)* ⇒quince: *the fifteenth century* - el siglo quince ■ Se puede escribir también *15th*
fifth¹ /fɪfθ/ **1** ⇒quinto,ta **2** *(para las fechas)* ⇒cinco **3** *It is his fifth birthday today* - Hoy cumple cinco años ■ Se puede escribir también *5th*
fifth² /fɪfθ/ *n* [C] ⇒quinto ⇒quinta parte
fifth (gear) *n* [U] *(en un vehículo)* ⇒quinta [marcha]
† **fifty** /'fɪf.ti/ ⇒cincuenta
fifty-fifty¹ /ˌfɪf.ti'fɪf.ti/ *adv (inform)* ⇒a medias: *They went fifty-fifty* - Pagaron a medias
fifty-fifty² /ˌfɪf.ti'fɪf.ti/ *adj* **to have a fifty-fifty chance** - tener un cincuenta por ciento de posibilidades
fig /fɪg/ *n* [C] **1** ⇒higo **2 ~ tree** ⇒higuera
† **fight¹**, fought, fought /faɪt/ *v* [T, I] **1** ⇒luchar **2** ⇒pelearse ⇒trompear *AMÉR. col.* **3 to ~ for sth** ⇒luchar por algo
| PHRASAL VERBS
└ **to fight back** ⇒defenderse ⇒contraatacar
† **fight²** /faɪt/ *n* [C] **1** ⇒lucha ⇒pelea **2** ⇒lucha ⇒batalla
fighter UK: /'faɪ.tə⁽ʳ⁾/ US: /-ˤt̬ə/ *n* [C] **1** *(avión)* ⇒caza **2** ⇒luchador,-a
fighting UK: /'faɪ.tɪŋ/ US: /-ˤt̬ɪŋ/ *n* [U] ⇒lucha ⇒combate ⇒enfrentamiento
† **figure¹** UK: /'fɪg.ə⁽ʳ⁾/ US: /-jʊr/ *n* [C] **1** ⇒cifra ⇒número **2** ⇒estadística ⇒cifra ⇒dato **3** ⇒tipo ⇒figura

⇒silueta **4** *(gráfico)* ⇒tabla ⇒cuadro ⇒figura **5** ⇒figura ⇒personaje
† **figure²** ■ *v* [I] **1** ⇒figurar ⇒aparecer ■ *v* [T] **2** *US* ⇒suponer ⇒figurarse **3 that figures** *(inform)* *«We won the game» «That figures»* - «Ganamos el partido» «Estaba cantado»
| PHRASAL VERBS
· **to figure sth out 1** *(inform)* ⇒averiguar cómo hacer algo ⇒entender algo ⇒descifrar algo **2** *(un problema)* ⇒resolver
· **to figure sb out** ⇒entender a alguien [su forma de pensar o actuar]: *I just can't figure him out* - Es que no consigo entenderlo
† **file¹** /faɪl/ *n* [C] **1** ⇒archivo ⇒carpeta **2** ⇒expediente **3** *(en informática)* ⇒archivo **4** ⇒lima **5 in single ~** ⇒en fila india **6 on ~** ⇒archivado,da

F ▬

few / a few / little / a little

• Few y **a few** se utilizan con nombres contables en plural:

 · *I have very **few** CDs, can you lend me some?*
 (Tengo muy pocos CD, ¿puedes prestarme algunos?)

 · *We've bought **a few** snacks to have with the dinner.*
 (Hemos comprado algunos aperitivos para tomar con la cena.)

• Little y **a little** se utilizan con nombres incontables:

 · *She has **little** time for games.*
 (Tiene poco tiempo para juegos.)

 · *I've saved **a little** money for my holidays.*
 (He ahorrado algo de dinero para mis vacaciones.)

• Few y **little** se utilizan en oraciones con un matiz negativo. Expresan la idea de escasez:

 · ***Few** people came to the première.*
 (Vino poca gente al estreno.)

 · *Paul has **little** hope of passing his exam.*
 (Paul tiene pocas esperanzas de pasar el examen.)

• A few y **a little** se utilizan en oraciones con un matiz más positivo. Equivalen a "some":

 · *I went to the cinema with **a few** friends.*
 (Fui al cine con algunos amigos.)

 · *Paul has **a little** French.*
 (Paul habla un poco de francés.)

file² /faɪl/ [filed, filing] v [T] **1** ⇒archivar **2** *(un documento oficial)* ⇒presentar **3** ⇒limar ■ CONSTR. Se usa generalmente seguido del adverbio down **4** ⇒ir en fila: *The pupils filed along the corridor* - Los alumnos fueron en fila por el pasillo ■ CONSTR. Se usa generalmente seguido de una preposición o un adverbio

filet UK: /ˈfɪl.eɪ/ US: /fɪˈleɪ/ *US* n [C, U], v [T] See **fillet**

Filipino UK: /ˌfɪl.ɪˈpiː.nəʊ/ US: /-nou/ n [C] ⇒filipino,na

†**fill** /fɪl/ ■ v [T, I] **1** ⇒llenar: *Fill the bottle with water* - Llena la botella de agua ■ v [T] **2** ⇒llenarse **3** *(un diente)* ⇒empastar ⇒emplomar AMÉR.

|PHRASAL VERBS
| · **to fill sb in** [M] ⇒poner a alguien al día
| · **to fill sth {in/out}** [M] ⇒rellenar [un formulario]
| · **to fill (sth) up** [M] ⇒llenar: *Fill up the tank, please* - Llene el depósito, por favor

filler UK: /ˈfɪl.ər/ US: /-ɚ/ ■ n [C, U] **1** ⇒masilla ■ n [C] **2** *(en periodismo)* ⇒cuña

fillet /ˈfɪl.ɪt/ *UK (US* filet*)* n [C, U] ⇒filete [de carne, de pescado]

filling /ˈfɪl.ɪŋ/ ■ n [C, U] **1** *(de una comida o de cojines y almohadas)* ⇒relleno ■ n [C] **2** ⇒empaste

filling station *(UK tb* petrol station*) (US tb* gas station*)* n [C] ⇒gasolinera

†**film¹** /fɪlm/ ■ n [C, U] **1** *(US tb* movie*)* ⇒película **2** ⇒carrete ■ n [C] **3** ⇒película ⇒lámina

film² /fɪlm/ v [T, I] ⇒filmar ⇒grabar ⇒rodar

film director n [C] ⇒director,-a de cine

filming /ˈfɪl.mɪŋ/ n [C] ⇒rodaje

film-maker *UK* n [C] ⇒director de cine ⇒cineasta

film star n [C] ⇒estrella de cine

filter¹ UK: /ˈfɪl.tər/ US: /-ˈt̬ə/ v [T] ⇒filtrar

filter² UK: /ˈfɪl.tər/ US: /-ˈt̬ə/ n [C] ⇒filtro: *a coffee filter* - un filtro de café

†**filth** /fɪlθ/ n [U] **1** ⇒suciedad **2** ⇒obscenidad

filthy /ˈfɪl.θi/ adj [comp filthier, superl filthiest] **1** ⇒muy sucio,cia ⇒mugriento,ta **2** ⇒obsceno,na **3** ⇒ofensivo,va **4** *a filthy temper* - un humor de perros

fin /fɪn/ n [C] **1** *(de un pez)* ⇒aleta **2** ⇒aleta dorsal

†**final¹** /ˈfaɪ.nəl/ adj **1** ⇒final ⇒último,ma **2** ⇒definitivo,va: *a final decision* - una decisión definitiva ■ PRON. La primera sílaba, fi, rima con why

final² /ˈfaɪ.nəl/ n [C] **1** *(en deportes)* ⇒final **2 finals** *(en la universidad)* ⇒exámenes finales ■ PRON. La primera sílaba, fi, rima con why

finalist /ˈfaɪ.nə.lɪst/ n [C] ⇒finalista

†**finally** /ˈfaɪ.nə.li/ adv **1** ⇒por fin **2** ⇒finalmente **3** ⇒por último: *And finally, I want to talk about our goals* - Por último, quisiera hablar de nuestros objetivos

finance¹ /ˈfaɪ.nænts/ n [U] **1** ⇒economía ⇒finanzas **2** *a finance director* - un director financiero **3** ⇒fondos ⇒financiación

finance² /ˈfaɪ.nænts/ [financed, financing] v [T] ⇒financiar ⇒costear

financial /faɪˈnæn.tʃəl, fɪ-/ adj **1** ⇒financiero,ra **2** ⇒económico,ca: *financial difficulties* - problemas económicos

financially /faɪˈnæn.t.ʃəl.i, fɪ-/ adv ⇒financieramente ⇒económicamente

†**find, found, found** /faɪnd/ v [T] **1** ⇒encontrar ⇒localizar **2** ⇒resultar ⇒encontrar **3** *(ante un juez)* ⇒declarar ■ CONSTR. Se usa más en pasiva **4 to ~ it {difficult/easy} to do sth** ⇒resultarle {difícil/fácil} a alguien hacer algo ⇒{costarle/no costarle} a alguien hacer algo

|PHRASAL VERBS
| · **to find (sth) out** [M] ⇒averiguar ⇒enterarse de algo ⇒anoticiar AMÉR.
| · **to find sb out** [M] ⇒pillar a alguien ⇒descubrir a alguien ■ CONSTR. Se usa más en pasiva

finder UK: /ˈfaɪn.dər/ US: /-dɚ/ n [C] ⇒descubridor,-a ■ PRON. fin se pronuncia como el término inglés fine

finding /ˈfaɪn.dɪŋ/ n [C] **1** *(en una investigación)* ⇒descubrimiento ⇒conclusión ■ Se usa más en plural **2** ⇒fallo [de un tribunal] ■ Se usa más en singular

†**fine¹** /faɪn/ adj **1** ⇒bien: *I'm fine, thank you* - Estoy bien, gracias **2** ⇒extraordinario,ria ⇒excelente **3** ⇒bien ⇒vale **4** ⇒fino,na: *fine sand* - arena fina **5** ⇒sutil: *a fine distinction* - una distinción sutil **6 to have (doing) sth down to a ~ art** ⇒ser un experto en algo: *He has making cakes down to a fine art* - Es un experto en hacer pasteles

fine² /faɪn/ [fined, fining] v [T] ⇒multar: *to fine sb for speeding* - multar a alguien por exceso de velocidad ■ CONSTR. Se usa más en pasiva

fine³ /faɪn/ n [C] ⇒multa

†**finger** UK: /ˈfɪŋ.gər/ US: /-gɚ/ n [C] **1** ⇒dedo **2 to cross one's fingers** ⇒cruzar los dedos **3 to put one's ~ on sth** ⇒dar con algo ⇒dar en el clavo col.

†**fingernail** UK: /ˈfɪŋ.gə.neɪl/ US: /-gɚ-/ *(tb* nail*)* n [C] ⇒uña [de la mano]: *to paint your fingernails* - pintarse las uñas

fingerprint UK: /ˈfɪŋ.gə.prɪnt/ US: /-gɚ-/ n [C] ⇒huella dactilar

fingertip UK: /ˈfɪŋ.gə.tɪp/ US: /-gɚ-/ n [C] **1** ⇒punta del dedo ⇒yema del dedo **2 at one's fingertips** ⇒a mano

†**finish** /ˈfɪn.ɪʃ/ [finishes] v [T, I] ⇒terminar ⇒acabar ■ CONSTR. to finish + doing sth

|PHRASAL VERBS
| · **to finish sth off** [M] ⇒acabar (con) algo
| · **to finish sth/sb off** [M] *(inform)* ⇒acabar con algo o alguien ⇒matar a algo o alguien

· **to finish up** *UK* ⇒acabar haciendo algo ■ CONSTR. to finish up + doing sth

· **to finish with** *sb* *UK* ⇒romper con alguien

finished /ˈfɪn.ɪʃt/ *adj* **1** ⇒terminado,da **2** ⇒acabado,da *col.: a finished man* - un hombre acabado **3** to be ~ with *sth* ⇒terminar con algo: *I'll soon be finished with it* - Pronto terminaré con ello

Finn /fɪn/ *n* [c] ⇒finlandés,-a

Finnish¹ /ˈfɪn.ɪʃ/ *n* [U] *(idioma)* ⇒finés

Finnish² /ˈfɪn.ɪʃ/ *adj* ⇒finlandés,-a

fir UK: /fɜːʳ/ US: /fɜːr/ *n* [c] ⇒abeto

† **fire¹** UK: /faɪəʳ/ US: /faɪr/ ■ *n* [c, U] **1** ⇒fuego ■ *n* [c] **2** ⇒incendio **3** ⇒estufa **4 to be on** ~ ⇒estar en llamas ⇒arder **5 to be under** ~ **1** ⇒estar en la línea de fuego **2** ⇒ser el blanco de todas las críticas **6 to catch** ~ ⇒prenderse **7 to set** ~ **to** *sth* *US (UK* to set light to sth) ⇒prender fuego

† **fire²** UK: /faɪəʳ/ US: /faɪr/ [fired, firing] ■ *v* [T, I] **1** ⇒disparar ■ *v* [T] **2** *(inform)* ⇒despedir: *They fired her* - La han despedido ■ CONSTR. Se usa más en pasiva

firearm UK: /ˈfaɪə.rɑːm/ US: /ˈfaɪr.ɑːrm/ *n* [c] *(form)* ⇒arma de fuego

fire brigade *UK n* [c] ⇒cuerpo de bomberos

fire engine *n* [c] ⇒coche de bomberos

† **fire escape** *n* [c] ⇒escalera de incendios: *to go down the fire escape* - bajar por la escalera de incendios

† **firefighter** /ˈfaɪəˌfaɪ.təʳ/ *n* [c] ⇒bombero,ra

fireman UK: /ˈfaɪə.mən/ US: /ˈfaɪr-/ [*pl* firemen] *n* [c] *(hombre)* ⇒bombero

fireplace UK: /ˈfaɪə.pleɪs/ US: /ˈfaɪr-/ *n* [c] ⇒hogar ⇒chimenea ■ Comparar con *chimney*

fire station *n* [c] ⇒parque de bomberos

firewall /ˈfaɪə.wɔːl/ *n* [c] *(en informática)* ⇒firewall ⇒cortafuego

firewood UK: /ˈfaɪə.wʊd/ US: /ˈfaɪr-/ *n* [U] ⇒leña: *to chop firewood* - cortar leña

fireworks UK: /ˈfaɪə.wɜːks/ US: /ˈfaɪr.wɜːks/ *n* [PL] ⇒fuego artificial

† **firm¹** UK: /fɜːm/ US: /fɜːm/ *adj* **1** ⇒firme ⇒sólido,da **2 a** ~ **hand** ⇒la mano dura ■ PRON. La primera parte, *fir*, rima con el término inglés *her*

firm² UK: /fɜːm/ US: /fɜːm/ *n* [c] ⇒empresa: *an established firm* - una empresa consolidada ■ Distinto de *signature* (firma) ■ PRON. La primera parte, *fir*, rima con el término inglés *her*

† **first¹** UK: /fɜːst/ US: /fɜːst/ *adv* **1** ⇒primero ⇒antes **2** ⇒por primera vez **3** ⇒primero ⇒en primer lugar **4 at** ~ ⇒al principio **5** ~ **of all** ⇒en primer lugar ⇒ante todo ■ PRON. La primera parte, *fir*, rima con el término inglés *her*

† **first²** UK: /fɜːst/ US: /fɜːst/ **1** ⇒primero,ra ⇒primer **2** *(para las fechas)* ⇒uno **3** *It is his first birthday today*

- Hoy cumple un año ■ Se puede escribir también *1st* ■ PRON. La primera parte, *fir*, rima con el término inglés *her*

first³ UK: /fɜːst/ US: /fɜːst/ ■ *n* [U] **1** *(en un vehículo)* ⇒primera [marcha] ■ *n* [c] **2** ⇒en una universidad británica, calificación más alta ■ PRON. La primera parte, *fir*, rima con el término inglés *her*

first aid *n* [U] **1** ⇒primeros auxilios **2** ~ **kit** ⇒maletín de primeros auxilios

† **first class¹** *n* [U] **1** ⇒primera clase ⇒primera **2** ⇒servicio rápido de correos

† **first class²** *adv* ⇒en primera clase ⇒en primera

first-class *adj* ⇒de primera clase ⇒de primera

first floor *n* [c] **1** *UK* ⇒primer piso **2** *US (UK* ground floor) ⇒planta baja

firstly UK: /ˈfɜːst.li/ US: /ˈfɜːst-/ *adv (en una enumeración)* ⇒en primer lugar ⇒primero ⇒antes que nada

† **first name** *UK n* [c] ⇒nombre de pila

first-rate UK: /ˌfɜːstˈreɪt/ US: /ˌfɜːst-/ *adj* ⇒de primera clase ⇒excelente

first-time buyer UK: /ˌfɜːst.taɪmˈbaɪ.əʳ/ US: /ˌfɜːst.taɪmˈbaɪ.ə/ *n* [c] ⇒persona que compra su primera vivienda

† **fish¹** /fɪʃ/ ■ *n* [c] **1** ⇒pez ■ El plural es *fish* o *fishes* ■ *n* [U] **2** ⇒pescado: *Would you like some fish and chips?* - ¿Quieres pescado y patatas fritas? ■ Se dice *some fish* o *a piece of fish*. Incorrecto: *a fish*

fish² /fɪʃ/ *v* [I] ⇒pescar: *I like fishing* - Me gusta pescar

fisherman UK: /ˈfɪʃ.ə.mən/ US: /-ɚ-/ [*pl* fishermen] *n* [c] ⇒pescador,-a

fishermen *n* [PL] See **fisherman**

† **fishing** /ˈfɪʃ.ɪŋ/ *n* [U] ⇒pesca

fishy /ˈfɪʃ.i/ *adj* [*comp* fishier, *superl* fishiest] **1** *fishy smell* - olor a pescado **2** *(inform)* ⇒sospechoso,sa ⇒raro,ra **3 to smell** ~ *(inform)* ⇒oler a chamusquina *col.: It smells fishy to me* - Me huele a chamusquina

fist /fɪst/ *n* [c] **1** ⇒puño **2 to bring** *one's* ~ **down on the table** ⇒dar un puñetazo en la mesa

† **fit¹** /fɪt/ [fitted, fitting] ■ *v* [T, I] **1** ⇒ser de la talla de alguien: *Those shoes fit you perfectly* - Esos zapatos son de tu talla ■ *v* [T] **2** ⇒encajar: *This key doesn't fit the lock* - La llave no encaja en la cerradura **3** ⇒caber: *We won't all fit in the car* - No cabremos todos en el coche **4** ⇒instalar: *They fitted a smoke detector in their house* - Han instalado un detector de humo en su casa

│ PHRASAL VERBS

· **to fit in** ⇒encajar *col.: She thinks her son fits in well with her friends' children* - Cree que su hijo encaja con los hijos de sus amigas

· **to fit** *sth/sb* **in** ⇒encontrar un hueco [para una actividad]

F ▪

fit² /fɪt/ *adj* [*comp* fitter, *superl* fittest] **1** ⇨en forma: *I play tennis to keep fit* - Juego al tenis para mantenerme en forma **2** ⇨en condiciones: *He isn't fit to drive* - No está en condiciones de conducir **3** ⇨conveniente: *Do as you think fit* - Haz lo que creas conveniente **4 to be ~ for** *sth* ⇨servir para algo

fit³ /fɪt/ *n* [c] **1** *(de risa, de tos)* ⇨ataque ⇨golpe **2** ⇨ataque [epiléptico]

fitness /ˈfɪt.nəs/ *n* [U] **1** ⇨buen estado físico ⇨buena salud **2** ⇨idoneidad: *I have doubts about his fitness for the job* - Dudo de su idoneidad para el cargo

fitting¹ UK: /ˈfɪt.ɪŋ/ US: /ˈfɪˤ̬-/ *adj* **1** *(form)* ⇨apropiado,da **2** ⇨digno,na ⇨como es debido

fitting² UK: /ˈfɪt.ɪŋ/ US: /ˈfɪˤ̬-/ *n* [c] **1** ⇨aparato ⇨accesorio ■ Se usa más en plural **2** ⇨repuesto **3** ⇨prueba [de un traje] **4** ⇨muebles y accesorios de una vivienda ■ Se usa más en plural

fitting room *n* [c] ⇨probador

† **five** /faɪv/ **1** ⇨cinco: *There are five of them* - Son cinco; *She is five years old* - Tiene cinco años **2 to take ~** *US (inform)* ⇨hacer un descanso

fiver UK: /ˈfaɪ.və˞/ US: /-və/ *UK n* [c] *(inform)* ⇨billete de cinco libras

five-star UK: /ˌfaɪvˈstɑː˞/ US: /-ˌstɑːr/ *adj (un hotel o un servicio)* ⇨de cinco estrellas

† **fix¹** /fɪks/ *v* [T] **1** ⇨arreglar ⇨reparar ⇨refaccionar *AMÉR.* **2** ⇨fijar **3** ⇨amañar

PHRASAL VERBS
· **to fix** *sth* **up** [M] **1** *UK* ⇨fijar **2** *(una máquina)* ⇨mejorar
· **to fix** *sb* **up** [M] *(inform)* ⇨conseguir algo para alguien

fix² /fɪks/ *[pl* fixes] *n* [c] **1** ⇨aprieto ⇨apuro **2** *(inform)* ⇨dosis: *He needs his fix of coffee every morning* - Necesita su dosis de café todas las mañanas

fixed /fɪkst/ *adj* **1** ⇨establecido,da ⇨fijado,da **2** ⇨fijo,ja: *fixed ideas* - ideas fijas **3** *of no fixed address* - sin domicilio fijo

fixture UK: /ˈfɪks.tʃə˞/ US: /-tʃə/ *n* [c] **1** ⇨accesorio fijo de una vivienda ■ Se usa más en plural **2** *UK (en deportes)* ⇨encuentro ⇨partido

fizz¹ /fɪz/ *n* [U] **1** ⇨efervescencia **2** ⇨entusiasmo ⇨alegría

fizz² /fɪz/ *v* [I] ⇨burbujear: *After one hour the soda was still fizzing* - Después de una hora el soda todavía burbujeaba

fizzy /ˈfɪz.i/ *adj* [*comp* fizzier, *superl* fizziest] ⇨gaseoso,sa: *a fizzy drink* - una bebida gaseosa

flabby /ˈflæb.i/ *adj* [*comp* flabbier, *superl* flabbiest] *(inform) (una parte del cuerpo)* ⇨fofo,fa *col.*

flag¹ /flæg/ *n* [c] **1** ⇨bandera **2** ⇨banderín **3** *(en el suelo)* ⇨losa

flag² /flæg/ [flagged, flagging] *v* [I] **1** ⇨flaquear **2** ⇨desanimarse **3** ⇨marcar ⇨señalar

flagrant /ˈfleɪ.grənt/ *adj* ⇨flagrante: *a flagrant lie* - una mentira flagrante

flair UK: /fleə˞/ US: /fler/ ■ *n* [NO PL] **1** ⇨talento ⇨facilidad ■ *n* [U] **2** ⇨elegancia ⇨estilo

flake /fleɪk/ *n* [c] **1** ⇨copo: *flakes of snow* - copos de nieve **2** *(en la piel)* ⇨escama **3** *(en la madera)* ⇨astilla

flake² /fleɪk/ [flaked, flaking] *v* [I] ⇨desconchar(se) ⇨descascarillar(se)

flamboyant /flæmˈbɔɪ.ənt/ *adj* **1** ⇨extravagante ⇨excéntrico,ca **2** *(una prenda de vestir)* ⇨llamativo,va ⇨vistoso,sa

† **flame** /fleɪm/ *n* [c] ⇨llama: *in flames* - en llamas

flamingo UK: /fləˈmɪŋ.gəʊ/ US: /-goʊ/ *[pl* flamingoes, flamingos] *n* [c] *(ave)* ⇨flamenco

flammable /ˈflæm.ə.bl̩/ *(tb* **inflammable**) *adj* ⇨inflamable

flan /flæn/ *n* [c, u] ⇨tarta [salada o dulce]: *a cheese flan* - una tarta de queso ■ Distinto de crème caramel (flan)

flank¹ /flæŋk/ *v* [T] ⇨flanquear

flank² /flæŋk/ *n* [c] **1** *(de una persona)* ⇨costado **2** *(de un animal)* ⇨ijada **3** *(en el ejército)* ⇨flanco

flannel /ˈflæn.ᵊl/ ■ *n* [U] **1** *(tela)* ⇨franela ■ *n* [c] **2** *UK (US* **washcloth**) ⇨toalla pequeña [de baño]

flap¹ /flæp/ ■ *n* [c] **1** ⇨tapa **2** *(en un avión)* ⇨alerón **3** *(en una prenda de vestir)* ⇨solapa **4** *(en una mesa)* ⇨hoja ■ *n* [c, u] **5** *US* ⇨lío ⇨revuelo

flap² /flæp/ [flapped, flapping] ■ *v* [T] **1** ⇨batir [alas]: *The bird flapped its wings* - El ave batió las alas ■ *v* [T, I] **2** ⇨agitar(se) ⇨sacudir ■ *v* [I] **3** *UK (inform)* ⇨ponerse nervioso,sa

flare UK: /fleə˞/ US: /fler/ *n* [c] **1** ⇨bengala **2** ⇨llamarada ⇨destello **3 flares** ⇨pantalones de campana

flash¹ /flæʃ/ *v* [T, I] **1** ⇨despedir destellos **2** *(inform)* ⇨hacer exhibicionismo

flash² /flæʃ/ *[pl* flashes] ■ *n* [c] **1** ⇨destello ⇨resplandor ■ *n* [c, u] **2** ⇨flash [de una cámara] **3** ⇨ataque [repentino] ⇨arrebato **4** *a flash of inspiration* - un momento de inspiración **5** *a flash fire* - un incendio repentino **6 in a ~** *(inform)* ⇨en un pispás *col.;* ⇨rápidamente

flash card *n* [c] *(en la enseñanza)* ⇨ficha [para aprender vocabulario]

flashlight /ˈflæʃ.laɪt/ *US (UK* **torch**) *n* [c] ⇨linterna

flashy /ˈflæʃ.i/ *adj* [*comp* flashier, *superl* flashiest] **1** *(inform)* ⇨ostentoso,sa **2** *(una prenda de vestir)* ⇨llamativo,va

flask UK: /flɑːsk/ US: /flæsk/ *UK (UK/US tb* **Thermos® (flask)**) *n* [c] ⇨termo®

†**flat¹** /flæt/ *n* [c] **1** *UK* (*US* **apartment**) ➝piso ➝apartamento ➝departamento AMÉR. **2** *US* (*UK* **flat tyre**) *(inform)* *(en una rueda)* ➝pinchazo

†**flat²** /flæt/ *adj* [*comp* flatter, *superl* flattest] **1** ➝llano,na ➝liso,sa ➝plano,na **2** ➝sin gas: *This drink is already flat* - Esta bebida ya no tiene gas **3** *(en música)* ➝desafinado,da **4** *(en música)* ➝bemol **5** *UK* ➝sin batería **6** *(una rueda)* ➝desinflado,da ➝pinchado,da

flatly /'flæt.li/ *adv* ➝rotundamente

flatmate /'flæt.meɪt/ *UK n* [c] ➝compañero,ra de piso

flatten UK: /'flæt.ᵊn/ US: /'flæˤt̬-/ *v* [T, I] ➝aplastar: *Be careful, don't flatten that box* - Ten cuidado, no vayas a aplastar esa caja

flatter UK: /'flæt.əʳ/ US: /'flæˤt̬.ɚ/ *v* [T] **1** ➝halagar ➝lisonjear **2** ➝favorecer [el aspecto]: *Those earrings really flatter you* - Esos pendientes te favorecen **3 to ~ oneself** ➝autoengañarse ➝hacerse ilusiones

flattering UK: /'flæt.ᵊr.ɪŋ/ US: /'flæˤt̬.ɚ-/ *adj* ➝halagador,-a ➝favorecedor,-a

flat tyre *UK* (*US* **flat**) *n* [c] *(en una rueda)* ➝pinchazo

flaunt UK: /flɔːnt/ US: /flɑːnt/ *v* [T] ➝ostentar ➝hacer ostentación ➝hacer alarde de

†**flavour** UK: /'fleɪ.vəʳ/ US: /-vɚ/ *UK n* [c] ➝sabor: *chocolate flavour* - sabor a chocolate

flaw UK: /flɔː/ US: /flɑː/ *n* [c] **1** ➝defecto ➝fallo ➝tara **2** *(de una persona)* ➝defecto

flawless UK: /'flɔː.ləs/ US: /'flɑː-/ *adj* ➝impecable: *a flawless job* - un trabajo impecable

flea /fliː/ *n* [c] ➝pulga

fleck /flek/ *n* [c] ➝mota

fled /fled/ past tense and past participle forms of **flee**

†**flee, fled, fled** /fliː/ [fleeing] *v* [T, I] ➝huir ➝escapar

fleece /fliːs/ ∎ *n* [c] **1** ➝forro polar ∎ *n* [c, U] **2** ➝vellón [de oveja]

†**fleet** /fliːt/ *n* [c] **1** ➝flota ➝armada **2** ➝flotilla

†**flesh** /fleʃ/ *n* [U] **1** *(de una persona, de un animal)* ➝carne **2** *(de una fruta)* ➝pulpa **3 in the ~** ➝en persona

flew /fluː/ past tense of **fly**

flex¹ /fleks/ [*pl* flexes] *UK* (*US* **cord**) *n* [c, U] ➝cable [eléctrico]

flex² /fleks/ *v* [T] ➝flexionar: *to flex one's knees* - flexionar las rodillas

flexibility UK: /ˌflek.sɪ'bɪl.ɪ.ti/ US: /-ə.ˤt̬i/ *n* [U] ➝flexibilidad

†**flexible** /'flek.sɪ.bl̩/ *adj* ➝flexible

flick¹ /flɪk/ *v* [T, I] ➝hacer un movimiento corto y rápido ∎ CONSTR. Se usa generalmente seguido de una preposición o un adverbio

PHRASAL VERBS
· **to flick sth off** [M] ➝apagar algo [con un interruptor]: *to flick the light off* - apagar la luz
· **to flick through sth** ➝hojear algo: *to flick through a book* - hojear un libro

flick² /flɪk/ *n* [c] ➝movimiento rápido: *with a flick of the wrist* - con un movimiento rápido de la muñeca

flicker¹ UK: /'flɪk.əʳ/ US: /-ɚ/ *v* [I] *(una luz)* ➝parpadear

flicker² UK: /'flɪk.əʳ/ US: /-ɚ/ *n* [c] ➝parpadeo ➝centelleo

flies /flaɪz/ *UK* (*UK/US tb* **fly**) *n* [PL] ➝bragueta: *Your flies are undone* - Tienes la bragueta bajada

†**flight** /flaɪt/ ∎ *n* [c] **1** ➝vuelo: *a charter flight* - un vuelo chárter; *a return flight* - un vuelo de ida y vuelta **2** ➝tramo [de escaleras] ∎ *n* [U] **3** ➝huida ➝fuga

flight attendant *n* [c] ➝azafato,ta ➝auxiliar de vuelo

flimsy /'flɪm.zi/ *adj* [*comp* flimsier, *superl* flimsiest] **1** ➝endeble ➝débil ➝tonto,ta **2** *(una prenda de vestir)* ➝fino,na ➝ligero,ra

flinch /flɪntʃ/ [flinches] *v* [I] **1** ➝retroceder **2** ➝inmutarse **3** ➝encogerse: *He flinched on hearing the noise* - Se encogió al oír aquel ruido **4** ➝echarse atrás: *I flinched from doing it* - Me eché atrás a la hora de hacerlo ∎ *to flinch from sth*

fling¹, flung, flung /flɪŋ/ *v* [T] **1** ➝arrojar ➝tirar [con fuerza] **2** ➝arrojarse ➝tirarse **3** ➝echar: *He flung his arms around my neck* - Me echó los brazos al cuello ∎ CONSTR. Se usa generalmente seguido de una preposición o un adverbio

fling² /flɪŋ/ *n* [c] **1** *(inform)* ➝lío *col.;* ➝aventura **2** *(inform)* ➝juerga *col.: a final fling* - una última juerga

flint /flɪnt/ *n* [c, U] ➝pedernal

flip /flɪp/ [flipped, flipping] *v* [T, I] **1** ➝voltear **2** *(una moneda)* ➝lanzar al aire ➝echar a cara o cruz

flippant /'flɪp.ᵊnt/ *adj* ➝frívolo,la ➝irónico,ca ➝jocoso,sa

flipper UK: /'flɪp.əʳ/ US: /-ɚ/ *n* [c] ➝aleta

flirt¹ UK: /flɜːt/ US: /flɝːt/ *v* [I] ➝flirtear ➝coquetear

flirt² UK: /flɜːt/ US: /flɝːt/ *n* [c] ➝ligón,-a *col.*

flit /flɪt/ [flitted, flitting] *v* [I] **1** *(un animal)* ➝revolotear **2** ➝estar a caballo **3** ➝pasar ∎ CONSTR. Se usa generalmente seguido de una preposición o un adverbio

†**float** UK: /fləʊt/ US: /floʊt/ *v* [T, I] **1** ➝flotar: *Cork floats on water* - El corcho flota en el agua **2** *(en la bolsa)* ➝lanzar al mercado **3** *(una idea)* ➝presentar ➝plantear ➝sugerir

F ∎

float² UK: /fləʊt/ US: /floʊt/ n [C] **1** *(en una procesión)* ⇨carroza **2** ⇨boya **3** ⇨flotador

flock¹ UK: /flɒk/ US: /flɑːk/ n [C] **1** ⇨bandada ⇨rebaño **2** ⇨multitud ■ Por ser un nombre colectivo se puede usar con el verbo en singular o en plural

flock² UK: /flɒk/ US: /flɑːk/ v [I] ⇨moverse.en masa ⇨acudir en masa ■ CONSTR. to flock + to do sth

flog UK: /flɒg/ US: /flɑːg/ [flogged, flogging] v [T] ⇨azotar

flood¹ /flʌd/ v [T, I] ⇨inundar: *These fields were flooded this winter* - Estos campos se inundaron este invierno ■ PRON. La oo se pronuncia como la u en el término inglés sun

flood² /flʌd/ ■ n [C, U] **1** ⇨inundación ■ n [C] **2** ⇨avalancha: *a flood of questions* - una avalancha de preguntas ■ PRON. La oo se pronuncia como la u en el término inglés sun

flooding /ˈflʌd.ɪŋ/ n [U] ⇨inundación ■ PRON. La oo se pronuncia como la u en el término inglés sun

↑ **floor¹** UK: /flɔːʲ/ US: /flɔːr/ n [C] **1** ⇨suelo **2** ⇨piso ⇨planta **3** ⇨pista

↑ **floor²** UK: /flɔːʲ/ US: /flɔːr/ v [T] **1** ⇨tirar a alguien al suelo **2** *to be floored by sth* - quedarse pasmado por algo

floorboard UK: /ˈflɔː.bɔːd/ US: /ˈflɔːr.bɔːrd/ n [C] *(parte del suelo)* ⇨tabla ■ Se usa más en plural

flop¹ UK: /flɒp/ US: /flɑːp/ n [C] *(inform)* ⇨fracaso

flop² UK: /flɒp/ US: /flɑːp/ [flopped, flopping] v [I] **1** *(inform) (una obra o un negocio)* ⇨fracasar [estrepitosamente] ⇨estrellarse col. **2** ⇨desplomarse ⇨dejarse caer ■ CONSTR. Se usa generalmente seguido de una preposición o un adverbio

floppy¹ UK: /ˈflɒp.i/ US: /ˈflɑː.pi/ adj [comp floppier, superl floppiest] **1** ⇨flojo,ja **2** ⇨flexible

floppy² UK: /ˈflɒp.i/ US: /ˈflɑː.pi/ [pl floppies] n [C] See **floppy disk**

floppy disk *(tb floppy)* n [C] ⇨disquete

flora UK: /ˈflɔː.rə/ US: /ˈflɔːr.ə/ n [U] ⇨flora

floral UK: /ˈflɔː.rəl/ US: /ˈflɔːr.[ə]l/ adj ⇨floral ⇨floreado,da

florist UK: /ˈflɒr.ɪst/ US: /ˈflɔːr.ɪst/ n [C] ⇨florista

flounder UK: /ˈflaʊn.dəʲ/ US: /-dəʲ/ v [I] **1** ⇨tambalearse: *Their relationship is floundering* - Su relación se está tambaleando **2** ⇨vacilar ⇨dudar **3** *(un barco)* ⇨hundirse **4** ⇨debatirse en el agua para no ahogarse

↑ **flour** UK: /flaʊəʲ/ US: /flaʊəʲ/ n [U] ⇨harina: *wholemeal flour* - harina integral

flourish¹ UK: /ˈflʌr.ɪʃ/ US: /ˈflɜː-/ ■ v [I] **1** ⇨florecer ⇨prosperar ■ v [T] **2** ⇨agitar ⇨menear

flourish² UK: /ˈflʌr.ɪʃ/ US: /ˈflɜː-/ n [C] ⇨floreo

flow¹ UK: /fləʊ/ US: /floʊ/ v [I] **1** ⇨fluir: *Blood flows through the veins and arteries* - La sangre fluye por las venas y las arterias **2** *(una lágrima)* ⇨correr

flow² UK: /fləʊ/ US: /floʊ/ n [C] ⇨flujo: *blood flow* - flujo sanguíneo; *a continuous flow of people* - un flujo continuo de gente

↑ **flower¹** UK: /ˈflaʊ.əʲ/ US: /ˈflaʊ.ə/ n [C] ⇨flor: *in flower* - en flor

flower² UK: /ˈflaʊ.əʲ/ US: /ˈflaʊ.ə/ v [I] ⇨florecer: *Most trees flower in spring* - La mayoría de los árboles florece en primavera

flowering n [U] ⇨florecimiento

flown UK: /fləʊn/ US: /floʊn/ past participle of **fly**

↑ **flu** /fluː/ n [U] ⇨forma abreviada de **influenza** (gripe): *to catch the flu* - coger la gripe

fluctuate /ˈflʌk.tju.eɪt/ [fluctuated, fluctuating] v [I] ⇨fluctuar ⇨variar

fluency /ˈfluː.ənt.si/ n [U] *(en el lenguaje)* ⇨fluidez

↑ **fluent** /ˈfluː.ənt/ adj ⇨fluido,da: *Rachel speaks fluent French* - Rachel habla un francés fluido

fluff /flʌf/ n [U] ⇨pelusa: *a piece of fluff* - una pelusa

fluffy /ˈflʌf.i/ adj [comp fluffier, superl fluffiest] **1** ⇨mullido,da ⇨esponjoso,sa **2** *(una superficie)* ⇨cubierto,ta de pelusa **3** *a fluffy toy* - un peluche

fluid¹ /ˈfluː.ɪd/ n [C] ⇨líquido ⇨fluido

fluid² /ˈfluː.ɪd/ adj **1** *(form)* ⇨fluido,da: *a fluid movement* - un movimiento fluido **2** *(form) (una situación)* ⇨variable ⇨inestable **3** *(form) (un plan)* ⇨flexible

fluke /fluːk/ n [C] **1** *(inform)* ⇨golpe de suerte **2** *It was just a fluke* - Tuve suerte, nada más

flung /flʌŋ/ past tense and past participle forms of **fling**

fluorescent UK: /fluəˈres.ⁿt/ US: /flʊ-/ adj ⇨fluorescente

fluoride UK: /ˈflʊə.raɪd/ US: /ˈflʊ-/ n [U] *(en química)* ⇨flúor

flurry UK: /ˈflʌr.i/ US: /ˈflɜː-/ [pl flurries] n [C] **1** *(de nieve o lluvia)* ⇨ventisca ⇨ráfaga **2** *(de un sentimiento)* ⇨brote ⇨oleada ⇨aluvión

flush¹ /flʌʃ/ v [I] **1** ⇨sonrojarse ⇨ruborizarse **2** ⇨limpiar ⇨desatascar **3** ⇨enjuagar: *to flush sth with water* - enjuagar algo con agua **4** *to ~ the toilet* ⇨tirar de la cadena del váter

flush² /flʌʃ/ [pl flushes] n [C] **1** ⇨rubor **2** ⇨arrebato [de emoción]: *a flush of excitement* - un arrebato de emoción **3** *hot flushes (en medicina)* ⇨sofoco

flute /fluːt/ n [C] ⇨flauta: *to play the flute* - tocar la flauta

flutter¹ UK: /ˈflʌt.əʲ/ US: /ˈflʌˤt̬.ə/ v [T, I] **1** ⇨revolotear **2** ⇨ondear **3** *(las alas, una bandera)* ⇨batir ⇨agitar [delicadamente]

flutter² UK: /ˈflʌt.əʲ/ US: /ˈflʌˤt̬.ə/ n [NO PL] **1** ⇨revoloteo **2** ⇨aleteo **3** *to be {all of a/in a } ~* ⇨estar alterado,da ⇨estar nervioso,sa

†**fly¹**, **flew, flown** /flaɪ/ [flies] ∎ *v* [ɪ] **1** *(un insecto, un ave)* ⇒volar **2** ⇒ir en avión ⇒viajar en avión ⇒volar **3** ⇒irse volando ⇒irse pitando *col.* **4** ⇒volar ⇒pasar volando ∎ *v* [T] *(un avión)* ⇒pilotar **6** ⇒transportar [en avión] ∎ CONSTR. Se usa más en pasiva **7** *(una bandera o un estandarte)* ⇒enarbolar **8** to ~ {away/off} *(un insecto, un ave)* ⇒irse volando **9** to ~ open ⇒abrirse de repente

fly² /flaɪ/ [*pl* flies] *n* [c] **1** ⇒mosca **2** *(UK tb* flies) ⇒bragueta

flying /'flaɪ.ɪŋ/ *adj* ⇒volador,-a

FO *n* [U] ⇒forma abreviada de **Foreign Office** (ministerio británico de Asuntos Exteriores)

foam¹ UK: /fəʊm/ US: /foʊm/ *n* [U] ⇒espuma

foam² UK: /fəʊm/ US: /foʊm/ *v* [ɪ] ⇒echar espuma: *The dog was foaming at the mouth* - El perro echaba espuma por la boca

focus¹ UK: /'fəʊ.kəs/ US: /'foʊ-/ [focuses] *v* [T] ⇒enfocar: *to focus a camera* - enfocar una cámara

focus² UK: /'fəʊ.kəs/ US: /'foʊ-/ [*pl* foci, focuses] *n* [c] **1** ⇒foco **2** ⇒centro ⇒foco ⇒núcleo **3** to be in ~ *(una imagen)* ⇒estar enfocado,da **4** to be out of ~ *(una imagen)* ⇒estar desenfocado,da

fodder UK: /'fɒd.əʳ/ US: /'fɑː.də/ *n* [U] **1** ⇒pienso **2** ⇒forraje

foe UK: /fəʊ/ US: /foʊ/ *n* [c] *(lit)* ⇒enemigo,ga

foetus UK: /'fiː.təs/ US: /-ˤtəs/ [*pl* foetuses] *UK* (*US* fetus) *n* [c] ⇒feto

†**fog** UK: /fɒg/ US: /fɑːg/ *n* [c, U] ⇒niebla

foggy UK: /'fɒg.i/ US: /'fɑː.gi/ *adj* [*comp* foggier, *superl* foggiest] **1** ⇒con niebla ⇒de niebla **2** *It's foggy* - Hay niebla

foil¹ /fɔɪl/ ∎ *n* [U] **1** ⇒lámina de metal ∎ *n* [c] **2** *(en esgrima)* ⇒florete **3** aluminium ~ *UK* ⇒papel de aluminio

foil² /fɔɪl/ *v* [T] *(un intento)* ⇒frustrar ∎ CONSTR. Se usa más en pasiva

†**fold¹** UK: /fəʊld/ US: /foʊld/ ∎ *v* [ɪ] **1** ⇒plegar ⇒doblar ∎ *v* [ɪ] **2** *(una empresa)* ⇒quebrar

fold² UK: /fəʊld/ US: /foʊld/ *n* [c] **1** ⇒pliegue ⇒doblez ∎ Se usa más en plural **2** *(para animales)* ⇒redil ⇒aprisco

folder UK: /'fəʊl.dəʳ/ US: /'foʊl.də/ *n* [c] ⇒archivador ⇒carpeta ⇒fólder *AMÉR.* ∎ Distinto de *carpet* (alfombra)

foliage UK: /'fəʊ.li.ɪdʒ/ US: /'foʊ-/ *n* [U] ⇒follaje

†**folk** UK: /fəʊk/ US: /foʊk/ *UK n* [PL] ⇒gente: *country folk* - gente de campo

folklore UK: /'fəʊk.lɔːʳ/ US: /'foʊk.lɔːr/ *n* [U] ⇒folclore

†**follow** UK: /'fɒl.əʊ/ US: /'fɑː.loʊ/ *v* [T, ɪ] **1** ⇒seguir ⇒ir detrás **2** *(en el tiempo)* ⇒suceder ⇒seguir ⇒comprender **3** ⇒seguir **4** as follows ⇒como sigue **5** to ~ from *sth* ⇒ser la consecuencia lógica de algo

⇒poder deducirse de algo **6** to ~ the crowd ⇒hacer lo que hacen los demás

| PHRASAL VERBS
· **to follow on** *UK* ⇒venir después
· **to follow** *sth* **through** [M] **1** ⇒seguir con algo ⇒continuar ⇒rematar **2** ⇒cumplir
· **to follow** *sth* **up 1** ⇒investigar ⇒examinar con detalle **2** ⇒desarrollar ∎ CONSTR. to follow up on sth

follower UK: /'fɒl.əʊ.əʳ/ US: /'fɑː.loʊ.ə/ *n* [c] **1** ⇒seguidor,-a ⇒partidario,ria **2** ⇒discípulo,la

following UK: /'fɒl.əʊ.ɪŋ/ US: /'fɑː.loʊ-/ *adj* ⇒siguiente: *I met her the following morning* - La vi a la mañana siguiente

follow-up UK: /'fɒl.əʊ.ʌp/ US: /'fɑː.loʊ-/ *n* [c] ⇒continuación

†**fond** UK: /fɒnd/ US: /fɑːnd/ *adj* **1** *(un recuerdo)* ⇒agradable ⇒bueno,na **2** to be ~ of *sth/sb* **1** ⇒tener mucho cariño: *I'm very fond of my cat* - Le tengo mucho cariño a mi gato **2** ⇒ser aficionado,da a: *I'm fond of classical music* - Soy aficionado a la música clásica

fondle UK: /'fɒn.dl̩/ US: /'fɑːn-/ [fondled, fondling] *v* [T] ⇒acariciar [sexual o cariñosamente]

font UK: /fɒnt/ US: /fɑːnt/ *n* [c] **1** ⇒pila bautismal **2** *(tipo de letra)* ⇒fuente

†**food** /fuːd/ *n* [c, U] **1** ⇒alimento ⇒comida **2** ~ for thought ⇒motivo de reflexión

food processor *n* [c] ⇒robot de cocina

foodstuff /'fuːd.stʌf/ *n* [c] *(form)* ⇒producto alimenticio ⇒alimento ∎ Se usa más en plural

fool¹ /fuːl/ *n* [c] **1** ⇒tonto,ta *col. desp.;* ⇒boludo,da *AMÉR. vulg. desp.;* ⇒güey *AMÉR. col. desp.* **2** ⇒loco,ca *col.* **3** *(en el pasado)* ⇒bufón,-a **4** to {act/play} the ~ ⇒hacer(se) el tonto, hacer(se) la tonta **5** to be {no/nobody's} ~ ⇒no dejarse engañar por nadie **6** to make a ~ of *sb* ⇒poner en ridículo a alguien **7** to make a ~ of *oneself* ⇒hacer el ridículo

fool² /fuːl/ *v* [T] ⇒engañar ∎ CONSTR. to fool into + doing sth

| PHRASAL VERBS
· **to fool {about/around}** ⇒hacer el tonto ⇒huevear *AMÉR. vulg.;* ⇒cojudear *AMÉR. vulg.*

foolish /'fuː.lɪʃ/ *adj* **1** ⇒tonto,ta *col. desp.;* ⇒boludo,da *AMÉR. vulg. desp.* **2** ⇒ridículo,la

foolproof /'fuːl.pruːf/ *adj* ⇒infalible: *a foolproof plan* - un plan infalible

†**foot¹** /fʊt/ [*pl* feet] *n* [c] **1** *(de una persona)* ⇒pie **2** *(de un animal)* ⇒pezuña **3** *(unidad de medida)* ⇒pie ∎ La forma abreviada es *ft* **4** on ~ ⇒a pie ⇒andando **5** to put *one's* feet up ⇒descansar **6** to put *one's* ~ down ⇒ponerse firme **7** to put *one's* ~ in it ⇒meter la pata *col.* **8** to set ~ {in/on} *sth* ⇒pisar ⇒entrar

foot 166

† **foot²** /fʊt/ **to ~ the bill** *(inform)* ⇒pagar los gastos: *She had to foot the bill for the whole trip* - Tuvo que pagar todos los gastos del viaje

† **football** UK: /'fʊt.bɔːl/ US: /-baːl/ *n* [U] **1** *UK (US* soccer) ⇒fútbol ⇒futbol *AMÉR.* **2** ⇒balón de fútbol americano **3** *US* ⇒fútbol americano **4** **Football Club** ⇒club de fútbol ■ La forma abreviada es *FC*

footballer UK: /'fʊt.bɔː.ləʳ/ US: /-baː.lɚ/ *UK n* [C] ⇒futbolista ⇒jugador,-a de fútbol

footing UK: /'fʊt.ɪŋ/ US: /'fʊᵗt̬-/ ■ *n* [U] **1** ⇒base ⇒condición ■ *n* [NO PL] **2** ⇒equilibrio: *to lose one's footing* - perder el equilibrio **3** *to put a company on a sound footing* - reflotar una empresa que va mal **4** **to be on an equal ~** ⇒estar en igualdad de condiciones

footnote UK: /'fʊt.nəʊt/ US: /-noʊt/ *n* [C] **1** ⇒nota a pie de página **2** ⇒información adicional

footpath UK: /'fʊt.pɑːθ/ US: /-pæθ/ *UK n* [C] ⇒sendero ⇒senda

footprint /'fʊt.prɪnt/ *n* [C] ⇒pisada ⇒huella ■ Se usa más en plural

footstep /'fʊt.step/ *n* [C] ⇒paso ⇒pisada ■ Se usa más en plural

footwear UK: /'fʊt.weəʳ/ US: /-wer/ *n* [U] ⇒calzado

† **for** UK: /fɔːʳ/ US: /fɔːr/ UK: /fəʳ/ US: /fɚ/ *prep* **1** *(finalidad)* ⇒para ■ CONSTR. El verbo que le sigue siempre va en gerundio **2** *(destinatario)* ⇒para **3** ⇒durante: *We talked for hours* - Hablamos durante horas **4** ⇒desde hace: *I haven't seen Walter for six months* - No veo a Walter desde hace seis meses ■ Se usa con períodos de tiempo y con verbos en pretérito perfecto o pasado simple. Comparar con *since* **5** ⇒en: *We haven't seen a house for kilometres* - No hemos visto una casa en kilómetros **6** *(dirección)* ⇒para ⇒que va a **7** ⇒a favor de: *Who is for this idea?* - ¿Quién está a favor de esta propuesta? ■ CONSTR. El verbo que le sigue siempre va en gerundio **8** *(precio)* ⇒por **9** *(causa)* ⇒por ■ CONSTR. El verbo que le sigue siempre va en gerundio **10** **~ all** ⇒a pesar de: *For all her help, they couldn't solve the problem* - A pesar de su ayuda, no pudieron solucionar el problema ■ Ver cuadro en esta página y ver cuadro para (for / to)

forbade past tense of **forbid**

† **forbid, forbade, forbidden** UK: /fə'bɪd/ US: /fɚ-/ *v* [T] ⇒prohibir: *She forbade me to mention it again* - Me prohibió que volviera a sacar el tema ■ CONSTR. 1. to forbid + to do sth 2. to forbid from + doing sth 3. Se usa más en pasiva

forbidden UK: /fə'bɪd.ᵊn/ US: /fɚ-/ past participle of **forbid**

forbidding UK: /fə'bɪd.ɪŋ/ US: /fɚ-/ *adj* **1** ⇒imponente ⇒amenazante **2** ⇒arduo,dua: *a forbidding task* - una ardua tarea

† **force¹** UK: /fɔːs/ US: /fɔːrs/ ■ *n* [U] **1** ⇒fuerza: *to throw sb out by force* - sacar a alguien por la fuerza ■ *n* [C] **2** ⇒fuerza ⇒poder **3** *(conjunto de*

for / since

Se usa **for** y **since** con verbos en presente perfecto o en presente perfecto continuo para hablar de acciones que han comenzado en el pasado y que continúan en el presente.

• Se usa **for** cuando se especifica el período de tiempo durante el cual se desarrolla la acción: "hours" ('horas'), "one week" ('una semana'), "two months" ('dos meses'), "three years" ('tres años').

YEARS

· *Carmen has been studying English **for** six years.*
(Carmen lleva seis años estudiando inglés.)

· *She has been working in the library **for** hours.*
(Lleva horas trabajando en la biblioteca.)

• Se usa **since** cuando se especifica el momento en el que comenzó la acción: "yesterday" ('ayer'), "last week" ('la semana pasada'), "two months ago" ('hace dos meses '), "september" ('septiembre'), "1975", "their wedding day" ('el día de su boda'), "the last time that we saw them" ('la última vez que los vimos').

1994 NOW

· *Sally has been working in this bank **since** 1994.*
(Sally lleva trabajando en este banco desde 1994.)

· *I haven't seen Sally and Jim **since** their wedding day.*
(No he visto a Sally y a Jim desde el día de su boda.)

personas) ⇨cuerpo **4 in ~** *(una ley o un sistema)* ⇨vigente ⇨en vigor

† **force²** UK: /fɔːs/ US: /fɔːrs/ [forced, forcing] *v* [T] **1** ⇨forzar ⇨obligar ■ CONSTR. 1. to force + to do sth 2. Se usa más en pasiva **2** ⇨forzar

| PHRASAL VERBS
└· **to force** *sth* **{on/upon}** *sb* ⇨imponer

forceful UK: /ˈfɔːs.fʰl/ US: /ˈfɔːrs-/ *adj* **1** *(un argumento)* ⇨convincente ⇨contundente **2** *(una persona)* ⇨fuerte ⇨con carácter

forcible UK: /ˈfɔː.sɪ.bl/ US: /ˈfɔːr-/ *adj* ⇨forzoso,sa ⇨violento,ta

forcibly UK: /ˈfɔː.sɪ.bli/ US: /ˈfɔːr-/ *adv* ⇨por la fuerza

ford¹ UK: /fɔːd/ US: /fɔːrd/ *n* [c] ⇨vado [de un río]

ford² UK: /fɔːd/ US: /fɔːrd/ *v* [T] ⇨vadear: *Mildred forded the river to reach my house* - Mildred vadeó el río para llegar a mi casa

fore¹ UK: /fɔː/ US: /fɔːr/ *adj (en una embarcación)* ⇨de proa ⇨delantero,ra

fore² UK: /fɔː/ US: /fɔːr/ **to come to the ~** ⇨destacar ⇨hacerse famoso,sa

forearm UK: /ˈfɔː.rɑːm/ US: /ˈfɔːr.ɑːrm/ *n* [c] ⇨antebrazo

forecast¹ UK: /ˈfɔː.kɑːst/ US: /ˈfɔːr.kæst/ *n* [c] ⇨previsión ⇨pronóstico

forecast², forecast, forecast *(tb* forecasted, forecasted) UK: /ˈfɔː.kɑːst/ US: /ˈfɔːr.kæst/ *v* [T] ⇨predecir ⇨pronosticar

forefinger UK: /ˈfɔːˌfɪŋ.gə/ US: /ˈfɔːrˌfɪŋ.gɚ/ *n* [c] *(dedo)* ⇨índice

forefront UK: /ˈfɔː.frʌnt/ US: /-ˈfɔːr-/ **to be at the ~ of** *sth* ⇨estar al frente de algo ⇨estar en la vanguardia de algo

foreground UK: /ˈfɔː.graʊnd/ US: /ˈfɔːr-/ *n* [NO PL] ⇨primer plano: *in the foreground* - en primer plano

† **forehead** UK: /ˈfɒr.ɪd/ UK: /ˈfɔː.hed/ US: /ˈfɑː.rɪd/ *n* [c] *(en anatomía)* ⇨frente

† **foreign** UK: /ˈfɒr.ən/ US: /ˈfɔːr-/ *adj* **1** ⇨extranjero,ra **2** ⇨exterior: *foreign policy* - política exterior **3** ⇨extraño,ña: *foreign body* - cuerpo extraño **4 to be ~ to** *sth/sb (form)* ⇨ser ajeno,na a ■ PRON. La *g* no se pronuncia

foreigner UK: /ˈfɒr.ə.nə/ US: /ˈfɔːr.ə.nɚ/ *n* [c] ⇨extranjero,ra ⇨fuereño,ña *AMÉR.* ■ PRON. La *g* no se pronuncia

foreman UK: /ˈfɔː.mən/ US: /ˈfɔːr-/ *[pl* foremen] *n* [c] **1** ⇨capataz **2** ⇨presidente [de un jurado]

foremost¹ UK: /ˈfɔː.məʊst/ US: /ˈfɔːr.moʊst/ *adj (form)* ⇨más destacado,da: *our foremost expert* - nuestra experta más destacada

foremost² UK: /ˈfɔː.məʊst/ US: /ˈfɔːr.moʊst/ *adv (form)* ⇨principalmente ⇨destacadamente

forerunner UK: /ˈfɔːˌrʌn.ə/ US: /ˈfɔːrˌrʌn.ɚ/ *n* [c] ⇨precursor,-a ⇨pionero,ra

foresaw past tense of **foresee**

foresee, foresaw, foreseen UK: /fəˈsiː/ US: /fɚ-/ [foreseeing] *v* [T] ⇨prever: *He had not foreseen the traffic jam* - No había previsto el atasco

foreseeable UK: /fɔːˈsiː.ə.bl/ US: /fɔːr-/ *adj* ⇨previsible: *in a foreseeable future* - en un futuro previsible

foreseen past participle of **foresee**

foresight UK: /ˈfɔː.saɪt/ US: /ˈfɔːr-/ *n* [U] ⇨previsión ⇨visión de futuro

† **forest** UK: /ˈfɒr.ɪst/ US: /ˈfɔːr-/ *n* [c] **1** ⇨bosque **2** *a forest ranger* - un guarda forestal **3** *forest fire* - incendio forestal

foretell, foretold, foretold UK: /fɔːˈtel/ US: /fɔːr-/ *v* [T] *(form)* ⇨predecir: *to foretell future events* - predecir futuros acontecimientos

foretold past tense and past participle forms of **foretell**

† **forever** UK: /fəˈre.və/ US: /fɔːˈrev.ɚ/ *(UK tb* **for ever)** *adv* **1** ⇨siempre ⇨para siempre **2** *(inform)* *This is going to take forever* - Esto va a durar una eternidad

foreword UK: /ˈfɔː.wɜːd/ US: /ˈfɔːr.wɜːd/ *n* [c] ⇨prefacio ⇨prólogo

forgave UK: /fəˈgeɪv/ US: /fɚ-/ past tense of **forgive**

forge¹ UK: /fɔːdʒ/ US: /fɔːrdʒ/ [forged, forging] *v* [T] **1** ⇨forjar: *to forge an agreement* - forjar un acuerdo **2** ⇨falsificar: *to forge a document* - falsificar un documento

| PHRASAL VERBS
· **to forge ahead 1** ⇨adelantarse ⇨escalar posiciones **2** ⇨seguir adelante

forge² UK: /fɔːdʒ/ US: /fɔːrdʒ/ *n* [c] ⇨herrería ⇨forja ⇨fragua

forgery UK: /ˈfɔː.dʒʰr.i/ US: /ˈfɔːr.dʒɚ.i/ ■ *n* [U] **1** *(delito)* ⇨falsificación ■ *n* [c] **2** *(objeto)* ⇨falsificación ■ El plural es *forgeries*

† **forget, forgot, forgotten** UK: /fəˈget/ US: /fɚ-/ [forgetting] *v* [T, I] ⇨olvidar: *Don't forget to lock the door* - No olvides cerrar la puerta con llave ■ CONSTR. 1.to forget + (that) 2. to forget + to do sth 3. to forget + interrogativa indirecta

forgetful UK: /fəˈget.fʰl/ US: /fɚ-/ *adj* ⇨olvidadizo,za: *My boyfriend is very forgetful* - Mi novio es muy olvidadizo

† **forgive, forgave, forgiven** UK: /fəˈgɪv/ US: /fɚ-/ [forgiving] *v* [T, I] ⇨perdonar: *Please forgive me for being late* - Por favor, perdóname por llegar tarde ■ CONSTR. to forgive for + doing sth

forgiven past participle of **forgive**

forgiveness UK: /fəˈgɪv.nəs/ US: /fɚ-/ *n* [U] ⇨perdón: *to ask forgiveness for sth* - pedir perdón por algo

F

forgiving

forgiving UK: /fə'gɪv.ɪŋ/ US: /fə-/ *adj* ⇒indulgente ⇒benévolo,la

forgot past tense of **forget**

forgotten past participle of **forget**

†**fork¹** UK: /fɔːk/ US: /fɔːrk/ *n* [c] **1** ⇒tenedor **2** *(herramienta)* ⇒horca **3** *(en una carretera o un río)* ⇒bifurcación

fork² UK: /fɔːk/ US: /fɔːrk/ ■ *v* [T] **1** *(la tierra)* ⇒remover con una horca ■ *v* [I] **2** *(un camino o un río)* ⇒bifurcarse **3** *(a la derecha o a la izquierda)* ⇒girar

PHRASAL VERBS
· **to fork (sth) out** [M] *(inform) (dinero)* ⇒desembolsar ⇒apoquinar *col.*

†**form¹** UK: /fɔːm/ US: /fɔːrm/ ■ *v* [T, I] **1** ⇒formar: *A small cloud formed in the blue sky* - Se formó una nube pequeña en el cielo azul ■ *v* [T] **2** ⇒adquirir: *to form habits* - adquirir unos hábitos

†**form²** UK: /fɔːm/ US: /fɔːrm/ *n* [c] **1** ⇒forma ⇒manera ⇒tipo **2** ⇒forma ⇒silueta **3** ⇒forma [física] **4** ⇒impreso ⇒formulario **5** *UK* (*US* grade) *(en un colegio)* ⇒clase

†**formal** UK: /ˈfɔː.məl/ US: /ˈfɔːr-/ *adj* **1** ⇒formal ⇒de etiqueta **2** ⇒oficial: *formal permission* - permiso oficial **3** ⇒serio,ria ⇒ceremonioso,sa

formality UK: /fɔːˈmæl.ə.ti/ US: /-ˤti/ [*pl* formalities] *n* [c] **1** ⇒formalidad **2** ⇒trámite: *legal formalities* - trámites legales

formally UK: /ˈfɔː.mə.li/ US: /ˈfɔːr-/ *adv* **1** ⇒formalmente **2** ⇒oficialmente: *to announce sth formally* - anunciar algo oficialmente

format¹ UK: /ˈfɔː.mæt/ US: /ˈfɔːr-/ *n* [c, U] ⇒formato: *a different format* - un formato distinto

format² UK: /ˈfɔː.mæt/ US: /ˈfɔːr-/ [formatted, formatting] *v* [T] *(en informática)* ⇒formatear

formation UK: /fɔːˈmeɪ.ʃⁿn/ US: /fɔːr-/ *n* [U] ⇒formación ⇒creación

former¹ UK: /ˈfɔː.mə²/ US: /ˈfɔːr.mə/ *adj* ⇒anterior ⇒ex ⇒pasado,da

†**former²** UK: /ˈfɔː.mə²/ US: /ˈfɔːr.mə/ *pron* ⇒primero,ra ⇒aquel, aquella

formerly UK: /ˈfɔː.mə.li/ US: /ˈfɔːr.mə-/ *adv* ⇒anteriormente ⇒antiguamente

†**formidable** UK: /ˈfɔː.mɪ.də.bl̩/ US: /ˈfɔːr-/ *adj* **1** *(una persona)* ⇒extraordinario,ria ⇒formidable ⇒imponente **2** ⇒tremendo,da ⇒ingente

†**formula** UK: /ˈfɔː.mju.lə/ US: /ˈfɔːr-/ [*pl* formulae, formulas] *n* [c] ⇒fórmula: *a chemical formula* - una fórmula química

forsake, forsook, forsaken UK: /fɔːˈseɪk/ US: /fɔːr-/ [forsaking] *v* [T] **1** *(form, lit)* ⇒abandonar: *to forsake sb* - abandonar a alguien **2** *(form)* ⇒renunciar: *to forsake sth* - renunciar a algo

forsaken past participle of **forsake**

forsook past tense of **forsake**

fort UK: /fɔːt/ US: /fɔːrt/ *n* [c] ⇒fuerte ⇒fortificación

forte UK: /ˈfɔː.teɪ/ US: /ˈfɔːr-/ *n* [c] ⇒fuerte: *Mathematics is his forte* - las matemáticas son su fuerte

†**forth** UK: /fɔːθ/ US: /fɔːrθ/ *adv* **1** *(lit)* ⇒hacia delante: *They marched forth into battle* - Marcharon a la batalla ■ Se usa frecuentemente con verbos de movimiento. Al traducirlo en español su significado suele estar implícito en el verbo **2** and so ~ ⇒y así sucesivamente **3** from this {day/time} ~ *(form)* ⇒de ahora en adelante

†**forthcoming** UK: /ˌfɔːθˈkʌm.ɪŋ/ US: /ˌfɔːrθ-/ *adj* **1** *(form)* ⇒próximo,ma ⇒venidero,ra **2** ⇒comunicativo,va ⇒abierto,ta **3** ⇒disponible ■ CONSTR. Se usa detrás de un verbo

forthright UK: /ˈfɔːθ.raɪt/ US: /ˈfɔːrθ-/ *adj* ⇒franco,ca ⇒directo,ta

fortify UK: /ˈfɔː.tɪ.faɪ/ US: /ˈfɔːr.ˤtə-/ [fortifies, fortified] *v* [T] **1** ⇒fortificar: *to fortify a castle* - fortificar un castillo **2** *(una persona)* ⇒fortalecerse **3** ⇒consolidar **4** *(un vino)* ⇒encabezar

†**fortnight** UK: /ˈfɔːt.naɪt/ US: /ˈfɔːrt-/ *UK n* [c] **1** ⇒quincena ⇒quince días **2** a ~ today ⇒de hoy en quince días ■ *Fortnight* es la contracción de *fourteen nights*

fortress UK: /ˈfɔː.trəs/ US: /ˈfɔːr-/ [*pl* fortresses] *n* [c] ⇒fortaleza ⇒fortificación

†**fortunate** UK: /ˈfɔː.tʃⁿn.ət/ US: /ˈfɔːr-/ *adj* ⇒afortunado,da

†**fortunately** UK: /ˈfɔː.tʃⁿn.ət.li/ US: /ˈfɔːr-/ *adv* ⇒afortunadamente

†**fortune** UK: /ˈfɔː.tʃuːn/ US: /ˈfɔːr-/ ■ *n* [c] **1** ⇒fortuna [de dinero]: *to make a fortune* - amasar una fortuna **2** ⇒fortuna ⇒suerte ■ *n* [U] **3** ⇒destino ⇒sino

fortune-teller *n* [c] ⇒adivino,na

†**forty** UK: /ˈfɔː.ti/ US: /ˈfɔːr.ˤti/ ⇒cuarenta

forum UK: /ˈfɔː.rəm/ US: /ˈfɔːr.əm/ *n* [c] ⇒foro

†**forward¹** UK: /ˈfɔː.wəd/ US: /ˈfɔːr.wəd/ *(tb* forwards) *adv* ⇒hacia delante ⇒adelante ■ La forma abreviada es *fwd*

forward² UK: /ˈfɔː.wəd/ US: /ˈfɔːr.wəd/ *adj* **1** ⇒hacia delante **2** ⇒avanzado,da **3** ⇒atrevido,da ⇒descarado,da

forward³ UK: /ˈfɔː.wəd/ US: /ˈfɔːr.wəd/ *v* [T] *(form)* ⇒enviar [por correo]

forward⁴ UK: /ˈfɔː.wəd/ US: /ˈfɔːr.wəd/ *n* [c] *(en fútbol)* ⇒delantero,ra

forwards UK: /ˈfɔː.wədz/ US: /ˈfɔːr.wədz/ *adv* See **forward**

fossil UK: /ˈfɒs.ⁿl/ US: /ˈfɑː.s[ə]l/ *n* [c] ⇒fósil

foster UK: /ˈfɒs.tə²/ US: /ˈfɑː.stə/ *v* [T] **1** *(form)* ⇒fomentar ⇒promover **2** *(un niño)* ⇒acoger en una familia [por un tiempo limitado]

fought UK: /fɔ:t/ US: /fɑ:t/ past tense and past participle forms of **fight**

foul¹ /faʊl/ adj 1 ⇨sucio,cia ⇨asqueroso,sa ⇨fétido,da 2 ⇨terrible ⇨malo,la 3 *He's in a foul temper* - Está de un humor de perros

foul² /faʊl/ n [c] *(en deportes)* ⇨falta

foul play n [U] 1 ⇨maniobra criminal 2 *(en deportes)* ⇨juego sucio

†**found** /faʊnd/ ∎ v [T] 2 ⇨fundar: *This company was founded in 1980* - Esta empresa se fundó en 1980 3 ⇨fundamentar ⇨basar ∎ Constr. Se usa más en pasiva

foundation /faʊnˈdeɪ.ʃªn/ ∎ n [U] 1 ⇨fundación: *the foundation of a hospital* - la fundación de un hospital 2 ⇨maquillaje [de base] ∎ n [c] 3 ⇨organización ⇨fundación 4 ⇨base ⇨fundamento 5 **foundations** UK (US **foundation**) ⇨cimientos: *the foundations of a building* - los cimientos de un edificio

founder UK:/ˈfaʊn.dəʳ/US:/-dɚ/ n [c] ⇨fundador,-a [de una organización]

†**fountain** /ˈfaʊn.tɪn/ n [c] ⇨manantial ⇨fuente

†**four** UK: /fɔ:ʳ/ US: /fɔ:r/ ⇨cuatro: *There are four of them* - Son cuatro; *He is four years old* - Tiene cuatro años

†**fourteen** /ˌfɔ:ˈti:n/ ⇨catorce

fourteenth /ˌfɔ:ˈti:nθ/ 1 ⇨decimocuarto,ta 2 *(para las fechas)* ⇨catorce ∎ Se puede escribir también *14th*

fourth¹ UK: /fɔ:θ/ US: /fɔ:rθ/ 1 ⇨cuarto,ta 2 *(para las fechas)* ⇨cuatro 3 *It is her fourth birthday today* - Hoy cumple cuatro años ∎ Se puede escribir también *4th*

fourth² UK: /fɔ:θ/ US: /fɔ:rθ/ ∎ n [c] 1 US ⇨cuarto ⇨cuarta parte ∎ Cuando se habla de proporciones y periodos de tiempo, normalmente se dice *a quarter*, no *a fourth*: *I'll be finished in a quarter of an hour* - Estaré lista en un cuarto de hora ∎ n [U] 2 *(en un vehículo)* ⇨cuarta [marcha]

fowl /faʊl/ [pl fowl, fowls] n [c, U] 1 ⇨ave 2 ⇨ave de corral

†**fox** UK:/fɒks/ US:/fɑ:ks/ [pl foxes] n [c] ⇨zorro,rra: *You're as sly as a fox* - Eres tan astuto como un zorro

foyer /ˈfɔɪ.eɪ/ n [c] ⇨vestíbulo

Fr n [c] ⇨forma abreviada de **Father** (Padre)

†**fraction** /ˈfræk.ʃªn/ n [c] 1 *(en matemáticas)* ⇨fracción 2 *(de tiempo)* ⇨instante ⇨fracción 3 ⇨parte ⇨porción

fracture¹ UK: /ˈfræk.tʃəʳ/ US: /-tʃɚ/ [fractured, fracturing] v [T, I] 1 ⇨fracturar(se): *George fractured his fibula* - George se fracturó el peroné 2 *(form)* ⇨fracturar ⇨dividir

fracture² UK: /ˈfræk.tʃəʳ/ US: /-tʃɚ/ n [c] ⇨fractura: *a skull fracture* - una fractura craneal

fragile UK: /ˈfrædʒ.aɪl/ US: /ˈfrædʒ.[ə]l/ adj ⇨frágil ⇨delicado,da

fragment¹ /ˈfræg.mənt/ n [c] 1 ⇨fragmento ⇨trozo 2 *There are still fragments of glass on the floor* - Aún hay cristales en el suelo

fragment² /ˈfræg'ment/ v [T, I] ⇨fragmentar(se): *The party fragmented into several factions* - El partido se fragmentó en varias facciones

fragrance /ˈfreɪ.grªnts/ n [c, U] 1 ⇨fragancia ⇨aroma 2 ⇨perfume ∎ Pron. La primera sílaba, *fra*, rima con *day*

fragrant /ˈfreɪ.grªnt/ adj ⇨fragante ⇨aromático,ca

frail /freɪl/ adj ⇨achacoso,sa ⇨endeble ⇨débil

frame¹ /freɪm/ n [c] 1 ⇨marco ⇨montura 2 ⇨armazón ⇨estructura 3 *(en una película)* ⇨toma ⇨imagen ⇨fotograma 4 ⇨cuadro [de la bicicleta] 5 ~ **of mind** ⇨estado de ánimo

frame² /freɪm/ [framed, framing] v [T] 1 ⇨enmarcar *(inform)* ⇨inculpar: *to be framed for sth* - ser inculpado por algo ∎ Constr. Se usa más en pasiva 3 ⇨formular ⇨elaborar ⇨expresar

†**framework** UK: /ˈfreɪm.wɜ:k/ US: /-wɝːk/ n [c] 1 ⇨soporte: *shelves on a steel framework* - estantes con soporte de hierro 2 *(en construcción)* ⇨armazón 3 ⇨ámbito ⇨marco

France UK: /frɑːnts/ US: /frænts/ n [U] ⇨Francia: *He lives in France* - Vive en Francia

franchise /ˈfræn.tʃaɪz/ n [c] 1 ⇨franquicia 2 the ~ *(en política)* ⇨derecho a voto

†**frank** /fræŋk/ adj ⇨franco,ca ⇨sincero,ra

frantic UK: /ˈfræn.tɪk/ US: /-ˤtɪk/ adj 1 ⇨frenético,ca: *a frantic life* - una vida frenética 2 ⇨desesperado,da

fraternal UK: /frəˈtɜː.nªl/ US: /-ˈtɝː-/ adj ⇨fraternal

fraternity UK: /frəˈtɜː.nə.ti/ US: /-ˈtɝː.nə.ˤt̬i/ ∎ n [U] 1 ⇨fraternidad ∎ n [c] 2 ⇨cofradía ⇨hermandad ∎ El plural es *fraternities* ∎ Por ser un nombre colectivo se puede usar con el verbo en singular o en plural 3 US ⇨hermandad universitaria [para hombres] ∎ El plural es *fraternities* ∎ Por ser un nombre colectivo se puede usar con el verbo en singular o en plural

†**fraud** UK: /frɔːd/ US: /frɑːd/ ∎ n [c, U] 1 ⇨fraude ⇨engaño ⇨estafa ∎ n [c] 2 ⇨impostor,-a

fraught UK: /frɔːt/ US: /frɑːt/ UK adj 1 ⇨lleno,na: *The journey was fraught with danger* - Fue un viaje lleno de peligros 2 ⇨preocupante ⇨tenso,sa

fray /freɪ/ v [T, I] *(una tela)* ⇨deshilachar(se)

freak¹ /fri:k/ n [c] 1 *(inform)* ⇨bicho raro *col.* 2 *(inform)* ⇨fanático,ca *col.*: *He's a computer freak* - Es un fanático de la informática 3 *(inform)* ⇨monstruo *col.* 4 ⇨rareza

F

freak² /fri:k/ *adj* ⇒inusitado,da ⇒anormal ⇒extraño,ña

freckle /'frek.l/ *n* [C] ⇒peca ■ Se usa más en plural

†**free¹** /fri:/ *adj* **1** ⇒libre **2** ⇒libre ⇒disponible **3** ⇒gratis ⇒gratuito,ta **4 ~ and easy** ⇒relajado,da ⇒informal **5 ~ {from/of}** *sth* ⇒sin algo ⇒libre de algo **6 ~ time** (*tb* spare time) ⇒tiempo libre **7 to set** *sth/sb* **~** ⇒poner en libertad ⇒soltar

†**free²** /fri:/ [freed] *v* [T] ⇒liberar ⇒soltar

freebie /'fri:.bi/ *n* [C] *(inform)* ⇒regalo comercial

‡F †**freedom** /'fri:.dəm/ *n* [U] **1** ⇒libertad **2 ~ from** *sth* ⇒inmunidad contra algo **3 ~ of** *sth* ⇒libertad de algo: *freedom of speech* - libertad de expresión

freelance UK: /'fri:.lɑ:nts/ US: /-lænts/ *adj, adv* **1** *(un trabajador)* ⇒independiente ⇒autónomo,ma **2** ⇒por cuenta propia ⇒por libre

freely /'fri:.li/ *adv* **1** ⇒libremente ⇒con libertad **2** ⇒francamente ⇒abiertamente **3** ⇒en repetidas ocasiones **4** ⇒generosamente ⇒sin restricciones **5** ⇒de buen grado

free-range /ˌfri:'reɪndʒ/ *adj* ⇒de corral: *free-range eggs* - huevos de corral

freeway /'fri:.weɪ/ *US* (*UK* motorway) *n* [C] ⇒autopista: *on the freeway* - en la autopista

†**freeze, froze, frozen** /fri:z/ [freezing] ■ *v* [T, I] **1** ⇒helar(se) ⇒congelar(se) ■ *v* [I] **2** ⇒quedarse de piedra **3** *Freeze!* - ¡No se muevan! ■ *v* [T] **4** ⇒congelar

†**freezer** UK: /'fri:.zə'/ US: /-zɚ/ *n* [C] ⇒congelador ⇒heladera *AMÉR.;* ⇒freezer *AMÉR.*

freezing /'fri:.zɪŋ/ *adj* **1** *(inform)* ⇒helado,da ⇒congelado,da **2** ⇒gélido,da **3** ⇒bajo cero

freight /freɪt/ *n* [U] ⇒carga ⇒cargamento ⇒flete

†**French¹** /frentʃ/ *n* [U] **1** *(idioma)* ⇒francés **2 the ~** *(gentilicio)* ⇒los franceses, las francesas ■ El singular es *a Frenchman, a Frenchwoman, a French person*

†**French²** /frentʃ/ *adj* ⇒francés,-a: *Do you know any French restaurants?* - ¿Conoces algún restaurante francés?

Frenchman /'frentʃ.mən/ [*pl* Frenchmen] *n* [C] *(gentilicio)* ⇒francés

Frenchmen *n* [PL] See **Frenchman**

French windows *n* [PL] ⇒puerta acristalada

Frenchwoman /'frentʃˌwʊm.ən/ [*pl* Frenchwomen] *n* [C] *(gentilicio)* ⇒francesa

Frenchwomen *n* [PL] See **Frenchwoman**

frenzied /'fren.zi:d/ *adj* ⇒frenético,ca ⇒enloquecido,da

frenzy /'fren.zi/ [*pl* frenzies] *n* [C, U] ⇒frenesí ⇒delirio

frequency /'fri:.kwənt.si/ *n* [U] ⇒frecuencia

†**frequent¹** /'fri:.kwªnt/ *adj* **1** ⇒frecuente **2** *He's a frequent visitor* - Viene por aquí con frecuencia

frequent² *v* [T] *(form)* ⇒frecuentar

frequently /'fri:.kwªnt.li/ *adv* *(form)* ⇒con frecuencia

fresco UK: /'fres.kəʊ/ US: /-koʊ/ [*pl* frescoes, frescos] *n* [C, U] *(en pintura)* ⇒fresco

†**fresh** /freʃ/ *adj* **1** ⇒reciente ⇒fresco,ca ⇒del día **2** ⇒nuevo: *to make a fresh start* - comenzar de nuevo **3** ⇒fresco,ca: *fresh air* - aire fresco **4** *(agua)* ⇒dulce

freshen /'freʃ.ªn/ ■ *v* [I] **1** *(el tiempo)* ⇒refrescar ■ *v* [T] **2** *(una persona)* ⇒refrescar(se) ⇒dulce

|PHRASAL VERBS
· **to freshen** *sth* **up [M]** ⇒dar un aire nuevo a algo: *They freshened up the building* - Dieron un aire nuevo al edificio
· **to freshen** *(sth/sb)* **up [M]** ⇒lavar(se) ⌐ ⇒arreglar(se) ⇒asear(se)

freshly /'freʃ.li/ *adv* ⇒recién: *a freshly painted room* - una habitación recién pintada

freshwater UK: /'freʃˌwɔ:.tə'/ US: /-ˌwɑ:.ˌtɚ/ *adj* ⇒de agua dulce: *a freshwater fish* - un pez de agua dulce

fret /fret/ [fretted, fretting] *v* [I] ⇒inquietarse ⇒preocuparse ⇒apurarse ■ Constr. Se usa generalmente seguido de las preposiciones *about* y *over*

friction /'frɪk.ʃªn/ *n* [U] **1** ⇒fricción **2** ⇒desavenencia [entre varias personas] ⇒roce

†**Friday** /'fraɪ.deɪ/ *n* [C, U] **1** ⇒viernes **2** *every Friday* - todos los viernes **3** *Friday morning* - el viernes por la mañana **4** *next Friday* - el viernes que viene **5** *on Friday* - el viernes; *on Fridays* - los viernes ■ La forma abreviada es *Fri*

†**fridge** /frɪdʒ/ *n* [C] ⇒frigorífico ⇒nevera

fried /fraɪd/ *adj* ⇒frito,ta: *a fried egg* - un huevo frito

†**friend** /frend/ *n* [C] **1** ⇒amigo,ga ⇒ñaño,ña *AMÉR.* **2 to be friends (with** *sb***)** ⇒ser amigo,ga de alguien **3 to have friends in high places** ⇒tener enchufe [en algún lugar] *col.* **4 to make friends (with** *sb***)** ⇒hacer amistad (con alguien) ■ Ver cuadro false friends

friendly /'frend.li/ *adj* [*comp* friendlier, *superl* friendliest] ⇒amigable ⇒amable

friendship /'frend.ʃɪp/ *n* [C, U] ⇒amistad

fries /fraɪz/ *n* [PL] ⇒patatas fritas [naturales] ■ PRON. *frie* rima con *cry*

†**fright** /fraɪt/ *n* [U, NO PL] **1** ⇒susto: *You gave me a real fright* - Me has dado un susto de muerte **2** *You look a fright!* - ¡Tienes un aspecto horrible!

frighten /'fraɪ.tªn/ *v* [T] ⇒asustar: *I didn't mean to frighten you* - No quise asustarte

|PHRASAL VERBS
· **to frighten** *sth/sb* **{away/off}** ⇒ahuyentar ⌐ ⇒espantar

frightened /'fraɪ.tªnd/ *adj* **1** ⇨asustado,da: *Are you frightened?* - ¿Estás asustado? **2 to be ~ of sth/sb** ⇨tener miedo {a/de}: *Don't be frightened of the dark* - No tengas miedo a la oscuridad ■ Pron. La última *e* no se pronuncia

frightening /'fraɪ.tªn.ɪŋ/ *adj* ⇨aterrador,-a ⇨espantoso,sa ■ Pron. La *e* no se pronuncia

frightful /'fraɪt.fªl/ *UK adj (inform, old-fash)* ⇨terrible ⇨horroroso,sa

frightfully /'fraɪt.fªl.i/ *UK adv* **1** *(old-fash)* ⇨terriblemente **2 ~ sorry!** *(old-fash)* ⇨¡mil disculpas! *col.*

frigid /'frɪdʒ.ɪd/ *adj* **1** *(lit)* ⇨gélido,da **2** ⇨frígido,da

frill /frɪl/ *n* [c] **1** *(adorno)* ⇨volante **2** ⇨extra: *It's a very basic hotel with no frills* - Es un hotel muy simple y sin extras

frilly /'frɪl.i/ *adj* [*comp* frillier, *superl* frilliest] ⇨con volantes: *a frilly skirt* - una falda con volantes

frisbee *n* [c] ⇨disco volador ⇨frisbee

frisk /frɪsk/ *v* [T] **1** ⇨cachear: *The police frisked the suspicious man* - La policía cacheó al sospechoso **2 to ~ {about/around}** ⇨retozar ⇨juguetear

frisky /'frɪs.ki/ *adj* [*comp* friskier, *superl* friskiest] ⇨juguetón,-a

fritter UK: /'frɪt.əʳ/ US: /'frɪˤt̬.ə/ *n* [c] ⇨buñuelo ⇨fritura

frivolity UK: /frɪ'vɒl.ə.ti/ US: /-'vɑː.lə.ˤti/ [*pl* frivolities] *n* [c, u] ⇨frivolidad

frivolous /'frɪv.ªl.əs/ *adj* **1** *(una persona)* ⇨frívolo,la **2** *(un objeto o un tema)* ⇨trivial

† **frog** UK: /frɒg/ US: /frɑːg/ *n* [c] ⇨rana

frogman UK: /'frɒg.mən/ US: /'frɑːg-/ [*pl* frogmen] *n* [c] ⇨hombre rana ⇨buzo

† **from** UK: /frɒm/ US: /frɑːm/ UK: /frəm/ *prep* **1** *(procedencia)* ⇨de **2** *(tiempo)* ⇨de ⇨desde ⇨a partir de **3** *(posición)* ⇨desde **4** *(distancia)* ⇨de ⇨desde **5** *(razón)* ⇨por **6** *(en matemáticas)* ⇨menos **7** ⇨con: *She makes necklaces from coloured beads* - Hace collares con cuentas de colores **8** ⇨entre **9 ~ now on** ⇨a partir de ahora: *From now on I'll go to the club on my own* - A partir de ahora iré al club sola **10 ~ then on** ⇨de ahí en adelante ⇨desde entonces

† **front** /frʌnt/ *n* [c] **1** ⇨frente ⇨parte delantera **2** ⇨fachada ⇨tapadera **3** ⇨frente [de guerra] **4** ⇨terreno **5** *(en meteorología)* ⇨frente **6 ~ row** ⇨primera fila **7 in ~ of sth** ⇨delante de algo **8 up ~** ⇨por adelantado

front door *n* [c] ⇨puerta principal ⇨puerta de entrada

† **frontier** UK: /frʌn'tɪəʳ/ UK: /'--/ US: /-'tɪr/ *n* [c] **1** ⇨frontera **2** *a frontier dispute* - un conflicto fronterizo

front-page /ˌfrʌnt'peɪdʒ/ *adj (en un periódico o en una revista)* ⇨de primera plana ⇨de portada

frost[1] UK: /frɒst/ US: /frɑːst/ *n* [c, u] ⇨escarcha

frost[2] *v* [T, I] ⇨helar(se)

| PHRASAL VERBS
└ **to frost {over/up}** ⇨cubrir(se) de escarcha

frostbite UK: /'frɒst.baɪt/ US: /'frɑːst-/ *n* [u] ⇨congelación [de los dedos]

frosty UK: /'frɒs.ti/ US: /'frɑː.sti/ *adj* [*comp* frostier, *superl* frostiest] **1** ⇨cubierto,ta de escarcha ⇨helado,da **2** *(una actitud)* ⇨frío,a

froth[1] UK: /frɒθ/ US: /frɑːθ/ *n* [u] ⇨espuma [de un líquido]

froth[2] UK: /frɒθ/ US: /frɑːθ/ *v* [I] ⇨hacer espuma

† **frown** /fraʊn/ *v* [I] ⇨fruncir el ceño: *Why are you frowning?* - ¿Por qué frunces el ceño ahora?

| PHRASAL VERBS
· **to frown {on/upon} sth/sb** ⇨desaprobar ⇨no
└ gustar

froze UK: /frəʊz/ US: /froʊz/ *past tense of* **freeze**

† **frozen** UK: /'frəʊ.zªn/ US: /'froʊ-/ *past participle of* **freeze**

† **fruit** /fruːt/ *n* [c, u] **1** ⇨fruta: *ripe fruit* - fruta madura ■ Normalmente se usa como nombre incontable. Se dice *the fruit, some fruit* o *a piece of fruit*. Incorrecto: *a fruit* **2** ⇨fruto: *That tree only bears fruit in winter* - Ese árbol solo da fruto en invierno; *the fruits of their labour* - los frutos de su trabajo ■ Pron. Rima con *root*

fruitcake /'fruːt.keɪk/ *n* [c, u] ⇨plumcake

fruitful /'fruːt.fªl/ *adj* ⇨fructífero,ra ⇨provechoso,sa

fruition /fruː'ɪʃ.ªn/ *n* [u] *(form) Our plans came to fruition* - Nuestros planes se hicieron realidad

fruitless /'fruːt.ləs/ *adj* ⇨infructuoso,sa ⇨infructífero,ra

† **frustrate** /frʌs'treɪt/ [frustrated, frustrating] *v* [T] **1** ⇨frustrar(se) **2** ⇨desbaratar(se): *Our plans were frustrated* - Se desbarataron nuestros planes

frustrating UK: /frʌs'treɪ.tɪŋ/ US: /-ˤtɪŋ/ *adj* ⇨frustrante: *a frustrating experience* - una experiencia frustrante

frustration /frʌs'treɪ.ʃªn/ *n* [c, u] ⇨frustración

fry[1] /fraɪ/ [fries, fried] *v* [T, I] ⇨freír ⇨fritar *AMÉR.* ■ En los países anglosajones significa cocinar algo en una pequeña cantidad de aceite o mantequilla

† **fry**[2] /fraɪ/ *n* [PL] *(pez)* ⇨alevines

† **frying pan** *(US tb* skillet) *n* [c] **1** ⇨sartén ⇨paila *AMÉR.* **2 out of the ~ into the fire** *(inform)* ⇨de mal en peor *col.*

ft *n* [c] ⇨forma abreviada de **foot** (pie)

fudge /fʌdʒ/ *n* [u] ⇨dulce elaborado con azúcar, mantequilla y leche

† **fuel** /fjʊəl/ *n* [c, u] ⇨combustible ⇨carburante

fugitive UK: /ˈfjuː.dʒɪ.tɪv/ US: /-ˤt̬ɪv/ *n* [c] ⇒fugiti-vo,va ⇒prófugo,ga

fulfil /fulˈfɪl/ [fulfilled, fulfilling] *UK v* [T] **1** *(un deber, un plan)* ⇒cumplir **2** *(un deseo)* ⇒realizar ⇒cumplir ⇒alcanzar **3** ⇒satisfacer: *to fulfil one's needs* - satisfacer las propias necesidades **4** *(una tarea)* ⇒llevar a cabo **5** *(una función o un papel)* ⇒realizar

fulfilment /fulˈfɪl.mənt/ *UK n* [U] **1** ⇒satisfacción **2** *(un sueño o una ambición)* ⇒realización ∎ Distinto de *realization* (comprensión)

†**full**[1] /ful/ *adj* **1** ⇒lleno,na **2** at ~ speed ⇒a toda velocidad **3** *UK* ~ up **1** ⇒lleno,na [de comida] **2** *(un lugar)* ⇒al completo **4** in ~ ⇒completo,ta ⇒detalladamente **5** in ~ swing ⇒en pleno desarrollo **6** to be ~ of *oneself (inform)* ⇒ser creído,da **7** to the ~ ⇒al máximo

†**full**[2] /ful/ *adv* **1** ⇒justo: *The ball hit me full in the face* - El balón me dio justo en la cara **2** ⇒del todo

full-blown UK: /ˌfulˈbləʊn/ US: /-ˈbloʊn/ *adj* ⇒hecho y derecho, hecha y derecha ⇒todo,da

full-length /ˌfulˈleŋkθ/ *adj* **1** ⇒largo,ga: *a full-length dress* - un vestido largo **2** *a full-length photograph* - una fotografía de cuerpo entero **3** *a full-length film* - un largometraje

full moon *n* [NO PL] ⇒luna llena

†**full stop** *UK* (*US* period) *n* [c] **1** *(en ortografía)* ⇒punto **2** ⇒punto y aparte **3** ⇒y punto: *I'm not going, full stop* - No voy y punto ∎ Ver cuadro signos de puntuación

full-time[1] /ˌfulˈtaɪm/ *adj* ⇒de jornada completa: *a full-time job* - un trabajo de jornada completa

†**full-time**[2] /ˌfulˈtaɪm/ *adv* ⇒a tiempo completo ⇒las veinticuatro horas del día

fully /ˈful.i/ *adv* ⇒del todo ⇒perfectamente ⇒plenamente

fumble /ˈfʌm.bl̩/ [fumbled, fumbling] ∎ *v* [I] **1** *(con las manos)* ⇒hurgar ⇒revolver **2** ⇒tartamudear **3** ⇒buscar a tientas **4** ⇒manosear [torpemente] ∎ *v* [T] **5** *(en deportes)* ⇒dejar caer ∎ CONSTR. Se usa generalmente seguido de una preposición o un adverbio

fume /fjuːm/ [fumed, fuming] *v* [I] ⇒echar chispas *col.*

fumes /fjuːmz/ *n* [PL] ⇒humos ⇒gases

†**fun** /fʌn/ *n* [U] **1** ⇒diversión **2** ⇒alegría **3** to have ~ ⇒pasarlo bien ⇒divertirse **4** to make ~ of *sb* ⇒reírse de alguien ⇒burlarse de alguien ⇒coju-dear a alguien *AMÉR. vulg.* **5** to take the ~ out of *sth* ⇒quitar la gracia a algo

†**function**[1] /ˈfʌŋk.ʃ°n/ *v* [I] *(form)* ⇒funcionar: *This computer doesn't function properly* - Este ordenador no funciona bien ∎ Se usa más *work*

┌ PHRASAL VERBS
│ · **to function as** *sth/sb* ⇒servir de ⇒hacer las
└ veces de ⇒cumplir la función de

function[2] /ˈfʌŋk.ʃ°n/ *n* [c] **1** ⇒función ⇒utilidad **2** ⇒función ⇒evento ⇒acto **3** *(en matemáticas)* ⇒función

functional /ˈfʌŋk.ʃ°n.ºl/ *adj* **1** ⇒funcional **2** *(una máquina)* ⇒operativo,va

†**fund**[1] /fʌnd/ *n* [c] ⇒fondo [monetario]: *a pension fund* - un fondo de pensiones; *to raise funds for sth* - recaudar fondos para algo

†**fund**[2] /fʌnd/ *v* [T] ⇒financiar

†**fundamental** UK: /ˌfʌn.dəˈmen.t°l/ US: /-ˤt̬[ə]l/ *adj* ⇒fundamental

fundamentalism UK: /ˌfʌn.dəˈmen.t°l.ɪ.z°m/ US: /-ˤt̬[ə]l-/ *n* [U] ⇒fundamentalismo

fundamentalist UK: /ˌfʌn.dəˈmen.t°l.ɪst/ US: /-ˤt̬[ə]l-/ *adj, n* [c] ⇒fundamentalista

funding /ˈfʌn.dɪŋ/ *n* [U] **1** ⇒financiación **2** ⇒fondos: *to get funding for sth* - obtener fondos para algo

fundraising /ˈfʌndˌreɪ.zɪŋ/ *n* [U] ⇒recaudación de fondos

†**funeral** UK: /ˈfjuː.n°r.°l/ US: /-nə.əl/ *n* [c] **1** ⇒funeral ⇒entierro **2** *funeral procession* - cortejo fúnebre

fungus /ˈfʌŋ.gəs/ [*pl* fungi, funguses] *n* [c, U] ⇒hongo

funnel[1] /ˈfʌn.°l/ *n* [c] **1** ⇒embudo **2** *(en una embarcación)* ⇒chimenea

funnel[2] /ˈfʌn.°l/ [funnelled, funnelling; *US* funneled, funneling] *v* [T] **1** *(ayuda, dinero)* ⇒suministrar ⇒proporcionar **2** ⇒canalizar ⇒encauzar ∎ CONSTR. Se usa generalmente seguido de una preposición o un adverbio

†**funny** /ˈfʌn.i/ *adj* [*comp* funnier, *superl* funniest] **1** ⇒gracioso,sa ⇒cómico,ca **2** ⇒extraño,ña ⇒raro,ra

†**fur** /fɜː/ US: /fɜː/ *n* [c, U] **1** ⇒piel [de animal] ⇒pelaje **2** ~ coat ⇒abrigo de piel

†**furious** UK: /ˈfjʊə.ri.əs/ US: /ˈfjɜː.i-/ *adj* **1** ⇒furioso,sa: *I'm furious* - Estoy furiosa **2** ⇒fuerte: *a furious storm* - una fuerte tormenta **3** ⇒acalorado,da: *a furious debate* - un debate acalorado **4** to be ~ {at/with} *sth/sb* ⇒estar furioso,sa con

furnace UK: /ˈfɜː.nɪs/ US: /ˈfɜː-/ *n* [c] ⇒caldera ⇒horno

furnish UK: /ˈfɜː.nɪʃ/ US: /ˈfɜː-/ [furnishes] *v* [T] ⇒amueblar: *He furnished the living room with antiques* - Amuebló el salón con antigüedades

┌ PHRASAL VERBS
│ · **to furnish** *sb* **with** *sth* *(form)* ⇒facilitar: *They*
│ *furnished me with all the data* - Me facilita-
└ ron todos los datos

furnished UK: /ˈfɜː.nɪʃt/ US: /ˈfɜː-/ *adj* ⇒amueblado,da: *«Furnished flat to let»* - «Se alquila piso amueblado»

furnishings UK: /ˈfɜː.nɪ.ʃɪŋz/ US: /ˈfɜː-/ *n* [PL] ⇒mobiliario

†**furniture** UK: /ˈfɜː.nɪ.tʃəʳ/ US: /ˈfɝː.nɪ.tʃəʳ/ n [U] ⇨muebles ■ Se dice *the furniture, some furniture* o *a piece of furniture.* Incorrecto: *a furniture* ■ PRON. La última parte, *ture,* se pronuncia como *cher* en *butcher*

furrow[1] UK: /ˈfʌr.əʊ/ US: /ˈfɝː.oʊ/ n [C] **1** *(en la tierra)* ⇨surco **2** *(en la cara)* ⇨arruga

furrow[2] UK: /ˈfʌr.əʊ/ US: /ˈfɝː.oʊ/ v [T] ⇨surcar **2** *to furrow one's brow* - fruncir el ceño

furry UK: /ˈfɜː.ri/ US: /ˈfɝː.i/ adj [comp furrier, superl furriest] **1** ⇨peludo,da **2** ⇨de peluche: *a furry toy* - un juguete de peluche

further[1] UK: /ˈfɜː.ðəʳ/ US: /ˈfɝː.ðəʳ/ (tb **farther**) adj **1** the comparative form of **far 2** ⇨más ⇨nuevo,va

further[2] UK: /ˈfɜː.ðəʳ/ US: /ˈfɝː.ðəʳ/ adv **1** the comparative form of **far 2** ⇨más lejos: *I would go further* - Yo iría más lejos **3** *Is it much further?* - ¿Falta mucho? **4** ~ **to sth** *(form)* ⇨con relación a algo: *Further to our telephone conversation, I don't see any other option* - Con relación a nuestra conversación telefónica, no veo ninguna otra opción **5** nothing ~ ⇨nada más

further education UK, Aus n [U] ⇨enseñanza superior no universitaria ■ La forma abreviada es *FE*

furthermore UK: /ˌfɜː.ðəˈmɔːʳ/ UK: /ˈ---/ US: /ˈfɝː.ðəˌmɔːr/ adv *(form)* ⇨además ⇨asimismo *form.*

†**furthest** UK: /ˈfɜː.ðɪst/ US: /ˈfɝː-/ adj, adv **1** the superlative form of **far 2** ⇨más lejano,na

†**fury** UK: /ˈfjʊə.ri/ US: /ˈfjɝː.i/ n [U, NO PL] ⇨furia ⇨cólera

fuse[1] /fjuːz/ n [C] **1** ⇨fusible: *to blow a fuse* - fundirse un fusible **2** ⇨mecha

fuse[2] /fjuːz/ [fused, fusing] v [T, I] **1** UK *(un fusible)* ⇨saltar **2** ⇨fusionar(se) ⇨aunar **3** ⇨fundir

fusion /ˈfjuː.ʒ³n/ n [U] ⇨fusión: *a fusion of styles* - una fusión de estilos

fuss[1] /fʌs/ n [U, NO PL] **1** ⇨alboroto ⇨jaleo **2** *to make a ~* ⇨armar un escándalo ⇨armar jaleo **3** *to make a ~ {of/over} sb* ⇨deshacerse en atenciones con alguien

fuss[2] /fʌs/ v [I] **1** ⇨preocuparse: *Stop fussing about unimportant things* - No te preocupes por cosas insignificantes **2** ⇨deshacerse en atenciones

fussy /ˈfʌs.i/ adj [comp fussier, superl fussiest] **1** ⇨quisquilloso,sa ⇨tiquismiquis **2** *Whichever, I'm not fussy* - Cualquiera de los dos, a mí no me importa **3** ⇨rebuscado,da

futile UK: /ˈfjuː.taɪl/ US: /-ˤt̬əl/ adj **1** ⇨inútil ⇨fútil **2** *His efforts were futile* - Sus esfuerzos fueron en vano

futon UK: /ˈfuː.tɒn/ US: /-taːn/ n [C] ⇨futón

future[1] UK: /ˈfjuː.tʃəʳ/ US: /-tʃəʳ/ n [C, U] **1** ⇨futuro: *in the near future* - en un futuro cercano **2** *in ~* ⇨de ahora en adelante

future[2] UK: /ˈfjuː.tʃəʳ/ US: /-tʃəʳ/ adj **1** ⇨futuro,ra ⇨venidero,ra **2** ~ **tense** *(en gramática)* ⇨futuro ■ Ver cuadro en página siguiente y ver cuadro **verb tenses**

fuzzy /ˈfʌz.i/ adj [comp fuzzier, superl fuzziest] **1** ⇨confuso,sa ⇨vago,ga **2** ⇨borroso,sa **3** ⇨encrespado,da: *He's got fuzzy hair* - Tiene el pelo encrespado

F ■

future tense: will / be going to

• **Will** se usa:

– Para hablar de decisiones que se toman o se barajan en el momento de hablar:

· *I don't know what to do tomorrow. I think I **will** go to the club.*
(No sé qué hacer mañana. Creo que iré al club.)

· *Maybe I**'ll** go to the gym later.*
(A lo mejor voy al gimnasio más tarde.)

– Para hablar de predicciones basadas en algo que se sabe o que se piensa:

· *In the end we **will** arrive late; you**'ll** see.*
(Al final llegaremos tarde, ya verás.)

· *Who do you think **will** win the league?*
(¿Quién crees que ganará la liga?)

– Para hacer promesas, ofertas o peticiones:

· *I **will** help you; don't worry.*
(Yo te ayudaré; no te preocupes.)

· ***Will** you do me a favour?*
(¿Me haces un favor?)

La forma negativa de "will" es "will not" o "won't":

· *We **won't** be long.*
(No tardaremos mucho.)

• **Be going to** se usa:

– Para hablar de intenciones o de decisiones ya tomadas:

· *I**'m going to** the theatre tomorrow, do you want to come?*
(Voy al teatro mañana, ¿quieres venir?)

· *We **are going** to the gym this afternoon.*
(Vamos al gimnasio esta tarde.)

– Para hablar de situaciones futuras predecibles a partir de la situación actual:

· *Look at those clouds! It**'s going to** rain.*
(¡Mira esas nubes! Va a llover.)

Atención: a veces **will** y **be going to** pueden usarse en los mismos contextos:

· *She **will** / **is going to** pass her exam; she has worked hard.*
(Aprobará el examen; ha estudiado mucho.)

(Ver también cuadro **verb tenses**.)

G

g

g /dʒiː/ [pl **g's**] n [C] **1** *(letra del alfabeto)* ⇒g **2** ⇒forma abreviada de **gram** (gramo)

G /dʒiː/ [pl **G's**] n [C, U] *(nota musical)* ⇒sol

gable /'geɪ.bl/ n [C] *(de un edificio)* ⇒hastial ⇒frontón

gadget /'gædʒ.ɪt/ n [C] ⇒aparato ⇒artilugio ⇒chisme col.

Gaelic¹ /'geɪ.lɪk, 'gæl.ɪk/ n [U] *(idioma)* ⇒gaélico

Gaelic² /'geɪ.lɪk, 'gæl.ɪk/ adj ⇒gaélico,ca

gag¹ /gæg/ [gagged, gagging] ∎ v [T] **1** ⇒amordazar: *He was gagged with a handkerchief -* Lo amordazaron con un pañuelo **2** ⇒silenciar ⇒hacer callar ∎ v [I] **3** ⇒dar arcadas

gag² /gæg/ n [C] **1** ⇒mordaza **2** *(inform)* ⇒gag ⇒chiste

gaiety UK: /'geɪ.ə.ti/ US: /-ˤti/ n [U] *(old-fash)* ⇒alegría

†**gain¹** /geɪn/ ∎ v [T] **1** *(algo de valor)* ⇒ganar ⇒obtener ⇒adquirir **2** *(una ventaja)* ⇒ganar **3** *(peso)* ⇒coger ⇒ganar ⇒aumentar ∎ v [I] **4** *(un reloj)* ⇒adelantarse

| PHRASAL VERBS
└ **to gain on** *sth/sb* ⇒acercarse ⇒ir alcanzando

gain² /geɪn/ n [C, U] ⇒ganancia ⇒aumento

gait /geɪt/ n [C] **1** *(form)* ⇒paso ⇒manera de andar **2** *to walk with a rolling gait -* andar bamboleándose

galactic /gə'læk.tɪk/ adj ⇒galáctico,ca

galaxy /'gæl.ək.si/ [pl galaxies] n [C] ⇒galaxia

gale /geɪl/ n [C] ⇒vendaval ⇒galerna ⇒temporal

gallant UK: /'gæl.ənt/ US: /gə'lænt/ adj **1** *(lit)* ⇒valeroso,sa **2** *(lit)* ⇒galante

†**gallery** UK: /'gæl.ˤr.i/ US: /-ɚ-/ [pl galleries] n [C] **1** ⇒galería de arte **2** ⇒museo de arte **3** *(en un edificio)* ⇒galería ⇒corredor

galley /'gæl.i/ n [C] **1** *(embarcación)* ⇒galera **2** *(en una embarcación o en un avión)* ⇒cocina

†**gallon** /'gæl.ən/ n [C] *(unidad de medida)* ⇒galón ∎ En el Reino Unido, un galón equivale a 4,56 litros. En EE. UU., equivale a 3,79 litros

gallop¹ /'gæl.əp/ v [I] ⇒galopar

gallop² /'gæl.əp/ n [NO PL] ⇒galope: *at a gallop -* a galope

Gambia /'gæm.bi.ə/ n [U] ⇒Gambia

Gambian /'gæm.bi.ən/ adj, n [C] ⇒gambiano,na

gamble¹ /'gæm.bl/ [gambled, gambling] v [T, I] **1** ⇒jugar ⇒apostar ∎ CONSTR. Se usa generalmente seguido de las preposiciones y adverbios at, away y on **2** *to gamble away all your money -* perder todo tu dinero en el juego ∎ CONSTR. Se usa generalmente seguido de las preposiciones y adverbios at, away y on **3** *to be a* ~ ⇒ser arriesgado,da **4** *to take a* ~ *(on sth)* ⇒arriesgarse [a algo]

| PHRASAL VERBS
└ **to gamble on** *sth* ⇒arriesgar en algo

gamble² /'gæm.bl/ n [C] ⇒riesgo

gambling /'gæm.blɪŋ/ n [U] ⇒juego [de apuestas]

†**game¹** /geɪm/ ∎ n [C] **1** ⇒juego: *games of chance -* juegos de azar; *a video game -* un videojuego **2** *(en algunos deportes)* ⇒partido **3** *(de naipes)* ⇒partida ∎ n [U] **4** ⇒animales de caza ⇒caza **5** *card games* ⇒juego de cartas

game² /geɪm/ adj *Is Kathy game? -* ¿Se anima Kathy?

gammon /'gæm.ən/ UK n [U] ⇒jamón ahumado

gang¹ /gæŋ/ n [C] **1** ⇒banda ⇒pandilla **2** ⇒cuadrilla [de trabajo] ∎ Por ser un nombre colectivo se puede usar con el verbo en singular o en plural

†**gang²** /gæŋ/

| PHRASAL VERBS
· **to gang up {against/on}** *sb* ⇒compincharse
└ contra alguien col.

gangster UK: /'gæŋk.stər/ US: /-stɚ/ n [C] ⇒gángster

gangway /'gæŋ.weɪ/ n [C] **1** *UK* ⇒pasillo [que se forma entre dos asientos] **2** *(de una embarcación)* ⇒pasarela

gaol¹ /dʒeɪl/ *UK (UK tb* **jail***)* n [C, U] *(old-fash)* ⇒cárcel ⇒prisión

gaol² /dʒeɪl/ *UK (UK tb* **jail***)* v [T] *(old-fash)* ⇒encarcelar ∎ CONSTR. Se usa más en pasiva

†**gap** /gæp/ n [C] **1** ⇒abertura ⇒hueco **2** ⇒espacio en blanco **3** *(en el tiempo)* ⇒diferencia ⇒intervalo ∎ Se usa más en singular

G ▪

gape /geɪp/ [gaped, gaping] v [I] **1** ⇨mirar boquiabierto,ta **2** (una puerta, una boca o un agujero) ⇨estar muy abierto,ta

gaping /'geɪ.pɪŋ/ adj **1** (un agujero, una herida) ⇨muy profundo,da **2** (una boca, un agujero) ⇨muy abierto,ta

gap year UK n [C] ⇨año sabático [entre el colegio y la universidad]

† **garage** UK: /'gær.ɑːʒ/ UK: /-ɪdʒ/ US: /gəˈrɑːʒ/ n [C] **1** ⇨garaje **2** (de coches) ⇨taller **3** (de autobuses) ⇨cochera

garbage UK: /'gɑː.bɪdʒ/ US: /'gɑːr-/ n [U] US (UK rubbish) ⇨basura ■ PRON. La última a se pronuncia como la i en did

garbage can US (UK dustbin) n [C] ⇨cubo de basura ⇨caneca AMÉR. ■ PRON. La última a de garbage se pronuncia como la i en did

garbled UK: /'gɑː.bl̩d/ US: /'gɑːr-/ adj (un mensaje) ⇨confuso,sa

† **garden**[1] UK: /'gɑː.dⁿn/ US: /'gɑːr-/ n [C] **1** UK (US yard) (en una casa) ⇨jardín **2** ⇨huerto

garden[2] UK: /'gɑː.dⁿn/ US: /'gɑːr-/ v [I] ⇨trabajar en el jardín

garden centre UK n [C] ⇨centro de jardinería ⇨vivero

gardener UK: /'gɑː.dⁿn.ər/ US: /'gɑːr.d[ə]n.ɚ/ n [C] ⇨jardinero,ra

gardening UK: /'gɑː.dⁿn.ɪŋ/ US: /'gɑːr-/ n [U] ⇨jardinería: gardening gloves - guantes de jardinería

gargle UK: /'gɑː.gl̩/ US: /'gɑːr-/ [gargled, gargling] v [I] ⇨hacer gárgaras: The doctor told him to gargle - La doctora le dijo que hiciera gárgaras

garish UK: /'geə.rɪʃ/ US: /'ger.ɪʃ/ adj (un color, una prenda de ropa) ⇨chillón,-a

garland UK: /'gɑː.lənd/ US: /'gɑːr-/ n [C] ⇨guirnalda

† **garlic** UK: /'gɑː.lɪk/ US: /'gɑːr-/ n [U] **1** ⇨ajo **2** clove of ~ ⇨diente de ajo

garment UK: /'gɑː.mənt/ US: /'gɑːr-/ n [C] (form) ⇨prenda [de vestir]

garnish[1] UK: /'gɑː.nɪʃ/ US: /'gɑːr-/ v [T] (una comida) ⇨aderezar ⇨adornar

garnish[2] UK: /'gɑː.nɪʃ/ US: /'gɑːr-/ [pl garnishes] n [C] (en una comida) ⇨aderezo ⇨guarnición

garrison UK: /'gær.ɪ.sⁿn/ US: /'ger-/ n [C] ⇨guarnición [militar]

garter UK: /'gɑː.tər/ US: /'gɑːr.ˤt̬ɚ/ US (UK suspender) n [C] ⇨tira elástica ⇨liga

† **gas**[1] /gæs/ n [U] **1** ⇨gas: Oxygen is a gas - El oxígeno es un gas **2** US (UK petrol) ⇨forma abreviada de **gasoline** (gasolina) **3** US (UK wind) (en el estómago) ⇨gases ⇨flatulencias

gas[2] /gæs/ [gassed, gassing] v [T] ⇨asfixiar con gas

gash /gæʃ/ n [C] ⇨corte profundo: She has a nasty gash on her leg - Tiene un corte muy profundo en la pierna

gas mask n [C] ⇨máscara antigás

† **gasoline** /'gæs.ᵊl.iːn/ US (UK petrol) n [U] ⇨gasolina ⇨nafta AMÉR.; ⇨bencina AMÉR.

gasp[1] UK: /gɑːsp/ US: /gæsp/ v [I] ⇨dar un grito ahogado ⇨jadear

gasp[2] UK: /gɑːsp/ US: /gæsp/ n [C] ⇨grito ahogado

gas pedal US n [C] (en un vehículo) ⇨acelerador

gas station US (UK petrol station) n [C] ⇨gasolinera

gastronomic UK: /ˌgæs.trəˈnɒm.ɪk/ US: /-ˈnɑː.mɪk/ (tb gastronomical) adj ⇨gastronómico,ca

gastronomical adj See **gastronomic**

† **gate** /geɪt/ n [C] **1** (en una valla) ⇨puerta **2** (en un aeropuerto) ⇨puerta de embarque

gateau UK: /'gæt.əʊ/ US: /'gæˤt̬'oʊ/ [pl gateaux; USA gateaus] n [C, U] ⇨tarta [con nata o fruta]

gatecrash /'geɪt.kræʃ/ [gatecrashes] v [T, I] (inform) (en una fiesta) ⇨colarse col.

gateway /'geɪt.weɪ/ n [C] **1** ⇨entrada ⇨puerta **2** ~ to sth ⇨pasaporte hacia algo ⇨puerta a algo

† **gather** UK: /'gæð.ər/ US: /-ɚ/ v [T, I] **1** ⇨reunirse ⇨agruparse ■ v [T] **2** ⇨reunir ⇨recoger **3** (datos) ⇨recopilar ⇨recoger **4** ⇨tener entendido: so I gather - así lo tengo entendido **5** ⇨ganar: to gather speed - ganar velocidad

gathering UK: /'gæð.ᵊr.ɪŋ/ US: /-ɚ-/ n [C] ⇨reunión: a family gathering - una reunión familiar

gaudy UK: /'gɔː.di/ US: /'gɑː-/ adj [comp gaudier, superl gaudiest] (un color o adorno) ⇨estridente ⇨chillón,-a

gauge[1] /geɪdʒ/ [gauged, gauging] v [T] ⇨calcular ⇨calibrar ⇨medir ■ CONSTR. to gauge + interrogativa indirecta

gauge[2] /geɪdʒ/ n [C] **1** ⇨calibre **2** ⇨indicador **3** ⇨ancho de vía

gaunt UK: /gɔːnt/ US: /gɑːnt/ adj ⇨demacrado,da

gauze UK: /gɔːz/ US: /gɑːz/ n [U] ⇨gasa

gave /geɪv/ past tense of **give**

gay[1] /geɪ/ adj ⇨homosexual

gay[2] /geɪ/ n [C] ⇨homosexual ⇨gay

gaze[1] /geɪz/ [gazed, gazing] v [I] ⇨contemplar ⇨mirar fijamente ■ CONSTR. Se usa generalmente seguido de una preposición o un adverbio

gaze[2] /geɪz/ n [U] ⇨mirada: I couldn't return her gaze - No pude devolverle la mirada

gazette /gəˈzet/ n [C] (old-fash) ⇨gaceta

GCSE /ˌdʒiː.siː.esˈiː/ UK n [C] ⇨Certificado de Enseñanza Secundaria

gear[1] UK: /gɪər/ US: /gɪr/ n [C, U] **1** (en un coche o en una bicicleta) ⇨marcha **2** ⇨material ⇨equipo **3** ⇨bártulos

=G (margin tab)

† **gear²** UK: /gɪəʳ/ US: /gɪr/
| PHRASAL VERBS
| · **to gear** *sth* {**to/towards**} *sth/sb* ⇨destinar a
| ⇨orientar a
| · **to gear** *(sth/sb)* **up** [M] ⇨mentalizar(se) ⇨pre-
| ⌐ parar(se)
gearbox UK: /ˈgɪə.bɒks/ US: /ˈgɪr.bɑːks/ [*pl* gear-
boxes] *n* [C] *(en un vehículo)* ⇨caja de cambios
gear lever *UK n* [C] ⇨palanca de cambios
gearstick *n* [C] *(en un vehículo)* ⇨palanca de
cambios
gee /dʒiː/ *US excl (inform)* ⇨¡vaya!
geek /giːk/ *n* [C] **1** *(inform)* ⇨mojigato,ta ⇨sim-
ple ⇨muermo,ma ■ Se emplea más con hombres **2**
⇨fanático,ca [de la informática o de la tecnolo-
gía] ⇨friki *col.*
geese /giːs/ *n* [PL] See **goose**
gel /dʒel/ *n* [U] **1** ⇨gel **2** ⇨gomina
gem /dʒem/ *n* [C] **1** ⇨gema **2** *(inform)* ⇨joya: *This
picture is the gem of the exhibition* - Este cuadro es
la joya de la exposición **3** *(persona)* ⇨joya ⇨tesoro
Gemini /ˈdʒem.ɪ.naɪ/ *n* [C, U] *(signo del zodíaco)*
⇨géminis
† **gender** UK: /ˈdʒen.dəʳ/ US: /-dɚ/ ■ *n* [C, U] **1** *(en bio-
logía)* ⇨sexo ■ *n* [C] **2** *(en gramática)* ⇨género
† **gene** /dʒiːn/ *n* [C] ⇨gen: *the gene pool* - la reserva
de genes
† **general¹** UK: /ˈdʒen.ər.əl/ US: /-ɚ-/ *adj* **1** ⇨común
⇨general **2** ⇨general ⇨no detallado,da **3** in ~ **1**
⇨en general **2** ⇨normalmente
general² UK: /ˈdʒen.ər.əl/ US: /-ɚ-/ *n* [C] *(en las
fuerzas armadas)* ⇨general
general election *n* [C] ⇨elecciones generales
generalise [generalised, generalising] *UK v* [I]
See **generalize**
generalization UK: /ˌdʒen.ər.əl.aɪˈzeɪ.ʃən/ US: /-ɚ-/
n [C, U] ⇨generalización
generalize UK: /ˈdʒen.ər.ə.laɪz/ US: /-ɚ-/ [general-
ized, generalizing] *v* [I] ⇨generalizar
† **generally** UK: /ˈdʒen.ər.əl.i/ US: /-ɚ-/ *adv* **1** ⇨por lo
general ⇨generalmente **2** ~ **speaking** ⇨en tér-
minos generales
† **generate** UK: /ˈdʒen.ər.eɪt/ US: /-ɚ-/ [generated,
generating] *v* [T] ⇨generar: *to generate profits*
- generar beneficios
† **generation** /ˌdʒen.əˈreɪ.ʃən/ *n* [U] **1** *(de personas
nacidas en fechas próximas)* ⇨generación **2** *(en
una familia)* ⇨generación ■ Por ser un nombre colec-
tivo se puede usar con el verbo en singular o en plural
generator UK: /ˈdʒen.ə.reɪ.təʳ/ US: /-ɚ.eɪ.ˤt̬ɚ/ *n* [C]
1 *(máquina)* ⇨generador **2** *(persona, empresa o
actividad)* ⇨generador,-a
generosity UK: /ˌdʒen.əˈrɒs.ɪ.ti/ US: /-ˈrɑː.sə.ˤt̬i/ *n*
[U] ⇨generosidad

† **generous** UK: /ˈdʒen.ər.əs/ US: /-ɚ-/ *adj* **1** *(una
persona)* ⇨generoso,sa **2** ⇨abundante ⇨gene-
roso,sa
generously UK: /ˈdʒen.ər.ə.sli/ US: /-ɚ-/ *adv* ⇨gene-
rosamente
genetic UK: /dʒəˈnet.ɪk/ US: /-ˈneˤt̬-/ *adj* ⇨gené-
tico,ca
genetically UK: /dʒəˈnet.ɪ.kli/ US: /-ˈneˤt̬-/ *adv* ⇨ge-
néticamente
genetically modified *adj* *(un producto)*
⇨transgénico,ca ⇨modificado,da genéticamente
■ La forma abreviada es *GM*
† **genetics** UK: /dʒəˈnet.ɪks/ US: /-ˈneˤt̬-/ *n* [U] ⇨ge-
nética
genial /ˈdʒiː.ni.əl/ *adj* ⇨afable ⇨cordial ■ Distinto de
great (genial)
genie /ˈdʒiː.ni/ [*pl* genii, genies] *n* [C] *(personaje
fantástico)* ⇨genio
genitals UK: /ˈdʒen.ɪ.tᵊlz/ US: /-ˤt̬[ə]lz/ *n* [PL] ⇨ge-
nitales
† **genius** /ˈdʒiː.ni.əs/ ■ *n* [C] **1** *(persona)* ⇨genio **2**
He's a genius! - ¡Es un hacha! ■ *n* [U] **3** ⇨genio
⇨don ⇨talento ■ El plural es *geniuses*
genocide /ˈdʒen.ə.saɪd/ *n* [U] ⇨genocidio
genre /ˈʒɑ̃.rə, ˈʒɒn-/ *n* [C] *(form) (en arte y lite-
ratura)* ⇨género
gent /dʒent/ *n* [C] *(inform, old-fash)* ⇨caballero
genteel UK: /dʒenˈtiəl/ US: /-ˈtiːl/ *adj* ⇨refinado,da
⇨elegante
† **gentle** UK: /ˈdʒen.tl/ US: /-ˤt̬l/ *adj* **1** *(una persona)*
⇨amable ⇨apacible ⇨gentil **2** ⇨agradable ⇨sua-
ve **3** *(un animal)* ⇨manso,sa
† **gentleman** UK: /ˈdʒen.tl.mən/ US: /-ˤt̬l-/ [*pl* gent-
lemen] *n* [C] **1** ⇨señor **2** ⇨hombre educado ⇨ca-
ballero
gentlemen *n* [PL] See **gentleman**
gentleness UK: /ˈdʒen.tl.nəs/ US: /-ˤt̬l-/ *n* [U] **1**
⇨delicadeza ⇨suavidad **2** ⇨amabilidad ⇨dul-
zura
gently /ˈdʒent.li/ *adv* **1** ⇨suavemente **2** ⇨con de-
licadeza
Gents *UK n* [NO PL] *(inform)* ⇨forma abreviada
de **Gentlemen's** (servicio de caballeros)
† **genuine** /ˈdʒen.ju.ɪn/ *adj* **1** ⇨genuino,na
⇨auténtico,ca **2** *(una persona)* ⇨sincero,ra
geographer UK: /dʒiˈɒg.rə.fəʳ/ US: /dʒiˈɑː.grə.fɚ/ *n*
[C] ⇨geógrafo,fa
geographical /ˌdʒi.əˈgræf.ɪ.kᵊl/ *adj* ⇨geográfi-
co,ca: *geographical features* - elementos geográ-
ficos
geographically /ˌdʒi.əˈgræf.ɪ.kli/ *adv* ⇨geográfi-
camente ■ PRON. La última *a* no se pronuncia
† **geography** UK: /dʒiˈɒg.rə.fi/ US: /dʒiˈɑː.grə-/ *n* [U]
⇨geografía

G

† **geology** UK: /dʒiˈɒl.ə.dʒi/ US: /-ˈɑː.lə-/ n [U] ⇒geología

geometric /ˌdʒiː.əˈmet.rɪk/ adj ⇒geométrico,ca: *a geometric shape* - una forma geométrica

geometry UK: /dʒiˈɒm.ə.tri/ US: /dʒiˈɑː.mə-/ n [U] ⇒geometría

geriatric /ˌdʒer.iˈæt.rɪk/ adj **1** ⇒geriátrico,ca **2** *the geriatric ward* - la sala de geriatría

† **germ** UK: /dʒɜːm/ US: /dʒɜːm/ n [c] **1** ⇒germen ⇒microbio: *Wash your hands well before eating to eliminate germs* - Lávate bien las manos antes de comer para evitar los microbios **2** ⇒inicio ⇒germen ■ Se usa más en plural

German[1] UK: /ˈdʒɜː.mən/ US: /ˈdʒɜː-/ ■ n [U] **1** *(idioma)* ⇒alemán ■ n [c] **2** ⇒alemán,-a: *three Germans* - tres alemanes

German[2] UK: /ˈdʒɜː.mən/ US: /ˈdʒɜː-/ adj ⇒alemán,-a: *a German car* - un coche alemán

German measles n [U] ⇒rubeola

† **gerund** /ˈdʒer.ʌnd/ n [c] ⇒gerundio ■ Ver cuadro

gesture[1] UK: /ˈdʒes.tʃəʳ/ US: /-tʃɚ/ n [c] **1** ⇒gesto **2** nice ~ ⇒detalle: *That was a really nice gesture* - Eso fue un verdadero detalle

gesture[2] UK: /ˈdʒes.tʃəʳ/ US: /-tʃɚ/ (gestured, gesturing) v [I] ⇒hacer gestos ⇒señalar ■ Se usa generalmente seguido de las preposiciones *at*, *to* y *towards*

† **get**, got, got (US got, gotten) /get/ [getting] v [T] **1** ⇒comprar ■ CONSTR. to get + dos objetos **2** ⇒conseguir ⇒obtener ■ CONSTR. to get + dos objetos **3** ⇒recibir **4** ⇒tener ■ Solo tiene dos formas verbales: *has got* y *have got* **5** ⇒coger ⇒traer **6** ⇒hacerse ■ CONSTR. Se usa seguido de un adjetivo **7** ⇒llegar ■ CONSTR. Se usa generalmente seguido de la preposición *to* **8** ⇒hacer que ⇒conseguir que ■ CONSTR. 1. to get + doing sth 2. to get + to do sth **9** ⇒llevar **10** ⇒ser ■ CONSTR. Se usa seguido de un verbo en participio **11** ⇒coger [un medio de transporte] **12** ⇒coger [una enfermedad] **13** ⇒entender **14 to be getting on 1** *(inform)* *(una persona)* ⇒hacerse viejo,ja **2** ⇒hacerse tarde

| PHRASAL VERBS

· **to get about 1** *UK* (US **to get around**) *(una persona, un animal)* ⇒moverse ⇒tener capacidad de movimiento **2** *(un rumor, una noticia)* ⇒correr ⇒circular **3** ⇒viajar mucho

· **to get at sb** ⇒meterse con alguien ⇒criticar a alguien

· **to get away** ⇒escaparse

· **to get away with sth 1** ⇒librarse de algo **2** ⇒llevarse algo robado

· **to get back 1** ⇒volver **2** ⇒ponerse en contacto de nuevo

· **to get sth back** [M] ⇒recuperar algo

· **to get back at sb** *(inform)* ⇒vengarse de alguien [por algo] ⇒hacer que alguien pague por una ofensa

· **to get behind with sth** ⇒quedarse atrás en algo

· **to get by 1** ⇒arreglárselas **2** ⇒sobrevivir

· **to get by {in/on/with} sth 1** ⇒defenderse {en/con} algo **2** ⇒sobrevivir con algo ⇒arreglárselas con algo

· **to get sb down** *(inform)* ⇒deprimir a alguien ⇒hundir a alguien *col.*

· **to get sth down** [M] ⇒anotar algo ⇒apuntar algo

· **to get down to {sth/doing sth}** ⇒ponerse a algo

· **to get in 1** ⇒llegar **2** *(en un coche o taxi)* ⇒subir ⇒montar ⇒abordar *AMÉR.* **3** *(en un colegio o una universidad)* ⇒ser admitido,da

· **to get sth in** [M] **1** *UK (inform)* ⇒comprar algo [por previsión] **2** ⇒entregar algo [a tiempo]

· **to get into sth 1** *(en un colegio o una universidad)* ⇒ser admitido,da **2** *(una profesión, un problema)* ⇒meterse en algo **3** *(ropa): I can't into these jeans* - No me caben estos vaqueros **4** *(un hábito)* ⇒coger ⇒adquirir **5** *(inform)* ⇒cogerle el gustillo a algo *col.*; ⇒aficionarse a algo

· **to get off 1** *(de un vehículo)* ⇒apearse ⇒bajarse **2** ⇒salir del trabajo [al final de la jornada]

· **to get sth off (sth)** *(inform)* ⇒quitar algo de algún lugar

· **to get off with sb** *UK (inform)* ⇒enrollarse con alguien *col.*; ⇒ligar(se) a alguien *col.*

· **to get on 1** *UK (US to get along)* ⇒progresar ⇒ir **2** ⇒tener éxito ⇒montar(se) [en un caballo] **4** ⇒subir(se) [a un vehículo] ⇒abordar [un vehículo] *AMÉR.* **5** ⇒arreglárselas

· **to get on to sth** ⇒ponerse a hablar de algo ⇒pasar a considerar algo

· **to get on with sth** ⇒seguir haciendo algo

· **to get on with sb** *(US tb to get along with sb)* ⇒llevarse bien con alguien

· **to get out** *(de un coche o taxi)* ⇒apearse ⇒salir

· **to get sth out of sb** ⇒sonsacar algo a alguien

· **to get over sth 1** *(de una enfermedad, una mala noticia o una crisis)* ⇒reponerse ⇒superar ⇒recuperarse **2** *I can't get over it!* - ¡No me lo puedo creer!

· **to get round sth** *UK (US to get around sth)* *(un problema)* ⇒sortear ⇒esquivar

· **to get round sb** *UK* ⇒convencer a alguien ■ CONSTR. to get round sb + to do sth

· **to get through sth 1** *UK* ⇒acabar algo ⇒terminar algo **2** ⇒aprobar algo

· **to get through to sb 1** ⇒comunicarse [por teléfono] con alguien **2** ⇒hacer entender a alguien

gerund

- El gerundio es la forma en **"-ing"** de los verbos. Se usa:

 - Como sujeto de una oración:

 · **Crossing** the road can be dangerous.
 (Cruzar la carretera puede ser peligroso.)
 · **Skiing** is her passion.
 (Esquiar es su pasión.)

 - Después de una preposición:

 · He is <u>against</u> **smoking** in public places.
 (Está en contra de fumar en lugares públicos.)
 · I'm thinking <u>about</u> **buying** a motorbike.
 (Estoy pensando en comprar una moto.)

 - Después de algunos verbos:

 · I **fancy seeing** a film this evening.
 (Me apetece ver una película esta noche.)

- Algunos verbos van seguidos por gerundio, otros por infinitivo y otros pueden ir seguidos por ambas formas:

 - Algunos verbos que van seguidos del **gerundio** son:

 · avoid · can't help · can't stand · consider · enjoy · fancy · finish · give up · imagine
 · keep · (don't) mind · miss · practise · regret · suggest

 · I **can't help getting** wound up each time I see him.
 (No puedo evitar ponerme nervioso cada vez que lo veo.)

 - Algunos verbos que van seguidos del **infinitivo** son:

 · afford · agree · arrange · ask · choose · dare · decide · expect · hope
 · learn (how) · manage · need · offer · plan · pretend · promise · refuse · seem
 · tell · want · would · like · would prefer

 · We **have decided to move** to New York.
 (Hemos decidido trasladarnos a Nueva York.)
 · **Don't pretend to be** asleep!
 (¡No te hagas el dormido!)

- Algunos verbos que pueden ir seguidos por **gerundio** o por **infinitivo** son:

 · begin · can't bear · continue · hate · intend · like · love · prefer · propose · start

 · It **started raining/to rain**.
 (Empezó a llover.)
 · I **hate ironing/to iron**.
 (Odio planchar.)

 Atención: hay verbos que cambian su significado según vayan seguidos de un gerundio o de un infinitivo:

 - **Remember**:

 · I **remember** <u>calling</u> my grandfather on his birthday.
 (Recuerdo haber llamado a mi abuelo el día de su cumpleaños.)
 · I always **remember to call** my grandfather on his birthday.
 (Siempre me acuerdo de llamar a mi abuelo el día de su cumpleaños.)

 - **Stop**

 - **Try**

G

· **to get** *sth/sb* **together** ⇨reunir ⇨juntar

· **to get together with** *sb* ⇨reunirse con alguien

· **to get up** ⇨levantarse [de la cama]

└ · **to get up to** *sth UK* ⇨tramar algo

getaway UK: /ˈget.əˌweɪ/ US: /ˈgeˈt̬-/ *n* [c] ⇨huida ⇨fuga

geyser UK: /ˈgiː.zəʳ/ US: /ˈgaɪ.zə/ *n* [c] **1** ⇨géiser **2** *UK* ⇨calentador de agua

ghastly UK: /ˈgɑː.st.li/ US: /ˈgæst-/ *adj* [*comp* ghastlier, *superl* ghastliest] **1** ⇨horrible ⇨espantoso,sa ⇨horroroso,sa **2** ⇨pálido,da **3** *ghastly mistake* - craso error

≡G **ghetto** UK: /ˈget.əʊ/ US: /ˈgeˈt̬.oʊ/ [*pl* ghettoes, ghettos] *n* [c] ⇨gueto

† **ghost** UK: /ɡəʊst/ US: /ɡoʊst/ *n* [c] **1** ⇨fantasma: *to see a ghost* - ver un fantasma **2** *~ writer (escritor)* ⇨negro *col.* **3** *to give up the ~ UK (hum)* ⇨entregar el alma

ghostly UK: /ˈgəʊst.li/ US: /ˈgoʊst-/ *adj* [*comp* ghostlier, *superl* ghostliest] ⇨fantasmal

† **giant** /ˈdʒaɪ.ənt/ *n* [c] ⇨gigante

gibberish UK: /ˈdʒɪb.ᵊr.ɪʃ/ US: /-ə-/ *n* [u] *to talk gibberish* - decir tonterías

gibe /dʒaɪb/ (*tb* jibe) *n* [c] ⇨burla

Gibraltar UK: /dʒɪˈbrɔːl.təʳ/ US: /-ˈbrɑːl.tə/ *n* [u] ⇨Gibraltar

Gibraltarian UK: /ˌdʒɪb.rɔːlˈteə.ri.ən/ US: /-rɑːlˈter.i-/ *adj, n* [c] ⇨gibraltareño,ña

giddy /ˈgɪd.i/ *adj* [*comp* giddier, *superl* giddiest] **1** *(por inestabilidad)* ⇨mareado,da **2** *to feel giddy with happiness* - sentirse ebrio de felicidad

† **gift** /gɪft/ *n* [c] **1** ⇨regalo **2** ⇨don **3** ⇨dote **4** *to have the ~ of the gab* ⇨tener mucha labia *col.*

gift certificate *US* (*UK* token) *n* [c] ⇨cheque regalo

gifted /ˈgɪf.tɪd/ *adj* **1** ⇨dotado,da ⇨con talento **2** ⇨superdotado,da: *a gifted girl* - una niña superdotada

gig /gɪg/ *n* [c] **1** *(inform)* ⇨concierto ⇨actuación ⇨bolo **2** ⇨calesa

gigantic UK: /ˌdʒaɪˈgæn.tɪk/ US: /-ˈt̬ɪk/ *adj* ⇨gigantesco,ca

giggle[1] /ˈgɪg.l̩/ [giggled, giggling] *v* [i] ⇨reír tontamente ⇨entrarle la risa tonta (a alguien)

giggle[2] /ˈgɪg.l̩/ ■ *n* [c] **1** ⇨risa tonta ■ *n* [NO PL] **2** ⇨broma ⇨gracia **3** *to get the giggles* ⇨entrarle a alguien la risa

gilded /ˈgɪl.dɪd/ *adj* ⇨dorado,da

gill /gɪl/ *n* [c] ⇨branquia ■ Se usa más en plural

gilt /gɪlt/ *adj* ⇨dorado,da

gimmick /ˈgɪm.ɪk/ *n* [c] **1** ⇨truco publicitario **2** ⇨truco para atraer la atención

gin /dʒɪn/ *n* [c, u] ⇨ginebra

ginger[1] UK: /ˈdʒɪn.dʒəʳ/ US: /-dʒə/ *n* [u] *(planta)* ⇨jengibre

ginger[2] UK: /ˈgɪŋ.əʳ/ US: /-ə/ *UK adj* ⇨pelirrojo,ja

gingerly UK: /ˈdʒɪn.dʒə.li/ US: /-dʒə-/ *adv* ⇨cautelosamente ⇨cuidadosamente

gipsy /ˈdʒɪp.si/ [*pl* gypsies] *UK n* [c] ⇨gitano,na

† **giraffe** UK: /dʒɪˈrɑːf/ US: /-ˈræf/ *n* [c] ⇨jirafa

† **girl** UK: /gɜːl/ US: /gɜːl/ *n* [c] ⇨niña ⇨chica ⇨huerca *AMÉR.;* ⇨chamaca *AMÉR.*

† **girlfriend** UK: /ˈgɜːl.frend/ US: /ˈgɜːl-/ *n* [c] **1** ⇨novia ⇨enamorada *AMÉR.* **2** *US* ⇨amiga

gist /dʒɪst/ *n* [NO PL] ⇨esencia ⇨quid

† **give, gave, given** /gɪv/ [giving] ■ *v* [T] **1** ⇨dar ■ CONSTR. to give + dos objetos **2** ⇨dar ⇨pegar **3** ⇨dar ⇨causar ■ CONSTR. to give + dos objetos ■ *v* [I] **4** ⇨dar de sí ⇨ceder **5** *(una enfermedad)* ⇨contagiar **6** *(una respuesta): Don't give me that!* - ¿Te crees que soy tonto? **7** *~ and take* **1** ⇨toma y daca *col.* **2** *It's a question of give and take* - Hay que hacer concesiones por ambas partes **8** *to ~ way UK (US to yield)* ⇨ceder el paso

PHRASAL VERBS

· **to give** *sth* **away** [M] **1** ⇨regalar algo **2** ⇨revelar algo

· **to give** *sth/sb* **away** [M] ⇨delatar

· **to give** *sth* **back** [M] ⇨devolver algo ⇨regresar algo *AMÉR.*

· **to give** *sth* **in** [M] *UK (un documento)* ⇨entregar [para que sea valorado]

· **to give** *sth* **out** [M] ⇨repartir algo

· **to give up** ⇨rendirse

· **to give up** *(sth)* ⇨desistir [de una actividad difícil] ■ CONSTR. To give up + doing sth

· **to give** *sth* **up** [M] *(una actividad habitual)* ⇨dejar ⇨dejar de ■ CONSTR. to give up + doing sth

· **to give** *(sth)* **up** [M] *(un hábito)* ⇨dejar ■ CONSTR.

└ to give up + doing sth

given /ˈgɪv.ᵊn/ past participle of **give**

glacier UK: /ˈglæs.i.əʳ/ US: /ˈgleɪ.si.ə/ *n* [c] ⇨glaciar

† **glad** /glæd/ *adj* [*comp* gladder, *superl* gladdest] **1** ⇨alegre ⇨contento,ta ■ CONSTR. Nunca se usa delante de un nombre **2** *to be ~ of sth (form)* ⇨agradecer algo: *We would be glad of your help* - Agradeceríamos tu ayuda **3** *to be ~ to do sth* ⇨tener mucho gusto en hacer algo

gladly /ˈglæd.li/ *adv* ⇨gustosamente ⇨con mucho gusto

glamorous UK: /ˈglæm.ᵊr.əs/ US:/-ɚ-/ *adj* ⇨glamouroso,sa ⇨con mucho glamour ⇨sofisticado,da

† **glamour** UK: /ˈglæm.əʳ/ US: /-ə/ *UK n* [u] ⇨glamour

glance[1] UK: /glɑːnts/ US: /glænts/ [glanced, glancing] *v* [i] ⇨echar un vistazo ⇨echar una mirada ■ CONSTR. Se usa generalmente seguido de una preposición o un adverbio

glance² UK: /glɑːnts/ US: /glænts/ n [c] **1** ⇨ojeada ⇨mirada rápida ⇨vistazo **2 at a ~** ⇨a primera vista **3 without a backward ~** ⇨sin volver la vista atrás

gland /glænd/ n [c] ⇨glándula: *thyroid gland* - glándula tiroides

glare¹ UK: /gleəʳ/ US: /gler/ n [c] **1** ⇨mirada [airada] **2** ⇨luz deslumbrante **3** ⇨resol

glare² UK: /gleəʳ/ US: /gler/ [glared, glaring] v [i] ⇨fulminar con la mirada ⇨mirar airadamente

glaring UK: /gleə.rɪŋ/ US: /gler.ɪŋ/ adj **1** ⇨manifiesto,ta ⇨claro,ra ⇨evidente **2** *(una luz)* ⇨deslumbrante ⇨resplandeciente

† **glass** UK: /glɑːs/ US: /glæs/ ∎ n [u] **1** ⇨vidrio ⇨cristal ∎ n [c] **2** ⇨copa ⇨vaso ∎ El plural es *glasses*

† **glasses** UK: /glɑː.sɪz/ US: /glæs.ɪz/ n [PL] ⇨gafas ⇨espejuelos *AMÉR.*

glaze¹ /gleɪz/ [glazed, glazing] ∎ v [t] **1** *(en alfarería)* ⇨vidriar **2** *(una puerta o una ventana)* ⇨acristalar ⇨poner cristal **3** *(en pastelería)* ⇨glasear ∎ v [i] **4** *(tb glaze over)* *(los ojos)* ⇨vidriarse

glaze² /gleɪz/ n [c] **1** *(en alfarería)* ⇨barniz **2** *(en pastelería)* ⇨glaseado

gleam¹ /gliːm/ v [i] **1** *(los ojos)* ⇨brillar ⇨hacer chiribitas *col.* **2** ⇨relucir **3** *The moon is gleaming through the clouds* - La luna brilla tenuemente entre las nubes

gleam² /gliːm/ n [c] **1** ⇨brillo **2** ⇨atisbo ⇨destello **3** *She has a gleam in her eye today* - Hoy tiene los ojos chispeantes

glean /gliːn/ v [t] **1** ⇨recopilar: *to glean information* - recopilar información ∎ CONSTR. Se usa más en pasiva **2** ⇨averiguar: *What have you gleaned from your visit?* - ¿Qué has averiguado en tu visita?

glee /gliː/ n [u] **1** ⇨júbilo ⇨alegría **2** ⇨regodeo *col.*

glide /glaɪd/ [glided, gliding] v [i] **1** ⇨planear: *The eagle glided above the cliffs* - El águila planeó sobre los acantilados **2** ⇨deslizarse ∎ CONSTR. Se usa generalmente seguido de una preposición o un adverbio

glider UK: /glaɪ.dəʳ/ US: /-dɚ/ n [c] *(avión)* ⇨planeador

gliding /glaɪ.dɪŋ/ n [u] ⇨vuelo sin motor ⇨planeo

glimmer UK: /glɪm.əʳ/ US: /-ɚ/ n [c] **1** ⇨luz tenue **2** ⇨atisbo ⇨rayo

glimpse¹ /glɪmps/ [glimpsed, glimpsing] v [t] ⇨entrever ⇨vislumbrar

glimpse² /glɪmps/ n [c] **1** ⇨vistazo **2 to catch a ~ of** *sth* ⇨alcanzar a ver algo [rápidamente] ⇨vislumbrar algo

glint¹ /glɪnt/ n [c] **1** ⇨destello **2** *(en los ojos)* ⇨chispa

glint² /glɪnt/ v [i] **1** ⇨destellar ⇨reflejar [luz] **2** *(los ojos)* ⇨chispear ⇨centellear

glisten /glɪs.ªn/ v [i] *(una superficie mojada)* ⇨relucir

glitter¹ UK: /glɪt.əʳ/ US: /glɪˤt.ɚ/ v [i] ⇨brillar ⇨relucir

glitter² UK: /glɪt.əʳ/ US: /glɪˤt.ɚ/ n [u] **1** ⇨brillo ⇨destello **2** ⇨purpurina

gloat UK: /gləʊt/ US: /gloʊt/ v [i] ⇨regodearse *col.*

† **global** UK: /gləʊ.bªl/ US: /gloʊ-/ adj ⇨mundial ⇨global

globalization UK: /ˌgləʊ.bªl.aɪˈzeɪ.ʃªn/ US: /ˌgloʊ-/ n [u] ⇨globalización

globe UK: /gləʊb/ US: /gloʊb/ n [c] **1** ⇨globo terráqueo **2** ⇨globo **3 the ~** ⇨la tierra ⇨el mundo

gloom /gluːm/ n [u] **1** *(form)* ⇨penumbra ⇨oscuridad **2** ⇨aflicción ⇨tristeza

gloomy /gluː.mi/ adj [comp gloomier, superl gloomiest] **1** *(falta de luz)* ⇨oscuro,ra ⇨tenebroso,sa ⇨gris **2** *(el futuro)* ⇨desalentador,-a ⇨pesimista ⇨nada prometedor,-a **3** ⇨lúgubre ⇨melancólico,ca

glorious UK: /glɔː.ri.əs/ US: /glɔːr.i-/ adj **1** ⇨maravilloso,sa ⇨radiante ⇨magnífico,ca **2** ⇨glorioso,sa: *a glorious victory* - una victoria gloriosa

glory¹ UK: /glɔː.ri/ US: /glɔːr.i/ ∎ n [u] **1** ⇨esplendor ∎ n [c, u] **2** ⇨gloria ∎ El plural es *glories*

† **glory²** UK: /glɔː.ri/ US: /glɔːr.i/ [glories, gloried]
|PHRASAL VERBS
· **to glory in** *sth* **1** ⇨disfrutar de algo: *He gloried in his success* - Disfrutaba de su éxito **2** ⇨vanagloriarse de algo

gloss¹ /glɒs/ US: /glɑːs/ ∎ n [c] **1** ⇨glosa ∎ El plural es *glosses* ∎ n [u, NO PL] **2** ⇨brillo **3** ⇨pintura de esmalte

gloss² UK: /glɒs/ US: /glɑːs/ v [t] ⇨glosar ⇨comentar
|PHRASAL VERBS
· **to gloss over** *sth* ⇨pasar algo por alto ⇨quitar importancia a algo

glossary UK: /glɒs.ªr.i/ US: /glɑː.sɚ-/ [pl glossaries] n [c] ⇨glosario

glossy UK: /glɒs.i/ US: /glɑː.si/ adj [comp glossier, superl glossiest] **1** ⇨reluciente ⇨satinado,da **2** ⇨de moda: *a glossy magazine* - una revista de moda

† **glove** /glʌv/ n [c] ⇨guante: *leather gloves* - guantes de cuero

glow¹ UK: /gləʊ/ US: /gloʊ/ n [NO PL] **1** ⇨luz suave ⇨luminiscencia **2** ⇨lustre [de la cara]

glow² UK: /gləʊ/ US: /gloʊ/ v [i] **1** ⇨resplandecer ⇨brillar ⇨relucir **2 to ~ with {happiness/pride}** ⇨estar radiante de {felicidad/orgullo}: *Her face glows with happiness* - Su rostro está radiante de felicidad

glucose UK: /gluː.kəʊs/ US: /-koʊs/ n [u] ⇨glucosa

glue¹ /glu:/ *n* [U] ⇒pegamento ⇒cola

glue² /glu:/ [glued, gluing, glueing] *v* [T] ⇒pegar: *We glued the pieces of the vase together* - Pegamos los pedazos del jarrón

glutton UK: /'glʌt.ªn/ US: /'glʌʈ-/ *n* [C] **1** ⇒glotón,-a **2 to be a ~ for punishment** ⇒ser masoquista

GM /ˌdʒiː'em/ *adj* ⇒forma abreviada de **genetically modified** (transgénico,ca)

GMT /ˌdʒiː.em'tiː/ *n* [U] ⇒forma abreviada de **Greenwich Mean Time** (hora del meridiano de Greenwich)

gnarled UK: /nɑːld/ US: /nɑːrld/ *adj* ⇒lleno,na de nudos ⇒retorcido,da ⇒nudoso,sa

gnaw UK: /nɔː/ US: /nɑː/ *v* [T, I] **1** ⇒roer ⇒mordisquear **2** ⇒reconcomer: *I was gnawed by remorse* - El remordimiento me reconcomía ■ CONSTR. Se usa generalmente seguido de las preposiciones *by, through* y *on*

| PHRASAL VERBS
└ **· to gnaw at** *sb* ⇒atormentar a alguien

† **go¹**, went, gone UK: /gəʊ/ US: /goʊ/ *v* [I] **1** *(de viaje)* ⇒ir ■ CONSTR. Se usa generalmente seguido de una preposición o un adverbio **2** *(de un sitio)* ⇒irse ⇒marcharse **3** ⇒funcionar **4** ⇒ir ⇒resultar ⇒salir ■ CONSTR. Se usa generalmente seguido de un adverbio **5** ⇒desaparecer **6** *(una actividad)* ⇒hacer ■ CONSTR. to go + doing sth **7** *(tiempo)* ⇒pasar **8** *(un sonido)* ⇒hacer **9** ⇒volverse ⇒quedarse **10 to be going to do sth 1** *(tb gonna) (relativo a un plan)* ⇒ir a **2** *(relativo a una probabilidad)* ⇒ir a ■ Ver cuadro future tense: will / be going to **11 to ~ for a sth** ⇒ir

| PHRASAL VERBS
· **to go about** *sth* ⇒comenzar ⇒empezar
· **to go ahead** ⇒seguir adelante
· **to go along 1** *UK* ⇒ir **2** ⇒continuar **3** *I'll explain it to you as we go along* - Te lo explicaré de camino
· **to go along with** *sth/sb* ⇒estar conforme con ⇒apoyar una idea
· **to go away** ⇒marcharse ⇒irse
· **to go back 1** ⇒regresar ⇒volver **2** ⇒remontarse
· **to go back on** *sth* *(una promesa)* ⇒incumplir ⇒volverse atrás
· **to go by** ⇒pasar
· **to go down 1** ⇒caer **2** *(precios, cifras)* ⇒bajar **3** *(el sol)* ⇒ponerse **4** *(un ordenador)* ⇒bloquearse ⇒colapsarse **5** ⇒ser considerado,da ⇒ser recordado,da ⇒pasar a la historia
· **to go for** *sth* **1** ⇒escoger algo **2** *(inform)* ⇒intentar conseguir algo **3** ⇒costar algo **4** *(inform) Go for it!* - ¡A por ello!
· **to go for** *sb* ⇒atacar a alguien ⇒ir a por alguien

· **to go in** ⇒entrar
· **to go in for** *sth* **1** ⇒gustar algo **2** *(un hobby)* ⇒practicar **3** *(en una competición)* ⇒participar
· **to go into 1** *(profesión)* ⇒meterse en algo **2** ⇒entrar en detalles ⇒detallar **3** *(tiempo, dinero o esfuerzo)* ⇒emplear ⇒poner **4** *(en un hospital)* ⇒ingresar
· **to go off 1** ⇒estallar ⇒explotar **2** *UK (inform)* ⇒pudrirse ⇒estropearse **3** ⇒apagarse **4** *(una alarma)* ⇒sonar **5** ⇒resultar ⇒salir **6** ⇒irse ⇒marcharse
· **to go off** *sth/sb* **1** *UK (inform)* ⇒perder el interés en ⇒dejar de querer o apreciar **2** *I've gone off that restaurant* - Ya no me gusta ese restaurante
· **to go on 1** ⇒continuar ⇒seguir ■ CONSTR. to go on + doing sth **2** ⇒suceder ⇒pasar **3** *(inform)* ⇒¡venga! **4** ⇒encenderse **5** ⇒durar **6** *Go on with you!* - ¡Anda ya!
· **to go on about** *sth* *UK* ⇒no parar de hablar de algo ⇒dar la tabarra con algo
· **to go out 1** ⇒salir **2** ⇒apagarse **3** ⇒tener una relación **4** *(la marea)* ⇒bajar
· **to go over** *sth* ⇒repasar algo ⇒revisar algo
· **to go round 1** *UK (US to go around)* ⇒para todos **2** ⇒hacer una visita **3** ⇒girar ⇒dar vueltas
· **to go through** *sth* **1** ⇒vivir ⇒pasar por algo **2** ⇒examinar algo ⇒revisar algo **3** ⇒llevar algo a cabo ⇒realizar algo
· **to go together 1** *(colores)* ⇒combinar ⇒ir con **2** ⇒ir de la mano
· **to go up 1** ⇒subir **2** ⇒estallar ⇒explotar
· **to go with** ⇒ir con ⇒hacer juego
· **to go without** *sth* ⇒pasar sin algo ⇒prescindir de algo

go² UK: /gəʊ/ US: /goʊ/ *[pl goes] n* [C] **1** *UK* ⇒intento **2** *UK* ⇒turno: *It's my go* - Es mi turno **3 to be on the ~** *(inform)* ⇒no parar **4 to have a ~** *UK* ⇒intentar: *My brother has had several goes at passing his driving test* - Mi hermano ha intentado sacarse el carné varias veces **5 to have a ~ at** *sb* *UK (inform)* ⇒tomarla con alguien *col.*

goad UK: /gəʊd/ US: /goʊd/ *v* [T] ⇒provocar ⇒incitar ■ CONSTR. to goad sb into + doing sth

† **goal** UK: /gəʊl/ US: /goʊl/ *n* [C] **1** ⇒gol: *to score a goal* - marcar un gol; *an own goal* - un gol en propia puerta **2** ⇒portería ⇒arco *AMÉR.* **3** ⇒meta ⇒objetivo

goalie *n* [C] *(inform) (en deportes)* ⇒portero,ra ⇒arquero,ra *AMÉR.*

† **goalkeeper** UK: /'gəʊlˌkiː.pəʳ/ US: /'goʊlˌkiː.pɚ/ *(tb keeper) n* [C] *(en deportes)* ⇒portero,ra ⇒arquero,ra *AMÉR.*

goalpost UK: /'gəʊl.pəʊst/ US: /'goʊl.poʊst/ *n* [C] *(en deportes)* ⇒poste

† **goat** UK: /gəʊt/ US: /goʊt/ n [c] ⇨cabra **2** ⇨macho cabrío

gobble UK: /ˈgɒb.l̩/ US: /ˈgɑː.bl̩/ [gobbled, gobbling] v [t] (inform) ⇨engullir: He gobbled down his sandwich in a few minutes - Engulló su bocadillo en unos minutos

go-cart UK: /ˈgəʊ.kɑːt/ US: /ˈgoʊ.kɑːrt/ (UK tb **go-kart**) n [c] ⇨kart

GO-CART / GO-KART (UK)

go-carting UK: /ˈgəʊˌkɑː.tɪŋ/ US: /ˈgoʊˌkɑːr.t̬ɪŋ/ (UK tb **go-karting**) n [c] ⇨carrera de karts

† **god** ∎ n [c] **1** ⇨dios ⇨ser supremo ∎ n [no pl] **2** (en religión) ⇨Dios ∎ Se escribe con g mayúscula

godchild UK: /ˈgɒd.tʃaɪld/ US: /ˈgɑːd-/ [pl godchildren] n [c] ⇨ahijado,da

goddess UK: /ˈgɒd.es/ US: /ˈgɑː.des/ [pl goddesses] n [c] ⇨diosa

godfather UK: /ˈgɒdˌfɑː.ðəʳ/ US: /ˈgɑːdˌfɑː.ðɚ/ n [c] ⇨padrino

godmother UK: /ˈgɒdˌmʌð.əʳ/ US: /ˈgɑːdˌmʌð.ɚ/ n [c] ⇨madrina

godparent UK: /ˈgɒdˌpeə.rənt/ US: /ˈgɑːdˌper.[ə]nt/ n [c] ⇨padrino, madrina: her godparents - sus padrinos

godsend UK: /ˈgɒd.send/ US: /ˈgɑːd-/ n [no pl] ⇨regalo caído del cielo ⇨bendición

goggles UK: /ˈgɒg.l̩z/ US: /ˈgɑː.gl̩z/ n [pl] ⇨gafas [protectoras]: swimming goggles - gafas de natación

going¹ UK: /ˈgəʊ.ɪŋ/ US: /ˈgoʊ-/ ∎ n [u] **1** ⇨estado del terreno ⇨estado de la pista [de carreras de caballos] ∎ n [c] **2** ⇨ida: the comings and goings - las idas y venidas ∎ n [no pl] **3** ⇨marcha ⇨partida **4 to be ~ on** ⇨rondar: He's going on thirty - Ronda los treinta **5 to be ~ on with** ⇨de momento: That money is enough to be going on with - Ese dinero me alcanza de momento **6 to be {hard/heavy} ~ 1** UK ⇨ser difícil: It's heavy going talking to her

- Hablar con ella es muy difícil **2** ⇨ser pesado,da: This work is hard going - Este trabajo es muy pesado **7 to be not bad ~** (inform) ⇨no estar mal para empezar **8 to do sth while the ~ is good** ⇨aprovechar el momento **9 to get ~** ⇨irse: We have to get going - Debemos irnos **10 to have a lot ~ for sth/sb** ⇨tener mucho a favor

going² UK: /ˈgəʊ.ɪŋ/ US: /ˈgoʊ-/ adj **1** ⇨vigente ⇨actual **2** ⇨del momento: He's the best cooker going - Es el mejor cocinero del momento **3** a going concern - un negocio que marcha

go-kart UK n [c] See **go-cart**

go-karting UK n [c] See **go-carting**

† **gold** UK: /gəʊld/ US: /goʊld/ n [u] ⇨oro: solid gold - oro macizo

† **golden** UK: /ˈgəʊl.dən/ US: /ˈgoʊl-/ adj **1** (lit) ⇨de oro **2** ⇨dorado,da

goldfish UK: /ˈgəʊld.fɪʃ/ US: /ˈgoʊld-/ [pl goldfish, goldfishes] n [c] ⇨pez de colores

† **golf** UK: /gɒlf/ US: /gɑːlf/ n [u] ⇨golf: a round of golf - una partida de golf

golf club n [c] **1** ⇨club de golf **2** ⇨palo de golf

golf course n [c] ⇨campo de golf

gone UK: /gɒn/ US: /gɑːn/ past participle of **go**

gonna UK: /ˈgə.nə/ US: /ˈgɑː.nə/ US (inform) (going to) See **go**

† **good¹** /gʊd/ adj [comp better, superl best] **1** ⇨bueno,na **2** ⇨bueno,na ⇨agradable ⇨lindo,da AMÉR. **3** ⇨bueno,na ⇨obediente **4** ⇨bueno,na ⇨sano,na **5** ⇨apropiado,da ⇨bueno,na **6 for ~** ⇨para siempre **7 ~ for you** ⇨me alegro por ti **8 to be ~ at sth** ⇨ser bueno,na en algo ∎ Ver cuadro en página siguiente

good² /gʊd/ n [u] ⇨bien: She did it for the good of her family - Lo hizo por el bien de su familia

† **good afternoon** excl ⇨buenas tardes ∎ Se usa desde las 12 del mediodía hasta aproximadamente las 6 de la tarde. Comparar con good evening

† **goodbye** /ˈgʊd.baɪ, ˈgʊb-, ˌ-ˈ-/ excl ⇨¡adiós!

† **good evening** excl **1** ⇨buenas tardes **2** ⇨buenas noches ∎ Se usa desde aproximadamente las 6 de la tarde hasta antes de acostarse. Comparar con goodnight y con good afternoon

good-looking /ˌgʊdˈlʊk.ɪŋ/ adj ⇨guapo ⇨apuesto ∎ Se emplea únicamente con hombres

† **good morning** excl ⇨buenos días ∎ Se usa desde el momento de levantarse hasta las 12 del mediodía

good-natured UK: /ˌgʊdˈneɪ.tʃəd/ US: /-tʃɚd/ adj ⇨amable ⇨afable ∎ PRON. La e no se pronuncia

goodness /ˈgʊd.nəs/ n [u] **1** ⇨bondad **2** ⇨valor nutritivo

goodness (gracious) excl ⇨¡madre mía!

† **good night** (tb goodnight) excl ⇨buenas noches ∎ Se usa solo antes de acostarse. Comparar con good evening

G ▇

† **goods** /gʊdz/ n [PL] ⇒artículos ⇒mercancías ⇒bienes

goodwill /gʊd'wɪl/ n [U] ⇒buena voluntad: *as a sign of goodwill* - en señal de buena voluntad

goose /guːs/ [*pl* geese] n [C, U] **1** ⇒ganso **2** ⇒oca

gooseberry /'guːz.bᵊr.i/ [*pl* gooseberries] n [C] *(fruta)* ⇒grosella

goose pimples n [PL] ⇒piel de gallina: *to get goose pimples* - tener la piel de gallina

gorge UK: /gɔːdʒ/ US: /gɔːrdʒ/ n [C] ⇒garganta ⇒desfiladero

† **gorgeous** UK: /'gɔː.dʒəs/ US: /'gɔːr-/ adj ⇒precioso,sa ⇒divino,na ⇒magnífico,ca **2** *(una persona)* ⇒guapísimo,ma

gorilla /gə'rɪl.ə/ n [C] *(animal)* ⇒gorila

gory UK: /'gɔː.ri/ US: /'gɔːr.i/ adj [*comp* gorier, *superl* goriest] **1** ⇒sangriento,ta ⇒gore **2** *(inform)* ⇒morboso,sa

gosh UK: /gɒʃ/ US: /gɑːʃ/ excl *(inform, old-fash)* ⇒¡caray! *col.*

gospel UK: /'gɒs.pᵊl/ US: /'gɑː.sp[ə]l/ ∎ n [C] **1** ⇒evangelio ∎ n [U] **2** ⇒gospel ⇒música gospel

gossip¹ UK: /'gɒs.ɪp/ US: /'gɑː.səp/ ∎ n [C] **1** ⇒cotilleo *col.* ∎ n [C] **2** ⇒cotilla: *He's a terrible gossip* - Es un cotilla empedernido

gossip² UK: /'gɒs.ɪp/ US: /'gɑː.səp/ v [I] ⇒cotillear

got UK: /gɒt/ US: /gɑːt/ past tense and past participle forms of **get**

gotta UK: /'gɒt.ə/ US: /'gɑː.t̬ə/ *(inform) (have got to)* See **have**

gotten UK: /'gɒt.ᵊn/ US: /'gɑː.t[ə]n/ *US* past participle of **get**

gouge /gaʊdʒ/ [gouged, gouging] v [T] **1** ⇒hacer un boquete **2** ⇒sacar [con los dedos o con un objeto puntiagudo] **3** *US (inform)* ⇒extorsionar: *This business gouges its customers* - Esta empresa extorsiona a sus clientes

PHRASAL VERBS
· **to gouge** *sth* **out** [M] ⇒sacar algo ⇒arrancar algo

† **govern** UK: /'gʌv.ᵊn/ US: /-ən/ v [T, I] **1** ⇒gobernar: *to govern a country* - gobernar un país **2** ⇒controlar ⇒regular

governess UK: /'gʌv.ᵊn.əs/ US: /-ə.nəs/ [*pl* governesses] n [C] ⇒institutriz

† **government** UK: /'gʌv.ᵊn.mənt/ UK: /-ᵊm-/ US: /-ən-/ n [C] ⇒gobierno: *to be in government* - estar en el Gobierno ∎ Por ser un nombre colectivo se puede usar con el verbo en singular o en plural ∎ La forma abreviada es *govt*

governmental UK: /ˌgʌv.ᵊm'men.t̬ᵊl/US/-ᵊn'men.t̬[ə]l/ adj ⇒gubernamental

† **governor** UK: /'gʌv.ᵊn.ə/ US: /-ə.nə/ n [C] **1** ⇒gobernador,-a estatal ⇒intendente *AMÉR.* **2** ⇒director,-a;

UK **3** *(en la cárcel)* ⇒alcaide **4** *(en una institución)* ⇒miembro del consejo ∎ Distinto de *government* (gobierno)

gown /gaʊn/ n [C] **1** ⇒vestido largo **2** *(en educación o en derecho)* ⇒toga **3** *(en medicina)* ⇒bata

GP /ˌdʒiː'piː/ n [C] ⇒forma abreviada de **general practitioner** (médico,ca de familia)

grab¹ /græb/ [grabbed, grabbing] v [T] **1** ⇒agarrar ⇒coger [con fuerza] **2** ⇒quitar

good / well

• **Good** es un adjetivo que complementa a un nombre o pronombre:

· *It's a very good book.*
(Es un libro muy bueno.)

· *I wish you good luck!*
(¡Te deseo buena suerte!)

· *Joyce is really good at chess; she's a very good player.*
(A Joyce se le da muy bien el ajedrez; juega muy bien.)

Atención: con los verbos "look", "smell", "sound", "taste", **good** se usa para indicar que algo tiene buen aspecto, olor, sabor o que suena bien:

· *That coffee smells good!*
(¡Ese café huele bien!)

· *Your invitation sounds really good!*
(¡Tu invitación suena muy bien!)

• **Well** puede ser:

– Un adverbio que complementa a un verbo:

· *Joyce plays tennis very well.*
(Joyce juega muy bien al tenis.)

· *He explained very well.*
(Lo explicó muy bien.)

· *I know you well.*
(Te conozco bien.)

· *Well done!*
(¡Bien hecho!)

– Un adjetivo, cuando se habla de la salud:

· *How are you? I'm very well, thank you.*
(¿Cómo estás? Estoy muy bien, gracias.)

Atención: las exclamaciones "¡Bien!" y "¡Muy bien!" cuando van sin verbo, se traducen en inglés como "Good!" y "Very good!".

grab² /græb/ **1 to be up for grabs** *(inform)* ⇨estar disponible **2 to make a ~ for** *sth/sb* ⇨intentar hacerse con: *She made a grab for the keys* - Intentó hacerse con las llaves

grabby /'græb.i/ *adj (inform) Don't be so grabby, Tom!* - ¡No seas tan egoísta, Tom!

grace¹ /greɪs/ *n* [U] **1** ⇨gracia ⇨elegancia **2** *(en religión)* ⇨gracia

grace² /greɪs/ [graced, gracing] *v* [T] **1** *(form)* ⇨adornar ⇨decorar **2** *(form)* ⇨honrar

† **graceful** /'greɪs.fʰl/ *adj* **1** ⇨grácil ⇨elegante **2** *(un comportamiento)* ⇨digno,na

gracious /'greɪ.ʃəs/ *adj* **1** ⇨considerado,da ⇨cortés ⇨afable **2** *(un lugar)* ⇨elegante ⇨lujoso,sa

gradable /'greɪ.də.bl̩/ *adj (un adjetivo)* ⇨que se puede usar con las formas comparativas o superlativas

grade¹ /greɪd/ *n* [C] **1** ⇨clase ⇨nivel ⇨categoría **2** *US (UK* form*)* ⇨clase ⇨curso **3** *US (UK* mark*)* ⇨nota ⇨calificación **4 to make the ~** *(inform)* ⇨tener éxito ■ Distinto de *degree* (grado)

grade² /greɪd/ [graded, grading] *v* [T] **1** ⇨clasificar: *They graded the fruit by size* - Clasificaron la fruta según su tamaño **2** *US (UK* mark*) (un trabajo escolar)* ⇨corregir ⇨puntuar ⇨calificar ■ Distinto de *to adjust* (graduar)

gradient /'greɪ.di.ənt/ *n* [C] *(de una carretera o de una vía férrea)* ⇨pendiente ⇨cuesta

† **gradual** /'græd.ju.əl, 'grædʒ.ʊ.əl/ *adj* **1** ⇨gradual **2** *(una pendiente)* ⇨suave

† **gradually** /'græd.ju.li, 'grædʒ.ʊ.li/ *adv* ⇨paulatinamente ⇨poco a poco

graduate¹ /'grædʒ.u.ət/ *n* [C] ⇨licenciado,da ⇨egresado,da *AMÉR.*

graduate² /'grædʒ.u.eɪt/ [graduated, graduating] *v* [I] **1** ⇨licenciarse ⇨egresar *AMÉR.* **2 to ~ to** *sth* ⇨pasar a algo [más importante] ■ Distinto de *to adjust* (graduar)

graduation /ˌgrædʒ.uˈeɪ.ʃʰn/ ■ *n* [U] **1** *(obtención del título)* ⇨graduación ⇨titulación ■ *n* [C] **2** *(ceremonia)* ⇨graduación

graffiti UK: /grəˈfiː.ti/ US: /-t̬i/ *n* [PL] ⇨pintada ⇨grafiti

graft¹ UK: /grɑːft/ US: /græft/ ■ *n* [C] **1** ⇨injerto **2** ⇨chanchullo *col.* ■ *n* [U] **3** *UK (inform)* ⇨trabajo: *hard graft* - trabajo duro **4** *US* ⇨soborno

graft² UK: /grɑːft/ US: /græft/ ■ *v* [T] **1** ⇨injertar: *They grafted skin onto his arm* - Le injertaron piel en el brazo **2** ⇨unir ⇨añadir ■ *v* [I] **3** *UK (inform)* ⇨currar *col.*

† **grain** /greɪn/ ■ *n* [C, U] **1** *(de cereal)* ⇨grano **2** *(partícula)* ⇨grano ⇨gránulo **3** ⇨pizca ⇨ápice ■ *n* [U] **4** *US (UK* corn*)* ⇨cereal ⇨grano **5** *(en fotografía)* ⇨grano

† **gram** /græm/ *(UK* tb gramme*)* *n* [C] ⇨gramo ■ La forma abreviada es *g*

grammar UK: /ˈgræm.əʳ/ US: /-ɚ/ *n* [U] **1** ⇨gramática **2** *That's bad grammar* - Eso es gramaticalmente incorrecto

grammar school *n* [C] **1** *UK (UK/US* tb secondary school*)* ⇨instituto de enseñanza secundaria **2** *US (UK* primary school*)* ⇨escuela de enseñanza primaria

† **grammatical** UK: /grəˈmæt.ɪ.kʰl/ US: /-ˈmæt̬-/ *adj* ⇨gramatical

grammatically UK: /grəˈmæt.ɪ.kli/ US: /-ˈmæt̬-/ *adv* ⇨gramaticalmente: *This sentence is grammatically correct* - Esta oración es gramaticalmente correcta

gramme /græm/ *UK n* [C] See **gram**

gran /græn/ *UK n* [C] *(inform)* See **granny**

† **grand** /grænd/ *adj* **1** ⇨grande ⇨importante **2** ⇨grandioso,sa ⇨espléndido,da ⇨imponente

grandad *n* [C] *(inform)* See **grandpa**

† **grandchild** /ˈgrænd.tʃaɪld/ *[pl grandchildren]* *n* [C] ⇨nieto,ta

grandchildren *n* [PL] See **grandchild**

† **granddaughter** UK: /ˈgrænd.dɔː.təʳ/ US: /-dɑː.t̬ɚ/ *n* [C] ⇨nieta

grandeur UK: /ˈgræn.djəʳ/ US: /-dʒɚ/ *n* [U] ⇨grandiosidad ⇨grandeza ⇨esplendor

† **grandfather** UK: /ˈgrænd.fɑː.ðəʳ/ US: /-ðɚ/ *n* [C] ⇨abuelo

grandma /ˈgrænd.mɑː, 'græm-/ *n* [C] *(inform)* See **granny**

grandmother UK: /ˈgrænd.mʌð.əʳ/ UK: /ˈgræm-/ US: /-ɚ/ *n* [C] ⇨abuela

grandpa /ˈgrænd.pɑː, 'græm-/ *(tb* grandad*)* *n* [C] *(inform)* ⇨yayo *col.*; ⇨abuelo

† **grandparents** UK: /ˈgrænd.peə.rənt/ US: /-per.[ə]nt/ *n* [PL] ⇨abuelos

grand piano *n* [C] ⇨piano de cola

† **grandson** /ˈgrænd.sʌn/ *n* [C] ⇨nieto

grandstand /ˈgrænd.stænd/ *n* [C] *(en deportes)* ⇨tribuna

granite /ˈgræn.ɪt/ *n* [U] ⇨granito: *blocks of granite* - bloques de granito

granny /ˈgræn.i/ *[pl grannies] (tb* gran/grandma*)* *n* [C] *(inform)* ⇨yaya *col.*; ⇨abuela

grant¹ UK: /grɑːnt/ US: /grænt/ *v* [T] **1** *(form)* ⇨otorgar ⇨conceder **2** *(form) It's difficult, I grant you, but not impossible* - De acuerdo, es difícil, pero no es imposible ■ CONSTR. to grant + dos objetos **3 to take** *sth/sb* **for granted** *He takes me for granted* - No me valora

grant² UK: /grɑːnt/ US: /grænt/ *n* [C] **1** ⇨beca ⇨subvención **2** ⇨concesión ⇨donación

granted UK: /ˈgrɑːn.tɪd/ US: /ˈgræn.t̬ɪd/ *adv (form)* ⇨lo reconozco ⇨lo admito

† grape /greɪp/ *n* [C] ⇒uva: *a bunch of grapes* - un racimo de uvas

grapefruit /'greɪp.fruːt/ [*pl* grapefruit, grapefruits] *n* [C] ⇒pomelo: *This grapefruit is very sharp* - Este pomelo es muy ácido

grapevine /'greɪp.vaɪn/ *n* [C] **1** ⇒vid ⇒parra **2 to hear** *sth* {**on/through**} **the ~** ⇒enterarse de algo por un pajarito *col.*

† graph /grɑːf, græf/ *n* [C] ⇒gráfico,ca

graphic /'græf.ɪk/ *adj* ⇒gráfico,ca: *a very graphic description* - una descripción muy gráfica

† graphics /'græf.ɪks/ *n* [PL] ⇒gráficos

grapple /'græp.l̩/

PHRASAL VERBS

· **to grapple with** *sth* (*un problema*) ⇒lidiar con ⇒enfrentarse a
· **to grapple with** *sb* ⇒luchar con alguien ⇒forcejear con alguien

grasp¹ UK: /grɑːsp/ US: /græsp/ *v* [T] **1** ⇒coger ⇒agarrar ⇒sujetar ⇒asir **2** ⇒entender **3** (*una oportunidad*) ⇒aprovechar

grasp² UK: /grɑːsp/ US: /græsp/ *n* [NO PL] **1** ⇒conocimiento ⇒comprensión **2** ⇒agarrón ⇒apretón **3** ⇒alcance

grasping UK: /'grɑː.spɪŋ/ US: /'græs.pɪŋ/ *adj* ⇒codicioso,sa

† grass UK: /grɑːs/ US: /græs/ [*pl* grasses] *n* [C, U] **1** ⇒hierba **2** ⇒césped ⇒pasto *AMÉR.*

grasshopper UK: /'grɑːsˌhɒp.əʳ/ US: /'græsˌhɑː.pɚ/ *n* [C] ⇒saltamontes

grass roots *n* [PL] ⇒ciudadanos,nas de a pie

grassy UK: /'grɑː.si/ US: /'græs.i/ *adj* [*comp* grassier, *superl* grassiest] ⇒de hierba ⇒de césped

grate¹ /greɪt/ [grated, grating] ■ *v* [T] **1** ⇒rallar: *Grate some carrot for the salad* - Ralla un poco de zanahoria para la ensalada ■ *v* [I] **2** ⇒chirriar

PHRASAL VERBS

· **to grate on** *sth/sb* (*un comportamiento o un ruido*) ⇒irritar ⇒rallar *col.*

grate² /greɪt/ *n* [C] ⇒rejilla ⇒parrilla

† grateful /'greɪt.fl̩/ *adj* ⇒agradecido,da: *I'm very grateful to you for this favour* - Te estoy muy agradecido por este favor

grater UK: /'greɪ.təʳ/ US: /-t̬ɚ/ *n* [C] ⇒rallador

gratitude UK: /'græt.ɪ.tjuːd/ US: /'græt̬.ə.tuːd/ *n* [U] ⇒gratitud

† grave¹ /greɪv/ *n* [C] **1** ⇒tumba ⇒sepultura **2** *common grave* - fosa común **3 to turn in** *one's* **~** ⇒dar un síncope

grave² /greɪv/ *adj* **1** ⇒grave ⇒serio,ria ■ Se usa más *serious* **2** ⇒solemne ⇒grave

gravestone UK: /'greɪv.stəʊn/ US: /-stoʊn/ *n* [C] (*en una tumba*) ⇒lápida

graveyard UK: /'greɪv.jɑːd/ US: /-jɑːrd/ *n* [C] ⇒cementerio

gravity UK: /'græv.ɪ.ti/ US: /-ə.t̬i/ *n* [U] **1** ⇒gravedad: *the laws of gravity* - la ley de la gravedad **2** (*form*) ⇒seriedad ⇒gravedad ■ Se usa más *seriousness*

gravy /'greɪ.vi/ *n* [U] ⇒salsa de carne [hecha en su jugo]

† gray /greɪ/ *US* (*UK* grey) *adj*, *n* [C, U] ⇒gris

graze¹ /greɪz/ [grazed, grazing] ■ *v* [I] **1** ⇒pastar ⇒pacer ■ *v* [T] **2** (*la piel*) ⇒arañarse **3** ⇒rozar

graze² /greɪz/ *UK n* [C] ⇒rasguño

grease¹ /griːs/ *n* [U] **1** ⇒grasa [lubricante] ⇒aceite **2** ⇒grasa [animal]

grease² /griːs/ [greased, greasing] *v* [T] **1** ⇒engrasar **2 to ~** *sb's* **palm** ⇒untar la mano a alguien *col.*

greasy /'griː.si/ *adj* [*comp* greasier, *superl* greasiest] ⇒grasiento,ta

† great /greɪt/ *adj* **1** ⇒grande [en tamaño] ■ Ver cuadro grande (big / great) **2** ⇒grande ⇒importante ⇒famoso,sa **3** ⇒bueno,na ⇒grande **4** ⇒estupendo,da ⇒magnífico,ca ⇒fantástico,ca ⇒chévere *AMÉR. col.* **5** ~ **big** (*inform*) ⇒muy grande ⇒enorme **6 to be ~ at** *sth* ⇒ser muy bueno,na en algo ■ PRON. La última parte, *eat*, rima con *eight*

Great Britain (*tb* Britain) *n* [U] ⇒Gran Bretaña

great-grandfather *n* [C] ⇒bisabuelo

greatly /'greɪt.li/ *adv* ⇒en gran medida ⇒mucho

Greece *n* ⇒Grecia

greed /griːd/ *n* [U] **1** ⇒avaricia **2** ⇒gula

† greedy /'griː.di/ *adj* [*comp* greedier, *superl* greediest] **1** ⇒avaro,ra **2** ⇒glotón,-a: *Don't be so greedy!* - ¡No seas tan glotón!

Greek¹ /griːk/ ■ *n* [U] **1** (*idioma*) ⇒griego ■ *n* [C] **2** ⇒griego,ga **3 it's all ~ to me!** ⇒¡no entiendo nada!

Greek² /griːk/ *adj* ⇒griego,ga

† green¹ /griːn/ *adj* **1** ⇒verde **2** (*un fruto*) ⇒verde ⇒biche *AMÉR.* **3** ⇒inexperimentado,da ⇒novato,ta

† green² /griːn/ *n* [C, U] **1** ⇒verde **2** ⇒zona verde ⇒verde ⇒césped **3** (*en golf*) ⇒green

greenery /'griː.nʳr.i/ *n* [U] ⇒follaje ⇒vegetación

† greengrocer UK: /'griːnˌgrəʊ.səʳ/ US: /-groʊ.sɚ/ *UK n* [C] **1** ⇒verdulero,ra **2** ⇒frutero,ra

greenhouse /'griːn.haʊs/ *n* [C] ⇒invernadero

greens /griːnz/ *n* [PL] ⇒verduras ⇒hortalizas

† greet /griːt/ *v* [T] ⇒saludar ⇒recibir ⇒acoger

greeting UK: /'griː.tɪŋ/ US: /-t̬ɪŋ/ *n* [C, U] **1** ⇒saludo **2** ⇒felicitación: *a greetings card* - una tarjeta de felicitación

grenade /grəˈneɪd/ *n* [C] (*explosivo*) ⇒granada [de mano]

grew /gruː/ past tense of **grow**

† **grey** /greɪ/ *UK (US* **gray**) *adj, n* [c, u] ⇨gris

greyhound /ˈgreɪ.haʊnd/ *n* [c] ⇨galgo

greying /ˈgreɪ.ɪŋ/ *UK adj* ⇨canoso,sa

grid /grɪd/ *n* [c] **1** ⇨rejilla **2** ⇨red [eléctrica] **3** ⇨cuadrícula **4** *(en automovilismo)* ⇨parrilla de salida

gridlock *UK:* /ˈgrɪd.lɒk/ *US:* /-lɑ:k/ *n* [u] **1** *(de tráfico)* ⇨atasco ⇨embotellamiento **2** *(de una situación)* ⇨bloqueo

† **grief** /gri:f/ *n* [c, u] **1** ⇨pena ⇨dolor ⇨pesar **2 to come to ~** *(inform)* ⇨fracasar ⇨sufrir un infortunio

grievance /ˈgriː.vᵊnts/ *n* [c, u] **1** *(form)* ⇨queja: *I have a grievance* - Tengo una queja **2** ⇨reivindicación

grieve /gri:v/ [grieved, grieving] ▌ *v* [ɪ] **1** ⇨llorar ⇨lamentarse ▌ *v* [T] **2** *(form)* ⇨afligir ⇨dar pena

grill¹ /grɪl/ *n* [c, u] **1** *(US tb* **broiler)** ⇨parrilla ⇨grill **2** ⇨parrillada: *a mixed grill* - una parrillada mixta

grill² /grɪl/ *v* [T] **1** ⇨asar a la parrilla **2** *(inform)* ⇨interrogar ⇨acribillar a preguntas *col.*

grille /grɪl/ *n* [c] **1** ⇨rejilla **2** *(en una ventana)* ⇨reja

† **grim** /grɪm/ *adj* [*comp* **grimmer**, *superl* **grimmest**] **1** *(una persona)* ⇨severo,ra ⇨áspero,ra **2** ⇨macabro,bra: *a grim sense of humour* - un macabro sentido del humor **3** *(una situación, una imagen)* ⇨duro,ra ⇨crudo,da **4** *(un clima)* ⇨desagradable ⇨desapacible **5** *(un lugar)* ⇨lúgubre ⇨triste **6** *(una expresión, un gesto)* ⇨serio,ria

grimace¹ /ˈgrɪ.məs/ [grimaced, grimacing] *v* [ɪ] ⇨hacer muecas: *to grimace with pain* - hacer muecas de dolor

grimace² /ˈgrɪ.məs/ *n* [c] ⇨mueca

grime /graɪm/ *n* [u] ⇨roña ⇨mugre

grin¹ /grɪn/ [grinned, grinning] *v* [ɪ] **1** ⇨sonreír: *What are you grinning about?* - ¿Por qué estás sonriendo? **2 to ~ and bear** *sth* ⇨aguantar algo [sin quejarse]

grin² /grɪn/ *n* [c] ⇨sonrisa: *He greeted us with a grin* - Nos saludó con una sonrisa

grind¹, **ground**, **ground** /graɪnd/ *v* [T] ⇨moler: *He ground some coffee to have for breakfast* - Molió café para el desayuno **2** *(un cuchillo)* ⇨afilar **3 to ~ to a halt** ⇨estancarse: *The economy has ground to a halt* - La economía se ha estancado

grind² /graɪnd/ **the daily ~** *(inform)* ⇨el trajín diario

grip¹ /grɪp/ *n* [NO PL] **1** ⇨apretón **2** ⇨adherencia: *road grip* - adherencia a la calzada **3** ⇨control ⇨dominio **4 to come to grips with** *sth* ⇨enfrentarse a algo

grip² /grɪp/ [gripped, gripping] *v* [T] **1** ⇨sujetar con fuerza ⇨apretar **2** ⇨llamar la atención ⇨captar la atención

gripping /ˈgrɪp.ɪŋ/ *adj (una historia, una novela)* ⇨emocionante ⇨fascinante ⇨absorbente

grit¹ /grɪt/ *n* [u] **1** ⇨arena ⇨gravilla ⇨mota **2** ⇨valor ⇨agallas

grit² /grɪt/ [gritted, gritting] *v* [T] *(en una calzada)* ⇨echar arenilla

groan¹ *UK:* /grəʊn/ *US:* /groʊn/ *v* [ɪ] **1** ⇨gemir ⇨gruñir **2** ⇨crujir: *The door groaned open* - Crujió la puerta al abrirse

groan² *UK:* /grəʊn/ *US:* /groʊn/ *n* [c] **1** ⇨gemido ⇨gruñido ⇨quejido **2** ⇨crujido

grocer *UK:* /ˈgrəʊ.sə'/ *US:* /ˈgroʊ.sɚ/ *n* [c] ⇨tendero,ra de ultramarinos

groceries *UK:* /ˈgrəʊ.sᵊr.i:z/ *US:* /ˈgroʊ.sɚ-/ *n* [PL] ⇨comestibles ⇨abarrotes *AMÉR.*

groggy *UK:* /ˈgrɒg.i/ *US:* /ˈgrɑː.gi/ *adj* [*comp* **groggier**, *superl* **groggiest**] **1** *(inform)* ⇨grogui *col.* **2** ⇨mareado,da

groin /grɔɪn/ *n* [c] ⇨ingle

groom¹ /gru:m/ *v* [T] **1** *(a un caballo)* ⇨almohazar ⇨cepillar **2** *(una persona)* ⇨preparar(se)

groom² /gru:m/ *n* [c] **1** ⇨forma abreviada de **bridegroom** *(novio)* **2** ⇨mozo de cuadra

groove /gru:v/ *n* [c] **1** ⇨ranura ⇨surco **2** *(en un disco de vinilo)* ⇨surco

grope *UK:* /grəʊp/ *US:* /groʊp/ [groped, groping] *v* [T, ɪ] **1** ⇨buscar a tientas: *to grope for sth in the dark* - buscar algo a tientas en la oscuridad **2** *(inform) (sexualmente)* ⇨toquetear ⇨sobar

| PHRASAL VERBS
· **to grope for** *sth* ⇨buscar las palabras adecuadas

gross¹ *UK:* /grəʊs/ *US:* /groʊs/ *adj* **1** ⇨craso,sa: *gross ignorance* - crasa ignorancia **2** *(total)* ⇨bruto,ta **3** *(form)* ⇨grosero,ra ⇨inaceptable **4** ⇨flagrante **5** *(inform)* ⇨asqueroso,sa

gross² *UK:* /grəʊs/ *US:* /groʊs/ *v* [T] *(en economía)* ⇨generar beneficios brutos

† **gross³** *UK:* /grəʊs/ *US:* /groʊs/ *[pl* **gross,grosses]** *n* [c] *(old-fash)* ⇨doce docenas

grossly *UK:* /ˈgrəʊ.sli/ *US:* /ˈgroʊ-/ *adv* ⇨muy ⇨extremadamente

grotesque *UK:* /grəʊˈtesk/ *US:* /groʊ-/ *adj* ⇨grotesco,ca

grotto *UK:* /ˈgrɒt.əʊ/ *US:* /ˈgrɑː.t̬oʊ/ *[pl* **grottoes**, **grottos**] *n* [c] ⇨gruta

† **ground¹** /graʊnd/ ▌ *n* [u] **1** ⇨tierra ⇨suelo **2** ⇨bagaje ⇨conocimientos ▌ *n* [c] **3** *(en deportes)* ⇨campo ⇨terreno **4 to get (sth) off the ~** *(un negocio, un proyecto)* ⇨poner en marcha ⇨despegar ⇨arrancar **5 to lose ~** ⇨perder terreno ⇨perder popularidad

† **ground²** /graʊnd/ past tense and past participle forms of **grind**

G ▬

ground beef US (UK mince) n [U] ⇨carne picada

ground floor[1] UK (US first floor) n [NO PL] ⇨planta baja

ground floor[2] adj 1 ⇨de la planta baja 2 a ground floor flat - un bajo

grounding /ˈɡraʊn.dɪŋ/ n [U] 1 ⇨conocimiento básico 2 to have a ~ in sth ⇨saber los conceptos fundamentales de algo

groundless /ˈɡraʊnd.ləs/ adj (una sospecha, un miedo) ⇨sin fundamento

grounds /ɡraʊndz/ n [PL] 1 ⇨jardines 2 ⇨motivo: grounds for divorce - motivo de divorcio 3 (en un café) ⇨posos

group[1] /ɡruːp/ n [C] 1 ⇨grupo: a group of people - un grupo de gente 2 (en música) ⇨conjunto ⇨grupo ⇨agrupación ■ Por ser un nombre colectivo se puede usar con el verbo en singular o en plural

group[2] /ɡruːp/ v [T, I] ⇨agrupar: to group together - agruparse ■ CONSTR. Se usa generalmente seguido del adverbio together

grouping /ˈɡruː.pɪŋ/ n [C] ⇨agrupación ⇨agrupamiento

grouse /ɡraʊs/ n [C] 1 ⇨protesta ⇨queja 2 (ave) ⇨urogallo

grove UK: /ɡrəʊv/ US: /ɡroʊv/ n [C] ⇨arboleda

grovel UK: /ˈɡrɒv.ᵊl/ US: /ˈɡrɑː.v[ə]l/ [grovelled, grovelling; US groveled, groveling] v [I] 1 ⇨humillarse 2 ⇨prosternarse: She grovelled and asked for forgiveness - Se prosternó y pidió perdón

grow, grew, grown UK: /ɡrəʊ/ US: /ɡroʊ/ v [T, I] 1 ⇨crecer: These plants grow very quickly - Estas plantas crecen muy deprisa 2 ⇨cultivar: My uncle grows vegetables - Mi tío cultiva hortalizas 3 ⇨dejarse: He's growing a beard - Se está dejando barba 4 ⇨hacerse: Let's go before it grows dark - Vámonos antes de que se haga de noche
|PHRASAL VERBS
· **to grow apart from sb** ⇨distanciarse de alguien [con el tiempo]
· **to grow into sth/sb** ⇨convertirse en algo: Caterpillars grow into butterflies - Las orugas se convierten en mariposas
· **to grow on sb** ⇨llegar a gustar a alguien
└· **to grow up** ⇨crecer ⇨hacerse mayor

growing UK: /ˈɡrəʊ.ɪŋ/ US: /ˈɡroʊ-/ adj ⇨creciente: a growing concern about sth - una creciente preocupación acerca de algo

growl[1] /ɡraʊl/ v [I] ⇨gruñir: My dog growls at strangers - Mi perro gruñe a los extraños

growl[2] /ɡraʊl/ n [C] ⇨gruñido

grown UK: /ɡrəʊn/ US: /ɡroʊn/ past participle of grow

grown-up UK: /ˈɡrəʊn.ʌp/ US: /ˈɡroʊn-/ n [C] ⇨adulto,ta

growth UK: /ɡrəʊθ/ US: /ɡroʊθ/ ■ n [U] 1 ⇨crecimiento: economic growth - crecimiento económico; plant growth - crecimiento de una planta 2 ⇨brote 3 ⇨aumento: a growth in sales - un aumento de ventas 4 ⇨desarrollo: spiritual growth - desarrollo espiritual ■ n [C] 5 (en medicina) ⇨tumor

grub /ɡrʌb/ ■ n [C] 1 ⇨larva ■ n [U] 2 (inform) ⇨manduca col.; ⇨papeo col. 3 Time for some grub - Es hora de comer algo

grubby /ˈɡrʌb.i/ adj [comp grubbier, superl grubbiest] (inform) 1 ⇨sucio,cia 2 (una actividad) ⇨turbio,bia

grudge[1] /ɡrʌdʒ/ n [C] ⇨resentimiento ⇨rencor

grudge[2] /ɡrʌdʒ/ [grudged, grudging] v [T] 1 ⇨envidiar ⇨mirar con malos ojos 2 ⇨resentirse de 3 ⇨dar de mala gana 4 ⇨negar 5 ⇨no gustar ⇨sentar mal [tener que hacer algo]

gruelling /ˈɡruː.ə.lɪŋ/ UK (US grueling) adj ⇨arduo,dua ⇨agotador,-a

gruesome /ˈɡruː.səm/ adj ⇨espeluznante ⇨atroz ⇨espantoso,sa

gruff /ɡrʌf/ adj 1 (una voz) ⇨áspero,ra ⇨ronco,ca 2 (un comportamiento) ⇨rudo,da ⇨brusco,ca

grumble[1] /ˈɡrʌm.bl̩/ [grumbled, grumbling] v [I] ⇨quejarse ⇨refunfuñar ■ CONSTR. to grumble about sth

grumble[2] /ˈɡrʌm.bl̩/ n [C] ⇨queja

grumpily /ˈɡrʌm.pɪ.li/ adv (informal) ⇨malhumoradamente

grumpy /ˈɡrʌm.pi/ adj [comp grumpier, superl grumpiest] ⇨gruñón,-a ⇨de mal humor

grunt[1] /ɡrʌnt/ v [T, I] (un animal, una persona) ⇨gruñir

grunt[2] /ɡrʌnt/ n [C] ⇨gruñido: He gave a grunt of approval - Mostró su aprobación con un gruñido

guarantee[1] /ˌɡær.ᵊnˈtiː/ [guaranteed, guaranteeing] v [T] ⇨garantizar ⇨avalar ■ CONSTR. 1. to guarantee + (that) 2. to guarantee + to do sth 3. to guarantee + dos objetos

guarantee[2] /ˌɡær.ᵊnˈtiː/ n [C, U] ⇨garantía: This television has a one year guarantee - Este televisor tiene garantía de un año; a guarantee of success - una garantía de éxito

guard[1] UK: /ɡɑːd/ US: /ɡɑːrd/ n [C] 1 ⇨guarda ⇨guardia ⇨guachimán AMÉR. 2 ⇨cubierta [protectora] 3 (en deporte) ⇨defensa 4 ~ dog ⇨perro guardián 5 on ~ ⇨en guardia 6 to be on one's ~ ⇨estar en alerta

guard[2] UK: /ɡɑːd/ US: /ɡɑːrd/ v [T] 1 ⇨proteger 2 ⇨vigilar

PHRASAL VERBS
· **to guard against** *sth* ⇒prevenir algo ⇒evitar algo

guarded UK: /'gɑː.dɪd/ US: /'gɑːr-/ *adj* ⇒cauteloso,sa ⇒precavido,da

guardian UK: /'gɑː.di.ən/ US: /'gɑːr-/ *n* [c] **1** ⇒tutor,-a **2** *(form)* ⇒protector,-a ⇒guardián,-a

Guatemala UK: /ˌgwɑː.teˈmɑː.lə/ US: /-t̬ə-/ *n* [U] ⇒Guatemala

Guatemalan UK: /ˌgwɑː.teˈmɑː.lən/ US: /-t̬ə-/ *adj, n* [c] ⇒guatemalteco,ca

† **guerrilla** /gəˈrɪl.ə/ *n* [c] ⇒guerrillero,ra

guess[1] /ges/ *v* [T, I] **1** ⇒adivinar ⇒imaginar ■ CONSTR. to guess + interrogativa indirecta **2** ⇒calcular ■ CONSTR. to guess + (that) **3** ⇒creer ⇒suponer ■ CONSTR. to guess + (that)

guess[2] /ges/ [pl guesses] *n* [c] **1** ⇒suposición ⇒conjetura **2** ⇒cálculo aproximado ⇒estimación **3 to be anyone's ~** *(inform)* That's anyone's guess! - ¡Quién sabe! **4 to have a ~ at** *sth* ⇒intentar adivinar algo

guesswork UK: /'ges.wɜːk/ US: /-wɜːk/ *n* [U] ⇒conjeturas

† **guest** /gest/ *n* [c] **1** ⇒invitado,da **2** ⇒huésped,-a

guidance /'gaɪ.dᵊnts/ *n* [U] **1** ⇒orientación ⇒supervisión ⇒asesoramiento **2** Can you give me some guidance? - ¿Puedes orientarme?

guide[1] /gaɪd/ *n* [c] **1** *(persona)* ⇒guía **2** *(tb guidebook)* *(libro)* ⇒guía

guide[2] /gaɪd/ [guided, guiding] *v* [T] **1** ⇒guiar: Keith will guide us through the forest - Keith nos guiará por el bosque ■ CONSTR. Se usa generalmente seguido del adverbio through **2** ⇒guiar ⇒aconsejar

guidebook /'gaɪd.bʊk/ *n* [c] See **guide**

guided *adj* ⇒con guía: a guided tour - una excursión con guía

† **guideline** /'gaɪd.laɪn/ *n* [c] ⇒directriz ⇒pauta ■ Se usa más en plural

† **guilt** /gɪlt/ *n* [U] **1** ⇒sentimiento de culpabilidad ⇒sentimiento de culpa **2** ⇒culpabilidad: guilt complex - complejo de culpabilidad

guilty UK: /'gɪl.ti/ US: /-t̬i/ *adj* [comp guiltier, superl guiltiest] ⇒culpable: to feel guilty about sth - sentirse culpable de algo; to declare sb guilty - declarar a alguien culpable

guinea *n* [c] *(antigua moneda inglesa)* ⇒guinea

Guinea /'gɪn.i/ *n* [U] ⇒Guinea

Guinea-Bissau /ˌgɪn.i.bɪˈsaʊ/ *n* [U] ⇒Guinea-Bissau

Guinea-Bissauan /ˌgɪn.i.bɪˈsaʊ.ən/ *adj, n* [c] ⇒guineano,na

Guinean /'gɪn.i.ən/ *adj, n* [c] ⇒guineano,na ⇒guineo,nea

guinea pig *n* [c] **1** *(animal)* ⇒cobaya **2** *(inform)* *(persona)* ⇒conejillo de indias ⇒cobaya ⇒curí AMÉR.

guise /gaɪz/ *n* [U] *(form)* ⇒disfraz ⇒apariencia

† **guitar** UK: /gɪˈtɑː/ US: /-ˈtɑːr/ *n* [c] ⇒guitarra: to play the electric guitar - tocar la guitarra eléctrica

guitarist UK: /gɪˈtɑː.rɪst/ US: /-ˈtɑːr.ɪst/ *n* [c] ⇒guitarrista

† **gulf** /gʌlf/ *n* [c] **1** ⇒abismo ⇒desigualdad **2** *(en geografía)* ⇒golfo ■ Al dar el nombre de un golfo, se escribe con mayúscula inicial: the Gulf of Mexico - el golfo de México

gull /gʌl/ *n* [c] ⇒forma abreviada de **seagull** (gaviota)

gullible /'gʌl.ə.bl̩/ *adj* ⇒crédulo,la: He's very gullible - Es muy crédulo

G ■

gulp[1] /gʌlp/ *v* [T, I] **1** ⇒beber dando tragos grandes **2** ⇒tragar saliva

gulp[2] /gʌlp/ *n* [c] *(de bebida)* ⇒trago

gum /gʌm/ *n* [c] **1** ⇒pegamento **2** ⇒encía: sore gums - encías doloridas ■ Se usa más en plural **3** *(tb bubble gum)* ⇒chicle

† **gun**[1] /gʌn/ *n* [c] **1** ⇒arma de fuego **2** ⇒pistola **3** ⇒escopeta **4** *(inform)* ⇒pistolero,ra

† **gun**[2] /gʌn/
PHRASAL VERBS
· **to gun** *sb* **down** [M] ⇒abatir a tiros a alguien

gunfire UK: /'gʌn.faɪəʳ/ US: /-faɪr/ *n* [U] ⇒disparos [de un arma] ⇒cañonazos

gunman /'gʌn.mən/ [pl gunmen] *n* [c] ⇒pistolero

gunpoint /'gʌn.pɔɪnt/ **at ~** ⇒a punta de pistola

gunpowder UK: /'gʌn.paʊ.dəʳ/ US: /-dɚ/ *n* [U] ⇒pólvora

gunshot UK: /'gʌn.ʃɒt/ US: /-ʃɑːt/ *n* [c] ⇒disparo: I heard a gunshot - He oído un disparo

gurgle UK: /'gɜː.gl̩/ US: /'gɜː-/ [gurgled, gurgling] *v* [I] **1** ⇒gorgotear: The water gurgled down the pipe - El agua gorgoteaba en la tubería **2** *(un bebé)* ⇒gorjear

gush /gʌʃ/ [gushes] *v* [T, I] **1** ⇒salir a borbotones ⇒manar **2** ⇒hablar con excesiva efusividad ⇒exagerar ■ Se usa generalmente seguido de las preposiciones from y out of
PHRASAL VERBS
· **to gush over** *sth/sb* ⇒hablar con demasiado entusiasmo

gust /gʌst/ *n* [c] ⇒ráfaga: a gust of wind - una ráfaga de aire

gusto UK: /'gʌs.təʊ/ US: /-toʊ/ *n* [U] ⇒entusiasmo ⇒emoción ■ Distinto de taste (gusto)

gut[1] /gʌt/ *n* [U] **1** ⇒intestino **2** *(inform)* ⇒barriga col.: beer gut - barriga cervecera

gut[2] /gʌt/ [gutted, gutting] *v* [T] **1** *(un animal)* ⇒destripar **2** *(un pez)* ⇒limpiar **3** ⇒destruir completamente [por dentro]: The factory was gutted

- La fábrica quedó completamente destruida **4** *(inform)* ⇒destrozar [anímicamente]

gutted UK: /ˈɡʌt.ɪd/ US: /ˈɡʌt̬-/ *UK adj (inform)* ⇒destrozado,da [anímicamente] *col.;* ⇒hecho,cha polvo

gutter UK: /ˈɡʌt.əʳ/ US: /ˈɡʌt̬.ɚ/ *n* [c] **1** ⇒canalón **2** ⇒cuneta **3** the ~ ⇒los barrios bajos

† **guy** /ɡaɪ/ *n* [c] *(inform)* ⇒tío *col.;* ⇒tipo ⇒güey *AMÉR. col.* ■ Se emplea únicamente con hombres

† **gym** /dʒɪm/ *n* [c, u] ⇒forma abreviada de **gymnasium** (gimnasio) y **gymnastics** (gimnasia)

gymnasium /dʒɪmˈneɪ.zi.əm/ *[pl* gymnasia, gymnasiums] *n* [c] ⇒gimnasio ■ La forma abreviada es *gym*

gymnast /ˈdʒɪm.næst/ *n* [c] ⇒gimnasta

† **gymnastics** /dʒɪmˈnæs.tɪks/ *n* [u] ⇒gimnasia ■ La forma abreviada es *gym*

gynaecologist UK: /ˌɡaɪ.nəˈkɒl.ə.dʒɪst/ US: /-ˈkɑː.lə-/ *UK (US* **gynecologist**) *n* [c] ⇒ginecólogo,ga

gypsy /ˈdʒɪp.si/ *[pl* gypsies] *(UK tb* gipsy) *n* [c] ⇒gitano,na

≡G

H

h

h /eɪtʃ/ [pl h's] n [c] (letra del alfabeto) ⇒h

ha /hɑː, hæ/ excl ⇒¡ah! ■ Se usa para expresar satisfacción, que alguien ha recibido su merecido o por una victoria

†**habit** /ˈhæb.ɪt/ n [c, u] **1** ⇒costumbre ⇒hábito **2** (prenda de vestir) ⇒hábito

habitat /ˈhæb.ɪ.tæt/ n [c, u] ⇒hábitat ⇒entorno

habitation /ˌhæb.ɪˈteɪ.ʃ°n/ **to be fit for human ~** ⇒ser habitable ■ Distinto de room (habitación)

habitual /həˈbɪtʃ.u.əl/ adj **1** ⇒habitual **2** ⇒empedernido,da: a habitual lier - un mentiroso empedernido

hack /hæk/ v [T] ⇒cortar a tajos

| PHRASAL VERBS
| · **to hack (at)** sth ⇒golpear con algo cortante
| · **to hack into** sth (en informática) ⇒piratear algo ⇒conseguir entrar en algo

hacker UK: /ˈhæk.ə'/ US: /-ɚ/ n [c] ⇒pirata informático,ca

hacking n [u] ⇒piratería informática

had /hæd, həd, əd/ past tense and past participle forms of **have**

haddock /ˈhæd.ək/ [pl haddock] n [c, u] (pez) ⇒abadejo

†**hadn't** /ˈhæd.ᵊnt/ (had not) See **have**

haemorrhage UK: /ˈhem.ᵊr.ɪdʒ/ US: /-ɚ-/ UK (US **hemorrhage**) n [c] ⇒hemorragia: a brain haemorrhage - una hemorragia cerebral

haggard UK: /ˈhæg.əd/ US: /-ɚd/ adj (del cansancio o de una enfermedad) ⇒demacrado,da ⇒ojeroso,sa

haggis /ˈhæg.ɪs/ [pl haggises] n [c, u] ⇒plato escocés a base de vísceras de cordero

haggle /ˈhæg.l/ [haggled, haggling] v [I] ⇒regatear: We haggled over the price of the souvenir - Regateamos el precio del souvenir

hail¹ /heɪl/ n [u] ⇒granizo

hail² /heɪl/ ■ v [T] **1** ⇒aclamar: He has been hailed as a genius - Lo han aclamado como a un genio **2** ⇒parar: to hail a taxi - parar un taxi ■ v [I] **3** ⇒granizar

†**hair** UK: /heə'/ US: /her/ n [c, u] **1** (de un animal) ⇒pelo **2** (de una persona) ⇒cabello ⇒pelo **3** (del cuerpo de una persona) ⇒vello

hairbrush UK: /ˈheə.brʌʃ/ US: /ˈher-/ [pl hairbrushes] n [c] ⇒cepillo [para el pelo]

haircut UK: /ˈheə.kʌt/ US: /ˈher-/ n [c] **1** ⇒corte de pelo **2 to {get/have} a ~** ⇒cortarse el pelo

hairdo UK: /ˈheə.duː/ US: /ˈher-/ [pl hairdoes] n [c] (inform) ⇒peinado

†**hairdresser** UK: /ˈheəˌdres.ə'/ US: /ˈherˌdres.ɚ/ n [c] ⇒peluquero,ra

hairdresser's [pl hairdressers'] n [c] (sitio) ⇒peluquería

hairdryer UK: /ˈheəˌdraɪ.ə'/ US: /ˈherˌdraɪ.ɚ/ n [c] ⇒secador [para el pelo]

hairpin UK: /ˈheə.pɪn/ US: /ˈher-/ n [c] ⇒horquilla

hairpin bend UK n [c] ⇒curva muy cerrada ⇒curva muy pronunciada

hairstyle UK: /ˈheə.staɪl/ US: /ˈher-/ n [c] ⇒peinado: a new hairstyle - un peinado nuevo

hairy UK: /ˈheə.ri/ US: /ˈher.i/ adj [comp hairier, superl hairiest] **1** ⇒peludo,da **2** (inform) (una experiencia) ⇒peligroso,sa ⇒espeluznante

Haiti /ˈheɪ.ti/ n [u] ⇒Haití

Haitian /ˈheɪ.ʃ°n/ adj, n [c] ⇒haitiano,na

halal /hæˈlæl/ adj (carne) ⇒apto,ta para el consumo según la ley islámica

†**half¹** UK: /hɑːf/ US: /hæf/ [pl halves] n [c] **1** ⇒mitad **2** half a dozen - media docena **3 ~ past** (para las horas) ⇒y media **4 second ~** (en deportes) ⇒segundo tiempo

†**half²** UK: /hɑːf/ US: /hæf/ adj ⇒medio,dia: a half pint - una media pinta

half-brother UK: /ˈhɑːfˌbrʌð.ə'/ US: /ˈhæfˌbrʌð.ɚ/ n [c] ⇒hermanastro

half-hearted UK: /ˌhɑːfˈhɑː.tɪd/ US: /ˌhæfˈhɑːr.t̬ɪd/ adj ⇒poco entusiasta ⇒tibio,bia ⇒sin mucha convicción

half-sister UK: /ˈhɑːfˌsɪs.tə'/ US: /ˈhæfˌsɪs.tɚ/ n [c] ⇒hermanastra

half-term UK n [c] ⇒vacaciones de mitad de curso

†**half-time** UK: /ˌhɑːfˈtaɪm/ US: /ˈhæf.taɪm/ n [U] *(en deportes)* ⇨descanso

halfway UK: /ˌhɑːfˈweɪ/ US: /ˌhæf-/ adv **1** ⇨a mitad de camino **2** *I'm halfway through my book* - Voy por la mitad del libro

†**hall** UK: /hɔːl/ US: /hɑːl/ n [c] ⇨sala: *concert hall* - sala de conciertos **2** *UK* ⇨vestíbulo ⇨entrada **3** *US* ⇨pasillo

hallmark UK: /ˈhɔːl.mɑːk/ US: /ˈhɑːl.mɑːrk/ n [c] **1** ⇨firma ⇨sello **2** *(en oro, en plata)* ⇨sello ⇨contraste

†**hallo** UK: /hælˈəʊ/ US: /-ˈoʊ/ UK *(UK/US tb* **hello)** *excl* ⇨¡hola!

hall of residence [pl halls of residence] UK *(US* **dormitory)** n [c] ⇨colegio mayor

Halloween UK: /ˌhæl.əʊˈiːn/ US: /-oʊ-/ *(tb* **Hallowe'en)** n [c, u] ⇨víspera de Todos los Santos, el 31 de octubre

Hallowe'en n [c, u] See **Halloween**

hallucination /həˌluː.sɪˈneɪ.ʃən/ n [c, u] ⇨alucinación

halo UK: /ˈheɪ.ləʊ/ US: /-loʊ/ [pl haloes, halos] n [c] ⇨halo ⇨aureola ■ PRON. La primera sílaba, *ha*, rima con *day*

†**halt** UK: /hɒlt/ US: /hɑːlt/ v [T, I] *(form)* ⇨parar(se) ⇨detener(se)

halting UK: /ˈhɒl.tɪŋ/ US: /ˈhɑːl.t̬ɪŋ/ adj *(una voz)* ⇨titubeante ⇨entrecortado,da

halve UK: /hɑːv/ US: /hæv/ [halved, halving] ■ v [T] **1** ⇨dividir por la mitad ⇨partir por la mitad ■ v [T, I] **2** ⇨rebajar a la mitad: *They have halved the price of this shirt* - Han rebajado a la mitad el precio de esta camisa

halves UK: /hɑːvz/ US: /hævz/ n [PL] See **half**

†**ham** /hæm/ ■ n [c, u] **1** ⇨jamón: *cured ham* - jamón curado ■ n [c] **2** ⇨actor histriónico, actriz histriónica

†**hamburger** UK: /ˈhæm.bɜː.gəʳ/ US: /-ˌbɜː.gɚ/ ■ n [c] **1** *(UK tb* **beefburger)** ⇨hamburguesa ■ La forma abreviada es *burger* ■ n [U] **2** *US (UK* **mince)** ⇨carne picada

hamlet /ˈhæm.lət/ n [c] ⇨aldea

hammer¹ UK: /ˈhæm.əʳ/ US: /-ɚ/ n [c] ⇨martillo

hammer² UK: /ˈhæm.əʳ/ US: /-ɚ/ v [T, I] **1** ⇨martillear ⇨clavar **2** *(inform)* ⇨dar una paliza
│ PHRASAL VERBS
└ **to hammer {at/on}** sth ⇨dar golpes en algo

hammock UK: /ˈhæm.ək/ n [c] ⇨hamaca ⇨chinchorro *AMÉR.*

hamper¹ UK: /ˈhæm.pəʳ/ US: /-pɚ/ v [T] ⇨obstaculizar ⇨dificultar

hamper² UK: /ˈhæm.pəʳ/ US: /-pɚ/ n [c] **1** *UK* ⇨canasta [para la comida] ⇨cesta [de comida] **2** *US* ⇨cesto de la ropa sucia

hamster UK: /ˈhæm.stəʳ/ US: /-stɚ/ n [c] ⇨hámster

†**hand¹** /hænd/ ■ n [c] **1** ⇨mano **2** *(en un reloj)* ⇨manecilla ⇨aguja **3** *(en un juego de cartas)* ⇨mano **4** *(en un barco)* ⇨tripulante ■ n [U] **5** ⇨aplauso: *A big hand for...* - Un gran aplauso para... **6** a ~ ⇨ayuda ⇨una mano **7** by ~ ⇨a mano **8** ~ in ~ ⇨de la mano: *We walked hand in hand along the beach* - Paseamos de la mano por la playa **9** hands up! ⇨¡arriba las manos! **10** in ~ *(trabajo)* ⇨entre manos **11** on ~ ⇨disponible **12** on the one hand... on the other hand ⇨por una parte... por otra parte ⇨por un lado... por otro lado **13** to get out of ~ ⇨estar fuera de control ■ Se pueden construir adjetivos que designan habilidades manuales utilizando *hand* seguido del participio de un verbo: *hand-painted* (pintado a mano), *hand-built* (construido a mano), etc.

†**hand²** /hænd/ v [T] ⇨entregar ⇨pasar ■ CONSTR. to hand + dos objetos
│ PHRASAL VERBS
│ · **to hand** sth **back (to** sb**)** [M] ⇨devolver algo (a alguien): *The teacher handed the exam papers back to us* - El profesor nos devolvió los exámenes
│ · **to hand** sth **in (to** sb**)** [M] ⇨entregar algo (a alguien con autoridad): *He handed the report in to his boss* - Entregó el informe a su jefe
│ · **to hand** sth **out (to** sb**)** [M] ⇨repartir algo (entre alguien): *to hand out leaflets* - repartir folletos
│ · **to hand** sth **over (to** sb**)** [M] **1** ⇨entregar algo (a alguien): *They handed over the keys to the new owners* - Entregaron las llaves a los nuevos dueños **2** *(una responsabilidad)* ⇨pasar
└ (a alguien) ⇨traspasar (a alguien)

†**handbag** /ˈhænd.bæg/ UK *(US* **purse)** n [c] ⇨bolso ⇨cartera *AMÉR.*

handball UK: /ˈhænd.bɔːl/ US: /-bɑːl/ n [U] ⇨balonmano

handbook /ˈhænd.bʊk/ n [c] ⇨manual [de instrucciones]

handbrake /ˈhænd.breɪk/ UK n [c] *(en un vehículo)* ⇨freno de mano

handcuffs /ˈhænd.kʌfs/ n [PL] ⇨esposas

†**handful** /ˈhænd.fʊl/ n [c] **1** ⇨puñado: *a handful of people* - un puñado de gente **2** to be a (real) ~ *(inform)* ⇨ser travieso,sa y lleno,na de energía ⇨ser difícil de controlar

handgun /ˈhænd.gʌn/ n [c] *(arma)* ⇨pistola ⇨revólver

handicap /ˈhæn.dɪ.kæp/ n [c] **1** ⇨impedimento [físico o mental] ⇨discapacidad **2** *(en una competición)* ⇨hándicap ⇨desventaja **3** ⇨obstáculo

handicapped /ˈhæn.dɪ.kæpt/ adj ⇨discapacitado,da ⇨minusválido,da ■ La palabra *disabled*

se considera más apropiada ■ PRON. La *e* no se pronuncia

hand-in-hand *adj, adv* **1** *(dos personas)* ⇒de la mano ⇒cogidos,das de la mano **2** ⇒de la mano ⇒unido,da

handkerchief UK: /'hæŋ.kə.tʃiːf/ US: /-kə-/ [*pl* UK handkerchieves] *n* [c] ⇒pañuelo [de bolsillo] ■ La forma abreviada es *hankie* o *hanky*

† **handle¹** /'hæn.dl̩/ [handled, handling] *v* [T] **1** ⇒tratar ⇒manipular **2** ⇒manejar **3** ⇒llevar ⇒ocuparse de **4** *Can you handle it?* - ¿Puede con ello?

handle² /'hæn.dl̩/ *n* [c] **1** ⇒mango **2** ⇒asa ⇒manija AMÉR. **3** ⇒picaporte **4** *(de un cajón)* ⇒tirador

HANDLE

handlebars UK: /'hæn.dl̩.bɑːz/ US: /-bɑːrz/ *n* [PL] *(en una bicicleta o en un vehículo de dos ruedas)* ⇒manillar

handmade /ˌhænd'meɪd/ *adj* ⇒hecho,cha a mano: *a handmade bag* - un bolso hecho a mano

† **handout** /'hænd.aʊt/ *n* [c] **1** ⇒donativo ⇒limosna ■ Normalmente es despectivo **2** ⇒copia ⇒fotocopia entregada a los asistentes de un curso o congreso **3** ⇒folleto ⇒panfleto

handshake /'hænd.ʃeɪk/ *n* [c] ⇒apretón de manos: *to give sb a handshake* - dar un apretón de manos a alguien

† **handsome** /'hæn.səm/ *adj* **1** ⇒guapo ■ Se emplea únicamente con hombres **2** *(una cantidad)* ⇒generoso,sa ⇒considerable **3** *(un regalo o un cumplido)* ⇒generoso,sa

hands-on UK: /'hænd.zɒn/ US: /-zɑːn/ *adj* ⇒participativo,va ⇒práctico,ca

† **handwriting** UK: /'hænd.raɪ.tɪŋ/ US: /-t̬ɪŋ/ *(tb* writing) *n* [U] ⇒caligrafía ⇒letra

handwritten UK: /ˌhænd'rɪt.ə̩n/ US: /-'rɪt̬-/ *adj* ⇒escrito,ta a mano ⇒manuscrito,ta

handy /'hæn.di/ *adj* [*comp* handier, *superl* handiest] **1** ⇒práctico,ca ⇒útil **2** *UK (inform)* ⇒a mano

handyman /'hæn.di.mæn/ [*pl* handymen] *n* [c] **1** ⇒hombre que hace pequeños trabajos de

reparación **2** ⇒manitas *col.*: *Philip is such a handyman* - Philip está hecho un manitas

† **hang**, hung, hung *(tb* hanged, hanged) /hæŋ/ ■ *v* [T, I] **1** ⇒colgar: *Let me hang your coat up* - ¿Te cuelgo el abrigo? ■ CONSTR. Se usa generalmente seguido de un adverbio o una preposición **2** ⇒ahorcar(se) **3** *(un objeto)* ⇒caer(se) ■ *v* [I] **4** ⇒planear ⇒flotar

|PHRASAL VERBS
| · **to hang {about/around}** *(inform)* ⇒holgazanear ⇒vaguear
| · **to hang on 1** *(inform)* ⇒esperar ⇒aguardar **2** ⇒agarrarse ⇒sujetarse
| · **to hang out** *(inform)* ⇒juntarse [en algún lugar]
| · **to hang up** *(UK tb* **ring off**) ⇒colgar [el teléfono]: *He hung up on me* - Me ha colgado

hangar UK: /'hæŋ.ə̩r/ US: /-ə/ *n* [c] *(para los aviones)* ⇒hangar

hanger UK: /'hæŋ.ə̩r/ US: /-ə/ *(tb* clothes hanger) *n* [c] ⇒percha

hang glider *n* [c] ⇒ala delta

hang gliding *n* [U] *(actividad)* ⇒ala delta

hangman /'hæŋ.mən, -mæn/ ■ *n* [c] **1** ⇒verdugo [de la horca] ■ El plural es *hangmen* ■ *n* [U] **2** ⇒juego del ahorcado

hangover UK: /'hæŋ.əʊ.və̩r/ US: /-ˌoʊ.və/ *n* [c] **1** ⇒resaca *col.*; ⇒guayabo AMÉR. *col.*; ⇒cruda AMÉR. *col.* **2** ⇒vestigio ⇒legado

hankie *n* [c] *(inform)* ⇒forma abreviada de **handkerchief** (pañuelo)

hanky /'hæŋ.ki/ [*pl* hankies] *n* [c] *(inform)* See **hankie**

haphazard UK: /ˌhæp'hæz.əd/ US: /-əd/ *adj* **1** ⇒poco sistemático,ca ⇒desorganizado,da **2** ⇒al azar: *The selection seemed completely haphazard* - La selección pareció totalmente al azar

† **happen** /'hæp.ə̩n/ *v* [I] **1** ⇒suceder ⇒ocurrir ⇒pasar **2** *whatever happens* ⇒pase lo que pase

happening /'hæp.ə̩n.ɪŋ/ *n* [c] **1** ⇒suceso ⇒acontecimiento **2** ⇒actuación improvisada ⇒evento improvisado ■ Se usa más en plural

happily /'hæp.ɪ.li/ *adv* **1** ⇒afortunadamente **2** ⇒tranquilamente **3** ⇒felizmente ⇒alegremente

happiness /'hæp.ɪ.nəs/ *n* [U] ⇒felicidad: *the pursuit of happiness* - la búsqueda de la felicidad

† **happy** /'hæp.i/ *adj* [*comp* happier, *superl* happiest] **1** *(estado de ánimo)* ⇒feliz **2** ⇒contento,ta ⇒alegre **3** to be ~ to do *sth* ⇒hacer algo encantado,da: *I'd be happy to help you* - Te ayudaré encantado

† **harass** /'hær.əs/ [harasses] *v* [T] ⇒hostigar ⇒acosar

harassment /'hær.ə.smənt/ *n* [U] ⇒acoso: *sexual harassment* - acoso sexual

harbour¹ UK: /'hɑː.bə̩r/ US: /'hɑːr.bə/ *UK n* [c] ⇒puerto

H ▬

harbour² UK: /ˈhɑː.bəʳ/ US: /ˈhɑːr.bɚ/ *UK v* [T] **1** *(form)* ⇨albergar [un sentimiento]: *to harbour suspicions* - albergar sospechas **2** *(a un fugitivo o delincuente)* ⇨proteger ⇨esconder

↑**hard¹** UK: /hɑːd/ US: /hɑːrd/ *adj* **1** *(un material, una superficie)* ⇨duro,ra **2** ⇨difícil ⇨duro,ra **3** **to be ~ on sb** ⇨ser duro,ra con alguien: *She is very hard on herself* - Es muy dura consigo misma **4** **to give sb a ~ time** ⇨hacer pasar un mal trago a alguien *col.* **5** **to have a ~ time** ⇨pasar una mala racha ⇨pasarlo mal **6** **to take a ~ line {on/over}** *sth* ⇨adoptar una postura tajante respecto a algo

↑**hard²** UK: /hɑːd/ US: /hɑːrd/ *adv* **1** ⇨mucho: *It's raining hard* - Está lloviendo mucho **2** ⇨fuerte: *Press hard* - Aprieta fuerte **3** **to be ~ up** *(inform)* ⇨andar mal de pelas *col.;* ⇨andar pelado,da [de dinero] *col.*

hardback UK: /ˈhɑːd.bæk/ US: /ˈhɑːrd-/ *n* [C, U] **1** ⇨libro de tapa dura **2** ⇨cartoné

hard cash *n* [U] *(dinero)* ⇨efectivo

harden UK: /ˈhɑː.dᵊn/ US: /ˈhɑːr-/ *v* [T, I] **1** ⇨endurecer(se): *Life has hardened her* - La vida la ha endurecido **2** *a hardened criminal* - un delincuente habitual

hard-faced *adj* ⇨severo,ra

↑**hardly** UK: /ˈhɑːd.li/ US: /ˈhɑːrd-/ *adv* **1** ⇨apenas: *I hardly know Chris* - Apenas conozco a Chris ■ No es la forma adverbial de *hard* **2** ⇨casi: *Hardly anyone went to the dinner* - Casi nadie fue a la cena **3** **it's ~ surprising** ⇨no es de extrañar

hardship UK: /ˈhɑːd.ʃɪp/ US: /ˈhɑːrd-/ *n* [C, U] **1** ⇨privación **2** *financial hardship* - apuro económico

hard shoulder *UK* (*US* shoulder) *n* [C] *(de una autopista o carretera principal)* ⇨arcén

hard up *adj (inform)* ⇨pelado,da [de dinero] *col.*

↑**hardware** UK: /ˈhɑːd.weəʳ/ US: /ˈhɑːrd.wer/ *n* [U] **1** *(en informática)* ⇨hardware **2** *(del ejército)* ⇨armamento **3** ⇨utensilios ⇨equipo

hard-working UK: /ˌhɑːdˈwɜː.kɪŋ/ US: /ˌhɑːrdˈwɜːr-/ *adj* ⇨muy trabajador,-a: *He has always been very hardworking* - Siempre ha sido una persona muy trabajadora

hardy UK: /ˈhɑː.di/ US: /ˈhɑːr-/ *adj* [*comp* hardier, *superl* hardiest] **1** *(una planta)* ⇨resistente **2** *(una persona)* ⇨robusto,ta

hare /heəʳ/ US: /her/ [*pl* hare, hares] *n* [C] ⇨liebre

↑**harm¹** UK: /hɑːm/ US: /hɑːrm/ *n* [U] **1** ⇨mal ⇨daño **2** **there's no ~ in doing** *sth* ⇨no se pierde nada con hacer algo: *There is no harm in trying* - No se pierde nada con intentarlo **3** **to be out of harm's way** ⇨estar fuera de peligro **4** **to come to ~** ⇨hacerse daño: *You'll come to harm if you don't look out* - Te vas a hacer daño si no tienes cuidado **5** **to keep out of harm's way** ⇨mantenerse a salvo ⇨apartarse para evitar problemas

↑**harm²** UK: /hɑːm/ US: /hɑːrm/ *v* [T] ⇨dañar: *to harm sb's reputation* - dañar la reputación de alguien

↑**harmful** UK: /ˈhɑːm.fᵊl/ US: /ˈhɑːrm-/ *adj* **1** ⇨perjudicial ⇨dañino,na **2** **to be ~ to** *sth/sb* ⇨ser perjudicial para

↑**harmless** UK: /ˈhɑːm.ləs/ US: /ˈhɑːrm-/ *adj* **1** ⇨inofensivo,va **2** ⇨inocuo,cua

harmonica UK: /hɑːˈmɒn.ɪ.kə/ US: /hɑːrˈmɑː.nɪ-/ *n* [C] ⇨armónica

harmonious UK: /hɑːˈməʊ.ni.əs/ US: /hɑːrˈmoʊ-/ *adj* ⇨armonioso,sa

↑**harmony** UK: /ˈhɑː.mə.ni/ US: /ˈhɑːr-/ ■ *n* [U] **1** ⇨armonía: *to be in harmony* - estar en armonía ■ *n* [C, U] **2** *(en música)* ⇨armonía ■ El plural es *harmonies*

harness¹ UK: /ˈhɑː.nəs/ US: /ˈhɑːr-/ [*pl* harnesses] *n* [C] **1** *(de un caballo)* ⇨arneses ⇨arreos **2** *(de seguridad)* ⇨arnés

harness² UK: /ˈhɑː.nəs/ US: /ˈhɑːr-/ *v* [T] **1** *(un caballo)* ⇨enganchar **2** *(un recurso)* ⇨canalizar ⇨explotar

harp UK: /hɑːp/ US: /hɑːrp/ *n* [C] ⇨arpa

harpoon UK: /hɑːˈpuːn/ US: /hɑːr-/ *n* [C] ⇨arpón

↑**harsh** UK: /hɑːʃ/ US: /hɑːrʃ/ *adj* **1** ⇨áspero,ra: *a harsh voice* - una voz áspera **2** ⇨duro,ra **3** ⇨severo,ra

harvest¹ UK: /ˈhɑː.vɪst/ US: /ˈhɑːr-/ *n* [C, U] **1** ⇨recolección ⇨cosecha **2** *grape harvest* - vendimia ■ Distinto de *recollection* (recuerdo)

harvest² UK: /ˈhɑː.vɪst/ US: /ˈhɑːr-/ *v* [T] ⇨cosechar ⇨recolectar ■ Distinto de *to recollect* (recordar)

has /hæz, həz, əz/ ⇨tercera persona singular del presente del verbo *to have*

hash /hæʃ/ *n* [U] **1** ⇨picadillo **2** *UK (en tipografía)* ⇨almohadilla **3** *(inform)* ⇨forma abreviada de **hashish** (hachís)

hashish /hæʃˈiːʃ/ *n* [U] ⇨hachís ■ La forma abreviada es *hash*

↑**hasn't** /ˈhæz.ᵊnt/ *(has not)* See **have**

hassle¹ /ˈhæs.l̩/ *n* [C, U] **1** *(inform)* ⇨fastidio ⇨lío **2** ⇨lata *col.* **3** *It's not worth the hassle* - No merece la pena

hassle² /ˈhæs.l̩/ [hassled, hassling] *v* [T] **1** *(inform)* ⇨presionar: *Stop hassling me; I'll do it in my own time* - Deja de presionarme; lo haré a mi ritmo **2** *(inform)* ⇨dar la brasa *col.;* ⇨molestar

haste /heɪst/ *n* [U] **1** ⇨prisa ⇨afán *AMÉR.;* ⇨apuro *AMÉR.* **2** **in ~** ⇨deprisa

hasten /'heɪ.sᵊn/ ∎ *v* [T] **1** ⇨precipitar ⇨acelerar ∎ *v* [I] **2** ⇨apresurarse: *He hastened to add that he was sorry* - Se apresuró a decir que lo sentía ∎ CONSTR. to hasten + to do sth

hasty /'heɪ.sti/ *adj* [*comp* hastier, *superl* hastiest] ⇨precipitado,da: *a hasty decision* - una decisión precipitada

† **hat** /hæt/ *n* [C] ⇨sombrero ⇨gorro

hatch /hætʃ/ [hatches] *v* [T, I] **1** ⇨romper el cascarón **2** to ~ *sth* (up) ⇨tramar algo

hatchback /'hætʃ.bæk/ *n* [C] *(vehículo)* ⇨ranchera *col.*

hatchet /'hætʃ.ɪt/ *n* [C] **1** ⇨hacha **2** to bury the ~ ⇨enterrar el hacha de guerra

† **hate**¹ /heɪt/ [hated, hating] *v* [T] **1** ⇨odiar ⇨detestar **2** ⇨lamentar ⇨sentir ∎ CONSTR. 1. to hate + doing sth 2. to hate + to do sth

hate² /heɪt/ *n* [U] ⇨odio

hated UK: /'heɪ.tɪd/ US: /-t̬ɪd/ *adj* ⇨odiado,da ∎ PRON. La e se pronuncia como la i en *did*

hateful /'heɪt.fᵊl/ *adj* ⇨odioso,sa

† **hatred** /'heɪ.trɪd/ *n* [U] ⇨odio

† **haul** UK: /hɔːl/ US: /hɑːl/ *v* [T] **1** ⇨arrastrar [un objeto pesado] **2** ⇨llevar [a un infractor]: *John was hauled before the director* - Llevaron a John ante el director **3** *(en navegación)* ⇨halar **4** ⇨transportar

haul² UK: /hɔːl/ US: /hɑːl/ *n* [C] **1** ⇨botín ⇨alijo **2** *(de pescado)* ⇨redada **3** ⇨recorrido ⇨trayecto

† **haunt** UK: /hɔːnt/ US: /hɑːnt/ *v* [T] **1** ⇨atormentar ⇨perseguir **2** *(un fantasma)* ⇨rondar ⇨aparecerse

haunted UK: /'hɔːn.tɪd/ US: /'hɑːn.t̬ɪd/ *adj* ⇨embrujado,da ⇨encantado,da

† **have, had, had** /hæv, həv, əv/ [having] ∎ *v* [AUX] **1** ⇨haber: *They have already seen that film* - Ya

han visto esa película ∎ *v* [T] **2** *(una posesión)* ⇨tener **3** *(una sensación)* ⇨tener **4** *(un alimento)* ⇨tomar **5** ⇨recibir: *to have a call* - recibir una llamada **6** ⇨hacer [que alguien haga algo]: *She had him do the washing-up* - Le hizo fregar los platos **7** ~ got **1** *(una posesión)* ⇨tener **2** *(una sensación)* ⇨tener ∎ Siempre se utiliza en presente **8** to ~ *sth* done *I've had my hair cut* - Me he cortado el pelo ∎ En español, esta construcción está implícita en el verbo: *We'll have the kitchen painted* - Nos van a pintar la cocina **9** to ~ had it *(inform)* *(una máquina, una herramienta)* ⇨romper(se) ⇨cascar(se) *col.* **10** to ~ it in for *sb* *(inform)* ⇨tener manía a alguien *col.;* ⇨tenérsela jurada a alguien *col.* **11** to ~ to ⇨tener que ∎ Se usa generalmente cuando la obligación es externa o impuesta, como leyes u órdenes. ∎ Se usa como verbo modal. Comparar con *must* ∎ Ver cuadro must / have to **12** to ~ to do with *sth/sb* ⇨tener que ver con: *That has nothing to do with me* - Eso no tiene nada que ver conmigo ∎ Ver cuadro en esta página y ver cuadro auxiliary verbs

│ **PHRASAL VERBS**
│ · **to have** *sth* **back** ⇨recuperar algo: *I need to have my book back* - Necesito recuperar mi libro
│ · **to have (got)** *sth* **on** [M] **1** *(ropa)* ⇨llevar puesto,ta algo **2** *(un aparato)* ⇨estar enchufado,da
│ · **to have** *sb* **on** UK *(inform)* ⇨tomar el pelo a alguien [contando algo falso] *col.:* *Are you having me on?* - ¿Me estás tomando el pelo?

haven /'heɪ.vᵊn/ *n* [C] **1** ⇨refugio: *a safe haven* - un refugio seguro **2** to be a ~ of peace ⇨ser un remanso de paz

† **haven't** /'hæv.ᵊnt/ *(have not)* See **have**

H▰

have (tener / haber)			
present simple			
affirmative	contractions	negative	questions
I have	I've	I haven't	have I?
you have	you've	you haven't	have you?
he/she/it has	he's/she's /it's	he/she/it hasn't	has he/she/it?
we have	we've	we haven't	have we
you have	you've	you haven't	have you?
they have	they've	they haven't	have they?
past tense			
had	'd	didn't have	Did I/you/he... have?
past participle			
had			

havoc /ˈhæv.ək/ n [U] **1** ⇒estrago **2** to {cause/play/wreak} ~ {on/with} sth **1** ⇒causar estragos en algo **2** ⇒armar un lío ⇒crear una confusión

hawk UK: /hɔːk/ US: /hɑːk/ n [C] (ave) ⇒halcón

hay /heɪ/ n [U] ⇒heno

hay fever n [U] ⇒fiebre del heno ⇒alergia al polen

hazard[1] UK: /ˈhæz.əd/ US: /-ɚd/ n [C] ⇒peligro ⇒riesgo

hazard[2] UK: /ˈhæz.əd/ US: /-əd/ v [T] **1** ⇒poner en peligro **2** to ~ a guess ⇒aventurar una hipótesis

hazardous UK: /ˈhæz.ə.dəs/ US: /-ɚ-/ adj ⇒peligroso,sa ⇒arriesgado,da

haze /heɪz/ n [C, U] ⇒calima ⇒bruma

hazel /ˈheɪ.zᵊl/ n [C] (árbol) ⇒avellano

hazelnut /ˈheɪ.zᵊl.nʌt/ n [C] ⇒avellana

hazy /ˈheɪ.zi/ adj [comp hazier, superl haziest] **1** ⇒de calima ⇒brumoso,sa **2** ⇒confuso,sa ⇒no muy claro,ra

†**he** /hiː, hi, iː/ pron ⇒él: He did it - Fue él quien lo hizo ■ Las frases en inglés siempre llevan sujeto, menos los imperativos ■ Ver cuadro personal pronouns

†**head**[1] /hed/ n [C] **1** (parte del cuerpo) ⇒cabeza **2** (cerebro) ⇒cabeza **3** ⇒cabecera: the head of the bed - la cabecera de la cama **4** ⇒jefe,fa **5** UK (US principal) ⇒forma abreviada de **head teacher** (director,-a de colegio) **6** {a/per} ~ ⇒por cabeza: It costs ten dollars a head - Cuesta diez dólares por cabeza **7** ~ first ⇒de cabeza **8** heads or tails ⇒cara o cruz **9** to go over sb's ~ **1** ⇒ser imposible de entender **2** ⇒pasar por encima de alguien [en la jerarquía] **10** to have a ~ for sth ⇒tener talento para algo **11** not to make ~ {nor/or} tail of sth ⇒no encontrar a algo ni pies ni cabeza col.

head[2] /hed/ v [T, I] **1** (en fútbol) ⇒cabecear **2** ⇒encabezar

PHRASAL VERBS
· **to be heading for** sth ⇒ir camino de algo [negativo] ⇒estar buscando algo [negativo]

†**headache** /ˈhed.eɪk/ n [C] **1** ⇒dolor de cabeza: I've got a headache - Tengo dolor de cabeza **2** ⇒quebradero de cabeza: This crossword is a real headache - Este crucigrama es un auténtico quebradero de cabeza

headband /ˈhed.bænd/ n [C] ⇒cinta para el pelo

headhunter UK: /ˈhed.hʌn.tər/ US: /-t̬ɚ/ n [C] (inform) ⇒cazatalentos

heading /ˈhed.ɪŋ/ n [C] (en un texto) ⇒encabezamiento

headlight /ˈhed.laɪt/ n [C] **1** (en un coche) ⇒faro ⇒farol AMÉR. ■ Se usa más en plural **2** to dip your headlights - poner las luces cortas

†**headline** /ˈhed.laɪn/ n [C] (en un periódico) ⇒titular

headmaster UK: /ˌhed'mɑː.stər/ US: /ˈhed.mæs.t̬ɚ/ UK (US principal) n [C] ⇒director [de un colegio]

headmistress UK: /ˌhed'mɪs.trəs/ US: /'-ˌ--/ [pl headmistresses] UK (US principal) n [C] ⇒directora [de un colegio]

headphones UK: /ˈhed.fəʊnz/ US: /-foʊnz/ n [PL] ⇒cascos ⇒auriculares

†**headquarters** UK: /ˌhed'kwɔː.təz/ US: /-ˌkwɔːr.t̬əz/ [pl headquarters] n [C] ⇒oficina central ⇒cuartel general ■ La forma abreviada es HQ ■ Se puede usar con un verbo en singular o en plural: The headquarters is/are in London - La oficina central está en Londres

headscarf UK: /ˈhed.skɑːf/ US: /-skɑːrf/ [pl headscarves] n [C] ⇒pañuelo para la cabeza: to wear a headscarf - llevar un pañuelo para la cabeza

head teacher UK (US principal) n [C] ⇒director,-a de colegio ■ La forma abreviada es **head**

headway /ˈhed.weɪ/ n [U] **1** ⇒avance ⇒progreso **2** to make ~ ⇒avanzar ⇒hacer progresos

†**heal** /hiːl/ v [T, I] **1** (una herida) ⇒cicatrizar(se) ⇒curar(se) **2** (una persona) ⇒sanar(se) ⇒curar(se) **3** (una situación o una dificultad) ⇒salvar ⇒superar

healer UK: /ˈhiː.lər/ US: /-lɚ/ n [C] ⇒curandero,ra ⇒sanador,-a

healing /ˈhiː.lɪŋ/ n [U] ⇒curación

†**health** /helθ/ n [U] ⇒salud: good for your health - bueno para la salud; your health! - ¡a tu salud!

healthily /ˈhel.θɪ.li/ adv ⇒de forma sana

†**healthy** /ˈhel.θi/ adj [comp healthier, superl healthiest] **1** ⇒sano,na: healthy food - comida sana; a healthy person - una persona sana **2** ⇒saludable: Sport is healthy for you - El deporte es saludable para ti **3** (un negocio) ⇒próspero,ra **4** (una cuenta bancaria o un beneficio) ⇒cuantioso,sa ⇒copioso,sa **5** (una actitud) ⇒razonable

heap[1] /hiːp/ n [C] ⇒montón ⇒pila

heap[2] /hiːp/ v [T] (inform) ⇒amontonar ■ CONSTR. Se usa generalmente seguido de las preposiciones on y onto

PHRASAL VERBS
· **to heap** sth **up** ⇒amontonar algo ⇒apilar algo

†**hear, heard, heard** UK: /hɪər/ US: /hɪr/ v [T, I] **1** ⇒oír ■ Se usa para hacer referencia a la capacidad de percibir o de captar las palabras que alguien dice, pero no influye necesariamente la necesidad de poner atención. Comparar con to listen **2** (en derecho) ⇒ver [un caso] **3** Let's hear it for our next guest - Demos un aplauso a nuestra siguiente invitada **4** to ~ about sth/sb ⇒enterarse de

H

PHRASAL VERBS
· **to hear from** *sb* ⇒saber de alguien ⇒tener noticias de alguien
└ **: to hear of** *sth/sb* ⇒oír hablar de

heard past tense and past participle forms of **hear**

† **hearing** UK: /ˈhɪə.rɪŋ/ US: /ˈhɪr.ɪŋ/ *n* [c] **1** *(sentido)* ⇒oído ⇒capacidad auditiva **2** *(en derecho)* ⇒vista [de un caso]

hearse UK: /hɜːs/ US: /hɜːs/ *n* [c] ⇒coche fúnebre

† **heart** UK: /hɑːt/ US: /hɑːrt/ ■ *n* [c] **1** *(órgano)* ⇒corazón ■ *n* [c, u] **2** *(sentimiento)* ⇒corazón ■ *n* [NO PL] **3** ⇒corazón ⇒centro **4** ⇒meollo: *the heart of the matter* - el meollo del asunto **5** *at ~* ⇒en el fondo **6** *by ~* ⇒de memoria: *to learn sth by heart* - aprenderse algo de memoria **7** *hearts (naipe)* ⇒corazones **8** *to lose ~* ⇒desanimarse **9** *to take ~ (from sth)* ⇒animarse [por algo] ■ PRON. Rima con *art*

heartache UK: /ˈhɑːt.eɪk/ US: /ˈhɑːrt-/ *n* [c, u] ⇒pena ⇒desazón

† **heart attack** *n* [c] ⇒ataque al corazón ⇒infarto

heartbeat UK: /ˈhɑːt.biːt/ US: /ˈhɑːrt-/ *(tb beat)* *n* [c, u] ⇒latido [del corazón]

heartbreaking UK: /ˈhɑːt.breɪ.kɪŋ/ US: /ˈhɑːrt-/ *adj* ⇒desgarrador,-a ⇒desolador,-a

heartbroken UK: /ˈhɑːt.brəʊ.kən/ US: /ˈhɑːrt.broʊ-/ *adj* ⇒desconsolado,da ⇒acongojado,da

heartening UK: /ˈhɑːt.ᵊn.ɪŋ/ US: /ˈhɑːr.t̬[ə]n-/ *adj* ⇒alentador,-a ⇒estimulante

heartfelt UK: /ˈhɑːt.felt/ US: /ˈhɑːrt-/ *adj* ⇒sincero,ra ⇒sentido,da

hearth UK: /hɑːθ/ US: /hɑːrθ/ *n* [c] **1** *(lit)* ⇒hogar ⇒lar **2** *(cerca de la chimenea)* ⇒hogar

heartless UK: /ˈhɑːt.ləs/ US: /ˈhɑːrt-/ *adj* ⇒inhumano,na ⇒desalmado,da ⇒cruel

hearty UK: /ˈhɑː.ti/ US: /ˈhɑːr.t̬i/ *adj* [*comp* heartier, *superl* heartiest] **1** *(una persona)* ⇒jovial **2** ⇒cordial ⇒caluroso,sa **3** ⇒abundante ⇒copioso,sa

† **heat**[1] /hiːt/ ■ *n* [u] **1** ⇒calor: *This heat exhausts me* - Este calor me agota **2** *US* *(UK/US tb* heating) ⇒calefacción ■ *n* [c] **3** *(en una competición)* ⇒eliminatoria **4** *to be on ~ (un animal hembra)* ⇒estar en celo

heat[2] /hiːt/ *v* [T, I] **1** ⇒calentar: *to heat the meal* - calentar la comida **2** *to ~ (sth) (up)* ⇒calentar(se) algo

heated UK: /ˈhiː.tɪd/ US: /-t̬ɪd/ *adj* **1** ⇒acalorado,da: *a heated row* - una discusión acalorada **2** ⇒climatizado,da: *a heated swimming pool* - una piscina climatizada

† **heater** UK: /ˈhiː.təʳ/ US: /-t̬ɚ/ *n* [c] ⇒calentador ⇒calefactor ⇒estufa

heath /hiːθ/ *n* [c] **1** ⇒campo de brezos ⇒brezal **2** ⇒páramo

heather UK: /ˈheð.əʳ/ US: /-ɚ/ *n* [c, u] *(planta)* ⇒brezo

† **heating** UK: /ˈhiː.tɪŋ/ US: /-t̬ɪŋ/ *n* [u] *(US tb* heat) ⇒calefacción

heat wave *n* [c] ⇒ola de calor

heave, hove, hove *(tb* heaved, heaved) /hiːv/ [heaving] *v* [T, I] **1** ⇒tirar ⇒arrastrar **2** *to ~ {at/on} sth* ⇒tirar con fuerza [de algo] ■ CONSTR. Se usa generalmente seguido de una preposición o un adverbio

† **heaven** /ˈhev.ᵊn/ *n* [u] **1** *(en religión)* ⇒cielo **2** *(inform)* ⇒paraíso ⇒gozada *col.*

heavenly /ˈhev.ᵊn.li/ *adj* **1** ⇒celestial **2** *(inform)* ⇒divino,na **3** ⇒celeste: *heavenly bodies* - cuerpos celestes

heavily /ˈhev.ɪ.li/ *adv* **1** ⇒mucho: *It snowed heavily all day long* - Nevó mucho durante todo el día **2** ⇒muy: *He's heavily influenced by his wife* - Está muy influenciado por su mujer **3** ⇒profundamente **4** ⇒pesadamente

† **heavy** /ˈhev.i/ *adj* [*comp* heavier, *superl* heaviest] **1** ⇒pesado,da **2** ⇒denso,sa: *heavy traffic* - tráfico denso **3** ⇒fuerte: *heavy rain* - lluvia fuerte **4** *(inform)* ⇒grave ⇒serio,ria **5** *~ going UK* ⇒complicado,da ⇒pesado,da **6** *with a ~ hand* ⇒con mano dura

heavyweight /ˈhev.ɪ.weɪt/ *n* [c] **1** *(en boxeo)* ⇒peso pesado **2** ⇒persona influyente ⇒peso pesado

Hebrew /ˈhiː.bruː/ ■ *n* [u] **1** *(idioma)* ⇒hebreo ■ *n* [c] **2** ⇒hebreo,a

hectare UK: /ˈhek.teəʳ/ US: /-ter/ *n* [c] ⇒hectárea

hectic /ˈhek.tɪk/ *adj* ⇒ajetreado,da ⇒frenético,ca

† **he'd** /hiːd/ **1** *(he had)* See **have 2** *(he would)* See **would**

hedge[1] /hedʒ/ *n* [c] **1** ⇒seto [vivo] **2** ⇒protección: *a hedge against inflation* - una protección contra la inflación

hedge[2] /hedʒ/ [hedged, hedging] *v* [T, I] **1** ⇒salir por la tangente *col.;* ⇒contestar con evasivas **2** ⇒cercar [con un seto]

hedgehog UK: /ˈhedʒ.hɒg/ US: /-hɑːg/ *n* [c] *(animal)* ⇒erizo

heed[1] /hiːd/ *v* [T] *(form)* *(una norma o un consejo)* ⇒observar ⇒hacer caso de

heed[2] /hiːd/ *to take ~ of sth (form)* ⇒prestar atención a algo: *Take no heed of their insults* - No prestes atención a sus insultos

† **heel** /hɪəl/ *n* [c] **1** *(parte del cuerpo)* ⇒talón **2** ⇒tacón ⇒taco AMÉR.

hefty /ˈhef.ti/ *adj* **1** ⇒alto,ta ⇒elevado,da **2** ⇒grande ⇒corpulento,ta **3** *(un golpe)* ⇒fuerte

† **height** /haɪt/ *n* [c, u] **1** ⇒altura **2** *the ~ of sth* ⇒el culmen de algo ⇒lo más alto de algo ■ PRON. Se pronuncia como la palabra *high* seguida del sonido *t*

H ≡

heighten UK: /'haɪ.tᵊn/ US: /-t̬[ə]n/ v [T, I] **1** ⇒intensificar(se) ⇒acrecentar(se) **2** *(el sabor)* ⇒realzar

heights /haɪts/ n [PL] **1** *(en una montaña)* ⇒cerros **2** *to have a fear of heights* - tener miedo a las alturas

heir UK: /eəʳ/ US: /er/ n [C] ⇒heredero: *the heir to the throne* - el heredero al trono

heiress UK: /ˈeə.res/ US: /ˈer.es/ [pl heiresses] n [C] ⇒heredera: *the heiress to the throne* - la heredera al trono

held /held/ past tense and past participle forms of **hold**

†**helicopter** UK: /'hel.ɪˌkɒp.təʳ/ US: /-ˌkɑːp.t̬ɚ/ n [C] ⇒helicóptero

helium /'hiː.li.əm/ n [U] ⇒helio

†**hell** /hel/ ∎ n [NO PL] **1** *(en religión)* ⇒infierno ∎ n [U, NO PL] **2** *(inform)* ⇒infierno: *This city is hell* - Esta ciudad es un infierno **3** *The roadworks cause a hell of a noise* - Las obras de la calle ocasionan un ruido infernal

†**he'll** /hiːl/ *(he will)* See **will**

hellish /'hel.ɪʃ/ adj ⇒infernal ⇒endemoniado,da

†**hello** UK: /hel'əʊ/ US: /-'oʊ/ excl **1** *(UK tb* hallo/hullo*)* ⇒¡hola! **2** *(por teléfono)* ⇒¡diga!

helm /helm/ n [C] *(de un barco)* ⇒timón

†**helmet** /'hel.mət/ n [C] **1** ⇒casco **2** *(en una armadura antigua)* ⇒yelmo

†**help**¹ /help/ v [T, I] **1** ⇒ayudar: *Can you help me take the books upstairs?* - ¿Puedes ayudarme a llevar los libros arriba? ∎ CONSTR. to help sb (to) do sth **2** cannot ~ ⇒no poder evitar: *He can't help it* - No puede evitarlo; *I couldn't help laughing* - No pude evitar reírme **3** to ~ *oneself* (to *sth*) ⇒servirse: *Help yourself to more cookies* - Sírvete más galletas

PHRASAL VERBS
· to help (sb) out [M] ⇒ayudar ⇒echar una mano col.

†**help**² /help/ n [U] ⇒ayuda: *Do you need some help?* - ¿Necesitas ayuda?

helper UK: /'hel.pəʳ/ US: /-pɚ/ n [C] ⇒ayudante

†**helpful** /'help.fᵊl/ adj **1** ⇒útil **2** ⇒servicial ⇒dispuesto,ta a ayudar

helping /'hel.pɪŋ/ n [C] ⇒porción [de comida] ⇒ración [de comida] ∎ Distinto de help (ayuda)

helpless /'hel.pləs/ adj **1** ⇒indefenso,sa ⇒desamparado,da **2** ⇒impotente

hem¹ /hem/ n [C] ⇒dobladillo

hem² /hem/ [hemmed, hemming] v [T] ⇒coser el dobladillo: *I must hem my skirt* - Me tengo que coser el dobladillo de la falda

PHRASAL VERBS
· to hem sb in [M] ⇒acorralar ⇒cercar

hemisphere UK: /'hem.ɪ.sfɪəʳ/ US: /-sfɪr/ n [C] ⇒hemisferio: *the northern hemisphere* - el hemisferio norte

hemorrhage UK: /'hem.ᵊr.ɪdʒ/ US: /-ɚ-/ [hemorrhaged, hemorrhaging] US n [C], v [I] See **haemorrhage**

hemp /hemp/ n [U] **1** *(planta)* ⇒cáñamo **2** ⇒marihuana

hen /hen/ n [C] **1** ⇒gallina **2** hen-house - gallinero **3** *(animal)* ⇒hembra **4** Scot *(inform)* ⇒amor ⇒cariño ∎ Se usa como vocativo

†**hence** /hents/ adv **1** *(form)* ⇒por consiguiente ⇒de ahí que **2** *(form)* ⇒de aquí a: *I'm getting married one year hence* - Me caso de aquí a un año

henceforth UK: /ˌhents'fɔːθ/ US: /-'fɔːrθ/ adv *(form)* ⇒de ahora en adelante ⇒en lo sucesivo

hepatitis UK: /ˌhep.ə'taɪ.tɪs/ US: /-t̬ɪs/ n [U] *(en medicina)* ⇒hepatitis ∎ PRON. La tercera sílaba, ti, rima con my

†**her**¹ UK: /hɜːʳ/, /həʳ/, /əʳ/ pron **1** ⇒la ⇒le ⇒ella **2** *(después del verbo «to be»)*: *See that woman there? It's her* - ¿Ves a esa mujer de ahí? Es ella ∎ Ver cuadros personal pronouns y possessive adjectives and pronouns

†**her**² /hɜːʳ/, /həʳ/, /əʳ/ adj ⇒su: *Are these her glasses?* - ¿Son estas sus gafas? ∎ Ver cuadro possessive adjectives and pronouns

herald¹ /'her.ᵊld/ v [T] **1** *(form)* ⇒presagiar **2** ⇒anunciar

herald² /'her.ᵊld/ n [C] **1** *(form)* ⇒signo ⇒heraldo **2** *(en la época medieval)* ⇒heraldo ⇒mensajero,ra

†**herb** UK: /hɜːb/ US: /ɜːrb/ n [C] ⇒hierba [utilizada en medicina o en las comidas] ⇒especia

herd¹ UK: /hɜːd/ US: /hɜːrd/ n [C] ⇒rebaño ⇒manada

herd² UK: /hɜːd/ US: /hɜːrd/ v [T, I] ⇒llevar en manada: *We were herded through the museum* - Nos llevaron en manada por el museo ∎ CONSTR. Se usa generalmente seguido de una preposición o un adverbio

†**here** UK: /hɪəʳ/ US: /hɪr/ adv **1** ⇒aquí ⇒acá AMÉR. ∎ En las oraciones que comienzan con here, se sitúa el verbo detrás del sujeto si el sujeto es un pronombre: Here we are, we finally made it - Ya llegamos; al final lo conseguimos. Sin embargo, si el sujeto es un sustantivo, detrás de here se sitúa el verbo: Here comes Mary - Aquí viene Mary **2** ~ and there ⇒aquí y allá **3** ~ you are ⇒toma ⇒aquí tiene

hereditary /hə'red.ɪ.tri/ adj ⇒hereditario,ria

heresy /'her.ə.si/ [pl heresies] n [C, U] ⇒herejía: *That amounts to heresy for some people* - Eso equivale a herejía para algunos

†**heritage** UK: /'her.ɪ.tɪdʒ/ US: /-t̬ɪdʒ/ n [U] *(de un país)* ⇒patrimonio ⇒herencia ∎ PRON. La a se pronuncia como la i en did

hermit UK: /'hɜː.mɪt/ US: /'hɜːr-/ n [C] ⇒ermitaño,ña

†**hero** UK: /'hɪə.rəʊ/ US: /'hɪr.oʊ/ [pl heroes] n [C] **1** ⇒héroe: *a national hero* - un héroe nacional **2** ⇒héroe ⇒protagonista

heroic UK: /hɪˈrəʊ.ɪk/ US: /-ˈroʊ-/ *adj* ⇒heroico,ca

†**heroin** UK: /ˈher.əʊ.ɪn/ US: /-oʊ-/ *n* [U] *(droga)* ⇒heroína ■ Distinto de *heroine* (una mujer heroica)

heroine UK: /ˈher.əʊ.ɪn/ US: /-oʊ-/ *n* [C] **1** ⇒heroína **2** ⇒heroína ⇒protagonista ■ Distinto de *heroin* (droga)

heroism UK: /ˈher.əʊ.ɪ.zᵊm/ US: /-oʊ-/ *n* [U] ⇒heroísmo

herring /ˈher.ɪŋ/ [*pl* herring, herrings] *n* [C, U] *(pez)* ⇒arenque

†**hers** UK: /hɜːz/ US: /hɜːz/ *pron* **1** ⇒suyo,ya: *I'm a friend of hers* - Soy una amiga suya; *Are these glasses hers?* - ¿Son suyas estas gafas? **2** ⇒el suyo, la suya: *Don't take my hat; it's much better to take hers* - No cojas mi sombrero; coge mejor el suyo ■ Ver cuadro possessive adjectives and pronouns

herself UK: /hɜːˈself/ US: /hɚ-/ *pron* **1** ⇒se: *She cut herself with the knife* - Se cortó con el cuchillo **2** ⇒ella misma: *She'll drive the van herself* - Conducirá la furgoneta ella misma **3** ⇒en persona: *Have you talked to Mrs Edwards herself?* - ¿Has hablado con la señora Edwards en persona? **4** ⇒mismísima **5** (all) by ~ **1** ⇒sola [sin compañía]: *She lives by herself* - Vive sola **2** ⇒ella sola [sin ayuda]: *She painted the kitchen by herself* - Pintó la cocina ella sola ■ Ver cuadro reflexive pronouns

†**he's** /hiːz/ **1** *(he is)* See **be 2** *(he has)* See **have**

hesitant /ˈhez.ɪ.tᵊnt/ *adj* ⇒indeciso,sa ⇒vacilante

†**hesitate** /ˈhez.ɪ.teɪt/ [hesitated, hesitating] *v* [I] ⇒dudar: *He hesitated about calling her* - Dudó entre llamarla o no; ⇒vacilar

hesitation /ˌhez.ɪˈteɪ.ʃᵊn/ *n* [C, U] ⇒duda ⇒vacilación

heterogeneous UK: /ˌhet.ᵊr.əˈdʒiː.ni.əs/ US: /ˌhet̬.ə.roʊ-/ *adj (form)* ⇒heterogéneo,a

heterosexual UK: /ˌhet.ᵊr.əʊˈsek.sju.ᵊl/ US: /ˌhet̬.ə.roʊ-/ *adj, n* [C] ⇒heterosexual

hexagon UK: /ˈhek.sə.gən/ US: /-gɑːn/ *n* [C] ⇒hexágono

†**hey** /heɪ/ *excl (spoken)* ⇒¡oye! ⇒¡hala!

heyday /ˈheɪ.deɪ/ *n* [C] ⇒apogeo: *in her heyday* - en su apogeo ■ Se usa más en singular

†**hi** /haɪ/ *excl (inform)* ⇒¡hola!

hibernate UK: /ˈhaɪ.bə.neɪt/ US: /-bɚ-/ [hibernated, hibernating] *v* [I] ⇒hibernar

hibernation UK: /ˌhaɪ.bəˈneɪ.ʃᵊn/ US: /-bɚ-/ *n* [U] ⇒hibernación

hiccup /ˈhɪk.ʌp/ **the hiccups** ⇒hipo: *I've got the hiccups* - Tengo hipo

hid past tense of **hide**

hidden past participle of **hide**

†**hide¹**, **hid, hidden** /haɪd/ [hiding] ■ *v* [T, I] **1** ⇒esconder(se) ■ *v* [T] **2** ⇒ocultar ⇒encubrir

hide² /haɪd/ ■ *n* [C, U] **1** *(de un animal)* ⇒piel ⇒pellejo ■ *n* [C] **2** *UK* *(US* blind) ⇒observatorio [de animales]

hide-and-seek /ˌhaɪd.ənˈsiːk/ *n* [U] ⇒escondite: *Let's play hide-and-seek* - ¿Jugamos al escondite?

hideous /ˈhɪd.i.əs/ *adj* ⇒espantoso,sa ⇒repugnante

hiding /ˈhaɪ.dɪŋ/ *n* [C] **1** *(old-fash) (vapuleo)* ⇒paliza ■ Se usa más en singular **2** *UK (inform)* ⇒paliza *col.;* ⇒derrota **3** **to be in ~** ⇒estar escondido,da **4** **to go into ~** ⇒esconderse

hierarchy UK: /ˈhaɪə.rɑː.ki/ US: /ˈhaɪr.ɑːr-/ [*pl* hierarchies] *n* [C] ⇒jerarquía

hieroglyphics UK: /ˌhaɪə.rəˈglɪf.ɪks/ US: /-roʊ-/ *n* [PL] ⇒jeroglífico

hi-fi /ˈhaɪ.faɪ/ *n* [C] *a hi-fi system* - un equipo de alta fidelidad

†**high¹** /haɪ/ *adj* **1** ⇒alto,ta: *a high mountain* - una montaña alta ■ Normalmente se usa con objetos altos y anchos; no se usa con personas o animales. Comparar con *tall* **2** *(posición)* ⇒alto,ta **3** *(velocidad)* ⇒alto,ta ⇒fuerte **4** *(un sonido)* ⇒alto,ta ⇒agudo,da **5** *«How high is it?»* ⇒*«It's 30 metres high»* - *«¿Qué altura tiene?»* *«Tiene 30 de altura»* **6** ~ **in** *(un alimento)* ⇒alto,ta en ■ Ver cuadro alto (tall / high)

†**high²** /haɪ/ *adv* **1** ⇒alto: *She aims very high* - Quiere llegar muy alto **2** *How high can you jump?* - ¿Hasta qué altura puedes saltar?

highbrow /ˈhaɪ.braʊ/ *adj* ⇒para intelectuales: *a highbrow film* - una película para intelectuales

high-class UK: /ˌhaɪˈklɑːs/ US: /-ˈklæs/ *adj* ⇒de clase alta ⇒de categoría

High Court *n* [C] ⇒Tribunal Supremo

higher education *n* [U] ⇒enseñanza superior

high-heeled /ˌhaɪˈhɪəld/ *adj* ⇒de tacón: *high-heeled shoes* - zapatos de tacón

high jump **the ~** ⇒salto de altura

high jumper *n* [C] ⇒atleta de salto de altura

high-level /ˌhaɪˈlev.ᵊl/ *adj* ⇒de alto nivel: *high-level negotiations* - negociaciones de alto nivel

highlight¹ /ˈhaɪ.laɪt/ *v* [T] **1** ⇒destacar ⇒poner de relieve **2** *(un texto)* ⇒subrayar ⇒marcar [con un rotulador]

highlight² /ˈhaɪ.laɪt/ *n* [C] **1** ⇒punto culminante ⇒lo más destacado **2** *(en arte)* ⇒toque de luz

highlighter (pen) *n* [C] ⇒rotulador fluorescente

highlights *n* [PL] **1** *(en el pelo)* ⇒reflejos **2** *(de un evento)* ⇒mejores momentos

highly /ˈhaɪ.li/ *adv* **1** ⇒muy: *highly enjoyable* - muy divertido **2** ⇒sumamente ⇒altamente **3** **to {speak/think} ~ of sth/sb** ⇒tener en gran estima

Highness /ˈhaɪ.nəs/ **{Her/His/Your}** ~ *(tratamiento honorífico)* ⇒Su Alteza

H

high-powered UK: /ˌhaɪˈpaʊəd/ US: /-ˈpaʊəd/ adj
1 ⇒de gran potencia: *a high-powered car* - un coche de gran potencia **2** *(un cargo o una persona)* ⇒de altos vuelos *col.*

high-rise /ˈhaɪ.raɪz/ adj ⇒de muchos pisos: *a high-rise building* - un edificio de muchos pisos

high-risk /ˌhaɪˈrɪsk/ adj ⇒de alto riesgo: *high-risk sports* - deportes de alto riesgo

high school US *(UK secondary school)* n [c] ⇒instituto de enseñanza secundaria

high street UK n [c] ⇒calle mayor

high-tech /ˌhaɪˈtek/ *(UK tb hi-tech)* adj ⇒de alta tecnología: *a high-tech computer* - un ordenador de alta tecnología

highway /ˈhaɪ.weɪ/ US *(UK motorway)* n [c] ⇒autopista: *on the highway* - en la utopista

hijack¹ /ˈhaɪ.dʒæk/ v [T] ⇒secuestrar [un medio de transporte]: *The plane was hijacked by the guerrillas* - Los guerrilleros secuestraron el avión ■ CONSTR. Se usa más en pasiva ■ Comparar con *kidnap* (secuestrar a una persona)

hijack² /ˈhaɪ.dʒæk/ n [c] ⇒secuestro [de un medio de transporte] ■ Comparar con *kidnapping* (secuestro de una persona)

hike /haɪk/ n [c] ⇒marcha ⇒excursión [a pie]

hilarious UK: /hɪˈleə.ri.əs/ US: /-ˈler.i-/ adj ⇒hilarante: *a hilarious joke* - un chiste hilarante

hill /hɪl/ n [c] ⇒colina ⇒cerro

hillside /ˈhɪl.saɪd/ n [c] ⇒ladera

hilly /ˈhɪl.i/ adj [comp hillier, superl hilliest] ⇒montañoso,sa ⇒accidentado,da

hilt /hɪlt/ n [c] **1** ⇒empuñadura **2** (up) to the ~ ⇒totalmente ⇒completamente ⇒incondicionalmente

him /hɪm, ɪm/ pron **1** ⇒le ⇒lo ⇒él **2** *(después del verbo «to be»)* ⇒él ■ Ver cuadro personal pronouns

himself /hɪmˈself/ pron **1** ⇒se: *He cut himself on a piece of glass* - Se cortó con un cristal **2** ⇒él mismo: *He'll do it himself* - Lo hará él mismo **3** ⇒en persona **4** ⇒mismísimo: *I spoke to the rector himself* - Hablé con el mismísimo rector **5** (all) by ~ **1** ⇒solo [sin compañía]: *He lives by himself* - Vive solo **2** ⇒él solo [sin ayuda]: *He mended the bicycle by himself* - Arregló la bicicleta él solo ■ Ver cuadro reflexive pronouns

hinder UK: /ˈhɪn.dəʳ/ US: /-də/ v [T] ⇒entorpecer: *to hinder technological development* - entorpecer el desarrollo tecnológico; ⇒estorbar ■ CONSTR. Se usa más en pasiva

hindrance /ˈhɪn.drənts/ n [c, u] ⇒impedimento ⇒obstáculo ⇒estorbo

hindsight /ˈhaɪnd.saɪt/ {in/with} ~ ⇒pensándolo mejor

Hindu /ˈhɪn.duː/ adj, n [c] ⇒hindú

Hinduism /ˈhɪn.duː.ɪ.zᵊm/ n [u] ⇒hinduismo

hinge¹ /hɪndʒ/ n [c] **1** ⇒bisagra **2** ⇒gozne

hinge² /hɪndʒ/ [hinged, hinging]
|PHRASAL VERBS
| · **to hinge {on/upon}** sth **1** ⇒depender **2** *(una historia o una situación)* ⇒depender de algo
| ⌐ girar en torno a algo

hint¹ /hɪnt/ n [c] **1** ⇒indirecta: *to drop a hint* - lanzar una indirecta **2** ⇒sugerencia **3** a ~ of sth ⇒un atisbo de algo ⇒un indicio de algo

hint² /hɪnt/ v [T, I] ⇒insinuar ⇒dar a entender ■ CONSTR. 1. to hint + that 2. to hint + of sth

hip¹ /hɪp/ n [c] **1** ⇒cadera: *hip replacement* - trasplante de cadera **2** UK *(fruto)* ⇒escaramujo

hip² /hɪp/ adj [comp hipper, superl hippest] *(informal)* ⇒de moda ⇒al día

hip-hop UK: /ˈhɪp.hɒp/ US: /-hɑːp/ n [u] ⇒hip-hop: *a hip-hop singer* - un cantante de hip-hop

hippie /ˈhɪp.i/ n [c] ⇒hippy

hippo n [c] *(inform)* ⇒forma abreviada de **hippopotamus** (hipopótamo)

hippocampus n **1** *(pez)* ⇒hipocampo ⇒caballito de mar **2** *(en anatomía)* ⇒hipocampo

hippopotamus UK: /ˌhɪp.əˈpɒt.ə.məs/ US: /-ˈpɑː.t̬ə-/ [pl hippopotami, hippopotamuses] n [c] ⇒hipopótamo ■ La forma abreviada es *hippo*

hire¹ UK: /haɪəʳ/ US: /haɪr/ [hired, hiring] v [T] **1** UK *(US rent)* ⇒alquilar [para un plazo breve de tiempo] ⇒rentar AMÉR.; ⇒arrendar AMÉR. **2** ⇒contratar ⇒emplear

hire² UK: /haɪəʳ/ US: /haɪr/ UK *(UK/US tb rental)* n [u] ⇒alquiler: *car hire* - alquiler de coches

his¹ /hɪz/ adj ⇒su: *I gave him his pencil* - Le di su lápiz ■ Ver cuadro possessive adjectives and pronouns

his² /hɪz/ pron **1** ⇒suyo,ya: *Give this book to Peter; it's his* - Dale este libro a Peter: es suyo **2** ⇒el suyo, la suya ■ Ver cuadro possessive adjectives and pronouns

Hispanic¹ /hɪˈspæn.ɪk/ adj ⇒hispánico,ca

Hispanic² /hɪˈspæn.ɪk/ n [c] ⇒hispano,na

hiss¹ /hɪs/ v [I] ⇒sisear ⇒silbar

hiss² /hɪs/ [pl hisses] n [c, u] ⇒siseo ⇒silbido

hissy (fit) n [c] *(inform)* ⇒rabieta *col.;* ⇒perra *col.*

historian UK: /hɪˈstɔː.ri.ən/ US: /-ˈstɔːr.i-/ n [c] ⇒historiador,-a

historic UK: /hɪˈstɒr.ɪk/ US: /-ˈstɔːr-/ adj ⇒relevante ⇒histórico,ca

historical UK: /hɪˈstɒr.ɪ.kᵊl/ US: /-ˈstɔːr-/ adj ⇒histórico,ca: *a historical fact* - un hecho histórico

historically UK: /hɪˈstɒr.ɪ.kli/ US: /-ˈstɔːr-/ adv ⇒históricamente ■ PRON. La a no se pronuncia

history UK: /ˈhɪs.tᵊr.i/ US: /-t̬ə-/ n [u] **1** *(asignatura)* ⇒historia **2** ⇒historia ⇒pasado

†**hit¹**, hit, hit /hɪt/ [hitting] *v* [T] **1** ⇨pegar ⇨golpear ⇨fajar *AMÉR.* **2** ⇨dar: *The arrow hit the target* - La flecha dio en el blanco

| PHRASAL VERBS
| · **to hit back** ⇨contestar [a un ataque físico o verbal]

hit² /hɪt/ *n* [C] **1** ⇨golpe **2** ⇨éxito: *His first single was a real hit* - Su primer single fue todo un éxito **3** ⇨acierto **4** *(en internet)* ⇨visita

hit-and-run /ˌhɪt.ənˈrʌn/ *adj* **1** ⇨con omisión de socorro: *a hit-and-run car accident* - un accidente de coche con omisión de socorro **2** *a hit-and-run driver* - un conductor que, tras un accidente, se da a la fuga

hitch¹ /hɪtʃ/ [*pl* hitches] *n* [C] ⇨inconveniente ⇨dificultad ⇨contratiempo

hitch² /hɪtʃ/ *v* [T] ⇨enganchar ■ CONSTR. Se usa generalmente seguido de la preposición to

| PHRASAL VERBS
| · **to hitch** *sth* **up** [M] ⇨subir(se) algo ⇨remangar(se) algo

hitchhike /ˈhɪtʃ.haɪk/ [hitchhiked, hitchhiking] *v* [I] ⇨hacer autoestop

hi-tech *UK adj* See **high-tech**

hive /haɪv/ *n* [C] ⇨colmena

hoard¹ UK: /hɔːd/ US: /hɔːrd/ *v* [T] ⇨almacenar ⇨acopiar ⇨atesorar

hoard² UK: /hɔːd/ US: /hɔːrd/ *n* [C] **1** ⇨provisión **2** ⇨tesoro

hoarding UK: /ˈhɔː.dɪŋ/ US: /ˈhɔːr-/ *UK* (*UK/US tb* **billboard**) *n* [C] ⇨valla publicitaria

hoarse UK: /hɔːs/ US: /hɔːrs/ *adj (voz)* ⇨ronco,ca

hoax UK: /həʊks/ US: /hoʊks/ [*pl* hoaxes] *n* [C] ⇨engaño ⇨aviso falso ⇨falsa alarma

hob UK: /hɒb/ US: /hɑːb/ *UK n* [C] *(en la cocina)* ⇨placa

†**hobby** UK: /ˈhɒb.i/ US: /ˈhɑː.bi/ [*pl* hobbies] *n* [C] ⇨afición ⇨pasatiempo

†**hockey** UK: /ˈhɒk.i/ US: /ˈhɑː.ki/ *n* [U] ⇨hockey: *a hockey stick* - un palo de hockey

hoe UK: /həʊ/ US: /hoʊ/ *n* [C] *(herramienta)* ⇨azada

hog¹ UK: /hɒɡ/ US: /hɑːɡ/ *US n* [C] *(animal)* ⇨cerdo

hog² UK: /hɒɡ/ US: /hɑːɡ/ [hogged, hogging] *v* [T] *(inform)* ⇨acaparar

Hogmanay UK: /ˈhɒɡ.mə.neɪ/ US: /ˈhɑːɡ.mə.neɪ/ *UK n* [C, U] *(en Escocia)* ⇨nochevieja

hoist /hɔɪst/ *v* [T] **1** ⇨izar **2** *(tb* hoist up) ⇨subir: *They hoisted up the piano with a rope* - Subieron el piano con una cuerda

†**hold¹**, held, held UK: /həʊld/ US: /hoʊld/ *v* [T] **1** ⇨tener ⇨sujetar **2** ⇨mantener: *Hold your head up* - Mantén la cabeza erguida **3** ⇨contener ⇨tener capacidad para ⇨entrar **4** ⇨celebrar: *They're holding a party upstairs* - Están celebrando una

fiesta en el piso de arriba **5** *(un título)* ⇨ostentar **6** ⇨retener [a un prisionero] ⇨tener preso,sa **7** Don't ~ your breath! *(hum)* ⇨espera sentado,da *col.* **8** to get ~ of *sth/sb* ⇨localizar: *I need to get hold of Helen* - Tengo que localizar a Helen **9** to ~ *one's* breath ⇨contener la respiración **10** to ~ (down) the fort ⇨hacerse cargo de una situación

| PHRASAL VERBS
| · **to hold** *sth* **against** *sb* ⇨tener algo en cuenta a alguien
| · **to hold** *sth* **back 1** *(una emoción)* ⇨contener ⇨reprimir **2** *(una información)* ⇨ocultar ⇨callarse
| · **to hold** *sth/sb* **back** [M] **1** ⇨contener: *The police couldn't hold the crowd back* - La policía no logró contener a la multitud **2** ⇨frenar [el progreso] ⇨impedir [el desarrollo]
| · **to hold** *sth/sb* **down** [M] **1** ⇨retener ⇨detener **2** *(coste, sueldo)* ⇨mantener a la baja
| · **to hold on** *(inform)* ⇨esperar: *Hold on a second while I take my coat off* - Espera un segundo que me quite el abrigo; *Hold on a moment, please* - Espere un momento, por favor
| ■ Normalmente se usa en conversaciones telefónicas
| · **to hold onto** *sth* ⇨sujetar algo ⇨agarrarse a algo
| · **to hold out** ⇨aguantar ⇨soportar ⇨resistir
| · **to hold** *sth* **out** [M] **1** ⇨extender ⇨acercar ⇨tender **2** *(una posibilidad, una esperanza)* ⇨ofrecer
| · **to hold** *sth* **up** [M] ⇨apoyar algo ⇨sostener algo
| · **to hold** *sth/sb* **up** [M] **1** ⇨atracar **2** ⇨retrasar ⇨detener

hold² UK: /həʊld/ US: /hoʊld/ ■ *n* [U, NO PL] **1** ⇨asimiento ⇨agarre **2** ⇨dominio ⇨control ■ *n* [C] **3** *(de un barco o avión)* ⇨bodega **4** ~ {on/over} *sth/sb* ⇨poder ⇨influencia **5** to get ~ of *sth/sb* ⇨conseguir algo ⇨conseguir contactar con alguien

holdall UK: /ˈhəʊld.ɔːl/ US: /ˈhoʊld.ɑːl/ *UK n* [C] ⇨bolsa de viaje

holder UK: /ˈhəʊl.dəʳ/ US: /ˈhoʊl.dɚ/ *n* [C] **1** ⇨propietario,ria: *the passport holder* - el propietario del pasaporte **2** *(de un título)* ⇨poseedor,-a **3** *(de una cuenta bancaria)* ⇨titular

holding UK: /ˈhəʊl.dɪŋ/ US: /ˈhoʊl-/ *n* [C] **1** *(en una empresa)* ⇨participación **2** ⇨terreno arrendado

hold-up UK: /ˈhəʊld.ʌp/ US: /ˈhoʊld-/ *UK n* [C] **1** ⇨atasco **2** ⇨atraco

†**hole** UK: /həʊl/ US: /hoʊl/ *n* [C] **1** ⇨agujero ⇨bache ⇨brecha **2** *(en golf)* ⇨hoyo **3** ⇨madriguera: *a rabbit hole* - una madriguera de conejos **4** ⇨aprieto ⇨apuro

H ■

†**holiday¹** UK: /'hɒl.ɪ.deɪ/ US: /'hɑː.lɪ-/ *n* [c, u] **1** *UK* (*US* **vacation**) ⇒vacaciones ■ Cuando se hace referencia a un período largo se utiliza *holidays* ■ La forma abreviada es *hols* **2** ⇒fiesta ⇒día festivo **3 on ~** *UK* (*US* **on vacation**) ⇒de vacaciones

holiday² UK: /'hɒl.ɪ.deɪ/ US: /'hɑː.lɪ-/ *UK* (*US* **vacation**) *v* [ɪ] **1** ⇒pasar las vacaciones **2** *(en verano)* ⇒veranear ■ Se usa más *to spend one's holidays* y *to go on holiday*

holidaymaker UK: /'hɒl.ə.dɪˌmeɪ.kəʳ/ US: /'hɑː.lə.deɪˌmeɪ.kə/ *UK n* [c] **1** ⇒turista **2** *(en verano)* ⇒veraneante

holiness UK: /'həʊ.lɪ.nəs/ US: /'hoʊ-/ *n* [u] ⇒santidad

holistic UK: /həʊ'lɪs.tɪk/ US: /hoʊl'ɪs-/ *adj* ⇒holístico,ca: *holistic medicine* - medicina holística

hollow¹ UK: /'hɒl.əʊ/ US: /'hɑː.loʊ/ *adj* **1** ⇒hueco,ca: *a hollow tube* - un tubo hueco **2** *(una cara o unos ojos)* ⇒hundido,da **3** *(una amenaza o una promesa)* ⇒hueco,ca ⇒vacío,a ⇒vano,na

hollow² UK: /'hɒl.əʊ/ US: /'hɑː.loʊ/ *n* [c] **1** ⇒hueco ⇒hoyo **2** ⇒hondonada **3** *US* ⇒valle

†**hollow³** UK: /'hɒl.əʊ/ US: /'hɑː.loʊ/

| PHRASAL VERBS
| · **to hollow** *sth* **out** [M] ⇒vaciar ⇒hacer un hueco [en algo]

holly UK: /'hɒl.i/ US: /'hɑː.li/ [*pl* hollies] *n* [c, u] *(árbol)* ⇒acebo

holocaust UK: /'hɒl.ə.kɔːst/ US: /'hɑː.lə.kɑːst/ *n* [c] ⇒holocausto

hologram UK: /'hɒl.ə.græm/ US: /'hɑː.lə-/ *n* [c] ⇒holograma

†**holy** UK: /'həʊ.li/ US: /'hoʊ-/ *adj* [*comp* holier, *superl* holiest] **1** ⇒sagrado,da ⇒santo,ta **2 Holy Week** ⇒Semana Santa

†**home¹** UK: /həʊm/ US: /hoʊm/ *n* [c, u] **1** ⇒casa: *This is my home* - Esta es mi casa ■ Se dice *to go home* - *ir a casa*. Incorrecto: *to go to home*. Lo mismo sucede con *to come home* y *to arrive home* **2** ⇒orfanato ⇒asilo **3** ⇒tierra ⇒patria **4 at ~** ⇒en casa **5 the ~ of** *sth/sb* **1** ⇒la cuna: *India, the home of silk* - India, la cuna de la seda **2** *(para animales)* ⇒el hábitat

home² UK: /həʊm/ US: /hoʊm/ *adj* ⇒de casa ⇒local

†**home³** UK: /həʊm/ US: /hoʊm/ *adv* ⇒a casa ⇒en casa

homeland UK: /'həʊm.lænd/ US: /'hoʊm-/ *n* [c] ⇒tierra natal ⇒patria

homeless UK: /'həʊm.ləs/ US: /'hoʊm-/ *adj* **1** ⇒sin hogar **2 the ~** ⇒las personas sin hogar ⇒los sin techo

homely UK: /'həʊm.li/ US: /'hoʊm-/ *UK adj* [*comp* homelier, *superl* homeliest] **1** ⇒confortable **2** *UK* ⇒hogareño,ña **3** *US* ⇒poco atractivo,va

home-made *UK adj* See **homemade**

homemade UK: /ˌhəʊm'meɪd/ US: /ˌhoʊm-/ (*UK tb* **home-made**) *adj* ⇒casero,ra: *homemade jam* - mermelada casera

homeopathy UK: /ˌhəʊ.mi'ɒp.ə.θi/ US: /ˌhoʊ.mi'ɑː.pə-/ *n* [u] ⇒homeopatía

home page *n* [c] *(en informática)* ⇒página de inicio

homesick UK: /'həʊm.sɪk/ US: /'hoʊm-/ *adj* **1** ⇒nostálgico,ca **2 to {be/feel} ~** ⇒tener morriña *col.*

†**homework** UK: /'həʊm.wɜːk/ US: /'hoʊm.wɜːk/ *n* [u] ⇒deberes: *to do one's homework* - hacer los deberes ■ Se dice *some homework* o *a piece of homework*. Incorrecto: *a homework*

homicide UK: /'hɒm.ɪ.saɪd/ US: /'hɑː.mə-/ *US n* [c, u] *(form) (en derecho)* ⇒homicidio

homogeneous UK: /ˌhɒm.ə'dʒiː.ni.əs/ US: /ˌhəʊ.mə-/ US: /ˌhoʊ.moʊ'dʒiː-/ *adj (form)* ⇒homogéneo,a

homosexual UK: /ˌhəʊ.məʊ'sek.sju.əl/ US: /ˌhɒm.əʊ'-/ US: /ˌhoʊ.moʊ'sek.ʃu.[ə]l/ *adj, n* [c] ⇒homosexual

Honduran UK: /hɒn'djʊə.rən/ US: /hɑːn'dʊr.ən/ *adj, n* [c] ⇒hondureño,ña

Honduras UK: /hɒn'djʊə.rəs/ US: /hɑːn'dʊr.əs/ *n* [u] ⇒Honduras

†**honest** UK: /'ɒn.ɪst/ US: /'ɑː.nɪst/ *adj* **1** ⇒honrado,da ⇒honesto,ta **2** ⇒sincero,ra

honestly UK: /'ɒn.ɪst.li/ US: /'ɑː.nɪst-/ *adv* **1** ⇒con sinceridad ⇒sinceramente ⇒francamente **2** ⇒de verdad ⇒en serio **3** ⇒honradamente

honesty UK: /'ɒn.ə.sti/ US: /'ɑː.nə-/ *n* [u] **1** ⇒honradez ⇒honestidad **2** ⇒sinceridad

†**honey** /'hʌn.i/ ■ *n* [u] **1** ⇒miel ■ *n* [c] **2** *US* ⇒cariño ■ Se usa como vocativo **3** ⇒encanto: *She's a honey* - Es un encanto

honeymoon /'hʌn.i.muːn/ *n* [c] ⇒luna de miel: *to go on honeymoon* - irse de luna de miel

Hong Kong¹ UK: /ˌhɒŋ'kɒŋ/ US: /'hɑːŋˌkɑːŋ/ *n* [u] ⇒Hong Kong

Hong Kong² UK: /ˌhɒŋ'kɒŋ/ US: /'hɑːŋˌkɑːŋ/ *adj* ⇒hongkonés,-a

honk UK: /hɒŋk/ US: /hɑːŋk/ *v* [T, ɪ] **1** *(en un coche)* ⇒tocar la bocina **2** *(un ganso)* ⇒graznar

honor UK: /'ɒn.əʳ/ US: /'ɑː.nə/ *US n* [c] See **honour**

honorable UK: /'ɒn.ʳr.ə.bl/ US: /'ɑː.nə-/ *US adj* See **honourable**

honorary UK: /'ɒn.ʳr.ə.ri/ US: /'ɑː.nə.rer.i/ *adj* ⇒honorario,ria ⇒honorífico,ca

†**honour** UK: /'ɒn.əʳ/ US: /'ɑː.nə/ *UK* (*US* **honor**) *n* [c] **1** ⇒honor: *a dinner in honour of John* - una cena en honor de John **2 honours** ⇒licenciatura con matrícula de honor ■ Pron. La *h* no se pronuncia

honourable UK: /ˈɒn.ᵊr.ə.bl̩/ US: /ˈɑː.nɚ-/ *UK* (*US* **honorable**) *adj* ⇒honorable

† **hood** /hʊd/ *n* [c] **1** ⇒capucha **2** *US* (*UK* **bonnet**) (*en un coche*) ⇒capó **3** (*en una cocina*) ⇒campana

hoof /huːf/ [*pl* hooves, hoofs] *n* [c] ⇒pezuña

hook¹ /hʊk/ *n* [c] **1** ⇒gancho **2** ⇒percha **3** ⇒anzuelo **4** off the ~ (*el teléfono*) ⇒descolgado,da **5** to get *sb* off the ~ (*inform*) ⇒sacar a alguien de un apuro **6** to let *sb* off the ~ (*inform*) ⇒dejar que alguien se escape

hook² /hʊk/ *v* [T] **1** ⇒enganchar **2** ⇒pescar

hooked /hʊkt/ *adj* **1** ⇒ganchudo,da: *hooked nose* - nariz ganchuda **2** (*inform*) ⇒enganchado,da *col.*: *I'm hooked on that TV series* - Estoy enganchado a esa serie televisiva

hooligan /ˈhuː.lɪ.gᵊn/ *n* [c] **1** ⇒gamberro,rra **2** ⇒hooligan

hoop /huːp/ *n* [c] ⇒aro

hooray /huˈreɪ, hə-/ *excl* See **hurrah**

hoot¹ /huːt/ ◼ *n* [c] **1** *UK* ⇒pitido [de un coche] ⇒silbato [de un tren] ◼ *n* [NO PL] **2** (*inform*) ⇒risa *col.*: *That play is a hoot* - Esa obra de teatro es una risa **3** (*inform*) ⇒chistoso,sa

hoot² /huːt/ *v* [T, I] **1** *UK* (*en un coche*) ⇒tocar la bocina ◼ *v* [T] **2** (*un búho*) ⇒ulular **3** ⇒reír(se) a carcajadas: *We hooted with laughter* - Nos reímos a carcajadas

hoover *UK v* [T, I] ⇒pasar la aspiradora

Hoover® UK: /ˈhuː.vᵊ/ US: /-vɚ/ *UK n* [c] ⇒aspiradora

hooves /huːvz/ *n* [PL] See **hoof**

hop¹ UK: /hɒp/ US: /hɑːp/ [hopped, hopping] *v* [I] **1** ⇒andar a la pata coja **2** ⇒andar a saltitos

hop² UK: /hɒp/ US: /hɑːp/ *n* [c] **1** ⇒saltito **2** (*planta*) ⇒lúpulo

† **hope¹** UK: /həʊp/ US: /hoʊp/ [hoped, hoping] *v* [T, I] **1** ⇒esperar: *I hope that you get better soon* - Espero que te recuperes pronto ◼ CONSTR. 1. to hope + (that) 2. to hope + to do sth **2 I should ~ not!** ⇒¡faltaría más! ◼ Se usa para expresar el deseo de que algo suceda. Comparar con *expect*

† **hope²** UK: /həʊp/ US: /hoʊp/ *n* [c, U] ⇒esperanza: *You have to hold on to that hope* - Tienes que tener esperanza; *You're my only hope* - Eres mi única esperanza

hopeful UK: /ˈhəʊp.fᵊl/ US: /ˈhoʊp-/ *adj* **1** ⇒esperanzado,da **2** *I was hopeful that he would arrive on time* - Tenía la esperanza de que pudiese llegar a tiempo **3** (*un signo*) ⇒esperanzador,-a

hopefully UK: /ˈhəʊp.fᵊl.i/ US: /ˈhoʊp-/ *adv* **1** ⇒con esperanza: *She talked to me hopefully about the future* - Me habló del futuro con esperanza **2** *Hopefully, they'll come* - Tenemos esperanzas de que vengan **3** ⇒espero que sí: «*Are you coming*

too?» «*Hopefully*» - «¿Tú también vienes?» «Espero que sí»

hopeless UK: /ˈhəʊ.pləs/ US: /ˈhoʊ-/ *adj* **1** ⇒pésimo,ma ⇒desastroso,sa **2** ⇒desesperanzador,-a **3** ⇒inútil: *It's hopeless to ask him for money* - Es inútil que le pidas dinero

hopelessly UK: /ˈhəʊ.plə.sli/ US: /ˈhoʊ-/ *adv* **1** ⇒totalmente: *He was hopelessly in love* - Estaba totalmente enamorado **2** ⇒sin esperanza

hopscotch UK: /ˈhɒp.skɒtʃ/ US: /ˈhɑːp.skaːtʃ/ *n* [U] (*juego*) ⇒rayuela

horde UK: /hɔːd/ US: /hɔːrd/ *n* [c] **1** ⇒horda ⇒aglomeración ⇒multitud **2** (*en historia*) ⇒horda

horizon /həˈraɪ.zᵊn/ *n* [NO PL] ⇒horizonte: *on the horizon* - en el horizonte

† **horizontal** UK: /ˌhɒr.ɪˈzɒn.tᵊl/ US: /ˌhɔːr.ɪˈzɑːn.ᵊt̬[ə]l/ *adj, n* [c] ⇒horizontal

horizontally UK: /ˌhɒr.ɪˈzɒn.tᵊl.i/ US: /ˌhɔːr.ɪˈzɑːn.ᵊt̬[ə]l-/ *adv* ⇒horizontalmente

hormone UK: /ˈhɔː.məʊn/ US: /ˈhɔːr.moʊn/ *n* [c] ⇒hormona: *hormone treatment* - tratamiento con hormonas

† **horn** UK: /hɔːn/ US: /hɔːrn/ ◼ *n* [c, U] **1** (*en algunos animales*) ⇒cuerno ⇒asta ◼ *n* [c] **2** ⇒bocina **3** (*instrumento musical*) ⇒cuerno ⇒trompa

horoscope UK: /ˈhɒr.ə.skəʊp/ US: /ˈhɔːr.ə.skoʊp/ *n* [c] ⇒horóscopo

horrendous /həˈren.dəs/ *adj* **1** ⇒horrendo,da ⇒horroroso,sa ⇒espantoso,sa **2** ⇒tremendo,da ⇒inmenso,sa

† **horrible** UK: /ˈhɒr.ɪ.bl̩/ US: /ˈhɔːr-/ *adj* ⇒horrible

horrid UK: /ˈhɒr.ɪd/ US: /ˈhɔːr-/ *adj* (*inform*) ⇒horrible

horrific /həˈrɪf.ɪk/ *adj* ⇒horrendo,da ⇒espantoso,sa

horrify UK: /ˈhɒr.ɪ.faɪ/ US: /ˈhɔːr-/ [horrifies, horrified] *v* [T] ⇒horrorizar ◼ CONSTR. Se usa más en pasiva

horrifying UK: /ˈhɒr.ɪ.faɪ.ɪŋ/ US: /ˈhɔːr-/ *adj* ⇒horroroso,sa ⇒horripilante

† **horror** UK: /ˈhɒr.ə/ US: /ˈhɔːr.ə/ ◼ *n* [U] **1** ⇒terror ⇒horror ◼ *n* [c] **2** (*persona*) ⇒demonio ⇒diablo

horror story [*pl* horror stories] *n* [c] ⇒historia de terror

† **horse** UK: /hɔːs/ US: /hɔːrs/ *n* [c] **1** ⇒caballo: *to ride a horse* - montar a caballo **2** (*en un gimnasio*) ⇒potro

horsepower UK: /ˈhɔːs.paʊə/ US: /ˈhɔːrs.paʊr/ *n* [c, U] (*en un motor*) ⇒caballos ◼ La forma abreviada es *hp*

horse riding *UK n* [U] ⇒equitación

horseshoe UK: /ˈhɔːs.ʃuː/ US: /ˈhɔːrs-/ *n* [c] ⇒herradura

horticulture UK: /ˈhɔː.tɪ.kʌl.tʃə/ US: /ˈhɔːr.ᵊt̬ə.kʌl.tʃɚ/ *n* [U] ⇒horticultura

H

hose UK: /həʊz/ US: /hoʊz/ ∎ n [C] **1** ⇒manguera ∎ n [U] **2** ⇒medias

hospice UK: /ˈhɒs.pɪs/ US: /ˈhɑː.spɪs/ n [C] ⇒hospital para enfermos terminales ∎ Distinto de *omen* (auspicio)

† **hospitable** UK: /hɒsˈpɪt.ə.bl/ US: /hɑːˈspɪˤt-/ adj ⇒hospitalario,ria ⇒acogedor,-a

† **hospital** UK: /ˈhɒs.pɪ.tᵊl/ US: /ˈhɑː.spɪ.ˤt[ə]l/ n [C, U] ⇒hospital

hospitality UK: /ˌhɒs.pɪˈtæl.ə.ti/ US: /ˌhɑː.spɪˈtæl.ə.ˤti/ n [U] ⇒hospitalidad

host¹ UK: /həʊst/ US: /hoʊst/ ∎ n [C] **1** ⇒anfitrión,-a ∎ n [NO PL] **2** *(en la misa)* ⇒hostia **3** US *(UK presenter) (en radio o en televisión)* ⇒presentador,-a ⇒conductor,-a AMÉR.

■ **H**

host² UK: /həʊst/ US: /hoʊst/ v [T] **1** *(un evento)* ⇒albergar ⇒ser la sede **2** *(un programa de radio o televisión)* ⇒presentar **3** *(en informática)* ⇒proporcionar los elementos necesarios para crear o alojar una página web

hostage UK: /ˈhɒs.tɪdʒ/ US: /ˈhɑː.stɪdʒ/ n [C] ⇒rehén: *to take sb hostage* - tomar a alguien como rehén ∎ PRON. La *a* se pronuncia como la *i* en *did*

hostel UK: /ˈhɒs.tᵊl/ US: /ˈhɑː.st[ə]l/ n [C] ⇒albergue ⇒hogar ⇒residencia [de estudiantes]

hostess UK: /ˈhəʊ.stes/ US: /ˈhoʊ.stɪs/ [pl hostesses] n [C] **1** ⇒anfitriona **2** ⇒presentadora [de televisión] ∎ Se emplea únicamente con mujeres

† **hostile** UK: /ˈhɒs.taɪl/ US: /ˈhɑː.st[ə]l/ adj **1** ⇒hostil ⇒adverso,sa **2** *(un territorio)* ⇒enemigo,ga

hostility UK: /hɒsˈtɪl.ɪ.ti/ US: /hɑːˈstɪl.ə.ˤti/ n [U] ⇒hostilidad: *to show hostility to sb* - mostrar hostilidad hacia alguien

† **hot** UK: /hɒt/ US: /hɑːt/ adj [comp hotter, superl hottest] **1** ⇒caliente: *Don't touch the pot; it's hot* - No toques la olla; está caliente ∎ Hace referencia a una temperatura muy alta y desagradable. Comparar con *warm* **2** *(una comida)* ⇒picante **3** *(inform)* ⇒atractivo,va ⇒cañón col. **4** to be ~ **1** ⇒tener calor: *Aren't you hot?* - ¿No tienes calor? **2** ⇒hacer calor: *It's very hot in here* - Hace mucho calor aquí

hot chocolate n [C, U] *(bebida)* ⇒chocolate caliente ∎ PRON. La segunda *o* de *chocolate* no se pronuncia

hot dog n [C] ⇒perrito caliente ⇒pancho AMÉR.

† **hotel** UK: /həʊˈtel/ US: /hoʊ-/ n [C] ⇒hotel: *a three star hotel* - un hotel de tres estrellas

hotly UK: /ˈhɒt.li/ US: /ˈhɑːt.li/ adv **1** ⇒enérgicamente ⇒con pasión **2** ⇒con indignación ⇒con enfado **3** *hotly pursued by the police* - con la policía pisándole los talones

hound¹ /haʊnd/ n [C] ⇒perro de caza

hound² /haʊnd/ v [T] ⇒acosar: *They hounded him with questions* - Lo acosaron con preguntas

† **hour** UK: /aʊəʳ/ US: /aʊr/ n [C] **1** *(unidad de tiempo)* ⇒hora **2** *(momento determinado)* ⇒hora **3** after hours ⇒después del trabajo **4** hours ⇒horario: *What hours do you work?* - ¿Qué horario tienes? ∎ Se dice *At what time? - ¿A qué hora?* y *What time is it? - ¿Qué hora es?*. Incorrecto: *At what hour?* o *What hour is it?* ∎ La forma abreviada es *Hr*

hourly UK: /ˈaʊə.li/ US: /ˈaʊr-/ adj ⇒cada hora ⇒por hora

† **house¹** /haʊs, ˈhaʊzɪz/ n [C] **1** ⇒casa: *detached house* - casa independiente; *semi-detached house* - casa pareada **2** full ~ *(en un teatro)* ⇒lleno **3** on the ~ ⇒cortesía de la casa

house² /haʊz/ [housed, housing] v [T] *(form)* ⇒alojar ⇒albergar

houseboat UK: /ˈhaʊs.bəʊt/ US: /-boʊt/ n [C] *(en un río o en un canal)* ⇒embarcación que se utiliza de vivienda

† **household** UK: /ˈhaʊs.həʊld/ US: /-hoʊld/ n [C] ⇒hogar ⇒familia

householder UK: /ˈhaʊs.həʊl.dəʳ/ US: /-ˌhoʊl.dɚ/ UK n [C] **1** ⇒propietario,ria de una casa **2** ⇒inquilino,na

housekeeper UK: /ˈhaʊsˌkiː.pəʳ/ US: /-pɚ/ n [C] *(en una casa)* ⇒ama de llaves

housekeeping /ˌhaʊsˈkiː.pɪŋˌmʌn.i/ n [U] **1** ⇒tareas domésticas **2** ⇒gastos domésticos ⇒gastos de la casa

House of Commons n [NO PL] *(en Reino Unido y en Canadá)* ⇒Cámara de los Comunes

House of Lords n [NO PL] *(en Reino Unido)* ⇒Cámara de los Lores

Houses of Parliament n [PL] ⇒Parlamento británico

† **housewife** /ˈhaʊs.waɪf/ [pl housewives] n [C] ⇒ama de casa

† **housework** UK: /ˈhaʊs.wɜːk/ US: /-wɝk/ n [U] ⇒faenas del hogar ⇒tareas domésticas ∎ Se dice *some housework*. Incorrecto: *a housework*

housing /ˈhaʊ.zɪŋ/ n [U] ⇒vivienda ⇒alojamiento

housing estate UK n [C] ⇒urbanización

hove past tense and past participle forms of **heave**

hover UK: /ˈhɒv.əʳ/ US: /ˈhɑː.vɚ/ v [I] **1** *(un ave)* ⇒cernerse **2** *(un helicóptero)* ⇒sobrevolar ⇒mantenerse en el aire **3** *(una persona)* ⇒rondar **4** ⇒tener dudas **5** ⇒debatirse: *After the accident, she hovered between life and death for several hours* - Tras el accidente, se debatió entre la vida y la muerte durante horas ∎ CONSTR. Se usa generalmente seguido de una preposición o un adverbio

† **hovercraft** UK: /ˈhɒv.ə.krɑːft/ US: /ˈhɑː.vɚ.kræft/ [pl hovercrafts, hovercraft] n [C] ⇒aerodeslizador

† **how** /haʊ/ *adv* **1** *(modo)* ⇒cómo **2** *(edad)* ⇒qué ⇒cuánto,ta **3** *(cantidad)* ⇒cuánto **4** *(tamaño)* ⇒qué ⇒cómo **5** *(estado de salud, ánimo)* ⇒qué tal **6** *(frecuencia):* How often do you go to the dentist? - ¿Cada cuánto vas al dentista? **7** *(en oraciones exclamativas)* ⇒qué ■ Se usa seguido de adjetivos o de adverbios: How interesting! ¡Qué interesante! Comparar con what **8** ~ about...? ⇒¿y si?: How about going to Venice? - ¿Y si vamos a Venecia? **9** ~ come...? *(inform)* ⇒¿cómo es que...? *col.:* How come you arrived so late? - ¿Cómo es que llegaste tan tarde? **10** ~ do you do? *(form)* ⇒¿cómo está usted? ■ la respuesta a esta pregunta es también How do you do? Normalmente este saludo va acompañado de un apretón de manos ■ Ver cuadros interrogative pronouns and adverbs y ¿cómo está...? / ¿cómo es...?

† **however** UK: /ˌhaʊ'ev.əʳ/ US: /-ɚ/ *adv* **1** ⇒sin embargo **2** ⇒por muy ⇒por mucho **3** ⇒como **4** However you look at it, it's a mistake - Lo mires como lo mires, es un error **5** *(en preguntas)* ⇒cómo ⇒cómo rayos

howl¹ /haʊl/ *v* [I] **1** *(un perro o un lobo)* ⇒aullar **2** ⇒dar alaridos: to howl in pain - dar alaridos de dolor **3** *(el viento)* ⇒rugir ⇒silbar

howl² /haʊl/ *n* [C] **1** ⇒aullido **2** ⇒grito [de dolor]

HQ /ˌeɪtʃ'kjuː/ *n* [C] ⇒forma abreviada de **headquarters** (cuartel general)

hr *[pl* hrs] *n* [C] ⇒h ⇒forma abreviada de **hour** (hora)

hub /hʌb/ *n* [C] **1** *(en un vehículo)* ⇒llanta **2** ⇒alma ⇒núcleo ⇒eje **3** *(en una rueda)* ⇒cubo

huddle¹ /ˈhʌd.l̩/ [huddled, huddling] *v* [I] **1** ⇒acurrucarse: I huddled close to the chimney - Me acurruqué junto a la chimenea **2** ⇒apiñarse ⇒arrimarse ⇒amontonarse ■ Constr. Se usa generalmente seguido de los adverbios around, round, together y up

huddle² /ˈhʌd.l̩/ *n* [C] ⇒corrillo

huff /hʌf/ *v* [I] **1** *(inform)* ⇒resoplar **2** to be in a ~ *(inform)* ⇒estar cabreado,da *vulg.;* ⇒estar indignado,da

hug¹ /hʌg/ [hugged, hugging] *v* [T] ⇒abrazar: Give me a hug - Abrázame

hug² /hʌg/ *n* [C] ⇒abrazo

† **huge** /hjuːdʒ/ *adj* ⇒enorme: a huge wave - una ola enorme

huh /hə/ *excl (inform)* ⇒eh: It's cold, huh? - Hace frío, ¿eh?

hull /hʌl/ *n* [C] *(de un barco)* ⇒casco

hullo UK: /həˈləʊ/ US: /-ˈloʊ/ *UK (UK/US tb* hello) *excl* ⇒¡hola!

hum¹ /hʌm/ [hummed, humming] ■ *v* [I] **1** ⇒zumbar ⇒sonar **2** *(inform)* ⇒bullir [de actividad] ■

v [T, I] **3** ⇒tararear: to hum a song - tararear una canción

hum² /hʌm/ *(tb* humming) *n* [C] ⇒zumbido ⇒susurro ⇒murmullo

† **human** /ˈhjuː.mən/ *adj* ⇒humano,na: human rights - derechos humanos

humane /hjuːˈmeɪn/ *adj* ⇒humano,na ⇒humanitario,ria

humanitarian UK: /hjuːˌmæn.ɪˈteə.ri.ən/ US: /-ˈter.i-/ *adj* ⇒humanitario,ria: for humanitarian reasons - por razones humanitarias

humanity UK: /hjuːˈmæn.ə.ti/ US: /-ˈt̬i/ *n* [U] ⇒humanidad

human nature *n* [U] ⇒naturaleza humana

humble¹ /ˈhʌm.bl̩/ *adj [comp* humbler, *superl* humblest] **1** *(un carácter)* ⇒humilde **2** ⇒humilde ⇒sencillo,lla **3** ⇒modesto,ta ⇒humilde

humble² /ˈhʌm.bl̩/ [humbled, humbling] *v* [T] ⇒dar una lección de humildad

humid /ˈhjuː.mɪd/ *adj (el aire)* ⇒húmedo,da ■ Tiene una connotación positiva

humidity UK: /hjuːˈmɪd.ɪ.ti/ US: /-ə.ˈt̬i/ *n* [U] ⇒humedad [atmosférica]

humiliate /hjuːˈmɪl.i.eɪt/ [humiliated, humiliating] *v* [T] ⇒humillar: Don't humiliate people - No humilles a los demás

humiliating UK: /hjuːˈmɪl.i.eɪ.tɪŋ/ US: /-ˈt̬ɪŋ/ *adj* ⇒humillante ⇒vergonzoso,sa

humility UK: /hjuːˈmɪl.ɪ.ti/ US: /-ə.ˈt̬i/ *n* [U] ⇒humildad

humming *n* [C] See **hum**

humor US *n* [U], *v* [T] See **humour**

humorous /ˈhjuː.mə.rəs/ *adj* ⇒cómico,ca ⇒divertido,da

humour¹ UK: /ˈhjuː.məʳ/ US: /-mɚ/ *UK (US* humor) *n* [U] ⇒humor: to have a fine sense of humour - tener sentido de humor

humour² UK: /ˈhjuː.məʳ/ US: /-mɚ/ *UK (US* humor) *v* [T] ⇒seguir la corriente a alguien *col.:* It's better to humour him - Es mejor seguirle la corriente

hump /hʌmp/ *n* [C] **1** *(en la espalda)* ⇒joroba **2** *(en el suelo o en la carretera)* ⇒montículo

hunch¹ /hʌntʃ/ *[pl* hunches] *n* [C] **1** ⇒corazonada **2** to have a ~ (that) ⇒tener la corazonada (de que)

hunch² /hʌntʃ/ *v* [T, I] ⇒encorvarse ⇒encogerse

† **hundred** /ˈhʌn.drəd/ ⇒cien ⇒ciento ■ Se dice two hundred pounds. Incorrecto: two hundreds pounds

hundredth¹ /ˈhʌn.drətθ/ ⇒centésimo,ma ■ Se puede escribir también 100th

hundredth² /ˈhʌn.drətθ/ *n* [C] ⇒centésima parte: a hundredth of sth - la centésima parte de algo

hung /hʌŋ/ past tense and past participle forms of **hang**

H ≣

Hungarian¹ UK: /ˈhʌŋˈɡeə.ri.ən/ US: /-ˈɡer.i-/ ■ *n* [U]
1 *(idioma)* ⇒húngaro ■ *n* [C] **2** *(gentilicio)* ⇒húngaro,ra

Hungary /ˈhʌŋ.ɡə.ri/ *n* [U] ⇒Hungría

hunger¹ UK: /ˈhʌŋ.ɡəʳ/ US: /-ɡɚ/ *n* [U] **1** ⇒hambre **2 to die of ~** ⇒morir(se) de hambre

† **hunger²** UK: /ˈhʌŋ.ɡəʳ/ US: /-ɡɚ/

| PHRASAL VERBS
· **to hunger {after/for} sth** ⇒ansiar algo ⇒desear algo ⇒tener sed de algo

hungrily /ˈhʌŋ.ɡrɪ.li/ *adv* ⇒ávidamente

hungry /ˈhʌŋ.ɡri/ *adj* [*comp* hungrier, *superl* hungriest] **1** ⇒hambriento,ta **2 to be ~** ⇒tener hambre: *Mum, I'm hungry!* - Mamá, ¡tengo hambre!

hunk /hʌŋk/ *n* [C] **1** ⇒buen trozo **2** *(inform)* ⇒cachas *col.;* ⇒macizo,za ■ Se emplea únicamente con hombres

hunt¹ /hʌnt/ *v* [T, I] **1** ⇒cazar **2** ⇒buscar: *to hunt for a special present* - buscar un regalo especial

hunt² /hʌnt/ *n* [C] **1** ⇒cacería ⇒caza **2** ⇒búsqueda: *to be on the hunt for sth* - emprender la búsqueda de algo

hunter UK: /ˈhʌn.təʳ/ US: /-ˤt̬ɚ/ *n* [C] ⇒cazador,-a

hunting UK: /ˈhʌn.tɪŋ/ US: /-ˤt̬ɪŋ/ *n* [U] **1** *(actividad)* ⇒caza **2** *job hunting* - búsqueda de empleo

hurdle UK: /ˈhɜː.dl̩/ US: /ˈhɝː-/ *n* [C] **1** *(en deportes)* ⇒valla **2** ⇒obstáculo ⇒dificultad

hurl UK: /hɜːl/ US: /hɝːl/ *v* [T] **1** ⇒arrojar ⇒lanzar **2** ⇒proferir: *The hooligans hurled insults at him* - Los hooligans proferían insultos contra él

hurrah *(tb* hooray) *excl* ⇒¡hurra!

hurricane UK: /ˈhʌr.ɪ.kən/ UK: /-keɪn/ US: /ˈhɝː-/ *n* [C] ⇒huracán

hurried UK: /ˈhʌr.id/ US: /ˈhɝː-/ *adj* ⇒apresurado,da ⇒precipitado,da

† **hurry¹** UK: /ˈhʌr.i/ US: /ˈhɝː-/ [hurries, hurried] *v* [T, I] **1** ⇒darse prisa ⇒ir deprisa ⇒apurarse *AMÉR.* **2** ⇒meter prisa

| PHRASAL VERBS
· **to hurry up** ⇒darse prisa
· **to hurry sb up** [M] ⇒meter prisa a alguien

hurry² UK: /ˈhʌr.i/ US: /ˈhɝː-/ *n* [NO PL] **1** ⇒prisa **2 in a ~** ⇒rápido ⇒deprisa y corriendo **3 to be in a ~** ⇒tener prisa: *I'm in a real hurry* - Tengo mucha prisa

† **hurt¹**, hurt, hurt UK: /hɜːt/ US: /hɝːt/ *v* [T, I] **1** ⇒lastimar(se) ⇒hacer(se) daño **2** ⇒doler: *Does it hurt?* - ¿Duele? **3** ⇒ofender ⇒herir **4** ⇒perjudicar ⇒dañar

hurt² UK: /hɜːt/ US: /hɝːt/ *adj* **1** ⇒herido,da ⇒lesionado,da ⇒lastimado,da **2** ⇒ofendido,da ⇒dolido,da **3 to get ~** ⇒hacerse daño

hurtful UK: /ˈhɜːt.fʰl/ US: /ˈhɝːt-/ *adj* ⇒hiriente: *a hurtful remark* - un comentario hiriente

hurtle UK: /ˈhɜː.tl̩/ US: /ˈhɝː.ˤt̬l̩/ [hurtled, hurtling] *v* [I] ⇒lanzarse ⇒precipitarse ■ CONSTR. Se usa generalmente seguido de las preposiciones y adverbios down, towards y through

† **husband** /ˈhʌz.bənd/ *n* [C] ⇒marido ⇒esposo

hush¹ /hʌʃ/ *excl Hush!* - ¡calla!

hush² /hʌʃ/ *n* [U, NO PL] ⇒silencio: *a deathly hush* - un silencio sepulcral

hush³ /hʌʃ/ *v* [I] ⇒hacer callar

| PHRASAL VERBS
└ · **to hush sth up** [M] *(un asunto)* ⇒acallar

husky¹ /ˈhʌs.ki/ *adj* [*comp* huskier, *superl* huskiest] **1** *(voz)* ⇒ronco,ca ⇒grave **2** *US (persona)* ⇒fuerte ⇒fornido ■ Se emplea únicamente con hombres

husky² /ˈhʌs.ki/ *[pl* huskies] *n* [C] *(perro)* ⇒husky siberiano

hustle¹ /ˈhʌs.l̩/ [hustled, hustling] ■ *v* [T] **1** ⇒empujar: *She hustled me out of the room* - Me empujó fuera de la habitación ■ CONSTR. Se usa generalmente seguido de la preposición out of ■ *v* [T, I] **2** *US (inform)* ⇒sacar dinero a alguien **3 to ~ sb (into sth)** ⇒meter prisa a alguien [con algo] ⇒empujar a alguien [a algo]

hustle² /ˈhʌs.l̩/ **~ and bustle** ⇒ajetreo: *the hustle and bustle of modern life* - el ajetreo de la vida moderna

† **hut** /hʌt/ *n* [C] **1** ⇒cabaña **2** ⇒choza ⇒jacal *AMÉR.*

hybrid /ˈhaɪ.brɪd/ *adj, n* [C] ⇒híbrido,da ■ PRON. La primera sílaba, *hy,* se pronuncia como *high*

hydrant /ˈhaɪ.drənt/ *n* [C] ⇒boca de incendios ⇒hidrante ■ Distinto de *moisturizing* (hidratante)

hydraulic UK: /haɪˈdrɒl.ɪk/ US: /-ˈdrɑː.lɪk/ *adj* ⇒hidráulico,ca: *a hydraulic jack* - un gato hidráulico

hydroelectric UK: /ˌhaɪ.drəʊ.ɪˈlek.trɪk/ US: /-droʊ-/ *adj* ⇒hidroeléctrico,ca: *a hydroelectric power station* - una central hidroeléctrica

hydrogen /ˈhaɪ.drɪ.dʒən/ *n* [U] ⇒hidrógeno

† **hygiene** /ˈhaɪ.dʒiːn/ *n* [U] ⇒higiene: *personal hygiene* - higiene personal ■ PRON. La primera sílaba, *hy,* se pronuncia como *high*

hymn /hɪm/ *n* [C] ⇒himno [religioso] ■ PRON. La *n* no se pronuncia

hype¹ /haɪp/ *n* [U] ⇒despliegue publicitario ⇒propaganda

hype² /haɪp/ [hyped, hyping] *(tb* hype up) *v* [T] ⇒anunciar [con mucha propaganda] ■ PRON. La primera sílaba, *hy,* se pronuncia como *high*

hyperactive UK: /ˌhaɪ.pəˈræk.tɪv/ US: /-pɚˈæk.ˤt̬ɪv/ *adj* ⇒hiperactivo,va: *What a hyperactive child!* - ¡Vaya niño más hiperactivo!

hyperlink UK: /ˈhaɪ.pə.lɪŋk/ US: /ˈhaɪ.pɚ.lɪŋk/ *n* [C] *(en internet)* ⇒hipervínculo

H

†**hyphen** /ˈhaɪ.fⁿn/ n [c] *(signo de puntuación)* ⇒guión
■ PRON. La primera sílaba, *hy*, se pronuncia como *high* ■
Ver cuadro signos de puntuación

hypnosis UK: /hɪpˈnəʊ.sɪs/ US: /-ˈnoʊ-/ n [U] ⇒hip-
nosis

hypnotic UK: /hɪpˈnɒt.ɪk/ US: /-ˈnɑː.ˤtɪk/ *adj* ⇒hip-
nótico,ca: *a hypnotic rhythm* - un ritmo hipnó-
tico

hypnotise [hypnotised, hypnotising] *UK v* [T]
See **hypnotize**

hypnotist UK: /ˈhɪp.nə.tɪst/ US: /-ˤtɪst/ n [c] ⇒hip-
notizador,-a

hypnotize /ˈhɪp.nə.taɪz/ [hypnotized, hypnotiz-
ing] (*UK tb* **hypnotise**) *v* [T] ⇒hipnotizar

hypochondriac UK: /ˌhaɪ.pəʊˈkɒn.dri.æk/ US:
/-poʊˈkɑːn-/ *adj, n* [c] ⇒hipocondríaco,ca

†**hypocrisy** UK: /hɪˈpɒk.rɪ.si/ US: /-ˈpɑː.krə-/ n [U]
⇒hipocresía

hypocrite /ˈhɪp.ə.krɪt/ n [c] **1** ⇒hipócrita: *Don't
be such a hypocrite* - ¡No seas tan hipócrita! **2**
⇒cínico,ca ■ PRON. Se acentúa la primera sílaba

hypothermia UK: /ˌhaɪ.pəʊˈθɜː.mi.ə/ US:/-poʊˈθɝ-/
n [U] *(en medicina)* ⇒hipotermia

hypothesis UK: /haɪˈpɒθ.ə.sɪs/ US: /-ˈpɑː.θə-/ [*pl*
hypotheses] n [c] ⇒hipótesis

hypothetical UK: /ˌhaɪ.pəˈθet.ɪ.kᵊl/ US: /-ˈθeˤt-/
adj ⇒hipotético,ca ■ PRON. La primera sílaba, *hy*, se
pronuncia como *high*

†**hysteria** UK: /hɪˈstɪə.ri.ə/ US:/-ˈstɪr.i-/ n [U] **1** ⇒his-
teria **2** *(en medicina)* ⇒histeria

hysterical /hɪˈster.ɪ.kᵊl/ *adj* **1** ⇒histérico,ca **2** *(in-
form)* ⇒tronchante col.: *The film was hysterical*
- La película fue tronchante

hysterics /hɪˈster.ɪks/ n [PL] ⇒ataque de histeria:
to go into hysterics - sufrir un ataque de his-
teria

H

i /aɪ/ [pl i's] n [c] **1** (letra del alfabeto) ⇒i **2** to dot the i's and cross the t's - poner los puntos sobre las íes

I /aɪ/ pron ⇒yo: I didn't say that; he did - Yo no he dicho eso; ha sido él ∎ Siempre se escribe con mayúscula. Las frases en inglés siempre llevan sujeto, menos los imperativos ∎ Ver cuadro personal pronouns

ice¹ /aɪs/ n [u] **1** ⇒hielo: ice cap - casquete de hielo ∎ Se dice some ice, a piece of ice o an ice cube. Incorrecto: an ice **2** to break the ~ (en una situación tensa) ⇒romper el hielo col.

ice² /aɪs/ [iced, icing] v [T] ⇒glasear: to ice a cake - glasear una tarta

iceberg UK: /ˈaɪs.bɜːg/ US: /-bɜːg/ n [c] ⇒iceberg

ice cap n [c] (en geología) ⇒casquete glaciar ⇒casquete de hielo

ice-cold UK: /ˌaɪsˈkəʊld/ US: /-ˈkoʊld/ adj ⇒gélido,da ⇒congelado,da

ice cream n [c, u] ⇒helado ⇒nieve AMÉR.

ice cube n [c] ⇒cubito de hielo

iced /aɪst/ adj ⇒helado,da ⇒con hielo ∎ PRON. La e no se pronuncia

ice hockey n [u] ⇒hockey sobre hielo

ice rink n [c] ⇒pista de patinaje de hielo

ice skate (tb skate) n [c] ⇒patín [de hielo]

icicle /ˈaɪ.sɪ.kl̩/ n [c] ⇒carámbano

icing /ˈaɪ.sɪŋ/ n [u] (en una tarta) ⇒glaseado

icon UK: /ˈaɪ.kɒn/ US: /-kɑːn/ n [c] **1** ⇒icono ⇒símbolo **2** ⇒icono [religioso] **3** (en informática) ⇒icono

ICT /aɪ.siːˈtiː/ n [u] ⇒forma abreviada de **information and communication technology** (tecnología de la información y de las comunicaciones)

icy /ˈaɪ.si/ adj [comp icier, superl iciest] **1** ⇒helado,da **2** ⇒cubierto,ta de hielo **3** ⇒frío,a ⇒glacial

I'd /aɪd/ **1** (I had) See **have 2** (I would) See **would**

ID /ˌaɪˈdiː/ n [u] **1** ⇒forma abreviada de **identification** (identificación) **2** ~ card ⇒carné de identidad: to renew your ID card - renovar el carné de identidad

idea /aɪˈdɪə/ n [c] **1** ⇒idea: I have an idea - Tengo una idea; What a great idea! - ¡Muy buena idea! **2** ⇒ocurrencia ∎ PRON. La i se pronuncia como el pronombre de primera persona I

ideal /aɪˈdɪəl/ adj, n [c, NO PL] ⇒ideal

idealism /aɪˈdɪə.lɪ.z²m/ n [u] ⇒idealismo

ideally /aɪˈdɪə.li/ adv **1** Ideally, we should always be happy - Lo ideal sería que fuésemos siempre felices **2** ⇒de una forma ideal

identical /aɪˈden.tɪ.k²l/ US: /-ˈt̬ə-/ adj ⇒idéntico,ca: You and your sister are identical - Eres idéntica a tu hermana

identification UK: /aɪˌden.tɪ.fɪˈkeɪ.ʃ²n/ US: /-ˈt̬ə-/ n [u] **1** ⇒identificación ⇒documentación ∎ La forma abreviada es ID **2** ~ **parade** ⇒rueda de reconocimiento

identify UK: /aɪˈden.tɪ.faɪ/ US: /-ˈt̬ə-/ [identifies, identified] v [T] ⇒identificar
| PHRASAL VERBS
└ **to identify with sth/sb** ⇒identificarse con

identity UK: /aɪˈden.tɪ.ti/ US: /-ˈt̬ə.t̬i/ [pl identities] n [c, u] **1** ⇒identidad: an identity crisis - una crisis de identidad **2** mistaken ~ ⇒identificación errónea

ideology UK: /ˌaɪ.diˈɒl.ə.dʒi/ US: /-ˈɑː.lə-/ [pl ideologies] n [c, u] ⇒ideología

idiom /ˈɪd.i.əm/ ∎ n [c] **1** ⇒modismo ⇒expresión idiomática ∎ n [c, u] **2** (form) ⇒estilo [de escribir] ⇒lenguaje ∎ Distinto de language (idioma)

idiot /ˈɪd.i.ət/ adj, n [c] (offens) ⇒idiota: Don't be an idiot - No seas idiota desp.

idle /ˈaɪ.dl̩/ adj **1** ⇒holgazán,-a ⇒vago,ga **2** ⇒parado,da ⇒desempleado,da **3** ⇒ocioso,sa ⇒frívolo,la **4** (una máquina) ⇒parado,da

idol /ˈaɪ.d²l/ n [c] ⇒ídolo: He's my idol - Es mi ídolo

idyllic /ɪˈdɪl.ɪk/ adj ⇒idílico,ca: an idyllic spot - un lugar idílico

i.e. /ˌaɪˈiː/ ⇒forma abreviada de **id est** (es decir)

if /ɪf/ conj **1** (condición) ⇒si **2** (elección) ⇒si **3** ~ in doubt ⇒en caso de duda **4** ~ I were you ⇒yo que tú ⇒si yo fuera tú **5** ~ only ⇒ojalá

iffy /ˈɪf.i/ *adj* **1** *(inform)* ⇒dudoso,sa ⇒incierto,ta **2** *(inform)* ⇒pocho,cha: *This yoghurt is a bit iffy* - Este yogur está un poco pocho

igloo /ˈɪg.luː/ *n* [c] ⇒iglú

ignite /ɪgˈnaɪt/ [ignited, igniting] ∎ *v* [T, I] **1** *(form)* ⇒incendiar ⇒prender fuego ∎ *v* [T] **2** *(form)* ⇒provocar ⇒encender

ignition /ɪgˈnɪʃ.ᵊn/ ∎ *n* [U] **1** *(form)* ⇒ignición ∎ *n* [c] **2** ⇒encendido [de un coche]

ignominious /ˌɪg.nəˈmɪn.i.əs/ *adj (form)* ⇒ignominioso,sa ⇒vergonzoso,sa

ignorance UK: /ˈɪg.nᵊr.ᵊnts/ US: /-nɚ-/ *n* [U] ⇒ignorancia ⇒desconocimiento

ignorant UK: /ˈɪg.nᵊr.ᵊnt/ US: /-nɚ-/ *adj* **1** ⇒ignorante **2** *to be ignorant of sth* - ignorar algo

↑**ignore** UK: /ɪgˈnɔːʳ/ US: /-ˈnɔːr/ [ignored, ignoring] *v* [T] **1** ⇒no hacer caso ⇒hacer caso omiso **2** *(una persona)* ⇒pasar de ⇒ignorar

↑**ill**¹ /ɪl/ *adj* **1** ⇒enfermo,ma: *She is seriously ill* - Está gravemente enferma ∎ CONSTR. Se usa detrás de un verbo ∎ Se dice *a sick person*. Incorrecto: *an ill person* **2** *(form)* ⇒malo,la: *an ill influence* - una mala influencia **3** *to be ~ at ease* ⇒estar incómodo,da ⇒estar a disgusto

ill² /ɪl/ *n* [c] *(form)* ⇒mal: *the ills of society* - los males de la sociedad ∎ Se usa más en plural

ill³ /ɪl/ *adv* ⇒mal: *ill-equipped* - mal equipado

I'll **1** *(I will)* See **will** **2** *(I shall)* See **shall**

↑**illegal** /ɪˈliː.gᵊl/ *adj* ⇒ilegal: *illegal substances* - sustancias ilegales

illegible /ɪˈledʒ.ə.bl̩/ *adj* ⇒ilegible: *Her handwriting is practically illegible* - Su letra es casi ilegible

illegitimate UK: /ˌɪl.ɪˈdʒɪt.ə.mət/ US: /-ˈdʒɪˤt̬-/ *adj* ⇒ilegítimo,ma

illicit /ɪˈlɪs.ɪt/ *adj* ⇒ilícito,ta

illiterate UK: /ɪˈlɪt.ᵊr.ət/ US: /-ˈlɪˤt̬.ɚ-/ *adj* **1** ⇒analfabeto,ta **2** ⇒ignorante: *I'm computer illiterate* - Soy un ignorante en informática

illness /ˈɪl.nəs/ [*pl* illnesses] *n* [c, U] ⇒enfermedad: *a long illness* - una enfermedad larga

illogical UK: /ɪˈlɒdʒ.ɪ.kᵊl/ US: /-ˈlɑː.dʒɪ-/ *adj* ⇒ilógico,ca

illuminate /ɪˈluː.mɪ.neɪt/ [illuminated, illuminating] *v* [T] **1** *(form)* ⇒iluminar: *The garden was illuminated by the moonlight* - La luz de la luna iluminaba el jardín **2** *(un asunto)* ⇒aclarar ⇒arrojar luz sobre

illuminating UK: /ɪˈluː.mɪ.neɪ.tɪŋ/ US: /-ˤt̬ɪŋ/ *adj* **1** *(form)* ⇒esclarecedor,-a **2** *(form)* ⇒instructivo,va

illusion /ɪˈluː.ʒᵊn/ *n* [c, U] **1** ⇒ilusión **2** *To be under the illusion that…* - Creer erróneamente que…

↑**illustrate** /ˈɪl.ə.streɪt/ [illustrated, illustrating] *v* [T] **1** *(un texto, un impreso)* ⇒ilustrar **2** *(un tema)* ⇒ilustrar ⇒ejemplificar ∎ CONSTR. to illustrate + interrogativa indirecta

illustration /ˌɪl.əˈstreɪ.ʃᵊn/ *n* [c, U] **1** ⇒ilustración **2** ⇒lámina [de un libro] **3** ⇒ejemplo: *See the illustration on page seven* - Véase el ejemplo en la página siete

illustrious /ɪˈlʌs.tri.əs/ *adj (form)* ⇒ilustre

↑**I'm** /aɪm/ *(I am)* See **be**

↑**image** /ˈɪm.ɪdʒ/ ∎ *n* [c, U] **1** ⇒imagen ∎ *n* [c] **2** ⇒retrato **3** ⇒imagen ⇒ilustración ∎ PRON. La a se pronuncia como la i en *did*

imagery UK: /ˈɪm.ɪ.dʒᵊr.i/ US: /-dʒɚ-/ *n* [U] *(recurso poético)* ⇒imágenes

imaginary UK: /ɪˈmædʒ.ɪ.nᵊr.i/ US: /-ə.ner-/ *adj* ⇒imaginario,ria

↑**imagination** /ɪˌmædʒ.ɪˈneɪ.ʃᵊn/ *n* [c, U] ⇒imaginación

imaginative UK: /ɪˈmædʒ.ɪ.nə.tɪv/ US: /-ˤt̬ɪv/ *adj* ⇒imaginativo,va

↑**imagine** /ɪˈmædʒ.ɪn/ [imagined, imagining] *v* [T] **1** ⇒imaginar ∎ CONSTR. 1. to imagine + (that) 2. to imagine + doing sth 3. to imagine + interrogativa indirecta **2** ⇒imaginar ⇒suponer ∎ CONSTR. to imagine + (that)

imbalance /ˌɪmˈbæl.ᵊnts/ *n* [c] *(en una situación)* ⇒desequilibrio ⇒desajuste

imitate /ˈɪm.ɪ.teɪt/ [imitated, imitating] *v* [T] ⇒imitar: *Stop imitating me!* - ¡Deja de imitarme!; ⇒copiar

imitation /ˌɪm.ɪˈteɪ.ʃᵊn/ *n* [c, U] ⇒imitación ⇒copia

immaculate /ɪˈmæk.jʊ.lət/ *adj* **1** ⇒inmaculado,da ⇒impoluto,ta **2** *(una apariencia o un comportamiento)* ⇒impecable ⇒intachable

immaterial UK: /ˌɪm.əˈtɪə.ri.əl/ US: /-ˈtɪr.i-/ *adj* ⇒irrelevante ⇒insignificante

immature UK: /ˌɪm.əˈtʃʊəʳ/ US: /-ˈtʊr/ *adj* ⇒inmaduro,ra

immeasurable UK: /ɪˈmeʒ.ᵊr.ə.bl̩/ US: /-ɚ-/ *adj* ⇒inconmesurable ⇒incalculable

↑**immediate** /ɪˈmiː.di.ət/ *adj* **1** ⇒inmediato,ta ⇒urgente **2** *(familia)* ⇒más cercano,na **3** *(un lugar)* ⇒cercano,na ⇒próximo,ma **4** *in the immediate vicinity of* - en las inmediaciones de

immediately /ɪˈmiː.di.ət.li/ *adv* **1** *(en el tiempo)* ⇒inmediatamente ⇒enseguida ⇒ahora mismo **2** ⇒directamente ⇒justamente ⇒al tiro *AMÉR.*

immense /ɪˈments/ *adj* ⇒inmenso,sa

immerse UK: /ɪˈmɜːs/ US: /-ˈmɝːs/ [immersed, immersing] *v* [T, I] ⇒sumergir(se) ⇒meterse de lleno

↑**immigrant** /ˈɪm.ɪ.grᵊnt/ *n* [c] ⇒inmigrante

immigration /ˌɪm.ɪˈgreɪ.ʃᵊn/ *n* [U] ⇒inmigración

↑**imminent** /ˈɪm.ɪ.nᵊnt/ *adj* ⇒inminente: *the imminent publication of his new book* - la inminente publicación de su nuevo libro

immobile UK: /ɪˈməʊ.baɪl/ US: /-ˈmoʊ.b[ə]l/ *adj* ⇒inmóvil

immoral UK: /ɪˈmɒr.əl/ US: /-ˈmɑːr-/ *adj* ⇨inmoral: *an immoral act* - una acción inmoral

immortal UK: /ɪˈmɔː.t̬əl/ US: /-ˈmɔːr.ᵗt̬[ə]l/ *adj, n* [c] **1** ⇨inmortal **2** *(una fama)* ⇨imperecedero,ra

† **immune** /ɪˈmjuːn/ *adj* **1** ⇨inmune ■ CONSTR. Se usa detrás de un verbo **2** ~ **system** *(en medicina)* ⇨sistema inmunológico

immunity UK: /ɪˈmjuː.nɪ.ti/ US: /-ə.ᵗt̬i/ *n* [U] **1** ⇨inmunidad: *diplomatic immunity* - inmunidad diplomática **2** ⇨exención [de impuestos]

immunize /ˈɪm.jʊ.naɪz/ [immunized, immunizing] *v* [T] ⇨inmunizar: *to immunize against measles* - inmunizar contra el sarampión

† **impact** /ˈɪm.pækt/ *n* [c, U] **1** ⇨impacto **2** *(de un objeto)* ⇨choque

impair UK: /ɪmˈpeəʳ/ US: /-ˈper/ *v* [T] *(form)* ⇨perjudicar ⇨afectar ■ CONSTR. Se usa más en pasiva

impart UK: /ɪmˈpɑːt/ US: /-ˈpɑːrt/ *v* [T] **1** *(form)* ⇨transmitir ⇨impartir **2** *(sabor, cualidad)* ⇨dar

impartial UK: /ɪmˈpɑː.ʃəl/ US: /-ˈpɑːr-/ *adj* ⇨imparcial

impasse UK: /æmˈpæs/ US: /ˈɪm.pæs/ *n* [U] ⇨punto muerto ⇨situación sin salida

impassioned /ɪmˈpæʃ.ənd/ *adj* ⇨apasionado,da: *an impassioned speech* - un discurso apasionado

impassive /ɪmˈpæs.ɪv/ *adj* ⇨impasible

impatience /ɪmˈpeɪ.ʃənts/ *n* [U] ⇨impaciencia ■ PRON. La segunda sílaba, *pa*, se pronuncia como *pay*

† **impatient** /ɪmˈpeɪ.ʃənt/ *adj* **1** ⇨impaciente **2** *I'm impatient to see it* - Tengo muchas ganas de verlo ■ CONSTR. impatient + to do sth ■ PRON. La segunda sílaba, *pa*, se pronuncia como *pay*

impatiently /ɪmˈpeɪ.ʃənt.li/ *adv* ⇨impacientemente ⇨con impaciencia ■ PRON. La segunda sílaba, *pa*, se pronuncia como *pay*

impeccable /ɪmˈpek.ə.bl/ *adj* **1** ⇨impecable **2** *Your timing is impeccable* - Has venido justo en el momento oportuno

impede /ɪmˈpiːd/ [impeded, impeding] *v* [T] *(form)* ⇨impedir ⇨entorpecer ⇨obstaculizar

impediment /ɪmˈped.ɪ.mənt/ *n* [c] **1** *(form)* ⇨impedimento **2** *(form)* ⇨defecto: *a speech impediment* - un defecto del habla

impel /ɪmˈpel/ [impelled, impelling] *v* [T] *(form)* ⇨estimular ⇨impeler ■ CONSTR. to impel + to do sth

impending /ɪmˈpen.dɪŋ/ *adj* ⇨inminente: *an impending event* - un acontecimiento inminente

impenetrable /ɪmˈpen.ɪ.trə.bl/ *adj* **1** ⇨impenetrable **2** ⇨incomprensible ⇨imposible de comprender

imperative¹ UK: /ɪmˈper.ə.tɪv/ US: /-ˈᵗt̬ɪv/ ■ *n* [NO PL] **1** *(en gramática)* ⇨imperativo ■ Ver cuadro ■ *n* [c] **2** ⇨imperativo ⇨mandato

imperative² UK: /ɪmˈper.ə.tɪv/ US: /-ˈᵗt̬ɪv/ *adj* **1** *(form)* ⇨imprescindible ⇨fundamental **2** ⇨imperioso,sa: *an imperative tone* - un tono imperioso

imperceptible UK: /ˌɪm.pəˈsep.tɪ.bl/ US: /-pəˈsep.tə-/ *adj* ⇨imperceptible: *an imperceptible difference* - una diferencia imperceptible

imperfect UK: /ɪmˈpɜː.fekt/ US: /-ˈpɜː-/ *adj* ⇨imperfecto,ta

† **imperial** UK: /ɪmˈpɪə.ri.əl/ US: /-ˈpɪr.i-/ *adj* ⇨imperial

imperialism UK: /ɪmˈpɪə.ri.ə.lɪ.zᵊm/ US: /-ˈpɪr.i-/ [U] ⇨imperialismo

impermeable UK: /ɪmˈpɜː.mi.ə.bl/ US: /-ˈpɜː-/ *adj* ⇨impermeable

impersonal UK: /ɪmˈpɜː.sᵊn.əl/ US: /-ˈpɜː-/ *adj* ⇨impersonal: *a very impersonal manner* - un trato muy impersonal

impersonate UK: /ɪmˈpɜː..sᵊn.eɪt/ US: /-ˈpɜː-/ [impersonated, impersonating] *v* [T] **1** ⇨imitar [a

imperative

- El imperativo tiene la misma forma que el infinitivo sin "to". Nunca va acompañado del sujeto:
 · *Come here.*
 (Ven aquí.)
 · *Look at this.*
 (Mira esto.)
 · *Go home.*
 (Vete a casa.)

- En la forma negativa, se usa "do not / don't":
 · *Don't cross without looking.*
 (No cruces sin mirar.)
 · *Don't eat a lot of sweets.*
 (No comas muchos caramelos.)

- Se usa el imperativo para dar instrucciones, consejos u órdenes:
 · *Come in!*
 (¡Entra!)
 · *Look both ways before crossing the road!*
 (Mira a ambos lados antes de cruzar la calle.)

- El imperativo también se usa para dar instrucciones sobre cómo llegar a un lugar:
 · *Go down the street and turn left at the end.*
 (Baje esta calle y gire a la izquierda al final.)

una persona] ⇒hacer imitaciones **2** ⇒hacerse pasar por: *He impersonated a police officer* - Se hizo pasar por un agente de policía

impertinent UK:/ɪmˈpɜː.tɪ.nənt/US:/-ˈpɜː.ˤt[ə]n.[ə]nt/ *adj (form)* ⇒impertinente: *Don't be impertinent* - No seas impertinente

impetus UK: /ˈɪm.pɪ.təs/ US: /-pə.ˤtəs/ *n* [U] ⇒ímpetu ⇒impulso

implant[1] UK: /ˈɪm.plɑːnt/ US: /-ˈplænt/ *n* [C] *(en medicina)* ⇒implante

implant[2] UK: /ɪmˈplɑːnt/ US: /-ˈplænt/ *v* [T] **1** *(en medicina)* ⇒implantar **2** *(una idea)* ⇒implantar(se) ⇒inculcar

implausible UK: /ɪmˈplɔː.zɪ.bl/ US: /-ˈplɑː.zə-/ *adj* ⇒inverosímil: *a rather implausible story* - una historia más bien inverosímil

implement[1] /ˈɪm.plɪ.ment/ *v* [T] **1** *(form)* ⇒ejecutar ⇒llevar a cabo **2** ⇒poner en práctica: *His proposal was implemented* - Pusieron en práctica su propuesta **3** *(en derecho)* ⇒aplicar

implement[2] /ˈɪm.plɪ.mənt/ *n* [C] ⇒utensilio ⇒herramienta

implicate /ˈɪm.plɪ.keɪt/ [implicated, implicating] *v* [T] *(en una situación delicada)* ⇒implicar ■ CONSTR. Se usa más en pasiva

implication /ˌɪm.plɪˈkeɪ.ʃ³n/ ■ *n* [U] **1** ⇒implicación [en un delito] ■ *n* [C, U] **2** ⇒consecuencia ⇒implicación ■ Se usa más en plural

implicit /ɪmˈplɪs.ɪt/ *adj* **1** ⇒implícito,ta **2** ⇒absoluto,ta: *implicit trust* - confianza absoluta

implore UK: /ɪmˈplɔː/ US: /-ˈplɔːr/ [implored, imploring] *v* [T] *(lit)* ⇒implorar ⇒suplicar ■ CONSTR. to implore sb + to do sth

† **imply** /ɪmˈplaɪ/ [implies, implied] *v* [T] **1** ⇒dar a entender ⇒insinuar ■ CONSTR. to imply + (that) **2** ⇒suponer ⇒conllevar ⇒implicar

impolite /ˌɪm.pəˈlaɪt/ *adj (form)* ⇒descortés ⇒grosero,ra

import[1] UK: /ɪmˈpɔːt/ US: /ˈɪm.pɔːrt/ *v* [T] ⇒importar: *to import data* - importar datos

import[2] UK: /ˈɪm.pɔːt/ US: /-pɔːrt/ ■ *n* [C] **1** ⇒producto importado ■ Se usa más en plural ■ *n* [U] **2** ⇒importación ⇒artículo de importación **3** ⇒importancia ⇒transcendencia **4** ⇒significado

importance UK: /ɪmˈpɔː.t³nts/ US: /-ˈpɔːr.ˤt[ə]nts/ *n* [U] ⇒importancia

† **important** UK: /ɪmˈpɔː.t³nt/ US: /-ˈpɔːr.ˤt[ə]nt/ *adj* ⇒importante: *The important thing is...* - Lo importante es...

importantly UK: /ɪmˈpɔː.t³nt.li/ US: /-ˈpɔːr.ˤt[ə]nt-/ *adv* **1** ⇒en tono rimbombante ⇒con aires de importancia **2** more ~ ⇒lo que es más importante

† **impose** UK: /ɪmˈpəʊz/ US: /-ˈpoʊz/ [imposed, imposing] *v* [T] **1** ⇒imponer: *to impose one's beliefs* - imponer sus creencias ■ CONSTR. to impose sth on sth **2** ⇒abusar de: *They imposed on their friends' hospitality* - Abusaron de la hospitalidad de sus amigos

imposing UK: /ɪmˈpəʊ.zɪŋ/ US: /-ˈpoʊ-/ *adj* ⇒imponente ⇒impresionante ⇒que impone

imposition /ˌɪm.pəˈzɪʃ.³n/ *n* [U] **1** ⇒imposición **2** ⇒abuso [de hospitalidad]

† **impossible** UK: /ɪmˈpɒs.ɪ.bl/ US: /-ˈpɑː.sə-/ *adj* **1** ⇒imposible **2** ⇒insufrible ⇒intolerable **3** *(una persona)*: *She's impossible!* - ¡Ella me supera!

impotent UK: /ˈɪm.pə.t³nt/ US: /-ˤt[ə]nt/ *adj* **1** ⇒impotente ⇒completamente frustrado,da **2** ⇒impotente [sexualmente]

impoverished UK: /ɪmˈpɒv.³r.ɪʃt/ US: /-ˈpɑː.vɚ-/ *adj* **1** *(form)* ⇒empobrecido,da **2** *(tierra)* ⇒agotado,da

impractical /ɪmˈpræk.tɪ.k³l/ *adj* **1** ⇒poco práctico,ca **2** *(una persona)* ⇒poco hábil **3** *an impractical plan* - un plan muy difícil de llevar a la práctica

† **impress** /ɪmˈpres/ [impresses] *v* [T, I] ⇒impresionar: *He impressed me with his singing* - Me impresionó con su canto

| PHRASAL VERBS

· **to impress** *sth* {**on/upon**} *sb* ⇒recalcar algo a
└ alguien

† **impression** /ɪmˈpreʃ.³n/ *n* [C, NO PL] **1** ⇒impresión: *What was your impression?* - ¿Cuál fue tu impresión? **2** ⇒huella ⇒marca **3** *(de una persona)* ⇒imitación **4** to be under the ~ (that) ⇒tener la impresión de que **5** to make a {good/bad} ~ on *sb* ⇒causar {buena/mala} impresión a alguien

impressionism *n* [U] *(en arte)* ⇒impresionismo

impressionist /ɪmˈpreʃ.³n.ɪst/ *adj (en arte)* ⇒impresionista

impressive /ɪmˈpres.ɪv/ *adj* ⇒impresionante ⇒imponente ⇒excelente

imprison /ɪmˈprɪz.³n/ *v* [T] ⇒encarcelar: *He was imprisoned for theft* - Lo encarcelaron por robo ■ CONSTR. 1. to imprison sb for sth 2. Se usa más en pasiva

improbable UK: /ɪmˈprɒb.ə.bl/ US: /-ˈprɑː.bə-/ *adj* ⇒improbable

impromptu UK: /ɪmˈprɒmp.tʃuː/ US: /-tuː/ *adj* ⇒improvisado,da: *an impromptu party* - una fiesta improvisada

improper UK: /ɪmˈprɒp.əʳ/ US:/-ˈprɑː.pɚ/ *adj* **1** *(form)* ⇒irregular ⇒indebido,da **2** *(form)* ⇒inadecuado,da ⇒inexacto,ta **3** *(form)* ⇒indecoroso,sa

† **improve** /ɪmˈpruːv/ [improved, improving] *v* [T, I] ⇒mejorar: *How can I improve my English?* - ¿Cómo puedo mejorar mi inglés?

| PHRASAL VERBS

└· **to improve** {**on/upon**} *sth* ⇒mejorar algo

improvement /ɪm'pruːvmənt/ *n* [C, U] ⇒mejora: *It's an improvement on the last one* - Supone una mejora sobre el anterior **2** ⇒mejoría **3** ⇒aumento **4** home improvements ⇒reformas en casa

improvisation UK: /ˌɪm.prə.vaɪ'zeɪ.ʃ°n/ US: /ɪmˌprɑː.vɪ'-/ *n* [C, U] ⇒improvisación

improvise /'ɪm.prə.vaɪz/ [improvised, improvising] *v* [T, I] ⇒improvisar: *Musicians sometimes improvise songs* - A veces, los músicos improvisan canciones

impulse /'ɪm.pʌls/ *n* [C] **1** ⇒impulso [eléctrico] **2** ⇒impulso ⇒arrebato

impulsive /ɪm'pʌl.sɪv/ *adj* ⇒impulsivo,va ⇒irreflexivo,va

†**in¹** /ɪn/ *prep* **1** *(lugar)* ⇒en **2** *(posición)* ⇒en **3** *(en una dirección)* ⇒en ■ Se usa cuando no se especifica el número de la calle. Comparar con *at* **4** *(tiempo)* ⇒en ⇒de **5** *(descripción)* ⇒en ⇒de **6** *(modo)* ⇒en **7** *(actividad o profesión)* ⇒en **8** *(prendas de vestir)* ⇒de ⇒en **9** *(plazo de tiempo)* ⇒dentro de ⇒en **10** ~ that *(form)* ⇒en tanto que ■ Ver cuadro on / in / at (preposiciones de tiempo)

†**in²** /ɪn/ *adv* **1** ⇒adentro: *Come in here with me* - Vente para adentro; *You can't go in* - No puedes entrar **2** ⇒en casa: *He isn't in* - No está en casa **3** ⇒en el trabajo **4** to be ~ for *sth (inform)* You're in for a surprise! - ¡Vaya sorpresa que te vas a llevar!

inability UK: /ˌɪn.ə'bɪl.ɪ.ti/ US: /-ˤt̬i/ *n* [U] ⇒incapacidad

inaccessible /ˌɪn.ək'ses.ɪ.bl̩/ *adj* **1** *(un lugar)* ⇒inaccesible ⇒inalcanzable **2** ⇒incomprensible

inaccurate UK: /ɪ'næk.ju.rət/ US: /-jə.ət/ *adj* ⇒inexacto,ta ⇒incorrecto,ta ⇒impreciso,sa

inaction /ɪn'æk.ʃ°n/ *n* [U] ⇒inactividad

inactivity UK: /ˌɪn.æk'tɪv.ɪ.ti/ US: /-ə.ˤt̬i/ *n* [U] ⇒inactividad

inadequate /ɪ'næd.ɪ.kwət/ *adj* **1** ⇒inadecuado,da ⇒insuficiente **2** ⇒inepto,ta: *to feel inadequate* - sentirse un inepto

inappropriate UK: /ˌɪn.ə'prəʊ.pri.ət/ US: /-'proʊ-/ *adj* ⇒inapropiado,da ⇒poco apropiado,da ⇒inoportuno,na

inaugural UK: /ɪ'nɔː.gju.rəl/ US: /-'nɑː.gjɚ-/ *adj* ⇒inaugural ⇒de apertura

inaugurate UK: /ɪ'nɔː.gju.reɪt/ US: /-'nɑː-/ [inaugurated, inaugurating] *v* [T] **1** *(form)* ⇒inaugurar **2** ⇒investir: *He was inaugurated President* - Lo invistieron presidente

Inc. /ɪŋk/ *US adj* ⇒forma abreviada de **incorporated company** (sociedad anónima)

incapable /ɪn'keɪ.pə.bl̩/ *adj* **1** ⇒incapaz: *He is incapable of hurting anyone* - Es incapaz de hacer daño a nadie **2** ⇒incompetente

incense /'ɪn.sen/s/ *n* [U] ⇒incienso

incensed /ɪn'sen/st/ *adj* ⇒enfurecido,da

†**incentive** UK: /ɪn'sen.tɪv/ US: /-ˤt̬ɪv/ *n* [C, U] ⇒aliciente ⇒incentivo

incessant /ɪn'ses.°nt/ *adj* ⇒incesante: *her incessant criticism* - sus críticas incesantes

incest /'ɪn.sest/ *n* [U] ⇒incesto

†**inch** /ɪntʃ/ *n* [*pl* inches] *n* [C] **1** *(unidad de longitud)* ⇒pulgada ■ La forma abreviada es *in*. **2** not to {budge/give} an ~ ⇒no ceder ni un ápice

incidence /'ɪnt.sɪ.d°nts/ *n* [C] *(en estadística)* ⇒incidencia

†**incident** /'ɪnt.sɪ.d°nt/ *n* [C] *(form)* ⇒incidente ⇒episodio

incidental UK: /ˌɪnt.sɪ'den.t°l/ US: /-ˤt̬[ə]l/ *adj* ⇒incidental ⇒secundario,ria ⇒fortuito,ta

incidentally UK: /ˌɪnt.sɪ'den.t°l.i/ US: /-ˤt̬[ə]l-/ *adv* ⇒por cierto ⇒a propósito

incisive /ɪn'saɪ.sɪv/ *adj* ⇒incisivo,va ⇒penetrante

incite /ɪn'saɪt/ [incited, inciting] *v* [T] ⇒provocar ⇒incitar [a hacer algo violento o negativo] ■ CONSTR. to incite sb + to do sth

inclination /ˌɪn.klɪ'neɪ.ʃ°n/ *n* [C] ⇒inclinación ⇒propensión ⇒tendencia

incline¹ /ɪn'klaɪn/ [inclined, inclining] *v* [T] *(form)* ⇒inclinar: *to incline one's head* - inclinar la cabeza

incline² /'ɪn.klaɪn/ *n* [C] *(form)* ⇒pendiente: *a steep incline* - una pendiente empinada

inclined /ɪn'klaɪnd/ *adj* **1** ⇒propenso,sa ⇒dispuesto,ta ⇒con ganas ■ CONSTR. 1. to be inclined + to do sth 2. Se usa detrás de un verbo **2** to be ~ to {agree/believe/think...} ⇒inclinarse a ■ PRON. La e no se pronuncia

†**include** /ɪn'kluːd/ [included, including] *v* [T] **1** ⇒incluir ⇒contener ■ CONSTR. to include + doing sth **2** ⇒incluir ⇒incorporar ⇒figurar ■ CONSTR. Se usa más en pasiva

including /ɪn'kluː.dɪŋ/ *prep* ⇒incluyendo ⇒incluido,da ■ La forma abreviada es *incl.*

inclusion /ɪn'kluː.ʒ°n/ *n* [C, U] ⇒inclusión: *his inclusion in the team* - su inclusión en el equipo

inclusive /ɪn'kluː.sɪv/ *adj* **1** *(un precio)* ⇒todo incluido ⇒incluido,da **2** ⇒inclusive: *From Monday to Thursday inclusive* - De lunes a jueves, ambos inclusive

incoherent UK: /ˌɪn.kəʊ'hɪə.rənt/ US: /-koʊ'hɪr.[ə]nt/ *adj* ⇒incoherente

†**income** /'ɪn.kʌm/ *n* [C, U] **1** ⇒ingresos **2** ⇒renta: *private income* - rentas

incoming /'ɪn.kʌm.ɪŋ/ *adj* ⇒entrante

incompetent UK: /ɪn'kɒm.pɪ.t°nt/ US: /-'kɑːm.pə.ˤt̬ənt/ *adj* ⇒incompetente

incomplete /ˌɪn.kəm'pliːt/ *adj* ⇒incompleto,ta ⇒inacabado,da

incomprehensible UK: /ˌɪnˌkɒm.prɪˈhenʔ.sɪ.bl̩/ US: /-kɑː.m-/ *adj* ⇝incomprensible

inconceivable /ˌɪn.kənˈsiː.və.bl̩/ *adj* ⇝inconcebible

inconclusive /ˌɪn.kəŋˈkluː.sɪv/ *adj* ⇝no concluyente: *an inconclusive result* - un resultado no concluyente

incongruous UK: /ɪnˈkɒŋ.gru.əs/ US: /-ˈkɑːŋ-/ *adj (form)* ⇝incongruente ⇝que destaca por ser o parecer distinto,ta

inconsiderate UK: /ˌɪn.kənˈsɪd.ᵊr.ət/ US: /-ɚ-/ *adj* **1** ⇝desconsiderado,da ⇝poco considerado,da **2** *That was very inconsiderate of you* - Fue un gran falta de consideración de tu parte

inconsistent /ˌɪn.kənˈsɪs.tᵊnt/ *adj* ⇝inconsecuente ⇝contradictorio,ria ⇝irregular

inconspicuous /ˌɪn.kənˈspɪk.ju.əs/ *adj* **1** ⇝discreto,ta ⇝que no llama la atención ⇝poco llamativo,va **2** *try and be inconspicuous* - intentar no llamar la atención

inconvenience¹ /ˌɪn.kənˈviː.ni.ᵊnts/ *n* [C, U] ⇝inconveniente ⇝molestia ⇝inconveniencia

inconvenience² /ˌɪn.kənˈviː.ni.ᵊnts/ [inconvenienced, inconveniencing] *v* [T] ⇝incomodar ⇝molestar

inconvenient /ˌɪn.kənˈviː.ni.ᵊnt/ *adj* ⇝inoportuno,na ⇝inconveniente

†**incorporate** UK: /ɪnˈkɔː.pᵊr.eɪt/ US: /-ˈkɔːr.pɚ-/ [incorporated, incorporating] *v* [T] ⇝incorporar ⇝agregar ⇝incluir

incorrect UK: /ˌɪn.kᵊrˈekt/ US: /-kəˈrekt/ *adj* ⇝incorrecto,ta: *That is an incorrect answer* - Esa respuesta es incorrecta

†**increase**¹ /ɪnˈkriːs/ [increased, increasing] *v* [T, I] ⇝aumentar ⇝incrementarse

†**increase**² /ˈɪn.kriːs/ *n* [C, U] ⇝aumento ⇝incremento

increasing *adj* ⇝creciente ⇝cada vez mayor

increasingly /ɪnˈkriː.sɪŋ.li/ *adv* ⇝cada vez más: *an increasingly global approach* - un enfoque cada vez más global

†**incredible** /ɪnˈkred.ɪ.bl̩/ *adj* **1** *(inform)* ⇝alucinante ⇝increíble **2** ⇝increíble ⇝inverosímil

incredibly /ɪnˈkred.ɪ.bli/ *adv* **1** *(inform)* ⇝increíblemente **2** ⇝por increíble que parezca

incurable UK: /ɪnˈkjuə.rə.bl̩/ US: /-ˈkjur.ə-/ *adj* ⇝incurable

indecisive /ˌɪn.dɪˈsaɪ.sɪv/ *adj* **1** *(una persona)* ⇝indeciso,sa **2** *(un resultado)* ⇝dudoso,sa ⇝no concluyente

†**indeed** /ɪnˈdiːd/ *adv* **1** *(form)* ⇝indudablemente **2** *(form)* ⇝realmente ⇝verdaderamente ■ Tiene valor enfático **3** *That is praise indeed* - Eso sí que es un elogio **4** ⇝así es ⇝en efecto **5** ⇝de hecho

indefensible /ˌɪn.dɪˈfen.sɪ.bl̩/ *adj* **1** ⇝indefendible ⇝inaceptable ⇝inexcusable **2** *(una teoría)* ⇝insostenible

indefinite /ɪnˈdef.ɪ.nət/ *adj* ⇝indefinido,da ⇝impreciso,sa

indefinitely /ɪnˈdef.ɪ.nət.li/ *adv* ⇝indefinidamente ⇝por un período indefinido

indelible /ɪnˈdel.ɪ.bl̩/ *adj* **1** *(una mancha)* ⇝imborrable ⇝indeleble **2** *(un recuerdo)* ⇝inolvidable ⇝indeleble

indemnity UK: /ɪnˈdem.nə.ti/ US: /-ˈt̬i/ [*pl* indemnities] *n* [C, U] **1** *(en seguros)* ⇝indemnización **2** ⇝indemnización [monetaria]

independence /ˌɪn.dɪˈpen.dᵊnts/ *n* [U] ⇝independencia: *to gain independence* - conseguir la independencia

Independence Day *n* [C] ⇝día de la independencia ■ En EE. UU. se celebra el 4 de julio

†**independent** /ˌɪn.dɪˈpen.dᵊnt/ *adj* **1** ⇝independiente ⇝autónomo,ma **2** *(un país)* ⇝independiente

in-depth /ˈɪn.depθ/ *adj* ⇝en profundidad ⇝a fondo

indescribable /ˌɪn.dɪˈskraɪ.bə.bl̩/ *adj* ⇝indescriptible: *an indescribable sensation* - una sensación indescriptible

†**index** /ˈɪn.deks/ [*pl* indices, indexes] *n* [C] ⇝índice ⇝fichero

India /ˈɪn.di.ə/ *n* [U] ⇝India

Indian /ˈɪn.di.ən/ *adj, n* [C] **1** *(tb American Indian)* *(de América del norte)* ⇝indio,dia ⇝amerindio,dia **2** *(de la India)* ⇝indio,dia ⇝hindú

Indian summer *n* [C] **1** ⇝veranillo [de San Miguel] **2** ⇝segunda juventud: *My grandmother is enjoying an Indian summer* - Mi abuela está viviendo una segunda juventud

†**indicate** /ˈɪn.dɪ.keɪt/ [indicated, indicating] ■ *v* [T] **1** ⇝indicar ⇝señalar **2** ⇝marcar ■ CONSTR. 1. to indicate + (that) 2. to indicate + interrogativa indirecta ■ *v* [T, I] **3** *UK (en un coche)* ⇝poner el intermitente ⇝señalizar

indication /ˌɪn.dɪˈkeɪ.ʃᵊn/ *n* [C, U] **1** ⇝indicación **2** ⇝indicio **3** ⇝señal

indicative¹ UK: /ɪnˈdɪk.ə.tɪv/ US: /-ˈt̬ɪv/ *adj* **1** ⇝revelador,-a ⇝indicativo,va **2** *(en gramática)* ⇝en tiempo indicativo

indicative² UK: /ɪnˈdɪk.ə.tɪv/ US: /-ˈt̬ɪv/ *n* [NO PL] *(en gramática)* ⇝indicativo

indicator UK: /ˈɪn.dɪ.keɪ.tə²/ US: /ˈɪn.dɪ.keɪ.t̬ɚ/ *n* [C] **1** *UK (en un coche)* ⇝intermitente **2** ⇝indicador **3** ⇝panel de información

indictment /ɪnˈdaɪt.mənt/ *n* [C] **1** ⇝acusación ⇝procesamiento **2** ⇝condena **3** ⇝crítica severa

indifference UK: /ɪnˈdɪf.ᵊr.ᵊnts/ UK: /-rənts/ US: /-ɚ-/ *n* [U] ⇝indiferencia

indifferent UK: /ɪnˈdɪf.ªr.ªnt/ UK: /-rənt/ US: /-ɚ-/ adj 1 ⇒indiferente 2 ⇒mediocre ⇒no muy bueno,na ⇒regular

indigenous /ɪnˈdɪdʒ.ɪ.nəs/ adj ⇒indígena ⇒autóctono,na

indigestion /ˌɪn.dɪ.dʒes.tʃªn/ n [U] ⇒indigestión

indignant /ɪnˈdɪg.nənt/ adj ⇒indignado,da: to be indignant about sth - estar indignado por algo ■ Distinto de *outrageous* (indignante)

indignation /ˌɪn.dɪgˈneɪ.ʃªn/ n [U] ⇒indignación

indignity UK: /ɪnˈdɪg.nɪ.ti/ US: /-nə.ˤţi/ [pl indignities] n [C, U] ⇒indignidad ⇒vileza ⇒humillación

indirect /ˌɪn.daɪˈrekt/ adj ⇒indirecto,ta: indirect taxation - impuestos indirectos; indirect object - complemento indirecto

indiscreet /ˌɪn.dɪˈskriːt/ adj ⇒indiscreto,ta: an indiscreet question - una pregunta indiscreta

indiscriminate /ˌɪn.dɪˈskrɪm.ɪ.nət/ adj ⇒indiscriminado,da

indispensable /ˌɪn.dɪˈspent.sə.bļ/ adj ⇒imprescindible ⇒indispensable

indisputable UK: /ˌɪn.dɪˈspjuː.tə.bļ/ US: /-ˤţə-/ adj ⇒indisputable ⇒indiscutible ⇒irrefutable

indistinct /ˌɪn.dɪˈstɪŋkt/ adj ⇒indistinto,ta ⇒poco claro,ra

individual¹ /ˌɪn.dɪˈvɪd.ju.əl/ n [C] 1 ⇒individuo 2 (inform) ⇒individuo desp.; ⇒tipo desp.

individual² /ˌɪn.dɪˈvɪd.ju.əl/ adj 1 ⇒individual: an individual portion - una ración individual 2 ⇒particular ⇒personal

individualism /ˌɪn.dɪˈvɪd.ju.ə.lɪ.zªm/ n [U] ⇒individualismo

individuality UK: /ˌɪn.dɪ.vɪd.juˈæl.ə.ti/ US: /-ˤţi/ n [U] ⇒individualidad: to lack individuality - carecer de individualidad

individually/ˌɪn.dɪˈvɪd.ju.ə.li/adv⇒individualmente ⇒por separado

Indonesia /ˌɪn.dəˈniː.ʒə/ n [U] ⇒Indonesia

† **indoor** UK: /ˈɪnˈdɔːʳ/ US: /-ˈdɔːr/ adj 1 ⇒de interior: indoor plants - plantas de interior 2 an indoor swimming pool - una piscina cubierta

indoors UK: /ˌɪnˈdɔːz/ US: /-ˈdɔːrz/ adv ⇒en casa ⇒dentro

induce UK: /ɪnˈdjuːs/ US: /-ˈduːs/ [induced, inducing] v [T] 1 (form) ⇒inducir ⇒convencer 2 (form) ⇒causar 3 (un parto) ⇒provocar ⇒inducir ■ CONSTR. to induce + to do sth

induction /ɪnˈdʌk.ʃªn/ n [U] 1 ⇒inducción 2 ⇒iniciación 3 ⇒ course ⇒cursillo preparatorio

indulge /ɪnˈdʌldʒ/ [indulged, indulging] ■ v [T, I] 1 ⇒dar rienda suelta ⇒darse el gusto col.; ⇒permitirse ■ CONSTR. to indulge in sth ■ v [T] 2 ⇒consentir ⇒mimar

indulgence /ɪnˈdʌl.dʒənts/ n [C, U] 1 ⇒indulgencia ⇒tolerancia 2 ⇒capricho ⇒lujo 3 ⇒satisfacción 4 (en religión) ⇒indulgencia

indulgent /ɪnˈdʌl.dʒənt/ adj ⇒indulgente

industrial /ɪnˈdʌs.tri.əl/ adj ⇒industrial: an industrial estate - un polígono industrial

industrialist /ɪnˈdʌs.tri.ə.lɪst/ n [C] ⇒industrial ⇒empresario,ria

industrialization /ɪnˌdʌs.tri.ə.laɪˈzeɪ.ʃªn/ (UK tb industrialisation) n [U] ⇒industrialización

industrious /ɪnˈdʌs.tri.əs/ adj (form) ⇒muy trabajador,-a ⇒diligente

† **industry** /ˈɪn.də.stri/ [pl industries] n [C, U] ⇒industria ⇒sector

inedible /ɪˈned.ɪ.bļ/ adj ⇒incomestible ⇒incomible

ineffective /ˌɪn.ɪˈfek.tɪv/ adj ⇒ineficaz ⇒ineficiente

inefficient /ˌɪn.ɪˈfɪʃ.ªnt/ adj 1 (una persona) ⇒ineficiente ⇒incompetente 2 (una cosa) ⇒ineficaz

ineligible /ɪˈnel.ɪ.dʒə.bļ/ adj 1 ⇒sin derecho: ineligible to vote - sin derecho a voto 2 ⇒que no reúne las condiciones necesarias: an ineligible candidate - un candidato que no reúne las condiciones necesarias

inept /ɪˈnept/ adj ⇒inepto,ta

inequality UK: /ˌɪn.ɪˈkwɒl.ə.ti/ US: /-ˈkwɑː.lə.ˤţi/ [pl inequalities] n [C, U] ⇒desigualdad

inert UK: /ɪˈnɜːt/ US: /-ˈnɜːt/ adj (form) ⇒inerte

inertia UK: /ɪˈnɜː.ʃə/ US: /-ˈnɜː-/ n [U] ⇒inercia

inescapable /ˌɪn.ɪˈskeɪ.pə.bļ/ adj ⇒ineludible

inexcusable /ˌɪn.ɪkˈskjuː.zə.bļ/ adj ⇒inexcusable ⇒imperdonable

inexhaustible UK: /ˌɪn.ɪgˈzɔː.stɪ.bļ/ US: /-ˈzɑː-/ adj ⇒inagotable: an inexhaustible source of money - una fuente inagotable de dinero

inexpensive /ˌɪn.ɪkˈspent.sɪv/ adj ⇒económico,ca ⇒barato,ta

inexperience UK: /ˌɪn.ɪkˈspɪə.ri.ənts/ US: /-ˈspɪr.i-/ n [U] ⇒inexperiencia ⇒falta de experiencia

inexperienced UK: /ˌɪn.ɪkˈspɪə.ri.ənst/ US: /-ˈspɪr.i-/ adj ⇒inexperto,ta: to be inexperienced in sth - ser inexperto en algo ■ PRON. La última *e* no se pronuncia

inexplicable /ˌɪn.ɪkˈsplɪk.ə.bļ/ adj ⇒inexplicable

infallible /ɪnˈfæl.ɪ.bļ/ adj ⇒infalible

infamous /ˈɪn.fə.məs/ adj ⇒infame

infancy /ˈɪn.fənt.si/ n [U] 1 ⇒primera infancia 2 ⇒inicios: the infancy of a company - los inicios de una empresa 3 to be in its ~ ⇒estar en pañales col.: This project is still in its infancy - Este proyecto está todavía en pañales

† **infant** /ˈɪn.fənt/ n [C] ⇒niño,ña [pequeño]

infantile UK: /ˈɪn.fən.taɪl/ US: /-t[ə]l/ adj ⇒infantil

infantry /'ɪn.fən.tri/ *n* [U] ⇒infantería ■ Por ser un nombre colectivo se puede usar con el verbo en singular o en plural

infatuated UK: /ɪn'fæt.ju.eɪ.tɪd/ US: /-ˤt̬ɪd/ *adj* ⇒prendado,da ⇒chiflado,da *col.;* ⇒encaprichado,da

infect /ɪn'fekt/ *v* [T] ⇒infectar ⇒contagiar ■ CONSTR. 1. to infect with sth 2. Se usa más en pasiva

† **infection** /ɪn'fek.ʃᵊn/ *n* [C, U] ⇒infección

infectious /ɪn'fek.ʃəs/ *adj* **1** *(una enfermedad)* ⇒infeccioso,sa ⇒contagioso,sa **2** *(un sentimiento o una emoción)* ⇒contagioso,sa

infer UK: /ɪn'fɜːʳ/ US: /-'fɝː/ [inferred, inferring] *v* [T] **1** *(form)* ⇒inferir ⇒deducir **2** ⇒dar a entender ⇒insinuar ■ CONSTR. to infer + (that)

inference UK: /'ɪn.fᵊr.ᵊnts/ US: /-fɚ-/ ■ *n* [C, U] **1** *(form)* ⇒inferencia ⇒deducción ■ *n* [U] **2** *(form)* ⇒conclusión

inferior UK: /ɪn'fɪə.ri.əʳ/ US: /-'fɪr.i.ɚ/ *adj* ⇒inferior: *You shouldn't feel inferior to them* - No debes sentirte inferior a ellos

infertile UK: /ɪn'fɜː.taɪl/ US: /-'fɝː.ᵊt̬[ə]l/ *adj* **1** *(un terreno)* ⇒infértil **2** *(una persona)* ⇒estéril

infest /ɪn'fest/ *v* [T] ⇒infestar: *The locusts infested the crops* - Las langostas infestaron los cultivos ■ CONSTR. Se usa más en pasiva

infidelity UK: /ˌɪn.fɪ'del.ə.ti/ US: /-fə'del.ə.ᵊt̬i/ [*pl* infidelities] *n* [C, U] ⇒infidelidad

infiltrate /'ɪn.fɪl.treɪt/ [infiltrated, infiltrating] *v* [T, I] ⇒infiltrar(se)

infinite /'ɪn.fɪ.nət/ *adj* ⇒infinito,ta

infinitely /'ɪn.fɪ.nət.li/ *adv* ⇒infinitamente: *That's infinitely better* - Eso es infinitamente mejor

† **infinitive** /ɪn'fɪn.ɪ.tɪv/ US: /-ə.ᵊt̬ɪv/ *n* [C] *(en gramática)* ⇒infinitivo

infinity /ɪn'fɪn.ɪ.ti/ US: /-ə.ᵊt̬i/ *n* [U] **1** ⇒infinito **2** ⇒infinidad

infirm UK: /ɪn'fɜːm/ US: /-'fɝːm/ *adj* **1** *(form)* ⇒enfermizo,za ⇒achacoso,sa **2** *(form)* ⇒débil

infirmary UK: /ɪn'fɜː.mə.ri/ US: /-'fɝ.mɚ-/ [*pl* infirmaries] *n* [C] **1** *UK (form)* ⇒hospital **2** *US* ⇒enfermería

infirmity UK: /ɪn'fɜː.mə.ti/ US: /-'fɝ.mə.ᵊt̬i/ [*pl* infirmities] *n* [C, U] **1** *(form)* ⇒enfermedad ⇒achaque **2** *(form)* ⇒debilidad

inflamed /ɪn'fleɪmd/ *adj* **1** *(una parte del cuerpo)* ⇒inflamado,da **2** *(un sentimiento o una pasión)* ⇒inflamado,da ⇒encendido,da

inflammable /ɪn'flæm.ə.bl̩/ *(tb* flammable) *adj* ⇒inflamable

inflammation /ˌɪn.flə'meɪ.ʃᵊn/ *n* [C, U] ⇒inflamación

inflatable UK: /ɪn'fleɪ.tə.bl̩/ US: /-ˤt̬ə-/ *adj* ⇒hinchable

inflate /ɪn'fleɪt/ [inflated, inflating] *v* [T, I] ⇒hinchar(se) ⇒inflar(se)

† **inflation** /ɪn'fleɪ.ʃᵊn/ *n* [U] ⇒inflación: *the rise in inflation* - la subida de la inflación

inflexible /ɪn'flek.sɪ.bl̩/ *adj* **1** ⇒inflexible ⇒intransigente **2** *(un material)* ⇒inflexible ⇒rígido,da

inflict /ɪn'flɪkt/ *v* [T] **1** ⇒ocasionar ⇒afectar **2** ⇒infligir ⇒imponer ■ CONSTR. to inflict sth/sb on sth/sb

† **influence¹** /'ɪn.flu.ənts/ *n* [U] **1** ⇒influencia **2 to be a {good/bad} ~ on** *sb* ⇒ejercer una influencia {buena/mala} sobre alguien ■ Distinto de *influenza* (gripe)

influence² /'ɪn.flu.ənts/ [influenced, influencing] *v* [T] ⇒influir ⇒influenciar ■ CONSTR. Se usa más en pasiva

influential /ˌɪn.flu'en.tʃᵊl/ *adj* ⇒influyente

influenza /ˌɪn.flu'en.zə/ *n* [U] *(form)* ⇒gripe ⇒gripa *AMÉR.* ■ Se usa más la forma abreviada *flu* ■ Distinto de *influence* (influencia)

influx /'ɪn.flʌks/ [*pl* influxes] *n* [C] ⇒flujo [de personas, de objetos] ⇒entrada [de personas, de objetos] ■ Se usa más en singular

† **inform** UK: /ɪn'fɔːm/ US: /-'fɔːrm/ *v* [T] **1** ⇒poner al corriente ⇒informar ⇒anoticiar *AMÉR.* ■ CONSTR. to inform + (that) **2** ⇒informar ⇒avisar ■ CONSTR. 1. Se usa más en pasiva 2. Se usa generalmente seguido de las preposiciones about y of

PHRASAL VERBS
· **to inform {against/on}** *sb* ⇒delatar a alguien: *He was afraid to inform on the thieves* - Tenía miedo de delatar a los ladrones

† **informal** UK: /ɪn'fɔː.məl/ US: /-'fɔːr-/ *adj* **1** ⇒informal ⇒sin etiqueta **2** ⇒coloquial: *informal language* - lenguaje coloquial

informant UK: /ɪn'fɔː.mənt/ US: /-'fɔːr-/ *n* [C] **1** ⇒confidente ⇒espía **2** ⇒informante

information UK: /ˌɪn.fə'meɪ.ʃᵊn/ US: /-fɚ-/ *n* [U] ⇒información: *I'm looking for some information on train times* - Estoy buscando información sobre el horario de los trenes ■ Se dice *some information* o *a piece of information*. Incorrecto: *an information* ■ La forma abreviada es *info*

information technology *n* [U] ⇒informática ⇒tecnología de la información ■ La forma abreviada es *IT*

informative UK: /ɪn'fɔː.mə.tɪv/ US: /-'fɔːr.mə.ᵊt̬ɪv/ *adj* ⇒informativo,va

informed UK: /ɪn'fɔːmd/ US: /-'fɔːrmd/ *adj* **1** ⇒informado,da: *Keep me informed* - Mantenme informado **2** ⇒fundamentado,da: *an informed analysis* - un análisis fundamentado

informer UK: /ɪn'fɔː.məʳ/ US: /-'fɔːr.mɚ/ *n* [C] ⇒confidente

† **infrastructure** UK: /'ɪn.frəˌstrʌk.tʃəʳ/ US: /-tʃɚ/ *n* [C] ⇒infraestructura

infrequent /ɪnˈfriː.kwənt/ *adj* ⇒infrecuente

infuriate UK: /ɪnˈfjʊə.ri.eɪt/ US: /-ˈfjʊr.i-/ [infuriated, infuriating] *v* [T] ⇒enfurecer: *He infuriated his talking to him in that tone* - Le enfureció cuando le habló en ese tono

ingenious /ɪnˈdʒiː.ni.əs/ *adj* ⇒ingenioso,sa

ingenuity UK: /ˌɪn.dʒəˈnjuː.ɪ.ti/ US: /-əˈt̬i/ *n* [U] ⇒ingenio ⇒inventiva

ingrained /ɪnˈɡreɪnd/ *adj* **1** ⇒arraigado,da: *an ingrained belief* - una creencia arraigada **2** *(la suciedad)* ⇒incrustado,da

† **ingredient** /ɪnˈɡriː.di.ənt/ *n* [C] ⇒ingrediente: *What ingredients do you need?* - ¿Qué ingredientes necesitas?

† **inhabit** /ɪnˈhæb.ɪt/ *v* [T] *(form)* ⇒habitar: *Dinosaurs inhabited the Earth* - Los dinosaurios habitaron la Tierra ■ CONSTR. Se usa más en pasiva

inhabitant /ɪnˈhæb.ɪ.tᵊnt/ *n* [C] ⇒habitante

inhale /ɪnˈheɪl/ [inhaled, inhaling] *v* [T, I] ⇒inhalar ⇒aspirar

inherent UK: /ɪnˈher.ᵊnt/ UK: /-ˈhɪə.rənt/ US: /-ˈhɪr.[ə]nt/ *adj* ⇒inherente: *to be inherent in sth* - ser inherente a algo

† **inherit** /ɪnˈher.ɪt/ *v* [T, I] ⇒heredar: *I inherited my grandfather's gold watch* - Heredé el reloj de oro de mi abuelo

inheritance /ɪnˈher.ɪ.tᵊnts/ *n* [C, U] **1** ⇒herencia **2** ⇒patrimonio: *cultural inheritance* - patrimonio cultural

inhibit /ɪnˈhɪb.ɪt/ *v* [T] **1** ⇒inhibir ⇒frenar **2** ⇒impedir

inhibited UK: /ɪnˈhɪb.ɪ.tɪd/ US: /-ˈt̬ɪd/ *adj* ⇒inhibido,da ⇒cohibido,da

inhibition /ˌɪn.hɪˈbɪʃ.ᵊn/ *n* [C, U] **1** ⇒inhibición **2** ⇒reparo ⇒apuro ⇒vergüenza

inhospitable /ˌɪn.hɒsˈpɪt.ə.bl̩, ˌɪn.hɑːˈspɪˈt̬-/ *adj* **1** *(un lugar)* ⇒inhóspito,ta **2** *(una persona)* ⇒inhospitalario,ria

inhuman /ɪnˈhjuː.mən/ *adj* ⇒inhumano,na ⇒atroz ⇒despiadado,da

initial[1] /ɪˈnɪʃ.ᵊl/ *adj* ⇒inicial ⇒primero,ra

initial[2] /ɪˈnɪʃ.ᵊl/ *n* [C] **1** ⇒inicial: *His initials are BCM* - Sus iniciales son BCM **2** ⇒sigla ■ Se usa más en plural

initially /ɪˈnɪʃ.ᵊl.i/ *adv* ⇒en un principio ⇒inicialmente

† **initiate** /ɪˈnɪʃ.i.eɪt/ [initiated, initiating] *v* [T] **1** *(form)* ⇒iniciar ⇒emprender ■ CONSTR. Se usa más en pasiva **2** ⇒iniciar: *He was initiated into reading by his mother* - Su madre lo inició en la lectura ■ CONSTR. 1. *to initiate sb into sth* 2. Se usa más en pasiva

† **initiative** UK: /ɪˈnɪʃ.ə.tɪv/ US: /-ˈt̬ɪv/ *n* [C] ⇒iniciativa: *to use one's initiative* - obrar por iniciativa propia

† **inject** /ɪnˈdʒekt/ *v* [T] ⇒poner una inyección ⇒inyectar ■ CONSTR. *to inject sb with sth*

injection /ɪnˈdʒek.ʃᵊn/ *n* [C, U] ⇒inyección

† **injure** UK: /ˈɪn.dʒəʳ/ US: /-dʒɚ/ [injured, injuring] *v* [T] **1** ⇒hacer daño ⇒herir ⇒lesionar(se) **2** ⇒herir ⇒dañar

injured UK: /ˈɪn.dʒəd/ US: /-dʒɚd/ *adj* ⇒herido,da ⇒lesionado,da

injury UK: /ˈɪn.dʒᵊr.i/ US: /-dʒɚ-/ [pl injuries] *n* [C, U] ⇒herida [por accidente] ⇒lesión ■ Comparar con *wound* (herida de arma)

injustice /ɪnˈdʒʌs.tɪs/ *n* [C, U] ⇒injusticia

† **ink** /ɪŋk/ *n* [C, U] ⇒tinta

inkling /ˈɪŋ.klɪŋ/ *n* [C, U] ⇒ligera idea ⇒presentimiento

inland /ˈɪn.lənd, -lænd, ˌ-ˈ-/ *adj, adv* **1** ⇒del interior ⇒interior **2** ⇒en el interior ⇒hacia el interior

in-laws UK: /ˈɪn.lɔːz/ US: /-lɑːz/ *n* [PL] *(inform)* ⇒familia política

inlet /ˈɪn.let/ *n* [C] **1** ⇒ensenada **2** ⇒brazo de mar **3** *(en una máquina)* ⇒entrada [de un líquido o una sustancia gaseosa]

inmate /ˈɪn.meɪt/ *n* [C] **1** ⇒recluso,sa **2** ⇒enfermo,ma [de un hospital psiquiátrico]

inn /ɪn/ *n* [C] **1** ⇒posada ⇒hostal **2** ⇒taberna ⇒mesón

innate /ɪˈneɪt/ *adj* ⇒innato,ta: *an innate talent* - un talento innato

† **inner** UK: /ˈɪn.əʳ/ US: /-ə/ *adj* ⇒interior ⇒interno,na

inner city [pl inner cities] *n* [C] ⇒zona superpoblada y pobre en torno al centro de una ciudad

innermost UK: /ˈɪn.ə.məʊst/ US: /-ɚ.moʊst/ *adj* **1** *(form)* ⇒más íntimo,ma: *He'll never reveal his innermost secrets* - Nunca revelará sus secretos más íntimos **2** *(un lugar)* ⇒más recóndito,ta

innocence /ˈɪn.ə.sᵊnts/ *n* [U] ⇒inocencia

† **innocent** /ˈɪn.ə.sᵊnt/ *adj* ⇒inocente: *to be found innocent of sth* - ser declarado inocente de algo

innocuous UK: /ɪˈnɒk.ju.əs/ US: /-ˈnɑː.kju-/ *adj* **1** *(una sustancia)* ⇒inocuo,cua **2** ⇒inofensivo,va

innovation /ˌɪn.əʊˈveɪ.ʃᵊn/ ■ *n* [C, U] **1** ⇒innovación ⇒novedad ■ *n* [U] **2** *(proceso)* ⇒innovación

innovative UK: /ˈɪn.ə.və.tɪv/ US: /-veɪ.t̬ɪv/ *adj* ⇒innovador,-a

innuendo UK: /ˌɪn.juˈen.dəʊ/ US: /-doʊ/ [pl innuendoes, innuendos] *n* [C, U] ⇒indirecta ⇒insinuación

innumerable UK: /ɪˈnjuː.mər.ə.bl̩/ US: /ɪˈnuː.mɚ-/ *adj* ⇒innumerable

input /ˈɪn.pʊt/ ■ *n* [C, U] **1** ⇒contribución ⇒aportación ■ *n* [U] **2** *(en informática)* ⇒entrada

inquest /ˈɪŋ.kwest/ *n* [C] **1** ⇒investigación judicial **2** ⇒investigación post mortem

†**inquire** UK: /ɪn'kwaɪə'/ US: /-'kwaɪr/ [inquired, inquiring] (*UK tb* enquire) *v* [T, I] *(form)* ⇨preguntar ⇨informarse ⇨pedir información ■ CONSTR. 1. to inquire about sth 2. to inquire + interrogativa indirecta

inquiring UK: /ɪn'kwaɪə.rɪŋ/ US: /-'kwaɪr.ɪŋ/ (*UK tb* enquiring) *adj* ⇨curioso,sa ⇨inquieto,ta

†**inquiry** UK: /ɪn'kwaɪə.ri/ US: /-'ɪŋ.kwə.i/ [pl inquiries] (*UK tb* enquiry) *n* [C, U] 1 *(form)* ⇨pregunta ⇨petición de información 2 ⇨investigación

inquisitive UK: /ɪn'kwɪz.ɪ.tɪv/ US: /-ˤtɪv/ *adj* 1 ⇨curioso,sa ⇨preguntón,-a 2 ⇨inquisitivo,va: *an inquisitive gaze* - una mirada inquisitiva

insane /ɪn'seɪn/ *adj* 1 ⇨loco,ca: *You're insane* - Estás loco 2 *an insane idea* - una locura ■ Distinto de *unhealthy* (insano)

insanity UK: /ɪn'sæn.ə.ti/ US: /-ˤti/ *n* [U] ⇨demencia ⇨locura

insatiable /ɪn'seɪ.ʃə.bl/ *adj* ⇨insaciable

inscribe /ɪn'skraɪb/ [inscribed, inscribing] *v* [T] *(form)* ⇨inscribir ⇨grabar ■ CONSTR. Se usa más en pasiva

inscription /ɪn'skrɪp.ʃ°n/ *n* [C] ⇨inscripción: *an inscription on a tombstone* - una inscripción en una lápida

†**insect** /'ɪn.sekt/ *n* [C] ⇨insecto

insecticide /ɪn'sek.tɪ.saɪd/ *n* [C, U] ⇨insecticida

insecure UK: /ˌɪn.sɪ'kjʊə'/ US: /-'kjʊr/ *adj* ⇨inseguro,ra: *to feel insecure* - sentirse inseguro

insecurity UK: /ˌɪn.sɪ'kjʊə.rɪ.ti/ US: /-'kjʊr.ə.ˤti/ *n* [U] ⇨inseguridad

insensitive UK: /ɪn'sent.sɪ.tɪv/ US: /-sə.ˤtɪv/ *adj* 1 ⇨insensible 2 ⇨que no tiene tacto ⇨que no tiene consideración

inseparable /ɪn'sep.rə.bl/ *adj* ⇨inseparable

insert UK: /ɪn'sɜːt/ US: /-'sɜːt/ *v* [T] ⇨introducir ⇨insertar ⇨meter

†**inside**[1] /ɪn'saɪd/ *n* [C] 1 ⇨interior ⇨parte de dentro 2 ~ out ⇨del revés: *You're wearing your jumper inside out* - Llevas el jersey del revés

inside[2] /ɪn'saɪd/ *adj* ⇨interior: *an inside wall* - una pared interior

†**inside**[3] /ˌɪn'saɪd/, /'ɪn.saɪd, ˌ-'-/, /ɪn'saɪd/ *adv* ⇨dentro ⇨adentro

†**insight** /'ɪn.saɪt/ ■ *n* [C, U] 1 ⇨idea ⇨conocimiento ⇨percepción nueva ■ *n* [U] 2 ⇨perspicacia ⇨visión 3 to get insights into *sth* ⇨conseguir comprender algunos aspectos de algo

insignificant /ˌɪn.sɪg'nɪf.ɪ.k°nt/ *adj* ⇨insignificante ⇨sin importancia

insincere UK: /ˌɪn.sɪn'sɪə'/ US: /-'sɪr/ *adj* ⇨insincero,ra ⇨falso,sa

insinuate /ɪn'sɪn.ju.eɪt/ [insinuated, insinuating] *v* [T] ⇨insinuar: *He insinuated that he wanted the book* - Insinuó que quería el libro ■ CONSTR. to insinuate + (that)

†**insist** /ɪn'sɪst/ *v* [T, I] 1 ⇨insistir ⇨empeñarse 2 ⇨exigir 3 ⇨hacer hincapié ■ CONSTR. 1. to insist + (that) 2. to insist on/upon + sth/doing sth

insistence /ɪn'sɪs.t°nts/ *n* [U] ⇨insistencia ⇨empeño

insistent /ɪn'sɪs.t°nt/ *adj* ⇨insistente

insolent /'ɪnt.s°l.ənt/ *adj* *(form)* ⇨insolente: *an insolent manner* - una actitud insolente

insomnia UK: /ɪn'sɒm.ni.ə/ US: /-'sɑːm-/ *n* [U] ⇨insomnio: *to suffer from insomnia* - padecer insomnio

†**inspect** /ɪn'spekt/ *v* [T] ⇨inspeccionar ⇨registrar ⇨revisar

inspection /ɪn'spek.ʃ°n/ *n* [C, U] ⇨inspección ⇨revisión

inspector /ɪn'spek.tə'/ *n* [C] 1 ⇨inspector,-a 2 ⇨revisor,-a: *the bus inspector* - el revisor del autobús 3 ⇨inspector,-a [de policía]

inspiration /ˌɪn.spɪ'reɪ.ʃ°n/ ■ *n* [C, U] 1 ⇨inspiración ⇨musa ■ *n* [C] 2 ⇨inspiración ⇨idea genial

†**inspire** UK: /ɪn'spaɪə'/ US: /-'spaɪr/ [inspired, inspiring] *v* [T] 1 ⇨inspirar ⇨mover [a hacer algo] ■ CONSTR. 1. to inspire + to do sth 2. Se usa más en pasiva 2 *(un sentimiento)* ⇨infundir ■ CONSTR. 1. to inspire sb with sth 2. to inspire sth in sb

instability UK: /ˌɪn.stə'bɪl.ɪ.ti/ US: /-ə.ˤti/ *n* [U] ⇨inestabilidad

†**install** UK: /ɪn'stɔːl/ US: /-'stɑːl/ *v* [T] ⇨instalar

instalment UK: /ɪn'stɔːl.mənt/ US: /-'stɑːl-/ *UK n* [C] 1 ⇨plazo: *to pay in instalments* - pagar a plazos 2 ⇨fascículo ⇨entrega 3 ⇨episodio [de una serie de televisión]

†**instance** /'ɪn.stənts/ *n* [C] ⇨caso ⇨ejemplo

†**instant**[1] /'ɪn.stənt/ *n* [NO PL] ⇨instante: *in an instant* - en un instante

instant[2] /'ɪn.stənt/ *adj* 1 ⇨inmediato,ta ⇨inminente 2 ⇨instantáneo,a: *instant coffee* - café instantáneo

instantaneous /ˌɪn.stən'teɪ.ni.əs/ *adj* ⇨instantáneo,a: *Her reply was instantaneous* - Su respuesta fue instantánea

instantly /'ɪn.stənt.li/ *adv* ⇨instantáneamente ⇨en el acto ⇨inmediatamente ⇨al tiro *AMÉR.*

instant messaging *n* [U] *(en internet)* ⇨mensajería instantánea

†**instead** /ɪn'sted/ *adv* ⇨en su lugar

instigate /'ɪn.stɪ.geɪt/ [instigated, instigating] *v* [T] *(form)* ⇨instigar: *to instigate a rebellion* - instigar una rebelión

instinct /'ɪn.stɪŋkt/ *n* [C, U] ⇨instinto: *the survival instinct* - el instinto de supervivencia

instinctive /ɪn'stɪŋk.tɪv/ *adj* ⇨instintivo,va: *an instinctive reaction* - una reacción instintiva

institute[1] UK: /'ɪnt.stɪ.tjuːt/ US: /-tuːt/ *n* [C] 1 *(centro de investigación)* ⇨instituto 2 *(organización*

institute

profesional) ⇒colegio ⇒asociación **3** *(de idiomas)* ⇒instituto

institute² UK: /ˈɪnf.stɪ.tjuːt/ US: /-tuːt/ [instituted, instituting] v [T] *(form) (una ley, un sistema o un plan)* ⇒fundar ⇒instituir ⇒constituir

† **institution** UK: /ˌɪnf.stɪˈtjuː.ʃᵊn/ US: /-ˈtuː-/ n [C] **1** ⇒organización ⇒fundación ⇒institución **2** ⇒asilo ⇒hospital **3** *(costumbre)* ⇒institución

† **instruct** /ɪnˈstrʌkt/ v [T] **1** ⇒enseñar ■ CONSTR. to instruct in sth **2** ⇒mandar ⇒ordenar ■ CONSTR. to instruct + to do sth

instruction /ɪnˈstrʌk.ʃᵊn/ ■ n [U] **1** ⇒enseñanza ⇒formación ⇒instrucción ■ n [C] **2** ⇒órdenes ⇒instrucción ■ Se usa más en plural

instructions /ɪnˈstrʌk.ʃᵊnz/ n [PL] ⇒instrucciones

instructive /ɪnˈstrʌk.tɪv/ adj ⇒instructivo,va

instructor UK:/ɪnˈstrʌk.təʳ/US:/-tɚ/ n [C] ⇒instructor,-a ⇒monitor,-a ⇒profesor,-a

† **instrument** /ˈɪn.strə.mənt/ n [C] **1** ⇒instrumento ⇒herramienta **2** *(en música)* ⇒instrumento

instrumental UK: /ˌɪn.strəˈmen.tᵊl/ US: /-ˈt̬[ə]l/ adj **1** ⇒determinante **2** ⇒instrumental: *instrumental music* - música instrumental

insufficient /ˌɪn.səˈfɪʃ.ᵊnt/ adj ⇒insuficiente

insular UK:/ˈɪn.sju.ləʳ/US:/-lɚ/ adj **1** ⇒estrecho,cha de miras **2** ⇒insular

insulate /ˈɪn.sju.leɪt/ [insulated, insulating] v [T] **1** ⇒aislar [cubrir con un material]: *to insulate an electrical wire* - aislar un cable eléctrico **2** ⇒aislar ⇒proteger ⇒mantener apartado,da

insulation /ˌɪn.sjuˈleɪ.ʃᵊn/ n [U] *(protección)* ⇒aislamiento

insult¹ /ɪnˈsʌlt/ v [T] ⇒insultar: *Don't insult me!* - ¡No me insultes!

insult² /ˈɪn.sʌlt/ n [C] ⇒insulto

insurance UK:/ɪnˈʃɔː.rᵊnts/ US:/-ˈʃʊr.[ə]nts/ n [U] ⇒seguro: *an insurance policy* - una póliza de seguros; *car insurance* - seguro del coche

† **insure** UK:/ɪnˈʃɔːʳ/ US:/-ˈʃɔːr/ [insured, insuring] v [T] **1** ⇒asegurar: *I'm going to fully insure the car* - Voy a asegurar el coche a todo riesgo **2** *(tb ensure)* US *(form)* ⇒asegurar(se): *Insure that it is well written* - Asegúrese de que está bien escrito ■ CONSTR. to insure + (that) **3** *(tb ensure)* US *(form)* ⇒garantizar ■ CONSTR. 1. to insure + (that) 2. to insure + to do sth

intact /ɪnˈtækt/ adj ⇒intacto,ta: *to remain intact* - seguir intacto,ta

intake /ˈɪn.teɪk/ n [C] **1** ⇒ingestión ⇒consumo **2** UK ⇒entrada [de personas]

integral UK: /ˈɪn.tɪ.grᵊl/ US: /-ˈt̬ə-/ adj *(una parte)* ⇒integral ⇒esencial ⇒fundamental

† **integrate** UK: /ˈɪn.tɪ.greɪt/ US: /-ˈt̬ə-/ [integrated, integrating] ■ v [T, I] **1** ⇒integrar(se): *to integrate*

into a group - integrarse en un grupo ■ v [T] **2** *(una empresa)* ⇒fusionar(se) ■ CONSTR. to integrate into/with sth

† **integrity** UK: /ɪnˈteg.rə.ti/ US: /-ˈt̬i/ n [U] **1** ⇒integridad **2** *a person of integrity* - una persona íntegra

intellectual UK:/ˌɪn.tᵊlˈek.tju.əl/US:/-ˈt̬[ə]lˈek.tʃu-/ adj, n [C] ⇒intelectual

† **intelligence** /ɪnˈtel.ɪ.dʒᵊnts/ n [U] ⇒inteligencia

intelligent /ɪnˈtel.ɪ.dʒᵊnt/ adj ⇒inteligente

† **intend** /ɪnˈtend/ v [T] ⇒tener la intención ⇒pensar ■ CONSTR. to intend + to do sth

intended /ɪnˈten.dɪd/ n [C] **1** *(old-fash, hum)* ⇒prometido,da **2** *to be ~ for sb* **1** ⇒estar hecho,cha para ⇒ser para **2** ⇒destinarse ■ PRON. La última e se pronuncia como la i en did

† **intense** /ɪnˈtents/ adj **1** ⇒intenso,sa **2** ⇒muy serio,ria

intensify /ɪnˈtent.sɪ.faɪ/ [intensifies, intensified] v [T, I] ⇒intensificar

† **intensive** /ɪnˈtent.sɪv/ adj **1** ⇒intenso,sa **2** ⇒intensivo,va

intent¹ /ɪnˈtent/ n [U] **1** *(form)* ⇒propósito ⇒intención **2** *{for/to}* all intents (and purposes) ⇒a todos los efectos

intent² /ɪnˈtent/ adj **1** ⇒resuelto,ta ⇒decidido,da **2** ⇒concentrado,da ⇒absorto,ta **3** *to be ~ {on/upon}* *{sth/doing sth}* ⇒estar decidido,da a algo ⇒estar resuelto,ta a algo

intention /ɪnˈten.ʃᵊn/ n [C, U] ⇒intención: *It wasn't my intention* - No fue mi intención

intentional /ɪnˈten.ʃᵊn.əl/ adj ⇒intencionado,da ⇒deliberado,da

† **interact** UK: /ˌɪn.təˈrækt/ US: /-ˈt̬ɚˈækt/ v [I] **1** *(personas)* ⇒relacionarse **2** *(cosas)* ⇒reaccionar ⇒interactuar

interaction UK: /ˌɪn.təˈræk.ʃᵊn/ US: /-ˈt̬ɚ-/ n [C, U] **1** *(entre personas)* ⇒relación **2** *(entre cosas)* ⇒interacción

interactive UK: /ˌɪn.təˈræk.tɪv/ US: /-ˈt̬ɚ-/ adj ⇒interactivo,va

intercept UK: /ˌɪn.təˈsept/ US: /-t̬ɚ-/ v [T] ⇒interceptar: *to intercept the ball* - interceptar la pelota

interchangeable UK: /ˌɪn.təˈtʃeɪn.dʒə.bl̩/ US: /-ˈt̬ɚ-/ adj ⇒intercambiable: *interchangeable parts* - piezas intercambiables

intercourse UK:/ˈɪn.tə.kɔːs/ US:/-ˈt̬ɚ.kɔːrs/ n [U] **1** *(form, old-fash)* ⇒trato social **2** *(form)* ⇒coito

† **interest¹** UK: /ˈɪn.tᵊr.est/ US: /-t̬ɚ-/ ■ n [U, NO PL] **1** ⇒interés **2** *to show an interest in sth* - mostrarse interesado en algo ■ n [U] **3** *(en economía)* ⇒interés **4** ⇒interés ⇒curiosidad **5** ⇒valor ⇒interés ■ n [C] **6** ⇒hobby ⇒interés ⇒afición ■ n [C, U] **7** ⇒interés ⇒beneficio

interest² UK: /'ın.t²r.est/ US: /-ˤtɚ-/ v [T] ⇒interesar: *History interests me a lot* - La historia me interesa mucho; *That book was what first interested me in Buddhism* - Ese libro fue lo que hizo que me interesara por el budismo

interested UK: /'ın.t²r.es.tıd/ US: /-ˤtɚ-/ adj **1** ⇒interesado,da ■ Constr. 1. interested in + doing sth 2. interested + to do sth 3. Se usa detrás de un verbo **2** *I would be interested to hear more about your trip* - Me gustaría saber más de tu viaje ■ Pron. La e se pronuncia como la i en *did* ■ Ver cuadro adjetivos terminados en "-ed" / "-ing": excited / exciting

interesting UK: /'ın.t²r.es.tıŋ/ US: /-ˤtɚ-/ adj ⇒interesante ⇒curioso,sa ■ Ver cuadro adjetivos terminados en "-ed" / "-ing": excited / exciting

interface UK: /'ın.tə.feıs/ US: /-ˤtɚ-/ n [C] *(en informática)* ⇒interfaz

† **interfere** UK: /ˌın.tə'fıɚ/ US: /-ˤtɚ'fır/ [interfered, interfering] v [I] ⇒entrometerse ⇒inmiscuirse
|PHRASAL VERBS
· **to interfere with sth 1** ⇒interferir en algo **2** *(en una señal de radio o televisión)* ⇒interferir

interference UK: /ˌın.tə'fıɚ.r²nts/ US: /-ˤtɚ'fır.[ə]nts/ n [U] **1** ⇒intromisión **2** ⇒interferencia [radiofónica]

interfering UK: /ˌın.tə'fıɚ.rıŋ/ US: /-ˤtɚ'fır.ıŋ/ adj ⇒entrometido,da

interim¹ UK: /'ın.t²r.ım/ US: /-ˤtɚ-/ adj ⇒provisional ⇒interino,na

interim² UK: /'ın.t²r.ım/ US: /-ˤtɚ-/ **in the ~** ⇒mientras tanto ⇒en el ínterin

† **interior** UK: /ın'tıɚ.ri.ə²/ US: /-'tır.i.ɚ/ adj, n [C, no pl] ⇒interior: *an interior courtyard* - un patio interior

interior decorator n [C] ⇒interiorista

interjection UK: /ˌın.tə'dʒek.ʃ²n/ US: /-ˤtɚ-/ ■ n [C, U] **1** *(form) (en una conversación)* ⇒interrupción ■ n [C] **2** *(form) (en gramática)* ⇒interjección ⇒exclamación

interlude UK: /'ın.tə.luːd/ US: /-ˤtɚ-/ n [C] **1** ⇒intervalo **2** ⇒interludio

† **intermediate** UK: /ˌın.tə'miː.di.ət/ US: /-ˤtɚ-/ adj ⇒intermedio,dia: *an intermediate level* - un nivel intermedio

intermission UK: /ˌın.tə'mıʃ.²n/ US: /-ˤtɚ-/ n [C, U] **1** *US (UK interval) (en televisión, en una obra de teatro)* ⇒intermedio **2** ⇒interrupción ⇒intervalo

intern UK: /'ın.tɜːn/ US: /-tɜːn/ *US* n [C] **1** *(un médico)* ⇒interno,na **2** ⇒becario,ria

† **internal** UK: /ın'tɜː.nəl/ US: /-'tɜː-/ adj ⇒interior ⇒interno,na

† **international¹** UK: /ˌın.tə'næʃ.²n.²l/ US: /-ˤtɚ-/ adj ⇒internacional

international² UK: /ˌın.tə'næʃ.²n.²l/ US: /-ˤtɚ-/ *UK* n [C] **1** ⇒evento deportivo internacional **2** *(jugador)* ⇒internacional

internationally UK: /ˌın.tə'næʃ.²n.²l.i/ US: /-ˤtɚ-/ adv ⇒internacionalmente ⇒en el mundo entero

internet n [no pl] ⇒internet: *to look sth up on the internet* - consultar algo en internet

† **interpret** UK: /ın'tɜː.prıt/ US: /-'tɜː-/ ■ v [T] **1** ⇒interpretar ⇒explicar ⇒entender **2** ⇒actuar ⇒interpretar ■ v [T, I] **3** ⇒traducir [oralmente] ⇒interpretar

interpretation UK: /ın.tɜː.prı'teı.ʃ²n/ US: /-ˌtɚ-/ ■ n [C, U] **1** *(una idea, un texto)* ⇒interpretación ⇒explicación ■ n [C] **2** ⇒interpretación ⇒actuación

interpreter UK: /ın'tɜː.prı.tə²/ US: /-'tɜː.prı.ˤtɚ/ n [C] ⇒intérprete: *Can you act as interpreter?* - ¿Puedes hacer de intérprete?

interrogate /ın'ter.ə.geıt/ [interrogated, interrogating] v [T] ⇒interrogar: *The inspector interrogated the witnesses* - El inspector interrogó a los testigos

interrogative UK: /ˌın.tə'rɒg.ə.tıv/ US:/-ˤtə'rɑː.gə.ˤtıv/ adj ⇒interrogativo,va ⇒de interrogación ■ Ver cuadro en página siguiente y ver cuadro interrogative pronouns and adverbs

† **interrupt** UK: /ˌın.tə'rʌpt/ US: /-ˤtə-/ v [T, I] ⇒interrumpir

interruption UK: /ˌın.tə'rʌp.ʃ²n/ US: /-ˤtə-/ n [C, U] ⇒interrupción: *I apologise for the interruption* - Pido disculpas por la interrupción

intersect UK: /ˌın.tə'sekt/ US: /-ˤtə-/ v [T, I] ⇒cortar(se) ⇒cruzar(se)

intersection UK: /ˌın.tə'sek.ʃ²n/ US: /-ˤtə-/ *US (UK junction)* n [C, U] ⇒intersección ⇒cruce

interstate UK: /'ın.tə.steıt/ US: /'ın.ˤtə.steıt/ n [C] ⇒autovía [entre estados de EE. UU.]

interval UK: /'ın.tə.v²l/ US: /-ˤtɚ-/ ■ n [C] **1** ⇒intervalo n [C, U] *UK (US intermission)* **2** ⇒intermedio [de televisión, de una obra de teatro]

† **intervene** UK: /ˌın.tə'viːn/ US: /-ˤtɚ-/ [intervened, intervening] v [I] **1** ⇒intervenir: *He intervened to stop the fighting* - Intervino para parar la pelea ■ Constr. to intervene + to do sth **2** ⇒interrumpir ⇒interponerse ■ Pron. La última sílaba rima con *bean*

intervening UK: /ˌın.tə'viː.nıŋ/ US: /-ˤtɚ-/ adj **1** ⇒intermedio,dia **2** *in the intervening period* - en el interior

intervention UK: /ˌın.tə'ven.ʃ²n/ US: /-ˤtɚ-/ n [C, U] ⇒intervención: *military intervention* - intervención militar

† **interview¹** UK: /'ın.tə.vjuː/ US: /-ˤtɚ-/ n [C] ⇒entrevista: *a job interview* - una entrevista de trabajo

interview² UK: /'ın.tə.vjuː/ US: /-ˤtɚ-/ v [T] ⇒entrevistar ⇒reportear *AMÉR.*

interviewee UK: /ˌɪn.tə.vjuˈiː/ US: /-ˢt̬ə-/ n [C] ⇒entrevistado,da

interviewer UK: /ˈɪn.tə.vjuː.əʳ/ US: /-ˢt̬ə.vjuː.ə/ n [C] ⇒entrevistador,-a

intestine /ɪnˈtes.tɪn/ n [C] *(en anatomía)* ⇒intestino

intimacy UK: /ˈɪn.tɪ.mə.si/ US: /-ˢt̬ə-/ ■ n [U] **1** ⇒intimidad ⇒privacidad ■ n [C] **2** ⇒relación íntima ■ El plural es *intimacies*

intimate¹ UK: /ˈɪn.tɪ.mət/ US: /-ˢt̬ə-/ adj **1** ⇒íntimo,ma **2** ⇒estrecho,cha: *an intimate relationship between two people* - una estrecha relación entre dos personas **3** ⇒profundo,da: *to have an intimate knowledge of a subject* - tener un conocimiento profundo de un tema

intimate² UK: /ˈɪn.tɪ.meɪt/ US: /-ˢt̬ə-/ [intimated, intimating] v [T] *(form)* ⇒insinuar ■ CONSTR. to intimate + (that)

intimidate /ɪnˈtɪm.ɪ.deɪt/ [intimidated, intimidating] v [T] ⇒intimidar ■ CONSTR. to intimidate sb into + doing sth

†**into** /ˈɪn.tuː/ prep **1** *(dirección)* ⇒en ⇒a ⇒dentro de **2** *(cambio de estado)* ⇒en **3** *(en matemáticas):* *Five into ten goes two* - Diez dividido por cinco son dos **4** to be ~ *sth (inform)* ⇒ser aficionado,da a algo: *He's really into comic books* - Es un gran aficionado a los tebeos

intolerable UK: /ɪnˈtɒl. ᵊr.ə.bl̩/ US: /-ˈtɑː.lə-/ adj ⇒intolerable: *intolerable behaviour* - un comportamiento intolerable

intolerance UK: /ɪnˈtɒl.ᵊr.ᵊnts/ US: /-ˈtɑː.lə-/ n [U] ⇒intolerancia ⇒intransigencia

intolerant UK: /ɪnˈtɒl.ᵊr.ᵊnt/ US: /-ˈtɑː.lə-/ adj ⇒intransigente ⇒intolerante

intonation /ˌɪn.təˈneɪ.ʃᵊn/ n [C, U] ⇒entonación

intoxicated UK: /ɪnˈtɒk.sɪ.keɪ.tɪd/ US: /-ˈtɑːk.sɪ.keɪ.ˢtɪd/ adj **1** *(form) (del alcohol)* ⇒embriagado,da ⇒ebrio,bria **2** *(de un sentimiento)* ⇒extasiado,da ⇒embriagado,da

intranet /ˈɪn.trə.net/ n [C] *(en informática)* ⇒intranet

intrepid /ɪnˈtrep.ɪd/ adj ⇒intrépido,da: *an intrepid explorer* - una exploradora intrépida

intricate /ˈɪn.trɪ.kət/ adj ⇒complejo,ja ⇒intrincado,da

intrigue¹ /ɪnˈtriːg/ [intrigued, intriguing] v [T] **1** ⇒fascinar ⇒intrigar **2** ⇒intrigar ⇒conspirar

intrigue² /ˈɪn.triːg/ n [C, U] ⇒intriga: *political intrigue* - intriga política

intriguing /ɪnˈtriː.gɪŋ/ adj ⇒intrigante: *an intriguing book* - un libro intrigante

intrinsic /ɪnˈtrɪn.zɪk/ adj ⇒intrínseco,ca: *an intrinsic part of sth* - una parte intrínseca de algo

†**introduce** UK: /ˌɪn.trəˈdjuːs/ US: /-ˈduːs/ [introduced, introducing] v [T] **1** *(a una persona)* ⇒presentar ■ CONSTR. to introduce sb to sb **2** ⇒introducir ⇒establecer
|PHRASAL VERBS
└ **to introduce sb to sth** ⇒iniciar a alguien en algo

introduction /ˌɪn.trəˈdʌk.ʃᵊn/ ■ n [C, U] **1** ⇒presentación ⇒introducción **2** *(en un libro)* ⇒introducción ⇒prólogo ■ n [NO PL] **3** ⇒iniciación ■ La forma abreviada es *intro*

introductory /ˌɪn.trəˈdʌk.tᵊr.i/ adj **1** ⇒preliminar ⇒introductorio,ria **2** *an introductory course* - un curso de iniciación

interrogative structures

- En frases con verbo auxiliar o con el verbo **"be"**, se invierte el orden del sujeto y del verbo: **verbo + sujeto**:

 · *Craig is your friend.* → ***Is Craig*** *your friend?*
 (Craig es tu amigo. → ¿Es Craig tu amigo?)

 · *You can swim.* → ***Can you*** *swim?*
 (Sabes nadar. → ¿Sabes nadar?)

 · *He will come.* → ***Will he*** *come?*
 (Vendrá. → ¿Vendrá?)

- Con el resto de los verbos se utiliza la construcción auxiliar **"do"** (presente) / **"did"** (pasado) **+ sujeto + verbo principal en infinitivo**:

 · ***Do*** *you* ***live*** *in Bristol?*
 (¿Vives en Bristol?)

 · *Where* ***does*** *she* ***work***?
 (¿Dónde trabaja?)

 · *How long* ***did*** *you* ***take*** *to get here?*
 (¿Cuánto has tardado en llegar aquí?)

- Cuando las partículas interrogativas **"who"**, **"which"**, **"what"** o **"how many"** se refieren al sujeto, la posición del verbo no cambia y no se usa "do"/"did":

 · ***Who*** *is playing in the garden?*
 (¿Quién está jugando en el jardín?)

 · ***Which*** *of your sisters lives in New York?*
 (¿Cuál de tus hermanas vive en Nueva York?)

 · ***What*** *happened yesterday?*
 (¿Qué pasó ayer?)

 · ***How many*** *people are coming to the party?*
 (¿Cuántas personas van a venir a la fiesta?)

(Ver también cuadros **negative structures** y **verb tenses**.)

introvert UK: /ˈɪn.trə.vɜːt/ US: /-vɜːt/ n [c] ⇨introvertido,da

intrude /ɪnˈtruːd/ [intruded, intruding] v [ɪ] 1 ⇨importunar ⇨molestar 2 ⇨entrometerse ■ CONSTR. to intrude into/on/upon sth/sb

intruder UK: /ɪnˈtruː.dəʳ/ US: /-dɚ/ n [c] ⇨intruso,sa: *There's an intruder in the house* - Hay un intruso en la casa

intrusion /ɪnˈtruː.ʒ°n/ n [c, u] 1 ⇨intrusión 2 ⇨intromisión: *Forgive the intrusion* - Perdone la intromisión

intrusive /ɪnˈtruː.sɪv/ adj 1 ⇨inoportuno,na: *intrusive questions* - preguntas inoportunas 2 *(en fonética)* ⇨epentético,ca

intuition UK: /ˌɪn.tjuːˈɪʃ.°n/ US: /-tuː-/ n [u] ⇨intuición: *to trust your intuition* - confiar en tu intuición

intuitive UK: /ɪnˈtjuː.ɪ.tɪv/ US: /-ˈtuː.ɪ.ˢtɪv/ adj ⇨intuitivo,va

Inuit /ˈɪn.juˌɪt/ [pl Inuit, Inuits] n [c] ⇨esquimal

inundate /ˈɪn.ʌn.deɪt/ [inundated, inundating] v [T] 1 ⇨inundar(se) 2 ⇨desbordar(se): *I'm inundated with work* - Estoy desbordado de trabajo ■ CONSTR. to be inundated by/with sth

† **invade** /ɪnˈveɪd/ [invaded, invading] v [T, I] ⇨invadir: *The enemy troops invaded the country* - Las tropas enemigas invadieron el país; *Don't invade my space!* - ¡No invadas mi espacio!

invader /ɪnˈveɪ.dəʳ/ US: /-dɚ/ n [c] ⇨invasor,-a

invalid¹ /ˈɪn.və.lɪd/ n [c] *(old-fash) (persona)* ⇨inválido,da desp.

invalid² /ɪnˈvæl.ɪd/ adj ⇨nulo,la ⇨invalidado,da ⇨no válido,da

invaluable /ɪnˈvæl.ju.bl̩/ adj ⇨inestimable: *Your help has been invaluable* - Tu ayuda ha sido inestimable

invariably /ɪnˈveə.ri.ə.bli/ adv ⇨invariablemente ⇨siempre

invasion /ɪnˈveɪ.ʒ°n/ n [c, u] ⇨invasión: *an invasion of privacy* - una invasión de la intimidad

† **invent** /ɪnˈvent/ v [T] ⇨inventar: *Who invented the electric light bulb?* - ¿Quién inventó la bombilla?; *to invent a story* - inventar una historia

invention /ɪnˈvent.ʃ°n/ ■ n [u] 1 ⇨invención ⇨invento ■ n [c] 2 ⇨invento ⇨creación

inventive UK: /ɪnˈven.tɪv/ US: /-ˈtɪv/ adj ⇨imaginativo,va ⇨creativo,va

inventor UK: /ɪnˈven.təʳ/ US: /-ˈtɚ/ n [c] ⇨inventor,-a

inventory UK: /ˈɪn.vªn.tri/ US: /-tɔːr.i/ [pl inventories] n [c] ⇨inventario

inversion /ɪnˈvɜː.ʒ°n/ US: /-ˈvɜː-/ n [u] *(form) (del orden, de los hechos, de la posición)* ⇨inversión

invert UK: /ɪnˈvɜːt/ US: /-ˈvɜːt/ v [T] *(form) (el orden, la posición)* ⇨invertir

† **inverted commas** UK n [PL] 1 *(en ortografía)* ⇨comillas 2 *(en un discurso hablado)*

† **invest** /ɪnˈvest/ v [T, I] ⇨invertir: *to invest money in sth* - invertir dinero en algo; *to invest a lot of time* - invertir mucho tiempo ■ CONSTR. to invest in sth

† **investigate** /ɪnˈves.tɪ.geɪt/ [investigated, investigating] v [T, I] ⇨investigar ⇨indagar ■ CONSTR. to investigate + interrogativa indirecta

investigation /ɪnˌves.tɪˈgeɪ.ʃ°n/ n [c, u] 1 ⇨pesquisa ⇨investigación 2 *(en medicina)* ⇨exploración ■ Comparar con research (investigación académica o científica)

investigative UK: /ɪnˈves.tɪ.gə.tɪv/ US: /-ˢtɪv/ adj ⇨inquisitivo,va ⇨de investigación

investigator UK: /ʊʃ/ UK: /ɪnˈves.tɪ.geɪ.ˢtɚ/ US: /-ˢtɚ/ n [c] ⇨investigador,-a

investment /ɪnˈvest.mənt/ n [c, u] ⇨inversión: *a good investment* - una buena inversión

investor UK: /ɪnˈves.təʳ/ US: /-ˢtɚ/ n [c] ⇨inversor,-a

invigorating UK: /ɪnˈvɪg.ə.reɪ.tɪŋ/ US: /-ˢtɪŋ/ adj ⇨tonificante: *an invigorating swim* - un baño tonificante

invincible /ɪnˈvɪn.sɪ.bl̩/ adj ⇨invencible

† **invisible** /ɪnˈvɪz.ɪ.bl̩/ adj ⇨invisible

invitation /ˌɪn.vɪˈteɪ.ʃ°n/ n [c, u] ⇨invitación: *Thanks for the invitation* - Gracias por la invitación

† **invite** /ɪnˈvaɪt/ [invited, inviting] v [T] 1 ⇨invitar: *I would like to invite him to lunch* - Me gustaría invitarlo a comer 2 ⇨solicitar [oficialmente] ■ CONSTR. to invite + to do sth ■ No se suele usar en estilo directo. Incorrecto: *I'll invite you to a drink*

PHRASAL VERBS

· to invite **sb** back 1 ⇨invitar a alguien a casa [después de haber pasado tiempo juntos] 2 ⇨invitar a alguien [para devolver la invitación]

· to invite **sb** {in/up} ⇨invitar a alguien a entrar en su casa

└ to invite **sb** out ⇨invitar a alguien a salir

inviting UK: /ɪnˈvaɪ.tɪŋ/ US: /-ˢtɪŋ/ adj ⇨atractivo,va ⇨tentador,-a

invoice¹ /ˈɪn.vɔɪs/ n [c] ⇨factura: *to send an invoice for sth* - presentar una factura de algo

invoice² /ˈɪn.vɔɪs/ [invoiced, invoicing] v [T] ⇨emitir [una factura]

involuntary UK: /ɪnˈvɒl.ən.tri/ US: /-ˈvɑː.lən.ter.i/ adj ⇨involuntario,ria

† **involve** UK: /ɪnˈvɒlv/ US: /-ˈvɑːlv/ [involved, involving] v [T] 1 ⇨implicar(se) ⇨involucrar(se) ⇨embarrar AMÉR. col. 2 ⇨traer consigo ⇨suponer ■ CONSTR. to involve + doing sth 3 ⇨hacer participar ⇨implicar

involved UK: /ɪn'vɒlvd/ US: /-'vɑːlvd/ *adj* **1** ⇒implicado,da **2** ⇒entregado,da: *She's very involved in the project* - Está muy entregada al proyecto **3** ⇒complicado,da: *an involved situation* - una situación complicada **4** to {be/get} ~ {in/with} sth **1** ⇒involucrarse en algo ⇒estar metido en algo **2** ⇒participar en algo **5** to {be/get} ~ with sb ⇒tener una relación con alguien

involvement UK: /ɪn'vɒlv.mənt/ US: /-'vɑːlv-/ ■ *n* [U] **1** ⇒implicación ⇒participación ■ *n* [C, U] **2** ⇒relación sentimental ⇒lío *col.*

inward[1] UK: /'ɪn.wəd/ US: /-wəd/ *adj* **1** ⇒hacia dentro **2** ⇒interior ⇒íntimo,ma

inward[2] UK: /'ɪn.wəd/ US: /-wəd/ *adv* ⇒hacia dentro: *This window opens inward* - Esta ventana se abre hacia dentro

inwardly UK: /'ɪn.wəd.li/ US: /-wəd-/ *adv* ⇒internamente ⇒por dentro ⇒para sus adentros

iodine /'aɪ.ə.diːn, -daɪn/ *n* [U] ⇒yodo

iPod® /'aɪ.pɒd/ *n* [C] ⇒iPod® ⇒MP3 ■ PRON. La *i* se pronuncia como el pronombre de primera persona *I*

IQ /aɪ'kjuː/ *n* [C, U] ⇒forma abreviada de **intelligence quotient** (cociente intelectual)

Iran UK: /ɪ'rɑːn/ US: /-'ræn/ *n* [U] ⇒Irán

Iranian /ɪ'reɪ.ni.ən/ *adj, n* [C] ⇒iraní

Iraq UK: /ɪ'rɑːk/ US: /-'ræk/ *n* [U] ⇒Irak

Iraqi UK: /ɪ'rɑː.ki/ US: /-'ræ.ki/ *adj, n* [C] ⇒iraquí

iris /'aɪ.rɪs/ [*pl* irises] *n* [C] **1** ⇒iris [del ojo] **2** ⇒lirio

Irish[1] /'aɪə.rɪʃ/ *adj* ⇒irlandés,-a

Irish[2] /'aɪə.rɪʃ/ *n* [U] **1** *(idioma)* ⇒irlandés **2** the ~ *(gentilicio)* ⇒los irlandeses, las irlandesas ■ El singular es *an Irishman* o *an Irishwoman*

Irishman /'aɪə.rɪʃ.mən/ [*pl* Irishmen] *n* [C] *(gentilicio)* ⇒irlandés

Irishmen *n* [PL] See **Irishman**

Irishwoman /'aɪə.rɪʃˌwʊm.ən/ [*pl* Irishwomen] *n* [C] *(gentilicio)* ⇒irlandesa

Irishwomen *n* [PL] See **Irishwoman**

† **iron**[1] UK: /aɪən/ US: /aɪrn/ ■ *n* [U] **1** ⇒hierro ⇒fierro AMÉR. **2** *corrugated iron* - chapa ondulada ■ *n* [C] **3** ⇒plancha

iron[2] UK: /aɪən/ US: /aɪrn/ *v* [T, I] ⇒planchar: *He's ironing a shirt* - Está planchando una camisa

| PHRASAL VERBS
└ **to iron** sth **out** [M] ⇒resolver

ironic UK: /aɪə'rɒn.ɪk/ US: /aɪ'rɑː.nɪk/ *adj* ⇒irónico,ca

ironing UK: /'aɪə.nɪŋ/ US: /aɪr-/ *n* [U] **1** *(actividad)* ⇒plancha ⇒planchado **2** to do the ~ ⇒planchar

ironing board *n* [C] ⇒tabla de planchar

† **irony** UK: /'aɪə.rə.ni/ US: /'aɪ-/ [*pl* ironies] *n* [C, U] ⇒ironía: *They spoke about the ironies of life* - Hablaban sobre las ironías de la vida

irrational /ɪ'ræʃ.ᵊn.ᵊl/ *adj* ⇒irracional: *irrational behaviour* - comportamiento irracional

irrationality UK: /ɪˌræʃ.ᵊn'æl.ə.ti/ US: /-ˤti/ *n* [U] ⇒irracionalidad

† **irregular** UK: /ɪ'reg.jə.ləʳ/ US: /-lə/ *adj* **1** ⇒irregular: *an irregular surface* - una superficie irregular **2** *(una práctica)* ⇒poco ortodoxo,xa ■ Ver cuadro

irrelevant /ɪ'rel.ɪ.vᵊnt/ *adj* **1** ⇒que no viene al caso **2** ⇒irrelevante

irreparable /ɪ'rep.rə.bl̩/ *adj (una pérdida)* ⇒irreparable ⇒irremediable

irresistible /ˌɪr.ɪ'zɪs.tə.bl̩/ *adj* ⇒irresistible

irresponsible UK: /ˌɪr.ɪ'spɒn.sɪ.bl̩/ US: /-'spɑːn*t*-/ *adj* **1** ⇒irresponsable **2** *It was irresponsible of you* - Fue una irresponsabilidad por tu parte

irreversible UK: /ˌɪr.ɪ'vɜː.sɪ.bl̩/ US: /-'vɜː-/ *adj* ⇒irreversible: *irreversible damage* - daños irreversibles

irrigate /'ɪr.ɪ.geɪt/ [irrigated, irrigating] *v* [T] ⇒regar ⇒irrigar

irrigation /ˌɪr.ɪ'geɪ.ʃᵊn/ *n* [U] ⇒riego: *a precise irrigation system* - un sistema de riego preciso

irritable UK: /'ɪr.ɪ.tə.bl̩/ US: /-ˤtə-/ *adj* ⇒irritable: *Why are you so irritable?* - ¿Por qué estás tan irritable?

irritate /'ɪr.ɪ.teɪt/ [irritated, irritating] *v* [T] **1** ⇒irritar ⇒fastidiar **2** ⇒escocer ⇒irritar

irritating UK: /'ɪr.ɪ.teɪ.tɪŋ/ US: /-ˤtɪŋ/ *adj* **1** ⇒irritante ⇒insufrible **2** *I find her very irritating* - No puedo con ella

is /ɪz, z, s/ ⇒tercera persona singular del presente del verbo *to be*

ISBN /ˌaɪ.es.biː'en/ *n* [C] ⇒ISBN ■ Procede de *International Standard Book Number* (número internacional normalizado de libros)

† **Islam** /'ɪz.lɑːm, -læm/ *n* [U] ⇒islamismo ⇒islam

Islamic /ɪz'læm.ɪk, -'lɑː.mɪk/ *adj* ⇒islámico,ca: *Islamic law* - la ley islámica

† **island** /'aɪ.lənd/ *n* [C] ⇒isla: *They lived on an island for five years* - Vivieron en una isla durante cinco años ■ PRON. La *s* no se pronuncia

isle /aɪl/ *n* [C] ⇒isla: *the Isle of Skye* - la isla de Skye ■ Se usa especialmente con un nombre propio ■ PRON. La *s* no se pronuncia

† **isn't** /ˈɪz.ᵊnt/ *(is not)* See **be**

isolate /'aɪ.sə.leɪt/ [isolated, isolating] *v* [T] ⇒aislar: *He isolated himself from people* - Se aisló de la gente ■ CONSTR. to isolate from sth/sb

isolated UK: /'aɪ.sə.leɪ.tɪd/ US: /-ˤtɪd/ *adj* ⇒aislado,da: *an isolated village* - un pueblo aislado ■ PRON. La *e* se pronuncia como la *i* en *did*

isolation /ˌaɪ.sᵊl.eɪ.ʃᵊn/ *n* [U] **1** ⇒aislamiento **2** in ~ ⇒aislado,da ⇒de forma separada

ISP /ˌaɪ.es'piː/ *n* [C] ⇒forma abreviada de **internet service provider** (proveedor de servicios de internet)

irregular verbs

Infinitive	Past Simple	Past Participle
arise	arose	arisen
awake	awoke (*US tb* awaked)	awoken
be	was/were	been
bear	bore	borne (*US tb* born)
beat	beat	beaten (*US tb* beat)
become	became	become
begin	began	begun
bend	bent	bent
bet	bet, betted	bet, betted
bid	bid, bade	bid, bidden
bind	bound	bound
bite	bit	bitten
bleed	bled	bled
bless	blessed	blest
blow	blew	blown
break	broke	broken
breed	bred	bred
bring	brought	brought
broadcast	broadcast (*US tb* broadcasted)	broadcast (*US tb* broadcasted)
build	built	built
burn	burnt, burned	burnt, burned
burst	burst	burst
bust	bust (*US* busted)	bust (*US* busted)
buy	bought	bought
cast	cast	cast
catch	caught	caught
choose	chose	chosen
cling	clung	clung
come	came	come
cost	cost, costed	cost, costed
creep	crept	crept
cut	cut	cut
deal	dealt	dealt
dig	dug	dug
dive	dived (*US tb* dove)	dived
do	did	done
draw	drew	drawn
dream	dreamed, dreamt	dreamed, dreamt
drink	drank	drunk
drive	drove	driven
dwell	dwelt, dwelled	dwelt, dwelled
eat	ate	eaten
fall	fell	fallen
feed	fed	fed
feel	felt	felt
fight	fought	fought
find	found	found
flee	fled	fled
fling	flung	flung
fly	flew	flown
forbid	forbade, forbad	forbidden
forecast	forecasted, forecast	forecasted, forecast
foresse	foresaw	foreseen
forget	forgot	forgotten
forgive	forgave	forgiven

irregular verbs

forsake	forsook	forsaken
freeze	froze	frozen
get	got	got (US tb gotten)
give	gave	given
go	went	gone
grind	ground	ground
grow	grew	grown
hang	hung, hanged	hung, hanged
have	had	had
hear	heard	heard
hide	hid	hidden
hit	hit	hit
hold	held	held
hurt	hurt	hurt
input	inputted, input	inputted, input
keep	kept	kept
kneel	knelt, kneeled	knelt, kneeled
knit	knitted, knit	knitted (US tb knit)
know	knew	known
lead	led	led
lean	leaned (UK tb leant)	leaned (UK tb leant)
leap	leapt, leaped	leapt, leaped
learn	learned (UK tb learnt)	learned (UK tb learnt)
leave	left	left
lend	lent	lent
let	let	let
lie	lay, lied	lain, lied
light	lit, lighted	lit, lighted
lip-read	lip-read	lip-read
lose	lost	lost
make	made	made
mean	meant	meant
meet	met	met
mimic	mimicked	mimicked
mislead	misled	misled
mistake	mistook	mistaken
misunderstand	misunderstood	misunderstood
mow	mowed	mown, mowed
offset	offset	offset
outdo	outdid	outdone
outgrow	outgrew	outgrown
overcome	overcame	overcome
overdo	overdid	overdone
overhang	overhung	overhung
overhear	overheard	overheard
override	overrode	overridden
overrun	overran	overrun
oversee	oversaw	overseen
oversleep	overslept	overslept
overtake	overtook	overtaken
overthrow	overthrew	overthrown
pay	paid	paid
plead	pleaded (US tb pled)	pleaded (US tb pled)
prove	proved	proved, proven
put	put	put
quit	quit, quitted	quit, quitted

irregular verbs

read	read	read
rebuild	rebuilt	rebuilt
repay	repaid	repaid
rethink	rethought	rethought
rewrite	rewrote	rewritten
rid	rid	rid
ride	rode	ridden
ring	rang	rung
rise	rose	risen
run	ran	run
saw	sawed	sawn (*US tb* sawed)
say	said	said
see	saw	seen
seek	sought	sought
sell	sold	sold
send	sent	sent
set	set	set
sew	sewed	sewn, sewed
shake	shook	shaken
shear	sheared	sheared, shorn
shed	shed	shed
shine	shone	shone
shoot	shot	shot
show	showed	shown
shrink	shrank	shrunk
shut	shut	shut
sing	sang	sung
sink	sank	sunk
sit	sat	sat
slay	slew, slayed	slain
sleep	slept	slept
slide	slid	slid
sling	slung	slung
slink	slunk	slunk
slit	slit	slit
smell	smelled (*UK tb* smelt)	smelled (*UK tb* smelt)
sneak	sneaked (*US tb* snuck)	sneaked (*US tb* snuck)
sow	sowed	sown, sowed
speak	spoke	spoken
speed	sped, speeded	sped, speeded
spell	spelled (*UK tb* spelt)	spelled (*UK tb* spelt)
spend	spent	spent
spill	spilled (*UK tb* spilt)	spilled (*UK tb* spilt)
spin	spun	spun
spit	spat (*US tb* spit)	spat (*US tb* spit)
split	split	split
spoil	spoiled, spoilt	spoiled, spoilt
spread	spread	spread
spring	sprang	sprung
stand	stood	stood
steal	stole	stolen
stick	stuck	stuck
sting	stung	stung
stink	stank (*US tb* stunk)	stunk
stride	strode	strode
strike	struck	struck (*US tb* stricken)

irregular verbs		
string	strung	strung
strive	strove, strived	striven, strived
swear	swore	sworn
sweep	swept	swept
swell	swelled	swollen, swelled
swim	swam	swum
swing	swung	swung
take	took	taken
teach	taught	taught
tear	tore	torn
tell	told	told
think	thought	thought
thrive	thrived (US tb throve)	thrived (US tb thriven)
throw	threw	thrown
thrust	thrust	thrust
tread	trod (US tb treaded)	trodden (US tb trod)
undergo	underwent	undergone
underlie	underlay	underlain
understand	understood	understood
undertake	undertook	undertaken
undo	undid	undone
unwind	unwound	unwound
uphold	upheld	upheld
upset	upset	upset
wake	woke	woken
wear	wore	worn
weave	wove, weaved	woven, weaved
weep	wept	wept
wet	wet, wetted	wet, wetted
win	won	won
wind	wound	wound
withdraw	withdrew	withdrawn
withhold	withheld	withheld
withstand	withstood	withstood
wreak	wrought, wreaked	wrought, wreaked
wring	wrung	wrung
write	wrote	written

Israel /ɪzˈreɪl/ n [U] ⇒Israel

Israeli /ɪzˈreɪ.li/ adj, n [C] ⇒israelí

†**issue¹** /ˈɪʃ.uː, ˈɪs.juː/ n [C] **1** ⇒cuestión ⇒asunto ⇒vaina AMÉR. **2** ⇒problema: to avoid an issue - esquivar un problema **3** ⇒ejemplar [de una publicación] ⇒número [de una publicación] **4** (de un documento oficial) ⇒emisión ⇒expedición

issue² /ˈɪʃ.uː, ˈɪs.juː/ [issued, issuing] v [T] **1** ⇒publicar ⇒emitir **2** ⇒suministrar ⇒repartir: They issued toys to all the children - Repartieron juguetes entre todos los niños **3** ⇒salir [de algo]

†**it** /ɪt/ pron **1** ⇒él, ella, ello: I don't want to talk about it - No quiero hablar de ello **2** ⇒lo, la: Give it to me, please - Dámelo, por favor; I need it - Lo necesito **3** (en oraciones impersonales): It's

snowing - Está lloviendo; It's four o'clock - Son las cuatro; It's three miles to the forest - Hay tres millas hasta el bosque ■ Las frases en inglés siempre llevan sujeto (exceptuando los imperativos). Se dice It is raining (Está lloviendo). Incorrecto: Is raining ■ Ver cuadro personal pronouns

†**IT** /ˌaɪˈtiː/ n [U] ⇒forma abreviada de **information technology** (tecnología de la información)

Italian¹ /ɪˈtæl.jən, -i.ən/ ■ n [U] **1** (idioma) ⇒italiano ■ n [C] **2** (gentilicio) ⇒italiano,na ⇒tano,na AMÉR. col.

Italian² /ɪˈtæl.jən, -i.ən/ adj ⇒italiano,na ⇒tano,na AMÉR. col.

italics /ɪˈtæl.ɪks/ n [PL] ⇒cursiva: Write the examples in italics - Escribe los ejemplos en cursiva

Italy UK: /ˈɪt.ə.li/ US: /ˈɪ̬t̬-/ n [U] ⇒Italia

ivy

itch[1] /ɪtʃ/ v [I] **1** ⇨picar: *Try not to scratch it even though it itches* - Trata de no rascarte aunque te pique **2** ⇨escocer

PHRASAL VERBS
· **to be itching to do sth** *(inform)* ⇨morirse de ganas de hacer algo *col.: I'm itching to see him* - Me muero de ganas de verlo

itch[2] /ɪtʃ/ [*pl* itches] *n* [c] **1** ⇨picor: *I've got an itch* - Tengo picor **2** ⇨escozor

itchy /'ɪtʃ.i/ *adj* [*comp* itchier, *superl* itchiest] **1** ⇨irritado,da **2** *It's itchy* - Me pica

[†] **it'd** UK: /'ɪt.əd/ US: /'ɪˤt̬-/ **1** *(it had)* See **have 2** *(it would)* See **would**

[†] **item** UK: /'aɪ.təm/ US: /-ˤt̬əm/ *n* [c] **1** ⇨punto **2** *(en una lista, en una gama)* ⇨artículo ⇨objeto **3** *(en un periódico, en televisión)* ⇨noticia ⇨información

itinerary UK: /aɪˈtɪn.ˤr.ˤr.i/ US: /-ə.rer-/ [*pl* itineraries] *n* [c] ⇨itinerario: *a holiday itinerary* - un itinerario de vacaciones

[†] **it'll** UK: /'ɪt.ˤl/ US: /'ɪˤt̬-/ *(it will)* See **will**

its /ɪts/ *adj* **1** ⇨su: *everything in its place* - todo en su sitio **2** ⇨suyo,ya ∎ Ver cuadro possessive adjectives and pronouns

[†] **it's** /ɪts/ **1** *(it is)* See **be 2** *(it has)* See **have**

itself /ɪtˈself/ *pron* **1** ⇨se **2** ⇨él mismo, ella misma: *more than life itself* - más que la vida misma **3** by ~ ⇨solo,la ∎ Ver cuadro reflexive pronouns

[†] **I've** /aɪv/ *(I have)* See **have**

ivory UK: /'aɪ.vˤr.i/ US: /-vɚ-/ *n* [U] ⇨marfil: *ivory tower* - torre de marfil

ivy /'aɪ.vi/ [*pl* ivies] *n* [c, U] ⇨hiedra: *covered with ivy* - cubierto de hiedra

j [pl j's] n [c] (letra del alfabeto) ⇒j

jab¹ /dʒæb/ [jabbed, jabbing] v [T, I] **1** ⇒pinchar [con un objeto punzante] **2** You almost jabbed me in the eye with your pen! - ¡Casi me sacas un ojo con el boli! **3** (en boxeo) ⇒dar un golpe rápido

jab² /dʒæb/ n [c] **1** ⇒golpe ⇒pinchazo ⇒codazo **2** (en boxeo) ⇒golpe rápido **3** (con una aguja) ⇒pinchazo col. **4** UK (inform) ⇒inyección **5** flu ~ (inform) ⇒vacuna contra la gripe

jack /dʒæk/ n [c] **1** ⇒gato [hidráulico] **2** (naipe) ⇒jota

jackal /ˈdʒæk.ᵊl/ n [c] ⇒chacal

† **jacket** /ˈdʒæk.ɪt/ n [c] ⇒chaqueta ⇒americana ⇒saco AMÉR.

jacket potato [pl jacket potatoes] UK n [c] ⇒patata asada [con piel]

jackpot UK: /ˈdʒæk.pɒt/ US: /-paːt/ n [c] ⇒premio gordo ⇒bote

jade /dʒeɪd/ n [U] (mineral) ⇒jade

jaded /ˈdʒeɪ.dɪd/ adj ⇒hastiado,da ⇒agotado,da

jagged /ˈdʒæg.ɪd/ adj **1** ⇒dentado [con picos irregulares] **2** ⇒mellado,da: a jagged knife - un cuchillo mellado

jaguar UK: /ˈdʒæg.ju.əʳ/ US: /-juː.aːr/ n [c] ⇒jaguar ⇒tigre AMÉR.

jail¹ /dʒeɪl/ (UK tb gaol) n [c, U] ⇒cárcel ⇒prisión

jail² /dʒeɪl/ (UK tb gaol) v [T] ⇒encarcelar ■ CONSTR. Se usa más en pasiva

jam¹ /dʒæm/ n [c, U] **1** UK (US jelly) ⇒mermelada: raspberry jam - mermelada de frambuesa **2** (tb traffic jam) (de tráfico) ⇒atasco ⇒embotellamiento ⇒tapón col. **3** ⇒aglomeración [de gente] **4** ⇒apuro ⇒lío

jam² /dʒæm/ [jammed, jamming] v [T, I] **1** ⇒atascar(se) ⇒bloquear(se) **2** (las señales de radio) ⇒interferir **3** (en música) ⇒improvisar **4** to ~ sth {in/into/on} sth ⇒meter algo a presión ⇒apretujar algo en algo

Jamaica /dʒəˈmeɪ.kə/ n [U] ⇒Jamaica

Jamaican /dʒəˈmeɪ.kən/ adj, n [c] ⇒jamaicano,na

Jan n [c, U] ⇒forma abreviada de **January** (enero)

jangle /ˈdʒæŋ.gl̩/ [jangled, jangling] v [T, I] ⇒sonar de forma desagradable y metálica

janitor UK: /ˈdʒæn.ɪ.təʳ/ US: /-ˤt̬ə/ US, Scot (UK caretaker) n [c] ⇒bedel,-a ⇒conserje ⇒portero,ra

† **January** UK: /ˈdʒæn.juə.ri/ US: /-juː.er.i/ [pl Januaries] n [c, U] ⇒enero: in January - en enero; on January 3rd - el 3 de enero ■ La forma abreviada es Jan

Japan /dʒəˈpæn/ n [U] ⇒Japón: She is moving to Japan next month - Se traslada a Japón el mes que viene

Japanese¹ /ˌdʒæp.əˈniːz/ adj ⇒japonés,-a

Japanese² /ˌdʒæp.əˈniːz/ n [U] **1** (idioma) ⇒japonés **2** the ~ (gentilicio) ⇒los japoneses, las japonesas ■ El singular es a Japanese man, a Japanese woman

jar¹ UK: /dʒɑːʳ/ US: /dʒɑːr/ n [c] **1** ⇒tarro ⇒bote ■ Distinto de jug (jarra) **2** (inform) ⇒caña [de cerveza] col.: to have a few jars - tomar unas cañas

jar² UK: /dʒɑːʳ/ US: /dʒɑːr/ [jarred, jarring] ■ v [T, I] **1** ⇒golpear ⇒sacudir ■ v [T] **2** ⇒enervar ⇒crispar **3** ⇒conmocionar **4** ⇒desentonar

| PHRASAL VERBS
| · **to jar on sb** ⇒irritar: His passive attitude jars
└ on me - Su actitud pasiva me irrita

jargon UK: /ˈdʒɑː.gən/ US: /ˈdʒɑːr-/ n [U] ⇒jerga: I don't understand this technical jargon - No entiendo esta jerga técnica

jaundice UK: /ˈdʒɔːn.dɪs/ US: /ˈdʒɑːn-/ n [U] (en medicina) ⇒ictericia

jaundiced UK: /ˈdʒɔːn.dɪst/ US: /ˈdʒɑːn-/ adj (form) (una persona) ⇒negativo,va ⇒pesimista ⇒amargado,da

javelin /ˈdʒæv.lɪn/ n [c] (en deportes) ⇒jabalina: a javelin throw - un lanzamiento de jabalina

† **jaw** UK: /dʒɔː/ US: /dʒɑː/ ■ n [c] **1** ⇒mandíbula **2** My jaw dropped when I heard the news - Me quedé boquiabierto cuando oí las noticias ■ n [NO PL] **3** ⇒charla col.; ⇒conversación

jaws UK: /dʒɔːz/ US: /dʒɑːz/ n [PL] ⇒fauces

jay /dʒeɪ/ n [c] (ave) ⇒arrendajo

jazz¹ /dʒæz/ n [U] ⇒jazz

† **jazz²** /dʒæz/

| PHRASAL VERBS
| · **to jazz sth up** [M] (inform) ⇒alegrar algo ⇒dar
└ vida a algo col.

† **jealous** /'dʒel.əs/ adj 1 ⇒celoso,sa: to be jealous of sb - estar celoso de alguien; to make sb jealous - dar celos a alguien 2 ⇒envidioso,sa

jealousy /'dʒel.ə.si/ [pl jealousies] n [C, U] 1 ⇒celos 2 ⇒envidia

† **jeans** /dʒiːnz/ n [PL] (prenda de vestir) ⇒vaqueros

Jeep® /dʒiːp/ n [C] ⇒jeep® ⇒todoterreno

jeer¹ UK: /dʒɪə'/ US: /dʒɪr/ v [T, I] 1 ⇒abuchear: to jeer at sb - abuchear a alguien 2 ⇒mofarse

jeer² UK: /dʒɪə'/ US: /dʒɪr/ n [C] ⇒abucheo ⇒burla

Jell-O® UK: /'dʒel.əʊ/ US: /-oʊ/ US n [U] See jelly

† **jelly** /'dʒel.i/ [pl jellies] n [C, U] 1 UK (US Jell-O®) ⇒gelatina 2 US (UK jam) ⇒mermelada

jellyfish /'dʒel.i.fɪʃ/ [pl jellyfish] n [C] ⇒medusa

jeopardize UK: /'dʒep.ə.daɪz/ US: /-ɚ-/ [jeopardized, jeopardizing] v [T] ⇒poner en peligro

jeopardy UK: /'dʒep.ə.di/ US: /-ɚ-/ to be in ~ ⇒estar en peligro

jerk¹ UK: /dʒɜːk/ US: /dʒɜːːk/ v [T, I] 1 ⇒sacudir ⇒mover(se) a sacudidas 2 ⇒dar un tirón: He jerked my arm to get my attention - Me dio un tirón en el brazo para captar mi atención

jerk² UK: /dʒɜːk/ US: /dʒɜːːk/ n [C] 1 ⇒sacudida ⇒movimiento brusco 2 ⇒tirón

jersey UK: /'dʒɜː.zi/ US: /'dʒɜː-/ n [C] 1 ⇒jersey 2 (de un uniforme deportivo) ⇒camiseta

Jesus Christ (tb Christ) n [U] ⇒Jesucristo

† **jet** /dʒet/ ▪ n [C] 1 ⇒chorro: a jet of cold water - un chorro de agua fría 2 (avión) ⇒reactor ▪ n [U] 3 ⇒azabache

jet lag n [U] ⇒jet lag ⇒desfase horario

jetty UK: /'dʒet.i/ US: /'dʒeˤt̬-/ [pl jetties] n [C] 1 ⇒embarcadero 2 ⇒rompeolas

† **Jew** /dʒuː/ n [C] ⇒judío,a

† **jewel** /'dʒuː.əl/ n [C] 1 ⇒joya ⇒piedra preciosa 2 (persona) ⇒joya ⇒tesoro

jeweller UK: /'dʒuː.ə.ləʳ/ US: /-lɚ/ UK n [C] ⇒joyero,ra

† **jewellery** /'dʒuː.əl.ri/ UK n [U] (adorno) ⇒joyas ▪ Se dice some jewellery o a piece of jewellery. Incorrecto: a jewellery

JEWELLERY (UK) / JEWELRY (US)

RING BRACELET

EARRING

NECKLACE BROOCH

Jewish /'dʒuː.ɪʃ/ adj ⇒judío,a

jibe /dʒaɪb/ (tb gibe) n [C] 1 ⇒burla ⇒mofa 2 cheap jibes - chistes fáciles

jigsaw UK: /'dʒɪg.sɔː/ US: /-sɑː/ n [C] ⇒rompecabezas ⇒puzle

JIGSAW

jingle¹ /'dʒɪŋ.gl/ [jingled, jingling] v [T, I] ⇒tintinear ⇒hacer tintinear

jingle² /'dʒɪŋ.gl/ n [C] 1 ⇒tintineo 2 (en publicidad) ⇒jingle

jinx¹ /dʒɪŋks/ [pl jinxes] n [C] 1 ⇒gafe col. 2 There's a jinx on it - Está gafado

jinx² /dʒɪŋks/ v [T] 1 (inform) ⇒gafar col. 2 to be jinxed (inform) ⇒estar gafado,da col.

† **job** UK: /dʒɒb/ US: /dʒɑːb/ n [C] 1 ⇒tarea ⇒trabajo 2 ⇒empleo ⇒puesto de trabajo ⇒laburo AMÉR. col. 3 It's my job - Es mi responsabilidad 4 ~ vacancy ⇒puesto vacante 5 out of a ~ ⇒en paro 6 to be a good ~ UK (inform) It's a good job I brought my umbrella - Menos mal que traje el paraguas col. 7 to do the ~ (inform) ⇒servir: It'll do the job - Servirá 8 to have a ~ {doing/to do} sth ⇒costar hacer algo: I'll have a job saving - Me costará ahorrar

jobless UK: /'dʒɒb.ləs/ US: /'dʒɑː.bləs/ adj ⇒parado,da ⇒desempleado,da

jockey UK: /'dʒɒk.i/ US: /'dʒɑː.ki/ n [C] ⇒yóquey

jog¹ UK: /dʒɒg/ US: /dʒɑːg/ [jogged, jogging] ▪ v [I] 1 ⇒hacer footing: to jog in the park - hacer footing en el parque ▪ v [T] 2 ⇒dar un ligero golpe [normalmente con el codo] 3 to go jogging ⇒hacer footing 4 to ~ sb's memory ⇒refrescar la memoria a alguien

jog² UK: /dʒɒg/ US: /dʒɑːg/ n [NO PL] 1 ⇒codazo [ligero] 2 to go for a jog - hacer footing

jogger UK: /'dʒɒg.əʳ/ US: /'dʒɑː.gɚ/ n [C] ⇒persona que hace footing

jogging UK: /'dʒɒg.ɪŋ/ US: /'dʒɑː.gɪŋ/ n [U] ⇒footing ⇒aerobismo AMÉR.

john UK: /'dʒɒn/ US: /'dʒɑːn/ US (UK loo) n [C] (inform) ⇒retrete ⇒aseo

J ≡

†**join¹** /dʒɔɪn/ *v* [T, I] **1** ⇨unir(se) ⇨juntar(se) **2** ⇨ingresar en ⇨hacerse socio,cia **3** *(una empresa, una organización)* ⇨incorporarse a **4** ⇨alistarse **5** ⇨apuntar(se)

| PHRASAL VERBS
└ **to join in (sth)** ⇨participar

join² /dʒɔɪn/ *UK n* [C] ⇨juntura ⇨junta

joined-up /ˌdʒɔɪnd'ʌp/ *UK* ~ **writing** ⇨letra redondilla

joint¹ /dʒɔɪnt/ *adj* **1** ⇨conjunto,ta: *a joint piece of work* - un trabajo conjunto **2** *a joint author* - un coautor

joint² /dʒɔɪnt/ *n* [C] **1** *(del cuerpo)* ⇨articulación **2** ⇨juntura: *The water is leaking through the joint* - El agua se sale por la juntura **3** *UK (carne)* ⇨asado **4** *(inform) (lugar)* ⇨antro *desp.;* ⇨garito *col. desp.* **5** *(very inform)* ⇨canuto *col.;* ⇨porro

†**joke¹** UK: /dʒəʊk/ US: /dʒoʊk/ *n* [C] **1** ⇨chiste: *to tell a joke* - contar un chiste **2** ⇨broma: *to play a joke on sb* - gastar una broma a alguien; *It was just a joke* - Solo era una broma

joke² UK: /dʒəʊk/ US: /dʒoʊk/ [joked, joking] *v* [I] **1** ⇨bromear: *I'm joking* - Estoy bromeando ■ CONSTR. to joke about sth **2 joking {apart/aside}** ⇨bromas aparte

joker UK:/'dʒəʊ.kəʳ/US:/'dʒoʊ.kɚ/ *n* [C] **1** ⇨guasón,-a ⇨bromista **2** *(en naipes)* ⇨comodín

jolly¹ UK: /'dʒɒl.i/ US: /'dʒɑː.li/ *adj* [*comp* jollier, *superl* jolliest] ⇨jovial ⇨alegre

jolly² UK: /'dʒɒl.i/ US: /'dʒɑː.li/ *UK adv (old-fash)* ⇨muy: *This film is jolly good* - Esta película es muy buena

jolt¹ UK: /dʒəʊlt/ US: /dʒoʊlt/ *n* [C] ⇨sacudida

jolt² UK: /dʒəʊlt/ US: /dʒoʊlt/ ■ *v* [T, I] **1** ⇨dar una sacudida: *The car jolted as it braked* - El coche dio una sacudida al frenar ■ *v* [T] **2** ⇨conmocionar: *The whole world was jolted by the news of her death* - El mundo entero se conmocionó con la noticia de su muerte

Jordanian UK: /dʒɔː'deɪ.ni.ən/ US: /dʒɔːr-/ *adj, n* [C] ⇨jordano,na

jostle UK: /dʒɒs.l/ US: /dʒɑː.sl/ [jostled, jostling] *v* [T, I] ⇨dar empujones ⇨empujar

jot UK: /dʒɒt/ US: /dʒɑːt/ [jotted, jotting]

| PHRASAL VERBS
└ **to jot sth down [M]** ⇨apuntar algo

†**journal** UK: /'dʒɜː.nəl/ US: /'dʒɝː-/ *n* [C] **1** ⇨revista o periódico [especializados]: *a medical journal* - una revista de medicina **2** ⇨diario [personal]

†**journalism** UK: /'dʒɜː.nə.lɪ.zᵊm/ US: /'dʒɝː-/ *n* [U] ⇨periodismo ⇨diarismo *AMÉR.*

journalist UK: /'dʒɜː.nə.lɪst/ US: /'dʒɝː-/ *n* [C] ⇨periodista

†**journey** UK: /'dʒɜː.ni/ US: /'dʒɝː-/ *n* [C] ⇨viaje ⇨trayecto

joy /dʒɔɪ/ ■ *n* [U] **1** ⇨júbilo ⇨alegría ■ *n* [C] **2** ⇨encanto ⇨gusto ⇨placer

joyful /'dʒɔɪ.fᵊl/ *adj* ⇨gozoso,sa ⇨alegre

joyous /'dʒɔɪ.əs/ *adj (lit)* ⇨gozoso,sa ⇨de júbilo ⇨alegre

joyriding /'dʒɔɪˌraɪ.dɪŋ/ *n* [U] ⇨robo de un coche por diversión

joystick /'dʒɔɪ.stɪk/ *n* [C] ⇨palanca de control ⇨joystick

jubilant /'dʒuː.bɪ.lənt/ *adj* ⇨jubiloso,sa ⇨exultante

†**Judaism** /'dʒuː.deɪ.ɪ.zᵊm/ *n* [U] ⇨judaísmo

judge¹ /dʒʌdʒ/ *n* [C] **1** *(en un tribunal)* ⇨juez **2** *(en una competición)* ⇨árbitro,tra ⇨juez **3** ⇨conocedor,-a: *a judge of good food* - un gran conocedor de la buena comida

†**judge²** /dʒʌdʒ/ [judged, judging] *v* [T, I] **1** ⇨juzgar: *Don't judge anyone by their appearance* - No juzgues a nadie por su aspecto **2** ⇨decidir **3** ⇨considerar ⇨calcular **4 judging {by/from}** ⇨a juzgar por

judgement *n* [C, U] See **judgment**

judgment /'dʒʌdʒ.mənt/ *(tb* **judgement)** ■ *n* [C] **1** ⇨juicio ⇨opinión ■ *n* [U] **2** ⇨juicio ⇨discernimiento **3** *(en un tribunal)* ⇨sentencia

judicious /dʒuː'dɪʃ.əs/ *adj* ⇨sensato,ta ⇨juicioso,sa

judo UK: /'dʒuː.dəʊ/ US: /-doʊ/ *n* [U] ⇨judo: *to be a black belt in judo* - ser cinturón negro en judo

†**jug** /dʒʌg/ *(US tb* **pitcher)** *n* [C] **1** ⇨jarra: *a jug of water* - una jarra de agua **2** *(para compartir)* ⇨jarra

juggle /'dʒʌg.l/ [juggled, juggling] ■ *v* [T, I] **1** ⇨hacer juegos malabares ■ *v* [T] **2** ⇨arreglárselas ⇨compaginar

juggler UK: /'dʒʌg.ləʳ/ US: /-lɚ/ *n* [C] ⇨malabarista

juggling /'dʒʌg.lɪŋ, 'dʒʌg.lɪŋ/ *n* [U] ⇨malabarismo

†**juice** /dʒuːs/ *n* [U] **1** ⇨zumo: *fruit juice* - zumo de frutas; ⇨jugo *AMÉR.* **2** ⇨jugo

juicy /'dʒuː.si/ *adj* [*comp* juicier, *superl* juiciest] **1** ⇨jugoso,sa **2** *(inform)* ⇨sabroso,sa: *a juicy story* - un cuento sabroso

jukebox UK: /'dʒuː.k.bɒks/ US: /-bɑːks/ [*pl* jukeboxes] *n* [C] *(en una cafetería, en un bar)* ⇨máquina de discos ⇨tocadiscos

†**July** /dʒʊ'laɪ/ [*pl* Julies] *n* [C, U] ⇨julio: *in July* - en julio; *on July 3rd* - el 3 de julio ■ La forma abreviada es *Jul*

jumble¹ /'dʒʌm.bl/ ■ *n* [NO PL] **1** ⇨revoltijo ⇨desorden ⇨mejunje ■ *n* [U] **2** *UK* ⇨cosas viejas o usadas

jumble² /'dʒʌm.bl/ [jumbled, jumbling] *v* [T] ⇨revolver ⇨mezclar ■ CONSTR. 1. Se usa generalmente seguido de las preposiciones *together* y *up* 2. Se usa más en pasiva

jumble sale *UK n* [C] ⇨rastrillo benéfico en el que se venden objetos usados y ropa usada

jumbo UK: /'dʒʌm.bəʊ/ US: /-boʊ/ *adj* **1** ⇨enorme **2** *(en una tienda)* ⇨de tamaño extra grande

† **jump¹** /dʒʌmp/ *v* [I] **1** ⇨saltar: *Stop jumping about!* - ¡Deja de saltar! **2** ⇨sobresaltar(se): *The telephone ringing made us jump* - El sonido del teléfono nos sobresaltó **3** to ~ {a/the} queue *UK* ⇨colarse **4** to ~ to conclusions ⇨llegar a una conclusión precipitada **5** to ~ up and down ⇨dar saltos

| PHRASAL VERBS
| · to jump at *sth* ⇨aprovechar algo ⇨atrapar
└ algo sin dudar

jump² /dʒʌmp/ *n* [c] **1** ⇨salto ⇨brinco **2** ⇨aumento: *a jump in price* - un aumento de precio **3** to make *sb* ~ ⇨dar un susto a alguien

† **jumper** UK: /'dʒʌm.pə'/ US: /-pə/ *n* [c] **1** *UK (UK/ US tb sweater)* ⇨jersey: *a roll neck jumper* - un jersey de cuello cisne **2** *US* ⇨mandil ⇨mono de trabajo ⇨pichi **3** *(persona)* ⇨saltador,-a

Jun *n* [c, u] ⇨forma abreviada de **June** (junio)

junction /'dʒʌŋk.ʃ°n/ *UK (US intersection) n* [c] **1** ⇨cruce **2** *(en una autopista)* ⇨salida

† **June** /dʒuːn/ *n* [c, u] ⇨junio: *in June* - en junio; *on 2nd June* - el 2 de junio ■ La forma abreviada es Jun

† **jungle** /'dʒʌŋ.ɡl/ *n* [c, u] ⇨selva: *the law of the jungle* - la ley de la selva

† **junior** UK: /'dʒuː.ni.ə'/ US: /-njə/ *adj* **1** ⇨joven **2** ⇨subalterno,na **3** *(en deportes)* ⇨juvenil **4** *(después del nombre)* ⇨hijo ■ Se emplea únicamente con hombres ■ La forma abreviada es Jr o Jnr **5** *(en relación con otros)* ⇨más joven ⇨más nuevo,va

junior school *UK n* [c] ⇨escuela de enseñanza primaria

junk /dʒʌŋk/ *n* [u] **1** *(inform)* ⇨trastos viejos ⇨basura **2** *(inform)* ⇨baratijas: *a junk shop* - una tienda de baratijas **3** *(barco)* ⇨junco

junk food *n* [c, u] ⇨comida basura

junk mail *n* [u] ⇨publicidad que se envía por correo

Jupiter UK: /'dʒuː.pɪ.tə'/ US: /-ˤtə/ *n* [NO PL] *(planeta)* ⇨Júpiter

juror UK: /'dʒʊə.rə'/ US: /'dʒʊr.ə/ *n* [c] ⇨miembro de un jurado

† **jury** UK: /'dʒʊə.ri/ US: /'dʒʊr.i/ *[pl juries] n* [c] ⇨jurado: *trial by jury* - juicio con jurado ■ Por ser un nombre colectivo se puede usar con el verbo en singular o en plural

† **just¹** /dʒʌst/ *adv* **1** ⇨acabar de ⇨recién *AMÉR.;* ⇨nomás *AMÉR.* ■ Se usa normalmente con el verbo en presente perfecto **2** ⇨ya **3** ⇨precisamente ⇨justo **4** ⇨justo cuando **5** ⇨solo **6** ⇨por poco **7** *Just as I thought!* - ¡Lo que me parecía! **8** it's ~ as well... ⇨menos mal que... **9** ~ about ⇨casi **10** ~ a {moment/second} ⇨un momento **11** ~ in case ⇨por si acaso **12** ~ like ⇨igual que ⇨típico,ca de **13** ~ now I ⇨ahora mismo **2** ⇨hace un momento **14** (only) ~ ⇨a duras penas ⇨con dificultad **15** to be ~ about to do *sth* ⇨estar a punto de hacer algo

just² /dʒʌst/ *adj* **1** ⇨justo,ta: *a just decision* - una decisión justa **2** ⇨merecido,da

† **justice** /'dʒʌs.tɪs/ *n* [u] **1** ⇨justicia **2** ~ department ⇨departamento de justicia **3** to bring *sb* to ~ *(un delincuente)* ⇨llevar ante los juzgados **4** to do *sth/sb* ~ ⇨hacer justicia: *The photo doesn't do you justice* - Esta foto no te hace justicia

justifiable /'dʒʌs.tɪ.faɪ.ə.bl̩, ˌ--'---/ *adj* ⇨justificable

† **justify** /'dʒʌs.tɪ.faɪ/ *[justifies, justified] v* [T] ⇨justificar: *You have to justify your absence* - Tienes que justificar tu ausencia

jut /dʒʌt/ to ~ {into/out} ⇨sobresalir: *The rock juts out from the sea* - La roca sobresale del mar

juvenile¹ UK: /'dʒuː.v°n.aɪl/ US: /-n[ə]l/ *adj* **1** ⇨juvenil: *a juvenile offender* - un delincuente juvenil **2** ⇨pueril

juvenile² UK: /'dʒuː.v°n.aɪl/ US: /-n[ə]l/ *n* [c] *(form)* ⇨menor

J≡

k /keɪ/ [pl k's] n [c] (letra del alfabeto) ⇒k

K /keɪ/ [pl K] n [c] (inform) ⇒forma abreviada de **thousand pounds** (mil libras) o **thousand dollars** (mil dólares): She earns 30K - Gana treinta mil libras

kaleidoscope UK: /kə'laɪ.də.skəʊp/ US: /-skoʊp/ n [c] ⇒caleidoscopio

kangaroo UK: /ˌkæŋ.gᵊr'uː/ US: /-gə'ruː/ n [c] ⇒canguro

karaoke UK: /ˌkær.i'əʊ.ki/ US: /ˌker.i'oʊ.ki/ n [U] ⇒karaoke

karat UK: /'kær.ət/ US: /'ker-/ US (UK carat) n [c] ⇒quilate: 4 carat gold - oro de cuatro quilates

karate UK: /kə'rɑː.ti/ US: /-ᵊ.t̬i/ n [U] ⇒kárate

kayak /'kaɪ.æk/ n [c] (embarcación) ⇒kayak

keel¹ /kiːl/ n [c] (en una embarcación) ⇒quilla

keel² /kiːl/
| PHRASAL VERBS
 · **to keel over 1** ⇒volcarse: The ship keeled over - El barco se volcó **2** ⇒desplomarse

†**keen** /kiːn/ adj **1** ⇒aficionado,da ⇒entusiasta ■ CONSTR. keen on sth **2** ⇒deseoso,sa ■ CONSTR. keen + to do sth **3** ⇒agudo,da **4** a keen interest - gran interés

†**keep¹**, kept, kept /kiːp/ v [T] **1** ⇒guardar ⇒conservar ⇒quedarse con **2** ⇒continuar ⇒seguir ⇒persistir ■ CONSTR. to keep + doing sth **3** (animales) ⇒tener ⇒criar **4** ⇒mantener ⇒sustentar **5** ⇒llevar **6** ⇒tener ⇒mantener **7** ⇒entretener ⇒retener **8** ⇒retener **9** ⇒quedarse **10** Keep quiet! - ¡Cállate! **11** ⇒perseverar ⇒seguir **12** (una ley, una promesa, un acuerdo) ⇒mantener ⇒observar ⇒cumplir **13** (una comida o una bebida) ⇒conservarse bien **14** to ~ a secret ⇒guardar un secreto **15** to ~ one's {promise/word} ⇒mantener la palabra ⇒cumplir la palabra
| PHRASAL VERBS
 · **to keep (sth/sb) away** ⇒mantener(se) alejado,da
 · **to keep sth back** ⇒guardar algo ⇒ocultar algo
 · **to keep sth down 1** ⇒mantener algo [bajo] **2** ⇒no vomitar algo
 · **to keep sth/sb from doing sth** ⇒evitar ⇒impedir
 · **to keep off sth** UK (un tema) ⇒evitar
 · **to keep (sth/sb) off** ⇒no tocar ⇒no entrar ⇒no pisar
 · **to keep on** UK (inform) ⇒dar la chapa col.
 · **to keep on doing sth** ⇒continuar ⇒seguir
 · **to keep out (of sth)** (inform) ⇒no entrar [en algo] col.
 · **to keep sth/sb out (of sth)** ⇒no dejar que entre
 · **to keep to sth** ⇒ceñirse a algo ⇒seguir algo
 · **to keep (sth) up** [M] **1** ⇒continuar ⇒seguir **2** ⇒sujetar ⇒sostener
 · **to keep up with sth/sb** ⇒mantener el ritmo ⇒seguir el paso

keep² /kiːp/ ■ n [U] **1** ⇒sustento ⇒manutención ■ n [c] **2** ⇒torreón

keeper UK: /'kiː.pəʳ/ US: /-pə/ n [c] **1** ⇒guarda ⇒vigilante **2** (tb goalkeeper) (inform) (en deportes) ⇒portero,ra

keeping /'kiː.pɪŋ/ n [U] **1** ⇒cuidado: to be in sb's keeping - estar al cuidado de alguien **2** in ~ with sth ⇒de acuerdo con algo ⇒conforme a algo

ken /ken/ n [U] **1** ⇒saber ⇒conocimiento **2** to be beyond one's ~ ⇒ser algo que alguien no sabe

kennel /'ken.ᵊl/ UK n [c] **1** ⇒caseta [de perro] **2** ⇒residencia canina

Kenya /'ken.jə/ n [U] ⇒Kenia

Kenyan /'ken.jən/ adj, n [c] ⇒keniata ⇒keniano,na

kept /kept/ past tense and past participle forms of **keep**

kerb UK: /kɜːb/ US: /kɝb/ UK (US curb) n [c] ⇒bordillo

kerosene /'ker.ə.siːn/ US (UK paraffin) n [U] ⇒parafina

ketchup /'ketʃ.ʌp/ n [U] ⇒ketchup

† **kettle** UK: /'ket.l/ US: /'ke°t̬-/ n [C] ⇨hervidor [de agua]

KETTLE

TEAPOT

† **key**¹ /kiː/ n [C] **1** ⇨llave: *I have lost my keys* - He perdido mis llaves **2** ⇨tecla **3** ⇨solución ⇨clave ■ CONSTR. *the key to sth*

key² /kiː/ adj ⇨clave ⇨decisivo,va

† **key**³ /kiː/ v [T, I] ⇨teclear

| PHRASAL VERBS
· to key sth in [M] ⇨introducir [datos]: *Key in your password* - Introduce tu contraseña

keyboard UK: /'kiː.bɔːd/ US: /-bɔːrd/ n [C] **1** ⇨teclado **2** *(instrumento musical)* ⇨teclado electrónico **3** ~ player ⇨teclista

keyhole UK: /'kiː.həʊl/ US: /-hoʊl/ n [C] ⇨ojo de la cerradura: *to peep through the keyhole* - mirar por el ojo de la cerradura

key ring n [C] ⇨llavero

kg n [C] ⇨forma abreviada de **kilogram** (kilogramo)

khaki /'kɑː.ki/ adj, n [U] *(color)* ⇨caqui

† **kick**¹ /kɪk/ v [T, I] **1** ⇨dar una patada: *to kick sb* - dar una patada a alguien **2** *(un animal)* ⇨cocear **3** to ~ oneself *(inform)* ⇨darse de tortas *col.;* ⇨tirarse de los pelos *col.* **4** to ~ the bucket *(inform)* ⇨estirar la pata *col.*

| PHRASAL VERBS
· to kick off [M] *(una actividad)* ⇨empezar
· to kick sb out [M] *(inform)* ⇨echar [a la fuerza] *col.*

kick² /kɪk/ n [C] **1** ⇨patada ⇨tiro ⇨coz **2** ⇨emoción fuerte

kick-off UK: /'kɪk.ɒf/ US: /-ɑːf/ n [C, U] ⇨saque de inicio ⇨comienzo de un partido

† **kid**¹ /kɪd/ n [C] **1** *(inform)* ⇨crío,a ⇨chaval,-a ⇨pelado,da *AMÉR. col.* **2** *(animal)* ⇨cabrito

kid² /kɪd/ [kidded, kidding] v [T, I] *(inform)* ⇨bromear: *I was just kidding* - Solo bromeaba

| PHRASAL VERBS
· to kid oneself ⇨engañarse a sí mismo,ma: *Don't kid yourself* - No te engañes a ti mismo

kidnap /'kɪd.næp/ [kidnapped, kidnapping] v [T] ⇨secuestrar [a una persona]: *He was kidnapped by the Mafia* - Lo secuestró la mafia ■ Comparar con *hijack* (secuestrar un medio de transporte)

kidnapping /'kɪd.næp.ɪŋ/ n [C, U] ⇨secuestro [de una persona] ■ Comparar con *hijack* (secuestro un medio de transporte)

† **kidney** /'kɪd.ni/ n [C, U] **1** ⇨riñón **2** ~ failure ⇨insuficiencia renal **3** ~ stone ⇨cálculo renal

† **kill**¹ /kɪl/ v [T, I] **1** ⇨matar ⇨ultimar *AMÉR.;* ⇨chingar *AMÉR. col.* **2** ⇨hacer mucha gracia: *He kills me* - Me parto de la risa con él **3** to ~ two birds with one stone ⇨matar dos pájaros de un tiro *col.*

| PHRASAL VERBS
· to kill sth/sb off [M] ⇨eliminar ⇨exterminar

† **kill**² /kɪl/ to go in for the ~ ⇨entrar a matar *col.*

killer UK: /'kɪl.əʳ/ US: /-ə/ n [C] **1** ⇨asesino,na **2** *US, Aus (inform)* ⇨divertido,da ⇨persona hábil

killing /'kɪl.ɪŋ/ n [C] **1** ⇨matanza ⇨asesinato **2** to make a ~ *(inform)* ⇨ganar una pasta *col.;* ⇨hacer el agosto *col.*

kiln /kɪln/ n [C] ⇨horno para cerámica

† **kilo** UK: /'kiː.ləʊ/ US: /-loʊ/ n [C] ⇨forma abreviada de **kilogram** (kilogramo)

† **kilogram** /'kɪl.ə.græm/ n [C] ⇨kilogramo ■ La forma abreviada es *kilo* o *kg*

† **kilometre** UK: /'kɪl.ə.miː.təʳ/ US: /kɪˈlɑː.mə.°t̬ə/ *UK* n [C] ⇨kilómetro ■ La forma abreviada es *km*

kilt /kɪlt/ n [C] ⇨falda escocesa

kin /kɪn/ n [PL] *(form)* ⇨parientes ⇨familiares

† **kind**¹ /kaɪnd/ n [C] **1** ⇨clase ⇨tipo **2** in ~ ⇨en especie: *to pay in kind* - pagar en especie **3** ~ of **1** *(inform)* ⇨en cierto modo: *«Are you angry?» «Well, kind of»* - «¿Estás enfadado?» «Pues, en cierto modo sí» **2** *(inform)* ⇨una especie de: *It's kind of yellow-orange* - Es una especie de amarillo anaranjado

† **kind**² /kaɪnd/ adj **1** ⇨amable: *It was very kind of you* - Fue muy amable de tu parte **2** ⇨bondadoso,sa **3** ~ gesture ⇨detalle

kindly¹ /'kaɪnd.li/ adv **1** ⇨amablemente **2** *(form) As you are not helping me with my bags, could you kindly open the door?* - Ya que no me ayudas con las bolsas, ¿tendrías la amabilidad de abrirme la puerta? ■ Denota disgusto o enfado por parte del hablante **3** not to take ~ to sth ⇨no gustar algo

kindly² /'kaɪnd.li/ adj [comp kindlier, superl kindliest] *(old-fash)* ⇨bondadoso,sa ■ Se usa más *kind*

kindness /'kaɪnd.nəs/ *n* [U] **1** ⇒amabilidad **2** ⇒bondad

† **king** /kɪŋ/ *n* [C] **1** ⇒rey **2** *(en ajedrez)* ⇒rey **3** *the Three Kings* - los Reyes Magos

† **kingdom** /'kɪŋ.dəm/ *n* [C] ⇒reino: *the plant kingdom* - el reino vegetal

kingfisher UK: /'kɪŋ.fɪʃ.ə'/ US: /-ə/ *n* [C] *(ave)* ⇒martín pescador

kiosk UK: /'kiː.ɒsk/ US: /-ɑːsk/ *n* [C] **1** ⇒quiosco **2** ⇒cabina telefónica

kip /kɪp/ *UK* **to have a ~** *(inform)* ⇒echarse un rato ⇒dar una cabezada *col.*

kipper UK: /'kɪp.ə'/ US: /-ə/ *UK n* [C] ⇒arenque ahumado

† **kiss¹** /kɪs/ *v* [T, I] ⇒besar: *He said goodnight and kissed me* - Me dio las buenas noches y me besó

† **kiss²** /kɪs/ *[pl* kisses] *n* [C] **1** ⇒beso: *to blow sb a kiss* - tirar un beso a alguien **2** **to give the ~ of life** ⇒hacer el boca a boca

† **kit** /kɪt/ ∎ *n* [C] **1** ⇒kit ⇒equipo **2** ⇒equipo de montaje ∎ *n* [U] **3** *UK (en deportes)* ⇒equipación **4** *(en el ejército)* ⇒uniforme **5** ⇒bártulos **6** **first aid ~** ⇒botiquín [de primeros auxilios] **7** **tool ~** ⇒juego de herramientas

† **kitchen** /'kɪtʃ.ən/ *n* [C] *(lugar)* ⇒cocina

kite /kaɪt/ *n* [C] **1** ⇒cometa ⇒papalote *AMÉR.;* ⇒barrilete *AMÉR.* **2** *(ave)* ⇒milano

kitten /'kɪt.ən/ US: /'kɪˤt̬-/ *n* [C] ⇒gatito,ta

kitty UK: /'kɪ.ti/ US: /-ˤt̬i/ *[pl* kitties] *n* [C] **1** ⇒fondo común ⇒bote **2** *(inform)* ⇒gatito,ta *col.*

kiwi /'kiː.wiː/ *n* [C] **1** *(fruta)* ⇒kiwi **2** *(ave)* ⇒kiwi

Kiwi *adj, n* [C] *(inform)* ⇒neozelandés,-a

km *n* [C] ⇒forma abreviada de **kilometre** (kilómetro)

knack /næk/ *n* [NO PL] **1** ⇒truco ⇒maña **2** ⇒tranquillo: *He's got the knack* - Ya le ha cogido el tranquillo

knackered UK: /'næk.əd/ US: /-əd/ *UK adj* **1** *(very inform)* ⇒hecho,cha polvo *col.;* ⇒agotado,da **2** *(inform)* ⇒escacharrado,da *col.*

knead /niːd/ *v* [T] **1** ⇒amasar: *The baker kneaded the mixture* - El panadero amasó la mezcla **2** ⇒dar un masaje ⇒masajear *col.*

† **knee** /niː/ *n* [C] **1** ⇒rodilla **2** **on** *one's* **knees** ⇒en las rodillas: *He sat the child on his knees* - Sentó al niño en las rodillas

kneecap /'niː.kæp/ *n* [C] ⇒rótula

† **kneel, knelt, knelt** *(US tb* kneeled, kneeled) /niːl/ *(tb* kneel down) *v* [I] ⇒arrodillarse: *The knight knelt down when he saw the queen* - El caballero se arrodilló al ver a la reina

knelt past tense and past participle forms of **kneel**

knew UK: /njuː/ US: /nuː/ past tense of **know**

knickers UK: /'nɪk.əz/ US: /-əz/ *UK (US* panties) *n* [PL] ⇒bragas ⇒calzonarias *AMÉR.;* ⇒bloomer *AMÉR.;* ⇒blúmer *AMÉR.*

† **knife¹** /naɪf/ *[pl* knives] *n* [C] ⇒cuchillo ⇒fierro *AMÉR.*

knife² /naɪf/ [knifed, knifing] *v* [T] ⇒acuchillar ⇒apuñalar

knight¹ /naɪt/ *n* [C] **1** *(en el medievo)* ⇒caballero **2** *(en ajedrez)* ⇒caballo

knight² /naɪt/ *v* [T] ⇒conferir el título de caballero

knighthood /'naɪt.hʊd/ *n* [C, U] ⇒título de caballero: *to give sb a knighthood* - otorgar a alguien el título de caballero

† **knit, knit, knit** *(tb* knitted, knitted) /nɪt/ [knitting] *v* [T, I] ⇒tricotar ⇒hacer punto ⇒tejer

knitting UK: /'nɪt.ɪŋ/ US: /'nɪˤt̬-/ *n* [U] ⇒labor de punto ⇒tejido *AMÉR.* ∎ Se dice *some knitting* o *a piece of knitting.* Incorrecto: *a knitting*

knitwear UK: /'nɪt.weə'/ US: /-wer/ *n* [U] ⇒artículo de punto

knives *n* [PL] See **knife**

knob UK: /nɒb/ US: /nɑːb/ *n* [C] **1** ⇒pomo ⇒tirador **2** *(de un televisor o de una radio)* ⇒mando [que gira]

† **knock¹** UK: /nɒk/ US: /nɑːk/ ∎ *v* [T] **1** ⇒golpear ∎ CONSTR. Se usa generalmente seguido de las preposiciones y adverbios *against, into, off* y *over* **2** *(inform)* ⇒criticar **3** *Don't knock it* - No lo desprecies ∎ *v* [I] **4** ⇒llamar [a la puerta] ∎ CONSTR. to knock at/on sth **5 to ~ on wood** *US (UK/US tb* **to touch wood)** *(inform)* ⇒tocar madera [por superstición]

| PHRASAL VERBS

· **to knock sth down [M]** *(un edificio)* ⇒derribar ⇒demoler
· **to knock sth/sb down [M]** *UK* ⇒atropellar
· **to knock off (sth)** *(inform)* ⇒terminar rápido ⇒terminar temprano
· **to knock sth off [M]** **1** *(inform)* ⇒robar algo **2** *(inform) (un precio)* ⇒rebajar ⇒hacer un descuento
· **to knock sb out [M]** **1** ⇒noquear a alguien ⇒dejar a alguien sin sentido **2** ⇒perder alguien el conocimiento **3** *(inform)* ⇒alucinar ⇒dejar pasmado,da **4** ⇒eliminar a alguien: *He was knocked out of the competition* - Lo eliminaron del concurso ∎ CONSTR. Se usa más en pasiva

knock² UK: /nɒk/ US: /nɑːk/ *n* [C] **1** ⇒golpe: *to receive a knock* - recibir un golpe **2** ⇒llamada a la puerta

knockout¹ UK: /'nɒk.aʊt/ US: /'nɑːk-/ *n* [C] **1** *(en boxeo)* ⇒KO **2** *(inform)* ⇒tío,-a bueno,na *col.*

knockout² UK: /'nɒk.aʊt/ US: /'nɑːk-/ *adj* a *knockout competition* - una eliminatoria

K

knot[1] UK: /nɒt/ US: /nɑːt/ *n* [C] ⇨nudo: *a slip knot* - un nudo corredizo **2 to tie the ~** *(inform)* ⇨casarse

knot[2] UK: /nɒt/ US: /nɑːt/ [knotted, knotting] *v* [T] ⇨anudar

[†] **know, knew, known** UK: /nəʊ/ US: /noʊ/ ▋ *v* [T, I] **1** ⇨saber: *I know where you live* - Sé dónde vives; *Do you know how to use this program?* - ¿Sabes usar este programa?; *God knows!* - ¡Sabe Dios!; *You never know* - Nunca se sabe; *as far as I know* - que yo sepa ■ CONSTR. 1. to know + (that) 2. to know + to do sth 3. to know + interrogativa indirecta ▋ *v* [T] **2** ⇨conocer: *Do you know him?* - ¿Lo conoces?; *That is also known as...* - Eso también se conoce como... **3** ⇨reconocer **4 to get to ~** ⇨llegar a conocer **5 to let** *sb* **~** *(sth)* ⇨informar a alguien [de algo] ⇨avisar a alguien [de algo]

knowing UK: /ˈnəʊ.ɪŋ/ US: /ˈnoʊ-/ *adj* **1** ⇨de complicidad: *a knowing glance* - una mirada de complicidad **2** *There's no knowing* - No hay manera de saberlo

knowingly UK: /ˈnəʊ.ɪŋ.li/ US: /ˈnoʊ-/ *adv* ⇨deliberadamente ⇨con complicidad

[†] **knowledge** UK: /ˈnɒl.ɪdʒ/ US: /ˈnɑː.lɪdʒ/ *n* [U] **1** ⇨conocimientos **2** *to my knowledge* - que yo sepa

knowledgeable UK: /ˈnɒl.ɪ.dʒə.bl̩/ US: /ˈnɑː.lɪ-/ *adj* ⇨informado,da ⇨instruido,da

known UK: /nəʊn/ US: /noʊn/ *past participle of* **know**

knuckle[1] /ˈnʌk.l̩/ *n* [C] ⇨nudillo

knuckle[2] /ˈnʌk.l̩/ **to ~ down (to** *sth***)** *(inform)* ⇨poner(se) manos a la obra [con algo] *col.;* ⇨poner(se) a trabajar en serio

koala (bear) UK: /kəʊˈɑː.lə/ US: /koʊ-/ *n* [C] ⇨koala

Koran UK: /ðə.kɒrˈɑːn/ US: /-kəˈrɑːn/ *n* [NO PL] ⇨Corán

Kurd UK: /kɜːd/ US: /kɜːd/ *n* [C] ⇨kurdo,da

Kuwait UK: /kjuːˈweɪt/ US: /kuː-/ *n* [U] ⇨Kuwait

Kuwaiti UK: /kjuːˈweɪ.ti/ US: /kuːˈweɪ.ˤti/ *adj, n* [C] ⇨kuwaití

K≡

l /el/ [pl l's] n [c] 1 (letra del alfabeto) ⇒l 2 ⇒forma abreviada de **litre** (litro)

L /el/ n [NO PL] ⇒forma abreviada de **learner driver** (aprendiz,-a de conductor,-a)

la /lɑː/ (tb lah) n [U, NO PL] (nota musical) ⇒la

† lab /læb/ n [c] (inform) ⇒forma abreviada de **laboratory** (laboratorio)

label¹ /'leɪ.bəl/ n [c] ⇒etiqueta: What does it say in the label? - ¿Qué pone en la etiqueta?

label² /'leɪ.bəl/ [labelled, labelling; US labeled, labeling] v [T] 1 (a un objeto) ⇒poner una etiqueta ⇒etiquetar 2 (a una persona) ⇒etiquetar ■ CONSTR. Se usa más en pasiva

† laboratory UK: /ləˈbɒr.ə.tri/ US: /'læb.rə.tɔːr.i/ [pl laboratories] n [c] ⇒laboratorio: laboratory tests - pruebas de laboratorio ■ La forma abreviada es lab

laborer UK: /'leɪ.bər.ər/ US: /-bɚ.ɚ/ US n [c] See **labourer**

labor union US n [c] ⇒sindicato

labour¹ UK: /'leɪ.bər/ US: /-bɚ/ UK n [U] 1 ⇒trabajo 2 ⇒mano de obra 3 ⇒parto: to go into labour - ponerse de parto

labour² UK: /'leɪ.bər/ US: /-bɚ/ UK v [I] 1 (form) ⇒trabajar 2 ⇒luchar ⇒esforzarse ■ CONSTR. to labour + to do sth

labourer UK: /'leɪ.bər.ər/ US: /-bɚ.ɚ/ UK (US laborer) n [c] 1 ⇒obrero,ra ⇒peón 2 day ~ ⇒jornalero,ra

Labour Party n [NO PL] (en Reino Unido) ⇒Partido Laborista

labyrinth /'læb.ə.rɪnθ/ n [c] ⇒laberinto

lace¹ /leɪs/ ■ n [U] 1 ⇒encaje ■ n [c] 2 ⇒cordón: Tie your laces - Átate los cordones ■ Se usa más en plural

lace² /leɪs/ [laced, lacing] v [T] 1 (tb lace up) ⇒atar [los cordones] 2 (a una bebida o comida) ⇒añadir alcohol

† lack¹ /læk/ n [U] ⇒carencia ⇒falta

† lack² /læk/ v [T] 1 ⇒carecer ⇒faltar 2 to be lacking ⇒faltar 3 to be lacking in sth ⇒carecer de [una cualidad]

lacquer UK: /'læk.ər/ US: /-ɚ/ n [U] ⇒laca [para metal y madera]

† lad /læd/ UK n [c] ⇒chaval col.; ⇒huerco AMÉR. ■ Se emplea únicamente con hombres

† ladder UK: /'læd.ər/ US: /-ɚ/ n [c] 1 ⇒escalera de mano 2 UK (US run) (en unas medias) ⇒carrera

laden /'leɪ.dən/ adj ⇒cargado,da [de peso]: He arrived home laden with gifts - Llegó a casa cargado de regalos

Ladies UK n [NO PL] (euphem) ⇒servicio de señoras

ladle /'leɪ.dl̩/ n [c] ⇒cucharón ⇒cazo [de servir]

† lady /'leɪ.di/ [pl ladies] n [c] 1 ⇒señora ⇒dama 2 little old lady - viejecita 3 (título) ⇒Lady 4 ladies and gentlemen ⇒señoras y señores 5 the First Lady ⇒la primera dama

ladybird UK: /'leɪ.di.bɜːd/ US: /-bɝːd/ UK n [c] (insecto) ⇒mariquita

lag¹ /læg/ (tb time lag) n [c] ⇒lapso ⇒intervalo ⇒desfase

lag² /læg/ [lagged, lagging] v [T] 1 ⇒revestir 2 Aus (inform) (una persona) ⇒detener ⇒condenar

PHRASAL VERBS
· to lag behind sth/sb ⇒rezagar(se) ⇒ir por detrás ⇒estar a la zaga

lager UK: /'lɑː.gər/ US: /-gɚ/ n [c, U] ⇒lager ⇒cerveza rubia

lagoon /ləˈguːn/ n [c] ⇒albufera

lah (tb la) n [U, NO PL] (nota musical) ⇒la

laid /leɪd/ past tense and past participle forms of **lay**

lain /leɪn/ past participle of **lie**

† lake /leɪk/ n [c] ⇒lago

lakeside /'leɪk.saɪd/ by the ~ ⇒a orillas del lago

† lamb /læm/ n [c] ⇒cordero,ra: roast lamb - cordero asado ■ PRON. La b no se pronuncia

lame /leɪm/ adj 1 (una excusa) ⇒pobre ⇒poco convincente 2 ⇒cojo,ja ⇒rengo,ga AMÉR.

lament /ləˈment/ v [T, I] (form) ⇒lamentar(se) ⇒llorar

† lamp /læmp/ n [c] ⇒lámpara: bedside lamp - lámpara de mesilla de noche

lamppost UK: /ˈlæmp.pəʊst/ US: /-poʊst/ n [c] ⇒farola ⇒foco AMÉR.

lampshade /ˈlæmp.ʃeɪd/ n [c] *(en una lámpara)* ⇒pantalla

† **land¹** /lænd/ n [U] **1** ⇒tierra: *dry land* - tierra firme **2** ⇒terreno ⇒tierra **3** *(lit)* ⇒patria ⇒tierra

† **land²** /lænd/ ∎ v [T, I] **1** ⇒aterrizar ⇒amerizar ⇒alunizar ∎ v [T] **2** ⇒pescar *col.;* ⇒conseguir

| PHRASAL VERBS
· **to land** *sb* **with** *sth* ⇒endilgar a alguien algo
 col.; ⇒endosar a alguien algo *col.*

landed /ˈlæn.dɪd/ adj *the landed gentry* - los terratenientes

landfill /ˈlænd.fɪl/ ∎ n [U] **1** ⇒entierro de residuos ∎ n [c] **2** ⇒vertedero

† **landing** /ˈlæn.dɪŋ/ n [c] **1** ⇒aterrizaje: *crash landing* - aterrizaje forzoso **2** *(en un edificio)* ⇒descansillo ⇒rellano

landlady /ˈlændˌleɪ.di/ [pl landladies] n [c] **1** ⇒casera **2** ⇒encargada [de un bar o pub]

landline /ˈlænd.laɪn/ n [c] **1** ⇒cable telefónico [subterráneo] **2** ⇒teléfono fijo: *use the landline* - utiliza el teléfono fijo

landlord UK: /ˈlænd.lɔːd/ US: /-lɔːrd/ n [c] **1** ⇒casero **2** ⇒encargado [de un bar o pub]

landmark UK: /ˈlænd.mɑːk/ US: /-mɑːrk/ n [c] **1** ⇒punto destacado ⇒punto de referencia [que ayuda a la orientación] **2** ⇒monumento representativo ⇒monumento emblemático **3** ⇒hito **4** ⇒mojón ⇒marca de tierra

landowner UK: /ˈlændˌəʊ.nəʳ/ US: /-ˌoʊ.nɚ/ n [c] ⇒terrateniente ⇒hacendado,da AMÉR.

† **landscape** /ˈlænd.skeɪp/ n [c, U] ⇒paisaje ⇒panorama

landslide /ˈlænd.slaɪd/ n [c] **1** ⇒desprendimiento de tierra **2** *(en unas elecciones)* ⇒victoria aplastante

† **lane** /leɪn/ n [c] **1** *(en una vía)* ⇒carril **2** ⇒camino rural **3** *(en una ciudad)* ⇒calle **4** *(en navegación y en aviación)* ⇒ruta **5** *(en atletismo)* ⇒calle

† **language** /ˈlæŋ.gwɪdʒ/ ∎ n [U] **1** ⇒lenguaje ∎ n [c] **2** ⇒idioma ⇒lengua **3** *bad* ~ ⇒palabrotas ∎ PRON. *La última parte,* guage, *rima con* fridge

lantern UK: /ˈlæn.tən/ US: /-tən/ n [c] ⇒farol ∎ Distinto de torch *(linterna)*

lap¹ /læp/ n [c] **1** ⇒regazo **2** *(en deportes)* ⇒vuelta

lap² /læp/ [lapped, lapping] ∎ v [T] **1** *(un animal)* ⇒beber a lengüetazos ∎ v [T, I] **2** *(las olas)* ⇒lamer

| PHRASAL VERBS
· **to lap** *sth* **up** [M] **1** *(inform)* ⇒absorber algo con avidez **2** ⇒estar en la gloria con algo
 ⇒disfrutar de algo

lapel /ləˈpel/ n [c] *(en una prenda de vestir)* ⇒solapa

lapse¹ /læps/ n [c] **1** ⇒fallo ⇒lapsus **2** ⇒lapso [de tiempo]

lapse² /læps/ [lapsed, lapsing] v [I] **1** *(un contrato, una situación legal)* ⇒extinguir(se) ⇒caducar(se) **2** ⇒perder(se) ⇒decaer **3** *(el tiempo)* ⇒transcurrir

| PHRASAL VERBS
· **to lapse into** *sth* ⇒caer [en un estado]: *Brian lapsed into apathy* - Brian cayó en la apatía

laptop UK: /ˈlæp.tɒp.kəmˈpjuː.təʳ/ US: /-tɑːp.kəmˈpjuː.ʲtə/ n [c] ⇒ordenador portátil

† **large** UK: /lɑːdʒ/ US: /lɑːrdʒ/ adj **1** ⇒grande: *a large box* - una caja grande; *a large amount* - una gran cantidad **2** *by and* ~ ⇒en general ⇒en conjunto **3** *to be at* ~ *(una persona o un animal peligroso)* ⇒estar en libertad ∎ Distinto de long *(largo)*

† **largely** UK: /ˈlɑːdʒ.li/ US: /ˈlɑːrdʒ-/ adv ⇒mayormente *col.;* ⇒en su mayor parte ⇒en gran parte

large-scale adj ⇒a gran escala ⇒de gran magnitud

lark UK: /lɑːk/ US: /lɑːrk/ n [c] **1** *(ave)* ⇒alondra **2** ⇒broma ⇒diversión ⇒travesura

lasagne UK: /ləˈzæn.jə/ US: /-ˈzɑː.njə/ UK n [U] ⇒lasaña

† **laser** UK: /ˈleɪ.zəʳ/ US: /-zɚ/ n [c] ⇒láser: *laser surgery* - cirugía láser ∎ PRON. *La* a *se pronuncia como la* a *de* lake

lash¹ /læʃ/ ∎ v [T, I] **1** *(el viento, la lluvia)* ⇒azotar ∎ v [T] **2** ⇒atar ⇒amarrar ∎ CONSTR. *Se usa generalmente seguido de una preposición o un adverbio*

| PHRASAL VERBS
· **to lash out at** *sth/sb* **1** ⇒atacar ⇒arremeter **2** ⇒azotar ⇒golpear

lash² /læʃ/ [pl lashes] n [c] **1** ⇒latigazo **2** ⇒látigo **3** ⇒pestaña

lass /læs/ [pl lasses] Scot, North Eng n [c] ⇒chavala *col.;* ⇒huerca AMÉR. ∎ *Se emplea únicamente con mujeres*

† **last¹** UK: /lɑːst/ US: /læst/ adj **1** ⇒último,ma: *the last days of summer* - los últimos días de verano ∎ CONSTR. *the last* + *to do sth* **2** ⇒pasado,da: *I went to the cinema last Saturday* - Fui al cine el sábado pasado ∎ *Se dice* Last year they went to Greece - El año pasado fueron a Grecia. *Incorrecto: The last year they went to Greece* ∎ *Solo se usa* the *con* last *cuando forma parte de una cláusula con* that *o cuando se alude a un período de tiempo que continúa en el presente: I haven't been to school for the last few days - No he ido al cole en estos últimos días* **3** *to have the* ~ *laugh* ⇒reírse el último, reírse la última

† **last²** UK: /lɑːst/ US: /læst/ adv **1** ⇒último: *to arrive last* - llegar el último **2** *When did they last visit you?* - ¿Cuándo os visitaron la última vez? **3** *at* (long) ~ ⇒al fin ⇒por fin **4** ~ *but not least* ⇒el

L

último pero no menos importante, la última pero no menos importante

† **last**³ UK: /lɑːst/ US: /læst/ **1 the day before ~** ⇒anteayer **2 the ~** ⇒el último, la última: *She was the last to leave home* - Fue la última en marcharse de casa ■ CONSTR. the last + to do sth

† **last**⁴ UK: /lɑːst/ US: /læst/ *v* [T, I] **1** *(tiempo)* ⇒durar ⇒perdurar ■ Se usa para hacer referencia a la duración de algo *The film lasts nearly two hours* - La película dura casi dos horas; *This battery should last at least a year* - Esta pila debería durar un año por lo menos. Comparar con *to take* **2** ⇒alcanzar ⇒durar

lasting UK: /'lɑː.stɪŋ/ US: /'læs.tɪŋ/ *adj* ⇒duradero,ra: *a lasting relationship* - una relación duradera

lastly UK: /'lɑːst.li/ US: /'læst-/ *adv* ⇒finalmente ⇒por último

last-minute UK: /ˌlɑːst'mɪn.ɪt/ US: /ˌlæst-/ *adj* ⇒de última hora: *a last-minute rush* - las prisas de última hora

latch¹ /lætʃ/ [*pl* latches] *n* [c] *(en una puerta)* ⇒pasador ⇒pestillo

latch² /lætʃ/ *v* [T, I] ⇒cerrar con pestillo
| PHRASAL VERBS
| · **to latch on** UK *(inform)* ⇒entender ⇒pillar
└ *col.*

† **late** /leɪt/ *adj, adv* **1** ⇒tarde: *I arrived late* - Llegué tarde ■ La forma comparativa del adjetivo es *later* y la forma superlativa es *latest* **2** *The report will be published in late June* - El informe se publicará a finales de junio; *She's in her late seventies* - Roza los ochenta **3** ⇒difunto,ta

lately /'leɪt.li/ *adv* ⇒últimamente

† **latest** /'leɪ.tɪst/ US: /-ˈt̬ɪst/ *adj* **1** the superlative form of **late 2** ⇒último,ma ⇒más reciente ■ Distinto de *last* (el último, final) **3 at the ~** ⇒como muy tarde

lather¹ UK: /'lɑː.ðəʳ/ US: /'læð.ɚ/ ■ *n* [NO PL] **1** ⇒espuma [de jabón] ■ *n* [U] **2** *(en un caballo)* ⇒sudor

lather² UK: /'lɑː.ðəʳ/ US: /'læð.ɚ/ *v* [T, I] **1** ⇒hacer espuma **2** ⇒enjabonar(se): *to lather one's hair* - enjabonarse el pelo

Latin UK: /'læt.ɪn/ US: /'læˈt̬-/ *n* [U] ⇒latín

Latino UK: /ˌlæt'iː.nəʊ/ US: /-noʊ/ *US n* [c] ⇒latinoamericano,na [residente en EE. UU.]

latitude UK: /'læt.ɪ.tjuːd/ US: /'læˈt̬.ɪ.tuːd/ ■ *n* [c, U] **1** ⇒latitud ■ *n* [U] **2** *(form)* ⇒libertad [de acción]

† **latter** UK: /'læt.əʳ/ US: /'læˈt̬.ɚ/ *pron* **1** *(form)* ⇒el último, la última: *the latter half of the year* - la última mitad del año **2 the ~** ⇒este último, esta última: *I'm studying German and Italian, but I find the latter easier* - Estudio alemán e italiano, pero este último me resulta más sencillo

Latvia /'læt.vi.ə/ *n* [U] ⇒Letonia

Latvian /'læt.vi.ən/ *adj, n* [c] ⇒latvio,via ⇒letón,-a

† **laugh**¹ UK: /lɑːf/ US: /læf/ *v* [I] ⇒reír(se): *She couldn't stop laughing* - No podía parar de reírse
| PHRASAL VERBS
└ **to laugh at sth/sb** ⇒reírse de

laugh² UK: /lɑːf/ US: /læf/ *n* [c] **1** ⇒risa ⇒carcajada **2 to be a (good) ~** *UK (inform)* ⇒ser divertido,da

laughing *n* [U] **1** ⇒risa **2** *He says laughing is good for you* - Dice que reírse es saludable **3** *It's no laughing* - No es para reírse

† **laughter** UK: /'lɑːf.təʳ/ US: /'læf.tɚ/ *n* [U] ⇒risas

launch¹ UK: /lɔːntʃ/ US: /lɑːntʃ/ *v* [T] **1** *(una embarcación)* ⇒botar **2** *(un producto)* ⇒lanzar **3** *(un cohete)* ⇒lanzar ■ PRON. La primera parte, *lau*, se pronuncia como *lor* en *lord*
| PHRASAL VERBS
| · **to launch into sth** ⇒empezar a {decir/criticar} └ algo

† **launch**² UK: /lɔːntʃ/ US: /lɑːntʃ/ [*pl* launches] *n* [c] **1** ⇒lancha **2** ⇒lanzamiento **3** *(de una embarcación)* ⇒botadura ■ PRON. La primera parte, *lau*, se pronuncia como *lor* en *lord*

launder UK: /'lɔːn.dəʳ/ US: /'lɑːn.dɚ/ *v* [T] **1** *(una prenda de vestir)* ⇒lavar y planchar **2** *(dinero)* ⇒blanquear

launderette® UK: /ˌlɔːn'dret/ US: /ˌlɑːn-/ *UK n* [c] ⇒lavandería automática

laundry UK: /'lɔːn.dri/ US: /'lɑːn-/ ■ *n* [U] **1** ⇒ropa sucia **2** ⇒colada: *to do the laundry* - hacer la colada ■ *n* [c] **3** ⇒lavandería ■ El plural es *laundries*

lava /'lɑː.və/ *n* [U] ⇒lava

lavatory /'læv.ə.tri/ [*pl* lavatories] *UK n* [c] *(form)* ⇒aseo ⇒retrete

lavender UK: /'læv.ɪn.dəʳ/ US: /-dɚ/ *n* [U] **1** *(planta)* ⇒lavanda **2** ⇒azul lavanda

lavish /'læv.ɪʃ/ *adj* **1** ⇒suntuoso,sa ⇒lujoso,sa ⇒desmesurado,da **2** ⇒abundante ⇒profuso,sa ⇒generoso,sa

† **law** UK: /lɔː/ US: /lɑː/ *n* [c, U] **1** ⇒ley: *The law says that everyone is equal* - La ley dice que todos somos iguales; *a law to ban smoking in public areas* - una ley que prohíbe fumar en zonas públicas ■ CONSTR. 1. a law + doing sth 2. a law + to do sth **2** ⇒derecho: *I studied law* - He estudiado derecho **3 against the ~** ⇒en contra de la ley: *That is against the law* - Eso va en contra de la ley **4 court of ~** ⇒tribunal de justicia

lawful UK: /'lɔː.fʰl/ US: /'lɑː-/ *adj (form)* ⇒legal

† **lawn** UK: /lɔːn/ US: /lɑːn/ *n* [c, U] ⇒césped ⇒pasto *AMÉR.*

lawnmower UK: /'lɔːnˌməʊ.əʳ/ US: /'lɑːnˌmoʊ.ɚ/ *n* [c] ⇒cortacésped

† **lawsuit** UK: /'lɔː.sjuːt/ US: /'lɑː.suːt/ *n* [c] **1** ⇒pleito **2** ⇒demanda judicial: *to file a lawsuit against sb* - interponer una demanda judicial contra alguien

† **lawyer** UK: /'lɔɪ.ə'/ US: /'lɑː.jə/ (*US tb* **attorney**) *n* [c] ⇨abogado,da

† **lay¹**, laid, laid /leɪ/ ❚ **1** past tense of **lie** (echarse, estar situado) ❚ *v* [T] **2** ⇨colocar ⇨poner **3** *(en posición horizontal)* ⇨echar ⇨poner ■ CONSTR. Se usa generalmente seguido de una preposición o un adverbio **4** to ~ the table *(tb* to set the table) ⇨poner la mesa

| PHRASAL VERBS
· **to lay sth down** [M] **1** *(una regla o una norma)* ⇨establecer **2** *(un arma)* ⇨deponer ⇨abandonar
· **to lay into sb** *(inform)* ⇨despotricar contra alguien *col.*; ⇨criticar a alguien ⇨atacar a alguien
· **to lay sb off** [M] ⇨despedir a alguien ⇨cesantear a alguien *AMÉR.*; ⇨botar a alguien *AMÉR.*
· **to lay sth on** [M] *UK* ⇨proporcionar algo ⇨ofrecer algo
· **to lay sth out** [M] **1** ⇨extender algo ⇨esparcir
└─ algo **2** ⇨explicar algo ⇨exponer algo

lay³ /leɪ/ *adj* **1** ⇨laico,ca ⇨secular **2** ⇨lego,ga ⇨profano,na

lay-by /'leɪ.baɪ/ [*pl* lay-bys] *UK n* [c] *(en una carretera)* ⇨área de descanso

† **layer** UK: /'leɪ.ə'/ US: /-ə/ *n* [c] **1** ⇨capa [plana, superpuesta a otra]: *a layer of jam* - una capa de mermelada **2** ⇨estrato

layout /'leɪ.aʊt/ *n* [c] **1** ⇨distribución ⇨disposición ⇨trazado **2** *(de una página)* ⇨composición

lazily /'leɪ.zɪ.li/ *adv* ⇨perezosamente ⇨relajadamente

† **lazy** /'leɪ.zi/ *adj* [*comp* lazier, *superl* laziest] **1** ⇨vago,ga ⇨perezoso,sa **2** ⇨lento,ta ⇨relajado,da ■ Distinto de *vague* (impreciso)

lb [*pl* lbs] *n* [c] *(unidad de peso)* ⇨forma abreviada de **pound** (libra)

† **lead¹**, led, led /liːd/ *v* [T, I] **1** *(form)* ⇨ir delante ⇨guiar **2** ⇨llevar ⇨conducir **3** ⇨llevar la delantera ⇨encabezar ⇨puntear *AMÉR.* **4** ⇨dirigir ⇨liderar ■ PRON. Rima con *red*

| PHRASAL VERBS
· **to lead to sth** ⇨dar lugar a algo ⇨causar
└─ **to lead up to sth** ⇨preceder a algo

† **lead²** /led/ ❚ *n* [U] **1** *(metal)* ⇨plomo ❚ *n* [c, U] **2** ⇨mina [de un lápiz] ■ PRON. Rima con *red*

lead³ /liːd/ ❚ *n* [NO PL] **1** *(en deportes)* ⇨ventaja **2** *Sally is in the lead, I think she is going to win* - Sally va en cabeza, creo que va a ganar ❚ *n* [c] **3** *(en cine o en teatro)* ⇨papel principal ⇨protagonista **4** *UK* *(UK/US tb* **leash**) ⇨correa [para un animal] **5** *UK* *(US* **cord**) ⇨cable [eléctrico] **6** ⇨pista ⇨indicio

† **leader** UK: /'liː.də'/ US: /-də/ *n* [c] **1** ⇨líder ⇨jefe,fa **2** ⇨editorial [de un periódico]

† **leadership** UK: /'liː.də.ʃɪp/ US: /-də-/ *n* [U] ⇨liderazgo

† **leading** /'liː.dɪŋ/ *adj* ⇨principal

lead singer *n* [c] ⇨solista

† **leaf** /liːf/ [*pl* leaves] *n* [c] **1** ⇨hoja [de una planta o árbol]: *the fallen leaves* - las hojas caídas **2** ⇨página **3** to take a ~ out of *sb's* book *UK* ⇨tomar ejemplo de alguien

leaflet /'liː.flət/ *n* [c] ⇨folleto: *a leaflet with the exhibition details* - un folleto con los detalles de la exposición

† **league** /liːg/ *n* [c] **1** *(en deportes)* ⇨liga **2** *(de personas o países)* ⇨liga ⇨sociedad **3** not to be in the same ~ as *sth/sb* *(inform)* ⇨no estar a la altura de **4** to be in ~ with *sb* ⇨estar compinchado,da con alguien *col.*

† **leak¹** /liːk/ ❚ *v* [T, I] **1** ⇨gotear ⇨perder ⇨tener un escape **2** ⇨salirse [por un agujero]: *The vinegar has leaked all over the bag* - El vinagre se ha salido por toda la bolsa ❚ *v* [T] **3** *(información)* ⇨filtrar

leak² /liːk/ *n* [c] **1** ⇨escape ⇨fuga **2** ⇨filtración [de información]

† **lean¹**, leant, leant *(tb* leaned, leaned) /liːn/ *v* [T, I] ⇨inclinar(se): *That tower leans to one side* - Esa torre se inclina hacia un lado ■ CONSTR. Se usa generalmente seguido de una preposición o un adverbio

| PHRASAL VERBS
· **to lean (sth) {against/on} sth** ⇨apoyar(se) en algo: *Don't lean against the wall* - No te apoyes en la pared; *She has always leaned on her mother for support* - Siempre se ha apoyado en su madre

lean² /liːn/ *adj* **1** ⇨delgado,da ⇨enjuto,ta **2** *(la carne)* ⇨magro,gra

leant past tense and past participle forms of **lean**

leap¹, leapt, leapt *(tb* leaped leaped) /liːp/ *v* [I] ⇨brincar ⇨saltar ■ CONSTR. Se usa generalmente seguido de las preposiciones y adverbios out of, over y up

leap² /liːp/ *n* [c] ⇨brinco ⇨salto: *a leap in the dark* - un salto al vacío

leapt past tense and past participle forms of **leap**

† **learn**, learnt, learnt *(US tb* learned, learned) UK: /lɜːn/ US: /lɜːn/ ❚ *v* [T, I] **1** ⇨aprender ■ CONSTR. 1. to learn + to do sth 2. to learn + interrogativa indirecta ❚ *v* [T] **2** ⇨aprender(se) algo ⇨estudiar(se) algo

| PHRASAL VERBS
└─ **to learn {about/of} sth** ⇨enterarse de algo

learned UK: /'lɜː.nɪd/ US: /'lɜː-/ *adj (form)* ⇨culto,ta ⇨erudito,ta ⇨docto,ta

learner UK: /'lɜː.nə'/ US: /'lɜː.nə/ *n* [c] **1** ⇨estudiante ⇨principiante **2** *to be a slow learner* - tener dificultades de aprendizaje

L

learning UK: /'lɜː.nɪŋ/ US: /'lɜː-/ n [U] 1 ⇒aprendizaje: *learning curve* - proceso de aprendizaje 2 ⇒erudición 3 ⇒cultura

learnt past tense and past participle forms of **learn**

lease¹ /liːs/ n [c] ⇒alquiler ⇒arrendamiento

lease² /liːs/ [leased, leasing] v [T] ⇒alquilar ⇒arrendar *AMÉR.* ■ CONSTR. to lease + dos objetos

leash /liːʃ/ [pl leashes] (*UK tb* lead) n [c] ⇒correa [para un animal]: *to keep a dog on the leash* - llevar a un perro con la correa

† **least¹** /liːst/ adj, n [U] 1 the superlative form of **little** 2 ⇒menor ⇒mínimo,ma

† **least²** /liːst/ adv 1 ⇒menos: *I like that shirt least* - Esa es la camisa que menos me gusta 2 at ~ ⇒al menos ⇒por lo menos 3 at the ~ ⇒como mínimo 4 not in the ~ ⇒en absoluto: *I'm not in the least worried* - No estoy preocupada en absoluto 5 not ~ (*form*) ⇒especialmente

† **leather** UK: /'leð.ə²/ US: /-ə/ n [U] ⇒cuero

† **leave¹**, left, left /liːv/ [leaving] ■ v [T, I] 1 ⇒salir [de un lugar]: *I leave home at seven every morning* - Salgo de casa a las siete todos los días ■ v [T] 2 ⇒dejar [en un lugar] 3 ⇒dejar olvidado,da ⇒dejar 4 ⇒dejar [como herencia]

| PHRASAL VERBS
| · **to be left over** ⇒sobrar: *There was a lot of food left over* - Sobraba mucha comida
| · **to leave** *sth/sb* **behind [M]** ⇒olvidar(se)
| · **to leave** *sth/sb* **out [M]** ⇒dejar fuera ⇒excluir
|__ ⇒omitir

leave² /liːv/ n [U] 1 ⇒permiso 2 ⇒baja: *maternity leave* - baja por maternidad

leaves /liːvz/ n [PL] See **leaf**

Lebanese /ˌleb.ə'niːz/ [pl Lebanese] adj, n [c] ⇒libanés,-a

Lebanon /'leb.ə.nən/ n [U] ⇒Líbano

lecture¹ UK: /'lek.tʃə²/ US: /-tʃə/ n [c] 1 ⇒conferencia ⇒clase [en la universidad] 2 ⇒sermón ⇒reprimenda ■ Distinto de *reading* (lectura)

lecture² UK: /'lek.tʃə²/ US: /-tʃə/ [lectured, lecturing] ■ v [I] 1 ⇒dar una conferencia ■ CONSTR. to lecture in/on sth ■ v [T] 2 ⇒sermonear ■ CONSTR. to lecture sb on sth

lecturer UK: /'lek.tʃ³r.ə²/ US: /-tʃə.ə/ n [c] 1 ⇒conferenciante 2 *UK* ⇒profesor,-a de universidad ■ Distinto de *reader* (lector)

led /led/ past tense and past participle forms of **lead**

ledge /ledʒ/ n [c] 1 ⇒saliente ⇒repisa 2 the window ~ ⇒el alféizar

leek /liːk/ n [c] ⇒puerro

† **left¹** /left/ adj, adv 1 (*un lado*) ⇒izquierdo,da 2 (*una orientación*) ⇒a la izquierda

† **left²** /left/ n [NO PL] ⇒izquierda: *In Britain people drive on the left* - En Gran Bretaña se conduce por la izquierda

† **left³** /left/ past tense and past participle forms of **leave**

† **left-hand** /'left.hænd/ adj ⇒a la izquierda ⇒a mano izquierda

left-handed /ˌleft'hæn.dɪd/ adj ⇒zurdo,da

leftover UK: /'left.əʊ.və²/ US: /'lef.⁵tʃou.və/ adj ⇒sobrante: *Give me a bag for the leftover food* - Dame una bolsa para la comida sobrante

left-wing /ˌleft'wɪŋ/ adj ⇒de izquierdas: *a left-wing politician* - un político de izquierdas

† **leg** /leg/ n [c] 1 (*de una persona*) ⇒pierna 2 (*de un animal*) ⇒pata 3 (*de un mueble*) ⇒pata 4 (*de un pantalón*) ⇒pernera 5 (*de un viaje, una carrera o una eliminatoria*) ⇒etapa ⇒tramo ⇒vuelta

† **legacy** /'leg.ə.si/ [pl legacies] n [c] ⇒legado ⇒herencia

† **legal** /'liː.g³l/ adj ⇒legal: *legal action* - acciones legales

legend /'ledʒ.²nd/ n [c, U] ⇒leyenda

leggings /'leg.ɪŋz/ n [PL] ⇒mallas ⇒leggings

legible /'ledʒ.ɪ.bl/ adj ⇒legible

legion /'liː.dʒ³n/ n [c] ⇒legión

† **leisure** UK: /'leʒ.ə²/ US: /'liː.ʒə/ n [U] 1 ⇒ocio: *leisure time* - tiempo de ocio 2 at (*one's*) ~ ⇒cuando le venga bien a alguien

leisure centre *UK* n [c] ⇒centro recreativo ⇒polideportivo

leisurely¹ UK: /'leʒ.ə.li/ US: /-ə-/ adj ⇒a un ritmo pausado ⇒sin prisa ⇒tranquilo,la

leisurely² UK: /'leʒ.ə.li/ US: /-ə-/ adv ⇒pausadamente

lemming /'lem.ɪŋ/ n [c] 1 (*animal*) ⇒lemming 2 like lemmings ⇒como borregos *col.*

† **lemon** /'lem.ən/ n [c, U] 1 ⇒limón 2 *lemon tree* - limonero

† **lemonade** /ˌlem.ə'neɪd/ n [U] 1 *UK* ⇒refresco de limón [con gas] 2 *US* ⇒limonada

† **lend**, lent, lent /lend/ v [T, I] 1 ⇒prestar: *Can you lend me your pencil?* - ¿Me prestas el lápiz? ■ CONSTR. to lend + dos objetos 2 to ~ *sth* to *sth/sb* (*form*) ⇒prestar ⇒ofrecer ⇒dar

lending n [U] (*en economía*) ⇒préstamo

† **length** /leŋkθ/ ■ n [c, U] 1 ⇒longitud: *It's 20 metres in length* - Tiene 20 metros de longitud ■ n [c] 2 ⇒tira ⇒trozo 3 (*en natación*) ⇒largo 4 to go to great lengths to do *sth* ⇒hacer todo lo posible por hacer algo

lengthen /'leŋk.θən/ v [T, I] ⇒alargar: *I have to lengthen this skirt* - Tengo que alargar esta falda

† **lengthy** /ˈleŋk.θi/ adj [comp lengthier, superl lengthiest] (en el tiempo) ⇒prolongado,da ⇒largo,ga ⇒eterno,na

lenient /ˈliː.ni.ənt/ adj ⇒indulgente ⇒poco severo,ra

lens /lenz/ [pl lenses] n [c] **1** ⇒lente ⇒objetivo **2** ⇒lentilla ⇒lente de contacto **3** (en el ojo) ⇒cristalino

lent /lent/ past tense and past participle forms of **lend**

Lent n [U] (en la religión cristiana) ⇒Cuaresma

lentil UK: /ˈlen.tᵊl/ US: /-ˤt̬[ə]l/ n [c] ⇒lenteja

Leo UK: /ˈliː.əʊ/ US: /-oʊ/ n [c, U] (signo del zodíaco) ⇒leo

† **leopard** UK: /ˈlep.əd/ US: /-əd/ n [c] ⇒leopardo

† **lesbian** /ˈlez.bi.ən/ adj, n [c] ⇒lesbiana

† **less**¹ /les/ adj **1** the comparative form of **little**: I know you have less time than me to do the shopping - Ya sé que tienes menos tiempo que yo para hacer la compra **2** (cantidad o tamaño) ⇒menos

† **less**² /les/ adv **1** ⇒menos: It seems to snow less now than before - Parece que ahora nieva menos que antes **2** ~ and ~ ⇒cada vez menos: I understand this subject less and less - Cada vez entiendo menos esta asignatura

lessen /ˈles.ᵊn/ v [T, I] ⇒disminuir ⇒aliviar: This aspirin will lessen the pain - Esta aspirina te aliviará el dolor

lesser UK: /ˈles.əʳ/ US: /-ə/ adj ⇒menor: to a lesser degree - en menor grado

† **lesson** /ˈles.ᵊn/ n [c] **1** ⇒clase: private lessons - clases particulares **2** ⇒lección [de un libro de texto] **3** to learn one's ~ ⇒aprender(se) la lección: I have learnt my lesson - Ya he aprendido la lección

† **let**, let, let /let/ [letting] v [T] **1** ⇒permitir ⇒dejar ■ CONSTR. to let + do sth **2** UK (UK/US tb rent) (una vivienda o terreno) ⇒alquilar ■ CONSTR. to let + dos objetos **3** ~ alone ⇒mucho menos **4** let's Let's go to the beach - Vamos a la playa; Let's eat - Comamos ■ CONSTR. to let + do sth ■ Let's es la contracción de let us **5** let's face it ⇒reconozcámoslo **6** to ~ (sth) go ⇒soltar

│ PHRASAL VERBS
│ · **to let sb down** [M] ⇒fallar a alguien ⇒defraudar a alguien
│ · **to let sb {in/out}** [M] ⇒dejar (entrar/salir) a alguien
│ · **to let sb off** [M] ⇒perdonar a alguien ⇒dejar a
└ alguien sin castigo

lethal /ˈliː.θᵊl/ adj ⇒letal: a lethal weapon - un arma letal

lethargic UK: /ləˈθɑː.dʒɪk/ US: /-ˈθɑːr-/ adj **1** ⇒letárgico,ca **2** ⇒aletargado,da ⇒somnoliento,ta

let's (let us) See let

† **letter** UK: /ˈlet.əʳ/ US: /ˈleˤt̬.ə/ n [c] **1** (papel escrito) ⇒carta **2** ⇒letra **3** to the ~ ⇒al pie de la letra

letterbox UK: /ˈlet.ə.bɒks/ US: /ˈleˤt̬.ə.bɑːks/ [pl letterboxes] UK n [c] **1** (US mailbox) (en la calle) ⇒buzón **2** (en una puerta o en una pared) ⇒ranura [para el correo]

letting UK: /ˈlet.ɪŋ/ US: /ˈleˤt̬-/ UK n [c] **1** ⇒alquiler ⇒arrendamiento **2** ⇒traspaso [de un terreno]

† **lettuce** UK: /ˈlet.ɪs/ US: /ˈleˤt̬-/ n [c, U] **1** ⇒lechuga: to wash the lettuce - lavar la lechuga **2** rocket ~ (tb rocket) (en botánica) ⇒rúcula ■ PRON. La segunda sílaba, ttuce, rima con kiss

leukaemia /luːˈkiː.mi.ə/ UK n [U] (en medicina) ⇒leucemia ■ PRON. La segunda sílaba, kae, se pronuncia como key

† **level**¹ /ˈlev.ᵊl/ n [c] **1** ⇒nivel: All the rooms in the house are on the same level - Todas las habitaciones de la casa están al mismo nivel; an intermediate level - un nivel intermedio **2** (en un edificio) ⇒piso ⇒planta

level² /ˈlev.ᵊl/ adj **1** ⇒nivelado,da ⇒llano,na **2** ⇒raso,sa: a level spoonful - una cucharada rasa ■ CONSTR. Se usa detrás de un verbo

level³ /ˈlev.ᵊl/ [levelled, levelling; US leveled, leveling] v [T] **1** (un terreno) ⇒nivelar ⇒allanar **2** (una ciudad o un edificio) ⇒arrasar ⇒devastar

│ PHRASAL VERBS
│ · **to level sth {against/at} sb** ⇒dirigir críticas hacia alguien ⇒hacer acusaciones contra al-
└ guien

level crossing UK n [c] ⇒paso a nivel

lever UK: /ˈliː.vəʳ/ US: /ˈlev.ə/ US n [c] ⇒palanca

levy¹ /ˈlev.i/ [pl levies] n [c] ⇒impuesto ⇒tasa

levy² /ˈlev.i/ [levies, levied] v [T] ⇒recaudar [un impuesto]

lexical /ˈlek.sɪ.kᵊl/ adj ⇒léxico,ca

lexis /ˈlek.sɪs/ n [U] ⇒léxico

liability UK: /ˌlaɪ.əˈbɪl.ɪ.ti/ US: /-ə.ˤt̬i/ ■ n [U] **1** ⇒responsabilidad ■ n [NO PL] **2** ⇒estorbo ⇒carga

† **liable** /ˈlaɪ.ə.bl/ adj **1** ⇒responsable: to be liable for a debt - ser responsable de una deuda ■ CONSTR. 1. liable for sth 2. Se usa detrás de un verbo **2** ⇒propenso,sa ⇒con muchas posibilidades ■ CONSTR. liable + to do sth **3** ⇒sujeto,ta ⇒expuesto,ta

liaison UK: /liˈeɪ.zɒn/ US: /-zɑːn/ ■ n [U, NO PL] **1** ⇒coordinación **2** US ⇒coordinador,-a ⇒intermediario,ria ■ n [c] **3** (form) ⇒relación [amorosa]

† **liar** UK: /ˈlaɪ.əʳ/ US: /-ə/ n [c] ⇒mentiroso,sa

libel /ˈlaɪ.bᵊl/ n [c, U] ⇒libelo ⇒difamación

† **liberal** UK: /ˈlɪb.ᵊr.ᵊl/ US: /-ɚ-/ adj, n [c] **1** ⇒liberal: a liberal attitude - una actitud liberal **2** ⇒generoso,sa ⇒abundante

† **liberate** UK: /ˈlɪb.ᵊr.eɪt/ US: /-ə.eɪt/ [liberated, liberating] v [T] **1** ⇒liberar: The soldiers liberated

the prisoners - Los soldados liberaron a los prisioneros **2** *(hum, euphem)* ⇒mangar *col.*

Liberia UK: /laɪˈbɪə.ri.ə/ US: /-ˈbɪr.i-/ *n* [U] ⇒Liberia

Liberian UK: /laɪˈbɪə.ri.ən/ US: /-ˈbɪr.i-/ *adj, n* [C] ⇒liberiano,na

† **liberty** UK: /ˈlɪb.ə.ti/ US: /-ɚˈt̬i/ ∎ *n* [U] **1** *(form)* ⇒libertad ⇒voluntad ∎ *n* [C] **2** *(form)* ⇒libertad ⇒permiso ∎ El plural es *liberties* **3 to take the ~ of doing sth** *(form)* ⇒tomarse la libertad de hacer algo ⇒permitirse algo

Libra /ˈliː.brə/ *n* [C, U] *(signo del zodíaco)* ⇒libra

librarian UK: /laɪˈbreə.ri.ən/ US: /-ˈbrer.i-/ *n* [C] ⇒bibliotecario,ria ∎ Distinto de *bookseller* (librero)

† **library** /ˈlaɪ.brər.i, -bri/ *[pl* libraries] *n* [C] ⇒biblioteca: *to take some books out of the library* - sacar unos libros de la biblioteca ∎ Distinto de *bookshop* (librería)

Libya /ˈlɪb.i.ə/ *n* [U] ⇒Libia

Libyan /ˈlɪb.i.ən/ *adj, n* [C] ⇒libio,bia

lice /laɪs/ *n* [PL] See **louse**

† **licence** /ˈlaɪ.sənts/ *UK* (*US* **license**) *n* [C, U] ⇒permiso ⇒licencia

license¹ /ˈlaɪ.sənts/ *US n* [C, U] See **licence**

license² /ˈlaɪ.sənts/ *[licensed, licensing] v* [T] ⇒autorizar ∎ CONSTR. 1.to license + to do sth 2. Se usa más en pasiva

license plate *US* (*UK* **number plate**) *n* [C] *(de un vehículo)* ⇒matrícula ⇒chapa AMÉR.; ⇒patente AMÉR.; ⇒placa AMÉR.

lick¹ /lɪk/ *v* [T] ⇒lamer: *The dog licked its master* - El perro lamía a su dueño

lick² /lɪk/ *n* [C] ⇒lamedura ⇒lametón

† **lid** /lɪd/ *n* [C] **1** ⇒tapa **2** *(en anatomía)* ⇒párpado

† **lie¹, lay, lain** /laɪ/ [lying] *v* [I] **1** ⇒echarse [en posición horizontal] ⇒estar tumbado,da **2** ⇒estar situado,da ⇒quedar ∎ CONSTR. Se usa generalmente seguido de una preposición o un adverbio **3 to ~ low** *(inform)* ⇒mantenerse a escondidas

┌ PHRASAL VERBS
│ · **to lie back** ⇒recostarse
└ · **to lie down** ⇒tumbarse ⇒echarse

† **lie²** /laɪ/ [lied, lying] *v* [I] ⇒mentir: *Don't lie to me* - No me mientas

† **lie³** /laɪ/ *n* [C] **1** ⇒mentira **2** *a white lie* - una mentirijilla

Liechtenstein¹ *n* [U] ⇒Liechtenstein

Liechtenstein² *adj* ⇒liechtensteiniano,na

Liechtensteiner /ˈlɪk.tən.staɪ.nəʳ/ US: /-ɚ/ *n* [C] ⇒liechtensteiniano,na

lieutenant UK: /lefˈten.ənt/ US: /luː-/ *n* [C] *(oficial)* ⇒teniente ∎ La forma abreviada es *Lieut.* o *Lt.*

† **life** /laɪf/ ∎ *n* [U] **1** ⇒vida: *He lived his life the way he wanted to* - Vivió su vida como quiso ∎ *n* [C] **2**

⇒vida: *way of life* - modo de vida ∎ El plural es *lives* **3 Get a life!** *(inform)* ⇒¡espabila! ⇒¡anímate!

lifeboat UK: /ˈlaɪf.bəʊt/ US: /-boʊt/ *n* [C] ⇒bote salvavidas

life expectancy *[pl* life expectancies] *n* [C] ⇒esperanza de vida

lifeguard UK: /ˈlaɪf.gɑːd/ US: /-gɑːrd/ *n* [C] ⇒socorrista

life jacket *n* [C] ⇒chaleco salvavidas

lifelike /ˈlaɪf.laɪk/ *adj (un retrato)* ⇒real ⇒realista

lifelong UK: /ˈlaɪf.lɒŋ/ US: /-lɑːŋ/ *adj* ⇒de toda la vida

† **lifestyle** /ˈlaɪf.staɪl/ *n* [C] ⇒estilo de vida

† **lifetime** /ˈlaɪf.taɪm/ *n* [C] ⇒vida

lift¹ /lɪft/ *v* [T, I] ⇒levantar: *to lift a heavy box* - levantar una caja pesada

† **lift²** /lɪft/ ∎ *n* [C] **1** *UK* (*US* **elevator**) ⇒ascensor ⇒elevador AMÉR. ∎ *n* [NO PL] **2** ⇒ánimo **3 to give sb a ~** *UK* (*US* **to give sb a ride**) ⇒llevar a alguien en coche

lifting *n* [U] **1** *(de objetos)* ⇒levantamiento **2** *(de un embargo)* ⇒levantamiento ∎ Distinto de *facelift* (lifting)

ligament /ˈlɪg.ə.mənt/ *n* [C] ⇒ligamento

† **light¹** /laɪt/ ∎ *n* [U] **1** ⇒luz: *the light at the end of the tunnel* - la luz al final del túnel ∎ *n* [C] **2** ⇒luz: *Turn on the lights* - Enciende las luces **3 to set ~ to sth** *UK* (*US* **to set fire to sth**) ⇒prender fuego a algo

† **light²** /laɪt/ *adj* **1** *(un color)* ⇒claro,ra **2** ⇒ligero,ra: *light luggage* - equipaje ligero; *as light as a feather* - ligero como una pluma **3** ⇒bajo,ja en calorías ⇒ligero,ra ⇒frugal

light³, lit, lit /laɪt/ ∎ *v* [T, I] **1** ⇒encender: *to light a candle* - encender una vela ∎ *v* [T] **2** ⇒iluminar ∎ CONSTR. Se usa más en pasiva

┌ PHRASAL VERBS
│ · **to light up** *(un rostro)* ⇒iluminarse
│ · **to light (sth) up** [M] *(un cigarrillo, un puro o
└ una pipa)* ⇒encender

light bulb (*tb* bulb) *n* [C] ⇒bombilla ⇒foco AMÉR.

light-coloured *adj* ⇒de color claro

lighted UK: /ˈlaɪ.tɪd/ US: /-ˈt̬ɪd/ *adj* **1** *(una cerilla, una vela)* ⇒encendido,da **2** ⇒prendido,da [con fuego]

lighten UK: /ˈlaɪ.tən/ US: /-ˈt̬[ə]n/ *v* [T, I] **1** ⇒aligerar: *to lighten the load* - aligerar el peso **2** *(un color)* ⇒aclarar **3** ⇒alegrar ⇒contentar

lighter UK: /ˈlaɪ.təʳ/ US: /-ˈt̬ɚ/ *n* [C] ⇒mechero ⇒encendedor ⇒yesquero AMÉR.; ⇒briqué AMÉR.

light-hearted UK: /ˌlaɪtˈhɑː.tɪd/ US: /-ˈhɑːr.ˈt̬ɪd/ *adj* **1** ⇒despreocupado,da **2** ⇒con humor ⇒desenfadado,da ∎ PRON. La primera *e* no se pronuncia y la última *e* se pronuncia como la *i* en *did*

┃L

lighthouse /'laɪt.haʊs/ *n* [C] *(para los barcos)* ⇒faro

lighting UK: /'laɪ.tɪŋ/ US: /-ˤʈɪŋ/ *n* [U] ⇒alumbrado ⇒iluminación

lightly /'laɪt.li/ *adv* **1** ⇒ligeramente **2** ⇒a la ligera: *to take sth lightly* - tomarse algo a la ligera **3** ⇒suavemente

† **lightning** /'laɪt.nɪŋ/ *n* [U] **1** ⇒relámpago ⇒rayo **2** *a lightning visit* - una visita relámpago

lightweight¹ /'laɪt.weɪt/ *adj* **1** ⇒ligero,ra **2** ⇒de poca influencia ⇒de poca importancia

lightweight² /'laɪt.weɪt/ *n* [C] **1** *(en deportes)* ⇒peso ligero **2** ⇒persona de poca influencia

† **like¹** /laɪk/ *prep* **1** *(comparación)* ⇒como **2** *(ejemplo)* ⇒como ■ Se usa para comparar sintagmas nominales (*a house like yours* - *una casa como la tuya*) y para ejemplificar (*singers like Whitney Houston* - *cantantes como Whitney Houston*). Comparar con ⇒as **3** ⇒propio,pia de ⇒típico,ca de **4** *to look ~* ⇒parecer(se) a ■ Ver cuadro ¿cómo está...? / ¿cómo es?

† **like²** /laɪk/ [liked, liking] *v* [T] **1** ⇒gustar: *I like reading* - Me gusta leer; *I like to go swimming when I can* - Me gusta ir a nadar cuando puedo ■ CONSTR. 1. to like + doing sth 2. to like + to do sth. **2** ⇒querer: *Would you like some tea?* - ¿Quiere un poco de té? ■ CONSTR. would like + to do sth **3** ⇒preferir: *Her father likes her to be at home early* - Su padre prefiere que llegue temprano a casa ■ CONSTR. like + to do sth

† **like³** /laɪk/ *conj* **1** *(inform)* ⇒como si: *I feel like I'm in paradise* - Me siento como si estuviera en el paraíso **2** *(inform)* ⇒como: *He speaks exactly like his mother* - Habla exactamente como su madre

likeable /'laɪ.kə.bl̩/ *adj* ⇒agradable ⇒simpático,ca

† **likely¹** /'laɪ.kli/ *adj* [comp likelier, superl likeliest] **1** ⇒probable: *It's likely to rain* - Es probable que llueva ■ CONSTR. 1. to be likely + to do sth 2. to be likely + that **2** *not likely! UK (inform)* ⇒¡ni hablar!

likely² /'laɪ.kli/ *adv* ⇒probablemente

liken /'laɪ.kən/
| PHRASAL VERBS
· **to liken sth/sb to sth/sb** ⇒equiparar ⇒comparar ■ CONSTR. Se usa más en pasiva

likeness /'laɪk.nəs/ [pl likenesses] *n* [C, U] **1** ⇒similitud ⇒parecido **2** ⇒retrato

likewise /'laɪk.waɪz/ *adv* **1** ⇒del mismo modo ⇒de la misma manera ⇒asimismo **2** *You should do likewise* - Tú deberías hacer lo mismo

liking /'laɪ.kɪŋ/ *n* [NO PL] **1** ⇒gusto: *Is the room to your liking?* - ¿La habitación está a su gusto? **2** *to be to one's ~ (form)* ⇒ser del agrado de alguien

lilac¹ /'laɪ.lək/ *adj (color)* ⇒lila

lilac² /'laɪ.lək/ ■ *n* [U] **1** *(color)* ⇒lila ■ *n* [C, U] **2** *(árbol)* ⇒lilo **3** *(flor)* ⇒lila

lily /'lɪl.i/ [pl lilies] *n* [C] **1** *(planta)* ⇒lirio **2** *(planta)* ⇒azucena

limb /lɪm/ *n* [C] **1** *(en anatomía)* ⇒miembro ⇒extremidad **2** ⇒rama [de un árbol]

lime /laɪm/ ■ *n* [C, U] **1** *(fruta)* ⇒lima ■ *n* [U] **2** ⇒cal

limelight /'laɪm.laɪt/ *n* [NO PL] *to be in the limelight* - estar en el candelero

† **limit¹** /'lɪm.ɪt/ ■ *n* [C] **1** ⇒límite ■ *n* [NO PL] **2** ⇒colmo: *That is the limit!* - ¡Es el colmo! **3** *within limits* ⇒dentro de unos límites

† **limit²** /'lɪm.ɪt/ *v* [T] ⇒limitar: *The Parliament decided to limit the powers of the king* - El Parlamento decidió limitar los poderes del rey

† **limited** UK: /'lɪm.ɪ.tɪd/ US: /-ˤʈɪd/ *adj* ⇒limitado,da: *limited space* - espacio limitado

limousine /ˌlɪm.ə'ziːn/ *n* [C] ⇒limusina ■ La forma abreviada es *limo*

limp¹ /lɪmp/ *v* [I] ⇒cojear: *He limped a bit after the operation* - Cojeaba un poco tras la operación

limp² /lɪmp/ *n* [NO PL] ⇒cojera ⇒renguera AMÉR.

limp³ /lɪmp/ *adj* ⇒débil ⇒flojo,ja

† **line¹** /laɪn/ *n* [C] **1** ⇒línea ⇒raya **2** US *(UK queue)* ⇒fila ⇒cola **3** ⇒cuerda ⇒cable **4** *(del tren)* ⇒vía **5** ⇒línea [telefónica o eléctrica] **6** *I'm sorry, the line is busy* - Lo siento, está comunicando **7** *(de un texto)* ⇒línea ■ La forma abreviada es *l* **8** US ⇒frontera **9** *{along/on} the lines of sth* ⇒del estilo de algo

line² /laɪn/ [lined, lining] *v* [T] **1** ⇒alinear(se) ⇒poner(se) en fila **2** ⇒forrar ⇒revestir
| PHRASAL VERBS
· **to line (sth/sb) up** [M] **1** *(UK tb queue)* ⇒poner(se) en fila ⇒hacer cola ⇒alinear(se) **2** ⇒planear

lined /laɪnd/ *adj* **1** *(un rostro)* ⇒arrugado,da **2** *(un papel)* ⇒rayado,da **3** *(una prenda de vestir)* ⇒con forro

linen /'lɪn.ɪn/ *n* [U] **1** ⇒lino **2** ⇒ropa blanca

liner UK: /'laɪ.nəʳ/ US: /-nɚ/ *n* [C] ⇒transatlántico: *a liner bound for New York* - un transatlántico con rumbo a Nueva York

linger UK: /'lɪŋ.gəʳ/ US: /-gɚ/ *v* [I] **1** ⇒persistir ⇒perdurar **2** ⇒quedarse: *He lingered there for hours* - Se quedó allí durante horas

linguist /'lɪŋ.gwɪst/ *n* [C] **1** ⇒políglota **2** ⇒lingüista

linguistically /lɪŋ'gwɪs.tɪ.kli/ *adv* ⇒lingüísticamente

linguistics /lɪŋ'gwɪs.tɪks/ *n* [U] ⇒lingüística

lining /'laɪ.nɪŋ/ n [C, U] ⇒forro: *my coat lining* - el forro de mi abrigo

† **link¹** /lɪŋk/ n [C] **1** ⇒vínculo ⇒lazo **2** ⇒conexión ⇒relación **3** *(en un transporte)* ⇒enlace **4** ⇒eslabón [de una cadena] **5** *(en un ordenador)* ⇒enlace ⇒vínculo

† **link²** /lɪŋk/ v [T] ⇒conectar ⇒relacionar ■ CONSTR. Se usa más en pasiva

PHRASAL VERBS
· **to link** *(sth/sb)* **up** [M] ⇒unir(se)

links /lɪŋks/ [pl links] n [C] **1** ⇒colinas utilizadas para jugar al golf **2** *US* ⇒campo de golf

† **lion** /'laɪ.ən/ n [C] ⇒león: *a pride of lions* - una manada de leones

† **lip** /lɪp/ ■ n [C] **1** ⇒labio **2** ⇒borde [de una taza] ■ n [U] **3** *(inform)* ⇒impertinencias: *That's enough of your lip!* - ¡Basta de impertinencias!

lip-read, lip-read, lip-read /'lɪp.riːd/ v [T, I] ⇒leer los labios: *My friend can lip-read* - Mi amiga puede leer los labios

lipstick /'lɪp.stɪk/ n [C, U] **1** ⇒barra de labios ⇒pintalabios **2** *to put one's lipstick on* - pintarse los labios

† **liquid** /'lɪk.wɪd/ adj ⇒líquido,da

liquor UK: /'lɪk.ər/ US: /-ɚ/ *US (UK spirit)* n [U] ⇒bebida alcohólica

lisp¹ /lɪsp/ n [C] ⇒ceceo

lisp² /lɪsp/ v [I] ⇒cecear

† **list¹** /lɪst/ n [C] ⇒lista ⇒listado

list² /lɪst/ ■ v [T] **1** ⇒hacer una lista **2** ⇒catalogar **3** ⇒enumerar ⇒leer una lista ■ v [I] **4** *(un barco)* ⇒escorar

† **listen** /'lɪs.ən/ v [I] **1** ⇒escuchar: *Listen to this song* - Escucha esta canción ■ CONSTR. to listen to sth/sb ■ Se usa para hacer referencia a la acción de escuchar prestando atención: *Listen to the instructions* - *Escuchad las instrucciones*. Comparar con *to hear* **2** ⇒hacer caso ■ CONSTR. to listen to sth/sb ■ PRON. La *t* no se pronuncia

PHRASAL VERBS
· **to listen (out) for** *sth* ⇒permanecer a la escucha de algo

listener UK: /'lɪs.ən.ər/ UK: /-nər/ US: /'lɪs.[ə]n.ɚ/ n [C] **1** ⇒oyente: *listener's requests* - peticiones del oyente **2** *good* ~ ⇒persona que sabe escuchar

listings /'lɪs.tɪŋz/ n [PL] ⇒guía de ocio ⇒cartelera

lit /lɪt/ past tense and past participle forms of **light**

liter UK: /'liː.tər/ US: /-ˤtɚ/ *US* n [C] See **litre**

literacy UK: /'lɪt.ər.ə.si/ US: /'lɪˤt.ɚ-/ n [U] **1** ⇒alfabetización ⇒capacidad de leer y escribir **2** ⇒nociones básicas de algo

literal UK: /'lɪt.ər.əl/ US: /'lɪˤt.ɚ-/ adj ⇒literal: *a literal translation* - una traducción literal

† **literally** UK: /'lɪt.ər.əl.i/ UK: /-rə.li/ US: /'lɪˤt.ɚ-/ adv ⇒literalmente

† **literary** UK: /'lɪt.ər.ər.i/ US: /'lɪˤt.ə.rer-/ adj ⇒literario,ria

† **literate** UK: /'lɪt.ər.ət/ US: /'lɪˤt.ɚ-/ adj **1** ⇒alfabetizado,da **2** ⇒culto,ta

† **literature** UK: /'lɪt.ər.ə.tʃər/ US: /'lɪˤt.ə.ɹ.ɪ.tʃɚ/ n [U] **1** ⇒literatura **2** ~ {about/on} *sth* ⇒información sobre algo ■ PRON. La última sílaba, *ture*, se pronuncia como *cher* en *butcher*

Lithuania /ˌlɪθ.ju'eɪ.ni.ə/ n [U] ⇒Lituania

Lithuanian¹ /ˌlɪθ.ju'eɪ.ni.ən/ ■ n [U] **1** *(idioma)* ⇒lituano ■ n [C] **2** *(gentilicio)* ⇒lituano,na

Lithuanian² /ˌlɪθ.ju'eɪ.ni.ən/ adj ⇒lituano,na

litre UK: /'liː.tər/ US: /-ˤtɚ/ *UK (US liter)* n [C] ⇒litro: *a litre of milk* - un litro de leche ■ La forma abreviada es *l*

litter¹ UK: /'lɪt.ər/ US: /'lɪˤt.ɚ/ ■ n [U] **1** *(en un sitio público)* ⇒basura ⇒papeles ■ n [C] **2** ⇒camada: *a litter of kittens* - una camada de gatitos

litter² UK: /'lɪt.ər/ US: /'lɪˤt.ɚ/ v [T] ⇒ensuciar

† **little¹** UK: /'lɪt.l/ US: /'lɪˤt-/ adv [comp less, superl least] **1** ⇒poco: *He goes out very little because he has to study* - Sale muy poco porque tiene que estudiar **2** a ~ ⇒un poco: *Richard knows a little Japanese* - Richard sabe un poco de japonés ■ *Little* tiene un matiz negativo y *a little* tiene un matiz positivo

† **little²** UK: /'lɪt.l/ US: /'lɪˤt-/ adj [comp smaller, superl smallest] **1** ⇒pequeño,ña: *My little brother is very naughty sometimes* - Mi hermano pequeño es muy travieso a veces ■ Ver cuadro pequeño (small / little) **2** [comp less, superl least] ⇒poco,ca ⇒algo de ■ Se usa con nombres incontables. Comparar con *few* ■ Ver cuadro few / a few / little / a little

† **live¹** /lɪv/ [lived, living] v [I] **1** ⇒vivir ■ CONSTR. to live to sth **2** ⇒vivir **3** ⇒llevar **4** to ~ it up *(inform)* ⇒pegarse la gran vida *col.*

PHRASAL VERBS
· **to live for** *sth/sb* ⇒vivir para
· **to live on** ⇒seguir viviendo ⇒perdurar
· **to live on** *sth* ⇒vivir a base de algo ⇒vivir con algo
· **to live up to** *sth* ⇒estar a la altura de algo ⇒no defraudar
· **to live with** *sth* ⇒vivir con algo ⇒aceptar algo

† **live²** /laɪv/ adj **1** ⇒vivo,va **2** ⇒en directo: *a live concert* - un concierto en directo

live³ /laɪv/ adv ⇒en directo ⇒en vivo

livelihood /'laɪv.li.hʊd/ n [C, U] ⇒medio de subsistencia ⇒sustento

† **lively** /'laɪv.li/ adj [comp livelier, superl liveliest] **1** ⇒vivo,va ⇒animado,da **2** ⇒marchoso,sa

L

† **liver** UK: /'lɪv.ər/ US: /-ə/ n [C, U] ⇒hígado

lives /laɪvz/ n [PL] See **life**

livestock UK: /'laɪv.stɒk/ US: /-staːk/ n [U] ⇒ganado

living[1] /'lɪv.ɪŋ/ n [U] ⇒vida: *to earn one's living* - ganarse la vida

living[2] /'lɪv.ɪŋ/ adj **1** ⇒vivo,va ⇒con vida **2** {in/within} ~ memory ⇒en el recuerdo ⇒en la memoria

† **living room** (*UK tb* sitting room) n [C] ⇒cuarto de estar ⇒salón ⇒living *AMÉR.*

lizard UK: /'lɪz.əd/ US: /-əd/ n [C] ⇒lagarto ⇒lagartija

llama /'laː.mə/ n [C] (*animal*) ⇒llama ■ PRON. Solo se pronuncia una *l*

load[1] UK: /ləʊd/ US: /loʊd/ n [C] **1** ⇒carga **2** (*inform*) ⇒montón *col.;* ⇒ruma *AMÉR.* **3** a ~ of {nonsense/rubbish} *UK* (*inform*) ⇒basura ⇒tonterías

load[2] UK: /ləʊd/ US: /loʊd/ ■ v [T, I] **1** (*un vehículo*) ⇒cargar ■ v [T] **2** (*un arma*) ⇒cargar **3** (*una cámara de fotos*) ⇒poner el carrete

loaf UK: /ləʊf/ US: /loʊf/ [*pl* loaves] n [C] ⇒barra [de pan] ⇒hogaza ■ Suele tener la forma del pan de molde

† **loan** UK: /ləʊn/ US: /loʊn/ n [C] ⇒préstamo: *to ask for a loan* - pedir un préstamo

loathe UK: /ləʊð/ US: /loʊð/ [loathed, loathing] v [T] ⇒detestar: *She loathes being left alone* - Detesta que la dejen sola ■ CONSTR. to loathe + doing sth

loaves UK: /ləʊvz/ US: /loʊvz/ n [PL] See **loaf**

lobby[1] UK: /'lɒb.i/ US: /'laː.bi/ [*pl* lobbies] n [C] **1** (*en política*) ⇒grupo de presión **2** ⇒vestíbulo ⇒hall

lobby[2] UK: /'lɒb.i/ US: /'laː.bi/ [lobbies, lobbied] v [T, I] ⇒presionar ⇒hacer presión ■ CONSTR. 1. to lobby + to do sth 2. to lobby for/against sth

lobster UK: /'lɒb.stər/ US: /'laːb.stə/ n [C] (*crustáceo*) ⇒langosta ⇒bogavante

† **local** UK: /'ləʊ.kəl/ US: /'loʊ-/ adj **1** ⇒local: *a local newspaper* - un periódico local **2** ⇒del barrio

locally UK: /'ləʊ.kəl.i/ US: /'loʊ-/ adv **1** ⇒en la zona ⇒en la región **2** ⇒a nivel local: *to invest locally* - invertir a nivel local

† **locate** UK: /ləʊ'keɪt/ US: /loʊ-/ [located, locating] v [T] (*form*) ⇒situar ⇒localizar

† **location** UK: /ləʊ'keɪ.ʃən/ US: /loʊ-/ ■ n [C] **1** ⇒sitio ⇒lugar ⇒ubicación **2** ⇒paradero [de una persona] ■ n [C, U] **3** (*en cine*) ⇒exteriores

loch UK: /lɒk/ US: /laːk/ [*pl* lochs] *Scot* n [C] ⇒lago ⇒ría

† **lock**[1] UK: /lɒk/ US: /laːk/ v [T, I] **1** ⇒cerrar con llave: *Lock the door* - Cierra la puerta con llave **2**

(*un mecanismo*) ⇒bloquear(se) ■ CONSTR. Se usa generalmente seguido de una preposición o un adverbio

| PHRASAL VERBS
| · to lock sth away [M] ⇒guardar algo bajo llave
| · to lock (sth) up [M] (*un edificio*) ⇒cerrar
| · to lock sb {up/away} [M] ⇒encarcelar a alguien ⇒encerrar a alguien

† **lock**[2] UK: /lɒk/ US: /laːk/ n [C] **1** ⇒cerradura ⇒chapa *AMÉR.* **2** ⇒mechón [de cabello] ⇒guedeja *poético* **3** (*en un río*) ⇒esclusa **4** (*en lucha*) ⇒llave

locked adj ⇒enfrascado,da [en un conflicto]

locker UK: /'lɒk.ər/ US: /'laː.kə/ n [C] (*en un lugar público*) ⇒taquilla

loco UK: /'ləʊ.kəʊ/ US: /'loʊ.koʊ/ *UK* n [C] (*inform*) ⇒forma abreviada de **locomotive**

locomotive UK: /ˌləʊ.kə'məʊ.tɪv/ US: /ˌloʊ.kə'moʊ.ˤtɪv/ n [C] ⇒locomotora ■ La forma abreviada es *loco*

lodge[1] UK: /lɒdʒ/ US: /laːdʒ/ n [C] **1** ⇒caseta de un guarda **2** ⇒portería **3** ⇒grupo local [de personas]

lodge[2] UK: /lɒdʒ/ US: /laːdʒ/ [lodged, lodging] ■ v [I] **1** ⇒alojarse ⇒hospedarse ■ v [T] **2** (*form*) ⇒presentar: *to lodge a complaint* - presentar una queja

lodger UK: /'lɒdʒ.ər/ US: /'laː.dʒə/ *UK* (*US* boarder) n [C] **1** ⇒huésped,-a **2** ⇒inquilino,na

† **loft** UK: /lɒft/ US: /laːft/ n [C] **1** ⇒desván ⇒ático ⇒entretecho *AMÉR.* **2** *US* ⇒loft

log[1] UK: /lɒg/ US: /laːg/ n [C] **1** ⇒tronco ⇒leño **2** *to sleep like a log* - dormir como un tronco **3** ⇒diario de a bordo

log[2] UK: /lɒg/ US: /laːg/ v [T] (*un registro*) ⇒anotar

| PHRASAL VERBS
| · to log {in/on} (*en informática*) ⇒entrar [al introducir una contraseña]
| · to log {out/off} (*en informática*) ⇒cerrar [las aplicaciones]

† **logic** UK: /'lɒdʒ.ɪk/ US: /'laː.dʒɪk/ n [U] ⇒lógica

logical UK: /'lɒdʒ.ɪ.kᵊl/ US: /'laː.dʒɪ-/ adj ⇒lógico,ca: *It's not logical* - No es lógico

logically UK: /'lɒdʒ.ɪ.kli/ US: /'laː.dʒɪ-/ adv ⇒lógicamente ■ PRON. La *g* se pronuncia como en gentleman y la *a* no se pronuncia

logo UK: /'ləʊ.gəʊ/ US: /'loʊ.goʊ/ n [C] ⇒logotipo

lollipop UK: /'lɒl.i.pɒp/ US: /'laː.li.paːp/ n [C] ⇒piruleta® ■ La forma abreviada es *lolly*

† **lonely** UK: /'ləʊn.li/ US: /'loʊn-/ adj [*comp* lonelier, *superl* loneliest] ⇒solitario,ria ⇒solo,la ⇒íngrimo,ma *AMÉR.* ■ Hace referencia al sentimiento de soledad. Comparar con *alone*

† **long**[1] UK: /lɒŋ/ US: /laːŋ/ adj **1** ⇒largo,ga: *She has got long hair* - Tiene el pelo largo **2** (*tiempo*) ⇒mucho,cha **3** a ~ way (away) ⇒muy lejos (de aquí) ■ Se suele usar en oraciones afirmativas: *The coast*

is a long way away - La costa está muy lejos de aquí.
En oraciones interrogativas y negativas se suele usar *far*
4 in the ~ run ⇨a la larga **5 in the ~ term** ⇨a largo plazo

†**long²** UK: /lɒŋ/ US: /lɑːŋ/ *adv* **1** ⇨mucho tiempo ⇨mucho **2 as ~ as** ⇨con tal de que **3 for ~** ⇨durante mucho tiempo **4 how long...?** ⇨¿cuánto tiempo...? **5 ~ ago** ⇨hace tiempo **6 Long time no see!** ⇨¡Cuánto tiempo! [hace que no nos vemos] **7 no longer** (*tb* not any longer) ⇨ya no

†**long³** UK: /lɒŋ/ US: /lɑːŋ/ **1 to ~ for sth** (*form*) ⇨anhelar algo **2 to ~ to do sth** (*form*) ⇨anhelar algo: *He was longing for his wedding day to arrive* - Anhelaba que llegara el día de su boda

†**long-distance** UK: /ˌlɒŋ'dɪs.t²nts/ US: /ˌlɑːŋ-/ *adj* **1** ⇨de larga distancia **2 ~ phone call** ⇨conferencia [telefónica] **3 ~ runner** ⇨corredor de fondo

longevity UK: /lɒn'dʒev.ə.ti/ US: /lɑːn'dʒev.ə.ˁti/ *n* [U] (*form*) ⇨longevidad

longing UK: /'lɒŋ.ɪŋ/ US: /'lɑːŋ-/ *n* [U, NO PL] ⇨anhelo ⇨deseo ⇨antojo

longitude UK: /'lɒn.dʒɪ.tjuːd/ UK: /'lɒŋ.gɪ-/ US: /'lɑːn.dʒə.tuːd/ *n* [U] (*en geografía*) ⇨longitud

long jump *n* [NO PL] (*en atletismo*) ⇨salto de longitud

long-life UK: /'lɒŋ.laɪf/ US: /'lɑːŋ-/ *UK adj* ⇨de larga duración: *long-life batteries* - pilas de larga duración

long-range UK: /'lɒŋ.reɪndʒ/ US: /'lɑːŋ-/ *adj* **1** (*un misil*) ⇨de largo alcance **2** (*un plan*) ⇨a largo plazo

long-sighted UK: /ˌlɒŋ'saɪ.tɪd/ US: /ˌlɑːŋ'saɪ.ˁtɪd/ *UK adj* ⇨hipermétrope

long-standing UK: /ˌlɒŋ'stæn.dɪŋ/ US: /ˌlɑːŋ-/ *adj* (*un conflicto, una amistad o una relación*) ⇨largo,ga ⇨duradero,ra ⇨antiguo,gua

long-suffering UK: /ˌlɒŋ'sʌf.²r.ɪŋ/ US: /ˌlɑːŋ'sʌf.ə-/ *adj* (*una persona*) ⇨sufrido,da ⇨resignado,da

†**long-term** UK: /ˌlɒŋ'tɜːm/ US: /ˌlɑːŋ'tɜːm/ *adj* ⇨a largo plazo

loo /luː/ *UK* (*US* john) *n* [C] (*inform*) ⇨retrete ⇨aseo

†**look¹** /lʊk/ *v* [I] **1** ⇨mirar: *Don't look at me like that* - No me mires así ■ Ver cuadro see / look at / watch **2** ⇨parecer **3** ⇨buscar: *I'm still looking* - Sigo buscando ■ CONSTR. Se usa generalmente seguido de una preposición o un adverbio **4 to ~ on the bright side** ⇨encontrar el lado positivo

PHRASAL VERBS
· **look out!** ⇨¡cuidado!
· **to look after sth/sb** ⇨cuidar de: *I have to look after my brother* - Tengo que cuidar de mi hermano

· **to look around 1** ⇨echar una mirada: *I'm going to look around* - Voy a echar una mirada **2** ⇨buscar
· **to look at sth 1** ⇨examinar algo **2** ⇨considerar algo
· **to look back** ⇨mirar algo en retrospectiva
· **to look down on sb** ⇨menospreciar a alguien
· **to look for sth/sb** ⇨buscar: *I'm looking for my glasses* - Estoy buscando mis gafas
· **to look forward to {sth/doing sth}** 1 (*algo venidero, algo planeado*) ⇨desear ⇨esperar con ilusión ⇨tener ganas de algo **2** (*al final de una carta o de un e-mail*): *I look forward to hearing from you* - Espero noticias tuyas
· **to look into sth** ⇨investigar algo
· **to look on** ⇨mirar [sin implicarse]
· **to look out for sth/sb** ⇨estar pendiente de ⇨estar atento,ta a
· **to look sth over** [M] ⇨examinar algo [rápidamente] ⇨revisar algo
· **to look through sth** ⇨hojear algo ⇨leer algo [rápidamente]
· **to look sth up** [M] ⇨consultar algo ⇨buscar algo
· **to look up to sb** ⇨respetar a alguien ⇨estimar a alguien

†**look²** /lʊk/ *n* [C] ⇨mirada: *to take a look at sth* - echar una mirada a algo

lookout /'lʊk.aʊt/ *n* [C] **1** ⇨vigía **2** *That is my lookout* - Eso es problema mío **3 to be on the ~ for sth** ⇨estar al acecho de algo ⇨estar atento,ta a algo

looks /lʊks/ *n* [PL] (*de una persona*) ⇨cara ⇨aspecto

loom¹ /luːm/ *v* [I] **1** (*una amenaza o un peligro*) ⇨estar al caer ⇨vislumbrar(se) **2** ⇨surgir ⇨aparecer

loom² /luːm/ *n* [C] (*máquina*) ⇨telar

loony /'luː.ni/ *adj* [*comp* loonier, *superl* looniest] (*inform*) ⇨tocado,da *col.*; ⇨chiflado,da *col.*

loop¹ /luːp/ *n* [C] **1** ⇨lazo ⇨bucle **2** (*en informática y en música*) ⇨bucle **3** ⇨vuelta ⇨curva

loop² /luːp/ *v* [T, I] **1** ⇨hacer un lazo **2 to ~ sth {around/over} sth** ⇨pasar algo {alrededor de/por} algo: *Loop the rope around your waist* - Pasa la cuerda alrededor de tu cintura **3 to ~ the ~** (*en aviación*) ⇨rizar el rizo *col.*

loophole UK: /'luːp.həʊl/ US: /-hoʊl/ *n* [C] (*en derecho*) ⇨vacío legal

†**loose** /luːs/ *adj* **1** ⇨suelto,ta: *loose change* - dinero suelto **2** ⇨flojo,ja **3** ⇨holgado,da: *a loose shirt* - una camisa holgada **4 to be at a ~ end** (*inform*) ⇨no tener nada que hacer ⇨no estar ocupado,da

loosen /'luː.sᵊn/ v [T, I] ⇒aflojar(se) ⇒soltar(se)
| PHRASAL VERBS
| · **to loosen up** ⇒relajarse [entre otras perso-
└ nas]

loot¹ /luːt/ v [T, I] ⇒saquear: *to loot a shop* - sa-
quear una tienda

loot² /luːt/ n [U] **1** ⇒botín ⇒dinero robado **2** *(in-
form)* ⇒pasta *col.*; ⇒guita *col.*

lop UK: /lɒp/ US: /lɑːp/ [lopped, lopping]
| PHRASAL VERBS
| · **to lop sth off [M]** **1** ⇒cortar algo ⇒podar algo
└ **2** *(inform)* ⇒rebajar algo

lopsided UK: /ˌlɒpˈsaɪd.ɪd/ US: /ˌlɑːp-/ adj **1**
⇒torcido,da ⇒ladeado,da **2** ⇒desequilibrado,da

†**lord** n [U] **1** *(título nobiliario)* ⇒lord **2 the Lord**
(en religión) ⇒el Señor **3 the Lords** *(en Reino
Unido)* ⇒la Cámara de los Lores

†**lorry** UK: /'lɒr.i/ US: /'lɔːr-/ [pl lorries] UK n [C] **1**
(UK/US tb truck) ⇒camión **2 ~ driver** ⇒camione-
ro,ra

†**lose, lost, lost** /luːz/ [losing] **I** v [T] **1** ⇒perder
⇒extraviar ⇒botar *AMÉR.* **I** v [T, I] **2** *(un partido,
un concurso, una batalla)* ⇒perder **3 to ~ weight**
⇒perder peso ⇒adelgazar
| PHRASAL VERBS
└ · **to lose out** ⇒perder ⇒salir perdiendo

loser UK: /'luː.zəʳ/ US: /-zɚ/ n [C] **1** ⇒perdedor,-a **2**
(inform) ⇒fracasado,da

†**loss** UK: /lɒs/ US: /lɑːs/ [pl losses] n [C, U] **1** ⇒pér-
dida **2** *(de dinero)* ⇒pérdida **3** *(de un ser queri-
do)* ⇒muerte ⇒pérdida

†**lost¹** UK: /lɒst/ US: /lɑːst/ adj **1** ⇒perdido,da: *a lost
cause* - una causa perdida **2 to get ~ 1** ⇒perder-
se: *We got lost on the way back* - Nos perdimos a
la vuelta **2** *(inform)* ⇒largarse *col.*: *Get lost!* -
¡Lárgate!

†**lost²** UK: /lɒst/ US: /lɑːst/ past tense and past par-
ticiple forms of **lose**

lost property UK n [U] ⇒objetos perdidos: *lost
property office* - oficina de objetos perdidos

†**lot** UK: /lɒt/ US: /lɑːt/ n [C] **1** UK ⇒grupo ⇒montón
2 US ⇒terreno ⇒parcela **3** ⇒lote **4 a ~** *(tb lots)*
⇒mucho: *It's a lot nicer here* - Es mucho más
agradable aquí **5 a ~ of** ⇒mucho,cha: *There are
a lot of apples* - Hay muchas manzanas

lotion UK: /'ləʊ.ʃᵊn/ US: /'loʊ-/ n [C, U] ⇒loción:
body lotion - loción corporal

†**lottery** UK: /'lɒt.ᵊr.i/ US: /'lɑː.ˤt̬ɚ-/ [pl lotteries] n
[C] **1** ⇒lotería **2** *It's a lottery* - Es cuestión de
suerte

†**loud** /laʊd/ adj **1** *(un sonido)* ⇒alto,ta ⇒fuerte **2**
(una persona) ⇒escandaloso,sa ⇒ruidoso,sa

loudly /'laʊd.li/ adv ⇒alto: *Don't speak so loudly!*
- ¡No hables tan alto!

loudspeaker UK: /ˌlaʊdˈspiː.kəʳ/ US: /'laʊdˌspiː.kɚ/
n [C] ⇒altavoz ⇒parlante *AMÉR.*

lounge¹ /laʊndʒ/ n [C] **1** UK *(en una casa)* ⇒salón
2 US *(en un lugar público)* ⇒salón

lounge² /laʊndʒ/
| PHRASAL VERBS
| · **to lounge {about/around}** ⇒no hacer nada
└ ⇒holgazanear

louse /laʊs/ [pl lice] n [C] ⇒piojo

lousy /'laʊ.zi/ adj [comp lousier, superl lousiest]
(inform) ⇒pésimo,ma ⇒despreciable ⇒vil

lout /laʊt/ n [C] *(inform, offens)* ⇒patán *col. desp.;*
⇒gamberro *desp.* ■ Se emplea únicamente con hombres

lovable /'lʌv.ə.bl̩/ adj ⇒encantador,-a ⇒amable
⇒adorable

†**love¹** /lʌv/ [losed, losing] v [T] **1** ⇒querer ⇒amar
2 ⇒encantar ■ CONSTR. 1. to love + doing sth 2. to
love + to do sth ■ En la forma condicional, *love* va segui-
do de un infinitivo con to: *I would love to go to the cine-
ma with you* - Me encantaría ir al cine contigo

†**love²** /lʌv/ ■ n [U] **1** ⇒amor **2** ⇒recuerdos: *Give
my love to your parents* - Dale recuerdos a tus
padres de mi parte **3** *(en una carta)* ⇒un abrazo
4 *(en tenis)* ⇒cero ■ n [C] **5** ⇒amado,da **6** UK
⇒amor ⇒cariño ■ Se usa como vocativo **7 to be in ~
with sb** ⇒estar enamorado,da de alguien: *I'm in
love with him* - Estoy enamorada de él **8 to
make ~** ⇒hacer el amor

love affair n [C] ⇒aventura amorosa

loveless /'lʌv.ləs/ adj *(una relación)* ⇒sin amor

†**lovely** /'lʌv.li/ adj [comp lovelier, superl loveliest]
⇒bonito,ta ⇒precioso,sa ⇒encantador,-a ⇒muy
agradable

†**lover** UK: /'lʌv.əʳ/ US: /-ɚ/ n [C] **1** ⇒amante **2** ⇒ama-
do,da **3** ⇒aficionado,da [a algo]

loving /'lʌv.ɪŋ/ adj ⇒cariñoso,sa ⇒querendón,-a
AMÉR. col.

†**low¹** UK: /ləʊ/ US: /loʊ/ adj **1** ⇒bajo,ja: *a low chair*
- una silla baja **2** *(la voz, el tono)* ⇒grave **3** *(el
volumen)* ⇒bajo,ja **4** ⇒abatido,da ⇒deprimido,da
5 on low heat - a fuego lento **6** *(una persona)*
⇒sucio,cia ⇒bajo,ja ⇒vil

low² UK: /ləʊ/ US: /loʊ/ adv ⇒bajo: *to fly low* - vo-
lar bajo

†**low³** UK: /ləʊ/ US: /loʊ/ **{an all time/a new/a re-
cord...}** ~ ⇒un {histórico/nuevo/récord...} mínimo

†**lower** UK: /'ləʊ.əʳ/ US: /'loʊ.ɚ/ v [T] ⇒bajar: *Lower
your voices, please!* - ¡Bajad la voz, por favor!;
Shall we lower the blinds? - ¿Bajamos las per-
sianas?

low-fat /ˌləʊˈfæt/ adj ⇒desnatado,da ⇒descrema-
do,da

low-key /ˌləʊˈkiː/ adj ⇒discreto,ta ⇒de tono mo-
derado

L

† **loyal** /'lɔɪ.əl/ adj ⇨leal: *a loyal friend* - un amigo leal

loyalty UK: /'lɔɪ.əl.ti/ US: /-ˤt̬i/ n [U] ⇨lealtad

† **luck** /lʌk/ n [U] **1** ⇨suerte: *I had a piece of luck* - Tuve suerte ■ Se dice *some luck, a stroke of luck* o *a piece of luck*. Incorrecto: *a luck* **2** to be {in/out of} ~ *(inform)* ⇨{estar/no estar} de suerte

luckily /'lʌk.ºl.i/ adv ⇨afortunadamente ⇨por suerte

† **lucky** /'lʌk.i/ adj [comp luckier, superl luckiest] **1** ⇨afortunado,da ⇨con suerte **2** to be ~ ⇨tener suerte: *You're so lucky!* - ¡Qué suerte tienes!

ludicrous /'luː.dɪ.krəs/ adj ⇨ridículo,la ⇨absurdo,da

† **luggage** /'lʌg.ɪdʒ/ n [U] ⇨equipaje: *excess luggage* - exceso de equipaje ■ Pron. La *a* se pronuncia como la *i* en *did*

lukewarm UK: /ˌluːk'wɔːm/ UK: /'--/ US: /'luːk.wɔːrm/ adj **1** *(un líquido)* ⇨tibio,bia **2** *It's only lukewarm, I'm afraid* - Lo siento, no está muy caliente **3** ⇨poco entusiasta

lull¹ /lʌl/ v [T] ⇨calmar ⇨aquietar ⇨adormecer

lull² /lʌl/ n [C] **1** ⇨período de calma ⇨intervalo ⇨pausa **2** ⇨tregua

lullaby /'lʌl.ə.baɪ/ [pl lullabies] n [C] ⇨nana ⇨canción de cuna

lumber UK: /'lʌm.bəʳ/ US: /-bɚ/ v [I] ⇨moverse pesada y lentamente: *He lumbered across to the door* - Se movió pesada y lentamente hacia la puerta ■ Constr. Se usa generalmente seguido de una preposición o un adverbio

PHRASAL VERBS
· to lumber *sb* with *sth* UK *(inform)* ⇨cargar a alguien con algo

lump¹ /lʌmp/ n [C] **1** ⇨terrón: *a sugar lump* - un terrón de azúcar **2** ⇨grumo **3** ⇨bulto ⇨chichón

† **lump²** /lʌmp/
PHRASAL VERBS
· to lump *sth/sb* together ⇨juntar ⇨agrupar

lump sum n [C] **1** ⇨pago único **2** ⇨suma global

lumpy /'lʌm.pi/ adj [comp lumpier, superl lumpiest] **1** *(una salsa)* ⇨con grumos **2** *(un objeto blando)* ⇨lleno,na de bultos

lunacy /'luː.nə.si/ n [U] ⇨locura

lunar /'luː.nəʳ/ US: /-nɚ/ adj ⇨lunar: *a lunar eclipse* - un eclipse lunar

lunatic UK: /'luː.nə.tɪk/ US: /-ˤt̬ɪk/ n [C] ⇨lunático,ca

† **lunch** /lʌntʃ/ [pl lunches] n [C, U] **1** ⇨almuerzo ⇨comida **2** to have ~ *(a mediodía)* ⇨comer

lunchbox UK: /'lʌntʃ.bɒks/ US: /-bɑːks/ [pl lunchboxes] n [C] *(para llevar al trabajo o al colegio)* ⇨fiambrera ⇨lonchera AMÉR. ■ Pron. La *u* se pronuncia como en el término inglés *sun*

lunchtime /'lʌntʃ.taɪm/ n [C, U] ⇨hora de comer

† **lung** /lʌŋ/ n [C] **1** ⇨pulmón **2** *lung capacity* - capacidad pulmonar

lurch¹ UK: /lɜːtʃ/ US: /lɝːtʃ/ v [I] **1** ⇨tambalearse: *Paul suddenly lurched forward* - De pronto, Paul se tambaleó **2** *(un coche)* ⇨dar tirones

lurch² UK: /lɜːtʃ/ US: /lɝːtʃ/ [pl lurches] n [C] **1** ⇨tambaleo **2** to leave *sb* in the ~ ⇨dejar a alguien en la estacada col.

lure¹ UK: /ljʊəʳ/ US: /lʊr/ [lured, luring] v [T] ⇨seducir [para obtener algo]

lure² UK: /ljʊəʳ/ US: /lʊr/ n [C] ⇨encanto ⇨atracción

lurid UK: /'ljʊə.rɪd/ US: /lʊr.ɪd/ adj **1** *(un color)* ⇨chillón,-a **2** ⇨espeluznante: *a lurid tale* - una historia espeluznante

lurk UK: /lɜːk/ US: /lɝːk/ v [I] **1** ⇨estar al acecho: *The gangster was lurking in the shadows* - El gánster estaba al acecho entre las sombras **2** *(una duda o una sospecha)* ⇨perdurar

lush /lʌʃ/ adj **1** *(la vegetación)* ⇨exuberante ⇨rico,ca **2** ⇨lujoso,sa ⇨suntuoso,sa

lust¹ /lʌst/ n [U] **1** ⇨codicia **2** ⇨lujuria ⇨lascivia **3** ⇨ansia [de poder]

lust² /lʌst/
PHRASAL VERBS
· to lust after *sb* ⇨desear a alguien [sexualmente]
· to lust {after/for} *sth* ⇨desear algo ⇨codiciar algo

Luxembourg¹ n [U] ⇨Luxemburgo

Luxembourg² adj ⇨luxemburgués,-a

Luxemburger UK: /'lʌk.səm.bɜː.gəʳ/ US: /-bɝː.gɚ/ n [C] ⇨luxemburgués,-a

luxurious UK: /lʌg'ʒʊə.ri.əs/ US: /-'ʒʊr.i-/ adj ⇨lujoso,sa ■ Distinto de *lascivious* y *lecherous* (lujurioso)

† **luxury** UK: /'lʌk.ʃʳr.i/ US: /-ʃɚ/ [pl luxuries] n [C, U] ⇨lujo: *a luxury hotel* - un hotel de lujo

lyrical /'lɪr.ɪ.kl/ adj **1** ⇨lírico,ca **2** ⇨elocuente

lyrics /'lɪr.ɪks/ n [PL] ⇨letra [de una canción]: *Do you know the lyrics?* - ¿Te sabes la letra?

m¹ /em/ [*pl* m's] *n* [C] *(letra del alfabeto)* ⇒m ■ PRON. Se pronuncia como *em* en *them*

m² *n* [C] 1 ⇒forma abreviada de **metre** (metro) 2 ⇒forma abreviada de **mile** (milla)

ma /mɑː/ *n* [C] *(inform)* ⇒mamá *col.*

MA /ˌemˈeɪ/ *n* [C] ⇒forma abreviada de **Master of Arts** (máster en una materia de Humanidades o de Ciencias Sociales)

ma'am /mɑːm/ *US n (madam)* ⇒señora ■ Se usa como vocativo

mac /mæk/ *n* [C] 1 *UK* ⇒gabardina ⇒impermeable 2 *US (inform)* ⇒amigo,ga ⇒hermano,na ■ Se usa como vocativo con un hombre al que no conoces

macabre /məˈkɑː.brə/ *adj* ⇒macabro,bra: *a macabre tale* - un relato macabro

macaroni UK: /ˌmæk.ᵊrˈəʊ.ni/ US: /-əˈroʊ-/ *n* [U] ⇒macarrones

Macedonia UK: /ˌmæs.əˈdəʊ.ni.ə/ US: /-ˈdoʊ-/ *n* [U] ⇒Macedonia

Macedonian¹ UK: /ˌmæ.səˈdəʊ.ni.ən/ US: /-ˈdoʊ-/ ∎ *n* [U] 1 *(idioma)* ⇒macedonio ∎ *n* [C] 2 *(gentilicio)* ⇒macedonio,nia

Macedonian² UK: /ˌmæ.səˈdəʊ.ni.ən/ US: /-ˈdoʊ-/ *adj* ⇒macedonio,nia

†**machine** /məˈʃiːn/ *n* [C] ⇒máquina: *sewing machine* - máquina de coser; *The machine doesn't work* - La máquina no funciona

machine gun *n* [C] ⇒ametralladora

machinery UK: /məˈʃiː.nə.ri/ US: /-nɚ.i/ *n* [U] ⇒maquinaria

mackintosh UK: /ˈmæk.ɪn.tɒʃ/ US: /-tɑːʃ/ [*pl* mackintoshes] *UK n* [C] *(old-fash)* ⇒impermeable ■ La forma abreviada es *mac*

†**mad** /mæd/ *adj* 1 *(inform)* ⇒loco,ca 2 *(inform)* ⇒enfadado,da ⇒furioso,sa 3 to be ~ about *sth/sb (inform)* ⇒estar loco,ca por 4 to get ~ *(inform)* ⇒enfadarse ⇒enojarse *AMÉR.*

†**madam** /ˈmæd.əm/ *n* [C, U] *(form)* ⇒señora ■ Hoy en día, se usa principalmente en cartas

made /meɪd/ past tense and past participle forms of **make**

made-up /ˌmeɪdˈʌp/ *adj* 1 *(una persona)* ⇒maquillado,da ■ CONSTR. Se usa detrás de un verbo 2 *(una historia)* ⇒inventado,da

madhouse /ˈmæd.haʊs/ *n* [NO PL] *(inform)* ⇒casa de locos

madman /ˈmæd.mən, -mæn/ [*pl* madmen] *n* [C] *(hombre)* ⇒loco

madmen *n* [PL] See **madman**

madness /ˈmæd.nəs/ *n* [U] ⇒locura

mag *n* [C] *(inform)* ⇒forma abreviada de **magazine** (revista)

†**magazine** /ˌmæg.əˈziːn/ *n* [C] ⇒revista ■ La forma abreviada es *mag*

†**maggot** /ˈmæg.ət/ *n* [C] ⇒gusano

†**magic¹** /ˈmædʒ.ɪk/ *n* [U] 1 ⇒magia 2 as if by ~ ⇒como por arte de magia

magic² /ˈmædʒ.ɪk/ *adj* 1 ⇒mágico,ca ⇒de magia 2 *a magic spell* - un hechizo 3 *UK (inform)* ⇒mágico,ca ⇒genial ■ CONSTR. Se usa detrás de un verbo

magical /ˈmædʒ.ɪ.kᵊl/ *adj* ⇒mágico,ca: *magical powers* - poderes mágicos

magician /məˈdʒɪʃ.ᵊn/ *n* [C] ⇒mago,ga ■ PRON. La *ci* se pronuncia como *sh*

magnet /ˈmæg.nət/ *n* [C] ⇒imán

magnetic UK: /mægˈnet.ɪk/ US: /-ˈneˤt̬-/ *adj* 1 *(una personalidad, un carácter)* ⇒magnético,ca ⇒encantador,-a 2 *(un cuerpo, un campo)* ⇒magnético,ca

†**magnificent** /mægˈnɪf.ɪ.sᵊnt/ *adj* ⇒magnífico,ca ⇒espléndido,da

magnify /ˈmæg.nɪ.faɪ/ [magnifies, magnified] *v* [T] ⇒aumentar ■ Distinto de *to extol* (ensalzar) o *to praise* (elogiar)

magnifying glass [*pl* magnifying glasses] *n* [C] ⇒lupa

magnitude UK: /ˈmæg.nɪ.tjuːd/ US: /-tuːd/ *n* [U] ⇒alcance ⇒magnitud

mahogany UK: /məˈhɒg.ᵊn.i/ US: /-ˈhɑː.g[ə]n-/ *n* [U] ⇒caoba

maid /meɪd/ *n* [C] 1 ⇒criada 2 ⇒doncella

maiden /ˈmeɪ.dᵊn/ *n* [C] *(lit, old-fash)* ⇒chica o mujer soltera ⇒doncella

M

maiden name n [c] ⇨apellido de soltera ∎ En los países anglosajones, muchas mujeres adoptan el apellido del marido cuando se casan

† **mail¹** /meɪl/ (UK tb post) n [U] **1** ⇨cartas y paquetes **2** ⇨correo: by mail - por correo

mail² /meɪl/ US [T] ⇨mandar por correo

mailbox UK: /'meɪl.bɒks/ US: /-bɑːks/ [pl mailboxes] US (UK **letterbox**) n [c] ⇨buzón

mailing list n [c] ⇨lista de envío ⇨lista de direcciones

mailman /'meɪl.mæn/ [pl mailmen] US n [c] (hombre) ⇨cartero

mail order n [U] ⇨venta por correo

maim /meɪm/ v [T] ⇨mutilar ⇨lisiar

† **main¹** /meɪn/ adj ⇨principal ⇨mayor

main² /meɪn/ n [c] ⇨conducto principal [de agua, de gas o de electricidad]

main course n [c] (en una comida) ⇨plato fuerte ⇨plato principal ∎ PRON. course rima con horse

mainland /'meɪn.lænd/ **the ~** ⇨el territorio de un país o continente que no incluye sus islas

† **mainly** /'meɪn.li/ adv ⇨principalmente ⇨fundamentalmente

mains /meɪnz/ UK n [PL] ⇨red [eléctrica, de gas o de agua]

mainstream¹ /'meɪn.striːm/ **the ~** ⇨la corriente principal

mainstream² /'meɪn.striːm/ adj ⇨convencional ⇨mayoritario,ria

† **maintain** /meɪn'teɪn/ v [T] **1** ⇨mantener ⇨conservar **2** (form) (una afirmación, una opinión) ⇨mantener ⇨defender ∎ CONSTR. to maintain + (that)

maintenance /'meɪn.tɪ.nənts/ n [U] **1** ⇨mantenimiento **2** UK ⇨pensión de manutención ⇨pensión compensatoria

† **maize** /meɪz/ UK (US corn) n [U] ⇨maíz

† **major¹** UK: /'meɪ.dʒəʳ/ US: /-dʒɚ/ adj **1** ⇨principal ⇨importante ⇨serio,ria **2** (en música) ⇨mayor

major² UK: /'meɪ.dʒəʳ/ US: /-dʒɚ/ n [c] **1** (en el ejército) ⇨comandante **2** US (en estudios superiores) ⇨asignatura principal ∎ Distinto de older y grown-up (mayor)

† **majority** UK: /mə'dʒɒr.ə.ti/ US: /-'dʒɑː.rə.ᵊti/ [pl majorities] n [c, NO PL] ⇨mayoría: The majority of my friends agree with me - La mayoría de mis amigos opina como yo; to achieve a majority - conseguir mayoría **2 to be in {a/the} ~** ⇨ser mayoría

† **make¹**, made, made /meɪk/ [making] v [T] **1** ⇨hacer ⇨elaborar ⇨fabricar **2** (comida, bebida) ⇨hacer ⇨preparar **3** (dinero) ⇨hacer ⇨ganar **4** to make a profit - obtener beneficios **5** ⇨asistir ⇨ir a **6** (con cifras) ⇨hacer **7** ⇨llegar a ser ⇨tener cualidades para ser **8** ⇨hacer ⇨ascender [en el trabajo]

∎ CONSTR. to make + dos objetos **9 to be made for {each other/sb}** ⇨estar hechos el uno para el otro **10 to ~ sb angry** ⇨enfadar a alguien **11 to ~ a {promise/remark}** ⇨hacer una {promesa/comentario} **12 to ~ sb do sth** ⇨forzar ⇨obligar ∎ CONSTR. En activa, va seguido de otro verbo en infinitivo sin to: She made him make his bed - Lo obligó a hacerse la cama. Por el contrario, en pasiva el verbo que le sigue aparece precedido de la partícula to: He was made to pay a fine - Lo obligaron a pagar una multa **13 to ~ do (with)** ⇨arreglarse con lo que hay **14 to ~ it 1** (inform) ⇨llegar a tiempo **2** ⇨tener éxito ⇨triunfar **15 to ~ the most of sth** ⇨sacar el mayor provecho de algo **16 to ~ time** ⇨sacar tiempo ∎ CONSTR. to make time + to do sth ∎ Ver cuadro hacer (to do / to make)

PHRASAL VERBS
· **to make for sth/sb** ⇨dirigirse ⇨ir con rumbo a
· **to make of sth/sb** ⇨pensar ⇨opinar
· **to make off with sth** (inform) ⇨escapar(se) con algo
· **to make {oneself/sb} up** [M] ⇨maquillar(se)
· **to make out 1** US (inform) ⇨manejar [una situación con éxito] **2** US (inform) ⇨magrearse col.; ⇨enrollarse col.
· **to make sth out 1** (un documento) ⇨escribir ⇨rellenar **2** ⇨entender [las razones de algo] ⇨comprender [las razones de algo] ∎ Se usa en frases interrogativas y negativas
· **to make sth/sb out** [M] **1** ⇨distinguir ⇨entender **2** ⇨distinguir ⇨divisar
· **to make up sth** ⇨formar ⇨conformar ⇨constituir
· **to make sth up** [M] (historias, excusas, mentiras) ⇨inventar(se)
· **to make up for sth** ⇨compensar algo
· **to make up with sb** ⇨hacer las paces con alguien

make² /meɪk/ n [c] (de vehículos o de aparatos) ⇨marca ∎ Cuando no se trata de un vehículo o un aparato se usa brand

makeover UK: /'meɪk.əʊ.vəʳ/ US: /-ˌoʊ.vɚ/ n [c] **1** She went to a salon to have a makeover - Fue a un salón de belleza para que la maquillaran **2** (de un lugar) ⇨mejora ⇨reforma

maker UK: /'meɪ.kəʳ/ US: /-kɚ/ n [c] ⇨fabricante: the bigger maker of cars of the world - el mayor fabricante de coches en el mundo

makeshift /'meɪk.ʃɪft/ adj ⇨provisional ⇨improvisado,da

making /'meɪ.kɪŋ/ n [U] **1** ⇨fabricación ⇨creación **2** ⇨confección ⇨preparación **3 to be the ~ of sb** ⇨ser la clave del éxito de alguien

malaria UK: /mə'leə.ri.ə/ US: /-'ler.i-/ n [U] ⇨malaria: to get malaria - contraer la malaria

251

manufacture

Malawi /mə'lɑː.wi/ n [U] ⇒Malawi
Malawian /mə'lɑː.wi.ən/ adj, n [C] ⇒malawiano,na
Malaysia UK: /mə'leɪ.zi.ə/ US: /-ʒə/ n [U] ⇒Malasia
Malaysian UK: /mə'leɪ.zi.ən/ US: /-ʒə/ adj, n [C] ⇒malasio,sia ⇒malayo,ya
↑**male¹** /meɪl/ adj 1 (características físicas) ⇒masculino,na ⇒varonil 2 (género) ⇒macho
male² /meɪl/ n [C] 1 (un animal) ⇒macho 2 ⇒varón
malice /'mæl.ɪs/ n [U] ⇒maldad ⇒malicia
↑**mall** UK: /mɔːl/ US: /mɑːl/ (US tb shopping mall) n [C] ⇒centro comercial
mallet /'mæl.ɪt/ n [C] ⇒mazo
malt UK: /mɒlt/ US: /mɑːlt/ n [U] ⇒malta: malt whisky - whisky de malta
Malta UK: /mɔːl.tə/ US: /mɑːl-/ n [U] ⇒Malta
mammal /'mæm.ᵊl/ n [C] ⇒mamífero
mammoth¹ /'mæm.əθ/ n [C] ⇒mamut
mammoth² /'mæm.əθ/ adj ⇒colosal ⇒gigantesco,ca
↑**man¹** /mæn/ [pl men] n [C] 1 ⇒hombre: a strange man - un hombre raro 2 the ~ in the street ⇒el ciudadano de a pie
man² /mæn/ [manned, manning] v [T] ⇒hacer funcionar 2 ⇒funcionar ⇒estar disponible
↑**manage** /'mæn.ɪdʒ/ [managed, managing] ■ v [T] 1 ⇒dirigir 2 ⇒administrar: Your should manage your free time better - Deberías administrarte mejor tu tiempo libre ■ v [T, I] 3 ⇒conseguir: I managed to convince him in the end - Al final conseguí convencerlo ■ CONSTR. to manage + to do sth ■ v [I] 4 ⇒arreglarse: Can you manage with a screwdriver? - ¿Puedes arreglarte con un destornillador? ■ CONSTR. Se usa generalmente seguido de las preposiciones with y without ■ PRON. La última a se pronuncia como la i en did
manageable /'mæn.ɪ.dʒə.bḷ/ adj 1 ⇒manejable 2 ⇒accesible ⇒tratable
management /'mæn.ɪdʒ.mənt/ n [U] 1 (actividad) ⇒dirección [de una empresa] ■ Por ser un nombre colectivo se puede usar con el verbo en singular o en plural 2 ⇒gestión ⇒administración 3 (persona) ⇒dirección
manager UK: /'mæn.ɪ.dʒəʳ/ US: /-dʒə/ n [C] 1 ⇒director,-a ⇒jefe,fa 2 ⇒entrenador,-a 3 ⇒encargado,da [de una tienda]
mandate /'mæn.deɪt/ n [C] ⇒mandato ■ CONSTR. mandate + to do sth
mane /meɪn/ n [C] 1 ⇒crin 2 ⇒melena
maneuver UK: /mə'nuː.vəʳ/ US: /-və/ US (UK manoeuvre) ■ v [T, I] 1 ⇒maniobrar ■ v [T] 2 ⇒manipular
mango UK: /'mæŋ.gəʊ/ US: /-goʊ/ [pl mangoes, mangos] n [C, U] ⇒mango: Are the mangoes ripe? - ¿Están maduros los mangos?

manhood /'mæn.hʊd/ n [U] 1 ⇒edad viril 2 ⇒virilidad
mania /'meɪ.ni.ə/ n [C, U] ⇒manía ⇒obsesión
maniac /'meɪ.ni.æk/ n [C] (inform) ⇒maníaco,ca
manic /'mæn.ɪk/ adj ⇒frenético,ca
manifest /'mæn.ɪ.fest/ v [T] (form) ⇒mostrar ⇒manifestar
manifesto UK: /ˌmæn.ɪ'fes.təʊ/ US: /-toʊ/ [pl manifestoes, manifestos] n [C] (documento) ⇒manifiesto ⇒declaración
manipulate /mə'nɪp.ju.leɪt/ [manipulated, manipulating] v [T] ⇒manipular ⇒manejar
mankind /mæn'kaɪnd/ n [U] ⇒humanidad ⇒ser humano
manly /'mæn.li/ adj [comp manlier, superl manliest] ⇒viril ⇒varonil
man-made /ˌmæn'meɪd/ adj ⇒artificial: a man-made lake - un lago artificial
manned adj 1 (un barco) ⇒tripulado,da 2 The phones are manned during office hours - Las líneas telefónicas están operativas durante el horario laboral
↑**manner** UK: /'mæn.əʳ/ US: /-ə/ n [U, NO PL] 1 ⇒manera ⇒forma 2 ⇒modo de comportarse ⇒actitud
mannerism UK: /'mæn.ᵊr.ɪ.zᵊm/ US: /-ə-/ ■ n [C] 1 ⇒gesto [característico de una persona] ■ n [U] 2 (estilo de arquitectura) ⇒manierismo
↑**manners** UK: /'mæn.əz/ US: /-əz/ n [PL] 1 ⇒modales: to have good manners - tener buenos modales 2 That's bad manners - Eso es una falta de educación
manoeuvre¹ UK: /mə'nuː.vəʳ/ US: /-və/ UK (US maneuver) n [C] ⇒maniobra: on manoeuvres - de maniobras ■ Se usa más en plural
manoeuvre² UK: /mə'nuː.vəʳ/ US: /-və/ UK (US maneuver) ■ v [T, I] 1 ⇒maniobrar ■ v [T] 2 ⇒manipular 3 to manoeuvre sb into doing sth - conseguir que alguien haga algo
manor UK: /'mæn.əʳ/ US: /-ə/ UK n [C] (inform) (en el trabajo) ⇒área [de una persona] ⇒territorio
manpower UK: /'mæn.paʊəʳ/ US: /-paʊr/ n [U] 1 ⇒mano de obra ⇒personal 2 ⇒recursos humanos
↑**mansion** /'mæn.tʃᵊn/ n [C] ⇒mansión ⇒casa solariega
mantelpiece UK: /'mæn.tᵊl.piːs/ US: /-ˤt̬[ə]l-/ UK n [C] ⇒repisa de la chimenea
manual¹ /'mæn.ju.əl/ adj ⇒manual
manual² /'mæn.ju.əl/ n [C] (libro) ⇒manual
manufacture¹ UK: /ˌmæn.ju'fæk.tʃəʳ/ US: /-tʃə/ [manufactured, manufacturing] v [T] 1 ⇒fabricar ⇒producir 2 (una excusa, una historia) ⇒inventar
manufacture² UK: /ˌmæn.ju'fæk.tʃəʳ/ US: /-tʃə/ n [U] ⇒fabricación ⇒elaboración

M

manure UK: /məˈnjuə/ US: /-ˈnʊr/ n [U] ⇒estiércol

manuscript /ˈmæn.ju.skrɪpt/ n [C] 1 ⇒manuscrito 2 *(un texto)* ⇒original

† **many** /ˈmen.i/ adj, pron [comp more, superl most] 1 ⇒mucho,cha: There weren't many people at the concert - No había mucha gente en el concierto 2 ⇒muchos,chas: «Were there many tourists in the town?» «No, there weren't many» - «¿Había muchos turistas en la ciudad?» «No, no muchos» 3 as ~ as ⇒tantos como 4 how many...? ⇒¿cuántos...?: How many children have you got? - ¿Cuántos hijos tienes? ■ Ver cuadro interrogative structures 5 ~ a sth (form) ⇒mucho,cha ■ Se usa con nombres contables. Comparar con much ■ Normalmente se usa en oraciones interrogativas o negativas. En oraciones afirmativas se usa a lot of

map¹ /mæp/ n [C] 1 ⇒mapa 2 ⇒plano: a street map - un plano callejero 3 to put sth/sb on the ~ ⇒dar a conocer ⇒lanzar a la fama

† **map²** /mæp/ [mapped, mapping] v [T] ⇒hacer un mapa: to map an area - hacer un mapa de una zona
| PHRASAL VERBS
| · to map sth out [M] (un proyecto) ⇒trazar algo
└ ⇒planear algo

maple /ˈmeɪ.pl/ n [C, U] (árbol) ⇒arce

mar UK: /mɑːʳ/ US: /mɑːr/ [marred, marring] v [T] (form) ⇒estropear ■ CONSTR. Se usa más en pasiva

Mar n [C, U] ⇒forma abreviada de **March** (marzo)

† **marathon** UK: /ˈmær.ə.θᵉn/ US: /-θɑːn/ n [C] 1 (en atletismo) ⇒maratón 2 (actividad larga e intensa) ⇒maratón

marble UK: /ˈmɑː.bl/ US: /ˈmɑːr-/ ■ n [U] 1 ⇒mármol ■ n [C] 2 ⇒canica

march¹ v [I] 1 (en el ejército) ⇒marchar ⇒desfilar 2 ⇒manifestarse
| PHRASAL VERBS
| · to march in ⇒entrar resueltamente
| · to march {over/up} to sb ⇒abordar a alguien con resolución
└ · to march past sb ⇒desfilar ante alguien

march² [pl marches] n [C, U] 1 (militar, en música) ⇒marcha 2 ⇒manifestación 3 on the ~ (un grupo de soldados) ⇒en marcha

† **March** UK: /mɑːtʃ/ US: /mɑːrtʃ/ [pl Marches] n [C, U] ⇒marzo: in March - en marzo; on March 6th - el 6 de marzo ■ La forma abreviada es Mar

mare UK: /meəʳ/ US: /mer/ n [C] ⇒yegua

margarine /ˌmɑː.dʒəˈriːn/ US: /ˈmɑːr.dʒɚ-/ (UK tb marge) n [U] ⇒margarina

marge UK n [U] (inform) See **margarine**

† **margin** UK: /ˈmɑː.dʒɪn/ US: /ˈmɑːr-/ n [C] 1 ⇒margen [de una página]: to write sth in the margin - escribir algo al margen 2 ⇒margen [de tiempo o de dinero]: He allowed us a margin of an hour - Nos dejó un margen de una hora; profit margin - margen de beneficios

marginal UK: /ˈmɑː.dʒɪ.nəl/ US: /ˈmɑːr-/ adj 1 ⇒marginal ⇒mínimo,ma 2 ⇒marginado,da 3 (economía) ⇒marginal

† **marijuana** /ˌmær.əˈwɑː.nə/ (UK cannabis) n [U] (droga) ⇒marihuana

marina /məˈriː.nə/ n [C] ⇒puerto deportivo

marine¹ /məˈriːn/ adj ⇒marino,na ⇒marítimo,ma

marine² /məˈriːn/ n [C] 1 (militar) ⇒marine 2 the Marines ⇒infantería de marina

mariner UK: /ˈmær.ɪ.nəʳ/ US: /-nə/ n [C] ⇒marinero ⇒navegante

marital UK: /ˈmær.ɪ.tᵉl/ US: /-ˤt̬[ə]l/ adj (form) ⇒marital ⇒conyugal

maritime /ˈmær.ɪ.taɪm/ adj 1 (form) ⇒marítimo,ma: a maritime port - un puerto marítimo 2 (form) ⇒costero,ra

† **mark¹** UK: /mɑːk/ US: /mɑːrk/ n [C] 1 UK (US grade) ⇒nota ⇒calificación 2 ⇒mancha ⇒marca ⇒señal 3 (moneda antigua) ⇒marco 4 On your marks, get set, go! ⇒¡Preparados, listos, ya! 5 to {leave/make} one's ~ ⇒dejar la propia marca personal ⇒dejar huella

† **mark²** UK: /mɑːk/ US: /mɑːrk/ v [T] 1 UK (US grade) ⇒corregir ⇒puntuar ⇒calificar 2 ⇒marcar ⇒señalar 3 to ~ time 1 ⇒hacer tiempo 2 (un soldado) ⇒marcar el paso
| PHRASAL VERBS
| · to mark sth down [M] (un precio o una calificación) ⇒bajar
└ · to mark sth up [M] (un precio) ⇒subir

marked UK: /mɑːkt/ US: /mɑːrkt/ adj 1 ⇒acusado,da ⇒pronunciado,da 2 ⇒marcado,da ⇒señalado,da

marker UK: /ˈmɑː.kəʳ/ US: /ˈmɑːr.kə/ n [C] 1 (en deportes) ⇒marcador 2 ⇒indicador 3 ⇒rotulador ⇒plumón AMÉR. 4 ⇒señal

† **market¹** UK: /ˈmɑː.kɪt/ US: /ˈmɑːr-/ n [C] 1 ⇒mercado 2 street market - mercadillo 3 (en economía) ⇒mercado ⇒demanda 4 US ⇒supermercado 5 on the ~ ⇒en venta: That house is on the market - Esa casa está en venta 6 to be in the ~ for sth ⇒estar interesado,da en comprar algo

market² UK: /ˈmɑː.kɪt/ US: /ˈmɑːr-/ v [T] ⇒comercializar ⇒promocionar

marketing UK: /ˈmɑː.kɪ.tɪŋ/ US: /ˈmɑːr.kɪ.ˤt̬ɪŋ/ n [U] ⇒marketing ⇒mercadotecnia

marketplace UK: /ˈmɑː.kɪt.pleɪs/ US: /ˈmɑːr-/ n [C] 1 ⇒plaza del mercado ⇒lugar del mercado 2 the ~ ⇒el mercado ⇒el comercio

market research n [U] ⇒estudio de mercado

marking UK: /'mɑː.kɪŋ/ US: /'mɑːr-/ n [c] **1** ⇨marca **2** ⇨mancha [de un animal] ■ Se usa más en plural **3** ⇨corrección [de trabajos escolares] ⇨calificación [de trabajos escolares]

marmalade UK: /'mɑː.mə.leɪd/ US: /'mɑːr-/ n [u] ⇨mermelada [de cítricos]: *orange marmalade* - mermelada de naranja

maroon[1] /mə'ruːn/ adj, n [c, u] ⇨granate

maroon[2] /mə'ruːn/ v [t] ⇨dejar aislado,da ⇨quedar aislado,da ■ Constr. Se usa más en pasiva

marquee UK: /mɑː'kiː/ US: /mɑːr-/ n [c] **1** UK ⇨carpa ⇨toldo **2** US ⇨marquesina

marriage UK: /'mær.ɪdʒ/ US: /'mer-/ n [c, u] **1** ⇨matrimonio: *marriage of convenience* - matrimonio de conveniencia **2** ⇨boda **3** *proposal of ~* (*tb* proposal) ⇨propuesta de matrimonio ■ Pron. La última *a* no se pronuncia

married UK: /'mær.id/ US: /'mer-/ adj **1** ⇨casado,da: *a married couple* - un matrimonio; *just married* - recién casados **2** *to get ~* ⇨casarse: *They are getting married on Sunday* - Se casan este domingo

marrow UK: /'mær.əʊ/ US: /-oʊ/ ■ n [c, u] **1** UK (US squash) ⇨calabaza alargada **2** ⇨calabacín ■ n [u] **3** ⇨médula ⇨tuétano

marry UK: /'mær.i/ US: /'mer-/ [marries, married] v [t, i] **1** ⇨casar(se): *I'm going to marry him* - Voy a casarme con él **2** ⇨aunar

Mars UK: /mɑːz/ US: /mɑːrz/ n [NO PL] (planeta) ⇨Marte

marsh UK: /mɑːʃ/ US: /mɑːrʃ/ [pl marshes] n [c, u] ⇨ciénaga ⇨pantano

marshal[1] UK: /'mɑː.ʃ°l/ US: /'mɑːr-/ [marshalled, marshalling; marshaled, marshaling] v [t] **1** (un grupo) ⇨organizar ⇨ordenar **2** (pruebas, ideas) ⇨ordenar ⇨presentar

marshal[2] UK: /'mɑː.ʃ°l/ US: /'mɑːr-/ n [c] **1** (en un acto público) ⇨miembro del servicio de seguridad **2** ⇨en EE. UU., jefe,fa de policía **3** ⇨en EE. UU., jefe,fa de bomberos **4** ⇨mariscal [del ejército]

martial UK: /'mɑː.ʃ°l/ US: /'mɑːr-/ adj (form) ⇨marcial ⇨militar

Martian n [c] ⇨marciano,na

martyr UK: /'mɑː.tə'/ US: /'mɑːr.ˤtə/ n [c] ⇨mártir

marvel[1] UK: /'mɑː.v°l/ US: /'mɑːr-/ n [c] ⇨maravilla ⇨prodigio

marvel[2] UK: /'mɑː.v°l/ US: /'mɑːr-/ [marvelled, marvelling; US marveled, marveling] v [i] ⇨maravillarse ■ Constr. 1. to marvel + that 2. Se usa frecuentemente seguido de at o about

marvellous UK: /'mɑː.v°l.əs/ US: /'mɑːr-/ UK adj ⇨maravilloso,sa ⇨estupendo,da

mascara UK: /mæs'kɑː.rə/ US: /-'kær.ə/ n [c, u] ⇨rímel® ■ Distinto de mask (máscara)

mascot UK: /'mæs.kɒt/ US: /-kɑːt/ n [c] **1** ⇨amuleto ⇨talismán **2** (animal) ⇨mascota

masculine /'mæs.kjʊ.lɪn/ adj (una cualidad) ⇨masculino,na

mash /mæʃ/ [mashes] v [t] **1** ⇨hacer puré: *Can you mash the potatoes, please?* - ¿Puedes hacer puré las patatas? **2** ⇨machacar ⇨triturar

mask[1] UK: /mɑːsk/ US: /mæsk/ n [c] **1** ⇨máscara ⇨careta **2** ⇨antifaz **3** (en medicina) ⇨mascarilla

mask[2] UK: /mɑːsk/ US: /mæsk/ v [t] ⇨enmascarar ⇨encubrir

masochism /'mæs.ə.kɪ.z°m/ n [u] ⇨masoquismo

mason n [c] **1** ⇨cantero **2** US ⇨albañil,-a

masonry n [u] **1** ⇨mampostería **2** ⇨masonería

masquerade[1] UK: /ˌmæs.k°r'eɪd/ US: /-kə'reɪd/ n [c, u] **1** ⇨mascarada ⇨farsa **2** ⇨baile de máscaras

masquerade[2] UK: /ˌmæs.k°r'eɪd/ US: /-kə'reɪd/

|PHRASAL VERBS
| · **to masquerade as** *sth/sb* ⇨disfrazarse ⇨hacerse pasar por

mass[1] /mæs/ ■ n [c] **1** (sólido) ⇨masa ⇨mezcla ■ El plural es *masses* ■ n [u] **2** (en física) ⇨masa **3** *a ~ of sth* ⇨un montón de algo *col.*: *a mass of flowers* - un montón de flores **4** *masses of sth* (inform) ⇨una pila de algo *col.*; ⇨una montaña de algo *col.*; ⇨gran cantidad de algo **5** *the great ~ of* ⇨la inmensa mayoría de **6** *the masses* ⇨las masas ⇨la gente **7** *to be a ~ of sth* ⇨estar cubierto,ta de algo ⇨estar lleno,na de algo

mass[2] /mæs/ adj ⇨masivo,va ⇨de masas

mass[3] /mæs/ v [t, i] (form) ⇨juntar(se) ⇨reunir(se)

Mass n [u] (en el cristianismo) ⇨misa

massacre[1] UK: /'mæs.ə.kə'/ US: /-kə/ n [c] ⇨masacre ⇨matanza

massacre[2] UK: /'mæs.ə.kə'/ US: /-kə/ [massacred, massacring] v [t] ⇨masacrar

massage[1] UK: /'mæs.ɑːdʒ/ US: /mə'sɑːdʒ/ n [c, u] ⇨masaje: *to give sb a massage* - dar un masaje a alguien

massage[2] UK: /'mæs.ɑːdʒ/ US: /mə'sɑːdʒ/ [massaged, massaging] v [t] **1** ⇨dar un masaje **2** (cifras, datos) ⇨maquillar

massive /'mæs.ɪv/ adj **1** ⇨monumental ⇨enorme **2** ⇨multitudinario,ria **3** ⇨sólido,da

mass-produce UK: /ˌmæs.prə'djuːs/ US: /-'duːs/ [mass-produced, mass-producing] v [t] ⇨producir en serie

mast UK: /mɑːst/ US: /mæst/ n [c] **1** (en una embarcación) ⇨mástil **2** ⇨torre [de televisión o de radio] **3** (de una bandera) ⇨palo ⇨asta

master[1] UK: /'mɑː.stə'/ US: /'mæs.tə/ n [c] **1** (old-fash) ⇨maestro ⇨profesor **2** ⇨dueño ⇨propietario **3**

M ⇨

⇨maestro,tra ⇨experto,ta **4** ⇨amo ⇨señor **5** ⇨original [de una grabación o de un texto] **6** **Master's (degree)** ⇨máster: *to study a Master's degree* - estudiar un máster

master² UK: /ˈmɑː.stəʳ/ US: /ˈmæs.təʳ/ v [T] ⇨dominar ⇨controlar

master³ UK: /ˈmɑː.stəʳ/ US: /ˈmæs.təʳ/ adj ⇨altamente cualificado,da [en un oficio]

masterful UK: /ˈmɑː.stə.fᵊl/ US: /ˈmæs.təʳ-/ adj **1** ⇨con capacidad de mando ■ Se emplea únicamente con hombres **2** ⇨imperioso,sa **3** ⇨con maestría ⇨magistral

mastermind¹ UK: /ˈmɑː.stə.maɪnd/ US: /ˈmæs.təʳ-/ n [C] ⇨cerebro: *He was the mastermind of the robbery* - Él fue el cerebro del robo

mastermind² UK: /ˈmɑː.stə.maɪnd/ US: /ˈmæs.təʳ-/ v [T] ⇨planear ⇨dirigir

masterpiece UK: /ˈmɑː.stə.piːs/ US: /ˈmæs.təʳ-/ n [C] ⇨obra maestra: *It's his masterpiece* - Es su obra maestra

mastery UK: /ˈmɑː.stᵊr.i/ US: /ˈmæs.təʳ-/ n [U] **1** ⇨dominio ⇨perfecto conocimiento **2** ⇨superioridad: *mastery over sth* - superioridad sobre algo **3** ⇨maestría

masturbate UK: /ˈmæs.tə.beɪt/ US: /-tə-/ [masturbated, masturbating] v [I] ⇨masturbar(se)

≡ M ↑ **mat** /mæt/ n [C] **1** ⇨felpudo ⇨estera ⇨tapete *AMÉR.* **2** ⇨mantel individual ⇨salvamanteles **3** ⇨colchoneta

↑ **match¹** /mætʃ/ [pl matches] ■ n [C] **1** ⇨partido ⇨encuentro [deportivo] ■ El plural es *matches* **2** ⇨forma abreviada de **matchstick** (cerilla) ■ El plural es *matches* ■ n [NO PL] **3** ⇨complemento **4** *to be no ~ for sth/sb* ⇨no estar a la altura de **5** *to {find/meet} one's ~* ⇨encontrar la horma del zapato *col.*

↑ **match²** /mætʃ/ ■ v [T, I] **1** ⇨combinar [con algo] ⇨pegar [con algo] ■ v [T] **2** ⇨igualar: *to match an offer* - igualar una oferta **3** ⇨coincidir

PHRASAL VERBS
· **to match up** *(unos datos)* ⇨equipararse ⇨coincidir
· **to match sth/sb up** [M] ⇨hacer coincidir
· **to match up {to/with} sth** *UK* ⇨estar a la altura de algo

matchbox UK: /ˈmætʃ.bɒks/ US: /-bɑːks/ [pl matchboxes] n [C] ⇨caja de cerillas

matching /ˈmætʃ.ɪŋ/ adj ⇨a juego: *a blue suit with matching blue tie* - un traje azul con una corbata a juego

mate¹ /meɪt/ n [C] **1** *UK (inform)* ⇨amigo,ga ⇨compañero,ra ⇨colega *col.;* ⇨cuate,ta *AMÉR. col.* **2** *(un animal)* ⇨pareja **3** ⇨ayudante **4** *(en navegación)* ⇨segundo,da de a bordo

mate² /meɪt/ [mated, mating] ■ v [T] **1** ⇨dar jaque mate ■ v [I] **2** ⇨aparear(se)

↑ **material** UK: /məˈtɪə.ri.əl/ US: /-ˈtɪr.i-/ ■ n [C, U] **1** ⇨material: *What materials do you need?* - ¿Qué materiales necesitas? **2** ⇨materia: *raw materials* - materias primas *(en sastrería y tapicería)* ⇨tela ■ n [U] **4** ⇨información

materialize UK: /məˈtɪə.ri.ə.laɪz/ US: /-ˈtɪr.i-/ [materialized, materializing] v [I] **1** ⇨materializar **2** ⇨hacer(se) realidad

maternal UK: /məˈtɜː.nᵊl/ US: /-ˈtɜː-/ adj **1** ⇨maternal: *maternal instinct* - instinto maternal **2** ⇨materno,na ⇨de madre

maternity UK: /məˈtɜː.nə.ti/ US: /-ˈtɜː.nə.ᵗi/ n [U] *(estado o situación)* ⇨maternidad

math *US* (*UK* maths) n [U] ⇨forma abreviada de **mathematics** (matemáticas)

mathematical UK: /ˌmæθˈmæt.ɪ.kᵊl/ US: /-ˈmæᵗt̬-/ adj ⇨matemático,ca: *a mathematical formula* - una fórmula matemática

↑ **mathematics** UK: /ˌmæθˈmæt.ɪks/ US: /-ˈmæᵗt̬-/ n [U] *(form)* ⇨matemáticas ■ La forma abreviada es *maths*

maths *UK* (*US* math) n [U] *(inform)* ⇨forma abreviada de **mathematics** (matemáticas)

matrimony /ˈmæt.rɪ.mə.ni/ n [U] *(form) (estado)* ⇨matrimonio

matrix /ˈmeɪ.trɪks/ [pl matrices, matrixes] n [C] **1** ⇨matriz ⇨modelo **2** *(en matemáticas)* ⇨matriz **3** *(en geología)* ⇨matriz

matt /mæt/ *UK* adj *(una superficie, una pintura)* ⇨mate

↑ **matter¹** UK: /ˈmæt.əʳ/ US: /ˈmæᵗt̬.ə/ ■ n [C] **1** ⇨tema ⇨asunto ⇨cuestión ■ n [U] **2** *(en física)* ⇨materia **3** ⇨sustancia **4** *a ~ of {hours/minutes/time}* ⇨cuestión de {horas/minutos/tiempo} **5** *a ~ of life and death* ⇨una cuestión de vida o muerte **6** *as a ~ of fact (inform)* ⇨en realidad ⇨de hecho **7** *no ~* ⇨no importa **8** *what's the matter?* ⇨¿qué pasa? ⇨¿cuál es el problema?

↑ **matter²** UK: /ˈmæt.əʳ/ US: /ˈmæᵗt̬.ə/ v [I] ⇨importar: *It doesn't matter that they're not here* - No importa que no estén aquí ■ CONSTR. 1. to matter + that 2. to matter + interrogativa indirecta

matter-of-fact UK: /ˌmæt.ə.rəvˈfækt/ US: /ˌmæᵗt̬.ə.əv-/ adj **1** ⇨impasible ⇨impertérrito,ta **2** *(un estilo)* ⇨prosaico

mattress /ˈmæt.rəs/ [pl mattresses] n [C] ⇨colchón

↑ **mature** UK: /məˈtjʊəʳ/ US: /-ˈtjʊr/ adj **1** *(mentalmente, emocionalmente)* ⇨maduro,ra **2** *(físicamente)* ⇨adulto,ta **3** *(una comida, una bebida)* ⇨añejo,ja ⇨curado,da

maturity UK: /məˈtjʊə.rɪ.ti/ US: /-ˈtʊr.ə.ᵗi/ n [U] ⇨madurez

maul UK: /mɔːl/ US: /mɑːl/ v [T] **1** ⇒atacar salvajemente: *He was mauled by a lion* - Fue atacado salvajemente por un león **2** ⇒criticar duramente ■ CONSTR. Se usa más en pasiva

Mauritania UK: /ˌmɒr.ɪˈteɪ.ni.ə/ US: /ˌmɔːr.ɪ-/ n [C] ⇒Mauritania

Mauritanian UK: /ˌmɒr.ɪˈteɪ.ni.ən/ US: /ˌmɔːr.ɪ-/ adj, n [C] ⇒mauritano,na

maverick UK: /ˈmæv.ᵊr.ɪk/ US: /-ɚ-/ adj **1** ⇒inconformista **2** *(en política)* ⇒disidente

maxim /ˈmæk.sɪm/ n [C] ⇒máxima ⇒aforismo

maximize /ˈmæk.sɪ.maɪz/ [maximized, maximizing] v [T] ⇒maximizar ⇒aumentar

† **maximum** /ˈmæk.sɪ.məm/ n [C] ⇒máximo,ma: *at the maximum* - como máximo

† **may** /meɪ/ v [MODAL] **1** *(incertidumbre)* ⇒poder que ⇒ser posible que **2** *(form) (permiso)* ⇒poder ■ Se usa también la forma *can*, pero es menos cortés **3** *(form) (deseo, esperanza)* ⇒ojalá que **4** be that as it ~ ⇒sea como fuere ■ CONSTR. may + do sth ■ Ver cuadro modal verbs

† **May** n [C, U] ⇒mayo: *in May* - en mayo; *on May 5th* - el 5 de mayo

† **maybe** /ˈmeɪ.bi, ˌ-ˈ-/ adv ⇒quizá ⇒a lo mejor ⇒tal vez

mayhem /ˈmeɪ.hem/ n [U] ⇒caos ⇒descontrol ⇒alboroto

mayonnaise /ˌmeɪ.əˈneɪz, ˈ---/ n [U] ⇒mayonesa

† **mayor** UK: /meəʳ/ US: /mer/ n [C] ⇒alcalde ⇒intendente AMÉR. ■ Distinto de *older* y *grown-up* (mayor)

maypole /ˈmeɪ.pəʊl/ US: /-poʊl/ n [C] ⇒palo que se lleva en las fiestas de mayo

maze /meɪz/ n [C] ⇒laberinto: *to find your way out of the maze* - conseguir salir del laberinto

MAZE ↑

MBA /ˌem.biːˈeɪ/ n [C] ⇒forma abreviada de **Master of Business Administration** (máster en Dirección de Empresas)

† **me¹** /miː, mɪ/ pron **1** ⇒me ⇒a mí **2** ⇒yo ■ Se usa detrás del verbo *to be* ■ Ver cuadro personal pronouns

† **me²** /miː/ *(tb mi)* n [U, NO PL] *(nota musical)* ⇒mi

meadow UK: /ˈmed.əʊ/ US: /-oʊ/ n [C] ⇒prado ⇒pradera

meagre UK: /ˈmiː.gəʳ/ US: /-gɚ/ UK adj ⇒escaso,sa ⇒pobre

† **meal** /mɪəl/ n [C] **1** *(en horas fijas)* ⇒comida **2** to make a ~ of sth UK *(inform)* ⇒hacer un mundo de algo col.

† **mean¹**, **meant**, **meant** /miːn/ v [T] **1** ⇒significar ⇒querer decir ■ CONSTR. to mean + that **2** ⇒decir en serio **3** ⇒suponer(se) ■ CONSTR. Se usa más en pasiva **4** ⇒tener intención ■ CONSTR. to mean + to do sth **5** I ~ *(inform)* ⇒quiero decir ■ Se usa mucho como coletilla **6** to be meant for each other ⇒estar hechos el uno para el otro **7** to ~ business ⇒ir en serio **8** to ~ well ⇒tener buenas intenciones

mean² /miːn/ UK adj **1** ⇒tacaño,ña ⇒mezquino,na **2** *(en matemáticas)* ⇒media

meander UK: /miˈæn.dəʳ/ US: /-dɚ/ v [I] **1** *(un río, un camino)* ⇒serpentear **2** *(una persona)* ⇒deambular

meaning /ˈmiː.nɪŋ/ ■ n [C, U] **1** ⇒significado ■ n [U] **2** *(de una actividad o de una acción)* ⇒sentido

meaningful /ˈmiː.nɪŋ.fᵊl/ adj ⇒significativo,va ⇒importante

† **means** /miːnz/ n [PL] **1** ⇒medio ⇒manera ⇒forma **2** ⇒medios [económicos] **3** *private means* - rentas **4** a ~ to an end ⇒un medio para conseguir un fin **5** by all ~ *(inform)* ⇒por supuesto

meant past tense and past participle forms of **mean**

† **meantime** /ˈmiːn.taɪm/ in the ~ ⇒entretanto ⇒mientras tanto

† **meanwhile** /ˈmiːn.waɪl/ adv ⇒entretanto ⇒mientras tanto

measles /ˈmiː.zl̩z/ n [U] ⇒sarampión: *to get the measles* - contraer el sarampión

measurable UK: /ˈmeʒ.ᵊr.ə.bl̩/ US: /-ɚ-/ adj ⇒mensurable

† **measure¹** UK: /ˈmeʒ.əʳ/ US: /-ɚ/ [measured, measuring] v [T] **1** ⇒medir: *We'll have to measure that table* - Tendremos que medir esta mesa **2** *(la calidad, el efecto, el valor)* ⇒evaluar

| PHRASAL VERBS
· **to measure up (to sth/sb)** ⇒estar a la altura de alguien

measure² UK: /ˈmeʒ.əʳ/ US: /-ɚ/ n [C, U] **1** ⇒medida ⇒tamaño *a suit made to measure* - un traje hecho a medida **3** ⇒medida [de actuación] ■ CONSTR. measures + to do sth ■ Se usa más en plural **4** US *(en música)* ⇒compás **5** a ~ of sth ⇒un signo de algo

M

measured UK: /'meʒ.əd/ US: /-əd/ *adj* **1** ⇾comedido,da **2** ⇾deliberado,da

measurement UK: /'meʒ.ə.mənt/ US: /-ə-/ ▌ *n* [C, U] **1** ⇾medida: *to take sb's measurements* - tomarle las medidas a alguien ▌ *n* [U] **2** ⇾medición

† **meat** /miːt/ *n* [U] ⇾carne: *raw meat* - carne cruda

† **mechanic** /mə'kæn.ɪk/ *n* [C] *(de vehículos)* ⇾mecánico,ca

† **mechanical** /mə'kæn.ɪ.kəl/ *adj* ⇾mecánico,ca: *a mechanical failure* - un fallo mecánico

mechanics /mə'kæn.ɪks/ *n* [U] ⇾mecánica

mechanism /'mek.ə.nɪ.zəm/ *n* [C] ⇾mecanismo

† **medal** /'med.əl/ *n* [C] ⇾medalla: *a gold medal* - una medalla de oro

meddle /'med.l̩/ [meddled, meddling] *v* [I] ⇾entrometerse: *He's always meddling in my business* - Siempre se entromete en mis asuntos ■ CONSTR. *to meddle in/with sth* **2** *to* ~ *with sth* **1** ⇾juguetear con algo ⇾manosear algo **2**

media /'miː.di.ə/ *n* [U] ⇾medios de comunicación ■ Por ser un nombre colectivo se puede usar con el verbo en singular o en plural: *The media is/are often criticised* - *Los medios de comunicación son frecuentemente criticados*

medic /'med.ɪk/ *n* [C] **1** *(inform)* ⇾médico,ca **2** *(inform)* ⇾estudiante de medicina

≡ M † **medical**[1] /'med.ɪ.kəl/ *adj* ⇾médico,ca: *He has to receive medical treatment* - Tiene que recibir tratamiento médico

medical[2] /'med.ɪ.kəl/ *UK (US physical) n* [C] ⇾revisión médica: *to have a medical* - someterse a una revisión médica

medication /ˌmed.ɪ'keɪ.ʃən/ *n* [C, U] ⇾medicación ⇾tratamiento

medicinal /mə'dɪs.ɪ.nəl/ *adj* ⇾medicinal

† **medicine** /'med.ɪ.sən/ ▌ *n* [U] **1** *(ciencia)* ⇾medicina ▌ *n* [C, U] **2** ⇾medicina ⇾medicamento

medieval /ˌmed.i'iː.vəl/ *adj* ⇾medieval: *a medieval castle* - un castillo medieval

mediocre UK: /ˌmiː.di'əu.kəʳ/ US: /-'ou.kɚ/ *adj* ⇾mediocre: *a mediocre performance* - una actuación mediocre

meditate /'med.ɪ.teɪt/ [meditated, meditating] *v* [I] *(form)* ⇾meditar

Mediterranean /ˌmed.ɪ.tə'reɪ.ni.ən/ *adj* ⇾mediterráneo,a: *a Mediterranean climate* - un clima mediterráneo

† **medium** /'miː.di.əm/ *adj* **1** *(una talla, un grado, una altura)* ⇾medio,dia **2** *Do you have this T-shirt in medium?* - ¿Tiene esta camiseta en la talla mediana? **3** *(la carne)* ⇾no muy hecho,cha ⇾en su punto

medley /'med.li/ *n* [C] *(en música)* ⇾popurrí

meek /miːk/ *adj* ⇾manso,sa ⇾dócil

† **meet, met, met** /miːt/ *v* [T, I] **1** ⇾reunirse ⇾quedar **2** *Let's meet on Friday* - Nos vemos el viernes **3** ⇾conocer [por primera vez] ⇾relacionarse con **4** ⇾encontrar(se) [por casualidad] **5** ⇾juntarse **6** *to* ~ *sb's eye* ⇾mirar a alguien a los ojos

PHRASAL VERBS
· **to meet up (with sb)** ⇾verse ⇾quedar con alguien

meeting UK: /'miː.tɪŋ/ US: /-ˤtɪŋ/ *n* [C] **1** ⇾reunión ⇾encuentro **2** *UK (en deportes)* ⇾encuentro ⇾competición ⇾evento ■ Se usa para encuentros o citas deportivas o de trabajo. Comparar con *appointment* y *date*

megaphone UK: /'meg.ə.fəun/ US: /-foun/ *n* [C] ⇾megáfono

melancholic UK: /ˌmel.əŋ'kɒl.ɪk/ US: /-'kɑː.lɪk/ *adj (form)* ⇾melancólico,ca

melancholy UK: /'mel.əŋ.kɒl.i/ US: /-kɑː.li/ *n* [U] *(form)* ⇾melancolía

melee /'mel.eɪ/ *n* [C] *(lit)* ⇾bullicio ⇾tumulto

mellow[1] UK: /'mel.əu/ US: /-ou/ *adj* **1** ⇾suave **2** *(una luz)* ⇾suave ⇾tenue **3** *(un sonido)* ⇾dulce ⇾cálido **4** *(una fruta)* ⇾maduro,ra **5** *(un vino)* ⇾añejo

mellow[2] UK: /'mel.əu/ US: /-ou/ *v* [T, I] ⇾dulcificar(se) ⇾ablandar(se) ⇾humanizar(se)

melodic UK: /mə'lɒd.ɪk/ US: /-'lɑː.dɪk/ *adj* ⇾melódico,ca

melodious UK: /mə'ləu.di.əs/ US: /-'lou-/ *adj (form)* ⇾melodioso,sa

melodrama UK: /'mel.ə.ˌdrɑː.mə/ US: /-ˌdræm.ə/ *n* [C, U] ⇾melodrama

melody /'mel.ə.di/ *[pl* melodies] *n* [C] ⇾melodía: *to hum a melody* - tararear una melodía

melon /'mel.ən/ *n* [C, U] ⇾melón: *a slice of melon* - una rodaja de melón

† **melt** /melt/ *v* [T, I] ⇾fundir(se) ⇾derretir(se) ⇾deshacer(se)

PHRASAL VERBS
· **to melt away** ⇾desaparecer ⇾dispersar(se)
· **to melt sth down** [M] ⇾fundir algo

melting pot *n* [C] ⇾crisol: *That country is a melting pot of cultures* - Ese país es un crisol de culturas

† **member** UK: /'mem.bəʳ/ US: /-bə/ *n* [C] **1** ⇾miembro ⇾socio,cia **2** *(en anatomía)* ⇾miembro

membership UK: /'mem.bə.ʃɪp/ US: /-bɚ-/ *n* [C, U] **1** ⇾afiliación ⇾pertenencia ■ Se puede usar con el verbo en singular o en plural **2** ⇾socios ⇾miembros

membrane /'mem.breɪn/ *n* [C, U] **1** *(lámina)* ⇾membrana **2** *(en biología)* ⇾membrana

memento UK: /mə'men.təu/ US: /-tou/ *[pl* mementoes, mementos] *n* [C] ⇾recuerdo ⇾souvenir

† **memo** UK: /'mem.əʊ/ US: /-oʊ/ *n* [C] ⇒forma abreviada de **memorandum** (memorándum)

memorabilia /ˌmem.ᵊr.ə'bɪl.i.ə/ *n* [PL] ⇒recuerdos [de personajes famosos] ⇒objetos de coleccionista

† **memorable** /'mem.ᵊr.ə.bl/ *adj* ⇒inolvidable ⇒memorable

memorandum /ˌmem.ə'ræn.dəm/ [*pl* memoranda, memorandums] *n* [C] *(form)* ⇒memorando ⇒memorándum ■ La forma abreviada es *memo*

† **memorial** UK: /mə'mɔː.ri.əl/ US: /-'mɔːr.i-/ *n* [C] ⇒monumento conmemorativo ■ Distinto de *memory* (memoria)

memorise [memorised, memorising] *UK v* [T] See **memorize**

memorize /'mem.ə.raɪz/ [memorized, memorizing] (*UK tb* memorise) *v* [T] ⇒memorizar

† **memory** UK: /'mem.ᵊr.i/ US: /-ɚ-/ [*pl* memories] ■ *n* [C, U] **1** ⇒memoria ■ *n* [C] **2** ⇒recuerdo **3** in ~ of *sb* ⇒en memoria de alguien

men /men/ *n* [PL] See **man**

menace /'men.ɪs/ ■ *n* [U] **1** *(form)* ⇒amenaza ■ *n* [C] **2** *(form)* ⇒peligro **3** *(un niño)* ⇒bestia ⇒diablo

† **mend** /mend/ ■ *v* [T] **1** ⇒reparar ⇒arreglar ■ *v* [I] **2** ⇒mejorar

mending /'men.dɪŋ/ *n* [U] ⇒ropa para arreglar

meningitis UK: /ˌmen.ɪn'dʒaɪ.tɪs/ US: /-ˁtɪs/ *n* [U] *(en medicina)* ⇒meningitis

menopause UK: /'men.ə.pɔːz/ US: /-pɑːz/ *n* [U] ⇒menopausia: *to go through the menopause* - tener la menopausia

menstrual /'men.strəl/ *adj* ⇒menstrual

† **mental** UK: /'men.tᵊl/ US: /-ˁt[ə]l/ *adj* **1** ⇒mental: *mental arithmetic* - cálculos mentales **2** *UK (inform)* ⇒majareta *col.*

mentality UK: /men'tæl.ə.ti/ US: /-ˁti/ [*pl* mentalities] *n* [C] ⇒mentalidad ⇒pensamiento ⇒ideología

† **mention**¹ /'men.tʃᵊn/ *v* [T] **1** ⇒mencionar ■ CONSTR. 1. to mention + (that) 2. to mention + doing sth 3. to mention + interrogativa indirecta **2** don't ~ it ⇒no hay de qué: *«Thanks for your help.» «Don't mention it»* - «Gracias por tu ayuda.» «No hay de qué» **3** not to ~ *sth* ⇒por no hablar de algo

mention² /'men.tʃᵊn/ *n* [C, NO PL] ⇒mención ⇒elogio

mentor UK: /'men.tɔː/ US: /-tɔːr/ *n* [C] *(form)* ⇒mentor,-a

† **menu** /'men.juː/ *n* [C] **1** *(en un restaurante)* ⇒carta **2** *What's on the menu?* - ¿Qué hay de menú? **3** *(en informática)* ⇒menú

mercenary UK: /'mɜː.tʃᵊn.daɪs/ US: /'mɜː-/ [*pl* mercenaries] *adj, n* [C] ⇒mercenario,ria

merchandise UK: /'mɜː.tʃᵊn.daɪs/ US: /'mɜː-/ *n* [U] *(form)* ⇒mercancía

merchant UK: /'mɜː.tʃᵊnt/ US: /'mɜː-/ *n* [C] *(form)* ⇒comerciante

merciless UK: /'mɜː.sɪ.ləs/ US: /'mɜː-/ *adj* ⇒despiadado,da ⇒cruel

mercury UK: /'mɜː.kjʊ.ri/ US: /'mɜː-/ *n* [U] **1** *(en química)* ⇒mercurio **2** the ~ *(inform, old-fash)* ⇒temperatura

Mercury *n* [NO PL] *(planeta)* ⇒Mercurio

† **mercy** UK: /'mɜː.si/ US: /'mɜː-/ *n* [U] **1** ⇒piedad ⇒misericordia ⇒clemencia **2** to be at the ~ of *sth/sb* ⇒estar a merced de

† **mere** UK: /mɪə/ US: /mɪr/ *adj* ⇒mero,ra ⇒simple

† **merely** UK: /'mɪə.li/ US: /'mɪr-/ *adv* ⇒solamente ⇒simplemente

† **merge** UK: /mɜːdʒ/ US: /mɜːdʒ/ [merged, merging] *v* [T, I] ⇒fusionar(se): *The two companies will eventually merge* - Las dos empresas se fusionarán finalmente

meringue /mə'ræŋ/ *n* [C, U] ⇒merengue

merit¹ /'mer.ɪt/ *n* [C, U] *(form)* ⇒mérito: *to judge sth on its merits* - juzgar algo por sus méritos

merit² /'mer.ɪt/ *v* [T] *(form)* ⇒merecer ⇒ser digno,na de

mermaid UK: /'mɜː.meɪd/ US: /'mɜː-/ *n* [C] *(en la mitología)* ⇒sirena

merry /'mer.i/ *adj* [*comp* merrier, *superl* merriest] **1** *(old-fash)* ⇒alegre **2** *(inform)* ⇒alegre ⇒piripi *col.* **3** Merry Christmas! ⇒¡Feliz Navidad!

mesh /meʃ/ [*pl* meshes] *n* [C, U] ⇒malla ⇒red

mesozoic *adj* ⇒mesozoico,ca

† **mess**¹ /mes/ [*pl* messes] *n* [C, U] **1** *(en un lugar)* ⇒desorden ⇒caos ⇒entrevero *AMÉR. col.* **2** *(en una situación)* ⇒enredo ⇒lío **3** ⇒desastre: *His life is a mess* - Su vida es un desastre **4** ⇒porquería **5** to make a ~ of *sth* **1** ⇒arruinar algo ⇒echar a perder algo **2** ⇒desordenar algo

† **mess**²/mes/

PHRASAL VERBS

· to mess {about/around} **1** *(inform)* ⇒hacer el tonto *col.* **2** ⇒perder el tiempo ⇒pasar el rato

· to mess *sb* {about/around} *UK (inform)* ⇒machacar a alguien *col.*

· to mess {about/around} with *sth* **1** *(inform)* ⇒enredar con algo **2** ⇒entretenerse con algo

· to mess *sb* up *(inform)* ⇒traumatizar a alguien

· to mess *sth* up [M] **1** ⇒desordenar algo ⇒desacomodar algo *AMÉR.* **2** ⇒estropear algo **3** ⇒echar algo a perder ⇒meter la pata *col.*

· to mess with *sth/sb* *(inform)* ⇒meterse con algo o alguien [peligroso]

† **message** /'mes.ɪdʒ/ *n* [C] **1** ⇒mensaje ⇒recado **2** to get the ~ *(inform)* ⇒captar el mensaje ⇒enterarse ■ PRON. La *a* se pronuncia como la *i* en *did*

M ■

messenger UK:/'mes.ɪn.dʒəʳ/ US:/-dʒɚ/ n [c] ⇨mensajero,ra

Messiah the ~ **1** *(en la religión cristiana)* ⇨Jesucristo **2** *(en el judaísmo)* ⇨Mesías

Messrs UK:/'mes.əz/ US:/-ɚz/ n [PL] *(form)* See **Mister**

messy /'mes.i/ adj [comp messier, superl messiest] **1** ⇨sucio,cia ⇨desordenado,da **2** *(una situación)* ⇨complicado,da ⇨enrevesado,da ⇨descontrolado,da

met /met/ past tense and past participle forms of **meet**

metabolic UK:/ˌmet.ə'bɒl.ɪk/ US:/ˌmeᵉt̬.ə'bɑː.lɪk/ adj ⇨metabólico,ca: *metabolic disorder* - desorden metabólico; *metabolic rate* - ciclo metabólico

metabolism /mə'tæb.ᵉl.ɪ.zᵉm/ n [c] ⇨metabolismo

† **metal** UK:/'met.ᵉl/ US:/'meᵉt̬-/ n [c, u] ⇨metal: *precious metals* - metales preciosos

metaphor UK:/'met.ə.fɔːʳ/ US:/'meᵉt̬.ə.fɔːr/ n [c, u] ⇨metáfora

meteor UK:/'miː.ti.ɔːʳ/ US:/-ᶜt̬i.ɔːr/ n [c] ⇨meteorito [en la atmósfera]

meteorite UK:/'miː.ti.ᵉr.aɪt/ US:/-ᶜt̬i.ə.raɪt/ n [c] ⇨meteorito [en la superficie de la Tierra]

meter UK:/'miː.təʳ/ US:/-ᶜt̬ɚ/ n [c] **1** *US* See **metre 2** ⇨contador: *gas meter* - contador del gas

† **methane** /'miː.θeɪn/ n [u] *(en química)* ⇨metano

† **method** /'meθ.əd/ n [c] ⇨método **2** *method of payment* - forma de pago

Methodist /'meθ.ə.dɪst/ adj, n [c] *(en religión)* ⇨metodista

† **metre** UK:/'miː.təʳ/ US:/-ᶜt̬ɚ/ UK *(US* **meter)** n [c] *(medida)* ⇨metro ■ La forma abreviada es *m*

† **metric** /'met.rɪk/ adj ⇨métrico,ca: *metric measurements* - medidas métricas

metro UK:/'met.rəʊ/ US:/-roʊ/ n [u] *(medio de transporte)* ⇨metro ⇨subterráneo AMÉR.

metropolis UK:/mə'trɒp.ᵉl.ɪs/ US:/-'trɑː.p[ə]l-/ [pl metropolises] n [c] *(form)* ⇨metrópoli

Mexican /'mek.sɪ.kən/ adj, n [c] ⇨mexicano,na ⇨mejicano,na

Mexico UK:/'mek.sɪ.kəʊ/ US:/-koʊ/ n [u] ⇨México

mi /miː/ *(tb* **me)** n [u, NO PL] *(nota musical)* ⇨mi

mice /maɪs/ n [PL] See **mouse**

mickey /'mɪk.i/ *UK* **to take the ~ (out of sb)** *(inform)* ⇨tomar el pelo (a alguien) col.; ⇨burlarse (de alguien)

microbe UK:/'maɪ.krəʊb/ US:/-kroʊb/ n [c] ⇨microbio

microchip UK:/'maɪ.krəʊ.tʃɪp/ US:/-kroʊ-/ n [c] ⇨microchip

microcomputer UK:/'maɪ.krəʊ.kəmˌpjuː.təʳ/ US:/-kroʊ.kəmˌpjuː.ᶜt̬ɚ/ n [c] ⇨microordenador ■ La forma abreviada es *micro* ■ PRON. *mi* se pronuncia como *my* y la *u* se pronuncia como *you*

microcosm UK:/'maɪ.krəʊˌkɒz.ᵉm/US:/-kroʊˌkɑː.z[ə]m/ n [c, u] ⇨microcosmos

microcredit n [c] ⇨microcrédito

† **microphone** UK:/'maɪ.krə.fəʊn/ US:/-foʊn/ *(tb* **mike)** n [c] ⇨micrófono

microscope UK:/'maɪ.krə.skəʊp/ US:/-skoʊp/ n [c] ⇨microscopio: *to look at sth under the microscope* - mirar algo por el microscopio

microwave UK:/'maɪ.krəʊ.weɪv/ US:/-kroʊ-/ *(tb* **microwave oven)** n [c] ⇨microondas: *to heat sth up in the microwave* - calentar algo en el microondas

mid-air UK:/ˌmɪd'eəʳ/ US:/ˌmɪd'er/ n [u] **1** ⇨en vuelo **2** *in mid-air* - en el aire **3** *to leave sth in ~* ⇨dejar algo sin resolver

† **midday** /ˌmɪd'deɪ/ n [u] ⇨mediodía: *at midday* - a mediodía ■ Ver cuadro partes del día

† **middle¹** /'mɪd.l/ ■ n [c, NO PL] **1** ⇨medio ⇨centro **2** *(de un período)* ⇨mitad ■ n [c] **3** *(inform)* ⇨cintura **4** *to be in the ~ of doing sth* ⇨estar ocupado,da en algo **5** *to be in the ~ of nowhere* ⇨estar en el quinto pino *col.*

† **middle²** /'mɪd.l/ adj **1** ⇨mediano,na: *the middle son* - el hijo mediano **2** ⇨central ⇨medio,dia *the ~ ground* ⇨terreno neutral

† **middle age** n [u] ⇨madurez ⇨mediana edad

middle-aged /ˌmɪd.l'eɪdʒd/ adj ⇨de mediana edad: *a middle-aged woman* - una mujer de mediana edad

† **middle class** [pl middle classes] n [NO PL] ⇨clase media ■ Por ser un nombre colectivo se puede usar con el verbo en singular o en plural

middleman /'mɪd.l.mæn/ [pl middlemen] n [c] *(en comercio y en política)* ⇨intermediario,ria

middle name n [c] ⇨segundo nombre, que va entre el nombre de pila y el apellido

midget /'mɪdʒ.ɪt/ n [c] **1** *(offens)* ⇨enano,na **2** *(offens)* ⇨canijo,ja *col. desp.*

† **midnight** /'mɪd.naɪt/ n [u] ⇨medianoche: *I heard a noise at midnight* - Escuché un ruido a medianoche

midst /mɪdst, mɪtst/ n [u] **1** *(form)* ⇨medio ⇨centro **2** *in our midst* - entre nosotros

midsummer UK:/ˌmɪd'sʌm.əʳ/ US:/-ɚ/ n [u] **1** ⇨pleno verano **2** ⇨solsticio de verano **3** Midsummer's Day ⇨día de San Juan

midtown n [u] *(en una ciudad o un pueblo)* ⇨centro

midway /ˌmɪd'weɪ/ adv ⇨a medio camino: *It's midway between Chicago and Detroit* - Está a medio camino entre Chicago y Detroit

midweek /ˌmɪd'wiːk/ n [U] ⇨mitad de semana: *By midweek, I'll phone him* - Le llamaré a mitad de semana

midwife /'mɪd.waɪf/ [pl midwives] n [C] ⇨comadrona

† **might¹** /maɪt/ v [MODAL] **1** *(incertidumbre)* ⇨poder (que) ⇨ser posible que **2** *(form) (permiso)* ⇨poder **3** *(form)* ⇨deber ⇨poder **4** *(sugerencia): I thought we might go to the cinema tonight* - Pensé que podríamos ir al cine esta noche ■ CONSTR. might + do sth ■ Ver cuadro modal verbs

might² /maɪt/ n [U] **1** *(form)* ⇨poder ⇨fuerza **2** *might is right* - quien tiene el poder, tiene la razón

mighty UK: /'maɪ.ti/ US: /-ˁt̬i/ adj [comp mightier, superl mightiest] *(lit)* ⇨poderoso,sa ⇨enorme ⇨tremendo,da

migraine UK: /'miː.ɡreɪn/ UK: /'maɪ-/ US: /'maɪ-/ n [C, U] *(en medicina)* ⇨migraña ■ PRON. La primera sílaba, *mi*, se pronuncia como *my*

migrant /'maɪ.ɡrənt/ n [C] **1** ⇨ave migratoria **2** ⇨trabajador migratorio, trabajadora migratoria

migrate /maɪ'ɡreɪt/ [migrated, migrating] v [I] ⇨migrar

mike /maɪk/ (tb microphone) n [C] *(inform)* ⇨micro col.: *Put the mike closer to your mouth* - Acércate más al micro

† **mild** /maɪld/ adj **1** *(el clima)* ⇨templado,da **2** ⇨suave ⇨dulce **3** *(una comida)* ⇨suave ⇨no muy picante **4** *(una enfermedad o un castigo)* ⇨leve **5** *(una crítica)* ⇨leve ⇨moderado,da

† **mile** /maɪl/ n [C] **1** ⇨milla: *It's five miles from here* - Está a cinco millas ■ La forma abreviada es *m* **2** (by) miles *(inform)* ⇨por mucho **3** to be miles away **1** *(inform)* ⇨estar en la inopia col. **2** ⇨estar lejos **4** to be miles from {anywhere/nowhere} *(inform)* ⇨estar en el quinto pino col. **5** to {stand/stick} out a ~ ⇨notarse a la legua col.

milestone UK: /'maɪl.stəʊn/ US: /-stoʊn/ n [C] **1** *(un acontecimiento)* ⇨hito ⇨jalón **2** *(en una carretera)* ⇨mojón ⇨hito

militant /'mɪl.ɪ.tᵊnt/ adj, n [C] ⇨militante: *a militant group* - un grupo militante

† **military** UK: /'mɪl.ɪ.tri/ US: /-ter.i/ adj ⇨militar: *military service* - servicio militar

militia /mɪ'lɪʃ.ə/ n [C] ⇨milicia

† **milk¹** /mɪlk/ n [U] ⇨leche: *a glass of cold milk* - un vaso de leche fría; *some hot milk* - un poco de leche caliente

milk² /mɪlk/ v [T, I] **1** ⇨ordeñar **2** *(a una persona)* ⇨sangrar col.

milkman /'mɪlk.mən/ [pl milkmen] n [C] ⇨lechero [que entrega la leche a domicilio]

milkshake /'mɪlk.ʃeɪk/ (tb shake) n [C, U] ⇨batido ⇨licuado AMÉR.

milky /'mɪl.ki/ adj [comp milkier, superl milkiest] **1** ⇨lechoso,sa **2** ⇨con bastante leche: *milky tea* - té con bastante leche

† **mill** /mɪl/ n [C] **1** ⇨molino **2** ⇨fábrica [de tejidos] **3** ⇨molinillo: *a coffee mill* - un molinillo de café

† **millennium** /mɪ'len.i.əm/ [pl millennia, millenniums] n [C] ⇨milenio: *the second millennium* - el segundo milenio

milligram /'mɪl.ɪ.ɡræm/ n [C] ⇨miligramo ■ La forma abreviada es *mg*

† **millimetre** UK: /'mɪl.ɪˌmiː.tər/ US: /-ˁt̬ə/ UK n [C] ⇨milímetro ■ La forma abreviada es *mm*

† **million** /'mɪl.jən/ **1** ⇨millón: *Three million people live there* - Tres millones de personas viven allí ■ Se dice *seven million*. Incorrecto: *seven millions* **2** millions *(inform)* ⇨mogollón col.: *I've read that book millions of times* - He leído ese libro mogollón de veces **3** one in a ~ ⇨excepcional ⇨uno,na entre un millón

millionaire UK: /ˌmɪl.jə'neər/ US: /-'ner/ n [C] ⇨millonario,ria: *to be a millionaire* - ser millonario

millionth¹ /'mɪl.jənθ/ adj ⇨millonésimo,ma

millionth² /'mɪl.jənθ/ n [C] ⇨millonésimo,na ⇨millonésima parte

mime¹ /maɪm/ [mimed, miming] v [T, I] **1** ⇨representar mímicamente: *They mimed a story at school* - Representaron mímicamente una historia en el colegio **2** ⇨hacer mímica

mime² /maɪm/ ■ n [C] **1** *(una persona)* ⇨mimo **2** ⇨pantomima ■ n [U] **3** ⇨mímica

mimic¹ /'mɪm.ɪk/ [mimicked, mimicking] v [T] ⇨imitar

mimic² /'mɪm.ɪk/ n [C] ⇨imitador,-a

mince¹ /mɪnts/ UK (US ground beef/hamburger) n [U] ⇨carne picada

mince² /mɪnts/ [minced, mincing] v [T] **1** ⇨picar [la comida en trozos] **2** not to ~ *(one's)* words ⇨no andarse con rodeos: *She doesn't mince her words* - No se anda con rodeos

mincemeat /'mɪnts.miːt/ n [U] **1** ⇨relleno para pasteles hecho con frutas y especias **2** to make ~ of sb *(inform)* ⇨hacer picadillo a alguien col.

mince pie n [C] ⇨pastel con un relleno dulce y especiado que se come en Navidad

† **mind¹** /maɪnd/ n [C] **1** ⇨mente ⇨cabeza **2** UK to be in two minds ⇨estar indeciso,sa **3** to be out of *one's* ~ *(inform)* ⇨estar loco,ca **4** to make up *one's* ~ ⇨decidirse: *Come on, make up your mind* - Venga, decídete de una vez

† **mind²** /maɪnd/ ■ v [T] **1** ⇨cuidar: *Would you mind the children for me?* - ¿Podrías cuidar de los niños por mí? ■ v [T, I] **2** ⇨importar:

M

Doesn't he mind being alone? - ¿No le importa estar solo?; *If you don't mind, I would rather stay* - Si no te importa, lo prefiero ■ CONSTR. 1. to mind + doing sth 2. to mind + interrogativa indirecta **3** ⇒tener cuidado: *Mind the step!* - ¡Ten cuidado con el escalón! **4** {do/would} you mind...? ⇒¿le importaría...?: *Would you mind waiting outside?* - ¿Le importaría esperar fuera? ■ CONSTR. would mind + doing sth **5** ~ you ⇒a decir verdad **6** never ~ 1 ⇒no importa 2 ⇒no te preocupes

| PHRASAL VERBS
L· **to mind out** *UK* ⇒tener cuidado
mind-boggling UK:/ˈmaɪnd.bɒg.l.ɪŋ/ US:/-ˌbɑː.gl.ɪŋ/ *adj (inform)* ⇒alucinante *col.;* ⇒increíble
minded to be ~ to do *sth (form)* ⇒estar dispuesto,ta a hacer algo ⇒estar pensando hacer algo [en el momento]
minder UK:/ˈmaɪn.dəʳ/ US:/-dəʳ/ *n* [c] **1** ⇒guardaespaldas **2** *(en relaciones públicas)* ⇒consejero,ra **3** ⇒niñero,ra
mindless /ˈmaɪnd.ləs/ *adj* **1** ⇒infundado,da ⇒gratuito,ta **2** ⇒mecánico,ca ⇒automático,ca
† **mine¹** /maɪn/ *pron* ⇒mío, mía: *He's a friend of mine* - Es amigo mío; *Is this yours? Yes, it's mine* - ¿Es tuyo? Sí, es mío **2** ⇒el mío, la mía: *I won't take your car, I'll take mine* - No cogeré tu coche, cogeré el mío ■ Ver cuadro possessive adjectives and pronouns
mine² /maɪn/ *n* [c] **1** ⇒mina [de minerales] **2** ⇒mina [explosiva]
mine³ /maɪn/ [mined, mining] ■ *v* [T, I] **1** *(un mineral)* ⇒extraer ■ *v* [T] **2** *(una región)* ⇒explotar ■ CONSTR. Se usa más en pasiva
minefield /ˈmaɪn.fiːld/ *n* [c] **1** ⇒campo de minas **2** ⇒polvorín *col.*
miner UK:/ˈmaɪ.nəʳ/ US:/-nəʳ/ *n* [c] ⇒minero,ra
mineral /ˈmɪn.ªr.ªl/ *n* [c] ⇒mineral
† **mineral water** *n* [U] ⇒agua mineral: *sparkling mineral water* - agua mineral con gas
mingle /ˈmɪŋ.gl/ [mingled, mingling] ■ *v* [T, I] **1** ⇒mezclar(se) ■ *v* [I] **2** *(en un evento social)* ⇒relacionar(se) ■ CONSTR. to mingle with sb
mini /ˈmɪn.i/ *(tb miniskirt) n* [c] ⇒minifalda
miniature¹ UK:/ˈmɪn.ɪ.tʃəʳ/ US:/-tʃəʳ/ *adj* ⇒en miniatura
miniature² UK:/ˈmɪn.ɪ.tʃəʳ/ US:/-tʃəʳ/ *n* [c] ⇒miniatura
minibus /ˈmɪn.ɪ.bʌs/ [pl minibuses] *n* [c] ⇒microbús ⇒buseta *AMÉR.;* ⇒liebre *AMÉR. col.*
minimal /ˈmɪn.ɪ.məl/ *adj* ⇒mínimo,ma: *The damages were minimal* - Los daños fueron mínimos
minimise [minimised, minimising] *UK v* [T] See **minimize**

minimize /ˈmɪn.ɪ.maɪz/ [minimized, minimizing] *(UK tb minimise) v* [T] ⇒minimizar
† **minimum¹** /ˈmɪn.ɪ.məm/ *adj* ⇒mínimo,ma: *minimum wage* - salario mínimo
† **minimum²** /ˈmɪn.ɪ.məm/ *n* [c] ⇒mínimo: *We need a minimum of six people* - Necesitamos un mínimo de seis personas
mining /ˈmaɪ.nɪŋ/ *n* [U] ⇒minería
miniskirt UK:/ˈmɪn.ɪˌskɜːt/ US:/-skɜːt/ *(tb mini) n* [c] ⇒minifalda: *to wear a miniskirt* - llevar una minifalda
† **minister** UK:/ˈmɪn.ɪ.stəʳ/ US:/-stəʳ/ *n* [c] **1** *UK (US secretary)* ⇒ministro,tra **2** ⇒pastor protestante
ministry /ˈmɪn.ɪ.stri/ [pl ministries] *n* [c] **1** ⇒ministerio **2** the ~ 1 ⇒la clerecía 2 *to enter the ministry* - hacerse sacerdote
minor¹ UK:/ˈmaɪ.nəʳ/ US:/-nəʳ/ *adj* **1** ⇒secundario,ria ⇒de poca importancia **2** *(en música)* ⇒menor
minor² UK:/ˈmaɪ.nəʳ/ US:/-nəʳ/ *n* [c] *(form)* ⇒menor de edad
† **minority** UK:/maɪˈnɒr..ɪ.ti/ US:/-ˈnɑːr.ə.ˤţi/ [pl minorities] *n* [c, NO PL] **1** *(parte de un grupo)* ⇒minoría **2** ⇒minoría [social]: *ethnic minority* - minoría étnica
† **mint** /mɪnt/ ■ *n* [U] **1** ⇒menta ⇒hierbabuena ■ *n* [c] **2** ⇒caramelo de menta **3** the Royal Mint ⇒la casa de la moneda
minus¹ /ˈmaɪ.nəs/ *prep* **1** *(en matemáticas)* ⇒menos **2** *(inform)* ⇒sin ■ PRON. La primera sílaba rima con my
minus² /ˈmaɪ.nəs/ *adj (temperatura): minus two* - dos bajo cero ■ PRON. La primera sílaba rima con my
minus³ /ˈmaɪ.nəs/ [pl minusses, minuses] *n* [c] **1** *(en matemáticas)* ⇒menos ⇒signo menos **2** ⇒desventaja ⇒dificultad ■ PRON. La primera sílaba rima con my
† **minute¹** /ˈmɪn.ɪt/ *n* [c] **1** ⇒minuto **2** (at) any ~ ⇒en cualquier momento
minute² UK:/maɪˈnjuːt/ US:/-ˈnuːt/ *adj* **1** ⇒diminuto,ta **2** ⇒minucioso,sa ■ PRON. La u se pronuncia como you
minutes to take the ~ *(en una reunión)* ⇒levantar acta
† **miracle** /ˈmɪr.ɪ.kl/ *n* [c] ⇒milagro: *It's a miracle* - Es un milagro
miraculous /mɪˈræk.ju.ləs/ *adj* ⇒milagroso,sa
mirage /mɪˈrɑːʒ/ *n* [c] ⇒espejismo
† **mirror¹** UK:/ˈmɪr.əʳ/ US:/-əʳ/ *n* [c] ⇒espejo: *to look at oneself in the mirror* - mirarse en el espejo
mirror² UK:/ˈmɪr.əʳ/ US:/-əʳ/ *v* [T] ⇒retratar ⇒reflejar
mirth UK:/mɜːθ/ US:/mɜːθ/ *n* [U] *(form)* ⇒dicha ⇒risas

mistaken

misbehave /ˌmɪs.bɪˈheɪv/ [misbehaved, misbehaving] *v* [I] ⇨comportarse mal

miscarriage UK: /ˈmɪsˌkær.ɪdʒ/ US: /-ˌker-/ *n* [C, U] ⇨aborto [accidental]: *to have a miscarriage* - sufrir un aborto ■ PRON. La última *a* no se pronuncia

miscellaneous /ˌmɪs.əˈleɪ.ni.əs/ *adj* ⇨variado,da ⇨misceláneo,a

mischief /ˈmɪs.tʃɪf/ *n* [U] ⇨travesuras: *to get up to mischief* - hacer travesuras

mischievous /ˈmɪs.tʃɪ.vəs/ *adj* ⇨travieso,sa ⇨pícaro,ra

misconception /ˌmɪs.kənˈsep.ʃən/ *n* [C] ⇨idea equivocada

misconduct UK: /ˌmɪsˈkɒn.dʌkt/ US: /-ˈkɑːn-/ *n* [U] *(form)* ⇨mala conducta ⇨mal comportamiento

† **miserable** UK: /ˈmɪz.ər.ə.bl̩/ US: /-ɚ-/ *adj* **1** ⇨triste ⇨abatido,da **2** ⇨muy desagradable **3** *(inform)* ⇨insignificante ⇨mísero,ra ■ Distinto de *wretched* (miserable)

misery UK: /ˈmɪz.ər.i/ US: /-ɚ-/ *n* [C] **1** ⇨pena ⇨miseria ⇨aflicción ■ El plural es *miseries* ■ *n* [U] **2** ⇨miseria ⇨pobreza **3** *to put sb out of their ~* *(inform)* ⇨sacar a alguien de la duda

misfortune UK: /ˌmɪsˈfɔː.tʃuːn/ US: /-ˈfɔːr.tʃən/ ■ *n* [U] **1** ⇨mala suerte ⇨yeta AMÉR. col. ■ *n* [C] **2** ⇨desgracia

misgiving /ˌmɪsˈɡɪv.ɪŋ/ *n* [C, U] ⇨duda ⇨recelo

misguided /ˌmɪsˈɡaɪ.dɪd/ *adj* **1** *(un plan, un proyecto)* ⇨descaminado,da ⇨mal orientado,da **2** *(una creencia, una actitud)* ⇨desacertado,da ⇨equivocado,da

mishap /ˈmɪs.hæp/ *n* [C, U] ⇨percance ⇨contratiempo

misinform UK: /ˌmɪs.ɪnˈfɔːm/ US: /-ˈfɔːrm/ *v* [T] ⇨informar mal: *We were misinformed* - Nos informaron mal ■ CONSTR. Se usa más en pasiva

misinterpret UK: /ˌmɪs.ɪnˈtɜː.prɪt/ US: /-ˈtɝː-/ *v* [T] ⇨malinterpretar

misjudge /ˌmɪsˈdʒʌdʒ/ [misjudged, misjudging] *v* [T] **1** ⇨juzgar erróneamente **2** ⇨calcular mal

mislaid past tense and past participle forms of **mislay**

mislead /ˌmɪsˈliːd/ *v* [T] **1** ⇨engañar: *Don't be misled by his good manners* - No te dejes engañar por sus buenos modales **2** ⇨llevar a conclusiones erróneas ■ CONSTR. Se usa más en pasiva

misled past tense and past participle forms of **mislead**

misname [misnamed, misnaming] *v* [T] ⇨denominar inapropiada e incorrectamente

misogynist UK: /mɪˈsɒdʒ.ɪ.nɪst/ US: /-ˈsɑː.dʒɪ-/ *adj, n* [C] ⇨misógino,na

misplaced /ˌmɪsˈpleɪst/ *adj* *(un sentimiento o una creencia)* ⇨equivocado,da ⇨fuera de lugar

misprint /ˈmɪs.prɪnt/ *n* [C] ⇨error de imprenta ⇨errata

misread, misread, misread /ˌmɪsˈriːd/ *v* [T] **1** ⇨leer mal: *I think I have misread it* - Creo que lo he leído mal **2** ⇨malinterpretar

misrepresent /ˌmɪs.rep.rɪˈzent/ *v* [T] ⇨tergiversar ⇨falsear

† **miss¹** [misses] ■ *v* [T] **1** ⇨echar de menos: *I miss you* - Te echo de menos; *I didn't miss my wallet until we asked for the bill* - No eché de menos mi cartera hasta que pedimos la cuenta ■ CONSTR. *to miss + doing sth* **2** *(a una clase, a una reunión)* ⇨faltar **3** ⇨no ver ⇨perder **4** ⇨perder ⇨no oír **5** ⇨perder: *I missed the train* - He perdido el tren; *You've just missed her* - Se acaba de marchar ■ *v* [T, I] **6** ⇨errar ⇨fallar **7** *to ~ the point* ⇨no entender algo

| PHRASAL VERBS
· **to miss out 1** ⇨perder(se): *You really missed out on a great opportunity* - Te perdiste una gran oportunidad **2** ⇨saltarse
· **to miss sth/sb out** [M] UK ⇨excluir ⇨olvidar

miss² [*pl* misses] *n* [C] **1** *(en deportes)* ⇨fallo ⇨tiro errado **2** *to give sth a ~* UK *(inform)* ⇨pasar de hacer algo *col.;* ⇨no hacer algo

† **Miss** /mɪs/ *n* ⇨señorita ■ Se usa con un apellido y designa a una mujer soltera o a una niña

† **missile** UK: /ˈmɪs.aɪl/ US: /-[ə]l/ *n* [C] ⇨misil

† **missing** /ˈmɪs.ɪŋ/ *adj* **1** ⇨perdido,da ⇨desaparecido,da ⇨extraviado,da **2** *There are a few students missing* - Faltan algunos alumnos

† **mission** /ˈmɪʃ.ən/ *n* [C] ⇨misión: *to be on a secret mission* - estar en una misión secreta

missionary UK: /ˈmɪʃ.ən.ri/ US: /-er.i/ [*pl* missionaries] *n* [C] ⇨misionero,ra: *to be a missionary in Africa* - ser misionero en África

mist¹ /mɪst/ *n* [C, U] **1** ⇨neblina **2** ⇨bruma **3** *in the mists of time* ⇨en la noche de los tiempos

† **mist²** /mɪst/
| PHRASAL VERBS
· **to mist {over/up} 1** *(un cristal)* ⇨empañar(se) **2** *(los ojos)* ⇨empañar(se) ⇨llenarse de lágrimas

† **mistake¹** /mɪˈsteɪk/ *n* [C] **1** ⇨error ⇨equivocación ⇨falla AMÉR. ■ CONSTR. *to make a mistake* **2** *by ~* ⇨por error

mistake², mistook, mistaken /mɪˈsteɪk/ [mistaking] *v* [T] ⇨malinterpretar
| PHRASAL VERBS
· **to mistake sth/sb for sth/sb** ⇨confundir: *I mistook you for your brother* - Te confundí con tu hermano

mistaken¹ /mɪˈsteɪ.kən/ past participle of **mistake**

M

mistaken[2] /mɪˈsteɪkən/ *adj* ⇒confundido,da ⇒equivocado,da

Mister UK: /ˈmɪs.tə[r]/ US: /-tɚ/ [*pl* Messrs] *n* ⇒señor ■ La forma abreviada es Mr

mistletoe UK: /ˈmɪs.l̩.təʊ/ US: /-toʊ/ *n* [U] *(planta)* ⇒muérdago

mistook past tense of **mistake**

mistreat /ˌmɪsˈtriːt/ *v* [T] ⇒maltratar

mistress /ˈmɪs.trəs/ [*pl* mistresses] *n* [C] **1** ⇒amante [de un hombre] ⇒querida [de un hombre] **2** *(old-fash)* ⇒dueña [de un animal]

mistrust[1] /ˌmɪsˈtrʌst/ *n* [U] ⇒recelo ⇒desconfianza

mistrust[2] /ˌmɪsˈtrʌst/ *v* [T] ⇒recelar ⇒desconfiar

misty /ˈmɪs.ti/ *adj* [*comp* mistier, *superl* mistiest] **1** *(un día)* ⇒neblinoso,sa ⇒con neblina **2** *(un cristal)* ⇒empañado,da **3** *(un ojo)* ⇒lloroso,sa

misunderstand, misunderstood, misunderstood UK: /ˌmɪs.ʌn.dəˈstænd/ US: /-dɚ-/ *v* [T, I] ⇒entender mal ⇒malinterpretar

misunderstood past tense and past participle forms of **misunderstand**

misuse /ˌmɪsˈjuːs/ *n* [C, U] **1** ⇒abuso **2** ⇒mal empleo ⇒despilfarro

mitigate UK: /ˈmɪt.ɪ.geɪt/ US: /ˈmɪt̬-/ [mitigated, mitigating] *v* [T] *(form)* ⇒mitigar ⇒paliar

≡M ↑**mix**[1] /mɪks/ [mixes] *v* [T, I] ⇒mezclar

PHRASAL VERBS
· **to mix** *sth/sb* **up** [M] ⇒confundir: *I always mix you up with your sister* - Siempre te confundo con tu hermana

mix[2] /mɪks/ [*pl* mixes] ■ *n* [C] **1** ⇒mezcla ⇒combinación ■ *n* [C, U] **2** *(en cocina)* ⇒preparado

mixed /mɪkst/ *adj* **1** ⇒mezclado,da ⇒variado,da **2** *(en educación)* ⇒mixto,ta **3** *(en tenis)* ⇒mixto,ta **4 ~ salad** ⇒ensalada mixta

mixed-ability UK: /ˌmɪkst.əˈbɪl.ɪ.ti/ US: /-ə.ˤt̬i/ *adj* *mixed-ability classes* - clases con alumnos de diferentes niveles

mixer UK: /ˈmɪk.sə[r]/ US: /-sɚ/ *n* [C] **1** ⇒batidora **2** ⇒refresco [para mezclar con una bebida alcohólica] **3 a bad ~** ⇒una persona poco sociable **4 a good ~** ⇒una persona muy sociable

↑**mixture** UK: /ˈmɪks.tʃə[r]/ US: /-tʃɚ/ *n* [C] ⇒mezcla ⇒combinación

mix-up /ˈmɪks.ʌp/ *n* [C] *(inform)* ⇒confusión ⇒lío

mm *n* [C] ⇒forma abreviada de **milimetre** (milímetro)

moan[1] UK: /məʊn/ US: /moʊn/ *v* [I] **1** ⇒gemir **2** ⇒quejarse: *He is always moaning about his marks* - Siempre se está quejando de sus notas ■ CONSTR. 1. to moan + (that) 2. to moan about sth

moan[2] UK: /məʊn/ US: /moʊn/ *n* [C] **1** ⇒gemido **2** ⇒queja

mob[1] UK: /mɒb/ US: /mɑːb/ ■ *n* [C] **1** ⇒muchedumbre ⇒masa [de gente] ■ Por ser un nombre colectivo se puede usar con el verbo en singular o en plural ■ *n* [NO PL] **2** *(inform)* ⇒mafia

mob[2] UK: /mɒb/ US: /mɑːb/ [mobbed, mobbing] *v* [T] ⇒acosar ⇒abalanzarse ■ CONSTR. Se usa más en pasiva

↑**mobile** UK: /ˈməʊ.baɪl/ US: /ˈmoʊ.b[ə]l/ *adj* **1** ⇒móvil **2** ⇒portátil **3** ⇒ambulante: *mobile library* - biblioteca ambulante

mobile home *n* [C] ⇒caravana ⇒remolque

↑**mobile (phone)** *UK n* [C] ⇒teléfono móvil ⇒celular *AMÉR.* ■ PRON. La o en *mobile* es larga, como en el término inglés *no* y *bi* rima con *my* ■ Ver cuadro teléfono móvil

mobilize UK: /ˈməʊ.bɪ.laɪz/ US: /ˈmoʊ-/ [mobilized, mobilizing] ■ *v* [T] **1** ⇒movilizar ■ *v* [T, I] **2** *(tropas militares)* ⇒reclutar ⇒llamar a filas

mock[1] UK: /mɒk/ US: /mɑːk/ *v* [T] ⇒burlarse

mock[2] UK: /mɒk/ US: /mɑːk/ *adj* **1** ⇒de imitación ⇒falso,sa **2** ⇒de prueba: *a mock exam* - un examen de prueba

mockery UK: /ˈmɒk.ᵊr.i/ US: /ˈmɑː.kɚ-/ *n* [U] ⇒burla **2 to make a ~ of** *sth* ⇒ridiculizar algo

modal (verb) UK: /ˈməʊ.d[ə]l'vɜːb/ US: /ˈmoʊ.d[ə]l'vɜːb/ *n* [C] *(en gramática)* ⇒verbo modal ■ Ver cuadro

↑**mode** UK: /məʊd/ US: /moʊd/ *n* [C] **1** *(form)* ⇒modo ⇒forma ⇒medio **2** ⇒moda

↑**model**[1] UK: /ˈmɒd.ᵊl/ US: /ˈmɑː.d[ə]l/ *n* [C] **1** ⇒modelo ⇒maqueta ⇒miniatura *(oficio)* ⇒modelo ⇒maniquí **3** ⇒modelo ⇒ejemplo ⇒guía **4** ⇒modelo ⇒diseño

model[2] UK: /ˈmɒd.ᵊl/ US: /ˈmɑː.d[ə]l/ [modelled, modelling; *US* modeled, modeling] ■ *v* [T] **1** ⇒modelar ■ *v* [T, I] **2** ⇒ser modelo (de): *She's modelled for several designers* - Ha sido modelo para varios diseñadores **3 to be modelled on** *sth* ⇒estar basado,da en algo ⇒inspirarse en algo **4 to ~** *oneself* **on** *sb* ⇒imitar a alguien ⇒inspirarse en alguien

modem UK: /ˈməʊ.dem/ US: /ˈmoʊ.dəm/ *n* [C] *(en informática)* ⇒módem

↑**moderate**[1] UK: /ˈmɒd.ᵊr.ət/ US: /ˈmɑː.dɚ-/ *adj* ⇒moderado,da

moderate[2] UK: /ˈmɒd.ᵊr.eɪt/ US: /ˈmɑː.dɚ.eɪt/ [moderated, moderating] *v* [T, I] ⇒moderar(se)

↑**modern** UK: /ˈmɒd.ᵊn/ US: /ˈmɑː.dən/ *adj* ⇒moderno,na: *modern architecture* - arquitectura moderna

↑**modest** UK: /ˈmɒd.ɪst/ US: /ˈmɑː.dɪst/ *adj* **1** ⇒modesto,ta ⇒sencillo,lla **2** *(una persona)* ⇒modesto,ta ⇒humilde

modesty UK: /ˈmɒd.ɪ.sti/ US: /ˈmɑː.dɪ-/ *n* [U] ⇒modestia: *in all modesty* - con toda modestia

modify UK: /ˈmɒd.ɪ.faɪ/ US: /ˈmɑː.dɪ-/ [modifies, modified] *v* [T] ⇒modificar

module UK: /'mɒd.ju:l/ US: /'mɑː.dʒu:l/ n [C] ⇒módulo: *The course consists of eight modules* - El curso está formado por ocho módulos

mogul UK: /'məʊ.gªl/ US: /'moʊ-/ n [C] ⇒magnate: *an oil mogul* - un magnate del petróleo

moist /mɔɪst/ adj ⇒húmedo,da **2** ⇒esponjoso,sa: *a moist cake* - un bizcocho esponjoso ■ Tiene un matiz positivo. Comparar con *damp*

mold UK: /məʊld/ US: /moʊld/ *US* n [C, U], v [T] See **mould**

mole UK: /məʊl/ US: /moʊl/ n [C] **1** *(animal)* ⇒topo **2** *(en la piel)* ⇒lunar **3** *(inform)* ⇒topo *col.;* ⇒infiltrado,da

molecule UK: /'mɒl.ɪ.kju:l/ US: /'mɑː.lɪ-/ n [C] ⇒molécula

molest /mə'lest/ v [T] **1** ⇒agredir sexualmente **2** ⇒meterse con ⇒atacar ⇒importunar ■ Distinto de *to annoy* (molestar)

† **mom** UK: /mɒm/ US: /mɑːm/ *US (UK* mum*)* n [C] *(inform)* ⇒mamá

† **moment** UK: /'məʊ.mənt/ US: /'moʊ-/ n [C] **1** ⇒momento **2** ⇒instante **2 at the ~** ⇒en este momento ⇒actualmente **3 for the ~** ⇒de momento **4 the ~ of truth** ⇒la hora de la verdad **5 the ~ (that)** ⇒en cuanto ■ La forma abreviada es *mo*

momentarily UK: /ˌməʊ.mən'ter.ɪ.li/ US: /ˌmoʊ-/ adv ⇒momentáneamente

momentary UK: /'məʊ.mən.tri/ US: /'moʊ-/ adj ⇒momentáneo,a: *She suffered from momentary amnesia* - Tenía amnesia momentánea

momentous UK: /mə'men.təs/ US: /-ˤtəs/ adj ⇒crucial ⇒trascendental

† **momentum** UK: /mə'men.təm/ US: /-ˤtəm/ n [U] **1** ⇒impulso **2** ⇒ímpetu **3 to {gain/gather} ~ 1** ⇒coger velocidad **2** ⇒ganar fuerza

† **mommy** UK: /'mɒm.i/ US: /'mɑː.mi/ [pl mommies] *US (UK* mummy*)* n [C] *(inform)* ⇒mamá ■ Pertenece al lenguaje infantil

monarch UK: /'mɒn.ək/ US: /'mɑː.nək/ [pl monarches] n [C] ⇒monarca

monarchy UK: /'mɒn.ə.ki/ US: /'mɑː.nə-/ [pl monarchies] n [C, U] ⇒monarquía

monastery UK: /'mɒn.ə.stri/ US: /'mɑː.nə.ster.i/ [pl monasteries] n [C] ⇒monasterio

monastic /mə'næs.tɪk/ adj **1** ⇒monástico,ca ⇒monacal **2** *(un modo de vida)* ⇒monacal ⇒austero,ra

† **Monday** /'mʌn.deɪ/ n [C, U] ⇒lunes: *See you on Monday* - Te veo el lunes; *The meeting is next Monday* - La reunión es el lunes que viene ■ La forma abreviada es *Mon*

† **monetary** /'mʌn.ɪ.tri/ adj ⇒monetario,ria: *monetary policy* - política monetaria

modal verbs

Los verbos modales en inglés son:

> **can, could**
> **may, might**
> **must**
> **will, would**
> **shall**
> **should, ought**

Y a veces "**dare**" y "**need**".

Estas son algunas de las características de los verbos modales:

- No tienen infinitivo con "to" (no existe: "to can").

- Solo tienen una forma. No añaden "-s" a la 3.ª persona singular del presente:

 · *Catherine **can** ski.*
 (Catherine sabe esquiar.)

 · *Christopher **must** be home at 11.*
 (Christopher tiene que estar en casa a las 11.)

- Siempre van seguidos de un verbo principal en infinitivo sin "to" (excepto en el caso de "ought"):

 · *It **might** <u>snow</u> today.*
 (Podría nevar hoy.)

 · *He **can** <u>do</u> it.*
 (Puede hacerlo.)

 Pero:

 · *You **ought** <u>to work</u> a bit harder.*
 (Deberías trabajar más.)

- En oraciones negativas, se añade "not" detrás del verbo modal:

 · *I **couldn't** speak until I was three.*
 (No empecé a hablar hasta los tres años.)

 · *You **shouldn't** go out without a coat. It's freezing.*
 (No deberías salir sin abrigo. Hace mucho frío.)

- En oraciones interrogativas, el verbo modal va delante del sujeto:

 · *When **will** you phone me?*
 (¿Cuándo me llamarás?)

 · *How **dare** you call me a coward?*
 (¿Cómo te atreves a llamarme cobarde?)

M

†**money** /'mʌn.i/ n [U] **1** ⇨dinero ⇨lana *AMÉR. col.*
2 to make ~ ⇨ganar dinero ⇨hacer fortuna **3 to save ~** ⇨ahorrar dinero

Mongol n [C] See **Mongolian**

Mongolia UK: /mɒŋ'gəʊ.li.ə/ US: /mɑːŋ'goʊ-/ n [U] ⇨Mongolia

Mongolian UK: /mɒŋ'gəʊ.li.ən/ US: /mɑːŋ'goʊ-/ (*tb* Mongol) *adj, n* [C] ⇨mongol,-a

mongrel /'mʌŋ.grəl/ n [C] ⇨chucho,cha *col.;* ⇨perro,rra

monitor[1] UK: /'mɒn.ɪ.tər/ US: /'mɑː.nɪ.t̬ə/ n [C] **1** ⇨monitor [de un ordenador] **2** ⇨monitor [para medir] **3** ⇨supervisor,-a ⇨monitor,-a

monitor[2] UK: /'mɒn.ɪ.tər/ US: /'mɑː.nɪ.t̬ə/ v [T] ⇨controlar ⇨observar

monk /mʌŋk/ n [C] ⇨monje

†**monkey** /'mʌŋ.ki/ n [C] **1** ⇨mono,na ⇨simio,mia **2** (*inform*) (*niño*) ⇨mocoso,sa *col.* **3** *I don't give a mokey's* - Me importa un pepino

monogamy UK: /mə'nɒg.ə.mi/ US: /mə'nɑː.gə-/ n [U] ⇨monogamia

monologue UK: /'mɒn.ə'l.ɒg/ US: /'mɑː.nə.lɑːg/ n [C] ⇨monólogo

†**monopoly** UK: /mə'nɒp.əl.i/ US: /-'nɑː.p[ə]l-/ [*pl* monopolies] n [C] ⇨monopolio

monotonous UK: /mə'nɒt.ən.əs/ US: /-'nɑː.t̬[ə]n-/ *adj* ⇨monótono,na: *a monotonous speech* - un discurso monótono

monsoon UK: /mɒn'suːn/ US: /mɑːn-/ n [C] ⇨monzón

†**monster** UK: /'mɒnt.stər/ US: /'mɑːnt.stə/ n [C] **1** ⇨monstruo **2** ⇨gigante

monstrous UK: /'mɒnt.strəs/ US: /'mɑːnt-/ *adj* ⇨monstruoso,sa

†**month** /mʌnθ/ n [C] ⇨mes: *a whole month* - un mes entero; *twice a month* - dos veces al mes

monthly[1] /'mʌnt.θli/ *adj* ⇨mensual: *a monthly magazine* - una revista mensual

monthly[2] /'mʌnt.θli/ *adv* ⇨mensualmente: *This magazine comes out monthly* - Esta revista sale mensualmente

†**monument** UK: /'mɒn.jʊ.mənt/ US: /'mɑːn-/ n [C] ⇨monumento: *the city's historic monuments* - los monumentos de la ciudad

moo /muː/ v [I] ⇨mugir

†**mood** /muːd/ n [C] **1** ⇨humor: *He is in a bad mood today* - Hoy está de mal humor **2** ⇨ánimo **3** (*en gramática*) ⇨modo **4 to be in the ~ to do sth** (*tb* **to be in the mood for sth**) ⇨tener ganas de ⇨estar de humor para

moody /'muː.di/ *adj* [*comp* moodier, *superl* moodiest] **1** ⇨malhumorado,da **2** ⇨taciturno,na

moon /muːn/ n [C] **1** ⇨luna **2 to be over the ~** (*inform*) ⇨estar como unas pascuas *col.: He was*

over the moon about his grades - Estaba como unas pascuas con sus notas

moonlight /'muːn.laɪt/ n [U] ⇨luz de luna

moonlit /'muːn.lɪt/ *adj* ⇨iluminado,da [por la luna]

moonstone n [C] (*mineral*) ⇨feldespato

moor[1] UK: /mɔːr/ UK: /mʊər/ US: /mʊr/ n [C] ⇨páramo

moor[2] UK: /mɔːr/ UK: /mʊər/ US: /mʊr/ v [T, I] ⇨amarrar: *to moor a boat* - amarrar un barco

Moor *adj, n* [C] ⇨moro,ra

moorland UK: /'mɔː.lənd/ US: /'mʊə-/ US: /'mʊr-/ n [C, U] ⇨páramo

moose /muːs/ [*pl* moose] n [C] ⇨alce

mop[1] UK: /mɒp/ US: /mɑːp/ n [C] ⇨fregona ⇨trapeador *AMÉR.*

mop[2] UK: /mɒp/ US: /mɑːp/ [mopped, mopped] v [T] ⇨fregar ⇨trapear *AMÉR.*

|PHRASAL VERBS
· **to mop** *sth* **up** [M] **1** (*una superficie*) ⇨limpiar [con una fregona o un trapo] **2** ⇨acabar con algo

†**moral**[1] UK: /'mɒr.əl/ US: /'mɔːr-/ *adj* ⇨moral: *moral support* - apoyo moral

moral[2] UK: /'mɒr.əl/ US: /'mɔːr-/ n [C] ⇨moraleja: *And the moral of the story is…* - Y la moraleja de la historia es…

morale /mə'rɑːl/ n [U] ⇨moral ⇨ánimo

morals UK: /'mɒr.əlz/ US: /'mɔːr-/ n [PL] ⇨moralidad ⇨moral [conjunto de valores y normas de conducta]

morbid UK: /'mɔː.bɪd/ US: /'mɔːr-/ *adj* **1** ⇨morboso,sa **2** (*en medicina*) ⇨mórbido,da

†**more**[1] UK: /mɔːr/ US: /mɔːr/ *adj* **1** the comparative form of **many, much** and **a lot of**: *You've read more books than I have* - Has leído más libros que yo **2 ~ and ~** ⇨más y más ⇨cada vez más **3 ~ or less 1** ⇨casi: *We've more or less finished* - Casi hemos acabado **2** ⇨más o menos: *It's more or less five kilometres away* - Está más o menos a cinco kilómetros

†**more**[2] UK: /mɔːr/ US: /mɔːr/ *adv* **1** the comparative form of **very 2 ~ and ~** ⇨cada vez más **3 ~ or less** ⇨más o menos **4 once ~** ⇨una vez más ⇨otra vez

†**moreover** UK: /ˌmɔː'rəʊ.vər/ US: /ˌmɔːr'oʊ.və/ *adv* (*form*) ⇨además ⇨asimismo

morgue UK: /mɔːg/ US: /mɔːrg/ n [C] ⇨depósito de cadáveres

†**morning** UK: /'mɔː.nɪŋ/ US: /'mɔːr-/ n [C, U] **1** (*parte del día*) ⇨mañana **2** ⇨madrugada ■ La forma abreviada es **morn** ■ Ver cuadro partes del día

Moroccan UK: /mə'rɒk.ən/ US: /-'rɑː-/ *adj, n* [C] ⇨marroquí

Morocco UK: /mə'rɒk.əʊ/ US: /-'rɑː.koʊ/ n [U] ⇨Marruecos

moron UK: /ˈmɔː.rɒn/ US: /ˈmɔːr.aːn/ n [C] *(inform, offens)* ⇨imbécil *desp.;* ⇨zoquete *col. desp.*

morose UK: /məˈrəʊs/ US: /-ˈroʊs/ *adj* ⇨malhumorado,da ■ Distinto de *in arrears* (moroso)

morphine UK: /ˈmɔː.fiːn/ US: /ˈmɔːr-/ n [U] ⇨morfina: *a morphine injection* - una inyección de morfina

morsel UK: /ˈmɔː.sᵉl/ US: /ˈmɔːr-/ n [C] ⇨pizca [de comida] ⇨bocado [de comida]

mortal¹ UK: /ˈmɔː.tᵉl/ US: /ˈmɔːr.ᵗt[ə]l/ *adj* ⇨mortal: *his mortal remains* - sus restos mortales

mortal² UK: /ˈmɔː.tᵉl/ US: /ˈmɔːr.ᵗt[ə]l/ n [C] *(lit)* ⇨mortal: *mere mortals* - simples mortales

mortar UK: /ˈmɔː.təʳ/ US: /ˈmɔːr.tɚ/ ■ n [C] **1** *(arma)* ⇨mortero **2** *(en cocina)* ⇨mortero ■ n [U] **3** ⇨argamasa

mortgage¹ UK: /ˈmɔː.gɪdʒ/ US: /ˈmɔːr-/ n [C] ⇨hipoteca ■ Pron. La última *a* se pronuncia la *i* en *did*

†**mortgage²** UK: /ˈmɔː.gɪdʒ/ US: /ˈmɔːr-/ [mortgaged, mortgaging] v [T] ⇨hipotecar

mortify UK: /ˈmɔː.tɪ.faɪ/ US: /ˈmɔːr.ᵗtə-/ [mortifies, mortified] v [T] ⇨avergonzar

mortuary UK: /ˈmɔː.tju.ri/ US: /ˈmɔːr.tʃu.er.i/ [pl mortuaries] n [C] ⇨depósito de cadáveres

mosaic UK: /məʊˈzeɪ.ɪk/ US: /moʊ-/ n [C] ⇨mosaico

Moslem UK: /ˈmʊz.lɪm/ US: /ˈmaːz.lem/ *(tb Muslim)* *adj, n* [C] ⇨musulmán,-a

†**mosque** UK: /mɒsk/ US: /maːsk/ n [C] ⇨mezquita: *to visit a mosque* - visitar una mezquita

mosquito UK: /məˈskiː.təʊ/ US: /-ᵗtoʊ/ [pl mosquitoes] n [C] ⇨mosquito ⇨zancudo *AMÉR.*

moss UK: /mɒs/ US: /maːs/ [pl mosses] n [C, U] ⇨musgo: *a tree covered in moss* - un árbol cubierto de musgo

†**most¹** UK: /məʊst/ US: /moʊst/ *adj, n* [U] **1** the superlative form of **many, much** and **a lot of**: *I have more books than John, but Sally has the most of all* - Yo tengo más libros que John, pero Sally es la que más libros tiene ■ Constr. Se usa con el artículo definido *the* **2** ⇨la mayoría ⇨la mayor parte ■ Se usa normalmente con un verbo en plural

†**most²** UK: /məʊst/ US: /moʊst/ *adv* **1** the superlative form of **very**: *the most interesting* - lo más interesante ■ Constr. Se usa con el artículo definido *the* **2** ⇨muy: *most likely* - muy probablemente **3** *US (inform)* ⇨casi: *most every evenings* - casi todas las tardes **4** at (the) ~ ⇨como mucho **5** the ~ *He ate the most* - Él fue el que más comió

mostly UK: /ˈməʊst.li/ US: /ˈmoʊst-/ *adv* **1** ⇨principalmente ⇨generalmente **2** *My friends are mostly of my age* - La mayoría de mis amigos son de mi edad

moth UK: /mɒθ/ US: /maːθ/ n [C] ⇨polilla

†**mother** UK: /ˈmʌð.əʳ/ US: /-ɚ/ n [C] ⇨madre: *to be like a mother to sb* - ser como una madre para alguien

mother-in-law UK: /ˈmʌð.ə.rɪn.lɔː/ US: /-ɚ.ɪnˌlaː/ [pl mothers-in-law] n [C] ⇨suegra

Mother's Day UK: /ˈmʌð.əzˌdeɪ/ US: /-ɚz-/ n [U] ⇨día de la madre

motif UK: /məʊˈtiːf/ US: /moʊ-/ n [C] **1** ⇨motivo [decorativo] ⇨adorno **2** *(en una obra musical o literaria)* ⇨motivo ⇨tema

motion¹ UK: /ˈməʊ.ʃᵉn/ US: /ˈmoʊ-/ n [C, U] **1** ⇨movimiento: *to be in motion* - estar en movimiento **2** ⇨gesto ⇨ademán **3** *(en una reunión)* ⇨moción **4** to go through the motions **1** ⇨cumplir con las formalidades **2** ⇨hacer algo sin interés **5** to {put/set} sth in ~ ⇨poner algo en marcha

motion² UK: /ˈməʊ.ʃᵉn/ US: /ˈmoʊ-/ to ~ {for/to} sb (to do sth) ⇨hacer señas a alguien para que haga algo

motionless UK: /ˈməʊ.ʃᵉn.ləs/ US: /ˈmoʊ-/ *adj* ⇨inmóvil: *to remain motionless* - quedarse inmóvil

motivate UK: /ˈməʊ.tɪ.veɪt/ US: /ˈmoʊ.ᵗtɪ-/ [motivated, motivating] v [T] ⇨motivar ■ Constr. *to motivate sb + to do sth*

motivation UK: /ˌməʊ.tɪˈveɪ.ʃᵉn/ US: /ˌmoʊ.ᵗtɪ-/ ■ n [U] **1** ⇨motivación ■ n [C] **2** ⇨motivo ⇨móvil

†**motive** UK: /ˈməʊ.tɪv/ US: /ˈmoʊ.ᵗtɪv/ n [C] ⇨motivo: *What were the motives for her refusal?* - ¿Cuáles fueron los motivos para su negación?; ⇨razón

†**motor** UK: /ˈməʊ.təʳ/ US: /ˈmoʊ.ᵗtɚ/ n [C] **1** ⇨motor ■ Normalmente se usa para aparatos eléctricos. Comparar con *engine* **2** *UK (inform)* ⇨coche

†**motorbike** UK: /ˈməʊ.tə.baɪk/ US: /ˈmoʊ.ᵗtɚ-/ n [C] ⇨motocicleta ⇨moto

motorcycle UK: /ˈməʊ.təˌsaɪ.kl̩/ US: /ˈmoʊ.ᵗtɚ-/ n [C] ⇨motocicleta

motorist UK: /ˈməʊ.tᵉr.ɪst/ US: /ˈmoʊ.ᵗtɚ-/ n [C] ⇨conductor,-a [de coche] ■ Distinto de *motorcyclist* (motorista)

†**motorway** UK: /ˈməʊ.tə.weɪ/ US: /ˈmoʊ.ᵗtɚ-/ *UK (US* **expressway/freeway/highway)** n [C] ⇨autopista: *Let's take the motorway* - Vamos por la autopista

mottled UK: /ˈmɒt.l̩d/ US: /ˈmaː.ᵗtl̩d/ *adj* **1** ⇨con manchas en la piel **2** *(una tela)* ⇨moteado,da ⇨jaspeado,da

motto UK: /ˈmɒt.əʊ/ US: /ˈmaː.ᵗtoʊ/ [pl mottoes, mottos] n [C] ⇨lema ⇨máxima

mould¹ UK: /məʊld/ US: /moʊld/ *UK (US* mold) ■ n [C] **1** ⇨molde [de repostería] ■ n [U] **2** ⇨moho

mould² UK: /məʊld/ US: /moʊld/ *UK (US* mold) v [T] **1** ⇨moldear: *to mould clay* - moldear la arcilla **2** ⇨formar

mound /maʊnd/ n [C] **1** ⇨cerro ⇨montículo **2** ⇨montón ⇨pila *col.*

M≡

mount[1] /maʊnt/ n [C] **1** ⇒monte ■ La forma abreviada es *Mt* ■ Al dar el nombre de una montaña, se escribe con mayúscula inicial: *Mount Everest* **2** *(de caballo)* ⇒montura **3** ⇒soporte ⇒engaste ⇒montura

mount[2] /maʊnt/ ■ v [T, I] **1** ⇒subir(se) ⇒montar ■ v [T] **2** ⇒organizar ⇒montar **3** *(la emoción, la tensión)* ⇒aumentar **4** ⇒colocar

| PHRASAL VERBS
└· **to mount up** ⇒subir ⇒aumentar

†**mountain** UK: /ˈmaʊn.tɪn/ US: /-t[ə]n/ n [C] **1** ⇒montaña: *to climb a mountain* - escalar una montaña **2** a ~ *of sth* ⇒una montaña de papeleo: *a ~ of paperwork* - una montaña de papeleo **3** ~ **pass** ⇒puerto de montaña **4** ~ **range** ⇒sierra ⇒cordillera

mountain biking n [U] ⇒ciclismo de montaña

mourn UK: /mɔːn/ US: /mɔːrn/ v [T, I] **1** ⇒estar de luto ⇒llorar la muerte **2** ⇒lamentar

mourning UK: /ˈmɔː.nɪŋ/ US: /ˈmɔːr-/ n [U] ⇒luto ⇒duelo

†**mouse** /maʊs/ [pl mice] n [C] **1** ⇒ratón **2** *(en informática)* ⇒ratón **3** ~ **mat** UK *(US mouse pad)* *(en informática)* ⇒alfombrilla

mouse mat *(US mouse pad)* n [C] ⇒alfombrilla para el ratón [del ordenador]

mouse pad US *(UK mouse mat)* n [C] ⇒alfombrilla para el ratón [del ordenador]

mousse /muːs/ n [U] **1** ⇒mousse: *a chocolate mousse* - un mousse de chocolate **2** ⇒espuma [para el cabello]

†**moustache** UK: /muˈstɑːʃ/ US: /ˈmʌs.tæʃ/ *(US tb mustache)* n [C] ⇒bigote

†**mouth** /maʊθ/ n [C] **1** ⇒boca **2** ⇒desembocadura [de un río] **3** ⇒entrada [de una cueva] **4** *(offens)* *Shut your mouth!* - ¡Cierra el pico! col.

mouthful /ˈmaʊθ.fʊl/ n [C] **1** ⇒bocado **2** ⇒trago: *He drank the glass of milk in one mouthful* - Se bebió el vaso de leche de un trago **3** *(de aire, de humo)* ⇒bocanada

mouthpiece /ˈmaʊθ.piːs/ n [C] **1** *(del teléfono)* ⇒micrófono **2** *(de un instrumento musical)* ⇒boquilla **3** *(de una organización)* ⇒portavoz

movable /ˈmuː.və.bl̩/ adj ⇒movible

†**move**[1] /muːv/ [moved, moving] ■ v [T, I] **1** ⇒mover(se): *Don't move* - No te muevas **2** ⇒cambiar [de sitio] ■ v [T] **3** ⇒conmover: *I was very moved by the story* - La historia me conmovió mucho **4** **to get** *sth/sb* **moving** ⇒poner(se) en marcha **5** **to ~ {about/around}** **1** ⇒moverse ⇒andar **2** ⇒mudarse: *He's moved around a lot in the past few years* - Se ha mudado mucho en los últimos años **6** **to ~ {ahead/along}** ⇒avanzar **7** **to ~ forward** **1** ⇒avanzar **2** ⇒adelantar [en el tiempo] **8** **to ~** *sb* **(to do** *sth***)** ⇒inducir a alguien [a hacer algo]

| PHRASAL VERBS
· **to move (sth) away** ⇒alejar(se)
· **to move {in/into** *sth***}** ⇒mudarse ⇒trasladarse
· **to move on (to** *sth***)** ⇒seguir ⇒pasar a algo
· **to move out 1** ⇒mudarse [de casa]: *We're moving out at the end of the month* - Nos mudamos a finales de mes **2** *(las tropas)* ⇒retirar(se)

move[2] /muːv/ n [C, NO PL] **1** *(en un juego)* ⇒jugada **2** ⇒mudanza ⇒traslado **3** ⇒acción ⇒medida **4** **to get a ~ on** *(informal)* ⇒darse prisa **5** **to make a ~** ⇒irse: *It's time to make a move* - Es hora de irnos **6** **to make the first ~** ⇒dar el primer paso

movement /ˈmuːv.mənt/ n [C, U] ⇒movimiento

†**movie** /ˈmuː.vi/ n [C] **1** US *(UK film)* ⇒película **2** **the movies** US ⇒cine

movie theater US *(UK cinema)* n [C] ⇒cine: *What is playing at the local movie theater?* - ¿Qué ponen en el cine local?

moving /ˈmuː.vɪŋ/ adj **1** ⇒conmovedor,-a **2** ⇒móvil: *a moving part* - una pieza móvil

mow, mowed, mown UK: /məʊ/ US: /moʊ/ v [T, I] ⇒cortar [el césped]

| PHRASAL VERBS
· **to mow** *sb* **down** [M] ⇒matar a alguien ⇒segar la vida de alguien

mown past participle of **mow**

Mozambican UK: /ˌməʊ.zæmˈbiː.kən/ US: /ˌmoʊ-/ adj, n [C] ⇒mozambiqueño,ña

Mozambique UK: /ˌməʊ.zæmˈbiːk/ US: /ˌmoʊ-/ n [U] ⇒Mozambique

†**MP** /ˌem'piː/ n [C] **1** ⇒forma abreviada de **Member of Parliament** (parlamentario,ria) **2** ⇒forma abreviada de **Military Police** (policía militar)

MP3 /ˌem.piːˈθriː/ n [C, U] ⇒MP3: *MP3 player* - reproductor MP3

†**Mr** UK: /ˈmɪs.tə/ US: /-t̬ə/ n ⇒Sr.: *Mr Smith* - el Sr. Smith ■ Se usa con un apellido

†**Mrs** /ˈmɪs.ɪz/ n ⇒Sra.: *Mrs Reynolds* - la Sra. Reynolds ■ Se usa con un apellido y designa a una mujer casada

†**Ms** /məz, mɪz/ n ⇒Sra.: *Ms Robinson* - la Sra. Robinson ■ Se usa con un apellido, y no especifica el estado civil de la mujer

†**MS** /ˌem'es/ US n [C] See **MSc**

MSc /ˌem.esˈsiː/ UK *(US MS)* n [C] ⇒forma abreviada de **Master of Science** (máster en una materia de Ciencias)

Mt n [C] ⇒forma abreviada de **mount** (monte)

†**much**[1] /mʌtʃ/ adj, pron [comp more, superl most] **1** *(en oraciones negativas)* ⇒mucho,cha **2** *(en oraciones interrogativas)* ⇒mucho,cha **3** **as ~ as** ⇒tanto como: *I don't know as much English as she does* - No sé tanto inglés como ella **4** how

much...? ⇨¿cuánto,ta...?: *How much butter is there in the fridge?* - ¿Cuánta mantequilla hay en la nevera?; *How much is it?* - ¿Cuánto es? ■ Se usa con nombres incontables. Comparar con *many* ■ Normalmente se usa en oraciones interrogativas o negativas. En oraciones afirmativas se usa *a lot of* **5 so ~** ⇨tanto,ta: *so much noise* - tanto ruido **6 too ~** ⇨demasiado,da: *It's too much for me* - Es demasiado para mí

† **much²** /mʌtʃ/ *adv* **1** ⇨mucho: *They don't go out much* - No salen mucho **2** *much to his surprise* - para gran sorpresa suya **3** ⇨muy: *a much-deserved rest* - un descanso muy merecido **4** *as ~ as* ⇨a pesar de ⇨aunque ⇨por mucho que ⇨por más que

muck¹ /mʌk/ *n* [U] **1** *(inform)* ⇨porquería **2** ⇨estiércol

muck² /mʌk/
PHRASAL VERBS
· **to muck {about/around}** *UK (inform)* ⇨hacer el tonto *col.*
· **to muck *sth* up** [M] **1** *(inform)* ⇨echar a perder *col.;* ⇨meter la pata **2** ⇨ensuciar

mucus /ˈmjuː.kəs/ *n* [U] ⇨mucosidad ⇨moco

† **mud** /mʌd/ *n* [U] ⇨fango

muddle¹ /ˈmʌd.l̩/ *n* [U, NO PL] **1** ⇨desorden **2** ⇨lío: *He got himself into a muddle* - Se armó un lío

muddle² /ˈmʌd.l̩/
PHRASAL VERBS
· **to muddle *sth* up** [M] ⇨mezclar algo ⇨desordenar algo ⇨revolver algo
· **to muddle *sth/sb* up** [M] ⇨confundir ⇨hacerse un lío con

muddy /ˈmʌd.i/ *adj* [comp muddier, superl muddiest] **1** *(el agua)* ⇨turbio,bia **2** ⇨con barro ⇨embarrado,da **3** *(un color)* ⇨sucio,cia ⇨apagado,da

mudguard UK: /ˈmʌd.gɑːd/ US: /-gɑːrd/ *UK (US fender) n* [C] *(en un vehículo)* ⇨guardabarros ⇨salpicadera *AMÉR.*

muffin /ˈmʌf.ɪn/ *n* [C] **1** *US* ⇨bollo con forma de magdalena que puede llevar chocolate o frutos **2** *UK (US English muffin)* ⇨bollo de pan que se suele tomar caliente y con mantequilla

mug¹ /mʌg/ *n* [C] **1** ⇨taza ⇨jarrillo ⇨pocillo **2** *(inform)* ⇨careto *col.* **3** *(inform)* ⇨tontorrón,-a *col.;* ⇨primo,ma *col.;* ⇨ingenuo,nua

mug² /mʌg/ [mugged, mugging] *v* [T] *(en la calle)* ⇨asaltar ⇨atracar

mugger UK: /ˈmʌg.əʳ/ US: /-ɚ/ *n* [C] ⇨atracador,-a [que actúa en la calle]

mugging /ˈmʌg.ɪŋ/ *n* [C, U] ⇨atraco [en la calle]

muggy /ˈmʌg.i/ *adj* [comp muggier, superl muggiest] **1** ⇨bochornoso,sa **2** *Last night it was muggy* - Anoche hizo bochorno

mule /mjuːl/ *n* [C] ⇨mulo,la: *as stubborn as a mule* - terco como una mula

mull /mʌl/ *v* [T] ⇨calentar cerveza o vino con azúcar y especias
PHRASAL VERBS
· **to mull *sth* over** [M] ⇨meditar algo ⇨reflexionar sobre algo

multicultural UK: /ˌmʌl.tiˈkʌl.tʃʳr.ᵊl/ US: /-ˤtʃiˈkʌl.tʃɚ-/ *adj* ⇨multicultural

multiculturalism UK: /ˌmʌl.tiˈkʌl.tʃʳr.ᵊl.ɪ.zᵊm/ US: /-ˤtʃiˈkʌl.tʃɚ-/ *n* [U] ⇨multiculturalismo

multi-disciplinary UK: /ˌmʌl.ti.dɪs.əˈplɪn.ᵊr.i/ US: /-ˤtʃi.dɪs.əˈplɪ.ner-/ *adj* ⇨multidisciplinar: *a multi-disciplinary approach* - un enfoque multidisciplinar

multilingual UK: /ˌmʌl.tiˈlɪŋ.gwəl/ US: /-ˤtʃi-/ *adj* ⇨plurilingüe

multimedia UK: /ˌmʌl.tiˈmiː.di.ə/ US: /-ˤtʃi-/ *n* [U] ⇨multimedia

multinational UK: /ˌmʌl.tiˈnæʃ.ᵊn.ᵊl/ US: /-ˤtʃi-/ *adj, n* [C] ⇨multinacional: *He works for a multinational pharmaceutical* - Trabaja en una multinacional farmacéutica

multiple¹ UK: /ˈmʌl.tɪ.pl̩/ US: /-ˤtʃɪ-/ *adj* ⇨múltiple: *multiple birth* - parto múltiple

multiple² UK: /ˈmʌl.tɪ.pl̩/ US: /-ˤtʃɪ-/ *n* [C] *(en matemáticas)* ⇨múltiplo

multiple sclerosis *n* [U] *(en medicina)* ⇨esclerosis múltiple

multiplex UK: /ˈmʌl.tɪ.pleks/ US: /-ˤtʃɪ-/ *[pl multiplexes] n* [C] ⇨multicine

multiplication UK: /ˌmʌl.tɪ.plɪˈkeɪ.ʃᵊn/ US: /-ˤtʃɪ-/ *n* [U] ⇨multiplicación: *multiplication table* - tabla de multiplicar; *multiplication sign* - signo de multiplicar

multiply UK: /ˈmʌl.tɪ.plaɪ/ US: /-ˤtʃɪ-/ [multiplies, multiplied] *v* [T, I] **1** *(en matemáticas)* ⇨multiplicar **2** ⇨multiplicarse ⇨aumentar

multiracial UK: /ˌmʌl.tɪˈreɪ.ʃᵊl/ US: /-ˤtʃɪ-/ *adj* ⇨multirracial

multitude UK: /ˈmʌl.tɪ.tjuːd/ US: /-ˤtʃə.tuːd/ *n* [C, NO PL] **1** *(form)* ⇨multitud **2** *the* **multitudes** *(form) (conjunto de personas)* ⇨las masas

M

CUP AND SAUCER　　MUG

TANKARD　　BEER MUG

[†] **mum** /mʌm/ *UK* (*US* mom) *n* [c] *(inform)* ⇒mamá
■ PRON. La *u* se pronuncia como la *u* en el término inglés *sun*

mumble /'mʌm.bl̩/ [mumbled, mumbling] *v* [T, I]
⇒hablar entre dientes ⇒musitar

[†] **mummy** /'mʌm.i/ [*pl* mummies] *n* [c] **1** *UK* (*US* mommy) *(inform)* ⇒mamá ■ Pertenece al lenguaje infantil **2** ⇒momia ■ PRON. La *u* se pronuncia como la *u* en el término inglés *sun*

mumps /mʌmps/ *n* [U] ⇒paperas: *My brother's got the mumps* - Mi hermano tiene paperas

mundane /mʌn'deɪn/ *adj* **1** ⇒cotidiano,na ⇒rutinario,ria **2** ⇒intrascendente ⇒prosaico

[†] **municipal** /mju:'nɪs.ɪ.pəl/ *adj* ⇒municipal: *municipal elections* - elecciones municipales

munitions /mju:'nɪʃ.ənz/ *n* [PL] ⇒municiones

mural UK: /'mjʊə.rəl/ US: /'mjʊr.[ə]l/ *n* [c] *(pintura)* ⇒mural

[†] **murder**¹ UK: /'mɜː.dəʳ/ US: /'mɜː.dɚ/ *n* [c, U] **1** ⇒asesinato: *charged with murder* - acusado de asesinato ■ Comparar con *assassination* (asesinato de alguien importante) **2** to be ~ *(inform)* ⇒ser muy difícil ⇒ser horrible

[†] **murder**² UK: /'mɜː.dəʳ/ US: /'mɜː.dɚ/ *v* [T] ⇒asesinar ⇒ultimar *AMÉR.*

murderer UK: /'mɜː.dᵊr.əʳ/ US: /'mɜː.dɚ.ɚ/ *n* [c] ⇒asesino,na ■ Comparar con *assassin* (asesino de alguien importante)

murky UK: /'mɜː.ki/ US: /'mɜː-/ *adj* [*comp* murkier, *superl* murkiest] **1** ⇒lóbrego,ga ⇒sombrío,a ⇒turbio,bia **2** *(un asunto, una situación)* ⇒poco claro,ra ⇒turbio,bia

murmur¹ UK: /'mɜː.məʳ/ US: /'mɜː.mɚ/ *v* [T, I] ⇒murmurar: *She murmured sth into my ear* - Me murmuró algo al oído

murmur² UK: /'mɜː.məʳ/ US: /'mɜː.mɚ/ *n* [c, NO PL] ⇒murmullo: *There was a murmur of approval* - Se oyó un murmullo de aprobación

[†] **muscle** /'mʌs.l̩/ *n* [c, U] ⇒músculo

muscular UK: /'mʌs.kju.ləʳ/ US: /-lɚ/ *adj* ⇒muscular ⇒musculoso,sa

muse¹ /mju:z/ [mused, musing] *v* [I] **1** *(form)* ⇒reflexionar ⇒meditar ■ CONSTR. to muse about/on sth **2** ⇒decir pensativo,va

muse² /mju:z/ *n* [c] ⇒musa

[†] **museum** /mju:'zi:.əm/ *n* [c] ⇒museo: *the modern art museum* - el museo de arte moderno

[†] **mushroom** /'mʌʃ.ru:m, -rʊm/ *n* [c] **1** ⇒champiñón **2** ⇒seta **3** ⇒hongo

[†] **music** /'mju:.zɪk/ *n* [U] **1** ⇒música: *to listen to music* - escuchar música **2** ⇒partitura

musical¹ /'mju:.zɪ.kᵊl/ *adj* **1** ⇒musical: *a musical instrument* - un instrumento musical **2** ⇒con aptitudes musicales

musical² /'mju:.zɪ.kᵊl/ *n* [c] *(obra de teatro, película)* ⇒musical

[†] **musician** /mju:'zɪʃ.ᵊn/ *n* [c] ⇒músico,ca: *He's a musician* - Es músico

[†] **Muslim** UK: /'mʊz.lɪm/ US: /'maː.zlem/ (*tb* Moslem) *adj, n* [c] ⇒musulmán,-a

mussel /'mʌs.ᵊl/ *n* [c] ⇒mejillón: *mussel bed* - criadero de mejillones

[†] **must** /mʌst, məst, məs/ *v* [MODAL] **1** *(obligación)* ⇒deber ⇒tener que ■ Se utiliza generalmente cuando la obligación es de carácter personal. Comparar con *have to* **2** *(probabilidad)* ⇒deber de ■ CONSTR. 1. must + do sth 2. must + have + participio de pasado ■ No se utiliza con tiempos pasados, para ello se emplea *had to* ■ Ver cuadro en página siguiente y ver cuadro modal verbs

mustache UK: /mʊ'stɑːʃ/ US: /'mʌs.tæʃ/ *US* (*UK* moustache) *n* [c] ⇒bigote

mustard UK: /'mʌs.təd/ US: /-tɚd/ *n* [U] **1** ⇒mostaza **2** *(color)* ⇒mostaza

muster UK: /'mʌs.təʳ/ US: /-tɚ/ *v* [T, I] ⇒reunir(se)

PHRASAL VERBS
· **to muster sth (up)** ⇒reunir algo ⇒contar con algo

[†] **mustn't** /'mʌs.ᵊnt/ *(must not)* See **must**

musty /'mʌs.ti/ *adj* [*comp* mustier, *superl* mustiest] **1** ⇒rancio,cia: *It smells musty here* - Huele a rancio **2** ⇒mohoso,sa

mutant UK: /'mju:.tᵊnt/ US: /-ˤt[ə]nt/ *n* [c] ⇒mutante

mute¹ /mju:t/ *adj* **1** ⇒callado,da **2** ⇒mudo,da

mute² /mju:t/ [muted, muting] *v* [T] **1** *(el sonido de algo)* ⇒bajar ⇒amortiguar **2** *(un sentimiento, una actividad)* ⇒acallar

mute³ /mju:t/ *n* [c] **1** *(en música)* ⇒sordina **2** ⇒letra muda

muted UK: /'mju:.tɪd/ US: /-ˤtɪd/ *adj* **1** *(el sonido de algo)* ⇒bajo,ja ⇒apagado,da **2** ⇒acallado,da ⇒velado,da **3** *(una respuesta, un aplauso)* ⇒tibio,bia **4** *(un color)* ⇒apagado,da

mutilate UK: /'mju:.tɪ.leɪt/ US: /-ˤt[ə]l.eɪt/ [mutilated, mutilating] *v* [T] ⇒mutilar

mutiny UK: /'mju:.tɪ.ni/ US: /-ˤtɪ-/ [*pl* mutinies] *n* [c, U] ⇒motín

[†] **mutter** UK: /'mʌt.əʳ/ US: /'mʌˤt.ɚ/ *v* [T, I] **1** ⇒decir entre dientes ⇒murmurar **2** ⇒refunfuñar *col.*

mutton UK: /'mʌt.ᵊn/ US: /'mʌˤt-/ *n* [U] ⇒carne de cordero

[†] **mutual** /'mju:.tʃu.əl/ *adj* **1** ⇒mutuo,tua **2** ⇒común: *a mutual friend* - un amigo común

muzzle¹ /'mʌz.l̩/ *n* [c] **1** *(para un perro)* ⇒bozal **2** *(de un animal)* ⇒hocico **3** *(de un arma)* ⇒boca

muzzle² /'mʌz.l̩/ [muzzled, muzzling] *v* [T] **1** ⇒poner un bozal **2** ⇒amordazar ⇒coaccionar

must / have to

Must y **have to** se usan para expresar una obligación o para expresar que algo es necesario:

· *You **must / have to** pay to go in!*
(Debes / tienes que pagar para entrar).

Sin embargo, no siempre se usan en los mismos contextos:

• **Must** es un verbo modal que tiene una sola forma para todas las personas. Siempre va seguido de un infinitivo sin "to" y se usa con tiempos del presente o del futuro indistintamente, sin cambiar de forma. Normalmente se usa para expresar una obligación por parte del hablante, o una fuerte convicción o sugerencia:

· *I **must** go home now.*
(Tengo que irme a casa ya.)

· *You **must** see that film, it's fantastic!*
(Tienes que ver esa película, ¡es fantástica!)

• **Have to** se usa en cualquier tiempo verbal. Generalmente se emplea para expresar una obligación impuesta por una norma o un acuerdo:

· *When I was 14, I **had** to be home at 10.*
(Cuando tenía 14 años, tenía que estar en casa a las 10.)

· *You **have to** wear a cap in the pool.*
(Tienes que llevar gorro en la piscina.)

Las formas negativas **must not (mustn't)** y **don't have** to tienen significados diferentes:

– Se usa **must not (musn't)** para expresar una prohibición o una obligación negativa y sin posibilidad de elección:

· *You **mustn't** use your mobile phone in the hospital.*
(No debes usar el móvil en el hospital.)

– Se usa **don't have to** para expresar que algo no es obligatorio, que deja abierta la posibilidad de hacerlo o no:

· *You **don't have to** use your mobile. You can call from our phone.*
(No tienes que usar tu móvil. Puedes llamar desde nuestro teléfono.)

† **my** /maɪ/ *adj* **1** ⇨mi: *This is my sister Natalie* - Esta es mi hermana Natalie **2** *My arm hurts* - Me duele el brazo ■ Ver cuadro possessive adjectives and pronouns

myself /maɪˈself/ *pron* **1** ⇨me: *I cut myself with the knife* - Me corté con el cuchillo **2** ⇨personalmente ⇨yo mismo,ma **3 (all) by ~ 1** ⇨solo,la [sin compañía]: *I go to school by myself* - Voy solo al colegio **2** ⇨solo,la [sin ayuda]: *I made this all by myself* - Lo hice yo sola ■ Ver cuadro reflexive pronouns

mysterious UK: /mɪˈstɪə.ri.əs/ US: /-ˈstɪr.i-/ *adj* ⇨misterioso,sa: *a mysterious phone call* - una llamada misteriosa

† **mystery** UK: /ˈmɪs.tᵊr.i/ US: /-tɚ-/ [*pl* mysteries] *n* [c, u] **1** ⇨misterio **2** *It was a mystery to him* - No lograba entenderlo **3** *a mystery tour* - un viaje sorpresa

mystify /ˈmɪs.tɪ.faɪ/ [mystifies, mystified] *v* [T] ⇨dejar perplejo,ja ■ Constr. Se usa más en pasiva

mystique /mɪˈstiːk/ *n* [u] ⇨aura de misterio y glamour

† **myth** /mɪθ/ *n* [c, u] ⇨mito

mythical /ˈmɪθ.ɪ.kᵊl, ˈmɪθ.ɪ.k/ *adj* **1** ⇨mítico,ca **2** ⇨imaginario,ria ⇨irreal

mythology UK: /mɪˈθɒl.ə.dʒi/ US: /-ˈθɑː.lə-/ *n* [u] ⇨mitología: *classical mythology* - mitología clásica

M

N

n

n /en/ [*pl* n's] *n* [c] *(letra del alfabeto)* ⇒n ∎ PRON. Se pronuncia como *en* en *men*.

N /en/ *adj, n* [U] ⇒forma abreviada de **north** (norte) y de **northern** (del norte)

naff /næf/ *UK adj (inform)* ⇒hortera ⇒de mal gusto

nag¹ /næg/ [nagged, nagging] *v* [T, I] *(inform)* **1** ⇒dar la lata *col.: Stop nagging me to cut my hair* - Deja de darme la lata para que me corte el pelo **2** ⇒regañar

nag² /næg/ *n* [c] ⇒jamelgo *col.;* ⇒penco

† **nail¹** /neɪl/ *n* [c] **1** *(tb* fingernail*)* ⇒uña: *Don't bite your nails!* - ¡No te muerdas las uñas! **2** ⇒clavo

nail² /neɪl/ *v* [T] **1** ⇒clavar ∎ CONSTR. Se usa generalmente seguido de una preposición o un adverbio **2** *US (inform)* ⇒pillar *col.;* ⇒coger ⇒capturar

|PHRASAL VERBS
· **to nail** *sb* **down** ⇒hacer que alguien se comprometa ⇒obligar a alguien a concretar algo
· **to nail** *sth* **down** [M] **1** *US (inform)* ⇒determinar algo ⇒concretar algo ⇒descubrir algo con certeza **2** ⇒describir algo con exactitud

† **naked** /ˈneɪ.kɪd/ *adj* **1** ⇒desnudo,da ⇒biringo,ga *AMÉR. col.;* ⇒pilucho,cha *AMÉR. col.* ∎ Comparar con *nude* (para contextos artísticos) **2 the ~ truth** ⇒la pura verdad ∎ PRON. La e se pronuncia como la *i* en *did* **3 to the ~ eye** ⇒a simple vista

† **name¹** /neɪm/ *n* [c] **1** ⇒nombre: *first name* - nombre de pila **2** *My name is Joe* - Me llamo Joe **3 by ~** ⇒de nombre **4 by the ~ of** *(form)* ⇒llamado,da **5 in the ~ of** *sth* ⇒en nombre de algo **6 the ~ of the game** ⇒el objetivo fundamental ⇒la parte más importante

† **name²** /neɪm/ [named, naming] *v* [T] **1** ⇒llamar: *She's going to be named Laura* - La van a llamar Laura ∎ CONSTR. to name + dos objetos **2** ⇒nombrar: *Julie has been named as director* - Han nombrado a Julie directora ∎ CONSTR. 1. to name + dos objetos 2. Se usa más en pasiva **3** ⇒fijar: *Let's name a date for going to the theatre* - Fijemos una fecha para ir al teatro

|PHRASAL VERBS
· **to name** *sb* **after** *sb* ⇒poner un nombre por alguien: *They named him Peter after his father* - Le pusieron el nombre de Peter por su padre

nameless /ˈneɪm.ləs/ *adj* **1** ⇒anónimo,ma **2** *A friend who shall be nameless warned me about you* - Un amigo, cuyo nombre no voy a revelar, me advirtió sobre ti

namely /ˈneɪm.li/ *adv (form)* ⇒en concreto ⇒a saber ⇒es decir

namesake /ˈneɪm.seɪk/ *n* [c] ⇒tocayo,ya

nanny /ˈnæn.i/ [*pl* nannies] *n* [c] **1** ⇒niñera ⇒tata *col.;* ⇒nana *AMÉR.* **2** *UK (inform)* ⇒abuela ⇒yaya *col.*

nap /næp/ *n* [c] ⇒cabezada ⇒siesta

nape /neɪp/ *n* [c] ⇒nuca

napkin /ˈnæp.kɪn/ *(UK tb* serviette*)* *n* [c] ⇒servilleta [de tela]

nappy /ˈnæp.i/ [*pl* nappies] *UK (US* diaper*)* *n* [c] ⇒pañal: *to change a nappy* - cambiar un pañal

narcotic¹ UK: /nɑːˈkɒt.ɪk/ US: /nɑːrˈkɑːˤţ-/ *n* [c] ⇒narcótico

narcotic² UK: /nɑːˈkɒt.ɪk/ US: /nɑːrˈkɑːˤţ-/ *adj* ⇒narcótico,ca: *a narcotic effect* - un efecto narcótico

narrate /nəˈreɪt, ˈnær.eɪt/ [narrated, narrating] *v* [T] *(form)* ⇒narrar ⇒contar ⇒relatar

narration UK: /nəˈreɪ.ˤn/ US: /nærˈeɪ-/ *n* [U] *(form)* ⇒narración ⇒relato

narrative UK: /ˈnær.ə.tɪv/ US: /-ˤţɪv/ ∎ *n* [U] **1** *(form)* ⇒narrativa ∎ *n* [c, U] **2** *(form)* ⇒relato ⇒historia

narrator UK: /nəˈreɪ.tə²/ US: /ˈnær.eɪ.ˤţə/ *n* [c] ⇒narrador,-a

† **narrow¹** UK: /ˈnær.əʊ/ US: /-oʊ/ *adj* **1** ⇒estrecho,cha **2** ⇒escaso,sa ⇒limitado,da **3 to have a ~ escape** ⇒escaparse por los pelos *col.*

narrow² UK: /ˈnær.əʊ/ US: /-oʊ/ *v* [T, I] **1** ⇒estrechar(se): *The road narrows at this point* - Aquí la calle se estrecha **2** ⇒disminuir ⇒restringir

PHRASAL VERBS
∟ **to narrow** *sth* **down** [M] ⇨reducir

narrow-minded UK: /ˌnær.əʊˈmaɪn.dɪd/ US: /-oʊ-/ *adj* ⇨estrecho,cha de miras ⇨intolerante

NASA /ˈnæs.ə/ *n* [U] ⇨NASA ■ Procede de *National Aeronautics and Space Administration* (Administración Nacional de Aeronáutica y del Espacio)

nasal /ˈneɪ.zᵊl/ *adj* **1** *(relativo a la nariz)* ⇨nasal **2** ⇨gangoso,sa ⇨nasal

†**nasty** UK: /ˈnɑː.sti/ US: /ˈnæs.ti/ *adj* [*comp* nastier, *superl* nastiest] **1** ⇨desagradable ⇨asqueroso,sa ⇨malo,la **2** ⇨malintencionado,da ⇨antipático,ca **3** ⇨cruel ⇨violento,ta **4** ⇨ofensivo,va ⇨despectivo,va **5** *(situación)* ⇨complicado,da ⇨peligroso,sa

†**nation** /ˈneɪ.ʃᵊn/ *n* [C] ⇨nación

national¹ /ˈnæʃ.ᵊn.ᵊl, ˈnæʃ.nəl/ *adj* ⇨nacional: *national holiday* - fiesta nacional

national² /ˈnæʃ.ᵊn.ᵊl, ˈnæʃ.nəl/ *n* [C] *a British national* - persona de nacionalidad británica

National Health Service *n* [NO PL] ⇨en el Reino Unido, servicio de asistencia sanitaria de la Seguridad Social ■ La forma abreviada es *NHS*

National Insurance *n* [U] ⇨en el Reino Unido, seguridad social

nationalism /ˈnæʃ.ᵊn.ᵊl.ɪ.zᵊm, ˈnæʃ.nə.lɪ-/ *n* [U] ⇨nacionalismo

nationality UK: /ˌnæʃ.ᵊnˈæl.ə.ti/ UK: /ˌnæʃˈnæl-/ US: /-ˤti/ [*pl* nationalities] *n* [C, U] ⇨nacionalidad: *He has taken Italian nationality* - Ha adoptado la nacionalidad italiana

nationalize /ˈnæʃ.ᵊn.ᵊl.aɪz, ˈnæʃ.nə.laɪz/ [nationalized, nationalizing] *v* [T] ⇨nacionalizar: *to nationalize public transport* - nacionalizar el transporte público

†**nationwide** /ˌneɪ.ʃᵊnˈwaɪd/ *adj, adv* **1** ⇨de toda la nación: *a nationwide problem* - un problema de toda la nación **2** ⇨a escala nacional ⇨por todo el país

native¹ UK: /ˈneɪ.tɪv/ US: /-ˤtɪv/ *adj* **1** ⇨natal **2** ⇨indígena ⇨nativo,va **3** *(una lengua)* ⇨materno,na **4** *(una planta o un animal)* ⇨autóctono,na **5** *(una habilidad)* ⇨innato,ta

native² UK: /ˈneɪ.tɪv/ US: /-ˤtɪv/ *n* [C] **1** ⇨nativo,va ⇨natural **2** ⇨indígena

Native American *adj, n* [C] ⇨indígena americano,na ⇨nativo americano, nativa americana

nativity *n* [NO PL] **1** ⇨natividad **2** Nativity scene ⇨belén

nativity play UK: /nəˈtɪv.ɪ.ti.pleɪ/ US: /-ə.ˤti-/ *n* [C] *(en un colegio)* ⇨función de Navidad

†**natural** UK: /ˈnætʃ.ᵊr.ᵊl/ US: /-ə-/ *adj* **1** ⇨natural: *natural resources* - recursos naturales **2** ⇨normal ⇨lógico,ca **3** ⇨innato,ta: *He has a natural aptitude for the piano* - Tiene una aptitud innata

para tocar el piano **4** *(un padre, una madre)* ⇨biológico,ca

natural history *n* [U] ⇨historia natural

naturalist UK: /ˈnætʃ.ᵊr.ᵊl.ɪst/ US: /-ə-/ *n* [C] ⇨naturalista

naturally UK: /ˈnætʃ.ᵊr.ᵊl.i/ US: /-ə-/ *adv* **1** ⇨con naturalidad: *to behave naturally* - comportarse con naturalidad **2** ⇨naturalmente ⇨desde luego **3** ⇨naturalmente ⇨de forma natural

†**nature** UK: /ˈneɪ.tʃə/ US: /-tʃɚ/ ■ *n* [U] **1** ⇨naturaleza ⇨medio ambiente ■ *n* [NO PL] **2** ⇨carácter ⇨personalidad **3** ⇨índole ⇨carácter **4** in the ~ of *sth* ⇨como algo: *Her comments were in the nature of an apology* - Sus comentarios fueron como una disculpa

†**naughty** UK: /ˈnɔː.ti/ US: /ˈnɑː.ˤti/ *adj* [*comp* naughtier, *superl* naughtiest] **1** ⇨travieso,sa ■ Generalmente referido a un niño **2** *(inform, hum)* ⇨verde ⇨picante

nausea UK: /ˈnɔː.zi.ə/ UK: /-ʒə/ US: /ˈnɑː-/ *n* [U] ⇨náusea: *I was overcome by nausea* - Me dieron náuseas

nautical UK: /ˈnɔː.tɪ.kᵊl/ US: /ˈnɑː.ˤti-/ *adj* ⇨náutico,ca

naval /ˈneɪ.vᵊl/ *adj* ⇨naval ⇨marítimo,ma

nave /neɪv/ *n* [C] *(en una iglesia)* ⇨nave

navel /ˈneɪ.vᵊl/ *n* [C] ⇨ombligo

navigate /ˈnæv.ɪ.geɪt/ [navigated, navigating] *v* [T, I] **1** *(un barco)* ⇨navegar ⇨gobernar **2** *(un avión)* ⇨pilotar **3** *(un vehículo o una actividad)* ⇨guiar ⇨dirigir

†**navy** /ˈneɪ.vi/ [*pl* navies] *n* [C] *(fuerzas navales)* ⇨marina ⇨armada ■ Por ser un nombre colectivo se puede usar con el verbo en singular o en plural

†**Nazi** /ˈnɑːt.si/ *adj, n* [C] ⇨nazi

NE *adj, n* [U] ⇨forma abreviada de **northeast** (noreste)

†**near¹** UK: /nɪə/ US: /nɪr/ *adv, prep* **1** ⇨cerca de ■ Se dice *near my house*. Incorrecto: *near of my house* **2** ⇨cerca **3** ⇨casi: *near perfect* - casi perfecto **4** ~ enough **1** ⇨casi **2** ⇨suficientemente preciso **5** nowhere ~ **1** ⇨de ninguna manera ⇨para nada *col.* **2** ⇨lejos

†**near²** UK: /nɪə/ US: /nɪr/ *adj* ⇨cercano,na ⇨próximo,ma ■ Aparte de la frase *the near future* y las formas comparativa y superlativa, no se se suele situar directamente delante de un nombre. Comparar con *nearby*

near³ UK: /nɪə/ US: /nɪr/ *v* [T, I] ⇨acercarse ⇨aproximarse

†**nearby** UK: /ˌnɪəˈbaɪ/ US: /ˌnɪr-/ *adj, adv* **1** ⇨cercano,na ■ Normalmente se sitúa delante de un nombre **2** ⇨cerca: *I've parked nearby* - He aparcado cerca

†**nearly** UK: /ˈnɪə.li/ US: /ˈnɪr-/ *adv* **1** ⇨casi **2** not ~ (as/so) ⇨mucho menos ⇨ni con mucho

nearsighted UK: /ˌnɪəˈsaɪ.tɪd/ US: /ˌnɪrˈsaɪ.ᵗtɪd/ US (*UK* short-sighted) *adj* ⇒miope

†**neat** /niːt/ *adj* **1** ⇒ordenado,da ⇒pulcro,cra **2** ⇒claro,ra: *neat writing* - letra clara **3** *US (inform)* ⇒estupendo,da **4** *(una bebida alcohólica)* ⇒solo,la **5** ~ and tidy ⇒bien arreglado,da ⇒bien ordenado,da

necessarily /ˈnes.ə.ser.ɪl.i/ *adv* ⇒necesariamente ⇒indefectiblemente ⇒forzosamente

†**necessary** /ˈnes.ə.ser.i/ *adj* **1** ⇒necesario,ria: *Is it really necessary?* - ¿Realmente es necesario? **2** *(form)* ⇒inevitable: *a necessary evil* - un mal inevitable ■ PRON. La *c* se pronuncia como una *s*

necessitate /nəˈses.ɪ.teɪt/ [necessitated, necessitating] *v* [T] *(form)* ⇒requerir ⇒exigir

necessity UK: /nəˈses.ɪ.ti/ US: /-ə.ᵗti/ ■ *n* [c] **1** ⇒necesidad ⇒artículo de primera necesidad ■ El plural es *necessities* ■ *n* [U] **2** ⇒necesidad

†**neck** /nek/ *n* [c] **1** *(de una persona)* ⇒cuello **2** ⇒pescuezo **3** *(de una prenda de vestir)* ⇒cuello **4** ~ and ~ ⇒a la par: *The two boats are neck and neck* - Los dos barcos van a la par **5** to be up to *one's* ~ in *sth* ⇒estar metido,da en algo hasta el cuello *col.*

†**necklace** /ˈnek.ləs/ *n* [c] ⇒collar: *a pearl necklace* - un collar de perlas

nectarine UK: /ˈnek.ᵗr.iːn/ US: /ˌnek.təˈriːn/ *n* [c] *(fruta)* ⇒nectarina

N

†**need¹** /niːd/ *v* [T] **1** ⇒necesitar ■ CONSTR. to need + to do sth **2** ⇒hay que ■ CONSTR. to need + doing sth **3** ⇒tener que ⇒hacer falta ■ CONSTR. to need + to do sth **4** needn't do *sth* ⇒no tener por qué ⇒no tener que ⇒no hace falta que ■ CONSTR. needn't + do sth ■ Se puede usar como verbo modal **5 there needs to be** *sth* ⇒hace falta

†**need²** /niːd/ *n* [U, NO PL] **1** ⇒necesidad: *There is no need to argue* - No hay necesidad de discutir **2** if ~ be **1** ⇒si fuera necesario: *I'll come back, if need be* - Si fuera necesario, volvería **2** ⇒si no queda más remedio: *I'll call him, if need be* - Lo llamaré yo, si no queda más remedio **3** to be in ~ of *sth* ⇒estar falto,ta de algo

†**needle** /ˈniː.dl̩/ *n* [c] **1** ⇒aguja: *the eye of a needle* - el ojo de una aguja **2** ⇒alfiler

needless /ˈniːd.ləs/ *adj* **1** ⇒inútil ⇒innecesario **2** ~ to say ⇒ni que decir tiene

†**needn't** /ˈniːd.n̩t/ *(need not)* See **need**

needy /ˈniː.di/ *adj* [*comp* needier, *superl* neediest] ⇒necesitado,da: *needy people* - gente necesitada

†**negative¹** UK: /ˈneg.ə.tɪv/ US: /-ᵗtɪv/ *adj* ⇒negativo,va: *a negative attitude* - una actitud negativa ■ Ver cuadro

negative² UK: /ˈneg.ə.tɪv/ US: /-ᵗtɪv/ *n* [c, U] **1** ⇒negativa **2** *(en fotografía)* ⇒negativo **3** *(en electricidad)* ⇒polo negativo

neglect¹ /nɪˈglekt/ *v* [T] **1** ⇒dejar ⇒descuidar **2** ⇒desatender ⇒desamparar **3** to ~ to do *sth* ⇒descuidar algo ⇒olvidar hacer algo

neglect² /nɪˈglekt/ *n* [U] ⇒abandono ⇒negligencia

negligent /ˈneg.lɪ.dʒ²nt/ *adj* **1** ⇒negligente: *to be negligent in doing sth* - ser negligente al hacer algo **2** ⇒dejado,da ⇒descuidado,da

negligible /ˈneg.lɪ.dʒə.bl̩/ *adj* ⇒insignificante ⇒desdeñable

†**negotiate** UK: /nəˈgəʊ.ʃi.eɪt/ US: /-ˈgoʊ-/ [negotiated, negotiating] ■ *v* [T, I] **1** ⇒negociar ■ *v* [T] **2** ⇒salvar: *to negotiate an obstacle* - salvar un obstáculo

neigh¹ /neɪ/ *v* [I] ⇒relinchar

neigh² /neɪ/ *n* [c] ⇒relincho

neighbor *US n* [c] See **neighbour**

†**neighbour** UK: /ˈneɪ.bəʳ/ US: /-bɚ/ *UK* (*US* neighbor) *n* [c] **1** ⇒vecino,na: *my next-door neighbour*

negative structures

- Con verbos auxiliares y con el verbo "**be**" se usa "**not**".
 - *I* **am not** *English, I'm Welsh.*
 (No soy inglés; soy galés.)
 - *Charles* **can't** *swim.*
 (Charles no sabe nadar.)
 - *I* **haven't** *finished yet.*
 (Aún no hemos terminado.)

- Con verbos principales se usa "**do**" + "**not**":
 - *I* **do not** *want fish.*
 (No quiero pescado.)
 - *John's father* **does not** *work in the morning.*
 (El padre de John no trabaja por la mañana.)
 - *Susan* **did not** *go to school last week.*
 (Susan no fue al colegio la semana pasada.)

- En un registro informal (una conversación, una carta a un amigo…) se suelen usar contracciones:
 - *I* **don't** *like fish.*
 (No me gusta el pescado.)
 - *There* **wasn't** *a swimming pool at the hotel.*
 (No había piscinas en el hotel.)
 - *You* **mustn't** *eat in class.*
 (No debes comer en clase.)

(Ver también cuadros **interrogative structures** y **verb tenses**.)

- mi vecino de al lado; *our upstairs neighbours* - nuestros vecinos de arriba **2** *(form)* ⇒prójimo

neighbourhood UK: /ˈneɪ.bə.hʊd/ US: /-bɚ-/ *UK* (*US* **neighborhood**) *n* [c] ⇒vecindario ⇒barrio

neighbouring UK: /ˈneɪ.bᵊr.ɪŋ/ US: /-bɚ-/ *UK adj* ⇒vecino,na ⇒contiguo,gua

† **neither¹** UK: /ˈnaɪ.ðəʳ/ UK: /ˈniː-/ US: /-ðɚ/ *conj* neither... nor... *(en oraciones afirmativas)* ⇒ni... ni...

† **neither²** UK: /ˈnaɪ.ðəʳ/ UK: /ˈniː-/ US: /-ðɚ/ *adj* ⇒ninguno de los dos, ninguna de las dos: *Neither proposal was accepted* - No se aceptó ninguna de las dos propuestas

neither³ UK: /ˈnaɪ.ðəʳ/ UK: /ˈniː-/ US: /-ðɚ/ *adv* ⇒tampoco: *Susan didn't stay, neither did Bob* - Susan no se quedó y Bob tampoco; *«I don't want it».* «*Neither do I!»* - «No lo quiero». «¡Yo tampoco!»

† **neither⁴** UK: /ˈnaɪ.ðəʳ/ UK: /ˈniː-/ US: /-ðɚ/ *pron (en oraciones afirmativas)* ⇒ninguno,na ⇒ni el uno ni el otro

neon UK: /ˈniː.ɒn/ US: /-ɑːn/ *n* [u] ⇒neón: *a neon sign* - un letrero de neón

Nepal /nəˈpɔːl/ *n* [u] ⇒Nepal

Nepalese /ˌnep.əˈliːz/ [*pl* Nepalese] *adj, n* [c] ⇒nepalés,-a ⇒nepalí

† **nephew** /ˈnef.juː, ˈnev-/ *n* [c] ⇒sobrino: *My nephew Sam is twelve* - Mi sobrino Sam tiene doce años ■ Se refiere solo a los sobrinos de sexo masculino. Para hacer referencia a los sobrinos en general hay que usar la locución *nephews and nieces*: *How many nephews and nieces do you have?* - ¿Cuántos sobrinos tienes?

Neptune UK: /ˈnep.tjuːn/ US: /-tuːn/ *n* [NO PL] *(planeta)* ⇒Neptuno

nerd UK: /nɜːd/ US: /nɜːd/ *n* [c] **1** *(inform) (una persona)* ⇒pavo,va *col.;* ⇒petardo,da *col. desp.;* ⇒pendejo,ja *AMÉR. col. desp.* **2** *(inform)* ⇒obseso,sa de la informática

† **nerve** UK: /nɜːv/ US: /nɜːv/ *n* [c] **1** ⇒nervio ■ *n* [u, NO PL] **2** ⇒sangre fría ⇒valor ⇒ñeque *AMÉR.* ■ CONSTR. *nerve + to do sth* **3** ⇒descaro ⇒morro *col.* ■ CONSTR. *nerve + to do sth*

nerve-racking UK: /ˈnɜːvˌræk.ɪŋ/ US: /ˈnɜːv-/ *adj* ⇒angustioso,sa: *a nerve-racking situation* - una situación angustiosa

nerves UK: /nɜːvz/ US: /nɜːvz/ *n* [PL] **1** ⇒nervios **2** {steady/strong} ~ ⇒nervios de acero **3** to calm one's ~ ⇒tranquilizar(se): *This will calm your nerves* - Esto te tranquilizará **4** to get on *sb's* ~ *(inform)* ⇒poner a alguien de los nervios *col.:* *Traffic jams really get on my nerves* - Los atascos me ponen de los nervios

† **nervous** UK: /ˈnɜː.vəs/ US: /ˈnɜː-/ *adj* **1** ⇒nervioso,sa ⇒preocupado,da **2** to get nervous - ponerse nervioso **3** *(en medicina)* ⇒nervioso,sa

nervously UK: /ˈnɜː.və.sli/ US: /ˈnɜː-/ *adv* ⇒de forma nerviosa

nervousness UK: /ˈnɜː.və.snəs/ US: /ˈnɜː-/ *n* [u] ⇒nerviosismo

† **nest** /nest/ *n* [c] ⇒nido: *an eagle's nest* - un nido de águila

nestle /ˈnes.l̩/ [nestled, nestling] *v* [T, I] **1** ⇒acurrucar(se) **2** ⇒recostar(se) **3** ⇒coger con ternura **4** ⇒colocar ⇒apoyar **5** *(un pueblo o un edificio)* ⇒estar enclavado,da ■ CONSTR. Se usa generalmente seguido de una preposición o un adverbio

net¹ /net/ *n* [c] **1** ⇒red: *a fishing net* - una red de pesca; *a tennis court net* - la red de un campo de tenis **2** *(en informática)* ⇒red **3** *(tela)* ⇒malla ⇒tul

net² /net/ *adj* **1** ⇒neto,ta: *net weight* - peso neto; *net income* - ingresos netos **2** *(un resultado)* ⇒final

netball UK: /ˈnet.bɔːl/ US: /-bɑːl/ *n* [u] ⇒deporte femenino parecido al baloncesto

netting UK: /ˈnet.ɪŋ/ US: /ˈne⁽ᵗ⁾t̬-/ *n* [u] ⇒red ⇒malla

nettle UK: /ˈnet.l̩/ US: /ˈne⁽ᵗ⁾t̬-/ *n* [c] ⇒ortiga

network¹ UK: /ˈnet.wɜːk/ US: /-wɜːk/ *n* [c] **1** ⇒red ⇒cadena *(en informática)* ⇒red **3** ⇒red de cadenas de televisión y radio

network² UK: /ˈnet.wɜːk/ US: /-wɜːk/ ■ *v* [T] **1** *(en informática)* ⇒conectar a la red **2** *(en radio y televisión)* ⇒retransmitir ■ *v* [I] **3** ⇒establecer contactos [de negocios o de política]

neural UK: /ˈnjʊə.rəl/ US: /ˈnʊr.əl/ *adj (en medicina)* ⇒neural

neuroscientist *n* [c] ⇒neurólogo,ga

neurotic UK: /njʊəˈrɒt.ɪk/ US: /nʊrˈɑː.ˈt̬ɪk/ *adj, n* [c] ⇒neurótico,ca

neutral¹ UK: /ˈnjuː.trᵊl/ US: /ˈnuː-/ *adj* **1** ⇒neutral **2** *(un color)* ⇒neutro **3** *(una voz, una expresión)* ⇒neutro,tra **4** *neutral shoe cream* - betún incoloro

neutral² UK: /ˈnjuː.trᵊl/ US: /ˈnuː-/ *n* [c] **1** ⇒país neutral **2** ⇒persona neutral **3** *(de un coche)* ⇒punto muerto

† **never** UK: /ˈnev.əʳ/ US: /-ɚ/ *adv* ⇒nunca: *Never again!* - ¡Nunca más! ■ Se sitúa detrás de los verbos auxiliares y modales y delante de los demás verbos: *I've never been to China* - Nunca he estado en China; *I never eat meat* - Nunca como carne ■ No se usa con oraciones negativas. Comparar con *ever*

† **nevertheless** UK: /ˌnev.ə.ðəˈles/ US: /-ɚ-/ *(tb nonetheless) adv* ⇒no obstante ⇒sin embargo ⇒a pesar de ello ⇒aun así

† **new** UK: /njuː/ US: /nuː/ *adj* **1** ⇒nuevo,va ⇒recién adquirido,da ⇒recién comprado,da **2** ⇒nuevo,va ⇒otro,tra **3** to be good as ~ ⇒estar como nuevo

newcomer UK: /ˈnjuːˌkʌm.əʳ/ US: /ˈnuːˌkʌm.ɚ/ *n* [c] ⇒recién llegado,da

newly UK: /'nju:.li/ US: /'nu:.li/ *adv* ⇨recién: *newly painted* - recién pintado

† **news** UK: /nju:z/ US: /nu:z/ *n* [U] **1** ⇨noticia ⇨novedad ■ *Se dice the news, some news o a piece of news. Incorrecto: a news* **2** ⇨telediario®: *the six o'clock news* - el telediario de las seis; ⇨noticiario ⇨noticiero *AMÉR.*

newsagent UK: /'nju:z,eɪ.dʒ³nt/ US: /'nu:z-/ *UK n* [C] ⇨encargado,da de una tienda de prensa

newsagent's [*pl* newsagents'] *UK n* [C] ⇨tienda de prensa

newsgroup UK: /'nju:z.gru:p/ US: /'nu:z.gru:p/ *n* [C] *(en internet)* ⇨grupo de discusión ⇨grupo de noticias

newsletter UK: /'nju:z,let.ə³/ US: /'nu:z,le³t̬.ə/ *n* [C] *(de una organización)* ⇨boletín ⇨hoja informativa

† **newspaper** UK: /'nju:z,peɪ.pə³/ US: /'nu:z,peɪ.pə/ ■ *n* [C] **1** ⇨periódico **2** *daily newspaper* - diario ■ *n* [U] **3** ⇨papel de periódico: *to wrap sth in newspaper* - envolver algo en papel de periódico

newsreader UK: /'nju:z,ri:.də³/ US: /'nu:z,ri:.də/ *UK n* [C] ⇨presentador,-a de noticias

newsroom UK: /'nju:z.rum/ UK: /-ru:m/ US: /'nu:z-/ *n* [C] ⇨sala de redacción

newsstand UK: /'nju:z.stænd/ US: /'nu:z-/ *US n* [C] ⇨quiosco de periódicos

† **New Year** *n* [U] **1** ⇨año nuevo: *Happy New Year!* - ¡Feliz año nuevo! **2** *She is expecting her baby in the New Year* - Tendrá al niño a primeros de año

New Zealand¹ *n* [U] ⇨Nueva Zelanda

New Zealand² *adj* ⇨neozelandés,-a

New Zealander UK: /,nju:'zi:.lən.də³/ US: /-də/ *n* [C] ⇨neozelandés,-a

next¹ /nekst/ *adj* ⇨próximo,ma ⇨que viene ⇨siguiente ■ *Cuando forma parte de complementos temporales, no se usa el artículo. Se dice I'd like to go to Italy next year. Incorrecto: I'd like to go to Italy the next year*

next² /nekst/ *adv* **1** ⇨después ⇨luego **2** ⇨la próxima vez

† **next³** /nekst/ ~ **to** *sth/sb* ⇨junto a ⇨al lado de ⇨al costado de ■ *Se usa con objetos inmóviles. Comparar con alongside*

next⁴ /nekst/ *pron* ⇨el próximo, la próxima ⇨el,la siguiente

† **next door** *adv* ⇨al lado: *They live next door* - Viven al lado

next of kin [*pl* next of kin] *n* [C] *(form)* ⇨pariente más cercano ⇨familiar más cercano

NGO *n* [C] ⇨ONG ■ *Procede de Non-Governmental Organization* (organización no gubernamental)

nib /nɪb/ *n* [C] *(en una pluma estilográfica)* ⇨plumín

nibble /'nɪb.l̩/ *v* [nibbled, nibbling] *v* [T, I] ⇨mordisquear ⇨roer

Nicaragua UK: /,nɪk.ə'ræg.ju.ə/ US: /-'rɑ:g.wə/ *n* [U] ⇨Nicaragua

Nicaraguan UK: /,nɪk.ə'ræg.ju.ən/ US: /-'rɑ:g.wən/ *adj, n* [C] ⇨nicaragüense

† **nice** /naɪs/ *adj* **1** ⇨bueno,na ⇨agradable ⇨lindo,da *AMÉR.* **2** ⇨amable ⇨agradable ⇨majo,ja *col.* **3** ⇨bonito,ta ⇨lindo,da *AMÉR.* **4** ⇨fino,na ⇨sutil **5** ~ **and** *sth (inform)* ⇨bien ⇨bastante ■ *Se usa seguido de un adjetivo*

nicely /'naɪ.sli/ *adv* **1** ⇨satisfactoriamente **2** ⇨bien: *This tie will do nicely* - Esta corbata estará bien

niche UK: /ni:ʃ/ US: /nɪtʃ/ *n* [C] **1** *(en arquitectura)* ⇨nicho ⇨hornacina **2** *(en economía)* ⇨nicho de mercado

nick¹ /nɪk/ *v* [T] **1** *UK (inform)* ⇨mangar *col.*; ⇨birlar *col.*; ⇨chingar *AMÉR. col.* **2** *UK (inform)* ⇨pillar *col.*; ⇨cazar *col.*; ⇨trincar *col.* **3** ⇨desportillar **4** ⇨rayar levemente **5** ⇨hacerse un corte ⇨cortarse

nick² /nɪk/ *n* [C] **1** ⇨mella ⇨muesca **2** *UK (inform)* ⇨trullo *col.*; ⇨cárcel **3** *in the* ~ *of time (inform)* ⇨justo a tiempo

nickel /'nɪk.l̩/ ■ *n* [U] **1** ⇨níquel ■ *n* [C] **2** ⇨en EE. UU. y en Canadá, moneda de cinco centavos

nickname¹ /'nɪk.neɪm/ *n* [C] ⇨apodo ⇨mote

nickname² /'nɪk.neɪm/ [nicknamed, nicknaming] *v* [T] ⇨apodar ■ *CONSTR. to nickname + dos objetos*

nicotine UK: /'nɪk.ə.ti:n/ US: /-³ti:n/ *n* [U] ⇨nicotina: *nicotine patch* - parche de nicotina

† **niece** /ni:s/ *n* [C] ⇨sobrina: *I have two nieces, aged six and three* - Tengo dos sobrinas, de seis y tres años

Nigeria UK: /naɪ'dʒɪə.ri.ə/ US: /-'dʒɪr.i-/ *n* [U] ⇨Nigeria

Nigerian UK: /naɪ'dʒɪə.ri.ən/ US: /-'dʒɪr.i-/ *adj, n* [C] ⇨nigeriano,na

† **night** /naɪt/ *n* [C, U] ⇨noche: *on Saturday night* - el sábado por la noche; *at night* - por la noche ■ *Ver cuadro partes del día*

† **nightclub** /'naɪt.klʌb/ *n* [C] ⇨club nocturno ⇨club ⇨sala de fiestas

nightdress /'naɪt.dres/ [*pl* nightdresses] *UK n* [C] ⇨camisón

nightfall UK: /'naɪt.fɔ:l/ US: /-fɑ:l/ *n* [U] ⇨anochecer

nightie /'naɪ.ti/ US: /-³t̬i/ *n* [C] *(inform)* ⇨camisón

nightingale UK: /'naɪ.tɪŋ.geɪl/ US: /-³tɪŋ-/ *n* [C] ⇨ruiseñor: *the nightingale's song* - el canto del ruiseñor

nightlife /'naɪt.laɪf/ *n* [U] ⇨vida nocturna

nightly /'naɪt.li/ *adv* ⇨cada noche ⇨por noche

N

† **nightmare** UK: /'naɪt.meəʳ/ US: /-mer/ n [c] ⇒pesadilla: *to have a nightmare* - tener una pesadilla

night-time /'naɪt.taɪm/ n [U] ⇒noche: *in the night-time* - por la noche

nil /nɪl/ n [U] **1** *UK (en deporte)* ⇒cero **2** ⇒nada

nimble /'nɪm.bl/ adj **1** ⇒ágil ⇒habilidoso,sa ⇒rápido,da [en movimiento] **2** *(una persona)* ⇒despierto,ta ⇒espabilado,da ⇒ágil [mentalmente]

† **nine** /naɪn/ ⇒nueve: *There are nine of them* - Son nueve; *She is nine years old* - Tiene nueve años

† **nineteen** /ˌnaɪn'tiːn/ ⇒diecinueve

nineteenth /ˌnaɪn'tiːnθ, '--/ **1** ⇒decimonoveno,na **2** *(para las fechas)* ⇒diecinueve ∎ Se puede escribir también 19th

† **ninety** UK: /'naɪn.ti/ US: /-ˤti/ ⇒noventa: *in the nineties* - en los noventa

ninth[1] /naɪnθ/ **1** ⇒noveno,na **2** *(para las fechas)* ⇒nueve **3** *It is his ninth birthday today* - Hoy cumple nueve años ∎ Se puede escribir también 9th

ninth[2] /naɪnθ/ n [c] ⇒noveno ⇒novena parte

nip /nɪp/ [nipped, nipping] ∎ v [T, I] **1** ⇒pellizcar ⇒mordisquear ∎ v [I] **2** *UK (inform) He nipped out and bought some food* - Salió un momento para comprar algo de comida ∎ Constr. Se usa generalmente seguido de una preposición o un adverbio

nipple /'nɪp.l/ n [c] **1** ⇒pezón **2** *US (en un biberón)* ⇒tetina

nit /nɪt/ n [c] ⇒liendre ∎ Se usa más en plural

nitrogen /'naɪ.trə.dʒən/ n [U] *(en química)* ⇒nitrógeno

† **no**[1] UK: /nəʊ/ US: /noʊ/ adv ⇒no: *«Do you speak German?» «No, I don't»* - «¿Hablas alemán?» «No»

† **no**[2] UK: /nəʊ/ US: /noʊ/ adj **1** *(en oraciones afirmativas)* ⇒ningún,-a **2** ⇒prohibido,da ⇒no

No. n [c] ⇒Es la forma abreviada de **number** (número)

nobility UK: /nəʊ'bɪl.ɪ.ti/ US: /noʊ'bɪl.ə.ˤti/ n [U] ⇒nobleza

noble[1] UK: /'nəʊ.bl/ US: /'noʊ-/ adj **1** *(cualidad loable)* ⇒noble ⇒honesto,ta **2** ⇒noble ⇒aristocrático,ca

noble[2] UK: /'nəʊ.bl/ US: /'noʊ-/ n [c] ⇒noble ⇒aristócrata

† **nobody**[1] UK: /'nəʊ.bə.di/ UK: /-bɒd.i/ US: /'noʊ.ba:.di/ pron *(en oraciones afirmativas)* ⇒nadie

† **nobody**[2] UK: /'nəʊ.bə.di/ UK: /-bɒd.i/ US: /'noʊ.ba:.di/ [pl nobodies] n [c] ⇒don nadie

nocturnal UK: /nɒk'tɜː.nəl/ US: /na:k'tɜ:-/ adj *(form)* ⇒nocturno,na

nod[1] UK: /nɒd/ US: /na:d/ [nodded, nodding] v [T, I] **1** ⇒asentir ⇒decir que sí con la cabeza **2** *(en fútbol)* ⇒cabecear

PHRASAL VERBS
· **to nod off** *(inform)* ⇒quedarse traspuesto,ta
└ ⇒dar cabezadas

nod[2] UK: /nɒd/ US: /na:d/ n [c] ⇒consentimiento: *to give sb the nod to do sth* - dar a alguien el consentimiento para hacer algo

Noel UK: /nəʊ'el/ US: /noʊ-/ n [U] ⇒Navidad

† **noise** /nɔɪz/ n [c, U] **1** ⇒ruido: *to make noise* - hacer ruido **2** *noise pollution* - contaminación acústica

noisily /'nɔɪ.zɪ.li/ adv ⇒ruidosamente

noisy /'nɔɪ.zi/ adj [comp noisier, superl noisiest] ⇒ruidoso,sa ⇒con mucho ruido ⇒escandaloso,sa

nomad UK: /'nəʊ.mæd/ US: /'noʊ-/ n [c] ⇒nómada

nominal UK: /'nɒm.ɪ.nəl/ US: /'na:.mə-/ adj ⇒simbólico,ca ⇒nominal

† **nominate** UK: /'nɒm.ɪ.neɪt/ US: /'na:.mə-/ [nominated, nominating] v [T] **1** ⇒nombrar ⇒designar **2** ⇒nominar **3** ⇒elegir ⇒seleccionar ∎ Constr. to nominate + to do sth

nominee UK: /ˌnɒm.ɪ'niː/ US: /ˌna:.mə-/ n [c] ⇒candidato,ta

† **none** /nʌn/ pron **1** ⇒ninguno,na ⇒nada **2** ~ *other than* ⇒el mismísimo, la mismísima **3** ~ *the I'm still none the wiser* - Sigo sin enterarme de nada ∎ Constr. Se usa seguido de un adjetivo comparativo **4** ~ *too* ⇒nada ⇒para nada *col.* ∎ Constr. Se usa seguido de un adjetivo o un adverbio

† **nonetheless** /ˌnʌn.ðə'les/ adv ⇒no obstante ⇒sin embargo ⇒a pesar de ello ⇒aun así

non-existent UK: /ˌnɒn.ɪg'zɪs.tᵊnt/ US: /ˌna:n-/ adj ⇒inexistente

nonfiction n [U] ⇒literatura que no pertenece al género de la ficción

non-flammable UK: /ˌnɒn'flæm.ə.bl/ US: /ˌna:n-/ adj ⇒no inflamable

† **nonsense** UK: /'nɒn.sᵊnts/ US: /'na:n.sents/ n [U] ⇒tontería ⇒huevada *AMÉR. vulg.*

non-stop UK: /ˌnɒn'stɒp/ US: /ˌna:n'sta:p/ adj, adv **1** ⇒directo,ta ⇒sin paradas **2** ⇒sin hacer escala **3** ⇒sin parar

non-verbal UK: /ˌnɒn'vɜː.bᵊl/ US: /ˌna:n'vɜ:-/ adj ⇒no verbal ⇒sin palabras

† **noon** /nuːn/ n [U] ⇒mediodía: *at noon* - al mediodía

† **no one** pron *(en oraciones afirmativas)* ⇒nadie

noose /nuːs/ n [c] **1** ⇒soga **2** ⇒lazo [para atrapar animales]

† **nor** UK: /nɔːʳ/ US: /nɔːr/ conj **1** *UK* ⇒tampoco: *You aren't going, and nor am I* - Tú no vas, ni yo tampoco ∎ Se usa en frases después de *not* **2** neither... nor... ⇒ni: *Neither Sam nor Lee have a car* - Ni Sam ni Lee tienen coche

N

norm UK: /nɔːm/ US: /nɔːrm/ *n* [c] ⇒norma ▪ Se usa más en plural

[†]**normal** UK: /ˈnɔː.məl/ US: /ˈnɔːr-/ *adj* ⇒normal: *above normal* - por encima de lo normal; *below normal* - por debajo de lo normal

[†]**normally** UK: /ˈnɔː.mə.li/ US: /ˈnɔːr-/ *adv* **1** ⇒normalmente ⇒por lo general **2** *(actuar)* ⇒con normalidad

[†]**north**[1] UK: /nɔːθ/ US: /nɔːrθ/ *n* [u] ⇒norte: *the north of Spain* - el norte de España ▪ La forma abreviada es N

north[2] UK: /nɔːθ/ US: /nɔːrθ/ *adj* ⇒norte ⇒del norte

[†]**north**[3] UK: /nɔːθ/ US: /nɔːrθ/ *adv* ⇒en dirección norte: *to travel north* - viajar en dirección norte

northbound UK: /ˈnɔːθ.baʊnd/ US: /ˈnɔːrθ-/ *adj a northbound road* - una carretera que va hacia el norte

[†]**northeast**[1] UK: /ˌnɔːθˈiːst/ US: /ˌnɔːrθ-/ *n* [u] ⇒nordeste: *in the northeast of South America* - al nordeste de Suramérica ▪ La forma abreviada es NE

northeast[2] UK: /ˈnɔːθˌiːst/ US: /ˈnɔːrθ-/ *adj* ⇒nordeste ⇒del nordeste

[†]**northeast**[3] UK: /ˌnɔːθˈiːst/ US: /ˌnɔːrθ-/ *adv* ⇒en dirección nordeste: *to go northeast* - ir en dirección nordeste

northern UK: /ˈnɔː.ðən/ US: /ˈnɔːr.ðən/ *adj* ⇒del norte ⇒septentrional ▪ La forma abreviada es N

northwards *adv* ⇒hacia el norte: *to travel northwards* - viajar hacia el norte

northwest[1] UK: /ˌnɔːθˈwest/ US: /ˌnɔːrθ-/ *n* [u] ⇒noroeste: *in the northwest of Europe* - al noroeste de Europa ▪ La forma abreviada es NW

[†]**northwest**[2] UK: /ˈnɔːθˌwest/ US: /ˈnɔːrθ-/ *adj* ⇒noroeste ⇒del noroeste

[†]**northwest**[3] UK: /ˌnɔːθˈwest/ US: /ˌnɔːrθ-/ *adv* ⇒en dirección noroeste: *to go northwest* - ir en dirección noroeste

[†]**nose**[1] UK: /nəʊz/ US: /noʊz/ *n* [c] **1** ⇒nariz **2** *to have a ~ for sth UK (inform)* ⇒tener olfato para algo

nose[2] UK: /nəʊz/ US: /noʊz/ [nosed, nosing] *v* [T, I] *(un vehículo)* ⇒asomar el morro ⇒deslizarse lentamente

| PHRASAL VERBS
· **to nose {about/around} (sth)** *(inform)* ⇒fisgar ⇒curiosear

nosebleed UK: /ˈnəʊz.bliːd/ US: /ˈnoʊz-/ *n* [c] **1** ⇒hemorragia nasal **2** *to have a ~* ⇒sufrir una hemorragia nasal

nosey *adj* See **nosy**

nostalgia UK: /nɒsˈtæl.dʒə/ US: /nɑːˈstæl-/ *n* [u] ⇒nostalgia: *to feel nostalgia for sth* - sentir nostalgia de algo

nostril UK: /ˈnɒs.trəl/ US: /ˈnɑː.str[ə]l/ *n* [c] ⇒fosa nasal

nosy UK: /ˈnəʊ.zi/ US: /ˈnoʊ-/ *(tb* **nosey)** *adj* [comp nosier, superl nosiest] *(inform)* ⇒metomentodo *col.;* ⇒meticón,-a *col.;* ⇒entrometido,da

[†]**not** UK: /nɒt/ US: /nɑːt/ *adv* **1** ⇒no **2** *~ as... as all that He's not as cute as all that* - No es tan guapo **3** *~ at all* **1** ⇒en absoluto ⇒para nada **2** ⇒de nada ▪ Ver cuadro negative structures

[†]**notable** UK: /ˈnəʊ.tə.bl̩/ US: /ˈnoʊ.ˀt̬ə-/ *adj* ⇒notable

notch[1] UK: /nɒtʃ/ US: /nɑːtʃ/ [pl notches] *n* [c] **1** ⇒muesca **2** ⇒nivel

notch[2] UK: /nɒtʃ/ US: /nɑːtʃ/

| PHRASAL VERBS
· **to notch up sth** [M] *(inform)* ⇒apuntarse: *He notched up another victory* - Se apuntó un nuevo triunfo

[†]**note**[1] UK: /nəʊt/ US: /noʊt/ *n* [c] **1** ⇒nota ⇒apunte **2** ⇒nota ⇒mensaje **3** ⇒nota [musical] **4** *UK (US* bill) *(dinero)* ⇒billete

note[2] UK: /nəʊt/ US: /noʊt/ [noted, noting] *v* [T] ⇒notar ⇒percibir ▪ CONSTR. 1. to note + (that) 2. to note + interrogativa indirecta

| PHRASAL VERBS
· **to note sth down** ⇒anotar algo ⇒apuntar algo

[†]**notebook** UK: /ˈnəʊt.bʊk/ US: /ˈnoʊt-/ *n* [c] ⇒cuaderno ⇒libreta

noted UK: /ˈnəʊ.tɪd/ US: /ˈnoʊ.ˀtɪd/ *adj* ⇒célebre: *That place is noted for its landscape* - Ese sitio es célebre por su paisaje ▪ CONSTR. Se usa generalmente seguido de la preposición for

notepaper UK: /ˈnəʊt.peɪ.pə/ US: /ˈnoʊt.peɪ.pə/ *n* [u] ⇒papel de cartas: *Do you have any notepaper?* - ¿Tienes papel de cartas?

noteworthy UK: /ˈnəʊt.wɜː.ði/ US: /ˈnoʊt.wɝ-/ *adj* *(form)* ⇒digno,na de mención

[†]**nothing** /ˈnʌθ.ɪŋ/ *pron* **1** *(en oraciones afirmativas)* ⇒nada **2** *for ~* ⇒gratis: *I got into the theatre for nothing* - Entré gratis al teatro **2** ⇒en vano ⇒para nada **3** *to have ~ to do with sth/sb* ⇒no tener nada que ver: *It has nothing to do with us* - No tiene nada que ver con nosotros

[†]**notice**[1] UK: /ˈnəʊ.tɪs/ US: /ˈnoʊ.ˀtɪs/ [noticed, noticing] *v* [T, I] ⇒fijarse ⇒darse cuenta de ▪ CONSTR. 1. to notice + (that) 2. to notice + interrogativa indirecta

notice[2] UK: /ˈnəʊ.tɪs/ US: /ˈnoʊ.ˀtɪs/ ▌ *n* [c] **1** ⇒cartel ⇒nota ⇒letrero ⇒anuncio [informativo] **2** *It escaped my notice* - No me di cuenta ▌ *n* [u] **3** ⇒aviso **4** *They gave me a month's notice* - Me avisaron con un mes de antelación ▪ Distinto de *a piece of news* (noticia) **5** *to {give/hand} in one's ~*

(en el trabajo) ⇨presentar la dimisión **6 to take ~ of** *sth/sb* ⇨prestar atención ⇨hacer caso

noticeable UK: /ˈnəʊ.tɪ.sə.bl̩/ US: /ˈnoʊ.ˤtɪ-/ *adj* ⇨sensible ⇨evidente ⇨notorio,ria ⇨perceptible

noticeboard UK: /ˈnəʊ.tɪs.bɔːd/ US: /ˈnoʊ.ˤtɪs.bɔːrd/ *UK* (*US* **bulletin board**) *n* [C] ⇨tablón de anuncios: *to put sth up on the noticeboard* - poner algo en el tablón de anuncios

notify UK: /ˈnəʊ.tɪ.faɪ/ US: /ˈnoʊ.ˤtə-/ [notifies, notified] *v* [T] *(form)* ⇨notificar ⇨avisar ∎ CONSTR. to notify sb + (that)

† **notion** UK: /ˈnəʊ.ʃn̩/ US: /ˈnoʊ-/ *n* [C, U] ⇨idea ∎ CONSTR. 1. notion of sth 2. notion that ∎ Distinto de *basic knowledge* (nociones)

† **notorious** UK: /nəʊˈtɔː.ri.əs/ US: /noʊˈtɔːr.i-/ *adj* ⇨conocido,da ⇨famoso,sa ⇨de mala reputación ∎ Tiene un matiz negativo. Comparar con *famous*

notwithstanding UK: /ˌnɒt.wɪðˈstæn.dɪŋ/ US: /ˌnɑːt-/ *adv, prep (form)* ⇨a pesar de ⇨pese a ⇨no obstante

nought UK: /nɔːt/ US: /nɑːt/ *n* [U] **1** *UK* ⇨cero ∎ Normalmente se refiere al *0* como parte de una cifra: *The figure '1,000' has three noughts* - La cifra '1.000' tiene tres ceros **2** *(old-fash)* ⇨nada: *There was nought I could do* - No había nada que pudiera hacer

† **noun** /naʊn/ *n* [C] *(en gramática)* ⇨nombre ⇨sustantivo

nourish UK: /ˈnʌr.ɪʃ/ US: /ˈnɝ-/ [nourishes] *v* [T] **1** *(form)* ⇨nutrir ⇨alimentar **2** *(lit)* ⇨avivar ⇨alimentar

novel¹ UK: /ˈnɒv.ᵊl/ US: /ˈnɑː.v[ə]l/ *n* [C] ⇨novela: *a gripping novel* - una novela que engancha

novel² UK: /ˈnɒv.ᵊl/ US: /ˈnɑː.v[ə]l/ *adj* ⇨innovador,-a ⇨novedoso,sa

novelty UK: /ˈnɒv.ᵊl.ti/ US: /ˈnɑː.v[ə]l.ˤti/ ∎ *n* [U] **1** ⇨novedad ⇨cambio ∎ *n* [C] **2** ⇨novedad ⇨innovación ∎ El plural es *novelties* **3** ⇨bagatela ⇨chuchería ∎ El plural es *novelties*

† **November** UK: /nəʊˈvem.bəʳ/ US: /noʊˈvem.bɚ/ *n* [C, U] ⇨noviembre: *in November* - en noviembre; *on November 5th* - el 5 de noviembre ∎ La forma abreviada es *Nov*

novice UK: /ˈnɒv.ɪs/ US: /ˈnɑː.vɪs/ *n* [C] **1** ⇨principiante **2** *(en religión)* ⇨novicio,cia

† **now¹** /naʊ/ *adv* **1** ⇨ahora: *Where are you now?* - ¿Dónde estás ahora? **2** ⇨ya: *He won't be long now* - Ya no tardará mucho en llegar **3 (every) ~ and {again/then}** ⇨a veces ⇨de vez en cuando **4 right ~** ⇨ahora mismo ⇨ya

† **now²** /naʊ/ *(tb* now that*) conj* ⇨ahora que

† **nowadays** /ˈnaʊ.ə.deɪz/ *adv* ⇨hoy en día ⇨actualmente ⇨hoy por hoy

nowhere UK: /ˈnəʊ.weəʳ/ US: /ˈnoʊ.wer/ *adv* **1** *(en*

oraciones afirmativas) ⇨a ninguna parte ⇨en ninguna parte **2 to {get/go} ~** ⇨no conseguir nada ⇨no llegar a nada

now that *conj* See **now**

nozzle UK: /ˈnɒz.l̩/ US: /ˈnɑː.zl̩/ *n* [C] *(de una manguera)* ⇨boquilla

nuance UK: /ˈnjuː.ɑːnts/ US: /ˈnuː-/ *n* [C] ⇨matiz

† **nuclear** UK: /ˈnjuː.klɪəʳ/ US: /ˈnuː.klɪː.ɚ/ *adj* ⇨nuclear: *nuclear waste* - residuos nucleares; *nuclear energy* - energía nuclear

nucleus UK: /ˈnjuː.kli.əs/ US: /ˈnuː-/ [*pl* nuclei, nucleuses] *n* [C] **1** *(en química, en biología)* ⇨núcleo **2** *(de un grupo)* ⇨núcleo

nude¹ UK: /njuːd/ US: /nuːd/ *adj (en arte)* ⇨desnudo,da ∎ Comparar con *naked*

nude² UK: /njuːd/ US: /nuːd/ *n* [C] *(en arte)* ⇨desnudo

nudge /nʌdʒ/ [nudged, nudging] ∎ *v* [T] **1** ⇨dar un codazo **2** ⇨empujar [suavemente] ∎ CONSTR. Se usa generalmente seguido de una preposición o un adverbio ∎ *v* [T, I] **3** ⇨rozar ⇨alcanzar

nugget /ˈnʌɡ.ɪt/ *n* [C] **1** ⇨pepita: *a gold nugget* - una pepita de oro **2** ⇨trozo de pescado o carne rebozado **3** *a nugget of information* - un dato interesante

† **nuisance** UK: /ˈnjuː.sᵊnts/ US: /ˈnuː-/ *n* [C, U] **1** ⇨pesado,da ⇨pelmazo,za *col.* **2** ⇨lata *col.*; ⇨fastidio **3 to make a ~ of** *oneself* ⇨molestar ⇨incordiar *col.*

nuke¹ UK: /njuːk/ US: /nuːk/ *v* [T] **1** *(inform) (un lugar)* ⇨bombardear [con armas nucleares] **2** *US (inform) (un alimento)* ⇨calentar o cocinar en el microondas

nuke² UK: /njuːk/ US: /nuːk/ *n* [C] *(inform)* ⇨arma nuclear

numb¹ /nʌm/ *adj* **1** ⇨entumecido,da ⇨dormido,da **2** ⇨petrificado,da ⇨conmocionado,da

numb² /nʌm/ *v* [T] **1** ⇨entumecer **2** ⇨paralizar ⇨petrificar ⇨conmocionar

† **number¹** UK: /ˈnʌm.bəʳ/ US: /-bɚ/ *n* [C] **1** ⇨número ⇨cifra ∎ La forma abreviada es *No.* **2** ⇨número ⇨cantidad **3** *(publicación)* ⇨número

number² UK: /ˈnʌm.bəʳ/ US: /-bɚ/ *v* [T] **1** ⇨numerar **2** ⇨contar **3** ⇨figurar ⇨incluir(se) ∎ CONSTR. Se usa más en pasiva **4** ⇨ascender: *Our staff numbers over 500 employees* - Nuestro personal asciende a más de 500 empleados

numbered *adj* **1** ⇨numerado,da: *numbered tickets* - entradas numeradas **2** ⇨contado,da: *The days of the video recorder are numbered* - Los días del vídeo están contados ∎ PRON. La última *e* no se pronuncia

number plate *UK* (*US* **license plate**) *n* [C] *(de un vehículo)* ⇨matrícula ⇨chapa AMÉR.; ⇨placa AMÉR.

N

numerical UK: /njuːˈmer.ɪ.kl/ US: /nuː-/ *adj* ⇨numérico,ca: *in numerical order* - en orden numérico; *numerical superiority* - superioridad numérica

↑ **numerous** UK: /ˈnjuː.mə.rəs/ US: /ˈnuː-/ *adj (form)* ⇨numeroso,sa: *on numerous occasions* - en numerosas ocasiones

↑ **nun** /nʌn/ *n* [c] ⇨monja

↑ **nurse¹** UK: /nɜːs/ US: /nɜːs/ *n* [c] ⇨enfermero,ra

nurse² UK: /nɜːs/ US: /nɜːs/ [nursed, nursing] *v* [T] **1** ⇨cuidar ⇨atender **2** *(un sentimiento)* ⇨albergar **3** ⇨dar el pecho ⇨amamantar

↑ **nursery** UK: /ˈnɜː.sʲr.i/ US: /ˈnɜː.sə-/ [*pl* nurseries] *n* [c] **1** ⇨guardería **2** ⇨cuarto de los niños **3** ⇨vivero [de plantas]

nursery rhyme *n* [c] ⇨canción popular infantil ⇨poema popular infantil

nursery school *n* [c] ⇨jardín de infancia

nurture UK: /ˈnɜː.tʃəʳ/ US: /ˈnɜː.tʃɚ/ [nurtured, nurturing] *v* [T] **1** *(form)* ⇨criar ⇨educar **2** *(form) (una planta)* ⇨cuidar **3** *(una idea, un deseo)* ⇨abrigar ⇨albergar

↑ **nut** /nʌt/ *n* [c] **1** ⇨fruto seco [de cáscara dura] **2** ⇨nuez **3** ⇨tuerca **4** *(inform)* ⇨chiflado,da *col.;* ⇨pirado,da *col.* **5** *(inform)* ⇨forofo,fa ⇨incondicional **6** *(inform)* ⇨mollera *col.;* ⇨chaveta *col.;* ⇨chola *col.*

nutrient UK: /ˈnjuː.tri.ᵊnt/ US: /ˈnuː-/ *n* [c] *(form)* ⇨nutriente

nutrition UK: /njuˈtrɪʃ.ᵊn/ US: /nuː-/ *n* [U] ⇨nutrición

nutritionist UK: /njuːˈtrɪʃ.ᵊn.ɪst/ US: /nuː-/ *n* [c] ⇨nutricionista

nuts /nʌts/ *adj* **1** *(inform)* ⇨pirado,da *col.;* ⇨chiflado,da *col.* **2 to go ~** *(inform)* ⇨volver(se) loco,ca: *I'll go nuts if I don't get out for a bit* - Me volveré loco si no salgo un poco

nutshell /ˈnʌt.ʃel/ **in a ~** ⇨en pocas palabras ⇨en resumen

nutty UK: /ˈnʌt.i/ US: /ˈnʌˀt̬-/ *adj [comp* nuttier, *superl* nuttiest] **1** ⇨con sabor a frutos secos **2** ⇨con frutos secos **3** *(inform)* ⇨chiflado,da *col.*

nylon® UK: /ˈnaɪ.lɒn/ US: /-lɑːn/ *n* [U] ⇨nailon®

nymph /nɪmpf/ *n* [c] ⇨ninfa

N

o UK: /əu/ US: /ou/ [pl o's] n [C] **1** *(letra del alfabeto)* ⇒o **2** *(cifra)* ⇒cero

†**oak** UK: /əuk/ US: /ouk/ ∎ n [C, U] **1** *(árbol)* ⇒roble ∎ n [C] **2** *(madera)* ⇒roble

OAP UK: /ˌəu.eɪˈpiː/ US: /ˌou-/ *UK* n [C] ⇒forma abreviada de **old age pensioner** (pensionista)

oar UK: /ɔːʳ/ US: /ɔːr/ n [C] ⇒remo

oasis UK: /əuˈeɪ.sɪs/ US: /ou-/ [pl oases] n [C] ⇒oasis

oath UK: /əuθ/ US: /ouθ/ n [C] **1** ⇒juramento: *to be under oath* - estar bajo juramento; *to take an oath* - hacer un juramento **2** *(old-fash)* ⇒palabrota

oats UK: /əuts/ US: /outs/ n [PL] **1** ⇒avena **2** ⇒copos de avena

obedience UK: /əuˈbiː.di.ənts/ US: /ou-/ n [U] ⇒obediencia **2** *John showed obedience to his teacher* - John obedeció a su profesora

obese UK: /əuˈbiːs/ US: /ou-/ adj ⇒obeso,sa

†**obey** UK: /əuˈbeɪ/ US: /ou-/ v [T, I] ⇒obedecer ⇒cumplir ⇒acatar

obituary UK: /əuˈbɪtʃ.uə.ri/ US: /ouˈbɪtʃ.u.er.i/ [pl obituaries] n [C] ⇒esquela ⇒necrológica

†**object¹** UK: /ˈɒb.dʒɪkt/ US: /ˈɑːb-/ n [C] **1** ⇒objeto **2** ⇒objetivo ⇒propósito **3** *(una persona)* ⇒objeto **4** *(en gramática)* ⇒objeto ⇒complemento ∎ Ver cuadro verbos con dos objetos

object² /əbˈdʒekt/ v [I] ⇒oponerse ⇒poner reparos ∎ CONSTR. to object to sth

objection /əbˈdʒek.ʃⁿn/ n [C] **1** ⇒objeción ⇒reparo **2** ⇒inconveniente

objective¹ /əbˈdʒek.tɪv/ n [C] ⇒propósito ⇒objetivo

objective² /əbˈdʒek.tɪv/ adj ⇒objetivo,va: *It's impossible to be objective* - Es imposible ser objetivo

obligation UK: /ˌɒb.lɪˈɡeɪ.ʃⁿn/ US: /ˌɑː.blə-/ n [C, U] ⇒obligación ⇒compromiso

obligatory UK: /əˈblɪɡ.ə.tⁿr.i/ US: /-tɔːr-/ adj **1** ⇒obligatorio,ria **2** *(form)* ⇒consabido,da

†**oblige** /əˈblaɪdʒ/ [obliged, obliging] ∎ v [T] **1** ⇒obligar: *Rachel felt obliged to attend* - Rachel se sintió obligada a asistir; ⇒forzar ∎ v [T, I] **2** ⇒complacer ∎ CONSTR. to oblige + to do sth

obliged /əˈblaɪdʒd/ adj *(form)* ⇒agradecido,da: *to be obliged to sb for sth* - estar agradecido a alguien por algo

obliterate UK: /əˈblɪt.ᵊr.eɪt/ US: /-ˈblɪˈt̬.ə.reɪt/ [obliterated, obliterating] v [T] **1** ⇒aniquilar ⇒destruir ∎ CONSTR. Se usa más en pasiva **2** ⇒borrar: *to obliterate a memory from one's mind* - borrar un recuerdo de la mente

oblivion /əˈblɪv.i.ən/ n [U] ⇒olvido: *to sink into oblivion* - caer en el olvido

oblivious /əˈblɪv.i.əs/ adj ⇒ajeno,na: *She was oblivious to their suffering* - Permanecía ajena a su sufrimiento

†**obscene** /əbˈsiːn/ adj ⇒obsceno,na

obscure¹ UK: /əbˈskjuəʳ/ US: /-ˈskjur/ adj **1** ⇒oscuro,ra ⇒poco claro,ra **2** ⇒poco conocido,da: *an obscure writer* - un autor poco conocido

obscure² UK: /əbˈskjuəʳ/ US: /-ˈskjur/ [obscured, obscuring] v [T] **1** ⇒tapar ⇒ocultar **2** ⇒oscurecer

observant UK: /əbˈzɜː.vᵊnt/ US: /-ˈzɝ-/ adj ⇒observador,-a: *She's very observant* - Es muy observadora

observation UK: /ˌɒb.zəˈveɪ.ʃⁿn/ US: /ˌɑː.b.zɚ-/ ∎ n [U] **1** ⇒observación ⇒contemplación **2** *to be under observation* - estar vigilado ∎ n [C] **3** ⇒observación ⇒comentario

observatory UK: /əbˈzɜː.və.tri/ US: /-ˈzɝ.və.tɔːr.i/ [pl observatories] n [C] ⇒observatorio

†**observe** UK: /əbˈzɜːv/ US: /-ˈzɝːv/ [observed, observing] v [T] **1** ⇒observar ⇒mirar ∎ CONSTR. to observe + interrogativa indirecta **2** *(form)* ⇒comentar ∎ CONSTR. to observe + that **3** ⇒observar ⇒obedecer **4** *(form)* ⇒notar ∎ CONSTR. 1. to observe + that 2. to observe + interrogativa indirecta

observer UK: /əbˈzɜː.vəʳ/ US: /-ˈzɝ.vɚ/ n [C] **1** ⇒testigo presencial **2** ⇒observador,-a

obsess /əbˈses/ [obsesses] v [T, I] ⇒obsesionar(se): *The idea obsessed me for years* - Durante años me obsesionó la idea ∎ CONSTR. to obsess about sth

obsessed /əb'sest/ *adj* ⇒obsesionado,da: *obsessed with money* - obsesionado con el dinero ■ PRON. La última *e* no se pronuncia

obsession /əb'seʃ.ªn/ *n* [C, U] ⇒obsesión

obsessive /əb'ses.ɪv/ *adj* ⇒obsesivo,va

obsolete UK:/ˌɒb.sªl'iːt/ US:/ˌɑːb-/ *adj* **1** ⇒obsoleto,ta **2** *to become obsolete* - caer en desuso

obstacle UK: /'ɒb.stɪ.kl̩/ US: /'ɑːb-/ *n* [C] ⇒obstáculo: *to overcome an obstacle* - superar un obstáculo

obstetrician UK: /ˌɒb.stə'trɪʃ.ªn/ US: /ˌɑːb-/ *n* [C] *(en medicina)* ⇒tocólogo,a

obstinate UK: /'ɒb.stɪ.nət/ US: /'ɑːb.stə-/ *adj* ⇒terco,ca ⇒obstinado,da

obstruct /əb'strʌkt/ *v* [T] ⇒obstruir ⇒tapar

†**obtain** /əb'teɪn/ *v* [T] *(form)* ⇒conseguir ⇒obtener

†**obvious** UK: /'ɒb.vi.əs/ US: /'ɑːb-/ *adj* ⇒evidente ⇒obvio,via

obviously UK: /'ɒb.vi.ə.sli/ US: /'ɑːb-/ *adv* ⇒obviamente ⇒evidentemente ⇒por supuesto

†**occasion** /ə'keɪ.ʒªn/ *n* [C] **1** ⇒ocasión **2** ⇒acontecimiento: *His wedding will be quite an occasion* - Su boda será todo un acontecimiento

†**occasional** /ə'keɪ.ʒªn.ªl, -'keɪʒ.nəl/ *adj* ⇒ocasional ⇒esporádico,ca

occasionally /ə'keɪ.ʒªn.ªl.i, -'keɪʒ.nəl-/ *adv* ⇒ocasionalmente

occupant UK: /'ɒk.ju.pªnt/ US: /'ɑː.kjə-/ *n* [C] *(form) (de un edificio o un medio de transporte)* ⇒ocupante ⇒inquilino,na

occupation UK: /ˌɒk.ju'peɪ.ʃªn/ US: /ˌɑː.kjə-/ ■ *n* [C] **1** *(form)* ⇒profesión ■ *n* [U] **2** ⇒invasión ⇒ocupación

occupational UK: /ˌɒk.ju'peɪ.ʃªn.ªl/ US: /ˌɑː.kjə-/ *adj* ⇒ocupacional: *occupational therapy* - terapia ocupacional

occupied UK: /'ɒk.ju.paɪd/ US: /'ɑː.kju-/ *adj* **1** ⇒invadido,da ⇒ocupado,da **2** *(con una actividad)* ⇒ocupado,da **3** *US (UK engaged)* *(el cuarto de baño)* ⇒ocupado,da

occupier UK: /'ɒk.ju.paɪ.əʳ/ US: /'ɑː.kjə.paɪ.ə/ *UK n* [C] **1** ⇒ocupante ⇒inquilino,na **2** ⇒ocupante ⇒invasor,-a ■ Se usa más en plural

†**occupy** UK: /'ɒk.ju.paɪ/ US: /'ɑː.kju-/ [occupies, occupied] *v* [T] **1** ⇒invadir ⇒ocupar **2** *(un espacio)* ⇒ocupar **3** *(con una actividad)* ⇒ocupar ⇒entretener

†**occur** UK: /ə'kɜːʳ/ US: /-'kɜː/ [occurred, occurring] *v* [I] *(form)* ⇒ocurrir: *Something strange has occurred* - Ha ocurrido algo extraño

|PHRASAL VERBS
· **to occur to sb** ⇒ocurrirse a alguien: *It didn't occur to me to call you* - No se me ocurrió llamarte

occurrence UK: /ə'kʌr.ªnts/ US: /-'kɜː-/ ■ *n* [C] **1** ⇒hecho: *a common occurrence* - un hecho frecuente ■ *n* [U] ⇒incidencia ⇒tasa

†**ocean** UK: /'əʊ.ʃªn/ US: /'oʊ-/ *n* [C, NO PL] ⇒océano: *at the bottom of the ocean* - al fondo del océano ■ Al dar el nombre de un océano, se escribe con mayúscula inicial: *the Atlantic Ocean*

†**o'clock** UK: /ə'klɒk/ US: /-'klɑːk/ *adv (para las horas exactas): at two o'clock* - a las dos; *by five o'clock* - antes de las cinco

octagon UK: /'ɒk.tə.gən/ US: /'ɑːk.tə.gɑːn/ *n* [C] ⇒octógono

†**October** UK: /ɒk'təʊ.bəʳ/ US: /ɑːk'toʊ.bə/ *n* [C, U] ⇒octubre: *in October* - en octubre; *on October 10th* - el diez de octubre ■ La forma abreviada es Oct

octopus UK: /'ɒk.tə.pəs/ US: /'ɑːk.tə.pəs/ [*pl* octopuses] *n* [C] ⇒pulpo

†**odd** UK: /ɒd/ US: /ɑːd/ *adj* **1** ⇒extraño,ña ⇒raro,ra **2** ⇒desparejado,da: *an odd sock* - un calcetín desparejado **3** *(un número, una cifra)* ⇒impar **4** ~ **jobs** ⇒trabajos esporádicos y de baja categoría **5** **the** ~ ⇒alguno que otro, alguna que otra: *I heard the odd criticism* - Oí alguna que otra crítica

oddity UK: /'ɒd.ɪ.ti/ US: /'ɑː.də.ˤti/ [*pl* oddities] *n* [C] **1** ⇒rareza ⇒singularidad **2** ⇒bicho raro *col.*

oddly UK: /'ɒd.li/ US: /'ɑːd-/ *adv* ⇒extrañamente ⇒de manera rara

†**odds** UK: /ɒdz/ US: /ɑːdz/ *n* [PL] **1** ⇒probabilidades: *What are the odds?* - ¿Cuáles son las probabilidades? **2** *(en apuestas)* ⇒puntos a favor ⇒puntos de ventaja **3** ~ **and ends** ⇒retazos ⇒retales **4** **to be at** ~ **with** *sth/sb* ⇒discrepar: *I'm at odds with him over a debt* - Discrepo con él sobre una deuda **5** **to make no** ~ *(inform)* ⇒dar igual *col.*

odour UK: /'əʊ.dəʳ/ US: /'oʊ.də/ *UK n* [C, U] ⇒olor: *body odour* - olor corporal

†**of** UK: /əv/ UK: /ɒv/ US: /ɑːv/ *prep* **1** *(relación o pertenencia)* ⇒de **2** *(contenido)* ⇒de **3** *(con cantidades)* ⇒de **4** *(material)* ⇒de **5** *(para las fechas)* ⇒de ■ Cuando se escribe la fecha con un número se omite la preposición of: *October 2nd* **6** *(causa o cualidad)* ⇒de **7** *(tema)* ⇒de ⇒respecto a **8** *That's very kind of you* - Es muy amable de tu parte

†**off¹** UK: /ɒf/ US: /ɑːf/ *adv* **1** ⇒de distancia ⇒fuera de **2** *(un aparato)* ⇒apagado,da **3** *(tiempo)* ⇒libre **4** *I must be off* - Tengo que irme **5** *(una cita)* ⇒cancelado,da **6** *He's off his food* - Está desganado

off² UK: /ɒf/ US: /ɑːf/ *prep* **1** ⇒de: *to take one's feet off the table* - quitar los pies de encima de la mesa **2** **to be** ~ *sth* ⇒haber dejado de gustar: *She's off coffee* - Le ha dejado de gustar el café

†**off³** UK: /ɒf/ US: /ɑːf/ *adj* **1** *(comida)* ⇒estropeado,da ⇒malo,la **2** *(inform) (conducta)* ⇒incorrecto,ta

⇨**malo,la** ■ CONSTR. Se usa detrás de un verbo **3** *a day off* - un día libre

† **offence** /ə'fen*t*s/ *UK* (*US* **offense**) *n* [c] **1** ⇨delito ⇨infracción **2 to take ~ at** *sth* ⇨ofenderse por algo: *She never takes offence at anything* - Nunca se ofende por nada ■ Distinto de *insult* (ofensa)

offend /ə'fend/ *v* [T] ⇨ofender: *I didn't mean to offend you* - No pretendía ofenderte ■ CONSTR. to be offended + that

offender UK: /ə'fen.də*ʳ*/ US: /-dəʳ/ *n* [c] ⇨infractor,-a ⇨delincuente

offense /ə'fen*t*s/ *US n* [c] See **offence**

offensive[1] /ə'fen*t*.sɪv/ *adj* **1** ⇨ofensivo,va **2** (*form*) ⇨repugnante: *an offensive odour* - un olor repugnante

offensive[2] /ə'fen*t*.sɪv/ *n* [c] ⇨ofensiva [militar]

† **offer**[1] UK: /'ɒf.əʳ/ US: /'ɑ:.fəʳ/ *v* [T, I] **1** ⇨ofrecer: *Can I offer you sth?* - ¿Puedo ofrecerle algo? ■ CONSTR. to offer + dos objetos **2** ⇨ofrecerse: *Mary offered to teach them driving* - Mary se ofreció para enseñarles a conducir ■ CONSTR. to offer + to do sth **3** ⇨dar ⇨proporcionar

† **offer**[2] UK: /'ɒf.əʳ/ US: /'ɑ:.fəʳ/ *n* [c] ⇨oferta ⇨ofrecimiento

offering UK: /'ɒf.ᵊr.ɪŋ/ US: /'ɑ:.fɚ-/ *n* [c] ⇨ofrenda

offhand[1] UK: /ˌɒf'hænd/ US: /ˌɑ:f-/ *adj* ⇨brusco,ca ⇨displicente

offhand[2] UK: /ˌɒf'hænd/ US: /ˌɑ:f-/ *adv* ⇨sin pensarlo

† **office** UK: /'ɒf.ɪs/ US: /'ɑ:.fɪs/ *n* [c] **1** ⇨oficina **2** ⇨despacho **3 to be in ~** ⇨estar en el poder **4 to take ~** ⇨asumir el cargo

officer UK: /'ɒf.ɪ.səʳ/ US: /'ɑ:.fɪ.səʳ/ *n* [c] **1** (*en las fuerzas armadas o la policía*) ⇨oficial ⇨agente **2** ⇨funcionario,ria: *prison officers* - funcionarios de prisiones

official[1] /ə'fɪʃ.ᵊl/ *adj* ⇨oficial: *an official statement* - una declaración oficial

official[2] /ə'fɪʃ.ᵊl/ *n* [c] ⇨funcionario,ria ■ Distinto de *officer* (oficial)

off-licence UK: /'ɒf.laɪ.sᵊn*t*s/ US: /'ɑ:f-/ *UK n* [c] ⇨tienda de bebidas alcohólicas

off-peak UK: /ˌɒf'pi:k/ US: /ˌɑ:f-/ *adj* **1** ⇨en temporada baja: *off-peak holidays* - vacaciones en temporada baja **2** ⇨de bajo coste

offset, offset, offset UK: /ˌɒf'set/ US: /ˌɑ:f-/ [offsetting] *v* [T] ⇨compensar ■ CONSTR. Se usa más en pasiva

offshore UK: /ˌɒf'ʃɔːʳ/ US: /ˌɑ:f'ʃɔːr/ *adj* **1** (*un viento*) ⇨que sopla desde la tierra **2** (*pesca*) ⇨de bajura **3** ⇨cercano,na a la costa **4** (*una empresa*) ⇨en un paraíso fiscal

offside UK: /'ɒf.saɪd/ US: /'ɑ:f-/ *UK adj* (*en conducción*) ⇨derecho,cha

offspring UK: /'ɒf.sprɪŋ/ US: /'ɑːf-/ [*pl* offspring] *n* [c] **1** (*form*) (*de un animal*) ⇨cría **2** (*de una persona*) ⇨prole

† **often** UK: /'ɒf.ᵊn/ US: /'ɑ:f-/ *adv* **1** ⇨a menudo ⇨con frecuencia ■ Se sitúa detrás del verbo *to be* y de los verbos auxiliares y modales y delante de los demás verbos: *He's often late for school* - Llega tarde al colegio con frecuencia; *I often go to the theatre* - Voy al teatro a menudo **2 how often...?** ⇨¿cada cuánto...?

† **oh** UK: /əʊ/ US: /oʊ/ *excl* ⇨¡oh! ⇨¡ah!

† **oil**[1] /ɔɪl/ ■ *n* [c, U] **1** ⇨aceite: *olive oil* - aceite de oliva; *sunflower oil* - aceite de girasol ■ *n* [U] **2** ⇨petróleo **3** *an oil company* - una empresa petrolera

† **oil**[2] /ɔɪl/ *v* [T] ⇨engrasar ⇨lubricar

oily /'ɔɪ.li/ *adj* [*comp* oilier, *superl* oiliest] **1** ⇨grasiento,ta **2** *oily skin* - piel grasa **3** ⇨aceitoso,sa: *an oily sauce* - una salsa aceitosa **4 ~ fish** ⇨pescado azul

ointment /'ɔɪnt.mənt/ *n* [U] **1** ⇨pomada **2** ⇨ungüento

OK *adj, adv* (*inform*) ⇨forma abreviada de **okay** (bien)

† **okay**[1] UK: /ˌəʊ'keɪ/ US: /ˌoʊ-/ UK: /'--/ *adj, adv* **1** (*inform*) ⇨bien **2** (*inform*) ⇨bien **3** (*inform*) ⇨vale ⇨de acuerdo ■ Se usa más la forma abreviada *OK*

† **okay**[2] UK: /ˌəʊ'keɪ/ US: /ˌoʊ-/ UK: /'--/ *v* [T] (*inform*) ⇨dar el visto bueno

† **old** UK: /əʊld/ US: /oʊld/ *adj* [*comp* older, *superl* oldest] **1** (*una persona, un animal*) ⇨mayor ⇨viejo,ja ⇨anciano,na ■ Cuando se comparan las edades de personas, sobre todo las edades de los miembros de una familia, se pueden usar *elder* y *eldest*: *John is the elder of the two* - John es el mayor de los dos; *Ann is my eldest sister* - Ann es mi hermana mayor **2** (*un objeto*) ⇨viejo,ja ⇨antiguo,gua **3** (*desde hace mucho tiempo*) ⇨viejo,ja **4** ⇨de edad: *He's twenty-six years old* - Tiene veintiséis años de edad; *a nine-year-old girl* - una niña de nueve años; *How old is he?* - ¿Cuántos años tiene?

old-age pension *UK n* [c] ⇨pensión de jubilación

old-age pensioner *UK n* [c] ⇨pensionista ⇨pensionado,da *AMÉR.* ■ La forma abreviada es *OAP*

older *adj* the comparative form of **old**: *Anne is older than me* - Anne es mayor que yo

oldest *adj* the superlative form of **old**: *Will is the oldest boy in the class* - Will es el chico mayor de la clase

† **old-fashioned** UK: /ˌəʊld'fæʃ.ᵊnd/ US: /ˌoʊld-/ *adj* **1** ⇨pasado,da ⇨anticuado,da ⇨chapado,da a la antigua **2** ⇨antiguo,gua **3** ⇨tradicional: *an old-fashioned pub* - un pub tradicional ■ PRON. La *e* no se pronuncia

O

olive UK: /ˈɒl.ɪv/ US: /ˈɑː.lɪv/ *n* [c] **1** *(fruto)* ⇨aceituna ⇨oliva **2** *(árbol)* ⇨olivo

Olympic UK: /əʊˈlɪm.pɪk/ US: /oʊ-/ *adj* ⇨olímpico,ca

Olympic Games *(tb* Olympics*) n* [PL] ⇨juegos olímpicos ⇨olimpiadas

Olympics UK: /ðɪ.əʊˈlɪm.pɪks/ US: /-oʊ-/ *n* [PL] See **Olympic Games**

Oman UK: /əʊˈmɑːn/ US: /oʊ-/ *n* [U] ⇨Omán

omelette UK: /ˈɒm.lət/ US: /ˈɑː.mə.lət/ *n* [c] ⇨tortilla ⇨tortilla francesa ⇨torta AMÉR.

omen UK: /ˈəʊ.mən/ US: /ˈoʊ-/ *n* [c] ⇨presagio ⇨agüero

ominous UK: /ˈɒm.ɪ.nəs/ US: /ˈɑː.mə-/ *adj* ⇨de mal agüero ⇨amenazador,-a

omission UK: /əʊˈmɪʃ.ᵊn/ US: /oʊ-/ *n* [c, u] ⇨omisión ⇨descuido

omit UK: /əʊˈmɪt/ US: /oʊ-/ [omitted, omitting] *v* [T] **1** ⇨omitir ⇨pasar por alto **2** ⇨olvidarse ■ CONSTR. 1. to omit + to do sth 2. Se usa más en pasiva

on¹ UK: /ɒn/ US: /ɑːn/ *prep* **1** ⇨en ⇨sobre ⇨encima de **2** *(lugar)* ⇨en **3** *(sentido)* ⇨a **4** *(fechas y días de la semana)* ⇨el ■ Se usa *on* cuando se especifica una fecha o un día de la semana; sin embargo, se usa *in* con los meses cuando no se detalla una fecha: *in May* - *en mayo* **5** *(tema)* ⇨sobre ⇨de **6** *(instrumento)* ⇨con **7** *(en un texto)* ⇨en **8** *(en un medio de transporte)* ⇨en **9** ⇨al ⇨mientras **10** ⇨encima ⇨con **11** *(afiliación)* ⇨en **12** *(comida)* ⇨de **13** *(consumo)* ⇨en ■ Ver cuadro

on² UK: /ɒn/ US: /ɑːn/ *adv* **1** ⇨encendido,da ⇨en marcha **2** ⇨puesto,ta **3** *The band played on* - El grupo siguió tocando; *I danced on until late* - Me quedé bailando hasta tarde ■ Se usa frecuentemente con verbos de acción o movimiento. Al traducirlo en español añade al verbo sentido de continuidad: *We walked on in silence* - *Caminamos en silencio* **4** *(con «early», «late», «far» y «further»)* ⇨más **5** ~ and ~ ⇨sin parar **6** to be ~ *(en el cine, la televisión, la radio)* ⇨poner

once¹ /wʌnts/ *adv* **1** *(frecuencia)* ⇨una vez **2** ⇨hace tiempo ⇨en el pasado **3** at ~ **1** ⇨enseguida ⇨inmediatamente **2** ⇨a la vez: *doing two things at once* - haciendo dos cosas a la vez **4** ~ {again/more} ⇨una vez más **5** ~ and for all ⇨de una vez por todas **6** ~ in a while ⇨de vez en cuando **7** ~ or twice ⇨un par de veces **8** ~ upon a time... ⇨érase una vez...

once² /wʌnts/ *conj* ⇨una vez que: *Once seen, never forgotten* - Una vez que se ha visto, ya no se olvida

oncoming UK: /ˈɒn.kʌm.ɪŋ/ US: /ˈɑːn-/ *adj* **1** ⇨que va en dirección contraria **2** ⇨venidero,ra ⇨que se aproxima

one¹ /wʌn/ *pron* **1** *(form) (persona)* ⇨uno,na **2** *«Which one do you want?» «I want this one»* -

preposiciones de tiempo: on / in / at

• **On** se emplea con:

– Los días de la semana:
· *The course starts on Tuesday, not Monday.* (El curso empieza el martes, no el lunes.)

– Las fechas:
· *I was born on August 11th.* (Nací el 11 de agosto.)

– Los días específicos:
· *Will you go home on Thanksgiving Day?* (¿Iréis a casa el día de acción de gracias?)

– Una parte de un día concreto:
· *You have an appointment on Tuesday morning.* (Tienes una cita el martes por la mañana.)

• **In** se emplea con:

– Una parte del día (excepto "night"), cuando no se menciona qué día:
· *I'll phone you in the morning.* (Te llamaré por la mañana.)

– Períodos largos, como un mes, un año o las estaciones del año:
· *The leaves fall from the trees in autumn.* (Las hojas se caen de los árboles en otoño.)

• **At** se emplea con:

– Una hora o un momento preciso del día:
· *We'll meet at dinner, at 6 o'clock.* (Nos veremos en la cena, a las 6.)

– La palabra "night":
· *When I can't sleep at night I do sudokus.* (Cuando no puedo dormir por la noche, hago sudokus.)

– Con períodos de fiestas, como "Christmas" o "Easter":
· *At Christmas all my family get together.* (En navidades toda mi familia se reúne.)

«¿Cuál quieres?» «Quiero este» ■ No se traduce en español **3** all in ~ ⇒todo en uno **4** ~ or two ⇒unos cuantos, unas cuantas

† **one²** /wʌn/ **1** *(una cifra)* ⇒uno **2** *(cantidad)* ⇒uno,na **3** *(en un momento indeterminado)* ⇒un,-a ⇒algún **4** ⇒único,ca: *He is the only one who knows* - Él es el único que lo sabe **5** the ~ and only ⇒el mismísimo, la mismísima

one-off UK: /ˌwʌnˈɒf/ US: /-ˈɑːf/ *UK n* [NO PL] ⇒algo que se hace solo una vez ⇒ocasión única

† **oneself** /ˌwʌnˈself/ *pron* **1** *(una persona)* ⇒uno mismo, una misma: *One needs time for oneself* - Uno necesita tiempo para uno mismo **2** *(form)* ⇒solo,la: *Some things one must do oneself* - Algunas cosas ha de hacerlas uno solo **3** *(form)* *(con uso reflexivo)* ⇒se

one-way /ˌwʌnˈweɪ/ *adj* **1** *(una calle o una carretera)* ⇒de sentido único **2** *(una relación)* ⇒no correspondido,da

one-way ticket US *(UK* single*)* n [c] ⇒billete de ida

† **ongoing** UK: /ˈɒŋˌɡəʊ.ɪŋ/ UK: /ˌ-ˈ--/ US: /ˈɑːnˌɡoʊ-/ *adj* ⇒en desarrollo ⇒en curso

† **onion** /ˈʌn.jən/ *n* [c, u] ⇒cebolla: *onion rings* - aros de cebolla

† **online** UK: /ˌɒnˈlaɪn/ US: /ˌɑːnˈlaɪn/ *adj, adv (en informática)* ⇒conectado,da ⇒en línea

onlooker UK: /ˈɒnˌlʊk.əʳ/ US: /ˈɑːnˌlʊk.ɚ/ *n* [c] *(de un incidente)* ⇒espectador,-a

† **only¹** UK: /ˈəʊn.li/ US: /ˈoʊn-/ *adv* **1** ⇒solo ⇒solamente ⇒únicamente ⇒nomás AMÉR. **2** not only... but also... ⇒no solo... sino también...

† **only²** UK: /ˈəʊn.li/ US: /ˈoʊn-/ *adj* ⇒único,ca: *I'm an only child* - Soy hija única; *I was the only person there* - Yo era la única persona allí

only³ UK: /ˈəʊn.li/ US: /ˈoʊn-/ *conj* **1** ⇒pero ⇒solo que **2** if ~ ⇒si ⇒ojalá

only child n [c] ⇒hijo único, hija única: *She's an only child* - Es hija única

onset UK: /ˈɒn.set/ US: /ˈɑːn-/ the ~ of sth ⇒la llegada de algo ⇒el comienzo de algo

onslaught UK: /ˈɒn.slɔːt/ US: /ˈɑːn.slɑːt/ *n* [c] ⇒arremetida ⇒ataque violento

† **onto** UK: /ˈɒn.tu/ US: /ˈɑːn.tu/ *prep* ⇒a ⇒sobre ⇒en

onward UK: /ˈɒn.wəd/ US: /ˈɑːn.wəd/ *adj* ⇒hacia delante

oops /uːps, ʊps/ *(tb* whoops*) excl* ⇒¡huy!: *Oops! I've made a mistake* - ¡Huy! Me he equivocado

ooze /uːz/ [oozed, oozing] *v* [T, I] **1** ⇒rezumar: *After it rains the wall oozes dampness* - Después de llover la pared rezuma humedad **2** ⇒salir ⇒gotear ■ CONSTR. Se usa generalmente seguido de una preposición o un adverbio

opal UK: /ˈəʊ.pəl/ US: /ˈoʊ-/ *n* [c, u] *(mineral)* ⇒ópalo

opaque UK: /əʊˈpeɪk/ US: /oʊ-/ *adj* ⇒opaco,ca: *opaque glass* - cristal opaco

† **open¹** UK: /ˈəʊ.pən/ US: /ˈoʊ-/ *adj* **1** ⇒abierto,ta: *an open mind* - una mente abierta; *The supermarket isn't open yet* - El supermercado aún no está abierto **2** *(una actitud, un carácter)* ⇒abierto,ta ⇒dispuesto,ta a escuchar ⇒franco,ca **3** in the ~ air ⇒al aire libre: *I like reading in the open air* - Me gusta leer al aire libre **4** out in the ~ ⇒al descubierto: *Her secret is out in the open* - Su secreto ha quedado al descubierto

† **open²** UK: /ˈəʊ.pən/ US: /ˈoʊ-/ *v* [T, I] **1** ⇒abrir(se): *She opened the door for me* - Me abrió la puerta; *The windows opened with the wind* - Las ventanas se abrieron con el viento **2** *(un establecimiento)* ⇒inaugurar ⇒abrir

|PHRASAL VERBS

· to open up **1** ⇒abrirse [a alguien] ⇒sincerarse [con alguien] **2** *(una flor)* ⇒abrirse **3** *(una empresa, una tienda)* ⇒abrir ⇒inaugurar

· to open (sth) up [M] ⇒abrir (algo): *May opens up the gym at eight* - May abre el gimnasio a las ocho

open-air UK: /ˌəʊ.pənˈeəʳ/ US: /ˌoʊ.p[ə]nˈer/ *adj* ⇒al aire libre: *an open-air party* - una fiesta al aire libre

open-ended UK: /ˌəʊ.pənˈen.dɪd/ US: /ˌoʊ-/ *adj* **1** ⇒de duración indefinida ⇒sin plazo establecido **2** *(un debate o una pregunta)* ⇒abierto,ta

opener UK: /ˈəʊ.pən.əʳ/ US: /ˈoʊ.p[ə]n.ɚ/ *n* [c] ⇒abridor

opening UK: /ˈəʊ.pən.ɪŋ/ US: /ˈoʊp.nɪŋ/ *n* [c] **1** ⇒abertura **2** ⇒inauguración ⇒apertura ⇒comienzo **3** *(en teatro)* ⇒estreno **4** ⇒abertura [de una flor] **5** *(para una persona)* ⇒oportunidad ⇒hueco

openly UK: /ˈəʊ.pən.li/ US: /ˈoʊ-/ *adv* ⇒francamente ⇒abiertamente

open-minded UK: /ˌəʊ.pənˈmaɪn.dɪd/ US: /ˌoʊ-/ *adj* ⇒abierto,ta ⇒sin prejuicios

openness UK: /ˈəʊ.pən.nəs/ US: /ˈoʊ-/ *n* [U] ⇒franqueza: *I appreciate your openness* - Agradezco tu franqueza

† **opera** UK: /ˈɒp.ᵉr.ə/ UK: /ˈɒp.rə/ US: /ˈɑː.pɚ.ə/ *n* [c, u] ⇒ópera: *to go to the opera* - ir a la ópera; *an opera singer* - un cantante de ópera

† **operate** UK: /ˈɒp.ᵉr.eɪt/ US: /ˈɑː.pə.reɪt/ [operated, operating] ■ *v* [T, I] **1** *(un aparato)* ⇒funcionar **2** ⇒manejar: *Do you know how to operate this camera?* - ¿Sabes cómo manejar esta cámara? ■ *v* [I] **3** *(en medicina)* ⇒operar ■ CONSTR. 1. to operate on sth/sb 2. to be operated on

operating room US n [c] See **operating theatre**

operating theatre UK *(US* operating room) *n* [c] ⇨quirófano

operation UK: /ˌɒp. əˈr eɪ.ʃən/ US: /ˌɑː.pəˈr eɪ-/ *n* [c] **1** ⇨operación: *to have an operation* - someterse a una operación; *a rescue operation* - una operación de rescate **2** ⇨funcionamiento: *The program is currently in operation* - El programa está en funcionamiento **3** to {be/come into} ~ **1** ⇨{estar/entrar} en funcionamiento **2** *(en derecho)* ⇨{estar/entrar} en vigor

operational UK: /ˌɒp.əˈr eɪ.ʃən.əl/ US: /ˌɑː.pəˈr eɪ-/ *adj* ⇨en funcionamiento ⇨operativo,va

operative¹ UK: /ˈɒp.ə.r.ə.tɪv/ US: /ˈɑː.pə.ə.ˁtɪv/ *adj* **1** *(form)* ⇨en funcionamiento ⇨operativo,va **2** *(form) (en derecho)* ⇨en vigor **3** *(form) (en medicina)* ⇨operatorio,ria

operative² UK: /ˈɒp.ə.r.ə.tɪv/ US: /ˈɑː.pə.ə.ˁtɪv/ *n* [c] **1** ⇨operario,ria ⇨obrero,ra **2** *US* ⇨agente secreto

operator UK: /ˈɒp.əˈr eɪ.tə/ US: /ˈɑː.pə.r eɪ.ˁtə/ *n* [c] **1** ⇨operario,ria **2** ⇨telefonista ⇨operador,-a

† **opinion** /əˈpɪn.jən/ *n* [c, u] **1** ⇨opinión: *to seek a second opinion* - pedir una segunda opinión **2** *What is your opinion of the film?* - ¿Qué opinas sobre la película? **3** public ~ ⇨opinión pública

opinion poll *n* [c] ⇨encuesta [de opinión] ⇨sondeo [de opinión]

† **opponent** UK: /əˈpəu.nənt/ US: /-ˈpou-/ *n* [c] **1** *(en una competición)* ⇨adversario,ria ⇨contrincante **2** ⇨contrario,ria

† **opportunity** UK: /ˌɒp.əˈtʃuː.nə.ti/ US: /ˌɑː.pəˈtuː.nə.ˁti/ *[pl* opportunities] *n* [c, u] **1** ⇨ocasión ⇨oportunidad **2** to take the ~ to do *sth* ⇨aprovechar la ocasión para hacer algo

† **oppose** UK: /əˈpəuz/ US: /-ˈpouz/ [opposed, opposing] *v* [t] ⇨oponerse ⇨estar en contra

opposed UK: /əˈpəuzd/ US: /-ˈpouzd/ *adj* **1** ⇨opuesto,ta ⇨en contra de **2** as ~ to *(form)* ⇨a diferencia de ⇨en vez de ■ Constr. *Se usa detrás de un verbo*

opposing UK: /əˈpəu.zɪŋ/ US: /-ˈpou-/ *adj* **1** ⇨contrario,ria: *the opposing team* - el equipo contrario **2** ⇨enemigo,ga: *the opposing army* - el ejército enemigo

† **opposite¹** UK: /ˈɒp.ə.zɪt/ US: /ˈɑː.pə-/ *adv, prep* **1** ⇨enfrente **2** ⇨enfrente de ⇨frente a

opposite² UK: /ˈɒp.ə.zɪt/ US: /ˈɑː.pə-/ *adj* **1** ⇨contrario,ria ⇨opuesto,ta **2** *(ubicación)* ⇨de enfrente

opposite³ UK: /ˈɒp.ə.zɪt/ US: /ˈɑː.pə-/ *n* [c] ⇨opuesto ⇨contrario

opposition UK: /ˌɒp.əˈzɪʃ.ən/ US: /ˌɑː.pə-/ *n* [u] ⇨oposición: *the opposition to the plan* - la oposición al plan

oppress /əˈpres/ [oppresses] *v* [t] **1** ⇨oprimir ■ Constr. *Se usa más en pasiva* **2** ⇨agobiar

oppressed /əˈprest/ *adj* **1** ⇨oprimido,da: *oppressed minorities* - minorías oprimidas **2** ⇨agobiado,da

oppression /əˈpreʃ.ən/ *n* [u] ⇨opresión

oppressive /əˈpres.ɪv/ *adj* **1** ⇨opresivo,va: *an oppresive regime* - un régimen opresivo **2** ⇨agobiante **3** *(una temperatura)* ⇨sofocante

† **opt** UK: /ɒpt/ US: /ɑːpt/ *v* [i] ⇨optar: *I opted not to go out with them* - Opté por no salir con ellos ■ Constr. 1. to opt + to do sth 2. to opt for sth

| **PHRASAL VERBS**
|· **to opt out (of** *sth)* ⇨optar por no participar
└ (en algo)

optical UK: /ˈɒp.tɪ.kəl/ US: /ˈɑːp-/ *adj* ⇨óptico,ca: *an optical illusion* - una ilusión óptica; *optical fibre* - fibra óptica

† **optician** UK: /ɒpˈtɪʃ.ən/ US: /ɑːp-/ *n* [c] **1** *(persona)* ⇨óptico,ca **2** *UK (establecimiento)* ⇨óptica

optimism UK: /ˈɒp.tɪ.mɪ.zᵊm/ US: /ˈɑːp.tə-/ *n* [u] **1** ⇨optimismo **2** to have grounds for optimism - tener motivos para ser optimista

optimist UK: /ˈɒp.tɪ.mɪst/ US: /ˈɑːp.tə-/ *n* [c] ⇨optimista

optimistic UK: /ˌɒp.tɪˈmɪs.tɪk/ US: /ˌɑːp.tə-/ *adj* ⇨optimista: *I think you are too optimistic* - Creo que eres demasiado optimista

optimum UK: /ˈɒp.tɪ.məm/ US: /ˈɑːp-/ *adj (form)* ⇨óptimo,ma

† **option** UK: /ˈɒp.ʃən/ US: /ˈɑːp-/ *n* [c, u] ⇨elección ⇨opción ⇨posibilidad

optional UK: /ˈɒp.ʃən.əl/ US: /ˈɑːp-/ *adj* ⇨optativo,va ⇨opcional

† **or** /ɔːʳ/, /əʳ/ *conj* **1** ⇨o: *Are you coming by train or by coach?* - ¿Vienes en tren o en autocar? **2** ~ so *(con cifras)* ⇨aproximadamente

oral UK: /ˈɔː.rəl/ US: /ˈɔːr.əl/ *adj* **1** ⇨oral ⇨bucal **2** ⇨oral ⇨verbal

orally UK: /ˈɔː.rə.li/ US: /ˈɔːr.ə-/ *adv* ⇨oralmente ⇨por vía oral

† **orange¹** UK: /ˈɒr.ɪndʒ/ US: /ˈɔːr-/ *adj (color)* ⇨naranja ■ Pron. *La* a *se pronuncia como la* i *en* did

orange² UK: /ˈɒr.ɪndʒ/ US: /ˈɔːr-/ *n* [c, u] **1** *(fruta)* ⇨naranja **2** *orange tree* - naranjo **3** *orange juice* - zumo de naranja **4** *(color)* ⇨naranja ■ Pron. *La* a *se pronuncia como la* i *en* did

orbit UK: /ˈɔː.bɪt/ US: /ˈɔːr-/ *n* [c, u] ⇨órbita

orchard UK: /ˈɔː.tʃəd/ US: /ˈɔːr.tʃəd/ *n* [c] ⇨huerto [de frutales]

† **orchestra** UK: /ˈɔː.kɪ.strə/ US: /ˈɔːr-/ *n* [c] **1** ⇨orquesta: *a symphony orchestra* - una orquesta sinfónica ■ *Por ser un nombre colectivo se puede usar con el verbo en singular o en plural* **2** *US (en un teatro)* ⇨platea

orchid UK: /ˈɔː.kɪd/ US: /ˈɔːr-/ n [c] ⇒orquídea

†**ordeal** UK: /ɔːˈdɪəl/ US: /ɔːr-/ n [c] ⇒suplicio ⇒martirio

†**order¹** UK: /ˈɔː.dəʳ/ US: /ˈɔːr.dɚ/ ∎ v [T] **1** ⇒ordenar ⇒poner en orden **2** ⇒mandar ⇒ordenar ∎ CONSTR. to order + to do sth ∎ v [T, I] **3** *(en un restaurante)* ⇒pedir **4** *(de una catálogo, de una tienda)* ⇒encargar ⇒pedir

| PHRASAL VERBS
| · **to order sb {about/around}** ⇒mangonear a
└ alguien *col.*

†**order²** UK: /ˈɔː.dəʳ/ US: /ˈɔːr.dɚ/ ∎ n [U] ⇒orden: *in alphabetical order* - por orden alfabético; *public order* - el orden público ∎ n [c] **2** ⇒orden: *to give orders* - dar órdenes **3** ⇒encargo ⇒pedido **4** *(en derecho)* ⇒orden ⇒fallo ⇒sentencia **5** *(en religión)* ⇒orden **6** in ~ ⇒en regla ⇒en orden **7** out of ~ **1** *(un aparato)* ⇒estropeado,da ⇒fuera de servicio **2** ⇒fuera de lugar

ordered UK: /ˈɔː.dəd/ US: /ˈɔːr.dəd/ adj ⇒ordenado,da: *«First» and «second» are ordinal numbers* - «Primero» y «segundo» son números ordinales

orderly UK: /ˈɔː.dºl.i/ US: /ˈɔːr.dɚ.li/ adj **1** ⇒ordenado,da **2** ⇒disciplinado,da

ordinal (number) n [c] ⇒número ordinal

†**ordinary** UK: /ˈɔː.dɪ.nə.ri/ US: /ˈɔːr.d[ə]n.er-/ adj **1** ⇒normal ⇒corriente **2** out of the ~ ⇒fuera de lo corriente ⇒extraordinario,ria

ore UK: /ɔːʳ/ US: /ɔːr/ n [c, U] **1** *(en un filón o en un yacimiento)* ⇒mena **2** ⇒mineral

†**organ** UK: /ˈɔː.gən/ US: /ˈɔːr-/ n [c] **1** *(en anatomía)* ⇒órgano **2** *(instrumento musical)* ⇒órgano

†**organic** UK: /ɔːˈgæn.ɪk/ US: /ɔːr-/ adj **1** ⇒ecológico,ca ⇒orgánico,ca **2** ⇒biológico,ca: *organic farming* - agricultura biológica

organisation *UK* n [c, U] See **organization**

organise [organised, organising] *UK* v [T] See **organize**

organised *UK* adj See **organized**

organism UK: /ˈɔː.gºn.ɪ.zºm/ US: /ˈɔːr-/ n [c] ⇒organismo

†**organization** UK: /ˌɔː.gºn.aɪˈzeɪ.ʃºn/ US: /ˌɔːr-/ *(UK tb* **organisation***)* n [c] **1** *(entidad)* ⇒organización ∎ n [U] **2** *(de un sistema, de un evento)* ⇒organización

†**organize** UK: /ˈɔː.gºn.aɪz/ US: /ˈɔːr-/ [organized, organizing] *(UK tb* **organise***)* v [T] **1** ⇒organizar ⇒planear ∎ CONSTR. to organize + to do sth **2** ⇒ordenar ⇒organizar

organized UK: /ˈɔː.gºn.aɪzd/ US: /ˈɔːr-/ *(UK tb* **organised***)* adj **1** ⇒organizado,da **2** *(una persona)* ⇒organizado,da ⇒ordenado,da ∎ PRON. La *e* no se pronuncia

organizer UK: /ˈɔː.gºn.aɪ.zəʳ/ US: /ˈɔːr.g[ə]n.aɪ.zɚ/ n [c] ⇒organizador,-a

orgy UK: /ˈɔː.dʒi/ US: /ˈɔːr-/ *[pl* orgies*]* n [c] **1** ⇒orgía **2** ⇒exceso [de actividad]

orient *US* v [T] See **orientate**

oriental UK: /ˌɔː.riˈen.tºl/ US: /ˌɔːr.iˈen.ºt[ə]l/ adj ⇒oriental ⇒de Oriente

orientate UK: /ˈɔː.ri.ən.teɪt/ US: /ˈɔːr.i-/ [orientated, orientating] *UK (US* **orient***)* v [T] **1** ⇒orientar(se) **2** ⇒enfocar ⇒encaminar

orientation UK: /ˌɔː.ri.enˈteɪ.ʃºn/ US: /ˌɔːr.i-/ n [c, U] **1** *(form) (ideológica)* ⇒orientación ⇒tendencia **2** *(form) (sexual)* ⇒orientación ⇒inclinación **3** *an orientation session* - una sesión de orientación

†**origin** UK: /ˈɒr.ɪ.dʒɪn/ US: /ˈɔːr.ə-/ n [c, U] ⇒origen ⇒ascendencia

original¹ /əˈrɪdʒ.ɪ.nəl/ adj **1** ⇒original ⇒primero,ra **2** ⇒innovador,-a ⇒original **3** ⇒originario,ria

original² /əˈrɪdʒ.ɪ.nəl/ n [c] **1** ⇒original **2** in the ~ ⇒en el idioma original ⇒en versión original

originality UK: /əˌrɪdʒ.ɪˈnæl.ə.ti/ US: /-ºti/ n [U] ⇒originalidad

originally /əˈrɪdʒ.ɪ.nə.li/ adv ⇒en un principio ⇒en sus orígenes

originate /əˈrɪdʒ.ɪ.neɪt/ [originated, originating] ∎ v [T] **1** ⇒originar ∎ v [I] **2** ⇒dimanar ⇒nacer ⇒surgir **3** to ~ from *sth* ⇒provenir de algo

ornament UK: /ˈɔː.nə.mənt/ US: /ˈɔːr-/ n [c] ⇒adorno ⇒ornamento

ornamental UK: /ˌɔː.nəˈmen.tºl/ US: /ˌɔːr.nəˈmen.ºt[ə]l/ adj ⇒ornamental ⇒decorativo,va

ornate UK: /ɔːˈneɪt/ US: /ɔːr-/ adj **1** *(un edificio o un objeto)* ⇒recargado,da **2** *(lenguaje)* ⇒florido,da ⇒recargado,da

orphan UK: /ˈɔː.fºn/ US: /ˈɔːr-/ n [c] ⇒huérfano,na: *to become an orphan* - quedarse huérfano

orphanage UK: /ˈɔː.fºn.ɪdʒ/ US: /ˈɔːr-/ n [c] ⇒orfanato ⇒orfelinato ∎ PRON. La última *a* se pronuncia la *i* en *did*

orthodox UK: /ˈɔː.θə.dɒks/ US: /ˈɔːr.θə.dɑːks/ adj ⇒ortodoxo,xa: *an orthodox approach* - un enfoque ortodoxo

osteoporosis UK: /ˌɒs.ti.əʊ.pəˈrəʊ.sɪs/ US: /ˌɑː.sti.oʊ.pəˈroʊ-/ n [U] *(en medicina)* ⇒osteoporosis

ostrich UK: /ˈɒs.trɪtʃ/ US: /ˈɑː.strɪtʃ/ *[pl* ostriches*]* n [c] ⇒avestruz

†**other¹** UK: /ˈʌð.əʳ/ US: /-ɚ/ adj **1** ⇒otro,tra: *Is there no other possibility?* - ¿No hay otra posibilidad?; *The other girls came late* - Las otras chicas llegaron tarde ∎ Se usa con sustantivos en plural y con sustantivos en singular determinados. Con sustantivos determinados se usa con artículo delante (*the other day* - *el otro día; the other cars* - *los otros coches*) u otros determinantes

O

(any other idea - cualquier otra idea; her other friends
- sus otros amigos). Con sustantivos plurales indetermina-
dos se usa sin artículo (other people - otra gente). Com-
parar con *another* **2 every ~** ⇒uno sí, uno no: *every
other week* - una semana sí, otra no **3 ~ than**
⇒excepto ⇒salvo

† **other²** UK: /ˈʌð.ə²/ US: /-əʳ/ *pron* ⇒otro,tra ■ Se usa
con artículo delante u otros determinantes (*I don't like this
jacket; I prefer the other* - No me gusta esta chaqueta;
prefiero la otra), excepto cuando sustituye a un sustantivo
en plural (*Others might think the opposite* - Otros po-
drían pensar lo contrario). Comparar con *another*

† **otherwise** UK: /ˈʌð.ə.waɪz/ US: /-ɚ-/ *adv* **1** ⇒si no
⇒en caso contrario **2** ⇒por lo demás ⇒aparte de
eso **3** ⇒de otra manera

otter UK: /ˈɒt.əʳ/ US: /ˈɑː.ˤt̬ə/ *n* [c] ⇒nutria

OU *n* [NO PL] ⇒forma abreviada de **Open Uni-
versity** (universidad de educación a distancia)

ouch /aʊtʃ/ *excl* ⇒¡ay!: *Ouch! It hurts!* - ¡Ay! ¡Me
duele!

† **ought** UK: /ɔːt/ US: /ɑːt/ *v* [MODAL] **1** *(obligación)*
⇒deber **2** *(probabilidad)* ⇒deber de ■ CONSTR. ought
+ to do sth ■ Ver cuadro modal verbs

† **ounce** /aʊnts/ *n* [c] **1** *(medida de peso)* ⇒onza ■
La forma abreviada es oz ■ *n* [NO PL] **2** ⇒pizca: *He
didn't show an ounce of common sense* - No de-
mostró tener ni pizca de sentido común

† **our** UK: /aʊəʳ/ UK: /ɑːʳ/ US: /aʊɚ/ *adj* ⇒nuestro,tra:
I'll show you our house - Te enseñaré nuestra
casa ■ Ver cuadro possessive adjectives and pronouns

ours UK: /aʊəz/ UK: /ɑːz/ US: /aʊɚz/ *pron* **1** ⇒nues-
tro,tra: *That one is ours* - Eso es nuestro **2** ⇒el
nuestro, la nuestra: *Their flat is newer than
ours* - Su piso es más nuevo que el nuestro ■ Ver
cuadro possessive adjectives and pronouns

ourselves UK: /ˌaʊəˈselvz/ UK: /ˌɑː-/ US: /ˌaʊɚ-/
pron **1** ⇒nos: *If we fall we'll hurt ourselves* - Si
nos caemos, nos haremos daño **2** ⇒nosotros mis-
mos, nosotras mismas: *We're going to repair the
bike ourselves* - Arreglaremos la bicicleta noso-
tros mismos **3 (all) by ~** ⇒solos,las [sin compa-
ñía]: *We stayed at home by ourselves* - Nos que-
damos solos en casa **2** ⇒nosotros solos, nosotras
solas [sin ayuda]: *We'll paint the gate by our-
selves* - Pintaremos la verja nosotros solos ■ Ver
cuadro reflexive pronouns

† **out¹** /aʊt/ *adv* **1** ⇒fuera **2** ⇒ausente [del trabajo o
de casa] **3** ⇒en alto **4** ⇒incorrecto,ta **5** ⇒bajo,ja ■
CONSTR. Se usa detrás de un verbo **6 to be ~ of sth**
⇒acabarse ⇒estar sin algo

† **out²** /aʊt/ **to ~ sb** ⇒revelar la homosexualidad de
alguien

outback /ˈðiˈaʊt.bæk/ **the ~** ⇒zona poco poblada
de Australia, caracterizada por ser desértica

outbreak /ˈaʊt.breɪk/ *n* [c] *(de una enfermedad,
de descontento)* ⇒ola ⇒brote

outburst UK: /ˈaʊt.bɜːst/ US: /-bɝːst/ *n* [c] **1** *(de
una emoción)* ⇒arrebato **2** *(de una actividad
violenta)* ⇒estallido

outcast UK: /ˈaʊt.kɑːst/ US: /-kæst/ *n* [c] ⇒mar-
ginado,da ⇒paria

† **outcome** /ˈaʊt.kʌm/ *n* [c] ⇒resultado ⇒conse-
cuencia

outcry /ˈaʊt.kraɪ/ [*pl* outcries] *n* [c] ⇒protesta
ruidosa ⇒desaprobación

outdated UK: /ˌaʊtˈdeɪ.tɪd/ US: /-ˤt̬ɪd/ *adj* ⇒pasa-
do,da de moda ⇒anticuado,da

outdid past tense of **outdo**

outdo, outdid, outdone /ˌaʊtˈduː/ [outdoes] *v* [T]
⇒ser mejor ⇒sobrepasar ⇒superar

outdone past participle of **outdo**

† **outdoor** UK: /ˈaʊt.dɔːʳ/ US: /-ˌdɔːr/ *adj* ⇒exterior
⇒al aire libre

outdoors UK: /ˌaʊtˈdɔːz/ US: /-ˈdɔːrz/ *adv* ⇒al aire
libre ⇒fuera

† **outer** UK: /ˈaʊ.təʳ/ US: /-ˤt̬ə/ *adj* ⇒externo,na ⇒ex-
terior

outfit /ˈaʊt.fɪt/ *n* [c] **1** *(prendas de vestir)* ⇒traje
⇒uniforme ⇒conjunto **2** *(inform)* ⇒empresa
⇒organización ■ Por ser un nombre colectivo se puede
usar con el verbo en singular o en plural

outgoing UK: /ˌaʊtˈgəʊ.ɪŋ/ US: /ˈaʊt.goʊ-/ *adj* **1**
⇒sociable **2** *(de un puesto)* ⇒que sale ⇒saliente

outgrew past tense of **outgrow**

outgrow, outgrew, outgrown UK: /ˌaʊtˈgrəʊ/ US:
/-ˈgroʊ/ *v* [T] **1** ⇒hacerse demasiado mayor [para
algo] **2** *Jackie has outgrown her old trousers* - A
Jackie se le han quedado pequeños los pantalo-
nes **3** ⇒perder el interés [porque uno ha madu-
rado o ha cambiado]

outgrown past participle of **outgrow**

outing UK: /ˈaʊ.tɪŋ/ US: /-ˤtɪŋ/ *n* [c] ⇒excursión:
Let's go on an outing to the beach - ¿Vamos de
excursión a la playa?

outlandish /ˌaʊtˈlæn.dɪʃ/ *adj* ⇒extravagante ⇒es-
trafalario,ria

outlaw¹ UK: /ˈaʊt.lɔː/ US: /-lɑː/ *v* [T] ⇒ilegalizar
⇒prohibir ■ CONSTR. Se usa más en pasiva

outlaw² UK: /ˈaʊt.lɔː/ US: /-lɑː/ *n* [c] *(old-fash)*
⇒proscrito,ta ⇒forajido,da

outlet /ˈaʊt.let/ *n* [c] **1** ⇒punto de venta **2** ⇒desa-
hogo: *Painting is her artistic outlet* - La pintura
es su desahogo artístico **3** ⇒escape ⇒salida **4**
US (UK/US tb socket) ⇒enchufe ⇒toma de co-
rriente

outline¹ /ˈaʊt.laɪn/ [outlined, outlining] *v* [T] **1**
⇒describir en líneas generales ⇒esbozar **2** ⇒per-
filar(se)

outline² /ˈaʊt.laɪn/ n [c] **1** ⇨idea general ⇨resumen **2** ⇨silueta ⇨contorno

outlive /ˌaʊtˈlɪv/ [outlived, outliving] v [T] ⇨sobrevivir: *to outlive sb* - sobrevivir a alguien

† **outlook** /ˈaʊt.lʊk/ n [c] **1** ⇨punto de vista **2** ⇨pronóstico **3** ⇨futuro

outnumber UK: /ˌaʊtˈnʌm.bəʳ/ US: /-bɚ/ v [T] ⇨sobrepasar [en número]

† **out of** prep **1** ⇨de ⇨procedente de **2** ⇨fuera de ⇨alejado,da de **3** ⇨con ⇨de ⇨utilizando **4** *(causa)* ⇨por **5** *(en un grupo)* ⇨de un total de **6** ⇨sin ⇨carente de **7** ~ **the blue** ⇨de la nada

out-of-date adj **1** ⇨anticuado,da ⇨pasado,da de moda **2** *(un alimento)* ⇨caducado,da **3** *(un documento)* ⇨caducado,da

outpatient /ˈaʊt.peɪˌʃᵊnt/ n [c] *(en medicina)* ⇨paciente externo,na [de un hospital]

outpost /ˈaʊt.pəʊst/ US: /-poʊst/ n [c] *(en el ejército)* ⇨puesto de avanzada

† **output** /ˈaʊt.pʊt/ n [U] **1** ⇨producción **2** ⇨rendimiento **3** *(en informática)* ⇨salida **4** *(en física)* ⇨potencia

outrage¹ /ˈaʊt.reɪdʒ/ ∎ n [U] **1** ⇨indignación ⇨cólera ∎ n [c] **2** ⇨escándalo ⇨atentado **3** ⇨atrocidad

outrage² /ˈaʊt.reɪdʒ/ [outraged, outraging] v [T] **1** ⇨ultrajar **2** *to be outraged* - estar totalmente indignado ∎ Constr. Se usa más en pasiva

outrageous /ˌaʊtˈreɪ.dʒəs/ adj **1** ⇨escandaloso,sa ⇨indignante **2** ⇨extravagante: *outrageous clothes* - ropa extravagante

outright¹ /ˈaʊt.raɪt/ adj **1** *(una conducta)* ⇨abierto,ta ⇨directo,ta **2** ⇨rotundo,da ⇨completo,ta ⇨absoluto,ta **3** *(una mentira)* ⇨descarado,da

outright² /ˌaʊtˈraɪt/ adv **1** ⇨abiertamente **2** ⇨rotundamente **3** ⇨en el acto: *to be killed outright* - morir en el acto

outset /ˈðiˈaʊt.set/ n [NO PL] **1** ⇨principio ⇨comienzo **2** *at the* ~ ⇨al comienzo **3** *from the* ~ ⇨desde el principio

† **outside¹** /ˌaʊtˈsaɪd, ˈ--/ prep ⇨fuera de: *We waited for him outside the museum* - Lo esperamos fuera del museo

† **outside²** /ˌaʊtˈsaɪd, ˈ--/ adv ⇨afuera ⇨fuera

† **outside³** /ˌaʊtˈsaɪd, ˈ--/ adj ⇨exterior: *the outside layer of sth* - la capa exterior de algo

† **outside⁴** /ˌaʊtˈsaɪd, ˈ--/ the ~ ⇨el exterior: *the outside of a building* - el exterior de un edificio

outsider UK: /ˌaʊtˈsaɪ.dəʳ/ US: /-dɚ/ n [c] **1** ⇨forastero,ra **2** ⇨intruso,sa **3** *(en una competición)* ⇨participante con pocas probabilidades de ganar

outskirts UK: /ˈðiˈaʊt.skɜːts/ US: /-skɝːts/ the ~ ⇨afueras: *on the outskirts of Sheffield* - a las afueras de Sheffield

outspoken UK: /ˌaʊtˈspəʊ.kᵊn/ US: /-ˈspoʊ-/ adj *(un comentario)* ⇨directo,ta ⇨franco,ca

† **outstanding** /ˌaʊtˈstæn.dɪŋ/ adj **1** ⇨destacado,da ⇨notable ⇨excepcional **2** ⇨pendiente

outstretched /ˌaʊtˈstretʃt/ adj *(una extremidad)* ⇨extendido,da ⇨estirado,da

outward¹ UK: /ˈaʊt.wəd/ US: /-wɚd/ adj **1** *(un viaje)* ⇨de ida **2** *(un rasgo, una característica)* ⇨externo,na **3** ⇨hacia fuera

outward² UK: /ˈaʊt.wəd/ US: /-wɚd/ adv ⇨hacia fuera: *to open a door outwards* - abrir una puerta hacia fuera

outwardly UK: /ˈaʊt.wəd.li/ US: /-wɚd-/ adv ⇨aparentemente ⇨por fuera

outweigh /ˌaʊtˈweɪ/ v [T] ⇨tener mayor importancia ⇨pesar más

† **oval** UK: /ˈəʊ.vᵊl/ US: /ˈoʊ-/ adj ⇨ovalado,da

ovary UK: /ˈəʊ.vᵊr.i/ US: /ˈoʊ-/ [pl ovaries] n [c] ⇨ovario

† **oven** /ˈʌv.ᵊn/ n [c] ⇨horno: *to put sth in the oven* - meter algo en el horno

† **over** UK: /ˈəʊ.vəʳ/ US: /ˈoʊ.vɚ/ adv, prep **1** ⇨sobre **2** ⇨al otro lado ⇨a la otra parte ⇨al otro lado de **3** ⇨por encima de **4** *(cantidad)* ⇨más de **5** ⇨encima de **6** ⇨durante **7** *The milk is boiling over* - La leche se está saliendo **8** *(por motivo de)* ⇨sobre ⇨por **9** ⇨de más ⇨de sobra **10** ⇨por [teléfono o radio] **11** *(en radio)* ⇨corto y cambio **12** ~ **and above** ⇨por encima de ⇨además de **13** ~ **and** ~ **(again)** ⇨una y otra vez **14** ~ **{here/there}** ⇨aquí/allí **15** *to run* ~ *sth* ⇨repasar algo [con rapidez] ∎ Se usa frecuentemente con verbos de movimiento. Al traducirlo en español su significado suele estar implícito en el verbo: *to fall over* - *caerse; to talk sth over* - hablar de algo ∎ Ver cuadro en página siguiente

overall¹ UK: /ˌəʊ.vəˈrɔːl/ US: /ˌoʊ.vɚˈɑːl/ adj ⇨de conjunto ⇨global

overall² UK: /ˌəʊ.vəˈrɔːl/ US: /ˌoʊ.vɚˈɑːl/ adv ⇨en conjunto ⇨en resumen

† **overall³** UK: /ˌəʊ.vəˈrɔːl/ US: /ˌoʊ.vəˈɑːl/ UK n [c] ⇨bata

overalls UK: /ˈəʊ.vᵊr.ɔːlz/ US: /ˈoʊ.vɚ.ɑːlz/ n [PL] **1** UK (US coveralls) *(de un trabajador)* ⇨mono ⇨mameluco AMÉR.; ⇨overol AMÉR. **2** US (UK dungarees) ⇨peto ⇨mameluco AMÉR.

overbearing UK: /ˌəʊ.vəˈbeə.rɪŋ/ US: /ˌoʊ.vəˈber.ɪŋ/ adj ⇨autoritario,ria ⇨dominante

overboard UK: /ˈəʊ.və.bɔːd/ UK: /ˌ--ˈ-/ US: /ˈoʊ.vɚ.bɔːrd/ adv ⇨por la borda: *to jump overboard* - saltar por la borda

overcame past tense of **overcome**

overcast UK: /ˈəʊ.və.kɑːst/ UK: /ˌ--ˈ-/ US: /ˈoʊ.vɚ.kæst/ adj *(el cielo)* ⇨nublado,da ⇨encapotado,da

overcharge UK: /ˌəʊ.vəˈtʃɑː.dʒ/ US: /ˌoʊ.vəˈtʃɑːrdʒ/ [overcharged, overcharging] v [T, I] ⇨cobrar de

más: *We were overcharged £2* - Nos cobraron dos libras de más ■ CONSTR. to overcharge + dos objetos

overcoat UK: /'əʊ.və.kəʊt/ US: /'oʊ.və.koʊt/ *n* [C] ⇨abrigo ⇨sobretodo *AMÉR.*

↑**overcome, overcame, overcome** UK: /ˌəʊ.vəˈkʌm/ US: /ˌoʊ.və-/ [overcoming] *v* [T, I] *(un problema o una dificultad)* ⇨superar

overcompensate UK: /ˌəʊ.vəˈkɒm.pən.seɪt/ US: /ˌoʊ.və.kɑːm-/ [overcompensated, overcompensating] *v* [I] ⇨sobrecompensar

overcrowded UK: /ˌəʊ.vəˈkraʊ.dɪd/ US: /ˌoʊ.və-/ *adj* ⇨atestado,da [con personas u objetos]

overdid past tense of **overdo**

overdo, overdid, overdone UK: /ˌəʊ.vəˈduː/ US: /ˌoʊ.və-/ [overdoes] *v* [T] ⇨exceder(se) ⇨exagerar ⇨pasar(se)

overdone UK: /ˌəʊ.vəˈdʌn/ US: /ˌoʊ.və-/ past participle of **overdo**

overdose UK: /'əʊ.və.dəʊs/ US: /'oʊ.və.doʊs/ *n* [C] ⇨sobredosis ■ La forma abreviada es *OD*

overdraft UK: /'əʊ.və.drɑːft/ US: /'oʊ.və.dræft/ *n* [C] *(en economía)* ⇨descubierto

over / above

A veces, **over** y **above** tienen el mismo significado:

*Look at that lamp **over / above** your head.*
(Mira esa lámpara que hay encima de ti.)

• Cuando una cosa no está directamente encima de otra, usamos **above** para expresar 'más alto que':

*The village is **above** the lake.*
(El pueblo está encima del lago.)

• Cuando el verbo de la oración expresa movimiento, normalmente se usa **over**:

*The aeroplane flew **over** the houses.*
(El avión voló por encima de las casas.)

• **Over** también puede tener el significado de 'sobre' o 'cubriendo':

*The child had a blanket **over** his head.*
(El chico tenía una toalla sobre su cabeza.)

oversleep

overdrawn UK: /ˌəʊ.vəˈdrɔːn/ US: /ˌoʊ.vəˈdrɑːn/ *adj* ⇒en números rojos: *to be overdrawn* - estar en números rojos

overdue UK: /ˌəʊ.vəˈdjuː/ US: /ˌoʊ.vəˈduː/ *adj* 1 ⇒retrasado,da *(un pago, un período)* ⇒atrasado,da

overestimate UK: /ˌəʊ.vəˈres.tɪ.meɪt/ US: /ˌoʊ.və-/ [overestimated, overestimating] *v* [T, I] ⇒sobrestimar

overflow¹ UK: /ˌəʊ.vəˈfləʊ/ US: /ˌoʊ.vəˈfloʊ/ *v* [T, I] 1 *(un río)* ⇒desbordar(se) 2 ⇒rebosar: *She's overflowing with joy* - Rebosa alegría en estos momentos

overflow² UK: /ˈəʊ.və.fləʊ/ US: /ˈoʊ.və.floʊ/ *n* [U, NO PL] 1 ⇒desbordamiento 2 ⇒exceso [de gente]

overgrown UK: /ˌəʊ.vəˈɡrəʊn/ US: /ˌoʊ.vəˈɡroʊn/ *adj* 1 *(un jardín, una senda)* ⇒lleno,na de la maleza o de plantas descuidadas 2 ⇒demasiado grande 3 *He's like an overgrown schoolboy* - Parece un niño grande

overhang, overhung, overhung UK: /ˌəʊ.vəˈhæŋ/ US: /ˌoʊ.və-/ *v* [T] ⇒sobresalir

overhaul¹ UK: /ˈəʊ.və.hɔːl/ US: /ˈoʊ.və.hɑːl/ *v* [T] ⇒revisar a fondo ⇒poner a punto ⇒reparar

overhaul² UK: /ˈəʊ.və.hɔːl/ US: /ˈoʊ.və.hɑːl/ *n* [c] ⇒revisión a fondo ⇒puesta a punto ⇒reparación

overhead¹ UK: /ˈəʊ.və.hed/ US: /ˈoʊ.və-/ *adj, adv* 1 ⇒elevado,da 2 ⇒en lo alto ⇒por encima de la cabeza 3 ⇒en el techo ⇒de techo

overhead² UK: /ˈəʊ.və.hed/ US: /ˈoʊ.və-/ *US n* [U] See **overheads**

overheads UK: /ˈəʊ.və.hedz/ US: /ˈoʊ.və-/ *UK (US overhead)* *n* [PL] *(de una empresa)* ⇒gastos generales

overhear, overheard, overheard UK: /ˌəʊ.vəˈhɪə/ US: /ˌoʊ.vəˈhɪr/ *v* [T, I] ⇒oír [de forma no intencionada]: *She overheard us talking about her* - Nos oyó hablar de ella; *Did I overhear you say that you're leaving us?* - ¿Te he oído decir que nos dejas? ∎ CONSTR. 1. to overhear + doing sth 2. to overhear sb + do sth

overheard past tense and past participle forms of **overhear**

overheat UK: /ˌəʊ.vəˈhiːt/ US: /ˌoʊ.və-/ *v* [T, I] *(una máquina)* ⇒recalentar(se)

overhung UK: /ˌəʊ.vəˈhʌŋ/ US: /ˌoʊ.və-/ past tense and past participle forms of **overhang**

overjoyed UK: /ˌəʊ.vəˈdʒɔɪd/ US: /ˌoʊ.və-/ *adj* ⇒eufórico,ca ⇒loco,ca de contento,ta *col.*

overlap UK: /ˌəʊ.vəˈlæp/ US: /ˌoʊ.və-/ [overlapped, overlapping] *v* [T, I] 1 ⇒superponer(se) 2 ⇒coincidir

overload UK: /ˌəʊ.vəˈləʊd/ US: /ˌoʊ.vəˈloʊd/ *v* [T] 1 ⇒sobrecargar 2 *I'm overloaded at work* - Tengo demasiado trabajo ∎ CONSTR. Se usa más en pasiva

overlook UK: /ˌəʊ.vəˈlʊk/ US: /ˌoʊ.və-/ *v* [T] 1 ⇒dar a 2 ⇒pasar por alto ⇒no darse cuenta 3 ⇒perdonar ⇒pasar por alto

overnight¹ UK: /ˌəʊ.vəˈnaɪt/ US: /ˌoʊ.və-/ *adv* 1 ⇒durante la noche 2 *to stay somewhere overnight* - pasar la noche en algún sitio 3 ⇒repentinamente ⇒de la noche a la mañana

overnight² UK: /ˌəʊ.vəˈnaɪt/ US: /ˌoʊ.və-/ *adj* 1 ⇒de noche: *an overnight journey* - viaje de noche 2 ⇒por la noche 3 ⇒repentino,na

overpass UK: /ˈəʊ.və.pɑːs/ US: /ˈoʊ.və.pæs/ *[pl overpasses] US n* [c] ⇒paso elevado

overpower UK: /ˌəʊ.vəˈpaʊə/ US: /ˌoʊ.vəˈpaʊə/ *v* [T] 1 *(en un forcejeo)* ⇒dominar 2 ⇒vencer 3 ⇒abrumar

overpowering UK: /ˌəʊ.vəˈpaʊə.rɪŋ/ US: /ˌoʊ.vəˈpaʊə.ɪŋ/ *adj* ⇒abrumador,-a ⇒opresor,-a ⇒opresivo,va ⇒sofocante

overran UK: /ˌəʊ.vəˈræn/ US: /ˌoʊ.və-/ past tense of **overrun**

overreact UK: /ˌəʊ.və.riˈækt/ US: /ˌoʊ.və-/ *v* [I] ⇒reaccionar de forma exagerada ∎ CONSTR. to overreact to sth

overridden past participle of **override**

override, overrode, overridden UK: /ˌəʊ.vəˈraɪd/ US: /ˌoʊ.və-/ [overriding] *v* [T] 1 *(una decisión)* ⇒anular ⇒rechazar ⇒invalidar 2 ⇒prevalecer 3 ⇒ignorar

overriding UK: /ˌəʊ.vəˈraɪ.dɪŋ/ US: /ˌoʊ.və-/ *adj* ⇒primordial ⇒fundamental

overrode past tense of **override**

overrun, overran, overrun UK: /ˌəʊ.vəˈrʌn/ US: /ˌoʊ.və-/ ∎ *v* [T] 1 *(militarmente)* ⇒invadir ∎ CONSTR. Se usa más en pasiva 2 *(un lugar)* ⇒llenar(se) [de algo desagradable] ⇒invadir ∎ CONSTR. Se usa más en pasiva ∎ *v* [T, I] 3 *UK (en el tiempo)* ⇒exceder(se)

oversaw past tense of **oversee**

overseas¹ /ˌəʊ.vəˈsiːz/ *adj* ⇒del extranjero: *overseas students* - estudiantes del extranjero

overseas² /ˌəʊ.vəˈsiːz/ *adv* ⇒al extranjero ⇒en el extranjero

oversee, oversaw, overseen UK: /ˌəʊ.vəˈsiː/ US: /ˌoʊ.və-/ [overseeing] *v* [T] *(una actividad)* ⇒supervisar

overseen past participle of **oversee**

overshadow UK: /ˌəʊ.vəˈʃæd.əʊ/ US: /ˌoʊ.vəˈʃæd.oʊ/ *v* [T] 1 *(una persona)* ⇒eclipsar 2 ⇒ensombrecer ∎ CONSTR. Se usa más en pasiva

oversight UK: /ˈəʊ.və.saɪt/ US: /ˈoʊ.və-/ *n* [c, U] ⇒descuido ⇒olvido

oversleep, overslept, overslept UK: /ˌəʊ.vəˈsliːp/ US: /ˌoʊ.və-/ *v* [I] ⇒quedarse dormido,da ⇒no despertarse a tiempo

O

overslept past tense and past participle forms of **oversleep**

overstate UK: /ˌəu.vəˈsteɪt/ US: /ˌou.vɚ-/ [overstated, overstating] *v* [T] ⇨exagerar ⇨sobredimensionar

overstep UK: /ˌəu.vəˈstep/ US: /ˌou.vɚ-/ [overstepped, overstepping] *v* [T] **1** ⇨sobrepasar: *to overstep the limits* - sobrepasar los límites **2** *to ~ the mark* ⇨pasarse de la raya *col.*

overt UK: /əuˈvɜːt/ UK: /ˈ--/ US: /ouˈvɜːt/ *adj* ⇨abierto,ta ⇨manifiesto,ta ⇨patente

↑ **overtake, overtook, overtaken** UK: /ˌəu.vəˈteɪk/ US: /ˌou.vɚ-/ [overtaking] ∎ *v* [T] **1** ⇨desbancar ⇨superar **2** *to be overtaken by an event* - ser sorprendido por un acontecimiento ∎ *v* [T, I] **3** ⇨adelantar(se): *to overtake a car* - adelantar a un coche

overtaken past participle of **overtake**

overthrow[1], **overthrew, overthrown** UK: /ˌəu.vəˈθrəu/ US: /ˌou.vɚˈθrou/ *v* [T] ⇨derrocar ⇨derribar

overthrow[2] UK: /ˈəu.və.θrəu/ US: /ˈou.vɚ.θrou/ *n* [C] ⇨derrocamiento

overtime UK: /ˈəu.və.taɪm/ US: /ˈou.vɚ-/ *n* [U] **1** ⇨horas extras: *to work overtime* - hacer horas extras **2** *US (en deportes)* ⇨prórroga

overtook UK: /ˌəu.vəˈtuk/ US: /ˌou.vɚ-/ past tense of **overtake**

overture UK: /ˈəu.və.tjuə/ US: /ˈou.vɚ.tʃɚ/ *n* [C] **1** *(en música)* ⇨obertura **2** ⇨intento de acercamiento ⇨propuesta ∎ Se usa más en plural **3** *(inform)* ⇨proposición sexual ⇨insinuación *col.* ∎ Se usa más en plural

↑ **overturn** UK: /ˌəu.vəˈtɜːn/ US: /ˌou.vɚˈtɜːn/ ∎ *v* [T, I] **1** ⇨volcar(se) ⇨dar(se) la vuelta ∎ *v* [T] **2** *(una decisión)* ⇨anular **3** ⇨derrocar

overview UK: /ˈəu.və.vjuː/ US: /ˈou.vɚ-/ *n* [C] ⇨visión general ⇨perspectiva

overweight UK: /ˌəu.vəˈweɪt/ UK: /ˈ---/ US: /ˌou.vɚ-/ *adj* **1** ⇨con sobrepeso **2** *He was a bit overweight* - Tenía unos kilos de más

↑ **overwhelm** UK: /ˌəu.vəˈwelm/ US: /ˌou.vɚ-/ *v* [T] **1** ⇨abrumar ⇨apabullar *col.* **2** *(a un adversario)* ⇨machacar *col.;* ⇨aplastar *col.* **3** *(un sentimiento o una sensación)* ⇨vencer ∎ CONSTR. Se usa más en pasiva **4** ⇨agobiar

overwhelming UK: /ˌəu.vəˈwel.mɪŋ/ US: /ˌou.vɚ-/ *adj* **1** *(una victoria)* ⇨abrumador,-a **2** *(una experiencia)* ⇨sobrecogedor,-a **3** *(un impulso)* ⇨irresistible

ow /au/ *excl* ⇨¡ay!: *Ow! That hurts!* - ¡Ay! ¡Que duele!

↑ **owe** UK: /əu/ US: /ou/ [owed, owing] *v* [T] **1** *(dinero)* ⇨deber ∎ CONSTR. to owe + dos objetos **2** *(expresión de gratitud o reconocimiento)* ⇨deber ∎ CONSTR. 1. to owe sth to sth/sb 2. to owe + dos objetos

owing to *prep* ⇨debido a

↑ **owl** /aul/ *n* [C] ⇨búho

↑ **own**[1] UK: /əun/ US: /oun/ *adj, pron* ⇨propio,pia: *Sean has his own computer* - Sean tiene su propio ordenador

↑ **own**[2] UK: /əun/ US: /oun/ *v* [T] ⇨tener ⇨ser dueño,ña de ⇨poseer

| PHRASAL VERBS
└ **to own up to {sth/doing sth}** ⇨confesar algo

owner UK: /ˈəu.nə/ US: /ˈou.nɚ/ *n* [C] ⇨propietario,ria ⇨dueño,ña

ox UK: /ɒks/ US: /ɑːks/ [*pl* oxen] *n* [C] ⇨buey

oxygen UK: /ˈɒk.sɪ.dʒən/ US: /ˈɑːk-/ *n* [U] ⇨oxígeno: *an oxygen mask* - una máscara de oxígeno

oyster UK: /ˈɔɪ.stə/ US: /-stɚ/ *n* [C] ⇨ostra

oz *n* [C] ⇨forma abreviada de **ounce** (onza)

ozone UK: /ˈəu.zəun/ US: /ˈou.zoun/ *n* [U] ⇨ozono

P

p

† **p** [*pl* p's] *n* [c] *(letra del alfabeto)* ⇨p ■ Pron. Se pronuncia como *pea* en el sustantivo inglés *peace*

PA *n* [c] **1** ⇨forma abreviada de **public address system** (sistema de megafonía) **2** ⇨forma abreviada de **personal assistant** (asistente personal)

pace¹ /peɪs/ ■ *n* [c] **1** ⇨paso: *to set the pace* - marcar el paso ■ *n* [u] **2** ⇨ritmo **3 to keep ~ with sth/sb** ⇨seguir el ritmo de

pace² /peɪs/ [paced, pacing] *v* [T, I] **1** ⇨pasear(se) [con inquietud]: *They paced up and down the corridor* - Se paseaban por el pasillo arriba y abajo ■ Constr. Se usa generalmente seguido de una preposición o un adverbio **2** ⇨marcar el ritmo

pacemaker UK: /ˈpeɪsˌmeɪ.kər/ US: /-kɚ/ *n* [c] **1** ⇨marcapasos **2** ⇨liebre ⇨persona o animal que marca el paso en una carrera

pacific /pəˈsɪf.ɪk/ *adj* ⇨pacífico,ca ■ Pron. La primera *c* se pronuncia como una *s*

pacifier UK: /ˈpæs.ɪ.faɪ.ər/ US: /-ɚ/ *US* (*UK* **dummy**) *n* [c] ⇨chupete ⇨chupón *AMÉR.*

pacifism /ˈpæs.ɪ.fɪ.zᵊm/ *n* [u] ⇨pacifismo

pacify /ˈpæs.ɪ.faɪ/ [pacifies, pacified] *v* [T] **1** *(a una persona)* ⇨tranquilizar ⇨apaciguar **2** *(un sitio)* ⇨pacificar

† **pack¹** /pæk/ *v* [T, I] **1** ⇨empaquetar **2** ⇨hacer la maleta ⇨empacar *AMÉR.* **3** *(un lugar)* ⇨llenar

|PHRASAL VERBS
| · **to pack** *sth* **in** [m] **1** *(inform)* ⇨parar **2** *(un hábito o una actividad)* ⇨dejar
| · **to pack up** *UK* *(inform)* *(una máquina)* ⇨estropear(se)

pack² /pæk/ *n* [c] **1** *US* ⇨caja [pequeña]: *a pack of crayons* - una caja de pinturas **2** *US* (*UK* **packet**) ⇨paquete **3** *US* ⇨mochila **4** ⇨jauría ⇨manada **5** *UK* (*US* **deck**) ⇨baraja [de cartas]

package¹ /ˈpæk.ɪdʒ/ *n* [c] **1** ⇨paquete ⇨bulto ⇨encomienda *AMÉR.* **2** *US* (*UK* **packet**) ⇨paquete **3** ⇨paquete: *a package of measures* - un paquete de medidas; ⇨conjunto ■ Pron. La última *a* se pronuncia como la *i* en *did*

package² /ˈpæk.ɪdʒ/ [packaged, packaging] *v* [T] **1** ⇨envasar ⇨empaquetar **2** ⇨mostrar ⇨presentar ■ Pron. La última *a* se pronuncia como la *i* en *did*

packaging /ˈpæk.ɪ.dʒɪŋ/ *n* [u] **1** ⇨envoltorio **2** ⇨envase ⇨embalaje

packed /pækt/ *adj* **1** *(de gente)* ⇨abarrotado,da ⇨lleno,na **2** *(de cosas)* ⇨repleto,ta ⇨lleno,na

packed lunch [*pl* packed lunches] *UK n* [c] ⇨comida que se lleva para comer fuera de casa [metida en un recipiente]

† **packet** /ˈpæk.ɪt/ *UK* (*US* **pack/package**) *n* [c] ⇨paquete [enviado]: *There is a packet for you* - Hay un paquete para ti

packing /ˈpæk.ɪŋ/ *n* [u] **1** ⇨embalaje ⇨papel de embalaje **2** ⇨empaquetado **3** *(de cigarrillos)* ⇨cajetilla **4** ⇨bolsa **5** ⇨preparación del equipaje ⇨preparación del traslado

† **pact** /pækt/ *n* [c] ⇨acuerdo ⇨pacto ■ Constr. to pact + to do sth

pad¹ /pæd/ *n* [c] **1** *(material)* ⇨almohadilla ⇨cojinete **2** *(US tb* **tablet**) ⇨bloc [de notas] **3** *shoulder pad* - hombrera; *shin pad* - espinillera

pad² /pæd/ [padded, padding] ■ *v* [I] **1** ⇨andar sin hacer ruido **2** *I padded along the hallway trying not to wake my parents* - Atravesé el vestíbulo sin hacer ruido para no despertar a mis padres ■ Constr. Se usa siempre seguido de una preposición o un adverbio ■ *v* [T] **3** ⇨acolchar

|PHRASAL VERBS
| · **to pad** *sth* **out** [m] ⇨meter paja [en un texto] ⇨*col.*

padding /ˈpæd.ɪŋ/ *n* [u] **1** ⇨relleno ⇨guata ⇨acolchado **2** *(en un texto)* ⇨relleno ⇨paja *col.*

paddle¹ /ˈpæd.l/ ■ *n* [c] **1** ⇨pala ⇨remo ■ *n* [NO PL] **2** *UK* ⇨paseo por la orilla de un río o de un mar, con los pies dentro del agua

paddle² /ˈpæd.l/ [paddled, paddling] ■ *v* [T, I] **1** ⇨remar [con pala]: *The children paddled along the river* - Los niños remaron a lo largo del río ■ *v* [I] **2** *UK* (*US* **wade**) ⇨mojarse los

P

pies: *We paddled in the lake* - Nos mojamos los pies en el lago **3** *US* ⇨chapotear ∎ CONSTR. Se usa generalmente seguido de una preposición o un adverbio

paddock /'pæd.ək/ *n* [c] **1** ⇨cercado [para caballos o para ganado] **2** *Aus* ⇨campo agrícola

padlock UK: /'pæd.lɒk/ US: /-la:k/ *n* [c] ⇨candado: *to lock sth with a padlock* - cerrar algo con un candado

paediatrician /ˌpiː.di.ə'trɪʃ.ᵊn/ *UK* (*US* **pediatrician**) *n* [c] ⇨pediatra ∎ PRON. La primera sílaba, *pae*, se pronuncia como *pee*

† **pagan** /'peɪ.gᵊn/ *adj, n* [c] ⇨pagano,na

† **page¹** /peɪdʒ/ *n* [c] **1** ⇨página: *It's on page 76* - Está en la página 76 ∎ La forma abreviada es *p.* **2** (*tb* **web page**) (*en informática*) ⇨página web

page² /peɪdʒ/ [paged, paging] *v* [T] **1** ⇨llamar por altavoz **2** ⇨llamar por el busca

pager UK: /'peɪ.dʒə'/ US: /-dʒɚ/ *n* [c] (*aparato*) ⇨busca *col.*

† **paid¹** /peɪd/ past tense and past participle forms of **pay**

† **paid²** /peɪd/ *adj* **1** ⇨remunerado,da **2** *a well-paid job* - un trabajo bien pagado

† **pain** /peɪn/ ∎ *n* [c, u] **1** ⇨dolor: *I have a pain in my arm* - Tengo un dolor en el brazo ∎ *n* [u] **2** ⇨dolor [emocional] ⇨sufrimiento [emocional] **3** *to be a ~ in the neck* (*inform*) ⇨ser un pesado, una pesada *col.*; ⇨ser un peñazo *col.*

pained /peɪnd/ *adj* **1** ⇨disgustado,da **2** ⇨ofendido,da ⇨dolido,da

painful /'peɪn.fᵊl/ *adj* ⇨doloroso,sa ⇨desagradable

painfully /'peɪn.fᵊl.i/ *adv* ⇨terriblemente: *a painfully boring film* - una película terriblemente aburrida

painkiller UK: /'peɪn.kɪl.ə'/ US: /-ɚ/ *n* [c] ⇨calmante ⇨analgésico

painless /'peɪn.ləs/ *adj* **1** ⇨sin dolor ⇨indoloro,ra **2** (*un método*) ⇨sencillo,lla ⇨fácil ⇨sin complicaciones

painstaking /'peɪnz.teɪ.kɪŋ/ *adj* ⇨meticuloso,sa ⇨pormenorizado,da ⇨laborioso,sa

† **paint¹** /peɪnt/ *n* [c, u] ⇨pintura: *oil paint* - pintura al óleo; *a coat paint* - una mano de pintura

† **paint²** /peɪnt/ ∎ *v* [T, I] **1** ⇨pintar: *We've painted the walls* - Hemos pintado las paredes; *Wet paint!* - ¡Recién pintado! **2** (*en arte*) ⇨pintar ∎ *v* [I] **3** ⇨pintarse: *She always paints her lips red* - Siempre se pinta los labios de rojo

paintbrush /'peɪnt.brʌʃ/ [*pl* paintbrushes] *n* [c] **1** ⇨brocha **2** ⇨pincel

painter UK: /'peɪn.tə'/ US: /-ˤtɚ/ *n* [c] **1** (*de cuadros*) ⇨pintor,-a **2** (*de edificios*) ⇨pintor,-a

painting UK: /'peɪn.tɪŋ/ US: /-ˤtɪŋ/ *n* [c] ⇨pintura ⇨cuadro

† **pair¹** UK: /peə'/ US: /per/ *n* [c] **1** ⇨par: *a pair of shoes* - un par de zapatos; *a pair of trousers* - un par de pantalones **2** *a pair of scissors* - unas tijeras **3** ⇨pareja

† **pair²** UK: /peə'/ US: /per/

| PHRASAL VERBS
· **to pair off** ⇨emparejar(se) [para empezar una relación romántica o sexual]
· **to pair (***sb***) off** [M] (*en el colegio*) ⇨ponerse por parejas
· **to pair** *sb* **off (with** *sb***)** [M] ⇨emparejar a alguien (con alguien)
· **to pair up** ⇨formar pareja [temporalmente, para una actividad]

pajamas UK: /pɪ'dʒɑː.məz/ US: /-'dʒæm.əz/ *US* (*UK* **pyjamas**) *n* [PL] ⇨pijama

Pakistan /ˌpɑː.ki'stɑːn/ *n* [U] ⇨Paquistán

Pakistani /ˌpɑː.ki'stɑː.ni/ *adj, n* [c] ⇨paquistaní

pal /pæl/ (*inform*) ⇨amigo,ga ⇨colega *col.*; ⇨cuate,ta *AMÉR. col.*

† **palace** /'pæl.ɪs/ *n* [c] (*de monarca o jefe de estado*) ⇨palacio ∎ PRON. La última parte rima con *kiss*

palate /'pæl.ət/ *n* [c] **1** ⇨paladar ⇨cielo de la boca **2** ⇨paladar ⇨gusto

† **pale** /peɪl/ *adj* [*comp* paler, *superl* palest] **1** (*un color*) ⇨claro,ra **2** (*una luz*) ⇨tenue **3** ⇨pálido,da ⇨lívido,da **4** *to turn pale* - palidecer **5** *beyond the ~* (*una conducta*) ⇨inaceptable

Palestine /'pæl.ə.staɪn/ *n* [U] ⇨Palestina

Palestinian /ˌpæ.lə'stɪn.i.ən/ *adj, n* [c] ⇨palestino,na

palm¹ /pɑːm/ *n* [c] **1** (*tb* **palm tree**) (*árbol*) ⇨palma ⇨palmera **2** (*de la mano*) ⇨palma **3** *to read sb's palm* - leerle la mano a alguien **4** *to have sb in the ~ of one's hand* ⇨tener a alguien en la palma de la mano *col.*

† **palm²** /pɑːm/

| PHRASAL VERBS
· **to palm** *sb* **off (with** *sth***)** ⇨quitar(se) a alguien de encima con algo [falso o sin valor]

palm tree *n* [c] See **palm**

paltry UK: /'pɔːl.tri/ US: /'pɑːl-/ *adj* [*comp* paltrier, *superl* paltriest] **1** (*una cantidad de dinero*) ⇨irrisorio,ria ⇨insignificante **2** ⇨baladí ⇨insignificante

pamper UK: /'pæm.pə'/ US: /-pɚ/ *v* [T] ⇨mimar mucho

pamphlet /'pæm.flət/ *n* [c] **1** ⇨folleto **2** ⇨panfleto [político]

† **pan** /pæn/ n [c] **1** ⇒sartén ⇒paila *AMÉR.* **2** ⇒cacerola ⇒cazuela **3** *US* (*UK* tin) ⇒molde [para el horno] ∎ Distinto de *bread* (pan)

Panama /'pæn.ə.mɑː/ n [U] ⇒Panamá

Panamanian /ˌpæn.ə'meɪ.ni.ən/ adj, n [c] ⇒panameño,ña

pancake /'pæn.keɪk/ n [c] ⇒tortita ⇒crep

panda /'pæn.də/ n [c] ⇒oso panda

pander UK: /'pæn.dəʳ/ US: /-dɚ/

PHRASAL VERBS
· **to pander to sth/sb** ⇒contentar ⇒complacer ⇒condescender con ∎ Tiene un matiz negativo

pane /peɪn/ n [c] *(en una ventana o una puerta)* ⇒cristal

† **panel** /'pæn.əl/ n [c] **1** ⇒panel **2** ⇒jurado: *A new panel will assess his candidature* - Un nuevo jurado valorará su candidatura **3** *(en un avión u otra máquina)* ⇒panel de control ⇒tablero de mandos

panelling /'pæn.əl.ɪŋ/ UK n [U] **1** ⇒revestimiento **2** ⇒paneles

pang /pæŋ/ n [c] ⇒punzada ⇒dolor

panic¹ /'pæn.ɪk/ n [c, U] ⇒pánico: *to be in a panic* - ser preso del pánico

panic² /'pæn.ɪk/ [panicked, panicking] v [T, I] ⇒asustarse ⇒dejarse llevar por el pánico

pansy /'pæn.zi/ [pl pansies] n [c] *(flor)* ⇒pensamiento

pant /pænt/ v [I] ⇒jadear: *The dog came in panting* - El perro entró jadeando

panther UK: /'pæn.θəʳ/ US: /-θɚ/ [pl panther, panthers] n [c] ⇒pantera

panties UK: /'pæn.tiz/ US: /-ˁtiz/ US (*UK* knickers) n [PL] ⇒bragas ⇒calzonarias *AMÉR.;* ⇒bloomer *AMÉR.;* ⇒blúmer *AMÉR.* ∎ Distinto de *tights* (pantis)

pantomime UK: /'pæn.tə.maɪm/ US: /-ˁtə-/ ∎ n [c, U] **1** ⇒comedia musical que se representa en Navidad ∎ n [U] **2** ⇒pantomima ∎ La forma abreviada es *panto*

pantry /'pæn.tri/ [pl pantries] n [c] ⇒despensa

† **pants** /pænts/ n [PL] **1** *UK* (*UK/US tb* underpants) ⇒calzoncillos **2** *UK* (*US* panties) ⇒bragas ⇒calzonarias *AMÉR.;* ⇒blúmer *AMÉR.* **3** *US* (*UK/US tb* trousers) ⇒pantalón

pantyhose UK: /'pæn.ti.həʊz/ US: /-ˁti.hoʊz/ US (*UK* tights) n [PL] ⇒medias ⇒pantys

† **paper** UK: /'peɪ.pəʳ/ US: /-pɚ/ ∎ n [U] **1** *(para escribir o pintar)* ⇒papel ∎ Se dice *some paper, a piece of paper* o *a sheet of paper.* Incorrecto: *a paper* ∎ n [c] **2** ⇒periódico: *to read the paper* - leer el periódico **3** *UK* ⇒examen **4** ⇒artículo ⇒ponencia ⇒comunicación **5 on ~ 1** ⇒por escrito **2** ⇒en teoría: *It looks good on paper* - En teoría debería funcionar

paperback UK: /'peɪ.pə.bæk/ US: /-pɚ-/ n [c] ⇒libro [en rústica]

paper clip n [c] ⇒clip [para papeles]

papers UK: /'peɪ.pəz/ US: /-pɚz/ n [PL] ⇒documentación ⇒papeles

paper thin adj ⇒muy fino,na

paperwork UK: /'peɪ.pə.wɜːk/ US: /-pɚ.wɝːk/ n [U] ⇒papeleo ⇒trabajo administrativo

par UK: /pɑː/ US: /pɑːr/ n [U] **1** *(en golf)* ⇒par **2 to be below ~** ⇒estar pachucho,cha *col.* **3 to be on a ~ with sth/sb** ⇒estar a la altura de ⇒estar a la par de

parable UK: /'pær.ə.bl/ US: /'per-/ n [c] *(narración)* ⇒parábola

† **parachute** UK: /'pær.ə.ʃuːt/ US: /'per-/ (*tb* chute) n [c] ⇒paracaídas ∎ PRON. La *ch* se pronuncia como *sh* en *shop*

parade¹ /pə'reɪd/ n [c] **1** ⇒desfile: *a military parade* - un desfile militar; *a fashion parade* - un desfile de moda **2** ⇒exhibición

P

PAN

SAUCEPAN

FRYING PAN	PRESSURE COOKER	GRILL PAN (UK) / BROILER PAN (US)

parade² /pəˈreɪd/ [paraded, parading] ▮ v [T, I] **1** ⇨desfilar **2** ⇨exhibir ⇨pasear ▮ v [T] **3** ⇨hacer alarde de ▮ v [I] **4** *(en el ejército)* ⇨pasar revista ▪ CONSTR. Se usa generalmente seguido de una preposición o un adverbio

paradise UK: /ˈpær.ə.daɪs/ US: /ˈper-/ n [C, U] ⇨paraíso: *This is paradise!* - ¡Esto es el paraíso!

paradox UK: /ˈpær.ə.dɒks/ US: /ˈper.ə.dɑːks/ [pl paradoxes] n [C, U] ⇨paradoja

paraffin UK: /ˈpær.ə.fɪn/ US: /ˈper-/ UK (US kerosene) n [U] ⇨parafina

†**paragraph** UK: /ˈpær.ə.grɑːf/ US: /ˈper.ə.græf/ n [C] ⇨párrafo

Paraguay /ˈpær.ə.gwaɪ/ n [U] ⇨Paraguay

Paraguayan /ˌpær.əˈgwaɪ.ən/ adj, n [C] ⇨paraguayo,ya

parallel¹ UK: /ˈpær.ə.lel/ US: /ˈper-/ adj ⇨paralelo,la: *parallel line* - línea paralela

parallel² UK: /ˈpær.ə.lel/ US: /ˈper-/ n [C] *(en geografía)* ⇨paralelo

paralyse UK: /ˈpær.əl.aɪz/ US: /ˈper-/ [paralysed, paralysing] UK (US paralyze) v [T] ⇨paralizar: *The country was paralysed by the strike* - El país quedó paralizado por la huelga ▪ CONSTR. Se usa más en pasiva

paralysed UK: /ˈpær.əl.aɪzd/ US: /ˈper-/ UK adj **1** ⇨paralizado,da: *He was paralysed with fear* - Se quedó paralizado del miedo **2** ⇨paralítico,ca

paralysis /pəˈræl.ə.sɪs/ [pl paralyses] n [C, U] **1** ⇨inmovilidad ⇨parálisis **2** ⇨paralización

paralyze [paralyzed, paralyzing] US v [T] See **paralyse**

paramedic UK: /ˌpær.əˈmed.ɪk/ US: /ˌper.əˈmed-/ n [C] ⇨profesional sanitario a las órdenes de médicos y enfermeros

paramount UK: /ˈpær.ə.maʊnt/ US: /ˈper-/ adj *(form)* ⇨primordial ⇨sumo,ma

paranoia UK: /ˌpær.əˈnɔɪ.ə/ US: /ˌper-/ n [U] ⇨paranoia ⇨neura col.

paranoid UK: /ˈpær.ºn.ɔɪd/ US: /ˈper.ə.nɔɪd/ adj ⇨paranoico,ca

paraphrase UK: /ˈpær.ə.freɪz/ US: /ˈper-/ [paraphrased, paraphrasing] v [T, I] ⇨parafrasear

parasite UK: /ˈpær.ə.saɪt/ US: /ˈper-/ n [C] ⇨parásito

†**parcel** UK: /ˈpɑː.sºl/ US: /ˈpɑːr-/ n [C] ⇨paquete ⇨encomienda AMÉR. ▪ Distinto de plot (parcela)

parched UK: /pɑːtʃt/ US: /pɑːrtʃt/ adj **1** ⇨muy árido,da ⇨reseco,ca **2** *(inform)* ⇨seco,ca col.

pardon¹ UK: /ˈpɑː.dºn/ US: /ˈpɑːr-/ *(US tb pardon me)* n [C] *(cuando no se oye bien algo)* ⇨¿cómo? ▪ Distinto de excuse me y sorry (perdón)

pardon² UK: /ˈpɑː.dºn/ US: /ˈpɑːr-/ v [T] ⇨indultar ⇨perdonar

pardon³ UK: /ˈpɑː.dºn/ US: /ˈpɑːr-/ n [C] *(en derecho)* ⇨indulto

pare UK: /peəʳ/ US: /per/ [pared, paring] v [T] **1** ⇨mondar ⇨pelar **2** *(tb pare down)* ⇨reducir: *to pare expenses down* - reducir gastos

†**parent** UK: /ˈpeə.rənt/ US: /ˈper.[ə]nt/ n [C] ⇨padre, madre: *My parents are away* - Mis padres están de viaje ▪ Distinto de relative (pariente)

parental UK: /pəˈren.tºl/ US: /-ˤ[ə]l/ adj ⇨de los padres: *parental support* - apoyo de los padres

parenthood UK: /ˈpeə.rənt.hʊd/ US: /ˈper.[ə]nt-/ n [U] ⇨paternidad ⇨maternidad

parish UK: /ˈpær.ɪʃ/ US: /ˈper-/ [pl parishes] n [C] ⇨parroquia ⇨feligresía

†**park¹** UK: /pɑːk/ US: /pɑːrk/ n [C] **1** ⇨parque: *a walk in the park* - un paseo por el parque **2** UK ⇨jardín [de una mansión] **3** US ⇨campo deportivo

park² UK: /pɑːk/ US: /pɑːrk/ v [T, I] ⇨aparcar ⇨parquear AMÉR.

parking UK: /ˈpɑː.kɪŋ/ US: /ˈpɑːr-/ n [U] *(acción)* ⇨aparcamiento ⇨estacionamiento ⇨parqueo AMÉR.

parking lot US (UK car park) n [C] ⇨aparcamiento ⇨playa de estacionamiento AMÉR.; ⇨parqueo AMÉR.

†**parliament** UK: /ˈpɑː.lɪ.mənt/ US: /ˈpɑːr.lə-/ n [C, U] **1** ⇨parlamento **2** *to enter parliament* - ser elegido diputado **3** *(período)* ⇨legislatura

parliamentary UK: /ˌpɑː.lɪˈmen.tºr.i/ US: /ˌpɑːr.ləˈmen.ˤtə-/ adj ⇨parlamentario,ria

parlour UK: /ˈpɑː.ləʳ/ US: /ˈpɑːr.lə/ UK n [C] **1** *(old-fash) (en una casa)* ⇨salón ⇨sala **2** *beauty parlour* - salón de belleza

parody UK: /ˈpær.ə.di/ US: /ˈper-/ [pl parodies] n [C, U] ⇨parodia

parole UK: /pəˈrəʊl/ US: /-ˈroʊl/ n [U] ⇨libertad condicional: *to be released on parole* - ser puesto en libertad condicional

†**parrot** UK: /ˈpær.ət/ US: /ˈper-/ n [C] ⇨loro

parsley UK: /ˈpɑː.sli/ US: /ˈpɑːr-/ n [U] ⇨perejil: *a sprig of parsley* - una rama de perejil

parsnip UK: /ˈpɑː.snɪp/ US: /ˈpɑːr-/ n [C] *(planta)* ⇨chirivía

†**part¹** UK: /pɑːt/ US: /pɑːrt/ ▮ n [C, U] **1** ⇨parte: *I liked the first part of the programme* - Me gustó la primera parte del programa ▮ n [C] **2** *(en una máquina)* ⇨pieza **3** *(en una serie)* ⇨episodio **4** *(en un espectáculo, en una película)* ⇨papel **5** US See **parting 6** for the most ~ ⇨por lo general **7** in ~ ⇨en parte **8** on sb's ~ ⇨de parte de alguien: *It was an error on his part* - Fue un error de su parte **9** the best ~ of sth **1** ⇨la mayor parte de algo **2** *the best part of an hour* - casi una hora **10** to take ~ (in sth) ⇨tomar par-

te ⇒participar **11 to take** *sb's* ~ ⇒ponerse de parte de alguien: *You always take Jimmy's part!* - ¡Siempre te pones de parte de Jimmy!

part² UK: /pɑːt/ US: /pɑːrt/ ■ *v* [T, I] **1** *(form)* ⇒separar **2** *(cortinas)* ⇒abrir ⇒correr ■ *v* [T] **3** ⇒peinar con raya **4 to** ~ **company {from/with}** *(una pareja, unos socios)* ⇒separarse

| PHRASAL VERBS
└ **to part with** *sth* ⇒desprenderse de algo

† **partial** UK: /ˈpɑː.ʃ°l/ US: /ˈpɑːr-/ *adj* **1** *(incompleto)* ⇒parcial **2** *(influenciado)* ⇒parcial **3 to be** ~ **to** *sth* ⇒tener debilidad por algo ⇒gustarle a alguien algo

partially UK: /ˈpɑː.ʃ°l.i/ US: /ˈpɑːr-/ *adv* ⇒parcialmente

participant UK: /pɑːˈtɪs.ɪ.p°nt/ US: /pɑːrˈtɪs.ə-/ *n* [C] ⇒participante

† **participate** UK: /pɑːˈtɪs.ɪ.peɪt/ US: /pɑːrˈtɪs.ə-/ [participated, participating] *v* [I] ⇒participar ■ CONSTR. to participate in sth

participation UK: /pɑːˌtɪs.ɪˈpeɪ.ʃ°n/ US: /pɑːrˌtɪs.ə-/ *n* [U] ⇒participación

† **participle** UK: /pɑːˈtɪs.ɪ.pl/ US: /ˈpɑːr.tɪ.sɪ-/ *n* [C] *(en gramática)* ⇒participio

† **particle** UK: /ˈpɑː.tɪ.kl/ US: /ˈpɑːr.°tə-/ *n* [C] **1** *(materia)* ⇒partícula **2** *(en gramática)* ⇒partícula **3** ⇒pizca ⇒ápice

† **particular** UK: /pəˈtɪk.ju.ləʳ/ US: /pəˈtɪk.jə.lɚ/ *adj* **1** ⇒especial ⇒gran **2** ⇒particular ⇒concreto,ta ⇒específico,ca **3** ⇒especial ⇒exigente

particularly UK: /pəˈtɪk.ju.lə.li/ US: /pəˈtɪk.jə.lɚ.li/ *adv* ⇒especialmente ⇒en particular

parting UK: /ˈpɑː.tɪŋ/ US: /ˈpɑːr.°tɪŋ/ ■ *n* [C, U] **1** ⇒despedida **2** *(form)* ⇒separación ⇒división ■ *n* [C] **3** *UK* (*US* **part**) ⇒raya [del pelo]

partisan¹ UK: /ˌpɑː.tɪˈzæn/ UK: /ˈ---/ US: /ˈpɑːr.°tɪ.zən/ *adj* ⇒partidista ⇒parcial ⇒sesgado,da

partisan² UK: /ˌpɑː.tɪˈzæn/ UK: /ˈ---/ US: /ˈpɑːr.°tɪ.zən/ *n* [C] ⇒partisano,na **2** ⇒partidario,ria

partition UK: /pɑːˈtɪʃ.°n/ US: /pɑːr-/ *n* [C] **1** *(de un país)* ⇒división ⇒separación **2** ⇒tabique

partly UK: /ˈpɑːt.li/ US: /ˈpɑːrt-/ *adv* ⇒en parte

† **partner** UK: /ˈpɑːt.nəʳ/ US: /ˈpɑːrt.nɚ/ *n* [C] **1** *(en una actividad)* ⇒pareja ⇒compañero,ra ⇒acompañante **2** *(compañero sentimental)* ⇒pareja ⇒esposo,sa ⇒novio,via **3** ⇒socio,cia

partnership UK: /ˈpɑːt.nə.ʃɪp/ US: /ˈpɑːrt.nɚ-/ *n* [C, U] **1** ⇒asociación **2** ⇒sociedad

† **part of speech** [*pl* parts of speech] *n* [C] **1** *(en gramática)* ⇒parte de la oración **2** ⇒clase de palabra ⇒categoría gramatical

parts UK: /pɑːts/ US: /pɑːrts/ *n* [PL] **1** ⇒región [de un país] **2** *(inform)* *Are you from these parts* - ¿Eres de por aquí?

† **part-time** UK: /ˌpɑːtˈtaɪm/ US: /ˌpɑːrt-/ *adj, adv* ⇒a tiempo parcial ⇒de media jornada

† **party** UK: /ˈpɑː.ti/ US: /ˈpɑːr.°ti/ [*pl* parties] *n* [C] **1** ⇒fiesta: *to have a party* - dar una fiesta **2** *(en política)* ⇒partido ■ Por ser un nombre colectivo se puede usar con el verbo en singular o en plural **3** ⇒grupo ■ Por ser un nombre colectivo se puede usar con el verbo en singular o en plural **4** *(en derecho)* ⇒parte **5 to be a** ~ **to** *sth* ⇒estar involucrado,da en algo ⇒ser cómplice en algo

† **pass¹** UK: /pɑːs/ US: /pæs/ ■ *v* [T, I] **1** *(en el espacio)* ⇒pasar ⇒dejar atrás **2** *(un examen, una ley)* ⇒aprobar **3** *(un período de tiempo)* ⇒pasar ⇒transcurrir ■ Se usa cuando el período de tiempo es sujeto. Comparar con to spend **4** *(en deportes)* ⇒pasar ⇒hacer un pase ■ *v* [T] **5** *(un objeto)* ⇒pasar ⇒dar **6** ⇒superar **7** *(en medicina)* ⇒echar ⇒expulsar

| PHRASAL VERBS
· **to pass** *sth* **{around/round}** *sth* [M] ⇒hacer circular algo ⇒pasar
· **to pass {as/for}** *sth/sb* ⇒pasar por ⇒ser tomado,da por
· **to pass away** *(euphem)* ⇒pasar a mejor vida
· **to pass** *sb* **by** ⇒dejar a alguien de lado [para algo] ⇒pasar sin ser aprovechado
· **to pass** *sth* **down** *(un objeto, una enseñanza)* ⇒heredar ■ CONSTR. Se usa frecuentemente en pasiva
· **to pass** *sth/sb* **off as** *sth/sb* [M] ⇒hacer pasar por
· **to pass out 1** ⇒desmayarse **2** *(en el ejército)* ⇒graduarse
· **to pass** *sth* **up** [M] *(inform)* ⇒desaprovechar algo ⇒dejar pasar algo ⇒desperdiciar algo

pass² UK: /pɑːs/ US: /pæs/ [*pl* passes] *n* [C] **1** *(en un examen)* ⇒aprobado **2** *(en deportes)* ⇒pase **3** ⇒pase ⇒entrada **4** ⇒puerto [de montaña]: *The pass is unpassable because of the snow* - El puerto está cerrado debido a la nieve **5** *bus* ~ ⇒billete de autobús

† **passage** /ˈpæs.ɪdʒ/ ■ *n* [C] **1** ⇒pasadizo **2** ⇒pasillo **3** *(en un libro o pieza musical)* ⇒pasaje ⇒fragmento ■ *n* [NO PL] **4** ⇒travesía ⇒viaje **5** ⇒progreso ⇒paso **6** *the nasal passage* - el conducto nasal ■ PRON. La última a se pronuncia como la i en *did*

† **passenger** UK: /ˈpæs.°n.dʒəʳ/ US: /-dʒɚ/ *n* [C] ⇒pasajero,ra

passer-by UK: /ˌpɑː.səˈbaɪ/ US: /ˌpæs.ɚ-/ [*pl* passers-by] *n* [C] ⇒transeúnte

passing¹ UK: /ˈpɑː.sɪŋ/ US: /ˈpæs.ɪŋ/ *adj* **1** ⇒pasajero,ra **2** ⇒de pasada

passing² UK: /ˈpɑː.sɪŋ/ US: /ˈpæs.ɪŋ/ ■ *n* [U] **1** ⇒paso ⇒transcurso ■ *n* [NO PL] **2** *(euphem)* ⇒muerte ⇒desaparición **3 in** ~ ⇒de pasada

P

† **passion** /'pæʃ.ᵊn/ n [U] ⇨pasión

passionate UK: /'pæʃ.ᵊn.ət/ US: /-ə.nɪt/ adj **1** ⇨apasionado,da **2** ⇨entusiasta: a passionate fan - un fan entusiasta

passive¹ /'pæs.ɪv/ n [NO PL] (en gramática) ⇨voz pasiva ⇨pasiva ■ Ver cuadro

passive² /'pæs.ɪv/ adj (una persona) ⇨pasivo,va

† **passport** UK: /'pɑːs.pɔːt/ US: /'pæs.pɔːrt/ n [C] ⇨pasaporte

password UK: /'pɑːs.wɜːd/ US: /'pæs.wɜːd/ n [C] ⇨contraseña ⇨clave

† **past¹** UK: /pɑːst/ US: /pæst/ adj **1** ⇨pasado,da: her past life - su vida pasada **2** ⇨último,ma: in the past month - durante el último mes **3** ⇨antiguo,gua **4** ~ tense (en gramática) ⇨pasado ■ Ver cuadros past tense y verb tenses

† **past²** UK: /pɑːst/ US: /pæst/ adv, prep **1** ⇨delante de ⇨por delante de **2** I ran past them without stopping - Les pasé corriendo sin detenerme ■ Se usa frecuentemente con verbos de movimiento. Al traducirlo en español su significado suele estar implícito en el verbo **3** (para las horas) ⇨y ■ Se dice twenty-five past four - las cuatro y veinticinco. Incorrecto: four past twenty-five **4** not to put it ~ sb to do sth (inform) ⇨no extrañar

que alguien sea capaz de hacer algo ⇨creer que alguien es capaz de hacer algo **5** to be ~ it UK (inform, hum) ⇨ser muy viejo,ja [para hacer algo]

† **past³** UK: /pɑːst/ US: /pæst/ n [NO PL] ⇨pasado: in the past - en el pasado

pasta UK: /'pæs.tə/ US: /'pɑː.stə/ n [U] (comida) ⇨pasta

paste /peɪst/ n [C, U] **1** (mezcla) ⇨pasta **2** ⇨pegamento **3** ⇨paté: anchovy paste - paté de anchoa

pastel UK: /'pæs.tᵊl/ US: /pæs'tel/ adj US (color) ⇨pastel

pastime UK: /'pɑːs.taɪm/ US: /'pæs-/ n [C] ⇨pasatiempo

pastor UK: /'pɑː.stəʳ/ US: /'pæs.tə/ n [C] ⇨pastor de la iglesia protestante

pastoral UK: /'pɑː.stᵊr.ᵊl/ US: /'pæs.tə-/ adj **1** ⇨pastoril ⇨bucólico,ca **2** ⇨pastoral: pastoral duties - obligaciones pastorales

† **pastry** /'peɪ.stri/ n [U] **1** ⇨masa **2** ⇨hojaldre **3** ⇨pastel pequeño

pasture UK: /'pɑːs.tʃəʳ/ US: /'pæs.tʃə/ n [C] ⇨pasto ⇨prado

† **pat** /pæt/ [patted, patting] v [T] ⇨dar palmaditas [como gesto de cariño o aprobación]: to pat sb on

the passive

• La voz pasiva se construye con el verbo "to be" y el participio pasado del verbo principal:

Voz activa	Voz pasiva
· They built a house in the woods. (Construyeron una casa en el bosque.)	· The Eiffel Tower **was built** in 1898. (La torre Eiffel se construyó en 1898.)

• La voz pasiva se encuentra con mucha frecuencia en el registro formal. Se usa:

– Cuando la persona que realiza la acción es desconocida o no es importante:

· Most televisions **are manufactured** in Asia.
(La mayoría de las televisiones se fabrican en Asia.)

– Acompañada de "by" + objeto para indicar quién ha realizado la acción, pero con mayor énfasis en el sujeto:

· The church **was built** by an Italian architect.
(La iglesia fue construida por un arquitecto italiano.)

– Para evitar señalar al responsable de algo:

· Some mistakes **were made**.
(Se cometieron algunos errores.)

– En algunos estilos objetivos de escritura:

· The demonstrators were **compelled** to leave.
(Los manifestantes se vieron obligados a marcharse.)

past tense

• Past simple

El pasado simple se usa:

– Para expresar acciones o estados acabados en el pasado:

· I **sang** my favourite song. / (Canté mi canción favorita.)

– Para expresar una sucesión ordenada de hechos o acontecimientos:

· The striker **stopped** the ball, **shot** and **scored** a goal. / (El delantero paró el balón, chutó y metió un gol.)

• Past continuous

El pasado continuo se usa:

– Para expresar acciones o estados que habían empezado pero que aún no habían terminado en un momento del pasado:

· What **were you doing** two hours ago? / (¿Qué estabas haciendo hace dos horas?)

– Para expresar una acción larga durante la cual sucede una acción más corta. La acción larga se expresa en "past continuous"; la acción más corta, en "past simple":

· The phone rang while **I was having** a shower.
(El teléfono sonó mientras me estaba duchando.)

• Present perfect

El presente perfecto se usa:

– Para referirse a acciones o experiencias con un período de tiempo que continúa hasta ahora:

· I **haven't been** to Australia. / (No he estado en Australia.)

– Para expresar una acción del pasado relacionada con el presente o que tiene un efecto en el presente:

· We **have spent** all our money; we can't buy anything else.
(Hemos gastado todo nuestro dinero; no podemos comprar nada más.)

• Present perfect continuous

El presente perfecto continuo se usa:

- Para referirse a una acción que se ha repetido durante un período de tiempo que continúa hasta el presente:

· We **have been studying** Chinese since we were five. / (Llevamos estudiando chino desde los cinco años.)

- Para referirse a una actividad que ha cesado recientemente y que tienen conexión con el presente:

· She**'s been working out** and now she's tired. / (Ha estado entrenando y ahora está cansada.)

• Past perfect

El pasado perfecto se usa:

- Para referirse a una acción o a un estado acabados en el pasado antes de otra acción o estado en el pasado:

· He returned to the place were **he had met** her. / (Regresó al lugar donde la había conocido.)

- Con las expresiones "the {first / second / third} time that":

· That was the first time that **I had ridden** a bike. / (Esa era la primera vez que había montado en bicicleta.)

P

his back - dar unas palmaditas en la espalda a alguien

pat² /pæt/ *n* [c] **1** ⇒palmadita: *He gave the dog a pat on its head* - Le dio al perro una palmadita en la cabeza **2** *to give sb a* ~ *on the back* ⇒felicitar a alguien

patch¹ /pætʃ/ [*pl* patches] *n* [c] **1** ⇒parche ⇒remiendo **2** ⇒mancha **3** ⇒parcela [de tierra] **4** *vegetable patch* - huerto **5** *(en informática)* ⇒parche **6** ⇒parche [de nicotina] **7** *UK* ⇒zona [de trabajo] **8** *not to be a* ~ *on sth/sb UK (inform)* ⇒no llegar a la suela de los zapatos *col.;* ⇒no tener comparación con

patch² /pætʃ/ *v* [T] **1** ⇒coser un parche ⇒remendar **2** *(en electrónica)* ⇒conectar

|PHRASAL VERBS
| · **to patch sth up** [M] **1** *(una relación)* ⇒intentar arreglar ⇒intentar salvar **2** ⇒hacer un
└ apaño [temporal]

patchwork UK: /'pætʃ.wɜːk/ US: /-wɝːk/ ∎ *n* [U] **1** *(tela)* ⇒patchwork ∎ *n* [NO PL] **2** ⇒mosaico: *a patchwork of cultures* - un mosaico de culturas

patchy /'pætʃ.i/ *adj* [*comp* patchier, *superl* patchiest] **1** *(niebla)* ⇒intermitente ⇒irregular **2** *(un conocimiento)* ⇒con lagunas ⇒incompleto,ta **3** ⇒irregular ⇒poco uniforme ⇒desigual

pâté UK: /'pæ.teɪ/ US: /-'-/ *n* [U] ⇒paté

patent¹ UK: /'peɪ.tᵊnt/ US: /'pæt.[ə]nt/ *adj, n* [c] *(form)* ⇒patente

patent² UK: /'peɪ.tᵊnt/ US: /'pæt.[ə]nt/ *v* [T] ⇒patentar

paternal UK: /pə'tɜː.nəl/ US: /-'tɝː-/ *adj* **1** ⇒paternal **2** ⇒paterno,na

paternity UK: /pə'tɜː.nɪ.ti/ US: /-'tɝː.nə.ᵊti/ *n* [U] ⇒paternidad: *paternity leave* - permiso de paternidad

↑ **path** UK: /pɑːθ/ US: /pæθ/ *(tb* pathway) *n* [c] ⇒sendero ⇒camino ⇒trayectoria

pathetic UK: /pə'θet.ɪk/ US: /-'θeᵊt̬-/ *adj* **1** *(inform)* ⇒pésimo,ma ⇒patético,ca **2** ⇒conmovedor,-a ⇒lastimero,ra ⇒patético,ca

pathological UK: /ˌpæθ.ə'lɒdʒ.ɪ.kᵊl/ US: /-'lɑː.dʒɪ-/ *adj (en medicina)* ⇒patológico,ca

pathologist UK: /pə'θɒl.ə.dʒɪst/ US: /-'θɑː.lə-/ *n* [c] *(en medicina)* ⇒patólogo,ga

pathology UK: /pə'θɒl.ə.dʒi/ US: /-'θɑː.lə-/ *n* [U] ⇒patología

pathos UK: /'peɪ.θɒs/ US: /-θɑːs/ *n* [U] ⇒patetismo

↑ **patience** /'peɪ.ʃᵊnts/ *n* [U] **1** ⇒paciencia: *I'm running out of patience* - Se me está acabando la paciencia **2** *UK (juego de cartas)* ⇒solitario

↑ **patient¹** /'peɪ.ʃᵊnt/ *adj* ⇒paciente ⇒tranquilo,la ∎ PRON. La primera sílaba, *pa,* se pronuncia como *pay*

↑ **patient²** /'peɪ.ʃᵊnt/ *n* [c] ⇒paciente

patiently /'peɪ.ʃᵊnt.li/ *adv* ⇒pacientemente: *to wait patiently* - esperar pacientemente ∎ PRON. *pa* se pronuncia como *pay*

patio UK: /'pæt.i.əʊ/ US: /'pæᵊt̬.i.oʊ/ *n* [c] **1** ⇒patio **2** ⇒terraza

patriot UK: /'pæt.ri.ət/ UK: /'peɪ.tri-/ US: /'peɪ.tri.ɑːt/ *n* [c] ⇒patriota ∎ PRON. La primera sílaba se pronuncia como *pay*

patriotic UK: /ˌpæt.ri'ɒt.ɪk/ UK: /ˌpeɪ.tri-/ US: /ˌpeɪ.tri'ɑː.ᵊt̬ɪk/ *adj* ⇒patriótico,ca: *a patriotic speech* - un discurso patriótico

patrol¹ UK: /pə'trəʊl/ US: /-'troʊl/ [patrolling, patrolled] *v* [T, I] ⇒patrullar: *The police patrolled the area* - La policía patrulló la zona

patrol² UK: /pə'trəʊl/ US: /-'troʊl/ *n* [c, U] ⇒patrulla

patrolman UK: /pə'trəʊl.mən/ US: /-'troʊl-/ [*pl* patrolmen] *n* [c] *US* See **patrol officer**

patrol officer *US (UK/US tb* patrolman/patrolwoman) *n* [c] ⇒policía que patrulla

patrolwoman [*pl* patrolwomen] *US n* [c] See **patrol officer**

patron UK: /'peɪ.trən/ *n* [c] **1** ⇒patrocinador,-a **2** ⇒mecenas **3** ⇒cliente habitual ⇒parroquiano,na

patronize UK: /'pæt.rᵊn.aɪz/ US: /'peɪ.tr[ə]n-/ UK: /'pæt.rᵊn-/ [patronized, patronizing] *v* [T] **1** ⇒patrocinar **2** ⇒tratar a alguien como si fuera tonto,ta **3** *(form) (una tienda, un negocio)* ⇒frecuentar ⇒ser cliente de

↑ **pattern** UK: /'pæt.ᵊn/ US: /'pæᵊt̬.ən/ *n* [c] **1** ⇒dibujo ⇒diseño **2** ⇒patrón ⇒modelo **3** ⇒pauta

pause¹ UK: /pɔːz/ US: /pɑːz/ *n* [c] ⇒pausa ⇒descanso

pause² UK: /pɔːz/ US: /pɑːz/ [paused, pausing] *v* [I] ⇒hacer una pausa: *The speaker paused to talk to her advisers* - La conferenciante hizo una pausa para hablar con sus asesores

pave /peɪv/ [paved, paving] *v* [T] **1** ⇒pavimentar **2** *to* ~ *the way* ⇒allanar el camino ⇒preparar el terreno

↑ **pavement** /'peɪv.mənt/ *n* [c] **1** *UK (US* sidewalk) ⇒acera ⇒vereda AMÉR.; ⇒andén AMÉR. **2** ⇒pavimento

pavilion /pə'vɪl.jən/ *n* [c] **1** ⇒pabellón **2** *UK (en deportes)* ⇒vestuario

paw¹ UK: /pɔː/ US: /pɑː/ *n* [c] **1** *(de un animal)* ⇒pata ⇒garra **2** *(inform)* ⇒mano ⇒manaza

paw² UK: /pɔː/ US: /pɑː/ *v* [T, I] **1** ⇒arañar **2** ⇒manosear **3** ⇒sobar [a alguien]

pawn¹ UK: /pɔːn/ US: /pɑːn/ *n* [c] **1** *(en ajedrez)* ⇒peón **2** *(persona)* ⇒peón ⇒títere

pawn² UK: /pɔːn/ US: /pɑːn/ *v* [T] ⇒empeñar: *She was forced to pawn her jewels* - Tuvo que empeñar las joyas

peel

pawnbroker UK: /'pɔːnˌbrəʊ.kəʳ/ US: /'pɑːnˌbroʊ.kɚ/ *n* [C] ⇒prestamista

†**pay**[1], **paid, paid** /peɪ/ *v* [T, I] **1** ⇒pagar ∎ CONSTR. to pay for sth **2** *How much did you pay for it?* - ¿Cuánto te costó? **3** ⇒ser rentable **4** ⇒compensar **5 to ~ attention** ⇒prestar atención ⇒hacer caso

PHRASAL VERBS

· **to pay** *sb* **back** ⇒hacer pagar a alguien [por una ofensa]

· **to pay** *sth/sb* **back** [M] ⇒devolver [dinero] ⇒pagar

· **to pay** *sth* {**in/into** *sth*} [M] *(dinero)* ⇒ingresar [en el banco]

· **to pay off** *(inform)* ⇒dar fruto ⇒merecer la pena

· **to pay** *sth* **off** [M] *(una deuda o un préstamo)* ⇒pagar

· **to pay** *sb* **off** [M] **1** ⇒despedir a alguien [con indemnización] **2** ⇒sobornar a alguien

· **to pay up** *(inform)* ⇒pagar [a la fuerza] ⇒soltar la pasta *col.*

pay[2] /peɪ/ *n* [U] ⇒sueldo ⇒paga

payment /'peɪ.mənt/ ∎ *n* [U] **1** ⇒pago ∎ *n* [C] **2** ⇒plazo: *monthly payments* - plazos mensuales

†**PC** /ˌpiːˈsiː/ *n* [C] **1** ⇒PC ∎ Procede de *personal computer* (ordenador personal) **2** ⇒forma abreviada de **politically correct** (políticamente correcto,ta)

PE /ˌpiːˈiː/ *n* [U] ⇒forma abreviada de **physical education** (educación física)

†**pea** /piː/ *n* [C] ⇒guisante ⇒chícharo AMÉR.; ⇒alverja AMÉR.; ⇒arveja AMÉR.

†**peace** /piːs/ *n* [U] **1** ⇒paz: *disturbance of the peace* - perturbación de la paz y el orden **2** ⇒paz ⇒tranquilidad **3 to {be/feel} at ~** (with *sth/sb*) ⇒estar en armonía con **4 to make (one's) ~ with** *sb* ⇒hacer las paces con alguien

peaceful /'piːs.fᵊl/ *adj* **1** ⇒tranquilo,la **2** ⇒pacífico,ca: *Costa Rica is quite a peaceful country* - Costa Rica es un país bastante pacífico

peacefully /'piːs.fᵊl.i/ *adv* ⇒tranquilamente ⇒pacíficamente

†**peach** /piːtʃ/ [*pl* peaches] *n* [C] **1** ⇒melocotón ⇒durazno AMÉR. **2** peach tree - melocotonero **3** *(inform)* ⇒monada

peacock UK: /'piː.kɒk/ US: /-kɑːk/ *n* [C] ⇒pavo real

peak[1] /piːk/ *n* [C] **1** ⇒pico ⇒cumbre **2** ⇒auge ⇒nivel máximo **3** *UK* (*US* visor) ⇒visera

peak[2] /piːk/ *v* [I] ⇒alcanzar el punto máximo

†**peak**[3] /piːk/ **in ~ condition** ⇒en condiciones óptimas

†**peanut** /'piː.nʌt/ *n* [C] ⇒cacahuete

†**pear** UK: /peəʳ/ US: /per/ *n* [C] **1** ⇒pera **2** *pear tree* - peral

pearl UK: /pɜːl/ US: /pɝːl/ *n* [C] **1** ⇒perla **2** ⇒joya: *an absolute pearl* - una verdadera joya

pear-shaped UK: /'peə.ʃeɪpt/ US: /'per-/ *adj* **1** ⇒con forma de pera **2** ⇒ancho,cha de caderas **3 to go ~** *(inform)* ⇒irse al garete *col.*

peasant /'pez.ᵊnt/ *n* [C] ⇒campesino,na ∎ Hace referencia a personas del pasado o de un país pobre

peat /piːt/ *n* [U] *(combustible)* ⇒turba

pebble /'peb.l̩/ *n* [C] ⇒guijarro

peck[1] /pek/ ∎ *v* [T, I] **1** *(un pájaro)* ⇒picotear ∎ *v* [T] **2** ⇒dar un beso [corto y rápido]

peck[2] /pek/ *n* [C] **1** ⇒picotazo **2** ⇒beso [corto y rápido]: *to give sb a peck on the cheek* - dar a alguien un beso en la mejilla

peckish /'pek.ɪʃ/ *UK adj* ⇒con un poco de hambre

†**peculiar** UK: /pɪˈkjuː.li.əʳ/ US: /-kjuː.lɪ.jɚ/ *adj* ⇒peculiar ⇒extraño,ña: *How peculiar!* - ¡Qué extraño!

peculiarity UK: /pɪˌkjuː.liˈær.ə.ti/ US: /-ˈer.əˠˌt̬i/ ∎ *n* [C] **1** ⇒peculiaridad ∎ El plural es *peculiarity* ∎ *n* [U] **2** ⇒rareza

peculiarly UK: /pɪˈkjuː.li.ə.li/ US: /-ˈkjuː.l.jɚ/ *adv* **1** ⇒especialmente **2** ⇒característicamente **3** ⇒extrañamente ⇒de forma rara

pedal[1] /'ped.ᵊl/ *n* [C] ⇒pedal: *brake pedal* - pedal de freno

†**pedal**[2] /'ped.ᵊl/ [pedalled, pedalling; *US* pedaled, pedaling] *v* [T, I] ⇒pedalear: *Those cyclists pedal very quickly* - Esos ciclistas pedalean muy deprisa

pedestrian[1] /pəˈdes.tri.ən/ *n* [C] ⇒peatón,-a: *Watch out for pedestrians* - Ten cuidado con los peatones

pedestrian[2] /pəˈdes.tri.ən/ *adj (form)* ⇒prosaico,ca ⇒pedestre

pediatrician /ˌpiː.di.əˈtrɪʃ.ᵊn/ *US n* [C] See **paediatrician**

pedigree[1] /'ped.ɪ.griː/ *n* [C] **1** ⇒pedigrí **2** ⇒casta **3** ⇒genealogía: *a humble pedigree* - una genealogía humilde

pedigree[2] /'ped.ɪ.griː/ *adj* ⇒de pedigrí: *pedigree poodle* - caniche de pedigrí

pee[1] /piː/ [peed, peeing] *v* [I] *(inform)* ⇒hacer pis *col.*

pee[2] /piː/ *n* [NO PL] *(inform)* ⇒pis *col.*: *to go for a pee* - ir a hacer pis

peek /piːk/ *v* [I] **1** ⇒echar una mirada furtiva **2** ⇒asomarse: *He peeked over the balcony* - Se asomó por la terraza

peel[1] /piːl/ ∎ *v* [T] **1** ⇒pelar ∎ *v* [T, I] **2** ⇒despegarse ⇒desconcharse ∎ CONSTR. Se usa generalmente

P

seguido de los adverbios away, back y off ∎ v [I] 3 ⇨pelarse: *My skin is peeling* - Se me está pelando la piel

peel² /piːl/ n [U] ⇨piel ⇨monda ⇨cáscara

peep¹ /piːp/ v [I] ⇨echar una ojeada ⇨mirar a hurtadillas ⇨espiar ∎ CONSTR. Se usa generalmente seguido de las preposiciones *into*, *over* y *through*

peep² /piːp/ n [NO PL] ⇨ojeada ⇨vistazo ∎ CONSTR. *to have/take a peep at sth*

peer¹ UK: /pɪəʳ/ US: /pɪr/ v [I] 1 ⇨mirar detenidamente 2 ⇨forzar la vista ∎ CONSTR. Se usa generalmente seguido de una preposición o un adverbio

peer² UK: /pɪəʳ/ US: /pɪr/ n [C] 1 ⇨igual ⇨homólogo,ga 2 *UK* ⇨noble ⇨lord ⇨par

peer group n [C] ⇨grupo paritario

peg¹ /peg/ n [C] 1 ⇨colgador ⇨perchero 2 *UK* ⇨pinza de la ropa 3 ⇨clavija 4 ⇨estaca: *a tent peg* - una estaca de tienda de campaña 5 to {bring/take} sb down a ~ (or two) *(inform)* ⇨bajarle a alguien los humos *col.*

peg² /peg/ [pegged, pegging] v [T] 1 ⇨establecer ⇨fijar 2 to ~ sth (out) 1 ⇨tender [ropa]: *She pegged her clothes out* - Tendió su ropa 2 ⇨sujetar con estacas

pelican /ˈpel.ɪ.kən/ n [C] ⇨pelícano

pellet /ˈpel.ət/ n [C] 1 ⇨bola [de papel u otro material] 2 ⇨perdigón [de metal] 3 ⇨gránulo

pelvic /ˈpel.vɪk/ adj *(en anatomía)* ⇨pelviano,na

pelvis /ˈpel.vɪs/ [pl pelvises] n [C] ⇨pelvis

† **pen** /pen/ n [C] 1 ⇨pluma ⇨bolígrafo 2 ⇨redil ⇨corral

penalize /ˈpiː.nə.laɪz/ [penalized, penalizing] v [T] 1 ⇨penalizar: *to be penalized for sth* - ser penalizado por algo 2 ⇨perjudicar ∎ CONSTR. Se usa más en pasiva

penalty UK: /ˈpen.əl.ti/ US: /-ˈt̬i/ [pl penalties] n [C] 1 ⇨multa 2 ⇨castigo 3 ⇨desventaja 4 ⇨penalización 5 *(en deportes)* ⇨penalti ⇨penal *AMÉR.*

pence /pens/ n [PL] See **penny** ∎ La forma abreviada es *p.*

† **pencil** /ˈpen.sᵊl/ n [C, U] 1 ⇨lápiz 2 *a pencil drawing* - un dibujo a lápiz

pencil case n [C] ⇨estuche [para lápices]

pencil sharpener n [C] ⇨sacapuntas ⇨afilador *AMÉR.*

pendant /ˈpen.dᵊnt/ n [C] ⇨colgante

pending¹ /ˈpen.dɪŋ/ prep *(form)* ⇨a la espera de ⇨pendiente de ⇨en trámite

pending² /ˈpen.dɪŋ/ adj 1 *(form)* ⇨pendiente 2 *(form)* ⇨próximo,ma

pendulum UK: /ˈpen.djʊ.ləm/ US: /-dʒə.ləm/ n [C] ⇨péndulo: *the swing of a pendulum* - el balanceo de un péndulo

penetrate /ˈpen.ɪ.treɪt/ [penetrated, penetrating] v [T, I] 1 ⇨penetrar: *to penetrate into enemy territory* - penetrar en territorio enemigo 2 *(en una organización)* ⇨infiltrar(se)

penetrating UK: /ˈpen.ɪ.treɪ.tɪŋ/ US: /-ˈt̬ɪŋ/ adj 1 *(una mirada, un sonido)* ⇨penetrante 2 ⇨perspicaz ⇨avispado,da

penguin /ˈpeŋ.gwɪn/ n [C] ⇨pingüino

penicillin /ˌpen.əˈsɪl.ɪn/ n [U] ⇨penicilina: *She is allergic to penicillin* - Es alérgica a la penicilina

peninsula UK: /pəˈnɪnt.sju.lə/ US: /-sə-/ n [C] ⇨península: *the Iberian Peninsula* - la península Ibérica

penis /ˈpiː.nɪs/ [pl penises] n [C] ⇨pene

penniless /ˈpen.i.ləs/ adj ⇨sin dinero

† **penny** /ˈpen.i/ [pl pennies, pence] n [C] ⇨penique: *Can you lend me fifty pence?* - ¿Puedes prestarme cincuenta peniques? ∎ Se usa *pennies* cuando se alude a las monedas de un penique ∎ La forma abreviada es *p*

pension¹ /ˈpen.tʃᵊn/ n [C] ⇨pensión: *to draw a pension* - estar cobrando una pensión

† **pension²** /ˈpen.tʃᵊn/ *UK*

| PHRASAL VERBS
└ **to pension sb off** [M] ⇨jubilar a alguien

penthouse /ˈpent.haʊs/ n [C] ⇨ático lujoso

pent-up /ˈpent.ʌp/ adj *(un sentimiento, una emoción)* ⇨contenido,da ⇨reprimido,da

penultimate UK: /pəˈnʌl.tɪ.mət/ US: /pɪˈnʌl.ˈt̬ə.mət/ adj *(form)* ⇨penúltimo,ma

† **people** /ˈpiː.pl̩/ ∎ n [PL] 1 ⇨gente ⇨personas ∎ Es un nombre contable. Se dice: *There are many people here* - Hay mucha gente aquí. Incorrecto: *There is many people here.* ∎ n [C] 2 ⇨pueblo ⇨población

† **pepper** UK: /ˈpep.əʳ/ US: /-ɚ/ ∎ n [U] 1 ⇨pimienta: *black pepper* - pimienta negra ∎ n [C] 2 ⇨pimiento: *green pepper* - pimiento verde; *red pepper* - pimiento rojo

peppermint UK: /ˈpep.ə.mɪnt/ US: /-ɚ-/ ∎ n [U] 1 ⇨menta 2 *a peppermint tea* - una infusión de poleo menta ∎ n [C] 3 ⇨caramelo de menta

† **per** UK: /pɜːʳ/ US: /pɚ/ UK: /pəʳ/ US: /pɚ/ prep ⇨por: *miles per hour* - millas por hora; *fifty pounds per head* - cincuenta libras por cabeza

† **perceive** UK: /pəˈsiːv/ US: /pɚ-/ [perceived, perceiving] v [T] 1 ⇨percibir ⇨observar ⇨notar ⇨detectar 2 to ~ sth (as sth) ⇨interpretar algo [como algo] ⇨considerar algo [como algo]

† **percent** UK: /pəˈsent/ US: /pɚ-/ *(tb per cent)* adj, n [C], adv ⇨por cien ⇨por ciento ∎ Se puede escribir también %

percentage UK: /pəˈsen.tɪdʒ/ US: /pɚˈsen.ˈt̬ɪdʒ/ ∎ n [C] 1 ⇨porcentaje: *What percentage of people*

own a car? - ¿Qué porcentaje de gente tiene un coche? ∎ *n* [U] **2** *US* ⇨tajada *col.;* ⇨provecho ∎ Pron. La *a* se pronuncia como la *i* en *did*

perceptible UK: /pə'sep.tə.bl/ US: /pɚ-/ *adj* **1** *(form)* ⇨perceptible ⇨sensible **2** ⇨notable

†**perception** UK: /pə'sep.ʃᵊn/ US: /pɚ-/ **?** *n* [C] **1** ⇨percepción: *What is your perception?* - ¿Cuál es tu percepción? **2** *(de una persona)* ⇨imagen ⇨impresión ∎ *n* [U] **3** ⇨perspicacia ⇨agudeza

perceptive UK: /pə'sep.tɪv/ US: /pɚ-/ *adj* ⇨perspicaz ⇨agudo,da

perch¹ UK: /pɜːtʃ/ US: /pɜːtʃ/ *v* [I] ⇨posarse ⇨encaramar(se) ∎ Constr. Se usa generalmente seguido de una preposición o un adverbio

perch² UK: /pɜːtʃ/ US: /pɜːtʃ/ *[pl* perches] *n* [C] **1** *(para las aves)* ⇨percha **2** ⇨posición [elevada] **3** *(pez)* ⇨perca

percussion UK: /pə'kʌʃ.ᵊn/ US: /pɚ-/ *n* [U] ⇨percusión: *percussion instruments* - instrumentos de percusión

perennial /pə'ren.i.əl/ *adj* ⇨perenne: *a perennial problem* - un problema perenne

†**perfect¹** UK: /pɜː.fekt/ US: /pɝ-/ *adj* **1** ⇨perfecto,ta ⇨ideal **2** ⇨completo,ta

perfect² UK: /pə'fekt/ US: /pɝ-/ *v* [T] ⇨perfeccionar

perfection UK: /pə'fek.ʃᵊn/ US: /pɚ-/ *n* [U] **1** ⇨perfección **2** to ~ ⇨a la perfección

perfectionist UK: /pə'fek.ʃᵊn.ɪst/ US: /pɚ-/ *adj* ⇨perfeccionista: *She is such a perfectionist* - Es tan perfeccionista

perfectly UK: /ˈpɜː.fekt.li/ US: /ˈpɝ-/ *adv* **1** ⇨perfectamente **2** ⇨completamente

†**perform** UK: /pə'fɔːm/ US: /pə'fɔːrm/ ∎ *v* [T, I] **1** *(una obra teatral)* ⇨representar **2** *(en una obra teatral)* ⇨actuar ⇨interpretar **3** *(en música)* ⇨interpretar ⇨tocar ∎ *v* [T] **4** *(form)* ⇨hacer un trabajo ⇨funcionar **5** *(form) (en una competición, en un trabajo)* ⇨rendir ⇨responder **6** *(form) (una función)* ⇨desempeñar ⇨cumplir **7** *(form)* ⇨realizar

performance UK: /pə'fɔː.mənts/ US: /pə'fɔːr-/ ∎ *n* [C] **1** ⇨actuación ⇨interpretación ⇨representación **2** *(en cine)* ⇨sesión ∎ *n* [U] **3** ⇨rendimiento **4** ⇨resultados [de una empresa] **5** *(en economía): performance indicator* - indicador de resultados **6** ⇨cumplimiento [de deberes]

performer UK: /pə'fɔː.məʳ/ US: /pə'fɔːr.mɚ/ *n* [C] ⇨artista ⇨actor ⇨actriz ⇨intérprete

performing arts *n* [PL] ⇨artes interpretativas

†**perfume** UK: /ˈpɜː.fjuːm/ US: /pɝˈfjuːm/ *n* [C, U] **1** ⇨perfume **2** *a perfume shop* - una perfumería **3** ⇨aroma ⇨perfume ∎ Pron. La *u* se pronuncia como *you*

†**perhaps** UK: /pə'hæps/ UK: /præps/ US: /pə'hæps/ *adv* ⇨quizá ⇨quizás

peril /ˈper.ᵊl/ *n* [C, U] **1** *(form)* ⇨peligro: *to be in peril* - correr peligro **2** ⇨riesgo

perimeter UK: /pə'rɪm.ɪ.təʳ/ US: /-'rɪm.ə.ᵊtɚ/ *n* [C] ⇨perímetro

†**period** UK: /ˈpɪə.ri.əd/ US: /ˈpɪr.i-/ *n* [C] **1** *(de tiempo)* ⇨período **2** ⇨época ⇨período **3** ⇨menstruación ⇨período **4** *period pains* - dolores menstruales **5** *US (UK* full stop*) (en gramática)* ⇨punto **6** *(en educación)* ⇨clase

periodic UK: /ˌpɪə.ri'ɒd.ɪk/ US: /ˌpɪr.i'ɑː.dɪk/ *adj* ⇨periódico,ca: *a periodic revisión* - una revisión periódica

periodical UK: /ˌpɪə.ri'ɒd.ɪ.kᵊl/ US: /ˌpɪr.i'ɑː.dɪ-/ *n* [C] ⇨revista especializada

periodically UK: /ˌpɪə.ri'ɒd.ɪ.kli/ US: /ˌpɪr.i'ɑː.dɪ-/ *adv* ⇨periódicamente

perish /ˈper.ɪʃ/ *[perishes] v* [I] **1** *(form)* ⇨deteriorarse **2** *(lit)* ⇨perecer ⇨fallecer

perishable /ˈper.ɪ.ʃə.bl/ *adj* ⇨perecedero,ra: *perishable goods* - bienes perecederos

perjury UK: /ˈpɜː.dʒᵊr.i/ US: /ˈpɝ.dʒɚ-/ *n* [U] *(form)* ⇨perjurio: *to commit perjury* - cometer perjurio

perk¹ UK: /pɜːk/ US: /pɝːk/ *n* [C] **1** ⇨ventaja adicional **2** *(en un trabajo)* ⇨beneficio adicional

perk² UK: /pɜːk/ US: /pɝːk/

PHRASAL VERBS
· **to perk up** *(inform) (una situación)* ⇨mejorar ⇨repuntar

perm¹ UK: /pɜːm/ US: /pɝːm/ *n* [C] *(en peluquería)* ⇨permanente *col.*

perm² UK: /pɜːm/ US: /pɝːm/ *v* [T] *(en peluquería)* ⇨hacer una permanente *col.*

†**permanent** UK: /ˈpɜː.mə.nənt/ US: /ˈpɝ-/ *adj* **1** ⇨permanente ⇨fijo,ja **2** ⇨irreparable: *permanent damage* - daños irreparables

permissible UK: /pə'mɪs.ə.bl/ US: /pɚ-/ *adj (form)* ⇨permisible: *Is it permissible to do it?* - ¿Es permisible hacerlo?

permission UK: /pə'mɪʃ.ᵊn/ US: /pɚ-/ *n* [U] ⇨permiso: *to ask permission to do sth* - pedir permiso para hacer algo

permissive UK: /pə'mɪs.ɪv/ US: /pɚ-/ *adj* ⇨permisivo,va ⇨tolerante

permit¹ UK: /pə'mɪt/ US: /pɚ-/ *[*permitted, permitting] *v* [T] *(form)* ⇨permitir: *They didn't permit him to take photographs* - No le permitieron hacer fotografías ∎ Constr. 1. to permit + doing 2. to permit + to do

permit² UK: /ˈpɜː.mɪt/ US: /ˈpɝ-/ *n* [C] **1** ⇨permiso ⇨licencia **2** ⇨pase [de entrada]

perpendicular UK: /ˌpɜː.pᵊn'dɪk.ju.ləʳ/ US: /ˌpɝ.pən'dɪk.juː.lə/ *adj* **1** ⇨perpendicular: *perpendicular to the main road* - perpendicular a la carretera **2** ⇨vertical

P

perpetrate UK: /ˈpɜː.pə.treɪt/ US: /ˈpɝː-/ [perpetrated, perpetrating] *v* [T] *(form)* ⇨perpetrar: *to perpetrate a crime* - perpetrar un delito

perpetual UK: /pəˈpetʃ.u.əl/ US: /pəˈpetʃ-/ *adj* **1** ⇨perpetuo,tua **2** ⇨constante ⇨continuo,nua

perpetuate UK: /pəˈpetʃ.u.eɪt/ US: /pəˈpetʃ-/ [perpetuated, perpetuating] *v* [T] *(form)* ⇨perpetuar

perplexed UK: /pəˈplekst/ US: /pɚ-/ *adj* ⇨desconcertado,da ⇨perplejo,ja

persecute UK: /ˈpɜː.sɪ.kjuːt/ US: /ˈpɝː-/ [persecuted, persecuting] *v* [T] **1** ⇨perseguir [especialmente por motivos políticos, de raza o de religión] **2** ⇨acosar

persevere UK: /ˌpɜː.sɪˈvɪəʳ/ US: /ˌpɝː.səˈvɪr/ [persevered, persevering] *v* [I] ⇨perseverar ⇨seguir insistiendo

Persia UK: /ˈpɜː.ʒə/ US: /ˈpɝː-/ *n* [U] ⇨Persia

Persian[1] UK: /ˈpɜː.ʒən/ US: /ˈpɝː-/ ■ *n* [U] **1** *(idioma)* ⇨persa ■ *n* [C] **2** *(gentilicio)* ⇨persa

† **Persian**[2] UK: /ˈpɜː.ʒən/ US: /ˈpɝː-/ *adj* ⇨persa

† **persist** UK: /pəˈsɪst/ US: /pɚ-/ *v* [I] **1** ⇨persistir **2** ⇨empeñarse ⇨insistir **3** ⇨continuar

persistent UK: /pəˈsɪs.tᵊnt/ US: /pɚ-/ *adj* **1** ⇨persistente **2** ⇨insistente **3** ⇨continuo,nua

† **person** UK: /ˈpɜː.sᵊn/ US: /ˈpɝː-/ [*pl* people] *n* [C] **1** ⇨persona: *You have to go in person* - Tienes que ir en persona; *a nice person* - una persona agradable ■ Su plural es *people* **2** *(en gramática)* ⇨persona ■ Su plural es *persons*

personal UK: /ˈpɜː.sᵊn.ᵊl/ US: /ˈpɝː.s[ə]n.[ə]l/ *adj* **1** ⇨personal ■ Ver cuadro **2** ⇨personal ⇨privado,da **3** to get ~ ⇨hacer críticas personales ⇨hacer comentarios muy personales

personal assistant *n* [C] ⇨secretario,ria personal ⇨ayudante personal

personality UK: /ˌpɜː.sᵊnˈæl.ə.ti/ US: /ˌpɝː.s[ə]nˈæl.ə.ˠti/ [*pl* personalities] *n* [C] **1** ⇨personalidad ⇨carácter **2** ⇨personalidad ⇨celebridad

personally UK: /ˈpɜː.sᵊn.ᵊl.i/ US: /ˈpɝː.r.s[ə]n.[ə]l.i/ *adv* **1** ⇨personalmente: *Personally, I think that...* - Personalmente, creo que... **2** to take *sth* ~ ⇨tomar algo a mal

personify UK: /pəˈsɒn.ɪ.faɪ/ US: /pɚˈsɑː.nɪ-/ [personifies, personified] *v* [T] ⇨personificar

† **personnel** UK: /ˌpɜː.sᵊnˈel/ US: /ˌpɝː-/ ■ *n* [PL] **1** ⇨personal ⇨conjunto de empleados ■ *n* [U] **2** ⇨departamento de personal ⇨departamento de recursos humanos ■ Se puede usar con el verbo en singular o en plural

† **perspective** UK: /pəˈspek.tɪv/ US: /pɚˈspek-/ ■ *n* [C] **1** ⇨punto de vista ⇨perspectiva ■ *n* [U] **2** *(en arte)* ⇨perspectiva **3** to {get/keep/put} *sth* {in/into} ~ ⇨poner algo en perspectiva

perspiration UK: /ˌpɜː.spᵊrˈeɪ.ʃᵊn/ US: /ˌpɝː.spəˈreɪ-/ *n* [U] *(form)* ⇨sudor ⇨transpiración

perspire UK: /pəˈspaɪəʳ/ US: /pɚˈspaɪɚ/ [perspired, perspiring] *v* [I] *(form)* ⇨sudar ⇨transpirar

† **persuade** UK: /pəˈsweɪd/ US: /pɚ-/ [persuaded, persuading] *v* [T] ⇨persuadir ⇨convencer ■ CONSTR. 1. to persuade sb + (that) 2. to persuade sb + to do sth

persuasion UK: /pəˈsweɪ.ʒᵊn/ US: /pɚ-/ *n* [U] **1** ⇨persuasión **2** ⇨creencia ⇨opinión

persuasive UK: /pəˈsweɪ.sɪv/ US: /pɚ-/ *adj* **1** ⇨persuasivo,va: *a very persuasive man* - un hombre muy persuasivo **2** ⇨convincente

pertinent UK: /ˈpɜː.tɪ.nənt/ US: /ˈpɝː.t[ə]n.[ə]nt/ *adj* *(form)* ⇨pertinente: *pertinent to the discussion* - pertinente a lo que se está hablando

Peru /pəˈruː/ *n* [U] ⇨Perú

personal pronouns	
sujeto	**objeto**
I	me
you	you
he	him
she	her
it	it
we	us
you	you
they	them

· *I want a dog.* (Quiero un perro.)

· *She is a writer.* (Es escritora.)

· *We can't come tonight.* (No podemos venir esta noche.)

· *Where are they going?* (¿Adónde van?)

· *Jack gave me his racket.* (Jack me dio su raqueta.)

· *I know her.* (La conozco.)

· *He told us to go.* (Nos dijo que nos fuéramos.)

· *Don't tell them off.* (No les regañes.)

Los pronombres objeto se usan también inmediatamente después del verbo "to be" en oraciones afirmativas y negativas:

· *It's me. Open the door.* (Soy yo. Abre la puerta.)

· *Is that Tom and Paul? No, it's not them.* (¿Son Tom y Paul? No, no son ellos.)

P

Peruvian /pə'ruː.vi.ən/ *adj, n* [C] ⇒peruano,na

pervade UK: /pə'veɪd/ US: /pɚ-/ [pervaded, pervading] *v* [T] **1** *(form)* ⇒invadir ⇒difundirse ⇒extenderse **2** *(form)* ⇒impregnar

pervasive UK: /pə'veɪ.sɪv/ US: /pɚ-/ *adj* **1** *(form) (una creencia, una idea)* ⇒generalizado,da **2** *(form) (un sentimiento, una infuencia)* ⇒dominante **3** *(form) (un olor)* ⇒penetrante

perverse UK: /pə'vɜːs/ US: /pɚ'vɜːs/ *adj* **1** *(una persona)* ⇒retorcido,da **2** ⇒perverso,sa: *a perverse delight* - un placer perverso **3** ⇒terco,ca

perversion UK: /pə'vɜː.ʒən/ US: /pɚ'vɜː-/ *n* [C] **1** ⇒perversión [sexual] **2** ⇒corrupción [moral] **3** ⇒tergiversación: *a perversion of the facts* - una tergiversación de los hechos

pervert[1] UK: /'pɜː.vɜːt/ US: /'pɚː.vɜːt/ *n* [C] ⇒pervertido,da

pervert[2] UK: /pə'vɜːt/ US: /pɚ'vɜːt/ *v* [T] **1** ⇒pervertir **2** ⇒adulterar ⇒corromper **3** ⇒tergiversar ⇒distorsionar

† **pessimism** /'pes.ɪ.mɪ.zəm/ *n* [U] ⇒pesimismo

pessimist /'pes.ɪ.mɪst/ *n* [C] ⇒pesimista

pessimistic /ˌpes.ɪ'mɪs.tɪk/ *adj* ⇒pesimista: *Why are you so pessimistic?* - ¿Por qué estás tan pesimista?

pest /pest/ *n* [C] **1** ⇒plaga [de insectos, de animales] **2** *(inform)* ⇒plasta *col.;* ⇒pelmazo,za *col.;* ⇒pelma *col.*

pester UK: /'pes.tər/ US: /-tɚ/ *v* [T] ⇒molestar ⇒atosigar ∎ CONSTR. to pester + to do sth

pesticide UK: /'pes.tɪ.saɪd/ US: /-'stə-/ *n* [C, U] ⇒pesticida

pet[1] /pet/ *n* [C] **1** *(animal doméstico)* ⇒mascota **2** ~ **shop** ⇒tienda de animales

pet[2] /pet/ [petted, petting] *v* [T] **1** ⇒manosear ⇒sobar *(un animal)* ⇒acariciar

† **pet**[3] /pet/ *adj* **1** ⇒predilecto,ta **2** *(un animal)* ⇒domesticado,da

petal UK: /'pet.əl/ US: /'peˤt̬-/ *n* [C] ⇒pétalo

peter UK: /'piː.tə/ US: /-ˤt̬ə/
| PHRASAL VERBS
| · **to peter out 1** ⇒terminar ⇒llegar a su fin **2** *(un fuego)* ⇒extinguirse **3** ⇒agotarse [poco a poco]

petite /pə'tiːt/ *adj* ⇒menudita *col.;* ⇒pequeñita *col.* ∎ Se emplea únicamente con mujeres

petition /pə'tɪʃ.ən/ *n* [C] ⇒petición

† **petrol** /'pet.rəl/ *UK (US* **gas/gasoline)** *n* [U] ⇒gasolina ⇒nafta AMÉR.; ⇒bencina AMÉR. ∎ Distinto de *oil* (petróleo)

† **petroleum** /pə'trəu.li.əm/ US: /-'trou-/ *n* [U] ⇒petróleo

petrol station *UK (US* **gas station)** *n* [C] ⇒gasolinera: *Where is the nearest petrol station?* - ¿Dónde está la gasolinera más cercana?

petticoat UK: /'pet.ɪ.kəut/ US: /'peˤt̬.ɪ.kout/ *n* [C] ⇒enagua

petty UK: /'pet.i/ US: /'peˤt̬-/ *adj [comp* pettier, *superl* pettiest] **1** ⇒insignificante ⇒trivial ⇒nimio,mia **2** ⇒mezquino,na: *Don't be so petty and let her borrow your bike* - No seas mezquino y déjale tu bicicleta ∎ CONSTR. Se usa detrás de un verbo **3** ~ **cash** ⇒dinero para gastos menores

pew /pjuː/ *n* [C] *(en una iglesia)* ⇒banco de madera

phantom[1] UK: /'fæn.təm/ US: /-ˤt̬[ə]m/ *n* [C] ⇒fantasma

phantom[2] UK: /'fæn.təm/ US: /-ˤt̬[ə]m/ *adj* ⇒ilusorio,ria

pharmaceutical UK: /ˌfɑː.mə'suː.tɪ.kəl/ US: /ˌfɑːr.mə'suː.ˤt̬ɪ-/ *adj* ⇒farmacéutico,ca: *the pharmaceutical industry* - el sector farmacéutico

pharmacist UK: /'fɑː.mə.sɪst/ US: /'fɑːr-/ *(UK tb* chemist) *n* [C] ⇒farmacéutico,ca

pharmacy UK: /'fɑː.mə.si/ US: /'fɑːr-/ ∎ *n* [C] **1** *(establecimiento)* ⇒farmacia ∎ El plural es pharmacies ∎ *n* [U] **2** *(disciplina)* ⇒farmacia

phase[1] /feɪz/ *n* [C] ⇒fase ⇒etapa

† **phase**[2] /feɪz/
| PHRASAL VERBS
| · **to phase** *sth* **in** [M] ⇒introducir algo paulatinamente
| · **to phase** *sth* **out** [M] ⇒retirar algo paulatinamente

PhD /ˌpiː.eɪtʃ'diː/ *n* [C] ⇒forma abreviada de **Doctor of Philosophy** (Doctor,-a titulado,da)

pheasant /'fez.ənt/ [*pl* pheasant, pheasants] *n* [C] ⇒faisán

phenomenal UK: /fə'nɒm.ɪ.nəl/ US: /-'nɑː.mə-/ *adj* ⇒fenomenal ⇒formidable ⇒extraordinario,ria

† **phenomenon** UK: /fə'nɒm.ɪ.nən/ US: /-'nɑː.mə.nɑːn/ [*pl* phenomena] *n* [C] ⇒fenómeno

phew *excl* ⇒¡uf!

philanthropist /fɪ'læntr.θrə.pɪst/ *n* [C] ⇒filántropo,pa

Philippine /'fɪl.ɪ.piːn/ *adj* ⇒filipino,na

Philippines /'fɪl.ɪ.piːnz/ **the ~** ⇒Filipinas

philosopher UK: /fɪ'lɒs.ə.fər/ US: /-'lɑː.sə.fɚ/ *n* [C] ⇒filósofo,fa: *a German philosopher* - un filósofo alemán

philosophical UK: /ˌfɪl.ə'sɒf.ɪ.kəl/ US: /-'sɑː.fɪ-/ *adj* **1** ⇒filosófico,ca **2** *to be philosophical about sth* - tomarse algo con filosofía

philosophically UK: /ˌfɪl.ə'sɒf.ɪ.kli/ US: /-'sɑː.fɪ-/ *adv* ⇒filosóficamente ∎ PRON. *phil* se pronuncia como *fill* y la *a* no se pronuncia

† **philosophy** UK: /fɪ'lɒs.ə.fi/ US: /-'lɑː.sə-/ ∎ *n* [U] **1** *(disciplina)* ⇒filosofía ∎ *n* [C] **2** ⇒filosofía ⇒ideología ∎ El plural es philosophies ∎ PRON. *phil* se pronuncia como *fill*

phlegmatic UK: /fleg'mæt.ɪk/ US: /-'mæˤt̬-/ *adj* *(form)* ⇒flemático,ca

P

phobia UK: /ˈfəʊ.bi.ə/ US: /ˈfoʊ.bjə/ *n* [c] ⇨**fobia**: *My cousin has got a phobia about cockroaches* - Mi primo tiene fobia a las cucarachas

phoenix /ˈfiː.nɪks/ [*pl* phoenixes] *n* [c] *(ave mitológica)* ⇨**fénix**

†**phone**[1] UK: /fəʊn/ US: /foʊn/ *n* [c] **1** ⇨forma abreviada de **telephone** (teléfono): *phone bill* - factura de teléfono **2** on the ~ ⇨al teléfono

†**phone**[2] UK: /fəʊn/ US: /foʊn/ [phoned, phoning] *(tb phone up)* *v* [т, ɪ] ⇨forma abreviada de **telephone** (llamar por teléfono): *Phone me later* - Llámame luego

†**phone box** [*pl* phone boxes] *UK n* [c] ⇨**cabina telefónica**: *to call from a phone box* - llamar desde una cabina telefónica

†**phone call** *n* [c] ⇨**llamada telefónica**: *She has gone to make a phone call* - Ha ido a hacer una llamada telefónica

phone-in UK: /ˈfəʊn.ɪn/ US: /ˈfoʊn-/ *UK n* [c] ⇨programa de radio o televisión abierto al público

phoneme *n* [c] *(en lingüística)* ⇨**fonema**

†**phonetic** UK: /fəʊˈnet.ɪk/ US: /foʊˈneˤt̬-/ *adj* ⇨**fonético,ca**

phonetics UK: /fəʊˈnet.ɪks/ US: /foʊˈneˤt̬-/ *n* [u] ⇨**fonética**

phoney UK: /ˈfəʊ.ni/ US: /ˈfoʊ-/ *UK adj* [*comp* phonier, *superl* phoniest] **1** *(inform)* ⇨**falso,sa**: *a phoney address* - una dirección falsa **2** *(inform)* ⇨**fingido,da**

†**photo** UK: /ˈfəʊ.təʊ/ US: /ˈfoʊ.ˤt̬oʊ/ *n* [c] ⇨forma abreviada de **photograph** (fotografía): *to take photos* - hacer fotos

photo album *n* [c] ⇨**álbum de fotos**

photocopiable UK: /ˌfəʊ.təʊˈkɒp.pi.ə.bəl/ US: /ˌfoʊ.ˤt̬oʊˈkɑː.pi.ə.b[ə]l/ *adj* ⇨**fotocopiable**

photocopier UK: /ˈfəʊ.təʊˌkɒp.i.ə/ US: /ˈfoʊ.ˤt̬oʊˌkɑː.pi.ə/ *n* [c] ⇨**fotocopiadora**

photocopy[1] UK: /ˈfəʊ.təʊˌkɒp.i/ US: /ˈfoʊ.ˤt̬oʊˌkɑː.pi/ [*pl* photocopies] *n* [c] ⇨**fotocopia**

photocopy[2] UK: /ˈfəʊ.təʊˌkɒp.i/ US: /ˈfoʊ.ˤt̬oʊˌkɑː.pi/ [photocopies, photocopied] *v* [т] ⇨**fotocopiar**

photogenic UK: /ˌfəʊ.təʊˈdʒen.ɪk/ US: /ˌfoʊ.ˤt̬oʊ-/ *adj* ⇨**fotogénico,ca**

†**photograph** UK: /ˈfəʊ.tə.ɡrɑːf/ US: /ˈfoʊ.ˤt̬oʊ.ɡræf/ *n* [c] ⇨**fotografía** ■ La forma abreviada es *photo*

photographer UK: /fəˈtɒɡ.rə.fəʳ/ US: /-ˈtɑː.ɡrə.fə/ *n* [c] **1** ⇨**fotógrafo,fa 2** *to be a keen photographer* - ser un aficionado a la fotografía

photographic UK: /ˌfəʊ.təˈɡræf.ɪk/ US: /ˌfoʊ.ˤtə-/ *adj* ⇨**fotográfico,ca**

photography UK: /fəˈtɒɡ.rə.fi/ US: /-ˈtɑː.ɡrə-/ *n* [u] *(técnica)* ⇨**fotografía**

†**phrasal verb** UK: /ˌfreɪ.zᵊlˈvɜːb/ US: /-ˈvɜːb/ *n* [c] *(en gramática)* ⇨**verbo con partícula** ■ Ver cuadro en página siguiente

†**phrase** /freɪz/ *n* [c] *(en gramática)* ⇨**locución** ⇨**frase**

phrase book *n* [c] ⇨**guía de conversación**: *an English phrase book* - una guía de conversación de inglés

physical[1] /ˈfɪz.ɪ.kᵊl/ *adj* ⇨**físico,ca**: *physical exercise* - ejercicio físico

physical[2] /ˈfɪz.ɪ.kᵊl/ *US (UK* medical*) n* [c] ⇨**revisión médica**

physically /ˈfɪz.ɪ.kli/ *adj* **1** ⇨**físicamente 2** *Amy is physically fit* - Amy está en buena forma física

physician /fɪˈzɪʃ.ᵊn/ *US n* [c] *(form)* ⇨**médico,ca** ■ Distinto de *physicist* (físico)

physicist /ˈfɪz.ɪ.sɪst/ *n* [c] ⇨**físico,ca**: *My uncle is a physicist* - Mi tío es físico

†**physics** /ˈfɪz.ɪks/ *n* [u] ⇨**física**: *nuclear physics* - física nuclear

physiological UK: /ˌfɪz.i.əˈlɒdʒ.ɪ.kᵊl/ US: /-ˈlɑː.dʒɪ-/ *adj* ⇨**fisiológico,ca**

physiologically *adv* ⇨**fisiológicamente**

physiology UK: /ˌfɪz.iˈɒl.ə.dʒi/ US: /-ˈɑː.lə-/ *n* [u] ⇨**fisiología**

physiotherapist UK: /ˌfɪz.i.əʊˈθer.ə.pɪst/ US: /-oʊ-/ *n* [c] ⇨**fisioterapeuta**

physiotherapy UK: /ˌfɪz.i.əʊˈθer.ə.pi/ US: /-oʊ-/ *n* [u] ⇨**fisioterapia**

physique /fɪˈziːk/ *n* [c] **1** ⇨**constitución física** ⇨**físico 2** *a muscular physique* - un cuerpo musculoso

pianist /ˈpiː.ᵊn.ɪst/ *n* [c] ⇨**pianista**: *to be a professional pianist* - ser pianista profesional

†**piano** UK: /piˈæn.əʊ/ US: /-oʊ/ *n* [c] ⇨**piano**: *My sister plays the piano* - Mi hermana toca el piano

†**pick**[1] /pɪk/ *v* [т] **1** ⇨**escoger** ⇨**elegir** ■ Constr. to pick sb + to do sth **2** ⇨**coger** ⇨**recoger 3** to ~ sb's pocket ⇨**robar algo del bolsillo de alguien**

PHRASAL VERBS
· **to pick at** *sth* **1** ⇨comer algo con desgana **2** ⇨toquetear algo
· **to pick on** *sb* ⇨meterse con alguien
· **to pick** *sth/sb* **out** [м] **1** ⇨distinguir ⇨identificar ⇨reconocer **2** ⇨escoger
· **to pick up 1** ⇨mejorar ⇨incrementar(se) **2** ⇨recuperar(se) **3** *(el viento)* ⇨soplar más fuerte
· **to pick** *sth* **up** [м] **1** ⇨aprender algo **2** ⇨coger algo ⇨recoger algo **3** *(una señal)* ⇨recibir **4** ⇨detectar
· **to pick** *sth/sb* **up** [м] **1** ⇨recoger ⇨levantar **2** ⇨recoger ⇨ir a buscar

pick[2] /pɪk/ *n* [c] **1** ⇨**elección** ⇨**selección 2** *(herramienta)* ⇨**pico** ⇨**piqueta 3** the ~ of *sth* ⇨**lo mejor de algo**: *We only sell the pick of the crop* - Solo vendemos lo mejor de la cosecha

pickle /'pɪk.l/ n [c, u] **1** ⇒encurtido **2** US ⇒pepinillo en vinagre **3 to be in a ~** *(old-fash)* ⇒estar metido,da en un lío *col.*

pickpocket UK: /'pɪk.pɒk.ɪt/ US: /-,pɑː.kɪt/ n [c] ⇒carterista: *Warning! There are pickpockets operating in the area* - ¡Aviso! Hay carteristas en la zona

†**picnic** /'pɪk.nɪk/ n [c] ⇒picnic ⇒comida al aire libre

phrasal verbs

• Un **phrasal verb** es una expresión formada por:

 – verbo + adverbio:
 · ***Slow down**! You're driving over the speed limit!*
 (¡Reduce la velocidad! ¡Estás circulando por encima del límite de velocidad!)

 – verbo + preposición:
 · ***Look after** your sister while I'm away.*
 (Cuida de tu hermana mientras estoy fuera.)

 – verbo + adverbio + preposición:
 · *What **are** you **up to**?*
 (¿Qué estáis tramando?)

• Cuando los **phrasal verbs** van seguidos por un verbo, este va siempre en gerundio:
 · *Let's **carry on** <u>playing</u> a little longer.*
 (Sigamos jugando un rato más.)
 · *I'm **looking forward** to <u>seeing</u> you this weekend.*
 (Estoy deseando verte este fin de semana.)

• Los **phrasal verbs** son de dos tipos:

 – **Intransitivos**, cuando no pueden tener un objeto:
 · *Susan usually **gets up** at 7.30.*
 (Susan se levanta habitualmente a las 7.30.)

 – **Transitivos**, siempre tienen un objeto:
 · *I have decided to **give up** <u>smoking</u>.*
 (He decidido dejar de fumar.)

 Los **phrasal verbs** transitivos pueden ser, a su vez, de dos tipos:

 - **Separables**, cuando el objeto puede introducirse entre los elementos que forman el **phrasal verb**:
 · *Don't **throw away** <u>those papers</u>! / Don't **throw** <u>those papers</u> **away**!*
 (¡No tires esos papeles!)
 En el diccionario la marca [M] que acompaña a algunos **phrasal verbs** indica que la partícula sth o el objeto que sustituye a esta partícula puede moverse y es, por tanto, separable: por ejemplo, **give sth up** [M]
 Atención: si el objeto se sustituye por un pronombre, siempre se sitúa entre los elementos que forman el **phrasal verb**:
 · *Don't **throw** <u>them</u> **away**!* (No: *Don't throw away them.*)
 (¡No los tires!)
 - **Inseparables**, cuando no puede introducirse ninguna palabra entre los elementos que forman el **phrasal verb**:
 · *I can't **put up** with your behaviour!*
 (¡No aguanto tu comportamiento!)

Atención: algunos **phrasal verbs** pueden tener más de un significado. Por ejemplo, "*give up*" puede significar 'dejar de hacer algo' o 'rendirse'.

P

pictorial UK: /pɪk'tɔː.ri.əl/ US: /-'tɔːr.i-/ *adj (en arte)* ⇒pictórico,ca

†**picture**¹ UK: /'pɪk.tʃəʳ/ US: /-tʃɚ/ *n* [c] **1** ⇒cuadro **2** ⇒dibujo **3** ⇒fotografía **4** ⇒imagen ⇒ilustración **5** ⇒película **6** ~ window ⇒ventana grande [con vistas] **7** to be a ~ *UK* ⇒ser una preciosidad **8** to {keep/put} sb in the ~ *(inform)* ⇒{mantener/poner} a alguien al corriente *col.*

picture² UK: /'pɪk.tʃəʳ/ US: /-tʃɚ/ [pictured, picturing] *v* [T] **1** ⇒imaginar: *I can't picture you serving in the army* - No te imagino en el ejército ■ CONSTR. 1. to picture + doing sth 2. to picture + interrogativa indirecta **2** ⇒fotografiar ⇒retratar ■ CONSTR. Se usa más en pasiva

†**picturesque** UK: /ˌpɪk.tʃəʳ'esk/ US: /-tʃə'resk/ *adj* ⇒pintoresco,ca

†**pie** /paɪ/ *n* [c, U] **1** ⇒pastel [salado]: *meat pie* - pastel de carne **2** *(dulce)* ⇒tarta ■ Distinto de foot (pie)

†**piece**¹ /piːs/ *n* [c] **1** ⇒trozo ⇒pedazo **2** ⇒pieza ⇒unidad **3** *a piece of paper* - una hoja de papel; *a piece of furniture* - un mueble; *a piece of advice* - un consejo ■ Se usa con sustantivos incontables para hablar de unidades **4** in one ~ ⇒sano y salvo, sana y salva **5** to be a ~ of cake *(inform)* ⇒estar chupado,da *col.;* ⇒ser pan comido *col.*

†**piece**² /piːs/ [pieced, piecing]
| PHRASAL VERBS
· **to piece** *sth* **together** [M] **1** ⇒encajar las piezas ⇒recomponer algo **2** ⇒reconstruir algo

piecemeal /'piːs.miːl/ *adv* ⇒poco a poco

pier UK: /pɪəʳ/ US: /pɪr/ *n* [c] **1** ⇒embarcadero ⇒muelle **2** ⇒paseo marítimo [sobre un muelle o un malecón]

pierce UK: /pɪəs/ US: /pɪrs/ [pierced, piercing] *v* [T] **1** ⇒atravesar ⇒perforar **2** *(lit) (una luz o un sonido)* ⇒penetrar

piercing UK: /'pɪə.sɪŋ/ US: /'pɪr-/ *adj* **1** *(un sonido)* ⇒agudo,da **2** *(una mirada)* ⇒penetrante **3** *(un viento)* ⇒cortante

piety UK: /'paɪ.ə.ti/ US: /'paɪə.ˤti/ *n* [U] *(form)* ⇒piedad

†**pig** /pɪg/ *n* [c] **1** ⇒cerdo,da ⇒chancho,cha *AMÉR.* **2** *(inform)* ⇒glotón,-a **3** *(inform, offens) (una persona)* ⇒cerdo,da *desp.*

pigeon /'pɪdʒ.ən/ *n* [c] **1** ⇒palomo,ma **2** ⇒pichón

piglet /'pɪg.lət/ *n* [c] ⇒cochinillo

pigment /'pɪg.mənt/ *n* [c, U] ⇒pigmento

pigsty /'pɪg.staɪ/ [*pl* pigsties] *n* [c] **1** ⇒pocilga **2** *(una habitación, un lugar)* ⇒pocilga ⇒leonera

pigtail /'pɪg.teɪl/ *n* [c] **1** *(peinado)* ⇒coleta **2** *(peinado)* ⇒trenza

pike /paɪk/ [*pl* pike] *n* [c, U] **1** *(arma)* ⇒pica ⇒lanza **2** *North Eng (montaña)* ⇒pico **3** *(pez)* ⇒lucio

†**pile**¹ /paɪl/ *n* [c] **1** ⇒montón ⇒pila *col.;* ⇒ruma *AMÉR.* **2** to put things in a pile - amontonar cosas **3** ⇒montón *col.;* ⇒gran cantidad **4** ⇒pila [eléctrica]

†**pile**² /paɪl/ [piled, piling]
| PHRASAL VERBS
· **to pile {in/out}** *(inform)* ⇒{entrar/salir} en tropel
· **to pile** *sth* **up** [M] ⇒amontonar algo ⇒apilar algo

piles /paɪlz/ *n* [PL] *(inform)* ⇒almorranas: *to have piles* - tener almorranas

pile-up /'paɪl.ʌp/ *n* [c] ⇒choque en cadena [de vehículos] ⇒accidente múltiple

pilgrim /'pɪl.grɪm/ *n* [c] ⇒peregrino,na

pilgrimage /'pɪl.grɪ.mɪdʒ/ *n* [c, U] ⇒peregrinación ■ PRON. La a se pronuncia como la i en did

†**pill** /pɪl/ *n* [c] **1** ⇒pastilla ⇒píldora **2** the ~ ⇒la píldora [anticonceptiva] **3** to sugar the ~ ⇒dorar la píldora

pillar UK: /'pɪl.əʳ/ US: /-ɚ/ *n* [c] ⇒pilar: *a marble pillar* - un pilar de mármol

†**pillow** UK: /'pɪl.əu/ US: /-ou/ *n* [c] ⇒almohada

pillowcase UK: /'pɪl.əu.keɪs/ US: /-ou-/ *n* [c] ⇒funda [de almohada]

pilot¹ /'paɪ.lət/ *n* [c] ⇒piloto: *His ambition is to be a pilot* - Su ambición es ser piloto

pilot² /'paɪ.lət/ *v* [T] ⇒pilotar: *to pilot a plane* - pilotar un avión ■ PRON. La primera sílaba se pronuncia como pi en el sustantivo inglés pipe

pimple /'pɪm.pl/ *n* [c] *(en la piel)* ⇒grano ⇒espinilla

†**PIN** *n* [c] ⇒PIN ■ Procede de Personal Identification Number (número de identificación personal)

pin¹ /pɪn/ *n* [c] **1** ⇒alfiler **2** *US* ⇒broche **3** ⇒clavija

pin² /pɪn/ [pinned, pinning] *v* [T] **1** ⇒prender [con alfileres]: *She pinned up the hem of her dress* - Prendió el bajo del vestido con alfileres **2** ⇒inmovilizar ⇒atrapar ■ CONSTR. Se usa generalmente seguido de una preposición o un adverbio
| PHRASAL VERBS
· **to pin** *sb* **down** [M] **1** ⇒conseguir que alguien dé detalles sobre algo **2** ⇒inmovilizar a alguien [en el suelo]

pinball UK: /'pɪn.bɔːl/ US: /-bɑːl/ *n* [U] *(juego)* ⇒flipper ⇒pinball

pincer UK: /'pɪnt.səʳ/ US: /-sɚ/ *n* [c] **1** ⇒tenaza ■ Se usa más en plural **2** *(de animales)* ⇒pinza

pinch¹ /pɪntʃ/ *v* [T] **1** ⇒pellizcar **2** *UK (inform)* ⇒mangar *col.:* *She has pinched my pencil* - Me ha mangado el lápiz

pinch² /pɪntʃ/ [*pl* pinches] *n* [c] **1** ⇒pellizco **2** *(cantidad)* ⇒pellizco ⇒pizca **3** at a ~ *UK (US* in a pinch) *(inform)* ⇒si es necesario ⇒si no queda otra opción

pine[1] /paɪn/ n [C, U] **1** *(madera)* ⇨pino **2** *a pine wood* - un pinar

pine[2] /paɪn/ [pined, pining]
| PHRASAL VERBS
└ **to pine for** *sth/sb* ⇨añorar ⇨echar de menos

pineapple /'paɪnˌæp.l̩/ n [C, U] ⇨piña: *tinned pineapple* - piña en lata

ping[1] v [I] *(al golpear)* ⇨producir un sonido metálico

ping[2] /pɪŋ/ n [C] *(al golpear)* ⇨sonido metálico

↑ **pink** /pɪŋk/ adj, n [C, U] *(color)* ⇨rosa

pinnacle /'pɪn.ə.kl̩/ n [C] **1** *(en un edificio)* ⇨pináculo **2** *(lit)* *(en una montaña)* ⇨pico ⇨cima **3** ⇨cúspide ⇨cenit

pinpoint UK: /'pɪn.pɔɪnt/ US: /'pɪn-/ v [T] ⇨precisar ⇨localizar

↑ **pint** /paɪnt/ n [C] **1** *(unidad de medida)* ⇨pinta **2** *UK (inform)* ⇨cerveza

pin-up /'pɪn.ʌp/ n [C] ⇨foto [de alguien famoso] ⇨póster [de alguien famoso]

pioneer UK: /ˌpaɪəˈnɪə/ US: /-ˈnɪr/ n [C] ⇨pionero,ra: *to be a pioneer in sth* - ser pionero en algo

pioneering UK: /ˌpaɪəˈnɪə.rɪŋ/ US: /-ˈnɪr.ɪŋ/ adj ⇨pionero,ra: *pioneering techniques* - técnicas pioneras

pious /'paɪ.əs/ adj ⇨pío,a

pip /pɪp/ n [C] **1** *UK (US seed)* ⇨pepita ⇨pepa *AMÉR.* **2** ⇨pitido

↑ **pipe** /paɪp/ n [C] **1** ⇨tubería: *a leaking pipe* - una tubería con goteras **2** ⇨pipa ⇨cachimba

pipeline /'paɪp.laɪn/ n [C] **1** ⇨gasoducto **2** ⇨oleoducto **3 to be in the ~** *(un proyecto)* ⇨estar en marcha

piping hot adj, adv *(una comida o una bebida)* ⇨hirviendo ⇨muy caliente

piracy UK: /'paɪ.rə.si/ US: /'paɪr.ə-/ n [U] ⇨piratería

pirate[1] UK: /'paɪ.rət/ US: /'paɪr.ət/ n [C] ⇨pirata

pirate[2] UK: /'paɪ.rət/ US: /'paɪr.ət/ [pirated, pirating] v [T] ⇨piratear: *to pirate a program* - piratear un programa informático

Pisces /'paɪ.siːz/ [pl Pisceses] n [C, U] *(signo del zodíaco)* ⇨piscis

pistol /'pɪs.tᵊl/ n [C] ⇨pistola

piston /'pɪs.tᵊn/ n [C] ⇨pistón ⇨émbolo

↑ **pit** /pɪt/ n [C] **1** ⇨foso **2** ⇨mina ⇨yacimiento **3** *US (UK stone)* *(en algunos frutos)* ⇨hueso ⇨carozo *AMÉR.* **4 the pits** *UK (US the pit)* *(en una carrera de coches)* ⇨boxes **5 to be the pits** *(inform)* ⇨ser una birria *col. desp.*

pitch[1] /pɪtʃ/ v [T, I] **1** *(una pelota, una piedra)* ⇨lanzar **2** *(una persona)* ⇨caer(se) ■ CONSTR. Se usa generalmente seguido de una preposición o un adverbio ■ v [T] **3** *(una tienda de campaña)*

⇨montar **4** *(una nota musical)* ⇨dar **5** *(un instrumento)* ⇨ajustar **6** *(una clase, un discurso)* ⇨ajustar [a un nivel] **7** *(un barco)* ⇨cabecear
| PHRASAL VERBS
│ · **to pitch in** *(inform)* ⇨arrimar el hombro: *Everybody pitched in* - Todo el mundo arrimó el
└ hombro

pitch[2] /pɪtʃ/ [pl pitches] ■ n [C] **1** *UK (US field)* *(en deportes)* ⇨campo ⇨cancha *AMÉR.* **2** *(en béisbol)* ⇨lanzamiento **3** *(en un mercado)* ⇨puesto ■ n [U] **4** *(en música)* ⇨tono ■ Al ser incontable, no tiene plural ■ n [C, U] **5** ⇨discurso [para vender]

pitcher UK: /'pɪtʃ.ə/ US: /-ə/ n [C] **1** *US (en béisbol)* ⇨lanzador,-a **2** *US (UK/US tb jug)* ⇨cántaro ⇨jarra

pitfall UK: /'pɪt.fɔːl/ US: /-faːl/ n [C] ⇨escollo ⇨dificultad ■ Se usa más en plural

pitiful UK: /'pɪt.i.fᵊl/ US: /'pɪˤt̬-/ adj **1** ⇨lastimero,ra **2** ⇨penoso,sa: *He gave me a pitiful excuse* - Me dio una excusa penosa

↑ **pity**[1] UK: /'pɪt.i/ US: /'pɪˤt̬-/ ■ n [U] **1** ⇨compasión ⇨lástima ⇨pena ■ n [NO PL] **2** ⇨pena ⇨lástima **3 to take ~ on** *sb* ⇨apiadarse de alguien ⇨compadecerse de alguien

pity[2] UK: /'pɪt.i/ US: /'pɪˤt̬-/ [pities, pitied] v [T] ⇨compadecer(se): *I pity those affected by the flood* - Compadezco a los afectados por la riada

pivot /'pɪv.ət/ n [C] **1** ⇨pivote **2** ⇨eje

↑ **pizza** /'piːt.sə/ n [C, U] ⇨pizza: *to order a pizza* - encargar una pizza

placard UK: /'plæk.ɑːd/ US: /-aːrd/ n [C] ⇨pancarta

placate UK: /pləˈkeɪt/ US: /'pleɪ.keɪt/ [placated, placating] v [T] *(form)* ⇨apaciguar: *to placate sb* - apaciguar a alguien

↑ **place**[1] /pleɪs/ ■ n [C] **1** ⇨sitio ⇨ubicación **2** ⇨lugar ⇨paraje ⇨población **3** ⇨espacio ⇨sitio ■ n [NO PL] **4** ⇨lugar ⇨puesto **5** *(inform)* ⇨casa **6** ⇨puesto ⇨plaza **7 all over the ~** ⇨por todos lados **8 in ~** ⇨en su sitio **9 out of ~ 1** ⇨descolocado,da **2** ⇨fuera de lugar **10 to take ~** ⇨tener lugar

place[2] /pleɪs/ [placed, placing] ■ v [T, I] **1** ⇨colocar ⇨poner ■ v [T] **2** *I can't place where I know you from* - No sé de dónde, pero te conozco

placing n [C] *(en una carrera o una competición)* ⇨puesto [de clasificación]

plague[1] /pleɪg/ n [C, U] **1** ⇨peste: *bubonic plague* - peste bubónica **2 a ~ of** *sth* ⇨una plaga de algo ⇨una epidemia de algo

plague[2] /pleɪg/ [plagued, plaguing] v [T] ⇨atormentar ⇨mortificar ■ CONSTR. Se usa más en pasiva

plaice /pleɪs/ [pl plaice] n [C, U] *(pez)* ⇨platija

↑ **plain**[1] /pleɪn/ adj **1** ⇨liso,sa ⇨sin dibujo **2** ⇨discreto,ta ⇨sencillo,lla **3** ⇨claro,ra ⇨obvio,via **4** *(una*

P ▇

persona) ⇒poco agraciado,da **5** ⇒simple ⇒normal **6 to make** *sth* ~ ⇒dejar algo claro

plain² /pleɪn/ *n* [C] ⇒llanura

plainly /'pleɪn.li/ *adv* **1** ⇒claramente ⇒con franqueza **2** ⇒evidentemente **3** *It was plainly not a good time* - Estaba claro que no era un buen momento **4** ⇒con ropa sencilla ⇒con sencillez

plaintiff UK: /'pleɪn.tɪf/ US: /-ˤt̬ɪf/ *n* [C] *(en derecho)* ⇒demandante

plait /plæt/ *UK* (*US* **braid**) *n* [C] ⇒trenza: *to wear your hair in plaits* - llevar el pelo con trenzas

† **plan¹** /plæn/ *n* [C] **1** ⇒plan **2** ⇒plano ⇒mapa **3** ⇒esquema ⇒esbozo

† **plan²** /plæn/ [planned, planning] ∎ *v* [T, I] **1** ⇒planificar ⇒planear ∎ CONSTR. 1. to plan + to do sth 2. to plan + interrogativa indirecta ∎ *v* [T] **2** ⇒proyectar ⇒diseñar

|PHRASAL VERBS
· **to plan** *sth* **out** [M] ⇒planificar algo ⇒programar algo
└ mar algo

† **plane** /pleɪn/ *n* [C] **1** ⇒forma abreviada de **aeroplane** y de **airplane** (avión) **2** ⇒nivel ⇒categoría ⇒grado **3** *(en matemáticas)* ⇒plano ⇒superficie **4** *(herramienta)* ⇒cepillo [de carpintero]

† **planet** /'plæn.ɪt/ *n* [C] ⇒planeta: *the planet Earth* - el planeta Tierra

plank /plæŋk/ *n* [C] **1** ⇒tabla ⇒tablón **2** *(lit)* ⇒fundamento: *the main planks of the programme* - los fundamentos del programa

planner UK: /'plæn.əʳ/ US: /-ɚ/ *n* [C] **1** *(persona)* ⇒planificador,-a **2** ⇒aparejador,-a

planning /'plæn.ɪŋ/ *n* [U] **1** ⇒planificación **2** *planning permission* - permiso de obra

≡ P † **plant¹** UK: /plɑːnt/ US: /plænt/ *n* [C] **1** *(en biología)* ⇒planta **2** ⇒fábrica ⇒planta

plant² UK: /plɑːnt/ US: /plænt/ *v* [T] **1** ⇒plantar: *I've planted a rose bush in the garden* - He plantado un rosal en el jardín **2** ⇒sembrar **3** ⇒inculpar

plantation UK: /plæn'teɪ.ʃᵊn/ UK: /plɑːn-/ US: /plæn-/ *n* [C] ⇒plantación: *a tea plantation* - una plantación de té

plaque UK: /plɑːk/ UK: /plæk/ US: /plæk/ ∎ *n* [C] **1** ⇒placa conmemorativa ∎ *n* [U] **2** ⇒sarro

plaster¹ UK: /'plɑː.stəʳ/ US: /'plæs.t̬ɚ/ *n* [U] **1** ⇒escayola ⇒yeso **2** *UK* (*US* **Band-Aid®**) ⇒tirita® ⇒curita® *AMÉR.*

plaster² UK: /'plɑː.stəʳ/ US: /'plæs.t̬ɚ/ *v* [T] **1** ⇒embadurnar(se) **2** ⇒enyesar: *They plastered the walls before painting them* - Enyesaron las paredes antes de pintarlas

† **plastic** /'plæs.tɪk/ *n* [C, U] ⇒plástico: *a plastic bag* - una bolsa de plástico

plastic surgery *n* [U] ⇒cirugía plástica

† **plate** /pleɪt/ *n* [C] **1** *(recipiente)* ⇒plato **2** ⇒lámina [en un libro] **3** ⇒placa [de metal]

plateau UK: /'plæt.əʊ/ US: /plæt̬'oʊ/ [*pl* plateaux, plateaus] *n* [C] ⇒meseta

† **platform** UK: /'plæt.fɔːm/ US: /-fɔːrm/ *n* [C] **1** ⇒andén: *Which platform does the train leave from?* - ¿De qué andén sale el tren? **2** ⇒tribuna **3** *(en política)* ⇒programa electoral

platinum UK: /'plæt.ɪ.nəm/ US: /'plæt̬.nəm/ *n* [U] ⇒platino: *a platinum ring* - un anillo de platino

platoon /plə'tuːn/ *n* [C] ⇒pelotón [militar]

plausible UK: /'plɔː.zə.bl̩/ US: /'plɑː-/ *adj* **1** ⇒verosímil ⇒creíble **2** *(una persona)* ⇒convincente

† **play¹** /pleɪ/ *v* [T, I] **1** ⇒jugar **2** *(en deportes)* ⇒jugar **3** *(en música)* ⇒tocar ⇒interpretar **4** *(una grabación)* ⇒poner **5** *(música)* ⇒sonar **6** *(en cine o teatro)* ⇒representar ⇒interpretar

|PHRASAL VERBS
· **to play along with** *sb* ⇒seguir el juego a alguien
· **to play** *sth* **down** [M] ⇒quitar importancia a algo
· **to play** *sth/sb* **off against** *sth/sb* [M] ⇒enfrentar a alguien contra alguien
└

play² /pleɪ/ ∎ *n* [U] **1** ⇒juego ⇒diversión ∎ Se dice *Chess is a difficult game*. Incorrecto: *Chess is a difficult play* **2** ⇒interacción: *the play of light on the water* - la interacción de la luz sobre el agua **3** ⇒holgura ∎ *n* [C] **4** *US* ⇒jugada **5** ⇒obra de teatro: *to put on a play* - representar una obra de teatro

player UK: /'pleɪ.əʳ/ US: /-ɚ/ *n* [C] **1** ⇒jugador,-a **2** ⇒músico,ca **3** *(form)* ⇒actor, actriz

playful /'pleɪ.fᵊl/ *adj* **1** ⇒juguetón,-a **2** *(un comentario o una acción)* ⇒en broma ⇒de broma

playfully /'pleɪ.fᵊl.i/ *adv* ⇒juguetonamente ⇒de manera juguetona

† **playground** /'pleɪ.graʊnd/ *n* [C] ⇒patio de recreo

playgroup /'pleɪ.gruːp/ *n* [C] ⇒guardería ⇒jardín de infancia

playing card *n* [C] ⇒carta ⇒naipe ∎ Se usa más *card*

playing field *n* [C] *(en deportes)* ⇒campo de juego

playpen /'pleɪ.pen/ *n* [C] *(para niños)* ⇒corralito ⇒parque

playtime /'pleɪ.taɪm/ *n* [U] *(en el colegio o en el instituto)* ⇒recreo

playwright /'pleɪ.raɪt/ *n* [C] ⇒dramaturgo,ga

† **plea** /pliː/ *n* [C] **1** *(form)* ⇒súplica ⇒petición **2** *to make a plea for mercy* - pedir clemencia **3** *(en derecho)* ⇒alegato ⇒alegación ⇒declaración: *a plea of not guilty* - una declaración de inocencia **4** *(form)* ⇒pretexto ⇒excusa

plead /pliːd/, pleaded, pleaded (*US* pled, pled) /plɪd/ ∎ *v* [I] **1** ⇒rogar ⇒suplicar ∎ CONSTR. to plead with sb ∎ *v* [T, I] **2** ⇒declararse: *The defendant pleaded guilty* - El acusado se declaró culpable ∎ *v* [T] **3** ⇒alegar ⇒aducir

† **pleasant** /'plez.ªnt/ *adj* ⇨agradable ⇨grato,ta

pleasantly /'plez.ªnt.li/ *adv* ⇨agradablemente ⇨gratamente

† **please¹** /pliːz/ *excl* **1** ⇨por favor: *Can I borrow your pencil, please?* - ¿Me prestas el lápiz, por favor? **2** *Please accept this small gift* - Le ruego que acepte este pequeño obsequio **3** ~ do! ⇨¡por supuesto!

please² /pliːz/ [pleased, pleasing] *v* [T, I] **1** ⇨agradar ⇨complacer ⇨contentar **2** to ~ oneself *(inform)* ⇨hacer lo que uno quiera

pleased /pliːzd/ *adj* **1** ⇨contento,ta ⇨satisfecho,cha *I am pleased to hear it* - Me alegra saberlo **3** to be ~ to do *sth* ⇨alegrarse de hacer algo ⇨tener el placer de hacer algo ■ PRON: La última *e* no se pronuncia

pleasing /'pliː.zɪŋ/ *adj* **1** ⇨agradable: *to be pleasing to the eye* - ser agradable a la vista **2** ⇨grato,ta

pleasurable UK: /'pleʒ.ªr.ə.bļ/ US: /-ɚ.ə-/ *adj* ⇨placentero,ra ⇨agradable

† **pleasure** UK: /'pleʒ.ɚ/ US: /-ɚ/ *n* [U] **1** ⇨placer ⇨satisfacción **2** to take ~ in *sth* ⇨disfrutar con algo **3** with ~ *(form)* ⇨con mucho gusto

pled /pled/ *US* past tense and past participle forms of **plead**

pledge¹ /pledʒ/ *n* [C] ⇨promesa ⇨compromiso

pledge² /pledʒ/ [pledged, pledging] *v* [T] **1** ⇨prometer: *I pledge to come back soon* - Prometo que volveré pronto ■ CONSTR. to pledge + to do sth **2** ⇨comprometerse: *She pledged not to raise taxes* - Se comprometió a no subir los impuestos

plentiful UK: /'plen.tɪ.fªl/ US: /-ˤtɪ-/ *adj* ⇨abundante: *a plentiful supply of water* - un suministro abundante de agua

† **plenty¹** UK: /'plen.ti/ US: /-ˤti/ *pron* ⇨mucho,cha: *We still have plenty* - Aún tenemos muchos

† **plenty²** UK: /'plen.ti/ US: /-ˤti/ **1** *adv* ⇨de sobra: *We have plenty of time* - Tenemos tiempo de sobra **2** ~ {big/long} enough *(inform)* ⇨lo bastante {grande/largo}

pliers UK: /'plaɪ.əz/ US: /-ɚz/ *n* [PL] ⇨alicate: *two pairs of pliers* - dos alicates

plight /plaɪt/ *n* [NO PL] ⇨situación grave ⇨crisis

plonk UK: /plɒŋk/ US: /plɑːŋk/ *UK v* [T, I] *(inform)* ⇨plantificar *col.* ■ CONSTR. Se usa generalmente seguido de una preposición o un adverbio

│ PHRASAL VERBS
│ · to plonk *oneself* down *(inform)* ⇨dejarse
└ caer ⇨tumbarse

plot¹ UK: /plɒt/ US: /plɑːt/ *n* [C] **1** *(de un libro o de una película)* ⇨trama ⇨argumento **2** ⇨complot **3** *(de un terreno)* ⇨parcela ⇨solar ⇨lote *AMÉR.*

plot² UK: /plɒt/ US: /plɑːt/ [plotted, plotting] ■ *v* [T, I] ⇨tramar ⇨conspirar ■ CONSTR. to plot + to do sth ■ *v* [T] **2** ⇨trazar

plough¹ /plaʊ/ *UK (US* plow*) n* [C] ⇨arado

plough² /plaʊ/ *UK (US* plow*) v* [T, I] ⇨arar: *to plough the land* - arar la tierra

│ PHRASAL VERBS
│ · to plough *sth* back [M] ⇨reinvertir algo
│ · to plough into *sth* ⇨chocar fuertemente contra algo
│ · to plough through *sth* **1** ⇨abrirse paso **2**
└ ⇨acabar algo [con dificultad]

plover UK: /'plʌv.ɚ/ US: /-ɚ/ [*pl* plover, plovers] *n* [C] *(ave)* ⇨chorlito

plow *US n* [C], *v* [T, I] See **plough**

ploy /plɔɪ/ *n* [C] ⇨estratagema ⇨táctica ⇨truco

pluck /plʌk/ ■ *v* [T] **1** ⇨desplumar: *We plucked the turkey before cooking it* - Desplumamos el pavo antes de cocinarlo **2** ⇨arrebatar: *I plucked it out of her hand* - Se lo arrebaté de las manos **3** *(lit) (una hoja, una fruta, una flor)* ⇨arrancar ⇨coger ■ *v* [T, I] **4** *(un instrumento de cuerda)* ⇨puntear **5** to ~ up the courage to do *sth (inform)* ⇨armarse de valor para hacer algo

plug¹ /plʌg/ *n* [C] **1** ⇨enchufe [de un aparato] **2** ⇨tapón [de la bañera o del lavabo] **3** *(inform)* ⇨anuncio

SOCKET

PLUG

PLUG

plug² /plʌg/ [plugged, plugging] *v* [T] **1** ⇨tapar ⇨sellar ⇨rellenar **2** ⇨promocionar **3** *(los oídos)* ⇨taponar(se) **4** ⇨pegar [a alguien] **5** ⇨pegar un tiro [a alguien]

│ PHRASAL VERBS
│ · to plug *sth* in ⇨enchufar algo ⇨conectar algo ⇨prender algo *AMÉR.*
│ · to plug *sth* into *sth* ⇨conectar algo a algo
└ ⇨enchufar

† **plum** /plʌm/ *n* [C] **1** ⇨ciruela **2** ⇨ciruelo

plumage /'pluː.mɪdʒ/ *n* [U] ⇨plumaje ■ PRON. La sílaba *age* se pronuncia como *ich* en *sandwich*

plumber UK: /'plʌm.ɚ/ US: /-ɚ/ *n* [C] ⇨fontanero,ra ⇨plomero,ra *AMÉR.;* ⇨gásfiter *AMÉR.*

P ▪

plumbing /ˈplʌm.ɪŋ/ *n* [U] **1** ⇒tuberías ⇒cañerías **2** ⇒fontanería ⇒plomería *AMÉR.*

plummet /ˈplʌm.ɪt/ *v* [I] ⇒desplomar(se) ⇒caer en picado

plump¹ /plʌmp/ *adj* ⇒rollizo,za ⇒gordito,ta *col.*

plump² /plʌmp/ *UK v* [T] *(una almohada, un cojín)* ⇒mullir

│ PHRASAL VERBS
│ · **to plump** *(sth/sb)* **down** [M] *(inform)* ⇒dejar-
└ se caer ⇒caer pesadamente

plunder UK: /ˈplʌn.dəʳ/ US: /-dəˌ/ *n* [U] **1** ⇒saqueo **2** ⇒botín

plunder UK: /ˈplʌn.dəʳ/ US: /-dəˌ/ *v* [T, I] ⇒saquear

plunge¹ /plʌndʒ/ [plunged, plunging] *v* [T, I] **1** ⇒zambullirse: *to plunge into the water* - zambullirse en el agua **2** ⇒hundir ⇒meter **3** *(en economía)* ⇒experimentar un gran descenso ⇒caer en picado

│ PHRASAL VERBS
│ · **to plunge** *sth* **into** *sth* **1** ⇒hundir algo en algo
└ **2** *(en un líquido)* ⇒sumergir algo

plunge² /plʌndʒ/ *n* [C] **1** ⇒zambullida **2** ⇒caída **3 to take the ~** *(inform)* ⇒dar un paso decisivo ⇒lanzarse a la piscina *col.*

↑**plural** UK: /ˈpluə.rəl/ US: /ˈplur.[ə]l/ *adj, n* [C, U] ⇒plural ■ Ver cuadro

↑**plus¹** /plʌs/ *prep* **1** ⇒más: *Two plus three is five* - Dos más tres son cinco **2** ⇒además de: *I have his latest CD plus his DVD* - Tengo su último CD además de su DVD

plus² /plʌs/ *adj* **1** ⇒como mínimo **2** *(en matemáticas)* ⇒positivo,va **3** *(inform)* ⇒favorable: *a plus point* - un punto favorable

plus³ /plʌs/ *conj (inform)* ⇒además

plus⁴ /plʌs/ *[pl* plusses, pluses] *n* [C] **1** *(en matemáticas)* ⇒más ⇒signo más **2** ⇒ventaja ⇒punto a favor

plush /plʌʃ/ *adj (inform)* ⇒lujoso,sa ⇒magnífico,ca

Pluto UK: /ˈpluː.təu/ US: /-t̬ou/ *n* [NO PL] *(planeta enano)* ⇒Plutón

plutonium UK: /pluːˈtəu.ni.əm/ US: /-ˈtou-/ *n* [U] *(en química)* ⇒plutonio

ply /plaɪ/ [plies, plied] *v* [T, I] **1** *(old-fash)* ⇒hacer un trayecto ■ CONSTR. Se usa generalmente seguido de las preposiciones between y across **2 to ~ one's trade** *(form)* ⇒desempeñar su trabajo ⇒ejercer su profesión

│ PHRASAL VERBS
│ · **to ply** *sb* **with** *sth* **1** ⇒cebar a alguien [con
│ comida o bebida] *col.*: *Greg plied us with food*
│ *all evening* - Greg nos cebó con comida toda
└ la tarde **2** ⇒acosar a alguien [con preguntas]

plywood /ˈplaɪ.wud/ *n* [U] ⇒contrachapado

PM /ˌpiːˈem/ *n* [U] ⇒forma abreviada de **Prime Minister** (primer,-a ministro,tra)

↑**p.m.** /ˌpiːˈem/ *adv* ⇒de la tarde: *The train leaves at 4 p.m.* - El tren sale a las 4 de la tarde ■ Cuando se dice *p.m.* no se dice *o'clock* ■ Procede de *post meridiem* (después del mediodía)

pneumatic UK: /njuːˈmæt.ɪk/ US: /nuːˈmæt̬-/ *adj* ⇒neumático,ca: *a pneumatic drill* - un taladro neumático

pneumonia UK: /njuːˈməu.ni.ə/ US: /nuːˈmou.njə/ *n* [U] ⇒neumonía ⇒pulmonía

poach UK: /pəutʃ/ US: /poutʃ/ [poaches] ■ *v* [T, I] **1** ⇒cazar furtivamente **2** ⇒pescar furtivamente **3** *(a una persona)* ⇒persuadir [para que trabaje por alguien] ■ *v* [T] **4** *(un huevo)* ⇒escalfar **5** *(un alimento)* ⇒hervir ⇒cocer **6** ⇒robar ⇒apropiarse ⇒quitar

poacher UK: /ˈpəu.tʃəʳ/ US: /ˈpou.tʃəˌ/ *n* [C] **1** ⇒cazador furtivo, cazadora furtiva **2** ⇒pescador furtivo, pescadora furtiva

↑**pocket¹** UK: /ˈpɒk.ɪt/ US: /ˈpaː.kɪt/ *n* [C] **1** ⇒bolsillo: *to take sth out of your pocket* - sacar algo del bolsillo **2** ⇒foco ⇒núcleo **3 to be out of ~** ⇒terminar perdiendo [dinero] ⇒salir perdiendo [dinero]

pocket² UK: /ˈpɒk.ɪt/ US: /ˈpaː.kɪt/ *v* [T] **1** ⇒guardar(se) en el bolsillo ⇒meter(se) en el bolsillo **2** ⇒robar

pocketful UK: /ˈpɒk.ɪt.fʊl/ US: /ˈpaː.kɪt-/ *n* [C] ⇒puñado: *a pocketful of change* - un puñado de monedas

pocketknife UK: /ˈpɒk.ɪt.naɪf/ US: /ˈpaː.kɪt-/ *[pl* pocketknives] *n* [C] ⇒navaja

pod UK: /pɒd/ US: /paːd/ *n* [C] **1** *(en una planta)* ⇒vaina **2** *(en aviación)* ⇒tanque

podium UK: /ˈpəu.di.əm/ US: /ˈpou-/ *[pl* podiums, podia] *n* [C] ⇒podio

↑**poem** UK: /ˈpəu.ɪm/ US: /ˈpou.əm/ *n* [C] ⇒poema ⇒poesía

poet UK: /ˈpəu.ɪt/ US: /ˈpou.ət/ *n* [C] ⇒poeta ⇒poetisa

poetic UK: /pəuˈet.ɪk/ US: /pouˈet̬-/ *adj* ⇒poético,ca: *a poetic licence* - una licencia poética

poetry UK: /ˈpəu.ɪ.tri/ US: /ˈpou.ə-/ *n* [U] ⇒poesía

poignant /ˈpɔɪ.njənt/ *adj* ⇒conmovedor,-a: *It was a poignant moment* - Fue un momento conmovedor

↑**point¹** /pɔɪnt/ ■ *n* [C] **1** ⇒punta: *Be careful with the point of the pin* - Ten cuidado con la punta del alfiler **2** *(en deportes)* ⇒punto ⇒tanto **3** ⇒momento: *Just at that point, Peter sneezed* - Justo en ese momento, Peter estornudó ■ Se dice *at that point*. Incorrecto: *in that point* **4** *(en geometría)* ⇒punto **5** *(en matemáticas)* ⇒con ⇒coma **6** *(medida)* ⇒punto **7** ⇒lugar ⇒punto **8** *(calidad)*

plural forms of nouns

- El plural de los nombres se forma normalmente añadiendo una "-s":

 · *a car* $\longrightarrow$ *two cars*
 (un coche $\longrightarrow$ dos coches)

 · *a boy* $\longrightarrow$ *some boys*
 (un niño $\longrightarrow$ varios niños)

- Cuando el nombre termina en "-ch", "-sh", "-s", "-x" o "-z", se añade "-es":

 · *a watch* $\longrightarrow$ *two watches*
 (un reloj $\longrightarrow$ dos relojes)

 · *the ash* $\longrightarrow$ *the ashes*
 (la ceniza $\longrightarrow$ las cenizas)

 · *a bus* $\longrightarrow$ *three buses*
 (un autobús $\longrightarrow$ tres autobuses)

 · *my boss* $\longrightarrow$ *my bosses*
 (mi jefe $\longrightarrow$ mis jefes)

 · *a box* $\longrightarrow$ *four boxes*
 (una caja $\longrightarrow$ cuatro cajas)

- Cuando el nombre termina en consonante + "y", la "y" se convierte en "i" y se añade "-es":

 · *a baby* $\longrightarrow$ *two babies*
 (un bebé $\longrightarrow$ dos bebés)

 · *a city* $\longrightarrow$ *two cities*
 (una ciudad $\longrightarrow$ dos ciudades)

- Cuando el nombre termina en "-f" o en "-fe", la "f" se convierte en "v" y se añade "-es" o "-s", respectivamente:

 · *a thief* $\longrightarrow$ *two thieves*
 (un ladrón $\longrightarrow$ dos ladrones)

 · *a knife* $\longrightarrow$ *two knives*
 (un cuchillo $\longrightarrow$ dos cuchillos)

 Atención: el plural de "roof" es "roofs".

- Algunos nombres que terminan en "-o" forman su plural añadiendo "-es":

 · *a potato* $\longrightarrow$ *two potatoes*
 (una patata $\longrightarrow$ dos patatas)

 · *a tomato* $\longrightarrow$ *two tomatoes*
 (un tomate $\longrightarrow$ dos tomates)

P

Algunos nombres tienen **plurales irregulares:**

child (niño) $\longrightarrow$ *children* (niños)

man (hombre) $\longrightarrow$ *men* (hombres)

woman (mujer) $\longrightarrow$ *women* (mujeres)

person (persona) $\longrightarrow$ *people* (personas)

foot (pie) $\longrightarrow$ *feet* (pies)

tooth (diente) $\longrightarrow$ *teeth* (dientes)

goose (ganso) $\longrightarrow$ *geese* (gansos)

mouse (ratón) $\longrightarrow$ *mice* (ratones)

Atención: los plurales irregulares nunca llevan "-s" al final.

Las palabras, como "people" y "children", que son sustantivos contables, en plural, hacen la concordancia en plural:

· *There <u>are</u> many people in the waiting room.*
(Hay muchas personas en la sala de espera.)

Hay otros plurales irregulares que tienen la misma forma que su correspondiente singular:

· *deer* (ciervo/ciervos)

· *sheep* (oveja/ovejas)

⇨punto **9** *(en geografía)* ⇨promontorio **10** ⇨cuestión ⇨punto ∎ *n* [NO PL] **11** ⇨razón ⇨motivo **12** ⇨sentido: *There is no point in waiting any longer* - No tiene sentido seguir esperando **13** *to be beside the ~* ⇨no tener nada que ver ⇨ser irrelevante **14** *to the ~* **1** ⇨conciso,sa: *Her article is short and to the point* - Su artículo es breve y conciso **2** ⇨al grano *col.*: *to get to the point* - ir al grano

† **point²** /pɔɪnt/ *v* [T, I] **1** ⇨señalar [con el dedo] **2** ⇨apuntar **3** ⇨mirar [hacia una dirección] **4** *(en una pared, en un muro)* ⇨repasar las juntas ⇨rejuntar

| PHRASAL VERBS
· **to point sth/sb out** [M] **1** ⇨señalar ⇨indicar **2** └ ⇨señalar ⇨apuntar

point-blank¹ /ˌpɔɪntˈblæŋk, '--/ *adj* **1** ⇨categórico,ca ⇨rotundo,da ⇨tajante **2** *a ~ range* ⇨a quemarropa ⇨a bocajarro

point-blank² /ˌpɔɪntˈblæŋk, '--/ *adv* **1** ⇨categóricamente ⇨rotundamente ⇨tajantemente **2** ⇨a quemarropa ⇨a bocajarro

pointed UK: /ˈpɔɪn.tɪd/ US: /-t̬ɪd/ *adj* **1** ⇨puntiagudo,da ⇨afilado,da **2** ⇨malintencionado,da: *a pointed comment* - un comentario malintencionado ∎ PRON. La *e* se pronuncia como la *i* en *did*

pointer UK: /ˈpɔɪn.tər/ US: /-t̬ɚ/ *n* [C] **1** ⇨sugerencia: *¿Can you give me a pointer?* - ¿Tienes alguna sugerencia? **2** ⇨pista ⇨indicador **3** *(instrumento)* ⇨aguja ⇨indicador **4** ⇨puntero [para señalar] **5** ⇨perro de muestra

pointing *n* [U] *(en construcción)* ⇨junta

pointless /ˈpɔɪnt.ləs/ *adj* **1** ⇨sin sentido **2** ⇨inútil: *It would be pointless to call her again* - Sería inútil llamarla de nuevo

∎P

poise /pɔɪz/ *n* [U] **1** ⇨aplomo **2** ⇨elegancia ⇨garbo

poised /pɔɪzd/ *adj* **1** ⇨con aplomo ⇨sereno,na **2** ⇨preparado,da: *poised to leave* - preparado para partir **3** ⇨suspendido,da: *poised in the air* - suspendido en el aire

poison¹ /ˈpɔɪ.zᵊn/ *n* [C, U] ⇨veneno

poison² /ˈpɔɪ.zᵊn/ *v* [T] ⇨envenenar

poisoning /ˈpɔɪ.zᵊn.ɪŋ/ *n* [U] ⇨envenenamiento

poisonous /ˈpɔɪ.zᵊn.əs/ *adj* **1** ⇨venenoso,sa ⇨tóxico,ca **2** ⇨pernicioso,sa ⇨malicioso,sa

poke UK: /pəʊk/ US: /poʊk/ [poked, poking] *v* [T] **1** ⇨meter **2** ⇨dar [golpes] **3** *(el fuego)* ⇨atizar **4** *to ~ {out/round/through}* ⇨asomar

| PHRASAL VERBS
· **to poke {about/around}** *(inform)* ⇨fisgonear └ ⇨fisgar

poker UK: /ˈpəʊ.kər/ US: /ˈpoʊ.kɚ/ ∎ *n* [U] **1** ⇨póquer: *to play poker* - jugar al poker ∎ *n* [C] **2** ⇨atizador [de fuego]

poker-faced UK: /ˈpəʊ.kə.feɪst/ US: /ˈpoʊ.kɚ-/ *adj* ⇨de rostro imperturbable ⇨de rostro impávido

poky UK: /ˈpəʊ.ki/ US: /ˈpoʊ-/ *adj* [*comp* pokier, *superl* pokiest] **1** *UK (inform) (un sitio)* ⇨diminuto,ta **2** *US (inform)* ⇨muy lento,ta

Poland UK: /ˈpəʊ.lənd/ US: /ˈpoʊ-/ *n* [U] ⇨Polonia

polar UK: /ˈpəʊ.lər/ US: /ˈpoʊ.lɚ/ *adj* **1** ⇨polar: *the polar ice caps* - los casquetes polares **2** *polar opposites* - polos opuestos

polar bear *n* [C] ⇨oso,sa polar

† **Pole** *n* [C] ⇨polaco,ca

† **pole** UK: /pəʊl/ US: /poʊl/ *n* [C] **1** *(en geografía)* ⇨polo **2** ⇨palo ⇨vara **3** ⇨poste **4** *to be poles apart* ⇨ser polos opuestos ⇨ser completamente diferentes

† **pole vault** *(tb* vault*)* *n* [NO PL] ⇨salto con pértiga

† **police¹** /pəˈliːs/ *n* [PL] ⇨policía

police² /pəˈliːs/ [policed, policing] *v* [T] *(la policía)* ⇨vigilar ⇨controlar

† **policeman** /pəˈliːs.mən/ [*pl* policemen] *n* [C] ⇨policía

policemen *n* [PL] See **policeman**

† **police officer** *n* [C] ⇨agente de policía

police station *n* [C] ⇨comisaría [de policía]: *Where is the nearest police station?* - ¿Dónde está la comisaría más cercana?

policewoman /pəˈliːsˌwʊm.ən/ [*pl* policewomen] *n* [C] ⇨policía ⇨mota *AMÉR.*

† **policy** UK: /ˈpɒl.ə.si/ US: /ˈpɑː.lə-/ [*pl* policies] ∎ *n* [C, U] **1** ⇨política: *the government's foreign policy* - la política exterior del gobierno ∎ *n* [C] **2** ⇨póliza [de seguros] ∎ Distinto de *police* (policía)

polio UK: /ˈpəʊ.li.əʊ/ US: /ˈpoʊ.li.oʊ/ *n* [U] *(en medicina)* ⇨polio

Polish¹ UK: /ˈpəʊ.lɪʃ/ US: /ˈpoʊ-/ *n* [U] **1** *(idioma)* ⇨polaco **2** *the ~ (gentilicio)* ⇨los polacos, las polacas ∎ El singular es *a Pole*

Polish² /ˈpɔɪzd/ UK: /ˈpəʊ.lɪʃ/ US: /ˈpoʊ-/ *adj* ⇨polaco,ca

polish¹ UK: /ˈpɒl.ɪʃ/ US: /ˈpɑː.lɪʃ/ *v* [T] **1** ⇨sacar brillo: *He polished his shoes before going out* - Sacó brillo a los zapatos antes de salir **2** *(una superficie)* ⇨pulir **3** ⇨encerar **4** *(una habilidad, una técnica)* ⇨pulir ⇨perfeccionar **5** *(los modales)* ⇨refinar

| PHRASAL VERBS
· **to polish sth off** [M] **1** *(inform)* ⇨zampar(se) algo *col.*: *He polished off the cake* - Se zampó toda la tarta **2** *(inform) (el trabajo)* ⇨cepillarse *col.;* ⇨despachar ⇨terminar [rápidamente]
· **to polish sb off** [M] *(inform)* ⇨cargarse a alguien *col.;* ⇨cepillarse *col.*

polish² UK: /ˈpɒl.ɪʃ/ US: /ˈpɑː.lɪʃ/ ∎ *n* [C, U] **1** ⇨betún [de los zapatos] **2** ⇨cera **3** ⇨esmalte [de uñas] ∎ *n* [NO PL] **4** ⇨brillo ⇨lustre **5** ⇨elegancia ⇨refinamiento

polished UK: /ˈpɒl.ɪʃt/ US: /ˈpɑː.lɪʃt/ *adj* **1** ⇨brillante ⇨pulido,da **2** ⇨distinguido,da ⇨refinado,da **3** ⇨impecable: *a polished performance* - una actuación impecable

pore

† **polite** /pəˈlaɪt/ *adj* **1** ⇒educado,da ⇒cortés **2** *(un comportamiento)* ⇒correcto,ta ⇒amable

politely /pəˈlaɪt.li/ *adv* ⇒cortésmente ⇒educadamente

politeness /pəˈlaɪt.nəs/ *n* [U] ⇒educación ⇒cortesía

political UK: /pəˈlɪt.ɪ.kᵊl/ US: /-ˈlɪt̬.ə-/ *adj* **1** ⇒político,ca **2** *He is a political animal* - Lleva la política en la sangre

politically correct *adj* ⇒políticamente correcto,ta ■ La forma abreviada es *PC*

politician UK: /ˌpɒl.ɪˈtɪʃ.ᵊn/ US: /ˌpɑː.ləˈ-/ *n* [C] ⇒político,ca: *an astute politician* - un político astuto

† **politics** UK: /ˈpɒl.ɪ.tɪks/ US: /ˈpɑː.lə-/ ■ *n* [U] **1** *(actividad)* ⇒política **2** ⇒relaciones de poder ■ Se puede usar con el verbo en singular o en plural ■ *n* [U] **3** *(disciplina)* ⇒ciencias políticas

† **poll** UK: /pəʊl/ US: /poʊl/ *n* [C] **1** ⇒encuesta ⇒sondeo **2** ⇒votación **3** ⇒elección

pollen UK: /ˈpɒl.ən/ US: /ˈpɑː.lən/ *n* [U] ⇒polen

† **pollute** /pəˈluːt/ [polluted, polluting] *v* [T] **1** ⇒contaminar **2** ⇒corromper

pollution /pəˈluː.ʃᵊn/ *n* [U] ⇒contaminación: *pollution levels* - niveles de contaminación

polo /ˈpəʊ.ləʊ/ US: /ˈpoʊ.loʊ/ *n* [U] *(deporte)* ⇒polo

polo neck *UK* (*US* turtleneck) *n* [C] ⇒cuello vuelto: *a polo neck sweater* - un jersey de cuello vuelto

polyester UK: /ˌpɒl.iˈes.təʳ/ US: /ˌpɑː.liˈes.tə/ *n* [U] ⇒poliéster

Polynesia UK: /ˌpɒl.ɪˈniː.ʒə/ US: /ˌpɑː.lə-/ *n* [U] ⇒Polinesia

Polynesian UK: /ˌpɒl.ɪˈniː.ʒən/ US: /ˌpɑː.lə-/ *adj, n* [C] ⇒polinesio,sia

polythene UK: /ˈpɒl.ɪ.θiːn/ US: /ˈpɑː.lɪ-/ *UK n* [U] *(sustancia sintética)* ⇒polietileno

pomp UK: /pɒmp/ US: /pɑːmp/ *n* [U] ⇒pompa ⇒ostentación

pompous UK: /ˈpɒm.pəs/ US: /ˈpɑːm-/ *adj* **1** ⇒ampuloso,sa ⇒grandilocuente **2** *(una persona)* ⇒ostentoso,sa ⇒presumido,da

† **pond** UK: /pɒnd/ US: /pɑːnd/ *n* [C] ⇒estanque ⇒charca

ponder UK: /ˈpɒn.dəʳ/ US: /ˈpɑːn.də/ *v* [T, I] *(lit)* ⇒cavilar ⇒reflexionar ■ CONSTR. to ponder + interrogativa indirecta

pony UK: /ˈpəʊ.ni/ US: /ˈpoʊ-/ [*pl* ponies] *n* [C] ⇒poni: *to ride a pony* - montar en poni

ponytail UK: /ˈpəʊ.ni.teɪl/ US: /ˈpoʊ.ni.teɪl/ *n* [C] ⇒cola de caballo ⇒coleta

poo /puː/ *n* [C, U] ⇒caca *col.* ■ Pertenece al lenguaje infantil

poodle /ˈpuː.dl̩/ *n* [C] ⇒caniche

pool¹ /puːl/ ■ *n* [C] **1** ⇒charca ⇒estanque **2** *(tb swimming pool)* ⇒piscina ⇒alberca *AMÉR.;* ⇒pileta *AMÉR.* **3** ⇒charco **4** ⇒grupo ⇒colección **5** ⇒reserva ■ *n* [U] **6** ⇒billar americano

pool² /puːl/ *v* [T] ⇒aunar ⇒juntar ⇒poner en común

pools *n* [PL] ⇒quiniela: *to do the pools* - jugar a la quiniela

† **poor** UK: /pɔːʳ/ US: /pʊr/ *adj* **1** ⇒pobre ⇒indigente **2** ⇒pobre ⇒que da lástima **3** ⇒malo,la ⇒pobre ⇒insuficiente

poorly¹ UK: /ˈpɔː.li/ US: /ˈpʊr-/ *adv* **1** ⇒pobremente **2** ⇒mal: *poorly paid* - mal pagado

poorly² UK: /ˈpɔː.li/ US: /ˈpʊr-/ *UK adj (inform)* ⇒enfermo,ma ⇒pachucho,cha *col.*

pop¹ UK: /pɒp/ US: /pɑːp/ ■ *n* [U] **1** *(género musical)* ⇒pop **2** *(estilo)* ⇒pop **3** *(inform)* ⇒refresco [con gas] ■ *n* [C] **4** *(sonido)* ⇒taponazo ⇒pequeño estallido ■ *n* [NO PL] **5** *US (inform)* ⇒papá *col.*

pop² UK: /pɒp/ US: /pɑːp/ [popped, popping] ■ *v* [T, I] **1** ⇒reventar ⇒estallar ■ *v* [T] **2** *(inform)* ⇒poner ⇒meter ■ CONSTR. Se usa generalmente seguido de una preposición o un adverbio **3** to ~ {in/over} *(inform)* ⇒pasar(se) **4** to ~ out *(inform)* ⇒salir un momento
|PHRASAL VERBS
└ **to pop up** *(inform)* ⇒aparecer de repente

popcorn UK: /ˈpɒp.kɔːn/ US: /ˈpɑːp.kɔːrn/ *n* [U] ⇒palomitas [de maíz] ⇒cabritas *AMÉR.*

† **pope** UK: /pəʊp/ US: /poʊp/ *n* [C] ⇒papa

poplar UK: /ˈpɒp.ləʳ/ US: /ˈpɑː.plə/ *n* [C] *(árbol)* ⇒chopo

poppy UK: /ˈpɒp.i/ US: /ˈpɑː.pi/ [*pl* poppies] *n* [C] ⇒amapola: *poppy seeds* - semillas de amapola

pop star *n* [C] ⇒estrella del pop

† **popular** UK: /ˈpɒp.ju.ləʳ/ US: /ˈpɑː.pjə.lə/ *adj* **1** ⇒popular ⇒estimado,da [por otras personas] **2** ⇒popular ⇒del pueblo **3** ⇒popular ⇒generalizado,da

popularity UK: /ˌpɒp.juˈlær.ə.ti/ US: /ˌpɑː.pjəˈler.ə.t̬i/ *n* [U] ⇒popularidad: *Her popularity waned after this* - Su popularidad decayó después de esto

popularize UK: /ˈpɒp.ju.lə.raɪz/ US: /ˈpɑː.pjə-/ [popularized, popularizing] *v* [T] ⇒popularizar

† **population** UK: /ˌpɒp.juˈleɪ.ʃᵊn/ US: /ˌpɑː.pjə-/ *n* [C] ⇒población ■ Por ser un nombre colectivo se puede usar con el verbo en singular o en plural

porcelain UK: /ˈpɔː.sᵊl.ɪn/ US: /ˈpɔːr-/ *n* [U] **1** ⇒porcelana: *fine porcelain* - porcelana fina **2** ⇒objeto de porcelana

porch UK: /pɔːtʃ/ US: /pɔːrtʃ/ [*pl* porches] *n* [C] **1** ⇒porche **2** *US* (*UK/US tb* veranda) ⇒terraza [de una casa]

pore¹ UK: /pɔːʳ/ US: /pɔːr/ *n* [C] ⇒poro

P

pore² UK: /pɔː'/ US: /pɔːr/
| PHRASAL VERBS
· **to pore over** *(un documento, un dato)* ⇒estudiar minuciosamente

↑ **pork** UK: /pɔːk/ US: /pɔːrk/ *n* [U] ⇒carne de cerdo: *pork chops* - chuletas de cerdo

pornography UK: /pɔːˈnɒɡ.rə.fi/ US: /pɔːrˈnɑː.ɡrə-/ *n* [U] ⇒pornografía ■ La forma abreviada es *porn*

porous UK: /ˈpɔː.rəs/ US: /ˈpɔːr.əs/ *adj* ⇒poroso,sa: *a porous rock* - una roca porosa

porridge UK: /ˈpɒr.ɪdʒ/ US: /ˈpɔːr-/ *n* [U] ⇒copos de avena ⇒gachas de avena

↑ **port** UK: /pɔːt/ US: /pɔːrt/ ■ *n* [c, U] **1** ⇒puerto ⇒embarcadero **2** ⇒puerto ⇒localidad portuaria ■ *n* [c] **3** *Aus* ⇒maleta ⇒bolsa ■ *n* [U] **4** *(vino)* ⇒Oporto **5** *(en una embarcación)* ⇒babor

portable UK: /ˈpɔː.tə.bl̩/ US: /ˈpɔːr.t̬ə-/ *adj* ⇒portátil: *a portable radio* - una radio portátil

porter UK: /ˈpɔː.tə'/ US: /ˈpɔːr.t̬ə/ *n* [c] **1** *(en una estación, en un aeropuerto)* ⇒mozo de equipajes ⇒maletero,ra *AMÉR.* **2** *(en un hotel)* ⇒botones ⇒maletero,ra *AMÉR.* **3** *(en un hospital)* ⇒celador,-a **4** *(en la montaña, en la jungla)* ⇒porteador,-a

portfolio UK: /pɔːtˈfəʊ.li.əʊ/ US: /pɔːrtˈfoʊ.li.oʊ/ *n* [c] **1** ⇒muestra de fotos o dibujos **2** ⇒cartera [ministerial] **3** *(en economía)* ⇒cartera [de acciones] **4** *(en una empresa)* ⇒cartera [de productos]

porthole UK: /ˈpɔːt.həʊl/ US: /ˈpɔːrt.hoʊl/ *n* [c] *(en un barco)* ⇒portilla

↑ **portion** UK: /ˈpɔː.ʃ°n/ US: /ˈpɔːr-/ *n* [c] **1** ⇒porción ⇒parte **2** *(en un restaurante)* ⇒ración **3** *(de tarta, de queso)* ⇒trozo

↑ **portrait** UK: /ˈpɔː.trət/ UK: /-treɪt/ US: /ˈpɔːr.trɪt/ *n* [c] ⇒retrato: *to sit for a portrait* - hacerse un retrato

↑ **portray** UK: /pɔːˈtreɪ/ US: /pɔːr-/ *v* [T] **1** ⇒retratar **2** ⇒representar ⇒describir **3** *(un papel)* ⇒interpretar ⇒representar

Portugal UK: /ˈpɔː.tʃə.ɡəl/ US: /ˈpɔːr-/ *n* [U] ⇒Portugal: *I've only been to Portugal once* - Solo he estado una vez en Portugal

Portuguese¹ UK: /ˌpɔː.tʃəˈɡiːz/ US: /ˌpɔːr-/ ■ *n* [U] **1** *(idioma)* ⇒portugués ■ *n* [c] **2** *(gentilicio)* ⇒portugués,-a

Portuguese² UK: /ˌpɔː.tʃəˈɡiːz/ US: /ˌpɔːr-/ *adj* ⇒portugués,-a

↑ **pose¹** UK: /pəʊz/ US: /poʊz/ [posed, posing] *v* [I] **1** *(para un cuadro, para una foto)* ⇒posar **2** *UK* ⇒llamar la atención
| PHRASAL VERBS
└ **to pose as sb** ⇒hacerse pasar por alguien

pose² UK: /pəʊz/ US: /poʊz/ ■ *n* [c] **1** ⇒pose ⇒postura ⇒posición ■ *n* [NO PL] **2** ⇒pose ⇒fingimiento ⇒afectación

≡ P

↑ **posh** UK: /pɒʃ/ US: /pɑːʃ/ *adj* **1** *(inform)* ⇒de lujo ⇒de clase **2** *UK (inform)* ⇒pijo,ja *col. desp.*

↑ **position¹** /pəˈzɪʃ.°n/ ■ *n* [c] **1** ⇒ubicación ⇒situación **2** *(form)* ⇒opinión ⇒postura **3** ⇒situación ⇒posición **4** ⇒colocación ⇒puesto ⇒empleo **5** ⇒puesto ⇒posición ■ *n* [c, U] **6** ⇒posición ⇒postura **7** to be in a ~ to do *sth* ⇒estar en posición de hacer algo

position² /pəˈzɪʃ.°n/ *v* [T] ⇒colocar(se) ⇒posicionar(se) ■ CONSTR. Se usa más como reflexivo

↑ **positive** UK: /ˈpɒz.ə.tɪv/ US: /ˈpɑː.zə.t̬ɪv/ *adj* **1** ⇒positivo,va **2** ⇒convencido,da ⇒seguro,ra ■ CONSTR. 1. positive + (that) 2. Se usa detrás de un verbo **3** *(en medicina)* ⇒positivo,va

positively UK: /ˈpɒz.ə.tɪv.li/ US: /ˈpɑː.zə.t̬ɪv-/ *adv* **1** ⇒positivamente ⇒favorablemente **2** ⇒rotundamente **3** ⇒con seguridad ⇒decididamente

↑ **possess** /pəˈzes/ [possesses] *v* [T] **1** *(form)* ⇒poseer **2** *What possessed you to say that?* - ¿Qué te ha dado para decir eso?

possession /pəˈzeʃ.°n/ *n* [c, U] *(form)* ⇒posesión ■ Se usa más en plural

possessive /pəˈzes.ɪv/ *adj* ⇒posesivo,va ■ Ver cuadro

possessive adjectives and pronouns	
Se usan los adjetivos y pronombres posesivos para indicar a quién pertenece algo.	
Adjetivos posesivos	**Pronombres posesivos**
my	mine
your	yours
his	his
her	hers
its	its
our	ours
your	yours
their	theirs
Se usan los **adjetivos posesivos** con un nombre:	Se usan los **pronombres posesivos** sin nombre:
· *Jeremy is **my** <u>brother</u>.* (Jeremy es mi hermano.)	· *Sheila's bike is red.* ***Mine*** *(= my bike) is black.* (La bici de Sheila es roja. La mía es negra.)
· ***Our*** <u>parents</u> *live in France.* (Nuestros padres viven en Francia.)	· *Their house is new.* ***Ours*** *(=our house) is old.* (Su casa es nueva. La nuestra es antigua.)
· *Her <u>boots</u> are blue.* (Sus botas son azules.)	

† **possibility** UK: /ˌpɒs.ə'bɪl.ɪ.ti/ US: /ˌpɑː.sə'bɪl.ə.t̬i/ [pl possibilities] n [c, u] **1** ⇒posibilidad **2** It's a distinct possibility - Es bastante posible

† **possible** UK: /'pɒs.ə.bl̩/ US: /'pɑː.sə-/ adj **1** ⇒posible **2** if ~ ⇒si es posible **3** to make sth ~ ⇒posibilitar algo

possibly UK: /'pɒs.ə.bli/ US: /'pɑː.sə-/ adv ⇒posiblemente

† **post**¹ UK: /pəʊst/ US: /poʊst/ n [u] **1** UK (UK/US tb mail) ⇒correo: by post - por correo **2** ⇒poste: telephone post - poste de teléfono **3** (form) ⇒puesto ⇒empleo

† **post**² UK: /pəʊst/ US: /poʊst/ v [T] **1** UK (US mail) ⇒mandar por correo: to post a card - mandar una tarjeta por correo **2** (un anuncio) ⇒poner ⇒fijar **3** (en internet) ⇒colgar [una anuncio, un mensaje] **4** (en el ejército) ⇒destinar ⇒enviar ■ CONSTR. Se usa más en pasiva **5 to keep sb posted** ⇒mantener informado,da a alguien: I will keep you posted - Te mantendré informado

postage UK: /'pəʊ.stɪdʒ/ US: /'poʊ-/ n [u] ⇒franqueo ■ PRON. La a se pronuncia como la i en did

postal UK: /'pəʊ.st°l/ US: /'poʊ-/ adj ⇒postal ⇒de correos

† **postcard** UK: /'pəʊst.kɑːd/ US: /'poʊst.kɑːrd/ n [c] ⇒postal: Send me a postcard - Mándame una postal

postcode UK: /'pəʊst.kəʊd/ US: /'poʊst.koʊd/ UK (US zip code) n [c] ⇒código postal

† **poster** UK: /'pəʊ.stə°/ US: /'poʊ.stɚ/ n [c] ⇒póster ⇒cartel ⇒afiche AMÉR.

posterity UK: /pɒs'ter.ə.ti/ US: /pɑː'ster.ə.t̬i/ n [u] (form) ⇒posteridad

postgraduate UK: /ˌpəʊst'grædʒ.u.ət/ US: /ˌpoʊst'grædʒ.u-/ adj, n [c] ⇒posgraduado,da

posthumous UK: /'pɒs.tjʊ.məs/ US: /'pɑːs.tʃə-/ adj (form) ⇒póstumo,ma

† **postman** UK: /'pəʊst.mən/ US: /'poʊst-/ [pl postmen] UK n [c] ⇒cartero: What time does the postman usually arrive? - ¿A qué hora suele venir el cartero?

postmark UK: /'pəʊst.mɑːk/ US: /'poʊst.mɑːrk/ n [c] ⇒matasellos

post-mortem (examination) n [c] **1** ⇒autopsia: to carry out a post-mortem - realizar una autopsia **2** (inform) (de una situación) ⇒análisis [a posteriori]

† **post office** n [c] **1** ⇒oficina de correos **2** ~ **Box** ⇒apartado de correos ■ La forma abreviada es PO

† **postpone** UK: /pəʊst'pəʊn/ UK: /pəst-/ US: /poʊst'poʊn/ [postponed, postponing] v [T] ⇒posponer ⇒aplazar ■ CONSTR. to postpone + doing sth

postscript UK: /'pəʊst.skrɪpt/ US: /'poʊst-/ n [c] **1** ⇒posdata ■ La forma abreviada es PS **2** ⇒epílogo

posture UK: /'pɒs.tʃə°/ US: /'pɑːs.tʃɚ/ ■ n [c, u] **1** ⇒postura ⇒pose ■ n [c] **2** ⇒postura ⇒opinión ■ Se usa más en singular

postwar adj ⇒de la posguerra: the postwar period - el período de la posguerra

† **pot** UK: /pɒt/ US: /pɑːt/ n [c] **1** ⇒olla ⇒cazuela **2** ⇒tarro ⇒bote **3** ⇒cacharro [de arcilla] **4** ⇒maceta **5** ⇒tetera **6** ⇒cafetera **7** (inform) ⇒maría col.; ⇒marihuana **8 to go to** ~ ⇒irse al traste col.; ⇒echarse a perder

potassium /pə'tæs.i.əm/ n [u] (en química) ⇒potasio

† **potato** UK: /pə'teɪ.təʊ/ US: /-t̬oʊ/ [pl potatoes] n [c, u] ⇒patata ⇒papa AMÉR.

potato chip US (UK crisp) n [c] ⇒patata frita [de bolsa]

potent UK: /'pəʊ.t°nt/ US: /'poʊ.t̬[ə]nt/ adj ⇒potente ⇒fuerte

† **potential**¹ UK: /pəʊ'ten.tʃ°l/ US: /poʊ-/ n [u] **1** ⇒potencial **2** ~ **for** {sth/doing sth} ⇒posibilidad de algo

potential² UK: /pəʊ'ten.tʃ°l/ US: /poʊ-/ adj ⇒potencial ⇒en ciernes

potentially UK: /pəʊ'ten.tʃ°l.i/ US: /poʊ-/ adv ⇒potencialmente

pothole UK: /'pɒt.həʊl/ US: /'pɑːt.hoʊl/ n [c] **1** (en una carretera) ⇒bache ⇒socavón **2** (en geología) ⇒cueva subterránea

potion UK: /'pəʊ.ʃ°n/ US: /'poʊ-/ n [c] ⇒poción ⇒pócima col.

P ▤

POT

POT OF PAINT FLOWERPOT TEAPOT COFFEE POT

potted UK: /ˈpɒt.ɪd/ US: /ˈpɑː.t̬ɪd/ *UK adj* **1** *(una planta)* ⇨en maceta **2** *(una comida)* ⇨en conserva **3** *UK (un texto)* ⇨resumido,da ⇨abreviado,da

potter¹ UK: /ˈpɒt.ər/ US: /ˈpɑː.t̬ə/ *n* [C] **1** ⇨ceramista **2** ⇨alfarero,ra: *the potter's wheel* - el torno del alfarero

potter² UK: /ˈpɒt.ər/ US: /ˈpɑː.t̬ə/ *UK*
| PHRASAL VERBS
· **to potter {about/around}** ⇨entretenerse ⇨holgazanear

pottery UK: /ˈpɒt.ər.i/ US: /ˈpɑː.t̬ə-/ *n* [U] **1** *(material)* ⇨cerámica **2** *(actividad)* ⇨alfarería ⇨cerámica **3** *(establecimiento)* ⇨alfarería

potty¹ UK: /ˈpɒt.i/ US: /ˈpɑː.t̬i/ *[pl* potties] *n* [C] ⇨orinal [para niños]

potty² UK: /ˈpɒt.i/ US: /ˈpɑː.t̬i/ *UK adj [comp* pottier, *superl* pottiest] **1** *(inform)* ⇨chalado,da *col.;* ⇨chiflado,da *col.* **2** *(inform)* ⇨tonto,ta **3** to be ~ about *sth/sb* ⇨estar loco,ca por

pouch /paʊtʃ/ *[pl* pouches] *n* [C] **1** ⇨bolsa **2** ⇨marsupio: *The kangaroo carried her baby in her pouch* - El canguro llevaba a su cría en el marsupio

poultry UK: /ˈpəʊl.tri/ US: /ˈpoʊl-/ ■ *n* [PL] **1** ⇨aves de corral ■ *n* [U] **2** ⇨carne de ave de corral

pounce /paʊnts/ [pounced, pouncing] *v* [I] ⇨abalanzarse: *The lion pounced on its prey* - El león se abalanzó sobre su presa ■ CONSTR. to pounce on *sth/sb*
· **to pounce on *sth*** *(un error, un fallo)* ⇨criticar [inmediatamente]

pound¹ /paʊnd/ *n* [C] **1** *(moneda)* ⇨libra ■ Se puede escribir también £. El símbolo se sitúa delante del número: *£150* **2** *(unidad de medida)* ⇨libra ■ La forma abreviada es *lb*

pound² /paʊnd/ *v* [T, I] **1** ⇨aporrear **2** *My heart pounds every time I see him* - Se me sale el corazón del pecho cada vez que lo veo

pour /pɔːr/ US: /pɔːr/ *v* [T, I] **1** ⇨servir ⇨echar ⇨verter ■ to pour + *dos objetos* **2** ⇨llover a cántaros **3** to ~ {in/into *sth/out}* *(un líquido)* ⇨{entrar/salir} a raudales
| PHRASAL VERBS
· **to pour *sth* out** [M] ⇨expresar algo ⇨exteriorizar ⇨soltar

pout¹ /paʊt/ *v* [T, I] *(gesto)* ⇨hacer pucheros *col.;* ⇨poner morros *col.*

pout² /paʊt/ *n* [C] *(gesto)* ⇨puchero *col.*

poverty UK: /ˈpɒv.ə.ti/ US: /ˈpɑː.və.t̬i/ *n* [U] **1** ⇨pobreza **2** *to live in abject poverty* - vivir en la miseria absoluta **3** a ~ of *sth (form)* ⇨una carencia de algo

powder¹ UK: /ˈpaʊ.dər/ US: /-də/ *n* [C, U] ⇨polvo

powder² UK: /ˈpaʊ.dər/ US: /-də/ *v* [T] **1** ⇨empolvar(se): *to powder one's face* - empolvarse la cara **2** *(en cocina)* ⇨espolvorear

power UK: /paʊər/ US: /paʊə/ *n* [U] **1** ⇨poder ⇨fuerza **2** ⇨poder ⇨influencia **3** ⇨energía: *solar energy* - energía solar **4** *(en matemáticas)* ⇨potencia **5** the powers that be ⇨los que mandan

powerboat UK: /ˈpaʊə.bəʊt/ US: /ˈpaʊə.boʊt/ *n* [C] ⇨lancha motora

powerful UK: /ˈpaʊə.fʊl/ US: /ˈpaʊə-/ *adj* **1** ⇨poderoso,sa **2** ⇨potente: *a powerful engine* - un motor potente **3** *(físicamente)* ⇨fuerte **4** *(una actuación)* ⇨potente ⇨importante

powerless UK: /ˈpaʊə.ləs/ US: /ˈpaʊə-/ *adj* ⇨impotente

powerlessness UK: /ˈpaʊə.lə.snəs/ US: /ˈpaʊə-/ *n* [U] ⇨impotencia

powers UK: /paʊəz/ US: /paʊəz/ *n* [PL] **1** ⇨autoridad **2** ⇨capacidad ⇨facultad

practicable /ˈpræk.tɪ.kə.bl/ *adj (form)* ⇨viable ⇨factible

practical /ˈpræk.tɪ.kəl/ *adj* ⇨práctico,ca

practically /ˈpræk.tɪ.kli/ *adv* **1** ⇨casi ⇨prácticamente **2** ⇨de manera práctica **3** ⇨en la práctica

practice¹ /ˈpræk.tɪs/ *n* [C, U] **1** ⇨práctica: *a common practice* - una práctica muy extendida **2** *(en deportes)* ⇨entrenamiento **3** ⇨ensayo **4** *(en medicina)* ⇨consulta **5** to be out of ~ ⇨estar falto,ta de práctica

practice² /ˈpræk.tɪs/ [practiced, practicing] *US v* [T, I] See **practise**

practise /ˈpræk.tɪs/ [practised, practising] *UK* (*US* practice) *v* [T, I] **1** ⇨practicar: *Practise reading aloud* - Practica leyendo en alto ■ CONSTR. to practise + doing sth **2** *(una profesión)* ⇨ejercer **3** ⇨entrenar **4** ⇨ensayar

practised /ˈpræk.tɪst/ *UK adj* ⇨experto,ta: *to be practised in the art of doing sth* - ser un experto en el arte de hacer algo

practitioner UK: /prækˈtɪʃ.ən.ər/ US: /-ə/ *n* [C] **1** *(form)* ⇨profesional **2** ⇨médico,ca: *general practitioner* - médico de cabecera

pragmatic UK: /prægˈmæt.ɪk/ US: /-ˈmæt̬-/ *adj* ⇨pragmático,ca ⇨práctico,ca

prairie UK: /ˈpreə.ri/ US: /ˈprer.i/ *n* [C, U] *(en el norte de EE. UU. y en Canadá)* ⇨pradera ⇨llanura

praise¹ /preɪz/ [praised, praising] *v* [T] ⇨elogiar ⇨alabar

praise² /preɪz/ *n* [U] ⇨alabanza ⇨elogio

praiseworthy UK: /ˈpreɪzˌwɜː.ði/ US: /-ˌwɜː-/ *adj (form)* ⇨encomiable ⇨digno,na de alabanza

pram /præm/ *UK* (*US* baby carriage) *n* [C] ⇨cochecito [de niño]

prank /præŋk/ n [c] **1** ⇒travesura ⇒trastada *col.* **2** *to play a pram on sb* - gastar una broma a alguien

prawn UK: /prɔːn/ US: /prɑːn/ *UK* (*US* **shrimp**) n [c] **1** ⇒gamba **2** *king prawn* - langostino

†**pray** /preɪ/ v [T, I] ⇒rezar ⇒orar ■ CONSTR. 1. *to pray + that* 2. *to pray for sth/sb*

prayer UK: /preə/ US: /prer/ n [c, U] ⇒oración ⇒plegaria

preach /priːtʃ/ [preaches] ■ v [T, I] **1** ⇒predicar ■ v [I] **2** ⇒persuadir

preacher UK: /ˈpriː.tʃə/ US: /-tʃə/ n [c] ⇒predicador,-a

precarious UK: /prɪˈkeə.ri.əs/ US: /-ˈker.i-/ adj ⇒precario,ria ⇒inestable

†**precaution** UK: /prɪˈkɔː.ʃ°n/ US: /-ˈkɑː-/ n [c] ⇒precaución: *to take precautions* - tomar precauciones

†**precede** UK: /prɪˈsiːd/ US: /priː-/ [preceded, preceding] v [T] *(form)* ⇒preceder: *The storm was preceded by showers* - Los chubascos precedieron a la tormenta

precedence UK: /ˈpres.ɪ.d°nts/ US: /-ə.dents/ n [U] ⇒precedencia ⇒preferencia ⇒prioridad

†**precedent** UK: /ˈpres.ɪ.d°nt/ US: /-ə.dent/ n [c, U] ⇒precedente ⇒antecedente

preceding UK: /prɪˈsiː.dɪŋ/ US: /priː-/ adj ⇒precedente ⇒anterior

precinct /ˈpriː.sɪŋkt/ n [c] **1** *US (en política)* ⇒circunscripción **2** *(de policía)* ⇒distrito **3** *within the precinct* - dentro del recinto **4** See **precincts** **5** *a pedestrian ~* *UK* ⇒zona peatonal

precincts /ˈpriː.sɪŋkts/ (*tb* precinct) *UK* n [PL] *(form)* ⇒recinto ⇒límites ■ Distinto de *seal* (precinto)

precious[1] /ˈpreʃ.əs/ adj **1** ⇒precioso,sa ⇒muy valioso,sa **2** ⇒querido,da ⇒adorado,da ⇒preciado,da **3** *(una persona)* ⇒afectado,da ⇒exquisito,ta **4** *My friends are very precious to me* - Tengo en gran estima a mis amigos **5** ⇒tesoro ⇒cielo ■ Se usa como vocativo

precious[2] /ˈpreʃ.əs/ *~ {few/little}* ⇒muy poco,ca: *We have precious little time* - Tenemos muy poco tiempo

†**precipice** /ˈpres.ɪ.pɪs/ n [c] ⇒precipicio ⇒barranco

†**precise** UK: /prɪˈsaɪs/ US: /prə-/ adj ⇒preciso,sa ⇒exacto,ta

precisely UK: /prɪˈsaɪ.sli/ US: /prə-/ adv **1** ⇒exactamente: *It's precisely four o'clock* - Son exactamente las cuatro en punto **2** ⇒precisamente ⇒justamente **3** ⇒con precisión **4** ⇒meticulosamente ⇒con minuciosidad

precision UK: /prɪˈsɪʒ.°n/ US: /prə-/ n [U] ⇒precisión ⇒exactitud

precocious UK: /prɪˈkəʊ.ʃəs/ US: /prə-/ adj ⇒precoz ■ Normalmente se usa para niños

preconceived /ˌpriː.kənˈsiːvd/ adj *(una idea o una opinión)* ⇒preconcebido,da

preconception /ˌpriː.kənˈsep.ʃ°n/ n [c] ⇒idea preconcebida: *Try to put to one side any preconception* - Intenta olvidar cualquier idea preconcebida

precondition /ˌpriː.kənˈdɪʃ.°n/ n [c] *(form)* ⇒condición previa

†**predator** UK: /ˈpred.ə.tə/ US: /-t̬ə/ n [c] ⇒depredador,-a

predatory UK: /ˈpred.ə.t°r.i/ US: /-tɔːr-/ adj **1** *(un animal)* ⇒depredador,-a ⇒predador,-a **2** *(una persona)* ⇒rapaz

†**predecessor** UK: /ˈpriː.dɪˌses.ə/ US: /ˈpred.ə.ses.ə/ n [c] ⇒antecesor,-a ⇒predecesor,-a

predicament UK: /prɪˈdɪk.ə.mənt/ US: /prə-/ n [c] **1** ⇒apuro ⇒aprieto **2** ⇒dilema

†**predict** /prɪˈdɪkt/ v [T] ⇒predecir ⇒pronosticar ■ CONSTR. *to predict + (that)*

predictable /prɪˈdɪk.tə.bl̩/ adj ⇒previsible ⇒predecible

†**prediction** /prɪˈdɪk.ʃ°n/ n [c, U] ⇒predicción

predominant UK: /prɪˈdɒm.ɪ.nənt/ US: /-ˈdɑː.mə-/ adj ⇒predominante

predominantly UK: /prɪˈdɒm.ɪ.nənt.li/ US: /-ˈdɑː.mə-/ adv ⇒predominantemente ⇒en su mayoría

pre-empt /ˌpriːˈempt/ v [T] ⇒adelantarse ⇒anticiparse

prefabricated UK: /ˌpriːˈfæb.rɪ.keɪ.tɪd/ US: /-t̬ɪd/ adj **1** ⇒prefabricado,da **2** *~ house* ⇒casa prefabricada ■ La forma abreviada es *prefab*

preface /ˈpref.ɪs/ n [c] *(en un libro)* ⇒prefacio ⇒prólogo

prefect /ˈpriː.fekt/ n [c] **1** ⇒prefecto **2** *UK, Aus* ⇒monitor,-a

†**prefer** UK: /prɪˈfɜː/ US: /-ˈfɝ/ [preferred, preferring] v [T] ⇒preferir: *I prefer going to the cinema to going dancing* - Prefiero ir al cine que ir a bailar; *I prefer to watch TV right now* - Ahora mismo prefiero ver la tele ■ CONSTR. 1. *to prefer + doing sth* 2. *to prefer + to do sth* 3. *would prefer + to do sth* 4. *to prefer sth to sth else*

preferable UK: /ˈpref.°r.ə.bl̩/ US: /-ɚ.ə-/ adj ⇒preferible: *preferable to that* - preferible a eso

preferably adv ⇒preferentemente ⇒preferiblemente

†**preference** UK: /ˈpref.°r.°nts/ US: /-ɚ-/ n [c, U] **1** ⇒preferencia **2** *in ~ to sth/sb* ⇒en lugar de ⇒antes que

preferential UK: /ˌpref.°rˈen.tʃ°l/ US: /-əˈren-/ adj ⇒preferente

P■

†**prefix** /'priː.fɪks/ [pl prefixes] n [C] (en gramática) ⇒prefijo

pregnancy /'preg.nənt.si/ [pl pregnancies] n [C, U] ⇒embarazo: pregnancy test - prueba de embarazo

†**pregnant** /'preg.nənt/ adj **1** ⇒embarazada: to become pregnant - quedarse embarazada **2** (un animal) ⇒preñada

prehistoric UK: /ˌpriː.hɪ'stɒr.ɪk/ US: /-hɪ'stɔːr-/ adj ⇒prehistórico,ca: prehistoric cave paintings - pinturas rupestres prehistóricas

prejudice¹ /'predʒ.ʊ.dɪs/ n [U] ⇒prejuicio

prejudice² /'predʒ.ʊ.dɪs/ [prejudiced, prejudicing] v [T] **1** ⇒predisponer **2** ⇒perjudicar

prejudiced /'predʒ.ʊ.dɪst/ adj **1** ⇒parcial ⇒intolerante **2** ⇒predispuesto,ta

preliminary¹ UK: /prɪ'lɪm.ɪ.nªr.i/ US: /-ə.ner-/ adj ⇒preliminar: the preliminary stage - la fase preliminar

preliminary² UK: /prɪ'lɪm.ɪ.nªr.i/ US: /-ə.ner-/ [pl preliminaries] n [C] ⇒prolegómeno ⇒preámbulo ■ Se usa más en plural

prelude /'prel.juːd/ n [C] **1** (en música) ⇒preludio **2** a ~ to sth ⇒el preludio de algo

premature UK: /'prem.ə.tʃəʳ/ UK: /-tjʊəʳ/ UK: /ˌ--'-/ US: /ˌpriː.mə'tʊr/ adj ⇒prematuro,ra

premier¹ UK: /'prem.i.əʳ/ US: /prɪ'mɪr/ n [C] ⇒primer ministro, primera ministra

premier² UK: /'prem.i.əʳ/ US: /prɪ'mɪr/ adj ⇒principal ⇒primordial

†**premises** /'prem.ɪ.sɪz/ n [PL] **1** ⇒recinto ⇒instalación **2** ⇒establecimiento ⇒local

†**premium** /'priː.mi.əm/ n [C] **1** ⇒prima de seguro **2** ⇒recargo **3** to be at a ~ ⇒escasear **2** ⇒ser muy solicitado,da ⇒ser muy valorado,da

preoccupation UK: /priːˌɒk.jʊ'peɪ.ʃªn/ US: /-ˌɑː.kjuː-/ n [C, U] ⇒preocupación: a preoccupation with sth - una preocupación por algo

preoccupied UK: /ˌpriː'ɒk.jʊ.paɪd/ US: /-'ɑː.kjuː-/ adj **1** ⇒absorto,ta ⇒ensimismado,da **2** ⇒preocupado,da ■ CONSTR. to be preocuped about/with sth

†**preparation** UK: /ˌprep.ªr'eɪ.ʃªn/ US: /-ə'reɪ-/ ■ n [U] **1** ⇒preparación **2** Did you do much preparation for the exams? - ¿Te preparaste mucho los exámenes? ■ n [C] **3** (de sustancias) ⇒preparado

preparations UK: /ˌprep.ªr'eɪ.ʃªnz/ US: /-ə'reɪ-/ n [PL] ⇒preparativos: to make preparations for sth - hacer los preparativos para algo

preparatory UK: /prɪ'pær.ə.tªr.i/ US: /-'per.ə.tɔːr-/ adj **1** ⇒preparatorio,ria ⇒preliminar **2** ~ school (tb prep school) **1** (form) ⇒en el Reino Unido, colegio privado para niños entre 7 y 13 años **2** (form) ⇒en EE. UU., colegio privado para niños mayores de 11 años

†**prepare** UK: /prɪ'peəʳ/ US: /-'per/ [prepared, preparing] v [T, I] ⇒preparar: Carl is preparing to leave - Carl se está preparando para marcharse ■ CONSTR. to prepare + to do sth

prepared UK: /prɪ'peəd/ US: /-'perd/ adj **1** ⇒dispuesto,ta ⇒preparado,da **2** ⇒preparado,da [de antemano] ⇒elaborado,da [previamente] ■ PRON. La última e no se pronuncia

†**preposition** /ˌprep.ə'zɪʃ.ªn/ n [C] (en gramática) ⇒preposición

prepositional adj ⇒preposicional

preposterous UK: /prɪ'pɒs.tªr.əs/ US: /-'pɑː.stə-/ adj (form) (una idea, una sugerencia, una indumentaria) ⇒ridículo,la ⇒absurdo,da

prerequisite /ˌpriː'rek.wɪ.zɪt/ n [C] (form) ⇒condición indispensable ⇒condición sine qua non

prerogative UK: /prɪ'rɒg.ə.tɪv/ US: /-'rɑː.gə.t̬ɪv/ n [C] (form) ⇒prerrogativa

pre-school¹ adj ⇒preescolar: preschool education - educación preescolar

pre-school² US n [C] ⇒escuela infantil

†**prescribe** /prɪ'skraɪb/ [prescribed, prescribing] v [T] **1** (medicinas) ⇒recetar ⇒prescribir **2** (una ley, una norma) ⇒ordenar ⇒prescribir ■ CONSTR. 1. to prescribe + dos objetos 2. Se usa a menudo en pasiva

prescription /prɪ'skrɪp.ʃªn/ n [C] (en medicina) ⇒receta

presence /'prez.ªnts/ n [NO PL] **1** ⇒presencia ⇒asistencia **2** ⇒presencia ⇒existencia **3** in the ~ of ⇒en presencia de

†**present¹** /'prez.ªnt/ adj **1** ⇒presente **2** ⇒actual ⇒existente **3** ~ tense (en gramática) ⇒presente ■ Ver cuadro en página siguiente y ver cuadro verb tenses

†**present²** /'prez.ªnt/ n [C] **1** ⇒regalo: to give sb a present - dar a alguien un regalo **2** at ~ ⇒actualmente **3** for the ~ ⇒por ahora ⇒de momento

present³ /prɪ'zent/ v [T] **1** (form) ⇒regalar ⇒obsequiar **2** ⇒presentar ⇒entregar **3** UK (US host) (en radio o en televisión) ⇒presentar **4** to ~ oneself ⇒presentarse

presentable UK: /prɪ'zen.tə.bl̩/ US: /-t̬ə-/ adj **1** (aspecto) ⇒presentable **2** ⇒aceptable

presentation /ˌprez.ªn'teɪ.ʃªn/ n [C] **1** ⇒presentación: to do a presentation - hacer una presentación **2** ⇒entrega [de un premio]: presentation ceremony - ceremonia de entrega

present continuous (tense) the ~ (en gramática) ⇒el presente continuo ■ Ver cuadros verb tenses y present simple and present continuous

present-day /ˌprez.ªnt'deɪ/ adj ⇒de hoy en día ⇒actual

presenter UK: /prɪ'zen.təʳ/ US: /-t̬ə/ UK (US host) n [C] **1** (en radio o en televisión) ⇒presentador,-a ⇒conductor,-a AMÉR. **2** (en radio) ⇒locutor,-a

P

present simple and present continuous

• El **presente simple** se usa:

– Para hablar de acciones habituales o de hábitos:

· I **play** sport every day.
(Hago deporte todos los días.)

· She usually **has** breakfast at home.
(Normalmente desayuna en casa.)

– Para expresar hechos o cosas ciertos, o verdades generales:

· London **is** the capital of Great Britain.
(Londres es la capital de Gran Bretaña.)

· Water **turns** into steam when you boil it.
(Cuando la hierves, el agua se convierte
en vapor.)

– Para hablar de horarios o de acontecimientos futuros que no son planes personales:

· The bank **opens** at 8.30.
(El banco abre a las 8.30.)

Atención: el presente simple se usa a veces para narrar historias.

• El **presente continuo** se usa:

– Para hablar de acciones que suceden en el momento en el que se habla:

· I **am eating** right now; I'll call you back later, OK?
(Ahora estoy comiendo; te llamo más tarde, ¿vale?)

· What **are** you **doing**?
(¿Qué estás haciendo?)

– Para hablar de situaciones temporales que suceden durante un período de tiempo:

· I **am learning** English, did you know?
(Estoy aprendiendo inglés, ¿lo sabías?)

– Para hablar de planes futuros:

· They **are leaving** next Sunday.
(Se van el domingo que viene.)

· I'**m going** to the cinema tomorrow with Jane.
(Voy al cine con Jane mañana.)

– Con "always" para hablar de hábitos molestos:

· He **is always baiting** his brother.
(Siempre está haciendo rabiar a su hermano.)

Atención: algunos verbos no suelen usarse en los tiempos continuos, sino que suelen ir en tiempos simples:

· I think she **doesn't understand** me. (No: I think she isn't understanding me.)
(Creo que no me está entendiendo.)

(Ver también cuadro **verb tenses**.)

presently /'prez.ᵊnt.li/ *adv (form)* ⇒actualmente ⇒por ahora ⇒por el momento

present simple (tense) the ~ *(en gramática)* ⇒el presente ■ Ver cuadros verb tenses y present simple and present continuous

preservation UK: /ˌprez.ə'veɪ.ʃᵊn/ US: /-ɚ-/ *n* [U] ⇒conservación ⇒preservación

preservative UK: /prɪ'zɜː.və.tɪv/ US: /-'zɝː.və.t̬ɪv/ *n* [C, U] ⇒conservante: *with no artificial preservatives* - sin conservantes artificiales ■ Distinto de *condom* (preservativo)

preserve¹ UK: /prɪ'zɜːv/ US: /-'zɝːv/ [preserved, preserving] *v* [T] ⇒conservar ⇒preservar

preserve² UK: /prɪ'zɜːv/ US: /-'zɝːv/ ■ *n* [C, U] **1** *UK* ⇒conserva ■ *n* [C] **2** *US* ⇒reserva natural ⇒área protegida ⇒coto

preside /prɪ'zaɪd/ [presided, presiding] *v* [I] ⇒presidir: *to preside over a meeting* - presidir una reunión ■ CONSTR. To preside at/over sth

presidency /'prez.ɪ.dᵊnt.si/ [*pl* presidencies] *n* [C] ⇒presidencia

† **president** /'prez.ɪ.dᵊnt/ *n* [C] ⇒presidente,ta: *the president of a government* - el presidente de un gobierno

presidential /ˌprez.ɪ'den.tʃᵊl/ *adj* ⇒presidencial

† **press¹** /pres/ ■ *v* [T, I] **1** ⇒presionar ⇒apretar ⇒pulsar ■ CONSTR. Se usa a menudo seguido de las preposiciones y adverbios down, against y on ■ *v* [T] **2** *(a una persona)* ⇒presionar ■ CONSTR. To press sb + to do sth **3** ⇒planchar **4** ⇒aplastar ⇒prensar

PHRASAL VERBS
· **to press {ahead/forward/on} with sth** ⇒seguir adelante con algo

press² /pres/ ■ *n* [U] **1** ⇒prensa ■ Se puede usar con el verbo en singular o en plural ■ *n* [C] **2** *(aparato)* ⇒prensa ⇒imprenta ■ El plural es presses **3** ⇒planchado: *These trousers need a press* - Estos pantalones necesitan un planchado **4** the Press ⇒la prensa

pressing /'pres.ɪŋ/ *adj* ⇒acuciante ⇒apremiante

press-up /'pres.ʌp/ *UK (US* push-up) *n* [C] *(en gimnasia)* ⇒flexión

pressure UK: /'preʃ.ər/ US: /-ɚ/ *n* [U] **1** ⇒presión: *to apply pressure to sth* - aplicar presión a algo **2** *to feel under pressure* - sentirse presionado **3** *to put ~ on sb* ⇒presionar a alguien [para que haga algo]

pressure cooker *n* [C] ⇒olla a presión ⇒olla exprés

pressurize UK: /'preʃ.ᵊr.aɪz/ US: /-ɚ-/ [pressurize, pressurizing] *UK v* [T] **1** ⇒presionar [a una persona] ⇒coaccionar ■ CONSTR. 1. to pressurize + into + doing sth 2. Se usa más en pasiva **2** *(en física)* ⇒presurizar

prestige /pres'tiːʒ/ *n* [U] ⇒prestigio: *international prestige* - prestigio internacional

presumably UK: /prɪ'zjuː.mə.bli/ US: /-'zuː-/ *adv* ⇒supuestamente ⇒presumiblemente

† **presume** UK: /prɪ'zjuːm/ US: /-'zuːm/ [presumed, presuming] *v* [T] ⇒presumir ⇒suponer ■ CONSTR. 1. to presume + (that) 2. to presume + to do sth ■ Distinto de *to boast* (presumir)

presumption /prɪ'zʌmp.ʃᵊn/ *n* [C] ⇒presunción ⇒suposición

presumptuous UK: /prɪ'zʌmp.tʃəs/ US: /-'zʌmp.tʃuː.əs/ *adj* ⇒atrevido,da ⇒osado,da ■ Distinto de *conceited* (presuntuoso)

presuppose /ˌpriː.sə'pəʊz/ US: /-'poʊz/ [presupposed, presupposing] *v* [T] **1** ⇒presuponer **2** *(form)* ⇒implicar ⇒conllevar

† **pretend** /prɪ'tend/ *v* [I] ⇒fingir ⇒hacer como si ■ CONSTR. 1. to pretend + (that) 2. to pretend + to do sth ■ Distinto de *to try* (pretender)

pretentious /prɪ'tent.ʃəs/ *adj* ⇒pretencioso,sa: *a pretentious article* - un artículo pretencioso

pretext /'priː.tekst/ *n* [C] ⇒pretexto: *on the pretext of sth* - bajo el pretexto de algo

† **pretty¹** UK: /'prɪt.i/ US: /'prɪt̬-/ *adv* **1** *(inform)* ⇒bastante: *It's pretty hot today* - Hace bastante calor hoy **2** *(inform)* ⇒casi: *I'm pretty sure about that* - Estoy casi segura de ello **3** ~ {much/well} *(inform)* ⇒más o menos: *She is pretty much your age* - Más o menos tiene tu edad

† **pretty²** UK: /'prɪt.i/ US: /'prɪt̬-/ *adj* [*comp* prettier, *superl* prettiest] **1** *(una persona)* ⇒guapa ⇒bonita ⇒linda *AMÉR.* ■ Se emplea únicamente con mujeres **2** *(una vista, un objeto)* ⇒bonito,ta

† **prevail** /prɪ'veɪl/ *v* [I] **1** *(form)* ⇒prevalecer: *I hope common sense prevails* - Espero que prevalezca el sentido común **2** ⇒preponderar ⇒ser común

PHRASAL VERBS
· **to prevail {on/upon} sb to do sth** *(form)* ⇒persuadir a alguien para que haga algo

prevailing /prɪ'veɪ.lɪŋ/ *adj* ⇒predominante ⇒imperante

prevalent /'prev.ᵊl.ənt/ *adj* ⇒extendido,da ⇒difundido,da

† **prevent** /prɪ'vent/ *v* [T] ⇒impedir ⇒evitar ■ CONSTR. to prevent sth/sb (from) + doing sth

prevention /prɪ'ven.ʃᵊn/ *n* [U] ⇒prevención: *cancer prevention* - prevención del cáncer

preventive UK: /prɪ'ven.tɪv/ US: /-t̬ɪv/ *adj (una medida, una medicina)* ⇒preventivo,va

preview /'priː.vjuː/ *n* [C] **1** ⇒preestreno **2** *(en cine y en televisión)* ⇒tráiler

† **previous** /'priː.vi.əs/ *adj* ⇒previo,via ⇒anterior

previously /'priː.vi.ə.sli/ *adv* ⇒previamente ⇒anteriormente

prey[1] /preɪ/ n [U] **1** *(animal)* ⇒presa **2** bird of ~ ⇒ave rapaz

prey[2] /preɪ/ to ~ on one's mind *(un problema, un incidente, una duda)* ⇒tener preocupado,da ⇒no poder quitar de la cabeza *col.*

| PHRASAL VERBS
· **to prey on** *sth* ⇒acosar y cazar algo: *Eagles prey on rodents* - Las águilas acosan y cazan roedores
· **to prey {on/upon}** *sb* ⇒atacar a alguien ⇒elegir como presa a alguien

† **price**[1] /praɪs/ n [C] **1** ⇒precio: *a low price* - un precio bajo **2** at any ~ ⇒a toda costa **3** not at any ~ ⇒de ninguna manera ⇒por nada del mundo *col.*

price[2] /praɪs/ [priced, pricing] v [T] **1** ⇒poner precio ⇒valorar ■ CONSTR. Se usa más en pasiva **2** ⇒averiguar el precio

priceless /ˈpraɪ.sləs/ adj **1** ⇒de un valor incalculable ⇒que no tiene precio **2** *(una ayuda, una aportación)* ⇒de gran valor ⇒impagable

pricey /ˈpraɪ.si/ adj [comp pricier, superl priciest] *(inform)* ⇒caro,ra

prick[1] /prɪk/ v [T] **1** *(con una aguja)* ⇒pinchar **2** *(un insecto)* ⇒picar **3** *to prick a hole in sth* - hacer un agujerillo en algo

prick[2] /prɪk/ n [C] **1** *(de aguja)* ⇒pinchazo **2** *(inform)* ⇒idiota *desp*

prickly /ˈprɪk.l.i, -li/ adj [comp pricklier, superl prickliest] **1** *(un tema, un asunto)* ⇒espinoso,sa **2** *(una prenda de vestir)* ⇒que pica **3** *(inform)* ⇒malhumorado,da ⇒arisco,ca

† **pride**[1] /praɪd/ n [U] ⇒orgullo: *to hurt sb's pride* - herir el orgullo a alguien; *gay pride* - orgullo gay **2** to be one's ~ and joy ⇒ser la niña de {mis/sus/tus…} ojos **3** to take ~ in *sth/sb* ⇒estar orgulloso,sa de ⇒preocuparse de

† **pride**[2] /praɪd/ to ~ oneself on {sth/doing} sth ⇒enorgullecerse de algo

† **priest** /priːst/ n [C] *(en la religión católica)* ⇒sacerdote ⇒cura

priesthood /ðəˈpriːst.hʊd/ n [U] ⇒sacerdocio: *to enter the priesthood* - ordenarse sacerdote

prim /prɪm/ adj ⇒remilgado,da ⇒mojigato,ta

primarily /praɪˈmer.ɪ.li/ adv ⇒principalmente ⇒primordialmente

† **primary** UK: /ˈpraɪ.mə.ri/ US: /-mə.i/ adj **1** ⇒principal ⇒primordial **2** ⇒primario,ria

primary school *UK* (*US* grammar school) n [C] ⇒escuela de enseñanza primaria

prime[1] /praɪm/ adj **1** ⇒principal ⇒primordial **2** ⇒excelente ⇒de primera

prime[2] /praɪm/ n [NO PL] *to be in one's prime* - estar en la flor de la vida

prime[3] /praɪm/ [primed, priming] v [T] **1** *(un arma, una bomba)* ⇒cargar **2** ⇒poner sobre aviso ⇒preparar

† **Prime Minister** n [C] ⇒primer ministro, primera ministra: *the Prime Minister's speech* - el discurso de la primera ministra ■ La forma abreviada es PM

primer UK: /ˈpraɪ.mər/ US: /-mə/ n [C, U] **1** ⇒imprimación ⇒pintura base **2** ⇒manual básico **3** *(en un bomba)* ⇒iniciador

primeval /praɪˈmiː.vəl/ adj *(de los primeros tiempos)* ⇒primitivo,va ⇒primigenio,nia

† **primitive** UK: /ˈprɪm.ɪ.tɪv/ US: /-t̬ɪv/ adj **1** *(una sociedad)* ⇒primitivo,va **2** ⇒rudimentario,ria ⇒primitivo,va

primrose UK: /ˈprɪm.rəʊz/ US: /-roʊz/ n [C] *(planta)* ⇒prímula ⇒primavera

prince /prɪnts/ n [C] ⇒príncipe

† **princess** /prɪnˈses, ˈ--/ [pl princesses] n [C] ⇒princesa: *like a princess* - como una princesa

principal[1] /ˈprɪnt.sɪ.pəl/ adj ⇒principal: *the principal reason* - la razón principal

principal[2] /ˈprɪnt.sɪ.pəl/ *US* (*UK* headmaster/headmistress/head teacher) n [C] ⇒director,-a de colegio ■ Al dar el nombre de una persona, se escribe con mayúscula inicial: *Principal McKenzie*

† **principle** /ˈprɪnt.sɪ.pl/ n [C, U] **1** ⇒principio ⇒norma **2** in ~ ⇒en principio **3** on ~ ⇒por principios

† **print**[1] /prɪnt/ v [T] **1** ⇒imprimir: *to print a document* - imprimir un documento **2** ⇒publicar: *This book was first printed in 1960* - Este libro se publicó por primera vez en 1960 ■ v [T, I] **3** ⇒escribir con letras de imprenta

| PHRASAL VERBS
· **to print** *sth* **out** [M] ⇒imprimir algo

print[2] /prɪnt/ ■ n [U] **1** ⇒letra impresa ■ n [C] **2** *(en arte)* ⇒copia ⇒reproducción **3** *(en fotografía)* ⇒copia **4** ⇒estampado **5** ⇒huella ⇒marca **6** in ~ ⇒publicado **7** out of ~ *(un libro)* ⇒descatalogado,da

printer UK: /ˈprɪn.tər/ US: /-t̬ə/ n [C] **1** *(máquina)* ⇒impresora **2** *(oficio)* ⇒impresor,-a **3** *(empresa)* ⇒imprenta

printing UK: /ˈprɪn.tɪŋ/ US: /-t̬ɪŋ/ n [U] **1** ⇒edición ⇒impresión **2** *(en arte)* ⇒imprenta

printing press [pl printing presses] n [C] **1** ⇒prensa ⇒imprenta **2** *(empresa)* ⇒imprenta

printout /ˈprɪnt.aʊt/ n [C] ⇒copia impresa ⇒impresión

prior[1] UK: /praɪər/ US: /praɪr/ adj **1** *(form)* ⇒previo,via **2** to ~ ⇒antes de: *Prior to his arrival…* - Antes de su llegada…

† **prior**[2] UK: /praɪər/ US: /praɪr/ n [C] *(un monje)* ⇒prior

P

† priority UK: /praɪˈɒr.ɪ.ti/ US: /-ˈɔːr.ə.t̬i/ [*pl* priorities] *n* [C, U] ⇒prioridad: *What are the priorities?* - ¿Cuáles son las prioridades?

prise /praɪz/ [prised, prising] *UK v* [T] See **prize**

† prison /ˈprɪz.ᵊn/ *n* [C] **1** ⇒prisión ⇒cárcel **2** *to be released from the prison* - ser puesto en libertad

prisoner UK: /ˈprɪz.ᵊn.əʳ/ US: /-ə/ *n* [C] **1** ⇒prisionero,ra **2** ⇒preso,sa **3** to {hold/keep} *sb* ~ ⇒tener preso,sa a alguien **4** to take *sb* ~ ⇒apresar a alguien

privacy UK: /ˈprɪv.ə.si/ US: /ˈpraɪ.və-/ *n* [U] ⇒privacidad ⇒intimidad

† private¹ /ˈpraɪ.vət/ *adj* **1** ⇒privado,da ⇒particular **2** ⇒privado,da ⇒de pago **3** ⇒íntimo,ma ⇒privado,da **4** in ~ ⇒en privado

private² /ˈpraɪ.vət/ *n* [C] ⇒soldado raso

private investigator *n* [C] ⇒investigador privado

privatize /ˈpraɪ.və.taɪz/ [privatized, privatizing] *v* [T] ⇒privatizar

† privilege /ˈprɪv.ᵊl.ɪdʒ/ *n* [C] **1** ⇒privilegio **2** *parliamentary privilege* - inmunidad parlamentaria

privileged /ˈprɪv.ᵊl.ɪdʒd/ *adj* **1** ⇒privilegiado,da **2** *(información)* ⇒confidencial

privy /ˈprɪv.i/ to be ~ to *sth (form)* ⇒tener conocimiento de algo [confidencial] ⇒estar al tanto de información restringida

† prize¹ /praɪz/ *n* [C] ⇒premio: *first prize* - primer premio; *to award a prize* - otorgar un premio

prize² /praɪz/ *adj* **1** ⇒premiado,da **2** ⇒de primera calidad

prize³ /praɪz/ [prized, prizing] *v* [T] **1** ⇒valorar ■ CONSTR. Se usa más en pasiva **2** *to prize two things apart* - separar dos cosas haciendo palanca

† pro UK: /prəʊ/ US: /proʊ/ *n* [C] **1** *(inform)* ⇒profesional: *He's a pro* - Es un profesional **2** ⇒ventaja ⇒pro

probability UK: /ˌprɒb.əˈbɪl.ɪ.ti/ US: /ˌprɑː.bəˈbɪl.ə.t̬i/ [*pl* probabilities] *n* [C, U] **1** ⇒probabilidad **2** in all ~ ⇒con toda probabilidad

† probable UK: /ˈprɒb.ə.bl/ US: /ˈprɑː.bə-/ *adj* ⇒probable: *It's very probable* - Es muy probable

† probably UK: /ˈprɒb.ə.bli/ US: /ˈprɑː.bə-/ *adj* ⇒probablemente: *I'll probably see him today* - Probablemente lo vea hoy

probation UK: /prəʊˈbeɪ.ʃᵊn/ US: /proʊ-/ *n* [U] **1** ⇒libertad condicional **2** *a probation period* - un período de prueba

probe¹ UK: /prəʊb/ US: /proʊb/ [probed, probing] *v* [T, I] **1** ⇒sondear ⇒investigar ■ CONSTR. to probe for/in/into sth **2** *(físicamente)* ⇒palpar ⇒explorar

probe² UK: /prəʊb/ US: /proʊb/ *n* [C] *(en medicina)* ⇒sonda

† problem UK: /ˈprɒb.ləm/ US: /ˈprɑː.bləm/ *n* [C] **1** ⇒problema: *to take a problem* - enfrentar un problema **2** *(en matemáticas)* ⇒problema **3** no ~ **1** *(inform)* ⇒no hay problema **2** *(inform)* ⇒no hay de que

problematic UK: /ˌprɒb.ləˈmæt.ɪ.kᵊl/ US: /ˌprɑː.bləˈblæˈmæt̬-/ *adj* ⇒problemático,ca ⇒difícil

procedure UK: /prəˈsiː.dʒəʳ/ US: /-dʒə/ *n* [C] **1** ⇒procedimiento: *What's the correct procedure?* - ¿Cuál es el procedimiento correcto? **2** ⇒trámite

† proceed UK: /prəʊˈsiːd/ US: /proʊ-/ *v* [I] **1** *(form)* ⇒seguir ⇒continuar ■ CONSTR. to proceed with sth **2** ⇒proceder: *He proceeded to read him his rights* - Procedió a leerle sus derechos ■ CONSTR. to proceed + to do sth

† proceedings UK: /prəʊˈsiː.dɪŋz/ US: /proʊ-/ *n* [PL] **1** *(form) (en derecho)* ⇒proceso [jurídico] ⇒juicio **2** *(form)* ⇒reunión ⇒acto

proceeds UK: /ˈprəʊ.siːdz/ US: /ˈproʊ-/ *n* [PL] ⇒recaudación: *the proceeds of the event* - la recaudación del evento

† process¹ UK: /ˈprəʊ.ses/ US: /ˈprɑː-/ [*pl* processes] *n* [C] **1** ⇒proceso: *the selection process* - el proceso de selección **2** to be in the ~ of doing *sth* ⇒estar haciendo algo ■ PRON. La c se pronuncia como una s

process² UK: /ˈprəʊ.ses/ US: /ˈprɑː-/ *v* [T] **1** *(un alimento o una materia prima)* ⇒tratar ⇒manipular **2** *(una solicitud)* ⇒procesar **3** ⇒tramitar **4** *(un carrete)* ⇒revelar **5** *(ordenador)* ⇒procesar

processing UK: /ˈprəʊ.ses.ɪŋ/ US: /ˈprɑː-/ *n* [U] **1** ⇒tratamiento ⇒procesamiento **2** *(en informática)* ⇒procesamiento **3** *(en fotografía)* ⇒revelado **4** ⇒tramitación ⇒gestión

procession /prəˈseʃ.ᵊn/ *n* [C] ⇒desfile ⇒procesión

processor UK: /ˈprəʊ.ses.əʳ/ US: /ˈprɑː.ses.ə/ *n* [C] *(en informática)* ⇒procesador

† proclaim UK: /prəʊˈkleɪm/ US: /proʊ-/ *v* [T] *(form)* ⇒proclamar

prod UK: /prɒd/ US: /prɑːd/ [prodded, prodding] ■ *v* [T, I] **1** *(con el dedo)* ⇒pinchar **2** ⇒empujar [con el dedo o con un objeto punzante] ■ *v* [T] **3** ⇒persuadir ⇒dar un empujón *col.*

prodigious /prəˈdɪdʒ.əs/ *adj* **1** *(form)* ⇒prodigioso,sa ⇒enorme ⇒excepcional **2** *(una cantidad)* ⇒ingente

prodigy UK: /ˈprɒd.ɪ.dʒi/ US: /ˈprɑː.də-/ [*pl* prodigies] *n* [C] ⇒prodigio: *a child prodigy* - una niña prodigio

† produce¹ UK: /prəˈdjuːs/ US: /-ˈduːs/ [produced, producing] *v* [T] **1** ⇒obtener ⇒producir **2** ⇒causar ⇒provocar ⇒producir ⇒reportar **3** ⇒sacar: *She produced a strange object from her bag -*

prolong

Sacó un objeto extraño de su bolso **4** *(un espectáculo o una película)* ⇒producir

produce² UK: /ˈprɒd.juːs/ US: /ˈprɑː.djuːs/ *n* [U] ⇒productos [del campo]: *farm produce* - productos de granja

producer UK: /prəˈdjuː.səʳ/ US: /-ˈduː.sə/ *n* [C] **1** ⇒productor,-a ⇒fabricante **2** *(de un espectáculo, de una película)* ⇒productor,-a

product UK: /ˈprɒd.ʌkt/ US: /ˈprɑː.dʌkt/ *n* [C, U] **1** ⇒producto [industrial]: *a range of products* - una gama de productos **2** *(en matemáticas)* ⇒producto ⇒resultado ■ PRON. La *u* se pronuncia como en el término inglés *sun*

production /prəˈdʌk.ʃªn/ *n* [U] **1** ⇒producción **2** *to go into production* - empezar a fabricar **3** *~ line* ⇒cadena de producción ■ PRON. La *u* se pronuncia como en el término inglés *sun*

productive /prəˈdʌk.tɪv/ *adj* **1** ⇒productivo,va ⇒provechoso,sa ⇒útil **2** ⇒fructífero,ra ⇒productivo,va ⇒fecundo,da

productivity UK: /ˌprɒd.ʌkˈtɪv.ɪ.ti/ US: /ˌprou.dəkˈtɪv.ə.t̬i/ *n* [U] **1** ⇒productividad ⇒rendimiento **2** *productivity bonus* - prima de rendimiento

profess /prəˈfes/ [professes] *v* [T] **1** *(form)* ⇒profesar **2** *He professes to be shy but he's always got a date for Friday night* - Profesa ser tímido pero siempre tiene una cita para los viernes por la noche ■ CONSTR. to profess + to do sth

† **profession** /prəˈfeʃ.ªn/ *n* [C] ⇒profesión ⇒oficio

† **professional** /prəˈfeʃ.ªn.ªl/ *adj* ⇒profesional: *She's very professional* - Es muy profesional

† **professor** UK: /prəˈfes.əʳ/ US: /-ə/ *n* [C] **1** *UK* ⇒catedrático,ca [de universidad] **2** *US* ⇒profesor,-a [de universidad]

proficiency /prəˈfɪʃ.ªnt.si/ *n* [U] **1** ⇒competencia ⇒aptitud **2** *language proficiency* - dominio de un idioma

proficient /prəˈfɪʃ.ªnt/ *adj* **1** ⇒competente: *to be proficient at sth* - ser competente en algo **2** *(en un idioma)* ⇒con un nivel avanzado

† **profile** UK: /ˈprəu.faɪl/ US: /ˈprou-/ *n* [C] **1** ⇒perfil ⇒reseña **2** *(de una cabeza o una cara)* ⇒perfil ⇒silueta **3** ⇒estatus ⇒posición **4** *to keep a low ~* *(una persona)* ⇒pasar desapercibido,da [por elección propia]

† **profit¹** UK: /ˈprɒf.ɪt/ US: /ˈprɑː.fɪt/ *n* [C, U] ⇒beneficio ⇒ganancia

† **profit²** UK: /ˈprɒf.ɪt/ US: /ˈprɑː.fɪt/
| PHRASAL VERBS
|· **to profit from** *sth* ⇒beneficiarse de algo ⇒sacar provecho de algo

profitable UK: /ˈprɒf.ɪ.tə.bl̩/ US: /ˈprɑː.fɪ.t̬ə-/ *adj* ⇒rentable ⇒beneficioso,sa

profound /prəˈfaʊnd/ *adj* ⇒profundo,da

profusely /prəˈfjuː.sli/ *adv* ⇒profusamente ⇒encarecidamente

profusion /prəˈfjuː.ʒªn/ *n* [U, NO PL] *(form)* ⇒profusión ⇒abundancia

† **program¹** UK: /ˈprəu.græm/ US: /ˈprou-/ *n* [C] **1** ⇒programa [informático] **2** *US* See **programme**

program² UK: /ˈprəu.græm/ US: /ˈprou-/ [programmed, programming; *US* programed, programing] *v* [T] ⇒programar ■ CONSTR. to program sth + to do sth

† **programme** UK: /ˈprəu.græm/ US: /ˈprou-/ *UK* (*US* **program**) *n* [C] **1** ⇒programa: *Let's go over the programme for today* - Repasemos el programa para hoy **2** *(de radio, de televisión)* ⇒emisión ⇒programa **3** *(de un espectáculo)* ⇒programación ⇒programa

programmer UK: /ˈprəu.græm.əʳ/ US: /ˈprou.græm.ə/ *UK* (*US* **programer**) *n* [C] *(en informática)* ⇒programador,-a

† **progress¹** UK: /ˈprəu.gres/ US: /ˈprɑː-/ *n* [U] **1** ⇒progreso: *to make progress* - hacer progresos **2** *in ~ (form)* ⇒en curso

progress² /prəˈgres/ *v* [I] **1** ⇒avanzar ⇒continuar **2** ⇒progresar ⇒mejorar

progression /prəˈgreʃ.ªn/ *n* [C, U] ⇒progresión: *a steady progression* - una progresión sostenida

progressive /prəˈgres.ɪv/ *adj* **1** ⇒progresista **2** ⇒progresivo,va ⇒paulatino,na ⇒gradual

† **prohibit** /prəˈhɪb.ɪt/ *v* [T] *(form)* ⇒prohibir ■ CONSTR. 1. to prohibit sb from doing sth 2. Se usa más en pasiva

prohibition UK: /ˌprəu.hɪˈbɪʃ.ªn/ US: /ˌprou-/ *n* [C, U] *(form)* ⇒prohibición: *the prohibition on smoking* - la prohibición de fumar

† **project¹** UK: /ˈprɒdʒ.ekt/ US: /ˈprɑː.dʒekt/ *n* [C] **1** ⇒proyecto **2** *(para el colegio)* ⇒proyecto ⇒trabajo

project² /prəˈdʒekt/ *v* [T] **1** ⇒proyectar ⇒calcular **2** *(una imagen o una película)* ⇒proyectar **3** *(una calidad)* ⇒presentar ⇒proyectar ⇒transmitir **4** *(parte de una estructura)* ⇒sobresalir ■ CONSTR. Se usa generalmente seguido de una preposición o un adverbio **5** *(un objeto)* ⇒lanzar

projection /prəˈdʒek.ʃªn/ ■ *n* [C] **1** ⇒estimación ⇒pronóstico ■ *n* [U] **2** *(de una película)* ⇒proyección ⇒exhibición

projector UK: /prəˈdʒek.təʳ/ US: /-tə/ *n* [C] **1** ⇒proyector **2** *overhead ~* ⇒retroproyector

prolific /prəˈlɪf.ɪk/ *adj* ⇒prolífico,ca: *a prolific writer* - un escritor prolífico

prologue UK: /ˈprəu.lɒg/ US: /ˈprou.lɑːg/ *n* [C] ⇒prólogo

prolong UK: /prəˈlɒŋ/ US: /-ˈlɑːŋ/ *v* [T] ⇒prolongar ⇒alargar

P

prom UK: /prɒm/ US: /prɑːm/ *n* [c] **1** *US* ⇒baile de fin de curso **2** ⇒forma abreviada de **promenade** (paseo marítimo)

promenade UK: /ˌprɒm.əˈnɑːd/ US: /ˌprɑː.məˈneɪd/ *n* [c] ⇒paseo marítimo ⇒avenida ⇒paseo ■ La forma abreviada es *prom*

↑ **prominent** UK: /ˈprɒm.ɪ.nənt/ US: /ˈprɑː.mə-/ *adj* **1** *(una persona)* ⇒destacado,da ⇒prominente **2** *(físicamente)* ⇒prominente ⇒saliente ⇒llamativo,va

promiscuous /prəˈmɪs.kju.əs/ *adj* ⇒promiscuo,cua

↑ **promise¹** UK: /ˈprɒm.ɪs/ US: /ˈprɑː.mɪs/ [promised, promising] *v* [T, I] ⇒prometer: *Do you promise to keep it secret?* - ¿Prometes guardarlo en secreto? ■ Constr. 1. to promise + (that) 2. to promise + to do sth 3. to promise + dos objetos

↑ **promise²** UK: /ˈprɒm.ɪs/ US: /ˈprɑː.mɪs/ *n* [c, u] **1** ⇒promesa **2** to {break/keep} a ~ ⇒{romper/ mantener} una promesa **3** to show ~ ⇒ser prometedor ⇒prometer

promising UK: /ˈprɒm.ɪ.sɪŋ/ US: /ˈprɑː.mɪ-/ *adj* ⇒prometedor,-a: *a promising start* - un comienzo prometedor

↑ **promote** UK: /prəˈməʊt/ US: /-ˈmoʊt/ [promoted, promoting] *v* [T] **1** ⇒fomentar ⇒promover **2** ⇒promocionar ⇒comercializar **3** *(en el trabajo)* ⇒promocionar ⇒ascender ■ Constr. Se usa más en pasiva **4** *(en una liga deportiva)* ⇒ascender ■ Constr. Se usa más en pasiva

promoter UK: /prəˈməʊ.tər/ US: /-ˈmoʊ.t̬ə/ *n* [c] ⇒promotor,-a

promotion UK: /prəˈməʊ.ʃən/ US: /-ˈmoʊ-/ *n* [c, u] **1** ⇒promoción ⇒publicidad **2** *(en el trabajo)* ⇒promoción ⇒ascenso **3** ⇒promoción ⇒fomento **4** *(en una liga deportiva)* ⇒promoción ⇒ascenso

prompt¹ UK: /prɒmpt/ US: /prɑːmpt/ *v* [T] **1** ⇒producir ⇒provocar **2** *(en teatro)* ⇒apuntar **3** to ~ sb to do sth ⇒impulsar a alguien a hacer algo

prompt² UK: /prɒmpt/ US: /prɑːmpt/ *adj* **1** ⇒rápido,da: *I need a prompt answer* - Quiero una respuesta rápida **2** ⇒puntual: *Please be prompt* - Sé puntual por favor

↑ **prone** UK: /prəʊn/ US: /proʊn/ *adj* **1** ⇒propenso,sa: *to be prone to sth* - ser propenso a algo **2** *(form)* *(postura)* ⇒de cúbito prono

↑ **pronoun** UK: /ˈprəʊ.naʊn/ US: /ˈproʊ-/ *n* [c] *(en gramática)* ⇒pronombre

↑ **pronounce** /prəˈnaʊns/ [pronounced, pronouncing] *v* [T] **1** ⇒pronunciar ⇒articular **2** *(form)* ⇒declarar ⇒pronunciar

pronounced /prəˈnaʊnst/ *adj* ⇒pronunciado,da ⇒notable ⇒marcado,da

pronunciation /prəˌnʌnt.siˈeɪ.ʃən/ *n* [c, u] ⇒pronunciación

↑ **proof** /pruːf/ *n* [u] **1** *(para demostrar algo)* ⇒prueba **2** *(graduación alcohólica): It is 70 degrees proof* - Tiene un 40% de alcohol **3 proofs** *(en edición)* ⇒pruebas

proofreading /ˈpruːfˌriː.dɪŋ/ *n* [u] ⇒corrección [de pruebas]

prop¹ UK: /prɒp/ US: /prɑːp/ [propped, propping] *v* [T] **1** ⇒apoyar: *He propped the mirror against the wall* - Apoyó el espejo contra la pared **2** to prop open a window - mantener abierta una ventana con algo ■ Constr. Se usa generalmente seguido de las preposiciones against, on y open

|PHRASAL VERBS
└ **to prop sth up** [M] ⇒sostener algo ⇒apuntalar

prop² UK: /prɒp/ US: /prɑːp/ *n* [c] *(en cine, en teatro)* ⇒objeto de utilería

propaganda UK: /ˌprɒp.əˈgæn.də/ US: /ˌprɑː.pə-/ *n* [u] ⇒propaganda [política]

propel /prəˈpel/ [propelled, propelling] *v* [T] ⇒impulsar ⇒propulsar ⇒lanzar

propeller UK: /prəˈpel.ər/ US: /-ə/ *n* [c] ⇒hélice

propensity UK: /prəˈpen.sɪ.ti/ US: /-sə.t̬i/ *n* [NO PL] *(form)* ⇒proclividad ⇒propensión

↑ **proper** UK: /ˈprɒp.ər/ US: /ˈprɑː.pə/ *adj* **1** ⇒correcto,ta ⇒apropiado,da **2** *UK* ⇒verdadero,ra ⇒real **3** *(una conducta)* ⇒correcto,ta ⇒adecuado,da **4** ⇒propiamente dicho,cha **5** to live in the city proper - vivir en el mismo casco urbano

properly UK: /ˈprɒp.ºl.i/ US: /ˈprɑː.pə.li/ *adv* **1** ⇒correctamente ⇒con propiedad **2** ⇒correctamente ⇒bien **3** ⇒adecuadamente ⇒debidamente

↑ **property** UK: /ˈprɒp.ə.ti/ US: /ˈprɑː.pə.t̬i/ ■ *n* [u] **1** ⇒bien ⇒propiedad ■ *n* [c, u] **2** ⇒propiedad ⇒terreno ■ El plural es *properties* ■ *n* [c] **3** ⇒cualidad ⇒propiedad ■ El plural es *properties*

prophecy UK: /ˈprɒf.ə.si/ US: /ˈprɑː.fə-/ *[pl* prophecies] *n* [c] ⇒profecía

prophet UK: /ˈprɒf.ɪt/ US: /ˈprɑː.fɪt/ *n* [c] ⇒profeta,tisa

↑ **proportion** UK: /prəˈpɔː.ʃən/ US: /-ˈpɔːr-/ *n* [c, u] **1** ⇒proporción **2** *to keep a sense of proportion* - saber no exagerar la importancia de algo **3** out of ~ ⇒desmesurado,da ⇒desproporcionado,da **4** to {blow/get} sth out of ~ ⇒exagerar algo: *He's blowing this out of all proportion!* - ¡Lo está exagerando completamente!

proportional UK: /prəˈpɔː.ʃən.ºl/ US: /-ˈpɔːr-/ *adj* ⇒proporcional

proposal UK: /prəˈpəʊ.zºl/ US: /-ˈpoʊ-/ *n* [c] **1** ⇒propuesta: *to make a proposal* - hacer una propuesta **2** *(tb* proposal of marriage) ⇒propuesta de matrimonio

↑ **propose** UK: /prəˈpəʊz/ US: /-ˈpoʊz/ [proposed, proposing] *v* [T] **1** ⇒proponer ■ Constr. 1. to propose +

that 2. to propose + doing sth ⇒pedir matrimonio ■ CONSTR. to propose to sb **3 to ~ to do** *sth* ⇒proponerse hacer algo

proposition UK: /ˌprɒp.əˈzɪʃ.ᵊn/ US: /ˌprɑː.pəˈ-/ *n* [C] ⇒propuesta ⇒proposición

proprietor UK: /prəˈpraɪə.tər/ US: /-t̬ə/ *n* [C] ⇒propietario,ria ⇒dueño,ña

pros the ~ and cons ⇒los pros y los contras

prose UK: /prəʊz/ US: /prouz/ *n* [U] ⇒prosa

† **prosecute** UK: /ˈprɒs.ɪ.kjuːt/ US: /ˈprɑː.sɪ-/ [prosecuted, prosecuting] *v* [T, I] **1** *(en derecho)* ⇒procesar ⇒llevar a los tribunales **2** *(form)* ⇒proseguir

prosecution UK: /ˌprɒs.ɪˈkjuː.ʃᵊn/ US: /ˌprɑː.sɪ-/ *n* [C, U] **1** *(en derecho)* ⇒procesamiento **2** ⇒juicio ⇒proceso **3 the ~** ⇒los fiscales ⇒la parte acusadora

prosecutor UK: /ˈprɒs.ɪ.kjuː.tər/ US: /ˈprɑː.sɪ.kjuː.t̬ə/ *n* [C] ⇒fiscal

† **prospect** UK: /ˈprɒs.pekt/ US: /ˈprɑː.spekt/ ■ *n* [C, U] **1** ⇒posibilidad ⇒expectativa ■ *n* [C] **2** *(form)* ⇒vista ⇒perspectiva **3** ⇒perspectiva ⇒porvenir

prospective /prəˈspek.tɪv/ *adj* **1** ⇒probable ⇒posible **2** ⇒futuro,ra

prospectus /prəˈspek.təs/ *[pl* prospectuses] *n* [C] *(de un negocio o una institución educativa)* ⇒prospecto ⇒folleto informativo

prosper UK: /ˈprɒs.pər/ US: /ˈprɑː.spə/ *v* [I] ⇒prosperar: *He prospered and became rich* - Prosperó y se hizo rico

prosperity UK: /prɒsˈper.ɪ.ti/ US: /prɑːˈsper.ə.t̬i/ *n* [U] ⇒prosperidad: *peace and prosperity* - paz y prosperidad

prosperous UK: /ˈprɒs.pᵊr.əs/ US: /ˈprɑː.spə-/ *adj* ⇒próspero,ra ⇒rico,ca

† **prostitute** UK: /ˈprɒs.tɪ.tjuːt/ US: /ˈprɑː.stɪ.tuːt/ *n* [C] **1** ⇒prostituta **2 male ~** ⇒prostituto

prostrate UK: /ˈprɒs.treɪt/ US: /ˈprɑː.streɪt/ *adj* ⇒postrado,da ⇒abatido,da

protagonist /prəˈtæg.ᵊn.ɪst/ *n* [C] **1** *(form) (en una obra o una historia)* ⇒protagonista ⇒personaje principal **2** ⇒protagonista ⇒defensor,-a ⇒figura

† **protect** /prəˈtekt/ *v* [T, I] ⇒proteger: *This coat will protect you from the cold* - Este abrigo te protegerá del frío ■ CONSTR. to protect against/from sth

protection /prəˈtek.ʃᵊn/ *n* [U] ⇒protección: *under sb's protection* - bajo la protección de alguien

protective /prəˈtek.tɪv/ *adj* ⇒protector,-a: *protective clothing* - ropa protectora; *to be protective towards sb* - tener una actitud protectora hacia alguien

† **protein** UK: /ˈprəʊ.tiːn/ US: /ˈprou-/ *n* [C, U] ⇒proteína

protest¹ UK: /ˈprəʊ.test/ US: /ˈprou'test/ *n* [C, U] **1** ⇒protesta **2** *formal protest* - queja formal **3** *protest march* - manifestación

protest² UK: /prəˈtest/ US: /ˈprou.test/ *v* [T, I] **1** ⇒protestar ⇒quejarse: *Ashley protested that she had been excluded* - Ashley se quejó de que había sido excluida ■ CONSTR. to protest + that **2** ⇒manifestar ■ CONSTR. to protest about/against/ at sth

† **Protestant** UK: /ˈprɒt.ɪ.stᵊnt/ US: /ˈprɑː.t̬ɪ-/ *n* [C] ⇒protestante

protester UK: /prəˈtes.tər/ US: /-tə/ *n* [C] **1** ⇒manifestante **2** ⇒protestante

prototype UK: /ˈprəʊ.tə.taɪp/ US: /ˈprou.t̬ə-/ *n* [C] ⇒prototipo

protrude /prəˈtruːd/ [protruded, protruding] *v* [I] *(form)* ⇒sobresalir ⇒salir

† **proud** /praʊd/ *adj* **1** ⇒orgulloso,sa: *He is proud of his children* - Está orgulloso de sus hijos **2** ⇒arrogante ⇒orgulloso,sa ⇒soberbio,bia

proudly /ˈpraʊd.li/ *adv* ⇒con orgullo

† **prove**, proved, proven /pruːv/ [proving] *v* [T] **1** *(un hecho, la verdad)* ⇒probar ⇒demostrar ■ CONSTR. to prove + that **2** ⇒resultar: *The injury proved fatal* - Resultó ser una herida mortal **3** *(en cocina)* ⇒leudar

proven¹ UK: /ˈpruː.vᵊn, ˈprəʊ-/ past participle of **prove**

proven² UK: /ˈpruː.vᵊn, ˈprəʊ-/ *adj* **1** ⇒comprobado,da **2** *a proven fact* - un hecho de demostrada eficacia

proverb UK: /ˈprɒv.ɜːb/ US: /ˈprɑː.vɜːb/ *n* [C] ⇒proverbio ⇒refrán

† **provide** /prəˈvaɪd/ [provided, providing] *v* [T] ⇒proporcionar ⇒suministrar ⇒facilitar ■ CONSTR. to provide with sth

|PHRASAL VERBS
· **to provide for sb** ⇒mantener a alguien: *She has five children to provide for* - Tiene que mantener a cinco hijos

† **provided (that)** *conj* ⇒a condición de ⇒con tal de ⇒siempre que ⇒siempre y cuando ■ PRON. La e se pronuncia como la i en did

† **province** UK: /ˈprɒv.ɪnts/ US: /ˈprɑː.vɪnts/ *n* [C] **1** ⇒provincia **2** *(de una actividad, de una disciplina)* ⇒competencia ⇒campo **3 the provinces** ⇒las provincias

provincial /prəˈvɪn.tʃᵊl/ *adj* **1** ⇒provincial **2** ⇒provinciano,na *desp.*

provision /prəˈvɪʒ.ᵊn/ *n* [U] **1** ⇒abastecimiento ⇒provisión **2** *(en derecho)* ⇒disposición **3** ⇒servicio ⇒ofertas **4 to make ~ for** *sth* **1** ⇒atender algo: *to make provision for all needs* - atender todas las necesidades **2** ⇒prever algo

provisional /prəˈvɪʒ.ᵊn.ᵊl/ *adj* ⇒provisional ⇒provisorio,ria

provisions /prəˈvɪʒ.ᵊnz/ *n* [PL] ⇒provisiones ⇒víveres

P

proviso UK: /prə'vaɪ.zəʊ/ US: /-zoʊ/ n [C] *(form)* *(en derecho)* ⇨condición

provocation UK: /ˌprɒv.ə'keɪ.ʃªn/ US: /ˌprɑː.və-/ n [C, U] ⇨provocación: *an act of provocation* - una provocación

provocattive UK: /prə'vɒk.ə.tɪv/ US: /-'vɑː.kə.t̬ɪv/ adj **1** ⇨provocativo,va **2** ⇨provocador,-a

† **provoke** UK: /prə'vəʊk/ US: /-'voʊk/ [provoked, provoking] v [T] **1** ⇨provocar: *He provoked her* - La provocó **2** ⇨causar **3** ⇨incitar

prowess /'praʊ.es/ n [U] *(form)* ⇨destreza ⇨habilidad

prowl /praʊl/ v [T, I] ⇨rondar ⇨merodear

proximity UK: /prɒk'sɪm.ɪ.ti/ US: /prɑːk'sɪm.ə.t̬i/ n [U] *(form)* ⇨proximidad

proxy UK: /'prɒk.si/ US: /'prɑː.k-/ [pl proxies] n [C] **1** ⇨poder [cedido a otro] **2** ⇨apoderado,da **3** *proxy vote* - voto por poderes **4** *by ~* ⇨por poderes: *Samantha votes by proxy* - Samantha vota por poderes

prude /pruːd/ n [C] *(offens)* ⇨mojigato,ta *desp. (offens)* ⇨reprimido,da *desp.*

prudent /'pruː.dªnt/ adj *(form)* ⇨prudente: *a prudent decision* - una decisión prudente

prune¹ /pruːn/ [pruned, pruning] v [T] **1** ⇨podar: *to prune a tree* - podar un árbol **2** ⇨recortar

prune² /pruːn/ n [C] ⇨ciruela pasa

pry /praɪ/ [pries, pried] v [I] ⇨inmiscuirse ⇨fisgar

† **PS** /ˌpiː'es/ n [C] ⇨PD: *PS: Don't forget to write back soon!* - PD: Contesta pronto ■ Procede de *postscript* (posdata)

psalm /sɑːm/ n [C] ⇨salmo

pseudonym /'suː.də.nɪm/ n [C] ⇨seudónimo: *to write under pseudonym* - escribir bajo seudónimo

psyche /'saɪ.ki/ n [C] ⇨psique ⇨mente humana

psychiatrist /saɪ'kaɪə.trɪst, sɪ-/ n [C] ⇨psiquiatra: *see a psychiatrist* - consultar a un psiquiatra ■ Pron. La primera sílaba, *psy*, y la segunda, *chi*, riman con *my*

† **psychiatry** /saɪ'kaɪə.tri/ n [U] ⇨psiquiatría ■ Pron. La primera sílaba, *psy*, y la segunda, *chi*, riman con *my*

psychic¹ /'saɪ.kɪk/ adj **1** ⇨psíquico,ca **2** ⇨sobrenatural ⇨paranormal **3** *You must be psychic!* - ¿Cómo lo sabías?

psychic² /'saɪ.kɪk/ n [C] **1** ⇨persona con poderes paranormales **2** ⇨vidente

psychological UK: /ˌsaɪ.kªl'ɒdʒ.ɪ.kªl/ US: /-kə'lɑː.dʒɪ-/ adj ⇨psicológico,ca: *the psychological effects* - los efectos psicológicos

psychologist UK: /saɪ'kɒl.ə.dʒɪst/ US: /-'kɑː.lə-/ n [C] ⇨psicólogo,ga **2** *a educational psychologist* - una psicopedagoga

† **psychology** /saɪ'kɒl.ə.dʒi/ US: /-'kɑː.lə-/ n [U] ⇨psicología

psychopath /'saɪ.kə.pæθ/ n [C] ⇨psicópata

PTO UK: /ˌpiː.tiː'əʊ/ US: /-'oʊ/ ⇨forma abreviada de **please turn over** (sigue por detrás)

† **pub** /pʌb/ n [C] ⇨pub ⇨bar ■ Procede de *public house* (taberna)

puberty UK: /'pjuː.bə.ti/ US: /-bə.t̬i/ n [U] ⇨pubertad: *to reach puberty* - llegar a la pubertad

† **public¹** /'pʌb.lɪk/ adj ⇨público,ca: *a public library* - una biblioteca pública

† **public²** /'pʌb.lɪk/ n [U] ⇨público: *open to the public* - abierto al público ■ Por ser un nombre colectivo se puede usar con el verbo en singular o en plural

† **publication** /ˌpʌb.lɪ'keɪ.ʃªn/ ■ n [U] **1** *(actividad)* ⇨publicación ■ n [C] **2** ⇨publicación

publicity UK: /pʌb'lɪs.ɪ.ti/ US: /-ə.t̬i/ n [U] ⇨publicidad: *publicity campaign* - campaña publicitaria ■ Se dice *some publicity* o *a piece of publicity*. Incorrecto: *a publicity*

publicize /'pʌb.lɪ.saɪz/ [publicized, publicizing] v [T] *(un evento, un resultado)* ⇨anunciar ⇨promocionar ⇨divulgar

publicly /'pʌb.lɪ.kli/ adv **1** ⇨públicamente ⇨en público **2** *publicly owned* - propiedad del Estado

public school n [C] **1** ⇨colegio privado ■ Distinto de *state school* (colegio público). A pesar de su nombre, un *public school* en Gran Bretaña es un tipo de colegio privado **2** *US* (*UK* **state school**) ⇨colegio público

† **publish** /'pʌb.lɪʃ/ [publishes] v [T] ⇨publicar: *to publish a book* - publicar un libro

publisher UK: /'pʌb.lɪ.ʃəʳ/ US: /-ʃɚ/ n [C] **1** ⇨editor,-a **2** *(empresa)* ⇨editorial

publishing /'pʌb.lɪ.ʃɪŋ/ n [U] **1** ⇨mundo editorial **2** *to be in publishing* - trabajar en el mundo editorial

† **pudding** /'pʊd.ɪŋ/ n [U] **1** *UK* (*UK/US tb* dessert) ⇨postre: *What is for pudding?* - ¿Qué hay de postre? ■ n [C, U] **2** ⇨empanada [de carne] **3** *The proof of the ~ is in the eating (spoken)* ⇨para saber si algo es bueno hay que probarlo

puddle /'pʌd.l̩/ n [C] ⇨charco: *to step in a puddle* - meter el pie en un charco

Puerto Rican UK: /ˌpwɜː.təʊ'riː.kən/ US: /ˌpwer.t̬ə-/ adj, n [C] ⇨puertorriqueño,ña

Puerto Rico UK: /ˌpwɜː.təʊ'riː.kəʊ/ US: /ˌpwer.t̬ə'riː.koʊ/ n [U] ⇨Puerto Rico

puff¹ /pʌf/ ■ v [I] **1** ⇨jadear **2** ⇨fumar ⇨pitar *AMÉR.* ■ v [T] **3** *(humo)* ⇨echar a bocanadas **4** *(un tren)* ⇨echar humo

PHRASAL VERBS

· **to puff** *sth* **out** [M] ⇨inflar [los carrillos]: *The child puffed out his cheeks* - El niño infló los carrillos

· **to puff up** *(una parte del cuerpo)* ⇨hincharse

puff² /pʌf/ n [C] **1** ⇨soplo: *a puff of wind* - un soplo de viento **2** ⇨calada *col.*; ⇨pitada *AMÉR.*

puffy /'pʌf.i/ *adj* [*comp* puffier, *superl* puffiest] *(la cara)* ⇒hinchado,da ⇒inflamado,da

puke[1] /pju:k/ [puked, puking] *v* [T, I] *(very inform)* ⇒potar *col.;* ⇒vomitar ■ CONSTR. Se usa generalmente seguido de la preposición up

puke[2] /pju:k/ *n* [U] *(very inform)* ⇒pota *col.;* ⇒vomitona

† **pull**[1] /pʊl/ ■ *v* [T, I] **1** ⇒tirar ⇒halar *AMÉR.;* ⇒jalar *AMÉR. col.* **2** ⇒arrastrar ⇒tirar ■ *v* [T] **3** ⇒sacar [con esfuerzo] ⇒quitar [con esfuerzo] ■ CONSTR. Se usa generalmente seguido de off, out y up **4** *(un músculo)* ⇒dar un tirón **5** *(una muela)* ⇒sacar **6** ⇒atraer **7** *(inform)* ⇒ligar *col.* **8** to ~ **one's socks up** *(inform)* ⇒ponerse las pilas *col.* **9** to ~ **strings (for sb)** *(inform)* *(en una empresa)* ⇒enchufar a alguien *col.*

|PHRASAL VERBS

· **to pull** *sth* **apart** [M] ⇒hacer pedazos algo ⇒desmontar algo

· **to pull** *sth* **down** [M] ⇒tirar ⇒derribar ⇒tumbar

· **to pull in 1** *(un vehículo)* ⇒parar ⇒detener **2** *(un coche, un tren)* ⇒llegar **3** *(la gente)* ⇒atraer

· **to pull** *sth* **off** [M] *(inform)* *(algo difícil, arriesgado)* ⇒conseguir

· **to pull** *(sth/sb)* **out (of** *sth)* [M] **1** ⇒sacar ⇒retirar **2** *(un vehículo)* ⇒salir ⇒arrancar

· **to pull over** *(en un vehículo)* ⇒pararse a un lado de la vía

· **to pull** *oneself* **together** ⇒calmarse

└ **to pull up** *(un coche)* ⇒pararse ⇒detenerse

pull[2] /pʊl/ ■ *n* [c] **1** ⇒tirón ⇒jalón *AMÉR.* ■ *n* [U] **2** ⇒fuerza magnética **3** ⇒atracción **4** ⇒influencia

pulley /'pʊl.i/ *n* [c] ⇒polea: *We can use a pulley to lift it* - Podemos levantarlo con una polea

pullover UK: /'pʊl.əu.və²/ US: /-.ou.və/ *n* [c] ⇒jersey ⇒pulóver *AMÉR.*

pulp /pʌlp/ ■ *n* [U] **1** ⇒pulpa: *to mash sth to a pulp* - reducir algo a pulpa ■ *n* [U, NO PL] **2** ⇒pasta de papel ⇒masa de papel

pulpit /'pʊl.pɪt/ *n* [c] *(en una iglesia)* ⇒púlpito

pulsate UK: /pʌl'seɪt/ US: /'--/ [pulsated, pulsating] *v* [I] ⇒palpitar ⇒vibrar ■ CONSTR. to pulsate with sth

pulse /pʌls/ *n* [c] ⇒pulso: *to take sb's pulse* - tomar el pulso a alguien

pump[1] /pʌmp/ *n* [c] **1** *(máquina)* ⇒bomba **2** *petrol pump* - surtidor de gasolina

pump[2] /pʌmp/ *v* [T] **1** ⇒bombear ■ CONSTR. Se usa generalmente seguido de una preposición o de un adverbio **2** ~ **iron** *(inform)* ⇒hacer pesas

|PHRASAL VERBS

· **to pump** *sth* **into** *sth (dinero)* ⇒invertir

· **to pump** *sth* **out** [M] **1** ⇒extraer [con bomba] **2** *(inform)* *(propanganda o música)* ⇒bombardear *col.*

· **to pump** *sth* **up** [M] ⇒inflar: *You should pump the tyres up* - Deberías inflar un poco los neumáticos

pumpkin /'pʌmp.kɪn/ *n* [c, U] ⇒calabaza ⇒zapallo *AMÉR.*

pun /pʌn/ *n* [c] ⇒juego de palabras: *to make a pun* - hacer un juego de palabras

punch[1] /pʌntʃ/ *v* [T] **1** ⇒dar un puñetazo **2** ⇒perforar ⇒picar

punch[2] /pʌntʃ/ [*pl* punches] *n* [c] **1** ⇒puñetazo **2** ⇒garra ⇒fuerza ⇒atractivo **3** ⇒perforadora [de papel] **4** *(bebida)* ⇒ponche

punchline *n* [c] ⇒la gracia de un chiste ⇒el toque final de un chiste

punctual /'pʌŋk.tju.əl/ *adj* ⇒puntual: *Be punctual, please!* - Sé puntual, ¡por favor!

punctuate /'pʌŋk.tju.eɪt/ [punctuated, punctuating] *v* [T] **1** *(en ortografía)* ⇒puntuar **2** ⇒interrumpir [repetidamente] ■ CONSTR. to punctuate by/with sth/sb

† **punctuation** /ˌpʌŋk.tju'eɪ.ʃ²n/ *n* [U] *(en ortografía)* ⇒puntuación

puncture[1] UK: /'pʌŋk.tʃə²/ US: /-tʃə/ *n* [c] **1** ⇒pinchazo **2** *to have a puncture* - pincharse una rueda

puncture[2] UK: /'pʌŋk.tʃə²/ US: /-tʃə/ [punctured, puncturing] ■ *v* [T, I] **1** ⇒pinchar(se): *My tyre has punctured* - Se me ha pinchado una rueda ■ *v* [T] **2** *(un ambiente positivo)* ⇒estropear ⇒amargar **3** *(a la confianza)* ⇒afectar negativamente

pundit /'pʌn.dɪt/ *n* [c] ⇒entendido,da ⇒experto,ta

pungent /'pʌn.dʒ²nt/ *adj* **1** *(un olor, un sabor)* ⇒acre ⇒fuerte **2** ⇒satírico,ca ⇒mordaz

† **punish** /'pʌn.ɪʃ/ [punishes] *v* [T] ⇒castigar: *to punish sb* - castigar a alguien; *to be punished for sth* - ser castigado por algo ■ CONSTR. Se usa más en pasiva

punishment /'pʌn.ɪʃ.mənt/ *n* [U] ⇒castigo

punitive UK: /'pju:.nɪ.tɪv/ US: /-t̬ɪv/ *adj* **1** *(form)* ⇒punitivo,va **2** ⇒leonino,na: *punitive taxes* - impuestos leoninos

punk[1] /pʌŋk/ *n* [c] **1** *(inform)* ⇒punk ⇒punki **2** *US (inform)* ⇒gamberro,rra

punk[2] /pʌŋk/ *adj* ⇒punk: *a punk hairstyle* - un peinado punk

punt /pʌnt/ *n* [c] *(barco)* ⇒batea

punter UK: /'pʌn.tə²/ US: /-t̬ə/ *UK n* [c] **1** *(inform)* ⇒apostante **2** *(inform)* ⇒cliente

pup /pʌp/ *n* [c] **1** ⇒cachorro,rra **2** ⇒cría: *a seal pup* - una cría de foca

† **pupil** /'pju:.p²l/ *n* [c] **1** *(de un artista)* ⇒alumno,na ⇒discípulo,la **2** *(en el ojo)* ⇒pupila

puppet /'pʌp.ɪt/ *n* [c] **1** ⇒marioneta **2** *(persona)* ⇒juguete ⇒títere ⇒marioneta

P

puppy 328

puppy /ˈpʌp.i/ [pl puppies] n [c] ⇨cachorro,rra ⇨perrito,ta

purchase¹ UK: /ˈpɜː.tʃəs/ US: /ˈpɜː-/ [purchased, purchasing] v [T] (form) ⇨comprar ⇨adquirir

purchase² UK: /ˈpɜː.tʃəs/ US: /ˈpɜː-/ n [c] (form) ⇨compra ⇨adquisición

↑ **pure** UK: /pjʊəʳ/ US: /pjʊr/ adj [comp purer, superl purest] 1 ⇨puro,ra: by pure luck - de pura suerte 2 ⇨natural: pure orange juice - zumo de naranja natural

purely UK: /ˈpjʊə.li/ US: /ˈpjʊr-/ adv ⇨puramente ⇨sencillamente

purge¹ UK: /pɜːdʒ/ US: /pɜːdʒ/ [purged, purging] v [T] 1 (una organización) ⇨purgar ⇨expulsar 2 ⇨purificar ⇨purgar

purge² UK: /pɜːdʒ/ US: /pɜːdʒ/ n [c] ⇨purga

purify UK: /ˈpjʊə.rɪ.faɪ/ US: /ˈpjʊr-/ [purifies, purified] v [T] 1 ⇨purificar 2 ⇨depurar ⇨purificar

puritanical UK: /ˌpjʊə.rɪˈtæn.ɪ.kəl/ US: /ˌpjʊr.ɪ-/ adj ⇨puritano,na

purity UK: /ˈpjʊə.rɪ.ti/ US: /ˈpjʊr.ə.t̬i/ n [U] ⇨pureza: the air purity - la pureza del aire

↑ **purple** UK: /pɜː.pl̩/ US: /pɜː-/ adj, n [c, U] ⇨morado,da ⇨violeta

↑ **purpose** UK: /ˈpɜː.pəs/ US: /ˈpɜː-/ n [c, U] 1 ⇨razón ⇨motivo ⇨propósito ⇨fin 2 ⇨resolución 3 to no good purpose - en vano 4 on ~ ⇨aposta ⇨adrede 5 to have a sense of ~ ⇨tener una razón para hacer las cosas ⇨tener una meta

purposeful UK: /ˈpɜː.pəs.fᵊl/ US: /ˈpɜː-/ adj ⇨resuelto,ta ⇨decidido,da

purposely UK: /ˈpɜː.pə.sli/ US: /ˈpɜː-/ adv ⇨intencionadamente ⇨adrede

P purr UK: /pɜːʳ/ US: /pɜːʳ/ v [I] 1 (un gato) ⇨ronronear 2 ⇨susurrar

purse¹ UK: /pɜːs/ US: /pɜːs/ n [c] 1 UK ⇨monedero 2 US (UK handbag) ⇨bolso ⇨cartera AMÉR.

purse² UK: /pɜːs/ US: /pɜːs/ [pursed, pursing] to ~ one's lips ⇨apretar los labios ⇨fruncir los labios

↑ **pursue** UK: /pəˈsjuː/ US: /pəˈsuː/ v [T] 1 ⇨perseguir: to pursue sb - perseguir a alguien 2 (un plan, una carrera) ⇨seguir con 3 (a una actividad) ⇨dedicarse 4 to ~ a matter 1 ⇨abordar un asunto 2 ⇨seguir intentando cerrar un asunto

pursuit UK: /pəˈsjuːt/ US: /pəˈsuːt/ n [U] 1 ⇨persecución 2 ⇨búsqueda ⇨busca

pus /pʌs/ n [U] ⇨pus ■ PRON. Rima con el pronombre inglés us

↑ **push¹** /pʊʃ/ v [T, I] 1 ⇨empujar ⇨aventar AMÉR. col. ■ CONSTR. Se usa generalmente seguido de una preposición o un adverbio 2 ⇨apretar ■ v [T] 3 ⇨traficar: to push drugs - traficar con drogas 4 ⇨presionar ■ CONSTR. to push sb into + doing sth

PHRASAL VERBS
· **to push sb {about/around}** (inform) ⇨mangonear a alguien col.; ⇨manejar a alguien
· **to push ahead** ⇨seguir adelante con algo ⇨avanzar
· **to push in** (en una fila) ⇨colarse
· **to push off 1** UK (inform) ⇨largarse col.: Push off! - ¡Lárgate! 2 (una embarcación) ⇨desatracar

PUSH PULL

push² /pʊʃ/ [pl pushes] n [c] ⇨empujón: to give sb a push - dar un empujón a algo

pushchair UK: /ˈpʊʃ.tʃeəʳ/ US: /-tʃer/ UK (UK/US tb buggy) n [c] (para pasear) ⇨carricoche [de bebé] ⇨silla [de niños]

pusher UK: /ˈpʊʃ.əʳ/ US: /-ə/ n [c] ⇨camello col.

push-up /ˈpʊʃ.ʌp/ US (UK press-up) n [c] (en gimnasia) ⇨flexión

pushy /ˈpʊʃ.i/ adj [comp pushier, superl pushiest] ⇨avasallador,-a ⇨dominante

↑ **put, put, put** /pʊt/ [putting] v [T] 1 ⇨poner ⇨meter ⇨colocar ⇨dejar 2 ⇨poner ⇨expresar ⇨decir 3 Put your request in writing, please - Dame tu petición por escrito, por favor 4 ⇨poner ⇨situar 5 ⇨invertir 6 ⇨calcular ⇨estimar 7 to put to sea - hacerse a la mar

PHRASAL VERBS
· **to put sth {across/over}** ⇨expresar algo de forma clara
· **to put oneself {across/over}** ⇨expresarse de forma clara
· **to put sth aside** [M] 1 ⇨dejar a un lado 2 ⇨ahorrar [dinero] ⇨guardar ⇨apartar
· **to put sth away** ⇨recoger algo ⇨guardar algo
· **to put sth back** [M] 1 ⇨guardar algo ⇨volver a colocar algo en su sitio 2 UK ⇨retrasar algo ⇨aplazar algo 3 (un reloj) ⇨ajustar ⇨poner en hora 4 ⇨reinvertir
· **to put sth by** [M] ⇨ahorrar [dinero] ⇨guardar
· **to put sth/sb down** (en una lista) ⇨apuntar
· **to put sb down** [M] (inform) ⇨humillar a alguien ⇨despreciar a alguien

python

· **to put** *sth/sb* **down** [M] ⇒poner [en el suelo]
· **to put** *sth* **down to** *sth* (*UK tb* **to bring** *sth* **down**) *(algo a algo)* ⇒atribuir
· **to put** *sth* **forward** [M] **1** *(una propuesta)* ⇒presentar **2** *(una sugerencia)* ⇒hacer **3** *(un reloj)* ⇒ajustar ⇒adelantar
· **to put** *sb* **forward** [M] ⇒proponer a alguien [para un cargo]
· **to put** *sth* {**in/sth into** *sth*} [M] ⇒dedicar tiempo a algo
· **to put** *sb* **off** (*sth*) *(una cita)* ⇒cancelar ■ CONSTR. to put off + doing sth
· **to put** *sb* **off** (*sth/sb*) **1** ⇒desanimar a alguien ⇒disuadir a alguien ⇒quitar las ganas a alguien **2** ⇒dar largas a alguien *col.* **3** ⇒distraer a alguien
· **to put** *sth* **off** [M] ⇒aplazar algo ⇒posponer algo ■ CONSTR. to put off + doing sth
· **to put** *sth* **on** [M] **1** *(una prenda de vestir)* ⇒ponerse **2** *UK* ⇒poner ⇒encender **3** ⇒fingir ⇒hacerse **4** *to put on weight* - engordar
· **to put** *sth* **out** [M] **1** *UK (una luz o un fuego)* ⇒apagar **2** ⇒sacar algo **3** ⇒extender algo
· **to put** *sb* **out** [M] **1** ⇒causar molestias a alguien **2** ⇒desconcertar a alguien
· **to put** *oneself* **out (for** *sb*) *(inform)* ⇒molestarse [por ayudar a alguien] ⇒ayudar a alguien
· **to put** *sb* **through** ⇒pasar [una llamada] ⇒poner con alguien
· **to put** *sth* **through** [M] *(un plan, una reforma)* ⇒llevar a cabo

· **to put** *sth* **to** *sb* **1** ⇒proponer algo a alguien **2** ⇒preguntar algo a alguien
· **to put** *sth* **together** [M] **1** ⇒armar algo ⇒montar algo **2** ⇒formular ⇒preparar
· **to put** *sth* **up** [M] **1** *UK* ⇒aumentar algo **2** ⇒levantar algo **3** *(el pelo)* ⇒recoger **4** *(la tienda de campaña)* ⇒montar
· **to put** *sb* **up** [M] ⇒alojar a alguien
└ **to put up with** *sth/sb* ⇒aguantar ⇒tolerar
putrid /ˈpjuː.trɪd/ *adj* ⇒putrefacto,ta ⇒pútrido,da
putty UK: /ˈpʌt.i/ US: /ˈpʌt̬-/ *n* [U] ⇒masilla
puzzle¹ /ˈpʌz.l̩/ ■ *n* [C] **1** ⇒acertijo **2** *(juego)* ⇒rompecabezas ⇒puzle ■ *n* [NO PL] **3** ⇒misterio: *He's a real puzzle* - Es un verdadero misterio
puzzle² /ˈpʌz.l̩/ [puzzled, puzzling] *v* [T, I] ⇒dejar perplejo,ja ⇒pasmar

|PHRASAL VERBS|
· **to puzzle** *sth* **out** [M] ⇒explicarse algo ⇒descifrar algo
└ **to puzzle over** *sth* ⇒darle vueltas a algo
puzzled /ˈpʌz.l̩d/ *adj* ⇒perplejo, ja
↑ **pyjamas** /pɪˈdʒɑː.məz/ *UK* (*US* **pajamas**) *n* [PL] ⇒pijama: *a pair of pyjamas* - un pijama
pylon UK: /ˈpaɪ.lɒn/ US: /-lɑːn/ *n* [C] ⇒torre [de electricidad]
↑ **pyramid** /ˈpɪr.ə.mɪd/ *n* [C] ⇒pirámide: *to stand in awe in front of a pyramid* - quedarse impresionado delante de una pirámide ■ PRON. Se acentúa la primera sílaba, que se pronuncia como *pi* en *pin*
python UK: /ˈpaɪ.θᵊn/ US: /-θɑːn/ *n* [C] ⇒serpiente pitón

P ▰

Q
q

q [*pl* q's, qs] *n* [c] *(letra del alfabeto)* ⇨q ■ PRON. Se pronuncia como *you* con una *k* delante

quack¹ /kwæk/ *v* [i] *(un pato)* ⇨graznar

quack² /kwæk/ *n* [c] **1** *(de un pato)* ⇨graznido **2** ⇨charlatán,-a **3** *(inform, offens)* ⇨matasanos *desp.*

quadruple¹ UK: /kwɒdˈruː.pl/ US: /kwɑːˈdruː-/ [quadrupled, quadrupling] *v* [T, I] ⇨cuadruplicarse

quadruple² UK: /ˈkwɒd.rʊp.l/ US: /kwɑːˈdruː.pl/ *adj* ⇨cuádruple ⇨cuádruplo,pla

quagmire UK: /ˈkwɒɡ.maɪəʳ/ US: /ˈkwæɡ.maɪr/ *n* [c] **1** ⇨lodazal **2** ⇨atolladero ⇨embrollo

quail /kweɪl/ [*pl* quail, quails] *n* [c] ⇨codorniz: *quail's eggs* - huevos de codorniz

quaint /kweɪnt/ *adj* ⇨pintoresco,ca ⇨peculiar

quake¹ /kweɪk/ *US n* [c] ⇨forma abreviada de **earthquake** (temblor, seísmo)

quake² /kweɪk/ [quaked, quaking] *v* [i] ⇨temblar: *to quake with fear* - temblar de miedo

qualification UK: /ˌkwɒl.ɪ.fɪˈkeɪ.ʃ°n/ US: /ˌkwɑː.lɪ-/ ■ *n* [c] **1** ⇨título ⇨diploma **2** *(para un trabajo)* ⇨requisito ⇨ Se usa más en plural ■ *n* [U] **3** *(en una competición)* ⇨clasificación ■ Distinto de mark (calificación)

qualified UK: /ˈkwɒl.ɪ.faɪd/ US: /ˈkwɑː.lɪ-/ *adj* **1** ⇨cualificado,da: *a qualified nurse* - una enfermera cualificada **2** ⇨con reservas ⇨restringido,da **3** *to be* ~ *to do sth* ⇨estar cualificado,da para hacer algo ⇨ser la persona indicada para hacer algo

† qualify UK: /ˈkwɒl.ɪ.faɪ/ US: /ˈkwɑː.lɪ-/ [qualifies, qualified] *v* [T, I] **1** ⇨tener derecho ■ CONSTR. to qualify for sth ■ *v* [i] **2** *UK* ⇨obtener el título ⇨licenciarse **3** *(en deportes)* ⇨clasificar(se) **4** *(una declaración, un comentario)* ⇨modificar

qualifying *adj (una competición)* ⇨eliminatorio,ria

† quality UK: /ˈkwɒl.ɪ.ti/ US: /ˈkwɑː.lə.°ti/ ■ *n* [U] **1** ⇨calidad: *top quality* - primera calidad ■ *n* [c] **2** ⇨cualidad ⇨característica ■ El plural es qualities

qualm /kwɑːm/ *n* [c] ⇨escrúpulo ⇨recelo ⇨reparo

quandary UK: /ˈkwɒn.dri/ US: /ˈkwɑːn-/ [*pl* quandaries] *n* [c] ⇨dilema: *to be in a quandary* - estar en un dilema

quantify UK: /ˈkwɒn.tɪ.faɪ/ US: /ˈkwɑːn.°tə-/ [quantifies, quantified] *v* [T] *(en números)* ⇨cuantificar ⇨evaluar

† quantity UK: /ˈkwɒn.tɪ.ti/ US: /ˈkwɑːn.°tə.°ti/ *n* [U] ⇨cantidad: *a quantity of sth* - una cantidad de algo

quarantine UK: /ˈkwɒr.°n.tiːn/ US: /ˈkwɔːr-/ *n* [U] ⇨cuarentena: *to spend time in quarantine* - pasar tiempo en cuarentena

quarrel¹ UK: /ˈkwɒr.°l/ US: /ˈkwɔːr-/ *n* [c] ⇨discusión ⇨pelea ⇨riña

quarrel² UK: /ˈkwɒr.°l/ US: /ˈkwɔːr-/ [quarrelled, quarrelling; *US* quarreled, quarreling] *v* [i] ⇨discutir ⇨pelearse

quarry UK: /ˈkwɒr.i/ US: /ˈkwɔːr-/ [*pl* quarries] *n* [c] **1** *(animal)* ⇨presa **2** ⇨cantera [de piedra]

quart UK: /kwɔːt/ US: /kwɔːrt/ *n* [c] *(unidad de medida)* ⇨unidad equivalente a dos pintas ■ La forma abreviada es qt

† quarter UK: /ˈkwɔː.təʳ/ US: /ˈkwɑː.°tə/ *n* [c] **1** ⇨cuarto ⇨cuarta parte **2** ⇨barrio **3** *(en economía)* ⇨trimestre **4** *US* ⇨veinticinco centavos **5** *a* ~ *of an hour* ⇨un cuarto de hora ⇨quince minutos **6** ~ *past (para las horas)* ⇨y cuarto **7** ~ *to (para las horas)* ⇨menos cuarto

quarter-final *n* [c] *(en una competición)* ⇨cuartos de final

quarterly¹ UK: /ˈkwɔː.t°l.i/ US: /ˈkwɑː.°tə.li/ *adv* ⇨trimestralmente: *to pay a bill quarterly* - pagar una factura trimestralmente

quarterly² UK: /ˈkwɔː.t°l.i/ US: /ˈkwɑː.°tə.li/ *adj* ⇨trimestral: *a quarterly magazine* - una revista trimestral

quarters UK: /ˈkwɔː.təz/ US: /ˈkwɑː.°təz/ *n* [PL] **1** *(en una casa)* ⇨habitaciones ⇨dependencias **2** *(en el ejército)* ⇨viviendas **3** *from all* ~ ⇨de todas partes **4** *in {certain/some}* ~ ⇨en {ciertas/algunas} partes

quartet UK: /kwɔːˈtet/ US: /kwɔːr-/ *n* [C] ⇒cuarteto [musical]: *a jazz quartet* - un cuarteto de jazz

quartz UK: /ˈkwɔːts/ US: /ˈkwɔːrts/ *n* [U] *(mineral)* ⇒cuarzo

quash UK: /kwɒʃ/ US: /kwɑːʃ/ [quashes] *v* [T] **1** *(form) (en derecho)* ⇒anular ⇒invalidar ■ CONSTR. Se usa más en pasiva **2** *(una rebelión)* ⇒sofocar ⇒reprimir **3** *(un rumor)* ⇒desmentir

quaternary *adj* ⇒cuaternario,ria

quay /kiː/ *n* [C] ⇒muelle ⇒embarcadero ■ PRON. Se pronuncia igual que *key*

queasy /ˈkwiː.zi/ *adj* [*comp* queasier, *superl* queasiest] ⇒mareado,da ⇒con náuseas

† **queen** /kwiːn/ *n* [C] **1** ⇒reina **2** *(en ajedrez)* ⇒dama ⇒reina **3** *(en naipes)* ⇒dama **4** *queen bee* - abeja reina

queer UK: /kwɪəʳ/ US: /kwɪr/ *adj* **1** *(old-fash)* ⇒curioso,sa ⇒raro,ra **2** *(offens)* ⇒marica *vulg. desp.*

quell /kwel/ *v* [T] **1** *(form) (una revuelta)* ⇒sofocar **2** *(una duda)* ⇒disipar

quench /kwentʃ/ [quenches] *v* [T] **1** *(la sed)* ⇒apagar **2** *(lit) (las llamas)* ⇒apagar ⇒extinguir

query¹ UK: /ˈkwɪə.ri/ US: /ˈkwɪr.i/ [*pl* queries] *n* [C] ⇒duda ⇒pregunta ⇒consulta

query² UK: /ˈkwɪə.ri/ US: /ˈkwɪr.i/ [queries, queried] *v* [T, I] **1** ⇒poner en duda ⇒cuestionar **2** ⇒preguntar ■ CONSTR. to query + interrogativa indirecta

† **quest** /kwest/ *n* [C] *(form)* ⇒búsqueda

† **question¹** /ˈkwes.tʃən/ *n* [C] **1** ⇒pregunta ■ Se dice *to ask a question* - hacer una pregunta. Incorrecto: *to make a question* **2** ⇒cuestión: *to discuss a question* - discutir una cuestión **3** *out of the* ~ ⇒impensable ⇒imposible **4** *to bring sth into* ~ ⇒poner algo en duda

† **question²** /ˈkwes.tʃən/ *v* [T] **1** ⇒interrogar: *to question a suspect* - interrogar a un sospechoso ■ CONSTR. Se usa más en pasiva **2** ⇒cuestionar ⇒poner en duda

questionable /ˈkwes.tʃə.nə.bl̩/ *adj* ⇒cuestionable ⇒dudoso,sa

questioner UK: /ˈkwes.tʃə.nəʳ/ US: /-nə/ *n* [C] ⇒interrogador,-a ⇒encuestador,-a

questioning¹ /ˈkwes.tʃə.nɪŋ/ *n* [U] ⇒interrogatorio: *to hold sb for questioning* - detener a alguien para someterle a un interrogatorio

questioning² /ˈkwes.tʃə.nɪŋ/ *adj* ⇒inquisitivo,va: *a questioning look* - una mirada inquisitiva

questioningly *adv* ⇒inquisitivamente ⇒de manera inquisitiva: *She was looking at me questioningly* - Me miraba de manera inquisitiva

† **question mark** *n* [C] *(en ortografía)* ⇒signo de interrogación ■ Ver cuadro Signos de puntuación

questionnaire UK: /ˌkwes.tʃəˈneəʳ/ US: /-ˈner/ *n* [C] **1** ⇒encuesta **2** ⇒cuestionario: *to fill in a questionnaire* - rellenar un cuestionario

question tag *n* [C] *(en gramática)* ⇒coletilla interrogativa

† **queue¹** /kjuː/ *UK* (*US* line) *n* [C] **1** ⇒cola ⇒fila **2** *to jump the* ~ *(en una fila)* ⇒colarse

† **queue²** /kjuː/ [queued, queuing] *UK* (*US* line up) *v* [I] ⇒hacer cola ■ CONSTR. to queue + to do sth

† **quick¹** /kwɪk/ *adj* ⇒rápido,da: *a quick answer* - una respuesta rápida ■ Normalmente se usa en referencia al tiempo. Comparar con *fast*

† **quick²** /kwɪk/ *adv (inform)* ⇒rápidamente ⇒deprisa ■ En este uso, *quick* y *fast* significan lo mismo

quicken /ˈkwɪk.ʰn/ *v* [T, I] **1** ⇒acelerar(se) **2** *(el interés)* ⇒reavivar

quickly /ˈkwɪk.li/ *adv* ⇒rápidamente

quid /kwɪd/ [*pl* quid] *UK n* [C] *(inform) (moneda)* ⇒libra [esterlina]

† **quiet¹** /kwaɪət/ *adj* **1** ⇒sin ruido ⇒tranquilo,la **2** ⇒callado,da: *You should be quiet in class* - Deberías permanecer callado durante la clase **3** ⇒discreto,ta ⇒íntimo,ma ■ Distinto de *still* (quieto)

quiet² /kwaɪət/ *n* [U] **1** ⇒tranquilidad: *peace and quiet* - paz y tranquilidad **2** *on the* ~ *(inform)* ⇒a escondidas

† **quiet³** /kwaɪət/ *US v* [T] See **quieten**

quieten /ˈkwaɪə.tʰn/ *UK* (*US* quiet) *v* [T] **1** ⇒calmar ⇒tranquilizar **2** ⇒callar(se)

quietly /ˈkwaɪət.li/ *adv* **1** ⇒sin hacer ruido ⇒en silencio **2** ⇒tranquilamente ⇒sin ofrecer resistencia **3** ⇒en voz baja

quietness /ˈkwaɪət.nəs/ *n* [U] **1** ⇒silencio **2** ⇒tranquilidad

quill /kwɪl/ *n* [C] **1** *(de un ave)* ⇒pluma **2** *(para escribir en la antigüedad)* ⇒pluma **3** *(de un erizo)* ⇒púa

quilt /kwɪlt/ *n* [C] **1** ⇒colcha **2** *UK* ⇒edredón: *continental quilt* - edredón nórdico

quirk UK: /kwɜːk/ US: /kwɝːk/ *n* [C] **1** ⇒rareza: *We all have our quirks* - Todos tenemos rarezas **2** ~ *of fate* ⇒capricho del destino

† **quit, quit, quit** (*tb* quitted, quitted) /kwɪt/ [quitting] *v* [T, I] **1** ⇒dejar de: *You should try to quit smoking* - Deberías intentar dejar de fumar ■ CONSTR. to quit + doing sth **2** ⇒dejar ⇒dimitir **3** ⇒desocupar ⇒desalojar

† **quite** /kwaɪt/ *adv* **1** *UK* ⇒bastante **2** ⇒completamente ⇒totalmente **3** ⇒exactamente **4** *quite!* ⇒¡exactamente! ¡precisamente! **5** ~ {a bit/a lot} ⇒bastante cantidad ⇒mucho,cha

quiver¹ UK: /ˈkwɪv.əʳ/ US: /-ə/ *v* [I] ⇒temblar [de emoción]

quiver² UK: /ˈkwɪv.əʳ/ US: /-ə/ *n* [C] **1** ⇒temblor **2** *(de un arquero)* ⇒aljaba

Q

quiz¹ /kwɪz/ [pl quizzes] n [c] **1** (juego) ⇒test de preguntas **2** ⇒concurso

quiz² /kwɪz/ [quizzed, quizzing] v [T] ⇒someter a un interrogatorio ⇒hacer preguntas ■ CONSTR. to quiz sb about/on sth

quizzical /ˈkwɪz.ɪ.kᵊl/ adj **1** (una mirada) ⇒interrogante **2** (una mirada, una sonrisa) ⇒burlón,-a

quota UK: /ˈkwəʊ.tə/ US: /ˈkwoʊ.ᵊt̬ə/ n [c] **1** ⇒cupo: a fixed quota - un cupo fijo **2** (cantidad) ⇒cuota ⇒parte

quotation UK: /kwəʊˈteɪ.ʃᵊn/ US: /kwoʊ-/ n [c] **1** ⇒cita ⇒mención **2** ⇒presupuesto [aproximado] **3** (en finanzas) ⇒cotización

quotation marks n [PL] (en ortografía) ⇒comillas ■ Ver cuadro signos de puntuación

quote¹ UK: /kwəʊt/ US: /kwoʊt/ [quoted, quoting] v [T, I] **1** ⇒citar ⇒mencionar **2** ⇒dar un presupuesto **3** ⇒cotizar ■ CONSTR. Se usa más en pasiva

quote² UK: /kwəʊt/ US: /kwoʊt/ n [c] **1** ⇒cita **2** ⇒presupuesto [aproximado]

Q

R

r

r UK: /ɑːʳ/ US: /ɑːr/ [*pl* **r's**] *n* [c] *(letra del alfabeto)* ⇒**r** ∎ PRON. Se pronuncia como *ar* en *art*

rabbi /ˈræb.aɪ/ *n* [c] ⇒rabino

† **rabbit** /ˈræb.ɪt/ *n* [c] **1** ⇒conejo,ja **2** ⇒conejo macho

rabies /ˈreɪ.biːz/ *n* [u] *(en medicina)* ⇒rabia

† **race**¹ /reɪs/ ∎ *n* [c] **1** ⇒carrera: *horse race* - carrera de caballos ∎ *n* [c, u] **2** ⇒raza

race² /reɪs/ [raced, racing] *v* [T, ɪ] **1** ⇒correr **2** ⇒competir **3** *(un motor)* ⇒acelerar **4 to ~ against** *(sb)* ⇒competir con (alguien) [en una carrera]

racecourse UK: /ˈreɪs.kɔːs/ US: /-kɔːrs/ *UK (US* **racetrack**) *n* [c] ⇒hipódromo

racehorse UK: /ˈreɪs.hɔːs/ US: /-hɔːrs/ *n* [c] ⇒caballo de carreras

racetrack /ˈreɪs.træk/ *n* [c] **1** ⇒circuito de carreras **2** ⇒pista [de atletismo] **3** *US* ⇒hipódromo

racial /ˈreɪ.ʃ°l/ *adj* ⇒racial: *racial discrimination* - discriminación racial

racially /ˈreɪ.ʃ°l.i/ *adv* ⇒racialmente

racing /ˈreɪ.sɪŋ/ *n* [u] ⇒carreras: *motor racing* - carreras de coches

racing car *n* [c] ⇒coche de carreras

† **racism** /ˈreɪ.sɪ.z°m/ *n* [u] ⇒racismo

racist /ˈreɪ.sɪst/ *n* [c] ⇒racista: *a racist attack* - un ataque racista

rack¹ /ræk/ *n* [c] **1** ⇒rejilla **2** ⇒soporte

rack² /ræk/ *v* [T] *(inform)* ⇒devanar(se): *to rack one's brains* - devanarse los sesos

† **racket** /ˈræk.ɪt/ *n* [c] **1** *(tb* **racquet**) ⇒raqueta: *tennis racket* - raqueta de tenis **2** *(inform)* ⇒jaleo *col.* **3** *(inform)* ⇒timo ⇒tinglado **4** *They infiltrated a drugs racket* - Se infiltraron en una banda de tráfico de drogas

racquet *n* [c] See **racket**

radar UK: /ˈreɪ.dɑːʳ/ US: /-dɑːr/ *n* [u] ⇒radar ∎ PRON. La primera sílaba rima con *day*

radiant /ˈreɪ.di.ənt/ *adj* ⇒radiante: *radiant with joy* - radiante de alegría

radiate /ˈreɪ.di.eɪt/ [radiated, radiating] *v* [T] ⇒irradiar

† **radiation** /ˌreɪ.di'eɪ.ʃ°n/ *n* [u] ⇒radiación: *nuclear radiation* - radiación nuclear

radiator UK: /ˈreɪ.di.eɪ.təʳ/ US: /-ˤtˠ/ *n* [c] ⇒radiador

† **radical** /ˈræd.ɪ.k°l/ *adj* ⇒radical: *She has very radical views* - Tiene ideas muy radicales

† **radio** UK: /ˈreɪ.di.əʊ/ US: /-oʊ/ *n* [c] ⇒radio: *to listen to the radio* - escuchar la radio ∎ PRON. La primera sílaba, *ra*, rima con *day*

radioactive UK: /ˌreɪ.di.əʊˈæk.tɪv/ US: /-oʊ-/ *adj* ⇒radiactivo,va

radioactivity UK: /ˌreɪ.di.əʊ.ækˈtɪv.ɪ.ti/ US: /-oʊ.ækˈtɪv.ə.ˤti/ *n* [u] ⇒radiactividad

radish /ˈræd.ɪʃ/ [*pl* radishes] *n* [c] ⇒rábano

radius /ˈreɪ.di.əs/ [*pl* radii] *n* [c] *(en geometría)* ⇒radio

raffle /ˈræf.l̩/ *n* [c] ⇒rifa ⇒sorteo

raft UK: /rɑːft/ US: /ræft/ *n* [c] **1** ⇒balsa **2** ⇒montón: *a raft of data* - un montón de datos

rafter UK: /ˈrɑːf.təʳ/ US: /ˈræf.təʳ/ *n* [c] ⇒viga [de un techo]

rafting *n* [u] *(deporte)* ⇒rafting

rag /ræg/ *n* [c] **1** ⇒trapo ⇒harapo **2** *(inform)* ⇒periódico

rage¹ /reɪdʒ/ *n* [c, u] **1** ⇒furia ⇒rabia **2 to be all the ~** *(old-fash)* ⇒hacer furor ⇒estar de moda

rage² /reɪdʒ/ [raged, raging] *v* [ɪ] **1** ⇒azotar ⇒soplar con fuerza **2** ⇒arder con intensidad **3** *(una discusión)* ⇒estar candente

ragged /ˈræg.ɪd/ *adj* **1** *(una prenda de vestir)* ⇒haraposo,sa **2** ⇒harapiento,ta ⇒desarrapado,da **3** *(la respiración)* ⇒entrecortado,da ⇒irregular **4** *(un filo, una hoja)* ⇒mellado,da ⇒irregular

raid¹ /reɪd/ *n* [c] **1** ⇒asalto ⇒incursión **2** ⇒ataque **3** *a bombing raid* - un bombardeo **4** ⇒redada: *to make a raid on sth* - hacer una redada

raid² /reɪd/ *v* [T] **1** ⇒asaltar ⇒atacar **2** *(la policía)* ⇒registrar

† **rail** /reɪl/ *n* [c, u] **1** ⇒barandilla ⇒riel **2** ⇒raíl **3 by ~** ⇒en tren: *to travel by rail* - viajar en tren

railing /ˈreɪ.lɪŋ/ *n* [c] **1** ⇒reja **2** ⇒barandilla [de un balcón] ∎ Se usa más en plural

† **railroad**¹ UK: /'reɪl.rəʊd/ US: /-roʊd/ *US n* [c] See **railway**

† **railroad**² UK: /'reɪl.rəʊd/ US: /-roʊd/ *v* [T] ⇨forzar ⇨presionar ⇨coaccionar ■ CONSTR. Se usa generalmente seguido de la preposición *into*

† **railway** /'reɪl.weɪ/ (*US tb* **railroad**) *n* [c] **1** ⇨ferrocarril **2** ~ **{line/track}** ⇨vía del tren **3** ~ **station** ⇨estación de tren

† **rain**¹ /reɪn/ *n* [U] **1** ⇨lluvia **2** *heavy rain* - chaparrón **3** *fine rain* - llovizna **4** *to pour with* ~ ⇨llover a cántaros

† **rain**² /reɪn/ *v* [I] ⇨llover: *It's raining cats and dogs* - Está lloviendo a cántaros

† **rainbow** UK: /'reɪn.bəʊ/ US: /-boʊ/ *n* [c] ⇨arco iris: *at the end of the rainbow* - al final del arco iris

raincoat UK: /'reɪn.kəʊt/ US: /-koʊt/ *n* [c] ⇨gabardina [para la lluvia]

rainfall UK: /'reɪn.fɔːl/ US: /-faːl/ *n* [U] ⇨lluvias ⇨precipitaciones

† **rainforest** UK: /'reɪn.fɒr.ɪst/ US: /-fɔːr-/ *n* [c] ⇨selva tropical

rainwater *n* [U] ⇨agua de lluvia: *to collect rainwater* - recoger agua de lluvia

rainy /'reɪ.ni/ *adj* [*comp* rainier, *superl* rainiest] ⇨lluvioso,sa: *a rainy day* - un día lluvioso

† **raise**¹ /reɪz/ [raised, raising] *v* [T] **1** ⇨levantar **2** ⇨subir ⇨aumentar ■ Se usa con complemento *They have reaised their prices again* - Han subido sus precios de nuevo. Comparar con *to rise* **3** ⇨reunir ⇨recaudar **4** ⇨criar **5** *to* ~ *one's* glass (to sth) ⇨brindar (por algo) ■ PRON. Rima con *days*

raise² /reɪz/ *US* (*UK* rise) *n* [c] ⇨aumento ⇨subida

raised *adj* ⇨elevado,da ⇨exaltado,da ■ PRON. *rais* rima con *days* y la *e* no se pronuncia

raisin /'reɪ.zᵊn/ *n* [c] (*fruto seco*) ⇨pasa

rake¹ /reɪk/ *n* [c] (*herramienta*) ⇨rastrillo

rake² /reɪk/ [raked, raking] *v* [T, I] **1** ⇨rastrillar **2** (*con armas de fuego, con luces*) ⇨barrer

| PHRASAL VERBS
· **to rake sth in** [M] (*inform*) ⇨forrarse *col.*: *He's raking it in!* - ¡Se está forrando!
└ · **to rake sth up** [M] ⇨sacar a relucir algo *col.*

rally¹ /'ræl.i/ [*pl* rallies] *n* [c] **1** ⇨concentración ⇨reunión multitudinaria **2** (*de coches*) ⇨rally **3** (*en deportes de raqueta*) ⇨peloteo

rally² /'ræl.i/ [rallies, rallied] *v* [T, I] **1** ⇨reunirse en torno a algo **2** (*en economía, en medicina*) ⇨recuperarse **3** ⇨reorganizar **4** ⇨levantar el ánimo

| PHRASAL VERBS
└ · **rally round (sb)** ⇨apoyar ⇨ayudar

ram¹ /ræm/ [rammed, ramming] *v* [T] **1** ⇨chocar de frente ⇨colisionar **2** ⇨encajar(se) [con fuerza]:

She rammed her hat onto her head - Se encajó el sombrero en la cabeza

ram² /ræm/ *n* [c] ⇨carnero

RAM *n* [U] (*en informática*) ⇨memoria RAM ■ Procede de *Random Access Memory* (memoria de acceso aleatorio)

Ramadan UK: /'ræm.ə.dæn/ US: /ˌræm.ə'daːn/ *n* [U] (*en la religión musulmana*) ⇨ramadán

ramble /'ræm.bḷ/ [rambled, rambling] *v* [I] **1** ⇨pasear por el campo ⇨hacer excursionismo ■ CONSTR. Se usa generalmente seguido de las preposiciones *in* y *through* **2** (*al hablar*) ⇨divagar

rambler UK: /'ræm.blə'/ US: /-blə/ *n* [c] ⇨excursionista ⇨senderista

rambling /'ræm.blɪŋ/ *adj* **1** (*un edificio*) ⇨extenso,sa y de estructura irregular **2** (*un discurso*) ⇨vago,ga y disperso,sa ⇨lleno,na de divagaciones

ramp /ræmp/ *n* [c] **1** *US* (*en una autopista*) ⇨carril de incorporación o de salida **2** ⇨rampa **3** (*en una carretera*) ⇨desnivel

rampage¹ /ræm'peɪdʒ/ [rampaged, rampaging] *v* [I] ⇨desmandarse

rampage² /'ræm.peɪdʒ/ *to go on {a/the}* ~ ⇨desmandarse

rampant /'ræm.pᵊnt/ *adj* **1** ⇨desenfrenado,da **2** (*vegetación*) ⇨exuberante **3** (*en heráldica*) ⇨rampante **4** *to be* ~ ⇨ser muy común ⇨estar muy extendido,da

ramshackle /'ræm.ʃæk.l/ *adj* **1** ⇨destartalado,da: *a ramshackle old house* - una casa vieja y destartalada **2** (*un sistema o una actuación*) ⇨desorganizado,da

ran /ræn/ past tense of **run**

ranch UK: /raːntʃ/ US: /ræntʃ/ [*pl* ranches] *n* [c] ⇨rancho ⇨hacienda AMÉR.

rancid /'ræn.sɪd/ *adj* ⇨rancio,cia: *rancid butter* - mantequilla rancia

† **random** /'ræn.dəm/ *adj* **1** ⇨aleatorio,ria ⇨elegido,da al azar **2** *at* ~ ⇨al azar

rang /ræŋ/ past tense of **ring**

range¹ /reɪndʒ/ ■ *n* [c] **1** ⇨gama ⇨variedad **2** ⇨escala **3** ⇨cordillera ⇨sierra ■ *n* [U] **4** ⇨alcance

range² /reɪndʒ/ [ranged, ranging] ■ *v* [I] **1** ⇨oscilar: *Prices range from £30 to £60* - Los precios oscilan entre 30 y 60 libras ⇨extenderse ■ *v* [T] **3** ⇨alinear

ranger UK: /'reɪn.dʒə'/ US: /-dʒə/ *n* [c] ⇨guardabosques

rank¹ /ræŋk/ ■ *n* [c, U] **1** ⇨rango ⇨categoría ■ *n* [c] **2** ⇨parada

rank² /ræŋk/ *v* [T, I] ⇨clasificar(se) ⇨figurar ■ CONSTR. Se usa generalmente seguido de una preposición o un adverbio

ransom /'rænt.s²m/ n [C, U] *(dinero)* ⇨rescate

rap¹ /ræp/ ❚ n [U] **1** ⇨golpe seco [contra una superficie dura] ⇨golpe ❚ n [C] **2** *(música)* ⇨rap

rap² /ræp/ [rapped, rapping] ❚ v [I] **1** ⇨rapear ❚ v [T, I] **2** *(contra una superficie dura)* ⇨dar golpes ⇨golpear

rape¹ /reɪp/ [raped, raping] v [T] *(a una persona)* ⇨violar ■ Distinto de *to violate* (transgredir, invadir, profanar)

rape² /reɪp/ ❚ n [C, U] **1** *(de una persona)* ⇨violación ■ Distinto de *violation* (transgresión, profanación) ❚ n [U] **2** *(planta)* ⇨colza

† **rapid** /'ræp.ɪd/ adj ⇨rápido,da

rapidly /'ræp.ɪd.li/ adv ⇨deprisa

rapids /'ræp.ɪdz/ n [PL] *(en un río)* ⇨rápidos

rapist /'reɪ.pɪst/ n [C] ⇨violador,-a

rapport /ræ'pɔːʳ/ US: /-'pɔːr/ n [U, NO PL] **1** ⇨compenetración **2** *Lennie and I have a good rapport* - Lennie y yo nos entendemos bien

rapture UK: /'ræp.tʃəʳ/ US: /-tʃɚ/ n [U] ⇨éxtasis

† **rare** UK: /reəʳ/ US: /rer/ adj **1** ⇨poco frecuente ⇨poco común ⇨raro,ra **2** *(carne)* ⇨poco hecho,cha

rarely UK: /'reə.li/ US: /'rer-/ adv ⇨rara vez ⇨casi nunca ■ Se sitúa después de los verbos auxiliares y delante del resto de los verbos

rarity UK: /'reə.rə.ti/ US: /'rer.ə.ᵗţi/ [pl rarities] n [C, U] ⇨rareza

rash¹ /ræʃ/ [pl rashes] n [C] *(en medicina)* ⇨sarpullido ⇨erupción cutánea

rash² /ræʃ/ adj **1** ⇨irreflexivo,va ⇨precipitado,da **2** ⇨casquivano, na **3** *It was a rash move* - Fue una imprudencia

raspberry UK: /'rɑːz.bʳr.i/ US: /'ræz.ber-/ [pl raspberries] n [C] ⇨frambuesa: *raspberry jam* - mermelada de frambuesa

† **rat** /ræt/ n [C] ⇨rata: *a plague of rats* - una plaga de ratas

† **rate**¹ /reɪt/ n [C] **1** ⇨ritmo ⇨velocidad **2** ⇨tarifa ⇨precio **3** ⇨tasa ⇨índice **4** *exchange rate* - cambio **5** *at any ~* ⇨en todo caso ⇨de todos modos **6** *at a ~ of* ⇨a razón de **7** *at this rate...* ⇨a este paso ⇨como sigamos así...

rate² /reɪt/ [rated, rating] v [T, I] **1** ⇨estimar **2** ⇨considerar: *I would rate it as essential* - Lo considero esencial

† **rather** UK: /'rɑː.ðəʳ/ US: /'ræð.ɚ/ adv **1** ⇨bastante: *This film is rather good, don't you think?* - Esta película es bastante buena, ¿no crees? **2** ⇨un tanto ⇨más bien ■ Cuando se usa con un adjetivo positivo, implica sorpresa o satisfacción por parte del hablante. Si el adjetivo es negativo, implica disgusto o insatisfacción **3** *or rather* - mejor dicho **4** *~ than* ⇨en lugar de: *She makes her own dresses rather than buying them* - Se hace los vestidos ella

misma, en lugar de comprárselos **5** *would ~* ⇨preferir: *I would rather you didn't come* - Preferiría que no vinieses ■ CONSTR. would rather + do sth. En este caso siempre se usa en forma condicional

rating UK: /'reɪ.tɪŋ/ US: /-ᵗţɪŋ/ n [C] **1** ⇨clasificación ⇨puntuación **2** *a {high/low} ~* ⇨un índice {alto/bajo} **3** *the ratings (en televisión)* ⇨la cuota [de audiencia] ⇨el índice [de audiencia]

† **ratio** UK: /'reɪ.ʃi.əʊ/ US: /-oʊ/ n [C] ⇨ratio ⇨proporción

ration¹ /'ræʃ.²n/ n [C] ⇨ración ⇨porción

ration² /'ræʃ.²n/ v [T] ⇨racionar

rationalize /'ræʃ.²n.²l.aɪz/ [rationalized, rationalizing] ❚ v [T, I] **1** ⇨racionalizar ❚ v [T] **2** *(una empresa)* ⇨reconvertir ⇨reorganizar

rattle¹ UK: /'ræt.l/ US: /'ræᵗţ-/ [rattled, rattling] ❚ v [T, I] **1** ⇨hacer sonar ⇨sacudir ⇨hacer vibrar **2** ⇨traquetear ❚ v [T] **3** ⇨poner nervioso,sa ■ CONSTR. Se usa más en pasiva

|PHRASAL VERBS
└ *to rattle sth off* [M] ⇨decir algo de carrerilla

rattle² UK: /'ræt.l/ US: /'ræᵗţ-/ n [C] **1** ⇨traqueteo ⇨ruido **2** ⇨sonajero

ravage /'ræv.ɪdʒ/ [ravaged, ravaging] v [T] ⇨devastar ⇨asolar ■ CONSTR. Se usa más en pasiva

rave¹ /reɪv/ [raved, raving] v [I] **1** ⇨delirar ⇨desvariar **2** ⇨despotricar *col.: to rave at sb* - despotricar contra alguien

|PHRASAL VERBS
· *to rave about sth/sb* ⇨poner(se) por las
└ nubes

rave² /reɪv/ n [C] ⇨fiesta multitudinaria

raven /'reɪ.v²n/ n [C] ⇨cuervo

ravenous /'ræv.²n.əs/ adj ⇨muy hambriento,ta

† **raw** UK: /rɔː/ US: /rɑː/ adj **1** *(un alimento)* ⇨crudo,da **2** ⇨en bruto ⇨sin refinar **3** *(una herida)* ⇨en carne viva **4** *(el odio, la energía)* ⇨puro,ra **5** *(inexperto)* ⇨novato,ta **6** *~ materials* ⇨materia prima R ▬

† **ray** /reɪ/ ❚ n [C] **1** ⇨rayo: *ultraviolet rays* - rayos ultravioleta; *a ray of hope* - un rayo de esperanza ❚ n [U, NO PL] **2** *(tb re) (nota musical)* ⇨re

razor UK: /'reɪ.zəʳ/ US: /-zɚ/ n [C] **1** ⇨maquinilla de afeitar ⇨rastrillo *AMÉR.* **2** ⇨cuchilla de afeitar

razor blade n [C] ⇨cuchilla de afeitar ⇨hoja de afeitar

Rd n [C] ⇨forma abreviada de **road** (calle)

re /reɪ/ *(tb ray)* n [U, NO PL] *(nota musical)* ⇨re

† **reach**¹ /riːtʃ/ v [T] **1** *(físicamente)* ⇨alcanzar ⇨llegar **2** *(una cifra, un objetivo)* ⇨alcanzar ⇨llegar ⇨lograr **3** *(a un destino)* ⇨llegar **4** ⇨llegar hasta ⇨extender(se) **5** ⇨ponerse en contacto

PHRASAL VERBS

· **to reach out (for** *sth*) ⇨alargar la mano [para coger algo]

reach² /riːtʃ/ *n* [U] **1** ⇨alcance ⇨extensión **2** {beyond/out of} ~ ⇨fuera del alcance **3** to be within (sb's) ~ ⇨estar al alcance

† **react** /riˈækt/ *v* [I] **1** ⇨reaccionar: *How did he react when you told him that?* - ¿Cómo reaccionó cuando le dijiste eso? **2** *(en química)* ⇨reaccionar

PHRASAL VERBS

· **to react against** *sth/sb* ⇨reaccionar contra algo/alguien

reaction /riˈækʃ°n/ *n* [C, U] ⇨reacción: *a predictable reaction* - una reacción predecible

reactionary UK: /riˈækʃ°n.°r.i/ US: /-er-/ *adj* ⇨reaccionario,ria: *reactionary forces* - fuerzas reaccionarias

reactor UK: /riˈæk.tə°/ US: /-tə/ *n* [C] ⇨reactor nuclear

† **read, read, read** /riːd, red, red/ *v* [T, I] **1** ⇨leer ■ Constr. 1. to read + (that) 2. to read + dos objetos **2** ⇨poner ⇨decir **3** ⇨interpretar ⇨ver **4** *(la mano)* ⇨leer **5** *(un anuncio, una señal)* ⇨indicar ⇨decir

PHRASAL VERBS

· **to read** *sth* **into** *sth* **1** ⇨atribuir algo a algo **2** ⇨ver algo [que no existe] en algo ⇨interpretar de forma equivocada

· **to read on** ⇨seguir leyendo

· **to read** *sth* **out** [M] ⇨leer en voz alta

· **to read** *sth* **{over/through}** [M] ⇨leer algo rápidamente

readable /ˈriː.də.bl̩/ *adj* **1** ⇨legible **2** ⇨ameno,na [de leer]

reader UK: /ˈriː.də°/ US: /-də/ *n* [C] **1** ⇨lector,-a: *an avid reader* - un ávido lector **2** *a great reader* - un gran aficionado a lectura **3** ⇨libro de lectura ⇨antología **4** *(máquina)* ⇨lector

readership UK: /ˈriː.də.ʃɪp/ US: /-də-/ *n* [NO PL] *(cantidad)* ⇨lectores

readily /ˈred.ɪ.li/ *adv* **1** ⇨fácilmente **2** ⇨de buena gana

readiness /ˈred.ɪ.nəs/ *n* [U] **1** ⇨disposición [buena] **2** ⇨preparación: *in readiness for her arrival* - en preparación de su llegada

reading /ˈriː.dɪŋ/ *n* [U] **1** ⇨lectura **2** *I haven't brought my reading glasses* - No he traído mis gafas de leer **3** ⇨interpretación: *What's your reading?* - ¿Cuál es tu interpretación?

† **ready** /ˈred.i/ *adj* [comp readier, superl readiest] **1** ⇨listo,ta ⇨preparado,da ■ Constr. Se usa detrás de un verbo **2** to be ~ to do *sth* ⇨estar dispuesto,ta: *He's ready to defend his country* - Está dispuesto a defender su país **3** to get ~ to do *sth* ⇨prepararse

para algo: *He's getting ready to the party* - Se está preparando para la fiesta

ready-made /ˌred.iˈmeɪd/ *adj* **1** ⇨ya hecho,cha **2** *(una comida)* ⇨precocinado,da

† **real¹** UK: /rɪəl/ US: /riː.əl/ *adj* **1** ⇨verdadero,ra ⇨real **2** ⇨auténtico,ca ⇨genuino,na **3** ⇨real

real² UK: /rɪəl/ US: /riː.əl/ *adv* *US (inform)* ⇨muy ⇨realmente

real estate *US n* [U] ⇨bienes inmuebles

real estate agent *US* (*UK* estate agent) *n* [C] ⇨agente inmobiliario,ria

realia *n* [U] *(en el colegio)* ⇨material [para aprender]

realise [realised, realising] *UK v* [T] See **realize**

realism UK: /ˈrɪə.lɪ.z°m/ US: /ˈriː.ə-/ *n* [U] ⇨realismo: *gritty realism* - realismo crudo

realist UK: /ˈrɪə.lɪst/ US: /ˈriː.ə-/ *n* [C] *(una persona)* ⇨realista

realistic UK: /ˌrɪəˈlɪs.tɪk/ US: /ˌriː.ə-/ *adj* ⇨realista

reality UK: /riˈæl.ɪ.ti/ US: /-ə.ˈt̬i/ *n* [U] ⇨realidad: *to face up the reality* - afrontar la realidad

realization UK: /ˌrɪə.laɪˈzeɪ.ʃ°n/ US: /ˌriː.ə-/ *n* [NO PL] **1** ⇨comprensión ⇨entendimiento **2** *(form)* *(de un sueño, de algo ambicionado)* ⇨cumplimiento ⇨realización

† **realize** UK: /ˈrɪə.laɪz/ US: /ˈriː.ə-/ [realized, realizing] *(UK tb* realise) *v* [T] **1** ⇨darse cuenta ⇨caer en la cuenta ■ Constr. 1. to realize + (that) 2. to realize + interrogativa indirecta **2** ⇨hacer(se) realidad ⇨desarrollar(se) ■ Distinto de *to do* y *to make* (realizar)

really UK: /ˈrɪə.li/ US: /ˈriː.ə-/ *adv* **1** ⇨verdaderamente ⇨de verdad ■ Se sitúa delante del verbo **2** ⇨realmente ⇨muy ■ Se sitúa delante del adjetivo **3** ⇨¿de veras? ⇨¿en serio? ⇨¡Ah sí?

realm /relm/ *n* [C] **1** *(lit)* ⇨reino **2** *(form)* ⇨ámbito ⇨terreno **3** *within the realms of possibility* - dentro de lo posible

realtor UK: /ˈrɪəl.tə°/ US: /ˈriː.əl.tɔːr/ *US* (*UK* estate agent) *n* [C] ⇨agente inmobiliario,ria

reap /riːp/ *v* [T, I] ⇨recoger ⇨cosechar

reappear UK: /ˌriː.əˈpɪə°/ US: /-ˈpɪr/ *v* [I] ⇨reaparecer

rear¹ UK: /rɪə°/ US: /rɪr/ *n* [C] **1** ⇨parte de atrás ⇨parte trasera **2** *(en un grupo)* ⇨cola **3** ⇨retaguardia **4** *(euphem)* ⇨trasero *col.* **5** to bring up the ~ **1** ⇨estar el último en la fila **2** *(en una competición)* ⇨ir en el último puesto

† **rear²** UK: /rɪə°/ US: /rɪr/ *adj* ⇨trasero,ra ⇨de atrás

rear³ UK: /rɪə°/ US: /rɪr/ ■ *v* [T] **1** ⇨criar: *They rear horses* - Crían caballos ■ *v* [I] **2** *(un caballo)* ⇨encabritarse ⇨ponerse sobre dos patas **3** ⇨alzar(se) ⇨levantar(se)

† **rearrange** /ˌriː.əˈreɪndʒ/ [rearranged, rearranging] *v* [T] **1** ⇨arreglar ⇨cambiar ⇨reorganizar **2** *(una cita, una reunión)* ⇨cambiar

R

† **reason**[1] /ˈriː.z�°n/ ■ *n* [c] **1** ⇒razón ⇒motivo ■ *n* [U] **2** ⇒entendimiento ⇒razón **3** by ~ of *sth (form)* ⇒en virtud de algo **4** to make *sb* see ~ ⇒hacer entrar en razón a alguien **5** within ~ ⇒dentro de lo razonable

reason[2] /ˈriː.zˢn/ *v* [T] ⇒razonar ■ CONSTR. to reason + (that)

reasonable /ˈriː.zˢn.ə.bl/ *adj* **1** ⇒justo ⇒razonable **2** ⇒sensato,ta ⇒razonable **3** ⇒tolerable

reasonably /ˈriː.zˢn.ə.bli/ *adv* **1** ⇒bastante: *This skirt was reasonably cheap* - Esta falda me costó bastante barata **2** ⇒sensatamente ⇒razonablemente

reasoning /ˈriː.zˢn.ɪŋ/ *n* [U] **1** ⇒razonamiento: *Explain your reasoning* - Explica tu razonamiento **2** ⇒argumento

† **reassure** UK: /ˌriː.əˈʃɔː/ US: /-ˈʃʊr/ [reassured, reassuring] *v* [T] ⇒tranquilizar ⇒consolar ■ CONSTR. 1. to reassure + (that) 2. to reassure + to do sth

reassuring UK: /ˌriː.əˈʃɔː.rɪŋ/ US: /-ˈʃʊr.ɪŋ/ *adj* ⇒tranquilizador,-a ⇒alentador,-a

rebate /ˈriː.beɪt/ *n* [c] **1** ⇒bonificación **2** ⇒descuento **3** *(fiscal)* ⇒devolución

rebel[1] /ˈreb.ᵊl/ *n* [c] ⇒rebelde: *to be a bit of a revel* - ser un poco rebelde

rebel[2] /rɪˈbel/ [rebelled, rebelling] *v* [I] ⇒rebelarse

rebellion /rɪˈbel.i.ən/ *n* [c, U] ⇒rebelión

rebellious /rɪˈbel.i.əs/ *adj* ⇒rebelde

rebirth UK: /ˌriːˈbɜːθ/ US: /-ˈbɜːθ/ *n* [U] ⇒renacimiento ⇒resurgimiento

rebound[1] /ˌriːˈbaʊnd/ *v* [I] **1** ⇒rebotar: *The ball rebounded off the wall* - La pelota rebotó en la pared **2** ⇒repercutir negativamente

rebound[2] /ˈriː.baʊnd/ *n* [c, U] ⇒rebote

rebuff[1] /rɪˈbʌf/ *v* [T] *(form)* ⇒rechazar ⇒desairar

rebuff[2] /rɪˈbʌf/ *n* [c] ⇒rechazo ⇒desaire

rebuild, rebuilt, rebuilt /ˌriːˈbɪld/ *v* [T] ⇒reconstruir

rebuilt past tense and past participle forms of **rebuild**

rebuke[1] /rɪˈbjuːk/ [rebuked, rebuking] *v* [T] *(form)* ⇒reprender: *They rebuked him for his lack of punctuality* - Lo reprendieron por su impuntualidad

rebuke[2] /rɪˈbjuːk/ *n* [c] *(form)* ⇒reprimenda

recall UK: /rɪˈkɔːl/ US: /ˈriː.kɑːl/ *v* [T] **1** ⇒recordar: *I recall the day I met him* - Recuerdo el día en que lo conocí ■ CONSTR. 1. to recall + (that) 2. to recall + doing sth 3. to recall + interrogativa indirecta **2** ⇒convocar: *Parliament was recalled yesterday* - El parlamento fue convocado ayer ■ CONSTR. Se usa más en pasiva **3** *(del mercado, de la venta)* ⇒retirar **4** *(por similitud)* ⇒recordar a

recapture UK: /ˌriːˈkæp.tʃə/ US: /-tʃɚ/ [recaptured, recapturing] *v* [T] **1** ⇒volver a tomar ⇒recobrar [por la fuerza] **2** *(un sentimiento, una cualidad)* ⇒recuperar

recede /rɪˈsiːd/ [receded, receding] *v* [I] **1** ⇒retroceder ⇒alejarse **2** ⇒perderse de vista **3** *(una enfermedad)* ⇒remitir **4** *(la marea)* ⇒bajar

† **receipt** /rɪˈsiːt/ *n* [c] **1** ⇒recibo ⇒factura ⇒tique **2** *(form)* *(de mercancía)* ⇒recepción **3** *(de dinero)* ⇒cobro ■ Distinto de recipe y prescription (receta)

† **receive** /rɪˈsiːv/ [received, receiving] *v* [T] **1** ⇒recibir: *I received two letters yesterday* - Ayer recibí dos cartas **2** ⇒recibir ⇒acoger ■ CONSTR. Se usa más en pasiva

receiver UK: /rɪˈsiː.və/ US: /-vɚ/ *n* [c] **1** *(en un teléfono)* ⇒auricular **2** *(en una radio o un televisor)* ⇒receptor **3** *(en derecho)* ⇒síndico **4** ⇒destinatario,ria **5** *(de un mensaje)* ⇒receptor,-a ■ Distinto de hall (recibidor)

† **recent** /ˈriː.sˢnt/ *adj* **1** ⇒reciente: *recent developments* - acontecimientos recientes **2** *in recent years* - en los últimos años

recently /ˈriː.sˢnt.li/ *adv* ⇒recientemente ⇒hace poco ⇒recién

† **reception** /rɪˈsep.ʃˢn/ ■ *n* [NO PL] **1** *(en un hotel o en una oficina)* ⇒recepción **2** *(acción)* ⇒recepción ⇒acogida ■ *n* [c] **3** ⇒banquete ⇒celebración ■ *n* [U] **4** *(en la radio o en la televisión)* ⇒recepción ⇒señal

receptionist /rɪˈsep.ʃˢn.ɪst/ *n* [c] ⇒recepcionista

receptive /rɪˈsep.tɪv/ *adj* ⇒receptivo,va

recess /rɪˈses, ˈriː-/ *[pl recesses]* *n* [c, U] **1** *(en un parlamento, en un tribunal)* ⇒suspensión ⇒receso ⇒clausura **2** ⇒período de vacaciones **3** *US* *(UK break)* *(en la escuela)* ⇒recreo **4** *(en una pared)* ⇒hueco ⇒nicho

† **recession** /rɪˈseʃ.ˢn/ *n* [c, U] **1** ⇒recesión: *economic recession* - recesión económica **2** ⇒retroceso

recharge UK: /ˌriːˈtʃɑːdʒ/ US: /-ˈtʃɑːrdʒ/ [recharged, recharging] *v* [T] *(un aparato)* ⇒recargar

† **recipe** /ˈres.ɪ.pi/ *n* [c] ⇒receta [de cocina]: *Can you give me your recipe for meatballs?* - ¿Me puedes dar tu receta de las albóndigas?

recipient /rɪˈsɪp.i.ənt/ *n* [c] **1** *(form)* ⇒destinatario,ria **2** *(form)* *(en lingüística)* ⇒receptor ■ Distinto de container (recipiente)

reciprocal /rɪˈsɪp.rə.kˢl/ *adj* ⇒recíproco,ca

reciprocate /rɪˈsɪp.rə.keɪt/ [reciprocated, reciprocating] *v* [T, I] ⇒corresponder: *Her affection was not always reciprocated* - Su cariño no siempre era correspondido

recital UK: /rɪˈsaɪ.tˢl/ US: /-ˈt[ə]l/ *n* [c] ⇒recital: *a poetry recital* - un recital de poesía

R

reckless

reckless /ˈrek.ləs/ *adj* **1** ⇒temerario,ria ⇒imprudente **2** *a reckless act* - una imprudencia

†**reckon** /ˈrek.ᵊn/ *v* [T] **1** ⇒creer: *I reckon it's going to rain* - Creo que va a llover **2** ⇒calcular: *I reckon we'll be there in half an hour* - Calculo que llegaremos dentro de media hora ■ CONSTR. to reckon + (that)

|PHRASAL VERBS
| · **to reckon on {sth/doing sth}** ⇒contar con algo: *We hadn't reckoned on actually winning!* - ¡No habíamos contado con ganar de verdad!
| · **to reckon with sth/sb 1** ⇒tener en cuenta **2** ⇒vérselas con *col.*

reclaim /rɪˈkleɪm/ *v* [T] ⇒recoger ⇒recuperar **2** ⇒reciclar **3** *(un terreno salvaje)* ⇒retomar ⇒recuperar ■ Distinto de *to assert* y *to claim* (reclamar)

recline /rɪˈklaɪn/ [reclined, reclining] ■ *v* [I] **1** ⇒reclinar(se) ⇒recostar(se) ⇒apoyar(se) ■ *v* [T, I] **2** *(un asiento)* ⇒abatir ⇒inclinar

recognise [recognised, recognising] *UK v* [T] See **recognize**

recognition /ˌrek.əgˈnɪʃ.ᵊn/ *n* [U] **1** ⇒reconocimiento **2** *(aprobación oficial)* ⇒reconocimiento

recognizable /ˈrek.əg.naɪ.zə.bl/ *adj* ⇒reconocible

†**recognize** /ˈrek.əg.naɪz/ [recognized, recognizing] *(UK tb* **recognise**) *v* [T] **1** ⇒reconocer ⇒identificar **2** ⇒reconocer ⇒admitir ■ CONSTR. to recognize + (that)

recoil /rɪˈkɔɪl/ *v* [I] ⇒retroceder [por asco o miedo]

recollect /ˌrek.əˈlekt/ *v* [T] *(form)* ⇒recordar ⇒acordar(se): *I don't recollect* - No me acuerdo ■ CONSTR. 1. to recollect + (that) 2. to recollect + doing sth 3. to recollect + interrogativa indirecta ■ Distinto de *to harvest* (recolectar)

recollection /ˌrek.əˈlek.ʃᵊn/ *n* [C, U] ⇒recuerdo ■ Distinto de *harvest* (recolección)

†**recommend** /ˌrek.əˈmend/ *v* [T] **1** ⇒recomendar: *I recommend her for the job* - La recomiendo para el puesto **2** ⇒aconsejar ⇒recomendar ■ CONSTR. 1.to recommend + (that) 2. to recommend + doing sth 3. to recommend sb + to do sth

recommendable *adj* ⇒recomendable

recommendation /ˌrek.ə.menˈdeɪ.ʃᵊn/ *n* [C] ⇒recomendación: *What are your recommendations?* - ¿Cuáles son tus recomendaciones?

recompense¹ /ˈrek.əm.pents/ *n* [U] *(form)* ⇒recompensa ⇒compensación

recompense² /ˈrek.ᵊm.pents/ [recompensed, recompensing] *v* [T] *(form)* ⇒recompensar ⇒compensar

reconcile /ˈrek.ᵊn.saɪl/ [reconciled, reconciling] *v* [T] **1** ⇒reconciliar(se) **2** *to reconcile your differences* - resolver vuestras diferencias **3** **to be**

reconciled (with sb) ⇒reconciliarse (con alguien)

|PHRASAL VERBS
| · **to reconcile oneself to sth** ⇒resignarse a algo

reconciliation /ˌrek.ᵊnˌsɪl.iˈeɪ.ʃᵊn/ ■ *n* [C, U] **1** *(entre personas)* ⇒reconciliación ■ *n* [U, NO PL] **2** *(entre ideas, creencias o situaciones)* ⇒conciliación

reconnaissance UK: /rɪˈkɒn.ɪ.sᵊnts/ US: /-ˈkɑː.nə-/ *n* [U] *(en el ejército)* ⇒reconocimiento del terreno

reconsider UK: /ˌriː.kənˈsɪd.əʳ/ US: /-kɑːnˈsɪd.ɚ/ *v* [T, I] **1** ⇒reconsiderar ⇒replantear **2** ⇒recapacitar ⇒reflexionar

reconstruct /ˌriː.kənˈstrʌkt/ *v* [T] **1** *(un evento)* ⇒reconstruir **2** *(una construcción)* ⇒reconstruir ⇒restaurar

†**record¹** UK: /ˈrek.ɔːd/ US: /-ɚd/ *n* [C] **1** ⇒registro ⇒archivo **2** ⇒anotación ⇒constancia ⇒documento **3** ⇒historial: *the patients' records* - los historiales de los pacientes **4** ⇒récord: *to break the record* - batir el récord **5** ⇒disco [de música] **6 to {put/set} the ~ straight** ⇒dejar las cosas claras

†**record²** UK: /rɪˈkɔːd/ US: /-ˈkɔːrd/ *v* [T] **1** ⇒anotar ⇒registrar ■ CONSTR. to record + that ■ *v* [T, I] **2** ⇒grabar: *She's going to record a new CD* - Va a grabar un nuevo CD ■ Distinto de *to remember* y *to remind* (recordar)

record-breaking UK: /ˈrek.ɔːdˌbreɪ.kɪŋ/ US: /-ɔːrd-/ *adj* **1** ⇒excepcional ⇒sin precedentes **2** ⇒récord: *in record-breaking time* - en un tiempo récord

recorder UK: /rɪˈkɔː.dəʳ/ US: /-ˈkɔːr.dɚ/ *n* [C] **1** ⇒grabadora **2** ⇒vídeo **3** ⇒flauta dulce: *to play the recorder* - tocar la flauta dulce

recording UK: /rɪˈkɔː.dɪŋ/ US: /-ˈkɔːr-/ *n* [C, U] ⇒grabación

recount /rɪˈkaʊnt/ *v* [T] **1** *(form)* ⇒relatar ⇒narrar ■ CONSTR. to recount + interrogativa indirecta **2** *(una cantidad)* ⇒volver a contar

recourse UK: /rɪˈkɔːs/ US: /ˈriː.kɔːrs/ *n* [U] *(form)* ⇒recurso

†**recover** UK: /rɪˈkʌv.əʳ/ US: /-ɚ/ ■ *v* [I] **1** *(la salud)* ⇒recuperarse **2** ⇒reactivar(se) ⇒recuperar(se) ■ *v* [T] **3** ⇒recuperar: *Have you recovered your wallet?* - ¿Has recuperado tu cartera?

recovery UK: /rɪˈkʌv.ᵊr.i/ US: /-ɚ-/ *[pl* recoveries] *n* [U, NO PL] **1** ⇒recuperación [de la salud] **2** ⇒reactivación ⇒recuperación **3** ⇒recuperación ⇒rescate ⇒recobro

†**recreation** /ˌrek.riˈeɪ.ʃᵊn/ *n* [C, U] **1** *(form)* ⇒pasatiempo ⇒esparcimiento **2** ⇒representación ⇒reconstrucción

recruit¹ /rɪˈkruːt/ *v* [T, I] ⇒reclutar

recruit² /rɪˈkruːt/ *n* [C] ⇒recluta

† **rectangle** /ˈrek.tæŋ.gl/ *n* [C] ⇒rectángulo

rector UK: /ˈrek.təʳ/ US: /-tɚ/ *n* [C] **1** ⇒párroco anglicano **2** *(en una universidad)* ⇒rector,-a

recuperate UK: /rɪˈkjuː.pʳr.eɪt/ US: /-ˈkuː.pə.reɪt/ [recuperated, recuperating] *v* [I] *(form)* ⇒recuperarse: *to recuperate from an illness* - recuperarse de una enfermedad

recuperation UK: /rɪˌkjuː.pʳr.eɪ.ʃʳn/ US: /-ˌkuː.pə.reɪ-/ *n* [C] *(form)* ⇒recuperación

† **recur** UK: /rɪˈkɜː/ US: /-ˈkɜr/ [recurred, recurring] *v* [I] ⇒repetirse ⇒volver a manifestarse

† **recycle** /ˌriːˈsaɪ.kl/ [recycled, recycling] *v* [T, I] ⇒reciclar: *All those magazines can be recycled* - Todas esas revistas pueden reciclarse

recycled /ˌriːˈsaɪ.kld/ *adj* ⇒reciclado,da: *recycled paper* - papel reciclado

recycling /ˌriːˈsaɪ.klɪŋ/ *n* [U] ⇒reciclaje

† **red¹** /red/ *adj* **1** ⇒rojo,ja: *to show sb the red card* - sacar a alguien tarjeta roja **2** *to go* ~ **1** UK *(US to turn red)* ⇒ruborizarse ⇒sonrojarse **2** *(un semáforo)* ⇒ponerse en rojo

† **red²** /red/ *n* [C, U] **1** ⇒rojo **2** *to be in the* ~ *(en economía)* ⇒estar en números rojos

redeem /rɪˈdiːm/ *v* [T] **1** ⇒redimir ⇒salvar **2** ⇒amortizar **3** ⇒canjear ⇒desempeñar **4** *(en religión)* ⇒redimir ⇒liberar

redemption /rɪˈdemp.ʃʳn/ *n* [U] **1** ⇒redención **2** ⇒amortización

red-haired *adj* ⇒pelirrojo,ja

red-handed /ˌredˈhæn.dɪd/ *to catch sb* ~ *(informal)* ⇒pillar a alguien con las manos en la masa *col.*

redhead /ˈred.hed/ *n* [C] ⇒pelirrojo,ja

redid past tense of **redo**

redo, redid, redone /riːˈduː/ [redoes] *v* [T] ⇒rehacer ⇒hacer de nuevo

redone past participle of **redo**

red tape *n* [U] ⇒papeleo *col.;* ⇒burocracia

reduce UK: /rɪˈdjuːs/ US: /-ˈduːs/ [reduced, reducing] *v* [T] ⇒rebajar ⇒reducir ⇒disminuir

| PHRASAL VERBS
· **to reduce sth to sth** ⇒reducir algo a algo
· **to reduce sb to {sth/doing sth}** **1** *to reduce sb to tears* - hacer llorar a alguien **2** *to be reduced to poverty* - quedar sumido en la pobreza

reduced *adj (un precio)* ⇒rebajado,da

reduction /rɪˈdʌk.ʃʳn/ *n* [C] **1** ⇒rebaja ⇒descuento **2** ⇒reducción [en tamaño, cantidad o intensidad] ⇒disminución

redundancy /rɪˈdʌn.dʳnt.si/ ■ *n* [C, U] **1** UK ⇒despido [por reducción de plantilla] ■ El plural es *redundancies* ■ *n* [U] **2** ⇒redundancia ⇒superfluidad

† **redundant** /rɪˈdʌn.dʳnt/ *adj* **1** UK *(un trabajador)* ⇒despedido,da **2** ⇒superfluo,flua **3** UK *to make sb* ~ ⇒despedir a alguien [por reducción de plantilla]

reed /riːd/ *n* [C] **1** ⇒junco **2** *(en un instrumento musical)* ⇒lengüeta

reef /riːf/ *n* [C] **1** ⇒arrecife: *a coral reef* - un arrecife de coral **2** *(en la vela de un barco)* ⇒rizo

reek /riːk/ *v* [I] ⇒apestar

reel¹ /rɪəl/ *v* [T] **1** *My mind is still reeling from the shock* - Aún estoy aturdido por la impresión **2** ⇒tambalear(se) **3** ⇒enrollar: *Reel in the line, quick!* - ¡Rápido, enrolla el sedal!

| PHRASAL VERBS
└ · **to reel sth off** [M] ⇒recitar algo de un tirón

reel² /rɪəl/ *n* [C] ⇒carrete ⇒bobina

refer UK: /rɪˈfɜː/ US: /-ˈfɜr/ [referred, referring]

| PHRASAL VERBS
· **to refer to sth/sb** **1** ⇒nombrar ⇒referirse **2** ⇒significar ⇒referirse

referee¹ /ˌref.əˈriː/ *n* [C] **1** *(en deportes)* ⇒árbitro,tra ■ La forma abreviada es *ref* **2** ⇒persona que avala [al candidato para un puesto]

referee² /ˌref.əˈriː/ [refereed] *v* [T, I] ⇒arbitrar: *to referee a match* - arbitrar un partido

† **reference** UK: /ˈref.ʳr.ʳnts/ US: /-ɚ-/ *n* [C, U] **1** ⇒referencia: *to have good references* - tener buenas referencias **2** ⇒consulta **3** *with* ~ *to sth (form)* ⇒con referencia a algo

† **referendum** /ˌref.əˈren.dəm/ *[pl referenda] n* [C] ⇒referéndum: *to hold a referendum* - celebrar un referéndum

refill¹ /ˌriːˈfɪl/ *v* [T] *(un recipiente)* ⇒rellenar

refill² /ˈriː.fɪl/ *n* [C] **1** ⇒recambio ⇒repuesto **2** *Could I have a refill of coffee, please?* - ¿Me sirves más café, por favor?

refine /rɪˈfaɪn/ [refined, refining] *v* [T] **1** ⇒refinar: *Sugar is refined before being sold* - Refinan el azúcar antes de venderla **2** ⇒pulir ⇒perfeccionar

refinement /rɪˈfaɪn.mənt/ ■ *n* [C, U] **1** ⇒mejora ⇒reforma ■ *n* [U] **2** ⇒refinamiento ⇒elegancia **3** ⇒refinado ⇒refinación

refinery UK: /rɪˈfaɪ.nʳr.i/ US: /-nɚ-/ *[pl refineries] n* [C] ⇒refinería: *an oil refinery* - una refinería de petróleo

† **reflect** /rɪˈflekt/ ■ *v* [T, I] **1** ⇒reflejar(se): *The water reflected the street lamps* - El agua reflejaba las luces de las farolas; *The moon was reflected in the water* - La luna se reflejaba en el agua ■ *v* [I] **2** *(form)* ⇒reflexionar ⇒meditar ■ CONSTR. 1. to reflect + that 2. to reflect on sth ■ *v* [T] **3** ⇒reflectar ⇒reflejar

| PHRASAL VERBS
· **to reflect (badly) on sth/sb** ⇒dar una mala imagen ⇒decir poco a favor de ⇒desacreditar

R

reflection /rɪˈflek.ʃᵊn/ ■ *n* [C] **1** ⇒reflejo ■ *n* [C, U] **2** *(form)* ⇒reflexión ⇒meditación **3 to be a ~ on sth/sb** *This is no reflection on your work* - Esto no es una crítica de tu trabajo

reflex /ˈriː.fleks/ [*pl* reflexes] *n* [C] ⇒reflejo: *a reflex action* - un acto reflejo; *good reflexes* - reflejos rápidos

reflexive /rɪˈflek.sɪv/ *adj (en gramática)* ⇒reflexivo,va ■ Ver cuadro

reflexive pronouns	
singular	plural
myself (I)	ourselves (we)
yourself (you)	yourselves (you)
himself (he)	themselves (they)
herself (she)	
itself (it)	

reform¹ UK: /rɪˈfɔːm/ US: /-ˈfɔːrm/ *n* [C, U] ⇒reforma

reform² UK: /rɪˈfɔːm/ US: /-ˈfɔːrm/ ■ *v* [T] **1** ⇒reformar ⇒corregir ■ *v* [T, I] **2** *(una persona)* ⇒reformar(se) ⇒enmendar

reformation UK: /ˌref.əˈmeɪ.ʃᵊn/ US: /-ɚ-/ *n* [NO PL] ⇒reforma

Reformation the ~ *(en historia)* ⇒la Reforma

refrain¹ /rɪˈfreɪn/ *v* [I] **1** *(form)* ⇒abstener(se) **2** *Please refrain from smoking* - Se ruega no fumar ■ CONSTR. to refrain from + doing sth

refrain² /rɪˈfreɪn/ *n* [C] **1** ⇒estribillo **2** *(form)* ⇒refrán **3** *It's always the same refrain* - Siempre es la misma canción

R

refresh /rɪˈfreʃ/ [refreshes] *v* [T] **1** ⇒refrescar: *Here, drink this, it will refresh you* - Bebe esto, te refrescará **2** *(una página web)* ⇒actualizar **3 to ~ sb's memory** ⇒refrescar la memoria a alguien: *Let me refresh your memory* - Déjame refrescarte la memoria

refreshing /rɪˈfreʃ.ɪŋ/ *adj* **1** ⇒refrescante: *a refreshing drink* - una bebida refrescante **2** ⇒alentador,-a ⇒agradable

refreshments *n* [PL] ⇒refrigerio ⇒tentempié *col.* ■ Distinto de *soft drinks* (refrescos)

refrigerate UK: /rɪˈfrɪdʒ.ᵊr.eɪt/ US: /-ə.eɪt/ [refrigerated, refrigerating] *v* [T] ⇒refrigerar

refrigerator UK: /rɪˈfrɪdʒ.ᵊr.eɪ.tə/ US: /-ə.eɪ.ᵗt̬ə/ *n* [C] ⇒frigorífico ⇒nevera ■ Normalmente se usa *fridge*

refuel /ˌriːˈfjʊəl/ [refuelled, refuelling; *US* refueled, refueling] *v* [T, I] ⇒repostar

† **refuge** /ˈref.juːdʒ/ *n* [C, U] **1** ⇒refugio ⇒amparo **2** ⇒refugio ⇒asilo ⇒albergue **3 to take ~** ⇒refugiarse

refugee /ˌref.juˈdʒiː/ *n* [C] ⇒refugiado,da: *refugee camp* - campamento de refugiados

refund¹ UK: /ˈriː.fʌnd/ *n* [C] **1** ⇒reembolso **2** *to get a refund* - conseguir que te devuelvan el dinero

refund² /ˌrɪˈfʌnd/ *v* [T] ⇒reembolsar

refusal /rɪˈfjuː.zᵊl/ *n* [C, U] ⇒negativa ⇒denegación

† **refuse**¹ /rɪˈfjuːz/ [refused, refusing] *v* [T, I] ⇒negarse ⇒rechazar ■ CONSTR. to refuse + to do sth

refuse² /ˈref.juːs/ *n* [U] *(form)* ⇒basura

† **regain** /rɪˈgeɪn/ *v* [T] **1** ⇒recobrar **2** ⇒recuperar ⇒retomar

regal /ˈriː.gᵊl/ *adj* ⇒regio,gia ⇒digno,na de rey

regard¹ UK: /rɪˈgɑːd/ US: /-ˈgɑːrd/ *v* [T] **1** ⇒considerar **2** *(form)* ⇒contemplar ⇒mirar **3 as regards** *(form)* ⇒en lo que respecta a ⇒en cuanto a ■ CONSTR. Se usa generalmente seguido de las preposiciones as y with

regard² UK: /rɪˈgɑːd/ US: /-ˈgɑːrd/ *n* [U] **1** *(form)* ⇒estima ⇒afecto **2** *(form)* ⇒consideración ⇒respeto **3 {in/with} ~ to sth** *(form)* ⇒con respecto a algo

regarding UK: /rɪˈgɑː.dɪŋ/ US: /-ˈgɑːr-/ *prep (form)* ⇒referente a ⇒en lo que respecta a ⇒en relación con

regardless UK: /rɪˈgɑːd.ləs/ US: /-ˈgɑːrd-/ *adv* **1** ⇒pase lo que pase ⇒a pesar de todo **2 ~ of** ⇒a pesar de ⇒independientemente de ⇒sin pensar en

regards UK: /rɪˈgɑːdz/ US: /-ˈgɑːrdz/ *n* [PL] **1** ⇒saludos ⇒recuerdos **2 best ~** *(en cartas o mensajes)* ⇒saludos

regatta UK: /rɪˈgæt.ə/ US: /-ˈgæ.ᵗt̬ə/ *n* [C] ⇒regata

reggae /ˈreg.eɪ/ *n* [U] *(estilo musical)* ⇒reggae

† **regime** /reɪˈʒiːm/ *n* [C] *(en política)* ⇒régimen

regiment /ˈredʒ.ɪ.mənt/ *n* [C] **1** *(en el ejército)* ⇒regimiento **2** ⇒multitud ⇒batallón *col.* ■ Por ser un nombre colectivo se puede usar con el verbo en singular o en plural

regimented UK: /ˈredʒ.ɪ.men.tɪd/ US: /-ə.men.ᵗt̬ɪd/ *adj* ⇒reglamentado,da

† **region** /ˈriː.dʒᵊn/ *n* [C] **1** ⇒región **2 in the ~ of** ⇒aproximadamente

regional /ˈriː.dʒᵊn.ᵊl/ *adj* ⇒regional ⇒autóctono,na

register¹ UK: /ˈredʒ.ɪ.stə/ US: /-stə/ *n* [C] **1** ⇒registro ⇒lista **2** *(en lingüística, en música)* ⇒registro

register² UK: /ˈredʒ.ɪ.stə/ US: /-stə/ *v* [T, I] **1** *(en un hotel, en una lista oficial)* ⇒inscribirse ⇒registrarse **2** ⇒registrar ⇒indicar **3** ⇒marcar ⇒registrar **4** ⇒caer en la cuenta ⇒percatarse

register office n [C] See **registry office**

registrar UK: /ˌredʒ.ɪˈstrɑːʳ/ US: /ˈredʒ.ɪ.strɑːr/ n [C] **1** (en una universidad) ⇒secretario,ria [general] **2** ⇒secretario,ria del Registro Civil **3** UK (en un hospital) ⇒médico,ca interno,na

registration /ˌredʒ.ɪˈstreɪ.ʃən/ n [U] ⇒inscripción ⇒matriculación

registry office UK (UK/US tb **register office**) n [C] **1** ⇒registro [civil] **2** registry office wedding - boda civil

† **regret¹** /rɪˈgret/ [regretted, regretting] v [T] **1** ⇒arrepentirse: I regret saying that - Me arrepiento de haber dicho eso ■ CONSTR. 1. to regret + (that) 2. to regret + doing sth **2** (form) ⇒sentir ⇒lamentar ■ CONSTR. 1. to regret + (that) 2. to regret + to do sth

regret² /rɪˈgret/ n [C, U] **1** ⇒arrepentimiento ⇒pena ⇒pesar **2** ⇒remordimiento **3** I have no regrets - No me arrepiento **4** to send one's regrets - mandar disculpas

regrettable UK: /rɪˈgret.ə.bl̩/ US: /-ˈgreˈt̬-/ adj (form) ⇒lamentable: a regrettable incident - un incidente lamentable

† **regular¹** UK: /ˈreg.ju.ləʳ/ US: /-lɚ/ adj **1** ⇒habitual ⇒normal **2** ⇒fijo,ja ⇒regular **3** (inform) (un tamaño) ⇒mediano,na **4** US ⇒de siempre **5** (en gramática) ⇒regular

regular² UK: /ˈreg.ju.ləʳ/ US: /-lɚ/ n [C] ⇒cliente habitual

regularly UK: /ˈreg.ju.lə.li/ US: /-lɚ-/ adv ⇒regularmente ⇒con regularidad

† **regulate** /ˈreg.ju.leɪt/ [regulated, regulating] v [T] ⇒regular ⇒controlar

regulation /ˌreg.juˈleɪ.ʃən/ n [C] **1** ⇒regla ⇒norma ■ Se usa más en plural ■ n [U] **2** ⇒regulación

rehabilitate /ˌriː.həˈbɪl.ɪ.teɪt/ [rehabilitated, rehabilitating] v [T] (una persona) ⇒rehabilitar

rehearsal UK: /rɪˈhɜː.səl/ US: /-ˈhɜː-/ n [C, U] (de un concierto, de una obra teatral) ⇒ensayo ■ PRON. La segunda parte, hear, se pronuncia como el término inglés her

† **rehearse** UK: /rɪˈhɜːs/ US: /-ˈhɜːs/ [rehearsed, rehearsing] v [T, I] ⇒ensayar ■ PRON. La segunda parte, hear, se pronuncia como el término inglés her

reign¹ /reɪn/ n [C] **1** ⇒reinado **2** ⇒régimen ■ PRON. La g no se pronuncia

reign² /reɪn/ v [I] ⇒reinar: Charles I reigned over Spain from 1519 to 1556 - Carlos I reinó en España de 1519 a 1556 ■ CONSTR. to reign over sth/sb

reimburse UK: /ˌriː.ɪmˈbɜːs/ US: /-ˈbɜːs/ [reimbursed, reimbursing] v [T] (form) ⇒reembolsar

rein /reɪn/ n [C] ⇒rienda ■ Se usa más en plural

reincarnation UK: /ˌriː.ɪn.kɑːˈneɪ.ʃən/ US: /-kɑːr-/ n [U] ⇒reencarnación: Do you believe in reincar-

nation? - ¿Crees en la reencarnación?

reindeer UK: /ˈreɪn.dɪəʳ/ US: /-dɪr/ [pl reindeer] n [C] (animal) ⇒reno

† **reinforce** UK: /ˌriː.ɪnˈfɔːs/ US: /-ˈfɔːrs/ [reinforced, reinforcing] v [T] **1** ⇒reforzar: to reinforce sb's power - reforzar el poder de alguien **2** (una conclusión, una idea) ⇒apoyar

reinforcement UK: /ˌriː.ɪnˈfɔːs.mənt/ US: /-ˈfɔːr-/ n [C, U] ⇒refuerzo ⇒fortalecimiento

reinstate /ˌriː.ɪnˈsteɪt/ [reinstated, reinstating] v [T] **1** ⇒restituir en el cargo ⇒rehabilitar en el cargo **2** ⇒volver a incluir [en un texto] **3** ⇒readmitir

† **reject¹** /rɪˈdʒekt/ v [T] ⇒rechazar ⇒denegar

reject² /ˈriː.dʒekt/ n [C] ⇒desecho ⇒producto defectuoso

rejection /rɪˈdʒek.ʃən/ n [C, U] **1** ⇒rechazo **2** ⇒denegación

rejoice /rɪˈdʒɔɪs/ [rejoiced, rejoicing] v [I] (form) ⇒regocijarse ⇒alegrarse ■ CONSTR. to rejoice + to do sth

rejoin /rɪˈdʒɔɪn/ ■ v [T] **1** ⇒reunirse de nuevo [con alguien o con algo] ■ v [I] **2** (form) ⇒replicar: «You'd know», she rejoined - «Tú sabrás», replicó ella

relapse¹ /ˈriː.læps/ n [C, U] **1** ⇒recaída: to suffer a relapse - sufrir una recaída **2** ⇒reincidencia

relapse² /rɪˈlæps/ [relapsed, relapsing] v [I] **1** (después de una enfermedad) ⇒recaer **2** ⇒reincidir: to relapse into his usual lies - reincidir en las mentiras de antes **3** ⇒volver a sumirse: to relapse into silence - volver a sumirse en el silencio

† **relate** /rɪˈleɪt/ ■ v [T, I] **1** ⇒relacionar: Can you relate the two ideas? - ¿Puedes relacionar las dos ideas? ■ v [T] **2** (form) ⇒relatar: We related what had happened to the police - Relatamos lo ocurrido a la policía ■ CONSTR. to relate + interrogativa indirecta **3** (inform) ⇒identificar(se)

|PHRASAL VERBS
| · **to relate to sb** ⇒relacionarse con alguien
|_· **to relate sth to sth** ⇒relacionar algo con algo

related UK: /rɪˈleɪ.tɪd/ US: /-ˈt̬ɪd/ adj **1** ⇒emparentado,da: He is related to the football coach - Está emparentado con el entrenador de fútbol **2** ⇒relacionado,da ■ CONSTR. related to sth/sb ■ PRON. La última e se pronuncia como la i en did

relation /rɪˈleɪ.ʃən/ ■ n [C] **1** ⇒familiar ⇒pariente ■ n [C, U] **2** ⇒relación ⇒conexión **3** in ~ to sth **1** ⇒comparado,da con algo ⇒en relación a algo **2** ⇒sobre algo ⇒con respecto a algo

relationship /rɪˈleɪ.ʃən.ʃɪp/ ■ n [C] **1** (entre personas) ⇒relación ■ n [C, U] **2** (entre cosas) ⇒relación ⇒conexión **3** ⇒parentesco

R

†**relative¹** UK: /ˈrel.ə.tɪv/ US: /-ˤtɪv/ *n* [c] ⇒familiar ⇒pariente

relative² UK: /ˈrel.ə.tɪv/ US: /-ˤtɪv/ *adj* **1** ⇒relativo,va: *relative pronoun* - pronombre relativo; *a topic of relative importance* - un tema de importancia relativa **2** ⇒respectivo,va: *the relative merits of the candidates* - los respectivos méritos de los candidatos

relatively UK: /ˈrel.ə.tɪv.li/ US: /-ˤtɪv-/ *adv* ⇒relativamente **2** ~ {good/bad/little...} ⇒relativamente {bueno/malo/pequeño...}

†**relax** /rɪˈlæks/ [relaxes] *v* [T, I] **1** ⇒relajarse ⇒tranquilizarse **2** ⇒descansar ⇒relajarse **3** ⇒aflojar ⇒atenuar

relaxation /ˌriː.lækˈseɪ.ʃən/ *n* [U] ⇒relajación: *relaxation techniques* - técnicas de relajación

relaxed /rɪˈlækst/ *adj* ⇒relajado,da ⇒tranquilo,la ■ PRON. La última *e* no se pronuncia

relaxing /rɪˈlæk.sɪŋ/ *adj* ⇒relajante: *a relaxing swim in the pool* - un baño relajante en la piscina

relay¹ /ˌrɪˈleɪ, ˈriː.leɪ/ *v* [T] **1** *(una información)* ⇒transmitir **2** *(en televisión o en radio)* ⇒retransmitir

relay² /ˈriː.leɪ/ *n* [c] **1** *(en deportes)* ⇒relevos **2** *(en un trabajo, en una actividad)* ⇒relevo

†**release¹** /rɪˈliːs/ [released, releasing] *v* [T] **1** ⇒liberar ⇒soltar **2** *(una persona o un objeto)* ⇒soltar ⇒desasir **3** *(una información)* ⇒hacer público,ca **4** *(un libro, un disco)* ⇒publicar ⇒sacar [a la venta] **5** *(una película)* ⇒estrenar **6** *(una sustancia)* ⇒expulsar ⇒soltar ⇒despedir **7** *(la tensión, el estrés)* ⇒liberar

release² /rɪˈliːs/ *n* [c] **1** ⇒liberación [del encarcelamiento] **2** *(un libro, un disco)* ⇒novedad **3** *(de un espectáculo, de una película)* ⇒estreno **4** *(de una sustancia)* ⇒escape ⇒emisión **5** *(de la tensión)* ⇒relajación ⇒aflojamiento

relegate /ˈrel.ɪ.ɡeɪt/ [relegated, relegating] *v* [T] **1** ⇒relegar **2** *(en deportes)* ⇒descender

relent /rɪˈlent/ *v* [I] **1** ⇒ceder ⇒ablandarse **2** *(el tiempo)* ⇒mejorar

relentless /rɪˈlent.ləs/ *adj* **1** ⇒incesante ⇒perseverante **2** ⇒despiadado,da ⇒implacable

relevance /ˈrel.ə.vənts/ *n* [U] **1** ⇒pertinencia ⇒relevancia ⇒importancia ⇒aplicabilidad **2** *I don't see the relevance of that here* - No veo qué tiene que ver esto aquí

†**relevant** /ˈrel.ə.vənt/ *adj* ⇒pertinente ⇒relevante ⇒apropiado,da ⇒aplicable

†**reliable** /rɪˈlaɪə.bl/ *adj* **1** *(una persona)* ⇒fiable ⇒serio,ria ⇒de fiar **2** *(un aparato)* ⇒fiable ⇒seguro,ra **3** *(una fuente)* ⇒fiable ⇒fidedigno,na

reliance /rɪˈlaɪ.ənts/ *n* [U] ⇒dependencia ⇒confianza

relic /ˈrel.ɪk/ *n* [c] **1** ⇒reliquia: *the relics of a 13th century saint* - las reliquias de un santo del siglo trece **2** ⇒vestigio

†**relief** /rɪˈliːf/ *n* [U] **1** ⇒alivio: *to feel relief* - sentir alivio **2** ⇒socorro ⇒ayuda

relieve /rɪˈliːv/ [relieved, relieving] *v* [T] **1** ⇒aliviar **2** ⇒relevar

|PHRASAL VERBS
· **to relieve** *sb* **of** *sth* **1** *(form)* ⇒quitar algo a alguien **2** *(de un cargo)* ⇒destituir a alguien

relieved /rɪˈliːvd/ *adj* ⇒satisfecho,cha ⇒aliviado,da ⇒tranquilizado,da

†**religion** /rɪˈlɪdʒ.ən/ *n* [c, U] ⇒religión

religious /rɪˈlɪdʒ.əs/ *adj* ⇒religioso,sa: *deeply religious* - profundamente religioso,sa

relinquish /rɪˈlɪŋ.kwɪʃ/ [relinquishes] *v* [T] *(form)* ⇒renunciar ⇒abandonar

relish /ˈrel.ɪʃ/ [relishes] *v* [T] **1** ⇒deleitarse ⇒disfrutar ■ CONSTR. to relish + doing sth **2** ⇒estar entusiasmado,da [con una idea]

†**reluctant** /rɪˈlʌk.tənt/ *adj* ⇒reacio,cia ■ PRON. La *u* se pronuncia como en el término inglés *sun*

†**rely** /rɪˈlaɪ/ [relies, relied] *v*

|PHRASAL VERBS
· **to rely {on/upon}** *sth/sb* ⇒depender ⇒confiar ⇒fiarse ⇒contar con

†**remain** /rɪˈmeɪn/ *v* [I] **1** ⇒quedar **2** *(form)* ⇒permanecer ⇒quedarse **3** *It remains to be seen* - Queda por ver

remainder UK: /rɪˈmeɪn.dəʳ/ US: /-dɚ/ *n* [NO PL] ⇒resto ⇒lo que queda

remains /rɪˈmeɪnz/ *n* [PL] **1** ⇒restos ⇒sobras ⇒lo que queda **2** ⇒ruinas **3** *(form)* ⇒restos mortales

remand¹ UK: /rɪˈmɑːnd/ US: /-ˈmænd/ *n* [U] ⇒prisión preventiva: *to be on remand* - estar en prisión preventiva

remand² UK: /rɪˈmɑːnd/ US: /-ˈmænd/ *v* [T] **1** *to be remanded on bail* - ser puesto en libertad bajo fianza **2** *to be remanded in custody* - ser puesto en prisión preventiva ■ CONSTR. Se usa más en pasiva

†**remark¹** UK: /rɪˈmɑːk/ US: /-ˈmɑːrk/ *n* [c] ⇒comentario ⇒observación

remark² UK: /rɪˈmɑːk/ US: /-ˈmɑːrk/ *v* [T] ⇒observar ⇒decir ⇒comentar ■ CONSTR. to remark + (that) ■ Comparar con *to emphasize* y *point out* (remarcar)

|PHRASAL VERBS
· **to remark on** *sth* ⇒hacer un comentario sobre algo ⇒comentar algo

remarkable UK: /rɪˈmɑː.kə.bl/ US: /-ˈmɑːr-/ *adj* **1** ⇒extraordinario,ria: *a remarkable play* - una obra de teatro extraordinaria **2** ⇒notable: *remarkable for its cultural heritage* - notable por su patrimonio cultural **3** ⇒sorprendente

R

remedial /rɪˈmiː.di.əl/ *adj (referido a una ense-
ñanza)* ⇒para niños con dificultades de aprendi-
zaje **2** ⇒reparador,-a ⇒corrector, -a
remedy¹ /ˈrem.ə.di/ *[pl remedies] n [c]* **1** ⇒reme-
dio ⇒cura **2** ⇒remedio ⇒solución
remedy² /ˈrem.ə.di/ *[remedies, remedied] v [T]*
⇒remediar
†**remember** UK: /rɪˈmem.bəʳ/ US: /-bə/ *v [T, I]* **1**
(una acción ya terminada) ⇒recordar ⇒acordar-
se ⇒rememorar ■ CONSTR. 1. to remember + (that) 2.
to remember + doing sth 3.to remember + interrogativa
indirecta **2** *(una acción que aún no se ha realiza-
do)* ⇒recordar ⇒acordarse ⇒tener en cuenta ■
CONSTR. 1. to remember + that 2. to remember + to do
sth
remembrance /rɪˈmem.brᵊnts/ ∎ *n [U] (form)*
⇒memoria ∎ *n [c]* **2** *(form)* ⇒recuerdo ■ Se usa
más en plural **3** *(form)* ⇒conmemoración: *in re-
membrance of... -* en conmemoración de...
†**remind** /rɪˈmaɪnd/ *v [T]* **1** ⇒recordar ⇒avisar ■
CONSTR. 1. to remind + (that) 2.to remind + to do sth **2**
Which reminds me... - A propósito...

| PHRASAL VERBS
└ **· to remind sb of sth/sb** ⇒recordar a

reminder UK: /rɪˈmaɪn.dəʳ/ US: /-də/ *n [c]* **1** ⇒se-
ñal para acordarse de algo **2** ⇒recuerdo ⇒recor-
datorio
reminisce /ˌrem.ɪˈnɪs/ *[reminisced, reminiscing]
v [I]* ⇒recordar [viejos tiempos] ⇒evocar [tiem-
pos pasados]
reminiscent /ˌrem.ɪˈnɪs.ᵊnt/ *adj* **1** ⇒evocador,-a **2**
to be in a reminiscent mood - ponerse nostálgico
3 to be ~ of sth/sb ⇒evocar ⇒recordar a
remnant /ˈrem.nənt/ *n [c]* **1** ⇒resto **2** ⇒vestigio **3**
(tela) ⇒retal ■ Se usa más en plural
remorse UK: /rɪˈmɔːs/ US: /-ˈmɔːrs/ *n [U]* ⇒re-
mordimiento **2** *to feel remorse for sth -* arrepen-
tirse de algo
remorseless UK: /rɪˈmɔː.sləs/ US: /-ˈmɔːr-/ *adj
(form)* ⇒implacable ⇒despiadado,da
remote¹ UK: /rɪˈməʊt/ US: /-ˈmoʊt/ *adj* **1** ⇒aparta-
do,da ⇒lejano,na ⇒remoto,ta **2** *(una persona)* ⇒dis-
tante **3** *(un control)* ⇒a distancia
remote² UK: /rɪˈməʊt/ US: /-ˈmoʊt/ *n [c] (inform)*
See **remote control**
remote control *n [c]* **1** ⇒control remoto **2** *(tb
remote)* ⇒mando a distancia
remotely UK: /rɪˈməʊt.li/ US: /-ˈmoʊt-/ *adv* **1** ⇒re-
motamente **2** *We are not remotely interested -*
No tenemos ni pizca de interés **3** *remotely situ-
ated -* en un lugar apartado
removal /rɪˈmuː.vᵊl/ *n [U]* **1** ⇒eliminación ⇒supre-
sión **2** *UK* ⇒mudanza: *removal van -* camión de
mudanzas

†**remove** /rɪˈmuːv/ *[removed, removing] v [T]* **1**
⇒eliminar: *We removed the weeds from the gar-
den -* Eliminamos las malas hierbas del jardín **2**
⇒quitar ■ Distinto de *to stir* (remover)
renaissance UK: /rəˈneɪ.sᵊnts/ US: /ˈren.ə.sɑːnts/ *n
[c]* **1** ⇒renacimiento ⇒resurgimiento **2 the Ren-
aissance** *(en historia)* ⇒Renacimiento
render UK: /ˈren.dəʳ/ US: /-də/ *v [T]* **1** *(form)* ⇒de-
jar ⇒quedarse **2** *(form) (un servicio, una opi-
nión)* ⇒ofrecer ⇒prestar **3** *(form) (un homenaje)*
⇒rendir ⇒dar **4** *(form) (una pieza musical, una
obra, un papel)* ⇒interpretar ⇒representar **5**
⇒traducir **6** *(tb **render down**) (en cocina)* ⇒de-
rretir
rendezvous UK: /ˈrɒn.deɪ.vuː/ US: /ˈrɑːn-/ *[pl
rendezvous] n [c]* **1** ⇒cita ⇒reunión **2** ⇒lugar de
reunión
†**renew** UK: /rɪˈnjuː/ US: /-ˈnuː/ *v [T]* **1** ⇒reanudar **2**
⇒renovar: *I must renew my driving licence -*
Tengo que renovar el carné de conducir **3** ⇒re-
afirmar
renewable UK: /rɪˈnjuː.ə.bl/ US: /-ˈnuː-/ *adj* **1** *(un
carné, un contrato)* ⇒renovable *(una energía)*
⇒renovable
renounce /rɪˈnaʊnts/ *[renounced, renouncing] v
[T]* ⇒renunciar: *to renounce power -* renunciar al
poder
renovate /ˈren.ə.veɪt/ *[renovated, renovating] v
[T]* ⇒renovar ⇒restaurar
renowned /rɪˈnaʊnd/ *adj* ⇒célebre ⇒afamado,da
⇒famoso,sa
†**rent¹** /rent/ ∎ *v [T, I]* **1** *(UK tb **let**)* ⇒alquilar [una
vivienda o terreno]: *He rented his house out to
some students -* Alquiló su casa a un grupo de
estudiantes ∎ *v [T]* **2** *US (UK **hire**) (para un pla-
zo breve de tiempo)* ⇒alquilar ⇒rentar AMÉR.;
⇒arrendar AMÉR.
rent² /rent/ *n [c, U]* **1** ⇒alquiler: *How much rent
do you pay for your flat? -* ¿Cuánto pagas de al-
quiler por el piso? **2 for ~** ⇒de alquiler
rental UK: /ˈren.tᵊl/ US: /-ˤt̬[ə]l/ *(UK tb **hire**) n [U]*
⇒alquiler ⇒arriendo AMÉR.
reorder *v [T]* **1** *(en una tienda)* ⇒volver a pedir
⇒volver a encargar **2** ⇒volver a encargar
reorganize UK: /ˌriːˈɔː.gᵊn.aɪz/ US: /-ˈɔːr-/ *[reor-
ganized, reorganizing] v [T, I]* ⇒reorganizar(se)
rep /rep/ *n [c] (inform)* ⇒forma abreviada de **rep-
resentative** (comercial, delegación de ventas)
repaid /rɪˈpeɪd/ *past tense and past participle
forms of* **repay**
†**repair¹** UK: /rɪˈpeəʳ/ US: /-ˈper/ *v [T]* **1** ⇒reparar
⇒arreglar ⇒refaccionar AMÉR. **2** ⇒remediar
repair² UK: /rɪˈpeəʳ/ US: /-ˈper/ *n [c, U]* **1** ⇒repara-
ción ⇒arreglo ■ Se usa más en plural **2 in {good/**

R ∎

bad} ~ ⇨en (buen/mal) estado **3 to be beyond** ~ ⇨no tener arreglo ⇨no tener remedio

† **repay, repaid, repaid** /rɪ'peɪ/ v [T] **1** ⇨devolver [dinero] **2** ⇨pagar: *She has finally repaid the loan* - Por fin ha terminado de pagar el préstamo **3** ⇨reembolsar **4** ⇨devolver ⇨recompensar ■ CONSTR. to repay + dos objetos

repayment /rɪ'peɪ.mənt/ n [U] **1** ⇨reembolso **2** ⇨pago [de una cantidad]: *mortgage repayments* - pagos de la hipoteca

† **repeat¹** /rɪ'piːt/ v [T] **1** ⇨repetir ■ CONSTR. to repeat + that **2** *(una confidencia)* ⇨contar ■ v [I] **3** *(un hecho, un suceso)* ⇨repetirse ⇨volver a ocurrir **4** *(un alimento)* ⇨repetir

repeat² /rɪ'piːt/ ■ n [NO PL] **1** ⇨repetición ■ n [c] **2** *UK (programa)* ⇨reposición ⇨reemisión

repeated UK: /rɪ'piː.tɪd/ US: /-ˤtɪd/ adj **1** ⇨repetido,da **2** ⇨reiterado,da

repel /rɪ'pel/ [repelled, repelling] v [T, I] **1** ⇨repeler: *to repel the enemy attack* - repeler el ataque del enemigo **2** ⇨repugnar

repellent¹ /rɪ'pel.ᵊnt/ adj ⇨repelente ⇨repugnante

repellent² /rɪ'pel.ᵊnt/ n [c, U] ⇨repelente: *an insect repellent* - un repelente de insectos

repent /rɪ'pent/ v [T, I] *(form)* ⇨arrepentirse: *He didn't repent for what he had done* - No se arrepintió de lo que hizo

repertoire UK: /'rep.ə.twɑː²/ US: /-ə.twɑːr/ n [c] *(de un artista)* ⇨repertorio

repetition /ˌrep.ə'tɪʃ.ᵊn/ n [c, U] ⇨repetición

repetitive UK: /rɪ'pet.ə.tɪv/ US: /-'peˤt.ə.ˤtɪv/ adj ⇨repetitivo,va: *It's a bit repetitive* - Es un poco repetitivo

† **replace** /rɪ'pleɪs/ [replaced, replacing] v [T] **1** ⇨sustituir: *She replaced acting with music* - Sustituyó la actuación por la música **2** ⇨colocar ⇨volver a poner **3** ⇨reponer ⇨cambiar

replacement /rɪ'pleɪs.mənt/ ■ n [U] **1** ⇨sustitución ■ n [c] **2** ⇨repuesto ⇨recambio **3** *(persona)* ⇨sustituto,ta

replay¹ /ˌriː'pleɪ/ v [T] **1** *(en deportes)* ⇨volver a jugar **2** *(en música)* ⇨volver a poner una canción **3** *(en televisión)* ⇨repetir una jugada

replay² /'riː.pleɪ/ n [c] **1** ⇨partido de desempate ⇨repetición de un partido **2** *(en televisión)* ⇨repetición [de una jugada]

replenish /rɪ'plen.ɪʃ/ [replenishes] v [T] **1** *(form)* ⇨volver a llenar **2** ⇨reponer

replication /ˌrep.lɪ'keɪ.ʃᵊn/ n [c, U] ⇨reproducción

† **reply¹** /rɪ'plaɪ/ [replies, replied] v [T, I] ⇨responder ⇨contestar ■ CONSTR. to reply + that ■ PRON. La última parte, ply, rima con fly

† **reply²** /rɪ'plaɪ/ [pl replies] n [c, U] ⇨respuesta ⇨contestación ■ PRON. La última parte, ply, rima con fly

† **report¹** UK: /rɪ'pɔːt/ US: /-'pɔːrt/ n [c] **1** ⇨informe ⇨relato **2** ⇨noticia ⇨rumor **3** ⇨reportaje **4** ⇨informe escolar

† **report²** UK: /rɪ'pɔːt/ US: /-'pɔːrt/ v [T] **1** ⇨informar ⇨reportar *AMÉR.;* ⇨anoticiar *AMÉR.* ■ CONSTR. 1. to report + that 2.to report + doing sth **2** ⇨denunciar **3** ⇨hacer un informe **4 to** ~ **(to sth/sb) (for sth)** ⇨presentarse [en algo/a alguien] [para algo]

reportedly UK: /rɪ'pɔː.tɪd.li/ US: /-'pɔːr.ˤtɪd-/ adv ⇨según se informa ⇨según se dice

reported speech *(UK/US tb indirect speech)* n [U] *(en gramática)* ⇨estilo indirecto ■ Ver cuadro

reporter UK: /rɪ'pɔː.tə²/ US: /-'pɔːr.ˤtə/ n [c] ⇨reportero,ra ⇨periodista

† **represent** /ˌrep.rɪ'zent/ v [T] **1** ⇨representar: *She represented him in the meeting* - Lo representó en la reunión **2** ⇨describir **3** ⇨representar ⇨simbolizar

representation /ˌrep.rɪ.zen'teɪ.ʃᵊn/ n [U] **1** *(de otra persona)* ⇨representación **2** *(en arte, en una gráfica)* ⇨representación

representative¹ UK: /ˌrep.rɪ'zen.tə.tɪv/ US: /-ˤtə.ˤtɪv/ n [c] **1** ⇨representante **2** ⇨comercial ⇨delegado,da ■ La forma abreviada es **rep 3** *US* ⇨diputado,da **4** *US He appeared before the House of Representatives* - Compareció ante la Cámara de los Representantes

representative² UK: /ˌrep.rɪ.zen.tə.tɪv/ US: /-ˤtə.ˤtɪv/ adj ⇨representativo,va: *a representative sample* - una muestra representativa

repress /rɪ'pres/ [represses] v [T] **1** ⇨contener **2** ⇨reprimir: *You shouldn't repress your feelings* - No deberías reprimir tus sentimientos

repressive /rɪ'pres.ɪv/ adj ⇨represivo,va

reprieve¹ /rɪ'priːv/ n [c] **1** ⇨indulto: *to grant a reprieve* - otorgar un indulto **2** ⇨aplazamiento **3** ⇨alivio ⇨respiro **4** *(de una situación difícil)* ⇨escape

reprieve² /rɪ'priːv/ [reprieved, reprieving] v [T] **1** ⇨indultar **2** ⇨salvar

reprimand¹ UK: /'rep.rɪ.mɑːnd/ US: /-rə.mænd/ v [T] *(form)* ⇨reprender: *He was reprimanded for misconduct* - Lo reprendieron por su conducta ■ CONSTR. to reprimand sb for sth/doing sth

reprimand² UK: /'rep.rɪ.mɑːnd/ US: /-rə.mænd/ n [c] ⇨reprimenda

reprisal /rɪ'praɪ.zᵊl/ n [c, U] ⇨represalia: *to take reprisals* - tomar represalias; *in reprisal for sth* - como represalia por algo

reproach¹ UK: /rɪ'prəʊtʃ/ US: /-'proʊtʃ/ [reproaches] v [T] ⇨reprochar(se): *She reproached me for lying* - Me reprochó que mintiera

reproach² UK: /rɪ'prəʊtʃ/ US: /-'proʊtʃ/ n [c, U] *(form)* ⇨reproche **2 {above/beyond}** ~ ⇨al margen de cualquier crítica ⇨intachable

† **reproduce** UK: /ˌriː.prəˈdjuːs/ US: /-ˈduːs/ [reproduced, reproducing] ∎ *v* [T] **1** ⇨reproducir ⇨copiar ∎ *v* [I] **2** *(form)* ⇨reproducirse: *Rabbits reproduce very quickly* - Los conejos se reproducen con rapidez

reproduction /ˌriː.prəˈdʌk.ʃ°n/ *n* [C, U] **1** *(en biología)* ⇨reproducción **2** ⇨copia ⇨reproducción

reproductive /ˌriː.prəˈdʌk.tɪv/ *adj* ⇨reproductor,-a: *the reproductive cycle* - el ciclo reproductor

† **reptile** /ˈrep.taɪl/ *n* [C] ⇨reptil

republic /rɪˈpʌb.lɪk/ *n* [C] ⇨república: *the Irish Republic* - la República de Irlanda

republican /rɪˈpʌb.lɪ.kən/ *adj, n* [C] ⇨republicano,na

repugnant /rɪˈpʌg.nənt/ *adj (form)* ⇨repugnante

repulsive /rɪˈpʌl.sɪv/ *adj* ⇨repulsivo,va ⇨asqueroso,sa

reputable UK: /ˈrep.jʊ.tə.bl̩/ US: /-ˈʃtə-/ *adj* **1** ⇨formal ⇨honroso,sa ⇨legal **2** ⇨de confianza: *a reputable dealer* - un comerciante de confianza

† **reputation** /ˌrep.jʊˈteɪ.ʃ°n/ *n* [C] ⇨reputación ⇨fama

reputed UK: /rɪˈpjuː.tɪd/ US: /-ˈʃtɪd/ *adj* **1** ⇨supuesto,ta **2** *He is reputed to be one of the best writers of his generation* - Dicen que es uno de los mejores escritores de su generación

request¹ /rɪˈkwest/ *n* [C] ⇨petición: *to make a request for sth* - hacer una petición para algo

request² /rɪˈkwest/ *v* [T] *(form)* ⇨solicitar ⇨pedir ∎ CONSTR. 1.to request + that 2. to request + to do sth

reported speech

El estilo indirecto se utiliza para explicar a alguien lo que otra persona ha dicho o pensado:

Phil said: 'I'm very tired'. → *Phil said (that) he was very tired.*
(Phil dijo: 'Estoy muy cansado'. → Phil dijo que estaba muy cansado.)

El estilo indirecto exige algunos cambios con respecto a la oración en estilo directo:

• Cambios en el **tiempo verbal**:

estilo directo	→	estilo indirecto
presente simple	→	pasado simple
presente continuo	→	pasado continuo
pasado simple	→	pasado perfecto
presente perfecto	→	pasado perfecto
presente perfecto continuo	→	pasado perfecto continuo
futuro	→	condicional

· *My parents said to me: "We **are** going to the cinema".* → *My parents told me (that) they **were** going to the cinema.*
(Mis padres me dijeron: "Vamos al cine". → Mis padres me dijeron que iban al cine.)

· *Julie complained: "I've been waiting for hours".* → *Julie complained (that) she **had been waiting** for hours.*
(Julie se quejó: "Llevo horas esperando". → Julie se quejó de que llevaba horas esperando.)

• Cambios en **palabras que se refieren a la posición o al tiempo**:

estilo directo	→	estilo indirecto
this/these	→	that/those
here	→	there
next week/month/year	→	the following week/month/year
last week/month/year	→	the week/month/year before
today	→	that day
tonight	→	that night
tomorrow	→	the next day
yesterday	→	the day before
now	→	then

· *He asked me: "How long have you lived **here**?"* → *He asked me how long I had lived **there**.*
(Me preguntó: "¿Cuánto llevas viviendo aquí?". → Me preguntó cuánto llevaba viviendo allí.)

† **require** UK: /rɪˈkwaɪə/ US: /-ˈkwaɪr/ [required, requiring] v [T] ⇒exigir ⇒necesitar ⇒requerir

requirement UK: /rɪˈkwaɪə.mənt/ US: /-ˈkwaɪr-/ n [C] ⇒requisito ⇒necesidad

† **rescue¹** /ˈres.kjuː/ [rescued, rescuing] v [T] ⇒rescatar ⇒salvar

rescue² /ˈres.kjuː/ n [C, U] **1** ⇒rescate ⇒salvamento **2** to {come/go} to sb's ~ ⇒{venir/ir} en ayuda de alguien

† **research¹** UK: /rɪˈsɜː.tʃ/ UK: /ˈriː..sɜː.tʃ/ US: /ˈriː..sɜːtʃ/ n [U] ⇒investigación [académica o científica]: to do some research on an issue - hacer una investigación de un tema ■ Comparar con investigation

research² UK: /rɪˈsɜː.tʃ/ US: /-ˈsɜː.tʃ/ v [T, I] (un tema académico, científico o periodístico) ⇒investigar ■ Comparar con investigate

researcher UK: /rɪˈsɜː..tʃə/ US: /-ˈsɜː.tʃə/ n [C] ⇒investigador,-a

resemblance /rɪˈzem.blənts/ n [C, U] ⇒parecido: There is an uncanny resemblance between you - Tenéis un parecido asombroso

† **resemble** /rɪˈzem.bl̩/ [resembled, resembling] v [T] (form) ⇒parecerse: My brother resembles me - Mi hermano se parece a mí

† **resent** /rɪˈzent/ v [T] ⇒tomar a mal ⇒ofender(se) ■ CONSTR. to resent + doing sth

resentful /rɪˈzent.fl̩/ adj **1** ⇒resentido,da **2** ⇒de resentimiento

resentment /rɪˈzent.mənt/ n [U] ⇒resentimiento ⇒rencor

reservation UK: /ˌrez.əˈveɪ.ʃn̩/ US: /-ə-/ n [C, U] **1** (de una habitación, de una entrada) ⇒reserva **2** ⇒reserva [natural] **3** ⇒duda ⇒reserva ■ Se usa más en plural **4** (en una carretera) ⇒franja central

reserve¹ UK: /rɪˈzɜː.v/ US: /-ˈzɜː.v/ [reserved, reserving] v [T] ⇒reservar

reserve² UK: /rɪˈzɜː.v/ US: /-ˈzɜː.v/ n [C] **1** ⇒reserva: water reserves - reservas de agua ■ Se usa más en plural **2** (tierra, área) ⇒reserva **3** (persona) ⇒reserva ⇒suplente **4** (en el ejército) ⇒reservista **5** in ~ ⇒de reserva: I have several bottles of water in reserve - Tengo varias botellas de agua de reserva

reserved UK: /rɪˈzɜː.vd/ US: /-ˈzɜː.vd/ adj **1** (un carácter, una personalidad) ⇒reservado,da **2** (una mesa, una habitación) ⇒reservado,da

reservoir UK: /ˈrez.ə.vwɑː/ US: /-ə.vwɑːr/ n [C] ⇒embalse ⇒pantano

reshuffle /ˌriːˈʃʌf.l̩/ n [C] (en política) ⇒reorganización

† **reside** /rɪˈzaɪd/ [resided, residing] v [I] (form) ⇒residir

residence /ˈrez.ɪ.dənts/ ■ n [C] **1** (form) ⇒residencia ⇒domicilio ■ n [U] **2** ⇒estancia ⇒período de residencia

† **resident** /ˈrez.ɪ.dənt/ adj, n [C] **1** ⇒residente **2** residents' association - asociación de vecinos

residential /ˌrez.ɪˈden.tʃl̩/ adj **1** ⇒residencial: a residential area - una zona residencial **2** ⇒con alojamiento incluido

residue UK: /ˈrez.ɪ.djuː/ US: /-ə.duː/ n [C] ⇒residuo

† **resign** /rɪˈzaɪn/ v [T, I] ⇒dimitir: The President has resigned from his post - El presidente ha dimitido de su cargo ■ PRON. La segunda parte, sign, rima con el término inglés mine

| PHRASAL VERBS
· to resign oneself to sth ⇒resignarse a algo: He resigned himself to working harder than ever - Se resignó a trabajar más duro que nunca

resignation /ˌrez.ɪɡˈneɪ.ʃn̩/ ■ n [C, U] **1** ⇒dimisión: to hand in one's resignation - presentar la dimisión ■ n [U] **2** (estado) ⇒resignación

resilient /rɪˈzɪl.i.ənt/ adj **1** (una persona) ⇒con capacidad de adaptación ⇒fuerte **2** (un material) ⇒elástico,ca

† **resist** /rɪˈzɪst/ v [T, I] **1** ⇒oponerse a **2** ⇒resistir ⇒aguantar **3** ⇒resistir(se) [a la tentación] ⇒reprimir ■ CONSTR. to resist + doing sth

resistance /rɪˈzɪs.tənts/ n [U] **1** ⇒oposición: They put up no resistance - No presentaron oposición **2** ⇒resistencia

resistant /rɪˈzɪs.tənt/ adj ⇒resistente: a water-resistant watch - un reloj resistente al agua

resolute /ˈrez.ə.luːt/ adj (form) ⇒resuelto,ta ⇒desenvuelto,ta

resolution /ˌrez.əˈluː.ʃn̩/ n [C] **1** (form) ⇒resolución ⇒propósito **2** I've made a resolution to read more in English - Me he propuesto leer más en inglés **3** ⇒moción ⇒acuerdo

† **resolve** UK: /rɪˈzɒlv/ US: /-ˈzɑːlv/ [resolved, resolving] ■ v [T] **1** ⇒resolver: to resolve a problem - resolver un problema ⇒v [T, I] **2** (form) ⇒decidir **3** (en derecho) ⇒acordar ■ CONSTR. 1. to resolve + that 2. to resolve + to do sth **4** (form) ⇒proponerse: I've resolved to practise more - Me he propuesto practicar más ■ CONSTR. 1. to resolve + that 2. to resolve + to do sth

resort¹ UK: /rɪˈzɔːt/ US: /-ˈzɔːrt/ n [C] **1** ⇒lugar turístico **2** ⇒estación [de ocio]: a ski resort - una estación de esquí **3** ⇒recurso: as a last resort - como último recurso

† **resort²** UK: /rɪˈzɔːt/ US: /-ˈzɔːrt/

| PHRASAL VERBS
· to resort to {sth/doing sth} ⇒recurrir a algo: They resorted to violence - Recurrieron a la violencia

resounding /rɪˈzaʊn.dɪŋ/ adj ⇒rotundo,da ⇒sonoro,ra

†**resource** UK: /rɪˈzɔːs/ UK: /ˈriːsɔːs/ US: /ˈriːsɔːrs/ n [c] ⇒recurso: *natural resources* - recursos naturales ■ Se usa más en plural

resourceful UK: /rɪˈzɔːsfˀl/ US: /-ˈsɔːr-/ adj ⇒con recursos ⇒desenvuelto,ta ⇒ingenioso,sa

resources n [PL] ⇒recursos: *mineral resources* - recursos minerales

respect¹ /rɪˈspekt/ ■ n [U] 1 ⇒respeto 2 *to command respect* - hacerse respetar ■ n [c] 3 ⇒aspecto: *in some respects* - en algunos aspectos 4 *with ~ to sth (form)* ⇒por lo que respecta a algo

†**respect²** /rɪˈspekt/ v [T] ⇒respetar: *He has always respected his aunt* - Siempre ha respetado a su tía

†**respectable** /rɪˈspek.tə.bl̩/ adj 1 ⇒respetable ⇒decente 2 ⇒respetable: *a respectable grade* - una nota respetable

respectful /rɪˈspekt.fˀl/ adj ⇒respetuoso,sa

†**respective** /rɪˈspek.tɪv/ adj ⇒respectivo,va: *and their respective partners* - y sus parejas respectivas

respite /ˈres.paɪt/ n [U, NO PL] *(form)* ⇒respiro ⇒tregua

†**respond** UK: /rɪˈspɒnd/ US: /-ˈspɑːnd/ v [I] 1 ⇒responder ⇒reaccionar ■ CONSTR. to respond to sth 2 ⇒contestar ⇒responder ■ CONSTR. 1. to respond + that 2. to respond by + doing sth 3. to respond to sth

response UK: /rɪˈspɒns/ US: /-ˈspɑːns/ ■ n [c, U] 1 ⇒reacción ■ n [c] 2 ⇒respuesta ⇒contestación

responsibility UK: /rɪˌspɒnt.sɪˈbɪl.ɪ.ti/ US: /-ˌspɑːnt.səˈbɪl.ə.ˤti/ ■ n [U] 1 ⇒responsabilidad ⇒seriedad ■ n [c] 2 ⇒obligación ⇒responsabilidad ■ El plural es *responsibilities* 3 *to {accept/take} ~ for sth* ⇒responsabilizar(se) de algo ⇒hacerse cargo de algo 4 *to claim ~ for sth* ⇒asumir la responsabilidad de algo ⇒asumir la autoría de algo

responsible UK: /rɪˈspɒnt.sɪ.bl̩/ US: /-ˈspɑːnt-/ adj 1 ⇒responsable ■ Se usa solo como adjetivo: se dice *the person responsible*. Incorrecto: *the responsible* 2 *to be ~ for sth/sb* 1 ⇒ser la causa de: *A cigarette was responsible for the fire* - Un cigarrillo fue la causa del incendio 2 ⇒ser responsable de

responsive UK: /rɪˈspɒnt.sɪv/ US: /-ˈspɑːnt-/ adj 1 ⇒sensible: *responsive to our needs* - sensible a nuestras necesidades 2 ⇒receptivo,va ⇒interesado,da

rest¹ /rest/ ■ n [c, U] 1 ⇒descanso: *to take a rest* - tomarse un descanso ■ n [U] 2 ⇒resto: *I threw away the rest of the magazines* - Tiré el resto de las revistas 3 ⇒los demás: *Where are the rest?* - ¿Dónde están los demás? 4 *at ~ (euphem)* ⇒en reposo ⇒en paz 5 *to come to ~* ⇒pararse ⇒detenerse

†**rest²** /rest/ v [I] 1 ⇒descansar ⇒reposar 2 ⇒apoyar ■ CONSTR. Se usa generalmente seguido de las preposiciones *against* y *on* ■ Distinto de *to subtract* (restar)

†**restaurant** UK: /ˈres.trɒnt/ US: /-tə.rɑːnt/ n [c] 1 ⇒restaurante 2 *a seafood restaurant* - una marisquería

rested /ˈres.tɪd/ adj ⇒descansado,da: *I'm feeling rested* - Me encuentro descansado ■ PRON. La e final se pronuncia como la i en *did*

restless /ˈrest.ləs/ adj 1 ⇒agitado,da ⇒intranquilo,la 2 *to have a restless night* - pasar una mala noche

†**restore** UK: /rɪˈstɔːr/ US: /-ˈstɔːr/ [restored, restoring] v [T] 1 *(form)* ⇒restaurar ⇒refaccionar AMÉR. 2 ⇒restablecer 3 *(form) (unos bienes)* ⇒restituir ⇒devolver

restrain /rɪˈstreɪn/ v [T] 1 ⇒refrenar(se) ⇒contener(se) 2 ⇒impedir ■ CONSTR. 1. to restrain from + doing sth 2. Se usa más como reflexivo

restrained /rɪˈstreɪnd/ adj ⇒comedido,da ⇒moderado,da

restraint /rɪˈstreɪnt/ ■ n [c] 1 ⇒restricción ⇒comedimiento ■ n [U] 2 ⇒moderación ⇒compostura

†**restrict** /rɪˈstrɪkt/ v [T] 1 ⇒restringir: *to restrict free speech* - restringir la libertad de expresión 2 ⇒limitar

restricted /rɪˈstrɪk.tɪd/ adj 1 ⇒limitado,da 2 *to be ~ to sth* ⇒estar restringido,da a algo

restriction /rɪˈstrɪk.ʃˀn/ n [c, U] ⇒restricción

restrictive /rɪˈstrɪk.tɪv/ adj ⇒restrictivo,va

restroom /ˈrest.rum, -ruːm/ US n [c] ⇒cuarto de baño [público]

†**result¹** /rɪˈzʌlt/ n [c] 1 ⇒resultado: *the election results* - los resultados electorales 2 *as a ~* ⇒por consiguiente ⇒como consecuencia

result² /rɪˈzʌlt/ v [I] ⇒terminar ⇒tener como resultado ⇒resultar

PHRASAL VERBS
· *to result (from sth)* ⇒ser el resultado [de algo]
└· *to result in sth* ⇒ocasionar ⇒causar

†**resume** UK: /rɪˈzjuːm/ US: /-ˈzuːm/ [resumed, resuming] v [T, I] *(form)* ⇒reanudar(se) ⇒continuar ■ CONSTR. to resume + doing sth ■ Distinto de *to summarize* (resumir)

resurgence UK: /rɪˈsɜː.dʒˀnts/ US: /-ˈsɜː-/ n [c, U] *(form)* ⇒resurgimiento ⇒renacimiento

resurrect UK: /ˌrez.ˀrˈekt/ US: /-əˈrekt/ v [T] ⇒resucitar

resurrection UK: /ˌrez.ˀrˈek.ʃˀn/ US: /-əˈrek-/ n [U] 1 ⇒resurrección 2 *the ~* ⇒la Resurrección

resuscitate /rɪˈsʌs.ɪ.teɪt/ [resuscitated, resuscitating] v [T] ⇒reanimar

R

retail[1] /'riː.teɪl/ n [U] **1** ⇒venta al por menor **2** *retail outlet* - punto de venta **3** *retail price* - precio de venta al público

retail[2] /'riː.teɪl/ v [T] ⇒vender al por menor

retailer UK: /'riː.teɪ.ləʳ/ US: /-lə/ n [c] ⇒minorista

† **retain** /rɪ'teɪn/ v [T] **1** *(form)* ⇒conservar ⇒retener ⇒mantener ⇒guardar **2** *(form) (en derecho)* ⇒contratar

retaliate /rɪ'tæl.i.eɪt/ [retaliated, retaliating] v [I] ⇒tomar represalias ⇒responder [a una agresión]

retention /rɪ'ten.tʃən/ n [U] *(form)* ⇒conservación ⇒retención

rethink /ˌriː'θɪŋk/ v [T, I] ⇒reconsiderar: *You should rethink how you're going to do it* - Deberías reconsiderar cómo vas a hacerlo ■ CONSTR. to rethink + interrogativa indirecta

rethought past tense and past participle forms of **rethink**

reticent UK: /'ret.ɪ.sənt/ US: /'reˈt̬.ə-/ adj ⇒reservado,da ⇒reticente

† **retire** UK: /rɪ'taɪəʳ/ US: /-'taɪr/ [retired, retiring] v [I] ⇒retirarse ⇒jubilarse

retired UK: /rɪ'taɪəd/ US: /-'taɪrd/ adj ⇒retirado,da ⇒jubilado,da ■ PRON. La última e no se pronuncia

retirement UK: /rɪ'taɪə.mənt/ US: /-'taɪr-/ n [U] ⇒retiro ⇒jubilación

retiring UK: /rɪ'taɪə.rɪŋ/ US: /-'taɪr.ɪŋ/ adj **1** ⇒retraído,da **2** *(de un cargo o un puesto)* ⇒saliente

retort[1] UK: /rɪ'tɔːt/ US: /-'tɔːrt/ v [T] *(form)* ⇒replicar [con enfado o ingenio] ⇒contestar

retort[2] UK: /rɪ'tɔːt/ US: /-'tɔːrt/ n [c] *(form)* ⇒réplica ⇒contestación [con enfado o ingenio]

retrace /rɪ'treɪs/ [retraced, retracing] v [T] **1** ⇒desandar **2** *to ~ one's steps* ⇒desandar lo andado

retract /rɪ'trækt/ v [T, I] **1** *(form)* ⇒retractarse de **2** ⇒retraer(se) **3** ⇒replegar(se)

retreat[1] /rɪ'triːt/ v [I] ⇒retirarse ⇒retroceder ■ CONSTR. Se usa generalmente seguido de las preposiciones to, into y from

retreat[2] /rɪ'triːt/ n [c] **1** ⇒retirada ⇒marcha atrás **2** ⇒retiro: *a spiritual retreat* - un retiro espiritual **3** ⇒refugio

retrial /'riː.traɪəl/ n [c] ⇒nuevo juicio

retribution /ˌret.rɪ'bjuː.ʃən/ n [U] **1** *(form)* ⇒justo castigo **2** *divine retribution* - castigo de Dios **3** ⇒venganza

† **retrieve** /rɪ'triːv/ [retrieved, retrieving] v [T] **1** ⇒recuperar ⇒recoger **2** *(en informática)* ⇒recuperar **3** *(en caza)* ⇒cobrar **4** *(a una persona)* ⇒rescatar ⇒salvar

retriever UK: /rɪ'triː.vəʳ/ US: /-və/ n [c] *(perro)* ⇒labrador

retrospect UK: /'ret.rəʊ.spekt/ US: /-rə-/ *in ~* ⇒en retrospectiva ⇒mirando hacia atrás

retrospective UK: /ˌret.rəʊ|'spek.tɪv/ US: /-rə-/ adj **1** *(form)* ⇒retrospectivo,va: *a retrospective exhibition of a local artist* - una exposición retrospectiva de una artista local **2** ⇒retroactivo,va

† **return**[1] UK: /rɪ'tɜːn/ US: /-'tɜːn/ ■ v [I] **1** ⇒regresar ⇒volver **2** *(un dolor)* ⇒reaparecer ■ v [T] **3** ⇒entregar ⇒devolver **4** *They returned a verdict of guilty* - Lo declararon culpable

return[2] UK: /rɪ'tɜːn/ US: /-'tɜːn/ n [c] **1** ⇒regreso ⇒vuelta **2** ⇒devolución **3** ⇒reaparición **4** ⇒rendimiento [de algo]: *return on investment* - rendimiento de la inversión **5** *UK (US round-trip ticket)* ⇒billete de ida y vuelta **6** *in ~* ⇒a cambio **7** *tax ~* ⇒declaración de la renta: *to fill in a tax return* - hacer la declaración de la renta

returnable UK: /rɪ'tɜː.nə.bl̩/ US: /-'tɜː-/ adj **1** *(un envase)* ⇒retornable **2** *(una cantidad de dinero)* ⇒reembolsable

reunion UK: /ˌriː'juː.ni.ən/ US: /-'njən/ n [c] **1** *(generalmente de familiares)* ⇒reunión ⇒reencuentro **2** ⇒reunión [de antiguos alumnos]

reunite /ˌriː.ju:'naɪt/ [reunited, reuniting] v [T, I] **1** ⇒reunir(se): *After a long time apart they were reunited* - Después de mucho tiempo, se reunieron **2** ⇒reconciliar(se): *I tried to reunite them* - Intenté reconciliarlos ■ CONSTR. Se usa más en pasiva

reuse /ˌriː'juːz/ [reused, reusing] v [T] ⇒reutilizar

rev[1] /rev/ n [c] *(inform) (en mecánica)* ⇒revolución ■ Se usa más en plural

rev[2] /rev/ [revved, revving] v [T, I] *(un motor)* ⇒revolucionar ⇒acelerar ■ CONSTR. Se usa generalmente seguido de la preposición up

revamp[1] /ˌriː'væmp/ v [T] ⇒renovar ⇒modernizar

revamp[2] /'riː.væmp/ n [c] ⇒renovación ⇒modernización

† **reveal** /rɪ'viːl/ v [T] **1** ⇒revelar: *to reveal a secret* - revelar un secreto **2** ⇒mostrar ⇒descubrir ■ CONSTR. 1. to reveal + that 2. to reveal + interrogativa indirecta

revealing /rɪ'viː.lɪŋ/ adj **1** ⇒revelador,-a: *a revealing slip* - un desliz revelador **2** *(una prenda de vestir)* ⇒atrevido,da

revel /'rev.əl/ [revelled, revelling] v [I] ⇒estar de jarana *col.;* ⇒estar de juerga

PHRASAL VERBS
· *to revel in sth (lit)* ⇒regodearse en algo ⇒gozar de algo

revelation /ˌrev.ə'leɪ.ʃən/ n [c, U] *(de un secreto)* ⇒revelación

† **revenge** /rɪ'vendʒ/ n [U] **1** ⇒venganza ⇒revancha **2** *to take (one's) ~ on sb for sth* ⇒vengarse de alguien por algo

† **revenue** UK: /'rev.ᵊn.juː/ US: /-ə.nuː/ n [U] **1** ⇨ingresos: *a source of revenue* - una fuente de ingresos **2** ⇨renta

reverberate UK: /rɪ'vɜː.bᵊr.eɪt/ US: /-'vɜː.bə.eɪt/ [reverberated, reverberating] v [I] **1** ⇨resonar ⇨retumbar **2** *(form)* ⇨tener repercusiones

revere UK: /rɪ'vɪəʳ/ US: /-'vɪr/ [revered, revering] v [T] *(form)* ⇨venerar: *to revere sb* - venerar a alguien

reverence UK: /'rev.ᵊr.ᵊnts/ US: /-ɚ.[ə]nts/ n [U] **1** *(form)* ⇨veneración **2** *to feel reverence for sb* - venerar a alguien

Reverend UK: /'rev.ᵊr.ᵊnd/ UK: /-rənd/ US: /-ɚ.[ə]nd/ n [C] *(en la iglesia cristiana)* ⇨reverendo,da ⇨pastor,-a

reversal UK: /rɪ'vɜː.sᵊl/ US: /-'vɜː-/ n [C] **1** ⇨revés: *to suffer a reversal* - sufrir un revés **2** ⇨cambio total **3** ⇨inversión [de papeles]: *It was a reversal of roles* - Fue una inversión de papeles

reverse[1] UK: /rɪ'vɜːs/ US: /-'vɜːs/ [reversed, reversing] v [T, I] **1** ⇨invertir: *to reverse the tendency* - invertir la tendencia **2** ⇨dar marcha atrás **3** *(una decisión)* ⇨revocar **4** *to ~ the charges* ⇨llamar a cobro revertido

reverse[2] UK: /rɪ'vɜːs/ US: /-'vɜːs/ n [U] **1** *(en un vehículo)* ⇨marcha atrás ⇨reversa AMÉR. **2** ⇨opuesto ⇨contrario

reversible UK: /rɪ'vɜː.sᵊ.bl̩/ US: /-'vɜː-/ adj ⇨reversible

revert UK: /rɪ'vɜːt/ US: /-'vɜːt/
| PHRASAL VERBS
 · **to revert to sth** ⇨volver a algo
 · **to revert to sb** *(en derecho)* ⇨revertir en alguien

review[1] /rɪ'vjuː/ n [C, U] **1** ⇨examen ⇨revisión ⇨evaluación **2** ⇨informe **3** ⇨crítica ⇨reseña **4** ⇨revista [académica o literaria]

review[2] /rɪ'vjuː/ ■ v [T] **1** ⇨criticar ⇨reseñar **2** ⇨revisar ⇨examinar ⇨evaluar ■ v [T, I] **3** ⇨estudiar: *Procedures will have to be reviewed* - Tendremos que estudiar los procedimientos **4** US *(UK revise)* ⇨repasar ⇨estudiar

reviewer UK: /rɪ'vjuː.əʳ/ US: /-ɚ/ n [C] ⇨crítico,ca [de obras de ficción]

† **revise** /rɪ'vaɪz/ [revised, revising] ■ v [T, I] **1** UK *(US review)* ⇨repasar ⇨estudiar ■ v [T] **2** ⇨revisar **3** ⇨corregir

revision /rɪ'vɪʒ.ᵊn/ ■ n [U] **1** UK ⇨repaso ■ n [C, U] **2** ⇨revisión **3** ⇨corrección

revival /rɪ'vaɪ.vᵊl/ n [C, U] **1** ⇨resurgimiento **2** ⇨restablecimiento **3** *(en teatro)* ⇨reposición

† **revive** /rɪ'vaɪv/ [revived, reviving] v [T, I] **1** ⇨reanimar(se) ⇨despertar(se) **2** *(una planta)* ⇨revivir **3** *(en economía)* ⇨reactivar(se) **4** *(la esperanza, la confianza)* ⇨reavivar **5** *(en teatro)* ⇨reponer

revoke UK: /rɪ'vəʊk/ US: /-'voʊk/ [revoked, revoking] v [T] *(form)* ⇨revocar

revolt[1] UK: /rɪ'vəʊlt/ UK: /-'vɒlt/ US: /-'voʊlt/ n [C, U] ⇨rebelión ⇨levantamiento

revolt[2] UK: /rɪ'vəʊlt/ UK: /-'vɒlt/ US: /-'voʊlt/ ■ v [I] **1** ⇨sublevarse ⇨rebelarse ■ v [T] **2** ⇨repugnar ⇨dar asco ■ CONSTR. *Se usa más en pasiva*

revolting UK: /rɪ'vəʊl.tɪŋ/ UK: /-'vɒl-/ US: /-'voʊl.ᵗtɪŋ/ adj ⇨repugnante ⇨asqueroso,sa

† **revolution** /ˌrev.ə'luː.ʃᵊn/ n [C, U] ⇨revolución: *the Russian revolution* - la Revolución Rusa

revolutionary UK: /ˌrev.ə'luː.ʃᵊn.ᵊr.i/ US: /-er-/ [pl revolutionaries] adj, n [C] ⇨revolucionario,ria: *a revolutionary change* - un cambio revolucionario

revolutionize /ˌrev.ə'luː.ʃᵊn.aɪz/ [revolutionized, revolutionizing] v [T] ⇨revolucionar ⇨cambiar radicalmente

revolve UK: /rɪ'vɒlv/ US: /-'vɑːlv/ [revolved, revolving] v [I] ⇨girar: *The moon revolves around the Earth* - La Luna gira alrededor de la Tierra ■ *Distinto de* **jumble** (revolver)
| PHRASAL VERBS
 · **revolve around sth/sb** ⇨girar en torno a algo o a alguien: *Natalie's life revolves around her son* - La vida de Natalie gira en torno a su hijo

revolver UK: /rɪ'vɒl.vəʳ/ US: /-'vɑːl.vɚ/ n [C] ⇨revólver: *He was holding a revolver in his hand* - Tenía un revólver en la mano

revulsion /rɪ'vʌl.ʃᵊn/ n [U] ⇨repugnancia: *to feel revulsion* - sentir repugnancia

† **reward**[1] UK: /rɪ'wɔːd/ US: /-'wɔːrd/ n [C, U] ⇨recompensa ⇨premio

reward[2] UK: /rɪ'wɔːd/ US: /-'wɔːrd/ v [T] ⇨recompensar ⇨premiar

rewarding UK: /rɪ'wɔː.dɪŋ/ US: /-'wɔːr-/ adj **1** ⇨gratificante **2** ⇨provechoso,sa

rewind /ˌriː'waɪnd/ v [T, I] ⇨rebobinar ■ *La forma abreviada es* **rew** ■ PRON. *La última parte, wind, rima con* **find**

rewound /ˌriː'waʊnd/ past tense and past participle forms of **rewind**

rewrite /ˌriː'raɪt/ [rewriting] v [T] ⇨reescribir ⇨volver a redactar

rewritten past participle of **rewrite**

rewrote past tense of **rewrite**

† **rhetoric** UK: /'ret.ᵊr.ɪk/ US: /'reˤt̬.ɚ-/ n [U] **1** ⇨retórica **2** *empty rhetoric* - palabrería

rheumatism /ˈruː.mə.tɪ.zᵊm/ n [U] *(en medicina)* ⇨reumatismo

rhino UK: /'raɪ.nəʊ/ US: /-noʊ/ n [C] *(inform)* ⇨forma abreviada de **rhinoceros** (rinoceronte): *a rhino charge* - una embestida de un rinoceronte

R

rhinoceros UK: /raɪˈnɒs.ᵊr.əs/ US: /-ˈnɑː.sɚ-/ [*pl* rhinoceroses, rhinoceros] *n* [C] ⇨rinoceronte ■ La forma abreviada es *rhino*

rhubarb UK: /ˈruː.bɑːb/ US: /-bɑːrb/ *n* [U] *(planta)* ⇨ruibarbo

rhyme¹ /raɪm/ [rhymed, rhyming] *v* [I] ⇨rimar: *«Cat» rhymes with «hat»* - «Cat» rima con «hat»

rhyme² /raɪm/ *n* [C, U] 1 ⇨rima *(en un poema)* ⇨verso

†**rhythm** /ˈrɪð.ᵊm/ *n* [C, U] ⇨ritmo: *sense of rhythm* - sentido del ritmo

rhythmic /ˈrɪð.mɪk/ *adj* ⇨rítmico,ca

†**rib** /rɪb/ *n* [C] 1 ⇨costilla: *a fractured rib* - una costilla rota; *ribs with barbecue sauce* - costillas con salsa de barbacoa 2 *(de hoja)* ⇨nervio

†**ribbon** /ˈrɪb.ᵊn/ *n* [C] 1 ⇨cinta ⇨lazo 2 *US* (*UK* rosette) ⇨escarapela 3 **to {cut/tear}** *sth* **to ribbons** ⇨hacer algo trizas

†**rice** /raɪs/ *n* [U] ⇨arroz: *brown rice* - arroz integral

†**rich** /rɪtʃ/ *adj* 1 ⇨rico,ca ⇨adinerado,da 2 ⇨rico,ca ⇨abundante 3 ⇨suntuoso,sa 4 *(un color)* ⇨brillante ⇨intenso,sa ⇨vivo,va 5 *(un sonido)* ⇨profundo,-a ⇨sonoro,ra 6 *(una comida)* ⇨pesado,da ⇨empalagoso,sa

riches /ˈrɪtʃ.ɪz/ *n* [PL] *(lit)* ⇨riqueza

richly /ˈrɪtʃ.li/ *adv* 1 ⇨profusamente ⇨abundantemente 2 *(de lujo)* ⇨suntuosamente ⇨lujosamente 3 ⇨intensamente

richness /ˈrɪtʃ.nəs/ *n* [U] 1 ⇨riqueza 2 ⇨fertilidad 3 ⇨suntuosidad

rickety UK: /ˈrɪk.ɪ.ti/ US: /-ə.ˤti/ *adj* 1 ⇨desvencijado,da 2 *(un mueble)* ⇨cojo,ja 3 *(una situación)* ⇨tambaleante 4 ⇨enclenque ⇨raquítico,ca *col.*

ricochet /ˈrɪk.ə.ʃeɪ/ *v* [I] ⇨rebotar: *The bullet ricocheted off the wall* - La bala rebotó contra la pared

R †**rid¹** /rɪd/ *adj* **to get ~ of** *sth/sb* ⇨deshacerse de: *He wants to get rid of his old comics* - Quiere deshacerse de sus tebeos viejos

†**rid²**, rid, rid /rɪd/
⎪ PHRASAL VERBS
⎪ **· to rid** *sth* **of** *sth* ⇨librar a algo de algo: *He rid the town of Hamelin of the rats* - Libró a la ciudad de Hamelin de las ratas

ridden /ˈrɪd.ᵊn/ 1 past participle of **ride** 2 **to be ~ with** *sth* ⇨estar lleno,na de algo [negativo]

riddle¹ /ˈrɪd.l̩/ *n* [C] 1 ⇨acertijo ⇨adivinanza 2 ⇨enigma 3 **to speak in riddles** - hablar en clave

riddle² /ˈrɪd.l̩/ [riddled, riddling] *v* [T] 1 ⇨acribillar [a balazos] 2 **to be riddled with** *sth* ⇨estar plagado,da de algo ⇨estar lleno,na de algo

†**ride¹**, rode, ridden /raɪd/ [riding] *v* [T, I] 1 *(en bicicleta, en moto, a caballo)* ⇨montar 2 ⇨viajar

[en un medio de transporte] 3 **to ~ at anchor** *(una embarcación)* ⇨estar fondeado,da

ride² /raɪd/ *n* [C] 1 *(en bicicleta, en moto, a caballo)* ⇨paseo ⇨vuelta 2 ⇨viaje [en un medio de transporte]: *a short bus ride* - un viaje corto en autobús 3 ⇨atracción [de feria] 4 **to give** *sb* **a ~** *US* (*UK* **to give** *sb* **a lift**) ⇨llevar a alguien en coche 5 **to take** *sb* **for a ~ 1** *(inform)* ⇨timar a alguien 2 ⇨tomar el pelo a alguien

rider UK: /ˈraɪ.də/ US: /-dɚ/ *n* [C] 1 ⇨jinete 2 ⇨ciclista 3 ⇨motociclista 4 *(form) (en derecho)* ⇨cláusula adicional ⇨anexo

ridge /rɪdʒ/ *n* [C] 1 *(de un monte o una montaña)* ⇨cresta 2 ⇨caballete [de un tejado] 3 *(en metereología)* ⇨línea

ridicule¹ /ˈrɪd.ɪ.kjuːl/ [ridiculed, ridiculing] *v* [T] ⇨ridiculizar ⇨poner en ridículo

ridicule² /ˈrɪd.ɪ.kjuːl/ *n* [U] ⇨ridículo ⇨burla ⇨mofa

ridiculous /rɪˈdɪk.ju.ləs/ *adj* ⇨ridículo,la ⇨absurdo,da

riding /ˈraɪ.dɪŋ/ *n* [U] ⇨equitación

rife /raɪf/ *adj* 1 ⇨abundante ■ CONSTR. Se usa detrás de un verbo 2 **to be ~** ⇨abundar ⇨ser común ⇨proliferar ⇨estar muy extendido,da

rifle /ˈraɪ.fl̩/ *n* [C] ⇨rifle: *rifle range* - campo de tiro

rift /rɪft/ *n* [C] 1 *(en la tierra o en la roca)* ⇨grieta ⇨fisura 2 *(entre personas o países)* ⇨ruptura ⇨cisma

rig¹ /rɪɡ/ [rigged, rigging] *v* [T] 1 ⇨amañar 2 *(una embarcación)* ⇨aparejar
⎪ PHRASAL VERBS
⎪ **· to rig** *sth* **up** [M] ⇨improvisar algo: *He was very good at rigging up* - Era muy bueno improvisando

rig² /rɪɡ/ *n* [C] ⇨plataforma petrolífera: *to work on the rigs* - trabajar en plataformas petrolíferas

rigging /ˈrɪɡ.ɪŋ/ *n* [U] 1 *(en unas elecciones)* ⇨pucherazo 2 *(en una embarcación)* ⇨jarcia

†**right¹** /raɪt/ *adj* 1 ⇨correcto,ta ⇨acertado,da 2 ⇨correcto,ta ⇨adecuado,da 3 ⇨justo,ta ⇨preciso,sa 4 ⇨justo,ta 5 ⇨derecho,cha 6 *(inform)* ⇨de remate *col.* 7 **to be ~** ⇨tener razón

†**right²** /raɪt/ *adv* 1 ⇨justo ⇨justamente 2 ⇨bien 3 ⇨vale 4 **~ {away/now}** ⇨ahora mismo ⇨inmediatamente

†**right³** /raɪt/ *n* [C] 1 ⇨derecho: *the right to vote* - el derecho al voto 2 ⇨derecha: *Take the second street on the right* - Coge la segunda calle a la derecha 3 *(en boxeo)* ⇨derechazo

right angle *n* [C] ⇨ángulo recto: *at a right angle* - en ángulo recto

righteous /ˈraɪ.tʃəs/ *adj* (form) ⇨honrado,da

risk

rightful /'raɪt.fəl/ adj ⇒legítimo,ma: *the rightful owner* - el dueño legítimo

right-hand /'raɪt.hænd/ adj **1** ⇒a mano derecha: *The railway station is on the right-hand side* - La estación de trenes está a mano derecha **2 ~ man** *(persona)* ⇒mano derecha

right-handed /ˌraɪt'hæn.dɪd/ adj ⇒diestro,tra

rightly /'raɪt.li/ adv ⇒correctamente

rights /raɪts/ n [PL] ⇒derechos: *Fight for your rights!* - ¡Lucha por tus derechos!

† **right-wing** /ˌraɪt'wɪŋ/ adj ⇒derechista ⇒de derechas

rigid /'rɪdʒ.ɪd/ adj **1** ⇒rígido,da ⇒tieso,sa **2** ⇒severo,ra ⇒estricto,ta

rigorous UK: /'rɪg.ªr.əs/ US: /-ɚ-/ adj ⇒riguroso,sa ⇒severo,ra

rigour UK: /'rɪg.ªr/ US: /-ɚ/ UK n [U] ⇒rigor

rim /rɪm/ n [C] **1** ⇒borde: *the rim of a cup* - el borde de una taza **2** *(de unas gafas)* ⇒montura **3** *(de una rueda)* ⇒llanta **4** *the Pacific Rim* - los países de la costa del Pacífico

rind /raɪnd/ n [C, U] **1** *(de un cítrico)* ⇒cáscara ⇒piel **2** *(de un queso, del beicon)* ⇒corteza

† **ring¹** /rɪŋ/ n [C] **1** ⇒aro ⇒círculo **2** ⇒anillo: *a silver ring* - un anillo de plata **3** ⇒llamada ⇒telefonazo *col.* **4** ⇒sonido [de una campana] **5 a boxing ~** ⇒cuadrilátero **6 a circus ~** ⇒pista de circo **7 a {crime/drug/spy} ~** ⇒red de {corrupción/narcotráfico/espionaje}

† **ring²**, **rang**, **rung** /rɪŋ/ ∎ v [T, I] **1** ⇒sonar **2** *UK* *(UK/US tb call)* *(inform)* ⇒llamar [por teléfono] ⇒telefonear **3** *(el timbre o la puerta)* ⇒tocar ⇒llamar ∎ v [I] **4** ⇒resonar **5** *(los oídos)* ⇒zumbar **6 to ~ a bell** ⇒resultar familiar ⇒sonar *col.*

PHRASAL VERBS

· **to ring (sb) back 1** *UK* *(UK/US tb to call (sb) back)* ⇒devolver la llamada (a alguien) **2** ⇒volver a llamar (a alguien)

· **to ring off** *UK* *(UK/US tb hang up)* ⇒colgar [el teléfono]

ring³ /rɪŋ/ v [T] **1** ⇒rodear ⇒cercar **2** *(un pájaro)* ⇒anillar ∎ En estas dos acepciones el pasado y el participio tienen formas regulares

ringleader UK: /'rɪŋˌliː.dəʳ/ US: /-dɚ/ n [C] *(de una actividad o grupo delictivo)* ⇒cabecilla ⇒líder

ring road *UK* n [C] ⇒carretera de circunvalación

ringtone UK: /'rɪŋ.təʊn/ US: /-toʊn/ n [C] *(en un teléfono)* ⇒tono de llamada ⇒melodía de llamada

rink /rɪŋk/ n [C] ⇒pista de patinaje

rinse¹ /rɪnts/ [rinsed, rinsing] v [T] **1** ⇒enjuagar ⇒aclarar **2** *(el pelo)* ⇒teñir

PHRASAL VERBS

· **to rinse sth out** [M] **1** ⇒enjuagar algo [con agua limpia] ⇒dar un agua a algo *col.* **2** *(la boca)* ⇒enjuagar

rinse² /rɪnts/ n [C] **1** ⇒enjuague ⇒aclarado **2** *(para el pelo)* ⇒tinte

riot¹ /'raɪ.ət/ n [C] **1** ⇒disturbio **2** ⇒motín **3 ~ police** ⇒policía antidisturbios

riot² /'raɪ.ət/ v [I] **1** ⇒provocar disturbios **2** ⇒amotinarse

rioting UK: /'raɪ.ə.tɪŋ/ US: /-ˁtɪŋ/ n [U] ⇒disturbios

riotous UK: /'raɪ.ə.təs/ US: /-ˁtəs/ adj **1** ⇒desenfrenado,da ⇒descontrolado,da **2** *(form)* ⇒bullicioso,sa ⇒alborotador,-a

rip¹ /rɪp/ [ripped, ripping] v [T, I] **1** ⇒rasgar ⇒rajar **2 to ~ sth {from/off/out}** ⇒arrancar algo

PHRASAL VERBS

· **to rip sth off** [M] **1** ⇒quitar rápidamente ⇒arrancar algo **2** *(inform)* ⇒mangar algo *col.;* ⇒robar algo ⇒plagiar algo

· **to rip sb off** [M] *(inform)* ⇒timar a alguien

· **to rip through sth** *(un edificio o un lugar)* ⇒destrozar rápidamente ⇒atravesar en un instante

· **to rip sth up** [M] ⇒hacer algo pedazos

rip² /rɪp/ n [C] **1** ⇒desgarro ⇒rasgón ⇒raja **2 to let ~ at sb** ⇒arremeter contra alguien

† **ripe** /raɪp/ adj **1** *(una fruta)* ⇒maduro,ra **2** *The time is ripe* - Ha llegado la hora **3 ~ for sth** ⇒listo,ta para algo

ripen /'raɪ.pªn/ v [T, I] *(una fruta)* ⇒madurar

rip-off UK: /'rɪp.ɒf/ US: /-ɑːf/ n [C] **1** *(inform)* ⇒timo **2** *(inform)* ⇒robo ⇒plagio

ripple¹ /'rɪp.l/ n [C] **1** *(en el agua)* ⇒onda ⇒rizo **2** ⇒helado con vetas **3 a ~ of sth** ⇒un murmullo de algo ⇒un susurro de algo **4 ~ effect** ⇒reacción en cadena

ripple² /'rɪp.l/ [rippled, rippling] v [T, I] **1** ⇒ondular(se) **2** ⇒rizar(se)

† **rise¹**, **rose**, **risen** /raɪz/ [rising] v [I] **1** ⇒subir ⇒ascender ⇒aumentar ∎ Se usa sin complemento *Prices continue to rise* - Los precios siguen subiendo. Comparar con *to raise* **2** ⇒levantarse **3** *(el Sol y la Luna)* ⇒salir

PHRASAL VERBS

· **to rise up** ⇒sublevarse

† **rise²** /raɪz/ n [C] **1** *UK* *(US raise)* ⇒aumento: *a pay rise* - un aumento salarial **2** ⇒subida ⇒elevación **3 to give ~ to sth** ⇒ocasionar algo

risen past participle of **rise**

rising /'raɪ.zɪŋ/ n [C] ⇒sublevación ⇒levantamiento

† **risk¹** /rɪsk/ n [C, U] **1** ⇒riesgo: *It's a health risk* - Es un riesgo para la salud **2 to run the ~ of sth** ⇒correr el riesgo de algo **3 to take {a risk/risks}** ⇒arriesgarse

R

†risk² /rɪsk/ *v* [T] **1** ⇨arriesgar(se) ⇨correr el riesgo ■ CONSTR. to risk + doing sth **2 to ~ {life and limb/ one's neck}** ⇨jugarse el pellejo *col.*

risk-taking *n* [U] ⇨práctica de acciones que implican riesgo

risky /'rɪs.ki/ *adj* [*comp* riskier, *superl* riskiest] **1** ⇨arriesgado,da ⇨riesgoso,sa *AMÉR.* **2** *It's a risky business* - Es un negocio que supone muchos riesgos

rite /raɪt/ *n* [C] ⇨rito: *initiation rite* - rito de iniciación ■ Se usa más en plural

ritual¹ UK: /'rɪt.ju.əl/ US: /'rɪtʃ.u-/ *n* [C] ⇨ritual ⇨rito

ritual² UK: /'rɪt.ju.əl/ US: /'rɪtʃ.u-/ *adj* ⇨ritual

†rival¹ /'raɪ.vəl/ *adj, n* [C] ⇨rival ⇨competidor,-a

rival² /'raɪ.vəl/ [rivalled, rivalling; *US* rivaled, rivaling] *v* [T] ⇨rivalizar

†river /'rɪv.ər/ US: /-ɚ/ *n* [C] ⇨río: *river mouth* - desembocadura de un río ■ Al dar el nombre de un río, se escribe con mayúscula inicial: *the River Thames*

riverside UK: /'rɪv.ə.saɪd/ US: /-ɚ-/ *n* [C] ⇨orilla ⇨ribera

rivet¹ /'rɪv.ɪt/ *n* [C] ⇨remache

rivet² /'rɪv.ɪt/ *v* [T] **1** ⇨remachar **2** ⇨captar [la atención] ⇨cautivar

riveting UK: /'rɪv.ɪ.tɪŋ/ US: /-ˈt̬ɪŋ/ *adj* ⇨cautivador,-a ⇨fascinante

†road UK: /rəʊd/ US: /roʊd/ *n* [C, U] **1** ⇨carretera ⇨ruta *AMÉR.* **2** *road accident* - accidente de tráfico **3** ⇨calle: *the high road* - la calle principal ■ La forma abreviada es *Rd* ■ Al dar el nombre de una calle, se escribe con mayúscula inicial: *Abbey Road* **4 by ~** ⇨por carretera **5 on the ~ 1** ⇨en carretera ⇨de viaje **2** *(un grupo de música o de teatro)* ⇨de gira **3** ⇨puesto,ta a punto ⇨preparado,da ■ PRON. Se pronuncia como el término inglés *rode*

roadblock UK: /'rəʊd.blɒk/ US: /'roʊd.blɑːk/ *n* [C] ⇨control policial

road rage *n* [U] ⇨violencia al conducir

roadside UK: /'rəʊd.saɪd/ US: /'roʊd-/ *n* [C] **1** ⇨borde de la carretera **2** ⇨arcén

roadway UK: /'rəʊd.weɪ/ US: /'roʊd-/ *n* [C] ⇨calzada

roadworks UK: /'rəʊd.wɜːks/ US: /'roʊd.wɝːks/ *UK n* [PL] *(en la carretera)* ⇨obras

roam UK: /rəʊm/ US: /roʊm/ *v* [T, I] **1** ⇨vagar ⇨recorrer ⇨andar sin rumbo fijo **2** ⇨divagar **3** *(en informática, en telefonía)* ⇨rastrear ■ CONSTR. Se usa generalmente seguido de *about, around* o *through*

roar¹ UK: /rɔːʳ/ US: /rɔːr/ *v* [I] **1** ⇨rugir ■ *v* [T, I] **2** ⇨gritar **3** *(el mar, el viento)* ⇨bramar **4** *to roar with laughter* - soltar una carcajada

roar² UK: /rɔːʳ/ US: /rɔːr/ *n* [C] **1** ⇨rugido **2** ⇨grito ⇨estruendo **3** *(del mar, del viento)* ⇨bramido **4 ~ of laughter** ⇨carcajada

roaring UK: /'rɔː.rɪŋ/ US: /'rɔːr.ɪŋ/ *adj* **1** *(el viento, una tormenta)* ⇨muy intenso,sa ⇨muy virulento,ta **2** *a roaring fire* - un fuego vivo **3** *(inform)* ⇨rotundo,da **4 to do a ~ trade in** *sth (inform)* ⇨hacer el agosto con algo *col.;* ⇨hacer un negocio redondo con algo

roast¹ UK: /rəʊst/ US: /roʊst/ *v* [T, I] **1** ⇨asar **2** *I'm roasting!* - ¡Me aso! **3** *(el café)* ⇨tostar(se)

roast² UK: /rəʊst/ US: /roʊst/ *n* [C] ⇨carne asada

†roast³ UK: /rəʊst/ US: /roʊst/ *adj* ⇨asado,da: *roast chicken* - pollo asado

†rob UK: /rɒb/ US: /rɑːb/ [robbed, robbing] *v* [T] ⇨robar: *A gang tried to rob the bank* - Una banda intentó robar el banco ■ Se usa cuando se menciona a la víctima o el lugar que se roba. Comparar con *to steal* ■ Ver cuadro robar (steal / rob / burgle)

robber UK: /'rɒb.əʳ/ US: /'rɑː.bɚ/ *n* [C] ⇨ladrón,-a ⇨atracador,-a

robbery UK: /'rɒb.ᵊr.i/ US: /'rɑː.bɚ-/ *[pl* robberies] *n* [C] ⇨robo [con amenazas] ⇨atraco [violento]

robe UK: /rəʊb/ US: /roʊb/ *n* [C] **1** ⇨toga **2** *US* (*UK* dressing gown) ⇨bata **3** *US* (*UK* dressing gown) ⇨albornoz **4** ⇨hábito [de monje]

robin UK: /'rɒb.ɪn/ US: /'rɑː.bɪn/ *n* [C] *(ave)* ⇨petirrojo

robot UK: /'rəʊ.bɒt/ US: /'roʊ.bɑːt/ *n* [C] ⇨robot

robust UK: /rəʊˈbʌst/ US: /roʊ-/ *adj* **1** ⇨robusto,ta ⇨sólido,da ⇨fuerte **2** *(una opinión)* ⇨firme

†rock¹ UK: /rɒk/ US: /rɑːk/ ■ *n* [C] **1** ⇨roca ⇨peñasco ⇨piedra ■ *n* [U] **2** *(material)* ⇨roca **3** *(música)* ⇨rock **4 on the rocks 1** *(una relación)* ⇨en crisis **2** *(una bebida)* ⇨con hielo

rock² UK: /rɒk/ US: /rɑːk/ ■ *v* [T, I] **1** ⇨balancear ⇨mecer ■ *v* [T] **2** ⇨sacudir ⇨estremecer ■ CONSTR. Se usa más en pasiva

rocket¹ UK: /'rɒk.ɪt/ US: /'rɑː.kɪt/ *n* [C] **1** ⇨cohete ⇨nave espacial **2** ⇨cohete ⇨fuego artificial **3** (*tb* rocket lettuce) *(en botánica)* ⇨rúcula

rocket² UK: /'rɒk.ɪt/ US: /'rɑː.kɪt/ *v* [I] ⇨aumentar rápidamente ⇨hacer grandes progresos

rockfall UK: /'rɒk.fɔːl/ US: /'rɑː.kfɑːl/ *n* [C] ⇨avalancha [de rocas]

rocking chair *n* [C] ⇨mecedora: *to sit in a rocking chair* - sentarse en una mecedora

rocky UK: /'rɒk.i/ US: /'rɑː.ki/ *adj* [*comp* rockier, *superl* rockiest] **1** ⇨rocoso,sa **2** ⇨inestable **3** ⇨inseguro,ra

rod UK: /rɒd/ US: /rɑːd/ *n* [C] **1** ⇨vara [de madera o de metal] ⇨barra [de madera o de metal] **2 fishing ~** ⇨caña de pescar

rode UK: /rəʊd/ US: /roʊd/ past tense of *ride*

rodent UK: /'rəʊ.dᵊnt/ US: /'roʊ-/ *n* [C] ⇨roedor,-a

roe UK: /rəʊ/ US: /roʊ/ *n* [U] ⇨hueva

rogue UK: /rəʊg/ US: /roʊg/ *n* [C] *(old-fash)* ⇨granuja ⇨golfo ■ Se emplea únicamente con hombres

† **role** UK: /rəʊl/ US: /roʊl/ n [C] **1** *(en un espectáculo o en una película)* ⇒papel **2** *(en la vida)* ⇒papel ⇒función

role-play n [U] **1** ⇒teatro improvisado ⇒dramatización **2** ⇒juego de rol

† **roll¹** UK: /rəʊl/ US: /roʊl/ ∎ v [T, I] **1** ⇒rodar: *The rock rolled down the hill* - La roca rodó colina abajo **2** ⇒dar vueltas **3** ⇒enrollar(se) **4** *(un barco, un avión)* ⇒balancear(se) ∎ CONSTR. Se usa generalmente seguido de una preposición o un adverbio ∎ v [T] **5** ⇒liar ⇒enrollar **6 to be rolling in it** *(inform)* ⇒ser muy rico,ca

| PHRASAL VERBS
· **to roll in 1** *(inform)* ⇒llegar a grandes cantidades ⇒llover **2** *(la niebla, las olas)* ⇒venir ⇒llegar
· **to roll sth out** ⇒extender algo ⇒sacar algo ⇒desplegar algo
· **to roll over** ⇒darse la vuelta
· **to roll up 1** *(inform)* ⇒presentarse en un sitio ⇒llegar a un sitio **2** *(en forma de rollo)* ⇒enrollar(se)

† **roll²** UK: /rəʊl/ US: /roʊl/ n [C] **1** ⇒rollo **2** ⇒carrete [de fotos] **3** ⇒panecillo **4** ⇒registro ⇒lista **5** ⇒ruido ⇒retumbo **6** ⇒balanceo ⇒bamboleo

roller UK: /ˈrəʊ.ləʳ/ US: /ˈroʊ.lɚ/ n [C] **1** *(de un aparato)* ⇒rodillo **2** *(para rizar el pelo)* ⇒rulo **3** *(en el mar)* ⇒ola grande

rollerblading /ˈrəʊ.ləˌbleɪ.dɪŋ/ n [U] ⇒patinaje [con patines en línea]

roller coaster n [C] ⇒montaña rusa

roller skate *(tb skate)* n [C] **1** ⇒patín **2** *roller skating* - patinaje sobre ruedas

rolling UK: /ˈrəʊ.lɪŋ/ US: /ˈroʊ-/ adj **1** *(inform)* ⇒forrado,da *col.: to be rolling in money* - estar forrado de dinero **2** ⇒ondulado,da: *rolling countryside* - campo ondulado **3** *(un barco)* ⇒que se balancea **4** *a rolling programme* - un programa escalonado

rolling pin n [C] ⇒rodillo [de cocina]

Roman UK: /ˈrəʊ.mən/ US: /ˈroʊ-/ adj, n [C] **1** ⇒romano,na: *the Roman Empire* - el Imperio romano **2 the ~** *(gentilicio)* ⇒los romanos, las romanas

† **romance** UK: /rəʊˈmænts/ UK: /ˈrəʊ.mænts/ US: /roʊˈmænts/ ∎ n [C, U] **1** ⇒romance ⇒aventura sentimental ∎ n [C] **2** ⇒novela rosa ∎ n [U] **3** ⇒romanticismo **4** ⇒lo romántico ⇒encanto **5** *(idioma)* ⇒romance

Romania UK: /ruˈmeɪ.ni.ə/ US: /roʊ-/ n [U] ⇒Rumanía

Romanian¹ UK: /ruˈmeɪ.ni.ən/ US: /roʊ-/ ∎ n [U] **1** *(idioma)* ⇒rumano ∎ n [C] **2** *(gentilicio)* ⇒rumano,na

Romanian² UK: /ruˈmeɪ.ni.ən/ US: /roʊ-/ adj ⇒rumano,na

romantic UK: /rəʊˈmæn.tɪk/ US: /roʊˈmæn.ᵉt̬ɪk/ adj ⇒romántico,ca: *a romantic boat ride* - un romántico paseo en barco

romp UK: /rɒmp/ US: /rɑːmp/ v [I] **1** ⇒corretear: *The children were romping about in the park* - Los niños correteaban en el parque ∎ CONSTR. Se usa generalmente seguido de las preposiciones *around* y *about* **2** ⇒retozar

† **roof** /ruːf/ n [C] **1** ⇒tejado **2** *(de un vehículo)* ⇒techo **3** *flat roof* - azotea

roofing /ˈruː.fɪŋ/ n [U] **1** ⇒material usado para techar algo **2** ⇒techumbre

roof rack n [C] ⇒baca ⇒portaequipajes ⇒parrilla AMÉR.

rooftop UK: /ˈruːf.tɒp/ US: /-tɑːp/ n [C] **1** ⇒tejado **2** ⇒azotea **3** *to proclaim sth from the rooftops* - proclamar algo a los cuatro vientos

rook /rʊk/ n [C] **1** *(ave)* ⇒grajo **2** *(en ajedrez)* ⇒torre

† **room** /ruːm, rʊm/ ∎ n [C] **1** ⇒cuarto ⇒habitación ⇒sala ⇒ambiente AMÉR. ∎ n [U] **2** ⇒espacio ⇒sitio **3** *Standing room only* - No quedan asientos libres **4** *there is ~ for improvement* ⇒se puede mejorar

roomy UK: /ˈruː.mi/ adj [comp roomier, superl roomiest] ⇒espacioso,sa ⇒amplio,plia

roost¹ /ruːst/ n [C] ⇒gallinero

roost² /ruːst/ v [I] *(las aves)* ⇒posarse para dormir

rooster UK: /ˈruː.stəʳ/ US: /-stɚ/ US *(UK cock)* n [C] ⇒gallo

† **root¹** /ruːt/ n [C] **1** ⇒raíz **2 square ~** *(en matemáticas)* ⇒raíz cuadrada

† **root²** /ruːt/ v [I] **1** ⇒echar raíces **2** ⇒hacer arraigar **3** *to be rooted in sth* - tener su raíz en algo

| PHRASAL VERBS
· **to root {about/around} (somewhere) 1** ⇒rebuscar (en algún sitio) ⇒andar buscando **2** *(un animal)* ⇒buscar [con el hocico]
· **to root for sb** *(inform)* ⇒animar a alguien ⇒apoyar
· **to root sth out** [M] **1** ⇒encontrar [tras una búsqueda] **2** ⇒librarse de

rope¹ UK: /rəʊp/ US: /roʊp/ n [C, U] **1** ⇒cuerda ⇒soga ⇒mecate AMÉR. ∎ Distinto de *clothing* (ropa) **2 to be on the ropes** US ⇒estar contra las cuerdas **3 to {know/learn} the ropes** ⇒aprender un oficio

rope² UK: /rəʊp/ US: /roʊp/ [roped, roping] v [T] ⇒atar [con una cuerda]

| PHRASAL VERBS
· **to rope sb in** [M] *(inform)* ⇒enganchar a alguien [para que haga lo que uno quiera]
· **to rope sth off** [M] ⇒acordonar algo

rosary UK: /ˈrəʊ.zᵊr.i/ US: /ˈroʊ.zɚ-/ [pl rosaries] n [C] ⇒rosario: *to say the rosary* - rezar el rosario

R ▰

rose¹ UK: /rəuz/ US: /rouz/ *n* [c] **1** *(flor)* ⇒rosa **2** *a rose garden* - una rosaleda **3** *(color)* ⇒rosa ■ Se usa más *pink*

†**rose²** UK: /rəuz/ US: /rouz/ past tense of **rise**

rosé UK: /ˈrəu.zeɪ/ US: /rouˈzeɪ/ *n* [U] ⇒vino rosado

rosemary UK: /ˈrəuz.mə.ri/ US: /ˈrouz.mer.i/ *n* [U] ⇒romero

rosette UK: /rəuˈzet/ US: /rou-/ *n* [c] **1** *UK* (*US* **ribbon**) ⇒escarapela **2** *(ventana)* ⇒rosetón

rosewood UK: /ˈrəuz.wud/ US: /ˈrouz-/ *n* [U] *(madera)* ⇒palisandro

rosy UK: /ˈrəu.zi/ US: /ˈrou-/ *adj* [*comp* rosier, *superl* rosiest] **1** ⇒sonrosado,da: *rosy cheeks* - mejillas sonrosadas **2** *(una situación)* ⇒halagüeño,ña ⇒prometedor,-a

†**rot** UK: /rɒt/ US: /rɑːt/ [rotted, rotting] *v* [T, I] ⇒pudrirse: *The apples have rotted* - Las manzanas se han podrido

rota UK: /ˈrəu.tə/ US: /ˈrou.ᵗtə/ *UK n* [c] ⇒lista de turnos: *a rota for cleaning the house* - lista de turnos para limpiar la casa

rotary UK: /ˈrəu.tᵊr.i/ US: /ˈrou.ᵗtə-/ [*pl* rotaries] *US* (*UK* **roundabout**) *n* [c] ⇒glorieta ⇒rotonda

rotate UK: /rəuˈteɪt/ US: /ˈrou.teɪt/ [rotated, rotating] *v* [T, I] **1** ⇒rotar ⇒turnarse **2** ⇒girar(se) ⇒hacer girar

rotation UK: /rəuˈteɪ.ʃᵊn/ US: /rou-/ *n* [c, U] **1** ⇒rotación **2** *in* ~ ⇒por rotación ⇒por turnos

rotten UK: /ˈrɒt.ᵊn/ US: /ˈrɑː.t[ə]n/ *adj* **1** *(una comida)* ⇒podrido,da **2** ⇒muy malo,la ⇒pésimo,ma **3** *(inform)* ⇒malo,la ⇒malvado,da

rouge /ruːʒ/ *n* [U] ⇒colorete

†**rough¹** /rʌf/ *adj* **1** ⇒áspero,ra: *My skin feels very rough* - Mi piel es muy áspera **2** *(una persona)* ⇒bruto,ta ⇒rudo,da **3** *(un cálculo)* ⇒aproximado,da **4** *(el tiempo o el mar)* ⇒revuelto,ta **5** *(un terreno, una carretera)* ⇒accidentado,da ⇒irregular **6** *(un trabajo)* ⇒preliminar **7** *in* ~ ⇒en sucio: *to do sth in rough* - escribir algo en sucio

rough² /rʌf/ *to* ~ *it* *(inform)* ⇒vivir sin comodidades

rough³ /rʌf/ *adv* ⇒duro,ra

roughly /ˈrʌf.li/ *adv* **1** ⇒aproximadamente ⇒unos,nas **2** ⇒rudamente ⇒con brusquedad

roulette /ruːˈlet/ *n* [U] *(juego de azar)* ⇒ruleta

†**round¹** /raund/ *adj* ⇒redondo,da

†**round²** /raund/ *UK* (*UK/US tb* **around**) *adv, prep* **1** ⇒en torno a ⇒alrededor de **2** ⇒rodeando ⇒alrededor de **3** ⇒por: *We travelled round Europe last summer* - Nadie por aquí es tan rico **4** ⇒alrededor: *He looked round and observed the people* - Miró a su alrededor y observó a la gente **5** ⇒cerca: *Do you work round here?* - ¿Trabajas cerca de aquí? **6** ⇒a la vuelta de: *It's round the corner* - Está a la vuelta de la esquina **7** ~ *about*

⇒aproximadamente: *There were round about 100 seats* - Había aproximadamente cien asientos

round³ /raund/ *n* [c] **1** *(en una competición)* ⇒asalto ⇒vuelta **2** *(de bebidas)* ⇒ronda **3** *UK* ⇒recorrido **4** ⇒bala [de un arma de fuego] **5** *(de disparos)* ⇒descarga ⇒ráfaga

round⁴ /raund/
|PHRASAL VERBS
| · *to round sth down* [M] ⇒redondear a la baja
| · *to round sth off* [M] **1** ⇒terminar algo [de forma agradable o satisfactoria] **2** ⇒redondear algo ⇒dar forma redonda a algo
| · *to round sth up* [M] ⇒redondear al alza
└ · *to round sth/sb up* [M] ⇒juntar ⇒reunir

roundabout¹ /ˈraund.ə.baut/ *n* [c] **1** *UK* (*US* **traffic circle/rotary**) ⇒glorieta ⇒rotonda **2** *UK* (*UK tb* **carousel**) ⇒tiovivo

roundabout² /ˈraund.ə.baut/ *adj* ⇒indirecto,ta: *in a roundabout way* - de manera indirecta

round trip *n* [c] ⇒viaje de ida y vuelta

round-trip ticket *US* (*UK* **return**) *n* [c] ⇒billete de ida y vuelta

rouse /rauz/ [roused, rousing] *v* [T] **1** ⇒despertar: *She roused her friend and they went to the cinema* - Despertó a su amiga y fueron al cine **2** *(un sentimiento o una emoción)* ⇒provocar ⇒enardecer

rousing /ˈrau.zɪŋ/ *adj* **1** *(un discurso)* ⇒vehemente ⇒enardecedor,-a **2** *(un himno, una canción)* ⇒emotivo,va **3** *(una bienvenida, un recibimiento)* ⇒caluroso,sa

rout¹ /raut/ *v* [T] *(form)* ⇒derrotar ⇒aplastar

rout² /raut/ *n* [c] *(form)* ⇒derrota aplastante

†**route** /ruːt/ US: /raut/ *n* [c] **1** ⇒camino ⇒ruta **2** *en* ~ ⇒de camino

routine¹ /ruːˈtiːn/ *n* [c] ⇒rutina

routine² /ruːˈtiːn/ *adj* ⇒habitual ⇒de costumbre ⇒rutinario,ria

routinely /ruːˈtiːn.li/ *adv* ⇒rutinariamente ⇒de forma rutinaria

rover *n* [c] ⇒trotamundos ⇒andariego,ga

†**row¹** UK: /rəu/ US: /rou/ *n* [c] **1** ⇒fila ⇒hilera *in a* ~ ⇒en sucesión ⇒consecutivo,va

row² UK: /rəu/ US: /rou/ *v* [T, I] ⇒remar

rowdy /ˈrau.di/ *adj* [*comp* rowdier, *superl* rowdiest] **1** ⇒ruidoso,sa ⇒escandaloso,sa ⇒bullicioso,sa **2** *(una reunión, una manifestación)* ⇒alborotado,da

rowing UK: /ˈrəu.ɪŋ/ US: /ˈrou-/ *n* [U] *(actividad)* ⇒remo

rowing boat *UK n* [c] ⇒barca de remos

†**royal** /ˈrɔɪ.əl/ *adj* (*de la realeza*) ⇒real

†**royalty** /ˈrɔɪ.əl.ti/ US: /-ᵊti/ ■ *n* [U] **1** ⇒realeza ■ *n* [c] **2** ⇒derechos de autor ■ El plural es *royalties*. Se usa más en plural

RSVP ⇨S.R.C. ■ Procede de *répondez s'il vous plaît* (se ruega contestación)

† **rub** /rʌb/ [rubbed, rubbing] ■ *v* [T] **1** ⇨frotar: *The sleepy little girl rubbed her eyes* - La niña somnolienta se frotó los ojos ■ *v* [T, I] **2** ⇨rozar

| PHRASAL VERBS
· **to rub off {on/onto}** *sb* *(una cualidad o un comportamiento)* ⇨pegársele a alguien
· **to rub** *sth* **out** [M] *UK* ⇨borrar algo: *The teacher rubbed out all the writing on the board* - La profesora borró todo lo que estaba escrito en la pizarra

† **rubber** UK: /'rʌb.ər/ US: /-ə/ ■ *n* [U] **1** ⇨goma ⇨caucho ■ *n* [C] **2** *UK* (*UK/US tb* **eraser**) ⇨goma [de borrar]: *Pass me the rubber, please* - Pásame la goma, por favor **3** *US* (*UK* **condom**) ⇨condón **4** *(en cartas)* ⇨partida

rubber band (*UK tb* **elastic band**) *n* [C] ⇨goma elástica

† **rubbish** /'rʌb.ɪʃ/ *UK* (*US* **garbage/trash**) *n* [U] **1** ⇨basura **2** *(inform)* ⇨tonterías: *Don't talk rubbish* - No digas tonterías **3** *(inform)* ⇨porquería *col.*; ⇨baratija **4** ~ **dump** ⇨vertedero ⇨basural *AMÉR.*

rubble /'rʌb.l/ *n* [U] ⇨escombros

rubric /'ruː.brɪk/ *n* [C] *(form) (en un examen)* ⇨instrucciones impresas

ruby /'ruː.bi/ [*pl* rubies] *n* [C] ⇨rubí

rucksack /'rʌk.sæk/ (*US tb* **backpack**) *n* [C] ⇨mochila: *a heavy rucksack* - una mochila pesada

RUCKSACK

rudder UK: /'rʌd.ər/ US: /-ə/ *n* [C] ⇨timón: *to take the rudder* - coger el timón

† **rude** /ruːd/ *adj* **1** ⇨maleducado,da ⇨grosero,ra ⇨borde *col.* **2** *(un chiste)* ⇨verde **3** *(lit)* ⇨tosco,ca ⇨rudimentario,ria ⇨primitivo,va

ruffle /'rʌf.l/ [ruffled, ruffling] *v* [T] **1** *(el pelo)* ⇨despeinar ⇨alborotar **2** *(el plumaje)* ⇨encrespar(se) **3** *(el agua)* ⇨rizar **4** ⇨alterar(se) ⇨aturullar(se) *col.*

rug /rʌg/ *n* [C] ⇨alfombra ⇨alfombrilla

† **rugby** /'rʌg.bi/ *n* [U] ⇨rugby: *a game of rugby* - un partido de rugby

rugged /'rʌg.ɪd/ *adj* **1** *(un terreno)* ⇨accidentado,da ⇨escabroso,sa **2** *(los rasgos de una persona)* ⇨acentuado,da **3** ⇨resistente ⇨fuerte ⇨duro,ra

† **ruin**[1] /'ruː.ɪn/ *v* [T] ⇨estropear(se) ⇨arruinar(se) ⇨salar(se) *AMÉR.* ■ CONSTR. Se usa más en pasiva

ruin[2] /'ruː.ɪn/ ■ *n* [U] **1** ⇨ruina **2** ⇨ruina ⇨quiebra ■ *n* [C] **3** ⇨ruina

† **rule**[1] /ruːl/ ■ *n* [C] **1** ⇨norma ⇨regla ■ Se usa más en plural ■ *n* [U] **2** ⇨dominio ⇨mandato ■ *n* [NO PL] **3** ⇨norma general ⇨costumbre

rule[2] /ruːl/ [ruled, ruling] *v* [T, I] **1** ⇨gobernar ⇨regir ■ CONSTR. Se usa más en pasiva **2** *(en derecho)* ⇨decidir ⇨fallar ■ CONSTR. to rule + (that)

| PHRASAL VERBS
· **to rule** *sth/sb* **out** [M] *(una opción, una posibilidad)* ⇨descartar

ruler UK: /'ruː.lər/ US: /-lə/ *n* [C] **1** ⇨gobernante **2** *(para medir)* ⇨regla

ruling[1] /'ruː.lɪŋ/ *adj* **1** ⇨en el poder ⇨dirigente **2** *(una emoción)* ⇨dominante

ruling[2] /'ruː.lɪŋ/ *n* [C] *(en derecho)* ⇨sentencia

rum /rʌm/ *n* [C, U] ⇨ron

rumble[1] /'rʌm.bl/ [rumbled, rumbling] *v* [I] **1** ⇨retumbar **2** ⇨sonar: *Your stomach is rumbling* - Te suenan las tripas **3** *(inform)* ⇨destapar [una estafa, una trampa]

rumble[2] /'rʌm.bl/ *n* [NO PL] ⇨estruendo

rummage /'rʌm.ɪdʒ/ [rummaged, rummaging] *v* [I] ⇨hurgar ⇨rebuscar ■ CONSTR. Se usa generalmente seguido de una preposición o un adverbio

† **rumour** UK: /'ruː.mər/ US: /-mə/ *UK n* [C] ⇨rumor: *Have you heard the rumour about...?* - ¿Has oído el rumor sobre...?

rump /rʌmp/ ■ *n* [C] **1** *(de un animal)* ⇨ancas **2** *(hum)* ⇨trasero *col.* ■ *n* [U] **3** ⇨carne de cuarto trasero

R ▬

† **run**[1], ran, run /rʌn/ [running] ■ *v* [T, I] **1** ⇨correr ■ CONSTR. to run + to do sth **2** ⇨funcionar ■ *v* [I] **3** ⇨ir corriendo ⇨darse prisa **4** ⇨pasar ⇨salir **5** ⇨pasar ⇨discurrir ⇨atravesar **6** ⇨extenderse ⇨llevar **7** *(una prenda)* ⇨desteñir(se) [al lavar] ■ *v* [T] **8** ⇨administrar ⇨dirigir ⇨llevar **9** ⇨ejecutar [un programa informático] **10 to ~ rings around** *sb* ⇨dar mil vueltas a alguien

| PHRASAL VERBS
· **to run across** *sb* ⇨encontrar(se) con alguien ⇨tropezar con alguien *col.*
· **to run after** *sth/sb* ⇨perseguir a
· **to run around** ⇨corretear de arriba abajo *col.*
· **to run away 1** ⇨salir corriendo ⇨huir ⇨salir jalando *AMÉR. col.* **2** ⇨escapar(se)

· **to run** *sth/sb* **down** [M] **1** *(inform)* ⇒poner verde a *col.* **2** ⇒atropellar a ⇒pillar a *col.* **3** ⇒localizar

· **to run into** *sb* ⇒encontrarse con alguien ⇒toparse con alguien *col.*

· **to run off** *(inform)* ⇒escaparse ⇒fugarse ⇒irse

· **to run out of** *sth* ⇒acabarse algo ⇒quedarse sin algo

· **to run over** *sth/sb* ⇒atropellar

↑ **run²** /rʌn/ *n* [c] **1** ⇒carrera **2** ⇒racha: *a run of bad luck* - una mala racha **3** *(en el cine, en el teatro)* ⇒tiempo en cartelera **4** *US* (*UK* **ladder**) *(en unas medias)* ⇒carrera **5** ⇒viaje ⇒trayecto **6** ⇒tendencia ⇒corriente **7** *(en cricket y en béisbol)* ⇒carrera **8 in the {long/short} ~** ⇒a {largo/corto} plazo **9 to be on the ~** ⇒huir [de la justicia] **10 to make a ~ for it** *(inform)* ⇒correr para escaparse

runaway¹ /'rʌn.ə.weɪ/ *adj* **1** *(una persona)* ⇒a la fuga **2** *(un caballo)* ⇒desbocado,da **3** *(un tren)* ⇒descontrolado,da **4** *(un éxito)* ⇒arrollador,-a

runaway² /'rʌn.ə.weɪ/ *n* [c] ⇒fugitivo,va

run-down /ˌrʌn'daʊn/ *adj* **1** ⇒pachucho,cha *col.*; ⇒débil **2** ⇒ruinoso,sa ⇒destartalado,da **3** ⇒en decadencia: *a run-down part of the city* - un barrio en decadencia

rung¹ /rʌŋ/ *n* [c] ⇒peldaño [de una escalera de mano]

rung² /rʌŋ/ *past participle of* **ring**

runner UK: /'rʌn.əʳ/ US: /-ɚ/ *n* [c] **1** *(en deportes)* ⇒corredor,-a **2** *(en botánica)* ⇒tallo rastrero

runner-up UK: /ˌrʌn.ə'rʌp/ US: /-ɚ'ʌp/ [*pl* runners-up] *n* [c] ⇒subcampeón,-a

running¹ /'rʌn.ɪŋ/ *n* [U] **1** ⇒footing **2** *(de una empresa)* ⇒gestión **3 to be {in the/out of the} ~** (for *sth*) ⇒{tener/no tener} posibilidades (de conseguir algo): *He's out of the running for the post* - No tiene posibilidades de conseguir el puesto

running² /'rʌn.ɪŋ/ *adj* **1** ⇒consecutivo,va ⇒seguido,da **2** ⇒continuo,nua

runny /'rʌn.i/ *adj* [*comp* runnier, *superl* runniest] **1** ⇒líquido,da: *The sauce is a bit runny* - La salsa está demasiado líquida **2** *I've got a runny nose* - Tengo mocos

run-up /'rʌn.ʌp/ *n* [c] **1** *UK* ⇒período previo [a un evento]: *in the run-up to the election* - en el período previo a las elecciones **2** *(en algunos deportes)* ⇒carrerilla [para tomar impulso]

runway /'rʌn.weɪ/ *n* [c] ⇒pista [de aterrizaje o de despegue]

rupture¹ UK: /'rʌp.tʃəʳ/ US: /-tʃɚ/ [ruptured, rupturing] *v* [T, I] ⇒romper ⇒reventar

rupture² UK: /'rʌp.tʃəʳ/ US: /-tʃɚ/ *n* [c] **1** ⇒ruptura **2** *(en medicina)* ⇒hernia

↑ **rural** UK: /'rʊə.rəl/ US: /'rʊr.[ə]l/ *adj* ⇒rural

↑ **rush¹** /rʌʃ/ ■ *v* [T, I] **1** ⇒correr ⇒ir muy deprisa ⇒jalar *AMÉR. col.* ■ CONSTR. 1. *to rush* + *to do sth* 2. Se usa generalmente seguido de una preposición o un adverbio ■ *v* [T] **2** ⇒meter prisa ■ CONSTR. *to rush sb into doing sth*

↑ **rush²** /rʌʃ/ *n* [NO PL] **1** ⇒prisa ⇒afán *AMÉR.;* ⇒apuro *AMÉR.* **2** ⇒tumulto

Russia /'rʌ.ʃə/ *n* [U] ⇒Rusia

Russian¹ /'rʌʃ.ən/ *adj* ⇒ruso,sa

Russian² /'rʌʃ.ən/ ■ *n* [U] **1** *(idioma)* ⇒ruso ■ *n* [c] **2** *(gentilicio)* ⇒ruso,sa

rust¹ /rʌst/ *n* [U] ⇒óxido

rust² /rʌst/ *v* [T, I] *(un metal)* ⇒oxidar(se)

rustic /'rʌs.tɪk/ *adj* ⇒rústico,ca: *a rustic table* - una mesa rústica

rustle¹ /'rʌsl/ [rustled, rustling] ■ *v* [T, I] **1** ⇒crujir **2** ⇒susurrar ■ *v* [T] **3** *US* ⇒robar ganado

| PHRASAL VERBS
· **to rustle up** *sth* [M] ⇒improvisar algo

rustle² /'rʌsl/ *n* [NO PL] **1** ⇒crujido **2** ⇒susurro

↑ **rusty** /'rʌs.ti/ *adj* [*comp* rustier, *superl* rustiest] **1** ⇒oxidado,da: *a rusty handrail* - una barandilla oxidada **2** ⇒falto,ta de práctica ⇒oxidado,da *col.*

rut /rʌt/ ■ *n* [c] **1** *(en un camino)* ⇒rodada ⇒surco ■ *n* [U] **2** *(de los animales)* ⇒celo **3 to be (stuck) in a ~ 1** ⇒estar estancado,da **2** ⇒ser esclavo,va de la rutina

ruthless /'ru:θ.ləs/ *adj* ⇒despiadado,da ⇒desalmado,da

Rwanda UK: /ru'æn.də/ US: /-ɑ:n-/ *n* [U] ⇒Ruanda

Rwandan UK: /ru'æn.dən/ US: /-ɑ:n-/ *adj, n* [c] ⇒ruandés,-a

rye /raɪ/ *n* [U] ⇒centeno: *rye bread* - pan de centeno

S /es/ [pl **s's**] n [C, U] *(letra del alfabeto)* ⇒s

S /es/ n [U] **1** ⇒forma abreviada de **south** (sur) y de **southern** (del sur) **2** ⇒forma abreviada de **second** (segundo)

Sabbath /ˈsæb.əθ/ **the ~ 1** *(en el judaísmo)* ⇒sabbat **2** *(en el cristianismo)* ⇒domingo

sabotage /ˈsæb.ə.tɑːʒ/ [sabotaged, sabotaging] v [T] **1** ⇒destruir ⇒sabotear **2** ⇒boicotear ⇒sabotear

saccharin UK: /ˈsæk.ᵊr.ɪn/ US: /-ɚ-/ n [U] ⇒sacarina

sack¹ /sæk/ n [C] **1** ⇒saco **2** UK **to {be given/get} the ~** *(inform)* ⇒ser despedido,da: *Hundreds of workers got the sack* - Cientos de trabajadores fueron despedidos

sack² /sæk/ UK v [T] *(inform)* ⇒despedir ⇒cesantear AMÉR.

sacrament /ˈsæk.rə.mənt/ n [C] ⇒sacramento

† **sacred** /ˈseɪ.krɪd/ adj ⇒sagrado,da

sacrifice¹ /ˈsæk.rɪ.faɪs/ n [C, U] ⇒sacrificio

sacrifice² /ˈsæk.rɪ.faɪs/ [sacrificed, sacrificing] v [T] **1** *(un animal)* ⇒sacrificar ⇒carnear AMÉR. **2** ⇒sacrificar **3** ⇒sacrificarse ⇒hacer el sacrificio de ⇒renunciar

† **sad** /sæd/ adj [comp sadder, superl saddest] ⇒triste: *to feel sad* - estar triste

† **SAD** /ˌes.eɪˈdiː/ n [U] ⇒forma abreviada de **seasonal affective disorder** (trastorno afectivo estacional)

sadden /ˈsæd.ᵊn/ v [T] *(form)* ⇒entristecer: *I was saddened by the news* - La noticia me entristeció ■ CONSTR. Se usa más en pasiva

saddle¹ /ˈsæd.l̩/ n [C] **1** ⇒sillín [de bicicleta] **2** ⇒silla [de montar]

saddle² /ˈsæd.l̩/ [saddled, saddling] v [T] *(un caballo)* ⇒ensillar ■ CONSTR. Se usa generalmente seguido de la preposición up

| PHRASAL VERBS

└ · **to saddle** *sb* **with** *sth* ⇒cargar a alguien con algo ⇒enmarronar a alguien con algo col.

sadly /ˈsæd.li/ adv **1** ⇒desgraciadamente ⇒lamentablemente **2** ⇒tristemente

sadness /ˈsæd.nəs/ n [U] ⇒tristeza

safari UK: /səˈfɑː.ri/ US: /-ˈfɑːr.i/ n [C, U] ⇒safari

† **safe¹** /seɪf/ adj **1** ⇒seguro,ra: *a safe place* - un lugar seguro **2** ⇒seguro,ra ⇒a salvo **3** *(un conductor)* ⇒prudente **4 ~ and sound** ⇒sano,na y salvo,va **5 to be on the ~ side** ⇒para no correr riesgos ⇒para mayor seguridad

safe² /seɪf/ n [C] ⇒caja fuerte

safeguard¹ UK: /ˈseɪf.gɑːd/ US: /-gɑːrd/ v [T] ⇒salvaguardar: *to safeguard honour* - salvaguardar el honor

| PHRASAL VERBS

└ · **to safeguard against** *sth* ⇒proteger contra algo

safeguard² UK: /ˈseɪf.gɑːd/ US: /-gɑːrd/ n [C] ⇒protección ⇒salvaguardia

safely /ˈseɪ.fli/ adv **1** ⇒sin riesgos **2** ⇒en un lugar seguro **3** ⇒sano,na y salvo,va: *I got to New York safely* - Llegué a New York sano y salvo **4** ⇒a salvo: *She is already safely home* - Ya está en casa a salvo **5** ⇒con toda seguridad: *I can safely say this is wrong* - Puedo decir con toda seguridad que esto está mal

safety /ˈseɪf.ti/ n [U] **1** ⇒seguridad **2 to reach** *safety* - ponerse a salvo

safety belt n [C] ⇒cinturón de seguridad

safety net n [C] ⇒red de seguridad [para minimizar las caídas a gran altura]

safety pin n [C] ⇒imperdible

saffron /ˈsæf.rən/ n [U] ⇒azafrán

sag /sæg/ [sagged, sagging] v [I] **1** ⇒combarse ⇒arquearse **2** ⇒hundirse: *This couch sags in the middle* - Este sofá se hunde en el medio

Sagittarius UK: /ˌsædʒ.ɪˈteə.ri.əs/ US: /-ˈter.i-/ [pl Sagitariuses] n [C, U] *(signo del zodíaco)* ⇒sagitario

said /sed/ past tense and past participle forms of **say**

sail¹ /seɪl/ v [T, I] **1** ⇒navegar **2** ⇒zarpar: *The boat sails at 7 o'clock in the evening* - El barco zarpará a las siete de la tarde ■ CONSTR. Se usa generalmente seguido de una preposición o un adverbio

| PHRASAL VERBS

└ · **to sail through (***sth***)** ⇒hacer algo sin problemas

sail

sail² /seɪl/ n [c] **1** *(de un barco)* ⇨vela **2 to set ~** ⇨hacerse a la mar ⇨zarpar

sailboat *US* n [c] See **sailing boat**

sailing /ˈseɪ.lɪŋ/ n [u] **1** ⇨navegación **2** *(deporte)* ⇨vela

sailing boat *UK* (*US* **sailboat**) n [c] ⇨velero

sailor *UK*: /ˈseɪ.lə⁰/ *US*: /-lɚ/ n [c] ⇨marinero,ra

† **saint** /seɪnt, sⁿnt/ n [c] ⇨santo,ta ⇨san ◼ La forma abreviada es *St*

† **sake** /seɪk/ **1 for {God's/goodness/heaven's} ~** ⇨por Dios ⇨por el amor de Dios **2 for *sth*'s/*sb*'s ~** ⇨por el bien de algo o alguien: *for the children's sake* - por el bien de los niños **3 for the ~ of *sth*** ⇨por ⇨a causa de

† **salad** /ˈsæl.əd/ n [c, u] ⇨ensalada

† **salary** *UK*: /ˈsæl.⁰r.i/ *US*: /-ɚ-/ [*pl* salaries] n [c, u] **1** ⇨salario [mensual, anual] ⇨sueldo **2** *salary bracket* - categoría salarial

† **sale** /seɪl/ ◼ n [c, u] **1** ⇨venta **2** n [c] ⇨subasta **3 for ~** ⇨en venta ⇨se vende **4 on ~ 1** *UK* ⇨a la venta **2** ⇨en rebajas

sales /seɪlz/ n [PL] **1** ⇨rebajas: *the January sales* - las rebajas de enero **2** *(en una empresa)* ⇨departamento de ventas **3** ⇨ventas: *sales forecast* - previsión de ventas

sales assistant *UK* (*UK tb* **clerk**; *US* **shop assistant**) n [c] *(en un establecimiento)* ⇨dependiente,ta

salesman /ˈseɪlz.mən/ [*pl* salesmen] n [c] ⇨vendedor

salesmen n [PL] See **salesman**

salesperson /ˈseɪlz.wʌm.ən/ n [c] ⇨vendedor,-a ⇨dependiente,ta

saliva /səˈlaɪ.və/ n [u] ⇨saliva

sally /ˈsæl.i/ [*pl* sallies] n [c] **1** ⇨ocurrencia ⇨salida *col.* **2** ⇨ataque repentino

† **salmon** /ˈsæm.ən/ [*pl* salmon] n [c, u] ⇨salmón

salon *UK*: /ˈsæl.ɒn/ *US*: /səˈlɑːn/ n [c] **1** ⇨salón de belleza **2** *(lit)* *lit salon* - tertulia literaria

salsa *UK*: /ˈsæl.sə/ *US*: /ˈsɑːl-/ ◼ n [c, u] **1** ⇨salsa picante hecha a base de tomate, cebolla y chile ◼ n [u, NO PL] **2** *(baile)* ⇨salsa

† **salt** *UK*: /sɒlt/ *US*: /sɑːlt/ n [u] ⇨sal: *mineral salts* - sales minerales

salt cellar n [c] ⇨salero

salty *UK*: /ˈsɒl.ti/ *US*: /ˈsɑːl.ˤti/ *adj* [*comp* saltier, *superl* saltiest] ⇨salado,da

salute¹ /səˈluːt/ n [c] **1** *(de un soldado)* ⇨saludo **2** ⇨salva [de disparos]

salute² /səˈluːt/ [saluted, saluting] v [T, I] *(un soldado)* ⇨saludar

Salvadoran /ˌsæl.vəˈdɔː.rən/ *adj, n* [c] ⇨salvadoreño,ña

salvage /ˈsæl.vɪdʒ/ n [u] ⇨salvamento

salvation /sælˈveɪ.ʃⁿn/ n [u] ⇨salvación

salvo *UK*: /ˈsæl.vəʊ/ *US*: /-voʊ/ [*pl* salvoes, salvos] n [c] ⇨salva

† **same** /seɪm/ *adj, adv, pron* **1** ⇨mismo,ma: *We go to the same school* - Vamos a la misma escuela **2 all/just the ~** ⇨de todos modos **3 the ~** ⇨igual ◼ Esta locución se puede usar como pronombre *My shoes are the same as yours* - Mis zapatos son iguales a los tuyos o como adverbio *They behave the same* - Se comportan igual

sample¹ *UK*: /ˈsɑːm.pl/ *US*: /ˈsæm-/ n [c] **1** ⇨muestra **2** ⇨muestreo

sample² *UK*: /ˈsɑːm.pl/ *US*: /ˈsæm-/ [sampled, sampling] v [T] **1** *(una comida o una bebida)* ⇨probar ⇨catar **2** *(una experiencia)* ⇨probar

sanatorium *UK*: /ˌsæn.əˈtɔː.ri.əm/ *US*: /-ˈtɔːr.i-/ [*pl* sanatoria, sanatoriums] (*US tb* **sanitarium**) n [c] ⇨sanatorio

sanction¹ /ˈsæŋk.ʃⁿn/ n [c] **1** ⇨sanción ⇨penalización ◼ Se usa más en plural ◼ n [u] **2** ⇨aprobación

sanction² /ˈsæŋk.ʃⁿn/ v [T] **1** ⇨aprobar: *He didn't sanction my proposal* - No aprobó mi propuesta **2** ⇨conceder permiso

sanctuary *UK*: /ˈsæŋk.tʃuə.ri/ *US*: /-tʃu.er.i/ [*pl* sanctuaries] ◼ n [c, u] **1** ⇨santuario **2** ⇨refugio ⇨asilo **3** n [c] ⇨reserva natural

† **sand¹** /sænd/ n [u] ⇨arena

sand² /sænd/ (*tb* **sand down**) v [T] ⇨lijar: *Sand down the table* - Lija la mesa

sandal /ˈsæn.dⁿl/ n [c] ⇨sandalia

sandcastle *UK*: /ˈsænd.kɑː.s̩l/ *US*: /-ˌkæs.l/ n [c] ⇨castillo de arena

sand dune n [c] ⇨duna

sandpaper /ˈsænd.peɪ.pə⁰/ *US*: /-pɚ/ n [u] ⇨papel de lija

† **sandwich** *UK*: /ˈsænd.wɪdʒ/ *US*: /-wɪtʃ/ [*pl* sandwiches] n [c] ⇨sándwich ⇨bocadillo ⇨torta *AMÉR.*

sandy /ˈsæn.di/ *adj* [*comp* sandier, *superl* sandiest] ⇨arenoso,sa

sane /seɪn/ *adj* **1** ⇨cuerdo,da **2** ⇨sensato,ta ◼ Distinto de *healthy* (sano)

sang /sæŋ/ past tense of **sing**

sanitarium *UK*: /ˌsæn.ɪˈteə.ri.əm/ *US*: /-ˈter.i-/ [*pl* sanitaria, sanitariums] *US* n [c] See **sanatorium**

sanitary *UK*: /ˈsæn.ɪ.tri/ *US*: /-ter.i/ *adj* **1** ⇨sanitario,ria **2** ⇨higiénico,ca

sanitary towel *UK* n [c] ⇨compresa

sanitation /ˌsæn.ɪˈteɪ.ʃⁿn/ n [u] ⇨saneamiento

sanity *UK*: /ˈsæn.ɪ.ti/ *US*: /-ə.ˤti/ n [u] **1** ⇨cordura **2** ⇨sensatez

sank /sæŋk/ past tense of **sink**

Sanmarinese /ˌsæn.mæ.rɪnˈiːz/ [pl Sanmarinese] adj, n [c] ⇒sanmarinense

San Marino n [u] ⇒San Marino

sap¹ /sæp/ [sapped, sapping] v [T] ⇒minar ⇒debilitar

sap² /sæp/ n [u] (en algunas plantas) ⇒savia

sarcasm UK: /ˈsɑː.kæz.ªm/ US: /ˈsɑːr-/ n [u] ⇒sarcasmo

sarcastic UK: /sɑːˈkæs.tɪk/ US: /sɑːr-/ adj ⇒sarcástico,ca

sardine UK: /sɑːˈdiːn/ US: /sɑːr-/ n [c] ⇒sardina

saree n [c] See **sari**

sari UK: /ˈsɑː.ri/ US: /ˈsɑːr.i/ (tb **saree**) n [c] (prenda de vestir) ⇒sari

SAS /ðiˌes.eɪˈes/ n [NO PL] ⇒forma abreviada de **Special Air Service** (comando especial de las Fuerzas Aéreas británicas)

sash /sæʃ/ [pl sashes] n [c] 1 ⇒fajín 2 ⇒marco [de una ventana]

sat /sæt/ past tense and past participle forms of **sit**

Sat n [u] ⇒forma abreviada de **Saturday** (sábado)

satchel /ˈsætʃ.ªl/ n [c] ⇒cartera [del colegio]

† **satellite** UK: /ˈsæt.ªl.aɪt/ US: /ˈsæˤt̬-/ n [c] ⇒satélite: a telecommunications satellite - un satélite de telecomunicaciones

satellite dish [pl satellite dishes] n [c] ⇒antena parabólica

satin UK: /ˈsæt.ɪn/ US: /ˈsæˤt̬.[ə]n/ n [u] (tela) ⇒satén

satire UK: /ˈsæt.aɪª/ US: /-aɪr/ n [c, u] ⇒sátira

satirical /səˈtɪr.ɪ.kªl/ adj ⇒satírico,ca: a satirical book - un libro satírico

† **satisfaction** UK: /ˌsæt.ɪsˈfæk.ʃªn/ US: /ˌsæˤt̬-/ n [u] ⇒satisfacción

satisfactorily UK: /ˌsæt.ɪsˈfæk.tªr.ªl.i/ US: /ˌsæˤt̬.ɪˈsfæk.tə-/ adv ⇒satisfactoriamente: He sorted things out satisfactorily - Resolvió las cosas satisfactoriamente

† **satisfactory** UK: /ˌsæt.ɪsˈfæk.tªr.i/ US: /ˌsæˤt̬.ɪˈsfæk.tə-/ adj ⇒satisfactorio,ria

satisfied UK: /ˈsæt.ɪs.faɪd/ US: /ˈsæˤt̬-/ adj ⇒satisfecho,cha ⇒complacido,da

† **satisfy** UK: /ˈsæt.ɪs.faɪ/ US: /ˈsæˤt̬-/ [satisfies, satisfied] v [T] 1 ⇒satisfacer: His job doesn't really satisfy him - Su trabajo no le satisface del todo ■ Se usa generalmente seguido de la preposición with 2 to ~ sb that sth ⇒convencer a alguien de algo

satisfying UK: /ˈsæt.ɪs.faɪ.ɪŋ/ US: /ˈsæˤt̬-/ adj ⇒satisfactorio,ria

saturate UK: /ˈsæt.ju.reɪt/ US: /-jur.eɪt/ [saturated, saturating] v [T] 1 ⇒saturar 2 ⇒empapar(se): I left the clothes out and they got saturated - Dejé

la ropa fuera y se empapó 3 to be saturated with sth ⇒estar saturado,da con algo ⇒estar abarrotado,da de algo

† **Saturday** UK: /ˈsæt.ə.deɪ/ US: /ˈsæˤt̬.ə-/ n [c, u] ⇒sábado: See you on Saturday - Te veo el sábado; The concert was last Saturday - El concierto fue el sábado pasado ■ La forma abreviada es Sat

Saturn UK: /ˈsæt.ən/ US: /ˈsæˤt̬.ən/ n [NO PL] (planeta) ⇒Saturno

Saturnalia UK: /ˌsæt.əˈneɪ.li.ə/ US: /ˌsæˤt̬.ə-/ [pl Saturnalia, Saturnalias] n [c] 1 (en la antigua Roma) ⇒saturnal 2 (lit) ⇒saturnal ⇒orgía

† **sauce** UK: /sɔːs/ US: /sɑːs/ n [c, u] ⇒salsa: tomato sauce - salsa de tomate ■ Distinto de willow (sauce)

† **saucepan** UK: /ˈsɔː.spən/ US: /ˈsɑː-/ n [c] ⇒cacerola ⇒cazo

saucer UK: /ˈsɔː.səª/ US: /ˈsɑː.sə/ n [c] ⇒platillo: a cup and saucer - una taza con platillo

Saudi adj, n [c] ⇒saudí ⇒saudita

Saudi Arabia /ˌsaʊ.di.əˈreɪ.bi.ə/ n [u] ⇒Arabia Saudí

sauna UK: /ˈsɔː.nə/ US: /ˈsaʊ-/ n [c] ⇒sauna

saunter UK: /ˈsɔːn.təª/ US: /ˈsɑːn.ˤt̬ə/ v [I] ⇒pasear(se) [tranquilamente] ⇒dar una vuelta ■ CONSTR. Se usa generalmente seguido de una preposición o un adverbio

† **sausage** UK: /ˈsɒs.ɪdʒ/ US: /ˈsɑː.sɪdʒ/ n [c, u] ⇒salchicha ■ PRON. La última a se pronuncia como la i de did

savage¹ /ˈsæv.ɪdʒ/ adj 1 ⇒salvaje ⇒fiero,ra 2 ⇒brutal: savage criticism - una crítica brutal

savage² /ˈsæv.ɪdʒ/ [savaged, savaging] v [T] 1 ⇒atacar [salvajemente]: The zebra was savaged by a lion - La cebra fue atacada por un león ■ CONSTR. Se usa más en pasiva 2 ⇒criticar [con dureza] ■ PRON. La última a se pronuncia como la i de did

savannah /səˈvæn.ə/ n [c, u] ⇒sabana

† **save¹** /seɪv/ [saved, saving] ■ v [T, I] 1 ⇒ahorrar ⇒guardar ■ v [T] 2 ⇒salvar ⇒rescatar 3 ⇒guardar 4 to ~ sb's {bacon/neck} (inform) ⇒salvar el pellejo a alguien col.

† **save²** /seɪv/ prep (form, old-fash) ⇒salvo: Nobody saw anything, save that man over there - Nadie vio nada, salvo aquel hombre de ahí

saver UK: /ˈseɪ.vəª/ US: /-və/ n [c] ⇒ahorrador,-a

saving /ˈseɪ.vɪŋ/ UK (US savings) n [c] ⇒ahorro

savings /ˈseɪ.vɪŋz/ n [PL] 1 US See **saving 2** ⇒ahorros: She spent half her savings in a car - Gastó la mitad de sus ahorros en un coche

saviour UK: /ˈseɪ.vjəª/ US: /-vjə/ UK n [c] ⇒salvador,-a

savour UK: /ˈseɪ.vəª/ US: /-və/ UK v [T] ⇒saborear: to savour a victory - saborear una victoria

savoury UK: /ˈseɪ.vªr.i/ US: /-və-/ UK adj 1 ⇒salado,da

S ■

⇨**sabroso,sa** 2 *This pub doesn't have a savoury reputation* - Este pub no tiene muy buena reputación

saw¹ UK: /sɔː/ US: /saː/ *n* [C] *(herramienta)* ⇨sierra

saw², **saw, sawed/sawn** UK: /sɔː/ US: /saː/ *v* [T, I] ⇨serrar

| PHRASAL VERBS
· **to saw** *sth* **down** [M] ⇨talar algo [con una sierra]
· **to saw** *sth* **off** *(sth)* [M] ⇨cortar algo con una sierra
· **to saw** *sth* **up (into** *sth***)** [M] ⇨serrar algo en trozos

saw³ UK: /sɔː/ US: /saː/ past tense of **see**

sawdust UK: /'sɔː.dʌst/ US: /'saː-/ *n* [U] ⇨serrín

sawn past participle of **saw**

saxophone UK: /'sæk.sə.fəʊn/ US: /-foʊn/ *n* [C] ⇨saxofón ■ La forma abreviada es *sax*

†**say¹**, **said, said** /seɪ/ *v* [T] 1 ⇨decir ■ CONSTR. *to say to sb: She said to me he would be late* - Me dijo que llegaría tarde. Incorrecto: *She said me he would be late* 2 *Let's take a painter, say Picasso* - Pongamos por caso cualquier pintor, digamos Picasso 3 ⇨marcar ⇨decir 4 *it goes without saying* ⇨ni que decir tiene 5 *that is to* ~ ⇨es decir ■ Ver cuadro decir (say / tell)

say² /seɪ/ *n* [C] 1 ⇨voz y voto: *I don't have any say in this issue* - Yo no tengo ni voz ni voto en este asunto 2 *to have one's* ~ ⇨dar su opinión 3 *to have the final* ~ ⇨tener la última palabra

†**saying** /'seɪ.ɪŋ/ *n* [C] ⇨dicho ⇨refrán

scab /skæb/ *n* [C] 1 ⇨costra 2 *(offens)* ⇨esquirol *desp.*

scaffolding /'skæf.ᵊl.dɪŋ/ *n* [U] ⇨andamiaje

scald¹ UK: /skɔːld/ US: /skaːld/ *v* [T] 1 ⇨quemarse: *I scalded my hand while I was making tea* - Me quemé la mano cuando preparaba el té 2 ⇨escaldar

scald² UK: /skɔːld/ US: /skaːld/ *n* [C] ⇨quemadura [por agua hirviendo]

scale¹ /skeɪl/ ■ *n* [C, U] 1 *(en un mapa)* ⇨escala ■ *n* [C] 2 ⇨escala: *metric scale* - escala métrica 3 *(en un pez)* ⇨escama ■ Se usa más en plural 4 *(en música)* ⇨escala musical 5 *US (UK* **scales)** ⇨báscula ⇨peso 6 *n* [NO PL] ⇨magnitud ⇨tamaño 7 *to* ~ ⇨a escala

scale² /skeɪl/ [scaled, scaling] *v* [T] ⇨escalar: *to scale a mountain* - escalar una montaña

†**scales** /skeɪlz/ *UK (US* **scale)** *n* [PL] ⇨báscula ⇨peso

scallop UK: /'skɒl.əp/ US: /'skaː.ləp/ *n* [C] *(molusco)* ⇨vieira

scalp /skælp/ *n* [C] ⇨cuero cabelludo

scalpel /'skæl.pᵊl/ *n* [C] *(instrumento quirúrgico)* ⇨escalpelo ⇨bisturí

scam /skæm/ *n* [C] *(inform)* ⇨timo *col.;* ⇨estafa

scamper UK: /'skæm.pəʳ/ US: /-pəʳ/ *v* [I] ⇨corretear: *Children scampered off the park* - Los niños correteaban por el parque ■ CONSTR. Se usa generalmente seguido de adverbio

scampi /'skæm.pi/ *n* [U] ⇨gamba rebozada ■ Se puede usar con el verbo en singular o en plural

scan /skæn/ [scanned, scanning] *v* [T] 1 ⇨examinar ⇨inspeccionar 2 *(un texto)* ⇨echar un vistazo ⇨leer rápidamente ■ CONSTR. *to scan through sth* 3 ⇨escanear

†**scandal** /'skæn.dᵊl/ ■ *n* [C, U] 1 ⇨escándalo ■ *n* [U] 2 ⇨chismorreo

scandalous /'skæn.dᵊl.əs/ *adj* ⇨escandaloso,sa

Scandinavia /ˌskæn.dɪ'neɪ.vi.ə/ *n* [U] ⇨Escandinavia

Scandinavian¹ /ˌskæn.dɪ'neɪ.vi.ən/ *adj* ⇨escandinavo,va

Scandinavian² /ˌskæn.dɪ'neɪ.vi.ən/ *n* ⇨escandinavo,va

scanner UK: /'skæn.əʳ/ US: /-əʳ/ *n* [C] ⇨escáner

scant /skænt/ *adj* 1 ⇨escaso,sa ⇨poco,ca 2 ⇨escaso,sa: *It lasts two scant minutes* - Dura dos minutos escasos

scantily UK: /'skæn.tɪ.li/ US: /-ˤt̬ɪ-/ *adv* 1 ⇨escasamente ⇨insuficientemente 2 *scantily dressed* - ligero de ropa

scanty UK: /'skæn.ti/ US: /-ˤt̬i/ *adj* [comp scantier, superl scantiest] ⇨escaso,sa ⇨insuficiente

scapegoat UK: /'skeɪp.gəʊt/ US: /-goʊt/ *n* [C] ⇨chivo expiatorio

scar¹ UK: /skaːʳ/ US: /skaːr/ *n* [C] 1 ⇨cicatriz 2 ⇨secuela 3 ⇨daño [psicológico]

scar² UK: /skaːʳ/ US: /skaːr/ [scarred, scarring] *v* [T] ⇨dejar una cicatriz ⇨dejar una marca ■ CONSTR. Se usa más en pasiva

†**scarce** UK: /skeəs/ US: /skers/ *adj* 1 ⇨escaso,sa 2 *Food started to get scarce* - La comida empezaba a escasear

†**scarcely** UK: /'skeə.sli/ US: /'sker-/ *adv* 1 ⇨apenas ■ Se sitúa detrás de los verbos auxiliares y modales y delante de los demás verbos: *He can scarcely speak two words of German* - Apenas sabe hablar dos palabras de alemán; *I scarcely know her* - Apenas la conozco 2 *can* ~ **do** *sth You can scarcely believe him* - No le puedes creer

scarcity UK: /'skeə.sɪ.ti/ US: /'sker.sə.ˤt̬i/ [pl scarcities] *n* [C, U] ⇨escasez: *a scarcity of food* - escasez de alimentos

scare¹ UK: /skeəʳ/ US: /sker/ [scared, scaring] *v* [T] ⇨dar miedo ⇨asustar

| PHRASAL VERBS
· **to scare** *sth/sb* **{away/off}** [M] ⇨espantar ⇨ahuyentar

scare² UK: /skeəʳ/ US: /sker/ ∎ *n* [c, NO PL] **1** ⇨susto: *She gave me a terrible scare* - Me dio un susto de muerte **2** *n* [c] ⇨amenaza

scarecrow UK: /ˈskeə.krəʊ/ US: /ˈsker.kroʊ/ *n* [c] ⇨espantapájaros

scared UK: /skeəd/ US: /skerd/ *adj* **1** ⇨asustado,da: *I was so scared that I didn't react* - Estaba tan asustado que no reaccioné **2 to be ~ of** *sth* ⇨tener miedo (de algo): *I'm not scared of spiders* - No tengo miedo a las arañas ∎ PRON. La e no se pronuncia

scarf¹ UK: /skɑːf/ US: /skɑːrf/ [*pl* scarves] *n* [c] ⇨bufanda ⇨pañuelo

scarf² UK: /skɑːf/ US: /skɑːrf/ (*tb* scarf down) *v* [T] *(inform)* See **scoff**

scarlet UK: /ˈskɑː.lət/ US: /ˈskɑːr-/ *adj, n* [U] ⇨escarlata

scarves *n* [PL] See **scarf**

scary UK: /ˈskeə.ri/ US: /ˈsker.i/ *adj* [*comp* scarier, *superl* scariest] *(inform)* ⇨espeluznante ⇨aterrador,-a

scathing /ˈskeɪ.ðɪŋ/ *adj* ⇨mordaz: *a scathing remark* - un comentario mordaz

† **scatter** UK: /ˈskæt.əʳ/ US: /ˈskæˤt̬.ɚ/ ∎ *v* [I] **1** ⇨dispersarse: *The crowd scattered when they saw the lion* - La multitud se dispersó al ver al león ∎ *v* [T] **2** ⇨esparcir ∎ CONSTR. Se usa generalmente seguido de una preposición o un adverbio

† **scattered** UK: /ˈskæt.əd/ US: /ˈskæˤt̬.ɚd/ *adj* ⇨esparcido,da

† **scenario** UK: /sɪˈnɑː.ri.əʊ/ US: /səˈner.i.oʊ/ *n* [c] ⇨caso ⇨perspectiva

† **scene** /siːn/ *n* [c] **1** ⇨escena ⇨imagen **2** ⇨lugar ⇨escena **3** *(en una película o en una obra de teatro)* ⇨escena **4 to set the ~ (for** *sth***)** ⇨situar la escena ⇨preparar el terreno ⇨propiciar

† **scenery** UK: /ˈsiː.nᵊr.i/ US: /-nɚ-/ *n* [U] **1** ⇨paisaje ∎ Normalmente tiene un sentido positivo, al describir algo hermoso e impresionante **2** ⇨decorado ⇨escenografía ∎ Distinto de *stage* (escenario)

scenic /ˈsiː.nɪk/ *adj* **1** ⇨pintoresco,ca **2** ⇨escénico,ca ⇨teatral

scent¹ /sent/ ∎ *n* [c] **1** ⇨aroma ⇨olor **2** ⇨rastro ⇨pista ∎ *n* [c, U] **3** ⇨perfume

scent² /sent/ *v* [T] **1** ⇨olfatear: *The dogs scented the fox* - Los perros olfatearon al zorro **2** ⇨intuir ⇨presentir

scented UK: /ˈsen.tɪd/ US: /-ˤt̬ɪd/ *adj* ⇨perfumado,da

† **sceptic** /ˈskep.tɪk/ *UK* (*US* skeptic) *n* [c] ⇨escéptico,ca

sceptical /ˈskep.tɪ.kᵊl/ *UK* (*US* skeptical) *adj* ⇨escéptico,ca: *to be sceptical about sth* - ser escéptico por algo

scepticism /ˈskep.tɪ.sɪ.zᵊm/ *UK* (*US* skepticism) *n* [U] ⇨escepticismo: *to regard sth with scepticism* - mirar algo con escepticismo

schedule¹ UK: /ˈʃed.juːl/ US: /ˈsked-/ *n* [c] **1** ⇨programa **2** *US* (*UK/US tb* timetable) ⇨horario: *train schedule* - horario de trenes

schedule² UK: /ˈʃed.juːl/ US: /ˈsked-/ [scheduled, scheduling] *v* [T] ⇨programar ⇨planificar ∎ CONSTR. to schedule + to do sth. Más usado en pasiva

† **scheme¹** /skiːm/ *n* [c] **1** ⇨plan ⇨proyecto **2** ⇨conspiración ⇨confabulación ∎ Distinto de *diagram* (esquema)

scheme² /skiːm/ [schemed, scheming] *v* [T, I] ⇨tramar ⇨conspirar

schizophrenia /ˌskɪt.səˈfriː.ni.ə/ *n* [U] *(en psiquiatría)* ⇨esquizofrenia

schizophrenic /ˌskɪt.səˈfren.ɪk/ *n* [c] ⇨esquizofrénico,ca

† **scholar** UK: /ˈskɒl.əʳ/ US: /ˈskɑː.lɚ/ *n* [c] **1** ⇨erudito,ta ⇨estudioso,sa **2** ⇨becario,ria ∎ Distinto de *schoolboy* y *schoolgirl* (escolar)

scholarship UK: /ˈskɒl.ə.ʃɪp/ US: /ˈskɑː.lɚ-/ ∎ *n* [c] **1** *(ayuda económica)* ⇨beca ∎ *n* [U] **2** ⇨erudición

† **school** /skuːl/ *n* [c, U] **1** ⇨colegio ⇨escuela **2** *US (inform)* ⇨universidad **3** *a dance school* - una academia de baile **4** *school of thoughts* - corrientes de pensamiento **5** *(de peces)* ⇨banco ⇨manada ⇨una manada de ballenas

schoolbag *n* [c] ⇨mochila [del colegio] ⇨bolso [para el colegio]

schoolboy /ˈskuːl.bɔɪ/ *n* [c] ⇨colegial ⇨estudiante

schoolchild /ˈskuːl.tʃaɪld/ [*pl* schoolchildren] *n* [c] ⇨colegial,-a

schoolchildren *n* [PL] See **schoolchild**

schoolgirl UK: /ˈskuːl.ɡɜːl/ US: /-ɡɜːl/ *n* [c] ⇨colegiala ⇨estudiante

schooling /ˈskuː.lɪŋ/ *n* [U] ⇨formación escolar ⇨educación

schoolteacher UK: /ˈskuːlˌtiː.tʃəʳ/ US: /-tʃɚ/ *n* [c] ⇨maestro,tra ⇨profesor,-a

† **science** /saɪənts/ ∎ *n* [U] **1** ⇨ciencias ∎ *n* [c, U] ⇨ciencia

science fiction *n* [U] ⇨ciencia ficción ∎ La forma abreviada es *sci-fi* o SF

scientific /ˌsaɪənˈtɪf.ɪk/ *adj* ⇨científico,ca

scientifically /ˌsaɪənˈtɪf.ɪ.kli/ *adv* ⇨científicamente

scientist /ˈsaɪən.tɪst/ *n* [c] ⇨científico,ca

sci-fi /ˈsaɪ.faɪ/ *n* [U] *(inform)* ⇨forma abreviada de **science fiction** (ciencia ficción)

† **scissors** UK: /ˈsɪz.əʳ/ US: /-ɚ/ *n* [PL] ⇨tijera: *Pass me that pair of scissors, please* - Pásame esas tijeras, por favor

S

scoff UK: /skɒf/ US: /skɑːf/ ▮ *v* [I] **1** ⇨mofarse:
Don't scoff at me! - ¡No te mofes de mí! ▪ CONSTR.
to scoff at sth/sb ▮ *v* [T] **2** *UK* (*US* **scarf**) *(inform)*
⇨zampar(se) *col.: He scoffed eight hamburgers* -
Se zampó ocho hamburguesas

scold UK: /skəʊld/ US: /skoʊld/ *v* [T] *(old-fash)*
⇨regañar: *Don't scold the kids* - No regañes a
los niños

scooter® UK: /ˈskuː.təʳ/ US: /-ˤt̬ə/ *n* [C] **1** ⇨motoci-
cleta ⇨escúter ⇨motoneta *AMÉR.* **2** ⇨patinete

†**scope** UK: /skəʊp/ US: /skoʊp/ *n* [U] **1** ⇨potencial
⇨capacidad **2** ⇨ámbito ⇨alcance

scorch UK: /skɔːtʃ/ US: /skɔːrtʃ/ [scorches] *v* [T]
⇨abrasar ⇨quemar(se)

scorching UK: /ˈskɔː.tʃɪŋ/ US: /ˈskɔːr-/ *adj*
⇨abrasador,-a: *a scorching hot day* - un día de
calor abrasador

†**score¹** UK: /skɔːʳ/ US: /skɔːr/ *n* [C] **1** ⇨tanteo ⇨re-
sultado **2** *(en música)* ⇨partitura **3** on {that/
this} ~ ⇨en {ese/este} aspecto: *On that score you
shouldn't worry* - En ese aspecto no te deberías
preocupar **4** scores of *sth* ⇨montón de algo:
Scores of people went to the concert - Montones
de personas fueron al concierto

†**score²** UK: /skɔːʳ/ US: /skɔːr/ [scored, scoring] ▮ *v*
[T, I] **1** ⇨meter un gol **2** *(en un juego)* ⇨ganar un
punto **3** *(en un examen)* ⇨sacar [una nota] **4** *(in-
form)* ⇨pillar [comprar droga] ▮ *v* [T] **5** *(en músi-
ca)* ⇨instrumentar

scorn¹ UK: /skɔːn/ US: /skɔːrn/ *n* [U] *(form)* ⇨des-
precio

scorn² UK: /skɔːn/ US: /skɔːrn/ *v* [T] *(form)* ⇨des-
preciar: *Don't scorn other people* - No desprecies
a los demás

scornful UK: /ˈskɔːn.fʰl/ US: /ˈskɔːrn-/ *adj (form)*
⇨desdeñoso,sa ⇨despreciativo,va

Scorpio UK: /ˈskɔː.pi.əʊ/ US: /ˈskɔːr.pi.oʊ/ *n* [C, U]
(signo del zodíaco) ⇨escorpio

scorpion UK: /ˈskɔː.pi.ən/ US: /ˈskɔːr-/ *n* [C] ⇨es-
corpión

Scotch¹ UK: /skɒtʃ/ US: /skɑːtʃ/ ▮ *n* [U] **1** ⇨whisky
escocés ▮ *n* [C] **2** ⇨vaso de whisky escocés ▪ El
plural es *Scotches*

Scotch² UK: /skɒtʃ/ US: /skɑːtʃ/ *adj (un producto)*
⇨escocés,-a ▪ La palabra *Scottish* se considera más
apropiada

Scotch tape® *US* (*UK* **Sellotape®**) *n* [U] ⇨celo®

Scotland UK: /ˈskɒt.lənd/ US: /ˈskɑːt-/ *n* [U] ⇨Es-
cocia

Scots UK: /skɒts/ US: /skɑːts/ *(tb* **Scottish**) *adj
(persona)* ⇨escocés,-a

Scotsman UK: /ˈskɒt.smən/ US: /ˈskɑːt-/ *[pl* Scots-
men] *n* [C] ⇨escocés

Scotsmen *n* [PL] See **Scotsman**

Scotswoman UK: /ˈskɒt̬ˌswʊm.ən/ US: /ˈskɑːt-/
[pl Scotswomen] *n* [C] ⇨escocesa

Scotswomen *n* [PL] See **Scotswoman**

Scottish UK: /ˈskɒt.ɪʃ/ US: /ˈskɑːˤt̬ɪʃ/ *adj* ⇨esco-
cés,-a

scour UK: /skaʊəʳ/ US: /skaʊr/ *v* [T] **1** ⇨fregar
⇨restregar **2** *(un lugar)* ⇨registrar ⇨peinar

scourge UK: /skɜːdʒ/ US: /skɜːrdʒ/ *n* [C] *(form)*
⇨azote ⇨lacra

scout *n* [C] **1** ⇨explorador **2** ⇨cazatalentos

scowl¹ /skaʊl/ *v* [I] ⇨mirar frunciendo el ceño

scowl² /skaʊl/ *n* [C] ⇨ceño fruncido ⇨mirada de
enfado

scrabble /ˈskræb.l̩/ [scrabbled, scrabbling] *v* [I]
⇨rebuscar [nerviosamente]: *He scrabbled
through the pockets of his overcoat* - Rebuscó en
los bolsillos de su abrigo ▪ CONSTR. Se usa general-
mente seguido de una preposición o un adverbio

scramble¹ /ˈskræm.b̩l/ [scrambled, scrambling] ▮
v [I] **1** ⇨encaramar(se) ⇨trepar ▪ CONSTR. Se usa
generalmente seguido de una preposición o un adverbio
2 ⇨pelearse ⇨disputarse ▪ CONSTR. to scramble + to
do sth ▮ *v* [T] **3** *(ideas, palabras)* ⇨mezclar **4** *(un
huevo)* ⇨revolver

scramble² /ˈskræm.b̩l/ *n* [NO PL] **1** ⇨subida difícil
2 ⇨pelea ⇨lucha de poca importancia

scrambled eggs *n* [PL] ⇨huevos revueltos

scrap /skræp/ ▮ *n* [C] **1** *(inform)* ⇨trozo ⇨pedazo
2 ⇨retal **3** ⇨fragmento [de información] **4** ⇨ápi-
ce ⇨pizca **5** *(inform)* ⇨pelea ⇨riña ▮ *n* [U] **6**
⇨chatarra

scrapbook /ˈskræp.bʊk/ *n* [C] ⇨álbum de re-
cortes

scrape¹ /skreɪp/ [scraped, scraping] *v* [T] **1** ⇨ras-
par: *I scraped the paint stain off the table* - Ras-
pé la mancha de pintura de la mesa **2** ⇨raspar-
se: *I fell off my bike and scraped my knee* - Me
caí de la bici y me raspé la rodilla **3** ⇨conseguir
algo [por los pelos]: *He scraped into the team* -
Entró en el equipo por los pelos ▪ CONSTR. Se usa
generalmente seguido de una preposición o un adverbio

PHRASAL VERBS
· **to scrape through (sth)** *(un examen)* ⇨apro-
bar por los pelos
· **to scrape sth {together/up}** [M] *(inform)* ⇨re-
⌐ unir algo [a duras penas] *col.*

scrape² /skreɪp/ *n* [C] **1** ⇨raspadura ⇨arañazo **2**
(inform) ⇨lío: *to get into scrapes* - meterse en
líos

scratch¹ /skrætʃ/ ▮ *v* [T, I] **1** ⇨arañar: *The cat
scratched her* - El gato la arañó **2** ⇨rascarse: *He
scratched his head* - Se rascó la cabeza **3** *(una
superficie dura)* ⇨rayar ▮ *v* [T] **4** ⇨arañar ⇨ha-
cer un arañazo

scratch² /skrætʃ/ [pl scratches] n [C] **1** ⇨arañazo **2** *Could I have a scratch on my back?* - ¿Podrías rascarme la espalda? **3 to come up to ~** ⇨dar la talla **4 to do sth from ~** ⇨empezar algo desde cero

scrawl¹ UK: /skrɔːl/ US: /skrɑːl/ v [T] ⇨garabatear

scrawl² UK: /skrɔːl/ US: /skrɑːl/ n [C, U] ⇨garabato

† **scream¹** /skriːm/ v [T, I] ⇨gritar ⇨chillar

scream² /skriːm/ n [C] ⇨grito ⇨chillido

screech¹ /skriːtʃ/ [screeches] v [T, I] ⇨chirriar

screech² /skriːtʃ/ n [C] ⇨chirrido ⇨rechinamiento

† **screen** /skriːn/ n [C] **1** ⇨pantalla **2** ⇨mosquitero **3** ⇨biombo

screw¹ /skruː/ n [C] **1** ⇨tornillo **2** *(de un barco, de un avión o de un helicóptero)* ⇨hélice **3** *(inform)* ⇨carcelero,ra

screw² /skruː/ v [T, I] ⇨atornillar: *I screwed the hinges onto the door* - Atornillé las bisagras de la puerta **2** ⇨enroscar ■ CONSTR. Se usa generalmente seguido de una preposición o un adverbio

│ PHRASAL VERBS
│ · **to screw sth up** [M] *(un papel)* ⇨engurruñar
│ ⇨arrugar
└ · **to screw (sth) up** [M] *(very inform)*

screwdriver UK: /ˈskruːˌdraɪ.vəʳ/ US: /-vɚ/ n [C] ⇨destornillador ⇨desarmador AMÉR.

scribble¹ /ˈskrɪb.l̩/ [scribbled, scribbling] v [T, I] ⇨garabatear ⇨hacer garabatos

scribble² /ˈskrɪb.l̩/ n [C, U] ⇨garabato

script¹ /skrɪpt/ ■ n [C] ⇨guión ■ n [C, U] **2** ⇨escritura ⇨caligrafía

† **script²** /skrɪpt/ v [T] ⇨escribir un guión

scripture UK: /ˈskrɪp.tʃəʳ/ US: /-tʃɚ/ n [U] **1** *(en religión)* ⇨escrituras **2 the ~** ⇨las Sagradas Escrituras

scriptwriter UK: /ˈskrɪptˌraɪ.təʳ/ US: /-ˌt̬ɚ/ n [C] ⇨guionista: *The film scriptwriters are on strike* - Los guionistas de cine están de huelga

scroll¹ UK: /skrəʊl/ US: /skroʊl/ n [C] ⇨pergamino

scroll² UK: /skrəʊl/ US: /skroʊl/ **1 to ~ down** *(en informática)* ⇨retroceder página **2 to ~ up** *(en informática)* ⇨avanzar página

scrooge /skruːdʒ/ n [C] *(inform)* ⇨agarrado,da *col.;* ⇨tacaño,ña

scrounge /skraʊndʒ/ [scrounged, scrounging] v [T, I] *(inform)* ⇨gorronear: *to scrounge sth off sb* - gorronearle algo a alguien

scrub¹ /skrʌb/ [scrubbed, scrubbing] v [T] ⇨restregar: *Scrub the floor with that cloth* - Restriega el suelo con ese trapo

scrub² /skrʌb/ ■ n [U] **1** ⇨maleza ■ n [NO PL] **2** ⇨lavado ⇨fregado

scruff /skrʌf/ n [NO PL] **1** ⇨pescuezo **2 by the ~ of the neck** ⇨por el cogote: *He took the cat by the scruff of the neck* - Cogió al gato por el cogote

scruffy /ˈskrʌf.i/ adj [comp scruffier, superl scruffiest] ⇨desaliñado,da

scrunch /skrʌntʃ/ [scrunches] ■ v [T] **1** *(un trozo de papel)* ⇨engurruñar ■ CONSTR. to scrunch sth up ■ v [T, I] **2** ⇨hacer crujir **3** ⇨apretujar(se) ■ CONSTR. Se usa generalmente seguido de una preposición o un adverbio

scrupulous /ˈskruː.pjə.ləs/ adj **1** ⇨escrupuloso,sa ⇨meticuloso,sa **2** ⇨honesto,ta ⇨honrado,da

scrutinize UK: /ˈskruː.tɪ.naɪz/ US: /-ˈt̬[ə]n.aɪz/ [scrutinized, scrutinizing] v [T] ⇨escudriñar ⇨examinar

scrutiny UK: /ˈskruː.tɪ.ni/ US: /-ˈt̬[ə]n.i/ n [U] **1** ⇨escrutinio ⇨examen **2** *(en una votación)* ⇨recuento ⇨escrutinio

scuba diving /ˈskuː.bəˌdaɪ.vɪŋ/ n [U] ⇨buceo con equipamiento especial ⇨submarinismo

scuff /skʌf/ v [T] **1** ⇨rayar: *to scuff a surface* - rayar una superficie **2** *to scuff one's feet* - andar arrastrando los pies

scuffle /ˈskʌf.l̩/ n [C] ⇨forcejeo

sculptor UK: /ˈskʌlp.təʳ/ US: /-tɚ/ n [C] ⇨escultor,-a

† **sculpture** UK: /ˈskʌlp.tʃəʳ/ US: /-tʃɚ/ ■ n [C] **1** ⇨escultura ⇨figura ■ n [U] **2** *(actividad)* ⇨escultura: *She teaches sculpture in an art school* - Da clases de escultura en una escuela de arte

scum /skʌm/ n [U] **1** *(inform)* *(persona)* ⇨escoria *desp.* **2** ⇨escoria ⇨suciedad

scurry UK: /ˈskʌr.i/ US: /ˈskɝː-/ [scurries, scurried] v [I] ⇨apresurarse ⇨correr ■ CONSTR. Se usa generalmente seguido de una preposición o un adverbio

scuttle UK: /ˈskʌt.l̩/ US: /ˈskʌˈt̬-/ [scuttled, scuttling] ■ v [I] **1** ⇨correr dando pasos cortos ■ CONSTR. Se usa generalmente seguido de una preposición o un adverbio ■ v [T] **2** *(un barco)* ⇨hundir [intencionadamente] **3** *(un plan)* ⇨estropear

scythe /saɪð/ n [C] ⇨guadaña

SE adj, n [U] ⇨forma abreviada de **southeast** (sudeste)

† **sea** /siː/ n [C, U] **1** ⇨mar: *I like spending the summer at the sea* - Me gusta pasar el verano en el mar ■ Al dar el nombre de un mar, se escribe con mayúscula inicial: *the Mediterranean Sea* **2 a ~ of** ⇨un mar de **3 {heavy/rough} seas** ⇨mar gruesa **4 ~ life** ⇨mundo marino **5 to be (all) at ~ with sth** ⇨quedarse a cuadros con algo *col.*

seabed /ˈsiː.bed/ n [NO PL] ⇨lecho marino

seafood /ˈsiː.fuːd/ n [U] ⇨marisco

seagull /ˈsiː.gʌl/ n [C] ⇨gaviota ■ La forma abreviada es *gull*

seal¹ /siːl/ n [c] **1** ⇨foca **2** ⇨precinto **3** ⇨sello [oficial]

seal² /siːl/ v [T] **1** ⇨lacrar: *to seal a letter* - lacrar una carta **2** (*tb* seal up) ⇨precintar ⇨sellar
|PHRASAL VERBS
└. **to seal** *sth* **off** [M] (*una zona*) ⇨acordonar

sea level n [U] ⇨nivel del mar

seam /siːm/ n [c] **1** (*de una prenda de vestir*) ⇨costura **2** (*en geología*) ⇨veta ⇨filón

† **search¹** UK: /sɜːtʃ/ US: /sɜːtʃ/ v [T, I] ⇨buscar ⇨registrar t

† **search²** UK: /sɜːtʃ/ US: /sɜːtʃ/ [*pl* searches] n [c] **1** ⇨búsqueda: *to make a search* - hacer una búsqueda **2** (*en internet*) ⇨búsqueda **3** ⇨registro

search engine n [c] (*en internet*) ⇨buscador

searching UK: /sɜː.tʃɪŋ/ US: /sɜː-/ adj **1** ⇨inquisitivo,va ⇨penetrante **2** ⇨perspicaz

seashore UK: /siː.ʃɔːʳ/ US: /-ʃɔːr/ **the ~** ⇨la orilla del mar ⇨la playa

seasick /siː.sɪk/ adj (*en un barco*) ⇨mareado,da

seaside /siː.saɪd/ **the ~** ⇨la playa ⇨la costa

† **season¹** /siː.zᵊn/ n [c] **1** ⇨estación del año **2** ⇨temporada: *the hunting season* - la temporada de caza **3** in ~ **1** (*un animal*) ⇨en celo **2** (*una fruta, una verdura*) ⇨de temporada **3** (*en turismo*) ⇨en temporada alta

season² /siː.zᵊn/ v [T] ⇨sazonar ⇨condimentar

seasonal /siː.zᵊn.ᵊl/ adj **1** (*fruta, verdura*) ⇨de temporada **2** ⇨estacional **3** (*un trabajador*) ⇨temporal

seasoned /siː.zᵊnd/ adj **1** (*una comida*) ⇨sazonado,da **2** ⇨con mucha experiencia: *a seasoned person* - una persona con mucha experiencia

seasoning /siː.zᵊn.ɪŋ/ n [c, U] ⇨condimento ⇨sazón

† **seat¹** /siːt/ n [c] **1** ⇨asiento: *to offer one's seat to sb* - cederle el asiento a alguien **2** ⇨escaño ⇨banca *AMÉR.* **3** (*en una bicicleta*) ⇨sillín **4** (*en un teatro*) ⇨butaca **5** ⇨distrito electoral

seat² /siːt/ v [T] **1** ⇨sentarse **2** ⇨albergar ⇨tener cabida para

seat belt n [c] ⇨cinturón de seguridad: *Fasten your seat belts* - Abróchense los cinturones de seguridad

seaweed /siː.wiːd/ n [U] ⇨alga

sec n [c] **1** (*inform*) ⇨momento: *I'll be back in a sec* - Vuelvo en un momento **2** (*inform*) ⇨forma abreviada de **second** (segundo)

secluded /sɪˈkluː.dɪd/ adj (*un lugar*) ⇨retirado,da ⇨apartado,da

seclusion /sɪˈkluː.ʒᵊn/ n [U] ⇨aislamiento ⇨soledad

† **second¹** /ˈsek.ᵊnd/ n [c] **1** ⇨segundo ■ La forma abreviada es *sec* **2** (*inform*) ⇨momento: *Wait a*

second - Espera un momento **3** (*en un vehículo*) ⇨segunda [marcha]

† **second²** /ˈsek.ᵊnd/ **1** ⇨segundo,da: *He lives on the second floor* - Vive en el segundo piso **2** (*para las fechas*) ⇨dos **3** *It is her second birthday today* - Hoy cumple dos años ■ Se puede escribir también *2nd*

second³ UK: /sɪˈkɒnd/ US: /-ˈkɑːnd/ v [T] **1** ⇨apoyar ⇨secundar **2** *UK* (*un trabajador*) ⇨trasladar [temporalmente]

† **secondary** UK: /ˈsek.ᵊn.dri/ US: /-der.i/ adj ⇨secundario,ria

secondary school *UK* (*US* high school) n [c] ⇨instituto de enseñanza secundaria

second best adj, n [U] ⇨segundo,da mejor

second-class adj **1** ⇨de segunda clase: *a second-class ticket* - un billete de segunda clase **2** (*un envío*) ⇨de franqueo normal

second-generation adj ⇨de segunda generación

† **second-hand** /ˌsek.ᵊndˈhænd/ adj, adv ⇨de segunda mano: *a second-hand car* - un coche de segunda mano

secondly /ˈsek.ᵊnd.li/ adv ⇨en segundo lugar

second-rate /ˌsek.ᵊndˈreɪt/ adj ⇨de segunda categoría

secrecy /siː.krə.si/ n [U] **1** ⇨secreto ⇨misterio **2** ⇨confidencialidad

† **secret** /siː.krət/ n [c] ⇨secreto: *the secret service* - el servicio secreto

secretarial UK: /ˌsek.rəˈteə.ri.əl/ US: /-ˈter.i-/ adj ⇨de secretariado

† **secretary** UK: /ˈsek.rə.tri/ US: /-ter.i/ [*pl* secretaries] n [c] **1** ⇨secretario,ria **2** *US* ⇨ministro,tra **3** *UK* ⇨ministro,tra

secrete /sɪˈkriːt/ [secreted, secreting] v [T] **1** (*una sustancia*) ⇨segregar **2** (*form*) ⇨ocultar ⇨esconder

secretive UK: /siː.krə.tɪv/ US: /-ˈtɪv/ adj (*una persona*) ⇨reservado,da ⇨sigiloso,sa

secretly /siː.krət.li/ adv ⇨de forma oculta ⇨en secreto

sect /sekt/ n [c] ⇨secta

sectarian UK: /sekˈteə.ri.ən/ US: /-ˈter.i-/ adj ⇨sectario,ria

† **section** /ˈsek.ʃᵊn/ ■ n [c] **1** ⇨sección **2** (*en una ley*) ⇨artículo **3** (*en una carretera*) ⇨tramo **4** n [c] ⇨sección, corte

† **sector** UK: /ˈsek.təʳ/ US: /-tə/ n [c] ⇨sector

secular UK: /ˈsek.ju.ləʳ/ US: /-jə.lə/ adj ⇨secular ⇨seglar

secure¹ UK: /sɪˈkjʊəʳ/ US: /-ˈkjʊr/ adj **1** ⇨seguro,ra ⇨firme **2** ⇨fijo,ja: *a secure job* - un trabajo fijo **3** (*una prisión*) ⇨de alta seguridad

seize

secure² UK: /sɪˈkjʊə/ US: /-ˈkjʊr/ [secured, securing] *v* [T] **1** *(form)* ⇒conseguir: *I secured a loan from the bank* - Conseguí el préstamo bancario **2** ⇒garantizar **3** ⇒fijar ⇒sujetar

securely UK: /sɪˈkjʊə.li/ US: /-ˈkjʊr-/ *adv* **1 2** ⇒firmemente

security UK: /sɪˈkjʊə.rɪ.ti/ US: /-ˈkjʊr.ə.°ti/ ∎ *n* [U] **1** ⇒seguridad ∎ *n* [C, U] **2** ⇒fianza ⇒aval ∎ El plural es *securities*

sedate¹ /sɪˈdeɪt/ *adj* **1** ⇒tranquilo,la **2** ⇒sobrio,bria **3** ⇒serio,ria

sedate² /sɪˈdeɪt/ [sedated, sedating] *v* [T] ⇒sedar

sedative UK: /ˈsed.ə.tɪv/ US: /-°tɪv/ *adj, n* [C] ⇒sedante

sedentary UK: /ˈsed.ᵊn.tri/ US: /-ter.i/ *adj* ⇒sedentario,ria

sediment /ˈsed.ɪ.mənt/ *n* [C, U] ⇒sedimento

seduce /sɪˈdjuːs/ US: /-ˈduːs/ [seduced, seducing] *v* [T] ⇒seducir

seductive /sɪˈdʌk.tɪv/ *adj* ⇒seductor,-a

† **see, saw, seen** /siː/ [seeing] ∎ *v* [T, I] **1** ⇒ver **2** *(una película, un programa de televisión)* ⇒ver ∎ Se dice *to watch television* - ver la televisión. Incorrecto: *to see television*. **3** ⇒entender ⇒ver ∎ *v* [T] **4** ⇒ver ⇒visitar ⇒ir **5** ⇒imaginarse ⇒considerar(se) **6** ⇒salir [con alguien] **7** *Let's ~* ⇒vamos a ver ⇒veamos **8** *seeing that...* ⇒en vista de que... **9** *~ you (inform)* ⇒hasta luego **10** *you ~ (inform)* ⇒¿ves? ∎ Ver cuadro

|PHRASAL VERBS
· *to see about {sth/doing sth}* **1** ⇒encargarse de algo **2** ⇒pensar en algo
· *to see sb off* [M] **1** ⇒despedir(se) de alguien **2** ⇒deshacerse de alguien **3** ⇒derrotar a alguien
· *to see sb out* ⇒acompañar a alguien a la puerta
· *to see through sth/sb* ⇒calar *col.*
└ *to see to sth* ⇒encargarse de algo ⇒ocuparse de algo

seed¹ /siːd/ ∎ *n* [C, U] **1** ⇒semilla: *to sow seeds* - sembrar semillas ∎ *n* [C] **2** *US (UK* **pip***)* ⇒pepita ⇒pepa *AMÉR.* ∎ Se usa más en plural

seed² /siːd/ *v* [T] ⇒sembrar ⇒plantar

seedy /ˈsiː.di/ *adj* [comp seedier, superl seediest] *(inform)* ⇒sórdido,da

seeing *conj* ⇒en vista de que: *Seeing that she's not coming, we can leave* - En vista de que no viene, nos vamos

† **seek, sought, sought** /siːk/ *v* [T] **1** *(form)* ⇒buscar: *to seek the truth* - buscar la verdad **2** *(form)* ⇒intentar: *to seek to do sth* - intentar hacer algo

|PHRASAL VERBS
· *to seek sth/sb out* [M] *(form)* ⇒buscar [durante mucho tiempo]
└
† **seem** /siːm/ *v* [I] **1** ⇒parecer: *He seems nice* - Parece simpático; *It seems that it's going to rain* - Parece que va a llover **2** *What seems to be the problem?* - ¿Cuál es el problema? ∎ CONSTR. to seem + (that)

seemingly /ˈsiː.mɪŋ.li/ *adv* ⇒aparentemente: *Seemingly, there is no problem* - Aparentemente, no hay ningún problema

seen /siːn/ past participle of **see**

seep /siːp/ *v* [I] ⇒filtrar(se): *The sunlight was seeping through the blinds* - La luz del sol se filtraba por la persiana ∎ CONSTR. Se usa generalmente seguido de una preposición o un adverbio

seesaw UK: /ˈsiː.sɔː/ US: /-sɑː/ *(US tb* **teeter-totter***)* *n* [C] ⇒subeibaja ⇒balancín

segment /ˈseg.mənt/ *n* [C] **1** ⇒segmento ⇒sección **2** ⇒gajo: *the segments of an orange* - los gajos de una naranja

segregate /ˈseg.rɪ.geɪt/ [segregated, segregating] *v* [T] **1** ⇒segregar ⇒apartar **2** *(un grupo de personas)* ⇒disgregar

† **seize** /siːz/ *v* [T] **1** ⇒atrapar ⇒coger **2** ⇒agarrar **3** ⇒hacerse con: *to seize control* - hacerse con el control **4** *(drogas o armas)* ⇒incautar **5** *(uan oportunidad)* ⇒aprovechar **6** *(bienes)* ⇒embargar

see / look at / watch

• **See** se utiliza cuando se recibe información a través de los ojos, sin implicar atención:
 · *I can't see without my glasses!*
 (¡No veo sin mis gafas!)
 Atención: **see** también se usa para expresar entendimiento:
 · *Do you understand it now? Yes, I see.*
 (¿Lo entiendes ahora? Sí, ya veo.)

• **Look at** se utiliza cuando se mira con atención:
 · *Look at the painting carefully.*
 (Mira el cuadro con atención.)

• **Watch** se utiliza cuando se mira con atención a algo que se mueve o que se puede mover, y para expresar la idea de vigilar:
 · *She sits here and watches the people go by.*
 (Se sienta aquí y mira a la gente pasar.)

Atención: se dice "watch TV", pero "see a film".

PHRASAL VERBS

· **to seize {on/upon}** *sth* ⇒aprovechar algo [que te puede beneficiar]

· **to seize up** 1 *(una máquina)* ⇒atascarse 2 *(una parte del cuerpo)* ⇒agarrotarse

seizure UK: /'siː.ʒə/ US: /-ʒɚ/ ∎ *n* [c] 1 *(en medicina)* ⇒ataque 2 *(de bienes ilegales)* ⇒confiscación ⇒incautación 3 *(de una propiedad)* ⇒embargo ∎ *n* [u] 4 *(de poder)* ⇒toma

seldom /'sel.dəm/ *adv* ⇒rara vez ⇒casi nunca ∎ Se sitúa detrás del verbo *to be* y de los verbos auxiliares y modales, y delante de los demás verbos: *I can seldom go out at weekends* - *Rara vez puedo salir los fines de semana*; *I seldom walk to school* - *Casi nunca voy andando al colegio*

select¹ /sɪ'lekt/ *v* [t] ⇒seleccionar ⇒elegir

select² /sɪ'lekt/ *adj* ⇒selecto,ta ⇒escogido,da

selection /sɪ'lek.ʃən/ *n* [c, u] 1 ⇒selección ⇒elección ∎ *n* [c] 2 ⇒surtido: *a selection of cookies* - *un surtido de galletas*

selective /sɪ'lek.tɪv/ *adj* 1 *(un proceso)* ⇒de selección 2 ⇒selectivo,va 3 *selective memory* - *memoria selectiva*

† **self** /self/ *[pl selves] n* [c, u] 1 ⇒forma de ser 2 ⇒yo: *my inner self* - *mi yo interior*

self-assured UK: /ˌself.ə'ʃɔːd/ US: /-'ʃɜːd/ *adj* ⇒seguro de sí mismo, segura de sí misma

self-centred UK: /ˌself'sen.təd/ US: /-'t̬ɚd/ *UK adj* ⇒egocéntrico,ca

self-confident UK: /ˌself'kɒn.fɪ.dənt/ US: /-'kɑːn-/ *adj* ⇒seguro de sí mismo, segura de sí misma

† **self-conscious** UK: /ˌself'kɒn.ʃəs/ US: /-'kɑːn-/ *adj* 1 ⇒acomplejado,da: *She is too self-conscious to wear a bikini* - *Está demasiado acomplejada para llevar bikini* 2 ⇒tímido,da ⇒vergonzoso,sa

self-contained /ˌself.kən'teɪnd/ *adj* 1 ⇒autosuficiente 2 *(una persona)* ⇒independiente 3 *UK* ⇒con todos los servicios: *self-contained accommodation* - *alojamiento con todos los servicios*

self-control UK: /ˌself.kən'trəʊl/ US: /-'troʊl/ *n* [u] ⇒autocontrol

self-defence /ˌself.dɪ'fents/ *UK n* [u] 1 ⇒defensa propia 2 ⇒defensa personal

self-employed /ˌself.ɪm'plɔɪd/ *adj (un trabajador)* ⇒autónomo,ma

† **self-esteem** /ˌself.ɪ'stiːm/ *n* [u] ⇒autoestima

self-interest UK: /ˌself'ɪn.tᵉr.est/ US: /-'t̬ɚ-/ *n* [u] ⇒interés personal ⇒interés propio

selfish /'sel.fɪʃ/ *adj* ⇒egoísta

selfishness /'sel.fɪʃ.nəs/ *n* [u] ⇒egoísmo

self-pity UK: /ˌself'pɪt.i/ US: /-'pɪ̬t̬-/ *n* [u] ⇒autocompasión: *Self-pity won't help you feel better* - *La autocompasión no te ayudará a mejorar*

self-portrait UK: /ˌself'pɔː.treɪt/ US: /-'pɔːr.trɪt/ *n* [c] ⇒autorretrato

self-respect /ˌself.rɪ'spekt/ *n* [u] ⇒amor propio ⇒dignidad

self-righteous /ˌself'raɪ.tʃəs/ *adj* ⇒santurrón,-a *desp.*

self-satisfied UK: /ˌself'sæt.ɪs.faɪd/ US: /-'sæᵗt̬-/ *adj* ⇒satisfecho de sí mismo, satisfecha de sí misma

self-service UK: /ˌself'sɜː.vɪs/ US: /-'sɜːr-/ *adj (un establecimiento)* ⇒con autoservicio

self-sufficient /ˌself.sə'fɪʃ.ᵊnt/ *adj* 1 ⇒autosuficiente 2 ⇒independiente

† **sell, sold, sold** /sel/ *v* [t, i] 1 ⇒vender: *She sold me her bike for £50* - *Me vendió su bici por cincuenta libras* ∎ CONSTR. to sell + dos objetos 2 *to sell sb an idea* - vender a alguien una idea

PHRASAL VERBS

· **to sell** *sth* **off** [m] 1 ⇒vender algo a bajo precio 2 *(un negocio)* ⇒vender [todo o parte]

· **to sell out** ⇒agotar ⇒acabarse *(un negocio)* ⇒vender

· **to sell (sb) out** [m] *(inform)* ⇒traicionar [a alguien] ⇒vender [a alguien]

sell-by date /'sel.baɪˌdeɪt/ *UK n* [c] 1 ⇒fecha de caducidad: *It is past the sell-by date* - *Se ha pasado la fecha de caducidad* 2 ⇒fecha límite de venta

seller UK: /'sel.ə/ US: /-ə/ *n* [c] ⇒vendedor,-a

selling *n* [u] ⇒ventas

Sellotape®¹ /'sel.ə.teɪp/ *UK (US* **Scotch tape®***) n* [u] ⇒celo®

Sellotape®² /'sel.ə.teɪp/ *UK v* [t] ⇒pegar con celo®

selves /selvz/ *n* [PL] See **self**

semester UK: /sɪ'mes.tə/ US: /sə'mes.tɚ/ *US n* [c] *(en educación)* ⇒semestre

semicircle UK: /'sem.iˌsɜː.kl̩/ US: /-ˌsɜːr-/ *n* [c] ⇒semicírculo

† **semicolon** UK: /ˌsem.i'kəʊ.lɒn/ US: /'sem.iˌkoʊ.lən/ *n* [c] ⇒punto y coma ∎ Ver cuadro signos de puntuación

semi-detached /ˌsem.i.dɪ'tætʃt/ *UK adj (un chalé)* ⇒pareado ⇒adosado ∎ PRON. La última *e* no se pronuncia

† **semi-final** /ˌsem.i'faɪ.nᵊl/ *n* [c] ⇒semifinal ∎ Se usa más en plural

† **seminar** UK: /'sem.ɪ.nɑː/ US: /-nɑːr/ *n* [c] *(sobre un tema)* ⇒seminario

semi-precious /ˌsem.i'preʃ.əs/ *adj (una piedra)* ⇒semiprecioso,sa

Senate /'sen.ət/ *n* [NO PL] 1 ⇒senado: *the Senate House* - *el edificio del senado* 2 *(en la universidad)* ⇒junta de gobierno ∎ Por ser un nombre colectivo se puede usar con el verbo en singular o en plural

senator *n* [C] ⇨senador,-a ■ Cuando va seguido de un nombre propio, la *s* se escribe en mayúscula: *Senator Johnson*

†**send, sent, sent** /send/ *v* [T] **1** ⇨enviar ⇨mandar **2** ⇨enviar ⇨mandar **3** ⇨provocar ⇨causar **4 to ~ sb to sleep** ⇨dormir a alguien ⇨provocar sueño
|PHRASAL VERBS
· **to send (away/off) for** *sth* ⇨pedir algo [por correo] ⇨encargar algo [por correo]
· **to send for** *sb* ⇨llamar a alguien [para que venga a verte]
· **to send** *sth* **in** [M] ⇨enviar algo [por correo]
· **to send** *sb* **in** [M] ⇨enviar [las tropas a una zona de conflicto]
· **to send** *sth* **off** [M] **1** ⇨enviar algo [por correo] **2** ⇨despachar algo
· **to send** *sb* **off** [M] *UK (en deportes)* ⇨expulsar a alguien ⇨mandar a alguien a hacer algo
· **to send** *sth* **out** [M] **1** ⇨enviar algo [a mucha gente diferente] **2** *(luz o sonido)* ⇨emitir
└· **to send** *sth/sb* **up** [M] *UK (inform)* ⇨parodiar

Senegal /ˌsen.ɪ'gɔːl/ *n* [U] ⇨Senegal

Senegalese /ˌsen.ɪ.gə'liːz/ [*pl* Senegalese] *adj, n* [C] ⇨senegalés,-a

senile UK: /'siː.naɪl/ US: /'sen.aɪl/ *adj* ⇨senil

senior¹ UK: /'siː.ni.əʳ/ US: /-njəʳ/ *adj* **1** ⇨mayor **2** ⇨superior **3** *US He's John Smith senior* - Es John Smith padre

senior² UK: /'siː.ni.əʳ/ US: /-njəʳ/ *n* [C] **1** *US* ⇨estudiante de último curso **2 to be... years one's ~** ⇨ser... años mayor: *Peter is two years my senior* - Peter es dos años mayor que yo

senior citizen *n* [C] ⇨anciano,na ⇨jubilado,da

seniority UK: /ˌsiː.ni'ɒr.ɪ.ti/ US: /siː'njɔːr.ə.ºt̬i/ *n* [U] *(en una institución o en una organización)* ⇨antigüedad

†**sensation** /sen'seɪ.ʃ°n/ ■ *n* [C, U] **1** ⇨sensación ⇨presentimiento ■ *n* [NO PL] **2** ⇨sensación ⇨furor

sensational /sen'seɪ.ʃ°n.°l/ *adj* **1** ⇨sensacional **2** ⇨sensacionalista: *sensational press* - la prensa sensacionalista

†**sense¹** /sents/ ■ *n* [C] **1** ⇨sentido **2** ⇨sentido ⇨significado ■ *n* [U] **3** ⇨sentido **4** ⇨juicio ⇨sentido común ■ *n* [NO PL] **5** ⇨sentido ⇨impresión **6 a ~ of humour** *UK* (*US* **a sense of humor**) ⇨sentido del humor **7 in {a sense/some senses}** ⇨en cierto sentido **8 to come to one's senses** ⇨entrar en razón **9 to make ~ 1** *(un texto)* ⇨entenderse **2** *(una acción, un enfoque)* ⇨tener sentido **10 to make ~ of** *sth* ⇨entender algo **11 to see ~** ⇨entrar en razón ⇨ser razonable

sense² /sents/ [sensed, sensing] *v* [T, I] **1** ⇨notar ⇨percibir ■ CONSTR. 1. to sense + (that) 2. to sense + interrogativa indirecta **2** ⇨intuir ⇨presentir

senseless /'sent.sləs/ *adj* **1** ⇨sin sentido **2** ⇨inconsciente: *to knock sb senseless* - dejar a alguien inconsciente

sensibility UK: /ˌsent.sɪ'bɪl.ɪ.ti/ US: /-sə'bɪl.ə.ºt̬i/ *n* [U] ⇨sensibilidad

sensible /'sent.sɪ.bl̩/ *adj* **1** ⇨sensato,ta **2** *(una decisión)* ⇨acertado,da **3** *(una prenda o un calzado)* ⇨práctico,ca ■ Distinto de *sensitive* (sensible)

†**sensitive** UK: /'sent.sɪ.tɪv/ US: /-sə.ºt̬ɪv/ *adj* **1** ⇨sensible: *He is a very sensitive man* - Es un hombre muy sensible **2** ⇨delicado,da: *That wasn't very sensitive of him, was it?* - Estuvo muy poco delicado, ¿no crees? ■ Distinto de *sensible* (sensato)

sensitivity UK: /ˌsent.sɪ'tɪv.ɪ.ti/ US: /-sə'tɪv.ə.ºt̬i/ *n* [U] **1** ⇨sensibilidad **2** ⇨susceptibilidad **3** ⇨delicadeza

sensual /'sent.sjuəl/ *adj* ⇨sensual

sensuous /'sent.sjuəs/ *adj* ⇨sensual

sent /sent/ past tense and past participle forms of **send**

†**sentence¹** /'sen.təns/ *n* [C] **1** *(en gramática)* ⇨oración ⇨frase **2** *(en derecho)* ⇨sentencia ⇨veredicto

sentence² /'sen.təns/ [sentenced, sentencing] *v* [T] *(en derecho)* ⇨sentenciar ⇨condenar ■ CONSTR. 1. to sentence sb to sth 2. Se usa más en pasiva

†**sentiment** UK: /'sen.tɪ.mənt/ US: /-ºt̬ə-/ ■ *n* [U] **1** *(form)* ⇨sentimiento ■ *n* [C, U] **2** *(form)* ⇨pensamiento ⇨opinión

sentimental UK: /ˌsen.tɪ'men.t°l/ US: /-ºt̬ə'men.ºt̬[ə]l/ *adj* ⇨sentimental ⇨sensiblero *desp.*

sentry /'sen.tri/ [*pl* sentries] *n* [C] ⇨centinela

separable UK: /'sep.ºr.ə.bl̩/ US: /-ɚ-/ *adj* ⇨separable ⇨disociable

†**separate¹** UK: /'sep.ºr.ət/ US: /-ɚ-/ *adj* **1** ⇨separado,da **2** *in a separate sheet of paper* - en una hoja aparte

†**separate²** UK: /'sep.ºr.eɪt/ US: /-ə.reɪt/ [separated, separating] ■ *v* [T, I] **1** ⇨separar: *Then separate the white from the yolk* - Luego separa la clara de la yema ■ CONSTR. to separate sth/sb from sth/sb **2** ⇨separar ⇨dividir: *Oliver separated the cake into six pieces* - Oliver dividió la tarta en seis trozos ■ CONSTR. to separate into sth ■ *v* [I] **3** ⇨separarse: *They separated two years ago* - Se separaron hace dos años

separated *adj* **1** ⇨separado,da **2** ⇨distinto,ta

separately UK: /'sep.ºr.ət.li/ US: /-ɚ-/ *adv* ⇨por separado: *to do sth separately* - hacer algo por separado

separation UK: /ˌsep.ºr'eɪ.ʃ°n/ US: /-ə'reɪ-/ *n* [C, U] ⇨separación

†**September** UK: /sep'tem.bəʳ/ US: /-bɚ/ *n* [C, U] ⇨septiembre: *in September* - en septiembre; *on*

S

September 14th - el 14 de septiembre ■ La forma abreviada es *Sept*

sequel /'siː.kwᵊl/ *n* [C] **1** *(de un libro o de una película)* ⇨continuación **2** ⇨secuela ⇨resultado

† **sequence** /'siː.kwᵊnts/ ∎ *n* [C, U] **1** *(de hechos)* ⇨sucesión **2** ⇨secuencia ⇨serie ∎ *n* [C] **3** *(en una película)* ⇨secuencia

serene /səˈriːn/ *adj* ⇨tranquilo,la: *a lovely, serene beach* - una playa bonita y tranquila

† **sergeant** UK: /'saː.dʒᵊnt/ US: /'saːr-/ *n* [C] ⇨sargento

† **serial** UK: /'sɪə.ri.əl/ US: /'sɪr.i-/ *n* [C] **1** ⇨serial **2** ⇨serie [de televisión o radio]

† **series** UK: /'sɪə.riːz/ US: /'sɪr.iːz/ [*pl* series] *n* [C] **1** ⇨serie ⇨sucesión **2** ⇨serie [de televisión o radio]: *Are you watching the new Nature series?* - ¿Ves la nueva serie sobre la naturaleza? **3** ⇨serial

† **serious** UK: /'sɪə.ri.əs/ US: /'sɪr.i-/ *adj* **1** ⇨serio,ria **2** ⇨grave ⇨preocupante

seriously UK: /'sɪə.ri.ə.sli/ US: /'sɪr.i-/ *adv* **1** ⇨seriamente **2** ⇨gravemente: *He is seriously injured* - Está gravemente herido **3** ⇨en serio

sermon UK: /'sɜː.mən/ US: /'sɜːr-/ *n* [C] ⇨sermón

† **servant** UK: /'sɜː.vᵊnt/ US: /'sɜːr-/ *n* [C] ⇨sirviente,ta ⇨criado,da

† **serve**[1] UK: /sɜːv/ US: /sɜːv/ [served, serving] *v* [T, I] **1** *(una comida o una bebida)* ⇨servir **2** *(a un cliente)* ⇨atender **3** ⇨servir ⇨colaborar **4** ⇨ser útil ⇨servir **5** *(en algunos deportes)* ⇨sacar **6** *it serves you right* ⇨te está bien empleado ⇨te lo mereces

|PHRASAL VERBS
└ **to serve** *(sth)* {*out/up*} [M] *(una comida)* ⇨servir

serve[2] UK: /sɜːv/ US: /sɜːv/ *n* [C] *(tb* **service**) *(en algunos deportes)* ⇨saque

† **server** UK: /'sɜː.vəʳ/ US: /'sɜː.vɚ/ *n* [C] **1** *(en informática)* ⇨servidor **2** *(en tenis)* ⇨jugador,-a que tiene el servicio

† **service**[1] UK: /'sɜː.vɪs/ US: /'sɜːr-/ ∎ *n* [U] **1** ⇨servicio: *She retired after fifty years' service* - Se jubiló después de cincuenta años de servicio ∎ *n* [C] **2** ⇨servicio religioso **3** ⇨servicio público: *the bus service* - el servicio público de autobuses **4** *(de un coche o una máquina)* ⇨revisión **5** *(tb* **serve**) *(en algunos deportes)* ⇨saque ⇨servicio ■ Distinto de *toilet* (servicio)

service[2] UK: /'sɜː.vɪs/ US: /'sɜːr-/ [serviced, servicing] *v* [T] *(un coche o una máquina)* ⇨hacer la revisión

service charge *n* [C] **1** ⇨gastos de comunidad **2** ⇨servicio ⇨cubierto

serviceman UK: /'sɜː.vɪs.mən/ US: /'sɜːr-/ [*pl* servicemen] *n* [C] ⇨militar

services UK: /'sɜː.vɪs.ɪz/ US: /'sɜːr-/ *n* [PL] See **service station**

service station *n* [C] **1** *(tb* **services**) ⇨estación de servicio **2** *US* (*UK* **petrol station**) ⇨gasolinera

serviette UK: /ˌsɜː.viˈet/ US: /ˌsɜːr-/ *UK* (*UK/US tb* **napkin**) *n* [C] ⇨servilleta

† **session** /'seʃ.ᵊn/ *n* [C, U] **1** ⇨sesión **2** *US, Scot (en educación)* ⇨año académico ⇨curso **3** *US, Scot (en educación)* ⇨trimestre ⇨semestre **4** *US, Scot (en educación): School is still in session at 5pm* - Todavía hay clases a las 5 de la tarde

† **set**[1], **set**, **set** /set/ [setting] ∎ *v* [T] **1** ⇨poner ⇨colocar ■ CONSTR. Se usa generalmente seguido de una preposición o un adverbio **2** ⇨fijar ⇨establecer **3** *(un aparato)* ⇨programar ⇨poner **4** *UK (una tarea)* ⇨dar ⇨poner ⇨mandar **5** *(un libro, una obra de teatro o una película)* ⇨tener lugar ⇨ambientar ■ CONSTR. Se usa más en pasiva **6** *(una piedra preciosa)* ⇨engastar ∎ *v* [I] **7** ⇨ponerse ■ CONSTR. Se usa generalmente seguido de una preposición o un adverbio **8** ⇨cuajar **9** *(el cemento)* ⇨solidificar **10** *to ~ the table* (*tb* to lay the table) ⇨poner la mesa

|PHRASAL VERBS
· **to set about** {*sth/doing sth*} ⇨ponerse a
· **to set** *sth* **aside** [M] **1** *(dinero o tiempo)* ⇨apartar ⇨reservar **2** *(una acusación, una sentencia)* ⇨desestimar ⇨anular
· **to set** *sb* **back** *(sth) (inform)* ⇨salir ⇨costar
· **to set** *sth/sb* **back** [M] **1** ⇨atrasar ⇨retrasar **2** ⇨reducir [posibilidades]
· **to set off** ⇨partir ⇨marchar
· **to set** *sth* **off** [M] **1** *(una alarma)* ⇨hacer sonar **2** *(una bomba)* ⇨hacer estallar **3** *(una actividad o un evento)* ⇨causar ⇨provocar **4** *(el atractivo)* ⇨resaltar ⇨realzar
· **to set** *sth/sb* {*on/upon*} *sb* ⇨azuzar
· **to set out 1** ⇨proponerse **2** ⇨partir
· **to set** *sth* **up** [M] **1** ⇨montar algo ⇨establecer algo **2** ⇨organizar algo **3** *He has set up a doctor's appointment* - Ha pedido cita con el médico

† **set**[2] /set/ *n* [C] **1** ⇨juego ⇨conjunto ⇨colección **2** *(en un cine o en un teatro)* ⇨platea **3** *(en el escenario)* ⇨decorado **4** *(en tenis)* ⇨set **5** ⇨aparato **6** *a television set* - un televisor

set[3] /set/ *adj* **1** ⇨fijo,ja ⇨señalado,da **2** *(un libro, una asignatura)* ⇨obligatorio,ria **3** *(una costumbre)* ⇨establecido,da

setback /'set.bæk/ *n* [C] ⇨revés ⇨contratiempo

settee /set'iː/ *UK* (*UK/US tb* **sofa**) *n* [C] ⇨sofá

setting /'set.ɪŋ/ US: /'seᵊt̬-/ *n* [C] **1** ⇨entorno ⇨marco **2** ⇨configuración ⇨posición

† **settle** UK: /'set.l/ US: /'seˤt̬-/ [settled, settling] ▪ *v* [T] **1** *(un asunto)* ⇨resolver **2** ⇨acordar ⇨decidir ▪ CONSTR. Se usa más en pasiva **3** *(una factura o una deuda)* ⇨pagar ▪ *v* [I] **4** ⇨establecerse **5** ⇨posarse **6** *(unas partículas)* ⇨asentarse ⇨depositarse ▪ *v* [T, I] **7** ⇨relajar(se) ⇨poner(se) cómodo,da ⇨arrellanar(se) ▪ CONSTR. Se usa más como reflexivo

| PHRASAL VERBS
· **to settle down 1** ⇨acomodarse **2** ⇨afincarse ⇨establecerse ⇨instalarse **3** ⇨asentar la cabeza *col.* **4** ⇨calmar(se)
· **to settle for** *sth* ⇨conformarse con algo
· **to settle in** ⇨adaptar(se)
· **to settle {on/upon}** *sth* ⇨decidirse por algo
└ ⇨acordar algo

settled UK: /'set.ld/ US: /'seˤt̬-/ *adj* **1** ⇨establecido,da ⇨asentado,da **2** ⇨estable ⇨invariable

settlement UK: /'set.l̩.mənt/ US: /'seˤt̬-/ *n* [C, U] **1** ⇨acuerdo: *to reach a settlement* - llegar a un acuerdo **2** ⇨asentamiento ⇨colonia

settler UK: /'set.lə˞/ US: /'seˤt̬-/ *n* [C] ⇨colonizador,-a ⇨poblador,-a

† **seven** /'sev.ᵊn/ ⇨siete: *There are seven of them* - Son siete; *She is seven years old* - Tiene siete años

† **seventeen** /ˌsev.ᵊn'tiːn, '---/ ⇨diecisiete

seventeenth /ˌsev.ᵊn'tiːnθ, '---/ **1** ⇨decimoséptimo,ma **2** *(para las fechas)* ⇨diecisiete ▪ Se puede escribir también *17th*

seventh¹ /'sev.ᵊnθ/ **1** ⇨séptimo,ma **2** *(para las fechas)* ⇨siete **3** *It is her seventh birthday today* - Hoy cumple siete años ▪ Se puede escribir también *7th*

seventh² /'sev.ᵊnθ/ *n* [C] ⇨séptimo ⇨séptima parte

† **seventy** UK: /'sev.ᵊn.ti/ US: /-ˤt̬i/ ⇨setenta

sever /'sev.ə˞/ US: /-ə/ *v* [T] **1** ⇨cortar ⇨cercenar ▪ CONSTR. Se usa más en pasiva **2** *(una relación)* ⇨romper

† **several** UK: /'sev.ᵊr.ᵊl/ US: /-ə-/ *adj, pron* ⇨varios,rias: *She has been to England several times* - Ha estado varias veces en Inglaterra

† **severe** UK: /sɪ'vɪə˞/ US: /-'vɪr/ *adj* **1** ⇨serio,ria ⇨grave **2** ⇨intransigente ⇨riguroso,sa ⇨severo,ra **3** ⇨austero,ra ⇨severo,ra

† **sew, sewed, sewn** UK: /səʊ/ US: /soʊ/ *v* [T, I] ⇨coser: *to sew on a button* - coser un botón

| PHRASAL VERBS
· **to sew** *sth* **up** [M] **1** ⇨zurcir algo ⇨coser algo **2** *(inform)* ⇨amañar algo ⇨tener algo en el bolsillo *col.* ▪ CONSTR. Se usa más en pasiva

sewage UK: /'suː.ɪdʒ/ *n* [U] ⇨aguas residuales

sewer UK: /sʊə˞/ US: /'suː.ə/ *n* [C] ⇨cloaca ⇨alcantarilla

sewing UK: /'səʊ.ɪŋ/ US: /'soʊ-/ *n* [U] ⇨costura

sewn past participle of **sew**

† **sex** /seks/ ▪ *n* [C, U] **1** ⇨género ⇨sexo ▪ El plural es *sexes* ▪ *n* [U] **2** ⇨sexo ⇨relaciones sexuales

sexism /'sek.sɪ.z²m/ *n* [U] ⇨sexismo

sexist /'sek.sɪst/ *adj, n* [C] ⇨sexista ⇨machista

sexual /'sek.sjuəl/ *adj* ⇨sexual

sexuality UK: /ˌsek.sju'æl.ɪ.ti/ US: /-ə.ˤt̬i/ *n* [U] ⇨sexualidad

sexy /'sek.si/ *adj* [*comp* sexier, *superl* sexiest] ⇨sexy ⇨atractivo,va

sh /ʃː/ *excl* ⇨chist

shabby /'ʃæb.i/ *adj* [*comp* shabbier, *superl* shabbiest] **1** ⇨desaliñado,da ⇨en mal estado **2** *(un comportamiento)* ⇨improcedente ⇨mezquino,na

shack /ʃæk/ *n* [C] ⇨choza ⇨jacal *AMÉR.*

shade¹ /ʃeɪd/ ▪ *n* [U] **1** ⇨sombra: *Let's get in the shade* - ¿Nos ponemos a la sombra? ▪ *n* [C] **2** ⇨tono: *the shade of a colour* - el tono de un color **3** *(en una lámpara)* ⇨pantalla **4** ⇨matiz **5 a** ⇨un poco: *a shade cheaper* - un poco más barato

shade² /ʃeɪd/ [shaded, shading] *v* [T] ⇨proteger(se): *to shade one's eyes from the sun* - protegerse los ojos del sol

† **shadow¹** UK: /'ʃæd.əʊ/ US: /-oʊ/ *n* [C] **1** ⇨sombra: *My own shadow scared me* - Me asusté de mi propia sombra **2 shadows** ⇨tinieblas

shadow² UK: /'ʃæd.əʊ/ US: /-oʊ/ *v* [T] ⇨seguir de cerca

shadowy UK: /'ʃæd.əʊ.i/ US: /-oʊ-/ *adj* **1** ⇨sombrío,-a ⇨oscuro,ra **2** ⇨enigmático,ca

shady /'ʃeɪ.di/ *adj* [*comp* shadier, *superl* shadiest] **1** ⇨con sombra: *We stayed in the shady part of the beach* - Nos quedamos en la parte de la playa con sombra *(un árbol)* ⇨que da sombra **3** *(inform)* *(una actividad)* ⇨turbio,bia ⇨deshonesto,ta

shaft UK: /ʃɑːft/ US: /ʃæft/ *n* [C] **1** ⇨pozo ⇨hueco ⇨agujero **2** *(en un arma o en una herramienta)* ⇨astil ⇨mango **3** *(de una máquina)* ⇨eje **4** *(de una columna)* ⇨fuste **5 a ~ of light** ⇨un rayo de luz

† **shake¹**, shook, shaken /ʃeɪk/ [shaking] ▪ *v* [T] **1** ⇨agitar ⇨sacudir **2** ⇨conmocionar ▪ CONSTR. Se usa más en pasiva ▪ *v* [I] **3** ⇨temblar **4 to ~ hands** ⇨darse la mano **5 to ~** *one's* **head** ⇨negar con la cabeza

| PHRASAL VERBS
· **to shake** *sth* **off** [M] ⇨sacudir(se) algo ⇨deshacer(se) de algo
· **to shake** *sb* **off** [M] ⇨deshacerse de alguien
· **to shake** *sb* **up 1** ⇨asustar a alguien **2** ⇨conmocionar a alguien
· **to shake** *sth* **up** [M] *(una organización, un equipo)* ⇨reorganizar por completo

shake² /ʃeɪk/ ▪ *n* [C] **1** ⇨sacudida ▪ *n* [C, U] **2** *(tb milkshake)* ⇨batido ⇨licuado *AMÉR.*

S

shaken past participle of **shake**

shaking n [U, NO PL] ⇨sacudida

shaky /ˈʃeɪ.ki/ adj [comp shakier, superl shakiest] **1** ⇨tembloroso,sa **2** ⇨inestable ⇨flojo,ja ⇨débil

†**shall** /ʃæl, ʃəl/ v [MODAL] **1** (para hacer sugerencias) ⇨¿qué tal si...? **2** (para pedir consejos): What shall we do tonight? - ¿Qué hacemos esta noche? **3** (form) (para formar el futuro): I shall tell you later - Te lo contaré más tarde ■ Solo se usa en la primera persona I y we ■ CONSTR. shall + do sth ■ Ver cuadro modal verbs

†**shallow** UK: /ˈʃæl.əʊ/ US: /-oʊ/ adj **1** ⇨poco profundo,da **2** (una persona) ⇨superficial

shamanism /ˈʃeɪ.mən.ɪ.zᵊm/ n [U] ⇨chamanismo ■ PRON. sha rima con day

shambles /ˈʃæm.blz/ to be in ~ **1** (inform) ⇨estar en ruinas **2** ⇨ser un desastre

shame¹ /ʃeɪm/ ■ n [U] **1** ⇨vergüenza ■ n [NO PL] **2** ⇨pena: It's a shame that you can't come with us - Es una pena que no puedas venir con nosotros ■ CONSTR. 1. a shame + (that) 2. a shame + to do sth **3** to put sth/sb to ~ ⇨dejar en evidencia

shame² /ʃeɪm/ [shamed, shaming] v [T] **1** ⇨deshonrar **2** ⇨avergonzar

shamefaced /ʃeɪmˈfeɪst, '--/ adj ⇨abochornado,da

shameful /ˈʃeɪm.fᵊl/ adj ⇨vergonzoso,sa

shameless /ˈʃeɪm.ləs/ adj ⇨sinvergüenza ⇨desvergonzado,da

†**shampoo** /ʃæmˈpuː/ n [C, U] ⇨champú

†**shan't** UK: /ʃɑːnt/ US: /ʃænt/ (shall not) See **shall**

shanty town n [C] ⇨barrio de chabolas ⇨población callampa AMÉR.; ⇨ciudad perdida AMÉR.

†**shape¹** /ʃeɪp/ n [C, U] **1** ⇨forma: a triangular shape - una forma triangular **2** out of ~ **1** (una persona) ⇨en baja forma **2** (un objeto) ⇨deformado,da

shape² /ʃeɪp/ [shaped, shaping] v [T] **1** ⇨influir ⇨determinar ⇨formar **2** ⇨dar forma ⇨modelar

shapeless /ˈʃeɪp.ləs/ adj **1** ⇨informe ⇨sin forma **2** (una prenda de vestir) ⇨sin gracia

†**share¹** UK: /ʃeəʳ/ US: /ʃer/ [shared, sharing] v [T, I] **1** ⇨dividir **2** ⇨distribuir ⇨repartir **3** ⇨compartir: I share my room with a friend - Comparto la habitación con un amigo

share² UK: /ʃeəʳ/ US: /ʃer/ ■ n [C] **1** (en economía) ⇨acción ■ n [C, U] **2** ⇨parte: I took my share of the money and left - Cogí mi parte del dinero y me fui

†**shareholder** UK: /ˈʃeə.həʊl.dəʳ/ US: /ˈʃer.hoʊl.dəʳ/ n [C] ⇨accionista

†**shark** UK: /ʃɑːk/ US: /ʃɑːrk/ n [C] (pez) ⇨tiburón

†**sharp¹** UK: /ʃɑːp/ US: /ʃɑːrp/ adj **1** ⇨afilado,da **2** ⇨agudo,da ⇨astuto,ta ⇨listo,ta **3** ⇨agudo,da

⇨intenso,sa **4** ⇨afilado,da ⇨fuerte **5** (una curva) ⇨cerrada **6** ⇨ácido,da **7** (una imagen) ⇨nítido,da **8** (una persona) ⇨elegante **9** (en música) ⇨sostenido,da **10** (en música) ⇨desafinado,da **11** ⇨pronunciado,da

sharp² UK: /ʃɑːp/ US: /ʃɑːrp/ adv ⇨en punto: I will see you at 8 o'clock sharp - Te veré a las ocho en punto

sharpen UK: /ˈʃɑː.pᵊn/ US: /ˈʃɑːr-/ v [T] ⇨afilar ⇨sacar punta

sharply UK: /ˈʃɑː.pli/ US: /ˈʃɑːr-/ adv **1** ⇨de manera brusca ⇨bruscamente **2** ⇨claramente **3** (la forma de vestir) ⇨con mucha elegancia

shatter UK: /ˈʃæt.əʳ/ US: /ˈʃæᵗt̬.əʳ/ ■ v [T, I] ⇨hacer(se) añicos: The mirror shattered - El espejo se hizo añicos ■ v [T] **2** ⇨destruir(se) ⇨desvanecer(se)

shattered UK: /ˈʃæt.əd/ US: /ˈʃæᵗt̬.əd/ adj **1** ⇨hecho,cha añicos **2** UK (inform) (una persona) ⇨destrozado,da ⇨conmocionado,da **3** UK (inform) (una persona) ⇨agotado,da ⇨baldado,da col.

shave¹ /ʃeɪv/ [shaved, shaving] v [T, I] ⇨afeitar(se): I shave every morning - Me afeito todas las mañanas

shave² /ʃeɪv/ ■ n [C] **1** ⇨afeitado ■ n [NO PL] **2** That was a close shave! - ¡Nos escapamos por los pelos!

shaver UK: /ˈʃeɪ.vəʳ/ US: /-vəʳ/ n [C] ⇨máquina de afeitar ⇨rasuradora AMÉR.

shawl UK: /ʃɔːl/ US: /ʃɑːl/ n [C] ⇨chal ⇨mantilla ⇨toquilla

†**she** /ʃiː, ʃi/ pron ⇨ella: She did it herself - Lo hizo ella misma ■ Las frases en inglés siempre llevan sujeto, menos los imperativos ■ Ver cuadro personal pronouns

shear, sheared, shorn (tb sheared, sheared) UK: /ʃɪəʳ/ US: /ʃɪr/ v [T] ⇨esquilar: to shear a sheep - esquilar una oveja

shears UK: /ʃɪəz/ US: /ʃɪrz/ n [PL] (herramienta) ⇨podadera

sheath /ʃiːθ/ n [C] **1** (de un cuchillo) ⇨vaina ⇨funda **2** UK ⇨preservativo

†**she'd** /ʃid, ʃiːd/ **1** (she had) See **have 2** (she would) See **would**

shed¹ /ʃed/ n [C] ⇨cabaña ⇨cobertizo: garden shed - cobertizo en el jardín

shed², shed, shed /ʃed/ [shedding] v [T] **1** (el pelo o las hojas de los árboles) ⇨perder **2** (la piel) ⇨mudar **3** (lágrimas o sangre) ⇨derramar **4** (de una responsabilidad) ⇨liberarse

†**sheep** /ʃiːp/ [pl sheep] n [C] ⇨oveja

†**sheer** UK: /ʃɪəʳ/ US: /ʃɪr/ adj **1** ⇨mero,ra ⇨puro,ra **2** ⇨absoluto,ta: a feeling of sheer happiness - un sentimiento de absoluta felicidad **3** (un terreno)

∞escarpado,da **4** (un material) ∞fino,na ∞transparente

† **sheet** /ʃiːt/ n [c] **1** ∞sábana **2** ∞hoja ∞lámina

sheikh /ʃeɪk, ʃiːk/ n [c] ∞jeque

† **shelf** /ʃelf/ [pl shelves] n [c] ∞estante ∞balda

† **she'll** /ʃil, ʃiːl/ (she will) See **will**

shell¹ /ʃel/ ∎ n [c, u] **1** (de un molusco) ∞concha **2** (de huevo, de marisco) ∞cáscara **3** (de una tortuga) ∞caparazón ∎ n [c] **4** ∞obús ∞proyectil ∞cartucho **5** ∞armazón ∞estructura

shell² /ʃel/ v [T] ∞bombardear

shellfish /ʃel.fɪʃ/ [pl shellfish] n [c, u] **1** ∞marisco **2** ∞crustáceo

shelter¹ UK: /ʃel.təʳ/ US: /-ˤtɚ/ ∎ n [c] **1** ∞refugio ∎ n [u] **2** ∞abrigo ∞resguardo

shelter² UK: /ʃel.təʳ/ US: /-ˤtɚ/ ∎ v [T, I] **1** ∞refugiarse ∞resguardar: to shelter sth from the wind - resguardar algo del viento ∎ v [T] **3** ∞dar cobijo: We sheltered a homeless person - Dimos cobijo a un sin techo

sheltered UK: /ʃel.təd/ US: /-ˤtɚd/ adj ∞resguardado,da ∞cubierto,ta ∞protegido,da

shelve /ʃelv/ [shelved, shelving] ∎ v [T] **1** ∞posponer ∞aplazar ∎ CONSTR. Se usa más en pasiva ∎ v [I] **2** ∞descender

shelves /ʃelvz/ n [PL] See **shelf**

shepherd UK: /ʃep.əd/ US: /-ɚd/ n [c] ∞pastor,-a

sheriff /ʃer.ɪf/ n [c] ∞sheriff

sherry /ʃer.i/ ∎ n [u] **1** ∞jerez ∎ n [c] **2** ∞vaso de jerez ∎ El plural es sherries

† **she's** /ʃiːz, ʃiz/ **1** (she is) See **be 2** (she has) See **have**

shield¹ /ʃiːld/ n [c] ∞escudo

shield² /ʃiːld/ v [T] ∞proteger(se)

shift¹ /ʃɪft/ n [c] **1** ∞cambio **2** (período de tiempo) ∞turno

shift² /ʃɪft/ ∎ v [T, I] **1** ∞mover(se): The baby wouldn't stop shifting in its cot - El bebé no dejaba de moverse en la cuna **2** v [T] ∞correr: Shift those chairs into the living room - Corre esas sillas al salón **3** ∞cambiar **4** to shift the blame onto sb - echar la culpa a alguien **5** US (UK change) (en un coche) ∞cambiar

shifty /ʃɪf.ti/ adj [comp shiftier, superl shiftiest] (inform) ∞falso,sa ∞sospechoso,sa

shilling /ʃɪl.ɪŋ/ n [c] (antigua unidad monetaria) ∞chelín

shimmer UK: /ʃɪm.əʳ/ US: /-ɚ/ v [I] ∞brillar ∞titilar ∞rielar poético

shin /ʃɪn/ ∎ n [c] **1** (en la pierna) ∞espinilla ∎ n [c, u] **2** (en un animal) ∞jarrete

shine¹, shone, shone /ʃaɪn/ [shining] v [I] **1** ∞brillar ∞resplandecer **2** ∞brillar: Her eyes shone in the darkness - Sus ojos brillaban en la oscuridad **3** He polished his boots until they shone - Se limpió las botas hasta dejarlas relucientes **4** ∞relucir ∞sobresalir

shine² /ʃaɪn/ n [NO PL] ∞brillo ∞resplandor

shingle /ʃɪŋ.gl/ n [u] ∞guijarro

shining /ʃaɪ.nɪŋ/ adj ∞brillante ∞luminoso,sa

shiny /ʃaɪ.ni/ adj [comp shinier, superl shiniest] ∞brillante ∞reluciente

† **ship**¹ /ʃɪp/ n [c] ∞barco ∞buque ∎ Se usa con embarcaciones grandes. Comparar con boat

ship² /ʃɪp/ [shipped, shipping] v [T] **1** ∞transportar en barco **2** ∞enviar ∞despachar ∎ CONSTR. 1. Se usa generalmente seguido de una preposición o un adverbio 2. Se usa más en pasiva

shipment /ʃɪp.mənt/ ∎ n [c] **1** ∞cargamento ∎ n [u] **2** (de una mercancía) ∞transporte

shipwreck /ʃɪp.rek/ n [c, u] ∞naufragio

shipyard UK: /ʃɪp.jɑːd/ US: /-jɑːrd/ n [c] ∞astillero

† **shirt** UK: /ʃɜːt/ US: /ʃɝt/ n [c] ∞camisa

shiver¹ UK: /ʃɪv.əʳ/ US: /-ɚ/ v [I] ∞tiritar ∞temblar

shiver² UK: /ʃɪv.əʳ/ US: /-ɚ/ n [c] ∞temblor ∞escalofrío

shoal UK: /ʃəʊl/ US: /ʃoʊl/ n [c] ∞banco [de peces]

† **shock**¹ UK: /ʃɒk/ US: /ʃɑːk/ ∎ n [u] **1** ∞conmoción ∎ n [c] **2** See **electric shock** ∎ n [c, u] **3** ∞impresión ∞susto

† **shock**² UK: /ʃɒk/ US: /ʃɑːk/ v [T, I] ∞conmocionar: We all were shocked by the news - La noticia nos conmocionó a todos ∎ CONSTR. Se usa más en pasiva

shocked UK: /ʃɒkt/ US: /ʃɑːkt/ adj ∞impactado,da ∞impresionado,da∞estupefacto,ta∞escandalizado,da ∎ CONSTR. shocked + {at/by} sth

shocking UK: /ʃɒk.ɪŋ/ US: /ʃɑː.kɪŋ/ adj **1** ∞terrible ∞escandaloso,sa **2** UK ∞muy malo,la ∞horrible

shoddy UK: /ʃɒd.i/ US: /ʃɑː.di/ adj [comp shoddier, superl shoddiest] ∞de mala calidad

† **shoe** /ʃuː/ n [c] ∞zapato

shoelace /ʃuː.leɪs/ (US tb shoestring) n [c] (en un zapato) ∞cordón ∎ Se usa más en plural

shoestring /ʃuː.strɪŋ/ n [c] **1** US See **shoelace 2 on a ~** (inform) ∞con recursos limitados

shone UK: /ʃɒn/ US: /ʃɑːn/ past tense and past participle forms of **shine**

shoo /ʃuː/ v [T] (inform) ∞espantar: to shoo away a bird - espantar un pájaro ∎ CONSTR. Se usa generalmente seguido de una preposición o un adverbio

shook /ʃʊk/ past tense of **shake**

† **shoot**¹, shot, shot /ʃuːt/ ∎ v [T, I] **1** ∞disparar ∞abalear AMÉR. ∎ v [I] **2** ∞pasar volando ∞salir disparado,da ∎ CONSTR. Se usa generalmente seguido de una preposición o un adverbio ∎ v [T] **3** ∞filmar ∞rodar **4** (en fútbol) ∞chutar

S ▮

PHRASAL VERBS

· **to shoot** *sth/sb* **down** [M] ⇨derribar

· **to shoot up** *(un precio)* ⇨disparar(se)

shoot² /ʃuːt/ *n* [c] **1** *(de una planta)* ⇨brote **2** *(de una película)* ⇨rodaje **3** ⇨sesión fotográfica

shooting UK: /ˈʃuː.tɪŋ/ US: /-ˤtɪŋ/ ■ *n* [c, u] **1** ⇨tiroteo ⇨balacera AMÉR. ■ *n* [U] **2** *(de una película)* ⇨rodaje ⇨filmación **3** ⇨cacería

† **shop¹** UK: /ʃɒp/ US: /ʃɑːp/ *(US tb* **store)** *n* [c] ⇨tienda

shop² UK: /ʃɒp/ US: /ʃɑːp/ [shopped, shopping] ■ *v* [I] **1** ⇨hacer compras ⇨comprar ■ *v* [T] **2** *UK (inform)* ⇨vender col.: *His accomplice shopped him to the police* - Su cómplice lo vendió a la policía

PHRASAL VERBS

· **to shop around** ⇨comparar precios

shopaholic *n* [c] *(inform)* ⇨adicto,ta a las compras

† **shop assistant** *UK (US* **clerk/sales assistant)** *n* [c] ⇨dependiente,ta

shopkeeper UK: /ˈʃɒpˌkiː.pəʳ/ US: /ˈʃɑːpˌkiː.pɚ/ *UK n* [c] ⇨tendero,ra

shoplift UK: /ˈʃɒp.lɪft/ US: /ˈʃɑːp-/ *v* [T] ⇨robar [en las tiendas]

shoplifter UK: /ˈʃɒp.lɪf.təʳ/ US: /ˈʃɑːp-/ *n* [c] ⇨ladrón,-a [que roba en tiendas]

shoplifting UK: /ˈʃɒp.lɪf.tɪŋ/ US: /ˈʃɑːp-/ *n* [U] ⇨robo [en una tienda]

shopper UK: /ˈʃɒp.əʳ/ US: /ˈʃɑː.pɚ/ *n* [c] ⇨comprador,-a

shopping UK: /ˈʃɒp.ɪŋ/ US: /ˈʃɑː.pɪŋ/ *n* [U] **1** ⇨compra **2** ⇨compra: *Could you help me put the shopping away?* - ¿Me ayudas a colocar la compra? **3 to go ~** ⇨ir de compras ⇨ir de tiendas

shopping centre *UK n* [c] ⇨centro comercial

shopping mall *US (UK/US tb* **mall)** *n* [c] See **shopping centre**

† **shore** UK: /ʃɔːʳ/ US: /ʃɔːr/ *n* [c, u] **1** ⇨costa **2** *(de un lago o del mar)* ⇨orilla

shorn UK: /ʃɔːn/ US: /ʃɔːrn/ past participle of **shear**

† **short¹** UK: /ʃɔːt/ US: /ʃɔːrt/ *adj* **1** ⇨corto,ta **2** ⇨bajo,ja ⇨petiso,sa AMÉR. **3** *The film was very short* - La película duró muy poco **4** *I'm going on holidays for a short time* - Me voy unos días de vacaciones **5 to be ~ for something 6 to be ~ of** *sth* ⇨andar escaso,sa de algo

† **short²** UK: /ʃɔːt/ US: /ʃɔːrt/ *n* [c] **1** *UK (bebida alcohólica)* ⇨copa **2** *(película)* ⇨cortometraje ⇨corto **3 in ~** ⇨en resumen ⇨en una palabra

shortage UK: /ˈʃɔː.tɪdʒ/ US: /ˈʃɔːr.ˤtɪdʒ/ *n* [c] ⇨escasez: *a shortage of food* - un escasez de alimentos ■ PRON. La *a* se pronuncia como la *i* de *did*

shortcoming /ˈʃɔːtˌkʌm.ɪŋ/ *n* [c] ⇨fallo ⇨defecto ■ Se usa más en plural

shortcut UK: /ˈʃɔːt.kʌt/ US: /ˈʃɔːrt-/ *n* [c] ⇨atajo: *to take a shortcut* - tomar un atajo

shorten UK: /ˈʃɔː.tᵊn/ US: /ˈʃɔːr-/ ■ *v* [T] **1** ⇨acortar ⇨meter **2** ⇨acortar ⇨abreviar ■ *v* [I] **3** ⇨reducir(se) ⇨acortar(se)

shorthand UK: /ˈʃɔːt.hænd/ US: /ˈʃɔːrt-/ *n* [U] ⇨taquigrafía

shortlist UK: /ˈʃɔːt.lɪst/ US: /ˈʃɔːrt-/ *UK n* [c] ⇨lista de seleccionados

short-lived /ˌʃɔːtˈlɪvd/ *adj* ⇨efímero,ra

shortly UK: /ˈʃɔːt.li/ US: /ʃɔːrt-/ *adv* ⇨dentro de poco ⇨en breve

† **shorts** UK: /ʃɔːts/ US: /ʃɔːrts/ *n* [PL] **1** ⇨pantalón corto: *two pairs of shorts* - dos pantalones cortos **2** *US* ⇨calzoncillos

short-sighted UK: /ˌʃɔːtˈsaɪ.tɪd/ US: /ˌʃɔːrtˈsaɪ.ˤtɪd/ *adj* **1** *UK (US* **nearsighted)** ⇨miope **2** ⇨corto,ta de miras *desp.*

† **short-term** UK: /ˌʃɔːtˈtɜːm/ US: /ˈʃɔːrt.tɜːm/ *adj* ⇨a corto plazo

† **shot¹** UK: /ʃɒt/ US: /ʃɑːt/ *n* [c] **1** ⇨disparo **2** ⇨foto **3** *(en deportes)* ⇨tiro ⇨disparo ⇨chut **4** ⇨chupito [de bebida] **5** *(en medicina)* ⇨dosis ⇨inyección

shot² UK: /ʃɒt/ US: /ʃɑːt/ past tense and past participle forms of **shoot**

shotgun UK: /ˈʃɒt.ɡʌn/ US: /ˈʃɑːt-/ *n* [c] ⇨escopeta

† **should** /ʃʊd, ʃəd/ *v* [MODAL] **1** *(sugerencias o consejos)* ⇨deber **2** *(probabilidad)* ⇨deber de **3** *(form) (condición)* ⇨si ■ CONSTR. should + do sth ■ Ver cuadro modal verbs

† **shoulder¹** UK: /ˈʃəʊl.dəʳ/ US: /ˈʃoʊl.dɚ/ *n* [c] **1** ⇨hombro **2** *US (UK* **hard shoulder)** ⇨arcén

shoulder² UK: /ˈʃəʊl.dəʳ/ US: /ˈʃoʊl.dɚ/ *v* [T] ⇨hacerse cargo ⇨cargar

shoulder blade *n* [c] *(en anatomía)* ⇨omóplato

shoulder-length UK: /ˈʃəʊl.dəˌleŋkθ/ US: /ˈʃoʊl.dɚ-/ *adj (una melena)* ⇨por los hombros

† **shouldn't** /ˈʃʊd.ᵊnt/ *(should not)* See **should**

† **should've** /ˈʃʊd.ᵊv/ *(should have)* See **should**

† **shout¹** /ʃaʊt/ *v* [T, I] **1** ⇨gritar: *Don't shout at me, I can hear you perfectly well* - No me grites, te oigo perfectamente; *She shouted to me to move away* - Me gritó para que me apartara ■ CONSTR. 1. to shout at sb cuando la persona que grita está enfadada o está advirtiendo de algo 2. to shout to sb para los demás casos **2** *Aus, UK* ⇨invitar [una bebida o una ronda de bebidas]: *I'll shout you a beer* - Te invito una cerveza ■ PRON. Rima con el término inglés *out*

PHRASAL VERBS

· **to shout** *sb* **down** [M] ⇨hacer callar a alguien a gritos

shout² /ʃaʊt/ n [c] **1** ⇒grito **2** *Aus* ⇒ronda [de bebidas]: *It's my shout* - Invito una ronda ■ PRON. Rima con el término inglés *out*

shove¹ /ʃʌv/ [shoved, shoving] v [T, I] **1** ⇒empujar ⇒apartar de un empujón **2** *(inform)* ⇒arrebujar: *We shoved all the clothes into the drawer* - Arrebujamos toda la ropa en el cajón ■ CONSTR. Se usa generalmente seguido de una preposición o un adverbio

shove² /ʃʌv/ n [c] ⇒empujón: *to give a shove* - dar un empujón

shovel¹ /ʃʌv.ºl/ n [c] ⇒pala

shovel² /ʃʌv.ºl/ [shovelled, shovelling; *US* shoveled, shoveling] v [T, I] ⇒cavar [con pala]

† **show¹**, showed, shown UK: /ʃəʊ/ US: /ʃoʊ/ ■ v [T] **1** ⇒enseñar ⇒mostrar ■ CONSTR. 1. to show + dos objetos **2** ⇒demostrar ⇒probar ■ CONSTR. to show + (that) **3** ⇒enseñar ⇒mostrar ■ CONSTR. to show + interrogativa indirecta **4** *(una película)* ⇒proyectar **5** *(un cuadro, una foto)* ⇒exhibir **6** *(un instrumento, un indicador)* ⇒marcar ⇒indicar ■ v [I] **7** ⇒notarse ⇒percibirse

| PHRASAL VERBS

· **to show off** ⇒fanfarronear ⇒presumir

· **to show** *sth/sb* **off** [M] ⇒presumir de

· **to show up** *(inform)* ⇒presentarse ⇒venir ⇒aparecer

· **to show** *sb* **up** [M] ⇒dejar en ridículo a alguien ⇒poner en evidencia a alguien

show² UK: /ʃəʊ/ US: /ʃoʊ/ n [c] **1** ⇒espectáculo ⇒función **2** ⇒exposición ⇒feria **3** *(en la televisión o en la radio)* ⇒programa **4 a ~ of** *sth* **1** ⇒una muestra de algo ⇒una demostración de algo **2** *(falso, insincero)* ⇒un alarde de **5 for ~** ⇒de exposición ⇒de adorno **6 on ~** ⇒en exposición

show business n [U] ⇒mundo del espectáculo

showdown UK: /ʃəʊ.daʊn/ US: /ʃoʊ-/ n [c] ⇒altercado ⇒enfrentamiento

shower¹ UK: /ʃaʊəʳ/ US: /ʃaʊr/ n [c] **1** *(aparato)* ⇒ducha ⇒regadera *AMÉR.* **2** ⇒ducha: *to have a shower* - darse una ducha **3** ⇒chubasco ⇒chaparrón **4 a ~ of** *sth* ⇒una lluvia de algo: *a shower of sweets* - una lluvia de caramelos

shower² UK: /ʃaʊəʳ/ US: /ʃaʊr/ v [I] ⇒ducharse

| PHRASAL VERBS

· **to shower** *sb* **with** *sth* ⇒inundar a alguien de algo ⇒llenar de

showing UK: /ʃəʊ.ɪŋ/ US: /ʃoʊ-/ n [c] **1** ⇒proyección **2** ⇒actuación

shown UK: /ʃəʊn/ US: /ʃoʊn/ past participle of **show**

show-off UK: /ʃəʊ.ɒf/ US: /ʃoʊ.ɑːf/ n [c] *(inform)* ⇒chulo,la *col.;* ⇒presumido,da

showroom UK: /ʃəʊ.rʊm/ UK: /-ruːm/ US: /ʃoʊ-/ n [c] ⇒sala de exposiciones

shrank /ʃræŋk/ past tense of **shrink**

shrapnel /ʃræp.nºl/ n [U] ⇒metralla

shred¹ /ʃred/ n [c] **1** ⇒jirón ■ Se usa más en plural **2 not a ~ of** *sth* ⇒ni una pizca de algo: *There isn't a shred of hope* - No hay ni una pizca de esperanza

shred² /ʃred/ [shredded, shredding] v [T] ⇒hacer jirones

shrewd /ʃruːd/ adj **1** ⇒perspicaz ⇒agudo,da ⇒sagaz **2** *(una decisión)* ⇒acertado,da

shriek¹ /ʃriːk/ v [T, I] ⇒chillar: *He shrieked when he saw the mouse* - Chilló al ver al ratón

shriek² /ʃriːk/ n [c] ⇒chillido

shrill /ʃrɪl/ adj ⇒agudo,da ⇒chillón,-a

shrimp /ʃrɪmp/ [pl shrimp, shrimps] n [c, U] **1** *(crustáceo)* ⇒camarón **2** *US* *(UK* prawn*)* ⇒gamba

shrine /ʃraɪn/ n [c] **1** ⇒santuario **2** ⇒lugar sagrado

shrink¹, shrank, shrunk /ʃrɪŋk/ v [T, I] ⇒encoger: *My jumper has shrunk in the wash* - Mi jersey ha encogido al lavarlo

| PHRASAL VERBS

· **to shrink from {**sth/doing *sth}* ⇒evitar algo ⇒acobardarse ante algo

shrink² /ʃrɪŋk/ n [c] *(inform)* ⇒loquero,ra *col.*

shrivel /ʃrɪv.ºl/ [shrivelled, shrivelling; *US* shriveled, shriveling] v [T, I] **1** ⇒secar(se) ⇒marchitar(se) **2** ⇒arrugar(se)

shroud¹ /ʃraʊd/ n [c] **1** ⇒mortaja **2** ⇒sudario

shroud² /ʃraʊd/ v [T] ⇒rodear: *The case is shrouded in mystery* - El caso está rodeado de un halo de misterio ■ CONSTR. Se usa más en pasiva

shrub /ʃrʌb/ n [c] ⇒arbusto

† **shrug** /ʃrʌg/ [shrugged, shrugging] v [T, I] ⇒encogerse de hombros

| PHRASAL VERBS

· **to shrug** *sth* **off** [M] ⇒olvidarse de algo ⇒no hacer caso a algo

shrunk /ʃrʌŋk/ past participle of **shrink**

shudder¹ UK: /ʃʌd.əʳ/ US: /-ə/ v [I] **1** ⇒estremecerse ⇒temblar **2** *The vehicle shuddered to a halt* - El vehículo se paró de repente

shudder² UK: /ʃʌd.əʳ/ US: /-ə/ n [c] **1** ⇒estremecimiento **2** ⇒sacudida

shuffle /ʃʌf.l/ [shuffled, shuffling] ■ v [T, I] **1** ⇒barajar: *to shuffle the cards* - barajar las cartas ■ v [I] **2** ⇒caminar arrastrando los pies ■ CONSTR. Se usa generalmente seguido de una preposición o un adverbio

shun /ʃʌn/ [shunned, shunning] v [T] **1** ⇒dar la espalda ⇒rechazar **2** ⇒evitar ⇒rehuir

S

†**shut**¹, shut, shut /ʃʌt/ [shutting] ∎ v [T] **1** (*UK tb* **close**) ⇨cerrar ∎ v [I] **2** ⇨cerrarse **3** ⇨cerrar

PHRASAL VERBS

· **to shut** *sth/sb* **away** [M] ⇨encerrar
· **to shut** (*sth*) **down** [M] ⇨cerrar ⇨apagar
· **to shut** *sth* **off** [M] **1** (*un motor o una máquina*) ⇨apagar **2** (*suministro*) ⇨cortar
· **to shut** *sth/sb* **out** [M] **1** ⇨no dejar pasar **2** ⇨excluir
· **to shut** (*sb*) **up** [M] (*inform*) ⇨callar(se) ⇨cerrar(se) el pico *col.*

shut² /ʃʌt/ *adj* ⇨cerrado,da: *The shop was shut, so we went away* - La tienda estaba cerrada, así que nos fuimos ∎ CONSTR. Se usa detrás de un verbo

shutter UK: /'ʃʌt.ər/ US: /'ʃʌˤt̬.ɚ/ n [c] **1** ⇨contraventana **2** (*en una cámara de fotos*) ⇨obturador

shuttle UK: /'ʃʌt.l/ US: /'ʃʌˤt̬-/ n [c] **1** (*en un telar*) ⇨lanzadera **2** ⇨puente aéreo **3** ⇨servicio de autobuses: *airport shuttle* - autobús que lleva al aeropuerto **4** ⇨autobús lanzadera ⇨tren lanzadera **5** (*tb* **space shuttle**) ⇨transbordador espacial

†**shy**¹ /ʃaɪ/ *adj* [*comp* shyer, *superl* shyest] ⇨tímido,da ⇨reservado,da

shy² /ʃaɪ/ [shies, shied] v [I] (*un caballo*) ⇨desbocarse

PHRASAL VERBS

· **to shy away from** *sth* ⇨evitar hacer algo: *He shied away from calling her* - Evitó llamarla

shyly /'ʃaɪ.li/ *adv* ⇨tímidamente

Siberia UK: /saɪˈbɪə.ri.ə/ US: /-bɪ.ri.ə/ n [U] ⇨Siberia ∎ PRON. *si* rima con *my*

Siberian UK: /saɪˈbɪə.ri.ən/ US: /-bɪ.ri.ən/ *adj, n* [c] ⇨siberiano,na

sibling /'sɪb.lɪŋ/ n [c] (*form*) ⇨hermano,na ∎ Se usa más *brother* y *sister*

†**sick**¹ /sɪk/ *adj* **1** ⇨enfermo,ma **2** ⇨de mal gusto: *a sick joke* - un chiste de mal gusto **3** **to be ~** ⇨vomitar **4** **to be ~ of** *sth/sb* (*inform*) ⇨estar harto,ta **5** **to feel ~** ⇨tener ganas de vomitar ⇨estar mareado,da

sick² /sɪk/ *UK n* [U] ⇨vómito ⇨pota *col.*

sicken /'sɪk.ən/ ∎ v [T] **1** ⇨poner enfermo,ma ⇨dar asco ∎ v [I] **2** ⇨enfermar(se)

sickening /'sɪk.ən.ɪŋ/ *adj* ⇨nauseabundo,da ⇨repugnante

sickly /'sɪk.li/ *adj* [*comp* sicklier, *superl* sickliest] **1** ⇨enfermizo,za **2** ⇨empalagoso,sa

sickness /'sɪk.nəs/ n [U] **1** ⇨enfermedad **2** ⇨náusea

†**side**¹ /saɪd/ n [c] **1** ⇨borde: *at the side of the road* - al borde de la carretera **2** ⇨lado ⇨costado **3** ⇨cara **4** ⇨aspecto ⇨parte **5** *UK* ⇨equipo: *Our side got a goal* - Nuestro equipo metió un gol **6** **from ~ to ~** ⇨de lado a lado ⇨de un lado

a otro **7** **side-by-side** ⇨uno al lado del otro ⇨una al lado de la otra **8** **to take sides** ⇨tomar partido

†**side**² /saɪd/

PHRASAL VERBS

· **to side with** *sb* ⇨ponerse del lado de alguien: *I sided with him in that* - Me puse de su lado

sideboard UK: /'saɪd.bɔːd/ US: /-bɔːrd/ n [c] (*mueble*) ⇨aparador ∎ PRON. La segunda sílaba, *board*, rima con *cord*

sideburns UK: /'saɪd.bɜːnz/ US: /-bɝːnz/ n [PL] (*en la cara*) ⇨patillas

†**side effect** n [c] ⇨efecto secundario: *What are the side effects?* - ¿Cuáles son los efectos secundarios?

sidewalk UK: /'saɪd.wɔːk/ US: /-wɑːk/ *US* (*UK* **pavement**) n [c] ⇨acera ⇨vereda AMÉR.; ⇨andén AMÉR.

sideways /'saɪd.weɪz/ *adv* **1** ⇨hacia un lado: *to step sideways* - ponerse hacia un lado **2** ⇨de lado: *The table only fits sideways* - La mesa solo cabe de lado **3** ⇨de reojo: *to look sideways* - mirar de reojo

siege /siːdʒ/ n [c, U] **1** ⇨cerco policial **2** ⇨sitio: *state of siege* - estado de sitio **3** **to lay ~ to** *sth* ⇨cercar algo: *to lay siege to a castle* - cercar un castillo ∎ PRON. La primera parte, *sie*, rima con el pronombre inglés *he*

Sierra Leone UK: /si͜ˌer.ə.liˈəʊn/ US: /-ˈoʊn/ n [U] ⇨Sierra Leona

Sierra Leonean UK: /si͜ˌer.ə.liˈəʊ.ni.ən/ US: /-ˈoʊ-/ *adj, n* [c] ⇨sierraleonés,-a

sieve¹ /sɪv/ n [c] ⇨tamiz ⇨cedazo

sieve² /sɪv/ [sieved, sieving] v [T] ⇨tamizar

sift /sɪft/ v [T] **1** ⇨tamizar **2** ⇨examinar: *to sift through evidence* - examinar las pruebas

sigh¹ /saɪ/ v [T, I] ⇨suspirar: *He sighed with relief* - Suspiró aliviado ∎ PRON. Rima con *my*

sigh² /saɪ/ n [c] ⇨suspiro ∎ PRON. Rima con *my*

†**sight** /saɪt/ ∎ n [c, U, NO PL] **1** ⇨vista ⇨paisaje ∎ n [U] **2** (*sentido*) ⇨vista **3** **out of ~, out of mind** ⇨ojos que no ven, corazón que no siente **4** **the sights** ⇨lugares de interés turístico **5** **to catch ~** ⇨vislumbrar ⇨ver por casualidad

sighting UK: /'saɪ.tɪŋ/ US: /-ˤt̬ɪŋ/ n [c] ⇨avistamiento: *a UFO sighting* - el avistamiento de un ovni

sightseeing /'saɪt̬ˌsiː.ɪŋ/ n [U] ⇨turismo ⇨visitas turísticas

†**sign**¹ /saɪn/ n [c] **1** ⇨signo ⇨seña ⇨gesto **2** ⇨señal ⇨letrero **3** ⇨indicio ⇨señal

†**sign**² /saɪn/ v [T, I] ⇨firmar: *to sign a cheque* - firmar un cheque ∎ PRON. Rima con el término inglés *mine*

single

| PHRASAL VERBS
· **to sign {on/up}** ⇨firmar un contrato de trabajo
· **to sign up** ⇨matricularse: *Sarah has signed up for a German course* - Sarah se ha matriculado en un curso de alemán

† **signal**[1] /'sɪg.nəl/ n [C] ⇨señal

signal[2] /'sɪg.nəl/ [signalled, signalling; US signaled, signaling] v [T, I] **1** ⇨hacer señas ■ CONSTR. to signal + to do sth **2** ⇨dar señales (de): *He signalled that he was ready to talk* - Dio señales de estar preparado para hablar ■ CONSTR. to signal + (that)

† **signature** UK: /'sɪg.nɪ.tʃəʳ/ US: /-tʃɚ/ n [C] ⇨firma ■ Distinto de *subject* (asignatura)

significance /sɪg'nɪf.ɪ.kənts/ n [U] ⇨importancia ⇨significación ⇨significado ■ Distinto de *meaning* (significado)

† **significant** /sɪg'nɪf.ɪ.kənt/ adj **1** ⇨significativo,va ⇨importante **2** ⇨significativo,va ⇨revelador,-a

signify /'sɪg.nɪ.faɪ/ [signifies, signified] v [T] ⇨significar: *What does this symbol signify?* - ¿Qué significa este símbolo?

signing /'saɪ.nɪŋ/ n [C] **1** UK (en deportes) ⇨fichaje **2** ⇨firma: *the signing of the peace treaty* - la firma del tratado de paz ■ PRON. Rima con el término inglés *mine*

sign language n [C] ⇨lenguaje de signos

signpost UK: /'saɪn.pəʊst/ US: /-poʊst/ n [C] **1** ⇨señal de carretera **2** ⇨augurio

† **silence**[1] /'saɪ.lənts/ n [C, U] ⇨silencio

silence[2] /'saɪ.lənts/ [silenced, silencing] v [T] **1** ⇨silenciar ⇨acallar **2** (euphem) ⇨eliminar

silent /'saɪ.lənt/ adj **1** ⇨silencioso,sa ⇨callado,da **2** ⇨mudo,da: *a silent letter* - una letra muda

silently /'saɪ.lənt.li/ adv ⇨silenciosamente

silhouette /ˌsɪl.u'et/ n [C] ⇨silueta

† **silk** /sɪlk/ n [U] ⇨seda: *as smooth as silk* - tan suave como la seda

silky /'sɪl.ki/ adj [comp silkier, superl silkiest] ⇨sedoso,sa

† **silly** /'sɪl.i/ adj [comp sillier, superl silliest] **1** ⇨ridículo,la ⇨tonto,ta **2** ⇨tonto,ta col. desp.; ⇨bobo,ba desp.

† **silver** UK: /'sɪl.vəʳ/ US: /-vɚ/ n [U] ⇨plata

silvery /'sɪl.vəʳr.i/ US: /-vɚ-/ adj (lit) ⇨plateado,da

† **similar** UK: /'sɪm.ɪ.ləʳ/ US: /-ə.lɚ/ adj ⇨similar ⇨parecido,da

similarity UK: /ˌsɪm.ɪ'lær.ɪ.ti/ US: /-ə'ler.ə.t̬i/ [pl similarities] n [C, U] ⇨similitud ⇨semejanza

similarly UK: /'sɪm.ɪ.lə.li/ US: /-ə.lɚ-/ adv ⇨de manera similar ⇨de la misma manera

simmer UK: /'sɪm.əʳ/ US: /-ɚ/ ■ v [T, I] **1** ⇨hervir a fuego lento ■ v [I] **2** (un conflicto) ⇨fraguarse

† **simple** /'sɪm.pl̩/ adj **1** ⇨sencillo,lla ⇨fácil **2** ⇨ingenuo,nua ⇨tonto,ta

simplicity UK: /sɪm'plɪs.ɪ.ti/ US: /-ə.t̬i/ n [U] ⇨simplicidad ⇨sencillez

simplify UK: /'sɪm.plɪ.faɪ/ US: /-plə-/ [simplifies, simplified] v [T] ⇨simplificar: *to simplify things* - simplificar las cosas

simplistic /sɪm'plɪs.tɪk/ adj ⇨simplista

simply /'sɪm.pli/ adv **1** ⇨simplemente: *I simply said I don't like your dress* - Simplemente he dicho que no me gusta tu vestido **2** ⇨sencillamente

simulate /'sɪm.ju.leɪt/ [simulated, simulating] v [T] ⇨simular

simulator UK: /'sɪm.ju.leɪ.təʳ/ US: /-t̬ɚ/ n [C] ⇨simulador: *flight simulator* - simulador de vuelo

† **simultaneous** UK: /ˌsɪm.ə'l'teɪ.ni.əs/ US: /ˌsaɪ.m[ə]l-/ adj ⇨simultáneo,a

sin[1] /sɪn/ n [C, U] ⇨pecado

sin[2] /sɪn/ [sinned, sinning] v [I] ⇨pecar

† **since**[1] /sɪnts/ adv, prep **1** ⇨desde: *I haven't seen Walter since last Friday* - No veo a Walter desde el viernes pasado; *We've been walking since one o'clock* - Llevamos caminando desde la una ■ Se usa con momentos o fechas concretas y con el verbo en pretérito perfecto. Comparar con *for* y *ago*. Con verbos en futuro se usa *from*: *I will be there from Wednesday* - Estaré allí desde el miércoles **2** ⇨desde entonces: *She wrote to me two years ago and I haven't heard from her since* - Me escribió hace dos años y desde entonces no sé nada de ella ■ Ver cuadro for / since

† **since**[2] /sɪnts/ conj **1** ⇨desde (que) **2** ⇨ya que ⇨puesto que

sincere UK: /sɪn'sɪəʳ/ US: /-'sɪr/ adj ⇨sincero,ra

sincerely UK: /sɪn'sɪə.li/ US: /-'sɪr-/ adv **1** ⇨sinceramente **2** Yours ~ (form) ⇨atentamente ■ Se usa cuando en una carta se nombra al destinatario. Comparar con *yours faithfully*

sinful /'sɪn.fᵊl/ adj ⇨pecaminoso,sa ⇨pecador,-a

† **sing, sang, sung** /sɪŋ/ v [T, I] **1** ⇨cantar: *to sing in a choir* - cantar en un coro **2** (un pájaro) ⇨cantar

Singapore UK: /ˌsɪŋ.ə'pɔːʳ/ US: /'sɪŋ.ə.pɔːr/ n [U] ⇨Singapur

Singaporean /ˌsɪŋ.ə'pɔː.ri.ən/ adj, n [C] ⇨singapurense

singer UK: /'sɪŋ.əʳ/ US: /-ɚ/ n [C] ⇨cantante

singing /'sɪŋ.ɪŋ/ n [U] ⇨canto

† **single**[1] /'sɪŋ.gl̩/ adj **1** ⇨solo,la: *There was a single car in the garage* - Había un solo coche en el garaje **2** ⇨soltero,ra **3** (una cama) ⇨individual

single[2] /'sɪŋ.gl̩/ n [C] **1** UK (US one-way ticket) ⇨billete de ida **2** (en música) ⇨single ⇨disco sencillo

S

[†] **single**³ /'sɪŋ.gl/ [singled, singling]

PHRASAL VERBS
· **to single** *sth/sb* **out** [M] 1 ⇒escoger: *They singled me out to give an explanation for what had happened* - Me escogieron para que explicara lo sucedido 2 ⇒distinguir

single-handed /ˌsɪŋ.gl'hæn.dɪd/ (*tb* **single-handedly**) *adv* ⇒sin ayuda de nadie: *She sailed to Australia single-handed* - Navegó hasta Australia sin ayuda de nadie

single-handedly /ˌsɪŋ.gl'hæn.dɪd.li/ *adv* See **single-handed**

single-minded /ˌsɪŋ.gl'maɪn.dɪd/ *adj* ⇒resuelto,ta ⇒decidido,da

[†] **singular**¹ UK: /'sɪŋ.gjʊ.lər/ US: /-lə/ *adj* 1 *(en gramática)* ⇒singular 2 *(form)* ⇒singular ⇒excepcional

[†] **singular**² UK: /'sɪŋ.gjʊ.lər/ US: /-lə/ *n* [NO PL] *(en gramática)* ⇒singular

sinister UK: /'sɪn.ɪ.stər/ US: /-stə/ *adj* ⇒siniestro,tra

[†] **sink**¹, sank, sunk (*US tb* sunk, sunk) /sɪŋk/ ■ *v* [T, I] 1 ⇒hundir(se): *The enemy bombs sank three ships* - Las bombas de los enemigos hundieron tres barcos; *The boat sank in the water* - El barco se hundió en el agua ■ *v* [I] 2 ⇒ocultarse: *The sun sank over the horizon* - El sol se ocultó en el horizonte

PHRASAL VERBS
· **to sink in** *(inform)* ⇒asimilar ⇒asumir
· **to sink** *sth* **into** *sth* 1 *(dinero)* ⇒invertir en algo 2 ⇒hundirse en algo ⇒meterse en algo

[†] **sink**² /sɪŋk/ *n* [C] 1 *(en la cocina)* ⇒fregadero ⇒lavaplatos AMÉR.; ⇒pila 2 *(en el cuarto de baño)* ⇒lavabo

sinus /'saɪ.nəs/ [*pl* sinuses] *n* [C] ⇒seno nasal

sip¹ /sɪp/ [sipped, sipping] *v* [T, I] ⇒beber a sorbos: *She sipped her tea* - Bebió el té a sorbos

sip² /sɪp/ *n* [C] ⇒sorbo: *to take a sip of water* - beber un sorbo de agua

[†] **Sir** /sɜːʳ/ *n* 1 *(form) (en una carta)* ⇒señor 2 *(form) (tratamiento de cortesía)* ⇒señor 3 *UK (título)* ⇒sir

[†] **siren** UK: /'saɪə.rən/ US: /'saɪr.ən/ *n* [C] ⇒sirena ⇒alarma

[†] **sister** UK: /'sɪs.tər/ US: /-tə/ *n* [C] 1 ⇒hermana 2 *(en religión)* ⇒monja ⇒hermana

sister-in-law UK: /'sɪs.tə.rɪn.lɔː/ US: /-tə.ɪn.lɑː/ [*pl* sisters-in-law] *n* [C] ⇒cuñada

[†] **sit**, sat, sat /sɪt/ [sitting] ■ *v* [T, I] 1 ⇒sentar(se): *I sat on the sofa* - Me senté en el sofá 2 ⇒estar sentado,da: *He was sitting on the front row* - Estaba sentado en la primera fila ■ *v* [I] 3 *(un comité)* ⇒reunirse ■ CONSTR. Se usa generalmente seguido

de una preposición o un adverbio 4 **to ~ down** ⇒tomar asiento ⇒sentarse

PHRASAL VERBS
· **to sit {about/around}** ⇒no hacer nada
· **to sit back** 1 ⇒relajarse (sentado) 2 *We can't sit back and wait for him to show up* - No podemos quedarnos de brazos cruzados mientras esperamos a que aparezca
· **to sit through** *sth* ⇒aguantar algo: *We sat through two hours of speeches* - Aguantamos dos horas de discursos
· **to sit up** 1 ⇒ponerse derecho,cha 2 ⇒incorporarse: *Sit up and have some soup* - Incorpórate y toma algo de sopa 3 *to make sb sit up and take notice* - lograr que alguien preste mucha atención 4 ⇒quedarse despierto [por la noche]

[†] **site** /saɪt/ *n* [C] 1 ⇒lugar ⇒emplazamiento 2 *(en arqueología)* ⇒yacimiento 3 ⇒forma abreviada de **website** (sitio web) 4 ⇒solar ⇒terreno

sitting UK: /'sɪt.ɪŋ/ US: /'sɪˁt̬-/ *n* [C] 1 *(de comida)* ⇒turno ⇒tanda 2 ⇒sesión [parlamentaria]

[†] **sitting room** *UK* (*UK/US tb* **living room**) *n* [C] ⇒cuarto de estar ⇒salón

situated UK: /'sɪt.ju.eɪ.tɪd/ US: /-ˁt̬ɪd/ *adj (form)* ⇒situado,da ⇒ubicado,da ■ PRON. La e se pronuncia como la i de *did*

situation /ˌsɪt.ju'eɪ.ʃən/ *n* [C] 1 ⇒situación 2 *(form)* ⇒ubicación

[†] **six** /sɪks/ ⇒seis: *There are six of them* - Son seis; *He is six years old* - Tiene seis años

[†] **sixteen** /ˌsɪk'stiːn, '--/ ⇒dieciséis

sixteenth /ˌsɪk'stiːnθ, '--/ 1 ⇒decimosexto,ta 2 *(para las fechas)* ⇒dieciséis ■ Se puede escribir también *16th*

sixth¹ /sɪksθ/ 1 ⇒sexto,ta 2 *(para las fechas)* ⇒seis 3 *It is his sixth birthday today* - Hoy cumple seis años ■ Se puede escribir también *6th*

sixth² /sɪksθ/ *n* [C] ⇒sexto ⇒sexta parte

sixth form *n* [C] ⇒en el Reino Unido, últimos dos años de la enseñanza secundaria

[†] **sixty** /'sɪk.sti/ ⇒sesenta

[†] **size**¹ /saɪz/ ■ *n* [C, U] 1 ⇒tamaño ■ *n* [C] 2 *(de una prenda de vestir)* ⇒talla ⇒número

[†] **size**² /saɪz/

· **to size** *sth/sb* **up** [M] ⇒examinar ⇒evaluar ⇒calar *col.*

sizeable /'saɪ.zə.bl/ *adj* ⇒importante ⇒considerable

skate¹ /skeɪt/ *n* [C] 1 (*tb* roller skate) ⇒patín 2 (*tb* ice skate) ⇒patín de hielo 3 *(pez)* ⇒raya

skate² /skeɪt/ [skated, skating] *v* [I] 1 ⇒patinar 2 ⇒patinar sobre hielo ■ CONSTR. Se usa generalmente seguido de las preposiciones y adverbios *across, on* y *over*

skateboard UK: /'skeɪt.bɔːd/ US: /-bɔːrd/ *n* [C] ⇒monopatín

≡S

skateboarding UK: /'skeɪtˌbɔːdɪŋ/ US: /-ˌbɔːr-/ n [U] ⇨patinaje con monopatín

† **skeleton** UK: /'skel.ɪ.tᵊn/ US: /-ˤtən/ n [c] 1 ⇨esqueleto 2 a ~ {crew/service/staff} ⇨personal mínimo ⇨servicios mínimos

skeptic /'skep.tɪk/ US (UK **sceptic**) n [c] ⇨escéptico,ca

skeptical US (UK **sceptical**) adj ⇨escéptico,ca

skepticism US (UK **scepticism**) n [U] ⇨escepticismo

sketch¹ /sketʃ/ [pl sketches] n [c] 1 ⇨bosquejo ⇨esbozo 2 (actuación) ⇨sketch

sketch² /sketʃ/ v [T] ⇨bosquejar ⇨esbozar ⇨abocetar

sketchy /'sketʃ.i/ adj [comp sketchier, superl sketchiest] ⇨superficial ⇨poco preciso,sa

ski¹ /skiː/ [pl skis] n [c] ⇨esquí: a pair of skis - unos esquís

ski² /skiː/ [skied, skiing] v [I] ⇨esquiar: Where did you learn to ski? - ¿Dónde aprendiste a esquiar?

skid /skɪd/ [skidded, skidding] v [I] 1 (un vehículo) ⇨derrapar 2 ⇨resbalar: He skidded on the ice rink - Resbaló en la pista de hielo

skiing /'skiː.ɪŋ/ n [U] ⇨esquí: to go skiing - hacer esquí

ski jump n [U, NO PL] ⇨salto de esquí

† **skilful** /'skɪl.fᵊl/ UK (US **skillful**) adj ⇨habilidoso,sa ⇨diestro,tra

† **skill** /skɪl/ ∎ n [U] 1 ⇨habilidad ⇨destreza ∎ n [c] 2 ⇨destreza ⇨habilidad

skilled /skɪld/ adj 1 ⇨hábil: to be skilled in sth - ser hábil en algo 2 ⇨cualificado,da 3 ⇨especializado,da

skillet /'skɪl.ɪt/ US (UK/US tb **frying pan**) n [c] ⇨sartén

skillful US adj See **skilful**

skim /skɪm/ [skimmed, skimming] ∎ v [T] 1 ⇨espumar 2 ⇨desnatar 3 ⇨leer por encima ∎ v [T, I] 4 ⇨pasar rozando: The plane skimmed the roofs - El avión pasó rozando los tejados

† **skin¹** /skɪn/ n [c, U] 1 ⇨piel 2 (de fruta) ⇨piel ⇨cáscara 3 (en la leche) ⇨nata 4 to do sth by the ~ of one's teeth (inform) ⇨conseguir algo por los pelos col.

skin² /skɪn/ [skinned, skinning] v [T] ⇨despellejar(se)

skinhead /'skɪn.hed/ n [c] ⇨cabeza rapada

skinny /'skɪn.i/ adj [comp skinnier, superl skinniest] ⇨flaco,ca

skip¹ /skɪp/ [skipped, skipping] ∎ v [I] 1 ⇨saltar a la comba 2 ⇨dar saltos: She skipped for joy - Daba saltos de alegría ∎ CONSTR. Se usa generalmente seguido de una preposición o un adverbio ∎ v [T] 3 ⇨saltarse: He skipped a class - Se saltó una clase 4 ⇨evitar (algo)

skip² /skɪp/ n [c] 1 ⇨salto 2 UK ⇨contenedor [de basura]

skipper UK: /'skɪp.əʳ/ US: /-ə/ n [c] (inform) ⇨capitán,-a ⇨patrón,-a

skirmish UK: /'skɜː.mɪʃ/ US: /'skɜː-/ [pl skirmishes] n [c] ⇨escaramuza

† **skirt** UK: /skɜːt/ US: /skɜːt/ n [c] ⇨falda ⇨pollera AMÉR.

skive /skaɪv/ [skived, skiving] (tb **skive off**) UK v [I] 1 (inform) ⇨escaquearse [del trabajo] col. 2 UK (inform) ⇨hacer novillos col. 3 to ~ off a class UK (inform) ⇨fumarse una clase col.

† **skull** /skʌl/ n [c] ⇨calavera ⇨cráneo

† **sky** /skaɪ/ n [U, NO PL] ⇨cielo: The sky is so blue today! - ¡El cielo está hoy tan azul!

skydiving /'skaɪˌdaɪ.vɪŋ/ n [U] ⇨paracaidismo [deportivo]

skylight /'skaɪ.laɪt/ n [c] ⇨claraboya

skyline /'skaɪ.laɪn/ n [c] 1 ⇨línea del horizonte 2 ⇨perfil: the skyline of the city - el perfil de la ciudad

skyscraper UK: /'skaɪˌskreɪ.pəʳ/ US: /-pə/ n [c] ⇨rascacielos: This city is full of skyscrapers - Esta ciudad está repleta de rascacielos

slab /slæb/ n [c] 1 ⇨bloque: a concrete slab - un bloque de hormigón 2 (de chocolate) ⇨tableta

slack /slæk/ adj 1 ⇨flojo,ja: This rope is too slack - Esta cuerda está demasiado floja 2 ⇨descuidado,da: a slack person - una persona descuidada

slacken /'slæk.ᵊn/ v [T, I] 1 ⇨aflojar(se) 2 ⇨reducir [el ritmo] ⇨disminuir

slain /sleɪn/ past participle of **slay**

slalom /'slɑː.ləm/ n [c] ⇨eslalon

† **slam** /slæm/ [slammed, slamming] ∎ v [T, I] 1 ⇨cerrar de golpe: He slammed the door - Cerró la puerta de golpe 2 ⇨arrojar ⇨tirar ∎ CONSTR. Se usa seguido de preposición o adverbio ∎ v [T] 3 (inform) ⇨criticar ⇨censurar

slander¹ UK: /'slɑːn.dəʳ/ US: /'slæn.də/ n [c, U] 1 ⇨injuria 2 (en derecho) ⇨calumnia

slander² UK: /'slɑːn.dəʳ/ US: /'slæn.də/ v [T] ⇨injuriar 2 (en derecho) ⇨calumniar

† **slang** /slæŋ/ n [U] ⇨argot

slant¹ /slɑːnt/ US: /slænt/ v [T, I] ⇨ladear(se)

slant² UK: /slɑːnt/ US: /slænt/ ∎ n [c] 1 ⇨giro ∎ n [U] 2 ⇨pendiente: That twist is on a slant - Esa curva está en una pendiente

slap¹ /slæp/ [slapped, slapping] v [T] 1 ⇨abofetear: She slapped him in front of us - Lo abofeteó delante de nosotros 2 (en la espalda) ⇨dar palmadas

slap² /slæp/ n [c] 1 ⇨bofetada 2 ⇨cachete 2 ⇨palmada

slapdash /'slæp.dæʃ/ adj (inform) ⇨descuidado,da ⇨chapucero,ra

S ▤

slash 378

slash /slæʃ/ [slashes] *v* [T] **1** ⇨cortar ⇨rebanar **2** ⇨dar un navajazo

slate /sleɪt/ ▪ *n* [U] *(roca)* ⇨pizarra ▪ *n* [C] **2** ⇨pizarrín **3** *US* ⇨lista de candidatos en unas elecciones

slaughter¹ UK: /ˈslɔː.tə⁰/ US: /ˈslɑː.ˤt̬ə/ *v* [T] ⇨masacrar: *How many people were slaughtered in the war?* - ¿A cuántas personas masacraron en la guerra? **2** *(a un animal)* ⇨sacrificar ⇨carnear *AMÉR.* **3** *(inform)* ⇨dar una paliza ⇨vencer con facilidad

slaughter² UK: /ˈslɔː.tə⁰/ US: /ˈslɑː.ˤt̬ə/ *n* [U, NO PL] ⇨matanza ⇨masacre

Slav /slɑːv/ *adj, n* [C] ⇨eslavo,va

slave /sleɪv/ *n* [C] **1** ⇨esclavo,va **2** to be a ~ {of/to} sth ⇨ser un esclavo de algo: *He is a slave to fashion* - Es un esclavo de la moda

slavery UK: /ˈsleɪ.v²r.i/ US: /-ɚ-/ *n* [U] ⇨esclavitud

slay, slew, slain /sleɪ/ *v* [T] *(lit)* ⇨asesinar ⇨matar de forma violenta

sleazy /ˈsliː.zi/ *adj* [comp sleazier, superl sleaziest] ⇨sórdido,da

sledge /sledʒ/ *UK n* [C] ⇨trineo [tirado por animales]

sleek /sliːk/ *adj* **1** ⇨lustroso,sa ⇨brillante **2** *(una persona)* ⇨impecable ⇨elegante

sleep¹, slept, slept /sliːp/ *v* [I] **1** ⇨dormir **2** *The tent sleeps four comfortably* - En la tienda de campaña entran cuatro personas cómodamente

PHRASAL VERBS
· to sleep in ⇨dormir: *Today I slept in until 2 pm* - Hoy he dormido hasta las dos de la tarde
· to sleep sth off [M] ⇨dormir para recuperarse de algo
· to sleep on sth *(inform)* ⇨consultar algo con la almohada col.
· to sleep through sth ⇨no oír nada [mientras uno duerme]: *I slept through the alarm and was late* - No oí el despertador y llegué tarde
· to sleep with sb *(inform, euphem)* ⇨acostarse con alguien

sleep² /sliːp/ ▪ *n* [C, U] **1** ⇨sueño: *What a lovely sleep I had!* - ¡Menudo sueñecito me he echado! ▪ Distinto de *dream* (sueño - representación) ▪ *n* [U] **2** *(inform)* ⇨legaña **3** to go to ~ **1** ⇨dormirse **2** *(inform) (una parte del cuerpo)* ⇨dormirse ⇨entumecer(se)

sleeper UK: /ˈsliː.pə⁰/ US: /-pɚ/ *n* [C] **1** to be a heavy sleeper - tener el sueño pesado **2** *(en un tren)* ⇨litera **3** *(en un tren)* ⇨coche cama **4** *UK (de una vía férrea)* ⇨traviesa **5** ⇨espía [in situ]

sleepily /ˈsliː.pɪ.li/ *adv* ⇨con sueño

sleeping bag *n* [C] ⇨saco de dormir

sleepless /ˈsliː.pləs/ *adj* ⇨en vela: *to spend a sleepless night* - pasar la noche en vela

sleepy /ˈsliː.pi/ *adj* [comp sleepier, superl sleepiest] **1** ⇨cansado,da [con sueño] **2** *(un lugar)* ⇨tranquilo,la **3** to look sleepy - tener cara de sueño **4** to be ~ ⇨tener sueño

sleet /sliːt/ *n* [U] ⇨aguanieve

sleeve /sliːv/ *n* [C] **1** ⇨manga **2** *(US tb jacket)* ⇨funda **3** to have sth up one's ~ *(inform)* ⇨tener algo en la manga col.

sleigh /sleɪ/ *n* [C] ⇨trineo [tirado por caballos]

slender UK: /ˈslen.də⁰/ US: /-dɚ/ *adj* **1** ⇨delgado,da ⇨esbelto,ta **2** ⇨escaso,sa

slept /slept/ past tense and past participle forms of **sleep**

slew /sluː/ ▪ **1** past tense of **slay** ▪ *v* [T, I] **2** ⇨girar ⇨virar ▪ Constr. Se usa generalmente seguido de una preposición o un adverbio

slice¹ /slaɪs/ *n* [C] **1** ⇨porción **2** ⇨rebanada ⇨feta *AMÉR.* **3** ⇨rodaja [de fruta] **4** ⇨loncha **5** ⇨tajada [de carne] **6** *(inform)* ⇨parte

slice² /slaɪs/ [sliced, slicing] *v* [T] ⇨trinchar ⇨cortar [en lonchas]

PHRASAL VERBS
· to slice {into/through} sth ⇨cortar algo limpiamente
· to slice sth (up) ⇨cortar algo en rebanadas

slick¹ /slɪk/ *adj* **1** ⇨conseguido,da ⇨bien hecho,cha **2** ⇨granuja ⇨con mucha labia

slick² /slɪk/ *n* [C] ⇨mancha de petróleo (en el mar)

slid past tense and past participle forms of **slide**

slide¹, slid, slid /slaɪd/ [sliding] ▪ *v* [I] **1** ⇨deslizarse ⇨resbalar ▪ *v* [T] **2** ⇨deslizar ⇨correr

slide² /slaɪd/ *n* [C] **1** ⇨tobogán **2** ⇨diapositiva **3** *(de un microscopio)* ⇨portaobjetos

slight /slaɪt/ *adj* **1** ⇨ligero,ra ⇨pequeño,ña **2** *(una persona)* ⇨delgado,da ⇨frágil **3** not in the slightest ⇨en absoluto ⇨para nada

slightly /ˈslaɪt.li/ *adv* ⇨ligeramente

slim¹ /slɪm/ *adj* [comp slimmer, superl slimmest] **1** ⇨delgado,da ⇨esbelto,ta **2** ⇨escaso,sa **3** ⇨ligero,ra

slim² /slɪm/ [slimmed, slimming] *v* [I] ⇨adelgazar

slime /slaɪm/ *n* [U] ⇨baba

slimy /ˈslaɪ.mi/ *adj* [comp slimier, superl slimiest] **1** ⇨baboso,sa ⇨viscoso,sa **2** *(inform)* ⇨despreciable ⇨rastrero,ra

sling¹ /slɪŋ/ *n* [C] **1** ⇨cabestrillo **2** ⇨honda

sling², slung, slung /slɪŋ/ *v* [T] **1** ⇨soltar de cualquier manera: *She slung her overcoat over the sofa* - Soltó el abrigo de cualquier manera en el sofá **2** ⇨colgar(se): *They slung their bags over their shoulder* - Se colgaron los bolsos al hombro **3** ⇨arrojar: *I slung the bag into the back of the car* - Arrojé el bolso a la parte trasera del coche ▪ Constr. Se usa generalmente seguido de una preposición o un adverbio

slur

slink, slunk, slunk /slɪŋk/ v [I] ⇨deslizar(se): *He slunk into the house at night* - Se deslizó en la casa por la noche ■ CONSTR. Se usa generalmente seguido de una preposición o un adverbio

† **slip**[1] /slɪp/ [slipped, slipping] ■ v [I] **1** ⇨resbalarse ■ CONSTR. Se usa generalmente seguido de una preposición o un adverbio ■ v [T] **2** *(inform)* ⇨dar a escondidas ⇨deslizar **3** to ~ *one's* mind *Her name slipped my mind for a moment* - Su nombre se me fue de la cabeza por un momento

PHRASAL VERBS
· **to slip away** ⇨escabullirse ⇨escapársele a alguien
· **to slip** *sth* **off** ⇨quitarse algo [rápidamente]
· **to slip** *sth* **on** ⇨ponerse algo [rápidamente]
· **to slip out** *(un comentario)* ⇨escaparse
└· **to slip up** ⇨meter la pata *col.*

slip[2] /slɪp/ n [c] **1** ⇨desliz ⇨descuido ⇨error **2** ⇨resguardo **3** *(prenda de vestir)* ⇨combinación ⇨enagua **4** ⇨resbalón **5** to give *sb* the ~ *(inform)* ⇨dar esquinazo a alguien *col.*

slipper UK: /ˈslɪp.əʳ/ US: /-ə/ n [c] ⇨zapatilla ⇨pantufla

slippery UK: /ˈslɪp.ᵊr.i/ US: /-ə-/ adj **1** ⇨resbaladizo,za **2** *(una persona)* ⇨escurridizo,za

slit[1] /slɪt/ n [c] **1** ⇨corte **2** ⇨abertura

slit[2], slit, slit /slɪt/ [slitting] v [T] **1** *(con cuchillo)* ⇨abrir ⇨rajar **2** to ~ *sth's* throat ⇨degollar a alguien

slither UK: /ˈslɪð.əʳ/ US: /-ə/ v [I] ⇨deslizarse ⇨resbalar ■ CONSTR. Se usa generalmente seguido de una preposición o un adverbio

sliver UK: /ˈslɪv.əʳ/ US: /-ə/ n [c] ⇨esquirla ⇨astilla

slob UK: /slɒb/ US: /slɑːb/ n [c] *(inform)* ⇨cerdo,da *col. desp.;* ⇨guarro,rra *col.*

slog UK: /slɒg/ US: /slɑːg/ [slogged, slogging] UK v [I] **1** *(inform)* ⇨sudar tinta *col.*: *He slogged all day at work* - Sudaba tinta todo el día en el trabajo **2** *(inform)* ⇨ir renqueando: *They slogged up the hill to the refuge* - Fueron renqueando colina arriba hasta el refugio ■ CONSTR. Se usa generalmente seguido de una preposición o un adverbio

slogan UK: /ˈsləʊ.gən/ US: /ˈsloʊ-/ n [c] ⇨eslogan

slop UK: /slɒp/ US: /slɑːp/ [slopped, slopping] ■ v [T, I] **1** *(un líquido)* ⇨desbordar(se) ■ v [T] **2** *(comida o bebida)* ⇨echar

slope[1] UK: /sləʊp/ US: /sloʊp/ n [c] **1** ⇨cuesta ⇨pendiente **2** ⇨pista [de esquí]

slope[2] UK: /sləʊp/ US: /sloʊp/ [sloped, sloping] v [I] ⇨inclinarse: *The path slopes down a little here* - Aquí el camino está un poco inclinado ■ CONSTR. to slope up/down

sloppy UK: /ˈslɒp.i/ US: /ˈslɑː.pi/ adj [comp sloppier, superl sloppiest] **1** ⇨descuidado,da ⇨chapucero,ra **2** *(inform)* ⇨sensiblero,ra

slot UK: /slɒt/ US: /slɑːt/ n [c] **1** ⇨ranura **2** ⇨puesto ⇨espacio

slot machine n [c] ⇨máquina tragaperras **2** UK ⇨máquina expendedora

Slovak UK: /ˈsləʊ.væk/ US: /ˈsloʊ-/ adj, n [c] ⇨eslovaco,ca

Slovakia UK: /sləˈvæk.i.ə/ US: /sloʊ-/ n [U] ⇨Eslovaquia

Slovene UK: /ˈsləʊ.viːn/ US: /ˈsloʊ-/ n [c] ⇨esloveno,na

Slovenia UK: /sləˈviː.ni.ə/ US: /sloʊ-/ n [U] ⇨Eslovenia

Slovenian UK: /sləˈviː.ni.ən/ US: /sloʊ-/ adj ⇨esloveno,na

† **slow**[1] UK: /sləʊ/ US: /sloʊ/ adj **1** ⇨lento,ta **2** *(un reloj)* ⇨atrasado,da **3** *(una persona)* ⇨torpe ⇨con problemas de aprendizaje **4** *(un negocio)* ⇨flojo,ja **5** ~ motion ⇨a cámara lenta **6** to be ~ {in doing *sth*/to do *sth*} ⇨tardar en hacer algo

slow[2] UK: /sləʊ/ US: /sloʊ/ v [T] ⇨reducir la velocidad

PHRASAL VERBS
· **to slow** *(sth/sb)* {**down/up**} [M] **1** ⇨reducir la velocidad ⇨ralentizar **2** *(un progreso)* ⇨aflo-└ jar el ritmo [una persona]

† **slow**[3] UK: /sləʊ/ US: /sloʊ/ adv See **slowly**

slowly UK: /ˈsləʊ.li/ US: /ˈsloʊ-/ *(tb* slow) adv ⇨lentamente ⇨despacio

slowtime

sludge /slʌdʒ/ n [U] **1** ⇨fango **2** ⇨residuos

slug /slʌg/ n [c] **1** *(animal)* ⇨babosa **2** *(inform)* *(de una bebida alcohólica)* ⇨trago **3** *(inform)* ⇨bala

sluggish /ˈslʌg.ɪʃ/ adj **1** ⇨lento,ta **2** ⇨aletargado,da **3** *(una economía)* ⇨flojo,ja

slum /slʌm/ n [c] **1** ⇨barrio bajo ⇨barriada AMÉR. **2** ⇨pocilga *col.*: *The house is a slum* - La casa está hecha una pocilga

slump[1] /slʌmp/ v [I] **1** *(en economía)* ⇨caer **2** ⇨dejarse caer ⇨tirarse ■ CONSTR. Se usa generalmente seguido de una preposición o un adverbio

slump[2] /slʌmp/ n [c] **1** *(en economía)* ⇨caída **2** *(en economía)* ⇨depresión ⇨crisis

slung /slʌŋ/ past tense and past participle forms of **sling**

slunk /slʌŋk/ past tense and past participle forms of **slink**

slur[1] UK: /slɜːʳ/ US: /slɜː/ [slurred, slurring] v [T, I] ⇨articular mal ⇨balbucear

slur[2] UK: /slɜːʳ/ US: /slɜː/ ■ n [NO PL] **1** ⇨pronunciación incomprensible ■ n [c] **2** ⇨calumnia

S

slush /slʌʃ/ n [U] **1** ⇒nieve medio derretida **2** *(en el lenguaje)* ⇒sensiblería *desp.*

sly /slaɪ/ adj [comp slyer, superl slyest] **1** ⇒astuto,ta **2** *(una mirada)* ⇒furtivo,va

smack¹ /smæk/ v [T] ⇒dar un cachete: *He smacked me* - Me dio un cachete
| PHRASAL VERBS
| · **to smack of sth** ⇒oler a algo: *The meeting smacks of conspiracy* - La reunión huele a conspiración

smack² /smæk/ n [C] ⇒cachete ⇒azote

† **small** UK: /smɔːl/ US: /smɑːl/ adj **1** ⇒pequeño,ña ⇒chico,ca **2** **a ~ world** *It's a small world* - El mundo es un pañuelo **3** **in the ~ hours** ⇒de madrugada ■ Ver cuadro pequeño (small / little)

small-scale adj ⇒de pequeña escala ⇒a pequeña escala

small-time UK: /ˈsmɔːl.taɪm/ US: /ˈsmɑːl-/ adj *(inform)* ⇒poco importante

† **smart** UK: /smɑːt/ US: /smɑːrt/ adj **1** ⇒elegante **2** ⇒listo,ta ⇒astuto,ta **3** *(tecnología)* ⇒inteligente **4** *(un lugar)* ⇒moderno ⇒de moda

smarten UK: /ˈsmɑː.tᵊn/ US: /ˈsmɑːr-/
| PHRASAL VERBS
| · **to smarten (sth/sb) up** [M] ⇒arreglar(se)

smartly UK: /ˈsmɑːt.li/ US: /ˈsmɑːrt-/ adv **1** ⇒elegantemente: *She is always smartly dressed* - Siempre va elegantemente vestida **2** ⇒rápidamente

† **smash¹** /smæʃ/ v [T, I] ⇒hacer(se) pedazos ⇒hacer(se) añicos ■ CONSTR. Se usa generalmente seguido de una preposición o un adverbio
| PHRASAL VERBS
| · **to smash sth up** [M] ⇒destrozar algo

† **smash²** /smæʃ/ ■ n [U] **1** ⇒estrépito **2** ⇒accidente de tráfico ■ n [C] **3** ⇒éxito de ventas: *That song is a smash* - Esa canción es un éxito de ventas ■ El plural es *smashes*

smashing /ˈsmæʃ.ɪŋ/ UK adj *(old-fash)* ⇒estupendo,da ⇒genial

smear¹ UK: /smɪəʳ/ US: /smɪr/ v [T] **1** ⇒untar ■ CONSTR. Se usa generalmente seguido de la preposición with **2** ⇒calumniar

smear² UK: /smɪəʳ/ US: /smɪr/ n [C] **1** ⇒churrete ⇒marca de suciedad **2** ⇒calumnia

† **smell¹**, smelt, smelt *(tb smelled, smelled)* /smel/ ■ v [T] **1** ⇒oler ■ En la mayoría de los casos se dice *can smell* o *could smell* ■ v [I] **2** ⇒oler: *All the house smelt of freshly made coffee* - Toda la casa olía a café recién hecho; *Mmm, that bread smells good!* - Mmm, ¡qué bien huele el pan! ■ 1. Se dice *to smell like/of sth.* Incorrecto: *to smell to sth* 2. Se dice *it smells good.* Incorrecto: *it smells well*

† **smell²** /smel/ ■ n [C] ⇒olor: *I love the smell of lemons* - Me encanta el olor a limón ■ n [U] **2** ⇒olfato

smelly /ˈsmel.i/ adj [comp smellier, superl smelliest] ⇒maloliente

smelt /smelt/ UK past tense and past participle forms of **smell**

† **smile¹** /smaɪl/ [smiled, smiling] v [I] ⇒sonreír: *He saw his daughter and smiled* - Sonrió al ver a su hija ■ CONSTR.. Se dice *to smile at somebody*

† **smile²** /smaɪl/ n [C] **1** ⇒sonrisa: *a big smile* - una gran sonrisa **2** **to bring a ~ to one's face** ⇒hacer sonreír a alguien

smiley /ˈsmaɪ.li/ n [C] ⇒emoticono

smirk¹ UK: /smɜːk/ US: /smɜːk/ v [I] ⇒sonreír con satisfacción ⇒sonreír pícaramente

smirk² UK: /smɜːk/ US: /smɜːk/ n [C] ⇒sonrisa de satisfacción ⇒sonrisa pícara

smith /smɪθ/ n [C] ⇒herrero,ra

smog UK: /smɒg/ US: /smɑːg/ n [U] *(de una ciudad industrial)* ⇒nube de contaminación

† **smoke¹** UK: /sməʊk/ US: /smoʊk/ n [U] **1** ⇒humo **2** **to have a ~** *(inform)* ⇒fumarse un pitillo *col.*

† **smoke²** UK: /sməʊk/ US: /smoʊk/ [smoked, smoking] ■ v [T] **1** ⇒fumar **2** ⇒ahumar: *to smoke fish* - ahumar pescado ■ v [I] **3** ⇒echar humo: *The fireplace is smoking* - La chimenea está echando humo

smoked UK: /sməʊkt/ US: /smoʊkt/ adj ⇒ahumado,da: *smoked glass* - cristales ahumados; *smoked salmon* - salmón ahumado

smoker UK: /ˈsməʊ.kəʳ/ US: /ˈsmoʊ.kɚ/ n [C] ⇒fumador,-a

smoking UK: /ˈsməʊ.kɪŋ/ US: /ˈsmoʊ-/ n [U] *Smoking is bad for your health* - Fumar es perjudicial para tu salud

smoky UK: /ˈsməʊ.ki/ US: /ˈsmoʊ-/ adj **1** *[comp smokier, superl smokiest]* *(un lugar)* ⇒cargado,da de humo **2** ⇒humeante **3** ⇒ahumado,da: *It has a smoky taste* - Sabe a ahumado

† **smooth¹** /smuːð/ adj **1** ⇒liso,sa ⇒suave **2** ⇒sin problemas ⇒tranquilo,la **3** *(una carretera)* ⇒llano,na **4** ⇒sin grumos: *a smooth sauce* - una salsa sin grumos **5** *(una persona)* ⇒zalamero,ra

smooth² /smuːð/ v [T] ⇒alisar ■ CONSTR. Se usa generalmente seguido de una preposición o un adverbio
| PHRASAL VERBS
| · **to smooth sth over** [M] ⇒resolver algo ⇒allanar algo

smoothie /ˈsmuː.ði/ n [C] **1** ⇒persona zalamera **2** *(bebida)* ⇒batido [de frutas]

smoothly /ˈsmuː.ð.li/ adv **1** ⇒sin problemas **2** ⇒bien: *Everything went smoothly* - Todo fue bien

smother UK: /ˈsmʌð.əʳ/ US: /-ɚ/ v [T] **1** *(un fuego)* ⇒sofocar **2** *(a una persona)* ⇒asfixiar **3** ⇒cubrir

4 *(un sentimiento)* ⇒controlar ⇒reprimir **5** *(una actividad)* ⇒detener

smudge¹ /smʌdʒ/ *n* [c] ⇒mancha

smudge² /smʌdʒ/ [smudged, smudging] *v* [T] ⇒manchar(se) ⇒emborronar(se)

smug /smʌg/ *adj* [*comp* smugger, *superl* smuggest] ⇒petulante ⇒creído,da

† **smuggle** /ˈsmʌg.l̩/ [smuggled, smuggling] *v* [T] ⇒pasar de contrabando ■ CONSTR. Se usa generalmente seguido de las preposiciones into y out of

smuggler UK: /ˈsmʌg.lə'/ US: /-lə/ *n* [c] ⇒contrabandista ⇒coyote *AMÉR.*

smuggling /ˈsmʌg.lɪŋ/ *n* [U] ⇒contrabando

snack¹ /snæk/ *n* [c] **1** ⇒tentempié *col.;* ⇒aperitivo ⇒copetín *AMÉR.;* ⇒antojitos *AMÉR.;* ⇒botanas *AMÉR.* **2 to have a ~** ⇒picar algo

snack² /snæk/ **to ~ on (sth)** ⇒picar [algo]

snag /snæg/ *n* [c] *(inform)* ⇒pega *col.;* ⇒inconveniente

snail /sneɪl/ *n* [c] ⇒caracol

snake¹ /sneɪk/ *n* [c] ⇒serpiente ⇒culebra

snake² /sneɪk/ [snaked, snaking] *v* [I] ⇒serpentear: *The path snakes through the forest* - El sendero serpentea por el bosque ■ CONSTR. Se usa generalmente seguido de una preposición o un adverbio

snap¹ /snæp/ [snapped, snapping] ■ *v* [T, I] **1** ⇒romper ⇒partir **2** ⇒hablar con brusquedad ■ CONSTR. to snap at sb ■ *v* [I] **3** ⇒mordisquear **4** ⇒enfadarse ⇒perder el control **5 to ~ one's fingers** ⇒chasquear los dedos **6 to ~ {open/closed}** ⇒{abrir/cerrar} con un clic

snap² /snæp/ *n* [c] **1** *UK (inform)* ⇒foto **2** ⇒ruido seco **3** *US (en una prenda de vestir)* ⇒automático

snap³ /snæp/ **a ~ decision** ⇒una decisión repentina y poco meditada

snapper UK: /ˈsnæp.ə'/ US: /-ə/ *n* [c] *(pez)* ⇒pargo

snapshot UK: /ˈsnæp.ʃɒt/ US: /-ʃɑːt/ *n* [c] **1** ⇒foto **2** ⇒instantánea ⇒breve descripción

snare¹ UK: /sneə'/ US: /sner/ *n* [c] ⇒trampa ⇒cepo

snare² UK: /sneə'/ US: /sner/ [snared, snaring] *v* [T] **1** ⇒atrapar **2** ⇒cazar [con una trampa]

snarl¹ UK: /snɑːl/ US: /snɑːrl/ *v* [T, I] ⇒gruñir ■ CONSTR. to snarl at sb

snarl² UK: /snɑːl/ US: /snɑːrl/ *n* [c] ⇒gruñido

snatch¹ /snætʃ/ [snatches] *v* [T] **1** ⇒agarrar [rápidamente] **2** ⇒arrebatar ⇒robar **3** ⇒raptar **4** *(una oportunidad)* ⇒aprovechar

| PHRASAL VERBS
| · **to snatch at sth 1** ⇒intentar agarrar algo **2**
| *(una oportunidad)* ⇒aprovechar

snatch² /snætʃ/ *n* [c] **1** ⇒fragmento: *a snatch of a conversation* - un fragmento de una conversación **2** ⇒robo

sneak¹, sneaked, sneaked *(US tb* **snuck, snuck)** /sniːk/ *v* [I] **1** ⇒hacer algo a hurtadillas ■ CONSTR. Se usa generalmente seguido de una preposición o un adverbio **2 to ~ a look** ⇒mirar a hurtadillas **3 to ~ in (to)** ⇒entrar a hurtadillas **4 to ~ out (of)** ⇒escabullirse ⇒salir a hurtadillas

sneak² /sniːk/ *UK n* [c] *(inform)* ⇒chivato,ta ⇒acusetas *AMÉR.*

sneer¹ UK: /snɪə'/ US: /snɪr/ *v* [I] **1** ⇒mirar con desprecio: *to sneer at sb* - mirar a alguien con desprecio **2** ⇒reírse con desprecio ■ CONSTR. to sneer at sth/sb

sneer² UK: /snɪə'/ US: /snɪr/ *n* [c] **1** ⇒mirada de desprecio **2** ⇒sonrisa sarcástica **3** ⇒comentario desdeñoso

sneeze¹ /sniːz/ [sneezed, sneezing] *v* [I] ⇒estornudar: *You've been sneezing all morning* - Llevas toda la mañana estornudando

sneeze² /sniːz/ *n* [c] ⇒estornudo

snicker¹ UK: /ˈsnɪk.ə'/ US: /-ə/ *US (UK/US tb* **snigger)** *v* [I] **1** ⇒reír(se) con disimulo ⇒reír(se) por lo bajini *col.* **2** ⇒reír(se) con sarcasmo

snicker² UK: /ˈsnɪk.ə'/ US: /-ə/ *US (UK/US tb* **snigger)** *n* [c] ⇒risa disimulada

sniff¹ /snɪf/ *v* [T, I] **1** ⇒sorber [los mocos] **2** ⇒husmear ⇒olfatear ⇒oler

sniff² /snɪf/ *n* [c] ⇒inhalación

snigger¹ UK: /ˈsnɪg.ə'/ US: /-ə/ *(US tb* **snicker)** *v* [I] **1** ⇒reír(se) con disimulo: *They sniggered at his comment* - Se rieron con disimulo de su comentario **2** ⇒reír(se) con sarcasmo

snigger² UK: /ˈsnɪg.ə'/ US: /-ə/ *(US tb* **snicker)** *n* [c] **1** ⇒risa disimulada **2** ⇒risa sarcástica

snip /snɪp/ [snipped, snipping] *v* [T, I] ⇒cortar [con tijeras] ⇒recortar [con tijeras]

sniper UK: /ˈsnaɪ.pə'/ US: /-pə/ *n* [c] ⇒francotirador,-a

snob UK: /snɒb/ US: /snɑːb/ *n* [c] ⇒esnob *desp.*

snobbish UK: /ˈsnɒb.ɪʃ/ US: /ˈsnɑː.bɪʃ/ *adj* ⇒esnob *desp.*

snog¹ UK: /snɒg/ US: /snɑːg/ [snogged, snogging] *UK v* [T, I] *(inform) (una pareja)* ⇒besuquear(se) *col.;* ⇒besar(se)

snog² UK: /snɒg/ US: /snɑːg/ *UK n* [c] *(inform)* ⇒besuqueo *col.;* ⇒beso

snooker UK: /ˈsnuː.kə'/ US: /-kə/ *n* [U] ⇒billar [de veintidós bolas]

snoop¹ /snuːp/ *v* [I] **1** ⇒merodear: *He was snooping around her house* - Merodeaba por su casa **2** ⇒espiar ■ CONSTR. Se usa generalmente seguido de las preposiciones about, around y on

snoop² /snuːp/ *n* [c] **1** ⇒fisgón,-a *desp.* **2** ⇒mirón,-a **3 to have a ~ around (sth)** ⇒reconocer el terreno ⇒fisgonear (algo)

S

snooty UK: /'snu:.ti/ US: /-t̬i/ adj [comp snootier, superl snootiest] (inform) ⇨creído,da col.; ⇨engreído,da

snore¹ UK: /snɔːʳ/ US: /snɔːr/ [snored, snoring] v [I] ⇨roncar: You've been snoring the whole night - Has estado roncando toda la noche

snore² UK: /snɔːʳ/ US: /snɔːr/ n [c] ⇨ronquido

snorkel UK: /'snɔː.kəl/ US: /'snɔːr-/ n [c] ⇨tubo de bucear

snort¹ UK: /snɔːt/ US: /snɔːrt/ ■ v [I] **1** (un animal) ⇨bufar **2** ⇨bufar col.: He left the room snorting - Salió bufando de la habitación **3** to snort with laughter - soltar una carcajada ■ v [T] **4** ⇨esnifar

snort² UK: /snɔːt/ US: /snɔːrt/ n [c] **1** (de un animal) ⇨bufido **2** ⇨bufido col.; ⇨gruñido

snout /snaʊt/ n [c] **1** (de un animal) ⇨hocico **2** (de una persona) ⇨napia col.

† **snow¹** UK: /snəʊ/ US: /snoʊ/ n [U] ⇨nieve

snow² UK: /snəʊ/ US: /snoʊ/ v [I] **1** ⇨nevar **2** to be snowed in ⇨estar aislado,da por la nieve **3** to be snowed under ⇨estar invadido,da ⇨estar ahogado con

snowball¹ UK: /'snəʊ.bɔːl/ US: /'snoʊ.bɑːl/ n [c] ⇨bola de nieve

snowball² UK: /'snəʊ.bɔːl/ US: /'snoʊ.bɑːl/ v [I] (un problema, una idea o una situación) ⇨multiplicarse ⇨crecer

snowboarding UK: /'snəʊ.bɔː.dɪŋ/ US: /'snoʊ.bɔːr-/ n [U] (deporte) ⇨snowboard

snowdrift UK: /'snəʊ.drɪft/ US: /'snoʊ-/ n [c] (en una montaña) ⇨ventisquero

snowdrop UK: /'snəʊ.drɒp/ US: /'snoʊ.drɑːp/ n [c] (flor) ⇨campanilla de invierno

snowfall UK: /'snəʊ.fɔːl/ US: /'snoʊ.fɑːl/ n [U] ⇨nevada

snowflake UK: /'snəʊ.fleɪk/ US: /'snoʊ-/ n [c] ⇨copo de nieve

snowman UK: /'snəʊ.mæn/ US: /'snoʊ-/ [pl snowmen] n [c] ⇨muñeco de nieve

snowmobile UK: /'snəʊ.mə͵biːl/ US: /'snoʊ-/ n [c] ⇨moto de nieve

snowplough UK: /'snəʊ.plaʊ/ US: /'snoʊ-/ UK n [c] ⇨quitanieves

snowy UK: /'snəʊ.i/ US: /'snoʊ-/ adj [comp snowier, superl snowiest] **1** ⇨nevado,da ⇨con nieve **2** ⇨como la nieve

snub¹ /snʌb/ [snubbed, snubbing] v [T] ⇨desairar ⇨hacer un desplante

snub² /snʌb/ n [c] ⇨desaire ⇨desplante

snuck /snʌk/ US past tense and past participle forms of **sneak**

snug /snʌg/ adj **1** (un lugar) ⇨abrigado,da ⇨acogedor,-a **2** (una persona) ⇨arrebujado,da **3** (una prenda de vestir) ⇨ajustado,da

snuggle /'snʌg.l̩/ [snuggled, snuggling] v [I] ⇨acurrucar(se): He snuggled up against his father - Se acurrucó junto a su padre ■ CONSTR. Se usa generalmente seguido de una preposición o un adverbio

† **so¹** UK: /səʊ/ US: /soʊ/ adv **1** ⇨tan: Why are you so nasty to me? - ¿Por qué eres tan desagradable conmigo?; He is so funny - Es tan gracioso ■ se usa delante de un adjetivo, sin sustantivo, o de un adverbio: I'm so happy! - ¡Estoy tan feliz! Comparar con such **2** I hope so - Espero que sí **3** I don't think so - Creo que no **4** ⇨también: He is Welsh and so is his mother - Es galés y su madre también; «I can play the piano a little» «So can I» - «Sé tocar algo el piano» «Yo también» ■ Se usa con los verbos to be, to have y con verbos modales **5** ⇨así: She told me to wash my hands and I did so - Me dijo que me lavara las manos y así lo hice **6** So that's the reason! - ¡Ah, es por eso! **7** and ~ {forth/on} ⇨y así sucesivamente **8** and ~ on ⇨etcétera ⇨y todo lo demás **9** or ~ ⇨más o menos **10** So (what)? ⇨¿y qué?: «I have a lot of computer games» «So what?» - «Tengo muchos juegos de ordenador» «¿Y qué?»

† **so²** UK: /səʊ/ US: /soʊ/ conj **1** ⇨por tanto ⇨así que **2** ⇨para ⇨para que **3** ⇨así que ⇨entonces **4** ~ that ⇨de modo que

soak UK: /səʊk/ US: /soʊk/ v [T, I] **1** ⇨dejar en remojo **2** ⇨empapar: The milk had soaked through the rug - La leche había empapado la alfombra ■ CONSTR. Se usa generalmente seguido de una preposición o un adverbio

| PHRASAL VERBS
· to soak sth up [M] **1** ⇨absorber algo [líquido] **2** (el ambiente, una experiencia) ⇨empaparse de algo

soaked UK: /səʊkt/ US: /soʊkt/ adj **1** ⇨empapado,da: He's soaked to the skin - Está empapado hasta los huesos **2** to get ~ ⇨empaparse ⇨mojarse ⇨ensoparse AMÉR. col.

SOAKED

soaking UK: /'səʊ.kɪŋ/ US: /'soʊ-/ (tb soaking wet) adj ⇨empapado,da

so-and-so UK: /'səʊ.ənd.səʊ/ US: /'soʊ.ənd.soʊ/ n [c] **1** (inform) ⇨fulano,na col. **2** (inform) ⇨idiota desp.

≡S

†**soap** UK: /səʊp/ US: /soʊp/ n [c, u] **1** ⇒jabón **2** ~ **powder** ⇒detergente en polvo

†**soap opera** n [c] ⇒telenovela ⇒culebrón *col.*

soapy UK: /ˈsəʊ.pi/ US: /ˈsoʊ-/ *adj* ⇒jabonoso,sa

†**soar** UK: /sɔːʳ/ US: /sɔːr/ v [i] **1** ⇒dispararse ■ CONSTR. Se usa generalmente seguido de una preposición o un adverbio **2** ⇒planear ⇒volar

sob¹ UK: /sɒb/ US: /saːb/ [sobbed, sobbing] v [i] ⇒sollozar: *Stop sobbing and calm down* - Deja de sollozar y cálmate

sob² UK: /sɒb/ US: /saːb/ n [c] ⇒sollozo

†**sober** UK: /ˈsəʊ.bəʳ/ US: /ˈsoʊ.bɚ/ *adj* **1** ⇒sobrio,bria: *He's not drunk, he's sober!* - ¡No está borracho, sino sobrio! **2** *(una persona)* ⇒serio,ria **3** *(una prenda de vestir o un color)* ⇒sobrio,bria

†**so-called** UK: /ˌsəʊˈkɔːld/ US: /ˌsoʊˈkaːld/ *adj* **1** ⇒supuesto,ta: *And this is your so-called friend* - Y ese es tu supuesto amigo **2** ⇒llamado,da

†**soccer** UK: /ˈsɒk.əʳ/ US: /ˈsaː.kɚ/ *(UK tb* **football***)* n [u] ⇒fútbol

sociability n [u] ⇒sociabilidad ⇒extroversión

sociable UK: /ˈsəʊ.ʃə.bl̩/ US: /ˈsoʊ-/ *adj* ⇒sociable ⇒extrovertido,da

†**social** UK: /ˈsəʊ.ʃ°l/ US: /ˈsoʊ-/ *adj* ⇒social

†**socialism** UK: /ˈsəʊ.ʃ°l.ɪ.z°m/ US: /ˈsoʊ-/ n [u] ⇒socialismo

socialist UK: /ˈsəʊ.ʃ°l.ɪst/ US: /ˈsoʊ-/ *adj, n* [c] ⇒socialista

socialize UK: /ˈsəʊ.ʃ°l.aɪz/ US: /ˈsoʊ.ʃə.laɪz/ [socialized, socializing] v [i] **1** ⇒alternar ⇒relacionarse **2** ⇒adaptarse a la sociedad

social security *UK (US* **welfare***)* n [u] ⇒seguridad social

social worker n [c] ⇒trabajador,-a social ⇒asistente,ta social

†**society** UK: /səˈsaɪ.ə.ti/ US: /-t̬i/ [pl societies] ■ n [c, u] **1** ⇒sociedad ■ La forma abreviada es *Soc.* ■ n [c] **2** ⇒asociación

sociocultural *adj* ⇒sociocultural

sociology UK: /ˌsəʊ.siˈɒl.ə.dʒi/ US: /ˌsoʊ.siˈaː.lə-/ n [u] ⇒sociología

†**sock** UK: /sɒk/ US: /saːk/ [pl socks; US sox] n [c] ⇒calcetín ■ Se usa más en plural

socket UK: /ˈsɒk.ɪt/ US: /ˈsaː.kɪt/ *(UK tb* **outlet***)* n [c] **1** ⇒enchufe ⇒toma de corriente **2** ⇒portalámparas **3** *(en anatomía)* ⇒hueco ⇒cuenca ⇒cavidad ■ PRON. Rima con *it*

soda n [u] **1** ⇒soda **2** *US* ⇒refresco [con gas] **3** ⇒sosa cáustica

soda (water) n [c, u] *(bebida)* ⇒soda

sodden UK: /ˈsɒd.°n/ US: /ˈsaː.d[ə]n/ *adj* ⇒empapado,da

sodium UK: /ˈsəʊ.di.əm/ US: /ˈsoʊ-/ n [u] *(en química)* ⇒sodio

†**sofa** UK: /ˈsəʊ.fə/ US: /ˈsoʊ-/ *(UK tb* **settee***)* n [c] ⇒sofá

†**soft** UK: /sɒft/ US: /saːft/ *adj* **1** ⇒blando,da **2** ⇒suave **3** ⇒dulce ⇒suave **4** ⇒tenue ⇒suave **5** ⇒blando,da ⇒benévolo,la

soft drink n [c] ⇒refresco

soften UK: /ˈsɒf.°n/ US: /ˈsaː.f[ə]n/ v [t, i] **1** ⇒ablandar(se) **2** ⇒suavizar(se): *to soften one's position* - suavizar la postura **3** ⇒atenuar ⇒amortiguar(se) **4** ⇒moderar el tono de voz

softly UK: /ˈsɒft.li/ US: /ˈsaː.ft-/ *adv* **1** ⇒en voz baja **2** ⇒delicadamente **3** ⇒ligeramente: *a softly lit room* - una habitación ligeramente iluminada

soft-spoken UK: /ˌsɒftˈspəʊ.k°n/ US: /ˌsaːftˈspoʊ-/ *adj* ⇒de voz suave

software UK: /ˈsɒft.weəʳ/ US: /ˈsaːft.wer/ n [u] *(en informática)* ⇒software

soggy UK: /ˈsɒg.i/ US: /ˈsaː.gi/ *adj* [comp soggier, superl soggiest] **1** ⇒empapado,da **2** *(un alimento)* ⇒correoso,sa

soh UK: /səʊ/ US: /soʊ/ n [u, NO PL] *(nota musical)* ⇒sol

soil¹ /sɔɪl/ n [c, u] ⇒tierra ⇒suelo

soil² /sɔɪl/ v [t] *(form)* ⇒ensuciar ⇒manchar

solace UK: /ˈsɒl.ɪs/ US: /ˈsaː.lɪs/ n [u] *(form)* ⇒solaz ⇒consuelo

†**solar** UK: /ˈsəʊ.ləʳ/ US: /ˈsoʊ.lɚ/ *adj* ⇒solar: *the solar system* - el sistema solar

solar system the ~ ⇒el sistema solar

sold UK: /səʊld/ US: /soʊld/ past tense and past participle forms of **sell**

†**soldier** UK: /ˈsəʊl.dʒəʳ/ US: /ˈsoʊl.dʒɚ/ n [c] ⇒soldado

sole¹ UK: /səʊl/ US: /soʊl/ *adj* **1** ⇒único,ca: *He is the sole owner of the house* - Es el único dueño de la casa **2** ⇒exclusivo,va

sole² UK: /səʊl/ US: /soʊl/ ■ n [c] **1** *(en un calzado)* ⇒suela **2** ⇒planta [del pie] ■ n [c, u] **3** *(pez)* ⇒lenguado

solely UK: /ˈsəʊl.li/ US: /ˈsoʊl-/ *adv* ⇒solamente: *He is solely responsible for what happened* - Solamente él es responsable de lo que pasó

solemn UK: /ˈsɒl.əm/ US: /ˈsaː.ləm/ *adj* **1** ⇒serio,ria y triste **2** *(form)* ⇒solemne: *a solemn promise* - una promesa solemne

†**solicitor** UK: /səˈlɪs.ɪ.təʳ/ US: /-t̬ɚ/ n [c] **1** *(en los tribunales inferiores)* ⇒abogado,da que se dedica principalmente a preparar todos los documentos legales del caso, y de asesorar al cliente ■ Comparar con *barrister* **2** ⇒notario,ria

†**solid**¹ UK: /ˈsɒl.ɪd/ US: /ˈsaː.lɪd/ *adj* **1** ⇒sólido,da **2** ⇒macizo,za ⇒compacto,ta **3** ⇒continuo,nua ⇒seguido,da **4** *(una persona)* ⇒fiable y sincero,ra

S

solid² UK: /'sɒl.ɪd/ US: /'saː.lɪd/ n [C] ⇒sólido

solidarity UK: /ˌsɒl.ɪ'dær.ɪ.ti/ US: /ˌsaː.lɪ'der.ə.t̬i/ n [U] ⇒solidaridad

solidify /sə'lɪd.ɪ.faɪ/ [solidifies, solidified] v [T, I] ⇒solidificar

solitary UK: /'sɒl.ɪ.tri/ US: /'saː.lə.ter.i/ adj ⇒solitario,ria ⇒solo,la

solitude UK: /'sɒl.ɪ.tjuːd/ US: /'saː.lə.tuːd/ n [U] ⇒soledad

solo¹ UK: /'səʊ.ləʊ/ US: /'soʊ.loʊ/ adj, adv ⇒solo,la ⇒solitario,ria

solo² UK: /'səʊ.ləʊ/ US: /'soʊ.loʊ/ n [C] (en música) ⇒solo

soloist UK: /'səʊ.ləʊ.ɪst/ US: /'soʊ.loʊ-/ n [C] ⇒solista

solstice UK: /'sɒl.stɪs/ US: /'saːl-/ n [C] ⇒solsticio: the summer solstice - el solsticio de verano

soluble UK: /'sɒl.ju.bl̩/ US: /'saːl-/ adj ⇒soluble

solution /sə'luː.ʃ°n/ ■ n [C] 1 ⇒solución ⇒resolución ⇒respuesta ■ n [C, U] 2 ⇒solución ⇒disolución

† **solve** /sɒlv/ US: /saːlv/ [solved, solving] v [T] ⇒resolver ⇒solucionar

solvent¹ UK: /'sɒl.vənt/ US: /'saːl-/ adj (en economía) ⇒solvente

solvent² UK: /'sɒl.vənt/ US: /'saːl-/ n [C] (líquido) ⇒disolvente

Somali /sə'maː.li/ adj, n [C] ⇒somalí

Somalia /sə'maː.li.ə/ n [U] ⇒Somalia

sombre UK: /'sɒm.bəʳ/ US: /'saːm.bɚ/ UK adj ⇒sombrío,a: a sombre voice - una voz sombría

† **some** /sʌm, səm/ adj, pron 1 (con nombres contables en oraciones afirmativas) ⇒algunos,nas 2 (con nombres incontables en oraciones afirmativas) ⇒un poco de ⇒un poco 3 (en preguntas, cuando se espera una respuesta afirmativa) ⇒un poco de ⇒alguno,na 4 ⇒algún,-a ⇒un,-a 5 ⇒cierto,ta: in some ways - de cierto modo; unlike some people - no como ciertas personas 6 ⇒bastante: It is of some importance - Es bastante importante; I haven't seen her for some time - Hace bastante tiempo que no la veo 7 (uso enfático): That was some party! - ¡Vaya una fiesta! 8 (uso irónico): That's some friend you've got! - ¡Menudo amigo! ■ Normalmente se usa en oraciones afirmativas. Comparar con any ■ Ver cuadro

† **somebody** UK: /'sʌm.bə.di/ UK: /-ˌbɒd.i/ US: /-ˌbaː.di/ pron See **someone**

someday /'sʌm.deɪ/ adv ⇒algún día

† **somehow** /'sʌm.haʊ/ adv ⇒de alguna manera: I'll get there somehow - De alguna manera llegaré

† **someone** /'sʌm.wʌn/ (tb somebody) pron 1 (en oraciones afirmativas) ⇒alguien 2 (en preguntas, cuando se espera una respuesta afirmativa)

⇒alguien 3 ~ else ⇒otra persona ■ Normalmente se usa en oraciones afirmativas. Comparar con anyone ■ La forma abreviada es sb

someplace /'sʌm.pleɪs/ US adv See **somewhere**

somersault UK: /'sʌm.ə.sɔːlt/ US: /-ɚ.saːlt/ n [C] 1 ⇒voltereta: to turn somersaults - dar volteretas 2 (en un coche) ⇒vuelta de campana

† **something** /'sʌm.θɪŋ/ pron 1 (en oraciones afirmativas) ⇒algo 2 (en preguntas, cuando se espera una respuesta afirmativa) ⇒algo ■ Normalmente

some / any

• **Some** se usa:
 – En oraciones afirmativas:
 · *There's some milk in the fridge.*
 (Hay algo de leche en la nevera.)
 – En preguntas (ofrecimientos o peticiones), cuando se espera que la respuesta sea afirmativa:
 · *Would you like some tea?*
 (¿Te apetece un poco de té?)

• **Any** se usa:
 – En oraciones negativas:
 · *There isn't any butter in the fridge.*
 (No hay mantequilla en la nevera.)
 – En preguntas:
 · *Have you got any money?*
 (¿Tienes dinero?)
 – En oraciones afirmativas con un nombre singular y contable, con el sentido de 'cualquiera':
 · *You can post the letter in any postbox.*
 (Puedes echar la carta en cualquier buzón.)
 – Con palabras que tiene un significado negativo o con expresiones de duda:
 · *I hardly have any spare time.*
 (Apenas tengo tiempo libre.)

Las palabras compuestas con **some** ("somebody", "someone", "something", "somewhere") y con **any** ("anybody", "anyone", "anything", "anywhere") siguen estas mismas reglas de uso.

(Ver también cuadro **any / a**.)

soundtrack

se usa en oraciones afirmativas. Comparar con *anything*
■ La forma abreviada es *sth*

sometime /ˈsʌm.taɪm/ *adv* **1** ⇨algún día: *Give me a ring sometime and we'll meet* - Llámame algún día y nos veremos **2** ⇨en algún momento: *sometime before tomorrow* - en algún momento antes de mañana

† **sometimes** /ˈsʌm.taɪmz/ *adv* ⇨a veces: *I sometimes go to the cinema on Wednesdays* - A veces voy al cine los miércoles

† **somewhat** UK: /ˈsʌm.wɒt/ US: /-wɑːt/ *adv (form)* ⇨en cierto modo ⇨algo

† **somewhere** UK: /ˈsʌm.weəʳ/ US: /-weɪ/ (*US tb* someplace) *adv* ⇨en algún sitio: *Your books must be somewhere in the house* - Tus libros deben de estar en algún sitio de la casa

† **son** /sʌn/ *n* [c] ⇨hijo

† **song** UK: /sɒŋ/ US: /sɑːŋ/ ■ *n* [c] **1** ⇨canción ■ *n* [c, u] **2** ⇨canto: *I love waking up to the birds' song* - Me encanta despertarme con el canto de los pájaros

songwriter UK: /ˈsɒŋ.raɪ.təʳ/ US: /ˈsɑːŋ.raɪ.ə/ *n* [c] ⇨compositor,-a

son-in-law UK: /ˈsʌn.ɪn.lɔː/ US: /-lɑː/ [*pl* sons-in-law] *n* [c] ⇨yerno

† **soon** /suːn/ *adv* **1** ⇨pronto: *I'll be home soon* - Llegaré pronto a casa **2** as ~ as ⇨tan pronto como ⇨nada más ⇨nomás *AMÉR.* ■ Nunca se usa seguido de un verbo en futuro **3** as ~ as possible ⇨lo antes posible ■ La forma abreviada es *asap* **4** no sooner... than... ⇨nada más...: *No sooner had she graduated than she was offered a job* - Nada más licenciarse le ofrecieron un puesto de trabajo **5** sooner or later ⇨tarde o temprano ■ Hace referencia a un acontecimiento futuro. Comparar con *early*

soot /sʊt/ *n* [u] ⇨hollín

soothe /suːð/ [soothed, soothing] *v* [T] **1** ⇨aliviar: *to soothe pain* - aliviar el dolor **2** ⇨calmar ⇨tranquilizar

sophisticated UK: /səˈfɪs.tɪ.keɪ.tɪd/ US: /-ɪd/ *adj* **1** ⇨sofisticado,da **2** ⇨sutil ⇨ingenioso,sa **3** *(una máquina)* ⇨perfeccionado,da ⇨avanzado,da

sordid UK: /ˈsɔː.dɪd/ US: /ˈsɔːr-/ *adj* ⇨sórdido,da

sore¹ UK: /sɔːʳ/ US: /sɔːr/ *adj* **1** ⇨dolorido,da ⇨irritado,da **2** a ~ {point/spot/subject} ⇨un asunto delicado

sore² UK: /sɔːʳ/ US: /sɔːr/ *n* [c] **1** ⇨llaga **2** a sore cold - herpes labial

sorely UK: /ˈsɔː.li/ US: /ˈsɔːr-/ *adv (form)* ⇨profundamente ⇨enormemente

sorrow UK: /ˈsɒr.əʊ/ US: /ˈsɔːr.oʊ/ *n* [c, u] *(form)* ⇨pesar ⇨pena

sorry¹ UK: /ˈsɒr.i/ US: /ˈsɔːr-/ *adj* [*comp* sorrier, *superl* sorriest] **1** ⇨apenado,da ⇨triste **2** ⇨lamentable:

in a sorry state - en un estado lamentable **3** ⇨arrepentido,da **4** (I'm) ~ ⇨lo siento **5** to feel ~ for *sb* ⇨sentir pena por alguien

† **sorry²** UK: /ˈsɒr.i/ US: /ˈsɔːr-/ *excl* **1** ⇨perdón: *Sorry, I didn't want to disturb you* - Perdón, no quería molestarte ■ Normalmente se dice después de haber hecho algo. Comparar con *excuse me* **2** *UK* ⇨¿cómo?: *Sorry? Could you repeat that?* - ¿Cómo? ¿Podría repetir eso?

† **sort¹** UK: /sɔːt/ US: /sɔːrt/ *n* [c] **1** ⇨tipo: *What sort of music do you like?* - ¿Qué tipo de música te gusta? **2** ~ of **1** *(inform)* ⇨en cierto modo: *«Are you angry?» «Well, sort of»* - «¿Estás enfadado?» «Pues, en cierto modo» **2** ⇨una especie de: *It's sort of yellow-orange* - Es una especie de amarillo anaranjado **3** to ~ through *sth* ⇨clasificar algo ⇨ordenar algo

† **sort²** UK: /sɔːt/ US: /sɔːrt/ *v* [T] ⇨clasificar ⇨ordenar
| PHRASAL VERBS
| · **to sort** *sth* **out** [M] **1** *(inform)* ⇨arreglar algo ⇨organizar algo **2** ⇨solucionar algo: *We have to sort out this problem* - Tenemos que solucionar este problema
| · **to sort through** *sth* ⇨organizar algo [para encontrar algo]

so-so UK: /ˌsəʊˈsəʊ/ US: /ˌsoʊˈsoʊ/ *adj, adv* ⇨así así *col.*: *I'm feeling so-so today* - Hoy estoy así así

sought UK: /sɔːt/ US: /sɑːt/ past tense and past participle forms of *seek*

sought-after UK: /ˈsɔːt.ɑːf.təʳ/ US: /ˈsɑːt.æf.tə/ *adj* ⇨codiciado,da ⇨solicitado,da

† **soul** UK: /səʊl/ US: /soʊl/ *n* [c, u] **1** ⇨alma **2** *poor soul* - pobrecito

† **sound¹** /saʊnd/ ■ *n* [c] **1** ⇨sonido **2** ⇨estrecho ⇨brazo de mar ■ *n* [u] **3** ⇨ruido: *The new car doesn't make a sound* - El coche nuevo no hace ni un ruido

† **sound²** /saʊnd/ ■ *v* [I] **1** ⇨sonar **2** ⇨parecer [por lo que se ha oído]: *Your family sounds interesting* - Tu familia me parece interesante; *He sounded rude to me* - Me pareció maleducado ■ *v* [T, I] **3** ⇨sonar: *When the alarm sounds...* - Cuando suene la alarma...

sound³ /saʊnd/ *adj* **1** ⇨sano,na: *a sound body* - un organismo sano **2** ⇨seguro,ra ⇨sólido,da **3** ⇨bueno,na: *a sound piece of advice* - un buen consejo **4** ~ asleep ⇨profundamente dormido,da

sound⁴ /saʊnd/ *adv* To be sound sleep - Estar completamente dormido,da

sounding *n* [c] **1** ⇨sondeo **2** ~ board ⇨caja de resonancia

soundtrack /ˈsaʊnd.træk/ *n* [c] ⇨banda sonora

S ▬

† **soup** /suːp/ n [C, U] ⇒sopa

† **sour** UK: /saʊəʳ/ US: /saʊr/ adj 1 ⇒agrio,gria ⇒ácido,da 2 ⇒cortado,da: sour milk - leche cortada 3 ⇒desagradable ⇒avinagrado,da

† **source** UK: /sɔːs/ US: /sɔːrs/ n [C] 1 ⇒fuente ⇒procedencia 2 (en un río) ⇒nacimiento

† **south¹** /saʊθ/ n [U] ⇒sur: the south of England - el sur de Inglaterra; the South Pole - el Polo Sur ■ La forma abreviada es S

† **south²** /saʊθ/ adj ⇒sur ⇒del sur

† **south³** /saʊθ/ adv ⇒en dirección sur: to travel south - viajar en dirección sur

South Africa n [U] ⇒Sudáfrica

South African adj, n [C] ⇒sudafricano,na

southbound /ˈsaʊθ.baʊnd/ adj ⇒en dirección sur

† **southeast¹** /ˌsaʊθˈiːst/ n [U] ⇒sudeste: in the southeast of Italy - al sudeste de Italia ■ La forma abreviada es SE

† **southeast²** /ˌsaʊθˈiːst/ adj ⇒del sudeste: southeast wind - viento del sudeste

† **southeast³** /ˌsaʊθˈiːst/ adv ⇒en dirección sudeste: to go southeast - ir en dirección sudeste

southern UK: /ˈsʌð.ən/ US: /-ɚn/ adj ⇒del sur ⇒meridional ■ La forma abreviada es S

South Korea /ˌsaʊθ.kəˈriː.ə/ n [U] ⇒Corea del Sur

South Korean /ˌsaʊθ.kəˈriː.ən/ adj, n [C] ⇒surcoreano,na

† **southwest¹** /ˌsaʊθˈwest/ n [U] ⇒sudoeste: in the southwest of England - al sudoeste de Inglaterra ■ La forma abreviada es SW

† **southwest²** /ˌsaʊθˈwest/ adj ⇒del sudoeste: southwest wind - viento del sudoeste

† **southwest³** /ˌsaʊθˈwest/ adv ⇒en dirección sudoeste: to go southwest - ir en dirección sudoeste

souvenir UK: /ˌsuː.vənˈɪəʳ/ US: /-vəˈnɪr/ n [C] ⇒recuerdo ⇒souvenir

sovereign UK: /ˈsɒv.ᵊr.ɪn/ US: /ˈsɑː.vᵊr.ən/ (tb Sovereign) n [C] (form) ⇒soberano,na

Soviet UK: /ˈsəʊ.vi.ət/ US: /ˈsoʊ-/ adj ⇒soviético,ca

† **sow, sowed, sown** (tb sowed, sowed) UK: /səʊ/ US: /soʊ/ v [T] ⇒sembrar: to sow the fields with wheat - sembrar los campos de trigo

sown past participle of sow

spa /spɑː/ n [C] 1 ⇒balneario 2 ⇒ciudad o pueblo con un manantial

† **space¹** /speɪs/ ■ n [C, U] 1 ⇒espacio ⇒sitio ■ n [U] 2 ⇒espacio exterior 3 a ~ time ⇒un período de tiempo

space² /speɪs/ [spaced, spacing] v [T] ⇒espaciar: Both beds were spaced - Las camas estaban espaciadas ■ CONSTR. Se usa más en pasiva

spacecraft UK: /ˈspeɪs.krɑːft/ US: /-kræft/ [pl spacecraft] n [C] ⇒nave espacial

spaceship /ˈspeɪs.ʃɪp/ n [C] ⇒nave espacial [con tripulación]

space shuttle (tb shuttle) n [C] ⇒transbordador espacial

space station n [C] ⇒estación espacial

spacesuit UK: /ˈspeɪs.sjuːt/ US: /-suːt/ n [C] ⇒traje espacial

spacious /ˈspeɪ.ʃəs/ adj ⇒espacioso,sa: a spacious bedroom - un dormitorio espacioso

spade /speɪd/ n [C] ⇒pala: We used a spade to dig the hole - Usamos una pala para hacer el agujero ■ Distinto de sword (espada)

spaghetti UK: /spəˈget.i/ US: /-ˈge-/ n [U] ⇒espagueti

Spain /speɪn/ n [U] ⇒España

spam /spæm/ n [U] (inform) (en informática) ⇒spam

span¹ /spæn/ n [C] 1 ⇒duración ⇒período 2 ⇒capacidad 3 ⇒envergadura

span² /spæn/ [spanned, spanning] v [T] 1 ⇒durar ⇒extenderse ⇒abarcar 2 ⇒cruzar

Spaniard UK: /ˈspæn.jəd/ US: /-jɚd/ n [C] (gentilicio) ⇒español,-a ⇒gallego,ga AMÉR.; ■ Ver Spanish

spaniel /ˈspæn.jəl/ n [C] ⇒perro de aguas

Spanish¹ /ˈspæn.ɪʃ/ adj ⇒español,-a ⇒gallego,ga AMÉR.

Spanish² /ˈspæn.ɪʃ/ n [U] 1 (idioma) ⇒español ⇒castellano 2 the ~ (gentilicio) ⇒los españoles, las españolas ■ El singular es a Spaniard

spank /spæŋk/ v [T] ⇒dar azotes

spanner UK: /ˈspæn.əʳ/ US: /-ɚ/ UK (US wrench) n [C] ⇒llave inglesa

† **spare¹** UK: /speəʳ/ US: /sper/ adj 1 ⇒extra ⇒de repuesto ⇒de más 2 (lit) (una persona) ⇒enjuto,ta 3 ~ time (tb free time) ⇒tiempo libre 4 to go ~ UK (inform) ⇒subirse por las paredes col.

spare² UK: /speəʳ/ US: /sper/ n [C] ⇒repuesto ⇒recambio

spare³ UK: /speəʳ/ US: /sper/ [spared, sparing] v [T] 1 ⇒poder dar ⇒tener 2 I can only spare you five minutes - Solo te puedo dedicar cinco minutos 3 ⇒ahorrar ■ CONSTR. to spare + dos objetos 4 ⇒perdonar 5 to ~ ⇒de sobra 6 to ~ no effort ⇒no escatimar esfuerzos 7 to ~ sb's life ⇒perdonar la vida a alguien

spark¹ UK: /spɑːk/ US: /spɑːrk/ n [C] ⇒chispa

spark² UK: /spɑːk/ US: /spɑːrk/ ■ v [I] 1 ⇒chispear [fuego o electricidad] ■ v [T] 2 (tb spark off) ⇒empezar ⇒provocar

sparkle¹ UK: /ˈspɑː.kl̩/ US: /ˈspɑːr-/ [sparkled, sparkling] v [I] ⇒centellear ⇒brillar

sparkle² UK: /ˈspɑː.kl/ US: /ˈspɑːr-/ n [c, u] 1 ⇨centelleo ⇨brillo 2 ⇨chispa ⇨ingenio

sparkler UK: /ˈspɑː.klə'/ US: /ˈspɑːr.klə/ n [c] ⇨bengala

sparkling UK: /ˈspɑː.klɪŋ/ US: /ˈspɑːr-/ adj 1 ⇨brillante ⇨centelleante 2 ⇨maravilloso,sa ⇨emocionante 3 ⇨con gas 4 ⇨espumoso,sa: sparkling wine - vino espumoso

spark plug n [c] 1 (en un motor de explosión) ⇨bujía 2 US (una persona) ⇨eje

sparrow UK: /ˈspær.əu/ US: /ˈsper.ou/ n [c] (ave) ⇨gorrión

sparse UK: /spɑːs/ US: /spɑːrs/ adj ⇨escaso,sa ⇨reducido,da

spartan UK: /ˈspɑː.tən/ US: /ˈspɑːr-/ adj ⇨espartano,na: spartan conditions - condiciones espartanas

spasm /ˈspæz.ᵊm/ n [c, u] ⇨espasmo

spat /spæt/ past tense and past participle forms of spit

spate /speɪt/ n [c] ⇨oleada [de eventos] ⇨racha [de eventos] ■ Tiene una connotación negativa

spatial /ˈspeɪ.ʃᵊl/ adj ⇨espacial: spatial awareness - conciencia espacial

spatter UK: /ˈspæt.ə'/ US: /ˈspæ.ə/ v [T, I] 1 ⇨salpicar ⇨manchar ■ Constr. Se usa más en pasiva 2 (la lluvia) ⇨golpear

† **speak, spoke, spoken** /spiːk/ ■ v [I] 1 ⇨hablar: Speak to me, please - Háblame, por favor ■ v [T] 2 ⇨hablar ⇨saber 3 **so to ~** ⇨por así decirlo 4 **to ~ one's mind** ⇨decir lo que uno,na piensa ⇨hablar claro

|PHRASAL VERBS
· **to speak out** ⇨pronunciarse
· **to speak up** 1 ⇨hablar más alto: Can you speak up, please? - ¿Puedes hablar más alto, └ por favor? 2 ⇨expresarse

speaker UK: /ˈspiː.kə'/ US: /-kə/ n [c] 1 ⇨altavoz ⇨bafle 2 ⇨hablante: an English speaker - un hablante de inglés 3 ⇨conferenciante ⇨ponente 4 (en lingüística) ⇨emisor

spear UK: /spɪə'/ US: /spɪr/ n [c] ⇨lanza

special¹ /ˈspeʃ.ᵊl/ adj ⇨especial: We're having a special dinner today - Hoy tenemos una cena especial

special² /ˈspeʃ.ᵊl/ n [c] 1 (en televisión) ⇨programa especial 2 (en un restaurante) ⇨plato especial ⇨especialidad del día

specialised UK adj See specialized

specialist /ˈspeʃ.ᵊl.ɪst/ n [c] ⇨especialista: She is a specialist in genetic engineering - Es especialista en ingeniería genética

speciality UK: /ˌspeʃ.iˈæl.ɪ.ti/ US: /-ə.t̬i/ [pl specialities] UK n [c] ⇨especialidad

specialize UK: /ˈspeʃ.ᵊl.aɪz/ US: /-ə.laɪz/ [specialized, specializing] v [I] ⇨especializarse: She specializes in paediatrics - Está especializada en pediatría

specialized UK: /ˈspeʃ.ᵊl.aɪzd/ US: /-ə.laɪzd/ (UK tb specialised) adj ⇨especializado,da

specially /ˈspeʃ.ᵊl.i/ adv ⇨especialmente: I've bought this specially for you - He comprado esto especialmente para ti

† **species** /ˈspiː.ʃiːz/ [pl species] n [c] (en biología) ⇨especie

† **specific** /spəˈsɪf.ɪk/ adj 1 ⇨específico,ca ⇨determinado,da 2 ⇨concreto,ta ⇨preciso,sa

specifically /spəˈsɪf.ɪ.kli/ adv 1 ⇨específicamente 2 ⇨concretamente

specification /ˌspes.ɪ.fiˈkeɪ.ʃᵊn/ n [c, u] 1 ⇨especificación ⇨determinación 2 ⇨precisión

† **specify** /ˈspes.ɪ.faɪ/ [specifies, specified] v [T] 1 ⇨especificar ⇨determinar 2 ⇨precisar

specimen /ˈspes.ə.mɪn/ n [c] 1 ⇨muestra: a blood specimen - una muestra de sangre 2 ⇨espécimen ⇨ejemplar

speck /spek/ n [c] 1 (de pintura) ⇨gota 2 (de polvo) ⇨mota 3 ⇨pizca

specs n [PL] (inform) ⇨forma abreviada de spectacles (gafas) ⇨anteojos

spectacle /ˈspek.tɪ.kl/ n [c, u] ⇨espectáculo

spectacles /ˈspek.tɪ.klz/ n [PL] (old-fash) ⇨gafas ⇨anteojos ■ La forma abreviada es specs

spectacular UK: /spekˈtæk.ju.lə'/ US: /-lə/ adj ⇨espectacular ⇨impresionante

† **spectator** UK: /spekˈteɪ.tə'/ US: /-t̬ə/ n [c] ⇨espectador,-a

spectre UK: /ˈspek.tə'/ US: /-tə/ UK n [c] 1 (lit) ⇨espectro ⇨fantasma 2 **the ~ of sth** ⇨el fantasma de algo: The spectre of famine looms over the country - El fantasma del hambre acecha al país

† **spectrum** /ˈspek.trəm/ [pl spectra, spectrums] n [c] 1 ⇨gama ⇨espectro 2 ⇨espectro luminoso

† **speculate** /ˈspek.ju.leɪt/ [speculated, speculating] v [I] ⇨especular

speculation /ˌspek.juˈleɪ.ʃᵊn/ n [c, u] ⇨especulación

speculative UK: /ˈspek.ju.lə.tɪv/ US: /-ɪv/ adj ⇨especulativo,va

sped past tense and past participle forms of speed

† **speech** /spiːtʃ/ ■ n [c] 1 ⇨discurso: to deliver a speech - pronunciar un discurso 2 (en el teatro) ⇨parlamento ⇨monólogo ■ El plural es speeches ■ n [U] 3 ⇨habla: His illness has affected his speech - La enfermedad le ha afectado al habla 4 ⇨lenguaje 5 **direct ~** ⇨estilo directo 6 **{free/**

S

freedom of} ~ ⇨libertad de expresión **7 indirect**
~ (*UK tb* **reported speech**) ⇨estilo indirecto ■
Ver cuadro reported speech
speechless /'spiːtʃ.ləs/ *adj* ⇨sin habla

† **speed¹** /spiːd/ *n* [C, U] **1** ⇨velocidad **2 at** ~ ⇨a
gran velocidad

speed², sped, sped (*tb* **speeded, speeded**) /spiːd/
v [T, I] **1** ⇨ir a gran velocidad: *The motorbike sped
down the hill* - La motocicleta iba a gran veloci-
dad por la colina ■ Constr. Se usa generalmente segui-
do de una preposición o un adverbio **2** ⇨**exceder el lí-
mite de velocidad** ⇨sobrepasar la velocidad ■
Solamente se puede utilizar en tiempos continuos

|PHRASAL VERBS
└**· to speed (sth) up** [M] ⇨acelerar ⇨agilizar
speedboat UK: /'spiːd.bəʊt/ US: /-boʊt/ *n* [C]
⇨lancha rápida ⇨lancha motora
speed limit *n* [C] ⇨límite de velocidad
speedometer UK: /spiː'dɒm.ɪ.tər/ US: /spɪ'dɑː.mə.t̬ər/
n [C] ⇨velocímetro
speedy /'spiː.di/ *adj* [*comp* speedier, *superl*
speediest] ⇨rápido,da

† **spell¹**, spelt, spelt (*tb* **spelled, spelled**) /spel/ *v*
[T, I] **1** ⇨deletrear **2** ⇨escribir: *How do you spell
your surname?* - ¿Cómo se escribe tu apellido? **3**
⇨significar ⇨representar

|PHRASAL VERBS
└**· to spell sth out** [M] ⇨explicar con detalle
spell² /spel/ *n* [C] **1** ⇨hechizo **2** *to cast a spell on
sb* - hechizar a alguien **3** ⇨temporada: *I lived in
Lisbon for a spell* - Viví una temporada en Lis-
boa
spelling /'spel.ɪŋ/ *n* [U] ⇨ortografía: *a spelling
mistake* - una falta de ortografía
spelt *UK* past tense and past participle forms of
spell

† **spend**, spent, spent /spend/ *v* [T] **1** ⇨gastar: *to
spend money on sth* - gastar dinero en algo **2**
⇨pasar [tiempo]: *I spent the summer in Germa-
ny* - Pasé el verano en Alemania ■ Se usa cuando
el período de tiempo es complemento directo. Comparar
con *to pass*.
spending /'spen.dɪŋ/ *n* [U] ⇨gastos: *spending
cuts* - recorte de gastos
spent /spent/ past tense and past participle
forms of **spend**
sperm UK: /spɜːm/ US: /spɝːm/ ■ *n* [C] **1** ⇨esper-
matozoide ■ El plural es *sperm* o *sperms* ■ *n* [U] **2**
(*inform*) ⇨esperma ⇨semen
sphere UK: /sfɪər/ US: /sfɪr/ *n* [C] ⇨esfera
spice¹ /spaɪs/ ■ *n* [C] **1** ⇨especia: *Which spices do
you need for that dish?* - ¿Qué especias necesi-
tas para preparar ese plato? ■ *n* [U] **2** ⇨interés:
to add spice to sth - añadir interés a algo

spice² /spaɪs/ [spiced, spicing] *v* [T] ⇨sazonar ■
Constr. Se usa más en pasiva

|PHRASAL VERBS
└**· to spice sth up** [M] ⇨darle sabor a algo
spicy /'spaɪ.si/ *adj* [*comp* spicier, *superl* spiciest]
⇨picante

† **spider** UK: /'spaɪ.dər/ US: /-dɚ/ *n* [C] ⇨araña
spike /spaɪk/ *n* [C] **1** ⇨pincho ⇨púa **2** ⇨punta

† **spill**, spilt, spilt (*tb* **spilled, spilled**) /spɪl/ *v* [T] **1**
(*un líquido*) ⇨derramar ⇨verter ■ Constr. Se usa
generalmente seguido de una preposición o un adverbio
2 to ~ **the beans** (*inform*) ⇨contarlo todo

|PHRASAL VERBS
├**· to spill over 1** (*una situación negativa*) ⇨ex-
│ tenderse **2** (*un líquido*) ⇨rebosar ⇨desbor-
└ darse
spilt past tense and past participle forms of
spill

† **spin¹**, spun, spun /spɪn/ [spinning] *v* [T, I] **1** ⇨gi-
rar ⇨dar vueltas **2** ⇨hacer dar vueltas ⇨hacer
girar **3** ⇨hilar: *She worked in a factory spinning
cloth* - Trabajaba en una fábrica hilando tejidos
4 (*un balón*) ⇨tirar con efecto

|PHRASAL VERBS
├**· to spin around** ⇨darse la vuelta
├**· to spin sth out** [M] (*una historia, una activi-
└ dad*) ⇨alargar
spin² /spɪn/ ■ *n* [C, U] **1** ⇨vuelta ⇨giro ■ *n* [NO PL] **2**
⇨interpretación [positiva]: *to put a positive spin
on sth* - dar una interpretación positiva de algo
3 (*inform*) ⇨paseo [en coche] ⇨vuelta [en coche]
4 ⇨efecto [del balón]

† **spinach** /'spɪn.ɪtʃ/ *n* [U] ⇨espinacas
spinal /'spaɪ.n²l/ *adj* ⇨espinal
spin doctor *n* [C] ⇨asesor político, asesora po-
lítica

† **spine** /spaɪn/ *n* [C] **1** ⇨columna vertebral **2** (*en
una planta*) ⇨espina **3** (*en un erizo*) ⇨púa **4** (*en un
libro*) ⇨lomo
spinner UK: /'spɪn.ər/ US: /-ɚ/ *n* [C] **1** (*en cricket*)
⇨jugador,-a [que lanza con efecto la pelota] **2**
⇨hilandero,ra
spinning /'spɪn.ɪŋ/ *n* [U] (*gimnasia*) ⇨spinning
spinster UK: /'spɪn.stər/ US: /-stɚ/ *n* [C] (*old-fash*)
⇨solterona ⇨soltera

† **spiral** UK: /'spaɪə.r²l/ US: /'spaɪr.əl/ *adj, n* [C] ⇨es-
piral
spire UK: /spaɪər/ US: /spaɪr/ *n* [C] (*en una torre*)
⇨aguja ⇨chapitel

† **spirit** /'spɪr.ɪt/ ■ *n* [C, U] **1** ⇨espíritu ⇨alma **2**
⇨fantasma **3** *UK* (*US* liquor) ⇨bebida alcohó-
lica: *Spirits are sold in this pub* - En este bar
se venden bebidas alcohólicas ■ Se usa más en
plural ■ *n* [U] **4** ⇨ímpetu ⇨energía ⇨brío **5**

S

{community/team} ~ ⇨espíritu de equipo **6 to be in** {bad/low} **spirits** ⇨estar desanimado,da ⇨estar decaído,da **7 to be in** {good/ high} **spirits** ⇨estar animado,da ⇨tener la moral alta

spirited UK: /ˈspɪr.ɪ.tɪd/ US: /-t̬ɪd/ adj **1** ⇨enérgico,ca ⇨vigoroso,sa **2** ⇨resuelto,ta ⇨decidido,da

spiritual /ˈspɪr.ɪ.tju.əl/ adj ⇨espiritual

spirituality UK: /ˌspɪr.ɪ.tjuˈæl.ɪ.ti/ US: /-ə.t̬i/ n [U] ⇨espiritualidad

† **spit, spat, spat** (US tb spit, spit) /spɪt/ [spitting] ■ v [T, I] **1** ⇨escupir **2** (lit) (insultos) ⇨soltar ⇨gritar ■ v [I] **3** (fuego) ⇨chisporrotear col. **4** ~ **it out!** (inform) ⇨¡escúpelo! vulg.: Come on, spit it out! Tell us everything - ¡Vamos, escúpelo! Cuéntanoslo todo

|PHRASAL VERBS
└ **to spit** sth **out** [M] (unas palabras) ⇨soltar

spite¹ /spaɪt/ n [U] **1** ⇨despecho: to do sth out of spite - hacer algo por despecho **2** ⇨ojeriza ⇨manía col. **3 in** ~ **of** sth ⇨a pesar de algo: They went out in spite of the cold and rain - Salieron, a pesar del frío y de la lluvia

spite² /spaɪt/ [spited, spiting] v [T] ⇨fastidiar ⇨molestar

spiteful /ˈspaɪt.fʰl/ adj **1** ⇨despreciable **2** ⇨malévolo,la

splash¹ /splæʃ/ ■ v [T, I] **1** ⇨salpicar: The car splashed us - El coche nos salpicó ■ v [I] **2** ⇨chapotear: The children splashed around the water - Los niños chapoteaban en el agua ■ CONSTR. Se usa generalmente seguido de una preposición o un adverbio

|PHRASAL VERBS
└ **to splash out** (sth) UK ⇨derrochar ⇨despilfarrar

splash² /splæʃ/ n [C] **1** ⇨salpicadura **2** ⇨chapoteo

splatter UK: /ˈsplæt.əʳ/ US: /ˈsplæ.ə/ v [T, I] ⇨salpicar

splendid /ˈsplen.dɪd/ adj ⇨espléndido,da ⇨precioso,sa ⇨magnífico,ca

splendour UK: /ˈsplen.dəʳ/ US: /-də/ UK n [U] ⇨esplendor

splinter¹ UK: /ˈsplɪn.təʳ/ US: /-ə/ n [C] **1** ⇨astilla: I've got a splinter in my finger - Me he clavado una astilla en el dedo **2** ⇨esquirla

splinter² UK: /ˈsplɪn.təʳ/ US: /-ə/ v [I] **1** ⇨astillar(se) **2** ⇨dividir(se)

split¹, **split**, **split** /splɪt/ [splitting] ■ v [T, I] **1** ⇨romper(se) [en dos] ⇨rajar(se) **2** ⇨dividir(se) ⇨separar(se) ■ v [T] **3** ⇨repartir ⇨compartir

|PHRASAL VERBS
└ **to split up** (una pareja) ⇨separar(se) ⇨romper

split² /splɪt/ n [C] **1** ⇨hendidura ⇨abertura ⇨raja **2** ⇨división ⇨ruptura

† **spoil, spoilt, spoilt** (US spoiled, spoiled) /spɔɪl/ ■ v [T] **1** ⇨estropear ⇨salar AMÉR. **2** ⇨mimar demasiado ⇨malcriar ■ v [I] **3** (una comida) ⇨echarse a perder

spoilt UK past tense and past participle forms of **spoil**

spoke¹ UK: /spəʊk/ US: /spoʊk/ n [C] (de una rueda) ⇨radio

spoke² UK: /spəʊk/ US: /spoʊk/ past tense of **speak**

spoken UK: /ˈspəʊ.kᵊn/ US: /ˈspoʊ-/ past participle of **speak**

† **spokesman** UK: /ˈspəʊks.mən/ US: /ˈspoʊks-/ [pl spokesmen] n [C] ⇨portavoz ⇨vocero AMÉR.

spokesperson [pl spokespeople, spokespersons] n [C] ⇨portavoz ⇨vocero,ra AMÉR.

† **spokeswoman** UK: /ˈspəʊks.wʊm.ən/ US: /ˈspoʊks-/ [pl spokeswomen] n [C] ⇨portavoz ⇨vocera AMÉR.

sponge¹ /spʌndʒ/ n [C, U] ⇨esponja

sponge² /spʌndʒ/ [sponged, sponging] ■ v [T] **1** ⇨lavar [con esponja] ■ v [T, I] **2** (inform) ⇨gorronear: to sponge on sb - gorronear a alguien

sponge (cake) n [C, U] ⇨bizcocho

sponsor¹ UK: /ˈspɒn.səʳ/ US: /ˈspɑːn.sə/ v [T] ⇨patrocinar: Some companies sponsor sports teams - Algunas empresas patrocinan a equipos deportivos

sponsor² UK: /ˈspɒn.səʳ/ US: /ˈspɑːn.sə/ n [C] ⇨patrocinador,-a ⇨sponsor

spontaneous UK: /spɒnˈteɪ.ni.əs/ US: /spɑːn-/ adj ⇨espontáneo,-a

spooky /ˈspuː.ki/ adj [comp spookier, superl spookiest] **1** (inform) ⇨encantado,da ⇨embrujado,da **2** ⇨misterioso,sa: There is sth spooky on his behaviour - Hay algo misterioso en su comportamiento

† **spoon**¹ /spuːn/ n [C] **1** ⇨cuchara **2** See **spoonful**

spoon² /spuːn/ v [T] **1** (la comida) ⇨remover con una cuchara **2** ⇨dar de comer [con cuchara] ■ CONSTR. Se usa generalmente seguido de una preposición o un adverbio

spoonful /ˈspuːn.fʊl/ (tb spoon) n [C] ⇨cucharada

sporadic /spəˈræd.ɪk/ adj ⇨esporádico,ca

† **sport** UK: /spɔːt/ US: /spɔːrt/ n [C, U] ⇨deporte

sporting UK: /ˈspɔː.tɪŋ/ US: /ˈspɔːr.ɪŋ/ adj ⇨deportivo,va: a sporting event - un acontecimiento deportivo

sports car n [C] ⇨coche deportivo

sports centre UK n [C] ⇨polideportivo

sportsman UK: /ˈspɔːts.mən/ US: /ˈspɔːrts-/ [pl sportsmen] n [C] **1** ⇨deportista [de élite] **2** ⇨caballero ⇨defensor del espíritu deportivo

S

sportsmanship UK: /ˈspɔːts.mən.ʃɪp/ US: /ˈspɔːrts-/ *n* [U] ⇨deportividad

sporty UK: /ˈspɔː.ti/ US: /ˈspɔːr.i/ *adj* [*comp* sportier, *superl* sportiest] **1** ⇨deportista: *She is very sporty* - Es muy deportista **2** ⇨deportivo,va: *a sporty car* - un coche deportivo; *sporty clothes* - ropa deportiva

↑ **spot¹** UK: /spɒt/ US: /spɑːt/ *n* [C] **1** *UK* (*UK/US tb* pimple) ⇨grano **2** ⇨lunar ⇨mancha **3** ⇨lugar ⇨sitio **4** a ~ of *sth UK* (*old-fash*) ⇨una pizca de algo ⇨una gota de algo **5** to have a soft ~ for *sb* ⇨tener debilidad por alguien

spot² UK: /spɒt/ US: /spɑːt/ [spotted, spotting] *v* [T] **1** ⇨notar ⇨descubrir **2** ⇨ver ⇨localizar [con la mirada]

spotless UK: /ˈspɒt.ləs/ US: /ˈspɑːt-/ *adj* ⇨impoluto,ta: *He keeps his room spotless* - Tiene su habitación impoluta

spotlight UK: /ˈspɒt.laɪt/ US: /ˈspɑːt-/ *n* [C] **1** ⇨foco **2** to be in the ~ ⇨ser el centro de atención **3** to be under the ~ ⇨ser sometido,da a examen

spotty UK: /ˈspɒt.i/ US: /ˈspɑː.i/ *UK adj* [*comp* spottier, *superl* spottiest] **1** ⇨con granos: *spotty skin* - piel con granos **2** (*un vestido*) ⇨de lunares **3** (*un perro*) ⇨con manchas

spouse /spaʊs/ *n* [C] (*form*) ⇨esposo,sa ⇨cónyuge

spout¹ /spaʊt/ *n* [C] **1** ⇨pitorro ⇨pico **2** (*en un canalón*) ⇨caño ⇨tubo

spout² /spaʊt/ *v* [T, I] **1** ⇨salir a chorros ⇨brotar **2** (*inform*) ⇨hablar sin parar ⇨rajar *col.* ■ Constr. Se usa generalmente seguido de una preposición o un adverbio

sprain¹ /spreɪn/ *v* [T] ⇨torcerse ⇨hacerse un esquince

sprain² /spreɪn/ *n* [C] ⇨torcedura ⇨esguince

sprang /spræŋ/ past tense of **spring**

sprawl UK: /sprɔːl/ US: /sprɑːl/ *v* [I] **1** (*tb* sprawl out) ⇨repanchingarse *col.*; ⇨apalancarse *col.* **2** ⇨extenderse [desordenadamente]

■ S

spray¹ /spreɪ/ ■ *n* [C] **1** ⇨aerosol **2** ⇨tallo [de una flor] ■ *n* [U] **3** ⇨rocío

spray² /spreɪ/ ■ *v* [T] **1** (*un líquido*) ⇨pulverizar ⇨rociar ■ *v* [T, I] **2** ⇨diseminar(se) ⇨regar ■ Constr. Se usa generalmente seguido de la preposición with

↑ **spread¹**, spread, spread /spred/ ■ *v* [T] **1** ⇨untar **2** ⇨abrir ⇨extender ■ Constr.. Se usa generalmente seguido de preposición ■ *v* [T, I] **3** ⇨difundir: *They spread the news the following day* - Difundieron la noticia al día siguiente **4** ⇨prolongar [en el tiempo] ■ *v* [I] **5** ⇨extenderse ■ Pron. Rima con *red*

| PHRASAL VERBS
· **to spread out 1** (*gente*) ⇨extenderse ⇨dispersarse **2** (*tropas*) ⇨desplegarse

spread² /spred/ ■ *n* [No PL] **1** ⇨proliferación ⇨aumento **2** ⇨área ⇨extensión ■ *n* [C] **3** ⇨extensión [de un texto]: *a double-page spread* - una extensión de dos páginas **4** ⇨festín ⇨banquete **5** ⇨variedad ⇨diversidad ■ Se usa más en singular ■ *n* [C, U] **6** *cheese spread* - queso de untar ■ Pron. Rima con *red*

spreadsheet /ˈspred.ʃiːt/ *n* [C] ⇨hoja de cálculo

spree /spriː/ to go on a {shopping/spending...} ~ ⇨hacer algo desenfrenadamente

↑ **spring¹** /sprɪŋ/ ■ *n* [C, U] **1** ⇨primavera: *in the spring* - en primavera ■ *n* [C] **2** ⇨manantial ⇨fuente **3** (*en un colchón*) ⇨muelle **4** ⇨brinco ⇨salto

spring², sprang, sprung (*US* sprung, sprung) /sprɪŋ/ *v* [I] **1** ⇨saltar ⇨pegar un salto **2** ⇨brotar ⇨surgir ■ Constr. Se usa generalmente seguido de una preposición o un adverbio **3** to ~ to {action/life} ⇨ponerse en acción ⇨cobrar vida

| PHRASAL VERBS
└ **to spring from** *sth* ⇨ser producto de algo

spring onion *UK n* [C] ⇨cebolleta

↑ **sprinkle** /ˈsprɪŋ.kl/ [sprinkled, sprinkling] *v* [T] **1** ⇨espolvorear ⇨echar **2** ⇨rociar

sprint¹ /sprɪnt/ *v* [I] **1** ⇨correr a toda velocidad: *He sprinted and caught the bus* - Corrió a toda velocidad para coger el autobús **2** (*en deportes*) ⇨esprintar

sprint² /sprɪnt/ ■ *n* [C] **1** (*en deportes*) ⇨carrera de velocidad ■ *n* [No PL] **2** ⇨sprint

sprout¹ /spraʊt/ ■ *v* [T, I] **1** (*una planta*) ⇨brotar ■ *v* [I] **2** (*inform*) ⇨surgir [de repente]: *New problems have sprouted up* - Han surgido nuevos problemas

sprout² /spraʊt/ *n* [C] **1** ⇨brote ⇨retoño **2** *UK* ⇨col de Bruselas

sprung /sprʌŋ/ past participle of **spring**

spun /spʌn/ past tense and past participle forms of **spin**

spur¹ UK: /spɜː/ US: /spɜː/ [spurred, spurring] *v* [T] ⇨alentar ⇨animar

spur² UK: /spɜː/ US: /spɜː/ *n* [C] **1** ⇨acicate ⇨incentivo **2** ⇨espuela **3** (*en una montaña*) ⇨estribación **4** on the ~ of the moment ⇨de manera impulsiva

spurn UK: /spɜːn/ US: /spɜːn/ *v* [T] (*form*) ⇨rechazar ⇨desdeñar

spurt¹ UK: /spɜːt/ US: /spɜːt/ *v* [T, I] **1** (*tb* spurt out) ⇨salir a chorros: *Water spurted out from the hole* - El agua salía a chorros del agujero **2** ⇨acelerar

spurt² UK: /spɜːt/ US: /spɜːt/ *n* [C] **1** ⇨chorro **2** ⇨arranque

sputter UK: /ˈspʌt.ə/ US: /ˈspʌ.ə/ *v* [I] **1** (*un motor*) ⇨ahogar(se) **2** ⇨chisporrotear *col.*

spy¹ /spaɪ/ [pl spies] n [C] ⇒espía

spy² /spaɪ/ [spies, spied] v [I] ⇒espiar: to spy on sb - espiar a alguien

squabble¹ UK: /ˈskwɒb.l/ US: /ˈskwɑː.bl/ [squabbled, squabbling] v [I] ⇒reñir ⇒disputar

squabble² UK: /ˈskwɒb.l/ US: /ˈskwɑː.bl/ n [C] ⇒riña ⇒disputa

squad UK: /skwɒd/ US: /skwɑːd/ n [C] **1** ⇒brigada: rescue squad - brigada de salvamento **2** (en el ejército) ⇒brigada **3** ⇒cuadrilla **4** (en deportes) ⇒plantilla **5** **drug ~** ⇒brigada antidroga ■ Por ser un nombre colectivo se puede usar con verbo en singular o en plural

squadron UK: /ˈskwɒd.rⁿn/ US: /ˈskwɑː.drən/ n [C] ⇒escuadrón ■ Por ser un nombre colectivo se puede usar con el verbo en singular o en plural

squalid UK: /ˈskwɒl.ɪd/ US: /ˈskwɑː.lɪd/ adj **1** ⇒miserable **2** ⇒sórdido,da

squalor UK: /ˈskwɒl.ɔʳ/ US: /ˈskwɑː.lə/ n [U] ⇒miseria

squander UK: /ˈskwɒn.dəʳ/ US: /ˈskwɑːn.də/ v [T] ⇒malgastar ⇒derrochar ■ CONSTR. to squander sth on sth

† **square¹** UK: /skweəʳ/ US: /skwer/ n [C] **1** (forma geométrica) ⇒cuadrado **2** (en matemáticas) ⇒cuadrado **3** ⇒plaza ■ Al dar el nombre de una plaza, se escribe con mayúscula inicial: Trafalgar Square **4** **back to ~ one** ⇒vuelta al principio

† **square²** UK: /skweəʳ/ US: /skwer/ adj **1** ⇒cuadrado,da **2 a ~ meal** ⇒una comida en condiciones

square³ UK: /skweəʳ/ US: /skwer/ [squared, squaring] v [T] ⇒elevar al cuadrado

| PHRASAL VERBS
| · **to square up 1** UK (US **to square off**) ⇒prepararse [para competir] **2** (inform) ⇒arreglar cuentas
└ **to square with** sth ⇒encajar con algo

squarely UK: /ˈskweə.li/ US: /ˈskwer/ adv **1** ⇒en el centro **2** ⇒directamente **3** ⇒firmemente

square root n [C] (en matemáticas) ⇒raíz cuadrada

squash¹ UK: /skwɒʃ/ US: /skwɑː.ʃ/ ■ n [U] **1** UK ⇒refresco de frutas **2** (deporte) ⇒squash ■ n [C, U] **3** US (UK **marrow**) ⇒calabaza alargada

squash² UK: /skwɒʃ/ US: /skwɑː.ʃ/ v [T] ⇒aplastar: Don't push! You're squashing me! - ¡No empujes, me estás aplastando!

squat¹ UK: /skwɒt/ US: /skwɑːt/ [squatted, squatting] v [I] **1** (tb **squat down**) ⇒ponerse en cuclillas ⇒agachar(se) **2** ⇒ocupar un lugar sin permiso

squat² UK: /skwɒt/ US: /skwɑːt/ adj [comp squatter, superl squattest] ⇒rechoncho,ca col.; ⇒retaco,ca col.; ⇒bajo,ja

squat³ UK: /skwɒt/ US: /skwɑːt/ n [C] ⇒lugar ocupado sin permiso

squatter UK: /ˈskwɒt.əʳ/ US: /ˈskwɑː.ə/ n [C] ⇒okupa ⇒ocupante ilegal de un terreno

squawk¹ UK: /skwɔːk/ US: /skwɑːk/ v [I] ⇒graznar

squawk² UK: /skwɔːk/ US: /skwɑːk/ n [C] ⇒graznido

squeak¹ /skwiːk/ v [I] **1** ⇒chirriar **2** ⇒chillar: Don't squeak! - ¡No chilles!

squeak² /skwiːk/ n [C] **1** ⇒chirrido **2** ⇒chillido

squeaky /ˈskwiː.ki/ adj **1** [comp squeakier, superl squeakiest] ⇒chirriante **2** (un sonido) ⇒chillón,-a

squeal¹ /skwiːl/ v [I] ⇒chillar

squeal² /skwiːl/ n [C] ⇒chillido ⇒alarido

squeamish /ˈskwiː.mɪʃ/ adj ⇒remilgado,da ⇒escrupuloso,sa

† **squeeze¹** /skwiːz/ [squeezed, squeezing] v [T] **1** ⇒apretar ⇒extrujar **2** ⇒exprimir: to squeeze an orange - exprimir una naranja **3** ⇒cerrar con fuerza

| PHRASAL VERBS
└ · **to squeeze** (sth/sb) {in/into sth} [M] ⇒meter

squeeze² /skwiːz/ n [C] **1** (inform) ⇒apretujón **2** ⇒apretón: a squeeze on the arm - un apretón en el brazo

squid /skwɪd/ [pl squid] n [C] ⇒calamar: We had squid for dinner - Cenamos calamares

squint¹ /skwɪnt/ v [I] **1** ⇒mirar con los ojos entreabiertos ■ CONSTR. Se usa generalmente seguido de la preposición at **2** ⇒bizquear

squint² /skwɪnt/ n [C] **1** (en medicina) ⇒estrabismo **2** ⇒vistazo: to have / take a squint at sth - echar un vistazo a algo

squirm UK: /skwɜːm/ US: /skwɜːm/ v [I] **1** ⇒retorcer(se): He squirmed with pain - Se retorcía de dolor **2** ⇒avergonzarse ⇒abochornarse

squirrel UK: /ˈskwɪr.ʳl/ US: /ˈskwɜː-/ n [C] ⇒ardilla

squirt¹ UK: /skwɜːt/ US: /skwɜːt/ v [T, I] **1** ⇒salir a chorros **2** ⇒echar [un líquido a chorros]: to squirt water onto the flames - echar agua sobre las llamas ■ CONSTR. Se usa seguido de una preposición o un adverbio **3 to ~ sb with** sth ⇒lanzar un chorro de algo a alguien

squirt² UK: /skwɜːt/ US: /skwɜːt/ n [C] ⇒chorro

Sri Lanka /ˌsriːˈlæŋ.kə/ n [U] ⇒Sri Lanka

Sri Lankan /ˌsriːˈlæŋ.kən/ adj, n [C] ⇒ceilandés,-a

St n [C] **1** ⇒forma abreviada de **saint** (santo,ta) **2** ⇒forma abreviada de **street** (calle)

stab¹ /stæb/ [stabbed, stabbing] v [T] ⇒apuñalar: to stab sb - apuñalar a alguien

stab² /stæb/ n [C] **1** (inform) ⇒puñalada **2 to have a ~ of** {sth/doing sth} ⇒hacer un intento de algo

stabbing¹ /ˈstæb.ɪŋ/ n [C] ⇒apuñalamiento

S

stabbing² /'stæb.ɪŋ/ adj ⇨punzante: *a stabbing pain* - un dolor punzante

stability UK: /stə'bɪl.ɪ.ti/ US: /-ə.i/ n [U] ⇨estabilidad

stabilize /'steɪ.bɪ.laɪz/ [stabilized, stabilizing] v [T, I] ⇨estabilizar(se)

stable¹ /'steɪ.bl̩/ adj ⇨estable: *The ladder isn't very stable* - La escalera no es muy estable 2 *(una persona)* ⇨equilibrado,da

stable² /'steɪ.bl̩/ n [C] ⇨establo ⇨cuadra

stack¹ /stæk/ n [C] 1 ⇨pila [de algo]: *a stack of papers* - una pila de papeles 2 *stacks of sth (inform)* ⇨montones de

stack² /stæk/ *(tb stack up)* v [T] ⇨apilar ⇨amontonar

† **stadium** /'steɪ.di.əm/ *[pl stadia, stadiums]* n [C] ⇨estadio ■ PRON. La primera sílaba, *sta*, se pronuncia como *stay*

† **staff¹** UK: /stɑːf/ US: /stæf/ ■ n [PL] 1 ⇨personal ⇨plantilla ■ Por ser un nombre colectivo se puede usar con el verbo en singular o en plural ■ n [C] 2 *US (UK stave) (en música)* ⇨pentagrama

staff² UK: /stɑːf/ US: /stæf/ v [T] *(una empresa)* ⇨equipar [de personal] ■ CONSTR. Se usa más en pasiva

stag /stæg/ n [C] ⇨ciervo macho

† **stage¹** /steɪdʒ/ n [C] 1 ⇨escenario: *to walk on stage* - salir al escenario 2 ⇨etapa ⇨fase 3 *the ~* ⇨el teatro

stage² /steɪdʒ/ *[staged, staging]* v [T] 1 ⇨organizar: *They staged a protest outside the building* - Organizaron una protesta frente al edificio 2 ⇨hacer un montaje ⇨poner en escena

stagger UK: /'stæg.əʳ/ US: /-ɚ/ ■ v [I] 1 ⇨tambalearse ■ CONSTR. Se usa generalmente seguido de una preposición o un adverbio 2 v [T] ⇨asombrar: *I was staggered by your speed* - Me asombró tu velocidad 3 ⇨escalonar: *We stagger our holidays at work* - En el trabajo escalonamos las vacaciones

staggering UK: /'stæg.ºr.ɪŋ/ US: /-ɚ-/ adj ⇨sorprendente ⇨asombroso,sa

stagnant /'stæg.nənt/ adj ⇨estancado,da: *a stagnant stream* - un riachuelo estancado

stagnate UK: /stæg'neɪt/ US: /'stæg.neɪt/ *[stagnated, stagnating]* v [I] ⇨estancarse

stag night *UK (US bachelor party)* n [C] ⇨despedida de soltero

stain¹ /steɪn/ ■ n [C] 1 ⇨mancha ■ n [C, U] 2 ⇨barniz oscurecedor [para madera]

stain² /steɪn/ ■ v [T, I] 1 ⇨manchar: *That stains the wood* - Eso mancha la madera ■ v [T] 2 ⇨teñir [madera]

stained glass n [U] 1 ⇨cristal de colores 2 *a stained glass window* - una vidriera ■ PRON. La e no se pronuncia

stainless steel /ˌsteɪn.ləs'stiːl/ n [U] ⇨acero inoxidable

† **stair** UK: /steəʳ/ US: /ster/ ■ n [C] 1 *(en una escalera)* ⇨escalón ⇨peldaño ■ n [NO PL] 2 *(lit, old-fash)* ⇨escalera

staircase UK: /'steə.keɪs/ US: /'ster-/ n [C] *(en un edificio)* ⇨escalera

stairs UK: /steəz/ US: /sterz/ n [PL] *(en un edificio)* ⇨escalera

stairway UK: /'steə.weɪ/ US: /'ster-/ n [C] *(en un lugar público)* ⇨escaleras [entre planta y planta]

† **stake** /steɪk/ n [C] 1 ⇨estaca ⇨palo 2 *(en una empresa)* ⇨participación 3 *to be at ~* ⇨estar en juego ⇨estar en peligro

† **stale** /steɪl/ adj 1 ⇨duro,ra ⇨pasado,da 2 ⇨rutinario,ria

stalemate /'steɪl.meɪt/ n [C, U] 1 *(situación)* ⇨punto muerto 2 *(en ajedrez)* ⇨tablas

stalk UK: /stɔːk/ US: /stɑːk/ n [C] 1 *(en una planta)* ⇨tallo 2 *(en una fruta)* ⇨rabo

stall¹ UK: /stɔːl/ US: /stɑːl/ *UK* n [C] *(en un mercado)* ⇨puesto

stall² UK: /stɔːl/ US: /stɑːl/ ■ v [T, I] 1 *(un motor)* ⇨calarse ■ v [I] 2 *(un proceso)* ⇨paralizar(se) ⇨estacionar(se) ■ v [T] 3 ⇨entretener(se) ⇨evitar hacer algo

stallion /'stæl.jən/ n [C] *(caballo)* ⇨semental

stalwart¹ UK: /'stɔːl.wət/ US: /'stɑːl.wət/ adj 1 *(una persona)* ⇨fiel ⇨leal 2 *(form)* ⇨fornido,da

stalwart² UK: /'stɔːl.wət/ US: /'stɑːl.wət/ n [C] *(una persona)* ⇨incondicional

stamina /'stæm.ɪ.nə/ n [U] ⇨resistencia [física o mental]

stammer¹ UK: /'stæm.əʳ/ US: /-ɚ/ v [I] ⇨tartamudear

stammer² UK: /'stæm.əʳ/ US: /-ɚ/ n [C] 1 ⇨tartamudeo 2 *He has a stammer* - Tartamudea

† **stamp¹** /stæmp/ n [C] 1 ⇨sello ⇨estampilla AMÉR. 2 *(en documentos oficiales)* ⇨timbre

stamp² /stæmp/ ■ v [T] 1 ⇨sellar ⇨franquear ■ v [T, I] 2 ⇨golpear con los pies ⇨dar patadas
| PHRASAL VERBS
· **to stamp** *sth* **out** [M] ⇨erradicar algo: *a campaign to stamp out poverty* - una campaña para erradicar la pobreza

stampede¹ /stæm'piːd/ n [C] ⇨estampida

stampede² /stæm'piːd/ *[stampeded, stampeding]* v [I] ⇨salir en estampida ⇨desbandarse

† **stance** UK: /stɑːnts/ US: /stænts/ n [C] 1 *(form)* ⇨actitud 2 ⇨postura: *a comfortable stance* - una postura cómoda

† **stand¹, stood, stood** /stænd/, /stʊd/ ■ v [T, I] 1 ⇨estar de pie 2 *(tb stand up)* ⇨ponerse de pie

starting-point

⇨pararse *AMÉR.* **3** ⇨estar situado,da ⇨estar ∎ CONSTR. Se usa generalmente seguido de una preposición o un adverbio **4** ⇨ponerse **5** *(una oferta)* ⇨seguir en pie **6** ⇨invitar ∎ *v* [I] **7** *(en política)* ⇨presentarse como candidato,ta ∎ *v* [T] **8** ⇨aguantar ⇨soportar ∎ CONSTR. can't stand + doing sth **9** as it stands ⇨tal (y) como está **10** to ~ a chance ⇨tener posibilidades

| PHRASAL VERBS
· **to stand {about/around}** ⇨estar sin hacer nada
· **to stand by** *sb* ⇨respaldar a alguien ⇨apoyar a alguien
· **to stand down** *UK* (*US* **to step down**) ⇨dimitir [de un cargo] ⇨renunciar
· **to stand for** *sth* **1** ⇨significar algo **2** *(un símbolo, una figura)* ⇨representar algo **3** *(ideas, valores)* ⇨ser defensor de
· **to stand in (for** *sb***)** ⇨sustituir (a alguien) ⇨reemplazar (a alguien)
· **to stand out** ⇨destacar ⇨sobresalir
· **to stand** *sb* **up** *(inform)* ⇨dar plantón a alguien *col.*
· **to stand up for** *sth/sb* ⇨defender ⇨luchar por
· **to stand up to** *sth/sb* ⇨hacer frente a ⇨resistir

stand² /stænd/ *n* [C] **1** ⇨puesto: *a Red Cross stand* - un puesto de la Cruz Roja **2** ⇨atril ⇨soporte **3** *UK (en un campo deportivo)* ⇨grada **4** ⇨actitud ⇨postura **5** to take a ~ (on *sth*) ⇨adoptar una postura ⇨tomar partido

† **standard¹** UK: /'stæn.dəd/ US: /-dəd/ ∎ *n* [C, U] **1** ⇨nivel **2** *n* [C] ⇨estandarte **3** ⇨estándar: *high moral standards* - estándares morales muy elevados

standard² UK: /'stæn.dəd/ US: /-dəd/ *adj* ⇨estándar ⇨normal

standardize UK: /'stæn.də.daɪz/ US: /-də-/ [standardized, standardizing] *v* [T] ⇨estandarizar

standard of living [*pl* standards of living] *n* [C] ⇨nivel de vida

standby /'stænd.baɪ/ [*pl* standbys] *n* [C] **1** ⇨suplente **2** ⇨reserva ⇨repuesto *col.* **3** to be on ~ ⇨estar de guardia ⇨estar en alerta

stand-in /'stænd.ɪn/ *n* [C] ⇨sustituto,ta ⇨suplente

standing¹ /'stæn.dɪŋ/ *n* [U] ⇨prestigio ⇨popularidad

standing² /'stæn.dɪŋ/ *adj* **1** ⇨permanente **2** ⇨de pie

standing order *UK n* [C] ⇨orden permanente de pago

standpoint /'stænd.pɔɪnt/ *n* [C] ⇨punto de vista ⇨perspectiva

standstill /'stænd.stɪl/ *n* [NO PL] **1** ⇨parada ⇨bloqueo **2** to come to a ~ **1** ⇨estancarse:

Negotiations came to a standstill - Las negociaciones se estancaron **2** ⇨congestionarse: *Traffic has come to a standstill* - El tráfico se ha congestionado

stank /stæŋk/ past tense of **stink**

staple¹ /'steɪ.pl/ *adj* ⇨de primera necesidad

staple² /'steɪ.pl/ *n* [C] **1** ⇨grapa ⇨gancho *AMÉR.* **2** ⇨producto de primera necesidad

staple³ /'steɪ.pl/ [stapled, stapling] *v* [T] ⇨grapar

stapler UK: /'steɪ.pləʳ/ US: /-plə/ *n* [C] ⇨grapadora ⇨corchetera *AMÉR.*

† **star¹** UK: /stɑːʳ/ US: /stɑːr/ *n* [C] **1** ⇨estrella ⇨astro **2** ⇨estrella: *a movie star* - una estrella de cine **3** *(forma, símbolo)* ⇨estrella ⇨asterisco **4** the stars *UK* ⇨el horóscopo

star² UK: /stɑːʳ/ US: /stɑːr/ [starred, starring] *v* [T, I] ⇨protagonizar: *to star in a film* - protagonizar una película ∎ CONSTR. Se usa generalmente seguido de la preposición in

starboard UK: /'stɑː.bəd/ US: /'stɑːr.bəd/ *n* [U] *(en una embarcación)* ⇨estribor

starch UK: /stɑːtʃ/ US: /stɑːrtʃ/ ∎ *n* [U] **1** ⇨almidón ∎ *n* [C, U] **2** ⇨fécula: *rice starch* - fécula de arroz

stardom UK: /'stɑː.dəm/ US: /'stɑːr-/ *n* [U] ⇨estrellato

† **stare** UK: /steəʳ/ US: /ster/ [stared, staring] *v* [I] ⇨mirar fijamente ⇨observar

starfish UK: /'stɑː.fɪʃ/ US: /'stɑːr-/ [*pl* starfish, starfishes] *n* [C] ⇨estrella de mar

stark UK: /stɑːk/ US: /stɑːrk/ *adj* **1** ⇨duro,ra: *stark criticism* - duras críticas **2** ⇨crudo,da: *the stark reality* - la cruda realidad **3** ⇨acusado,da ⇨acentuado,da

starry UK: /'stɑː.ri/ US: /'stɑːr.i/ *adj* [*comp* starrier, *superl* starriest] ⇨estrellado,da: *a starry sky* - un cielo estrellado

† **start¹** UK: /stɑːt/ US: /stɑːrt/ ∎ *v* [T, I] **1** ⇨comenzar ⇨empezar ∎ CONSTR. 1. to start + doing sth 2. to start + to do sth **2** ⇨arrancar ⇨poner(se) en marcha ∎ *v* [I] **3** ⇨asustarse ⇨sobresaltarse **4** *(un proyecto, un negocio)* ⇨montar ⇨emprender ⇨poner en marcha **5** to ~ with **1** ⇨al principio **2** ⇨para empezar

| PHRASAL VERBS
· **to start (***sth***) off** ⇨comenzar (algo) ⇨iniciar (algo)
· **to start out** ⇨empezar [a trabajar]

† **start²** UK: /stɑːt/ US: /stɑːrt/ ∎ *n* [C] **1** ⇨comienzo ⇨principio **2** ⇨ventaja ∎ *n* [NO PL] **3** ⇨susto ⇨sobresalto **4** for a ~ *UK* ⇨para empezar **5** the ~ *(en una carrera)* ⇨la salida

starter UK: /'stɑː.təʳ/ US: /'stɑːr.tə/ *n* [C] **1** *UK (US appetizer)* ⇨primer plato **2** *US (en una competición deportiva)* ⇨participante

starting-point *n* [C] ⇨punto de partida

S

startle UK: /'stɑː.tl̩/ US: /'stɑːr.tl̩/ [startled, star-tling] *v* [T] ⇨sobresaltar(se)

startling UK: /'stɑː.tlɪŋ/ US: /'stɑːr.tl̩.ɪŋ/ *adj* **1** ⇨asombroso,sa ⇨sorprendente **2** ⇨alarmante

† **starve** UK: /stɑːv/ US: /stɑːrv/ [starved, starving] *v* [T, I] **1** ⇨morir(se) de hambre **2** *They were starved to death* - Murieron de hambre

starving UK: /'stɑː.vɪŋ/ US: /'stɑːr-/ *adj* **1** ⇨hambriento,ta **2 to be ~** *(inform)* ⇨tener mucha hambre

† **state¹** /steɪt/ ∎ *n* [c] **1** ⇨estado ⇨situación **2** *(parte de un país)* ⇨estado ∎ *n* [c, U] **3** ⇨estado ⇨gobierno **4 ~ of affairs** ⇨situación ∎ Distinto de *estate* (finca, propiedad)

state² /steɪt/ [stated, stating] *v* [I] *(form)* ⇨declarar ⇨afirmar ∎ CONSTR. 1. to state + (that) 2. to state + interrogativa indirecta

stated *adj (una fecha, un dato)* ⇨indicado,da ⇨señalado,da

stately /'steɪt.li/ *adj* [comp statelier, superl stateliest] ⇨majestuoso,sa

statement /'steɪt.mənt/ *n* [c] **1** ⇨declaración **2** ⇨extracto de cuenta

state school *UK (US* **public school)** *n* [c] ⇨colegio público

statesman /'steɪt.smən/ [pl statesmen] *n* [c] ⇨estadista

static¹ UK: /'stæt.ɪk/ US: /'stæˁt̬-/ *adj* ⇨estático,ca

static² UK: /'stæt.ɪk/ US: /'stæˁt̬-/ *n* [U] **1** *(en una señal de televisión o de radio)* ⇨interferencia **2** *(tb* **static electricity)** ⇨electricidad estática

† **station¹** /'steɪ.ʃən/ *n* [c] **1** ⇨estación **2** ⇨emisora ⇨cadena **3 petrol ~** *(US tb* **gas station)** ⇨estación de servicio ⇨gasolinera

station² /'steɪ.ʃən/ *v* [T] *(a un soldado)* ⇨destinar ∎ CONSTR. Se usa generalmente seguido de las preposiciones around, in y at

stationary UK: /'steɪ.ʃən.ər.i/ US: /-ʃə.ner-/ *adj* ⇨parado,da ⇨estacionado,da

stationery UK: /'steɪ.ʃən.ər.i/ US: /-ʃə.ner-/ *n* [U] ⇨material de papelería

station wagon *US (UK* **estate car)** *n* [c] *(vehículo)* ⇨ranchera *col.*

statistic /stə'tɪs.tɪk/ *n* [U] *(dato)* ⇨estadística ∎ Se usa más en plural

† **statistics** /stə'tɪs.tɪks/ *n* [U] *(ciencia)* ⇨estadística

† **statue** /'stætʃ.uː/ *n* [c] ⇨estatua ∎ PRON. La última parte, *ue*, se pronuncia como *you*

stature UK: /'stætʃ.əˀ/ US: /-ɚ/ ∎ *n* [c] **1** *(form)* ⇨estatura ∎ *n* [U] **2** *(form)* ⇨reputación ⇨importancia ⇨estatus

† **status** UK: /'steɪ.təs/ US: /-əs/ *n* [U] **1** ⇨estatus ⇨categoría **2** ⇨posición ⇨estado ∎ PRON. La primera parte *sta* se pronuncia como *stay*

statute /'stætʃ.uːt/ *n* [c, U] *(form)* ⇨estatuto

statutory UK: /'stæt.ju.tˀr.i/ US: /-tɔːr.i/ *adj* **1** ⇨estatutario,ria **2** ⇨legal

staunch UK: /stɔːntʃ/ US: /stɑːntʃ/ *adj* ⇨a ultranza ⇨incondicional

stave¹ /steɪv/ *UK (US* **staff)** *n* [c] *(en música)* ⇨pentagrama

stave², **stove, stove** /steɪv/
|PHRASAL VERBS
 └ **to stave** *sth/sb* **off 1** ⇨aplazar **2** ⇨evitar

† **stay¹** /steɪ/ *v* [I] **1** ⇨quedarse ⇨permanecer **2** ⇨estar ⇨alojarse ∎ CONSTR. Se usa generalmente seguido de una preposición o un adverbio
|PHRASAL VERBS
 · **to stay behind** ⇨quedarse [cuando otros se van]
 · **to stay in** ⇨quedarse en casa
 · **to stay on** ⇨quedarse [después de terminar el tiempo acordado]
 · **to stay out** ⇨quedarse hasta tarde [fuera de casa]
 · **to stay up** ⇨quedarse despierto,ta ⇨quedarse
 └ levantado,da

stay² /steɪ/ *n* [c] ⇨estancia ⇨estadía *AMÉR.*

† **steady** /'sted.i/ *adj* [comp steadier, superl steadiest] **1** ⇨estable ⇨firme **2** ⇨regular ⇨constante ⇨continuo,nua **3** *(los nervios, la mirada, el pulso)* ⇨firme ⇨controlado,da **4** *(una persona)* ⇨de fiar ⇨formal **5** *(un novio, una novia)* ⇨formal **6 a ~ {job/work}** ⇨un trabajo estable

steak /steɪk/ *n* [c, U] **1** ⇨filete ⇨bife *AMÉR.* ∎ PRON. Rima con *make* **2** *(para guisar)* ⇨carne [de ternera]

† **steal, stole, stolen** /stiːl/ *v* [T, I] **1** ⇨robar: *My purse has been stolen* - Me han robado el monedero ∎ Se usa cuando se menciona el objeto robado. Comparar con *to rob* **2 to ~ {away/in/out}** ⇨moverse sigilosamente ∎ Ver cuadro robar (steal / rob / burgle)

stealth /stelθ/ *n* [U] ⇨sigilo

† **steam¹** /stiːm/ *n* [U] **1** ⇨vapor **2 to run out of ~** *(inform)* ⇨quedarse sin fuerzas

steam² /stiːm/ ∎ *v* [I] **1** ⇨echar vapor ∎ *v* [T] **2** ⇨cocinar al vapor
|PHRASAL VERBS
 └ **to steam** *(sth)* **up** [M] ⇨empañar(se) algo

steamer UK: /'stiː.məˀ/ US: /-mɚ/ *n* [c] **1** ⇨barco de vapor **2** ⇨olla de vapor

† **steel** /stiːl/ *n* [U] ⇨acero

† **steep** /stiːp/ *adj* ⇨empinado,da ⇨pronunciado,da ⇨abrupto,ta

steeple /'stiː.pl̩/ *n* [c] *(en una iglesia)* ⇨torre con aguja

† **steer** UK: /stɪəˀ/ US: /stɪr/ ∎ *v* [T, I] **1** ⇨conducir ⇨gobernar ⇨guiar ∎ *v* [T] **2** *(una situación)* ⇨encauzar

➳dirigir ■ CONSTR. Se usa generalmente seguido de una preposición o un adverbio

steering n [U] *(en un vehículo)* ➳dirección

steering wheel n [C] *(en un vehículo)* ➳volante ➳manubrio AMÉR.; ➳timón AMÉR.

stem¹ /stem/ [stemmed, stemming] v [T] ➳frenar ➳contener

|PHRASAL VERBS
· **to stem from** *sth* ➳deberse a algo ➳ser producto de algo

stem² /stem/ n [C] *(en una planta)* ➳tallo

stench /stentʃ/ [pl stenches] n [C] ➳hedor

† **step¹** /step/ n [C] **1** ➳paso **2** ➳paso: *Follow the steps carefully* - Siga los pasos con atención **3** ➳peldaño ➳escalón **4 step-by-step** ➳paso a paso **5 to be {in/out of}** ~ **(with** *sth/sb***)** ➳estar {de acuerdo/en desacuerdo} (con)

step² /step/ [stepped, stepping] v [I] ➳dar un paso: *to step forward* - dar un paso hacia adelante ■ CONSTR. Se usa generalmente seguido de una preposición o un adverbio

|PHRASAL VERBS
· **to step down** *US* (*UK* **to stand down**) ➳dimitir [de un cargo] ➳renunciar
· **to step in 1** ➳aparecer: *He always steps in when we most need him* - Siempre aparece cuando más lo necesitamos **2** ➳intervenir
· **to step {in/on}** *sth* ➳pisar algo ➳meter el pie en algo
· **to step** *sth* **up** [M] ➳incrementar ➳aumentar

stepbrother UK: /ˈstepˌbrʌ.ðəʳ/ US: /-ðɚ/ n [C] ➳hermanastro

stepchild /ˈstep.tʃaɪld/ [pl stepchildren] n [C] ➳hijastro,tra

stepdaughter UK: /ˈstepˌdɔː.təʳ/ US: /-ˌdɑː.ə/ n [C] ➳hijastra

stepfather UK: /ˈstepˌfɑː.ðəʳ/ US: /-ðɚ/ n [C] ➳padrastro

stepmother UK: /ˈstepˌmʌð.əʳ/ US: /-ə/ n [C] ➳madrastra

stepsister UK: /ˈstepˌsɪs.təʳ/ US: /-tə/ n [C] ➳hermanastra

stepson /ˈstep.sʌn/ n [C] ➳hijastro

stereo UK: /ˈster.i.əʊ/ US: /-oʊ/ n [C, U] ➳estéreo *col.*

† **stereotype** /ˈster.i.ə.taɪp/ n [C] ➳estereotipo

stereotypical /ˌster.i.əˈtɪp.ɪ.kəl/ adj ➳estereotípico,ca

stereotypically /ˌster.i.əˈtɪp.ɪ.kli/ adv ➳estereotípicamente

sterile UK: /ˈster.aɪl/ US: /-[ə]l/ adj ➳estéril

sterilize /ˈster.ɪ.laɪz/ [sterilized, sterilizing] v [T] ➳esterilizar: *to sterilize a needle* - esterilizar una aguja

sterling UK: /ˈstɜː.lɪŋ/ US: /ˈstɜː-/ n [U] ➳libra esterlina ➳libra

stern¹ UK: /stɜːn/ US: /stɜːn/ adj ➳severo,ra ➳estricto,ta

stern² UK: /stɜːn/ US: /stɜːn/ n [C] *(en una embarcación)* ➳popa

steroid UK: /ˈstɪə.rɔɪd/ UK: /ˈster.ɔɪd/ US: /ˈstɪr.ɔɪd/ n [C] *(en química)* ➳esteroide

stethoscope UK: /ˈsteθ.ə.skəʊp/ US: /-skoʊp/ n [C] *(instrumento médico)* ➳estetoscopio

Stetson® /ˈstet.sⁿn/ n [C] ➳sombrero de vaquero

stew¹ UK: /stjuː/ US: /stuː/ n [C, U] ➳guiso ➳estofado

stew² UK: /stjuː/ US: /stuː/ v [T] ➳guisar: *Patrick is very good at stewing meat* - A Patrick se le da muy bien guisar la carne

steward UK: /ˈstjuː.əd/ US: /ˈstuː.əd/ n [C] *(en un transporte)* ➳auxiliar ■ Se emplea únicamente con hombres

stewardess [pl stewardesses] n [C] *(en un transporte)* ➳azafata ➳auxiliar ■ Se emplea únicamente con mujeres

† **stick¹** /stɪk/ n [C] **1** ➳trozo de madera ➳palo ➳bastón **2** ➳barra: *a stick of candy* - una barra de caramelo **3** *a stick of chalk* - una tiza

† **stick²**, **stuck, stuck** /stɪk/ ■ v [T, I] **1** ➳pegar **2** ➳clavar ➳pinchar ■ CONSTR. Se usa generalmente seguido de una preposición o un adverbio ■ v [T] **3** *(inform)* ➳poner ➳dejar ■ CONSTR. Se usa generalmente seguido de una preposición o un adverbio ■ v [I] **4** ➳atascarse ➳quedarse atascado,da ➳quedarse atrapado,da

|PHRASAL VERBS
· **to stick around** *(inform)* ➳quedarse un rato
· **to stick at** *sth* ➳perseverar en algo
· **to stick by** *sb* ➳respaldar a alguien ➳seguir apoyando a alguien
· **to stick it out** *(inform)* ➳aguantar hasta el final
· **to stick out** ➳sobresalir ➳destacar
· **to stick** *sth* **out** [M] *(una parte del cuerpo)* ➳sacar
· **to stick to** *sth* **1** ➳atenerse a algo ➳ceñirse a algo **2** *(una norma, una promesa)* ➳seguir ➳mantener
· **to stick together** ➳mantenerse unidos,das ➳no separarse *(inform)* ➳mantenerse unidos,das ➳cerrar filas
· **to stick up for** *sth/sb* *(inform)* ➳apoyar ➳defender

sticker UK: /ˈstɪk.əʳ/ US: /-ə/ n [C] ➳pegatina

sticky /ˈstɪk.i/ adj [comp stickier, superl stickiest] **1** ➳pegajoso,sa **2** *(una temperatura)* ➳bochornoso,sa **3** *(inform) (una situación)* ➳embarazoso,sa ➳bochornoso,sa

S■

† **stiff** /stɪf/ *adj* ⇨rígido,da ⇨tieso,sa **2** *(un músculo)* ⇨agarrotado,da **3** *(una bebida)* ⇨fuerte **4** *(el viento)* ⇨fuerte **5** *(una persona)* ⇨estirado,da ⇨almidonado,da *col*. **6** *(un objeto)* ⇨encajado

stiffen /'stɪf.ən/ ■ *v* [T, I] **1** ⇨poner(se) rígido,da ■ *v* [I] **2** *(una persona)* ⇨paralizarse [por miedo, por ira]

stifle /'staɪ.fl/ [stifled, stifling] *v* [T] ⇨reprimir **2** ⇨contener **3** ⇨sofocar(se) ⇨ahogar(se)

stifling /'staɪ.fl.ɪŋ/ *adj* **1** *(calor)* ⇨asfixiante ⇨sofocante **2** ⇨preventivo,va

stigma /'stɪg.mə/ *n* [C, U] ⇨estigma

† **still**[1] /stɪl/ *adv* **1** ⇨todavía ⇨aún ■ Ver cuadro todavía (still / yet) **2** ⇨de todas formas ⇨aún así

† **still**[2] /stɪl/ *adj* ⇨quieto,ta ⇨inmóvil **2** *(un lugar)* ⇨tranquilo,la **3** *UK (una bebida)* ⇨sin gas

stillness /'stɪl.nəs/ *n* [U] **1** ⇨quietud ⇨calma ⇨tranquilidad **2** ⇨inmovilidad

stilt /stɪlts/ *n* [C] **1** ⇨pilote [de un edificio] **2** ⇨zanco ■ Se usa más en plural

stilted UK: /'stɪl.tɪd/ US: /-t̬ɪd/ *adj* ⇨forzado,da ⇨poco natural

stimulant /'stɪm.jʊ.lənt/ *n* [C] ⇨estimulante

† **stimulate** /'stɪm.jʊ.leɪt/ [stimulated, stimulating] *v* [T] ⇨estimular: *to stimulate production* - estimular la producción

stimulating UK: /'stɪm.jʊ.leɪ.tɪŋ/ US: /-t̬ɪŋ/ *adj* ⇨estimulante ⇨interesante

stimulation /ˌstɪm.jʊ'leɪ.ʃən/ *n* [U] ⇨estímulo ⇨estimulación

stimulus /'stɪm.jʊ.ləs/ [*pl* stimuli] *n* [C] ⇨estímulo ⇨incentivo

sting[1], stung, stung /stɪŋ/ ■ *v* [T] **1** *(un animal)* ⇨picar **2** ⇨disgustar ■ *v* [T, I] **3** ⇨picar ⇨escocer

sting[2] /stɪŋ/ ■ *n* [C] **1** ⇨picadura: *bee sting* - picadura de abeja **2** *UK* ⇨aguijón ■ *n* [NO PL] **3** ⇨picor ⇨escozor

stingy /'stɪn.dʒi/ *adj* [*comp* stingier, *superl* stingiest] *(inform)* ⇨tacaño,ña *desp.;* ⇨rácano,na *col. desp.*

stink[1], stank, stunk *(US stunk, stunk)* /stɪŋk/ *v* [I] ⇨apestar: *Your socks stink!* - ¡Tus calcetines apestan!

stink[2] /stɪŋk/ *n* [NO PL] ⇨peste ⇨hedor

stint /stɪnt/ *n* [C] ⇨temporada: *We had a stint as reporters* - Trabajamos una temporada de reporteros

stipulate /'stɪp.jʊ.leɪt/ [stipulated, stipulating] *v* [T] *(form)* ⇨estipular: *It was stipulated that we would pay in instalments* - Se estipuló que pagaríamos a plazos ■ CONSTR. 1. to stipulate + (that) 2. to stipulate + interrogativa indirecta

† **stir** UK: /stɜːʳ/ US: /stɝː/ [stirred, stirring] ■ *v* [T] **1** ⇨revolver ⇨mover ⇨remover ■ *v* [T, I] **2** ⇨moverse

[ligeramente]: *The wind stirred the leaves* - El viento movió ligeramente las hojas

| PHRASAL VERBS
| · **to stir** *sth* **up** [M] **1** *(un recuerdo)* ⇨despertar
└ algo **2** ⇨generar polémica ⇨provocar

stir-fry UK: /'stɜː.fraɪ/ US: /'stɝː-/ [stir-fries, stir-fried] *v* [T] *(un alimento)* ⇨saltear

stirring UK: /'stɜː.rɪŋ/ US: /'stɝː.ɪŋ/ *adj* **1** ⇨emocionante **2** ⇨inspirador,-a

stirrup /'stɪr.əp/ *n* [C] *(en una silla de montar)* ⇨estribo

stitch[1] /stɪtʃ/ *v* [T, I] ⇨coser: *to stitch on a button* - coser un botón

stitch[2] /stɪtʃ/ [*pl* stitches] ■ *n* [C] **1** ⇨puntada ⇨costura ⇨punto [de lana] **2** *(en medicina)* ⇨punto ■ *n* [NO PL] **3** ⇨flato **4 to be in stitches** ⇨troncharse de risa *col*.

stock[1] UK: /stɒk/ US: /stɑːk/ ■ *n* [C, U] **1** ⇨existencias **2** *(en economía)* ⇨acción ■ *n* [U] **3** ⇨caldo: *fish stock* - caldo de pescado **4** *(form)* ⇨prestigio ⇨apoyo [del público] **5** ⇨ganado **6** ⇨ascendencia ⇨orígenes ■ *n* [C] **7** ⇨alhelí **8 to be in ~** ⇨tener en existencias **9 to be out of ~** ⇨estar agotado,a: *I'm sorry but that book is out of stock* - Lo siento, pero ese libro está agotado

stock[2] UK: /stɒk/ US: /stɑːk/ *v* [T] **1** ⇨tener existencias de **2** *(una estantería, una nevera)* ⇨reponer **3** ⇨abastecer ⇨surtir

| · **to stock up** ⇨comprar en grandes cantidades ⇨aprovisionarse

stockbroker UK: /'stɒk.brəʊ.kəʳ/ US: /'stɑːk.ˌbrou.kɚ/ *n* [C] ⇨corredor,-a de bolsa ■ La forma abreviada es *broker*

stock exchange *(tb stock market)* *n* [C] *(en economía)* ⇨bolsa

† **stocking** UK: /'stɒk.ɪŋ/ US: /'stɑː.kɪŋ/ *n* [C] *(prenda de vestir de mujer)* ⇨media

† **stock market** *n* [C] See **stock exchange**

stocky UK: /'stɒk.i/ US: /'stɑː.ki/ *adj* [*comp* stockier, *superl* stockiest] ⇨retaco,ca *col.;* ⇨tapón *col.*

stole UK: /stəʊl/ US: /stoʊl/ past tense of **steal**

stolen UK: /'stəʊ.lən/ US: /'stoʊ-/ past participle of **steal**

stolid UK: /'stɒl.ɪd/ US: /'stɑː.lɪd/ *adj* ⇨impasible ⇨imperturbable

stomach[1] /'stʌm.ək/ [*pl* stomachs] *n* [C] **1** ⇨estómago ⇨vientre **2 to have no ~ for** *sth* ⇨no tener ganas de algo

stomach[2] /'stʌm.ək/ *v* [T] *(inform)* ⇨aguantar: *I couldn't stomach her attitude any longer* - Ya no pude aguantar su actitud

stomach ache *n* [C, U] ⇨dolor de tripa ⇨dolor de estómago ■ PRON. La última sílaba, *ache*, rima con *make*

stone¹ UK: /stəʊn/ US: /stoʊn/ ∎ n [c, u] **1** ⇨piedra
∎ n [c] **2** *UK (US* pit) *(en algunas frutas)* ⇨hueso
⇨carozo *AMÉR.* **3** *UK* ⇨unidad de peso equivalen-
te a 6,3 kilogramos ∎ Su plural es *stone* o *stones*
stone² UK: /stəʊn/ US: /stoʊn/ [stoned, stoning] *v*
[T] **1** *(un fruto)* ⇨deshuesar ⇨descarozar *AMÉR.* **2**
⇨apedrear ⇨matar a pedradas
Stone Age the ~ *(en la Prehistoria)* ⇨la Edad
de Piedra
stoned UK: /stəʊnd/ US: /stoʊnd/ *adj* **1** *(inform)*
⇨colocado,da *col.* **2** ⇨tajado,da *col.;* ⇨piripi *col.*
stonefish UK: /ˈstəʊn.fɪʃ/ US: /ˈstoʊn-/ [pl stone-
fish, stonefishes] *n* [c] ⇨pez piedra
stony UK: /ˈstəʊ.ni/ US: /ˈstoʊ-/ *adj* [comp stonier,
superl stoniest] **1** ⇨pedregoso,sa: *a stony path -*
un camino pedregoso **2** *(una reacción)* ⇨frío,a
⇨distante **3** *(un silencio)* ⇨sepulcral
stood /stʊd/ past tense and past participle forms
of **stand**
stool /stuːl/ *n* [c] **1** ⇨taburete: *a bar stool -* un
taburete alto **2** *(en medicina)* ⇨deposición
stoop¹ /stuːp/ *v* [I] **1** ⇨encorvarse ⇨inclinarse **2**
⇨andar encorvado,da: *Try not to stoop -* Intenta
no andar encorvado
stoop² /stuːp/ *n* [NO PL] to walk with a stoop - ca-
minar encorvado
stop¹ UK: /stɒp/ US: /stɑːp/ [stopped, stopping] *v*
[T, I] **1** ⇨parar ⇨cesar ⇨dejar ∎ CONSTR. 1. to stop +
doing sth 2. to stop + to do sth **2** *Why don't you stop
for supper? -* ¿Por qué no te quedas a cenar? **3**
⇨parar **4** *(una máquina)* ⇨parar(se) **5** ⇨parar
⇨detener **6** ⇨impedir ⇨prevenir ∎ CONSTR. to stop
sb from doing sth **7** ⇨tapar [un agujero]
│PHRASAL VERBS
└· **to stop off** ⇨parar un rato
stop² UK: /stɒp/ US: /stɑːp/ *n* [c] **1** ⇨parada ⇨pa-
radero *AMÉR.* **2** ⇨descanso **3** to come to a ~
⇨pararse ⇨detenerse
stopover UK: /ˈstɒpˌəʊ.vəʳ/ US: /ˈstɑːpˌoʊ.vɚ/ *UK n*
[c] *(en un viaje)* ⇨escala
stoppage UK: /ˈstɒp.ɪdʒ/ US: /ˈstɑː.pɪdʒ/ *n* [c] **1**
⇨huelga *(en fútbol): stoppage time -* tiempo de
descuento **3** *UK* ⇨retención fiscal
stopwatch UK: /ˈstɒp.wɒtʃ/ US: /ˈstɑːp.wɑːtʃ/ [pl
stopwatches] *n* [c] ⇨cronómetro
storage UK: /ˈstɔː.rɪdʒ/ US: /ˈstɔːr.ɪdʒ/ *n* [U] ⇨al-
macenamiento
store¹ UK: /stɔːʳ/ US: /stɔːr/ *n* [c] **1** ⇨grandes alma-
cenes **2** ⇨provisión: *store of food -* provisión de
alimentos **3** *US (UK/US tb* shop) ⇨tienda **4** to be
in ~ (for sb) **1** *What does the future have in store
for us? -* ¿Qué nos deparará el futuro?; *There is a
shock in store for her -* Le espera un gran susto **2**
(una sorpresa) ⇨tener reservado para alguien

store² UK: /stɔːʳ/ US: /stɔːr/ [stored, storing] *v* [T]
⇨almacenar: *to store data on a hard disk -* al-
macenar datos en un disco duro ∎ CONSTR. Se usa
generalmente seguido de una preposición
storeroom UK: /ˈstɔː.rum/ UK: /-ruːm/ US: /ˈstɔːr-/
n [c] **1** ⇨almacén **2** ⇨despensa
storey UK: /ˈstɔː.ri/ US: /ˈstɔːr.i/ *UK (US* story) *n*
[c] ⇨piso ⇨planta
storm¹ UK: /stɔːm/ US: /stɔːrm/ *n* [c] ⇨tormenta
storm² UK: /stɔːm/ US: /stɔːrm/ *v* [T] **1** *(un edificio)*
⇨asaltar ⇨atacar **2** to ~ {into/out of} ⇨{entrar/
salir} hecho,cha una furia: *He stormed out of the
room -* Salió de la habitación hecho una furia
stormy UK: /ˈstɔː.mi/ US: /ˈstɔːr-/ *adj* [comp stormi-
er, superl stormiest] **1** *(el tiempo)* ⇨tormentoso,sa
2 *(una relación)* ⇨problemático,ca ⇨tempes-
tuoso,sa **3** *(un debate)* ⇨acalorado,da
story UK: /ˈstɔː.ri/ US: /ˈstɔːr.i/ [pl stories] *n* [c] **1**
⇨historia ⇨cuento **2** *(en un periódico)* ⇨noticia
3 *It's a long story -* Es largo de contar **4** *US* See
storey
stout /staʊt/ *adj* **1** ⇨fornido,da ⇨robusto,ta **2**
⇨fuerte: *stout shoes -* zapatos fuertes
stove¹ UK: /stəʊv/ US: /stoʊv/ *n* [c] **1** *US (UK* cook-
er) *(aparato)* ⇨cocina **2** ⇨estufa
stove² UK: /stəʊv/ US: /stoʊv/ past tense and past
participle forms of **stave**
stow UK: /stəʊ/ US: /stoʊ/ *v* [T] ⇨guardar
straddle /ˈstræd.l̩/ [straddled, straddling] *v* [T] **1**
⇨sentarse a horcajadas **2** *(un lugar)* ⇨estar a
ambos lados ⇨abarcar ambos lados
straggle /ˈstræg.l̩/ [straggled, straggling] *v* [I]
⇨rezagarse ⇨desparramarse ∎ CONSTR. Se usa ge-
neralmente seguido de una preposición o un adverbio
straggly /ˈstræg.li/ *adj* [comp stragglier, superl
straggliest] ⇨desaliñado,da ⇨descuidado,da
straight¹ /streɪt/ *adj* **1** ⇨recto,ta: *a straight line -*
una línea recta **2** ⇨derecho,cha: *Is the picture
straight? -* ¿Está derecho el cuadro?; *Stand up
straight! -* ¡Ponte derecho! **3** *(el pelo)* ⇨liso,sa **4**
(una respuesta, una explicación) ⇨franco,ca
⇨claro,ra **5** *(una persona)* ⇨convencional ⇨tra-
dicional **6** *(victorias)* ⇨consecutivo,va **7** to get
sth ~ ⇨dejar algo claro ⇨comprender algo total-
mente
straight² /streɪt/ *adv* **1** ⇨derecho ⇨recto **2** ⇨di-
rectamente ⇨directo,ta **3** ⇨francamente **4** ~ on
⇨derecho ⇨recto
straighten UK: /ˈstreɪ.tᵊn/ US: /-[ə]n/ *v* [T, I] ⇨en-
derezar: *to straighten one's tie -* enderezar la
corbata
│PHRASAL VERBS
│· **to straighten** *sth* **out** [M] ⇨aclarar algo: *to
└ straighten things out -* aclarar las cosas

S

· **to straighten up** ⇝enderezar: *Straighten up, don't walk with a stoop* - Enderézate y no vayas encorvado

· **to straighten** *sth* **up [M]** ⇝ordenar algo ⇝arreglar algo

† **straightforward** UK: /ˌstreɪtˈfɔː.wəd/ US: /-ˈfɔːr.wəd/ *adj* **1** *(una cosa, una actividad)* ⇝sencillo,lla **2** *(una persona)* ⇝sincero,ra ⇝franco,ca

strain¹ /streɪn/ ■ *n* [C, U] **1** ⇝tensión: *The strain of work made him ill* - Enfermó a causa de la tensión del trabajo **2** ⇝torcedura ■ *n* [C] **3** ⇝estilo ⇝tipo

strain² /streɪn/ ■ *v* [T, I] **1** ⇝forzar ⇝aguzar ■ CONSTR. to strain + to do sth ■ *v* [T] **2** ⇝forzar ⇝hacerse daño **3** ⇝complicar **4** *(un recurso)* ⇝gastar **5** ⇝escurrir: *Strain the rice, please* - Escurre el arroz, por favor

strained /streɪnd/ *adj* **1** ⇝preocupado,da ⇝nervioso,sa **2** *(una relación)* ⇝tirante

strait /streɪt/ *n* [C] *(en el mar)* ⇝estrecho

strand /strænd/ *n* [C] **1** ⇝hebra: *a strand of cotton* - una hebra de algodón **2** *(de una historia)* ⇝línea argumental **3** *(lit)* ⇝orilla del mar ⇝costa

stranded /ˈstræn.dɪd/ *adj* **1** ⇝abandonado,da ⇝tirado,da *col.* **2** ⇝aislado,da **3 to be left ~** ⇝quedarse colgado,da *col.*

† **strange** /streɪndʒ/ *adj* **1** ⇝raro,ra ⇝extraño,ña **2** ⇝desconocido,da ⇝extraño,ña ■ Distinto de *extraneous* (ajeno, innecesario)

strangely /ˈstreɪndʒ.li/ *adv* **1** ⇝extrañamente **2** ~ **enough** ⇝por muy extraño que parezca: *Strangely enough, I'm not tired* - Por muy extraño que parezca no estoy cansada

stranger UK: /ˈstreɪn.dʒəʳ/ US: /-dʒɚ/ *n* [C] ⇝desconocido,da ⇝extraño,ña ■ Distinto de *foreigner* (extranjero)

strangle /ˈstræŋ.ɡl̩/ [strangled, strangling] *v* [T] **1** ⇝estrangular ⇝ahogar **2** *(un proyecto)* ⇝estrangular ⇝frustrar

strap¹ /stræp/ *n* [C] **1** ⇝correa: *watch strap* - correa del reloj **2** ⇝tirante: *a bra strap* - un tirante del sujetador

strap² /stræp/ [strapped, strapping] *v* [T] ⇝sujetar con correas ⇝amarrar ■ CONSTR. Se usa generalmente seguido de las preposiciones into y to

strategic /strəˈtiː.dʒɪk/ *adj* ⇝estratégico,ca

† **strategy** UK: /ˈstræt.ə.dʒi/ US: /ˈstræ-/ [*pl* strategies] *n* [C, U] ⇝estrategia

† **straw** UK: /strɔː/ US: /strɑː/ ■ *n* [U] **1** ⇝paja ■ *n* [C] **2** ⇝paja ⇝pajita ⇝pitillo AMÉR. **3 the {final/last} ~** ⇝la gota que colma el vaso

† **strawberry** UK: /ˈstrɔː.bʳr.i/ US: /ˈstrɑːˌber.i/ [*pl* strawberries] *n* [C] ⇝fresa ⇝frutilla AMÉR.

stray¹ /streɪ/ *v* [I] **1** ⇝extraviar(se) ⇝desviar(se) [del camino] **2** ⇝desviar(se) [del tema que se está tratando]

stray² /streɪ/ *adj* ⇝perdido,da ⇝extraviado,da

streak¹ /striːk/ *n* [C] **1** ⇝veta **2** ⇝raya [de color] **3** *(de pelo)* ⇝mechón **4** ⇝racha [de suerte]: *winning streak* - buena racha **5** ⇝vena: *He is now on his selfish streak* - Ahora tiene una vena egoísta

streak² /striːk/ **to be streaked with** *sth Her hair is streaked with blond* - Tiene mechas rubias

stream¹ /striːm/ *n* [C] **1** ⇝arroyo ⇝riachuelo ⇝quebrada AMÉR. **2** ⇝corriente: *the Gulf Stream* - la corriente del Golfo **3** ⇝oleada [de gente]: *a stream of tourists* - una oleada de turistas **4** ⇝caravana [de coches] **5** *(de palabras)* ⇝torrente ⇝aluvión

stream² /striːm/ *v* [I] **1** ⇝fluir ⇝correr **2** ⇝entrar a raudales: *Sunlight streams through these big windows* - Por estos ventanales entra luz a raudales ■ CONSTR. Se usa generalmente seguido de una preposición o un adverbio

streamer UK: /ˈstriː.məʳ/ US: /-mɚ/ *n* [C] ⇝serpentina

streamline /ˈstriːm.laɪn/ [streamlined, streamlining] *v* [T] **1** ⇝racionalizar: *to streamline work* - racionalizar el trabajo **2** *(un mecanismo)* ⇝dar un diseño aerodinámico

† **street** /striːt/ *n* [C] **1** ⇝calle ■ La forma abreviada es *St* ■ Al dar el nombre de una calle, se escribe con mayúscula inicial: *Oxford Street* **2 to be (right) up your ~** *(inform)* ⇝ir que ni pintado,da *col.*: *This shirt is up your street* - Esta camisa te va que ni pintada **3 to be streets ahead of (***sth/sb***)** UK *(inform)* ⇝llevar mucha ventaja

streetcar UK: /ˈstriːt.kɑːʳ/ US: /-kɑːr/ US *(UK* **tram)** *n* [C] ⇝tranvía

† **strength** /streŋθ/ ■ *n* [U] **1** ⇝fuerza **2** ⇝fortaleza: *inner strength* - fortaleza interior **3** ⇝poder **4** *the strength of the pound* - el valor de la libra ■ *n* [C] **5** ⇝punto fuerte: *Sincerity is one of his strengths* - La sinceridad es uno de sus puntos fuertes **6 on the ~ of** *sth* ⇝en virtud de algo

strengthen /ˈstreŋ.θən/ *v* [T, I] ⇝fortalecer(se) ⇝consolidar(se)

strenuous /ˈstren.ju.əs/ *adj* *(una actividad)* ⇝agotador,-a ⇝arduo,dua

† **stress**¹ /stres/ *n* [U] **1** ⇝estrés: *He can't stand the stress of big cities* - No soporta el estrés de las grandes ciudades **2** ⇝carga **3** *(en lingüística o en música)* ⇝acento **4 to lay ~ on** *sth* ⇝poner énfasis en algo

stress² /stres/ *v* [T] **1** ⇝recalcar ⇝subrayar ■ CONSTR. to stress + (that) **2** *(en gramática)* ⇝acentuar

strong

stressed *adj* ⇒estresado,da

stressful /'stres.fˀl/ *adj* ⇒estresante

† **stretch¹** /stretʃ/ *v* [T, I] **1** ⇒dar(se) de sí: *This jumper has stretched* - Este jersey se ha dado de sí **2** ⇒estirarse: *The cat stretched in the sun* - El gato se estiró al sol **3** *(un terreno)* ⇒extenderse ■ Se usa generalmente seguido de las preposiciones *away* e *into* **4** ⇒prolongar ⇒alargar ■ Se usa generalmente seguido de una preposición o un adverbio

│PHRASAL VERBS
│ · **to stretch** *oneself* **out** *(una persona)* ⇒esti-
└ rarse

stretch² /stretʃ/ [*pl* stretches] *n* [C] **1** ⇒extensión ⇒trecho **2** ⇒estiramiento **3** at a ~ ⇒sin interrupción ⇒seguido,da

stretcher UK: /'stretʃ.əʳ/ US: /-ɚ/ *n* [C] ⇒camilla

stricken /'strɪk.ªn/ *adj (lit)* ⇒acongojado,da

† **strict** /strɪkt/ *adj* **1** ⇒estricto,ta ⇒severo,ra **2** ⇒preciso,sa ⇒exacto,ta

strictly /'strɪkt.li/ *adv* **1** ⇒estrictamente **2** ~ **speaking** ⇒estrictamente hablando ⇒de modo riguroso

stridden past participle of **stride**

stride¹, strode, strode/stridden /straɪd/ [striding] *v* [I] ⇒dar zancadas: *Paul strode across the street* - Paul cruzó la calle dando grandes zancadas ■ CONSTR. Se usa generalmente seguido de una preposición o un adverbio

stride² /straɪd/ *n* [C] **1** ⇒zancada **2 to get into** one's ~ UK (US **to hit one's stride**) ⇒familiarizar(se) ⇒coger el ritmo **3 to take** *sth* **in** one's ~ UK (US **to take sth in stride**) ⇒tomarse algo con calma

strident /'straɪ.dªnt/ *adj* ⇒estridente

strife /straɪf/ *n* [U] *(form)* ⇒lucha ⇒conflicto

† **strike¹** /straɪk/ *n* [C] **1** ⇒huelga ■ Se dice *to go on strike* - *declararse en huelga* **2** ⇒ataque militar

strike², struck, struck /straɪk/ [striking] ▌ *v* [T, I] **1** *(un reloj)* ⇒dar la hora ▌ *v* [T] **2** ⇒golpear ⇒fajar AMÉR. **3** ⇒tocar ⇒sonar ⇒dar **4** *It strikes me that I haven't phoned Jack* - Me acabo de acordar de que se me ha olvidado llamar a Jack **5** ⇒fulminar **6** ⇒descubrir [oro o petróleo] **7** ⇒ponerse en huelga ▌ *v* [I] **8** ⇒atacar

│PHRASAL VERBS
│ · **to strike back** ⇒devolver el golpe
│ · **to strike up** *sth* **(with** *sb***)** *(una relación o una
└ conversación)* ⇒entablar

striker UK: /'straɪ.kəʳ/ US: /-kɚ/ *n* [C] **1** ⇒huelguista **2** *(en fútbol)* ⇒delantero,ra

striking /'straɪ.kɪŋ/ *adj* ⇒llamativo,va ⇒sorprendente

string¹ /strɪŋ/ ▌ *n* [C, U] **1** ⇒cuerda ⇒cordel ⇒piolín AMÉR.; ⇒mecate AMÉR. ▌ *n* [C] **2** *(en un instrumento*

musical) ⇒cuerda **3 a** ~ **of** *sth* ⇒una sarta de algo **4 no strings (attached)** ⇒sin condiciones ⇒sin compromisos

string², strung, strung /strɪŋ/ *v* [T] **1** ⇒ensartar ⇒engarzar **2** *(un instrumento o una raqueta)* ⇒encordar

stringent /'strɪn.dʒªnt/ *adj* ⇒riguroso,sa

strip¹ /strɪp/ *n* [C] **1** ⇒tira **2** ⇒franja [de terreno] **3 to do a strip** - hacer un striptease ■ PRON. La *i* se pronuncia como en *trip*

strip² /strɪp/ [stripped, stripping] *v* [T, I] **1** ⇒quitar: *We stripped the wallpaper off the walls* - Quitamos el papel de las paredes **2 to** ~ **(off)** ⇒desnudar(se)

│PHRASAL VERBS
│ · **to strip down** ⇒desmontar
│ · **to strip** *sb* **of** *sth* ⇒despojar(se) de algo ⇒qui-
└ tar(se) de algo

† **stripe** /straɪp/ *n* [C] ⇒raya ■ PRON. La *i* se pronuncia como en *write*

striped /straɪpt/ *adj* ⇒de rayas: *a striped shirt* - una camisa de rayas ■ PRON. La *e* no se pronuncia

† **strive**, strove, striven /straɪv/ [striving] *v* [I] **1** ⇒esforzarse: *to strive for sth* - esforzarse por algo **2** ⇒luchar: *strive to defend a right* - luchar para defender un derecho ■ CONSTR. 1.to strive + to do sth 2. to strive for/against sth

striven past participle of **strive**

strode UK: /strəʊd/ US: /stroʊd/ past tense of **stride**

stroke¹ UK: /strəʊk/ US: /stroʊk/ *n* [C] **1** *(en natación)* ⇒brazada **2** ⇒campanada **3** *(en medicina)* ⇒apoplejía ⇒derrame cerebral **4** ⇒caricia **5** ⇒trazo [de un lápiz] **6** ⇒brochazo **7 a** ~ **of luck** ⇒un golpe de suerte **8 at a** ~ ⇒de un golpe **9 not to do a** ~ **of work** *(inform)* ⇒no pegar ni chapa *col.*

stroke² UK: /strəʊk/ US: /stroʊk/ [stroked, stroking] *v* [T] ⇒acariciar: *acariciar a un animal* - to stroke an animal

stroll¹ UK: /strəʊl/ US: /stroʊl/ *v* [I] ⇒pasear: *We strolled along the river bank* - Paseamos por la orilla del río ■ CONSTR. Se usa generalmente seguido de una preposición o un adverbio

stroll² UK: /strəʊl/ US: /stroʊl/ *n* [C] ⇒paseo: *Let's go for a stroll* - Vamos a dar un paseo

stroller UK: /'strəʊ.ləʳ/ US: /'stroʊ.lɚ/ US (UK/US tb **buggy**) *n* [C] ⇒silla [de niños]

† **strong** UK: /strɒŋ/ US: /strɑːŋ/ *adj* **1** ⇒fuerte ⇒ñeque AMÉR. **2** *(un material)* ⇒fuerte ⇒resistente **3** *(una creencia)* ⇒firme **4** *(un contrincante)* ⇒fuerte **5** *(una relación)* ⇒sólido,da **6 to be going** ~ *(inform)* ⇒estar sano,na **7 to be** ~ **at** *sth* ⇒ser bueno,na en algo: *He's very strong at Maths* - Es muy bueno en matemáticas **8 to be** *one's* ~

S

point ⇒ser el punto fuerte de alguien: *Science isn't my strong point* - Las ciencias no son mi punto fuerte

strongly UK: /ˈstrɒŋ.li/ US: /ˈstrɑːŋ-/ *adv* **1** ⇒muy ⇒fuertemente **2** ⇒mucho **3** ⇒muy bien **4** ⇒firmemente

stroppy UK: /ˈstrɒp.i/ US: /ˈstrɑː.pi/ *UK adj [comp* stroppier, *superl* stroppiest] *(inform) (una persona)* ⇒borde *col.*

strove UK: /strəʊv/ US: /stroʊv/ past tense of **strive**

struck /strʌk/ past tense and past participle forms of **strike**

† **structure** UK: /ˈstrʌk.tʃəʳ/ US: /-tʃɚ/ ■ *n* [c] **1** *(en un edificio)* ⇒estructura ■ *n* [c, u] **2** ⇒estructura ⇒composición ■ Pron. La primera u se pronuncia como en el término inglés *run*

† **struggle¹** /ˈstrʌg.l̩/ [struggled, struggling] *v* [i] **1** ⇒luchar ⇒pelear **2** ⇒forcejear ■ Constr. Se usa generalmente seguido de la preposición with **3** ⇒pasar apuros: *His family struggles to make ends meet* - Su familia pasa apuros para llegar a fin de mes ■ Constr. 1. to struggle + to do sth 2. Se usa generalmente seguido de una preposición o un adverbio ■ Pron. La primera u se pronuncia como en el término inglés *run*

† **struggle²** /ˈstrʌg.l̩/ *n* [c] **1** ⇒lucha ⇒pelea **2** ⇒esfuerzo ■ Pron. La primera u se pronuncia como en el término inglés *run*

strung /strʌŋ/ past tense and past participle forms of **string**

strut¹ /strʌt/ [strutted, strutting] *v* [i] **1** ⇒andar de manera altiva **2** ⇒pavonearse ■ Constr. Se usa generalmente seguido de una preposición o un adverbio

strut² /strʌt/ *n* [c] *(en una estructura)* ⇒puntal

stub /stʌb/ *n* [c] **1** *(de un lápiz)* ⇒punta **2** *US (de un talonario)* ⇒matriz **3** *(de un cigarro)* ⇒colilla ⇒pucho AMÉR.

stubble /ˈstʌb.l̩/ *n* [u] **1** ⇒rastrojo **2** ⇒barba incipiente

† **stubborn** UK: /ˈstʌb.ən/ US: /-ɚn/ *adj* **1** ⇒terco,ca ⇒testarudo,da **2** *(una mancha)* ⇒rebelde ⇒resistente **3** *(resistencia)* ⇒firme

stuck¹ /stʌk/ past tense and past participle forms of **stick**

† **stuck²** /stʌk/ *adj* **1** ⇒atrapado,da ⇒atascado,da **2** to be ~ with *sth/sb* ⇒tener que cargar con

stud /stʌd/ *n* [c] **1** ⇒tachuela **2** *(en forma de bolita)* ⇒pendiente ■ Se usa más en plural **3** *UK* ⇒taco [de un zapato deportivo] **4** ⇒semental ■ Se emplea únicamente con los animales macho **5** ⇒criadero de caballos

† **student** UK: /ˈstjuː.dᵊnt/ US: /ˈstuː-/ *n* [c] **1** ⇒estudiante [de universidad] **2** ⇒estudioso,sa [de una materia]

studied /ˈstʌd.id/ *adj* ⇒premeditado,da ⇒deliberado,da ⇒intencional

† **studio** UK: /ˈstjuː.di.əʊ/ US: /ˈstuː.di.oʊ/ *n* [c] **1** ⇒estudio [de pintura] **2** ⇒estudio [de grabación]: *TV studio* - estudio de televisión **3** ⇒estudio ⇒apartamento

studious UK: /ˈstjuː.di.əs/ US: /ˈstuː-/ *adj* ⇒estudioso,sa

† **study¹** /ˈstʌd.i/ [studies, studied] ■ *v* [t, i] **1** ⇒estudiar: *He is studying pharmacy* - Está estudiando farmacia ■ *v* [t] **2** ⇒estudiar ⇒examinar ■ Pron. La u se pronuncia como en el término inglés *sun*

† **study²** /ˈstʌd.i/ *[pl* studies] *n* [c] **1** ⇒estudio **2** ⇒despacho ■ Pron. La u se pronuncia como en el término inglés *sun*

† **stuff¹** /stʌf/ *n* [u] **1** *(inform)* ⇒cosas ⇒bártulos **2** to strut *one's* ~ *(inform)* ⇒mover el esqueleto *col.* ■ Pron. La u se pronuncia como en el término inglés *sun*

stuff² /stʌf/ *v* [t] **1** ⇒llenar: *My school bag is stuffed with books* - Mi mochila del colegio está llena de libros ■ Constr. to be stuffed with sth **2** *(inform)* ⇒meter rápidamente **3** ⇒meter algo a la fuerza **4** *(en cocina)* ⇒rellenar **5** *(un animal)* ⇒disecar **6** *(inform)* ⇒atiborrarse ■ Constr. to stuff oneself with sth **7** to get stuffed! *UK (very inform)* ⇒irse a hacer puñetas *col.* ■ Pron. La u se pronuncia como en el término inglés *sun*

stuffing /ˈstʌf.ɪŋ/ *n* [u] **1** *(en un cojín)* ⇒relleno **2** *(en un plato)* ⇒relleno

stuffy /ˈstʌf.i/ *adj [comp* stuffier, *superl* stuffiest] **1** *(form, old-fash)* ⇒retrógrado,da **2** *(la atmósfera)* ⇒cargado,da **3** ⇒taponado,da: *to have a stuffy nose* - tener la nariz taponada

stumble /ˈstʌm.bl̩/ [stumbled, stumbling] *v* [i] **1** ⇒tropezar: *He stumbled over the stool* - Tropezó con la banqueta **2** ⇒atascarse en algo ■ Se usa generalmente seguido de las preposiciones over y through

|PHRASAL VERBS
· **to stumble {across/on/upon}** *sth/sb* ⇒tropezar con ⇒encontrarse por casualidad con

stumbling block *n* [c] ⇒impedimento ⇒obstáculo

stump /stʌmp/ *n* [c] **1** *(en un árbol)* ⇒tocón **2** ⇒muñón **3** *(en cricket)* ⇒palo

stun /stʌn/ [stunned, stunning] *v* [t] **1** ⇒aturdir ⇒atontar **2** ⇒quedar(se) atónito,ta ⇒anonadar ■ Constr. Se usa más en pasiva

stung /stʌŋ/ past tense and past participle forms of **sting**

stunk /stʌŋk/ past participle of **stink**

† **stunning** /ˈstʌn.ɪŋ/ *adj* ⇒impresionante ⇒estupendo,da

actions

oar

rowing boat

liner

powerboat

car ferry

mast

sail

hovercraft

sailing boat

net

yacht

fishing boat

the calendar

month —

MARCH						
Sunday	Monday	Tuesday	Wednesday	Thursday	Friday	Saturday
			1	**2**	**3**	**4**
5	**6**	**7**	**8**	**9**	**10**	**11**
12	**13**	**14**	**15**	**16**	**17**	**18**
19	**20**	**21**	**22**	**23**	**24**	**25**
26	**27**	**28**	**29**	**30**	**31**	

day —

week —

fortnight *(UK)* —

THE DAYS OF THE WEEK

- Sunday
- Monday
- Tuesday
- Wednesday
- Thursday
- Friday
- Saturday

THE MONTHS OF THE YEAR

- January
- February
- March
- April
- May
- June
- July
- August
- September
- October
- November
- December

THE SEASONS

- spring
- summer
- autumn *(UK)* / fall *(US)*
- winter

Festivals

HALLOWE'EN
(October 31st)

CHRISTMAS
(December 25th)

EASTER
(April)

cold climate

polar climate

temperate climate

tropical climate

desert climate

CLOTHES

vest *(UK)* /
undershirt *(US)*

knickers (
underwea

dressing
gown *(UK)*
robe / bath
robe *(US)*

coat

jacket

raincoat

baseball
cap

anorak *(UK)*
down jacket *(US)*

tights *(UK)* /
stockings *(US)*

underp

jumper

slipp

T-shirt

jeans

trainers *(UK)* /
sneakers *(US)*

colours

light blue

crimson

dark blue

black

brown

orange

purple

pink

khaki

yellow

white

grey

green

violet

red

If you suddenly get very angry then you **see red.**

If you want something that another person has, then you are probably **green with envy.**

If you're **feeling blue**, then you must be very sad.

A cowardly person is **yellow.**

A **white lie** is a little lie that you tell with good intentions.

natural disasters

earthquake

flood

hurricane

drought

eruption (of volcano)

the family

ARTHUR'S FAMILY

grandfather

grandmother

uncle

aunt

father

mother

cousin

ARTHUR

wife

sister

brother

sister-in-law

son

daughter

son-in-law

granddaughter

grandson

the farm

field

fence

barn

hay

farmhouse

stable

horses

farmyard

sheep

cowshed

hen-house

farmer

hens

cows

pigsty

tractor

pigs

chicken

hamburger

steak

vegetables

pizza

spaghetti

fish and chips *(UK)*

MAIN COURSE

cake

ice cream

DESSERTS

cheese

fruit

LUNCH AND DINNER

watermelon melon pineapple coconut

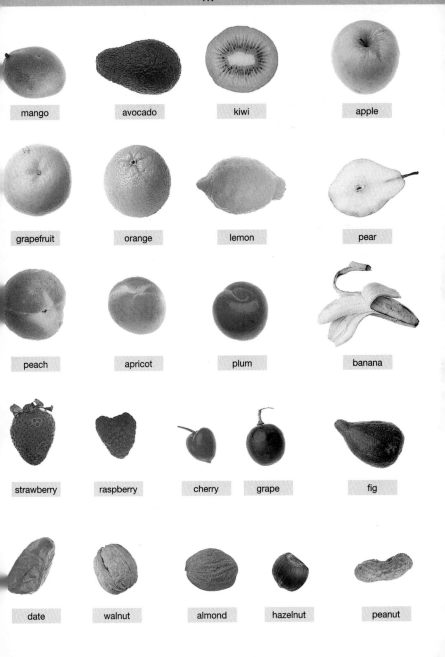

mango

avocado

kiwi

apple

grapefruit

orange

lemon

pear

peach

apricot

plum

banana

strawberry

raspberry

cherry

grape

fig

date

walnut

almond

hazelnut

peanut

gardening

nest

garden shed

wheelbarrow

spade

grass

to plant

rake

to water

lawnmower

tree

watering can

to do the gardening

garden path

hose

bush

houses

aerial *(UK)* / antenna *(US)*

chimney

roof

loft

bedroom

toilet *(UK)* / bathroom *(US)*

kitchen

living room

front door

garage

fence

basement *(UK)* / cellar *(US)*

gate

hed house *(UK)*

terraced houses *(UK)*

blocks of flats *(UK)* apartments *(US)*

american house

illness

jobs

actor

architect

carpenter

dentist

electrician

taxi driver

businessman

farmer

waiter

cook

shop assistant

police officer

mechanic

journalist

secretary

firefighter

fisherman

doctor

nurse

travel agent

teacher

factory worker

photographer

hairdresser

cookery books *(UK)*
cookbooks *(US)*

fridge

spices

knives

vinegar

freezer

bread board

teapot

bottles

cupboard

saucepan

oven

drawer

opposites

high

low

light

heavy

loose

tight

soft

hard

open

closed

hot

cold

big/large

little/small

full

empty

cheap

expensive

old

new

wet

dry

neat/tidy

messy/untidy

bald

Mr Gunn has got a beard.

freckles

Judy's got freckles.

eyebrows

Clive has got dark, curly hair.

Mrs Ricketts is thin. She's got grey hair.

Judy's mum is plump. She's got fair hair.

Rick is wearing sunglasses.

Penelope's got long, blond hair.

Kevin has got ginger *(UK)* / red *(US)* hair

Murasaki has got short, straight hair.

Sir Nicolas is bald. He has a moustache.

sea-life

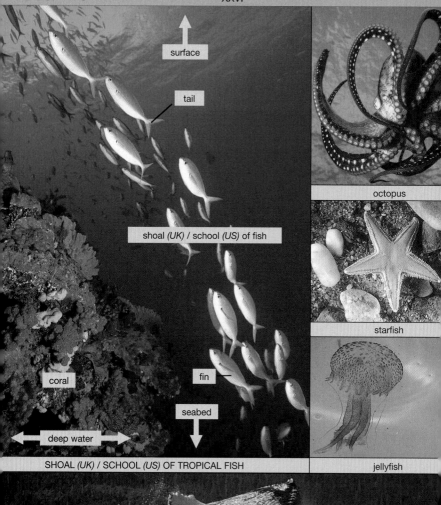

surface

tail

shoal *(UK)* / school *(US)* of fish

fin

seabed

coral

deep water

SHOAL *(UK)* / SCHOOL *(US)* OF TROPICAL FISH

octopus

starfish

jellyfish

whale

sport

rugby

tennis

roller skating

football

windsurfing

cricket

baseball

basketball

hand gliding

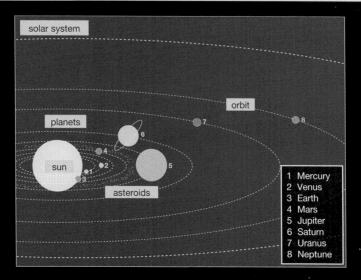

solar system

planets

sun

orbit

6

7

4

2

5

1

3

asteroids

8

1 Mercury
2 Venus
3 Earth
4 Mars
5 Jupiter
6 Saturn
7 Uranus
8 Neptune

Saturn

Neptune

Uranus

the moon

rings

Venus

Earth

Mars

Mercury

asteroids

Sun

Jupiter

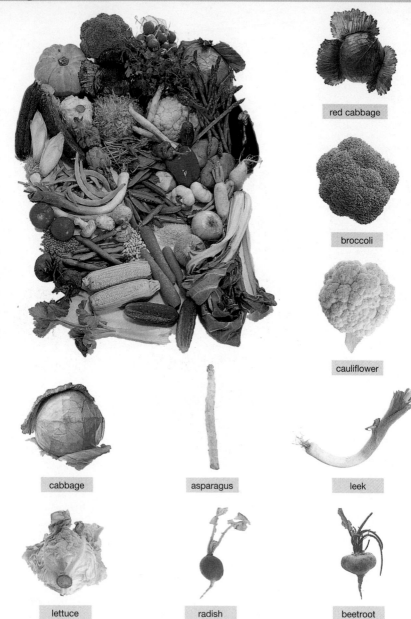

red cabbage

broccoli

cauliflower

cabbage

asparagus

leek

lettuce

radish

beetroot

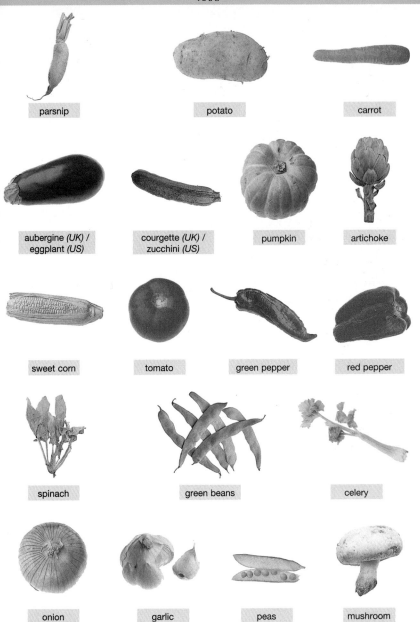

parsnip

potato

carrot

aubergine *(UK)* / eggplant *(US)*

courgette *(UK)* / zucchini *(US)*

pumpkin

artichoke

sweet corn

tomato

green pepper

red pepper

spinach

green beans

celery

onion

garlic

peas

mushroom

wild animals

gazelle

elephants

lion

chimpanzees

herd of reindeer

polar bear with cubs

seal

stunt[1] /stʌnt/ n [C] ⇨truco: *publicity stunts* - trucos publicitarios **2** *(en una película)* ⇨escena peligrosa

stunt[2] /stʌnt/ v [T] ⇨detener ⇨estancar

stupendous UK: /stjuːˈpen.dəs/ US: /stuː-/ adj **1** ⇨formidable **2** ⇨tremendo,da

† **stupid** UK: /ˈstjuː.pɪd/ US: /ˈstuː-/ adj **1** *(offens)* ⇨estúpido,da *desp.* **2** ⇨maldito,ta: *I can't turn this stupid TV on* - No consigo encender esta maldita televisión

stupidly UK: /ˈstjuː.pɪd.li/ US: /ˈstuː-/ adv ⇨tontamente

stupor UK: /ˈstjuː.pər/ US: /ˈstuː.pɚ/ n [C] ⇨sopor [por el efecto de las drogas] ■ Distinto de *astonishment* (estupor)

sturdy UK: /ˈstɜː.di/ US: /ˈstɝː-/ adj [comp sturdier, superl sturdiest] **1** ⇨fuerte ⇨robusto,ta **2** *(una defensa)* ⇨férreo,-a ⇨firme

stutter[1] UK: /ˈstʌt.ər/ US: /ˈstʌt.ɚ/ v [T, I] ⇨tartamudear

† **stutter**[2] UK: /ˈstʌt.ər/ US: /ˈstʌt.ɚ/ n [C] ⇨tartamudeo

† **style** /staɪl/ ■ n [C, U] **1** ⇨estilo: *He had a very special style of painting* - Tenía un estilo de pintar muy especial ■ n [U] **2** ⇨estilo ⇨clase ⇨distinción **3** *the latest style* - la última moda

stylish /ˈstaɪ.lɪʃ/ adj ⇨con estilo ⇨elegante: *a stylish woman* - una mujer elegante

suave /swɑːv/ adj *(una persona)* ⇨fino,na ⇨gentil ⇨lisonjero,ra ■ Distinto de *soft* (suave)

sub /sʌb/ n [C] **1** *(inform) (en deportes)* ⇨suplente **2** UK *(tb subscription) (inform) (dinero)* ⇨suscripción ⇨cuota **3** *(inform)* ⇨forma abreviada de **submarine** (submarino) **4** ⇨forma abreviada de **substitute** (suplente)

subconscious[1] UK: /ˌsʌbˈkɒn.ʃəs/ US: /-ˈkɑːn-/ adj ⇨subconsciente

subconscious[2] UK: /ˌsʌbˈkɒn.ʃəs/ US: /-ˈkɑːn-/ n [NO PL] ⇨subconsciente

subdivide /ˌsʌb.dɪˈvaɪd/ [subdivided, subdividing] v [T] ⇨subdividir ■ Constr. Se usa más en pasiva

subdue /səbˈdjuː/ US: /-ˈduː/ [subdued, subduing] v [T] **1** ⇨someter ⇨dominar **2** ⇨controlar ⇨dominar

subdued UK: /səbˈdjuːd/ US: /-ˈduːd/ adj **1** ⇨abatido,da ⇨desanimado,da **2** *(un sonido)* ⇨bajo,ja **3** *(una luz, un color)* ⇨tenue

† **subject**[1] /ˈsʌb.dʒekt/ n [C] **1** ⇨asignatura ⇨materia **2** ⇨tema [de conversación] **3** *(en gramática)* ⇨sujeto **4** ⇨súbdito,ta [de un país]

subject[2] /səbˈdʒekt/

PHRASAL VERBS

 · **to subject** *sth/sb* **to** *sth* ⇨someter: *We were subjected to many tests* - Fuimos sometidos a varias pruebas

† **subjective** /səbˈdʒek.tɪv/ adj ⇨subjetivo,va

subject matter n [U] ⇨tema ⇨asunto

subjunctive /səbˈdʒʌŋk.tɪv/ n [NO PL] *(en gramática)* ⇨subjuntivo

sublime /səˈblaɪm/ adj **1** ⇨sublime ⇨extraordinario,ria **2** ⇨supino,na: *sublime ignorance* - ignorancia supina

† **submarine** /ˌsʌb.məˈriːn, '---/ n [C] ⇨submarino ■ La forma abreviada es *sub*

submerge UK: /səbˈmɜːdʒ/ US: /-ˈmɝːdʒ/ [submerged, submerging] v [T, I] ⇨sumergir(se)

submission /səbˈmɪʃ.ən/ ■ n [U] **1** ⇨sumisión ■ n [C, U] **2** ⇨presentación [de una propuesta]

submissive /səbˈmɪs.ɪv/ adj ⇨sumiso,sa

† **submit** /səbˈmɪt/ [submitted, submitting] ■ v [I] **1** ⇨someter(se) ⇨rendir(se) ■ v [T] **2** *(una propuesta)* ⇨presentar

subordinate[1] UK: /səˈbɔː.dɪ.nət/ US: /-ˈbɔːr-/ adj, n [C] ⇨subordinado,da

subordinate[2] UK: /səˈbɔː.dɪ.neɪt/ US: /-ˈbɔːr-/ [subordinated, subordinating] v [T] *(form)* ⇨subordinar

subordination UK: /səˌbɔː.dɪˈneɪ.ʃən/ US: /-ˌbɔːr-/ n [U] *(form)* ⇨subordinación

subscribe /səbˈskraɪb/ [subscribed, subscribing] v [I] *(a una revista)* ⇨suscribirse ■ Constr. to subscribe to sth

PHRASAL VERBS

 · **to subscribe to** *sth* ⇨suscribir algo ⇨compartir algo

subscription /səbˈskrɪp.ʃən/ *(tb sub)* n [C] **1** ⇨suscripción ⇨cuota **2** *to take out a subscription for sth* - abonarse a algo

† **subsequent** /ˈsʌb.sɪ.kwənt/ adj ⇨subsecuente ⇨subsiguiente

subside /səbˈsaɪd/ [subsided, subsiding] **1** v [I] ⇨hundir(se) ⇨derrumbar(se) **2** ⇨bajar el nivel del agua **3** *(la lluvia)* ⇨amainar

subsidence UK: /səbˈsaɪ.dənts, ˈsʌb.sɪ-/ n [U] ⇨hundimiento ⇨derrumbamiento

subsidiary[1] UK: /səbˈsɪd.i.ər.i/ US: /-er-/ [pl subsidiaries] n [C] ⇨filial

subsidiary[2] UK: /səbˈsɪd.i.ər.i/ US: /-er-/ adj ⇨subsidiario,ria ⇨secundario,ria ⇨complementario,ria

subsidize /ˈsʌb.sɪ.daɪz/ [subsidized, subsidizing] v [T] ⇨subvencionar

† **subsidy** /ˈsʌb.sɪ.di/ [pl subsidies] n [C] ⇨subsidio

subsist /səbˈsɪst/ v [I] ⇨subsistir: *to subsist on sth* - subsistir a base de algo

† **substance** /ˈsʌb.stənts/ ■ n [C] **1** ⇨sustancia: *toxic substances* - sustancias tóxicas ■ n [U] **2** ⇨fundamento

† **substantial** /səbˈstæn.ʃəl/ adj **1** ⇨sustancial ⇨considerable **2** *(un edificio)* ⇨sólido,da

S

substantially /səb'stæn.ʃ⁰l.i/ *adv* ⇨sustancial-mente

substitute¹ UK: /'sʌb.stɪ.tjuːt/ US: /-tuːt/ *n* [C] **1** ⇨sustituto,ta ⇨suplente ⇨sucedáneo **2** *(en deporte)* ⇨suplente

substitute² UK: /'sʌb.stɪ.tjuːt/ US: /-tuːt/ [substituted, substituting] *v* [T] ⇨sustituir: *I had to substitute for her today* - Hoy he tenido que sustituirla

† **subtle** UK: /'sʌt.l̩/ US: /'sʌt̬-/ *adj* **1** ⇨delicado,da: *You should be more subtle* - Deberías ser más delicado **2** ⇨sutil: *a subtle difference* - una diferencia sutil **3** *(una persona)* ⇨agudo,da ⇨perspicaz ■ PRON. La *b* no se pronuncia

subtlety UK: /'sʌt.l̩.ti/ US: /'sʌt̬.l̩.t̬i/ [*pl* subtleties] *n* [C, U] ⇨delicadeza ⇨sutileza

subtract /səb'trækt/ *v* [T] ⇨restar ⇨sustraer ■ CONSTR. to subtract sth from sth

† **suburb** UK: /'sʌb.ɜːb/ US: /-ɝːb/ *n* [C] **1** ⇨barrio periférico **2** ⇨barrio residencial [de las afueras] ■ Distinto de *working class area* (suburbio)

subversive UK: /səb'vɜː.sɪv/ US: /-'vɝː-/ *adj* ⇨subversivo,va

† **subway** /'sʌb.weɪ/ *n* [C] **1** UK *(UK/US tb* **underpass)** ⇨paso subterráneo **2** US *(UK* **underground)** ⇨metro ⇨subterráneo *AMÉR.*

sub-zero *adj (temperatura)* ⇨bajo cero

† **succeed** /sək'siːd/ ■ *v* [I] **1** ⇨tener éxito ⇨conseguir ■ CONSTR. to succeed in + doing sth ■ *v* [T, I] **2** ⇨suceder ⇨heredar ⇨subir ■ PRON. La primera *c* se pronuncia como una *k* y la segunda como una *s*

success /sək'ses/ *n* [C, U] ⇨éxito ■ Distinto de *exit* (salida) ■ PRON. La primera *c* se pronuncia como una *k* y la segunda como una *s*

successful /sək'ses.f⁰l/ *adj* **1** ⇨exitoso,sa **2 to be ~** ⇨tener éxito ⇨triunfar ■ PRON. La primera *c* se pronuncia como una *k* y la segunda como una *s*

successfully /sək'ses.f⁰l.i/ *adv* ⇨con éxito

succession /sək'seʃ.⁰n/ ■ *n* [U] **1** ⇨sucesión: *the succession to the throne* - la sucesión al trono **2** *n* [NO PL] ⇨serie

successor UK: /sək'ses.ə⁰/ US: /-ə/ *n* [C] ⇨sucesor,-a

succulent /'sʌk.jʊ.lənt/ *adj* ⇨suculento,ta

succumb /sə'kʌm/ *v* [I] **1** *(form)* ⇨rendirse ⇨sucumbir **2** ⇨sucumbir ⇨morir

† **such** /sʌtʃ/ *adj* **1** ⇨tan ⇨tanto,ta ⇨tal ⇨muy ■ Se usa delante de un sustantivo, acompañado o no de adjetivo. Comparar con **so 2 as ~** ⇨como tal ⇨propiamente dicho **3 in ~ a way that** ⇨de tal manera que **4 ~ as** ⇨por ejemplo ⇨como

† **suck** /sʌk/ *v* [T, I] **1** ⇨chupar(se): *Stop sucking your thumb!* - ¡Deja de chuparte el dedo! **2** ⇨mamar: *The puppies were sucking milk at*

their mother's breasts - Los cachorros estaban mamando

sucker UK: /'sʌk.ə⁰/ US: /-ə/ *n* [C] **1** ⇨ventonsa **2 to be a ~ for** *sth (inform)* ⇨no poder resistirse a algo

Sudan UK: /ðə.suː'dɑːn/ US: /-'dɑːn/ **the ~** ⇨Sudán

Sudanese /ˌsuː.də'niːz/ [*pl* Sudanese] *adj, n* [C] ⇨sudanés,-a

† **sudden** /'sʌd.⁰n/ *adj* **1** ⇨repentino,na **2 all of a ~** ⇨de repente

suddenly /'sʌd.⁰n.li/ *adv* ⇨de repente

suds /sʌdz/ *n* [PL] ⇨espuma [de jabón] ⇨pompas [de jabón]

† **sue** /suː/ [sued, suing] *v* [T, I] ⇨demandar ■ CONSTR. to sue sb for sth

suede /sweɪd/ *n* [U] ⇨ante: *These boots are made of suede* - Estas botas son de ante

† **suffer** UK: /'sʌf.ə⁰/ US: /-ə/ ■ *v* [T, I] **1** ⇨sufrir ⇨padecer ■ CONSTR. 1. to suffer sth 2. to suffer from sth ■ *v* [I] **2** ⇨verse perjudicado,da

suffering UK: /'sʌf.⁰r.ɪŋ/ US: /-ə-/ *n* [U] ⇨sufrimiento

† **sufficient** /sə'fɪʃ.⁰nt/ *adj* ⇨suficiente

† **suffix** /'sʌf.ɪks/ [*pl* suffixes] *n* [C] *(en gramática)* ⇨sufijo

suffocate /'sʌf.ə.keɪt/ [suffocated, suffocating] ■ *v* [I] **1** ⇨asfixiarse ■ *v* [T] **2** ⇨sofocar

sugar UK: /'ʃʊg.ə⁰/ US: /-ə/ ■ *n* [U] ⇨azúcar **2** *n* [C] ⇨cucharada de azúcar

† **suggest** /sə'dʒest/ *v* [T] **1** ⇨sugerir ⇨proponer ⇨aconsejar ■ CONSTR. 1. to suggest + doing sth 2. to suggest + interrogativa indirecta **2** ⇨recomendar **3** ⇨indicar **4** ⇨insinuar ■ CONSTR. to suggest + (that)

suggestion /sə'dʒes.tʃ⁰n/ *n* [C, U] ⇨sugerencia ⇨propuesta

suggestive /sə'dʒes.tɪv/ *adj* **1** ⇨sugestivo,va **2** ⇨insinuante

suicidal /ˌsuː.ɪ'saɪ.d⁰l/ *adj* **1** ⇨con pensamientos suicidas **2** ⇨suicida

† **suicide** /'suː.ɪ.saɪd/ *n* [C, U] ⇨suicidio: *to commit suicide* - cometer suicidio

suit¹ UK: /sjuːt/ US: /suːt/ *n* [C] **1** ⇨traje **2** *(en una baraja de naipes)* ⇨palo

suit² UK: /sljuːt/ US: /suːt/ *v* [T] **1** ⇨quedar bien: *This skirt really suits you* - Esta falda te queda muy bien **2** ⇨convenir ⇨venir bien: *We can meet tomorrow if it suits you* - Quedaremos mañana si te viene bien

suitable UK: /'sju:.tə.bl̩/ US: /'suː.ə-/ *adj* ⇨conveniente ⇨adecuado,da

† **suitcase** UK: /'sjuːt.keɪs/ US: /'suːt-/ *(UK tb* **case)** *n* [C] ⇨maleta ⇨valija *AMÉR.*

suite /swiːt/ *n* [C] **1** *(en un hotel)* ⇨suite **2** ⇨conjunto [de muebles] **3** *They have a new three-piece*

suite - Tienen un tresillo nuevo ■ Pron. Se pronuncia como *sweet*

sulfur UK: /ˈsʌl.fəʳ/ US: /-fɚ/ *US* s [U] See **sulphur**

sulk /sʌlk/ *v* [I] ⇨enfurruñarse *col.;* ⇨poner la cara larga

sullen /ˈsʌl.ən/ *adj* ⇨arisco,ca

sulphur UK: /ˈsʌl.fəʳ/ US: /-fɚ/ *UK* (*US* **sulfur**) *n* [U] (*en química*) ⇨sulfuro ⇨azufre

sultan /ˈsʌl.tᵊn/ *n* [C] (*en algunos países musulmanes*) ⇨sultán

sultana /sʌlˈtɑː.nə/ *n* [C] ⇨pasa sultana

sultry /ˈsʌl.tri/ *adj* [*comp* sultrier, *superl* sultriest] **1** (*el tiempo*) ⇨bochornoso,sa **2** ⇨sensual ⇨seductor,-a

sum¹ /sʌm/ *n* [C] **1** *UK* ⇨cuenta ⇨cálculo matemático ⇨conteo *AMÉR.* **2** ⇨suma ⇨adición **3** (*de dinero*) ⇨suma ⇨cantidad ■ Pron. La *u* se pronuncia como en el término inglés *sun*

† **sum²** /sʌm/ [summed, summing]

| PHRASAL VERBS
| · **to sum** *(sth/sb)* **up** [M] ⇨resumir: *He summed up the situation in a single phrase* - Resumió la situación en una sola frase
| · **to sum** *sth/sb* **up** [M] ⇨definir ⇨representar ■
└ Pron. La *u* se pronuncia como en el término inglés *sun*

† **summarize** UK: /ˈsʌm.ᵊr.aɪz/ US: /-ə.raɪz/ [summarized, summarizing] *v* [T, I] ⇨resumir: *to summarize a text* - resumir un texto

† **summary** UK: /ˈsʌm.ᵊr.i/ US: /-ɚ-/ [*pl* summaries] *n* [C] ⇨resumen

† **summer** UK: /ˈsʌm.əʳ/ US: /-ɚ/ *n* [C, U] ⇨verano: *in the summer* - en verano

summertime /ˈsʌm.ə.taɪm/ US: /-ɚ-/ *n* [U] ⇨verano ⇨estío

† **summit** /ˈsʌm.ɪt/ *n* [C] **1** ⇨cumbre ⇨cima **2** ⇨cumbre

† **summon** /ˈsʌm.ən/ *v* [T] (*form*) ⇨convocar: *The boss summoned all his employees* - El jefe convocó a todos sus empleados

summons /ˈsʌm.ənz/ [*pl* summonses] *n* [C] **1** ⇨llamamiento **2** (*en derecho*) ⇨citación

sumo wrestling UK: /ˌsuː.məʊˈres.lɪŋ/ US: /-moʊ-/ *n* [U] (*lucha japonesa*) ⇨sumo ■ Pron. La *w* no se pronuncia

† **sun¹** /sʌn/ ■ *n* [U, NO PL] **1** (*estrella*) ⇨Sol ■ *n* [U] **2** ⇨sol: *Today the sun is shining* - Hoy brilla el sol

sun² /sʌn/ **to ~ oneself** ⇨tomar el sol

† **Sun** *n* [U] ⇨forma abreviada de **Sunday** (domingo)

† **sunbathe** /ˈsʌn.beɪð/ [sunbathed, sunbathing] *v* [I] ⇨tomar el sol: *She loves sunbathing on the beach* - Le encanta tomar el sol en la playa

sunbathing /ˈsʌn.beɪ.ðɪŋ/ *n* [U] ⇨baños de sol

sunburn UK: /ˈsʌn.bɜːn/ US: /-bɝːn/ *n* [U] ⇨quemadura solar

sundae /ˈsʌn.deɪ/ *n* [C] ⇨helado con trocitos de fruta o frutos secos por encima

† **Sunday** /ˈsʌn.deɪ/ *n* [C, U] ⇨domingo: *They play football on Sundays* - Juegan al fútbol los domingos; *The party was last Sunday* - La fiesta fue el domingo pasado ■ La forma abreviada es *Sun*

sundry /ˈsʌn.dri/ *adj* (*form*) ⇨diverso,sa

sunflower UK: /ˈsʌn.flaʊəʳ/ US: /-ˌflaʊɚ/ *n* [C] ⇨girasol: *sunflower oil* - aceite de girasol

sung /sʌŋ/ past participle of **sing**

sunglasses UK: /ˈsʌŋ.glɑː.sɪz/ US: /ˈsʌn.glæs.ɪz/ *n* [PL] ⇨gafas de sol: *a pair of sunglasses* - unas gafas de sol

sunk /sʌŋk/ past participle of **sink**

sunken /ˈsʌŋ.kən/ *adj* ⇨hundido,da

sunlight /ˈsʌn.laɪt/ *n* [U] ⇨luz solar

sunlit /ˈsʌn.lɪt/ *adj* ⇨soleado,da: *a sunlit room* - una habitación soleada

sunny /ˈsʌn.i/ *adj* [*comp* sunnier, *superl* sunniest] **1** ⇨soleado,da **2** ⇨alegre: *a sunny disposition* - un temperamento alegre

sunrise /ˈsʌn.raɪz/ *n* [U] ⇨salida del sol ⇨amanecer ⇨alborada

sunset /ˈsʌn.set/ *n* [U] ⇨puesta de sol ⇨ocaso ⇨crepúsculo

† **sunshine** /ˈsʌn.ʃaɪn/ *n* [U] ⇨luz del sol

sunstroke UK: /ˈsʌn.strəʊk/ US: /-stroʊk/ *n* [U] ⇨insolación

suntan /ˈsʌn.tæn/ *n* [C] ⇨bronceado ⇨moreno ■ La forma abreviada es *tan*

super UK: /ˈsuː.pəʳ/ US: /-pɚ/ *adj* (*inform*) ⇨estupendo,da ⇨súper *col.* ■ Pron. La *u* se pronuncia como *oo* en *soon*

† **superb** UK: /suːˈpɜːb/ US: /-ˈpɝːb/ *adj* ⇨magnífico,ca ⇨soberbio,bia

superficial UK: /ˌsuː.pəˈfɪʃ.ᵊl/ US: /-pɚ-/ *adj* **1** (*una persona*) ⇨superficial ⇨frívolo **2** ⇨superficial ⇨por encima **3** (*de la superficie*) ⇨superficial

superfluous UK: /suːˈpɜː.flu.əs/ US: /-ˈpɝː-/ *adj* ⇨superfluo,flua: *superfluous ideas* - ideas superfluas

superhuman UK: /ˌsuː.pəˈhjuː.mən/ US: /-pɚ-/ *adj* ⇨sobrehumano,na: *a superhuman effort* - un esfuerzo sobrehumano

superimpose UK: /ˌsuː.pə.rɪmˈpəʊz/ US: /-pɚ.ɪmˈpoʊz/ [superimposed, superimposing] *v* [T] ⇨superponer

superintendent UK: /ˌsuː.pə.rɪnˈten.dənt/ US: /-pɚ.ɪn-/ *n* [C] **1** ⇨superintendente **2** ⇨comisario,ria [de policía]

S ▪

†superior UK: /suːˈpɪə.ri.əʳ/ US: /-ˈpɪr.i.ɚ/ adj **1** ⇨superior **2** ⇨soberbio,bia: *He has a superior attitude* - Tiene una actitud soberbia

superiority UK: /suːˌpɪə.riˈɒr.ɪ.ti/ US: /-ˌpɪr.iˈɔːr.ə.i/ n [U] ⇨superioridad

superlative¹ UK: /suːˈpɜː.lə.tɪv/ US: /-ˈpɝː.lə.ɪv/ n [C] *(en gramática)* ⇨superlativo,va ■ Ver cuadro comparative and superlative forms of adjectives

†superlative² UK: /suːˈpɜː.lə.tɪv/ US: /-ˈpɝː.lə.ɪv/ adj ⇨superlativo,va

superman UK: /ˈsuː.pə.mæn/ US: /-pɚ-/ [pl supermen] n [C] ⇨superhombre

†supermarket UK: /ˈsuː.pəˌmɑː.kɪt/ US: /-pɚˌmɑːr-/ n [C] ⇨supermercado: *I need to go to the supermarket* - Tengo que ir al supermercado ■ Pron. La *u* se pronuncia como *oo* en *soon*

supermodel UK: /ˈsuː.pəˌmɒd.əl/ US: /-pɚˌmɑː.d[ə]l/ n [C] ⇨supermodelo

supernatural UK: /ˌsuː.pəˈnætʃ.ʳr.əl/ US: /-pɚˈnætʃ.ɚ-/ adj ⇨sobrenatural

superpower UK: /ˈsuː.pəˌpaʊəʳ/ US: /-pɚˌpaʊr/ n [C] ⇨superpotencia

supersede UK: /ˌsuː.pəˈsiːd/ US: /-pɚ-/ [superseded, superseding] v [T] ⇨sustituir: *Vinyl has been superseded by CDs* - El CD ha sustituido al vinilo ■ Constr. Se usa más en pasiva

supersonic UK: /ˌsuː.pəˈsɒn.ɪk/ US: /-pɚˈsɑː.nɪk/ adj ⇨supersónico,ca

superstar UK: /ˈsuː.pə.stɑːʳ/ US: /-pɚ.stɑːr/ n [C] ⇨estrella [del espectáculo]

superstition UK: /ˌsuː.pəˈstɪʃ.ʳn/ US: /-pɚ-/ n [C, U] ⇨superstición

superstitious UK: /ˌsuː.pəˈstɪʃ.əs/ US: /-pɚ-/ adj ⇨supersticioso,sa

superstore UK: /ˈsuː.pə.stɔːʳ/ US: /-pɚ.stɔːr/ n [C] ⇨supermercado ⇨hipermercado

†supervise UK: /ˈsuː.pə.vaɪz/ US: /-pɚ-/ [supervised, supervising] v [T, I] ⇨supervisar

supervision UK: /ˌsuː.pəˈvɪʒ.ʳn/ US: /-pɚ-/ n [U] ⇨supervisión ⇨vigilancia

superwoman UK: /ˈsuː.pəˌwʊm.ən/ US: /-pɚ-/ [pl superwomen] n [C] ⇨supermujer

†supper UK: /ˈsʌp.əʳ/ US: /-ɚ/ n [C, U] **1** ⇨cena ⇨comida *AMÉR.* **2 to have ~** ⇨cenar ■ Pron. La *u* se pronuncia como en el término inglés *sun*

supple /ˈsʌp.l̩/ adj ⇨flexible ⇨ágil

supplement /ˈsʌp.lɪ.mənt/ n [C] **1** ⇨suplemento ⇨complemento **2** ⇨apéndice [de un libro]

supplementary UK: /ˌsʌp.lɪˈmen.tʳr.i/ US: /-t̬ɚ-/ adj ⇨suplementario,ria

supplier UK: /səˈplaɪ.əʳ/ US: /-ɚ/ n [C] ⇨proveedor,-a

supplies /səˈplaɪz/ n [PL] **1** ⇨provisiones **2** ⇨existencias

supply¹ /səˈplaɪ/ [supplies, supplied] v [T] ⇨proveer ⇨abastecer ■ Constr. Se construye seguido de la preposición *with*. ■ Pron. La última parte rima con *fly*

†supply² /səˈplaɪ/ ■ n [C, U] **1** ⇨provisión ⇨suministro ■ El plural es *supplies* ■ n [U] **2** *(en economía)* ⇨oferta **3 to be in plentiful ~** ⇨abundar **4 to be in short ~** ⇨escasear

†support¹ UK: /səˈpɔːt/ US: /-ˈpɔːrt/ v [T] **1** ⇨sostener **2** ⇨mantener: *She's got five children to support* - Tiene cinco niños que mantener **3** ⇨apoyar: *We'll support you whatever you decide* - Decidas lo que decidas, nosotros te apoyaremos **4** *UK* ⇨ser seguidor,-a: *I support this team* - Soy seguidora de este equipo ■ Distinto de *to bear* (soportar)

support² UK: /səˈpɔːt/ US: /-ˈpɔːrt/ ■ n [C, U] **1** ⇨soporte ■ n [U] **2** ⇨ayuda: *financial support* - ayuda económica **3** ⇨respaldo ⇨apoyo

supporter UK: /səˈpɔː.təʳ/ US: /-ˈpɔːr.ɚ/ *UK* n [C] ⇨partidario,ria ⇨adepto,ta **2** ⇨hincha ⇨seguidor,-a

supporting UK: /səˈpɔː.tɪŋ/ US: /-ˈpɔːr.ɪŋ/ adj *(un actor, un papel)* ⇨secundario,ria

supportive UK: /səˈpɔː.tɪv/ US: /-ˈpɔːr.ɪv/ adj ⇨solidario,ria

†suppose UK: /səˈpəʊz/ US: /-ˈpoʊz/ [supposed, supposing] v [T] **1** ⇨suponer **2** ⇨deber ⇨tener que

supposed UK: /səˈpəʊzd/ US: /-ˈpoʊzd/ adj ⇨supuesto,ta ■ Pron. La *e* no se pronuncia

supposition /ˌsʌp.əˈzɪʃ.ʳn/ n [C, U] ⇨suposición

suppress /səˈpres/ [suppresses] v [T] **1** ⇨reprimir ⇨contener **2** *(información)* ⇨ocultar **3** ⇨reprimir ⇨sofocar ■ Constr. Se usa más en pasiva

supremacy /suːˈprem.ə.si/ n [U] ⇨supremacía

†supreme /suːˈpriːm/ adj ⇨supremo,ma

surcharge UK: /ˈsɜː.tʃɑːdʒ/ US: /ˈsɝː.tʃɑːrdʒ/ n [C] ⇨recargo

†sure¹ UK: /ʃɔːʳ/ US: /ʃʊr/ adj **1** ⇨seguro,ra: *Are you sure of your answers?* - ¿Estás seguro de tus respuestas? ■ Constr. Se usa detrás de un verbo **2 for ~** ⇨sin duda alguna ⇨seguro,ra **3 to be ~ to do sth 1** *If you wait there, you'll be sure to see her come out* - Si esperas ahí, seguramente la verás salir **2** ⇨no olvidar hacer algo **4 to make ~ (that)** ⇨asegurarse

†sure² UK: /ʃɔːʳ/ US: /ʃʊr/ *US* adv **1** *(inform)* ⇨claro: *«Can I sit here?» «Sure you can!»* - «¿Puedo sentarme aquí?» «¡Claro que sí!» **2** See **surely**

surely UK: /ˈʃɔː.li/ US: /ˈʃʊr-/ adv **1** ⇨seguramente ⇨sin duda **2** *(US tb sure)* ⇨seguro que: *He'll surely come with us* - Seguro que viene con nosotros

†surf¹ UK: /sɜːf/ US: /sɝːf/ v [I] **1** ⇨hacer surf **2** ⇨navegar por Internet

surf² UK: /sɜːf/ US: /sɜːf/ n [U] ⇒espuma ⇒oleaje

† **surface¹** UK: /ˈsɜː.fɪs/ US: /ˈsɜːr-/ n [C] **1** ⇒superficie **2** ⇒cara [de un objeto] ■ PRON. La a se pronuncia como la *i* en *did*

† **surface²** UK: /ˈsɜː.fɪs/ US: /ˈsɜːr-/ adj ⇒superficial ■ PRON. La a se pronuncia como la *i* en *did*

surface³ UK: /ˈsɜː.fɪs/ US: /ˈsɜːr-/ [surfaced, surfacing] ■ v [I] **1** ⇒salir a la superficie **2** ⇒aparecer ⇒surgir **3** *(inform)* ⇒levantarse [de la cama] ■ v [T] **4** *(en construcción)* ⇒recubrir ■ PRON. La a se pronuncia como la *i* en *did*

surfboard UK: /ˈsɜːf.bɔːd/ US: /ˈsɜːf.bɔːrd/ n [C] ⇒tabla de surf

surfer UK: /ˈsɜː.fəʳ/ US: /ˈsɜːr.fɚ/ n [C] ⇒surfista

surfing UK: /ˈsɜː.fɪŋ/ US: /ˈsɜːr-/ n [U] *(en deporte)* ⇒surfing ⇒surf

surge¹ UK: /sɜːdʒ/ US: /sɜːdʒ/ [surged, surging] v [I] **1** ⇒aumentar [vertiginosamente] **2** ⇒moverse impetuosa e inesperadamente

surge² UK: /sɜːdʒ/ US: /sɜːdʒ/ n [C] **1** ⇒aumento [vertiginoso] **2** ⇒oleada

† **surgeon** UK: /ˈsɜː.dʒ³n/ US: /ˈsɜːr-/ n [C] ⇒cirujano,na

† **surgery** UK: /ˈsɜː.dʒ³r.i/ US: /ˈsɜːr.dʒɚ-/ ■ n [U] **1** ⇒cirugía ■ n [C, U] **2** *UK* ⇒consulta [médica] ■ El plural es *surgeries*

surgical UK: /ˈsɜː.dʒɪ.k³l/ US: /ˈsɜːr-/ adj ⇒quirúrgico,ca

Suriname UK: /ˌsuə.rɪˈnæm/ US: /ˌsur.ɪˈnɑːm/ n [U] ⇒Surinam

Surinamese UK: /ˌsuə.rɪ.næmˈiːz/ US: /ˌsur.ɪ.nɑːmˈiːz/ [pl Surinamese] adj, n [C] ⇒surinamés,-a

surly UK: /ˈsɜː.li/ US: /ˈsɜːr-/ adj [comp surlier, superl surliest] ⇒arisco,ca

surmount UK: /səˈmaunt/ US: /sɚ-/ v [T] ⇒sobreponerse: *to surmount a difficulty* - sobreponerse a una dificultad

† **surname** UK: /ˈsɜː.neɪm/ US: /ˈsɜːr-/ n [C] ⇒apellido

surpass UK: /səˈpɑːs/ US: /sɚˈpæs/ [surpasses] v [T] **1** *(form)* ⇒superar ⇒sobrepasar **2** *to ~ oneself* ⇒superarse

surplus¹ UK: /ˈsɜː.pləs/ US: /ˈsɜːr-/ [pl surpluses] n [C, U] ⇒excedente ⇒superávit ■ PRON. La parte final, *us*, se pronuncia como el pronombre inglés *us*

surplus² UK: /ˈsɜː.pləs/ US: /ˈsɜːr-/ adj ⇒sobrante ■ PRON. La parte final, *us*, se pronuncia como el pronombre inglés *us*

† **surprise¹** UK: /səˈpraɪz/ US: /sɚ-/ n [C, U] **1** ⇒sorpresa **2** *to take sth/sb by ~* ⇒coger por sorpresa

surprise² UK: /səˈpraɪz/ US: /sɚ-/ [surprised, surprising] v [T] ⇒sorprender: *You surprised me* - Me has sorprendido

surprised UK: /səˈpraɪzd/ US: /sɚ-/ adj ⇒sorprendido,da ■ CONSTR. 1. *to be surprised to do sth* 2. *to be surprised at sth*

surprising UK: /səˈpraɪ.zɪŋ/ US: /sɚ-/ adj ⇒sorprendente ⇒asombroso,sa

surprisingly UK: /səˈpraɪ.zɪŋ.li/ US: /sɚ-/ adv ⇒sorprendentemente ⇒asombrosamente

surrender¹ UK: /səˈren.dəʳ/ US: /-dɚ/ ■ v [I] **1** ⇒entregarse ⇒rendirse ■ CONSTR. *to surrender to sth/sb* ■ v [T] **2** *(form)* ⇒entregar: *He surrendered all the stolen goods* - Entregó toda la mercancía robada

surrender² UK: /sᵊˈren.dəʳ/ US: /səˈren.dɚ/ n [C, U] **1** ⇒rendición **2** ⇒entrega

surreptitious UK: /ˌsʌr.əpˈtɪʃ.əs/ US: /ˌsɜːr-/ adj ⇒subrepticio,cia ⇒furtivo,va

surrogate UK: /ˈsʌr.ə.gət/ US: /ˈsɜːr-/ adj ⇒sustituto,ta

† **surround** /səˈraund/ v [T] ⇒rodear: *Our house is surrounded by trees* - Nuestra casa está rodeada de árboles

surrounding /səˈraun.dɪŋ/ adj ⇒circundante

surroundings /səˈraun.dɪŋz/ n [PL] ⇒alrededores ⇒entorno

surveillance UK: /səˈveɪ.lənts/ US: /sɚ-/ n [U] ⇒vigilancia

survey¹ UK: /ˈsɜː.veɪ/ US: /ˈsɜːr-/ n [C] **1** ⇒encuesta **2** ⇒inspección **3** ⇒estudio [de una superficie] **4** ⇒tasación [de un edificio] ■ PRON. La última sílaba rima con *day*

survey² UK: /səˈveɪ/ US: /ˈsɜːr.veɪ/ v [T] **1** *(form)* ⇒examinar **2** ⇒hacer una encuesta **3** ⇒inspeccionar [un edificio] ■ PRON. La última sílaba rima con *day*

surveyor UK: /səˈveɪ.əʳ/ US: /səˈveɪ.ɚ/ n [C] **1** *UK* ⇒agrimensor,-a **2** ⇒topógrafo,fa

survival UK: /səˈvaɪ.v³l/ US: /sɚ-/ n [U] ⇒supervivencia

† **survive** UK: /səˈvaɪv/ US: /sɚ-/ [survived, surviving] v [T, I] **1** ⇒sobrevivir **2** ⇒subsistir: *He survives on a meagre pension* - Subsiste gracias a una pequeña pensión

survivor UK: /səˈvaɪ.vəʳ/ US: /səˈvaɪ.vɚ/ n [C] ⇒superviviente

susceptible /səˈsep.tɪ.bl̩/ adj **1** ⇒influenciable **2** *(una persona)* ⇒susceptible **3** *(form) (una idea o una declaración)* ⇒variable ⇒susceptible **4** *(en medicina)* ⇒propenso,sa ■ CONSTR. Se usa detrás de un verbo

suspect¹ /ˈsʌs.pekt/ n [C] ⇒sospechoso,sa

† **suspect²** /səˈspekt/ v [T] **1** ⇒creer ⇒sospechar ■ CONSTR. *to suspect + (that)* **2** ⇒sospechar: *Who do you suspect?* - ¿De quién sospechas? **3** ⇒recelar

† **suspend** /səˈspend/ v [T] **1** ⇒colgar ⇒suspender ■ CONSTR. 1. Se usa generalmente seguido de la preposición

suspender

from 2. Se usa más en pasiva **2** ⇨suspender **3** ⇨expulsar ■ CONSTR. Se usa más en pasiva

suspender UK: /səˈspen.dər/ US: /-dəˌ/ UK (US **garter**) n [C] ⇨liga [elástica]

suspenders UK: /səˈspen.dəz/ US: /-dəˌz/ n [PL] **1** US (UK **braces**) ⇨tirantes ⇨suspensores AMÉR. **2** UK ⇨ligas ⇨tiras elásticas

suspense /səˈspents/ n [U] ⇨suspense ⇨suspenso AMÉR.

suspension /səˈspen.ʃ³n/ n [C, U] **1** (de un evento o una actividad) ⇨suspensión **2** (en un coche) ⇨suspensión

suspicion /səˈspɪʃ.³n/ n [C] ⇨sospecha: I have a suspicion that he is in trouble - Tengo la sospecha de que está metido en un lío; to be under suspicion - estar bajo sospecha

suspicious /səˈspɪʃ.əs/ adj **1** ⇨sospechoso,sa: a suspicious fact - un hecho sospechoso; to be suspicious of sb - sospechar de alguien **2** ⇨receloso,sa

suspiciously /səˈspɪʃ.ə.sli/ adv ⇨sospechosamente

† **sustain** /səˈsteɪn/ v [T] **1** (form) (una opinión) ⇨apoyar **2** (form) (un peso) ⇨soportar **3** ⇨mantener [económicamente] **4** (form) (una derrota, un daño) ⇨sufrir

sustainable /səˈsteɪ.nə.bl̩/ adj ⇨sostenible: sustainable development - desarrollo sostenible

swagger UK: /ˈswæg.ər/ US: /-ə/ v [I] ⇨andar con aire arrogante

† **swallow¹** UK: /ˈswɒl.əʊ/ US: /ˈswɑː.loʊ/ v [T, I] ⇨tragar(se)

swallow² UK: /ˈswɒl.əʊ/ US: /ˈswɑː.loʊ/ n [C] ⇨golondrina

swam /swæm/ past tense of **swim**

swamp¹ UK: /swɒmp/ US: /swɑːmp/ n [C, U] ⇨pantano ⇨ciénaga

swamp² UK: /swɒmp/ US: /swɑːmp/ v [T] **1** (un lugar o una cosa) ⇨anegar ⇨inundar **2** (a una persona, un sistema o un lugar) ⇨inundar ■ CONSTR. Se usa más en pasiva **3** (inform) (la ropa) ⇨bailar

† **swan** UK: /swɒn/ US: /swɑːn/ n [C] ⇨cisne

† **swap** UK: /swɒp/ US: /swɑːp/ [swapped, swapping] (UK tb **swop**) v [T, I] ⇨intercambiar ⇨cambiar ■ CONSTR. to swap + dos objetos

swarm¹ UK: /swɔːm/ US: /swɔːrm/ n [C] **1** ⇨enjambre **2** ⇨nube: a swarm of flies - una nube de moscas **3** ⇨multitud

swarm² UK: /swɔːm/ US: /swɔːrm/ v [I] **1** ⇨revolotear **2** ⇨pulular

PHRASAL VERBS
· **to swarm {in/out}** ⇨entrar/salir en manadas
└ · **to swarm with sth/sb** ⇨estar plagado,da de

swat UK: /swɒt/ US: /swɑːt/ [swatted, swatting] v [T] (un insecto) ⇨aplastar

sway¹ /sweɪ/ ■ v [I] **1** ⇨balancearse: The trees swayed in the wind - Los árboles se balanceaban con el viento ■ v [T] **2** (una persona) ⇨influir

sway² /sweɪ/ n [U] **1** ⇨balanceo **2** (form) ⇨dominio ⇨influencia

Swazi /ˈswɑː.zi/ adj, n [C] ⇨suazi ⇨suazilandés,-a

Swaziland /ˈswɑː.zi.lænd/ n [U] ⇨Suazilandia

† **swear, swore, sworn** UK: /sweər/ US: /swer/ ■ v [I] **1** ⇨decir palabrotas **2** v [T, I] ⇨jurar: I swear that I didn't do it - Te juro que no lo hice ■ CONSTR. 1. to swear + (that) 2. to swear + to do sth 3. to swear + at sb

PHRASAL VERBS
· **to swear by sth/sb** (inform) ⇨creer firmemente en: She swears by the new diet - Cree firmemente en la nueva dieta
· **to swear sb in** [M] ⇨tomar juramento a alguien ■ CONSTR. Se usa más en pasiva

swear word n [C] ⇨palabrota ⇨taco col.

† **sweat¹** /swet/ n [U] ⇨sudor ■ PRON. Rima con el término inglés net

sweat² /swet/ v [I] ⇨sudar: I'm sweating - Estoy sudando ■ PRON. Rima con el término inglés net

† **sweater** UK: /ˈswet.ər/ US: /ˈsweṭ.ə/ (UK tb **jumper**) n [C] ⇨jersey

sweats /swets/ US (UK **tracksuit**) n [PL] ⇨chándal

† **sweatshirt** UK: /ˈswet.ʃɜːt/ US: /-ʃɜːt/ n [C] ⇨sudadera

sweaty UK: /ˈswet.i/ US: /ˈswe-/ adj [comp sweatier, superl sweatiest] ⇨sudoroso,sa

swede /swiːd/ UK n [C, U] (planta) ⇨colinabo

Swede n [C] (gentilicio) ⇨sueco,ca

Sweden /ˈswiː.dən/ n [U] ⇨Suecia

Swedish¹ /ˈswiː.dɪʃ/ adj ⇨sueco,ca ■ PRON. La e se pronuncia como en we

Swedish² /ˈswiː.dɪʃ/ n [U] (idioma) ⇨sueco ■ PRON. La e se pronuncia como en we

sweep¹, **swept**, **swept** /swiːp/ v [T, I] **1** ⇨barrer **2** ⇨desplazarse ⇨extenderse ■ CONSTR. Se usa generalmente seguido de las preposiciones into y through **3** ⇨arrastrar: The waves swept away the sailors - Las olas arrastraron a los marineros ■ CONSTR. Se usa generalmente seguido de una preposición o un adverbio **4** to ~ sb off one's feet ⇨arrebatarle el corazón a alguien

sweep² /swiːp/ n [C] **1** ⇨barrido **2** ⇨extensión [de tierra]

sweeping /ˈswiː.pɪŋ/ adj **1** (una reforma) ⇨general ⇨radical **2** (un comentario) ⇨tajante

† **sweet¹** /swiːt/ adj **1** ⇨dulce **2** (un olor) ⇨agradable **3** (un sonido) ⇨melodioso,sa **4** ⇨mono,na col.; ⇨lindo,da **5** ⇨amable

sweet² /swiːt/ UK n [C, U] **1** UK (US **candy**) ⇨caramelo **2** UK (UK/US tb **dessert**) ⇨postre **3** ⇨cariño ■ Se usa como vocativo

sweetcorn UK: /ˈswiːt.kɔːn/ US: /-kɔːrn/ (*US tb* **corn**) *n* [U] ⇨maíz tierno

sweeten /ˈswiː.tᵊn/ *v* [T] ⇨azucarar

sweetener UK: /ˈswiːt.nəʳ/ US: /-nɚ/ *n* [C, U] **1** ⇨edulcorante **2** ⇨soborno

sweetheart UK: /ˈswiːt.hɑːt/ US: /-hɑːrt/ *n* [C] **1** ⇨novio,via **2** ⇨cariño: *How are you, sweetheart?* - ¿Cómo estás, cariño? ■ Se usa como vocativo

sweetly /ˈswiːt.li/ *adv* ⇨dulcemente

sweet potato [*pl* sweet potatoes] *n* [C] *(tubérculo)* ⇨batata

†**swell** /swel/ [swelled, swollen] *(tb* swell up) ■ *v* [I] **1** ⇨hincharse: *My arm swelled up after the blow* - Después del golpe, se me hinchó el brazo **2** *v* [T, I] ⇨incrementar

swelled past tense of **swell** ■ PRON. La última *e* no se pronuncia

swelling /ˈswel.ɪŋ/ *n* [C, U] ⇨hinchazón

swept /swept/ past tense and past participle forms of **sweep**

swerve UK: /swɜːv/ US: /swɜːrv/ [swerved, swerving] *v* [I] ⇨virar [bruscamente] ⇨dar un volantazo

swift /swɪft/ *adj* ⇨veloz ⇨rápido,da

swill /swɪl/ *v* [T] **1** *(tb* swill out) ⇨enjuagar: *I swilled my mouth out with water* - Me enjuagué la boca con agua ■ CONSTR. Se usa generalmente seguido de una preposición o un adverbio **2** *(inform)* ⇨beber(se) [de golpe]: *She swilled a glass of beer* - Se bebió un vaso de cerveza de golpe

†**swim¹**, swam, swum /swɪm/ [swimming] *v* [I] **1** ⇨nadar: *I like swimming* - Me gusta nadar; *I swam across the lake* - Crucé el lago a nado **2** ⇨dar vueltas: *So many lights make my head swim* - Tantas luces hacen que me dé vueltas la cabeza

swim² /swɪm/ *n* [NO PL] ⇨baño: *Shall we go for a swim?* - ¿Nos damos un baño?

swimmer UK: /ˈswɪm.əʳ/ US: /-ɚ/ *n* [C] ⇨nadador,-a

swimming /ˈswɪm.ɪŋ/ *n* [U] ⇨natación

swimming costume UK *(US* bathing suit) *n* [C] ⇨bañador [de mujer] ⇨malla *AMÉR.* ■ PRON. La *u* se pronuncia como *you*

†**swimming pool** *(tb* pool) *n* [C] ⇨piscina ⇨alberca *AMÉR.;* ⇨pileta *AMÉR.*

swimming trunks UK *n* [PL] ⇨bañador [de hombre]: *two pairs of swimming trunks* - dos bañadores ■ PRON. La *u* se pronuncia como en el término inglés *sun*

swimsuit UK: /ˈswɪm.sjuːt/ US: /-suːt/ *n* [C] ⇨bañador [de mujer] ⇨malla *AMÉR.*

swindle¹ /ˈswɪn.dl̩/ [swindled, swindling] *v* [T, I] ⇨estafar: *He was swindled out of ten million pounds* - Le estafaron diez millones de libras ■

CONSTR. 1. to swindle sb out of sth 2. Se usa más en pasiva

swindle² /ˈswɪn.dl̩/ *n* [C] ⇨estafa

swing¹, swung, swung /swɪŋ/ ■ *v* [T, I] **1** ⇨columpiar(se) ⇨balancear(se) **2** *v* [I] *(una opinión o un sentimiento)* ⇨oscilar

| PHRASAL VERBS
| · **to swing at** *sb* *(inform)* ⇨intentar golpear a
| alguien

swing² /swɪŋ/ *n* [C] **1** ⇨columpio **2** ⇨cambio [repentino]: *She had strange mood swings* - Tenía unos cambios de humor muy raros **3 to be in full ~** ⇨estar en plena actividad

swipe /swaɪp/ [swiped, swiping] *(tb* swipe at) *v* [T] **1** ⇨pegar [a alguien] ■ CONSTR. Se usa generalmente seguido de una preposición o un adverbio **2** *(inform)* ⇨birlar *col.;* ⇨mangar *col.*

swirl UK: /swɜːl/ US: /swɜːrl/ *v* [T, I] ⇨arremolinar(se) ⇨girar

Swiss¹ /swɪs/ *adj* ⇨suizo,za

Swiss² /swɪs/ *[pl* Swiss] **the ~** *(gentilicio)* ⇨los suizos, las suizas

†**switch¹** /swɪtʃ/ *[pl* switches] *n* [C] **1** ⇨cambio **2** *(en electrónica)* ⇨interruptor ⇨conmutador

†**switch²** /swɪtʃ/ *v* [T, I] ⇨cambiar ■ CONSTR. Se usa generalmente seguido de la preposición to

| PHRASAL VERBS
| · **to switch off** *UK* ⇨desconectar
| · **to switch sth off** ⇨apagar algo
| · **to switch (sth) on** ⇨encender algo ⇨prender
| *AMÉR.*

switchboard UK: /ˈswɪtʃ.bɔːd/ US: /-bɔːrd/ *n* [C] ⇨centralita ⇨conmutador *AMÉR.*

Switzerland UK: /ˈswɪt.sə.lənd/ US: /-sɚ-/ *n* [U] ⇨Suiza

swivel /ˈswɪv.ᵊl/ [swivelled, swivelling; *US* swiveled, swiveling] *UK v* [T, I] ⇨girar(se): *She swivelled around and looked at him* - Se giró para mirarlo ■ CONSTR. Se usa generalmente seguido de una preposición o un adverbio

swollen UK: /ˈswəʊ.lən/ US: /ˈswoʊ-/ past participle of **swell**

swoop¹ /swuːp/ *v* [I] **1** ⇨descender en picado ■ CONSTR. to swoop down **2** ⇨abalanzarse ■ CONSTR. to swoop on sth

swoop² /swuːp/ *n* [C] ⇨descenso en picado

swop UK: /swɒp/ US: /swɑːp/ [swopped, swopping] *(tb* swap) *UK v* [T, I] ⇨intercambiar ⇨cambiar ■ CONSTR. to swop + dos objetos

†**sword** UK: /sɔːd/ US: /sɔːrd/ *n* [C] ⇨espada ■ Distinto de *spade* (pala) ■ PRON. La *w* no se pronuncia

swore UK: /swɔːʳ/ US: /swɔːr/ past tense of **swear**

sworn UK: /swɔːn/ US: /swɔːrn/ past participle of **swear**

S ■

swot¹ UK: /swɒt/ US: /swɑːt/ [swotted, swotting] *UK (US* cram) *v* [I] *(inform)* ⇒empollar *col.;* ⇒chapar *col.* ■ Pertenece al lenguaje infantil

swot² UK: /swɒt/ US: /swɑːt/ *UK n* [C] *(inform)* ⇒empollón,-a *col.*

swum /swʌm/ past participle of **swim**

swung /swʌŋ/ past tense and past participle forms of **swing**

† **syllable** /'sɪl.ə.bl̩/ *n* [C] *(en gramática)* ⇒sílaba

† **syllabus** /'sɪl.ə.bəs/ [*pl* syllabi, syllabuses] *n* [C] ⇒temario

† **symbol** /'sɪm.bəl/ *n* [C] ⇒símbolo

symbolic UK: /sɪm'bɒl.ɪk/ US: /-'bɑː.lɪk/ *adj* ⇒simbólico,ca

symbolise [symbolised, symbolising] *UK v* [T] See **symbolize**

symbolism /'sɪm.bəl.ɪ.zᵊm/ *n* [U] ⇒simbolismo: *religious symbolism* - simbolismo religioso

symbolize UK: /'sɪm.bəl.aɪz/ US: /-bə.laɪz/ [symbolized, symbolizing] *(UK tb* symbolise) *v* [T] ⇒simbolizar

symmetrical /sɪ'met.rɪ.kᵊl/ *adj* ⇒simétrico,ca: *symmetrical structure* - estructura simétrica

symmetry /'sɪm.ə.tri/ *n* [U] ⇒simetría

sympathetic UK: /ˌsɪm.pə'θet.ɪk/ US: /-'θe-/ *adj* ⇒comprensivo,va: *to be sympathetic about sth* - ser comprensivo con algo ■ Distinto de *nice* (simpático)

sympathize /'sɪm.pə.θaɪz/ [sympathized, sympathizing] *v* [I] **1** ⇒compadecerse: *to sympathize with sb* - compadecerse de alguien **2** ⇒simpatizar ⇒estar de acuerdo

† **sympathy** /'sɪm.pə.θi/ *n* [U] ⇒compasión: *to feel sympathy for sb* - sentir compasión por alguien ■ Distinto de *affection* y *liking* (simpatía)

symphony /'sɪm.fə.ni/ [*pl* symphonies] *n* [C] *(en música)* ⇒sinfonía

† **symptom** /'sɪmp.təm/ *n* [C] ⇒síntoma: *She has the typical symptoms of a cold* - Tiene los típicos síntomas del resfriado

synagogue UK: /'sɪn.ə.gɒg/ US: /-gɑːg/ *n* [C] ⇒sinagoga

synchronize /'sɪŋ.krə.naɪz/ [synchronized, synchronizing] *v* [T] ⇒sincronizar

syndicate /'sɪn.dɪ.kət/ *n* [C] ⇒agrupación: *a financial syndicate* - una agrupación financiera ■ Distinto de *trade union* (sindicato)

syndrome UK: /'sɪn.drəʊm/ US: /-droʊm/ *n* [C, U] ⇒síndrome

† **synonym** /'sɪn.ə.nɪm/ *n* [C] *(en gramática)* ⇒sinónimo ■ PRON. Se acentúa la primera sílaba

synonymous UK: /sɪ'nɒn.ɪ.məs/ US: /-'nɑː.nə-/ *adj* ⇒sinónimo,ma: *to be synonymous with sth* - ser sinónimo de algo

syntax /'sɪn.tæks/ *n* [U] *(en gramática)* ⇒sintaxis

synthesizer UK: /'sɪn.θə.saɪ.zəʳ/ US: /-zɚ/ *n* [C] ⇒sintetizador: *a voice synthesizer* - un sintetizador de voz

synthetic UK: /sɪn'θet.ɪk/ US: /-'θe-/ *adj* **1** ⇒sintético,ca **2** ⇒artificial

Syria /'sɪr.i.ə/ *n* [U] ⇒Siria

Syrian /'sɪr.i.ən/ *adj, n* [C] ⇒sirio,ria

syringe /sɪ'rɪndʒ/ *n* [C] ⇒jeringa ⇒jeringuilla

syrup /'sɪr.əp/ *n* [U] **1** ⇒sirope ⇒almíbar **2** ⇒jarabe

† **system** /'sɪs.təm/ *n* [C] **1** ⇒sistema **2** ⇒método **3** the ~ *(en una sociedad)* ⇒el sistema ⇒las leyes **4** to get *sth* out of *one's* ~ ⇒quitarse algo de encima

systematic UK: /ˌsɪs.tə'mæt.ɪk/ US: /-'mæ-/ *adj* ⇒sistemático,ca ⇒metódico,ca

systematically UK: /ˌsɪs.tə'mæt.ɪ.kli/ US: /-'mæ-/ *adv* ⇒de forma sistemática ⇒sistemáticamente

═S

t /tiː/ [*pl* t's] *n* [C] *(letra del alfabeto)* ⇒t ■ PRON. Se pronuncia como el sustantivo inglés *tea*

ta /taː/ *UK excl (inform)* ⇒¡gracias!

tab /tæb/ *n* [C] **1** ⇒etiqueta **2** *US (de una lata)* ⇒anilla **3** *US (inform) (en un bar o restaurante)* ⇒cuenta

† **table** /'teɪ.bl̩/ *n* [C] **1** ⇒mesa **2** ⇒mesilla: *bedside table* - mesilla de noche **3** ⇒tabla: *a table of data* - una tabla de datos **4** to clear the ~ ⇒quitar la mesa **5** to {lay/set} the ~ ⇒poner la mesa

tablecloth UK: /'teɪ.bl̩.klɒθ/ US: /-klɑː θ/ *n* [C] ⇒mantel

tablespoon /'teɪ.bl̩.spuːn/ *n* [C] **1** ⇒cucharón **2** *(cantidad)* ⇒cucharada ■ La forma abreviada es *tbsp*

† **tablet** /'tæb.lət/ *n* [C] **1** *(medicamento)* ⇒pastilla ⇒comprimido **2** ⇒lápida **3** *US (UK/US tb* pad) ⇒bloc [de notas]

table tennis *n* [U] ⇒tenis de mesa ⇒ping-pong

† **tabloid** /'tæb.lɔɪd/ *n* [C] *(prensa)* ⇒tabloide

taboo /tə'buː/ *n* [C] ⇒tabú

tacit /'tæs.ɪt/ *adj (form)* ⇒tácito,ta

tack[1] /tæk/ *US* **1** *n* [C] ⇒chincheta ⇒tachuela **2** ⇒rumbo: *to change tack* - cambiar de rumbo **3** to try a different ~ ⇒cambiar de estrategia

tack[2] /tæk/ ■ *v* [T] **1** ⇒clavar con tachuelas ■ *v* [T, I] **2** ⇒hilvanar

| PHRASAL VERBS
| · to tack *sth* on [M] *(inform)* ⇒añadir en el último momento

tackle[1] /'tæk.l̩/ [tackled, tackling] *v* [T] **1** *(un problema)* ⇒hacer frente ⇒afrontar **2** *(en fútbol)* ⇒hacer una entrada **3** *UK* ⇒encarar(se)

tackle[2] /'tæk.l̩/ ■ *n* [U] **1** ⇒bártulos ⇒avíos *col.* **2** *(en pesca)* ⇒aparejos ■ *n* [C] **3** *(en fútbol)* ⇒entrada

tacky /'tæk.i/ *adj* [*comp* tackier, *superl* tackiest] **1** *(inform)* ⇒de mal gusto ⇒hortera *desp.* **2** ⇒pegajoso,sa

tact /tækt/ *n* [U] ⇒tacto

tactful /'tækt.fl̩/ *adj* ⇒diplomático,ca ⇒discreto,ta ⇒con mucho tacto

† **tactic** /'tæk.tɪk/ *n* [C] ⇒táctica ■ Se usa más en plural

tactical /'tæk.tɪ.kl̩/ *adj* **1** ⇒táctico,ca **2** ⇒estratégico,ca

tactless /'tækt.ləs/ *adj* ⇒falto,ta de tacto ⇒poco diplomático,ca

tadpole UK: /'tæd.pəʊl/ US: /-poʊl/ *n* [C] *(animal)* ⇒renacuajo

tag[1] /tæg/ *n* [C] ⇒etiqueta: *ID tag* - etiqueta de identificación

tag[2] /tæg/ [tagged, tagging] *v* [T] ⇒etiquetar

| PHRASAL VERBS
| · to tag along *(inform)* ⇒acoplarse *col.*
| · to tag *sth* on *(a un texto)* ⇒añadir

Tahiti UK: /tə'hiː.ti/ US: /tə'hiː.i/ *n* [U] ⇒Tahití

Tahitian /tə'hiː.ʃən/ *adj, n* [C] ⇒tahitiano,na

tail[1] /teɪl/ *n* [C] ⇒cola ⇒rabo

tail[2] /teɪl/ *v* [T] ⇒perseguir ⇒seguir a alguien [a hurtadillas]

| PHRASAL VERBS
| · to tail off ⇒disminuir ⇒mermar

tailback /'teɪl.bæk/ *UK n* [C] *(de tráfico)* ⇒caravana

tailor UK: /'teɪ.lər/ US: /-lɚ/ *n* [C] ⇒sastre,tra

tailor-made UK: /ˌteɪ.lə'meɪd/ US: /-lɚ-/ *adj (una prenda de vestir)* ⇒a medida

taint /teɪnt/ *v* [T] **1** ⇒contaminar **2** *(reputación)* ⇒manchar ⇒mancillar ■ CONSTR. Se usa más en pasiva

Taiwan /taɪ'wɑː/ *n* [U] ⇒Taiwán

Taiwanese /ˌtaɪ.wə'niːz/ [*pl* Taiwanese] *adj, n* [C] ⇒taiwanés,-a

† **take**, took, taken /teɪk/ [taking] *v* [T] **1** ⇒sujetar ⇒coger **2** ⇒llevar **3** ⇒llevar(se) **4** *(un medio de transporte)* ⇒coger ■ CONSTR. to take sth + to do sth **5** *(una plaza)* ⇒ocupar **6** *(un medicamento)* ⇒tomar(se) ■ Se usa *to have* para la comida y la bebida. Incorrecto: *to take dinner, to take coffee* **7** *(tiempo)* ⇒tardar ⇒llevar ■ CONSTR. to take sb/sth + to do sth ■ Se usa para hacer referencia al tiempo que se necesita para hacer algo o para que algo ocurra: *I normally take a long time to get ready to go out* - Normalmente tardo mucho en prepararme para salir. Comparar con *to last*

T

8 ⇨admitir ⇨aceptar **9** ⇨tomar [militarmente] **10** ⇨requerir **11** ⇨darse ⇨tomar **12** ⇨aguantar **13** I ~ it (that) ⇨supongo que

|PHRASAL VERBS
· **to take after sb** ⇨parecerse a alguien
· **to take sth apart [M]** ⇨desmontar algo ⇨desarmar algo
· **to take sth away [M] 1** ⇨quitar ⇨retirar **2** *(en matemáticas)* ⇨restar
· **to take sth back [M] 1** ⇨devolver algo **2** *(una opinión)* ⇨retirar
· **to take sth down [M] 1** ⇨anotar algo ⇨tomar apuntes **2** ⇨descolgar algo [de la pared]
· **to take sth in [M] 1** ⇨comprender algo ⇨asimilar **2** *(una prenda de vestir)* ⇨meter ⇨estrechar
· **to take sb in [M] 1** ⇨embaucar a alguien ■ CONSTR. Se usa más en pasiva **2** ⇨acoger a alguien [en casa]
· **to take off 1** ⇨despegar ⇨decolar *AMÉR.* **2** ⇨empezar a tener éxito
· **to take sth off [M] 1** ⇨quitar(se) algo **2** *(en un trabajo)* ⇨tomarse tiempo libre
· **to take sth on [M]** ⇨aceptar algo ⇨asumir algo
· **to take sb on [M] 1** ⇨contratar a alguien **2** ⇨retar a alguien ⇨desafiar a alguien
· **to take sb out** ⇨invitar a alguien [a algo]
· **to take sth out [M]** ⇨sacar algo ⇨extraer algo
· **to take sth out on sb** ⇨pagar algo con alguien *col.*
· **to take (sth) over** ⇨hacerse cargo de algo ⇨tomar el control de algo
· **to take to sth 1** ⇨aficionar(se) a algo **2** *to take to drinking* - darse a la bebida
· **to take to sb** ⇨congeniar con alguien ⇨tomar cariño a alguien
· **to take up [M] 1** ⇨ocupar **2** *(una afición o un deporte)* ⇨empezar
· **to take sth up [M] 1** ⇨discutir algo (con alguien) **2** ⇨empezar a dedicarse (a algo)

†**takeaway** /'teɪk.ə.weɪ/ *UK (US* **takeout***) n* [C] **1** ⇨restaurante de comida para llevar ⇨rosticería *AMÉR.* **2** ⇨comida para llevar

taken /'teɪ.kən/ past participle of **take**

take-off UK: /'teɪk.ɒf/ US: /-ɑːf/ ■ *n* [C, U] **1** ⇨despegue ⇨decolaje *AMÉR.* ■ *n* [C] **2** ⇨parodia ⇨caricatura

takeout /'teɪk.aʊt/ *US n* [C] See **takeaway**

takeover UK: /'teɪk.əʊ.və^r/ US: /-.oʊ.və/ *n* [C] **1** ⇨adquisición [de una empresa] **2** ⇨toma del poder

takings /'teɪ.kɪŋz/ *UK n* [PL] ⇨recaudación ⇨taquilla

talcum powder UK: /'tæl.kəm.paʊ.də^r/ US: /-də/ *n* [U] ⇨polvos de talco

†**tale** /teɪl/ *n* [C] **1** ⇨historia ⇨cuento ⇨batalla **2** *to tell tales* - decir mentiras contar historias

†**talent** /'tæl.ənt/ *n* [C, U] ⇨talento

†**talk** UK: /tɔːk/ US: /tɑːk/ *v* [I] ⇨hablar: *She was talking to me when the telephone rang* - Me estaba hablando cuando el teléfono sonó ■ CONSTR. to talk (to/with sb) about sth

|PHRASAL VERBS
· **to talk down to sb** ⇨hablar a alguien como si fuera tonto,ta
· **to talk sb into (doing) sth** ⇨convencer a alguien (para que haga algo): *They talked us into going with them* - Nos convencieron para que los acompañáramos
· **to talk sb out of (doing) sth** ⇨disuadir a alguien (de algo)
· **to talk sth over [M]** ⇨examinar algo ⇨hablar de algo

†**talk²** UK: /tɔːk/ US: /tɑːk/ ■ *n* [U] **1** ⇨conversación ■ *n* [C] **2** ⇨charla

talkative UK: /'tɔː.kə.tɪv/ US: /'tɑː.kə.ɪv/ *adj* ⇨hablador,-a

†**tall** UK: /tɔːl/ US: /tɑːl/ *adj* ⇨alto,ta ■ Normalmente se usa con objetos altos y estrechos; se puede usar también con personas y animales. Comparar con *high* ■ Ver cuadro **alto (tall / high)**

tambourine /ˌtæm.bəˈriːn/ *n* [C] *(instrumento)* ⇨pandereta

tame¹ /teɪm/ *adj* **1** ⇨domesticado,da ⇨manso,sa **2** ⇨soso,sa ⇨aburrido,da

tame² /teɪm/ [tamed, taming] *v* [T] ⇨domar ⇨domesticar

tamper UK: /'tæm.pə^r/ US: /-pə/

|PHRASAL VERBS
· **to tamper with sth** ⇨manipular algo ⇨forzar algo

tampon UK: /'tæm.pɒn/ US: /-pɑːn/ *n* [C] ⇨tampón

†**tan¹** /tæn/ *n* [C] ⇨forma abreviada de **suntan** (bronceado)

tan² /tæn/ [tanned, tanning] ■ *v* [T] **1** *(cuero)* ⇨curtir ■ *v* [T, I] **2** ⇨broncear(se) ⇨ponerse moreno,na

†**tan³** /tæn/ *adj* **1** *US (UK/US tb* **tanned***)* ⇨moreno,na ⇨bronceado,da **2** ⇨de color canela

tangerine UK: /ˌtæn.dʒəˈriːn/ US: /'---/ *n* [C, U] ⇨mandarina

tangle¹ /'tæŋ.gl/ *n* [C] ⇨enredo ⇨lío ⇨maraña

tangle² /'tæŋ.gl/ [tangled, tangling] *v* [T, I] ⇨enredar(se)

tangled /'tæŋ.gld/ *adj* **1** ⇨enredado,da **2** *to be ~ up in sth* ⇨enredarse en algo

†**tank** /tæŋk/ *n* [C] **1** ⇨depósito ⇨tanque **2** *(vehículo)* ⇨tanque

tankard UK: /'tæŋ.kəd/ US: /-kəd/ n [C] ⇨jarra [para cerveza]

tanker UK: /'tæŋ.kəʳ/ US: /-kə/ n [C] **1** *(barco)* ⇨petrolero **2** *(vehículo)* ⇨camión cisterna ■ Distinto de *tank* (tanque)

tanned *(US tb* **tan)** *adj* ⇨moreno,na ⇨bronceado,da

tantalizing UK: /'tæn.tə.laɪ.zɪŋ/ US: /-ə-/ *adj* ⇨tentador,-a

tantrum /'tæn.trəm/ n [C] ⇨berrinche *col.;* ⇨rabieta *col.*

Tanzania /ˌtæn.zə'niː.ə/ n [U] ⇨Tanzania

Tanzanian /ˌtæn.zə'niː.ən/ *adj, n* [C] ⇨tanzano,na

tap¹ /tæp/ n [C] **1** ⇨golpecito **2** *UK (US* **faucet)** ⇨grifo ⇨canilla *AMÉR.* **3 on** ~ ⇨a mano ⇨disponible

tap² /tæp/ [tapped, tapping] ■ *v* [T, I] **1** ⇨golpear suavemente ■ *v* [T] **2** *(recursos naturales)* ⇨explotar **3** *(el teléfono)* ⇨intervenir ⇨pinchar *col.* ■ CONSTR. Se usa más en pasiva

│ PHRASAL VERBS
· **to tap into** *sth* ⇨aprovecharse de algo ⇨explotar algo

tape¹ /teɪp/ ■ n [U] **1** ⇨cinta: *insulating tape* - cinta aislante **2** ⇨papel celo ■ n [C, U] **3** *(para grabar sonidos o imágenes)* ⇨cinta ⇨casete **4** ⇨esparadrapo

tape² /teɪp/ [taped, taping] *v* [T] **1** ⇨pegar con cinta adhesiva **2** ⇨grabar: *to tape a song* - grabar una canción

tape measure n [C] ⇨cinta métrica

tape recorder n [C] **1** ⇨casete **2** ⇨grabadora

tapestry /'tæp.ɪ.stri/ *[pl* tapestries] n [C] ⇨tapiz

tar UK: /tɑːʳ/ US: /tɑːr/ n [U] ⇨alquitrán ⇨brea ⇨chapapote *AMÉR.*

target¹ UK: /'tɑː.gɪt/ US: /'tɑːr-/ n [C] **1** ⇨blanco ⇨objetivo ⇨diana **2 to be on** ~ **to do** *sth* ⇨estar preparado,da para hacer algo

target² UK: /'tɑː.gɪt/ US: /'tɑːr-/ *v* [T] **1** ⇨fijar como objetivo **2** ⇨dirigirse a: *These books are targeted at children* - Estos libros están dirigidos a niños ■ CONSTR. Se usa más en pasiva

tariff /'tær.ɪf/ n [C] ⇨arancel ⇨tarifa

tarmac UK: /'tɑː.mæk/ US: /'tɑːr-/ [tarmacked, tarmacking] *UK v* [T] ⇨asfaltar

Tarmac® *UK (US* **asphalt)** n [U] **1** ⇨asfalto **2 the tarmac** *(en un aeropuerto)* ⇨la pista

tarnish UK: /'tɑː.nɪʃ/ US: /'tɑːr-/ [tarnishes] ■ *v* [T] **1** ⇨manchar ⇨empañar ■ *v* [T, I] **2** *(un objeto)* ⇨deslustrar

tart UK: /tɑːt/ US: /tɑːrt/ n [C, U] ⇨tarta [con base de hojaldre]

tartan UK: /'tɑː.tⁿn/ US: /'tɑːr.[ə]n/ n [C, U] ⇨tela escocesa de cuadros

† **task** UK: /tɑːsk/ US: /tæsk/ n [C] ⇨tarea: *a daunting task* - una tarea que impone

† **taste¹** /teɪst/ ■ n [U] **1** *(sentido)* ⇨gusto ■ n [C, U] **2** ⇨sabor ⇨gusto **3** ⇨gusto ⇨estilo **4 a** ~ *Have a taste of this stew* - Prueba un poco de este estofado **5 a** ~ **for** *sth* ⇨gusto {a/por} algo **6** ~ **of** *sth* ⇨primer contacto con algo ⇨primera experiencia de algo **7 to be in {good/bad}** ~ ⇨ser de {buen/mal} gusto

† **taste²** /teɪst/ [tasted, tasting] *v* [T, I] **1** ⇨probar: *Can I taste a bit of cheese* - ¿Puedo probar un poco de queso? ■ En la mayoría de los casos se dice *can taste* o *could taste* **2** ⇨saber: *I think the soup tastes too much of garlic* - Creo que la sopa sabe mucho a ajo

tasteful /'teɪst.fˡl/ *adj* ⇨de buen gusto

tasteless /'teɪst.ləs/ *adj* **1** ⇨insípido,da ⇨soso,sa **2** ⇨de mal gusto **3** ⇨feo,a ⇨sin gusto

tasty /'teɪ.sti/ *adj [comp* tastier, *superl* tastiest] ⇨sabroso,sa ⇨rico,ca: *Very tasty!* - ¡Muy rico! ■ PRON. *ta* rima con *day*

tattered UK: /'tæt.əd/ US: /'tæ.əd/ *adj* **1** *(un libro)* ⇨ajado,da **2** *(una prenda de vestir)* ⇨hecho,cha jirones

tatters UK: /'tæt.əz/ US: /'tæ.əz/ n [PL] **1** ⇨harapos **2 in** ~ ⇨hecho,cha jirones

tattoo¹ /tə'tuː, tæt'uː/ n [C] ⇨tatuaje: *to have a tattoo done* - ir a que te hagan un tatuaje

tattoo² /tə'tuː, tæt'uː/ *v* [T] ⇨tatuar

tatty UK: /'tæt.i/ US: /'tæ-/ *UK adj [comp* tattier, *superl* tattiest] *(inform)* ⇨en mal estado ⇨descuidado,da

taught UK: /tɔːt/ US: /tɑːt/ past tense and past participle forms of **teach** ■ PRON. Rima con *fort*

taunt¹ UK: /tɔːnt/ US: /tɑːnt/ *v* [T] ⇨burlarse de alguien [con mala intención]

taunt² UK: /tɔːnt/ US: /tɑːnt/ n [C] ⇨ofensa ⇨insulto

Taurus UK: /'tɔː.rəs/ US: /'tɔːr.əs/ *[pl* Tauruses] n [C, U] *(signo del zodíaco)* ⇨tauro

taut UK: /tɔːt/ US: /tɑːt/ *adj* **1** ⇨tenso,sa **2** *(la piel)* ⇨tirante

tavern UK: /'tæv.ᵊn/ US: /-ən/ *US n* [C] ⇨taberna

† **tax¹** /tæks/ *[pl* taxes] n [C, U] ⇨impuesto: *to pay taxes* - pagar impuestos; *for tax purposes* - a efectos legales

tax² /tæks/ *v* [T] **1** *(un artículo)* ⇨gravar **2** ⇨cobrar impuestos **3** ⇨exigir: *This report will tax me a lot effort* - Este informe me va a exigir mucho esfuerzo

taxable /'tæk.sə.bˡl/ *adj (en economía)* ⇨imponible

taxation /tæk'seɪ.ʃⁿn/ n [U] **1** ⇨recaudación de impuestos **2** ⇨impuestos: *to reduce taxation* - reducir los impuestos

T ▬

tax-free /ˌtæksˈfriː/ *adj* ⇒libre de impuestos

† **taxi**¹ /ˈtæk.si/ *n* [c] ⇒taxi

† **taxi**² /ˈtæk.si/ *v* [I] *(un avión)* ⇒rodar lentamente [por la pista]

taxing /ˈtæk.sɪŋ/ *adj* ⇒agotador,-a ⇒extenuante

† **taxpayer** UK: /ˈtæksˌpeɪ.əʳ/ US: /-ɚ/ *n* [c] **1** ⇒contribuyente **2 the ~** ⇒los contribuyentes

TB /ˌtiːˈbiː/ *n* [U] ⇒forma abreviada de **tuberculosis** (tuberculosis)

† **tea** /tiː/ *n* [c, U] **1** ⇒té: *Would you like some tea?* - ¿Te apetece una taza de té? **2** *UK* ⇒merienda **3** *UK* ⇒meriendacena *col.*

† **teach**, taught, taught /tiːtʃ/ [teaches] *v* [T, I] **1** ⇒enseñar ⇒dar clase **2** ⇒enseñar: *He is going to teach me how to make apple pie* - Va a enseñarme a hacer tarta de manzana ■ CONSTR. to teach sb + to do sth

† **teacher** UK: /ˈtiː.tʃəʳ/ US: /-tʃɚ/ *n* [c] ⇒profesor,-a ⇒maestro,tra

teaching /ˈtiː.tʃɪŋ/ *n* [U] ⇒enseñanza ⇒docencia

teacup /ˈtiː.kʌp/ *n* [c] ⇒taza [para el té]

† **team**¹ /tiːm/ *n* [c] ⇒equipo: *football team* - equipo de fútbol ■ Por ser un nombre colectivo se puede usar con el verbo en singular o en plural

† **team**² /tiːm/

PHRASAL VERBS
· **to team up** ⇒formar equipo

teammate *n* [c] ⇒compañero,ra [de equipo]

teamwork UK: /ˈtiːm.wɜːk/ US: /-wɝːk/ *n* [U] ⇒trabajo en equipo

teapot UK: /ˈtiː.pɒt/ US: /-pɑːt/ *n* [c] ⇒tetera

† **tear**¹, tore, torn UK: /teəʳ/ US: /ter/ ■ *v* [T, I] **1** ⇒rasgar(se) ⇒romper(se) **2** ⇒arrancar ■ *v* [I] **3** ⇒ir a toda velocidad ■ CONSTR. Se usa generalmente seguido de una preposición o un adverbio **4 to be torn** ⇒no poder decidirse

PHRASAL VERBS
· **to tear sb away (from sth)** *I can't tear myself away from this book, it's so good!* - No puedo dejar este libro, ¡es buenísimo!
· **to tear sth down** [M] *(un edificio o una estructura)* ⇒derribar ⇒arrancar
· **to tear sth off** [M] *(la ropa)* ⇒quitar [rápidamente y sin cuidado] ⇒arrancar
· **to tear sth up** [M] ⇒hacer trizas algo

† **tear**² UK: /teəʳ/ US: /ter/ *n* [c] ⇒roto ⇒desgarrón

† **tear**³ UK: /tɪəʳ/ US: /tɪr/ *n* [c] ⇒lágrima

† **tease** /tiːz/ [teased, teasing] *v* [T, I] ⇒tomar el pelo *col.;* ⇒pinchar

teaspoon /ˈtiː.spuːn/ *n* [c] ⇒cucharilla ■ La forma abreviada es *tsp*

teatime /ˈtiː.taɪm/ *UK n* [c] ⇒hora del té

tea towel *UK n* [c] ⇒paño de cocina ⇒repasador *AMÉR.*

† **technical** /ˈtek.nɪ.kəl/ *adj* ⇒técnico,ca: *technical support* - asistencia técnica

technicality UK: /ˌtek.nɪˈkæl.ə.ti/ US: /-nəˈkæl.ə.i/ [*pl* technicalities] *n* [c] **1** ⇒tecnicismo **2** ⇒formalismo

technically /ˈtek.nɪ.kli/ *adv* **1** ⇒estrictamente: *technically speaking* - estrictamente hablando **2** ⇒técnicamente

technician /tekˈnɪʃ.ən/ *n* [c] ⇒técnico,ca ⇒operario,ria

† **technique** /tekˈniːk/ *n* [c, U] ⇒técnica

technological UK: /ˌtek.nəˈlɒdʒ.ɪ.kəl/ US: /-ˈlɑː.dʒɪ-/ *adj* ⇒tecnológico,ca: *technological advances* - avances tecnológicos

technologically UK: /ˈtek.nəˈlɒdʒ.ɪ.kli/ US: /-ˈlɑː.dʒɪ-/ *adv* ⇒tecnológicamente ■ PRON. No se pronuncia la *a* al final

† **technology** UK: /tekˈnɒl.ə.dʒi/ US: /-ˈnɑː.lə-/ [*pl* technologies] *n* [c, U] ⇒tecnología: *cutting edge technology* - tecnología punta

teddy bear *n* [c] ⇒osito de peluche

TEDDY BEAR

tedious /ˈtiː.di.əs/ *adj* ⇒tedioso,sa ⇒pesado,da

teem /tiːm/

PHRASAL VERBS
· **to teem with** ⇒rebosar ⇒abundar

teen *n* [c] *(inform)* ⇒adolescente [entre los 13 y los 19 años]

teenage /ˈtiːn.eɪdʒ/ *adj* ⇒adolescente ⇒de adolescente

† **teenager** UK: /ˈtiːnˌeɪ.dʒəʳ/ US: /-dʒɚ/ *n* [c] ⇒adolescente ⇒joven

teens /tiːnz/ *n* [PL] **1** ⇒adolescencia **2** *to be in one's teens* - ser un adolescente

teeter-totter UK: /ˌtiː.təˈtɒt.əʳ/ US: /-ɚˈtɑː.ɚ/ *US* *(UK/US tb seesaw) n* [c] ⇒subeibaja ⇒balancín

teeth /tiːθ/ *n* [PL] See **tooth**

teethe /tiːð/ [teethed, teething] *v* [I] *(un bebé)* ⇒echar los dientes

† **telecommunications** UK: /ˌtel.ɪ.kəˌmjuː.nɪˈkeɪ.ʃᵊnz/ US: /-ə-/ *n* [PL] ⇒telecomunicaciones: *the*

telecommunications sector - el sector de las telecomunicaciones

telegram /'tel.ɪ.græm/ *(US tb* wire) *n* [C] ⇒telegrama

telegraph UK: /'tel.ɪ.grɑːf/ UK: /-græf/ US: /-ə-/ *n* [U] ⇒telégrafo

telemarketing UK:/'tel.ɪ,mɑː.kɪ.tɪŋ/ US:/-ə,mɑːr.kə.ɪŋ/ *US (UK* telesales) *n* [U] ⇒venta por teléfono

telepathic UK:/,tel.ɪ'pæθ.ɪk/ US:/-ə-/ *adj* ⇒telepático,ca

telepathy /tə'lep.ə.θi/ *n* [U] ⇒telepatía

† **telephone**[1] UK: /'tel.ɪ.fəʊn/ US: /-ə.foʊn/ *n* [C, U] 1 ⇒teléfono 2 to be on the ~ 1 ⇒hablar por teléfono 2 *UK* ⇒tener teléfono [en casa] ■ La forma abreviada es *phone*

telephone[2] UK: /'tel.ɪ.fəʊn/ US: /-ə.foʊn/ [telephoned, telephoning] *v* [T, I] *(form)* ⇒telefonear ⇒llamar por teléfono ⇒llamar ■ Se usa más la forma abreviada *phone*

telesales /'tel.ɪ.seɪlz/ *UK n* [U] See **telemarketing**

† **telescope** UK: /'tel.ɪ.skəʊp/ US: /-ə.skoʊp/ *n* [C] ⇒telescopio

televise UK: /'tel.ɪ.vaɪz/ US: /-ə-/ [televised, televising] *v* [T] ⇒televisar

television UK: /'tel.ɪ.vɪʒ.ⁿn/ US: /,--'--/ US: /-ə-/ ■ *n* [U] 1 *(sistema)* ⇒televisión ■ *n* [C, U] 2 *(aparato)* ⇒televisión ⇒televisor ■ La forma abreviada es *TV*

teleworking UK: /'tel.ɪ,wɜː.kɪŋ/ US: /-ə,wɝː-/ *n* [U] ⇒teletrabajo [en casa]

† **tell**, told, told /tel/ *v* [T, I] 1 ⇒contar ⇒decir ⇒platicar *AMÉR.* ■ CONSTR. 1. to tell sb + (that) 2.to tell sb + to do sth 3. to tell + dos objetos 2 *(una orden)* ⇒decir ■ CONSTR. 1. to tell sb + (that) 2. to tell + to do sth 3. to tell + dos objetos 3 ⇒distinguir 4 ⇒notar ⇒saber ■ CONSTR. to tell + (that) 5 *What will happen in the future? - Who can tell!* - ¿Qué pasará en el futuro? - ¿Quién sabe? 6 **(I) told you so** *(inform)* ⇒ya te lo dije ■ Ver cuadro decir (say / tell)

|PHRASAL VERBS
| · **to tell sb off** [M] ⇒reñir a alguien ⇒regañar a alguien
| · **to tell on sb** ⇒delatar a alguien ⇒afectar a
└ alguien negativamente

teller UK: /'tel.ə'/ US: /-ə/ *n* [C] 1 ⇒narrador,-a *US (en un banco)* ⇒cajero,ra 3 ⇒escrutador,-a [de votos]

telling /'tel.ɪŋ/ *adj* 1 ⇒revelador,-a ⇒significativo,va 2 *(un argumento, una crítica)* ⇒convincente ⇒contundente

telly /'tel.i/ *[pl* tellies] *UK n* [C, U] *(inform)* ⇒tele *col.*

temp[1] /temp/ *n* [C] ⇒empleado,da eventual

temp[2] /temp/ *v* [I] ⇒realizar trabajos eventuales

† **temper** UK: /'tem.pə'/ US: /-pə/ *n* [C] 1 ⇒humor: *to be in good temper* - estar de buen humor 2 **to have a {quick/short} ~** ⇒tener mucho genio

temperament UK: /'tem.pᵊr.ə.mənt/ UK: /-prə.mənt/ US: /-pə.ə-/ ■ *n* [C, U] 1 ⇒temperamento ■ *n* [U] 2 ⇒mal genio

temperamental UK: /,tem.pᵊr.ə'men.tᵊl/ UK: /-prə-/ US: /-pə.ə'men.[ə]l/ *adj* 1 ⇒temperamental ⇒caprichoso,sa 2 *This machine is a bit temperamental* - Esta máquina no funciona muy bien

temperate UK: /'tem.pᵊr.ət/ UK: /-prət/ US: /-pə.ət/ *adj* 1 *(un clima)* ⇒templado,da 2 *(un comportamiento)* ⇒comedido,da

† **temperature** UK: /'tem.prə.tʃə'/ US: /-pə.ə.tʃə/ ■ *n* [C, U] 1 ⇒temperatura ■ *n* [U] 2 ⇒fiebre: *to take sb's temperature* - tomarle la temperatura a alguien 3 **to {have/run} a ~** *(tb* to have a fever) ⇒tener fiebre

template /'tem.pleɪt/ *n* [C] ⇒plantilla ⇒modelo

† **temple** /'tem.pl/ *n* [C] 1 ⇒templo 2 ⇒sien

tempo UK: /'tem.pəʊ/ US: /-poʊ/ *[pl* tempi, tempos] ■ *n* [C] 1 *(form)* ⇒ritmo ■ *n* [C, U] 2 *(en música)* ⇒tempo

† **temporary** UK: /'tem.pᵊr.ᵊr.i/ UK: /-prᵊr-/ US: /-pə.rer.i/ *adj* ⇒temporal ⇒provisional

† **tempt** /tempt/ *v* [T] ⇒tentar: *Don't tempt me* - No me tientes ■ CONSTR. to tempt + to do sth

temptation /temp'teɪ.ʃⁿn/ *n* [C, U] ⇒tentación: *to resist temptation* - resistir a la tentación

tempting /'temp.tɪŋ/ *adj* ⇒tentador,-a

† **ten** /ten/ ⇒diez: *There are ten of them* - Son diez; *She is ten years old* - Tiene diez años

tenacious /tə'neɪ.ʃəs/ *adj* ⇒tenaz

tenancy /'ten.ᵊnt.si/ *[pl* tenancies] *n* [C] ⇒arrendamiento

† **tenant** /'ten.ənt/ *adj* ⇒inquilino,na ⇒arrendatario,ria

tend /tend/ *v* [I] 1 ⇒tender: *He tends to follow the avant-garde trends* - Tiende a seguir las tendencias vanguardistas ■ CONSTR. to tend + to do sth 2 ⇒soler: *I tend to agree with you* - Suelo estar de acuerdo contigo 3 ⇒cuidar ⇒ocuparse

† **tendency** /'ten.dənt.si/ *[pl* tendencies] *n* [C] ⇒tendencia

tender UK: /'ten.də'/ US: /-də/ *adj* 1 *(un alimento)* ⇒tierno,na 2 *(una persona)* ⇒cariñoso,sa ⇒tierno,na ⇒querendón,-a *AMÉR. col.* 3 ⇒dolorido,da ⇒dañado,da

tenderly UK: /'ten.dᵊl.i/ US: /-də.li/ *adv* ⇒tiernamente ⇒con ternura

tendon /'ten.dən/ *n* [C] ⇒tendón: *Achilles tendon* - tendón de Aquiles

tenement /'ten.ə.mənt/ *n* [C] 1 ⇒bloque de apartamentos 2 ⇒apartamento

T ▬

tenner UK: /'ten.ər/ US: /-ə/ UK n [C] (inform)
⇨(billete de) diez libras

† **tennis** /'ten.ɪs/ n [U] ⇨tenis

tenor UK: /'ten.ər/ US: /-ə/ ▪ n [C] 1 (en música)
⇨tenor ▪ n [U] 2 (form) (de un texto) ⇨tenor
⇨sentido general

tense[1] /tents/ adj 1 ⇨tenso,sa: You're always
tense before doing an exam - Siempre estás ten-
so antes de hacer un examen 2 ⇨tenso,sa: a
tense muscle - un músculo tenso

tense[2] /tents/ n [C] (en gramática) ⇨tiempo ver-
bal ▪ Ver cuadro verb tenses

† **tension** /'tent.ʃ°n/ n [U] ⇨tensión

† **tent** /tent/ n [C] ⇨tienda de campaña ⇨carpa
AMÉR.

tentacle UK: /'ten.tə.kl/ US: /-ə-/ n [C] ⇨tentáculo

tentative UK: /'ten.tə.tɪv/ US: /-ə.ɪv/ adj 1 ⇨provi-
sional 2 ⇨cauteloso,sa 3 ⇨indeciso,sa

tenth[1] /tentθ/ 1 ⇨décimo,ma 2 (para las fechas)
⇨diez 3 It is her tenth birthday today - Hoy
cumple diez años ▪ Se puede escribir también
10th

tenth[2] /tentθ/ n [C] ⇨décimo ⇨décima parte

tenuous /'ten.ju.əs/ adj ⇨tenue

tenure /'ten.jər/ n [U] 1 (form) (de un terreno o
edificio) ⇨tenencia 2 (de un empleo) ⇨ocupación
3 (en una universidad) ⇨titularidad

tepid /'tep.ɪd/ adj 1 (un líquido) ⇨tibio,bia
⇨templado,da 2 (una recepción) ⇨tibio,bia
⇨poco entusiasta

term[1] UK: /tɜːm/ US: /tɜːm/ n [C] 1 ⇨trimestre 2
(de tiempo) ⇨período 3 (una palabra) ⇨término
4 (en economía) ⇨plazo 5 **in the long ~** ⇨a largo
plazo 6 **in the short ~** ⇨en un futuro inmediato
⇨a corto plazo

term[2] UK: /tɜːm/ US: /tɜːm/ v [T] (form) ⇨calificar:
He termed it an insult - Lo calificó de insulto

terminal[1] UK: /'tɜː.mɪ.nəl/ US: /'tɜː-/ adj ⇨ter-
minal

terminal[2] UK: /'tɜː.mɪ.nəl/ US: /'tɜː-/ n [C] 1 (en un
aeropuerto) ⇨terminal 2 (de tren o autobús)
⇨terminal ⇨estación 3 (en informática) ⇨ter-
minal

terminate UK: /'tɜː.mɪ.neɪt/ US: /'tɜː-/ [terminat-
ed, terminating] v [T, I] 1 (form) (un contrato)
⇨rescindir 2 ⇨terminar(se) ⇨poner fin 3 ⇨fina-
lizar el recorrido: The train terminates at the
next stop - El tren finaliza su recorrido en la
próxima parada

terminology UK: /ˌtɜː.mɪ'nɒl.ə.dʒi/ US: /ˌtɜː.mɪ'nɑː.lə-/
[pl terminologies] n [C, U] ⇨terminología

terminus UK: /'tɜː.mɪ.nəs/ US: /'tɜː-/ [pl termini] n
[C] (de un transporte público) ⇨final de trayecto
⇨final de recorrido

† **terms** UK: /tɜːmz/ US: /tɜːmz/ n [PL] 1 ⇨condicio-
nes ⇨términos 2 ⇨relaciones 3 **to be on {good/
bad} ~** ⇨llevarse {bien/mal} 4 **to come to ~ with**
sth ⇨aceptar algo ⇨conformarse con algo

terrace /'ter.əs/ n [C] 1 ⇨hilera [de chalés ado-
sados] 2 (en un estadio) ⇨grada 3 ⇨terraza
⇨bancal

terraced house UK n [C] ⇨chalé adosado

terrain /tə'reɪn/ n [U] (form) ⇨terreno

terrestrial /tə'res.tri.əl/ adj (form) ⇨terrestre

† **terrible** /'ter.ə.bl/ adj ⇨fatal ⇨terrible

terribly /'ter.ə.bli/ adv 1 ⇨terriblemente 2 ⇨mu-
chísimo: I am terribly sorry - Lo siento mu-
chísimo

† **terrific** /tə'rɪf.ɪk/ adj 1 ⇨magnífico,ca ⇨estupen-
do,da 2 ⇨enorme ⇨gran ▪ Distinto de terrifying
(terrorífico,ca)

† **terrified** /'ter.ə.faɪd/ adj ⇨aterrorizado,da

† **terrify** /'ter.ə.faɪ/ [terrifies, terrified] v [T] ⇨ate-
rrorizar ⇨aterrar

territorial adj ⇨territorial

† **territory** UK: /'ter.ɪ.tʰr.i/ UK: /-tri/ US: /-tɔːr.i/ [pl
territories] n [C, U] ⇨territorio

† **terror** UK: /'ter.ər/ US: /-ə/ n [U] ⇨terror

† **terrorism** UK: /'ter.ə.rɪ.zᵊm/ US: /-ə.ɪ-/ n [U] ⇨te-
rrorismo

terrorist UK: /'ter.ə.rɪst/ US: /-ə.ɪst/ adj, n [C] ⇨terro-
rista: a terrorist attack - un atentado terrorista

terrorize /'ter.ə.raɪz/ [terrorized, terrorizing] v
[T] ⇨aterrorizar

terse UK: /tɜːs/ US: /tɜːs/ adj 1 ⇨lacónico,ca 2
⇨escueto,ta

† **test**[1] /test/ n [C] 1 ⇨prueba ⇨examen 2 ⇨análisis

† **test**[2] /test/ v [T] 1 ⇨probar 2 ⇨examinar: The
teacher tested us on geography today - La profe-
sora nos ha examinado de geografía hoy 3 **to ~**
sth (for sth) ⇨someter algo a una prueba 4 **to ~**
sb (for sth) ⇨hacer una prueba a alguien

testament /'tes.tə.mənt/ n [C, U] 1 (form) ⇨testi-
monio 2 ⇨testamento

testicle /'tes.tɪ.kl/ n [C] ⇨testículo

† **testify** /'tes.tɪ.faɪ/ [testifies, testified] v [T, I] ⇨tes-
tificar ⇨declarar ▪ CONSTR. to testify + that

testimony UK: /'tes.tɪ.mᵊn.i/ US: /-mou.ni/ [pl tes-
timonies] n [C, U] ⇨testimonio

test tube n [C] ⇨tubo de ensayo

tether[1] UK: /'teð.ər/ US: /-ə/ v [T] ⇨atar [con una
cuerda] ⇨atar [con una correa]

tether[2] UK: /'teð.ər/ US: /-ə/ n [C] ⇨cuerda ⇨correa

† **text**[1] /tekst/ n [C] ⇨texto

text[2] /tekst/ v [T, I] ⇨enviar un mensaje [con el
móvil]

textbook /'tekst.bʊk/ n [C] ⇨libro de texto

† **textile** /'tek.staɪl/ n [C] ⇨textil

†**text message** n [c] *(en un teléfono móvil)* ⇒mensaje de texto

textual UK: /'teks.tju.əl/ US: /-tʃu-/ adj ⇒textual

†**texture** UK: /'teks.tʃəʳ/ US: /-tʃɚ/ n [c, u] ⇒textura

†**than** /ðæn, ðən/ conj, prep **1** ⇒que: *He could have helped me more than he did* - Podría haberme ayudado más de lo que hizo **2** ⇒que: *My house is smaller than yours* - Mi casa es más pequeña que la tuya **3** ⇒de: *He walked more than ten kilometres* - Caminó más de diez kilómetros ■ Se dice *taller than me*. Incorrecto: *taller that me*

†**thank** /θæŋk/ v [t] ⇒dar las gracias ⇒agradecer ■ CONSTR. to thank sb for doing sth/for sth

thankful /'θæŋk.fʰl/ adj ⇒agradecido,da

thankfully /'θæŋk.fʰl.i/ adv **1** ⇒afortunadamente **2** *She answered thankfully* - Respondió agradecida

thanks[1] /θæŋks/ excl *(inform)* ⇒gracias: *Thanks for all your help* - Gracias por toda tu ayuda

thanks[2] /θæŋks/ n [PL] ⇒agradecimiento

thanksgiving /ˌθæŋks'gɪv.ɪŋ/ n [u] *(en religión)* ⇒acción de gracias

†**thank you** excl ⇒gracias

†**that**[1] /ðæt, ðət/ [pl those] adj ⇒ese, esa ⇒aquel, aquella ■ Ver cuadro demonstratives

†**that**[2] /ðæt, ðət/ pron ⇒que: *The pen that is red is mine* - El bolígrafo que es rojo es el mío.

that[3] /ðæt, ðət/ conj ⇒que: *He said that he was sorry* - Dijo que lo sentía; *We were worried that he might be feeling lonely* - Nos preocupaba que se sintiera solo ■ Se dice *older than me*. Incorrecto: *older that me*

†**that**[4] /ðæt/ adv ⇒tan: *It's not that funny* - No es tan gracioso

thatched /θætʃt/ adj ⇒con tejado de paja

thaw[1] UK: /θɔː/ US: /θɑː/ v [t, i] ⇒deshelar(se) ⇒derretir(se) ⇒descongelar(se)

thaw[2] UK: /θɔː/ US: /θɑː/ n [c, NO PL] ⇒deshielo

the /ðiː, ðə/ art **1** ⇒el, la ⇒lo **2** ⇒los, las **3** ⇒el, la **4** *(para las fechas)* ⇒el, la ■ No se usa *the* con las partes del cuerpo: *My leg hurts* - Me duele la pierna ■ Ver cuadro en página siguiente

theatre UK: /'θɪə.təʳ/ UK: /θi'et.əʳ/ US: /'θiː.ə.ə/ UK n [c] ⇒teatro: *to go to the theatre* - ir al teatro

theatrical /θi'æt.rɪ.kʰl/ adj **1** ⇒teatral **2** ⇒de teatro

theft /θeft/ n [c, u] ⇒robo

†**their** UK: /ðeəʳ/ US: /ðer/ adj ⇒su: *Where is their mother?* - ¿Dónde está su madre?; *Those are their books* - Esos son sus libros ■ Ver cuadro possessive adjectives and pronouns

theirs UK: /ðeəz/ US: /ðerz/ pron **1** ⇒suyo,ya: *Those photographs are theirs* - Esas fotos son suyas **2** ⇒el suyo, la suya ⇒de ellos, de ellas ■ Ver cuadro possessive adjectives and pronouns

†**them** /ðem, ðəm/ pron **1** *(persona o cosa)* ⇒los, las **2** *(persona)* ⇒les **3** *(persona, sin especificar masculino o femenino)*: *If there is sb at the door, let them in* - Si hay alguien en la puerta, hazlo pasar **4** *(después del verbo «to be»)* ⇒ellos, ellas ■ Ver cuadro personal pronouns

†**theme** /θiːm/ n [c] ⇒tema

theme park n [c] ⇒parque temático

†**themselves** /ðəm'selvz/ pron **1** ⇒se: *They hurt themselves when playing rugby* - Se hicieron daño jugando al rugby **2** ⇒ellos mismos, ellas mismas: *They did it themselves* - Lo hicieron ellas mismas **3 (all) by ~ 1** *(sin compañía)* ⇒solos,las **2** *(sin ayuda)* ⇒ellos solos, ellas solas ■ Ver cuadro reflexive pronouns

†**then** /ðen/ adv **1** ⇒entonces ⇒en aquel momento **2** ⇒luego ⇒después **3** ⇒entonces ⇒en ese caso **4 and ~** ⇒y además

theology UK: /θi'ɒl.ə.dʒi/ US: /-'ɑː.lə-/ [pl theologies] n [c, u] ⇒teología

theoretical UK: /θɪə'ret.ɪ.kʰl/ US: /ˌθiː.ə're-/ adj ⇒teórico,ca

†**theory** UK: /'θɪə.ri/ US: /'θɪr.i/ [pl theories] n [c, u] **1** ⇒teoría **2 in ~** ⇒en teoría

therapeutic UK: /ˌθer.ə'pjuː.tɪk/ US: /-ɪk/ adj ⇒terapéutico,ca: *a therapeutic massage* - un masaje terapéutico

therapist /'θer.ə.pɪst/ n [c] **1** ⇒terapeuta **2** *speech therapist* - logopeda

†**therapy** /'θer.ə.pi/ [pl therapies] n [c, u] ⇒terapia

there[1] UK: /ðeəʳ/ US: /ðer/ pron *(con el verbo «to be»)* ⇒hay ■ Se puede usar también con verbos modales, con *to seem* o con *to appear*: *There seems to be a problem* - Parece que hay un problema ■ Ver cuadro haber (there is / there are)

†**there**[2] UK: /ðeəʳ/ US: /ðer/ adv **1** ⇒allí ⇒ahí **2 ~ and then** ⇒en el acto ⇒allí mismo

thereafter UK: /ˌðeə'rɑːf.təʳ/ US: /ˌðer'æf.tə/ adv *(form)* ⇒desde entonces ⇒de allí en adelante

thereby UK: /ˌðeə'baɪ/ US: /ˌðer-/ adv **1** *(form)* ⇒de este modo **2** *(form)* ⇒por eso

†**therefore** UK: /'ðeə.fɔːʳ/ US: /'ðer.fɔːr/ adv ⇒por lo tanto

thermal UK: /'θɜː.məl/ US: /'θɝ-/ adj **1** ⇒térmico,ca **2** ⇒termal

thermometer UK: /θə'mɒm.ɪ.təʳ/ US: /θɚ'mɑː.mə.ə/ n [c] ⇒termómetro

Thermos® (flask) [pl Thermoses (flask)] *(UK tb* **flask)** n [c] ⇒termo®

thermostat UK: /'θɜː.mə.stæt/ US: /'θɝ-/ n [c] ⇒termostato

these /ðiːz/ adj, pron See **this** ■ Ver cuadro demonstratives

T ▬

a / an / the

• A/AN

Los **artículos indefinidos** se usan:

– Para referirse a una persona o a un objeto indeterminados:

· *There's a cat on that roof.*
(Hay un gato en ese tejado.)

· *Have you ever piloted an aeroplane?*
(¿Has pilotado alguna vez un avión?)

– Con los nombres de profesiones y oficios:

· *My mother is a doctor.*
(Mi madre es médico.)

· *I'd love to be an actor.*
(Me encantaría ser actor.)

–En exclamaciones con "what":

· *What a lovely dress!*
(¡Qué vestido tan bonito!)

· *What an old film!*
(¡Qué película tan antigua!)

Los artículos indefinidos no tienen forma para el plural:

· *There are cats on that roof.*
(Hay gatos en ese tejado.)

· *My parents are doctors.*
(Mis padres son médicos.)

• THE

El **artículo definido** se usa:

– Para hablar de una persona o de un objeto determinado:

· *The cat on that roof lives in our garden.*
(El gato que está en ese tejado vive en nuestro jardín.)

· *I get on well with all the girls in my class.*
(Me llevo bien con todas las chicas de mi clase.)

– Con los nombres de instrumentos musicales:

· *My brother plays the piano.*
(Mi hermano toca el piano.)

· *I like the sound of the kettledrums.*
(Me gusta el sonido de los timbales.)

– Con nombres que se refieren a algo único:

· *The earth is one of the planets of our solar system.*
(La Tierra es uno de los planetas del sistema solar.)

· *This is the tallest building in the city.*
(Este es el edificio más alto de la ciudad.)

– Con países cuyos nombres están compuestos de más de un elemento:

· *the United States* · *the United Kingdom*
(los Estados Unidos) (el Reino Unido)

· *the Republic of Ireland*
(la República de Irlanda)

– Con los nombres de ríos, mares y regiones:

· *the Mississipi* · *the Atlantic Ocean*
(el Misisipi) (el Océano Atlántico)

· *the South Pole*
(el Polo Sur)

• No se usa artículo:

– Cuando se habla de algo de manera general:

· *I don't often watch TV.*
(No veo la tele a menudo.)

· *I like classical music.*
(Me gusta la música clásica.)

· *Coffee is a stimulant.*
(El café es un estimulante.)

Atención: con "radio" sí se usa el artículo definido **the**.

– Con las comidas habituales:

· *I always have <u>lunch</u> at two o'clock.*
(Siempre como a las dos.)

· *At what time do you have <u>dinner</u>?*
(¿A qué hora cenas?)

– Con los nombres de deportes:

· *She likes playing <u>football</u>.*
(Le gusta jugar al fútbol.)

· *I play <u>chess</u> with my father.*
(Juego al ajedrez con mi padre.)

– Con algunos lugares ("college", "church", "prison", "school", "temple", "university", "work"):

· *I have to study after <u>school</u>.*
(Tengo que estudiar después del colegio.)

· *Tom is at <u>work</u>.*
(Tom está en el trabajo.)

Atención: cuando se habla del lugar con un propósito diferente a aquel para el que está destinado, se usa el artículo definido:

· *She goes to church every Sunday.*
(Va a la iglesia todos los domingos.)

Pero:

· *I visited the church to see the stained glass windows.*
(Visité la iglesia para ver las vidrieras.)

T

† **thesis** /ˈθiː.sɪs/ [pl theses] n [c] **1** ⇒tesis: *She finished her thesis last year* - Acabó su tesis el año pasado **2** *(forma)* ⇒teoría ⇒hipótesis ⇒tesis

† **they** /ðeɪ/ pron **1** ⇒ellos, ellas: *They are the ones who did it* - Fueron ellos los que lo hicieron **2** *(persona, sin especificar masculino o femenino): If there is a doctor on board, would they please come forward?* - Si hay un médico a bordo, que se acerque, por favor ■ Las frases en inglés siempre llevan sujeto, menos los imperativos ■ Ver cuadro personal pronouns

† **they'd** /ðeɪd/ **1** *(they had)* See **have 2** *(they would)* See **would**

† **they'll** /ðeɪl/ *(they will)* See **will**

† **they're** UK: /ðeə'/ US: /ðeɪ/ *(they are)* See **be**

† **they've** /ðeɪv/ *(they have)* See **have**

† **thick** /θɪk/ adj **1** ⇒denso,sa ⇒espeso,sa **2** ⇒grueso,sa ⇒gordo,da **3** *(forma de hablar)* ⇒marcado,da **4** to be ~ with *sth* ⇒estar cargado,da de algo

thicken /ˈθɪk.ᵊn/ v [T, I] **1** *(un líquido)* ⇒espesar(se) **2** *(oscuridad)* ⇒aumentar

thickly /ˈθɪk.li/ adv ⇒de forma gruesa: *Cut the potatoes thickly* - Corta las patatas de forma gruesa

thickness /ˈθɪk.nəs/ n [U] ⇒espesor ⇒grosor

† **thief** /θiːf/ [pl thieves] n [c] ⇒ladrón,-a [de guante blanco]

thieves n [PL] See **thief**

† **thigh** /θaɪ/ n [c] *(en anatomía)* ⇒muslo ■ Rima con high

thimble /ˈθɪm.bļ/ n [c] ⇒dedal

† **thin** /θɪn/ adj [comp thinner, superl thinnest] **1** ⇒delgado,da **2** ⇒fino,na **3** ⇒aguado,da ⇒claro,ra **4** out of ~ air ⇒de la nada

† **thing** /θɪŋ/ n [c] **1** ⇒cosa: *Don't say such things* - No digas esas cosas **2** for one ~ ⇒para empezar **3** the ~ is *(inform)* ⇒el caso es: *I want to go with you, but the thing is I've got homework to do* - Me gustaría acompañarte, pero el caso es que tengo deberes **4** to be a good ~ *(inform)* ⇒menos mal (que) ⇒ser una suerte

thingy /ˈθɪŋ.i/ n [NO PL] *(inform)* ⇒fulano,na

† **think, thought, thought** /θɪŋk/ ■ v [I] **1** ⇒pensar ■ v [T, I] **2** ⇒creer ⇒pensar ■ CONSTR. 1. to think + (that) 2. to think about/of sth 3. to think about/of + doing sth **3** I ~ so ⇒eso creo **4** not to ~ much of *sth/sb* ⇒no tener buena opinión de **5** to ~ about *sb* ⇒pensar en alguien

| PHRASAL VERBS
· **to think back** ⇒recordar
· **to think of** *sth/sb* **1** ⇒pensar en **2** ⇒parecer
· **to think** *sth* **out** [M] ⇒elaborar ⇒planear
· **to think** *sth* **over** [M] ⇒reflexionar sobre algo
· **to think** *sth* **through** [M] ⇒reflexionar ⇒pensar detenidamente
└ · **to think** *sth* **up** [M] ⇒inventar algo

thinker UK: /ˈθɪŋ.kə'/ US: /-kə/ n [c] ⇒pensador,-a

thinking /ˈθɪŋ.kɪŋ/ n [U] **1** ⇒forma de pensar ⇒pensamiento ⇒ideas **2** ⇒reflexión

thinly /ˈθɪn.li/ adv **1** ⇒poco,ca ⇒ligeramente ⇒escasamente **2** *thinly cut* - en rodajas finas

third¹ UK: /θɜːd/ US: /θɝːd/ **1** ⇒tercero,ra ⇒tercer **2** *(para las fechas)* ⇒tres **3** *It is his third birthday today* - Hoy cumple tres años

third² UK: /θɜːd/ US: /θɝːd/ ■ n [c] **1** ⇒tercio ⇒tercera parte ■ n [U] **2** *(en un vehículo)* ⇒tercera marcha

thirdly UK: /ˈθɜːd.li/ US: /ˈθɝːd-/ adv ⇒en tercer lugar

third party [pl third parties] n [c] ⇒tercera persona ⇒tercero,ra

Third World the ~ ⇒el Tercer Mundo

thirst¹ UK: /θɜːst/ US: /θɝːst/ n [U, NO PL] ⇒sed

† **thirst²** UK: /θɜːst/ US: /θɝːst/

| PHRASAL VERBS
· **to thirst {after/for}** *sth* *(lit)* ⇒estar sediento,ta
└ de algo

thirsty UK: /ˈθɜː.sti/ US: /ˈθɝː-/ adj [comp thirstier, superl thirstiest] **1** ⇒sediento,ta **2** to be ~ ⇒tener sed

† **thirteen** UK: /θɜːˈtiːn/ US: /θɝː-/ ⇒trece

thirteenth UK: /θɜːˈtiːnθ/ US: /θɝː-/ **1** ⇒decimotercero,ra **2** *(para las fechas)* ⇒trece ■ Se puede escribir también *13th*

thirtieth UK: /ˈθɜː.ti.əθ/ US: /ˈθɝː.ˤti-/ **1** ⇒trigésimo,ma **2** *(para las fechas)* ⇒treinta ■ Se puede escribir también *30th*

† **thirty** UK: /ˈθɜː.ti/ US: /ˈθɝː.ˤti/ ⇒treinta

† **this¹** /ðɪs/ [pl these] adj ⇒este,ta: *This book is mine* - Este libro es mío; *He is coming this week* - Va a venir esta semana ■ Ver cuadro en página siguiente

this² /ðɪs/ [pl these] pron ⇒este,ta ⇒esto ■ Ver cuadro demonstratives

thistle /ˈθɪs.ļ/ n [c] *(planta)* ⇒cardo

thorn UK: /θɔːn/ US: /θɔːrn/ n [c] ⇒espina

thorny UK: /ˈθɔː.ni/ US: /ˈθɔːr-/ adj [comp thornier, superl thorniest] **1** *(un objeto, un arbusto)* ⇒espinoso,sa ⇒con espinas **2** *(un asunto)* ⇒espinoso,sa ⇒peliagudo,da

† **thorough** UK: /ˈθʌr.ə/ US: /ˈθɝː-/ adj **1** ⇒a fondo ⇒meticuloso,sa **2** ⇒total

thoroughly /ˈθʌr.ə.li/ adv ⇒rigurosamente ⇒a conciencia ⇒a fondo

† **those** UK: /ðəʊz/ US: /ðoʊz/ pron See **that** ■ Ver cuadro demonstratives

† **though¹** UK: /ðəʊ/ US: /ðoʊ/ conj **1** ⇒aunque: *Though he is rich, he isn't selfish* - Aunque es rico, no es egoísta **2** ⇒pero

† **though²** UK: /ðəʊ/ US: /ðoʊ/ adv **1** ⇒sin embargo **2** even ~ ⇒aunque

thought¹ UK: /θɔːt/ US: /θɑːt/ past tense and past participle forms of **think**

thought² UK: /θɔːt/ US: /θɑːt/ ■ *n* [C, U] **1** ⇔pensamiento ⇔reflexión ⇔idea **2** ⇔intención: *He has no thought of quitting now* - No tiene intención de abandonar ahora ■ *n* [NO PL] **3** ⇔consideración: *He behaves without a thought for others* - No muestra consideración por los demás

thoughtful UK: /'θɔːt.fʰl/ US: /'θɑːt-/ *adj* **1** ⇔pensativo,va **2** *(una persona)* ⇔cabal **3** *(una conducta)* ⇔meditado,da **4** ⇔considerado,da ⇔amable

thoughtfulness UK: /'θɔːt.fʰl.nəs/ US: /'θɑːt-/ *n* [U] ⇔amabilidad ⇔consideración

thoughtless UK: /'θɔːt.ləs/ US: /'θɑːt-/ *adj* **1** ⇔inconsciente **2** ⇔desconsiderado,da

thousand /'θaʊ.zʰnd/ ⇔mil: *a thousand and one* - mil y uno

thousandth¹ /'θaʊ.zʰndθ/ ⇔milésimo,ma

thousandth² /'θaʊ.zʰndθ/ *n* [C] ⇔milésimo ⇔milésima parte

thrash /θræʃ/ [thrashes] *v* [T] **1** ⇔azotar **2** *(inform)* *(en una competición)* ⇔dar una paliza *col.*

thrashing *n* [C] **1** ⇔paliza **2** *(en una competición)* ⇔paliza *col.*

demonstratives

This, that, these, those son adjetivos o pronombres demostrativos. Pueden acompañar a un nombre o aparecer solos:

- **This** se traduce como 'este, esta, esto'. Su plural es **these** ('estos, estas'):
 · *This book is very good.*
 (Este libro es muy bueno.)
 · *Are these your books?*
 (¿Son tuyos estos libros?)

- **That** se traduce como 'ese, esa, eso' o 'aquel, aquella, aquello'. Su plural es **those** ('esos, esas'; 'aquellos, aquellas'):
 · *That is a swallow.*
 (Eso es una golondrina.)
 · *Those birds are swallows.*
 (Aquellos pájaros son golondrinas.)

singular	plural
this	these
that	those

thread¹ /θred/ *n* [C, U] **1** ⇔hilo **2 to lose the ~** ⇔perder el hilo

thread² /θred/ *v* [T] **1** ⇔enhebrar **2** ⇔ensartar: *to thread beads onto a necklace* - ensartar cuentas para hacer un collar **3 to ~ one's way {through/between}** ⇔abrirse paso {a través de/ entre}

threat /θret/ *n* [C] ⇔amenaza

threaten /'θret.ʰn/ *v* [T] ⇔amenazar: *He threatened to call the police* - Amenazó con llamar a la policía ■ CONSTR. to threaten + to do sth

three /θriː/ ⇔tres: *There are three of them* - Son tres; *She is three years old* - Tiene tres años

three-dimensional /ˌθriː.daɪˈment.ʃʰn.ʰl/ *(tb* **3-D)** *adj* ⇔en tres dimensiones ⇔tridimensional

threshold UK: /'θreʃ.həʊld/ US: /-hoʊld/ *n* [C] ⇔umbral

threw /θruː/ past tense of **throw**

thrill¹ /θrɪl/ *n* [C] ⇔emoción ⇔estremecimiento

thrill² /θrɪl/ *v* [T] ⇔emocionar(se) ⇔entusiasmar(se)

thrilled /θrɪld/ *adj* ⇔entusiasmado,da ⇔emocionado,da

thriller UK: /'θrɪl.ər/ US: /-ɚ/ *n* [C] **1** ⇔novela de suspense **2** ⇔película de suspense

thrilling /'θrɪl.ɪŋ/ *adj* ⇔emocionante

thrive, throve, thriven *(tb* **thrived, thrived)** /θraɪv/ [thriving] *v* [I] **1** ⇔crecer ⇔prosperar **2** ⇔crecerse: *She thrives on adversity* - Se crece con la adversidad ■ CONSTR. to thrive on sth

thriven past participle of **thrive**

throat UK: /θrəʊt/ US: /θroʊt/ *n* [C] **1** ⇔cuello **2** ⇔garganta: *to have a sore throat* - tener dolor de garganta

throb UK: /θrɒb/ US: /θrɑːb/ [throbbed, throbbing] *v* [I] ⇔vibrar ⇔palpitar

thrombosis UK: /θrɒmˈbəʊ.sɪs/ US: /θrɑːmˈboʊ-/ [*pl* thromboses] *n* [C] *(en medicina)* ⇔trombosis

throne UK: /θrəʊn/ US: /θroʊn/ *n* [C] ⇔trono

through /θruː/ *prep* **1** *(US tb* **thru)** ⇔a través de ■ Se usa frecuentemente con verbos de movimiento. Al traducirlo en español su significado suele estar implícito en el verbo: *It has to go through a tunnel* - Tiene que atravesar un túnel ■ Ver cuadro across / through **2** ⇔de principio a fin ⇔todo,da **3** ⇔por medio de ⇔a través de **4** *US* *(UK* **to)** *(horario)* ⇔hasta

throughout /θruːˈaʊt/ *adv, prep* **1** ⇔por todas partes ⇔por todo,da **2** ⇔durante todo,da: *They talked throughout the film* - Hablaron durante toda la película

throve past tense of **thrive**

throw¹, threw, thrown UK: /θrəʊ/ US: /θroʊ/ *v* [T] **1** ⇔tirar ⇔lanzar ⇔botar *AMÉR.* **2** ⇔desconcertar **3** *(una figura o una sombra)* ⇔proyectar

T

PHRASAL VERBS

· **to throw** *sth* **away** [M] 1 ⇨tirar algo 2 ⇨desaprovechar algo

· **to throw** *sth* **out** [M] 1 ⇨tirar algo 2 ⇨rechazar algo

· **to throw** *sb* **out** [M] ⇨echar a alguien ⇨correr a alguien *AMÉR.*

└ **to throw (***sth***) up** [M] *(inform)* ⇨vomitar

throw² UK: /θrəʊ/ US: /θroʊ/ *n* [c] ⇨tiro ⇨lanzamiento

thrown past participle of **throw**

thru /θruː/ *US prep* See **through**

thrust, thrust, thrust /θrʌst/ *v* [T, I] 1 ⇨meter [con fuerza] ⇨introducir 2 ⇨empujar 3 ⇨abrirse paso

PHRASAL VERBS

· **to thrust** *sth* **{on/onto}** *sb* ⇨imponer algo a alguien

thud /θʌd/ *n* [c] ⇨ruido sordo

thug /θʌg/ *n* [c] ⇨gamberro,rra ⇨matón *col.*

thumb¹ /θʌm/ *n* [c] 1 *(en la mano)* ⇨pulgar 2 **thumbs down** *(inform)* ⇨desaprobación 3 **thumbs up** *(inform)* ⇨aprobación 4 **to be all (fingers and) thumbs** *(inform)* ⇨ser un manazas *col.* 5 **to be under** *sb's* **~** ⇨estar bajo el dominio de alguien ■ PRON. La *b* no se pronuncia

†**thumb²** /θʌm/ **to ~ a lift** ⇨hacer autoestop ■ PRON. La *b* no se pronuncia

PHRASAL VERBS

└ **to thumb through** *sth* ⇨ojear algo

thumbtack /'θʌm.tæk/ *US* (*UK* **drawing pin**) *n* [c] ⇨chincheta ⇨tachuela ⇨chinche *AMÉR.*

thump /θʌmp/ *v* [T] 1 ⇨dar un puñetazo ⇨golpear *v* [I] 2 ⇨latir [con fuerza]

thunder¹ UK: /'θʌn.dəʳ/ US: /-dɚ/ *n* [U] ⇨trueno: *a clap of thunder* - un trueno

thunder² UK: /'θʌn.dəʳ/ US: /-dɚ/ *v* [I] 1 ⇨tronar 2 ⇨retumbar

thunderstorm UK: /'θʌn.də.stɔːm/ US: /-dɚ.stɔːrm/ *n* [c] ⇨tormenta

†**Thursday** UK: /'θɜːz.deɪ/ US: /'θɜːz-/ *n* [c, U] ⇨jueves: *See you on Thursday* - Te veo el jueves; *The meeting is next Thursday* - La reunión es el jueves que viene ■ La forma abreviada es *Thur*

†**thus** /ðʌs/ *adv* 1 *(form)* ⇨así: *It is done thus* - Esto se hace así 2 *(form)* ⇨así que ⇨por lo tanto

thwart UK: /θwɔːt/ US: /θwɔːrt/ *v* [T] *(un plan)* ⇨frustrar

ti /tiː/ *n* [U, NO PL] *(nota musical)* ⇨si

Tibet /tɪ'bet/ *n* [U] ⇨Tíbet

Tibetan /tɪ'bet.ən/ *adj, n* [c] ⇨tibetano,na

tick¹ /tɪk/ *n* [c] 1 *UK* (*US* **check**) ⇨visto bueno ⇨marca 2 ⇨tictac 3 ⇨garrapata 4 *UK (inform)* ⇨segundo: *Wait a tick!* - ¡Espera un segundo!

tick² /tɪk/ ■ *v* [T] 1 *UK* ⇨señalar ⇨marcar ■ *v* [I] 2 ⇨hacer tictac

PHRASAL VERBS

· **to tick {away/by}** ⇨pasar [los segundos o los minutos]

· **to tick** *sb* **off** [M] 1 *UK (inform)* ⇨regañar a alguien 2 *US (inform)* ⇨fastidiar a alguien

└ **to tick over** *UK* ⇨ir tirando

†**ticket** /'tɪk.ɪt/ *n* [c] 1 ⇨entrada ⇨billete [de transporte] ⇨boleto *AMÉR.* 2 ⇨multa de tráfico

tickle /'tɪk.l/ [tickled, tickling] ■ *v* [T] 1 ⇨hacer cosquillas ■ *v* [T, I] 2 ⇨picar: *My nose tickles just before I sneeze* - Me pica la nariz antes de estornudar

tidal /'taɪ.dl/ *adj* ⇨de la marea

tidal wave *n* [c] 1 ⇨maremoto 2 ⇨oleada [de algo]: *a tidal wave of complaints* - una oleada de quejas

†**tide** /taɪd/ *n* [c] ⇨marea

tidy¹ /'taɪ.di/ *adj* [comp tidier, superl tidiest] ⇨ordenado,da

tidy² /'taɪ.di/ [tidies, tidied] (*tb* **tidy up**) *UK v* [T, I] ⇨ordenar: *He never tidies his room* - Nunca ordena su habitación

PHRASAL VERBS

· **to tidy** *sth* **away** [M] *UK* ⇨volver a poner algo en su sitio

†**tie¹** /taɪ/ [tied, tying] ■ *v* [T] 1 ⇨atar 2 ⇨anudar ⇨hacer un nudo 3 ⇨reclamar ■ *v* [I] 4 ⇨empatar

PHRASAL VERBS

· **to tie** *sb* **down** [M] ⇨atar a alguien

└ **to tie** *sth/sb* **up** [M] ⇨atar ⇨amarrar

tie² /taɪ/ *n* [c] 1 ⇨corbata 2 ⇨empate: *The game ended in a tie* - El juego acabó en empate 3 ⇨vínculo ⇨lazo 4 ⇨atadura

tied *adj* 1 *(en deportes)* ⇨empatado,da 2 *(una casa)* ⇨que un propietario deja o alquila a un empleado 3 *(una nota musical)* ⇨ligado,da

tier UK: /tɪəʳ/ US: /tɪr/ *n* [c] 1 *(de asientos)* ⇨fila 2 *(en un estadio)* ⇨grada 3 *(de una tarta)* ⇨piso

†**tiger** UK: /'taɪ.gəʳ/ US: /-gɚ/ *n* [c] ⇨tigre

†**tight** /taɪt/ *adj* 1 ⇨apretado,da 2 ⇨ajustado,da ⇨estrecho,cha 3 *(un control)* ⇨riguroso,sa ⇨firme 4 *(una reunión, un partido)* ⇨reñido,da

tighten /'taɪ.tn/ *v* [T, I] ⇨apretar: *to tighten a screw* - apretar un tornillo

tightly /'taɪt.li/ *adv* 1 ⇨herméticamente 2 ⇨fuertemente ⇨firmemente

tightrope UK: /'taɪt.rəʊp/ US: /-roʊp/ *n* [c] 1 *(en un circo)* ⇨cuerda floja 2 **to {tread/walk} a ~** ⇨estar en la cuerda floja

tights /taɪts/ *n* [PL] 1 *UK* (*US* **pantyhose**) ⇨medias ⇨panty 2 ⇨mallas 3 ⇨leotardo

tile /taɪl/ *n* [c] 1 ⇨azulejo 2 ⇨baldosa 3 ⇨teja

till /tɪl/ *conj, prep* **1** ⇨hasta **2** ⇨hasta que ⇨a que
■ Nunca se usa seguido de un verbo en futuro

tilt /tɪlt/ *v* [T, I] ⇨inclinar(se) ⇨ladear(se)

timber UK: /'tɪm.bər/ US: /-bɚ/ ■ *n* [U] **1** *UK (en construcción)* ⇨madera **2** *US* ⇨árboles madereros ■ [C] **3** *(en carpintería)* ⇨madero

time¹ /taɪm/ ■ *n* [U] **1** ⇨tiempo **2** ⇨tiempo ⇨época ■ Se dice *The weather is good today, it's sunny* - *Hoy hace buen tiempo, está soleado.* Incorrecto: *The time's good today* ■ *n* [C, U] **3** ⇨hora ■ *n* [C] **4** ⇨ocasión ⇨vez **5** ⇨tiempo ⇨experiencia **6** at a ~ ⇨a la vez **7** at times ⇨a veces **8** for the ~ being ⇨por el momento **9** from ~ to ~ ⇨de vez en cuando **10** in ~ **1** ⇨a tiempo **2** ⇨con el tiempo **11** on ~ ⇨puntual **12** ~ after ~ ⇨una y otra vez **13** to have a great ~ ⇨pasárselo genial **14** to spend ~ ⇨pasar el tiempo **15** to tell (the) ~ ⇨decir la hora

time² /taɪm/ [timed, timing] *v* [T] **1** ⇨cronometrar **2** ⇨programar

time-consuming UK: /'taɪm.kən‚sjuː.mɪŋ/ US: /-‚suː-/ *adj* ⇨que requiere mucho tiempo: *a time-consuming task* - una tarea que requiere mucho tiempo

time lag *(tb* lag) *n* [C] **1** ⇨lapso ⇨intervalo **2** ⇨desfase

timeless /'taɪm.ləs/ *adj* ⇨eterno,na: *That is a timeless song* - Esa es una canción eterna

timely /'taɪm.li/ *adj* [comp timelier, superl timeliest] ⇨oportuno,na

timer UK: /'taɪ.mər/ US: /-mɚ/ *n* [C] **1** ⇨temporizador **2** ⇨cronómetro

times /taɪmz/ *prep (en matemáticas)* ⇨por ⇨veces

timetable /'taɪm‚teɪ.bl̩/ *n* [C] **1** *(US tb* **schedule)** ⇨horario: *train timetable* - horario de trenes **2** ⇨agenda

time zone *n* [C] ⇨franja horaria ⇨huso horario

timid /'tɪm.ɪd/ *adj* **1** ⇨tímido,da **2** ⇨miedoso,sa

timing /'taɪ.mɪŋ/ *n* [U] **1** ⇨coordinación **2** ⇨cronometraje **3** ⇨momento escogido: *the timing of the ceremony* - el momento escogido para la ceremonia

tin /tɪn/ ■ *n* [U] **1** ⇨estaño ■ *n* [C] **2** *UK (UK/US tb* **can)** *(de un alimento)* ⇨lata **3** *UK (US* **pan)** ⇨molde [para el horno]

tinge¹ /tɪndʒ/ *n* [C] **1** ⇨tinte **2** ⇨matiz ⇨toque

tinge² /tɪndʒd/ [tinged, tinging] *v* [T] **1** ⇨teñir: *Her hair was tinged with red* - Su pelo estaba teñido de rojo **2** ⇨matizar

tingle /'tɪŋ.gl̩/ [tingled, tingling] *v* [I] **1** ⇨cosquillear **2** ⇨estremecerse **3** ⇨temblar: *to tingle with excitement* - temblar la emoción

tinker UK: /'tɪŋ.kər/ US: /-kɚ/ *v* [I] ⇨tratar de hacer un arreglo ⇨tratar de hacer una reparación ■ Constr. Se usa generalmente seguido de la preposición with

tinned /tɪnd/ *UK (UK/US tb* **canned)** *adj (una comida o una bebida)* ⇨enlatado,da ■ Pron. La *e* no se pronuncia

tinsel /'tɪnt.sᵊl/ *n* [U] **1** ⇨espumillón **2** ⇨ostentación ⇨relumbrón

tint /tɪnt/ *n* [C] ⇨tinte ⇨matiz ⇨tono

tinted UK: /'tɪn.tɪd/ US: /-t̬ɪd/ *adj* **1** ⇨teñido,da **2** *(un cristal)* ⇨ahumado,da

tiny /'taɪ.ni/ *adj* [comp tinier, superl tiniest] ⇨diminuto,ta ⇨minúsculo,la

tip¹ /tɪp/ *n* [C] **1** ⇨punta: *The tip of your nose is red* - Tienes la punta de la nariz roja; *It is on the tip of my tongue* - Lo tengo en la punta de la lengua **2** ⇨consejo: *Let me give you a tip* - Te daré un consejo **3** ⇨propina: *We left a tip for the waiter* - Le dejamos propina al camarero **4** *UK (UK/US tb* **dump)** ⇨vertedero

tip² /tɪp/ [tipped, tipping] *v* [T, I] **1** ⇨inclinar(se) ⇨ladear(se) **2** ⇨dar propina **3** to be tipped {as/for/to do} sth ⇨pronosticar algo

PHRASAL VERBS
· to tip *sb* off [M] ⇨avisar a alguien ⇨advertir a alguien
· to tip *(sth/sb)* over [M] ⇨volcar algo ⇨tirar algo

tiptoe¹ UK: /'tɪp.təʊ/ US: /-toʊ/ [tiptoed, tiptoing] *v* [I] ⇨andar de puntillas ■ Constr. Se usa generalmente seguido de una preposición o un adverbio

tiptoe² UK: /'tɪp.təʊ/ US: /-toʊ/ on tiptoe(s) ⇨de puntillas: *to walk on tiptoes* - caminar de puntillas

tire¹ UK: /taɪər/ US: /taɪɚ/ *US n* [C] See **tyre**

tire² UK: /taɪər/ US: /taɪr/ [tired, tiring] *v* [T, I] ⇨cansar(se): *Working on the computer tires my eyes* - Trabajar con el ordenador me cansa la vista

PHRASAL VERBS
· to tire of {sth/doing sth} ⇨cansarse de algo ⇨aburrirse de algo
· to tire *sb* out ⇨agotar a alguien

tired UK: /taɪəd/ US: /taɪrd/ *adj* **1** ⇨cansado,da **2** to be ~ of sth ⇨estar harto,ta de algo ⇨aburrirse **3** to be ~ out ⇨estar agotado,da **4** to get ~ ⇨cansarse ■ Ver cuadro adjetivos terminados en "-ed" / "-ing": excited / exciting

tiredness UK: /'taɪəd.nəs/ US: /taɪrd-/ *n* [U] ⇨cansancio

tireless UK: /'taɪə.ləs/ US: /taɪr-/ *adj* ⇨incansable ⇨infatigable

tiresome UK: /'taɪə.səm/ US: /taɪr-/ *adj (form)* ⇨irritante ⇨pesado,da

tiring UK: /'taɪə.rɪŋ/ US: /taɪ-/ *adj* ⇨cansado,da ⇨agotador,-a ■ Ver cuadro adjetivos terminados en "-ed" / "-ing": excited / exciting

† **tissue** UK: /'tɪʃ.uː, 'tɪs.juː/ ∎ n [c, u] **1** (en biología) ⇒tejido ∎ n [c] **2** ⇒pañuelo [de papel] ∎ n [u] **3** ⇒papel de seda

tit /tɪt/ n [c] **1** (ave) ⇒herrerillo **2** (very inform) ⇒teta col. **3** ~ **for tat** (inform) ⇒ojo por ojo, diente por diente

† **title** UK: /'taɪ.tl̩/ US: /-l̩/ ∎ n [c] **1** ⇒título ⇒nombre **2** (en deportes) ⇒título **3** (de nobleza) ⇒título ⇒tratamiento ∎ n [u] **4** (en derecho) ⇒titularidad ⇒derecho ∎ PRON. La primera sílaba, ti, se pronuncia como en time

titter¹ UK: /'tɪt.ə'/ US: /'tɪt.ə/ v [ɪ] ⇒soltar una risita nerviosa

titter² UK: /'tɪt.ə'/ US: /'tɪt.ə/ n [c] ⇒risita

titular UK: /'tɪt.ju.lə'/ US: /'tɪtʃ.ə.lə/ adj ⇒nominal

† **to** UK: /tuː, tʊ, tu, tə/ US: /tə, ˤtə, tuː/ prep **1** ⇒a: Scotland is to the north of England - Escocia está al norte de Inglaterra; I go to work by car - Voy en coche al trabajo **2** (propósito) ⇒a ⇒para **3** (finalidad) ⇒para **4** (dirección) ⇒hacia **5** (en afirmaciones): I disagree with you, to be honest - Para ser sincero, no estoy de acuerdo contigo **6** ⇒a: Explain it to her - Explícaselo a ella **7** (opinión) ⇒para **8** (comparación) ⇒a **9** (distancia) ⇒hasta **10** UK (US through) (horario) ⇒hasta **11** (para las horas) ⇒menos **12 from...** ~ ⇒de... a ⇒desde... hasta ∎ Se usa también para formar el infinitivo: to go - ir; not to arrive - no llegar. A veces en español no hay que traducirlo ∎ Ver cuadro para (for / to)

toad UK: /təʊd/ US: /toʊd/ n [c] ⇒sapo

toadstool UK: /'təʊd.stuːl/ US: /'toʊd-/ n [c] ⇒seta venenosa

toast¹ UK: /təʊst/ US: /toʊst/ ∎ n [u] **1** ⇒tostada ∎ n [c] **2** ⇒brindis: I propose a toast: To Jim - Propongo un brindis: Por Jim

toast² UK: /təʊst/ US: /toʊst/ v [T] **1** (el pan) ⇒tostar **2** ⇒brindar: They toasted the newly married couple - Brindaron por los recién casados

toaster UK: /'təʊ.stə'/ US: /'toʊ.stə/ n [c] ⇒tostador

tobacco UK: /tə'bæk.əʊ/ US: /-oʊ/ n [u] ⇒tabaco

toboggan UK: /tə'bɒg.ə'n/ US: /-'baː.g[ə]n/ n [c] ⇒trineo ∎ Distinto de slide (tobogán)

today /tə'deɪ/ adv **1** ⇒hoy: I got up early today - Hoy me he levantado temprano **2** ⇒hoy en día ⇒actualmente

toddler UK: /'tɒd.lə'/ US: /'taːd.lə/ n [c] ⇒niño,ña que empieza a caminar

toe¹ UK: /təʊ/ US: /toʊ/ n [c] **1** ⇒dedo del pie **2** (en un calcetín) ⇒punta **3** (en el calzado) ⇒puntera **4 to keep** sb **on their toes** ⇒mantener a alguien en alerta

toe² UK: /təʊ/ US: /toʊ/ **to** ~ **the line** ⇒acatar las normas

toenail UK: /'təʊ.neɪl/ US: /'toʊ-/ n [c] ⇒uña del pie

toffee UK: /'tɒf.i/ US: /'taː.fi/ n [c, u] ⇒toffee ⇒dulce de leche

† **together** UK: /tə'geð.ə'/ US: /-ə/ adv **1** ⇒juntos,tas **2** ⇒a la vez ⇒al mismo tiempo **3** ⇒en el mismo sitio **4** Mix the eggs and flour together and then add the milk - Mezcla los huevos y la harina y luego añade la leche **5** ~ **with** sth ⇒junto con algo ⇒además de algo

togetherness UK: /tə'geð.ə.nəs/ US: /-ə-/ n [u] ⇒compañerismo ⇒fraternidad

toil¹ /tɔɪl/ v [ɪ] **1** (lit) ⇒trabajar duro: They toiled for hours - Trabajaron durante horas **2** ⇒caminar con gran esfuerzo

toil² /tɔɪl/ n [u] (lit) ⇒trabajo duro

† **toilet** /'tɔɪ.lət/ n [c] **1** ⇒retrete ⇒taza ⇒sanitario AMÉR. **2** UK (US bathroom) ⇒cuarto de baño ⇒aseo ⇒lavatorio AMÉR.

toilet paper n [u] ⇒papel higiénico

token¹ UK: /'təʊ.kᵊn/ US: /'toʊ-/ n [c] **1** ⇒muestra ⇒prueba **2** (para una máquina) ⇒ficha **3** UK (US gift certificate) ⇒vale: a token for twenty-five pounds - un vale por valor de 25 libras **4** ⇒cheque regalo

token² UK: /'təʊ.kᵊn/ US: /'toʊ-/ adj ⇒simbólico,ca: a token payment - una cantidad simbólica

told UK: /təʊld/ US: /toʊld/ past tense and past participle forms of **tell**

† **tolerance** UK: /'tɒl.ᵊr.ᵊnts/ US: /'taː.lə-/ n [u] ⇒tolerancia

tolerant UK: /'tɒl.ᵊr.ᵊnt/ US: /'taː.lə-/ adj ⇒tolerante: to be tolerant of sb - ser tolerante con alguien

tolerate UK: /'tɒl.ᵊr.eɪt/ US: /'taː.lə.reɪt/ [tolerated, tolerating] v [T] ⇒tolerar ⇒aguantar ∎ CONSTR. to tolerate + doing sth

† **toll** UK: /təʊl/ US: /toʊl/ ∎ n [c] **1** ⇒peaje ∎ n [NO PL] **2** ⇒número de víctimas: the death toll on the roads - el número de víctimas de accidentes por carretera **3 to take {a heavy/its}** ~ ⇒tener un efecto pernicioso

tom n [c] See **tomcat**

† **tomato** UK: /tə'maː.təʊ/ US: /-'meɪ.oʊ/ [pl tomatoes] n [c, u] ⇒tomate

tomato ketchup n [u] ⇒ketchup

† **tomb** /tuːm/ n [c] ⇒tumba ∎ PRON. No se pronuncia la b

tombstone UK: /'tuːm.stəʊn/ US: /-stoʊn/ n [c] ⇒lápida

tomcat UK: /'tɒm.kæt/ US: /'taːm-/ (tb tom) n [c] ⇒gato [macho]

† **tomorrow** UK: /tə'mɒr.əʊ/ US: /-'mɔːr.oʊ/ adv, n [u] **1** ⇒mañana: Tomorrow is Sunday - Mañana

ton

es domingo **2** ⇨mañana: *tomorrow's technology* - la tecnología del mañana

† **ton** /tʌn/ [*pl* ton, tons] *n* [c] **1** ⇨tonelada **2 tons of** *sth (inform)* ⇨un montón de algo *col.*

tone¹ UK: /təʊn/ US: /toʊn/ ▌ *n* [c, u] **1** *(de un sonido)* ⇨tono ▌ *n* [c] **2** *(en el teléfono)* ⇨tono ⇨señal **3** *(de un color)* ⇨tono ⇨tonalidad ▌ *n* [u, NO PL] **4** ⇨tono ⇨tónica ⇨cariz

tone² UK: /təʊn/ US: /toʊn/ [toned, toning] *v* [T] ⇨tonificar: *to tone up one's muscles* - tonificar los músculos

| PHRASAL VERBS
| · **to tone** *sth* **down** [M] ⇨suavizar algo

tongs UK: /tɒŋz/ US: /tɑːŋz/ *n* [PL] ⇨tenazas: *a pair of tongs* - unas tenazas

† **tongue** /tʌŋ/ ▌ *n* [c, u] **1** ⇨lengua: *I burnt my tongue tasting the meal* - Me he quemado la lengua al probar al comida ▌ *n* [c] **2** *(form)* ⇨idioma ⇨lengua

tongue twister *n* [c] ⇨trabalenguas

tonic UK: /'tɒn.ɪk/ US: /'tɑː.nɪk/ ▌ *n* [c] **1** *(medicamento)* ⇨tónico ⇨reconstituyente ▌ *n* [NO PL] **2** *(inform)* ⇨estimulante

tonic (water) *n* [c, u] *(agua)* ⇨tónica

† **tonight** /tə'naɪt/ *adv, n* [u] ⇨esta noche: *The party is tonight* - La fiesta es esta noche

tonne /tʌn/ [*pl* tonne, tonnes] *UK n* [c] ⇨tonelada métrica

tonsil UK: /'tɒnt.sᵊlz/ US: /'tɑːnt-/ *n* [c] ⇨amígdala ▌ Se usa más en plural

tonsillitis UK: /ˌtɒnt.sɪ'laɪ.təs/ US: /ˌtɑːnt.sɪ'laɪ.əs/ *n* [u] ⇨amigdalitis ⇨anginas

† **too** /tuː/ *adv* **1** ⇨también: *I would like to study German, but I would like to study Russian, too* - Me gustaría estudiar alemán, pero también ruso ▌ *Too* y *as well* siempre se sitúan al final de la oración. Normalmente *also* se sitúa delante del verbo principal y después del verbo auxiliar. **2** *(con adjetivos)* ⇨demasiado,da **3** *not ~ (con adjetivos)* ⇨no mucho,cha ⇨no demasiado,da **4** *~ many (con nombres contables)* ⇨demasiado,da **5** *~ much* **1** *(con nombres incontables)* ⇨demasiado,da **2** ⇨demasiado: *He loves you too much* - Te quiere demasiado ▌ Ver cuadro demasiado / suficiente

took /tʊk/ past tense of **take**

† **tool** /tuːl/ *n* [c] ⇨herramienta ⇨instrumento

† **tooth** /tuːθ/ [*pl* teeth] *n* [c] **1** ⇨diente: *to brush one's teeth* - cepillarse los dientes **2** *~ decay* ⇨caries

toothache /'tuːθ.eɪk/ *n* [u] ⇨dolor de muelas: *I've got a terrible toothache* - Tengo un terrible dolor de muelas ▌ PRON. La última sílaba, *ache*, rima con *make*

toothbrush /'tuːθ.brʌʃ/ [*pl* toothbrushes] *n* [c] ⇨cepillo de dientes

toothpaste /'tuːθ.peɪst/ *n* [U] ⇨pasta de dientes ⇨dentífrico

toothpick /'tuːθ.pɪk/ *n* [c] ⇨palillo [de dientes] ⇨mondadientes

† **top**¹ UK: /tɒp/ US: /tɑːp/ *n* [c] **1** ⇨lo más alto ⇨la parte de arriba **2** ⇨cumbre ⇨cima **3** ⇨tapa ⇨tapón **4** ⇨capota **5** *(prenda de vestir)* ⇨top **6** *(de una lista)* ⇨cabeza **7** ⇨peonza ⇨trompo **8 at the ~ of** *one's* **voice** *UK (US* **at the top of one's lungs)** ⇨a grito pelado **9 off the ~ of** *one's* **head** *(inform)* ⇨a voleo *col.;* ⇨sin pensar **10 on ~** ⇨encima ⇨por encima **11 on ~ of** *sth* **1** ⇨encima de algo ⇨por encima de algo **2** ⇨además de algo **12 over the ~** *UK (inform)* ⇨exagerado,da ⇨demasiado llamativo **13 to be on ~ of** *sth* ⇨dominar algo ⇨controlar algo

† **top**² UK: /tɒp/ US: /tɑːp/ *adj* **1** ⇨más alto,ta ⇨de más arriba **2** ⇨mejor ⇨más importante **3** ⇨máximo,ma

top³ UK: /tɒp/ US: /tɑːp/ [topped, topping] *v* [T] **1** ⇨superar ⇨sobrepasar **2** ⇨ser el primero, ser la primera ⇨ser el mejor, ser la mejor

| PHRASAL VERBS
| · **to top** *sth* **up** [M] *UK (US* **to top sth off)** ⇨rellenar algo [con un líquido]

top hat *n* [c] ⇨sombrero de copa ⇨chistera *col.*

† **topic** UK: /'tɒp.ɪk/ US: /'tɑː.pɪk/ *n* [c] ⇨tema ▌ Distinto de *cliché* (tópico)

topical UK: /'tɒp.ɪ.kᵊl/ US: /'tɑː.pɪ-/ *adj* **1** ⇨de actualidad ⇨actual **2** ⇨tópico,ca: *for topical application only* - de uso tópico

topple UK: /'tɒp.l̩/ US: /'tɑː.pl̩/ [toppled, toppling] ▌ *v* [T] **1** ⇨volcar ⇨derribar **2** ⇨derrocar [del poder] ▌ *v* [I] **3** ⇨venirse abajo ⇨caer(se)

tops UK: /tɒps/ US: /tɑːps/ *n* [PL] *(inform)* ⇨lo mejor

† **torch** UK: /tɔːtʃ/ US: /tɔːrtʃ/ [*pl* torches] *n* [c] **1** *UK (US* **flashlight)** ⇨linterna **2** ⇨antorcha

tore UK: /tɔːʳ/ US: /tɔːr/ past tense of **tear**

torment¹ UK: /tɔː'ment/ US: /tɔːr-/ *v* [T] ⇨atormentar

torment² UK: /'tɔː.ment/ US: /'tɔːr-/ *n* [c, u] ⇨tormento

torn UK: /tɔːn/ US: /tɔːrn/ past participle of **tear**

tornado UK: /tɔː'neɪ.dəʊ/ US: /tɔːr'neɪ.doʊ/ [*pl* tornadoes, tornados] *n* [c] ⇨tornado

torpedo¹ UK: /tɔː'piː.dəʊ/ US: /tɔːr'piː.doʊ/ [*pl* torpedoes] *n* [c, u] ⇨torpedo

torpedo² UK: /tɔː'piː.dəʊ/ US: /tɔːr'piː.doʊ/ [*pl* torpedoes] *v* [T] **1** ⇨torpedear: *The ship was torpedoed* - Torpedearon el barco **2** *(un plan, un proyecto)* ⇨torpedear

tortoise UK: /'tɔː.təs/ US: /'tɔːr.əs/ *n* [c] ⇨tortuga [de tierra]

T

torture[1] UK: /'tɔː.tʃəʳ/ US: /'tɔːr.tʃɚ/ [tortured, torturing] v [T] ⇨torturar ⇨atormentar

torture[2] UK: /'tɔː.tʃəʳ/ US: /'tɔːr.tʃɚ/ n [C, U] 1 ⇨tortura 2 ⇨tortura ⇨suplicio

†**Tory** UK: /'tɔː.ri/ US: /'tɔːr.i/ [pl Tories] adj, n [C] (miembro del Partido Conservador Británico) ⇨conservador,-a

toss[1] UK: /tɒs/ US: /tɑːs/ [tosses] v [T] 1 ⇨tirar ⇨echar ■ CONSTR. Se usa generalmente seguido de una preposición o un adverbio 2 ⇨mezclar 3 ⇨sacudir

toss[2] UK: /tɒs/ US: /tɑːs/ 1 a ~ of a coin to decide sth by a toss of a coin - decidir algo a cara o cruz 2 a ~ of one's {hair/head} ⇨una sacudida de cabeza

†**total**[1] UK: /'təʊ.t³l/ US: /'toʊ.[ə]l/ adj ⇨total ⇨absoluto,ta: There was total silence - Había un silencio absoluto

†**total**[2] UK: /'təʊ.t³l/ US: /'toʊ.ˤt[ə]l/ n [C] ⇨total: 850 pounds in total - 850 libras en total

total[3] UK: /'təʊ.t³l/ US: /'toʊ.ˤt[ə]l/ [totalled, totalling] v [T] ⇨sumar ⇨ascender a un total

totally UK: /'təʊ.t³l.i/ US: /'toʊ.[ə]l-/ adv ⇨totalmente: I totally agree - Estoy totalmente de acuerdo

totter UK: /'tɒt.əʳ/ US: /'tɑː.ɚ/ [tottered, tottering] v [I] ⇨tambalearse ⇨estar a punto de caerse

†**touch**[1] /tʌtʃ/ ■ v [T, I] 1 ⇨tocar ⇨rozar 2 ⇨tocar: The notice said «DON'T TOUCH» - El letrero decía «NO TOCAR» ■ v [T] 3 ⇨conmover 4 to ~ wood (US tb to knock on wood) ⇨tocar madera [por superstición]

| PHRASAL VERBS
· **to touch down** ⇨aterrizar
· **to touch {on/upon}** *sth* ⇨hablar de pasada
└ de algo

touch[2] /tʌtʃ/ ■ n [C, U] 1 ⇨toque ⇨roce ■ El plural es touches 2 ⇨toque: a personal touch - un toque personal ■ El plural es touches ■ n [U] 3 (sentido) ⇨tacto 4 UK (en deportes) ⇨línea de banda 5 to {be/get/keep} in ~ ⇨{estar/ponerse/mantener} en contacto: Don't forget to get in touch with me when you arrive - No olvides ponerte en contacto conmigo cuando llegues 6 to be {in/out} of ~ (with sth) ⇨{estar/no estar} al corriente [de algo]

touched /tʌtʃt/ adj ⇨conmovido,da

touching /'tʌtʃ.ɪŋ/ adj ⇨conmovedor,-a: a touching story - una historia conmovedora

touchy /'tʌtʃ.i/ adj [comp touchier, superl touchiest] 1 ⇨picajoso,sa col.; ⇨susceptible 2 (un tema) ⇨delicado,da

†**tough** /tʌf/ adj 1 ⇨duro,ra ⇨fuerte 2 ⇨duro,ra ⇨difícil 3 (carne) ⇨duro,ra 4 (una norma)

⇨severo,ra 5 to be as ~ as {nails/old boots} ⇨ser fuerte como un roble 6 ~ luck (inform) ⇨mala suerte ⇨yeta AMÉR. col.

toughen /'tʌf.³n/ (tb toughen up) v [T, I] ⇨endurecer(se): to toughen up a punishment - endurecer un castigo

tour[1] UK: /tʊəʳ/ UK: /tɔːʳ/ US: /tʊr/ n [C] 1 ⇨gira ⇨viaje 2 ⇨visita ⇨excursión

tour[2] UK: /tʊəʳ/ UK: /tɔːʳ/ US: /tʊr/ v [T, I] ⇨viajar ⇨recorrer ■ CONSTR. Se usa generalmente seguido de las preposiciones around, in y round

†**tourism** UK: /'tʊə.rɪ.z³m/ UK: /'tɔː-/ US: /'tʊr.ɪ-/ n [U] ⇨turismo

tourist UK: /'tʊə.rɪst/ UK: /'tɔː-/ US: /'tʊr.ɪst/ n [C] ⇨turista

touristy UK: /'tʊə.rɪ.sti/ UK: /'tɔː-/ US: /'tʊr.ɪ-/ adj (inform) ⇨demasiado turístico,ca

†**tournament** UK: /'tʊə.nə.mənt/ UK: /'tɔː-/ US: /'tɜː-/ n [C] ⇨torneo: tennis tournament - torneo de tenis

tow[1] UK: /təʊ/ US: /toʊ/ v [T] ⇨remolcar

| PHRASAL VERBS
· **to tow** *sth* **away** (un vehículo) ⇨llevarse (algo) la grúa ⇨remolcar

tow[2] UK: /təʊ/ US: /toʊ/ n [C] 1 ⇨remolque 2 in ~ ⇨a remolque

toward US prep See **towards**

†**towards** UK: /tə'wɔːdz/ US: /tu'wɔːrdz/ (US tb toward) prep 1 (dirección) ⇨hacia ⇨a 2 (tiempo) ⇨hacia 3 ⇨respecto a ⇨hacia 4 (finalidad) ⇨para

†**towel** /taʊəl/ n [C] ⇨toalla: bath towel - toalla de baño

tower[1] /taʊəʳ/ US: /taʊɚ/ n [C] ⇨torre

tower[2] UK: /taʊəʳ/ US: /taʊɚ/ v [I] 1 ⇨elevarse: The mountains tower above the village - Las montañas se elevan sobre el pueblo 2 ⇨destacar ■ CONSTR. Se usa generalmente seguido de las preposiciones above y over

tower block UK n [C] ⇨bloque de pisos ⇨torre [de pisos]

†**town** /taʊn/ ■ n [C, U] 1 ⇨ciudad 2 ⇨pueblo ■ n [U] 3 ⇨centro [de la ciudad] 4 out on the ~ (inform) ⇨de juerga col. 5 to go to ~ (on sth) ⇨tirar la casa por la ventana (con algo)

town hall n [C] (el edificio) ⇨ayuntamiento

toxic UK: /'tɒk.sɪk/ US: /'tɑːk-/ adj ⇨tóxico,ca: toxic substances - sustancias tóxicas

toxin UK: /'tɒk.sɪn/ US: /'tɑːk-/ n [C] (form) ⇨toxina

†**toy**[1] /tɔɪ/ n [C] ⇨juguete

†**toy**[2] /tɔɪ/

| PHRASAL VERBS
· **to toy with** *sth* 1 ⇨dar vueltas a algo ⇨contemplar la posibilidad de algo 2 ⇨juguetear
└ con algo

T ▪

trace¹ /treɪs/ [traced, tracing] v [T] **1** ⇨hallar ⇨localizar **2** ⇨averiguar el origen ⇨rastrear **3** ⇨seguir la pista **4** ⇨copiar ⇨calcar

trace² /treɪs/ ∎ n [C, U] **1** ⇨huella ⇨rastro ∎ n [C] **2** ⇨indicio [de algo] ⇨restos [de algo]

tracing /'treɪ.sɪŋ/ n [U] **1** ⇨trazado **2** *tracing paper* - papel de calco

track¹ /træk/ ∎ n [C, U] **1** ⇨camino ⇨sendero **2** *(en deporte)* ⇨pista ⇨circuito **3** ⇨vía [de tren] **4** ⇨huella [en el suelo] ∎ Se usa más en plural **5** *(en un disco)* ⇨canción ⇨pista ∎ n [U] **6** *US* ⇨atletismo **7** on the {right/wrong} ~ ⇨por {buen/mal} camino **8** to cover *one's* tracks ⇨borrar las huellas **9** to keep ~ of *sth/sb* ⇨estar al tanto **10** to lose ~ ⇨perder la pista

track² /træk/ v [T] ⇨seguir el rastro ⇨seguir las huellas

| PHRASAL VERBS
└ **to track** *sth/sb* **down** [M] ⇨localizar

tracksuit UK: /'træk.sjuːt/ US: /-suːt/ UK *(US sweats)* n [C] ⇨chándal

†**tractor** UK: /'træk.tə'/ US: /-t̬ə/ n [C] ⇨tractor

†**trade¹** /treɪd/ n [U] **1** ⇨comercio: *international trade* - comercio internacional **2** ⇨negocio ⇨industria **3** ⇨oficio ⇨profesión

trade² /treɪd/ [traded, trading] [trading] ∎ v [T, I] **1** ⇨comerciar: *to trade in sth* - comerciar con algo ∎ CONSTR. Se usa generalmente seguido de las preposiciones for, in y with ∎ v [T] **2** ⇨intercambiar: *to trade stickers* - intercambiar cromos

| PHRASAL VERBS
· **to trade** *sth* **in (for** *sth***)** [M] ⇨entregar algo
└ como parte del pago [de algo]

trademark /'treɪd.mɑːk/ US: /-mɑːrk/ n [C] **1** ⇨marca registrada **2** ⇨marca personal ⇨huella de identidad

tradesman /'treɪdz.mən/ [pl tradesmen] UK n [C] **1** ⇨proveedor,-a **2** ⇨comerciante [que dirige su propio negocio]

†**tradition** /trə'dɪʃ.ᵊn/ n [C, U] ⇨tradición: *according to tradition* - de acuerdo con la tradición

traditional /trə'dɪʃ.ᵊn.ᵊl, -'dɪʃ.nᵊl/ adj ⇨tradicional: *traditional values* - valores tradicionales

traditionally /trə'dɪʃ.ᵊn.ᵊl.i, -'dɪʃ.nᵊl-/ adv ⇨tradicionalmente

†**traffic¹** /'træf.ɪk/ n [U] ⇨tráfico

†**traffic²** /'træf.ɪk/ [trafficked, trafficking] v [I] ⇨traficar: *to traffic in drugs* - traficar con drogas

traffic calming UK n [U] ⇨reducción de velocidad [del tráfico]

traffic circle *US* *(UK* roundabout*)* n [C] ⇨glorieta ⇨rotonda

traffic jam *(tb* jam*)* n [C] ⇨atasco ⇨embotellamiento ⇨taco *AMÉR.*

traffic lights n [PL] ⇨semáforo: *The traffic lights are red* - El semáforo está en rojo

traffic warden *UK* n [C] ⇨guardia de tráfico

†**tragedy** /'trædʒ.ə.di/ [pl tragedies] n [C, U] **1** *(un evento)* ⇨tragedia **2** *(obra)* ⇨tragedia

tragic /'trædʒ.ɪk/ adj ⇨trágico,ca

trail¹ /treɪl/ n [C] **1** ⇨senda **2** ⇨rastro **3** ⇨reguero [de líquido derramado] **4** ⇨estela: *The old car left a trail of smoke* - El viejo coche dejaba una estela de humo **5** *(de un cometa)* ⇨cola

trail² /treɪl/ v [T, I] **1** ⇨arrastrar **2** ⇨seguir la pista de algo **3** ⇨caminar despacio **4** *(en deportes)* ⇨perder ∎ CONSTR. Se usa generalmente seguido de una preposición o un adverbio

trailer UK: /'treɪ.lə'/ US: /-lə/ n [C] **1** *(de una película)* ⇨tráiler **2** ⇨remolque ⇨tráiler **3** *US (UK* caravan*) (remolque grande)* ⇨caravana

†**train¹** /treɪn/ n [C] **1** ⇨tren **2** *(de un vestido de boda)* ⇨cola **3** bullet ~ *(inform)* ⇨tren japonés de alta velocidad **4** ~ of thought ⇨hilo [del pensamiento]

†**train²** /treɪn/ v [T, I] **1** ⇨formar(se) ⇨preparar(se) ⇨estudiar **2** *to be trained* - tener formación **3** ⇨entrenar(se): *I trained very hard to win the competition* - Me entrené mucho para ganar la competición ∎ CONSTR. to train + to do sth

trainee /ˌtreɪ'niː/ n [C] **1** ⇨aprendiz,-a **2** ⇨persona en prácticas

†**trainer** UK: /'treɪ.nə'/ US: /-nə/ n [C] **1** *(para una persona)* ⇨entrenador,-a ⇨preparador,-a **2** *(para un animal)* ⇨preparador,-a ⇨adiestrador,-a

trainers *UK* n [PL] ⇨zapatillas de deporte

training /'treɪ.nɪŋ/ n [U] **1** ⇨entrenamiento **2** ⇨formación ⇨preparación **3** *(en el ejército)* ⇨instrucción

trait /treɪt/ n [C] ⇨rasgo

traitor UK: /'treɪ.tə'/ US: /-ˤt̬ə/ n [C] ⇨traidor,-a ⇨batidor,-a *AMÉR. col.*

tram /træm/ *UK (US* streetcar/trolley*)* n [C] ⇨tranvía

tramp¹ /træmp/ n [C] ⇨vagabundo,da

tramp² /træmp/ v [T, I] **1** ⇨caminar [agotadoramente] **2** *(un lugar)* ⇨patear *col.*

trample /'træm.pl/ [trampled, trampling] v [T, I] ⇨pisotear: *to trample the grass* - pisotear la hierba ∎ CONSTR. Se usa generalmente seguido de una preposición o un adverbio

trampoline UK: /'træm.pᵊl.iːn/ UK: /ˌ--'-/ US: /'---/ n [C] ⇨trampolín ⇨cama elástica

trance UK: /trɑːnts/ US: /trænts/ n [C] ⇨trance: *to be in a trance* - estar en trance

tranquil UK: /'træŋ.kwɪl/ US: /'træn-/ adj ⇨tranquilo,la: *a tranquil spot* - un lugar tranquilo

transaction /træn'zæk.ʃᵊn/ n [C] **1** ⇨transacción **2** ⇨negociación

transcribe /træn'skraɪb/ v [T] ⇒transcribir

transcript /'træn.skrɪpt/ n [C] *(representación escrita)* ⇒transcripción

transcription /træn'skrɪp.ʃªn/ n [U] *(proceso)* ⇒transcripción

transfer[1] UK: /'træns'fɜː'/ US: /'træns.fɜ'/ [transferred, transferring] ∎ v [T] **1** ⇒trasladar(se) ∎ CONSTR. Se usa generalmente seguido de las preposiciones from y to **2** ⇒transferir ⇒traspasar ∎ v [T, I] **3** *(en deportes)* ⇒traspasar(se) **4** *(en un medio de transporte)* ⇒hacer transbordo

transfer[2] UK: /'træns.fɜː'/ US: /-fɜ:r/ n [C] **1** *(de una persona, de documentos)* ⇒traslado ⇒traspaso **2** *(de dinero)* ⇒transferencia **3** *(en un medio de transporte)* ⇒transbordo **4** ⇒calcomanía

[†] **transform** UK: /træns'fɔːm/ US: /-'fɔːrm/ v [T] ⇒transformar(se) ⇒convertir(se)

transformer UK: /træns'fɔː.mə'/ US: /-'fɔːr.mɚ/ n [C] ⇒transformador

transfusion /træns'fjuː.ʒªn/ n [C, U] ⇒transfusión: *blood transfusion* - transfusión de sangre

[†] **translate** /træns'leɪt, trænz-/ [translated, translating] v [T, I] ⇒traducir

translation /træns'leɪ.ʃªn, trænz-/ n [C, U] ⇒traducción: *a literal translation* - una traducción literal

translator UK: /træns'leɪ.tə'/ UK: /trænz-/ US: /-ɚ/ n [C] ⇒traductor,-a

[†] **transmit** UK: /trænz'mɪt/ US: /træns-/ [transmitted, transmitting] v [T, I] *(form)* ⇒transmitir

[†] **transparent** UK: /træn'spær.ªnt/ US: /træn'sper-/ adj ⇒transparente

transplant[1] UK: /træn'splɑːnt/ US: /-'splænt/ n [C, U] ⇒trasplante

transplant[2] UK: /træn'splɑːnt/ US: /-'splænt/ v [T, I] ⇒trasplantar: *to transplant an organ* - trasplantar un órgano ∎ CONSTR. Se usa generalmente seguido de la preposición into

[†] **transport**[1] UK: /'træn.spɔːt/ US: /-spɔːrt/ n [U] **1** ⇒transporte: *the transport of exports* - el transporte de productos de exportación **2** UK *(US transportation)* ⇒transporte [en vehículo]: *Bicycles are a clean form of transport* - La bicicleta es un medio de transporte muy limpio

transport[2] UK: /træn'spɔːt/ US: /-spɔːrt/ v [T] ⇒transportar: *The mules were transporting the baggage* - Las mulas transportaban el equipaje

transportation UK: /ˌtræn.spɔː'teɪ.ʃªn/ US: /-spɚ-/ US *(UK transport)* n [U] ⇒transporte

transvestite UK: /trænz'ves.taɪt/ US: /træns-/ n [C] ⇒travesti ∎ Distinto de *travesty* (parodia)

trap[1] /træp/ n [C, NO PL] **1** ⇒trampa: *It is a trap!* - ¡ Es una trampa! **2** *(un plan)* ⇒trampa **3** ⇒pico

col.: Shut your trap! - ¡Cierra el pico!

trap[2] /træp/ [trapped, trapping] v [T] ⇒coger en una trampa ⇒atrapar

trapeze /trə'piːz/ n [C] ⇒trapecio

trapper UK: /'træp.ə'/ US: /-ɚ/ n [C] *(persona)* ⇒trampero,ra ⇒cazador,-a

[†] **trash** /træʃ/ n [U] **1** US *(UK rubbish)* ⇒basura **2** *(inform)* ⇒bodrio *desp.* **3** US *(inform)* ⇒gentuza *desp.* **4** *(inform)* ⇒tonterías

trash can US *(UK bin)* n [C] **1** ⇒cubo de basura ⇒caneca *AMÉR.* **2** ⇒papelera

trashy /'træʃ.i/ adj [comp trashier, superl trashiest] ⇒malo,la: *trashy TV programmes* - programas malos de televisión

[†] **trauma** UK: /'trɔː.mə/ UK: /'trau-/ US: /'trɑː-/ n [C, U] ⇒trauma

traumatic UK: /trɔː'mæt.ɪk/ UK: /trau-/ US: /trɑː'mæ-/ adj **1** ⇒traumático,ca **2** *(inform)* ⇒agobiante

[†] **travel**[1] /'træp.ªl/ [travelled, travelling; US traveled, traveling] ∎ v [T, I] **1** ⇒viajar: *He has travelled all around the world* - Ha viajado por todo el mundo ∎ v [T] **2** ⇒recorrer

travel[2] /'træv.ªl/ n [U] **1** ⇒viajes **2** *Sport and travel are his principal hobbies* - El deporte y viajar son sus principales hobbys ∎ Es incorrecto decir *a long travel*. Lo correcto es *a long trip* o *a long journey*

travel agency [pl travel agencies] n [C] ⇒agencia de viajes

travel agent n [C] ⇒agente de viajes

traveller UK: /'træv.ªl.ə'/ UK: /-lə'/ US: /-[ə]l.ə/ *UK* n [C] **1** ⇒viajero,ra **2** *(tb commercial traveller)* ⇒viajante

traveller's cheque UK: /'træv.ªl.əz,tʃek/ US: /-əz-/ *UK (US traveler's check)* n [C] ⇒cheque de viaje

[†] **tray** /treɪ/ n [C] ⇒bandeja ⇒charola *AMÉR.*

treacherous UK: /'tretʃ.ªr.əs/ US: /-ɚ/ adj *(form)* ⇒traicionero,ra

treachery UK: /'tretʃ.ªr.i/ US: /-ɚ-/ n [U] **1** ⇒traición **2** ⇒falsedad

tread[1], trod, trodden /tred/ v [T, I] **1** *UK* ⇒pisar: *I didn't mean to tread on her foot* - La pisé sin querer ∎ CONSTR. Se usa generalmente seguido de las preposiciones in, into y on **2** ⇒andar **3** *to ~ carefully* ⇒andar con pies de plomo

tread[2] /tred/ n [C] ⇒paso

treason /'triː.zªn/ n [U] ⇒alta traición [a la patria]

treasure[1] UK: /'treʒ.ə'/ US: /-ɚ/ n [C, U] ⇒tesoro

treasure[2] UK: /'treʒ.ə'/ US: /-ɚ/ [treasured, treasuring] v [T] ⇒guardar como un tesoro: *I'll treasure this gift all my life* - Guardaré este regalo como un tesoro toda mi vida

T

treasurer UK: /'treʒ.ᵊr.ər/ US: /-ɚ.ɚ/ *n* [C] ⇨tesorero,ra

treasury [*pl* treasuries] *n* [C] ⇨tesoro

Treasury UK: /'treʒ.ᵊr.i/ US: /-ɚ-/ **the ~** ⇨ministerio británico de economía y finanzas

† **treat¹** /triːt/ *v* [T] **1** ⇨tratar: *Don't treat your pets badly* - No trates mal a tus mascotas ■ CONSTR. Se usa generalmente seguido de la preposición with **2** *(una enfermedad)* ⇨tratar **3** ⇨invitar: *I'll treat you to dinner* - Te invito a cenar

treat² /triːt/ *n* [C] **1** ⇨invitación ⇨recompensa **2 to give** *oneself* **a ~** ⇨darse un gusto

treatment /'triːt.mənt/ *n* [U] **1** ⇨trato **2** *(en medicina)* ⇨tratamiento

† **treaty** UK: /'triː.ti/ US: /-i/ [*pl* treaties] *n* [C] ⇨tratado ⇨acuerdo

treble¹ /'treb.l/ [trebled, trebling] *v* [T, I] ⇨triplicar: *The company has trebled its value* - La compañía ha triplicado su valor

treble² /'treb.l/ *adj* **1** ⇨triple **2** ⇨atiplado,da

treble³ /'treb.l/ ■ *n* [U] **1** *(en música)* ⇨agudo ■ *n* [C] **2** *(en música)* ⇨tiple **3** ⇨triple

† **tree** /triː/ *n* [C] ⇨árbol: *family tree* - árbol genealógico

tree-lined /'triː.laɪnd/ *adj (un camino)* ⇨flanqueado,da por árboles

trek¹ /trek/ *n* [C] ⇨caminata

trek² /trek/ [trekked, trekking] *v* [I] **1** ⇨caminar con dificultad **2** *(inform)* ⇨hacer un viaje largo a pie ■ CONSTR. Se usa generalmente seguido de una preposición o un adverbio

† **tremble** /'trem.bl/ [trembled, trembling] *v* [I] ⇨temblar: *to tremble with fear* - temblar de miedo

† **tremendous** /trɪ'men.dəs/ *adj* **1** *(importancia)* ⇨enorme **2** ⇨estupendo,da ⇨magnífico,ca

tremor UK: /'trem.ər/ US: /-ɚ/ *n* [C] **1** ⇨escalofrío ⇨estremecimiento **2** ⇨temblor [sísmico]

trench /trentʃ/ [*pl* trenches] *n* [C] **1** ⇨zanja **2** ⇨trinchera ■ Se usa más en plural

† **trend** /trend/ *n* [C] **1** ⇨tendencia: *an upward trend* - una tendencia en alza **2 to set a ~** ⇨establecer una tendencia

trendy /'tren.di/ *adj* [*comp* trendier, *superl* trendiest] **1** ⇨moderno,na **2** ⇨muy de moda

trespass UK: /'tres.pəs/ US: /-pæs/ [trespasses] *v* [I] **1** ⇨entrar sin autorización: *You can't trespass on this property* - No puedes entrar a esta propiedad sin autorización **2 no trespassing** ⇨prohibido el paso

† **trial** /traɪəl/ *n* [C, U] **1** ⇨juicio **2** ⇨prueba **3** ⇨ensayo: *clinical trials* - ensayos clínicos **4** ⇨reto: *That was a real trial* - Eso fue un verdadero reto **5** *(en deportes)* ⇨preselección **6 to {be/go} on ~** ⇨ser procesado,da: *He's on trial for fraud* -

Lo están procesando por fraude **7 ~ and error** ⇨ensayo y error ■ Distinto de *trio* (trío)

† **triangle** /'traɪ.æŋ.gl/ *n* [C] **1** *(forma geométrica)* ⇨triángulo **2** ⇨escuadra ⇨cartabón

† **tribe** /traɪb/ *n* [C] ⇨tribu

tribesman /'traɪbz.mən/ [*pl* tribesmen] *n* [C] ⇨miembro de una tribu

tribespeople /'traɪbz.piː.pl/ *n* [PL] ⇨miembros de una tribu

tribesperson *n* [C] ⇨miembro de una tribu

tribeswoman /'traɪbz.wʊm.ən/ [*pl* tribeswomen] *n* [C] ⇨miembro de una tribu

tributary UK: /'trɪb.ju.tᵊr.i/ UK: /-tri/ US: /-ter.i/ [*pl* tributaries] *n* [C] ⇨afluente

† **tribute** /'trɪb.juːt/ *n* [C] ⇨tributo ⇨homenaje

† **trick¹** /trɪk/ *n* [C] **1** ⇨engaño ⇨broma **2** ⇨truco: *magic trick* - truco de magia **3 to do the ~** *(inform)* ⇨servir: *This tool should do the trick* - Esta herramienta nos puede servir **4 tricks of the trade** ⇨trucos del oficio

trick² /trɪk/ *v* [T] ⇨engañar ⇨estafar

trickery UK: /'trɪk.ᵊr.i/ US: /'-ɚ-/ *n* [U] ⇨artimaña *col.;* ⇨engaño

trickle¹ /'trɪk.l/ [trickled, trickling] *v* [I] ⇨gotear: *The water was trickling down the windows* - El agua goteaba por las ventanas ■ CONSTR. Se usa generalmente seguido de una preposición

trickle² /'trɪk.l/ *n* [C] **1** *(de un líquido)* ⇨reguero ⇨chorro ⇨hilo **2** *(de personas, de cartas)* ⇨goteo

† **tricky** /'trɪk.i/ *adj* [*comp* trickier, *superl* trickiest] **1** *(un problema)* ⇨complicado,da ⇨peliagudo,da *col.* **2** *(una persona)* ⇨astuto,ta ⇨difícil

tricycle /'traɪ.sɪ.kl/ *n* [C] ⇨triciclo

trifle¹ /'traɪ.fl/ ■ *n* [C] **1** ⇨trivialidad ⇨pequeñez ■ *n* [C, U] **2** ⇨postre de gelatina, fruta y crema **3** ⇨un poco: *It was a trifle disappointing* - Fue algo decepcionante

trifle² /'traɪ.fl/

PHRASAL VERBS
· **to trifle with** *sth/sb* *(form, old-fash)* ⇨burlarse de ⇨jugar con

trigger¹ UK: /'trɪg.ɚ/ US: /-ɚ/ *n* [C] *(de un arma)* ⇨gatillo ⇨disparador

trigger² UK: /'trɪg.ɚ/ US: /-ɚ/ *(tb* trigger off*)* *v* [T] **1** ⇨desencadenar ⇨provocar **2** ⇨activar: *The alarm system was triggered* - Algo activó el sistema de alarma **3** *(una bomba)* ⇨hacer estallar

trillion /'trɪl.jən/ *n* [C] ⇨billón ■ Distinto de *million million* million (trillón)

trim¹ /trɪm/ [trimmed, trimming] *v* [T] **1** *(pelo, ramas)* ⇨cortar ⇨recortar **2** ⇨ornamentar ⇨adornar

trim² /trɪm/ *n* [NO PL] ⇨corte de pelo: *to have a trim* - cortarse el pelo (un poco)

trim³ /trɪm/ adj **1** ⇨esbelto,ta **2** ⇨aseado,da **3** ⇨elegante

trimming /'trɪm.ɪŋ/ n [C, U] ⇨adorno [al borde de algo]

† **trio** UK: /'triː.əʊ/ US: /-oʊ/ n [C] ⇨trío

† **trip¹** /trɪp/ n [C] ⇨excursión ⇨viaje

trip² /trɪp/ [tripped, tripping] v [T, I] ⇨tropezar: *He tripped on the kerb* - Se tropezó con el bordillo

|PHRASAL VERBS
 · **to trip {over/up}** ⇨tropezarse
 · **to trip sb {over/up}** [M] ⇨tropezar ⇨poner la zancadilla a alguien

triple¹ /'trɪp.l̩/ adj **1** ⇨triple: *triple jump* - triple salto **2 ~ sth** ⇨el triple de

triple² /'trɪp.l̩/ [tripled, tripling] v [T, I] ⇨triplicar(se)

triplet /'trɪp.lət/ n [C] ⇨trillizo,za

triumph¹ /'traɪ.əmpf/ n [C, U] ⇨triunfo ⇨éxito

triumph² /'traɪ.əmpf/ v [I] ⇨triunfar: *She triumphed over the opposition* - Triunfó sobre la oposición

triumphant /traɪ'ʌmp.fənt/ adj **1** ⇨alegre ⇨jubiloso,sa **2** ⇨triunfante

trivial /'trɪv.i.əl/ adj ⇨trivial ⇨insignificante

trod UK: /trɒd/ US: /traːd/ past tense of **tread**

trodden UK: /'trɒd.ə'n/ US: /'traː.d[ə]n/ past participle of **tread**

† **trolley** UK: /'trɒl.i/ US: /'traː.li/ n [C] **1** UK (US **cart**) (*en un supermercado, en un aeropuerto*) ⇨carrito **2** US (UK **tram**) ⇨tranvía

trombone UK: /trɒm'bəʊn/ US: /traːm'boʊn/ n [C] (*instrumento musical*) ⇨trombón

troop /truːp/ n [C] **1** (*en el ejército*) ⇨tropa **2** ⇨grupo ■ Por ser un nombre colectivo se puede usar con el verbo en singular o en plural

† **trophy** UK: /'trəʊ.fi/ US: /troʊ-/ [pl trophies] n [C] ⇨trofeo

† **tropic** UK: /'trɒp.ɪk/ US: /'traː.pɪk/ n [C] **1** (*en geografía*) ⇨trópico **2 the tropics** ⇨los trópicos

tropical UK: /'trɒp.ɪ.kəl/ US: /'traː.pɪ-/ adj ⇨tropical

trot¹ UK: /trɒt/ US: /traːt/ [trotted, trotting] v [I] ⇨trotar: *The horse trotted towards the stable* - El caballo trotó hasta el establo ■ Constr. Se usa generalmente seguido de una preposición o un adverbio

trot² UK: /trɒt/ US: /traːt/ n [NO PL] ⇨trote

† **trouble¹** /'trʌb.l̩/ n [U] **1** ⇨molestia: *It's no trouble* - No es ninguna molestia **2** ⇨problema: *to be in trouble* - tener problemas **3** ⇨conflicto **4** ⇨dolencia ⇨enfermedad **5 to get into ~** ⇨meterse en un lío ⇨meterse en problemas

trouble² /'trʌb.l̩/ [troubled, troubling] v [T] **1** ⇨preocupar: *His problems were troubling him* -

Le preocupaban sus problemas **2** (*form*) ⇨molestar: *I'm sorry to trouble you* - Siento molestarlo ■ Constr. 1. to trouble + that 2. to trouble + to do sth

troubled /'trʌb.l̩d/ adj **1** ⇨preocupado,da ⇨intranquilo,la **2** ⇨turbulento,ta ⇨conflictivo,va **3** ⇨accidentado,da

troublemaker UK: /'trʌb.l̩ˌmeɪ.kəʳ/ US: /-kɚ/ n [C] ⇨agitador,-a ⇨alborotador,-a

troublesome /'trʌb.l̩.sᵊm/ adj ⇨molesto,ta ⇨latoso,sa

trough UK: /trɒf/ US: /traːf/ n [C] **1** ⇨comedero ⇨abrevadero [para animales] **2** (*form*) ⇨punto más bajo en un ciclo económico ⇨depresión **3** ⇨depresión [en un terreno] **4** (*en meteorología*) ⇨zona de baja presión

trouser UK: /'traʊ.zəʳ/ US: /-zɚ/ adj` ⇨del pantalón: *a trouser pocket* - un bolsillo del pantalón

† **trousers** UK: /'traʊ.zəz/ US: /-zɚz/ (US tb **pants**) n [PL] ⇨pantalón: *three pairs of trousers* - tres pantalones

trout /traʊt/ [pl trout] n [C, U] ⇨trucha

truant /'truː.ənt/ n [C] **1** ⇨alumno,na que falta a clase sin autorización **2 to play ~** ⇨hacer novillos *col.*

truce /truːs/ n [C] ⇨tregua: *to declare a truce* - declarar una tregua

† **truck** /trʌk/ n [C] **1** (UK tb **lorry**) ⇨camión **2** UK ⇨vagón

† **true** /truː/ adj **1** ⇨cierto,ta ⇨verdad **2** ⇨verdadero,ra ⇨verídico,ca **3** ⇨fiel: *He is true to his principles* - Es fiel a sus principios **4 to come ~** ⇨hacerse realidad: *It is a dream come true* - Es un sueño hecho realidad

truly /'truː.li/ adv ⇨verdaderamente ⇨de veras

trump¹ /trʌmp/ n [C] (*en los naipes*) ⇨triunfo

trump² /trʌmp/ v [T] (*en los naipes*) ⇨triunfar

† **trumpet** /'trʌm.pɪt/ n [C] **1** ⇨trompeta **2 to blow one's own ~** ⇨darse bombo

trundle /'trʌn.dl̩/ [trundled, trundling] v [T, I] **1** (*un medio de transporte*) ⇨rodar lentamente **2** (*una persona*) ⇨arrastrarse ■ Constr. Se usa generalmente seguido de las preposiciones across, down y on **3** ⇨empujar: *I was trundling the trolley when I tripped* - Estaba empujando el carrito cuando tropecé

† **trunk** /trʌŋk/ n [C] **1** ⇨tronco **2** ⇨baúl **3** (*de un elefante*) ⇨trompa **4** US (UK **boot**) ⇨maletero ⇨baúl AMÉR.; ⇨cajuela AMÉR.

trunks /trʌŋks/ (tb **swimming trunks**) n [PL] ⇨bañador [de hombre]: *two pairs of trunks* - dos bañadores

† **trust¹** /trʌst/ v [T, I] **1** ⇨confiar **2** ⇨fiarse: *I trust you to pick up my children* - Me fío de ti para que recojas a los niños ■ Constr. to trust sb + to do sth

T

trust

† **trust²** /trʌst/ n [U] ⇨confianza: *A good relationship is based on trust* - Toda buena relación se basa en la confianza

trusted *adj* ⇨leal ⇨de confianza

trustee /ˌtrʌsˈtiː/ n [c] **1** *(de un testamento)* ⇨fideicomisario,ria **2** ⇨administrador,-a

trustful *adj* See **trusting**

trusting /ˈtrʌs.tɪŋ/ *(tb* **trustful)** *adj* ⇨confiado,da

trustworthy UK: /ˈtrʌstˌwɜː.ði/ US: /-ˌwɝː-/ *adj* [*comp* trustworthier, *superl* trustworthiest] ⇨digno,na de confianza

† **truth** /truːθ/ ∎ n [U] ⇨verdad: *I just want to know the truth* - Solo quiero saber la verdad ∎ n [c] **2** ⇨realidad ⇨verdad **3 to tell the ~** ⇨decir la verdad: *Tell me the truth* - Dime la verdad

truthful /ˈtruː.θ.fºl/ *adj* **1** ⇨verdadero,ra ⇨veraz **2** ⇨sincero,ra: *a truthful person* - una persona sincera

truthfully /ˈtruː.θ.fºl.i/ *adv* ⇨sinceramente ⇨con sinceridad ⇨de veras

† **try¹** /traɪ/ [tries, tried] ∎ v [T, ɪ] **1** ⇨intentar ⇨tratar de ∎ CONSTR. to try + to do sth **2** ⇨intentar ⇨probar ∎ CONSTR. to try + doing sth **3** ⇨probar ∎ v [T] **4** *(en derecho)* ⇨procesar ∎ CONSTR. Se usa más en pasiva

| PHRASAL VERBS
└ **· to try sth on [M]** ⇨probarse algo [ropa]

try² /traɪ/ [*pl* tries] n [c] **1** ⇨intento **2 to have a try at sth** - intentar de hacer algo

trying /ˈtraɪ.ɪŋ/ *adj* ⇨difícil

† **T-shirt** UK: /ˈtiː.ʃɜːt/ US: /-ʃɝːt/ n [c] ⇨camiseta ⇨polera *AMÉR.*

tsunami /tsuˈnɑː.mi/ *US* n [c] ⇨tsunami ⇨maremoto

tub /tʌb/ n [c] **1** ⇨tarrina **2** ⇨barreño **3** *US* ⇨bañera ∎ Distinto de *tube* (tubo)

† **tube** UK: /tjuːb/ US: /tuːb/ n [c] **1** *(de metal, de plástico)* ⇨tubo **2** *(recipiente)* ⇨tubo **3** *(inform) (en Londres)* ⇨metro ⇨subte *AMÉR. col.* **4** *US* ⇨tele

tuberculosis UK:/tjuːˌbɜː.kjʊˈləʊ.sɪs/US:/tuːˌbɝː.kjəˈloʊ-/ n [U] ⇨tuberculosis ∎ La forma abreviada es *TB*

tuck /tʌk/ v [T] **1** *(une prenda de vestir)* ⇨remeter **2** ⇨guardar ⇨colocar ∎ CONSTR. Se usa generalmente seguido de una preposición o de un adverbio

| PHRASAL VERBS
· **to tuck sth away [M]** ⇨esconder
· **to tuck sb in [M]** *(UK tb* **to tuck sb up)** *(a una persona)* ⇨acostar (y arropar)
· **to tuck {in/into sth}** ⇨lanzarse [sobre la comida]

† **Tuesday** UK: /ˈtjuːz.deɪ/ US: /ˈtuːz-/ n [c, U] ⇨martes: *See you on Tuesday* - Te veo el martes; *The concert is next Tuesday* - El concierto es el martes que viene ∎ Las formas abreviadas son *Tue* y *Tues*

tuft /tʌft/ n [c] *(pelo)* ⇨pelusa

tug¹ /tʌg/ [tugged, tugging] v [T, ɪ] ⇨tirar ∎ CONSTR. to tug at sth

tug² /tʌg/ n [c] **1** ⇨tirón ⇨jalón *AMÉR.* **2** ⇨remolcador

tuition UK: /tjuːˈɪʃ.ºn/ US: /tuː-/ n [U] **1** ⇨instrucción **2** *US* ⇨matrícula

tulip UK: /ˈtjuː.lɪp/ US: /ˈtuː-/ n [c] ⇨tulipán

tumble¹ /ˈtʌm.bl̩/ [tumbled, tumbling] v [ɪ] **1** ⇨caerse: *I tumbled down the stairs* - Me caí rodando por las escaleras **2** *(precios)* ⇨caer en picado

tumble² /ˈtʌm.bl̩/ n [c] ⇨caída

tumble dryer UK *(US* **dryer)** n [c] ⇨secadora [de ropa]

tumbler UK: /ˈtʌm.blə²/ US: /-blə/ n [c] ⇨vaso

tummy /ˈtʌm.i/ [*pl* tummies] n [c] *(inform)* ⇨barriga *col.;* ⇨tripa *col.* ∎ Pertenece al lenguaje infantil

tumour UK: /ˈtjuː.mə²/ US: /ˈtuː.mə/ *UK* n [c] ⇨tumor

tuna UK: /ˈtjuː.nə/ US: /ˈtuː-/ [*pl* tuna, tunas] n [U] **1** ⇨atún **2** ⇨bonito

tune¹ UK: /tjuːn/ US: /tuːn/ n [c] **1** ⇨melodía **2 in** ⇨afinado,da **3 out of ~** ⇨desafinado,da **4 to change one's ~** ⇨cambiar de idea

tune² UK: /tjuːn/ US: /tuːn/ [tuned, tuning] v [T] ⇨afinar: *to tune a musical instrument* - afinar un instrumento musical

| PHRASAL VERBS
· **to tune in to** ⇨sintonizar
· **to tune up 1** *(un instrumento musical)* ⇨afinar
└ **2** *(una máquina)* ⇨ajustar ⇨poner a punto

tunic /ˈtjuː.nɪk/ n [c] **1** *(chaqueta)* ⇨guerrera **2** *(en la antigua Roma)* ⇨túnica

Tunisia UK: /tjuːˈnɪz.i.ə/ US: /tuːˈniː.ʒə/ n [U] ⇨Túnez

Tunisian UK: /tjuːˈnɪz.i.ən/ US: /tuːˈniː.ʒən/ *adj, n* [c] ⇨tunecino,na

† **tunnel¹** /ˈtʌn.ºl/ n [c] ⇨túnel: *to go through a tunnel* - pasar por un túnel

tunnel² /ˈtʌn.ºl/ [tunnelled, tunnelling; *US* tunneled, tunneling] v [T, ɪ] ⇨excavar [un túnel]

turban UK: /ˈtɜː.bən/ US: /ˈtɝː-/ n [c] ⇨turbante

turbine UK: /ˈtɜː.baɪn/ US: /ˈtɝː-/ n [c] *(máquina)* ⇨turbina

turbulent UK: /ˈtɜː.bju.lənt/ US: /ˈtɝː.bjə-/ *adj* ⇨turbulento,ta

turf¹ UK: /tɜːf/ US: /tɝːf/ ∎ n [c, U] **1** ⇨césped ∎ El plural es *turfs* o *turves* ∎ n [U] **2** ⇨terreno: *This is my turf* - Este es mi terreno

turf² UK: /tɜːf/ US: /tɝːf/

| PHRASAL VERBS
· **to turf sb out [M]** *UK (inform)* ⇨echar a alguien [de un lugar o de una organización]

Turk UK: /tɜːk/ US: /tɝːk/ n [c] ⇨turco,ca

≣T

turkey *n* [C, U] ⇨pavo,va ⇨guajolote *AMÉR.;* ⇨guajalote *AMÉR.*

Turkey UK: /'tɜː.ki/ US: /'tɝː-/ *n* [U] ⇨Turquía: *When are you going to Turkey? - ¿Cuándo te vas a Turquía?*

Turkish UK: /'tɜː.kɪʃ/ US: /'tɝː-/ *adj* ⇨turco,ca

turmoil UK: /'tɜː.mɔɪl/ US: /'tɝː-/ *n* [U, NO PL] ⇨confusión ⇨caos

† **turn¹** UK: /tɜːn/ US: /tɝːn/ *v* [T, I] **1** ⇨girar ⇨dar vueltas **2** ⇨torcer ⇨girar ⇨enchuecar *AMÉR. col.;* ⇨voltear *AMÉR.* **3** ⇨volverse ⇨darse la vuelta ■ CONSTR. Se usa generalmente seguido de la preposición round **4** ⇨cumplir [años] **5** *to turn the page* - pasar la página **6** *to ~ {black/blue/red...}* ⇨ponerse {negro,gra/azul/rojo,ja...}

| PHRASAL VERBS

· **to turn around 1** ⇨darse la vuelta ⇨girarse ⇨voltearse *AMÉR.* **2** *(un negocio)* ⇨recuperarse

· **to turn sb away** [M] ⇨no dejar entrar a alguien

· **to turn (sb) back** ⇨volver ⇨darse la vuelta [y volver] ⇨hacer regresar

· **to turn sth down** [M] *(el volumen)* ⇨bajar

· **to turn sth/sb down** [M] ⇨rechazar

· **to turn sb off** ⇨repugnar

· **to turn sth {off/on}** [M] ⇨{apagar/encender} algo

· **to turn out 1** ⇨resultar **2** ⇨asistir

· **to turn sth over** [M] **1** ⇨dar la vuelta a algo ⇨voltear algo **2** ⇨darle vueltas a algo

· **to turn round** ⇨darse la vuelta ⇨girarse ⇨voltearse *AMÉR.*

· **to turn to sb** ⇨recurrir a alguien

· **to turn up** *(inform)* ⇨llegar ⇨aparecer ⇨venir

└· **to turn sth up** [M] *(el volumen)* ⇨subir

† **turn²** UK: /tɜːn/ US: /tɝːn/ *n* [C] **1** ⇨turno: *It's your turn* - Es tu turno **2** ⇨giro: *to take a turn to the right* - hacer un giro a la derecha **3** ⇨vuelta **4** *in ~* ⇨uno tras otro, una tras otra **5** *to do sb a good ~* ⇨hacer una buena acción a alguien **6** *to do sb a good ~* ⇨hacer un favor a alguien **7** *to take turns* ⇨turnarse ■ CONSTR. 1. to take turns + doing sth 2. to take turns + to do sth

turning UK: /'tɜː.nɪŋ/ US: /'tɝː-/ *UK n* [C] *(de una calle)* ⇨bocacalle

turning point *n* [C] ⇨momento crítico ⇨punto de inflexión

turnip UK: /'tɜː.nɪp/ US: /'tɝː-/ *n* [C] ⇨nabo

turnout UK: /'tɜːn.aʊt/ US: /'tɝːn-/ *n* [C] **1** *(a un espectáculo, a un evento)* ⇨asistencia **2** *(en una elección)* ⇨participación

turnover UK: /'tɜːnˌəʊ.vəʳ/ US: /'tɝːnˌoʊ.vɚ/ ■ *n* [C, U] **1** ⇨facturación: *annual turnover* - facturación

anual ■ *n* [U, NO PL] **2** *(de empleados)* ⇨renovación ⇨movimiento

turpentine UK: /'tɜː.pⁿn.taɪn/ US: /'tɝː-/ *n* [U] ⇨aguarrás

turquoise¹ UK: /'tɜː.kwɔɪz/ US: /'tɝː.kɔɪz/ *n* [C, U] **1** *(mineral)* ⇨turquesa **2** *(color)* ⇨turquesa

turquoise² UK: /'tɜː.kwɔɪz/ US: /'tɝː-/ *adj (color)* ⇨turquesa

turret /'tʌr.ət/ *n* [C] ⇨torre pequeña [en un edificio]

turtle UK: /'tɜː.tl̩/ US: /'tɝː.t̬l/ *n* [C] ⇨tortuga [marina]

turtleneck UK: /'tɜː.tl̩.nek/ US: /'tɝː.-]-/ *US (UK polo neck)* *n* [C] **1** ⇨jersey de cuello alto **2** ⇨camiseta de cuello alto **3** *(en una prenda de vestir)* ⇨cuello alto

tusk /tʌsk/ *n* [C] *(en los elefantes, morsas y otros animales)* ⇨colmillo

† **tutor** UK: /'tjuː.təʳ/ US: /'tuː.ət̬/ *n* [C] **1** ⇨profesor,-a particular **2** *UK (en un centro de enseñanza)* ⇨tutor,-a

tutorial UK: /tjuːˈtɔː.ri.əl/ US: /tuːˈtɔːr.i-/ *n* [C] **1** *(período de estudio)* ⇨tutoría **2** *(en informática)* ⇨manual de instrucciones ⇨tutorial

tux *US n* [C] *(inform)* ⇨esmoquin

tuxedo UK: /tʌkˈsiː.dəʊ/ US: /-doʊ/ *US (UK dinner jacket)* *n* [C] ⇨esmoquin

† **TV** /ˌtiːˈviː/ *n* [C, U] ⇨forma abreviada de **television** (televisión)

twang /twæŋ/ *n* [C] **1** ⇨voz gangosa **2** ⇨acento nasal **3** *(en un instrumento de cuerda)* ⇨tañido

tweezers UK: /'twiː.zəz/ US: /-zɚz/ *n* [PL] *(de cosmética)* ⇨pinzas: *a pair of tweezers* - unas pinzas de depilar

twelfth¹ /twelfθ/ **1** ⇨duodécimo,ma **2** *(para las fechas)* ⇨doce **3** *It is his twelfth birthday today* - Hoy cumple doce años ■ Se puede escribir también *12th*

twelfth² /twelfθ/ *n* [C] ⇨doceavo ⇨doceava parte ⇨duodécimo ⇨duodécima parte

† **twelve** /twelv/ ⇨doce: *There are twelve of them* - Son doce; *He is twelve years old* - Tiene doce años

twentieth UK: /'twen.ti.əθ/ US: /-ˤt̬i-/ **1** ⇨vigésimo,ma **2** *(para las fechas)* ⇨veinte ■ Se puede escribir también *20th*

† **twenty** UK: /'twen.ti/ US: /-ˤt̬i/ ⇨veinte

† **twice** /twaɪs/ *adv* ⇨dos veces: *I don't like saying things twice* - No me gusta decir las cosas dos veces

twig /twɪg/ *n* [C] ⇨ramita

twilight /'twaɪ.laɪt/ *n* [U] **1** ⇨crepúsculo **2** ⇨ocaso ⇨decadencia

† **twin** /twɪn/ *n* [C] **1** ⇨gemelo,la ⇨cuate,ta *AMÉR.* **2** ⇨mellizo,za

twinge /twɪndʒ/ *n* [C] ⇨punzada [de dolor]

T ▬

twinkle /'twɪŋ.kļ/ [twinkled, twinkling] *v* [I] ⇒brillar ⇒centellear

twirl UK: /twɜːl/ US: /twɝːl/ ▮ *v* [T] **1** ⇒girar ⇒dar vueltas ▮ *v* [I] **2** ⇒darse vueltas ⇒girar ▪ CONSTR. *Se usa generalmente seguido de una preposición o un adverbio*

† **twist¹** /twɪst/ ▮ *v* [T] **1** ⇒girar ⇒enroscar **2** ⇒torcer(se): *to twist one's ankle* - torcerse el tobillo **3** ⇒tergiversar ▮ *v* [T, I] **4** *(una parte del cuerpo)* ⇒retorcer(se) ⇒girar(se) **5** ⇒serpentear: *The path twisted up the hill* - El camino serpenteaba colina arriba

twist² /twɪst/ *n* [c] **1** ⇒giro inesperado **2** ⇒torcedura **3** ⇒recodo ⇒curva **4** *(baile)* ⇒twist **5** *a twist of lemon* - una rodajita torcida de limón

twit /twɪt/ *n* [c] *(inform)* ⇒lelo,la *desp.*

twitch¹ /twɪtʃ/ *v* [T, I] ⇒mover(se) [nerviosamente]: *The rabbit twitched its ears* - El conejo movió las orejas

twitch² /twɪtʃ/ *[pl* twitches] *n* [c] ⇒tirón

twitter UK: /'twɪt.əʳ/ US: /'twɪ.ə/ *v* [I] **1** *(un pájaro)* ⇒piar **2** *(una persona)* ⇒parlotear *col.;* ⇒hablar nerviosamente

† **two** /tuː/ **1** ⇒dos: *There are two of them* - Son dos; *He is two years old* - Tiene dos años **2** to put ~ and ~ together ⇒atar cabos

two-way /'tuː.weɪ/ *adj* ⇒de doble dirección: *a two-way street* - una calle de doble dirección

tycoon /taɪ'kuːn/ *n* [c] ⇒magnate: *a property tycoon* - un magnate inmobiliario

† **type¹** /taɪp/ *n* [c] ⇒tipo: *What type of clothes do you like?* - ¿Qué tipo de ropa te gusta?

type² /taɪp/ [typed, typing] *v* [T, I] ⇒escribir a máquina ⇒tipear *AMÉR.*

typeface *n* [c, U] *(de un documento)* ⇒tipo de letra

typewriter UK: /'taɪp.raɪ.təʳ/ US: /-t̬ə/ *n* [c] ⇒máquina de escribir

typhoon /taɪ'fuːn/ *n* [c] ⇒tifón

typical /'tɪp.ɪ.kᵊl/ *adj* ⇒típico,ca: *a typical tourist* - un turista típico

typically /'tɪp.ɪ.kli/ *adv* **1** ⇒típicamente: *typically English* - típicamente inglés **2** ⇒por regla general

typify /'tɪp.ɪ.faɪ/ [typifies, typified] *v* [T] ⇒caracterizar ⇒particularizar

typing /'taɪ.pɪŋ/ *n* [U] ⇒mecanografía: *typing error* - errata (al escribir a máquina)

typist /'taɪ.pɪst/ *n* [c] ⇒mecanógrafo,fa

tyranny /'tɪr.ᵊn.i/ *[pl* tyrannies] *n* [c, U] **1** *(conducta)* ⇒tiranía **2** *(gobierno)* ⇒tiranía

tyrant UK: /taɪə.rᵊnt/ US: /'taɪ-/ *n* [c] ⇒tirano,na

† **tyre** UK: /taɪəʳ/ US: /taɪr/ *UK* (*US* **tire**) *n* [c] ⇒neumático ⇒llanta *AMÉR.;* ⇒rueda

≡T

U

u /ju:/ [*pl* u's] *n* [c] *(letra del alfabeto)* ⇒u ■ Pron. Se pronuncia como *you*

ubiquitous UK: /ju:'bɪk.wɪ.təs/ US: /-wə.ˤtəs/ *adj* *(form)* ⇒ubicuo,cua

UFO UK: /ˌjuː.efˈəʊ/ US: /-ˈoʊ/ *n* [c] ⇒ovni ■ Procede de *Unidentified Flying Object* (objeto volador no identificado)

Uganda /ju:'gæn.də/ *n* [U] ⇒Uganda

Ugandan /ju:'gæn.dən/ *adj, n* [c] ⇒ugandés,-a

ugh /ʊx, ɜ:/ *excl* ⇒¡puaj!: *Ugh, that's disgusting!* - ¡Puaj, es asqueroso!

† **ugly** /ˈʌg.li/ *adj* [*comp* uglier, *superl* ugliest] **1** ⇒feo,a **2** *(una situación)* ⇒feo,a ⇒alarmante

Ukraine /ju:'kreɪn/ *n* [U] ⇒Ucrania

Ukrainian /ju:'kreɪ.ni.ən/ *adj, n* [c] ⇒ucraniano,na ⇒ucranio,na

ulcer UK: /ˈʌl.sə/ US: /-sə/ *n* [c] *(en medicina)* ⇒úlcera

† **ultimate** UK: /ˈʌl.tɪ.mət/ US: /-ə-/ *adj* **1** ⇒último,ma **2** ⇒definitivo,va **3** ⇒supremo,ma ⇒máximo,ma

ultimatum UK: /ˌʌl.tɪˈmeɪ.təm/ US: /-əˈmeɪ.əm/ *n* [c] ⇒ultimátum

† **umbrella** /ʌmˈbrel.ə/ *n* [c] **1** ⇒paraguas **2** *US* ⇒sombrilla grande

umpire UK: /ˈʌm.paɪə/ US: /-paɪr/ *n* [c] *(en tenis, en cricket, en béisbol)* ⇒árbitro,tra

UN /ˌjuːˈen/ *n* [NO PL] ⇒ONU ■ Procede de *United Nations* (Naciones Unidas)

† **unable** /ʌnˈeɪ.bl/ *adj* **1** ⇒incapaz: *I looked at him, unable to say a word* - Lo miré, incapaz de decir una palabra **2** *I'm sorry, I'm unable to help you at the moment* - Lo siento, me es imposible ayudarte en este momento **3** *He was unable to come* - No ha podido venir ■ Pron. Rima con *table*

† **unacceptable** /ˌʌn.əkˈsep.tə.bl/ *adj* ⇒inaceptable

unadventurous *adj* ⇒cauto,ta ⇒cauteloso,sa ⇒poco atrevido,da

unaffected /ˌʌn.əˈfek.tɪd/ *adj* **1** ⇒no afectado,da ⇒impasible **2** *(una persona o su comportamiento)* ⇒sincero,ra ⇒natural

unanimous /ju:'næn.ɪ.məs/ *adj* ⇒unánime: *a unanimous decision* - una decisión unánime

unarmed UK: /ʌnˈɑːmd/ US: /-ˈɑːrmd/ *adj* ⇒desarmado,da ⇒sin armas ■ Pron. La *e* no se pronuncia

unattractive /ˌʌn.əˈtræk.tɪv/ *adj* ⇒poco atractivo,va

unavailable /ˌʌn.əˈveɪ.lə.bl/ *adj* ⇒no disponible

unavoidable /ˌʌn.əˈvɔɪ.də.bl/ *adj* ⇒inevitable: *I'm afraid that it is unavoidable* - Me temo que no podemos evitarlo

† **unaware** UK: /ˌʌn.əˈweə/ US: /-ˈwer/ *adj* **1** *(sin saber)* ⇒inconsciente **2** *to be unaware of a problem* - ignorar un problema ■ Constr. Se usa detrás de un verbo

unbearable UK: /ʌnˈbeə.rə.bl/ US: /-ˈber.ə-/ *adj* ⇒insoportable: *That smell is unbearable!* - ¡Ese olor es insoportable!

unbeatable UK: /ʌnˈbiː.tə.bl/ US: /-ˤtə-/ *adj* **1** ⇒insuperable ⇒inmejorable **2** ⇒invencible

unbeaten /ʌnˈbiː.tⁿn/ *adj* *(un competidor)* ⇒invicto,ta

† **unbelievable** /ˌʌn.bɪˈliː.və.bl/ *adj* ⇒increíble

unbroken UK: /ʌnˈbrəʊ.kⁿn/ US: /-ˈbroʊ-/ *adj* **1** ⇒continuado,da ⇒ininterrumpido,da **2** ⇒intacto,ta **3** *(espíritu)* ⇒sin quebrantar

uncanny /ʌnˈkæn.i/ *adj* [*comp* uncannier, *superl* uncanniest] **1** ⇒sorprendente ⇒asombroso,sa **2** ⇒misterioso,sa ⇒raro,ra

† **uncertain** UK: /ʌnˈsɜː.tⁿn/ US: /-ˈsɜː-/ *adj* **1** *(una persona)* ⇒indeciso,sa ⇒titubeante **2** *(una situación)* ⇒dudoso,sa ⇒inseguro,ra

uncertainly UK: /ʌnˈsɜː.tⁿn.li/ US: /-ˈsɜː-/ *adv* ⇒con vacilación ⇒de manera insegura

† **unchanged** /ʌnˈtʃeɪndʒd/ *adj* ⇒igual ⇒sin cambiar ⇒inalterado

† **uncle** /ˈʌŋ.kl/ *n* [c] *(pariente)* ⇒tío

† **unclear** UK: /ʌnˈklɪə/ US: /-ˈklɪr/ *adj* ⇒poco claro,ra: *These instructions are unclear* - Estas instrucciones son poco claras; *I'm still unclear about it* - Todavía no lo tengo claro

† **uncomfortable** UK: tUS: /-ˈkʌmp.fə.ə-/ *adj* ⇒incómodo,da: *an uncomfortable situation* - una situación incómoda

uncomfortably UK: /ʌnˈkʌmpf.tə.bli/ US: /-ˈkʌmp.fɚ.ə-/ *adv* ⇒de forma incómoda

uncommon UK: /ʌnˈkɒm.ən/ US: /-ˈkɑː.mən/ *adj* ⇒poco corriente ⇒poco común ⇒insólito,ta

uncompromising UK: /ʌnˈkɒm.prə.maɪ.zɪŋ/ US: /-ˈkɑːm-/ *adj* ⇒intransigente ⇒inflexible

unconcerned UK: /ˌʌn.kənˈsɜːnd/ US: /-ˈsɜːnd/ *adj* ⇒despreocupado,da ⇒indiferente

unconditional /ˌʌn.kənˈdɪʃ.ⁿn.ᵊl/ *adj* ⇒sin condiciones ⇒incondicional

†**unconscious** UK: /ʌnˈkɒn.tʃəs/ US: /-ˈkɑːn-/ *adj* ⇒inconsciente: *He was unconscious for several minutes* - Se quedó inconsciente durante unos minutos

uncontrollable UK: /ˌʌn.kənˈtrəʊ.lə.bl/ US: /-ˈtrəʊ-/ *adj* ⇒incontrolable ⇒incontenible

unconventional /ˌʌn.kənˈven.tʃⁿn.ᵊl/ *adj* ⇒inusual ⇒poco convencional

unconvincing /ˌʌn.kənˈvɪnt.sɪŋ/ *adj* ⇒poco convincente: *Your arguments are quite unconvincing* - Tus argumentos son muy poco convincentes

uncountable UK: /ʌnˈkaun.tə.bl/ US: /-ˈţə-/ *adj* *(en gramática)* ⇒incontable ■ Ver cuadro countable / uncountable nouns

uncouth /ʌnˈkuːθ/ *adj* ⇒grosero,ra ⇒rudo,da

†**uncover** UK: /ʌnˈkʌv.əʳ/ US: /-ɚ/ *v* [T] **1** ⇒destapar: *He uncovered the pot and tasted the food* - Destapó la olla y probó la comida **2** ⇒descubrir ⇒destapar

undated UK: /ʌnˈdeɪ.tɪd/ US: /-ɪd/ *adj* *(un documento)* ⇒sin fechar ⇒sin datar

undecided /ˌʌn.dɪˈsaɪ.dɪd/ *adj* **1** *(una persona):* *He is undecided* - No ha decidido todavía **2** *(una situación)* ⇒pendiente ⇒no resuelto,ta

undeniable /ˌʌn.dɪˈnaɪ.ə.bl/ *adj* ⇒innegable ⇒indudable

†**under** UK: /ˈʌn.dəʳ/ US: /-dɚ/ *prep* **1** ⇒debajo de ⇒bajo **2** ⇒bajo **3** *(edad)* ⇒menor de **4** ⇒menos de **5** ⇒con **6** ⇒en el apartado

undercook UK: /ˌʌn.dəˈkʊk/ US: /-dɚ-/ *v* [T] *(un alimento)* ⇒cocinar menos de lo debido ■ CONSTR. Se usa más en pasiva

undercooked UK: /ˌʌn.dəˈkʊkt/ US: /-dɚ-/ *adj* *(un alimento)* ⇒poco hecho,cha

undercover UK: /ˌʌn.dəˈkʌv.əʳ/ US: /-dɚˈkʌv.ɚ/ *adj, adv* **1** ⇒secreto,ta ⇒clandestino,na **2** ⇒en secreto

underdog UK: /ˈʌn.də.dɒg/ US: /-dɚ.dɑːg/ **the ~** ⇒el que tiene menos posibilidades de ganar en un juego ⇒el más débil, la más débil

†**underestimate** UK: /ˌʌn.dəˈres.tɪ.meɪt/ US: /-dɚˈes-/ [underestimated, underestimating] *v* [T, I] ⇒infravalorar ⇒subestimar

†**undergo, underwent, undergone** UK: /ˌʌn.dəˈgəʊ/ US: /-dɚˈgoʊ/ [undergoes] *v* [T] ⇒sufrir ⇒someter(se)

undergone past participle of **undergo**

undergraduate UK: /ˌʌn.dəˈgræd.ju.ət/ US: /-dɚ-/ *n* [C] ⇒estudiante universitario,ria

underground¹ UK: /ˌʌn.dəˈgraund/ US: /-dɚ-/ *adj, adv* **1** ⇒subterráneo,a ⇒bajo tierra **2** ⇒clandestino,na **3** *(cultura)* ⇒alternativo,va ⇒underground

underground² UK: /ˈʌn.də.graund/ US: /-dɚ-/ *UK* *(US* **subway***)* *n* [NO PL] *(medio de transporte)* ⇒metro ⇒subterráneo AMÉR.

undergrowth UK: /ˈʌn.də.grəʊθ/ US: /-dɚ.groʊθ/ *n* [U] ⇒maleza ⇒matorrales

underlain past participle of **underlie**

underlay UK: /ˈʌn.də.leɪ/ US: /-dɚ.leɪ/ past tense of **underlie**

†**underlie, underlay, underlain** UK: /ˌʌn.dəˈlaɪ/ US: /-dɚ-/ [underlying] *v* [T] ⇒subyacer

†**underline** UK: /ˌʌn.dəˈlaɪn/ US: /-dɚ-/ [underlined, underlining] *v* [T] ⇒subrayar: *Underline the words that begin with «b»* - Subraye las palabras que empiezan por «b»

underlying UK: /ˌʌn.dəˈlaɪ.ɪŋ/ US: /-dɚ-/ *adj* ⇒subyacente

†**undermine** UK: /ˌʌn.dəˈmaɪn/ US: /-dɚ-/ [undermined, undermining] *v* [T] ⇒socavar ⇒minar

†**underneath** UK: /ˌʌn.dəˈniːθ/ US: /-dɚ-/ *adv, prep* **1** ⇒debajo de ⇒por debajo de **2** ⇒debajo

underpants UK: /ˈʌn.də.pænts/ US: /-dɚ-/ *n* [PL] ⇒calzoncillos: *a pair of underpants* - unos calzoncillos

underpass UK: /ˈʌn.də.pɑːs/ US: /-dɚ.pæs/ [*pl* underpasses] *(UK tb* **subway***)* *n* [C] ⇒paso subterráneo

underprivileged UK: /ˌʌn.dəˈprɪv.ɪ.lɪdʒd/ US: /-dɚ-/ *adj* ⇒marginado,da

undershirt UK: /ˈʌn.də.ʃɜːt/ US: /-dɚ.ʃɜːt/ *US* *(UK* **vest***)* *n* [C] ⇒camiseta [interior] ⇒franela AMÉR.

underside UK: /ˈʌn.də.saɪd/ US: /-dɚ-/ *n* [C] **1** ⇒parte de abajo **2** *(de un coche)* ⇒bajos

†**understand, understood, understood** UK: /ˌʌn.dəˈstænd/ US: /-dɚ-/ *v* [T, I] **1** ⇒comprender ⇒entender ■ CONSTR. 1. to understand + (that) 2. to understand + interrogativa indirecta **2** ⇒explicarse ■ CONSTR. to understand + interrogativa indirecta

understandable UK: /ˌʌn.dəˈstæn.də.bl/ US: /-dɚ-/ *adj* ⇒comprensible

understanding¹ UK: /ˌʌn.dəˈstæn.dɪŋ/ US: /-dɚ-/ ■ *n* [U] **1** ⇒comprensión ■ *n* [C] **2** ⇒entendimiento ⇒acuerdo

†**understanding²** UK: /ˌʌn.dəˈstæn.dɪŋ/ US: /-dɚ-/ *adj* **1** ⇒comprensivo,va **2** ⇒condescendiente

understatement UK: /ˌʌn.dəˈsteɪt.mənt/ US: /-dɚ-/ n [U, NO PL] ⇒eufemismo

understood past tense and past participle forms of **understand**

†**undertake, undertook, undertaken** UK: /ˌʌn.dəˈteɪk/ US: /-dɚ-/ [undertaking] v [T] **1** *(form)* ⇒emprender ⇒abordar **2** to ~ to do *sth (form)* ⇒comprometerse a hacer algo

undertaken past participle of **undertake**

undertaker UK: /ˈʌn.dəˌteɪ.kəʳ/ US: /-dɚˌteɪ.kɚ/ n [C] ⇒director,-a de pompas fúnebres

undertaking UK: /ˌʌn.dəˈteɪ.kɪŋ/ US: /ˈʌn.dɚˌteɪ.kɪŋ/ n [C] ⇒empresa ⇒tarea

undertook past tense of **undertake**

underwater UK: /ˌʌn.dəˈwɔː.təʳ/ US: /-dɚˈwɑː.ə/ adj, adv **1** ⇒bajo el agua **2** ⇒submarino,na

†**underwear** UK: /ˈʌn.də.weəʳ/ US: /-dɚ.wer/ n [U] ⇒ropa interior

underwent UK: /ˌʌn.dəˈwent/ US: /-dɚ-/ past tense of **undergo**

underworld UK: /ˈʌn.də.wɜːld/ US: /-dɚ.wɜːld/ n [NO PL] **1** ⇒hampa **2** the ~ *(en la mitología)* ⇒el infierno ⇒el averno

undesirable UK: /ˌʌn.dɪˈzaɪə.rə.bl̩/ US: /-ˈzaɪr.ə-/ adj *(form)* ⇒indeseable

undid /ʌnˈdɪd/ past tense of **undo**

undisputed UK: /ˌʌn.dɪˈspjuː.tɪd/ US: /-ɪd/ adj ⇒indiscutible ⇒incuestionable ⇒innegable

†**undo, undid, undone** /ʌnˈduː/ [undoes] v [T] **1** ⇒desatar(se): to undo one's shoelaces - desatarse los cordones de los zapatos **2** ⇒deshacer(se) **3** ⇒desabrochar(se) **4** ⇒anular ⇒deshacer

undone /ʌnˈdʌn/ past participle of **undo**

undoubtedly UK: /ʌnˈdaʊ.tɪd.li/ US: /-ɪd-/ adv ⇒indudablemente ⇒sin duda ■ PRON. La b no se pronuncia y la e se pronuncia como la i en did

†**undress** /ʌnˈdres/ [undresses] v [T, I] ⇒desnudar(se) ⇒quitar(se) la ropa

undressed /ʌnˈdrest/ adj ⇒desnudo,da ⇒biringo,ga AMÉR. col.; ⇒pilucho,cha AMÉR. col.

undue UK: /ʌnˈdjuː/ US: /-ˈduː/ adj *(form)* ⇒excesivo,va ⇒demasiado,da

unearth UK: /ʌnˈɜːθ/ US: /-ˈɝːθ/ v [T] **1** ⇒desvelar ⇒sacar a la luz **2** ⇒desenterrar

unease n [U] **1** ⇒inquietud ⇒malestar ⇒desasosiego **2** ⇒insatisfacción

†**uneasy** /ʌnˈiː.zi/ adj [comp uneasier, superl uneasiest] **1** ⇒inquieto,ta ⇒preocupado,da **2** *(una situación)* ⇒incómodo,da

†**unemployed** UK: /ˌʌn.ɪmˈplɔɪd/ adj *(una persona)* ⇒parado,da ⇒en paro ⇒sin trabajo ■ PRON. La última e no se pronuncia

unemployment /ˌʌn.ɪmˈplɔɪ.mənt/ n [U] ⇒desempleo ⇒paro

unequal /ʌnˈiː.kwəl/ adj **1** *(form)* ⇒desigual **2** ⇒injusto,ta **3** to be unequal to sth - no dar la talla para hacer algo

unethical /ʌnˈeθ.ɪ.kəl/ adj ⇒poco ético,ca ⇒inmoral

†**uneven** /ʌnˈiː.vən/ adj ⇒irregular ⇒desigual

uneventful /ˌʌn.ɪˈvent.fəl/ adj **1** ⇒apacible ⇒tranquilo,la **2** ⇒sin incidentes

†**unexpected** /ˌʌn.ɪkˈspek.tɪd/ adj ⇒inesperado,da ⇒imprevisto,ta ■ PRON. La última e se pronuncia como la i en did

unfair UK: /ʌnˈfeəʳ/ US: /-ˈfer/ adj ⇒injusto,ta

unfairness UK: /ʌnˈfeə.nəs/ US: /-ˈfer-/ n [U] ⇒injusticia

unfaithful /ʌnˈfeɪθ.fəl/ adj ⇒infiel

†**unfamiliar** UK: /ʌn.fəˈmɪl.i.əʳ/ US: /-jɚ/ adj **1** ⇒desconocido,da ⇒extraño **2** to be ~ with sth ⇒no estar familiarizado,da con algo

unfashionable /ʌnˈfæʃ.ən.ə.bl̩/ adj ⇒pasado,da de moda

unfasten UK: /ʌnˈfɑː.sən/ US: /-ˈfæs-/ v [T, I] **1** ⇒desatar: to unfasten a knot - desatar un nudo **2** ⇒desabrochar ⇒soltar

unfavourable UK: /ʌnˈfeɪ.vər.ə.bl̩/ US: /-vɚ-/ UK adj **1** ⇒desfavorable **2** ⇒adverso,sa ⇒hostil

unfinished /ʌnˈfɪn.ɪʃt/ adj ⇒inconcluso,sa ⇒incompleto,ta

†**unfit** /ʌnˈfɪt/ adj **1** UK *(una persona)* ⇒en baja forma **2** ⇒inadecuado,da **3** ⇒no apto: unfit for human consumption - no apto para el consumo humano

unfold UK: /ʌnˈfəʊld/ US: /-ˈfoʊld/ ■ v [I] **1** ⇒revelar(se) ⇒desplegar(se) ■ v [T] **2** ⇒relatar ■ v [T, I] **3** ⇒desplegar **4** ⇒abrir

unforeseen /ˌʌn.fəˈsiːn/ US: /-fɚ-/ adj ⇒imprevisto: unforeseen circumstances - circunstancias imprevistas

unforgettable UK: /ˌʌn.fəˈget.ə.bl̩/ US: /-fɚˈge-/ adj ⇒inolvidable

†**unfortunate** UK: /ʌnˈfɔː.tʃən.ət/ US: /-ˈfɔːr-/ adj **1** ⇒desafortunado,da ⇒desgraciado,da **2** *(un comentario)* ⇒desacertado,da ⇒inoportuno,na **3** *(un accidente)* ⇒desgraciado,da **4** How unfortunate! - ¡Qué mala suerte!

unfortunately UK: /ʌnˈfɔː.tʃən.ət.li/ US: /-ˈfɔːr-/ adv ⇒desafortunadamente ⇒desgraciadamente

†**unfriendly** /ʌnˈfrend.li/ adj [comp unfriendlier, superl unfriendliest] **1** ⇒antipático,ca **2** ⇒poco amistoso,sa **3** ⇒hostil

ungrateful /ʌnˈgreɪt.fəl/ adj ⇒desagradecido,da ⇒ingrato,ta

unhappily /ʌnˈhæp.ɪ.li/ adv **1** ⇒tristemente **2** ⇒desgraciadamente

unhappiness /ʌnˈhæp.ɪ.nəs/ n [U] ⇒infelicidad ⇒tristeza

U

† **unhappy** /ʌnˈhæp.i/ *adj* [*comp* unhappier, *superl* unhappiest] **1** ⇔infeliz ⇔desgraciado,da **2** to be ~ {about/at/with} *sth* ⇔estar descontento,ta por algo

unharmed UK: /ʌnˈhɑːmd/ US: /-ˈhɑːrmd/ *adj* ⇔ileso,sa: *She escaped unharmed from the accident* - Salió ilesa del accidente ■ CONSTR. Se usa detrás de un verbo

unhealthy /ʌnˈhel.θi/ *adj* [*comp* unhealthier, *superl* unhealthiest] **1** ⇔enfermizo,za **2** ⇔perjudicial ⇔insalubre **3** *(un interés)* ⇔morboso,sa ⇔malsano,na

unhelpful /ʌnˈhelp.fᵊl/ *adj* **1** ⇔de poca ayuda **2** ⇔poco servicial

unhurt UK: /ʌnˈhɜːt/ US: /-ˈhɜːt/ *adj* ⇔ileso,sa: *They walked away from the car accident unhurt* - Salieron ilesos del accidente de coche

unicycle /ˈjuː.nɪˌsaɪ.kl̩/ *n* [C] *(vehículo)* ⇔monociclo

unidentified UK: /ˌʌn.aɪˈden.tɪ.faɪd/ US: /-ə-/ *adj* ⇔sin identificar ⇔no identificado,da

uniform[1] UK: /ˈjuː.nɪ.fɔːm/ US: /-fɔːrm/ *n* [C, U] **1** ⇔uniforme: *a police uniform* - un uniforme de policía **2** in ~ ⇔de uniforme

uniform[2] UK: /ˈjuː.nɪ.fɔːm/ US: /-fɔːrm/ *adj* ⇔uniforme: *uniform treatment* - trato uniforme

unify /ˈjuː.nɪ.faɪ/ [unifies, unified] *v* [T] ⇔unificar: *to unify a team* - unificar a un equipo

† **unimportant** UK: /ˌʌn.ɪmˈpɔː.tᵊnt/ US: /-ˈpɔːr-/ *adj* **1** ⇔poco importante **2** ⇔sin importancia ⇔irrelevante

uninhabited UK: /ˌʌn.ɪnˈhæb.ɪ.tɪd/ US: /-t̬ɪd/ *adj* ⇔deshabitado,da ⇔desierto,ta ■ PRON. La e se pronuncia como la i en *did*

uninhibited UK: /ˌʌn.ɪnˈhɪb.ɪ.tɪd/ US: /-ˈt̬ɪd/ *adj* ⇔desinhibido,da

uninterested UK: /ʌnˈɪn.tᵊr.es.tɪd/ US: /-t̬ə-/ *adj* ⇔indiferente ⇔no interesado,na

† **union** /ˈjuː.ni.ən/ ■ *n* [C] **1** ⇔sindicato ■ *n* [U, NO PL] **2** *(de personas)* ⇔unión ⇔asociación **3** ⇔unión

† **unique** /juˈniːk/ *adj* **1** ⇔único,ca **2** to be ~ to *sth/sb* ⇔ser exclusivo,va de ⇔darse únicamente en

unison /ˈjuː.nɪ.sᵊn/ in ~ ⇔al unísono

† **unit** /ˈjuː.nɪt/ *n* [C] **1** *(en una organización)* ⇔unidad **2** *(medida)* ⇔unidad **3** ⇔módulo [de un mueble]: *kitchen units* - módulos de cocina

† **unite** /juˈnaɪt, juː-/ [united, uniting] *v* [T, I] ⇔unir(se): *They united in marriage six years ago* - Se unieron en matrimonio hace seis años

united /juˈnaɪ.tɪd, juː-/ US: /-ˈt̬ɪd/ *adj* ⇔unido,da

unity UK: /ˈjuː.nɪ.ti/ UK: /juː-/ US: /-nə.i/ *n* [U] ⇔unidad ⇔armonía

† **universal** UK: /ˌjuː.nɪˈvɜː.sᵊl/ US: /-ˈvɜː-/ *adj* ⇔universal

† **universe** UK: /ˈjuː.nɪ.vɜːs/ US: /-vɜːs/ *n* [C, NO PL] ⇔universo

† **university** UK: /ˌjuː.nɪˈvɜː.sɪ.ti/ US: /-ˈvɜː.sə.i/ [*pl* universities] *n* [C] ⇔universidad: *to be at university* - estar en la universidad

unjust UK: /ʌnˈdʒʌst/ *adj* ⇔injusto,ta: *an unjust system* - un sistema injusto ■ Es algo más formal que *unfair*

unkempt /ʌnˈkempt/ *adj* **1** *(un aspecto)* ⇔desaliñado,da ⇔descuidado,da **2** *(el pelo)* ⇔despeinado,da

† **unkind** /ʌnˈkaɪnd/ *adj* ⇔poco amable ⇔antipático,ca ⇔cruel

† **unknown** UK: /ʌnˈnəʊn/ US: /-ˈnoʊn/ *adj* ⇔desconocido,da

unlawful UK: /ʌnˈlɔː.fᵊl/ US: /-ˈlɑː-/ *adj* *(form)* ⇔ilegal

unleaded /ʌnˈled.ɪd/ *adj* ⇔sin plomo: *unleaded petrol* - gasolina sin plomo

unleash /ʌnˈliːʃ/ [unleashes] *v* [T] **1** ⇔desencadenar ⇔desatar **2** *(un perro)* ⇔soltar

† **unless** /ənˈles/ *conj* ⇔si no ⇔a no ser que ⇔a menos que

unlike[1] /ʌnˈlaɪk/ *prep* **1** ⇔a diferencia de: *Unlike me, my sister likes sports* - A diferencia de mí, mi hermana le gusta el deporte **2** ⇔raro en ⇔impropio de

unlike[2] /ʌnˈlaɪk/ *adj* ⇔distinto,ta [de algo] ■ CONSTR. Se usa detrás de un verbo

† **unlikely** /ʌnˈlaɪ.kli/ *adj* [*comp* unlikelier, *superl* unlikeliest] **1** ⇔improbable ⇔poco probable **2** ⇔inverosímil: *an unlikely excuse* - una excusa inverosímil

unlimited UK: /ʌnˈlɪm.ɪ.tɪd/ US: /-ɪd/ *adj* ⇔ilimitado,da

unload UK: /ʌnˈləʊd/ US: /-ˈloʊd/ *v* [T, I] ⇔descargar: *to unload a lorry* - descargar un camión

† **unlock** UK: /ʌnˈlɒk/ US: /-ˈlɑːk/ *v* [T] ⇔abrir [con llave]: *Can you unlock the door, please?* - ¿Puedes abrir la puerta?

unluckily /ʌnˈlʌk.ɪ.li/ *adv* ⇔desgraciadamente

† **unlucky** /ʌnˈlʌk.i/ *adj* [*comp* unluckier, *superl* unluckiest] ⇔desafortunado,da ⇔salado,da AMÉR.

unmanned /ʌnˈmænd/ *adj* **1** *(una nave)* ⇔sin tripulación **2** *(una instalación militar)* ⇔desguarnecido,da ■ PRON. La e no se pronuncia

unmarried UK: /ʌnˈmær.ɪd/ US: /-ˈmer-/ *adj* ⇔soltero,ra

unmistakable /ˌʌn.mɪˈsteɪ.kə.bl̩/ *adj* ⇔inconfundible: *That singer's voice is unmistakable* - La voz de ese cantante es inconfundible

unmoved /ʌnˈmuːvd/ *adj* ⇔impasible: *to remain unmoved by sth* - permanecer impasible ante algo

†**unnatural** UK: /ʌn'nætʃ.ªr.ªl/ US: /-ɚ-/ adj 1 ⇔extraño,ña ⇔anormal 2 *(un comportamiento)* ⇔forzado,da ⇔afectado,da

†**unnecessary** /ʌn'nes.ə.ser.i/ adj 1 ⇔prescindible ⇔innecesario,ria 2 *(un comentario o una acción)* ⇔innecesario,ria ⇔gratuito,ta

unnoticed UK: /ʌn'nəʊ.tɪst/ US: /-'noʊ.ɪst/ adj ⇔desapercibido,da: *The mistake went unnoticed* - El error pasó desapercibido

unobtrusive /ˌʌn.əb'truː.sɪv/ adj ⇔discreto,ta

unofficial /ˌʌn.ə'fɪʃ.ªl/ adj ⇔no oficial ⇔extraoficial

unopened adj ⇔sin abrir ■ PRON. La e no se pronuncia

unorthodox UK: /ʌn'ɔː.θə.dɒks/ US: /-'ɔːr.θə.dɑːks/ adj ⇔no ortodoxo,xa ⇔poco ortodoxo,xa

†**unpack** /ʌn'pæk/ v [T, I] 1 ⇔deshacer las maletas ⇔desempacar AMÉR. 2 ⇔desempaquetar

unpaid /ʌn'peɪd/ adj 1 ⇔impagado,da ⇔no pagado,da 2 ⇔no remunerado,da

†**unpleasant** /ʌn'plez.ªnt/ adj 1 ⇔desagradable: *an unpleasant odour* - un olor desagradable 2 *(una persona)* ⇔desagradable ⇔antipático,ca ■ CONSTR. Se usa detrás de un verbo

unpleasantly /ʌn'plez.ªnt.li/ adv ⇔de forma desagradable

unplug [unplugged, unplugging] v [T] ⇔desenchufar: *to unplug the radio* - desenchufar la radio

†**unpopular** UK: /ʌn'pɒp.jʊ.ləʳ/ US: /-'pɑː.pjə.lɚ/ adj ⇔impopular ⇔poco popular

†**unprecedented** UK: /ʌn'pres.ɪ.den.tɪd/ US: /-ɪd/ adj ⇔sin precedentes: *on an unprecedented scale* - a un nivel sin precedentes

†**unpredictable** /ˌʌn.prɪ'dɪk.tə.bl̩/ adj ⇔impredecible ⇔imprevisible

unqualified UK: /ʌn'kwɒl.ɪ.faɪd/ US: /-'kwɑː.lɪ-/ adj 1 ⇔no cualificado,da: *He's unqualified to give medical advice* - No está cualificado para dar consejos médicos 2 *(form)* ⇔rotundo,da ⇔total

unravel /ʌn'ræv.ªl/ [unravelled, unravelling; US unraveled, unraveled] v [T, I] 1 *(un misterio)* ⇔desentrañar(se) ⇔desenmarañar(se) 2 *(una cuerda)* ⇔desenredar(se) 3 *(algo echo con esfuerzo)* ⇔derrumbar(se) ⇔deshacer(se)

unreal UK: /ʌn'rɪəl/ US: /-'riːl/ adj 1 ⇔irreal 2 ⇔alucinante ⇔increíble

†**unrealistic** /ˌʌn.rɪə'lɪs.tɪk/ US: /-riː.ə-/ adj ⇔poco realista

†**unreasonable** /ʌn'riː.zªn.ə.bl̩/ adj 1 ⇔poco razonable 2 ⇔injusto,ta ⇔excesivo,va

†**unreliable** /ˌʌn.rɪ'laɪə.bl̩/ adj 1 *(una persona)* ⇔informal ⇔irresponsable 2 *(un aparato)* ⇔inseguro,ra

⇔poco fiable 3 *(una fuente)* ⇔poco fiable ⇔dudoso,sa

unrest /ʌn'rest/ n [U] 1 ⇔malestar ⇔descontento 2 ⇔disturbios

unroll UK: /ʌn'rəʊl/ US: /-'roʊl/ v [T, I] ⇔desenrollar(se): *to unroll a wire* - desenrollar un cable

unruly /ʌn'ruː.li/ adj [comp unrulier, superl unruliest] 1 ⇔revoltoso,sa: *an unruly child* - un niño revoltoso 2 *(el pelo)* ⇔rebelde

unsafe /ʌn'seɪf/ adj ⇔peligroso,sa

unsatisfactory UK: /ʌnˌsæt.ɪs'fæk.tªr.i/ US: /-ˌsæ.ɪs'fæk.tɚ-/ adj ⇔insatisfactorio,ria ⇔decepcionante

unsavoury UK: /ʌn'seɪ.vªr.i/ US: /-vɚ-/ UK adj 1 *(una película, un comentario)* ⇔desagradable ⇔ofensivo,va 2 *(una persona)* ⇔desagradable ⇔repugnante

unscathed /ʌn'skeɪðd/ adj ⇔ileso,sa: *She escaped unscathed from the accident* - Salió ilesa del accidente ■ CONSTR. Se usa detrás de un verbo

unscramble /ʌn'skræm.bl̩/ [unscrambled, unscrambling] v [T] ⇔descifrar ⇔decodificar

unscrew /ʌn'skruː/ v [T] ⇔desatornillar ⇔desenroscar

unscrupulous /ʌn'skruː.pjʊ.ləs/ adj ⇔sin escrúpulos

unseen /ʌn'siːn/ adj ⇔sin ser visto,ta

unsightly /ʌn'saɪt.li/ adj [comp unsightlier, superl unsightliest] *(form)* ⇔antiestético,ca ⇔feo,a

unskilled /ʌn'skɪld/ adj 1 *(una persona)* ⇔no especializado,da ⇔no cualificado,da 2 *(un trabajo)* ⇔no especializado,da ■ PRON. La e no se pronuncia

unsmiling /ʌn'smaɪ.lɪŋ/ adj ⇔sin sonreír

unsolved UK: /ʌn'zɒlvd/ US: /-'zɑːlvd/ adj ⇔sin resolver

unspoken UK: /ʌn'spəʊ.kªn/ US: /-'spoʊ-/ adj ⇔tácito,ta

unstable /ʌn'steɪ.bl̩/ adj ⇔inestable

unsteady /ʌn'sted.i/ adj [comp unsteadier, superl unsteadiest] 1 ⇔inestable ⇔inseguro,ra 2 *(una mano o una voz)* ⇔tembloroso,sa

unstuck /ʌn'stʌk/ **to come ~** 1 ⇔despegarse 2 UK *(inform)* ⇔irse al traste col.; ⇔fallar

†**unsuccessful** /ˌʌn.sək'ses.fªl/ adj 1 ⇔infructuoso,sa 2 ⇔fallido,da ■ PRON. La primera c se pronuncia como una k y la segunda como una s

†**unsuitable** UK: /ʌn'sjuː.tə.bl̩/ US: /-'suː.ə-/ adj ⇔inadecuado,da ⇔inapropiado,da ⇔no apto,ta

unsure UK: /ʌn'ʃɔːʳ/ US: /-'ʃʊr/ adj 1 *(una persona)* ⇔inseguro,ra 2 *(una persona)* ⇔no seguro,ra [de algo]

unsuspecting /ˌʌn.sə'spek.tɪŋ/ adj 1 ⇔desprevenido,da 2 ⇔confiado,da

unsympathetic UK: /ˌʌn.sɪm.pəˈθet.ɪk/ US: /-ˈθe-/ adj 1 ⇒poco comprensivo,va 2 ⇒adverso,sa ■ Distinto de *unfriendly* (antipático)

untangle /ʌnˈtæŋ.gl/ [untangled, untangling] v [T] 1 *(un nudo)* ⇒desenredar ⇒desenmarañar 2 *(una situación o un problema)* ⇒descifrar ⇒desentrañar

unthinkable /ʌnˈθɪŋ.kə.bl/ adj ⇒inconcebible ⇒impensable

†**untidy** /ʌnˈtaɪ.di/ adj [comp untidier, superl untidiest] ⇒desordenado,da

†**untie** /ʌnˈtaɪ/ [untied, untying] v [T] ⇒desatar(se): *to untie one's shoelaces* - desatarse los cordones de los zapatos

†**until** /ˈn̩tɪl, ˈʌn-/ conj, prep 1 ⇒hasta 2 ⇒hasta que ■ Nunca se usa seguido de un verbo en futuro

untouched /ʌnˈtʌtʃt/ adj 1 ⇒intacto,ta 2 *(un lugar)* ⇒salvaje ⇒virgen 3 ⇒no afectado,da [por algo] 4 *(comida o bebida)* ⇒sin probar

untrue /ʌnˈtruː/ adj ⇒falso,sa: *That is completely untrue* - Eso es completamente falso

unused[1] /ʌnˈjuːzd/ adj ⇒que no se usa ⇒sin usar

unused[2] /ʌnˈjuːst/ **to be ~ to sth/doing sth** ⇒no estar acostumbrado,da a algo ■ PRON. La *e* no se pronuncia

†**unusual** /ʌnˈjuː.ʒu.əl/ adj 1 ⇒inusual ⇒poco corriente 2 ⇒raro,ra ⇒extraño,ña

unusually /ʌnˈjuː.ʒu.ə.li/ adv ⇒inusitadamente ⇒excepcionalmente

unveil /ʌnˈveɪl/ v [T] 1 ⇒inaugurar ⇒presentar 2 ⇒descubrir [algo en un acto público]: *to unveil a plaque* - descubrir una placa

unwanted /ʌnˈwɒn.tɪd/ US: /-ˈwɑːn.ɪd/ adj ⇒no deseado,da ⇒que está de más

unwarranted UK: /ʌnˈwɒr.ˀn.tɪd/ US: /-ˈwɔːr.[ə]n.ˀtɪd/ adj 1 *(form)* ⇒injustificado,da 2 ⇒innecesario,ria

unwashed UK: /ʌnˈwɒʃt/ US: /-ˈwɑːʃt/ adj ⇒sucio,cia ⇒sin lavar

unwelcome /ʌnˈwel.kəm/ adj ⇒molesto,ta ⇒inoportuno,na ⇒poco grato,ta

unwell /ʌnˈwel/ adj 1 *(form)* ⇒indispuesto,ta 2 *to feel unwell* - encontrarse mal ■ CONSTR. Se usa detrás de un verbo

unwilling /ʌnˈwɪl.ɪŋ/ adj ⇒no dispuesto,ta ⇒reacio,cia

unwind, unwound, unwound /ʌnˈwaɪnd/ ■ v [I] 1 *(inform)* ⇒relajarse ■ v [T, I] 2 ⇒desenrollar(se): *He unwound a ball of wool* - Desenrolló un ovillo de lana

unwise /ʌnˈwaɪz/ adj ⇒imprudente ⇒desaconsejable

unwittingly UK: /ʌnˈwɪt.ɪŋ.li/ US: /-ˈwɪˀt̬-/ adv *(form)* ⇒inconscientemente

unwound past tense and past participle forms of **unwind**

unzip /ʌnˈzɪp/ [unzipped, unzipping] v [T] 1 ⇒bajar la cremallera 2 *(en informática)* ⇒descomprimir

†**up**[1] /ʌp/ adv, prep 1 ⇒hacia arriba: *to look up* - mirar hacia arriba 2 ⇒arriba: *He put the vase up on the shelf* - Puso el florero arriba en el estante 3 ⇒por: *Walk up the street with me to the corner* - Ven por la calle conmigo hasta la esquina ■ Se usa frecuentemente con verbos de movimiento. Al traducirlo en español su significado suele estar implícito en el verbo: *Go up the street until you get to the garage* - Sube la calle hasta que llegues a la gasolinera 4 **to be ~ to {sth}** *(inform)* ⇒tramar: *I'm sure those kids are up to sth* - Estoy seguro de que esos niños están tramando algo 5 **to be ~ to sb** ⇒depender de alguien: *It's up to Jenny whether or not we go* - Depende de Jenny si vamos o no 6 **to be ~ to {sth/doing sth}** ⇒ser capaz de ⇒estar a la altura de 7 **~ and down** ⇒de un lado para otro: *Stop walking up and down* - Deja de ir de un lado para otro 8 **~ to** ⇒hasta: *We've got up to the end of the month to finish the project* - Tenemos hasta finales de mes para acabar el proyecto; *up to midnight* - hasta medianoche ■ CONSTR. Se usa detrás de un verbo

up[2] /ʌp/ adj 1 ⇒levantado,da [de la cama]: *Are you still up?* - ¿Sigues levantado? 2 *When the two months were up, he left his job* - Al término de los dos meses, dejó el trabajo 3 *Oil prices are up again* - El precio del petróleo ha subido otra vez 4 ⇒en funcionamiento 5 *The internet is up, finally* - Por fin, internet está funcionando 6 *UK* *(una carretera)* ⇒en obras ■ CONSTR. Se usa detrás de un verbo 7 **What's ~?** ⇒¿Qué pasa?

up-and-coming /ˌʌp.ənd'kʌm.ɪŋ/ adj *(inform)* *(una persona)* ⇒prometedor,-a

†**upbringing** /ˈʌp.brɪŋ.ɪŋ/ n [U] ⇒educación [impartida por los padres]

update[1] /ʌpˈdeɪt/ [updated, updating] v [T] ⇒actualizar ⇒poner al día

update[2] /ˈʌp.deɪt/ n [C] 1 ⇒información actualizada 2 ⇒actualización

upgrade[1] /ʌpˈgreɪd/ [upgraded, upgrading] v [T] 1 ⇒renovar 2 ⇒ascender [profesionalmente]: *She was upgraded and she earns more money now* - La ascendieron y ahora gana más dinero 3 *I was upgraded to first class on my flight to Moscow* - Me cambiaron a primera clase en el vuelo a Moscú

upgrade[2] /ˈʌp.greɪd/ n [C] 1 ⇒renovación ⇒actualización 2 ⇒ascenso

upheaval /ʌpˈhiː.vəl/ ■ n [U] 1 ⇒agitación: *political upheaval* - agitación política ■ n [C] 2

⇨cataclismo ⇨levantamiento **3** *(en la vida)*
⇨trastorno

upheld past tense and past participle forms of
uphold

uphill¹ /ˌʌpˈhɪl/ *adj* ⇨arduo,dua ⇨difícil

uphill² /ˌʌpˈhɪl/ *adv* ⇨cuesta arriba

† **uphold, upheld, upheld** UK: /ʌpˈhəʊld/ US:
/-ˈhoʊld/ *v* [T] **1** *(una decisión legal)* ⇨sostener
⇨mantener ⇨confirmar **2** *(una ley, una decisión)*
⇨defender ⇨hacer cumplir

upkeep /ˈʌp.kiːp/ *n* [U] ⇨mantenimiento

uplifting /ʌpˈlɪf.tɪŋ/ *adj* **1** ⇨que levanta el ánimo
2 ⇨inspirador,-a

upmarket UK: /ˌʌpˈmɑː.kɪt/ US: /ˈʌp.mɑːr-/ *UK (US*
upscale) *adj* ⇨de primera calidad

† **upon** UK: /əˈpɒn/ US: /-ˈpɑːn/ *prep* **1** *(form)* ⇨sobre
2 ⇨al: *Upon hearing the news, he broke down in
tears* - Al oír la noticia, rompió a llorar

† **upper** UK: /ˈʌp.əʳ/ US: /-ɚ/ *adj* **1** ⇨superior: *the
upper floors* - las plantas de arriba **2** ⇨alto,ta:
the upper class - la clase alta

uppermost UK: /ˈʌp.ə.məʊst/ US: /-ɚ.moʊst/ *adj* **1**
(una parte de algo) ⇨superior **2** ⇨más alto,ta **3**
to be the uppermost - ser lo más importante **4** *to
be ~ in one's mind* ⇨ser lo que más importa a
alguien ⇨ser lo que más preocupa a alguien

upright¹ /ˈʌp.raɪt/ *adv* ⇨derecho ⇨recto,ta

upright² /ˈʌp.raɪt/ *adj* **1** ⇨derecho,cha ⇨en posi-
ción vertical **2** ⇨honrado,da

uprising /ˈʌpˌraɪ.zɪŋ/ *n* [C] ⇨rebelión ⇨alza-
miento

uproar UK: /ˈʌp.rɔːʳ/ US: /-rɔːr/ *n* [U] **1** ⇨alboroto
⇨mitote *AMÉR.* **2** ⇨revuelo

uproot /ʌpˈruːt/ *v* [T] **1** *(una planta, un árbol)*
⇨desarraigar ⇨arrancar **2** ⇨desarraigar: *They
uprooted her from her country* - La desarraiga-
ron de su país

upscale /ˈʌp.skeɪl/ *US adj* See **upmarket**

† **upset¹** /ʌpˈset/ *adj* **1** ⇨disgustado,da ⇨alterado,da
⇨molesto,ta **2** *to have an upset stomach* - tener
el estómago revuelto

upset², upset, upset /ʌpˈset/ [upsetting] *v* [T] **1**
⇨disgustar(se) ⇨molestar **2** ⇨entristecer **3** ⇨es-
tropear ⇨salar *AMÉR.* **4** ⇨volcar ⇨derramar

upset³ /ˈʌp.set/ *n* [U] **1** ⇨problema ⇨trastorno
⇨confusión ⇨disgusto ∎ *n* [C] **2** *(en deportes)*
⇨derrota [inesperada] **3** *a {stomach/tummy} ~
UK* ⇨dolor de estómago ⇨malestar de estómago

upshot UK: /ˈʌp.ʃɒt/ US: /-ʃɑːt/ *the ~* ⇨resultado
final [de un debate]

upside /ˈʌp.saɪd/ *n* [NO PL] ⇨lado positivo ⇨ven-
taja

† **upside down** *adj, adv* **1** ⇨al revés ⇨boca abajo
2 *to turn sth ~* *(un lugar)* ⇨poner patas arriba

⇨desordenar **2** *(una vida, un sistema)* ⇨poner
patas arriba ⇨cambiar por completo

UPSIDE DOWN

† **upstairs** UK: /ʌpˈsteəz/ US: /-ˈsterz/ *adj, adv* **1**
⇨de arriba: *She is my upstairs neighbour* - Es
mi vecina de arriba **2** ⇨arriba: *Go upstairs* - Ve
arriba

upstate /ʌp.steɪt/ *US adj, adv* ⇨del norte ⇨al
norte

upstream /ˌʌpˈstriːm/ *adv* ⇨río arriba: *to go up-
stream* - ir río arriba

upsurge UK: /ˈʌp.sɜːdʒ/ US: /-sɝːdʒ/ *n* [C] **1** ⇨au-
mento **2** ⇨resurgimiento **3** ⇨recrudecimiento

† **up-to-date** /ˌʌp.təˈdeɪt/ *adj* ⇨a la moda ⇨al día
⇨actual

up-to-the-minute /ˌʌp.tə.ðəˈmɪn.ɪt/ *adj* ⇨de úl-
tima hora: *up-to-the-minute information* - infor-
mación de última hora

upturn UK: /ˈʌp.tɜːn/ US: /-tɝːn/ *n* [C] ⇨mejora: *an
upturn in the economy* - una mejora en la eco-
nomía

upturned UK: /ˌʌpˈtɜːnd/ US: /-ˈtɝːnd/ *adj* **1**
⇨dado,da la vuelta ⇨boca abajo **2** *(una nariz)*
⇨respingón,-a *col.*

upward¹ UK: /ˈʌp.wəd/ US: /-wəd/ *US adj* ⇨al alza
⇨hacia arriba

† **upward²** UK: /ˈʌp.wəd/ US: /-wəd/ *US adv* See
upwards

upwards UK: /ˈʌp.wədz/ US: /-wədz/ *UK (US*
upward) *adv* ⇨hacia arriba: *to look upwards* -
mirar hacia arriba

uranium /jʊˈreɪ.ni.əm/ *n* [U] *(en química)* ⇨uranio

Uranus /ˈjʊə.rᵊn.əs/ *n* [NO PL] *(planeta)* ⇨Urano

urban UK: /ˈɜː.bᵊn/ US: /ˈɝː-/ *adj* ⇨urbano,na: *ur-
ban myth* - leyenda urbana

urge¹ UK: /ɜːdʒ/ US: /ɝːdʒ/ [urged, urging] *v* [T, I]
⇨animar ⇨instar ∎ CONSTR. 1. to urge + that 2. to
urge + to do sth ∎ Distinto de *to be urgent* (urgir)

urge² UK: /ɜːdʒ/ US: /ɝːdʒ/ *n* [C] ⇨impulso: *to have
an urge to do sth* - sentir el impulso de hacer algo

urgency UK: /ˈɜː.dʒᵊnt.si/ US: /ˈɝː-/ *n* [U] ⇨urgencia

† **urgent** UK: /ˈɜː.dʒᵊnt/ US: /ˈɝː-/ *adj* ⇨urgente: *to be
in urgent need of sth* - necesitar algo de forma
urgente

U

urgently UK: /ˈɜː.dʒᵊnt.li/ US: /ˈɜː-/ *adv* **1** ⇒urgentemente **2** ⇒rápidamente

urinate UK: /ˈjʊə.rɪ.neɪt/ US: /ˈjʊr.ɪ-/ [urinated, urinating] *v* [ɪ] ⇒orinar

URL /ˌjuː.ɑːrˈel/ *n* [c] *(en informática)* ⇒URL ■ Procede de *uniform resource locator* (localizador uniforme de recursos)

urn UK: /ɜːn/ US: /ɜːn/ *n* [c] **1** ⇒urna funeraria **2** ⇒recipiente grande para hacer infusiones o café

Uruguay UK: /ˈjʊə.rə.ɡwaɪ/ US: /ˈjʊr.ə-/ *n* [u] ⇒Uruguay

Uruguayan UK: /ˌjʊə.rəˈɡwaɪ.ən/ US: /ˌjʊr.ə-/ *adj, n* [c] ⇒uruguayo,ya

† **us** /ʌs, əs/ *pron* **1** ⇒nos ⇒nosotros,tras **2** *(después del verbo «to be»)* ⇒nosotros,tras ■ Ver cuadro personal pronouns

usage /ˈjuː.sɪdʒ/ *n* [u] ⇒uso ⇒utilización

† **use¹** /juːz/ [used, using] *v* [T] **1** ⇒usar ⇒utilizar ■ CONSTR. to use + to do sth **2** ⇒consumir ⇒gastar **3** *(una persona)* ⇒aprovecharse

|PHRASAL VERBS
└ · **to use** *sth* **up** [M] ⇒agotar ⇒acabar

† **use²** /juːs/ *n* [u] **1** ⇒uso ⇒utilización **2 to be no ~** ⇒no tener sentido ⇒no merecer la pena ⇒no servir de nada **3 to have the ~ of** *sth* ⇒poder usar algo **4 to make ~ of** *sth* ⇒hacer uso de algo ⇒utilizar ⇒aprovechar algo

† **used¹** /juːst/ **~ to** ⇒solía: *He used to go to the seaside every summer* - Solía ir a la costa todos los veranos ■ CONSTR. used to + do sth ■ En la forma negativa: *didn't use to* ■ En la forma interrogativa: *did sb use to?* ■ PRON. La *e* no se pronuncia

used² /juːzd/ *adj* **1** ⇒usado,da ⇒utilizado,da **2** ⇒de segunda mano ⇒de ocasión **3 to be ~ to** ⇒estar acostumbrado,da: *I'm used to studying at night* - Estoy acostumbrada a estudiar por la noche ■ CONSTR. to be used to + doing sth **4 to get ~ to** ⇒acostumbrar(se): *My father got me used to*

getting up early - Mi padre me acostumbró a levantarme pronto ■ CONSTR. to get used to + doing sth ■ PRON. La *e* no se pronuncia

useful /ˈjuːs.fᵊl/ *adj* ⇒útil ■ PRON. La primera *u* se pronuncia como *you*

useless /ˈjuː.sləs/ *adj* **1** ⇒inútil ⇒inservible **2** *(una persona)* ⇒inepto,ta ⇒nulo,la ■ PRON. La primera *u* se pronuncia como *you*

user UK: /ˈjuː.zər/ US: /-zɚ/ *n* [c] ⇒usuario,ria

user-friendly UK: /ˌjuː.zəˈfrend.li/ US: /-zɚ-/ *adj* ⇒de fácil manejo ⇒fácil para el usuario

usher UK: /ˈʌʃ.ər/ US: /-ɚ/ *n* [c] **1** ⇒acomodador **2** ⇒ujier ■ Se emplea únicamente con hombres

† **usual** /ˈjuː.ʒu.əl/ *adj* **1** ⇒normal ⇒usual **2 as ~** ⇒como siempre ⇒como de costumbre

usually /ˈjuː.ʒu.ə.li/ *adv* ⇒normalmente ■ Se sitúa detrás del verbo *to be* y de los verbos auxiliares y modales, y delante de los demás verbos: *I'm usually on time for school* - Normalmente llego al colegio puntual; *We usually eat dinner at six* - Normalmente cenamos a las seis

utensil /juːˈten.sɪl/ *n* [c] ⇒utensilio

† **utility** UK: /juːˈtɪl.ɪ.ti/ US: /-ə.i/ *n* [u] **1** *(form)* ⇒utilidad **2 public ~** *(de agua, gas o electricidad)* ⇒empresa que provee un servicio público

utmost¹ UK: /ˈʌt.məʊst/ US: /-moʊst/ *adj (form)* ⇒máximo,ma ⇒sumo,ma

utmost² UK: /ˈʌt.məʊst/ US: /-moʊst/ *n* [NO PL] *(form)* ⇒lo máximo posible: *She did her utmost to help them* - Se esforzó al máximo por ayudarles

utter¹ UK: /ˈʌt.ər/ US: /ˈʌ.ɚ/ *adj* ⇒total ⇒completo,ta

utter² UK: /ˈʌt.ər/ US: /ˈʌˈt̬.ɚ/ *v* [T] *(form)* ⇒proferir ⇒pronunciar

U-turn UK: /ˈjuː.tɜːn/ US: /-tɜːn/ *n* [c] **1** *(en una vía)* ⇒cambio de sentido **2** *(en la vida de una persona)* ⇒giro de 180 grados

U

v¹ /viː/ [*pl* **v's**] *n* [C] *(letra del alfabeto)* ⇒v

v² /viː/ *UK* (*UK/US tb* **vs**) *prep* ⇒forma abreviada de **versus** (contra)

V /viː/ *n* [C, U] **1** ⇒forma abreviada de **victory** (victoria): *to make a V-sign* - hacer el signo de la victoria **2** ⇒forma abreviada de **volt** (voltio)

vacancy /'veɪ.kⁿnt.si/ [*pl* vacancies] *n* [C] **1** ⇒habitación libre **2** *(puesto)* ⇒vacante

vacant /'veɪ.kⁿnt/ *adj* **1** ⇒libre ⇒disponible **2** ⇒vacante: *We have a vacant post* - Tenemos un puesto vacante

vacate /vəˈkeɪt, veɪ-/ [vacated, vacating] *v* [T] **1** *(form)* *(un asiento)* ⇒dejar vacío,a **2** *(form)* *(un empleo)* ⇒dejar **3** *(una habitación de hotel)* ⇒dejar libre

† **vacation¹** /veɪˈkeɪ.ʃⁿn/ *n* [C, U] **1** *US* (*UK* holiday) ⇒vacaciones **2** ⇒vacaciones universitarias ■ La forma abreviada es *vac* **3 on** ~ *US* (*UK* on holiday) ⇒de vacaciones

vacation² /veɪˈkeɪ.ʃⁿn/ *US* (*UK* holiday) *v* [I] **1** ⇒pasar las vacaciones **2** *(en verano)* ⇒veranear

vaccine /'væk.siːn/ *n* [C, U] ⇒vacuna: *the flu vaccine* - la vacuna contra la gripe

vacuum¹ /'væk.juːm/ *n* [C, U] ⇒el vacío

vacuum² /'væk.juːm/ (*UK tb* hoover) *v* [T, I] ⇒pasar la aspiradora

vacuum cleaner (*UK tb* **Hoover®**) *n* [C] ⇒aspiradora ■ La forma abreviada es *vac*

vagina /vəˈdʒaɪ.nə/ *n* [C] ⇒vagina

† **vague** /veɪg/ *adj* **1** ⇒vago,ga ⇒impreciso,sa ⇒borroso,sa **2** *(una persona)* ⇒indeciso,sa **3** ⇒distraído,da

vain /veɪn/ *adj* **1** ⇒presumido,da ⇒vanidoso,sa **2** ⇒vano,na ⇒inútil **3 in** ~ ⇒en vano

Valentine's Day /'væl.ən.taɪnz͵deɪ/ *n* [C, U] ⇒día de San Valentín

valiant /'væl.i.ənt/ *adj (form)* ⇒valeroso,sa

† **valid** /'væl.ɪd/ *adj* ⇒válido,da

† **valley** /'væl.i/ *n* [C] ⇒valle: *the Thames valley* - el valle del Támesis

valuable /'væl.ju.bļ/ *adj* **1** ⇒valioso,sa ⇒costoso,sa **2** ⇒valioso,sa ⇒importante

valuation /͵væl.juˈeɪ.ʃⁿn/ *n* [C, U] ⇒tasación ⇒valoración

† **value¹** /'væl.juː/ ■ *n* [U] **1** ⇒valor ⇒importancia ■ *n* [C] **2** ⇒valor: *old-fashioned values* - valores tradicionales ■ Se usa más en plural **3 to be good ~ (for money)** ⇒estar bien de precio: *That dress was really good value* - Ese vestido está muy bien de precio

value² /'væl.juː/ [valued, valuing] *v* [T] **1** ⇒apreciar ⇒valorar **2** ⇒calcular ⇒valorar

valve /vælv/ *n* [C] ⇒válvula: *safety valve* - válvula de seguridad

vampire *UK*: /'væm.paɪə͵/ *US*: /-paɪr/ *n* [C] ⇒vampiro

† **van** /væn/ *n* [C] ⇒furgoneta ⇒camioneta

vandal /'væn.dəl/ *n* [C] ⇒vándalo,la

vandalism /'væn.dəl.ɪ.zəm/ *n* [U] ⇒vandalismo

vanilla /vəˈnɪl.ə/ *n* [U] ⇒vainilla

† **vanish** /'væn.ɪʃ/ [vanishes] *v* [I] ⇒desaparecer ⇒esfumarse

vanity *UK*: /'væn.ɪ.ti/ *US*: /-ə.i/ *n* [U] ⇒vanidad: *to do sth out of a vanity* - hacer algo por vanidad

vantage point *UK*: /'vɑːn.tɪdʒ͵pɔɪnt/ *US*: /'væn.ɪdʒ-/ *n* [C] ⇒posición estratégica

vapour *UK*: /'veɪ.pə͵/ *US*: /-pə/ *UK* (*US* vapor) *n* [C, U] ⇒vapor

variable¹ *UK*: /'veə.ri.ə.bļ/ *US*: /'ver.i-/ *adj* ⇒variable

variable² *UK*: /'veə.ri.ə.bļ/ *US*: /'ver.i-/ *n* [C] *(en matemáticas)* ⇒variable

variance *UK*: /'veə.ri.ənts/ *US*: /'ver.i-/ *n* [C, U] *(form)* ⇒desacuerdo: *to be at variance with sb* - estar en desacuerdo con alguien

variant *UK*: /'veə.ri.ənt/ *US*: /'ver.i-/ *adj, n* [C] ⇒variante

variation *UK*: /͵veə.riˈeɪ.ʃⁿn/ *US*: /͵ver.i-/ *n* [C] ⇒variación: *a variation in colour* - una variación en color

† **varied** *UK*: /'veə.rɪd/ *US*: /'ver.ɪd/ *adj* ⇒variado,da

† **variety** *UK*: /vəˈraɪə.ti/ *US*: /-i/ ■ *n* [U] **1** ⇒variedad ■ *n* [C, NO PL] **2** ⇒variedad ■ El plural es *varieties* **3** ⇒tipo ■ El plural es *varieties*

V

† **various** UK: /'veə.ri.əs/ US: /'ver.i-/ *adj* ⇒diversos,sas ⇒distintos,tas

varnish[1] UK: /'vɑː.nɪʃ/ US: /'vɑːr-/ *n* [C, U] ⇒barniz

varnish[2] UK: /'vɑː.nɪʃ/ US: /'vɑːr-/ *v* [T] ⇒barnizar

† **vary** UK: /'veə.ri/ US: /'ver.i/ [varies, varied] *v* [I] **1** ⇒variar ⇒cambiar **2** ⇒oscilar

varying *adj* ⇒distinto,ta ⇒diverso,sa

† **vase** UK: /vɑːz/ US: /veɪs/ *n* [C] ⇒jarrón ■ Distinto de *glass* (vaso)

† **vast** UK: /vɑːst/ US: /væst/ *adj* ⇒vasto,ta ⇒enorme

† **vat** /væt/ *n* [C] ⇒tinaja

† **VAT** /ˌviː.eɪˈtiː, væt/ *n* [U] ⇒IVA ■ Procede de *Value Added Tax* (impuesto sobre el valor añadido)

Vatican[1] UK: /'væt.ɪ.kən/ US: /'væ-/ **the ~** *(el Papa y la corte pontificia)* ⇒el Vaticano

Vatican[2] UK: /'væt.ɪ.kən/ US: /'væ-/ *adj, n* [C] ⇒vaticano,na

Vatican City *n* [U] ⇒Vaticano

vault[1] UK: /vɒlt/ US: /vɑːlt/ *v* [T, I] ⇒saltar con una pértiga o apoyándose en algo

vault[2] UK: /vɒlt/ US: /vɑːlt/ *n* [C] **1** *(de una iglesia)* ⇒cripta **2** *(en un cementerio)* ⇒panteón **3** *(en arquitectura)* ⇒bóveda **4** *(en un banco)* ⇒cámara acorazada **5** *(tb pole vault)* ⇒salto con pértiga

† **VCR** UK: /ˌviː.siːˈɑːr/ US: /-ˈɑːr/ *US (UK* video*) n* [C] ⇒forma abreviada de **video cassette recorder** (vídeo)

VDU /ˌviː.diːˈjuː/ *n* [C] ⇒forma abreviada de **visual display unit** (pantalla de ordenador)

've /-v, -əv/ *(have)* See **have**

veal /viːl/ *n* [U] ⇒carne de ternera

veer UK: /vɪər/ US: /vɪr/ *v* [I] **1** *(un vehículo)* ⇒virar ⇒desviarse **2** *(un país, la política)* ⇒cambiar de rumbo **3** *(el viento)* ⇒cambiar de dirección ■ CONSTR. Se usa generalmente seguido de una preposición o un adverbio

veg[1] /vedʒ/ *[pl* veg*] UK n* [C, U] *(inform)* ⇒forma abreviada de **vegetable** (verdura)

veg[2] /vedʒ/ [vegged, vegging]
|PHRASAL VERBS
└· **to veg out** *(inform)* ⇒vaguear

vegan /'viː.gən/ *adj, n* [C] ⇒vegetariano estricto,ta ■ No consume carne ni ningún producto derivado de animales ■ Distinto de *vegetarian* (vegetariano,na)

† **vegetable** /'vedʒ.tə.bl/ *n* [C] **1** ⇒verdura **2** ⇒hortaliza ■ La forma abreviada es **veg** ■ PRON. La segunda *e* no se pronuncia y la parte central, *ta*, se pronuncia como la última parte de *butter*

† **vegetarian** UK: /ˌvedʒ.ɪˈteə.ri.ən/ US: /-ˈter.i-/ *n* [C] ⇒vegetariano,na ■ No come carne ni pescado pero sí admite algunos productos animales como el queso o el yogúr ■ Distinto de *vegan* (vegetariano,na estricto,ta)

vegetation /ˌvedʒ.ɪˈteɪ.ʃən/ *n* [U] ⇒vegetación

veggieburger UK: /'vedʒ.iˌbɜː.gər/ US: /-ˌbɝ.gər/ *n* [C] ⇒hamburguesa vegetariana

vehement /'viː.ə.mənt/ *adj* **1** ⇒vehemente ⇒apasionado,da **2** ⇒categórico,ca

† **vehicle** /'viː.ɪ.kl/ *n* [C] **1** *(form)* ⇒vehículo **2** ⇒medio ⇒vehículo

† **veil** /veɪl/ *n* [C] **1** ⇒velo: *The bride wore a lovely hand made veil* - La novia llevaba un precioso velo hecho a mano **2** ⇒toca

† **vein** /veɪn/ *n* [C] **1** ⇒vena **2** *(en geología)* ⇒veta ⇒filón **3** ⇒tono: *in the same vein* - del mismo tono

velocity UK: /vəˈlɒs.ɪ.ti/ US: /-ˈlɑː.sə.ˤti/ *[pl* velocities*] n* [C, U] *(form)* ⇒velocidad

velvet /'vel.vɪt/ *n* [U] ⇒terciopelo

vending machine *n* [C] ⇒máquina expendedora

vendor UK: /'ven.dər/ US: /-dər/ *n* [C] **1** *(de una propiedad)* ⇒vendedor,-a **2** ⇒vendedor,-a de un puesto ambulante

veneer UK: /vəˈnɪər/ US: /-ˈnɪr/ *n* [C, U] **1** *(de madera o de plástico)* ⇒lámina ⇒chapa **2** *(form)* ⇒comportamiento o actitud fingida bajo la cual se esconde otra distinta y negativa

Venezuela /ˌven.ɪˈzweɪ.lə/ *n* [U] ⇒Venezuela

Venezuelan /ˌven.ɪˈzweɪ.lən/ *adj, n* [C] ⇒venezolano,na

vengeance /'ven.dʒ³nts/ *n* [U] **1** ⇒venganza **2** *to take vengeance on sb* - vengarse de alguien **3** **with a ~** *(inform)* ⇒de verdad ⇒en serio

venison /'ven.ɪ.s³n/ *n* [U] ⇒carne de venado

venom /'ven.əm/ ■ *n* [U] **1** *(de un animal)* ⇒veneno ■ *n* [U] **2** ⇒malevolencia ⇒veneno ⇒ponzoña

vent[1] /vent/ *n* [C] **1** ⇒conducto de ventilación **2** *(en una chaqueta)* ⇒abertura **3** **to give ~ to** *sth* ⇒dar rienda suelta a algo

vent[2] /vent/ *v* [T] ⇒descargar: *to vent one's rage* - descargar la ira

ventilate UK: /'ven.tɪ.leɪt/ US: /-[ə]l.eɪt/ [ventilated, ventilating] *v* [T] ⇒ventilar: *to ventilate a room* - ventilar una habitación

venture[1] UK: /'ven.tʃər/ US: /-tʃər/ *n* [C] ⇒aventura ⇒empresa

venture[2] UK: /'ven.tʃər/ US: /-tʃər/ [ventured, venturing] ■ *v* [I] **1** *(form)* ⇒arriesgar(se) **2** *(form)* ⇒atreverse ■ *v* [T] **3** *(form)* ⇒emprender ⇒lanzarse ■ CONSTR. Se usa generalmente seguido de una preposición o un adverbio

† **venue** /'ven.juː/ *n* [C] **1** ⇒lugar en el que se va a celebrar algo **2** ⇒local [de conciertos] **3** ⇒campo [de deportes]

Venus /'viː.nəs/ *n* [NO PL] *(planeta)* ⇒Venus

veranda /vəˈræn.də/ *(US tb* porch*) n* [C] **1** ⇒terraza **2** ⇒veranda

† **verb** UK: /vɜːb/ US: /vɝːb/ *n* [C] *(en gramática)* ⇒verbo ■ Ver cuadro en página siguiente

verb

verb tenses

• Tiempos simples

	formación	ejemplos
present simple (presente simple)	– afirmativo: **verbo**	· I usually **drink** tea. (Normalmente bebo té.)
	– negativo: **"do/does" + "not" + verbo**	· She **doesn't know** it. (Ella no lo sabe.)
	– interrogativo: **"do/does" + verbo**	· **Do** you **get up** early? (¿Te levantas temprano?)
past simple (pasado simple)	– afirmativo: **verbo**	· I **saw** Peter yesterday. (Vi a Peter ayer.)
	– negativo: **"did" + "not" + verbo**	· She **didn't come**. (Ella no vino.)
	– interrogativo: **"did" + verbo**	· **Did** you **do** it? (¿Lo hiciste?)
future tense (futuro)	– **"will" + verbo**	· I **will go**. (Iré.)
conditional tense (condicional)	– **"would" + verbo**	· I **would like** a coffee. (Me gustaría un café.)

• Tiempos compuestos

	formación	ejemplos
present perfect (presente perfecto)	– **"has / have" + participio pasado**	· I **have finished** it. (Lo he terminado.)
		· **Has** she **seen** that film? (¿Ella ha visto esa película?)
past perfect (pasado perfecto)	– **"had" + participio pasado**	· If I **hadn't taken** a taxi, I would have missed the plane. (Si no hubiera cogido un taxi, habría perdido el avión.)
future perfect (futuro perfecto)	– **"will" + "have" + verbo**	· I **will have left** by this time tomorrow. (Mañana a estas horas ya me habré ido.)
conditional perfect (condicional perfecto)	– **"would" + "have" + verbo**	· If you had asked me, I **would have done** it. (Si me lo hubieras pedido, lo habría hecho.)

• Tiempos continuos

	formación	ejemplos
present continuous (presente continuo)	– **"am/is/are" (be) + forma en "-ing"**	· She **is studying**. / (Está estudiando.) · **Are** you **talking** to me? (¿Estás hablando conmigo?)
past continuous (pasado continuo)	– **"was / were (be)" + forma en "-ing"**	· What **was** Richard **doing**? (¿Qué estaba haciendo Richard?)
future continuous (futuro continuo)	– **"will" + "be" + forma en "-ing"**	· **Will** Helen **be working** tomorrow at six? (¿Estará Helen trabajando mañana a las seis?)
present perfect continuous (presente perfecto continuo)	– **"has / have" + "been" + forma en "-ing"**	· Gonzalo **has been learning** English for five years. (Gonzalo lleva cinco años estudiando inglés.)
past perfect continuous (pasado perfecto continuo)	– **"had" + "been" + forma en "-ing"**	· She **had been waiting** for it. (Había estado esperando esto.)

(Ver también cuadros **interrogative structures**, **negative structures**, **future tense**, **past tense** y **present simple and present continuous**.)

V

† **verbal** UK: /ˈvɜː.bᵊl/ US: /ˈvɜː-/ *adj (en gramática)* ⇒verbal

† **verdict** UK: /ˈvɜː.dɪkt/ US: /ˈvɜː-/ *n* [c] **1** ⇒veredicto **2** ⇒juicio ⇒opinión

verge¹ UK: /vɜːdʒ/ US: /vɜːdʒ/ *n* [c] **1** *UK (US embankment)* ⇒arcén **2** to be on the ~ of {sth/doing sth} ⇒estar al borde de (hacer) algo: *He was on the verge of a nervous breakdown* - Estuvo al borde de un ataque de nervios

verge² UK: /vɜːdʒ/ US: /vɜːdʒ/

| PHRASAL VERBS
| · **to verge on sth** ⇒rayar en algo: *to verge on madness* - rayar en la locura

verify /ˈver.ɪ.faɪ/ [verifies, verified] *v* [T] **1** ⇒verificar ⇒comprobar **2** ⇒confirmar: *The letter verified my suspicions* - La carta me confirmó mis sospechas ■ CONSTR. to verify + (that)

veritable UK: /ˈver.ɪ.tə.bl/ US: /-ə.ə-/ *adj (form)* ⇒auténtico,ca ⇒verdadero,ra

† **versatile** UK: /ˈvɜː.sə.taɪl/ US: /ˈvɜː.sə.ᵊt̬[ə]l/ *adj* ⇒versátil ⇒polifacético,ca

† **verse** UK: /vɜːs/ US: /vɜːs/ *n* [c, u] **1** ⇒verso: *in verse* - en verso **2** ⇒estrofa

† **version** UK: /ˈvɜː.ʃᵊn/ UK: /-ʒᵊn/ US: /ˈvɜː-/ *n* [c] ⇒versión

† **versus** UK: /ˈvɜː.səs/ US: /ˈvɜː-/ *prep* ⇒contra ■ La forma abreviada es *v.* o *vs.*

vertical UK: /ˈvɜː.tɪ.kᵊl/ US: /ˈvɜː.ᵊt̬ə-/ *adj, n* [c] ⇒vertical

vertically UK: /ˈvɜː.tɪ.kli/ US: /ˈvɜː.ᵊt̬ə-/ *adv* ⇒verticalmente ■ PRON. La *a* no se pronuncia

vertigo UK: /ˈvɜː.tɪ.gəʊ/ US: /ˈvɜː.ə.gou/ *n* [U] ⇒vértigo: *to suffer from vertigo* - padecer vértigo

verve UK: /vɜːv/ US: /vɜːv/ *n* [u] *(form)* ⇒brío ⇒entusiasmo

† **very¹** /ˈver.i/ *adv* ⇒muy: *She is very tall* - Es muy alta

very² /ˈver.i/ *adj* **1** ⇒mismo,ma ⇒exacto,ta **2** ⇒simple: *I shiver at the very thought of going to the dentist* - La simple idea de ir al dentista me produce escalofríos **3** ⇒mero,ra

† **vessel** /ˈves.ᵊl/ *n* [c] **1** *(form)* ⇒buque **2** ⇒vaso [sanguíneo]

† **vest** /vest/ *n* [c] **1** *UK (US undershirt)* ⇒camiseta [interior] ⇒franela *AMÉR.* **2** *US (UK waistcoat)* ⇒chaleco

vested interest UK: /ˌves.tɪdˈɪn.tᵊr.est/ US: /-ə-/ *n* [c] ⇒interés [personal o económico]

vestige /ˈves.tɪdʒ/ *n* [c] *(form)* ⇒vestigio

vet /vet/ *n* [c] **1** *(tb veterinarian)* ⇒veterinario,ria **2** *US (tb veteran) (inform)* ⇒ex combatiente ⇒veterano,na

† **veteran** UK: /ˈvet.ᵊr.ᵊn/ US: /ˈve.ə-/ *(tb vet) n* [c] **1** ⇒ex combatiente **2** ⇒veterano,na

veterinarian UK: /ˌvet.ᵊr.ɪˈneə.ri.ən/ US: /-ˈner.i-/ *n* [c] See **vet**

veterinary UK: /ˈvet.ᵊr.ɪ.nᵊr.i/ US: /-ner-/ *adj (form)* ⇒veterinario,ria

veterinary surgeon *UK n* [c] *(form)* ⇒veterinario,ria

veto¹ UK: /ˈviː.təʊ/ US: /-ou/ [vetoes, vetoed] *v* [T] ⇒vetar ■ CONSTR. to veto + doing sth

veto² UK: /ˈviː.təʊ/ US: /-ou/ *[pl vetoes] n* [c, u] ⇒veto

† **via** /vaɪə, ˈviː.ə/ *prep* ⇒por ⇒vía

† **viable** /ˈvaɪ.ə.bl/ *adj* ⇒viable: *a viable alternative* - una alternativa viable

† **vibrate** /vaɪˈbreɪt/ [vibrated, vibrating] *v* [T, I] ⇒vibrar ⇒hacer vibrar

vibration /vaɪˈbreɪ.ʃᵊn/ *n* [c, u] ⇒vibración

vicar UK: /ˈvɪk.əʳ/ US: /-ə/ *n* [c] **1** *(en la iglesia anglicana)* ⇒párroco anglicano **2** ⇒vicario

vice /vaɪs/ ■ *n* [c, u] **1** ⇒vicio ■ *n* [c] **2** *UK (US vise) (herramienta)* ⇒tornillo de banco

† **vice versa** UK: /ˌvaɪsˈvɜː.sə/ US: /ˌvaɪ.səˈvɜː-/ *adv* ⇒viceversa ■ PRON. *vice* rima con el término inglés *ice*

vicinity UK: /vɪˈsɪn.ɪ.ti/ US: /və.sɪn.ə.ᵊti/ **in the ~ (of sth) 1** *(form)* ⇒en los alrededores [de algo] ⇒en las inmediaciones [de algo] **2** *Her salary is in the vicinity of £1,000* - Su sueldo ronda las mil libras

vicious /ˈvɪʃ.əs/ *adj* **1** ⇒fiero,ra ⇒cruel **2** ⇒dañino,na: *a vicious rumour* - un rumor dañino ■ Distinto de *depraved* (vicioso)

† **victim** /ˈvɪk.tɪm/ *n* [c] ⇒víctima

victor UK: /ˈvɪk.təʳ/ US: /-tə/ *n* [c] *(form)* ⇒invicto,ta ⇒vencedor,-a

victorious UK: /vɪkˈtɔː.ri.əs/ US: /-ˈtɔːr.i-/ *adj* ⇒victorioso,sa

† **victory** UK: /ˈvɪk.tᵊr.i/ US: /-tə-/ *[pl victories] n* [c, u] ⇒victoria

† **video¹** UK: /ˈvɪd.i.əʊ/ US: /-ou/ *n* [c] **1** ⇒cinta de vídeo **2** *UK (US VCR)* ⇒vídeo ⇒magnetoscopio **3** ~ **camera** ⇒cámara de vídeo

video² UK: /ˈvɪd.i.əʊ/ US: /-ou/ *v* [T] ⇒grabar

† **video game** *n* [c] ⇒videojuego

† **video recorder** *n* [c] ⇒vídeo ⇒magnetoscopio

videotape¹ UK: /ˈvɪd.i.əʊ.teɪp/ US: /-ou-/ [videotaped, videotaping] *v* [T] ⇒grabar

videotape² UK: /ˈvɪd.i.əʊ.teɪp/ US: /-ou-/ *n* [c, u] ⇒cinta de vídeo

Vietnam /ˌvjetˈnæm/ *n* [U] ⇒Vietnam

Vietnamese /ˌvjet.nəˈmiːz/ *[pl Vietnamese] adj, n* [c] ⇒vietnamita

† **view¹** /vjuː/ *n* [c] **1** ⇒vista **2** ⇒opinión: *In my view, his house is too luxurious* - En mi opinión, su casa es demasiado lujosa **3** in ~ of sth *(form)* ⇒en vista de algo ⇒debido a algo ⇒como

≡V

view² /vjuː/ v [T] **1** *(form)* ⇒ver: *They went to view the apartment a third time* - Fueron a ver el apartamento por tercera vez **2** ⇒ver ⇒considerar ⇒opinar

viewer UK: /ˈvjuː.əʳ/ US: /-ə/ n [C] ⇒telespectador,-a ⇒espectador,-a

viewpoint /ˈvjuː.pɔɪnt/ n [C] **1** ⇒punto de vista ⇒opinión **2** *UK* ⇒mirador [para contemplar un paisaje]

vigil /ˈvɪdʒ.ɪl/ n [C, U] ⇒vigilia

vigilant /ˈvɪdʒ.ɪ.lənt/ adj ⇒vigilante ⇒alerta

vigorous UK: /ˈvɪg.ˀr.əs/ US: /-ɚ-/ adj ⇒vigoroso,sa ⇒enérgico,ca

vile /vaɪl/ adj **1** ⇒vil ⇒repugnante **2** *(inform)* ⇒asqueroso,sa

villa /ˈvɪl.ə/ n [C] ⇒casa de veraneo [en el campo] ⇒villa

† **village** /ˈvɪl.ɪdʒ/ n [C] ⇒pueblo ⇒aldea ■ Pron. La última *a* se pronuncia como la *i* de *did*

villager UK: /ˈvɪl.ɪ.dʒəʳ/ US: /-dʒɚ/ n [C] ⇒habitante de un pueblo ⇒aldeano,na

villain /ˈvɪl.ən/ n [C] **1** *(personaje de ficción)* ⇒malo,la **2** *UK (inform)* ⇒delincuente ⇒criminal **3** ⇒villano,na ⇒malvado,da

vindicate /ˈvɪn.dɪ.keɪt/ [vindicated, vindicating] v [T] **1** *(form)* ⇒vindicar ⇒defender **2** *(form)* ⇒justificar

vindictive /vɪnˈdɪk.tɪv/ adj ⇒vengativo,va ⇒rencoroso,sa

† **vine** /vaɪn/ n [C] **1** *(planta)* ⇒vid ⇒parra **2** ⇒enredadera ■ Distinto de *wine* (vino)

vinegar UK: /ˈvɪn.ɪ.gəʳ/ US: /-gɚ/ n [U] ⇒vinagre

vineyard UK: /ˈvɪn.jɑːd/ US: /-jəd/ n [C] ⇒viña ⇒viñedo

vintage¹ UK: /ˈvɪn.tɪdʒ/ US: /-ɪdʒ/ adj **1** *(un vino)* ⇒añejo,ja **2** ⇒excelente **3** *(referido a un objeto)* ⇒antiguo,gua ⇒de época

vintage² UK: /ˈvɪn.tɪdʒ/ US: /-ɪdʒ/ n [C, U] *(de vino)* ⇒cosecha ⇒añada

vinyl /ˈvaɪ.nˀl/ n [U] ⇒vinilo: *The band released their first disc on vinyl* - El grupo lanzó su primer disco en vinilo

† **violate** /ˈvaɪə.leɪt/ [violated, violating] v [T] **1** *(form) (una norma)* ⇒transgredir ⇒infringir **2** *(form) (la intimidad)* ⇒quebrantar ⇒invadir **3** *(un lugar sagrado)* ⇒profanar ■ Distinto de *to rape* (violar)

violation /ˌvaɪəˈleɪ.ʃˀn/ ■ n [C, U] **1** *(form) (de una norma)* ⇒transgresión ⇒infracción ■ n [U] **2** *(de un lugar sagrado)* ⇒profanación ■ Distinto de *rape* (violación)

† **violence** /ˈvaɪə.lˀnts/ n [U] ⇒violencia

violent /ˈvaɪə.lˀnt/ adj **1** ⇒violento,ta: *a violent film* - una película violenta **2** *(una emoción)* ⇒intenso,sa ⇒violento,ta

violently /ˈvaɪə.lˀnt.li/ adv ⇒violentamente ⇒bruscamente

violet /ˈvaɪə.lət/ n [C] **1** *(flor)* ⇒violeta **2** *(color)* ⇒violeta

† **violin** /ˌvaɪəˈlɪn/ n [C] *(instrumento musical)* ⇒violín

VIP /ˌviː.aɪˈpiː/ n [C] ⇒personalidad ⇒vip ■ Procede de *very important person* (persona muy importante). Se pronuncia cada letra por separado

† **virgin** UK: /ˈvɜː.dʒɪn/ US: /ˈvɝː-/ adj, n [C] ⇒virgen

Virgo UK: /ˈvɜː.gəʊ/ US: /ˈvɝː.goʊ/ n [C, U] *(signo del zodíaco)* ⇒virgo

virile UK: /ˈvɪr.aɪl/ US: /-[ə]l/ adj ⇒viril: *a virile young man* - un hombre joven y viril

† **virtual** UK: /ˈvɜː.tju.əl/ US: /ˈvɝː-/ adj ⇒virtual

† **virtue** UK: /ˈvɜː.tjuː/ US: /ˈvɝː-/ n [C, U] **1** ⇒virtud **2** ⇒ventaja **3** by ~ of sth *(form)* ⇒gracias a algo ⇒en virtud de algo

virtuous UK: /ˈvɜː.tju.əs/ US: /ˈvɝː-/ adj ⇒virtuoso,sa

† **virus** UK: /ˈvaɪə.rəs/ US: /ˈvaɪ-/ [pl viruses] n [C] ⇒virus

visa /ˈviː.zə/ n [C] ⇒visado ⇒visa AMÉR.

vis-à-vis prep **1** ⇒en relación con ⇒con respecto a **2** *(form)* ⇒en comparación con

vise /vaɪs/ US (UK vice) n [C] *(herramienta)* ⇒tornillo de banco

visibility UK: /ˌvɪz.ɪˈbɪl.ɪ.ti/ US: /-ə.i/ n [U] ⇒visibilidad

† **visible** /ˈvɪz.ɪ.bl/ adj **1** ⇒visible **2** ⇒evidente ⇒obvio,via

† **vision** /ˈvɪʒ.ˀn/ ■ n [U] **1** ⇒vista ⇒visión ■ n [C] **2** ⇒visión ⇒sueño

† **visit¹** /ˈvɪz.ɪt/ v [T, I] ⇒visitar

† **visit²** /ˈvɪz.ɪt/ n [C] ⇒visita: *to pay sb a visit* - visitar a alguien

visiting adj ⇒de visita: *visiting hours* - horas de visita

visitor UK: /ˈvɪz.ɪ.təʳ/ US: /-ə/ n [C] ⇒visitante ⇒visita

visor UK: /ˈvaɪ.zəʳ/ US: /-zə/ n [C] **1** *US (UK peak)* ⇒visera **2** *(en un coche)* ⇒visera

vista /ˈvɪs.tə/ n [C] **1** *(lit)* ⇒vista panorámica **2** ⇒visión

† **visual** /ˈvɪʒ.u.əl/ adj ⇒visual

visually /ˈvɪʒ.u.ə.li/ adv ⇒visualmente: *visually pleasing* - visualmente agradable

† **vital** UK: /ˈvaɪ.tˀl/ US: /-[ə]l/ adj **1** *(form)* ⇒enérgico,ca ⇒vital **2** ⇒vital ⇒trascendente

vitality UK: /vaɪˈtæl.ɪ.ti/ US: /-ə.ˀti/ n [U] ⇒vitalidad

† **vitamin** UK: /ˈvɪt.ə.mɪn/ US: /ˈvaɪ.ə-/ n [C] ⇒vitamina: *vitamin supplement* - suplemento vitamínico

vivacious /vɪˈveɪ.ʃəs/ adj ⇒vivaz ■ Se emplea más con mujeres

V

†**vivid** /ˈvɪv.ɪd/ *adj* **1** ⇨vívido,da ⇨intenso,sa **2** *(un color)* ⇨vivo,va **3** *(imaginación)* ⇨vivo,va ⇨desarrollado,da

†**vocabulary** UK:/vəˈkæb.ju.lᵊr.i/US:/vouˈkæb.jə.ler-/ [*pl* vocabularies] *n* [c, u] ⇨vocabulario

vocal¹ UK: /ˈvəʊ.kᵊl/ US: /ˈvou-/ *adj* **1** *(de la voz)* ⇨vocal **2** *She has been vocal regarding this matter* - Se ha hecho oír con respecto a esta cuestión

†**vocal**² UK: /ˈvəʊ.kᵊl/ US: /ˈvou-/ **to be on vocals** *(en un grupo de música)* ⇨ser el,la cantante ⇨cantar

vocalist UK: /ˈvəʊ.kᵊl.ɪst/ US: /ˈvou-/ *n* [c] *(en música)* ⇨vocalista

vocation UK: /vəʊˈkeɪ.ʃᵊn/ US: /vou-/ *n* [c, u] ⇨vocación

vociferous UK: /vəˈsɪf.ᵊr.əs/ US: /-ɚ-/ *adj (form)* ⇨vociferante

vogue UK: /vəʊg/ US: /voug/ *n* [u, NO PL] **1** ⇨moda **2 to be in ~** ⇨estar en boga ⇨estar de moda

†**voice**¹ /vɔɪs/ *n* [c] **1** ⇨voz: *passive voice* - voz pasiva **2 to make one's ~ heard** ⇨expresar una opinión: *I want to make my voice heard too* - Yo también quiero expresar mi opinión

voice² /vɔɪs/ [voiced, voicing] *v* [T] ⇨expresar: *I decided to voice my opinion* - Decidí expresar mi opinión

voiced *adj (en fonética)* ⇨sonoro,ra

voice mail *n* [u] *(un teléfono)* ⇨buzón de voz

void¹ /vɔɪd/ *adj* **1** ⇨nulo,la ⇨inválido,da ■ CONSTR. Se usa detrás de un verbo **2 to be ~ of sth** *(form)* ⇨carecer de algo: *His voice was void of any emotion* - Su voz carecía de emoción

void² /vɔɪd/ *n* [c, NO PL] ⇨vacío: *Her death left a void in his life* - Su muerte dejó un vacío en su vida

volatile UK: /ˈvɒl.ə.taɪl/ US: /ˈvɑː.lə.[ə]l/ *adj* **1** ⇨imprevisible **2** *(una sustancia)* ⇨volátil **3** *(una persona)* ⇨voluble ⇨inconstante ⇨inestable ■ Distinto de *voluble* (locuaz)

†**volcano** UK: /vɒlˈkeɪ.nəʊ/ US: /vɑːlˈkeɪ.nou/ [*pl* volcanoes] *n* [c] ⇨volcán: *an extinct volcano* - un volcán inactivo

volition /vəˈlɪʃ.ᵊn/ *n* [u] **1** *(form)* ⇨voluntad propia **2 of one's own ~** ⇨por voluntad propia ⇨por propia iniciativa

volley UK: /ˈvɒl.i/ US: /ˈvɑː.li/ *n* [c] *(en deportes)* ⇨volea

volleyball UK: /ˈvɒl.i.bɔːl/ US: /ˈvɑː.li.bɑːl/ *n* [u] ⇨voleibol

volt UK: /vəʊlt/ US: /voult/ *n* [c] ⇨voltio ■ La forma abreviada es V

†**volume** UK: /ˈvɒl.juːm/ US: /ˈvɑːl-/ ■ *n* [u] **1** ⇨volumen ■ *n* [c] **2** *(libro)* ⇨volumen ⇨tomo **3** *(sonido)* ⇨volumen

voluminous /vəˈluː.mɪ.nəs/ *adj (form)* ⇨voluminoso,sa ⇨amplio,plia

†**voluntary** UK: /ˈvɒl.ən.tri/ US: /ˈvɑː.l[ə]n.ter.i/ *adj* ⇨voluntario,ria: *voluntary work* - trabajo voluntario

volunteer¹ UK: /ˌvɒl.ənˈtɪᵊr/ US: /ˌvɑː.lənˈtɪr/ *n* [c] ⇨voluntario,ria

volunteer² UK: /ˌvɒl.ənˈtɪᵊr/ US: /ˌvɑː.lənˈtɪr/ ■ *v* [T, I] **1** ⇨ofrecerse: *Mandy volunteered to go with him* - Mandy se ofreció a acompañarle ■ CONSTR. to volunteer + to do sth ■ *v* [I] **2** *(en el ejército)* ⇨alistarse como voluntario,ria ■ *v* [T] **3** *(información)* ⇨dar ⇨ofrecer

vomit¹ UK: /ˈvɒm.ɪt/ US: /ˈvɑː.mɪt/ *v* [T, I] ⇨vomitar

vomit² UK: /ˈvɒm.ɪt/ US: /ˈvɑː.mɪt/ *n* [u] ⇨vómito

voracious /vəˈreɪ.ʃəs/ *adj* ⇨insaciable ⇨voraz

†**vote**¹ UK: /vəʊt/ US: /vout/ [voted, voting] *v* [T, I] ⇨votar ⇨elegir [por votación] ■ CONSTR. 1. to vote + (that) 2. to vote + to do sth

†**vote**² UK: /vəʊt/ US: /vout/ *n* [c] **1** ⇨votación **2** ⇨voto **3 the ~** ⇨el derecho a voto **4 ~ of thanks** ⇨palabras de agradecimiento

voting UK: /ˈvəʊ.tɪŋ/ US: /-t̬ɪŋ/ *n* [u] **1** ⇨votación **2** *a voting paper or a voting slip* - una papeleta

vouch /vaʊtʃ/

PHRASAL VERBS
· **to vouch for sth/sb** ⇨confirmar ⇨dar fe ⇨responder por: *I can vouch for her work* - Respondería por su trabajo

voucher UK: /ˈvaʊ.tʃᵊr/ US: /-tʃɚ/ *n* [c] ⇨vale: *a discount voucher* - un vale de descuento

vow¹ /vaʊ/ *v* [T] ⇨prometer ⇨jurar ■ CONSTR. 1. to vow + (that) 2. to vow + to do sth

vow² /vaʊ/ *n* [c] **1** ⇨voto **2** ⇨promesa ⇨juramento

†**vowel** /vaʊəl/ *n* [c] ⇨vocal: *vowel sound* - sonido vocálico

voyage /ˈvɔɪ.ɪdʒ/ *n* [c] *(por mar o por el espacio)* ⇨viaje ⇨travesía ■ PRON. La a se pronuncia como la i de did

vs *(UK tb* **v)** *prep* ⇨forma abreviada de **versus** (contra)

vulgar UK: /ˈvʌl.gᵊr/ US: /-gɚ/ *adj (offens)* ⇨vulgar ⇨grosero,ra ⇨ordinario,ria

†**vulnerable** UK: /ˈvʌl.nᵊr.ə.bl/ UK: /ˈvʌn.rə-/ US: /ˈvʌl.nɚ.ə-/ *adj* ⇨vulnerable

vulture UK: /ˈvʌl.tʃᵊr/ US: /-tʃɚ/ *n* [c] *(ave)* ⇨buitre

W /'dʌb.ḷ.juː/ [*pl* w's] *n* [c] *(letra del alfabeto)* ⇒w

W /'dʌb.ḷ.juː/ *n* [U] **1** ⇒forma abreviada de **west** (oeste) y de **western** (occidental) **2** ⇒forma abreviada de **watt** (vatio)

wacky /'wæk.i/ *adj* [*comp* wackier, *superl* wacki-est] **1** *(inform)* ⇒chalado,da *col.;* ⇒chiflado,da *col.* **2** ⇒estrambótico,ca *col.* **3** ⇒loco,ca

wade /weɪd/ [waded, wading] ∎ *v* [T, I] **1** ⇒vadear ∎ *v* [I] **2** *US* (*UK* **paddle**) ⇒chapotear ⇒mojarse los pies ∎ CONSTR. Se usa generalmente seguido de una preposición o un adverbio

wafer UK: /'weɪ.fəʳ/ US: /-fɚ/ *n* [c] ⇒barquillo **2** *(en religión)* ⇒hostia

waffle[1] UK: /'wɒf.ḷ/ US: /'wɑː.fḷ/ ∎ *n* [U] **1** *(inform)* ⇒palabrería ⇒charlatanería ∎ *n* [c] **2** ⇒gofre ⇒waffle *AMÉR.*

waffle[2] UK: /'wɒf.ḷ/ US: /'wɑː.fḷ/ [waffled, waffling] *(tb* **waffle on**) *v* [I] *(inform)* ⇒parlotear *col.*

wag /wæg/ [wagged, wagging] *v* [T, I] **1** *(la cola)* ⇒menear **2** *(el dedo)* ⇒mover [para indicar negación]

wage /weɪdʒ/ *n* [c] ⇒sueldo

waggle /'wæg.ḷ/ [waggled, waggling] *v* [T, I] ⇒mover(se): *I can waggle my tooth* - Se me mueve un diente

wagon /'wæg.ən/ *n* [c] **1** ⇒carreta ⇒carro **2** *UK (de un tren)* ⇒vagón ⇒furgón

wail[1] /weɪl/ *v* [T, I] ⇒llorar ⇒berrear

wail[2] /weɪl/ *n* [c] **1** ⇒lamento ⇒gemido **2** *a wail of protest* - un gran grito de protesta

waist /weɪst/ *n* [c] ⇒cintura

waistcoat /'weɪst.kəʊt/ *UK* (*US* **vest**) *n* [c] ⇒chaleco

waistline /'weɪst.laɪn/ *n* [c] **1** ⇒cintura **2** ⇒talle

wait[1] /weɪt/ *v* [T] **1** ⇒esperar ⇒aguardar ∎ CONSTR. 1. to wait + to do sth 2. to wait for sth/sb **2 to keep sb waiting** ⇒hacer esperar a alguien
| PHRASAL VERBS
· **to wait behind** ⇒quedarse [un rato]
· **to wait on sb** ⇒servir (a alguien)
· **to wait up (for sb)** ⇒esperar levantado,da (a alguien)

wait[2] /weɪt/ *n* [NO PL] ⇒espera: *a long wait* - una larga espera

waiter UK: /'weɪ.təʳ/ US: /-ɚ/ *n* [c] *(en un restaurante)* ⇒camarero ⇒mesero *AMÉR.;* ⇒mozo *AMÉR.*

waiting room *n* [c] ⇒sala de espera

waitress /'weɪ.trəs/ [*pl* waitresses] *n* [c] *(en un restaurante)* ⇒camarera ⇒mesera *AMÉR.;* ⇒moza *AMÉR.*

waive /weɪv/ [waived, waiving] *v* [T] ⇒renunciar: *to waive a right* - renunciar a un derecho

wake[1], woke, woken (*US tb* waked, waked) /weɪk/ [waking] *v* [T, I] **1** ⇒despertar(se): *Please wake me up at seven* - Por favor, despiértame a las siete **2** ⇒espabilar ∎ CONSTR. Se usa generalmente seguido de la preposición up. El imperativo es *wake up!*
| PHRASAL VERBS
└ · **to wake up to sth** ⇒darse cuenta de algo

wake[2] /weɪk/ *n* [c] **1** ⇒velatorio **2** *(en el mar)* ⇒estela **3 in the ~ of sth** ⇒a la luz de algo: *in the wake of the last results* - a la luz de los últimos resultados

Wales /weɪlz/ *n* [U] ⇒Gales

walk[1] UK: /wɔːk/ US: /wɑːk/ *v* [T, I] **1** ⇒andar ⇒caminar **2** ⇒pasear: *Would you walk the dog, please?* - ¿Podrías pasear al perro, por favor?
| PHRASAL VERBS
· **to walk {away/off}** ⇒irse ⇒marcharse
· **to walk into 1** ⇒tropezarse con **2** *(un trabajo)* ⇒conseguir fácilmente
· **to walk out 1** ⇒declararse en huelga **2** *(de un lugar)* ⇒salir ⇒abandonar
└ · **to walk out on sb** ⇒abandonar a alguien

walk[2] UK: /wɔːk/ US: /wɑːk/ *n* [c] **1** ⇒paseo ⇒marcha **2** ⇒sendero ⇒vereda **3 ~ of life** ⇒profesión ⇒nivel social

walker UK: /'wɔː.kəʳ/ US: /'wɑː.kɚ/ *n* [c] **1** ⇒caminante ⇒excursionista **2** *US (aparato)* ⇒andador

walkie talkie *n* [c] ⇒walkie-talkie

walking[1] UK: /'wɔː.kɪŋ/ US: /'wɑː-/ *n* [U] **1** *to go walking* - ir a dar un paseo **2** *(en atletismo)* ⇒marcha

W ▪

walking² UK: /ˈwɔː.kɪŋ/ US: /ˈwɑː-/ *adj (inform)* ⇨andante: *She's a walking dictionary* - Es un diccionario andante

† **wall** UK: /wɔːl/ US: /wɑːl/ *n* [c] **1** ⇨muro ⇨pared **2** ⇨muro ⇨muralla

wallaby UK: /ˈwɒl.ə.bi/ US: /ˈwɑː.lə-/ [*pl* wallabies] *n* [c] *(animal)* ⇨wallaby

† **wallet** UK: /ˈwɒl.ɪt/ US: /ˈwɑː.lɪt/ *n* [c] **1** ⇨cartera [para el dinero y los documentos] ⇨billetero **2** ⇨carpeta

wallpaper UK: /ˈwɔːl.peɪ.pəʳ/ US: /ˈwɑːl.peɪ.pəʳ/ *n* [u] ⇨papel pintado

walnut UK: /ˈwɔːl.nʌt/ US: /ˈwɑːl-/ ∎ *n* [c] **1** ⇨nuez ∎ *n* [u] **2** ⇨nogal

waltz UK: /wɒlts/ US: /wɑːlts/ [*pl* waltzes] *n* [c] ⇨vals

wan UK: /wɒn/ US: /wɑːn/ *adj* [*comp* wanner, *superl* wannest] **1** *(una persona)* ⇨pálido,da **2** ⇨débil ⇨tenue

wand UK: /wɒnd/ US: /wɑːnd/ *n* [c] ⇨varita mágica

† **wander** UK: /ˈwɒn.dəʳ/ US: /ˈwɑːn.dəʳ/ *v* [T, I] ⇨vagar

wane /weɪn/ [waned, waning] *v* [I] **1** ⇨debilitar(se) ⇨disminuir **2** *(form)* ⇨menguar [la Luna]

† **want** UK: /wɒnt/ US: /wɑːnt/ *v* [T] **1** ⇨querer ⇨desear ∎ CONSTR. to want + to do sth **2** ⇨necesitar ⇨hacer falta ∎ CONSTR. to want + doing sth

wanted UK: /ˈwɒn.tɪd/ US: /ˈwɑːn.ɪd/ *adj* **1** *(un delincuente)* ⇨buscado,da **2** *(en un anuncio)* ⇨se busca ∎ PRON. La e se pronuncia como la i en *did*

wanting UK: /ˈwɒn.tɪŋ/ US: /ˈwɑːn.ˁtɪŋ/ *adj (form)* ⇨deficiente

† **war** UK: /wɔːʳ/ US: /wɔːr/ ∎ *n* [c, u] **1** ⇨guerra: *to declare war* - declarar la guerra ∎ *n* [NO PL] **2** ⇨lucha: *the war against crime* - la lucha contra el crimen **3** at ~ ⇨en guerra

† **ward¹** UK: /wɔːd/ US: /wɔːrd/ *n* [c] **1** ⇨sala [de hospital]: *the psychiatric ward* - la sala de psiquiatría **2** ⇨distrito electoral

† **ward²** UK: /wɔːd/ US: /wɔːrd/

| PHRASAL VERBS
| · **to ward** *sth* **off** [M] ⇨resguardar(se) de algo
└ ⇨proteger(se) {contra/de} algo ⇨repeler

warden UK: /ˈwɔː.dʲn/ US: /ˈwɔːr-/ *n* [c] **1** *UK* ⇨bedel,-a ⇨cuidador,-a **2** *US (en una prisión)* ⇨alcaide **3** *traffic warden* - agente de estacionamiento

W

† **wardrobe** UK: /ˈwɔː.drəʊb/ US: /ˈwɔːr.droʊb/ *n* [c] **1** *(US tb* closet) ⇨armario ropero **2** ⇨vestuario

† **warehouse** UK: /ˈweə.haʊs/ US: /ˈwer-/ *UK n* [c] ⇨almacén

warfare UK: /ˈwɔː.feəʳ/ US: /ˈwɔːr.fer/ *n* [u] **1** ⇨guerra **2** ⇨métodos de combate

warhead UK: /ˈwɔː.hed/ US: /ˈwɔːr-/ *n* [c] *(de una bomba o de un misil)* ⇨cabeza

† **warm¹** UK: /wɔːm/ US: /wɔːrm/ *adj* **1** ⇨templado,da ⇨cálido,da ∎ Hace referencia a una temperatura agradable. Comparar con *hot* **2** ⇨acogedor,-a ⇨caluroso,sa **3** *(una prenda)* ⇨abrigado,da

† **warm²** UK: /wɔːm/ US: /wɔːrm/ *v* [T, I] **1** ⇨templar ⇨calentar **2** ⇨cogerle cariño a alguien

| PHRASAL VERBS
| · **to warm up 1** *(en deporte)* ⇨calentar **2** *(un motor)* ⇨calentarse
└ · **to warm** *(sth/sb)* **up** ⇨calentar(se)

warmly UK: /ˈwɔːm.li/ US: /ˈwɔːrm-/ *adv* ⇨calurosamente ⇨afectuosamente

warmth UK: /wɔːmθ/ US: /wɔːrmθ/ *n* [u] **1** ⇨calor **2** ⇨calidez ⇨afecto

warm-up UK: /ˈwɔːm.ʌp/ US: /ˈwɔːrm-/ *n* [c] *(antes de realizar una actividad)* ⇨calentamiento

† **warn** UK: /wɔːn/ US: /wɔːrn/ *v* [T, I] ⇨avisar ⇨advertir ∎ CONSTR. 1. to warn + (that) 2. to warn sb + to do sth

warning UK: /ˈwɔː.nɪŋ/ US: /ˈwɔːr-/ *n* [c, u] **1** ⇨aviso ⇨advertencia **2** *with very little warning* - sin avisar

warp¹ UK: /wɔːp/ US: /wɔːrp/ ∎ *v* [T, I] **1** ⇨abombar(se) ⇨enchuecar *AMÉR. col.* ∎ *v* [T] **2** ⇨pervertir ⇨corromper

warp² UK: /wɔːp/ US: /wɔːrp/ *n* [c] **1** ⇨alabeo **2** *(de una tela)* ⇨urdimbre

warrant¹ UK: /ˈwɒr.ʲnt/ US: /ˈwɔːr-/ *n* [c] ⇨orden: *a warrant for arrest* - una orden de arresto

warrant² UK: /ˈwɒr.ʲnt/ US: /ˈwɔːr-/ *v* [T] ⇨justificar: *Nothing can warrant this action* - Nada puede justificar esta acción

warranty UK: /ˈwɒr.ʲn.ti/ US: /ˈwɔːr.[ə]n.i/ [*pl* warranties] *n* [c, u] ⇨garantía [de un producto]

warren UK: /ˈwɒr.ʲn/ US: /ˈwɔːr-/ *n* [c] **1** ⇨madriguera **2** ⇨hervidero ⇨hormiguero

warrior UK: /ˈwɒr.i.əʳ/ US: /ˈwɔːr.i.ə/ *n* [c] ⇨guerrero,ra

warship UK: /ˈwɔː.ʃɪp/ US: /ˈwɔːr-/ *n* [c] ⇨buque de guerra

wart UK: /wɔːt/ US: /wɔːrt/ *n* [c] ⇨verruga

† **wartime** UK: /ˈwɔː.taɪm/ US: /ˈwɔːr-/ *n* [u] ⇨guerra ⇨tiempo de guerra

† **wary** UK: /ˈweə.ri/ US: /ˈwer.i/ *adj* [*comp* warier, *superl* wariest] ⇨cauteloso,sa ⇨precavido,da

was UK: /wɒz/ US: /wɑːz, wəz/ US: /wɑːz/ /wəz/ *past tense of* **be**

† **wash¹** UK: /wɒʃ/ US: /wɑːʃ/ ∎ *v* [T] **1** ⇨lavar: *I will wash the dishes* - Yo lavaré los platos ∎ *v* [T, I] **2** ⇨lavar(se): *Wash your hands before we have lunch* - Lávate las manos antes de comer

PHRASAL VERBS
· **to wash** *sth* **away** [M] ⇨llevarse ⇨arrastrar
· **to wash (***sth***) out** [M] *(una mancha)* ⇨disolver ⇨desaparecer
└· **to wash (***sth***) up** [M] *UK* ⇨fregar [los platos]
wash[2] UK: /wɒʃ/ US: /wɑːʃ/ [*pl* washes] *n* [C, U] **1** ⇨lavado **2** ⇨colada
washbasin UK: /ˈwɒʃˌbeɪ.sºn/ US: /ˈwɑːʃ-/ *UK n* [C] ⇨lavabo ⇨lavatorio *AMÉR.;* ⇨pileta *AMÉR.*
washcloth UK: /ˈwɒʃ.klɒθ/ US: /ˈwɑːʃ.klɑːθ/ *US* (*UK* **flannel**) *n* [C] ⇨toalla pequeña [de baño]
washing UK: /ˈwɒʃ.ɪŋ/ US: /ˈwɑː.ʃɪŋ/ *n* [U] **1** ⇨colada **2** ⇨ropa sucia
†**washing machine** *n* [C] ⇨lavadora
washing-up UK: /ˌwɒʃ.ɪŋˈʌp/ US: /ˌwɑːʃ-/ *UK n* [U] **1** ⇨fregado de platos **2** *to do the washing-up* - fregar los platos
washroom UK: /ˈwɒʃ.rʊm/ UK: /-ruːm/ US: /ˈwɑːʃ-/ *US n* [C] *(old-fash)* ⇨aseos ⇨baños *AMÉR.*
†**wasn't** UK: /ˈwɒz.ºnt/ US: /ˈwɑː.z[ə]nt/ *(was not)* See be
†**wasp** UK: /wɒsp/ US: /wɑːsp/ *n* [C] ⇨avispa
†**WASP** *n* [C] *US* ⇨forma abreviada de **White Anglo-Saxon Protestant** (estadounidense de raza blanca y protestante cuyo estatus social suele ser alto o medio-alto)
†**waste**[1] /weɪst/ *n* [U] **1** ⇨desperdicio ⇨derroche ⇨pérdida **2** ⇨desperdicios ⇨residuos **3** *to go to* ~ ⇨echarse a perder
†**waste**[2] /weɪst/ [wasted, wasting] *v* [T] **1** ⇨desperdiciar **2** ⇨malgastar **3** *(el tiempo)* ⇨perder **4** *to* ~ *one's* **breath** ⇨gastar saliva *col.*
PHRASAL VERBS
└· **to waste away** *(una persona)* ⇨consumirse
wasteland /ˈweɪst.lænd/ *n* [C, U] ⇨terreno baldío
wastepaper basket *UK n* [C] ⇨papelera
†**watch**[1] UK: /wɒtʃ/ US: /wɑːtʃ/ ∎ *v* [T, I] **1** ⇨observar ⇨mirar ∎ CONSTR. 1. to watch + doing sth 2. to watch + do sth 3. to watch + interrogativa indirecta ∎ Ver cuadro see / look at / watch ∎ *v* [T] **2** ⇨tener cuidado ⇨fijarse ∎ CONSTR. 1. to watch + (that) 2. to watch + interrogativa indirecta **3** *(la televisión)* ⇨ver **4** *to* ~ *one's* **step** ⇨ser precavido,da ⇨ir con cuidado
PHRASAL VERBS
· **to watch out** ⇨tener cuidado: *Watch out! There is ice on the road* - ¡Ten cuidado! ¡Hay hielo en la carretera!
· **to watch out for** *sth/sb* ⇨estar atento,ta a └ [mientras se espera]
†**watch**[2] UK: /wɒtʃ/ US: /wɑːtʃ/ [*pl* watches] *n* [C, U, NO PL] **1** ⇨reloj de pulsera: *a gold watch* - un reloj de oro **2** ⇨vigilancia **3** *(turno)* ⇨guardia

watchdog UK: /ˈwɒtʃ.dɒg/ US: /ˈwɑːtʃ.dɑːg/ *n* [C] **1** ⇨perro guardián **2** ⇨comité de vigilancia
watchful UK: /ˈwɒtʃ.fºl/ US: /ˈwɑːtʃ-/ *adj* ⇨atento,ta ⇨alerta ⇨vigilante
†**water**[1] UK: /ˈwɔː.təʳ/ US: /ˈwɑː.ə/ *n* [U] **1** ⇨agua: *fresh water* - agua dulce **2** *under* ~ **1** ⇨bajo el agua **2** ⇨inundado,da
water[2] UK: /ˈwɔː.təʳ/ US: /ˈwɑː.ə/ ∎ *v* [T] **1** ⇨regar ∎ *v* [I] **2** ⇨llenar(se) de lágrimas **3** *(la boca)* ⇨hacerse agua ⇨salivar
PHRASAL VERBS
· **to water** *sth* **down** [M] **1** *(una bebida)* ⇨diluir con agua **2** *(una opinión, un plan)* ⇨suavizar
watercolour UK: /ˈwɔː.tə.kʌl.əʳ/ US: /ˈwɑː.ºtə.kʌl.ə/ *UK n* [C] ⇨acuarela
†**waterfall** UK: /ˈwɔː.tə.fɔːl/ US: /ˈwɑː.ə.fɑːl/ *n* [C] ⇨catarata ⇨cascada
waterfront UK: /ˈwɔː.tə.frʌnt/ US: /ˈwɑː.ə/ *n* [C] ⇨zona urbana a las orillas del mar o de un río
watering can *n* [C] ⇨regadera
watermelon UK: /ˈwɔː.tə.mel.ən/ US: /ˈwɑː.ə/ *n* [C] ⇨sandía ⇨patilla *AMÉR.*
†**waterproof** UK: /ˈwɔː.tə.pruːf/ US: /ˈwɑː.ə/ *adj* **1** ⇨impermeable **2** ⇨sumergible: *a waterproof watch* - un reloj sumergible
watershed UK: /ˈwɔː.tə.ʃed/ US: /ˈwɑː.ə/ *n* [NO PL] **1** *(entre dos períodos)* ⇨punto de inflexión **2** ⇨línea divisoria de aguas
water-skiing *n* [U] ⇨esquí acuático
watertight UK: /ˈwɔː.tə.taɪt/ US: /ˈwɑː.ə/ *adj* **1** *(un objeto)* ⇨hermético,ca ⇨estanco,ca **2** *(teoría, argumento)* ⇨irrebatible
waterway UK: /ˈwɔː.tə.weɪ/ US: /ˈwɑː.ə/ *n* [C] ⇨canal ⇨vía navegable
watery UK: /ˈwɔː.tºr.i/ US: /ˈwɑː.ə.i/ *adj* **1** ⇨aguado,da **2** *(los ojos)* ⇨lloroso,sa ⇨húmedo,da **3** *(color)* ⇨desvaido,da ⇨pálido,da **4** ⇨tenue
watt UK: /wɒt/ US: /wɑːt/ *n* [C] *(unidad de potencia)* ⇨vatio ∎ La forma abreviada es W
†**wave**[1] /weɪv/ [waved, waving] ∎ *v* [I] **1** ⇨saludar con la mano ∎ *v* [T, I] **2** ⇨agitar **3** ⇨ondear: *The flags waved in the wind* - Las banderas ondeaban al viento
PHRASAL VERBS
· **to wave** *sth* **aside** [M] ⇨rechazar algo: *He waved aside my remarks* - Rechazó mis co-└ mentarios
†**wave**[2] /weɪv/ *n* [C] **1** ⇨saludo **2** ⇨ola: *on the crest of the wave* - en la cresta de la ola **3** ⇨onda: *radio waves* - ondas de radio
waver UK: /ˈweɪ.vəʳ/ US: /-və/ *v* [I] **1** ⇨dudar ⇨vacilar **2** ⇨temblar

W

wavy /'weɪ.vi/ adj [comp **wavier,** superl **waviest**] ⇨ondulado,da

wax /wæks/ n [U] **1** ⇨cera **2** ⇨cera [de los oídos] ⇨cerumen

†**way** /weɪ/ n [c] **1** ⇨dirección **2** ⇨camino **3** ⇨forma ⇨manera **4** a long way - lejos **5** {a/sb's} ~ of life ⇨el estilo de vida (de alguien) **6** by the ~ **1** ⇨cambiando de tema **2** ⇨a propósito: By the way, did you do the shopping? - A propósito, ¿has hecho la compra? **7** in the ~ en medio: Why are you in the way all the time? - ¿Por qué estás siempre en medio? **8** no way! (inform) ⇨¡ni hablar! col. **9** to {get/have} one's (own) ~ ⇨salirse alguien con la suya **10** to get out of the ~ ⇨quitar de en medio **11** to give ~ to sth ⇨convertirse en algo ⇨transformarse en algo **12** to give ~ (to sth/sb) **1** ⇨ceder a **2** ⇨ceder el paso a: You have to give way to other vehicles at this crossroads - En este cruce tienes que ceder el paso a los demás vehículos **13** to go out of one's ~ to do sth ⇨tomarse la molestia de hacer algo **14** to lose one's ~ ⇨perderse: I lost my way going to the museum - Me perdí yendo al museo **15** to make ~ ⇨dejar paso: Make way! - ¡Abran paso!

WC /ˌdʌb.l̩.ju'siː/ UK n [c] ⇨WC ■ Procede de water closet (cuarto de baño)

†**we** /wiː, wi/ pron ⇨nosotros,tras: We all went to the concert - Todos nosotros fuimos al concierto ■ Las frases en inglés siempre llevan sujeto, menos los imperativos ■ Ver cuadro personal pronouns

†**weak** /wiːk/ adj **1** ⇨débil ⇨pachaco,ca AMÉR. **2** (estructura) ⇨frágil **3** (una bebida) ⇨suave ⇨flojo,ja

weaken /'wiː.kᵊn/ v [T, I] ⇨debilitar: Flu can weaken you a lot - Una gripe puede debilitarte mucho

weakly /'wiː.kli/ adv ⇨débilmente ⇨sin fuerzas

weakness /'wiːk.nəs/ ■ n [U] **1** ⇨debilidad ⇨endeblez ■ n [c] **2** ⇨punto débil ■ El plural es weaknesses

†**wealth** /welθ/ n [U] **1** ⇨riqueza **2** a ~ of sth ⇨abundancia de algo

wealthy /'wel.θi/ adj [comp **wealthier,** superl **wealthiest**] ⇨rico,ca ⇨adinerado,da ⇨platudo,da AMÉR. col.

═W †**weapon** /'wep.ən/ n [c] ⇨arma: a lethal weapon - un arma letal

†**wear,** wore, worn UK: /weəʳ/ US: /wer/ ■ v [T] **1** ⇨llevar puesto,ta: He is wearing a white shirt - Lleva puesta una camisa blanca **2** (una expresión o un gesto) ⇨mostrar ⇨tener **3** (un peinado) ⇨llevar ■ v [T, I] **4** ⇨desgastar(se)

PHRASAL VERBS
· **to wear (sth) away** [M] ⇨desgastar(se) algo
· **to wear sb down** [M] ⇨agotar a alguien ⇨debilitar a alguien
· **to wear off** ⇨desaparecer: The effects have worn off - Han desaparecido los efectos
· **to wear (sth) out** ⇨gastar algo: He wears out his shoes so quickly that he needs a new pair every month - Gasta sus zapatos tan deprisa que necesita un par nuevo todos los meses

wearing UK: /'weə.rɪŋ/ US: /'wer.ɪŋ/ adj ⇨agotador,-a: She can be very wearing at times - A veces es agotadora

weary UK: /'wɪə.ri/ US: /'wɪr.i/ adj [comp **wearier,** superl **weariest**] ⇨agotado,da ⇨cansado,da

†**weather** UK: /'weð.əʳ/ US: /-ə/ n [U] **1** ⇨tiempo [atmosférico] ⇨clima **2** to {be/feel} under the ~ (inform) ⇨estar pachucho,cha col.

†**weather forecast** n [c] ⇨previsión meteorológica

weave, wove, woven (US tb weaved, weaved) /wiːv/ [weaving] v [T, I] **1** ⇨tejer: She taught us how to weave wool - Nos enseñó a tejer la lana **2** ⇨zigzaguear

weaver UK: /'wiː.vəʳ/ US: /-və/ n [c] ⇨tejedor,-a

web /web/ n [c] **1** ⇨tela de araña **2** the Web ⇨web ⇨World Wide Web

web browser (tb browser) n [c] (en informática) ⇨navegador

webcast UK: /'web.kɑːst/ US: /-kæst/ n [c] (en informática) ⇨retransmisión [por internet]

webmaster UK: /'web.mɑː.stəʳ/ US: /-ˌmæs.tə/ n [c] (en informática) ⇨webmaster

web page (tb page) n [c] (en informática) ⇨página web

†**website** /'web.saɪt/ n [c] (en informática) ⇨website ⇨sitio web ■ La forma abreviada es site

†**we'd** /wiːd, wid/ **1** (we had) See **have 2** (we would) See **would**

†**wedding** /'wed.ɪŋ/ n [c] ⇨boda: wedding anniversary - aniversario de boda

wedge /wedʒ/ n [c] **1** ⇨cuña **2** ⇨gajo [de limón, naranja, etc.]

†**Wednesday** /'wenz.deɪ/ n [c, U] ⇨miércoles: See you on Wednesday - Te veo el miércoles ■ La forma abreviada es Wed

wee /wiː/ adj (inform) (en Escocia) ⇨pequeño,ña

weed¹ /wiːd/ n [c] ⇨mala hierba ⇨cizaña

weed² /wiːd/ v [T, I] ⇨escardar ⇨quitar las malas hierbas

PHRASAL VERBS
└ **to weed sth/sb out** [M] ⇨eliminar ⇨descartar

†**week** /wiːk/ n [c] ⇨semana: next week - la semana que viene

weekday /'wi:k.deɪ/ *n* [C] ⇒día laborable

† **weekend** /ˌwi:k'end, '--/ *n* [C] ⇒fin de semana: *at the weekend* - en el fin de semana

weekly¹ /'wi:.kli/ *adj* ⇒semanal

weekly² /'wi:.kli/ *adv* ⇒semanalmente

† **weep, wept, wept** /wi:p/ *v* [T, I] *(lit)* ⇒llorar: *to weep with joy* - llorar de alegría

wee-wee *n* [C] See **wee**

† **weigh** /weɪ/ ■ *v* [T] **1** ⇒pesar: *to weigh a parcel* - pesar un paquete ■ *v* [I] **2** ⇒pesar: *How much do you weigh?* - ¿Cuánto pesas?

> PHRASAL VERBS
> · **to be weighed down {by/with}** *sth* **1** *(un peso)* ⇒ir cargado,da de algo **2** ⇒estar preocupado,da por algo
> └· **to weigh** *sth* **up** [M] ⇒considerar algo

weight /weɪt/ ■ *n* [U] **1** ⇒peso ■ *n* [C] **2** ⇒pesa **3** to carry ~ ⇒contar mucho ⇒influir mucho **4** to {gain/put on} ~ ⇒engordar **5** to lose ~ ⇒perder peso: *He has lost a lot of weight on his new diet* - Ha perdido mucho peso con su nueva dieta

weightless /'weɪt.ləs/ *adj* ⇒ingrávido,da

weighty UK: /'weɪ.ti/ US: /-i/ *adj* [comp weightier, superl weightiest] **1** *(un objeto)* ⇒pesado,da **2** *(un asunto, un argumento)* ⇒de peso ⇒importante

weir UK: /wɪəʳ/ US: /wɪr/ UK *n* [C] *(en un río)* ⇒presa

† **weird** UK: /wɪəd/ US: /wɪrd/ *adj* ⇒raro,ra ⇒extraño,ña

welcome¹ /'wel.kəm/ *excl* ⇒bienvenido,da

† **welcome²** /'wel.kəm/ [welcomed, welcoming] *v* [T] **1** ⇒dar la bienvenida **2** ⇒agradecer(se): *After a week of rain, we welcome the sunshine* - Se agradece un poco de sol después de una semana de lluvia

welcome³ /'wel.kəm/ *adj* **1** ⇒bienvenido,da ⇒grato,ta **2** to be ~ to *sth* ⇒poder quedarse con algo: *You're welcome to any book in that box* - Puedes quedarte con cualquier libro de la caja **3** you're ~ ⇒de nada

welcome⁴ /'wel.kəm/ *n* [NO PL] ⇒bienvenida: *to give sb a welcome* - dar la bienvenida a alguien

welcoming /'wel.kəm.ɪŋ/ *adj* ⇒acogedor,-a

weld /weld/ *v* [T] ⇒soldar: *to weld pipes* - soldar tubos

† **welfare** UK: /'wel.feəʳ/ US: /-fer/ *n* [U] **1** ⇒bienestar **2** *US* (*UK* **social security**) ⇒seguridad social **3** *US* (*UK* **dole**) ⇒subsidio de desempleo

we'll /wi:l, wɪl/ **1** *(we will)* See **will 2** *(we shall)* See **shall**

well¹ /wel/ *adj* [comp better, superl best] ⇒bien: *«How are you?» «I'm very well, thank you»* - «¿Qué tal estás?» «Muy bien, gracias» ■ CONSTR. Se usa detrás de un verbo ■ Ver cuadro good / well

† **well²** /wel/ *adv* [comp better, superl best] **1** ⇒bien: *She plays piano very well* - Toca muy bien el piano **2** ⇒mucho ⇒bien **3** ⇒muy: *He was well ahead of the other runner* - Iba muy adelantado al otro corredor **4** *They could well be on their way* - Probablemente ya están de camino **5** as ~ ⇒también: *He plays the guitar and sings as well* - Toca la guitarra y también canta ■ *Too y as well* siempre se sitúan al final de la oración **6** as ~ as **1** ⇒además de: *She speaks Chinese as well as German* - Habla chino además de alemán **2** ⇒tan bien como **7** to do ~ ⇒ir bien [a alguien] ■ Ver cuadro good / well

† **well³** /wel/ *excl* **1** *(para una pausa)* ⇒bueno **2** *(tb well, well)* *(para expresar sorpresa)* ⇒¡vaya! **3** oh ~ *(para expresar resignación)* ⇒bueno

well⁴ /wel/ *n* [C] ⇒pozo

well-behaved /ˌwel.bɪ'heɪvd/ *adj* ⇒bien educado,da ⇒que se porta bien ■ PRON. La última *e* no se pronuncia

well-being /ˌwel'bi:.ɪŋ/ *n* [U] ⇒bienestar

well-built /ˌwel'bɪlt/ *adj* ⇒fornido,da

well-done /ˌwel'dʌn/ *adj* *(carne)* ⇒muy hecho,cha

well-dressed /ˌwel'drest/ *adj* ⇒bien vestido,da

well-earned /ˌwel'ɜ:nd/ *adj* ⇒merecido,da: *a well-earned break* - un descanso merecido

well-established *adj* *(una empresa)* ⇒consolidado,da

well-kept /ˌwel'kept/ *adj* **1** ⇒bien cuidado,da ⇒bien arreglado,da **2** *(un secreto)* ⇒bien guardado,da

well-known *adj* ⇒muy conocido,da ⇒famoso,sa ■ Se dice: *She's a well-known actress* - Es una actriz muy conocida. Incorrecto: *She's a known actress*

well-meaning /ˌwel'mi:.nɪŋ/ *adj* ⇒bienintencionado,da

well-off UK: /ˌwel'ɒf/ US: /-'ɑ:f/ *adj* **1** ⇒adinerado,da ⇒acomodado,da **2** *Her parents are very well-off* - Sus padres tienen mucho dinero

well-to-do /ˌwel.tə'du:/ *adj* *(old-fash)* ⇒acomodado,da ⇒adinerado,da

Welsh¹ /welʃ/ *adj* ⇒galés,-a

Welsh² /welʃ/ *n* [U] **1** *(idioma)* ⇒galés **2** the ~ *(gentilicio)* ⇒los galeses, las galesas ■ El singular es *a Welshman* o *a Welshwoman*

Welshman /'welʃ.mən/ [pl Welshmen] *n* [C] *(gentilicio)* ⇒galés

Welshmen *n* [PL] See **Welshman**

Welshwoman /'welʃ.wʊ.mən/ [pl Welshwomen] *n* [C] *(gentilicio)* ⇒galesa

went /went/ past tense of **go**

wept /wept/ past tense and past participle forms of **weep**

† **we're** UK: /wɪəʳ/ US: /wɪr/ *(we are)* See **be**

W

were /wəʳ/ See **be**

[†] **weren't** UK: /wɜːnt/ US: /wɜːnt/ *(were not)* See **be**

werewolf /'wɪə.wʊlf/ [*pl* werewolves] *n* [C]
⇒hombre lobo

werewolves *n* [PL] See **werewolf**

[†] **west¹** /west/ *n* [C] **1** ⇒oeste: *the west of Ireland* -
el oeste de Irlanda ■ La forma abreviada es W **2 the
West** ⇒Occidente

[†] **west²** /west/ *adj* ⇒oeste ⇒del oeste

[†] **west³** /west/ *adv* ⇒en dirección oeste: *to travel
west* - viajar en dirección oeste

western¹ UK: /'wes.tən/ US: /-tən/ *(tb* Western)
adj ⇒occidental: *in Western Scotland* - en la
parte occidental de Escocia ■ La forma abreviada
es W

western² UK: /'wes.tən/ US: /-tən/ *n* [C] ⇒película
del oeste ⇒película de vaqueros

[†] **wet¹** /wet/ *adj* [*comp* wetter, *superl* wettest] **1**
⇒húmedo,da ⇒mojado,da **2** ⇒lluvioso,sa **3** *UK*
(inform) ⇒blandengue *desp.*

wet², wet, wet *(tb* wetted, wetted) /wet/ [wet-
ting] *v* [T] **1** ⇒humedecer ⇒mojar **2 to ~ oneself**
⇒orinarse **3 to ~ the bed** ⇒mojar la cama

wet suit *n* [C] *(para bucear o hacer surf)* ⇒traje
de neopreno ⇒traje isotérmico

wetsuit *n* [C] ⇒traje de neopreno

we've /'wiːv, wiv/ *(we have)* See **have**

whack¹ /wæk/ *v* [T] *(inform)* ⇒golpear ⇒aporrear
■ CONSTR. Se usa generalmente seguido de una preposi-
ción o un adverbio

whack² /wæk/ *n* [C] **1** *(inform)* ⇒golpe ⇒porrazo
2 *(inform)* ⇒parte: *They want their whack of the
loot* - Quieren su parte del botín **3** *(inform)* ⇒in-
tento ⇒tentativa

[†] **whale** /weɪl/ *n* [C] ⇒ballena

wharf UK: /wɔːf/ US: /wɔːrf/ [*pl* wharves] *n* [C]
⇒muelle [de puerto]

[†] **what** UK: /wɒt/ US: /wɑːt/ *pron* **1** *(en oraciones in-
terrogativas directas)* ⇒qué **2** *(en oraciones inte-
rrogativas directas)* ⇒cuál ⇒qué ■ Se usa cuando
se puede elegir entre un amplio grupo de elementos o
entre distintas opciones no definidas. Comparar con *which*
3 *(en oraciones interrogativas indirectas)* ⇒qué
⇒lo que **4** *(inform)* ⇒¿cómo? ⇒¿qué? **5** *(en ora-
ciones exclamativas)* ⇒qué ■ Se usa seguido de sus-
tantivos *What a sad story!* - ¡Qué historia más triste!.
Comparar con *how* **6 ~ if...?** ⇒¿y si...?: *What if
Tim can't go?* - ¿Y si no puede ir Tom? ■ Ver cua-
dro en esta página y ver cuadro interrogative structures

[†] **whatever** UK: /wɒt'ev.əʳ/ US: /wɑːˈt̬ev.ə/ *pron* **1**
⇒todo lo que ⇒lo que **2** *Whatever happens, we' re
going to go* - Pase lo que pase, iremos; *Whatever
you do, I'm sure it'll be fine* - Hagas lo que hagas,
seguro que te saldrá bien **3 or ~** ⇒o algo así

W

whatsoever UK: /ˌwɒt.səuˈev.əʳ/ US: /ˌwɑːt.souˈev.ə/
adv ⇒en absoluto

[†] **wheat** /wiːt/ *n* [U] ⇒trigo

[†] **wheel¹** /wiːl/ *n* [C] ⇒rueda

wheel² /wiːl/ *v* [T] **1** ⇒empujar [algo con rue-
das] **2** ⇒llevar [a una persona en una silla de
ruedas]
|PHRASAL VERBS
└ · **to wheel {around/round}** ⇒darse la vuelta
 [rápidamente]

interrogative pronouns and adverbs

• **Which**, **what** y **who** son pronombres
 interrogativos:

 – **Which** se usa para preguntar por algo
 específico, cuando existe una posibilidad
 limitada para elegir:

 · *Which is the correct answer: A or B?*
 (¿Cuál es la respuesta correcta: A o B?)

 · *Which hand do you use to write with?*
 (¿Con qué mano escribes?)

 – **What** se usa para preguntar por algo cuando la
 posibilidad de elegir no está limitada:

 · *What is your favourite colour?*
 (¿Cuál es tu color favorito?)

 · *What is the difference?*
 (¿Cuál es la diferencia?)

 – **Who** se usa para preguntar por una persona:

 · *Who is the lady with the hat?*
 (¿Quién es la señora del sombrero?)

• **Where**, **when** y **how** son adverbios interrogativos:

 – **Where** se usa para preguntar por el lugar donde
 sucede algo:

 · *Where are you?*
 (¿Dónde estás?)

 – **When** se usa para preguntar por el momento en
 que sucede algo:

 · *When is your birthday?*
 (¿Cuándo es tu cumpleaños?)

 – **How** se usa para preguntar por el modo en que
 se realiza una acción:

 · *How did you get here?*
 (¿Cómo has llegado hasta aquí?)

wheelbarrow UK: /ˈwiːlˌbær.əʊ/ US: /-ˌber.oʊ/ (*UK tb* barrow) *n* [c] ⇒carretilla

wheelchair UK: /ˈwiːl.tʃeəʳ/ US: /-tʃer/ *n* [c] ⇒silla de ruedas

wheeze /wiːz/ [wheezed, wheezing] *v* [i] ⇒resollar ⇒respirar con dificultad

† **when¹** /wen/ *adv* ⇒cuándo: *She asked me when I was leaving* - Me preguntó cuándo me iba ■ Ver cuadro interrogative pronouns and adverbs

† **when²** /wen/ *conj* **1** ⇒cuando: *I'll tell him when I see him* - Se lo diré cuando lo vea **2** ⇒cuando ⇒aunque ■ Nunca se usa seguido de un verbo en futuro

† **whenever** UK: /wen'ev.əʳ/ US: /-əʳ/ *conj* **1** ⇒cuando ⇒siempre que **2** ⇒cuando sea

† **where** UK: /weəʳ/ US: /wer/ *adv, conj* **1** ⇒dónde **2** ⇒adónde **3** ⇒por dónde **4** ⇒donde ⇒adonde **5** ⇒en el que, en la que **6** ⇒mientras que ■ Ver cuadro interrogative pronouns and adverbs

whereabouts¹ UK: /ˌweə.rəˈbaʊts/ US: /ˌwer.ə-/ *adv* ⇒en qué parte ⇒por dónde ■ Normalmente se usa en oraciones interrogativas

whereabouts² UK: /ˈweə.rə.baʊts/ US: /ˈwer.ə-/ *n* [PL] ⇒paradero ■ Se puede usar con el verbo en singular o en plural

† **whereas** UK: /weəˈræz/ US: /werˈæz/ *conj* ⇒mientras que: *I only speak English whereas she speaks seven languages* - Yo solo sé inglés, mientras que ella sabe siete idiomas

whereby UK: /weəˈbaɪ/ US: /wer-/ *pron (form)* ⇒por el que, por la que: *They signed an agreement whereby both parties got part of the land* - Firmaron un acuerdo por el que cada una de las partes se quedó con parte del terreno

whereupon UK: /ˌweə.rəˈpɒn/ US: /ˌwer.əˈpɑːn/ *conj (form)* ⇒después de lo cual: *I answered him, whereupon he left* - Le respondí, después de lo cual se marchó

wherever¹ UK: /weəˈrev.əʳ/ US: /werˈev.əʳ/ *conj* ⇒dondequiera que: *I'll think about you wherever I am* - Dondequiera que esté, pensaré siempre en ti

wherever² UK: /weəˈrev.əʳ/ US: /werˈev.əʳ/ *adv* ⇒dónde: *Wherever did you get that idea from?* - ¿De dónde has sacado esa idea? ■ Tiene valor enfático

whet /wet/ [whetted, whetting] *v* [T] **1** ⇒estimular ⇒despertar **2** *(un cuchillo)* ⇒afilar

† **whether** UK: /ˈweð.əʳ/ US: /-əʳ/ *conj* **1** ⇒si: *We don't know whether or not they'll come* - No sabemos si vendrán **2** *Whether you like it or not, y*

† **while³** /waɪl/ [whiled, whiling]

PHRASAL VERBS
· **to while** *sth* **away** [M] *(el tiempo)* ⇒pasar [relajadamente porque uno está esperando o porque no tiene nada que hacer]

whilst *conj (form)* See **while**

whim /wɪm/ *n* [c] ⇒capricho ⇒antojo

whimper¹ UK: /ˈwɪm.pəʳ/ US: /-pəʳ/ *v* [I] ⇒lloriquear

whimper² UK: /ˈwɪm.pəʳ/ US: /-pəʳ/ *n* [c] ⇒lloriqueo

whine¹ /waɪn/ [whined, whining] *v* [I] **1** *(un perro)* ⇒gañir **2** ⇒gemir ⇒gimotear

whine² /waɪn/ *n* [c] **1** *(de un perro)* ⇒gañido **2** ⇒gemido ⇒gimoteo

whinge¹ /wɪndʒ/ [whinged, whinging] *UK v* [I] *(inform)* ⇒quejarse: *to whinge about sth* - quejarse por algo

whinge² /wɪndʒ/ *UK n* [c] *(inform)* ⇒queja

whip¹ /wɪp/ *n* [c] ⇒látigo ⇒rebenque *AMÉR.;* ⇒chicote *AMÉR.;* ⇒fusta ⇒fuete *AMÉR.*

whip² /wɪp/ [whipped, whipping] *v* [T] **1** ⇒dar latigazos ⇒azotar **2** *(una sustancia líquida)* ⇒batir

PHRASAL VERBS
· **to whip** *sth* **up** [M] **1** *(inform)* ⇒avivar algo ⇒estimular algo **2** *(una comida)* ⇒preparar algo rápido

whir *US n* [NO PL], *v* [I] See **whirr**

whirl¹ UK: /wɜːl/ US: /wɜːrl/ ■ *v* [T] **1** ⇒hacer girar rápidamente ■ *v* [I] **2** ⇒girar rápidamente

whirl² UK: /wɜːl/ US: /wɜːrl/ *n* [NO PL] **1** ⇒torbellino [de actividad o de ideas] **2** ⇒giro

whirlpool UK: /ˈwɜːl.puːl/ US: /ˈwɜːrl-/ *n* [c] **1** ⇒remolino [de agua] **2** ⇒vorágine

whirlwind¹ UK: /ˈwɜːl.wɪnd/ US: /ˈwɜːrl-/ *adj a whirlwind tour* - un viaje relámpago

whirlwind² UK: /ˈwɜːl.wɪnd/ US: /ˈwɜːrl-/ *n* [c] **1** ⇒remolino [de aire] ⇒torbellino **2** ⇒torbellino [de algo]: *a whirlwind of activity* - un torbellino de actividad

whirr¹ UK: /wɜːʳ/ US: /wɜːʳ/ *UK (US* whir*) n* [NO PL] *(de una máquina)* ⇒zumbido

whirr² UK: /wɜːʳ/ US: /wɜːʳ/ *UK (US* whir*) v* [I] *(una máquina)* ⇒zumbar levemente

whisk¹ /wɪsk/ *v* [T] **1** *(inform)* ⇒llevar rápidamente: *I was whisked to hospital* - Me llevaron rápidamente al hospital ■ CONSTR. Se usa generalmente seguido de un adverbio o una preposición **2** *(en cocina)* ⇒batir

whisk² /wɪsk/ *n* [c] ⇒batidor [de alambre]

whisker UK: /ˈwɪs.kəʳ/ US: /-kəʳ/ *n* [c] *(de un animal)* ⇒pelo del bigote

whiskers UK: /ˈwɪs.kəz/ US: /-kəʳz/ *n* [PL] **1** *(old-fash) (pelo)* ⇒patilla **2** *(animal)* ⇒bigote

whiskey *US, Irl n* [c, u] See **whisky**

† **whisky** /ˈwɪs.ki/ *[pl* whiskies] *(US,* Irl *tb* whiskey*) n* [c, u] ⇒whisky

† **whisper¹** UK: /ˈwɪs.pəʳ/ US: /-pəʳ/ *v* [T, I] ⇒cuchichear ⇒susurrar

W

whisper² UK: /'wɪs.pə'/ US: /-pə/ n [C] ⇒cuchicheo ⇒susurro

whispering campaign n [C] ⇒campaña de difamaciones [para dañar la reputación de una persona]

whistle¹ /'wɪs.l̩/ [whistled, whistling] v [T, I] ⇒silbar ■ La t no se pronuncia

whistle² /'wɪs.l̩/ n [C] **1** ⇒silbato **2** ⇒silbido ■ PRON. La t no se pronuncia

†**white¹** /waɪt/ adj **1** (color) ⇒blanco,ca **2** (la piel) ⇒blanco,ca **3** (un rostro) ⇒pálido,da **4** UK ⇒con leche: a white coffee - un café con leche

†**white²** /waɪt/ ■ n [C, U] **1** (color) ⇒blanco ■ n [C] **2** ⇒blanco,ca [de piel] **3** (del ojo) ⇒blanco

whiteboard UK: /'waɪt.bɔːd/ US: /-bɔːrd/ n [C] **1** ⇒pizarra blanca ⇒pizarra vileda® **2** (en informática) ⇒pizarra electrónica

white-collar UK: /ˌwaɪt'kɒl.ə'/ US: /-'kɑː.lə/ adj **1** ⇒que trabaja en una oficina **2** ⇒de oficina: a white-collar job - un trabajo de oficina **3** (delito) ⇒de guante blanco

White Paper UK n [C] ⇒proposición de ley ⇒libro blanco

whitewash UK: /'waɪt.wɒʃ/ US: /-wɑːʃ/ n [U] ⇒lechada ⇒cal

whizzkid /'wɪz.kɪd/ n [C] (inform) ⇒genio ⇒prodigio

†**who** /huː/ pron **1** (en oraciones interrogativas directas) ⇒quién,-es **2** (en oraciones interrogativas indirectas) ⇒quién,-es ⇒a quién,-es **3** (en oraciones de relativo) ⇒que ■ Ver cuadros interrogative pronouns and adverbs e interrogative structures

†**WHO** n [U] ⇒OMS ■ Procede de World Health Organization (Organización Mundial de la Salud)

†**who'd** /huːd/ **1** (who had) See **have 2** (who would) See **would**

†**whoever** UK: /huː'ev.ə'/ US: /-ə/ pron ⇒quienquiera que, quienesquiera que: Whoever says that is wrong - Quienquiera que diga eso se equivoca; Whoever you are, please identify yourselves - Quienesquiera que sean, que se identifiquen

†**whole¹** UK: /həʊl/ US: /hoʊl/ adj **1** ⇒todo,da ⇒entero,ra **2** ⇒entero,ra: Cook the potatoes whole and then mash them - Cocina las patatas enteras y luego machácalas

■W †**whole²** UK: /həʊl/ US: /hoʊl/ (on the ~) ⇒en general ⇒en líneas generales

wholefood UK: /'həʊl.fuːd/ US: /'hoʊl-/ UK n [U] ⇒alimentos integrales

wholehearted adj ⇒incondicional: You've got my wholehearted support - Tienes mi apoyo incondicional

wholemeal UK: /'həʊl.miːl/ US: /'hoʊl-/ UK (UK/ US tb whole wheat) adj ⇒integral: a wholemeal biscuit - una galleta integral

wholesale¹ UK: /'həʊl.seɪl/ US: /'hoʊl-/ adv ⇒al por mayor

wholesale² UK: /'həʊl.seɪl/ US: /'hoʊl-/ adj **1** (una venta) ⇒al por mayor **2** ⇒total: a wholesale change - un cambio total

wholesome UK: /həʊl.s²m/ US: /'hoʊl-/ adj ⇒sano,na ⇒saludable

whole wheat (UK tb wholemeal) adj (de trigo) ⇒integral

†**who'll** /huːl/ (who will) See **will**

wholly UK: /'həʊl.li/ US: /'hoʊl-/ adv ⇒totalmente

†**whom** /huːm/ pron **1** (form) ⇒a quién ⇒quien **2** (form) ⇒que

whoops /wʊps/ (tb **oops**) excl ⇒¡huy!: Whoops! I've made a mistake - ¡Huy! Me he equivocado

whoosh /wʊʃ/ excl ⇒el sonido suave producido por un objeto en movimiento ⇒soplido

†**who's** /huːz/ **1** (who is) See **be 2** (who has) See **have**

†**whose** /huːz/ adj, pron **1** ⇒de quién: Whose coat is this? - ¿De quién es este abrigo? **2** ⇒cuyo,ya

†**why** /waɪ/ adv **1** ⇒por qué: Why are you so angry? - ¿Por qué estás tan enfadado?; He asked me why I hadn't told him - Me preguntó por qué no se lo había contado **2** (inform) ⇒¡por qué no?

†**wicked** /'wɪk.ɪd/ adj **1** ⇒malvado,da **2** ⇒malicioso,sa **3** (very inform) ⇒genial ⇒macanudo,da col. ■ PRON. La e se pronuncia como la i en did

wicker UK: /'wɪk.ə'/ US: /-ə/ n [U] ⇒mimbre

wicket /'wɪk.ɪt/ n [C] **1** (en cricket) ⇒palo **2** (en cricket) ⇒área central del terreno de juego **3** (en cricket) ⇒turno del bateador

†**wide¹** /waɪd/ adj **1** ⇒ancho,cha **2** ⇒amplio,plia ⇒extenso,sa **3** {inches/metres/miles} ~ ⇒{pulgadas/metros/millas} de ancho **4** ~ open (una puerta, una ventana) ⇒abierto,ta de par en par

†**wide²** /waɪd/ adv **1** ⇒de ancho: This room is 5 metres wide - Esta habitación tiene cinco metros de ancho **2** ⇒del todo **3** ~ {apart/open} ⇒{separado,da/abierto,ta} de par en par

widely /'waɪd.li/ adv **1** ⇒generalmente **2** ⇒sin dificultad **3** ⇒mucho: They've travelled widely - Han viajado mucho

widen /'waɪ.dⁿn/ v [T, I] **1** ⇒ensanchar: to widen the road - ensanchar la carretera **2** ⇒ampliar(se)

wide-ranging /ˌwaɪd'reɪn.dʒɪŋ/ adj **1** ⇒muy variado,da ⇒amplio,plia **2** (análisis, informe) ⇒de gran alcance

†**widespread** /ˌwaɪd'spred/ adj ⇒extendido,da ⇒generalizado,da

† **widow** UK: /ˈwɪd.əʊ/ US: /-oʊ/ n [c] ⇨viuda: *widow's pension* - pensión de viudedad
widower UK: /ˈwɪd.əʊ.əʳ/ US: /-oʊ.ə/ n [c] ⇨viudo
† **width** /wɪtθ, wɪdθ/ ∎ n [c, u] 1 ⇨anchura ⇨ancho ∎ n [c] 2 *(en natación)* ⇨ancho
wield /wiːld/ v [t] 1 ⇨empuñar 2 *(hacha, espada)* ⇨manejar 3 ⇨ejercer: *to wield power* - ejercer el poder
† **wife** /waɪf/ [pl wives] n [c] ⇨esposa ⇨mujer
wig /wɪg/ n [c] ⇨peluca: *to wear a wig* - llevar una peluca
wiggle /ˈwɪg.l̩/ [wiggled, wiggling] v [t, i] *(inform)* ⇨contonear(se) ⇨menear(se)
† **wild** /waɪld/ adj 1 ⇨salvaje: *a wild animal* - un animal salvaje 2 ⇨silvestre: *a wild flower* - una flor silvestre 3 ⇨salvaje ⇨violento,ta 4 ⇨desenfrenado,da ⇨loco,ca 5 *(tiempo atmosférico)* ⇨tempestuoso,sa ⇨borrascoso,sa 6 to be ~ about *sth/sb* 1 *(inform)* ⇨volverse loco,ca por *col.* 2 ⇨estar furioso,sa por algo
wilderness UK: /ˈwɪl.də.nəs/ US: /-dɚ-/ [pl wildernesses] n [c] 1 ⇨naturaleza virgen 2 in the ~ ⇨apartado,da de la actividad política
wildlife /ˈwaɪld.laɪf/ n [u] ⇨flora y fauna
wildly /ˈwaɪld.li/ adv 1 ⇨muy ⇨sumamente 2 ⇨fervorosamente
wilful /ˈwɪl.fʰl/ UK adj 1 ⇨intencionado,da ⇨premeditado,da 2 *(una persona)* ⇨testarudo,da
will¹ /wɪl/ ∎ v [MODAL] 1 *I'll do it* - Lo haré; *We will not say anything* - No vamos diremos nada 2 *(para peticiones u ofrecimientos): Will you tell her to come here?* - ¿Le dices que venga?; *Will you stay for dinner?* - ¿Te quedas a cenar? ∎ Normalmente se usa el condicional *would*; se considera más educado 3 *(en oraciones condicionales): If he calls me, I'll go to the cinema with him* - Si me llama, iré al cine con él ∎ CONSTR. will + do sth ∎ *Would* es el pasado y el condicional de *will* cuando se usa en su forma auxiliar ∎ Ver cuadros modal verbs y future tense: will / be going to ∎ v [t] 4 ⇨desear con fuerza: *She's willing for Christmas to come* - Está deseando que lleguen las navidades ∎ CONSTR. to will + to do sth 5 *(en un testamento)* ⇨dejar 6 *(old-fash)* ⇨insistir: *If you will be so rude, it's not surprising you've no friends* - Si insistes en ser tan brusco, que no te sorprenda no tener amigos
will² /wɪl/ ∎ n [NO PL] 1 ⇨voluntad ⇨deseo ∎ n [c, u] 2 ⇨fuerza de voluntad ∎ n [c] 3 ⇨última voluntad 4 ⇨testamento 5 at ~ ⇨como te plazca ⇨a voluntad *form.*
willing /ˈwɪl.ɪŋ/ adj 1 ⇨aplicado,da ⇨afanoso,sa ⇨hacendoso,sa 2 to be ~ to do *sth* ⇨estar dispuesto,ta a hacer algo: *Are you willing to help?* - ¿Estás dispuesto a ayudar?

willingness /ˈwɪl.ɪŋ.nəs/ n [u] ⇨buena voluntad ⇨buena disposición
willow (tree) n [c] ⇨sauce
willpower UK: /ˈwɪl.paʊəʳ/ US: /-paʊr/ n [u] ⇨fuerza de voluntad
wilt /wɪlt/ v [i] 1 *(una planta)* ⇨marchitarse 2 ⇨decaer ⇨desanimarse
wimp /wɪmp/ n [c] *(inform)* ⇨pelele *desp.;* ⇨panoli *col. desp.*
† **win¹, won, won** /wɪn/ [winning] v [t, i] 1 ⇨ganar: *He won the lottery* - Ganó la lotería 2 ⇨conseguir ⇨granjearse 3 sb can't ~ *(inform)* ⇨no hay manera: *You can't win, he always has to be right* - No hay manera, él siempre tiene que tener razón

PHRASAL VERBS
· **to win sb {around/over/round} [M]** ⇨convencer a alguien
· **to win *sth/sb* back [M]** ⇨reconquistar ⇨recuperar

win² /wɪn/ n [c] ⇨victoria: *two wins and a draw* - dos victorias y un empate
wince /wɪns/ [winced, wincing] v [i] ⇨hacer una mueca de dolor
† **wind¹** /wɪnd/ ∎ n [c, u] 1 ⇨viento ∎ n [u] 2 UK *(US gas) (en el estómago)* ⇨gases ⇨flatulencias 3 UK ⇨aliento 4 like the ~ ⇨como un rayo 5 to get *one's* ~ (back) ⇨recuperar el aliento 6 to get ~ of *sth* ⇨enterarse de algo
wind², **wound, wound** /waɪnd/ ∎ v [i] 1 ⇨serpentear ∎ CONSTR. Se usa generalmente seguido de una preposición o un adverbio ∎ v [t] 2 ⇨dar cuerda a: *to wind a clock* - dar cuerda a un reloj ∎ v [t] 3 ⇨poner alrededor ∎ CONSTR. Se usa generalmente seguido de una preposición o un adverbio

PHRASAL VERBS
· **to wind down** ⇨relajarse [gradualmente]
· **to wind (*sth*) down [M]** ⇨terminar algo [gradualmente]
· **to wind (*sth*) up [M]** ⇨terminar algo ⇨concluir algo
· **to wind *sb* up [M]** 1 UK *(inform)* ⇨poner nervioso,sa a alguien ⇨perturbar a alguien 2 UK *(inform)* ⇨tomar el pelo a alguien *col.: He's just winding you up* - Te está tomando el pelo
· **to wind up (doing *sth*)** ⇨acabar (haciendo algo)

† **wind³** /wɪnd/ v [t] ⇨dejar sin aliento ∎ En esta acepción, el pasado y el participio tienen formas regulares
windfall UK: /ˈwɪnd.fɔːl/ US: /-fɑːl/ n [c] 1 ⇨dinero caído del cielo 2 ⇨fruta caída del árbol
windmill /ˈwɪnd.mɪl/ n [c] ⇨molino de viento

W

†**window** UK: /'wɪn.dəʊ/ US: /-doʊ/ n [C] **1** ⇒ventana **2** ⇒ventanilla **3** ⇒escaparate ⇒vitrina

windowless adj ⇒sin ventana: a windowless room - una habitación sin ventanas

window shopping n [U] to go window shopping - ir de escaparates

windowsill UK: /'wɪn.dəʊ.sɪl/ US: /-doʊ-/ n [C] ⇒alféizar

windscreen /'wɪnd.skriːn/ UK n [C] ⇒parabrisas: I can't see clearly through the windscreen - No veo bien por el parabrisas

windscreen wiper UK: /'wɪnd.skriː.nˌwaɪp.əʳ/ US: /-ə/ UK n [C] (en un vehículo) ⇒limpiaparabrisas

windsurfing UK: /'wɪnd.sɜː.fɪŋ/ US: /-ˌsɜːr-/ n [U] ⇒windsurf ⇒windsurfing

windy /'wɪn.di/ adj [comp windier, superl windiest] **1** ⇒ventoso,sa It's very windy today - Hoy hace mucho aire

†**wine** /waɪn/ n [C, U] ⇒vino

†**wing** /wɪŋ/ n [C] **1** ⇒ala **2** UK (US fender) ⇒guardabarros ⇒aleta ⇒salpicadera AMÉR. **3** (en deportes) ⇒banda **4** (en política): the left wing - la izquierda **5** to take sb under one's ~ ⇒estar bajo la protección de alguien

wings 1 the ~ (en teatro) ⇒bastidores **2** to be waiting in the ~ ⇒estar preparado,da para actuar

wink[1] /wɪŋk/ v [I] ⇒guiñar el ojo: Are you winking at me? - ¿Me estás guiñando el ojo?

wink[2] /wɪŋk/ n [C] **1** ⇒guiño **2** forty winks (inform) ⇒cabezada ⇒siestecilla col. **3** not to sleep a ~ ⇒no dormir nada

winner UK: /'wɪn.əʳ/ US: /-ə/ n [C] ⇒ganador,-a

winning /'wɪn.ɪŋ/ adj **1** ⇒ganador,-a **2** ⇒cautivador,-a: a winning smile - una sonrisa cautivadora

†**winter**[1] UK: /'wɪn.təʳ/ US: /-ə/ n [C, U] ⇒invierno: in winter - en invierno; winter sports - deportes de invierno

†**winter**[2] UK: /'wɪn.təʳ/ US: /-ə/ v [I] (las aves) ⇒invernar

†**wipe** /waɪp/ [wiped, wiping] v [T] **1** (con un paño) ⇒limpiar **2** ⇒limpiarse: Wipe your shoes - Límpiate los zapatos **3** ⇒secar **4** to ~ sth {away/from/off} ⇒borrar algo

| PHRASAL VERBS
| · to wipe sth out [M] **1** ⇒eliminar algo ⇒erradicar algo **2** (una especie) ⇒extinguir(se) **3** ⇒destruir algo completamente
└ · to wipe sth up [M] ⇒secar algo [con un trapo]

wiper n [C] (en un vehículo) ⇒limpiaparabrisas

†**wire**[1] UK: /waɪəʳ/ US: /waɪr/ n [C, U] **1** ⇒cable ⇒alambre **2** US (US tb **telegram**) ⇒telegrama **3**

the ~ ⇒la alambrada **4** to get your wire's crossed ⇒tener un malentendido **5** ~ tapping ⇒intervención de un teléfono

wire[2] UK: /waɪəʳ/ US: /waɪr/ [wired, wiring] v [T] **1** (tb wire up) ⇒instalar [un aparato electrónico]: Have you wired the alarm by yourself? - ¿Has instalado la alarma tú solo? **2** ⇒unir ⇒conectar

wisdom /'wɪz.dəm/ n [U] **1** ⇒sabiduría **2** ⇒prudencia

†**wise** /waɪz/ adj **1** ⇒sabio,bia: a wise decision - una decisión sabia **2** ⇒prudente **3** to be none the wiser (inform) ⇒seguir sin entender nada

†**wish**[1] /wɪʃ/ [pl wishes] n [C] **1** ⇒deseo: to make a wish - pedir un deseo **2** best wishes ⇒mis mejores deseos

†**wish**[2] /wɪʃ/ v [T, I] **1** ⇒desear: She wished me good luck - Me deseó buena suerte ■ CONSTR. 1.to wish + (that) 2. to wish + dos objetos **2 I wish...** ⇒ojalá...: I wish I were on the beach - Ojalá estuviera en la playa ■ Se considera más correcto usar were con todos los pronombres. Expresa un deseo irrealista en relación al presente **3** to ~ to do sth (form) ⇒querer hacer algo ⇒gustar

wistful /'wɪst.fᵊl/ adj ⇒triste ⇒melancólico,ca

†**wit** /wɪt/ ■ n [U] **1** ⇒ingenio ■ n [C] **2** ⇒persona ingeniosa

†**witch** /wɪtʃ/ [pl witches] n [C] ⇒bruja ⇒hechicera

witchcraft UK: /'wɪtʃ.krɑːft/ US: /-kræft/ n [U] ⇒brujería

witch-hunt /'wɪtʃ.hʌnt/ n [C] ⇒caza de brujas

†**with** /wɪð/ prep **1** (compañía) ⇒con **2** (instrumento) ⇒con **3** (descripción) ⇒con ⇒de **4** (unión de varias cosas) ⇒con **5** (causa) ⇒de **6** to be ~ sb (inform) ⇒seguir [lo que dice alguien] col.; ⇒entender

†**withdraw, withdrew, withdrawn** UK: /wɪðˈdrɔː/ US: /-ˈdrɑː/ v [T, I] **1** ⇒retirar(se): to withdraw from a competition - retirarse de una competición **2** (dinero) ⇒sacar ⇒retirar

withdrawal UK: /wɪðˈdrɔː.ᵊl/ US: /-ˈdrɑː-/ ■ n [C] **1** ⇒retirada [de dinero] ■ n [C, U] **2** ⇒retirada **3** ⇒abandono ■ n [U] **4** ⇒síndrome de abstinencia **5** (en psicología) ⇒retraimiento

withdrawn[1] UK: /wɪðˈdrɔːn/ US: /-ˈdrɑːn/ past participle of **withdraw**

withdrawn[2] UK: /wɪðˈdrɔːn/ US: /-ˈdrɑːn/ adj ⇒introvertido,da ⇒retraído,da

withdrew past tense of **withdraw**

wither UK: /'wɪð.əʳ/ US: /-ə/ ■ v [T, I] **1** ⇒marchitar(se) ⇒secar(se) ■ v [I] **2** ⇒debilitarse **3** (esperanzas) ⇒ir desapareciendo

withheld past tense and past participle forms of **withhold**

withhold, withheld, withheld UK: /wɪð'həʊld/ US: /-'hoʊld/ v [T] **1** ⇒ocultar: *to withhold information* - ocultar información **2** ⇒retener

† **within¹** /wɪ'ðɪn/ prep **1** *(tiempo)* ⇒dentro de ⇒en **2** *(espacio)* ⇒dentro de **3** *(distancia)* ⇒a menos de

within² /wɪ'ðɪn/ adv ⇒dentro ⇒de dentro

† **without** /wɪ'ðaʊt/ prep ⇒sin: *She managed to get there without help* - Consiguió llegar al sitio sin ayuda; *They went away without paying the bill* - Se fueron sin pagar ■ CONSTR. without + doing sth

withstand, withstood, withstood /wɪð'stænd/ v [T] ⇒resistir(se): *to withstand temptation* - resistirse a una tentación

withstood past tense and past participle forms of **withstand**

† **witness¹** /'wɪt.nəs/ [pl witnesses] n [C] ⇒testigo

witness² /'wɪt.nəs/ v [T] **1** ⇒presenciar [un accidente o un crimen] ■ CONSTR. to witness + doing sth **2** ⇒firmar como testigo

witness box [pl witness boxes] UK n [C] ⇒tribuna donde se sientan los testigos para dar su testimonio

witty UK: /'wɪt.i/ US: /'wɪt-/ adj [comp wittier, superl wittiest] **1** ⇒ocurrente ⇒ingenioso,sa **2** ⇒gracioso,sa

wives /waɪvz/ n [PL] See **wife**

wizard UK: /'wɪz.əd/ US: /-əd/ n [C] **1** ⇒mago ⇒brujo ⇒hechicero **2** *(inform)* ⇒genio ⇒lumbrera *col.*

wobble¹ UK: /'wɒb.l̩/ US: /'wɑː.bl̩/ [wobbled, wobbling] v [T, I] **1** ⇒tambalearse **2** *(un mueble)* ⇒cojear **3** *(la voz)* ⇒temblar

wobble² UK: /'wɒb.l̩/ US: /'wɑː.bl̩/ n [C] ⇒tambaleo

woe UK: /wəʊ/ US: /woʊ/ n [U] **1** *(lit)* ⇒infortunio ⇒desgracia **2** *(lit)* ⇒desconsuelo ⇒aflicción **3** ~ **betide sb** ⇒¡ay del que...!

wok UK: /wɒk/ US: /wɑːk/ n [C] ⇒wok

woke UK: /wəʊk/ US: /woʊk/ past tense of **wake**

wolf¹ /wʊlf/ [pl wolves] n [C] ⇒lobo,ba

wolf² /wʊlf/ (tb **wolf down**) v [T] *(inform)* ⇒zampar(se) *col.*

wolves n [PL] See **wolf**

woman /'wʊm.ən, 'wɪmɪn/ [pl women] n [C] ⇒mujer

womb /wuːm/ n [C] ⇒matriz ⇒útero ■ PRON. La o se pronuncia como una u y la b no se pronuncia

women n [PL] See **woman**

won /wʌn/ past tense and past participle forms of **win**

wonder¹ UK: /'wʌn.dəʳ/ US: /-dəʳ/ v [T, I] **1** ⇒preguntarse: *I wonder why they're not here yet* - Me pregunto por qué no han llegado aún ■ CONSTR. to

wonder + interrogativa indirecta **2** ⇒sorprenderse ⇒maravillarse ■ CONSTR. to wonder + (that)

wonder² UK: /'wʌn.dəʳ/ US: /-dəʳ/ n [U] **1** ⇒admiración y asombro ❙ n [C] **2** ⇒maravilla: *One of the seven wonders of the world* - Una de las siete maravillas del mundo ■ Se usa más en plural **3** **it's a ~ (that)...** ⇒es un milagro (que)... **4 no ~** ⇒no me sorprende ⇒no me extraña

† **wonderful** UK: /'wʌn.də.fᵊl/ US: /-dəʳ-/ adj **1** ⇒maravilloso,sa **2** *We had a wonderful time* - Lo pasamos muy bien

won't UK: /wəʊnt/ US: /woʊnt/ *(will not)* See **will**

woo /wuː/ v [T] **1** ⇒captar **2** ⇒cortejar

† **wood** /wʊd/ ❙ n [U] **1** ⇒madera ❙ n [C] **2** ⇒bosque

† **wooden** /'wʊd.ᵊn/ adj ⇒de madera

woodland /'wʊd.lənd/ n [C, U] ⇒bosque ⇒monte

woodwind /'wʊd.wɪnd/ n [C, U] ⇒instrumento de viento de madera

woodwork UK: /'wʊd.wɜːk/ US: /-wɜːk/ n [U] **1** ⇒carpintería **2** ⇒maderaje

woof /wʊf/ n [C] *(de un perro)* ⇒guau

† **wool** /wʊl/ n [U] ⇒lana

woollen /'wʊl.ən/ UK adj ⇒de lana: *a woollen jacket* - una chaqueta de lana

woolly /'wʊl.i/ UK adj [comp woollier, superl woolliest] ⇒de lana: *a pair of woolly gloves* - unos guantes de lana

† **word** UK: /wɜːd/ US: /wɜːd/ n [C] **1** ⇒palabra **2** *Do you know the words to the song?* - ¿Sabes la letra de la canción? **3** **in other words** ⇒en otras palabras: *In other words, I'm not going* - En otras palabras, no voy a ir **4 to give sb one's ~** ⇒dar alguien su palabra **5 to have a ~ with sb** ⇒tener unas palabras con alguien ⇒hablar con alguien **6 to put a (good) ~ in for sb** ⇒recomendar a alguien **7 to take sb's ~ for it** ⇒creer a alguien: *This time I'll take your word for it* - Por esta vez te creo

word processor n [C] ⇒procesador de textos

wore UK: /wɔːʳ/ US: /wɔːʳ/ past tense of **wear**

† **work¹** UK: /wɜːk/ US: /wɜːk/ v [T, I] **1** ⇒trabajar ⇒laburar AMÉR. *col.* **2** ⇒funcionar **3** ⇒manejar **4** ⇒surtir efecto **5 to ~ {free/loose}** ⇒soltar(se) ⇒aflojar(se)

┌ PHRASAL VERBS
│ · **to work for sth** ⇒esforzarse por algo
│ · **to work out 1** ⇒hacer gimnasia **2** ⇒resultar ⇒funcionar
│ · **to work sth out** [M] **1** ⇒solucionar algo ⇒resolver algo **2** ⇒abrir [el apetito]
└ · **to work up** ⇒poner(se) nervioso,sa

† **work²** UK: /wɜːk/ US: /wɜːk/ ❙ n [U] **1** ⇒trabajo ⇒laburo AMÉR. *col.* ■ Se dice *some work, a piece of work* o *a job*. Incorrecto: *a work* ❙ n [C] **2** ⇒obra **3 at ~ 1** ⇒trabajando **2** ⇒en el trabajo

W

workable UK: /'wɜː.kə.bļ/ US: /'wɜː-/ *adj* ⇨factible ⇨viable

workaholic UK: /ˌwɜː.kə'hɒl.ɪk/ US: /ˌwɜː.kə'hɑː.lɪk/ *n* [c] *(inform)* ⇨adicto,ta al trabajo: *He is a workaholic* - Es un adicto al trabajo

workbook UK: /'wɜː.kbʊk/ US: /'wɜː-/ *n* [c] ⇨libro de ejercicios

worker UK: /'wɜː.kəʳ/ US: /'wɜː.kə/ *n* [c] **1** ⇨trabajador,-a ⇨empleado,da **2** ⇨obrero,ra **3** ⇨trabajador,-a ⇨hacendoso,sa

workforce UK: /'wɜː.fɔːs/ US: /'wɜː.kfɔːrs/ *n* [u] **1** *(de un país)* ⇨población activa **2** *(de una fábrica)* ⇨obreros ⇨trabajadores ■ Por ser un nombre colectivo se puede usar con el verbo en singular o en plural

working UK: /'wɜː.kɪŋ/ US: /'wɜː-/ *adj* **1** ⇨activo,va **2** ⇨laboral ⇨de trabajo **3** ⇨en funcionamiento

working class [*pl* working classes] *n* [c] ⇨clase obrera ■ Por ser un nombre colectivo se puede usar con el verbo en singular o en plural

workload UK: /'wɜː.kləʊd/ US: /'wɜː.kloʊd/ *n* [c] ⇨volumen de trabajo

workman UK: /'wɜː.k.mən/ US: /'wɜː-/ [*pl* workmen] *n* [c] ⇨obrero

workmen *n* [PL] See **workman**

workout UK: /'wɜː.kaʊt/ US: /'wɜː-/ *n* [c] ⇨ejercicio físico

workplace UK: /'wɜː.k.pleɪs/ US: /'wɜː-/ *n* [c] ⇨lugar de trabajo

worksheet UK: /'wɜː.k.ʃiːt/ US: /'wɜː-/ *n* [c] ⇨ficha [de deberes]: *We have to do this worksheet for homework* - Tenemos que hacer esta ficha de deberes

workshop UK: /'wɜː.k.ʃɒp/ US: /'wɜː.k.ʃɑːp/ *n* [c] **1** ⇨taller **2** ⇨taller ⇨seminario

workstation UK: /'wɜː.kˌsteɪ.ʃ°n/ US: /'wɜː-/ *n* [c] *(en informática)* ⇨estación de trabajo

† **world** UK: /wɜːld/ US: /wɜːld/ *n* [c] **1** ⇨mundo **2** ⇨mundo ⇨mundillo **3** **It is a small ~** ⇨El mundo es un pañuelo

world-famous UK: /ˌwɜːld'feɪ.məs/ US: /ˌwɜːld-/ *adj* ⇨conocido,da mundialmente

† **worldwide** /'wɜːldˌwaɪd/ *adj, adv* ⇨mundial ⇨en todo el mundo

World Wide Web the ~ ⇨la web

† **worm** UK: /wɜːm/ US: /wɜːm/ *n* [c] ⇨gusano

worn¹ UK: /wɔːn/ US: /wɔːrn/ *adj* ⇨desgastado,da: *a worn pair of trousers* - unos pantalones desgastados

worn² UK: /wɔːn/ US: /wɔːrn/ past participle of **wear**

worried UK: /'wʌr.id/ US: /'wɜː-/ *adj* **1** ⇨preocupado,da: *They don't seem too worried* - No parecen muy preocupados **2** **to be ~** ⇨preocuparse

worriedly UK: /'wʌr.id.li/ US: /'wɜː-/ *adv* ⇨con preocupación

† **worry**¹ UK: /'wʌr.i/ US: /'wɜː-/ [worries, worried] *v* [I] ⇨preocupar(se) ⇨inquietar(se): *She worries about too many things* - Se inquieta por demasiadas cosas ■ CONSTR. to worry + (that)

worry² UK: /'wʌr.i/ US: /'wɜː-/ [*pl* worries] *n* [c, u] ⇨preocupación

worrying UK: /'wʌr.i.ɪŋ/ US: /'wɜː-/ *adj* ⇨preocupante ⇨inquietante

worse¹ UK: /wɜːs/ US: /wɜːs/ *adj* the comparative form of **bad**

worse² UK: /wɜːs/ US: /wɜːs/ *adv* the comparative form of **badly**

worship¹ UK: /'wɜː.ʃɪp/ US: /'wɜː-/ [worshipped, worshipping] ■ *v* [T, I] **1** ⇨venerar ⇨adorar ■ *v* [I] **2** ⇨asistir [a una ceremonia religiosa] ■ *v* [T] **3** ⇨adorar ⇨admirar

worship² UK: /'wɜː.ʃɪp/ US: /'wɜː-/ *n* [u] *(a un dios)* ⇨veneración ⇨culto

worst¹ UK: /wɜːst/ US: /wɜːst/ *adj, n* [NO PL] the superlative form of **bad**

worst² UK: /wɜːst/ US: /wɜːst/ *adv* the superlative form of **badly**

† **worth**¹ UK: /wɜːθ/ US: /wɜːθ/ *adj* **1** ⇨por valor de: *She bought a painting worth £10,000* - Compró un cuadro por valor de diez mil libras **2** **to be ~ doing sth** ⇨valer la pena: *It's worth reading that book twice* - Vale la pena leer ese libro dos veces **3** **to be ~ it** ⇨valer la pena ⇨merece la pena **4** **to be ~ sb's while** ⇨ser de provecho ⇨una persona

† **worth**² UK: /wɜːθ/ US: /wɜːθ/ *n* [u] **1** ⇨valor: *to value the worth of sth* - tasar el valor de una cosa **2** *(de una persona)* ⇨valía

worthless UK: /'wɜːθ.ləs/ US: /'wɜːθ-/ *adj* **1** ⇨sin valor **2** ⇨sin sentido ⇨inútil **3** *(una persona)* ⇨despreciable

† **worthwhile** UK: /ˌwɜːθ'waɪl/ US: /ˌwɜːθ-/ *adj* ⇨que merece la pena: *This is a worthwhile activity* - Esta es una actividad que merece la pena ■ CONSTR. worthwhile + doing sth

worthy¹ UK: /'wɜː.ði/ US: /'wɜː-/ *adj* [*comp* worthier, *superl* worthiest] **1** ⇨meritorio,ria ⇨digno,na **2** ⇨respetable **3** *(una causa)* ⇨noble

† **worthy**² UK: /'wɜː.ði/ US: /'wɜː-/ [*pl* worthies] *n* [c] ⇨personaje importante ⇨personaje ilustre

would¹ /wʊd, wəd, əd/ *v* [MODAL] **1** *(indica que la realización de la acción depende de una condición presente improbable o no real): If I had money, I would buy a new house* - Si tuviese dinero, compraría otra casa **2** *(para peticiones)* ⇨poder ■ CONSTR. would + do sth **3** *(usado como forma de pasado de «will» para expresar lo que alguien dijo o*

pensó): She said she would come - Dijo que vendría **4** *(usado como forma de pasado de «will» para indicar lo que una persona quería o podía hacer): I asked him to phone her but he wouldn't* - Le dije que la llamara pero no lo hizo **5** *(usado para expresar un deseo o algo que se desea que suceda): I would love to go with you* - Me encantaría ir contigo **6** *(usado para hablar de acciones que tenían lugar en el pasado): She would always phone me on my birthday* - Siempre me llamaba por mi cumpleaños ■ Ver cuadro modal verbs

† **would²** /wʊd, wəd, əd/ See **will**

† **wouldn't** /'wʊd.ªnt/ *(would not)* See **would**

wound¹ /wuːnd/ *n* [c] ⇨herida [de arma] ■ Comparar con *injury* (herida por accidente)

wound² /wuːnd/ ■ **1** past tense and past participle forms of **wind** ∎ *v* [T] **2** ⇨herir: *The bomb didn't wound anyone* - En la explosión, nadie resultó herido ■ PRON. Rima con *soon*

wove UK: /wəʊv/ US: /woʊv/ past tense of **weave**

woven UK: /'wəʊ.vªn/ US: /'woʊ-/ past participle of **weave**

† **wow** /waʊ/ *excl* ⇨¡genial! ⇨¡estupendo!

wrangle¹ /'ræŋ.gl̩/ *n* [c] ⇨discusión ⇨disputa

wrangle² /'ræŋ.gl̩/ *(wrangled, wrangling) v* [I] ⇨discutir

wrap /ræp/ *(wrapped, wrapping) (tb wrap up) v* [T] ⇨envolver: *to wrap a present* - envolver un regalo

| PHRASAL VERBS
· **to wrap sth up [C]** *(inform)* ⇨finiquitar algo col.
· **to wrap (sb) up [M]** ⇨arropar(se): *Wrap up warm!* - ¡Arrópate bien!

wrapping paper *n* [U] ⇨papel de envolver

wrath UK: /rɒθ/ US: /ræːθ/ *n* [U] *(lit)* ⇨ira

wreak, wreaked, wreaked *(tb* wrought, wrought) /riːk/ *v* [T] **1** *(form) (destrucción)* ⇨sembrar **2** *(venganza)* ⇨cobrar **3 to ~ havoc** ⇨causar estragos: *The earthquake wreaked havoc in that area* - El terremoto causó estragos en esa zona

wreck¹ /rek/ *v* [T] **1** ⇨destrozar ⇨destruir **2 to be wrecked** *(un barco)* ;⇨naufragado *(una persona)* ⇨como una cuba

wreck² /rek/ *n* [c] **1** *(de un avión, de un edificio)* ⇨restos **2** ⇨buque hundido ⇨naufragio **3** ⇨vehículo viejo y deteriorado ⇨carcacha *AMÉR.;* ⇨catramina *AMÉR. col.* **4** *(inform)* ⇨ruina *col.: I feel like a wreck* - Estoy hecha una ruina **5** *US (UK/US tb* crash*)* ⇨choque ⇨accidente **6** *(inform) (una persona)* ⇨pingajo *col.;* ⇨guiñapo *col.*

wrench¹ /rentʃ/ *[wrenches] v* [T] **1** ⇨arrancar [violentamente] ■ CONSTR. Se usa generalmente se-

guido de una preposición o un adverbio **2** ⇨liberarse con dificultad ⇨separar(se) ■ CONSTR. Se usa generalmente seguido de la preposición *from* **3** ⇨torcerse: *She has wrenched her ankle* - Se ha torcido el tobillo

wrench² /rentʃ/ *[pl* wrenches] *n* [c] **1** ⇨tirón fuerte o violento **2** *Leaving his country was a terrible wrench* - Dejar su país fue muy doloroso **3** *US (UK* spanner*)* ⇨llave inglesa

wrestle /'res.l̩/ *[wrestled, wrestling] v* [T, I] ⇨luchar

wrestling /'res.lɪŋ/ *n* [U] *(deporte)* ⇨lucha libre

wretched /'retʃ.ɪd/ *adj* **1** ⇨desgraciado,da **2** ⇨infeliz **3** *(inform)* ⇨maldito,ta *col.*

wriggle /'rɪg.l̩/ *[wriggled, wriggling] v* [T, I] ⇨retorcer(se)

wring, wrung, wrung /rɪŋ/ *v* [T] ⇨escurrir ⇨retorcer

wrinkle¹ /'rɪŋ.kl̩/ *n* [c] *(en la piel)* ⇨arruga

wrinkle² /'rɪŋ.kl̩/ *[wrinkled, wrinkling]* ∎ *v* [T, I] **1** *(la piel, una prenda de vestir)* ⇨arrugar(se) ∎ *v* [T] **2** *(el ceño)* ⇨fruncir

† **wrist** /rɪst/ *n* [c] *(parte del cuerpo)* ⇨muñeca

writ /rɪt/ *n* [c] ⇨mandamiento judicial ⇨mandato judicial

† **write,** wrote, written /raɪt/ *[writing] v* [T, I] **1** ⇨escribir: *«Oliver Twist» was written by Charles Dickens* - Charles Dickens escribió «Oliver Twist» **2** *(una carta)* ⇨escribir ■ CONSTR. 1. to write to sb 2. to write + dos objetos

| PHRASAL VERBS
· **to write back** *(una carta)* ⇨contestar
· **to write sth down [M]** ⇨anotar algo ⇨apuntar algo
· **to write sth off [M] 1** *UK (un coche)* ⇨destrozar **2** ⇨anular [una deuda]
· **to write sth/sb off (as sth) [M]** ⇨descartar
· **to write off for sth** *(por carta)* ⇨pedir ⇨solicitar
· **to write sth out [M]** ⇨escribir algo [en limpio]
· **to write sth up [M]** ⇨redactar algo

write-off UK: /'raɪ.tɒf/ US: /-ˁt̬ɑːf/ *n* [c] **1** *UK (un coche)* ⇨siniestro total **2** *(de una deuda)* ⇨cancelación **3** *(de un plan)* ⇨fracaso

writer UK: /'raɪ.tə(r)/ US: /-ˁt̬ɚ/ *n* [c] ⇨escritor,-a

writhe /raɪð/ *[writhed, writhing] v* [I] ⇨retorcerse ⇨estremecerse

writing UK: /'raɪ.tɪŋ/ US: /-ˁt̬ɪŋ/ *n* [U] **1** ⇨escritura: *She devoted her life to writing* - Dedicó su vida a la escritura **2** *(tb* handwriting*)* ⇨letra: *a neat writing* - una letra bonita y clara **3** ⇨producción literaria ⇨obra literaria **4 in ~** ⇨por escrito

writing paper *n* [U] ⇨papel de cartas

written UK: /'rɪt.ªn/ US: /'rɪ-/ past participle of **write**

W

†**wrong**[1] UK: /rɒŋ/ US: /rɑːŋ/ *adj* **1** ⇨malo,la ⇨incorrecto,ta **2** ⇨malo,la ⇨injusto,ta ■ CONSTR. 1. wrong + to do sth 2. Se usa detrás de un verbo **3** ⇨que va mal ■ Nunca se sitúa delante de un nombre **4 to be ~ 1** ⇨estar equivocado,da ⇨no tener razón **2** *What's wrong with him?* - ¿Qué le pasa? **5 to get** *sth* **~** ⇨equivocarse ⇨tener mal **6 to get** *sb* **~** ⇨malinterpretar a alguien **7 to go ~ 1** ⇨estropearse **2** ⇨equivocarse **3** ⇨salir mal

†**wrong**[2] UK: /rɒŋ/ US: /rɑːŋ/ *adv* **1** ⇨mal ⇨incorrectamente **2 to go ~** ⇨salir mal

wrong[3] UK: /rɒŋ/ US: /rɑːŋ/ ■ *n* [U] **1** ⇨maldad ⇨daño **2** ⇨mal: *right and wrong* - el bien y el mal ■ *n* [C] **3** ⇨cosa mala **4** ⇨injusticia **5 to be in the ~** ⇨cometer un error: *I realise I'm in the wrong* - Reconozco que he cometido un error

wrongly UK: /'rɒŋ.li/ US: /'rɑːŋ-/ *adv* ⇨mal ⇨equivocadamente ⇨injustamente

wrote UK: /rəʊt/ US: /roʊt/ past tense of **write**

wrought UK: /rɔːt/ US: /rɑːt/ past tense and past participle forms of **wreak**

wrought iron *n* [U] ⇨hierro forjado

wrung /rʌŋ/ past tense and past participle forms of **wring**

x /eks/ [*pl* x's] *n* [C] *(letra del alfabeto)* ⇨x
xenophobia UK: /ˌzen.əˈfəʊ.bi.ə/ US: /-ˈfoʊ-/ *n* [U]
⇨xenofobia
Xmas *n* [U] ⇨forma abreviada de **Christmas**
(Navidad)

x-ray *v* [T] ⇨hacer una radiografía
X-ray /ˈeks.reɪ/ *n* [C] **1** ⇨rayos X **2** ⇨radiografía: *to
have an x-ray taken* - hacerse una radiografía
xylophone UK: /ˈzaɪ.lə.fəʊn/ US: /-foʊn/ *n* [C] *(ins-
trumento musical)* ⇨xilófono

y /waɪ/ [*pl* **y's**] *n* [c] *(letra del alfabeto)* ⇒y

†**yacht** UK: /jɒt/ US: /jɑːt/ *n* [c] ⇒yate ∎ PRON. Rima con *not*

yank /jæŋk/ *v* [T] *(inform)* ⇒dar un tirón ⇒tirar de ∎ CONSTR. Se usa generalmente seguido de una preposición o un adverbio

†**yard** UK: /jɑːd/ US: /jɑːrd/ *n* [c] **1** *(medida británica)* ⇒yarda ∎ La forma abreviada es **yd 2** ⇒patio: *the school yard* - el patio del colegio **3** ⇒corral **4** *US (UK garden)* ⇒jardín [de casa]

yardstick UK: /ˈjɑːd.stɪk/ US: /ˈjɑːrd-/ *n* [c] ⇒criterio

yarn UK: /jɑːn/ US: /jɑːrn/ ∎ *n* [c, U] **1** ⇒hilo ∎ *n* [c] **2** ⇒cuento

yawn¹ UK: /jɔːn/ US: /jɑːn/ *v* [I] ⇒bostezar: *The film was so boring that I couldn't stop yawning* - La película era tan aburrida que no pude parar de bostezar

yawn² UK: /jɔːn/ US: /jɑːn/ *n* [c] ⇒bostezo

yawning UK: /ˈjɔː.nɪŋ/ US: /ˈjɑː-/ *adj* ⇒enorme: *a yawning gap* - un abismo enorme

yd *n* [c] ⇒forma abreviada de **yard** (yarda)

†**yeah** /jeə/ *adv (inform, spoken)* ⇒sí

†**year** UK: /jɪə/ US: /jɪr/ *n* [c] **1** ⇒año: *Kate is three years old* - Kate tiene tres años **2** *(en educación)* ⇒curso ∎ La forma abreviada es **yr 3** ⇒cosecha ⇒vendimia

yearly¹ UK: /ˈjɪə.li/ US: /ˈjɪr-/ *adj* ⇒anual: *a yearly payment* - un pago anual

yearly² UK: /ˈjɪə.li/ US: /ˈjɪr-/ *adv* ⇒anualmente ⇒al año

yearn UK: /jɜːn/ US: /jɜːn/ **to ~ {for/to do}** *sth* ⇒anhelar algo ⇒suspirar por algo

yeast /jiːst/ *n* [c, U] ⇒levadura

yell¹ /jel/ *v* [T, I] ⇒gritar: *Why are you yelling at me?* - ¿Por qué me gritas? ∎ CONSTR. to yell at sb

yell² /jel/ *n* [c] ⇒grito ⇒alarido

yellow¹ UK: /ˈjel.əʊ/ US: /-oʊ/ *adj* ⇒amarillo,lla

yellow² UK: /ˈjel.əʊ/ US: /-oʊ/ *n* [c, U] ⇒amarillo

yelp /jelp/ *v* [I] **1** *(una persona)* ⇒gritar [de dolor] **2** *(un animal)* ⇒gemir

Yemen /ˈjem.ən/ *n* [U] ⇒Yemen

Yemeni /ˈjem.ə.ni/ *adj, n* [c] ⇒yemení

yen /jen/ [*pl* **yen**] *n* [c] *(moneda)* ⇒yen

†**yes**¹ /jes/ *adv* ⇒sí: *«Do you live near here?» «Yes, I do»* - «¿Vives cerca de aquí?» «Sí»; *to say yes* - decir que sí

yes² /jes/ [*pl* **yeses**] *n* [c] ⇒sí: *I just hope the answer is yes* - Solo espero un sí como respuesta

†**yesterday**¹ UK: /ˈjes.tə.deɪ/ US: /-tɚ-/ *n* [c, U] ⇒ayer: *He spends all his time dreaming of yesterday* - Se pasa horas enteras soñando con el ayer

†**yesterday**² UK: /ˈjes.tə.deɪ/ US: /-tɚ-/ *adv* ⇒ayer: *I saw him yesterday* - Lo vi ayer

†**yet**¹ /jet/ *adv* **1** ⇒aún ⇒todavía **2** *(en oraciones interrogativas)* ⇒aún ⇒ya ⇒todavía **3** ⇒hasta ahora: *the best yet* - lo mejor hasta ahora ∎ Se sitúa al final de la oración ∎ Ver cuadros already / yet y todavía (still / yet)

yet² /jet/ *conj* **1** ⇒sin embargo ⇒pero **2** **~ again** ⇒de nuevo ⇒una vez más

yeti UK: /ˈjet.i/ US: /ˈjeᵗi-/ *n* [c] ⇒yeti ⇒Abominable Hombre de las Nieves

yew /juː/ ∎ *n* [c, U] **1** *(árbol)* ⇒tejo ∎ *n* [U] **2** *(madera)* ⇒tejo

yield¹ /jiːld/ ∎ *v* [T, I] **1** *(form)* ⇒ceder ⇒rendirse ∎ *v* [T] **2** ⇒producir ⇒aportar ⇒rentar **3** *US (UK to give way)* ⇒ceder el paso

yield² /jiːld/ *n* [c] **1** ⇒producción **2** *(en agricultura)* ⇒cosecha **3** *(en economía)* ⇒rendimiento ⇒beneficio

yoga UK: /ˈjəʊ.gə/ US: /ˈjoʊ-/ *n* [U] ⇒yoga

†**yoghourt** UK: /ˈjɒg.ət/ US: /ˈjoʊ.gət/ *n* [c, U] See **yogurt**

†**yoghurt** UK: /ˈjɒg.ət/ US: /ˈjoʊ.gət/ *n* [c, U] See **yogurt**

yogurt *(tb* **yoghourt/yoghurt)** *n* [c, U] ⇒yogur

yolk UK: /jəʊk/ US: /joʊk/ *n* [c, U] ⇒yema [de huevo]

†**you** /juː, jə, ju/ *pron* **1** ⇒tú: *Did you phone me?* - ¿Me has llamado tú? **2** ⇒te: *Do you like it?* - ¿Te gusta? **3** ⇒ti: *This is for you* - Esto es para ti **4** ⇒usted: *Who are you?* - ¿Quién es usted? **5** ⇒le: *Are you interested in that?* - ¿Le interesa? **6**

yummy

⇨vosotros,tras: *Are you coming, too?* - ¿Venís también vosotros? **7** ⇨os: *Did they ask you too?* - ¿A vosotros también os preguntaron? **8** ⇨tú ⇨vosotros,tras ⇨usted **9** *(con oraciones impersonales): You never know* - Nunca se sabe ■ Las frases en inglés siempre llevan sujeto, menos los imperativos ■ Ver cuadro personal pronouns

you'd /juːd/ **1** *(you had)* See **have 2** *(you would)* See **would**

you'll /juːl/ *(you will)* See **will**

young¹ /jʌŋ/ *adj* **1** ⇨joven **2** ⇨pequeño: *my younger brother* - mi hermano pequeño

young² /jʌŋ/ *n* [PL] ⇨crías [de un animal]

youngster UK: /'jʌŋk.stəʳ/ US: /-stəʳ/ *n* [C] ⇨joven

your /jɔːʳ/, /jəʳ/ *adj* **1** ⇨tu: *Can I borrow your pen?* - ¿Me dejas tu bolígrafo? **2** ⇨vuestro,tra: *That is your house, isn't it?* - Esa es vuestra casa, ¿no? **3** ⇨su: *Is this your coat?* - ¿Es este su abrigo? ■ Ver cuadro possessive adjectives and pronouns

you're /jɔːʳ/ *(you are)* See **be**

yours UK: /jɔːz/ US: /jurz/ *pron* **1** ⇨tuyo,ya **2** ⇨vuestro,tra **3** ⇨suyo,ya ⇨de usted ■ Ver cuadro possessive adjectives and pronouns

yourself /jɔːˈself/ *pron* **1** ⇨te **2** ⇨se **3** ⇨tú mismo,ma **4** ⇨usted mismo,ma **5 (all) by ~ 1** ⇨solo,la [sin compañía] **2** ⇨tú solo,la [sin ayuda] ⇨usted solo,la **6 (all) to ~ 1** ⇨para ti mismo,ma ⇨para ti solo,la **2** ⇨para usted mismo,ma ⇨para usted solo,la ■ Ver cuadro reflexive pronouns

yourselves *pron* **1** ⇨os: *Have you enjoyed yourselves?* - ¿Os lo habéis pasado bien? **2** ⇨se: *Have*

you introduced yourselves? - ¿Se han presentado ustedes? **3** ⇨vosotros mismos ⇨vosotras mismas: *Do it yourselves* - Hacedlo vosotras mismas **4** ⇨ustedes mismos,mas **5 (all) to ~ 1** ⇨para vosotros mismos ⇨para vosotras mismas ⇨para vosotros solos ⇨para vosotras solas: *You've got the weekend all to yourselves* - Tenéis el fin de semana para vosotras solas **2** ⇨para ustedes mismos,mas ⇨para ustedes solos,las **6 by ~ 1** ⇨solos,las [sin compañía]: *You are old enough to stay by yourselves* - Sois lo suficientemente mayores como para quedaros solos **2** ⇨vosotros solos [sin ayuda] ⇨vosotras solas [sin ayuda]: *It's amazing that you did it by yourselves* - Es increíble que lo hicierais vosotras solas; ⇨ustedes solos,las ■ Ver cuadro reflexive pronouns

†**youth** /juːθ/ ■ *n* [U] **1** *(form)* ⇨juventud ■ *n* [C] **2** *(form)* ⇨joven ■ Normalmente tiene un matiz negativo.

youth hostel *n* [C] ⇨albergue juvenil

†**you've** /juːv, jəv/ *(you have)* See **have**

yo-yo® *n* [C] ⇨yoyó®

Yugoslav UK: /'juː.gəʊ.slɑːv/ US: /-goʊ-/ *adj, n* [C] ⇨yugoslavo,va

Yugoslavia UK: /ˌjuː.gəʊ'slɑː.vi.ə/ US: /-goʊ-/ *n* [U] ⇨Yugoslavia

yuk *excl (inform)* ⇨puf ⇨puaj

yum /jʌm'jʌm/ *excl (inform)* ⇨¡ñam ñam! ⇨¡qué rico,ca! ■ Pertenece al lenguaje infantil

yummy /'jʌm.i/ *adj (inform) (una comida o una bebida)* ⇨riquísimo,ma ⇨buenísimo,ma ■ Pertenece al lenguaje infantil

Y ▤

z UK: /zed/ US: /zi:/ [pl z's] n [c] (letra del alfabeto) ⇨z

Zaire UK: /zaɪˈɪəʳ/ US: /-ˈɪr/ n [u] ⇨Zaire

Zairean UK: /zaɪˈɪə.ri.ən/ US: /-ˈɪr.i-/ adj, n [c] ⇨zaireño,ña ⇨zairense

Zambia /ˈzæm.bi.ə/ n [u] ⇨Zambia

Zambian /ˈzæm.bi.ən/ adj, n [c] ⇨zambiano,na

zeal /ziːl/ n [u] ⇨fervor ⇨entusiasmo

zebra /ˈzeb.rə, ˈziː.brə/ [pl zebra, zebras] n [c] ⇨cebra

zebra crossing UK (US crosswalk) n [c] ⇨paso de cebra ⇨paso de peatones

zero¹ UK: /ˈzɪə.rəu/ US: /ˈzɪr.ou/ ⇨cero

† zero² UK: /ˈzɪə.rəu/ US: /ˈzɪr.ou/ adj ⇨nulo,la: His interest in history is zero - Su interés por la historia es nulo

zest /zest/ n [u] 1 ⇨entusiasmo 2 her zest for life - sus ganas de vivir 3 (de naranja, lima o de limón) ⇨piel ⇨cáscara

zigzag¹ /ˈzɪg.zæg/ n [c] ⇨zigzag

zigzag² /ˈzɪg.zæg/ [zigzagged, zigzagging] v [i] ⇨zigzaguear: He zigzagged down the street - Iba zigzagueando por la calle

zigzag³ /ˈzɪg.zæg/ adj ⇨en zigzag: a zigzag path - un camino en zigzag

Zimbabwe /zɪmˈbɑːb.weɪ/ n [u] ⇨Zimbabue

Zimbabwean /zɪmˈbɑːb.wi.ən/ adj, n [c] ⇨zimbabuense

zinc /zɪŋk/ n [u] ⇨zinc

zip¹ /zɪp/ ■ n [c] 1 UK ⇨cremallera ⇨cíper AMÉR.; ⇨cierre-eclair AMÉR. ■ n [u] 2 (inform) ⇨vigor ⇨energía 3 US (inform) I know zip about this subject - No tengo ni idea del tema

zip² /zɪp/ [zipped, zipping] (tb zip up) v [i] 1 (inform) ⇨subir(se) la cremallera 2 (en informática) ⇨comprimir 3 The train zipped past - El tren pasó volando ■ CONSTR. Se usa generalmente seguido de una preposición o un adverbio

zip code US (UK postcode) n [c] ⇨código postal: What's the zip code? - ¿Cuál es el código postal?

zodiac UK: /ˈzəu.di.æk/ US: /ˈzou-/ **the ~** ⇨el zodíaco: the signs of the zodiac - los signos del zodíaco

zombie UK: /ˈzɒm.bi/ US: /ˈzɑːm-/ n [c] ⇨zombi: Johnny dressed up as a zombie for Halloween - Johnny se disfrazó de zombi para Halloween

† zone UK: /zəun/ US: /zoun/ n [c] ⇨zona

† zoo /zuː/ n [c] ⇨zoo ■ Procede de zoological gardens (jardín zoológico)

zoologist UK: /zuːˈɒl.ə.dʒɪst/ UK: /zəu-/ US: /zouˈɑː.lə-/ n [c] ⇨zoólogo,ga

zoology UK: /zuːˈɒl.ə.dʒi/ UK: /zəu-/ US: /zouˈɑː.lə-/ n [u] ⇨zoología

zoom /zuːm/ v [i] 1 (un precio o unas ventas) ⇨dispararse 2 (inform) ⇨ir zumbando col. ■ CONSTR. Se usa generalmente seguido de una preposición o un adverbio

| PHRASAL VERBS
· to zoom in ⇨hacer un primer plano

zoom lens [pl zoom lenses] n [c] (en una cámara) ⇨zum

zorbing n [u] ⇨deporte que consiste en meterse en una pelota de plástico transparente y rodar

zucchini UK: /zuˈkiː.ni/ US: /zuː-/ US (UK courgette) n [c] ⇨calabacín

guía de

CONVERSACIÓN

At the airport

Before your flight

The day before (on the phone)
El día antes (al teléfono)

On the day
El día del vuelo

To the taxi driver
Al taxista

I want to check
the departure time
of flight HK-235
to London.

Me gustaría comprobar
la hora de salida del vuelo
HK-235 con destino a Londres.

–Thank you for everything.
I'll telephone/call you when
I arrive.

–Muchas gracias por todo.
Te llamaré cuando llegue.

–Have a good flight!

–¡Buen viaje!

Take me to the
airport, please! I'm
in a bit of a hurry.

Al aeropuerto, por favor.
Tengo bastante prisa.

At the airport

Which check-in desk do
I need for flight 235 to
London, please?

Por favor, ¿me puede decir cuál es
el mostrador de facturación para el
vuelo 235 con destino a Londres?

Which company/airline are
you flying with?

¿Con qué compañía vuela?

Excuse me, where are the trolleys,
please?

Por favor, ¿dónde están los carritos?

Where is the information desk,
please?

Por favor, ¿el mostrador de información?

At the check-in desk

CHECK-IN DESK

Would you prefer a window seat or an aisle seat?
¿Prefiere ventana o pasillo?

There will be a delay of 30 minutes.
Se prevé un retraso de 30 minutos.

Boarding is at gate 15 at 12.50.
El embarque se realizará por la puerta 15 a las 12:50.

At the duty-free shop

Can I see your boarding card, please?
Su tarjeta de embarque, por favor.

Last call!

This is the last call for passengers on flight 235 to London. Please proceed to gate 15 immediately.
Última llamada para los pasajeros del vuelo 235 con destino a Londres. Diríjanse urgentemente a la puerta de embarque número 15.

continued ⟶

On board

Please fasten your seat belts and switch off your mobile phones and all electronic devices.
Por favor, abróchense el cinturón de seguridad y apaguen sus teléfonos móviles y otros aparatos electrónicos.

There is a life jacket under your seat. The emergency exits are located...
El chaleco salvavidas se encuentra debajo de su asiento. Las salidas de emergencia se encuentran...

Please put your table/seat in an upright position, and fasten your seat belts for landing.
Por favor, abróchense el cinturón de seguridad y pongan {el respaldo del asiento en posición vertical / la mesita plegada} para el aterrizaje.

Please remain in your seats until the airplane comes to a halt.
Por favor, permanezcan sentados hasta que el avión se haya detenido por completo.

At the airport again

PASSPORT CONTROL

Do you have anything to declare?
¿Tiene algo que declarar?

Where will you be staying?
¿Dónde se alojará?

–What is the purpose of your visit?
–¿Cuál es el motivo de su visita?

–Tourism / To study / To visit relatives.
–Turismo / Estudios / Visita a la familia.

Leaving the airport

Excuse me, where is the meeting point?

Perdone, ¿dónde está el punto de encuentro?

How much is it to Trafalgar Square, please?

Por favor, ¿cuánto cuesta ir a Trafalgar Square?

–Where can I get a taxi / the train / a coach?

–¿Dónde puedo tomar un taxi / el tren / un autobús?

–The taxi rank / train station / bus stop is over there.

–La parada de taxis / estación de tren / parada de autobús está ahí.

BE CAREFUL!
Always ask the fare
BEFORE you take a taxi.

¡CUIDADO!
No olvides preguntar la tarifa
ANTES de subirte en un taxi.

glossary

aisle pasillo	**gate** puerta
arrival llegada	**life jacket** chaleco salvavidas
boarding embarque	**seat belt** cinturón de seguridad
boarding card tarjeta de embarque	**steward, stewardess** auxiliar
check-in facturación	de vuelo, azafata
customs aduana	**to fasten** abrocharse
delay retraso	**to land** aterrizar
departure salida	**to take off** despegar
fare tarifa	**trolley** carrito

Hotel

We have a booking. / We booked a single/double room for tonight.

Tenemos una reserva. Hemos reservado una habitación {sencilla / doble} para esta noche.

What name, please?

¿A qué nombre, por favor?

Your room is room number 13. It's up the stairs, along the corridor and it's the second door on the left.

Su habitación es la número 13. Subiendo las escaleras, siga por el pasillo y es la segunda puerta a la izquierda.

Breakfast is between 8.00 and 9.30.

El desayuno se sirve entre las 08:00 y las 9:30.

The dining room is over there.

El comedor está por ahí.

Here is the key. When you go out please leave it in reception. At night the front door is locked at 11.30.

Aquí tiene la llave. Por favor, cuando salga, déjela en la recepción. La puerta de entrada se cierra todas las noches a las 23:30.

Some problems

Excuse me, could you tell me how the shower works, please?

Perdone, ¿me podría decir cómo funciona la ducha,
por favor?

**Excuse me, there is a problem with the tap /
shower / central heating.**

Perdone, hay un problema con {el grifo /
la ducha / la calefacción}.

Complaints

I want to complain.

Quiero poner una queja.

Could I see the manager, please? I want / I would like a refund.

¿Puedo ver al encargado, por favor? Me gustaría que me devolvieran el dinero.

I insist on seeing the manager.

Insisto en ver al encargado.

Leaving

Would you like to settle the bill now?

¿Quiere pagar la cuenta ahora?

> –**Have a good journey! Hope you enjoyed your stay with us.**
>
> –¡Buen viaje! Esperamos que haya disfrutado de su estancia con nosotros.
>
> –**Thank you. I really enjoyed my stay.**
>
> –Muchas gracias. Lo he pasado muy bien.

a booking reserva
a refund devolución, reembolso
double room habitación doble

single room habitación sencilla
stay estancia
to settle the bill pagar la cuenta

The weather

What's the weather like?
¿Qué tal tiempo hace?

°C		F
35	hot	100
30		90
25		80
20	warm	70
15		60
10	cool	50
5		40
0	cold	30
-5		
-10	freezing	20
-15		10
-20		0

degrees Centigrade
Grados centígrados

degrees Fahrenheit
Grados Fahrenheit

Conversations

–Hot today, isn't it?
–Hace calor hoy, ¿verdad?

–Yes, it is. Do you think it will last?
–Sí. ¿Crees que va a durar?

–I hope not. I'm baking.
–Espero que no. Me estoy cociendo.

–What a lovely warm day! /
Isn't it a lovely day?
–¡Qué día más bonito! /
¿Verdad que hace un día precioso?

–Yes, it is. We've been lucky with the weather this week.
–Sí, desde luego. Esta semana hemos tenido suerte con el tiempo.

–Yes, we have. Let's hope it lasts.
–Es verdad. Esperemos que dure.

–Windy today, isn't it?
–Hace viento hoy, ¿verdad?

–It certainly is. Is the wind often this strong here?
–Desde luego. ¿Suele ser el viento tan fuerte aquí?

–No, it's blowing a real gale today.
–No, hoy es un verdadero huracán.

–It's very cloudy today. Do you think the sun will come out later?
–Hay muchas nubes hoy.
¿Crees que saldrá el sol más tarde?

–Maybe. The forecast says it will clear up in the afternoon, but they're usually wrong.
–Es posible. Las previsiones meteorológicas dicen que esta tarde debería despejarse, pero a menudo se equivocan.

–What a grey day! Do you think it is going to rain?
–¡Qué día más gris! ¿Crees que va a llover?

–I think so. / Probably. The forecast is heavy showers.
–Yo creo que sí. / Es posible. Se prevén fuertes lluvias.

–I've been here two weeks and I haven't seen the sun yet! The weather's been awful.
–Llevo aquí dos semanas y todavía no he visto el sol. Hemos tenido un tiempo horrible.

–Is it raining?
–¿Está lloviendo?

–No, just drizzling. It won't last long.
–No, solo chispea. No durará.

–I hope not! And it was so sunny this morning…
–¡Eso espero! Esta mañana hacía tan bueno…

–Pouring down!
–¡Está lloviendo a cántaros!

–Yes, I'm soaked. Does it usually rain so much?
–Ya, estoy empapado. ¿Suele llover tanto aquí?

–It rains quite a lot here, but we've had particularly bad weather this month.
–Suele llover bastante, pero este mes está siendo especialmente malo.

–It's cold today, isn't it?
–Hace frío hoy, ¿verdad?

–I'm frozen / It's freezing. I'm not used to this.
–Estoy helado. / Hace un frío horrible. No estoy acostumbrado.

–Yes, not very pleasant, is it? We get an easterly wind that brings in the cold from…
–Sí, no es muy agradable, ¿verdad? Sopla un viento del este que trae todo el frío…

In class

To the teacher

What does _____ mean?
¿Qué significa _____?

How do you say _____ in English?
¿Cómo se dice _____ en inglés?

How do you pronounce that word?
¿Cómo se pronuncia esta palabra?

I don't understand you. Could you repeat that sentence?
No le entiendo. ¿Podría repetir la frase?

Could you speak more slowly, please?
¿Podría hablar más despacio, por favor?

I'm sorry, I don't understand.
Lo siento, no entiendo.

Is this correct, please?
Por favor, ¿es esto correcto?

glossary

to mean significar

Introductions

Introducing yourself

Hi! I'm Jorge.
¡Hola! Soy Jorge.

Hello, my name is María González.
Hola, yo me llamo María González.

Introducing someone

informal

This is Jorge.
Este es Jorge.

Hi! I'm Anne. How are you?
¡Hola! Yo soy Anne. ¿Qué tal estás?

Fine, and you?
Muy bien, ¿y tú?

formal

How do you do? Pleased to meet you.
¿Qué tal está? Encantada de conocerlo.

Let me introduce you. María, this is Robert. Robert, this is María.
Permítanme que les presente. María, este es Robert. Robert, esta es María.

How do you do? Pleased to meet you.
¿Qué tal está? Encantado de conocerla.

Greetings, congratulations

Sorry! Excuse me... Pardon?

Sorry! I didn't mean to bump into you.
Lo siento, no pretendía chocarme.

Sorry I'm late!
¡Siento llegar tarde!

Sorry to hear about your father's illness.
Siento la enfermedad de tu padre.

I'm sorry, I didn't do it on purpose.
Lo siento, no lo he hecho aposta.

Excuse me, can I come in?
Perdone, ¿puedo entrar?

Excuse me, could you tell me the way to...?
Perdone, ¿me puede decir cómo se va a...?

Pardon? Could you speak a little louder please?
Perdone, ¿podría hablar un poco más alto, por favor?

Pardon?
What did you say?
Perdona, ¿qué dices?

Directions

Asking

Excuse me, can you tell me where the _____ is?
Perdone, ¿me podría decir dónde está el _____?

Excuse me, can you tell me the way to _____, please?
Perdone, ¿me podría decir cómo se va a _____, por favor?

Giving

Sorry, I don't live here.
Lo siento, no soy de aquí.

It's up there, on the right.
Está ahí arriba, a la derecha.

Certainly. You go straight down this road until you get to the traffic lights, then turn left...
Claro. Siga recto por esta calle hasta llegar al semáforo. Luego gire a la izquierda...

Carry on down this road and take the second turning on the right, then when you pass the next crossroads it's on your left.
Siga por esta calle y tome la segunda a la derecha. Luego es a la izquierda después de pasar el cruce.

How far...?

Is it far?
¿Está lejos?

How far is it?
¿Cómo está de lejos?

How long will it take to get there?
¿Cuánto se tarda en llegar?

It's about ten minutes walking.
Son unos diez minutos andando.

It's just round the corner.
Está justo a la vuelta de la esquina.

How are you going? On foot or by car?
¿Cómo va? ¿En coche o andando?

When you get to the crossroads, ask again.
Cuando llegue al cruce, vuelva a preguntar.

It's a long way. You need to take the bus.
Está lejos. Deberá coger el autobús.

Turn left
Gire a la izquierda

Turn right
Gire a la derecha

Go straight on
Siga recto

**The second turning
on the left**
Es la segunda
a la izquierda

Go back
Vuelva hacia atrás

glossary

crossroads cruce
opposite enfrente
roundabout rotonda
straight on recto
to carry on continuar
traffic lights semáforo
turning cruce, bocacalle

Transport

Asking

What's the best way to go to ____ ? By bus or by tube?
¿Cuál es la mejor manera de ir a ____ ? ¿En autobús o en metro?

–Is there a direct bus/train to ____ ?
–¿Hay algún autobús / tren directo a ____ ?

–No, you need to take a bus/train to ____ and then change.
–No, tiene que coger un autobús / tren hasta ____ y luego cambiar.

Where is the train station, please?
Por favor, ¿dónde está la estación?

Where can I get/catch a bus to ____ ?
¿Dónde puedo coger un autobús para ir a ____ ?

What number bus do I need to go to ____ ?
¿Qué autobús debo tomar para ir a ____ ?

On the bus

How much is it to ____ ?
¿Cuánto cuesta ir a ____ ?

Does this bus go to ____ ?
¿Este autobús va a ____ ?

Haven't you got any change?
¿No tiene usted cambio?

Can/could you tell me where/when to get off, please?
¿Me podría decir {dónde / cuándo} me tengo que bajar, por favor?

Could you tell me when we get to ____ , please?
¿Me podría avisar cuando lleguemos a ____ , por favor?

SIGHTSEEING TOURS

How long does the tour last?
¿Cuánto dura el tour?

Where does the tour end?
¿Dónde termina el tour?

Which sights are included in the tour?
¿Qué visitas se incluyen en el tour?

3
Oxford Cir.Whitehall
Lambeth Bdg. Kennington
Brixton West Dulwich
CRYSTAL PALACE
3
NML604 E

At the train/coach station

Where is the ticket office, please?
¿Dónde está la taquilla, por favor?

–Can I have a single/return ticket to _____, please?
–Quisiera un billete {sencillo / de ida y vuelta} a _____, por favor.

–1st class or 2nd class?
–¿En primera clase o en turista?

Returning when?
¿Cuándo vuelve?

The tube/underground

Where's the nearest tube station, please?
¿Dónde está la parada de metro más cercana, por favor?

What time is the last tube back, please?
¿A qué hora sale el último metro, por favor?

Where are the lifts/escalators?
¿Dónde están los {ascensores / las escaleras mecánicas}?

–What line is it on?
–¿En qué línea está?

–It's on the Piccadilly line.
–Está en Piccadilly line.

–Can I have a weekly pass, please?
–¿Me puede dar un bono de una semana, por favor?

–For what zones?
–¿Para qué zonas?

–What zone is Victoria in?
–¿En qué zona está Victoria?

On the tube trains

Mind the gap!
¡Tengan cuidado con el hueco al salir!

Mind the doors!
¡Cuidado con las puertas!

We apologise for the delay.
Sentimos el retraso.

Next stop _____. Change here for the Circle line.
Próxima parada _____. Conexión con Circle line.

All change!
¡Fin de trayecto!

I have to change at the next station.
Tengo que hacer transbordo en la próxima parada.

Restaurant

Ordering

Could we see the menu, please?
¿Podríamos ver el menú, por favor?

Are you ready to order?
¿Quieren pedir ya?

Yes, for starters I'd like a salad.
And for my main course I'll have a steak.
Sí, de primero quisiera una ensalada.
Y de segundo tomaré un filete.

How would you like your steak:
rare, medium or well-done?
¿Cómo quiere el filete:
poco hecho, en su punto o muy hecho?

And for dessert, an ice cream.
Y de postre, un helado.

Paying

Could we have the bill, please?
¿Nos puede traer la cuenta, por favor?

Please pay at the cash desk.
Por favor, paguen en caja.

How are you going to pay, in cash or by credit card?
¿Cómo va a pagar, en efectivo o con tarjeta?

Here's your change.
Aquí tiene el cambio.

At a burger bar / take away

Ordering

–A large burger and chips, please.
–Una hamburguesa grande y unas patatas, por favor.

–Large chips or small? Any drinks?
–¿Una de patatas grande o pequeña? ¿Quiere beber algo?

–Yes, do you have mineral water? / What fizzy drinks do you have?
–Sí, ¿tienen agua mineral? / ¿Qué bebidas gaseosas tienen?

–To take away or to eat in?... That will be 2 pounds 35, please.
–¿Para tomar o para llevar?... Son 2 libras y 35 peniques, por favor.

At the table

Where shall we sit?
¿Dónde nos sentamos?

Put the tray over there.
Pon la bandeja ahí.

Can you pass me the mineral water?
¿Me puedes pasar el agua mineral?

Do you have any mayonnaise for the burger?
¿Tienes mayonesa para la hamburguesa?

Mmm! This is delicious.
¡Mmm! Está riquísimo.

I'm afraid I don't like this very much.
Me temo que esto no me gusta mucho.

Shopping for clothes

Can I help you?
¿Les puedo ayudar?

Yes, I'm looking for a red jumper.
Sí, estoy buscando un jersey rojo.

No, thanks.
I'm just looking.
No, gracias.
Solo estoy mirando.

–Yes, can you show me a red jumper?
–Sí, ¿me podría enseñar algún jersey rojo?

–We haven't got anything in red.
–No tenemos nada en rojo.

–Do you have one in blue?
–¿Tiene alguno azul?

–What size do you take?
–¿Qué talla usa?

This is too small.
Can you bring me one in a larger size?
Es demasiado pequeño.
¿Me puede traer una talla más?

This is too big.
Can you bring me one in a smaller size?
Es demasiado grande.
¿Me puede traer una talla menos?

Where can I try this on?
¿Dónde me puedo probar esto?

The changing rooms are over there.
Los probadores están ahí.

Is it machine washable?
¿Se puede lavar en la lavadora?

OK, I'll take it. Where do I pay?
Muy bien, me lo llevo. ¿Dónde lo pago?

Can I have a receipt, please?
¿Me puede dar el tique, por favor?

Here's the jumper and here is your receipt.
Aquí tiene el jersey y aquí el tique.

How much is this? / How much are these?
¿Cuánto cuesta esto? / ¿Cuánto cuestan éstos?

How much is it?
¿Cuánto es?

receipt tique de compra
size talla, tamaño

Telephoning

Making the call

–Hello.
–¿Diga?

–Hello. This is Rosa. Is John there, please?
–Hola, soy Rosa. ¿Está Juan, por favor?

–I think you have the wrong number.
–Creo que se ha equivocado.

–Can I speak to John, please?
–¿Podría hablar con John, por favor?

–John's out, I'm afraid. Can I take a message?
–Lo siento, John ha salido. ¿Quiere dejar un mensaje?

–Can you tell him that Rosa called?
–¿Le puede decir que ha llamado Rosa?

More telephone language

This is an answerphone. Please leave your message after the beep.
Esto es un contestador automático. Por favor, deje un mensaje después de oír la señal.

Hold on, I'll put you through.
Un momento, ahora le paso.

Can you speak a bit louder? I can't hear you.
¿Podría hablar un poco más alto? No le oigo.

Can you repeat that slowly, please? It's a bad line.
¿Puede repetirlo más despacio, por favor? Hay problemas en la línea.

Can you call back later? The line is engaged / busy.
¿Puede volver a llamar más tarde? La línea está ocupada.

Talking about making a call

Did you speak to John this morning?
¿Has hablado con John esta mañana?

No, his number was engaged.
I'll try again tonight.
No, estaba comunicando.
Volveré a intentarlo esta noche.

Did you speak to Mary?
¿Has hablado con Mary?

No, I rang but nobody answered.
No, la he llamado,
pero no me han cogido el teléfono.

What's the cheapest time
to ring abroad?
¿Cuál es la hora más barata
para llamar al extranjero?

How can I make a reverse
charge call?
¿Cómo puedo hacer una llamada
a cobro revertido?

What is Sally's number?
¿Cuál es el número de Sally?

glossary

a call una llamada
answerphone contestador automático
beep pitido
Hold on! Espere un momento
louder más alto
reversed charge call llamada
 a cobro revertido
to be engaged estar comunicando
to be long tardar mucho

to call back volver a llamar
to dial marcar
to hang up colgar
to pick the phone up descolgar
 el teléfono
to put someone through pasar
 la llamada
to ring llamar por teléfono, sonar
 el teléfono

Telling the time

Asking the time

What time is it?
¿Qué hora es?

What's the time, please?
¿Qué hora es, por favor?

Could you tell me the time, please?
¿Me podría decir la hora, por favor?

It's 12 o'clock.
Son las 12.

I'm sorry. I haven't got a watch.
Lo siento, no tengo reloj.

What time is it?

When it's exactly on the hour. we say:
It's _____ o'clock.
Cuando es la hora exacta, decimos:
son las _____ en punto.

It's two o'clock.

When it's 15 minutes past, we say:
It's quarter past _____ (or It's _____ fifteen).
Cuando pasan quince minutos de la hora, decimos:
son las _____ y cuarto.

It's quarter past two
(It's two fifteen).

When it's 30 minutes past, we say:
It's half past _____ (or It's _____ thirty).
Cuando pasan treinta minutos de la hora, decimos:
son las _____ y media.

It's half past two
(It's two thirty).

For any time between *o'clock* and *30 minutes past*, we say:
It's ____ minutes past ____ .

Para cualquier hora entre en punto y y media, decimos:
Son las ____ y ____ .

It's five past two.

When it's 45 minutes past, we say:
It's quarter to ____ [the next hour]
(or It's ____ forty-five).

Cuando han pasado cuarenta y cinco minutos de
la hora, decimos: Son las ____ (la hora siguiente)
menos cuarto.

It's quarter to two
(It's one forty-five).

For any time between *30 minutes* past and *o'clock*,
we say the number of minutes remaining to the
next hour.

Para cualquier hora, pasados los treinta minutos y la hora en punto
siguiente, se calcula el número de minutos que quedan y se dice
la hora siguiente menos los minutos que faltan.

It's twenty to two.

Morning or afternoon / evening

The 24-hour clock is not used in spoken English (it is mainly used in bus
and train timetables). To distinguish between 08.00 and 20.00 hours, we say:

El horario de 24 horas no se utiliza en el inglés hablado (sirve sobre todo para los horarios
de los autobuses y los trenes). Para distinguir entre las 08:00 y las 20:00, decimos:

Eight (o'clock) in the morning
Son las ocho (en punto) de la mañana

Eight (o'clock) in the evening
Son las ocho (en punto) de la tarde

Measurements

Length

1 mile = 1.609 kilometres
1 milla = 1,609 kilómetros

1 yard = 0.914 metres
1 yarda = 0,914 metros

1 foot = 30.48 centimetres (or 0.305 metres)
1 pie = 30,48 centímetros (o 0,305 metros)

1 inch = 25.4 millimetres (or 2.54 centimetres)
1 pulgada = 25,4 milímetros (o 2,54 centímetros)

12 inches = 1 foot
12 pulgadas = 1 pie

3 feet = 1 yard
3 pies = 1 yarda

450 metres/1,477 feet
450 metros/1,477 pies

1,780 metres/5,839 feet
1.780 metros/5.839 pies

Akashi-Kaikyo bridge, Japan
El puente Akashi-Kaikyo, Japón.

The Petrona towers, Kuala Lumpur, Malaysia.
Las torres Petrona, Kuala Lumpur, Malasia.

Capacity

1 pint = 0.568 litres
1 pinta = 0,568 litros

1 gallon = 8 pints = 4.546 litres
1 galón = 8 pintas = 4, 546 litros

a pint
una pinta

a pint of milk
una botella de leche

a gallon of petrol
una garrafa de gasolina

Weight

1 stone = 6.356 kilograms
1 stone = 6,356 kilogramos

1 pound = 0.454 kilograms
1 libra = 0,454 kilogramos

1 ounce = 28.35 grams
1 onza = 28,35 gramos

16 ounces = 1 pound
16 onzas = 1 libra

14 pounds = 1 stone
14 libras = 1 stone

20 stone = 127 kg
20 stone = 127 kg

7 stone = 44.5 kg
7 stone = 44,5 kg

Measuring instruments

Thermometer
Termómetro

Tape measure
Metro

Ruler
Regla

Bathroom scales
Báscula

Formal letter

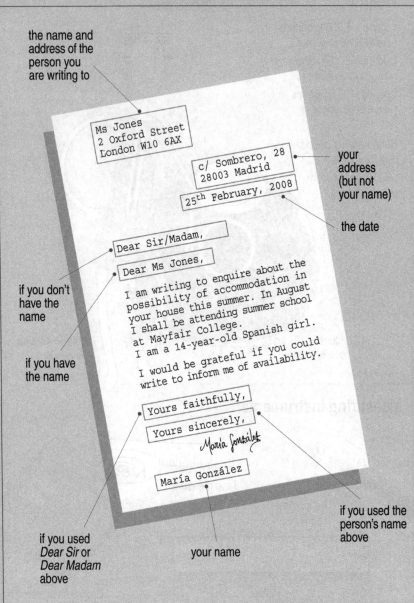

the name and address of the person you are writing to

Ms Jones
2 Oxford Street
London W10 6AX

c/ Sombrero, 28
28003 Madrid

your address (but not your name)

25th February, 2008

the date

Dear Sir/Madam,

Dear Ms Jones,

if you don't have the name

if you have the name

I am writing to enquire about the possibility of accommodation in your house this summer. In August I shall be attending summer school at Mayfair College.
I am a 14-year-old Spanish girl.

I would be grateful if you could write to inform me of availability.

Yours faithfully,

Yours sincerely,

María González

María González

if you used the person's name above

if you used *Dear Sir* or *Dear Madam* above

your name

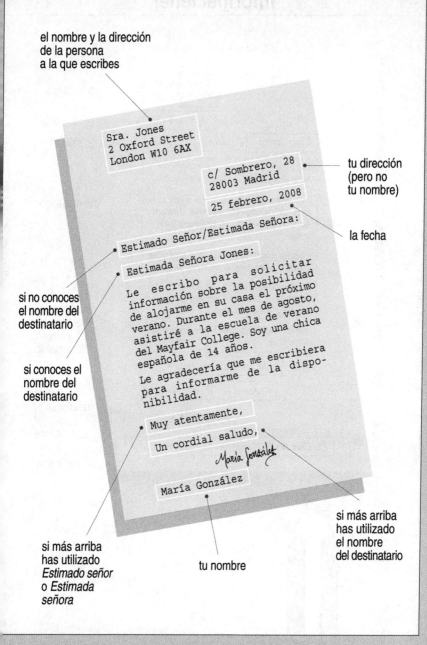

el nombre y la dirección
de la persona
a la que escribes

Sra. Jones
2 Oxford Street
London W10 6AX

c/ Sombrero, 28
28003 Madrid

tu dirección
(pero no
tu nombre)

25 febrero, 2008

la fecha

Estimado Señor/Estimada Señora:

Estimada Señora Jones:

si no conoces
el nombre del
destinatario

si conoces el
nombre del
destinatario

Le escribo para solicitar
información sobre la posibilidad
de alojarme en su casa el próximo
verano. Durante el mes de agosto,
asistiré a la escuela de verano
del Mayfair College. Soy una chica
española de 14 años.
Le agradecería que me escribiera
para informarme de la dispo-
nibilidad.

Muy atentamente,

Un cordial saludo,

María González

María González

si más arriba
has utilizado
el nombre
del destinatario

si más arriba
has utilizado
Estimado señor
o *Estimada
señora*

tu nombre

Informal letter

c/ Sombrero, 28
28003 Madrid ● —— your address

12th Feb 08 ● —— the date

Dear Jenny, ● —— salutation

Hi!
How are you?

I've been back in Spain a week now but already it seems longer. Tomorrow we start school again – groan! ● —— the message

I had a great time with you and your family over the summer. Thanks! ●

I've enclosed a copy of some of the photos – the one of you and the donkey is very funny.

Well, I must go now. Hope your cold is better.

Love (or Lots of love), ● —— if there is a friendly, close relationship

Regards (or Yours), ● —— if there is a cordial relationship, but not a close one

Maria Gonzalez ●

PS Give my love/regards to Pete and Sally! —— signature

c/ Sombrero, 28
28003 Madrid — tu dirección

12 de febrero de 2008 — la fecha

Querida Jenny: — encabezamiento

¡Hola!
¿Qué tal estás?

Solo llevo una semana en España, pero se me hace más largo. Mañana empezamos el colegio (¡qué rollo!).

Me lo he pasado fenomenal contigo y tu familia este verano. ¡Muchas gracias!

Te mando unas copias de las fotos (la tuya con burro es muy divertida).

Bueno, te tengo que dejar. Espero que estés mejor de tu resfriado.

— el mensaje

Un beso (o Muchos besos), — cuando el trato es cordial y cercano

Un abrazo, — si el trato es cordial, pero más formal

María González — firma

P.D. ¡Dales recuerdos a Pete y Sally!

Diccionario

ESPAÑOL
INGLÉS

a *s.f.* **1** *(letra del alfabeto)* ⇨a **prep.** **2** *(dirección)* ⇨into: *Cynthia se subió al coche* - Cynthia got into the car; ⇨on: *Ross se subió al caballo* - Ross got on the horse; ⇨onto: *Nos subimos al tejado* - We climbed onto the roof; ⇨towards: *Miré a Steven* - I looked towards Steven; ⇨to: *Voy a Escocia en verano* - I'm going to Scotland in the summer; ⇨in: *Morgan llegó a París* - Morgan arrived in Paris; ⇨at: *Joseph llegó al hotel* - Joseph arrived at the hotel **3** *(posición)* ⇨on: *a tu izquierda* - on your left; ⇨in: *John la miró a los ojos* - John looked her in the eyes **4** *(tiempo)* ⇨at: *Hemos quedado a las diez en punto* - We are meeting at ten o'clock; ⇨in: *Llegué a tiempo* - I arrived in time **5** *(precio)* ⇨at **6** *(velocidad)* ⇨at: *El tren iba a cien millas por hora* - The train was going at one hundred miles an hour **7** *(frecuencia): Sam va a nadar una vez a la semana* - Sam goes swimming once a week; *Mejoras día a día* - You are improving day by day **8** *(comparación)* ⇨to: *Prefiero el café al té* - I prefer coffee to tea **9** *(finalidad)* ⇨to **10** *(modo)* ⇨on: *Richard va al colegio a pie* - Richard goes to school on foot; ⇨in: *La casa estaba a oscuras* - The house was in darkness; ⇨by: *Escribí el artículo a mano* - I wrote the article by hand **11** *(consecuencia)* ⇨on: *Anthony se derrumbó al verla* - Anthony broke down on seeing her **12** *(complemento directo de persona): Quiero a mis padres* - I love my parents **13** *(complemento indirecto)* ⇨to

abadía *s.f.* ⇨abbey: *la abadía de Westminster* - Westminster Abbey

abajo *adv.* **1** *(posición)* ⇨below: *Vivo tres pisos más abajo* - I live three floors below; ⇨down: *Está ahí abajo* - It is down there **2** *(dirección)* ⇨down: *Fuimos calle abajo hasta la plaza* - We went down the street to the square; ⇨downstairs **3** *(en un edificio)* ⇨downstairs **4** echar ~ ⇨to break down: *Echaron la puerta abajo* - They broke down the door; ⇨to bring down **5** venirse ~ ⇨to collapse: *El edificio se vivo abajo después*

del terremoto - The building collapsed after the earthquake; ⇨to go to pieces: *Se vino abajo cuando se enteró* - He went to pieces when he heard about it

abalanzarse *v.prnl.* ⇨to pounce [CONSTR. to pounce on sth/sb]: *El león se abalanzó sobre el cordero* - The lion pounced on the lamb; ⇨to throw oneself

abandonar *v.* **1** *(un lugar)* ⇨to abandon ⇨to leave **2** *(en un deporte)* ⇨to abandon ⇨to withdraw **3** *(a una persona)* ⇨to abandon **4** *(una actividad)* ⇨to abandon ⇨to give up: *Sarah abandonó los estudios* - Sarah gave up her studies; ⇨to relinquish *form*

abandono *s.m.* **1** *(falta de atención)* ⇨neglect **2** *(renuncia)* ⇨withdrawal

abanicar *v.* ⇨to fan

abanico *s.m.* **1** ⇨fan **2** *(conjunto, serie)* ⇨range: *un amplio abanico de precios* - a wide range of prices

abarrotado, da *adj.* ⇨crowded ⇨packed: *Las tiendas estaban abarrotadas* - The shops were packed; ⇨overflowing [CONSTR. overflowing with sth/sb]

abarrotar *v.* ⇨to crowd: *Los huelguistas abarrotaban las calles* - The strikers crowded the streets; ⇨to cram

abastecer *v.* ⇨to supply ⇨to provide [CONSTR. to provide with sth]: *abastecer de gasolina* - to provide with petrol

abdicar *v.* ⇨to abdicate: *abdicar en alguien* - to abdicate in favour of sb; ⇨to give up

abdomen *s.m.* ⇨abdomen *form*

abdominal *adj.* **1** ⇨abdominal: *músculos abdominales* - abdominal muscles **2** hacer abdominales ⇨to do sit-ups

abecedario *s.m.* ⇨ABC ⇨alphabet

abedul *s.m.* ⇨silver birch *(pl* silver birches); ⇨birch *(pl* birches)

abeja *s.f.* ⇨bee: *abeja obrera* - worker bee; *abeja reina* - abeja reina

abejorro *s.m.* ⇨bumblebee

A

abertura *s.f.* **1** *(hueco)* ⇨gap ⇨opening **2** *(de una flor)* ⇨opening

abeto *s.m.* ⇨fir (tree)

abierto, ta *adj.* **1** *(una puerta, una ventana)* ⇨open ⇨ajar: *Deja la puerta abierta* - Please, leave the door ajar **2** *(un establecimiento)* ⇨open: *Abierto 24 horas* - 24 hours open **3** *(un grifo)* ⇨running **4** *(una persona)* ⇨sociable ⇨open: *estar abierto a cualquier sugerencia* - to be open to suggestion; ⇨open-minded: *Mi abuela es una mujer muy abierta* - My grandmother is a very open-minded woman

abismo *s.m.* **1** ⇨abyss *lit: al borde del abismo* - on the edge of the abyss; ⇨chasm **2** *(gran diferencia)* ⇨gulf **3** *(profundidad)* ⇨depth: *El barco se hundió lentamente en el abismo del océano* - The ship sank slowly to the depths of the ocean

ablandar ∎ *v.* **1** *(un material)* ⇨to soften ∎ **ablandarse** *prnl.* **2** *(un material)* ⇨to get softer: *El plástico se ablanda con el calor* - Plastic gets softer with heat **3** *(una persona)* ⇨to relent ⇨to give in

abochornar *v.* ⇨to embarrass

abofetear *v.* ⇨to slap: *Le abofeteó delante de todo el mundo* - She slapped him in front of everybody

abogado, da *s.* **1** ⇨lawyer ⇨attorney *US*; ⇨counsel: *Es un abogado de la defensa* - He is a counsel for the defence; ⇨counselor **2** *(defensor)* ⇨advocate *UK* **3** *(en los tribunales inferiores)* ⇨solicitor **4** *(en todos los tribunales)* ⇨barrister

abolir *v.* ⇨to abolish: *Creo que deberían abolir las corridas de toros* - I think bullfighting should be abolished

abolladura *s.f.* ⇨dent

abonar ∎ *v.* **1** *(la tierra)* ⇨to fertilize ⇨to fertilise *UK* **2** *(una suma de dinero)* ⇨to pay [CONSTR. to pay for sth] **3** ∎ **abonarse** *prnl.* *(a un espectáculo)* ⇨to buy a season ticket **4** *(a una publicación)* ⇨to subscribe [CONSTR. to subscribe to sth]

abono *s.m.* **1** *(fertilizante)* ⇨fertilizer ⇨fertiliser *UK* **2** *(entrada, pase)* ⇨season ticket

abordar *v.* **1** *(un barco)* ⇨to board **2** *(un asunto)* ⇨to tackle: *abordar un problema* - to tackle a problem **3** *(a una persona)* ⇨to approach: *Un policía me abordó por la calle* - A policeman approached me in the street **4** *AMÉR. (a un avión, a un tren, a un autobús)* ⇨to get on; *(a un coche, a un taxi)* ⇨to get in

aborigen ∎ *s.com.* **1** ⇨Aborigine: *los aborígenes australianos* - the Aborigines ∎ *adj.* **2** ⇨native: *la población aborigen de ese país* - the native population of that country; ⇨aboriginal

aborrecer *v.* ⇨to hate [CONSTR. 1. to hate + doing sth 2. to hate + to do sth]; ⇨to detest [CONSTR. to detest + doing sth]: *Aborrezco ir al dentista* - I detest going to the dentist; ⇨to loathe [CONSTR. to loathe + doing sth]; ⇨to abhor *form*

abortar *v.* **1** *(de forma natural)* ⇨to have a miscarriage ⇨to miscarry **2** *(de forma provocada)* ⇨to have an abortion ⇨to abort **3** *(un intento)* ⇨to abort

aborto *s.m.* **1** *(natural)* ⇨miscarriage **2** *(provocado)* ⇨abortion

abotonar *v.* ⇨to button ⇨to button up: *Me abotoné el abrigo* - I buttoned up my coat

abrasador, -a *adj.* ⇨burning: *Hace un calor abrasador* - It's a burning hot day

abrasar ∎ *v.* **1** ⇨to burn: *El fuego abrasó el bosque* - The fire burnt the wood ∎ **abrasarse** *prnl.* **2** ⇨to burn oneself ⇨to get burnt: *Me abrasé al probar la sopa* - I got burnt when I tried the soup

abrazar *v.* ⇨to hug: *Rachel abrazó a su madre* - Rachel hugged her mother; ⇨to embrace: *Se abrazaron* - They embraced

abrazo *s.m.* ⇨hug: *darle un abrazo a alguien* - to give sb a hug; ⇨embrace: *Se fundieron en un cálido abrazo* - They held each other in a warm embrace

abrebotellas *s.m.* ⇨opener ⇨bottle opener

abrecartas *s.m.* ⇨paper knife *(pl paper knives)*; ⇨letter opener *US*

abrelatas *s.m.* ⇨opener: *Me corté el dedo con el abrelatas* - I cut my finger with the opener; ⇨can opener ⇨tin opener *UK*

abreviar *v.* **1** *(acortar)* ⇨to abbreviate ⇨to shorten **2** *col. (darse prisa)* ⇨to hurry: *Si no abrevias, me iré sin ti* - If you don't hurry, I'll go without you **3** *para ~* *(en resumen)* ⇨in short: *Para abreviar, tienes que rehacer este trabajo* - In short, you'll have to do this work again **2** *(como acortamiento)* ⇨for short: *Lo llamamos «Tom» para abreviar* - We call him «Tom» for short **4** *sin ~* ⇨in full

abreviatura *s.f.* ⇨abbreviation: *ser la abreviatura de* - to be the abbreviation for

abridor *s.m.* **1** ⇨opener **2** *(abrelatas)* ⇨can opener ⇨tin opener *UK* **3** *(abrebotellas)* ⇨bottle opener

abrigar ∎ *v.* **1** *(una persona)* ⇨to wrap up ⇨to bundle up **2** *(una cosa)* ⇨to be warm: *Este jersey abriga mucho* - This is a very warm jumper ∎ **abrigarse** *prnl.* **3** ⇨to wrap up: *¡Abrígate bien!* - Wrap up well!

abrigo *s.m.* **1** *(prenda)* ⇨coat: *abrigo de piel* - fur coat; ⇨overcoat **2** *(refugio, resguardo)* ⇨shelter

3 de ~ ⇒warm: *prendas de abrigo* - warm clothes

abril *s.m.* **1** ⇒April **2** *Tiene 20 abriles* - She is 20 years old

abrir ▌ *v.* **1** ⇒to open: *Abre la ventana, por favor* - Open the window, please; *La ventana se abrió con el viento* - The window opened with the wind **2** *(con llave)* ⇒to unlock **3** *(un grifo)* ⇒to turn on **4** *(inaugurar)* ⇒to open **5** *(extender)* ⇒to open out ⇒to spread out: *Abre el periódico encima de la mesa* - Spread the newspaper out on the table **6** *(escampar)* ⇒to clear up ▌ **abrirse** *prnl.* **7** *(sincerarse)* ⇒to open up **8** *(resquebrajarse)* ⇒to crack **9** *col. (irse)* ⇒to be off

abrochadora *s.f. AMÉR.* ⇒stapler

abrochar *v.* **1** *(una prenda)* ⇒to do up *UK*: *¿Podrías abrocharme el vestido?* - Could you please do my dress up? **2** *(con hebilla)* ⇒to buckle **3** *Llevas los botones sin abrochar* - Your buttons are undone **4** *(el cinturón de seguridad)* ⇒to fasten: *Por favor, abróchense los cinturones* - Please, fasten your seat belts **5** *(grapar) AMÉR.* ⇒to staple

abrupto, ta *adj.* **1** *(un terreno)* ⇒rough ⇒abrupt **2** *(un cambio)* ⇒abrupt ⇒sudden **3** *(un carácter)* ⇒abrupt ⇒brusque

absoluto, ta *adj.* **1** *(no relativo)* ⇒absolute: *poder absoluto* - absolute power **2** *(total)* ⇒utter: *Eso es una absoluta falta de responsabilidad* - That's utter lack of responsibility; ⇒complete: *un caos absoluto* - complete chaos

absolver *v.* **1** *(en derecho)* ⇒to acquit [CONSTR. to acquit sb of sth]: *absolver a alguien de un delito* - to acquit sb of an offence **2** *(en religión)* ⇒to absolve [CONSTR. to absolve sb of/from sth] *form*

absorbente *adj.* **1** *(un material)* ⇒absorbent **2** *(una persona)* ⇒possessive ⇒absorbing **3** *(una tarea)* ⇒demanding: *un trabajo muy absorbente* - a very demanding job

absorber *v.* **1** *(un líquido)* ⇒to absorb **2** *(a una persona)* ⇒to absorb ⇒to take up: *absorber las energías* - to take up energies

abstención *s.f.* ⇒abstention *form:* *Hubo una abstención muy elevada* - There were high levels of abstention; *La abstención de sal es muy buena para la salud* - Abstention form salt is very good for your health

abstenerse *v.prnl.* **1** *(en una votación)* ⇒to abstain *form* **2** *(de hacer algo)* ⇒to refrain [CONSTR. to refrain from + doing sth] *form;* ⇒to abstain [CONSTR. to abstain from + doing sth] *form*

abstinencia *s.f.* **1** ⇒abstinence *form;* ⇒temperance **2** síndrome de ~ ⇒withdrawal syndrome

abstracto, ta *adj.* **1** ⇒abstract: *Me gusta la pintura abstracta* - I like abstract painting **2** en ~ ⇒in the abstract: *discutir algo en abstracto* - to discuss sth in the abstract

absurdo, da *adj.* ⇒absurd: *Es un comentario absurdo* - That's an absurd remark

abuchear *v.* ⇒to boo: *Abuchearon al cantante para que se fuera del escenario* - They booed the singer off the stage

abuelo, la ▌ *s.* **1** *(hombre)* ⇒grandfather ⇒granddad *UK inform;* ⇒grandpa *inform* **2** *(mujer)* ⇒grandmother ⇒grandma *inform;* ⇒grannie *inform* ▌ **abuelos** *s.m.pl.* **3** *(abuelo y abuela)* ⇒grandparents

abultado, da *adj.* **1** ⇒bulky ⇒bulging **2** *(excesivo)* ⇒exaggerated: *un presupuesto abultado* - an exaggerated budget

abultar *v.* **1** *(ocupar espacio)* ⇒to be bulky: *Tu maleta abulta demasiado* - Your suitcase is too bulky; ⇒to take up room **2** *(aumentar la importancia)* ⇒to exaggerate ⇒to blow up

abundante *adj.* **1** ⇒abundant *form:* *una cantidad abundante* - an abundant quantity; ⇒plentiful *form* **2** ⇒a great many [CONSTR. Se utiliza con sustantivos en plural]: *Es una zona con abundantes pozos* - It's an area with a great many wells

aburrido, da *adj.* **1** *(que aburre)* ⇒boring: *una película muy aburrida* - a very boring film **2** *Es una aburrida* - She's a bore **3** estar ~ ⇒to be bored: *Estoy aburrido de sus bromas* - I'm bored of his jokes

aburridora *s.f. AMÉR.* ⇒telling-off ⇒scolding

aburrimiento *s.m.* **1** ⇒boredom: *hacer algo por puro aburrimiento* - to do sth out of sheer boredom **2** *¡Qué aburrimiento!* - What a bore!

aburrir ▌ *v.* **1** ⇒to bore: *Me aburres con tus historias* - You bore me with your stories **2** *(cansar)* ⇒to weary *form* ▌ **aburrirse** *prnl.* **3** ⇒to get bored: *Me aburrí con el discurso del presidente* - I got bored by the President's speech

abusar *v.* **1** *(usar de forma indebida)* ⇒to abuse ⇒to overuse: *abusar de ciertas expresiones* - to overuse certain expressions **2** *(de una persona)* ⇒to presume on ⇒to take advantage on

abuso *s.m.* ⇒abuse: *abuso de poder* - abuse of power

acá *adv.* ⇒here

acabar ▌ *v.* **1** *(llegar al fin)* ⇒to finish ⇒to end: *¿Cuándo acaban las clases?* - When does school end? **2** *(poner término)* ⇒to end ⇒to finish [CONSTR. to finish + doing sth] **3** *(completar)* ⇒to complete **4** *(agotar, terminar)* ⇒to use up: *Se ha acabado toda la leña* - We've used up all the firewood **5** *(terminar con una relación)* ⇒to finish **6** ⇒to end

academia

acertijo *s.m.* ⇨puzzle ⇨riddle

achicar ❚ *v.* **1** *(hacer más pequeño)* ⇨to make smaller **2** *(extraer el agua)* ⇨to bail (out) ❚ **achicarse** *prnl.* **3** *(acobardarse)* ⇨to lose one's nerve ⇨to belittle

achicharrar ❚ *v.* **1** *(un alimento)* ⇨to burn **2** *(la vegetación)* ⇨to scorch ❚ **achicharrarse** *prnl.* **3** *col.* ⇨to roast: *Vente a la sombra o te achicharrarás* - Come to the shade or you'll roast

achuchar *v.* **1** *col. (con cariño)* ⇨to cuddle ⇨to hug **2** *col. (meter prisa)* ⇨to hurry ⇨to put pressure [CONSTR. to put pressure on sb]: *Siempre tengo que achucharte para que llegues a tiempo* - I always have to put pressure on you so that you arrive in time

acidez *s.f.* **1** *(sabor ácido)* ⇨acidity **2** *(aspereza en el trato)* ⇨acidity **3** ~ **de estómago** ⇨heartburn

ácido, da ❚ *adj.* **1** *(sabor)* ⇨acid: *Los limones son ácidos* - Lemons are acid; ⇨sharp ❚ **ácido** *s.m.* **2** *(en química)* ⇨acid

acierto *s.m.* **1** *(respuesta correcta)* ⇨correct answer **2** *(buena idea)* ⇨good idea ⇨good move

aclamar *v.* ⇨to acclaim [CONSTR. Se usa más en pasiva]: *Los manifestantes aclamaron a sus líderes* - The leaders were acclaimed by the demonstrators

aclarar ❚ *v.* **1** *(quitar el jabón)* ⇨to rinse (out): *aclarar la ropa* - to rinse clothes **2** *(explicar, resolver)* ⇨to clarify ⇨to clear up: *aclarar una duda* - to clear up a doubt; ⇨to make clear **3** *(el tiempo)* ⇨to brighten ⇨to clear up ❚ **aclararse** *prnl.* **4** *col. (entender)* ⇨to understand **5** *(el pelo)* ⇨to bleach ⇨to lighten **6** *(el cielo)* ⇨to clear up

acobardar ❚ *v.* ⇨to scare: *Tus amenazas no lo acobardaron* - Your threats didn't scare him ❚ **acobardarse** *prnl.* **2** ⇨to be put off ⇨to feel intimidated: *No te acobardes* - Don't feel intimidated; ⇨to lose one's nerve

acogedor, -a *adj.* **1** *(un lugar)* ⇨cosy UK: *Tu casa parece muy acogedora* - Your house looks rather cosy; ⇨cozy US; ⇨snug **2** *(un trato)* ⇨warm: *Son una familia muy acogedora* - They're a very warm family; ⇨hospitable ⇨welcoming

acoger *v.* **1** ⇨to welcome ⇨to receive ⇨to take in: *Me acogieron durante el verano* - They took me in for the summer **2** *(una información)* ⇨to receive **3** *(albergar)* ⇨to host: *acoger unos Juegos Olímpicos* - to host the Olympic Games

acomodado, da *adj.* ⇨well-off: *una familia acomodada* - a well-off family

acomodar ❚ *v.* **1** *(en un lugar)* ⇨to put up ⇨to settle down ❚ **acomodarse** *prnl.* **2** *(adaptarse)*

⇨to adjust: *acomodarse a una nueva situación* - to adjust to a new situation; ⇨to adapt

acompañante *s.com.* **1** ⇨companion ⇨partner **2** *(en música)* ⇨escort

acompañar *v.* **1** *(hacia un lugar)* ⇨to come with: *¿Te acompaño?* - Shall I come with you? **2** *(hacer compañía)* ⇨to keep company **3** *(en música)* ⇨to accompany [CONSTR. to accompany sb on sth]

aconsejable *adj.* **1** ⇨advisable **2** *No es aconsejable cenar demasiado* - It's not a good idea to eat too much for dinner

aconsejar *v.* ⇨to advise [CONSTR. 1. to advise + that 2. to advise + doing sth 3. to advise + to do sth 4. to advise + interrogativo]: *Me aconsejó que no fuera* - He advised me not to go; ⇨to suggest [CONSTR. 1. to suggest + (that) 2. to suggest + doing sth 3. to suggest + interrogativo]: *Te aconsejo que estudies* - I suggest that you study

acontecimiento *s.m.* ⇨event ⇨occasion: *Fue todo un acontecimiento* - It was quite an occasion

acordar ❚ *v.* **1** ⇨to agree [CONSTR. 1. to agree + that 2. to agree + to do sth 3. to agree + interrogativo]: *El banco ha acordado darme el dinero* - The bank has agreed to lend me the money; ⇨to settle ❚ **acordarse** *prnl.* **2** ⇨to remember [CONSTR. 1. to remember + that 2. to remember + to do sth 3. to remember + interrogativo]: *No pude acordarme de su número* - I couldn't remember his number

acorde ❚ *adj.* **1** *(conforme): Todos se mostraron acordes con la decisión* - Everybody agreed with the decision **2** *(en consonancia)* ⇨consistent: *una medida acorde con los tiempos* - a measure consistent with the times; ⇨according **3** *(en proporción)* ⇨commensurate *form;* ⇨appropriate ❚ *s.m.* **4** *(en música)* ⇨chord

acordeón *s.m.* ⇨accordion

acorralar *v.* **1** *(impedir la salida)* ⇨to corner ⇨to hem in **2** *(confundir)* ⇨to corner

acortar ❚ *v.* **1** ⇨to shorten ⇨to reduce: *Tenemos que acortar los gastos* - We have to reduce the expenses **2** *(una diferencia)* ⇨to catch up ❚ **acortarse** *prnl.* **3** ⇨to get shorter

acostar ❚ *v.* **1** ⇨to put to bed: *acostar a un bebé* - to put a baby to bed ❚ **acostarse** *prnl.* **2** ⇨to go to bed: *Siempre me acuesto temprano* - I always go to bed early; ⇨to lie down: *Acuéstate un ratito* - Lie down for a while **3** *col. (tener relaciones sexuales)* ⇨to sleep together ⇨to sleep with ⇨to have sex with

acostumbrado, da *adj.* ⇨accustomed [CONSTR. accustomed + to doing sth]: *No estoy acostumbrado a levantarme tan pronto* - I'm not accustomed to

getting up so early; ⇨used [CONSTR. used + to doing sth]: *No estoy acostumbrado a que me critiquen* - I'm not used to being criticized

acostumbrar ∎ *v.* **1** ⇨to get *sb* used to: *Mi madre me acostumbró a madrugar* - My mother got me used to getting up early ∎ **acostumbrarse** *prnl.* **2** ⇨to get used to: *No me acostumbro a trabajar por las noches* - I can't get used to working at night

acreedor, -a *s.* **1** ⇨creditor **2** hacerse ~ a ⇨to prove oneself worthy of: *Ese empleado se ha hecho acreedor a un ascenso* - That employee has proven himself worthy of promotion

acrobacia *s.f.* ⇨acrobatics *pl: hacer acrobacias* - to perform acrobatics; *acrobacias aéreas* - aerobatics

acróbata *s.com.* ⇨acrobat

acta *s.f.* **1** ⇨certificate **2** ⇨minutes *pl: el acta de una reunión* - the minutes of a meeting; *levantar acta* - to take the minutes

actitud *s.f.* ⇨attitude: *No me gusta esa actitud* - I don't like that attitude

activar *v.* **1** *(un mecanismo)* ⇨to activate ⇨to set off: *activar una alarma* - to set off an alarm **2** *(un proceso)* ⇨to speed up **3** ⇨to stimulate: *activar la circulación sanguínea* - to stimulate blood circulation

actividad *s.f.* ⇨activity *(pl* activities)

activo, va *adj.* **1** *(dinámico)* ⇨energetic ⇨active **2** *(con trabajo)* ⇨working **3** *(en política)* ⇨active

acto *s.m.* **1** *(hecho o acción)* ⇨act ⇨action **2** *(acontecimiento público)* ⇨ceremony *(pl* ceremonies): *acto de entrega de premios* - award ceremony; ⇨event

actor *s.m.* ⇨actor ⇨performer

actriz *s.f.* ⇨actress *(pl* actresses)

actuación *s.f.* **1** *(espectáculo)* ⇨performance ⇨showing **2** *(musical)* ⇨gig *inform*

actual *adj.* **1** *(del momento presente)* ⇨current ⇨existing ⇨present: *No tengo su dirección actual* - I don't have her present address **2** *(moderno)* ⇨present-day ⇨topical

actualidad *s.f.* **1** ⇨present situation: *la actualidad de nuestro país* - the present situation of our country **2** *la actualidad nacional* - domestic news **3** de ~ ⇨current: *asuntos de actualidad* - current affairs **4** en la ~ ⇨nowadays: *En la actualidad mucho niños tienen teléfonos móviles* - Nowadays lots of children have mobile phones; ⇨at present ⇨currently

actualizar *v.* ⇨to update: *actualizar una base de datos* - to update a database; ⇨to refresh

actuar *v.* **1** ⇨to act **2** *(interpretar)* ⇨to act ⇨to perform

acuarela *s.f.* ⇨watercolour *UK;* ⇨watercolor *US*

acuario ∎ *adj. / s.com.* **1** *(signo del Zodíaco)* ⇨Aquarian ⇨Aquarius *n* ∎ *s.m.* **2** *(pecera)* ⇨aquarium *(pl* aquaria, aquariums)

acuático, ca *adj.* ⇨aquatic: *una planta acuática* - an aquatic plant

acudir *v.* **1** *(a un sitio)* ⇨to come [CONSTR. to come + to do sth]; ⇨to turn up **2** *(a una persona)* ⇨to turn

acueducto *s.m.* ⇨aqueduct

acuerdo *s.m.* **1** *(decisión común)* ⇨agreement: *llegar a un acuerdo* - to reach an agreement; ⇨arrangement ⇨settlement **2** de ~ **1** *(afirmación)* ⇨OK *inform;* ⇨okay *inform;* ⇨alright ⇨all right **2** *(en conformidad)* ⇨in agreement: *Todos estábamos de acuerdo* - We were all in agreement **3** estar de ~ ⇨to agree [Se dice *to agree - estar de acuerdo.* Incorrecto: *to be agree*]: *Estoy de acuerdo contigo* - I agree with you; ⇨to approve

acumular *v.* ⇨to accumulate: *Le gusta acumular todo tipo de cosas en su casa* - She likes to accumulate all kind of stuff in her house

acunar *v.* ⇨to cradle ⇨to rock

acurrucarse *v.prnl.* ⇨to curl up: *El gato se acurrucó en el sofá* - The cat curled up on the sofa

acusación *s.f.* **1** ⇨accusation **2** *(judicial)* ⇨charge ⇨indictment

acusado, da ∎ *adj.* **1** ⇨marked ⇨stark ∎ *s.* **2** ⇨accused **3** *(en derecho)* ⇨respondent

acusar *v.* ⇨to accuse [CONSTR. to accuse sb of + doing sth]; ⇨to charge [CONSTR. to charge sb with sth]: *La policía lo acusó de asesinato* - The police charged him with murder; ⇨to finger *inform;* ⇨to indict *form* [CONSTR. Se usa más en pasiva]: *Cinco personas fueron acusadas por falsificar moneda* - Five people were indicted for making counterfeit currency

acústica *s.f.* **1** *(ciencia de los sonidos)* ⇨acoustics [U] **2** *(sonoridad)* ⇨acoustics *pl*

acústico, ca *adj.* ⇨acoustic

adaptar ∎ *v.* **1** ⇨to adapt: *adaptar una novela al cine* - to adapt a novel for the cinema ∎ **adaptarse** *prnl.* **2** ⇨to adapt ⇨to adjust: *adaptarse a una nueva situación* - to adjust to a new situation

adecuado, da *adj. (apropiado)* ⇨appropriate ⇨right ⇨convenient: *Tus comentarios no fueron muy adecuados* - Your comments weren't quite convenient; ⇨suitable

adelantado, da *adj. (innovador)* ⇨advanced ⇨enlightened **2** *(precoz)* ⇨ahead of *one's* time **3** *(un reloj)* ⇨fast: *Tu reloj va adelantado* - Your watch is fast **4** por adelantado ⇨in advance

adelantar ∎ *v.* **1** *(a un coche)* ⇨to overtake **2** *(una fecha)* ⇨to bring forward **3** *(un reloj)* ⇨to

put forward **4** *(un pago)* ⇨to advance ∎ **adelantarse** *prnl.* **5** *(un reloj)* ⇨to gain time: *Este reloj se adelanta* - This watch gains time **6** *(ir por delante)* ⇨to go ahead **7** *(anticiparse)* ⇨to get ahead ⇨to run ahead

adelante *adv.* **1** *(permiso para entrar)* ⇨come in! **2 de ahí en ~** ⇨from then onwards **3 de aquí en ~** ⇨from now on: *De aquí en adelante trataré de estudiar más* - From now on I'll try to study more **4 hacia ~** ⇨onwards ⇨forwards ⇨forward: *En rugby no puedes hacer pases hacia adelante* - In rugby, you can't make forward passes **5 más ~** ⇨later on **6 seguir ~** ⇨to go ahead: *¿Seguimos adelante con los planes?* - Shall we go ahead with the plans?

adelanto *s.m.* **1** *(progreso)* ⇨improvement ⇨progress [U] **2** *(de sueldo)* ⇨advance

adelgazar *v.* ⇨to slim ⇨to lose weight

además *adv.* **1** ⇨besides: *Fue culpa suya y además lo negó* - It was her fault and besides she denied it; ⇨moreover *form;* ⇨also **2 ~ de** ⇨besides ⇨in addition to ⇨as well as: *Habla francés, además de español* - She speaks French as well as Spanish; ⇨plus *inform*

adentro *adv.* ⇨inside: *Vamos adentro* - Let's go inside; ⇨in

adeudar *v.* ⇨to owe [CONSTR. to owe + dos objetos]: *Mis padres todavía adeudan al banco mucho dinero* - My parents still owe the bank a lot of money

adhesivo, va ∎ *adj.* **1** ⇨adhesive: *cinta adhesiva* - adhesive tape ∎ **adhesivo** *s.m.* **2** *(sustancia)* ⇨adhesive **3** *(pegatina)* ⇨sticker

adicto, ta ∎ *adj.* **1** ⇨addicted: *Soy adicto al café* - I'm addicted to coffee ∎ *s.* **2** ⇨addict: *un adicto a la droga* - a drug addict

adiestrar *v.* ⇨to train: *Los jóvenes caballeros eran adiestrados en el uso de la espada* - Young knights were trained in the use of the sword

adiós ∎ *s.m.* **1** ⇨goodbye ∎ *interj.* **2** ⇨goodbye! ⇨bye! *inform*

adivinanza *s.f.* ⇨riddle

adivinar *v.* ⇨to guess [CONSTR. to guess + interrogativo]

adjetivo *s.m.* ⇨adjective

adjuntar *v.* ⇨to attach ⇨to enclose: *Te adjunto una copia del documento* - I enclose a copy of the document; *Le adjunto mi currículo en la carta* - I enclose my curriculum with this letter

adjunto, ta ∎ *adj.* **1** *(unido a otra cosa)* ⇨attached ⇨adjunct *n form* **2** *(en el mismo sobre)* ⇨enclosed ∎ *adj./ s.* **3** *(ayudante)* ⇨assistant *n* ∎ **adjunto** *adv.* **4** ⇨herewith *form*

administración *s.f.* **1** ⇨administration: *Está encargado de la administración de la empresa* - He is in charge of the administration of the company; ⇨management **2 ~ pública** ⇨civil service

administrador, -a *s.* ⇨administrator ⇨manager: *Es el administrador de las instalaciones* - He is the manager of the premises

administrar *v.* **1** ⇨to run: *El padre de Greg administra la tienda de la esquina* - Greg's father runs the corner shop; ⇨to manage **2** *(proporcionar, dar)* ⇨to administer *form*

admirable *adj.* ⇨admirable

admiración *s.f.* **1** ⇨admiration: *Mi admiración por esa mujer crece a diario* - My admiration for that woman grows daily **2 signo de ~** ⇨exclamation mark ⇨exclamation point *US*

admirador, -a *s.* ⇨admirer: *un ferviente admirador* - a fervent admirer

admirar *v.* **1** *(respetar, estimar)* ⇨to admire **2** *(contemplar con placer)* ⇨to admire **3** *(sorprender, asombrar)* ⇨to amaze

admisión *s.f.* ⇨admission

admitir *v.* **1** *(reconocer)* ⇨to admit [CONSTR. 1. to admit + (that) 2. to admit + doing sth 3. to admit + to do sth]; ⇨to recognize ⇨to recognise *UK* [CONSTR. to recognize/-ise + (that)]; ⇨to acknowledge [CONSTR. 1. to acknowledge + (that) 2. to acknowledge + doing sth 3. to acknowledge + to do sth]: *Harriet admitió haberse equivocado* - Harriet acknowledged having made a mistake; ⇨to accept [CONSTR. to accept + (that)] **2** *(permitir la entrada)* ⇨to admit **3** *(aceptar)* ⇨to take ⇨to accept ⇨to allow *form:* *No se admiten devoluciones* - Refunds are not allowed **4** *(conocer, darse cuenta)* ⇨to recognize ⇨to recognise *UK*

adolescencia *s.f.* ⇨adolescence

adolescente ∎ *adj.* **1** ⇨adolescent ⇨teenage ∎ *s.com.* **2** ⇨adolescent ⇨teenager

adonde *adv.relat.* ⇨where: *Aquel castillo es adonde vamos* - That castle is where we're heading

adónde *adv.* ⇨where: *¿Adónde vas?* - Where are you going to?

adoptar *v.* ⇨to adopt

adoptivo, va *adj.* **1** *(que es adoptado)* ⇨adopted: *hijo adoptivo* - adopted child **2** *(que adopta)* ⇨adoptive: *padres adoptivos* - adoptive parents

adorar *v.* **1** *(dar culto)* ⇨to worship: *adorar a Dios* - to worship God **2** *(amar mucho)* ⇨to adore: *Adora a su mujer* - He adores his wife

adormecer *v.* ⇨to make sleepy: *El calor me adormece* - The heat makes me sleepy; ⇨to send to sleep

A

adornar v. 1 ⇒to adorn form; ⇒to decorate 2 (un plato) ⇒to garnish

adorno s.m. 1 ⇒ornament: Compraron algunos adornos para el jardín - They bought some garden ornaments 2 (decoración) ⇒decorations pl 3 ~ de Navidad ⇒Christmas decorations

adquirir v. 1 ⇒to gain: adquirir un hábito - to gain a habit 2 (comprar) ⇒to buy [CONSTR. to buy + dos objetos]; ⇒to acquire ⇒to purchase form

adquisición s.m. 1 (compra) ⇒purchase form 2 (incorporación a una empresa) ⇒addition

adrede adv. ⇒on purpose: Me empujaste adrede, ¿verdad? - You pushed me on purpose, didn't you?

aduana s.f. ⇒customs pl

adulterio s.m. ⇒adultery

adulto, ta ▌ adj. 1 ⇒adult ⇒mature ▌ s. 2 ⇒adult ⇒grown-up

adverbio s.m. ⇒adverb

adversario, ria s. ⇒opponent ⇒adversary form (pl adversaries)

advertencia s.f. ⇒warning: sistema de advertencia - warning system; ⇒caution

advertir v. 1 (comunicar) ⇒to warn [CONSTR. 1. to warn + (that) 2. to warn + to do sth]: Les advertí que llegaría tarde - I warned them that I would be late 2 (prevenir) ⇒to warn [CONSTR. to warn sb about/of sth]: Les advertí del peligro - I warned them about the danger 3 (darse cuenta) ⇒to notice [CONSTR. 1. to notice + (that) 2. to notice + interrogativo]: ¿No advertiste nada extraño? - Didn't you notice sth strange?; ⇒to become aware

aéreo, a adj. 1 (del aire): el espacio aéreo - airspace 2 (que se realiza desde el aire) ⇒aerial 3 (de la aviación) ⇒aerial

aeronave s.f. 1 ⇒aircraft (pl aircraft) 2 (espacial) ⇒spacecraft

aeropuerto s.m. ⇒airport

aerosol s.m. ⇒aerosol ⇒spray

afectar v. 1 (influir, perjudicar) ⇒to affect 2 (interesar, concernir) ⇒to concern

afeitar v. 1 ⇒to shave: El barbero afeitó la cabeza al actor - The barber shaved the actor's head; Mi padre se afeita todas las mañanas - My father shaves every morning 2 Se afeitó la barba - He shaved off his beard 3 Se afeitó el bigote - He shaved off his moustache

afeminado, da adj. ⇒effeminate

Afganistán s.m. ⇒Afghanistan

afgano, na adj. / s. ⇒Afghan

afiche s.m. AMÉR. ⇒poster

afición s.f. 1 (interés) ⇒interest 2 (entretenimiento) ⇒hobby (pl hobbies): por afición - as a hobby 3 (conjunto de seguidores) ⇒fans pl

aficionado, da ▌ adj. 1 (no profesional) ⇒amateur 2 (que siente afición) ⇒keen [CONSTR. keen on sth]: Wendy es aficionada a la jardinería - Wendy is a keen gardener; ⇒fond [CONSTR. fond of sth] ▌ s. 3 (partidario) ⇒fan ⇒supporter UK: Soy un aficionado del Manchester United - I'm a Manchester United supporter

afilado, da adj. ⇒sharp: un cuchillo afilado - a sharp knife; una lengua afilada - a sharp tongue

afilador, -a ▌ s. 1 (persona) ⇒grinder ⇒sharpener ▌ s.m. 2 AMÉR. ⇒pencil sharpener

afilar v. ⇒to sharpen

afinar v. 1 (un instrumento) ⇒to tune (up) 2 (al cantar) ⇒to sing in tune 3 afinar la puntería - to sharpen one's aim

afincar v. ⇒to settle: Amy se afincó en Italia - Amy settled in Italy

afirmación s.f. 1 (declaración) ⇒statement ⇒declaration: A pesar de tus afirmaciones, no te creo - Despite your declarations I don't believe you; ⇒avowal form 2 (confirmación) ⇒affirmation form

afirmar v. (asegurar, confirmar) ⇒to state form [CONSTR. 1. to state + (that) 2. to state + interrogativo]; ⇒to affirm form; ⇒to claim [CONSTR. to claim + (that)]

afirmativo, va adj. ⇒affirmative form

aflicción s.f. ⇒distress: Mostraba gran aflicción - She was showing a great distress; ⇒affliction form

aflojar ▌ v. 1 ⇒to loosen: aflojar el nudo de la corbata - to loosen the knot of the tie 2 (la tensión, la presión) ⇒to relax 3 (la velocidad, la intensidad) ⇒to ease off 4 (la fuerza, la entereza) ⇒to weaken ▌ aflojarse prnl. 5 ⇒to loosen 6 (una tuerca, un nudo) ⇒to come loose

afluente s.m. ⇒tributary (pl tributaries)

afónico, ca adj. ⇒hoarse 2 quedarse afónico - to lose one's voice

aforo s.m. ⇒capacity

afortunado, da adj. ⇒fortunate ⇒lucky

África s.f. ⇒Africa

africano, na adj. / s. ⇒African

afroamericano, na adj. / s. ⇒Afroamerican ⇒African-American n

afrontar v. 1 ⇒to face: afrontar los hechos - to face facts; ⇒to tackle 2 afrontar un problema - to confront a problem

afuera ▌ adv. 1 ⇒outside: Vamos afuera - Let's go outside ▌ afueras s.f.pl. 2 ⇒outskirts: Hay un gran centro comercial en las afueras de Sheffield - There's a large shopping centre on the outskirts of Sheffield

agachar ▌ *v.* **1** *(la cabeza)* ⇒to lower ▌ **agacharse** *prnl.* **2** ⇒to bend down: *Me agaché para recoger el libro* - I bent down to pick up the book; ⇒to squat (down) ⇒to duck: *Me agaché a tiempo y no me vieron* - I ducked in time and they didn't see me

agarrado, da *adj. col. desp. (tacaño, mezquino)* ⇒stingy *inform;* ⇒mean *UK;* ⇒tight-fisted *inform*

agarrar ▌ *v.* **1** *(tener, sujetar)* ⇒to hold ⇒to grip: *Agarra bien la raqueta* - You have to grip the racquet well **2** *(atrapar, capturar)* ⇒to clutch ⇒to grab **3** *(coger, pillar)* ⇒to catch: *He agarrado un buen resfriado* - I have caught a nasty cold **4** ⇒to hold on: *¡Agárrate fuerte!* - Hold on tight! **5** *(una planta)* ⇒to take root: *El geranio ha agarrado muy bien* - The geranium has taken root very well ▌ **agarrarse** *prnl.* **6** *(sujetarse)* ⇒to hold onto

agencia *s.f.* **1** *(oficina)* ⇒agency *(pl agencies)*: *agencia de viajes* - travel agency; *agencia inmobiliaria* - estate agency; ⇒office ⇒bureau *(pl bureaux, bureaus)* **2** *(sucursal)* ⇒branch *(pl branches)*

agenda *s.f.* **1** *(cuaderno)* ⇒diary *(pl diaries)*; ⇒date-book *US* **2** *(de direcciones)* ⇒address book **3** *(orden del día)* ⇒agenda

agente *s.com.* **1** *(de policía)* ⇒officer **2** *(de viajes)* ⇒travel agent **3** *(de una empresa)* ⇒agent **4** *(inmobiliario)* ⇒estate agent *UK;* ⇒realtor *US*

ágil *adj.* **1** *(de movimiento)* ⇒agile: *El mono parecía muy ágil* - The monkey seemed very agile; ⇒nimble **2** *(de mente, de pensamiento)* ⇒agile ⇒quick

agilidad *s.f.* **1** *(de movimiento)* ⇒agility ⇒nimbleness **2** *(de mente, de pensamiento)* ⇒agility ⇒flexibility

agitado, da *adj.* **1** *(nervioso)* ⇒nervous ⇒excited: *Todo el mundo parecía muy agitado después de la noticia* - Everybody seemed excited after the news; ⇒restless **2** *(el agua)* ⇒rough ⇒choppy

agitar *v.* **1** *(un líquido, una sustancia)* ⇒to shake **2** *(una bandera, un trapo)* ⇒to flap ⇒to wave **3** *(provocar descontento)* ⇒to stir up **4** *(conmover)* ⇒to shake up

agobiar *v.* **1** *(sofocar)* ⇒to suffocate: *Este calor me agobia* - This heat suffocates me **2** *(disgustar)* ⇒to annoy: *Me agobia llegar tarde* - Being late annoys me; ⇒to get on *sb's* nerves *inform* **3** *(producir estrés)* ⇒to overwhelm ⇒to get on top [CONSTR. to get on top of sb]: *Este trabajo me agobia* - This job gets on top of me **4** *(meter prisa)* ⇒to put pressure [CONSTR. to put pressure on sb]: *No me agobies, que ya acabo* - Don't put pressure on me, I'm almost done

agobio *s.m.* **1** *(angustia)* ⇒distress ⇒worry **2** *(estrés)* ⇒pressures *pl: el agobio de la gran ciudad* - the pressures of living in big cities

agonizar *v.* **1** *(estar a punto de morir)* ⇒to be dying ⇒to be in *one's* death throes *lit: El paciente está agonizando* - The patient is in his death throes **2** *(estar a punto de terminarse)* ⇒to die **3** *(sufrir)* ⇒to be in anguish

agosto *s.m.* **1** ⇒August **2** hacer el ~ *col.* ⇒to make a fortune ⇒to make a killing *inform*

agotado, da *adj.* **1** *(cansado)* ⇒exhausted: *Llegaron a casa agotados* - They came home exhausted; ⇒worn out ⇒knackered *UK very inform* **2** *(un producto)* ⇒out of stock: *El libro está agotado* - This book is out of stock; ⇒sold out

agotador, -a *adj.* ⇒exhausting: *un ritmo de trabajo agotador* - an exhausting work rate; ⇒gruelling *UK*

agotar ▌ *v.* **1** *(cansar, fatigar)* ⇒to exhaust: *Este trabajo me agota* - This work exhausts me **2** *(acabar, finalizar)* ⇒to use up: *Hemos agotado todas las bebidas* - We've used up all the drinks; ⇒to exhaust ▌ **agotarse** *prnl.* **3** ⇒to run out: *Se nos ha agotado la leche* - We've run out of milk; ⇒to sell out

agraciado, da *adj.* **1** *(guapo)* ⇒attractive **2** *poco agraciado* - plain

agradable *adj.* **1** ⇒pleasant: *Nuestra estancia fue agradable* - We had a pleasant stay **2** *(una persona)* ⇒nice: *Parece muy agradable* - She seems rather nice

agradar *v.* ⇒to please

agradecer *v.* **1** *(dar las gracias)* ⇒to thank [CONSTR. to thank sb for + doing sth]: *Agradeció a Laura que viniera a la fiesta* - He thanked Laura for coming to his party **2** *(sentir gratitud)* ⇒to appreciate: *Te lo agradezco* - I appreciate it

agradecido, da *adj.* **1** ⇒grateful: *Te estoy muy agradecido* - I'm very grateful to you **2** *estar agradecido* - to be much obliged

agradecimiento *s.m.* ⇒gratitude [U]: *Mostró un gran agradecimiento por que hubiésemos encontrado su gato* - He showed deep gratitude for having found his cat

agrandar *v.* **1** ⇒to enlarge ⇒to make bigger **2** *(una prenda)* ⇒to make larger **3** *(una casa)* ⇒to extend ⇒to enlarge

agravar ▌ *v.* **1** ⇒to aggravate: *agravar una situación* - to aggravate a situation; ⇒to worsen ▌ **agravarse** *prnl.* **2** ⇒to worsen: *La enfermedad se agravó con el tiempo* - The illness worsened with time

agredir *v.* ⇒to assault ⇒to attack

A

agregar *v.* ⇨to add: *¿Ya has agregado la salsa?* - Have you already added the sauce?

agresión *s.f.* ⇨aggression [U]: *una agresión* - an act of aggression; ⇨attack ⇨assault: *agresión física* - physical assault

agresivo, va *adj.* ⇨aggressive: *Su comportamiento se ha vuelto agresivo* - His behaviour has turned aggressive; ⇨truculent

agresor, -a *s.* ⇨aggressor ⇨assailant *form;* ⇨attacker

agrícola *adj.* ⇨agricultural: *productos agrícolas* - agricultural produce; *labor agrícola* - farm work; *explotación agrícola* - farming

agricultor, -a *s.* ⇨farmer

agricultura *s.f.* ⇨agriculture: *Todavía viven de la agricultura* - They still live on agriculture; ⇨farming ⇨crop farming

agridulce *adj.* **1** *(agrio y dulce)* ⇨bitter-sweet: *sabor agridulce* - bitter-sweet flavour **2** *(triste y feliz)* ⇨bitter-sweet

agrietar *v.* **1** ⇨to crack: *Se está agrietando la pintura* - The paint is cracking **2** *(la piel)* ⇨chap

agrio, gria *adj.* ⇨sour ⇨acid

agrónomo, ma *adj./s.* ⇨agricultural ⇨agronomist *n: ingeniero agrónomo* - agronomist

agrupación *s.f.* **1** *(conjunto)* ⇨group **2** *(hecho de agrupar)* ⇨gathering

agrupar ∎ *v.* **1** ⇨to gather: *El festival agrupará películas de todo el mundo* - The festival will gather films from all over the world; ⇨to group ∎ **agruparse** *prnl.* **2** ⇨to gather: *Nos agruparemos al lado del camino a las 8 en punto* - We will gather by the path at 8 o'clock; ⇨to form a group

agua *s.f.* **1** ⇨water: *Deberías beber dos litros de agua a diario* - You should drink two litres of water daily **2** ~ **con gas** ⇨sparkling water ⇨carbonated water **3** ~ **dulce** ⇨freshwater **4** ~ **mineral** ⇨mineral water **5** ~ **potable** ⇨drinking water **6** ~ **salada** ⇨salt water **7 bajo el** ~ ⇨underwater

aguacate *s.m.* ⇨avocado ⇨avocado pear

aguacero *s.m.* ⇨heavy shower

aguafiestas *s.com.* ⇨killjoy ⇨wet blanket: *Deja de ser tan aguafiestas y cállate* - Stop being such a wet blanket and shut up; ⇨spoilsport *inform*

aguanieve *s.m.* ⇨sleet

aguantar *v.* **1** *(soportar un peso)* ⇨to take: *La estantería no aguantó el peso de los libros* - The shelf didn't take the weight of the books; ⇨to bear **2** *(sujetar)* ⇨to hold: *Aguanta esto un momento, por favor* - Hold this a second, please **3** *(tolerar, soportar)* ⇨to bear [CONSTR. 1. to bear + doing sth 2. to bear + to do sth]; ⇨to tolerate [CONSTR. to tolerate + doing sth]; ⇨to put up with **4** *(resistir)*

⇨to hold out **5** *(reprimir): aguantarse la risa* - to keep a straight face

aguante *s.m.* **1** *(resistencia física)* ⇨endurance ⇨stamina **2** *(paciencia)* ⇨patience

aguardar *v.* ⇨to await *form: Aguardaba con ansiedad para ver a sus hijos* - He was awaiting anxiously to see his children; ⇨to hang on *inform;* ⇨to hold on: *Aguarda un segundo, vuelvo enseguida* - Hold on a second, I'll be right back

aguardiente *s.m.* ⇨eau-de-vie

aguarrás *s.m.* ⇨turpentine

agudo, da *adj.* **1** *(con punta)* ⇨sharp **2** *(un dolor)* ⇨sharp ⇨acute **3** *(sentido)* ⇨keen: *Tiene un agudo sentido del olfato* - She has a keen sense of smell **4** *(voz, un sonido)* ⇨high ⇨shrill **5** *(una persona)* ⇨witty ⇨sharp **6** *(una pregunta)* ⇨probing **7** *(una palabra)* ⇨stressed on the last syllable

aguijón *s.m.* ⇨sting UK

águila *s.f.* ⇨eagle: *águila real* - golden eagle; *águila ratonera* - buzzard

aguja *s.f.* **1** *(para coser, tejer)* ⇨needle: *enhebrar una aguja* - to thread a needle **2** *(para hacer punto)* ⇨needle **3** *(hipodérmica)* ⇨hypodermic needle **4** *(en una torre, en una iglesia)* ⇨spire ⇨steeple **5** *(de un tocadiscos)* ⇨stylus *(pl* styluses) **6** *(de un reloj)* ⇨hand **7** *girar en el sentido de las agujas del reloj* - to turn clockwise

agujero *s.m.* **1** ⇨hole: *un agujero negro* - a black hole **2** *(financiero)* ⇨hole ⇨drain

agujetas *s.f.pl.* *tener agujetas* - to be stiff; *Tuve agujetas al día siguiente de la carrera* - I was stiff the day after the race

aguzar *v.* **1** ⇨to strain: *aguzar la vista* - to strain one's eyes **2** *(el ingenio)* ⇨to sharpen

ahí *adv.* **1** ⇨there: *ahí dentro* - in there **2 por** ~ ⇨over there: *Tiene que estar por ahí* - It must be somewhere over there

ahijado, da *s.* **1** *(sin especificar sexo)* ⇨godchild *(pl* godchildren) **2** *(chico)* ⇨godson **3** *(chica)* ⇨goddaughter

ahogar ∎ *v.* **1** *(en el agua)* ⇨to drown **2** *(dejar sin aire)* ⇨to suffocate ∎ **ahogarse** *prnl.* **3** *(en el agua)* ⇨to drown **4** *(atragantarse)* ⇨to choke

ahora *adv.* **1** ⇨now **2** ~ **mismo** **1** *(al dar una orden)* ⇨right now: *Hazlo ahora mismo* - Do it right now; ⇨immediately **2** *(hace un momento)* ⇨just now: *Mi hermana me ha llamado ahora mismo* - My sister called me just now **3 a partir de** ~ ⇨from now on **4 hasta** ~ ⇨so far ⇨until now ⇨yet **5 por** ~ ⇨for the time being ⇨for now

ahorcar *v.* ⇨to hang

ahorrador, -a ∎ *adj.* **1** ⇨thrifty: *una persona ahorradora* - a thrifty person; *ser poco ahorrador* - to be bad with money ∎ *s.* **2** ⇨saver

ahorrar v. 1 ⇒to save: *ahorrar una cantidad de dinero* - to save an amount of money; *ahorrar papel* - to save paper 2 *¡Ahórrate tus palabras!* - Save your breath!

ahorro s.m. ⇒savings pl: *cartilla de ahorros* - savings book

ahumado, da ∎ adj. 1 *(un alimento)* ⇒smoked: *salmón ahumado* - smoked salmon 2 *(un cristal)* ⇒tinted ∎ **ahumados** s.m.pl. 3 ⇒smoked fish

ahumar v. ⇒to smoke ⇒to fill with smoke: *Estás ahumando la habitación* - You are filling the room with smoke

ahuyentar v. 1 *(a una persona)* ⇒to frighten away 2 *(algo que aflige)* ⇒to dispel

aire s.m. 1 ⇒air 2 *(brisa, viento)* ⇒wind ⇒breeze 3 *(apariencia)* ⇒air: *Izzy tiene un aire oriental* - Izzy has an oriental air 4 *(parecido)* ⇒resemblance 5 ~ **acondicionado** ⇒air-conditioning 6 ~ **fresco** ⇒fresh air: *una bocanada de aire fresco* - a breath of fresh air 7 ~ **libre** ⇒outdoors ⇒open-air

airear ∎ v. 1 *(ventilar)* ⇒to air: *airear una habitación* - to air a room 2 *(divulgar)* ⇒to spread: *airear una noticia* - to spread some news ∎ **airearse** prnl. 3 *(tomar el aire)* ⇒to get some fresh air

aislado, da adj. 1 *(un lugar)* ⇒isolated: *Compraron una casa aislada en mitad de la montaña* - They bought a house isolated in the middle of the mountain 2 *(una persona)* ⇒isolated ⇒stranded

aislar v. ⇒to isolate [CONSTR. to isolate from sth/sb]: *Me sentí aislada de los demás en la fiesta* - I felt isolated from the rest at the party; ⇒to cut off: *El pueblo quedó aislado por la nieve* - The village was cut off by the snow

ajedrez s.m. 1 *(juego)* ⇒chess 2 *(piezas y tablero)* ⇒chess set

ajeno, na adj. 1 *(impropio de alguien)* ⇒alien ⇒strange 2 *(de otro)* ⇒extraneous ⇒oblivious 3 ~ **a** ⇒outside: *ajeno a la familia* - outside from the family

ajetreado, da adj. ⇒busy ⇒rushed

ajo s.m. ⇒garlic [U]: *un diente de ajo* - a clove of garlic

ajustado, da adj. 1 *(una prenda)* ⇒tight 2 *(un presupuesto)* ⇒tight 3 *(un precio)* ⇒reasonable ⇒good

ajustar v. 1 *(la televisión)* ⇒to adjust 2 *(un tornillo)* ⇒to tighten 3 ~ **cuentas** ⇒to settle: *Tú y yo tenemos que ajustar cuentas* - You and I have to settle sth

ajusticiar v. ⇒to execute

al 1 ⇒to the: *ir al cine* - to go to the cinema 2 *(seguida de infinitivo)* ⇒when [CONSTR. Nunca va seguido de un verbo en futuro]; ⇒as [CONSTR. Nunca va seguido de un verbo en futuro]: *Al salir de casa me encontré al vecino* - I met my neighbour as I was going out 3 ⇒on: *Me llevé un susto al abrir la puerta* - I got a shock on opening the door; ⇒upon 4 *(intervalo de tiempo)* ⇒a: *dos veces al año* - twice a year

ala s.f. 1 *(de un ave, de un insecto)* ⇒wing 2 *(de un avión)* ⇒wing 3 *(de un edificio)* ⇒wing: *Mi habitación está en el ala este* - My room is on the east wing 4 ~ **delta** 1 *(aparato)* ⇒hang-glider 2 *(deporte)* ⇒hang-gliding: *hacer ala delta* - to go hang-gliding

alabanza s.f. 1 ⇒praise [U]: *decir una alabanza* - to express praise 2 *digno de alabanza* - praiseworthy

alabar v. ⇒to praise: *Me alabaron por mi constancia* - They praised me for my perseverance; ⇒to celebrate

alacrán s.m. ⇒scorpion

alambrada s.f. ⇒wire fence

alambre s.m. ⇒wire: *alambre de espino* - barbed wire

álamo s.m. ⇒poplar

alargado, da adj. ⇒extended ⇒long

alargador s.m. ⇒extension lead UK

alargar ∎ v. 1 ⇒to extend: *Alargamos la visita dos semanas* - We extended our visit by two weeks 2 *(una prenda)* ⇒to lengthen ∎ **alargarse** prnl. 3 *(los días)* ⇒to grow longer 4 *(una actividad, un acto)* ⇒to go on

alarma s.f. 1 *(dispositivo)* ⇒alarm 2 *(intranquilidad, inquietud)* ⇒alarm

alarmante adj. ⇒alarming

alba s.f. ⇒dawn

albanés, -a ∎ adj./s. 1 ⇒Albanian ∎ **albanés** s.m. 2 *(idioma)* ⇒Albanian

Albania s.f. ⇒Albania

albañil, -a s. ⇒bricklayer UK; ⇒brickie UK inform; ⇒mason US

albaricoque s.m. ⇒apricot

alberca s.f. 1 ⇒reservoir AMÉR. ⇒swimming pool ⇒pool

albergar v. 1 ⇒to give shelter 2 *(a un conocido)* ⇒to put up 3 *(un sentimiento)* ⇒to harbour UK; ⇒to harbor US

albergue s.m. 1 ⇒hostel 2 ~ **juvenil** ⇒youth hostel

albóndiga s.f. ⇒meatball

albornoz s.m. ⇒bathrobe

alborotar ∎ v. 1 *(causar agitación)* ⇒to stir up: *alborotar a las masas* - to stir up the masses;

A

⇨to agitate **2** *(desordenar)* ⇨to mess up **I albo-rotarse** *prnl.* **3** ⇨to get excited [CONSTR. to get excited about sth]

alboroto *s.m.* **1** *(agitación)* ⇨disturbance ⇨fuss: *No entiendo a qué viene tanto alboroto* - I don't see what the fuss is about **2** *(vocerío)* ⇨racket *inform;* ⇨rumpus *inform;* ⇨hubbub

álbum *s.m.* **1** *(de fotos, de sellos)* ⇨album **2** *(de recortes)* ⇨scrapbook **3** *(disco)* ⇨album

alcachofa *s.f.* ⇨artichoke

alcaide *s.m.* *(de una cárcel)* ⇨governor

alcalde *s.m.* ⇨mayor

alcaldesa *s.f.* ⇨mayoress *(pl* mayoresses)

alcance 1 *s.m.* ⇨reach **2** *(distancia)* ⇨range **3** estar al ~ ⇨to be within reach

alcantarilla *s.f.* ⇨drain

alcantarillado *s.m.* **1** *(conjunto de alcantarillas)* ⇨drains *pl* **2** *(acción de alcantarillar)* ⇨sewer laying

alcanzar *v.* **1** *(llegar a)* ⇨to reach: *No alcanzo al estante de arriba* - I can't reach the top shelf **2** *(cumplir, conseguir)* ⇨to fulfil *UK;* ⇨to fulfill *US* **3** *(a una persona)* ⇨to catch up with

alcohol *s.m.* ⇨alcohol

alcohólico, ca *adj./s.* ⇨alcoholic

alcoholismo *s.m.* ⇨alcoholism

aldea *s.f.* ⇨hamlet ⇨village: *Los protagonistas de la historia viven en una pequeña aldea* - The main characters live in a small village

aldeano, na *s.* ⇨villager

alegar *v.* ⇨to allege [CONSTR. to allege + (that)]; ⇨to claim [CONSTR. to claim + (that)]: *La empresa alega que no es responsable por la contaminación* - The company claims that it is not responsible for the pollution

alegrar I *v.* **1** ⇨to cheer up: *alegrar a alguien* - to cheer sb up **2** *(un lugar)* ⇨to brighten up **I alegrarse** *prnl.* **3** ⇨to cheer up: *¡Alégrate!* - Cheer up!; ⇨to make happy: *Me alegra saber que estás bien* - It makes me happy to know you're OK **4** *Me alegro de verte* - I am glad to see you **5** *Me alegro por ti* - Good for you

alegre *adj.* **1** *(una persona)* ⇨cheerful: *Suele ser muy alegre* - He's usually fairly cheerful; ⇨happy **2** *(un estado)* ⇨jolly: *una sonrisa muy alegre* - a jolly smile; ⇨cheerful ⇨perky: *Tiene un aire alegre cada mañana* - He looks perky every morning; ⇨chirpy *UK inform* **3** *(color, tiempo)* ⇨bright ⇨brash

alegría *s.f.* **1** ⇨happiness ⇨joy: *un sentimiento de alegría* - a feeling of joy **2** *¡Qué alegría que hayas venido!* - I'm so glad you came!

alejar I *v.* **1** *(apartar)* ⇨to move away **2** *(quitar)* ⇨to remove: *Alejé la ropa del fuego* - I removed

the clothes from the fire **I alejarse** *prnl.* **3** ⇨to go away: *Aléjate y no vuelvas* - Go away and never come back!; ⇨to move away

alemán, -a I *adj./s.* **1** ⇨German **I alemán** *s.m.* **2** *(idioma)* ⇨German

Alemania *s.f.* ⇨Germany

alentador, -a *adj.* ⇨encouraging: *un discurso alentador* - an encouraging speech

alentar *v.* ⇨to encourage [CONSTR. to encourage + to do sth]: *Me alentó a que aceptara el puesto* - She encouraged me to take the post

alergia *s.f.* **1** ⇨allergy *(pl* allergies) **2** *tener alergia al polen* - to suffer from hay fever

alérgico, ca *adj.* ⇨allergic: *Es alérgico a los gatos* - He is allergic to cats

alerta I *adj.* **1** *(atento)* ⇨vigilant: *estar alerta* - to be vigilant; ⇨watchful: *¡Estate alerta!* - Be watchful!; ⇨alert **I** *s.f.* **2** ⇨alert: *alerta roja* - red alert

aleta *s.f.* **1** *(de un pez)* ⇨fin **2** *(de foca)* ⇨flipper **3** *(calzado para bucear)* ⇨flipper

alfabético, ca *adj.* ⇨alphabetical

alfabeto *s.m.* ⇨alphabet ⇨ABC

alfarería *s.f.* **1** ⇨pottery **2** *(tienda)* ⇨pottery shop

alfiler *s.m.* **1** ⇨pin **2** *(broche)* ⇨brooch *(pl* brooches): *Le compró un broche con perlas y diamantes* - He bought her a brooch with pearls and diamonds on it **3** *(de corbata)* ⇨tiepin

alfombra *s.f.* **1** *(grande)* ⇨carpet **2** *(pequeña)* ⇨rug: *Tengo una alfombra debajo de la mesilla de noche* - I have a rug under the bedside table

alfombrilla *s.f.* **1** ⇨mat: *la alfombrilla del baño* - the bath mat; ⇨rug **2** *(para el ratón)* ⇨mouse mat *UK;* ⇨mouse pad *US*

alga *s.f.* **1** *(de mar)* ⇨seaweed: *ensalada de algas* - seaweed salad **2** *(de agua dulce)* ⇨weed ⇨waterweed

álgebra *s.f.* ⇨algebra

algo I *pron.indef.* **1** *(en oraciones afirmativas)* ⇨something: *Hay algo ahí* - There's sth over there **2** *(en oraciones interrogativas, negativas y condicionales)* ⇨anything: *¿Queda algo por planchar?* - Is there anything else to iron? **3** *por ~ será* ⇨there must be a reason for it **I** *adv.* **4** *(un poco)* ⇨rather [Se usa generalmente con un adjetivo negativo para implicar disgusto o insatisfacción]: *Este ejercicio es algo complejo* - This exercise is rather complicated; ⇨a little ⇨a bit **5** ~ así ⇨something like that **6** ~ de **1** *(en oraciones afirmativas)* ⇨some: *Hay algo de fruta en la nevera* - There's some fruit in the fridge **2** *(en oraciones interrogativas)* ⇨any: *¿Te queda algo de leche?* - Have you got any milk left?

algodón *s.m.* **1** *(planta, material, tejido)* ⇒cotton **2** algodón {dulce/de azúcar} ⇒candyfloss *UK;* ⇒cotton candy *US* **3** ~ hidrófilo ⇒cotton wool *UK;* ⇒cotton *US*

alguien *pron.indef.* **1** *(en oraciones afirmativas)* ⇒somebody ⇒someone: *Alguien llama a la puerta* - Someone's knocking at the door **2** *(en oraciones interrogativas)* ⇒anybody: *¿Hay alguien en casa?* - Anybody home?; ⇒anyone [Sin embargo, con oraciones interrogativas si se espera una respuesta afirmativa, *alguien* se traduce por *somebody* o *someone*: *Will somebody come to the cinema with me today?* - *¿Alguien quiere venir conmigo al cine hoy?*]

algún *indef.* Véase **alguno, na**

alguno, na ■ *indef.* **1** *(en oraciones afirmativas)* ⇒some: *Ya han crecido algunos árboles* - Some trees have already grown; *En la reunión surgió alguna que otra idea* - One or two ideas came up at the meeting **2** *(en oraciones interrogativas y negativas)* ⇒any [Sin embargo, con oraciones interrogativas si se espera una respuesta afirmativa, *alguno,na* se traduce por *some*: *Can I have some of those sweets?* - *¿Me das algún caramelo?*]: *¿Tenéis alguna pregunta?* - Do you have any questions? **3** *(seguido de un número)* ⇒several: *algunos miles de personas* - several thousand people **4** alguna cosa ⇒something **5** algún día ⇒some day [Se usa en oraciones afirmativas]; ⇒anything [Se usa en oraciones negativas e interrogativas] **6** algunas veces ⇒sometimes: *Paseo algunas veces por ese parque* - I sometimes go for a walk to that park **7** alguna vez ⇒ever: *¿Has estado alguna vez en Bath?* - Have you ever been to Bath? **8** en alguna parte ⇒somewhere ■ *pron.* **9** *(algunas personas)* ⇒some people: *Algunos creen en la vida después de la muerte* - Some people believe in life after death

alianza *s.f.* **1** *(acuerdo)* ⇒alliance **2** *(anillo)* ⇒wedding ring

aliar *v.* ⇒to ally: *aliarse con el país vecino* - to ally oneself with the neighbouring country

alicate *s.m.* ⇒pliers *pl: Me he comprado unos alicates* - I've bought some pliers

aliciente *s.m.* ⇒inducement *form;* ⇒incentive

alienígena ■ *adj.* **1** ⇒alien: *una nave espacial alienígena* - an alien spacecraft; ⇒extraterrestrial ■ *s.com.* **2** ⇒alien

aliento *s.m.* **1** ⇒breath: *mal aliento* - bad breath; ⇒wind *UK* **2** sin aliento - breathless / out of breath

aligerar *v.* **1** *(hacer más ligero)* ⇒to lighten: *aligerar una salsa* - to lighten a sauce; *aligerar el equipaje* - to lighten the luggage **2** *(acelerar)* ⇒to quicken: *aligerar el paso* - to quicken one's pace

alijo *s.m.* **1** *(de drogas, de explosivos)* ⇒haul **2** *(de armas)* ⇒cache

alimaña *s.f.* ⇒vermin *pl*

alimentación *s.f.* **1** *(comida)* ⇒food **2** *(forma de alimentarse)* ⇒diet: *una mala alimentación* - a poor diet **3** *(acción)* ⇒feeding: *Dejo en tus manos la alimentación del bebé* - I leave the baby's feeding in your hands **4** *(de un mecanismo)* ⇒feed ⇒supply

alimentar ■ *v.* **1** *(dar de comer)* ⇒to feed **2** *(un mecanismo)* ⇒to feed ■ **alimentarse** *prnl.* **3** ⇒to live on: *Se alimentaban solo de pan y mantequilla* - They lived on bread and butter alone

alimenticio, cia *adj.* ⇒nutritional: *valor alimenticio* - nutritional value

alimento *s.m.* *(comida)* ⇒food [U]

alineación *s.f.* **1** *(colocación)* ⇒alignment: *la alineación de los soldados* - the alignment of the soldiers **2** *(en deporte)* ⇒line-up *UK: la alineación de un equipo* - the line-up of a team; ⇒lineup *US* **3** *(unión)* ⇒alignment: *la alineación de dos países* - the alignment of two countries

alinear *v.* **1** ⇒to line up **2** *(en deporte)* ⇒to select: *Estaba alineado para jugar el partido* - He had been selected to play the game

aliño *s.m.* *(de la ensalada)* ⇒dressing

alisar *v.* ⇒to smooth down: *alisar la madera* - to smooth wood down; *alisarse el pelo* - to smooth one's hair down

alistarse *v.prnl.* ⇒to enlist: *alistarse en el ejército* - to enlist in the army

aliviar ■ *v.* **1** *(un dolor)* ⇒to relieve: *Esto te aliviará el dolor de cabeza* - This will relieve your headache; ⇒to ease: *Estas pastillas deberían aliviar el dolor* - These pills should ease the pain; ⇒to lessen ■ **aliviarse** *prnl.* **2** ⇒to get better: *Se está aliviando de la gripe* - He is getting better from the flu

alivio *s.m.* ⇒relief

allá *adv.* **1** *(en el espacio)* ⇒there: *Vivo allá* - I live there **2** *(en el tiempo)* ⇒back: *allá en 1960* - back in 1960 **3** el más ~ ⇒the beyond ⇒the after life **4** más ~ de ⇒beyond: *La panadería está más allá de la librería* - The baker's is beyond the bookshop

allanar *v.* **1** *(poner llano)* ⇒to level: *allanar un terreno* - to level a piece of land **2** *(dejar libre de obstáculos)* ⇒to smooth ⇒to smooth the way **3** *(entrar sin permiso)* ⇒to break into

allegado, da *adj.* ⇒close: *un amigo allegado* - a close friend

allí *adv.* **1** ⇒there: *allí abajo* - down there **2** de ~ ⇒thence *form: Fuimos a casa de mis padres y de allí a la de mi hermana* - We travelled to my parents' home and thence to my sister's

alma

alma *s.f.* ⇨soul: *No hay un alma en este lugar* - There isn't a soul in this place

almacén *s.m.* **1** *(edificio)* ⇨warehouse *UK: El botín estaba escondido en un antiguo almacén* - The booty was hidden on an old warehouse; ⇨depot **2** *AMÉR. (tienda de comestibles)* ⇨grocer's *(pl* grocers') **3** **grandes almacenes** ⇨department store ⇨store

almacenar *v.* **1** ⇨to store **2** *(cosas inútiles)* ⇨to hoard

almanaque *s.m.* ⇨almanac ⇨almanack

almeja *s.f.* ⇨clam

almendra *s.f.* ⇨almond

almendro *s.m.* ⇨almond tree

almíbar *s.m.* ⇨syrup

almirante *s.m.* ⇨admiral

almohada *s.f.* ⇨pillow

almohadilla *s.f. (cojín)* ⇨pad

almohadón *s.m.* ⇨pillowcase

almorzar *v.* **1** *(a mediodía)* ⇨to have lunch ⇨to lunch: *Almorzamos en un restaurante italiano* - We lunched in an Italian restaurant **2** *(a media mañana)* ⇨to have a snack ⇨to have sth midmorning

almuerzo *s.m.* **1** ⇨lunch *(pl* lunches); ⇨dinner *UK* **2** *(a media mañana)* ⇨midmorning snack

alocado, da *adj.* ⇨impetuous ⇨rash

alojamiento *s.m.* **1** *(lugar)* ⇨accommodation: *Me ofrecí a darle alojamiento* - I offered to provide him with accomodation; ⇨lodgings *UK pl: Nos dieron alojamiento* - They gave us lodgings **2** *(acción)* ⇨housing: *Están buscando posibles soluciones para el alojamiento de los refugiados* - They are looking for possible solutions for the housing of refugees

alojar ❚ *v.* **1** *(hospedar)* ⇨to accommodate **2** *(a un conocido)* ⇨to put up: *¿Me puede alojar por unas cuantas noches, por favor?* - Could you put me up for a few nights, please? **3** *(a un refugiado)* ⇨to house *form* ❚ **alojarse** *prnl.* **4** ⇨to lodge: *Nos alojaremos en el hotel* - We will lodge at the hotel; ⇨to stay

alpinismo *s.m.* **1** *(no profesional)* ⇨climbing **2** *(profesional)* ⇨mountaineering: *hacer alpinismo* - to go mountaineering

alpino, na *adj.* **1** *(de los Alpes)* ⇨Alpine: *la cordillera alpina* - the Alpine mountain range **2** *(esquí)* ⇨downhill: *esquí alpino* - downhill skiing/alpine skiing **3** *deportes alpinos* - mountain sports

alpiste *s.m.* ⇨birdseed

alquilar *v.* **1** *(por poco tiempo)* ⇨to hire *UK: He alquilado un coche para el fin de semana* - I've hired a car for the weekend **2** *(por mucho tiempo)* ⇨to rent *US: Por fin hemos podido alquilar la casa* - We have managed to rent the house at the end; ⇨to let *UK* **3** *Se alquila* - To let

alquiler *s.m.* **1** *(dinero que se paga)* ⇨rent: *Todavía no he pagado el alquiler* - I haven't paid the rent yet **2** *(acción de alquilar)* ⇨hire *UK: bicicletas de alquiler* - bikes for hire; ⇨rental

alquitrán *s.m.* ⇨tar

alrededor ❚ *adv.* **1** ⇨around: *Miré alrededor, pero no vi a nadie* - I looked around, but I saw no one **2** **~ de** ⇨around ⇨round *UK: Llegué a casa alrededor de las tres* - I arrived home around three ❚ **alrededores** *s.m.pl.* **3** ⇨surroundings ⇨outskirts

alta *s.f.* **1** ⇨discharge **2** **dar de ~ 1** *(en un hospital)* ⇨to discharge **2** *(en una asociación)* ⇨to enrol *UK;* ⇨to enroll *US*

altar *s.m.* ⇨altar

altavoz *s.m.* ⇨loudspeaker

alteración *s.f.* ⇨alteration ⇨change

alterado, da *adj.* ⇨upset ⇨agitated

alterar *v.* **1** *(cambiar)* ⇨to alter ⇨to change **2** *(perturbar)* ⇨to disturb: *No le alteres ahora que he conseguido calmarle* - Don't disturb him now that I've managed to calm him down; ⇨to get nervous: *Me estoy alterando* - I'm getting nervous **3** *alterar el orden público* - to cause a breach of the peace **4** *(enfadar)* ⇨to upset

altercado *s.m.* ⇨quarrel: *Tuvieron un altercado por el dinero* - They had a quarrel about the money; ⇨row *UK;* ⇨argument ⇨altercation *form: El altercado se inició en el restaurante* - The altercation between started inside the restaurant

alternar *v.* **1** ⇨to alternate: *Mi familia alterna estancias en Escocia con viajes a Italia* - My family alternates stays in Scotland with trips to Italy **2** *(relacionarse)* ⇨to socialize

alternativa *s.f.* ⇨alternative: *No tengo otra alternativa más que pediros que os vayáis* - I have no alternative but to ask you to leave

alterno, na *adj.* **1** ⇨alternate: *días alternos* - alternate days **2** *cada mes alterno* - every other month **3** *corriente alterna* - alternating current

altibajos *s.m.pl.* ⇨ups and downs

altillo *s.m.* ⇨loft

altitud *s.f.* ⇨altitude: *Estamos volando a 15 000 metros de altitud* - We are currently flying at an altitude of 15 000 metres

alto, ta ❚ *adj.* **1** *(una cosa)* ⇨high: *una montaña muy alta* - a very high mountain **2** *(una persona, un animal, un árbol)* ⇨tall **3** *(un edificio)* ⇨tall ⇨high **4** *(un sonido)* ⇨high: *No soy capaz de conseguir llegar a una nota alta* - I can't reach the high notes **5** *(un volumen)* ⇨loud: *La*

música está muy alta - The music is very loud **6** **altos cargos** ⇨people high up ⇨people on high ranking positions **7** **en voz alta** ⇨out loud: *decir algo en voz alta* - to say sth out loud ∎ **alto** *s.m.* **8** *(parada)* ⇨stop: *hacer un alto en el camino* - to make a stop on one's way **9** **en lo alto** ⇨on the top **10** **pasar por alto** ⇨to overlook ⇨to pass over ∎ **alto** *adv.* **11** *(por arriba del suelo)* ⇨high **12** *(sonoro, ruidoso)* ⇨loudly ∎ ¡alto! *interj.* **13** ⇨stop! ⇨halt! ∎ Ver cuadro

altoparlante *s.m.* AMÉR. ⇨loudspeaker ⇨speaker

altura *s.f.* **1** ⇨height **2** *(altitud)* ⇨altitude **3** *Este pico tiene 5000 metros de altura* - This peak is 5000 metres high **1 2 4 a estas alturas** ⇨at this stage: *A estas alturas, es un poco tarde* - It's a bit late at this stage; ⇨at this point ⇨at this juncture

alubia *s.f.* **1** ⇨bean **2** *alubias en salsa de tomate* - baked beans

alucinante *adj. col.* ⇨amazing: *Ha sido alucinante* - This was amazing!; ⇨incredible *inform;* ⇨great

alucinar *v.* **1** *col. (sorprender)* ⇨to amaze: *Siempre me alucinas* - You always amaze me **2** *(padecer alucinaciones)* ⇨to hallucinate

alucine *s.m. col. ¡Qué alucine de coche!* - What a mind-blowing car!; *una fiesta de alucine* - an amazing party

alud *s.m.* ⇨avalanche

alumbrado *s.m.* ⇨lighting: *Están cambiando el alumbrado de la calle* - They are changing the lighting of the street

alumbrar *v.* **1** *(despedir luz)* ⇨to give off light: *Esta lámpara no alumbra bien* - This lamp does not give off enough light **2** *(con una luz)* ⇨to light up: *alumbrar una habitación* - to light up

alto (tall / high)

En inglés se usan dos palabras para expresar la característica de 'alto, ta':

- **Tall** se usa para los seres vivos y las estructuras verticales:

 · *a tall person* (una persona)

 · *a tall tree* (un árbol alto)

- **High** se utiliza para objetos y para nombres abstractos:

 · *a high mountain* (una montaña alta)

 · *a high honour* (un alto honor)

a room **3** *(dar a luz)* ⇨to give birth [CONSTR. to give birth to sb]: *Alumbró una hermosa niña* - She gave birth to a beautiful baby girl

aluminio *s.m.* ⇨aluminium *UK;* ⇨aluminum *US*

alumno, na *s.* **1** ⇨student **2** *(de Primaria)* ⇨pupil

alza *s.f.* **1** ⇨rise: *alza en el precio del petróleo* - rise in the price of petrol **2 en ~** ⇨on air

alzar ∎ *v.* **1** ⇨to raise: *alzar la mano* - to raise one's hand **2** *(una construcción)* ⇨to put up: *alzar un monumento* - to put up a monument ∎ **alzarse** *prnl.* **1** *(una cosa)* ⇨to stand: *El castillo se alzaba en una colina* - The castle stood on a hill **4** *(sublevarse)* ⇨to rebel [CONSTR. to rebel against sth/sb]: *Se alzaron contra los dirigentes* - They rebelled against the leaders

amabilidad *s.f.* ⇨kindness: *Gracias por tu amabilidad* - Thank you for your kindness

amable *adj.* ⇨friendly ⇨kind: *Si es tan amable de darme un vaso de agua* - If you would be so kind as to give me a glass of water; ⇨amiable: *una persona amable* - an amiable person

amaestrar *v.* ⇨to tame: *amaestrar a un animal* - to tame an animal

amainar *v.* **1** *(furia)* ⇨to calm down ⇨to abate *form* **2** *(esfuerzo)* ⇨to slacken **3** *(lluvia, viento)* ⇨to die down ⇨to abate *form*

amamantar *v.* ⇨to breast-feed: *amamantar a un bebé* - to breast-feed a baby; ⇨to nurse

amanecer ∎ *s.m.* **1** ⇨dawn: *Fuimos a ver el amanecer* - We went to see the dawn; ⇨daybreak [U] ∎ *v.* **2** *(hacerse de día)* ⇨to dawn **3** *(una persona, una ciudad)* ⇨to wake up: *Amaneció resfriado* - She woke up with a cold

amanerado, da *adj.* **1** *(artificial)* ⇨mannered ⇨affected: *un estilo amanerado* - an affected style **2** *(afeminado)* ⇨effeminate

amante ∎ *adj.* **1** *(cariñoso)* ⇨loving ∎ *s.com.* **2** ⇨lover **3** *(de un hombre)* ⇨mistress *(pl* mistresses)

amapola *s.f.* ⇨poppy *(pl* poppies)

amar *v.* ⇨to love

amargar ∎ *v.* **1** *(tener sabor amargo)* ⇨to be bitter: *Este pomelo amarga un poco* - This grapefruit is a little bit bitter **2** *(disgustar)* ⇨to pain ⇨to ruin ∎ **amargarse** *prnl.* **3** ⇨to get upset: *amargarse por los problemas* - to get upset about problems

amargo, ga *adj.* ⇨bitter: *un sabor amargo* - a bitter taste

amarillento, ta *adj.* ⇨yellowish

amarillo, lla *adj.* **1** ⇨yellow **2** *prensa amarilla* - gutter press **3** *(un semáforo)* ⇨amber

amarrar *v.* **1** ⇨to strap: *amarrarse la mochila a la cintura* - to strap the rucksack to the waist;

⇨to fasten ⇨to lash **2** *(un barco)* ⇨to moor ⇨to tie up **3** *(a una persona)* ⇨to tie up

amasar *v.* **1** *(una masa)* ⇨to knead: *amasar harina y agua* - to knead flour and water **2** *(dinero)* ⇨to amass *form: amasar una fortuna* - to amass a fortune; ⇨to accumulate

amazona *s.f.* ⇨horsewoman *(pl* horsewomen)

ámbar *adj. / s.m.* ⇨amber

ambición *s.f.* ⇨ambition

ambicioso, sa *adj.* ⇨ambitious

ambientador *s.m.* ⇨air freshener

ambiental *adj.* **1** *(del medio ambiente)* ⇨environmental ⇨ambient *form: condiciones ambientales* - ambient conditions **2** *música ambiental* - ambient music

ambientar ∎ *v.* **1** ⇨to set in: *ambientar una novela en el siglo XV* - to set a novel in the XVth century ∎ **ambientarse** *prnl.* **2** *(adaptarse)* ⇨to settle into: *ambientarse a una ciudad nueva* - to settle into a new city

ambiente *s.m.* **1** *(aire, atmósfera)* ⇨atmosphere **2** *(de una situación)* ⇨atmosphere: *Había buen ambiente en el concierto* - There was a good atmosphere at the concert; ⇨climate **3** *AMÉR. (habitación)* ⇨room **4** *medio ~* ⇨environment

ambiguo, gua *adj.* ⇨ambiguous: *La pregunta era bastante ambigua* - The question was rather ambiguous

ambos, bas *indef.pl.* **1** *(cuando funciona como adjetivo)* ⇨both [CONSTR. Se sitúa detrás de los verbos auxiliares y modales: *They can both cook* - Los dos saben cocinar; y delante de los demás verbos *They both like tennis* - A los dos les gusta el tenis]: *Ambos hermanos son muy deportistas* - Both brothers are very sporty; ⇨either: *a ambos lados del océano* - on either side of the ocean **2** *(cuando funciona como pronombre)* ⇨both of us *(nosotros)*: *Ambos somos médicos* - Both of us are doctors; ⇨both of you *(vosotros)*: *Ambas sois encantadoras* - Both of you are charming; ⇨both of them *(ellos)*: *Ambos son amables* - Both of them are kind

ambulancia *s.f.* ⇨ambulance

ambulante *adj.* **1** ⇨travelling *UK;* ⇨traveling *US* **2** *vendedor ~* ⇨hawker ⇨peddler

ambulatorio *s.m.* ⇨health centre *UK;* ⇨health center *US*

amén *interj.* **1** ⇨amen **2** *~ de* ⇨as well as ⇨in addition: *Mi profesora ha publicado una novela amén de tres libros de poesía* - My teacher has published a novel in addition to three books of poems

amenaza *s.f.* **1** ⇨threat: *amenaza de muerte* - death threat **2** *amenaza de bomba* - bomb scare

amenazador, -a *adj.* ⇨threatening: *una mirada amenazadora* - a threatening look; ⇨menacing

amenazar *v.* ⇨to threaten [CONSTR. 1. to threaten + to do sth 2. to threaten sb with sth]: *El vecino amenazó con llamar a la policía* - The neighbour threatened to call the police; *El ladrón me amenazó con emplear la violencia* - The thief threatened me with violence

ameno, na *adj.* **1** *(divertido)* ⇨entertaining **2** *(agradable)* ⇨pleasant **3** *un libro muy ameno* - a very readable book

América *s.f.* ⇨America

americana *s.f.* ⇨jacket

americano, na *adj. / s.* **1** *(del continente americano)* ⇨of the American continent: *los países americanos* - the countries of the American continent **2** *(de Estados Unidos)* ⇨American: *Conocí a dos americanos de Chicago* - I met two Americans from Chicago

ametralladora *s.f.* ⇨machine gun

amigable *adj.* ⇨friendly: *una persona muy amigable* - a very friendly person

amígdala *s.f.* ⇨tonsil

amigo, ga *s.* **1** ⇨friend: *Son muy amigos* - They're good friends; ⇨mate *UK: Son amigos del colegio* - They are school mates *inform;* ⇨pal *inform* **2** *falso amigo (en lingüística)* ⇨false friend

amistad ∎ *s.f.* **1** ⇨friendship **2** *hacer amistad con alguien* - to make friends with sb ∎ **amistades** *s.f.pl.* **3** ⇨friends

amistoso, sa *adj.* **1** ⇨friendly **2** *un partido amistoso* - a friendly

amnesia *s.f.* ⇨amnesia

amnistía *s.f.* ⇨amnesty

amo, ma *s.* **1** *(de una propiedad)* ⇨owner **2** *(de un animal)* ⇨master *(hombre)* ⇨mistress *(mujer) (pl* mistresses) **3** *~ de casa* ⇨house husband *(hombre)* ⇨housewife *(mujer) (pl* housewives)

amontonar *v.* ⇨to heap up *inform;* ⇨to pile up: *amontonar los periódicos viejos* - to pile up the old newspapers

amor *s.m.* **1** ⇨love **2** *~ propio* ⇨self-esteem ⇨self-respect **3** *hacer el ~* ⇨to make love

amoratado, da *adj.* **1** ⇨purple **2** *(por el frío)* ⇨blue: *Cuando le rescataron estaba amoratado por las bajas temperaturas* - When they rescued him he was blue because of the low temperatures **3** *(con cardenales)* ⇨bruised ⇨black and blue **4** *(un ojo)* ⇨black

amordazar *v.* **1** *(a una persona)* ⇨to gag: *Los ladrones lo amordazaron* - The thieves gagged him **2** *(a un animal)* ⇨to muzzle

amorío *s.m.* ⇨affair

amoroso, sa *adj.* **1** *poesía amorosa* - love poetry **2** *(afectuoso)* ⇨loving: *una relación amorosa* - a loving relationship

amparar ❚ *v.* **1** ⇨to protect: *amparado por la ley* - protected by the law; ⇨to help: *¡Que Dios te ampare!* - God help you! ❚ **ampararse** *prnl.* **2** *(apoyarse)* ⇨to seek the protection [CONSTR. to seek the protection of sth/sb]: *Se amparó en sus amigos* - He sought the protection of his friends **3** *(protegerse)* ⇨to shelter [CONSTR. to shelter from sth]

amparo *s.m.* ⇨protection: *al amparo de la ley* - under the protection of the law

ampliación *s.f.* **1** *(de una fotografía)* ⇨enlargement **2** *(de un edificio)* ⇨enlargement: *Están trabajando en la ampliación de la antigua ala* - They are working on the enlargement of the old wing; ⇨extension **3** *(de un negocio)* ⇨expansion **4** *(de un plazo)* ⇨extension: *He conseguido una ampliación del plazo* - I've got an extension of the deadline **5** *(de una cantidad, de capital)* ⇨increase **6** *(de un territorio)* ⇨expansion

ampliar *v.* **1** *(en tamaño)* ⇨to extend: *Quieren ampliar el salón* - They want to extend the living room **2** *(en número)* ⇨to increase: *El consejo de administración decidió ampliar el capital de la empresa* - The Board decided to increase the capital of the company **3** *(una fotografía)* ⇨to enlarge: *He ampliado algunas fotos del viaje* - I've enlarged some pictures of the trip **4** *(un edificio)* ⇨to enlarge ⇨to extend **5** *(un negocio)* ⇨to expand: *Quieren ampliar la tienda* - They are trying to expand the shop **6** *(conocimientos)* ⇨to improve: *Deberías ampliar tu vocabulario* - You should improve your vocabulary; ⇨to broaden **7** *(un plazo)* ⇨to extend

amplificador *s.m.* ⇨amplifier

amplio, plia *adj.* **1** ⇨large ⇨wide: *Había una gran diferencia* - There was a wide difference **2** *(una casa, un coche)* ⇨spacious ⇨roomy **3** *(una prenda de vestir)* ⇨loose-fitting **4** *(un conocimiento, una experiencia)* ⇨extensive

ampolla *s.f.* **1** *(en la piel)* ⇨blister **2** *(medicina)* ⇨ampoule *UK;* ⇨ampule *US*

ampolleta *s.f. AMÉR.* ⇨bulb ⇨light bulb

amueblar *v.* **1** ⇨to furnish: *amueblar una habitación* - to furnish a room **2** *sin amueblar* - unfurnished

amuleto *s.m.* ⇨charm: *Este es mi amuleto de la suerte* - This is my good-luck charm; ⇨amulet

amurallado, da *adj.* ⇨walled

analfabeto, ta *adj. / s.* ⇨illiterate *adj*

análisis *s.m.* **1** *(estudio de una cosa)* ⇨analysis

(pl analyses): *Hicieron un análisis de la situación* - They made an analysis of the situation **2** *(examen clínico)* ⇨test: *análisis de sangre* - blood test

analizar *v.* ⇨to analyse *UK;* ⇨to analyze *US:* *analizar una situación* - to analyze a situation

anatomía *s.f.* ⇨anatomy

ancho, cha ❚ *adj.* **1** ⇨broad ⇨wide **2** *(ropa)* ⇨baggy ❚ **ancho** *s.m.* **3** ⇨breadth ⇨width: *Tiene dos metros de ancho* - It is two metres width **4** **ancho de banda** *(en internet)* ⇨bandwidth **5** **de ancho** ⇨wide: *La habitación tiene 5 metros de ancho* - The room is 5 metres wide

anchura *s.f.* ⇨breadth ⇨width

anciano, na ❚ *adj.* **1** ⇨elderly: *Cuidaron a los miembros ancianos de la familia* - They took care of the elderly members of the family; ⇨aged ❚ *s.* **2** *(sin especificar sexo)* ⇨senior citizen ⇨old person **3** *(hombre)* ⇨old man *(pl* old men) **4** *(mujer)* ⇨old woman *(pl* old women) **5** *(plural genérico): los ancianos* - the elderly

ancla *s.f.* ⇨anchor: *echar el ancla* - to drop anchor

anclar *v.* **1** ⇨to anchor **2** *estar anclado en el pasado* - to be rooted in the past

ándale *interj. AMÉR.* ⇨Come on!

andamio *s.m.* ⇨scaffold

andar ❚ *v.* **1** *(caminar)* ⇨to walk **2** *(estar, encontrarse)* ⇨to be: *¿Dónde andas?* - Where are you? **3** *(funcionar)* ⇨to work: *La nevera no anda muy bien* - The fridge doesn't work rather well **4** **andarse por las ramas** *Dilo claro y no te andes por las ramas* - Explain it to me directly and stop beating around the bush ❚ **anda** *interj.* **5** *(sorpresa)* ⇨hey! *inform: ¡Anda, mira quién ha venido!* - Hey, look who has come! **6** *(insistencia)* ⇨come on! **7** **¡anda ya!** *col. (incredulidad)* ⇨come off it! *inform: ¡Anda ya! No me lo creo* - Oh, come off it! I don't believe it; ⇨get away! *inform*

andén *s.m.* **1** ⇨platform **2** *AMÉR.* ⇨pavement *UK;* ⇨sidewalk *US*

anécdota *s.f.* ⇨anecdote

anemia *s.f.* ⇨anaemia *UK;* ⇨anemia *US*

anestesia *s.f.* **1** *(insensibilización)* ⇨anaesthesia *UK;* ⇨anesthesia *US* **2** *(sustancia)* ⇨anaesthetic *UK;* ⇨anesthetic *US: Me pusieron anestesia local* - I had a local anaesthetic

anestesiar *v.* ⇨to anaesthetize ⇨to anaesthetise *UK: Me anestesiaron para que no sintiera ningún dolor* - I was anaesthetised so that I couldn't feel any pain; ⇨to give an anaesthetic

anexo ❚ *adj.* **1** ⇨attached: *archivos anexos* - attached files; ⇨enclosed ❚ *s.m.* **2** ⇨extension ⇨annexe *UK: Han construido un anexo para la*

biblioteca - They've built an annexe for the library; ⇨annex *US*

anfibio, bia ▌ *adj.* **1** *(un animal)* ⇨amphibious **2** *(un vehículo)* ⇨amphibious **▌ anfibio** *s.m.* **3** ⇨amphibian

anfiteatro *s.m.* **1** ⇨amphitheatre *UK;* ⇨amphitheater *US* **2** *(en el cine, en el teatro)* ⇨circle

anfitrión, -a *s.* **1** *(sin especificar sexo)* ⇨host: *Has sido un perfecto anfitrión* - You've been a perfect host **2** *(mujer)* ⇨hostess *(pl* hostesses)

ángel *s.m.* **1** ⇨angel: *ángel de la guarda* - guardian angel **2 cabello de ~ 1** ⇨vermicelli **2** *(de calabaza)* ⇨sweet pumpkin filling

anguila *s.f.* ⇨eel

angula *s.f.* ⇨elver

ángulo *s.m.* **1** *(figura geométrica)* ⇨angle: *ángulo recto* - right angle **2** *(rincón)* ⇨corner **3** *(punto de vista)* ⇨angle

angustia *s.f.* ⇨anguish: *Sentía una gran angustia* - She was feeling a great anguish; ⇨distress ⇨angst

angustiado, da *adj.* **1** *(una mirada, un sentimiento)* ⇨anguished **2** *(una persona)* ⇨distressed ⇨distraught

angustiar *v.* ⇨to cause anguish ⇨to distress: *La tragedia los angustió* - The tragedy distressed them

anidar *v. (un ave)* ⇨to nest: *Las cigüeñas han anidado en la torre de la iglesia* - The storks have nested on the church tower

anilla *s.f.* ⇨ring ⇨tab

anillo *s.m.* ⇨ring

animado, da *adj.* **1** *(una persona)* ⇨cheerful: *Estaba animado después de la entrevista* - He was cheerful after the interview **2** *(un lugar, una situación)* ⇨lively **3** *(una conversación, una reunión)* ⇨animated ⇨buoyant

animador, -a ▌ *s.* *(de una actividad)* ⇨entertainer ⇨entertainments leader **▌ animadora** *s.f.* **2** ⇨cheerleader

animal ▌ *s.m.* **1** *(ser vivo)* ⇨animal **▌** *adj. / s.com.* **2** *desp. (poco inteligente)* ⇨stupid *offens adj: No seas tan animal* - Don't be so stupid **3** *desp. (maleducado, rudo)* ⇨brute *n;* ⇨animal *inform n: Te has comportado como un animal* - You have behaved like an animal ■ Ver cuadro

animar ▌ *v.* **1** *(jalear)* ⇨to cheer ⇨to cheer on: *El público animó a su equipo* - The crowd cheered on its team **2** *(motivar, impulsar)* ⇨to urge [CONSTR. 1. to urge + that 2. to urge + to do sth]: *Mi profesor me animó a estudiar más* - My teacher urged me to study harder; ⇨to encourage [CONSTR. to encourage + to do sth] **▌ animarse** *prnl.* **3** *(sentir alegría)* ⇨to cheer up: *Intenté animarla* - I tried

to cheer her up; ⇨to take heart (from something) **4** *(tomar una decisión)* ⇨to decide [CONSTR. 1. to decide + (that) 2. to decide + to do sth 3. to decide + interrogativo]: *Me animé a comprar la casa* - I decided to buy the house

ánimo *s.m.* **1** *(estímulo, valor)* ⇨encouragement: *Solo necesitaba un poco de ánimo para tomar la decisión* - She just needed a bit of encouragement to take the decision; ⇨courage **2** *(aliento)* ⇨morale ⇨encouragement: *Estaba dando ánimo a los corredores* - She was giving encouragement to the runners ¡ánimo! ⇨cheer up!

aniversario *s.m.* **1** ⇨anniversary *(pl* anniversaries) **2** *(de muchos años)* ⇨jubilee

ano *s.m.* ⇨anus

anoche *adv.* ⇨last night: *Anoche vimos una buena película* - We saw a good film last night

anochecer ▌ *v.* **1** ⇨to get dark: *En invierno anochece antes que en verano* - In winter it gets dark earlier than in summer **▌** *s.m.* **2** ⇨dusk [U]; ⇨nightfall [U] **3** *Tiene que volver a casa antes del anochecer* - She has to go back home before dark **4** *Teme ir al bosque después del anochecer* - He fears to go into the forest after dark

anónimo, ma ▌ *adj.* **1** ⇨anonymous: *un escritor anónimo* - an anonymous writer **▌ anónimo** *s.m.* **2** ⇨anonymous letter

anormal *adj.* ⇨abnormal

anotación *s.f.* **1** ⇨record **2** *(deporte)* ⇨score

anotar *v.* **1** ⇨to record: *Intentó anotar todo lo que decía* - He tried to record anything he said; ⇨to note down ⇨to write down **2** *(un texto)* ⇨to annotate **3** *(marcar un tanto)* ⇨to score

ansia *s.f.* ⇨longing: *ansia de aventuras* - longing for adventure; ⇨yearning ⇨itch *(pl* itches): *ansia de viajar* - itch to travel

ansiar *v.* ⇨to long for: *Ansía aventuras* - She longs for adventure; ⇨to yearn for

ansiedad *s.f.* **1** ⇨anxiety: *Me voy dentro de dos horas, de ahí mi ansiedad para acabar de hacer las maletas* - I am leaving in two hours, hence my anxiety to finish packing **2** *(problema médico)* ⇨anxiety

ansioso, sa *adj.* **1** *(con ansiedad)* ⇨anxious **2** *(con ganas)* ⇨keen [CONSTR. keen + to do sth]: *Está ansiosa por verte* - She's very keen to see you

ante ▌ *s.m.* **1** ⇨suede: *una cazadora de ante* - a suede jacket; ⇨buckskin **▌** *prep.* **2** ⇨before: *ante los tribunales* - before the court **3** *ante el peligro* - faced with danger

anteanoche *adv.* ⇨the night before last

anteayer *adv.* ⇨the day before yesterday

antebrazo *s.m.* ⇨forearm

Woof, woof!

A DOG BARKS
(Un perro ladra)

Quack, quack!

DUCKS QUACK IN THE LAKE
(Los patos graznan en el lago)

Grrr!

A LION ROARS
(Un león ruge)

CATS PURR WHEN THEY ARE STROKED...
(Los gatos ronronean caundo se les acaricia...

Cock-a-doodle-doo

A COCK CROWS AT DAWN
(Una gallina croa al amanecer)

Moo, moo...

CAWS MOO IN THE FIELDS
(Las vacas mugen en los prados)

WOLFS HOWL AT THE MOON
(Los lobos aúllan a la luna)

HORSES NEIGH IN THE STABLE
(Los caballos relinchan en el establo)

Meow, meow

AND MIAOW WHEN THEY WANT SOMETHING
... y maúllan cuando quieren algo)

Baa...

SHEEPS BLEAT WHEN THEY'RE HUNGRY
(Las ovejas balan cuando tienen hambre)

antecedente *s.m.* **1** ⇨precedent: *los anteceden- tes de un caso* - the precedents for a case **2** an- tecedentes penales ⇨criminal record *sing* **3** poner en antecedentes ⇨to put in the picture

antecesor, -a *s.* **1** *(en una familia)* ⇨ancestor **2** *(en un trabajo)* ⇨predecessor

antelación *s.f.* con antelación - in advance

antemano (de ~) ⇨in advance ⇨beforehand

antena *s.f.* **1** *(de un aparato)* ⇨aerial *UK;* ⇨an- tenna *US* *(pl* antennas) **2** *(de un insecto)* ⇨an- tenna *(pl* antennae)

antepasado, da *s.* ⇨ancestor: *La casa perte- nece a sus antepasados* - The house belongs to his ancestors

anterior *adj.* ⇨previous: *el día anterior* - the previous day; ⇨former: *mi anterior tra- bajo* - my former job; ⇨preceding

antes *adv.* **1** ⇨before: *antes de la cena* - before dinner **2 ~ de** ⇨before [Nunca va seguido de un ver- bo en futuro]: *antes de las once* - before eleven **3 ~ que nada 1** *(lo primero en importancia)* ⇨above all **2** *(lo primero en una jerarquía)* ⇨first of all **3** *(lo más urgente)* ⇨as soon as possible **4** *(lo pri- mero en una sucesión cronológica)* ⇨previous **5** *(lo primero en una enumeración)* ⇨first **4 lo ~ posible** ⇨as soon as possible

antibiótico *s.m.* ⇨antibiotic

anticipación *s.f.* **1** ⇨anticipation **2** con antici- pación - in advance

anticipar ∎ *v.* **1** *(dinero)* ⇨to advance: *Les he an- ticipado 400 libras* - I've advanced them 400 pounds; ⇨to pay in advance: *Me anticiparon la paga* - They paid me in advance **2** *(una fecha, un acontecimiento)* ⇨to bring forward: *La profe- sora ha anticipado la fecha del examen* - The teacher has brought forward the date of the exam **3** *(una noticia)* ⇨to tell in advance: *Te an- ticipo que no voy a votar* - I'm telling you in ad- vance that I won't vote **4** *(prever algo que no ha sucedido)* ⇨to foresee ∎ **anticiparse** *prnl.* **5** *(ocurrir antes)* ⇨to come early: *Este año el in- vierno se ha anticipado* - Winter has come early this year **6** *(a una persona)* ⇨to beat somebody to it: *Iba a responder yo, pero Lauren se anticipó* - I was going to answer, but Lauren beat me to it

anticipo *s.m.* **1** *(dinero)* ⇨advance **2** ⇨foretaste [CONSTR. 1. a foretaste of + interrogativo 2. a foretaste of sth]: *Esto es solo un anticipo de lo que oirás des- pués* - This is just a foretaste of what you will hear afterwards

anticonceptivo, va ∎ *adj.* **1** ⇨contraceptive ∎ anticonceptivo *s.m.* **2** ⇨contraceptive

anticuado, da *adj.* **1** *(moda)* ⇨old-fashioned: *un traje anticuado* - an old-fashioned suit; ⇨out-of-date **2** *(técnica, tecnología)* ⇨antiquated ⇨outdated **3** *(inservibles en la actualidad)* ⇨outmoded: *técnicas de trabajo anticuadas* - outmoded working techniques

anticuario, ria ∎ *s.* **1** ⇨antique dealer ⇨anti- quarian ∎ anticuario *s.m.* **2** *(tienda)* ⇨antique shop

antídoto *s.m.* **1** *(medicamento)* ⇨antidote **2** *(so- lución)* ⇨antidote [CONSTR. antidote to sth]: *La risa es un buen antídoto contra el estrés* - Laughing is a good antidote to stress

antifaz *s.m.* ⇨mask

antigüedad ∎ *s.f.* **1** *(tiempo pasado)* ⇨antiquity: *Esta planta se ha utilizado para fines médicos desde la antigüedad* - This plant has been used for medicinal purposes since antiquity **2** *(carac- terística)* ⇨age: *tener una antigüedad de 200 años* - to have 200 years of age ∎ antigüedades *pl.* **3** *(objetos)* ⇨antiques

antiguo, gua *adj.* **1** *(de hace mucho tiempo)* ⇨ancient: *monumentos antiguos* - ancient mon- uments; ⇨antique: *un pendiente antiguo* - an antique earring; ⇨old **2** *(anterior)* ⇨former: *mis antiguos alumnos* - my former pupils **3** *(pasado de moda)* ⇨old-fashioned ⇨out of date

antipático, ca *adj.* ⇨unfriendly: *vecinos anti- páticos* - unfriendly neighbours; ⇨nasty

antirrobo ∎ *adj.* **1** ⇨anti-theft: *un dispositivo antirrobo* - an anti-theft device ∎ *s.m.* **2** ⇨bur- glar alarm

antiséptico *s.m.* ⇨antiseptic

antojarse *v.prnl.* **1** *(desear)* ⇨to feel like [CONSTR. to feel like + doing sth]: *A las tres de la mañana se me antojó comer fresas* - At three in the morn- ing I felt like eating strawberries; ⇨to fancy **2** *(creer posible)* ⇨to have a feeling: *Se me antoja que aquí hay gato encerrado* - I have a feeling there's sth fishy going on here

antojo *s.m.* **1** *(capricho)* ⇨whim **2** *(de embara- zada)* ⇨craving: *Tengo antojo de chocolate* - I've got a craving for chocolate **3** *(mancha en la piel)* ⇨birthmark ⇨mole

antorcha *s.f.* ⇨torch *(pl* torches)

anual *adj.* ⇨annual: *un acontecimiento anual* - an annual event; ⇨yearly

anular ∎ *s.m.* **1** *(dedo)* ⇨ring finger ∎ *v.* **2** *(un compromiso, un evento)* ⇨to cancel: *Han anula- do mi reserva* - They have cancelled my reser- vation; ⇨to call off **3** *(un gol, un punto)* ⇨to dis- allow **4** *(una ley)* ⇨to repeal ⇨to overturn **5** *(un matrimonio)* ⇨to annul *form*

anunciar ∎ *v.* **1** *(hacer público, proclamar)* ⇨to

announce [CONSTR. to announce + (that)]: *Anunciaron el resultado de la votación* - The announced the result of the voting; ⇨to herald **2** *(dar publicidad)* ⇨to advertise: *Van a empezar a anunciar nuestro nuevo producto* - They are beginning to advertise our new product; ⇨to publicize ⇨to publicise ∎ **anunciarse** *prnl.* **3** ⇨to advertise: *anunciarse en un periódico* - to advertise in a newspaper

anuncio *s.m.* **1** ⇨advertisement: *¿Has visto el nuevo anuncio de televisión de la empresa?* - Have you seen the television advertisement of the company?; ⇨advert *UK;* ⇨ad **2** *(declaración, proclamación)* ⇨announcement ⇨statement **3** *(en la televisión, en la radio)* ⇨commercial

anzuelo *s.m.* **1** ⇨fish hook **2** {picar/tragar} el ~ ⇨to swallow the bait

añadir *v.* ⇨to add [CONSTR. to add + that]

añicos *s.m.pl. hacerse añicos* - to shatter

año *s.m.* **1** ⇨year **2** *¿Cuántos años tienes?* - How old are you? **3** *Tengo ocho años* - I'm eight / I'm eight years old **4** *los años cincuenta* - the 50s **5** al ~ ⇨yearly **6** ~ bisiesto ⇨leap year **7** ~ nuevo ⇨New Year's Day **8** fin de ~ ⇨New Year's Eve **9** una vez al ~ ⇨once a year

añorar *v.* **1** ⇨to miss [CONSTR. to miss + doing sth]: *Añoro ir a la montaña en verano* - I miss going to the mountains in the summer time **2** *(el hogar)* ⇨to be homesick: *Añoro mi tierra cuando estoy fuera* - When I'm abroad I'm homesick

apaciguar *v.* ⇨to calm down: *apaciguar a la multitud* - to calm the crowd down; ⇨to placate *form: Traté de apaciguarlo* - I tried to placate him

apagado, da *adj.* **1** *(una luz, un fuego)* ⇨out **2** *(un aparato eléctrico)* ⇨off **3** *(una persona)* ⇨down ⇨sad ⇨listless: *Está un poco apagada desde la boda de su amiga* - She's been a little listless since her friend's wedding **4** *(la cara, los ojos)* ⇨lifeless: *una mirada apagada* - a lifeless gaze **5** *(un color)* ⇨dull

apagar ∎ *v.* **1** *(un fuego)* ⇨to extinguish ⇨to put out: *Apaga ese cigarro* - Put out that cigarette **2** *(una luz)* ⇨to turn off ⇨to put out *UK: Apaga las luces* - Put out the lights **3** *(una vela)* ⇨to blow out ⇨to snuff out **4** *(un aparato eléctrico)* ⇨to switch off ⇨to turn off: *Apaga la televisión* - Turn the television off ∎ **apagarse** *prnl.* **5** *(un fuego)* ⇨to go out **6** *(una luz, un aparato eléctrico)* ⇨to go off

apagón *s.m.* ⇨power cut *UK, AUS;* ⇨blackout

aparador *s.m.* ⇨sideboard

aparato *s.m.* **1** ⇨machine **2** *(de televisión, de radio)* ⇨a piece of equipment ⇨apparatus [U];

⇨set: *Nuestro aparato de televisión se ha roto* - Our television set is broken **3** *(conjunto de órganos)* ⇨system: *el aparato digestivo* - the digestive system

aparcamiento *s.m.* **1** *(lugar)* ⇨car park *UK;* ⇨parking lot *US* **2** *(colocación de un vehículo)* ⇨parking

aparcar *v.* **1** *(un vehículo)* ⇨to park **2** *(un proyecto)* ⇨to shelve

aparecer ∎ *v.* **1** ⇨to appear ⇨to loom: *Negros nubarrones aparecieron en el horizonte* - Dark clouds loomed on the horizon **2** *(llegar, acudir)* ⇨to show up: *Apareció tarde* - He showed up late; ⇨to come in *inform* **3** *(de repente)* ⇨to pop up: *Un texto borroso apareció en la pantalla* - A blurred text popped up on the screen; ⇨to bob up **4** *(ser encontrado)* ⇨to turn up: *Los pendientes aparecieron en la cajita rosa* - The earrings turned up on the small pink box ∎ **aparecerse** *prnl.* **5** ⇨to haunt: *El fantasma solía aparecerse en esta habitación* - The ghost used to haunt on this room; ⇨to appear

aparejador, -a *s.* ⇨master builder *UK*

aparentar *v.* **1** *(dar a entender)* ⇨to pretend [CONSTR. 1. to pretend + to do sth 2. to pretend + (that)]: *Aparenta estar enfadado, pero no lo está* - He pretends to be cross, but he isn't **2** *(una edad)* ⇨to look: *Aparentas veinte años* - You look twenty **3** *(alardear)* ⇨to show off: *No me gusta aparentar delante de los demás* - I don't like showing off in front of other people

aparente *adj.* **1** *(que parece verdad)* ⇨apparent: *su aparente felicidad* - her apparent happiness **2** *(que está a la vista)* ⇨evident *form;* ⇨visible ⇨ostensible *form: un objetivo aparente* - an ostensible goal

aparición *s.f.* **1** ⇨appearance **2** *(de un fantasma)* ⇨apparition *lit*

apariencia *s.f.* **1** ⇨appearance ⇨look: *una apariencia rara* - a strange look **2** guardar las apariencias ⇨to keep up appearances ⇨to save face

apartado, da ∎ *adj.* **1** *(lugar)* ⇨isolated: *un hotel apartado* - an isolated hotel ∎ **apartado** *s.m.* **2** ⇨section ⇨paragraph **3** apartado de correos ⇨PO Box *UK* *(pl* PO Boxes); ⇨box number *US*

apartamento *s.m.* ⇨flat *UK: Me he comprado un apartamento en el centro de la ciudad* - I've bought a flat on the city centre; ⇨apartment *US*

apartar ∎ *v.* **1** *(colocar en otro sitio)* ⇨to separate [CONSTR. to separate from sth/sb]: *He apartado las fichas blancas de las negras* - I've separated the white counters from the black ones **2** *(reservar)*

⇨to put aside: *Apártame un trozo de tarta* - Put a piece of cake aside for me **3** *(retirar)* ⇨to move out of the way: *Aparté la silla* - I moved the chair out of the way; ⇨to take aside **4** ~ **la vista** ⇨to look away ∎ **apartarse** *prnl.* **5** ⇨to move aside: *Me aparté para dejarlo pasar* - I moved aside to let him through

aparte ∎ *adj.* **1** ⇨separate: *Las habitaciones y los departamentos están en dos edificios aparte* - The rooms and the departments are in two separate buildings ∎ *adv.* **2** ⇨apart **3** ~ **de** ⇨apart from ⇨besides ⇨as well as

apasionado *adj.* ⇨exciting ⇨thrilling

apasionar ∎ *v.* **1** ⇨to love [CONSTR. 1. to love + doing sth 2. to love + to do sth]: *La música me apasiona* - I love music ∎ **apasionarse** *prnl.* **2** ⇨to get enthusiastic: *apasionarse con algo* - to get enthusiastic about sth; ⇨to be mad about

apear *v.* ⇨to get off: *Nos apeamos en la próxima parada* - We get off at the next stop

apedrear *v.* ⇨to throw stones

apego *s.m.* **1** ⇨affection: *sentir apego por algo* - to feel affection for sth **2** *tener mucho apego a algo* - to be very attached to sth

apelación *s.f.* **1** ⇨appeal: *una apelación al buen juicio de alguien* - an appeal to sb's better judgement **2** *(en derecho)* ⇨appeal

apelar *v.* **1** ⇨to appeal: *apelar a su sentido de la lealtad* - to appeal to his sense of loyalty **2** *(en derecho)* ⇨to appeal: *apelar contra la decisión de un tribunal* - to appeal against the decision of a court

apellido *s.m.* **1** ⇨family name: *Su apellido es Smith* - Her family name is Smith; ⇨surname ⇨last name **2** ~ **de soltera** ⇨maiden name

apenar *v.* ⇨to make sad ⇨to upset: *apenarse por algo* - to be upset about sth

apenas *adv.* ⇨scarcely [CONSTR. Se sitúa detrás de los verbos auxiliares y modales: *He can scarcely speak two words of German* - *Apenas sabe hablar dos palabras de alemán*; y delante de los demás verbos *I scarcely know her* - *Apenas la conozco*]: *Apenas comes* - You scarcely eat; ⇨hardly: *Apenas tengo dinero* - I have hardly any money; ⇨barely: *Apenas te conozco* - I barely know you

apéndice *s.m.* **1** *(de un libro)* ⇨appendix *(pl* appendices, appendixes) **2** *(del cuerpo humano)* ⇨appendix *(pl* appendices, appendixes)

apendicitis *s.f.* ⇨appendicitis: *operar a alguien de apendicitis* - to operate on sb for appendicitis

aperitivo *s.m.* **1** *(comida)* ⇨snack: *Como sabíamos que íbamos a comer tarde, tomamos un aperitivo* - As we knew we were going to eat late we had a snack **2** *(bebida)* ⇨aperitif

apertura *s.f.* **1** *(acto o ceremonia)* ⇨opening **2** *(de una actividad)* ⇨beginning

apestar *v.* ⇨to stink [CONSTR. to stink of sth]: *Mi ropa apesta a tabaco* - My clothes stink of smoke

apetecer *v.* ⇨to appeal: *No me apetece* - It doesn't appeal to me; ⇨to fancy *UK inform* [CONSTR. to fancy + doing sth]: *¿Te apetece dar una vuelta?* - Do you fancy taking a stroll?; *Me apetece bailar esta noche* - I fancy dancing tonight; ⇨to feel like [CONSTR. to feel like + doing sth]: *¿Te apetece ir al cine?* - Do you feel like going to the cinema; ⇨to care for *UK form:* *¿Le apetece una taza de café?* - Would you care for a cup of coffee?

apetito *s.m.* ⇨appetite

apetitoso, sa *adj.* ⇨appetizing ⇨appetising *UK*

apiadarse *v.prnl.* ⇨to pity: *apiadarse de alguien* - to pity sb

apicultura *s.f.* ⇨beekeeping

apilar *v.* ⇨to pile up: *apilar los libros en un rincón* - to pile up books in a corner; ⇨to stack

apio *s.m.* ⇨celery [U]

apisonadora *s.f.* ⇨steamroller

aplastante *adj.* ⇨crushing: *una derrota aplastante* - a crushing defeat

aplastar *v.* **1** *(destrozar)* ⇨to crush **2** *(espachurrar)* ⇨to flatten ⇨to squash: *Se sentó por accidente en el sombrero y lo aplastó* - He accidentally sat on her hat and squashed it **3** *(ganar)* ⇨to overwhelm: *aplastar a los rebeldes* - to overwhelm the rebels; ⇨to rout *form*

aplaudir *v.* ⇨to applaud ⇨to clap

aplauso *s.m.* ⇨applause [U]: *un gran aplauso* - a big round of applause

aplazar *v.* ⇨to postpone [CONSTR. to postpone + doing sth]; ⇨to put back [CONSTR. to put back + doing sth]: *Me temo que tendré que aplazar las vacaciones una semana* - I'm afraid I will have to put back my holidays a week

aplicación *s.f.* **1** *(de una crema)* ⇨application: *la aplicación de una pomada* - the application of an ointment **2** *(de un conocimiento)* ⇨application: *la aplicación de la informática en la educación* - the application of computing in education **3** *(al hacer algo)* ⇨application: *estudiar con aplicación* - to study with application **4** *(de una ley)* ⇨enforcement ⇨implementation

aplicado, da *adj.* **1** *(trabajador)* ⇨hardworking **2** *(estudioso)* ⇨studious **3** *(una ciencia)* ⇨applied

aplicar ∎ *v.* **1** *(una crema)* ⇨to apply ⇨to dab **2** *(un conocimiento)* ⇨to apply: *aplicar la tecnología a problemas prácticos* - to apply technology

to practical problems **3** *(un castigo)* ⇒to administer *form* ∎ **aplicarse** *prnl.* **4** ⇒to apply oneself: *Si quieres aprobar deberías aplicarte* - You should apply yourself if you want to pass the exam

apoderar ∎ *v.* **1** ⇒to empower ⇒to authorize ∎ **apoderarse** *prnl.* **2** ⇒to take possession: *Se apoderaron de mi coche* - They took possession of my car; ⇒to seize

apodo *s.m.* ⇒nickname

aporrear *v.* ⇒to bang [CONSTR. to bang on sth]: *No hay razón para aporrear la puerta* - There's no reason for banging on the door

aportación *s.f.* ⇒contribution: *Tuvimos que hacer una aportación para el regalo* - We had to make a contribution for the present

aportar *v.* **1** ⇒to contribute: *aportar dinero a una organización* - to contribute money to an organization; ⇒to bring **2** *(pruebas)* ⇒to provide *form*

aposta *adv.* ⇒deliberately ⇒on purpose: *Lo hizo aposta* - She did it on purpose

apostar *v.* **1** *(hacer apuestas)* ⇒to bet [CONSTR. 1. to bet on sth 2. to bet + dos objetos + (that)] **2** *(hacer suposiciones)* ⇒to bet *inform* [CONSTR. to bet + (that)]: *Apuesto a que te perderás si vas sin un mapa* - I bet you'll get lost if you go without a map

apóstol *s.m.* **1** *(de Jesucristo)* ⇒apostle **2** *(de una idea)* ⇒apostle: *apóstoles de la no violencia* - apostles of non-violence

apóstrofo *s.m.* ⇒apostrophe

apoyar *v.* **1** *(una cosa sobre otra)* ⇒to lean: *apoyar una bicicleta contra la pared* - to lean a bicycle against the wall; ⇒to rest **2** *(respaldar)* ⇒to stand by ⇒to support *UK: Apoyé a mi equipo* - I supported my team; ⇒to back up: *Te apoyaré* - I'll back you up

apoyo *s.m.* **1** ⇒support: *Gracias por tu apoyo* - Thank you for your support; ⇒backing **2** *(financiero)* ⇒help ⇒support

apreciar *v.* **1** *(valorar una cosa)* ⇒to appreciate: *Aprecio tu esfuerzo* - I appreciate your effort; ⇒to value **2** *(tener cariño)* ⇒to be fond of: *Creo que Cindy aprecia mucho a Rick* - I think Cindy is very fond of Rick **3** *(fijarse en algo)* ⇒to see ⇒to notice

aprecio *s.m.* **1** ⇒regard **2** *sentir aprecio por alguien* - to be fond of sb

aprender *v.* **1** *(un conocimiento)* ⇒to learn [CONSTR. 1. to learn + to do sth 2. to learn + interrogativo] **2** *(fijar en la memoria)* ⇒to memorize ⇒to memorise *UK: fácil de aprender* - easy to memorise

aprendiz, -a *s.* **1** *(de un oficio)* ⇒apprentice: *un aprendiz de electricista* - an apprentice electrician **2** *(en una actividad)* ⇒beginner ⇒learner: *aprendiz de conductor* - learner driver

aprendizaje *s.m.* **1** *(de un oficio)* ⇒apprenticeship **2** *(de una actividad)* ⇒learning [U]

apresar *v.* ⇒to capture ⇒to seize

apresurar ∎ *v.* **1** ⇒to hurry: *Venga, apresúrate* - Come on, hurry!; ⇒to speed up ⇒to hasten ∎ **apresurarse** *prnl.* **2** ⇒to hurry up ⇒to hasten: *apresurarse a hacer algo* - to hasten to do sth

apretado, da *adj.* **1** *(ceñido, ajustado)* ⇒tight **2** *(con mucha actividad)* ⇒busy: *un día apretado* - a busy day

apretar ∎ *v.* **1** ⇒to tighten ⇒to squeeze **2** *(con fuerza)* ⇒to clutch: *Apretó la mano de su madre* - She clutched her mother's hand **3** *(un botón)* ⇒to press ⇒to push **4** *(el calor)* ⇒to get worse ∎ **apretarse** *prnl.* **5** *(en un espacio reducido)* ⇒to squeeze up

apretón *s.m.* **1** *(presión sobre una cosa)* ⇒squeeze ⇒grip **2** ~ **de manos** ⇒handshake

apretujar ∎ *v.* **1** *col.* ⇒to crush ∎ **apretujarse** *prnl.* **2** *col.* ⇒to squash together: *Nos apretujamos en el coche* - We squashed together in the car

aprieto *s.m.* ⇒jam: *estar en un aprieto* - to be in a jam; ⇒fix *(pl* fixes); ⇒difficulty

aprisa *adv.* ⇒quickly: *Vinieron aprisa, en cuanto se enteraron* - They came quickly, as soon as they heard; ⇒hurriedly

aprobación *s.f.* ⇒approval: *recibir la aprobación* - to receive approval; ⇒acceptance

aprobado, da ∎ *adj.* **1** ⇒approved **2** *(en un examen)* ⇒passed ∎ **aprobado** *s.m.* **3** ⇒pass *(pl* passes)

aprobar *v.* **1** *(un plan, un proyecto)* ⇒to approve ⇒to endorse *form* **2** *(dar por bueno)* ⇒to approve: *Aprobaron la venta de la propiedad* - They approved the sale of the property; ⇒to accept **3** *(un examen)* ⇒to pass ⇒to get through

apropiado, da *adj.* ⇒appropriate: *No fue un comentario muy apropiado* - That wasn't an appropriate comment; ⇒suitable: *Creo que este vestido será apropiado para la ceremonia* - I think this dress will be appropriate for the ceremony; ⇒adequate

apropiarse *v.prnl.* ⇒to appropriate *form: Se han apropiado del dinero* - They have appropriated the money; ⇒to poach

aprovechar ∎ *v.* **1** *(emplear útilmente)* ⇒to make use of: *¿Quién puede aprovecharlas?* - Who can make use of them? **2** *(ser beneficioso)* ⇒to be of benefit [CONSTR. to be of benefit to sb] **3** *(sacar provecho)* ⇒to take advantage: *Se aprovecharon de la situación* - They took advantage of the situation **4** *(sacar el máximo rendimiento)* ⇒to make the most: *aprovechar el tiempo libre* - to make the most of one's free time **5** **¡que aproveche!**

A

enjoy your meal! ∎ **aprovecharse** *prnl.* **6** *(sacar provecho)* to take advantage: *No te aproveches de la situación* - Don't take advantage of the situation **7** *(de una persona)* to exploit to take advantage

aproximado, da *adj.* Véase **aproximativo, va**

aproximar ∎ *v.* **1** to move closer: *Aproxima la silla a la mesa* - Move the chair closer to the table ∎ **aproximarse** *prnl.* **2** to approach: *Los vi aproximarse* - I saw them approaching

aproximativo, va *adj.* approximate rough: *un cálculo aproximativo* - a rough estimate

aptitud *s.f.* aptitude gift: *Tiene aptitud para estar con niños* - She has a gift for kids

apto, ta *adj.* suitable apt

apuesta *s.f.* bet: *Hagamos una apuesta sobre el resultado de la final de la Copa* - Let's bet on the result of the Cup final; wager: *hacer una apuesta* - to lay a wager

apuntar ∎ *v.* **1** *(con un arma)* to point to aim: *apuntar al blanco* - to aim at the target **2** *(tomar nota)* to write down to note down: *Apunté tu número de teléfono* - I noted your phone number down; to jot down **3** *(inscribir)* to put *one's* name down: *Apúntame en la lista* - Put me down on the list ∎ **apuntarse** *prnl.* **4** *(inscribirse)* to enrol *UK:* *Me apunté a un curso de cocina* - I enrolled on a cooking course; to enroll *US* **5** *(un logro)* to chalk up: *La victoria de hoy es la quinta que se apunta el equipo este año* - Today's victory is the fifth that the team has chalked up this year; to score **6** ¡me apunto! count me in!

apunte ∎ *s.m.* **1** *(para recordar algo)* note ∎ **apuntes** *pl.* **2** *(de clase)* notes: *tomar apuntes* - to take notes

apuñalar *v.* to stab

apurar ∎ *v.* **1** *(acabar)* to finish off: *Apuró toda el agua* - She finished off all the water ∎ **apurarse** *prnl.* **2** *(preocuparse)* to worry **3** *AMÉR.* *(darse prisa)* to hurry up to dash

apuro *s.m.* **1** *(problema)* fix *(pl fixes)*; predicament **2** *(vergüenza, bochorno)* embarrassment: *Nunca he pasado un apuro así* - I've never gone through such an embarrassment **3** *dar apuro* - to feel embarrassed **4** *pasar apuros* - to struggle **5** *verse en apuros* - to be in trouble **6** *AMÉR.* *(prisa)* haste rush

aquel, aquella *demos.* that *(pl those)*: *Aquel señor y aquella señora son mis padres* - That man and that woman are my parents; *Aquel es mi hermano y aquella, mi tía* - That is my

brother and that is my aunt ∎ Ver cuadro demonstratives

aquello *pron.demos.* that: *No me gustó aquello* - I didn't like that ∎ Ver cuadro demonstratives

aquellos, llas *demos.pl.* those: *Aquellos vestidos y aquellas faldas eran muy elegantes* - Those dresses and those skirts were very elegant; *Aquellos son mis libros* - Those are my books ∎ Ver cuadro demonstratives

aquí *adv.* **1** *(lugar)* here: *aquí dentro* - in here; *aquí arriba* - up here **2** *(en casa, en el trabajo)* in: *Mi madre no está aquí* - My mother is not in **3** ~ y allá here and there **4** de ~ en adelante from now on

árabe ∎ *adj.* **1** Arab Arabic ∎ *s.com.* **2** Arab ∎ *s.m.* **3** *(idioma)* Arabic

Arabia Saudí *s.f.* Saudi Arabia

Arabia Saudita *adj. / s.* Véase **Arabia Saudí**

arado *s.m.* plough *UK;* plow *US*

arandela *s.f.* washer metal ring

araña *s.f.* **1** spider **2** *tela de araña* - spider's web

arañar *v.* **1** *(con una uña)* to scratch: *El gato me arañó* - The cat scratched me **2** *(con algo punzante)* to graze: *Me arañé la pierna con la valla* - I grazed my knee on the fence

arañazo *s.m.* scratch *(pl scratches)*

arar *v.* to plough *UK;* to plow *US*

árbitro, tra *s.* **1** *(de fútbol, de baloncesto, de boxeo)* referee **2** *(de tenis, de cricket, de béisbol)* umpire **3** *(mediador)* mediator arbitrator

árbol *s.m.* **1** tree: *árbol de Navidad* - Christmas tree **2** ~ genealógico family tree

arboleda *s.f.* grove

arbusto *s.m.* bush *(pl bushes)*; shrub: *Estaba escondido detrás del arbusto* - He was hiding behind the shrub

arcada *s.f.* **1** *(de un edificio)* arcade arches *pl:* *la vieja arcada de la iglesia* - the old arches of the church **2** *(en el estómago): Me están dando arcadas* - I'm retching

arcén *s.m.* **1** *(en una autopista)* hard shoulder *UK;* shoulder *US* **2** *(en una carretera)* roadside verge *UK;* shoulder *US*

archivador *s.m.* **1** *(mueble)* filing cabinet *UK* **2** *(carpeta)* file folder

archivar *v.* **1** to file **2** *(en informática)* to store

archivo *s.m.* **1** *(lugar)* archive **2** *(documento)* file

arcilla *s.f.* clay

arco *s.m.* **1** *(arma)* bow **2** *(de un instrumento musical)* arco **3** *(forma)* arc **4** *(en un edificio)*

⇨arch *(pl* arches) **5** AMÉR. *(en deportes)* ⇨goal **6**
~ iris ⇨rainbow **7 tiro con ~** ⇨archery
arcón *s.m.* ⇨large chest
arder *v.* **1** *(quemarse)* ⇨to burn ⇨to be on fire
⇨to catch fire **2** *(desprender calor)* ⇨to be boiling hot: *El café está ardiendo -* The coffee is boiling hot **3** *Está que arde -* She's furious
ardiente *adj.* **1** *(que quema)* ⇨burning **2** *(muy vivo)* ⇨ardent: *un ardiente seguidor de un equipo -* an ardent supporter of a team
ardilla *s.f.* ⇨squirrel
ardor *s.m.* **1** *(energía)* ⇨ardour UK; ⇨ardor US **2** *hacer algo con ardor -* to do sth ardently **3** *(calor fuerte)* ⇨heat: *el ardor de agosto -* the heat of August **4** *(sensación de calor): ardor de estómago -* heartburn
área *s.f.* **1** *(zona)* ⇨area: *un área industrial -* an industrial area **2** *(medida de superficie)* ⇨area **3** *(en algunos deportes)* ⇨penalty area **4 ~ de servicio** ⇨service area
arena *s.f.* **1** ⇨sand: *un grano de arena -* a grain of sand; ⇨grit: *Me ha entrado arena en el ojo -* I have a bit of grit in my eye **2 arenas movedizas** ⇨quicksand
arenque *s.m.* **1** ⇨herring **2** *(ahumado)* ⇨kipper UK
Argelia *s.f.* ⇨Algeria
argelino, na *adj./s.* ⇨Algerian
Argentina *s.f.* ⇨Argentina
argentino, na *adj./s.* ⇨Argentinian
argolla *s.f.* AMÉR. ⇨ring ⇨wedding ring
argot *s.m.* **1** *(lenguaje informal)* ⇨slang **2** *(lenguaje profesional)* ⇨jargon: *el argot de la policía -* the jargon of the policemen
argumento *s.m.* **1** *(razonamiento)* ⇨argument ⇨reasoning **2** *(de un libro, una película)* ⇨plot
árido, da *adj.* **1** *(un terreno)* ⇨arid **2** *(una actividad)* ⇨arid: *Ese es un tema muy árido del que hablar -* That's a quite arid topic to discuss about; ⇨dry
aries *adj./s.com.* ⇨Aries *n*
arisco, ca *adj.* ⇨unfriendly: *Me pregunto por qué está hoy tan arisco -* I wonder why he is so unfriendly today; ⇨surly ⇨prickly *inform*
arista *s.f.* ⇨edge
aristocracia *s.f.* ⇨aristocracy *(pl* aristocracies)
aristócrata *s.com.* ⇨aristocrat ⇨noble
aritmética *s.f.* ⇨arithmetic
arma *s.f.* **1** ⇨weapon: *el arma homicida -* the murder weapon **2 ~ blanca** ⇨knife *(pl* knives) **3 ~ de doble filo** ⇨doubled-edged weapon **4 ~ de fuego** ⇨gun ⇨firearm *form*
armada *s.f.* **1** ⇨armada **2** *La Armada -* The Navy

armado, da *adj.* **1** *(una persona)* ⇨armed **2** *(un mecanismo)* ⇨assembled: *Ya está armado el cortacésped -* The lawnmower is already assembled
armadura *s.f.* ⇨armour UK; ⇨armor US
armamento *s.m.* ⇨weaponry: *armamento nuclear -* nuclear weaponry; ⇨armaments *pl;* ⇨hardware
armar *v.* **1** *(montar)* ⇨to assemble: *armar un mueble -* to assemble a piece of furniture **2** *(dar armas)* ⇨to arm **3 armarse de paciencia** ⇨to be patient **4 armarse de valor** ⇨to gather (up) courage **5 armarse un lío** ⇨to get confused
armario *s.m.* **1** ⇨cupboard **2** *(para ropa)* ⇨wardrobe ⇨closet US **3** *(vitrina)* ⇨cabinet **4 ~ empotrado** ⇨built-in closet
Armenia *s.f.* ⇨Armenia
armenio, nia ▮ *adj./s.* **1** ⇨Armenian ▮ armenio *s.m.* **2** *(idioma)* ⇨Armenian
armonía *s.f.* **1** *(proporción)* ⇨harmony **2** *(en música)* ⇨harmony **3 en ~** ⇨in armony with
armónica *s.f.* ⇨harmonica ⇨mouth organ
aro *s.m.* **1** ⇨ring **2** *(para jugar)* ⇨hoop **3** AMÉR. ⇨earring
aroma *s.m.* **1** ⇨smell **2** *(de un perfume)* ⇨scent **3** *(de una comida, de una bebida)* ⇨aroma: *el aroma del café -* the aroma of coffee
aromático, ca *adj.* ⇨aromatic
arpa *s.f.* ⇨harp
arqueología *s.f.* ⇨archaeology UK; ⇨archeology US
arqueólogo, ga *s.* ⇨archaeologist UK; ⇨archeologist US
arquero, ra *s.* **1** ⇨archer **2** AMÉR. ⇨goalkeeper ⇨goalie *inform*
arquitecto, ta *s.* ⇨architect
arquitectura *s.f.* ⇨architecture
arraigar *v.* **1** *(echar raíces)* ⇨to take root: *El peral ha arraigado muy bien -* The pear tree has taken root very well **2** *(consolidarse)* ⇨to take root: *Se necesitó tiempo para que la democracia arraigara -* Time was needed for democracy to take root
arrancar *v.* **1** *(una máquina, un vehículo)* ⇨to start **2** *(extraer, sacar)* ⇨to pull out ⇨to tear out: *Ha arrancado algunas páginas de este libro -* She has torn some pages out of this book **3** *(arrebatar)* ⇨to snatch: *Me lo arrancaron de las manos -* They snatched it from my hands; ⇨pull off **4** *(una planta)* ⇨to pull up
arrasar *v.* **1** *(destruir)* ⇨to destroy ⇨to devastate: *Un incendio arrasó el castillo -* A fire devastated the castle; ⇨to raze **2** *col. (en deporte)* ⇨to win hands down: *El equipo local arrasó en*

== A

el partido - The local team won the match hands down **3** *col. (copar todos los premios)* ⇒to sweep the board: *Los rusos arrasaron en los juegos olímpicos* - The Russians swept the board at the Olympics **4** *col. (una canción)* ⇒to be a big hit: *Esta canción arrasó en Europa* - This song was a big hit in Europe **5** *col. (un cantante)* ⇒to have great success: *Este chico está arrasando en España* - This boy is having great success in Spain

arrastrar ∎ *v.* **1** *(por el suelo)* ⇒to drag: *No arrastres los pies* - Don't drag your feet!; ⇒to heave: *Arrastró la caja hacia la habitación* - She heaved the box into the room; ⇒to trail ⇒to drag along: *El niño arrastraba su osito de peluche* - The boy was dragging along his teddy ∎ **arrastrarse** *prnl.* **2** *(por el suelo)* ⇒to creep ⇒to crawl ⇒to drag oneself: *Los soldados se arrastraron hasta las trincheras* - The soldiers dragged themselves to the trenches **3** *(humillarse)* ⇒to grovel

arrebatar ∎ *v.* **1** *(quitar con violencia)* ⇒to snatch ⇒to grab ⇒to wrest ∎ **arrebatarse** *prnl.* **2** *(enfurecerse)* ⇒to get worked up: *Cada vez que le hablas de eso, se arrebata* - Every time you talk about that, he gets worked up

arrecife *s.m.* ⇒reef

arreglado, da *adj.* **1** *(una persona)* ⇒smart ⇒dressed up: *Estaba muy arreglado para la boda* - He was all dressed up for the wedding **2** *(un lugar)* ⇒tidy **3** *(un problema)* ⇒sorted ⇒sorted out

arreglar ∎ *v.* **1** *(algo estropeado)* ⇒to fix ⇒to mend ⇒to repair: *Me han arreglado la nevera* - I have had my fridge repaired **2** *(organizar, solucionar)* ⇒to sort out **3** *(reformar)* ⇒to do up **4** *(ordenar)* ⇒to tidy *UK* **5** *(una composición musical)* ⇒to arrange ∎ **arreglarse** *prnl.* **6** *(asearse, acicalarse)* ⇒to get ready **7** *(mejorar)* ⇒to get better ⇒to improve **8** **arreglárselas** ⇒to manage [CONSTR. to manage + to do sth]; ⇒to get by: *Nunca me las hubiera arreglado sin mis amigos* - I'd have never got by without my friends

arreglo *s.m.* **1** *(reparación)* ⇒repair **2** *(solución)* ⇒solution: *un arreglo temporal* - a temporary solution **3** *(acuerdo)* ⇒agreement ⇒arrangement: *Llegamos a un arreglo entre ambas partes* - We reached an arrangement between both parties **4** *(adaptación musical)* ⇒arrangement **5** *Esto no tiene arreglo* - There's nothing we can do about this **6** *Esta chica no tiene arreglo* - This girl is a hopeless case

arrendar *v.* **1** *AMÉR. (una casa, un local)* ⇒to rent *US: Arrendé un apartamento en el centro* - I

rented out an apartment in the city centre; ⇒to hire *UK* **2** *(un terreno, una finca)* ⇒to lease [CONSTR. to lease + dos objetos]: *He arrendado la casa de campo a unos amigos* - I have leased my country estate to some friends

arrepentido, da *adj.* **1** ⇒sorry: *Estoy arrepentida* - I feel sorry; ⇒repentant **2** *un delincuente arrepentido* - a reformed criminal

arrepentimiento *s.m.* ⇒regret ⇒repentance *form: un sentimiento de arrepentimiento* - a feeling of repentance

arrepentirse *v.prnl.* **1** *(lamentar)* ⇒to regret [CONSTR. 1. to regret + (that) 2. to regret + doing sth]: *¿Te arrepientes de lo que has hecho?* - Do you regret doing that?; ⇒to be sorry ⇒to repent *form: arrepentirse de sus pecados* - to repent of one's sins **2** *(cambiar de opinión)* ⇒to change one's mind: *Si te arrepientes...* - If you change your mind...

arrestar *v.* ⇒to arrest

arriba *adv.* **1** ⇒up [Frecuentemente en español, su significado está implícito en el verbo: *Go up the street until you get to the garage* - Sube la calle hasta que llegues a la gasolinera]; ⇒above: *Los gritos vienen de arriba* - The shouts are coming from above **2** *(en un edificio)* ⇒upstairs **3** *la parte de arriba de algo* - the top of sth **4** ⇒ del todo ⇒at the very top **5** de ~ abajo ⇒from top to bottom ⇒up and down **6** hasta ~ *col. (lleno)* ⇒packed out *inform*

arriesgado, da *adj.* **1** ⇒risky ⇒dangerous: *un paso arriesgado* - a dangerous step **2** *(persona)* ⇒daring

arriesgar ∎ *v.* **1** ⇒to hazard ⇒to risk: *Tendré que arriesgarme* - I'll just have to risk it ∎ **arriesgarse** *prnl.* **2** ⇒to risk [CONSTR. to risk + doing sth]: *Te arriesgas a perderlo todo* - You risk losing everything; ⇒to take risks ⇒to take a chance

arrimar ∎ *v.* **1** ⇒to move closer: *¿Podrías arrimar la pantalla?* - Could you please move the screen closer?; ⇒to bring closer ⇒to draw up: *arrimar una silla a la mesa* - to draw up to the table ∎ **arrimarse** *prnl.* **2** ⇒to come near ⇒to go near: *No te arrimes al fuego* - Don't go near the fire

arrinconar *v.* **1** *(poner en un rincón)* ⇒to put in a corner: *arrinconar los trastos* - to put junk in a corner; ⇒to dump **2** *(dejar de lado)* ⇒to push into the background **3** *(acorralar)* ⇒to corner: *arrinconar a un ladrón* - to corner a thief

arrodillar *v.* ⇒to kneel ⇒to kneel down: *Me arrodillé para rezar* - I knelt down to pray

arrogante *adj.* ⇒arrogant

arrojar ∎ *v.* **1** *(lanzar)* ⇒to throw **2** *(dejar caer)* ⇒to fling: *Arrojó su libro sobre la mesa* - He

flung his book down on the table ∎ **arrojarse** *prnl.* **3** ⇒to throw oneself

arrollar *v.* **1** *(atropellar)* ⇒to run over: *arrollar a un ciclista* - to run a cyclist over **2** *(vencer)* ⇒to overwhelm: *arrollar al enemigo* - to overwhelm the enemy

arropar *v.* **1** *(con ropa)* ⇒to wrap up: *arropar a un niño* - to wrap a child up **2** *(proteger)* ⇒to protect: *Sus compañeros lo arroparon cuando tuvo problemas* - His friends protected him when he had problems

arroyo *s.m.* **1** *(riachuelo)* ⇒stream ⇒brook **2** *(situación humilde)* ⇒gutter: *salir del arroyo* - to climb out of the gutter

arroz *s.m.* **1** ⇒rice: *arroz blanco* - boiled rice; *arroz integral* - brown rice **2** ~ **con leche** ⇒rice pudding

arruga *s.f.* **1** *(en la piel)* ⇒wrinkle **2** *(en la frente)* ⇒line **3** *(en la ropa)* ⇒crease

arrugar ∎ *v.* **1** *(la piel, la ropa)* ⇒to wrinkle: *arrugar la frente* - to wrinkle one's forehead **2** *(la ropa, el papel)* ⇒to crease: *arrugar un vestido* - to crease a dress ∎ **arrugarse** *prnl.* **3** *(la piel)* ⇒to get wrinkled: *Después del baño se me arrugaron las manos* - After the bath, my hands got wrinkled **4** *(la ropa, el papel)* ⇒to crease ⇒to get creased: *Esta falda se arruga fácilmente* - This skirt gets creased very easily

arruinado, da *adj.* ⇒ruined: *Estoy arruinado después de haberme comprado el coche* - I'm ruined after buying the car

arruinar ∎ *v.* **1** *(económicamente)* ⇒to bankrupt **2** *(estropear)* ⇒to ruin ∎ **arruinarse** *prnl.* **3** *(económicamente)* ⇒to go into ruin ⇒to go bankrupt

arte *s.amb.* **1** *(disciplina)* ⇒art **2** *(habilidad)* ⇒skill: *Tiene arte para el baile* - She has skills for dancing **3** *(astucia)* ⇒trick **4** ~ **dramático** ⇒drama **5 artes marciales** ⇒martial arts **6 artes plásticas** ⇒virtual arts **7 bellas artes** ⇒fine arts **8 como por** ~ **de magia** ⇒as if by magic **9 el séptimo** ~ ⇒the cinema *UK;* ⇒the movies *US*

artefacto *s.m.* ⇒device: *¿Para qué es ese artefacto?* - What's that device for?; ⇒artefact *UK;* ⇒artifact *US*

artesanía *s.f.* **1** *(objetos)* ⇒handicrafts *pl;* ⇒craft **2** *(arte)* ⇒craftsmanship **3 de** ~ ⇒handmade

artesano, na *s.* **1** *(hombre)* ⇒craftsman *(pl* craftsmen) **2** *(mujer)* ⇒craftswoman *(pl* craftswomen) **3** *(en la Antigüedad)* ⇒artisan

ártico, ca *adj.* ⇒Arctic: *círculo polar ártico* - Arctic Circle

articulación *s.f.* **1** *(de los huesos)* ⇒joint **2** *(de un sonido)* ⇒articulation

artículo *s.m.* **1** *(en gramática)* ⇒article **2** *(en una publicación)* ⇒article: *un artículo sobre China* - an article on China; ⇒paper **3** *(en un diccionario)* ⇒entry ⇒article **4** *(producto, mercancía)* ⇒product ⇒item ⇒goods *pl* **5** ~ **determinado** *(en gramática)* ⇒definite article **6** ~ **indeterminado** *(en gramática)* ⇒indefinite article

artificial *adj.* ⇒artificial ⇒man-made: *fibras artificiales* - man-made fibres

artillería *s.f.* ⇒artillery

artista *s.com.* **1** *(del espectáculo)* ⇒performer ⇒artist: *un artista de jazz* - a jazz artist **2** *(del mundo del arte)* ⇒artist **3** ~ **de cine 1** *(hombre)* ⇒film actor **2** *(mujer)* ⇒film actress *(pl* film actresses)

artístico, ca *adj.* ⇒artistic

arveja *s.f.* *AMÉR.* ⇒pea

arzobispo *s.m.* ⇒archbishop

as *s.m.* *(naipes, dados)* ⇒ace

asa *s.f.* ⇒handle

asado, da ∎ *adj.* **1** ⇒roast: *pollo asado* - roast chicken ∎ **asado** *s.m.* **2** ⇒roast ⇒joint *UK: un asado de ternera* - a joint of beef

asaltante *s.com.* **1** *(ladrón)* ⇒raider: *Los asaltantes escaparon con millones de libras* - The raiders escaped with millions of pounds; ⇒robber **2** *(agresor)* ⇒attacker ⇒assailant *form*

asaltar *v.* **1** *(a una persona)* ⇒to rob [CONSTR. to be robbed]: *Me asaltaron ayer* - I was robbed yesterday **2** *(una entidad)* ⇒to raid: *Asaltaron una oficina de correos por la noche* - The post office was raided late at night; ⇒to rob ⇒to hold up **3** *(atacar)* ⇒to attack ⇒to assault

asalto *s.m.* **1** *(a un lugar)* ⇒raid **2** *(a una persona)* ⇒attack [CONSTR. to attack on sb] **3** *(en boxeo)* ⇒round

asamblea *s.f.* **1** *(reunión)* ⇒meeting **2** *asamblea escolar* - assembly **3** *(cuerpo político)* ⇒assembly

asar ∎ *v.* **1** *(carne)* ⇒to roast **2** *(pan, patatas, pescado)* ⇒to bake **3** *(a la parrilla)* ⇒to grill ⇒to barbecue ∎ **asarse** *prnl.* **4** *(sentir mucho calor)* ⇒to roast

ascendente *adj.* **1** ⇒upwards ⇒upward *US* **2** *en orden ascendente* - in ascending order

ascender *v.* **1** *(subir)* ⇒to rise: *Las temperaturas han ascendido* - Temperatures have risen **2** *(escalar)* ⇒to climb ⇒to ascend *form* **3** *(lograr un ascenso)* ⇒to get promotion: *El Liverpool ascendió a primera división* - Liverpool got promotion to the first division; ⇒to promote [CONSTR. to be promoted to sth] **4** *(llegar a una cantidad)* ⇒to number

ascenso *s.m.* **1** *(de las temperaturas, de un precio)* ⇒rise **2** *(en un trabajo, en deportes)* ⇒pro-

A

motion: *El equipo logró el ascenso a la división de honor* - The team got the promotion to the top division **3** *(a una montaña)* ⇒ascent

ascensor *s.m.* ⇒lift *UK;* ⇒elevator *US*

asco *s.m.* **1** ⇒disgust: *Lo cogí con cara de asco y lo tiré* - I picked it up with an expression of disgust and threw it away **2** *dar ~* ⇒to be revolting: *Me da asco* - It's revolting; ⇒to find disgusting ⇒to make *one's* sick **3** *estar hecho un ~* **1** *col. (tener mal aspecto)* ⇒to be filthy ⇒to look awful **2** *col. (encontrarse mal)* ⇒to feel awful ⇒to feel low **4** *¡qué asco! col.* ⇒how revolting! ⇒what a pain! **5** *ser un ~* **1** *(saber mal): Esta comida es un asco* - This meal is revolting **2**

aseado, da *adj.* **1** *(una persona)* ⇒clean **2** *(un lugar)* ⇒tidy ⇒neat

asegurar ∎ *v.* **1** *(afirmar)* ⇒to assure **2** *(garantizar, prometer)* ⇒to assure [CONSTR. to assure + (that)]: *Le aseguró que estaría listo para mañana por la mañana* - He assured him that it would be ready for tomorrow morning; ⇒to guarantee [CONSTR. 1. to guarantee + (that) 2. to guarantee + to do sth 3. to guarantee + dos objetos] **3** *(hacer un seguro)* ⇒to insure [CONSTR. to insure sth against sth] ∎ **asegurarse** *prnl.* **4** *(cerciorarse)* ⇒to make sure: *Asegúrate de que las luces están apagadas* - Make sure that the lights are off; ⇒to make certain ⇒to ensure [CONSTR. to ensure + (that)] **5** *(hacerse un seguro)* ⇒to insure oneself

asentamiento *s.m.* ⇒settlement: *un asentamiento romano* - a Roman settlement; ⇒site

asentimiento *s.m.* ⇒approval ⇒assent *form: Dio su asentimiento a la propuesta* - She gave her assent to the proposal; ⇒consent

asentir *v.* **1** ⇒to agree ⇒to assent *form* **2** *(con la cabeza)* ⇒to nod: *Cuando sugerí salir a dar un paseo, Helen asintió con entusiasmo* - When I suggested a walk, Helen nodded enthusiastically

aseo *s.m.* **1** *(habitación)* ⇒toilet *UK;* ⇒lavatory *UK form* (*pl* lavatories); ⇒loo *UK inform: Necesito ir al aseo* - I really need to go to the loo; ⇒john *US inform* **2** *(en un lugar público)* ⇒toilet *UK;* ⇒cloakroom *UK form, old-fash;* ⇒conveniences *form pl;* ⇒the gents' (para hombres) *UK;* ⇒the ladies' (para mujeres) *UK* **3** *(limpieza)* ⇒cleaning

asesinar *v.* **1** ⇒to murder: *El vicepresidente del club fue asesinado* - The vice-president of the club was murdered **2** *(a una persona importante)* ⇒to assassinate: *Asesinaron al Presidente* - The President was assassinated

asesinato *s.m.* **1** ⇒murder ⇒killing **2** *(de un personaje importante)* ⇒assassination **3** *un intento de asesinato* - an attempt on one's life

asesino, na ∎ *adj.* **1** *col. una mirada asesina* - a killer look ∎ *s.* **2** ⇒murderer ⇒killer **3** *(de un personaje famoso o importante)* ⇒assassin **1 2**

asesorar ∎ *v.* **1** ⇒to advise *form* [CONSTR. 1. to advise + that 2. to advise + doing sth 3. to advise + to do sth 4. to advise + interrogativo] ∎ **asesorarse** *prnl.* **2** ⇒to take advice ⇒to get advice

asfaltar *v.* ⇒to tarmac *UK: asfaltar una calle* - to tarmac a road; ⇒to asphalt *US*

asfalto *s.m.* ⇒Tarmac® *UK;* ⇒asphalt *US*

asfixia *s.f.* ⇒suffocation

asfixiar *v.* **1** *(agobiar)* ⇒to suffocate: *Este calor asfixia a cualquiera* - This heat suffocates anyone **2** *(ahogar)* ⇒to asphyxiate *form;* ⇒to smother: *Asfixiaron a la víctima* - The victim was smothered

así *adv.* **1** *(de esta manera, de esa manera)* ⇒like that ⇒like this: *Hazlo así* - Do it like this; ⇒in this way **2** *así de grande* - this big **3** *así así* ⇒so-so **4** *~ que* ⇒so: *Así que mañana te vas de vacaciones* - So you are leaving on holidays tomorrow; ⇒thus *form;* ⇒therefore **5** *¡así se hace!* ⇒well done! **6** *y ~ sucesivamente* ⇒and so {forth/on}

Asia *s.f.* ⇒Asia

asiático, ca *adj. / s.* ⇒Asian

asiduo, dua *adj.* ⇒regular: *Es un cliente asiduo* - He is a regular customer; ⇒frequent

asiento *s.m.* **1** ⇒seat **2** *tomar asiento* - to take a seat / to sit down

asignar *v.* ⇒to assign: *Mi jefe me asignó el nuevo proyecto* - My boss assigned the new project to me

asignatura *s.f.* **1** ⇒subject: *aprobar una asignatura* - to pass a subject **2** *~ pendiente* **1** *(materia suspensa)* ⇒subject which one has to retake **2** *(asunto pendiente)* ⇒unresolved matter

asilo *s.m.* **1** *(lugar)* ⇒home **2** *(protección)* ⇒refuge ⇒shelter **3** *~ político* ⇒asylum ⇒political asylum

asimilar *v.* **1** *(comprender bien)* ⇒to assimilate: *asimilar una lección* - to assimilate a lesson **2** *(aprovechar un alimento)* ⇒to assimilate: *asimilar las vitaminas* - to assimilate vitamins **3** *(aceptar)* ⇒to assimilate: *asimilar una nueva situación* - to assimilate a new situation

asistencia *s.f.* **1** *(a un lugar)* ⇒attendance **2** *(ayuda, cooperación)* ⇒assistance *form*

asistenta *s.f.* ⇒cleaning lady

asistente ∎ *adj.* **1** *(en un lugar)* ⇒present: *las personas asistentes a la conferencia* - the people present at the conference ∎ *s.com.* **2** *(ayudante)* ⇒assistant **3** *~ social* ⇒social worker

asistir *v.* **1** *(ir a un lugar)* ⇒to attend [CONSTR. construye sin preposición]: *Asistió a la reunión* - She

A

attended the meeting **2** *(ayudar)* ⇨to assist **3** *(atender, cuidar)* ⇨to attend: *Está siendo asistida por dos enfermeras* - She is being attended by two nurses

asno *s.m.* ⇨donkey ⇨ass *old-fash (pl* asses)

asociación *s.f.* **1** *(de personas)* ⇨association **2** *(de países)* ⇨union **3** *(de ideas)* ⇨association **4** ~ de consumidores ⇨consumers' association **5** ~ de madres y padres de alumnos ⇨parents' association **6** ~ de vecinos ⇨residents' association

asociar ❚ *v.* **1** *(relacionar)* ⇨to associate ❚ asociarse *prnl.* **2** ⇨to form a partnership ⇨to become partners

asomar ❚ *v.* **1** ⇨to put round: *Asomé la cabeza por la puerta* - I put my head round the door; ⇨to put out: *Asomé la cabeza por la ventana* - I put my head out of the window ❚ asomarse *prnl.* **2** ⇨to lean out: *asomarse a la ventana* - to lean out of the window **3** *(salir)* ⇨to come out: *Se asomaron al balcón para echar un vistazo* - They came out onto the balcony for a look

asombrado, da *adj.* ⇨astonished: *Me quedé completamente asombrada cuando la vi* - I was utterly astonished when I saw her; ⇨surprised ⇨amazed

asombrar ❚ *v.* **1** ⇨to astonish: *Asombró a todo el mundo* - He astonished everyone; ⇨to amaze ❚ asombrarse *prnl.* **2** ⇨to be surprised

asombro *s.m.* ⇨astonishment: *Dio un grito de asombro* - She gasped in astonishment; ⇨amazement

asombroso, sa *adj.* ⇨astonishing: *Es asombroso lo que han estado haciendo* - It's astonishing what they've been up to; ⇨surprising ⇨amazing

aspa *s.f.* **1** *(de un ventilador)* ⇨blade **2** *(de un molino)* ⇨sail

aspecto *s.m.* **1** *(característica, rasgo)* ⇨aspect form: *Estos son aspectos que tenemos que considerar* - These are aspects that we must consider **2** *(físico)* ⇨looks *pl: Me gusta su aspecto* - I like her looks; ⇨appearance **3** *tener buen aspecto* - to look well **4** *¿Qué aspecto tiene tu profesor?* - What does your teacher look like? **5** en {algunos/ciertos} aspectos ⇨in some ways: *En algunos aspectos tiene razón* - In some ways he's rights **6** en ese ~ ⇨in that respect

aspereza *s.f.* **1** *(en el tacto)* ⇨roughness **2** *(en el trato)* ⇨harshness

áspero, ra *adj.* **1** *(en el tacto)* ⇨rough: *Esta tela es demasiado áspera* - This cloth is too rough **2** *(en el trato)* ⇨harsh ⇨coarse

aspirador *s.m.* **1** ⇨hoover® *UK;* ⇨vacuum cleaner *US* **2** *pasar el aspirador* - to vacuum

aspiradora *s.f.* **1** ⇨hoover® *UK;* ⇨vacuum cleaner *US* **2** *pasar la aspiradora* - to vacuum

aspirante *s.com.* **1** *(a un título, a un empleo)* ⇨applicant: *aspirante a un puesto de trabajo* - applicant for a job **2** *(a un cargo político)* ⇨candidate: *aspirante al Gobierno de la provincia* - candidate for the provincial Government **3** *(en deportes)* ⇨challenger

aspirar *v.* **1** *(respirar)* ⇨to breathe in **2** *(una máquina)* ⇨to suck up **3** *(a algo)* ⇨to aspire

aspirina® *s.f.* ⇨aspirin® *(pl* aspirin, aspirins): *Tómate una aspirina* - Take an aspirin

asqueroso, sa *adj.* **1** ⇨disgusting ⇨foul: *¡Qué tiempo más asqueroso!* - What a foul weather! **2** *(sucio)* ⇨filthy: *Nos quedamos en un albergue asqueroso* - We stayed up in a filthy hostel

asta *s.f.* **1** *(en una bandera)* ⇨flagpole **2** *(en un animal)* ⇨horn **3** a media ~ ⇨at half mast

asterisco *s.m.* ⇨asterisk

asteroide *s.m.* ⇨asteroid

astilla *s.f.* **1** ⇨splinter: *Se clavó una astilla en el dedo* - He got a splinter in his finger **2** *una astilla de madera* - a chip **3** de tal palo tal ~ ⇨a chip off the old block

astillero *s.m.* ⇨shipyard

astro *s.m.* ⇨star

astrología *s.f.* ⇨astrology

astrólogo, ga *s.* ⇨astrologer

astronauta *s.com.* **1** *(sin especificar sexo)* ⇨astronaut **2** *(hombre)* ⇨spaceman *(pl* spacemen) **3** *(mujer)* ⇨spacewoman *(pl* spacewomen)

astronomía *s.f.* ⇨astronomy

astrónomo, ma *s.* ⇨astronomer

astucia *s.f.* ⇨astuteness: *la astucia de los políticos* - the astuteness of politicians; ⇨shrewdness ⇨cunning: *Tenemos que demostrar un poco de astucia si queremos conseguirlo* - We need to show a bit of cunning if we want to get it

astuto, ta *adj.* **1** *(listo, inteligente)* ⇨smart ⇨astute: *una mujer de negocios astuta* - an astute businesswoman **2** *(ingenioso)* ⇨cunning: *un complot muy astuto* - a cunning ploy; ⇨astute **3** *(con malicia)* ⇨sly

asunto *s.m.* **1** *(cuestión)* ⇨affair: *un asunto delicado* - a risky affair; ⇨matter ⇨issue **2** *Es asunto mío* - It's my business; *Métete en tus asuntos* - Mind your own business

asustado, da *adj.* ⇨scared: *Nos estaba esperando completamente asustada* - She was waiting for us really scared; ⇨frightened

asustar ❚ *v.* **1** ⇨to scare ⇨to frighten: *Me asustan las arañas* - Spiders frighten me ❚ asustarse *prnl.* **2** ⇨to panic: *¡No te asustes!* - Don't panic!; ⇨to be frightened ⇨to be scared: *Los ruidos*

A

raros me asustaron - I was scared by the strange noises

atacar *v.* **1** ⇒to attack: *El ejército enemigo atacó de noche* - The opposing army attacked during the night **2** *(un lugar)* ⇒to raid: *Los soldados atacaron un puesto enemigo* - The soldiers raided an enemy post

atajar *v.* **1** *(tomar un atajo)* ⇒to take a short cut: *Atajemos por aquí* - Let's take this short cut **2** *(interrumpir)* ⇒to stop from spreading

ataque *s.m.* **1** *(acción violenta)* ⇒attack ⇒raid: *ataque aéreo* - air raid **2** *(verbal)* ⇒attack **3** *(de una enfermedad)* ⇒bout: *un ataque de tos* - a bout of coughing; ⇒fit: *un ataque epiléptico* - an epileptic fit; *ataque de risa* - laughing fit; ⇒attack: *ataque al corazón* - heart attack

atar ■ *v.* **1** ⇒to bind: *Los niños me ataron con la cinta roja* - The kids bound me with the red tape; ⇒to tie: *atar un nudo* - to tie a knot **2** *(los cordones)* ⇒to lace **3** *(un paquete)* ⇒to tie up ⇒to tape up ■ **atarse** *prnl.* **4** *(abrocharse)* ⇒to do up: *Átate los zapatos o te caerás* - Do your shoes up or you will fall down

atardecer ■ *s.m.* **1** ⇒dusk [U]: *al atardecer* - at dusk ■ *v.* **2** ⇒to get dark

atareado, da *adj.* ⇒busy ⇒rushed

atascar ■ *v.* **1** ⇒to jam: *La cerradura se ha atascado* - The lock is jammed **2** *(bloquear)* ⇒to block ⇒to clog: *Las carreteras están atascadas por el tráfico* - The roads are clogged with traffic ■ **atascarse** *prnl.* **3** ⇒to stick ⇒to get blocked: *El fregadero se atascó* - The sink got blocked

atasco *s.m.* **1** ⇒obstruction: *Había un atasco en las cañerías* - The pipes had an obstruction; ⇒blockage **2** *(de tráfico)* ⇒traffic jam

ataúd *s.m.* ⇒coffin

atención *s.f.* **1** *(interés)* ⇒attention: *¿Pueden prestarme atención, por favor?* - May I have your attention, please? **2** *(concentración)* ⇒concentration: *Tienes que hacer esta tarea con mucha atención* - This task has to be done with the greatest concentration **3** *(cuidado)* ⇒care: *atención médica* - medical care **4** *¡atención!* ⇒look out! ⇒careful!

atender *v.* **1** *(poner atención)* ⇒to pay attention **2** *(cuidar)* ⇒to attend ⇒to look after: *Está atendiendo a su madre enferma* - She is looking after her sick mother **3** *(a un cliente)* ⇒to serve **4** *(una solicitud)* ⇒to deal with: *atender una petición* - to deal with a request

atentado *s.m.* **1** *(agresión violenta)* ⇒attack **2** *un atentado terrorista* - an act of terrorism

atentar *v.* **1** *(contra algo)* ⇒to carry out a terrorist attack: *atentar contra la vida de alguien* - to make an attempt on sb's life; ⇒to attack **2** *(ir en contra de algo)* ⇒to undermine: *atentar contra el buen gusto* - to undermine good taste

atento, ta *adj.* **1** *(alerta)* ⇒attentive ⇒watchful: *¡Estate atento!* - Be watchful! **2** *(amable)* ⇒attentive: *Su madre es muy atenta* - Her mother is very attentive; ⇒amiable **3** *estar ~* ⇒to keep one's mind on

ateo, a ■ *adj.* **1** ⇒atheistic ■ *s.* **2** ⇒atheist

aterrador, -a *adj.* ⇒terrifying ⇒frightening: *un lamento aterrador* - a frightening moan

aterrar *v.* ⇒to terrify ⇒to scare

aterrizaje *s.m.* **1** ⇒landing: *un buen aterrizaje* - a safe landing **2** *pista de aterrizaje* - runway **3** *un aterrizaje forzoso* - an emergency landing

aterrizar *v.* ⇒to land: *El avión aterrizó con retraso* - The plane landed with delay

aterrorizar *v.* ⇒to terrify ⇒to terrorize: *Pandillas callejeras han estado aterrorizando el barrio* - Street gangs have been terrorizing the neighbourhood; ⇒to terrorise *UK*

atiborrar *v.* ⇒to stuff [CONSTR. *to stuff oneself with sth*]

ático *s.m.* **1** *(última planta)* ⇒top floor **2** *(vivienda)* ⇒top floor flat **3** *(desván)* ⇒attic

atinar *v.* **1** *(dar en el blanco)* ⇒to hit the target **2** *(acertar)* ⇒to get right: *acertar una respuesta* - to get an answer right

atizar *v.* **1** *(el fuego)* ⇒to poke **2** *col. (golpear)* ⇒to slap

atlántico, ca *adj.* ⇒Atlantic

atlas *s.m.* ⇒atlas *(pl atlases)*

atleta *s.com.* ⇒athlete

atlético, ca *adj.* ⇒athletic: *un cuerpo atlético* - an athletic figure

atletismo *s.m.* ⇒athletics *UK* [Se usa más con el verbo en singular]: *Soy muy buena en atletismo* - I'm great at athletics; ⇒track and field *US*: *pruebas de atletismo* - track and field events

atmósfera *s.f.* ⇒atmosphere

atómico, ca *adj.* ⇒atomic

átomo *s.m.* ⇒atom

atónito, ta *adj.* ⇒astounded ⇒astonished: *Me quedé atónito ante las noticias* - I was astonished by the news

atontado, da *adj.* **1** *col. desp.* ⇒stupid *offens* **2** *(por un golpe)* ⇒stunned: *Estaba atontado por el golpe* - I was stunned by the impact **3** *(por una fuerte impresión)* ⇒in a daze: *La noticia me dejó atontado* - I've been in a daze since I heard the news

atontar ■ *v.* **1** ⇒to stultify *form;* ⇒to bewilder: *Me atontó tanta información* - All that information bewildered me **2** *(por un golpe)* ⇒to stun ■ **atontarse** *prnl.* **3** ⇒to get confused

atormentar v. 1 *(causar tormento)* ⇒to torment: *Las moscas atormentaban a los animales* - Flies tormented the animals 2 *(acosar)* ⇒to harass ⇒to haunt: *Todavía le atormentan aquellas imágenes* - He is still haunted by those images

atornillar v. ⇒to screw

atracador, -a s. 1 *(de un banco, de una tienda)* ⇒robber 2 *(de una persona)* ⇒mugger

atracar I v. 1 *(un lugar)* ⇒to rob: *atracar una tienda* - to rob a shop; ⇒to hold up 2 *(a una persona)* ⇒to mug [CONSTR. to be mugged]: *Hace una semana atracaron a mi hermano* - My brother was mugged a week ago 3 *(un barco)* ⇒to dock ⇒to berth I **atracarse** prnl. 4 col. ⇒to stuff oneself: *atracarse de chocolate* - to stuff oneself with chocolate

atracción s.f. 1 *(espectáculo, diversión)* ⇒attraction 2 *(turística)* ⇒attraction 3 *sentir atracción por alguien* - to feel attracted to sb 4 *parque de atracciones* ⇒funfair

atraco s.m. 1 *(a un lugar)* ⇒robbery *(pl robberies)*: *Ha habido muchos atracos en la zona* - There have been many robberies in the area; ⇒hold-up UK; ⇒holdup US 2 *(a una persona)* ⇒mugging 3 ~ **a mano armada** ⇒armed robbery *(pl armed robberies)*

atracón s.m. *darse un atracón de pasteles* - to stuff oneself with cakes

atractivo, va I adj. 1 *(una persona)* ⇒attractive 2 *(un proyecto, una idea, un plan)* ⇒inviting: *Tus planes parecen muy atractivos* - Your plans sound rather inviting; ⇒engaging I **atractivo** s.m. 3 ⇒appeal: *July tiene un cierto atractivo* - July has a certain appeal

atraer v. 1 *(hacia sí)* ⇒to attract: *El imán atrae los metales* - Magnets attract metals 2 *(resultar interesante)* ⇒to attract: *Ese chico me atrae mucho* - That guy attracts me very much 3 *(apetecer)* ⇒to appeal: *Esa idea no me atrae mucho* - That idea doesn't really appeal to me 4 *(captar)* ⇒to grab: *atraer la atención de alguien* - to grab sb's attention

atragantarse v.prnl. *(una persona)* ⇒to choke [CONSTR. to choke on sth]: *Me atraganté con una espina* - I choked on a fish bone

atrapar v. 1 ⇒to catch: *Atrápalo* - Catch it!; ⇒to capture: *atrapar a un ladrón* - to capture the robber; ⇒to seize 2 *(una pelota)* ⇒to catch 3 *(con una trampa)* ⇒to trap

atrás adv. 1 ⇒behind: *No te quedes atrás* - Don't get behind 2 *(zona posterior)* ⇒rear ⇒back: *en la parte de atrás de la casa* - at the back of the house 3 *(hacia atrás)* ⇒back ⇒backwards UK: *Di un salto atrás* - I jumped backwards; ⇒backward US; ⇒astern 4 **dejar ~** ⇒to leave behind 5 **echarse ~** *(desdecirse)* ⇒to go back on one's word

atrasado, da adj. 1 *(en el desarrollo)* ⇒underdeveloped: *zonas rurales atrasadas* - underdeveloped rural areas; ⇒backward 2 *(en la entrega de algo)* ⇒behind 3 *tener trabajo atrasado* - to be behind with one's work 4 *(en el tiempo)* ⇒late: *Voy muy atrasado* - I'm very late 5 *(un reloj)* ⇒slow: *Tu reloj va atrasado* - Your watch is slow 6 *(una publicación)* ⇒back

atrasar I v. 1 *(aplazar)* ⇒to postpone [CONSTR. to postpone + doing sth]: *Se ha atrasado la reunión* - The meeting has been postponed; ⇒to put off [CONSTR. to put off + doing sth] 2 *(un reloj)* ⇒to put back I **atrasarse** prnl. 3 *(llegar tarde)* ⇒to be late ⇒to get delayed 4 *(un reloj)* ⇒to be slow: *Este reloj se atrasa* - This watch is slow

atraso I s.m. 1 *(hecho de atrasar)* ⇒postponement 2 *(falta de desarrollo)* ⇒backwardness: *atraso tecnológico* - technological backwardness 3 *(tardanza)* ⇒delay I **atrasos** pl. 4 *(dinero)* ⇒arrears

atravesar I v. 1 *(recorrer)* ⇒to go through: *atravesar un bosque* - to go through a wood 2 *(cruzar)* ⇒to go across ⇒to cross 3 *(por una situación)* ⇒to go through: *atravesar un mal momento* - to go through a difficult time 4 *(perforar)* ⇒to pierce ⇒to go through I **atravesarse** prnl. 5 *(impedir el paso)* ⇒to block sb's path

atreverse v.prnl. ⇒to dare [CONSTR. to dare + (to) do sth]: *No me atrevo a decirle lo que hice* - I daren't tell her what I did

atrevido, da adj. 1 *(arriesgado)* ⇒daring 2 *(decidido)* ⇒decisive: *Tienes que ser más atrevido* - You need to be more decisive 3 *(impertinente)* ⇒cheeky UK: *Los niños son muy atrevidos a veces* - Kids are really cheeky at times; ⇒sassy US *inform* US; ⇒bold: *preguntas atrevidas* - bold questions; ⇒presumptuous 4 *(una prenda de vestir)* ⇒revealing: *un vestido muy atrevido* - a revealing dress

atril s.m. 1 ⇒stand: *un atril de música* - a music stand 2 *(para libros o documentos)* ⇒lectern

atropellar v. ⇒to knock down ⇒to run over: *Su perro fue atropellado por un camión* - Her dog was run over by a lorry

atroz adj. 1 *(cruel)* ⇒atrocious ⇒terrible ⇒heinous *form*: *un crimen atroz* - a heinous crime 2 *(pésimo)* ⇒appalling: *un tiempo atroz* - an appalling weather

atufar v. 1 col. *(algo con mal olor)* ⇒to stink: *Tus zapatillas atufan* - Your trainers stink 2 *(un*

A

lugar) ⇨to stink out: *El humo atufaba la casa* - The smoke was stinking the house out

atún *s.m.* ⇨tuna: *una ensalada de atún* - a tuna salad

aturdir *v.* 1 ⇨to bewilder: *Tanta gente me aturdió* - So many people bewildered me 2 *(por un golpe)* ⇨to stun: *Estaba aturdido después del golpe* - I was stunned after the crash 3 *(por una droga)* ⇨to stupefy

audaz *adj.* ⇨audacious ⇨daring: *una propuesta audaz* - a daring proposal; ⇨bold

audición *s.f.* 1 *(prueba)* ⇨audition 2 *(percepción de un sonido)* ⇨hearing

audiencia *s.f.* 1 *(conjunto de personas)* ⇨audience *form* 2 *(tribunal de justicia)* ⇨court

audífono *s.m.* ⇨hearing aid

audiovisual *adj.* ⇨audio-visual

auditorio *s.m.* 1 *(lugar)* ⇨auditorium *(pl* auditoria, auditoriums) 2 *(edificio)* ⇨concert hall ⇨auditorium *US (pl* auditoria, auditoriums) 3 *(conjunto de personas)* ⇨audience

auge *s.m.* ⇨peak: *el auge económico* - the economic peak

aula *s.f.* 1 *(de un colegio)* ⇨classroom 2 *(de una universidad)* ⇨lecture theatre *UK;* ⇨lecture theater *US*

aullar *v.* ⇨to howl

aullido *s.m.* 1 *(de un animal)* ⇨howl 2 *(del viento)* ⇨howling [U]

aumentar *v.* 1 *(incrementar)* ⇨to increase ⇨to build up: *Las diferencias están aumentando entre las dos familias* - Differences are building up between the two families 2 *(subir, ascender)* ⇨to rise ⇨to raise: *Aumentaron el precio del café* - They raised the price of coffee 3 *(magnificar)* ⇨to magnify

aumento *s.m.* 1 ⇨increase: *aumento de la temperatura* - increase in temperature; ⇨rise *UK* 2 *(de dinero)* ⇨rise *UK;* ⇨raise *US*

aun *adv.* 1 *(incluso)* ⇨even: *Aun los más listos se equivocan* - Even the cleverest people make mistakes 2 ~ así ⇨even so: *Aun así, no fui* - Even so, I didn't go 3 ~ cuando ⇨even though

aún *adv.* 1 *(en oraciones negativas e interrogativas)* ⇨yet [Se sitúa al final de la oración]: *Aún no* - Not yet; *¿No ha venido aún?* - Hasn't he come yet? ■ Ver cuadro already / yet 2 *(en comparaciones)* ⇨even: *Esta película es aún peor* - This film is even worse 3 *(en oraciones afirmativas e interrogativas)* ⇨still: *Mi padre aún disfruta jugando con nosotros* - My dad still enjoys playing with us; *¿Aún estás aquí?* - Are you still here? 4 ~ más ⇨even more: *Ahora tengo aún más* - Now I have even more

aunque *conj.* 1 *(con valor concesivo)* ⇨although [*Although* suele ser más formal que *though*.]; ⇨even if: *Aunque salieras inmediatamente, no llegarías a tiempo* - Even if you left immediately you wouldn't arrive in time; ⇨even though [*Even if* o *even though* suelen tener un uso más enfático] 2 *(con valor adversativo)* ⇨although: *Estudia mucho, aunque no saca buenas notas* - She studies very hard, although she doesn't get good marks

auricular ■ *s.m.* 1 *(de un teléfono)* ⇨receiver ⇨earpiece ■ **auriculares** *pl.* 2 ⇨earphones: *Tiene los auriculares puestos* - He has his earphones on; ⇨headphones

aurora *s.f.* 1 ⇨dawn 2 la ~ boreal ⇨the northern lights *pl*

ausencia *s.f.* 1 *(de una persona)* ⇨absence: *Se ha nombrado un nuevo director durante su ausencia* - A new manager was appointed in her absence 2 *(privación de una cosa)* ⇨lack 3 *Los estudiantes brillaron por su ausencia durante las conferencias* - There was a distinct lack of students during the lectures

ausentarse *v.prnl.* 1 *(no estar)* ⇨to be away: *Me ausenté de casa por un par de semanas* - I was away from home for a couple of weeks 2 *ausentarse del trabajo* - to be off work 3 *(marcharse)* ⇨to absent oneself: *ausentarse de una reunión* - to absent oneself from a meeting

ausente *adj.* 1 *(despistado)* ⇨absent: *Parece ausente desde el accidente* - He seems absent since the accident 2 *(de casa, del trabajo)* ⇨out: *Me temo que estará ausente hasta la semana que viene* - I'm afraid he will be out until next week

austero, ra *adj.* ⇨austere

Australia *s.f.* ⇨Australia

Austria *s.f.* ⇨Austria

austriaco, ca o austríaco, ca *adj. / s.* ⇨Austrian

auténtico, ca *adj.* ⇨authentic: *comida china auténtica* - authentic Chinese food; ⇨genuine: *cuero auténtico* - genuine leather; ⇨real

auto *s.m.* AMÉR. *(vehículo)* ⇨automobile *US;* ⇨car

autobiografía *s.f.* ⇨autobiography *(pl* autobiographies)

autobiográfico, ca *adj.* ⇨autobiographical

autobús *s.m.* ⇨bus *(pl* buses): *coger el autobús* - to take a bus / to get a bus; *autobús de dos pisos* - double-decker bus; *parada de autobús* - bus stop / bus shelter

autocar *s.m.* ⇨coach *UK (pl* coaches): *Subimos al autocar* - We got on the coach

autodidacta *adj.* ⇨self-taught

autoescuela *s.f.* ⇨driving school

avería A

autógrafo *s.m.* ⇨autograph
automático, ca ❚ *adj.* **1** ⇨automatic ⇨mindless: *Me temo que es un trabajo bastante automático* - I'm afraid it's fairly mindless work ❚ **automático** *s.m.* **2** *(cierre)* ⇨press stud
automercado *s.m.* AMÉR. ⇨supermarket ⇨superstore ⇨market
automóvil *s.m.* ⇨car ⇨automobile US
automovilismo *s.m.* **1** ⇨motoring **2** *(deporte)* ⇨motor racing
automovilista *s.com.* ⇨driver ⇨motorist
autonomía *s.f.* **1** *(independencia al actuar)* ⇨autonomy **2** *(comunidad autónoma)* ⇨autonomous region
autonómico, ca *adj.* ⇨regional
autónomo, ma *adj.* **1** *(un colectivo)* ⇨autonomous: *comunidades autónomas* - autonomous regions **2** *(un trabajador)* ⇨self-employed ⇨freelance
autopista *s.f.* ⇨motorway UK: *ir por la autopista* - to go on the motorway; ⇨freeway US; ⇨highway US
autopsia *s.f.* ⇨autopsy *(pl* autopsies); ⇨post-mortem (examination)
autor, -a *s.* **1** *(de libros)* ⇨author **2** *(de composiciones musicales)* ⇨composer **3** *(de ideas)* ⇨creator **4** *autor de un delito* - person responsible for a crime
autoridad *s.f.* **1** *(poder)* ⇨authority **2** *(persona que sabe mucho)* ⇨authority *(pl* authorities): *ser una autoridad en una materia* - to be an authority on a subject
autorización *s.f.* **1** ⇨authorization ⇨authorisation UK: *Acabo de recibir la autorización para irme el viernes* - I have just received the authorisation to leave on Friday **2** *entrar sin autorización* - to trespass
autorizar *v.* **1** *(permitir)* ⇨to authorize ⇨to authorise UK: *El sindicato no autorizó la huelga* - The trade union didn't authorise the strike **2** *(facultar)* ⇨to give the right
autorretrato *s.m.* ⇨self-portrait
autoservicio *s.m.* **1** *(tienda)* ⇨self-service **2** *(supermercado)* ⇨supermarket **3** *(restaurante)* ⇨self-service restaurant
autostop *s.m.* **1** ⇨hitchhiking **2** *hacer autostop* - to hitchhike
autovía *s.f.* ⇨dual carriageway UK; ⇨divided highway US
auxiliar ❚ *adj.* **1** ⇨auxiliary **2** *(ayudante)* ⇨assistant: *auxiliar de enfermería* - nursing assistant **3** ~ *de vuelo* **1** *(sin especificar sexo)* ⇨cabin assistant UK; ⇨flight attendant **2** *(hombre)* ⇨steward UK **3** *(mujer)* ⇨stewardess UK *(pl* stewardesses); ⇨air hostess UK *(pl* air hostesses) **4** ~ técnico sanitario **1** *(mujer)* ⇨nurse **2** *(hombre)* ⇨male nurse ❚ *v.* **5** *(ayudar)* ⇨to help
auxilio *s.m.* **1** ⇨aid: *primeros auxilios* - first aid; *maletín de primeros auxilios* - first-aid kit **2** ¡auxilio! ⇨help!
avalancha *s.f.* **1** *(de nieve)* ⇨avalanche **2** *(de tierra)* ⇨landslide **3** ⇨flood: *una avalancha de gente* - a flood of people
avance *s.m.* ⇨advance: *hacer un avance hacia el pleno empleo* - to make an advance towards total employment
avanzado, da *adj.* ⇨advanced
avanzar *v.* **1** *(en movimiento)* ⇨to advance ⇨to move {ahead/along/forward(s)}: *La tormenta está avanzando rápidamente* - The storm is moving ahead very quickly **2** *(en el tiempo)* ⇨to progress ⇨to pass ⇨to go by: *a medida que avanza el tiempo* - as time goes by **3** *(mejorar, progresar)* ⇨to progress: *Ha avanzado mucho en el último mes* - She has progressed a lot in the last month; ⇨to advance ⇨to make progress
avaricia *s.f.* ⇨greed ⇨avarice *form*
avaricioso, sa *adj./s.* ⇨greedy *adj:* *ser un avaricioso* - to be greedy; ⇨avaricious
avaro, ra *adj.* ⇨greedy: *Aunque es muy rico, es la persona más avara que conozco* - Even though he is very rich, he is the greediest person I've ever met; ⇨mean UK; ⇨avaricious
ave *s.f.* ⇨bird: *ave acuática* - water bird
avellana *s.f.* ⇨hazelnut
avemaría *s.m.* ⇨Hail Mary
avena *s.f.* **1** ⇨oats *pl: un campo de avena* - a field of oats **2** *pan de avena* - oat bread
avenida *s.f.* ⇨avenue [CONSTR. Se utiliza mucho su forma abreviada *Ave.*]; ⇨promenade
aventura *s.f.* **1** ⇨adventure **2** *(amorosa, sentimental)* ⇨romance **3** *(con infidelidad)* ⇨affair ⇨fling *inform*
aventurero, ra *adj.* ⇨adventurous: *una mujer aventurera* - an adventurous woman
avergonzado, da *adj.* **1** *(abochornado)* ⇨embarrassed ⇨sheepish: *Me sonrió avergonzada y se disculpó* - She gave me a sheepish smile and apologized **2** *(arrepentido)* ⇨ashamed
avergonzar ❚ *v.* **1** *(a otra persona)* ⇨to embarrass: *Prométeme que no me avergonzarás en la fiesta* - Promise me you will not embarrass me at the party ❚ **avergonzarse** *prnl.* **2** *(sentirse culpable)* ⇨to be ashamed **3** *(sentirse abochornado)* ⇨to be embarrassed
avería *s.f.* **1** *(de un vehículo, una máquina)* ⇨breakdown **2** ⇨fault

A averiar *v.* ⇨to break down: *La lavadora se ha averiado* - The washing machine has broken down

averiguar *v.* ⇨to find out: *¿Averiguaste la hora del vuelo?* - Did you find out the time of the flight?

avestruz *s.m.* ⇨ostrich (*pl* ostriches)

aviación *s.f.* 1 *(sistema aéreo)* ⇨aviation: *la historia de la aviación* - the history of aviation 2 *(cuerpo militar)* ⇨air force

aviador, -a *s.* ⇨pilot ⇨aviator

avión *s.m.* ⇨aeroplane *UK;* ⇨plane: *avión a reacción* - jet plane; ⇨airplane *US*

avioneta *s.f.* ⇨light aircraft (*pl* light aircraft)

avisar *v.* 1 *(decir)* ⇨to let know ⇨to tell: *Avísales de que llegaré tarde* - Tell them that I'll be late 2 *(advertir de un peligro)* ⇨to warn [CONSTR. 1. to warn sb about/of sth 2. to warn + (that) 3. to warn + to do sth]: *Les avisé de la tormenta* - I warned them of the storm; ⇨to forewarn 3 *(llamar)* ⇨to send for ⇨to call: *avisar a la policía* - to call the police

aviso *s.m.* 1 *(público)* ⇨notice [U] 2 *(de un peligro)* ⇨warning: *dar un aviso* - to issue a warning 3 *hasta nuevo aviso* - until further notice 4 *sin previo aviso* - without prior notice

avispa *s.f.* ⇨wasp: *cintura de avispa* - wasp waist

axila *s.f.* ⇨armpit

ayer *s.m.* 1 ⇨yesterday 2 *Mi hermano llegó ayer por la noche* - My brother arrived last night

ayuda *s.f.* 1 ⇨help [U]: *Necesito ayuda* - I need some help; ⇨assistance *form;* ⇨aid: *ir a la ayuda de alguien* - to go to the aid of someone 2 *hacer algo sin ayuda de nadie* - to do sth on one's own 3 ~ **económica** 1 *(a una persona, a un colectivo)* ⇨financial help 2 *(a un país)* ⇨financial aid 4 **con ~ de** ⇨by means of

ayudante *s.com.* ⇨helper ⇨assistant

ayudar ∎ *v.* 1 ⇨to help [CONSTR. to help sb (to) do sth]: *Ayúdame a ordenar estos libros* - Help me put these books in order; *¿Te ayudo con las maletas?* - Shall I help you with the suitcases?; ⇨to help out ⇨to assist: *Te ayudarán en el trabajo* - They will assist you at work; ⇨to aid ⇨to give a hand: *¿Puedes ayudarme?* - Could you give me a hand? ∎ **ayudarse** *prnl.* 2 ⇨to use: *Ayúdate con el cuchillo* - Use the knife 3 *(mutuamente)* ⇨to help each other

ayunar *v.* ⇨to fast: *Ayuno los miércoles de ceniza* - I fast on Ash Wednesdays

ayunas (en ~) ⇨without having eaten or drunk anything

ayuno *s.m.* ⇨fast

ayuntamiento *s.m.* 1 *(corporación)* ⇨council 2 *(edificio)* ⇨town hall ⇨city hall *US*

azabache *s.m.* ⇨jet

azafata *s.f.* 1 *(de un avión)* ⇨air hostess *UK* (*pl* air hostesses); ⇨stewardess (*pl* stewardesses) 2 *(de un programa televisivo)* ⇨assistant

azafate *s.m.* *AMÉR.* ⇨tray

azafrán *s.m.* 1 *(planta)* ⇨crocus 2 *(condimento)* ⇨saffron

azahar *s.m.* ⇨orange blossom

azar *s.m.* 1 *(destino)* ⇨fate 2 **al ~** ⇨at random ⇨haphazard 3 **por ~** ⇨by chance

azote *s.m.* ⇨smack ⇨slap

azotea *s.f.* 1 *(de un edificio)* ⇨flat roof 2 *col. (cabeza)* ⇨bonce *inform;* ⇨head

azúcar *s.amb.* 1 ⇨sugar: *un terrón de azúcar* - a sugar cube 2 ~ **glas** ⇨icing sugar 3 ~ **moreno** ⇨brown sugar

azucarero *s.m.* ⇨sugar bowl

azucena *s.f.* ⇨lily (*pl* lilies)

azufre *s.m.* ⇨sulphur *UK;* ⇨sulfur *US*

azul *adj. / s.m.* 1 ⇨blue 2 *azul celeste* - sky blue 3 *azul claro* - pale blue 4 *azul marino* - navy blue

azulejo *s.m.* ⇨tile

b *s.f. (letra del alfabeto)* ⇒b

baba *s.f.* **1** *(de una persona)* ⇒spittle [U]; ⇒dribble [U] **2** *(de perro)* ⇒slobber [U] **3** *(de caracol)* ⇒slime [U] **4 caérsele la ~ a alguien** *col.* ⇒to dote [CONSTR. to dote on sth/sb]: *A Alex se le cae la baba por Sophie* - Alex dotes on Sophie; ⇒to drool over ⇒to slaver **5 mala ~** *col.* ⇒bad temper

babear *v.* **1** *(un animal, una persona)* ⇒to slobber: *Este perro babea mucho* - This dog slobbers a lot **2** *(un bebé)* ⇒to dribble

babero *s.m.* ⇒bib

babi *s.m.* ⇒smock ⇒overall

babor *s.m.* **1** ⇒port **2 a ~** ⇒to port ⇒on the port side

baca *s.f.* ⇒roof rack: *Coloca las maletas en la baca* - Put the suitcases on the roof rack; ⇒luggage rack

bacalao *s.m.* ⇒cod *(pl* cod)

bache *s.m.* **1** *(en la carretera)* ⇒pothole ⇒hole **2** *una carretera con baches* - a bumpy road **3** *(económico)* ⇒slump **4** *(mala racha)* ⇒bad patch *inform: El equipo está atravesando un bache* - The team is going through a bad patch

bachillerato *s.m.* **1** *(etapa)* ⇒high school *US;* ⇒secondary school *UK* **2** *(título académico)* ⇒high-school diploma *US;* ⇒certificate of secondary education *UK* **3** *(estudios)* ⇒high-school studies *US*

bacon *s.m.* Véase **beicon**

bacteria *s.f.* **1** ⇒bacteria *pl* **2** ⇒germ

bafle *s.m.* ⇒speaker ⇒louspeaker

bahía *s.f.* ⇒bay

bailar *v.* **1** ⇒to dance: *Está bailando con su padre* - She is dancing with her father **2** *(música pop)* ⇒to boogie *inform* **3** *(una peonza)* ⇒to spin **4** *(la ropa)* ⇒to swamp *inform: El vestido me baila* - This dress swamps me; ⇒to be too big **5** *Le baila un diente* - She has got a loose tooth **6 sacar a ~** ⇒to ask *sb* to dance

bailarín, -a *s.* **1** ⇒dancer **2** *(de ballet)* ⇒ballet dancer ⇒ballerina (mujer)

baile *s.m.* **1** *(danza)* ⇒dance **2** *(de etiqueta)* ⇒ball **3** *(de música pop)* ⇒bop *inform* **4** *(de fin de curso)* ⇒prom *US* **5** *(actividad)* ⇒dancing **6** *(popular)* ⇒folk dancing **7 ~ de disfraces** ⇒fancy dress ball **8 ~ de máscaras** ⇒masked ball **9 ~ de salón** ⇒ballroom dancing

baja *s.f.* **1** *(en combate)* ⇒casualty *(pl* casualties) **2** *(disminución)* ⇒decrease ⇒drop: *una baja en las ventas* - a drop in the sales **3** *Me di de baja en el club* - I cancelled my club membership **4** *(en un trabajo)* ⇒sick leave: *estar de baja* - to be on sick leave **5** *(de maternidad)* ⇒maternity leave **6** *(certificado médico)* ⇒medical certificate ⇒sick note *inform*

bajada *s.f.* **1** *(descendimiento)* ⇒descent **2** *(terreno)* ⇒slope ⇒way down **3** *(disminución)* ⇒fall ⇒drop: *una bajada de las temperaturas* - a drop in temperature **4 ~ de bandera** *(en un taxi)* ⇒minimum fare

bajar *v.* **1** *(llevar de arriba abajo)* ⇒to take down ⇒to bring down **2** *(disminuir)* ⇒to fall: *El precio del crudo ha bajado un poco* - The price of crude oil has fallen slightly **3** *(la hinchazón)* ⇒to go down **4** *(hacer descender)* ⇒to lower: *Bajad la voz, por favor* - Lower your voices, please **5** *(rápidamente)* ⇒to drop: *El último fin de semana las temperaturas bajaron considerablemente* - Last weekend the temperatures dropped **6** *(de categoría)* ⇒to go down ⇒to downgrade **7** *(de un vehículo)* ⇒to get off: *Nos bajaremos en la próxima parada* - We'll get off at the next stop **8** *(de un coche)* ⇒to get out: *Bajó del taxi* - He got out of the taxi **9** *(el volumen, el gas)* ⇒to turn down: *Baja la música* - Turn the music down **10** *(una cremallera)* ⇒to unzip **11** *(los precios)* ⇒to mark down ⇒to come down: *La gasolina ha vuelto a bajar* - Petrol has come down again **12** *(la cabeza, como señal de respeto)* ⇒to bow ⇒to lower **13** *(la marea)* ⇒to ebb ⇒to go out ⇒to recede **14** *(el nivel del agua)* ⇒to subside **15** *(cuando el que habla está debajo)* ⇒to come down: *Baja, que*

tenemos que hablar - Come down, we have to talk **16** *(cuando el que habla está arriba)* ⇨to go down: *Baja por un vaso, por favor* - Go down and get me a glass, please **17** *(en informática)* ⇨to download: *bajarse archivos de internet* - to download files from the Internet

bajo, ja ∎ *adj.* **1** *(una persona)* ⇨short: *Mi prima es muy baja* - My cousin is very short **2** *(una cosa)* ⇨low: *Mi cama es muy baja* - My bed is very low **3** *(un valor)* ⇨low: *un precio bajo* - a low price **4** *(un terreno)* ⇨low-lying **5** *(un comportamiento)* ⇨base ⇨mean **6** *(un sonido grave)* ⇨deep ⇨low **7** *(un sonido apagado)* ⇨muted **8** *(calidad)* ⇨poor ⇨low **9** ~ **de forma** ⇨out of shape ⇨unfit **∎ bajo** *s.m.* **10** *(en un edificio)* ⇨ground floor *UK;* ⇨first floor *US* **11** *(en una prenda de vestir)* ⇨hemline ⇨hem **12** *(instrumento musical)* ⇨bass player ⇨bass **13** *(músico)* ⇨bass guitarist ⇨bassist **∎ bajos** *s.m.pl.* **14** *(en un coche)* ⇨underside **∎ bajo** *adv.* **15** ⇨low: *volar bajo* - to fly low **16** ⇨softly: *hablar bajo* - to speak softly **∎ bajo** *prep.* **17** *(debajo de)* ⇨under ⇨underneath **18** *(por debajo de)* ⇨below: *bajo cero* - below zero

bala *s.f.* **1** ⇨bullet **2 a prueba de balas** ⇨bullet-proof **3** ~ **de fogueo** ⇨blank **4 como una** ~ ⇨like a shot ⇨like a flash

balacear *v. AMÉR.* ⇨to shoot ⇨to fire on

balacera *s.f. AMÉR.* ⇨shooting ⇨shoot-out

balance *s.m.* **1** *(económico)* ⇨balance: *hoja de balance* - balance sheet **2** *(evaluación)* ⇨assessment ⇨evaluation **3** *el balance de víctimas* - the death toll

balancear ∎ *v.* **1** *(mecer)* ⇨to rock: *Balanceó suavemente la cuna* - She gently rocked the cradle **∎ balancearse** *prnl.* **2** ⇨to swing **3** *(un barco)* ⇨to roll **4** *(por un estado físico)* ⇨to sway

balanza *s.f.* **1** ⇨scales *UK pl: La balanza no funciona* - The scales are broken; ⇨scale *US;* ⇨balance *US* **2** ~ **de pagos** ⇨balance of payments

balar *v.* ⇨to bleat

balazo *s.m.* **1** *(disparo)* ⇨shot **2** *(herida)* ⇨bullet wound

balbucear *v.* **1** *(un bebé)* ⇨to babble: *La pequeña balbuceó su primera palabra* - The baby babbled her first word **2** ⇨to stammer: *balbucear una excusa* - to stammer an excuse; ⇨to splutter

balcón *s.m.* ⇨balcony *(pl balconies)*

balda *s.f.* ⇨shelf *(pl shelves)*

balde *s.m.* **1** ⇨bucket **2 de** ~ ⇨for nothing ⇨free **3 en** ~ ⇨in vain

baldosa *s.f.* ⇨floor tile

balear ∎ *adj. / s.com.* **1** ⇨Balearic **∎** *v.* **2** *AMÉR.* ⇨to shoot ⇨to fire on

baleo *s.m. AMÉR.* ⇨shooting ⇨firing ⇨shoot-out

ballena *s.f.* **1** ⇨whale: *una manada de ballenas* - a school of whales **2** *(de un corsé)* ⇨bone ⇨whalebone

ballet *s.m.* ⇨ballet

balneario *s.m.* ⇨spa ⇨health resort *UK*

balón *s.m.* **1** ⇨ball **2** *un balón de oxígeno* - an oxygen cylinder

baloncesto *s.m.* ⇨basketball: *jugar al baloncesto* - to play basketball

balonmano *s.m.* ⇨handball

balonvolea *s.m.* ⇨volleyball

balsa *s.f.* **1** *(embarcación)* ⇨raft **2** *(poza)* ⇨pool ⇨pond **3 como una** ~ **de aceite** *col.* ⇨as calm as a millpond

bambú *s.m.* ⇨bamboo: *brotes de bambú* - bamboo shoots

banana *s.f.* ⇨banana

banca *s.f.* **1** *(actividad)* ⇨banking **2** *AMÉR. (asiento)* ⇨seat **3** *AMÉR. (en deportes)* ⇨bench *(pl benches)* **4** *(en un juego)* ⇨bank: *tener la banca* - to hold the bank

bancario, ria *adj. cuenta bancaria* - bank account; *cheque bancario* - bank cheque

bancarrota *s.f.* **1** ⇨bankruptcy: *afrontar la bancarrota* - to face bankruptcy **2** *quedarse en bancarrota* - to go bankrupt

banco *s.m.* **1** *(de dinero)* ⇨bank **2** *(de órganos)* ⇨bank **3** *(de sangre)* ⇨bloodbank **4** *(para sentarse)* ⇨bench *(pl benches);* ⇨seat **5** *(de madera, en una iglesia)* ⇨pew **6** *(de peces)* ⇨shoal **7** *(de arena)* ⇨bank ⇨sandbank **8** ~ **de datos** *(en informática)* ⇨databank

banda *s.f.* **1** *(gang)* *una banda de gamberros* - a gang of louts **2** *(de música)* ⇨band ⇨group **3** *(en una tela)* ⇨strip **4** *(en deportes)* ⇨wing: *la banda izquierda* - the left wing **5** *(de frecuencia)* ⇨band **6** ~ **ancha** *(en informática)* ⇨broadband: *una conexión a internet de banda ancha* - a broadband Internet connection **7** ~ **sonora 1** *(en cine y televisión)* ⇨soundtrack **2** *(en una carretera)* ⇨rumble strip **8 coger por** ~ *col.* ⇨to get hold of

bandada *s.f.* **1** *(de pájaros)* ⇨flock **2** *(de gansos)* ⇨gaggle **3** *(de peces)* ⇨shoal

bandeja *s.f.* **1** *(del horno)* ⇨tray **2** *(del horno)* ⇨oven tray **3** ~ **de salida** ⇨out-tray **4 {poner/servir} en** ~ *col.* ⇨to hand on a plate

bandera *s.f.* **1** ⇨flag: *enarbolar una bandera* - to hoist a flag **2** ~ **blanca** ⇨white flag **3** ~ **pirata** ⇨Jolly Roger **4 jurar** ~ ⇨to swear allegiance to the flag

banderín *s.m.* ⇨flag ⇨pennant: *El techo estaba cubierto de banderines de colores* - The ceiling was covered with fancy pennants

bandido, da *s.* ⇨bandit

bando *s.m.* **1** *(comunicado oficial)* ⇨edict **2** *(grupo de personas)* ⇨side ⇨faction: *cambiar de bando* - to change faction

banquero, ra *s.* ⇨banker

banqueta *s.f.* ⇨stool: *Me subí a una banqueta para cambiar la bombilla* - I took a stool so as to change the bulb

banquete *s.m.* ⇨banquet ⇨feast ⇨reception: *un banquete de bodas* - a wedding reception

banquillo *s.m.* **1** *(en deporte)* ⇨bench *(pl benches)* **2** *(en un juicio)* ⇨dock *UK;* ⇨stand

bañadera *s.f. AMÉR.* ⇨bath *UK;* ⇨bathtub *US*

bañador *s.m.* **1** ⇨swimming costume *UK;* ⇨bathing suit *US* **2** *(de mujer)* ⇨swimming costume *UK;* ⇨swimsuit: *El bañador de Kathryn es rojo* - Kathryn's swimsuit is red **3** *(de hombre)* ⇨swimming trunks *UK pl: Me compré tres bañadores en las rebajas* - I bought three pairs of swimming trunks in the sales; ⇨trunks *pl: El bañador de Mark es azul y verde* - Mark's trunks are blue and green

bañar ∎ *v.* **1** *(a una persona)* ⇨to bath *UK* **2** *(el mar)* ⇨to wash **3** *(un pastel)* ⇨to cover: *bañar un pastel con chocolate* - to cover a cake in chocolate; ⇨to coat **4** *(en metal)* ⇨to plate: *Este collar está bañado en oro* - This necklace is gold-plated ∎ **bañarse** *prnl.* **5** *(lavarse)* ⇨to have a bath *UK* **6** *(nadar)* ⇨to go for a swim ⇨to swim

bañera *s.f.* **1** ⇨bath *UK;* ⇨bathtub *US;* ⇨tub *US* **2** *~ de hidromasaje* ⇨whirlpool

bañista *s.com.* ⇨swimmer ⇨bather

baño ∎ *s.m.* **1** *(habitación)* ⇨bathroom *US;* ⇨toilet *UK: Disculpe, ¿dónde está el baño?* - Excuse me, where's the toilet?; ⇨loo *UK inform* **2** *(en una bañera)* ⇨bath: *darse un baño* - to have a bath **3** *(en una piscina, en el mar)* ⇨swim: *¡Vamos a darnos un baño!* - Let's go for a swim!; ⇨bathe *form* **4** *(actividad)* ⇨bathing: *Decidió tomar un baño en el mar* - He decided to go bathing in the sea **5** *(de pintura, de barniz)* ⇨coat: *un baño de pintura* - a coat of paint **6** *(de un metal)* ⇨plating: *un baño de plata* - a silver plating **7** *baño (de) María* ⇨bain-marie **8** *~ de multitudes* ⇨walkabout *UK inform: darse un baño de multitudes* - to go on a walkabout **9** *~ de sangre* ⇨bloodbath ∎ **baños** *s.m.pl.* **10** ⇨baths: *los baños romanos* - the Roman baths

bar *s.m.* **1** ⇨bar: *Han abierto un bar al lado de mi casa* - They've opened a new bar by my house; ⇨pub ⇨public house *UK form* **2** *(cafetería)* ⇨snack bar **3** *(en un tren o en una estación de tren)* ⇨buffet *UK*

baraja *s.f.* ⇨pack of cards *UK;* ⇨deck of cards *US*

barajar *v.* **1** *(cartas)* ⇨to shuffle **2** *(estudiar)* ⇨to consider ⇨to weigh up: *barajar las distintas posibilidades* - to weigh up the different possibilities

barandilla *s.f.* **1** ⇨handrail ⇨rail **2** *(de una escalera)* ⇨banister **3** *(de un balcón)* ⇨railing [Se usa más en plural]

barato, ta ∎ *adj.* **1** ⇨cheap ⇨inexpensive ∎ **barato** *adv.* **2** ⇨cheaply: *Aquí se come bien y barato* - You can eat cheaply and well here; ⇨cheap: *El regalo salió barato* - The present was cheap

barba *s.f.* **1** ⇨beard: *Me estoy dejando barba* - I'm growing a beard **2** *~ de ballena* ⇨bone ⇨whalebone **3** *~ de chivo* ⇨goatee **4** *~ incipiente* ⇨stubble **5** *por ~ col.* ⇨each ⇨per head

barbacoa *s.f.* ⇨barbecue: *El sábado hicimos una barbacoa* - We had a barbecue on Saturday

barbaridad *s.f.* **1** *(disparate, tontería)* ⇨nonsense [U]: *¡No digas barbaridades!* - Don't talk nonsense! **2** *¡Qué barbaridad!* - That's terrible! **3** *(atrocidad)* ⇨barbarity *(pl barbarities)*; ⇨atrocity *(pl atrocities)* **4** *¡Nos gustó una barbaridad!* - We really enjoyed it!

bárbaro, ra ∎ *adj.* **1** *(cruel)* ⇨brutal: *un dictador bárbaro* - a brutal dictator; ⇨violent ⇨barbarous *form* **2** *(mal educado)* ⇨uncouth ⇨rough **3** *col. (extraordinario)* ⇨fantastic ⇨terrific: *¡Qué bárbaro!* - Terrific! ∎ *s.* **4** *(en historia)* ⇨Barbarian **5** *(persona maleducada)* ⇨brute ∎ **bárbaro** *adv.* **6** *col. Lo pasamos bárbaro* - We had a terrific time

barbero *s.m.* ⇨barber

barbilla *s.f.* ⇨chin

barbudo, da *adj.* ⇨bushy-bearded ⇨bearded: *un hombre barbudo* - a bearded man

barca *s.f.* **1** ⇨boat: *una excursión en barca* - a boat trip **2** *(de remos)* ⇨rowing boat *UK;* ⇨rowboat *US* **3** *~ hinchable* ⇨inflatable boat

barco *s.m.* **1** ⇨ship ⇨vessel: *un barco velero* - a sailing vessel **2** *(pequeño)* ⇨boat: *viajar en barco* - to travel by boat **3** *~ de vapor* ⇨steamer ⇨steamship **4** *~ de vela* ⇨sailing boat *UK;* ⇨sailboat *US*

barniz *s.m.* **1** *(para la madera, para un óleo)* ⇨varnish **2** *(para la cerámica)* ⇨glaze **3** *~ de uñas AMÉR.* ⇨nail varnish *UK (pl nail varnishes)*; ⇨nail polish *(pl nail polishes)*

barnizar *v.* **1** *(la madera, un óleo)* ⇨to varnish **2** *(la cerámica)* ⇨to glaze

barómetro *s.m.* ⇨barometer

barón *s.m.* ⇨baron

barquillo *s.m.* **1** ⇨wafer **2** *(de helado)* ⇨cone

barra *s.f.* **1** ⇨bar **2** *(de metal)* ⇨rail ⇨bar: *una*

B

barra de acero - a steel bar **3** *(de pan)* ⇨loaf *(pl loaves)*; ⇨stick: *una barra de pan* - a French stick **4** *(en un bar)* ⇨bar: *Estaba sentado en la barra con sus amigos* - He was sitting at the bar with his friends **5** ~ **de desplazamiento** *(en informática)* ⇨scroll bar **6** ~ **de herramientas** *(en informática)* ⇨toolbar **7** ~ **de labios** ⇨lipstick **8** ~ **invertida** *(signo gráfico)* ⇨back slash *(pl back slashes)* **9** ~ **oblicua** *(signo gráfico)* ⇨forward slash *(pl forward slashes)*; ⇨slash *(pl slashes)*

barranco *s.m.* ⇨ravine ⇨gully *(pl gullies)*

barrendero, ra *s.* ⇨street sweeper

barrer *v.* **1** *(limpiar)* ⇨to sweep: *barrer la suciedad* - to sweep (up) **2** *(derrotar)* ⇨to sweep aside: *barrer a un adversario* - to sweep an opponent aside

barrera *s.f.* **1** ⇨barrier **2** *(obstáculo)* ⇨barrier ⇨obstacle **3** *(en deportes)* ⇨wall

barriada *s.f.* **1** ⇨district ⇨area **2** AMÉR. *(zona desfavorecida)* ⇨slum ⇨shanty town

barricada *s.f.* ⇨barricade: *derribar una barricada* - to break down a barricade

barriga *s.f. col.* ⇨belly *inform (pl bellies)*: *barriga cervecera* - beer belly; ⇨tummy *inform (pl tummies)*

barril *s.m.* ⇨barrel ⇨cask

barrio *s.m.* **1** ⇨area ⇨neighbourhood UK; ⇨neighborhood US: *Viven en el mismo barrio* - They live in the same neighbourhood; ⇨district ⇨quarter **2** *(en las afueras)* ⇨suburb ⇨suburbia **3** ~ **bajo** ⇨slum ⇨skid row US *inform;* ⇨shanty town **4** ~ **chino** ⇨red-light district **5 de** ~ ⇨local: *una tienda de barrio* - a local shop

barro *s.m.* **1** *(lodo)* ⇨mud: *Me manché de barro* - I got all covered in mud **2** *(arcilla)* ⇨clay: *una jarra de barro* - a clay jar **3 de** ~ ⇨earthenware: *platos de barro* - earthenware plates

barroco, ca ▌ *adj.* **1** *(del Barroco)* ⇨baroque **2** *(adornado en exceso)* ⇨baroque ⇨elaborate ▌ **Barroco** *s.m.* **3** ⇨the Baroque

barrote *s.m.* ⇨bar ⇨iron bar

barullo *s.m. col.* ⇨row UK; ⇨din ⇨hubbub: *Casi no podía oírme con todo el barullo que había en el bar* - I could hardly hear myself speak above all the hubbub in the bar; ⇨to-do *inform*

basar *v.* ⇨to base [CONSTR. to base sth on sth]: *Esta película está basada en hechos reales* - This film is based on actual events; ⇨to found [CONSTR. 1. to found sth on sth 2. to be founded on sth]

báscula *s.f.* ⇨scales UK *pl: báscula digital* - digital scales; ⇨scale US; ⇨balance US

base ▌ *s.f.* **1** *(parte baja de una cosa)* ⇨base **2** *(fundamento)* ⇨basis *(pl bases)*: *la base de su pensamiento* - the basis of her thinking **3** *(fondo)* ⇨foundation ⇨base: *una base de pintura* - a paint base **4** ~ **aérea** ⇨airbase **5** ~ **de datos** ⇨database **6** ~ **espacial** ⇨space station **7** ~ **militar** ⇨base ▌ **bases** *pl.* **8** *(de un juego, de un concurso)* ⇨rules

básico, ca *adj.* ⇨basic ⇨elementary ⇨bare: *cubrir las necesidades básicas* - to cover the bare needs

basquetbol *s.m.* AMÉR. ⇨basketball

bastante ▌ *indef.* **1** *(suficiente)* ⇨enough: *No tengo bastante dinero* - I don't have enough money **2** *(mucho)* ⇨many: *Había bastante gente en la calle* - There were many people in the street; ⇨a lot of: *Mi madre tiene bastante trabajo* - My mother has a lot of work; ⇨quite a few ⇨a good few *inform* ▌ *adv.* **3** *(suficiente)* ⇨enough: *No ha nevado bastante para poder esquiar* - It hasn't snowed enough to go skiing; ⇨reasonably ⇨relatively: *El clima es bastante bueno para esta época del año* - The weather is relatively good for this time of year **4** *(mucho)* ⇨quite a lot: *He comido bastante* - I've eaten quite a lot; ⇨a fair amount of *inform* **5** *(muy)* ⇨rather [Cuando se usa con un adjetivo positivo, implica sorpresa o satisfacción por parte del hablante. Si el adjetivo es negativo, implica disgusto o insatisfacción]: *Este ejercicio es bastante complicado* - This exercise is rather difficult; ⇨quite UK: *La escuela queda bastante cerca* - The school is quite near; ⇨fairly: *Mi casa está bastante lejos* - My house is fairly far away; ⇨pretty *inform: Este vestido es bastante corriente* - This dress is pretty ordinary; ⇨nice and *sth inform* [CONSTR. Se usa seguido de un adjetivo]: *bastante limpio* - nice and clean

bastar ▌ *v.* **1** *(ser suficiente)* ⇨to be enough: *Diez libras me bastarán* - Ten pounds will be enough for me; ⇨to suffice *form* ▌ **bastarse** *prnl.* **2** *(ser capaz)*: *Bastarse por sí mismo* - To be capable

basto, ta *adj.* **1** *(un tejido)* ⇨rough ⇨coarse **2** *(una persona)* ⇨uncouth ⇨rude

bastón *s.m.* **1** ⇨stick ⇨walking stick: *Debido a su problema de rodilla tiene que usar un bastón* - Due to her knee problem she has to use a walking stick; ⇨cane **2** *un bastón de esquí* - a ski stick **3** ~ **de mando** ⇨mace ⇨baton

basura *s.f.* **1** *(desechos)* ⇨rubbish UK [U]; ⇨garbage US [U]; ⇨dross UK; ⇨refuse *form;* ⇨trash US **2** *(suciedad)* ⇨litter: *La calle estaba llena de basura* - The street was covered in litter; ⇨junk **3** *(recipiente)* ⇨dustbin UK; ⇨garbage can US: *tirar algo a la basura* - to throw sth in the garbage can **4 comida** ~ ⇨junk food **5 correo** ~ ⇨junk mail

basurero, ra ▌ *s.* **1** *(hombre)* ⇨dustman UK *(pl dustmen)*; ⇨garbage man US *(pl garbage men)* **2**

(mujer) ⇨dustwoman *UK (pl* dustwomen); ⇨garbage woman *US (pl* garbage women) ▮ **basurero** *s.m.* **3** *(lugar)* ⇨rubbish dump *UK;* ⇨garbage dump *US;* ⇨tip *UK*

bata *s.f.* **1** *(de estar en casa)* ⇨dressing gown *UK;* ⇨housecoat ⇨robe *US;* ⇨bathrobe *US* **2** *(de trabajo)* ⇨overall *UK;* ⇨smock **3** *(de médico)* ⇨white coat ⇨gown [Se refiere solo a la que visten las mujeres]; ⇨lab coat [Se refiere solo a la que visten las mujeres]

batalla *s.f.* **1** ⇨battle: *La guerra terminó con una violenta batalla* - The war ended with a ferocious battle; ⇨fight ⇨struggle **2** *(relato)* ⇨tale: *A su abuelo le gusta contarnos batallitas de sus tiempos de soldado* - His grandfather likes telling us tales of his time as soldier **3** ~ **campal 1** ⇨full-scale fight **2** *(de ejércitos o grupos de enemigos)* ⇨pitched battle **4 de** ~ *col.* ⇨everyday: *mis pantalones de batalla* - my everyday trousers

batallón *s.m.* **1** *(de soldados)* ⇨battalion **2** *col. (de personas)* ⇨gang *inform;* ⇨crowd *inform;* ⇨lot: *Tengo que dar de comer a todo este batallón* - I have to feed all this lot

bate *s.m.* ⇨bat: *un bate de béisbol* - a baseball bat

batería ▮ *s.f.* **1** *(instrumento musical)* ⇨drums *pl: Toco la batería* - I play the drums; ⇨drum kit **2** *(de un vehículo)* ⇨battery *(pl* batteries): *Se ha agotado la batería* - The battery has gone flat **3 batería (de cocina)** ⇨set of saucepans ⇨kitchenware ▮ *s.com.* **4** *(músico)* ⇨drummer

batido *s.m.* ⇨milkshake: *un batido de fresa* - a strawberry milkshake; ⇨shake

batidora *s.f.* ⇨mixer ⇨hand blender

batín *s.m.* ⇨dressing gown

batir *v.* **1** ⇨to cream: *batir la mantequilla* - to cream the butter; ⇨to whisk **2** *(un huevo)* ⇨to beat **3** *(la nata)* ⇨to whip **4** *(agitar)* ⇨to flap: *El pájaro batió las alas* - The bird flapped its wings; ⇨to flutter **5** *(vencer)* ⇨to beat ⇨to defeat **6** *(un récord)* ⇨to break **7** *(buscar)* ⇨to comb **8** *(golpear)* ⇨to beat: *Las olas batían contra los acantilados* - The waves beated against the cliff

baúl *s.m.* **1** ⇨trunk *US;* ⇨chest **2** *AMÉR. (de un coche)* ⇨boot *UK;* ⇨trunk *US*

bautismo *s.m.* **1** *(sacramento)* ⇨baptism **2** *(ceremonia)* ⇨christening

bautizar *v.* **1** ⇨to baptize ⇨to baptise *UK;* ⇨to christen [CONSTR. Se usa más en pasiva]: *La bautizaron con el nombre de Sarah* - She was christened Sarah **2** *(poner un nombre)* ⇨to name

bautizo *s.m. (sacramento)* ⇨baptism ⇨christening

baya *s.f.* ⇨berry *(pl* berries)

bayeta *s.f.* ⇨cloth ⇨dishcloth

bebe, ba *s. AMÉR.* ⇨baby *(pl* babies)

bebé *s.m.* ⇨baby *(pl* babies)

bebedor, -a *s.* ⇨drinker ⇨heavy drinker

beber *v.* **1** ⇨to drink: *Me gusta beber zumo de naranja* - I like to drink orange juice; *beber a su salud* - to drink to his health **2** *(alcohol)* ⇨to drink: *Yo no bebo* - I don't drink; ⇨to booze *inform;* ⇨to imbibe *form, hum* **3** *(a sorbos)* ⇨to sip: *Bebió el té a sorbos* - She sipped her tea **4** *(a lengüetazos)* ⇨to lap **5** *(a tragos grandes)* ⇨to gulp *inform: Se bebió todo el agua que quedaba* - She gulped all the water left **6** *(de golpe)* ⇨to knock back **7** *beber a morro del cartón de leche* - to drink straight from the carton of milk **8** ~ **como {una esponja/ un cosaco}** ⇨to drink like a fish *inform*

bebida *s.f.* **1** *(líquido)* ⇨drink ⇨beverage *form* **2** *(alcohólica)* ⇨alcoholic drink *US* [U]; ⇨spirit *UK;* ⇨booze *inform* [U] **3** *(sin alcohol)* ⇨non-alcoholic drink **4** *(consumo habitual)* ⇨drinking

bebido, da *adj. / s.* ⇨drunk: *estar bebido* - to be drunk; ⇨drunken

beca *s.f.* **1** *(de estudios)* ⇨scholarship: *Acabó sus estudios universitarios gracias a una beca* - She finished her university studies thanks to a scholarship; ⇨grant: *otorgar una beca* - to award a grant; ⇨bursary *(pl* bursaries) **2** *(subvención)* ⇨grant

bechamel *s.f.* Véase **besamel**

bedel, -a *s.* ⇨warden ⇨porter *UK;* ⇨caretaker *UK;* ⇨janitor *US*

beicon *s.m.* ⇨bacon

béisbol *s.m.* ⇨baseball: *jugar al béisbol* - to play baseball

belén *s.m.* ⇨Nativity scene ⇨crib *US;* ⇨creche *US*

belga *adj. / s.com.* ⇨Belgian

Bélgica *s.f.* ⇨Belgium

belleza *s.f.* **1** *(cualidad)* ⇨beauty: *un concurso de belleza* - a beauty contest; ⇨loveliness **2** *(persona)* ⇨belle: *Es una belleza* - She's a belle; ⇨beauty

bello, lla *adj.* ⇨beautiful ⇨lovely

bellota *s.f.* ⇨acorn

bencina *s.f. AMÉR.* ⇨petrol *UK;* ⇨gasoline *US;* ⇨gas *US*

bendecir *v.* **1** *(a una persona)* ⇨to bless: *¡Qué Dios te bendiga!* - May God bless you! **2** *(la mesa)* ⇨to say grace

bendición *s.f.* **1** *(invocación)* ⇨blessing: *la bendición de Dios* - the blessing of God; ⇨benediction *form* **2** *dar la bendición a alguien* - to bless sb **3** *(ayuda divina)* ⇨boon: *La lluvia fue una bendición para la cosecha* - The rain was a boon for the crop; ⇨godsend

bendito, ta ▮ *adj.* **1** ⇨blessed ⇨holy: *agua bendita* - holy water ▮ *s.* **2** *(angel)*: *Laura es una bendita* - Laura is an angel

beneficiar ▮ *v.* 1 ⇨to benefit: *Esas medidas solo beneficiarán a los ricos* - Those measures will only benefit the rich ▮ **beneficiarse** *prnl.* 2 ⇨to benefit [CONSTR. to benefit from sth]: *Me beneficio de mis conocimientos siempre que puedo* - I benefit from my knowledge in any occasion

beneficio *s.m.* 1 ⇨benefit ⇨perk: *Uno de los beneficios adicionales de este trabajo es el coche de empresa* - One of the perks that comes with the job is a company car 2 *(de dinero)* ⇨profit: *Obtuvimos un gran beneficio con la venta de la casa* - We made a huge profit on the sale of the house; ⇨dividend 3 a ~ de ⇨in aid of 4 en ~ de ⇨to the advantage of: *trabajar en beneficio de la empresa* - to work to the advantage of the company; ⇨in favour of

beneficioso, sa *adj.* ⇨beneficial: *beneficioso para la salud* - beneficial to your health; ⇨profitable: *un uso beneficioso del tiempo* - a profitable use of one's time; ⇨salutary *form*

benéfico, ca *adj.* 1 ⇨benevolent ⇨charitable 2 *un concierto benéfico* - a charity concert; *un mercadillo benéfico* - a charity street market

benigno, na *adj.* 1 ⇨benign 2 *(el clima)* ⇨mild 3 *(una persona)* ⇨kind

berberecho *s.m.* ⇨cockle

berenjena *s.f.* ⇨aubergine *UK;* ⇨eggplant *US*

bermudas *s.amb.pl.* ⇨Bermuda shorts ⇨Bermudas: *Me compré unas bermudas* - I bought a pair of Bermuda shorts

berrear *v.* 1 *(un animal o una persona)* ⇨to bellow 2 *(una persona)* ⇨to bawl *inform;* ⇨to howl ⇨to blubber *inform: ¡Deja ya de berrear!* - Stop blubbering!

berrinche *s.m.* 1 *col.* ⇨tantrum: *Tenía tal berrinche que le di unos caramelos* - He had such a tantrum that I gave him some candies 2 *llevarse un berrinche* - to have a fit of rage

besamel *s.f.* ⇨white sauce ⇨béchamel (sauce)

besar *v.* 1 ⇨to kiss: *Se estaban besando* - They were kissing each other 2 *(fogosamente)* ⇨to snog *UK inform*

beso *s.m.* 1 ⇨kiss *(pl* kisses): *Le tiró un beso* - She blew a kiss to him; *dar un beso a alguien* - to give sb a kiss 2 *(fogoso)* ⇨snog *UK inform* 3 *(corto y rápido)* ⇨peck 4 *muchos besos para tu familia* - lots of love to your family 5 *(choque) col.* ⇨bump 6 **comer(se) a besos a alguien** ⇨to smother sb with kisses

bestia ▮ *adj.* 1 *desp. (poco inteligente)* ⇨stupid *offens* 2 *desp. (maleducado, rudo)* ⇨rude ⇨animal *inform* ▮ *s.f.* 3 *(animal)* ⇨beast *form* 4 *(una persona)* ⇨brute: *Es un bestia* - He is a brute 5 **a lo ~** ⇨like crazy 6 **~ de carga** ⇨beast of burden 7 **~ negra** ⇨bête noire *(pl* bêtes noires); ⇨bugbear

bestial *adj.* 1 *(enorme)* ⇨huge 2 *(tremendo)* ⇨tremendous 3 *(fantástico)* ⇨fantastic ⇨great 4 *(cruel)* ⇨bestial

bestialidad *s.f.* 1 *(acto cruel)* ⇨act of cruelty ⇨brutality 2 *(hecho estúpido)* ⇨stupid thing *inform: ¡Deja de decir bestialidades!* - Stop saying stupid things! 3 *Tiene una bestialidad de libros* - She has got a load of books

besugo *s.m. (pez)* ⇨bream *(pl* bream, breams)

betún *s.m.* ⇨polish: *Dales betún a las botas* - Give some polish to your boots; ⇨shoe polish

biberón *s.m.* ⇨baby's bottle ⇨feeding bottle: *Le dieron al bebé el biberón* - They gave the baby its feeding bottle; ⇨bottle

biblia *s.f.* ⇨Bible

bíblico, ca *adj.* ⇨biblical ⇨scriptural

bibliografía *s.f.* ⇨bibliography *(pl* bibliographies)

biblioteca *s.f.* 1 *(edificio)* ⇨library *(pl* libraries): *Tengo que ir a la biblioteca a devolver estos libros* - I have to go to the library to return these books 2 *(mueble)* ⇨bookcase

bibliotecario, ria *s.* ⇨librarian

bicho *s.m.* 1 *desp.* ⇨animal 2 *desp. (insecto)* ⇨bug ⇨vermin *pl: Estaba lleno de bichos* - It was all covered in vermin; ⇨creepy-crawly *inform (pl* creepy-crawlies) 3 *col. (travieso)* ⇨naughty person 4 *(malintencionado)* ⇨nasty 5 **~ raro** *col. desp.* ⇨crank *inform: Es un bicho raro* - He's a crank; ⇨freak *inform;* ⇨oddball *inform;* ⇨weirdo *inform* 6 **¿qué bicho {te/le/os/les} ha picado?** ⇨what's up with {you/him/them...}?

bici *s.f.* 1 *col.* ⇨bike *inform;* ⇨cycle 2 *Va en bici a trabajar* - He cycles to work 3 *montar en bici* - to go cycling / to ride a bike

bicicleta *s.f.* 1 ⇨bicycle ⇨cycle 2 *ir en bicicleta* - to cycle 3 **~ de carretera** ⇨road bike ⇨racing bike 4 **~ de montaña** ⇨mountain bike 5 **~ estática** ⇨exercise bicycle

HANDLEBARS · BRAKE · SADDLE · WHEEL · PEDAL · CHAIN · TYRE (*UK*) TIRE (*US*)

blanco, ca

bidé *s.m.* ⇨bidet
bidón *s.m.* ⇨drum: *bidón de aceite* - oil drum
Bielorrusia *s.f.* ⇨Belarus
bielorruso, sa ∎ *adj./s.* **1** ⇨Belarusian ∎ **bielorruso** *s.m.* **2** *(idioma)* ⇨Belarusian
bien ∎ *adj.* **1** ⇨well-to-do: *Viven en un barrio bien* - They live in a well-to-do neighborhood ∎ *s.m.* **2** *(beneficio)* ⇨good: *Deberías ver al médico por tu propio bien* - You should see a doctor for your own good **3** *(bondad)* ⇨good: *hacer el bien* - to do good ∎ *bienes s.m.pl.* **4** *(propiedades)* ⇨assets ⇨property **5 bienes de consumo** ⇨consumer goods **6 bienes gananciales** ⇨joint property **7 bienes inmuebles** ⇨real estate *US* **8 bienes muebles** ⇨personal property ∎ *adv.* **9** ⇨well: *estar bien cuidado* - to be well looked after; ⇨alright ⇨all right ⇨fine: *No te preocupes, estará bien* - Don't worry, she will be fine **10** *(correcto)* ⇨right: *Tu respuesta está bien* - Your answer is right **11** *(de olor, de sabor)* ⇨good ⇨nice: *Esas flores huelen bien* - Those flowers smell nice **12** *(de salud)* ⇨well: *Ya me siento bien* - I already feel well **13** *(bastante)* ⇨nice and *sth* [CONSTR. Se usa seguido de un adjetivo]: *La clase estaba bien arreglada* - The classroom was nice and neat **14** *(correctamente)* ⇨properly: *El calentador no está funcionando bien* - The heater isn't working properly **15** *(firmemente)* ⇨securely: *Por favor, cierra bien la puerta cuando te vayas* - Please close the door securely when you leave **16** *un perro bien educado* - a well-behaved dog [CONSTR. Se construye con formas de participio pasado de un verbo para añadir un valor positivo a la acción: *well-fed* - bien alimentado, *well-dressed* - bien vestido, *well-kept* - bien cuidado] **17** *estar bien de precio* - to be good value **18** *Vamos bien de tiempo* - We have plenty of time **19** *estar bien económicamente* - to be well-off **20** *Todo irá bien* - Everything will be smoothly **21** *¡Bien pensado!* - That's a good thought! **22** *¡qué bien!* ⇨great! ∎ Ver cuadro good / well ∎ **bien** *conj.* **23 bien... bien** ⇨either...or **24 si ~** ⇨although
bienestar *s.m.* **1** ⇨well-being ⇨comfort **2** *(económico)* ⇨welfare: *estado de bienestar* - welfare state
bienvenida *s.f.* **1** ⇨welcome: *Tuvimos una maravillosa bienvenida* - We had a wonderful welcome **2 dar la ~** ⇨to welcome: *Nos dieron una calurosa bienvenida* - They welcomed us warmly
bienvenido, da *adj.* ⇨welcome: *¡Bienvenido a casa!* - Welcome home!

bife *s.m.* AMÉR. ⇨steak
bigote *s.m.* **1** *(de una persona)* ⇨moustache *UK*; ⇨mustache *US* **2** *(de un animal)* ⇨whiskers *pl: los bigotes de un gato* - a cat's whiskers
bikini *s.m.* ⇨bikini
bilingüe *adj.* ⇨bilingual
billar *s.m.* **1** *(juego)* ⇨pool: *¿Te apetece que juguemos al billar?* - Do you fancy a game of pool?; ⇨billiards *pl* **2** *(con 22 bolas)* ⇨snooker **3** *(mesa)* ⇨pool table ⇨billiard table **4** *(lugar)* ⇨pool hall ⇨billiard hall
billete *s.m.* **1** *(de dinero)* ⇨note *UK*; ⇨banknote *UK*; ⇨bill *US*: *un billete de un dólar* - a one-dollar bill **2** *(de cinco libras)* ⇨fiver *UK inform* **3** *(de diez libras)* ⇨tenner *UK inform* **4** *(entrada, transporte)* ⇨ticket **5** *(de lotería)* ⇨ticket **6 ~ de ida** ⇨single (ticket) *UK*; ⇨one-way ticket *US* **7 ~ de ida y vuelta** ⇨return *UK*; ⇨return ticket *UK*; ⇨round-trip ticket *US*
billetero *s.m.* ⇨wallet ⇨billfold *US*
billón ∎ *pron.numer.* **1** *(número)* ⇨trillion: *un billón de personas* - a trillion people; *un billón de dólares* - a trillion dollars ∎ *s.m.* **2** *(signo)* ⇨trillion
bingo *s.m.* ⇨bingo
biografía *s.f.* ⇨biography *(pl* biographies)
biología *s.f.* ⇨biology
biólogo, ga *s.* ⇨biologist
biquini *s.m.* ⇨bikini
birria ∎ *s.f.* **1** *col. desp. (una cosa)* ⇨rubbish *UK inform* [U]; ⇨garbage *inform* [U] ∎ *s.com.* **2** *(una persona)* ⇨drip *inform*
bisabuelo, la ∎ *s.* **1** *(hombre)* ⇨great-grandfather **2** *(mujer)* ⇨great-grandmother ∎ **bisabuelos** *s.m.pl.* **3** *(bisabuelo y bisabuela)* ⇨great-grandparents
bisagra *s.f.* ⇨hinge
bisiesto *adj./s.m. año bisiesto* - leap year
bisnieto, ta *s.* **1** *(sin especificar sexo)* ⇨great-grandchild *(pl* great-grandchildren) **2** *(chico)* ⇨great-grandson **3** *(chica)* ⇨great-granddaughter
bisonte *s.m.* **1** ⇨bison *(pl* bison) **2** *(americano)* ⇨buffalo *(pl* buffaloes, buffalo)
bisturí *s.m.* ⇨scalpel
bisutería *s.f.* **1** ⇨costume jewellery **2** *bisutería barata* - bauble
bizco, ca *adj./s.* ⇨cross-eyed *adj* squinting
bizcocho *s.m.* ⇨sponge ⇨sponge cake
biznieto, ta *s.* Véase **bisnieto, ta**
blanco, ca ∎ *adj.* **1** *(color)* ⇨white: *una falda blanca* - a white skirt **2** *(la tez)* ⇨fair **3 ~ como la nieve** ⇨snow-white **4 blanco sucio** *(color)* ⇨off-white **5 en blanco** ⇨blank: *una página en*

blanco - a blank page ▌ *s.* **6** *(persona)* ⇨white person ▌ **blanco** *s.m.* **7** *(objetivo)* ⇨target: *dar en el blanco* - to hit the target; *El misil falló el blanco* - The missile missed the target; ⇨bull's-eye **8** *(objeto de burla)* ⇨butt: *ser el blanco de todos las risas* - to be the butt of all the mockering **9** **blanco fácil** ⇨sitting duck ⇨sitting target

blando, da *adj.* **1** *(cosa)* ⇨soft: *Esos melocotones están demasiado blandos* - Those peaches are too soft; ⇨smooth ⇨tender ⇨soft *(carácter)* ⇨soft: *El profesor es muy blando con sus alumnos* - The teacher is very soft on his students; ⇨softie *inform;* ⇨indulgent *form*

blanquear *v.* **1** *(la ropa)* ⇨to bleach **2** *(dinero)* ⇨to launder **3** *(los dientes, el pelo)* ⇨to whiten **4** *(una fachada)* ⇨to whitewash

blasfemia *s.f.* **1** ⇨blasphemy *(pl* blasphemies) **2** *(taco)* ⇨swearword

bloc *s.m.* **1** ⇨pad **2** ~ **de notas** ⇨notepad ⇨pad: *Siempre llevaba un bloc de notas negro* - She was always carrying a black pad; ⇨writing pad

bloque *s.m.* **1** *(trozo de un material)* ⇨block: *bloque de piedra* - block of stone; ⇨slab **2** *(edificio)* ⇨block: *Mi casa está dos bloques más allá* - My house is two blocks further on **3** *(de apartamentos)* ⇨tenement ⇨tower block *UK* **4** *(de países)* ⇨bloc

bloquear ▌ *v.* **1** *(un lugar)* ⇨to block: *El camión bloqueó la carretera* - The lorry blocked the road; ⇨to bar ⇨to blockade ⇨to clog: *Las carreteras están bloqueadas por el tráfico* - The roads are clogged with traffic **2** *(la línea telefónica)* ⇨to jam: *Las constantes llamadas del público han bloqueado la centralita* - The constant calls from the listeners have jammed the switchboard **3** *(un mecanismo)* ⇨to lock **4** *(las inclemencias)* ⇨cut off [CONSTR. Se usa más en pasiva]: *La tormenta les bloqueó* - They were cut off by the storm **5** *(en economía)* ⇨to block ⇨to ban: *El Gobierno decidió bloquear las importaciones de petróleo* - The Government decided to ban oil imports ▌ **bloquearse** *prnl.* **6** *(un ordenador)* ⇨to go down **7** *(una persona)* ⇨to go blank: *Me bloqueé cuando le vi* - I went blank when I saw him

blue-jean *s.m.* AMÉR. ⇨jeans *pl*

blusa *s.f.* ⇨blouse

bluyín *s.m.* AMÉR. ⇨jeans *pl*

boa *s.f.* ⇨boa

bobada *s.f.* ⇨nonsense [U]: *¡No digas bobadas!* - Don't talk nonsense!; ⇨twaddle *inform*

bobina *s.f.* **1** *(de hilo)* ⇨bobbin **2** *(de una película)* ⇨reel **3** *(eléctrica)* ⇨coil

bobo, ba *adj./s. desp.* ⇨silly *adj:* *Venga, no seas tan bobo* - Come on, don't be so silly; ⇨fool *inform n*

boca *s.f.* **1** ⇨mouth **2** *(fauces)* ⇨jaws *pl* **3** *(de un río)* ⇨rivermouth **4** *(entrada)* ⇨entrance: *la boca del metro* - the tube entrance **5** ~ **abajo** ⇨face down **6** ~ **a** ~ ⇨kiss of life **7** ~ **arriba** ⇨face up **8 de** ~ **en** ~ *La noticia va de boca en boca* - Everybody knows about the news

bocacalle *s.f.* ⇨turning *UK*

bocadillo *s.m.* ⇨sandwich *(pl* sandwiches): *un bocadillo de queso* - a cheese sandwich

bocado *s.m.* **1** ⇨taste ⇨bite: *Le dio un gran bocado a su bocadillo* - He gave a huge bite to her sandwich; ⇨nibble **2** *(algo de comer)* ⇨snack: *Tomaré un bocado antes de irme* - I will have a snack before leaving; ⇨mouthful **3** *(freno de un caballo)* ⇨bit **4** ~ **de Adán** ⇨Adam's apple **5 dar un** ~ ⇨to bite: *Un perro le dio un bocado en el tobillo* - A dog bit him on the ankle

bocata *s.m.* ⇨sandwich

bocazas *s.com. col.* ⇨big mouth *inform;* ⇨blabbermouth *inform;* ⇨loudmouth *inform:* *¡Es un bocazas!* - He is a loudmouth!

boceto *s.m.* **1** *(dibujo)* ⇨sketch *(pl* sketches) **2** *(idea general)* ⇨outline **3** *hacer un boceto de algo* - to sketch sth

bochorno *s.m.* **1** *(una situación)* ⇨embarrassment **2** *¡Qué bochorno!* - How embarrassing! **3** *(calor)* ⇨stifling heat: *¡Menudo bochorno!* - What stifling heat!; ⇨sultry weather

bocina *s.f.* ⇨horn: *tocar la bocina* - to sound the horn

boda *s.f.* **1** *(sacramento)* ⇨marriage **2** *(ceremonia)* ⇨wedding: *Fui a la boda de mi primo* - I went to my cousin's wedding **3** *(celebración)* ⇨reception ⇨wedding reception **4 bodas de oro** ⇨golden wedding anniversary **5 bodas de plata** ⇨silver wedding anniversary

bodega *s.f.* **1** *(para el vino)* ⇨wine cellar **2** *(tienda)* ⇨wine shop ⇨off-licence *UK* **3** *(almacén)* ⇨cellar **4** *(en un barco o avión)* ⇨hold

bodegón *s.m.* ⇨still life

bofetada *s.f.* **1** ⇨slap **2** *dar una bofetada a alguien* - to slap sb's face

boicot *s.m.* ⇨boycott

boicotear *v.* **1** ⇨to boycott: *boicotear un producto* - to boycott a product **2** *(un plan)* ⇨to derail ⇨to sabotage

boina *s.f.* ⇨beret

bol *s.m.* ⇨bowl

bola *s.f.* **1** ⇨ball **2** *(de nieve)* ⇨snowball **3** *(de*

helado) ⇒scoop **4** *(de naftalina)* ⇒mothball **5** *col. (mentira)* ⇒fib *inform;* ⇒whopper *inform* **6** *(cabeza) col.* ⇒nut *inform* **7** ~ **del mundo** ⇒globe **8 ir a su ~** *col.* ⇒to go *one's* own way

boletín *s.m.* **1** *(publicación)* ⇒bulletin ⇒review **2** *(informativo)* ⇒bulletin ⇒newsletter **3** *(impreso)* ⇒form: *un boletín de suscripción* - a subscription form

boleto *s.m.* **1** *(de un sorteo)* ⇒ticket **2** *(de quiniela)* ⇒coupon **3** AMÉR. *(entrada, transporte)* ⇒ticket

boli *s.m. col.* ⇒biro® *UK;* ⇒pen

bolígrafo *s.m.* ⇒biro® *UK;* ⇒pen ⇒ballpoint: *Aprendió a escribir con bolígrafo en el colegio* - He learnt to write in ballpoint at school; ⇒ballpoint pen

Bolivia *s.f.* ⇒Bolivia

boliviano, na *adj. / s.* ⇒Bolivian

bollo *s.m.* **1** *(dulce)* ⇒bun *UK;* ⇒cake **2** *(de pan)* ⇒roll **3** *(en el coche)* ⇒dent **4** *(chichón)* ⇒bump

bolsa *s.f.* **1** ⇒bag **2** *(de plástico o de papel)* ⇒carrier bag *UK;* ⇒shopping bag *US* **3** *(de aperitivos o de golosinas)* ⇒packet *UK* [Existen dos formas para decir *una bolsa de patatas: a packet of crisps* (si está llena) y *a crisp packet* (si está vacía)]; ⇒package *US* **4** *(de agua caliente)* ⇒hot-water bottle **5** *(de aseo)* ⇒sponge bag ⇒toilet bag **6** *(de hielo)* ⇒ice pack **7** *(de viaje)* ⇒duffle bag ⇒carryall *US;* ⇒holdall *UK* **8** *(de basura)* ⇒bin bag ⇒garbage bag **9** *(de tamaño pequeño)* ⇒pouch *(pl* pouches): *Llevaba todo su dinero en una bolsita unida al cinturón* - He carried all his money in a little pouch attached to his belt; ⇒sachet **10** *(de un canguro)* ⇒pouch *(pl* pouches) **11** *(debajo de los ojos)* ⇒bag **12** *(acumulación)* ⇒pocket: *una bolsa de gas* - a pocket of gas **13** *(en economía)* ⇒Stock Market ⇒Stock Exchange **14** ~ **de trabajo** ⇒job vacancies **15 bolsita de té** ⇒teabag

bolsillo *s.m.* **1** *(ropa)* ⇒pocket: *Lo tuve que pagar de mi bolsillo* - I had to pay for it out of my own pocket **2 de ~** ⇒pocket: *Compré un libro de bolsillo* - I bought a pocket edition

bolso *s.m.* **1** ⇒bag **2** *(de mujer)* ⇒handbag *UK;* ⇒purse *US* **3** *(de bandolera)* ⇒shoulder bag **4** *(de viaje)* ⇒travel bag

bomba *s.f.* **1** *(explosivo)* ⇒bomb: *colocar una bomba* - to plant a bomb **2** *(con temporizador)* ⇒time bomb **3** *(incendiaria)* ⇒firebomb **4** *(gasolinera)* AMÉR. ⇒petrol station ⇒gas station *US* **5** *(maquinaria)* ⇒pump **6** *(de aire)* ⇒air pump **7** *(de bicicleta)* ⇒bicycle pump **8** *col. (noticia)* ⇒bombshell *inform* **9** *Lo pasamos bomba* - We had a brilliant time **10** *Esta canción es la*

bomba - This song is pure dynamite **11** ~ **atómica** ⇒atomic bomb **12** ~ **fétida** ⇒stink bomb **13** ~ **trampa** ⇒booby-trap **14** {carta/coche/paquete} **bomba** ⇒{letter/car/parcel} bomb **15** {hombre/mujer} **bomba** ⇒suicide bomber

bombardear *v.* **1** *(con bombas)* ⇒to bomb: *Los aviones bombardearon la ciudad desde el aire* - The planes bombed the city; ⇒to bombard ⇒to shell: *La ciudad fue bombardeada por los tanques* - The village was shelled **2** *(asediar)* ⇒to besiege ⇒to blitz **3** *(con cuestiones, con preguntas)* ⇒to bombard: *Los niños bombardearon a preguntas a la profesora* - The kids bombarded the teacher with questions

bombardeo *s.m.* **1** ⇒bombing ⇒bombardment **2** *(acoso, asedio)* ⇒bombarding

bombazo *s.m.* **1** *(explosión)* ⇒bomb blast **2** *col. (noticia)* ⇒bombshell *inform*

bombear *v.* ⇒to pump

bombero, ra *s.* **1** *(sin especificar sexo)* ⇒firefighter **2** *(hombre)* ⇒fireman *(pl* firemen) **3** *(mujer)* ⇒firewoman *(pl* firewomen) **4** *¡Llamen a los bomberos!* - Call the fire brigade! **5 cuerpo de bomberos** ⇒fire brigade **6 parque de bomberos** ⇒fire station

bombilla *s.f.* ⇒bulb: *cambiar una bombilla* - to change a bulb; ⇒light bulb

bombo *s.m.* **1** *(instrumento musical)* ⇒bass drum **2** *(músico)* ⇒bass drummer **3** *(en un sorteo)* ⇒drum **4 dar ~ a algo** *col.* ⇒to hype *sth* **5 hacer algo a ~ y platillo** *col.* ⇒to make a song and dance about *sth* **6 tener la cabeza como un ~** *col.* ⇒to have *one's* head throbbing

bombón *s.m.* **1** ⇒chocolate: *una caja de bombones* - a box of chocolates; ⇒sweet *UK;* ⇒choc *UK inform* **2** ~ **helado** ⇒choc-ice *UK*

bombona *s.f.* ⇒cylinder: *bombona de butano* - gas cylinder; *bombona de oxígeno* - oxygen cylinder

bonachón, -a ∎ *adj.* **1** ⇒kind-hearted ⇒good-natured ∎ *s.* **2** ⇒angel

bondad *s.f.* **1** ⇒goodness ⇒kindness **2** *¿Tendría la bondad de ayudarme?* - Would you be so kind as to help me?

bondadoso, sa *adj.* ⇒kind ⇒kind-hearted

bonito, ta ∎ *adj.* **1** ⇒nice ⇒lovely **2** *(un edificio, una obra de arte)* ⇒aesthetic ⇒nice **3** *(niño, mujer)* ⇒pretty: *Sheila es muy bonita* - Sheila is very pretty; *(hombre)* ⇒handsome ∎ **bonito** *s.m.* **4** *(pez, pescado)* ⇒tuna *(pl* tuna, tunas)

bono ∎ *s.m.* **1** *(transporte)* ⇒pass: *bono de metro* - underground pass **2** *un bono de diez viajes* - a ten-journey ticket **3** *(en economía)*

B

⊸bond **4** *(vale)* ⊸voucher ∎ **bonos** *s.m.pl.* **5** *(del Estado)* ⊸gilts *pl*

bonobús *s.m.* ⊸bus pass ⊸multi-journey bus ticket

boquerón *s.m.* ⊸anchovy (*pl* anchovies)

boquiabierto, ta *adj.* ⊸speechless: *quedarse boquiabierto* - to be dumbstruck

boquilla *s.f.* **1** *(para colocar un cigarro)* ⊸cigarette holder **2** *(de un cigarro)* ⊸filter **3** *(de una pipa, de un instrumento musical)* ⊸mouthpiece **4** *(de una manguera)* ⊸nozzle **5** de ~ *col. decir algo de boquilla* - to say sth without meaning it

bordado, da ∎ *adj.* **1** ⊸embroidered: *bordado a mano* - hand-embroidered **2** *(muy bien, perfecto) col. La fiesta salió bordada* - The party went very well ∎ **bordado** *s.m.* **3** ⊸embroidery (*pl* embroideries); ⊸needlework

bordar *v.* **1** *(coser)* ⊸to embroider **2** *col. (hacer muy bien): La pianista bordó el concierto* - The pianist played brilliantly at the concert

borde ∎ *adj.* **1** *col. (una persona)* ⊸rude ⊸nasty ⊸stroppy *UK inform: No seas borde con ella* - Don't be stroppy to her; ⊸nasty ∎ *s.m.* **2** ⊸edge: *al borde del acantilado* - on the edge of the cliff; ⊸border ⊸side ⊸brink **3** *(de un vaso, de una copa)* ⊸rim ⊸lip ⊸brim: *El vaso está lleno de leche hasta el borde* - The glass is full to the brim with milk **4** *(de una tela)* ⊸edging **5** *(de la carretera)* ⊸roadside **6** *(de un camino)* ⊸wayside **7** al ~ de 1 *(en un lado de)* ⊸at the side of: *Había gente vendiendo melones al borde de la carretera* - There were people selling melons at the side of the road **2** *(en sentido figurado)* ⊸on the brink of: *estar al borde del desastre* - to be on the brink of disaster; ⊸on the verge of

bordillo *s.m.* ⊸curb *UK;* ⊸kerb *US*

bordo (a ~) ⊸aboard: *estar a bordo* - to be aboard; ⊸on board: *¡Bienvenido a bordo!* - Welcome on board!

borrachera *s.f.* **1** *col.* ⊸spree *very inform;* ⊸binge *inform* **2** *cogerse una borrachera de vino* - to get drunk on wine

borracho, cha *adj./s.* **1** ⊸drunken ⊸drunk *adj;* ⊸boozer *inform n;* ⊸pissed *UK very inform adj* **2** *(habitual)* ⊸boozer *inform n;* ⊸heavy drinker *n* **3** ~ como una cuba ⊸blind drunk

borrador *s.m.* **1** *(escrito provisional)* ⊸draft **2** *(para la pizarra)* ⊸duster ⊸board rubber *UK;* ⊸eraser *US*

borrar ∎ *v.* **1** ⊸to erase ⊸to wipe off: *¿Puedes borrar la pizarra?* - Can you wipe the blackboard off ?; ⊸to efface *form;* ⊸to expunge *form*

2 *(en informática)* ⊸to delete ⊸to erase **3** *(un escrito, con goma)* ⊸to rub out *UK: borrar una palabra* - to rub out a word **4** *(un recuerdo, un pensamiento)* ⊸to blot out ⊸to block out **5** *(una señal, una marca)* ⊸to remove ⊸to clean ∎ **borrarse** *prnl.* **6** ⊸to wear off ⊸to withdraw **7** *(darse de baja)* ⊸to cancel ⊸to reisgn

borrasca *s.f.* **1** *(ciclón)* ⊸low pressure ⊸depression **2** *(tormenta)* ⊸storm

borrico, ca *s. (animal)* ⊸ass *old-fash* (*pl* asses); ⊸donkey

borrón *s.m.* **1** ⊸smudge **2** *(de tinta)* ⊸blot: *un borrón de tinta* - a blot of ink; ⊸stain **3** hacer ~ y cuenta nueva *col.* ⊸to let bygones be bygones

borroso, sa *adj.* **1** *(desenfocado)* ⊸blurred: *La foto estaba borrosa* - The photo was blurred; *Veo borroso* - My vision's blurred; ⊸fuzzy **2** *(recuerdo)* ⊸vague ⊸dim **3** *(escritura)* ⊸illegible ⊸smudgy

Bosnia *s.f.* ⊸Bosnia

bosnio, nia *adj./s.* ⊸Bosnian

bosque *s.m.* **1** ⊸forest ⊸woodland **2** *(pequeño)* ⊸wood

bostezar *v.* ⊸to yawn: *Tenía tanta hambre que no podía parar de bostezar* - I was so hungry that I could not stop yawning

bostezo *s.m.* ⊸yawn

bota *s.f.* **1** ⊸boot **2** ~ de agua ⊸wellington boot *UK;* ⊸wellington *UK;* ⊸welly *UK inform* (*pl* wellies); ⊸rubber boot *US* **3** ~ de fútbol ⊸football boot **4** ~ de montar ⊸riding boot **5** ~ de vino ⊸wineskin bottle **6** ~ militar ⊸jackboot **7** ponerse las botas *col. (comer mucho)* ⊸to stuff oneself *inform: En tu cumpleaños nos pusimos las botas* - We stuffed ourselves on your birthday

botánica *s.f.* ⊸botany

botar *v.* **1** *(una pelota)* ⊸to bounce **2** *(un barco)* ⊸to launch **3** *(saltar)* ⊸to jump: *El equipo botaba de alegría* - The team was jumping for joy **4** *AMÉR. (de un trabajo)* ⊸to dismiss ⊸to sack **5** *AMÉR. (tirar, arrojar)* ⊸to throw **6** *AMÉR. (perder)* ⊸to lose

bote *s.m.* **1** *(barco pequeño)* ⊸boat ⊸dinghy (*pl* dinghies) **2** *(lata)* ⊸tin ⊸canister ⊸can [Hay dos formas de decir *un bote de limonada: a can of lemonade* (si está lleno) y *a lemonade can* (si está vacío)] **3** *(tarro)* ⊸jar: *un bote de azúcar* - a jar of sugar; ⊸pot **4** *(salto de una persona)* ⊸jump **5** *(de una pelota)* ⊸bounce **6** *(premio acumulado)* ⊸jackpot: *Ganó el bote de la lotería* - She won the jackpot in the lottery **7** *(fondo de dinero)* ⊸kitty (*pl* kitties) **8** *(de propinas)* ⊸tips

box **9** a ~ pronto *col.* ⇒off the top of *one's* head **10** ~ de humo ⇒smoke bomb **11** ~ salvavidas ⇒lifeboat **12** dar botes ⇒to bounce **13** estar de ~ en ~ ⇒to be packed

botella *s.f.* **1** ⇒bottle [Hay dos formas de decir *una botella de vino*: *a bottle of wine* (si está llena) y *a wine bottle* (si está vacía)] **2** {de/en} botella ⇒bottled

botín *s.m.* **1** *(calzado)* ⇒ankle boot **2** *(dinero o conjunto de objetos robados)* ⇒booty: *Los piratas escaparon con el botín* - The pirates went away with the booty; ⇒plunder ⇒loot: *El botín del ladrón incluía todas las joyas* - The loot included all the jewels

botiquín *s.m.* **1** *(maletín)* ⇒first-aid kit **2** *(lugar)* ⇒first-aid centre *UK;* ⇒first-aid center *US;* ⇒first-aid post **3** *(armario)* ⇒medicine cabinet ⇒medicine chest

botón *s.m.* **1** *(en una prenda)* ⇒button: *No puedo desabrocharme los botones del abrigo* - I can't undo these coat buttons **2** *(en un aparato)* ⇒button: *Apriete este botón* - Press this button; ⇒knob

botones *s.com. (de un hotel)* ⇒bellboy ⇒porter

bóveda *s.f.* ⇒vault

boxear *v.* ⇒to box

boxeo *s.m.* ⇒boxing

bozal *s.m.* ⇒muzzle

braga *s.f.* **1** ⇒knickers *UK pl:* *unas bragas* - a pair of knickers; ⇒panties *US pl:* *Tengo unas bragas amarillas* - I have a pair of yellow panties; ⇒pants *UK pl:* *Compré unas bragas demasiado pequeñas* - I bought a pair of pants that were too small **2** dejar a alguien en bragas *col.* ⇒to leave *sb* penniless

bragueta *s.f.* ⇒fly *(pl* flies); ⇒flies *UK pl:* *Llevas la bragueta bajada* - Your flies are undone; ⇒zipper *US*

brasa ∎ *s.f.* **1** ⇒live coal ⇒hot coal **2** a la ~ ⇒grilled ∎ brasas *s.f.pl.* **3** *(de carbón)* ⇒coals

brasero *s.m.* **1** ⇒brazier **2** *(eléctrico)* ⇒electric heater

Brasil *s.m.* ⇒Brazil

brasileño, ña *adj. / s.* ⇒Brazilian

bravo, va ∎ *adj.* **1** *(una persona)* ⇒brave ⇒doughty *lit* **2** *(un animal)* ⇒fierce ∎ bravo *interj.* **3** ⇒bravo!

braza *s.f.* **1** *(medida)* ⇒fathom **2** *(en natación)* ⇒breaststroke: *nadar a braza* - to swim breaststroke

brazada *s.f.* **1** *(al nadar)* ⇒stroke **2** *(cantidad)* ⇒armful

brazalete *s.m.* **1** ⇒bracelet ⇒bangle **2** *(distintivo de tela)* ⇒armband

brazo *s.m.* **1** ⇒arm **2** *(de mar)* ⇒inlet **3** ~ de gitano ⇒Swiss roll **4** con los brazos abiertos ⇒with open arms **5** con los brazos cruzados ⇒with folded arms **6** dar el ~ a torcer *col.* ⇒to give way **7** del ~ ⇒arm in arm **8** ser el ~ derecho de alguien ⇒to be *sb's* right-hand person

brecha *s.f.* **1** ⇒breach: *Entraron por una brecha de la pared* - They entered through a breach on the wall; ⇒hole ⇒opening **2** *hacerse una brecha en la frente* - to gash one's forehead **3** estar en la ~ ⇒to be in the thick of things

brécol *s.m.* ⇒broccoli

breva *s.f.* **1** ⇒early fig **2** no caerá esa ~ *col.* ⇒no such luck! *inform*

breve *adj.* **1** ⇒brief: *ser breve* - to be brief; ⇒short **2** en ~ ⇒shortly ⇒very soon

bricolaje *s.m.* ⇒do-it-yourself ⇒DIY *UK:* *Han abierto una nueva tienda de bricolaje en la ciudad* - They've opened a new DIY shop in town

brigada ∎ *s.com.* **1** *(persona)* ⇒sergeant major ∎ *s.f.* **2** *(grupo)* ⇒squad: *¿Ha llegado ya la brigada antidroga?* - Has the drugs squad arrived yet?; ⇒brigade ⇒gang

brillante ∎ *adj.* **1** *(que brilla)* ⇒shiny: *Después de darle cera el coche estaba brillante* - After being polished the car was shiny; ⇒bright: *colores brillantes* - bright colours; ⇒shining: *ojos brillantes* - shining eyes; ⇒glittering: *La hierba húmeda brillaba* - The grass was glittering with water; ⇒sparkling: *Llevaba una camiseta con dibujos brillantes* - He wore a T-shirt with sparkling designs **2** *(que destaca)* ⇒bright: *Mandy es una niña muy brillante* - Mandy's a very bright kid; ⇒brilliant: *una idea brillante* - a brilliant idea **3** *(un color)* ⇒rich ⇒vibrant **4** *(el pelo)* ⇒sleek ∎ *s.m.* **5** *(diamante)* ⇒diamond

brillar *v.* **1** *(dar luz)* ⇒to shine: *El sol estaba brillando cuando llegamos a la playa* - The sun was shining when we arrived at the beach; ⇒to beam **2** *(dar luz tenue)* ⇒to glimmer: *Las velas brillaban en el pastel* - The candles glittered over the cake **3** *(despedir destellos)* ⇒to sparkle: *Has dejado tan limpia la plata que brilla* - You have left the silverware so clean that it sparkles; ⇒to twinkle **4** *(resplandecer)* ⇒to shimmer: *Las aguas del mar brillaban a la luz de la luna* - The waters of the sea shimmered in the moonlight **5** *(relucir, tener brillo)* ⇒to shine: *Limpió sus zapatos hasta que brillaron* - He polished his boots until they shone; ⇒to glitter: *Las estrellas brillaban* - The stars glittered; ⇒to sparkle **6** *(destacar)* ⇒to shine

B

∞to stand out: *Tu inteligencia brilla allá don-de vas* - Your intelligence stands out wherever you go

brillo *s.m.* **1** ∞shine ∞brightness: *el brillo del sol* - the brightness of the sun **2** *sacar brillo* - to make sth shine **3** *(esplendor)* ∞brilliance ∞splendour

brincar *v.* **1** ∞to leap: *Brincó a una silla en cuanto vio el ratón* - She leaped into the chair when she saw the mouse; ∞to jump: *brincar de alegría* - to jump for joy **2** *(un animal)* ∞to hop: *Las ovejas brincaban* - Sheeps were hopping around

brinco *s.m.* ∞leap: *El gato dio un gran brinco encima de la mesa* - The cat gave a big leap onto the table; ∞jump

brindar ∎ *v.* **1** *(hacer un brindis)* ∞to toast [CONSTR. to toast sth/sb]: *Todos brindaron por la pareja de recién casados* - They all toasted the newly married couple; ∞to drink to [CONSTR. to drink to sth/sb]: *Brindemos por el futuro* - Let's drink to the future **2** *(proporcionar)* ∞to provide [CONSTR. to provide with sth]; ∞to give [CONSTR. to give + dos objetos]: *brindar una oportunidad a alguien* - to give sb a chance **3** *brindar un homenaje a alguien* - to pay tribute to sb ∎ **brindarse** *prnl.* **4** ∞to offer: *Se brindó para llevarle las bolsas* - She offered to carry her bags

brindis *s.m.* ∞toast: *hacer un brindis por algo* - to drink a toast to sth

brisa *s.f.* ∞breeze

británico, ca ∎ *adj.* **1** ∞British ∎ *s.* **2** ∞Briton **3** *(hombre)* ∞British man *(pl* British men) **4** *(mujer)* ∞British woman *(pl* British women) **5** *(plural genérico): los británicos* - the British

brocha *s.f.* **1** ∞paintbrush *(pl* paintbrushes) **2** *(de afeitar)* ∞shaving brush

broche *s.m.* **1** *(joya)* ∞brooch *(pl* brooches): *un broche de plata* - a silver brooch; ∞pin *US* **2** *(cierre)* ∞fastener: *Tengo un abrigo nuevo rojo con broches metálicos* - I've got a new red coat with metal fasteners; ∞clasp **3** *~ de oro* ∞crowning glory: *el broche de oro de la fiesta* - the crowning glory of the party

bróder *s.m.* AMÉR. ∞brother

broma *s.f.* **1** ∞joke: *una broma pesada* - a practical joke; ∞jest *form;* ∞trick: *gastar una broma a alguien* - to play a trick on sb **2** *bromas aparte* - joking apart **3** *de ~* ∞for a laugh *inform* **4** *¡ni en broma!* ∞no way!

bromear *v.* ∞to joke [CONSTR. to joke about sth]: *No bromees con esas cosas* - Don't joke about these things; ∞to jest

bromista *s.com.* ∞joker: *No le hagas caso, es un bromista* - Don't listen to him, he's just a joker

bronca *s.f.* **1** *col.* ∞row *UK: Tuvieron una bronca terrible* - They had a horrible row; ∞telling-off *inform: Mi jefa me echó la bronca* - My boss gave me a telling-off; ∞bust-up *UK inform* **2** *buscar ~* ∞to be looking for a fight

bronce *s.m.* ∞bronze: *medalla de bronce* - bronze medal

bronceador *s.m.* ∞suntan lotion ∞suncream

brotar *v.* **1** *(el agua)* ∞to spring up ∞to well up **2** *(una planta)* ∞to sprout ∞to come out **3** *(una enfermedad): Me brotó la varicela* - I got chickenpox **4** *(un líquido)* ∞to flow **5** *(una planta)* ∞to sprout

bruces (de ~) **1** *col. (de forma inesperada): darse de bruces con algo* - to bump into sth **2** *col. (con la cara contra el suelo): caerse de bruces* - to fall flat on one's face

brujería *s.f.* ∞witchcraft

brujo, ja *s.* **1** *(hombre)* ∞wizard **2** *(mujer)* ∞witch *(pl* witches): *Hay brujas en muchos cuentos de hadas* - There are witches in many fairy tales

brújula *s.f.* ∞compass *(pl* compasses)

bruma *s.f.* ∞mist: *Los campos estaban cubiertos de bruma* - The fields were covered in mist; ∞fog

brusco, ca *adj.* **1** *(repentino, inesperado)* ∞sudden ∞abrupt: *El viaje de Kevin tuvo un brusco final cuando su coche chocó* - Kevin's trip came to an abrupt end when his car crashed **2** *(directo, poco amable)* ∞brusque ∞abrupt ∞blunt: *No le hagas preguntas tan bruscas* - Don't ask him such blunt questions; ∞offhand: *No seas brusco con él* - Don't appear offhand with him

brutal *adj.* ∞brutal ∞brutish

bruto, ta *adj.* **1** *col. (poco inteligente)* ∞dim *UK offens* **2** *col. (poco delicado)* ∞brutish: *Es una persona tan bruta* - He is such a brutish person; ∞rough **3** *(cantidad total)* ∞gross: *salario bruto* - gross incomes

buceador, -a *s.* ∞diver

bucear *v.* **1** *(en las profundidades)* ∞to dive **2** *(cerca de la superficie)* ∞to swim underwater **3** *(con escafandra)* ∞to scuba dive **4** *(estudiar)* ∞to explore ∞to dive

buceo *s.m.* **1** ∞diving: *practicar el buceo* - to go diving **2** *(con escafandra)* ∞scuba diving

bucle *s.m.* **1** ∞curl **2** *(en informática)* ∞loop

budismo *s.m.* ∞Buddhism

budista *adj. / s.com.* ∞Buddhist

buen *adj.* Véase **bueno, na**

bueno, na ∎ *adj.* **1** *(de gran calidad)* ⇨good: *un colegio muy bueno* - a very good school **2** *(obediente)* ⇨good: *Los niños han sido muy buenos* - The kids have been very good **3** *(adecuado, correcto)* ⇨good ⇨right: *en un buen momento* - at the right moment; ⇨sound **4** *(divertido, entretenido)* ⇨nice ⇨good: *¡Que tengáis un buen día!* - Have a good day! **5** *(capaz, apto)* ⇨good: *Mi padre es un buen cocinero* - My father's a good cook **6** *(con cualidades morales)* ⇨good ⇨kind: *Es tan buena persona que siempre está pensando en los demás* - She's such a kind person, always thinking of others **7** *(rico, apetitoso)* ⇨good: *El pastel estaba muy bueno* - The cake was very good **8** *(bastante, considerable)* ⇨considerable **9** *(con buena salud)* ⇨good: *La abuela todavía tiene una buena salud* - Grandma still has good health **10** *(agradable)* ⇨fond: *Tengo buenos recuerdos del tiempo que pasé en Pakistán* - I have fond memories of my time in Pakistan **11** *(despejado, agradable)* ⇨fair: *buen tiempo* - fair weather **12** *col. (guapo, atractivo)* ⇨handsome ⇨gorgeous ∎ *s.* **13** *(en un cuento o una película)* ⇨goody *inform (pl* goodies): *Y entonces llegaron los buenos...* - And then the goodies arrived and... ∎ **bueno** *adv.* **14** *(de acuerdo)* ⇨alright ⇨all right: *«¿Me puedes prestar algo de dinero?» «Bueno»* - «Can you lend me some money?» «All right» **15** *(al empezar una frase)* ⇨well: *Bueno, no sé* - Well, I don't know ∎ Ver cuadro good / well

buey *s.m.* ⇨ox *(pl* oxen)

búfalo, la *s.* ⇨buffalo *(pl* buffalo, buffaloes)

bufanda *s.f.* ⇨scarf *(pl* scarves)

buhardilla *s.f.* **1** *(piso)* ⇨garret *lit* **2** *(desván)* ⇨loft

búho *s.m.* ⇨owl

buitre *s.m.* ⇨vulture

bujía *s.f.* ⇨spark plug

Bulgaria *s.f.* ⇨Bulgaria

búlgaro, ra ∎ *adj./s.* **1** ⇨Bulgarian ∎ **búlgaro** *s.m.* **2** *(idioma)* ⇨Bulgarian

bulla *s.f. col.* ⇨racket ⇨row *UK: meter bulla* - to make a row

bullicio *s.m.* **1** *(ruido)* ⇨din ⇨racket **2** *(agitación)* ⇨activity ⇨bustle: *el bullicio mañanero del mercado* - the early bustle of the city market **3** *(de gente)* ⇨melee *lit;* ⇨confusion

bulto *s.m.* **1** *(en el cuerpo)* ⇨lump **2** *(protuberancia)* ⇨bulge **3** *(maleta, paquete, bolsa)* ⇨luggage [U]: *solo un bulto de mano* - just one piece of hand luggage **4** *(objeto de forma imprecisa)* ⇨thing ⇨shape

buñuelo *s.m.* ⇨fritter

buque *s.m.* **1** ⇨ship ⇨vessel *form;* ⇨boat *inform: El tesoro estaba escondido en un bote* - The treasure was hidden on a boat **2** *(de guerra)* ⇨warship **3** *(insignia)* ⇨flagship **4** *(hundido)* ⇨wreck

burbuja *s.f.* **1** ⇨bubble: *baño de burbujas* - bubble bath **2** *una bebida con burbujas* - a fizzy drink

burgués, -a ∎ *adj.* **1** *(en historia)* ⇨bourgeois **2** *(de clase media)* ⇨middle-class ∎ *s.* **3** *(en historia)* ⇨bourgeois *(pl* bourgeois) **4** *(de clase media)* ⇨person belonging to the middle class

burguesía *s.f.* **1** *(en historia)* ⇨bourgeoisie **2** *(clase media)* ⇨middle class

burla *s.f.* ⇨tease ⇨jibe: *Harry le hizo burla a Alison* - Harry made a jibe at Alison; ⇨derision *form;* ⇨mockery: *hacer burla de algo* - to make a mockery of sth; ⇨ridicule

burlar ∎ *v.* **1** *(evadir)* ⇨to evade: *burlar a la policía* - to evade the police; ⇨to circumvent *form;* ⇨to defeat **2** *(engañar)* ⇨to outsmart: *Burla a sus adversarios cuando juega partidas rápidas de ajedrez* - He outsmarts his opponents when playing blitz chess; ⇨to outwit ∎ **burlarse** *prnl.* **3** ⇨to make fun: *No creo que debas burlarte de otras personas* - I don't think you should make fun of other people; ⇨to mock: *No te burles de él* - Don't mock him; ⇨to taunt

burocracia *s.f.* **1** *(actividad administrativa)* ⇨bureaucracy **2** *(papeleo)* ⇨red tape

burrada *s.f.* **1** *col. (tontería)* ⇨nonsense [U]: *una burrada* - a piece of nonsense **2** *col. (mucho)* ⇨a lot of ⇨loads of *inform: Tenemos una burrada de tiempo* - We've got loads of time **3** *col. (en exceso)* ⇨too much: *Comimos una burrada* - We ate too much

burro, rra ∎ *adj.* **1** *col. desp. (poco inteligente)* ⇨stupid *offens: ¡No seas burro!* - Don't be stupid!; ⇨dunce **2** *col. (poco delicado)* ⇨rough: *¿Por qué juegas con Chris, si es tan burro?* - Why do you play with Chris if he's so rough? **3** *col. (terco)* ⇨obstinate ⇨stubborn ∎ *s.* **4** *(animal)* ⇨donkey ⇨ass *old-fash (pl* asses)

busca ∎ *s.f.* **1** ⇨search: *ir en busca del Santo Grial* - to go in search of the Holy Grail; ⇨pursuit ⇨quest ∎ *s.m.* **2** *col. (aparato)* ⇨beeper *US;* ⇨bleeper *UK;* ⇨pager

buscar *v.* **1** ⇨to seek *form;* ⇨to look for: *Estoy buscando mi lápiz* - I'm looking for my pencil **2** *(registrar)* ⇨to search **3** *(consultar)* ⇨to look up: *Si no entiendes una palabra, búscala en tu diccionario* - If you don't understand a word, look it up in your dictionary **4** *(recoger)* ⇨to pick up: *Te buscaré a las once en punto* - I'll

pick you up at eleven o'clock **5** ~ **a tientas** ⇒to feel for ⇒to grope for **6 buscarse problemas** ⇒to ask for trouble *inform*

búsqueda *s.f.* **1** ⇒search (*pl* searches) **2** *(de algo difícil de encontrar)* ⇒hunt ⇒quest *form* **3** *(inútil, baldía)* ⇒wild-goose chase

busto *s.m.* ⇒bust

butaca *s.f.* **1** *(mueble)* ⇒armchair **2** *(en un espectáculo)* ⇒seat

butano *s.m.* ⇒butane ⇒Calor gas® *UK*

buzo *s.m.* *(buceador)* ⇒diver ⇒frogman (*pl* frogmen)

buzón *s.m.* **1** ⇒letterbox *UK* (*pl* letterboxes): *Esta revista no entra en el buzón* - This magazine doesn't fit on the letterbox; ⇒postbox *UK* (*pl* postboxes); ⇒mailbox *US* (*pl* mailboxes) **2** ~ **de sugerencias** ⇒suggestions box **3** ~ **de voz** *(en teléfonos)* ⇒voice mail

C

c *s.f. (letra del alfabeto)* ⇒c

cabalgar *v.* ⇒to ride: *Cabalgas con un estilo peculiar* - You ride with a peculiar style

cabalgata *s.f.* ⇒parade

caballería *s.f.* **1** *(cuerpo del ejército)* ⇒cavalry **2** *(animal)* ⇒mount **3** ~ *andante* ⇒knight-errantry

caballero *s.m.* **1** ⇒gentleman *(pl* gentlemen); ⇒gent *inform, old-fash* **2** *(medieval)* ⇒knight **3** *(de una caballería)* ⇒rider ⇒horseman *(pl* horsemen) **4** *servicio de caballeros* - Gents

caballete *s.m.* **1** *(para pintar)* ⇒easel **2** *(de un tejado)* ⇒ridge

caballitos *s.m.pl.* ⇒merry-go-round *sing: Pasé toda una tarde montando en los caballitos* - I spent a whole afternoon going round on a merry-go-round

caballo ∎ *s.m.* **1** *(animal)* ⇒horse **2** *(de carreras)* ⇒racehorse **3** *(de ajedrez)* ⇒knight **4** *a caballo* - on horseback **5** ~ *de tiro* ⇒carthorse ∎ *caballos s.m.pl.* **6** *(en un motor)* ⇒horsepower: *un motor de 100 caballos* - a 100-horsepower engine

cabaña *s.f. (de madera)* ⇒cabin ⇒hut

cabecear *v.* **1** *(a causa del sueño)* ⇒to nod **2** *(en fútbol)* ⇒to head

cabecera *s.f.* **1** *(de una cama)* ⇒bedside **2** *(de una mesa)* ⇒head: *sentarse en la cabecera de la mesa* - to sit at the head of the table **3** *(de un escrito)* ⇒heading **4** *(punto de partida, inicio): La cabecera de esta línea de autobús está en la plaza* - This bus route starts from the square

cabecero *s.m.* ⇒headboard: *Tenían un cabecero de flores en su habitación* - They had a flowery headboard on their bedroom

cabecilla *s.com.* **1** *(de un grupo de personas)* ⇒ringleader **2** *(de una acción organizada o un ataque)* ⇒spearhead

cabello *s.m.* **1** ⇒hair **2** ~ *de ángel* **1** *(fideos)* ⇒vermicelli **2** *(dulce)* ⇒sweet pumpkin filling

caber *v.* **1** ⇒to fit: *No cabremos todos en el coche* - We won't all fit in the car; *Esta falda ya no me cabe* - This skirt doesn't fit me anymore **2** *no*
cabe duda* - there's no doubt **3** *No me cabe en la cabeza* - I can't understand this **4** *(en un vehículo o medio de transporte): En esta furgoneta caben 5 personas* - This van sits five people

cabeza *s.f.* **1** *(parte del cuerpo)* ⇒head **2** *(inteligencia)* ⇒head: *Estás mal de la cabeza* - You're soft in the head **3** *(parte más importante)* ⇒head **4** *(juicio, sensatez)* ⇒sense: *¿Has perdido la cabeza?* - Have you taken leave of your sense? **5** *una cabeza de ganado* - a head of cattle **6** *asentir con la* ~ ⇒to nod **7** ~ *de ajo* ⇒bulb of garlic **8** ~ *de familia* ⇒head of the family **9** ~ *rapada* ⇒skinhead **10** *caerse de* ~ ⇒to fall headfirst **11** *dolor de* ~ ⇒headache **12** *en* ~ ⇒lead: *Maureen está en cabeza* - Maureen is in the lead **13** *negar con la* ~ ⇒to shake *one's* head **14** *por* ~ ⇒per head ⇒each: *Tenemos que pagar cinco libras por cabeza* - We have to pay five pounds each **15** *tirarse de* ~ ⇒to dive: *Los niños se tiraron de cabeza al mar* - The children dived into the sea

cabezada *s.f.* **1** *col. (sueño)* ⇒doze *UK;* ⇒snooze *inform* **2** *dar cabezadas* - to nod off

cabezota *adj./s.com. desp.* ⇒pigheaded *adj: ¡Menudo cabezota eres!* - You're so pigheaded!

cabina *s.f.* **1** *(de teléfono)* ⇒phone box *UK (pl* phone boxes); ⇒telephone box *UK (pl* telephone boxes); ⇒kiosk ⇒call box *UK (pl* call boxes); ⇒phone booth *US* **2** *(recinto aislado)* ⇒booth: *una cabina electoral* - a polling booth **3** *(de un avión, de un camión, de un barco)* ⇒cabin **4** *(de una avioneta)* ⇒cockpit

cable *s.m.* **1** *(de electricidad)* ⇒cable: *cable de alta tensión* - high-voltage cable **2** *cruzársele a alguien los cables col.* ⇒to get *one's* wires crossed ⇒to get mixed up **3** *echar un* ~ *col. (ayudar)* ⇒to give a hand **4** *televisión por* ~ ⇒cable television

cabo *s.m.* **1** *(geográfico)* ⇒cape **2** *(en el ejército)* ⇒corporal **3** *al* ~ *de* ⇒after **4** *al fin y al* ~ ⇒after all **5** *de* ~ *a rabo col.* ⇒from beginning to end **6** *llevar a* ~ ⇒to do ⇒to carry out

cabra *s.f.* **1** *(genérico)* ⇨goat **2** *(macho)* ⇨billy goat **3** *(hembra)* ⇨nanny goat **4** AMÉR. col. *(muchacha)* ⇨girl **5 estar como una ~** col. ⇨to be crazy

cabrear ❚ *v.* **1** *vulg.* ⇨to make angry: *No la cabrees* - Don't make her angry ❚ **cabrearse** *prnl.* **2** *vulg.* ⇨to get narked *very inform, old-fash;* ⇨to get angry ⇨to get cross: *No me cabrees* - Don't make me get cross

cabreo *s.m.* *vulg.* *¡Menudo cabreo tenían!* - They were in such a foul temper!

caca *s.f.* **1** col. *(excremento)* ⇨poo *very inform* **2** col. *(lo que tiene poco valor)* ⇨crap *very inform* [U]

cacao *s.m.* **1** *(bebida)* ⇨cocoa **2** *(polvos)* ⇨cocoa **3** *(para los labios)* ⇨lip salve

cacarear *v.* **1** *(un gallo)* ⇨to crow **2** *(una gallina)* ⇨to cackle ⇨to cluck **3** col. *(una persona)* ⇨to boast ⇨to crow [CONSTR. to crow about sth]: *Cacarearon la victoria de su equipo* - They crowed about the victory of their team

cacería *s.f.* ⇨hunt ⇨shooting

cacerola *s.f.* ⇨pan ⇨saucepan: *Se me olvidó apagar el fuego y quemé la cacerola* - I forgot to turn off the heat and burnt the saucepan

cacharro *s.m.* **1** *(de cocina)* ⇨pot **2** *(de arcilla)* ⇨pot **3** *(coche)* col. ⇨banger UK inform: *Deberías vender ese cacharro* - You should sell that banger

cachear *v.* ⇨to search: *Me cachearon antes de embarcar* - I was searched before boarding

cachete *s.m.* **1** *(bofetada)* ⇨smack **2** *dar un cachete a alguien* - to smack sb

cacho *s.m.* **1** col. ⇨piece: *un cacho de pastel* - a piece of cake; ⇨bit **2** *ser un cacho de pan* - to have a heart of gold

cachondearse *v.prnl.* *vulg.* ⇨to take the mickey out of *sth* UK inform; ⇨to make fun of *sth*

cachondeo *s.m.* **1** *vulg.* *(broma)* ⇨joking: *Ya basta de cachondeo* - Stop that joking! **2** *vulg.* *(falta de orden)* ⇨mess

cachondo, da ❚ *adj.* **1** *vulg.* ⇨funny ❚ *s.* **2** *vulg.* ⇨joker

cachorro, rra *s.* **1** ⇨cub **2** *(de perro)* ⇨puppy *(pl* puppies)

caco *s.m.* ⇨burglar ⇨thief *(pl* thieves)

cactus *s.m.* ⇨cactus *(pl* cacti, cactuses)

cada *indef.* **1** *(distribución)* ⇨each: *Dimos un regalo a cada niño* - We gave a present to each child **2** *(frecuencia)* ⇨every: *cada dos horas* - every two hours; *uno de cada cinco días* - every five days; *Cada semana leo un libro* - I read a book every week **3** *¡Tienes cada ocurrencia!* - What odd ideas you have! **4 ~ cierto tiempo** ⇨every so often: *Cada cierto tiempo viene a visitarnos* - Every so often he comes to visit us **5 ~ día** ⇨every day: *Cada día estás más guapa* - You look even more beautiful every day **6 ~ uno 1** ⇨everybody ⇨everyone: *Tuvimos que pagar cada uno de nosotros* - Everyone of us had to pay **2** ⇨each: *Las tazas costaron 4 libras cada una* - The cups cost 4 pounds each **7 ~ vez más** *Cada vez me gusta más tocar la guitarra* - I like playing the guitar more and more; *Los niños se ensuciaron cada vez más* - The children got dirtier and dirtier [CONSTR. Se construye con more and more o con un sintagma formado por dos adjetivos unidos por and en su forma comparativa (dirtier and dirtier)] **8 ~ vez menos** ⇨less and less: *Cada vez estudias menos* - You study less and less **9 ~ vez que** ⇨every time: *Cada vez que te veo llevas un vestido nuevo* - Every time I see you you're wearing a new dress **10 de ~** ⇨out of: *A tres de cada diez les gusta esta bebida* - Three out of ten like this drink

cadáver *s.m.* **1** ⇨body *(pl* bodies); ⇨corpse: *Encontraron el cadáver en el río* - They found the corpse in the river; ⇨cadaver *form* **2** *(de un animal)* ⇨carcass *(pl* carcasses)

cadena *s.f.* **1** *(para sujetar, cerrar)* ⇨chain **2** *(sucesión de hechos)* ⇨chain: *una reacción en cadena* - a chain reaction; ⇨series *(pl* series): *Está habiendo una cadena de ataques* - There has been a series of attacks **3** *(de establecimientos)* ⇨network ⇨chain: *una cadena de hoteles* - a chain of hotels **4** *(de televisión)* ⇨channel **5** *(de radio)* ⇨station **6 ~ de montaje** ⇨assembly line **7 ~ de música** ⇨music system **8 ~ de producción** ⇨production line **9 ~ montañosa** ⇨mountain range **10 ~ perpetua** ⇨life imprisonment

cadera *s.f.* **1** ⇨hip **2** *(de un animal)* ⇨haunch *(pl* haunches)

caducado, da *adj.* **1** *(un documento)* ⇨expired ⇨out-of-date **2** *(la comida)* ⇨use-by date UK: *Me temo que la mantequilla está caducada* - I'm afraid the butter has past the use-by date; ⇨past the pull date US

caducar *v.* **1** *(un plazo)* ⇨to expire: *El contrato caduca dentro de un mes* - The contract expires in a month; ⇨to lapse **2** *(un producto)* ⇨to be past the sell-by date: *La mermelada caducó hace un mes* - The jam is one month past its sell-by date

caducidad *s.f.* **1** ⇨expiry UK; ⇨expiration US **2** *fecha de caducidad* - use-by date

caduco, ca *adj.* **1** *(una hoja)* ⇒deciduous **2** *(una idea)* ⇒outdated

caer ∎ *v.* **1** ⇒to fall ⇒to go down **2** *(lánguidamente)* ⇒to droop: *Las flores se caían por el calor* - The flowers were drooping in the heat **3** *(las hojas de los árboles, la lluvia o la nieve)* ⇒to come down: *La lluvia ha empezado a caer* - Rain has started to come down **4** *(una fecha)* ⇒to fall: *Mi cumpleaños cae en lunes* - My birthday falls on a Monday **5** *(estar en un lugar)* ⇒to be: *¿Por dónde cae ese pueblo?* - Do you know where that village is? **6** *(en economía)* ⇒to slump **7** *(un precio)* ⇒to fall back **8** *(llegar a entender)* col. ⇒to get: *No caigo* - I don't get it; ⇒to click *inform* **9** *Tus amigos no me caen bien* - I don't like your friends **10** *(en una trampa, en un engaño)* ⇒to fall for *sth* **11** *(en un estado de ánimo)* ⇒to lapse into: *caer en el aburrimiento* - to lapse into boredom **12** ~ **bien a alguien** ⇒to take a shine to *sb* **13 dejar** ~ *(un objeto)* ⇒to drop ∎ **caerse** *prnl.* **14** ⇒to fall ⇒to tumble: *Estaba bailando en la mesa y se cayó* - She was dancing on the table and she tumbled down **15** *(al suelo)* ⇒to fall over **16** *(una persona o una cosa que está en vertical)* ⇒to fall down **17** *(de una bicicleta, de un caballo)* ⇒to fall off **18** *(una cosa)* ⇒to drop ⇒to fall **19** *(el pelo, un diente)* ⇒to lose ⇒to fall out **20 caérsele el pelo a alguien** col. *(recibir un escarmiento)* ⇒to be dead *inform*: *Como se entere mi padre, se me va a caer el pelo* - If my father finds out, I'm dead

café *s.m.* **1** *(fruto)* ⇒coffee **2** *(bebida)* ⇒coffee: *hacer un café* - to make a coffee **3** *(establecimiento)* ⇒café **4** *un café cargado* - a strong coffee **5** *un café flojo* - a weak coffee **6** ~ **americano** ⇒filter coffee **7** ~ **capuchino** ⇒cappuccino **8** ~ **con leche** ⇒white coffee **9** ~ **descafeinado** ⇒decaffeinated coffee **10** ~ **exprés** ⇒espresso **11** **café {instantáneo/soluble}** ⇒instant coffee **12** ~ **irlandés** ⇒Irish coffee **13** ~ **molido** ⇒ground coffee **14** ~ **solo** ⇒black coffee

cafeína *s.f.* ⇒caffeine: *Esta bebida no tiene cafeína* - This drink is caffeine free

cafetera *s.f.* **1** ⇒coffee pot **2** *(eléctrica)* ⇒coffee maker ⇒coffee machine **3** col. *(vehículo viejo)* ⇒banger *inform*

cafetería *s.f.* **1** ⇒café ⇒snack bar **2** *(en un tren)* ⇒buffet *UK* **3** *(en una tienda, en un colegio)* ⇒cafeteria

cafetero, ra *adj.* **1** *producción cafetera* - coffee production **2** *(persona)* ⇒fond of coffee: *Es muy cafetera* - She is very fond of coffee

caído, da ∎ *adj.* **1** ⇒droopy *inform*: *un bigote caído* - a droopy mustache **2** *(una parte del cuerpo)*: *tener los hombros caídos* - to be round-shouldered ∎ *adj./s.* **3** *(plural genérico)*: *los caídos* - the fallen

caimán *s.m.* ⇒alligator

caja *s.f.* **1** *(contenedor)* ⇒box *(pl boxes)* [Hay dos formas de decir *una caja de bombones*: *a box of chocolates* (si está llena) y *a chocolate box* (si está vacía)] **2** *(en una tienda)* ⇒cash desk *UK;* ⇒till [CONSTR. Nunca va seguido de un verbo en futuro] **3** *(en un supermercado)* ⇒checkout: *Paga la carne en la caja* - Pay for the meat at the checkout **4** *(en un banco, en un organismo oficial)* ⇒cashier **5** *caja de pinturas* - paintbox **6** ~ **de ahorros** ⇒savings bank **7** ~ **de cambios** ⇒gearbox *(pl gearboxes)* **8** ~ **de dientes** *AMÉR.* ⇒dentures **9** ~ **fuerte** ⇒safe ⇒safety deposit box *(pl safety deposit boxes)* **10** ~ **negra** *(en un avión)* ⇒black box *(pl black boxes)* **11** ~ **registradora** ⇒cash register **12** ~ **sorpresa** ⇒jack-in-the-box *(pl jack-in-the-boxes)* **13** ~ **torácica** ⇒ribcage

cajero, ra *s.* **1** *(en un establecimiento)* ⇒cashier **2** *(en un banco)* ⇒cashier ⇒teller *US* **3** **cajero automático** ⇒cashpoint *UK: sacar dinero del cajero automático* - to get some money out of the cashpoint; ⇒cash machine ⇒ATM *US*

cajetilla *s.f.* ⇒packet of cigarettes *UK;* ⇒pack of cigarettes *US*

cajón *s.m.* **1** *(en un mueble)* ⇒drawer **2** *(para transportar algo)* ⇒crate: *un cajón de fruta* - a crate of fruit **3** *AMÉR. (ataúd)* ⇒coffin

cal *s.f.* **1** ⇒lime **2 dar una de** ~ **y otra de arena** ⇒to blow hot and cold

cala *s.f. (en el mar)* ⇒cove

calabacín *s.m.* ⇒courgette *UK;* ⇒zucchini *US*

calabaza *s.f.* **1** ⇒pumpkin **2 dar calabazas a alguien** col. ⇒to give *sb* the brush-off *inform*

calabozo *s.m. (celda)* ⇒cell

calamar *s.m.* **1** *(sin cocinar)* ⇒squid *(pl squid)*: *El equipo de investigación encontró un calamar gigante* - The research team found a giant squid **2** *(cocinados)* ⇒calamari: *Cenamos calamares* - We had calamari for dinner

calambre *s.m.* **1** *(descarga eléctrica)* ⇒shock **2** *(muscular)* ⇒cramp: *Me ha dado un calambre en la pierna* - I've got cramp in my leg

calamidad *s.f.* **1** ⇒calamity *(pl calamities)*: *Una serie de calamidades los arruinó* - A series of calamities ruined them **2** *(una persona)* ⇒dead loss: *¡Eres una calamidad!* - You are a dead loss

calar ∎ *v.* **1** *(un líquido)* ⇒to permeate: *El agua caló las paredes* - Water permeated to the walls **2** *(una idea, una actitud)* ⇒to permeate **3** *Lo que dijo aquel hombre me caló hondo* - What that man said had a big impact on me **4** *(a una persona)* col. ⇒to see through: *Eran muy simpáticos*

C ▬

pero enseguida los calé - They were very friendly, but I quickly saw through them ∎ **calarse** *prnl.* **5** *(empaparse)* ⇒to soak through: *Me he calado* - I'm soaked through **6** *(un coche)* ⇒to stall: *Se me caló el coche en la cuesta* - I stalled the car on the slope

calavera *s.f.* ⇒skull

calcar *v.* ⇒to trace: *¿Has hecho este dibujo tú solo o lo has calcado?* - Did you draw this picture yourself, or did you trace it?

calcetín *s.m.* ⇒sock: *unos calcetines* - a pair of socks

calcio *s.m.* ⇒calcium

calco *s.m.* **1** *(copia)* ⇒tracing **2** *(imitación)* ⇒imitation: *Estas piezas son un calco perfecto de las originales* - These items are a perfect imitation of the original ones **3** *(en lingüística)* ⇒calque ⇒loan translation **4** ser un ~ de alguien ⇒to be the spitting image of: *Es un calco de su madre* - He is the spitting image of his mother

calcomanía *s.f.* ⇒transfer

calculadora *s.f.* ⇒calculator

calcular *v.* **1** *(hacer un cálculo)* ⇒to calculate **2** *(estimar)* ⇒to estimate [CONSTR. to estimate + that]; ⇒to reckon: *Calcula media hora hasta llegar allí* - Reckon on half an hour to get there

cálculo *s.m.* **1** *(matemático)* ⇒arithmetic: *Hice algunos cálculos mentales* - I did some quick mental arithmetic; ⇒calculation **2** *(estimación)* ⇒estimate ⇒guess *(pl guesses)*

caldera *s.f.* **1** *(de calefacción)* ⇒boiler **2** *(para cocinar)* ⇒cauldron *lit*

calderilla *s.f.* ⇒loose change: *Tengo los bolsillos llenos de calderilla* - My pockets are full of loose change; ⇒coppers *UK inform pl*

caldero *s.m.* ⇒pot

caldo *s.m.* **1** *(sopa)* ⇒clear soup ⇒broth **2** ~ de cultivo ⇒breeding ground

calefacción *s.f.* **1** ⇒heating **2** ~ central ⇒central heating

calendario *s.m.* **1** ⇒calendar **2** según el ~ previsto ⇒on schedule

calentador *s.m.* *(de agua)* ⇒heater ⇒water heater: *¿Está el calentador encendido?* - Is the water heater on?

calentamiento *s.m.* **1** *(aumento de temperatura)* ⇒warming **2** *(en deporte)* ⇒warm-up **3** ~ global ⇒global warming

calentar ∎ *v.* **1** *(hacer aumentar la temperatura)* ⇒to heat ⇒to warm **2** *(algo cocinado)* ⇒to heat up: *Calienta la sopa en el microondas* - Heat up the soup in the microwave **3** *(en deporte)* ⇒to warm up ∎ **calentarse** *prnl.* **4** ⇒to heat up **5** *(entrar en calor)* ⇒to get warm

calentura *s.f.* *(en la boca)* ⇒cold sore

calibre *s.m.* **1** *(de un arma)* ⇒calibre *UK;* ⇒caliber *US* **2** *(de una bala)* ⇒bore **3** *(de una persona o una situación)* ⇒calibre *UK;* ⇒caliber *US*: *Si la docencia estuviese mejor pagada, atraería a gente de mejor calibre* - If teaching paid more it might attract people of a higher calibre

calidad *s.f.* **1** ⇒quality: *mala calidad* - poor quality; ⇒excellence **2** *Habló en calidad de representante* - He spoke in his capacity as representative **3** de ~ superior ⇒premium **4** de primera ~ ⇒prize ⇒upmarket *UK*

cálido, da *adj.* ⇒warm

caliente *adj.* ⇒hot ⇒warm: *La sopa no está suficientemente caliente* - The soup is not warm enough

calificación *s.f.* ⇒mark *UK*: *Siempre consigue una buena calificación en historia* - He always gets a good mark in history

calificar *v.* **1** *(evaluar)* ⇒to give a mark ⇒to grade *US*: *calificar a un alumno* - to grade a student **2** *(describir)* ⇒to describe: *Lo calificaron de persona inmadura* - They described him as an immature person

caligrafía *s.f.* **1** *(forma de escribir)* ⇒handwriting **2** *(técnica)* ⇒calligraphy

cáliz *s.m.* **1** *(copa)* ⇒chalice **2** *(de una flor)* ⇒calyx *(pl calyxes, calyces)*

callado, da *adj.* ⇒quiet: *¿Podrías estar callado?* - Could you please be quiet?; ⇒silent

callar ∎ *v.* **1** ⇒to be quiet: *¡Calla! Hay alguien llamando a la puerta* - Be quiet! There is someone knocking on the door ∎ **callarse** *prnl.* **2** *(no hablar)* ⇒to keep quiet **3** *(dejar de hablar)* ⇒to be quiet ⇒to shut up *inform*: *Cállate y escúchale* - Shut up and listen to him **4** *(ocultar algo)* ⇒to keep to oneself

calle *s.f.* **1** *(dentro de una ciudad o un pueblo)* ⇒street ⇒St: *Viven en el número 12 de la Calle Principal* - They live at 12 Main St; ⇒close *UK* **2** *(dentro o fuera de una ciudad o un pueblo)* ⇒road ⇒Rd **3** *Vamos a la calle* - Let's go out **4** *(en deportes)* ⇒lane **5** ~ mayor ⇒high street *UK;* ⇒main street *US* **6** quedarse en la ~ col. *(sin trabajo)* ⇒to be out of job *inform*

callejero, ra ∎ *adj.* **1** *un puesto callejero* - a street stall; *un perro callejero* - a stray dog ∎ **callejero** *s.m.* **2** ⇒street map

callejón *s.m.* **1** ⇒alley ⇒alleyway **2** ~ sin salida **1** *(calle cortada)* ⇒dead end street ⇒cul-de-sac **2** *(asunto difícil de resolver)* ⇒blind alley: *meterse en un callejón sin salida* - to go down a blind alley

callo ∎ *s.m.* **1** *(dureza)* ⇨callus *(pl* calluses) **2** dar el ~ *col.* ⇨to slog *one's* guts out *UK inform* ∎ **callos** *pl.* **3** *(guiso)* ⇨tripe *sing*

calma *s.f. (de una actividad, de un lugar)* ⇨calm: *Debemos mantener la calma e intentar encontrar una solución* - We should keep calm and try to find a solution; ⇨calmness

calmante *s.m.* **1** *(para el dolor)* ⇨painkiller **2** *(para los nervios)* ⇨tranquilizer ⇨downer *inform*

calmar ∎ *v.* **1** *(tranquilizar)* ⇨to calm **2** *(un dolor)* ⇨to relieve ∎ **calmarse** *prnl.* **3** *(tranquilizarse)* ⇨to calm down: *¡Cálmate!* - Calm down!; ⇨to cool down **4** *(estar en silencio)* ⇨to settle down: *Calmaos ya, niños* - Settle down now, children

calor *s.m.* **1** ⇨heat [Hace referencia a una temperatura muy alta y desagradable]; ⇨warmth [Hace referencia a una temperatura agradable] **2** *Hace calor* - It's hot **3** *Hace mucho calor aquí* - It's boiling hot in here **4** *¿Tenéis calor?* - Are you hot?

caloría *s.f.* **1** ⇨calorie **2** bajo en calorías ⇨low-calorie ⇨light

caluroso, sa *adj.* **1** ⇨warm ⇨hot: *Es un día caluroso* - It's a hot day **2** *(acogedor)* ⇨warm: *una calurosa bienvenida* - a warm welcome

calva *s.f.* ⇨bald patch

calvo, va ∎ *adj.* **1** ⇨bald ∎ *s.* **2** *(hombre)* ⇨bald man *(pl* bald men) **3** *(mujer)* ⇨bald woman *(pl* bald women)

calzada *s.f.* ⇨road: *Por favor, no anden por la calzada* - Please, do not walk on the road

calzado *s.m.* **1** ⇨footwear ⇨shoes *pl* **2** *fábrica de calzado* - shoe factory

calzar ∎ *v.* **1** *(una prenda de calzado)* ⇨to take: *Calzo un 43* - I take size 43 ∎ **calzarse** *prnl.* **2** ⇨to put *one's* shoes on

calzoncillo *s.m.* **1** ⇨pants *UK pl*; ⇨underpants *pl: Compré tres calzoncillos* - I bought three pairs of underpants; ⇨shorts *US*; ⇨briefs **2** *(largos)* ⇨long johns

cama *s.f.* **1** ⇨bed: *hacerse la cama* - to make one's bed; *meterse en la cama* - to get into bed **2** *(con dosel)* ⇨four-poster (bed) **3** *(para animales)* ⇨bedding **4** *camas separadas* - twin beds **5** caer en ~ ⇨to fall ill **6** ~ de matrimonio ⇨double bed

7 ~ elástica ⇨trampoline **8** ~ nido ⇨truckle-bed *UK;* ⇨trundle bed *US* **9** ~ sencilla ⇨single bed **10** ropa de ~ ⇨bedclothes *pl*

camaleón *s.m.* ⇨chameleon

cámara ∎ *s.com.* **1** *(hombre)* ⇨cameraman *(pl* cameramen) **2** *(mujer)* ⇨camerawoman *(pl* camerawomen) ∎ *s.f.* **3** ⇨camera: *una cámara digital* - a digital camera **4** *(de vídeo)* ⇨camcorder ⇨video camera **5** *(de televisión)* ⇨television camera **6** *(sala)* ⇨chamber *form: Guardan las joyas en una cámara especial* - They keep the jewels on a special chamber **7** *(de aire)* ⇨inner tube **8** Cámara de los Comunes *(en Reino Unido y Canadá)* ⇨the Commons ⇨the House of Commons **9** Cámara de los Lores *(en Reino Unido)* ⇨the Lords ⇨the House of Lords **10** ~ web ⇨web cam

camarada *s.com.* ⇨comrade *lit*

camarero, ra *s.* **1** *(de comidas y de bebidas)* ⇨waiter (hombre) ⇨waitress (mujer) *(pl* waitresses) **2** *(de bebidas)* ⇨barman (hombre) *UK (pl* barmen); ⇨barmaid (mujer) *UK;* ⇨bartender *US* **3** *(en un hotel)* ⇨roomwaiter (hombre) ⇨roomwaitress (mujer) ⇨chambermaid (mujer)

camarón *s.m.* **1** *(sin cocinar)* ⇨shrimp *(pl* shrimp, shrimps) **2** *(cocinados)* ⇨scampi

camarote *s.m.* ⇨cabin

cambiar ∎ *v.* **1** ⇨to change: *cambiar de trabajo* - to change jobs; ⇨to alter ⇨to switch: *cambiar de canal* - to switch channels **2** *cambiar el rumbo* - to change course **3** *cambiar de opinión* - to change one's mind **4** *(intercambiar)* ⇨to exchange ⇨to swap [CONSTR. to swap + dos objetos]: *Cambiamos las direcciones con las personas que conocimos durante las vacaciones* - We swapped addresses with the people we met on holiday **5** *(reponer)* ⇨to replace **6** *(dinero)* ⇨to change: *cambiar libras a dólares* - to change pounds into dolars **7** *(de dirección)* ⇨to veer **8** *(de lugar)* ⇨to shift ⇨to move **9** *(las marchas de un vehículo)* ⇨to change *UK: cambiar de marcha* - to change gear; ⇨to shift *US* **10** *(de canal o de emisora)* ⇨to switch over *UK* **11** *(el tiempo)* ⇨to break **12** *¡cambio y corto!* ⇨over and out! ∎

SINGLE BED TWIN BEDS DOUBLE BED TRUCKLE BED *(UK)* / TRUNDLE BED *(US)*

cambio

cambiarse *prnl.* **13** ⇨to change: *cambiarse de ropa* - to change clothes; ⇨to get changed
cambio *s.m.* **1** *(modificación, alteración)* ⇨change ⇨alteration: *Es posible que sean necesarios algunos cambios a nuestro planteamiento original* - Some alterations to our original plans might be necessary **2** *(vuelta de dinero)* ⇨change: *Me dieron 10 peniques de cambio* - I got 10p change **3** *(dinero en monedas)* ⇨change: *¿Tienes cambio de 50?* - Do you have change for 50? **4** *(moneda de un país en relación con otro)* ⇨rate of exchange **5** *(marcha de un vehículo)* ⇨gear **6** a ~ ⇨in return **7** a ~ de ⇨in exchange for **8** ~ climático ⇨climatic change **9** ~ de sentido ⇨U-turn **10** en ~ ⇨on the other hand
camello, lla ∎ *s.* **1** ⇨camel ∎ **camello** *s.m.* **2** *(traficante de drogas) col.* ⇨pusher ⇨drug pusher
camerino *s.m.* ⇨dressing room
camilla *s.f.* **1** *(de ambulancia)* ⇨stretcher **2** *(de hospital)* ⇨table
caminar *v.* **1** ⇨to walk **2** *(arrastrando los pies)* ⇨to shuffle *(despacio)* ⇨to amble: *Iba caminando por la playa* - He was ambling along the beach; ⇨to trail **4** *(lenta y pesadamente)* ⇨to plod: *El viejo caballo caminaba lentamente hacia la casa* - The old horse plodded home **5** *(con dificultad)* ⇨to trek: *Caminamos hasta el lago* - We trekked up to the lake
caminata *s.f.* **1** ⇨trek **2** *Nos dimos una caminata* - We did a lot of walking
camino *s.m.* **1** ⇨way **2** *(sendero)* ⇨path: *Subimos a lo alto de la colina por un camino muy estrecho* - We went up the hill through a narrow path; ⇨track ⇨lane **3** *(carretera sin asfaltar)* ⇨track **4** *(ruta)* ⇨route **5** *(el que conduce a una casa)* ⇨drive: *Aparcamos el coche en el camino y subimos a la casa* - We parked the car in the drive and went up to the house **6** *(viaje)* ⇨ride ⇨walk ⇨drive: *El pueblo de mi madre está a tres horas de camino* - My mother's town is a three hour drive from here **7** coger de ~ ⇨to be on the way **8** de ~ ⇨on the way to: *De camino al trabajo vi a unos amigos* - On the way to work I met some friends **9** ir por buen ~ ⇨to be on the right track ⇨to be on the right road **10** ir por mal ~ ⇨to be on the wrong track
camión *s.m.* **1** ⇨lorry *UK* *(pl* lorries); ⇨truck **2** *AMÉR.* ⇨bus *(pl* buses)
camionero, ra *s.* ⇨lorry driver *UK;* ⇨trucker *US*
camioneta *s.f.* ⇨van: *Vamos a viajar alrededor de Europa en una furgoneta* - We will travel around Europe in a van; ⇨pickup *US*
camisa *s.f.* **1** ⇨shirt: *una camisa de manga corta* - a short-sleeved shirt **2** ~ de fuerza ⇨straitjacket

camiseta *s.f.* **1** ⇨T-shirt ⇨tee shirt **2** *(sin mangas)* ⇨sleeveless T-shirt **3** *(de cuello alto)* ⇨turtleneck *US* **4** *(de ropa interior)* ⇨vest *UK;* ⇨undershirt *US* **5** *(de un uniforme deportivo)* ⇨jersey: *Este equipo tiene una camiseta azul* - This team has a blue jersey

SLEEVELESS
T-SHIRT

T-SHIRT

camisón *s.m.* ⇨nightgown ⇨nightdress *UK* *(pl* nightdresses); ⇨nightie *inform*
campamento *s.m.* **1** ⇨camp: *levantar el campamento* - to break the camp **2** *(de verano)* ⇨holiday camp *UK;* ⇨summer camp **3** *Nos fuimos diez días de campamento* - We went camping for ten days
campana *s.f.* **1** ⇨bell: *tocar la campana* - to ring the bell **2** *(extractora)* ⇨hood
campanada *s.f.* **1** *(de una campana)* ⇨chime **2** *(de un reloj)* ⇨stroke **3** *(novedad)* ⇨sensation
campanario *s.m.* ⇨bell tower
campanilla *s.f.* **1** *(campana pequeña)* ⇨small bell ⇨hand bell **2** *(planta)* ⇨snowdrop
campaña *s.f.* **1** ⇨campaign: *hacer campaña* - to campaign **2** *(electoral)* ⇨election campaign **3** *(publicitaria)* ⇨publicity campaign **4** *AMÉR.* *(campo)* ⇨country ⇨countryside
campeón, -a *s.* ⇨champion
campeonato *s.m.* ⇨championship: *campeonato de tenis* - tennis championship
campesino, na *s.* **1** *(hombre)* ⇨countryman *(pl* countrymen) **2** *(mujer)* ⇨countrywoman *(pl* countrywomen) **3** *(en historia)* ⇨peasant
campestre *adj.* **1** ⇨rural: *Echo de menos la paz campestre de aquel lugar* - I miss the rural calm of that place **2** *una merienda campestre* - a picnic
camping *s.m.* **1** *(actividad)* ⇨camping **2** *(lugar)* ⇨campsite ⇨campground *US* **3** *ir de camping* - to go camping **4** *hacer camping* - to go camping
campo *s.m.* **1** ⇨country ⇨countryside **2** *(para deportes)* ⇨course ⇨pitch *UK* *(pl* pitches): *campo de fútbol* - football pitch; ⇨playing field **3** *(trozo*

de tierra) ⇒field US **4** *(ciencia, investigación)* ⇒field: *el campo de la genética* - the field of genetics; ⇒province **5** *campo de batalla* - battlefield **6** ~ **de visión** ⇒field of vision

camuflar *v.* **1** *(en el ejército)* ⇒to camouflage: *Camuflaron las municiones con hojas y ramas* - They camouflaged the ammunition with leaves and branches; *Los soldados se camuflaron con barro* - The soldiers camouflaged themselves with mud **2** *(disimular)* ⇒to camouflage: *camuflar un sentimiento* - to camouflage a feeling

cana *s.f.* **1** ⇒grey hair **2** *Me están saliendo canas* - I'm going grey

Canadá *s.f.* ⇒Canada

canadiense *adj. / s.* ⇒Canadian

canal ∎ *s.amb.* **1** *(cauce artificial)* ⇒canal ⇒waterway ∎ *s.m.* **2** *(en el mar)* ⇒channel: *el canal de la Mancha* - the English Channel **3** *(de radio, de televisión)* ⇒channel

canario, ria ∎ *adj.* **1** ⇒from the Canary Islands ∎ *s.* **2** ⇒person from the Canary Islands **3** *(pájaro)* ⇒canary *(pl canaries)*

canasta *s.f.* **1** *(cesto)* ⇒basket **2** *(para la comida)* ⇒hamper UK: *una canasta para ir de picnic* - a picnic camper **3** *(en baloncesto)* ⇒basket: *Metió canasta* - She scored a basket **4** ~ **familiar** AMÉR. ⇒shopping basket

cancelar *v.* **1** ⇒to cancel ⇒to call off: *cancelar el partido* - to call off the match **2** *(una cita)* ⇒to put off **3** *(una deuda)* ⇒to settle

cáncer ∎ *adj. / s.com.* **1** *(signo del zodíaco)* ⇒Cancer *n* ∎ *s.m.* **2** ⇒cancer: *cáncer de pulmón* - lung cancer

cancha *s.f.* **1** *(en deportes)* ⇒court: *cancha de tenis* - tennis court **2** *(maíz tostado)* AMÉR. ⇒pitch UK *(pl pitches)*

canción *s.f.* **1** ⇒song **2** *(en una manifestación)* ⇒chant: *La canción de la multitud era «¡No más muertes!»* - The crowd's chant was «No more deaths!» **3** *(popular)* ⇒folk song **4** *(popular infantil)* ⇒nursery rhyme **5** *(de cuna)* ⇒lullaby *(pl lullabies)*

candado *s.m.* ⇒padlock

candidato, ta *s.* ⇒candidate: *Hay tres candidatos en las elecciones* - There are three candidates for the election

candidatura *s.f.* **1** *(solicitud)* ⇒candidacy [U]; ⇒candidature [U] **2** *(grupo de personas)* ⇒candidates *pl*

canela *s.f.* ⇒cinnamon: *un palo de canela* - a cinnamon stick

canelón *s.m.* ⇒cannelloni *pl*: *Me encantan los canelones de mi madre* - I love the cannelloni my mother cooks

cangrejo *s.m.* **1** *(de mar)* ⇒crab **2** *(de río)* ⇒crayfish *(pl crayfish, crayfishes)*

canguro ∎ *s.m.* **1** *(animal)* ⇒kangaroo ∎ *s.com.* **2** *col. (persona)* ⇒babysitter

caníbal *s.com.* ⇒cannibal

canica *s.f.* ⇒marble: *Los niños jugaban a las canicas* - The children played marbles

canino, na ∎ *adj.* **1** *(del perro)* ⇒canine ∎ **canino** *s.m.* **2** *(diente)* ⇒canine ⇒canine tooth

canjear *v.* ⇒to exchange

canoa *s.f.* ⇒canoe

canoso, sa *adj.* **1** *(una persona)* ⇒grey-haired UK; ⇒gray-haired US **2** *(el pelo)* ⇒greying UK; ⇒graying US; ⇒grizzled *lit*

cansado, da *adj.* **1** *(físicamente)* ⇒tired ⇒drawn **2** *(aburrido, harto)* ⇒bored: *Estoy cansada de hacer todos los días lo mismo* - I'm bored of doing everyday the same thing **3** *(agotador)* ⇒tiring

cansancio *s.m.* **1** *(fatiga)* ⇒tiredness **2** *(aburrimiento)* ⇒boredom

cansar ∎ *v.* **1** *(físicamente)* ⇒to tire **2** *(aburrir)* ⇒to weary form: *Los niños me cansan con sus constantes exigencias* - Children weary me with their constant demands ∎ **cansarse** *prnl.* **3** ⇒to get tired: *Siempre me canso al subir las escaleras* - I always get tired when going up the stairs **4** *(hartarse)* ⇒to have enough: *Me he cansado de tu mal comportamiento* - I've had enough of your bad behaviour

cantante *s.com.* ⇒singer

cantar *v.* **1** *(una persona)* ⇒to sing **2** *(un ave, un insecto)* ⇒to sing ⇒to chirp **3** *(un gallo)* ⇒to crow **4** *col. (oler mal)* ⇒to pong UK hum; ⇒to stink **5** *(confesar)* ⇒to talk **6 cantarle a alguien las cuarenta** ⇒to give *sb* a piece of *one's* mind ⇒to tell *sb* a few home truths

cántaro *s.m.* ⇒jug ⇒pitcher US

cante *s.m.* **1** *(canción)* ⇒Andalusian traditional song **2** *col. (olor desagradable)* ⇒stink [U] **3** ~ **jondo** ⇒style of flamenco singing **4 dar el** ~ *col.* ⇒to stick out like a sore thumb

cantera *s.f.* **1** ⇒quarry *(pl quarries)* **2** *(en deporte)* ⇒youth squad

cantidad ∎ *s.f.* **1** ⇒amount: *Gastamos una gran cantidad de leña* - We spent a great amount of wood; ⇒quantity ⇒number: *una gran cantidad de gente* - a huge number of people **2** ~ **de** *col.* ⇒a lot of *inform* **3 en cantidades industriales** ⇒in huge amounts **4 gran** ~ **de** ⇒a great deal of **5 mucha** ~ ⇒a lot *inform;* ⇒a large number ∎ *adv.* **6** *col.* ⇒loads *inform*: *Sabes cantidad* - You know loads

cantimplora *s.f.* ⇒water bottle

canto *s.m.* **1** *(arte, técnica)* ⇨singing **2** *(sin acompañamiento musical)* ⇨chant **3** *(de un ave)* ⇨song **4** *(lado, borde)* ⇨edge: *Me hice daño con el canto de la mesa* - I hurt myself with the edge of the table

caña *s.f.* **1** *(tallo)* ⇨stem ⇨cane: *caña de azúcar* - sugar cane **2** *(de pescar)* ⇨fishing rod **3** *(de cerveza)* ⇨half of beer ⇨jar *inform* **4** *¡Dale caña!* - Give it some! **5** *meter ~ col. (a un coche)* ⇨to put *one's* foot down

cañería *s.f.* **1** *(conducto)* ⇨pipe: *una cañería de desagüe* - an overflow pipe **2** *(sistema)* ⇨piping

caño *s.m.* **1** *(de una fuente)* ⇨pipe ⇨spout **2** *col. (en fútbol)* ⇨nutmeg *inform*

cañón ▌ *adj.* **1** *col. (atractivo)* ⇨horny *inform;* ⇨hot *inform* **▌** *s.m.* **2** *(de una escopeta)* ⇨barrel **3** *(arma)* ⇨cannon **4** *(entre dos montañas)* ⇨canyon

caoba *s.f.* ⇨mahogany

caos *s.m.* ⇨chaos: *Fue un caos* - It was chaos

capa *s.f.* **1** *(prenda de vestir)* ⇨cape ⇨cloak **2** *(plano superpuesto a otro)* ⇨layer **3** *(grupo social)* ⇨echelon *form:* *las capas más altas de la sociedad* - the upper echelons of society **4** *(baño)* ⇨coating: *un pastel con una capa de chocolate* - a cake with a chocolate coating **5** *~ de ozono* ⇨ozone layer

capacidad *s.f.* **1** *(para contener algo)* ⇨capacity **2** *(para hacer algo)* ⇨capacity: *Tiene mucha capacidad para trabajar duro* - She has a great capacity for hard work; ⇨ability *(pl abilities);* ⇨capability *(pl capabilities)* **3** *capacidad de concentración* - attention span

capar *v.* ⇨to castrate: *capar a un animal* - to castrate an animal

caparazón *s.m.* ⇨shell

capataz, -a *s.* **1** ⇨overseer **2** *(hombre)* ⇨foreman *(pl foremen)* **3** *(mujer)* ⇨forewoman *(pl forewomen)*

capaz *adj.* ⇨able ⇨capable: *No soy capaz de mentir* - I'm not capable of lying

capellán *s.m.* ⇨chaplain

capicúa *adj.* ⇨palindromic: *un número capicúa* - a palindromic number

capilla *s.f.* **1** ⇨chapel **2** *~ ardiente* ⇨funeral chapel

capital ▌ *s.m.* **1** *(dinero)* ⇨capital **▌** *s.f.* **2** *(ciudad)* ⇨capital **3** *(de un condado)* ⇨county town

capitán, -a ▌ *s.* **1** *(de un equipo)* ⇨captain **2** *(de un grupo)* ⇨leader ⇨captain **▌** *capitán s.m.* **3** *(de un avión, un barco)* ⇨captain **4** *(del ejército)* ⇨captain

capítulo *s.m.* ⇨chapter

capó *s.m.* ⇨bonnet *UK;* ⇨hood *US*

capricho *s.m.* **1** ⇨whim: *hacer algo por capricho* - to do sth on a whim **2** *comprar algo por capricho* - to buy sth as a treat **3** *Fue un capricho del destino* - It was a quirk of fate

caprichoso, sa ▌ *adj.* **1** *(sin motivo)* ⇨taken on a whim: *una decisión caprichosa* - a decision taken on a whim **2** *(impredecible)* ⇨capricious: *El destino es caprichoso* - Fate is capricious **▌** *adj. / s.* **3** *(antojadizo)* ⇨whimsical *adj*

capricornio *adj. / s.com.* ⇨Capricorn *n*

cápsula *s.f.* ⇨capsule

captura *s.f.* ⇨capture

capturar *v.* ⇨to capture

capucha *s.f.* **1** *(para la cabeza)* ⇨hood **2** *(para un objeto)* ⇨top: *la capucha del bolígrafo* - the top of the pen

capullo *s.m.* **1** *(de una planta)* ⇨bud **2** *(de un gusano)* ⇨cocoon

caqui *adj. / s.* **1** *(color)* ⇨khaki **2** *(fruta)* ⇨sharon fruit

cara *s.f.* **1** ⇨face: *mirar a la cara* - to look sb in the face **2** *(superficie, lado)* ⇨side **3** *(caradura)* ⇨nerve [CONSTR. nerve + to do sth]: *No tengo la cara de decirle que no estoy de acuerdo con él* - I don't have the nerve to tell him that I don't agree with him **4** *~ a ~* ⇨face to face ⇨one-to-one *UK* **5** *~ o cruz* ⇨heads or tails **6** *dar la ~ col.* ⇨to stay to face the music **7** *dar la ~ por alguien col.* ⇨to stand up for *sb* **8** *decirle a alguien algo a la ~ col.* ⇨to say *sth* to *sb's* face **9** *poner ~ de asco col.* ⇨to make a face **10** *poner la ~ larga col.* ⇨to sulk **11** *tener buena ~* ⇨to look well **12** *tener mala ~* ⇨to look ill **13** *tener más ~ que espalda col.* ⇨to be a cheeky son-and-so

caracol *s.m.* **1** ⇨snail **2** *(de mar)* ⇨whelk ⇨winkle

caracola *s.f.* **1** *(concha)* ⇨conch *(pl conches)* **2** *(bollo dulce)* ⇨sweet bun in a spiral form

carácter *s.m.* **1** *(personalidad)* ⇨character: *un carácter muy fuerte* - a very strong character; ⇨nature **2** *(genio)* ⇨strong character: *Tu madre tiene carácter* - Your mother has a strong character **3** *(letra)* ⇨character

característica *s.f.* ⇨characteristic: *una de las principales características del proyecto* - one of the main characteristics of the project; ⇨feature ⇨quality *(pl qualities)*

característico, ca *adj.* ⇨characteristic

caracterizar ▌ *v.* **1** *(distinguir)* ⇨to characterize ⇨to characterise *UK:* *¿Qué rasgos caracterizan a los españoles?* - What features characterise the Spaniards? **▌** *caracterizarse prnl.* **2** *(distinguirse)* ⇨to be characterized ⇨to be characterised *UK:* *Mis compañeras de trabajo se caracterizan por su optimismo* - My workmates

are characterised by their optimism **3** *(disfrazarse)* ⇨to dress up [CONSTR. to dress up as sth/sb]: *Me caractericé de payaso para la obra* - I dressed up as a clown for the play

caradura ❚ *adj.* **1** ⇨cheeky *UK* ❚ *s.com.* **2** ⇨chancer ⇨cheeky so-and-so *UK*

caramba *interj. col.* ⇨gosh!: *¡Caramba, qué cantidad de dinero!* - Gosh! That's a lot of money!

caramelo *s.m.* **1** ⇨sweet *UK*: *Si comes muchos caramelos se te van a caer los dientes* - If you eat too many sweet your teeth will fall off; ⇨candy *US* *(pl* candies) **2** *(fundido)* ⇨caramel

caravana *s.f.* **1** *(grupo de personas)* ⇨caravan *UK* **2** *(fila de vehículos)* ⇨tailback *UK* **3** *(vehículo)* ⇨motorhome: *Hemos alquilado una caravana para las vacaciones* - We have rented a motorhome for the holidays; ⇨camper van *UK;* ⇨camper *US* **4** *(remolque grande)* ⇨caravan *UK;* ⇨trailer *US*

carbón *s.m.* **1** ⇨coal **2** *(vegetal)* ⇨charcoal **3** ~ de leña ⇨charcoal

carbonizar ❚ *v.* **1** *(incendiar)* ⇨to reduce to ashes *(la vegetación, un edificio)* ⇨to burn to the ground: *El incendio carbonizó la casa* - The fire burnt the house to the ground ❚ **carbonizarse** *prnl.* **3** *(incendiarse)* ⇨to be reduced to ashes: *Los muebles se carbonizaron por las llamas* - The furniture was reduced to ashes by the flames **4** *(la vegetación, un edificio)* ⇨to be burnt to the ground

carbono *s.m.* ⇨carbon

carburante *s.m.* ⇨fuel

carcajada *s.f.* **1** ⇨laugh ⇨belly laugh: *Fue una buena carcajada* - It was a real belly laugh **2** *reírse a carcajadas* - to roar with laughter **3** *soltar una carcajada* - to burst out laughing

cárcel *s.f.* ⇨jail ⇨gaol *UK old-fash;* ⇨prison: *ir a la cárcel* - to go to prison

cardenal *s.m.* **1** *(en la Iglesia católica)* ⇨cardinal **2** *(moratón)* ⇨bruise

cardinal *adj. (número)* ⇨cardinal

cardo *s.m.* ⇨thistle

carecer *v.* ⇨to lack: *Mucha gente carece de las cosas básicas* - Many people lack the basics

carencia *s.f.* ⇨lack [U]: *una carencia de vitaminas* - a lack of vitamins

careta *s.f.* ⇨mask

carga *s.f.* **1** ⇨load ⇨burden: *una carga muy pesada* - a very heavy burden **2** *(de un avión, de un barco)* ⇨cargo **3** *(presión sobre una estructura)* ⇨stress: *Los contrafuertes tienen que aguantar la carga del edificio* - The buttresses have to support the stress of the building **4** *(eléctrica)* ⇨charge **5** *(explosiva)* ⇨charge **6** *(responsabilidad)*

⇨liability: *un coche es una carga* - a car is just a liability

cargamento *s.m.* ⇨cargo *(pl* cargoes): *El cargamento del barco se cayó al mar* - The cargo of the boat fell to the sea

cargante *adj. col.* ser una persona cargante - to be a pain in the neck

cargar ❚ *v.* **1** *(en un vehículo)* ⇨to load: *Cargaron el maletero de equipaje* - They loaded the boot with luggage **2** *(una cámara de fotos)* ⇨to load **3** *(un arma)* ⇨to prime **4** *(una batería)* ⇨to charge: *cargar la batería de un teléfono* - to charge the battery of a phone **5** *(algo pesado)* ⇨to carry: *Iba cargando 10 botellas de agua* - I was carrying 10 bottles of water **6** *(de responsabilidades)* ⇨to burden ⇨to shoulder: *No deberías cargarte con tantas cosas* - You shouldn't shoulder with so many things **7** *(cobrar dinero)* ⇨to charge [CONSTR. to charge + dos objetos]: *Cárguelo a mi cuenta* - Charge it to my account; ⇨to debit ❚ **cargarse** *prnl.* **8** *col. (romper)* ⇨to bugger up *UK offens: Me he cargado el ordenador* - I've buggered the computer up; ⇨to break **9** *col. (matar)* ⇨to bump off *very inform;* ⇨to eliminate *inform*

cargo *s.m.* **1** *(en un trabajo)* ⇨post *form* **2** *a ~ de* ⇨in charge of **3** *dar ~ de conciencia* ⇨to feel guilty **4** *hacerse ~* **1** *(cuidar, atender)* ⇨to see about ⇨to take care of: *¿Podrías hacerte cargo del bebé?* - Could you take care of the baby? **2** *(encargarse de algo)* ⇨to take over ⇨to take care of: *Yo me haré cargo de la comida* - I'll take care of the food **5** *tener ~ de conciencia* ⇨to have a guilty conscience

caribeño, ña *adj.* ⇨Caribbean

caricatura *s.f.* ⇨caricature

caricia *s.f.* **1** ⇨caress *(pl* caresses) **2** *(en forma de golpecito)* ⇨pat **3** *(para animales)* ⇨stroke

caridad *s.f.* ⇨charity *form: A nadie le gusta vivir de la caridad* - Nobody likes living on charity

caries *s.f.* ⇨tooth decay

cariño *s.m.* **1** *(sentimiento)* ⇨affection ⇨love *UK* **2** *(apelativo)* ⇨dear: *¿Cómo te encuentras hoy, cariño?* - How are you today, dear?; ⇨honey *US;* ⇨darling **3** *con ~* ⇨lovingly **4** *sentir mucho ~ por* ⇨to be very fond of: *Creo que ella siente mucho cariño por Greg* - I think she is very fond of Greg **5** *tomar ~* ⇨to become fond of ⇨to warm

cariñoso, sa *adj.* ⇨affectionate ⇨loving ⇨tender: *Es muy cariñoso con ella* - He's really tender with her

caritativo, va *adj.* ⇨charitable [CONSTR. charitable + to/towards sb]

carnaval *s.m.* **1** ⇨carnival **2** *vacaciones de carnaval* - february half-term

carne

carne *s.f.* **1** *(de una persona)* ⇨flesh **2** *(de un animal)* ⇨meat **3** *(de cerdo)* ⇨pork **4** *(de corde-ro)* ⇨lamb **5** *(de vaca)* ⇨beef **6** *(de ternera)* ⇨veal **7** *(de pollo)* ⇨chicken **8** *(de venado)* ⇨venison **9** *(picada)* ⇨mince *UK;* ⇨ground beef *US* **10** *(asa-da)* ⇨roast **11 en ~ viva** ⇨raw **12 ser de ~ y hueso** *col.* ⇨to be only human **13 tener la ~ de gallina** ⇨to have goose gimples

carné *s.m.* **1** ⇨card **2** *(de conducir)* ⇨driving li-cence *UK;* ⇨driver's license *US* **3** *(de estudiante)* ⇨student card **4** *(de identidad)* ⇨identity card

carnero *s.m.* ⇨ram

carnicería *s.f.* **1** *(tienda)* ⇨butcher's *UK* *(pl* butchers'); ⇨butcher shop *US* **2** *(masacre)* ⇨slaughter

carnicero, ra *s.* ⇨butcher

carnívoro, ra ▌ *adj.* **1** ⇨carnivorous ▌ *s.* **2** ⇨car-nivore

caro, ra *adj.* ⇨expensive ⇨dear *UK: La comida fue buena, pero muy cara* - The food was good but very dear; ⇨costly

carpa *s.f.* **1** *(pez)* ⇨carp **2** *(tejado)* ⇨marquee *UK* **3** *(de un circo)* ⇨big top **4** *AMÉR. (tienda de cam-paña)* ⇨tent

carpeta *s.f.* **1** ⇨folder: *Todas las facturas están en la carpeta* - All the bills are in the folder **2** *(de anillas)* ⇨ring binder **3** *(archivo)* ⇨file

FOLDER

RING BINDER

carpintería *s.f.* **1** *(actividad)* ⇨woodwork ⇨car-pentry **2** *(lugar)* ⇨carpenter's workshop

carpintero, ra *s.* ⇨carpenter ⇨joiner

carrera *s.f.* **1** *(marcha rápida)* ⇨run *US: echar una carrera* - to go for a run / to have a run **2** *(de ritmo lento)* ⇨jog **3** *(competición)* ⇨racing: *carrera de coches* - motor racing; ⇨race **4** *(vida profesional)* ⇨career **5** *(licenciatura uni-versitaria)* ⇨degree **6** *(en unas medias)* ⇨lad-der *UK*

carrerilla *s.f.* **1** ⇨run-up **2 coger ~** ⇨to build up speed **3 de ~** ⇨by heart

carreta *s.f.* ⇨wagon ⇨cart

carrete *s.m.* **1** *(de una cámara)* ⇨film **2** *(bobi-na)* ⇨reel

carretera *s.f.* **1** ⇨road ⇨Rd **2** *(de circunvala-ción)* ⇨ring road *UK;* ⇨bypass *(pl* bypasses) **3** *(nacional)* ⇨national road **4** *(principal)* ⇨A-road **5** *(comarcal)* ⇨B-road **6** *(autopis-ta)* ⇨motorway *UK;* ⇨freeway *US* **7 en ~** ⇨on the road **8 por ~** ⇨by road

carretilla *s.f.* ⇨wheelbarrow

carril *s.m.* ⇨lane: *carril bus* - bus lane

carrillo *s.m.* ⇨cheek

carro *s.m.* **1** ⇨cart ⇨wagon **2** *(cuádriga)* ⇨chari-ot: *las carreras de carros de la antigua Roma* - ancient Roman chariot races **3** *(de un super-mercado, de un aeropuerto)* ⇨trolley *UK;* ⇨cart *US* **4** *AMÉR. (coche)* ⇨car ⇨automobile *US* **5 ~ de la compra** ⇨shopping trolley

carrocería *s.f.* ⇨bodywork [U]

carromato *s.m.* ⇨animal-drawn cart

carroza *s.f.* **1** ⇨carriage **2** *(en una procesión, en un desfile)* ⇨float: *carrozas de carnaval* - carni-val floats

carruaje *s.m.* ⇨carriage

carta *s.f.* **1** *(papel escrito)* ⇨letter: *Te mandé una carta la semana pasada* - I sent you a letter last week; *echar una carta* - to post a letter **2** *(de re-comendación)* ⇨letter of recomendation **3** *(para jugar)* ⇨playing card ⇨card: *jugar a las cartas* - to play cards **4** *(en un restaurante)* ⇨menu **5 papel de cartas** ⇨notepaper

cartearse *v.prnl.* ⇨to write [CONSTR. to write (to) sb]

cartel *s.m.* **1** *(de publicidad)* ⇨poster **2** *(de in-formación)* ⇨notice **3** *(indicador)* ⇨sign

cartelera *s.f.* **1** ⇨publicity board **2** *(en un perió-dico)* ⇨listings *pl* **3 estar en ~ 1** ⇨to be on **2** *las películas en cartelera* - films now showing

cartera *s.f.* **1** *(billetero)* ⇨wallet ⇨billfold *US* **2** *(billetero de mujer)* ⇨purse *UK;* ⇨wallet **3** *(male-tín)* ⇨briefcase **4** *(del colegio)* ⇨satchel: *Mi ma-dre solía llevar una cartera de cuero al colegio* - My mother used to carry a satchel to school; ⇨school bag **5** *AMÉR. (bolso de mujer)* ⇨handbag *UK;* ⇨purse *US*

carterista *s.com.* ⇨pickpocket

cartero, ra *s.* **1** *(sin especificar sexo)* ⇨letter carrier *US;* ⇨mail carrier *US* **2** *(hombre)* ⇨post-man *UK* *(pl* postmen); ⇨mailman *US* *(pl* mail-men) **3** *(mujer)* ⇨postwoman *UK* *(pl* postwomen); ⇨mailwoman *US* *(pl* mailwomen)

cartilla *s.f.* **1** *(de ahorros)* ⇨savings book **2** *(de la seguridad social)* ⇨medical card **3** *(del paro)* ⇨unemployment card **4** *(para empezar a leer)* ⇨first read **5 leer la ~** *col.* ⇨to tell off

cartón *s.m.* **1** *(material)* ⇨cardboard **2** *(envase, recipiente)* ⇨carton: *un cartón de leche* - a car-ton of milk **3** *(envase de huevos)* ⇨box

cartucho *s.m.* **1** *(de tinta)* ⇨cartridge ⇨shell **2** *(de fogueo)* ⇨blank cartridge

cartulina *s.f.* ⇨cardboard [U]: *Compré cartulina de colores para las postales* - I bought coloured cardboard for the postcards

casa *s.f.* **1** *(edificio)* ⇨house **2** *(hogar)* ⇨home: *llegar a casa* - to arrive home **3** *(de campo)* ⇨cottage ⇨country house **4** *(de interés histórico)* ⇨stately home **5** ~ adosada ⇨terraced house *UK;* ⇨row house *US* **6** ~ de la moneda ⇨mint **7** ~ discográfica ⇨record company *(pl* record companies) **8** de ~ ⇨home: *el equipo de casa* - the home team **9** en ~ ⇨at home: *Trabajo en casa* - I work at home; ⇨in: *Ella no está en casa en este momento* - She is not in at the moment **10** en ~ de *(en una dirección de una carta)* ⇨c/o: *Envía el paquete a Mike Simpson, en casa de la familia Wilkins* - Send the parcel to Mike Simpson, c/o the Wilkins family **11** grande como una ~ *(enorme)* ⇨huge **12** pasar por ~ de alguien ⇨to drop in

casado, da ∎ *adj.* **1** ⇨married ⇨wedded *lit* ∎ *s.* **2** *(hombre)* ⇨married man *(pl* married men) **3** *(mujer)* ⇨married woman *(pl* married women)

casar ∎ *v.* **1** ⇨to marry ∎ casarse *prnl.* **2** ⇨to get married: *Se casó con un joven apuesto* - She got married to a good-looking young man; ⇨to marry

cascabel *s.m.* **1** ⇨bell **2** serpiente cascabel - rattlesnake

cascada *s.f.* ⇨waterfall

cascado, da *adj.* **1** col. *(una cosa)* ⇨old **2** col. *(una persona)* ⇨knackered *UK very inform* **3** *(la voz)* ⇨cracked

cascanueces *s.m.* ⇨nutcracker [CONSTR. Se usa más en plural]

cascar *v.* **1** *(romper)* ⇨to crack: *cascar un huevo* - to crack an egg **2** col. *(pegar)* ⇨to hit: *cascar a alguien* - to hit sb **3** col. *(hablar)* ⇨to chatter: *Deja ya de cascar, ¿quieres?* - Stop chattering, will you? **4** col. *(morirse)* ⇨to kick the bucket *inform*

cáscara *s.f.* **1** *(de una fruta, de un vegetal)* ⇨peel [U]: *cáscaras de naranja* - orange peel **2** *(de una fruta)* ⇨skin: *la cáscara de un plátano* - a banana skin **3** *(de fruto seco)* ⇨shell ⇨husk **4** *(de huevo)* ⇨eggshell

cascarón *s.m.* **1** ⇨eggshell **2** romper el cascarón - to hatch

cascarrabias *adj. / s.com. col.* ⇨grouchy *inform adj: un viejo cascarrabias* - a grouchy old man; ⇨grumpy *adj*

casco ∎ *s.m.* **1** *(para la cabeza)* ⇨helmet **2** *(para una moto, una bici)* ⇨crash helmet **3** *(botella)* ⇨empty bottle **4** *(pezuña)* ⇨hoof *(pl* hooves,

hoofs) **5** *(de un barco)* ⇨hull **6** ~ antiguo *(de una ciudad)* ⇨old town ∎ cascos *pl.* **7** *(auriculares)* ⇨earphones ⇨headphones **8** *(envases vacíos)* ⇨empties

caserío *s.m.* **1** ⇨farmhouse **2** *(en una aldea)* ⇨hamlet C

casero, ra ∎ *adj.* **1** *(elaborado en casa)* ⇨home-made **2** *(hogareño)* ⇨home-loving: *un persona casera* - a home-loving person ∎ *s.* **3** *(hombre)* ⇨landlord **4** *(mujer)* ⇨landlady *(pl* landladies)

caseta *s.f.* **1** *(puesto, tenderete)* ⇨stand: *Visitamos la caseta de productos regionales* - We visited the stand of regional products **2** *(en una feria)* ⇨booth ⇨sideshow: *Carol ganó un peluche enorme en la caseta de la feria* - Carol won a large soft toy at a sideshow at the fair **3** *(vestuario para bañistas)* ⇨beach hut **4** *(de perro)* ⇨kennel *UK;* ⇨doghouse *US* **5** *(de un guarda, de un portero)* ⇨lodge

casete *s.m.* **1** *(cinta)* ⇨tape ⇨cassette **2** *(aparato)* ⇨cassette: *En unos años, los casetes desaparecerán* - In a few years, cassettes will disappear; ⇨cassette player ⇨tape recorder

casi *adv.* **1** ⇨almost: *Casi llego tarde* - I'm almost late; ⇨nearly: *Estamos casi allí* - We are nearly there; ⇨practically **2** *(en oraciones negativas)* ⇨hardly: *Casi nunca lo veo* - I hardly ever see him **3** ~ nunca ⇨hardly ever ⇨rarely ⇨seldom: *Casi nunca como fuera* - I seldom eat out

casilla *s.f.* *(en un impreso)* ⇨box *(pl* boxes): *Marca la casilla adecuada* - Tick the appropriate box

casillero *s.m.* **1** *(mueble)* ⇨pigeonhole **2** *(marcador)* ⇨scoreboard

casino *s.m.* ⇨casino

caso *s.m.* **1** ⇨case ⇨instance: *Ha habido varios casos de violencia en el colegio* - There have been several instances of violence at the school **2** Hazme caso - Take it from me **3** en ~ de ⇨in the event of **4** en cualquier ~ ⇨in any case **5** en el ~ de que ⇨supposing **6** en el mejor de los casos ⇨at best **7** en el peor de los casos ⇨at worst **8** en todo ~ ⇨in any case ⇨in any event **9** hacer ~ de ⇨to take notice of [CONSTR. to take notice of sth/sb] **10** ser un ~ col. ⇨to be a right one **11** ser un ~ aparte ⇨to be something else

caspa *s.f.* ⇨dandruff

casta *s.f.* **1** *(de un animal)* ⇨breeding: *un toro de buena casta* - a bull of noble breeding; ⇨pedigree **2** *(de una persona)* ⇨caste

castaña *s.f.* ⇨chestnut

castañetear *v.* ⇨to chatter: *Tengo tanto frío que me castañetean los dientes* - I'm so cold that my teeth are chattering

castaño, ña ▌*adj. / s.* **1** *(color)* ⇒brown ⇒chestnut **2** *(pelo)* ⇒auburn ▌**castaño** *s.m.* **3** *(árbol)* ⇒chestnut

castellano *s.m. (idioma)* ⇒Spanish ⇒Castilian

castidad *s.f.* ⇒chastity

castigar *v.* ⇒to punish [CONSTR. to punish sb for sth]

castigo *s.m.* **1** ⇒punishment [U]: *castigo físico* - corporal punishment **2** *(en el colegio)* ⇒detention

castillo *s.m.* **1** ⇒castle **2** *(de arena)* ⇒sandcastle **3** *(de naipes)* ⇒house of cards *(pl* houses of cards) **4** hacer castillos en el aire ⇒to build castles in the air

casto, ta *adj.* ⇒chaste *form*

castor *s.m.* ⇒beaver

castrar *v.* ⇒to castrate

casual *adj.* ⇒accidental ⇒coincidental

casualidad *s.f.* **1** ⇒coincidence: *¡Qué casualidad!* - What a coincidence!; ⇒chance: *Lo averigüé de pura casualidad* - I found it out by pure chance **2** por ~ ⇒by accident ⇒by chance

catalán, -a ▌*adj. / s.* **1** ⇒Catalan ▌**catalán** *s.m.* **2** *(idioma)* ⇒Catalan

catálogo *s.m.* ⇒catalogue *UK*; ⇒catalog *US*

catar *v.* ⇒to taste: *catar un vino* - to taste a wine

catarata *s.f.* **1** *(de agua)* ⇒waterfall: *las cataratas del Iguazú* - the Iguazu waterfalls **2** *(en medicina)* ⇒cataract

catarro *s.m.* ⇒cold: *He cogido un catarro* - I've caught a cold

catástrofe *s.f.* ⇒catastrophe

catear *v. col.* ⇒to fail: *Cateé el examen* - I failed the exam

catecismo *s.m.* ⇒catechism

catedral *s.f.* ⇒cathedral

catedrático, ca *s.* **1** *(de universidad)* ⇒professor **2** *(de instituto)* ⇒senior teacher

categoría *s.f.* **1** *(tipo, clase)* ⇒category *(pl* categories) **2** *(en deporte)* ⇒level **3** ~ gramatical ⇒part of speech *(pl* parts of speech) **4** ~ laboral ⇒work category **5** de primera ~ ⇒first-rate ⇒first-class **6** de segunda ~ ⇒second-rate

catolicismo *s.m.* ⇒Catholicism

católico, ca *adj. / s.* ⇒Catholic: *Es católica* - She is a Catholic; ⇒Roman Catholic

catorce *numer.* **1** ⇒fourteen **2** *(fecha)* ⇒fourteenth

catorceavo *numer.* ⇒fourteenth

cauce *s.m.* **1** *(cuenca de un río)* ⇒bed **2** *(curso de un río)* ⇒course **3** *(camino, vía)* ⇒path

caucho *s.m.* ⇒rubber

caudal *s.m.* **1** *(de un río)* ⇒volume of water **2** *(de riquezas)* ⇒wealth

caudaloso, sa *adj.* ⇒large ⇒mighty *lit: un río caudaloso* - a mighty river

caudillo *s.m.* ⇒leader ⇒commander

causa *s.f.* **1** ⇒cause: *una causa perdida* - a lost cause **2** a ~ de ⇒because of: *A causa de la lluvia no pudimos comer fuera* - Because of the rain we could eat outside; ⇒on account of

causante *adj.* ser causante de algo - to be responsible for

causar *v.* **1** ⇒to cause [CONSTR. 1. to cause + to do sth 2. to cause + dos objetos]: *¡No me causes problemas!* - Don't cause me trouble! **2** *(un efecto)* ⇒to create ⇒to provoke: *Ese chiste siempre causa risas* - That joke always provokes a laugh **3** *(un sentimiento)* ⇒to make: *causar buena impresión* - to make a good impression **4** *(un daño)* ⇒to do damage ⇒to do harm

cautela *s.f.* ⇒caution

cauteloso, sa *adj.* ⇒cautious: *Es un conductor cauteloso* - He's a cautious driver; ⇒careful

cautivar *v.* ⇒to captivate: *Tu voz me cautivó* - Your voice captivated me

cautiverio *s.m.* ⇒captivity: *Les soltaron de su cautiverio* - They were released from their captivity

cautividad *s.f.* ⇒captivity: *animales criados en cautividad* - animals bred in captivity

cautivo, va *adj. / s.* ⇒captive

cava *s.f.* ⇒Spanish sparkling wine ⇒cava

cavar *v.* **1** *(una fosa, un hoyo)* ⇒to dig: *cavar un hoyo* - to dig a hole **2** *(un pozo)* ⇒to sink **3** *(con pala)* ⇒to shovel

caverna *s.f.* ⇒cave

caviar *s.m.* ⇒caviar

cavilar *v.* ⇒to deliberate *form* [CONSTR. to deliberate over sth]; ⇒to think over: *Cavílalo y luego hablamos* - Think it over and we'll talk later; ⇒to think through

cayuco *s.m. AMÉR.* ⇒canoe ⇒dugout (canoe)

caza ▌*s.m.* **1** *(avión)* ⇒fighter ▌*s.f.* **2** *(actividad)* ⇒hunting: *La caza me resulta cruel* - I find hunting cruel; ⇒hunt **3** animales de ~ ⇒game [U] **4** ~ de brujas ⇒witch-hunt **5** ~ mayor ⇒big game **6** ~ menor ⇒small game ⇒shooting

cazador, -a *s.* **1** ⇒hunter **2** *(hombre)* ⇒huntsman *(pl* huntsmen)

cazadora *s.f.* **1** *(vaquera)* ⇒jean jacket **2** *(de piel)* ⇒leather jacket

cazar *v.* **1** *(ir de caza)* ⇒to hunt **2** *(coger, agarrar) col.* ⇒to catch [CONSTR. to catch + doing sth]; ⇒to hunt down: *La policía lo cazó al final* - The police finally hunted him down

cazo *s.m.* **1** *(para cocinar)* ⇒saucepan **2** *(para servir)* ⇒ladle

cazuela *s.f.* ⇨saucepan ⇨pot: *¿Puedo poner las cazuelas en el lavavajillas?* - Can I put the pots on the dishwaher?

cebada *s.f.* ⇨barley

cebar ▌*v.* **1** *(a un animal)* ⇨to fatten up: *cebar a un cerdo* - to fatten a pig up **2** *col. (a una persona)* ⇨to fill up with food: *cebar a un niño* - to fill a child up with food ▌**cebarse** *prnl.* **3** *(ensañarse)* ⇨to be cruel: *cebarse en alguien* - to be cruel to sb

cebo *s.m.* **1** *(comida)* ⇨bait **2** *(señuelo)* ⇨bait: *Ofrecen vacaciones gratis como cebo para atraer a nuevos clientes* - Free holidays were offered as a bait to customers; ⇨lure

cebolla *s.f.* ⇨onion

cebolleta *s.f.* **1** ⇨spring onion *UK;* ⇨scallion *US* **2** *(en vinagre)* ⇨pickled onion

cebra *s.f.* **1** ⇨zebra **2** paso de ~ ⇨zebra crossing *UK;* ⇨pedestrian crossing *UK: Cruza la calle por el paso de cebra* - Cross the road on the pedestrian crossing; ⇨crosswalk *US*

ceder *v.* **1** *(rendirse)* ⇨to give in: *No cedas ante él* - Don't give in to him **2** *(hacer concesiones)* ⇨to make concessions: *Tuve que ceder para llegar a un acuerdo con ella* - I had to make concessions in order to reach an agreement with her **3** *ceder el paso a alguien* - to give way to sb **4** *(perder fuerza, romperse)* ⇨to give: *La cuerda cedió ante el peso* - The rope gave under the weight of the load

cegar *v.* **1** *(deslumbrar)* ⇨to blind: *Los faros de ese coche me cegaron* - The headlights of that car blinded me **2** *(obcecar)* ⇨to blind: *La ira lo cegó* - Rage blinded him; *No te ciegues e intenta comprenderlo* - Don't be so blind, and try to understand it **3** *(obstruir)* ⇨to block up: *Cegaron la antigua entrada con ladrillos* - They blocked up the old entrance with bricks

ceguera *s.f.* ⇨blindness

ceja *s.f.* ⇨eyebrow: *depilarse las cejas* - to pluck one's eyebrows

celda *s.f.* ⇨cell

celebración *s.f.* ⇨celebration: *Esas noticias se merecen una celebración* - Such good news calls for a celebration

celebrar ▌*v.* **1** *(un acontecimiento, una fecha)* ⇨to celebrate **2** *(una fiesta, un evento)* ⇨to hold ▌**celebrarse** *prnl.* **3** ⇨to take place ⇨to be held: *La ceremonia se celebrará en esa iglesia* - The ceremony will be held on that church

célebre *adj.* ⇨famous: *un personaje célebre* - a famous character; ⇨well-known

celeste *adj.* **1** *(del cielo)* ⇨heavenly ⇨celestial *lit* **2** *(color)* ⇨pale blue ⇨sky blue

celo ▌*s.m.* **1** *(cinta adhesiva)* ⇨Sellotape® *UK;* ⇨Scotch tape® *US* **2** *(en algunas especies animales)* ⇨heat (hembra): *to be on heat* - estar en celo; ⇨in rut (macho): *to be in rut* - estar en celo ▌**celos** *pl.* **3** ⇨jealousy *(pl* jealousies) **4** *tener celos de alguien* - to be jealous of sb; *dar celos a alguien* - to make sb jealous

celoso, sa *adj.* ⇨jealous: *Ella se siente muy celosa cada vez que otra mujer mira a su novio* - She feels jealous every time another woman looks at her boyfriend; *Es muy celosa de su independencia* - She is very jealous of her independence

célula *s.f.* **1** ⇨cell **2** ~ madre ⇨stem cell **3** ~ terrorista ⇨terrorist cell

cementerio *s.m.* **1** ⇨cemetery *(pl* cemeteries) **2** *(de coches)* ⇨junkyard **3** *(de residuos nucleares)* ⇨nuclear waste dump

cemento *s.m.* ⇨cement

cena *s.f.* **1** ⇨supper: *¿Qué hay de cena?* - What's for supper?; ⇨dinner **2** *(en un restaurante)* ⇨dinner [U]

cenar *v.* ⇨to have dinner ⇨to have supper

cencerro *s.m.* **1** ⇨bell **2** estar como un ~ *col.* ⇨to be nuts *inform: No le escuches, está como un cencerro* - Don't listen to him, he's nuts; ⇨to be stark raving mad *inform*

cenicero *s.m.* ⇨ashtray

ceniza ▌*s.f.* **1** ⇨ash *(pl* ashes) **2** reducir a cenizas ⇨to reduce to ashes: *El árbol quedó reducido a cenizas tras el incendio* - The tree was reduced to ashes after the fire ▌**cenizas** *s.f.pl.* **3** *(restos mortales)* ⇨ashes: *esparcir las cenizas* - to scatter the ashes

censo *s.m.* **1** ⇨census *(pl* censuses): *hacer un censo de la población de un lugar* - to take a census of the population in a given area **2** ~ electoral ⇨electoral register ⇨electoral roll

censura *s.f.* **1** *(crítica)* ⇨condemnation ⇨censure *form* **2** *(prohibición)* ⇨censorship

censurar *v.* **1** *(criticar)* ⇨to censure *form: censurar el comportamiento de alguien* - to censure sb's behaviour **2** *(prohibir)* ⇨to censor: *censurar una escena de una película* - to censor a scene of a film

centavo ▌*numer.* **1** *(centésimo)* ⇨hundredth ▌*s.m.* **2** *(moneda)* ⇨cent

centellear *v.* **1** *(las joyas, el agua)* ⇨to sparkle ⇨to glitter: *Los diamantes del anillo centelleaban a la luz del sol* - The diamonds on the ring were glittering in the sun **2** *(una luz)* ⇨to glitter ⇨to twinkle: *Las estrellas centelleaban sin cesar* - The stars were twinkling incessantly **3** *(una llama)* ⇨to flicker: *Me relaja ver cómo*

centena

centellea una vela - I feel relaxed watching a candle to flicker

centena *s.f.* ⇨hundred: *una centena de libros* - a hundred books

centenar *s.m.* ⇨hundred: *Había un centenar de personas* - There were a hundred people

centenario, ria ∎ *adj.* **1** ⇨hundred-year-old ∎ **centenario** *s.m.* **2** ⇨centenary *UK* (*pl* centenaries); ⇨centennial *US*

centeno *s.m.* ⇨rye

centésimo, ma *numer.* ⇨hundredth

centígrado, da *adj.* ⇨Celsius ⇨centigrade: *La abreviatura de centígrado es C* - The abbreviated form for centigrade is C

centímetro *s.m.* **1** ⇨centimetre *UK;* ⇨centimeter *US* **2** ~ **cuadrado** ⇨square centimetre *UK;* ⇨square centimeter *US* **3** ~ **cúbico** ⇨cubic centimetre *UK;* ⇨cubic centimeter *US*

céntimo ∎ *numer.* **1** ⇨hundredth ∎ *s.m.* **2** ⇨cent **3 estar sin un ~** *col.* ⇨to be broke

centinela ∎ *s.com.* **1** (*vigilante*) ⇨lookout ∎ *s.m.* **2** (*soldado*) ⇨sentry (*pl* sentries)

centollo *s.m.* ⇨spider crab

central ∎ *adj.* **1** ⇨central: *Vienen de Europa central* - They come from central Europe; *los aspectos centrales de un problema* - the central details of a problem ∎ *s.m.* **2** (*en fútbol*) ⇨centre half *UK* (*pl* centre halves); ⇨central defender ∎ *s.f.* **3** (*oficina*) ⇨head office **4** (*instalación energética*) ⇨plant ⇨station **5** ~ **eléctrica** ⇨power station ⇨power plant *US* **6** ~ **hidroeléctrica** ⇨hydroelectric power station **7** ~ **lechera** ⇨dairy **8** ~ **nuclear** ⇨nuclear power station **9** ~ **telefónica** ⇨telephone exchange

centralita *s.f.* ⇨switchboard

centrar ∎ *v.* **1** (*colocar en el centro*) ⇨to centre *UK: centrar un cuadro en la pared* - to centre a painting on the wall; ⇨to center *US* **2** (*dirigir hacia un punto*) ⇨to centre *UK;* ⇨to center *US;* ⇨to focus: *centrar las críticas en alguien* - to focus criticism on sb **3** (*en deporte*) ⇨to cross: *centrar el balón* - to cross the ball ∎ **centrarse** *prnl.* **4** (*dirigirse hacia un punto*) ⇨to centre *UK;* ⇨to center *US;* ⇨to focus: *Céntrate en los estudios* - You should focus on your studies **5** (*estabilizarse*) ⇨to settle down ⇨to get some direction

céntrico, ca *adj.* **1** ⇨central **2** *Vive en un piso céntrico* - She lives in an apartment in the town centre

centrifugar *v.* ⇨to spin

centro *s.m.* **1** ⇨middle: *Estaba en el centro de la plaza* - She was standing in the middle of the square; ⇨centre *UK;* ⇨center *US;* ⇨core: *el centro de la Tierra* - the core of the Earth **2** (*de una ciudad*) ⇨downtown *US* **3** ~ **cívico** ⇨community centre *UK;* ⇨community center *US* **4** ~ **comercial** ⇨shopping centre *UK;* ⇨shopping center *US;* ⇨shopping mall *US;* ⇨mall *US* **5** ~ **cultural** ⇨arts centre *UK;* ⇨arts center *US* **6** ~ **de día** ⇨daycare centre *UK;* ⇨daycare center *US* **7** ~ **de enseñanza** ⇨educational institution **8** ~ **de menores** ⇨young offenders' institution **9** ~ **de gravedad** ⇨centre of gravity **10** ~ **de mesa** ⇨centrepiece *UK;* ⇨centerpiece *US* **11** ~ **de salud** ⇨health centre *UK;* ⇨health center *US* **12** ~ **neurálgico** ⇨nerve centre *UK;* ⇨nerve center *US* **13** ~ **penitenciario** ⇨prison ⇨penitentiary *US* **14** ~ **recreativo** ⇨leisure centre *UK;* ⇨recreation center *US* **15** ~ **urbano** ⇨urban area ⇨town centre *UK;* ⇨town center *US*

centrocampista *s.com.* ⇨midfield player

ceñido, da *adj.* ⇨tight: *Esos pantalones son demasiado ceñidos* - Those trousers are too tight

ceño *s.m. Me miró con el ceño fruncido* - She looked up at me with a scowl; *fruncir el ceño* - to frown

cepa *s.f.* **1** (*planta de la vid*) ⇨vine **2 de pura ~** ⇨through and through: *Eres italiana de pura cepa* - You're Italian through and through

cepillar ∎ *v.* **1** ⇨to brush: *cepillar la ropa* - to brush the clothing; *cepillarse los dientes* - to brush one's teeth ∎ **cepillarse** *prnl.* **2** *col.* (*matar a alguien*) ⇨to polish off *inform* **3** *col.* (*terminar algo*) ⇨to polish off *inform*

cepillo *s.m.* **1** ⇨brush (*pl* brushes) **2** (*para el pelo*) ⇨hairbrush (*pl* hairbrushes) **3** (*para los dientes*) ⇨toothbrush (*pl* toothbrushes) **4** (*para las uñas*) ⇨nail brush (*pl* nail brushes) **5** (*para limosnas*) ⇨offering plate **6** (*en carpintería*) ⇨plane

cepo *s.m.* **1** (*para animales*) ⇨trap **2** (*para vehículos*) ⇨clamp *UK;* ⇨wheel clamp *UK*

cera *s.f.* **1** ⇨wax: *cera depiladora* - hair-removing wax **2** (*para abrillantar*) ⇨polish **3** (*para dibujar*) ⇨wax crayon **4** (*de los oídos*) ⇨wax ⇨earwax **5 hacerse la ~** ⇨to have one's legs waxed

cerámica *s.f.* **1** (*técnica*) ⇨pottery **2** (*objeto*) ⇨piece of pottery ⇨ceramic

cerca ∎ *s.f.* **1** (*de madera, de alambre*) ⇨fence **2** (*de piedra*) ⇨wall ∎ *adv.* **3** ⇨near [Se dice *near my house.* Incorrecto: *near of my house*]: *El banco está cerca de aquí* - The bank is near here; ⇨nearby ⇨close ⇨around: *Está por aquí cerca* - It's around here somewhere **4** ~ **de** (*una hora, una cifra, un lugar*) ⇨nearly: *Son cerca de las diez* - It's nearly ten; ⇨almost **5 de** ~ ⇨near ⇨close up:

De cerca parece más joven - On the close up he seems younger

cercado *s.m.* **1** *(terreno)* ⇒enclosure **2** *(valla)* ⇒fence

cercano, na *adj.* **1** ⇒close: *Te estaré esperando en un restaurante cercano* - I'll be waiting for you on a close restaurant; ⇒near ⇒nearby [CONSTR. Se sitúa delante de un nombre]: *¿Conoce alguna gasolinera cercana?* - Do you know a nearby petrol station? **2** *(un pariente)* ⇒close: *Solo viene a cenar la familia cercana* - Just the close family is coming for dinner

cercar *v.* **1** *(colocar una cerca)* ⇒to fence in: *cercar un jardín* - to fence a garden in **2** *(rodear)* ⇒to surround: *cercar al enemigo* - to surround the enemy

cerdo, da ∎ *s.m.* **1** *(carne)* ⇒pork ∎ *s.* **2** *(animal)* ⇒pig **3** *col. desp. (persona)* ⇒pig *inform, offens*

cereal ∎ *s.m.* **1** *(planta)* ⇒cereal **2** *(grano)* ⇒cereal ∎ **cereales** *pl.* **3** *(alimento)* ⇒cereal: *Siempre desayuno cereales* - I always have cereal for breakfast

cerebral *adj.* **1** *(del cerebro)* ⇒cerebral *form: hemorragia cerebral* - cerebral haemorrhage; *un tumor cerebral* - a brain tumour **2** *(una persona)* ⇒cerebral *form;* ⇒calculating

cerebro *s.m.* **1** *(parte del cuerpo)* ⇒brain **2** *(persona que organiza un plan)* ⇒mastermind ⇒brains *inform: Ella es el cerebro de la organización* - She's the brains of the organization **3** *Es un cerebrito* - She's a boffin

ceremonia *s.f.* **1** ⇒ceremony *(pl ceremonies)* **2** *(solemnidad)* ⇒pageantry

cereza *s.f.* ⇒cherry *(pl cherries)*

cerezo *s.m.* ⇒cherry tree

cerilla *s.f.* **1** ⇒match *(pl matches): encender una cerilla* - to strike a match; ⇒matchstick **2** *una caja de cerillas* - a matchbox

cerillo *s.m.* AMÉR. ⇒match *(pl matches);* ⇒matchstick

cero *numer.* **1** ⇒zero ⇒nought UK; ⇒cipher US **2** *(en una serie de números)* ⇒o: *Mi número de teléfono es: siete, seis, dos, cinco, cero, tres* - My telephone number is: seven six two five o three **3** *(en deportes)* ⇒nil UK: *un gol a cero* - one-nil; ⇒zero US **4** *(en tenis)* ⇒love: *Iba ganando el partido cuarenta a cero* - She was winning the match 40-love **5** *Empezaré desde cero* - I will start from scratch **6** *bajo ~* ⇒sub-zero ⇒freezing: *Estamos a bajo cero* - We've reached the freezing point; ⇒below zero **7** *ser un ~ a la izquierda* ⇒to be a nobody

cerrado, da *adj.* **1** ⇒closed: *Cuando quisimos llegar ya estaba cerrado* - By the time we arrived

it was closed; ⇒shut **2** *(con llave)* ⇒locked **3** *(una persona)* ⇒reserved ⇒uncommunicative **4** *(una curva)* ⇒sharp **5** *(un acento)* ⇒broad: *un acento escocés cerrado* - a broad Scottish accent

cerradura *s.f.* **1** ⇒lock **2** *ojo de la ~* ⇒keyhole

cerrajero, ra *s.* ⇒locksmith

cerrar *v.* **1** ⇒to close: *Mi hermana siempre cierra todas las ventanas de la casa* - My sister always closes all the windows in the house; ⇒to shut: *La puerta se cerró sola* - The door shut by itself **2** *(un negocio que va mal)* ⇒to close down ⇒to shut down: *La fábrica local tuvo que cerrar* - The local factory had to shut down **3** *(con llave)* ⇒to lock ⇒to lock up: *El vigilante cierra el colegio a las seis* - The caretaker locks up the school at six o'clock **4** *(con candado)* ⇒to padlock **5** *(con pestillo)* ⇒to latch **6** *(un grifo)* ⇒to turn off **7** *(un sobre)* ⇒to seal: *Cerré el sobre y le puse un sello* - I sealed and stamped the envelope **8** *(una cremallera)* ⇒to do up UK **9** *(un programa informático)* ⇒to log {off/out} **10** *(el paso)* ⇒to box in **11** *(de golpe)* ⇒to slam: *No cierres la puerta de golpe* - Don't slam the door **12** *(con éxito)* ⇒to clinch: *cerrar un trato con éxito* - to clinch a deal **13** *~ el pico col.* ⇒to shut up

cerro *s.m.* **1** ⇒hill ⇒knoll **2** *irse por los cerros de Úbeda* ⇒to go off on a tangent

cerrojo *s.m.* **1** ⇒bolt: *Cerré la ventana y puse el cerrojo* - I closed the window and drew the bolt **2** *Echa el cerrojo cuando salgas* - Bolt the door when you go out

certamen *s.m.* ⇒contest ⇒competition

certificado *s.m.* **1** ⇒certificate **2** *(de Enseñanza Secundaria, en el Reino Unido)* ⇒GCSE [Procede de General Certificate of Secondary Education]

certificar *v.* **1** *(asegurar que es cierto)* ⇒to certify [CONSTR. to certify + (that)]: *Tu testimonio certificó mi inocencia* - Your testimony certified I was innocent **2** *(por correo)* ⇒to register: *certificar una carta* - to register a letter

cerveza *s.f.* **1** ⇒beer: *cerveza de barril* - draught beer; ⇒ale **2** *(una consumición)* ⇒beer ⇒pint UK *inform* **3** *(negra)* ⇒stout **4** *(rubia)* ⇒lager **5** *(tostada)* ⇒bitter UK

cesar *v.* **1** *(terminar)* ⇒to end: *La tormenta cesó hace diez minutos* - The storm ended ten minutes ago **2** *(dejar de)* ⇒to stop [CONSTR. 1. to stop + doing sth 2. to stop + to do sth] **3** *(dimitir)* ⇒to resign: *cesar en un cargo* - to resign from a post **4** *sin ~* ⇒incessantly

césped *s.m.* **1** ⇒lawn ⇒grass: *No pisar el césped* - Keep off the grass **2** *cubierto de césped* - grassy

C ▄▄▄

cesta *s.f.* **1** ⇒basket **2** *(para la comida)* ⇒hamper *UK* **3** *(para la compra)* ⇒shopping basket

cesto *s.m.* **1** ⇒basket **2** *(para la ropa sucia)* ⇒hamper *US*

chabacano, na ▌ *adj.* **1** *(una decoración)* ⇒tasteless **2** *(un lenguaje)* ⇒vulgar **3** *(una prenda)* ⇒flashy ▌ *adj. / s.* **4** *(una persona)* ⇒coarse *adj*

chabola *s.f.* ⇒shanty *(pl shanties): un barrio de chabolas* - a shanty town; ⇒shack

chachi *adj. col.* ⇒cool *inform:* ¡*Qué chachi!* - Cool!; ⇒great

chal *s.m.* ⇒shawl

chalado, da ▌ *adj.* **1** *col. (loco)* ⇒nuts *inform: Debes estar chalado para escalar en invierno* - You must be nuts to go climbing mountains in winter; ⇒barmy *UK inform;* ⇒dotty *UK inform* **2** *col. (muy entusiasmado)* ⇒nuts *inform* ▌ *s.* **3** *col. (loco)* ⇒nut *inform*

chalé *s.m.* **1** ⇒detached house *UK* **2** *(adosado)* ⇒terraced house *UK;* ⇒row house *US* **3** *(pareado)* ⇒semi-detached house *UK;* ⇒semi *UK inform*

chaleco *s.m.* **1** *(de un traje)* ⇒waistcoat *UK;* ⇒vest *US* **2** *chaleco salvavidas* - life jacket **3** *chaleco antibalas* - bullet-proof vest

chamo, ma *s.* **1** *AMÉR.* ⇒child *(pl children);* ⇒kid ⇒infant *form* **2** *AMÉR. (chico)* ⇒boy **3** *AMÉR. (chica)* ⇒girl

champán *s.m.* ⇒champagne

champiñón *s.m.* ⇒mushroom: *Cené una tortilla de champiñones* - I had a mushroom omelette for dinner

champú *s.m.* ⇒shampoo: *champú anticaspa* - anti-dandruff shampoo

chamuscar *v.* ⇒to scorch ⇒to singe: *chamuscarse el pelo* - to singe one's hair

chanchullo *s.m.* **1** *col.* ⇒fiddle *UK inform* **2** *hacer chanchullos* - to be on the fiddle

chándal *s.m.* ⇒tracksuit *UK: Se ha comprado un chándal nuevo para ir al gimnasio* - She has bought a new tracksuit to go to the gym; ⇒sweats *US*

chantaje *s.m.* **1** ⇒blackmail [u] **2** *hacer chantaje a alguien* - to blackmail sb

chantajear *v.* ⇒to blackmail: *Estaba chantajeando a su jefe* - He was blackmailing his boss

chantajista *s.com.* ⇒blackmailer

chapa *s.f.* **1** *(de metal)* ⇒sheet **2** *(tapón metálico)* ⇒bottle top **3** *(insignia, distintivo)* ⇒badge *UK* **4** *AMÉR. (cerradura)* ⇒lock **5** *AMÉR. (de un vehículo)* ⇒registration number ⇒number plate *UK;* ⇒license plate *US*

chapado, da *adj.* ⇒plated: *chapado en oro* - gold-plated **2** *~ a la antigua* ⇒old-fashioned

chapapote *s.m.* ⇒tar

chaparrón *s.m.* ⇒shower ⇒downpour

chapotear *v.* ⇒to splash around: *Los niños estaban chapoteando en el río* - The kids were spalshing around in the river

chapucero, ra ▌ *adj.* **1** *(un trabajo)* ⇒shoddy **2** *(una persona)* ⇒slapdash ▌ *s.* **3** ⇒bungler ⇒cowboy *UK inform: una panda de chapuceros* - a bunch of cowboys

chapuza *s.f.* **1** *(trabajo ocasional)* ⇒odd job **2** *(trabajo mal hecho)* ⇒rush job ⇒botch *(pl botches);* ⇒botch-up **3** *hacer una chapuza* - to do a botched job

chapuzón *s.m.* ⇒dip *inform: darse un chapuzón* - to go for a dip

chaqueta *s.f.* **1** *(americana)* ⇒jacket: *una chaqueta de cuero* - a leather jacket **2** *(de punto)* ⇒cardigan

chaquetón *s.m.* ⇒coat

charca *s.f.* ⇒pond: *Antes había muchas ranas en esa charca* - There used to be a lot of frogs in that pond

charco *s.m.* ⇒puddle

charla *s.f.* **1** *col. (conversación)* ⇒chat ⇒talk **2** *(conferencia)* ⇒talk

charlar *v. col.* ⇒to chat: *charlar con alguien* - to chat to sb; ⇒to have a chat

charlatán, -a *adj.* **1** *(hablador)* ⇒talkative **2** *(embaucador)* ⇒charlatan *n;* ⇒garrulous

charol *s.m.* ⇒patent leather: *zapatos de charol* - patent leather shoes

chasco *s.m.* ⇒disappointment ⇒non-event *inform: El concierto fue un chasco pues el cantante solo cantó durante treinta minutos* - The concert turn out to be a non-event as the singer just sang for thirty minutes

chasquido *s.m.* ⇒crack: *Escuché un chasquido fuera de la tienda de campaña* - I heard a crack outside the tent; ⇒click ⇒snap

chatarra *s.f.* **1** ⇒scrap ⇒scrap metal **2** *col. (monedas)* ⇒small change

chatarrero, ra *s.* ⇒scrap merchant ⇒scrap dealer

chato, ta ▌ *adj.* **1** *(una nariz)* ⇒flattened **2** *(una persona)* ⇒short ▌ *chato s.m.* **3** ⇒glass of wine

chaval, -a *s.* **1** ⇒kid *inform* **2** *(chico)* ⇒boy ⇒young man *(pl young men);* ⇒lad *UK inform* **3** *(chica)* ⇒girl ⇒young woman *(pl young women);* ⇒lass *SCOT, NORTH ENG (pl lasses)*

checar *v.* **1** *AMÉR. (comprobar)* ⇒to check [CONSTR. 1. to check + (that) 2. to check + interrogativo] **2** *AMÉR. (un equipaje)* ⇒to check in **3** *AMÉR. (al llegar al trabajo)* ⇒to clock in; *(al salir del trabajo)* ⇒to clock off

checo, ca ▌ *adj. / s.* **1** ⇒Czech *(pl Czech)* ▌ *checo s.m.* **2** *(idioma)* ⇒Czech

chelo *s.m.* ⇒cello

chepa *s.f.* **1** *col.* ⇨hump **2** subírsele a alguien a la ~ *col.* ⇨to walk over *sb*

cheque *s.m.* **1** ⇨cheque *UK: un talonario de cheques -* a cheque book; *cheque de viaje -* traveller's cheque; *Me dieron un cheque sin fondos -* The cheque they gave me bounced; ⇨check *US* **2** *(regalo)* ⇨gift token *UK: Le regalaron un cheque regalo por su cumpleaños -* They gave her a gift token for her birthday; ⇨gift voucher *UK;* ⇨gift certificate *US*

chequeo *s.m. (médico)* ⇨check-up: *Fue al médico para hacerse un chequeo -* He went to the doctor for a check-up

chévere *adj. AMÉR. col.* ⇨cool *inform;* ⇨great ⇨brilliant *UK*

chicha *s.f.* **1** *col.* ⇨meat [U] **2** no ser ni ~ ni limonada *col.* ⇨to be neither one thing nor the other

chícharo *s.m.* **1** *AMÉR. (guisante)* ⇨pea **2** *AMÉR. (de un oficio)* ⇨apprentice

chichón *s.m.* ⇨bump ⇨lump

chicle *s.m.* **1** ⇨gum ⇨chewing gum [U] **2** *(hinchable)* ⇨bubble gum [U]

chico, ca ▪ *adj.* **1** *(pequeño)* ⇨small ▪ *s.* **2** *(hombre)* ⇨boy ⇨young man *(pl* young men) **3** *(mujer)* ⇨girl ⇨young woman *(pl* young women)

chiflado, da *adj.* **1** *col. (loco)* ⇨nuts *inform;* ⇨barmy *UK inform* **2** *(muy entusiasmado)* ⇨mad *inform: Está chiflada por el fútbol -* She is mad about football; ⇨nuts *inform*

chiflar ▪ *v.* **1** *(silbar)* ⇨to whistle ⇨to wolf-whistle **2** *col. (gustar mucho)* ⇨to be mad about: *Esta peli me chifla -* I'm mad about this film ▪ **chiflarse** *prnl.* **3** *col. (enamorarse)* ⇨to go mad about

chicle *s.m.* **1** ⇨gum ⇨chewing gum [U]: *¿Me das un chicle? -* Can I have a piece of chewing gum? **2** *(hinchable)* ⇨bubble gum [U]

Chile *s.m.* ⇨Chile

chileno, na *adj./s.* ⇨Chilean

chillar *v.* ⇨to scream: *No chilles -* Don't scream; ⇨to shriek ⇨to squeal: *Los niños chillaban de felicidad -* The kids squealed with happiness; ⇨to yell [CONSTR. ⇨to yell at *sb*]

chillido *s.m.* ⇨scream ⇨shriek: *Soltó un chillido que nos asustó a todos -* He suddenly let out a shriek that frightened us all; ⇨squeal

chillón, -a *adj.* **1** ⇨shrill ⇨high-pitched: *una voz chillona -* a high-pitched voice **2** *(un color)* ⇨brash ⇨garish ⇨lurid

chimenea *s.f.* **1** *(conducto)* ⇨chimney **2** *(en una habitación)* ⇨fireplace **3** *(en un barco)* ⇨funnel

chimpancé *s.m.* ⇨chimpanzee

china *s.f.* **1** ⇨pebble **2** tocarle la ~ a alguien *col.* ⇨to draw the short straw: *Me ha tocado la china -* I've drawn the short straw

China *s.f.* ⇨China

chinchar ▪ *v.* **1** *col. (molestar)* ⇨to bait: *No chinches más a tu hermana -* Don't bait your sister anymore; ⇨to needle *inform* ▪ **chincharse** *prnl.* **2** *col. (enfadarse)* ⇨to get cross: *No te chinches, estaba de broma -* Don't get cross, I was just kidding **3** *col. (fastidiarse)* ⇨to grin and bear it: *Te chinchas, yo tengo caramelos y tú no -* I have sweets and you don't, grin and bear it

chinche *s.f.* **1** *(insecto)* ⇨bug ⇨bedbug **2** *AMÉR. (chincheta)* ⇨drawing pin *UK;* ⇨tack *US;* ⇨thumbtack *US*

chincheta *s.f.* ⇨drawing pin *UK: He comprado chinchetas para colgar el póster -* I have bought drawing pins to put up the poster; ⇨tack *US;* ⇨thumbtack *US*

chino, na ▪ *adj./s.* ⇨Chinese **2** *(plural genérico)* ⇨Chinese: *los chinos -* the Chinese ▪ **chino** *s.m.* **3** *(idioma)* ⇨Chinese

chipirón *s.m.* ⇨small squid

Chipre *s.m.* ⇨Cyprus

chipriota *adj./s.com.* ⇨Cypriot

chiquillo, lla *s.* ⇨kid *inform;* ⇨child *(pl* children)

chirimoya *s.f.* ⇨custard apple ⇨cherimoya

chirriar *v.* ⇨to screech ⇨to squeak: *La puerta chirrió y me despertó -* The door squeaked and woke me up; ⇨to creak

chirrido *s.m.* ⇨screech ⇨squeak

chisme *s.m.* **1** *col. (comentario)* ⇨gossip [U] **2** *col. (cosa)* ⇨thing **3** *col. (aparato)* ⇨gadget: *No sé para qué sirven todos esos chismes -* I don't know what are those gadgets for

chismorrear *v. col.* ⇨to gossip: *Siempre estáis chismorreando -* You're always gossiping

chismoso, sa ▪ *adj.* **1** ⇨gossipy ▪ *s.* **2** ⇨gossip ⇨gossipmonger *UK*

chispa *s.f.* **1** *(de fuego)* ⇨spark **2** *(ingenio)* ⇨sparkle **3** echar chispas *col. (estar enfadado)* ⇨to be hopping mad **4** tener ~ ⇨to be witty

chispazo *s.m.* ⇨spark: *Los cables estaban dando chispazos -* Sparks were flying out of the wires

chispear *v.* **1** *(lloviznar)* ⇨to spit *UK;* ⇨to drizzle **2** *(brillar mucho)* ⇨to sparkle

chiste *s.m.* **1** ⇨joke ⇨gag *inform* **2** *(viñeta)* ⇨cartoon

chistera *s.f.* ⇨top hat

chistoso, sa ▪ *adj.* **1** ⇨amusing: *Deja que te diga algo chistoso -* Let me tell you sth amusing; ⇨funny ⇨jokey *inform* ▪ *s.* **2** ⇨joker

chivato, ta *s.* **1** ⇨tell-tale **2** *(de la policía)* ⇨informer ⇨grass *very inform*

chivo, va *s.* **1** ⇨kid **2** chivo expiatorio ⇨scapegoat **3** estar como una chiva *col.* ⇨to be nuts *inform*

chocar ▮ *v.* **1** *(colisionar)* ⇒to crash: *Los dos camiones chocaron* - The two lorries crashed into each other; ⇒to bump **2** *(estar en desacuerdo, enfrentarse)* ⇒to clash: *Tus opiniones chocan con las mías* - Your views clash with mine **3** *(causar extrañeza)* ⇒to surprise: *Me choca que haya hecho eso* - I'm surprised she has done that **4** ¡choca esos cinco! *col.* ⇒put it there! ⇒give me five! *inform* ▮ **chocarse** *prnl.* **5** *(una persona)* ⇒to barge ⇒to collide

chocolate *s.m.* **1** *(en tableta)* ⇒chocolate **2** *(en polvo)* ⇒cocoa **3** *(bebida)* ⇒chocolate ⇒cocoa **4** *col. (droga)* ⇒dope *inform* **5** ~ **blanco** ⇒white chocolate **6** ~ **con leche** ⇒milk chocolate **7** ~ **negro** ⇒plain chocolate *UK*

chocolatina *s.f.* ⇒chocolate bar: *Compré algunas chocolatinas para el viaje* - I bought some chocolate bars for the trip

chofer *s.m.* **1** AMÉR. *(particular)* ⇒chauffeur **2** AMÉR. *(de un autocar)* ⇒driver

chófer *s.m.* **1** *(particular)* ⇒chauffeur **2** *(de un autocar)* ⇒driver

chollo *s.m. col. (ganga)* ⇒bargain

chopo *s.m. (árbol)* ⇒black poplar ⇒poplar

choque *s.m.* **1** *(colisión)* ⇒collision ⇒crash *(pl crashes)* **2** *(de coche o de tren)* ⇒smash-up **3** *(en una batalla, un conflicto)* ⇒clash *(pl clashes)*: *un choque de intereses* - a clash of interests

chorizo, za *s.* **1** ⇒chorizo ⇒seasoned and smoked pork sausage **2** *col. (persona)* ⇒thief *(pl thieves)*

chorrada *s.f.* **1** *col. (cosa tonta)* ⇒drivel *inform* [U]; ⇒twaddle *inform* [U]: *decir chorradas* - to talk twaddle **2** *col. (objeto inútil)* ⇒junk *inform* [U]: *¿Para qué es esa chorrada?* - What's that junk for?; ⇒crap *vulg* [U]

chorrear *v.* **1** *(gotear)* ⇒to drip: *El grifo chorreaba* - The tap was dripping **2** *(salir a chorros)* ⇒to gush: *El agua chorrea de la cañería* - Water gushes from the pipe

chorro *s.m.* ⇒jet: *Por la puerta entraba un chorro de aire* - A jet of air came through the door; ⇒stream: *Había un chorro constante de visitantes* - There was a constant stream of visitors

choza *s.f.* ⇒hut

chubasco *s.m.* ⇒shower: *Se esperan chubascos para finales de semana* - Showers are expected at the end of the week

chubasquero *s.m.* ⇒raincoat

chuchería ▮ *s.f.* **1** *(objeto de poco valor)* ⇒knick-knack *(pl knick-knacks)* ▮ **chucherías** *pl.* **2** *(alimento dulce)* ⇒sweets

chufa *s.f.* **1** *(planta)* ⇒tiger nut **2** *col. (bofetón)* ⇒slap

chuleta *s.f.* **1** *(de carne)* ⇒chop: *chuletas de cerdo* - pork chops **2** *(para copiar en un examen)* ⇒crib sheet *UK inform*

chulo, la ▮ *adj.* **1** *col. (bonito)* ⇒cool *inform*: *Esa chaqueta es muy chula* - That jacket is really cool **2** *col. (presuntuoso)* ⇒cocky *inform*: *Es demasiado chulo para mi gusto* - He is too cocky for my liking ▮ *s.* **3** *col. (persona)* ⇒bragger ⇒show-off *inform* **4** hacerse el chulo - to act the tough guy ▮ **chulo** *s.m.* **5** *(de prostitutas)* ⇒pimp

chungo, ga *adj.* **1** *col. (con mal aspecto)* ⇒dodgy: *Estoy chunga desde que cogí frío* - I'm a bit dodgy since I got cold **2** *col. (en mal estado)* ⇒rotten: *Estos pomelos están chungos* - These grapefruits are rotten **3** *col. (difícil)* ⇒dodgy *UK inform;* ⇒dicey *inform: una situación chunga* - a dicey situation

chupado, da *adj.* **1** *col. (delgado)* ⇒skinny **2** *col. (fácil)* ⇒dead easy ⇒cushy *inform: un trabajo chupado* - a cushy job **3** *Montar en bicicleta está chupado* - Riding a bike is a piece of cake

chupar *v.* ⇒to suck ⇒to lick: *El perro chupaba la cara de su dueño* - The dog was licking his master's face

chupete *s.m.* ⇒dummy *UK (pl dummies)*; ⇒pacifier *US*

chutar ▮ *v.* **1** *(un balón)* ⇒to shoot: *chutar a portería* - to shoot at goal **2** ir alguien que chuta *col.* ⇒to do *sb*: *Con esta propina vas que chutas* - This tip should do you ▮ **chutarse** *prnl.* **3** *col. (droga)* ⇒to shoot up

cicatriz *s.f.* **1** ⇒scar **2** *dejarle una cicatriz a alguien* - to scar sb **3** *marcar con una cicatriz* - to scar

cicatrizar *v.* ⇒to heal: *Se me ha cicatrizado la herida* - My wound has healed; *El tiempo cicatriza todas las heridas* - Time heals all wounds

ciclismo *s.m.* **1** ⇒cycling **2** *(de montaña)* ⇒mountain biking

ciclista *s.com.* ⇒cyclist ⇒rider

ciclo *s.m.* **1** ⇒cycle: *el ciclo del agua* - the water cycle **2** *(de películas)* ⇒season: *Mañana empieza el nuevo ciclo de películas de miedo* - The new season of horror film starts tomorrow **3** *(de conferencias)* ⇒series *(pl series)*: *Estoy yendo a un ciclo de conferencias sobre Ezra Pound* - I'm attending a series of lectures on Ezra Pound **4** ~ vital ⇒life cycle

ciclomotor *s.m.* ⇒moped

ciclón *s.m.* **1** *(viento)* ⇒cyclone **2** *col. (persona)*: *Tu hija es un ciclón y lo deja todo patas arriba* - Your daughter is like a hurricane; she turns everything upside down

ciego, ga ▮ *adj.* **1** ⇒blind ▮ *s.* **2** ⇒blind person **3** *(plural genérico): los ciegos* - the blind **4** *col.*

(ebrio) ⇨pissed *UK very inform;* ⇨sloshed *inform*

cielo ∎ *s.m.* **1** *(firmamento)* ⇨sky **2** *(en religión)* ⇨heaven **3** *(persona)* ⇨precious *adj* [Se usa como vocativo]: *Ven aquí, cielo* - Come here, precious **4** ~ **de la boca** ⇨palate ⇨roof of the mouth **5 remover ~ y tierra** ⇨to move heaven and earth **6 ser un ~** ⇨to be an angel ∎ **¡cielos!** *interj.* **7** ⇨good heavens!

ciempiés *s.m.* ⇨centipede

cien *numer.* **1** ⇨hundred: *cien años* - a hundred years **2** ~ **mil veces** ⇨hundreds of times **3** ~ **por** ~ ⇨a hundred per cent **4 poner a** ~ *col. (excitado, nervioso)* ⇨to drive *sb* mad

ciénaga *s.f.* ⇨marsh *(pl* marshes): *Se quedaron atascados en la ciénaga* - They got stuck in the marsh; ⇨bog ⇨swamp ⇨mire *lit: Intentaron evitar las ciénagas* - They tried to avoid the mires

ciencia *s.f.* **1** ⇨science: *los avances de la ciencia* - the advances of the science **2** ~ **ficción** ⇨science fiction ⇨sci-fi *inform* **3 ciencias de la información** ⇨media studies **4 ciencias empresariales** ⇨business studies **5 ciencias naturales** ⇨natural sciences **6 ciencias ocultas** ⇨the occult **7 ciencias políticas** ⇨politics [U]

científico, ca ∎ *adj.* **1** ⇨scientific ∎ *s.* **2** ⇨scientist

ciento ∎ *numer.* **1** ⇨hundred **2 por** ~ ⇨per cent: *sesenta y cinco por ciento* - sixty-five per cent ∎ *s.m.* **3** ⇨hundred: *cientos de* - hundreds of

cierre *s.m.* **1** *(de una prenda de vestir)* ⇨fastener **2** *(cerradura)* ⇨lock **3** *(de un negocio)* ⇨closure **4** *(en una empresa): cierre del ejercicio -* year-end **5** ~ **centralizado** ⇨central locking

cierto, ta *adj.* **1** *(verdadero)* ⇨true **2** *(indeterminado)* ⇨certain **3 hasta cierto punto** ⇨up to a point **4 por cierto** ⇨incidentally ⇨by the way

ciervo, va *s.* **1** *(genérico y macho)* ⇨deer *(pl* deer) **2** *(hembra)* ⇨doe ⇨hind *UK (pl* hind, hinds) **3** *(macho)* ⇨stag

cifra *s.f.* ⇨figure: *Este número tiene tres cifras -* This number has three figures; ⇨number

cigarra *s.f.* ⇨cicada

cigarrillo *s.m.* ⇨cigarette

cigarro *s.m.* **1** *(puro)* ⇨cigar **2** *(pitillo)* ⇨cigarette

cigüeña *s.f.* ⇨stork

cilíndrico, ca *adj.* ⇨cylindrical

cilindro *s.m.* ⇨cylinder

cima *s.f.* **1** ⇨top ⇨summit: *la cima de una montaña* - a mountain summit **2 alcanzar la cima -** to crest

cimiento *s.m. (de un edificio)* ⇨foundations *pl*

cinc *s.m.* ⇨zinc

cinco ∎ *numer.* **1** ⇨five **2** *(fecha)* ⇨fifth ∎ *s.m.* **3** ⇨five **4 ¡choca esos cinco!** *col.* ⇨put it there! ⇨give me five! *inform*

cincuenta *numer.* **1** ⇨fifty **2** *estar en los cincuenta* - to be in one's fifties

cine *s.m.* **1** *(local)* ⇨cinema *UK;* ⇨movie theater *US* **2** *(película)* ⇨film ⇨movie *US* **3** *(actividad, espectáculo)* ⇨the cinema *UK pl: Voy al cine esta tarde -* I'm going to the cinema this evening; ⇨the movies *US*

cinematográfico, ca *adj.* ⇨film: *la industria cinematográfica* - the film industry; *un estudio cinematográfico* - a film studio

cínico, ca ∎ *adj.* **1** ⇨hypocritical ∎ *s.* **2** ⇨hypocrite

cinta *s.f.* **1** *(para sujetar algo)* ⇨band ⇨ribbon **2** *(para pegar o atar algo)* ⇨tape **3** *(del pelo)* ⇨bow **4** *(de música)* ⇨tape ⇨cassette **5** *(de vídeo)* ⇨tape ⇨videotape ⇨videocassette **6** *(de una película en vídeo)* ⇨video **7** *(para medir)* ⇨tape measure **8** ~ **aislante** ⇨insulating tape **9** ~ **virgen** *(para grabar)* ⇨blank tape

cintura *s.f.* ⇨waist

cinturón *s.m.* **1** ⇨belt: *Apriétate el cinturón -* Tighten your belt **2** ~ **de seguridad 1** ⇨safety belt **2** *(en un coche)* ⇨seat belt

ciprés *s.m.* ⇨cypress *(pl* cypresses)

circo *s.m.* ⇨circus *(pl* circuses)

circuito *s.m.* **1** *(de una carrera)* ⇨circuit **2** *(viaje, recorrido)* ⇨tour ⇨route: *circuito turístico -* tourist route **3** *(eléctrico)* ⇨circuit

circulación *s.f.* **1** *(de vehículos)* ⇨traffic **2** *(de la sangre)* ⇨circulation: *Tengo mala circulación* - I have bad circulation

circular ∎ *adj.* **1** ⇨circular ∎ *v.* **2** ⇨to circulate: *El agua caliente circula por el sistema de calefacción* - Hot water circulates through the heating system **3** *(un rumor, una noticia)* ⇨to circulate **4** *(autobús, tren)* ⇨to run **5** *(con un automóvil)* ⇨to drive **6 ¡circulen!** ⇨move along! ∎ *s.f.* **7** *(comunicado)* ⇨circular ⇨mass mailing *US*

círculo *s.m.* **1** ⇨circle ⇨ring **2 marcar algo con un círculo -** to circle sth **3** *(sector)* ⇨circle: *Se lo conté a mi círculo de amigos -* I told it to my circle of friends

circunferencia *s.f.* ⇨circumference

circunstancia *s.f.* ⇨circumstance: *No te acerques al lago bajo ninguna circunstancia -* Under no circumstances should you go by the lake; *Ocurrió en extrañas circunstancias -* This happened in suspicious circumstances

cirio *s.m.* **1** ⇨candle **2** *col.* ⇨fuss: *montar un cirio* - to kick up a fuss

ciruela *s.f.* **1** ⇨plum **2 ciruela pasa -** prune

ciruelo *s.m.* ⇨plum tree

cirugía *s.f.* ⇨surgery: *cirugía estética -* cosmetic surgery

cirujano, na *s.* ⇔surgeon

cisne *s.m.* ⇔swan

cisterna *s.f.* **1** *(del retrete)* ⇔cistern **2** *(recipiente)* ⇔tank **3 camión ~** ⇔tanker

cita *s.f.* **1** *(con el médico, con el abogado)* ⇔appointment: *acudir a una cita* - to keep an appointment; *tener una cita* - to have an appointment **2** *(con una persona)* ⇔meeting: *Tengo una cita con ella la semana que viene* - I have a meeting with her next week **3** *(romántica)* ⇔date: *cita a ciegas* - blind date **4** *(en un libro, en un discurso)* ⇔quotation

citar ▌*v.* **1** ⇔to summon: *La abogada me citó a las cinco en su despacho* - The lawyer summoned me to her office at five o'clock **2** *(un texto)* ⇔to quote ▌**citarse** *prnl.* **3** *Nos citamos a las ocho* - We arranged to meet at eight o'clock

ciudad *s.f.* **1** *(grande e importante)* ⇔city *(pl* cities) **2** *(de menor tamaño)* ⇔town: *Esa es mi ciudad natal* - That is my home town **3 ~ perdida** *AMÉR.* ⇔shanty town

ciudadano, na *s.* ⇔citizen

civil ▌*adj.* **1** *(de los ciudadanos)* ⇔civil ▌*adj./ s.com.* **2** *(no militar)* ⇔civilian: *la población civil* - civilian population; *los civiles* - the civilians ▌*s.com.* **3** *(Guardia Civil)* ⇔Civil Guard

civilización *s.f.* ⇔civilization ⇔civilisation *UK*

civismo *s.m.* ⇔community spirit

clamar *v.* **1** *(requerir)* ⇔to cry out [CONSTR. to cry out for sth]: *Un crimen así clama justicia* - Such a crime cries out for justice; ⇔to demand **2** *(rogar)* ⇔to clamour *UK: clamar piedad* - to clamour for mercy; ⇔to clamor *US*

clandestino, na *adj.* ⇔clandestine *form;* ⇔underground: *un periódico clandestino* - an underground newspaper

clara *s.f.* **1** *(de un huevo)* ⇔white **2** *(bebida de cerveza y limón)* ⇔shandy [U]

clarear ▌*v.* **1** *(el día)* ⇔to get light: *Llegué a casa cuando clareaba* - I arrived home when it was getting light **2** *(el cielo)* ⇔to clear up: *Si clarea, podríamos ir al campo* - If it clears up, we could go to the country ▌**clarearse** *prnl.* **3** *(una tela)* ⇔to be see-through: *Esta blusa se clarea mucho* - This blouse is really see-through

claridad *s.f.* **1** *(luz)* ⇔light **2** *(comprensibilidad)* ⇔clarity: *la claridad de una explicación* - the clarity of an explanation **3** *(orden, precisión)* ⇔clarity: *claridad de ideas* - clarity of thoughts **4** *(transparencia)* ⇔clarity **5** *(de una imagen, de un sonido)* ⇔clarity **6** *ver algo con claridad* - to see sth clearly

clarinete *s.m.* **1** *(instrumento musical)* ⇔clarinet **2** *(músico)* ⇔clarinettist ⇔clarinetist

claro, ra ▌*adj.* **1** *(transparente)* ⇔clear **2** *(comprensible)* ⇔clear ⇔neat: *una descripción clara* - a neat description **3** *(fácil de distinguir)* ⇔distinct: *un claro acento americano* - a distinct American accent; ⇔glaring **4** *(evidente)* ⇔clear **5** *(seguro, definitivo)* ⇔definite: *una respuesta clara* - a definite answer **6** *(pálido)* ⇔pale ⇔light: *azul claro* - light blue **7** *(aguado)* ⇔thin: *Esta sopa está clara* - This soup is too thin **8 dejar las cosas claras** ⇔to make things clear ▌**claro** *adv.* **9** ⇔clearly **▌¡claro!** *interj.* **10** ⇔of course! ⇔sure *US inform* ▌**claro** *s.m.* **11** *(en un bosque)* ⇔clearing

clase *s.f.* **1** *(aula)* ⇔classroom **2** *(grupo de alumnos)* ⇔class *inform (pl* classes); ⇔form *UK: Mi clase de segundo es muy inteligente* - My second year class is very clever **3** *(lección)* ⇔lesson: *siete clases al día* - seven lessons a day; ⇔period **4** *(tipo)* ⇔type ⇔kind: *¿Qué clase de respuesta es esa?* - What kind of an answer is that?; ⇔class *(pl* classes) **5** *(estilo)* ⇔style **6 ~ alta** ⇔upper class *(pl* upper classes) **7 ~ media** ⇔middle class *(pl* middle classes) **8 ~ turista** ⇔economy class **9 de primera ~** ⇔first-class **10 de segunda ~** ⇔second-class **11 primera ~** ⇔first class **12 segunda ~** ⇔second class

clásico, ca ▌*adj.* **1** ⇔classical: *Me interesa mucho la música clásica* - I am very keen on classical music ▌**clásico** *s.m.* **2** ⇔classic: *un clásico de la literatura universal* - a classic of world literature

clasificación *s.f.* **1** *(hecho de clasificar)* ⇔classification ⇔grading **2** *(en una competición)* ⇔ranking **3** *(en fútbol)* ⇔league table

clasificar ▌*v.* **1** ⇔to classify ⇔to sort: *El papel, el plástico y las latas se clasifican para su reciclado* - Paper, plastic and cans are sorted for recycling ▌**clasificarse** *prnl.* **2** *(en una competición)* ⇔to qualify ⇔to rank

claustro *s.m.* **1** *(pasillo)* ⇔cloister **2** *(conjunto de profesores)* ⇔staff *pl*

clausura *s.f.* **1** *(de una actividad)* ⇔closing ceremony *(pl* closing ceremonies): *la clausura de los Juegos Olímpicos* - the closing ceremony of the Olympic Games **2** *(de un local, de un edificio)* ⇔closure **3** *(vida religiosa)* ⇔monastic life

clausurar *v.* **1** *(una actividad)* ⇔to end: *clausurar un año lectivo* - to end a school year **2** *(un local, un edificio)* ⇔to close down: *clausurar un restaurante* - to close a restaurant down

clavar *v.* **1** *(con clavos)* ⇔to nail **2** *(con un martillo)* ⇔to hammer **3** *(algo punzante)* ⇔to stick: *clavar una chincheta* - to stick a drawing pin **4** *col. (cobrar mucho)* ⇔to rip off: *Te han clavado por esa camiseta* - You've ripped off with that t-shirt

clave *s.f.* **1** *(código)* ⇔code: *en clave* - in code **2** *(solución, explicación)* ⇔key: *la clave del pro-*

blema - the key of the problem; ⇨solution **3** *(contraseña)* ⇨password **4** *(en música)* ⇨clef

clavel *s.m.* ⇨carnation

clavícula *s.f.* ⇨collarbone: *una fractura de clavícula* - a collarbone fracture; ⇨clavicle

clavo *s.m.* **1** ⇨nail **2** *(especia)* ⇨clove **3 dar en el ~** *col.* ⇨to hit the nail on the head

claxon® *s.m.* ⇨horn ⇨hooter

clero *s.m.* ⇨clergy *pl*

cliente, ta *s.* **1** *(comprador)* ⇨customer ⇨punter *UK inform: Muchos hoteles están ofreciendo descuentos en un intento de atraer clientes* - Many hotels are offering discounts in an attempt to attract punters **2** *(de una empresa, un profesional)* ⇨client

clientela *s.f.* ⇨customers *pl*

clima *s.m.* **1** *(de una región)* ⇨climate **2** *(ambiente)* ⇨atmosphere **3** *(tiempo atmosférico)* ⇨weather

clímax *s.m.* ⇨climax

clínica *s.f.* **1** ⇨clinic ⇨private hospital **2** *(dental)* ⇨surgery

clip *s.m.* ⇨paper clip ⇨clip

cloaca *s.f.* **1** *(alcantarilla)* ⇨sewer **2** *desp. (lugar sucio)* ⇨pigsty: *Este piso es una cloaca* - This flat is a pigsty

cloro *s.m.* ⇨chlorine

clóset *s.m. AMÉR.* ⇨built-in closet

club *s.m.* **1** ⇨club **2** *(juvenil)* ⇨youth club **3** *(de campo)* ⇨country club **4** *(de fans)* ⇨fan club **5** *(de fútbol)* ⇨Football Club **6** *(sala de fiestas)* ⇨nightclub

coala *s.m.* ⇨koala ⇨koala bear

coartada *s.f.* ⇨alibi

coba *s.f.* **1** ⇨flattery **2 dar ~** *col.* ⇨to soft-soap: *dar coba a alguien* - to soft-soap sb

cobarde ▌ *adj.* **1** ⇨cowardly ▌ *s.com.* **2** ⇨coward

cobardía *s.f.* ⇨cowardice

cobaya *s.f.* ⇨guinea pig *inform*

cobertizo *s.m.* ⇨shed

cobija *s.f. AMÉR.* ⇨blanket

cobijar ▌ *v.* **1** ⇨to shelter: *cobijar a alguien del frío* - to shelter sb from the cold ▌ **cobijarse** *prnl.* **2** *cobijarse de una tormenta* - to shelter from a storm

cobra *s.f.* ⇨cobra

cobrador, -a *s.* **1** ⇨collector **2** *(en un autobús)* ⇨bus conductor (hombre) ⇨bus conductress (mujer) *(pl* bus conductresses)

cobrar ▌ *v.* **1** *(como pago de algo)* ⇨to charge [CONSTR. to charge + dos objetos]: *Me han cobrado dos libras más por la salsa* - They've charged me an extra two pounds for the sauce **2** *Nos cobraron de menos* - We were undercharged; *¿Me cobras?* - How much do I owe? **3** *(recibir dinero)* ⇨to be paid: *¿Cuánto has cobrado este mes?* - How much have you been paid this month?; ⇨to get paid **4** *(un cheque)* ⇨to cash **5** *(recibir un golpe)* ⇨to get a smack: *Quédate quieto o vas a cobrar* - Stay quiet or you'll get a smack ▌ **cobrarse** *prnl.* **6** ⇨to claim: *El terremoto se ha cobrado dos vidas* - The earthquake claimed two lives

cobre *s.m.* ⇨copper

cobro *s.m.* **1** *(de una factura)* ⇨payment **2** *(de un cheque)* ⇨cashing **3** *el cobro del alquiler* - rent collection **4 llamar a ~ revertido** ⇨to reverse the charges *UK;* ⇨to call collect *US*

cocción *s.f.* **1** *(de un alimento)* ⇨cooking: *tiempo de cocción* - cooking time **2** *(del barro, de la arcilla)* ⇨firing

cocer ▌ *v.* **1** ⇨to cook: *Cuece la pasta durante 10 minutos* - Cook the pasta for 10 minutes **2** *(hervir)* ⇨to boil ⇨to poach **3** *(hornear)* ⇨to bake ▌ **cocerse** *prnl.* **4** *col. (sentir mucho calor)* ⇨to roast: *Me estoy cociendo sentada al lado del horno* - I'm roasting sitting here by the oven

coche *s.m.* **1** ⇨car: *coche de alquiler* - hire car **2** *(para llevar un bebé)* ⇨pram *UK;* ⇨buggy *(pl* buggies); ⇨baby carriage *US* **3 ~ cama** *(en un tren)* ⇨sleeping car **4 ~ de bomberos** ⇨fire engine

cochinillo *s.m.* ⇨piglet

cochino, na ▌ *adj.* **1** ⇨dirty ▌ *s.* **2** *(animal)* ⇨pig **3** *(persona)* ⇨pig *inform, offens*

cociente *s.m.* ⇨quotient: *cociente intelectual* - intelligence quotient (IQ)

WINDSCREEN *(UK)* / WINDSHIELD *(US)*

ROOF RACK

BOOT *(UK)* / TRUNK *(US)*

HEADLIGHT

REAR LIGHT *(UK)* / TAIL LIGHT *(US)*

BUMPER

NUMBER PLATE *(UK)* / LICENSE PLATE *(US)*

WHEEL

cocina *s.f.* **1** *(lugar)* ⇨kitchen: *muebles de cocina* - kitchen units **2** *(lugar dentro de un barco o un avión)* ⇨galley **3** *(electrodoméstico)* ⇨stove *US;* ⇨cooker *UK: una cocina de gas* - a gas cooker **4** *(actividad)* ⇨cookery *UK: libro de cocina* - cookery book; ⇨cooking ⇨cuisine

cocinar *v.* ⇨to cook: *cocinar a fuego lento* - to cook gently

cocinero, ra *s.* ⇨cook

coco *s.m.* **1** *(fruto)* ⇨coconut **2** *comerse el ~ col.* ⇨to worry about {sth/sb} **3** *tener mucho ~ col.* ⇨to be very brainy

cocodrilo *s.m.* ⇨crocodile

cocotero *s.m.* ⇨coconut palm

cóctel *s.m.* **1** *(bebida)* ⇨cocktail **2** *un cóctel de gambas* - a prawn cocktail **3** *(fiesta)* ⇨cocktail party *(pl* cocktail parties)

codazo *s.m.* **1** ⇨nudge **2** *dar un codazo a alguien* - to nudge sb with one's elbow

codera *s.f.* **1** *(parche)* ⇨elbow patch *(pl* elbow patches): *Mi chaqueta estaba tan gastada que tuve que ponerle coderas* - My jacket was so worn that I had to put elbow patches on it **2** *(banda elástica protectora)* ⇨elbow strap **3** *(en deporte)* ⇨elbow pad

codicia *s.f.* ⇨greed

codiciar *v.* **1** ⇨to covet *form: codiciar un tesoro* - to covet a treasure **2** *codiciar un empleo* - to lust after employment

código *s.m.* **1** ⇨code: *un código de conducta* - a code of behaviour **2** *~ de la circulación* ⇨highway code **3** *~ morse* ⇨Morse (code) **4** *~ postal* ⇨postcode *UK;* ⇨zip code *US*

codo *s.m.* **1** ⇨elbow **2** *hablar por los codos col.* ⇨to talk non-stop **3** *hincar los codos col.* ⇨to study hard

codorniz *s.f.* ⇨quail *(pl* quail, quails)

cofre *s.m.* **1** *(joyero)* ⇨jewel case **2** *(baúl)* ⇨chest

cogedor *s.m.* ⇨dustpan

coger *v.* **1** *(agarrar)* ⇨to catch: *¡Coge la pelota!* - Catch the ball!; ⇨to get ⇨to seize **2** *(quitar)* ⇨to take: *¿Has cogido mi mechero?* - Have you taken my lighter? **3** *(ganar peso)* ⇨to gain **4** *(sujetar)* ⇨to take: *La cogí de la mano* - I took her hand; ⇨to hold **5** *(contratar)* ⇨to take on: *Han cogido a treinta trabajadores* - They have taken on thirty workers **6** *(atrapar)* ⇨to catch **7** *(recoger del suelo)* ⇨to pick up: *¿Me puedes coger esas monedas?* - Could you pick up those coins for me? **8** *(entender)* ⇨to get: *¡Ahora lo he cogido!* - Now I've got it! **9** *(un medio de transporte)* ⇨to get ⇨to take [CONSTR. to take + to do sth]: *Cojo el autobús para ir a trabajar* - I take the bus to go to work **10** *col. (una enfermedad)* ⇨to catch ⇨to get ⇨to go down with *UK inform: Cogí la varicela* - I went down with chickenpox **11** *(un fruto, una flor)* ⇨to pick: *Deberíamos coger los higos antes de que bajen las temperaturas* - We should pick the figs before temperatures go down; ⇨to pluck *lit* **12** *(una costumbre)* ⇨to get into **13** *coger el teléfono* - to pick up the phone **14** *coger frío* - to get cold

cogote *s.m.* ⇨back of the neck ⇨nape of the neck

coherente *adj.* **1** ⇨coherent **2** *ser coherente con algo* - to be consistent with sth

cohete *s.m.* **1** *(nave espacial)* ⇨rocket **2** *(fuegos artificiales)* ⇨rocket

coincidencia *s.f.* **1** ⇨coincidence: *¡Qué coincidencia!* - What a coincidence! **2** *Se da la coincidencia de que llegaron a tiempo* - It so happens that they arrived in time

coincidir *v.* **1** *(en el tiempo)* ⇨to coincide: *Mi cumpleaños coincide con los exámenes* - My birthday coincides with my exams **2** *(en una afirmación)* ⇨to agree: *Los hechos coinciden con las declaraciones* - The facts agree with the statements **3** *(en un lugar)* ⇨to bump into *sb*

cojear *v.* **1** *(al caminar)* ⇨to limp: *Cojeaba por una lesión de rodilla* - He was limping due to a knee problem **2** *col. (estar flojo)* ⇨to be weak: *cojear en una asignatura* - to be weak at a subject

cojera *s.f.* ⇨limp

cojín *s.m.* ⇨cushion

cojo, ja ∎ *adj.* **1** *(una persona, un animal)* ⇨lame *(un mueble)* ⇨rickety ⇨wobbly: *La mesa está coja* - The table is wobbly **3** *estar cojo* - to have a limp ∎ *s.* **4** ⇨lame person

col *s.f.* **1** ⇨cabbage **2** *~ de Bruselas* ⇨brussels sprout ⇨sprout *UK*

cola *s.f.* **1** *(de un animal)* ⇨tail **2** *(posición final)* ⇨end ⇨bottom **3** *(fila de gente)* ⇨queue *UK;* ⇨line *US* **4** *hacer cola* - to queue **5** *(de un vestido)* ⇨train **6** *(pegamento)* ⇨glue **7** *(bebida)* ⇨cola **8** *~ de caballo (peinado)* ⇨ponytail **9** *en la ~ (en un avión)* ⇨aft

colaboración *s.f.* **1** *(cooperación)* ⇨collaboration: *Los dos escritores trabajaron en estrecha colaboración* - The two playwrights worked in close collaboration **2** *(contribución monetaria)* ⇨contribution: *Todos sus compañeros de trabajo hicieron una colaboración para su regalo* - All of her friends made a contribution for the present **3** *(texto para una publicación)* ⇨contribution

colaborar *v.* **1** *(cooperar)* ⇨to work together: *Colaboro con ella desde hace años* - She and I have worked together for years; ⇨to collaborate [CONSTR. to collaborate with sb on sth] **2** *(con dinero)* ⇨to contribute [CONSTR. to contribute to sth] *(en una publicación)* ⇨to contribute [CONSTR. to contribute to sth]: *Esta escritora colabora en nuestra revista* - That writer contributes to our magazine

colada *s.f.* ⇨washing ⇨wash *(pl* washes); ⇨laundry: *hacer la colada* - to do the laundry

colador *s.m.* **1** *(pequeño)* ⇨strainer **2** *(grande)* ⇨colander

colar ▌ *v.* **1** *(filtrar)* ⇨to strain ⇨to drain **2** *col. (pasar por verdadero)* ⇨to slip through: *¡A ver si cuela!* - Let's see if it slips through! ▌ **colarse** *prnl.* **3** *col. (saltarse una cola)* ⇨to jump the queue *UK;* ⇨to push in **4** *(entrar sin pagar)* ⇨to sneak in ⇨to gatecrash *inform* **5** *col. (estar muy enamorado)* ⇨to fall for *inform* **6** *Estoy colado por ti* - I'm madly in love with you

colcha *s.f.* ⇨cover ⇨bedspread: *Aunque hace calor todavía duermo con la colcha* - Even though it's hot outside, I still sleep with the bedspread on

colchón *s.m.* **1** *(de una cama)* ⇨mattress *(pl* mattresses) **2** *(hinchable)* ⇨air bed

colchoneta *s.f.* **1** ⇨mat **2** *(de playa, de piscina)* ⇨air bed **3** *(hinchable)* ⇨lilo *UK (pl* lilos); ⇨air matress *US (pl* air mattresses)

colección *s.f.* ⇨collection

coleccionar *v.* ⇨to collect

coleccionista *s.com.* ⇨collector: *un coleccionista de sellos* - a stamp collector

colecta *s.f.* ⇨collection

colectivo, va ▌ *adj.* **1** ⇨collective ▌ **colectivo** *s.m.* **2** *AMÉR.* ⇨bus *(pl* buses)

colega *s.com.* **1** *(de una profesión)* ⇨colleague **2** *col. (amigo)* ⇨pal *inform;* ⇨mate *UK inform: Somos colegas desde el año pasado* - We are mates since last year

colegial, -a ▌ *adj.* **1** *uniforme colegial* - school uniform ▌ *s.* **2** *(sin especificar sexo)* ⇨schoolchild *(pl* schoolchildren) **3** *(chico)* ⇨schoolboy **4** *(chica)* ⇨schoolgirl

colegio *s.m.* **1** ⇨school **2** ~ **electoral** ⇨polling station **3** ~ **mayor** ⇨hall of residence *UK (pl* halls of residence); ⇨dormitory *US (pl* dormitories) **4** ~ **privado** ⇨public school [En Gran Bretaña a *public school* es un tipo de colegio privado]; ⇨private school *US* **5** ~ **público** ⇨state school *UK;* ⇨public school *US*

cólera ▌ *s.m.* **1** *(enfermedad)* ⇨cholera ▌ *s.f.* **2** *(enfado, ira)* ⇨anger ⇨rage: *un ataque de cólera* - a fit of rage

colesterol *s.m.* ⇨cholesterol

coleta ▌ *s.f.* **1** ⇨ponytail ▌ **coletas** *pl.* **2** *(a los lados)* ⇨bunches *UK pl: Aquella niña llevaba coletas* - That girl had her hair in bunches; ⇨pigtails

colgante ▌ *adj.* **1** *(que cuelga)* ⇨hanging **2** *puente colgante* - suspension bridge ▌ *s.m.* **3** *(adorno sin cadena)* ⇨pendant **4** *(adorno fijo a una cadena)* ⇨pendant ⇨charm

colgar *v.* **1** ⇨to hang ⇨to hang up: *Cuelga el cuadro en la pared* - Hang up the picture on the wall; ⇨to suspend **2** *(el teléfono)* ⇨to hang up ⇨to ring off *UK* **3** *(ahorcar)* ⇨to hang **4** *(un archivo informático)* ⇨to upload **5** *(un ordenador)* ⇨to crash

cólico *s.m.* **1** ⇨colic [U] **2** ~ **nefrítico** ⇨renal colic

coliflor *s.f.* ⇨cauliflower

colilla *s.f.* ⇨cigarette butt ⇨cigarette end

colina *s.f.* ⇨hill ⇨mound

colisión *s.f.* ⇨collision: *sufrir una colisión frontal* - to suffer a head-on collision

collar *s.m.* **1** *(joya)* ⇨necklace **2** *(de un perro)* ⇨collar

colmar *v.* **1** *(llenar)* ⇨to fill to the brim: *Colmé la copa de champán* - I filled the glass to the brim with champagne; ⇨to fill to overflowing: *El agua colmó la bañera* - Water filled the bath to overflowing **2** *(dar)* ⇨to shower: *colmar a alguien de besos* - to shower sb with kisses **3** *(satisfacer)* ⇨to satisfy: *colmar unas necesidades* - to satisfy needs; ⇨to fulfil *UK: Aquel ascenso colmó todas mis ambiciones* - That promotion fulfilled all my ambitions; *Se colmaron todos tus sueños* - All your dreams were fulfilled; ⇨to fulfill *US*

colmena *s.f.* ⇨beehive ⇨hive

colmillo *s.m.* **1** *(de persona y ciertos animales)* ⇨canine **2** *(de una cobra, de un lobo)* ⇨fang **3** *(de elefante, de jabalí)* ⇨tusk

colmo *s.m.* ⇨limit: *¡Esto es el colmo de los colmos!* - This is the limit!

colocación *s.f.* **1** *(hecho de colocar)* ⇨placing **2** *(puesto, empleo)* ⇨position

colocar ▌ *v.* **1** *(situar)* ⇨to lay: *Colocó la bandeja en la mesa* - She laid the tray on the table; ⇨to place ⇨to put **2** *(ordenar, organizar)* ⇨to arrange ⇨to put away: *Coloca tu ropa* - Put away your clothes **3** *(volver a poner en su sitio)* ⇨to replace ▌ **colocarse** *prnl.* **4** *(situarse)* ⇨to stand ⇨to position **5** *(encontrar trabajo)* ⇨to find a job

colon *s.m.* ⇨colon

colonia *s.f.* **1** *(perfume)* ⇨cologne **2** *(territorio)* ⇨colony *(pl* colonies) **3** *(grupo de animales)*

⇨colony (*pl* colonies) **4** (*grupo de viviendas*) ⇨housing estate *UK;* ⇨housing development *US* **5** (*asentamiento de personas*) ⇨settlement **6** (*barrio*) ⇨suburb **7** (*campamento*) ⇨summer camp

C

colonial *adj.* ⇨colonial

colonización *s.f.* ⇨colonization ⇨colonisation *UK*

colonizar *v.* ⇨to colonize ⇨to colonise *UK: colonizar un país* - to colonise a country

coloquial *adj.* ⇨colloquial ⇨informal: *Esa expresión es demasiado coloquial* - That expression is too informal

coloquio *s.m.* ⇨discussion

color *s.m.* **1** ⇨colour *UK;* ⇨color *US* **2** *No hay color* - There's no comparison **3** *de ~ (una persona)* ⇨of colour ⇨black **4** *de colores* ⇨coloured **5** *lleno de ~* ⇨colourful **6** *perder ~* ⇨to fade

colorado, da *adj.* **1** ⇨red **2** *ponerse ~* ⇨to go red ⇨to flush: *Se pone colorada cada vez que le ve* - She flushes any time she sees him

colorear *v.* ⇨to colour *UK;* ⇨to color *US*

colorete *s.m.* ⇨blusher *UK: ponerse colorete en las mejillas* - to put blusher on one's cheeks; ⇨blush *US*

columna *s.f.* **1** ⇨column **2 ~ vertebral** ⇨spine

columpiar ▍ *v.* **1** ⇨to push on a swing: *Columpié a mi hermanita* - I pushed my little sister on a swing **▍ columpiarse** *prnl.* **2** ⇨to go on the swings: *Me encanta columpiarme* - I love going on the swings

columpio *s.m.* ⇨swing

coma ▍ *s.m.* **1** (*en medicina*) ⇨coma **▍** *s.f.* **2** ⇨comma **3** (*en números decimales*) ⇨point: *cinco coma cinco* - five point five

comadre *s.f.* **1** *AMÉR.* (*madrina*) ⇨godmother **2** (*amiga*) ⇨friend **3** *col.* (*cotilla*) ⇨gossip

comadrona *s.f.* ⇨midwife (*pl* midwives)

comandante *s.m.* **1** (*militar*) ⇨commander **2** (*oficial*) ⇨major **3** (*de un avión*) ⇨captain

comando *s.m.* **1** ⇨commando (*pl* commandoes, commandos) **2** (*en informática*) ⇨command

comarca *s.f.* ⇨region: *La comarca en la que viven es muy rica* - The region they live in is very rich; ⇨area ⇨district

comarcal *adj.* **1** ⇨regional **2** *límite comarcal* - district boundary

comba *s.f.* **1** ⇨skipping rope *UK;* ⇨jump rope *US* **2** *saltar a la ~* ⇨to skip

comba *s.m.* **1** ⇨fighting [U]: *Se han producido violentos combates en el día de hoy* - Fierce fightings have taken place today; ⇨fight ⇨combat **2** *estar fuera de combate* - to be out of action

combatir *v.* **1** (*batallar*) ⇨to fight: *combatir en una guerra* - to fight in a war **2** (*frenar*) ⇨to combat: *combatir el crimen* - to combat crime

combinación *s.f.* **1** (*de diferentes cosas*) ⇨combination: *una combinación de elementos* - a combination of elements **2** (*prenda*) ⇨slip

combinar *v.* **1** ⇨to combine: *Cuando viajo, me gusta combinar las vacaciones con los estudios* - When I travel, I like to combine holidays with studying **2 ~ con** ⇨to go with: *Esos sillones no combinan con las cortinas* - Those armchairs don't go with the curtains; ⇨to match

combustible *s.m.* ⇨fuel

comedia *s.f.* ⇨comedy (*pl* comedies)

comedor *s.m.* ⇨dining room

comentar *v.* ⇨to comment [CONSTR. to comment + that]: *Comentó que ya se había leído ese libro* - She commented that she had already read that book; ⇨to discuss

comentario *s.m.* ⇨comment: *un comentario estúpido* - a stupid comment; ⇨remark

comentarista *s.com.* ⇨commentator

comenzar *v.* ⇨to start [CONSTR. 1. to start + doing sth 2. to start + to do sth]: *Comenzó a aprender inglés cuando tenía seis años* - She started learning English when she was six years old; ⇨to begin [CONSTR. 1. to begin + doing sth 2. to begin + to do sth]; ⇨to go about

comer *v.* **1** ⇨to eat: *Me gusta comer* - I like eating **2** (*a mediodía*) ⇨to have lunch: *¿A qué hora comes?* - What time do you have lunch? **3** (*una ficha*) ⇨to take **4** {*dar/echar*} *de ~* ⇨to feed

comercial ▍ *adj.* **1** ⇨commercial ⇨marketable: *un producto muy comercial* - a highly marketable product **▍** *s.* **2** ⇨representative ⇨sales rep

comercializar *v.* ⇨to market ⇨to commercialize

comerciante *s.com.* **1** ⇨trader ⇨dealer: *Trabaja como comerciante de calzado* - He works as a shoe dealer; ⇨merchant *form* **2** (*encargado*) ⇨shopkeeper

comerciar *v.* ⇨to trade

comercio *s.m.* **1** (*actividad*) ⇨commerce ⇨trade: *comercio justo* - fair trade **2** (*tienda*) ⇨shop ⇨store *US*

comestibles ▍ *adj.* **1** ⇨edible **▍** *s.m.pl.* **2** ⇨groceries ⇨edible goods **3 tienda de ~** ⇨grocery ⇨grocer's

cometa ▍ *s.m.* **1** (*estrella*) ⇨comet **▍** *s.f.* **2** (*juguete*) ⇨kite

cometer *v.* **1** ⇨to commit: *cometer un delito* - to commit a crime **2** *cometer errores* - to make mistakes

cometido *s.m.* ⇨task

cómic *s.m.* ⇨comic

comicios *s.m.pl.* ⇨election: *Se celebrarán comicios en marzo* - There will be an election in March

cómico, ca ∎ *adj.* **1** *(gracioso)* ⇨comic ⇨comical: *Con aquel vestido tenía un aspecto cómico* - She looked comical in that dress; ⇨funny ⇨humorous: *una mirada cómica sobre algo* - a humorous look at sth ∎ *s.* **2** *(artista)* ⇨comedian

comida *s.f.* **1** *(alimento)* ⇨food ⇨cooking **2** *(en horas fijas)* ⇨meal **3** *(la más importante del día)* ⇨dinner *UK* [U] **4** *(almuerzo)* ⇨lunch *(pl* lunches) **5** *AMÉR.* *(cena)* ⇨dinner ⇨supper **6** ~ **basura** *col.* ⇨junk food **7** ~ **para llevar** ⇨takeaway *UK;* ⇨takeout *US* **8** ~ **precocinada** ⇨ready meals **9** ~ **rápida** ⇨fast food

comienzo *s.m.* **1** ⇨beginning ⇨opening ⇨start: *tener un buen comienzo* - to get off to a good start **2** *(de un partido de fútbol)* ⇨kick-off

comillas *s.f.pl.* ⇨inverted commas *UK;* ⇨quotation marks ⇨quotes: *entre comillas* - in quotes

comilón, -a ∎ *adj.* **1** *col.* ⇨greedy ∎ *s.* **2** *col.* ⇨big-eater ⇨glutton

comisaría *s.f.* ⇨police station ⇨station

comisario, ria *s.* **1** *(de una actividad)* ⇨organizer ⇨organiser *UK* **2** *(de policía)* ⇨superintendent

comisión *s.f.* **1** *(grupo de personas)* ⇨commission: *formar una comisión* - to set up a commission; ⇨committee ⇨delegation **2** *(cantidad de dinero)* ⇨commission

comité *s.m.* ⇨committee

como ∎ *adv.* **1** *(para comparar sintagmas nominales)* ⇨like *inform: Su uniforme del colegio es como*

el nuestro - Their school uniform is like ours; *(para comparar oraciones)* ⇨as: *Lo haré como me parezca* - I'll do it as I please; ⇨however: *como quieras* - however you want to **2** *(para indicar un oficio, una profesión)* ⇨as: *Trabajó como profesora* - She worked as a teacher ∎ *conj.* **3** *(para dar ejemplos o enumerar)* ⇨like ⇨such as **4** *(dado que)* ⇨since ⇨as: *Como llegué tarde, no me esperaron* - As I was late, they didn't wait for me **5** ~ **mucho** ⇨at most: *Como mucho tengo 20 libras* - At most I've got £20 **6** ~ **sea** ⇨at all costs: *Necesito conseguir esa bici como sea* - I must get that bike at all costs **7** ~ **si** ⇨as though ⇨as if: *Habla como si fuera el jefe* - He talks as if he were the boss; ⇨like *inform*

cómo *adv.* **1** ⇨how: *¿Cómo es de grande?* - How big is it? **2** *(cuando no se entiende algo)* ⇨pardon: *¿Cómo?* *¿Ha dicho cinco en punto o nueve en punto?* - Pardon? Did you say 5 o'clock or 9 o'clock?; ⇨sorry ⇨what **3** **¿cómo es?** *(una persona, una cosa)* ⇨what is *sth/sb* like?: *¿Cómo es Tim?* - What is Tim like?; ⇨what does... look like? **4** **¿cómo está usted?** ⇨how do you do? *form* La respuesta a esta pregunta es también *How do you do?*. Normalmente este saludo va acompañado de un apretón de manos **5** **¿cómo estás?** ⇨how are you? **6** **¿cómo ha dicho?** ⇨pardon? **7** **¿cómo has dicho?** ⇨what did you say? **8** **¡cómo no!** ⇨of course! ⇨certainly! **9** **¿cómo que no?** ⇨what do you mean, no? ∎ Ver cuadro

¿Cómo está...? / ¿Cómo es...?	
How?	**What... like?**
• Para preguntar por la salud o el estado de una persona se usa **how + be**:	• Para preguntar por las características intrínsecas de algo se usa **what + be like**:
· *How is Chris today? Is he better?* (¿Cómo está Chris hoy? ¿Está mejor?)	· *What is your new teacher like? Is he kind?* (¿Cómo es tu nuevo profesor? ¿Es amable?)
· *How are you?* (¿Cómo estás?)	· *What are your neighbours like?* (¿Cómo son tus vecinos?)
	· *What is the trip to work like? Is it very long?* (¿Cómo es el viaje a tu trabajo? ¿Muy largo?)
• Para preguntar por una condición temporal, por una experiencia transitoria o por algo que requiere un juicio personal, se usa generalmente **how + be**:	
	• Para preguntar por el tiempo se utiliza normalmente **what + be like**:
· *How's the cake?* (¿Cómo está la tarta?)	· *What's the weather like in Jamaica?* (¿Cómo es el tiempo en Jamaica?)
· *How was the film?* (¿Qué tal la película?)	Sin embargo, en este caso es posible utilizar también **how + be**:
· *How was your journey?* (¿Qué tal tu viaje?)	· *How's the weather in Jamaica?* (¿Cómo es el tiempo en Jamaica?)

cómoda *s.f.* ⇒chest of drawers UK; ⇒bureau US (*pl* bureaus)

comodidad ∎ *s.f.* **1** *(estado o situación)* ⇒comfort **2** *(ausencia de dificultades)* ⇒convenience: *la comodidad de trabajar en casa* - the convenience of working at home ∎ **comodidades** *s. f.pl.* **3** ⇒amenities ⇒creature comforts ⇒mod cons *inform*

cómodo, da *adj.* **1** *(que proporciona descanso)* ⇒comfortable ⇒cosy UK: *Su casa era muy cómoda* - Their house was really cosy; ⇒cozy US; ⇒comfy *inform* **2** *(que facilita)* ⇒convenient: *horario comercial cómodo* - convenient opening hours **3** *Se puso cómodo* - He made himself comfortable

compadecer ∎ *v.* **1** ⇒to feel sorry: *Lo compadezco* - I feel sorry for him ∎ **compadecerse** *prnl.* **2** ⇒to pity: *Me compadezco de él* - I pity him; ⇒to feel sorry: *No te compadezcas de mí* - Don't feel sorry for me; ⇒to feel sympathy

compañerismo *s.m.* ⇒comradeship ⇒camaraderie

compañero, ra *s.* **1** ⇒companion: *un compañero de viaje* - a travelling companion; ⇒comrade *lit* **2** *(de clase)* ⇒colleague ⇒classmate **3** *(de trabajo)* ⇒colleague: *Salí con mis compañeros* - I went out with my colleagues; ⇒workmate **4** *(de piso)* ⇒flatmate UK; ⇒roommate US; ⇒housemate UK **5** *(de equipo)* ⇒teammate **6** *(sentimental)* ⇒partner

compañía *s.f.* **1** ⇒companionship **2** *(empresa)* ⇒company (*pl* companies) **3** *(de teatro)* ⇒company (*pl* companies) **4** *(aérea)* ⇒airline **5** *hacer ~* ⇒to keep company: *Hice compañía a mi abuela* - I kept my grandma company

comparable *adj.* ⇒comparable [CONSTR. comparable to/with sb]: *Nuestros precios son comparables con los de otros establecimientos* - Our prices are comparable to those in other shops; *Las dos experiencias no son comparables* - The two experiences aren't comparable

comparación *s.f.* **1** ⇒comparison: *hacer una comparación* - to make a comparison **2** *Ella es mucho más inteligente en comparación con él* - Compared to him she's much more intelligent

comparar ∎ *v.* **1** ⇒to compare: *La profesora comparó la cultura inglesa con la española* - The teacher compared English and Spanish culture; ⇒to draw a comparison **2** *(precios)* ⇒to shop around ∎ **compararse** *prnl.* **3** ⇒to compare

comparativo *s.m.* ⇒comparative: *«Better» es el comparativo de «good» y de «well»* - «Better» is the comparative of «good» and of «well» ∎ Ver cuadro comparative and superlative forms of adjectives

compartimento *s.m.* ⇒compartment

compartir *v.* ⇒to share: *Compartimos los caramelos con los niños* - We shared the sweets with the children

compás *s.m.* **1** *(instrumento)* ⇒compasses UK *pl;* ⇒compass US **2** *(ritmo musical)* ⇒time **3** *al ~ (al mismo ritmo)* ⇒in time

compasión *s.f.* **1** ⇒sympathy ⇒compassion: *mostrar compasión* - to show compassion **2** *sentir compasión por alguien* - to pity sb / to feel pity for sb

compasivo, va *adj.* ⇒compassionate: *Fue compasivo con sus trabajadores* - He was compassionate towards his workers

compatriota *s.com.* **1** *(hombre)* ⇒countryman (*pl* countrymen) **2** *(mujer)* ⇒countrywoman (*pl* countrywomen)

compenetrarse *v.prnl.* ⇒to have a good rapport: *La autora no se compenetró con el traductor* - The author didn't have a good rapport with the translator; ⇒to understand each other

compensar *v.* **1** *(equilibrar)* ⇒to make up: *compensar una cosa con otra* - to make up for one thing with another; ⇒to compensate **2** *(devolver el favor)* ⇒to make up: *Te lo compensaré* - I'll make it up to you **3** *(recompensar)* ⇒to pay compensation: *Me compensaron con 100 libras* - I was paid 100 pounds in compensation; ⇒to pay damages **4** *(merecer la pena)* ⇒to be worth: *No me compensa* - It´s not worth the effort

competencia *s.f.* **1** *(rivalidad)* ⇒competition ⇒rivalry **2** *(capacidad, habilidad)* ⇒proficiency ⇒competence

competente *adj.* ⇒competent ⇒able ⇒capable: *Es un profesor muy competente* - He is a very capable teacher

competición *s.f.* ⇒competition ⇒event

competidor, -a *s.* ⇒competitor ⇒rival

competir *v.* **1** ⇒to compete: *competir con otros estudiantes* - to compete with other students **2** *(en una competición)* ⇒to compete: *Seis personas competirán por el trofeo* - Six people will compete for the trophy **3** *(en una carrera)* ⇒to race

complacer ∎ *v.* **1** *(causar agrado)* ⇒to please: *Me complace que la gente sonría* - It pleases me when people smile; ⇒to gratify *form* **2** *(acceder a un deseo)* ⇒to oblige [CONSTR. to oblige + to do sth]: *Me encantaría complacerte* - I would like to oblige you ∎ **complacerse** *prnl.* **3** *(encontrar satisfacción)* ⇒to be pleased

complejo, ja ∎ *adj.* **1** ⇒complex ∎ **complejo** *s.m.* **2** *(lugar)* ⇒complex (*pl* complexes); ⇒resort: *un complejo turístico* - a tourist resort **3**

(en psicología) ⇨complex *(pl* complexes): *tener complejo de inferioridad* - to have an inferiority complex; ⇨hang-up *inform*

complemento ∎ *s.m.* **1** ⇨complement: *Es un complemento perfecto para tu dieta* - It's a perfect complement for your diet **2** *(accesorio)* ⇨accessory *(pl* accessories); ⇨add-on **3** *(en gramática)* ⇨object: *el complemento directo* - the direct object **4** ∎ **complementos** *s.m.pl.* ⇨accessories

completar *v.* ⇨to complete

completo, ta *adj.* **1** *(entero, con todas sus partes)* ⇨complete: *las obras completas de Dickens* - the complete works of Dickens **2** *(que abarca todo)* ⇨comprehensive: *un estudio completo de una materia* - a comprehensive study of a subject **3** *(acabado, finalizado)* ⇨finished ⇨complete: *Este álbum está completo* - This album is complete **4** *(total)* ⇨complete ⇨utter: *Había un completo silencio* - There was utter silence **5** *(sin abreviar)* ⇨in full: *Escriba su nombre completo* - Write your name in full **6 al completo** ⇨full up *UK;* ⇨filled to capacity **7 por completo** ⇨completely

complicación *s.f.* ⇨complication: *Si surgen complicaciones, dímelo y os ayudaré* - If any complications arise, let me know and I'll help

complicado, da *adj.* **1** ⇨complicated ⇨difficult ⇨heavy going *UK:* *un libro complicado* - a heavy going book **2** *(una situación)* ⇨tricky: *Su situación es bastante complicada* - Her situation is rather tricky

complicar ∎ *v.* **1** *(dificultar)* ⇨to complicate **2** *(involucrar)* ⇨to involve: *Lo complicaron en una estafa* - He was involved in a swindle ∎ **complicarse** *prnl.* **3** ⇨to become difficult: *Se complicó todo y la empresa quebró* - Everything became difficult and the company went bankrupt

cómplice *s.com.* ⇨accomplice

complot *s.m.* ⇨plot ⇨conspiracy *(pl* conspiracies)

componente *s.amb.* ⇨component

componer *v.* ⇨to compose [CONSTR. to be composed of sth]: *Esa historia se compone de varios capítulos* - That story is composed of various instalments

comportamiento *s.m.* ⇨behaviour *UK;* ⇨behavior *US;* ⇨conduct: *su comportamiento en mi fiesta* - his conduct at my party; ⇨demeanour *UK form*

comportarse *v.prnl.* **1** ⇨to behave: *comportarse correctamente* - to behave properly; ⇨to conduct oneself **2** *comportarse mal* - to misbehave

composición *s.f.* **1** *(de una cosa)* ⇨structure: *la composición del agua* - the structure of water;

⇨composition **2** *(redacción, pieza musical)* ⇨composition

compositor, -a *s.* ⇨composer

compota *s.f.* ⇨stewed fruit: *compota de manzana* - stewed apple

compra *s.f.* **1** *(acción de comprar)* ⇨shopping: *hacer la compra* - to do the shopping; ⇨purchase *form* **2** *(lo que se compra)* ⇨shopping ⇨buy ⇨purchase *form:* *una buena compra* - a good purchase

comprador, -a *s.* **1** *(persona)* ⇨buyer **2** *(entidad)* ⇨purchaser

comprar *v.* **1** *(adquirir)* ⇨to buy: *Me he comprado unos pantalones nuevos* - I've bought a new pair of trousers; ⇨to get ⇨to shop ⇨to purchase *form* **2** *(sobornar)* ⇨to buy off

comprender *v.* **1** *(entender)* ⇨to understand [CONSTR. 1. to understand + (that) 2. to understand + interrogativo] **2** *(incluir)* ⇨to be made up of: *La granja comprende dos edificios y tres establos* - The farm is made up of two buildings and three stables **3** *(ponerse en el lugar de alguien)* ⇨to sympathize: *Yo también tengo dolores de cabeza, así es que te comprendo* - I suffer from headaches too, and so I sympathize with you

comprensión *s.f.* ⇨comprehension: *problemas de comprensión* - a comprehension problems; ⇨understanding

comprensivo, va *adj.* **1** ⇨sympathetic ⇨understanding **2** *poco ~* ⇨unsympathetic

compresa *s.f.* **1** *(para una herida)* ⇨compress *(pl* compresses) **2** *(para la menstruación)* ⇨sanitary towel *UK;* ⇨sanitary napkin *US*

comprobación *s.f.* ⇨check

comprobar *v.* ⇨to check [CONSTR. 1. to check + (that) 2. to check + interrogativo]

comprometerse *v.prnl. (prometer)* ⇨to promise [CONSTR. 1. to promise + (that) 2. to promise + to do sth 3. to promise + dos objetos]: *Me comprometí a hacerlo* - I promised to do it; ⇨to take on

comprometido, da *adj.* **1** *(difícil)* ⇨delicate ⇨awkward: *una situación comprometida* - an awkward situation **2** *(con una causa)* ⇨committed: *una persona comprometida con la causa* - a person committed to the cause **3** *(prometido)* ⇨engaged: *Llevan comprometidos tres meses* - They have been engaged for three months

compromiso *s.m.* **1** *(obligación)* ⇨commitment: *su compromiso con la empresa* - her commitment to the company **2** *(noviazgo)* ⇨engagement *form* **3** *poner a alguien en un ~* ⇨to put *sb* on the spot **4** *por ~* ⇨out of a sense of duty **5** *sin ~* ⇨with no commitment

C∎

compuesto, ta ∎ *adj.* **1** ⇒compound ⇒composite **2** *(un apellido)* ⇒double-barrelled *UK* ∎ **compuesto** *s.m.* **3** *(en química)* ⇒compound

computadora *s.f. AMÉR.* ⇒computer

comulgar *v.* **1** *(en religión)* ⇒to receive communion **2** *(con una idea)* ⇒to share

común *adj.* **1** *(compartido)* ⇒common ⇒mutual: *un amigo común* - a mutual friend **2** *(frecuente, usual)* ⇒common ⇒average: *un resultado común* - an average outcome **3** poco ~ ⇒uncommon

comunicación *s.f.* **1** *(hecho de comunicar)* ⇒communication **2** *(un escrito)* ⇒bulletin: *Ha pasado una nueva comunicación* - They have issued a new bulletin; ⇒paper **3** medios de ~ ⇒media

comunicar ∎ *v.* **1** *(información)* ⇒to pass on **2** *(un lugar)* ⇒to be connected: *El despacho comunica con otra sala* - The office is connected to another room **3** *(el teléfono): estar comunicando* - to be engaged ∎ **comunicarse** *prnl.* **4** ⇒to communicate: *comunicarse con gente* - to communicate with people

comunidad *s.f.* **1** ⇒community *(pl* communities) **2** ~ de vecinos ⇒residents' association

comunión *s.f.* **1** ⇒communion **2** *(ceremonia)* ⇒Holy Communion *form*

comunismo *s.m.* ⇒communism

comunista *adj. / s.com.* ⇒communist

con *prep.* **1** ⇒with **2** *(indica compañía o colaboración)* ⇒with: *¡Vente con nosotros!* - Come with us! **3** *(separa números decimales)* ⇒point **4** *(seguido de infinitivo): Con quejarte no solucionarás el problema* - Complaining about it won't sort the problem out **5** *(con uno mismo)* ⇒along with **6** *(indica combinación)* ⇒and *conj: pescado con patatas fritas* - fish and chips **7** *(indica materia prima)* ⇒from: *Hace pendientes con semillas* - She makes earrings from seeds **8** ⇒under: *Escribe con el seudónimo de Wara* - She writes under the name of Wara **9** con (tal de) que ⇒as long as

concebir *v.* **1** *(idear)* ⇒to conceive: *concebir un plan* - to conceive a plan **2** *(engendrar)* ⇒to conceive: *concebir mellizos* - to conceive twins **3** *(albergar)* ⇒to harbour *UK: concebir un deseo* - to harbour a desire; *US* **4** *(creer posible)* ⇒to conceive of: *No puedo concebir que me mientas* - I can't conceive of your lying to me

conceder *v.* **1** ⇒to give [CONSTR. to give + dos objetos]: *Te concedo permiso para ir a la fiesta* - I give you permission to go to the party; *¿Me concedes este baile?* - Would you dance with me?; ⇒to concede **2** *(una beca, un préstamo)* ⇒to grant *form* [CONSTR. to grant + dos objetos] **3** *(un premio)* ⇒to award [CONSTR. to award + dos objetos]

concejal, -a *s.* **1** *(sin especificar sexo)* ⇒councillor *UK;* ⇒councilor *US* **2** *(hombre)* ⇒alderman *(pl* aldermen) **3** *(mujer)* ⇒alderwoman *(pl* alderwomen)

concentración *s.f.* **1** *(atención)* ⇒concentration **2** *(en deporte)* ⇒team meeting **3** *(reunión multitudinaria)* ⇒rally *(pl* rallies) **4** *(acumulación)* ⇒build-up

concentrar ∎ *v.* **1** *(a un grupo de personas)* ⇒to gather together **2** *(una sustancia)* ⇒to concentrate **3** *(la atención)* ⇒to focus ∎ **concentrarse** *prnl.* **4** ⇒to concentrate [CONSTR. to concentrate on sth]: *Me cuesta concentrarme en mis tareas* - I find it hard to concentrate on my tasks

concepto *s.m.* **1** *(idea)* ⇒concept ⇒idea **2** *(opinión)* ⇒opinion: *tener un buen concepto de alguien* - to have a high opinion of sb **3** bajo ningún ~ ⇒under no circumstances

concernir *v.* ⇒to concern: *Esto no te concierne* - This doesn't concern you

concertar *v.* **1** ⇒to arrange [CONSTR. to arrange + to do sth]; ⇒to agree **2** *concertar una cita* - to make an appointment

concesionario *s.m.* **1** *(persona)* ⇒dealer ⇒concessionaire **2** *(empresa)* ⇒concessionaire ⇒dealer

concha *s.f.* **1** ⇒shell **2** *(de mar)* ⇒seashell **3** *AMÉR. vulg.* ⇒cunt *vulg*

conciencia *s.f.* **1** ⇒conscience: *tener la conciencia tranquila* - to have a clear conscience **2** *(conocimiento)* ⇒consciousness: *perder la conciencia* - to lose consciousness

concienciar ∎ *v.* ⇒to make aware ∎ **concienciarse** *prnl.* **2** ⇒to become aware

concierto *s.m.* **1** *(evento)* ⇒concert ⇒gig *inform* **2** *(composición musical)* ⇒concerto *(pl* concerti, concertos)

concluir *v.* **1** *(deducir)* ⇒to conclude [CONSTR. to conclude + that] **2** *(terminar)* ⇒to conclude ⇒to finish ⇒to be over: *El espectáculo ha concluido* - The show is over

conclusión *s.f.* **1** *(deducción)* ⇒conclusion: *Sacó la conclusión de que no habíamos hecho trampas* - He reached the conclusion that we had not cheated **2** *(término)* ⇒completion **3** llegar a la ~ ⇒to conclude [CONSTR. to conclude + that]

concretar *v.* **1** *(hacer realidad)* ⇒to realize ⇒to realise *UK: concretar un sueño* - to realise a dream **2** *(fijar, especificar)* ⇒to arrange ⇒to specify **3** *(reducir)* ⇒to reduce: *Concreté mi exposición a los puntos principales* - I reduced my presentation to the basic points

concreto, ta ∎ *adj.* **1** ⇒specific ⇒definite: *No llegaron a ninguna conclusión concreta* - They didn't reach any definite conclusions; ⇒concrete

2 en concreto ⇒namely ▌**concreto** *s.m.* **3** AMÉR. *(hormigón)* ⇒concrete
concurrido, da *adj.* ⇒busy ⇒crowded
concursante *s.com.* ⇒contestant
concursar *v.* ⇒to take part: *concursar en un certamen* - to take part in a contest
concurso *s.m.* **1** ⇒competition ⇒contest **2** *(de preguntas y respuestas)* ⇒quiz *(pl* quizzes) **3** *(programa de televisión)* ⇒TV game show
condado *s.m.* ⇒county *(pl* counties)
conde *s.m.* ⇒count
condecoración *s.f.* ⇒medal
condecorar *v.* ⇒to award a medal
condena *s.f.* **1** *(pena o castigo)* ⇒sentence ⇒imprisonment [U] **2** *(desaprobación)* ⇒condemnation
condenado, da ▌*adj.* **1** *(maldito)* ⇒damn *inform: Ese condenado frigorífico se ha vuelto a estropear* - That damn fridge is broken again; ⇒wretched ▌*s.* **2** *(reo)* ⇒convicted person ⇒convict **3** ~ a muerte **1** *(hombre)* ⇒condemned man *(pl* condemned men) **2** *(mujer)* ⇒condemned woman *(pl* condemned women)
condenar ▌*v.* **1** *(imponer una pena)* ⇒to convict [CONSTR. to be convicted of]: *Fue condenado por asesinato* - He was convicted of murder; ⇒to sentence **2** *(desaprobar)* ⇒to condemn **3** *(tapiar)* ⇒to wall up ▌**condenarse** *prnl.* **4** *(en religión)* ⇒to be damned
condesa *s.f.* ⇒countess *(pl* countesses)
condición ▌*s.f.* **1** ⇒condition **2** a ~ de ⇒provided **3** ~ sine qua non ⇒prerequisite *form* ▌**condiciones** *pl.* **4** ⇒terms: *las condiciones de un contrato* - the terms of a contract
condicional *s.m.* *(en gramática)* ⇒conditional
▌Ver cuadro conditional
condimento *s.m.* **1** *(de un alimento)* ⇒seasoning **2** *(de una ensalada)* ⇒dressing
conducir *v.* **1** *(un vehículo)* ⇒to drive ⇒to steer **2** *(la electricidad, el calor, el sonido)* ⇒to conduct **3** *(una situación)* ⇒to lead ⇒to direct
conducta *s.f.* **1** ⇒behaviour UK: *No puedo entender su conducta* - I can't understand her behaviour; ⇒behavior US; ⇒conduct **2** mala ~ ⇒misconduct *form*
conducto *s.m.* **1** *(de una tubería)* ⇒pipe **2** *(del cuerpo humano)* ⇒duct **3** *(vía)* ⇒path ⇒way
conductor, -a ▌*s.* **1** ⇒driver: *un conductor de autobús* - a bus driver; ⇒motorist **2** AMÉR. *(en la televisión)* ⇒presenter UK; ⇒host US **3** AMÉR. *(en la radio)* ⇒announcer ▌**conductor** *s.m.* **4** *(de electricidad o de calor)* ⇒conductor
conectar ▌*v.* **1** ⇒to connect: *Están conectados por teléfono* - They are connected by telephone **2**

(en electrónica) ⇒to patch ⇒to wire **3** *(congeniar)* ⇒to click ▌**conectarse** *prnl.* **4** ⇒to switch on
conejo, ja *s.* **1** *(genérico)* ⇒rabbit **2** *(macho)* ⇒buck **3** *(hembra)* ⇒doe **4** conejillo de Indias ⇒guinea pig *inform*
conexión *s.f.* *(relación)* ⇒connection
confección *s.f.* **1** *(elaboración)* ⇒making **2** *(de ropa)* ⇒dressmaking
confeccionar *v.* **1** ⇒to make: *confeccionar un traje* - to make a suit **2** *(un plan)* ⇒to work out
conferencia *s.f.* **1** *(ponencia)* ⇒lecture **2** *(congreso)* ⇒conference: *una conferencia sobre los derechos humanos* - a conference on human rights **3** *(telefónica)* ⇒long-distance call **4** dar conferencias ⇒to lecture [CONSTR. to lecture in/on sth]: *Da conferencias de matemáticas puras* - He lectures on pure mathematics
conferenciante *s.com.* ⇒lecturer
confesar *v.* ⇒to confess [CONSTR. to confess to + doing sth]: *Finalmente confesó haber robado el cuadro* - He finally confessed to stealing the painting
confesión *s.f.* ⇒confession
confeti *s.m.* ⇒confetti
confiado, da *adj.* ⇒trusting
confianza ▌*s.f.* **1** *(fe en algo)* ⇒trust: *Una buena amistad está basada en la confianza* - A good friendship is based on trust; ⇒faith **2** *(fe en la capacidad de hacer algo)* ⇒confidence **3** *No tengo mucha confianza con ella* - I don't know her well enough **4** digno de ~ ⇒trustworthy **5** en ~ ⇒in confidence ▌**confianzas** *pl.* **6** ⇒liberties: *tomarse confianzas* - to take liberties
confiar ▌*v.* **1** *(encomendar)* ⇒to entrust [CONSTR. 1. to entrust sth to sb 2. to entrust sb with sth]: *Te confío el cuidado de los niños* - I entrust you with the care of my children **2** *(esperar)* ⇒to trust: *Confío en que vengas* - I trust you will come; ⇒to expect **3** *(tener confianza)* ⇒to trust: *Confía en mí* - Trust me; ⇒to rely ▌**confiarse** *prnl.* **4** ⇒to relax ⇒to be too confident: *Me confié y casi suspendo el examen* - I was too confident and I almost failed my exam
confirmación *s.f.* ⇒confirmation: *confirmación de nuestras vacaciones* - confirmation of our holiday
confirmar *v.* **1** *(constatar)* ⇒to confirm ⇒to vouch for **2** *(en religión)* ⇒to confirm
confitería *s.f.* ⇒patisserie ⇒confectioner's *(pl* confectioners')
confitura *s.f.* ⇒jam
conflicto *s.m.* ⇒conflict ⇒dispute
conformar ▌*v.* **1** ⇒to make up: *Once jugadores conforman el equipo* - Eleven players make up

the team; ⇒to constitute ∎ **conformarse** *prnl.* **2**
⇒to be happy ⇒to be satisfied: *Deberías confor-*
marte con los resultados - You should be satis-
fied with the results; ⇒to settle for: *Tuvieron*
que conformarse con el segundo puesto - They
had to settle for second place

conforme *adj.* **1** *(satisfecho)* ⇒satisfied **2** *(de*
acuerdo) ⇒agreeable *form: No estamos confor-*
mes con la decisión - We are not agreeable to
the decision **3** *no estar conforme* - to not agree **4**
conforme a la ley - in accordance with the law

confort *s.m.* ⇒comfort

confortable *adj.* ⇒comfortable: *un coche con-*
fortable - a comfortable sofa

confundir *v.* **1** *(mezclar unas cosas con otras)*
⇒to confuse **2** *(tomar por otro)* ⇒to mix up:
Siempre la confundo con su hermana - I always
mix her up with her sister

confusión *s.f.* **1** *(falta de claridad)* ⇒confusion
⇒turmoil: *Toda la región está en un estado de*
confusión - The whole region is in turmoil **2**
(error) ⇒mistake: *Fue una confusión tonta* -
That was a stupid mistake; ⇒mix-up

confuso, sa *adj.* **1** *(difícil de entender)* ⇒con-
fusing: *Las indicaciones que nos dio eran confu-*
sas - The directions she gave us were confusing;
⇒confused **2** *(un mensaje)* ⇒garbled: *Dejó un*
mensaje bastante confuso en el contestador - He
left a rather garbled message on my answer-
phone **3** *(un persona)* ⇒confused ⇒muddled: *Se*
sentía confuso después del accidente - He was
feeling muddled after the accident **4** *(impreciso,*
borroso) ⇒fuzzy: *Los detalles todavía son confu-*
sos - The details are still fuzzy; ⇒hazy

congelado, da *adj.* **1** *(una cosa)* ⇒frozen:
comida congelada - frozen food **2** *(una perso-*
na) ⇒freezing *inform: Estoy congelado* - I'm
freezing

congelador *s.m.* ⇒deep freeze ⇒freezer

congelar ∎ *v.* **1** ⇒to freeze ∎ **congelarse** *prnl.* **2**
⇒to freeze over

congénito, ta *adj.* ⇒congenital

congreso *s.m.* **1** *(conferencia, reunión)* ⇒con-
ference: *Estoy asistiendo a una conferencia so-*
bre el sida - I'm attending a conference on AIDS;
⇒congress *(pl* congresses); ⇒convention **2**
(asamblea legislativa) ⇒Congress *US*

conjugar *v.* **1** *(varias cosas)* ⇒to combine: *con-*
jugar experiencia y capacidad - to combine ex-
perience and ability **2** *(un verbo)* ⇒to conjugate:
Como tarea, conjuguen el verbo «comer» en pre-
térito indefinido - For homework, conjugate the
verb «to eat» in the past simple

conjunción *s.f.* *(en gramática)* ⇒conjunction

conjunto, ta ∎ *adj.* **1** ⇒joint ∎ **conjunto** *s.m.* **2**
⇒group ⇒ensemble *form: Se compró el conjunto*
completo - She bought the the whole ensemble
3 *(musical)* ⇒group **4** *(de objetos)* ⇒collection
⇒set: *Un conjunto de vestidos antiguos* - I set of
antique clothes **5** *(de prendas de vestir)* ⇒coor-
dinates ⇒outfit

conmigo *pron.pers.* **1** ⇒with me: *¿Vienes con-*
migo? - Are you coming with me? **2** ~ **mismo,ma**
⇒with myself: *Estoy muy satisfecha conmigo*
misma - I'm very satisfied with myself

conmoción *s.f.* ⇒shock

conmocionar *v.* **1** ⇒to shock **2** *(en medicina)*
⇒to concuss

conmovedor, -a *adj.* ⇒moving: *un discurso*
conmovedor - a moving speech; ⇒touching

conmover ∎ *v.* **1** ⇒to move: *conmovido por la*
historia - moved by the story ∎ **conmoverse**
prnl. **2** ⇒to be moved ⇒to be affected

cono *s.m.* ⇒cone

conocer *v.* **1** *(a una persona)* ⇒to know: *¿Cono-*
ces a Sharon? - Do you know Sharon? **2** *(a una*
persona por primera vez) ⇒to meet: *Me enamoré*
de ti cuando te conocí - I fell in love with you
the moment I met you; ⇒to get acquainted with
form **3** *(a una persona con cierta profundidad)*
⇒to get to know: *La conocí mejor durante el via-*
je - I got to know her better during the journey
4 *(un lugar)* ⇒to know **5** *(estar familiarizado*
con) ⇒to be familiar with: *¿Conoces este procesa-*
dor de textos? - Are you familiar with this word
processor? **6** ~ **como la palma de la mano** ⇒to
know *sth* like the back of *one's* hand **7** ~ **de vis-**
ta ⇒to know by sight

conocido, da ∎ *adj.* **1** *(familiar)* ⇒familiar:
Ese chico me resulta conocido - That boy looks
familiar to me **2** *(famoso)* ⇒well-known ⇒noto-
rious ∎ *s.* **3** ⇒acquaintance: *Son unos conocidos*
de mis padres - They are acquaintances of my
parents

conocimiento ∎ *s.m.* **1** ⇒consciousness: *reco-*
brar el conocimiento - to regain consciousness **2**
perder el ~ ⇒to black out *inform* ∎ **conocimien-**
tos *pl.* **3** ⇒knowledge [U]: *conocimientos de infor-*
mática - knowledge of computing; ⇒ground [U]

conquista *s.f.* **1** ⇒conquest: *la conquista roma-*
na de España - the Roman conquest of Spain **2**
(en el amor) ⇒conquest

conquistador, -a ∎ *adj.* **1** ⇒conquering ∎ *s.* **2**
(de un lugar) ⇒conqueror **3** *(de América)* ⇒con-
quistador **4** *(de una persona)* ⇒heartbreaker **5**
(de mujeres) ⇒womanizer ⇒womaniser *UK*

conquistar *v.* **1** *(un lugar)* ⇒to conquer **2** *(a*
una persona) ⇒to win

consciencia *s.f.* ⇨consciousness

consciente *adj.* **1** *(de algo)* ⇨aware [CONSTR. to be aware of/that]: *¿Eres consciente del problema?* - Are you aware of the problem? **2** *(con pleno uso de sus sentidos)* ⇨conscious

consecuencia *s.f.* **1** ⇨consequence **2** en ~ ⇨consequently *form;* ⇨accordingly

conseguir *v.* **1** ⇨to achieve: *Consiguió el éxito que quería* - He achieved the success he wanted; ⇨to manage [CONSTR. to manage + to do sth]: *Consiguieron ganar el partido* - They managed to win the match; ⇨to obtain *form;* ⇨to succeed [CONSTR. to succeed in + doing sth]: *Conseguí el trabajo* - I succeeded in getting the job; ⇨to get [CONSTR. to get + dos objetos] **2** *¡Lo conseguí!* - I did it!

consejo *s.m.* **1** *(opinión, sugerencia)* ⇨advice [U] [Se dice *some advice* o *a piece of advice*. Incorrecto: *an advice*] **2** *(indicación, truco)* ⇨tip: *Voy a darte un consejo* - I'll give you a tip **3** *(de gobierno)* ⇨council **4** *(de una empresa)* ⇨board: *el consejo de dirección* - the board of directors

consentimiento *s.m.* ⇨consent: *dar el consentimiento para algo* - to give one's consent for sth

consentir *v.* **1** *(en una petición)* ⇨to consent [CONSTR. to consent + to do sth]: *Consentí dejarle mi coche* - I've consented to lend her my car; ⇨to agree *(tolerar)* ⇨to tolerate [CONSTR. to tolerate + doing sth]: *No consentiré las mentiras* - I won't tolerate lying **3** *(mimar)* ⇨to spoil

conserje *s.com.* ⇨porter: *el conserje del edificio* - the porter of the building

conserjería *s.f.* ⇨porter's office

conserva *s.f.* **1** *(en lata)* ⇨tinned food *UK;* ⇨canned food *US* [U] **2** *(en tarro)* ⇨food preserved in a jar [U]

conservación *s.f.* ⇨conservation: *conservación de la flora y la fauna* - wildlife conservation; ⇨preservation

conservador, -a *adj. / s.* **1** ⇨conservative **2** *(del partido conservador británico)* ⇨Conservative: *el partido conservador* - the Conservative Party; ⇨Tory *n* (*pl* Tories): *los conservadores* - The Tories **3** *(un estilo)* ⇨classic *adj*

conservante *s.m.* ⇨preservative

conservar *v.* **1** *(mantener)* ⇨to keep **2** *(alimentos)* ⇨to preserve **3** *(calor)* ⇨to retain *form*

conservatorio *s.m.* *(extranjero)* ⇨conservatory ⇨conservatoire *UK*

considerable *adj.* ⇨considerable

consideración *s.f.* **1** *(reflexión)* ⇨consideration [U]: *tener en consideración* - to take into consideration **2** *(respeto)* ⇨regard *form:* *La empresa la tiene en muy buena consideración* - The company holds her in high regard

considerado, da *adj.* ⇨considerate: *ser considerado con alguien* - to be considerate towards sb

considerar *v.* **1** *(pensar, meditar)* ⇨to consider [CONSTR. to consider + doing sth]: *¿Has considerado trabajar en el extranjero?* - Have you consider working abroad? **2** *(juzgar, estimar)* ⇨to regard ⇨to consider: *Lo considero peligroso* - I consider it dangerous

consigna *s.f.* **1** *(en una estación)* ⇨left-luggage office *UK;* ⇨baggage room *US* **2** *(orden)* ⇨order ⇨instruction **3** *(eslogan)* ⇨chant

consigo *pron.pers.* **1** *(con él)* ⇨with him: *Se llevó las fotos consigo* - He took the photos with him **2** *(con ella)* ⇨with her: *Traía los libros consigo* - She brought the books with her **3** *(con ellos, con ellas)* ⇨with them: *Llevaban los pasaportes consigo* - They took their passports with them **4** *(con usted, con ustedes)* ⇨with you: *Debe llevar siempre un mapa consigo cuando vaya de excursión* - You should always have a map with you when you go on a hike **5** *(con uno, con una)* ⇨with you: *Uno siempre debe llevar dinero consigo* - You should always have money with you **6** ~ misma ⇨with herself: *¿Tu hermana está contenta consigo misma?* - Is your sister satisfied with herself? **7** ~ mismo ⇨with himself: *No está satisfecho consigo mismo* - He's not satisfied with himself

consiguiente *adj.* **1** ⇨consequent *form* **2** por ~ ⇨consequently *form*

consistir *v.* ⇨to consist [CONSTR. to consist of sth]: *El premio consiste en un lote de libros* - The prize consists of a set of books

consola *s.f.* **1** *(conjunto de piezas)* ⇨console **2** *(mesa)* ⇨console table

consolar *v.* ⇨to console

consonante *s.f.* ⇨consonant

conspiración *s.f.* ⇨conspiracy (*pl* conspiracies); ⇨plot

conspirar *v.* ⇨to conspire [CONSTR. to conspire + to do sth]

constancia *s.f.* **1** *(perseverancia)* ⇨perseverance **2** *(certeza)* ⇨evidence: *Tengo constancia de que no estás diciendo la verdad* - I have evidence of the falseness of your words **3** *dejar constancia de algo* - to prove sth

constante ∎ *adj.* **1** ⇨constant ⇨steady ∎ *s.f.* **2** *(en matemáticas)* ⇨constant **3** *constantes vitales* - vital functions

constar *v.* **1** *(componerse)* ⇨to consist of: *Ese libro consta de una introducción y doce unidades* - That book consists of an introduction and twelve sections **2** *(ser sabido)* ⇨to know: *Nos consta que mintieron* - We know they lied

constelación *s.f.* ⇒constellation

constipado, da ∎ *adj.* **1** *estar constipado* - to have a cold ∎ **constipado** *s.m.* **2** ⇒cold

constiparse *v.prnl.* ⇒to catch a cold ⇒to get a cold

constitución *s.f.* **1** *(ley fundamental)* ⇒constitution **2** *(creación)* ⇒forming ⇒setting-up **3** *(física)* ⇒physique

constitucional *adj.* *(referido a la ley fundamental de un Estado)* ⇒constitutional

constituir *v.* **1** *(componer)* ⇒to form: *Aquellos tres cuadros constituyen la obra más destacada de este pintor* - Those three paintings form the main work of this painter **2** *(ser)* ⇒to be ⇒to constitute: *La sinceridad constituye tu mayor cualidad* - Your sincerity constitutes your best quality **3** *(fundar)* ⇒to set up: *constituir una empresa* - to set up a company

construcción *s.f.* **1** *(hecho de construir)* ⇒construction ⇒development **2** *(obra construida)* ⇒building ⇒construction

constructor, -a *s.* ⇒builder ⇒constructor

constructora *s.f.* *(empresa)* ⇒building firm ⇒construction company *(pl* construction companies)

construir *v.* ⇒to build ⇒to construct

consuelo *s.m.* ⇒consolation: *Busca consuelo en ella* - He seeks consolation with her

cónsul *s.com.* ⇒consul

consulado *s.m.* ⇒consulate

consulta *s.f.* **1** *(hecho de consultar)* ⇒consultation ⇒enquiry **2** *(del médico)* ⇒surgery *UK (pl* surgeries); ⇒general practice *UK;* ⇒doctor's office *US*

consultar *v.* **1** *(pedir opinión o consejo)* ⇒to consult: *consultar al doctor* - to consult the doctor **2** *(buscar o investigar)* ⇒to consult ⇒to look up: *Consúltalo en tu diccionario* - Look it up in your dictionary; ⇒to check

consultorio *s.m.* ⇒surgery *UK (pl* surgeries); ⇒doctor's office *US*

consumidor, -a ∎ *adj.* **1** ⇒consuming: *países consumidores* - consuming countries ∎ *s.* **2** ⇒consumer

consumir *v.* *(un producto)* ⇒to consume *form: En mi casa consumimos poco café* - My family and I consume little coffee **2** *(energía)* ⇒to consume ⇒to use: *Este coche consume muy poca gasolina* - This car uses very little petrol **3** *Los celos te consumen* - You are consumed with jealousy

consumo *s.m.* ⇒consumption

contabilidad *s.f.* **1** *(actividad)* ⇒account: *llevar la contabilidad* - to do the accounts; ⇒accountancy *UK;* ⇒accounting *US* **2** *(conjunto de cuentas)* ⇒accounts *pl*

contable ∎ *adj.* **1** ⇒countable ∎ Ver cuadro countable / uncountable nouns ∎ *s.com.* **2** ⇒accountant

contactar *v.* ⇒to contact: *contactar con sus padres* - to contact his parents

contacto *s.m.* **1** ⇒contact: *estar en contacto con otros niños* - to be in contact with other children **2 entrar en ~** ⇒to come into contact **3 mantener el ~** ⇒to keep in touch **4 ponerse en ~** ⇒to contact ⇒to get in touch

contado (al ~) ⇒in cash

contagiar *v.* **1** *(una enfermedad)* ⇒to infect: *Sarah me contagió la gripe* - Sarah infected me with flu; ⇒to pass on **2** *(un estado de ánimo): Siempre nos contagias tu alegría* - Your happiness always rubs off on us

contagioso, sa *adj.* **1** *(una enfermedad)* ⇒contagious: *una enfermedad contagiosa* - a contagious disease; ⇒infectious **2** *(un estado de ánimo)* ⇒contagious: *Su alegría es contagiosa* - Her happiness is contagious

contaminación *s.f.* ⇒pollution

contaminar *v.* ⇒to pollute ⇒to contaminate

contar *v.* **1** *(enumerar)* ⇒to count **2** *(decir los números de forma ordenada)* ⇒to count **3** *(decir, relatar)* ⇒to tell [CONSTR. 1. to tell + (that) 2. to tell + to do sth 3. to tell + dos objetos] [CONSTR. Se construye sin preposición]: *Ha contado a todo el mundo que tiene un hámster* - She has told everyone that she's got a hamster **4 ~ con** ⇒to count on ⇒to depend on

contemplar *v.* **1** *(mirar)* ⇒to contemplate: *contemplar un cuadro* - to contemplate a painting **2** *(considerar)* ⇒to contemplate [CONSTR. to contemplate + doing sth]: *Estoy contemplando la posibilidad de adoptar un niño* - I'm contemplating adopting a child

contemporáneo, a *adj./s.* ⇒contemporary *(pl* contemporaries)

contenedor *s.m.* **1** ⇒container **2** *(de basura, de escombros)* ⇒skip *UK;* ⇒Dumpster® *US* **3** *(de botellas)* ⇒bottle bank

contener ∎ *v.* **1** *(tener dentro)* ⇒to contain: *¿Qué contiene esta caja?* - What does this box contain? **2** *(detener)* ⇒to hold back: *La policía no pudo contener a la multitud* - The police couldn't hold the crowd back **3** *(reprimir)* ⇒to contain: *No pude contener mi ira* - I couldn't contain my rage ∎ **contenerse** *prnl.* **4** *(reprimirse)* ⇒to contain oneself: *Me contuve para no herirla* - I contained myself so as not to hurt her

contenido *s.m.* ⇒content

contento, ta *adj.* **1** ⇒content ⇒glad: *Está contento de volver a casa otra vez* - He's glad to be back home again; ⇒happy ⇒pleased **2** *(borracho)* *col.* ⇒tipsy *inform*

contestación *s.f.* ⇨answer ⇨reply (*pl* replies): *Su contestación fue bastante grosera* - Her reply was rather rude; ⇨response

contestador *s.m.* *(automático)* ⇨answering machine *US*; ⇨answerphone *UK*

contestar *v.* ⇨to answer: *Deberías contestarles lo antes posible* - You should answer them as soon as possible; ⇨to reply [CONSTR. to reply + that]: *No has contestado mi pregunta* - You haven't replied to my question

contigo *pron.pers.* **1** ⇨with you: *¿Puedo jugar contigo?* - Can I play with you? **2** ~ mismo,ma ⇨with yourself: *Has de estar contento contigo mismo* - You should be pleased with yourself

continental *adj.* ⇨continental

continente *s.m.* ⇨continent

continuación *s.f.* **1** ⇨continuation **2 a** ~ ⇨next: *A continuación les ofreceremos más detalles de los hechos* - Next, we'll give you more details about the facts; ⇨subsequently

continuar *v.* **1** *(seguir)* ⇨to continue: *¿Tienes la intención de continuar con tus estudios?* - Do you intend to continue with your studies?; ⇨to go on [CONSTR. to go on + doing sth] **2** *(haciendo algo)* ⇨to continue [CONSTR. 1. to continue + doing sth 2. to continue + to do sth]; ⇨to keep on: *¡Continúa intentándolo!* - Keep on trying! **3 continuará** ⇨to be continued

continuo, nua *adj.* **1** *(sin interrupción)* ⇨constant: *Mantuvimos una velocidad continua* - We've kept up a fairly constant speed; ⇨continuous **2** *(frecuente)* ⇨constant: *No puedo aguantar sus continuas quejas* - I can't stand her constant complaints; ⇨continual

contorno *s.m.* ⇨outline: *el contorno de un barco* - the outline of a ship; ⇨contour

contra *prep.* **1** *(indica oposición o lucha)* ⇨against ⇨versus ⇨vs.: *el Manchester United contra el Arsenal* - Manchester United vs. Arsenal **2** *(indica contacto o apoyo)* ⇨against: *Estaba apoyado contra la ventana* - He was leaning against the wall **3 estar en** ~ **de** ⇨to oppose

contrabajo *s.m.* **1** *(instrumento)* ⇨double bass (*pl* double basses) **2** *(cantante)* ⇨basso profundo

contrabandista *s.com.* ⇨smuggler

contrabando *s.m.* **1** *(actividad)* ⇨smuggling **2** *(mercancía)* ⇨smuggled goods *pl*; ⇨contraband **3** *pasar de contrabando* - to smuggle

contracción *s.f.* ⇨contraction

contradecir ▋ *v.* **1** ⇨to contradict: *¡Cómo te atreves a contradecir mis palabras!* - How dare you contradict my words! **▋ contradecirse** *prnl.* **2** ⇨to contradict oneself

contradicción *s.f.* ⇨contradiction

contraer ▋ *v.* **1** *(encoger)* ⇨to contract *form: contraer los músculos* - to contract one's muscles **2** *(empezar a tener)* ⇨to contract *form: contraer una enfermedad* - to contract an illness; ⇨to catch **3** *(aceptar)* ⇨to take on: *contraer una responsabilidad* - to take on a responsibility **▋ contraerse** *prnl.* **4** ⇨to contract

contraportada *s.f.* ⇨back page ⇨back cover

contrariedad *s.f.* ⇨mishap ⇨setback: *¡Qué contrariedad!* - What a setback!

contrario, ria *adj.* / *s.* **1** ⇨opposite: *Mi casa está en el lado contrario de la calle* - My house is on the opposite side of the street; ⇨opposing **2 llevar la contraria** ⇨to contradict *sb* **3 por el contrario** ⇨on the contrary

contrarreloj *s.f.* **1** *(en ciclismo)* ⇨time trial **2 a** ~ ⇨against the clock: *hacer algo a contrarreloj* - to do sth against the clock

contraseña *s.f.* ⇨password

contrastar *v.* **1** *(comparar)* ⇨to contrast: *Contrasté la traducción de ese libro con el original* - I contrasted the translation of that book with the original **2** *(oponerse)* ⇨to contrast: *Tu alegría contrasta con mi tristeza* - Your happiness contrasts with my sadness

contraste *s.m.* *(diferencia)* ⇨contrast: *el contraste de las estaciones* - the contrast between the seasons

contratar *v.* ⇨to take on: *Han sido contratados treinta trabajadores en la nueva fábrica* - Thirty workers have been taken on at the new factory; ⇨to employ: *¿No podemos contratar a alguien como ayudante?* - Can't we employ someone as an assistant?

contratiempo *s.m.* ⇨mishap ⇨setback

contrato *s.m.* **1** ⇨contract: *incumplimiento de contrato* - breach of contract **2** ~ **de alquiler** ⇨lease ⇨rental agreement

contraventana *s.f.* ⇨shutter

contribución *s.f.* ⇨contribution

contribuir *v.* **1** ⇨to contribute [CONSTR. to contribute to sth]: *¿Quieres contribuir con nuestra obra de caridad?* - Would you like to contribute to our charity? **2** *contribuir a hacer algo* - to help to do sth

contrincante *s.com.* ⇨opponent ⇨rival

control *s.m.* **1** ⇨control ⇨check ⇨test: *control antidopaje* - antidoping test **2** *(lugar)* ⇨checkpoint **3** *(dominio)* ⇨control: *No tiene ningún control sobre ese niño* - She's got no control over that child; ⇨grip [U]; ⇨hold [U] **4 bajo** ~ ⇨under control

controlar ▋ *v.* **1** ⇨to control ⇨to monitor: *Debería controlar sus niveles de colesterol* - She

=C

should monitor her cholesterol levels **2** *(vigilar)* ⇒to keep an eye on **3** *(la policía)* ⇒to police **4** *(dominar un sentimiento)* ⇒to smother ∎ controlarse *prnl.* **5** ⇒to contain: *No pudo controlarse durante más tiempo y le gritó* - She could no longer contain herself and shouted at him

convalidar *v.* **1** *(un título)* ⇒to officially recognize ⇒to officially recognise *UK;* ⇒to accredit [CONSTR. to be accredited]: *No me convalidaron mi título de abogado en Alemania* - My lawyer's qualification wasn't accredited in Germany **2** *(una asignatura)* ⇒to recognize ⇒to recognise *UK;* ⇒to accept as valid: *Esta universidad me ha convalidado todas las asignaturas* - This university has accepted all my subjects as valid

convencer *v.* **1** ⇒to convince [CONSTR. 1. to convince + that 2. to convince + to do sth]; ⇒to persuade [CONSTR. 1. to persuade + (that) 2. to persuade + to do sth] **2** *convencerse de algo* - to get sth into one's head

convencido, da *adj.* ⇒convinced ⇒sure

conveniente *adj.* **1** *(oportuno)* ⇒convenient **2** *(aconsejable)* ⇒advisable

convenio *s.m.* ⇒agreement: *convenio colectivo* - collective agreement

convenir *v.* **1** ⇒to suit **2** *Nos conviene aceptar el trato* - It's in our interest to accept the deal

convento *s.m.* ⇒convent

conversación *s.f.* **1** ⇒conversation ⇒discussion ⇒talk: *Tuvimos una conversación sobre su comportamiento* - We had a talk over her behaviour **2** *(larga)* ⇒jaw

conversar *v.* ⇒to talk [CONSTR. to talk (to/with sb) about sth]; ⇒to have a conversation

convertir ∎ *v.* **1** ⇒to convert ⇒to transform ∎ **convertirse** *prnl.* **2** *(una persona, un animal)* ⇒to grow into ⇒to become: *Se convirtieron en budistas* - They became Buddhists **3** *(una cosa)* ⇒to develop into ⇒to turn into: *Podría convertirse en un problema* - It could turn into a problem

convidar *v.* **1** ⇒to invite [CONSTR. 1. to invite + to do sth. 2. to invite to sth]: *Nos han convidado a comer en ese restaurante* - We have been invited to eat in that restaurant **2** *AMÉR.* ⇒to offer

convivir *v.* ⇒to live with ⇒to live together

convocar *v.* **1** *(anunciar)* ⇒to call: *convocar elecciones* - to call an election **2** *(citar)* ⇒to summon *form;* ⇒to convene *form: convocar una reunión* - to convene a meeting

cooperación *s.f.* ⇒cooperation

cooperar *v.* ⇒to cooperate [CONSTR. to cooperate with sb on sth]

cooperativa *s.f.* ⇒cooperative

coordinar *v.* **1** *(sincronizar)* ⇒to coordinate: *Tengo que coordinar el trabajo de los tres equipos* - I have to coordinate the work of the three teams **2** *(acompasar)* ⇒to coordinate: *Para bailar este vals tienes que coordinar los movimientos de tu cuerpo* - To dance this waltz you have to coordinate the movements of your body

copa *s.f.* **1** *(vaso)* ⇒glass *(pl* glasses) [Hay dos formas de decir *una copa de brandy: a glass of brandy* (si está llena) y *a brandy glass* (si está vacía)] **2** *(bebida)* ⇒drink ⇒short *UK inform* **3** *(trofeo)* ⇒cup

copia *s.f.* **1** ⇒copy *(pl* copies) **2** *(en arte o en fotografía)* ⇒print ⇒reproduction **3** *(impresa)* ⇒hard copy *(pl* hard copies); ⇒printout

copiar *v.* **1** *(un modelo)* ⇒to copy **2** *(lo que se dice)* ⇒to write down **3** *(en un examen)* ⇒to cheat **4** *(un archivo informático)* ⇒to export ⇒to copy: *copiar y pegar* - copy and paste **5** *(a otra persona)* ⇒to imitate

copiloto *s.com.* **1** ⇒co-pilot ⇒copilot **2** *(en un coche)* ⇒co-driver

copión, -a *adj. / s.* **1** *col.* ⇒copycat *inform n* **2** *col. (en un examen)* ⇒cheat *n*

copla *s.f.* ⇒popular Spanish song

copo *s.m.* **1** ⇒flake **2** *(de maíz)* ⇒cornflake **3** *(de nieve)* ⇒snowflake

coquetear *v.* **1** ⇒to flirt **2** *(algo pasajero)* ⇒to dabble: *Coqueteó con la política cuando estaba en la universidad* - He dabble with politics when he was at university

coqueto, ta *adj.* **1** ⇒coquettish *lit* **2** *(presumido)* ⇒vain **3** *(que coquetea)* ⇒flirtatious

coral *s.m.* **1** ⇒coral: *la gran barrera de coral* - the great coral reef **2** *(coro)* ⇒choral ⇒choir

Corán *s.m.* ⇒the Koran

corazón ∎ *s.m.* **1** *(órgano)* ⇒heart **2** *(dedo)* ⇒middle finger **3** *(centro)* ⇒core: *el corazón de una manzana* - the core of an apple; ⇒heart **4** *(buen sentimiento)* ⇒heart: *Tiene un gran corazón* - He has a big heart **5 de todo ~** ⇒from the bottom of *one's* heart **6** *revistas del ~* ⇒gossip magazines ∎ **corazones** *pl.* **7** *(de una baraja)* ⇒hearts

corbata *s.f.* ⇒tie

corchete *s.m.* **1** *(broche)* ⇒fastener ⇒catch *(pl* catches) **2** *(paréntesis)* ⇒square bracket

corcho *s.m.* **1** *(material)* ⇒cork **2** *(tapón)* ⇒cork **3** *(para pescar)* ⇒float

cordel *s.m.* ⇒string

cordero, ra ∎ *s.* **1** *(animal)* ⇒lamb ∎ **cordero** *s.m.* **2** *(carne)* ⇒lamb

cordial *adj.* ⇒friendly ⇒cordial

cordillera *s.f.* ⇒mountain chain ⇒mountain range

cordón *s.m.* **1** ⸆cord **2** *(de los zapatos)* ⸆lace ⸆shoelace **3** *(umbilical)* ⸆umbilical cordon

corear *v.* **1** *(una consigna)* ⸆to chant **2** *(cantar)* ⸆to sing together

córner *s.m.* ⸆corner

coro *s.m.* **1** ⸆chorus *(pl* choruses) **2** *(en celebraciones religiosas)* ⸆choir

corona *s.f.* ⸆crown

coronación *s.f.* ⸆coronation

coronar *v.* **1** ⸆to crown [CONSTR. to be crowned]: *El Papa coronó al emperador* - The emperor was crowned by the Pope **2** *(llegar a la cima)* ⸆to reach the top: *coronar una montaña* - to reach the top of a mountain

coronel *s.m.* ⸆colonel

coronilla *s.f.* **1** ⸆crown **2 hasta la ~** *col.* ⸆fed up to the back teeth *UK inform: estar hasta la coronilla de algo* - to be fed up to the back teeth with sth

corporación *s.f.* ⸆corporation

corporal *adj.* **1** ⸆bodily ⸆corporal *form* **2** *leche corporal* - body milk

corpulento, ta *adj.* ⸆hefty ⸆corpulent *form: un caballero corpulento* - a corpulent gentleman

corral *s.m.* **1** ⸆pen ⸆corral *US* **2 de ~** ⸆free-range: *huevos de corral* - free-range eggs

correa *s.f.* **1** ⸆strap **2** *(del perro)* ⸆lead *UK;* ⸆leash *(pl* leashes)

corrección *s.f.* **1** ⸆correction **2** *(del comportamiento)* ⸆rightness ⸆correctness

correcto, ta ❚ *adj.* **1** ⸆correct: *Creo que la solución es correcta* - I believe that the solution is correct; ⸆right ⸆accurate **2** *(educado)* ⸆polite: *Parece muy correcta* - She seems rather polite; ⸆proper ❚ **¡correcto!** *interj.* **3** ⸆that's right!

corredor, -a ❚ *s.* **1** ⸆runner ⸆racer **2** *(de apuestas)* ⸆bookmaker ❚ **corredor** *s.m.* **3** *(pasillo)* ⸆corridor ⸆gallery *(pl* galleries)

corregir *v.* **1** ⸆to correct: *Corrígeme si me equivoco* - Correct me if I'm wrong **2** *(calificar)* ⸆to mark *UK: corregir un examen* - to mark an exam

correo *s.m.* **1** ⸆post *UK: Lo he enviado por correo* - I've sent it by post; ⸆mail **2 ~ electrónico** ⸆email ⸆electronic mail **3 mandar algo por ~** ⸆to post *sth UK;* ⸆to mail *sth US*

correr ❚ *v.* **1** ⸆to run: *La policía corría detrás de aquel hombre* - The police ran after that man **2** *(en una carrera)* ⸆to race **3** *(darse prisa)* ⸆to rush [CONSTR. to rush + to do sth]; ⸆to hurry: *Corre o llegaremos tarde* - Hurry or we will be late **4** *(un líquido)* ⸆to stream: *Las lágrimas corrían por su rostro* - There were tears streaming down his face; ⸆to run **5** *(el tiempo)* ⸆to pass **6** *AMÉR. (de un trabajo)* ⸆to dismiss ⸆to lay off **7**

AMÉR. (de un lugar) ⸆to throw out **8** *(un mueble)* ⸆to move ⸆to shift **9** *(las cortinas)* ⸆to draw ⸆to part **10 salir corriendo** ⸆to hightail *US;* ⸆to run away: *Salí corriendo de aquella habitación* - I ran out of that room ❚ **correrse** *prnl.* **11** *(moverse)* ⸆to move **12** *(la tinta, el maquillaje)* ⸆to run **13** *AMÉR. (huir)* ⸆to scurry

correspondencia *s.f.* **1** *(entre varias cosas)* ⸆correspondence **2** *(de cartas)* ⸆mail

corresponder *v.* **1** *(tener relación)* ⸆to correspond: *Las declaraciones del testigo no se correspondían con los hechos* - The witness's statements didn't correspond with the facts **2** *(pertenecer): Esta es la parte que te corresponde* - This is your share **3** *(devolver)* ⸆to repay: *Quiero corresponderte el favor que me has hecho* - I want to repay you for the favour you've done for me **4** *(atañer)* ⸆to be *sb's* responsibility: *Esa tarea no me corresponde* - That task isn't my responsibility; ⸆to lie [CONSTR. to lie with sb]: *Esta responsabilidad les corresponde a los directores* - This responsibility lies with the managers

correspondiente *adj.* **1** *(oportuno)* ⸆relevant ⸆appropriate: *la información correspondiente* - the appropriate information **2** *(respectivo)* ⸆own ⸆respective: *sus tareas correspondientes* - their respective tasks

corresponsal *s.com.* ⸆correspondent: *corresponsal de guerra* - war correspondent

corrida *s.f.* ⸆bullfight

corriente ❚ *adj.* **1** *(frecuente)* ⸆common **2** *(no especial, normal)* ⸆ordinary ❚ *s.f.* **3** *(de agua)* ⸆current **4** *(de aire)* ⸆draught *UK;* ⸆draft *US* **5** *(eléctrica)* ⸆current **6** *(tendencia)* ⸆tendency **7 al ~** ⸆up-to-date ⸆up to speed **8 {llevar/seguir} la ~ a alguien** *col.* ⸆to play along with *sb*

corro *s.m.* **1** *(grupo de personas)* ⸆circle ⸆ring **2** *(juego infantil): jugar al corro* - to play a game holding hands and moving on circles

corrupción *s.f.* **1** *(perversión)* ⸆corruption **2** *(soborno)* ⸆bribery **3** *(deterioro)* ⸆corruption

cortacésped *s.m.* ⸆lawnmower

cortado, da ❚ *adj.* **1** *(la leche)* ⸆sour **2** *(una persona)* ⸆shy ❚ **cortado** *s.m.* **3** *(café)* ⸆coffee with a little milk

cortar ❚ *v.* **1** *(con cuchillo, con tijera)* ⸆to cut: *Corta los tomates por la mitad* - Cut the tomatoes in half; *Me voy a cortar el pelo* - I'm going to have my hair cut **2** *(talar)* ⸆to cut down **3** *(en trozos)* ⸆to chop ⸆to chop up: *Corte las cebollas y fríalas* - Chop up the onions and fry them; ⸆to cut up **4** *(en lonchas)* ⸆to slice **5** *(el suministro de algo)* ⸆to cut off: *Han cortado el agua* - They've

C

cut off the water **6** *(un paso, una entrada)* ⇒to block off ⇒to close **7** *(el tráfico)* ⇒to stop ∎ cortarse *prnl.* **8** *col.* ⇒to speak *one's* mind: *Esta chica no se corta* - This girl speaks her mind

C **cortaúñas** *s.m.* ⇒nail clippers *pl: El cortaúñas está en la mesa* - The nail clippers are on the table; *un cortaúñas* - a pair of nail clippers

corte ∎ *s.m.* **1** *(con algo cortante)* ⇒cut **2** *(de pelo)* ⇒haircut **3** *(eléctrico)* ⇒power cut **4** *col. (vergüenza): Me dio corte* - It was embarrassing ∎ *s.f.* **5** *(de la realeza)* ⇒court ∎ **cortes** *s.f.pl.* **6** *(cámaras legislativas)* ⇒the Parliament

cortés *adj.* ⇒polite ⇒courteous

cortesía *s.f.* ⇒courtesy

corteza *s.f.* **1** *(de un árbol)* ⇒bark **2** *(del pan)* ⇒crust **3** *(de queso, de beicon)* ⇒rind **4** *(de fruta)* ⇒peel **5** *(terrestre)* ⇒crust

cortina *s.f.* ⇒curtain: *abrir las cortinas* - to draw the curtains open

corto, ta ∎ *adj.* **1** *(de poca longitud)* ⇒short: *Esa falda es bastante corta* - That skirt is rather short **2** *(de poca duración)* ⇒short: *Las vacaciones son siempre demasiado cortas* - Holidays are always too short **3** *col. (de poca inteligencia)* ⇒thick *UK offens* **4** *ni corto ni perezoso* ⇒without thinking twice ∎ **corto** *s.m.* **5** Véase **cortometraje**

cortometraje *s.m.* ⇒short film ⇒short

cosa *s.f.* **1** ⇒thing **2** *Tengo otra cosa que deciros* - I have sth else to tell you **3** *¿Necesitas alguna cosa más?* - Do you need anything else? **4** *ser poca ~ col.* ⇒to be nothing much

cosecha *s.f.* **1** *(conjunto de frutos que se recogen)* ⇒crop ⇒harvest **2** *(tiempo)* ⇒harvest: *Ayudan durante la cosecha* - They help during the harvest **3** *(actividad)* ⇒harvesting **4** *(del vino)* ⇒vintage: *Es una botella de la cosecha de 1973* - This is a bottle of the 1973 vintage

cosechar *v.* **1** *(un fruto)* ⇒to harvest: *cosechar el trigo* - to harvest wheat **2** *(un resultado)* ⇒to reap: *cosechar triunfos* - to reap victories

coser *v.* **1** ⇒to sew ⇒to stitch **2** *(un parche)* ⇒to patch **3** *ser ~ y cantar* ⇒to be a cinch

cosquillas *s.f.pl. hacer cosquillas* - to tickle; *tener cosquillas* - to be ticklish

costa *s.f.* **1** ⇒coast ⇒shore **2** *a ~ de* ⇒at the expense of

costado *s.m.* **1** *(de una persona)* ⇒flank **2** *(lado)* ⇒side

costar *v.* **1** *(dinero)* ⇒to cost: *No costó mucho* - It didn't cost much **2** *¿Cuánto cuesta este libro?* - How much is this book? **3** *(esfuerzo)* ⇒to find difficult: *Me cuesta hablar inglés* - I find it difficult to speak English; *costar hacer algo* - to

have trouble doing sth **4** *(tiempo)* ⇒to take: *Me costará un poco* - It will take me some time

coste *s.m.* ⇒cost ⇒expense

costilla *s.f.* ⇒rib

costoso, sa *adj.* **1** *(caro)* ⇒costly: *una compra costosa* - a costly purchase **2** *(difícil)* ⇒difficult

costra *s.f.* **1** *(postilla)* ⇒scab **2** *(capa externa)* ⇒coating

costumbre *s.f.* **1** *(hábito)* ⇒habit: *He perdido la costumbre de hacer deporte* - I'm out of the habit of doing sport **2** *(tradición)* ⇒custom

costura *s.f.* **1** *(labor)* ⇒sewing **2** *(en una prenda de vestir)* ⇒seam ⇒stitching

costurero *s.m.* ⇒sewing basket ⇒sewing box

cotidiano, na *adj.* ⇒everyday: *la vida cotidiana* - the everyday life; ⇒daily

cotilla *adj. / s.com. col. desp.* ⇒gossip *n: ¡No seas tan cotilla!* - Don't be such a gossip!

cotillear *v.* ⇒to gossip: *Están cotilleando sobre la familia real otra vez* - They're gossiping about the Royal Family again

cotilleo *s.m. col.* ⇒gossip [U]: *No me gusta el cotilleo* - I don't like gossip

coto *s.m.* **1** ⇒preserve *US: coto de caza* - game preserve **2** *AMÉR. (en medicina)* ⇒goitre *UK*; ⇒goiter *US* **3** *poner ~* ⇒to put a stop

cotorra *s.f.* **1** *(ave)* ⇒parrot **2** *col. (persona)* ⇒chatterbox *inform (pl* chatterboxes)

coyote *s.m.* **1** ⇒coyote **2** *AMÉR.* ⇒smuggler

coz *s.f.* ⇒kick

cráneo *s.m.* ⇒skull ⇒cranium

cráter *s.m.* ⇒crater

creación *s.f.* ⇒creation

creador, -a *adj. / s.* **1** ⇒creator *n* **2** *(Dios)* ⇒Creator *n*

crear *v.* **1** *(hacer)* ⇒to create **2** *(establecer, fundar)* ⇒to establish ⇒to set up: *Han creado una nueva asociación* - They've set up a new association; ⇒to create **3** *(causar)* ⇒to cause ⇒to create: *Esa decisión puede crearnos problemas* - That decision can create us problems

creativo, va ∎ *adj.* **1** ⇒creative: *una mente creativa* - a creative mind ∎ *s.* **2** ⇒creative ⇒copywriter

crecer *v.* **1** *(un ser vivo)* ⇒to grow ⇒to thrive **2** *(aumentar)* ⇒to grow ⇒to increase **3** *(un río)* ⇒to rise **4** *(el pelo, las uñas)* ⇒to grow

creciente *adj.* **1** ⇒increasing **2** *cuarto ~* ⇒first quarter ⇒waxing moon

crecimiento *s.m.* ⇒growth: *el crecimiento de los niños* - childrens' growth

crédito *s.m.* **1** *(cantidad de dinero)* ⇒credit ⇒loan: *a crédito* - on loan **2** *(reputación)* ⇒reputation ⇒standing: *un médico de un crédito*

considerable - a doctor of considerable standing **3** ~ hipotecario ⇨mortgage loan **4** dar ~ a algo ⇨to believe *sth* **5** tarjeta de ~ ⇨credit card

credo *s.m.* ⇨creed

creencia *s.f.* **1** ⇨belief **2** *(religión)* ⇨faith

creer *v.* **1** *(pensar que algo es verdad)* ⇨to believe: *Creo lo que dices* - I believe what you say **2** *(tener una sospecha)* ⇨to suspect [CONSTR. to suspect + (that)]: *Creo que Ian no viene en este vuelo* - I suspect that Ian is not coming on the flight **3** *(tener una opinión)* ⇨to believe [CONSTR. to believe + (that)]: *Creía que era un mago* - I used to believe that he was a magician; ⇨to think [CONSTR. 1. to think + (that) 2. to think about/of sth]: *Creo que sí* - I think so

crema *s.f.* **1** *(comida)* ⇨cream **2** *(producto cosmético)* ⇨cream **3** *(para el sol)* ⇨suncream **4** ~ pastelera ⇨custard

cremallera *s.f.* **1** ⇨zip UK: *subir la cremallera* - to do the zip up; ⇨zipper US **2** *bajar la cremallera* - to unzip

crepúsculo *s.m.* ⇨twilight

cresta *s.f.* **1** *(de un ave)* ⇨crest **2** *(de un gallo)* ⇨comb **3** *(de una ola)* ⇨crest **4** *(de una montaña)* ⇨summit ⇨ridge

creyente *adj./s.com.* ⇨believer *n*

cría *s.f.* **1** *(animal)* ⇨baby *(pl* babies): *una cría de elefante* - a baby elephant; ⇨pup: *una cría de foca* - a seal pup **2** *(de pez)* ⇨fry *pl*

criado, da *s.* **1** *(sin especificar sexo)* ⇨servant **2** *(mujer)* ⇨maid

criar ∎ *v.* **1** *(a un niño)* ⇨to raise ⇨to bring up: *Fue criada por sus abuelos* - She was brought up by her grandparents; ⇨to rear **2** *(a un animal)* ⇨to rear ⇨to breed ⇨to keep: *Criamos cerdos y pollos* - We keep pigs and chickens ∎ **criarse** *prnl.* **3** *(crecer)* ⇨to breed: *Los canarios se crían en jaulas sin ningún problema* - Canaries breed in cages without any problem

criatura *s.f.* ⇨creature

crimen *s.m.* **1** *(asesinato)* ⇨murder **2** *(acción perjudicial)* ⇨crime

criminal ∎ *adj.* **1** *(del crimen)* ⇨murderous: *una acción criminal* - a murderous action ∎ *s.com.* **2** *(sin especificar sexo)* ⇨felon *form;* ⇨villain UK *inform* **3** *(hombre)* ⇨murderer **4** *(mujer)* ⇨murderess *(pl* murderesses)

crin *s.f.* *(de un animal)* ⇨mane

crío, a *s.* ⇨kid *inform*

crisis *s.f.* **1** ⇨crisis *(pl* crises) **2** *una crisis nerviosa* - a nervous breakdown **3** *(en economía)* ⇨slump

cristal *s.m.* **1** *(mineral)* ⇨crystal **2** *(material)* ⇨glass **3** *(de alta calidad)* ⇨crystal: *Ten cuidado*

con ese jarrón de cristal - Be careful with that crystal vase **4** *(de una ventana)* ⇨pane ⇨windowpane **5** *(de unas gafas)* ⇨lens *(pl* lenses)

cristalería *s.f.* **1** *(fábrica)* ⇨glazier's *(pl* glaziers') **2** *(objetos de cristal)* ⇨glassware

cristalino, na ∎ *adj.* **1** *(del cristal)* ⇨crystalline ∎ **cristalino** *s.m.* **2** *(en el ojo)* ⇨lens *(pl* lenses)

cristianismo *s.m.* ⇨Christianity

cristiano, na *adj./s.* ⇨Christian

criterio *s.m.* **1** *(norma)* ⇨criterion *(pl* criteria): *Tienen criterios muy raros* - They've got very strange criteria **2** *(juicio)* ⇨judgement ⇨discretion: *Dejo la decisión en tu criterio* - I leave the decision to your discretion

crítica *s.f.* **1** *(censura)* ⇨criticism: *Ha recibido críticas muy severas* - He has received very strong criticism **2** *(reseña)* ⇨review: *recibir buenas críticas* - to get good reviews **3** *(argumento elaborado)* ⇨critique

criticar *v.* **1** *(juzgar de manera desfavorable)* ⇨to criticize ⇨to criticise UK [CONSTR. to criticize/-ise for + doing sth]: *Fue criticada por sus palabras* - She was criticised by her words **2** *(de forma injusta)* ⇨to find fault with ⇨to knock *inform* **3** *(reseñar)* ⇨to review

crítico, ca ∎ *adj.* **1** ⇨critical ∎ *s.* **2** ⇨critic

Croacia *s.f.* ⇨Croatia

croar *v.* ⇨to croak

croata ∎ *adj.* **1** ⇨Croat ⇨Croatian ∎ *s.com.* **2** ⇨Croat ∎ **croata** *s.m.* **3** *(idioma)* ⇨Croatian

crol *s.m.* ⇨crawl

cromo *s.m.* **1** *(adhesivo)* ⇨sticker **2** *(elemento químico)* ⇨chromium ⇨chrome

crónica *s.f.* **1** ⇨commentary *(pl* commentaries): *La crónica de los Juegos Olímpicos era mejor en el otro canal* - The commentary on the Olympic games was much better on the other channel; ⇨report **2** *(histórica)* ⇨chronicle: *la crónica de la historia anglosajona* - the Anglo Saxon Chronicle

crónico, ca *adj.* ⇨chronic

cronometrar *v.* ⇨to time

cronómetro *s.m.* ⇨stopwatch *(pl* stopwatches); ⇨timer: *el cronómetro de la carrera* - the timer of the race

croqueta *s.f.* ⇨croquette

cross *s.m.* ⇨cross-country run

cruasán *s.m.* ⇨croissant

cruce *s.m.* **1** ⇨crossroads *(pl* crossroads); ⇨junction UK; ⇨intersection US **2** *(para peatones)* ⇨crossing

crucero *s.m.* **1** *(viaje)* ⇨cruise **2** *(barco)* ⇨cruiser

crucificar *v.* ⇨to crucify: *Los romanos crucificaban a los condenados* - Romans crucified convicted prisoners

crucifijo *s.m.* ⇒crucifix (*pl* crucifixes)

crucigrama *s.m.* ⇒crossword (puzzle)

crudo, da ∎ *adj.* **1** (*sin cocinar, poco hecho*) ⇒raw ⇒uncooked **2** *col.* (*difícil*) ⇒tough: *Lo tienes crudo* - It's tough **3** (*duro, brutal*) ⇒gritty: *un crudo documental sobre la pobreza de la ciudad* - a gritty portrayal of inner-city poverty ∎ **crudo** *s.m.* **4** (*petróleo*) ⇒crude (oil)

cruel *adj.* ⇒cruel ⇒brutal ⇒vicious: *una gran colección de crueles instrumentos de tortura medievales* - a large collection of vicious medieval torture instruments; ⇒barbarous *form*

crueldad *s.f.* ⇒cruelty

crujido *s.m.* **1** (*de las hojas*) ⇒rustle **2** (*de los nudillos*) ⇒crack **3** (*de la madera, de los huesos*) ⇒creak

crujiente *adj.* ⇒crispy

crujir *v.* **1** (*las hojas*) ⇒to rustle **2** (*una articulación*) ⇒to crack ⇒to creak **3** (*la madera*) ⇒to creak

crustáceo *s.m.* ⇒shellfish (*pl* shellfish)

cruz *s.f.* **1** ⇒cross (*pl* crosses) **2** (*pena, carga*) ⇒curse **3 Cruz Roja** ⇒Red Cross

cruzar ∎ *v.* **1** (*atravesar*) ⇒to cross ⇒to crunch ∎ Ver cuadro across / through **2** (*palabras*) ⇒to exchange ∎ **cruzarse** *prnl.* **3** (*con alguien*) ⇒to meet **4** (*interponerse*) ⇒to intersect

cuaco *s.m.* AMÉR. *col.* ⇒horse

cuaderno *s.m.* ⇒exercise book ⇒notebook

cuadra *s.f.* **1** ⇒stable **2** (*lugar sucio*) *desp.* ⇒dump *inform* **3** AMÉR. (*de casas*) ⇒block

cuadrado, da ∎ *adj.* **1** ⇒square **2** *col.* (*una persona*) ⇒square ⇒narrow-minded ∎ **cuadrado** *s.m.* **3** (*polígono*) ⇒square **4** (*de un número*) ⇒square: *El cuadrado de 4 es 16* - The square of 4 is 16 **5** *elevar un número al cuadrado* - to square a number

cuadragésimo, ma *numer.* ⇒fortieth

cuadrar ∎ *v.* **1** (*ajustar*) ⇒to tally: *Las cifras no cuadran* - The figures don't tally ∎ **cuadrarse** *prnl.* **2** ⇒to stand to attention: *Los soldados se cuadraron al oír la trompeta* - The soldiers stood to attention when they heard the trumpet

cuadriculado, da *adj.* **1** ⇒squared **2** *col.* (*una persona*) ⇒square ⇒narrow-minded

cuadrilla *s.f.* ⇒gang

cuadro *s.m.* **1** ⇒painting ⇒picture **2** (*al óleo*) ⇒oil painting **3** (*gráfico*) ⇒figure **4 a cuadros** ⇒checked

cuajar *v.* **1** ⇒to curdle **2** (*un proyecto, una relación*) ⇒to work

cual ∎ *pron.relat.* **1** (*persona*) ⇒who: *Vine con mi padre, el cual conduce muy bien* - I came with my father, who drives very well **2** (*cosa, animal*) ⇒which: *El procesador de texto con el cual trabajo es muy sencillo* - The word processor which I work with is very simple; *Ese es el jarrón del cual te hablé* - That's the vase I told you about **3** (*persona, precedido de una preposición*) ⇒whom *form*: *La persona a la cual acabo de llamar no estaba en casa* - The person whom I've just phoned wasn't at home; *El hombre del cual estoy enamorada es encantador* - The man I love is charming **4 cada ~** ⇒each one: *Cada cual que se ocupe de sus cosas* - Each one should mind their own business **5 lo ~** ⇒which: *No me saludaste, lo cual me pareció muy mal* - You didn't say hello, which wasn't very nice of you at all **6 sea ~ sea** ⇒whatever… may be: *Sea cual sea tu decisión, yo te apoyaré* - Whatever your decision may be, I'll back you up **7 tal ~** ⇒as it is: *Déjalo tal cual* - Leave it as it is ∎ **cuales** *pl.* **8** (*persona*) ⇒who: *Me encontré con unas personas, las cuales me indicaron el camino* - I met some people, who helped me find my way **9** (*cosa, animal*) ⇒which: *Los libros de los cuales has sacado esa información ya no se venden* - The books which you got that information from aren't sold any more; *Los lugares los cuales visitamos el verano pasado eran muy interesantes* - The places we visited last summer were very interesting **10** (*precedido por una preposición*) ⇒whom: *Los soldados, muchos de los cuales estaban heridos, regresaron a casa* - The soldiers, many of whom were injured, returned home; *Las mujeres a las cuales conocimos en la fiesta son muy simpáticas* - The women we met at the party are very friendly

cuál ∎ *interrog.* **1** ⇒what [Se usa cuando se puede elegir entre un amplio grupo de elementos]: *¿Cuál es tu opinión?* - What's your opinion?; *Me preguntaron cuál era mi postura* - They asked me what my position was **2** (*entre varios*) ⇒which [Se usa cuando se ha de elegir entre un grupo reducido de elementos]: *¿Cuál de esas es tu maleta?* - Which suitcase is yours?; *¿Cuál es tu coche?* - Which is your car? ∎ **cuáles** *pl.* **3** ⇒what: *¿Cuáles son tus propuestas?* - What proposals do you have for us? **4** (*entre varios*) ⇒which: *¿Cuáles son los pantalones que te gustan?* - Which trousers do you like?

cualidad *s.f.* ⇒quality (*pl* qualities)

cualificado, da *adj.* ⇒qualified

cualquier *indef.* **1** ⇒any: *Voy a comprarlo a cualquier precio* - I'll buy it at any price **2 ~ cosa** ⇒anything: *Mi hermano se conforma con cualquier cosa* - My brother is satisfied with

cubo

anything **3 en ~ caso** ⇨anyway **4 en ~ parte**
⇨anywhere: *Mis gafas pueden estar en cualquier parte* - My glasses could be anywhere
cualquiera *indef.* **1** *(cosa)* ⇨any: *Cualquiera de esas herramientas me vale* - Any of those tools will do; ⇨either **2** *(persona)* ⇨anybody ⇨anyone: *Cualquiera puede hacer eso* - Anyone can do that **3 ~ de los dos 1** *(de nosotros dos)* ⇨either of us **2** *(de vosotros dos)* ⇨either of you **3** *(de ellos dos)* ⇨either of them
cuando ∎ *adv.relat.* **1** ⇨when [CONSTR. Nunca va seguido de un verbo en futuro]: *Cuando vaya a salir, te llamo* - When I'm about to leave home, I'll phone you ∎ *conj.* **2** *(condicional)* ⇨if: *Cuando no te han dicho nada todavía, es que no piensan invitarte* - If they haven't told you anything yet, they're not going to invite you **3 de ~ en ~** ⇨from time to time ⇨every now and then
cuándo *adv.* ⇨when
cuanto, ta ∎ *pron.relat.* **1** ⇨as many... as: *Puedes comer cuantas galletas desees* - You can eat as many cookies as you like **2 cuanto antes** ⇨as soon as possible ⇨asap [Solo se utiliza en lenguaje escrito]: *Escríbeme cuanto antes* - Write asap **3 cuanto más** ⇨the more: *Cuanto más duermo, mejor me siento* - The more I sleep, the better I feel **4 cuanto menos 1** ⇨the less: *Cuanto menos estudies, menos sabrás* - The less you study, the less you know **2** *(con nombres contables)* ⇨the fewer: *Cuantos menos coches haya, mejor* - The fewer cars there are, the better **5 en cuanto** ⇨as soon as **6 en cuanto a algo** ⇨as to: *En cuanto a lo que me dijiste ayer, estoy de acuerdo* - As to what you mentioned yesterday, I agree [CONSTR. Nunca va seguido de un verbo en futuro]: *En cuanto acabes de comer nos vamos de compras* - As soon as you finish eating we are going shopping **2 unos cuantos** ⇨a few ⇨quite a few: *Tengo unas cuantas cosas que contarte* - I've got quite a few things to tell you ∎ **cuanto** *adv.relat.* **8** ⇨all: *Me has dicho cuanto necesitaba saber* - You've said all I needed to know ∎ **cuanto** *s.m.* **9** *(en física)* ⇨quantum
cuánto ∎ *interrog.* **1** *(con nombres incontables)* ⇨how much: *¿Cuánto dinero te gastaste?* - How much money did you spend? **2** *(con nombres contables)* ⇨how many: *¿Cuántas habitaciones hay en esta casa?* - How many rooms are there in this house?; *¿Cuántos años tienes?* - How old are you? **3 ¿cuánto tiempo...?** ⇨how long...?: *¿Cuánto tiempo vas a quedarte?* - How long are you staying? ∎ *excl.* **4** ⇨what a lot of: *¡Cuánta gente ha venido!* - What a lot of people have come! **5 ¡cuánto tiempo!** ⇨it's been

a long time! ∎ **cuánto** *adv.* **6** ⇨how much: *¿Cuánto dinero tienes?* - How much money do you have? **7 ¡Cuánto hablas!** - You can really talk!; *¡Cuánto está lloviendo!* - It's really raining hard! **8 ¿cada cuánto...?** ⇨How often...?: *¿Cada cuánto juegas al tenis?* - How often do you play tennis?
cuarenta *numer.* **1** ⇨forty **2 estar en los cuarenta** - to be in one's forties
cuaresma *s.f.* ⇨Lent
cuarta *s.f.* **1** *(palmo)* ⇨span **2** *La niña ha crecido una cuarta* - The little girl has grown a few inches **3** *(marcha de un vehículo)* ⇨fourth: *cambiar a cuarta* - to change into fourth
cuartel *s.m.* **1** *(lugar)* ⇨barracks *(pl* barracks) **2** *guerra sin cuartel* - merciless war **3 ~ general** ⇨headquarters *pl;* ⇨HQ
cuartilla *s.f.* ⇨sheet of paper
cuarto, ta ∎ *numer.* **1** *(en una serie)* ⇨fourth: *Estamos en la cuarta fila* - We're in the fourth row **2** ⇨quarter: *tres cuartas partes* - three quarters **3** *Son las ocho y cuarto* - It's quarter past eight; *Son las ocho menos cuarto* - It's quarter to eight **4 cuartos de final** ⇨quarter-finals: - ∎ **cuarto** *s.m.* **5** *(habitación)* ⇨room **6** *(dormitorio)* ⇨bedroom **7 cuarto de baño** ⇨bathroom ⇨toilet **8 cuarto de estar** ⇨living room ⇨sitting-room *UK* **9 cuarto de los niños** ⇨children's room
cuatro *numer.* **1** ⇨four **2** *(fecha)* ⇨fourth
cuatrocientos, tas *numer.* ⇨four hundred
cuba *s.f.* **1** ⇨barrel **2 estar como una ~** *col.* ⇨to be plastered ⇨to be legless *UK inform*
Cuba *s.f.* ⇨Cuba
cubano, na *adj. / s.* ⇨Cuban
cubertería *s.f.* ⇨cutlery *UK* [U]; ⇨silverware *US* [U]
cubierta *s.f.* **1** ⇨cover: *Sáquelo del paquete y agujeree la cubierta de plástico antes de meterlo en el microondas* - Remove the packaging and pierce the film cover before microwaving; ⇨covering **2** *(de un barco)* ⇨deck **3** *(de un libro)* ⇨front cover
cubierto, ta ∎ *adj.* **1** ⇨covered: *Mi coche está cubierto de nieve* - My car is covered in snow **2** *(el cielo)* ⇨overcast **3** *(resguardado)* ⇨sheltered **4 ponerse a cubierto** ⇨to take shelter ∎ **cubiertos** *s.m.pl.* **5** ⇨cutlery [U]; ⇨silverware *US* [U]
cubo *s.m.* **1** *(forma geométrica)* ⇨cube **2** *(recipiente)* ⇨bucket ⇨pail **3** *(cantidad)* ⇨bucketful: *Necesito un cubo de agua para hacer el cemento* - I need a bucketful of water to make the concrete **4** *(de un número)* ⇨cube: *El cubo de tres es 27* - The cube of three is 27 **5 elevar un número al cubo** - to cube a number **6 cubito de hielo**

C

⇨ice cube **7 ~ de basura** ⇨dustbin *UK;* ⇨trash can *US*

cubrir *v.* **1** ⇨to cover ⇨to coat: *Cuando las galletas estén frías puedes cubrirlas de chocolate* - When the biscuits are cool, you coat them in melted chocolate **2** *(el agua): Nunca se mete donde cubre* - She never goes out of his depth

cucaracha *s.f.* ⇨cockroach *(pl cockroaches)*

cuchara *s.f.* ⇨spoon: *cuchara de madera* - wooden spoon

cucharada *s.f.* ⇨spoonful: *dos cucharadas de azúcar* - two spoonfuls of sugar

cucharilla *s.f.* ⇨teaspoon

cucharón *s.m.* ⇨tablespoon

cuchichear *v.* ⇨to murmur

cuchilla *s.f.* ⇨blade: *cuchilla de afeitar* - razor blade

cuchillo *s.m.* ⇨knife *(pl knives)*

cuclillas (ponerse en ~) ⇨to squat [CONSTR. to squat down]: *Me puse en cuclillas para recoger los abalorios* - I squatted down to pick up the beads

cucurucho *s.m.* **1** ⇨cone **2** *(de helado)* ⇨ice cream cone ⇨cornet *UK* **3** *(gorro)* ⇨pointed hood

cuello *s.m.* **1** *(de una persona)* ⇨neck ⇨throat **2** *(de una prenda)* ⇨collar **3** *(vuelto)* ⇨polo neck *UK;* ⇨roll neck *UK;* ⇨turtleneck *US* **4** *(de pico)* ⇨v-neck **5** *(de caja)* ⇨crew neck **6 ~ uterino** ⇨cervix *(pl cervices, cervixes)*

cuenca *s.f.* **1** *(de un río)* ⇨basin **2** *(zona minera)* ⇨coal-mining area **3** *(terreno hundido)* ⇨basin **4** *(de los ojos)* ⇨socket

cuenco *s.m.* ⇨bowl

cuenta ▌ *s.f.* **1** *(suma)* ⇨sum **2** *(factura)* ⇨bill *UK;* ⇨check *US;* ⇨tab *US inform* **3** *(en un banco)* ⇨bank account **4 caer en la ~** *col.* ⇨to realize ⇨to register **5 ~ atrás** ⇨countdown **6 ~ corriente** ⇨current account **7 tener en ~** ⇨to bear in mind ⇨to take into account ▌ **cuentas** *pl.* **8** *Le ajustaré las cuentas* - I'm going to settle a score with him **9 en resumidas cuentas** ⇨in short

cuentakilómetros *s.m.* ⇨milometer *UK;* ⇨odometer *US*

cuentista *adj. / s.com.* **1** *col. (mentiroso)* ⇨fibber *n* **2** *(escritor)* ⇨short-story writer *n*

cuento *s.m.* **1** *(historia)* ⇨story *(pl stories)*: *contar un cuento* - to tell a story; ⇨tale **2** *(de hadas)* ⇨fairy tale ⇨tale **3** *(embuste)* ⇨fib **4 ~ chino** ⇨tall story *(pl tall stories)*

cuerda *s.f.* **1** ⇨cord ⇨string: *El regalo estaba atado con una cuerda azul* - The present was tied with a blue string **2** *(de saltar)* ⇨skipping rope *UK;* ⇨jump rope *US* **3** *(de algunos mecanismos)* ⇨clockwork **4** *(de un instrumento musical)* ⇨string **5** *(conjunto de instrumentos)* ⇨string ⇨string section: *la cuerda de una orquesta* - the string section of an orchestra **6 contra las cuerdas** ⇨against the ropes ⇨on the ropes *US* **7 cuerdas vocales** ⇨vocal chords **8 dar ~ 1** *(a un reloj)* ⇨to wind ⇨to wind up **2** *col. (a una persona)* ⇨to encourage **9 estar en la ~ floja** ⇨to walk the tightrope

cuerdo, da *adj.* ⇨sane

cuerno *s.m.* **1** ⇨horn **2 irse algo al ~** *col. (fracasar)* ⇨to fail ⇨to go down the drain *inform*: *Nuestros planes se fueron al cuerno* - Our plans have gone down the drain **3 poner los cuernos 1** *col. (ser infiel)* ⇨to cheat *inform*: *ponerle los cuernos a alguien* - to cheat on sb **2** *(una mujer casada)* ⇨to cuckold *old-fash* **4 saber a ~ quemado** *col. (sentar mal)* ⇨to really upset: *Me supo a cuerno quemado que me mintieras* - Your lies really upset me

cuero *s.m.* **1** ⇨leather **2 en cueros** ⇨stark naked

cuerpo *s.m.* **1** ⇨body *(pl bodies)* **2** *(conjunto de personas)* ⇨force ⇨corps *(pl corps)*

CREW NECK V-NECK POLO NECK *(UK)* / TURTLENECK *(US)*

cuervo *s.m.* ⇒crow

cuesta *s.f.* **1** ⇒slope: *una cuesta muy inclinada* - a very steep slope **2** *cuesta abajo* - downhill **3** *cuesta arriba* - uphill

cuestión *s.f.* **1** *(pregunta)* ⇒question **2** *(asunto)* ⇒matter ⇒point: *Esa es la cuestión* - That's the point!; ⇒issue

cuestionar *v.* ⇒to question

cuestionario *s.m.* ⇒questionnaire

cueva *s.f.* ⇒cave

cuidado ∎ *s.m.* **1** *(precaución)* ⇒care: *¡conduce con cuidado!* - drive with care! **2** *(atención)* ⇒care: *cuidado de la piel* - skin care **3** *al ~ de* ⇒in charge of **4** *tener ~* ⇒to be careful ∎ *interj.* **5** ⇒look out: *¡Cuidado! Viene un coche* - Look out! There's a car coming!; ⇒watch: *¡Cuidado con la cabeza!* - Watch your head!; ⇒beware: *¡Cuidado con el perro!* - Beware of the dog!; ⇒take care: *Cuidado con el tráfico* - Take care in the traffic; ⇒careful: *¡Cuidado con ese cuchillo!* - Careful with that knife!

cuidador, -a *s.* **1** *(de una persona)* ⇒carer UK; ⇒caregiver US; ⇒caretaker US **2** *(de un animal)* ⇒trainer **3** *(de un lugar)* ⇒warden UK

cuidadoso, sa *adj.* ⇒careful

cuidar ∎ *v.* **1** *(prestar atención)* ⇒to look after: *He estado cuidando de los niños toda la tarde* - I have been looking after the kids the whole afternoon; ⇒to care for ⇒to take care of **2** *(tener cuidado)* ⇒to mind: *¡Cuidado con la cabeza!* - Mind your head! **3** *(una planta)* ⇒to nurture *form* **4** *(trabajar de canguro)* ⇒to babysit: *Jenny cuida niños los sábados* - Jenny babysits on Saturdays ∎ *cuidarse prnl.* **5** ⇒to look after oneself: *¡Cuídate!* - Look after yourself!

culata *s.f.* ⇒butt

culebra *s.f.* **1** *(reptil)* ⇒snake **2** AMÉR. *(deuda)* ⇒debt **3** AMÉR. *(acreedor)* ⇒creditor

culebrón *s.m.* ⇒soap opera

culo *s.m.* **1** col. *(de una persona)* ⇒bottom **2** *(de un vaso)* ⇒bottom

culpa *s.f.* **1** *(responsabilidad)* ⇒fault: *Es culpa tuya* - It's your fault **2** *(sentimiento)* ⇒guilt **3** *echar la ~* ⇒to blame **4** *tener la ~* ⇒to be guilty

culpabilidad *s.f.* ⇒guilt

culpable *adj.* ⇒guilty: *declararse culpable* - to plead guilty

culpar *v.* ⇒to blame [CONSTR. to blame sb for sth]: *No me culpes a mí de lo que sucedió* - Don't blame me for what happened

cultivar *v.* **1** *(la tierra)* ⇒to cultivate ⇒to farm **2** *(alimentos)* ⇒to grow

cultivo *s.m.* **1** *(hecho de cultivar)* ⇒cultivation **2** *(productos)* ⇒crop

culto, ta ∎ *adj.* **1** ⇒well-educated: *Parece muy culta* - She seems very well-educated; ⇒cultured ⇒learned *form* ∎ **culto** *s.m.* **2** *(religioso)* ⇒worship **3** *(admiración)* ⇒cult

cultura *s.f.* **1** ⇒culture **2** *(conocimientos)* ⇒culture ⇒knowledge: *cultura musical* - musical knowledge **3** *~ general* ⇒general knowledge

cultural *adj.* ⇒cultural

culturismo *s.m.* ⇒bodybuilding

cumbre *s.f.* **1** ⇒peak ⇒summit: *Llegamos a la cumbre al mediodía* - We reached the summit by noon; ⇒top **2** *(reunión)* ⇒summit

cumpleaños *s.m.* ⇒birthday: *¡Feliz cumpleaños!* - Happy Birthday!

cumplido *s.m.* ⇒compliment: *Tómalo como un cumplido* - Take it as a compliment

cumplir ∎ *v.* **1** *(una promesa)* ⇒to fulfil UK; ⇒to fulfill US; ⇒to keep: *Tienes que cumplir tu palabra* - You must keep your word **2** *(una obligación)* ⇒to comply ⇒to abide by **3** *(una pena)* ⇒to serve **4** *(años)* ⇒to reach: *Mañana cumplo 15 años* - I'll be 15 tomorrow; *¿Cuántos cumples?* - How old will you be? ∎ **cumplirse** *prnl.* **5** *(un deseo)* ⇒to be fulfilled

cuna *s.f.* **1** ⇒cot UK; ⇒crib US **2** *(que se puede mecer)* ⇒cradle

cundir *v.* **1** *(un sentimiento)* ⇒to spread: *El miedo cundió entre los pasajeros* - Fear spread among the passengers **2** *¡Que no cunda el pánico!* - Don't panic! **3** *(ser productivo)* ⇒to get a long way: *Hoy me ha cundido mucho el trabajo* - I've got a long way in my work today; *Hoy no me ha cundido mucho el trabajo* - I haven't got very far in my work today

cuneta *s.f.* ⇒ditch (*pl* ditches); ⇒gutter: *El coche cayó a la cuneta* - The car fell into the gutter

cuña *s.f.* **1** *(pieza)* ⇒wedge **2** *(orinal)* ⇒bedpan **3** *(publicitaria)* ⇒commercial break ⇒filler

cuñado, da *s.* **1** *(hombre)* ⇒brother-in-law (*pl* brothers-in-law) **2** *(mujer)* ⇒sister-in-law (*pl* sisters-in-law)

cuota *s.f.* **1** *(tarifa)* ⇒fee **2** *(cantidad)* ⇒quota ⇒share: *cuota de mercado* - market share

cupón *s.m.* ⇒coupon

cúpula *s.f.* **1** *(de un edificio)* ⇒dome **2** *(de una organización)* ⇒leadership

cura ∎ *s.m.* **1** *(sacerdote)* ⇒priest ∎ *s.f.* **2** *(remedio)* ⇒cure ⇒remedy (*pl* remedies) **3** *(de una herida)* ⇒dressing

curandero, ra *s.* ⇒healer ⇒folk doctor ⇒quack doctor *inform*

curar 1 ⇒to cure ⇒to dress: *Me curaron la herida* - I had the wound dressed **2** *(la carne, el pescado)* ⇒to cure ∎ **curarse** *prnl.* **3** *(una persona)* ⇒recover ⇒to get well **4** *(una herida)* ⇒heal

curiosidad *s.f.* **1** ⇒curiosity ⇒interest **2** por ~ ⇒out of curiosity

curioso, sa *adj.* **1** *(con afán de saber)* ⇒curious ⇒inquisitive: *una mirada curiosa* - an inquisitive look **2** *(raro)* ⇒curious ⇒queer *old-fash: un comportamiento curioso* - a queer way of behaving **3** *¡Qué curioso!* - How strange!

currar *v.* **1** *col.* ⇒to graft *UK inform: Me voy a la cama, que mañana tengo que currar* - I'm going to bed; I have to graft tomorrow; ⇒to work: *¿Tienes que currar mañana?* - Do you have to work tomorrow? **2** *col. (en un proyecto)* ⇒to beaver away *inform: Me pasé la noche currando en este informe* - I beavered away the whole night at this report

currículum vítae *s.m.* ⇒curriculum vitae *UK form* (pl curriculum vitaes, curricula vitae); ⇒CV *UK;* ⇒résumé *US*

cursi *adj. / s.com.* **1** *col. (de mal gusto)* ⇒tacky *inform adj* **2** *(demasiado sentimental)* ⇒twee *UK inform adj*

cursillo *s.m.* ⇒short course

cursiva ∎ *adj.* **1** ⇒italic ∎ *s.f.* **2** ⇒italics *pl: en cursiva* - in italics

curso *s.m.* **1** ⇒course ⇒session *US, SCOT;* ⇒year: *el segundo curso* - the second year **2** *(nivel)* ⇒grade *US* **3** en ~ ⇒ongoing ⇒in progress *form*

cursor *s.m.* ⇒cursor

curva *s.f.* **1** *(en una carretera)* ⇒bend: *una curva cerrada* - a tight bend **2** *(en un gráfico)* ⇒curve **3** *(en un objeto)* ⇒twist **4** *(de un río)* ⇒loop

curvo, va *adj.* ⇒curved

custodiar *v.* ⇒to guard: *custodiar a un testigo* - to guard a witness

cutis *s.m.* ⇒skin ⇒complexion: *un cutis oscuro* - a dark complexion

cuyo, ya *relat.* **1** *(de cosa)* ⇒of which: *Las sardinas, cuyo olor a mí me desagrada, es su comida favorita* - Sardines, the smell of which makes me ill, is his favourite food **2** *(de persona)* ⇒whose: *Mi tía, cuyo marido es médico, ha publicado un libro* - My aunt, whose husband is a doctor, has published a book

D

d

D

d *s.f. (letra del alfabeto)* ⇨d

dado ▌ *s.m.* **1** ⇨dice *(pl* dice): *jugar a los dados* - to play dice; *tirar los dados* - to roll the dice ▌ *adj.* **2 ~ que** ⇨given that

daga *s.f.* ⇨dagger

dama ▌ *s.f.* **1** ⇨lady *(pl* ladies) **2** *(en juegos de mesa)* ⇨queen **3 ~ de honor** ⇨bridesmaid ▌ **damas** *s.f.pl.* **4** *(juego)* ⇨draughts *UK sing: ¿Quieres jugar a las damas?* - What about a game of draughts?; ⇨checkers *US sing*

damnificado, da ▌ *adj.* **1** ⇨affected ▌ *s.* **2** ⇨victim

danés, -a ▌ *adj.* **1** ⇨Danish ▌ *s.* **2** ⇨Dane ▌ **danés** *s.m.* **3** *(idioma)* ⇨Danish

danza *s.f.* ⇨dance

dañar *v.* **1** *(una cosa)* ⇨to damage: *Se dañaron las cosechas* - Crops were damaged; ⇨to corrupt **2** *(a una persona)* ⇨to harm: *Se dañaron tres personas* - Three people were harmed; ⇨to hurt ⇨to injure

dañino, na *adj.* ⇨damaging ⇨harmful

daño *s.m.* **1** *(a una cosa)* ⇨damage [U]: *Las llamas causaron daños irreparables* - The flames caused irreparable damages; ⇨harm **2** *(a una persona)* ⇨harm ⇨hurt **3** *(psicológico)* ⇨scar: *daños psicológicos profundos* - deep psychological scars **4** *¡Me haces daño!* - You're hurting me! **5 solicitar daños y perjuicios** ⇨to claim for damages

dar *v.* **1** ⇨to give [CONSTR. to give + dos objetos]: *¿Me das un caramelo?* - Could you give me a sweet, please? **2** *(la hora)* ⇨to chime **3** *(golpear)* ⇨hit: *¡Dale fuerte a la pelota!* - Hit the ball hard! **4** *(información)* ⇨to impart ⇨to volunteer **5** *(una nota musical)* ⇨to pitch **6** *(un homenaje)* ⇨to render *form* **7** *dar de comer a alguien* - to feed sb **8** *dar la mano* - to shake hands **9** *dar los buenos días a alguien* - to wish sb good morning **10** *Da igual* - It makes no difference **11 ~ algo por sentado** ⇨to take *sth* for granted **12 ~ a luz** ⇨to give birth **13 ~ de sí** ⇨to stretch **14** darle a

alguien por algo *col.* ⇨to take it into *one's* head to do *sth* **15 darse cuenta** ⇨to realize ⇨to realise *UK* **16 darse la vuelta 1** *(de pie)* ⇨to turn ([around/round]) **2** *(tumbado)* ⇨to roll over **17 darse por vencido** *col.* ⇨to give in ⇨to admit defeat

dardo *s.m.* ⇨dart: *jugar a los dardos* - to play darts

dátil *s.m.* **1** *(fruto)* ⇨date **2** *(dedo)* ⇨finger

dato ▌ *s.m.* **1** ⇨a piece of data ⇨information [U] ▌ **datos** *pl.* **2** *(personales)* ⇨particulars

de *prep.* **1** *(indica posesión o pertenencia): el coche de Peter* - Peter's car **2** *(indica procedencia)* ⇨from: *Este vuelo viene de Nueva York* - This flight comes from New York **3** *(indica contenido)* ⇨of: *una botella de leche* - a bottle of milk **4** *(indica tema)* ⇨on: *un libro de filosofía budista* - a book on Buddhist philosophy **5** *(indica material): un bolso de plástico* - a plastic bag **6** *(indica fecha)* ⇨of: *el primero de junio* - the first of June **7** *(indica hora)* ⇨in: *a las 7 de la mañana* - at 7 in the morning **8** *(indica causa)* ⇨with: *estar loco de alegría* - to be wild with joy; ⇨of: *Murió de cáncer* - He died of cancer **9** *(indica profesión)* ⇨as: *Trabaja de taxista* - He works as a taxi driver **10** *(indica movimiento)* ⇨off: *quitar los pies de encima de la mesa* - to take one's feet off the table **11** *(en superlativos)* ⇨in: *el mejor de la clase* - the best in the class **12** *(en atributos): un coche de 5 puertas* - a 5-door car; *una clase de inglés* - an English class; *un hombre de 40 años* - a 40 year-old man **13** *(en expresiones de cantidad)* ⇨than: *Nadó más de tres kilómetros* - She swam more than three kilometres

debajo *adv.* **1** ⇨under **2 ~ de** ⇨beneath ⇨underneath **3 por ~ de** ⇨below ⇨underneath

debate *s.m.* ⇨debate: *hacer un debate* - to have a debate

deber ▌ *s.m.* **1** ⇨duty *(pl* duties) ▌ **deberes** *pl.* **2** ⇨homework [U] [Se dice *some homework* o *a piece of homework.* Incorrecto: *a homework*]: *hacer los*

≡D

deberes - to do one's homework ∎ *v.* **3** *(dinero)* ⇨to owe [CONSTR. 1. to owe + dos objetos 2. to owe sth to sth/sb]: *Me debes cinco libras* - You owe me five pounds; ⇨to be in arrears **4** *(una cualidad, un mérito)* ⇨to owe [CONSTR. 1. to owe + dos objetos 2. to owe sth to sth/sb]: *Debe su éxito a su familia* - He owes his success to his family **5** *(obligación)* ⇨to must [Se usa en presente o futuro]: *Debéis escucharme* - You must listen to me; ⇨to should [Se usa en pasado o condicional]: *Me lo tendrías que haber dicho* - You should have told me **6** ~ de *(suposición)* ⇨to must [Se usa en oraciones afirmativas. En oraciones negativas: *No debe de estar lejos* - It can't be far]; ⇨to ought to: *Debe de estar en el colegio* - He ought to be at school ∎ *deberse prnl.* **7** ⇨to be due: *El retraso se debe al mal tiempo* - The delay is due to the bad weather

débil *adj.* **1** *(una persona)* ⇨weak: *Su salud era débil* - His health was weak; ⇨feeble **2** *(una parte del cuerpo)* ⇨weak ⇨dodgy *UK inform* **3** *(una luz o un sonido)* ⇨faint

debilidad *s.f.* **1** *(falta de fuerza)* ⇨weakness [U]; ⇨infirmity *form* (*pl* infirmities) **2** *(punto débil)* ⇨weakness (*pl* weaknesses)

debilitar *v.* ⇨to weaken ⇨to debilitate *form*

década *s.f.* **1** ⇨decade **2** *la década de los setenta* - the seventies

decaer *v.* **1** ⇨to decay ⇨to decline: *El imperio romano decayó lentamente* - The Roman Empire declined slowly **2** *(el ánimo)* ⇨to droop ⇨to wilt

decaído, da *adj.* ⇨in low spirits ⇨depressed

decapitar *v.* ⇨to decapitate ⇨to behead: *decapitar a alguien* - to behead sb

decena *s.f.* **1** ⇨ten: *una decena de participantes* - ten participants **2** ⇨tens: *Se venden por decenas* - They are sold in tens

decente *adj.* **1** *(decoroso, moral)* ⇨decent **2** *(de buena calidad)* ⇨decent: *una comida decente* - a decent meal

decepción *s.f.* ⇨disappointment ⇨letdown *inform*

decepcionado, da *adj.* ⇨disappointed: *Estoy decepcionado con los resultados* - I'm disappointed with the results

decepcionante *adj.* ⇨disappointing

decepcionar *v.* **1** ⇨to disappoint **2** *Esa película me decepcionó* - That film let me down

decidido, da *adj. (resuelto)* ⇨determined: *Está decidido a ganar este partido* - He is determined to win this match; ⇨decisive

decidir ∎ *v.* **1** ⇨to decide [CONSTR. 1. to decide + (that) 2. to decide + to do sth 3. to decide + interrogativo]: *Hemos decidido que no nos vamos* - We've decided that we're not leaving; ⇨to resolve *form*

[CONSTR. 1. to resolve + that 2. to resolve + to do sth] *form;* ⇨to choose [CONSTR. to choose + interrogativo] ∎ **decidirse** *prnl.* **2** ⇨to make up *one's* mind ⇨to decide

decimal ∎ *adj.* **1** ⇨decimal: *sistema decimal* - decimal system ∎ *s.m.* **2** ⇨decimal

décimo, ma *numer.* ⇨tenth

decimoctavo, va *numer.* ⇨eighteenth

decimocuarto, ta *numer.* ⇨fourteenth

decimonoveno, na *numer.* ⇨nineteenth

decimoquinto, ta *numer.* ⇨fifteenth

decimoséptimo, ma *numer.* ⇨seventeenth

decimosexto, ta *numer.* ⇨sixteenth

decimotercer *numer.* ⇨thirteenth

decimotercero, ra *numer.* ⇨thirteenth

decir *v.* **1** ⇨to say [CONSTR. Se usa generalmente seguido de las preposiciones to y about. Se dice: *She said to me he would be late* - Me dijo que él llegaría tarde. Incorrecto: *She said me he would be late*]: *Lo que tú digas* - Whatever you say; ⇨to tell [CONSTR. 1. to tell + (that) 2. to tell + to do sth 3. to tell + dos objetos. Se construye sin preposición] **2** *(expresar)* ⇨to put: *No sé cómo decirlo* - I don't know how to put it; ⇨to read **3** *decir la hora* - to tell the time **4** *decir la verdad* - to tell the truth **5** *(dar una orden)* ⇨to tell **6** *(sí o no)* ⇨to say: *Dile que no a tu amigo* - Say no to your friend **7** *(rectificar)* ⇨to mean: *Carol, digo Caroline* - Carol, I mean Caroline **8** *(aludir): No lo digo por ti* - I'm not referring to you **9** ¡diga! ⇨hello! **10** es ~ ⇨i.e. ⇨that is to say **11** ¡no me digas! ⇨surely not! ⇨you don't say! **12** querer ~ ⇨to mean **13** ya te digo ⇨tell me about it! ⇨you bet! **14** y que lo digas ⇨you can say that again *inform* ∎ Ver cuadro

decisión *s.f.* ⇨decision: *tomar una decisión* - to make a decision; ⇨resolution *form*

decisivo, va *adj.* ⇨key: *una etapa decisiva de mi vida* - a key stage of my life; ⇨decisive

declaración *s.f.* **1** *(en público)* ⇨affirmation *form;* ⇨announcement: *Hizo una declaración importante* - She made an important announcement **2** *(comunicado de un estado)* ⇨declaration: *Declaración de la Independencia* - Declaration of Independence **3** *(ante un juez u otra autoridad)* ⇨statement ⇨manifesto (*pl* manifestoes, manifestos)

declarar ∎ *v.* **1** ⇨to declare [CONSTR. to declare + that]: *Declaró que la había visto* - He declared that he had seen her **2** *(ante un juez)* ⇨to testify [CONSTR. to testify + that] ∎ **declararse** *prnl.* **3** *(un incendio)* ⇨to break out **4** *(confesarse)* ⇨to plead: *declararse inocente* - to plead innocent **5** *declararse a favor de algo* - to come out in favour

of sth **6** *(manifestar amor): Se le declaró* - He told her he loved her

decolorar ▌ *v.* **1** ⇒to fade: *El sol me ha decolorado la camisa* - The sun has faded my shirt; *Esa sábana se ha decolorado al lavarla* - That sheet has faded with the wash ▌ **decolorarse** *prnl.* **2** ⇒to fade

decoración *s.f.* **1** *(adornos)* ⇒decoration **2** *(estilo)* ⇒decor: *una decoración clásica* - a classic decor

decorado *s.m.* ⇒set ⇒scenery [U]

decorador, -a *s.* ⇒designer

decorar *v.* **1** ⇒to decorate **2** *(un escaparate)* ⇒to dress

decorativo, va *adj.* ⇒decorative

dedal *s.m.* ⇒thimble

dedicar ▌ *v.* **1** ⇒to dedicate ⇒to devote: *Dedico mi vida a mi familia* - I devote my life to my family **2** *dedicar tiempo a hacer algo* - to spend one's time doing sth **3** *(un libro, un disco)* ⇒to autograph ▌ **dedicarse** *prnl.* **4** ⇒to devote oneself: *Mi tío se dedicó a la beneficencia* - My uncle devoted himself to charity

dedicatoria *s.f.* ⇒dedication

dedo *s.m.* **1** *(de la mano)* ⇒finger: *dedo meñique* - little finger; *dedo anular de la mano izquierda* - ring finger; *dedo anular de la mano derecha* - third finger; *dedo corazón* - middle finger; *dedo índice* - index finger; *dedo pulgar* - thumb; ⇒digit *form* **2** *(del pie)* ⇒toe: *dedo meñique* - little toe; *dedo pulgar* - big toe **3** *(unidad de medida)* ⇒half an inch **4 a** ~ *Lo escogieron a dedo, sin ver los resultados de la prueba* - They selected him directly, without looking at the test results **5 hacer** ~ *col.* ⇒to hitchhike ⇒to thumb a lift

decir (say / tell)

• **Say** se utiliza:

 – Cuando en la oración no se especifica la persona a la que nos dirigimos. Por tanto, no lleva objeto directo de persona:

 · *He **said** that he would be on time.* (Dijo que sería puntual.)

 – Cuando en la oración sí se especifica la persona a la que nos dirigimos. En este caso lleva un objeto indirecto precedido por la preposición "to":

 · *He **said** to me he would be on time.* (Me dijo que sería puntual.)

 – Generalmente en estilo directo:

 · *He **said**: "I'll be on time".* (Dijo: "Seré puntual".)

 – En algunas expresiones como "say a word" ('decir una palabra'), "say goodbye" ('decir adiós'), "say you're sorry" ('decir que lo sientes').

• **Tell** se utiliza:

 – Generalmente acompañado de un objeto directo de persona:

 · *He **told** me he would be on time.* (Me dijo que sería puntual.)

 – En algunas expresiones como "tell a lie" ('decir una mentira'), "tell the truth" ('decir la verdad'), "tell the time" ('decir la hora'), "tell a joke" ('contar un chiste'), "tell a story" ('contar una historia').

RING FINGER MIDDLE FINGER INDEX FINGER
RING FINGER
THUMB
LITTLE FINGER
LITTLE TOE
BIG TOE

deducir *v.* **1** *(llegar a una conclusión)* ⇒to deduce [CONSTR. to deduce + (that)]: *Deduje que había llamado él* - I deduced that it was him who had phoned; ⇒to tell [CONSTR. to tell + (that)] **2** *(restar)* ⇒to deduct: *deducir una cantidad de dinero* - to deduct an amount of money

defecto *s.m.* ⇒defect ⇒fault

defectuoso, sa *adj.* **1** ⇒faulty ⇒defective: *El producto estaba defectuoso* - The product was defective; ⇒flawed **2** *(un plan, una idea)* ⇒half-baked

defender ▌ *v.* **1** ⇒to defend: *Los leucocitos ayudan a defender el cuerpo de infecciones* - White blood cells help defend the body against infection **2** *(una opinión)* ⇒to maintain *form* **3** *defender la libertad* - to stand up for liberty ▌ **defenderse** *prnl.* **4** *(manejarse)* ⇒to manage ⇒to get by: *Me defiendo en francés* - I get by in French **5** *(protegerse)* ⇒to defend oneself

defensa *s.com.* **1** *(en deporte)* ⇨defender ∎ *s.f.*
2 ⇨defence *UK;* ⇨defense *US*
defensivo, va *adj.* **1** ⇨defensive **2 a la defen-
siva** ⇨on the defensive
defensor, -a ∎ *adj.* **1** *una sociedad defensora
de los derechos humanos* - an organization that
defends human rights **2** *abogado defensor* -
counsel for the defense ∎ *s.* **3** ⇨defender **4** *(de
una teoría)* ⇨campaigner ⇨champion: *un defen-
sor de los derechos humanos* - a champion of hu-
man rights **5** **~ del pueblo** ⇨ombudsman *(pl
ombudsmen)*
deficiencia *s.f.* **1** ⇨deficiency *(pl* deficiencies*)* **2**
(física, mental) ⇨impairment *form*
definición *s.f.* ⇨definition
definir *v.* ⇨to define
definitivo, va *adj.* ⇨final ⇨definitive: *versión
definitiva* - definitive version
deformado, da *adj.* ⇨deformed ⇨out of shape
⇨shapeless
deformar ∎ *v.* **1** *(el cuerpo)* ⇨to deform: *La ar-
tritis puede deformar las piernas* - Arthritis can
deform one's legs **2** *(un objeto)* ⇨to pull out of
shape: *Siempre termino deformando los jerséis*
- I always end up pulling my jumpers out of
shape **3** *(una imagen)* ⇨to distort ∎ **deformar-
se** *prnl.* **4** *(el cuerpo)* ⇨to become deformed: *Se
me ha deformado el pulgar* - My thumb has be-
come deformed **5** *(un objeto)* ⇨to go out of shape:
Se me han deformado los zapatos - My shoes
have gone out of shape
defraudar *v.* **1** ⇨to disappoint **2** *(estafar)* ⇨to
defraud
dejadez *s.f.* ⇨neglect: *Con el paso de los años la
iglesia ha caído en un estado de profunda deja-
dez* - Over the years the church has fallen into a
state of neglect; ⇨abandon ⇨slovenliness
dejar ∎ *v.* **1** *(permitir)* ⇨to let [CONSTR. to let + do
sth]: *Me dejaron entrar* - They let me in; ⇨to al-
low [CONSTR. 1. to allow sb + to do sth 2. to allow + to
do sth] **2** *(poner en un lugar)* ⇨to leave ⇨to stick
inform: Déjalo sobre la cama - Stick it on the
bed; ⇨to put **3** *(no mover)* ⇨to leave: *No lo mue-
vas, déjalo ahí* - Don't move it, leave it there **4**
¡Déjame en paz! - Leave me alone! **5** *(abando-
nar)* ⇨to leave: *Lo dejó después de tres años de
relación* - She left him after three years of being
together **6** *Me llevaron en coche y me dejaron en
la estación* - They gave me a lift and dropped
me off at the station **7** *dejar algo claro* - to make
sth plain **8** *(prestar)* ⇨to lend: *Déjame el libro* -
Lend me the book **9** *(legar en un testamento)*
⇨to will **10** *¡déjalo!* ⇨forget it! ⇨stop it! **11** **~ de**
⇨to cut out ⇨to give up ⇨to quit: *Mi padre ha*

dejado de fumar - My dad has quit smoking ∎
dejarse *prnl.* **12** *(olvidar en un lugar)* ⇨to leave
⇨to leave off **13** *(crecer)* ⇨to grow: *Se está dejan-
do barba* - He's growing a beard
del Véase **de**
delantal *s.m.* ⇨apron
delante *adv.* **1** ⇨ahead **2 ~ de** ⇨before ⇨in front
of: *Hay solo tres chicas delante de nosotros* -
There are just three girls in front of us; ⇨ahead
of **3 hacia ~** ⇨forward: *Mira hacia delante* -
Look forward!; ⇨onwards *UK;* ⇨onward *US* **4 por
~ 1** *(tiempo)* ⇨ahead: *Tienes todo el día por de-
lante* - You have the whole day ahead of you **2**
(ropa) ⇨at the front **3** *(lugar)* ⇨in front
delantero, ra ∎ *adj.* **1** ⇨front: *el asiento delan-
tero* - the front seat ∎ *s.* **2** *(en algunos deportes)*
⇨striker ⇨forward
delatar *v.* ⇨to betray: *delatar a alguien a la po-
licía* - to betray sb to the police; ⇨to finger *in-
form*
delegado, da *s.* ⇨representative ⇨delegate
deleitar ∎ *v.* **1** ⇨to delight ⇨to enchant ∎ **delei-
tarse** *prnl.* **2** ⇨to delight [CONSTR. to delight in +
doing sth]: *Me deleito leyendo buenos libros* - I de-
light in reading good books
deletrear *v.* ⇨to spell
delfín *s.m.* ⇨dolphin
delgado, da *adj.* **1** *(una persona)* ⇨thin: *Está
demasiado delgada* - She is too thin; ⇨slim **2**
(una cosa) ⇨thin ⇨slight
delicadeza *s.f.* **1** *(tacto)* ⇨tact: *decir algo con
mucha delicadeza* - to say sth with great tact **2**
(cuidado): hacer algo con delicadeza - to do sth
gently **3 tener la ~ de** ⇨to have the courtesy to
delicado, da *adj.* **1** *(frágil, quebradizo)* ⇨deli-
cate ⇨fragile: *Su salud es muy delicada* - Her
health is too fragile **2** *(sensible)* ⇨sensitive **3**
(sutil) ⇨subtle **4** *(un tema)* ⇨touchy
delicioso, sa *adj.* ⇨delicious: *Este pastel está
delicioso* - This cake is delicious; ⇨delectable
form
delincuencia *s.f.* ⇨crime: *altos índices de de-
lincuencia* - high crime rates; ⇨delinquency:
delincuencia juvenil - juvenile delinquency
delincuente *s.com.* ⇨criminal ⇨delinquent: *de-
lincuente juvenil* - juvenile delinquent; ⇨offender
delirar *v.* **1** *(tener visiones)* ⇨to be delirious: *Ese
paciente lleva dos días delirando* - That patient
has been delirious for two days now **2** *col. (decir
disparates)* ⇨to talk nonsense
delito *s.m.* ⇨crime ⇨offence *UK;* ⇨offense *US*
demanda *s.f.* **1** ⇨request ⇨demand: *demanda
de pago* - demand for payment **2** *(ante un tribu-
nal)* ⇨lawsuit **3** *Hemos puesto una demanda a*

esta empresa - We're taking legal action against this company

demandar *v.* **1** *(exigir, pedir)* ⇒to request [CONSTR. 1. to request + that 2. to request + to do sth]; ⇒to demand **2** *(ante un tribunal)* ⇒to sue [CONSTR. to sue sb for sth]: *La empresa demandó a la revista por aportar datos falsos* - The company sued the magazine for misleading statements

demás *indef.* **1** ⇒other: *los demás niños* - the other children **1 2 2 los ~** ⇒the others: *¿Dónde están los demás?* - Where are the others? **3 por lo ~** ⇒for the rest **4 todos los ~** ⇒everyone else **5 y todo lo ~** ⇒and so on

demasiado, da ∎ *indef.* **1** *(con nombres incontables)* ⇒too much: *Aquí hay demasiado ruido* - There's too much noise here **2** *(con nombres contables)* ⇒too many: *Tengo que hacer demasiadas cosas* - I have too many things to do **3** *(con un adjetivo, con un adverbio)* ⇒too: *Conduces demasiado rápido* - You drive too fast **4 eso es demasiado** ⇒that's too much ∎ **demasiado** *adv.* **5** ⇒too much: *Fumas demasiado* - You smoke too much ∎ Ver cuadro

democracia *s.f.* ⇒democracy

demócrata ∎ *adj.* **1** ⇒democratic ∎ *s.com.* **2** ⇒democrat

democrático, ca *adj.* ⇒democratic

demoler *v.* **1** ⇒to demolish: *demoler un edificio* - to demolish a building **2** ⇒to knock down: *Demolió con facilidad cada uno de los argumentos* - She easily knocked down every single argument

demolición *s.f.* ⇒demolition

demonio *s.m.* **1** ⇒devil ⇒demon **2 saber a demonios** ⇒to taste foul: *¡Esta leche sabe a demonios!* - This milk tastes foul!

demora *s.f.* ⇒delay

demorar ∎ *v.* **1** *(atrasar)* ⇒to postpone [CONSTR. to postpone + doing sth]: *Demoramos la excursión para la semana siguiente* - We postponed the trip to the following week ∎ **demorarse** *prnl.* **2** *(entretenerse)* ⇒to get held up: *Los dos amigos se demoraron hablando de sus cosas* - The two friends got held up talking about their matters

demostración *s.f.* ⇒demonstration

demostrar *v.* ⇒to demonstrate [CONSTR. 1. to demonstrate + that 2. to demonstrate + interrogativo]; ⇒to prove [CONSTR. to prove + that]

denominar *v.* **1** ⇒to call: *¿Cómo se denomina esto en tu idioma?* - What do you call this in your language?; ⇒to name [CONSTR. to name + dos objetos] **2** *(con un nombre en clave)* ⇒to code name

densidad *s.f.* ⇒density: *densidad de población* - population density

demasiado / suficiente

• Para expresar que algo **es demasiado**, en inglés se utiliza:

 – **too** + adjetivo:

 · *Jane is **too** young to drive.*
 (Jane es demasiado joven para conducir.)

 – **too much** + nombres incontables:

 · *There's **too much** light here.*
 (Hay demasiada luz aquí.)

 – **too many** + nombres contables:

 · *Sorry, I can't come with you. I have **too many** things to do today.*
 (Lo siento, no puedo ir contigo. Tengo demasiadas cosas que hacer hoy.)

 Atención: **too** no se usa para enfatizar la cantidad. En ese caso, se utiliza "very", "really" o "so":

 · *Jane is **very** young.*
 (Jane es muy joven.)

 · *I'm **really** tired.*
 (Estoy muy cansado.)

 · *I have **so** many things to do today.*
 (Tengo tantas cosas que hacer hoy.)

• Para expresar que algo **es suficiente**, en inglés se utiliza:

 – **enough** + nombre:

 · *There's **enough** room for both of us.*
 (Hay sitio suficiente para los dos.)

 – adjetivo + **enough**:

 · *I'm not tall **enough** to become a firefighter.*
 (No soy lo suficientemente alto para ser bombero.)

• Para expresar que algo **no es suficiente**, en inglés se utiliza:

 – **not** + adjetivo + **enough**:

 · *I'm **not** tall **enough** to become a fireman.*
 (No soy lo suficientemente alto para ser bombero.)

 – **not** + verbo + **enough** + nombre:

 · *We **don't** have **enough** money to pay the rent.*
 (No tenemos dinero suficiente para pagar el alquiler.)

denso, sa *adj.* ⇨thick: *un humo denso* - a thick smoke; ⇨dense: *una densa multitud de niños* - a dense crowd of boys and girls; ⇨heavy: *un trabajo denso* - a heavy work

dentadura *s.f.* **1** ⇨teeth **2** *dentadura postiza* - dentures *pl*

▣ D **dental** *adj.* ⇨dental: *hilo dental* - dental floss

dentífrico *s.m.* ⇨toothpaste

dentista *s.com.* ⇨dentist

dentro *adv.* **1** ⇨in: *Ponlo dentro* - Put it in; ⇨indoors ⇨inside: *desde dentro* - from inside **2** ~ **de** ⇨in ~ within **3** ~ **de lo posible** ⇨as far as possible **4** ~ **de poco** ⇨shortly **5** ~ **de un momento** ⇨in a moment **6** hacia ~ ⇨inwards *UK;* ⇨inward *US*

denuncia *s.f.* **1** *(de un delito)* ⇨report **2** *Puso una denuncia por el robo del coche* - He reported the theft of his car **3** *(de una injusticia)* ⇨denunciation **4** *(contra una persona)* ⇨complaint **5** *presentar una denuncia contra alguien* - to report sb to the police

denunciar *v.* **1** *(un delito)* ⇨to report: *Vengo a denunciar el robo de mi cartera* - I've come to report that my wallet has been stolen **2** *(a una persona)* ⇨to denounce: *denunciar a un delincuente* - to denounce a criminal **3** *(una injusticia)* ⇨to denounce: *Este libro denuncia las inhumanas condiciones de trabajo de los inmigrantes* - This book denounces the inhuman working conditions of immigrants

departamento *s.m.* **1** ⇨department **2** *AMÉR.* *(apartamento)* ⇨flat *UK;* ⇨apartment *US*

depender *v.* ⇨to depend [CONSTR. 1. to depend on sth/sb 2. to depend + interrogativo] [Se dice: *It depends on you* - *Depende de ti*. Incorrecto: *It depends of you*] **2 3**

dependiente, ta ▌ *adj.* **1** ⇨dependent ▌ *s.* **2** *(de una tienda)* ⇨shop assistant *UK;* ⇨clerk *US;* ⇨sales assistant *UK;* ⇨salesperson

depilar ▌ *v.* **1** ⇨to remove hair **2** *(con maquinilla)* ⇨to shave **3** *(con cera)* ⇨to wax ▌ **depilarse** *prnl.* **4** ⇨to remove *one's* hair **5** *(con maquinilla)* ⇨to shave **6** *(con cera)* ⇨to wax **7** *depilarse las cejas* - to pluck one's eyebrows

deporte *s.m.* ⇨sport: *hacer deporte* - to play sport; *deporte de riesgo* - adventure sport; *deportes acuáticos* - water sports

deportista ▌ *adj.* **1** ⇨sporty ▌ *s.com.* **2** *(hombre)* ⇨sportsman *(pl* sportsmen*)* **3** *(mujer)* ⇨sportswoman *(pl* sportswomen*)*

deportivo, va ▌ *adj.* **1** ⇨sporting **2** *(una prenda):* *zapatos deportivos* - sports shoes; *ropa deportiva* - sportswear **3** *(una persona)* ⇨sportsmanlike ▌ **deportivo** *s.m.* **4** ⇨sports car

depositar *v.* **1** ⇨to place ⇨to put: *Deposité las joyas en la caja fuerte* - I put the jewellery in the safe **2** *(un sentimiento)* ⇨to place: *Deposité toda mi confianza en ti* - I placed all my trust in you

depósito *s.m.* **1** ⇨storehouse ⇨depot **2** *(de líquido o de gas)* ⇨tank **3** *(de combustible)* ⇨bunker

depresión *s.f.* **1** *(del terreno)* ⇨hollow **2** *(del ánimo)* ⇨depression

deprimente *adj.* ⇨depressing

deprimido, da *adj.* ⇨depressed

deprimir ▌ *v.* **1** ⇨to depress ▌ **deprimirse** *prnl.* **2** ⇨to get depressed

deprisa *adv.* ⇨quickly ⇨in a hurry: *Vino deprisa* - He came in a hurry

derecha *s.f.* **1** ⇨right: *a la derecha* - on the right; *Gira a la derecha* - Turn right **2** *escribir con la derecha* - to be right-handed **3** de derechas ⇨right-wing: *un político de derechas* - a right-wing politician

derecho, cha ▌ *adj.* **1** ⇨right: *al lado derecho* - on the right side **2** *(recto)* ⇨straight **3** *(en posición vertical, de pie)* ⇨upright **4** *(en conducción)* ⇨offside *UK: el carril derecho* - the offside lane **5** mano derecha *(persona)* ⇨right-hand person **6** ponerse ~ ⇨to sit up ▌ **derecho** *s.m.* **7** *(a hacer algo)* ⇨right: *derechos humanos* - human rights; *Quedan reservados los derechos* - All rights reserved **8** *(leyes, carrera)* ⇨law **9** *(de una prenda)* ⇨right side **10** ¡no hay derecho! ⇨it's unjust! ⇨it's unfair! ▌ **derecho** *adv.* **11** ⇨straight ⇨straight ahead ⇨straight on

derivar *v.* ⇨to derive [CONSTR. to be derived from sth]: *Estas conclusiones se derivan de los últimos datos* - These conclusions are derived from the latest data; ⇨to come from: *Esta palabra deriva de un vocablo latín* - This word comes from a latin word

derramar *v.* **1** ⇨to spill: *El niño derramó la leche por el suelo* - The boy spilt the milk on the floor **2** *(lágrimas o sangre)* ⇨to shed

derrame *s.m.* **1** ⇨spillage *form* **2** *(en el cuerpo)* ⇨blood vessel ⇨haemorrhage **3** *(cerebral)* ⇨stroke

derretir *v.* ⇨to melt: *Tu helado se está derritiendo* - Your ice-cream is melting

derribar *v.* **1** *(un edificio)* ⇨to pull down **2** *(una puerta)* ⇨to batter down **3** *(echar abajo)* ⇨to break down: *Nadie abría la puerta, así que la policía la derribó* - Nobody answered the door, so the police broke it down; ⇨to topple **4** *(por el viento)* ⇨to blow down **5** *(a una persona)* ⇨to knock down

derrochador, -a ∎ *adj.* **1** ⇨wasteful ∎ *s.* **2** ⇨spendthrift

derrochar *v.* **1** *(despilfarrar)* ⇨to waste: *derrochar gasolina* - to waste petrol; ⇨to squander **2** *col. (rebosar)* ⇨to be bursting: *derrochar alegría* - to be bursting with joy

derroche *s.m.* **1** ⇨waste ⇨excess **2** *(de dinero)* ⇨dissipation

derrota *s.f.* **1** *(fracaso)* ⇨failure **2** *(en deporte, en política, en una guerra)* ⇨defeat

derrotar *v.* **1** *(en una competición)* ⇨to beat **2** *(en una guerra)* ⇨to defeat

derrumbamiento *s.m.* **1** *(destrucción)* ⇨demolition **2** *(caída)* ⇨collapse

derrumbar ∎ *v.* **1** *(una construcción)* ⇨to knock down ⇨to demolish: *derrumbar un muro* - to demolish a wall ∎ **derrumbarse** *prnl.* **2** *(una construcción)* ⇨to collapse: *El edificio se derrumbó* - The building collapsed **3** *(una persona)* ⇨to fall apart ⇨to go to pieces: *Me derrumbé cuando suspendí el examen* - I went to pieces when I failed the exam

desabrochar *v.* ⇨to undo: *Me desabroché la camisa* - I undid my shirt

desacuerdo *s.m.* **1** ⇨disagreement **2** estar en ~ ⇨to disagree ⇨to collide

desafiar *v.* **1** *(hacer frente)* ⇨to defy **2** *(incitar a una competición)* ⇨to challenge

desafinar *v.* **1** *(al cantar)* ⇨to sing out of tune: *Mi hermano desafina cuando canta en la ducha* - My brother sings out of tune when he's taking a shower **2** *(al tocar)* ⇨to play out of tune: *Desafinas al tocar la guitarra, debes practicar más* - You play the guitar out of tune, you should practise more **3** *(un instrumento)* ⇨to be out of tune: *Este piano desafina* - This piano is out of tune

desafío *s.m.* **1** *(al peligro, a la muerte)* ⇨defiance [U] **2** *(reto)* ⇨challenge

desafortunado, da *adj.* ⇨unfortunate ⇨unlucky

desagradable *adj.* **1** ⇨unpleasant: *Fue una situación desagradable* - It was an unpleasant situation; ⇨nasty **2** *(una experiencia, una situación)* ⇨painful **3** *(un sabor)* ⇨unpalatable *form*

desagradar *v.* ⇨to dislike [CONSTR. to dislike + doing sth]: *La idea me desagrada* - I dislike the idea

desagradecido, da *adj.* ⇨ungrateful

desagüe *s.m.* ⇨waste pipe: *El desagüe se ha atascado* - The waste pipe is blocked

desalentar ∎ *v.* **1** ⇨to discourage: *Me desalienta ver que no progreso rápidamente* - Not making quick progress discourages me ∎ **desalentarse** *prnl.* **2** ⇨to be discouraged ⇨to lose heart:

No te desalientes, todo tiene solución - Don't lose heart, there's always a solution

desalojar *v.* **1** *(un lugar)* ⇨to evacuate **2** *(a un inquilino)* ⇨to evict

desamparado, da *adj.* ⇨abandoned: *un lugar desamparado* - an abandoned place; ⇨helpless

desanimado, da *adj.* ⇨discouraged: *La encontré desanimada después de oír las malas noticias* - I found her discouraged after hearing the bad news; ⇨low ⇨dispirited

desanimar ∎ *v.* **1** ⇨to depress ⇨to discourage ∎ **desanimarse** *prnl.* **2** ⇨to lose heart ⇨to get despondent: *Venga, no te desanimes* - Come on, don't get despondent

desapacible *adj.* ⇨inclement *form: tiempo desapacible* - inclement weather

desaparecer *v.* **1** *(de la vista)* ⇨to disappear ⇨to go ⇨to vanish: *Desaparecieron entre la multitud* - He vanished into the crowd **2** *(un efecto)* ⇨to wear off **3** *(una mancha)* ⇨to come out

desaparecido, da *adj.* **1** ⇨missing **2** *(una especie animal)* ⇨extinct **3** *(un grupo)* ⇨defunct

desaparición *s.f.* ⇨disappearance

desaprobar *v.* ⇨to disapprove [Se dice *to disapprove of* sth/sb. Incorrecto: *to disapprove* sth/sb]: *Desapruebo tu conducta* - I disapprove of your behaviour

desarmado, da *adj.* ⇨unarmed

desarmar ∎ *v.* **1** *(desmontar)* ⇨to dismantle ⇨to take to pieces: *desarmar una radio* - to take a radio to pieces; ⇨to strip ⇨to strip down: *desarmar un motor* - to strip an engine down **2** *(quitar las armas)* ⇨to disarm: *desarmar a un delincuente* - to disarm a criminal ∎ **desarmarse** *prnl.* **3** *(desmontarse)* ⇨to come apart: *La construcción se desarmó al caer de la mesa* - The construction fell from the table and came apart **4** *(dejar las armas)* ⇨to disarm: *Los países en conflicto se desarmaron* - The countries in conflict disarmed

desarme *s.m.* ⇨disarmament

desarrollar ∎ *v.* **1** ⇨to develop: *desarrollar los músculos* - to develop one's muscles; ⇨to elaborate **2** *desarrollar un plan* - to draw up a plan ∎ **desarrollarse** *prnl.* **3** ⇨to develop ⇨to take place: *La película se desarrolla en un pueblecito ruso* - The film takes place in a Russian village; ⇨to realize

desarrollo *s.m.* **1** ⇨development **2** *(transcurso)* ⇨course: *en el desarrollo de una guerra* - in the course of a war

desastre *s.m.* ⇨disaster ⇨calamity *(pl* calamities); ⇨mess *(pl* messes): *La cocina era un completo desastre* - The kitchen was in an utter mess

D =

desastroso, sa *adj.* ⇒disastrous ⇒hopeless

desatar *v.* **1** *(algo atado)* ⇒to undo: *No puedo desatarme los cordones de los zapatos* - I cannot undo my shoelaces; ⇒to unfasten ⇒to untie **2** *(una fuerza)* ⇒to unleash: *El huracán desató su furia* - The hurricane unleashed its fury

desatascar *v.* ⇒to unblock

desatornillar *v.* ⇒to unscrew

desatrancar *v.* **1** *(algo obstruido)* ⇒to unblock: *desatrancar una tubería* - to unblock a pipe **2** *(una puerta, una ventana)* ⇒to unbolt: *Desatranca la puerta y déjame pasar* - Unbolt the door and let me in

desayunar *v.* ⇒to have breakfast

desayuno *s.m.* ⇒breakfast

desbarajuste *s.m.* ⇒mess *(pl* messes*)*; ⇒chaos: *Todo el viaje fue un desbarajuste* - The whole trip was a complete chaos

desbaratar *v.* **1** ⇒to squander: *Desbarató todos sus ahorros* - He squandered all his savings **2** *(un plan)* ⇒to frustrate: *Se desbarataron nuestros planes* - Our plans were frustrated

descabellado, da *adj.* ⇒ridiculous: *Nunca he oído nada tan descabellado* - I've never heard anything so ridiculous!; ⇒preposterous

descalificar *v.* **1** *(desacreditar)* ⇒to discredit *form* **2** *(de una competición)* ⇒to disqualify

descalzo, za *adj.* ⇒barefoot

descampado *s.m.* ⇒a piece of open ground

descansar *v.* **1** ⇒to rest: *Intenta descansar un poco* - Try to rest a bit; ⇒to relax **2** *Descansemos un rato* - Let's take a break **3** *Que descanses* - Sleep well

descansillo *s.m.* ⇒landing

descanso *s.m.* **1** ⇒rest: *Necesito un descanso* - I need a rest; ⇒break ⇒pause **2** *(para comer)* ⇒lunch break **3** *(en un partido)* ⇒half-time **4** *(en un espectáculo)* ⇒interval *UK;* ⇒intermission *US*

descapotable *adj. / s.m.* ⇒convertible *n: un coche descapotable* - a convertible

descarado, da ∎ *adj.* **1** *(un niño)* ⇒cheeky *UK* **2** *(un adulto)* ⇒barefaced ∎ **descarado** *adv.* **3** *col. (claro)* ⇒blatantly: *Era descarado que estaba mintiendo* - It was blatantly obvious that she was telling a lie

descarga *s.f.* **1** ⇒download ⇒unloading **2** *(eléctrica)* ⇒electric shock

descargar *v.* ⇒to unload: *descargar un camión* - to unload a lorry; ⇒to download: *descargar un archivo* - to download a file

descaro *s.m.* ⇒nerve: *¡Qué descaro!* - What a nerve!

descarrilar *v.* ⇒to derail: *El tren en el que viajábamos descarriló* - The train on which we were travelling derailed

descendencia *s.f.* ⇒descendants *pl*

descender *v.* **1** *(una montaña)* ⇒to go down ⇒to descend *form* **2** *(la temperatura)* ⇒to fall **3** *(en una jerarquía)* ⇒to downgrade ⇒to go down: *Su disco descendió en la lista de éxitos* - His record went down the charts **4** *(proceder)* ⇒to descend ⇒to come from

descendiente ∎ *s.com.* **1** ⇒descendant ∎ *adj.* **2** *temperaturas descendientes* - falling temperatures

descenso *s.m.* **1** *(terreno)* ⇒slope ⇒descent **2** *(hecho de descender)* ⇒descent **3** *(disminución)* ⇒fall ⇒drop: *un descenso del índice de natalidad* - a drop in the birth rate

descifrar *v.* **1** *(un misterio)* ⇒to solve **2** *(un escrito)* ⇒to decipher: *No conseguí descifrar la letra de aquella carta* - I couldn't decipher the handwriting in that letter; ⇒to decode **3** *(un código)* ⇒to break

descolgar ∎ *v.* **1** *(algo colgado)* ⇒to take down **2** *descolgar el teléfono* - to pick up the phone ∎ **descolgarse** *prnl.* **3** *(quedarse atrás)* ⇒to lag behind: *Dos alumnos se descolgaron del grupo* - Two pupils lagged behind the group

descolorido, da *adj.* ⇒faded: *un tono descolorido* - a faded tone; ⇒discoloured *UK;* ⇒discolored *US*

descomponer ∎ *v.* **1** *(un todo)* ⇒to split: *Descompusimos esas palabras en sílabas* - We split those words into syllables; *El grupo se descompuso por desavenencias entre sus miembros* - The group split due to some disagreements among its members **2** *(una sustancia)* ⇒to break down: *Si descompones la sal, obtendrás cloro y sodio* - If you break down salt, you'll get chlorine and sodium **3** *(un alimento, un cuerpo)* ⇒to decompose ⇒to rot: *Algunas bacterias descomponen los alimentos* - Some bacteria rot food; *Los alimentos pueden descomponerse por el calor* - Food can rot with the heat ∎ **descomponerse** *prnl.* **4** *(el rostro): La cara se le descompuso al enterarse de lo ocurrido* - His face fell when he heard what had happened

descompuesto, ta *adj.* **1** *(nervioso)* ⇒very nervous **2** *estar descompuesto* - to have diarrhoea

descomunal *adj.* ⇒enormous: *la diferencia era descomunal* - the difference was enormous; ⇒huge: *Tus pies son descomunales* - Your feet are huge; ⇒tremendous

desconcentrar *v.* ⇒to put off: *El niño la desconcentró completamente* - The child put her off completely

desconcertar *v.* ⇒to bewilder ⇒to disconcert: *Tu actitud me desconcierta* - I am disconcerted by your attitude

desconchar *v.* ⇒to peel off: *La pintura de la pared está empezando a desconcharse* - The paint on the wall is beginning to peel off

desconectar ∎ *v.* **1** *(desenchufar)* ⇒to disconnect ⇒to cut off ⇒to unplug: *No olvides desconectar el ordenador* - Don't forget to unplug the computer **2** *(dejar de prestar atención)* ⇒to switch off *UK: ¿Qué has dicho? Había desconectado un segundo* - What did you say? I switched off for a second ∎ **desconectarse** *prnl.* **3** ⇒to go off: *Se desconectaron todas las luces* - All the lights went off

desconfiado, da *adj./s.* ⇒suspicious *adj: ser un desconfiado* - to be suspicious

desconfianza *s.f.* ⇒mistrust ⇒distrust

desconfiar *v.* ⇒to have no confidence ⇒to mistrust: *Desconfío de Joanne* - I mistrust Joanne; ⇒to distrust

descongelar *v.* ⇒to defrost: *descongelar el frigorífico* - to defrost the fridge

desconocer *v.* ⇒not to know: *Desconozco cuáles son tus intenciones* - I don't know what your intentions are

desconocido, da ∎ *adj.* **1** *(extraño)* ⇒unknown: *Han descubierto un virus desconocido* - They have discovered an unknown virus; ⇒strange **2** *(poco familiar)* ⇒unfamiliar ∎ *s.* **3** ⇒stranger

descontado 1 dar por ~ ⇒to take for granted **2 por ~** ⇒of course

descontar *v.* ⇒to give a discount: *Me descontaron un 10% del precio* - I was given a 10% discount off the price

descontento, ta ∎ *adj.* **1** ⇒dissatisfied: *Estaba descontento con los resultados* - He was dissatisfied with the results; ⇒discontented ∎ **descontento** *s.m.* **2** ⇒dissatisfaction ⇒discontent: *El plan generó gran descontento* - There was widespread discontent about the plan

descorchar *v.* ⇒to uncork: *Descorcha una botella de champán para celebrarlo* - Uncork a bottle of champagne to celebrate it

descortés *adj.* ⇒impolite *form;* ⇒discourteous *form*

descoser ∎ *v.* **1** ⇒to unpick ∎ **descoserse** *prnl.* **2** ⇒to come unstitched: *Se me ha descosido un botón de la blusa* - A button of my blouse has come unstitched

descremado, da *adj.* ⇒low-fat

describir *v.* ⇒to describe: *Describe la casa que más te gusta* - Describe the house you like most

descripción *s.f.* ⇒description: *Intenta hacer una descripción clara del ladrón* - Try to make a clear description of the thief

descuartizar *v.* **1** *(una cosa, un animal)* ⇒to cut into pieces **2** *(a una persona)* ⇒to chop *sb's* body up

descubierto, ta ∎ *adj.* **1** ⇒open *(piscina, terraza)* ⇒open-air ∎ **descubierto** *s.m.* **3** *(en economía)* ⇒overdraft D ∎

descubridor, -a *s.* ⇒discoverer

descubrimiento *s.m.* ⇒discovery *(pl discoveries): el descubrimiento de la penicilina* - the discovery of penicillin

descubrir *v.* **1** *(un lugar, un hecho)* ⇒to discover [CONSTR. 1. to discover + (that) 2. to discover + interrogativo] **2** *(una vacuna, un remedio)* ⇒to discover **3** *(un delito)* ⇒to uncover **4** *(averiguar)* ⇒to find out: *Lo he descubierto* - I've found it out

descuento *s.m.* **1** ⇒discount: *un descuento en las tarifas* - a discount on fares; ⇒reduction **2** *(en deportes)* ⇒stoppage *(time)*

descuerar *v. AMÉR. col. (criticar)* ⇒to tell off ⇒to knock *inform;* ⇒to tear apart

descuidado, da *adj.* **1** ⇒careless ⇒inattentive **2** *(en apariencia)* ⇒untidy: *tener un aspecto descuidado* - to have an untidy apperance

descuidar *v.* ⇒to neglect

descuido *s.m.* **1** *(falta de cuidado)* ⇒carelessness **2** *(distracción)* ⇒slip **3 por ~** ⇒accidentally ⇒by accident

desde *prep.* **1** ⇒since [Se usa con momentos o fechas concretas y con el verbo en pretérito perfecto]: *desde 1840* - since 1840; *Llevamos caminando desde la una* - We've been walking since one o'clock; ⇒from **2** **~ ahora** ⇒from now on **3** **~ hace** ⇒for [Se usa con períodos de tiempo y con verbos en pretérito perfecto o pasado simple]: *No veo a Walter desde hace seis meses* - I haven't seen Walter for six months **4 desde... hasta** ⇒from... to **5 ~ luego** ⇒certainly ⇒naturally ⇒of course **6 ~ que** ⇒ever since ⇒since

desdichado, da *adj.* ⇒unlucky: *Se siente muy desdichado* - He feels really unlucky; ⇒unfortunate ⇒unhappy

desear *v.* **1** ⇒to long for *form: Estoy deseando que llegue mi cumpleaños* - I'm longing for my birthday to arrive; ⇒to look forward to: *Estoy deseando verla* - I'm looking forward to seeing her **2** ⇒to wish [CONSTR. 1. to wish + that 2. to wish + dos objetos]: *Me deseó buena suerte* - She wished me good luck

desechable *adj.* ⇒disposable

desecho *s.m.* ⇒waste [U]: *los desechos* - the waste

desembarcar *v.* **1** *(descargar)* ⇒to unload: *Desembarcaron la mercancía* - They unloaded the goods **2** *(bajar)* ⇒to disembark *form: Desembarcamos en Lisboa* - We disembarked in Lisbon

desembocadura *s.f.* **1** *(de un río)* ⇒mouth **2** *(de una calle)* ⇒end ⇒opening

desembocar *v.* **1** *(un río)* ⇒to flow into **2** *(una calle)* ⇒to lead ⇒to join **3** *(terminar)* ⇒to result ⇒to culminate *inform: La discusión desembocó en una pelea callejera* - The argument culminated in a street fight

desempacar *v. AMÉR.* ⇒to unpack

desempatar *v.* ⇒to break the deadlock: *Ese gol nos permitió desempatar a la mitad del partido* - That goal allowed us to break the deadlock halfway through the match

desempate *s.m.* ⇒breaking of the deadlock

desempeñar *v.* **1** *(un cargo)* ⇒to hold: *He desempeñado el cargo de directora durante tres años* - I've held the post of manager for three years **2** *(una función)* ⇒to perform *form*

desempleado, da ∎ *adj.* **1** ⇒unemployed: *Lleva dos meses desempleada* - She has been unemployed for two months ∎ *s.* **2** ⇒unemployed person

desempleo *s.m.* ⇒unemployment

desencadenar *v.* **1** *(quitar las cadenas)* ⇒to unchain **2** *(provocar)* ⇒to start ⇒to cause [CONSTR. 1. to cause + to do sth 2. to cause + dos objetos]; ⇒to set off

desenchufar *v.* ⇒to unplug: *Desenchufa la plancha, por favor* - Could you please unplug the iron?

desenfocado, da *adj.* ⇒out of focus ⇒blurred

desenfundar *v.* ⇒to draw

desenganchar ∎ *v.* **1** ⇒to unhook ⇒to unhitch: *Desenganché los caballos del carro* - I unhitched the horses from the cart ∎ **desengancharse** *prnl.* **2** ⇒to get unhooked ⇒to come unhitched: *Los vagones del tren se desengancharon* - The wagons of the train came unhitched **3** *col. (de las drogas)* ⇒to come off drugs

desengañar *v.* ⇒to open *sb's* eyes: *¡Desengáñate, no es una oferta tan buena!* - Open your eyes, it's not such a good offer!

desengaño *s.m.* ⇒disappointment

desenlace *s.m.* **1** *(resultado)* ⇒result **2** *(final)* ⇒ending ⇒outcome: *Es demasiado pronto para predecir el desenlace de la reunión* - It's too early to predict the outcome of the meeting

desenrollar *v.* **1** ⇒to roll down: *Desenrolla las persianas* - Roll down the blinds; ⇒to uncurl **2** *(un ovillo)* ⇒to unwind: *Ayúdame a desenrollar el cable* - Help me unwind the cable; ⇒to unroll

desenroscar *v.* ⇒to unscrew: *Desenrosca la tapa* - Unscrew the lid

desenterrar *v.* **1** *(algo enterrado)* ⇒to dig up **2** *(algo olvidado)* ⇒to drag up: *El reportaje desentierra un viejo asunto de estafas* - The report drags up an old case of fraud

desentonar *v.* ⇒to clash: *Ese color desentona con este otro* - That colour clashes with this one; ⇒to jar

desenvolver ∎ *v.* **1** ⇒to unwrap ∎ **desenvolverse** *prnl.* **2** ⇒to handle things: *¿Qué tal te desenvuelves en el trabajo?* - How are you handling things at work?; ⇒to get on

deseo *s.m.* **1** ⇒desire: *satisfacer los deseos de uno* - to satisfy one's desire; ⇒wish *(pl wishes)* **2** *(sexual)* ⇒desire **3** *mis mejores deseos* ⇒best wishes

deseoso, sa *adj.* ⇒eager [CONSTR. eager + to do sth]: *Estaba deseoso de hablar con ella* - He was eager to talk to her; ⇒keen [CONSTR. keen + to do sth]

desértico, ca *adj.* **1** *(del desierto)* ⇒arid **2** *arena desértica* - desert sand **3** ⇒deserted: *un pueblo desértico* - a deserted village

desertor, -a *s.* **1** *(soldado)* ⇒deserter **2** *(político)* ⇒defector

desesperación *s.f.* **1** *(pérdida de la esperanza)* ⇒despair ⇒hopelessness **2** *(pérdida de la paciencia)* ⇒desperation

desesperar ∎ *v.* **1** ⇒to drive *sb* to despair: *Me desespera que llegues tarde* - You drive me to despair when you are late; ⇒to drive *sb* mad ∎ **desesperarse** *prnl.* **2** ⇒to despair

desfachatez *s.f. col.* ⇒nerve ⇒cheek *UK: Tuvo la desfachatez de pedirme dinero* - He had the cheek to ask me for money

desfasado, da *adj.* ⇒out of date ⇒out of step

desfavorable *adj.* ⇒unfavourable *UK;* ⇒unfavorable *US*

desfiladero *s.m.* ⇒gorge

desfilar *v.* **1** *(un soldado, un grupo de gente)* ⇒to march: *desfilar por las calles* - to march through the streets; ⇒to parade **2** *col.* ⇒to pass: *Muchos directores han desfilado por este despacho* - Many managers have passed through this office

desfile *s.m.* **1** ⇒parade: *Durante el carnaval hubo muchos desfiles* - There were many parades during the carnival; ⇒cavalcade **2** *(militar)* ⇒march-past **3** *(de moda)* ⇒fashion show ⇒fashion parade

desgarrar *v.* **1** *(romper)* ⇒to tear: *El tigre desgarraba la carne de su víctima* - The tiger was tearing the flesh of its victim; *Se me enganchó*

el vestido en una zarza y se desgarró la tela - My dress got caught on a bramble and the cloth tore **2** *(apenar)* ⇨to break *sb's* heart: *La muerte del bebé desgarró a la familia* - The baby's death broke the family's heart; *Se me desgarra el corazón cuando lo veo tan abatido* - Seeing him so depressed breaks my heart

desgastar *v.* **1** *(un objeto)* ⇨to wear away: *La lluvia desgasta las rocas* - Rainfall wears the rocks away; ⇨to wear out **2** *(a una persona)* ⇨to wear down: *Tanto estrés me desgasta* - Being under so much stress wears me down

desgaste *s.m.* **1** *(de un objeto)* ⇨wear: *el desgaste de una prenda* - the wear on a piece of clothing **2** *(de una persona)* ⇨wearing down ⇨weakening

desgracia *s.f.* **1** ⇨misfortune: *Tuvo que pasar muchas desgracias* - She had to undergo many misfortunes **2** caer en ~ ⇨to fall from grace ⇨to fall into disgrace **3** por ~ ⇨unfortunately **4** ¡qué desgracia! ⇨what a misfortune!

desgraciado, da ∎ *adj.* **1** *(triste, infeliz)* ⇨unhappy ⇨wretched **2** *(sin suerte)* ⇨unlucky **3** *(un suceso)* ⇨unfortunate ∎ *s.* **4** *(sin suerte)* ⇨unlucky person ⇨poor devil **5** *(infeliz)* ⇨wretch *(pl* wretches)*

deshabitado, da *adj.* ⇨uninhabited ⇨unoccupied: *El edificio parece deshabitado* - The building seems unoccupied

deshacer *v.* **1** *(un nudo)* ⇨to undo ⇨to untie **2** *(un paquete)* ⇨to unwrap ⇨to undo **3** *(el equipaje)* ⇨to unpack **4** *(una costura)* ⇨to unpick **5** *(la cama)* ⇨to mess up **6** *(un acuerdo, un contrato)* ⇨to break ⇨to dissolve **7** *(derretir)* ⇨to melt **8** *(desmontar)* ⇨to take *sth* to pieces **9** deshacerse de ⇨to get rid of: *Quiero deshacerme del viejo sofá* - I want to get rid of the old sofa **10** deshacerse en atenciones ⇨to make a fuss of *sb*: *Siempre se deshace en atenciones conmigo* - You always make a fuss of me

deshelar *v.* ⇨to melt ⇨to thaw

deshinchar ∎ *v.* **1** *(algo hinchado)* ⇨to let down: *Deshinché la colchoneta* - I let the air bed down ∎ **deshincharse** *prnl.* **2** *(algo hinchado)* ⇨to go flat ⇨to deflate: *El globo se deshinchó* - The balloon deflated **3** *(una parte del cuerpo)* ⇨to go down: *Mete el dedo en agua fría para que se te deshinche* - Put your finger in cold water so that the swelling goes down **4** col. *(una persona)* ⇨to feel deflated: *Al principio estaba entusiasmada, pero pronto me deshinché* - I was very enthusiastic in the beginning, but soon I felt deflated

deshonesto, ta *adj.* ⇨dishonest: *Nunca pudimos imaginar que fuera una persona deshonesta*

- We never thought he could be a dishonest person; ⇨dodgy *UK inform*

deshonra *s.f.* ⇨dishonour *UK;* ⇨dishonor *US;* ⇨disgrace

desierto, ta ∎ *adj.* **1** *(despoblado)* ⇨deserted ∎ **desierto** *s.m.* **2** ⇨desert

designar *v.* **1** *(a una persona)* ⇨to select: *Los votantes designaron nuevos candidatos para los escaños del Senado* - The voters selected new candidates for the Senate seats; ⇨to appoint **2** *(una cosa)* ⇨to designate *form: La UE ha designado a Madrid capital cultural* - EU has designated Madrid as cultural capital

desigual *adj.* *(diferente)* ⇨different ⇨unequal *form* **1** *(un terreno)* ⇨uneven **2** *(una superficie)* ⇨bumpy **3** *(una competición)* ⇨one-sided

desilusión *s.f.* **1** *(decepción)* ⇨disappointment **2** *Se llevó una desilusión con la película* - He was disappointed with the movie **3** *(falta de ilusiones)* ⇨disillusionment

desilusionar *v.* **1** *(decepcionar)* ⇨to disappoint **2** *(hacer perder las ilusiones)* ⇨to disillusion

desinfectante *s.m.* ⇨disinfectant

desinfectar *v.* ⇨to disinfect: *El cloro se emplea para desinfectar el agua* - Chlorine is used to disinfect water

desinflar ∎ *v.* **1** *(una cosa)* ⇨to let the air out: *desinflar un neumático* - to let the air out of a tyre ∎ **desinflarse** *prnl.* **2** *(una cosa)* ⇨to go flat ⇨to deflate: *Se me ha desinflado el balón* - My ball has deflated **3** *(una persona)* ⇨to lose heart: *No te desinfles por semejante tontería* - Don't lose heart over such nonsense

desinterés *s.m.* **1** *(apatía)* ⇨lack of interest: *desinterés por algo* - lack of interest in sth **2** *(altruismo)* ⇨unselfishness

desinteresado, da *adj.* **1** *(una persona)* ⇨unselfish ⇨selfless **2** *(un acto)* ⇨disinterested

desistir *v.* ⇨to give up [CONSTR. to give up + doing sth]: *Hemos desistido de ese plan* - We've given up that plan; *Desistí de buscar piso* - I gave up looking for a flat; ⇨to desist *form* [CONSTR. to desist from + doing sth] *form: Gary desistió de aprender alemán por falta de tiempo* - Gary desisted from learning German due to the lack of time

desleal *adj.* ⇨disloyal

deslizar ∎ *v.* **1** ⇨to slide: *Deslizaron el sofá hasta la esquina* - They slid the sofa into the corner; *Me deslizo sobre mis esquís* - I slide along on my skis ∎ **deslizarse** *prnl.* **2** ⇨to slide ⇨to glide: *Ese camarero se deslizaba entre las mesas* - That waiter glided between the tables; *La canoa se deslizó por el agua* - The canoe glided through the water **3** *(sin control)* ⇨to slip

deslumbrante *adj.* **1** *(que da luz)* ⇨dazzling **2** *(que impresiona)* ⇨dazzling

deslumbrar *v.* **1** *(cegar)* ⇨to dazzle: *Los faros de tu coche me deslumbraron* - The headlights of your car dazzled me **2** *(impresionar)* ⇨to dazzle ⇨to stun [CONSTR. to be stunned]: *La belleza de ese chico me deslumbró* - I was stunned by the beauty of that boy

desmayar *v.* ⇨to faint: *Me desmayé y me caí* - I fainted and fell; *Casi me desmayo del hambre* - I almost fainted from hunger

desmayo *s.m.* **1** ⇨faint ⇨blackout **2** *sufrir un desmayo* - to have a fainting fit

desmejorado, da *adj.* ⇨worse

desmentir *v.* ⇨to deny

desmenuzar *v.* **1** *(deshacer)* ⇨to crumble **2** *(analizar)* ⇨to break down: *Vamos a desmenuzar la teoría en conceptos* - Let's break down the theory into concepts

desmesurado, da *adj.* ⇨disproportionate: *Su reacción fue desmesurada* - She had a disproportionate reaction; ⇨enormous

desmontar *v.* **1** *(de una bicicleta, de un caballo)* ⇨to dismount *form* **2** *(un mueble)* ⇨to take to pieces ⇨to take apart: *Me temo que tendremos que desmontar la cama* - I'm afraid we will have to take apart the bed; ⇨to dismantle **3** *(un arma, un equipamiento)* ⇨to decommission **4** *(una teoría, un argumento)* ⇨to demolish

desmoronar ▮ *v.* **1** *(una construcción)* ⇨to pull down: *Los obreros desmoronaron el muro* - The workers pulled the wall down ▮ **desmoronarse** *prnl.* **2** *(una construcción)* ⇨to collapse: *El edificio se desmoronó* - The building collapsed **3** *(una institución)* ⇨to fall apart ⇨to crumble: *El Imperio Romano se desmoronó* - The Roman Empire crumbled **4** *(una persona)* ⇨to go to pieces: *Amy se desmoronó con la noticia* - Amy went to pieces when she heard the news

desnatado, da *adj.* **1** ⇨low-fat **2** *leche desnatada* - skimmed milk

desnivel *s.m.* **1** *(falta de igualdad)* ⇨gap **2** *(diferencia de alturas)* ⇨drop **3** *(en una carretera)* ⇨ramp

desnudar ▮ *v.* **1** ⇨to undress ▮ **desnudarse** *prnl.* **2** ⇨to undress ⇨to strip

desnudo, da *adj.* **1** ⇨naked **2** *(en contextos artísticos)* ⇨nude **3** *(brazos, pies)* ⇨bare

desobedecer *v.* ⇨to disobey

desobediencia *s.f.* ⇨disobedience

desobediente *adj.* ⇨disobedient

desocupado, da *adj.* **1** *(vacío)* ⇨free **2** *(ocioso)* ⇨idle **3** AMÉR. *(parado)* ⇨unemployed

desodorante *s.m.* ⇨deodorant

desorden *s.m.* **1** *(de cosas)* ⇨mess: *No deberías dejar la mesa con tanto desorden* - You shouldn't leave your table on such a mess; ⇨disorder **2** *(comportamiento violento)* ⇨disorder: *desorden en las calles* - disorder in the streets

desordenado, da *adj.* ⇨disorganized ⇨disorganised UK; ⇨messy: *La habitación estaba completamente desordenada* - The room was completely messy; ⇨untidy

desordenar *v.* ⇨to mess up: *Deja de desordenar la habitación de tu hermano* - Stop messing up your brother's room; ⇨to disarrange

desorganizado, da *adj.* ⇨disorganized ⇨disorganised UK

desorganizar *v.* ⇨to disorganize ⇨to disorganise UK: *Este caos está desorganizando mi vida* - This chaos is disorganising my life; ⇨to disrupt: *La huelga desorganizó los vuelos* - The strike disrupted the flights

desorientar ▮ *v.* **1** *(extraviar)* ⇨to mislead **2** *(confundir)* ⇨to confuse: *Tenía dudas y la respuesta me desorientó todavía más* - I already had doubts but the answer confused me even more; ⇨to disorient ▮ **desorientarse** *prnl.* **3** *(extraviarse)* ⇨to get lost: *Me desoriento con frecuencia porque todas las calles parecen iguales* - I often get lost because all the streets look similar **4** *(confundirse)* ⇨to get confused: *Me desoriento con tus cambios de humor* - I get confused by your mood changes

despachar ▮ *v.* **1** *(un producto)* ⇨to sell **2** *col.* *(a un cliente)* ⇨to serve: *A mí siempre me despacha Joe* - It's always Joe who serves me **3** *(un asunto)* ⇨to deal with: *Despacho unos asuntos y enseguida voy* - As soon as I deal with some matters, I'll go **4** *col.* *(a una persona)* ⇨to get rid of: *Despachemos a estos pesados y vayámonos* - Let's get rid of these bores and go ▮ **despacharse** *prnl.* **5** *col.* ⇨to let off steam: *Me despaché a gusto con una amiga* - I enjoyed letting off steam with a friend of mine

despacho *s.m.* **1** *(en una casa)* ⇨study *(pl studies)* **2** *(en una empresa)* ⇨office **3** *(tienda)* ⇨shop

despacio ▮ *adv.* **1** ⇨slowly ▮ *interj.* **2** ⇨slow down!

desparramar *v.* ⇨to scatter

despectivo, va *adj.* **1** ⇨scornful *form: decir algo en tono despectivo* - to say sth in a scornful tone **2** *(una palabra)* ⇨pejorative ⇨offensive

despedida *s.f.* **1** ⇨goodbye ⇨saying goodbye: *Las despedidas me ponen triste* - Saying goodbye makes me feel sad **2** *(fiesta)* ⇨leaving party: *¿Por qué no organizamos una despedida para Susan?* - Why don't we organize a leaving party

for Susan? **3 de ~** ⇨goodbye: *Dame un beso de despedida* - Give me a goodbye kiss **4 ~ de soltera** ⇨hen night **5 ~ de soltero** ⇨stag night ⇨bachelor party *US* (*pl* bachelor parties)

despedir ∎ *v.* **1** *(decir adiós)* ⇨to see off: *Quiero ir a despedirte al aeropuerto* - I want to see you off at the airport **2** *(echar)* ⇨to dismiss: *Mi hermano fue despedido de su trabajo* - My brother was dismissed from his job; ⇨to lay off: *300 trabajadores fueron despedidos* - 300 workers were laid off; ⇨to fire *inform;* ⇨to sack *UK inform;* ⇨to make redundant *UK: Despidieron a los trabajadores mayores de 45 años* - Workers over 45 were made redundant **3** *(desprender)* ⇨to give off: *Ese cigarro despide un olor horrible* - That cigarette is giving off an awful smell; ⇨to release **∎ despedirse** *prnl.* **4** *(decir adiós)* ⇨to say goodbye: *No te despediste de nosotros* - You didn't say goodbye to us **5** *(abandonar un cargo)* ⇨to leave one's job: *Me despedí porque no me gustaba el trabajo* - I left my job because I didn't like it **6** *col. (renunciar)* ⇨to forget ⇨to wave goodbye to: *Despídete de las vacaciones, te quedarás estudiando* - You can wave goodbye to your holidays; you're going to stay here and study

despegar ∎ *v.* **1** *(una cosa pegada)* ⇨to unglue: *Deberíamos despegar la mesa y arreglarla* - We should unglue the table and mend it; ⇨to unstick **2** *(arrancar)* ⇨to pull off **3** *(elevarse)* ⇨to take off: *El avión despegó a las ocho en punto* - The plane took off at eight o'clock **∎ despegarse** *prnl.* **4** ⇨to come unstuck ⇨to come off: *La etiqueta se despegó* - The label came off

despegue *s.m.* **1** *(de un avión)* ⇨take-off **2** *(de un cohete)* ⇨lift-off

despeinar ∎ *v.* **1** ⇨to mess up *sb's* hair: *No despeines a tu hermana* - Don't mess up your sister's hair **∎ despeinarse** *prnl.* **2** ⇨to get *one's* hair messed up: *Cuando hay viento, siempre me despeino* - When the wind blows, I always get my hair messed up

despejado, da *adj.* **1** *(el cielo)* ⇨clear ⇨cloudless **2** *(el día, la mente)* ⇨clear

despejar ∎ *v.* **1** *(una superficie)* ⇨to clear **2** *(algo incierto)* ⇨to clear up: *despejar dudas* - to clear up doubts **∎ despejarse** *prnl.* **3** *(el cielo)* ⇨to clear up **4** *(una persona)* ⇨to wake up

despensa *s.f.* ⇨pantry *(pl* pantries)

desperdiciar *v.* **1** ⇨to waste: *No desperdicies el dinero* - Don't waste your money **2** *(una oportunidad)* ⇨to throw away

desperdicio *s.m.* **1** *(mal uso de algo)* ⇨waste [U] **2** *(residuo)* ⇨rubbish *UK* [U]; ⇨waste ⇨garbage *US* [U] **3** *(de una comida)* ⇨scraps *pl*

desperezarse *v.prnl.* ⇨to stretch

desperfecto ∎ *s.m.* **1** *(daño)* ⇨damage [U]: *Muchos edificios sufrieron serios desperfectos durante la guerra* - Many buildings were badly damaged during the war **∎** *s.m.* **2** ⇨flaw: *Le devolví el material porque tenía desperfectos* - I returned the material because it had a flaw in it; ⇨imperfection

despertador *s.m.* ⇨alarm clock: *Pusieron el despertador a las 6.30* - They set the alarm clock for 6.30

despertar ∎ *s.m.* **1** ⇨awakening **2** *tener un mal despertar* - to wake up in a bad mood **∎** *v.* **3** *(dejar de dormir)* ⇨to wake up **4** *(a una persona)* ⇨to wake ⇨to rouse **5** *(un recuerdo)* ⇨to bring back **6** *(un sentimiento, una sensación)* ⇨to arouse **∎ despertarse** *prnl.* **7** ⇨to wake ⇨to wake up **8** *No me desperté a tiempo para llegar al examen* - I overslept and couldn't sit my exam

despido *s.m.* ⇨dismissal [U] *inform;* ⇨firing

despierto, ta *adj.* **1** *(sin dormir)* ⇨awake **2** *(espabilado)* ⇨alert ⇨bright

despilfarrar *v.* ⇨to waste ⇨to squander [CONSTR. to squander sth on sth]: *Despilfarraba su dinero en coches lujosos* - He squandered his money on luxury cars

despistado, da *adj./s.* **1** ⇨disconnected *adj;* ⇨absent-minded *adj: Este niño es un despistado* - This kid is very absent-minded **2** *Me vio pero se hizo la despistada* - She saw me but pretend not to

despistar ∎ *v.* **1** *(confundir)* ⇨to confuse ⇨to mislead **∎ despistarse** *prnl.* **2** *(confundirse)* ⇨to get confused **3** *(distraerse)* ⇨to get distracted **4** *(extraviarse)* ⇨to get the wrong road

despiste *s.m.* **1** *(falta de atención)* ⇨absent-mindedness **2** *(fallo)* ⇨slip

desplazar *v.* **1** *(mover)* ⇨to move ⇨to shift **2** *(viajar)* ⇨to travel ⇨to go [CONSTR. to go to] **3** *(reemplazar)* ⇨to displace ⇨to take the place

desplegar *v.* **1** *(algo doblado)* ⇨to unfold: *desplegar un mantel* - to unfold a tablecloth; *El periódico se desplegó con el viento* - The newspaper unfolded with the wind; ⇨to spread: *desplegar las alas* - to spread one's wings **2** *(las velas, las alas, una pancarta)* ⇨to unfurl **3** *(un conjunto de personas)* ⇨to deploy: *desplegar las tropas* - to deploy the troops

desplomarse *v.prnl.* **1** *(una persona)* ⇨to slump ⇨to collapse: *Se desplomó en una silla* - He collapsed into a chair **2** *(un edificio)* ⇨to collapse

desplumar *v.* **1** *(a un ave)* ⇨to pluck **2** *col. (a una persona)* ⇨to fleece *inform*

despreciar *v.* ⇨to despise ⇨to scorn *form;* ⇨to look down [CONSTR. to look down on sb]: *No deberías despreciarlos* - You shouldn't look down on them; ⇨to turn *one's* nose up *inform* [CONSTR. to turn one's nose up at sth/sb]: *¿Por qué desprecias la corbata que te he comprado?* - Why do you turn your nose up at the tie I bought you?

desprecio *s.m.* **1** ⇨disdain [U]: *Le miró con desprecio* - She looked at him with disdain; ⇨scorn *form* [U] *form;* ⇨contempt **2** *hacer un desprecio a alguien* - to snub sb

desprender ∎ *v.* **1** *(separar)* ⇨to take off ⇨to remove **2** *(despedir, emanar)* ⇨to give off: *Ese cigarrillo desprende un olor desagradable* - That cigarette is giving off an awful smell ∎ **desprenderse** *prnl.* **3** *(de algo)* ⇨to get rid [CONSTR. to get rid of sth]: *Quiero desprenderme del coche* - I want to get rid of my car **4** *(soltarse)* ⇨to come off

desprendimiento *s.m.* **1** *(de tierra)* ⇨landslide **2** *(de una pieza)* ⇨detachment

despreocupado, da *adj.* **1** ⇨unworried **2** *(desenfadado)* ⇨light-hearted: *un estilo despreocupado* - a light-hearted style; ⇨carefree **3** *(descuidado)* ⇨careless

desprevenido, da *adj.* **1** ⇨unprepared **2** *pillar a alguien ~* ⇨to catch *sb* off guard ⇨to catch *sb* unawares: *Tu petición de mano me pilló desprevenida* - You caught me unawares when you proposed to me

después *adv.* **1** ⇨afterwards ⇨next: *Decidieron lo que harían después* - They decided what to do next; ⇨later: *tres años después* - three years later **2** *~ de* ⇨after [CONSTR. Nunca va seguido de un verbo en futuro] **3** *~ de Cristo* ⇨AD

despuntar ∎ *v.* **1** *(quitar una punta)* ⇨to blunt: *Hemos despuntado este cuchillo de tanto usarlo* - We have blunted this knife by using it so much **2** *(una flor)* ⇨to come into bud: *Ya han empezado a despuntar las rosas* - The roses have started to come into bud **3** *(una planta)* ⇨to sprout **4** *(el día)* ⇨to break: *Nos levantamos al despuntar el día* - We got up when the day was breaking **5** *(destacar)* ⇨to stand out: *Despuntas entre todos por tu alegría* - You stand out from everyone due to your happiness ∎ **despuntarse** *prnl.* **6** ⇨to get blunt: *Se me ha despuntado el lápiz* - My pencil has got blunt

desquiciar *v.* ⇨to drive mad ⇨to unhinge *hum*

destacado, da *adj.* ⇨outstanding: *Es un miembro destacado de la academia* - He is an outstanding member of the Academy

destacar *v.* **1** *(resaltar)* ⇨to stress: *He de destacar la importancia de este dato* - I must stress

the importance of this piece of data **2** *(llamar la atención)* ⇨to stand out: *Shirley destaca por su altura* - Shirley stands out because of her height

destapar ∎ *v.* **1** ⇨to uncover: *La biografía es un intento de destapar sus secretos* - The biography is an attempt to uncover his secrets **2** *(un recipiente)* ⇨to take the lid off **3** *(una botella)* ⇨to open ∎ **destaparse** *prnl.* **4** *(en la cama)* ⇨to throw the bedclothes off

destartalado, da *adj.* **1** *(un coche)* ⇨clapped-out *inform;* ⇨beat-up *inform* **2** *(un edificio)* ⇨ramshackle ⇨tumbledown ⇨run-down

destello *s.m.* ⇨sparkle: *Vi un destello raro en la ventana* - I saw a strange sparkle in the window; ⇨glint [U]; ⇨flash *(pl* flashes)

desteñir *v.* ⇨to fade: *Los colores de mi camisa nueva se han desteñido* - The colours of my new blouse have faded; ⇨to discolour *UK;* ⇨to discolor *US*

desterrar *v.* ⇨to exile: *Le desterraron por razones políticas* - He was exiled for political reasons; ⇨to banish

destinar *v.* **1** *(dinero)* ⇨to use: *Parte del presupuesto lo destinan a hospitales* - Part of the budget is to be used for hospitals **2** *(a una persona)* ⇨to assign: *Lo destinaron a Burgos* - He was assigned to Burgos

destinatario, ria *s.* ⇨addressee

destino *s.m.* **1** *(lugar)* ⇨destination **2** *un tren con destino a Liverpool* - a train destined for Liverpool **3** *(fuerza desconocida)* ⇨destiny ⇨fate: *No merece la pena luchar contra el destino* - There's no point in fighting against fate; ⇨fortune

destituir *v.* ⇨to remove: *destituir a alguien de un cargo* - to remove sb from their office

destornillador *s.m.* ⇨screwdriver

destreza *s.f.* ⇨ability *(pl* abilities); ⇨skill [U]: *No tengo ninguna destreza con la costura* - I have no skill at sewing

destrozado, da *adj.* **1** *(roto, deteriorado)* ⇨ruined **2** *(abatido)* ⇨shattered *UK inform: Estaba destrozado por la noticia* - I was shattered by the news; ⇨devastated **3** *(agotado)* ⇨worn-out ⇨shattered

destrozar *v.* **1** *(romper, deteriorar)* ⇨to destroy ⇨to wreck ⇨to devastate: *El terremoto destrozó el alcantarillado* - The earthquake devastated the drains **2** *(estropear)* ⇨to ruin: *Has destrozado mis planes* - You have ruined my plans; ⇨to shatter **3** *(dejar abatido)* ⇨to devastate ⇨to shatter

destrozo *s.m.* ⇨destruction [U]; ⇨damage [U]

destrucción *s.f.* ⇨destruction

destructivo, va *adj.* ⇨destructive

destructor, -a ▮ *adj.* **1** ⇨destructive ▮ **destructor** *s.m.* **2** *(barco)* ⇨destroyer

destruir *v.* ⇨to destroy: *El rayo destrozó el edificio* - The lightning destroyed the building; ⇨to ruin ⇨to wreck

desvalijar *v.* ⇨to ransack: *Han desvalijado la casa* - The house has been ransacked

desván *s.m.* ⇨attic: *Llevé mis juguetes antiguos al desván* - I took my old toys to the attic; ⇨loft

desvanecer ▮ *v.* **1** *(una duda)* ⇨to dispel: *Tus comentarios desvanecieron mis dudas* - Your remarks dispelled my doubts ▮ **desvanecerse** *prnl.* **2** *(perder intensidad)* ⇨to fade away: *Mi entusiasmo fue desvaneciéndose* - My enthusiasm faded away gradually; *El sonido se desvaneció en la distancia* - The sound faded away into the distance **3** *(desaparecer)* ⇨to disappear **4** *(desmayarse)* ⇨to faint: *Estaba tan débil que me desvanecí* - I was so weak that I fainted

desvelar ▮ *v.* **1** *(quitar el sueño)* ⇨to keep awake **2** *(un secreto)* ⇨to reveal [CONSTR. 1. to reveal + that 2. to reveal + interrogativo]; ⇨to unearth ▮ **desvelarse** *prnl.* **3** *(desvivirse)* ⇨to do *one's* utmost

desventaja *s.f.* ⇨disadvantage: *estar en desventaja* - to be at a disadvantage; ⇨handicap ⇨drawback

desvergonzado, da *adj.* **1** *(sin vergüenza)* ⇨shameless ⇨unashamed **2** *(impertinente)* ⇨cheeky *UK*

desvestir ▮ *v.* **1** ⇨to undress: *desvestir a un niño* - to undress a child ▮ **desvestirse** *prnl.* **2** ⇨to get undressed **3** *(rápidamente)* ⇨to strip *one's* clothes off

desviación *s.f.* **1** *(de la trayectoria)* ⇨detour *US* **2** *(de la norma)* ⇨deviation **3** *(carretera): Coge la primera desviación a la derecha* - Take the first road that branches off to the right **4** *(camino provisional)* ⇨diversion *UK;* ⇨deviation ⇨detour *US*

desviar ▮ *v.* **1** *(el tráfico)* ⇨to divert **2** *(cambiar la trayectoria)* ⇨to deflect **3** *(la mirada)* ⇨to avert *one's* eyes ▮ **desviarse** *prnl.* **4** ⇨to go off course **5** *(una carretera)* ⇨to branch off

desvío *s.m.* **1** *(de la trayectoria)* ⇨deviation **2** ⇨diversion *UK;* ⇨detour *US*

detalle *s.m.* **1** *(pormenor)* ⇨detail **2** *(muestra de cortesía)* ⇨nice gesture: *¡Qué detalle!* - What a nice gesture! **3** **con todo ~** ⇨in great detail **4** **entrar en detalles** ⇨to go into detail

detectar *v.* ⇨to detect

detective *s.com.* **1** ⇨detective **2** *(privado)* ⇨private detective

detención *s.f.* **1** *(arresto)* ⇨arrest: *Se hicieron dos detenciones* - Two arrests were made; ⇨detention [U] **2** *(interrupción)* ⇨halt

detener *v.* **1** *(parar)* ⇨to stop **2** *(arrestar)* ⇨to arrest: *Mark fue detenido por conducir bebido* - Mark was arrested for drink-driving **3** **detenerse en** ⇨to dwell on

detergente *s.m.* **1** ⇨detergent **2** *(en polvo)* ⇨soap powder ⇨washing powder/liquid *UK;* ⇨laundry detergent *US*

deteriorado, da *adj.* ⇨damaged ⇨spoiled

deteriorar ▮ *v.* **1** ⇨to damage ⇨to spoil ▮ **deteriorarse** *prnl.* **2** ⇨to decay ⇨to deteriorate: *Su condición se está deteriorando demasiado rápido* - Her condition is deteriorating too fast

deterioro *s.m.* ⇨decay ⇨deterioration: *un deterioro continuo en las relaciones* - a continuing deterioration in relations

determinación *s.f.* **1** *(voluntad)* ⇨determination **2** *tomar una determinación* - to take a decision **3** *(especificación)* ⇨specification

determinado, da *adj.* **1** ⇨certain **2** *(específico)* ⇨specific **3** *(persona, actitud)* ⇨determined

determinar *v.* **1** *(fijar)* ⇨to fix **2** *(averiguar)* ⇨to determine *form* [CONSTR. to determine + interrogativo]: *La policía no ha determinado por qué fue asesinado* - The police haven't determined why he was murdered **3** *(causar)* ⇨to bring about

detestar *v.* ⇨to despise ⇨to detest [CONSTR. 1. to detest + doing sth]; ⇨to hate [CONSTR. 1. to hate + doing sth 2. to hate + to do sth]: *Detesto tener que madrugar* - I hate having to get up early

detrás *adv.* **1** ⇨behind: *Detrás de la casa hay un jardín* - There's a garden behind the house **2** **estar ~ 1** ⇨at the back: *Mi casa está detrás* - My home is at the back **2** ⇨on the back: *La etiqueta está detrás* - The label is on the back **3** **estar ~ de** *(gustar)* ⇨to be after: *Ben está detrás de ti* - Ben is after you

deuda *s.f.* ⇨debt

devoción *s.f.* **1** *(por una cosa, por una persona)* ⇨passion ⇨devotion **2** *(religioso)* ⇨devotion

devolución *s.f.* **1** *(hecho de devolver)* ⇨return **2** *(de dinero)* ⇨refund **3** *(fiscal)* ⇨rebate

devolver *v.* **1** ⇨to bring back: *Me devolvió la chaqueta* - He brought me my jacket back; ⇨to give back ⇨to return **2** *(vomitar)* ⇨to bring up: *Devolvió el desayuno* - She brought up her breakfast; ⇨to vomit **3** *(reembolsar)* ⇨to pay back ⇨to repay [CONSTR. to repay + dos objetos]; ⇨to refund: *Si no queda satisfecho le devolvemos el dinero* - If you are not satisfied we will refund your money **4** *devolver la llamada a alguien* - to call sb back

D ▬

devorar *v.* **1** *(comida)* ⇒to devour: *Mi perro devora una lata de comida todos los días* - My dog devours one can of food per day; ⇒to chomp *inform* **2** *col. (un libro, el periódico)* ⇒to devour: *Mi hermana devora toda novela que encuentra* - My sister devours every novel she finds

día *s.m.* **1** ⇒day ⇒daytime **2** *día laborable* - weekday **3** *día festivo* - public holiday **4** al ~ ⇒a day **5** buenos días ⇒good morning **6** de ~ ⇒in the daytime **7** ~ a ~ ⇒day by day **8** ~ de acción de gracias ⇒Thanksgiving Day **9** ~ de la madre ⇒Mother's Day ⇒Mothering Sunday *UK* **10** ~ de los enamorados ⇒St Valentine's Day **11** ~ de los inocentes ⇒April Fool's Day **12** ~ del padre ⇒Father's Day **13** ~ de Navidad ⇒Christmas Day **14** ~ libre **1** *(sin compromisos)* ⇒free day **2** *(sin trabajar)* ⇒day off **15** durante el ~ ⇒during the daytime **16** el ~ de mañana ⇒in the future **17** estar al ~ ⇒to be up to date **18** hacer buen ~ ⇒to be a nice day **19** hacerse de ~ ⇒to get light **20** poner al ~ ⇒to bring up to date **21** ser de ~ ⇒to be light **22** todos los días ⇒every day **23** un ~ sí y otro no ⇒every other day **24** vivir al ~ ⇒to live from hand to mouth ■ Ver cuadro

diablo *s.m.* **1** ⇒devil **2** *(niño travieso)* ⇒little devil **3** mandar a alguien al ~ *col.* ⇒to tell *sb* to go to hell *inform*

diadema *s.f.* ⇒hairband

diagnóstico *s.m.* ⇒diagnosis *(pl diagnoses)*

diagonal *s.f.* **1** ⇒diagonal **2** en ~ ⇒diagonally

diagrama *s.m.* ⇒diagram

partes del día	
mañana	**Morning** es el término que se utiliza para la primera parte del día, desde el amanecer o la hora de levantarse hasta el mediodía (**midday**) o la hora de la comida.
tarde	**Afternoon** se utiliza para la parte del día que abarca aproximadamente entre el mediodía o la hora de la comida y las seis de la tarde.
	Evening se utiliza para la parte del día después del trabajo o del colegio.
noche	**Night** se utiliza generalmente para la última parte del día, cuando no hay sol. La expresión "good night" se usa cuando nos despedimos de personas durante la tarde ('evening') o cuando nos vamos a acostar.

dialecto *s.m.* ⇒dialect

dialogar *v.* **1** *(conversar)* ⇒to converse *form*: *Estuvimos dialogando en el descanso de la película* - We were conversing during the interval of the film; ⇒to talk [CONSTR. to talk to/with *sb* (about sth)]: *Los profesores dialogan a menudo con los alumnos* - Teachers often talk to their students **2** *(negociar)* ⇒to negotiate: *Los terroristas han accedido a dialogar con el Gobierno* - The terrorists agreed to negotiate with the Government

diálogo *s.m.* ⇒conversation ⇒dialogue: *No pude entender la mitad del diálogo* - I couldn't understand half of the dialogue; ⇒dialog *US*

diamante ■ *s.m.* **1** *(piedra preciosa)* ⇒diamond ■ **diamantes** *pl.* **2** *(de una baraja)* ⇒diamonds

diámetro *s.m.* ⇒diameter

diana *s.f.* **1** *(el blanco)* ⇒bull's-eye: *Si das en la diana, ganas una muñeca* - If you hit the bull's-eye you win a doll **2** *(de dardos)* ⇒dartboard

diapositiva *s.f.* ⇒slide

diario, ria ■ *adj.* **1** ⇒daily: *mi rutina diaria* - my daily routine; ⇒everyday **2** a diario ⇒daily ■ **diario** *s.m.* **3** *(de la vida de una persona)* ⇒diary *(pl diaries)*; ⇒journal **4** *(periódico)* ⇒daily newspaper

diarrea *s.f.* ⇒diarrhoea *UK*; ⇒diarrhea *US*

dibujante *s.com.* **1** *(técnico)* ⇒draughtsman (hombre) *UK* *(pl draughtsmen)*; ⇒draftsman (hombre) *US* *(pl draftsmen)*; ⇒draughtswoman (mujer) *UK* *(pl draughtswomen)*; ⇒draftswoman (mujer) *US* *(pl draftswomen)* **2** *(humorista)* ⇒cartoonist

dibujar *v.* ⇒to draw

dibujo *s.m.* **1** ⇒drawing ⇒picture: *Hizo en 10 segundos una foto de ella* - He made in 10 seconds a picture of her; ⇒design ⇒pattern: *Me gusta el dibujo de tu vestido* - I like the pattern on your dress **2** dibujos animados ⇒cartoon **3** sin ~ ⇒plain

diccionario *s.m.* ⇒dictionary *(pl dictionaries)*

dicho, cha ■ *adj.* **1** *dicho siglo* - that century **2** *dicho de otra manera* - in other words ■ **dicho** *s.m.* **3** ⇒saying ⇒adage

diciembre *s.m.* ⇒December

dictado *s.m.* ⇒dictation [U]

dictador, -a *s.* ⇒dictator

dictadura *s.f.* ⇒dictatorship

dictar *v. (algo escrito)* ⇒to dictate [CONSTR. to dictate + interrogativo]

diecinueve *numer.* **1** ⇒nineteen **2** *(fecha)* ⇒nineteenth

diecinueveavo, va *numer.* ⇒nineteenth

dieciocho *numer.* **1** ⇨eighteen **2** *(fecha)* ⇨eighteenth

dieciochoavo, va *numer.* ⇨eighteenth

dieciséis *numer.* **1** ⇨sixteen **2** *(fecha)* ⇨sixteenth

dieciseisavo, va *numer.* ⇨sixteenth

diecisiete *numer.* **1** ⇨seventeen **2** *(fecha)* ⇨seventeenth

diecisieteavo, va *numer.* ⇨seventeenth

diente *s.m.* **1** ⇨tooth *(pl* teeth): *Deberías lavarte los dientes* - You should clean your teeth **2** ~ **de ajo** ⇨clove of garlic **3** ~ **de leche** ⇨milk tooth *(pl* milk teeth)

diestro, tra ❚ *adj.* **1** *(de la mano derecha)* ⇨right-handed **2** *(habilidoso)* ⇨skilful *UK;* ⇨skillful *US* ❚ **diestro** *s.m.* **3** *(torero)* ⇨bullfighter **4** **a diestro y siniestro** ⇨all over the place ⇨left, right and centre

dieta *s.f.* **1** *(alimentación)* ⇨diet: *Tendré que ponerme a dieta* - I'll have to go on a diet **2** *(dinero)* ⇨expenses *pl: La empresa me paga dietas de viaje* - The company pays me travelling expenses

diez *numer.* **1** ⇨ten **2** *(fecha)* ⇨tenth

difamar *v.* **1** ⇨to slander: *Aquel hombre me difamó al decir que le había robado la cartera* - That man slandered me by saying I had stolen his wallet; ⇨to defame *form* **2** *(por escrito)* ⇨to libel

diferencia *s.f.* **1** ⇨difference **2** *(intervalo de tiempo)* ⇨gap: *Hay una diferencia de dos años entre nosotras* - There's a gap of two years between us **3 con** ~ ⇨by far

diferenciar ❚ *v.* **1** *(distinguir)* ⇨to distinguish **2** *(hacer diferente)* ⇨to make different: *Eso es lo que te diferencia de los demás* - That's what makes you different from the others ❚ **diferenciarse** *prnl.* **3** ⇨to be different ⇨to differ: *Sus ideas se diferencian de las de él en muchos aspectos* - Her ideas differ from his in many ways

diferente ❚ *adj.* **1** ⇨different: *Tom es diferente a su hermano* - Tom is different from his brother; ⇨dissimilar ⇨distinct ❚ *adv.* **2** ⇨differently

difícil *adj.* **1** ⇨difficult ⇨hard: *El alemán me parece muy difícil* - I find German very hard; ⇨tough **2** *(poco probable)* ⇨unlikely: *Lo veo difícil* - It seems unlikely to me **3** *(una persona)* ⇨bloody-minded *inform;* ⇨problematic

dificultad *s.f.* ⇨difficulty *(pl* difficulties); ⇨trouble [U]

dificultar *v.* **1** ⇨to hinder: *dificultar la realización de un proyecto* - to hinder the carrying

out of a project; ⇨to hamper **2** **dificultar el proceso** - to make the process difficult

difundir *v.* **1** ⇨to spread: *Los periódicos difundieron el escándalo* - The newspapers spread the scandal **2** *(por radio o televisión)* ⇨to broadcast **3** *(publicar)* ⇨to publish

difunto, ta *s.* ⇨deceased *form* **D** ▪

difusión *s.f.* **1** ⇨spreading **2** *(de programas)* ⇨broadcasting **3** *(de noticias, de artículos)* ⇨publishing **4** *(de calor, luz y sonido)* ⇨diffusion

digerir *v.* ⇨to digest: *difícil de digerir* - hard to digest

digestión *s.f.* **1** ⇨digestion **2** *La digestión es un proceso complejo de nuestro cuerpo* - Digestion is a complex process in out body

digestivo, va *adj.* ⇨digestive: *aparato digestivo* - digestive system

digital *adj.* **1** *(de los dedos): huella digital* - fingerprint **2** *(un instrumento)* ⇨digital: *un reloj digital* - a digital clock

dignidad *s.f.* ⇨dignity

digno, na *adj.* **1** ⇨graceful **2** **ser** ~ **de** ⇨to be worth: *Este monumento es digno de ver* - This monument is worth seeing

dilatar *v.* **1** *(aumentar de tamaño)* ⇨to expand **2** *(la pupila)* ⇨to dilate

diluir ❚ *v.* **1** ⇨to dilute ⇨to thin ❚ **diluirse** *prnl.* **2** ⇨to dissolve

diluvio *s.m.* **1** ⇨deluge **2 el** ~ **universal** ⇨the Flood

dimensión *s.f.* **1** ⇨dimension **2** *de grandes dimensiones* - huge **3 en tres dimensiones** ⇨three-dimensional ⇨3D

diminutivo, va ❚ *adj.* **1** ⇨diminutive *form* ❚ **diminutivo** *s.m.* **2** ⇨diminutive

diminuto, ta *adj.* **1** ⇨tiny: *Tenía unos pies diminutos* - She had tiny feet **2** *(un sitio)* ⇨poky *UK inform*

dimisión *s.f.* ⇨resignation: *presentar la dimisión* - to hand in one's resignation

dimitir *v.* ⇨to resign: *dimitir de algo* - to resign from sth

Dinamarca *s.f.* ⇨Denmark

dinámico, ca *adj.* ⇨dynamic: *una persona dinámica* - a dynamic person

dinamita *s.f.* ⇨dynamite

dineral *s.m.* ⇨fortune

dinero *s.m.* **1** ⇨money: *ganar dinero* - to make money **2** *(en efectivo)* ⇨cash **3 andar mal de** ~ ⇨to be short of money ⇨to be badly-off **4** ~ **contante y sonante** ⇨hard cash **5** ~ **negro** ⇨undeclared money **6** ~ **suelto** ⇨change ⇨loose change

dinosaurio *s.m.* ⇒dinosaur

dioptría *s.f.* ⇒dioptre *UK;* ⇒diopter *US*

dios, -a *s.* **1** *(deidad masculina)* ⇒god **2** *(deidad femenina)* ⇒goddess *(pl* goddesses*)* **3** ¡Dios mío! ⇒my God! ⇒oh dear! **4** ni Dios *col.* ⇒not a soul **5** ¡por Dios! ⇒for God's sake! ⇒for goodness' sake! ⇒for Heaven's sake! **6** si Dios quiere ⇒God willing **7** ¡válgame Dios! ⇒good heavens!

diploma *s.m.* ⇒diploma ⇒certificate

diplomacia *s.f.* ⇒diplomacy

diplomático, ca ❚ *adj.* **1** *(forma de ser)* ⇒tactful ⇒diplomatic ❚ *s.* **2** ⇒diplomat

diptongo *s.m.* ⇒diphthong

diputado, da *s.* ⇒Member of Parliament ⇒representative *US*

dique *s.m.* **1** ⇒dyke **2** *(en un puerto)* ⇒dock **3** *(en un río)* ⇒levee *US*

dirección *s.f.* **1** *(domicilio, calle)* ⇒address *(pl* addresses*)* **2** *(rumbo, sentido)* ⇒course ⇒way ⇒direction: *Estamos yendo en dirección sur -* We're going in a southerly direction **3** *(de una empresa)* ⇒management **4** *poner la dirección a una carta -* to address a letter **5** ~ asistida ⇒power-assisted steering **6** ~ prohibida *(señal)* ⇒no entry **7** ~ única ⇒one-way

directiva *s.f.* **1** *(de una asociación)* ⇒committee **2** *(de una empresa)* ⇒board of directors **3** *(norma oficial)* ⇒directive *form*

directivo, va *s.* ⇒director ⇒manager ⇒executive

directo, ta *adj.* **1** *(sin detenerse)* ⇒direct ⇒non-stop **2** *(de carácter brusco)* ⇒blunt **3** en directo *(cantar en directo -* to sing live

director, -a *s.* **1** ⇒manager ⇒director: *director general -* managing director **2** *(de una escuela)* ⇒head teacher *UK;* ⇒headmaster (hombre) *UK;* ⇒headmistress (mujer) *UK (pl* headmistresses*)* **3** *(de una orquesta)* ⇒conductor **4** *(de una universidad, de un colegio)* ⇒principal **5** *(de cine)* ⇒film maker ⇒film-maker *UK* **6** *(de una tienda, de un restaurante)* ⇒manager (hombre) ⇒manageress (mujer) *(pl* manageresses*)*

dirigente ❚ *s.com.* **1** ⇒leader **2** *(de una empresa)* ⇒manager ❚ *adj.* **3** ⇒ruling

dirigir ❚ *v.* **1** ⇒to direct ⇒to channel: *Una gran cantidad de dinero se ha dirigido hacia la investigación -* A lot of money has been channelled into research **2** *(una carta)* ⇒to address *form* **3** *(una empresa)* ⇒to manage **4** *(un negocio)* ⇒to run **5** *(una orquesta)* ⇒to conduct **6** *(un arma)* ⇒to aim: *El pistolero dirigía el arma hacia nosotros -* The gunman was aiming his gun at us **7** *(un evento, un proyecto)* ⇒to lead ⇒to orchestrate ❚ dirigirse *prnl.* **8** *(a un lugar)* ⇒to go [CONSTR. to go to]; ⇒to head for **9** *(a un grupo de personas)* ⇒to address *form;* ⇒to speak: *La presidenta se dirigió a la multitud -* The president spoke to the crowd

discapacidad *s.f.* **1** ⇒disability **2** *(física, mental)* ⇒handicap ⇒impairment *form*

discapacitado, da ❚ *adj.* **1** ⇒disabled ⇒handicapped [Se considera más apropiado utilizar *disabled*] ❚ *s.* **2** ⇒disabled person ⇒handicapped person

disciplina *s.f.* **1** ⇒discipline **2** *(asignatura)* ⇒subject

discípulo, la *s.* ⇒disciple ⇒pupil

disco ❚ *s.m.* **1** *(de música)* ⇒record ⇒album ⇒disc *UK;* ⇒disk *US* **2** disco sencillo - single **3** *(en informática)* ⇒floppy (disk) ⇒diskette ⇒disk **4** *(semáforo)* ⇒light **5** ~ duro ⇒hard disk ⇒hard drive **6** ~ volador ⇒frisbee ❚ *s.f.* **7** *(discoteca)* ⇒disco

discoteca *s.f.* ⇒disco ⇒discotheque

discreción *s.f.* ⇒discretion ⇒secretiveness

discrepancia *s.f.* **1** *(desacuerdo)* ⇒disagreement **2** *(diferencia)* ⇒discrepancy *(pl* discrepancies*)*

discrepar *v.* **1** *(no estar de acuerdo)* ⇒to disagree [CONSTR. to disagree + that]; ⇒to dissent *form;* ⇒to diverge **2** *discrepar con alguien sobre algo -* to be at odds with sb over sth **3** *(diferenciar)* ⇒to differ *form*

discreto, ta *adj.* **1** *(carácter de una persona)* ⇒discreet ⇒tactful **2** *(no llamativo)* ⇒simple: *Llevaba un vestido discreto -* She was wearing a simple dress; ⇒plain

discriminación *s.f.* ⇒discrimination

discriminar *v.* ⇒to discriminate: *No se debe discriminar a nadie -* You shouldn't discriminate against anyone

disculpa *s.f.* **1** *(excusa)* ⇒excuse **2** *(perdón)* ⇒apology *(pl* apologies*)* **3** pedir disculpas - to apologize

disculpar ❚ *v.* **1** ⇒to excuse [CONSTR. to excuse for + doing sth]: *No le podemos disculpar el llegar tarde -* We cannot excuse him for being late; ⇒to forgive ❚ disculparse *prnl.* **2** ⇒to apologize ⇒to apologise *UK*

discurso *s.m.* ⇒speech *(pl* speeches*)*: *pronunciar un discurso -* to give a speech; ⇒address *form (pl* addresses*)*

discusión *s.f.* **1** ⇒argument: *Tuvieron una discusión sobre las vacaciones -* They had an argument about the holidays; ⇒row *UK* **2** *(debate, tertulia)* ⇒discussion ⇒debate

discutir *v.* **1** ⇨to argue: *Estaban discutiendo por un par de zapatos* - They were arguing about a pair of shoes; ⇨to quarrel **2** *(hablar sobre un tema)* ⇨to discuss ⇨to debate

diseñador, -a *s.* ⇨designer

diseñar *v.* ⇨to design

diseño *s.m.* ⇨design ⇨pattern

disfraz *s.m.* **1** *(para no ser reconocido)* ⇨disguise **2** *(de fiesta)* ⇨costume ⇨fancy dress *UK* [U]: *una fiesta de disfraces* - a fancy dress party **3** *(apariencia)* ⇨guise *form*

disfrazar *v.* **1** *(para no ser reconocido)* ⇨to disguise oneself **2** *(vestirse de algo)* ⇨to dress up: *Disfracémonos de romanos* - Let's dress up as Romans **3** *(cifras, datos)* ⇨to massage

disfrutar *v.* **1** ⇨to enjoy [CONSTR. to enjoy + doing sth]: *Disfruté mucho* - I enjoyed it a lot; *Disfruto charlando sobre literatura* - I enjoy chatting about literature **2** ~ **de** ⇨to enjoy [CONSTR. Se construye sin preposición]: *disfrutar de la comida* - to enjoy the meal

disfrute *s.m.* ⇨enjoyment

disgustado, da *adj.* ⇨upset: *Mike se quedó muy disgustado cuando se enteró de la noticia* - Mike got very upset when he heard the news; ⇨displeased ⇨annoyed

disgustar ∎ *v.* **1** *(poner triste, enfadar)* ⇨to upset **2** *(no gustar)* ⇨not to like ∎ **disgustarse** *prnl.* **3** *(ponerse triste, enfadarse)* ⇨to get upset: *No te disgustes por esa tontería* - Don't get upset because of such a silly thing **4** *(enfadarse)* ⇨to get angry [CONSTR. to get angry at sb]

disgusto *s.m.* **1** ⇨upset ⇨sorrow **2** *dar un disgusto a alguien* - to upset sb **3** *llevarse un disgusto por algo* - to be upset about sth

disimular *v.* **1** *(ocultar)* ⇨to hide: *Mi profesor no disimuló su enfado* - My teacher didn't hide his annoyance **2** *(fingir)* ⇨to pretend [CONSTR. 1. to pretend + (that) 2. to pretend + to do sth]: *Lo sé todo, así que no disimules* - I know everything, so don't pretend

disimulo *s.m.* **1** *hacer algo con disimulo* - to do sth surreptitiously **2** *hacer algo sin disimulo* - to do sth openly

disminución *s.f.* ⇨decrease: *Esta nueva política supondrá una disminución de los delitos en esta zona* - This new policy will mean a decrease of the thefts in this are

disminuido, da *s.* **1** *desp. (físicamente)* ⇨disabled person ⇨physically-handicapped person **2** *(psíquicamente)* ⇨mentally handicapped person

disminuir *v.* ⇨to decrease ⇨to diminish: *El dolor disminuirá después de tomar las pastillas* - Your pain will diminish after taking the pills; ⇨to lessen

disolver *v.* ⇨to dissolve

disparar ∎ *v.* **1** *(un arma)* ⇨to fire ⇨to shoot: *La policía disparó al ladrón* - The policewoman shot the thief **2** *(una flecha)* ⇨to shoot ∎ **dispararse** *prnl.* **3** *(un precio)* ⇨to shoot up: *Los precios se han disparado* - Prices have shot up **4** *(un mecanismo, un arma)* ⇨to go off

disparate *s.m.* **1** *(al hablar)* ⇨nonsense [U]: *decir disparates* - to talk nonsense **2** *(al hacer algo)* ⇨stupid thing *inform;* ⇨crazy thing ⇨absurd thing

disparo *s.m.* ⇨shot

dispersar ∎ *v.* **1** ⇨to disperse: *La policía antidisturbios dispersó a la multitud* - The riot police dispersed the crowd ∎ **dispersarse** *prnl.* **2** *(hacia un lugar)* ⇨to scatter: *La multitud se dispersó al ver al león* - The crowd scattered when they saw the lion; ⇨to disperse: *El humo se dispersó en el aire* - The smoke dispersed in the air **3** *(en un asunto)* ⇨to spread oneself thinly: *No te disperses en tantas cosas y céntrate en una sola* - Don't spread yourself so thinly; work on one thing at a time

disponer ∎ *v.* **1** *(organizar)* ⇨to arrange: *Los libros están dispuestos en orden alfabético* - The books are arranged in alphabetical order **2** *(tener)* ⇨to have ∎ **disponerse** *prnl.* **3** ⇨to get ready: *Me disponía a salir cuando llegaste* - I was getting ready to go out when you arrived

disponible *adj.* ⇨available

disposición *s.f.* **1** *(ordenación)* ⇨arrangement **2** *Mi teléfono está a tu disposición* - My telephone is at your disposal **3** *(en derecho)* ⇨provision

dispositivo *s.m.* **1** ⇨device **2** *(militar)* ⇨force

dispuesto, ta *adj.* **1** *(decidido)* ⇨willing: *Estaba dispuesto a trabajar* - He was willing to work; ⇨prepared **2** *(preparado)* ⇨ready ⇨amenable **3** *no estar dispuesto* - to be unwilling

disputa *s.f.* ⇨dispute: *No han sido capaces de solucionar la disputa por las condiciones laborales* - They have been unable to settle the dispute over working conditions; ⇨disagreement

disputar ∎ *v.* **1** *(lidiar)* ⇨to dispute [CONSTR. 1. to dispute + (that) 2. to dispute sth with sb]: *Los nobles disputaban a los reyes el poder de los feudos* - Noblemen disputed the power over their domains with the kings **2** *(competir)* ⇨to play: *Los dos mejores equipos europeos disputarán el encuentro del sábado* - The two

best European teams will play Saturday's match ❚ **disputarse** *prnl.* **3** ⇨to compete [CONSTR. 1. to compete for sth]: *¿Qué equipos se disputarán el primer premio este año?* - Which teams will compete for the first prize this year?

disquete *s.m.* ⇨disk ⇨floppy disk ⇨diskette

disquetera *s.f.* ⇨disk drive

distancia *s.f.* **1** ⇨distance **2 a mucha ~** ⇨a long way **3 a poca ~** ⇨not far away ⇨not far from: *Este restaurante está a poca distancia del mar* - This restaurant is not far from the sea **4 de ~** ⇨away ⇨off: *El pueblo está todavía a diez millas de distancia* - The village is still ten miles off **5 de larga ~** ⇨long-distance

distante *adj.* **1** *(en el tiempo, en el espacio)* ⇨distant ⇨remote: *galaxias distantes* - remote galaxies **2** *(en el trato)* ⇨distant

distinción *s.f.* **1** *(diferencia)* ⇨distinction ⇨style **2** *sin distinción de raza* - regardless of race **3** *(educación)* ⇨refinement **4** *(premio, reconocimiento)* ⇨award

distinguido, da *adj.* **1** *(valorado)* ⇨distinguished ⇨dignified **2** *(refinado)* ⇨courtly ⇨polished ⇨well-bred: *Viene de una familia distinguida* - He comes from a well-bred family

distinguir ❚ *v.* **1** *(diferenciar)* ⇨to distinguish: *distinguir dos partes diferentes* - to distinguish two different parts **2** *(reconocer)* ⇨to tell: *No pude distinguir cuál era el original* - I couldn't tell which was the original; ⇨to pick out ❚ **distinguirse** *prnl.* **3** *(caracterizarse)* ⇨to be known for

distintivo *s.m.* ⇨badge *UK;* ⇨button *US*

distinto, ta *adj.* ⇨different: *Esos libros son distintos* - Those books are different; ⇨distinct ⇨unlike

distracción *s.f.* **1** *(falta de atención)* ⇨distraction ⇨abstraction *form* **2** *(diversión)* ⇨amusement

distraer ❚ *v.* **1** *(hacer perder la atención)* ⇨to distract **2** *(entretener)* ⇨to entertain ❚ **distraerse** *prnl.* **3** *(desconcentrarse)* ⇨to get distracted **4** *(entretenerse)* ⇨to amuse oneself ⇨to relax

distraído, da *adj.* **1** *(despistado)* ⇨absent-minded ⇨distracted **2** *(entretenido)* ⇨entertaining

distribución *s.f.* **1** *(de bienes)* ⇨distribution **2** *(de mercancía)* ⇨delivery **3** *(disposición)* ⇨layout

distribuir *v.* **1** ⇨to distribute: *Los muebles sobrantes fueron distribuidos entre los amigos* - The leftover furniture was distributed among

friends **2** *(repartir entregando en mano)* ⇨to distribute ⇨to give out: *Distribuí los folletos entre los delegados* - I gave out the leaflets to the delegates

distrito *s.m.* **1** ⇨district **2** *(electoral)* ⇨constituency *(pl* constituencies)

disturbio *s.m.* ⇨riot ⇨disturbance [U]

diversión *s.f.* **1** *(entretenimiento)* ⇨amusement ⇨fun **2** *(actividad que entretiene)* ⇨entertainment

diverso, sa *adj.* **1** *(distinto)* ⇨different **2** *(variado)* ⇨diverse

divertido, da *adj.* **1** *(entretenido)* ⇨amusing ⇨entertaining ⇨fun: *La fiesta fue muy divertida* - The party was great fun **2** *(gracioso)* ⇨funny: *Nos contaron una historia muy divertida* - They told us a very funny story; ⇨humorous

divertir ❚ *v.* **1** *(hacer gracia)* ⇨to amuse **2** *(entretener, distraer)* ⇨to entertain ❚ **divertirse** *prnl.* **3** ⇨to enjoy oneself **4** *que te diviertas* ⇨have fun! ⇨have a good time!

dividir *v.* **1** ⇨to divide [CONSTR. to divide by/into sth]: *Si divides ocho entre dos, te da cuatro* - If you divide eight by two, you get four **2** *(en dos partes)* ⇨to halve ⇨to divide in two **3** *(separar una cosa de otra)* ⇨to separate [CONSTR. to separate into sth] **4** *(en grupos)* ⇨to categorize

divino, na *adj.* **1** *(de los dioses)* ⇨divine **2** *(extraordinario)* ⇨gorgeous ⇨heavenly *inform:* *una experiencia divina* - a heavenly experience

divisa *s.f.* ⇨currency *(pl* currencies)

divisar *v.* ⇨to make out

división *s.f.* **1** *(segmentación)* ⇨division ⇨splitting: *la división de un átomo* - the splitting of an atom **2** *(enemistad)* ⇨division **3** *(en matemáticas)* ⇨division **4** *(en deporte)* ⇨division **5** *(de un país)* ⇨break-up ⇨partition

divorciarse *v.prnl.* ⇨to get divorced

divorcio *s.m.* ⇨divorce

divulgar *v.* **1** *(un rumor, una noticia)* ⇨to spread: *La noticia del fin del conflicto se divulgó rápidamente* - News of the end of the conflict quickly spread **2** *(un secreto)* ⇨to disclose *form* [CONSTR. to disclose + that]; ⇨to divulge *form*: *El presidente se negó a divulgar aquel secreto de Estado* - The president refused to divulge that State secret

dobladillo *s.m.* ⇨hem: *el dobladillo de una falda* - the hem of a skirt

doblaje *s.m.* ⇨dubbing

doblar *v.* **1** *(plegar)* ⇨to fold: *doblar la ropa* to fold clothes **2** *(curvar, flexionar)* ⇨to bend

don

doblar las piernas - to bend one's legs **3** *(torcer)* ⇨to turn: *doblar una esquina* - to turn a corner **4** *(duplicar)* ⇨to double: *doblar una cantidad de dinero* - to double an amount of money **5** *(una película, a un actor)* ⇨to dub: *Peyton ha doblado a muchas actrices famosas* - Peyton has dubbed many famous actresses **6** *(una campana)* ⇨to toll: *Las campanas doblaban por el boticario* - The bells were tolling for the chemist **7** *(en años): Te doblo en edad* - I'm twice your age

doble ▌ *numer.* **1** ⇨double: *una habitación doble* - a double room **2** *una calle de doble sentido* - a two-way street **▌** *s.m.* **3** *(cantidad)* ⇨twice as much (as *sth*): *Mi novio come el doble que yo* - My boyfriend eats twice as much as I do; ⇨double **▌** *s.com.* **4** *(persona)* ⇨double ⇨lookalike **5** *(en una película)* ⇨stunt man (hombre) *(pl* stunt men); ⇨stunt woman (mujer) *(pl* stunt women)

doblez ▌ *s.amb.* **1** *(hipocresía)* ⇨deceitfulness **▌** *s.m.* **2** *(parte que se dobla)* ⇨fold: *hacer un doblez en un pañuelo* - to make a fold in a handkerchief

doce *numer.* **1** ⇨twelve **2** *(fecha)* ⇨twelfth

doceavo, va *numer.* ⇨twelfth

docena *s.f.* ⇨dozen: *una docena de huevos* - a dozen eggs; *por docenas* - by the dozen

docencia *s.f.* ⇨teaching

docente *adj. (personal docente)* ⇨teaching staff

doctor, -a *s.* ⇨doctor ⇨Dr

doctrina *s.f.* ⇨doctrine

documentación *s.f.* **1** ⇨papers *pl;* ⇨documents *pl* **2** *(de identificación personal)* ⇨identification ⇨ID **3** *(con carácter oficial)* ⇨documentation

documental *adj./s.m.* ⇨documentary *(pl* documentaries)

documento *s.m.* **1** ⇨document **2** ~ *nacional de identidad* ⇨identity card

dólar *s.m.* ⇨dollar

dolencia *s.f.* ⇨ailment

doler *v.* **1** *(físicamente)* ⇨to hurt: *Me duelen las piernas* - My legs hurt; ⇨to ache: *Les dolía la espalda* - Their backs were aching **2** *(emocionalmente)* ⇨to hurt **3** *doler la cabeza* - to have a headache **4** *doler las muelas* - to have toothache **5** *doler los oídos* - to have earache **6** *doler el estómago* - to have a stomachache

dolor *s.m.* **1** *(físico)* ⇨ache ⇨pain: *Tengo dolor de cuello* - I have a pain in the neck **2** *(muy intenso)* ⇨agony **3** *dolor de cabeza* - headache **4** *dolor de espalda* - backache **5**

dolor de muelas - toothache **6** *dolor de oídos* - earache **7** *dolor de estómago* - stomachache

dolorido, da *adj.* ⇨sore ⇨tender

doloroso, sa *adj.* **1** ⇨painful **2** *(una experiencia)* ⇨bruising

domador, -a *s.* **1** ⇨tamer **2** *(de caballos)* ⇨horse-breaker

domar *v.* **1** ⇨to tame: *domar a un león* - to tame a lion **2** *domar a un caballo* - to break a horse in

domesticado, da *adj.* ⇨tame

domesticar *v.* ⇨to tame

doméstico, ca *adj.* **1** ⇨domestic **2** *tareas domésticas* - housework

domicilio *s.m.* **1** ⇨residence *form;* ⇨address *(pl* addresses): *domicilio particular* - home address **2** *servicio a* ~ ⇨delivery service

dominante *adj.* **1** *(una persona)* ⇨domineering ⇨authoritarian **2** *(una propuesta, una opinión)* ⇨prevailing **3** *(un sentimiento, una influencia)* ⇨pervasive *form*

dominar ▌ *v.* **1** *(ejercer un poder)* ⇨to dominate **2** *(tener bajo control)* ⇨to subdue **3** *(ser bueno en algo)* ⇨to be a master ⇨to be an expert* [CONSTR. to be an expert at sth]*: *Diane domina el esquí* - Diane is an expert at skiing **4** *(un idioma)* ⇨to have a very good command: *Domino el ruso* - I have a very good command of Russian **5** *(aprender a hacer algo muy bien)* ⇨to master: *dominar nuevas técnicas* - to master new techniques **6** *(un problema)* ⇨to conquer: *dominar el miedo a hablar en público* - to conquer the fear of public speaking **▌** **dominarse** *prnl.* **7** ⇨to control oneself

domingo *s.m.* **1** ⇨Sunday **2** ~ *de Pascua* ⇨Easter Sunday

dominical ▌ *adj.* **1** ⇨Sunday *n: descanso dominical* - Sunday rest **▌** *s.m.* **2** *(periódico)* ⇨Sunday paper

dominicano, na *adj./s.* ⇨Dominican

dominio *s.m.* **1** *(poder)* ⇨rule ⇨control: *Estaban bajo el dominio de los romanos* - They were under control of the Romans **2** *(de un idioma)* ⇨command **3** *(gran conocimiento sobre algo)* ⇨mastery: *un gran dominio del ajedrez* - a deep mastery of chess **4** *ser de* ~ *público* ⇨to be common knowledge

dominó *s.m.* ⇨dominoes: *jugar al dominó* - to play dominoes

don *s.m.* **1** *(señor)* ⇨Mr **2** *(habilidad natural)* ⇨gift: *Tiene un don para la música* - He has a gift for music; ⇨talent **3** *ser un* ~ *nadie col. desp.* ⇨to be a nobody **4** *tener* ~ *de gentes* ⇨to have a way with people

donante *s.com.* ⇨donor: *un donante de sangre* - a blood donor

donar *v.* 1 ⇨to donate 2 *(sangre)* ⇨to give

donativo *s.m.* ⇨donation

doncella *s.f.* ⇨maid

donde *adv.relat.* ⇨where: *El abrigo está donde tú lo dejaste* - The coat is where you left it

dónde *adv.* 1 ⇨where: *¿Dónde está Nepal?* - Where is Nepal? 2 ⇨wherever: *¿Dónde has estado tanto tiempo?* - Wherever have you been so long? [Tiene valor enfático]

dondequiera *adv.* ⇨wherever: *Dondequiera que vayas, te seguiré* - Wherever you go, I'll follow you

doña *s.f.* 1 *(sin especificar estado civil)* ⇨Ms 2 *(mujer soltera)* ⇨Miss 3 *(mujer casada)* ⇨Mrs

dorado, da *adj.* 1 *(color)* ⇨gold ⇨golden 2 *(cubierto de oro)* ⇨gilded ⇨gilt 3 *(período de tiempo)* ⇨golden: *años dorados* - golden years

dormido, da *adj.* 1 *(una persona)* ⇨asleep 2 *(una parte del cuerpo)* ⇨numb: *Tengo el brazo dormido* - My arm's gone numb

dormir ▮ *v.* 1 ⇨to sleep 2 *(más de lo normal)* ⇨to sleep in 3 *(a un bebé)* ⇨to get to sleep ▮ **dormirse** *prnl.* 4 *(una persona)* ⇨to fall asleep 5 *(una parte del cuerpo)* ⇨to go to sleep

dormitorio *s.m.* 1 *(habitación)* ⇨bedroom 2 *(de un colegio)* ⇨dormitory *(pl dormitories)*

dorso *s.m.* 1 ⇨back: *Ver instrucciones al dorso* - See instructions on the back 2 *sigue al ~* ⇨please turn over ⇨PTO

dos *numer.* 1 ⇨two: *Me compré dos pares de zapatos* - I bought two pairs of shoes; *Dame los dos* - Give me both of them 2 *(fecha)* ⇨second 3 *de ~ en ~* ⇨in pairs 4 *~ puntos (signo ortográfico)* ⇨colon 5 *~ veces* ⇨twice

doscientos, tas *numer.* ⇨two hundred

dosis *s.f.* ⇨dose

dote ▮ *s.amb.* 1 ⇨dowry *(pl dowries)* ▮ **dotes** *s. f.pl.* 2 *tener dotes para el canto* - to have a gift for singing

dragón *s.m.* ⇨dragon

drama *s.m.* 1 *(obra literaria)* ⇨drama 2 *(suceso que conmueve)* ⇨drama

dramático, ca *adj.* ⇨dramatic

droga *s.f.* ⇨drug: *droga blanda* - soft drug; *droga dura* - hard drug

drogadicto, ta *s.* ⇨drug addict

drogar ▮ *v.* 1 ⇨to drug ▮ **drogarse** *prnl.* 2 ⇨to take drugs

droguería *s.f.* ⇨shop which sells household goods and cleaning material

ducha *s.f.* ⇨shower

duchar ▮ *v.* 1 ⇨to give a shower ▮ **ducharse** *prnl.* 2 ⇨to have a shower ⇨to take a shower *US*

duda *s.f.* 1 ⇨doubt: *No tengo ninguna duda sobre ella* - I don't have any doubts about her; ⇨misgiving 2 *sin duda* - undoubtedly; *sin duda alguna* - without a shadow of a doubt

dudar *v.* ⇨to doubt [CONSTR. to doubt + (that)]: *Dudo que lo consigas* - I doubt you'll manage it; ⇨to hesitate

dudoso, sa *adj.* 1 *(incierto)* ⇨doubtful ⇨uncertain: *de origen dudoso* - of uncertain origin 2 *(probablemente erróneo)* ⇨dubious: *una decisión dudosa* - a dubious decision 3 *(indeciso)* ⇨hesitant

duelo *s.m.* 1 *(lucha)* ⇨duel 2 *(dolor)* ⇨grief 3 *(luto)* ⇨mourning: *La familia está de duelo* - The family is in mourning

duende *s.m.* ⇨elf *(pl elves)*

dueño, ña *s.* 1 *(propietario)* ⇨owner 2 *(de una mascota)* ⇨master 3 *ser dueño de algo* - to own sth 4 *ser ~ de sí (mismo,ma)* ⇨to be fully in control of oneself

dulce ▮ *adj.* 1 *(con azúcar)* ⇨sweet 2 *(agua)* ⇨fresh 3 *(una persona)* ⇨gentle: *Es muy dulce con los niños* - She's very gentle with the kids; ⇨sweet ⇨mild 4 *(un sonido)* ⇨mellow ⇨soft ▮ *s.m.* 5 *(pastel)* ⇨cake ⇨confection *form* 6 *(caramelo)* ⇨sweet *UK*; ⇨candy *US (pl candies)*

duna *s.f.* ⇨dune

dúo *s.m.* 1 *(composición musical)* ⇨duet: *Tocaron un dúo al piano* - They played a duet on the piano 2 *(conjunto)* ⇨duo: *un dúo de cantantes* - a singing duo

duodécimo, ma *numer.* ⇨twelfth

dúplex *s.m.* ⇨duplex *(pl duplexes)*

duplicado *s.m.* ⇨copy *(pl copies)*

duque ▮ *s.m.* 1 ⇨duke ▮ *los duques pl.* 2 ⇨the duke and the duchess

duquesa *s.f.* ⇨duchess *(pl duchesses)*

duración *s.f.* 1 ⇨length 2 *de larga duración* - long-lasting 3 *de corta duración* - whistle-stop 4 *(de una cosa)* ⇨life: *Este tipo de pilas son de mayor duración* - This type of battery has a much longer life

duradero, ra *adj.* ⇨lasting: *una amistad duradera* - a lasting friendship

durante *prep.* 1 *(mientras ocurre algo)* ⇨during: *No se permite fumar durante el vuelo* - Smoking is not allowed during the flight; ⇨over: *durante la comida* - over lunch; *durante el verano* - over the summer 2 *(el período de tiempo en el que ocurre algo)* ⇨for: *Estuvimos caminando durante dos horas* - We walked for

two hours **3** *durante todo el espectáculo* - throughout the show **4** *durante el día* - during the day / in the daytime

durar *v.* **1** *(conservarse, permanecer)* ⇒to last: *Espero que la comida dure hasta el sábado* - I hope the food lasts until Saturday; *La tormenta no durará mucho* - The storm won't last long **2** *(prolongarse en el tiempo)* ⇒to take: *El vuelo dura dos horas* - The flight takes two hours

duraznero *s.m.* AMÉR. ⇒peach tree

durazno *s.m.* AMÉR. ⇒peach *(pl* peaches)

duro, ra ∎ *adj.* **1** ⇒hard **2** *(severo)* ⇒tough ⇒harsh: *duras críticas* - harsh criticism **3** *(difícil, trabajoso)* ⇒hard ⇒rough **4** *(un pan, un bollo)* ⇒hard ⇒stale **5** *(la carne)* ⇒tough **6** ~ de oído ⇒hard of hearing ∎ **duro** *s.m.* **7** *(moneda antigua)* ⇒five-peseta coin **8** no tener un duro *col.* ⇒to be completely broke ∎ **duro** *adv.* **9** ⇒hard

D

E
e

e ∎ *s.f.* **1** *(letra del alfabeto)* ⇨e ∎ *conj.* **2** ⇨and
ebullición *s.f.* **1** ⇨boiling **2** *llevar a ebullición -*
to bring to the boil
echar ∎ *v.* **1** *(tirar)* ⇨to throw: *Échame el balón*
- Throw me the ball; ⇨to chuck *inform* **2** *(a suer-*
tes) ⇨to toss: *Echemos una moneda al aire -*
Let's toss a coin **3** *(tumbar, acostar)* ⇨to lay: *Voy*
a echar al bebé en la cama - I'll lay the baby on
the bed **4** *(poner)* ⇨to put: *No me eches otra*
manta en la cama - Don't put another blanket
on my bed **5** *(participar en un juego)* ⇨to play:
¿Echamos una partida de cartas? - What about
playing cards? **6** *(calcular, adivinar)* ⇨to guess
[CONSTR. to guess + (that)]: *Te echo veinte años, pero*
puede que me equivoque - I'd guess that you're
twenty, but I may be wrong **7** *(servir una bebi-*
da) ⇨to pour: *Échame un poco de agua, por fa-*
vor - Pour me a little water, please; ⇨to give **8**
(servir una comida) ⇨to serve: *¿Te echo un poco*
más de sopa? - Shall I serve you some more
soup?; ⇨to give **9** *(hacer salir)* ⇨to throw out: *La*
eché de mi habitación - I threw her out of my
room **10** *(de un colegio)* ⇨to expel: *Ese colegio*
nunca ha echado a ningún alumno - That school
has never expelled any of its pupils **11** *(de un*
trabajo) ⇨to lay off ⇨to dismiss: *La empresa ha*
echado a varios empleados - The company has
dismissed several employees **12** *col. (en el cine,*
en la tele) ⇨to be on: *¿Qué echan esta semana en*
el cine? - What's on the cinema this week? **13**
echar una carta - to post a letter **14** *~ a* ⇨to
start: *echar a correr -* to start running **15** *~ de*
menos ⇨to miss: *Te echo mucho de menos -* I
miss you a lot **16** *~ una mano* ⇨to give a hand:
Échame una mano, por favor - Give me a hand,
please **17** *~ una ojeada* ⇨to have a look: *Solo he*
venido a echar una ojeada al apartamento - I've
just come to have a look at the flat **18** *~ un ojo*
⇨to keep an eye on: *¿Puedes echarle un ojo a mi*
equipaje? - Could you keep an eye on my lug-
gage? **19** *~ un vistazo* ⇨to take a quick look ⇨to

scan ⇨to glance: *Siempre le echo un vistazo a los*
titulares - I always glance at the newspaper
headlines ∎ **echarse** *prnl.* **20** *(tumbarse)* ⇨to lie
⇨to lie down: *Échate un ratito, pareces cansado -*
Lie down for a while, you look tired **21** *echarse*
una siesta - to have a nap **22** *(moverse)* ⇨to move:
echarse a un lado - to move aside **23** **echarse**
atrás *(rajarse, arrepentirse)* ⇨to back out: *Me*
eché atrás, porque me faltó valor - I backed out
because I didn't have the guts
eclipse *s.m.* ⇨eclipse
eco *s.m.* **1** ⇨echo *(pl* echoes) **2** *hacer eco -* to echo
3 *hacerse ~ de algo* ⇨to echo *sth*
ecología *s.f.* ⇨ecology
ecológico, ca *adj.* **1** ⇨ecological: *La organiza-*
ción trabaja para prevenir los desastres ecológi-
cos - The organization works in order to prevent
ecological disasters **2** *(un producto)* ⇨environ-
mentally friendly: *un champú ecológico -* an en-
vironmentally friendly shampoo; ⇨eco-friendly
UK **3** *(un cultivo, la agricultura)* ⇨organic: *agri-*
cultura ecológica - organic farming
ecologismo *s.m.* ⇨environmentalism
ecologista ∎ *adj.* **1** ⇨environmental ∎ *s.com.* **2**
⇨environmentalist
economía *s.f.* **1** ⇨economy *(pl* economies): *la*
economía española - the Spanish economy; ⇨fi-
nance **2** *(ciencia)* ⇨economics [Se usa más con el
verbo en singular]: *Estudio economía -* I study Eco-
nomics
económico, ca *adj.* **1** *(de la economía)* ⇨eco-
nomic **2** *(barato)* ⇨cheap: *Este coche me parece*
muy económico - I found this car very cheap;
⇨economical **3** *(un restaurante, un hotel)*
⇨cheap
ecuador *s.m.* ⇨equator
Ecuador *s.m.* ⇨Ecuador
ecuatorial *adj.* ⇨equatorial
ecuatoriano, na *adj. / s.* ⇨Ecuadorian
edad *s.f.* **1** *(de una persona)* ⇨age: *No había na-*
die de su edad en la fiesta - There was no one

her age in the party **2** *(época)* ⇨age: *la Edad de Piedra* - the Stone Age; *la Edad Media* - the Middle Ages **3 de cierta ~** ⇨getting on in years **4 de mediana ~** ⇨middle-aged **5 estar en la ~ del pavo** ⇨to be at an awkward age **6 mayor de ~** ⇨of age: *ser mayor de edad* - to be of age **7 menor de ~** ⇨under age: *ser menor de edad* - to be under age **8 tercera ~** ⇨retirement age

edición *s.f.* **1** *(conjunto de ejemplares)* ⇨edition: *una edición de bolsillo* - a paperback edition **2** *una edición especial* - a bumper issue **3** *(acción)* ⇨publication **4** *(industria)* ⇨publishing: *Trabaja en el mundo de la edición* - He works in the publishing world

edificar *v.* ⇨to build

edificio *s.m.* ⇨building

editar *v.* **1** *(publicar)* ⇨to publish **2** *(preparar un texto, una película)* ⇨to edit

editor, -a *s.* **1** *(que publica)* ⇨publisher **2** *(que prepara un texto, una película)* ⇨editor

editorial ▌ *adj.* **1** ⇨publishing *n: la industria editorial* - the publishing industry ▌ *s.m.* **2** *(artículo)* ⇨leading article ⇨editorial ▌ *s.f.* **3** *(empresa)* ⇨publisher: *¿De qué editorial es ese libro?* - Who are the publishers of this book?; ⇨publishing company *(pl publishing companies)*

edredón *s.m.* ⇨duvet *UK*

educación *s.f.* **1** *(enseñanza)* ⇨education: *educación superior* - further education **2** *(cortesía)* ⇨upbringing ⇨manners *pl: tener buena educación* - to have good manners; ⇨politeness **3 ~ a distancia** ⇨distance learning **4 ~ física** ⇨physical education ⇨PE **5 ~ vial** ⇨road education

educado, da *adj.* **1** ⇨polite **2 bien ~** ⇨well behaved **3 mal ~** ⇨impolite *form;* ⇨rude

educar *v.* **1** *(enseñar)* ⇨to educate: *Debemos educar a los niños en la tolerancia* - We must educate children in tolerance **2** *(criar)* ⇨to bring up: *Fue educada por sus abuelos* - She was brought up by her grandparents

efectivo, va ▌ *adj.* **1** ⇨effective ▌ *efectivo s.m.* **2** ⇨cash: *en efectivo* - in cash

efecto *s.m.* **1** *(consecuencia)* ⇨effect: *Este medicamento no me hizo efecto* - This medicine had no effect on me **2** *(impresión)* ⇨impression **3** *(propósito)* ⇨purpose: *a estos efectos* - for this purpose **4 ~ invernadero** ⇨greenhouse effect **5 efectos especiales** *(de una película)* ⇨special effects **6 efectos secundarios** *(de un medicamento)* ⇨side effects **7 en ~** ⇨indeed

efectuar *v.* ⇨to carry out: *Efectuamos el experimento en el laboratorio* - We carried out the experiment in the laboratory

efervescente *adj.* **1** *(bebida)* ⇨fizzy: *bebidas efervescentes* - fizzy drinks **2** *(pastilla)* ⇨effervescent

eficacia *s.f.* ⇨effectiveness: *la eficacia en el control* - effectiveness in control; ⇨efficiency

eficaz *adj.* **1** *(una cosa)* ⇨effective **2** *(una persona)* ⇨efficient

eficiencia *s.f.* ⇨efficiency

eficiente *adj.* ⇨efficient

egipcio, cia ▌ *adj. / s.* **1** ⇨Egyptian ▌ **egipcio** *s.m.* **2** *(idioma)* ⇨Egyptian

Egipto *s.m.* ⇨Egypt

egoísta ▌ *adj.* **1** ⇨selfish: *No seas tan egoísta y comparte los pasteles con ellos* - Don't be so selfish and share the sweets with them; ⇨egoistic ⇨egotistic ▌ *s.com.* **2** ⇨selfish person ⇨egoist ⇨egotist

eje *s.m.* **1** *(línea)* ⇨axis *(pl axes)* **2** *(de un cuerpo giratorio)* ⇨axle: *el eje de una rueda* - the axle of a wheel; ⇨pivot **3** *(núcleo)* ⇨core: *el eje argumental de una película* - the core of a film's plot; ⇨linchpin **4 ~ de abscisas** ⇨x-axis **5 ~ de coordenadas** ⇨x and y axes *pl* **6 ~ de ordenadas** ⇨y-axis

ejecutar *v.* **1** *(llevar a cabo)* ⇨to carry out **2** *(a un condenado)* ⇨to execute *form* **3** *(una pieza musical)* ⇨to perform ⇨to play **4** *(en informática)* ⇨to run: *Estoy intentando ejecutar el programa, pero me da un error* - I'm trying to run the program but I get an error

ejecutivo, va *adj. / s.* ⇨executive

ejemplar ▌ *adj.* **1** ⇨exemplary *form: un comportamiento ejemplar* - an exemplary behaviour ▌ *s.m.* **2** *(de una publicación)* ⇨issue ⇨copy *(pl copies)* **3** *(individuo de una especie)* ⇨specimen

ejemplo *s.m.* **1** ⇨example: *dar ejemplo* - to set an example **2 por ~** ⇨for example ⇨e.g. ⇨for instance ⇨such as

ejercer *v.* **1** *(una profesión)* ⇨to practise *UK: Mi padre ejerce la medicina desde hace más de veinte años* - My father has practised medicine for more than twenty years; ⇨to practice *US* **2** *(una influencia)* ⇨to exert: *Los dibujos animados ejercen fascinación en los niños* - Cartoons exert fascination among children **3** *(un derecho)* ⇨to exercise *form: Ejerce tu derecho al voto* - Exercise your right to vote **4** *(autoridad, poder)* ⇨to wield

ejercicio *s.m.* **1** *(de una profesión)* ⇨practice **2** *(gimnasia)* ⇨exercise: *hacer ejercicio* - to exercise **3** *(prueba)* ⇨test

ejército *s.m.* **1** *(de tierra)* ⇨army *(pl armies): el ejército enemigo* - the opposing army **2** *(de una nación)* ⇨the armed forces **3 ~ del aire** ⇨air force

E

el, la *art.determ.* **1** ⇨the: *¿Has leído ya el libro que te presté?* - Have you read the book I lent you yet? **2** ⇨the one: *Este es el que me gusta* - This is the one I like **3** *Ese no es el mío* - That one is not mine **4** *(quienquiera)* ⇨whoever: *El primero que llegue gana* - Whoever gets there first, wins ■ Ver cuadro a / an / the

él *pron.pers.* **1** *(sujeto)* ⇨he: *Nada más irte tú, llegó él* - As soon as you left, he turned up **2** *(sujeto al final de frase, precedido del verbo «ser»)* ⇨him: *¿Es él?* - Is it him? **3** *(precedido de una preposición)* ⇨him: *Se lo contaré a él más tarde* - I'll tell it to him later; *¿Quieres hablar con él?* - Do you want to talk to him? **4** *(con valor posesivo)* ⇨his: *No es mío, sino de él* - It's not mine, but his **5** *(referido a un animal)* ⇨it **6 ~ mismo 1** *(persona)* ⇨himself: *Él mismo fue quien me lo dijo* - He himself told me about it **2** *(animal)* ⇨itself **7 ~ solo 1** *(persona)* ⇨by himself ⇨on his own: *Arregló la bicicleta él solo* - He mended the bicycle on his own **2** *(animal)* ⇨by itself ⇨on its own

elaborar *v.* **1** *(un producto)* ⇨to make **2** *(un plan, una idea)* ⇨to draw up ⇨to develop

elástico, ca ■ *adj.* **1** *(un material, un objeto)* ⇨elastic ⇨resilient ■ **elástico** *s.m.* **2** ⇨elastic

elección ■ *s.f.* **1** ⇨choice ⇨option ⇨pick: *Me temo que hemos hecho una mala elección* - I'm afraid we have made a wrong pick ■ **elecciones** *pl.* **2** ⇨election **3 elecciones autonómicas** ⇨regional election *sing* **4 elecciones generales** ⇨general election *sing* **5 elecciones legislativas** ⇨parliamentary election *sing;* ⇨legislative elections **6 elecciones municipales** ⇨local elections **7 elecciones primarias** ⇨primaries

elector, -a *s.* ⇨voter

electoral *adj.* **1** ⇨electoral: *colegio electoral* - electoral college **2** *campaña electoral* - election campaign

electricidad *s.f.* ⇨electricity

electricista *s.com.* ⇨electrician

eléctrico, ca *adj.* **1** *(relativo a la electricidad)* ⇨electrical **2** *(un aparato)* ⇨electric: *una cocina eléctrica* - an electric cooker

electrodoméstico *s.m.* ⇨appliance ⇨electrical appliance

electrónica *s.f.* ⇨electronics [Se usa más con el verbo en singular]: *conocimientos de electrónica* - knowledge of electronics; *La electrónica es un campo fascinante* - Electronics is a fascinating field

electrónico, ca *adj.* ⇨electronic

elefante *s.m.* ⇨elephant

elegante *adj.* **1** ⇨elegant ⇨smart **2** *(en sus movimientos)* ⇨graceful **3** *(la ropa)* ⇨dressy **4** *ponerse elegante* - to dress up

elegir *v.* **1** *(escoger entre varios)* ⇨to choose: *Debes escoger uno de estos juguetes* - You must choose one of these toys; ⇨to pick ⇨to select **2** *(por votación)* ⇨to elect: *Elegiremos a la chica más guapa* - We will elect the most beautiful girl **3** *(decidir)* ⇨to choose [CONSTR. to choose + interrogativo]

elemental *adj.* **1** *(fundamental)* ⇨essential ⇨fundamental **2** *(evidente)* ⇨elementary ⇨basic: *una teoría elemental* - a basic theory

elemento *s.m.* **1** ⇨element **2** col. *(persona)* ⇨specimen: *¡Vaya elemento!* - What a specimen!

elevado, da *adj.* **1** *(de gran altura)* ⇨elevated ⇨high **2** *(de gran categoría)* ⇨lofty *form: pensamientos elevados* - lofty thoughts; ⇨exalted **3** *(una cantidad)* ⇨hefty

elevar ■ *v.* **1** *(subir)* ⇨to raise: *elevar la mirada* - to raise one's eyes **2** *(una petición)* ⇨to submit: *elevar un escrito ante las autoridades* - to submit a paper to the authorities **3** *(en matemáticas)* ⇨to raise to the power of: *elevar un número a la décima potencia* - to raise a number to the power of ten **4** *Dos elevado a cuatro es igual a dieciséis* - Two to the power of four equals sixteen ■ **elevarse** *prnl.* **5** ⇨to rise: *El avión se elevó por encima de los 8.000 metros* - The plane rose to over 8,000 metres

eliminación *s.f.* ⇨elimination

eliminar *v.* **1** ⇨to eliminate **2** *(borrar)* ⇨to delete ⇨to remove **3** *(cortar)* ⇨to excise *form* **4** *(exterminar)* ⇨to kill off **5** *(en deporte)* ⇨to knock out: *Nos eliminaron de la Copa* - They knocked us out of the Cup

eliminatoria *s.f.* **1** *(en un torneo)* ⇨round **2** *(en atletismo)* ⇨heat **3** *(en fútbol)* ⇨tie

ella *pron.pers.* **1** *(sujeto)* ⇨she: *Ella es mi madre* - She's my mother; *Prefiero que lo haga ella* - I'd rather she did it **2** *(sujeto al final de frase, precedido del verbo «ser»)* ⇨her: *Es ella, ha venido* - It's her, she's come **3** *(precedido de una preposición)* ⇨her: *Dáselo a ella* - Give it to her; *Estoy hablando con ella, no contigo* - I'm talking to her, not to you **4** *(con valor posesivo)* ⇨hers: *No es mío, sino de ella* - It's not mine, but hers **5** *(referido a un animal)* ⇨it **6 ~ misma 1** *(persona)* ⇨herself ⇨she herself: *Ni ella misma está segura de ello* - She herself is not sure about it **2** *(animal)* ⇨itself **7 ~ sola 1** *(persona)* ⇨by herself ⇨on her own: *Mi tía pintó la cocina ella sola* - My aunt painted the kitchen on her own **2** *(animal)* ⇨by itself ⇨on its own

ello *pron.pers.* ⇨it ⇨that: *Debbie le dijo que era una vaga y ello provocó la pelea* - Debbie told her she was a lazybones, and that caused the fight

ellos, ellas *pron.pers.* **1** *(sujeto)* ⇨they: *Si ellas lo dicen, será verdad* - If they say so, it must be true **2** *(sujeto al final de frase, precedido del verbo «ser»)* ⇨them: *Son ellas, ¿les puedes abrir, por favor?* - It's them; could you open the door, please? **3** *(precedido de una preposición)* ⇨them: *Explícaselo a ellos* - Explain it to them; *¿Ya has hablado con ellas?* - Have you talked to them already? **4** *(con valor posesivo)* ⇨theirs: *No es nuestro, sino de ellos* - It's not ours, but theirs **5** ~ **mismos,mas** ⇨themselves ⇨they themselves: *Ellos mismos fueron a la policía* - They themselves told the police **6** ~ **solos,las** ⇨by themselves ⇨on their own: *Mis hermanos arreglaron los frenos ellos solos* - My brothers repaired the brakes on their own

elogiar *v.* ⇨to praise: *Elogiaron mi valor* - They praised my courage; ⇨to eulogize *form;* ⇨to eulogise *UK;* ⇨to commend *form: El juez la elogió por su valentía* - The judge commended her for/ on her bravery

elogio *s.m.* ⇨praise [U]: *hacer elogios de algo* - to sing the praises of sth

elote *s.m. AMÉR.* ⇨corncob

embajada *s.f.* ⇨embassy *(pl* embassies)

embajador, -a *s.* ⇨ambassador

embalaje *s.m. (envoltorio o caja)* ⇨packaging

embalar *v.* **1** *(poner en paquetes)* ⇨to pack **2** *(envolver)* ⇨to wrap

embalse *s.m.* ⇨reservoir

embarazada ▌*adj.* **1** ⇨pregnant ▌*s.f.* **2** ⇨pregnant woman *(pl* pregnant women)

embarazo *s.m.* ⇨pregnancy *(pl* pregnancies)

embarazoso, sa *adj.* ⇨embarrassing

embarcación *s.f.* ⇨craft *(pl* craft)

embarcadero *s.m.* **1** ⇨pier **2** *(más pequeño)* ⇨jetty *(pl* jetties)

embarcar *v.* **1** *(una persona)* ⇨to board ⇨to embark *form* **2** *(una mercancía)* ⇨to load

embargo *s.m.* **1** *(incautación)* ⇨seizure: *El juez ordenó el embargo de todos sus bienes* - The judge ordered the seizure of all his assets **2** *(comercial)* ⇨trade embargo *(pl* trade embargoes); ⇨embargo *(pl* embargoes) **3** **sin ~** ⇨however: *No tengo tiempo; sin embargo, quiero estudiar otro idioma* - I don't have time; however, I want to study another language; ⇨nevertheless ⇨yet

embestir *v.* **1** ⇨to attack **2** *(un toro)* ⇨to charge

emborrachar ▌*v.* **1** ⇨to get *sb* drunk: *El vino lo emborrachó* - The wine got him drunk ▌

emborracharse *prnl.* **2** ⇨to get drunk: *Nunca me he emborrachado* - I've never got drunk

emboscada *s.f.* ⇨ambush *(pl* ambushes): *tender una emboscada a alguien* - to lay an ambush for sb

embotellado *s.m.* ⇨bottling

embotellamiento *s.m.* **1** Véase **embotellado** **2** *(de coches)* ⇨traffic jam

embotellar *v.* ⇨to bottle [CONSTR. to be bottled]

embrague *s.m.* ⇨clutch *(pl* clutches): *pisar el embrague* - to press the clutch

embudo *s.m.* ⇨funnel

emergencia *s.f.* **1** *(urgencia)* ⇨emergency *(pl* emergencies): *Romper en caso de emergencia* - Break in case of emergency **2** *(salida a la superficie)* ⇨emergence

emigración *s.f.* **1** *(una persona)* ⇨emigration **2** *(un animal)* ⇨migration

emigrante ▌*adj.* **1** *trabajadores emigrantes* - migrant workers ▌*s.com.* **2** ⇨emigrant

emigrar *v.* **1** *(una persona)* ⇨to emigrate **2** *(un animal)* ⇨to migrate

emisión *s.f.* **1** *(emanación)* ⇨emission: *las emisiones de dióxido de carbono a la atmósfera* - the emission of carbon dioxide gas to the atmosphere **2** *emisión de acciones* - flotation **3** *(de un programa de radio o televisión)* ⇨broadcast ⇨transmission **4** *(programa de televisión o radio)* ⇨programme *UK;* ⇨program *US*

emisora *s.f.* **1** *(canal)* ⇨channel **2** *(compañía, cadena)* ⇨station: *emisora de radio* - radio station

emitir *v.* **1** *(emanar)* ⇨to emit: *emitir luz* - to emit light **2** *(expresar)* ⇨to express: *emitir un juicio* - to give one's opinion **3** *(transmitir)* ⇨to broadcast: *emitir un programa de radio* - to broadcast a radio programme

emoción *s.f.* **1** *(excitación)* ⇨excitement ⇨thrill **2** *(sentimiento)* ⇨emotion

emocionado, da *adj.* **1** *(entusiasmado)* ⇨excited: *El niño estaba emocionado al ver a Papá Noel* - The kid was excited seeing Father Christmas; ⇨thrilled **2** *(conmovido)* ⇨moved

emocional *adj.* ⇨emotional

emocionante *adj.* **1** *(excitante)* ⇨exciting: *Los planes parecían emocionantes* - The plans seemed exciting; ⇨thrilling **2** *(conmovedor)* ⇨moving: *una escena emocionante* - a moving scene; ⇨stirring

emocionar ▌*v.* **1** *(excitar)* ⇨to excite ⇨to thrill **2** *(conmover)* ⇨to move ▌**emocionarse** *prnl.* **3** *(excitarse)* ⇨to get excited **4** *(conmoverse)* ⇨to be moved: *Me emocioné durante la ceremonia* - I was moved during the ceremony

emotivo, va *adj.* **1** *(una persona)* ⇒emotional ⇒rousing **2** *(un discurso, un acto)* ⇒emotional ⇒moving

empacar *v. AMÉR.* ⇒to pack

empachar I *v.* **1** ⇒to cause indigestion **2** *estar empachado* - to have indigestion **I empacharse** *prnl.* **3** ⇒to get indigestion: *empacharse de algo* - to get indigestion from sth; ⇒to stuff oneself [CONSTR. to stuff oneself with sth]: *Me empaché de golosinas* - I stuffed myself with sweets

empacho *s.m.* ⇒indigestion ⇒upset stomach

empalagoso, sa *adj.* **1** *(una comida)* ⇒sickly sweet **2** *(una persona)* ⇒cloying ⇒trying

empalmar *v.* ⇒to connect

empalme *s.m.* **1** ⇒connection **2** *(en un medio de transporte, en una carretera)* ⇒junction

empanada *s.f.* **1** ⇒pie: *una empanada de carne* - a meat pie **2** ~ **mental** *col.* ⇒complete mix-up *inform;* ⇒confusion

empanadilla *s.f.* ⇒pasty *(pl pasties)*

empañar I *v.* **1** *(la vista)* ⇒to blur **2** *(un cristal)* ⇒to steam up: *Su aliento empañó el cristal* - Her breath steamed up the glass; ⇒to mist up **3** *(la reputación)* ⇒to tarnish **I empañarse** *prnl.* **4** *(un cristal)* ⇒to steam up: *Las ventanas del coche se han empañado* - The car windows have steamed up; ⇒to mist up **5** *(los ojos)* ⇒to fill with tears

empapado, da *adj.* ⇒soaking wet ⇒soaked

empapar I *v.* **1** ⇒to soak **I empaparse** *prnl.* **2** ⇒to get soaked

empapelar *v.* ⇒to decorate ⇒to paper: *empapelar una pared* - to paper a wall

empaquetar *v.* ⇒to pack ⇒to pack up

emparejar *v.* **1** *(a dos personas)* ⇒to pair up: *Lo emparejaron con mi hermana para el partido de tenis* - He was paired up with my sister for the tennis match **2** *(dos cosas)* ⇒to match: *Empareja la palabra con su significado* - Match the word with its meaning

empastar *v.* ⇒to fill: *La dentista me va a empastar dos muelas* - My dentist is going to fill two of my teeth

empaste *s.m.* ⇒filling

empatar *v.* ⇒to tie ⇒to draw

empate *s.m.* **1** ⇒tie: *El partido terminó en empate* - The match ended in a tie; ⇒draw *UK: Acabaron con empate a uno* - They finished with a one-all draw **2** *(en una carrera)* ⇒dead heat

empeine *s.m.* ⇒instep

empeñar I *v.* **1** ⇒to pawn: *empeñar un objeto* - to pawn an object; ⇒to hock *inform* **I empeñarse** *prnl.* **2** ⇒to insist [CONSTR. to insist on + doing sth]: *Trevor se empeñó en ayudarme* - Trevor insisted

on helping me; ⇒to be determined [CONSTR. to be determined + to do sth]: *Se han empeñado en terminar hoy el trabajo* - They are determined to finish the work today

empeño *s.m.* **1** *(cambio por dinero)* ⇒pawning **2** *(insistencia, afán)* ⇒determination

empeorar *v.* ⇒to get worse: *La salud financiera de la empresa ha empeorado* - The financial health of the company has got worse; ⇒to deteriorate

emperador *s.m.* ⇒emperor

emperatriz *s.f.* ⇒empress *(pl empresses)*

empezar *v.* **1** ⇒to begin [CONSTR. 1. to begin + doing sth 2. to begin + to do sth]: *Empezó a nevar* - It began to snow; ⇒to start [CONSTR. 1. to start + doing sth 2. to start + to do sth]: *¿A qué hora empezaron a tocar?* - What time did they start to play? **2** *empezar con buen pie* - to make a good start

empinado, da *adj.* ⇒steep

empinar I *v.* **1** ⇒to lift ⇒to raise **I empinarse** *prnl.* **2** ⇒to stand on tiptoe: *Me empiné para colocar las cortinas* - I stood on tiptoe to put the curtains up

empleado, da *s.* **1** ⇒employee **2** *empleado del hogar* - domestic servant **3** *estar bien empleado* ⇒to serve somebody right

emplear *v.* **1** *(dar empleo)* ⇒to employ *form* [CONSTR. to employ + to do sth]: *La empresa empleó a mil trabajadores para construir el complejo* - The company employed 1,000 workers to build the resort; ⇒to hire **2** *(gastar tiempo, dinero)* ⇒to spend **3** *(utilizar)* ⇒to use [CONSTR. to use + to do sth] **4** *(emplear mal, malgastar)* ⇒to misuse

empleo *s.m.* **1** *(trabajo, colocación)* ⇒employment ⇒job: *Tiene un empleo en un banco* - He has a job in a bank **2** *Están sin empleo* - They are unemployed **3** *(uso)* ⇒use

empollar *v.* **1** *(un ave)* ⇒to brood ⇒to incubate: *empollar un huevo* - to incubate an egg **2** *col. (una persona)* ⇒to swot *UK inform;* ⇒to swot up *UK inform: Empollé mucho para los exámenes finales* - I swotted up a lot for my final exams; ⇒to cram *US inform*

empollón, -a *adj. / s. col.* ⇒swot *UK inform n*

empotrado, da *adj.* ⇒built-in

empotrar I *v.* **1** ⇒to build in: *empotrar un armario* - to build in a cupboard **I empotrarse** *prnl.* **2** ⇒to crash

emprender *v.* **1** *(un proyecto, una tarea)* ⇒to undertake *form;* ⇒to start: *Vamos a emprender una nueva vida* - We are going to start a new life **2** *(un viaje)* ⇒to embark ⇒to set off

empresa *s.f.* **1** *(compañía)* ⇒company *(pl companies);* ⇒firm **2** *(tienda, negocio)* ⇒business *(pl businesses);* ⇒enterprise

empresario, ria s. 1 *(de negocios)* ⇨business-man (hombre) *(pl* businessmen); ⇨business-woman (mujer) *(pl* businesswomen); ⇨entrepreneur 2 *(patrón)* ⇨employer ⇨industrialist

empujar v. 1 ⇨to push: *Empuja la puerta con fuerza para abrirla* - Push the door strongly to open it; ⇨to hustle ⇨to jostle: *Empujábamos a la gente para llegar a la puerta principal* - We jostled the people so as to reach the main door; ⇨to shove 2 *(algo con ruedas)* ⇨to wheel: *Empujaron la bici hasta el jardín* - They wheeled his bike into the garden

empujón s.m. 1 ⇨push *(pl* pushes) 2 **a empujones** ⇨in fits and starts

empuñar v. 1 *(una espada)* ⇨to take by the hilt: *Empuñó la espada* - He took the sword by the hilt 2 *(un cuchillo, un revólver)* ⇨to grip

en prep. 1 *(un país, una ciudad)* ⇨in 2 *(dentro de un lugar)* ⇨in: *Nora vive en un piso* - Nora lives in a flat; ⇨at: *Te esperaré en casa* - I'll be waiting for you at home; ⇨onto 3 *(un lugar al aire libre)* ⇨in ⇨at: *No lo vi en el funeral* - I didn't see him at the funeral 4 *(una cosa dentro de otra)* ⇨in 5 *(al indicar movimiento)* ⇨into: *Entró en la cocina* - He went into the kitchen 6 *(encima de)* ⇨on: *Puse la radio en la estantería* - I put the radio on the shelves; *Pasamos el día en la playa* - We spent the day on the beach 7 *(avión, tren, barco, autobús)* ⇨on 8 *(coche, taxi)* ⇨in: *Me acordé en el taxi* - I remembered in the taxi 9 *(modo de transporte)* ⇨by: *Vino a casa en taxi* - She came home by taxi 10 *(una época del año)* ⇨in: *en verano* - in summer 11 *(un momento concreto)* ⇨at 12 *(la forma en la que se hace algo)* ⇨in: *Están hablando en francés* - They are speaking in French 13 *(con cifras)*: *La economía se incrementó en un 2%* - The economy increased by 2% 14 *(el número de una calle)* ⇨at: *Vive en el 33 de Charing Cross Road* - He lives at 33 Charing Cross Road 15 *(para la transformación de una cosa)* ⇨into: *Este sillón se puede transformar en una cama* - This armchair can be turned into a bed 16 *(cómo está algo)* ⇨in: *Se encuentra en un estado terrible* - She is in a terrible state 17 ⇨for: *No hemos visto una casa en kilómetros* - We haven't seen a house for kilometres 18 *(para introducir un período temporal)* ⇨within: *Deberíamos estar allí en un par de horas* - We should be there within a couple of hours 19 *Fui el único en saberlo* - I was the only one to know it

enamorado, da ∎ adj. 1 ⇨in love: *Estoy enamorado de ella* - I am in love with her ∎ s. 2 ⇨lover

enano, na ∎ adj. 1 *(para personas)* ⇨dwarf 2 *(para animales y plantas)* ⇨pygmy 3 *(para cosas)* ⇨tiny ∎ s. 4 ⇨dwarf *(pl* dwarves, dwarfs): *siete enanos* - seven dwarves 5 col. *(un niño)* ⇨sprog *UK inform*

encabezamiento s.m. ⇨heading

encabezar v. 1 *(en una competición)* ⇨to lead: *Encabecé la carrera de principio a fin* - I led the race from start to finish; ⇨to head 2 *(una protesta)* ⇨to spearhead

encadenar v. 1 *(atar con cadenas)* ⇨to chain: *Encadené la bici a una farola* - I chained my bike to a lamppost 2 *(unir)* ⇨to link: *encadenar las ideas* - to link ideas

encajar ∎ v. 1 *(una pieza)* ⇨to fit ⇨to shoehorn *inform* 2 col. *(una broma)* ⇨to come out with 3 col. *(un gol)* ⇨to concede 4 col. *(aceptar)* ⇨to come to terms: *encajar una derrota* - to come to terms with a defeat 5 col. *(adaptarse)* ⇨to fit in: *La secretaria encajó bien en la empresa* - The secretary fitted in well in the company ∎ **encajarse** prnl. 6 ⇨to get stuck: *La ventana se ha encajado* - The window has got stuck

encaje s.m. ⇨lace [U]

encantado, da adj. 1 *(satisfecho, muy contento)* ⇨delighted 2 *(embrujado)* ⇨haunted ⇨spooky *inform* 3 ~ **de conocerte** ⇨pleased to meet you ⇨delighted to meet you

encantador, -a adj. 1 ⇨charming ⇨delightful ⇨lovely: *Es una chica encantadora* - She is a lovely girl 2 *(bonito, mágico)* ⇨enchanting ⇨bewitching

encantamiento s.m. ⇨spell

encantar v. 1 *(gustar mucho)* ⇨to delight 2 *(cautivar)* ⇨to enchant ⇨to charm: *Tu sonrisa me encantó* - I was charmed by your smile 3 *(tener afición por algo)* ⇨to love [CONSTR. 1. to love + doing sth 2. to love + to do sth]: *Me encanta ir al cine* - I love going to the cinema 4 *(hechizar)* ⇨to cast a spell

encanto s.m. ⇨charm

encapricharse v.prnl. ⇨to take a fancy [CONSTR. to take a fancy to sth]: *El niño se encaprichó con aquel juguete* - The child took a fancy to that toy

encapuchado, da ∎ adj. 1 ⇨hooded ∎ s. 2 *(hombre)* ⇨hooded man *(pl* hooded men) 3 *(mujer)* ⇨hooded woman *(pl* hooded women)

encarcelar v. ⇨to imprison [CONSTR. to imprison for sth]

encargar ∎ v. 1 *(una compra, un pedido)* ⇨to order [CONSTR. to order + dos objetos] ∎ **encargarse** prnl. 2 *(ocuparse)* ⇨to see to ⇨to take charge: *encargarse de un asunto* - to take charge of a matter

encargo *s.m.* *(de una compra, un pedido)* ⇨order

encariñarse *v.prnl.* ⇨to grow fond of ⇨to become attached to ⇨to get attached to: *Me he encariñado mucho con él* - I have got very attached to him

encendedor *s.m.* ⇨lighter

encender ∎ *v.* **1** *(un fuego, una vela)* ⇨to light: *Me encendí un cigarrillo* - I lit a cigarette; ⇨to ignite *form* **2** *(la luz, un aparato eléctrico)* ⇨to turn on ⇨to switch on: *Enciende la luz, por favor* - Switch on the light, please; ⇨to put on ∎ **encenderse** *prnl.* **3** *(conectarse)* ⇨to come on ⇨to go on: *De repente se encendió la luz* - All of a sudden the light went on

encendido, da *adj.* **1** *(un fuego)* ⇨lit ⇨alight *UK* **2** *(un cigarrillo, una vela)* ⇨lighted **3** *(la luz, un aparato eléctrico)* ⇨on: *Las luces están todavía encendidas* - The lights are still on **4** *(un sentimiento)* ⇨inflamed

encerado *s.m.* *(pizarra)* ⇨blackboard

encerrar *v.* ⇨to lock up: *Lo encerraron en un calabozo* - He was locked up in a cell; ⇨to lock in

encestar *v.* ⇨to score a basket

encharcado, da *adj.* ⇨flooded

enchufado, da *s.* **1** *col. (en el colegio)* ⇨teacher's pet **2** *col. (persona con influencias)* ⇨well-connected person

enchufar *v.* **1** *(a un enchufe)* ⇨to plug in: *Enchufa la televisión* - Plug the television in **2** *(encender, conectar)* ⇨to turn on **3** *col. (a una persona)* ⇨to pull strings *inform: enchufar a alguien* - to pull strings for sb

enchufe *s.m.* **1** *(de un aparato)* ⇨plug **2** *(de la pared)* ⇨socket ⇨outlet *US* **3** *col. (recomendación)* ⇨contact: *conseguir un trabajo por enchufe* - to get a job through one's contacts

encía *s.f.* ⇨gum

enciclopedia *s.f.* ⇨encyclopaedia *UK;* ⇨encyclopedia

encima *adv.* **1** *(sobre)* ⇨on: *La taza está encima de la mesa* - The cup is on the table **2** *(arriba)* ⇨above: *Solo hay dos jefes por encima de ella* - There are only two people above her **3** *(además)* ⇨on top of that: *Encima, vas y me dices que no vas a venir* - On top of that, you come and tell me you're not coming **4** *(conmigo)* ⇨on me: *No llevo las llaves encima* - I haven't got my keys on me **5** *(contigo, con vosotros)* ⇨on you ⇨with you: *¿Tienes la cartera encima?* - Do you have your wallet with you? **6** *(consigo)* ⇨on him ⇨on her **7** *(con nosotros)* ⇨on us **8** *(con ellos, con ellas)* ⇨on them **9** *echarse ~* ⇨to be just around the corner **10** *~ de* ⇨on ⇨on top of ⇨over **11** *estar*

~ (vigilar) ⇨to be on *one's* back **12** *por ~* **1** ⇨on top of ⇨over ⇨above **2** *(superficialmente)* ⇨superficially **13** *quitarse de ~* ⇨to get rid of ⇨to get shot of

encina *s.f.* ⇨holm oak

encoger *v.* **1** ⇨to shrink **2** *encogerse de hombros* - to shrug

encontrar ∎ *v.* **1** ⇨to find: *No encuentro las llaves* - I can't find my keys ∎ **encontrarse** *prnl.* **2** *(con una persona)* ⇨to meet: *Me la encontré de camino a casa* - I met her on my way home **3** *(en un lugar)* ⇨to be: *El museo se encuentra en las afueras de la ciudad* - The museum is on the outskirts of town **4** *(de salud)* ⇨to feel: *¿Cómo te encuentras hoy?* - How do you feel today?

encrucijada *s.f.* *(de caminos)* ⇨crossroads *(pl crossroads)*

encuadernación *s.f.* ⇨binding

encuadernar *v.* ⇨to bind: *encuadernar un libro* - to bind a book

encubrir *v.* **1** *(una intención)* ⇨to hide **2** *(un delito)* ⇨to cover up ⇨to conceal **3** *(a una persona)* ⇨to harbour *UK;* ⇨to harbor *US*

encuentro *s.m.* **1** *(entre personas)* ⇨meeting ⇨encounter *form* **2** *(competición deportiva)* ⇨game ⇨match *(pl matches)*

encuesta *s.f.* ⇨survey: *Hicimos una encuesta sobre el tipo de música que le gusta a la gente* - We did a survey on the type of music people like; ⇨poll ⇨opinion poll

enderezar *v.* *(poner derecho)* ⇨to straighten ⇨to straighten up

endeudar *v.* ⇨to get into debt

endulzar *v.* **1** *(poner dulce)* ⇨to sweeten: *endulzar el café* - to sweeten coffee **2** *(hacer más agradable)* ⇨to brighten up: *Tu sonrisa endulza mis días grises* - Your smile brightens up dull days

endurecer ∎ *v.* **1** *(poner duro)* ⇨to harden ⇨to firm up: *endurecer las piernas* - to firm up one's legs **2** *(volver insensible)* ⇨to harden: *La vida lo ha endurecido* - Life has hardened him ∎ **endurecerse** *prnl.* **3** *(ponerse duro)* ⇨to harden ⇨to go hard ⇨to be hard: *El pan se ha endurecido* - The bread has gone hard

enemigo, ga ∎ *adj.* **1** ⇨enemy ∎ *s.* **2** ⇨enemy *(pl enemies);* ⇨foe *lit*

energía *s.f.* **1** *(para mover una máquina)* ⇨energy ⇨power **2** *(de una persona)* ⇨energy: *Es una mujer de mucha energía* - She is a woman of great energy **3** *energía nuclear* - nuclear power **4** *energía solar* - solar power

enérgico, ca *adj.* **1** *(lleno de energía)* ⇨energetic: *Fue lo suficientemente enérgico para acabar*

su trabajo - He was energetic enough to finish his job; ⇨vigorous **2** *(duro, firme)* ⇨firm

enero *s.m.* ⇨January

enfadado, da *adj.* ⇨angry: *Estaba enfadado con nosotros* - He was angry with us; ⇨cross ⇨annoyed

enfadar ▌*v.* **1** ⇨to make angry: *No enfades a tus padres* - Don't make your parents angry; ⇨to fire up **▌ enfadarse** *prnl.* **2** ⇨to get angry ⇨to get cross: *Me enfadé cuando me dejaste planta-do* - I got cross when you stood me up

enfado *s.m.* ⇨anger ⇨annoyance

énfasis *s.m.* ⇨emphasis

enfermar *v.* ⇨to fall ill

enfermedad *s.f.* **1** ⇨illness *(pl* illnesses); ⇨sickness [U]: *Hay mucha enfermedad este año* - There's a lot of sickness around this winter **2** *(al especificar el nombre)* ⇨disease: *enfermedad de Alzheimer* - Alzheimer's disease **3** *coger una enfermedad* - to go down with an illness

enfermería *s.f.* **1** *(lugar)* ⇨infirmary UK *(pl* infirmaries); ⇨sick bay **2** *(estudios)* ⇨nursing

enfermero, ra *s.* ⇨nurse

enfermizo, za *adj.* ⇨unhealthy: *una persona enfermiza* - an unhealthy person

enfermo, ma ▌*adj.* **1** ⇨ill ⇨sick **2** *ponerse enfermo* - to fall ill **3** *Me pones enfermo* - You make me sick **▌** *s.* **4** ⇨sick person ⇨patient

enfocar *v.* **1** *(iluminar)* ⇨to shine a light **2** *(una cámara)* ⇨to focus **3** *(un asunto)* ⇨to look at ⇨to approach: *No sé como enfocar este problema* - I don't know how to approach this problem

enfoque *s.m.* **1** ⇨focus *(pl* foci, focuses) **2** *(de un asunto)* ⇨approach

enfrentamiento *s.m.* ⇨clash *(pl* clashes); ⇨confrontation

enfrentar ▌*v.* **1** *(poner frente a frente)* ⇨to bring face to face ⇨to put face to face: *enfrentar dos espejos* - to put two mirrors face to face **2** *(enemistar)* ⇨to confront ⇨to divide **▌ enfrentarse** *prnl.* **3** *(en una lucha)* ⇨to clash: *enfrentarse a alguien* - to clash with sb **4** *(en una competición deportiva)* ⇨to play against: *Escocia se enfrenta a Francia* - Scotland is playing against France **5** *(a una situación difícil)* ⇨to face: *enfrentarse a un problema* - to face a problem

enfrente *adv.* ⇨in front: *Vivo enfrente del colegio* - I live in front of my school; ⇨opposite

enfriar ▌*v.* **1** ⇨to cool ⇨to chill **▌ enfriarse** *prnl.* **2** *(un alimento)* ⇨to cool down: *Deja que se enfríe antes de comértelo* - Let it cool down before you eat it **3** *(una persona)* ⇨to get a cold **4** *(una relación)* ⇨to cool

enfurecerse *v.prnl.* ⇨to get furious: *Se enfureció conmigo* - She got furious at me; ⇨to lose one's temper ⇨to fly into a rage

enfurecido, da *adj.* ⇨in a fury: *estar enfurecido* - to be in a fury

enfurruñarse *v.prnl.* ⇨to sulk

enganchar ▌*v.* **1** *(con un gancho)* ⇨to hook **2** *col. (a una persona)* ⇨to buttonhole **▌ engancharse** *prnl.* **3** ⇨to get caught: *Se me ha enganchado la camiseta* - My tee-shirt got caught **4** *(a la droga)* ⇨to get hooked *inform*

engañar ▌*v.* **1** ⇨to deceive: *Mi hermano engañó a todo el mundo* - My brother deceived everyone; ⇨to trick ⇨to fool [CONSTR. to fool into + doing sth] **2** *Las apariencias engañan* - You can't judge a book by its cover **3** *(mentir)* ⇨to lie **4** *(ser infiel)* ⇨to be unfaithful **▌ engañarse** *prnl.* **5** ⇨to deceive oneself ⇨to delude oneself [CONSTR. to delude into + doing sth]

engaño *s.m.* **1** ⇨deceit **2** *(truco)* ⇨trick ⇨hoax *(pl* hoaxes) **3** *(farol)* ⇨bluff ⇨pretence UK

engatusar *v. col.* ⇨to sweet talk

engendrar *v.* **1** *(concebir)* ⇨to conceive: *engendrar un niño* - to conceive a child **2** *(producir)* ⇨to breed: *El odio solo engendra odio* - Hate only breeds hate

engordar *v.* ⇨to (gain/put) on weight: *He engordado 4 kilos en el último mes* - I've put 4 kilos on the last month; ⇨to get fat

engrasar *v.* **1** ⇨to grease **2** *(con aceite)* ⇨to oil

engullir *v.* ⇨to bolt: *Estaba hambriento y engulló la comida en cinco minutos* - He was hungry and bolted his food in five minutes; ⇨to gobble *inform*

enhebrar *v.* ⇨to thread

enhorabuena *s.f.* **1** ⇨congratulations *pl* **2** *dar la enhorabuena* - to congratulate

enigma *s.m.* ⇨enigma

enjabonar *v.* ⇨to soap: *enjabonar a alguien la espalda* - to soap sb's back; *enjabonarse las manos* - to soap one's hands

enjambre *s.m.* ⇨swarm

enjaular *v.* ⇨to put in a cage

enjuagar ▌*v.* **1** ⇨to rinse ⇨to flush **▌ enjuagarse** *prnl.* **2** ⇨to rinse *one's* mouth out

enlace *s.m.* **1** *(unión)* ⇨link **2** *(boda)* ⇨wedding **3** *(de medios de transporte)* ⇨connection

enlatar *v.* ⇨to can: *enlatar alimentos* - to can food

enlazar *v.* ⇨to connect ⇨to link

enloquecer *v.* **1** *(volver loco)* ⇨to drive mad ⇨to drive crazy: *Tantas preocupaciones acabarán por enloquecerte* - So many worries will drive you crazy in the end **2** *(volverse loco)* ⇨to

E

go mad ⇒to go crazy: *Enloqueció tras la muerte de su mujer* - He went crazy after his wife's death **3** *Me enloquecen los helados* - I'm crazy about ice-cream

enmarcar *v.* **1** *(encuadrar)* ⇒to frame: *enmarcar un cuadro* - to frame a picture **2** *(delimitar)* ⇒to place: *La crítica enmarca la obra del pintor en el renacimiento* - Critics place the painter's works in the Renaissance

E

enmendar *v.* *(algo que está mal)* ⇒to put right ⇒to amend *one's* ways

enmienda *s.f.* **1** ⇒correction ⇒atonement *form* **2** *hacer propósito de enmienda* - to mend one's ways

enmudecer ∎ *v.* **1** *(hacer callar)* ⇒to silence ⇒to go quiet ∎ **enmudecerse** *prnl.* **2** ⇒to fall silent ⇒to say nothing

enojado, da *adj.* ⇒angry ⇒cross

enojar ∎ *v.* **1** ⇒to annoy ⇒to make angry: *Tus comentarios me enojaron* - Your remarks made me angry ∎ **enojarse** *prnl.* **2** ⇒to lose *one's* temper ⇒to get angry: *enojarse con alguien* - to get angry at sb

enojo *s.m.* **1** *(irritación)* ⇒annoyance **2** *(ira)* ⇒anger

enorgullecer ∎ *v.* **1** ⇒to make proud: *Tu comportamiento me enorgullece* - Your conduct makes me proud of you ∎ **enorgullecerse** *prnl.* **2** ⇒to be proud ⇒to feel proud: *Me enorgullezco de mis hijas* - I feel proud of my daughters

enorme *adj.* ⇒enormous: *Tienen una casa enorme* - They have an enormous house; ⇒huge

enredadera *s.f.* ⇒creeper ⇒vine

enredar ∎ *v.* **1** *(a una persona)* ⇒to involve ⇒to embroil *form;* ⇒to implicate **2** *enredar el pelo* - to get hair tangled up **3** *(hacer travesuras)* ⇒to get up to mischief ∎ **enredarse** *prnl.* **4** ⇒to get involved **5** *(en algo negativo)* ⇒to get mixed up

enrevesado, da *adj.* **1** ⇒complicated **2** *(una persona)* ⇒awkward

enriquecer ∎ *v.* **1** *(hacer rico)* ⇒to make rich: *enriquecer a una persona* - to make sb rich **2** *(mejorar la calidad)* ⇒to enrich: *enriquecer el vocabulario* - to enrich one's vocabulary ∎ **enriquecerse** *prnl.* **3** *(hacerse rico)* ⇒to get rich: *Se enriquecieron gracias a ese negocio* - They got rich thanks to that business

enrojecer *v.* **1** *(de vergüenza)* ⇒to blush **2** *(de enfado)* ⇒to go red **3** *enrojecer de ira* - to go red with anger **4** *(la piel, los ojos)* ⇒to redden ⇒to make red

enrollado, da *adj.* **1** *(papel, persiana)* ⇒rolled up **2** *col. (abierto, amistoso)* ⇒cool *inform;* ⇒great ⇒neat **3** *Estoy enrollado con la limpieza*

general de la casa - I'm into the spring cleaning of my house **4** *estar enrollado con alguien* - to be involved with sb

enrollar ∎ *v.* **1** ⇒to wind ⇒to roll **2** *(una persiana, una alfombra)* ⇒to roll up ∎ **enrollarse** *prnl.* **3** *col. (al hablar)* ⇒to go on and on talking: *No te enrolles y ve al grano* - Don't go on and on talking and get to the point **4** *(empezar a hablar)* ⇒to get talking **1** **2**

enroscar ∎ *v.* **1** *(colocar algo con rosca)* ⇒to screw: *Enrosca el tapón en la botella* - Screw the top on the bottle ∎ **enroscarse** *prnl.* **2** *(colocar en forma de rosca)* ⇒to twist

ensalada *s.f.* ⇒salad: *ensalada de lechuga* - green salad; *ensalada de col* - coleslaw; *ensalada mixta* - mixed salad

ensaladera *s.f.* ⇒salad bowl

ensanchar ∎ *v.* **1** *(un camino)* ⇒to widen: *ensanchar la acera* - to widen the pavement; ⇒to broaden ∎ **ensancharse** *prnl.* **2** *(un camino)* ⇒to get wider: *La calle se ensancha en ese cruce* - The street gets wider at that junction **3** *(una prenda de vestir)* ⇒to stretch: *Se me ha ensanchado el jersey* - My pullover has stretched

ensangrentado, da *adj.* ⇒bloody ⇒gory

ensangrentar *v.* ⇒to get blood on: *La sangre de las heridas ensangrentó la ropa del preso* - The prisoner got blood on his clothes from his wounds

ensayar *v.* **1** *(repetir varias veces)* ⇒to rehearse **2** *(hacer pruebas)* ⇒to test

ensayo *s.m.* **1** *(de una obra de teatro, de un concierto)* ⇒rehearsal: *ensayo general* - dress rehearsal **2** *(prueba)* ⇒practice ⇒run-through **3** *(experimento)* ⇒test **4** *(género literario)* ⇒essay **5** *tubo de ~* ⇒test tube

enseguida *adv.* ⇒straightaway: *Vete enseguida* - Go there straightaway!; ⇒immediately: *Deberías llamarla enseguida* - You should call her immediately

enseñanza *s.f.* **1** *(profesión)* ⇒teaching **2** *(educación)* ⇒education **3** *(últimos dos años de la enseñanza secundaria)* ⇒sixth form UK **4** *~ primaria* ⇒primary education **5** *~ secundaria* ⇒secondary education **6** *~ superior* ⇒higher education

enseñar *v.* **1** *(dar clases)* ⇒to teach **2** *(aportar conocimientos)* ⇒to instruct [CONSTR. to instruct in sth]; ⇒to teach [CONSTR. to teach sb + to do sth] **3** *(educar)* ⇒to educate **4** *(mostrar)* ⇒to show [CONSTR. 1. to show + doing 2. to show + interrogativo 3. to show + dos objetos]: *Nos enseñó a hacer tarta de chocolate* - He showed us how to make a chocolate cake

ensillar *v.* ⇒to saddle: *ensillar un caballo* - to saddle a horse

ensordecedor, -a *adj.* ⇒deafening

ensordecer *v.* ⇒to deafen

ensuciar ∎ *v.* 1 ⇒to dirty ⇒to get dirty: *No te ensucies las manos* - Don't get your hands dirty 2 *(tirar basura al suelo)* ⇒to litter ∎ **ensuciarse** *prnl.* 3 ⇒to get dirty

entender ∎ *v.* 1 *(comprender)* ⇒to understand: *No pude entender lo que quería decir* - I couldn't understand what he meant; ⇒to grasp 2 *entender mal* - to misunderstand 3 *¿Lo entiendes?* - Do you get it? 4 *No te entiendo* - I am not with you 5 *(saber de una materia)* ⇒to know [CONSTR. to know + interrogativo]: *No puedo entender cómo pudo hacerlo* - I can't understand how she could do it 6 ¡entendido! ⇒agreed! ⇒right! 7 ¿entendido? ⇒all right? ∎ **entenderse** *prnl.* 8 *(llevarse bien)* ⇒to get on well: *Siempre me he entendido con mis hermanos* - I've always got on well with my brothers and sisters

enterarse *v.prnl.* 1 *(averiguar, llegar a saber)* ⇒to find out 2 *(estar informado)* ⇒to hear 3 *(comprender)* ⇒to understand 4 *(darse cuenta)* ⇒to realize ⇒to realise UK [CONSTR. 1. to realize/-ise + (that) 2. to realize/-ise + interrogativo] 5 *Se va a enterar* - He will get what for

enternecedor, -a *adj.* ⇒moving ⇒touching

entero, ra *adj.* 1 *(de una pieza)* ⇒whole 2 *(completo, entero)* ⇒entire ⇒whole 3 *(leche)* ⇒whole

enterrar *v.* 1 ⇒to bury 2 *enterrarse en vida* - to shut oneself away

entierro *s.m.* 1 *(enterramiento)* ⇒burial ⇒funeral 2 *(cremación)* ⇒funeral

entonación *s.f.* ⇒intonation

entonar ∎ *v.* 1 *(cantar)* ⇒to sing in tune: *No soy muy bueno entonando* - I'm not very good at singing in tune 2 *(dar fuerzas)* ⇒to tone up: *entonar los músculos* - to tone muscles up ∎ **entonarse** *prnl.* 3 *(recobrar fuerzas)* ⇒to feel better: *Me entonaré con una taza de café* - I will feel better with a cup of coffee

entonces *adv.* ⇒then

entornar *v.* ⇒to half-close ⇒to half-open: *entornar los ojos* - to half-open one's eyes

entorno *s.m.* 1 *(de una planta, un animal)* ⇒habitat 2 *(lugar, emplazamiento)* ⇒setting 3 *(ambiente)* ⇒environment

entrada ∎ *s.f.* 1 *(lugar por donde se entra)* ⇒entrance ⇒access [U]; ⇒way in 2 *(admisión a un lugar)* ⇒admission: *entrada libre* - free admission 3 *(hecho de entrar)* ⇒entry ⇒access 4 *(para un espectáculo)* ⇒ticket 5 *(de un período de tiempo)* ⇒start: *la entrada del nuevo milenio* -

the start of the new millennium 6 *(para un piso)* ⇒deposit 7 *(de una casa)* ⇒hall UK; ⇒hallway UK 8 *(a un edificio)* ⇒doorway 9 *(en un diccionario)* ⇒headword 10 *(en informática)* ⇒input 11 *(en fútbol)* ⇒tackle 12 *de* ~ ⇒right from the start ∎ **entradas** *s.f.pl.* 13 ⇒receding hairline *sing*

entrañable *adj.* 1 *(una persona)* ⇒charming 2 *(amistad)* ⇒close 3 *(amigo)* ⇒dear 4 *(algo que se recuerda)* ⇒fond: *recuerdos entrañables* - fond memories

entrar *v.* 1 ⇒to enter ⇒to go into: *entrar en un edificio* - to go into a building 2 *(pasar adentro)* ⇒to come in: *¡Entra!* - Come in! 3 *(estar incluido)* ⇒to come up: *¿Qué va a entrar en el examen?* - What will come up in the exam? 4 *(llevar una cosa dentro)* ⇒to hold: *En este bolso entra de todo* - This bag holds lots of things 5 *(forzando algo)* ⇒to break in: *La semana pasada entraron ladrones en casa* - Last week sb broke into our house 6 *(sigilosamente)* ⇒to creep in: *Entré sin hacer ruido* - I crept in silently 7 *entrar en calor* - to warm up 8 *(en la universidad)* ⇒to matriculate *form* 9 *(en un ordenador, en un sistema)* ⇒to log in 10 *(caber)* ⇒to fit: *Estos vaqueros no me entran* - This jeans doesn't fit me 11 ~ *en vigor* ⇒to take effect ⇒to come into force

entre *adv.* 1 *(dos elementos diferentes)* ⇒between: *¿Qué diferencia hay entre «comer» y «devorar»?* - What's the difference between «to eat» and «to devour»? 2 *(dos elementos iguales)* ⇒between: *El colegio está entre dos iglesias* - The school is between two churches 3 *(al hacer un cálculo aproximado)* ⇒between: *entre diez y quince libras* - between ten and fifteen pounds 4 *(al hablar de una hora aproximada)* ⇒between: *entre las 4 y las 6 de la mañana* - between 4 and 6 in the morning 5 *(compartido, repartido)* ⇒between: *Pagamos la cuenta entre todos* - We paid the bill between us 6 *(más de dos cosas o personas)* ⇒among: *Entre toda esa ropa, encontrarás una falda roja* - Among those clothes you'll find a red skirt; ⇒amongst 7 *(en una división)* ⇒divided by: *Diez entre cinco son dos* - Ten divided by five goes two 8 ~ *sí* 1 *(dos personas)* ⇒each other 2 *(varias personas)* ⇒among themselves 9 ~ **todos** ⇒together ∎ Ver cuadro en la página siguiente

entreabrir *v.* ⇒to half-open

entreacto *s.m.* ⇒interval

entrecejo *s.m.* ⇒space between the eyebrows

entrega *s.f.* 1 ⇒delivery *(pl* deliveries) 2 *(en público)* ⇒presentation: *la entrega de medallas* - the presentation of medals 3 *(dedicación)*

E

⇒commitment ⇒dedication **4** *(fascículo)* ⇒instalment *UK*

entregar ❚ *v.* **1** ⇒to deliver ⇒to hand **2** *(un ejercicio, un trabajo)* ⇒to hand in: *Entregamos el cuaderno de ejercicios* - We handed the exercise books in **3** *(premios)* ⇒to present ❚ **entregarse** *prnl.* **4** *(a las autoridades)* ⇒to give oneself up **5** *(a una causa)* ⇒to commit oneself ⇒to devote oneself to **6** *(al enemigo)* ⇒to surrender

entrenador, -a *s.* **1** ⇒coach *(pl* coaches); ⇒trainer **2** *(de un equipo de fútbol)* ⇒manager **3** *(de un animal)* ⇒handler

entrenamiento *s.m.* ⇒training

entrenar ❚ *v.* **1** ⇒to train ❚ **entrenarse** *prnl.* **2** ⇒to train [CONSTR. to train + to do sth] **3** *(en un gimnasio)* ⇒to work out

entretanto *adv.* ⇒in the meantime ⇒meanwhile

entretener ❚ *v.* **1** *(mantener ocupado)* ⇒to amuse: *Entretuve a los niños durante toda la tarde* - I amused the children the whole afternoon **2** *(divertir)* ⇒to entertain ⇒to keep amused **3** *(retrasar)* ⇒to delay: *El tráfico me entretuvo* - I was delayed by the traffic; ⇒to hold up **4** *(distraer)* ⇒to keep busy ❚ **entretenerse** *prnl.* **5** *(mantenerse ocupado)* ⇒to amuse oneself: *Me entretuve durante horas con aquel juego* - I amused myself for hours with that game; ⇒to occupy **6** *(retrasarse)* ⇒to be delayed ⇒to be held up: *Me entretuve hablando con ellos* - I was held up talking to them

entretenido, da *adj.* ⇒amusing ⇒entertaining

entretenimiento *s.m.* **1** *(ocupación)* ⇒amusement **2** *(diversión)* ⇒entertainment

entrever *v.* ⇒to glimpse

entrevista *s.f.* ⇒interview

entrevistar ❚ *v.* **1** ⇒to interview ❚ **entrevistarse** *prnl.* **2** ⇒to have a meeting

entristecer ❚ *v.* **1** ⇒to make sad ⇒to sadden *form;* ⇒to upset ❚ **entristecerse** *prnl.* **2** ⇒to grow sad ⇒to become sad

entrometerse *v.prnl.* ⇒to interfere ⇒to meddle [CONSTR. to meddle in/with sth]: *No te entrometas en mis asuntos* - Don't meddle in my business

entrometido, da ❚ *adj.* **1** ⇒interfering ⇒meddling ❚ *s.* **2** ⇒busybody *inform (pl* busybodies); ⇒meddler

enturbiar ❚ *v.* **1** *(un líquido)* ⇒to make cloudy: *No hagas eso, que vas a enturbiar el café* - Don't do that, you'll make the coffee cloudy **2** *(estropear)* ⇒to spoil: *Los celos enturbiaron nuestro amor* - Jealousy spoilt our love **3** *(un asunto)* ⇒to cloud ❚ **enturbiarse** *prnl.* **4** *(un líquido)* ⇒to become cloudy: *El agua del río se enturbió con la tormenta* - The river water became cloudy after the storm **5** *(estropearse)* ⇒to be spoilt: *No dejes que tu tranquilidad se enturbie por cosas insignificantes* - Don't let your peace be spoilt by trivialities

entusiasmado, da *adj.* ⇒excited ⇒very enthusiastic

entusiasmar ❚ *v.* **1** ⇒to thrill: *La orquesta entusiasmó al público* - The orchestra thrilled the audience ❚ **entusiasmarse** *prnl.* **2** ⇒to be delighted with ⇒to get enthusiastic: *entusiasmarse con algo* - to get enthusiastic about sth; ⇒to rave about *inform*

entusiasmo *s.m.* ⇒enthusiasm: *con gran entusiasmo* - with great enthusiasm

entusiasta *adj. (emocionado)* ⇒enthusiastic: *No pareces muy entusiasta sobre la fiesta* - You don't seem very enthusiastic about the party; ⇒keen

enumerar *v.* ⇒to enumerate *form*

enunciado *s.m.* **1** *(de un problema)* ⇒wording **2** *(en gramática)* ⇒wording ⇒statement

entre (among / between)

Among se utiliza normalmente para indicar una posición entre tres o más personas o cosas:	**Between** se utiliza para indicar una posición entre dos personas o cosas:
*The house is **among** the trees.* (La casa está entre árboles)	*The house is **between** two trees.* (La casa está entre dos árboles)

enunciar v. ⇒to word ⇒to enunciate *form: enunciar una idea* - to enunciate an idea

envasar v. **1** ⇒to bottle ⇒to package **2** *(en una caja)* ⇒to pack **3** *(en una lata)* ⇒to can

envase s.m. **1** ⇒packaging [U]; ⇒container **2** *(botella vacía)* ⇒empty bottle **3** *(paquete)* ⇒packet

envejecer v. ⇒to grow old

envenenar v. ⇒to poison

envergadura s.f. **1** *(de un ave, un avión)* ⇒wingspan **2** *(importancia)* ⇒importance **3** *(alcance)* ⇒scope ⇒extent

enviado, da s. **1** *(corresponsal)* ⇒correspondent **2** *(de un gobierno, de una organización)* ⇒envoy

enviar v. ⇒to send: *enviar una postal* - to send a postcard

envidia s.f. **1** ⇒envy [U] **2** *¡Qué envidia!* - I really envy you! **3** *morirse de* ~ ⇒to be green with envy **4** *tener* ~ ⇒to be jealous

envidiar v. ⇒to envy [CONSTR. to envy + dos objetos]

envidioso, sa ∎ adj. **1** ⇒envious: *ser un envidioso* - to be envious; ⇒jealous ∎ s. **2** ⇒envious person

envío s.m. **1** *(hecho de enviar)* ⇒sending ⇒dispatch *(pl dispatches)* **2** *(paquete)* ⇒packet **3** ~ *contra reembolso* ⇒cash on delivery **4** *gastos de* ~ ⇒postage and packing

enviudar v. **1** ⇒to be widowed **2** *(un hombre)* ⇒to lose one's wife: *Mi hermano enviudó hace dos años* - My brother lost his wife two years ago **3** *(una mujer)* ⇒to lose one's husband

envoltorio s.m. ⇒wrapping

envolver v. **1** ⇒to wrap: *Envolví los paquetes para la fiesta* - I wrapped the presents for the party **2** *¿Me lo puede envolver para regalo?* - Can you gift-wrap it for me, please? **3** *(implicar en un asunto)* ⇒to involve ⇒to embroil *form*

envuelto, ta adj. **1** ⇒wrapped **2** *(implicado en un asunto)* ⇒involved: *Se vio envuelto en el problema* - He found himself involved in a trouble; ⇒embroiled

enyesar v. **1** *(una parte del cuerpo)* ⇒to put in plaster *UK;* ⇒to put in a cast *US* **2** *(la pared)* ⇒to plaster

epidemia s.f. ⇒epidemic ⇒plague

episodio s.m. **1** *(suceso)* ⇒episode ⇒incident *form* **2** *(parte, capítulo)* ⇒episode ⇒part

época s.f. **1** ⇒time **2** *(en historia)* ⇒period ⇒epoch *form: El Presidente dijo que el país iba hacia una nueva época* - The President said that his country was moving into a new epoch **3** *(del año)* ⇒time of the year ⇒season **4** *de* ~ ⇒vintage: *un coche de época* - a vintage car

equilibrar v. ⇒to balance

equilibrio s.m. **1** *(sin caerse)* ⇒balance: *perder el equilibrio* - to lose one's balance **2** *(armonía)* ⇒equilibrium ⇒balance: *el equilibrio perfecto* - the perfect balance

equilibrista adj. / s.com. **1** ⇒tightrope walker *n* **2** *(acróbata)* ⇒acrobat

equipaje s.m. **1** ⇒baggage ⇒luggage: *equipaje de mano* - hand luggage **2** *hacer el equipaje* - to pack

equipamiento s.m. ⇒equipment [Se dice *the equipment, some equipment* o *a piece of equipment.* Incorrecto: *an equipment*]; ⇒gear

equipar v. *(a una persona)* ⇒to equip [CONSTR. to equip with sth]; ⇒to kit out ⇒to fit out

equipo s.m. **1** *(de cosas)* ⇒equipment [Se dice *the equipment, some equipment* o *a piece of equipment.* Incorrecto: *an equipment*] [U]; ⇒kit **2** *(de deportistas)* ⇒team ⇒side *UK* **3** *(de especialistas)* ⇒team **4** *(para un trabajo, un deporte)* ⇒gear: *un equipo de pesca* - fishing gear **5** *equipo de música* - hi-fi system **6** *trabajar en equipo* - to work in a team; *trabajo en equipo* - teamwork

equitación s.f. ⇒horse riding *UK;* ⇒horseback riding *US*

equivalente adj. / s.m. ⇒equivalent

equivaler v. **1** *(en cantidad)* ⇒to be equal to ⇒to be equivalent to: *Un kilómetro equivale a mil metros* - A kilometre is equivalent to one thousand metres **2** *(en significado)* ⇒to amount to: *Eso equivale a chantaje* - That amounts to blackmail

equivocación s.f. ⇒mistake ⇒error: *Hacer eso fue una equivocación* - It was an error to do so

equivocado, da adj. ⇒wrong ⇒mistaken

equivocar v. **1** *(cometer un error)* ⇒to make a mistake **2** *(estar confundido)* ⇒to be mistaken ⇒to be wrong **3** *Me equivoqué al llamar* - I got the wrong number **4** *Me equivoqué de camino* - I went the wrong way

era s.f. **1** *(época)* ⇒age ⇒era **2** *(en agricultura)* ⇒threshing floor

erguir ∎ v. **1** *(la cabeza)* ⇒to hold up **2** *(los hombros)* ⇒to hold straight ∎ **erguirse** prnl. **3** *(levantarse)* ⇒to stand up: *Al erguirme me mareé* - I felt dizzy when I stood up **4** *(ponerse derecho)* ⇒to hold oneself up straight: *Yérguete, que se te va a agarrotar la espalda* - Hold yourself up straight, otherwise your back will get stiff **5** *(una cosa)* ⇒to rise up: *Las montañas se yerguen sobre el valle* - The mountains rise up over the valley

erizo s.m. **1** ⇒hedgehog **2** ~ *de mar* ⇒sea urchin

ermita s.f. ⇒hermitage

erosión s.f. ⇒erosion

errar v. **1** *(un tiro)* ⇒to miss **2** *(una respuesta)* ⇒to get wrong **3** *(equivocarse)* ⇒to be wrong **4** *(vagar)* ⇒to wander

errata *s.f.* **1** *(de un texto a mano)* ⇨mistake **2** *(de un texto impreso)* ⇨misprint **3 fe de erratas** ⇨errata

erróneo, a *adj.* ⇨incorrect ⇨wrong ⇨erroneous *form: una creencia errónea* - an erroneous belief

error *s.m.* **1** ⇨error: *error humano* - human error; ⇨mistake: *por error* - by mistake; *cometer un error* - to make a mistake; ⇨botch *(pl* botches); ⇨delusion **2** *(de cálculo)* ⇨miscalculation **3** *(de imprenta)* ⇨misprint

eructar *v.* ⇨to belch ⇨to burp

eructo *s.m.* ⇨belch *(pl* belches); ⇨burp

erudito, ta *s.* ⇨scholar ⇨learned person

erupción *s.f.* **1** *(volcánica)* ⇨eruption **2** *(en la piel)* ⇨rash *(pl* rashes) **3** *entrar en erupción* - to erupt

esbelto, ta *adj.* ⇨slender ⇨slim: *Es esbelta y muy elegante* - She is slim and very elegant

escabeche *s.m.* **1** ⇨marinade **2 en ~** ⇨in brine

escabullirse *v.prnl.* ⇨to slip away ⇨to slip out

escafandra *s.f.* **1** *(de buzo)* ⇨diving suit **2** *(de astronauta)* ⇨space suit

escala *s.f.* **1** *(de una representación gráfica)* ⇨scale **2** *(de un plan, de una idea)* ⇨scale: *a escala mundial* - on a worldwide scale **3** *(de un viaje)* ⇨layover *US;* ⇨stopover *UK* **4** *un vuelo sin escalas* - a non-stop flight **5** *(musical)* ⇨scale **6** *(centígrada, de Celsius)* ⇨centigrade scale ⇨Celsius scale **7** *(de Fahrenheit)* ⇨Fahrenheit scale **8 a ~** ⇨to scale

escalada *s.f.* **1** *(deporte)* ⇨climbing ⇨climb **2** *(incremento)* ⇨increase

escalar *v.* **1** ⇨to climb ⇨to scale **2** *(posiciones, puestos)* ⇨to move up

escalera *s.f.* **1** *(dentro de un edificio)* ⇨stairs *pl* **2** *(fuera de un edificio)* ⇨steps *pl* **3** *(de mano)* ⇨ladder **4** *(de tijera)* ⇨stepladder **5** *(mecánica)* ⇨escalator **6** *(de incendios)* ⇨fire escape **7** *(de caracol)*

⇨spiral staircase **8** *bajar las escaleras* - to go downstairs; *subir las escaleras* - to go upstairs

escalerilla *s.f.* **1** *(de un avión)* ⇨steps *pl* **2** *(de una piscina)* ⇨steps *pl*

escalofriante *adj.* ⇨horrifying

escalofrío *s.m.* **1** ⇨shiver **2** *tener escalofríos* - to shiver **3** *dar escalofríos* ⇨to send shivers down your spine

escalón *s.m.* ⇨step: *¡Cuidado con el escalón!* - Mind the step!

escalope *s.m.* ⇨escalope

escama *s.f.* **1** *(de un animal, de un pez)* ⇨scale **2** *(de la piel)* ⇨flake

escampar *v.* ⇨to stop raining ⇨to clear up

escandalizar ❚ *v.* **1** ⇨to shock: *escandalizar a alguien* - to shock sb; ⇨to scandalize ⇨to scandalise *UK* ❚ **escandalizarse** *prnl.* **2** ⇨to be shocked: *escandalizarse con algo* - to be shocked at sth

escándalo *s.m.* **1** *(situación que escandaliza)* ⇨scandal **2** *armar un escándalo* - to make a stink **3** *(situación ruidosa)* ⇨racket *inform;* ⇨uproar [U]

escandaloso, sa *adj.* **1** *(polémico, inmoral)* ⇨shocking ⇨scandalous ⇨outrageous: *Los precios son escandalosos* - The prices are outrageous **2** *(ruidoso)* ⇨noisy ⇨loud

escáner *s.m.* ⇨scanner

escaño *s.m.* **1** *(en política)* ⇨seat **2** *(banco)* ⇨bench *(pl* benches)

escapada *s.f.* **1** *(huida)* ⇨escape **2** *(en ciclismo)* ⇨breakaway **3** ⇨short trip ⇨short break

escapar ❚ *v.* **1** ⇨to escape **2** *(deprisa o a escondidas)* ⇨to run away **3 dejar ~ 1** *(a una persona)* ⇨to let get away **2** *(una oportunidad)* ⇨to miss ❚ **escaparse** *prnl.* **4** ⇨to escape ⇨to get away ⇨to run off **5** *(de una prisión)* ⇨to break out of

escaparate *s.m.* *(en una tienda)* ⇨shop window *UK;* ⇨store window *US*

STEPS / STAIRS

STEPLADDER

LADDER

ESCALATOR

SPIRAL STAIRCASE

escape *s.m.* **1** *(de un fluido)* ⇨leak: *un escape de gas* - a gas leak **2** *Tenemos un escape en las tuberías* - Our pipes leak **3** *(en un motor)* ⇨exhaust: *tubo de escape* - exhaust pipe

escarabajo *s.m.* ⇨beetle

escarbar *v. (en la tierra)* ⇨to dig ⇨to scratch

escarcha *s.f.* ⇨frost

escarmentar *v.* **1** *(aprender de un error)* ⇨to learn *one's* lesson: *Ya he escarmentado* - I've already learned my lesson **2** *(castigar)* ⇨to punish: *Para escarmentarme, mi madre me prohibió salir* - To punish me, my mother prevented me from going out

escarola *s.f.* ⇨endive *UK*

escasear *v.* ⇨to be scarce ⇨to be in short supply

escasez *s.f.* ⇨scarcity ⇨shortage

escaso, sa *adj.* **1** ⇨scarce ⇨slight: *una diferencia escasa* - a slight difference; ⇨limited **2** *~ de* ⇨short of

escatimar *v.* ⇨to be sparing with: *escatimar medios* - to be sparing with resources

escayola *s.m.* **1** *(vendaje)* ⇨plaster cast **2** *(material)* ⇨plaster

escayolar *v.* ⇨to put in plaster

escena *s.f.* **1** *(de una película, de una obra de teatro)* ⇨scene **2** *(situación, lugar)* ⇨scene **3** *(escenario)* ⇨stage: *salir a escena* - to walk on stage **4** *montar una ~* ⇨to make a scene

escenario *s.m.* **1** *(en un local)* ⇨stage **2** *(de un suceso)* ⇨scene

esclavitud *s.f.* ⇨slavery

esclavizar ∎ *v.* **1** ⇨to enslave *form: esclavizar a alguien* - to enslave sb; *Nadie debería quedar esclavizado por la pobreza* - No-one shall be enslaved by poverty ∎ **esclavizarse** *prnl.* **2** ⇨to be enslaved *form*

esclavo, va *s.* ⇨slave

escoba *s.f.* **1** ⇨broom **2** *(de bruja)* ⇨broomstick **3** *coche ~* ⇨sweeper bus *(pl sweeper buses)*

escobilla *s.f.* **1** ⇨brush *(pl brushes)* **2** *(del váter)* ⇨toilet brush *(pl toilet brushes)*

escocer ∎ *v.* **1** *(picar)* ⇨to sting ∎ **escocerse** *prnl.* **2** *(una parte del cuerpo)* ⇨to redden ⇨to get sore

escocés, -a ∎ *adj.* **1** ⇨Scotch ⇨Scottish: *Tiene un amigo escocés* - She has a Scottish friend ∎ *s.* **2** *(hombre)* ⇨Scotsman *(pl Scotsmen)* **3** *(mujer)* ⇨Scotswoman *(pl Scotswomen)* **4** *(plural genérico): los escoceses* - the Scots

Escocia *s.f.* ⇨Scotland

escoger *v.* ⇨to choose [CONSTR. to choose + interrogativo]; ⇨to pick [CONSTR. to pick + to do sth]

escolar ∎ *adj.* **1** ⇨academic: *curso escolar* - academic year **2** *el sistema escolar* - the education

escucha

escuchar *v.* ⇨to listen [CONSTR. to listen to sth/sb]: *escuchar música* - to listen to music; *escuchar a alguien* - to listen to sb

system ∎ *s.com.* **3** *(sin especificar sexo)* ⇨schoolchild *(pl schoolchildren)* **4** *(chico)* ⇨schoolboy **5** *(chica)* ⇨schoolgirl

escolta ∎ *s.com.* **1** *(persona)* ⇨escort: *El ministro tiene escolta policial* - The minister has police escort ∎ *s.f.* **2** *(protección)* ⇨escort **3** *(en baloncesto)* ⇨shooting guard

escoltar *v.* ⇨to escort

escombro *s.m.* ⇨rubble [U]

esconder *v.* ⇨to hide: *El pirata escondió el tesoro* - The pirate hid the treasure; *Me escondí debajo de la cama* - I hid under the bed; *¿De quién se está escondiendo?* - Who is she hiding from?

escondidillas *s.ft.pl.* *AMÉR.* *(escondite)* ⇨hide-and-seek

escondido, da *adj.* **1** ⇨hidden **2** *(un lugar)* ⇨secluded **3** *a escondidas* ⇨secretly

escondite *s.m.* **1** *(juego)* ⇨hide-and-seek **2** *(lugar)* ⇨hiding place

escondrijo *s.m.* ⇨hiding place ⇨hideout ⇨hideaway *inform*

escopeta *s.f.* ⇨shotgun

escorpio *adj. / s.com.* ⇨Scorpio *n*

escorpión ∎ *adj. / s.com.* **1** *(signo del Zodíaco)* ⇨Scorpio *n* ∎ *s.m.* **2** *(animal)* ⇨scorpion

escote *s.m.* **1** *(de una prenda de vestir)* ⇨neckline **2** *pagar a ~* ⇨to pay for *one's* own: *Pagamos la cena a escote* - We all paid for our own dinner

escozor *s.m.* ⇨sting ⇨stinging pain

escribir *v.* **1** ⇨to write **2** *(en ortografía)* ⇨to spell: *¿Cómo se escribe esa palabra?* - How do you spell that word? **3** *(a máquina)* ⇨to type **4** *(con letras de imprenta)* ⇨to print **5** *(a mano)* ⇨to write out by hand

escrito *s.m.* **1** *(uno individual)* ⇨text ⇨document **2** *(conjunto de varios textos)* ⇨writing [U] **3** *por ~* ⇨in writing

escritor, -a *s.* ⇨writer

escritorio *s.m.* **1** ⇨desk ⇨bureau *(pl bureaux, bureaus)* **2** *(en un ordenador)* ⇨desktop

escritura *s.f.* **1** *(caligrafía)* ⇨handwriting **2** *(sistema)* ⇨script: *escritura fonética* - phonetic script **3** *(técnica, arte)* ⇨writing **4** *(de una casa)* ⇨deed ⇨title deed **5** *(en religión)* ⇨Scripture: *las Sagradas Escrituras* - the Holy Scriptures

escrupuloso, sa *adj.* **1** *(con el deber)* ⇨scrupulous **2** *(con la suciedad)* ⇨fussy ⇨fastidious

escrutinio *s.m.* **1** *(recuento)* ⇨count **2** *(inspección)* ⇨scrutiny

escuadra *s.f.* **1** *(para trazar dibujos)* ⇨set-square *UK* **2** *(grupo de gente)* ⇨squad

escudo *s.m.* **1** *(arma defensiva)* ⇒shield **2** ~ **de armas** ⇒coat of arms

escuela *s.f.* **1** *(centro de enseñanza)* ⇒school **2** *(formación)* ⇒teaching **3** *(tendencia)* ⇒school: *la escuela flamenca* - the Flemish school **4** ~ **de enseñanza primaria** ⇒junior school ⇒primary school *UK;* ⇒elementary school *US* **5** ~ **de idiomas** ⇒language school **6** ~ **infantil** ⇒nursery school ⇒pre-school *US* **7** ~ **privada** ⇒private school ⇒independent school **8** ~ **pública** ⇒state school *UK;* ⇒public school *US*

escuincle, cla *adj./s.* **1** *AMÉR. col.* ⇒young **2** *AMÉR. col. (hombre)* ⇒child ⇒kid ⇒nipper *UK inform;* ⇒youth offens **3** *AMÉR. col. (mujer)* ⇒girl ⇒maiden *lit, old-fash*

esculpir *v.* **1** *(en madera)* ⇒to carve **2** *(en piedra)* ⇒to sculpt

escultor, -a *s.* ⇒sculptor

escultura *s.f.* **1** *(arte)* ⇒sculpture **2** *(figura)* ⇒carving ⇒sculpture

escupir *v.* ⇒to spit: *escupirle a alguien* - to spit at sb

escurreplatos *s.m.* ⇒plate rack

escurridor *s.m.* **1** *(escurreplatos)* ⇒plate rack **2** *(colador grande)* ⇒colander

escurrir ∎ *v.* **1** ⇒to drain: *escurrir los platos* - to drain the plates **2** *(con fuerza)* ⇒to wring out: *escurrir la ropa húmeda* - to wring out the wet clothes **3** *(un alimento)* ⇒to strain ∎ **escurrirse** *prnl.* **4** ⇒to wring: *escurrirse de las manos* - to wring one's hands **5** *(deslizarse)* ⇒to slip: *Se me escurrió de las manos* - It slipped out of my hands; *Me escurrí y perdí el equilibrio* - I slipped and lost my balance

ese, sa *demos.* ⇒that *(pl* those): *Alcánzame esa toalla, por favor* - Could you give me that towel, please?; *Ése es mi cuaderno* - That is my notebook ∎ Ver cuadro demonstratives

esencia *s.f.* **1** *(lo más característico)* ⇒essence: *la esencia humana* - the human essence **2** *(lo más importante)* ⇒base ⇒essence: *la esencia de una teoría* - the essence of a theory **3** *(extracto)* ⇒essence: *esencia de vainilla* - vanilla essence **4** *(perfume)* ⇒essence: *esencia de rosas* - essence of roses

esencial *adj.* ⇒essential ⇒integral

esfera *s.f.* **1** *(forma geométrica)* ⇒sphere **2** *(de un reloj)* ⇒dial ⇒face **3** *(de la sociedad)* ⇒echelon **4** ~ **armilar** ⇒celestial globe **5** ~ **celeste** ⇒celestial sphere **6** ~ **de influencia** ⇒sphere of influence **7** ~ **terrestre** ⇒globe

esforzar ∎ *v.* **1** ⇒to force ∎ **esforzarse** *prnl.* **2** ⇒to strain: *esforzarse en conseguir algo* - to strain to achieve sth

esfuerzo *s.m.* **1** ⇒effort ⇒exertion: *esfuerzo físico* - physical exertion **2** *sin esfuerzo* - effortlessly

esfumarse *v.prnl.* **1** *(desvanecerse, desaparecer)* ⇒to fade away **2** *col. (marcharse)* ⇒to clear off *UK inform: Esfúmate* - Clear off!

esgrima *s.f.* ⇒fencing

esguince *s.m.* **1** ⇒sprain **2** *hacerse un esguince* - to sprain

eslabón *s.m.* ⇒link

eslogan *s.m.* ⇒slogan

Eslovaquia *s.f.* ⇒Slovakia

Eslovenia *s.f.* ⇒Slovenia

esloveno, na ∎ *adj./s.* **1** ⇒Slovene ∎ **esloveno** *s.m.* **2** *(idioma)* ⇒Slovene

esmalte *s.m.* **1** *(barniz, laca)* ⇒enamel **2** *(de uñas)* ⇒nail polish *(pl* nail polishes); ⇒nail varnish *UK (pl* nail varnishes) **3** *(dental)* ⇒enamel

esmeralda *s.f.* ⇒emerald

esmerarse *v.prnl.* ⇒to try one's hardest [CONSTR. to try one's hardest + to do sth]

esmero *s.m.* **1** ⇒neatness ⇒care **2** *con esmero* - very carefully

esmoquin *s.m.* ⇒dinner jacket *UK;* ⇒tuxedo *US*

eso *pron.demos.* **1** ⇒that: *¿Eso es tuyo?* - Is that yours? ∎ Ver cuadro demonstratives **2 a ~ de** ⇒at about: *a eso de las once* - at about eleven o'clock **3** ~ **es** ⇒that's it ⇒that's right **4 por ~** ⇒so ⇒therefore

esos, sas *demos.pl.* ⇒those: *¿Esas flores son para mí?* - Are those flowers for me?; *Esas son mis cartas, y esos, mis bolígrafos* - Those are my letters, and those are my pens ∎ Ver cuadro demonstratives

espabilado, da *adj.* **1** *(no dormido)* ⇒awake **2** *(avispado)* ⇒bright ⇒clever: *Tu hijo parece muy espabilado* - Your son looks very clever

espabilar ∎ *v.* **1** *(quitar el sueño)* ⇒to wake up **2** *(avispar)* ⇒to give *sb* a push: *Tienes que espabilar a este niño* - You should give this child a push **3** *(darse prisa)* ⇒to get a move on: *Espabila, que vas a llegar tarde* - Get a move on! You'll be late ∎ **espabilarse** *prnl.* **4** *(despertarse)* ⇒to wake up: *Espabílate, que ya está preparado el desayuno* - Wake up, breakfast is ready! **5** *(avisparse)* ⇒to get going: *Déjala, ya se espabilará cuando crezca* - Leave her alone, she'll get going once she's older; ⇒to pull *one's* socks up

espacial *adj.* **1** *(geométrico)* ⇒spatial: *la estructura espacial de una ciudad* - the spatial structure of a city **2** *(cósmico): misión espacial* - space mission

espacio *s.m.* **1** *(sitio, lugar)* ⇒room ⇒space **2** *(en un texto)* ⇒gap **3** *(firmamento)* ⇒space **4** *(en radio, en televisión)* ⇒broadcast **5** ~ **aéreo** ⇒air

space **6** ~ **exterior** ⇨outer space ⇨space **7** ~ **vital** ⇨living space

espada *s.f.* **1** ⇨sword **2 estar entre la ~ y la pared** ⇨to have *one's* back to the wall

espagueti *s.m.* ⇨spaghetti [U]

espalda *s.f.* **1** ⇨back **2** *(en natación)* ⇨backstroke: *nadar a espalda* - to do the backstroke **3 a espaldas de** ⇨behind *sb's* back: *Él lo vendió a espaldas de Michael* - He sold it behind Michael's back **4 dar la ~** ⇨to turn *one's* back: *El profesor nos dio la espalda* - The teacher turned his back on us **5 por la ~** ⇨from behind: *matar a alguien por la espalda* - to kill sb from behind

espantapájaros *s.m.* ⇨scarecrow

espantar ▌ *v.* **1** *(dar miedo)* ⇨to terrify: *La bruja espantó a los niños* - The witch terrified the children **2** *(ahuyentar)* ⇨to frighten away: *espantar a alguien* - to frighten sb away ▌ **espantarse** *prnl.* **3** *(asustarse)* ⇨to be terrified: *Me espanté al oír aquel ruido* - I was terrified when I heard that noise **4** *(ahuyentarse)* ⇨to get frightened away

espantasuegras *s.m.* AMÉR. ⇨party tooter

espanto *s.m.* **1** ⇨fright ⇨horror: *chillar de espanto* - to cry in horror **2** *col.* ¡*Qué espanto!* - How awful!

espantoso, sa *adj.* ⇨dreadful ⇨appalling ⇨frightening: *Oímos un grito espantoso* - We heard a frightening cry

España *s.f.* ⇨Spain

español, -a ▌ *adj.* **1** ⇨Spanish: *Tiene un amigo español* - She has a Spanish friend ▌ *s.* **2** ⇨Spaniard **3** *(hombre)* ⇨Spanish man *(pl* Spanish men) **4** *(mujer)* ⇨Spanish woman *(pl* Spanish women) **5** *(plural genérico): los españoles* - the Spanish ▌ **español** *s.m.* **6** *(idioma)* ⇨Spanish

esparadrapo *s.m.* ⇨plaster *UK;* ⇨sticking plaster *UK;* ⇨Band-Aid® *US*

esparcir *v.* ⇨to scatter ⇨to spread

espárrago *s.m.* **1** ⇨asparagus [U] **2 ~ triguero** ⇨wild asparagus **3 irse a freír espárragos** ⇨to go jump in the lake **4 mandar a freír espárragos** *col.* ⇨to tell *sb* to get lost *inform*

esparto *s.m.* ⇨esparto

especia *s.f.* ⇨spice

especial *adj.* **1** ⇨special ⇨especial *form* **2 en ~** ⇨especially ⇨in particular

especialidad *s.f.* ⇨speciality *UK (pl* specialities); ⇨specialty *US (pl* specialties)

especialista *s.com.* **1** *(experto)* ⇨specialist **2** *(para escenas arriesgadas de cine)* ⇨stunt man (hombre) *(pl* stunt men); ⇨stunt woman (mujer) *(pl* stunt women)

especializar *v.* ⇨to specialize ⇨to specialise *UK*

especie *s.f.* **1** ⇨species *(pl* species) **2** *(tipo, clase)* ⇨kind ⇨sort

específico, ca *adj.* ⇨specific

espectacular *adj.* ⇨spectacular

espectáculo *s.m.* **1** ⇨show **2 dar el ~** ⇨to make a scene

espectador, -a *s.* **1** *(de un suceso)* ⇨spectator **2** *(de un espectáculo)* ⇨spectator ⇨member of the audience **3** *(de televisión)* ⇨viewer

espejismo *s.m.* **1** ⇨illusion **2** *(en el desierto)* ⇨mirage

espejo *s.m.* **1** ⇨mirror: *el espejo retrovisor* - the rear-view mirror **2 ~ retrovisor** ⇨rear-view mirror

espejuelos *s.m.pl.* AMÉR. ⇨glasses

espeluznante *adj.* ⇨horrifying ⇨hair-raising: *una situación espeluznante* - a hair-rising situation; ⇨blood-curdling

espera *s.f.* **1** ⇨wait: *una espera de tres horas* - a three-hour wait **2 en ~** ⇨on hold

esperanza *s.f.* **1** ⇨hope: *Hay pocas esperanzas de encontrarlo vivo* - There is little hope of finding him alive; ⇨expectation **2 ~ de vida** ⇨life expectancy

esperar *v.* **1** *(aguardar)* ⇨to wait [CONSTR. to wait + to do sth]: *esperar a alguien* - to wait for sb; ⇨to await *form;* ⇨to hang on *inform;* ⇨to hold on *inform: Espera un segundo* - Hold on for a second **2** *(desear)* ⇨to hope: *Espero que lleguen a tiempo* - I hope they will arrive in time **3** *(prever)* ⇨to expect [CONSTR. 1. to expect + to do sth 2. to expect + (that)]; ⇨to anticipate **4 eso espero** ⇨I hope so ⇨I expect so

esperma *s.m.* ⇨sperm *inform*

espesar *v.* ⇨to thicken: *espesar una salsa* - to thicken a sauce; *El chocolate se espesó demasiado* - The chocolate thickened too much

espeso, sa *adj.* **1** ⇨thick **2** *Estoy espesa hoy* - I'm not with it today

espesor *s.m.* ⇨thickness: *medio metro de espesor* - half a metre in thickness

espía *s.com.* ⇨spy *(pl* spies)

espiar *v.* ⇨to spy: *espiar a alguien* - to spy on sb

espiga *s.f.* ⇨ear

espina *s.f.* **1** *(de un pescado)* ⇨bone ⇨fishbone **2** *(de una planta)* ⇨thorn **3 dar mala ~** *col.* ⇨to have a bad feeling **4 ~ dorsal** ⇨backbone ⇨spine

espinaca *s.f.* ⇨spinach [U]

espinilla *s.f.* **1** *(hueso)* ⇨shin **2** *(grano)* ⇨blackhead ⇨pimple

espionaje *s.m.* ⇨spying ⇨espionage

espiral *s.f.* ⇨spiral ⇨coil

espíritu *s.m.* **1** ⇨spirit **2 Espíritu Santo** ⇨Holy Spirit

espiritual *adj.* ⇾spiritual

espléndido, da *adj.* **1** *(magnífico)* ⇾magnificent ⇾splendid **2** *(generoso)* ⇾generous

espolvorear *v.* ⇾to sprinkle ⇾to dust

esponja *s.f.* ⇾sponge

esponjoso, sa *adj.* ⇾spongy

espontáneo, a *adj.* ⇾spontaneous

esporádico, ca *adj.* ⇾sporadic ⇾occasional

esposar *v.* ⇾to handcuff: *esposar a un preso* - to handcuff a prisoner; ⇾to manacle ⇾to cuff *inform*

esposas *s.f.pl.* ⇾handcuffs

esposo, sa *s.* **1** ⇾partner ⇾spouse *form* **2** *(hombre)* ⇾husband **3** *(mujer)* ⇾wife *(pl* wives)

espuela *s.f.* ⇾spur

espuma *s.f.* **1** *(de un jabón)* ⇾lather **2** *(de detergente)* ⇾soapsuds *pl* **3** *(del mar)* ⇾foam ⇾surf **4** *(de una cerveza)* ⇾head **5** *(de un líquido)* ⇾froth **6** *(para el cabello)* ⇾mousse

espumoso, sa *adj.* **1** ⇾foamy ⇾frothy **2** *(un vino)* ⇾sparkling

esquela *s.f.* ⇾death announcement

esquelético, ca *adj.* ⇾skinny

esqueleto *s.m.* ⇾skeleton

esquema *s.f.* **1** *(cuadro)* ⇾diagram **2** *(esbozo)* ⇾sketch *(pl* sketches)

esquemático, ca *adj.* **1** *(una idea)* ⇾simplified **2** *(un diagrama)* ⇾schematic

esquí *s.m.* **1** *(objeto)* ⇾ski **2** *(actividad)* ⇾skiing **3** ~ **acuático** ⇾water-skiing **4** ~ **alpino** ⇾downhill skiing **5** ~ **de fondo** ⇾cross-country skiing

esquiador, -a *s.* ⇾skier

esquiar *v.* ⇾to ski

esquilar *v.* ⇾to shear: *esquilar una oveja* - to shear a sheep

esquimal *s.com.* **1** ⇾Inuit ⇾Eskimo *offens* **2** *AMÉR. (prenda de vestir para bebés)* ⇾rompers

esquina *s.f.* ⇾corner: *doblar la esquina* - to turn the corner

esquivar *v.* **1** *(a una persona, un asunto)* ⇾to avoid **2** *(un golpe)* ⇾to dodge

estabilidad *s.f.* ⇾stability

estabilizar *v.* ⇾to stabilize ⇾to stabilise *UK: estabilizar los precios* - to stabilise prices; *El estado del enfermo se ha estabilizado* - The condition of the patient has stabilised

estable *adj.* **1** *(una estructura)* ⇾stable **2** *(una relación)* ⇾steady ⇾stable **3** *(un trabajo)* ⇾steady

establecer ∎ *v.* **1** ⇾to establish ⇾to set up: *Han establecido una nueva empresa* - They have set up a new company **2** *(una norma)* ⇾to lay down **3** *(una fecha)* ⇾to set ∎ **establecerse** *prnl.* **4** ⇾to settle

establo *s.m.* **1** *(para los caballos)* ⇾stable **2** *(para las vacas)* ⇾cowshed

estación *s.f.* **1** *(del año)* ⇾season **2** *(de tren o de autobús)* ⇾station

estacionar *v. (aparcar)* ⇾to park

estadio *s.m.* ⇾stadium *(pl* stadia, stadiums)

estadística *s.f.* **1** *(ciencia)* ⇾statistics **2** *(conjunto de datos)* ⇾statistic

estado *s.m.* **1** *(situación, condición)* ⇾condition: *estar en buen estado* - to be in good condition **2** *(gobierno, administración)* ⇾state **3 en estado (de buena esperanza)* ⇾expectant: *mujeres en estado* - expectant women **4** ~ **civil** ⇾marital status **5** ~ **de ánimo** ⇾state of mind *(pl* states of mind) **6** ~ **físico** ⇾fitness ⇾physical fitness: *Tiene un buen estado físico* - She has a physical fitness

Estados Unidos *s.m.pl.* ⇾(the) United States

estadounidense *adj. / s.com.* ⇾American

estafa *s.f.* **1** ⇾fraud: *Esta ley es una estafa completa* - This law is a complete fraud **2** *(de dinero)* ⇾racket: *Hay algunas líneas de teléfono que son una estafa* - There are some telephone lines are a real racket

estafar *v.* **1** *(engañar)* ⇾to trick ⇾to con *inform* [CONSTR. to con sb out of sth] **2** *(robar)* ⇾to swindle [CONSTR. to swindle sb out of sth]: *Estafó a la empresa 200.000 libras* - He swindled 200,000 pounds out of his firm

estallar *v.* **1** *(un neumático)* ⇾to burst **2** *(una bomba)* ⇾to explode **3** *(un vaso)* ⇾to shatter **4** *(una guerra)* ⇾to break out **5** *(una noticia)* ⇾to break **6** *(una emoción)* ⇾to erupt

estallido *s.m.* **1** *(de una bomba)* ⇾explosion **2** *(de un vaso)* ⇾shattering **3** *(ruido)* ⇾bang

estampa *s.f.* ⇾engraving ⇾print

estampado, da ∎ *adj.* **1** ⇾patterned ∎ **estampado** *s.m.* **2** ⇾pattern: *La falda tenía un estampado de flores* - The skirt had a floral pattern; ⇾print

estampilla *s.f. AMÉR.* ⇾stamp

estancia *s.f.* **1** *(permanencia)* ⇾stay **2** *(habitación)* ⇾large room

estanco *s.m.* ⇾tobacconist's *(pl* tobacconists')

estándar *adj. / s.m.* ⇾standard

estandarte *s.m.* ⇾banner

estanque *s.m.* ⇾pond

estanquillo *s.m. AMÉR.* ⇾grocer's *UK (pl* grocers')

estante *s.m.* ⇾shelf *(pl* shelves)

estantería *s.f.* **1** ⇾shelves *pl* **2** *(de libros)* ⇾bookcase

estaño *s.m.* ⇾tin

estar ∎ *v.* **1** *(encontrarse en un lugar)* ⇾to be: *Los servicios están a la izquierda* - The toilets are

on the left; *No, mis padres no están* - No, my parents aren't in **2** *(tener una cualidad)* ⇨to be: *La habitación está fría* - The room is cold **3** *(sentar bien o mal)* ⇨to fit: *Estos zapatos me están perfectamente* - These shoes fit me perfectly **4** *Está bien* - It's ok **5** *Estamos a dos de junio* - It's the second of June **6** *¿A cuánto están las peras?* - How much are the pears? **7** *Estamos a 25 grados* - It's 25 degrees **8** ¿cómo estás? ⇨How are you? **9** ~ a favor de ⇨to be in favour of ⇨to be for **10** ~ a gusto ⇨to be at ease ⇨to feel at ease **11** ~ a punto de ⇨to be about to **12** ~ de acuerdo ⇨to approve ⇨to agree [CONSTR. 1. to agree + (that) 2. to agree with sb 3. to agree on sth]: *Él está de acuerdo conmigo* - He agrees with me **13** ~ en contra de ⇨to be against **14** ~ en desacuerdo ⇨to disagree [CONSTR. 1. to disagree + (that) 2. to agree with sb 3. to agree on sth] **15** ~ fuera ⇨to be away **16** ~ sin blanca *col.* ⇨to be broke *inform* **17** no ~ para bromas ⇨not to be in the mood for jokes ∎ estarse *prnl.* **18** *(entretenerse, quedarse)* ⇨to keep: *estarse quieto* - to keep still ∎ Ver cuadro be

estático, ca *adj.* **1** ⇨static **2** *quedarse estático* - to freeze

estatua *s.f.* ⇨statue

estatura *s.f.* ⇨height ⇨stature *form*

este, ta ∎ *demos.* **1** ⇨this *(pl* these): *¿Este lápiz es tuyo?* - Is this pencil yours?; *¿Es esta tu hermana?* - Is this your sister? ∎ Ver cuadro demonstratives ∎ este *s.m.* **2** *(punto cardinal)* ⇨east **3** *países del este* - eastern countries **4** hacia el este ⇨eastwards

estela *s.f.* **1** *(en el agua)* ⇨wake **2** *(en el aire)* ⇨trail **3** *dejar una estela imborrable* - to mark for life

estéreo *adj. col.* ⇨stereo

estereotipo *s.m.* ⇨stereotype

estéril *adj.* **1** *(una mujer)* ⇨infertile **2** *(un hombre)* ⇨sterile **3** *(un terreno)* ⇨barren *old-fash*

esteticista *s.com.* ⇨beautician

estético, ca ∎ *adj.* **1** ⇨aesthetic ⇨esthetic *US* ∎ estética *s.f.* **2** *(en arte)* ⇨aesthetics ⇨esthetics *US* **3** *(apariencia): la estética del edificio* - the aesthetic of the building

estiércol *s.m.* ⇨dung ⇨manure

estilo *s.m.* **1** ⇨style: *Me gusta su estilo de escribir* - I like his style of writing **2** *(elegancia)* ⇨finesse: *Tiene una estilo especial* - She has a special finesse **3** *(en la expresión)* ⇨phrasing **4** *El presidente dijo algo por el estilo* - The president said sth like that **5** ~ indirecto ⇨reported speech ∎ Ver cuadro reported speech **6** ~ libre *(en deportes)* ⇨freestyle

estilógrafo *s.m.* AMÉR. ⇨fountain pen

estima *s.f.* ⇨regard *form;* ⇨esteem *form*

estimar *v.* **1** *(calcular)* ⇨to estimate [CONSTR. to estimate + that]: *Han estimado que perderán menos dinero que el año pasado* - They have estimated that they will lose less money than last year; ⇨to guess [CONSTR. to guess + (that)] **2** *(suponer)* ⇨to reckon [CONSTR. to reckon + (that)]: *Estimo que llegarán pronto* - I reckoned that they will arrive soon **3** *(apreciar)* ⇨to respect ⇨to hold in high esteem: *Estima a su jefa* - She holds her boss in high esteem

estimular *v.* **1** *(una acción)* ⇨to stimulate ⇨to encourage [CONSTR. to encourage + to do sth] **2** *(el apetito)* ⇨to stimulate

estímulo *s.m.* ⇨stimulus *(pl* stimuli); ⇨encouragement

estirar ∎ *v.* **1** ⇨to stretch ⇨to stretch out: *estirar las piernas* - to stretch out one's legs **2** *(alisar)* ⇨to smooth out ⇨to tighten **3** *(crecer)* ⇨to shoot up ∎ estirarse *prnl.* **4** *(desperezarse)* ⇨to stretch

estirón *s.m. dar un estirón* - to shoot up

esto *pron.demos.* ⇨this: *Ya me temía yo que esto iba a pasar* - I was afraid this would happen ∎ Ver cuadro demonstratives

estofado *s.m.* ⇨stew

estómago *s.m.* ⇨stomach

Estonia *s.f.* ⇨Estonia

estoniano, na *adj. / s.* Véase **estonio, nia**

estonio, nia ∎ *adj. / s.* **1** ⇨Estonian ∎ estonio *s.m.* **2** *(idioma)* ⇨Estonian

estorbar *v.* **1** *(entorpecer el desarrollo)* ⇨to be in the way ⇨to hinder **2** *(molestar)* ⇨to disturb

estornudar *v.* ⇨to sneeze

estornudo *s.m.* ⇨sneeze

estos, tas *demos.pl.* ⇨these: *Estas flores son para ti* - These flowers are for you; *Estos son mis apuntes* - These are my notes ∎ Ver cuadro demonstratives

estrangular *v.* ⇨to strangle

estrategia *s.f.* **1** ⇨strategy *(pl* strategies) **2** *cambiar de estrategia* - to try a different tack

estrechar ∎ *v.* **1** *(una cosa)* ⇨to get narrower ⇨to narrow: *Esta calle se estrecha más adelante* - This street narrows further on **2** *(una relación)* ⇨to grow stronger ⇨to strengthen: *Nuestra amistad se ha estrechado este año* - Our friendship has strengthened this year **3** *(a una persona)* ⇨to embrace: *Lo estreché con fuerza* - I embraced him tightly; ⇨to hug ∎ estrecharse *prnl.* **4** *(apretarse)* ⇨to squeeze up: *Si nos estrechamos, cabremos todos* - If we squeeze up, we'll all get in

estrecho, cha ∎ *adj.* **1** ⇨narrow **2** *(una prenda)* ⇨tight **3** *(una relación)* ⇨close ∎ estrecho *s.m.* **4** ⇨strait

E

estrella *s.f.* **1** *(cuerpo celeste)* ⇒star **2** *(persona)* ⇒star: *una estrella de cine* - a film star **3** *(lo que destaca)* ⇒centrepiece *UK* **4** ~ **de mar** ⇒starfish *(pl* starfish, starfishes) **5** ~ **fugaz** ⇒shooting star ⇒falling star

estrellar ∎ *v.* **1** ⇒to smash: *Emily estrelló el despertador contra la pared* - Emily smashed the alarm clock against the wall; ⇒to cannon ∎ **estrellarse** *prnl.* **2** ⇒to crash [CONSTR. to crash into sth]: *Josh se estrelló contra una farola* - Josh crashed into a lamp-post

estremecer *v.* **1** ⇒to shake: *La muerte del abuelo estremeció a toda la familia* - Grandpa's death shook the whole family **2** *estremecerse de miedo* - to tremble with fear; *estremecerse de frío* - to shiver with cold

estrenar *v.* **1** *(una cosa): El sábado estrenaré los zapatos* - I'll wear my new shoes on Saturday **2** *(una película)* ⇒to première ⇒to release **3** *(una obra de teatro)* ⇒to open

estreno *s.m.* **1** *(de una cosa): un vestido de estreno* - a new dress **2** *(de una película)* ⇒première **3** *(de una obra de teatro)* ⇒first night ⇒opening

estreñido, da *adj.* ⇒constipated

estreñimiento *s.m.* ⇒constipation

estreñir *v.* ⇒to make constipated: *El arroz estriñe* - Rice makes you constipated

estrépito *s.m.* ⇒clash *(pl* clashes); ⇒smash *(pl* smashes); ⇒clatter

estrés *s.m.* ⇒stress

estribillo *s.m.* ⇒chorus *(pl* choruses)

estribo *s.m.* **1** ⇒stirrup **2** *perder los estribos* ⇒to lose *one's* temper

estribor *s.m.* ⇒starboard

estricto, ta *adj.* ⇒strict ⇒stern

estrofa *s.f.* ⇒verse

estropajo *s.m.* ⇒scourer

estropeado, da *adj.* **1** ⇒spoilt *UK;* ⇒spoiled *US;* ⇒damaged **2** *(un aparato)* ⇒broken ⇒broken-down **3** *(un alimento)* ⇒off ⇒bad

estropear ∎ *v.* **1** *(un aparato)* ⇒to break ⇒to damage **2** *(un plan)* ⇒to ruin ⇒to spoil ⇒to disrupt **3** *(una sorpresa)* ⇒to give the game away *UK* ∎ **estropearse** *prnl.* **4** *(un alimento)* ⇒to go bad ⇒to go off *UK*

estructura *s.f.* ⇒structure ⇒frame ⇒set-up *inform*

estruendo *s.m.* ⇒clash *(pl* clashes); ⇒din ⇒rumble

estrujar *v.* **1** *(apretar con fuerza)* ⇒to squeeze **2** *(aplastar)* ⇒to crush

estuche *s.m.* ⇒case

estudiante *s.com.* **1** ⇒student **2** *(hombre)* ⇒schoolboy **3** *(mujer)* ⇒schoolgirl **4** *(universitario)* ⇒undergraduate

estudiar *v.* **1** ⇒to study **2** *(considerar)* ⇒to consider **3** *(examinar detenidamente)* ⇒to study

estudio *s.m.* **1** *(actividad)* ⇒study *(pl* studies) **2** *(análisis)* ⇒consideration [U]; ⇒survey **3** *(apartamento)* ⇒studio ⇒studio flat ⇒bedsit *UK* **4** *(habitación donde se estudia)* ⇒study *(pl* studies)

estudioso, sa *adj.* ⇒studious

estufa *s.f.* ⇒stove ⇒heater

estupendo, da *adj.* **1** ⇒terrific: *Es una idea estupenda* - That's a terrific idea; ⇒brilliant *UK;* ⇒great ⇒fantastic *inform;* ⇒marvellous *UK* **2** *¡estupendo!* ⇒great! ⇒terrific!

estupidez *s.f.* ⇒stupidity *(pl* stupidities): *Dejar al niño solo ha sido una estupidez* - Leaving the kid alone was a stupidity; ⇒howler *inform*

estúpido, da *adj. desp.* ⇒stupid *offens*

etapa *s.f.* ⇒stage

eternidad *s.f.* ⇒eternity

eterno, na *adj.* ⇒eternal

ético, ca *adj.* ⇒ethical

etiqueta *s.f.* **1** ⇒label ⇒tag **2** **de** ~ *formal: un traje de etiqueta* - a formal dress

etiquetar *v.* *(un producto)* ⇒to label: *etiquetar un producto* - to label a product

étnico, ca *adj.* ⇒ethnic

eucalipto *s.m.* ⇒eucalyptus *(pl* eucalyptus)

Europa *s.f.* ⇒Europe

europeo, a *adj. / s.* ⇒European

eutanasia *s.f.* ⇒euthanasia

evacuar *v.* **1** *(desalojar)* ⇒to evacuate **2** *(expulsar los excrementos): evacuar el vientre* - to have a bowel movement

evadir ∎ *v.* **1** *(una obligación)* ⇒to avoid [CONSTR. to avoid + doing sth] **2** *(dinero)* ⇒to smuggle: *evadir una suma del dinero* - to smuggle an amount of money **3** *(un asunto, una pregunta)* ⇒to evade ∎ **evadirse** *prnl.* **4** ⇒to escape: *evadirse de la cárcel* - to escape from gaol

evaluación *s.f.* **1** *(de un alumno)* ⇒assessment **2** *(del valor de algo)* ⇒assessment

evaluar *v.* **1** *(calificar)* ⇒to give a mark ⇒to grade **2** *(calcular el valor)* ⇒to assess: *evaluar los daños* - to assess the damage

evangelio *s.m.* ⇒gospel

evaporación *s.f.* ⇒evaporation

evaporar ∎ *v.* **1** *(convertir en vapor)* ⇒to evaporate **2** *(desaparecer)* ⇒to vanish ∎ **evaporarse** *prnl.* **3** *col. (una persona)* ⇒to disappear into thin air

evasión *s.f.* **1** *(distracción)* ⇒escape **2** *(elusión)* ⇒evasion: *evasión de impuestos* - tax evasion

eventual *adj.* **1** *(posible)* ⇒possible **2** *(temporal)* ⇒temporary: *un trabajo eventual* - a temporary job

evidente *adj.* ⇨apparent ⇨evident *form;* ⇨obvious

evitar *v.* **1** *(algo desagradable)* ⇨to avoid ⇨to prevent [CONSTR. to prevent (from) + doing sth]; ⇨to escape **2** *No pude evitarlo* - I couldn't help it **3** *(una acción)* ⇨to avoid [CONSTR. to avoid + doing sth] **4** *(un tema)* ⇨to keep off *sth UK* **5** *(a una persona)* ⇨to avoid

evocar *v.* **1** *(revivir)* ⇨to recall: *En la fiesta, evocamos los viejos tiempos* - At the party, we recalled the good old days **2** *(despertar)* ⇨to evoke

evolución *s.f.* ⇨evolution ⇨development

evolucionar *v.* ⇨to evolve ⇨to develop

ex *s.com.* ⇨ex *inform (pl* exes): *¿Todavía mantienes relación con tu ex?* - Do you still keep in touch with your ex?

exactitud *s.f.* **1** ⇨accuracy **2 con ~** ⇨exactly: *No lo sé con exactitud* - I don't know exactly

exacto, ta ∎ *adj.* **1** *(preciso, correcto)* ⇨exact: *Ese es el color exacto que estábamos buscando* - This is the exact colour we were looking for; ⇨accurate: *una descripción exacta de los hechos* - an accurate description of the facts; ⇨precise ⇨correct **2** *(igual)* ⇨identical: *dos copias exactas* - two identical copies ∎ **¡exacto!** *interj.* **3** ⇨exactly!

exageración *s.f.* ⇨exaggeration

exagerado, da *adj.* ⇨extravagant ⇨excessive

exagerar *v.* **1** ⇨to exaggerate **2** *(al actuar)* ⇨to overdo **3** *(al hablar)* ⇨to overstate

examen *s.m.* **1** *(evaluación)* ⇨examination *form;* ⇨test ⇨exam: *hacer un examen* - to do an exam; *poner un examen* - to set an exam **2** *(prueba médica)* ⇨examination **3 estar de exámenes** ⇨to be doing exams **4 ~ de conducir** ⇨driving test **5 ~ de recuperación** ⇨resit **6 ~ final** ⇨end-of-year-exam **7 ~ tipo test** ⇨multiple-choice exam

examinar ∎ *v.* **1** *(poner un examen)* ⇨to examine *form;* ⇨to test **2** *(analizar)* ⇨to inspect ⇨to study: *Están examinando todos los detalles* - They are studying all the details ∎ **examinarse** *prnl.* **3** ⇨to take an exam ⇨to do an exam

excavación *s.f.* ⇨excavation

excavadora *s.f.* ⇨excavator

excavar *v.* ⇨to excavate

exceder ∎ *v.* **1** ⇨to exceed ∎ **excederse** *prnl.* **2** ⇨to go too far: *No es bueno excederse en la bebida* - Going too far in drinking isn't a good thing

excelente *adj.* ⇨excellent ⇨fine

excéntrico, ca *adj./s.* ⇨eccentric

excepción *s.f.* **1** ⇨exception **2 {a/con} excepción de** ⇨except for

excepcional *adj.* **1** *(fuera de lo normal)* ⇨unusual

⇨outstanding: *resultados excepcionales* - outstanding results **2** *(muy bueno)* ⇨exceptional

excepto *prep.* **1** ⇨but: *Excepto tú, todos están de acuerdo con esta idea* - Everybody but you agrees with this idea; ⇨except: *Cojo el metro todos los días excepto los viernes* - I take the tube every day except Friday; ⇨except for **2** *(en oraciones negativas)* ⇨other than

exceptuar *v.* ⇨to except ⇨to exclude: *He dicho que salgáis todos y no exceptúo a nadie* - I've told you all to leave, and I don't exclude anybody

excesivo, va *adj.* ⇨excessive

exceso *s.m.* **1** ⇨excess *(pl* excesses) **2 en ~** ⇨excessively ⇨in excess ⇨too much **3 ~ de confianza** ⇨over-confidence **4 ~ de equipaje** ⇨excess baggage **5 ~ de velocidad** ⇨speeding **6 trabajar en ~** ⇨to overwork

excitante *adj.* **1** ⇨exciting **2** *(una bebida)* ⇨stimulating

excitar *v.* **1** *(poner nervioso)* ⇨to excite *form* **2** *(provocar, avivar)* ⇨to rouse **3** *(sexualmente)* ⇨to arouse ⇨to turn *sb* on

exclamación *s.f.* **1** ⇨exclamation ⇨gasp **2** **signo de ~** ⇨exclamation mark ⇨exclamation point *US*

exclamar *v.* ⇨to exclaim

excluir *v.* ⇨to exclude [CONSTR. to exclude from sth]; ⇨to leave out

exclusivo, va *adj.* ⇨exclusive

excursión *s.f.* **1** ⇨excursion ⇨outing ⇨trip: *Fuimos de excursión a la isla* - We went on a trip to the island **2** *(paseo por el campo)* ⇨ramble: *Vayamos de excursión* - Let's go on a ramble

excursionista *s.com.* ⇨hiker ⇨rambler

excusa *s.f.* ⇨excuse

excusar ∎ *v.* **1** *(librar)* ⇨to excuse [CONSTR. to excuse from sth] ∎ **excusarse** *prnl.* **2** *(disculparse)* ⇨to apologize ⇨to apologise *UK* [CONSTR. 1. to apologize/-ise to sb for sth 2. to apologize/-ise to sb for + doing sth]

exento, ta *adj.* ⇨exempt: *estar exento de una obligación* - to be exempt from a duty; *exento de impuestos* - tax-exempt; *Hoy estoy exenta de hacer gimnasia* - I'm excused from gym today

exhaustivo, va *adj.* ⇨thorough ⇨exhaustive

exhibición *s.f.* ⇨display: *una exhibición de cortesía* - a display of courtesy; ⇨exhibition ⇨show

exhibir *v. (mostrar)* ⇨to display ⇨to exhibit *form*

exigencia *s.f.* **1** *(petición)* ⇨demand **2** *(necesidad)* ⇨requirement

exigente *adj.* ⇨demanding

E

exigir v. **1** *(reivindicar)* ⇒to demand [CONSTR. 1. to demand + that 2. to demand + to do sth] **2** *(necesitar)* ⇒to require [CONSTR. to require + that]

exiliado, da ∎ *adj.* **1** ⇒exiled ∎ s. **2** ⇒exile

exilio *s.m.* ⇒exile: *en el exilio* - in exile

existencia ∎ *s.f.* **1** ⇒existence ∎ **existencias** *pl.* **2** ⇒stock [U]

existir v. **1** ⇒to exist **2** *Existen varias formas de hacerlo* - There are many ways of doing it

éxito *s.m.* **1** ⇒success [U] **2** *tener éxito* - to be successful **3** *con éxito* - successfully **4** *(para libros)* ⇒bestseller **5** *(para discos y películas)* ⇒hit **6** *~ de taquilla* ⇒box office hit **7** *~ de ventas* ⇒sales success

exótico, ca *adj.* ⇒exotic

expectación *s.f.* ⇒expectation

expectativa *s.f.* **1** ⇒expectation **2** *a la ~* ⇒waiting: *estar a la expectativa de que ocurra algo* - to be waiting for sth to happen

expedición *s.f.* **1** *(envío)* ⇒sending **2** *(de un documento)* ⇒issue **3** *(viaje)* ⇒expedition **4** *(conjunto de personas)* ⇒expedition

experiencia *s.f.* **1** *(práctica)* ⇒experience ⇒time **2** *sin experiencia* - inexperienced **3** *(vivencia)* ⇒experience

experimentar v. **1** *(científicamente)* ⇒to experiment **2** *(un sentimiento, una sensación)* ⇒to feel ⇒to undergo: *experimentar un cambio* - to undergo a change **3** *(un cambio)* ⇒undergo

experimento *s.m.* ⇒experiment

experto, ta ∎ *adj.* **1** ⇒expert ∎ s. **2** *(con habilidad)* ⇒expert ⇒master ⇒past master: *Joe es un experto en conseguir invitaciones para fiestas* - Joe is a past master at getting invitations to parties **3** *(especialista)* ⇒specialist ⇒authority *(pl* authorities)

expirar v. ⇒to expire: *Mañana expira el plazo de pago* - The payment period expires tomorrow

explanada *s.f.* ⇒open area

explicación *s.f.* ⇒explanation

explicar ∎ v. **1** ⇒to explain [CONSTR. 1. to explain + (that) 2. to explain sth to sb 3. to explain + interrogativo]: *Explícamelo* - Explain it to me ∎ **explicarse** *prnl.* **2** *(hacerse entender)* ⇒to make oneself clear: *Explícate mejor, que no entiendo nada* - Make yourself clearer, I don't understand a word **3** *¿Me explico?* - Do you see what I mean? **4** *(llegar a comprender)* ⇒to understand [CONSTR. to understand + interrogativo]: *No me explico cómo Clark llegó tan rápido* - I can't understand how Clark arrived so quickly

explorador, -a s. ⇒explorer

explorar v. **1** ⇒to explore **2** *(en medicina)* ⇒to examine

explosión *s.f.* ⇒explosion ⇒blast **2** *El artefacto hizo explosión* - The device exploded

explosivo, va ∎ *adj.* **1** ⇒explosive ∎ **explosivo** *s.m.* **2** ⇒explosive

explotación *s.f.* **1** *(instalaciones)* ⇒farming [U] **2** *(de un recurso)* ⇒working: *la explotación de una mina* - the working of a mine **3** *(de una persona)* ⇒exploitation

explotar v. **1** *(hacer explosión)* ⇒to explode ⇒to burst **2** *(una bomba)* ⇒to explode ⇒to go off **3** *(un recurso)* ⇒to exploit ⇒to work **4** *(a un trabajador)* ⇒to exploit

exponer v. **1** *(mostrar)* ⇒to exhibit ⇒to display **2** *(expresar)* ⇒to state [CONSTR. 1. to state + (that) 2. to state + interrogativo] **3** *(arriesgar)* ⇒to put at risk

exportación *s.f.* ⇒export ⇒exportation

exportar v. ⇒to export

exposición *s.f.* **1** *(de objetos)* ⇒exhibition ⇒display ⇒show **2** *(de un tema)* ⇒presentation **3** *(contacto)* ⇒exposure: *exposición al sol* - exposure to the sun

exprés *adj.* **1** *(un electrodoméstico): una olla exprés* - a pressure cooker **2** *(un café)* ⇒espresso **3** *(un servicio)* ⇒express: *correo exprés* - express post

expresar ∎ v. **1** ⇒to express ⇒to convey **2** *(una opinión)* ⇒to voice ∎ **expresarse** *prnl.* **3** ⇒to express oneself

expresión *s.f.* **1** *(de la cara)* ⇒expression **2** *(conjunto de palabras)* ⇒expression **3** *(modo de expresarse)* ⇒phrasing: *La expresión del texto es ambigua* - The phrasing of the text is ambiguous **4** *(de cariño)* ⇒endearment **5** *(personal)* ⇒self-expression

expresivo, va *adj.* **1** ⇒expressive **2** *(una mirada, una sonrisa)* ⇒meaningful

expreso, sa ∎ *adj.* **1** ⇒express: *órdenes expresas* - express orders ∎ **expreso** *s.m.* **2** *(tren)* ⇒express *(pl* expresses)

exprimidor *s.m.* **1** *(manual)* ⇒squeezer **2** *(eléctrico)* ⇒juice extractor

exprimir v. ⇒to squeeze

expulsar v. **1** *(a alguien)* ⇒to eject ⇒to expel **2** *(del colegio, de un club)* ⇒to expel **3** *(de un partido)* ⇒to send off UK; ⇒to eject US **4** *(algo)* ⇒to expel: *expulsar el aire de los pulmones* - to expel air from one's lungs

expulsión *s.f.* **1** *(marcha obligada)* ⇒expulsion **2** *(en deporte)* ⇒sending-off **3** *(salida)* ⇒expulsion: *expulsión de gases* - gas expulsion

exquisito, ta *adj.* **1** ⇒exquisite **2** *(una comida)* ⇒delicious

extender ∎ v. **1** *(en el espacio)* ⇒to extend **2** *(un mantel, un mapa)* ⇒to spread out **3** *(la mantequilla)* ⇒to spread **4** *(en el tiempo)* ⇒to last ∎

extenderse *prnl.* **5** *(un terreno)* ⇒to extend ⇒to stretch ⇒to run **6** *(un fuego)* ⇒to spread

extendido, da *adj.* **1** *(propagado)* ⇒widespread **2** *(los brazos, las manos)* ⇒outstretched **3** *(una mapa, un mantel)* ⇒outspread

extensión *s.f.* **1** *(área)* ⇒area ⇒stretch *(pl* stretches) **2** *(aumento)* ⇒spread **3** *(de un texto)* ⇒spread **4** *(de teléfono)* ⇒extension: *¿Podría pasarme con la extensión 221, por favor?* - Could you put me through to extension 221, please? **5** **por ~** ⇒by extension

extenso, sa *adj.* **1** *(en el espacio)* ⇒extensive **2** *(en el tiempo)* ⇒long

exterior ❚ *adj.* **1** *(de fuera)* ⇒outside **2** *(de otro país)* ⇒foreign: *comercio exterior* - foreign trade ❚ *s.m.* **3** ⇒exterior ⇒outside

exterminar *v.* **1** *(aniquilar)* ⇒to exterminate **2** *(arrasar)* ⇒to destroy

externo, na ❚ *adj.* **1** ⇒external ⇒outer ⇒outside ❚ *adj. / s.* **2** *(una persona): un alumno externo* - a day pupil

extinción *s.f.* **1** *(hecho de extinguir)* ⇒extinguishing **2** *(de un fuego)* ⇒putting out **3** *(fin)* ⇒extinction: *animales en peligro de extinción* - animals in danger of extinction

extinguido, da *adj.* **1** *(una especie animal, un volcán)* ⇒extinct **2** *(un fuego)* ⇒extinguished

extinguir *v.* **1** *(apagar)* ⇒to extinguish ⇒to put out: *Han extinguido el fuego* - They have put the fire out **2** *(agotar)* ⇒to extinguish **3** *(una especie)* ⇒to wipe out

extintor *s.m.* ⇒extinguisher ⇒fire extinguisher

extra ❚ *adj.* **1** *(superior)* ⇒extra special **2** *de calidad extra* - top quality **3** *(complementario)* ⇒extra ⇒additional ❚ *s.m.* **4** *col. (dinero)* ⇒bonus *(pl* bonuses) **5** *col. (complemento)* ⇒extra ❚ *s.com.* **6** *(en el teatro o en el cine)* ⇒extra

extracto *s.m.* **1** *(resumen)* ⇒summary *(pl* summaries) **2** *(de una cuenta bancaria)* ⇒bank statement **3** *(de un texto)* ⇒excerpt **4** *(sustancia)* ⇒extract

extraer *v.* **1** *(sacar)* ⇒to extract *form: extraer una muela* - to extract a tooth **2** *(sangre)* ⇒to take: *Le extrajeron sangre* - They took blood from her **3** *(deducir)* ⇒to draw **4** *(obtener)* ⇒to extract: *extraer aceite de oliva* - to extract olive oil

extranjero, ra ❚ *adj.* **1** ⇒foreign ❚ *s.* **2** ⇒foreigner ❚ **extranjero** *s.m.* **3** *(país distinto del propio)* ⇒abroad [Se dice *to go abroad* - *ir al extranjero.* Incorrecto: *to go to abroad*]

extrañar ❚ *v.* **1** *(sorprender)* ⇒to surprise: *Me extraña que llegue tarde* - His arriving late surprises me **2** *(echar de menos)* ⇒to miss: *La extrañamos mucho* - We miss her a lot ❚ **extrañarse** *prnl.* **3** *(sorprenderse)* ⇒to find strange ⇒to be surprised: *No me extraña* - I'm not surprised

extraño, ña ❚ *adj.* **1** ⇒strange ⇒odd: *Era un animal extraño* - It was an odd animal; ⇒funny: *¡Qué extraño! Pensé que había dejado el bolso en esa mesa* - How funny!, I thought I had left my bag on that table; ⇒peculiar ❚ *s.* **2** ⇒stranger: *No hables con extraños* - Don't talk to strangers!; ⇒freak

extraordinario, ria *adj.* **1** *(fuera de lo normal)* ⇒extraordinary ⇒remarkable ⇒special **2** *(mejor de lo normal)* ⇒excellent

extraterrestre *s.com.* ⇒extraterrestrial ⇒alien

extravagante ❚ *adj.* **1** ⇒eccentric ⇒extravagant **2** *(un aspecto)* ⇒flamboyant **3** *(un comportamiento)* ⇒outrageous ❚ *s.com.* **4** ⇒eccentric

extraviado, da *adj.* **1** *(una persona)* ⇒lost **2** *(un animal)* ⇒lost ⇒stray *n* **3** *(un objeto)* ⇒lost ⇒stray

extraviar ❚ *v.* **1** ⇒to lose ⇒to mislay *form: extraviar un objeto* - to mislay an object ❚ **extraviarse** *prnl.* **2** *(una persona o un animal)* ⇒to get lost: *Hansel y Gretel se extraviaron en el bosque* - Hansel and Gretel got lost in the woods **3** *(un objeto)* ⇒to be missing

extremidad *s.f.* **1** *(en una persona)* ⇒limb **2** *(extremo)* ⇒end

extremo, ma ❚ *adj.* **1** ⇒extreme **2** *(lejano)* ⇒far: *Extremo Oriente* - the Far East ❚ **extremo** *s.m.* **3** ⇒end **4** *(en deporte)* ⇒wing

extrovertido, da *adj.* ⇒extrovert

E

F

f

‖F

f *s.f. (letra del alfabeto)* ⇨f

fábrica *s.f.* ⇨factory *(pl* factories): *una fábrica de coches* - a car factory

fabricación *s.f.* **1** ⇨manufacture ⇨making **2 de ~ casera** ⇨home-made **3 de ~ española** ⇨made in Spain **4 ~ en serie** ⇨mass production

fabricante *s.com.* ⇨manufacturer

fabricar *v.* **1** ⇨to manufacture ⇨to make **2** *fabricar en serie* - to mass-produce

fábula *s.f.* ⇨fable

facha ‖ *adj. / s.com.* **1** *col. (en política)* ⇨fascist **‖** *s.f.* **2** *col. (aspecto)* ⇨look ⇨appearance **3 estar hecho una ~** ⇨to look a sight *inform*

fachada *s.f.* **1** *(de un edificio)* ⇨front ⇨facade **2** *(apariencia, aspecto)* ⇨appearance ⇨facade ⇨façade: *Es solo fachada* - He's just a mere façade

fácil ‖ *adj.* **1** ⇨easy: *Los deberes eran muy fáciles* - The homework was very easy **2** *(probable)* ⇨likely [CONSTR. to be likely + to do sth]: *Es fácil que papá se enfade si coges ese dinero sin preguntar* - Dad's likely to be angry if you take that money without asking **‖** *adv.* **3** ⇨easily: *Se aprende fácil* - It can easily learn

facilidad ‖ *s.f.* **1** *(habilidad, sencillez)* ⇨ease: *Los monos trepan a los árboles con facilidad* - Monkeys climb trees with ease; ⇨facility **2** *(habilidad, aptitud)* ⇨facility: *facilidad de expresión* - facility of expression; ⇨aptitude: *Tienes facilidad para los idiomas* - You have an aptitude for languages **‖ facilidades** *pl.* **3** *(ayuda económica)* ⇨credit facilities

facilitar *v.* **1** ⇨to make easier: *Internet facilita mucho el trabajo* - The Internet makes work much easier; ⇨to facilitate *form* **2** *(proporcionar)* ⇨to supply ⇨to provide [CONSTR. to provide with sth]: *Les facilitaron información* - They provided them with information

factura *s.f.* **1** ⇨bill **2** *(recibo)* ⇨invoice

facturar *v.* **1** *(en un aeropuerto)* ⇨to check in: *¡Rápido! Tenemos que facturar 45 minutos antes*

de la salida - Hurry up! We have to check in 45 minutes before departure **2** *(mercancía)* ⇨to invoice: *Me facturaron las mercancías dos veces* - They invoiced me twice for the goods **3** *(ventas totales)* ⇨to turn over: *La empresa factura 500 millones al año* - The company turns over 500 million a year

facultad *s.f.* **1** *(capacidad)* ⇨faculty *(pl* faculties): *facultades mentales* - mental faculties **2** *(sección de una universidad)* ⇨faculty *(pl* faculties): *Facultad de Derecho* - Faculty of Law

faena *s.f.* **1** *(jugarreta)* ⇨dirty trick: *Su amigo le hizo una faena* - His friend played a dirty trick on him **2** *(contratiempo)* ⇨nuisance: *He olvidado mi cartera, ¡qué faena!* - I've forgotten my wallet, what a nuisance! **3** *(trabajo)* ⇨task ⇨job ⇨work [Se dice *some work, a piece of work* o *a job.* Incorrecto: *a work*]: *faenas del campo* - farm work **4** *(del hogar)* ⇨chore ⇨housework [U] [Se dice *some housework.* Incorrecto: *a housework*]

faisán *s.m.* ⇨pheasant

faja *s.f.* **1** *(interior)* ⇨girdle *old-fash* **2** *(exterior)* ⇨sash *(pl* sashes): *La faja del traje era del mismo color que la corbata* - The sash of the suit had the same colour of the tie **3** *(tira larga)* ⇨band

fajo *s.m.* **1** *(de papeles)* ⇨bundle ⇨sheaf *(pl* sheaves) **2** *(de billetes)* ⇨roll

falda *s.f.* **1** *(prenda)* ⇨skirt **2** *(escocesa, de cuadros)* ⇨kilt **3** *(de una montaña)* ⇨lower slope

fallar *v.* **1** ⇨to fail: *Le fallaron las fuerzas* - His strength failed him **2** *(no acertar)* ⇨to miss: *Me lanzó una bola de nieve, pero falló* - He threw a snowball at me but he missed **3** *(una facultad)* ⇨to fail: *Me falla la memoria* - My memory fails me **4** *(a una persona)* ⇨to let down **5** *(una pregunta)* ⇨to award ⇨to decide

fallecer *v.* ⇨to die

fallecimiento *s.m.* ⇨death ⇨passing

fallo *s.m.* **1** *(error, equivocación)* ⇨error ⇨mistake: *¿Cuántos fallos tuviste en el dictado?* -

How many mistakes did you make in the dictation?; ⇨lapse **2** *(error sin importancia)* ⇨slip **3** *(en un aparato, en un mecanismo)* ⇨flaw ⇨shortcoming: *Como cualquier sistema político, tiene sus fallos* - Like any political system, it has its shortcomings; ⇨failure **4** *(en derecho)* ⇨order ⇨finding **5** *(en informática)* ⇨crash *(pl* crashes)

falsificación *s.f.* **1** *(cosa falsificada)* ⇨fake **2** *(actividad)* ⇨forging

falsificar *v.* ⇨to falsify ⇨to forge: *falsificar una firma* - to forge a signature; ⇨to fake ⇨to counterfeit

falso, sa *adj.* **1** ⇨untrue ⇨false: *pruebas falsas* - false evidence; ⇨fake **2** *(una persona)* ⇨deceitful ⇨two-faced

falta *s.f.* **1** *(carencia)* ⇨lack [U]: *La falta de agua potable causa muchas enfermedades* - The lack of drinkable water causes many diseases **2** *(ausencia)* ⇨absence: *Todos en la fiesta notaron su falta* - Everybody at the party noticed his absence **3** *(error)* ⇨mistake: *falta de ortografía* - spelling mistake **4** *(en deporte)* ⇨foul **5** *(fallo, defecto)* ⇨fault **6** echar en ~ ⇨to miss **7** ~ de atención ⇨carelessness ⇨inattention **8** ~ de respeto ⇨disrespect **9** ~ personal *(en baloncesto)* ⇨personal foul **10** hacer ~ *(necesitar)* ⇨to need: *Te hace falta un diccionario* - You need a dictionary

faltar *v.* **1** *(carecer de algo)* ⇨to lack **2** *(no estar)* ⇨to be missing: *Faltaron dos alumnos* - Two pupils were missing **3** *(no ir)* ⇨to miss ⇨not to go: *Falté a la reunión* - I didn't go to the meeting **4** *(un período de tiempo): Falta una semana para la fiesta* - There's a week to go until the party; *Falta poco para el verano* - The summer is nearly here **5** *(tener necesidad de)* ⇨to need: *Me falta harina para hacer la tarta* - I need some flour to make the cake **6** *(insultar)* ⇨to be rude **7** lo que faltaba ⇨that's all I needed

falto, ta *adj.* **1** *Su pelo está falto de brillo* - Her hair is lacking in lustre **2** *falto de tacto* - tactless

fama *s.f.* **1** *(éxito, popularidad)* ⇨fame: *La fama de la ciudad reside en su preciosa abadía* - The town's fame rests on its beautiful abbey **2** *(reputación)* ⇨reputation: *Tiene fama de ser un buen médico* - She has the reputation of being a good doctor **3** *Este restaurante tiene buena fama* - This restaurant has a good name

familia *s.f.* **1** ⇨family *(pl* families) **2** ~ numerosa ⇨large family

familiar ∎ *adj.* **1** *(de la familia): problemas familiares* - family problems; *una reunión familiar* - a family get-together **2** *(conocido)* ⇨familiar:

Ese chico me resulta familiar - That boy looks familiar **3** *poco familiar* - unfamiliar ∎ *s.m.* **4** *(pariente)* ⇨relative: *Es un familiar mío* - He is a relative of mine

famoso, sa ∎ *adj.* **1** ⇨famous [Tiene un matiz positivo]: *mundialmente famoso* - world-famous; ⇨well-known [Tiene un matiz positivo]; ⇨notorious [Tiene un matiz negativo] ∎ *s.* **2** ⇨famous person ⇨well-known person

fan *s.com.* ⇨fan

fanático, ca ∎ *adj.* **1** ⇨fanatical ⇨rabid: *un político fanático* - a rabid politician ∎ *s.* **2** ⇨fanatic: *ser un fanático de la música* - to be a music fanatic

fanfarrón, -a *s. col.* ⇨braggart *old-fash;* ⇨boaster

fanfarronear *v.* **1** *(pavonearse)* ⇨to show off ⇨to boast [CONSTR. 1. to boast about sth/sb 2. to boast + that]: *Fanfarroneaba de los logros de sus nietos* - He boasted about his grandchildren's achievements **2** *(presumir de lo que no se es)* ⇨to bluff ⇨to talk big

fango *s.m.* ⇨mud

fantasía *s.f.* ⇨fantasy *(pl* fantasies)

fantasma *s.m. (espíritu)* ⇨phantom ⇨ghost

fantástico, ca *adj.* **1** *(de la fantasía)* ⇨fantastic **2** *(muy bueno)* ⇨fantastic *inform;* ⇨great

farmacéutico, ca ∎ *adj.* **1** ⇨pharmaceutical: *el sector farmacéutico* - the pharmaceutical industry ∎ *s.* **2** ⇨chemist *UK;* ⇨pharmacist *US;* ⇨druggist *US*

farmacia *s.f.* **1** ⇨chemist's *UK (pl* chemists'); ⇨pharmacy *US (pl* pharmacies); ⇨drugstore *US* **2** ~ de guardia ⇨all-night chemist

faro *s.m.* **1** *(en un vehículo)* ⇨headlight **2** *(en la parte trasera de un vehículo)* ⇨rear light *UK;* ⇨tail light *US* **3** *(en las costas)* ⇨lighthouse

farol *s.m.* **1** *(lámpara)* ⇨lantern **2** *(engaño)* ⇨bluff **3** *AMÉR.* ⇨headlight **4** tirarse un farol - to bluff

farola *s.f.* ⇨lamppost

fascículo *s.m.* ⇨instalment *UK;* ⇨installment *US*

fascinante *adj.* ⇨fascinating: *una historia fascinante* - a fascinating story

fascinar *v.* ⇨to fascinate: *La India me fascina* - India fascinates me; ⇨to captivate

fase *s.f.* ⇨stage ⇨phase: *las fases iniciales del proceso* - the earliest stages of the process

fastidiar *v.* **1** *(molestar, irritar)* ⇨to irritate ⇨to bother: *Deja de fastidiarme* - Stop bothering me!; ⇨to annoy **2** *(estropear)* ⇨to ruin: *El mal tiempo fastidió nuestra barbacoa* - Bad weather ruined our barbecue **3** fastidiarla ⇨that's done it! *inform*

F ∎

fatal ❚ *adj.* **1** *(muy malo, terrible)* ⇨terrible: *un tiempo fatal* - terrible weather ❚ *adv.* **2** *(muy mal)* ⇨terribly: *Dormí fatal ayer por la noche* - I slept terribly last night

fatigar ❚ *v.* **1** ⇨to tire: *Trabajar con el ordenador me fatiga la vista* - Working on the computer tires my eyes ❚ **fatigarse** *prnl.* **2** ⇨to get tired

fauna *s.f.* **1** ⇨fauna **2** *flora y fauna* - wildlife

favor *s.m.* **1** ⇨favour *UK: pedir un favor a alguien* - to ask sb a favour; ⇨favor *US* **2 en ~ de alguien** ⇨on behalf of **3 estar a ~ de algo** ⇨to be in favour of ⇨to be for **4 hacer un ~** ⇨to do a good turn ⇨to do a favour [Incorrecto: *to make sb a favour*] **5 por ~** ⇨please

favorable *adj.* ⇨favourable *UK;* ⇨favorable *US*

favorito, ta ❚ *adj.* **1** ⇨favourite *UK;* ⇨favorite *US* ❚ *s.* **2** ⇨favourite *UK;* ⇨favorite *US: el favorito del profesor* - the teacher's pet **3** *(en una competición)* ⇨front-runner **4** *(en informática)* ⇨bookmark

fax *s.m.* **1** *(aparato)* ⇨fax *(pl* faxes); ⇨fax machine **2** *(documento)* ⇨fax *(pl* faxes): *Me envió un fax* - She sent me a fax

fe *s.f.* **1** *(confianza)* ⇨faith: *Tiene una fe absoluta en su hermano* - She has absolute faith in her brother **2** *(creencia religiosa)* ⇨faith **3 dar ~ de algo** ⇨to testify to *sth: Puedo dar fe de su honestidad* - I can testify to his honesty **4 de buena ~** ⇨in good faith **5 de mala ~** ⇨in bad faith

febrero *s.m.* ⇨February

fecha *s.f.* **1** ⇨date: *¿Qué fecha es hoy?* - What's the date today? **2 ~ de caducidad** ⇨sell-by date *UK;* ⇨expiry date **3 ~ tope** ⇨deadline **4 hasta la ~** ⇨to date *form: No hemos recibido nada hasta la fecha* - We have received nothing to date

federación *s.f.* ⇨federation

felicidad ❚ *s.f.* **1** ⇨happiness ❚ **felicidades** *s.f.pl.* **2** ⇨best wishes **3** *(en cumpleaños)* ⇨Happy Birthday **4** *(enhorabuena)* ⇨congratulations

felicitación ❚ *s.f.* **1** *(de Navidad)* ⇨Christmas card ❚ **felicitaciones** *s.f.pl.* **2** ⇨congratulations: *Mis felicitaciones en este día tan especial* - They received the King's congratulations; ⇨greeting: *Recibieron las felicitaciones del Rey* - Greetings on this special day

felicitar *v.* ⇨to congratulate [CONSTR. to congratulate sb on sth]

felino *s.m.* ⇨cat

feliz *adj.* **1** ⇨happy **2** *¡Feliz cumpleaños!* - Happy birthday! **3** *¡Feliz Navidad!* - Merry Christmas! **4** *¡Feliz Año Nuevo!* - Happy New Year!

felpudo *s.m.* ⇨doormat ⇨mat

femenino, na *adj.* **1** *(sexo)* ⇨female **2** *fútbol femenino* - women's football **3** *(aspecto)* ⇨feminine:

Su nuevo peinado le da un aspecto más femenino - Her new hairstyle makes her look more feminine

feminista *adj./s.com.* ⇨feminist

fenomenal ❚ *adj.* **1** ⇨wonderful: *Lo pasamos fenomenal* - We had a wonderful time; ⇨great ❚ *adv.* **2** ⇨really well

fenómeno *s.m.* **1** *(de la naturaleza)* ⇨phenomenon *(pl* phenomena) **2** *(persona): Es un fenómeno en el baloncesto* - She is a wonderful basketball player

feo, a *adj.* **1** *(aspecto)* ⇨ugly: *una persona fea* - an ugly person **2** *(desagradable)* ⇨nasty: *Esa es una costumbre muy fea* - That's a very nasty habit **3** *(negativo)* ⇨ugly: *La cosa se está poniendo fea* - Things are getting ugly

feria *s.f.* **1** ⇨fair: *feria de artesanía* - craft fair **2** *(con atracciones)* ⇨funfair *UK* **3** *AMÉR. (dinero)* ⇨change

feriado *s.m. AMÉR.* ⇨public holiday

feroz *adj.* ⇨ferocious ⇨fierce: *una mirada feroz* - a fierce look

ferretería *s.f.* ⇨ironmonger's *UK old-fash (pl* ironmongers'); ⇨hardware store *US*

ferrocarril *s.m.* ⇨train

ferry *s.m.* ⇨ferry *(pl* ferries)

fértil *adj.* ⇨fertile

fertilizante *s.m.* ⇨fertilizer ⇨fertiliser *UK*

festejar *v.* ⇨to celebrate

festín *s.m.* ⇨feast

festival *s.m.* ⇨festival: *un festival de cine* - a film festival

festividad *s.f.* *(religiosa)* ⇨feast

festivo *s.m.* ⇨public holiday: *El centro comercial cierra los domingos y festivos* - The shopping centre closes on Sundays and public holidays

feto *s.m.* ⇨foetus *UK (pl* foetuses); ⇨fetus *US (pl* fetuses)

fiable *adj.* ⇨reliable

fiambre *s.m.* **1** *(alimento)* ⇨cold meat **2** *col. (cadáver)* ⇨stiff *very inform*

fiambrera *s.f.* **1** ⇨food container **2** *(para llevar al trabajo o al colegio)* ⇨lunchbox *(pl* lunchboxes)

fianza *s.f.* **1** *(señal)* ⇨deposit: *El casero nos pidió una fianza* - The landlord asked us for a deposit **2 bajo ~** ⇨on bail

fiar ❚ *v.* **1** *(en una tienda)* ⇨to give on credit ❚ **fiarse** *prnl.* **2** ⇨to trust

fibra *s.f.* ⇨fibre *UK;* ⇨fiber *US*

ficción *s.f.* ⇨fiction

ficha *s.f.* **1** *(en un juego de mesa)* ⇨counter ⇨chip **2** *(usada como dinero)* ⇨token **3** *(policial)*

⇨police record **4** *(con ejercicios, preguntas)* ⇨exercise sheet

fichaje *s.m.* ⇨signing *UK: el fichaje de un jugador* - the signing of a player

fichar *v.* **1** *(a un jugador)* ⇨to sign up: *Han fichado a un buen jugador* - They've signed up a good player **2** *(por un equipo)* ⇨to sign up for: *He fichado por el Manchester United* - I've signed up for Manchester United **3** *(contratar)* ⇨to take on: *Esa empresa ha fichado a mi hermana* - That company has taken my sister on **4** *(al llegar al trabajo)* ⇨to clock in **5** *(al salir del trabajo)* ⇨to clock off **6** *col. (tener ojeriza)* ⇨to have taped *UK inform: El jefe me tiene fichado* - My boss has taped me

fichero *s.m.* **1** *(mueble)* ⇨filing cabinet **2** *(en informática)* ⇨file

fidelidad *s.f.* **1** *(de una persona)* ⇨fidelity **2** *(de un animal)* ⇨loyalty **3** *(en la reproducción de algo)* ⇨fidelity ⇨accuracy: *la fidelidad de una traducción* - the accuracy of a translation **4** alta ~ ⇨high fidelity ⇨hi-fi: *un equipo de alta fidelidad* - a hi-fi set

fideo *s.m.* **1** ⇨noodle: *sopa de fideos* - noodle soup **2** *col. estar hecho un fideo* - to be a beanpole

fiebre *s.f.* **1** ⇨fever ⇨temperature: *Me dio una aspirina cuando vio que tenía fiebre* - He gave me an aspirin when he found I had a temperature **2** *(pasión)* ⇨craze: *fiebre por la música rock* - a craze for rock music

fiel ❚ *adj.* **1** *(leal)* ⇨faithful: *un fiel amigo* - a faithful friend; ⇨loyal **2** *(exacto)* ⇨accurate: *un relato fiel* - an accurate account ❚ *s.* **3** *(creyente)* ⇨worshipper

fiera ❚ *s.* **1** *(persona)* ⇨demon: *Es una fiera tocando el violín* - She plays violin like a demon ❚ *s.f.* **2** *(animal)* ⇨beast *form: las fieras en la selva* - the beasts on the jungle; ⇨wild animal **3** *(arpía)* ⇨shrew *old-fash* **4** ponerse hecho una ~ *col.* ⇨to be furious

fiero, ra *adj.* ⇨savage ⇨fierce

fiesta ❚ *s.f.* **1** ⇨party *(pl parties)* **2** *(celebración)* ⇨celebration **3** *(para conseguir dinero)* ⇨fête *UK;* ⇨carnival *US* **4** *(día que no se trabaja)* ⇨holiday: *Mañana es fiesta* - Tomorrow is a holiday **5** *fiesta nacional* - bank holiday ❚ fiestas *s.f.pl.* **6** *(festejos)* ⇨celebrations ⇨festival *sing: ¿Vendrás a las fiestas de mi barrio?* - Are you coming to the street festival in my neighbourhood? **7** *(Navidad)* ⇨Christmas: *¡Felices fiestas!* - Merry Christmas!

figura *s.f.* **1** *(de arte)* ⇨figure **2** *(del espectáculo)* ⇨star **3** *(persona que destaca)* ⇨important figure

figurar ❚ *v.* **1** *(estar, hallarse)* ⇨to be: *No figura en la lista* - It isn't on the list ❚ **figurarse** *prnl.* **2** *(suponer)* ⇨to imagine: *Me figuro que mi prima traerá el coche* - I imagine my cousin will bring our car

fijar ❚ *v.* **1** *(sujetar)* ⇨to fix: *Fijó el dibujo en la pared con algunas chinchetas* - She fixed the picture on the wall with some drawing pins **2** *(una fecha, un precio)* ⇨to fix ⇨to set **3** *(la mirada)* ⇨to stare **4** *(la atención)* ⇨to focus ❚ **fijarse** *prnl.* **5** *(darse cuenta)* ⇨to notice: *¿Te has fijado en la nueva tienda?* - Have you noticed the new shop? **6** *(prestar atención)* ⇨to pay special attention [CONSTR. to pay special attention to sth]: *Se fijaron en mis errores* - They paid special attention to my mistakes **7** *(tener cuidado)* ⇨to watch [CONSTR. 1. to watch + (that) 2. to watch + interrogativo]: *¡Fíjate por dónde vas!* - Watch where you are going! **8** ¡fíjate! ⇨fancy! *UK;* ⇨imagine!

fijo, ja ❚ *adj.* **1** *(inmóvil)* ⇨fixed **2** *(estable, permanente)* ⇨permanent: *un trabajo fijo* - a permanent job **3** *(regular)* ⇨regular: *un salario fijo* - a regular salary; ⇨set ❚ **fijo** *adv.* **4** *(seguro)* ⇨definitely: *Fijo que no salgo hoy* - I'm definitely not going out today

fila *s.f.* **1** ⇨line *US;* ⇨row: *primera fila* - front row **2** *(cola de gente)* ⇨queue *UK;* ⇨line *US* **3** *(hilera)* ⇨row: *Tiene filas y filas de libros* - She has rows and rows of books **4** *aparcar en doble fila* - to double-park **5** en ~ india ⇨in single file **6** ponerse en la ~ ⇨to line up

filete *s.m.* *(de carne)* ⇨steak: *un filete de ternera* - a beef steak

Filipinas *s.f.pl.* ⇨(the) Philippines

filipino, na *adj. / s.* ⇨Philippine

filmar *v.* ⇨to film ⇨to shoot: *Están filmando una nueva película en Barcelona* - They are shooting a new film in Barcelona

filo *s.m.* **1** *(de algo que corta)* ⇨blade: *Ese cuchillo tiene mucho filo* - That knife has a very sharp blade **2** *(borde)* ⇨edge: *Estaba al filo de la carretera* - I was on the edge of the road

filosofía *s.f.* **1** *(saber, conocimiento)* ⇨philosophy **2** *(forma de pensar)* ⇨philosophy

filósofo, fa *s.* ⇨philosopher

filtrar ❚ *v.* **1** *(un líquido)* ⇨to filter **2** *(llamadas)* ⇨to screen: *Están filtrando las llamadas de los sospechosos* - They are screening the calls of the suspects **3** *(información)* ⇨to leak: *Alguien filtró la noticia a la prensa* - Someone leaked the news to the press ❚ **filtrarse** *prnl.* **4** *(un líquido, un gas)* ⇨to leak

fin *s.m.* **1** ⇨end: *a fin de mes* - at the end of the month **2** *(objetivo)* ⇨purpose **3** a ~ de ⇨in order

F

to **4** al ~ ⇨at last ⇨eventually **5** al ~ y al cabo ⇨at the end of the day *UK;* ⇨after all **6** con el ~ de ⇨with the aim of **7** de principio a ~ ⇨all the way through ⇨from beginning to end **8** en ~ ⇨anyway *spoken* **9** ~ de año ⇨New Year's Eve **10** ~ de semana ⇨weekend **11** por ~ ⇨at last ⇨finally **12** sin ~ ⇨endless ⇨no end

final ∎ *adj.* **1** ⇨final ⇨last: *la parte final de la película* - the last part of the film **2** ⇨eventual: *el fracaso final del negocio* - the eventual failure of the business **3** *(un resultado)* ⇨net ∎ *s.m.* **4** *(fondo)* ⇨end: *al final de la clase* - at the end of the class; ⇨bottom **5** *(de una historia, de una película)* ⇨ending: *No me gusta el final de la película* - I don't like the ending of the film; ⇨close **6** a finales de ⇨at the end of **7** al ~ ⇨in the end: *Al final decidieron no ir* - In the end they decided not to go **8** al ~ de ⇨at the end of ∎ **final** *s.f.* **9** *(en una competición)* ⇨final: *la final de la Copa* - the Cup final

finalista *adj. / s.com.* ⇨finalist *n: los equipos finalistas* - the finalists; *los finalistas de los Juegos Olímpicos* - the finalists at the Olympic Games

finalizar *v.* ⇨to end ⇨to finish: *Cuando finalices esto, llámame* - When you finish this, call me; ⇨to finalize

financiar *v.* ⇨to finance ⇨to fund

financiero, ra ∎ *adj.* **1** ⇨financial ∎ *s.* **2** ⇨financier

finanzas *s.f.pl.* ⇨finance [U]

finca *s.f.* **1** *(en el campo)* ⇨country estate **2** *(agrícola)* ⇨farm **3** *(edificio)* ⇨property *(pl* properties): *Tienen una finca en el centro de la ciudad* - They have a property on the city centre **4** *(casa de campo)* ⇨country house

fingir *v.* ⇨to pretend [CONSTR. 1. to pretend + to do sth 2. to pretend + (that)]: *Katie finge ser feliz* - Katie pretends that she's happy; *Se fingió enfermo* - He pretended to be sick

finlandés, -a ∎ *adj.* **1** ⇨Finnish ∎ *s.* **2** ⇨Finn ∎ **finlandés** *s.m.* **3** *(idioma)* ⇨Finnish

Finlandia *s.f.* ⇨Finland

fino, na ∎ *adj.* **1** *(delgado)* ⇨fine ⇨thin: *Las paredes eran muy finas* - The walls were very thin **2** *(educado)* ⇨polite **3** *(agudo)* ⇨fine ⇨keen: *Tiene un fino sentido del olfato* - She has a keen sense of smell **4** *(suave)* ⇨soft **5** *(de buena calidad)* ⇨fine: *sedas finas* - fine silks; ⇨excellent ∎ **fino** *s.m.* **6** ⇨dry sherry

firma *s.f.* **1** *(de una persona)* ⇨signature **2** *(de un acuerdo)* ⇨signing *UK* **3** *(empresa)* ⇨firm ⇨company **4** *(estilo)* ⇨hallmark: *Esa es la firma de la empresa* - That's the hallmark of the company

firmar *v.* ⇨to sign: *Firmé el cheque* - I signed the cheque

firme *adj.* **1** *(constante, resistente)* ⇨firm ⇨secure: *Esa escalera no me parece muy firme* - That ladder doesn't look very secure to me; ⇨assertive **2** *(fuerte)* ⇨firm: *un firme apretón de manos* - a firm handshake; ⇨strong **3** de ~ ⇨strongly ⇨hard: *trabajar de firme* - to work hard **4** ¡firmes! ⇨attention!

fiscal ∎ *adj.* **1** ⇨fiscal: *ejercicio fiscal* - fiscal year ∎ *s.com.* **2** ⇨public prosecutor *UK;* ⇨district attorney *US* **3** ~ general del Estado ⇨Director of Public Prosecutions *UK;* ⇨Attorney General *US*

fisgar *v.* ⇨to rummage: *No fisgues entre mis cosas* - Don't rummage through my stuff; ⇨to snoop

física *s.f.* ⇨physics [Se usa más con el verbo en singular]: *La física es una asignatura difícil* - Physics is a difficult subject

físico, ca ∎ *adj.* **1** *(del cuerpo)* ⇨physical: *ejercicio físico* - physical exercise ∎ *s.* **2** ⇨physicist ∎ **físico** *s.m.* **3** *(aspecto)* ⇨looks ⇨physique: *Tiene un físico espléndido* - He has a splendid physique

flaco, ca *adj.* ⇨thin ⇨skinny *inform: Estás demasiado flaco* - You are too skinny

flamante *adj.* ⇨brand new ⇨smart

flamenco, ca ∎ *adj.* **1** *baile flamenco* - flamenco dancing **2** *(de Flandes)* ⇨Flemish: *pintores flamencos* - Flemish painters ∎ **flamenco** *s.m.* **3** *(baile, música)* ⇨flamenco **4** *(ave)* ⇨flamingo

flan *s.m.* ⇨crème caramel

flaqueza *s.f.* ⇨weakness *(pl* uncount); ⇨frailty: *Mostró flaqueza* - He showed frailty

flauta *s.f.* **1** *(instrumento)* ⇨flute **2** ~ dulce ⇨recorder

flautista *s.com.* **1** ⇨flautist ⇨flutist *US* **2** *el flautista de Hamelin* - the Pied Piper of Hamelin

flecha *s.f.* **1** *(arma)* ⇨arrow **2** *(indicación)* ⇨arrow: *Sigue las flechas y encontrarás la salida* - Follow the arrows and you'll find the exit

flechazo *s.m.* **1** *(herida)* ⇨arrow wound **2** *col.* *(enamoramiento)* ⇨love at first sight

fleco *s.m.* **1** *(adorno)* ⇨fringe: *una falda de flecos* - a fringed skirt **2** *(borde deshilachado): Le han salido flecos a la falda* - The skirt is frayed

flemón *s.m.* ⇨gumboil

flequillo *s.m.* ⇨fringe *UK;* ⇨bangs *US*

flexible *adj.* **1** *(un material)* ⇨flexible **2** *(una persona)* ⇨flexible

flexión *s.f.* ⇨press-up *UK: Haz unas flexiones tumbándote en el suelo boca abajo* - Do some press-ups lying face down on the floor; ⇨push-up *US*

flexo *s.m.* ⇨reading lamp ⇨anglepoise® lamp

flipar v. **1** col. (gustar mucho) ⇨to love [CONSTR. 1. to love + doing sth 2. to love + to do sth]: Me flipa surfear - I love surfing; ⇨to be mad [CONSTR. to be mad about sth]: Me flipa el cine - I'm mad about cinema **2** col. (sorprenderse) ⇨to be amazed [CONSTR. to be amazed by sth]: Flipé con tu casa - I was amazed by your house

flirtear v. ⇨to flirt

flojo, ja adj. **1** (suelto) ⇨loose: La radio no funciona muy bien, quizá tenga algún cable flojo - The radio is not working very well. Maybe there's a wire loose **2** (débil) ⇨weak: Se ha quedado bastante flojo desde su enfermedad - He has been quite weak since his illness **3** (de mala calidad) ⇨weak ⇨poor: Su examen fue bastante flojo - Her exam was rather poor

flor s.f. **1** ⇨flower **2** ramo de flores - bouquet **3** a ~ de piel Tiene los nervios a flor de piel - He's really on edge **4** en ~ ⇨in bloom ⇨in flower: El naranjo está en flor - The orange tree is in flower

flora s.f. **1** ⇨flora **2** flora y fauna - wildlife

florecer v. **1** (una planta, un árbol) ⇨to bloom ⇨to blossom ⇨to flower **2** (un negocio, una actividad) ⇨to flourish

florero s.m. ⇨vase

floristería s.f. ⇨florist's (pl florists')

flota s.f. **1** (de barcos, de vehículos) ⇨fleet **2** (en el ejército) ⇨armada

flotador s.m. **1** ⇨float **2** (de cintura) ⇨rubber ring

flotar v. ⇨to float ⇨to hang

fluido, da ∎ adj. **1** (expresión oral o escrita) ⇨fluent: Ella habla un francés fluido - She speaks fluent French **2** (el tráfico) ⇨free-flowing ∎ fluido s.m. **3** (un líquido, un gas) ⇨fluid form

fluir v. ⇨to flow

flujo s.m. **1** (un líquido, un gas) ⇨flow: flujo sanguíneo - blood flow **2** (de personas) ⇨flow ⇨flux

flúor s.m. **1** (gas) ⇨fluorine **2** (para los dientes) ⇨fluoride: un dentífrico con flúor - a fluoride toothpaste

fluorescente ∎ adj. **1** ⇨fluorescent ∎ s.m. **2** ⇨fluorescent light

fluvial adj. **1** ⇨fluvial form: navegación fluvial - fluvial navigation **2** valle fluvial - river valley

foca s.f. ⇨seal

foco s.m. **1** ⇨focus (pl focuses) **2** (en el teatro) ⇨spotlight **3** (en un estadio) ⇨floodlight **4** (centro de atención) ⇨focus (pl focuses) **5** (núcleo, centro de origen) ⇨hotbed: un foco de problemas - a hotbed of problems; ⇨pocket **6** AMÉR. (bombilla) ⇨bulb ⇨light bulb **7** AMÉR. (farola) ⇨lamppost

fogata s.f. ⇨bonfire

folio s.m. ⇨sheet of paper

follaje s.m. ⇨foliage

folleto s.m. **1** (de varias hojas) ⇨pamphlet ⇨brochure: un folleto de viajes - a travel brochure **2** (de una hoja) ⇨leaflet

follón s.m. **1** col. ⇨rumpus inform; ⇨fuss: No organices tanto follón por unos pocos peniques - Don't make so much fuss over a few pence **2** (exceso de ruido) ⇨racket **3** armarse un ~ col. ⇨to kick up a fuss ⇨to get in a mess

fomentar v. ⇨to promote ⇨to encourage [CONSTR. to encourage + to do sth]: Se fomenta que los niños hagan deporte - Children are encouraged to do sport; Tenemos que fomentar la participación - We have to encourage participation

fondo s.m. **1** (de una cosa) ⇨bottom **2** (de un cuadro, de una foto) ⇨background **3** (del mar, de un río) ⇨bed **4** (de un escenario) ⇨back **5** (de dinero) ⇨fund **6** al fondo del pasillo - at the end of the corridor **7** a ~ ⇨thorough: una limpieza a fondo - a thorough cleaning **8** en el ~ **1** (lo principal, lo esencial) ⇨basically: En el fondo, creo que es más bien tímido - Basically, I think he's rather shy; ⇨at heart **2** (la parte más profunda) ⇨deep down **9** ~ de inversión ⇨unit trust UK; ⇨mutual fund US

fonética s.f. ⇨phonetics [Se usa más con el verbo en singular]: La fonética es una parte esencial de la lingüística - Phonetics is an essential part of linguistics

fonético, ca adj. ⇨phonetic: símbolos fonéticos - phonetic symbols

fontanería s.f. **1** ⇨plumbing [U] **2** (tienda) ⇨plumber's

fontanero, ra s. ⇨plumber

forastero, ra s. ⇨foreigner

forcejear v. ⇨to struggle

forense ∎ adj. **1** ⇨forensic: medicina forense - forensic medicine ∎ s.com. **2** ⇨forensic scientist ⇨pathologist

forestal adj. tala forestal - tree felling; incendio forestal - forest fire

forjar v. **1** (un metal) ⇨to forge **2** (un vínculo) ⇨to strike up: Dione y Janet forjaron una estrecha amistad - Dione and Janet struck up a close friendship; ⇨to forge **3** (una idea) ⇨to draw up: Rowan forjó un plan nuevo - Rowan drew up a new plan

forma s.f. **1** ⇨form **2** (de una cosa) ⇨shape **3** (modo, manera) ⇨way: No me gusta la forma en que habla a sus padres - I don't like the way he talks to his parents **4** (física) ⇨fitness ⇨physical fitness **5** de cualquier ~ ⇨anyhow ⇨anyway

F

6 de todas formas ⇨anyway ⇨anyhow **7 en ~** ⇨in shape ⇨fit: *mantenerse en forma* - to keep fit

formación *s.f.* **1** *(educativa)* ⇨education **2** *(laboral)* ⇨training **3** *(creación)* ⇨formation: *formación de palabras* - word formation

formal *adj.* **1** *(ropa, lenguaje)* ⇨formal **2** *(relación)* ⇨serious **3** *(evento)* ⇨dressy **4** *(en la forma de actuar)* ⇨serious ⇨reliable: *un trabajador formal* - a reliable worker

formar *v.* **1** *(dar forma)* ⇨to form: *formar un círculo* - to form a circle **2** *(componer, constituir)* ⇨to comprise: *Este grupo de amigas forma un ejemplo para todos* - This group of friends comprises an example to us all; ⇨to make up **3** *(en el ejército)* ⇨to fall in: *¡A formar!* - Fall in! **4** *(a un alumno)* ⇨to educate **5** *(a un trabajador)* ⇨to train **6 ~ pareja** ⇨to pair up with: *Formó pareja con mi hermana en el torneo de tenis* - He was paired up with my sister in the tennis tournament

formidable *adj.* **1** ⇨wonderful: *Es una idea formidable* - That's a wonderful idea; ⇨terrific **2** *(imponente)* ⇨formidable

fórmula *s.f.* **1** *(en matemáticas, en ciencias)* ⇨formula (*pl* formulae, formulas) **2** *(composición de algo)* ⇨formula: *La fórmula de la Coca Cola es secreta* - The formula for Coca Cola is secret

formulario *s.m.* ⇨form: *Rellena el formulario en casa* - Fill in the form at home

fornido, da *adj.* ⇨well-built ⇨strapping

forofo, fa *s. col.* ⇨fan

forrar ▌ *v.* **1** *(por fuera)* ⇨to cover **2** *(por dentro)* ⇨to line: *Forró los cajones del armario con un papel muy bonito* - She lined the drawers of her wardrobe with pretty paper ▌ **forrarse** *prnl.* **3** *col.* ⇨to make a fortune

forro *s.m.* **1** *(por fuera)* ⇨cover **2** *(de un libro)* ⇨book jacket **3** *(por dentro)* ⇨lining: *el forro de la chaqueta* - the jacket's lining

fortalecer ▌ *v.* **1** ⇨to strengthen ⇨to make stronger ▌ **fortalecerse** *prnl.* **2** ⇨to become stronger

fortaleza *s.f.* **1** *(fuerza)* ⇨strength **2** *(construcción)* ⇨fortress (*pl* fortresses): *Había una fortaleza en el centro de la ciudad* - There was a fortress in the city centre

fortuna *s.f.* **1** *(riqueza)* ⇨fortune **2** *(suerte)* ⇨fortune ⇨luck [Se dice *some luck*, *a stroke of luck* o *a piece of luck*. Incorrecto: *a luck*] **3 hacer fortuna** - to make a fortune **4** *probar fortuna* - to try one's luck

forzar *v.* **1** *(hacer un esfuerzo)* ⇨to strain [CONSTR. to strain + to do sth]: *Tenía que forzar la vista para*

ver la pizarra - He had to strain his eyes to see the blackboard **2** *(obligar)* ⇨to force [CONSTR. to force + to do sth]: *Les forzaron a hablar* - They forced them to speak **3** *(algo con cerradura)* ⇨to force open: *forzar una puerta* - to force open a door **4** *(hacerse daño)* ⇨to strain

forzoso, sa *adj.* **1** ⇨forced: *un aterrizaje forzoso* - a forced landing; ⇨forcible **2** *ser de forzoso cumplimiento* - to be compulsory

fosa *s.f.* **1** *(hoyo)* ⇨pit ⇨trench (*pl* trenches) **2** *(tumba)* ⇨grave **3** *(nasal)* ⇨nostril **4** *(marina)* ⇨basin

fosforescente *adj.* ⇨phosphorescent

fósil *s.m.* ⇨fossil

foso *s.m.* ⇨pit ⇨trench (*pl* trenches); ⇨hole

foto *s.f.* ⇨photo: *hacer fotos* - to take photos; *sacarse una foto* - to have one's photo taken

fotocopia *s.f.* ⇨photocopy (*pl* photocopies)

fotografía *s.f.* **1** ⇨photograph ⇨picture: *Hizo cerca de cincuenta fotos* - She took about fifty photos **2** *(arte, técnica)* ⇨photography

fotografiar *v.* ⇨to photograph ⇨to take a photograph

fotográfico, ca *adj.* ⇨photographic

fotógrafo, fa *s.* ⇨photographer

fracasar *v.* **1** ⇨to fail [CONSTR. to fail in sth]; ⇨to fall through: *Nuestros planes fracasaron* - Our plans fell through **2** *(una empresa)* ⇨to go under

fracaso *s.m.* **1** ⇨failure ⇨write-off **2** *un proyecto condenado al fracaso* - an ill-fated plan **3** *(referido a una película, una obra, una fiesta)* ⇨flop *inform*

fracción *s.f.* **1** *(en matemáticas)* ⇨fraction **2** *(parte)* ⇨fraction: *Cerré mis ojos durante una fracción de segundo* - I closed my eyes for a fraction of a second

fracturar *v.* ⇨to fracture *form*: *Sheila se fracturó la rodilla* - Sheila fractured her knee; *Los desacuerdos internos están fracturando el gobierno de coalición* - Intense disagreement is fracturing the coalition government

fragancia *s.f.* ⇨fragrance ⇨scent

fragante *adj.* ⇨fragrant ⇨sweet-smelling

frágil *adj.* **1** *(una cosa)* ⇨easily breakable ⇨fragile **2** *(una persona)* ⇨frail ⇨slight

fragmento *s.m.* **1** ⇨fragment ⇨snatch: *fragmentos de una conversación* - snatches of a conversation **2** *(de una obra)* ⇨passage

fraile *s.m.* ⇨monk

frambuesa *s.f.* ⇨raspberry (*pl* raspberries)

francés, -a ▌ *adj.* **1** ⇨French: *Tiene un amigo francés* - She has a French friend ▌ *s.* **2** *(hombre)* ⇨Frenchman (*pl* Frenchmen) **3** *(mujer)* ⇨Frenchwoman (*pl* Frenchwomen) **4** *(plural genérico)*: *los*

franceses - the French ∎ **francés** *s.m.* **5** *(idioma)* ⇨French: *¿Hablas francés?* - Do you speak French?

Francia *s.f.* ⇨France

franco, ca ∎ *adj.* **1** *(sincero)* ⇨direct ⇨frank **2** *(patente)* ⇨marked ∎ **franco** *s.m.* **3** *(moneda antigua)* ⇨franc: *El franco era la moneda de Francia antes del euro* - The franc was the former currency of France before the Euro

franja *s.f.* **1** *(de color)* ⇨stripe **2** *(tira)* ⇨strip: *una franja estrecha de tierra* - a narrow strip of land

franqueza *s.f.* ⇨frankness ⇨candour *UK*

frasco *s.m.* ⇨bottle

frase *s.f.* **1** *(oración)* ⇨sentence **2** ~ **hecha** ⇨set phrase

fraternal *adj.* ⇨brotherly: *amor fraternal* - brotherly love; ⇨fraternal *form*

fraude *s.m.* ⇨fraud: *fraude fiscal* - tax fraud

frazada *s.f. AMÉR.* ⇨blanket

frecuencia *s.f.* **1** ⇨frequency **2** *con frecuencia* - frequently **3** ~ **modulada** ⇨frequency modulation

frecuentar *v.* ⇨to visit frequently ⇨to frequent *form: frecuentar un lugar* - to frequent a place

frecuente *adj.* ⇨frequent ⇨common

freezer *s.m. AMÉR.* ⇨deep freeze ⇨freezer

fregadero *s.m.* ⇨sink

fregar *v.* **1** *(con energía)* ⇨to scrub **2** *(el suelo)* ⇨to mop ⇨to clean **3** *(muebles, cristales)* ⇨to wash **4** *(los platos)* ⇨to do the washing-up *UK*; ⇨to wash the dishes *US* **5** *AMÉR. col. (molestar)* ⇨to annoy ⇨to bother ⇨to disturb

fregona *s.f. (objeto)* ⇨mop

freír *v. (un alimento)* ⇨to fry

frenar *v.* **1** *(un vehículo)* ⇨to brake **2** *(contener)* ⇨to stop ⇨to hold back: *Consiguieron frenar las aguas* - They managed to hold back the waters

frenazo *s.m.* **1** *(acción)* ⇨a jam on the brakes **2** *(sonido)* ⇨squeal of brakes: *Se oyó un frenazo* - A squeal of brakes was heard

freno *s.m.* **1** *(de un vehículo)* ⇨brake **2** *poner freno* - to put a stop **3** *(contención)* ⇨curb ⇨deterrent **4** ~ **de mano** ⇨handbrake *UK;* ⇨emergency brake *US*

frente ∎ *s.f.* **1** *(parte de la cara)* ⇨forehead ∎ *s.m.* **2** *(parte delantera de algo)* ⇨front **3 al** ~ *(hacia adelante)* ⇨forward: *dar un paso al frente* - to take a step forward **4 al** ~ **de** ⇨in charge of: *El profesor la dejó al frente de la clase* - The teacher left her in charge of the class **5 de** ~ **1** *(hacia adelante)* ⇨straight ahead: *mirar de frente* - to look straight ahead **2** *(con ímpetu)* ⇨head-on: *chocar de frente* - to crash head-on **6** ~ **a** ⇨opposite: *La chica sentada frente a nosotros* - The

girl sitting opposite us **7** ~ **a** ~ ⇨face to face **8** **hacer** ~ **a** ⇨to face: *hacer frente al pasado* - to face the past; ⇨to stand up to

fresa *s.f.* **1** *(fruto)* ⇨strawberry *(pl* strawberries) **2** *(planta)* ⇨strawberry plant

fresco, ca ∎ *adj.* **1** *(frío)* ⇨fresh ~ chilly ⇨cold **2** *(un alimento)* ⇨fresh: *verdura fresca* - fresh vegetables **3** *col. (descarado)* ⇨cheeky *UK;* ⇨sassy *US inform* ∎ **fresco** *s.m.* **4** ⇨cool: *Hace fresco por las noches* - It gets cool at night **5** *tomar el fresco* - to get some fresh air

frescura *s.f.* **1** *(temperatura)* ⇨coolness ⇨cool: *la frescura de la noche* - the cool of the night **2** *(descaro)* ⇨nerve: *¡Qué frescura!* - What a nerve!; ⇨cheek *UK* **3** *(lozanía)* ⇨freshness: *la frescura de un rostro* - the freshness of a face

fresno *s.m.* ⇨ash (tree)

fresón *s.m.* ⇨strawberry *(pl* strawberries)

frigorífico *s.m.* ⇨refrigerator ⇨fridge

frío, a ∎ *adj.* **1** ⇨cold: *El vino está demasiado frío* - The wine is too cold; ⇨icy ⇨cool ⇨chilly: *Hace demasiado frío* - The weather is too chilly **2** *un comportamiento frío* - standoffish conduct ∎ **frío** *s.m.* **3** ⇨cold [Se dice *to be cold* - *tener frío.* Incorrecto: *to have cold*]: *No me gusta el frío* - I don't like the cold; *Hace frío* - It's cold; *Tengo tanto frío que no siento las manos* - I'm so cold that I can't feel my hands; *coger frío* - to catch cold

friolero, ra *adj.* **1** ⇨sensitive to the cold **2** *Mi madre es friolera* - My mother feels the cold

frito, ta *adj.* **1** *(un alimento)* ⇨fried **2** *col. (dormido)* ⇨asleep: *quedarse frito* - to fall asleep **3** *tener frito* - to fed up with sb

frondoso, sa *adj.* ⇨leafy ⇨luxuriant: *un abedul frondoso* - a luxuriant birch

frontal *adj.* **1** *(de la frente)* ⇨frontal: *hueso frontal* - frontal bone **2** *(de la parte delantera)* ⇨head-on: *una colisión frontal* - a head-on collision **3** *(de forma directa)* ⇨frontal: *un ataque frontal* - a frontal attack; ⇨head-on

frontera *s.f.* **1** *(entre países o provincias)* ⇨frontier: *El río actúa como frontera natural* - The river acts a natural frontier; ⇨border **2** *(entre dos zonas)* ⇨boundary *(pl* boundaries)

frontón *s.m.* **1** *(en arquitectura)* ⇨pediment ⇨gable **2** *(deporte)* ⇨pelota **3** *(lugar)* ⇨pelota court

frotar *v.* ⇨to rub: *frotarse las manos* - to rub one's hands together

fruncir *v.* **1** *(una tela)* ⇨to gather **2** *(el ceño)* ⇨to frown: *Frunció el ceño como señal de desacuerdo* - He frowned in disagreement

frustrar ∎ *v.* **1** *(a una persona)* ⇨to frustrate ⇨to cramp *inform* **2** *(un plan)* ⇨to thwart ⇨to

frustrate ∎ **frustrarse** *prnl.* **3** *(una persona)* ⇨to get frustrated ⇨to feel frustrated: *Suelo frustrarme cuando suspendo un examen* - I usually feel frustrated when I fail an exam **4** *(un plan)* ⇨to fall through ⇨to come to nothing: *Nuestro plan de irnos fuera se frustró* - Our plans of going abroad came to nothing

fruta *s.f.* ⇨fruit [Normalmente se usa como nombre incontable. Se dice *the fruit, some fruit* o *a piece of fruit*. Incorrecto: *a fruit*]

frutal ∎ *adj.* **1** *adornos frutales* - fruit ornaments ∎ *s.m.* **2** *(árbol)* ⇨fruit tree

frutería *s.f.* **1** *(puesto)* ⇨fruit stall **2** *(tienda)* ⇨fruit shop ⇨greengrocer's UK (*pl* greengrocers')

frutero, ra ∎ *s.* **1** ⇨fruit seller ⇨greengrocer UK ∎ **frutero** *s.m.* **2** *(objeto)* ⇨fruit bowl

fruto *s.m.* **1** *(de una planta, un árbol)* ⇨fruit: *dar fruto* - to bear fruit **2 frutos secos** ⇨dried fruit and nuts

fuego *s.m.* **1** ⇨fire: *apagar un fuego* - to put out a fire; *prender fuego* - to set on fire **2** *(incendio)* ⇨blaze **3** *(para un cigarrillo)* ⇨light: *¿Tienes fuego?* - Have you got a light? **4 a ~ lento** ⇨on a low heat **5 alto el ~** ⇨ceasefire **6 en el ~** *(un alimento)* ⇨on the heat **7 fuegos artificiales** ⇨fireworks ⇨rockets

fuente *s.f.* **1** *(decorativa)* ⇨fountain ⇨water feature **2** *(para beber)* ⇨drinking fountain **3** *(origen, procedencia)* ⇨source: *la fuente del problema* - the source of the problem; ⇨fountainhead *lit* **4** *(manantial)* ⇨spring **5** *(en una vajilla)* ⇨serving dish (*pl* serving dishes) **6** *(tipo de letra)* ⇨font

fuera *adv.* **1** *(ausente de casa, del trabajo)* ⇨out: *Cuando llamé a Margaret, estaba fuera de casa* - When I phoned Margaret, she was out **2** *(ausente de un lugar)* ⇨away: *Martin no está en Madrid, está fuera* - Martin is not in Madrid, he's away **3** *(en otro lugar)* ⇨away: *Este verano nos vamos fuera, a Grecia* - This summer we're going away to Greece **4** *(al aire libre)* ⇨outdoors: *Si el tiempo es bueno cenaremos fuera* - If the weather's fine we'll have dinner outdoors **5** *(de un lugar cerrado)* ⇨outside: *Solo se puede fumar fuera del edificio* - You can only smoke outside the building **6** *¡fuera!* ⇨get out! **7 ~ de** ⇨out of US: *fuera de peligro* - out of danger; *Estaba fuera de la caja* - It was out of the box **8 ~ de banda** ⇨into touch UK **9 ~ de control** ⇨out of control **10 ~ de juego** *(en deporte)* ⇨offside UK; ⇨offsides US **11 ~ del alcance** ⇨(beyond/out of) reach **12 ~ de lugar** ⇨misplaced ⇨uncalled-for: *Creo que esos comentarios están fuera de lugar*

- I think those comments are uncalled-for; ⇨out of place **13 ~ de plazo** ⇨after the deadline **14 ~ de serie** *(el mejor)* ⇨one in a million **15 ~ de servicio** *(estropeado)* ⇨out of order: *Los ascensores están fuera de servicio* - The lifts are out of order; ⇨off-duty **16 ~ de sí** ⇨beside oneself **17 hacia ~** ⇨outward

fuerte ∎ *adj.* **1** *(físicamente)* ⇨strong: *No es tan fuerte como creía* - He isn't as strong as I thought **2** *(de carácter)* ⇨forceful **3** *(resistente)* ⇨tough ⇨strong: *Necesitaremos que la cuerda sea muy fuerte* - The rope will need to be very strong **4** *(el sabor, el olor)* ⇨strong **5** *(muy intenso)* ⇨heavy: *Se avecinan fuertes lluvias* - A heavy rain is approaching; ⇨intense **6** *(impactante)*: *La película tiene escenas fuertes* - The film has some shocking scenes **7** *(la voz, el ruido)* ⇨loud **8** *(una luz)* ⇨bright **9** *(un golpe)* ⇨hard ⇨hefty **10** *(un dolor)* ⇨severe **11** *¡qué fuerte!* ⇨heavy! ∎ *s.m.* **12** *(fortaleza)* ⇨fort ⇨forte ∎ *adv.* **13** ⇨tight: *El nudo de los cordones está demasiado fuerte* - The knot in these shoelaces is too tight; ⇨hard **14** *hablar fuerte* - to speak loudly

fuerza *s.f.* **1** *(física)* ⇨strength [U]: *No tengo fuerza para levantar estas cajas* - I haven't got the strength to lift these boxes **2** *(potencia)* ⇨potency **3** *(poder)* ⇨power [U]; ⇨force: *fuerza legal* - legal force **4 a ~ de** ⇨by dint of *form* **5 a la ~** ⇨by force **6 ~ aérea** ⇨air force **7 ~ de gravedad** ⇨force of gravity **8 ~ de voluntad** ⇨willpower **9 ~ magnética** ⇨pull **10 fuerzas armadas** ⇨armed forces

fuga *s.f.* **1** *(evasión)* ⇨escape ⇨getaway **2** *(de un líquido, un gas)* ⇨leak **3 darse a la ~** ⇨to flee

fugarse *v.prnl.* **1** *(de una prisión)* ⇨to escape **2** *(huir)* ⇨to run away: *Los ladrones se fugaron en una furgoneta robada* - The robbers ran away in a stolen van; ⇨to run off *inform*

fugaz *adj.* **1** ⇨brief: *una visita fugaz* - a brief visit; ⇨fleeting **2 estrella ~** ⇨shooting star ⇨falling star

fulano, na *s.* **1** *col.* ⇨so-and-so *inform*: *No le digas a mengano lo que te ha dicho fulano* - Don't tell what's-his-name what so-and-so told you **2** *col. (hombre)* ⇨what's-his-name *inform* **3** *col. (mujer)* ⇨what's-her-name *inform*

fulbito *s.m.* AMÉR. ⇨table football

fulminante *adj. (inmediato)* ⇨sudden ⇨withering

fumador, -a *s.* ⇨smoker

fumar *v.* ⇨to smoke: *¿Te molesta si fumo?* - Do you mind if I smoke?

función *s.f.* **1** *(de una cosa)* ⇨function **2** *(de una persona)* ⇨duty (*pl* duties); ⇨function ⇨role **3**

(de una actuación) ⇒performance ⇒show **4 en ~ de** ⇒according to ⇒depending on

funcionar *v.* ⇒to function *form;* ⇒to go ⇒to work: *Este vídeo no funciona* - This video recorder doesn't work; ⇒to operate: *Los tranvías no funcionan los domingos* - Trams do not operate on Sundays

funcionario, ria *s.* **1** *(público)* ⇒civil servant **2** *(con un cargo de autoridad)* ⇒official

funda *s.f.* **1** ⇒case ⇒cover **2** *(de una almohada)* ⇒pillowcase **3** *(de un disco)* ⇒jacket

fundación *s.f.* ⇒foundation

fundamental *adj.* ⇒fundamental: *los principios fundamentales de una teoría* - the fundamental principles of a theory

fundar *v.* **1** *(crear)* ⇒to found: *fundar una ciudad* - to found a city **2** *(basar)* ⇒to base [CONSTR. to base sth on sth]: *¿En qué fundas tu afirmación?* - What do you base your statement on?

fundir ∎ *v.* **1** ⇒to melt ⇒to fuse: *Se fundieron las dos partes* - Both parts fused together **2** *(una bombilla, un fusible)* ⇒to blow: *Se han fundido los plomos* - The fuses have blown ∎ **fundirse** *prnl.* **3** ⇒to melt

fúnebre *adj.* **1** *(de un funeral)* ⇒funeral: *cortejo fúnebre* - funeral procession; *coche fúnebre* - hearse **2** *(una situación)* ⇒funereal: *un ambiente fúnebre* - a funereal atmosphere **3** *(un comportamiento)* ⇒mournful: *una voz fúnebre* - a mournful voice; ⇒lugubrious: *un andar fúnebre* - a lugubrious way of walking

funeral *s.m.* ⇒funeral

funeraria *s.f.* ⇒undertaker's *UK* (*pl* undertakers'); ⇒funeral parlour *UK;* ⇒funeral parlor *US*

funicular *s.m.* ⇒funicular railway

furgón *s.m.* *(de un tren)* ⇒wagon *UK;* ⇒goods wagon *UK;* ⇒freight car *US*

furgoneta *s.f.* ⇒van

furia *s.f.* **1** ⇒fury ⇒rage **2** *Estaba hecho una furia* - He was furious; *Se puso hecho una furia* - She got mad

furioso, sa *adj.* **1** ⇒furious ⇒mad *inform: Estaba furioso conmigo* - He was mad at me **2** **ponerse ~** ⇒to fly into a rage

furtivo, va ∎ *adj.* **1** ⇒furtive **2** *(una mirada)* ⇒sly **3** *caza furtiva* - poaching ∎ *s.* **4** *(un cazador, un pescador)* ⇒poacher

fusible *s.m.* ⇒fuse: *¿Han saltado los fusibles?* - Have the fuses blown?

fusil *s.m.* ⇒rifle

fusión *s.f.* **1** *(de dos o más cosas)* ⇒fusion ⇒joining **2** *(de empresas o de organizaciones)* ⇒merger **3** *(de un metal)* ⇒melting ⇒fusion

fusionar *v.* **1** *(de dos o más cosas)* ⇒to fuse **2** *(de empresas o de organizaciones)* ⇒to merge: *Los dos clubes de fútbol de mi ciudad se van a fusionar en uno* - The two football clubs in my town are going to merge into one

fútbol *s.m.* **1** ⇒football *UK;* ⇒soccer *US: un partido de fútbol* - a game of soccer **2** **~ americano** ⇒American football **3** **~ sala** ⇒five-a-side football

futbolista *s.com.* ⇒footballer *UK;* ⇒soccer player

futuro, ra ∎ *adj.* **1** ⇒future: *las generaciones futuras* - future generations; ⇒prospective **2** *(tiempo verbal)* ⇒future tense ∎ Ver cuadro future tense: will / be going to ∎ **futuro** *s.m.* **3** ⇒future **4 con futuro** ⇒with prospects: *un violinista con futuro* - a violinist with prospects

G
g

g *s.f. (letra del alfabeto)* ⇨g

gabardina *s.f.* ⇨raincoat

gafas *s.f.pl.* **1** *(graduadas)* ⇨glasses: *Tengo dos gafas* - I have two pairs of glasses **2** *(de sol)* ⇨sunglasses **3** *(de bucear)* ⇨diving goggles **4** *(protectoras)* ⇨safety goggles **5** *(bifocales)* ⇨bifocals

gafe █ *adj.* **1** *col.* ⇨jinxed **█** *s.com.* **2** *col.* ⇨jinx *(pl jinxes)*: *Empezó a pensar que era un gafe* - He began to think he had a jinx

gaita *s.f.* ⇨bagpipes *pl: tocar la gaita* - to play the bagpipes

gajo *s.m.* ⇨segment: *un gajo de naranja* - an orange segment

galápago *s.m.* ⇨terrapin

galardón *s.m.* ⇨award: *un galardón al mejor actor* - an award for best actor

galaxia *s.f.* ⇨galaxy *(pl galaxies)*

galería *s.f.* **1** *(de arte)* ⇨gallery *(pl galleries)*; ⇨art gallery *(pl art galleries)* **2** *(interior)* ⇨gallery **3** *(exterior)* ⇨balcony **4** ~ **comercial** ⇨arcade

galés, -a █ *adj.* **1** ⇨Welsh **█** *s.* **2** *(hombre)* ⇨Welsh man *(pl Welsh men)* **3** *(mujer)* ⇨Welsh woman *(pl Welsh women)* **4** *(plural genérico): los galeses* - the Welsh **█ galés** *s.m.* **5** *(idioma)* ⇨Welsh

gallego, ga █ *adj./s.* **1** ⇨Galician **2** *AMÉR.* ⇨Spanish *adj;* ⇨Spaniard *n* **█ gallego** *s.m.* **3** *(idioma)* ⇨Galician

galleta *s.f.* **1** *(alimento)* ⇨biscuit *UK;* ⇨cookie *US* **2** *(bofetada)* ⇨slap ⇨wallop *inform*

gallina █ *s.f.* **1** *(animal)* ⇨hen **█** *adj.* **2** *col. (cobarde)* ⇨coward **█** *s.com.* **3** *col. (persona)* ⇨coward ⇨chicken *inform*

gallinero *s.m.* **1** ⇨coop **2** *col. (en un cine o en un teatro)* ⇨upper circle ⇨gallery **3** *(lugar ruidoso)* ⇨madhouse

gallo *s.m.* **1** *(animal)* ⇨cock *UK;* ⇨rooster *US* **2** *(pescado)* ⇨john dory **3** *(al cantar)* ⇨flase note **4 en menos que canta un ~** *col.* ⇨in a flash *inform*

galón *s.m.* **1** *(medida)* ⇨gallon **2** *(distintivo)* ⇨stripe

galopar *v.* ⇨to gallop

galope *s.m.* ⇨gallop

gama *s.f.* ⇨range: *una amplia gama de colores* - a wide range of colours

gamba *s.f.* **1** ⇨prawn *UK;* ⇨shrimp *US* **2** *(rebozada)* ⇨scampi *pl: Me encantan las gambas rebozadas* - I love scampi **3 meter la ~** *col.* ⇨to put *one's* foot in it

gamberrada *s.f.* **1** ⇨loutish behaviour [U] **2** *hacer gamberradas* - to make trouble

gamberro, rra █ *adj.* **1** ⇨rough ⇨loutish **█** *s.* **2** ⇨thug ⇨lout

gana *s.f.* **1** *tener ganas de hacer algo* - to feel like doing sth **2** *hacer algo con ganas* - to do sth enthusiastically **3** *Tocaron la canción sin ganas* - They played the song half-heartedly **4** *de buena gana* - willingly **5** *de mala gana* - reluctantly **6** *No me da la gana* - I can't be bothered **7** *quedarse con las ganas* - to be left disappointed **8** *tener ganas de comer* - to be hungry **9** *Puedes hacerlo como te dé la gana* - You can do it however you want

ganadería *s.f. (actividad)* ⇨farming ⇨livestock farming ⇨dairy farming

ganadero, ra *s.* ⇨cattle dealer ⇨rancher *US*

ganado *s.m.* **1** ⇨livestock **2** *(bovino)* ⇨cattle *pl* **3** *(ovino)* ⇨sheep *pl* **4** *(porcino)* ⇨pigs *pl*

ganador, -a █ *adj.* **1** ⇨winning: *el número ganador* - the winning number **█** *s.* **2** ⇨winner

ganancia █ *s.f.* **1** *(beneficio)* ⇨profit: *Conseguimos 220 libras de ganancias en la rifa de la escuela* - We made 220 pounds profit on the school lottery **█ ganancias** *pl.* **2** *(ingreso económico)* ⇨earnings

ganar █ *v.* **1** *(en una competición)* ⇨to win: *ganar una carrera* - to win a race; ⇨to beat: *ganar a alguien al tenis* - to beat sb at tennis; ⇨to defeat **2** *(dinero)* ⇨to earn: *¿Sabes cuánto dinero gana?* - Do you know how much money

does he earn?; ⇨to make **3** *(una batalla)* ⇨to win **4** *(adquirir)* ⇨to gain: *ganar experiencia - to gain experience* **5** *(un sentimiento ajeno)* ⇨to gain: *ganar en confianza - to gain in confidence* ∎ **ganarse** *prnl.* **6** *(algo merecido)* ⇨to earn: *Te lo has ganado -* You earned it **7** *ganarse la vida -* to earn one's living **8 ganársela** *col.* ⇨to cop it *inform*

gancho *s.m.* **1** *(para colgar algo)* ⇨hook: *Cuelga tu gorra en este gancho -* Hang your cap on this hook **2** *col. (atractivo, encanto)* ⇨charm ⇨appeal **3** *AMÉR.* ⇨staple **4** *AMÉR.* ⇨clothes peg *UK;* ⇨clothes pin *US* **5** *AMÉR.* ⇨coat hanger

gandul, -a *adj. col.* ⇨lazy ⇨idle ⇨loafer *inform: Venga, levántate, que eres un gandul -* Come on, get up! You are a loafer

ganga *s.f.* ⇨bargain ⇨snip *UK inform: Ese coche ha sido una ganga -* That car has been a snip

ganso, sa ∎ *s.* **1** ⇨goose *(pl* geese) **2** *(macho)* ⇨gander ∎ *adj. / s.* **3** *col. (persona)* ⇨fool *n* **4 hacer el ganso** ⇨to play the fool

garabato *s.m.* **1** ⇨scribble: *No puedo entender tus garabatos -* I can't understand your scribble **2** *hacer garabatos -* to doodle

garaje *s.m.* ⇨garage

garantía *s.f.* **1** ⇨guarantee ⇨assurance **2** *(de una compra)* ⇨warranty ⇨guarantee: *Este televisor tiene un año de garantía -* This television has a one year guarantee **3 estar en ~** ⇨to be under guarantee

garantizar *v.* **1** *(prometer)* ⇨to guarantee [CONSTR. 1. to guarantee + (that) 2. to guarantee + dos objetos 3. to guarantee + to do sth]: *Te puedo garantizar que te lo pasarás muy bien -* I can guarantee that you'll have a great time; ⇨to assure [CONSTR. 1. to assure + (that) 2. to assure sb of sth] **2** *(certificar)* ⇨to ensure [CONSTR. 1. to ensure + (that) 2. to ensure + dos objetos]: *Las lluvias garantizan el abastecimiento de agua -* Rain ensures the water supply; ⇨to insure *US form*

garbanzo *s.m.* ⇨chickpea *UK;* ⇨garbanzo (bean) *US*

garbo *s.m.* **1** ⇨grace ⇨panache **2** *andar con garbo -* to walk gracefully

garfio *s.m.* ⇨hook

garganta *s.f.* **1** ⇨throat: *Tengo dolor de garganta -* I've got a sore throat **2** *(desfiladero)* ⇨gorge

gargantilla *s.f.* ⇨necklace

garra *s.f.* **1** *(zarpa)* ⇨claw ⇨paw **2** *(fuerza)* ⇨punch *(pl* punches); ⇨clutch *(pl* clutches) **3** *(atractivo)* ⇨bite

garrafa *s.f.* **1** ⇨carafe **2** *una garrafa de vino -* a large container of wine

garrapata *s.f.* ⇨tick

gas ∎ *s.m.* **1** ⇨gas: *una fuga de gas -* a gas leak **2** *con ~ (una bebida)* ⇨fizzy: *una bebida con gas -* a fizzy drink; ⇨carbonated ⇨sparkling: *agua mineral con gas -* sparkling mineral water **3 ~ butano** ⇨butane **4 sin ~** ⇨still: *agua sin gas -* still water ∎ **gases** *pl.* **5** *(en el aparato digestivo)* ⇨wind

gasa *s.f.* **1** *(para cubrir heridas)* ⇨gauze bandage ⇨compress *(pl* compresses); ⇨lint: *Limpiaron las heridas con gasas limpias -* They covered the wounds with clean lints **2** *(para hacer ropa)* ⇨chiffon

gaseoso, sa ∎ *adj.* **1** ⇨carbonated ⇨sparkling ⇨fizzy: *bebidas gaseosas -* fizzy drinks ∎ **gaseosa** *s.f.* **2** *(bebida)* ⇨fizzy drink

gasóleo *s.m.* ⇨gas oil ⇨diesel oil ⇨diesel

gasolina *s.f.* **1** ⇨petrol *UK: gasolina con plomo -* leaded petrol; ⇨gas *US;* ⇨gasoline *US* **2** *(sin plomo)* ⇨lead-free petrol *UK;* ⇨unleaded gasoline *US* **3** *(súper)* ⇨four-star petrol *UK;* ⇨premium (gas) *US*

gasolinera *s.f.* ⇨garage ⇨petrol station *UK: Tardamos media hora en encontrar la gasolinera -* It took us half an hour to find the petrol station; ⇨gas station *US;* ⇨service station *US*

gastado, da *adj.* **1** *(ropa, calzado)* ⇨worn **2** *(idea, excusa)* ⇨well-worn **3** *(una pila)* ⇨dead ⇨flat

gastar *v.* **1** *(dinero, esfuerzo)* ⇨to spend: *Gasté todos mis ahorros en ese jersey -* I spent all my savings on that pullover; ⇨to lash out **2** *(energía)* ⇨to expend **3** *(ropa, calzado)* ⇨to wear out **4** *(un producto)* ⇨to use ⇨to use up: *Has gastado toda la tinta -* You've used up all the ink **5 ~ una broma** ⇨to play a joke ⇨to play a trick: *Los niños gastaron una broma a su padre -* The children played a trick on their father

gasto *s.m.* **1** *(hecho de gastar)* ⇨spending **2** *(lo que se gasta)* ⇨expense ⇨cost **3** *(doméstico)* ⇨housekeeping

gastronomía *s.f.* ⇨gastronomy ⇨cuisine *form*

gatear *v.* ⇨to crawl: *El bebé ha empezado a gatear -* The baby has started crawling

gatillo *s.m.* ⇨trigger: *apretar el gatillo -* to pull the trigger

gato, ta *s.* **1** *(animal)* ⇨cat **2** *(cría)* ⇨kitten **3** *(hidráulico)* ⇨jack

gaviota *s.f.* ⇨gull ⇨seagull

gay *adj. / s.m.* ⇨gay

gel *s.m.* **1** ⇨gel **2** *(de baño)* ⇨bath gel **3** *(de ducha)* ⇨shower gel

gelatina *s.f.* **1** *(postre)* ⇨jelly *UK: Tomé gelatina de fresa de postre -* I had strawberry jelly for dessert **2** *(sustancia)* ⇨gelatin ⇨aspic

gemelo, la ∎ *adj.* **1** ⇨twin ∎ *s.* **2** ⇨identical twin **3** *Elizabeth y Charlotte son gemelas -* Elizabeth

G

and Charlotte are twins ∎ **gemelos** *s.m.pl.* **4** *(prismáticos)* ⇒binoculars

gemido *s.m.* ⇒groan ⇒moan

géminis *adj./s.com.* ⇒Gemini *n*

gemir *v.* ⇒to groan ⇒to moan: *Gemía porque estaba desilusionada* - She was moaning because she was disappointed; ⇒to wail: *gemir de dolor* - to wail in pain

generación *s.f.* ⇒generation

general ∎ *adj.* **1** *(principal, más importante)* ⇒general: *una idea general* - a general idea **2** *(carretera)* ⇒main: *la carretera general* - the main road **3** *(una mejoría)* ⇒all-round **4 en ~** ⇒in general ⇒on the whole: *En general, estoy de acuerdo con la idea* - On the whole, I agree with the idea; ⇒all in all **5 por lo ~** ⇒usually [CONSTR. Se sitúa detrás del verbo *to be* y de los verbos auxiliares y modales *I'm usually on time for school* - Por lo general llego al colegio puntual y delante de los demás verbos *We usually eat dinner at 6* - Por lo general cenamos a las 6] ∎ **general** *s.com.* **6** *(militar)* ⇒general

generalizar ∎ *v.* **1** ⇒to generalize ⇒to generalise *UK*: *Nuestro profesor siempre está generalizando* - Our teacher generalises all the time ∎ **generalizarse** *prnl.* **2** ⇒to become widespread: *Hace unos años se generalizó el uso del ordenador* - The use of computers became widespread a few years ago

generar *v.* ⇒to generate

género *s.m.* **1** *(conjunto de seres)*: *género humano* - mankind **2** *(sexo)* ⇒sex **3** *(en botánica, en zoología)* ⇒genus *(pl genera)* **4** *(clase)* ⇒kind ⇒type: *un género diferente de personas* - a different kind of people **5** *(tejido)* ⇒material ⇒fabric: *Los géneros de seda y de lana son muy suaves al tacto* - Silk and woollen fabrics are very soft to the touch **6** *(mercancía)* ⇒goods *pl* **7** *(en gramática)* ⇒gender: *género femenino* - feminine gender **8** *(en literatura)* ⇒genre *form*

generosidad *s.f.* ⇒generosity: *Demostró una gran generosidad hacia sus amigos* - He showed great generosity towards his friends

generoso, sa *adj.* **1** ⇒generous ⇒unstinting *form* **2** *(abundante)* ⇒handsome: *Le sacaron un generoso beneficio a su casa* - They made a handsome profit on their house; ⇒liberal ⇒bountiful

genial ∎ *adj.* **1** ⇒terrific ⇒great: *una idea genial* - a great idea; *pasárselo genial* - to have a great time; ⇒cool *inform* **2** *(con talento)* ⇒outstanding: *Siempre ha sido un estudiante genial* - He has always been an outstanding student; ⇒brilliant ∎ **¡genial!** *interj.* **3** ⇒great! ⇒terrific!

genio *s.m.* **1** *(persona con talento)* ⇒genius ⇒wizard *inform* **2** *(personaje fantástico)* ⇒genie *(pl genii, genies)* **3** *(carácter, temperamento)* ⇒terrible temper **4** *(estado anímico)* ⇒mood: *Hoy está de mal genio* - She is in a bad mood today

genital ∎ *adj.* **1** ⇒genital ∎ **genitales** *s.m.pl.* **2** ⇒genitals

gente *s.f.* **1** ⇒people *pl: Hay mucha gente* - There are a lot of people; ⇒folk *UK* **2** *Hay gente para todo* - It takes all sorts

gentil ∎ *adj.* **1** *(amable)* ⇒kind ⇒courteous ⇒gentle: *Es muy gentil con sus amigos* - He is very gentle with his friends; ⇒congenial *form* **2** *(apuesto)* ⇒elegant ∎ *s.* **3** *(en religión)* ⇒Gentile

gentío *s.m.* ⇒crowd

genuino, na *adj.* ⇒genuine ⇒real: *piel genuina* - real leather

geografía *s.f.* ⇒geography

geográfico, ca *adj.* ⇒geographical

geología *s.f.* ⇒geology

geometría *s.f.* ⇒geometry

geométrico, ca *adj.* ⇒geometric

geranio *s.m.* ⇒geranium

gerente *s.com.* **1** ⇒manager **2** *(mujer)* ⇒manageress *(pl manageresses)* **3** *(de una prisión, de un hospital)* ⇒governor

germen *s.m.* **1** *(microbio)* ⇒germ ⇒embryo **2** *(raíz)* ⇒germ: *Encontró el germen de la historia en un viejo periódico* - He found the germ of a story in an old newspaper; ⇒seed

gerundio *s.m.* ⇒gerund ∎ Ver cuadro gerund

gesticular *v.* **1** ⇒to gesticulate: *No gesticules tanto* - Don't gesticulate so much **2** *(con la cara)* ⇒to grimace ⇒to pull a face

gestión *s.f.* **1** *(dirección)* ⇒management **2** *(trámite)* ⇒step: *hacer gestiones* - to take steps; ⇒business *pl: tener que hacer unas gestiones en la oficina* - to have some business in the office

gesto *s.m.* **1** *(con la cara)* ⇒expression **2** *hacer un gesto con la cara a alguien* - to pull a face at sb **3** *(con la cabeza, con la mano)* ⇒gesture: *Estaba haciendo gestos raros* - He was making funny gestures; ⇒motion ⇒sign **4** *(acción significativa)* ⇒gesture

gigante, ta ∎ *s.* **1** *(personaje de cuento)* ⇒giant **2** *(persona muy alta)* ⇒giant ∎ **gigante** *adj.* **3** ⇒giant ⇒gigantic

gigantesco, ca *adj.* ⇒giant ⇒gigantic: *El coste fue gigantesco* - The cost had been gigantic

gimnasia *s.f.* **1** ⇒gymnastics [Se usa más con el verbo en singular]: *La gimnasia es un deporte olímpico* - Gymnastics is an Olympic sport **2** *(asignatura)* ⇒PE ⇒physical education **3** *hacer ~* ⇒to do gymnastics

gimnasio *s.m.* ⇒gymnasium (*pl* gymnasia, gymnasiums); ⇒gym *inform*

gimnasta *s.com.* ⇒gymnast

ginebra *s.f.* ⇒gin

gira *s.f.* **1** ⇒tour ⇒circuit **2** *hacer una gira* - to tour **3** *estar de gira* - to be on tour **4** *ir de gira* - to go tour

girar ∎ *v.* **1** *(dar vueltas)* ⇒to turn: *Gira e intenta aparcar en el otro lado de la carretera* - Just turn and try to park on the other side of the road; ⇒to go round: *El viento hacía girar la veleta* - The wind was making the weathercock go round **2** *(alrededor de un eje)* ⇒to revolve ⇒to spin round: *La Tierra gira sobre su eje* - The Earth spins on its axis **3** *(cambiar de dirección)* ⇒to turn: *Cuando llegues a la estación, gira a la izquierda* - When you get to the station, turn left; ⇒to slew around **4** *(una parte del cuerpo)* ⇒to twist **5** *~ en torno a* ⇒to centre around ∎ **girarse** *prnl.* **6** ⇒to turn around ⇒to turn round

girasol *s.m.* ⇒sunflower

giratorio, ria *adj.* ⇒revolving: *las puertas giratorias de los hoteles* - the revolving doors of the hotels; ⇒rotary

giro *s.m.* **1** *(cambio de dirección)* ⇒turn: *un giro a la izquierda* - a left turn **2** *(vuelta)* ⇒spin ⇒whirl **3** *(de una conversación)* ⇒turn **4** *(cambio de situación)* ⇒slant **5** *(modo de expresión)* ⇒expression ⇒turn of phrase **6** *(postal)* ⇒giro ⇒postal order **7** *(bancario)* ⇒giro ⇒banker's draft

gis *s.m.* AMÉR. ⇒chalk

gitano, na *adj./s.* ⇒gypsy *n* (*pl* gypsies); ⇒gipsy UK *n* (*pl* gipsies)

glacial *adj.* **1** *(muy frío)* ⇒bitter: *un viento glacial* - a bitter wind **2** *(un lugar)* ⇒glacial

glaciar *s.m.* **1** ⇒glacier **2** *período glaciar* - Ice Age

global *adj.* ⇒global: *el calentamiento global* - global warming; ⇒overall

globo *s.m.* **1** ⇒balloon: *El padre compró a la niña un bonito globo azul y blanco* - The father brought the girl a nice blue and white balloon **2** *(aerostático)* ⇒balloon: *un paseo en globo* - a balloon trip **3** *(terráqueo)* ⇒globe: *el globo terráqueo* - the globe **4** *(ocular)* ⇒eyeball

glóbulo *s.m.* ⇒blood cell: *glóbulos blancos* - white blood cells; *glóbulos rojos* - red blood cells; ⇒globule

gloria *s.f.* **1** *(fama)* ⇒glory **2** *(placer)* ⇒bliss: *Estoy en la gloria* - It's bliss **3** *(celebridad)* ⇒great name **4** *oler a ~* ⇒to smell *sth* delicious **5** *saber a ~* ⇒to taste *sth* delicious

glorieta *s.f.* **1** *(para vehículos)* ⇒roundabout UK; ⇒rotary US (*pl* rotaries) **2** *(plaza)* ⇒circus UK old-fash (*pl* circuses)

glosario *s.m.* ⇒glossary (*pl* glossaries): *un glosario de términos científicos* - a glossary of scientific terms

glotón, -a ∎ *adj.* **1** ⇒greedy ∎ *s.* **2** ⇒glutton

gobernador, -a *s.* ⇒governor

gobernante ∎ *adj.* **1** ⇒governing ∎ *s.com.* **2** ⇒ruler

gobernar *v.* **1** *(un país)* ⇒to govern ⇒to rule **2** *(un negocio)* ⇒to run: *Gobierna el negocio con mano firme* - He runs the shop with steady hand **3** *(un vehículo, un barco)* ⇒to steer: *Intentó gobernar el autobús* - He tried to steer the bus; ⇒to captain

gobierno *s.m.* **1** ⇒government ⇒administration US **2** *gobierno central* - central government

gol *s.m.* **1** ⇒goal: *Ganamos el partido por tres goles a uno* - We won the match by three goals to one; *gol en propia puerta* - own goal **2** *meter un gol* - to score

golear *v.* ⇒to thrash: *golear a un equipo* - to thrash a team

golf *s.m.* ⇒golf

golfo, a ∎ *adj./s.* **1** *(persona)* ⇒rogue old-fash; ⇒crook *inform* ∎ **golfo** *s.m.* **2** *(geográfico)* ⇒bay ⇒gulf: *el golfo Pérsico* - the Persian Gulf

golondrina *s.f.* ⇒swallow

golosina *s.f.* ⇒sweet UK; ⇒candy US (*pl* candies)

goloso, sa *adj./s. ser goloso* - to have a sweet tooth

golpe *s.m.* **1** ⇒blow ⇒bang: *Recibió un golpe en el brazo izquierdo* - She got a bang on her left arm **2** *(con fuerza)* ⇒hit **3** *(rápido y brusco)* ⇒jab **4** *(sobre una superficie)* ⇒knock **5** *(con suavidad)* ⇒tap: *un golpecito en la ventana* - a tap at the window **6** *(en golf, en tenis)* ⇒shot: *¡Buen golpe!* - Good shot! **7** *(en boxeo, en una pelea)* ⇒punch (*pl* punches) **8** *(de risa, de tos)* ⇒fit: *un golpe de tos* - a fit of cough **9** *(contrariedad)* ⇒blow: *La derrota fue un duro golpe* - The defeat was a hard blow **10** *(ruido)* ⇒bump: *oír un golpe* - to heard a bump **11** *(robo)* ⇒robbery (*pl* robberies) **12** *dar un ~ (robar)* ⇒to rob **13** *de ~ y porrazo* col. ⇒all of a sudden ⇒out of the blue **14** *~ bajo* **1** *(en boxeo)* ⇒punch below the belt **2** *(jugarreta)* ⇒dirty trick **15** *~ de Estado* ⇒coup ⇒putsch (*pl* putsches) **16** *~ militar* ⇒military coup

golpear *v.* **1** *(una cosa)* ⇒to hit ⇒to strike: *Golpeó la pared con una silla* - He struck the wall with a chair **2** *(a una persona)* ⇒to strike ⇒to hit **3** *(de manera repetitiva)* ⇒to hammer ⇒to

beat: *La lluvia golpeaba en los cristales* - The rain was beating against the windows **4** *(suavemente)* ⇨to tap **5** *(contra una superficie dura)* ⇨to rap **6** *(la lluvia)* ⇨to spatter **7** *(en algunos deportes)* ⇨to hit

goma *s.f.* **1** *(pegamento)* ⇨gum **2** *(de borrar)* ⇨rubber *UK;* ⇨eraser *US* **3** *(material)* ⇨rubber **4** *(elástica)* ⇨rubber band *US;* ⇨elastic band *UK* **5** *(de mascar)* ⇨chewing gum [U]

gomina *s.f.* ⇨hair gel

gordo, da ❚ *adj.* **1** *(físicamente)* ⇨fat **2** *(relleníto)* ⇨plump **3** *(grosor)* ⇨thick: *Las paredes en esta parte de la casa son muy gordas* - The walls in this part of the house are very thick **4** *(grande, importante)* ⇨big: *pez gordo* - big shot **5** *(grave)* ⇨serious: *Me temo que tenemos un problema gordo* - I'm afraid we have a serious problem **6** *Me cae gordo* - I can't stand him ❚ *s.* **7** ⇨fat person ❚ **gordo** *s.m.* **8** *col. (en la lotería)* ⇨first prize

gorila *s.m.* **1** *(animal)* ⇨gorilla **2** *col. (guardaespaldas)* ⇨bodyguard **3** *col. (en la puerta de un local)* ⇨bouncer

gorra *s.f.* **1** ⇨cap **2** *de ~ col. (gratis)* ⇨free

gorrión *s.m.* ⇨sparrow

gorro *s.m.* **1** ⇨hat **2** *(de un bebé)* ⇨bonnet **3** *(de piscina)* ⇨swimming cap ⇨bathing cap **4** *(de lana)* ⇨woolly hat **5 estar hasta el ~ col.** ⇨to be fed up [CONSTR. to be fed up with + doing sth]: *Estoy hasta el gorro de ver la tele* - I'm fed up with watching TV

gorrón, -a *adj. / s. col.* ⇨freeloader *n*

gota *s.f.* **1** ⇨drop ⇨drip: *una gota de sudor* - a drip of sweat **2** *(de lluvia)* ⇨sprinkle **3** *(de pintura)* ⇨speck **4** *(en medicina)* ⇨gout **5 como dos gotas de agua** ⇨like two peas in a pod **6**

ser la ~ que colma el vaso *col.* ⇨to be the last straw **7 sudar la ~ gorda** *col.* ⇨to sweat blood

gotear *v.* **1** ⇨to drip ⇨to dribble **2** *(fluir lentamente)* ⇨to trickle: *El agua goteaba por las paredes* - The water trickled down the walls **3** *(perder, tener un escape)* ⇨to leak

goteo *s.m.* ⇨dripping: *Había un goteo constante de agua del grifo* - There was a constant dripping of water from the tab

gotera *s.f.* ⇨leak

gótico, ca ❚ *adj.* **1** ⇨Gothic ❚ **gótico** *s.m.* **2** ⇨Gothic

gozar *v.* **1** *(disfrutar)* ⇨to enjoy [CONSTR. to enjoy + doing sth]: *Goza viendo a su hijo jugar* - She enjoys watching her son play; ⇨to take pleasure in **2** *(tener, poseer)* ⇨to have ⇨to enjoy: *gozar de buena salud* - to enjoy good health

gozo *s.m.* ⇨enjoyment ⇨pleasure: *Sus visitas llenaban a sus abuelos de gozo* - His visits gave his grandparents such pleasure; ⇨merriment

grabación *s.f.* ⇨recording

grabado *s.m.* **1** ⇨engraving **2** *(en un libro)* ⇨illustration

grabadora *s.f.* **1** ⇨recorder **2** *(de sonido, música)* ⇨cassette recorder ⇨tape recorder

grabar *v.* **1** *(una imagen)* ⇨to film ⇨to record **2** *(en una cinta de vídeo)* ⇨to videotape **3** *(un sonido)* ⇨to record ⇨to tape **4** *(un programa de televisión)* ⇨to video ⇨to tape **5** *(letras, dibujos)* ⇨to engrave **6** *(las iniciales, una inscripción)* ⇨to inscribe *form* **7** *(un recuerdo)* ⇨to engrave: *Aquella imagen se me grabó en la cabeza* - That image is engraved on my mind

gracia *s.f.* **1** *(comicidad)* ⇨funniness **2** *¡Qué gracia!* - How funny! **3** *No le veo la gracia* - I can't see what's so funny **4** *(broma)* ⇨giggle **5** *(ingenio)*

BOWLER HAT (*UK*)
DERBY (*US*)

BASEBALL CAP

BERET

STETSON

TOP HAT

BONNET

⇨wit: *Ya no me gustan sus gracias* - I don't like his wits anymore **6** *(estilo, elegancia)* ⇨grace **7** **hacer ~** ⇨to amuse: *Tus comentarios no nos hicieron gracia* - We weren't amused by your remarks **8 tener ~** ⇨to be funny

gracias *interj.* **1** ⇨thank you ⇨thanks *inform* **2** *dar las gracias a alguien por algo* - to thank sb for sth **3 ~ a** ⇨thanks to **4 muchas ~** ⇨thanks a lot

gracioso, sa ▌ *adj.* **1** *(divertido, cómico)* ⇨funny ⇨droll: *Era un chico muy divertido* - He was a really droll boy; ⇨amusing **2** *(ingenioso)* ⇨witty **3** *(con estilo, elegante)* ⇨graceful **4** *(lindo, mono)* ⇨cute **▌** *s.* **5** *(bromista, guasón)* ⇨joker

grada *s.f.* ⇨terrace ⇨stand *UK: Nos sentamos en uno de los niveles más altos de las gradas del estadio de fútbol* - We sat in one of the upper tiers of the football stands

grado *s.m.* **1** ⇨degree: *quemaduras de segundo grado* - second-degree burns **2** *(de temperatura)* ⇨degree **3** *(de un ángulo)* ⇨degree **4** *(nivel)* ⇨plane **5 de buen ~** *(de buena gana)* ⇨willingly **6 de mal ~** *(de mala gana)* ⇨reluctantly

graduación *s.m.* **1** *(de un militar)* ⇨rank **2** *(universitaria)* ⇨graduation **3** *(clasificación en grados)* ⇨rating

gradual *adj.* ⇨gradual: *un incremento gradual* - a gradual increase

graduar ▌ *v.* **1** *(un aparato)* ⇨to adjust **▌ graduarse** *prnl.* **2** *(conseguir una titulación)* ⇨to graduate **3** *graduarse la vista* - to have one's eyes tested

gráfica *s.f.* ⇨graph ⇨chart

gráfico, ca ▌ *adj.* **1** ⇨graphic **▌ gráfico** *s.m.* **2** ⇨chart ⇨graph: *gráfico de barras* - bar graph

gramática *s.f.* ⇨grammar

gramatical *adj.* ⇨grammatical

gramo *s.m.* ⇨gram ⇨g: *«g» es la abreviatura de «gramo»* - «g» is the abbreviated form for «gram»; ⇨gramme *UK*

gran *adj.* Véase **grande**

granada *s.f.* **1** *(fruta)* ⇨pomegranate **2** *(bomba)* ⇨hand grenade

granate ▌ *adj. / s.m.* **1** *(color)* ⇨maroon **▌** *s.m.* **2** *(mineral)* ⇨garnet

Gran Bretaña *s.f.* ⇨Great Britain

grande ▌ *adj.* **1** *(tamaño)* ⇨large ⇨big: *Este jersey me está grande* - This pullover is too big for me **2** *(cantidad)* ⇨large **3** *(estatura)* ⇨tall **4** *(monumental)* ⇨great **5** *(extenso, amplio)* ⇨extensive **6** *(importante)* ⇨big ⇨grand: *una gran idea* - a grand idea; ⇨great **7** *(especial)* ⇨particular **8** *(adulto, mayor)* ⇨grown-up **9 pasarlo en ~** *col.* ⇨to have a great time **▌** *s.m.* **10** ⇨greats

pl: los grandes del cine español - the greats of Spanish cinema ■ Ver cuadro

grandioso, sa *adj.* **1** *(en tamaño)* ⇨enormous **2** *(en calidad)* ⇨magnificent ⇨grand

granel (a ~) ⇨loose: *comprar a granel* - to buy loose

granero *s.m.* ⇨barn ⇨granary *(pl* granaries*)*

granizado *s.m.* **1** ⇨crushed ice drink **2** *un granizado de limón* - an iced lemon drink

granizar *v.* ⇨to hail

granizo *s.m.* ⇨hail ⇨hailstone

granja *s.f.* ⇨farm: *Pasan el verano en una granja cuidando del ganado* - They spend the summer time on a farm taking care of the cattle; ⇨farmstead *US form*

granjero, ra *s.* ⇨farmer

grano *s.m.* **1** *(de un cereal)* ⇨corn *UK* [U]; ⇨grain *US* [U] **2** *(de una planta)* ⇨bean: *granos de café* - coffee beans **3** *(de arena)* ⇨grain **4** *(en la cara, el cuerpo)* ⇨spot *UK;* ⇨zit *inform* **5** *con granos* -

G ▬

grande (big / great)

- **Big** se utiliza para referirse al tamaño o a la cantidad:

 · *London is a very **big** city.*
 (Londres es una ciudad muy grande.)

 · *A **big** crowd waited outside the stadium.*
 (Una gran multitud esperaba fuera del estadio.)

- **Great** se utiliza para referirse:

 – Al tamaño o a la cantidad, pero en un registro más formal que "big":

 · *I saw a **great** light shining in the distance.*
 (Vimos un gran resplandor a lo lejos.)

 – A la calidad de alguien o de algo:

 · *You are a **great** friend.*
 (Eres un gran amigo.)

 – A la importancia o el reconocimiento de alguien o de algo:

 · *She is a **great** actress.*
 (Es una gran actriz.)

 – A algo que te parece muy bien, en lenguaje coloquial:

 · *That's a **great** idea!*
 (¡Es una idea fantástica!)

spotty **6 ir al ~** *col.* ⇨to get to the point ⇨to get down to business

grapa *s.f.* ⇨staple

grapadora *s.f.* ⇨stapler

grapar *v.* ⇨to staple: *grapar tres papeles* - to staple three pieces of paper

grasa *s.f.* **1** *(de una persona)* ⇨fat **2** *(de un animal)* ⇨grease ⇨fat **3** *(para engrasar)* ⇨grease

grasiento, ta *adj.* **1** *(con aceite)* ⇨greasy: *Tenía las manos grasientas después de arreglar el coche* - My hands were greasy after mending the car; ⇨oily **2** *(con grasa)* ⇨fatty

G

graso, sa *adj.* **1** ⇨oily **2** *(piel, pelo)* ⇨greasy **3** *(una comida)* ⇨fatty

gratis ∎ *adj.* **1** ⇨for nothing ⇨free: *entradas gratis para el circo* - free tickets for the circus ∎ *adv.* **2** ⇨free: *viajar gratis* - to travel free

gratitud *s.f.* ⇨gratitude

grato, ta *adj.* ⇨pleasant: *una grata compañía* - a pleasant company

gratuito, ta *adj.* **1** *(gratis)* ⇨free ⇨free of charge **2** *(sin fundamento o razón)* ⇨gratuitous: *una acusación gratuita* - a gratuitous accusation

grave *adj.* **1** *(serio, preocupante)* ⇨grave ⇨serious: *una enfermedad grave* - a serious illness; ⇨severe: *una lesión grave* - a severe injury **2** *(una situación)* ⇨grave **3** *(sonido)* ⇨low **4** *(voz)* ⇨deep ⇨husky **5** *(una palabra)* ⇨stressed on the penultimate syllable

gravedad *s.f.* **1** *(en física)* ⇨gravity *form* **2** *(importancia)* ⇨seriousness ⇨gravity ⇨severity: *Era una situación de mucha gravedad* - It was a situation of great severity

graznar *v.* **1** ⇨to squawk **2** *(un cuervo)* ⇨to caw ⇨to croak **3** *(un pato)* ⇨to quack **4** *(un ganso)* ⇨to honk

Grecia *s.f.* ⇨Greece

griego, ga ∎ *adj./s.* **1** ⇨Greek ∎ **griego** *s.m.* **2** *(idioma)* ⇨Greek

grieta *s.f.* **1** ⇨crack ⇨fissure **2** *(de una roca)* ⇨crevice **3** *(de un glaciar)* ⇨crevasse

grifo *s.m.* ⇨tap *UK: cerrar el grifo* - to turn the tap off; ⇨faucet *US: abrir el grifo* - to turn the faucet on

grill *s.m.* *(parrilla)* ⇨grill ⇨broiler *US*

grillo *s.m.* ⇨cricket

grima *s.f. dar grima* - to set sb's teeth on edge

gripe *s.f.* **1** ⇨flu: *Tengo gripe* - I have the flu; ⇨influenza *form* **2 ~ aviar** ⇨bird flu ⇨avian flu

gris ∎ *adj./s.m.* **1** *(color)* ⇨grey *UK;* ⇨gray *US* ∎ *adj.* **2** *(tiempo atmosférico)* ⇨dull ⇨gloomy: *¡Qué mañana tan gris!* - What a gloomy morning! **3** *(corriente, sin interés)* ⇨dull: *Su trabajo fue bastante gris* - His work was rather dull

gritar *v.* **1** ⇨to shout [CONSTR. 1. *to shout at sb* cuando la persona que grita está enfadada o está advirtiendo de algo]: *Les grité que se apartaran* - I shouted at them to move away; ⇨to roar **2** *(con enfado)* ⇨to yell [CONSTR. to yell at sb]: *No le grites a tu padre* - Don't yell at your father **3** *(con chillidos)* ⇨to scream [CONSTR. to scream at sb]: *Deja de gritarme* - Stop screaming at me; ⇨to bawl *inform*

grito *s.m.* **1** ⇨shout ⇨yell ⇨holler *US inform* **2** *(chillido)* ⇨scream **3** *(ahogado, susurrado)* ⇨gasp **4** *dar un grito* - to shout **5** *(de queja, alegría, dolor)* ⇨cry *(pl* cries): *grito de alegría* - cry of joy **6 a ~ pelado** ⇨at the top of *one's* voice

grosella *s.f.* **1** ⇨currant ⇨gooseberry *(pl* gooseberries) **2** *(negra)* ⇨blackcurrant **3** *(roja)* ⇨redcurrant

grosería *s.f. (comentario)* ⇨rude remark ⇨vulgarity

grosero, ra *adj.* ⇨rude ⇨uncouth: *Fue grosero con ellos* - He was uncouth to them; ⇨impolite *form*

grosor *s.m.* ⇨thickness: *medio metro de grosor* - half a metre in thickness

grúa *s.f.* **1** *(en una obra)* ⇨crane ⇨hoist **2** *(para vehículos averiados)* ⇨breakdown truck **3** *(para vehículos mal aparcados)* ⇨tow truck **4** *Se le ha llevado el coche la grúa* - Her car has been towed away **5** *(en un puerto)* ⇨derrick

grueso, sa *adj.* **1** *(una cosa)* ⇨thick ⇨coarse **2** *(una prenda de vestir, una joya)* ⇨chunky **3** *(una persona)* ⇨thickset ⇨stout

grumo *s.m.* **1** ⇨lump **2** *un puré con grumos* - a lumpy purée

gruñido *s.m.* **1** *(de un animal)* ⇨snarl ⇨growl **2** *(de queja)* ⇨groan: *dar un gruñido* - to let out a groan; ⇨grunt

gruñir *v.* **1** *(un animal)* ⇨to snarl [CONSTR. to snarl at sb]; ⇨to growl: *Su perro gruñe a todo el mundo* - Their dog growls at everyone **2** *(como un cerdo)* ⇨to grunt **3** *(quejarse)* ⇨to grumble [CONSTR. to grumble about sth]: *Se pasó la tarde gruñendo por su trabajo* - She spent the evening grumbling about her job; ⇨to groan

gruñón, -a *s. col.* ⇨grumbler ⇨grouch *inform (pl* grouches)

grupo *s.m.* **1** *(de personas, de cosas)* ⇨group **2** *(de música)* ⇨band ⇨group **3** *(personas que van juntas)* ⇨group ⇨party *(pl* parties): *un grupo de turistas japoneses* - a party of Japanese tourists **4 ~ sanguíneo** ⇨blood group

gruta *s.f.* ⇨cave ⇨grotto

guadaña *s.f.* ⇨scythe

guajolote *s.m.* *AMÉR.* ⇨turkey

guantazo *s.m.* ⇨slap

guante *s.m.* **1** ⇨glove **2** echar el ~ *col. (capturar)* ⇨to catch: *La policía le echó el guante* - The police caught him

guantera *s.f.* ⇨glove compartment

guapo, pa *adj.* **1** *(sin especificar sexo)* ⇨good-looking ⇨attractive **2** *(una mujer)* ⇨pretty **3** *(un hombre)* ⇨handsome **4** *(en la forma de vestir)* ⇨smart **5** *estar guapo* - to look nice

guarda ▌*s.com.* **1** ⇨guard: *guarda jurado* - security guard; *guarda forestal* - forest ranger; *guarda de seguridad* - security guard **2** *(en un zoo, en un museo)* ⇨keeper ▌*s.f.* **3** *(acción protectora)* ⇨guarding ⇨safekeeping **4** *(cuidado)* ⇨protection **5** *(tutela)* ⇨custody **6** *(en un libro)* ⇨flyleaf *(pl* flyleaves)

guardabarros *s.m.* ⇨mudguard *UK;* ⇨fender *US*

guardabosques *s.com.* ⇨forest ranger

guardaespaldas *s.com.* ⇨bodyguard ⇨minder

guardar *v.* **1** *(en un sitio)* ⇨to keep: *Guarda aquí tu cepillo* - Keep your brush here **2** *(conservar)* ⇨to keep: *Guarda todos sus viejos vestidos* - She keeps all her old clothes; ⇨to save: *guardar un archivo* - to save a file **3** *(recoger)* ⇨to put away: *Por favor, guarda tus juguetes* - Please put your toys away; *Guardé los caramelos en el bolsillo* - I put the sweets in my pocket; ⇨to stow **4** *(ahorrar)* ⇨to save ⇨to put by **5** *(proteger)* ⇨guard: *El perro nos guarda la casa* - Our dog guards the house **6** *guardar un secreto* - to keep a secret **7** *guardar un minuto de silencio* - to have a minute's silence

guardarropa *s.m.* ⇨cloakroom

guardería *s.f.* ⇨nursery *(pl* nurseries); ⇨day nursery *(pl* day nurseries)

guardia ▌*s.com.* **1** *(vigilante)* ⇨guard **2** *(policía)* ⇨police officer **3** *(de tráfico)* ⇨traffic warden *UK* **4** *(urbano)* ⇨local police officer ▌*s.f.* **5** *(vigilancia)* ⇨duty **6** *bajar la* ~ - to lower *one's* guard **7** *de* ~ *(una persona)* ⇨on duty: *Está de guardia en el hospital* - He is on duty at the hospital **2** *(un local)* ⇨all-night: *una farmacia de guardia* - an all-night chemist **8** *estar en* ~ ⇨to be on *one's* guard **9** *hacer* ~ ⇨to mount guard **10** *poner en* ~ ⇨to put on guard

guardián, -a *s.* ⇨guardian *form;* ⇨keeper

guarida *s.f.* **1** *(de un animal)* ⇨den ⇨lair **2** *(de una persona)* ⇨hideout: *Los ladrones se escondieron en su guarida* - The thieves hid on their hideout

guarnición *s.f.* **1** *(de comida)* ⇨garnish: *una guarnición de ensalada* - a garnish of salad; ⇨accompaniment **2** *(de soldados)* ⇨garrison

guarrada *s.f.* **1** *col. (faena)* ⇨dirty trick **2** *col. (suciedad)* ⇨filthy thing **3** *col. (imagen indecente)* ⇨filth [U]

guarro, rra ▌*adj.* **1** *col.* ⇨filthy ▌*s.* **2** *(animal)* ⇨pig **3** *col. (persona)* ⇨pig *inform, offens;* ⇨swine *offens (pl* swine, swines)

guay ▌*adj.* **1** *col.* ⇨great: *¡Qué guay!* - That's great!; ⇨cool *inform: Esa chaqueta es guay* - That jacket is really cool ▌*adv.* **2** *Lo pasamos guay* - We had a great time

guerra *s.f.* **1** *(entre países, entre personas)* ⇨war: *guerra mundial* - world war **2** *(contra algo perjudicial)* ⇨war: *Deberíamos declararle la guerra a las drogas* - We should declare war on drugs **3** *en* ~ ⇨at war

guerrero, ra ▌*adj.* **1** *(de la guerra)* ⇨warlike **2** *(travieso)* ⇨naughty **3** *(revoltoso)* ⇨boisterous ⇨rebellious ▌*s.* **4** ⇨warrior

guerrilla *s.f.* ⇨guerrilla ⇨guerilla: *guerra de guerrillas* - guerilla warfare

guerrillero, ra *s.* ⇨partisan

guía ▌*s.com.* **1** *(persona)* ⇨guide: *guía turístico* - tour guide ▌*s.f.* **2** *(modelo, pauta)* ⇨guidance ⇨model **3** *(de viajes)* ⇨guidebook **4** *(de espectáculos)* ⇨listings guide **5** *(de teléfonos)* ⇨phone book ⇨telephone directory *(pl* telephone directories) **6** *(de conversación)* ⇨phrase book

guiar ▌*v.* **1** *(hacia un lugar)* ⇨to guide ⇨to conduct *form* **2** *(a un grupo)* ⇨to guide ⇨to lead *form: Guió al grupo a las partes más interesantes de la ciudad* - He led the group to the most interesting parts of the city **3** *(aconsejar)* ⇨to guide **4** *(un vehículo)* ⇨to navigate ⇨to steer ▌**guiarse** *prnl.* **5** ⇨to go ⇨to be guided: *guiarse por la intuición* - to be guided by intuition

guijarro *s.m.* ⇨pebble

guinda *s.f.* **1** ⇨morello cherry *(pl* morello cherries) **2** *poner la* ~ ⇨to put the icing on the cake

guindilla *s.f.* ⇨chilli *UK (pl* chillies)

guiñar *v.* ⇨to wink: *¿Me estás guiñando el ojo?* - Are you winking at me?

guiño *s.m.* ⇨wink

guiñol *s.m.* ⇨puppet show

guión *s.m.* **1** *(signo ortográfico)* ⇨hyphen ⇨dash *(pl* dashes) **2** *(de cine)* ⇨script ⇨screenplay **3** *(esquema)* ⇨plan

guionista *s.com.* ⇨scriptwriter

guisado *s.m.* ⇨stew

guisante *s.m.* ⇨pea

guisar *v.* **1** ⇨to cook **2** *(con salsa)* ⇨to stew ⇨to braise

guiso *s.m.* ⇨stew

guitarra *s.f.* ⇨guitar

guitarrista *s.com.* ⇨guitarist

gula *s.f.* **1** *(exceso en la comida)* ⇨greed **2** *(pecado)* ⇨gluttony *(pl* gluttonies)

gusano *s.m.* **1** ⇒worm **2** *(de pequeño tamaño)* ⇒maggot **3** *(de mariposa)* ⇒caterpillar **4** *(de seda)* ⇒silkworm

gustar ∎ *v.* **1** ⇒to like [CONSTR. 1. to like + doing sth 2. to like + to do sth]: *Me gusta jugar al fútbol* - I like playing football **2** *Me gusta más tu coche* - I prefer your car **3** *(con intensidad)* ⇒to love [CONSTR. 1. to love + doing sth 2. to love + to do sth]: *Me gusta caminar bajo la lluvia* - I love to walk in the rain; ⇒to enjoy [CONSTR. to enjoy + doing sth]: *Me gusta mi trabajo* - I enjoy doing my job **4** *(sentir atracción)* ⇒to fancy *UK inform: Me gustas* - I fancy you ∎ **gustarse** *prnl.* **5** ⇒to like each other

gusto *s.m.* **1** *(sentido)* ⇒taste **2** *(sabor)* ⇒taste: *un gusto amargo* - a bitter taste **3** *(capacidad para apreciar algo)* ⇒taste: *Tienes buen gusto para la ropa* - You have good taste in clothes **4** *(placer)* ⇒pleasure: *Da gusto verlo* - It's a pleasure to see him **5 con mucho ~** ⇒with pleasure **6 de buen ~** ⇒tasteful **7 de mal ~** ⇒tasteless: *una broma de mal gusto* - a tasteless joke; ⇒naff *UK inform* **8 estar a ~** ⇒to be at ease ⇒to feel confortable **9 mucho ~** ⇒pleased to meet you

G

H
h

h *s.f. (letra del alfabeto)* ⇨h

haba *s.f.* ⇨broad bean

haber ∎ *v.* **1** *(existir): Hay queso en el frigorífico* - There is cheese in the fridge; *Aquí hay muchos libros* - There are many books here **2** *(para formar los tiempos compuestos)* ⇨to have: *Ellos han visto esa película* - They have seen that film; *Ya he tenido bastante* - I've had enough **3** ~ *de (obligación)* ⇨to have to: *He de hacer una traducción* - I have to do a translation; ⇨must: *He de irme* - I must go **4 hay que** ⇨must ⇨to have to: *Hay que terminarlo hoy* - It has to be finished today; ⇨to need **5 qué hay 1** *(en cartelera)* ⇨what's on: *¿Qué hay en el cine esta semana?* - What's on at the cinema this week? **2** *(saludo)* ⇨what's up?: *¿Qué hay? ¿Cómo estás?* - What's up? How are you?; ⇨how are things? ∎ *s.m.* **6** ⇨credit side ∎ Ver cuadro en página siguiente

hábil *adj.* **1** *(al hacer algo)* ⇨skilful *UK: Es una hábil costurera* - She is an skilful dressmaker; ⇨skillful *US* **2** *(listo)* ⇨adroit ⇨clever ⇨deft

habilidad *s.f.* ⇨ability *(pl abilities): Tenía la habilidad de explicar las cosas con claridad* - He had the ability to explain things clearly; ⇨skill [U]

habilidoso, sa *adj.* **1** ⇨skilful *UK* **2** *(mañoso)* ⇨handy

habitación *s.f.* **1** ⇨room: *habitación doble* - double room; *habitación individual* - single room; *habitación libre* - vacancy; *dejar la habitación de un hotel* - to check out **2** *(dormitorio)* ⇨bedroom

habitante *s.m.* ⇨inhabitant

habitar *v.* **1** *(en un lugar)* ⇨to inhabit *form;* ⇨to live **2** *(vivir, residir)* ⇨to live ⇨to dwell

hábitat *s.m.* ⇨habitat

hábito *s.m.* **1** *(costumbre)* ⇨habit ⇨custom **2** *(prenda de vestir)* ⇨habit

habitual *adj.* **1** ⇨habitual ⇨usual: *Fuimos al restaurante habitual* - We went to the usual restaurant **2** *(un cliente)* ⇨regular

habla *s.m.* **1** *(capacidad)* ⇨speech: *Me quedé sin habla* - I was left speechless; ⇨diction **2** *(acto)* ⇨speech **3** *(modo de hablar)* ⇨way of speaking **4** *un país de habla francesa* - a French-speaking country **5 al** ~ ⇨speaking

hablador, -a *adj.* ⇨talkative ⇨chatty *inform;* ⇨chatterbox *inform*

hablante *s.com.* ⇨speaker

hablar *v.* **1** ⇨to speak: *Hablamos durante horas* - We spoke for hours; ⇨to talk: *No quiere hablarme* - She doesn't want to talk to me **2** *(de un tema importante)* ⇨to discuss: *Hoy hablaremos de la delincuencia juvenil* - Today we will be discussing juvenile delinquency; ⇨to talk [CONSTR. to talk (to/with sb) about sth] **3** *(brevemente)* ⇨to have a word: *¿Tienes cinco minutos? Quiero hablar contigo* - Do you have five minutes? I'd like to have a word with you **4** *(un idioma)* ⇨to speak **5** *¡No hay más que hablar!* - There's nothing more to be said! **6** ~ **entre dientes** ⇨to mumble **7** ~ **por los codos** *col.* ⇨to talk nineteen to the dozen *UK inform;* ⇨to talk non-stop **8 ni** ~ ⇨no way ⇨out of the question: *¡De eso ni hablar!* - That's out of the question!; ⇨not likely! **9 oír** ~ **de algo** ⇨to hear of *sth/sb*

hacer ∎ *v.* **1** ⇨to do: *Hazlo así* - Do it this way; ⇨to make: *hacer la cama* - to make the bed **2** *(un deber, una tarea)* ⇨to do: *Hicimos el examen ayer* - We did the exam yesterday **3** *(fabricar, elaborar, cocinar)* ⇨to make: *Voy a hacer café* - I'm going to make coffee **4** *(tiempo atmosférico)* ⇨to be: *Hace frío* - It's cold **5** *(obligar)* ⇨to get [CONSTR. 1. to get + to do sth 2. to get + doing sth]; ⇨to have [CONSTR. to have sb + do sth]: *Hice que fregaran los platos* - I had them do the washing-up; ⇨to make [CONSTR. to make sb + do sth] **6** *(una actividad de ocio)* ⇨to go [CONSTR. to go + doing sth]: *¿Has hecho alpinismo alguna vez?* - Have you ever gone climbing? **7** *(en operaciones matemáticas)* ⇨to make: *Dos y dos hacen cuatro* - Two and two make four **8** *(con períodos de tiempo)*

H

haber (there is / there are)

• presente

	afirmativo	negativo	interrogativo
singular	there is (there's)	there isn't	is there?
plural	there are	there aren't	are there?

· **There is** a man waiting for you.
(Hay un hombre esperándote.)

· **Are there** many people in the street at the moment? No, **there aren't**.
(¿Hay mucha gente en la calle en este momento? / No.)

• pasado

	afirmativo	negativo	interrogativo
singular	there was	there wasn't	was there?
plural	there were	there weren't	were there?

· **There was** a letter for you yesterday.
(Había una carta para ti ayer.)

• futuro

	afirmativo	negativo	interrogativo
singular plural	there will be	there won't be	will there be?

· **Will there be** many people at the party tonight?
(¿Habrá mucha gente en la fiesta esta noche?)

	afirmativo	negativo	interrogativo
singular	there's going to be	there isn't going to be	is there going to be?
plural	there are going to be	there aren't going to be	are there going to be?

· **There's going to be** a big party tonight.
(Va a haber una gran fiesta esta noche.)

• presente perfecto

	afirmativo	negativo	interrogativo
singular	there has been	there hasn't been	has there been?
plural	there have been	there haven't been	have there been?

· **There has been** a lot of rain this year.
(Ha llovido mucho este año.)

• condicional

	afirmativo	negativo	interrogativo
singular plural	there would be	there wouldn't be	would there be?

· **There would be** fewer people at your parties if you weren't such a nice person.
(No habría tantas personas en tus fiestas si no fueras una persona tan agradable.)

⇨**ago** [CONSTR. Se sitúa detrás del período al que hace referencia. El verbo siempre va en pasado simple o en pasado continuo]: *Llegué hace cinco minutos* - I arrived five minutes ago **9** ~ **de 1** *(trabajar)* ⇨to act as: *Hace de secretario en las reuniones del colegio* - He acts as the secretary at school meetings **2** *(representar un papel)* ⇨to play the role of ■ **hacerse** *prnl.* **10** ⇨to get: *hacerse mayor* - to get older **11** *(convertirse en)* ⇨to become: *Se hizo sacerdote* - He became a priest **12** *(una comida)* ⇨to do **13 hacerse con** *(ganar)* ⇨to win ■ Ver cuadro

hacha *s.f.* **1** ⇨axe ⇨ax US *(pl* axes) **2 ser un ~ col.** ⇨to be an ace *inform: Soy un hacha dibujando* - I'm an ace drawer; ⇨to be a genius: *Eres un hacha en matemáticas* - You're a genius at maths

hachís *s.f.* ⇨hashish ⇨hash *inform*

hacia *prep.* **1** *(un lugar)* ⇨towards *UK;* ⇨toward *US* **2** *(arriba)* ⇨upwards *UK;* ⇨upward *US* **3** *(abajo)* ⇨down ⇨downward *US;* ⇨downwards *UK* **4** *(adelante)* ⇨forward ⇨forwards ⇨onwards **5** *(atrás)* ⇨back ⇨backward *US;* ⇨backwards *UK* **6** *(adentro)* ⇨inwards *UK;* ⇨inward *US* **7** *(afuera)* ⇨outward ⇨outwards *ALSO UK* **8** *(un lado)* ⇨sideways **9** *Tu actitud hacia mí me incomoda* - Your attitude towards me makes feel me uncomfortable **10** *(un período de tiempo)* ⇨around: *hacia medianoche* - around midnight **11** *(el interior de un país)* ⇨inland: *Viajamos hacia el interior* - We travelled inland

hacienda *s.f.* **1** *AMÉR.* *(de ganado)* ⇨ranch *(pl* ranches) **2** *(de cultivo)* ⇨farm **3** *(finca)* ⇨estate **4** *(Ministerio de Hacienda)* ⇨Treasury *UK;* ⇨Ministry of Finance **5** *(los responsables del cobro de impuestos)* ⇨tax authorities

H

hacer (to do / to make)

Cuando nos referimos a una actividad en general normalmente se usa **do**:

- The children aren't **doing** anything.
 (Los chicos no estaban haciendo nada.)

- I have to **do** a new job.
 (Tengo que hacer un nuevo trabajo.)

Con el significado de 'construir', 'crear' o 'fabricar' generalmente se utiliza **make**:

- Let's **make** a model aeroplane.
 (Vamos a hacer la maqueta de un avión.)

- He's **making** a cake.
 (Estaba haciendo un pastel.)

do	make
to do the cooking (hacer la comida) to do the cleaning (hacer la limpieza) to do the shopping (hacer la compra)	to make a deal (hacer un trato) to make a pact (hacer un pacto)
to do some swimming (hacer natación) to do some boxing (hacer boxeo) to do some snowboarding (hacer esquí)	to make a journey to make a trip to make a voyage (hacer un viaje) to make a tour
to do an exam (hacer un examen) to do an exercise (hacer un ejercicio) to do homework (hacer deberes)	to make a sound (hacer un sonido) to make a noise (hacer un ruido)
to do well (hacer bien) to do bad (hacer mal)	to make damage (hacer daño) to make harm (hacer daño)
to do a job (hacer un trabajo)	to make a bed (hacer una cama)
to do business (hacer negocios)	to make a mistake (cometer un error)
to do somebody a favour (hacer un favor a alguien)	to make money (hacer dinero)
to do one's best (hacerlo lo mejor posible)	to make an excuse (poner una excusa)
to do nothing (no hacer nada)	to make an offer (hacer una oferta)

hada *s.f.* ⇨fairy (*pl* fairies): *un cuento de hadas* - a fairy tale

halagar *v.* ⇨to flatter

halago *s.m.* ⇨flattering comment

halcón *s.m.* ⇨hawk ⇨falcon

hallar ▌ *v.* **1** ⇨to find [CONSTR. to find + dos objetos]; ⇨to trace **2** *(averiguar algo)* ⇨to find out: *Halló el motivo por el que no vinieron* - She found out the reason why they hadn't come **▌ hallarse** *prnl.* **3** ⇨to be: *hallarse lejos* - to be far away; ⇨to find oneself

hallazgo *s.m.* ⇨discovery (*pl* discoveries); ⇨find

hamaca *s.f.* **1** ⇨hammock **2** *(tumbona)* ⇨deck chair

hambre *s.f.* **1** *(apetito)* ⇨hunger [Se dice *to be hungry* - *tener hambre.* Incorrecto: *to have hunger*] **2** *(en un país, en una zona)* ⇨famine **3** *morirse de hambre* - to starve **4** *pasar hambre* - to go hungry **5** *¡Tengo tanta hambre que me comería un caballo!* - I'm so hungry I could eat a horse! **6** *tener mucha hambre* - to be starving

hambriento, ta ▌ *adj.* **1** ⇨hungry ⇨starving *inform* **▌** *s.* **2** ⇨starving person

hamburguesa *s.f.* **1** ⇨hamburger ⇨burger **2** *hamburguesa con queso* - cheeseburger

hámster *s.m.* ⇨hamster

harapo *s.m.* ⇨rag

harina *s.f.* ⇨flour

hartar ▌ *v.* **1** *(cansar)* ⇨to wear down ⇨to tire out ⇨to pall **▌ hartarse** *prnl.* **2** *(cansarse)* ⇨to get fed up: *hartarse de algo* - to get fed up with sth **3** *(saciarse)* ⇨to stuff oneself [CONSTR. to stuff oneself with sth]: *Nos hartamos de palomitas* - We stuffed ourselves with popcorn; ⇨to be full up

harto, ta *adj.* **1** ⇨fed up *inform* **2** *(estar harto)* ⇨tired [CONSTR. to be tired of + doing sth]: *Estoy harta de hacer siempre lo mismo* - I'm tired of always doing the same things; ⇨fed up [CONSTR. to be fed up with + doing sth]: *Estoy harto de ver la televisión* - I'm fed up with watching TV **3** *(de comida)* ⇨full

hasta *prep.* **1** *(indicando tiempo)* ⇨until ⇨up to ⇨till: *Esperé hasta las seis* - I waited till six **2** *(indicando lugar)* ⇨as far as ⇨up to ⇨to *UK: Ve hasta el cruce* - Go to the junction **3** *(incluso)* ⇨even: *Se oía hasta desde la calle* - You could even hear it from the street **4** ~ **ahora** ⇨until now ⇨so far: *Hasta ahora, todo ha ido bien* - So far everything's gone fine **5** ~ **luego** ⇨goodbye ⇨see you later *inform;* ⇨see you *inform* **6** ~ **que** ⇨till ⇨until [CONSTR. Nunca va seguido de un verbo en futuro] **7** ~ **qué punto** ⇨how far ⇨to what extent **8** **llegar** ~ ⇨to reach: *El jardín llega hasta el borde de la calle* - The garden reaches the edge of the road

haya *s.f.* ⇨beech (*pl* beeches); ⇨beech tree

hazaña *s.f.* ⇨deed *form;* ⇨feat: *Fue toda una hazaña* - It was quite a feat

hebilla *s.f.* ⇨buckle

hebra *s.f.* **1** *(de hilo)* ⇨a piece of thread ⇨strand **2** *(vegetal)* ⇨fibre

hechicero, ra ▌ *adj.* **1** *(atrayente, cautivador)* ⇨enchanting ⇨bewitching **2** *(mágico)* ⇨magical **▌** *s.* **3** *(hombre)* ⇨sorcerer ⇨wizard **4** *(mujer)* ⇨sorceress ⇨witch **5** *(de una tribu)* ⇨witch doctor

hechizar *v.* **1** *(hacer un hechizo)* ⇨to cast a spell: *hechizar a alguien* - to cast a spell on sb; ⇨to bewitch **2** *(fascinar)* ⇨to enchant

hechizo *s.m.* ⇨spell: *hacer un hechizo a alguien* - to cast a spell on sb

hecho, cha ▌ *adj.* **1** *¡Bien hecho!* - Well done! **2** **muy** ~ *(un filete)* ⇨well-done **3** **poco** ~ *(un filete)* ⇨rare **4** *hecho a mano* - handmade **▌ hecho** *s.m.* **5** ⇨deed ⇨fact: *Los hechos hablan por sí solos* - The facts speak for themselves; ⇨event: *nuestra versión de los hechos* - our version of events **6** **de hecho** *(en realidad)* ⇨actually ⇨in fact

hectárea *s.f.* ⇨hectare

helada *s.f.* ⇨frost

heladería *s.f.* ⇨ice cream parlour *UK;* ⇨ice cream parlor *US*

heladero, ra ▌ *s.* **1** *(sin especificar sexo)* ⇨ice cream vendor ⇨ice cream seller **2** *(hombre)* ⇨ice cream man (*pl* ice cream men) **3** *(mujer)* ⇨ice cream woman (*pl* ice cream women) **▌** *s.f.* **4** *AMÉR.* ⇨freezer

helado, da ▌ *adj.* **1** *(una cosa)* ⇨freezing *inform;* ⇨frozen ⇨icy: *una carretera helada* - an icy road **2** *(una persona)* ⇨freezing *inform: Estoy helada* - I'm freezing **3** *col. (por algo sorprendente): quedarse helado ante algo* - to be shocked at sth **▌ helado** *s.m.* **4** ⇨ice cream: *un helado de cucurucho* - an ice cream cone

helar ▌ *v.* **1** ⇨to freeze **▌ helarse** *prnl.* **2** *(morirse de frío)* ⇨to freeze to death

helecho *s.m.* ⇨fern ⇨bracken [U]

hélice *s.f.* *(de un barco, un helicóptero)* ⇨propeller

helicóptero *s.m.* ⇨helicopter

hembra *s.f.* **1** *(en botánica y en zoología)* ⇨female: *un tigre hembra* - a female tiger **2** *(de un pájaro)* ⇨hen **3** *(en un objeto con dos piezas encajables)* ⇨female ⇨female part

hemisferio *s.m.* ⇨hemisphere: *el hemisferio sur* - the southern hemisphere

hemorragia *s.f.* ⇨haemorrhage *UK;* ⇨hemorrhage *US*

heno *s.m.* ⇨hay

herbívoro, ra ▪ *adj.* 1 ⇨herbivorous ▪ **herbívoro** *s.m.* 2 ⇨herbivore

heredar *v.* ⇨to inherit ⇨to come into: *Heredó un montón de dinero* - He came into a lot of money

heredero, ra ▪ *adj.* 1 *princesa heredera* - crown princess ▪ *s.* 2 *(sin especificar sexo)* ⇨inheritor 3 *(hombre)* ⇨heir 4 *(mujer)* ⇨heiress *(pl heiresses)*

hereditario, ria *adj.* ⇨hereditary

herencia *s.f.* 1 *(conjunto de bienes)* ⇨inheritance ⇨legacy *(pl legacies)* 2 *(histórica o cultural)* ⇨heritage 3 *(biológica)* ⇨heredity

herida *s.f.* 1 *(por accidente)* ⇨injury *(pl injuries)* 2 *(de arma)* ⇨wound

herido, da ▪ *adj.* 1 ⇨injured 2 *(dolido, triste)* ⇨hurt ▪ *s.* 3 *(en un accidente)* ⇨injured person 4 *(plural genérico): los heridos* - the injured 5 *(en una batalla)* ⇨wounded person 6 *(plural genérico): los heridos en combate* - the wounded in combat

herir *v.* 1 ⇨to injure 2 *(con un arma)* ⇨to wound 3 *(emocionalmente)* ⇨to hurt

hermanastro, tra *s.* 1 *(de madrastra o de padrastro)* ⇨stepbrother (chico) ⇨stepsister (chica) 2 *(de madre o de padre)* ⇨half-brother (chico) ⇨half-sister (chica)

hermano, na *s.* 1 *(pariente)* ⇨brother (chico): *¿Cuántos hermanos y hermanas tienes?* - How many brothers and sisters do you have?; ⇨sister (chica) ⇨sibling *form* 2 *(de madre o de padre)* ⇨half-brother (chico) ⇨half-sister (chica) 3 *(en una comunidad religiosa)* ⇨brother (hombre) ⇨sister (mujer) 4 *hermano gemelo* - twin brother; *hermana gemela* - twin sister; *hermanos gemelos* - twins; *hermanos siameses* - Siamese twins

hermético, ca *adj.* 1 *(un recipiente)* ⇨airtight ⇨hermetic 2 *(un carácter, una persona)* ⇨secretive

hermoso, sa *adj.* 1 ⇨beautiful 2 *(sano, robusto)* ⇨healthy

hermosura *s.f.* ⇨beauty ⇨loveliness

héroe *s.m.* ⇨hero *(pl heroes)*

heroína *s.f.* 1 *(mujer)* ⇨heroine 2 *(droga)* ⇨heroin

herradura *s.f.* ⇨horseshoe

herramienta *s.f.* ⇨tool: *caja de herramientas* - tool box

herrar *v.* ⇨to shoe: *herrar un caballo* - to shoe a horse

herrero, ra *s.* ⇨blacksmith

hervir *v.* 1 ⇨to boil ⇨to seethe 2 *(a fuego lento)* ⇨to simmer

hexágono *s.m.* ⇨hexagon

hidratante ▪ *adj.* 1 ⇨moisturizing ⇨moisturising *UK* ▪ *s.f.* 2 ⇨moisturizing cream

hidratar *v.* ⇨to moisturize ⇨to moisturise *UK: hidratar la piel* - to moisturise one's skin; *Tienes que usar crema para que tu piel se hidrate* - You should use cream to keep your skin moisturised

hidrógeno *s.m.* ⇨hydrogen

hiedra *s.f.* ⇨ivy

hielo *s.m.* 1 ⇨ice [U] [Se dice *some ice, a piece of ice* o *an ice cube.* Incorrecto: *an ice*]: *patín de hielo* - ice skate; *patinar sobre hielo* - to ice skate 2 **cubito de ~** ⇨ice cube 3 **romper el ~** ⇨to break the ice

hiena *s.f.* ⇨hyena

hierba *s.f.* 1 *(en el campo, en un jardín)* ⇨grass 2 *cortar la hierba* - to mow the grass 3 *mala hierba* - weed 4 *(como medicina, como alimento)* ⇨herb

hierbabuena *s.f.* ⇨mint

hierro *s.m.* ⇨iron: *hierro forjado* - wrought iron; *una barra de hierro* - an iron bar

hígado *s.m.* ⇨liver

higiene *s.f.* ⇨hygiene

higiénico, ca *adj.* ⇨hygienic

higo *s.m.* 1 ⇨fig 2 **de higos a brevas** *col.* ⇨once in a blue moon *inform* 3 **~ chumbo** ⇨prickly pear

higuera *s.f.* ⇨fig tree

hijastro, tra ▪ *s.* 1 *(sin especificar sexo)* ⇨stepchild 2 *(chico)* ⇨stepson 3 *(chica)* ⇨stepdaughter ▪ **hijastros** *s.m.pl.* 4 ⇨stepchildren

hijo, ja *s.* 1 *(sin especificar sexo)* ⇨child *(pl children)* 2 *(chico)* ⇨son 3 *(chica)* ⇨daughter 4 **~ adoptivo,va** 1 *(sin especificar sexo)* ⇨adopted child 2 *(chico)* ⇨adopted son 3 *(chica)* ⇨adopted girl 5 **~ de papá** ⇨rich kid 6 **~ natural** ⇨love child *old-fash (pl love children)* 7 **~ único,ca** ⇨only child

híjole *interj.* AMÉR. *col.* ⇨golly *inform, old-fash*

hilar *v. (para hacer ropa)* ⇨to spin

hilera *s.f.* ⇨row ⇨line: *una larga hilera de chopos* - a long line of poplars; ⇨column

hilo *s.m.* 1 *(para coser)* ⇨thread: *aguja e hilo* - needle and thread 2 *(de una tela)* ⇨fibre *UK* 3 *(tela)* ⇨linen: *una sábana de hilo* - a linen sheet 4 *(de un líquido)* ⇨trickle: *un hilo de agua* - a trickle of water 5 *(cable transmisor)* ⇨wire 6 **~ dental** ⇨dental floss ⇨floss 7 **~ musical** ⇨piped music ⇨Muzak® 8 **perder el ~** ⇨to lose the thread ⇨to lose the plot *inform*

himno *s.m.* 1 *(nacional)* ⇨national anthem ⇨anthem 2 *(religioso)* ⇨hymn

hincapié (hacer ~) ⇨to put special emphasis: *hacer hincapié en algo* - to put special emphasis on sth; ⇨to stress

H

hincar *v.* ⇒to thrust into: *Hincó el tenedor en el filete* - He thrust his fork into the steak; ⇒to drive into

hincha *s.com.* ⇒supporter *UK;* ⇒fan

hinchar ∎ *v.* **1** *(un objeto)* ⇒to blow up: *hinchar un globo* - to blow up a balloon; ⇒to inflate **2** *(un suceso)* ⇒to blow up ⇒to exaggerate: *Los periódicos hincharon la noticia* - The papers exaggerated the news ∎ **hincharse** *prnl.* **3** *(una parte del cuerpo)* ⇒to swell up **4** *(saciarse)* ⇒to stuff oneself

hinchazón *s.f.* ⇒swelling

hindú *adj. / s.com.* ⇒Hindu ⇒Indian

hipermercado *s.m.* ⇒hypermarket ⇒superstore

hipnotizar *v.* **1** *(producir hipnosis)* ⇒to hypnotize ⇒to hypnotise *UK: hipnotizar a alguien* - to hypnotise sb **2** *(fascinar)* ⇒to mesmerize *old-fash;* ⇒to mesmerise *UK: La sonrisa del joven me hipnotizó* - The young man's smile mesmerised me

hipo *s.m.* ⇒hiccoughs *pl;* ⇒hiccups *pl: Tengo hipo* - I've got hiccups

hipócrita ∎ *adj.* **1** ⇒hypocritical ∎ *s.com.* **2** ⇒hypocrite

hipódromo *s.m.* ⇒racecourse *UK;* ⇒racetrack *US*

hipopótamo *s.m.* ⇒hippopotamus *(pl hippopotami, hippopotamuses)*; ⇒hippo *inform*

hipoteca *s.f.* ⇒mortgage

hipótesis *s.f.* ⇒hypothesis *(pl hypotheses)*; ⇒theory *(pl theories)*

hispano, na ∎ *adj.* **1** *(de España)* ⇒Spanish **2** *(de Hispanoamérica)* ⇒Latin American ⇒Spanish American ⇒Hispanic *US* ∎ *s.* **3** *(de España)* ⇒Spaniard **4** *(de Hispanoamérica)* ⇒Latin American ⇒Spanish American ⇒Hispanic *US*

hispanoamericano, na *adj. / s.* ⇒Spanish American

hispanohablante ∎ *adj.* **1** ⇒Spanish-speaking ∎ *s.com.* **2** ⇒Spanish speaker

histérico, ca *adj.* ⇒hysterical

historia *s.f.* **1** *(estudio, disciplina)* ⇒history **2** *(acontecimientos del pasado)* ⇒history **3** *(narración,*

cuento) ⇒story *(pl stories): Me encantan las historias de miedo* - I love ghost stories; ⇒tale

historial *s.m.* **1** ⇒record ⇒track record **2** *historial médico* - medical history

histórico, ca *adj.* **1** *(del pasado)* ⇒historical **2** *(digno de ser recordado)* ⇒historic: *un acontecimiento histórico* - a historic event

historieta *s.f.* ⇒comic strip ⇒strip cartoon ⇒cartoon story

hobby *s.m.* ⇒hobby *(pl hobbies)*

hocico *s.m.* **1** ⇒muzzle **2** *(de un cerdo)* ⇒snout

hockey *s.m.* ⇒hockey: *hockey sobre hielo* - ice hockey

hogar *s.m.* **1** *(casa)* ⇒home: *hogar dulce hogar* - home sweet home **2** *estar sin hogar* - to be homeless **3** *(chimenea)* ⇒fireplace ⇒hearth *lit* **4** *(familia)* ⇒household

hoguera *s.f.* ⇒bonfire

hoja *s.f.* **1** *(de una planta)* ⇒leaf *(pl leaves): una hoja de laurel* - a bay leaf **2** *(de papel)* ⇒sheet **3** *hoja de reclamaciones* - complaint form **4** *(de un libro, de un cuaderno)* ⇒page **5** *(de un cuchillo, de una navaja)* ⇒blade **6** *(de afeitar)* ⇒razor blade **7** *(de una puerta, de una ventana)* ⇒leaf *(pl leaves)*

hojalata *s.f.* ⇒tin

hojaldre *s.m.* ⇒pastry [U]

hojear *v.* ⇒to flick through: *hojear una revista* - to flick through a magazine; ⇒to browse ⇒to leaf through

hola *interj.* ⇒hello! *UK;* ⇒hallo! ⇒hi! *inform*

Holanda *s.f.* ⇒Holland

holandés, -a ∎ *adj.* **1** ⇒Dutch: *queso holandés* - Dutch cheese ∎ *s.* **2** *(hombre)* ⇒Dutchman *(pl Dutchmen)* **3** *(mujer)* ⇒Dutchwoman *(pl Dutchwomen)* **4** *(plural genérico): los holandeses* - the Dutch ∎ **holandés** *s.m.* **5** *(idioma)* ⇒Dutch

holgado, da *adj. (una prenda de vestir)* ⇒loose ⇒baggy

holgazán, -a ∎ *adj.* **1** ⇒idle ⇒lazy: *¡Eres muy holgazán!* - You are a lazy boy! ∎ *s.* **2** ⇒idler: *Nunca quiere trabajar; es un holgazán* - He

LEAVES PAGES SHEET BLADE

never wants to work; he is an idler; ⇨slacker *inform*

holgazanear *v.* ⇨to loaf about: *¡Deja de holgazanear y empieza a limpiar las ventanas!* - Stop loafing about and get on with cleaning the windows!; ⇨to laze ⇨to laze {about/around}: *A clase no se viene a holgazanear* - You shouldn't laze about in class; ⇨to lounge {about/around} ⇨to hang {about/around} *inform*

hollín *s.m.* ⇨soot

hombre *s.m.* **1** ⇨man (*pl* men); ⇨fellow *inform, old-fash* **2** (*ser humano*) ⇨mankind **3** ~ a ~ ⇨man-to-man **4** ~ del saco ⇨bogey man (*pl* bogey men) **5** ~ del tiempo ⇨weatherman *inform* (*pl* weathermen) **6** ~ de negocios ⇨businessman (*pl* businessmen) **7** ~ lobo ⇨werewolf (*pl* werewolves) **8** ~ rana ⇨frogman (*pl* frogmen)

hombrera *s.f.* ⇨shoulder pad

hombro *s.m.* **1** ⇨shoulder: *Llevaba al chico a hombros* - She carried the child on her shoulders **2** mirar a alguien por encima del ~ ⇨to look down on *sb*

homenaje *s.m.* **1** ⇨tribute: *rendir homenaje a alguien* - to pay tribute to sb; ⇨homage **2** en ~ a ⇨in honour of

homicida *s.com.* ⇨murderer ⇨murderous

homicidio *s.m.* **1** ⇨murder ⇨homicide *US form* **2** (*involuntario*) ⇨manslaughter

homosexual *adj. / s.com.* ⇨homosexual ⇨gay

hondo, da *adj.* ⇨deep

honestidad *s.f.* ⇨honesty

honesto, ta *adj.* ⇨honest ⇨upstanding: *un ciudadano honesto* - an upstanding citizen

hongo *s.m.* ⇨fungus (*pl* fungi); ⇨mushroom

honor *s.m.* **1** ⇨honour *UK: Tengo el honor de presentarles...* - I have the honour of introducing to you...; ⇨honor *US* **2** (*prestigio*) ⇨good name **3** en ~ de alguien ⇨in honour of *sb: una cena en honor de Tom* - a dinner in honour of Tom

honra *s.f.* **1** ⇨honour *UK;* ⇨honor *US* **2** tener algo a mucha honra - to be proud of sth

honradez *s.f.* ⇨honesty

honrado, da *adj.* (*honesto*) ⇨honest ⇨upright

honrar ❚ *v.* **1** (*respetar*) ⇨to honour *UK: Siempre he honrado a mis padres* - I've always honoured my parents; ⇨to honor *US* **2** (*homenajear*) ⇨to honour *UK: Honraron al poeta con una cena* - They honoured the poet with a dinner; ⇨to honor *US* **3** (*enorgullecer*) ⇨to do credit: *Te honra ser tan sincera* - Being so sincere does you credit ❚ **honrarse** *prnl.* **4** ⇨to be honoured *UK: Me honro en presentarles a esta gran escritora* - I am honoured to introduce to you this great writer; ⇨to be honored *US*

hora *s.f.* **1** ⇨hour: *media hora* - half an hour; *una hora y media* - an hour and a half; ⇨hr (*pl* hrs) **2** cada hora - hourly **3** (*reloj, horario*) ⇨time: *¿Qué hora es?* - What time is it? **4** decir la hora - to tell the time **5** estudiar durante horas - to study for hours **6** (*momento determinado*) ⇨time: *hora de apertura* - opening time; *hora de cierre* - closing time; *la hora estimada de llegada* - the estimated time of arrival **7** *Es la hora de acostarse* - It's bedtime; *Es la hora de comer* - It's lunchtime **8** (*cita*) ⇨appointment: *Tengo hora con el dentista* - I've got an appointment with the dentist **9** a todas horas ⇨all the time **10** de última ~ ⇨up-to-the-minute **11** entre horas ⇨between meals **12** ~ extra ⇨overtime [U] **13** ~ punta ⇨rush hour **14** ¡ya era hora! ⇨about time too! ⇨it was time

horario *s.m.* **1** (*lista*) ⇨timetable: *horario de autobuses* - bus timetable; ⇨schedule *US* **2** ⇨hours: *horario de apertura* - opening hours

horca *s.f.* **1** (*para ejecutar a una persona*) ⇨gallows (*pl* gallows) **2** (*de labranza*) ⇨fork

horchata *s.f.* ⇨tiger nut milk

horizontal *adj.* ⇨horizontal

horizonte *s.m.* ⇨horizon

hormiga *s.f.* ⇨ant

hormigón *s.m.* ⇨concrete: *hormigón armado* - reinforced concrete

hormiguero *s.m.* **1** ⇨ants' nest ⇨anthill **2** (*hervidero*) ⇨warren

hornear *v.* ⇨to bake ⇨to cook in the oven

horno *s.m.* **1** ⇨oven ⇨furnace **2** (*para cerámica*) ⇨kiln **3** horno microondas - microwave **4** hecho al horno - baked; *pescado al horno* - roast fish

horóscopo *s.m.* ⇨horoscope

horquilla *s.f.* ⇨hairpin ⇨hairgrip

horrendo, da *adj.* ⇨horrendous ⇨horrific

horrible *adj.* **1** (*tremendo, terrible*) ⇨horrible: *El tiempo era horrible* - The weather was horrible; ⇨awful: *Tengo un horrible dolor de cabeza* - I've got an awful headache **2** (*sucio, desagradable*) ⇨foul **3** (*de mala calidad*) ⇨appalling ⇨shocking *UK*

horror *s.m.* **1** ⇨horror ⇨eyesore **2** *¡Qué horror!* - How terrible!

horrorizar ❚ *v.* **1** ⇨to terrify ⇨to horrify: *Me horroriza pensar que este año no tengo vacaciones* - It horrifies me to think I have no holidays this year ❚ **horrorizarse** *prnl.* **2** ⇨to be horrified: *Alice se horrorizó al ver el precio del piso* - Alice was horrified when she saw the price of the flat

horroroso, sa *adj.* (*aterrador*) ⇨terrifying: *Se encontraba en un estado horroroso* - She was in a terrifying state; ⇨horrifying ⇨appalling: *El*

H

viaje a casa fue horroroso - The journey home was appalling

hortaliza *s.f.* ⇨vegetable

hortera *adj. / s.com.* **1** *desp.* ⇨naff *UK inform adj;* ⇨showy **2** *ser un hortera* - to have really naff taste

hospedar ∎ *v.* **1** ⇨to put *sb* up: *La hospedaron en su casa* - They put her up in their house; ⇨to board ∎ **hospedarse** *prnl.* **2** ⇨to stay: *Se hospedan en un hotel* - They are staying in a hotel; ⇨to lodge [CONSTR. to lodge at/with sb] *form*

hospital *s.m.* **1** ⇨hospital ⇨infirmary *UK form* (*pl* infirmaries) **2** *sala de hospital* - ward

hospitalario, ria *adj.* **1** *(amable)* ⇨hospitable **2** *(del hospital)* ⇨hospital **3** atención hospitalaria ⇨hospital treatment

hospitalidad *s.f.* ⇨hospitality

hostal *s.m.* ⇨cheap hotel ⇨inn

hostelería *s.f.* **1** *(actividad)* ⇨hotel management ⇨hotel trade **2** *(estudio, profesión)* ⇨hotel and catering: *He hecho un curso de hostelería* - I did a course in hotel and catering

hostia ∎ *s.f.* **1** *vulg. (golpe)* ⇨punch (*pl* punches) **2** *(sagrada forma)* ⇨host ∎ ¡hostia! *interj.* **3** *vulg.* ⇨bloody hell! *UK very inform;* ⇨jeez! *US very inform*

hostil *adj.* ⇨hostile: *una multitud hostil* - a hostile crowd; ⇨unfavourable *UK*

hostilidad *s.f.* ⇨hostility ⇨antagonism

hotel *s.m.* ⇨hotel

hoy *adv.* **1** ⇨today **2** ~ día ⇨these days **3** ~ en día ⇨nowadays ⇨today

hoyo *s.m.* ⇨hole ⇨hollow

hucha *s.f.* ⇨moneybox (*pl* moneyboxes); ⇨piggy bank

hueco, ca ∎ *adj.* **1** ⇨hollow **2** *(vacío)* ⇨empty ∎ hueco *s.m.* **3** *(abertura)* ⇨break ⇨gap **4** *(espacio)* ⇨opening ⇨space **5** *(espacio en blanco)* ⇨blank **6** *(agujero)* ⇨hole: *Había un hueco en la pared* - There was a hole on the wall; ⇨hollow **7** *(tiempo libre)* ⇨gap: *Tengo un hueco el jueves por la tarde* - I've got a gap Thursday afternoon; ⇨free time

huelga *s.f.* **1** ⇨strike: *declararse en huelga* - to go on strike; ⇨stoppage **2** ~ de celo ⇨work-to-rule ⇨go-slow *UK;* ⇨slowdown *US* **3** ~ de hambre ⇨hunger strike

huella *s.f.* **1** *(de una pisada)* ⇨footprint **2** *(en la tierra)* ⇨track **3** *(influencia)* ⇨imprint **4** *(rastro de una persona)* ⇨trace: *Desapareció sin dejar huella* - He disappeared without leaving a trace **5** ⇨dactilar ⇨fingerprint

huérfano, na *adj. / s.* **1** ⇨orphan *n* **2** *huérfano de padre* - fatherless; *huérfano de madre* - motherless

huerta *s.f.* **1** *(de verduras, de legumbres)* ⇨vegetable garden ⇨kitchen garden **2** *(de árboles frutales)* ⇨orchard **3** *(tierra de regadío)* ⇨irrigated region

huerto *s.m.* **1** *(próximo a una casa)* ⇨garden ⇨vegetable garden **2** *(de árboles frutales)* ⇨orchard

hueso *s.m.* **1** *(del cuerpo)* ⇨bone **2** *(de un fruto)* ⇨stone *UK;* ⇨pit *US* **3** *(color)* ⇨ivory **4** quedarse en los huesos *col.* ⇨to be nothing but skin and bone **5** ser un ~ *col.* ⇨to be strict **6** ser un ~ duro de roer *col.* ⇨to be a hard nut to crack

huésped, -a *s.* **1** *(de una casa particular)* ⇨lodger *UK;* ⇨boarder *US* **2** *(de un hotel)* ⇨guest

huevo *s.m.* **1** ⇨egg: *poner un huevo* - to lay an egg **2** ~ de Pascua ⇨Easter Egg **3** ~ duro ⇨hard-boiled egg **4** ~ escalfado ⇨poached egg **5** ~ frito ⇨fried egg **6** ~ pasado por agua ⇨boiled egg **7** huevos revueltos ⇨scrambled eggs

huida *s.f.* ⇨flight: *La huida de los ladrones captó la atención de la prensa* - The flight of the robbers captured the attention from the press; ⇨getaway

huir *v.* **1** *(escapar)* ⇨to run away **2** *(de un peligro)* ⇨to flee: *Huyó de las llamas* - He fled from the flames **3** *(de la justicia)* ⇨to be on the run

humanidad ∎ *s.f.* **1** *(género humano)* ⇨humanity ⇨mankind **2** *(cualidad)* ⇨humanity ∎ **humanidades** *s.m.pl.* **3** *(disciplina)* ⇨the humanities ⇨liberal arts *US*

humanitario, ria *adj.* ⇨humanitarian: *ayuda humanitaria* - humanitarian aid; ⇨caring

humano, na *adj.* **1** *(de las personas)* ⇨human **2** *(ser humano)* ⇨human being **3** *(justo, solidario)* ⇨humane

humareda *s.f.* ⇨cloud of smoke

humedad *s.f.* **1** ⇨damp [U]: *La casa huele a humedad* - The whole house smells of damp **2** *(atmosférica)* ⇨humidity

humedecer ∎ *v.* **1** ⇨to wet ⇨to dampen ∎ **humedecerse** *prnl.* **2** ⇨to get damp

húmedo, da *adj.* **1** *(mojado)* ⇨wet: *un trapo húmedo* - a wet cloth **2** *(ligeramente)* ⇨damp ⇨moist **3** *(el aire)* ⇨humid ⇨steamy **4** *(los ojos)* ⇨watery

humildad *s.f.* ⇨humility ⇨humbleness

humilde *adj.* **1** *(una persona)* ⇨humble **2** *(una zona, un barrio)* ⇨poor **3** *(un trabajo, una posición)* ⇨lowly

humillar *v.* ⇨to humiliate ⇨to degrade ⇨to put down *inform*

humo ∎ *s.m.* **1** *(de un fuego)* ⇨smoke **2** *(vapor de un líquido)* ⇨steam ⇨vapour *UK;* ⇨vapor *US* **3** *(de un coche)* ⇨fumes: *humo del tubo de escape*

- exhaust fumes **4 echar alguien ~** *col.* ⇒to be in a terrible mood ∎ **humos** *pl.* **5** ⇒airs and graces: *Tienes demasiados humos* - You have too many airs and graces **6 bajar los humos a alguien** *col.* ⇒to {bring/take} sb down a peg (or two) *inform*

humor *s.m.* **1** *(estado de ánimo)* ⇒spirits *pl: estar de buen humor* - to be in high spirits; ⇒temper ⇒mood: *estar de mal humor* - to be in a bad mood **2** *(gracia, comicidad)* ⇒humour *UK: tener sentido del humor* - to have a sense of humour; ⇒humor *US: humor negro* - black humor **3** *un programa de humor* - a comedy programme **4 estar de un ~ de perros** ⇒to be in a foul mood **5 tener mal ~** ⇒to be bad-tempered

humorista *s.com.* ⇒comedian ⇒humorist

hundido, da *adj.* **1** *(en el agua)* ⇒sunken ⇒washed-up **2** *(una persona)* ⇒depressed **3** *(una cara o unos ojos)* ⇒hollow

hundir ∎ *v.* **1** *(en el agua)* ⇒to sink: *hundir un barco* - to sink a boat; ⇒to go under **2** *(hacer fracasar, arruinar)* ⇒to destroy ⇒to ruin ∎ **hundirse** *prnl.* **3** *(en el agua)* ⇒to sink **4** *(desplomarse)* ⇒to collapse **5** *(un negocio)* ⇒to collapse ⇒to go

under **6** *(deprimirse, entristecerse)* ⇒to get depressed

húngaro, ra ∎ *adj. / s.* **1** ⇒Hungarian ∎ **húngaro** *s.m.* **2** *(idioma)* ⇒Hungarian

Hungría *s.f.* ⇒Hungary

huracán *s.m.* ⇒hurricane

hurgar ∎ *v.* **1** *(buscando)* ⇒to delve: *Hurgó en los bolsillos en busca de cambio* - She delved into her pocket to find some change; ⇒to ferret *inform* **2** *(entre cosas)* ⇒to rout about ⇒to rummage **3** *(en asuntos ajenos)* ⇒to poke *one's* nose into *sth inform: No hurgues en la vida de los demás* - Don't poke your nose in other people's business ∎ **hurgarse** *prnl.* **4** *hurgarse la nariz* - to pick one's nose

hurra *interj.* **1** ⇒hurrah! ⇒hurray! **2 tres hurras por** ⇒three cheers for

hurtadillas (a ~) ⇒on the sly

husmear *v.* **1** *(olfatear)* ⇒to sniff: *A los perros les encanta husmear todo* - Dogs love sniffing everything; ⇒to scent **2** *col. (fisgar)* ⇒to sniff about ⇒to nose about

huy *interj.* **1** *(dolor)* ⇒ouch! ⇒ow! **2** *(sorpresa)* ⇒Jesus! ⇒jeez!

H

i *s.f. (letra del alfabeto)* ⇨i
iceberg *s.m.* ⇨iceberg
ida *s.f.* **1** ⇨outward journey **2** de ~ y vuelta *un billete de ida y vuelta* - a return ticket **3** idas y venidas ⇨comings and goings
idea *s.f.* **1** ⇨idea: *no tener la menor idea* - not to have the faintest idea **2** *Tuvo una idea brillante* - She had a brainwave; *captar la idea general* - to get the drift **3** *(una opinión, un juicio)* ⇨view **4** cambiar de ~ ⇨to change *one's* mind **5** hacerse a la ~ ⇨to get used to the idea
ideal *adj.* ⇨ideal
idealista ∎ *adj.* **1** ⇨idealistic ∎ *s.com.* **2** ⇨idealist
ídem *adv.* ⇨ditto
idéntico, ca *adj.* ⇨identical
identidad *s.f.* ⇨identity *(pl* identities)
identificación *s.f. (documento de identidad)* ⇨identification ⇨ID
identificar ∎ *v.* **1** ⇨to identify **2** *(distinguir entre varios)* ⇨to pick out ∎ identificarse *prnl.* **3** *(dar datos personales)* ⇨to identify oneself **4** *(simpatizar)* ⇨to identify: *identificarse con alguien* - to identify with sb
idioma *s.m.* **1** ⇨language **2** *hablar en varios idiomas* - to be multilingual
idiota ∎ *adj.* **1** *desp.* ⇨stupid *offens* ∎ *s.com.* **2** *desp.* ⇨idiot *offens*
idiotez *s.f.* **1** *(comportamiento)* ⇨stupid thing *inform* **2** *(estupidez)* ⇨idiocy *(pl* idiocies) **3** *decir idioteces* - to talk nonsense
ido, da *adj.* **1** *col.* ⇨spaced out *very inform* **2** *estar ido* - to be miles away
ídolo *s.m.* ⇨idol
idóneo, a *adj.* ⇨most suitable ⇨ideal
iglesia *s.f.* ⇨church *(pl* churches)
iglú *s.m.* ⇨igloo
ignorancia *s.f.* ⇨ignorance
ignorante *adj.* ⇨ignorant: *Soy un ignorante en lo que a física se refiere* - I'm an ignorant about physics

ignorar *v.* **1** *(no saber algo)* ⇨not to know: *Ignoro su dirección* - I don't know his address **2** *(no hacer caso, no prestar atención)* ⇨to ignore
igual *adj.* **1** ⇨equal ⇨the same: *Tu coche es exactamente igual que el mío* - Your car is exactly the same as mine **2** *(semejante)* ⇨alike: *Estos gemelos son iguales* - These twins are alike **3** *(inalterado)* ⇨unchanged **4** *(en una operación matemática)* ⇨equal: *Dos más dos es igual a cuatro* - Two and two equals four **5** dar ~ ⇨to make no difference: *Me da igual* - It makes no difference **6** por ~ ⇨equally ⇨alike
igualar *v.* ⇨to equalize ⇨to equalise *UK: igualar los salarios* - to equalise the wages; ⇨to make equal
igualdad *s.f.* **1** ⇨equality **2** *igualdad de derechos* - equal rights; *igualdad de oportunidades* - equal opportunities **3** en ~ de condiciones ⇨on equal terms ⇨on an equal basis: *Les van a juzgar en igualdad de condiciones* - They will be judged on an equal basis
ilegal *adj.* ⇨illegal
ilegible *adj.* ⇨illegible
ilógico, ca *adj.* ⇨illogical
iluminación *s.f.* ⇨lighting ⇨illumination *form*
iluminar *v.* ⇨to light: *Habían iluminado el escenario con velas* - The stage had been lit with candles; ⇨to illuminate *form: Han iluminado el castillo* - They have illuminated the castle
ilusión *s.f.* **1** *(esperanza)* ⇨hope: *hacerse ilusiones* - to build up one's hopes **2** *(imagen falsa, engaño)* ⇨illusion **3** *(alegría, satisfacción): ¡Me hace mucha ilusión!* - I'm excited about it!
ilusionado, da *adj.* ⇨excited: *estar ilusionado por algo* - to be excited about sth
ilusionar *v.* ⇨to get excited: *ilusionarse por algo* - to get excited about sth
ilustración *s.f.* **1** ⇨illustration: *El libro tenía ilustraciones muy bonitas* - The book had very nice illustrations; ⇨artwork ⇨picture **2** *(período histórico)* ⇨the Enlightenment

ilustrar v. ⇒to illustrate [CONSTR. to illustrate + interrogativo]: *Este libro ilustra cómo se hace* - This book illustrates how it is done

ilustre adj. ⇒illustrious *form*

imagen s.f. **1** *(dibujo)* ⇒image ⇒picture **2** *(apariencia)* ⇒window dressing **3 dar buena ~** ⇒to make a good impression **4 dar mala ~** ⇒to give a bad impression

imaginación s.f. ⇒imagination

imaginar v. **1** *(visualizar)* ⇒to imagine [CONSTR. 1. to imagine + (that) 2. to imagine + doing sth 3. to imagine + interrogativo]: *Imagina que vas de viaje a la Luna* - Imagine you are going on a trip to the moon **2** *(suponer, sospechar)* ⇒to imagine [CONSTR. to imagine + (that)]: *Imagino que no se lo vas a decir* - I imagine that you are not going to tell him

imaginario, ria adj. *(inventado)* ⇒imaginary ⇒mythical

imán s.m. ⇒magnet

imbécil ■ adj. **1** col. desp. ⇒stupid *offens* ■ s.com. **2** col. desp. ⇒moron *offens;* ⇒idiot *offens*

imitación s.f. **1** ⇒imitation ⇒mimicry **2** *(falsificación)* ⇒fake **3** *(de una persona)* ⇒impression

imitar v. **1** *(copiar)* ⇒to imitate ⇒to copy **2** *(a una persona)* ⇒to copy ⇒to imitate **3** *(parodiar)* ⇒to mimic ⇒to imitate

impaciente adj. ⇒impatient [CONSTR. impatient + to do sth]: *Estaba impaciente por saber el resultado* - He was impatient to know the outcome

impacto s.m. ⇒impact

impar s.m. ⇒odd: *número impar* - odd number

imparcial adj. ⇒impartial ⇒unbiased

impecable adj. ⇒impeccable ⇒faultless: *Habla un francés impecable* - He speaks faultless French

impedir v. ⇒to prevent [CONSTR. to prevent from + doing sth]: *Me impidieron irme* - They prevented me from leaving; ⇒to stop [CONSTR. to stop from doing sth]

impensable adj. **1** *(ilógico)* ⇒unthinkable **2** *(inviable)* ⇒out of the question ⇒unthinkable

imperativo s.m. **1** *(modo verbal)* ⇒imperative ■ Ver cuadro imperative **2** *(exigencia)* ⇒imperative

imperdible s.m. ⇒safety pin

imperdonable adj. ⇒unforgivable ⇒inexcusable

imperfección s.f. **1** *(falta de perfección)* ⇒imperfection: *Nunca tolerará imperfecciones en su trabajo* - She wouldn't tolerate imperfections in her work **2** *(defecto)* ⇒flaw: *Hay una imperfección en la tela* - There's a flaw on the fabric

imperfecto, ta ■ adj. **1** ⇒fallible **2** *(una cosa)* ⇒flawed ■ **imperfecto** s.m. **3** *(en gramática)* ⇒imperfect

imperio s.m. ⇒empire

impermeable ■ adj. **1** ⇒waterproof ⇒impermeable ■ s.m. **2** *(prenda de vestir)* ⇒mackintosh UK old-fash (pl mackintoshes); ⇒mac UK; ⇒raincoat

impertinente adj. / s.com. ⇒impertinent *form* adj: *un comentario impertinente* - an impertinent remark

implicar v. **1** *(conllevar, significar)* ⇒to mean ⇒to involve [CONSTR. to involve + doing sth]: *Esto implica regresar al pasado* - This involves going back to the past; ⇒to imply [CONSTR. to imply + (that)] **2** *(participar en una situación)* ⇒to involve ⇒to drag into: *Les implicaron en la trama* - They were dragged into the plot; ⇒to implicate

imponer ■ v. **1** *(hacer obligatorio)* ⇒to impose [CONSTR. to impose on sth/sb]: *Les impusieron un castigo* - They imposed a punishment on them **2** *(producir respeto)* ⇒to command *form* **3** *(una tarea)* ⇒to set ■ **imponerse** prnl. **4** *(hacerse valer)* ⇒to assert oneself: *Deberías imponerte más* - You should assert yourself more **5** *(hacerse muy popular)* ⇒to become popular: *Este año se han impuesto las minifaldas* - Miniskirts have become popular this year

importación s.f. **1** *(actividad)* ⇒importation: *importación de coches* - car importation; ⇒import: *comercio de importación* - import trade; *productos de importación* - imported goods **2** *(conjunto de productos)* ⇒imports pl

importancia s.f. **1** ⇒importance **2** *adquirir importancia* - to become important; *tener importancia* - to be important; *sin importancia* - unimportant; *una operación de poca importancia* - a minor operation **3 no tiene ~** ⇒it doesn't matter

importante adj. **1** *(de gran valor)* ⇒important **2** *(famoso, poderoso)* ⇒important: *un abogado importante* - an important lawyer; ⇒of renown *form* **3** *(significativo)* ⇒significant: *cambios importantes* - significant changes; ⇒meaningful **4** *(de gran volumen)* ⇒important ⇒considerable: *una cantidad importante* - a considerable quantity

importar v. **1** *(tener importancia)* ⇒to matter [CONSTR. 1. to matter + that 2. to matter + interrogativo]: *No te preocupes, no importa lo que digan* - Don't worry, it doesn't matter what they say **2** *(preocupar, molestar)* ⇒to mind [CONSTR. 1. to mind + doing sth 2. to mind + interrogativo]: *¿Le importaría no fumar aquí?* - Would you mind not smoking here?; *No me importa* - I don't mind **3** *(introducir un producto de otro país)* ⇒to import

importe s.m. *(precio)* ⇒cost

imposible adj. ⇒impossible

impostor, -a s. ⇒fraud ⇒impostor

impotente adj. **1** *(falto de poder para hacer algo)* ⇒powerless **2** *(falto de capacidad para hacer algo)* ⇒helpless **3** *(falto de capacidad sexual)* ⇒impotent

imprenta *s.f.* **1** *(máquina)* ⇒press *(pl* presses*)* **2** *(máquina que imprime libros o periódicos)* ⇒printing press *(pl* printing presses*)* **3** *(empresa)* ⇒printer **4** *(lugar)* ⇒printer's *(pl* printers'*)*

imprescindible *adj.* ⇒essential ⇒vital: *Una oposición fuerte es imprescindible para una buena democracia* - A strong opposition is vital to a healthy democracy

impresión *s.f.* **1** *(sensación)* ⇒impression: *Tengo la impresión de que estás aburrido* - I have the impression you're bored; ⇒feeling **2** *(efecto que algo causa)* ⇒impression **3** *(ante algo desagradable)* ⇒shock **4** *(de un texto)* ⇒printing

impresionante *adj.* **1** ⇒very impressive ⇒stunning: *Hizo progresos impresionantes* - He made stunning advances **2** *(poniendo énfasis)* ⇒amazing: *Es impresionante lo que estás haciendo con esos niños* - It's amazing what you are doing with those kids; ⇒incredible *inform*

impresionar *v.* **1** *(suscitar admiración)* ⇒to impress **2** *(sorprender)* ⇒to impress ⇒to stun **3** *(conmocionar, conmover)* ⇒to shock

impreso, sa ∎ *adj.* **1** ⇒printed ∎ **impreso** *s.m.* **2** ⇒form: *Rellena el impreso* - Fill in the form

impresora *s.f. (en informática)* ⇒printer

imprevisto, ta ∎ *adj.* **1** ⇒unforeseen ⇒unexpected: *un gasto imprevisto* - an unexpected expense ∎ **imprevisto** *s.m.* **2** *Si no surge ningún imprevisto* - If nothing unexpected happens

imprimir *v.* **1** ⇒to print: *imprimir un texto* - to print a text **2** *(una marca, un dibujo)* ⇒to imprint

improbable *adj.* ⇒improbable ⇒unlikely

improvisar *v.* **1** ⇒to improvise: *El cantante improvisó algunas canciones* - The singer improvised some songs **2** *(en el teatro)* ⇒to improvise ⇒to ad-lib

imprudente ∎ *adj.* **1** ⇒unwise: *un comentario imprudente* - an unwise remark; ⇒careless ⇒rash ∎ *s.com.* **2** ⇒careless person

impuesto *s.m.* **1** *(del gobierno)* ⇒tax *(pl* taxes*)* **2** *(al comprar algo en otro país)* ⇒duty *(pl* duties*)* **3 libre de impuestos** ⇒duty-free

impulsar *v.* **1** *(empujar)* ⇒to push **2** *(incitar)* ⇒to prompt: *¿Qué te impulsó a decir eso?* - What prompted you to say that? **3** *(promocionar)* ⇒to promote ⇒to stimulate

impulsivo, va *adj.* ⇒impulsive

impulso *s.m.* **1** *(eléctrico)* ⇒impulse **2** *(deseo repentino)* ⇒impulse ⇒urge **3** *(estímulo)* ⇒boost

inadecuado, da *adj.* **1** *(insuficiente)* ⇒inadequate **2** *(sin las condiciones necesarias)* ⇒unfit **3** *(poco apropiado)* ⇒unsuitable: *Creo que tu ropa es inadecuada para la entrevista* - I think your clothes are unsuitable for the interview

inagotable *adj.* **1** *(una cosa)* ⇒inexhaustible **2** *(una persona)* ⇒tireless ⇒unflagging **3** *(un impulso, una energía)* ⇒unflagging

inaguantable *adj.* ⇒unbearable

inapropiado, da *adj.* ⇒inappropriate

inauguración *s.f.* ⇒opening ⇒inauguration *form*

inaugurar *v.* ⇒to open ⇒to inaugurate *form*

incalculable *adj.* ⇒incalculable

incapacidad *s.f.* ⇒inability

incapaz *adj.* ⇒incapable ⇒unable: *Fui incapaz de decirle la verdad* - I was unable to tell him the truth

incendiar ∎ *v.* **1** ⇒to set fire to *US: Alguien incendió el centro comercial* - Somebody set fire to the shopping centre ∎ **incendiarse** *prnl.* **2** ⇒to catch fire **3** *(un edificio)* ⇒to burn down

incendio *s.m.* **1** *(de poca importancia)* ⇒fire **2** *(de grandes dimensiones)* ⇒blaze **3** *(provocado)* ⇒arson **4 escalera de incendios** ⇒fire escape

incentivo *s.m.* **1** *(ayuda económica)* ⇒incentive ⇒fringe benefit **2** *(estímulo)* ⇒stimulus *(pl* stimuli): *La inversión extranjera ha sido un incentivo para la industria* - Foreign investment has been a stimulus to the industry

incidente *s.m.* ⇒incident *form*

incinerar *v.* **1** ⇒to incinerate **2** *(a un cadáver)* ⇒to cremate

inclinar ∎ *v.* **1** ⇒to tilt: *Incliné la cabeza hacia la izquierda* - I tilted my head to the left **2** *(un asiento)* ⇒to recline ∎ **inclinarse** *prnl.* **3** ⇒to lean ⇒to slant: *El cuadro no está recto, se inclina hacia la izquierda* - The picture's not straight, it slants to the left; ⇒to tilt **4** *(agacharse)* ⇒to bend down **5** *(hacer una reverencia)* ⇒to bow **6** *(estar en pendiente)* ⇒to slope [CONSTR. to slope up/down]: *El camino empezó a inclinarse hacia abajo* - The path began to slope down **7** *(dar una opinión)* ⇒to be inclined: *Me inclino por el primero que hemos visto* - I'm inclined towards the first one we saw

incluir *v.* **1** ⇒to include [CONSTR. to include + doing sth]: *Su plan incluye visitar el Museo Británico* - His plan includes visiting the British Museum; ⇒to embrace **2** *(adjuntar)* ⇒to enclose: *Incluyo una foto en esta carta* - I'm enclosing a photo with this letter

inclusive *adv.* ⇒inclusive: *Del 1 al 3, ambos inclusive* - From the 1st to the 3rd inclusive

incluso *prep.* ⇒even

incógnito *s.m. de incógnito* - incognito; *Viajé de incógnito para despistarlos* - I travelled incognito to confuse them

incoloro, ra *adj.* ⇒colourless *UK;* ⇒colorless *US*

incómodo, da *adj.* **1** *(poco cómodo)* ⇨uncomfortable **2** *(violento, embarazoso)* ⇨awkward ⇨embarrassing

incompleto, ta *adj.* ⇨incomplete ⇨unfinished

incomprensible *adj.* ⇨incomprehensible

incomunicado, da *adj. (aislado)* ⇨cut off

incondicional *adj.* **1** ⇨unconditional: *apoyo incondicional* - unconditional support **2** *(una persona)* ⇨completely loyal ⇨staunch: *un amigo incondicional* - a staunch friend

inconfundible *adj.* ⇨unmistakable

inconsciente ▌ *adj.* **1** *(sin conocimiento)* ⇨unconscious **2** *(involuntario)* ⇨unconscious: *un acto inconsciente* - an unconscious act **▌** *adj. / s. com.* **3** *(sin sensatez)* ⇨irresponsible *adj: ser un inconsciente* - to be irresponsible; ⇨thoughtless *adj*

incontable *adj.* ⇨uncountable **▪** Ver cuadro countable / uncountable nouns

incontrolable *adj.* **1** *(una situación, una persona)* ⇨uncontrollable **2** *(una necesidad)* ⇨irrepressible: *Sintió una necesidad incontrolable de correr* - He felt an irrepressible need to run

inconveniente ▌ *adj.* **1** ⇨inconvenient **▌** *s.m.* **2** *(problema)* ⇨inconvenience [U]; ⇨problem **3** *(desventaja)* ⇨disadvantage ⇨drawback: *Fue un inconveniente para nuestros planes* - It was a drawback on our plans **4** *(reparo, objeción)* ⇨objection

incordiar *v. col.* ⇨to aggravate *inform;* ⇨to be a nuisance: *Tus gritos me están incordiando* - Your shouts are a real nuisance; ⇨to bother ⇨to annoy: *¡Deja ya de incordiar!* - Stop annoying me!

incorporación *s.f.* ⇨inclusion ⇨addition: *incorporación a la plantilla* - addition to the staff

incorporar ▌ *v.* **1** ⇨to incorporate: *Este avión incorpora varias medidas de seguridad* - This aircraft incorporates several new safety features **▌ incorporarse** *prnl.* **2** *(levantarse)* ⇨to sit up **3** *(a un equipo, un grupo)* ⇨to join **4** incorporarse a filas ⇨to join up ⇨to enlist

incorrecto, ta *adj.* **1** *(erróneo)* ⇨incorrect: *un diagnóstico incorrecto* - an incorrect diagnosis; ⇨inaccurate **2** *(un comportamiento)* ⇨incorrect ⇨discourteous *form*

increíble *adj.* ⇨incredible *inform;* ⇨unbelievable

incrementar *v.* ⇨to increase

incremento *s.m.* ⇨increase

inculto, ta *adj.* ⇨uncultured ⇨uneducated ⇨ignorant

incultura *s.f.* ⇨lack of culture ⇨ignorance

incumplir *v.* ⇨to break: *incumplir la ley* - to break the law

incurable *adj.* ⇨incurable

indecente ▌ *adj.* **1** *(con mal aspecto)* ⇨filthy **2** *(sin pudor)* ⇨indecent ⇨obscene **▌** *s.com.* **3** *(persona)* ⇨shameless person

indeciso, sa ▌ *adj.* **1** ⇨indecisive **▌** *s.* **2** ⇨indecisive person

indefenso, sa *adj.* ⇨defenceless *UK;* ⇨defenseless *US*

indefinido, da *adj.* ⇨indefinite: *pronombre indefinido* - indefinite pronoun

independencia *s.f.* ⇨independence

independiente *adj.* **1** ⇨independent **2** *(una persona)* ⇨self-reliant **3** *(en un trabajo)* ⇨freelance **4** *(cine o música)* ⇨indie *inform*

independizar ▌ *v.* **1** ⇨to make independent **▌ independizarse** *prnl.* **2** ⇨to become independent

indestructible *adj.* ⇨indestructible

India *s.f.* ⇨India

indicación ▌ *s.f.* **1** *(recomendación, consejo)* ⇨suggestion ⇨hint ⇨advice [U]: *dar una indicación a alguien* - to give sb a piece of advice **2** *(indicio)* ⇨indication: *Hay indicaciones que muestran que la economía está en un período a la alza* - There are few indications that the economy is on an upswing; ⇨sign **3** *(señal)* ⇨signal **▌ indicaciones** *pl.* **4** *(para ir a un sitio)* ⇨directions **5** *dar indicaciones a alguien* - to direct sb

indicador *s.m.* **1** *(señal)* ⇨indicator **2** *(dispositivo)* ⇨gauge: *indicador de gasolina* - fuel gauge **3** *(en economía)* ⇨indicator: *un indicador de inflación* - an inflation indicator

indicar *v.* **1** *(señalar, mostrar)* ⇨to indicate [CONSTR. 1. to indicate + (that) 2. to indicate + interrogativo]: *La flecha indica donde estás* - The arrow indicates where you are; ⇨to show [CONSTR. to show + interrogativo] **2** *(con el dedo)* ⇨to point [CONSTR. to point to sth] **3** *(mediante señales)* ⇨to signal

índice *s.m.* **1** *(alfabético)* ⇨index *(pl* indices, indexes) **2** *(dedo)* ⇨index finger **3** *(tasa)* ⇨rate

indicio *s.m.* **1** *(prueba)* ⇨evidence [U] **2** *(señal)* ⇨sign

indiferencia *s.f.* ⇨indifference: *Lo que más me duele es su indiferencia* - His indifference hurts me most

indiferente *adj.* ⇨indifferent

indígena ▌ *adj.* **1** ⇨native **▌** *s.com.* **2** ⇨native

indigestión *s.f.* ⇨indigestion

indignación *s.f.* ⇨indignation ⇨disgust: *Me salí del cine con indignación* - I walked out of the cinema in disgust

indignado, da *adj.* ⇨indignant ⇨angry

indignante *adj.* ⇨outrageous ⇨infuriating

indignar ▌ *v.* **1** ⇨to make angry: *Me indigna llegar tarde* - Being late makes me angry **▌ indignarse** *prnl.* **2** ⇨to get indignant ⇨to get angry: *indignarse con algo* - to get angry about sth

indigno, na *adj.* **1** *(impropio)* ⇨unworthy: *Esas palabras son indignas de una persona como tú* - Those words are unworthy of a person like you **2** *(detestable)* ⇨ignoble *form;* ⇨despicable

indio, dia *adj./s.* **1** *(de la India)* ⇨Indian **2** *(de América)* ⇨Indian ⇨American Indian **3 hacer el indio** *col.* ⇨to play the fool

indirecta *s.f.* **1** *(insinuación)* ⇨hint: *lanzar indirectas* - to drop hints **2** *(pulla)* ⇨innuendo *(pl innuendoes, innuendos)*; ⇨dig: *¿Me estás soltando una indirecta?* - Are you making a dig at me?

indirecto, ta *adj.* ⇨indirect

indiscreción *s.f.* **1** *(cualidad de lo indiscreto):* *Ha sido una indiscreción preguntar* - It was tactless of me to ask; *Si no es indiscreción, ¿cuánto ganas?* - If you don't mind my asking, how much do you earn? **2** *(hecho)* ⇨indiscretion: *las indiscreciones de la juventud* - youthful indiscretion

indispensable *adj.* ⇨essential ⇨indispensable

individual *adj.* **1** ⇨individual **2** *(una habitación, una cama)* ⇨single

individuo, dua *s.* ⇨individual

índole *s.f.* **1** *(tipo)* ⇨kind ⇨sort **2** *(carácter, naturaleza)* ⇨nature

indoloro, ra *adj.* ⇨painless

indudable *adj.* **1** ⇨undoubted ⇨indubitable *form* **2** *Es indudable que estudiaste mucho para aprobar el examen* - There's no doubt that you studied a lot to pass the exam

indumentaria *s.f.* ⇨clothes ⇨apparel *US*

industria *s.f.* ⇨industry *(pl industries)*: *industria automovilística* - car industry

industrial ▌ *adj.* **1** ⇨industrial ▌ *s.com.* **2** ⇨industrialist

inepto, ta *adj./s.* ⇨inept: *¡Eres un completo inepto!* - You're completely inept!

inercia *s.f.* **1** *(en física)* ⇨inertia **2** *(falta de dinamismo): hacer algo por inercia* - to do sth through force of habit

inesperado, da *adj.* ⇨unexpected

inestable *adj.* **1** *(el tiempo)* ⇨changeable **2** ⇨unsteady ⇨unstable: *Ella es emocionalmente inestable* - She is emotionally unstable

inevitable *adj.* ⇨inevitable

inexacto, ta *adj.* ⇨inaccurate ⇨inexact

inexperiencia *s.f.* ⇨lack of experience

inexperto, ta *adj.* ⇨inexperienced ⇨inexpert

inexplicable *adj.* ⇨inexplicable

infancia *s.f.* ⇨childhood

infantería *s.f.* ⇨infantry

infantil *adj.* **1** *(para niños)* ⇨children's **2** *(forma de ser, carácter)* ⇨childish: *Es demasiado infantil para su edad* - He's too childish for his age

infarto *s.m.* ⇨heart attack

infección *s.f.* ⇨infection: *una infección de oído* - an ear infection

infeccioso, sa *adj.* ⇨infectious

infectar ▌ *v.* **1** ⇨to infect [CONSTR. to infect with sth]: *Se ha infectado con el virus de la gripe* - They have been infected with the flu virus ▌ **infectarse** *prnl.* **2** ⇨to become infected

infeliz ▌ *adj.* **1** ⇨unhappy ⇨miserable ▌ *s.com.* **2** *col. (ingenuo)* ⇨simple soul **3** *(con mala suerte)* ⇨wretch *(pl wretches)*; ⇨wretched

inferior *adj.* **1** *(parte más baja)* ⇨lower **2** *(en calidad)* ⇨inferior

infierno *s.m.* **1** *(en religión)* ⇨hell *inform* **2** *(situación insoportable)* ⇨hell: *Aquella situación era un infierno* - That situation was hell **3** *(lugar desagradable)* ⇨hellhole *inform*

infinidad *s.f.* **1** *(gran cantidad)* ⇨enormous quantity **2** *infinidad de veces* - countless times; *infinidad de personas* - a huge number of people

infinitivo *s.m.* ⇨infinitive

infinito, ta ▌ *adj.* **1** *(en matemáticas)* ⇨infinite ▌ **infinito** *s.m.* **2** *(lugar indefinido y lejano)* ⇨distance: *mirando al infinito* - staring into the distance

inflación *s.f.* ⇨inflation

inflamable *adj.* ⇨inflammable ⇨flammable

inflar *v.* *(llenar de aire)* ⇨to inflate: *inflar un globo* - to inflate a balloon; ⇨to blow up ⇨to puff up

influencia *s.f.* ⇨influence

influir *v.* ⇨to influence [CONSTR. to influence + to do sth]

influyente *adj.* ⇨influential

información *s.f.* **1** ⇨information [U] [Se dice *some information* o *a piece of information*. Incorrecto: *an information*]: *pedir información sobre algo* - to ask for information on sth **2** *(lugar, establecimiento)* ⇨information desk: *Pregunta en información* - Ask at the information desk **3** *(noticias)* ⇨news [U]

informal *adj.* **1** ⇨informal **2** *(persona)* ⇨unreliable ⇨laid-back *inform* **3** *ropa informal* - casual clothes

informar ▌ *v.* **1** *(a una persona)* ⇨to inform [CONSTR. to inform + (that)]: *Me informaron de que todo estaba bien* - I was informed that everything was alright; ⇨to report [CONSTR. 1. to report + that 2. to report + doing sth] ▌ **informarse** *prnl.* **2** ⇨to enquire *form UK;* ⇨to inquire *form* [CONSTR. 1. to inquire about sth 2. to inquire + interrogativo]: *He estado informándome sobre los cursos de verano* - I have been inquiring about summer courses

informática *s.f.* ⇨information technology ⇨IT ⇨computing

informático, ca ▌ *adj.* **1** *programa informático* - computer program ▌ *s.* **2** ⇨computer specialist

informativo, va ▌ *adj.* **1** ⇨informative ▌ **informativo** *s.m.* **2** *(programa)* ⇨news programme

informe ∎ *adj.* **1** *(sin forma definida)* ⇒shapeless ∎ *s.m.* **2** *(sobre un tema, un asunto)* ⇒report ∎ informes *pl.* **3** *(sobre una persona)* ⇒references

infringir *v.* ⇒to break: *infringir la ley* - to break the law; ⇒to breach

infusión *s.f.* ⇒herbal tea

ingeniar *v.* **1** ⇒to devise ⇒to think up: *No quiero ir esta noche, pero no soy capaz de ingeniar una buena excusa* - I don't want to go tonight but I can't think up a good excuse **2** ingeniárselas ⇒to find a way

ingeniería *s.f.* ⇒engineering: *ingeniería de caminos, canales y puertos* - civil engineering

ingeniero, ra *s.* ⇒engineer

ingenio *s.m.* **1** *(capacidad mental)* ⇒ingenuity ⇒wits *pl*: *Tiene el ingenio para hacerlo* - She has the wits to do it **2** *(gracia)* ⇒wit

ingenioso, sa *adj.* **1** *(inteligente)* ⇒ingenious: *una idea ingeniosa* - an ingenious idea; ⇒artful **2** *(con habilidad, con gracia)* ⇒witty: *Siempre hace comentarios ingeniosos* - He's always making witty remarks

ingenuo, nua *adj.* ⇒naive ⇒gullible

Inglaterra *s.f.* ⇒England

ingle *s.f.* ⇒groin

inglés, -a ∎ *adj.* **1** ⇒English: *El cricket es un juego inglés* - Cricket is an English game ∎ *s.* **2** *(hombre)* ⇒Englishman *(pl* Englishmen*)* **3** *(mujer)* ⇒Englishwoman *(pl* Englishwomen*)* **4** *(plural genérico)*: *los ingleses* - the English ∎ inglés *s.m.* **5** *(idioma)* ⇒English

ingrato, ta *adj.* **1** *(una persona)* ⇒ungrateful **2** *(un trabajo)* ⇒thankless

ingrediente *s.m.* ⇒ingredient

ingresar *v.* **1** *(dinero)* ⇒to deposit ⇒to pay in **2** *(en el banco)* ⇒to bank **3** *(en un hospital)* ⇒to hospitalize **4** *ingresar en un centro hospitalario* - to be admitted to a hospital **5** *(en una asociación)* ⇒to join

ingreso ∎ *s.m.* **1** *(en un lugar, en una asociación)* ⇒joining **2** *(en un hospital)* ⇒admission: *el ingreso de un paciente en un centro médico* - the admission of a patient in a medical centre **3** *(de dinero)* ⇒deposit ∎ ingresos *pl.* **4** *(paga, sueldo)* ⇒earnings ⇒income *sing*

inhalar *v.* ⇒to inhale *form*: *inhalar un gas* - to inhale a gas

inhumano, na *adj.* **1** *(cruel)* ⇒inhuman **2** *(adverso, injusto)* ⇒inhumane: *condiciones inhumanas* - inhumane conditions

inicial ∎ *adj.* **1** *(primero)* ⇒initial ∎ *s.f.* **2** *(letra)* ⇒initial

iniciar *v.* **1** *(empezar)* ⇒to begin: *iniciar una conversación* - to begin a conversation; ⇒to start

⇒to initiate *form* **2** *(enseñar)* ⇒to introduce **3** *(en informática)* ⇒to boot

iniciativa *s.f.* **1** ⇒initiative **2** tomar la ~ ⇒to take the initiative

inicio *s.m.* ⇒beginning: *Tuvieron un inicio complicado* - They had a tough beginning; ⇒start

injusticia *s.f.* ⇒injustice

injusto, ta *adj.* ⇒unfair ⇒unjust

inmaduro, ra *adj.* **1** *(una persona)* ⇒immature **2** *(una fruta)* ⇒not ripe

inmediato, ta *adj.* ⇒immediate ⇒instant

inmenso, sa *adj.* *(muy grande)* ⇒immense ⇒enormous ⇒huge: *El lago era inmenso* - The lake was huge

inmigración *s.f.* ⇒immigration

inmigrante *s.com.* ⇒immigrant

inmobiliaria *s.f.* **1** *(de compra y venta)* ⇒estate agency *UK*; ⇒real estate agency **2** *(de construcción)* ⇒property company *(pl* property companies*)*

inmoral *adj.* ⇒immoral

inmortal *adj.* ⇒immortal

inmóvil *adj.* ⇒still

innecesario, ria *adj.* **1** ⇒unnecessary **2** *Fue innecesario decirle que no viniera* - It was needless to tell him not to come

innumerable *adj.* ⇒innumerable ⇒countless

inocencia *s.f.* ⇒innocence

inocentada *s.f.* ⇒practical joke

inocente *adj.* / *s.* **1** *(libre de culpa)* ⇒innocent **2** *(ingenuo)* ⇒artless

inofensivo, va *adj.* ⇒harmless ⇒inoffensive

inoportuno, na *adj.* **1** ⇒inconvenient: *Llegó en un momento muy inoportuno* - She arrived at a very inconvenient moment **2** *(pregunta, comentario)* ⇒unfortunate

inoxidable *adj.* *acero inoxidable* - stainless steel

inquietar *v.* *(preocupar)* ⇒to disturb ⇒to worry [CONSTR. 1. to worry + (that) 2. to worry about sth/sb]

inquieto, ta *adj.* **1** *(preocupado)* ⇒uneasy ⇒worried **2** *(intranquilo, nervioso)* ⇒restless

inquietud ∎ *s.f.* **1** *(preocupación)* ⇒worry ∎ inquietudes *pl.* **2** *(intelectuales)* ⇒interest

inquilino, na *s.* ⇒tenant ⇒occupier *UK*

insalubre *adj.* ⇒unhealthy ⇒insalubrious *form*: *El campamento estaba en un estado insalubre* - The camp was in an insalubrious state

inscribir *v.* ⇒to register ⇒to enrol *UK*: *inscribirse en un curso* - to enrol on a course; ⇒to enroll *US*

inscripción *s.f.* **1** *(hecho de inscribir)* ⇒registration ⇒enrolment *UK*; ⇒enrollment *US* **2** *(texto grabado)* ⇒inscription

insecticida *s.m.* ⇒insecticide

insecto *s.m.* ⇒insect

inseguridad *s.f.* **1** *(riesgo)* ⇨insecurity ⇨lack of security **2** *(indecisión)* ⇨uncertainty *(pl* uncertainties*)* **3** ~ ciudadana ⇨lack of safety on the streets

inseguro, ra *adj.* **1** *(dudoso)* ⇨uncertain **2** *(poco seguro, poco estable)* ⇨insecure ⇨unsure **3** *(inestable)* ⇨unsteady ⇨rocky

insensato, ta ▌*adj.* **1** ⇨foolish ⇨senseless ▌*s.* **2** ⇨fool ⇨blind fool *inform*

insensible *adj.* **1** *(sin sentimientos)* ⇨insensitive ⇨unfeeling **2** *(sin sensibilidad)* ⇨insensitive ⇨dumb

inservible *adj.* ⇨unusable

insignia *s.f.* ⇨badge *UK*

insignificante *adj.* ⇨insignificant

insinuar ▌*v.* **1** ⇨to hint: *insinuar una opinión* - to hint at one's point of view; ⇨to insinuate [CONSTR. to insinuate + (that)] ▌**insinuarse** *prnl.* **2** *col.* ⇨to give *sb* the come-on *inform*

insípido, da *adj.* ⇨bland ⇨tasteless ⇨insipid: *La sopa está insípida* - The soup is insipid

insistente *adj.* ⇨insistent

insistir *v.* ⇨to insist [CONSTR. 1. to insist + (that) 2. to insist on + doing sth]

insolación *s.f.* ⇨sunstroke [U]

insomnio *s.m.* ⇨insomnia

insoportable *adj.* ⇨unbearable

inspección *s.f.* ⇨inspection ⇨check

inspeccionar *v.* ⇨to inspect ⇨to check [CONSTR. 1. to check + (that) 2. to check + interrogativo]

inspector, -a *s.* ⇨inspector

inspiración *s.f.* **1** *(estímulo, influencia)* ⇨inspiration **2** ⇨inhalation

inspirar ▌*v.* **1** *(sugerir ideas)* ⇨to inspire **2** *(aspirar aire)* ⇨to inhale ▌**inspirarse** *prnl.* **3** ⇨to get inspiration: *inspirarse en algo* - to get inspiration from sth

instalación *s.f.* **1** *(hecho de instalar)* ⇨installation **2** *(lugar acondicionado)* ⇨facilities *pl: instalaciones deportivas* - sports facilities

instalar ▌*v.* **1** *(una cosa)* ⇨to install ▌**instalarse** *prnl.* **2** *(en una vivienda)* ⇨to move into **3** *(en un lugar)* ⇨to settle down **4** *(acomodarse)* ⇨to install oneself

instantáneo, a *adj.* **1** *(preparado en el momento)* ⇨instant: *café instantáneo* - instant coffee **2** *(muy rápido)* ⇨instant: *alivio instantáneo* - instant relief

instante *s.m.* **1** ⇨instant ⇨moment **2** *al instante* - instantly

instinto *s.m.* ⇨instinct: *instinto de supervivencia* - survival instinct

institución *s.f.* **1** ⇨institution **2** *(benéfica)* ⇨charity *(pl* charities*)*

instituto *s.m.* **1** *(centro social, cultural)* ⇨institute **2** *(centro de enseñanza secundaria)* ⇨comprehensive school *UK;* ⇨grammar school *UK;* ⇨secondary school *UK;* ⇨high school *US*

instrucción ▌*s.f.* **1** ⇨training ⇨education: *Recibió una instrucción muy completa* - She received a very complete education **2** *(en el ejército)* ⇨drill ▌**instrucciones** *pl.* **3** *(para ir a un lugar)* ⇨directions **4** *(para usar algo)* ⇨instructions

instructor, -a *s.* ⇨instructor

instrumento *s.m.* **1** *(objeto)* ⇨instrument **2** *(musical)* ⇨instrument: *un instrumento de viento* - a wind instrument

insuficiente *adj.* ⇨inadequate ⇨insufficient

insultar *v.* ⇨to insult

insulto *s.m.* ⇨insult ⇨abuse [U]: *proferir insultos a alguien* - to hurl abuse at sb

intacto, ta *adj.* **1** *(sin tocar)* ⇨untouched **2** *(sin daño)* ⇨intact: *A pesar del golpe, mi reloj quedó intacto* - Despite the blow, my watch remained intact; ⇨undisturbed

íntegro, gra *adj.* **1** *(entero)* ⇨whole: *Ya me he gastado todo el dinero* - I've already spent the whole amount; ⇨undivided **2** *(una persona)* ⇨honest **3** *(una grabación, un texto)* ⇨unabridged: *Esta es la versión íntegra del libro* - This is the unabridged version of the book

intelectual ▌*adj.* **1** *(del intelecto)* ⇨intellectual ▌*adj. / s.com.* **2** *(una persona)* ⇨intellectual

inteligencia *s.f.* ⇨intelligence

inteligente *adj.* ⇨intelligent ⇨smart

intención *s.f.* **1** ⇨intention **2** *hacer algo con buena intención* - to mean well **3** *tener la intención de hacer algo* - to intend to do sth

intencionado, da *adj.* ⇨intentional ⇨deliberate: *un ataque intencionado* - a deliberate attack

intensidad *s.f.* ⇨intensity

intenso, sa *adj.* **1** ⇨intense **2** *(un color)* ⇨deep

intentar *v.* **1** *(hacer un esfuerzo)* ⇨to try [CONSTR. to try + to do sth]: *Intentó encontrar el cuaderno que yo había perdido* - He tried to find the notebook I had lost; ⇨to attempt [CONSTR. to attempt + to do sth] **2** *(intentar hacer algo)* ⇨to try [CONSTR. to try + doing sth]: *Intenta meter la pelotita en el agujero* - Try getting the little ball into the hole

intento *s.m.* **1** ⇨try *(pl* tries*);* ⇨attempt: *al primer intento* - at the first attempt **2** *un intento fallido* - a false start

intercambiar *v.* ⇨to exchange: *Nos intercambiamos las camisetas* - We exchanged the t-shirts; ⇨to swap *inform*

intercambio *s.m.* **1** *(entre entidades o países)* ⇨exchange: *un intercambio cultural* - a cultural

exchange **2** ⇨interchange: *intercambio de opiniones* - interchange of ideas

interceder *v.* ⇨to intercede: *interceder en favor de alguien* - to intercede on behalf of sb; *Mi hermana siempre intercedía ante mis padres para que no me castigaran* - My sister was always interceding with my parents so that I wouldn't be punished

interés *s.m.* **1** *(curiosidad)* ⇨interest: *tener interés por algo* - to have interest in sth **2** *(importancia)* ⇨consideration ⇨concern **3** *(para beneficio propio)* ⇨self-interest ⇨expediency *form*

interesado, da *adj.* **1** *(que tiene interés)* ⇨interested [CONSTR. 1. interested in + doing sth 2. interested + to do sth]: *Estoy interesado en trabajar en su laboratorio* - I'm interested in working in his laboratory **2** *(que actúa por interés)* ⇨self-seeking

interesante *adj.* **1** ⇨interesting **2** *poco interesante* - uninteresting

interesar ❚ *v.* **1** ⇨to interest ❚ **interesarse** *prnl.* **2** *(mostrar interés)* ⇨to be interested: *interesarse por algo* - to be interested in sth; *interesarse por alguien* - to ask after sb

interior ❚ *adj.* **1** *(en la parte de dentro)* ⇨inner ⇨interior ⇨inside: *Aunque fuera hacía calor, se estaba bien en el interior* - Though it was hot outside, it was nice on the inside **2** *(de un edificio)* ⇨indoor ❚ *s.m.* **3** *(en la parte de dentro)* ⇨interior **4** *(de una cosa)* ⇨inside **5** *(de un país)* ⇨inland

interjección *s.f.* ⇨interjection *form*

intermediario, ria ❚ *adj.* **1** ⇨intermediary **2** *(en un conflicto)* ⇨mediating ❚ *s.* **3** *(de mercancías)* ⇨middleman *(pl* middlemen*)* **4** *(en un conflicto)* ⇨mediator **5** *(en un diálogo)* ⇨linkman *UK (pl* linkmen*)* **6** *(coordinador)* ⇨liaison *US*

intermedio, dia ❚ *adj.* **1** ⇨intermediate ❚ **intermedio** *s.m.* **2** ⇨interval *UK;* ⇨intermission *US*

interminable *adj.* ⇨endless

intermitente ❚ *adj.* **1** ⇨intermittent **2** *(una luz)* ⇨blinking **3** *(la niebla)* ⇨patchy ❚ *s.m.* **4** ⇨indicator *UK;* ⇨turn signal *US* **5** *poner el intermitente* - to indicate

internacional *adj.* ⇨international *UK*

internado *s.m.* ⇨boarding school

internar ❚ *v.* **1** *(en una institución)* ⇨to put into ❚ **internarse** *prnl.* **2** *(en el interior)* ⇨to go deep [CONSTR. to go deep into a place]: *Nos internamos en la selva* - We went deep into the jungle **3** *(en una institución)* ⇨to be admitted [CONSTR. to be admitted to a place]

internet *s.f.* ⇨internet ■ Ver cuadro

interno, na ❚ *adj.* **1** ⇨internal: *un órgano interno* - an internal organ ❚ *adj. / s.* **2** *(un médico)* ⇨intern *US n* **3** *(un alumno)* ⇨boarder *UK n*

interpretación *s.f.* **1** *(de un significado)* ⇨interpretation **2** *(actuación)* ⇨acting ⇨performance: *Su interpretación fue excelente* - Her performance was excellent **3** *(traducción)* ⇨interpreting

interpretar *v.* **1** *(dar sentido)* ⇨to interpret **2** *(actuar)* ⇨to perform **3** *(tocar un instrumento)* ⇨to play

intérprete *s.com.* **1** *(traductor)* ⇨interpreter **2** *(artista)* ⇨performer

interrogación *s.f.* *(signo ortográfico)* ⇨question mark

interrogar *v.* ⇨to question: *¡Deja de interrogarme a todas horas!* - Stop questioning me all the time!

interrogativo, va *adj.* ⇨interrogative ■ Ver cuadros interrogative pronouns and adverbs e interrogative structures

interrogatorio *s.m.* **1** ⇨questioning **2** *(de un testigo)* ⇨cross-examination

interrumpir *v.* **1** ⇨to interrupt: *No me gusta que me interrumpan cuando estoy hablando* - I

internet

- Página de inicio ('home page')

 · Contraseña ('password')
 · Buscador ('search engine')
 · Chat ('chat')
 · Grupo de chat ('chat room')
 · Blog ('blog')
 · Foro ('Forum')
 · Emoticono ('emoticon; smiley')
 · Correo no deseado ('spam')

 · Entrar en el sistema ('to log in/on')
 · Salir del sistema ('to log off/out')
 · Navegar por la red ('to surf the Net')
 · Buscar ('to search')
 · Bajarse un archivo ('to download a file')
 · Subir un archivo ('to upload a life')

- CORREO ELECTRÓNICO ('EMAIL')

 · Mandar un correo ('to send an email')
 · Recibir un correo ('to receive an email')
 · Leer los correos ('to read *one's* emails')
 · Responder a un correo ('to reply to an email')
 · Borrar un correo ('to delete / erase an email')

- SÍMBOLOS ('SYMBOLS')

 · Arroba @ ('at')
 · Barra / ('slash/oblique')
 · Punto . ('dot')
 · Guión bajo _ ('underscore / low dash')
 · Guión - ('dash')
 · Asterisco * ('asterisk')
 · Almohadilla # ('hash')

interrupción

don't like being interrupted when I'm speaking; ⇒to cut off ⇒to break in **2** *(un viaje)* ⇒to break

interrupción *s.f.* **1** ⇒interruption **2** *(descanso)* ⇒break **3** *(de un servicio, de la luz)* ⇒cutoff ⇒failure

interruptor *s.m.* ⇒switch *(pl* switches): *el interruptor de la luz* - the light switch

interurbano, na *adj.* *(llamada telefónica)* ⇒long-distance: *una llamada interurbana* - a long-distance phone call

intervalo *s.m.* **1** ⇒interval ⇒gap **2** *(en el teatro, en un deporte)* ⇒intermission

intervención *s.f.* **1** *(en un conflicto)* ⇒intervention **2** *(en un debate)* ⇒contribution **3** *(médica)* ⇒operation

intervenir *v.* **1** *(participar)* ⇒to participate [CONSTR. to participate in sth]; ⇒to take part [CONSTR. to take part in sth] **2** *(en un conflicto)* ⇒to intervene [CONSTR. to intervene + to do sth] **3** *(en un debate)* ⇒to contribute **4** *(operar a un paciente)* ⇒to operate [CONSTR. to operate on sb]

intestino *s.m.* ⇒intestine

intimidad *s.f.* **1** ⇒privacy ⇒intimacy **2** *(vida privada)* ⇒private life

intimidar *v.* ⇒to intimidate ⇒to bully [CONSTR. to bully into + doing sth]: *No voy a dejar que me intimides* - I'm not going to let you bully me

íntimo, ma *adj.* **1** *(amistad)* ⇒intimate *form;* ⇒close: *un amigo íntimo* - a close friend **2** *(privado, personal)* ⇒private ⇒personal ⇒intimate: *una conversación íntima* - an intimate conversation

intolerante *adj.* ⇒prejudiced ⇒intolerant

intoxicación *s.f.* ⇒poisoning

intranquilo, la *adj.* ⇒restless ⇒worried

intrascendente *adj.* ⇒unimportant

intriga *s.f.* **1** *(conspiración)* ⇒intrigue **2** *(misterio)* ⇒mystery: *una película de intriga* - a mystery thriller

intrigar *v.* **1** *(conspirar)* ⇒to plot [CONSTR. to plot + to do sth]; ⇒to scheme: *Intrigaron con las potencias extranjeras hasta derrocar al presidente* - They schemed with foreign powers until they had ousted the president **2** *(producir curiosidad)* ⇒to intrigue: *Tu extraño comportamiento de estos últimos días me intriga* - Your strange behaviour during the past few days intrigues me

introducción *s.f.* **1** *(de una cosa en otra)* ⇒insertion **2** *(prólogo)* ⇒introduction

introducir *v.* **1** *(meter)* ⇒to put in ⇒to insert *form: Introduzca las monedas* - Insert the coins; ⇒to enter **2** *(hacer que se conozca algo)* ⇒to introduce: *Introdujeron un nuevo producto en el*

mercado - They introduced a new product into the market **3** *(datos en un ordenador)* ⇒to feed

intromisión *s.f.* ⇒interference

introvertido, da ∎ *adj.* **1** ⇒introverted ∎ *s.* **2** ⇒introvert

intruso, sa ∎ *adj.* **1** ⇒intrusive ∎ *s.* **2** ⇒intruder: *Me sentí como un intruso cuando visité su casa* - I feel like an intruder when I visit their home

intuición *s.f.* ⇒intuition ⇒feeling

intuir *v.* ⇒to sense [CONSTR. 1. to sense + (that) 2. to sense + interrogativo]; ⇒to intuit

inundación *s.f.* ⇒flood

inundar *v.* **1** ⇒to flood **2** *(llenar por completo)* ⇒to inundate [CONSTR. to inundate by/with sth]: *Inundaron el mercado de zapatos baratos* - They inundated the market with cheap shoes

inusual *adj.* ⇒unusual

inútil ∎ *adj.* **1** *(imposible de usar)* ⇒useless **2** *(innecesario)* ⇒pointless **3** *(sin valor, sin utilidad)* ⇒worthless **4** *(imposible)* ⇒hopeless **5** *(que no sirve)* ⇒fruitless ∎ *s.com.* **6** *desp.* *¡Eres un inútil!* - You're useless! / You're hopeless!

invadir *v.* ⇒to invade ⇒to overrun

inválido, da ∎ *adj.* **1** ⇒disabled **2** *(un documento)* ⇒invalid *old-fash;* ⇒null and void ∎ *s.* **3** *desp.* ⇒disabled person ⇒invalid **4** *(plural genérico): los inválidos* - the disabled

invasión *s.f.* ⇒invasion

invasor, -a ∎ *adj.* **1** ⇒invading ∎ *s.* **2** ⇒invader

invencible *adj.* ⇒invincible

invención *s.f.* ⇒invention

inventar ∎ *v.* **1** ⇒to invent **2** *(una excusa)* ⇒to manufacture ⇒to concoct ∎ *inventarse prnl.* **3** ⇒to make up: *Se inventó un montón de historias* - He made up loads of stories

invento *s.m.* ⇒invention

inventor, -a *s.* ⇒inventor

invernadero *s.m.* ⇒greenhouse: *efecto invernadero* - greenhouse effect

invernal *adj.* **1** *(de invierno)* ⇒wintry: *un paisaje invernal* - a wintry landscape **2** *(el frío)* ⇒bitter **3** *Hace un frío invernal* - It's bitterly cold

inversión *s.f.* **1** ⇒inversion *form* **2** *(de dinero)* ⇒investment

inverso, sa *adj.* **1** *(sentido, dirección)* ⇒contrary **2** *a la inversa* - the other way round

invertebrado, da ∎ *adj.* **1** ⇒invertebrate ∎ invertebrado *s.m.* **2** ⇒invertebrate

invertir *v.* **1** *(una dirección)* ⇒to reverse **2** *(el orden)* ⇒to invert *form* **3** *(dinero)* ⇒to invest [CONSTR. to invest in sth]

investigación *s.f.* **1** ⇒investigation ⇒inquiry *(pl* inquiries) **2** *(académica)* ⇒research [U]: *una investigación sobre el cáncer* - research on cancer

investigador, -a *s.* **1** ⇨researcher **2** *investigador privado* - private detective

investigar *v.* ⇨to investigate [CONSTR. to investigate + interrogativo]

invierno *s.m.* ⇨winter

invisible *adj.* ⇨invisible

invitación *s.f.* ⇨invitation

invitado, da *s.* ⇨guest

invitar *v.* ⇨to invite [CONSTR. to invite + to do sth]; ⇨to ask to: *Nos invitaron a cenar* - They asked us to dinner; ⇨to buy [CONSTR. to buy + dos objetos]

involuntario, ria *adj.* ⇨involuntary

inyección *s.f.* ⇨injection [CONSTR. to give sb an injection]

inyectar *v.* ⇨to inject [CONSTR. to inject sb with sth]: *Una enfermera me inyectó un antibiótico* - A nurse injected me with an antibiotic

ir ∎ *v.* **1** ⇨to go: *Voy al cine todos los miércoles* - I go to the cinema every Wednesday; *Ve tú primero y nosotros te seguimos* - You go first and we'll follow **2** *(transcurrir)* ⇨to go: *Me ha ido mal en el examen* - My exam didn't go well **3** *(indicando futuro)* ⇨to be going to: *¿Cuándo vas a darme el libro?* - When are you going to give me the book? **4** *Voy mejorando* - I'm improving **5** *(combinar)* ⇨to go with: *¿Va bien esta bufanda con este jersey?* - Does this scarf go with my pullover? **6** *(disfrazarse): En la fiesta de disfraces fuimos de policías* - We went dressed as policemen in the fancy dress party **7** *(con un libro, un trabajo): Voy por la página 20* - I'm up to page 20 **8** ~ **a buscar** *(recoger)* ⇨to fetch: *Fui a buscar a Scott al colegio* - I fetched Scott from school; ⇨to pick up **9** ~ **a dar** *(desembocar)* ⇨to lead: *Esta calle va a dar a una plaza* - This street leads to a square **10** ~ **a lo suyo** ⇨to go *one's* own way: *Bruce va a lo suyo* - Bruce goes his own way **11** **ir (a) por alguien** ⇨to go for *sb* **12** **ir (a) por todas** *col.* ⇨to go for broke **inform 13** **ni me va ni me viene** *col.* ⇨that's nothing to do with me ⇨I don't care **14** **que te vaya bien** ⇨all the best **15** **¡qué va!** *col.* ⇨no way! ⇨not at all! **16** **¡vamos!** ⇨come on! **17** **vamos a ver** ⇨let's see **18** **¡vaya!** ⇨good heavens! **19** **vayamos** ⇨let's go **20** **¡vaya por Dios!** ⇨oh dear! **21** **¡ya voy!** ⇨coming! **22** ∎ **irse** *prnl.* *(marcharse)* ⇨to leave ⇨to go away ⇨to go **23** *(la luz, un dolor)* ⇨to go **24** *(el gas, un líquido)* ⇨to leak out **25** **¡vete!** ⇨go away!

Irán *s.m.* ⇨Iran

iraní *adj. / s.com.* ⇨Iranian

Iraq *s.m.* ⇨Iraq

iraquí *adj. / s.com.* ⇨Iraqi

Irlanda *s.f.* ⇨Ireland

irlandés, -a ∎ *adj.* **1** ⇨Irish ∎ *s.* **2** *(hombre)* ⇨Irishman *(pl* Irishmen) **3** *(mujer)* ⇨Irishwoman *(pl* Irishwomen) **4** *(plural genérico): los irlandeses* - the Irish ∎ **irlandés** *s.m.* **5** *(idioma)* ⇨Irish

ironía *s.f.* ⇨irony

irónico, ca *adj.* ⇨ironic ⇨ironical

irracional *adj.* ⇨irrational

irreal *adj.* ⇨unreal

irreconocible *adj.* ⇨unrecognizable

irregular *adj.* **1** *(desigual en la forma)* ⇨irregular ⇨uneven: *La carretera era irregular* - The road was uneven **2** *(desigual en el desarrollo)* ⇨fitful ⇨erratic **3** *(un verbo)* ⇨irregular

irremediable *adj.* ⇨irremediable

irresistible *adj.* ⇨irresistible

irresponsable *adj. / s.com.* ⇨irresponsible *adj*

irrigar *v.* ⇨to irrigate: *irrigar un terreno* - to irrigate a piece of land

irritación *s.f.* **1** *(enfado)* ⇨irritation **2** *(escozor)* ⇨irritation

irritado, da *adj.* **1** *(enfadado)* ⇨irritated ⇨annoyed: *Estaba verdaderamente irritado por su comportamiento* - He was really annoyed by his behaviour **2** *(dolorido)* ⇨sore ⇨itchy

irritar *v.* **1** *(enfadar, molestar)* ⇨to irritate ⇨to annoy **2** *(escocer, picar)* ⇨to irritate

irrompible *adj.* ⇨unbreakable

isla *s.f.* **1** ⇨island: *una isla desierta* - a desert island **2** *(cuando se cita el nombre)* ⇨isle: *Nací en la isla de Wight* - I was born on the Isle of Wight

islam *s.m. (religión)* ⇨Islam

islámico, ca *adj.* ⇨Islamic

islamismo *s.m. (religión)* ⇨Islam

islandés, -a ∎ *adj.* **1** ⇨Icelandic ∎ *s.* **2** ⇨Icelander ∎ **islandés** *s.m.* **3** *(idioma)* ⇨Icelandic

Islandia *s.f.* ⇨Iceland

Israel *s.m.* ⇨Israel

israelí *adj. / s.com.* ⇨Israeli

Italia *s.f.* ⇨Italy

italiano, na ∎ *adj. / s.* **1** ⇨Italian ∎ **italiano** *s.m.* **2** *(idioma)* ⇨Italian

itinerario *s.m.* ⇨route ⇨itinerary *(pl* itineraries)

izar *v.* ⇨to put up ⇨to hoist

izquierda *s.f.* **1** ⇨left: *a la izquierda* - on the left; *Gire a la izquierda* - Turn left **2** **de izquierdas** ⇨left-wing: *un político de izquierdas* - a left-wing politician

izquierdo, da *adj.* ⇨left: *al lado izquierdo* - on the left hand side

j *s.f. (letra del alfabeto)* ⇨j

jabalí *s.m.* ⇨wild boar

jabalina *s.f. (en deporte)* ⇨javelin: *lanzamiento de jabalina* - javelin throwing

jabón *s.m.* ⇨soap: *una pastilla de jabón* - a bar of soap

jabonera *s.f.* ⇨soap dish (*pl* soap dishes)

jadear *v.* ⇨to pant ⇨to puff ⇨to gasp: *Jadeaba después de la carrera* - I was gasping after the run

jaleo *s.m.* **1** *col. (ruido)* ⇨row *UK:* ¡*Deja de armar tanto jaleo!* - Stop making such a row!; ⇨rumpus *inform;* ⇨racket *inform;* ⇨hubbub **2** *col. (desorden, confusión)* ⇨mess: ¡*Qué jaleo tienes en tu mesa!* - What a mess you've got on your table!; ⇨confusion

jamás *adv.* ⇨never [CONSTR. Se usa con oraciones afirmativas. Se sitúa detrás de los verbos auxiliares y modales: *I've never been to China - Nunca he estado en China;* y delante de los demás verbos: *I never take the car to go to work - Nunca cojo el coche para ir al trabajo*]

jamón *s.m.* **1** ⇨ham **2** ~ **de york** ⇨cooked ham **3** ~ **serrano** ⇨cured ham

Japón *s.m.* ⇨Japan

japonés, -a ▮ *adj./s.* **1** ⇨Japanese ▮ **japonés** *s.m.* **2** *(idioma)* ⇨Japanese

jaqueca *s.f.* ⇨migraine

jarabe *s.m.* ⇨syrup: *jarabe para la tos* - cough syrup

jardín *s.m.* **1** ⇨garden [Se usa más en plural cuando se refiere a los jardines públicos]: *Los jardines de Kensington* - Kensington Gardens **2** *(de una casa)* ⇨garden *UK;* ⇨yard *US* **3** *(en la parte de atrás de una casa)* ⇨backyard *US* **4** ~ **de infancia** ⇨nursery school ⇨kindergarten

jardinera *s.f.* ⇨window box (*pl* window boxes)

jardinería *s.f.* ⇨gardening

jardinero, ra *s.* ⇨gardener

jarra *s.f.* **1** *(para contener un líquido)* ⇨jug *UK* [Hay dos formas de decir *una jarra de agua: a jug of* water (si está llena) y *a water jug* (si está vacía)]; ⇨pitcher *US* **2** *(de cristal, para beber cerveza)* ⇨beer mug **3** *(de metal, para beber cerveza)* ⇨tankard

jarro *s.m.* ⇨jug *UK* [Hay dos formas de decir *un jarro de agua: a jug of water* (si está lleno) y *a water jug* (si está vacío)]; ⇨pitcher *US*

jarrón *s.m.* ⇨vase

jaula *s.f.* ⇨cage

jauría *s.f.* ⇨pack: *una jauría de sabuesos* - a pack of hounds

jazmín *s.m.* ⇨jasmine

jazz *s.m.* ⇨jazz

jefatura *s.f.* **1** *(categoría de jefe)* ⇨leadership **2** *(oficina)* ⇨headquarters *pl*

jefe, fa *s.* **1** *(de una persona)* ⇨boss (*pl* bosses) **2** *(de un departamento)* ⇨head: *jefe de ventas* - head of sales **3** *(de un grupo)* ⇨leader **4** *(de una tribu)* ⇨chief ⇨chieftain **5** *(de Estado)* ⇨head of State **6** *(de estudios)* ⇨head of studies **7** *(de una tienda, de un restaurante)* ⇨manager (hombre) ⇨manageress (mujer) (*pl* manageresses)

jeringa *s.f.* ⇨syringe

jeringuilla *s.f.* ⇨syringe ⇨hypodermic

jeroglífico, ca ▮ *adj.* **1** ⇨hieroglyphic ▮ **jeroglífico** *s.m.* **2** *(símbolo)* ⇨hieroglyph ⇨hieroglyphics **3** *(juego)* ⇨rebus **4** *(cosa difícil de entender): Estas instrucciones son un jeroglífico* - I can't make sense of these instructions

jersey *s.m.* **1** ⇨jersey: *Mi abuela me ha tejido este jersey* - My grandmother has knitted me this jersey; ⇨jumper *UK;* ⇨pullover ⇨sweater **2** *(de cuello alto)* ⇨polo neck *UK;* ⇨turtleneck *US*

jeta *s.f.* **1** *(cara)* ⇨face **2** *(caradura)* ⇨nerve ⇨cheek *UK:* ¡*Qué jeta tienes!* - You've got a cheek!

jinete *s.m.* ⇨rider ⇨horseman (*pl* horsemen)

jirafa *s.f.* ⇨giraffe

jitomate *s.m.* *AMÉR.* ⇨tomato (*pl* tomatoes)

jolgorio *s.m. col.* ⇨revelry *lit;* ⇨jamboree

jolín *interj.* ⇨goodness! ⇨gosh!

jornada *s.f.* **1** *(día)* ⇨day: *una jornada de cinco horas* - a five-hour day **2** *(de trabajo)* ⇨working day **3** *un trabajo de jornada completa* - a full-time job; *un trabajo de media jornada* - a part-time job

jornalero, ra *s.* ⇨day labourer *UK;* ⇨day laborer *US*

joroba *s.f.* ⇨hump

jorobar ∎ *v.* **1** *col. (a una persona)* ⇨to get on *sb's* nerves *inform* **2** *(estropear)* ⇨to muck up: *El mal tiempo nos ha jorobado el día de playa* - The bad weather has mucked up our day in the beach ∎ **jorobarse** *prnl.* **3** *(estropearse)* ⇨to be ruined **4** *(aguantarse)* ⇨to put up with

jota *s.f.* **1** *(naipe)* ⇨jack ⇨knave **2** *ni ~ col.* ⇨a thing *inform: no entender ni jota* - not to understand a thing; ⇨a clue *inform: no entender ni jota* - not to have a clue

joven ∎ *adj.* **1** *(de edad)* ⇨young **2** *Mi marido es dos años más joven que yo* - My husband is two years my junior **3** *(de espíritu)* ⇨youthful ∎ *s.com.* **4** *(hombre)* ⇨young man *(pl* young men); ⇨youth *offens* **5** *(mujer)* ⇨young woman *(pl* young women) **6** *(adolescente)* ⇨teenager ⇨youngster **7** *(plural genérico): los jóvenes* - the young people

jovial *adj.* ⇨jolly ⇨cheerful ⇨jovial: *Parecía un tío muy jovial* - He seemed a very jovial chap; ⇨bouncy

joya ∎ *s.f.* **1** *(objeto)* ⇨jewel ⇨a piece of jewellery *UK;* ⇨gem **2** *(persona u objeto de gran valor)* ⇨jewel: *¡Eres una joya!* - You're a jewel!; ⇨gem ⇨pearl ∎ **joyas** *pl.* **3** ⇨jewels ⇨jewellery *UK* [U] [Se dice *some jewellery* o *a piece of jewellery*. Incorrecto: *a jewellery*]; ⇨jewelry *US* [U]; ⇨gems

joyería *s.f.* ⇨jeweller's *UK (pl* jewellers'); ⇨jewellery shop *UK;* ⇨jewelry store *US*

joyero, ra ∎ *s.* **1** *(persona)* ⇨jeweller *UK;* ⇨jeweler *US* ∎ **joyero** *s.m.* **2** *(objeto)* ⇨jewellery box

jubilación *s.f.* **1** ⇨retirement: *jubilación anticipada* - early retirement **2** *(pensión, paga)* ⇨pension: *una jubilación muy baja* - a very low pension

jubilado, da ∎ *adj.* **1** ⇨retired ∎ *s.* **2** ⇨pensioner *UK;* ⇨retiree *US*

jubilar ∎ *v.* **1** *(a una persona)* ⇨to pension off *UK: Jubilaron a dos empleados de la empresa* - Two employees of the company were pensioned off **2** *col. (un objeto)* ⇨to discard *UK* ∎ **jubilarse** *prnl.* **3** ⇨to retire: *Me jubilé a los sesenta y cinco años* - I retired when I was sixty five

judaísmo *s.m.* ⇨Judaism

judía *s.f.* **1** ⇨bean **2** *~ verde* ⇨green bean ⇨French bean *UK* **3** *~ blanca* ⇨haricot bean

judicial *adj.* ⇨judicial: *el sistema judicial* - the judicial system

judío, a ∎ *adj.* **1** ⇨Jewish ∎ *s.* **2** ⇨Jew **3** *(plural genérico): los judíos* - the Jews

judo *s.m.* ⇨judo

juego *s.m.* **1** ⇨game: *juego de azar* - game of chance **2** *(en el que se apuesta)* ⇨gambling [U] **3** *(de cosas que van juntas)* ⇨kit: *un juego de herramientas* - a tool kit; ⇨set **4** *(efecto)* ⇨play [U]: *el juego de las luces sobre el agua* - the play of light on the water **5** *a ~* ⇨matching: *llevar los zapatos a juego* - to wear matching shoes **6** *en ~* ⇨at stake: *Está en juego nuestra relación* - Our relationship is at stake **7** *fuera de ~ (en deporte)* ⇨offside *UK* **8** *hacer ~ (combinar)* ⇨to go with ⇨to match **9** *hacer juegos malabares* ⇨to juggle **10** *~ del ahorcado* ⇨hangman *(pl* hangmen) **11** *~ de manos* ⇨conjuring trick **12** *~ de mesa* ⇨board game **13** *~ de niños* ⇨child's play **14** *~ de ordenador* ⇨computer game **15** *~ de palabras* ⇨play on words ⇨pun **16** *~ de rol* ⇨role-play ⇨role-playing game **17** *~ limpio* ⇨fair play **18** *Juegos Olímpicos* ⇨Olympic Games ⇨Olympics **19** *~ sucio* ⇨foul play

juerga *s.f.* **1** ⇨fling *inform* **2** *estar de juerga* - to be out on the town; *ir de juerga* - to go out partying

jueves *s.m.* ⇨Thursday

juez *s.* **1** ⇨judge **2** *~ de instrucción* ⇨examining magistrate **3** *~ de línea* ⇨linesman *(pl* linesmen) **4** *~ de paz* ⇨justice of the Peace

jugada *s.f.* **1** *(en deporte)* ⇨move ⇨play *US: una jugada* - a piece of play **2** *(en ajedrez)* ⇨move **3** *(faena)* ⇨dirty trick: *hacerle una mala jugada a alguien* - to play a dirty trick on sb **4** *~ ensayada (en deportes)* ⇨set-piece

jugador, -a *s.* **1** *(en un juego, en un deporte)* ⇨player **2** *(que apuesta dinero)* ⇨gambler **3** *(en cricket)* ⇨cricketer **4** *(en fútbol)* ⇨footballer *UK* **5** *(en naipes, jugador que reparte)* ⇨dealer

jugar ∎ *v.* **1** ⇨to play: *jugar a las cartas* - to play cards **2** *(en un deporte)* ⇨to play: *Me gusta jugar al fútbol* - I like playing football **3** *(apostando dinero)* ⇨to gamble [CONSTR. to gamble on sth]: *Solía jugar en las carreras* - He used to gamble on the races **4** *~ con (burlarse, tomar a broma)* ⇨to trifle with *sth/sb form, old-fash* **5** *~ limpio* ⇨to play fair **6** *~ sucio* ⇨to play dirty ∎ **jugarse** *prnl.* **7** *(apostarse)* ⇨to bet **8** *(arriesgar)* ⇨to risk

jugarreta *s.f. col.* ⇨dirty trick: *hacer una jugarreta a alguien* - to play a dirty trick on sb

jugo *s.m.* **1** *(salsa)* ⇨gravy *(pl* gravies): *Me encanta el jugo del asado* - I love the gravy of the roast beef **2** *AMÉR. (de una fruta)* ⇨juice ⇨fruit juice **3** *sacar ~ a algo* ⇨to get the most out of *sth*

J

jugoso, sa *adj.* **1** *(un alimento)* ⇒juicy **2** *(la carne)* ⇒succulent **3** *(un tema)* ⇒substantial: *un asunto jugoso* - a substantial topic; ⇒meaty **4** *(una oportunidad)* ⇒tempting

juguete *s.m.* **1** ⇒toy **2** *(una persona o un objeto)* ⇒plaything ⇒toy

juguetería *s.f.* ⇒toy shop

juguetón, -a *adj.* ⇒playful ⇒frisky *inform*

juicio *s.m.* **1** *(sensatez)* ⇒sense ⇒good sense **2** *perder el juicio* - to lose one's reason **3** *(opinión)* ⇒judgment ⇒estimation ⇒opinion: *emitir un juicio* - to give an opinion **4** *(en un tribunal)* ⇒trial ⇒proceedings *form* **5** *ir a juicio* - to go to court **6** *llevar a alguien a juicio* - to take sb to court

juicioso, sa *adj.* ⇒sensible ⇒judicious: *Parecía una persona juiciosa* - She seemed to be a judicious person

julio *s.m.* ⇒July

jungla *s.f.* ⇒jungle

junio *s.m.* ⇒June

junta *s.f.* **1** *(zona de unión)* ⇒joint *UK;* ⇒gasket **2** *(reunión)* ⇒assembly ⇒meeting **3** ~ **anual** - annual general meeting *UK;* ⇒annual meeting *US* **4** ~ **directiva** ⇒board

juntar ∎ *v.* **1** ⇒to join ⇒to put together: *Intenta juntar las dos piezas* - Try to put the two pieces together **2** *juntar dinero* - to raise money **3** *(formando un grupo, un conjunto)* ⇒to lump together: *Todos los niños se juntan en una clase* - All the children are lumped together in one class; ⇒to round up ∎ **juntarse** *prnl.* **4** ⇒to meet ⇒to hang out *inform;* ⇒to get together **5** *(un grupo grande)* ⇒to mass *form*

junto, ta *adj.* **1** ⇒together ⇒close together: *Separa las sillas, están demasiado juntas* - Separate the chairs, they are too close together **2** **junto a 1** *(cerca)* ⇒beside ⇒by: *El restaurante está junto al río* - The restaurant is by the river; ⇒next to: *La silla está junto al sofá* - The chair is next to the sofa **2** *(en compañía)* ⇒with ⇒together with **3 junto con** ⇒together with ⇒along-side ⇒along with: *Fui de acampada junto con tres amigos* - I went camping along with three friends

jurado, da ∎ *adj.* **1** ⇒qualified **2** *intérprete jurado* - sworn translator ∎ **jurado** *s.m.* **3** *(de un juicio)* ⇒jury *(pl* juries); ⇒panel

juramento *s.m.* **1** *(promesa)* ⇒oath: *prestar juramento* - to take the oath; ⇒vow **2** *(palabra ofensiva)* ⇒swearword ⇒expletive *US form* **3** *estar bajo* ~ ⇒to be {on/under} oath

jurar *v.* ⇒to swear [CONSTR. 1. to swear + (that) 2. to swear + to do sth]: *Te lo juro* - I swear to you; ⇒to vow [CONSTR. 1. to vow + (that) 2. to vow + to do sth]

jurídico, ca *adj.* ⇒legal

justicia *s.f.* **1** *(aplicación de la ley)* ⇒justice ⇒law **2** *(actitud)* ⇒fairness ⇒justice

justificar *v.* ⇒to justify [CONSTR. to justify + doing sth]: *¿Cómo se puede justificar el que te hayas gastado tanto dinero?* - How can you justify spending so much money?; ⇒to explain ⇒to account for: *Tendrá que justificar su comportamiento* - He will have to account for his behaviour

justo, ta ∎ *adj.* **1** ⇒fair: *un precio justo* - a fair price; ⇒just ⇒clean ⇒legitimate **2** *(preciso, exacto)* ⇒exact **3** *(ajustado, apretado)* ⇒tight **4** *(suficiente)* ⇒just enough: *Tengo el dinero justo* - I have just enough money ∎ **justo** *adv.* **5** *(en el preciso lugar)* ⇒right: *Estás justo en medio* - You're right in the middle; ⇒full **6** *(en el preciso momento)* ⇒just: *Llegas justo a tiempo* - You have arrived just in time **7** *(exactamente)* ⇒just: *Esto es justo lo que yo quise siempre* - This is just what I always wanted; ⇒exactly

juvenil ∎ *adj.* **1** ⇒youthful ⇒juvenile: *ropa juvenil* - juvenile clothes; ⇒boyish **2** *(aspecto, apariencia)* ⇒young-looking **3** *(en deporte)* ⇒junior ∎ **juveniles** *s.m.pl.* **4** ⇒youth team

juventud *s.f.* **1** *(período)* ⇒youth *form* **2** *(conjunto de jóvenes)* ⇒young people ⇒youth

juzgado *s.m.* ⇒court

juzgar *v.* **1** *(creer, considerar)* ⇒to judge **2** *(en un tribunal)* ⇒to think ⇒to consider

k *s.f. (letra del alfabeto)* ⇨k
karaoke *s.m.* ⇨karaoke
katiuska *s.f.* ⇨wellington boots *UK pl;* ⇨wellingtons *UK pl;* ⇨wellies *UK inform pl;* ⇨rubber boots *US*
Kenia *s.f.* ⇨Kenya
keniano, na *adj. / s.* Véase **keniata**
keniata *adj. / s.com.* ⇨Kenyan

ketchup *s.m.* ⇨ketchup
kilo *s.m.* ⇨kilo
kilogramo *s.m.* ⇨kilogram ⇨kilogramme *UK*
kilómetro *s.m.* ⇨kilometre *UK;* ⇨kilometer *US*
kiosco *s.m.* **1** ⇨kiosk **2** *(de periódicos)* ⇨news-stand
kiwi *s.m.* **1** *(ave)* ⇨kiwi **2** *(fruta)* ⇨kiwi (fruit)
koala *s.m.* ⇨koala ⇨koala bear

K

l *s.f. (letra del alfabeto)* ⇨l

la ∎ *art.determ.* **1** ⇨the: *la habitación de al lado* - the next room ∎ *pron.pers.* **2** *(a ella)* ⇨her: *Estoy buscando a Julie porque la necesito* - I'm looking for Julie because I need her **3** *(a usted)* ⇨you: *¿Quiere que la ayude?* - Do you want me to help you? **4** *(referido a una cosa o a un animal)* ⇨it: *¿Me la das?* - Give it to me ∎ *s.m.* **5** *(nota musical)* ⇨A

laberinto *s.m.* **1** *(lugar)* ⇨labyrinth ⇨maze: *Los arbustos habían formado un laberinto en el jardín* - The bushes had created a maze in the garden **2** *(situación complicada)* ⇨maze ⇨morass *(pl* morasses*)*

labio *s.m.* ⇨lip

labor *s.f.* **1** *(trabajo)* ⇨work [U] [Se dice *some work, a piece of work* o *a job.* Incorrecto: *a work]* **2** *(de costura)* ⇨sewing [U]; ⇨needlework [U] **3** *(de punto)* ⇨knitting [U] [Se dice *some knitting* o *a piece of knitting.* Incorrecto: *a knitting]*

laborable ∎ *adj.* **1** ⇨working ∎ *s.m.* **2** *(día laborable)* ⇨working day ⇨weekday

laboratorio *s.m.* ⇨laboratory *(pl* laboratories*)*; ⇨lab

labrador, -a *s.* **1** *(propietario)* ⇨small farmer **2** *(jornalero)* ⇨farm worker

labrar *v.* **1** *(la tierra)* ⇨to farm ⇨to work **2** *(la piedra, la madera)* ⇨to carve

laburar *v. AMÉR. col.* ⇨to work

laburo *s.m.* **1** *AMÉR. col.* ⇨work [U] [Se dice *some work, a piece of work* o *a job.* Incorrecto: *a work]*: *estar sin laburo* - to be out of work **2** *AMÉR. col. (empleo)* ⇨job: *un laburo fijo* - a permanent job

laca *s.f.* **1** *(del pelo)* ⇨hairspray **2** *(barniz)* ⇨lacquer

lacio, cia *adj.* **1** *(el pelo)* ⇨straight ⇨lank **2** *(una planta)* ⇨withered

lacrimógeno, na *adj.* **1** ⇨tearful ⇨lachrymose **2** *gas lacrimógeno* - tear gas

ladera *s.f.* **1** *(de una colina, de un cerro)* ⇨hillside **2** *(de una montaña)* ⇨mountainside

lado *s.m.* **1** ⇨side: *Quédate a mi lado* - Stay by my side **2** *(lugar)* ⇨place: *¿Vamos a otro lado?* - Shall we go to another place? **3** *(camino)* ⇨way: *Fuimos por otro lado* - We went a different way **4** *al ~ de* ⇨beside ⇨next to **5** *al otro ~* ⇨on the other side ⇨across ⇨over: *al otro lado del río* - over the river **6** *a un ~* ⇨to one side ⇨aside: *Déjelo a un lado* - Leave it aside **7** *de al ~* ⇨next door **8** *de ~* ⇨sideways: *ponerse de lado* - to turn sideways; ⇨edgeways *UK;* ⇨edgewise *US* **9** *de un ~ a otro* ⇨from side to side ⇨to and fro **10** *hacia un ~* ⇨sideways **11** *por todos lados* ⇨on all sides ⇨all around **12** *por un lado... por otro...* ⇨on the one hand... on the other hand...: *Por un lado es caro, por otro me durará años* - On the one hand it's expensive, but on the other hand it will last for years **13** *uno al ~ de otro* ⇨side by side

ladrar *v.* ⇨to bark [CONSTR. *to bark at sth/sb*]: *El perro ladraba a los coches que pasaban* - The dog barked at the passing cars

ladrido *s.m.* ⇨bark

ladrillo *s.m.* ⇨brick

ladrón, -a ∎ *s.* **1** *(de guante blanco)* ⇨thief *(pl* thieves*)* **2** *(de un banco)* ⇨robber **3** *(de una casa)* ⇨burglar **4** *(de una tienda)* ⇨shoplifter **5** *(de ganado)* ⇨rustler ∎ *ladrón s.m.* **6** *col. (enchufe)* ⇨adaptor ⇨adapter

lagartija *s.f.* ⇨small lizard

lagarto *s.m.* ⇨lizard

lago *s.m.* ⇨lake

lágrima *s.f.* **1** ⇨tear **2** *(cantidad)* ⇨drop: *una lágrima de aceite* - a drop of oil **3** *llorar a ~ viva col.* ⇨to weep bitterly ⇨to cry *one's* eyes out *inform*

laguna *s.f.* **1** *(lago pequeño)* ⇨small lake ⇨pool **2** *(desconocimiento)* ⇨gap: *Tengo algunas lagunas* - I've got a few gaps **3** *(de la memoria)* ⇨memory lapse

lamentable *adj.* ⇨deplorable: *un comportamiento lamentable* - a deplorable behaviour; ⇨lamentable *form*

lamentar ❚ *v.* **1** ⇨to regret *form* [CONSTR. 1. to regret + (that) 2. to regret + doing sth]: *Lamento haber llegado tarde* - I regret having been late; ⇨to be sorry: *Lamento mucho la muerte de tu abuelo* - I'm very sorry to hear about your grandfather's death; ⇨to bewail *form* ❚ **lamentarse** *prnl.* **2** ⇨to complain: *No sirve de nada lamentarse si no haces nada por solucionar el problema* - It's no use complaining if you don't do anything to try and sort the problem out; ⇨to deplore *form*

lamer *v.* ⇨to lick: *Odio cuando los perros me lamen* - I hate when dogs lick me

lámina *s.f.* **1** *(de un libro)* ⇨illustration **2** *(placa)* ⇨plate: *Está compuesto por láminas de metal* - It is composed of steel plates; ⇨steel **3** *(grabado)* ⇨engraving

lámpara *s.f.* ⇨lamp: *lámpara de pie* - standard lamp

lana *s.f.* **1** ⇨wool **2** de ~ ⇨woollen *UK;* ⇨woolen *US;* ⇨woolly *UK;* ⇨wooly *US*

lancha *s.f.* **1** ⇨launch (*pl* launches) **2** *lancha motora* - powerboat

langosta *s.f.* **1** *(crustáceo)* ⇨lobster **2** *(insecto)* ⇨locust: *Una plaga de langostas está destruyendo las cosechas* - A locust plague is destroying the crops

langostino *s.m.* ⇨king prawn

lanza *s.f.* **1** ⇨spear **2** *(de un jinete)* ⇨lance

lanzado, da *adj.* **1** *col. (confiado, seguro)* ⇨confident **2** *col. (muy rápido)* ⇨very fast

lanzamiento *s.m.* **1** *(de objetos)* ⇨throw: *Está prohibido el lanzamiento de objetos al campo* - The throw of objects to the field is forbidden **2** *(de un cohete)* ⇨blast-off ⇨launch (*pl* launches) **3** *(de un producto)* ⇨launch (*pl* launches): *Están preparando una fiesta para el lanzamiento del nuevo producto* - They are preparing a party for the launch of the new product **4** *(en béisbol)* ⇨pitch (*pl* pitches)

lanzar ❚ *v.* **1** *(un objeto)* ⇨to throw **2** *(una pelota)* ⇨to throw ⇨to chuck *inform* **3** *(un cohete)* ⇨to launch **4** *(un producto)* ⇨to launch ❚ **lanzarse** *prnl.* **5** ⇨to charge ⇨to rush ⇨to throw oneself: *lanzarse a hacer algo* - to throw oneself into doing sth

lapicero *s.m.* ⇨pencil

lápida *s.f. (de una sepultura)* ⇨tombstone ⇨gravestone

lápiz *s.m.* **1** ⇨pencil: *a lápiz* - in pencil **2** *(de colores)* ⇨crayon **3** ~ pasta *AMÉR.* ⇨biro® ⇨ball-point pen

largar ❚ *v.* **1** *col. (al hablar)* ⇨to come out with: *Aquel tipo me largó una sarta de insultos* - That guy came out with a string of insults **2** *largar un sermón* - to give a lecture **3** *col. (un golpe): largar una bofetada a alguien* - to slap sb's face **4** *col. (de un lugar)* ⇨to throw out: *Nos largaron del bar* - We were thrown out of the bar **5** *col. (de un trabajo)* ⇨to chuck out *inform*: *Lo largaron de la empresa* - He was chucked out of the company ❚ **largarse** *prnl.* **6** *col.* ⇨to clear off *inform*: *Me dijo enfurecido que me largara de allí* - He told me in a rage to clear off; ⇨to hightail *US inform*

largo, ga ❚ *adj.* **1** ⇨long: *un día muy largo* - a very long day **2** *(una redacción)* ⇨lengthy ⇨long **3** a la larga ⇨eventually ❚ **largo** *s.m.* **4** ⇨length **5** *Esto tiene 15 metros de largo* - This is 15 metres long **6** *(en natación)* ⇨lap *US;* ⇨length *UK* **7** a lo largo de **1** *(en el espacio)* ⇨all through ⇨along: *a lo largo del río* - along the river **2** *(en el tiempo)* ⇨all through ⇨throughout: *a lo largo del año* - throughout the year; ⇨during **8** pasar de largo ⇨to pass by

las ❚ *art.determ.* **1** ⇨the: *las casas del barrio* - the houses in the neighbourhood ❚ *pron.pers.* **2** *(a ellas)* ⇨them: *Las vi en el cine* - I saw them in the cinema **3** *(a ustedes)* ⇨you: *¿Quieren que las ayude?* - Do you want me to help you? **4** *(referido a cosas o a animales)* ⇨them: *¿Te gustan estas pulseras? Las compré ayer* - Do you like these bracelets? I bought them yesterday **5** ~ dos **1** *(nosotras)* ⇨both of us **2** *(vosotras)* ⇨both of you **3** *(ellas)* ⇨both of them

láser *s.m.* ⇨laser

lástima *s.f.* ⇨pity: *¡Qué lastima!* - What a pity!; ⇨shame: *Es una lástima que no puedas venir* - It's a shame you cant attend

lastimar *v.* ⇨to hurt: *lastimar a alguien* - to hurt sb; *El corredor se cayó y se lastimó* - The runner fell down and hurt himself

lata *s.f.* **1** *(de comida)* ⇨can ⇨tin *UK: una lata de sardinas* - a tin of sardines **2** *guisantes en lata* - tinned peas **3** *(de bebida)* ⇨can [Hay dos formas de decir *una lata de limonada*: *a can of lemonade* (si está llena) y *a lemonade can* (si está vacía)] **4** *col. (molestia)* ⇨drag *very inform*: *¡Qué lata!* - What a drag!; ⇨pain **5** dar la ~ a alguien ⇨to go on at *sb* ⇨to nag *sb*: *Deja de darme la lata* - Stop nagging me

lateral ❚ *adj.* **1** ⇨lateral **2** *puerta lateral* - side door ❚ *s.m.* **3** *(lado)* ⇨side: *en uno de los laterales de la casa* - on one of the sides of the house **4** *lateral derecho* - right back **5** *(jugador)* ⇨winger

latido *s.m.* **1** *(del corazón)* ⇨beat ⇨beating: *latido del corazón* - heat beating **2** *(en la sien, en una herida)* ⇨throb ⇨throbbing

latigazo *s.m.* **1** *(golpe)* ⇨lash *(pl* lashes) **2** *(restallido, chasquido)* ⇨crack

látigo *s.m.* ⇨whip

latín *s.m.* ⇨Latin

latino, na ∎ *adj.* **1** ⇨Latin ∎ *adj./s.* **2** *(un país)* ⇨Latin *adj*

latir *v. (el corazón)* ⇨to beat: *Mi corazón late muy deprisa* - My heart beats very fast

latitud *s.f.* ⇨latitude

latón *s.m.* ⇨brass

latoso, sa *adj./s.* ⇨pest *inform n: Tener que esperar cada día al autobús es muy latoso* - Having to wait every single day for the bus is a real pest; ⇨pain in the neck *inform n*

laurel *s.m.* **1** *(árbol)* ⇨laurel **2** *(especia)* ⇨bay leaf **3** *dormirse en los laureles col.* ⇨to rest on *one's* laurels

lava *s.f.* ⇨lava

lavabo *s.m.* **1** *(pila)* ⇨washbasin *UK;* ⇨basin *UK;* ⇨sink *US* **2** *(cuarto de baño)* ⇨toilet *UK;* ⇨bathroom *US*

lavadero *s.m.* **1** *(pila)* ⇨sink **2** *(lugar)* ⇨washing place

lavado *s.m.* **1** *(hecho)* ⇨wash *(pl* washes): *un lavado de ropa oscura* - a dark wash **2** *lavado en seco* - dry-cleaning **3** ~ *de cara col.* ⇨facelift **4** ~ *de cerebro* ⇨brainwashing

lavadora *s.f.* ⇨washing machine

lavamanos *s.m. AMÉR. (lavabo)* ⇨washbasin *UK;* ⇨basin *UK;* ⇨sink *US*

lavandería *s.f.* **1** *(servicio)* ⇨laundry *(pl* laundries) **2** *(establecimiento)* ⇨launderette *UK;* ⇨laundrette *UK;* ⇨laundromat *US*

lavaplatos *s.m.* **1** ⇨dishwasher **2** *AMÉR.* ⇨sink

lavar *v.* **1** ⇨to wash *UK: lavar la ropa sucia* - to wash the dirty clothes; *lavarse la cara* - to wash one's face; ⇨to wash up *US* **2** *lavar con lejía* - to bleach **3** *lavar en seco* - to dry-clean **4** *lavar una herida* - to bathe **5** *lavar los platos* - to do the washing up

lavavajillas *s.m.* **1** *(electrodoméstico)* ⇨dishwasher **2** *(detergente)* ⇨washing-up liquid

laxante *adj./s.m.* ⇨laxative

lazo *s.m.* **1** *(tipo de nudo)* ⇨bow **2** *(vínculo)* ⇨link

le *pron.pers.* **1** *(a él)* ⇨him: *Le dieron un premio* - They gave him a prize **2** *(a ella)* ⇨her: *Le compramos un vestido* - We bought her a dress **3** *(a usted)* ⇨you: *Le agradezco mucho todo* - Thank you very much for everything **4** *(referido a una cosa o a un animal)* ⇨it: *Le puse gasolina* - I filled it with petrol

leal *adj.* ⇨loyal ⇨faithful ⇨constant

lealtad *s.f.* ⇨loyalty

lección *s.f.* **1** ⇨lesson **2** *dar una* ~ ⇨to teach a lesson: *Me dieron una lección de honradez* - They taught me a lesson in honesty **3** *tomar la* ~ ⇨to test *sb*

leche *s.f.* **1** ⇨milk **2** *café con leche* - white coffee; *chocolate con leche* - milk chocolate **3** *col. (golpe): Se van a dar una leche* - They are going to crash **4** ~ *condensada* ⇨condensed milk **5** ~ *desnatada* ⇨skimmed milk **6** *tener mala* ~ *col.* ⇨to be nasty ⇨to be vicious

lechería *s.f.* ⇨dairy *(pl* dairies)

lechero, ra ∎ *adj.* **1** ⇨dairy: *una vaca lechera* - a dairy cow ∎ *s.* **2** *(hombre)* ⇨milkman *(pl* milkmen) **3** *(mujer)* ⇨milkwoman *(pl* milkwomen)

lecho *s.m.* **1** ⇨bed **2** *lecho de muerte* - deathbed

lechuga *s.f.* ⇨lettuce

lechuza *s.f.* ⇨barn owl

lector, -a *s.* ⇨reader

lectura *s.f.* **1** ⇨reading: *una agradable hora de lectura* - a nice hour of reading **2** *sala de lectura* - reading room

leer *v.* **1** ⇨to read [CONSTR. 1. to read + (that) 2. to read + dos objetos]: *He leído que va a llover* - I've read it's going to rain; *Leyó un cuento a su hija* - She read a book to her daughter **2** ~ *en voz alta* ⇨to read out ⇨to read aloud **3** ~ *los labios* ⇨to lip-read

legal *adj.* **1** ⇨legal: *consejo legal* - legal advice; ⇨lawful *form* **2** *col. (una persona)* ⇨trustworthy

legalizar *v.* **1** ⇨to legalize ⇨to legalise *UK* **2** *(un documento)* ⇨to authenticate: *legalizar un contrato* - to authenticate a contract

legaña *s.f.* ⇨sleep *inform* [U]: *tener una legaña en el ojo* - to have a sleep in the eye

legible *adj.* ⇨legible

legislación *s.f.* **1** ⇨legislation [CONSTR. legislation + to do sth]: *una legislación para salvaguardar los derechos de las mujeres* - a legislation to protect women's rights **2** *la legislación española* - Spanish laws

legumbre *s.f.* ⇨pulses *pl: Deberíamos comer legumbres tres veces por semana* - We should eat pulses three times a week

lejano, na *adj.* ⇨distant ⇨far

lejía *s.f.* ⇨bleach

lejos *adv.* **1** *(en oraciones interrogativas y negativas)* ⇨far ⇨far away [También se puede usar en oraciones afirmativas, detrás de *too, so* y *as.* De hecho, con estas partículas solo se puede usar *far* o *far away: The station is too far away to walk* - La estación está demasiado lejos para ir andando] **2** *(en oraciones afirmativas)* ⇨a long way: *La estación está lejos de aquí* - It's a long way to the station from here **3** *a lo* ~ ⇨in the distance ⇨far-off

lema *s.m.* ⇒slogan: *Tenemos que encontrar un buen lema para la empresa* - We need to find a good slogan for the company

lengua *s.f.* **1** *(en la boca)* ⇒tongue *form: sacar la lengua* - to stick out one's tongue **2** *(idioma)* ⇒language: *Habla muchas lenguas* - He speaks many languages **3** *lengua materna* - mother tongue **4** **malas lenguas** ⇒gossip [U]: *Las malas lenguas dicen que va a dimitir* - Gossip says that he is going to resign **5** **tirar de la ~ a alguien** *col.* ⇒to get *sb* talking

lenguado *s.m.* ⇒sole *(pl* sole*)*

lenguaje *s.m.* ⇒language: *lenguaje de signos* - sign language

lente *s.amb.* **1** ⇒lens *(pl* lenses*)* **2** **~ de contacto** ⇒contact lens *(pl* contact lenses*)*

lenteja **l** *s.f.* **1** ⇒lentil **l** **lentejas** *pl.* **2** *(plato)* ⇒lentil soup

lentilla *s.f.* ⇒contact lens *(pl* contact lenses*)*

lento, ta **l** *adj.* **1** ⇒slow **l** **lento** *adv.* **2** ⇒slowly

leña *s.f.* ⇒firewood: *Debemos juntar leña para el fuego* - We must gather some firewood for the fire

leño *s.m.* **1** *(trozo de madera)* ⇒log ⇒lumber *US* **2** *col. (cosa aburrida)* ⇒drag *very inform: ¡Este libro es un leño!* - This book is a drag!

leo *adj./s.com.* ⇒Leo *n*

león, -a *s.* **1** *(macho)* ⇒lion **2** *(hembra)* ⇒lioness *(pl* lionesses*)*

leopardo *s.m.* **1** *(genérico y macho)* ⇒leopard **2** *(hembra)* ⇒leopardess *(pl* leopardesses*)*

leotardo *s.m.* ⇒woollen tights *UK pl: Teníamos que llevar leotardos con el uniforme* - We had to wear woollen tights with the uniform; ⇒pantyhose *US*

les *pron.pers.* **1** *(a ellos, a ellas)* ⇒them: *Les regalé unos bombones* - I gave them some sweets **2** *(a ustedes)* ⇒you: *Perdón, ¿les importa que entre?* - Excuse me, do you mind if I come in? **3** *(referido a cosas o a animales)* ⇒them: *Les di de comer cacahuetes en el zoo* - I gave them some peanuts in the zoo

lesbiana *s.f.* ⇒lesbian

lesión *s.f.* **1** *(daño)* ⇒wound ⇒lesion: *lesiones cerebrales* - brain lesions **2** *(por un accidente o un ataque)* ⇒injury *(pl* injuries*)* **3** *(en un órgano)* ⇒damage: *una lesión en el corazón* - a heart damage

letal *adj.* ⇒lethal

letargo *s.m.* **1** *(de un animal)* ⇒hibernation **2** *(de una persona)* ⇒lethargy

letra *s.f.* **1** *(signo gráfico)* ⇒letter: *Escribió una letra en el papel y lo dobló* - He wrote a letter in the paper and folded it **2** *(forma de escribir)* ⇒handwriting: *No entiendo tu letra* - I can't understand your handwriting; ⇒writing **3** *(impresa)* ⇒print **4** *(de una canción)* ⇒lyrics *pl: ¿Te sabes la letra?* - Do you know the lyrics? **5** **~ mayúscula** ⇒capital letter **6** **~ minúscula** ⇒small letter

letrero *s.m.* ⇒sign: *Había un letrero en la puerta* - There was a sign on the door; ⇒notice

levadura *s.f.* ⇒yeast

levantado, da *adj.* ⇒up: *Ya estaba levantado a las seis de la mañana* - I was already up at six o'clock

levantar **l** *v.* **1** *(alzar)* ⇒to lift: *Levanta los pies* - Lift your feet; ⇒to raise **2** *(un objeto caído)* ⇒to pick up **3** *(un edificio)* ⇒to erect *form;* ⇒to build **4** *(un imperio)* ⇒to build **5** *(un castigo)* ⇒to lift **l** **levantarse** *prnl.* **6** *(de la cama)* ⇒to get up **7** *(ponerse de pie)* ⇒to stand up

leve *adj.* **1** *(de poca importancia)* ⇒slight: *una lesión leve* - a slight injury **2** *(suave)* ⇒slight: *una leve brisa* - a gentle breeze **3** *(ligero)* ⇒light

léxico *s.m.* ⇒vocabulary

ley *s.f.* **1** ⇒law [CONSTR. 1. a law + doing sth 2. a law + to do sth]: *Votaron en contra de una ley para acabar con la discriminación* - They voted against a law to stop discrimination **2** *(principio)* ⇒law: *las leyes de la gravedad* - the laws of gravity

leyenda *s.f.* ⇒legend: *La leyenda dice que es una varita mágica* - The legend says it's a magic wand

liar **l** *v.* **1** *(un cigarrillo)* ⇒to roll **2** *(a una persona)* ⇒to confuse **3** *(convencer)* ⇒to twist *sb's* arm: *No quería ir pero Linda me lió* - I didn't want to go but Linda twisted my arm **4** **estar liado,da** *(estar muy ocupado)* ⇒to be very busy ⇒to be tied up **l** **liarse** *prnl.* **5** *col. (confundirse)* ⇒to get into a muddle: *Me he liado* - I've got into a muddle **6** *(tener una relación amorosa)* ⇒to get involved [CONSTR. to get involved with sb]

libélula *s.f.* ⇒dragonfly *(pl* dragonflies*)*

liberal *adj.* ⇒liberal: *un político liberal* - a liberal politician; *Mi abuela es muy liberal* - My grandma is very liberal

liberar *v.* **1** ⇒to liberate ⇒to release ⇒to set free: *Me liberó de mis obligaciones* - He set me free of my duties **2** *(a un prisionero)* ⇒to free **3** *(una sustancia)* ⇒to emit

libertad *s.f.* **1** ⇒freedom ⇒liberty *form* **2** **con ~** ⇒freely **3** **~ bajo fianza** ⇒bail **4** **~ condicional** ⇒probation ⇒parole **5** **~ de expresión** ⇒freedom of speech

libra *adj./s.com.* **1** *(signo del Zodíaco)* ⇒Libra *n* **2** *(unidad de peso)* ⇒pound ⇒lb *(pl* lbs*)* **3** **~ esterlina** ⇒pound ⇒sterling ⇒£ **4** **mil libras**

esterlinas ⇒K *inform: Mi salario era de veinte mil libras esterlinas al año* - My salary was 20 K a year

librar v. 1 *(uno mismo de un peligro)* ⇒to escape: *Me libré de la tormenta por los pelos* - I just escaped the storm 2 *(a alguien de un peligro)* ⇒to save [CONSTR. to save sb from sth] 3 *(uno mismo de una obligación)* ⇒to get out of: *Me libré de fregar los platos* - I got out of doing the washing up 4 *(a alguien de una obligación)* ⇒to free [CONSTR. to free sb from sth] 5 *(tener el día libre)* ⇒to have a day off: *Libré dos días la semana pasada* - Last week I had two days off

libre *adj.* 1 ⇒free 2 *(desocupado)* ⇒vacant ⇒free: *¿Está este asiento libre?* - Is this seat free? 3 *(un piso, una silla)* ⇒empty 4 *(el tiempo)* ⇒off 5 *(de impuestos)* ⇒duty-free

librería *s.f.* 1 *(tienda)* ⇒bookshop UK; ⇒bookstore US 2 *(mueble)* ⇒bookcase

libreta *s.f.* 1 ⇒notebook: *Estaba escribiendo todo en una libreta negra* - He was writing everything down on a black notebook 2 *(de ahorros)* ⇒savings book

libro *s.m.* 1 ⇒book 2 ~ de bolsillo ⇒paperback 3 ~ de consulta ⇒reference book 4 ~ de ejercicios ⇒workbook 5 ~ de lectura ⇒reader 6 ~ de texto ⇒textbook ⇒coursebook UK

licencia *s.f.* 1 *(documento oficial)* ⇒licence UK; ⇒license US 2 *(permiso)* ⇒permit: *licencia de obras* - working permit

licenciado, da *s.* ⇒graduate: *Es licenciado en física* - He's a graduate on physics

licenciatura *s.f.* ⇒degree

licor *s.m.* 1 ⇒spirits UK pl; ⇒liquor US 2 *(de algún sabor)* ⇒liqueur: *licor de manzana* - apple liqueur

licuado *s.m.* AMÉR. ⇒milkshake

licuadora *s.f.* ⇒blender

líder ▪ *adj.* 1 ⇒top ⇒brand ▪ *s.com.* 2 ⇒leader

liderazgo *s.m.* ⇒leadership

liebre *s.f.* 1 *(genérico y macho)* ⇒hare 2 *(hembra)* ⇒doe 3 AMÉR. col. *(microbús)* ⇒minibus

lienzo *s.m.* ⇒canvas

liga *s.f.* 1 *(cinta)* ⇒suspender UK; ⇒garter US 2 *(competición deportiva)* ⇒league 3 *(asociación)* ⇒league

ligamento *s.m.* ⇒ligament: *romperse un ligamento* - to tear a ligament

ligar v. 1 *(relacionar, unir)* ⇒to link: *Gracias a tus explicaciones empecé a ligar cosas* - Thanks to your explanation I began to link things; ⇒to tie 2 col. *(flirtear)* ⇒to chat sb up UK inform: *Se pasó casi toda la noche ligando con una de mis amigas* - He spent most of the evening chatting

up one of my friends 3 col. *(establecer relaciones)* ⇒to get off with UK inform: *Paul ligó con una chica muy guapa llamada Mary* - Paul got off with a beautiful girl called Mary

ligero, ra ▪ *adj.* 1 *(de poco peso)* ⇒light ⇒lightweight 2 *(sin importancia)* ⇒slight: *un ligero problema* - a slight problem 3 *(desenfadado, poco serio)* ⇒light-hearted 4 *(una idea, una posibilidad o una esperanza)* ⇒faint: *No tengo la más ligera idea sobre ello* - I haven't got the faintest idea about it 5 *(una prenda de vestir)* ⇒flimsy ▪ **ligero** *adv.* 6 ⇒quickly

light *adj.* 1 ⇒low-calorie 2 *(descremado, desnatado)* ⇒low-fat

ligón, -a *adj./s.* 1 col. ⇒flirt n 2 col. *(hombre)* ⇒womanizer n; ⇒womaniser UK n 3 col. *(mujer)* ⇒heartbreaker n

ligue *s.m.* col. ⇒date US: *¿Conoces al nuevo ligue de Rachel?* - Have you met Rachel's new date?

lija *s.f.* ⇒sandpaper

lijar v. ⇒to sand down

lila ▪ *adj./s.m.* 1 *(color)* ⇒lilac 2 col. *(tonto)* ⇒fool n ▪ *s.f.* 3 *(flor)* ⇒lilac

lima *s.f.* 1 *(herramienta)* ⇒file: *Consiguió cortar los barrotes con una lima* - He managed to cut the bars with a file 2 *(fruto)* ⇒lime 3 *(árbol)* ⇒lime tree 4 *(bebida)* ⇒lime juice 5 comer como una ~ col. ⇒to eat like a horse 6 ~ de uñas ⇒nailfile

limar v. ⇒to file

limitar v. 1 ⇒to limit 2 limitarse a algo ⇒to confine sth/sb to sth

límite *s.m.* 1 ⇒limit: *límite de velocidad* - speed limit 2 *(frontera)* ⇒boundary (pl boundaries) 3 *(tope)* ⇒ceiling ⇒cutoff

limón *s.m.* 1 ⇒lemon: *zumo de limón* - lemon juice 2 *(refresco)* ⇒lemonade UK

limonada *s.f.* 1 *(zumo de limón)* ⇒lemon juice 2 *(refresco sin gas)* ⇒lemonade US 3 *(refresco con gas)* ⇒lemonade UK

limonero *s.m.* ⇒lemon tree

limosna *s.f.* 1 ⇒alms pl: *dar limosna* - to give alms 2 pedir limosna a alguien - to beg

limpiaparabrisas *s.m.* ⇒wiper ⇒windscreen wiper UK; ⇒windshield wiper US

limpiar ▪ v. 1 ⇒to clean 2 *(con un trapo)* ⇒to wipe 3 *(en seco)* ⇒to dry-clean 4 *(quitar algo de en medio)* ⇒to clear away 5 *(quitar lo perjudicial)* ⇒to clean up 6 *(enjuagar)* ⇒to flush 7 *(los zapatos)* ⇒to polish ▪ **limpiarse** prnl. 8 ⇒to wipe

limpieza *s.f.* 1 ⇒cleaning [U]: *limpieza general* - spring cleaning 2 *(en profundidad)* ⇒clean-up 3 ~ en seco ⇒dry cleaning

limpio, pia *adj.* **1** ⇒clean **2** *(transparente, claro)* ⇒clear **3** *(fresco, nuevo)* ⇒fresh: *agua limpia* - fresh water **4** *(justo, legal)* ⇒right ⇒fair: *juego limpio* - fair play **5 pasar a limpio** ⇒to make a neat copy **6 sacar en limpio 1** *(conclusiones, soluciones)* ⇒to get out of: *No sacó nada en limpio* - He didn't get anything out of it **2** *(dinero)* ⇒to clear: *Saqué dos mil libras en limpio* - I cleared two thousand pounds

lince *s.m.* **1** ⇒lynx *(pl* lynxes, lynx) **2 ser un ~** *col.* ⇒to be very sharp

lindo, da *adj.* **1** ⇒cute ⇒sweet: *¡Qué bebé tan lindo!* - What a sweet baby! **2** *AMÉR. (divertido, entretenido)* ⇒nice ⇒good **3 de lo lindo** *col.* ⇒a lot: *Nos divertimos de lo lindo* - We enjoyed a lot

línea *s.f.* **1** *(trazo)* ⇒line **2** *(de teléfono)* ⇒line **3** *(de un texto)* ⇒line **4** *(de un autobús)* ⇒route **5** *(aérea)* ⇒airline **6** *(de meta)* ⇒finishing line **7** *(de puntos)* ⇒dotted line **8 cuidar la ~** ⇒to watch *one's* weight **9 en ~** *(en informática)* ⇒online **10 en ~ recta** ⇒as the crow flies **11 leer entre líneas** ⇒to read between the lines **12 ~ de alta tensión** ⇒high-tension cable **13 por línea {materna/paterna}** ⇒on *one's* {mother's/father's} side

lino *s.m.* **1** *(tela)* ⇒linen **2** *ropa de lino* - linen clothes **3** *(planta)* ⇒flax

linterna *s.f.* ⇒torch *UK (pl* torches); ⇒flashlight *US*

lío *s.m.* **1** ⇒jam: *Estoy en un lío* - I'm in a mess; ⇒trouble [U]; ⇒difficulty *(pl* difficulties) **2** *(desorden)* ⇒mess **3** *(aventura amorosa)* *col.* ⇒affair **4 estar hecho,cha un ~** ⇒to be really confused ⇒to be in a muddle

liquidación *s.f.* ⇒clearance: *liquidación por cierre* - clearance sale **2** *(pago)* ⇒liquidation ⇒payoff

liquidar *v.* **1** *(los productos de una tienda)* ⇒to sell off **2** *(una cuenta, una deuda)* ⇒to pay off **3** *col. (matar)* ⇒to bump off *very inform*

líquido, da ∎ *adj.* **1** ⇒liquid: *un yogur líquido* - a liquid yoghurt ∎ **líquido** *s.m.* **2** ⇒liquid **3** *(fluido)* ⇒fluid **4** *(por efecto del calor)* ⇒runny: *La nata se ha quedado líquida* - The cream has gone runny

lirio *s.m.* ⇒lily *(pl* lilies)

liso, sa *adj.* **1** *(llano)* ⇒even **2** *(sin dibujos)* ⇒plain **3** *(suave)* ⇒smooth **4** *(el pelo)* ⇒straight

lista *s.f.* **1** ⇒list **2** *(de una clase)* ⇒register **3** *(clasificación, registro)* ⇒ranking: *el primero de la lista* - the first of the ranking **4** *(en una prenda, una tela)* ⇒stripe **5 - de espera** ⇒waiting list

listado *s.m.* ⇒list

listillo, lla ∎ *adj.* **1** *col.* ⇒cute *US inform* ∎ *s.* **2** *col.* ⇒know-all *inform;* ⇒smart alec *inform*

listín *s.m.* ⇒telephone directory *(pl* telephone directories); ⇒phone book

listo, ta *adj.* **1** *(inteligente)* ⇒clever ⇒smart: *¡Te crees muy listo!* - You think you are too smart! **2** *(en los estudios)* ⇒brainy *inform;* ⇒bright ⇒clever **3** *(preparado, dispuesto)* ⇒ready

litera *s.f.* **1** *(en un tren, en un barco)* ⇒bunk ⇒sleeper **2** *(en una habitación)* ⇒bunk bed

literario, ria *adj.* ⇒literary

literatura *s.f.* ⇒literature

litoral *s.m.* ⇒coastline ⇒littoral *form*

litro *s.m.* ⇒litre *UK: Se bebió medio litro de agua* - She drunk half a litre of water; ⇒liter *US*

Lituania *s.f.* ⇒Lithuania

lituano, na ∎ *adj. / s.* **1** ⇒Lithuanian ∎ **lituano** *s.m.* **2** *(idioma)* ⇒Lithuanian

living *s.m. AMÉR.* ⇒living room

llaga *s.f.* ⇒sore

llama *s.f.* **1** ⇒flame **2** *estar en llamas* - to be on fire **3** *(animal)* ⇒llama

llamada *s.f.* **1** *(telefónica)* ⇒phone call ⇒call: *llamada a cobro revertido* - reverse-charge call **2** *devolver la llamada* - to call back **3** *pasarle una llamada a alguien* - to put sb through

llamado, da ∎ *adj.* **1** ⇒called ⇒named ⇒so-called: *el llamado rey de las olas* - the so-called king of the waves ∎ **llamado** *s.m.* **2** *AMÉR. (llamamiento)* ⇒call ⇒appeal **3** *AMÉR. (llamada telefónica)* ⇒phone call ⇒call

llamar ∎ *v.* **1** ⇒to call: *Alguien me llamó desde esa habitación* - Somebody called me from that room **2** *(por teléfono)* ⇒to call: *Llámame mañana* - Call me tomorrow; *¿Podrías decirle a Moira que me llame?* - Could you tell Moira to call me back, please?; ⇒to phone ⇒to ring *UK;* ⇒to telephone *form* **3** *(poner un nombre)* ⇒to name [CONSTR. to name + dos objetos]: *La madre insistió en llamar a su hijo Peter como su padre* - The mother insisted on naming his son Peter after his father; ⇒to call: *La llamaron Cheryl* - They called her Cheryl **4** *(a la puerta)* ⇒to knock [CONSTR. to knock at/on]: *entrar sin llamar* - to come in without knocking; *Alguien está llamando a la puerta* - Someone's knocking at the door **5 ~ a cobro revertido** ⇒to reverse the charges *UK;* ⇒to call collect *US: Llamé a mis padres a cobro revertido* - I called collecto to my parents **6 ~ la atención** ⇒to attract attention ⇒to strike ∎ **llamarse** *prnl.* **7** *(una persona)* ⇒: *Me llamo Gwendy* - My name is Gwendy **8** *(un animal)* ⇒to be called: *Mi perro se llama Rex* - My dog is called Rex **9** *(un objeto)* ⇒to be called

llamativo, va *adj.* ⇨eye-catching ⇨striking: *un color llamativo* - a striking colour

llano, na ∎ *adj.* **1** *(nivelado)* ⇨flat ⇨level **2** *(liso)* ⇨even **3** *(una persona)* ⇨straightforward **4** *(una palabra)* ⇨stressed on the penultimate syllable ∎ **llano** *s.m.* **5** ⇨plain

llanto *s.m.* ⇨crying ⇨weeping

llanura *s.f.* ⇨plain

llave *s.f.* **1** ⇨key **2** *cerrar algo con llave* - to lock sth up **3** ~ **inglesa** ⇨spanner *UK;* ⇨wrench *US* (pl wrenches)

llavero *s.m.* ⇨key ring

llegada *s.f.* ⇨arrival: *Su llegada está programada para las 3 de la tarde* - Their arrival is scheduled by 3 o'clock

llegar *v.* **1** ⇨to get [CONSTR. to get to]: *¿Cuándo llegaste a Madrid?* - When did you get to Madrid?; ⇨to arrive [CONSTR. 1. to arrive in se usa con países, ciudades, pueblos, etc.: *We arrived in London at 10 p.m.* - Llegamos a Londres a las 10 de la noche 2. to arrive at se usa con edificios, estaciones, aeropuertos, etc.: *What time did you arrive at the hotel?* - ¿A qué hora llegaste al hotel? 3. Cuando se hace referencia a la llegada a casa, se usa sin preposición: *I arrived home late* - Llegué a casa tarde]; ⇨to reach **2** *llegar pronto* - to be early; *llegar tarde* - to be late; *llegar a tiempo* - to be on time **3** *(aparecer)* ⇨to turn up **4** *(lograr algo)* ⇨to come [CONSTR. to come + to do sth]: *Llegué a ser profesor después de años de práctica* - I came to be a teacher after years of practice **5** *(ser suficiente)* ⇨to be enough: *No me llega el dinero* - I don't have enough money **6** ~ **a 1** *(alcanzar)* ⇨to reach: *No llego al estante* - I can't reach the shelf **2** *(en altura)* ⇨to come up: *El agua me llegaba al cuello* - The water came up to my neck **3** *(conseguir)* ⇨to manage **7** ~ **hasta** ⇨to reach **8** ~ **lejos** ⇨to go far

llenar ∎ *v.* **1** *(rellenar)* ⇨to fill **2** *(cubrir una superficie)* ⇨to cover **3** *(por completo)* ⇨to fill up: *Llene el depósito, por favor* - Fill up the tank, please **4** *(un lugar)* ⇨to pack **5** *(saciar, hinchar)* ⇨to be filling: *El arroz llena mucho* - Rice is filling ∎ **llenarse** *prnl.* **6** ⇨to fill up **7** *col. (atiborrarse)* ⇨to stuff oneself: *llenarse de algo* - to stuff oneself with sth

lleno, na ∎ *adj.* **1** ⇨full: *El depósito está lleno* - The tank is full **2** *(al completo)* ⇨full up **3** *(concurrido)* ⇨busy **4** *(cubierto)* ⇨covered: *Tengo los pantalones llenos de manchas* - My trousers are covered in stains **5** *(de comida)* ⇨full ∎ **lleno** *s. m.* **6** *(en un espectáculo)* ⇨full house

llevadero, ra *adj.* ⇨bearable

llevar ∎ *v.* **1** *(algo liviano)* ⇨to take: *llevar el periódico* - to take the newspaper **2** *(algo pesado)* ⇨to carry: *llevar una caja llena de libros* - to carry a box full of books **3** *(algo a alguien)* ⇨to take **4** *(hacia un lugar)* ⇨to lead: *Esta carretera lleva directo a Coventry* - This road leads straight to Coventry **5** *(hacia una opinión)* ⇨to lead **6** *(un negocio)* ⇨to run **7** *(tener)* ⇨to have: *¿Qué llevas ahí?* - What do you have there? **8** *(una prenda o un complemento)* ⇨to wear: *Llevo gafas* - I wear glasses **9** *(manejar a una persona)* ⇨to handle: *Veo que sabes llevar bien a tu hermana* - I see you can handle your sister without any problem **10** *(durar, tardar)* ⇨to take: *La instalación del horno llevó dos horas* - The installation of the oven took two hours **11** *(acercar en coche)* ⇨to give a lift: *¿Quieres que te lleve?* - Would you like me to give you a lift? **12** ~ **a cabo** ⇨to carry out **13** ~ **la delantera** ⇨to lead **14** **para** ~ *(comida)* ⇨take away ∎ **llevarse** *prnl.* **15** *(robar, quitar)* ⇨to take: *¿Quién se ha llevado mi libro?* - Who's taken my book? **16** *(estar de moda)* ⇨to be in fashion: *Este año se llevan las minifaldas* - Miniskirts are in fashion this year **17 llevarse bien con alguien** ⇨to be friendly with *sb* ⇨to get on well with *sb*

llorar *v.* **1** ⇨to cry: *No podía dejar de llorar después de ver la película* - She couldn't stop crying after the film **2** *(por una persona)* ⇨to mourn ⇨to grieve **3 echarse a** ~ ⇨to burst into tears ⇨to burst out crying **4** ~ **a moco tendido** *col.* ⇨to cry *one's* eyes out

llorón, -a *adj./s. desp.* ⇨cry-baby *inform* n (pl cry-babies): *Es una llorona* - She is a cry baby

llover *v.* **1** ⇨to rain **2** ~ **a cántaros** ⇨to pour ⇨to rain cats and dogs: *Está lloviendo a cántaros* - It's raining cats and dogs

llovizna *s.f.* ⇨drizzle

lloviznar *v.* ⇨to drizzle ⇨to spit *UK*: *Está lloviznando* - It is spitting

lluvia ∎ *s.f.* **1** ⇨rain *AMÉR. (alcachofa de la ducha)* ⇨shower **3 bajo la** ~ ⇨in the rain ∎ **lluvias** *pl.* **4** *(precipitaciones)* ⇨rainfall [U]: *fuertes lluvias* - heavy rainfall

lluvioso, sa *adj.* ⇨rainy ⇨wet

lo ∎ *art.determ.* **1** ⇨the: *Lo gracioso es que no me importa* - The funny thing is I don't care ∎ *pron. pers.* **2** *(a él)* ⇨him: *Lo vi cuando salíamos de mi casa* - I saw him when we were leaving home **3** *(a usted)* ⇨you: *Venga aquí, que lo necesito* - Come here, I need you **4** *(referido a una cosa o a un animal)* ⇨it: *No te lo compres* - Don't buy it

lobo, ba *s.* **1** ⇨wolf (pl wolves) **2** *lobo de mar* - seal

local ∎ *adj.* **1** *(cerca de donde se vive)* ⇨local: *escuela local* - local school **2** *(de casa, de un*

país) ⇨home: *Ganó el equipo local* - The home team won ∎ *s.m.* **3** ⇨place ⇨premises [U]: *Prohibido fumar en el local* - No smoking on the premises

localidad *s.f.* **1** *(asiento)* ⇨seat **2** *(billete, entrada)* ⇨ticket ⇨*no hay localidades* - sold out **4** *(lugar, población)* ⇨village ⇨town ⇨city *(pl* cities)

localizar *v.* ⇨to locate *form;* ⇨to get hold of: *Necesito localizar a Sharon* - I need to get hold of Sharon

loción *s.f.* ⇨lotion: *una loción para el sol* - a sun lotion

loco, ca ∎ *adj.* **1** ⇨crazy ⇨mad *inform;* ⇨loopy *inform* **2** *col. (enamorado)* ⇨smitten ⇨mad: *Estoy loco por ti* - I'm mad about you ∎ *s.* **3** *(hombre)* ⇨madman *(pl* madmen) **4** *(mujer)* ⇨madwoman *(pl* madwomen) **5 estar ~ de remate** *col.* ⇨to be completely nuts *inform;* ⇨to be completely round the bend *inform* **6 estar ~ por algo** *col. (gustar mucho)* ⇨to be crazy about *inform;* ⇨to be mad about *inform: Está loca por el fútbol* - She is mad about football **7 hacerse el ~** *col.* ⇨to pretend not to notice **8 ni ~** *col.* ⇨no way *inform: No hago eso ni loca* - No way will I do that **9 volverse ~** *col.* ⇨to go bananas *inform: Se ha vuelto loco* - He's gone bananas; ⇨to go mad *inform*

locomotora *s.f.* ⇨engine *UK: La locomotora estaba pintada de rojo brillante* - The engine was painted bright red; ⇨locomotive

locución *s.f.* ⇨phrase ⇨idiom

locura *s.f.* **1** ⇨madness [U] **2** *(insensatez)* ⇨crazy thing

locutor, -a *s.* **1** *(presentador)* ⇨announcer **2** *(hombre)* ⇨linkman *UK (pl* linkmen) **3** *(mujer)* ⇨linkwoman *UK (pl* linkwomen) **4** *(comentarista)* ⇨commentator

lodo *s.m.* ⇨mud

lógico, ca *adj.* ⇨natural

lograr *v.* **1** *(conseguir)* ⇨to achieve **2** *(un premio)* ⇨to obtain **3** *(un objetivo)* ⇨to reach

logro *s.m.* ⇨achievement ⇨accomplishment

lombriz *s.f.* **1** ⇨worm **2** *(de tierra)* ⇨earthworm **3** *(intestinal)* ⇨tapeworm

lomo *s.m.* **1** *(de un animal)* ⇨back **2** *(carne)* ⇨loin **3** *(de un libro)* ⇨spine

lona *s.f.* ⇨canvas *UK;* ⇨burlap *US*

loncha *s.f.* **1** ⇨slice: *una loncha de jamón* - a slice of ham **2** *en lonchas* ⇨sliced

lonchera *s.f. AMÉR.* ⇨lunchbox *(pl* lunchboxes)

longitud *s.f.* **1** *(de una superficie)* ⇨length **2** *(de la Tierra)* ⇨longitude

loro *s.m.* **1** ⇨parrot **2** *col. (radiocasete)* ⇨ghetto blaster *inform* **3** *col. (persona)* ⇨chatterbox **4**

como un ~ *col. (sin reflexionar)* ⇨parrot-fashion **5 hablar como un ~** *col.* ⇨to jabber on

los ∎ *art.determ.* **1** ⇨the: *los chicos* - the boys ∎ *pron.pers.* **2** *(a ellos)* ⇨them: *Los he esperado, pero no han venido* - I've waited for them, but they haven't come **3** *(a ustedes)* ⇨you: *Vengan aquí, que los necesito* - Come here, I need you **4** *(referido a cosas o a animales)* ⇨them: *Los cogí porque no sabía que eran tuyos* - I took them because I didn't know they were yours **5 ~ dos 1** *(nosotros)* ⇨both of us **2** *(vosotros)* ⇨both of you **3** *(ellos)* ⇨both of them

losa *s.f.* ⇨flagstone

lote *s.m.* **1** ⇨lot **2** *AMÉR. (parcela)* ⇨plot ⇨plot of land **3 darse el ~** *vulg.* ⇨to neck *inform, old-fash*

lotería *s.f.* ⇨lottery *(pl* lotteries): *jugar a la lotería* - to play the lottery

loza *s.f.* **1** *(material)* ⇨china [U] **2** *(vajilla)* ⇨crockery [U]

lubina *s.f.* ⇨sea bass *(pl* sea bass)

lucha *s.f.* **1** *(pelea)* ⇨fight ⇨struggle **2** *(por una causa importante)* ⇨fight: *la lucha por la paz* - the fight for peace; ⇨struggle

luchador, -a *s.* **1** ⇨fighter **2** *(deportista)* ⇨wrestler

luchar *v.* **1** *(pelear)* ⇨to fight ⇨to struggle [CONSTR. to struggle for sth/sb] **2** *(por una causa importante)* ⇨to fight [CONSTR. 1. to fight against sth/sb 2. to fight for sth/sb]: *luchar por la libertad* - to fight for freedom; ⇨to struggle **3** *(intentar algo con esfuerzo)* ⇨to struggle [CONSTR. to struggle + to do sth] **4** *(en deporte)* ⇨to wrestle

lucir ∎ *v.* **1** *(dar luz)* ⇨to shine ⇨to glow **2** *(llevar puesto)* ⇨to wear ∎ **lucirse** *prnl.* **3** *(fanfarronear)* ⇨to show off

luego ∎ *adv.* **1** *(en el tiempo)* ⇨later **2** *(a continuación)* ⇨then **3 desde ~** ⇨of course **4 hasta ~** ⇨see you ∎ *conj.* **5** ⇨therefore

lugar *s.m.* **1** ⇨place ⇨location **2** *(para hacer algo)* ⇨place ⇨scene ⇨site: *un buen lugar para acampar* - a good site to camp **3** *(espacio)* ⇨room **4** *(sitio)* ⇨place **5** *(posición)* ⇨place ⇨position **6** *(de interés turístico)* ⇨sights *pl* **7 algún ~** ⇨somewhere **8 dar ~ a algo** ⇨to cause *sth* **9 en ~ de** ⇨in place of ⇨instead of [CONSTR. instead of + doing sth] **10 en primer ~ 1** *(antes de nada)* ⇨first **2** *(en una enumeración)* ⇨first of all ⇨firstly **11 en segundo ~** ⇨secondly **12 en su ~** ⇨instead **13 en tu ~** ⇨in your place **14 en último ~** ⇨ultimately **15 fuera de ~** *(inapropiado)* ⇨out of order ⇨uncalled for **16 otro ~** ⇨elsewhere **17 sin ~ a dudas** ⇨undoubtedly **18 tener ~** ⇨to take place

lujo *s.m.* **1** ⇨luxury *(pl* luxuries) **2** *(capricho)* ⇨indulgence

L

lujoso, sa *adj.* ⇨luxurious

lumbre *s.f.* **1** ⇨fire **2** *(para cocinar)* ⇨stove

luminoso, sa *adj.* **1** *(un lugar)* ⇨well lit ⇨light **2** *(un color)* ⇨bright **3** *(que da luz)* ⇨luminous **4** *letrero luminoso* - neon sign

luna *s.f.* **1** ⇨moon: *luna nueva* - new moon; *luz de luna* - moonlight **2** *(parabrisas)* ⇨windscreen *UK;* ⇨windshield *US* **3** *(espejo)* ⇨mirror **4** *estar en la ~* ⇨to be miles away ⇨to have *one's* head on the clouds **5** *~ creciente* ⇨waxing moon **6** *~ de miel* ⇨honeymoon **7** *~ llena* ⇨full moon **8** *~ menguante* ⇨waning moon

lunar ∎ *adj.* **1** *(de la Luna)* ⇨lunar ∎ *s.m.* **2** *(en la piel)* ⇨mole ⇨spot **3** *(en una tela)* ⇨polka dot

lunático, ca *adj. / s.* ⇨lunatic

lunes *s.m.* ⇨Monday: *Voy a clases de ruso los lunes* - I attend Russian lessons on Mondays

lupa *s.f.* ⇨magnifying glass *(pl* magnifying glasses)

luto *s.m.* ⇨mourning: *ir de luto* - to be dressed in mourning; *estar de luto* - to be in mourning

Luxemburgo *s.m.* ⇨Luxembourg

luxemburgués, -a ∎ *adj.* **1** ⇨from Luxembourg ∎ *s.* **2** ⇨person from Luxembourg

luz *s.f.* **1** ⇨light ⇨radiance ⇨illumination *form* **2** *(de luna)* ⇨moonlight **3** *(del día)* ⇨daylight **4** *(del sol)* ⇨sunshine ⇨sunlight **5** *a la luz de algo* - in the wake of sth **6** *(corriente eléctrica)* ⇨electricity **7** *(claridad mental): tener muchas luces* - to be bright **8** *dar a ~* ⇨to give birth to: *Dio a luz gemelos* - She gave birth to twins **9** *luces de cruce* ⇨dipped headlights **10** *~ de freno* ⇨brake light **11** *~ verde* ⇨go-ahead **12** *sacar a la ~* ⇨to bring into the open **13** *salir a la ~* ⇨to come to light **14** *ver la ~* ⇨to see the light

L

m *s.f. (letra del alfabeto)* ⇨m
macabro, bra *adj.* ⇨macabre ⇨ghoulish
macarrón *s.m.pl.* ⇨macaroni [U]
macedonia *s.f.* ⇨fruit salad
maceta *s.f.* ⇨flowerpot
machacar *v.* **1** *(deshacer)* ⇨to crush **2** *(estropear)* ⇨to steamroller: *Nos machacó el plan* - He steamrollered the plan **3** *col. (insistir mucho)* ⇨to go on **4** *col. (derrotar)* ⇨to overwhelm ⇨to pummel *inform: Les machacaron en la segunda ronda* - They were pummelled in the second round
machete *s.m.* ⇨machete
machista ❚ *adj.* **1** ⇨chauvinistic ❚ *s.com.* **2** ⇨male chauvinist
macho *adj./s.m.* **1** ⇨male *adj* **2** *(de algunos animales como el ciervo o el conejo)* ⇨buck *n* **3** *(un hombre)* ⇨he-man *inform n (pl* he-men); ⇨macho *inform adj;* ⇨butch *inform n*
macizo, za ❚ *adj.* **1** ⇨solid ❚ *adj./s.* **2** *col. (atractivo)* ⇨horny *inform;* ⇨drop dead gorgeous *inform;* ⇨hunk *inform* ❚ macizo *s.m.* **3** *(de flores)* ⇨flowerbed **4** *(de montañas)* ⇨massif
madera *s.f.* **1** *(material)* ⇨wood ⇨timber *UK;* ⇨lumber *US* **2** *(tabla)* ⇨log ⇨plank **3** de ~ ⇨wooden
madero *s.m.* ⇨log
madrastra *s.f.* ⇨stepmother
madre *s.f.* **1** ⇨mother ⇨mum *UK inform;* ⇨mummy *UK inform (pl* mummies); ⇨mom *US inform;* ⇨mommy *US (pl* mommies) **2** ~ adoptiva ⇨foster mother **3** ~ de alquiler ⇨surrogate mother **4** ¡madre mía! ⇨goodness! **5** salirse de ~ **1** *(un río)* ⇨to overflow: *La lluvia hizo que el río se saliera de madre* - The rain made the river overflow **2** *(una persona)* ⇨to completely lose control of oneself
madriguera *s.f.* **1** ⇨burrow **2** *(de conejos)* ⇨warren
madrina *s.f.* ⇨godmother
madrugada *s.f.* **1** *(alba)* ⇨daybreak [U]; ⇨dawn **2** *(después de medianoche)* ⇨small hours: *Llegué a casa de madrugada* - I arrived home on the small hours
madrugar *v.* ⇨to get up early
madurar *v.* **1** *(un fruto)* ⇨to ripen **2** *(una persona)* ⇨to mature **3** *(una idea)* ⇨to mature: *Tardó varios años en madurar sus ideas* - It took several years for her ideas to mature; ⇨to think through: *Tengo que madurar el proyecto un poco más* - I have to think the project through a bit more
maduro, ra *adj.* **1** *(una fruta)* ⇨ripe **2** *(una persona)* ⇨mature
maestro, tra *s.* **1** *(profesor)* ⇨teacher ⇨schoolteacher **2** *(hombre)* ⇨schoolmaster *old-fash* **3** *(mujer)* ⇨schoolmistress *(pl* schoolmistresses) **4** *(persona que es muy buena en algo)* ⇨master: *Era un maestro del disfraz* - He was a master of disguise
mafia *s.f.* **1** ⇨mafia **2** la ~ ⇨the Mafia
magdalena *s.f.* ⇨fairy cake
magia *s.f.* **1** ⇨magic **2** como por arte de ~ ⇨by a twist of fate **3** ~ negra ⇨black magic
mágico, ca *adj.* **1** ⇨magical ⇨magic *UK inform: trucos mágicos* - magic tricks **2** *(misterioso, excitante)* ⇨magical
magnetófono *s.m.* ⇨tape recorder
magnífico, ca *adj.* **1** *(muy bonito)* ⇨magnificent ⇨splendid **2** *(muy bueno)* ⇨wonderful: *Es un cocinero magnífico* - He is a wonderful cook; ⇨tremendous ⇨terrific ⇨great
mago, ga *s.* **1** ⇨magician **2** *(de leyenda)* ⇨wizard
magullar *v.* ⇨to bruise
mahonesa *s.f.* ⇨mayonnaise
maillot *s.m.* ⇨leotard
maíz *s.m.* **1** *(cereal)* ⇨maize *UK;* ⇨corn *US* **2** *(granos)* ⇨sweetcorn
majestad *s.f.* **1** ⇨majesty **2** *(realeza)* ⇨Majesty: *Sus Majestades, el rey y la reina* - their Majesties, the King and Queen

M

majo, ja *adj.* ⇨nice

mal ∎ *adj.* **1** Véase **malo, la ∎** *s.m.* **2** ⇨evil: *el bien y el mal* - good and evil; ⇨malaise **3** *(enfermedad)* ⇨malady *(pl* maladies); ⇨malaise ∎ *adv.* **4** *(de mala manera, de forma incorrecta)* ⇨badly: *hacer algo mal* - to do sth badly; ⇨wrong **5** *(con olores y sabores)* ⇨bad: *Huele mal* - It smells bad **6** *Sus hijos están muy mal educados* - Their children are extremely badly-behaved [CONSTR. Se construye con formas de participio pasado de un verbo para añadir un valor negativo a la acción: *badly-fed* - mal alimentado, *badly-dressed* - mal vestido] **7** *entender mal* - to misunderstand **8** *calcular mal* - to miscalculate **9** *(con grandes dificultades)* ⇨hardly: *Lo veía mal* - I could hardly see it **10** *(de salud)* ⇨ill form: *encontrarse mal* - to feel ill **11** *ir de* ∼ **en peor** ⇨to go from bad to worse **12** *menos* ∼ ⇨thank God: *Menos mal que no fui* - Thank God I didn't go **13** *salir* ∼ ⇨to go wrong **14** *tomar a* ∼ ⇨to resent ⇨to be offended

malabarista *s.com.* ⇨juggler

malcriado, da *adj.* ⇨spoilt *UK: No soporto a esos niños malcriados* - I can't stand those spoilt children; ⇨spoiled *US*

malcriar *v.* ⇨to spoil

maldad *s.f.* **1** *(carácter)* ⇨evil ⇨wickedness **2** *(acción)* ⇨evil deed: *Me parece que se comenten muchas maldades en nombre del bienestar* - It seems to me that a lot of evil deeds are done in the name of welfare **3** *Lo que hiciste fue una maldad* - It was an evil thing to do

maldecir *v.* ⇨to swear ⇨to curse: *¿Quieres dejar de maldecir y calmarte?* - Could you stop swearing and calm down?

maldición *s.f.* ⇨curse: *Alguien te ha echado una maldición* - Someone has put a curse on you

maldito, ta *adj.* **1** *(molesto)* ⇨damned *inform;* ⇨wretched *inform: Este maldito coche se ha vuelto a estropear* - This wretched car's broken down again **2** *(por una maldición)* ⇨cursed **3** *¡maldita sea! col.* ⇨damn! *inform*

maleducado, da *adj.* ⇨rude

malestar *s.m.* ⇨unease: *un malestar creciente* - a growing unease

maleta *s.f.* **1** ⇨suitcase ⇨case *UK* **2** *hacer las maletas* - to pack **3** *deshacer las maletas* - to unpack

maletero *s.m. (de un coche)* ⇨boot *UK;* ⇨trunk *US*

maletín *s.m.* **1** ⇨briefcase **2** *maletín de primeros auxilios* - first-aid box

malgastar *v.* ⇨to misuse ⇨to waste

malhablado, da *adj./s.* ⇨foul-mouthed *offens adj*

malherido, da *adj.* ⇨badly hurt

maligno, na *adj.* **1** ⇨evil **2** *(en medicina)* ⇨malignant

malintencionado, da *adj.* ⇨vicious ⇨malicious

malinterpretar *v.* **1** ⇨to misunderstand: *Me temo que has malinterpretado mis palabras* - I'm afraid you have misunderstood my words; ⇨to misinterpret ⇨to misread **2** *No me malinterpretes* - Don't get me wrong

malla ∎ *s.f.* **1** *(tela)* ⇨mesh *(pl* meshes) **2** *(prenda)* ⇨leggings *pl* **3** *(para hacer ballet o gimnasia)* ⇨leotard **4** *AMÉR. (bañador)* ⇨swimsuit ⇨swimming costume *UK;* ⇨bathing suit *US* ∎ **mallas** *pl.* **5** ⇨tights *UK;* ⇨pantyhose *US*

malo, la ∎ *adj.* **1** ⇨bad: *Esta sopa tiene un sabor malo* - This soup has a bad taste **2** *(travieso)* ⇨naughty **3** *(un enfermo)* ⇨ill form **4** *(un alimento)* ⇨off *inform;* ⇨rotten **5** *(un dato)* ⇨wrong **6** *(un presentimiento)* ⇨foreboding **7** *(un chiste, una broma)* ⇨corny *inform* **8** *(un olor)* ⇨foul ∎ **malo** *s.m.* **9** *(de una película)* ⇨baddie *UK inform (pl* baddies); ⇨villain

maloliente *adj.* ⇨smelly ⇨stinking

maltratar *v.* **1** ⇨to abuse: *Habían maltratado emocionalmente a varios de los niños* - Several of the children had been emotionally abused; ⇨to ill-treat **2** *(pegar)* ⇨to batter ⇨to brutalize: *Se cree que han maltratado a los prisioneros* - It is believed that they have brutalized the prisoners

malva ∎ *adj./s.m.* **1** *(color)* ⇨mauve ∎ *s.f.* **2** *(flor)* ⇨mallow **3** *estar como una* ∼ *col.* ⇨to be as meek as a lamb **4** *estar criando malvas col.* ⇨to be pushing up the daisies

malvado, da ∎ *adj.* **1** ⇨wicked ⇨evil ∎ *s.* **2** ⇨villain: *el malvado de la película* - the villain of the movie

mamá *s.f. col.* ⇨mummy *UK inform (pl* mummies); ⇨mum *UK inform;* ⇨mommy *US inform (pl* mommies); ⇨ma *inform*

mamadera *s.f. AMÉR.* ⇨baby's bottle

mamar *v.* **1** ⇨to suckle **2** *dar de* ∼ ⇨to suckle ⇨to breast-feed

mamífero *s.m.* ⇨mammal

manada *s.f.* **1** ⇨herd ⇨drove *UK* **2** *(de perros, de lobos)* ⇨pack **3** *(de personas)* ⇨crowd **4** *(de leones)* ⇨pride

manantial *s.m.* ⇨spring

manar *v.* ⇨to flow

manazas ∎ *adj.* **1** *col.* ⇨clumsy: *ser un manazas* - to be clumsy ∎ *s.com.* **2** *col.* ⇨clumsy person ⇨butterfingers *inform*

mancha *s.f.* **1** *(de suciedad)* ⇨stain **2** *(en la piel de una persona)* ⇨spot ⇨mark **3** *(en la piel de*

un animal) ⇒marking **4** *(en el pelo de un animal)* ⇒patch *(pl* patches) **5** *(de tinta)* ⇒blot

manchar ❚ *v.* **1** *(ensuciar)* ⇒to stain: *manchar de grasa un mantel -* to stain a tablecloth with grease **2** *(mancillar)* ⇒to tarnish: *La reputación de este actor estuvo manchada por el escándalo -* The reputation of this actor was tarnished by the scandal ❚ **mancharse** *prnl.* **3** ⇒to get dirty: *Te vas a manchar -* You are going to get dirty

manco, ca *adj.* ⇒one-handed ⇒one-armed

mandamiento *s.m.* ⇒commandment

mandar *v.* **1** *(ordenar)* ⇒to order [CONSTR. to order + to do sth]: *Mi padre me mandó salir del coche -* My father ordered me to get out of the car; ⇒to instruct [CONSTR. to instruct + to do sth] **2** *(gobernar)* ⇒to be in charge **3** *(enviar)* ⇒to send **4** *(por correo)* ⇒to post UK; ⇒to send ⇒to mail US **5** *(por fax)* ⇒to fax: *Le mandé por fax una copia -* I faxed him a copy [CONSTR. to fax + dos objetos]

mandarina *s.f.* ⇒tangerine

mandato *s.m.* **1** *(orden)* ⇒mandate: *Este territorio está bajo mandato de Naciones Unidas -* This territory is under UN mandate **2** *(período)* ⇒mandate

mandíbula *s.f.* ⇒jaw

mando *s.m.* **1** *(poder)* ⇒command: *estar al mando de una actividad -* to be in command of an activity; ⇒control **2** *(de televisión)* ⇒remote control **3** *(de un avión)* ⇒controls *pl;* ⇒joystick **4** *(en informática)* ⇒joystick

mandón, -a *adj. col.* ⇒bossy

manecilla *s.f.* ⇒hand

manejable *adj.* ⇒easy to use ⇒manageable

manejar *v.* **1** *(tratar)* ⇒to handle **2** *(controlar)* ⇒to control ⇒to handle **3** *(usar)* ⇒to operate: *¿Sabes cómo manejar esta cámara? -* Do you know how to operate this camera? **4** AMÉR. *(un vehículo)* ⇒to drive

manejo *s.m.* **1** *(uso)* ⇒handling **2** *col. (chanchullo, treta)* ⇒underhand dealings *pl* **3** AMÉR. *(de un vehículo)* ⇒driving ⇒control

manera *s.f.* **1** *(forma de hacer algo)* ⇒manner ⇒way: *de la misma manera -* in the same way **2** *a {mi/tu/su...}* manera ⇒one's way: *Lo hizo a su manera -* She did it her way **3** *de alguna ~* ⇒somehow **4** *de cualquier ~* **1** *(de todos modos)* ⇒anyhow *spoken;* ⇒anyway *spoken;* ⇒by hook or by crook **2** *(sin cuidado)* ⇒anyhow: *Iba vestida de cualquier manera -* She was dressing anyhow **5** *de ~* extraña ⇒oddly **6** *de ninguna ~* ⇒by no means ⇒on no account **7** *de otra ~* ⇒otherwise

manga *s.f.* **1** *(de una prenda)* ⇒sleeve **2** *una camiseta sin mangas -* a sleeveless T-shirt **3** *una*

camisa de manga corta - a short-sleeved shirt; *una camisa de manga larga -* a long-sleeved shirt

mangar *v. col.* ⇒to pinch UK *inform;* ⇒to nick UK *inform;* ⇒to swipe *inform;* ⇒to filch *inform col. Alguien me ha mangado los lápices -* Someone has filched my pencils

mango *s.m.* **1** *(de una cosa)* ⇒handle **2** *(de un arma)* ⇒shaft **3** *(fruta)* ⇒mango *(pl* mangoes, mangos)

manguera *s.f.* ⇒hose: *manguera de incendios -* fire hose

manía *s.f.* **1** *(trastorno mental)* ⇒mania: *Siempre está limpiando, es una especie de manía -* She's always cleaning; it's like a mania with her **2** *col. (antipatía)* ⇒dislike: *cogerle manía a algo -* to take a dislike to sth; ⇒spite **3** *(particularidad)* ⇒foible: *Todos tenemos nuestras pequeñas manías -* We all have our little foibles

maniático, ca *adj.* ⇒fussy: *Es muy maniático en lo que respecta a la casa; todo tiene que estar completamente perfecto -* He's so fussy about the house; everything has to be absolutely perfect; ⇒fanatical ⇒particular: *Es muy maniática con la comida -* She's very particular about what she eats

manicomio *s.m. col.* ⇒asylum *old-fash;* ⇒mental hospital

manifestación *s.f.* **1** *(expresión o muestra de algo)* ⇒expression **2** *(concentración de personas)* ⇒demonstration: *una manifestación contra la guerra -* an anti-war demonstration

manifestante *s.com.* ⇒demonstrator

manifestar ❚ *v.* **1** *(declarar)* ⇒to state *form* [CONSTR. 1. to state + (that) 2. to state + interrogativo]: *Manifestó que no consideraba oportuno intervenir -* He stated that he didn't think it was appropriate to intervene **2** *(mostrar)* ⇒to show [CONSTR. to show + interrogativo]: *En la carta manifestaba cuánto la quería -* In the letter he showed how much he loved her ❚ **manifestarse** *prnl.* **3** *(un grupo de personas)* ⇒to demonstrate **4** *(surgir, brotar)* ⇒to become apparent

manillar *s.m.* ⇒handlebars *pl*

maniobra ❚ *s.f.* **1** ⇒manoeuvre UK; ⇒maneuver US **2** *hacer una maniobra a la derecha -* to manoeuvre to the right ❚ **maniobras** *pl.* **3** *(militares)* ⇒manoeuvres UK; ⇒maneuvers US

maniobrar *v.* ⇒to manoeuvre UK; ⇒to maneuver US: *maniobrar a la izquierda -* to manoeuvre to the left

manipular *v.* **1** *(tocar)* ⇒to handle: *Lávate siempre las manos antes de manipular la comida -* Always wash your hands before handling food;

M

⇨to process **2** *(influir)* ⇨to manipulate: *Ha conseguido manipular a los medios de comunicación con éxito* - She has very successfully manipulated the media

maniquí ❚ *s.com.* **1** *(persona)* ⇨model ❚ *s.m.* **2** *(figura)* ⇨dummy *(pl* dummies)

manitas *s.com.* **1** ⇨jack-of-all-trades **2** *Soy muy manitas* - I'm good with my hands

manivela *s.f.* ⇨handle

manjar *s.m.* ⇨delicacy *(pl* delicacies)

mano *s.f.* **1** ⇨hand ⇨paw *inform* **2** *(en fútbol)* ⇨handball **3** *(de pintura)* ⇨coat **4** a ~ **1** *(manualmente)* ⇨by hand: *hecho a mano* - made by hand / handmade **2** *(cerca)* ⇨handy *inform: tener algo a mano* - to have sth handy **5** a ~ derecha ⇨on the right hand side **6** a ~ izquierda ⇨on the left hand side **7** con las manos en la masa ⇨red-handed **8** dar la ~ ⇨to shake hands **9** dejar en manos de alguien ⇨to deposit *sth* with *sb* **10** de la ~ ⇨hand in hand **11** de ~ ⇨carry-on: *bolso de mano* - carry-on bag **12** de primera ~ ⇨first-hand **13** de segunda ~ ⇨secondhand **14** echar una ~ ⇨to give a hand ⇨to help out **15** en las manos de alguien ⇨in *sb's* power **16** entre manos **1** *(trabajo, asunto)* ⇨in hand **2** *¿Qué te traes entre manos?* - What are you up to? **17** ~ a ~ ⇨hand-to-hand **18** ~ de obra ⇨manpower ⇨labour *UK* **19** ~ derecha *(persona de confianza)* ⇨right-hand man **20** pedir la ~ ⇨to propose to **21** ponerse manos a la obra ⇨to get down to **22** saludar con la ~ ⇨to wave

manojo *s.m.* **1** ⇨bunch *(pl* bunches) **2** *ser un manojo de nervios* - to be a bundle of nerves

manopla *s.f.* **1** *(para el frío)* ⇨mitten **2** *(para la cocina)* ⇨oven glove

manosear *v.* **1** *(una cosa)* ⇨to touch ⇨to handle: *Deja de manosear las naranjas* - Stop handling the oranges **2** *(a una persona)* ⇨to touch up *UK inform;* ⇨to paw ⇨to grope *inform;* ⇨to pet

mansión *s.f.* ⇨mansion

manso, sa *adj.* **1** *(un animal)* ⇨tame **2** *(una persona)* ⇨meek ⇨mild **3** *(una cosa)* ⇨peaceful ⇨quiet: *aguas mansas* - quiet water

manta ❚ *s.f.* **1** *(para abrigarse)* ⇨blanket **2** *(pez)* ⇨manta ray ❚ *s.com.* **3** *col. (persona): ser un manta* - to be inept **4** liarse la ~ a la cabeza *col.* ⇨to take the plunge

manteca *s.f.* **1** ⇨fat **2** *AMÉR.* ⇨butter **3** *manteca de cerdo* - lard **4** *manteca de cacao* - cocoa butter

mantel *s.m.* **1** ⇨tablecloth **2** *(individual)* ⇨mat

mantener *v.* **1** *(conservar algo en buenas condiciones)* ⇨to maintain *form;* ⇨to sustain: *mantener una relación* - to sustain a relationship; ⇨to keep:

mantener el orden - to keep order **2** *(sujetar)* ⇨to hold **3** *(económicamente)* ⇨to support

mantenimiento *s.m.* ⇨maintenance

mantequilla *s.f.* ⇨butter

manual ❚ *adj.* **1** ⇨manual ❚ *s.m.* **2** ⇨manual ⇨handbook

manufacturar *v.* ⇨to manufacture

manuscrito, ta ❚ *adj.* **1** ⇨handwritten ❚ manuscrito *s.m.* **2** ⇨manuscript

manzana *s.f.* **1** *(fruta)* ⇨apple **2** *(de casas)* ⇨block: *La tienda de la que te hablé está en la manzana siguiente* - The shop I told you about is on the next block

manzanilla *s.f.* **1** *(planta)* ⇨camomile **2** *(infusión)* ⇨camomile tea: *Si estás enfermo, una manzanilla te sentará bien* - If you feel sick, a camomile tea will do you good; ⇨chamomile tea

manzano *s.m.* ⇨apple tree

maña *s.f.* ⇨skill ⇨cunning

mañana ❚ *s.m.* **1** *(tiempo futuro)* ⇨future: *pensar en el mañana* - to think about the future ❚ *s.f.* **2** *(parte del día)* ⇨morning: *Tenemos tres clases por la mañana* - We have three lessons in the morning **3** a media ~ ⇨mid-morning **4** de la ~ *(para las horas)* ⇨a.m. [Procede de *ante meridiem* (antes del mediodía)] [Cuando se dice *a.m.* no se dice *o'clock*]: *Llegaré a las 8 de la mañana* - I'll arrive at 8 a.m. ❚ *adv.* **5** *(el día siguiente)* ⇨tomorrow **6** pasado ~ ⇨the day after tomorrow

mañoso, sa *adj. col.* ⇨skilful *UK;* ⇨skillful *US*

mapa *s.m.* **1** ⇨map **2** desaparecer del ~ ⇨to vanish off the face of the earth

maqueta *s.f.* **1** *(de un edificio)* ⇨model **2** *(de un disco)* ⇨demo *UK inform*

maquillaje *s.m.* ⇨make-up: *Siempre lleva maquillaje* - She always wears make-up

maquillar *v.* ⇨to make up: *maquillar a alguien* - to make sb up; *La joven se maquilló para ir a la fiesta* - The girl made herself up to go to the party

máquina *s.f.* **1** ⇨machine: *máquina de coser* - sewing machine **2** ~ de afeitar **1** *(cuchilla)* ⇨razor **2** *(eléctrica)* ⇨shaver **3** ~ de escribir ⇨typewriter **4** ~ de fotos ⇨camera

maquinaria *s.f.* ⇨machinery

maquinilla *s.f.* **1** ⇨razor **2** ~ eléctrica ⇨shaver

maquinista *s.com.* ⇨engine driver *UK;* ⇨engineer *US*

mar *s.amb.* **1** ⇨sea: *por mar* - by sea **2** la ~ de *(mucho)* ⇨a lot of: *hacer la mar de cosas* - to do a lot of things **3** ~ gruesa ⇨heavy sea

maratón *s.amb.* ⇨marathon

maravilla *s.f.* ⇨marvel ⇨wonder: *las siete maravillas del mundo* - the seven wonders of the world

maravillar ▌ v. **1** ⇨to amaze ▌ **maravillarse** prnl. **2** ⇨to marvel [CONSTR. 1. to marvel at sth 2. to marvel + (that)]; ⇨**to wonder** [CONSTR. 1. to wonder at sb 2. to wonder + (that)]: *Se maravilló de que pudieras hacerlo* - She wondered that you could make it

maravilloso, sa adj. ⇨marvellous UK; ⇨marvelous US; ⇨wonderful: *¡Es una idea maravillosa!* - That's a wonderful idea!

marca s.f. **1** *(señal)* ⇨mark **2** *(de un producto)* ⇨make

marcador s.m. **1** *(tablero)* ⇨scoreboard **2** *(rotulador)* ⇨marker **3** *(para un libro)* ⇨bookmark

marcar v. **1** *(un número de teléfono)* ⇨to dial **2** *(registrar)* ⇨to register ⇨to show: *El reloj marca las diez en punto* - The clock shows 10 o'clock **3** *(señalar)* ⇨to tick UK: *marcar la respuesta correcta* - to tick the correct answer; ⇨to check US **4** *(un tanto)* ⇨to score **5** *(a un jugador)* ⇨to mark

marcha s.f. **1** *(caminata)* ⇨walk **2** *(grupo organizado de personas)* ⇨march *(pl* marches) **3** *(de un coche o de una bicicleta)* ⇨gear **4** col. *(animación)* ⇨action: *un sitio con mucha marcha* - a place with a lot of action **5** en ~ ⇨on: *La lavadora está en marcha* - The washing machine is on **6** poner en ~ ⇨to start

marchar ▌ v. **1** *(ir)* ⇨to march: *Marcharon hacia el pueblo nada más conocer la noticia* - They marched towards the town as soon as they heard the news **2** *(transcurrir)* ⇨to go: *¿Cómo marchan las cosas entre vosotros dos?* - How are things going between you two? **3** *(un coche)* ⇨to run: *El coche marcha bien* - The car is running ok **4** *(un mecanismo)* ⇨to work: *La impresora no marcha bien* - The printer isn't working well ▌ **marcharse** prnl. **5** ⇨to go ⇨to go away: *Márchate, por favor* - Please, go away

marchito, ta adj. **1** *(una flor)* ⇨withened **2** *(una cualidad, un sentimiento)* ⇨faded

marchoso, sa adj./s. col. *ser muy marchoso* - to be into the nightlife

marciano, na adj./s. ⇨Martian

marco s.m. **1** *(de un cuadro)* ⇨frame **2** *(de una puerta)* ⇨doorframe **3** *(moneda)* ⇨mark: *El marco era la moneda de Alemania antes del euro* - The mark was the German coin before the euro

marea s.f. **1** ⇨tide: *marea baja* - low tide **2** ~ negra ⇨oil slick

mareado, da adj. **1** *(con naúseas)* ⇨dizzy **2** *(con pérdida de equilibrio)* ⇨sick **3** *(por ir en un coche)* ⇨carsick **4** *(por ir en un barco)* ⇨seasick

marear ▌ v. **1** *(producir náuseas)* ⇨to make feel sick: *Leer en el coche me marea* - Reading in the car makes me feel sick **2** *(perder el equilibrio)* ⇨to make feel dizzy: *Me marean las alturas* - Heights make me feel dizzy **3** col. *(hartar):Me estás mareando con tus tonterías* - You're doing my head in with your nonsense **4** *(perder uno mismo el equilibrio)* ⇨to feel dizzy: *Te mareaste porque tenías la tensión baja* - You felt dizzy because your blood pressure was low ▌ **marearse** prnl. **5** *(sentir náuseas)* ⇨to feel sick: *Se mareó con el olor* - He felt sick because of the smell; *Me mareé en el barco* - I got seasick on the ship

mareo s.m. **1** *(pérdida del equilibrio)* ⇨dizziness **2** *Me ha dado un mareo* - I feel dizzy **3** *(con nauseas)* ⇨sickness **4** *(causado por el movimiento de un barco)* ⇨seasickness **5** col. *(fastidio)* ⇨drag inform: *¡Todo este papeleo es un mareo!* - All this paperwork is such a drag!

marfil s.m. ⇨ivory

margarina s.f. ⇨margarine

margarita s.f. ⇨daisy *(pl* daisies)

margen s.m. **1** *(extremo)* ⇨margin ⇨fringe **2** *(flexibilidad)* ⇨scope: *margen de acción* - scope for action **3** *(orilla)* ⇨bank **4** al ~ ⇨apart: *al margen de algo* - apart from sth

marginar v. **1** *(a un colectivo)* ⇨to marginalize ⇨to marginalise UK: *marginar a un grupo* - to marginalise a group **2** *(a una persona)* ⇨to shun: *Sus amigos y su familia le marginaron* - He was shunned by friends and family alike; ⇨to ostracize form; ⇨to ostracise UK form: *Los niños de su clase nunca lo marginaron en sus juegos* - The children in his class never ostracised him in their games

marido s.m. ⇨husband

marimandón, -a ▌ adj. **1** col. ⇨bossy ▌ s. **2** col. ⇨bossy boots inform *(pl* bossy boots)

marina s.f. ⇨navy: *Se alistó en la marina* - He joined the navy

marinero, ra s. ⇨sailor

marino, na ▌ adj. **1** *(del mar)*: *sal marina* - sea salt; *corrientes marinas* - ocean currents ▌ **marino** s.m. **2** *(persona)* ⇨sailor

marioneta s.f. ⇨puppet

mariposa s.f. ⇨butterfly *(pl* butterflies)

mariquita s.f. *(insecto)* ⇨ladybird UK; ⇨ladybug US

marisco s.m. **1** ⇨seafood [U]: *Soy alérgico al marisco* - I am allergic to seafood **2** *(con caparazón, con concha)* ⇨shellfish *(pl* shellfish)

marisma s.f. ⇨marsh *(pl* marshes)

marítimo, ma adj. **1** ⇨maritime form; ⇨marine **2** *paseo marítimo* - promenade; *puerto*

M ▬

marítimo - seaport; *un pueblo marítimo* - a coastal town

mármol *s.m.* ⇨marble

marqués, -a ▌ *s.* **1** *(hombre)* ⇨marquis *(pl* marquises); ⇨marquess *(pl* marquesses) **2** *(mujer)* ⇨marchioness *(pl* marchionesses) ▌ marqueses *pl.* **3** *(marqués y marquesa)* ⇨marquis and marchioness *(pl* marquises and marchionesses); ⇨marquess and marchioness *(pl* marquesses and marchionesses)

marranada *s.f.* **1** *col. (cosa sucia)* ⇨filth [U] **2** *col. (imagen indecente)* ⇨filth [U] **3** *col. (faena)* ⇨dirty trick

marrano, na ▌ *s.* **1** *(animal)* ⇨pig ▌ *adj. / s.* **2** *col. desp. (persona)* ⇨pig *inform, offens*

marrón ▌ *adj. / s.m.* **1** ⇨brown ▌ *s.m.* **2** *col. (asunto desagradable)* ⇨sticky situation ⇨mess: *Me metí en un marrón por copiar en el examen* - I got myself into a mess by cheating in the exam

marroquí *adj. / s.com.* ⇨Moroccan

Marruecos *s.m.* ⇨Morocco

martes *s.m.* ⇨Tuesday

martillear *v.* ⇨to hammer

martillo *s.m.* ⇨hammer

mártir *s.com.* ⇨martyr

marzo *s.m.* ⇨March

más ▌ *s.m.* **1** ⇨plus: *Dos más tres es igual a cinco* - Two plus three is five ▌ *adv.* **2** *(en comparativos):* *Mi sillón es más confortable que el tuyo* - My armchair is more comfortable than yours; *Eres más alto que yo* - You are taller than me [CONSTR. Se construye con la forma comparativa del adjetivo añadiendo *-er* en aquellos adjetivos de una sílaba, o de dos sílabas que acaban en *-y* (*louder, easier*), y *more* en el resto (*more expensive*)] **3** *(en superlativos):* *Esta película es la más emocionante de todas* - This film is the most exciting of them all; *Soy la más baja de mi clase* - I am the shortest in my class [CONSTR. Se construye con la forma superlativa del adjetivo añadiendo *-est* en aquellos adjetivos de una sílaba, o de dos sílabas que acaban en *-y* (*loudest, easiest*), y *most* en el resto (*most expensive*)] **4** *(con pronombres interrogativos, indefinidos o negativos)* ⇨else: *¿Algo más?* - Anything else?; *¿Qué más necesitas?* - What else do you need?; *Nadie más nos ayudó* - Nobody else helped us **5** *No lo sabe nadie más que ella* - Nobody knows it but her **6** *de ~* **1** *(de sobra)* ⇨spare: *Tengo un bolígrafo de más* - I have a spare pen; ⇨extra **2** *(en exceso)* ⇨too much: *El camarero me dio 2 libras de más* - The barman gave me 2 pounds too much **7** *es ~* ⇨what's more **8** *lo que está de ~* ⇨odd man out **9** *~ allá* ⇨beyond: *más allá de algo* - beyond sth **10** *~ bien* ⇨rather: *Es más*

bien estúpido - He is rather stupid **11** *~ de* ⇨over: *Hoy somos más de diez en clase* - Today we are over ten people in the classroom **12** *~ o menos* ⇨more or less ⇨or so **13** *~ vale que* ⇨had better: *Más vale que vayamos a casa* - We had better go home **14** *~ y ~* ⇨more and more **15** *nunca ~* ⇨never again

masa *s.f.* **1** ⇨mass *(pl* masses): *Había masas de gente en la ciudad hoy* - There were masses of people in town today **2** *(para hacer pan)* ⇨dough **3** *(para hacer pasteles)* ⇨pastry

masacrar *v.* ⇨to massacre

masacre *s.f.* ⇨massacre ⇨slaughter

masaje *s.m.* ⇨massage

masajear *v.* ⇨to massage

masajista *s.com.* **1** *(hombre)* ⇨masseur **2** *(mujer)* ⇨masseuse

mascar *v.* ⇨to chew

máscara *s.f.* ⇨mask: *máscara de oxígeno* - oxygen mask

mascarilla *s.f.* **1** *(para protegerse)* ⇨mask **2** *(producto de belleza)* ⇨face mask

mascota *s.f.* **1** *(animal de compañía)* ⇨pet **2** *(talismán)* ⇨mascot

masculino, na *adj.* **1** *(biológicamente)* ⇨male **2** *(en las formas)* ⇨masculine **3** *(en gramática)* ⇨masculine

masivo, va *adj.* ⇨massive: *un ataque masivo* - a massive attack

masticar *v.* **1** ⇨to chew **2** *(algo crujiente)* ⇨to crunch

mástil *s.m.* **1** *(de un barco)* ⇨mast **2** *(de una bandera)* ⇨flagpole

mata *s.f.* ⇨bush *(pl* bushes); ⇨shrub

matadero *s.m.* ⇨slaughterhouse ⇨abattoir *UK*

matanza *s.f.* *(de personas, de animales)* ⇨killing ⇨slaughter ⇨massacre

matar ▌ *v.* **1** ⇨to kill **2** *~ el tiempo col.* ⇨to kill time ▌ **matarse** *prnl.* **3** ⇨to get oneself killed: *Dave casi se mata escalando una montaña* - Dave almost got himself killed climbing up a mountain **4** *(suicidarse)* ⇨to kill oneself **5** *col. (trabajar mucho)* ⇨to slave away *inform;* ⇨to work hard

matasellos *s.m.* ⇨postmark

mate ▌ *adj.* **1** *(que no brilla)* ⇨matt *UK;* ⇨matte *US: La fotografía está disponible en acabado mate o brillo* - The photo is available in matt or gloss finish ▌ *s.m.* **2** *(infusión)* ⇨maté **3** *(en baloncesto)* ⇨slam dunk *UK;* ⇨dunk *US* **4** *jaque ~* ⇨checkmate

matemática *s.f.* ⇨mathematics *form* [U]; ⇨maths *UK* [U]; ⇨math *US* [U] [Se usa normalmente con un verbo en singular]: *Las matemáticas es una*

asignatura difícil - Mathematics is a difficult subject

matemático, ca ∎ *adj.* **1** *(de la matemática)* ⇨mathematical **2** *(exacto)* ⇨exact ∎ *s.* **3** *(persona)* ⇨mathematician

materia ∎ *s.f.* **1** *(física)* ⇨matter: *materia orgánica* - organic matter **2** *(asignatura)* ⇨subject **3** ~ **prima** ⇨raw material ∎ **materias** *pl.* **4** ⇨contents

material ∎ *s.m.* **1** ⇨material ∎ **materiales** *pl.* **2** ⇨equipment *sing;* ⇨materials

materialista ∎ *adj.* **1** ⇨materialistic ∎ *s.com.* **2** ⇨materialist

maternal *adj.* ⇨maternal

maternidad *s.f.* **1** *(situación)* ⇨motherhood ⇨maternity **2** *(hospital)* ⇨maternity hospital

materno, na *adj.* **1** ⇨motherly **2** *(parentesco)* ⇨maternal: *mi abuelo materno* - my maternal grandfather **3** **lengua materna** ⇨mother tongue

matinal *adj.* *un paseo matinal* - a morning walk

matiz *s.m.* **1** *(tono)* ⇨shade **2** *(detalle)* ⇨shade ⇨nuance

matón, -a *s. col.* ⇨thug

matorral *s.m.* ⇨scrub ⇨thicket

matrícula *s.f.* **1** *(de un vehículo)* ⇨registration number ⇨number plate *UK;* ⇨license plate *US* **2** *(tasas, dinero para inscribirse)* ⇨fee ⇨tuition *US* **3** *(inscripción)* ⇨registration: *matrícula gratuita* - free registration; ⇨enrolment *UK;* ⇨enrollment *US*

matricular *v.* ⇨to register ⇨to enrol *UK: Su madre lo matriculó en un colegio público* - His mother enrolled him in a state school; *Me he matriculado en un curso nuevo* - I've enrolled on a new course; ⇨to enroll *US*

matrimonio *s.m.* **1** *(institución)* ⇨marriage ⇨matrimony *form* **2** *(pareja casada)* ⇨married couple

matutino, na *adj. periódico matutino* - morning paper; *sesión matutina* - morning session

maullar *v.* ⇨to miaow

maullido *s.m.* ⇨miaow

Mauritania *s.f.* ⇨Mauritania

mauritano, na *adj. / s.* ⇨Mauritanian

máximo, ma ∎ *adj.* **1** ⇨highest: *la máxima autoridad* - the highest authority; ⇨maximum ⇨top ∎ **máximo** *s.m.* **2** ⇨maximum **3** **al máximo** *trabajar al máximo* - to work to one's maximum capacity; *esforzarse al máximo* - to try one's utmost **4** **como máximo** ⇨at most

mayo *s.m.* ⇨May

mayonesa *s.f.* ⇨mayonnaise

mayor ∎ *adj.* **1** *(de edad, con un uso comparativo)* ⇨older: *Mi prima es mayor que yo* - My

cousin is older than me; ⇨elder: *¿Cuál es la mayor de las dos hermanas?* - Which is the elder of the two sisters? **2** *(de edad, con un uso superlativo)* ⇨oldest: *Soy el mayor de mis hermanos* - I am the oldest brother; ⇨eldest: *John es el mayor de mis cuatro hijos* - John is the eldest of my four children **3** *(de edad avanzada)* ⇨old ⇨elderly: *Hay que respetar a las personas mayores* - We have to respect elderly people **4** *(de tamaño, con un uso comparativo)* ⇨bigger: *Necesito una caja mayor* - I need a bigger box **5** *(de tamaño, con un uso superlativo)* ⇨biggest: *Soy la mayor de mi clase* - I am the biggest in my class; ⇨largest: *Este es el puente mayor que he visto* - This is the largest bridge I have ever seen **6** *(de importancia, con un uso comparativo)* ⇨greater: *Debes dedicarle un mayor esfuerzo a los estudios* - You must make a greater effort to study **7** *(de importancia, con un uso superlativo)* ⇨greatest: *Mis nietos son mi mayor alegría* - My grandchildren are my greatest joy; ⇨main: *La plaza mayor y la calle mayor están en el centro* - The main square and the main street are in the town centre ∎ *s.com.* **8** *(persona adulta)* ⇨adult: *Escucha lo que los mayores tienen que decirte* - Listen to what the adults have to tell you **9** *(persona de más edad)* ⇨elder: *Él es el mayor* - He is the elder **10** **al por** ~ ⇨wholesale ⇨in bulk **11** **hacerse** ~ ⇨to grow up

mayordomo *s.m.* ⇨butler

mayoría *s.f.* **1** ⇨majority: *Esto es importante para la mayoría* - This is important for the majority; ⇨generality *form* **2** **la ~ de** ⇨most: *la mayoría de la gente* - most people; ⇨most of [Normalmente se usa con un verbo en plural]: *La mayoría de nosotros tiene correo electrónico* - Most of us have e-mail address

mayúscula *s.f.* ⇨capital letter ⇨capital: *en mayúsculas* - in capitals; ⇨upper case letter ⇨upper case ∎ Ver cuadro en página siguiente

mazapán *s.m.* ⇨marzipan [U]

mazo *s.m.* ⇨mallet

me *pron.pers.* **1** *(no reflexivo)* ⇨me: *Me dijo que vendría* - He told me that he was coming; *Llámame* - Call me **2** *(reflexivo)* ⇨myself: *Me corté con el cuchillo del pan* - I cut myself with the bread knife

mear ∎ *v.* **1** *vulg.* ⇨to piss *vulg* ∎ **mearse** *prnl.* **2** *vulg. (hacerse pis)* ⇨to wet oneself **3** *vulg. (tener ganas)* ⇨to be dying for a pee *inform: Me estoy meando* - I'm dying for a pee; ⇨to be pissing **4** *vulg. (reírse mucho)* ⇨to piss oneself laughing *vulg*

M ▬

mecánico, ca ∎ *adj.* **1** *(de la mecánica)* ⇒mechanical **2** *(sin pensar)* ⇒mindless: *un trabajo bastante mecánico* - a fairly mindless work; ⇒mechanical ⇒mechanistic: *una respuesta mecánica* - a mechanistic answer ∎ *s.* **3** ⇒mechanic

mecanismo *s.m.* **1** ⇒device ⇒mechanism **2** ~ **de cuerda** ⇒clockwork

mecanografiar *v.* ⇒to type

mecanógrafo, fa *s.* ⇒typist

mecedora *s.f.* ⇒rocking chair

mecer ∎ *v.* **1** ⇒to rock ∎ **mecerse** *prnl.* **2** ⇒to rock **3** *(en un columpio)* ⇒to swing

mecha *s.f.* **1** *(de una vela)* ⇒wick **2** *(de un explosivo)* ⇒fuse **3** *(en el pelo)* ⇒highlight **4 a toda ~** *col.* ⇒at full speed

mechero *s.m.* ⇒lighter

mechón *s.m.* ⇒lock

medalla *s.f.* ⇒medal

media ∎ *s.f.* **1** *(promedio)* ⇒average **2** *(para hablar de la hora)* ⇒half *(pl* halves): *las nueve y media* - half past nine; *media hora* - half an hour ∎

medias *pl.* **3** *(prenda de vestir)* ⇒tights *UK pl;* ⇒pantyhose *US* **4** *(hasta el muslo)* ⇒stockings

mediados (a ~) ⇒halfway: *Le llamaré a mediados de semana* - I'll call him through the week; ⇒in the middle of: *a mediados de mes* - in the middle of the month; ⇒mid: *Me iré a mediados de agosto* - I'll be leaving by mid August

medialuna *s.f.* **1** *(objeto con forma de luna)* ⇒crescent **2** *(cruasán)* AMÉR. ⇒croissant

mediano, na *adj.* **1** ⇒medium **2** *(común, normal)* ⇒average

medianoche *s.f.* ⇒midnight

mediante *prep.* ⇒through: *Lograste el ascenso mediante una recomendación* - You got your promotion through recommendation; ⇒by means of: *Subí el cubo mediante una polea* - I got the bucket up by means of a pulley

medicamento *s.m.* ⇒drug ⇒medicine

medicina *s.f.* **1** *(ciencia)* ⇒medicine: *medicina alternativa* - alternative medicine **2** *(medicamento)* ⇒drug ⇒medicine

uso de la mayúscula

Las mayúsculas se usan más en inglés que en español. Siempre se utilizan mayúsculas con:

- Los días de la semana y los meses:

 · *I have an appointment with the dentist on **Tuesday**, 10th of **July**.*
 (Tengo cita con el dentista el próximo martes, 10 de julio.)

- Las épocas y los grandes hitos históricos:

 · *the **Middle Ages***
 (la Edad Media)

 · *the **Industrial Revolution***
 (la Revolución industrial)

- Las lenguas y las nacionalidades:

 · *In this **Swiss** school we learn **German**, **French** and **Italian**.*
 (En este colegio suizo estudiamos alemán, francés e italiano.)

- El pronombre personal de primera persona de singular (yo):

 · *I need some help, please.*
 (Necesito ayuda, por favor.)

- Los títulos de libros, artículos, películas y canciones:

 · *The film **Gone With The Wind** is based on the novel of the same title.*
 (La película Lo que el viento se llevó está basada en una novela del mismo título.)

- Los nombres de ríos, mares, montañas, países, regiones, ciudades y pueblos:

 · *The **River Thames** runs through **London**.*
 (El río Támesis pasa por Londres.)

médico, ca ∎ *adj.* **1** ⇨medical ∎ *s.* **2** ⇨doctor **3** médico de familia ⇨general practitioner ⇨GP ⇨family doctor

medida *s.f.* **1** *(medición de algo)* ⇨measurement **2** *(unidad)* ⇨measure **3** *(acción)* ⇨measure: *tomar medidas para conseguir algo* - to take measures to do sth **4** a la ~ de ⇨suited to **5** a ~ que ⇨as **6** en la ~ de lo posible ⇨as far as possible

medieval *adj.* ⇨medieval

medio, dia ∎ *adj.* **1** *(mitad)* ⇨half: *medio paquete* - half a pack **2** *(mediano, corriente)* ⇨average ⇨medium: *Tiene una estatura media* - She's medium height **3** a medias **1** *(a partes iguales)* ⇨half and half: *pagar a medias* - to pay half and half; ⇨fifty-fifty **2** *(no del todo)* ⇨half: *una verdad a medias* - a half-truth **4** y media ⇨and a half: *una hora y media* - one hour and a half ∎ **medio** *s.m.* **5** *(centro)* ⇨middle **6** *(recurso, forma)* ⇨way: *Es el único medio de hacerlo* - This is the only way to do it; ⇨method ⇨means **7** en medio de ⇨in the middle of **8** medio ambiente ⇨environment **9** medio de transporte ⇨means of transport **10** medios de comunicación ⇨media **11** medios económicos ⇨means **12** ponerse en medio ⇨to get in the way ⇨to be in the way **13** por el medio ⇨in half **14** por medio de ⇨by means of **15** quitar de en medio *col.* ⇨to take *sth* out of the way **16** quitarse de en medio *col.* ⇨to get out of the way

mediocre *adj.* ⇨mediocre

mediodía *s.m.* **1** *(a las doce)* ⇨midday ⇨noon: *a mediodía* - at noon **2** *(período de tiempo)* ⇨midday

medir *v.* **1** ⇨to measure: *Mido un metro setenta* - I'm 1.70 m tall **2** *(valorar, apreciar)* ⇨to weigh up: *medir los riesgos* - to weigh up the risks **3** *(moderar)*: *medir las palabras* - to moderate one's language

meditar *v.* ⇨to meditate *form;* ⇨to think about: *meditar sobre algo* - to think about sth

mediterráneo, a *adj.* ⇨Mediterranean

medusa *s.f.* ⇨jellyfish *(pl* jellyfish, jellyfishes)

megáfono *s.m.* ⇨megaphone

mejicano, na *adj. / s.* Véase **mexicano, na**

mejilla *s.f.* ⇨cheek

mejillón *s.m.* ⇨mussel

mejor *adv.* **1** *(en comparativos)* ⇨better: *El libro es mejor que la película* - The book is better than the film **2** *(en superlativos)* ⇨best: *Lo mejor es consultarlo con ellos* - The best thing is to consult them about it **3** a lo ~ ⇨maybe **4** ~ que ~ ⇨so much the better

mejora *s.f.* ⇨improvement ⇨refinement

mejorar ∎ *v.* **1** ⇨to improve: *Parece que su estado mejora* - Her condition seems to be improving; ⇨to progress ⇨to better ∎ **mejorarse** *prnl.* **2** ⇨to get better: *El tiempo está mejorando* - The weather is getting better; *Ya me he mejorado del catarro* - My cold has got better already

mejoría *s.f.* ⇨improvement

melancólico, ca *adj.* ⇨sad ⇨melancholic *form*

melena *s.f.* **1** *(de una persona)* ⇨long hair **2** *Llevaba la melena suelta* - She wore her hair down **3** *(de un animal)* ⇨mane

mellizo, za *adj. / s.* ⇨twin

melocotón *s.m.* ⇨peach *(pl* peaches): *melocotón en almíbar* - peaches in syrup

melocotonero *s.m.* ⇨peach tree

melodía *s.f.* **1** ⇨melody *(pl* melodies); ⇨tune: *Me gusta mucho esa melodía* - I really like that tune **2** *(de un teléfono móvil)* ⇨ringtone

melón *s.m.* ⇨melon

membrillo *s.m.* **1** *(árbol)* ⇨quince tree **2** *(fruto)* ⇨quince **3** *(dulce)* ⇨quince jelly

memoria ∎ *s.f.* **1** *(facultad, recuerdo)* ⇨memory: *tener buena memoria* - to have a good memory **2** *(escrito)* ⇨report: *Todavía no he escrito la memoria anual* - I still haven't written the annual report **3** *(en informática)* ⇨memory **4** de ~ ⇨by heart **5** hacer ~ ⇨to try to remember **6** traer a la ~ *(recordar)* ⇨to bring back **7** venir a la ~ ⇨to come to mind ∎ **memorias** *pl.* **8** *(libro)* ⇨memoirs

memorizar *v.* ⇨to memorize ⇨to memorise *UK:* *memorizar una lección* - to memorise a lesson

menaje *s.m.* **1** ⇨household items *pl* **2** menaje de cocina - kitchen utensils

mencionar *v.* ⇨to mention [CONSTR. 1. to mention + (that) 2. to mention + doing sth 3. to mention + interrogativo]: *Mencioné que iba a Australia, pero no dijo nada* - I mentioned going to Australia but he didn't say anything; *¿Ha mencionado lo que iba a hacer?* - Did he mentioned what he was going to do?; ⇨to bring up *UK: Siempre mencionaba lo triste que estaba* - She was always bringing up how sad she was

mendigar *v.* ⇨to beg [CONSTR. to beg for sth]: *Mendigaba comida* - He was begging for food

mendigo, ga *s.* ⇨beggar

menear ∎ *v.* **1** ⇨to shake ⇨to wag: *El perro meneaba el rabo* - The dog wagged its tail **2** *(las caderas)* ⇨to wiggle ∎ **menearse** *prnl.* **3** *col.* *(una persona)* ⇨to fidget: *El niño no paraba de menearse en su asiento* - The child didn't stop fidgeting in his seat

menestra *s.f.* ⇨vegetable stew

M ▬

menguante *adj.* **1** ⇨decreasing **2** *(la luna)* ⇨waning: *luna menguante* - waning moon **3** *cuarto ~* ⇨last quarter

menor ❚ *adj.* **1** *(de edad, con un uso comparativo)* ⇨younger: *Mi prima es menor que yo* - My cousin is younger than me **2** *(de edad, con un uso superlativo)* ⇨youngest: *Soy el menor de mis hermanos* - I am the youngest brother **3** *(de tamaño, con un uso comparativo)* ⇨smaller: *Mi casa es menor que la tuya* - My house is smaller than yours **4** *(de tamaño, con un uso superlativo)* ⇨smallest: *Necesito la caja de menor tamaño* - I need the smallest box **5** *(en música)* ⇨menor **6** *(poco importante)* ⇨minor: *un poeta menor del siglo XVI* - a minor poet of the 16th-century ❚ *s.com.* **7** *no apto para menores de 18 años* - not suitable for under-eighteens **8** *vender al por ~* ⇨to retail

menos ❚ *s.m.* **1** ⇨minus: *Siete menos dos es igual a cinco* - Seven minus two is five ❚ *adv.* **2** *(en comparativos)* ⇨less: *Kimberly tiene menos paga que yo* - Kimberly gets less pocket money than I do **3** *(en comparativos, con nombres contables)* ⇨fewer: *Tengo menos libros que tú* - I have fewer books than you **4** *(en superlativos)* ⇨least: *Roy es la persona que menos habla en clase* - The person who speaks the least in this class is Roy **5** *(en superlativos, con nombres contables)* ⇨fewest: *Este es el libro que tiene menos páginas* - This is the book that has the fewest pages **6** *(para indicar la hora)* ⇨to: *las ocho menos diez* - ten to eight **7** *(excepto)* ⇨but: *Vinieron todos menos él* - They all came but him; ⇨except **8** *a ~ que* ⇨unless: *No iré a menos que vengas conmigo* - I will not go unless you come with me **9** *de ~* ⇨too little: *El camarero me dio 2 libras de menos* - The barman gave me 2 pounds too little; ⇨too few **10** *echar de ~* ⇨to miss **11** *más o ~* ⇨more or less ⇨or so **12** *~ cuarto* ⇨quarter to **13** *por lo ~* ⇨at least **14** *ser lo de ~* ⇨to be the least important thing: *No te preocupes, eso es lo de menos* - Don't worry, that's the least important thing

menospreciar *v.* **1** *(mostrar hostilidad)* ⇨to despise: *Los dos grupos se menospreciaban el uno al otro* - The two groups despise each other **2** *(mostrar superioridad)* ⇨to look down on *sb*: *Siempre me menosprecia* - She always looks down on me; ⇨to pour scorn on **3** *(infravalorar)* ⇨to belittle ⇨to deprecate: *Siempre menosprecia mis logros* - He always deprecates my achievements; ⇨to underestimate

mensaje *s.m.* **1** ⇨message: *captar el mensaje* - to get the message **2** *~ de error (en informática)* ⇨error message **3** *~ de socorro* ⇨SOS message **4** *~ de texto* ⇨text message

mensajero, ra *s.* ⇨messenger

mensual *adj.* ⇨monthly

mensualidad *s.f.* **1** *(salario)* ⇨monthly salary *(pl* monthly salaries) **2** *(pago)* ⇨monthly payment

menta *s.f.* **1** ⇨mint **2** *~ poleo* ⇨peppermint tea

mental *adj.* ⇨mental

mentalidad *s.f.* **1** ⇨mentality **2** *tener una mentalidad abierta* - to be open-minded

mentalizar ❚ *v.* **1** *(concienciar)* ⇨to mentally prepare ⇨to make aware [CONSTR. to make sb aware of sth] ❚ **mentalizarse** *prnl.* **2** *(concienciarse)* ⇨to mentally prepare oneself ⇨to get *sth* into one's head: *Ya me he mentalizado para dejar de fumar* - I've already got it into my head that I have to give up smoking; ⇨to become aware [CONSTR. to become aware of sth]; ⇨to come to terms [CONSTR. to come to terms with sth]

mente *s.f.* ⇨mind

mentir *v.* ⇨to lie: *No me mientas* - Don't lie to me

mentira *s.f.* ⇨lie: *mentira piadosa* - white lie

mentirijillas (de ~) ⇨in jest: *Lo dije de mentirijillas* - I said it in jest

mentiroso, sa ❚ *adj.* **1** ⇨lying ❚ *s.* **2** ⇨liar

menú *s.m.* **1** ⇨menu **2** *(de un programa informático)* ⇨menu: *un menú desplegable* - a drop-down menu **3** *~ del día* ⇨set menu

menudo, da *adj.* **1** *(pequeño)* ⇨small ⇨tiny **2** *(en exclamaciones): ¡Menudo lío!* - What a fuss!; *¡Menuda suerte tiene!* - He is so lucky! **3** *a menudo* ⇨often [CONSTR. Se sitúa detrás del verbo *to be* y de los verbos auxiliares y modales *He's often late for school* - Llega tarde al colegio con frecuencia y delante de los demás verbos *I often go to the theatre* - Voy al teatro a menudo]

meñique *s.m.* ⇨little finger

mercadillo *s.m.* ⇨street market

mercado *s.m.* ⇨market

mercancía *s.f.* ⇨goods *pl*: *Todavía no ha llegado la mercancía* - The goods haven't arrived yet; ⇨merchandise *form*

mercería *s.f.* ⇨haberdasher's *UK (pl* haberdashers'); ⇨notions store *US*

mercurio *s.m.* *(elemento químico)* ⇨mercury

merendar *v.* **1** ⇨to have a snack **2** *Merendaré un bocadillo* - I'll have a sandwich

merendero *s.m.* ⇨picnic area

merengue *s.m.* ⇨meringue

meridional *adj.* ⇨southern

merienda *s.f.* **1** ⇨afternoon snack **2** *(en el campo)* ⇨picnic **3** *(merienda-cena)* ⇨tea *UK*

mérito *s.m.* ⇨merit *form*: *Conseguí el trabajo por méritos propios* - I got the job on my own merits

mermelada *s.f.* ⇨jam *UK;* ⇨jelly *US (pl* jellies)

mero, ra ❚ *adj.* **1** ⇨mere: *El mero hecho de pensarlo me pone enfermo* - The mere thought of it makes me feel ill ❚ **mero** *s.m.* **2** *(pez)* ⇨grouper

merodear *v.* **1** *(sin malas intenciones)* ⇨to hang about **2** *(con malas intenciones)* ⇨to prowl

mes *s.m.* **1** ⇨month: *dentro de un mes* - in a month's time **2** *al mes* - monthly; *una vez al mes* - once a month **3** *Está de cinco meses* - She is five month pregnant

mesa *s.f.* **1** ⇨table: *la mesa del comedor* - the dining table **2** *(de una oficina)* ⇨desk: *Mi mesa está cubierta de papeles* - My desk is covered with papers **3** ~ auxiliar ⇨side table ⇨coffee table **4** ~ redonda *(reunión)* ⇨round table **5** poner la ~ ⇨to lay the table **6** quitar la ~ ⇨to clear the table

meseta *s.f.* ⇨plateau *(pl* plateaux, plateaus)

mesilla *s.f.* ⇨bedside table

mesón *s.m.* **1** *(de comidas)* ⇨tavern **2** *(de hospedaje)* ⇨inn

mestizo, za ❚ *adj.* **1** ⇨of mixed race ❚ *s.* **2** ⇨person of mixed race

meta *s.f.* **1** ⇨finishing-line **2** *(en una carrera de caballos)* ⇨winning post **3** *(portería)* ⇨goal **4** *(propósito, aspiración)* ⇨goal: *alcanzar una meta* - to achieve a goal

metáfora *s.f.* ⇨metaphor

metal *s.m.* ⇨metal

metálico, ca *adj.* **1** ⇨metallic **2** *una lámina metálica* - a metal sheet **3** en metálico ⇨in cash: *En el mercado tienes que pagar en metálico* - In the market, you have to pay in cash

metalizado, da *adj.* ⇨metallic: *azul metalizado* - metallic blue

meteorología *s.f.* ⇨meteorology

meteorológico, ca *adj.* **1** ⇨meteorological **2** *parte meteorológico* - weather report

meter ❚ *v.* **1** *(poner)* ⇨to put: *No olvides meter una toalla en la bolsa* - Don't forget to put a towel on the bag **2** *(introducir)* ⇨to insert: *Tienes que meter una moneda por la ranura* - You have to insert a coin on the slot **3** *(datos en un ordenador)* ⇨to feed **4** *(con dificultad)* ⇨to squeeze: *No pude meter más ropa en la lavadora* - I couldn't squeeze any more clothes into the washing machine **5** *(implicar)* ⇨to involve: *Estaba metido en aquellos asuntos sucios* - He was involved on those shady business **6** *(un punto, un gol)* ⇨to score: *Metió dos goles en el partido* - He scored two goals on the match **7** ~ la pata *col.* ⇨to put *one's* foot in it **8** ~ prisa ⇨to hurry up ⇨to rush [CONSTR. to rush + to do sth] ❚ **meterse** *prnl.* **9** *(entrar)* ⇨to get into: *meterse en una habitación* - to get into a room **10** *(en un asunto)*

⇨to get involved **11** *(entrometerse)* ⇨to interfere **12** *(con alguien)* ⇨to pick on

meticuloso, sa *adj.* **1** *(una persona)* ⇨careful ⇨conscientious **2** *(un documento)* ⇨meticulous ⇨thorough: *un estudio meticuloso de los problemas* - a thorough study of the problems

método *s.m.* ⇨method ⇨system

metralleta *s.f.* ⇨submachine gun

métrico, ca *adj.* ⇨metric: *el sistema métrico* - the metric system

metro *s.m.* **1** *(unidad de medida)* ⇨metre *UK;* ⇨meter *US* **2** *(cinta métrica)* ⇨tape measure **3** *(regla)* ⇨ruler **4** *(medio de transporte)* ⇨underground *UK;* ⇨tube *inform UK inform;* ⇨subway *US* **5** *(en poesía)* ⇨metre *UK;* ⇨meter *US* **6** ~ cuadrado ⇨square metre *UK;* ⇨square meter *US* **7** ~ cúbico ⇨cubic metre *UK;* ⇨cubic meter *US*

mexicano, na *adj. / s.* ⇨Mexican

México *s.m.* ⇨Mexico

mezcla *s.f.* **1** ⇨mixture **2** *(de té, de café)* ⇨blend

mezclar ❚ *v.* **1** ⇨to mix ⇨to blend **2** *(revolver)* ⇨to jumble **3** *(ideas, palabras)* ⇨to scramble ❚ **mezclarse** *prnl.* **4** *(involucrarse)* ⇨to get mixed up: *mezclarse con algo* - to get mixed up in sth

mezquino, na *adj.* **1** *(tacaño)* ⇨mean *UK;* ⇨miserly **2** *(ruin)* ⇨contemptible: *Su comportamiento fue mezquino* - Her behaviour was contemptible; ⇨shabby

mezquita *s.f.* ⇨mosque

mi ❚ *poses.* **1** ⇨my: *Mi padre es piloto, y mi madre, médico* - My father is a pilot and my mother is a doctor; *Mis primos viven en Inglaterra* - My cousins live in England ❚ *s.m.* **2** *(nota musical)* ⇨E

mí *pron.pers.* **1** *(no reflexivo)* ⇨me: *¿Eso es para mí?* - Is that for me? **2** *(reflexivo)* ⇨I: *A mí también me duele la cabeza* - I have got a headache too **3** ⇨myself: *Voy a pensar en mí misma* - I'm going to think of myself

micro *s.m.* ⇨mike *inform*

microbio *s.m.* ⇨germ ⇨microbe

micrófono *s.m.* ⇨microphone ⇨mike *inform*

microondas *s.m.* ⇨microwave oven ⇨microwave

microscopio *s.m.* ⇨microscope

miedica *adj. / s.com. col.* ⇨chicken *inform*

miedo *s.m.* **1** ⇨fear **2** *dar miedo a alguien* - to scare sb **3** tener ~ a ⇨to be afraid of *sth/sb*

miedoso, sa ❚ *adj.* **1** ⇨timid ⇨fearful *form* ❚ *s.* **2** ⇨coward

miel *s.f.* ⇨honey

miembro *s.m.* **1** *(de una colectividad)* ⇨member **2** *(del cuerpo humano)* ⇨limb

mientras ❚ *adv.* **1** ⇨meanwhile ⇨in the meantime: *Tiene una reunión por la mañana. Mientras,*

M

yo intentaré acabar el informe - She's got a meeting in the morning. In the meantime I'll try to finish the report **2** ~ **tanto** ⇨meanwhile ⇨in the meantime ∎ *conj.* **3** ⇨while: *Lo haré mientras esperas* - I'll do it while you wait **4** ~ **que** ⇨whereas

miércoles *s.m.* **1** ⇨Wednesday **2 Miércoles de Ceniza** ⇨Ash Wednesday

miga *s.f.* **1** ⇨crumb **2 hacer buenas migas con alguien** *col.* ⇨to get on well with *sb*

mil *numer.* **1** ⇨thousand: *mil libras* - a thousand pounds; *Había miles de personas* - There were thousands of people **2** ~ **millones** ⇨billion

milagro *s.m.* ⇨miracle: *hacer milagros* - to work miracles

milagroso, sa *adj.* ⇨miraculous

milenio *s.m.* ⇨millennium

milésimo, ma *numer.* ⇨thousandth

mili *s.f.* ⇨military service

miligramo *s.m.* ⇨milligramme ⇨milligram

milímetro *s.m.* ⇨millimetre *UK;* ⇨millimeter *US*

militante ∎ *adj.* **1** ⇨militant ∎ *s.com.* **2** ⇨activist

militar ∎ *adj.* **1** ⇨military ∎ *s.m.* **2** *(sin especificar sexo)* ⇨soldier **3** *(hombre)* ⇨serviceman *(pl* servicemen) **4** *(mujer)* ⇨servicewoman *(pl* servicewomen)

milla *s.f.* ⇨mile

millar *s.m. millares de personas* - thousands of people

millardo *pron.numer. (mil millones)* ⇨billion

millón *pron.numer.* ⇨million

millonario, ria *adj. / s.* ⇨millionaire *n*

millonésimo, ma *numer.* ⇨millionth

mimado *adj.* ⇨spoilt *UK;* ⇨spoiled *US*

mimar *v.* **1** *(mostrar cariño)* ⇨to pamper: *Me gusta que me mimen* - I like being pampered; ⇨to cuddle **2** *(consentir)* ⇨to spoil: *mimar a un niño* - to spoil a child; ⇨to pamper **3** *(proteger excesivamente)* ⇨to mollycoddle: *No estás ayudando nada a los niños mimándolos así* - You're not helping the children by mollycoddling them

mimbre *s.amb.* **1** *(árbol)* ⇨willow **2** *(material)* ⇨wicker

mímica *s.f.* ⇨mime

mimo *s.m.* **1** *(representación teatral)* ⇨mime **2** *hacer mimo* - to mime **3** *(cariño)* ⇨loving care **4** *dar mimos* - to pamper **5** *(actor)* ⇨mime artist

mina *s.f.* **1** *(de minerales)* ⇨mine: *mina de carbón* - coal mine; ⇨pit **2** *(de un lápiz)* ⇨lead **3** ~ **de oro** *col. (buen negocio)* ⇨goldmine ⇨money-spinner

mineral ∎ *adj.* **1** ⇨mineral: *agua mineral* - mineral water ∎ *s.m.* **2** ⇨mineral

minero, ra *s.* ⇨coalminer ⇨miner

miniatura *s.f.* **1** ⇨model: *una miniatura de un avión* - a plane model **2 de** ~ ⇨miniature: *una colección de coches de miniatura* - a collection of miniature cars

minifalda *s.f.* ⇨miniskirt

mínima *s.f.* ⇨minimum temperature

mínimo, ma ∎ *adj.* **1** ⇨minimal: *una diferencia mínima* - a minimal difference; ⇨least ∎ **mínimo** *s.m.* **2** ⇨minimum ⇨modicum *form: No hay ni un mínimo de verdad en sus declaraciones* - There's not even a modicum of truth in her statement **3 como mínimo** ⇨at the very least

minino, na *s. col.* ⇨pussy *inform (pl* pussies); ⇨kitty *inform (pl* kitties)

ministerio *s.m.* **1** ⇨ministry *(pl* ministries): *Ministerio de Sanidad* - Ministry of Health **2** *(en Gran Bretaña)* ⇨department: *Ministerio de Sanidad* - Department of Health

ministro, tra *s.* **1** ⇨minister *UK: el ministro de Defensa* - the Minister for the Defence **2** *(en Gran Bretaña)* ⇨secretary *US (pl* secretaries): *el ministro de Asuntos Exteriores* - the Foreign Secretary; ⇨Secretary of State *UK: el ministro de Educación* - the Secretary of State for Education **3** *(de la iglesia protestante)* ⇨minister **4 primer ministro** ⇨Prime Minister

minoría *s.f.* ⇨minority *(pl* minorities)

minucioso, sa *adj.* ⇨meticulous ⇨thorough

minúscula *s.f.* ⇨small letter ⇨lower case letter ⇨lower case

minúsculo, la *adj.* ⇨tiny ⇨minute

minusválido, da ∎ *adj.* **1** ⇨disabled ⇨handicapped [Se considera más apropiado utilizar *disabled*] ∎ *s.* **2** ⇨disabled person: *Hay una zona de aparcamiento reservada para minusválidos* - There is a reserved parking area for disabled people; ⇨handicapped person ⇨cripple *offens, old-fash*

minutero *s.m.* ⇨minute hand: *Se ha parado el minutero de mi reloj* - The minute hand of my watch has stopped

minuto *s.m.* ⇨minute

mío, a *poses.* **1** *(precedido del verbo «ser»)* ⇨mine: *Este osito de peluche es mío* - This teddy bear is mine; *Ese es tu lápiz y este es el mío* - That is your pencil and this is mine **2** *(precedido de un sustantivo)* ⇨of mine: *Una amiga mía vive en Rusia* - A friend of mine lives in Russia **3** *(pronombre)* ⇨mine: *El mío es más bonito* - Mine is prettier

miope ∎ *adj.* **1** ⇨short-sighted *UK;* ⇨nearsighted *US;* ⇨myopic *form* ∎ *s.com.* **2** ⇨short-sighted person *UK;* ⇨nearsighted person *US;* ⇨myopic person *form*

miopía *s.f.* ⇨short-sightedness *UK;* ⇨near-sightedness *US;* ⇨myopia *form*

≡M

mirada *s.f.* **1** ⇨look **2** *(ojeada, vistazo)* ⇨glance **3** *(de forma fija)* ⇨stare **4** *(de arriba abajo)* ⇨once-over *inform* **5 echar una ~ a algo** ⇨to have a look at *sth* ⇨to take a glance at *sth*

mirador *s.m.* **1** *(en un edificio)* ⇨balcony *(pl* balconies) **2** *(en un lugar natural)* ⇨viewpoint

mirar ∎ *v.* **1** ⇨to look [CONSTR. to look at sth/sb]: *Mira esta foto* - Look at this picture **2** *(algo en movimiento)* ⇨to watch: *mirar la televisión* - to watch TV **3** *(observar)* ⇨to watch [CONSTR. 1. to watch sb + doing sth 2. to watch + do sth 3. to watch + interrogativo]: *¿Por qué me miras tanto?* - Why are you watching me so much? **4** *(buscar)* ⇨to look **5** *(en un diccionario)* ⇨to look up **6** *(ser cuidadoso)* ⇨to be careful: *Mira lo que haces* - Be careful what you do **7** *(aguzando la vista)* ⇨to peer at **8** *(fijamente)* ⇨to stare **9** *(con atención)* ⇨to eye **10** *(airadamente)* ⇨to glare **11** *(furtiva y rápidamente)* ⇨to peek **12** *(a hurtadillas)* ⇨to peep **13** *(estar orientado)* ⇨to face: *Mi ventana mira al sur* - My window faces south **14 quedarse mirando** ⇨to gaze [CONSTR. to gaze at sth/sb] ∎ **mirarse** *prnl.* **15** *(uno mismo)* ⇨to look at oneself: *Se miró en el espejo* - He looked at himself in the mirror **16** *(uno a otro)* ⇨to look at each other ∎ Ver cuadro see / look at / watch

mirón, -a *adj./s.* **1** *col.* ser un mirón - to enjoy gawking at people **2** *col.* ⇨snoop

misa *s.f.* **1** ⇨mass *(pl* masses) **2** *ir a misa* - to go to church

miserable ∎ *adj.* **1** *(infeliz)* ⇨miserable ⇨wretched **2** *(insignificante)* ⇨miserable ⇨paltry: *Las becas que reciben los estudiantes hoy en día son miserables* - Student grants these days are paltry **3** *desp. (malvado)* ⇨villainous ⇨despicable ⇨miserly: *una persona miserable* - a miserly person ∎ *s.com.* **4** *desp. (malvado)* ⇨wretch *(pl* wretches) ⇨scoundrel *old-fash;* ⇨miser

miseria *s.f.* **1** *(pobreza)* ⇨poverty **2** *(sufrimiento, desgracia)* ⇨misery **3** *(cantidad insignificante)* ⇨pittance: *Gana una miseria* - He earns a pittance

misil *s.m.* ⇨missile

misión *s.f.* **1** *(deber)* ⇨task **2** *(orden)* ⇨mission **3** *(lugar)* ⇨mission

misionero, ra *s.* ⇨missionary *(pl* missionaries)

mismo, ma *adj.* **1** ⇨same: *Siempre haces lo mismo* - You always do the same **2** *¡Tú mismo lo dijiste!* - You said it yourself! **3** *Los vi en este mismo sitio* - I saw them in this very place **4** *Me enteré de lo ocurrido ayer mismo* - I learned of the incident only yesterday

misterio *s.m.* **1** ⇨mystery *(pl* mysteries) **2** *(algo difícil de comprender)* ⇨puzzle ⇨mystery *(pl* mysteries)

misterioso, sa *adj.* ⇨mysterious

mitad *s.f.* **1** ⇨half *(pl* halves) **2** *(de un período)* ⇨middle **3 a ~ de camino** ⇨halfway **4 a ~ de precio** ⇨half-price **5 por la ~** ⇨in half

mítico, ca *adj.* ⇨mythical

mitin *s.m.* ⇨political meeting ⇨rally *(pl* rallies)

mito *s.m.* **1** ⇨myth **2** *(persona)* ⇨legend

mixto, ta *adj.* *(un colegio)* ⇨mixed

mobiliario *s.m.* ⇨furniture [U]

mocasín *s.m.* ⇨moccasin

mochila *s.f.* ⇨rucksack *UK;* ⇨backpack *US*

moco *s.m.* **1** ⇨mucus [U]; ⇨snot *inform* [U] **2 llorar a ~ tendido** *col.* ⇨to cry *one's* eyes out *inform;* ⇨to sob *one's* heart out *inform*

mocoso, sa ∎ *adj.* **1** *(con mocos): estar mocoso* - to have a runny nose ∎ *s.* **2** *desp. (crío)* ⇨squirt *old-fash;* ⇨monkey

moda *s.f.* **1** ⇨fashion **2 a la ~** ⇨trendy **3 de ~** ⇨fashionable ⇨in fashion **4 pasado de ~** ⇨old-fashioned ⇨out of date ⇨out of fashion

modal ∎ *adj.* **1** *(en gramática)* ⇨modal: *verbos modales* - modal verbs ∎ **modales** *s.m.pl.* **2** ⇨manners ∎ Ver cuadro modal verbs

modelar *v.* **1** ⇨to shape ⇨to model **2** *(en escultura)* ⇨to sculpt

modelo ∎ *s.com.* **1** *(persona)* ⇨model ∎ *s.m.* **2** *(ejemplo de perfección)* ⇨model **3** *(patrón)* ⇨mock-up: *Nos enseñó un modelo de cómo sería el coche* - She showed us a mock-up of what the car will look like

moderado, da *adj.* ⇨moderate

moderador, -a *s.* **1** *(sin especificar sexo)* ⇨moderator **2** *(hombre)* ⇨chairman *(pl* chairmen) **3** *(mujer)* ⇨chairwoman *(pl* chairwomen)

moderar *v.* **1** *(disminuir)* ⇨to reduce: *moderar la velocidad* - to reduce speed **2** *(el tono de voz)* ⇨to soften **3** *(el lenguaje, los impulsos)* ⇨to mind: *Modera tus palabras* - Mind your words **4** *(tranquilizar)* ⇨to moderate: *Las condiciones meteorológicas se han moderado, haciendo posible un intento de rescate* - Weather conditions have moderated, making a rescue attempt possible **5** *(un debate)* ⇨to chair

modernizar ∎ *v.* **1** ⇨to modernize ⇨to modernise *UK* ∎ **modernizarse** *prnl.* **2** *(un proceso)* ⇨to become modernized ⇨to become modernised *UK* **3** *(una persona)* ⇨to become more modern

moderno, na *adj.* **1** *(de la época presente)* ⇨modern **2** *(a la moda)* ⇨fashionable ⇨trendy

modestia *s.f.* **1** ⇨modesty **2 ~ aparte** ⇨without boasting

M

modesto, ta *adj.* ⇒modest

modificar *v.* **1** ⇒to modify **2** *(un texto)* ⇒to amend ⇒to alter: *Alguien ha modificado mi informe* - My report has been altered

modisto, ta ∎ *s.* **1** *(de ropa de mujer)* ⇒dressmaker ∎ **modisto** *s.m.* **2** *(diseñador)* ⇒fashion designer

modo *s.m.* **1** ⇒way ⇒mode *form: un modo de expresión* - a mode of expression **2** *(en gramática)* ⇒mood **3** de ~ que ⇒so: *De modo que te vas* - So, you are leaving **4** de ningún ~ ⇒absolutely not **5** de todos modos ⇒anyway *spoken;* ⇒anyhow *spoken;* ⇒in any case

moflete *s.m. col.* ⇒chubby cheek *inform*

mogollón *s.m. col. (mucha cantidad)* ⇒loads *inform*

moho *s.m.* ⇒mould *UK;* ⇒mold *US*

mojado, da *adj.* ⇒wet

mojar ∎ *v.* **1** ⇒to wet: *Creo que esas camisetas están todavía mojadas* - I think those t-shirts are still wet **2** *(un alimento)* ⇒to dunk ⇒to dip: *Me gusta mojar la galleta en el té* - I like dunking my biscuit in my tea ∎ **mojarse** *prnl.* **3** ⇒to get wet: *Estaba lloviendo tanto que nos mojamos completamente* - It was raining so hard that we got utterly wet **4** *col. (tomar parte en un asunto)* ⇒to commit oneself: *Mójate y da tu opinión* - Commit yourself and give your opinion

molde *s.m.* **1** ⇒mould *UK: romper el molde* - to break the mould; ⇒mold *US* **2** *(de horno)* ⇒pan *US*

moldear *v.* **1** ⇒to mould *UK;* ⇒to mold *US* **2** *(el pelo)* ⇒to give a soft perm

molécula *s.f.* ⇒molecule

moler *v.* **1** ⇒to grind: *moler el café* - to grind coffee **2** *(cansar)* ⇒to wear out ⇒to exhaust: *Estábamos molidos cuando llegamos a la meta* - We were exhausted by the time we reached the finishing-line

molestar ∎ *v.* **1** *(causar molestia)* ⇒to annoy ⇒to bother: *Siento molestarte* - I'm sorry to bother you; ⇒to disturb ⇒to trouble *form: ¿Le molesta que fume?* - Does it trouble if I smoke?; ⇒to intrude ⇒to bug *inform* **2** *(ofender)* ⇒to upset ∎ **molestarse** *prnl.* **3** *(en hacer algo)* ⇒to take the trouble ⇒to bother [CONSTR. 1. to bother + doing sth 3. to bother + to do sth 3. to bother + that] **4** *(ofenderse)* ⇒to be offended: *No deberías molestarte por sus palabras* - You shouldn't be offended by her words

molestia *s.f.* **1** ⇒bother ⇒inconvenience [U] **2** *(dolor)* ⇒discomfort: *Puede sentir ligeras molestias algunos días después de la operación* - You may feel a little discomfort for a few days after the operation; ⇒ache

molesto, ta *adj.* **1** ⇒annoying **2** *(incómodo)* ⇒uncomfortable: *Hizo que me sintiera molesto* - He made me feel uncomfortable **3** *(enfadado)* ⇒cross ⇒peeved *inform*

molido, da *adj.* **1** *(triturado)* ⇒ground **2** *(cansado, agotado)* ⇒exhausted ⇒shattered *inform UK*

molino *s.m.* **1** ⇒mill **2** *(de viento)* ⇒windmill *UK;* ⇒pinwheel *US*

momento *s.m.* **1** ⇒moment ⇒point: *el momento crítico* - the turning point; ⇒second *inform* **2** al ~ at once ⇒straight away ⇒immediately **3** de ~ ⇒so far ⇒for the moment ⇒for now **4** de un ~ a otro ⇒at any moment **5** en el último ~ ⇒at the last moment ⇒at the eleventh hour **6** en este ~ ⇒at the moment **7** hace un ~ ⇒just now **8** por el ~ ⇒for the time being ⇒presently **9** un ~ ⇒just a minute ⇒just a moment ⇒just a second

momia *s.f.* ⇒mummy *(pl mummies)*

monaguillo *s.m.* ⇒altar boy

monarca *s.m.* ⇒monarch

monarquía *s.f.* ⇒monarchy *(pl monarchies)*

monasterio *s.m.* ⇒monastery *(pl monasteries)*

monda *s.f.* **1** ⇒peel [U] **2** ser la ~ *col.* ⇒to be a scream *inform*

mondar ∎ *v.* **1** *(pelar)* ⇒to peel ∎ **mondarse** *prnl.* **2** *col. (reírse)* ⇒to laugh *one's* head off *inform*

moneda *s.f.* **1** *(unidad monetaria)* ⇒currency *(pl currencies)* **2** *(pieza metálica)* ⇒coin **3** tirar una moneda al aire - to toss a coin

monedero *s.m.* ⇒purse *UK;* ⇒coin purse *US*

monigote *s.m.* **1** *col. (muñeco)* ⇒rag doll ⇒daub **2** *desp. (persona)* ⇒nobody: *Es un monigote en la empresa* - He's a nobody in the company

monitor, -a ∎ *s.* **1** ⇒instructor ⇒monitor **2** *(en un colegio)* ⇒prefect *UK* ∎ **monitor** *s.m.* **3** *(pantalla)* ⇒monitor

monja *s.f.* ⇒nun

monje *s.m.* ⇒monk

mono, na ∎ *adj.* **1** ⇒cute ⇒sweet ∎ *s.* **2** ⇒monkey ∎ **mono** *s.m.* **3** *(de trabajo)* ⇒overalls *UK pl;* ⇒jumper *US* **4** *(síndrome de abstinencia)* ⇒withdrawal symptoms ⇒cold turkey *very inform*

monopatín *s.m.* ⇒skateboard

monopolio *s.m.* ⇒monopoly *(pl monopolies)*

monótono, na *adj.* ⇒monotonous

monstruo *s.m.* ⇒monster

monstruoso, sa *adj.* **1** *(horrible)* ⇒monstrous **2** *(enorme)* ⇒monstrous ⇒huge: *Han levantado un edificio monstruoso* - They have erected a huge building

montaje *s.m.* **1** *(de piezas)* ⇒assembly **2** *(de un espectáculo)* ⇒staging **3** *(farsa)* ⇒set-up *inform:*

Dice que es un montaje - She claims that it is a set-up

montaña *s.f.* **1** ⇒mountain **2** ~ **rusa** ⇒roller-coaster ⇒big dipper **3 puerto de** ~ ⇒pass (*pl* passes); ⇒mountain pass (*pl* mountain passes)

montañero, ra *s.* **1** ⇒mountain climber **2** (*en deporte*) ⇒mountaineer

montañismo *s.m.* ⇒climbing ⇒mountaineering ⇒hill-walking: *hacer montañismo* - to go hill-walking

montañoso, sa *adj.* **1** ⇒mountainous ⇒hilly **2** *cadena montañosa* - mountain range

montar *v.* **1** (*armar las piezas de algo*) ⇒to assemble ⇒to put together **2** (*una tienda de campaña*) ⇒to pitch: *Montamos la tienda en una sombra* - We pitched our tent in the shade **3** (*un texto, una película*) ⇒to edit **4** (*en un autobús, un tren, un avión*) ⇒to get on **5** (*en un coche, un taxi*) ⇒to get in **6** (*a caballo*) ⇒to ride **7** (*en bicicleta*) ⇒to ride ⇒to cycle **8** (*un negocio*) ⇒to set up **9** (*en cocina*) ⇒to whip: *montar las claras* - to whip the whites

monte *s.m.* **1** (*montaña*) ⇒mountain **2** (*cuando se cita el nombre*) ⇒Mount: *el monte Everest* - the Mount Everest **3** (*poblado de árboles*) ⇒woodland

montículo *s.m.* ⇒hump

montón *s.m.* **1** ⇒heap ⇒pile ⇒mound **2** (*gran cantidad*) ⇒loads *inform pl*: *Tengo un montón de trabajo* - I've got loads of work; ⇒masses *pl*

montura *s.f.* **1** (*animal*) ⇒mount **2** (*silla de montar*) ⇒saddle **3** (*de las gafas*) ⇒frame

monumental *adj.* **1** (*de un monumento*) ⇒monumental **2** *col.* (*descomunal*) ⇒tremendous ⇒monumental

monumento *s.m.* **1** ⇒monument **2** (*conmemorativo*) ⇒memorial: *levantar un monumento conmemorativo* - to erect a memorial

moño *s.m.* **1** ⇒bun **2 estar hasta el** ~ *col.* ⇒to be fed up: *estar hasta el moño de algo* - to be fed up with sth

moqueta *s.f.* ⇒carpet ⇒wall-to-wall carpet *US*

mora *s.f.* ⇒mulberry (*pl* mulberries)

morado, da *adj.* **1** ⇒purple **2 pasarlas moradas** *col.* ⇒to have a tough time **3 ponerse** ~ *col.* (*atiborrarse*) ⇒to stuff oneself

moral ▪*adj.* **1** ⇒moral ▪ *s.f.* **2** (*moralidad*) ⇒ethic ⇒morality (*pl* moralities) **3** (*ánimo, confianza*) ⇒morale **4 estar bajo de** ~ ⇒to be in low spirits

moraleja *s.f.* ⇒moral

moratón *s.m.* ⇒bruise

mordaza *s.f.* ⇒gag

mordedura *s.f.* ⇒bite

morder *v.* **1** ⇒to bite: *morder a alguien* - to bite sb; *morderse las uñas* - to bite one's nails **2** (*un animal*): *Ese perro intentó morderme* - That dog

snapped at me **3 morderse la lengua** (*contenerse*) ⇒to bite one's tongue

mordisco *s.m.* ⇒bite

mordisquear *v.* ⇒to snap

moreno, na ▪*adj.* **1** (*el pelo*) ⇒dark **2** (*la piel*) ⇒brown: *ponerse moreno* - to go brown; ⇒suntanned ⇒tanned **3** (*la tez*) ⇒dark-skinned **4** (*el azúcar*) ⇒brown **5 ponerse** ~ ⇒to get a tan ▪ *s.* **6** ⇒dark-haired person ▪ **moreno** *s.m.* **7** (*bronceado*) ⇒suntan ⇒tan *US*

moribundo, da *adj.* ⇒dying ⇒moribund *form*

morir ▪ *v.* **1** ⇒to die **2** *morir de frío* - to freeze to death **3** *morir de hambre* - to starve ▪ **morirse** *prnl.* **4** ⇒to die **5 morirse por hacer algo** ⇒to be dying to do *sth inform*

morriña *s.f.* **1** ⇒homesickness **2** *tener morriña* - to be homesick

morro ▪ *s.m.* **1** (*hocico*) ⇒snout **2** (*parte delantera*) ⇒nose: *el morro de un coche* - the nose of a car **3** *col.* (*desvergüenza*) ⇒nerve: *¡Qué morro tienes!* - What a nerve! **4 a** ~ *col.* ⇒from the bottle: *beber a morro* - to drink from the bottle **5 tener el** ~ **de** *col.* ⇒to have the nerve to *inform*: *Martín tuvo el morro de pedirme más dinero* - Martín had the nerve to ask me for more money ▪ **morros** *pl.* **6** *col.* (*labios*) ⇒lips **7 de morros** *col.* (*muy enfadado*) ⇒cross

mortadela *s.f.* ⇒mortadella

mortal *adj.* **1** (*que va a morir*) ⇒mortal *lit* **2** (*que puede producir la muerte*) ⇒deadly ⇒fatal

mortero *s.m.* ⇒mortar

mosaico *s.m.* ⇒mosaic

mosca *s.f.* **1** ⇒fly (*pl* flies) **2 estar** ~ *col.* ⇒to be annoyed **3 por si las moscas** *col.* ⇒just in case

mosquear ▪ *v.* **1** *col.* (*enfadar*) ⇒to piss off *vulg;* ⇒to annoy **2** *col.* (*desconfiar*) ⇒to make sb suspicious ▪ **mosquearse** *prnl.* **3** *col.* (*enfadarse*) ⇒to get pissed off *inform;* ⇒to get annoyed **4** *col.* (*desconfiar*) ⇒to become suspicious: *Se está mosqueando* - She's becoming suspicious

mosqueo *s.m.* *col.* (*enfado*): *pillarse un mosqueo* - to get into a strop

mosquito *s.m.* ⇒mosquito (*pl* mosquitoes)

mostaza *s.f.* ⇒mustard

mosto *s.m.* ⇒grape juice ⇒must

mostrador *s.m.* **1** (*en un bar*) ⇒bar **2** (*en una tienda*) ⇒counter

mostrar ▪ *v.* **1** (*enseñar*) ⇒to show: *Muéstrame las fotos* - Show me the photographs **2** (*denotar*) ⇒to manifest *form* ▪ **mostrarse** *prnl.* **3** ⇒to seem: *Se mostró algo reacio a contestar* - He seemed a bit reluctant to answer

mota *s.f.* ⇒speck

mote *s.m.* ⇨nickname

motín *s.m.* ⇨mutiny *(pl* mutinies)

motivar *v.* **1** *(causar)* ⇨to bring about: *Los continuos conflictos económicos motivaron el cambio político* - The constant economic conflicts brought about political change **2** *(animar)* ⇨to motivate [CONSTR. to motivate + to do sth]: *El entrenador motiva a sus futbolistas para que lo den todo en el campo* - The coach motivates his footballers to play their best on the pitch

motivo *s.m.* ⇨motive ⇨reason: *¿Cuál es el motivo de tu visita?* - What is the reason for your visit?; ⇨purpose

moto *s.m.* **1** *col.* ⇨bike *inform;* ⇨motorbike **2** *(acuática)* ⇨jetski®

motocicleta *s.f.* ⇨motorbike ⇨motorcycle

motociclismo *s.m.* ⇨motorcycling

motociclista *s.com.* ⇨motorcyclist

motocross *s.m.* ⇨motocross

motor, -a ∎ *adj.* **1** ⇨motive ∎ **motor** *s.m.* **2** *(de un vehículo)* ⇨engine **3** *(de un aparato eléctrico)* ⇨motor

motorista *s.com.* ⇨motorcyclist

mover *v.* **1** ⇨to move **2** *(agitar)* ⇨to agitate ⇨to stir **3** ¡muévete! ⇨get a move on!

móvil ∎ *adj.* **1** ⇨mobile ⇨moving ∎ *adj. / s.m.* **2** *(teléfono)* ⇨mobile (phone) ∎ Ver cuadro ∎ *s.m.* **3** *(motivo, razón)* ⇨motive

movimiento *s.m.* **1** ⇨movement ⇨motion **2** *(actividad)* ⇨activity *(pl* activities)

mozo *s.m.* **1** ⇨assistant **2** *(del equipaje)* ⇨porter **3** *(de cuadra)* ⇨groom **4** AMÉR. *(en un café o restaurante)* ⇨waiter

muchacho, cha *s.* **1** *(hombre)* ⇨boy ⇨lad UK **2** *(mujer)* ⇨girl ⇨lass UK *(pl* lasses) **3** *(criada)* ⇨maid

muchedumbre *s.f.* ⇨crowd

TELÉFONO MÓVIL

Teclas, funciones (key & functions)	Frases (phrases)
· asterisco ('asterisk')	· activar el vibrador ('to set the vibrate mode')
· buzón de voz ('voice mail')	· apagar el móvil ('to switch/turn off the mobile phone')
· contactos ('contacts')	· borrar mensajes ('to delete messages')
· directorio ('directory')	· encender el móvil ('to turn on the mobile phone')
· espacio ('space')	· hacer una llamada perdida ('to give a missed call')
· manos libres ('hands-free')	· hacer una llamada perdida ('to give a missed call')
· menú ('menu')	· recargar la batería ('to recharge the battery')
· registro de llamadas ('call register')	· mandar un mensaje ('to text/to send *[someone]* a text message')
· almohadilla ('hash')	· no tener cobertura ('to have no reception / to be out of range')
· llamadas perdidas ('missed calls')	· liberar el móvil ('to unlock the mobile phone')
	· recibir un mensaje ('to receive a message')
	· tener una llamada perdida ('to have a missed call')

Labels in figure: DISPLAY, KEYPAD, EARPHONES, HASH, ASTERISK, AUDIOJACK

mucho, cha ∎ *indef.* **1** *(con nombres incontables, en oraciones afirmativas)* ⇨a lot of *inform: Tengo mucho trabajo* - I've got a lot of work; *Tengo mucho que hacer* - I've got a lot to do; ⇨much; *(con nombres incontables, en oraciones interrogativas y negativas): No tengo mucho que contarte* - I don't have much to tell you **2** *(con nombres contables, en oraciones afirmativas)* ⇨a lot of *inform: Tengo muchos libros* - I've got a lot of books; ⇨lots of *inform: Kevin tiene muchas ideas* - Kevin has got lots of ideas; ⇨no end of; *(con nombres contables, en oraciones interrogativas y negativas)* ⇨many *inform: Muchos creen en esas cosas* - Many believe in those things **3** *(demasiado, con nombres incontables)* ⇨too much: *No tengo mucho tiempo* - I don't have too much time **4** *(demasiado, con nombres contables)* ⇨too many: *Te metes en muchas cosas a la vez* - You are dealing with too many things at a time **5** *(con sensaciones o sentimientos)* ⇨very: *Tengo mucha hambre* - I'm very hungry **6** *mucho tiempo* ⇨for hours *inform;* ⇨long: *¿Llevas esperando mucho tiempo?* - Have you been waiting long? ∎ *mucho adv.* **7** ⇨very much [Se sitúa al final de la oración]: *Te quiero mucho* - I love you very much; ⇨a lot *inform* [Se sitúa al final de la oración]: *Me gusta mucho tu regalo* - I like your present a lot; ⇨quite {a bit/a lot} **8** *como mucho* ⇨at most **9** *hace mucho* ⇨for ages *inform* **10** *ni mucho menos* ⇨far from it **11** *por mucho que* ⇨however much

mudanza *s.f.* **1** ⇨removal *UK;* ⇨move *US* **2** *estar de mudanza* - to be moving house

mudar ∎ *v.* **1** *(cambiar)* ⇨to shed **2** *(un animal)* ⇨to slough: *Las culebras mudan la piel con cierta regularidad* - Snakes slough their skin regularly ∎ *mudarse prnl.* **3** ⇨to move (out)

mudo, da *adj.* ⇨dumb

mueble ∎ *s.m.* **1** ⇨a piece of furniture ∎ *muebles pl.* **2** ⇨furniture [U] [Se dice *the furniture, some furniture* o *a piece of furniture.* Incorrecto: *a furniture*]

mueca *s.f.* ⇨face: *hacer muecas* - to make faces; ⇨grimace

muela *s.f.* **1** ⇨tooth *(pl teeth)* **2** *dolor de muelas* - toothache

muelle *s.m.* **1** *(de un puerto)* ⇨quay **2** *(puerto artificial)* ⇨dock ⇨pier **3** *(pieza elástica)* ⇨spring

muerte *s.f.* **1** ⇨death **2** *de mala ~ col.* ⇨awful ⇨lousy

muerto, ta ∎ *adj.* **1** ⇨dead **2** *~ de cansancio* ⇨dead tired **3** *~ de envidia* ⇨green with envy **4** *~ de frío* ⇨freezing *inform* **5** *~ de miedo* ⇨scared to death **6** *~ de sed* ⇨dying of thirst ∎ *s.* **7** ⇨dead person **8** *(plural genérico): los muertos* - the dead

muestra *s.f.* **1** *(para estudiar)* ⇨specimen ⇨sample: *una muestra de sangre* - a blood sample **2** *(anticipo de algo)* ⇨taster ⇨sample: *una muestra gratis de champú* - a free sample of shampoo; ⇨foretaste **3** *(demostración)* ⇨token: *una muestra de cariño* - a token of affection

mugir *v.* ⇨to moo

mugre *s.f.* ⇨grime

mujer *s.f.* **1** ⇨woman *(pl women)* **2** *(esposa)* ⇨wife *(pl wives)*

mulato, ta *adj. / s.* ⇨mulatto

muleta *s.f.* ⇨crutch *(pl crutches): andar con muletas* - to walk on crutches

muletilla *s.f.* ⇨pet word ⇨pet phrase

mulo, la *s.* ⇨mule

multa *s.f.* ⇨fine ⇨penalty *(pl penalties)*

multicolor *adj.* ⇨multicoloured

múltiple *adj.* ⇨multiple ⇨many ⇨numerous: *en múltiples ocasiones* - on numerous occasions

multiplicación *s.f.* ⇨multiplication

multiplicar ∎ *v.* **1** *(en matemáticas)* ⇨to multiply: *Multiplica cinco por tres* - Multiply five by three ∎ *multiplicarse prnl.* **2** *(aumentar)* ⇨to multiply

multitud *s.f.* ⇨crowd ⇨multitude *form*

mundial ∎ *adj.* **1** ⇨worldwide ⇨global **2** *el récord mundial* - the world record ∎ *s.m.* **3** *(en deportes)* ⇨world championship **4** *(de fútbol)* ⇨World Cup

mundo *s.m.* **1** ⇨world: *diferentes partes del mundo* - different parts of the world; *el mundo animal* - the animal world **2** *el ~ del espectáculo* ⇨show business **3** *el ~ de los negocios* ⇨the business world **4** *el ~ es un pañuelo col.* ⇨it's a small world **5** *hacer un ~ de algo col.* ⇨to make a meal of *sth UK inform* **6** *no ser nada del otro ~ col.* ⇨to be nothing special **7** *Tercer Mundo* ⇨the Third World **8** *todo el ~* ⇨everybody ⇨everyone

munición *s.f.* ⇨ammunition [U]

municipal *adj.* ⇨municipal

municipio *s.m.* **1** *(territorio)* ⇨municipality *(pl municipalities);* ⇨borough **2** *(ayuntamiento)* ⇨city council ⇨town council

muñeca *s.f.* **1** *(para jugar)* ⇨doll **2** *(parte del cuerpo)* ⇨wrist

muñeco, ca *s.m.* **1** *(para jugar)* ⇨doll **2** *(de peluche)* ⇨soft toy **3** *~ de nieve* ⇨snowman *(pl snowmen)*

muñequera *s.f.* ⇨wristband

mural *s.m.* ⇨mural

M ∎

muralla *s.f.* ⇒wall ⇒rampart
murciélago *s.m.* ⇒bat
murmullo *s.m.* ⇒murmur
murmurar *v.* **1** *(hablar en voz baja)* ⇒to murmur ⇒to mutter **2** *(cotillear)* ⇒to gossip
muro *s.m.* ⇒wall
musa *s.f.* ⇒muse
musaraña *s.f.* **1** ⇒shrew **2 pensar en las musarañas** *col.* ⇒to daydream
muscular *adj.* ⇒muscular
músculo *s.m.* ⇒muscle
musculoso, sa *adj.* ⇒muscular
museo *s.m.* ⇒museum
musgo *s.m.* ⇒moss
música *s.f.* **1** ⇒music: *música clásica* - classical music **2 ~ en directo** ⇒live music

musical ∎ *adj.* **1** ⇒musical **2 escala ~** ⇒scale ∎ *s.m.* **3** ⇒musical
músico, ca *s.* ⇒musician
muslo *s.m.* **1** *(de una persona)* ⇒thigh **2** *(de pollo)* ⇒leg
mustio, tia *adj.* **1** *(una flor)* ⇒withered **2** *(una planta)* ⇒droopy *inform* **3** *(triste)* ⇒down-hearted ⇒down **4** *AMÉR.* *(hipócrita)* ⇒two-faced
musulmán, -a *adj./s.* ⇒Moslem ⇒Muslim
mutilar *v.* ⇒to mutilate
mutuo, tua *adj.* ⇒mutual
muy *adv.* **1** ⇒very ⇒extremely ⇒really [CONSTR. Se sitúa delante del adjetivo] **2 por ~** ⇒however ⇒no matter how: *Por muy hambriento que estés, tendrás que esperar* - No matter how hungry you are, you will have to wait

n *s.f. (letra del alfabeto)* ⇒n

nabo *s.m.* ⇒turnip

nacer *v.* 1 ⇒to be born [Se dice: *I was born in London* - *Nací en Londres*. Incorrecto: *I born in London*]: *Nigel nació en 1985* - Nigel was born in 1985; *nacer para actor* - born to be an actor

nacimiento *s.m.* 1 ⇒birth 2 *Es ciego de nacimiento* - He was born blind 3 *(de un río)* ⇒source 4 *(belén)* ⇒nativity scene

nación *s.f.* ⇒nation

nacional *adj.* ⇒national ⇒domestic: *vuelos nacionales* - domestic flights

nacionalidad *s.f.* ⇒nationality *(pl* nationalities)

nada ∎ *pron.indef.* 1 *(cuando el verbo en inglés está en forma afirmativa)* ⇒nothing: *No tengo nada* - I have got nothing 2 *(cuando el verbo en inglés está en forma negativa)* ⇒anything: *No pude ver nada* - I couldn't see anything 3 ⇒any: *No tengo nada de dinero* - I haven't got any money; ⇒none 4 *de ~* 1 ⇒not at all ⇒you're welcome: *«Gracias» «De nada»* - «Thanks» «You're welcome»; ⇒don't mention it 2 *(carente de importancia)* ⇒little 5 *~ más* 1 *(enseguida)* ⇒as soon as: *Nada más llegar, me puse a trabajar* - As soon as I arrived, I got down to work 2 *(eso es todo)* ⇒that's all: *Quiero dos kilos de manzanas y nada más* - I want two kilos of apples and that's all 6 *~ más y ~ menos* 1 *(una persona)* ⇒none other than 2 *(cantidad)* ⇒no less than 7 *~ menos* ⇒no less: *Nos felicitó nada menos que la directora* - The director, no less, congratulated us ∎ *s.f.* 8 ⇒void ⇒nil ⇒nothingness: *Una gran guerra podría reducirnos a la nada* - A big war could reduce us to nothingness 9 *de la ~* ⇒out of nowhere ⇒out of the blue 10 *(en absoluto)* ⇒at all: *No te veo nada contento* - You don't seem happy at all 11 *~ mal* ⇒not bad at all 12 *para ~ col.* ⇒none too ⇒not at all

nadador, -a *s.* ⇒swimmer

nadar *v.* 1 ⇒to swim 2 *nadar a braza* - to do the breaststroke; *nadar a crol* - to do crawl

nadie *pron.indef.* 1 *(cuando el verbo en inglés está en forma afirmativa)* ⇒nobody: *Nadie me llama* - Nobody calls me; ⇒no one: *No hay nadie en casa* - There's no one home 2 *(cuando el verbo en inglés está en forma negativa o interrogativa)* ⇒anybody: *No tienes por qué hablar con nadie si no quieres* - You don't have to talk to anybody if you don't want to; ⇒anyone: *No se lo contó a nadie* - He didn't tell anyone 3 *ser un don ~* ⇒to be a nobody

nailon *s.m.* ⇒nylon®

naipe *s.m.* ⇒playing card

nana *s.f.* 1 *(canción)* ⇒lullaby *(pl* lullabies) 2 AMÉR. *(niñera)* ⇒nanny *(pl* nannies)

naranja ∎ *adj./s.m.* 1 *(color)* ⇒orange ∎ *s.f.* 2 *(fruta)* ⇒orange 3 *ser la media ~ de alguien* ⇒to be *sb's* other half

naranjada *s.f.* ⇒orange drink ⇒orangeade

naranjo *s.m.* ⇒orange tree

narciso *s.m.* ⇒daffodil ⇒narcissus *(pl* narcissi, narcissus)

nariz *s.f.* 1 ⇒nose: *sonarse la nariz* - to blow one's nose 2 *Lo hizo en mis narices* - She did it under my nose 3 *¡No me toques las narices!* - Don't mess me around! 4 *estar hasta las narices col.* ⇒to be fed up with *sth/sb* ⇒to have had enough of *sth*: *Estoy hasta las narices de los atascos* - I've had enough of traffic jams 5 *meter las narices en algo col.* ⇒to poke *one's* nose into *sth inform*: *Charles siempre mete las narices en mis asuntos* - Charles is always poking his nose into my business; ⇒to stick *one's* nose into *sth inform*

narrador, -a *s.* ⇒narrator ⇒storyteller

narrar *v.* 1 ⇒to tell [CONSTR. 1. to tell + dos objetos 2. to tell + (that)] 2 *(un suceso)* ⇒to relate *form* [CONSTR. to relate + interrogativo] 3 *(una historia, un cuento)* ⇒to narrate *form*

nasal *adj.* ⇒nasal: *fosas nasales* - nasal cavities

nata *s.f.* **1** ⇨cream **2** *(líquida, para cocinar)* ⇨single cream **3** *(líquida, para montar)* ⇨double cream ⇨whipped cream

natación *s.f.* ⇨swimming

natal *adj.* **1** ⇨native **2** *ciudad natal* - home town

nativo, va *adj./s.* ⇨native

natural ∎ *adj.* **1** *(de la naturaleza)* ⇨natural **2** *(sin ingredientes artificiales)* ⇨natural ∎ *s.m.* **3** *(carácter)* ⇨nature

naturaleza *s.f.* **1** ⇨nature **2** *(carácter)* ⇨complexion **3** ~ **muerta** ⇨still life **4** *por* ~ ⇨naturally

naturalidad *s.f.* **1** ⇨naturalness **2** *con naturalidad* - naturally

naufragar *v.* **1** *(un barco)* ⇨to be wrecked **2** *(una persona)* ⇨to be shipwrecked

naufragio *s.m.* *(de una embarcación)* ⇨shipwreck

náufrago, ga *s.* ⇨castaway

náusea *s.f.* **1** ⇨nausea [U] **2** *sentir náuseas* - to feel sick

náutico, ca *adj.* ⇨nautical

navaja *s.f.* ⇨penknife *(pl* penknives)

navajazo *s.m.* **1** ⇨knife wound **2** *dar un navajazo* - to stab

naval *adj.* ⇨naval

nave *s.f.* **1** *(barco)* ⇨ship ⇨craft **2** *(espacial)* ⇨spacecraft *(pl* spacecraft); ⇨spaceship **3** *(almacén)* ⇨warehouse ⇨industrial unit

navegación *s.f.* **1** ⇨sailing ⇨navigation **2** *(por internet)* ⇨surfing

navegar *v.* **1** *(por el agua)* ⇨to sail ⇨to navigate **2** *(por el aire)* ⇨to navigate **3** *(por internet)* ⇨to navigate ⇨to surf

Navidad *s.f.* ⇨Christmas ⇨Xmas

neblina *s.f.* ⇨mist

nebuloso, sa *adj.* **1** *(con niebla)* ⇨misty ⇨hazy **2** *(poco claro)* ⇨hazy ⇨vague

necesario, ria *adj.* ⇨necessary

neceser *s.m.* ⇨toilet bag ⇨toilet kit *US;* ⇨sponge bag *UK*

necesidad *s.f.* **1** *(impulso irresistible)* ⇨need: *una necesidad imperiosa* - an urgent need **2** *(cosa necesaria)* ⇨necessity *(pl* necessities): *necesidades básicas* - basic necessities **3** *(pobreza)* ⇨need ⇨poverty **4** *no hay* ~ ⇨there is no need

necesitado, da *adj./s.* **1** ⇨needy *adj* **2** *(plural genérico): los necesitados* - the needy

necesitar *v.* ⇨to need [CONSTR. to need + to do sth]: *Necesito comprar fruta* - I need to buy some fruit; *¿Qué más necesitas?* - What else do you need?; ⇨to require: *¿Cuánto dinero necesitas?* - How much money do you require?

neerlandés, -a ∎ *adj.* **1** ⇨Dutch ∎ *s.* **2** *(hombre)* ⇨Dutchman *(pl* Dutchmen) **3** *(mujer)* ⇨Dutchwoman *(pl* Dutchwomen) **4** *(plural genérico): los neerlandeses* - the Dutch ∎ **neerlandés** *s.m.* **5** *(idioma)* ⇨Dutch

negación *s.f.* ⇨denial

negado, da *adj. col.* ⇨useless *inform: Soy una negada para la informática* - I'm useless at computing

negar ∎ *v.* **1** ⇨to deny [CONSTR. 1. to deny + (that) 2. to deny + doing sth 3. to deny + dos objetos]: *Niega haber robado el cuadro* - He denies stealing the painting **2** *negar con la cabeza* - to shake one's head ∎ **negarse** *prnl.* **3** ⇨to refuse

negativa *s.f.* **1** *(ante una propuesta)* ⇨refusal **2** *(ante una acusación)* ⇨denial

negativo, va ∎ *adj.* **1** ⇨negative: *estructura negativa* - negative structure ∎ Ver cuadro negative structures ∎ **negativo** *s.m.* **2** *(de una fotografía)* ⇨negative

negligencia *s.f.* **1** ⇨neglect ⇨negligence **2** *negligencia médica* - medical malpractice

negociar *v.* ⇨to negotiate

negocio *s.m.* **1** *(actividad económica)* ⇨business [U] **2** *(gestión)* ⇨deal: *un buen negocio* - a good deal **3** *(establecimiento)* ⇨shop *UK;* ⇨store *US* **4** *de negocios* ⇨on business **5** *hacer* ~ ⇨to make money **6** *hombre de negocios* ⇨businessman *(pl* businessmen) **7** *mujer de negocios* ⇨businesswoman *(pl* businesswomen)

negro, gra ∎ *adj.* **1** *(color)* ⇨black **2** *(persona)* ⇨black ∎ *s.* **3** *(persona)* ⇨black person ∎ **negro** *s.m.* **4** *(color)* ⇨black

neozelandés, -a ∎ *adj.* **1** ⇨{of/from} New Zealand ∎ *s.* **2** ⇨New Zealander ⇨Kiwi *inform*

nervio ∎ *s.m.* **1** *(en anatomía)* ⇨nerve **2** *(en la carne)* ⇨sinew ⇨gristle ∎ **nervios** *pl.* **3** *(nerviosismo)* ⇨nerves **4** *¡Qué nervios!* - How stressing! **5** *poner de los nervios col.* ⇨to get on *sb's* nerves

nerviosismo *s.m.* ⇨nervousness ⇨nerves *pl*

nervioso, sa *adj.* **1** *(en anatomía)* ⇨nervous: *el sistema nervioso* - the nervous system; ⇨nerve *n* **2** *(una persona)* ⇨nervous: *Se puso muy nerviosa* - She got nervous; ⇨excited ⇨wound up

neto, ta *adj.* **1** *(una cantidad de dinero)* ⇨net: *ingresos netos* - net income **2** *(nítido)* ⇨clear: *un neto recuerdo* - a clear memory

neumático *s.m.* ⇨tyre *UK;* ⇨tire *US*

neutral *adj.* ⇨neutral

neutro, tra *adj.* **1** *(indefinido)* ⇨neutral **2** *(en química y en física)* ⇨neutral **3** *(en gramática)* ⇨neuter *adj: género neutro* - neuter gender

nevada *s.f.* ⇨snow [U]; ⇨snowfall [U]

nevado, da *adj.* ⇨snowy
nevar *v.* ⇨to snow
nevera *s.f.* ⇨fridge ⇨refrigerator
ni *conj.* **1** ⇨neither... nor...: *No me gusta ni el fútbol ni el baloncesto* - I like neither football nor basketball **2** ⇨not even [Se usa con oraciones afirmativas]: *Ni el presidente lo sabe* - Not even the president knows **3** *ni un día más* - not another day **4** ~ **aunque** ⇨even if **5** ¡ni que fuera...! ⇨anyone would think...!: *¡Ni que fuera rico!* - Anyone would think I was a rich man!
Nicaragua *s.f.* ⇨Nicaragua
nicaragüense *adj./s.* ⇨Nicaraguan
nicho *s.m.* **1** *(para un muerto)* ⇨deep recess in a wall used as a tomb **2** *(para un objeto)* ⇨niche
nicotina *s.f.* ⇨nicotine
nido *s.m.* ⇨nest
niebla *s.f.* **1** ⇨fog **2** con ~ ⇨foggy
nieto, ta *s.* **1** *(sin especificar sexo)* ⇨grandchild *(pl grandchildren)* **2** *(chico)* ⇨grandson **3** *(chica)* ⇨granddaughter
nieve *s.f.* **1** ⇨snow [U] **2** *AMÉR. (helado)* ⇨ice cream
Nigeria *s.f.* ⇨Nigeria
nigeriano, na *adj./s.* ⇨Nigerian
ningún *indef.* Véase **ninguno, na**
ninguno, na ∎ *indef.* **1** *(cuando el verbo en inglés está en forma afirmativa)* ⇨no: *No fue herido ningún animal* - No animal was hurt **2** *(cuando el verbo en inglés está en forma negativa)* ⇨any: *No conozco a ninguna amiga tuya* - I don't know any of your friends **3** *de ninguna manera* ⇨no way **4** *ninguna parte* ⇨anywhere: *¡Hoy no irás a ninguna parte!* - You're not going anywhere today! ∎ *pron.* **5** *(cuando el verbo en inglés está en forma afirmativa)* ⇨neither (entre dos): *Ninguno de los dos equipos ha marcado gol* - Neither team scored any goals; ⇨none (entre más de dos): *Ninguno de los invitados vino a la fiesta* - None of the guests came to the party **6** *(cuando el verbo en inglés está en forma negativa)* ⇨either: *No quiero ninguno de los dos* - I don't want either of them
niñera *s.f.* ⇨nanny *(pl nannies)*
niñez *s.f.* **1** *(sin especificar sexo)* ⇨childhood **2** *(de un hombre)* ⇨boyhood **3** *(de una mujer)* ⇨girlhood
niño, ña *s.* **1** *(sin especificar sexo)* ⇨child *(pl children)*: *Viví allí de niño* - I lived there when I was a child; ⇨infant *form* **2** *(chico)* ⇨boy **3** *(chica)* ⇨girl **4** *(recién nacido)* ⇨baby *(pl babies)* **5** ~ **bien** ⇨rich kid **6** ~ **prodigio** ⇨child prodigy *(pl child prodigies)*
niqui *s.m.* ⇨polo shirt

níspero *s.m.* **1** *(fruto)* ⇨medlar **2** *(árbol)* ⇨medlar tree
nivel *s.m.* **1** *(altura)* ⇨level: *al nivel del mar* - at sea level **2** *(en una escala)* ⇨level **3** *(categoría, grado)* ⇨standard: *nivel de vida* - standard of living
nivelado, da *adj.* ⇨level
no *adv.* **1** *(en respuestas)* ⇨no **2** *(en oraciones negativas)* ⇨not: *Jane no es feliz aquí* - Jane is not happy here **3** *(con un sustantivo)* ⇨non: *no fumadores* - non-smokers **4** *(cuando se espera una confirmación)*: *Él es alemán, ¿no?* - He is German, isn't he?; *No habrás visto mi libro, ¿no?* - You haven't seen my book, have you?; *No fumas, ¿no?* - You don't smoke, do you? **5** *si* ~ ⇨otherwise: *Haz los deberes; si no, no saldrás* - Do your homework; otherwise, you won't go out; ⇨unless: *Si no estudias, no aprobarás el examen* - Unless you study, you won't pass your exam
noble ∎ *adj.* **1** *(cualidad moral)* ⇨noble **2** *(linaje familiar)* ⇨noble **3** *(un material)* ⇨fine ∎ *s.com.* **4** *(sin especificar sexo)* ⇨noble **5** *(hombre)* ⇨nobleman *(pl noblemen)* **6** *(mujer)* ⇨noblewoman *(pl noblewomen)*
nobleza *s.f.* ⇨nobility
noche *s.f.* **1** ⇨night ⇨night-time **2** *(después de las seis)* ⇨evening **3** *Se toma un vaso de leche caliente cada noche* - She takes a glass of hot milk every night **4** **buenas noches** ⇨good night [*Good night* se usa solo antes de acostarse]: *dar las buenas noches* - to say good night **5** de la ~ a la mañana ⇨overnight **6** de ~ ⇨at night ⇨overnight **7** de una ~ ⇨overnight **8** esta ~ ⇨tonight **9** hacerse de ~ ⇨to get dark **10** por la ~ ⇨in the evening ⇨at night
nochebuena *s.f.* ⇨Christmas Eve
nochevieja *s.f.* **1** ⇨New Year's Eve **2** *(en Escocia)* ⇨Hogmanay *UK*
noción ∎ *s.f.* **1** ⇨idea ∎ **nociones** *pl.* **2** ⇨basic knowledge
nocivo, va *adj.* ⇨harmful
nocturno, na ∎ *adj.* **1** *clases nocturnas* - evening classes; *la vida nocturna* - nightlife **2** *(un animal o una planta)* ⇨nocturnal *form* ∎ **nocturno** *s.m.* **3** *(en música)* ⇨nocturne
nogal *s.m.* **1** *(árbol)* ⇨walnut tree **2** *(madera)* ⇨walnut
nómada ∎ *adj.* **1** ⇨nomadic ∎ *s.com.* **2** ⇨nomad
nomás *adv.* **1** *AMÉR. (sólo)* ⇨only **2** *AMÉR. (acabar de)* ⇨just
nombramiento *s.m.* ⇨appointment
nombrar *v.* **1** *(mencionar)* ⇨to name [CONSTR. to name + dos objetos] **2** *(para un cargo)* ⇨to appoint

nombre *s.m.* **1** ⇨name **2** *(en gramática)* ⇨noun **3** a ~ de ⇨in the name of **4** de ~ ⇨by name: *Lo conozco de nombre* - I know him by name **5** en ~ de ⇨on behalf of **6** llamar a alguien por su ~ ⇨to call *sb* by their name **7** ~ de pila ⇨Christian name ⇨first name ⇨given name *US* **8** poner de ~ ⇨to name **9** segundo ~ ⇨middle name

nómina ▌ *s.f.* **1** *(lista de empleados)* ⇨payroll ▌ *s.f.* **2** *(sueldo)* ⇨salary *(pl* salaries) **3** *(documento)* ⇨wage slip

nonagésimo, ma *numer.* ⇨ninetieth

noquear *v.* ⇨to knock out

nordeste *s.m.* **1** ⇨northeast **2** *dirección noroeste* - northeasterly direction

noreste *s.m.* **1** ⇨north-east **2** *la región noroeste* - the northeastern region **3** *vientos del noroeste* - northeasterly winds

noria *s.f.* **1** *(atracción de feria)* ⇨big wheel *UK*; ⇨ferris wheel *US* **2** *(para sacar agua)* ⇨water wheel

norma *s.f.* **1** *(regla)* ⇨regulation ⇨rule: *infringir las normas* - to break the rules **2** *(situación habitual)* ⇨norm: *un país donde la pobreza es la norma* - a country where poverty is the norm **3** *(en lingüística)* ⇨the standard form **4** como norma (general) ⇨as a rule: *Como norma, nunca ceno después de las nueve* - I never have dinner after nine as a rule **5** normas de circulación ⇨highway code **6** normas de conducta ⇨rules of behaviour

normal *adj.* **1** ⇨normal: *La temperatura está por debajo de lo normal para esta época del año* - The temperature is below normal for the time of year; ⇨natural: *Es normal que te preocupes* - It's natural for you to worry; ⇨standard: *Estos son los procedimientos normales* - These are standard procedures; ⇨usual: *Este verano ha llovido más de lo normal* - There was more rainfall than usual this summer **2** ~ y corriente ⇨ordinary: *Es un hombre normal y corriente* - He is an ordinary man

noroeste *s.m.* **1** ⇨northwest **2** *los territorios del noreste* - northwestern territories **3** *en dirección noroeste* - in a northwesterly direction

norte *s.m.* **1** ⇨north **2** *la zona norte de la ciudad* - the northerly area of the city **3** hacia el ~ ⇨northwards **4** perder el ~ *col.* ⇨to lose *one's* way ⇨to lose the plot

norteamericano, na *adj. / s.* ⇨North American

Noruega *s.f.* ⇨Norway

noruego, ga ▌ *adj. / s.* **1** ⇨Norwegian ▌ noruego *s.m.* **2** *(idioma)* ⇨Norwegian

nos *pron.pers.* **1** *(no reflexivo)* ⇨us: *Cuéntanos qué te pasa* - Tell us what's wrong **2** *(reflexivo)* ⇨ourselves: *Nos arrastramos hasta las trincheras* - We dragged ourselves to the trenches **3** *(con valor recíproco)* ⇨each other: *Nos abrazamos durante un largo rato* - We hugged each other for a long while

nosotros, tras *pron.pers.* **1** *(sujeto)* ⇨we: *Nosotras no lo hicimos* - We didn't do it **2** *(objeto)* ⇨us: *A nosotros nadie nos ha dicho nada* - Nobody told us anything **3** con ~ mismos,mas ⇨with ourselves: *Estamos contentos con nosotros mismos* - We're pleased with ourselves **4** entre ~ ⇨between ourselves **5** ~ mismos,mas ⇨ourselves: *Vamos a reparar la bicicleta nosotros mismos* - We're going to repair the bike ourselves; ⇨we ourselves **6** ~ solos,las ⇨all by ourselves ⇨on our own: *Pintamos la puerta nosotros solos* - We painted the gate on our own

nostalgia *s.f.* **1** ⇨nostalgia **2** tener nostalgia de algo - to miss sth **3** *(del hogar)* ⇨homesickness

nostálgico, ca *adj.* **1** *(cuando se está lejos del hogar)* ⇨homesick **2** *(del pasado)* ⇨nostalgic

nota *s.f.* **1** *(apunte)* ⇨note: *tomar notas* - to take notes **2** *(mensaje)* ⇨note: *Le voy a dejar una nota a mi madre* - I'm going to leave a note for my mum **3** *(anuncio, aviso público)* ⇨notice **4** *(calificación)* ⇨mark *UK*; ⇨grade *US*: *Este año ha sacado notas muy altas* - He's got very high grades this year **5** *(de música)* ⇨note **6** dar la ~ *col.* ⇨to stand out

notable ▌ *adj.* **1** *(evidente, considerable)* ⇨noticeable ⇨notable: *una notable colección de plantas exóticas* - a notable collection of rare plants **2** *(excelente, extraordinario)* ⇨outstanding ⇨remarkable: *Fue una interpretación notable* - It was a remarkable interpretation ▌ *s.m.* **3** *(calificación)* ⇨very good ⇨B *(pl* B's)

notar ▌ *v.* **1** *(darse cuenta)* ⇨to note [CONSTR. 1. to note + (that) 2. to note + interrogativo]: *Noté que había dejado de llover* - I noted that the rain had stopped; ⇨to notice **2** *(detectar)* ⇨to spot: *¿Notas la diferencia?* - Can you spot the difference? **3** *(tener la impresión)* ⇨to sense [CONSTR. 1. to sense + (that) 2. to sense + interrogativo]: *Noté que estaban mintiendo* - I sensed that they were lying **4** *(percibir por medio de los sentidos)* ⇨to feel ▌ notarse *prnl.* **5** ⇨to show: *Está enamorado y eso se nota* - He is in love and it shows

notario, ria *s.* ⇨notary (public)

noticia *s.f.* **1** ⇨a piece of news ⇨news [U] [Se dice *the news, some news* o *a piece of news*. Incorrecto: *a news*]: *Esa noticia me acongojó* - That news distressed me **2** *(reportaje, informe)* ⇨report

noticioso *s.m. AMÉR.* ⇨news [U]

novatada *s.f.* ⇨practical joke

N

novato, ta ∎ *adj.* **1** ⇨inexperienced ⇨green ∎ *s.* **2** ⇨beginner **3** *(en un colegio)* ⇨new pupil **4** *(en el ejército)* ⇨new recruit

novecientos, tas *numer.* ⇨nine hundred

novedad *s.f.* **1** *(cualidad de lo nuevo)* ⇨novelty: *la novedad de un argumento* - the novelty of a plot **2** *(lo que es nuevo)* ⇨new feature: *las novedades de la moda* - the new features of fashion; ⇨innovation **3** *(cambio)* ⇨change: *Todo sigue igual, sin novedad* - Everything is the same, there's no change

novela *s.f.* **1** ⇨novel **2** ~ **corta** ⇨novella **3** ~ **de suspense** ⇨thriller **4** ~ **policíaca** ⇨detective novel ⇨crime novel **5** ~ **rosa** ⇨romance ⇨romantic novel

noveno, na *numer.* ⇨ninth

noventa *numer.* **1** ⇨ninety **2** *estar en los noventa* - to be in one's nineties

noviazgo *s.m.* ⇨engagement

noviembre *s.m.* ⇨November

novillo, lla *s.* **1** ⇨young bull **2** *hacer novillos col.* ⇨to skive *UK inform;* ⇨to play hooky *US*

novio, via *s.* **1** *(hombre)* ⇨boyfriend **2** *(mujer)* ⇨girlfriend **3** *(prometido)* ⇨fiancé (hombre) ⇨fiancée (mujer) **4** *(en una boda)* ⇨bridegroom (hombre) ⇨groom (hombre) ⇨bride (mujer)

nube *s.f.* **1** ⇨cloud **2** *(de polvo, de humo)* ⇨pall **3** *estar en las nubes* ⇨to have *one's* head in the clouds

nublado, da *adj.* ⇨cloudy ⇨overcast

nuboso, sa *adj.* ⇨cloudy

nuca *s.f.* ⇨nape

nuclear *adj.* ⇨nuclear

núcleo *s.m.* **1** *(centro de algo)* ⇨core **2** *(en física, en química y en biología)* ⇨nucleus *(pl* nuclei, nucleuses) **3** *(en lingüística)* ⇨nucleus *(pl* nuclei, nucleuses)

nudillo *s.m.* ⇨knuckle

nudo *s.m.* **1** ⇨knot: *un nudo corredizo* - a slip knot **2** *tener un* ~ *en la garganta* ⇨to have a lump in *one's* throat

nuera *s.f.* ⇨daughter-in-law *(pl* daughters-in-law)

nuestro, tra *poses.* **1** *(delante de un sustantivo)* ⇨our: *Nuestra cocina es muy pequeña* - Our kitchen is very small **2** *(detrás de un sustantivo)* ⇨of ours: *Un vecino nuestro nos contó lo ocurrido* - A neighbour of ours told us what had happened **3** *(precedido del verbo «ser»)* ⇨ours: *Esa silla es nuestra* - That chair is ours **4** *(pronombre)* ⇨ours: *Este piso es más nuevo que el nuestro* - This flat is newer than ours

Nueva Zelanda *s.f.* ⇨New Zealand

nueve *numer.* **1** ⇨nine **2** *(fecha)* ⇨ninth

nuevo, va *adj.* **1** ⇨new **2** *(recién estrenado)* ⇨brand new **3** *(próximo)* ⇨further: *La biblioteca permanecerá cerrada hasta nuevo aviso* - The library is closed until further notice **4** *como* ~ ⇨as good as new **5** *¿qué hay de nuevo?* ⇨what's new?

nuez *s.f.* **1** *(fruto)* ⇨walnut **2** *(de un hombre)* ⇨Adam's apple **3** ~ **moscada** ⇨nutmeg

nulo, la *adj.* **1** *(anulado)* ⇨null ⇨void **2** *(desastroso, incapaz)* ⇨hopeless **3** *(en una carrera deportiva)* ⇨false

numeración *s.f.* **1** *(hecho de numerar)* ⇨numbering **2** *(sistema)* ⇨numerals *pl: numeración arábiga* - arabic numerals

numerado, da *adj.* ⇨numbered

numeral *adj. / s.m.* ⇨numeral *n*

numerar *v.* ⇨to number

número *s.m.* **1** ⇨number ⇨No. **2** *números romanos* - roman numerals; *números arábigos* - arabic numerals **3** *(cifra)* ⇨figure ⇨number **4** *(de calzado)* ⇨size **5** *(de una revista, un periódico)* ⇨issue: *número atrasado* - back issue **6** *(de teléfono)* ⇨telephone number ⇨phone number **7** *en números rojos* ⇨in the red ⇨overdrawn **8** *montar un* ~ *col.* ⇨to make a scene **9** ~ *primo* ⇨prime number

numeroso, sa ∎ *adj.* **1** *(grande)* ⇨large: *familia numerosa* - large family ∎ *numerosos, sas pl.* **2** ⇨many ⇨numerous *form: numerosas peticiones* - numerous requests

nunca *adv.* **1** ⇨never [CONSTR. Se sitúa detrás de los verbos auxiliares y modales: *I've never been to China* - *Nunca he estado en China*; y delante de los demás verbos: *I never eat meat* - *Nunca como carne.* Se usa en oraciones afirmativas: *I will never do that again* - *Nunca volveré a hacerlo*] **2** ⇨ever [Se usa en oraciones cuyo sujeto o verbo va en forma negativa]: *¡Nunca vuelvas a hacer eso!* - Don't you ever do that again! **3** *casi* ~ ⇨hardly ever **4** *más que* ~ ⇨more than ever **5** ~ *jamás* ⇨never ever **6** ~ *más* ⇨never again

nutria *s.f.* ⇨otter

nutrición *s.f.* ⇨nutrition

nutrir ∎ *v.* **1** *(un ser vivo)* ⇨to nourish *form: nutrir una planta* - to nourish a plant **2** *(un sentimiento)* ⇨to feed ⇨to nourish: *nutrir las esperanzas de alguien* - to nourish sb's hopes ∎ **nutrirse** *prnl.* **3** ⇨to feed [CONSTR. to feed on sth]: *Los animales herbívoros se nutren de vegetales* - Herbivorous animals feed on plants

N

ñ *s.f. (letra del alfabeto)* [No existe en el alfabeto inglés]
ñoño, ña ▌ *adj.* **1** *col.* ⇨wet: *No seas tan ñoño -* Don't be so wet ▌ *s.* **2** *col.* ⇨drip *inform*

ñoqui *s.m.* ⇨gnocchi *pl*
ñu *s.m.* ⇨gnu ⇨wildebeest

o ∎ *s.f.* **1** *(letra del alfabeto)* ⇨o ∎ *conj.* **2** ⇨or **3** o..., o... ⇨either... or...

oasis *s.m.* ⇨oasis *(pl* oases)

obedecer *v.* ⇨to obey

obediencia *s.f.* ⇨obedience

obediente *adj.* ⇨obedient

obesidad *s.f.* ⇨obesity

obeso, sa *adj.* ⇨overweight ⇨obese

obispo *s.m.* ⇨bishop

objeción *s.f.* ⇨objection

objetar *v.* **1** *(replicar)* ⇨to object [CONSTR. to object to sth] **2** *(negarse a hacer el servicio militar)* ⇨to be a conscientious objector

objetivo, va ∎ *adj.* **1** *(imparcial)* ⇨objective ∎ **objetivo** *s.m.* **2** *(finalidad)* ⇨aim: *el principal objetivo de la investigación* - the main aim of the research; ⇨objective ⇨goal **3** *(blanco)* ⇨target **4** *(en fotografía)* ⇨lens *(pl* lenses)

objeto *s.m.* **1** *(cosa)* ⇨object **2** *(propósito, fin)* ⇨object: *Se convirtió en el objeto de sus burlas* - He became the object of their mockeries; ⇨purpose **3** *ser objeto de críticas* - to be the target of criticism **4 objetos perdidos** ⇨lost property *UK* [U]; ⇨lost and found *US* ∎ Ver cuadro en página siguiente

obligación *s.f.* **1** ⇨duty *(pl* duties); ⇨obligation **2** *tener la obligación de hacer algo* - to be obliged to do sth

obligar *v.* ⇨to force ⇨to compel *form*

obligatorio, ria *adj.* ⇨compulsory: *educación obligatoria* - compulsory education; ⇨obligatory

oboe *s.m.* ⇨oboe

obra *s.f.* **1** *(creación, labor)* ⇨work: *una obra literaria* - a literary work **2** *(en una carretera)* ⇨roadworks *UK;* ⇨roadwork *US* **3** *(en un edificio)* ⇨building work ⇨construction work **4 ~ maestra** ⇨masterpiece

obrar *v.* ⇨to act

obrero, ra ∎ *adj.* **1** *(del trabajador)* ⇨working-class: *un barrio obrero* - a working-class district ∎ *s.* **2** ⇨labourer *UK;* ⇨worker

obsequio *s.m.* ⇨present ⇨gift

observación *s.f.* **1** ⇨observation **2** *(comentario)* ⇨remark: *una observación interesante* - an interesting remark; ⇨observation **3 estar en ~** ⇨to be under observation

observador, -a ∎ *adj.* **1** ⇨observant ∎ *s.* **2** ⇨observer

observar *v.* **1** *(mirar)* ⇨to observe [CONSTR. to observe + interrogativo]; ⇨to watch [CONSTR. 1. to watch + doing sth 2. to watch + do sth 3. to watch + interrogativo]: *Observé cómo salía de la biblioteca* - I watched him going out of the library **2** *(notar)* ⇨to notice **3** *(comentar)* ⇨to remark [CONSTR. to remark + (that)]; ⇨to observe [CONSTR. to observe + that] **4** *(una ley, una orden)* ⇨to adhere to *form* **5** *(considerar)* ⇨to contemplate

observatorio *s.m.* ⇨observatory *(pl* observatories)

obsesión *s.f.* **1** ⇨obsession **2** *Tienen obsesión por los coches* - They are obsessed with cars

obsesionar ∎ *v.* **1** ⇨to obsess [CONSTR. to obsess about sth]: *Está obsesionado con su altura* - He's obsessed about his height; ⇨to haunt: *Me obsesiona la idea de no volver a verlo* - The idea of not seeing him any more haunts me ∎ **obsesionarse** *prnl.* **2** ⇨to get obsessed: *obsesionarse con algo* - to get obsessed with sth

obstáculo *s.m.* ⇨obstacle: *eliminar el último obstáculo* - to remove the last obstacle

obstrucción *s.f.* ⇨obstruction ⇨blockage

obstruir *v.* ⇨to obstruct ⇨to block

obtener *v.* **1** ⇨to obtain *form;* ⇨to get [CONSTR. to get + dos objetos] **2** *(beneficios)* ⇨to derive

obvio, via *adj.* ⇨clear ⇨obvious

oca *s.f.* **1** ⇨goose *(pl* geese) **2** *(juego)* ⇨snakes and ladders

ocasión *s.f.* **1** *(momento)* ⇨occasion ⇨time **2** *(oportunidad)* ⇨opportunity ⇨chance **3** *(acontecimiento)* ⇨affair **4 de ~** ⇨used: *comprar un coche de ocasión* - to buy a second-hand car **5 en ocasiones** ⇨occasionally

ocasional *adj.* **1** *(fortuito)* ⇨chance **2** *(esporádico)* ⇨occasional **3** *(un trabajo)* ⇨casual *UK*

occidental ∎ *adj.* **1** *(del Oeste)* ⇨western ⇨occidental *form: las culturas occidentales* - the occidental cultures ∎ *s.* **2** *(de los países de Occidente)* ⇨westerner

Occidente *s.m.* ⇨the West

Oceanía *s.f.* ⇨Oceania

verbos con dos objetos

Muchos verbos ingleses pueden ir acompañados por dos objetos: un objeto directo y un objeto indirecto. En estos casos, el orden habitual es **verbo + objeto indirecto (OI) + objeto directo (OD)**:

· *I'll **lend** you (OI) my car (OD).*
(Te dejaré mi coche.)

En el diccionario, en las notas de construcción de estos verbos se indica "+ dos objetos".

En algunos casos es posible **invertir el orden** de los objetos:

– Añadiendo "to" al objeto indirecto:

· *I sent Jim (OI) a letter (OD).* → *I sent a letter (OD) to Jim (OI).*
(Envié una carta a Jim.)

Estos son algunos verbos que permiten cambiar el orden de los objetos añadiendo "to":

· award	· feed	· give	· lend	· mail	· offer	· owe
· pass	· promise	· sell	· show	· throw	· teach	· tell

– Añadiendo "for" al objeto indirecto:

· *I'll **make** you (OI) a cup of coffee (OD).* → *I'll **make** a cup of coffee (OD) for you (OI).*
(Te prepararé una taza de café.)

Estos son algunos verbos que permiten cambiar el orden de los objetos añadiendo 'for':

· bake	· book	· buy	· choose	· cook	· find
· get	· knit	· make	· save	· order	· reserve

– Algunos verbos pueden invertir el orden de sus objetos **con "to" o con "for"**:

- Sin que cambie el significado:

· *He read the newspaper **to/for** me.*
(Me leyó el periódico.)

- Con un cambio de significado:

· *She sent the letter **to** me. / She sent the letter **for** me.*
(Me envió la carta. / Envié la carta en mi lugar.)

Estos son algunos verbos que permiten cambiar el orden de los objetos añadiendo "to" o "for":

· bring	· leave	· pay	· play	· post
· read	· send	· sing	· take	· write

Sin embargo, algunos verbos no admiten cambio en el orden de los objetos.

· *It **cost** me a lot of money.* (No: *It cost a lot of money to me.*)
(Me costó mucho dinero.)

· *Did you **ask** him his name?* (No: *Did you ask his name to him?*)
(¿Le preguntaste su nombre?)

Algunos de estos verbos son:

· allow	· ask	· cost	· deny
· envy	· forgive	· permit	· refuse

océano *s.m.* ⇒ocean

ochenta *numer.* **1** ⇒eighty **2** *estar en los ochenta* - to be in one's eighties

ocho *numer.* **1** ⇒eight **2** *(fecha)* ⇒eighth

ochocientos, tas *numer.* ⇒eight hundred

ocio *s.m.* ⇒leisure

octavo, va *numer.* ⇒eighth

octogésimo, ma *numer.* ⇒eightieth

octubre *s.m.* ⇒October

oculista *s.com.* ⇒ophthalmologist

ocultar ▌ *v.* **1** ⇒to hide: *ocultar la verdad* - to hide the truth **2** *(un sentimiento)* ⇒to disguise **3** *(información)* ⇒to suppress ⇒to hold back ▌ **ocultarse** *prnl.* **4** ⇒to hide: *ocultarse de alguien* - to hide from sb; ⇒to sink

oculto, ta *adj.* ⇒hidden

ocupación *s.f.* ⇒occupation

ocupado, da *adj.* **1** *(un lugar)* ⇒occupied *US* **2** *(un taxi, un asiento)* ⇒taken **3** *(una persona)* ⇒busy ⇒occupied **4** *(una línea telefónica)* ⇒engaged *UK;* ⇒busy *US*

ocupante ▌ *adj.* **1** ⇒occupying ▌ *s.com.* **2** ⇒occupant *form*

ocupar ▌ *v.* **1** *(un lugar)* ⇒to occupy ⇒to take: *ocupar un asiento* - to take a seat **2** *(un país)* ⇒to occupy **3** *(un cargo)* ⇒to hold ▌ **ocuparse** *prnl.* **4** ⇒to deal with ⇒to take care of ⇒to see to: *Yo me ocuparé* - I'll see to it

ocurrencia *s.f.* **1** *(idea)* ⇒idea **2** *(dicho ingenioso)* ⇒quip ⇒sally *(pl sallies);* ⇒witticism **3** *¡Qué ocurrencia!* - What will you think of next!

ocurrir ▌ *v.* **1** ⇒to happen ⇒to occur *form* ▌ **ocurrirse** *prnl.* **2** ⇒to occur to *sb: Se me ocurrió una idea genial* - A great idea occured to me

odiar *v.* ⇒to hate [CONSTR. 1. to hate + doing sth 2. to hate + to do sth]: *Odio no tener tiempo para leer* - I hate not having time to read

odio *s.m.* ⇒hatred: *odio racial* - racial hatred; ⇒hate [U]; ⇒loathing *form* [U]

odioso, sa *adj.* ⇒hateful ⇒odious

oeste *s.m.* **1** ⇒west **2** *en dirección oeste* - in westerly direction

ofender ▌ *v.* **1** ⇒to offend [CONSTR. to offend + that]: *Perdona si te he ofendido* - I am sorry if I have offended you; ⇒to slight **2** *(con insultos)* ⇒to abuse ▌ **ofenderse** *prnl.* **3** ⇒to offend: *Me ofende que lo sugieras* - I am offended that you suggest it; ⇒to resent [CONSTR. to resent + doing sth]; ⇒to take offence [CONSTR. to take offence at sth]

ofensa *s.f.* ⇒insult

ofensivo, va *adj.* ⇒offensive

oferta *s.f.* **1** ⇒offer: *hacer una oferta* - to make an offer **2** *(de dinero)* ⇒bid **3** *(ganga)* ⇒special offer **4** **~ de empleo** ⇒job vacancy ⇒job offer

oficial ▌ *adj.* **1** ⇒official ⇒formal **2** *(una religión)* ⇒established ▌ *s.* **3** ⇒officer

oficina *s.f.* **1** ⇒office: *oficina de objetos perdidos* - lost property office **2** **~ central** ⇒head office ⇒headquarters *pl;* ⇒HQ **3** **~ de correos** ⇒post office **4** **~ de información** ⇒information bureau **5** **~ de turismo** ⇒tourist information office

oficinista *s.com.* ⇒clerk

oficio *s.m.* ⇒trade ⇒profession

ofrecer ▌ *v.* **1** ⇒to offer [CONSTR. to offer + dos objetos]: *Nos ofreció una taza de té* - He offered us a cup of tea **2** *(dinero)* ⇒to bid [CONSTR. to bid + dos objetos]: *Ofreció mil libras por el cuadro* - She bid a thousand pounds for the picture ▌ **ofrecerse** *prnl.* **3** ⇒to offer oneself [CONSTR. to offer + to do sth]

ofrecimiento *s.m.* ⇒offer

oh *interj.* ⇒oh!

oído *s.m.* **1** ⇒ear: *Tengo taponados los oídos* - My ears are blocked **2** *(sentido)* ⇒hearing **3** *(aptitud)* ⇒ear: *No tengo oído para la música* - I have no ear for music

oír *v.* **1** ⇒to hear: *No te oigo* - I can't hear you; *He oído hablar de esa película* - I've heard about that film **2** *(escuchar)* ⇒to listen: *Estaba oyendo la radio cuando llamó* - I was listening to the radio when he called **3** *(por casualidad)* ⇒to overhear [CONSTR. 1. to overhear + doing sth 2. to overhear + do sth]: *Oí que hablaban sobre la fiesta* - I overheard them talking about the party **4** **¿oiga?** ⇒hello? ⇒excuse me?

ojal *s.m.* ⇒buttonhole

ojalá *interj.* ⇒if only ⇒I wish: *Ojalá tuviera más tiempo* - I wish I had more time

ojeada *s.f.* **1** ⇒glance ⇒peep [CONSTR. to have/take a peep]: *¿Podrías echarle una ojeada?* - Could you have a peep at it? **2** **echar una ~** ⇒to take a glance at: *Eché una ojeada a la lista y vi mi nombre en ella* - I took a glance at the list and saw my name on it

ojear *v.* **1** *(mirar rápidamente)* ⇒to have a quick look: *ojear los titulares de un periódico* - to have a quick look at the newspaper headlines **2** *AMÉR. (echar mal de ojo)* ⇒to give the evil eye

ojo *s.m.* **1** ⇒eye **2** *(de la cerradura)* ⇒keyhole **3** **echar el ~ a algo** ⇒to have one's eye on *sth inform* **4** **echar un ~** *col.* ⇒to keep an eye on *sb/sth* **5** **en un abrir y cerrar de ojos** ⇒in a flash **6** **guiñar el ~** ⇒to wink **7** **no pegar ~** *col.* ⇒not to sleep a wink **8** **vendar los ojos** ⇒to blindfold

ola *s.f.* **1** *(de agua)* ⇒wave **2** *(fenómeno atmosférico)* ⇒wave: *ola de calor* - heatwave; *ola de frío* - cold spell **3** *(de una enfermedad, de descontento)* ⇒outbreak

O

oleada *s.f.* ⇨stream

oleaje *s.m.* ⇨surf

óleo *s.m.* **1** *(pintura)* ⇨oil **2** *(cuadro)* ⇨oil painting **3** *pintar al óleo* - to paint in oils

oler *v.* **1** ⇨to smell [Se dice *to smell like/of sth.* Incorrecto: *to smell to sth*]: *Huele a vainilla* - It smells of vanilla **2** *olerse algo* ⇨to suspect *sth*

olfatear *v.* ⇨to sniff: *El cachorro olfateaba el suelo* - The puppy was sniffing the ground; ⇨to scent: *Mi perro olfateó un gato* - My dog scented a cat

olfato *s.m.* **1** *(sentido)* ⇨smell **2** *(astucia)* ⇨nose: *tener buen olfato para los negocios* - to have a good nose for business

olímpico, ca *adj.* ⇨Olympic

oliva *s.f.* ⇨olive

olivar *s.m.* ⇨olive grove

olivo *s.m.* ⇨olive (tree)

olla *s.f.* **1** ⇨pot **2** ~ **exprés** ⇨pressure cooker

olmo *s.m.* ⇨elm

olor *s.m.* **1** ⇨smell: *olor a gas* - smell of gas **2** *(desagradable)* ⇨odour UK; ⇨odor US

oloroso, sa *adj.* ⇨sweet-smelling

olvidar *v.* **1** ⇨to forget [CONSTR. 1. to forget + (that) 2. to forget + to do sth 3. to forget + interrogativo]: *He olvidado cómo llegar a tu casa* - I've forgotten how to get to your house **2** *(algo en un lugar)* ⇨to leave: *Olvidé las llaves en casa* - I left my keys at home; ⇨to leave behind **3** *(un dato)* ⇨to elude

ombligo *s.m.* ⇨navel ⇨belly button *inform*

omitir *v.* ⇨to omit [CONSTR. to omit + to do sth]: *Omitió mencionar que se iba de vacaciones* - She omitted to mention that she was leaving on holidays; ⇨to miss out UK

once *numer.* **1** ⇨eleven **2** *(fecha)* ⇨eleventh

onceavo, va *numer.* ⇨eleventh

onda *s.f.* ⇨wave

ondear *v.* ⇨to wave ⇨to flutter

ondulado, da *adj.* **1** *(el pelo)* ⇨wavy **2** *(una superficie)* ⇨undulating

onza *s.f.* ⇨ounce ⇨oz

opaco, ca *adj.* ⇨opaque

opción *s.f.* ⇨option ⇨choice: *No tener más opción que hacer algo* - to have no choice but to make sth; ⇨chance: *opción de ganar* - chance of winning

opcional *adj.* ⇨optional

ópera *s.f.* ⇨opera: *cantante de ópera* - opera singer

operación *s.f.* **1** *(quirúrgica)* ⇨operation: *Tuve una operación en la rodilla* - I had an operation on my knee **2** *(proceso)* ⇨process *(pl* processes) **3** *(maniobra)* ⇨operation: *operación de rescate* - rescue operation **4** *(en economía)* ⇨transaction

operador, -a *s.* *(de teléfonos)* ⇨operator

operar ▌ *v.* **1** *(intervenir quirúrgicamente)* ⇨to operate [CONSTR. to operate on sth/sb]: *Ese es el médico que me operó la pierna* - That's the doctor who operated on my leg **2** *operarse de anginas* - to have one's tonsils out ▌ **operarse** *prnl.* **3** ⇨to have an operation

opinar *v.* **1** ⇨to give an opinion **2** *(pensar)* ⇨to think [CONSTR. 1. to think + (that) 2. to think about/of sth]: *Opino que deberías irte a dormir* - I think you should go to bed **3** *¿Qué opina él de eso?* - What does he make of that?

opinión *s.f.* **1** ⇨opinion ⇨view: *¿Qué opinión tienes de este tema?* - What's your view on this subject? **2** ~ **pública** ⇨public opinion

oponente *s.com.* ⇨opponent

oponer ▌ *v.* **1** ⇨to counter [CONSTR. to counter with sth]: *Matt dijo que no estaba de acuerdo y opuso sus razones* - Matt said he didn't agree and he countered with his reasons **2** *oponer resistencia* - to offer resistance ▌ **oponerse** *prnl.* **3** ⇨to object: *Me opongo a que vengas* - I object to you coming; ⇨to oppose: *Mi madre se opuso a la idea* - My mother opposed the idea; ⇨to be opposed

oportunidad ▌ *s.f.* **1** ⇨chance ⇨opportunity *(pl* opportunities) ▌ **oportunidades** *pl.* **2** ⇨bargains section

oportuno, na *adj.* **1** *(apropiado)* ⇨appropriate **2** *(en el momento justo)* ⇨timely

oposición *s.f.* **1** ⇨opposition **2** *(examen)* ⇨competitive examination

opositor, -a *s.* ⇨candidate UK

opresión *s.f.* **1** *(represión)* ⇨oppression **2** *(molestia)* ⇨tightness

oprimir *v.* **1** *(apretar)* ⇨to be too tight: *Estos zapatos me oprimen* - These shoes are too tight **2** *(someter)* ⇨to oppress: *oprimir a un pueblo* - to oppress a people

optar *v.* **1** *(decidirse)* ⇨to opt [CONSTR. 1. to opt + to do sth 2. to opt for sth]: *Optamos por ir al teatro* - We opted to go to the theatre **2** *(aspirar)* ⇨to apply [CONSTR. to apply for sth]: *optar a un puesto* - to apply for a job

optativo, va *adj.* ⇨optional: *una asignatura optativa* - an optional subject

óptico, ca ▌ *adj.* **1** ⇨optical: *instrumentos ópticos* - optical instruments **2** *(el nervio)* ⇨optic ▌ *s.* **3** ⇨optician

optimismo *s.m.* ⇨optimism

optimista ▌ *adj.* **1** ⇨optimistic: *Es optimista a pesar de la situación* - She is optimistic despite the situation ▌ *s.com.* **2** ⇨optimist

opuesto, ta *adj.* ⇨opposite: *La casa está en el lado opuesto de la calle* - The house is on the opposite side of the street

oración *s.f.* **1** *(rezo)* ⇨prayer **2** *(frase)* ⇨sentence **3** parte de la ~ ⇨part of speech

orador, -a *s.* ⇨speaker ⇨orator *form*

oral *adj.* ⇨oral

orar *v.* ⇨to pray [CONSTR. 1. to pray + that 2. to pray for sb 3. to pray to sb]: *orar a Dios* - to pray to God

órbita *s.f.* *(de un planeta)* ⇨orbit

orden ■ *s.m.* **1** *(colocación determinada)* ⇨order **2** ~ del día ⇨agenda **3** ~ público ⇨public order ■ *s.f.* **4** *(mandato)* ⇨command ⇨order

ordenado, da *adj.* ⇨neat ⇨tidy ⇨organized: *Deberías llevar una vida más ordenada* - You should carry a more organized life

ordenador *s.m.* **1** ⇨computer **2** ~ personal ⇨personal computer ⇨PC **3** ~ portátil ⇨laptop computer ⇨laptop ■ Ver cuadro

ordenar *v.* **1** *(colocar en orden)* ⇨to tidy *UK;* ⇨to put in order: *ordenar las ideas* - to put one's ideas in order **2** *(tirando lo inservible)* ⇨to clear out **3** *(mandar algo)* ⇨to command *form* [CONSTR. to command + to do sth]; ⇨to order [CONSTR. to order + to do sth]

ordeñar *v.* ⇨to milk

ordinario, ria *adj.* **1** *(común, corriente)* ⇨usual ⇨ordinary **2** *(vulgar)* ⇨coarse: *No soporto este lenguaje ordinario* - I can't stand this coarse vocabulary; ⇨crude

orégano *s.m.* ⇨oregano ⇨marjoram

oreja *s.f.* ⇨ear

ORDENADOR

- **Comandos clave ('key commands')**

 · arrastrar un archivo ('to drag a file')
 · avanzar ('to scroll down')
 · borrar ('to delete')
 · buscar ('to search')
 · copiar ('to copy')
 · cortar y pegar ('to cut and paste')

 · cortar ('to cut')
 · deshacer ('to undo')
 · ejecutar ('to run')
 · guardar como ('to save as')
 · retroceder ('to scroll up')

- **Teclas ('keys')**

 · barra espaciadora ('spacebar')
 · intro/retorno ('enter/return')
 · mayúsculas ('shift')
 · menú desplegable ('pull-down menu; drop-down menu')
 · tabulador ('tab')

- **Letra ('letter') - Tipos de fuentes ('font type')**

 Cursiva ('Italics')
 Negrita ('Bold')
 Subrayar ('Underline')

orfanato

orfanato s.m. ⇨orphanage

organismo s.m. 1 (de un animal, de un vegetal) ⇨system 2 (ser vivo) ⇨organism 3 (organización) ⇨organization ⇨organisation UK: Esta zona está llena de organismos europeos - This area is full of European organizations; ⇨agency (pl agencies)

organización s.f. 1 ⇨organization ⇨organisation UK 2 ~ benéfica ⇨charity (pl charities)

organizado, da adj. ⇨organized ⇨organised UK

organizador, -a ∎ adj. 1 ⇨organizing ∎ s. 2 ⇨organizer ⇨organiser UK

organizar ∎ v. 1 (poner en orden) ⇨to organize ⇨to organise UK; ⇨to arrange ⇨to sort out: Los estudiantes están organizados por edades - The students are sorted out by their ages 2 (un grupo) ⇨to marshal: Han organizado una armada de mil barcos - They had marshalled an armada of 1000 boats 3 (hacer planes) ⇨to organize ⇨to organise UK [CONSTR. to organize/-ise + to do sth]: Ha organizado una reunión para resolver esta situación - She has organized a meeting to solve this situation 4 (preparar, montar) ⇨to mount: organizar una exposición - to mount an exhibition; ⇨to orchestrate ∎ organizarse prnl. 5 ⇨to get organized

órgano s.m. 1 (parte del cuerpo) ⇨organ 2 (instrumento musical) ⇨organ

orgullo s.m. ⇨pride

orgulloso, sa ∎ adj. 1 ⇨proud: estar orgulloso de algo - to be proud of sth; ⇨lofty ∎ s. 2 ⇨proud person

orientación s.f. 1 (posición) ⇨orientation form 2 (de un edificio) ⇨aspect 3 (información, consejo) ⇨guidance [U]; ⇨counselling UK

orientado, da adj. (estar orientado) ⇨face: Nuestra casa está orientada al mercado - Our house faces the market

oriental ∎ adj. 1 (del Este) ⇨eastern ∎ s.com. 2 (de los países de Oriente) ⇨easterner

orientar ∎ v. 1 (indicar un lugar) ⇨to give directions 2 (aconsejar) ⇨to advise ∎ orientarse prnl. 3 ⇨to find one's way ⇨to get one's bearings

Oriente s.m. 1 ⇨the East 2 el Lejano ~ ⇨the Far East 3 ~ Medio ⇨Middle East 4 ~ Próximo ⇨Near East

origen s.m. 1 (principio, procedencia) ⇨origin ⇨beginning 2 (causa, motivo) ⇨cause 3 (ascendencia, linaje) ⇨birth ⇨cradle ⇨extraction: Es de origen francés - He is of French extraction

original adj./s.m. 1 ⇨original 2 (un texto) ⇨manuscript

orilla s.f. 1 (de un río) ⇨bank ⇨riverside 2 (del mar) ⇨seashore ⇨shore: pasear por la orilla - to walk along the shore 3 (de un lago) ⇨shore ⇨lakeside 4 (de un camino) ⇨edge ⇨side

orina s.f. ⇨urine

orinar ∎ v. 1 ⇨to urinate ∎ orinarse prnl. 2 (hacerse pis) ⇨to wet oneself

oro s.m. ⇨gold

orquesta s.f. 1 ⇨orchestra 2 (banda de música) ⇨band

orquídea s.f. ⇨orchid

ortiga s.f. ⇨nettle

ortografía s.f. 1 ⇨spelling 2 error de ~ ⇨spelling mistake

oruga s.f. ⇨caterpillar

orzuelo s.m. ⇨stye ⇨sty (pl sties)

os pron.pers. 1 (no reflexivo) ⇨you: Os diré la verdad - I'll tell you the truth 2 (reflexivo) ⇨yourselves: ¿Por qué os consagrasteis al estudio de la psicología infantil? - Why did you dedicate yourselves to studying child psychology? 3 (con valor recíproco) ⇨each other: ¿Os estuvisteis viendo durante mucho tiempo? - Were you seeing each other for long?

oscilar v. 1 (hacer un movimiento de vaivén) ⇨to swing 2 (crecer y disminuir) ⇨to range ⇨to fluctuate: Su peso oscila mucho - Her weight fluctuates wildly; ⇨to oscillate

oscurecer v. 1 (hacerse de noche) ⇨to get dark 2 (hacer más oscuro) ⇨to get darker: Se me ha oscurecido el pelo - My hair has got darker; ⇨to darken

oscuridad s.f. ⇨dark ⇨darkness

oscuro, ra adj. 1 ⇨dark ⇨dusky lit 2 (gris, triste) ⇨gloomy: una mañana oscura - a gloomy morning 3 (una calle) ⇨unlit 4 (incierto) ⇨black ⇨obscure: Su futuro es oscuro - Their future is obscure 5 a oscuras ⇨in darkness ⇨in the dark

oso, sa s. 1 ⇨bear 2 oso de peluche ⇨teddy bear ⇨teddy UK (pl teddies) 3 oso hormiguero ⇨anteater 4 oso panda ⇨panda 5 oso pardo ⇨brown bear 6 oso pardo americano ⇨grizzly bear 7 oso polar ⇨polar bear

ostra s.f. 1 ⇨oyster 2 aburrirse como una ~ col. ⇨to be bored stiff

otoñal adj. ⇨autumnal

otoño s.m. ⇨autumn ⇨fall US

otorgar v. 1 ⇨to give [CONSTR. to give + dos objetos]: Le otorgaron una beca - She was given a scholarship 2 (un premio) ⇨to award [CONSTR. 1. to award + dos objetos 2. to be awarded] 3 (una ley) ⇨to pass

otro, tra ∎ indef. 1 ⇨another [Se usa con sustantivos en singular sin artículo u otros determinantes, o con

ozono

sustantivos en plural acompañados de un numeral: *another time - en otra ocasión; another two weeks - otras dos semanas*]: *Quiero comprar otro jersey -* I want to buy another pullover; *Esta chaqueta no me gusta; quiero otra -* I don't like this jacket; I want another; ⇨new **2** ⇨other [Se usa con sustantivos en singular con artículo delante u otros determinantes o con sustantivos plurales. Con los sustantivos indeterminados va sin artículo: *my other sister - mi otra hermana; other people - otras personas*]: *el otro día -* the other day; *El otro jersey te sienta mejor -* The other jumper suits you better; *Los otros vendrán algo más tarde -* The others will come a bit later **3 otra cosa 1** *(en oraciones afirmativas)* ⇨something else: *Tengo otra cosa que puede interesarte -* I've got sth else that may interest you **2** *(en oraciones interrogativas y negativas)* ⇨anything else: *¿Alguna otra cosa? -* Anything else? **4 otra vez** ⇨again: *Lo has hecho otra vez -* You did it again **5 otro día** ⇨some other time **6 otro lugar** ⇨somewhere else: *Vete a otro lugar -* Go somewhere else ∎ ¡**otra!** *interj.* **7** *(en un concierto)* ⇨more!: *El público gritaba: «¡Otra! ¡Otra!» -* The audience was shouting «More! More!»; ⇨encore!

ovalado, da *adj.* ⇨oval

ovario *s.m.* ⇨ovary *(pl* ovaries)

oveja *s.f.* **1** ⇨sheep *(pl* sheep) **2 ~ negra** ⇨black sheep

ovillo *s.m.* ⇨ball

ovino, na *adj. ganado ovino -* sheep

ovni *s.m.* ⇨UFO

oxidado, da *adj.* ⇨rusty

óxido *s.m.* ⇨rust

oxígeno *s.m.* ⇨oxygen

oyente *s.* ⇨listener: *Esta radio ha doblado el número de oyentes -* This radio has doubled the number of listeners

ozono *s.m.* ⇨ozone: *la capa de ozono -* the ozone layer

O

p *s.f. (letra del alfabeto)* ⇔p

pabellón *s.m.* **1** *(edificio)* ⇔pavilion **2** *(de deportes)* ⇔sports hall ⇔pavilion *US* **3** *pabellón auditivo* - outer ear

pacer *v.* ⇔to graze

pachanguear *v. AMÉR. col.* ⇔to party

pachucho, cha *adj.* ⇔poorly *UK inform*

paciencia *s.f.* ⇔patience

paciente ▌ *adj.* **1** *(que tiene paciencia)* ⇔patient **▌** *s.com.* **2** *(que está bajo atención médica)* ⇔patient

pacificar *v. (calmar)* ⇔to calm down

pacífico, ca *adj.* ⇔pacific ⇔non-violent: *una manifestación pacífica* - a non-violent demonstration

pacifista *adj./s.com.* ⇔pacifist

pactar *v.* ⇔to negotiate ⇔to agree on: *pactar las condiciones de un contrato* - to agree on the terms of a contract

pacto *s.m.* ⇔agreement: *Intentamos llegar a un pacto con ellos* - We tried to reach an agreement with them; ⇔pact

padecer *v.* ⇔to suffer: *padecer una enfermedad* - to suffer from an illness

padrastro *s.m.* **1** *(pariente)* ⇔stepfather **2** *(en un dedo)* ⇔hangnail

padre ▌ *s.m.* **1** ⇔father ⇔dad *inform;* ⇔daddy *inform (pl* daddies) **▌** **padres** *pl.* **2** *(padre y madre)* ⇔parents

padrenuestro *s.m.* ⇔Lord's Prayer ⇔Our Father

padrino ▌ *s.m.* **1** *(de un niño)* ⇔godfather **2** *(de boda)* ⇔best man *(pl* best men) **▌** **padrinos** *pl.* **3** ⇔godparents

paella *s.f.* ⇔paella

paga *s.f.* **1** ⇔pay [U] **2** *(la que dan los padres a sus hijos)* ~ **semanal** ⇔pocket money *UK;* ⇔allowance *US* **3** ~ **extra** ⇔bonus *(pl* bonuses)

pagano, na *adj./s.* ⇔pagan

pagar *v.* ⇔to pay [CONSTR. to pay for sth]; ⇔to shell out *inform*

página *s.f.* **1** ⇔page: *pasar las páginas de un libro* - to turn over the pages of a book; ⇔leaf *(pl* leaves) **2** ~ **de inicio** *(en internet)* ⇔home page ⇔page **3** ~ **web** ⇔web page

pago *s.m.* ⇔payment: *pago al contado* - cash payment

país *s.m.* ⇔country *(pl* countries)

paisaje *s.m.* ⇔landscape ⇔scenery [U]: *Desde su ventana se podía ver un paisaje precioso* - From her window you could see a lovely scenery

paisano, na *s.* **1** *(del mismo país)* ⇔fellow countryman (hombre) *(pl* fellow countrymen); ⇔fellow countrywoman (mujer) *(pl* fellow countrywomen) **2** *(de la misma provincia): Ese gaditano es mi paisano* - That man is from Cádiz, like me **3** *(persona de campo)* ⇔country man (hombre) *(pl* country men); ⇔country woman (mujer) *(pl* country women) **4** **de paisano** *(un militar)* ⇔in civilian dress

paja *s.f.* **1** ⇔straw **2** *(de un tejado)* ⇔thatch **3** *col. (en un texto)* ⇔padding

pajar *s.m.* ⇔hay loft

pajarería *s.f.* ⇔pet shop

pajarita *s.f.* **1** *(corbata)* ⇔bow tie **2** *(de papel)* ⇔paper bird

pájaro *s.m.* ⇔bird

paje *s.m.* ⇔page

Pakistán *s.m.* ⇔Pakistan

pakistaní *adj./s.* ⇔Pakistani

pala *s.f.* **1** *(para la tierra)* ⇔spade **2** *(para jugar)* ⇔bat

palabra *s.f.* **1** ⇔word **2** **cumplir alguien su** ~ ⇔to keep *one's* word **3** **dar alguien su** ~ ⇔to give *one's* word **4** **en otras palabras** ⇔in other words **5** **tener la última** ~ ⇔to have the last word **6** **tener unas palabras con...** ⇔to have a word with...

palabrota ▌ *s.f.* **1** ⇔swear word **▌** **palabrotas** *pl.* **2** ⇔bad language [U]; ⇔swearing [U]

palacio *s.m.* ⇔palace

paladar *s.m.* ⇔palate ⇔velum

papelería

palanca *s.f.* **1** ⇨lever *US* **2** ~ **de control** ⇨joystick

palco *s.m.* ⇨box (*pl* boxes)

paleta *s.f.* **1** *(en pintura)* ⇨palette **2** *(para construcción)* ⇨trowel **3** *(en ping-pong)* ⇨bat **4** *AMÉR. (un helado o polo)* ⇨ice lolly (*pl* ice lollies)

paleto, ta *s. desp.* ⇨peasant *inform, offens;* ⇨bumpkin *inform, offens*

palidecer *v.* ⇨to turn pale

pálido, da *adj.* **1** *(una persona)* ⇨pale: *ponerse pálido -* to go pale **2** *(una luz)* ⇨dim

palillo *s.m.* **1** *(de los dientes)* ⇨toothpick **2** *(para comer)* ⇨chopsticks **3** *(de un instrumento musical)* ⇨drumstick

paliza *s.f.* **1** ⇨hiding *UK old-fash;* ⇨bashing **2** *col. (en deporte)* ⇨thrashing **3** *darle una paliza a alguien -* to thrash sb **4** *col. (trabajo agotador)* ⇨killer **5 dar la ~** *col.* ⇨to hassle *inform*

palma *s.f.* **1** *(de la mano)* ⇨palm **2** *dar palmas -* to clap

palmada *s.f.* **1** ⇨pat ⇨slap **2** *dar palmadas -* to clap

palmera *s.f.* ⇨palm tree

palmo *s.m.* **1** *crecer un palmo -* to grow several inches **2 dejar a alguien con un ~ de narices** *col.* ⇨to take the wind out of *sb's* sails **3 ~ a ~** ⇨inch by inch: *Estudió la zona palmo a palmo -* He studied the area inch by inch; ⇨meticulously

palo *s.m.* **1** ⇨stick **2** *(estaca)* ⇨stake **3** *(de una baraja)* ⇨suit **4** *col. (experiencia difícil)* ⇨downer *inform;* ⇨blow: *Su muerte fue un palo -* Her death was a blow **5 de tal ~ tal astilla** ⇨a chip off the old block

paloma *s.f.* ⇨dove: *la paloma de la paz -* the dove of peace; ⇨pigeon

palomar *s.m.* ⇨pigeon loft ⇨dovecote

palomita *s.f.* ⇨popcorn [U]

palpar *v.* ⇨to feel ⇨to palpate *form*

palpitar *v.* ⇨to beat

pan *s.m.* **1** ⇨bread [Se dice *a piece of bread, a slice of bread o a loaf of bread.* Incorrecto: *a bread*]: *pan integral -* wholemeal bread; *pan duro -* stale bread; *pan de molde -* sliced bread; *pan de pita -* pitta bread **2 ~ rallado** ⇨breadcrumbs *pl*

pana *s.f.* **1** ⇨corduroy: *un par de pantalones de pana -* a pair of corduroy troussers **2** *AMÉR. (de un motor)* ⇨failure ⇨breakdown

panadería *s.f.* ⇨baker's (*pl* bakers'); ⇨bakery (*pl* bakeries)

panadero, ra *s.* ⇨baker

panal *s.m.* ⇨honeycomb

Panamá *s.m.* ⇨Panama

panameño, ña *adj. / s.* ⇨Panamanian

pancarta *s.f.* ⇨banner

panceta *s.f.* ⇨bacon

panda *s.m.* **1** *(oso)* ⇨panda **2** *col. (de personas)* ⇨gang ⇨crowd *inform;* ⇨group of friends

pandereta *s.f.* ⇨tambourine

pandilla *s.f.* ⇨gang

panecillo *s.m.* ⇨roll

panel *s.m.* ⇨panel

panfleto *s.m.* ⇨pamphlet

pánico *s.m.* ⇨panic

panorama *s.m.* **1** *(paisaje)* ⇨view ⇨panorama **2** *(de una situación)* ⇨scene: *el panorama político -* the political scene

panqueque *s.m. AMÉR.* ⇨crêpe ⇨pancake

pantalla *s.f.* **1** *(de cine, de un ordenador)* ⇨screen **2** *(de una lámpara)* ⇨lampshade

pantalón *s.m.* **1** ⇨trousers *pl;* ⇨pants *US pl* **2** *(corto)* ⇨shorts *pl* **3** *pantalones vaqueros -* jeans **4** *pantalones de chándal -* sweatpants

pantano *s.m.* **1** *(artificial)* ⇨reservoir **2** *(natural)* ⇨marsh (*pl* marshes); ⇨swamp

pantera *s.f.* ⇨panther

panza *s.f.* ⇨belly *inform* (*pl* bellies)

pañal *s.m.* ⇨nappy *UK* (*pl* nappies); ⇨diaper *US*

paño *s.m.* **1** ⇨cloth ⇨dishcloth **2** *(para secar los platos)* ⇨tea towel *UK;* ⇨dishtowel *US*

pañuelo *s.m.* **1** *(para el cuello)* ⇨scarf (*pl* scarves) **2** *(para la cabeza)* ⇨headscarf (*pl* headscarves) **3** *(para la nariz)* ⇨handkerchief ⇨hankie *inform;* ⇨hanky *inform* (*pl* hankies) **4** *(de papel)* ⇨tissue

papa *s.m.* **1** ⇨pope **2** *(sumo pontífice)* ⇨The Pope **3** *AMÉR. (patata)* ⇨spud *inform;* ⇨potato (*pl* potatoes)

papá *s.m.* **1** ⇨dad *inform;* ⇨daddy *inform* (*pl* daddies); ⇨pop *US inform* **2 Papá Noel** ⇨Father Christmas *UK;* ⇨Santa Claus *US*

papada *s.f.* ⇨double chin

papagayo *s.m.* ⇨parrot

papel *s.m.* **1** *(material)* ⇨paper [U] [Se dice *some paper, a piece of paper o a sheet of papers.* Incorrecto: *a paper*] **2** *(en una obra de teatro o en una película)* ⇨part ⇨role **3 ~ celo** ⇨tape **4 ~ de {aluminio/plata}** ⇨foil ⇨silver foil ⇨aluminium foil *UK* **5 ~ de envolver** ⇨wrapping paper **6 ~ de periódico** ⇨newspaper **7 ~ higiénico** ⇨toilet paper **8 ~ transparente** ⇨plastic wrap *US* **9 perder los papeles** *col.* ⇨to lose *one's* cool *inform*

papeleo *s.m.* **1** ⇨paperwork **2** *(burocrático)* ⇨red tape

papelera *s.f.* **1** *(en una oficina o en un local)* ⇨wastepaper basket *UK;* ⇨(wastepaper) bin *UK;* ⇨wastebasket *US* **2** *(en la calle)* ⇨litter bin *UK*

papelería *s.f.* **1** ⇨stationer's *UK* (*pl* stationers') **2** *artículos de papelería -* stationery

P

papeleta *s.f.* **1** *(en una votación)* ⇨ballot paper **2** *(en un sorteo)* ⇨raffle ticket

paperas *s.f.pl.* ⇨mumps [U] [Se usa más con el verbo en singular]: *Pasé las paperas cuando era niño* - I had mumps when I was a kid

papilla *s.f.* **1** ⇨baby food ⇨formula US **2 estar hecho ~ 1** *(un objeto)* ⇨to be smashed to pieces **2** *(una persona)* ⇨to be shattered

paquete *s.m.* **1** *(conjunto de cosas envueltas para enviar)* ⇨package US; ⇨parcel **2** *(de galletas)* ⇨packet UK [Hay dos formas de decir *un paquete de galletas*: *a packet of biscuits* (si está lleno) y *a biscuit packet* (si está vacío)]; ⇨package US **3** *(de tabaco)* ⇨packet UK; ⇨pack US

paquistaní *adj./s.* Véase **pakistaní**

par ■ *adj.* **1** ⇨even: *número par* - even number ■ *s.m.* **2** *(de zapatos, de pantalones)* ⇨pair **3** *(conjunto pequeño)* ⇨couple: *hace un par de días* - a couple of days ago

para *prep.* **1** *(indica razón o motivo)* ⇨for [CONSTR. El verbo que le sigue siempre va en gerundio]: *Necesito una lámpara para leer* - I need a lamp for reading **2** *(indica el destino)* ⇨to ⇨for: *Perdone, ¿es este el autocar para Bristol?* - Excuse me, is this the coach for Bristol? **3** *(indica el destinatario)* ⇨for: *Mamá ha comprado algunos regalos para nosotros* - Mum has bought some presents for us **4** *(indica tiempo)* ⇨by: *Tengo que acabar el libro para el viernes* - I have to finish the book by Friday **5** *(indica finalidad)* ⇨to: *Se necesita una raqueta para jugar al tenis* - You need a raquet to play tennis; ⇨in order to: *Me fui a Londres para mejorar mi inglés* - I went to London in order to improve my English; ⇨so (that): *Apúntatelo para que no se te olvide* - Write it down so that you wouldn't forget about it **6** *(indica contraposición)* ⇨for: *Es muy bueno para ser un principiante* - He's good for a beginner **7 ~ que** *(de manera que)* ⇨so that **8 ¿para qué?** ⇨what for? **9 ~ siempre** ⇨for ever ⇨for good **10 ~ variar** *col.* ⇨for a change ■ Ver cuadro

parabólica *s.f.* ⇨satellite dish (*pl* satellite dishes)

parabrisas *s.m.* ⇨windscreen UK; ⇨windshield US

paracaídas *s.m.* **1** ⇨parachute **2** *lanzarse en paracaídas* - to parachute

paracaidista *s.com.* **1** ⇨parachutist **2** *(militar)* ⇨paratrooper **3** AMÉR. col. ⇨squatter

parachoques *s.m.* ⇨bumper ⇨fender US

parada *s.f.* **1** *(de autobús o de tren)* ⇨stop **2** *(de taxis)* ⇨cab stand US; ⇨taxi rank UK

parado, da ■ *adj.* **1** *(sin trabajo)* ⇨out of work ⇨unemployed **2** *(tímido o indeciso)*: *Es un poco parado* - He has no go **3** *(un vehículo)* ⇨stationary **4** *(una máquina)* ⇨idle ■ *s.* **5** ⇨unemployed person **6** *(plural genérico): los parados* - the unemployed

parador *s.m.* ⇨parador (*pl* paradors, paradores)

paraguas *s.m.* ⇨umbrella

para (for / to)

- **For** se utiliza para expresar:

 – Una razón o un motivo:

 · *I need a calculator **for** my maths class.*
 (Necesito una calculadora para mi clase de matemáticas.)

 – Un destino:

 · *Excuse me, is this the bus **for** Canterbury?*
 (Disculpe, ¿es este el autobús para Canterbury?)

 – El destinatario:

 · *This bouquet is **for** you.*
 (Este ramo de flores es para ti.)

 – Contraposición:

 · *She's very mature **for** being so young.*
 (Es muy madura para ser tan joven.)

- **To** se utiliza para expresar:

 – El destino:

 · *Excuse me, is this the bus **to** Canterbury?*
 (Disculpe, ¿es este el autobús para Canterbury?)

 – La finalidad:

 · *I went to Sydney **to** visit my aunt and uncle.*
 (Fui a Sydney para visitar a mis tíos.)

 Atención: Para referirse a la finalidad de una acción determinada, se utiliza siempre "to". Sin embargo, para referirse al motivo de una actividad general se utiliza "for":

 · *I want to see Rob **to** ask him about my marks.*
 (Quiero ver a Rob para preguntarle por mis notas.)

 · *I need a pair of trainers **for** running.*
 (Necesito un par de zapatillas para correr.)

Paraguay *s.m.* ⇨Paraguay
paraguayo, ya *adj. / s.* ⇨Paraguayan
paraíso *s.m.* **1** ⇨paradise **2** ~ **fiscal** ⇨tax haven
paraje *s.m.* ⇨spot
paralelo, la *adj.* ⇨parallel
parálisis *s.f.* ⇨paralysis [U]
paralítico, ca ❚ *adj.* **1** ⇨paralytic ⇨paralysed *UK* ❚ *s.* **2** ⇨paralysed person *UK;* ⇨paralyzed person *US*
paralizar ❚ *v.* **1** *(impedir el movimiento)* ⇨to paralyse *UK: El miedo la paralizó* - Fear paralysed her; ⇨to paralyze *US* **2** *(detener)* ⇨to bring to a halt: *Paralizamos el proyecto* - We brought the project to a halt ❚ **paralizarse** *prnl.* **3** ⇨to seize up
páramo *s.m.* ⇨moor
parapente *s.m.* **1** *(deporte)* ⇨paragliding **2** *(objeto)* ⇨paraglider
parar ❚ *v.* **1** ⇨to stop: *Para el motor del coche* - Stop the engine **2** *(dejar de hacer)* ⇨to stop [CONSTR. 1. to stop + doing sth 2. to stop. + to do sth]: *Para de dar saltos* - Stop jumping **3** *(impedir)* ⇨to stop [CONSTR. to stop from doing sth] **4** *(en deportes)* ⇨to block ⇨to parry **5** sin ~ ⇨without stopping ⇨on and on ❚ **pararse** *prnl.* **6** *(detenerse)* ⇨to stop **7** *(dejar de funcionar)* ⇨to stop: *Mi reloj se ha parado* - My watch has stopped **8** *AMÉR. (ponerse de pie)* ⇨to stand ⇨to stand up
pararrayos *s.m.* ⇨lightning conductor *UK;* ⇨lightning rod *US*
parásito, ta ❚ *adj.* **1** ⇨parasitic: *una enfermedad parásita* - a parasitic disease ❚ *s.* **2** ⇨parasite **3** *(una persona) col.* ⇨scrounger
parcela *s.f.* ⇨plot ⇨plot of land
parche *s.m.* **1** ⇨patch *(pl* patches*)* **2** *(remedio)* ⇨stopgap solution
parchís *s.m.* ⇨ludo *UK*
parcial ❚ *adj.* **1** *(una opinión, una persona)* ⇨biased ⇨one-sided ❚ *s.m.* **2** *(examen)* ⇨mid-year assessment exam
pardo, da *adj.* ⇨light brown
parecer ❚ *s.m.* **1** ⇨point of view: *Según mi parecer se ha comportado de muy mala manera* - According to my point of view he has behaved on a really bad way; ⇨opinion **2** *(aspecto): de buen parecer* - good-looking ❚ *v.* **3** *(tener determinada apariencia emocional)* ⇨to seem [CONSTR. to seem + (that)]: *Parece que nadie lo sabe* - It seems that nobody knows it **4** *(tener determinada apariencia física)* ⇨to look like: *Pareces una princesa* - You look like a princess **5** *(opinar)* ⇨to think: *¿Qué te parece?* - What do you think? **6** al ~ ⇨apparently **7** ~ **bien** ⇨to suit: *¿Te parece bien este plan?* - Does this plan suit you? **8** qué te

parece si ⇨how about ❚ **parecerse** *prnl.* **9** ⇨to resemble ⇨to take after ⇨to look alike: *Os parecéis mucho* - You look very alike
parecido, da ❚ *adj.* **1** *(personas)* ⇨alike: *Los gemelos son muy parecidos* - The twins are very much alike **2** *(cosas)* ⇨similar **3** *(una persona): bien parecido* - good-looking ❚ **parecido** *s.m.* **4** ⇨resemblance
pared *s.f.* ⇨wall
pareja *s.f.* **1** *(relación amorosa)* ⇨couple: *Hacen muy buena pareja* - They make a really nice couple **2** *(cónyuge)* ⇨partner **3** *(de baile, de juego)* ⇨partner **4** *(dos cosas relacionadas)* ⇨pair ⇨brace **5** en ~ ⇨in pairs **6** formar ~ ⇨to pair up with
parentesco *s.m.* ⇨relationship
paréntesis *s.m.* ⇨(round) brackets *pl: entre paréntesis* - in brackets
pariente *s.com.* ⇨relation ⇨relative: *Es uno de los parientes más cercanos* - He's one of the closest relatives
parir *v.* ⇨to give birth
parking *s.m.* ⇨car park *UK;* ⇨parking lot *US*
parlamentario, ria *s.* ⇨Member of Parliament ⇨parliamentary
parlamento *s.m.* ⇨parliament
parlanchín, -a *adj. col.* ⇨talkative: *Se pone muy parlanchina cuando bebe vino blanco* - She gets very talkative when she drinks white wine; ⇨chatty *inform*
paro *s.m.* **1** *(carencia de trabajo)* ⇨unemployment **2** *en paro* - out of work **3** *(cantidad de dinero): cobrar el paro* - to get the dole **4** *(huelga)* ⇨strike: *un paro de 24 horas* - a 24-hour strike
parpadear *v.* **1** *(una persona)* ⇨to blink **2** *(una luz, una vela)* ⇨to flicker **3** *(una estrella)* ⇨to twinkle
párpado *s.m.* ⇨eyelid
parque *s.m.* **1** ⇨park **2** ~ **de atracciones** ⇨funfair *UK;* ⇨amusement park **3** ~ **de bomberos** ⇨fire station **4** ~ **temático** ⇨theme park
parqué *s.m.* ⇨parquet ⇨wood-block floor
parqueadero *s.m. AMÉR.* ⇨car park *UK;* ⇨parking lot *US*
parquear *v. AMÉR. (un vehículo)* ⇨to park
parra *s.f.* ⇨vine ⇨climbing vine
párrafo *s.m.* ⇨paragraph
parrilla *s.f.* **1** *(utensilio de cocina)* ⇨grill ⇨broiler *US* **2** a la parrilla - grilled **3** *AMÉR. (baca)* ⇨roof rack
párroco *s.m.* **1** *(católico)* ⇨parish priest **2** *(protestante)* ⇨vicar
parroquia *s.f.* ⇨parish church *(pl* parish churches*)*

P

parte ∎ *s.m.* **1** ⇒bulletin ∎ *s.f.* **2** *(de un todo)* ⇒part **3** *(de un reparto)* ⇒share: *una parte de la herencia* - a share of the inheritance **4** *(lugar)* ⇒somewhere: *en alguna parte del mundo* - somewhere in the world **5** *(de un partido)* ⇒half *(pl halves)*: *Metieron un gol en la primera parte* - They scored in the first half **6** *(en derecho)* ⇒party *(pl parties)* **7** ⇒side: *Está de mi parte* - He is on my side **8** *Salúdale de mi parte* - Say hello from me **9 a cualquier ~** ⇒anywhere **10 a ninguna ~** ⇒nowhere **11 de ~ de** ⇒from ⇒on behalf of **12 en gran ~** ⇒to a large extent **13 en ~** ⇒partly **14 en su mayor ~** ⇒largely **15 en todas partes** ⇒everywhere **16 la mayor ~ de** ⇒most of **17 ~ de abajo** ⇒bottom **18 ~ de arriba** ⇒top **19 ~ de atrás** ⇒back ⇒rear **20 ~ delantera** ⇒front **21 por todas partes** ⇒all over **22 por una parte... por otra...** ⇒on the one hand... on the other hand... **23 tomar ~ en** ⇒to take part in

participación *s.f.* **1** *(en una actividad)* ⇒participation **2** *(en economía)* ⇒share **3** *(en unas elecciones)* ⇒turnout

participante *s.com.* **1** ⇒participant ⇒collaborator **2** *(en una carrera)* ⇒competitor ⇒starter *US*

participar *v.* ⇒to take part: *participar en algo* - to take part in sth; ⇒to participate [CONSTR. to participate in sth]

participio *s.m.* ⇒participle

partícula *s.f.* **1** ⇒particle **2** *partículas de polvo* - specks of dust

particular *adj.* **1** ⇒particular ⇒distinctive ⇒special: *Su casa no era nada particular* - Their home was nothing special **2** ⇒private: *clases particulares* - private classes

partida *s.f.* **1** *(en un juego)* ⇒game: *echar una partida* - to have a game **2** *(marcha)* ⇒departure **3** *(copia certificada)* ⇒certificate: *partida de nacimiento* - birth certificate

partidario, ria *s.* **1** ⇒supporter *UK*: *los partidarios de una política* - the supporters of a policy; ⇒follower **2 ser ~ de algo** ⇒to be in favour of sth

partido *s.m.* **1** *(en deportes)* ⇒match *(pl matches)* **2** *(en política)* ⇒party *(pl parties)* **3 ~ conservador** ⇒Conservative Party **4 ~ laborista** ⇒Labour Party

partir *v.* **1** *(cortar)* ⇒to cut **2** *(romper)* ⇒to break ⇒to snap **3** *(en dos)* ⇒to split in two **4** *(marchar)* ⇒to set {off/out}: *Creo que deberíamos partir* - I think we should be setting off **5 partirse de risa** *col.* ⇒to laugh *one's* head off *inform*

partitura *s.f.* ⇒score

parto *s.m.* **1** *(nacimiento)* ⇒birth **2 estar de ~** ⇒to be in labour *UK*; ⇒to be in labor *US*

parvulario *s.m.* ⇒nursery (school) *(pl nurseries)*

pasa *s.f.* ⇒currant ⇒raisin

pasada *s.f.* **1** *(limpieza del polvo): dar una pasada a los muebles* - to dust the furniture **2** *col.* *(cosa sorprendente): ¡Este ordenador es una pasada!* - This is an amazing computer! **3 de ~** ⇒in passing **4 mala ~** *col.* ⇒dirty trick

pasadizo *s.m.* ⇒passage ⇒passageway

pasado, da ∎ *adj.* **1** *(último)* ⇒last: *el domingo pasado* - last Sunday **2** *(después de)* ⇒after [CONSTR. Nunca va seguido de un verbo en futuro]: *pasado mañana* - the day after tomorrow **3** *(un alimento)* ⇒off: *Lo yogures están pasados* - The yoghourts are off **4 ~ de moda** ⇒old-fashioned ⇒out of date ⇒unfashionable ∎ **pasado** *s.m.* **5** *(época)* ⇒the past: *Eso ocurrió en el pasado* - That happened in the past **6** *(en gramática)* ⇒past tense ∎ Ver cuadro past tense **7 pasado continuo** *(en gramática)* ⇒past continuous

pasador *s.m.* **1** *(del pelo)* ⇒hair slide *UK*; ⇒barrette *US* **2** *(de la corbata)* ⇒tie-pin **3** *(en una puerta o en una ventana)* ⇒latch *(pl latches)*

pasaje *s.m.* **1** *(billete)* ⇒ticket **2** *(callejón)* ⇒passage **3** *(fragmento de una obra)* ⇒passage

pasajero, ra *s.* ⇒passenger

pasaporte *s.m.* ⇒passport

pasar ∎ *v.* **1** *(por un lugar)* ⇒to go past: *El autobús pasa por mi casa* - The bus goes past my house; ⇒to run **2** *(de largo)* ⇒to pass by **3** *(un objeto)* ⇒to pass ⇒to hand: *Pásame ese cuchillo, por favor* - Hand me that knife, please **4** *(aprobar un examen)* ⇒to pass **5** *(tirar una pelota)* ⇒to pass **6** *(transcurrir el tiempo)* ⇒to pass **7** *(una temporada en un lugar)* ⇒to spend: *Nosotros pasamos el verano en Escocia* - We spent the summer in Scotland **8** *(entrar)* ⇒to go in: *Pasamos dentro* - We went in **9** *(mandar entrar)* ⇒to come in: *¡Pasen!* - Come in! **10** *(suceder)* ⇒to happen: *¿Qué ha pasado?* - What happened? **11** *(atravesar)* ⇒to experience: *Está pasando una mala racha* - He's experiencing a bad patch **12** *col.* *(no interesarse): El nuevo alumno pasa de todo* - The new student isn't bothered about anything **13** *(una casete)* ⇒to fast forward: *Pasa la cinta, por favor* - Fast forward the tape, please **14** *pasar las páginas de un libro* - to turn over the pages of a book **15 pasarlo en grande** ⇒to have a great time ⇒to enjoy oneself ⇒to have fun **16 ~ por** ⇒to go through **17 ~ por alto** ⇒to omit to mention ⇒to overlook ∎ **pasarse** *prnl.* **18** *col.* ⇒to go too far: *¡Esta vez te has pasado!* - This time you have gone too far! **19** *(emplear el tiempo)* ⇒to spend: *Se ha pasado todo el día durmiendo* - He has spent the whole day sleeping

20 *(estropearse)* ⇒to go bad **21** *(visitar)* ⇒to come round: *Pásate cuando quieras* - Come round any time

pasarela *s.f.* **1** *(puente)* ⇒footbridge ⇒gangway **2** *(de modelos)* ⇒catwalk

pasatiempo ❙ *s.m.* **1** ⇒hobby *(pl* hobbies); ⇒pastime ⇒leisure occupation *form* ❙ **pasatiempos** *pl.* **2** ⇒puzzles

Pascua *s.f.* **1** ⇒Easter **2 de Pascuas a Ramos** ⇒once in a blue moon *inform*

pase *s.m.* **1** *(tarjeta)* ⇒pass *(pl* passes) **2** *(de cine)* ⇒session **3** *(de una pelota)* ⇒pass *(pl* passes)

pasear ❙ *v.* **1** ⇒to stroll ⇒to take for a walk ❙ **pasearse** *prnl.* **2** ⇒to go for a walk ⇒to stroll

paseo *s.m.* **1** *(a pie)* ⇒stroll ⇒walk **2** *(en coche)* ⇒drive: *dar un paseo* - to go for a drive **3** *(en un animal, en un vehículo de una feria, en bicicleta)* ⇒ride **4** *(lugar público)* ⇒promenade ⇒parade

pasillo *s.m.* ⇒corridor ⇒aisle

pasión *s.f.* **1** ⇒passion [U] **2** *(amor)* ⇒passion: *Se besaron con pasión* - They kissed each other with passion

pasiva *s.f.* *(en gramática)* ⇒passive: *en pasiva* - in the passive ■ Ver cuadro the passive

pasivo, va *adj.* ⇒passive

pasmado, da *adj.* ⇒amazed: *quedarse pasmado* - to be amazed

paso *s.m.* **1** *(al andar)* ⇒step: *dar un paso atrás* - to take a step backwards **2** *(sonido de una pisada)* ⇒footstep **3** *(parte de un proceso)* ⇒step: *Sigue cada paso cuidadosamente cuando hagas este modelo* - Follow each step carefully when making this model **4** *(desarrollo del tiempo)* ⇒passage: *el paso de los años* - the passage of the years **5** *(lugar)* ⇒crossover: *Cruzamos el río por un pequeño paso* - We crossed the river through a small crossover; ⇒passing **6 ceder el ~** ⇒to give way *UK;* ⇒to yield *US* **7 dar el primer ~** ⇒to make the first move **8 dejar ~** ⇒to make way **9 de ~** ⇒in passing **10 ~ a nivel** ⇒level crossing **11 ~ a ~** ⇒step by step *UK;* ⇒grade crossing *US* **12 ~ de cebra** ⇒pedestrian crossing *UK;* ⇒zebra crossing ⇒crosswalk *US* **13 ~ de peatones** ⇒crossing ⇒crosswalk *US;* ⇒pedestrian crossing *UK;* ⇒zebra crossing *UK* **14 ~ elevado** ⇒flyover *UK;* ⇒overpass *US (pl* overpasses) **15 ~ subterráneo** ⇒subway *UK;* ⇒underpass *US (pl* underpasses)

pasota *adj./s.com. col. Eres una pasota* - You couldn't care less

pasta *s.f.* **1** *(comida italiana)* ⇒pasta **2** *(masa cremosa)* ⇒paste **3** *col. (dinero)* ⇒cash *inform* **4** *(encuadernación)* ⇒cover **5 ~ de dientes** ⇒toothpaste

pastar *v.* ⇒to graze

pastel *s.m.* **1** *(dulce)* ⇒cake **2** *(salado)* ⇒pie **3 ~ de manzana** ⇒apple pie

pastelería *s.f.* ⇒bakery *(pl* bakeries); ⇒baker's *(pl* bakers')

pastelero, ra *s.* ⇒pastry cook

pastilla *s.f.* **1** *(medicina)* ⇒pill ⇒tablet: *pastilla para dormir* - sleeping pill **2** *(de jabón)* ⇒bar: *una pastilla de jabón de lavanda* - a bar of lavanda soap

pasto *s.m.* **1** *(para el ganado)* ⇒pasture **2** *AMÉR. (césped)* ⇒lawn ⇒grass

pastor, -a *s.* ⇒shepherd

pata *s.f.* **1** *(de una persona o un animal)* ⇒leg **2** *(de un mueble)* ⇒leg **3 meter la ~** ⇒to put one's foot in it: *Metí la pata hasta el fondo* - I really put my foot in it **4 metida de ~** *AMÉR.* ⇒bloomer ⇒boob *inform*

patada *s.f.* **1** ⇒kick **2 dar una patada a alguien** - to kick sb

patalear *v.* **1** *(dar patadas en el suelo)* ⇒to stamp one's feet: *La niña estaba enfadada y empezó a patalear* - The child was angry and started to stamp her feet **2** *(quejarse)* ⇒to make up a fuss: *El cliente pataleó ante la escasa higiene de la habitación* - The customer made up a fuss about the lack of hygiene in the room

pataleta *s.f. col.* ⇒tantrum: *tener una pataleta* - to throw a tantrum

patata *s.f.* **1** ⇒potato *(pl* potatoes); ⇒spud *inform* **2** *(frita)* ⇒chip *UK;* ⇒French fry *US (pl* French fries) **3** *(frita de bolsa)* ⇒crisp *UK;* ⇒potato chip *US*

P

POTATOES

CHIPS *(UK)*
FRENCH FRIES *(US)*

CRISPS *(UK)* / CHIPS *(US)*

paté *s.m.* ⇒pâté

patear *v.* **1** *col. (dar golpes con los pies)* ⇒to stamp **2** *col. (recorrer a pie)* ⇒to cover on foot ⇒to tramp

patente ∎ *adj.* **1** ⇒obvious ∎ *s.f.* **2** ⇒patent *form* **3** *AMÉR. (de un vehículo)* ⇒number plate *UK;* ⇒license plate *US*

paternal *adj.* ⇒fatherly ⇒paternal

paternidad *s.f.* ⇒fatherhood ⇒paternity: *un test de paternidad* - a paternity test; ⇒parenthood

paterno, na *adj.* ⇒paternal

patilla *s.f.* **1** *(pelo)* ⇒sideburns *pl;* ⇒whiskers *old-fash pl* **2** *(de las gafas)* ⇒sidepiece ⇒arm **3** *AMÉR. (fruta)* ⇒watermelon

patín *s.m.* **1** *(con ruedas)* ⇒roller skate ⇒skate **2** *(sobre hielo)* ⇒ice skate ⇒skate **3** *(embarcación)* ⇒pedalo *(pl pedaloes, pedalo)*

patinador, -a *s.* ⇒skater

patinaje *s.m.* **1** ⇒skating **2** *(sobre hielo)* ⇒ice skating **3** *(sobre ruedas)* ⇒roller skating

patinar *v.* **1** *(con ruedas)* ⇒to roller-skate ⇒to skate **2** *(sobre hielo)* ⇒to ice skate ⇒to skate **3** *(en monopatín)* ⇒to skateboard **4** *(un vehículo)* ⇒to skid

patineta *s.f. AMÉR.* ⇒skateboard

patinete *s.m.* ⇒scooter®

patio *s.m.* **1** *(de un edificio)* ⇒yard ⇒courtyard **2** *(de una granja)* ⇒farmyard **3** *(de recreo)* ⇒playground ⇒schoolyard *US*

pato, ta *s.* ⇒duck *(genérico)* ⇒drake *(macho)*

patoso, sa *adj.* ⇒clumsy ⇒awkward

patria *s.f.* ⇒homeland

patriota *adj./s.com.* ⇒patriot *n*

patriotismo *s.m.* ⇒patriotism

patrocinador, -a *s.* ⇒sponsor

patrocinar *v.* ⇒to sponsor

patrón, -a ∎ *s.* **1** *(de un grupo de trabajadores)* ⇒employer ⇒boss *(pl bosses)* **2** *(santo)* ⇒patron saint ∎ **patrón** *s.m.* **3** *(de una falda, de un vestido)* ⇒pattern **4** *(de una embarcación)* ⇒skipper *inform*

patrulla *s.f.* ⇒patrol

patrullar *v.* ⇒to patrol

pausa *s.f.* ⇒pause ⇒break: *hacer una pausa* - to take a break

pavimento *s.m.* ⇒surface

pavo, va *s.* **1** *(animal)* ⇒turkey **2** *col. (persona)* ⇒nerd *inform* **3 pavo real** ⇒peacock

payaso, sa *s.* ⇒clown

paz *s.f.* **1** ⇒peace **2 dejar en ~** ⇒to leave *sb* alone **3 estar en ~** *col. (relativo al dinero)* ⇒to be quits *inform* **4 hacer las paces** ⇒to make it up with

peaje *s.m.* **1** *(dinero)* ⇒toll **2** *(lugar)* ⇒toll barrier

peatón, -a *s.* ⇒pedestrian

peatonal *adj.* ⇒pedestrian: *zona peatonal* - pedestrian area

peca *s.f.* ⇒freckle

pecado *s.m.* ⇒sin

pecar *v.* ⇒to sin

pecera *s.f.* ⇒goldfish bowl

pecho *s.m.* **1** *(tórax)* ⇒chest **2** *(seno)* ⇒breast **3 dar el ~** ⇒to breast-feed ⇒to suckle **1 2**

pechuga *s.f. (de un ave)* ⇒breast

pecoso, sa ∎ *adj.* **1** ⇒freckled ∎ *s.* **2** ⇒person with freckles

peculiar *adj.* ⇒peculiar

pedal *s.m.* ⇒pedal

pedalear *v.* ⇒to pedal

pedante ∎ *adj.* **1** ⇒pedantic ∎ *s.com.* **2** ⇒pedant

pedazo *s.m.* **1** ⇒piece ⇒scrap: *un pedazo de papel* - a scrap of paper **2 hacer pedazos 1** ⇒to smash to pieces ⇒to rip up **2** *(el papel)* ⇒to tear up **3 romperse en pedazos** ⇒to smash **4 un ~ de** *col.* ⇒a hell of *inform: un pedazo de artista* - a hell of an artist

pediatra *s.com.* ⇒paediatrician *UK;* ⇒pediatrician *US*

pedido *s.m.* ⇒order

pedir *v.* **1** *(un objeto, una opinión)* ⇒to ask for ⇒to demand **2** *pedir un favor a alguien* - to ask *sb* a favour **3** *(en un bar o en un restaurante)* ⇒to order **4** *(algo oficial)* ⇒to request *form*

pedo *s.m.* **1** *col. (ventosidad)* ⇒fart *very inform* **2** *col. (borrachera): cogerse un pedo* - to get plastered

pedorreta *s.f. col. hacer una pedorreta* - to blow a raspberry

pega *s.f.* **1** *col.* ⇒snag *inform;* ⇒drawback **2** *Solo sabes poner pegas a mis propuestas* - You are always finding sth wrong with my proposals **3 de ~** *col.* ⇒fake ⇒counterfeit

pegadizo, za *adj.* ⇒catchy: *una canción pegadiza* - a catchy song

pegajoso, sa *adj.* ⇒sticky

pegamento *s.m.* ⇒glue ⇒gum ⇒paste

pegar *v.* **1** *(con pegamento)* ⇒to glue ⇒to stick **2** *(un golpe)* ⇒to hit **3** *col. (combinar)* ⇒to go with **4** *col. (dar o producir): pegar un salto* - to jump up suddenly; *pegar un grito* - to yell out **5** *col. (ser propio de alguien): A mi hermana no le pega eso de bailar en público* - Dancing in public is not my sister's style

pegatina *s.f.* ⇒sticker

pegote *s.m.* **1** *col. (sustancia espesa)* ⇒daub: *un pegote de pintura* - a daub of paint **2** *col. (cosa chapucera)* ⇒patch-up job

peinado *s.m.* ⇒hairstyle

peinar *v.* **1** *(el pelo)* ⇒to comb **2** *(una zona)* ⇒to scour: *Han peinado la zona buscando al niño perdido* - They have scoured the area looking for the missing child

peine *s.m.* ⇒comb

pelar ▌ *v.* **1** *(una fruta)* ⇒to peel ▌ **pelarse** *prnl.* **2** *pelarse de frío* - to freeze to death

peldaño *s.m.* **1** *(de una escalera)* ⇒step **2** *(de una escalera de mano)* ⇒rung **3** *(de la puerta)* ⇒doorstep

pelea *s.f.* **1** ⇒fight ⇒struggle: *una pelea con un ladrón* - a struggle with a robber; ⇒scrap *inform* **2** *(enfado que dura)* ⇒quarrel

pelear ▌ *v.* **1** *(reñir)* ⇒to fight: *pelearse por algo* - to fight over sth **2** *(trabajar mucho)* ⇒to struggle [CONSTR. to struggle + to do sth]: *Peleé mucho por conseguir ese trabajo* - I struggled hard to get that job ▌ **pelearse** *prnl.* **3** *(enfadarse)* ⇒to quarrel

peletería *s.f.* ⇒furrier's *(pl* furriers'); ⇒fur shop

pelícano *s.m.* ⇒pelican

película *s.f.* **1** *(en el cine, en la televisión)* ⇒film ⇒movie *US;* ⇒picture **2** *película de suspense* - thriller **3** *película de vaqueros* - western **4** *(para la cámara de fotos)* ⇒film

peligrar *v.* ⇒to be in danger: *Tu vida peligra* - Your life is in danger

peligro *s.m.* **1** ⇒danger ⇒menace *form* **2** *correr el ~ de* ⇒to run the risk of **3** *en ~* ⇒at risk ⇒endangered

peligroso, sa *adj.* ⇒dangerous: *un viaje peligroso* - a dangerous trip; ⇒unsafe ⇒hairy *inform*

pelirrojo, ja ▌ *adj.* **1** ⇒ginger-haired *UK;* ⇒red-haired ▌ *s.* **2** ⇒redhead *inform*

pellejo *s.m.* **1** ⇒skin **2** *(de un animal)* ⇒hide ⇒pelt **3** *jugarse el ~ col.* ⇒to risk *one's* neck

pellizcar *v.* ⇒to pinch

pellizco *s.m.* ⇒pinch *(pl* pinches): *un pellizco de sal* - a pinch of salt

pelma *adj. / s.com. col.* ⇒bore *inform n;* ⇒pain *inform n: ¡No seas pelma!* - Don't be such a pain!

pelmazo, za *s. col.* ⇒drag *very inform;* ⇒bore *inform*

pelo *s.m.* **1** ⇒hair **2** *cortarse el pelo* - to get a haircut **3** *poner los pelos de punta* ⇒to make *one's* hair stand on end **4** *por los pelos col.* ⇒by the skin of *one's* teeth: *Lo consiguieron por los pelos* - They did it by the skin of their teeth **5** *tomar el ~* ⇒to take the mickey *UK inform;* ⇒to tease

pelota ▌ *s.f.* **1** *(balón)* ⇒ball ▌ *adj. / s.com.* **2** *col. (persona)* ⇒creep *UK inform n;* ⇒crawler *inform n: Ha conseguido el puesto porque es un pelota* - He's getting the post because he is a crawler **3** *en pelotas col.* ⇒stark naked **4** *hacer la ~ col.* ⇒to suck up *inform;* ⇒to creep *inform*

pelotón *s.m.* **1** *(de soldados)* ⇒squad **2** *(en ciclismo)* ⇒main group

peluca *s.f.* ⇒wig

peluche *s.m.* **1** ⇒cuddle toy ⇒stuffed toy **2** *(oso)* ⇒teddy bear ⇒teddy *UK (pl* teddies)

peludo, da *adj.* ⇒hairy

peluquería *s.f.* **1** *(de caballeros)* ⇒barber's *(pl* barbers') **2** *(de señoras)* ⇒hairdresser's *(pl* hairdressers')

peluquero, ra *s.* **1** *(de hombres)* ⇒barber **2** *(de mujeres)* ⇒hairdresser

pelusa *s.f.* **1** *(pelo)* ⇒down ⇒fuzz [U] **2** *(polvo)* ⇒fluff **3** *col. (celos): tener pelusa de alguien* - to be jealous of sb

pena *s.f.* **1** *(tristeza)* ⇒sorrow *form;* ⇒sadness [U] **2** *(lástima)* ⇒pity: *Qué pena que no vinieras* - It's a pity you didn't come; ⇒shame [CONSTR. 1. a shame + (that) 2. a shame + to do sth] **3** *(ante la pérdida de alguien)* ⇒grief **4** *(condena)* ⇒sentence **5** *dar ~* ⇒to feel sorry **6** *~ de muerte* ⇒death penalty **7** *valer la ~* ⇒to be worth: *¿Vale la pena leer el libro?* - Is the book worth reading?

penalti *s.m.* ⇒penalty *(pl* penalties)

pendejo, ja *s. AMÉR. col.* ⇒moron *offens;* ⇒nerd *inform*

pendiente ▌ *adj.* **1** ⇒outstanding: *Todavía hay una par de problemas pendientes* - There are still a couple of problems outstanding; ⇒undecided **2** *una asignatura pendiente* - a subject to resist **3** *estar ~ de* **1** *(estar esperando)* ⇒to be awaiting *sth: Estoy pendiente del resultado* - I'm awaiting the outcome **2** *(estar atento)* ⇒to be attentive to: *Está muy pendiente de su madre* - He is very attentive to his mother ▌ *s.m.* **4** *(joya)* ⇒earring ▌ *s.f.* **5** *(terreno)* ⇒slope ⇒incline *form;* ⇒gradient: *una pendiente suave* - a gentle gradient

pene *s.m.* ⇒penis *(pl* penises)

penetrar *v.* ⇒to penetrate

penicilina *s.f.* ⇒penicillin

península *s.f.* ⇒peninsula

penique *s.m.* **1** ⇒penny *(pl* pennies, pence); ⇒p. **2** *dos peniques* - two pence

penitencia *s.f.* ⇒penance

pensamiento *s.m.* **1** *(reflexión)* ⇒thought: *Deja que conozca tus pensamientos* - Let me have your thoughts **2** *(flor)* ⇒pansy *(pl* pansies)

pensar *v.* **1** *(una idea)* ⇒to think [Se dice: *to think about/of sth* - pensar en algo. Incorrecto: *to think in/on sth]: ¿En qué estás pensando?* - What are you thinking about? **2** *(tener una opinión)* ⇒to believe [CONSTR. to believe + (that)]: *Pienso que esta es la mejor manera de hacer las cosas* - I believe that this is the best way of doing things; ⇒to think [CONSTR. to think + (that)]: *Pienso que está bien* - I think he is ok **3** *(planear algo)* ⇒to intend [CONSTR. 1. to intend + doing sth 2. to intend + to do sth]:

P

No pienso volver a llamarle - I don't intend calling him again **4 dar que ~** ⇨to give food for thought: *Esto me da que pensar* - This gives me food for thought

pensativo, va *adj.* ⇨thoughtful ⇨pensive

pensión *s.f.* **1** *(dinero que da el gobierno)* ⇨pension **2** *(alojamiento y desayuno)* ⇨bed and breakfast **3 ~ completa** ⇨full board

pensionista *s.com.* ⇨old age pensioner *UK;* ⇨pensioner *UK*

pentagrama *s.m.* ⇨stave *UK;* ⇨staff *US*

penúltimo, ma ∎ *adj.* **1** ⇨last but one: *Noviembre es el penúltimo mes del año* - November is the last month of the year but one; ⇨next to last *US;* ⇨penultimate *form* ∎ *s.* **2** ⇨second to last: *Estoy el penúltimo en la lista* - I'm the second to last on the list

penumbra *s.f.* ⇨half-light

peña *s.f.* **1** *(roca)* ⇨rock [U] **2** *(grupo que apoya algo)* ⇨supporters' club

peñasco *s.m.* ⇨rock [U]; ⇨outcrop

peñón *s.m.* ⇨wall of rock ⇨crag

peón *s.m.* **1** *(trabajador)* ⇨labourer *UK* **2** *(pieza de ajedrez)* ⇨pawn

peor *adv.* **1** *(en comparativos)* ⇨worse: *La situación se está poniendo cada vez peor* - The situation is getting worse **2** *(en superlativos)* ⇨worst: *Es la peor película que he visto* - It's the worst film I've ever seen; *Lo peor de todo es que no volveré a verlo* - The worst thing about it is that I won't see him any more

pepa *s.f.* *AMÉR.* ⇨pip *UK;* ⇨seed *US*

pepinillo *s.m.* ⇨gherkin

pepino *s.m.* ⇨cucumber

pepita *s.f.* **1** *(de un fruto)* ⇨pip *UK;* ⇨seed *US* **2** *(de oro)* ⇨gold nugget

pequeño, ña *adj.* **1** *(de tamaño, de edad)* ⇨little ⇨small **2** *(sin importancia)* ⇨slight **3** *(el más joven)* ⇨youngest: *Es mi hermano pequeño* - He is my youngest brother **4 muy ~** ⇨tiny **5 quedarse ~** ⇨to outgrow ∎ Ver cuadro

pera *s.f.* ⇨pear

peral *s.m.* ⇨pear tree

percha *s.f.* **1** *(para la ropa)* ⇨(coat) hanger **2** *(para los pájaros en una jaula)* ⇨perch *(pl perches)*

perchero *s.m.* ⇨clothes rack ⇨hatstand

percibir *v.* **1** *(comprender)* ⇨to understand **2** *(apreciar, notar)* ⇨to note ⇨to sense: *El terremoto se percibió por todo el país* - The earthquake was sensed all over the country; ⇨to discern *form: Solo pude percibir una figura en la oscuridad* - I could just discern a figure in the darkness; ⇨to perceive *form*

perdedor, -a *s.* ⇨loser

perder ∎ *v.* **1** ⇨to lose: *He perdido la cartera* - I've lost my wallet **2** *(el autobús, el tren)* ⇨to miss **3** *perder el equilibrio* - to lose one's balance **4** *perder el tiempo* - to waste one's time **5** *perder peso* - to lose weight **6** *¡Estamos perdidos!* - All is lost! **7 ~ los estribos** ⇨to lose *one's* temper ∎ **perderse** *prnl.* **8** ⇨to get lost

pérdida *s.f.* ⇨loss *(pl losses)*

perdido, da *adj.* **1** *(extraviado)* ⇨lost **2** *(desaparecido)* ⇨missing **3** *(una mirada)* ⇨unfocused

perdigón *s.m.* ⇨pellet

perdiz *s.f.* **1** ⇨partridge **2 marear la ~** ⇨to turn *sth* over and over

perdón ∎ *s.m.* **1** ⇨forgiveness **2** *pedir perdón a alguien* - to apologize to sb ∎ *interj.* **3** *(antes de interrumpir)* ⇨excuse me! **4** *(tras haber hecho algo)* ⇨sorry!

perdonar *v.* **1** *(no tener en cuenta)* ⇨to forgive [CONSTR. to forgive for + doing sth]: *Te perdonaré por lo que has hecho* - I will forgive you for what you have done; ⇨to pardon [CONSTR. to pardon + doing sth]; ⇨to overlook **2** *(no castigar)* ⇨to let off: *Esta vez te perdono* - I'll let you off this time **3** *(excusar)* ⇨to excuse [CONSTR. to excuse for + doing sth]: *Perdona, por favor, que haya llegado tarde* - Please excuse me for arriving late **4** *perdonarle la vida a alguien* - to spare sb's life

pequeño (small / little)

• Small y little se utilizan para referirse al tamaño:

 · *I live in a **small / little** village.*
 (Vivo en un pueblo pequeño.)

• Small se utiliza para referirse a una edad muy temprana:

 · ***Small** children are full of energy.*
 (Los niños pequeños tienen mucha energía.)

• Little se utiliza:

 – Para referirse a la cantidad de algo incontable:

 · *I have **little** time for that kind of things.*
 (Tengo poco tiempo para esas cosas.)

 – Para referirse a la edad en comparación con la de un hermano:

 · *Tom is my **little** brother.*
 (Tom es mi hermano pequeño.)

peregrino, na *adj. / s.* ⇨pilgrim *n*

perejil *s.m.* ⇨parsley

perenne *adj.* **1** ⇨perennial **2** *árboles de hoja perenne* - evergreen trees

pereza *s.f.* **1** ⇨laziness **2** *Me da pereza salir de casa cuando hace frío* - I can't be bothered to go out when it's cold

perezoso, sa *adj.* ⇨lazy

perfección *s.f.* **1** ⇨perfection **2** *hacer algo a la perfección* - to do sth perfectly

perfeccionar *v.* ⇨to improve ⇨to perfect

perfecto, ta *adj.* **1** ⇨perfect **2** *(en gramática)* ⇨perfect tense

perfil *s.m.* ⇨profile

perforar *v.* **1** ⇨to pierce ⇨to perforate *form* **2** *(con una máquina)* ⇨to punch

perfumar ∎ *v.* **1** ⇨to perfume: *perfumar una habitación* - to perfume a room ∎ **perfumarse** *prnl.* **2** ⇨to put on perfume

perfume *s.m.* ⇨perfume ⇨scent

perfumería *s.f.* ⇨perfume shop

perilla *s.f.* **1** ⇨goatee **2** *venir de perillas col.* ⇨to come in handy *inform*

periódico *s.m.* ⇨newspaper ⇨paper ⇨daily *(pl dailies)*

periodismo *s.m.* ⇨journalism

periodista *s.com.* **1** ⇨journalist **2** *(reportero)* ⇨reporter

período o periodo *s.m.* **1** *(de tiempo)* ⇨period ⇨term **2** *(menstruación)* ⇨period **3** *~ de vacaciones* ⇨recess *(pl recesses)*

peripecia *s.f.* ⇨adventure

periquito, ta *s.* ⇨parakeet

perjudicar *v.* **1** ⇨to harm: *Su reputación se ha visto perjudicaba por una serie de escándalos* - His reputation has already been harmed by a series of scandals; ⇨to clobber **2** *El tabaco perjudica seriamente la salud* - Tobacco seriously damages your health

perjudicial *adj.* ⇨harmful: *perjudicial para la salud* - harmful for your health; ⇨detrimental ⇨disruptive: *una influencia perjudicial* - a disruptive influence

perjuicio *s.m.* **1** ⇨harm [U]; ⇨detriment **2** *en ~ de alguien* ⇨to the detriment of *sb form*

perla *s.f.* ⇨pearl

permanecer *v.* ⇨to remain *form: La casa de mi abuela permanece igual después de años* - My grandmother's house remains the same after the years; ⇨to stay: *¿Cuánto tiempo vas a permanecer en el hotel?* - How long will you stay at the hotel?

permanente ∎ *adj.* **1** ⇨permanent ∎ *s.f.* **2** *(en peluquería) col.* ⇨perm

permiso *s.m.* **1** ⇨permission [U] **2** *(documento oficial)* ⇨licence *UK;* ⇨permit **3** *(días libres)* ⇨leave **4** *con ~* ⇨if you'll excuse me ⇨may I?

permitir ∎ *v.* **1** *(consentir, admitir)* ⇨to allow [CONSTR. 1. to allow + dos objetos 2. to allow + to do sth]: *No está permitido hacer fotografías* - You are not allowed to take photographs; ⇨to permit *form* [CONSTR. 1. to permit + to do 2. to permit + doing] **2** *(hacer posible)* ⇨to make possible ⇨to enable [CONSTR. to enable + to do sth]: *El atajo nos permitirá llegar a tiempo* - The shortcut will enable us to arrive on time ∎ **permitirse** *prnl.* **3** *(económicamente)* ⇨to afford: *No me lo puedo permitir* - I can't afford it

pero *conj.* ⇨but: *Lo siento, pero tengo que irme* - I'm sorry, but I have to go now

perpendicular *adj.* ⇨perpendicular

perpetuo, tua *adj.* ⇨perpetual ⇨constant

perplejo, ja *adj.* ⇨perplexed ⇨baffled

perrera *s.f.* ⇨pound

perro, rra *s.* **1** *(macho)* ⇨dog **2** *(hembra)* ⇨bitch *(pl bitches)* **3** *(cachorro)* ⇨puppy *(pl puppies)* **4** *de perros col.* ⇨awful **5** *llevarse como el perro y el gato col.* ⇨to fight like cat and dog **6** *perrito caliente* ⇨hot dog **7** *perro callejero* ⇨stray dog **8** *perro guardián* ⇨guard dog **9** *perro lazarillo* ⇨guide dog **10** *perro policía* ⇨sniffer dog *UK inform* **11** *perro salchicha col.* ⇨dachshund ⇨sausage dog *UK inform*

persecución *s.f.* **1** ⇨pursuit [U] **2** *(por una idea)* ⇨persecution [U]

perseguir *v.* **1** ⇨to chase: *Estaban persiguiendo a alguien* - They were chasing someone; ⇨to give chase **2** *(un sueño, un deseo)* ⇨to pursue: *perseguir un sueño* - to pursue a dream; ⇨to go after

persiana *s.f.* ⇨blind: *subir la persiana* - to raise the blinds; *bajar la persiana* - to lower the blinds

persistir *v.* **1** *(insistir)* ⇨to persist: *No persistas en esa idea* - Don't persist with that idea **2** *(perdurar)* ⇨to last: *Si persiste la sequía, perderemos la cosecha* - If the drought lasts, we'll lose the harvest

persona *s.f.* ⇨person *(pl people): Es una buena persona* - He's is a good person; ⇨human ⇨human being

personaje *s.m.* **1** *(de ficción)* ⇨character **2** *(famoso, celebridad)* ⇨personality *(pl personalities)*

personal ∎ *adj.* **1** ⇨private ⇨personal: *pronombre personal* - personal pronoun ∎ Ver cuadro personal pronouns ∎ *s.m.* **2** ⇨staff: *Confía completamente en su personal* - She trusts her staff completely

personalidad *s.f.* 1 ⇨personality (*pl* personalities); ⇨character: *Tienes una personalidad muy fuerte* - You have a strong character 2 *(persona destacada)* ⇨burgher *old-fash* 3 doble ~ ⇨split personality (*pl* split personalities)

perspectiva *s.f.* 1 *(técnica)* ⇨perspective 2 *(punto de vista)* ⇨point of view

persuadir *v.* ⇨to persuade [CONSTR. 1. to persuade + to do sth 2. to persuade + (that)]: *Me persuadió para que fuera a la fiesta* - He persuaded me to go to the party

persuasión *s.f.* ⇨persuasion

persuasivo, va *adj.* ⇨persuasive

pertenecer *v.* ⇨to belong [CONSTR. to belong to sb]: *Esto me pertenece* - This belongs to me

pertenencia ▌ *s.f.* 1 ⇨membership ▌ pertenencias *pl.* 2 ⇨belongings

pértiga *s.f.* ⇨pole: *salto con pértiga* - pole-vault

perturbar *v.* ⇨to disturb ⇨to upset ⇨to perturb: *La noticia la perturbó* - She was perturb by the news

Perú *s.m.* ⇨Peru

peruano, na *adj./s.* ⇨Peruvian

perverso, sa *adj.* ⇨perverse: *una sonrisa perversa* - a perverse smile; ⇨wicked ⇨evil

pervertir ▌ *v.* 1 ⇨to corrupt: *pervertir a alguien* - to corrupt sb 2 *(sexualmente)* ⇨to pervert ▌ **pervertirse** *prnl.* 3 ⇨to become corrupted 4 *(sexualmente)* ⇨to become perverted

pesa *s.f.* ⇨weight: *hacer pesas* - to do weights

pesadez *s.f.* 1 *(lentitud)*: *moverse con pesadez* - to move slowly 2 *(cosa aburrida)* ⇨bore *inform* 3 *Esta película es una pesadez* - This film is very boring 4 *(sensación de peso)* ⇨heaviness

pesadilla *s.f.* 1 *(en un sueño)* ⇨nightmare 2 *(preocupación)* ⇨bête noire ⇨bugbear

pesado, da ▌ *adj.* 1 *(de mucho peso)* ⇨heavy 2 *(aburrido)* ⇨boring 3 *(fastidioso)* ⇨tedious: *una cosa pesada de hacer* - a tedious thing to do 4 *(un movimiento)* ⇨laboured ⇨ponderous 5 *(una comida)* ⇨rich ⇨stodgy *UK inform* ▌ *s.* 6 *desp.* *(pelmazo)* ⇨drag *very inform;* ⇨bore *inform;* ⇨nuisance: *¡No seas pesado!* - Don't be a nuisance!

pesar ▌ *s.m.* 1 ⇨regret: *Nos dieron las malas noticias con gran pesar* - They gave us the bad news with great regret; ⇨sorrow *form.* 2 a ~ de ⇨despite: *A pesar del clima, salimos a correr* - Despite the weather, we went for a run; ⇨in spite of 3 a ~ de que ⇨although: *A pesar de que hayas venido, no te perdono* - Although you've come, I won't forgive you 4 a ~ de todo ⇨regardless: *Tienes que continuar, a pesar de todo* - You have to carry on regardless ▌ *v.* 5 *(medir el peso)* ⇨to weigh: *pesar un pollo* - to weigh a chicken 6 *(ser una carga)* ⇨to weigh on: *No sabes cómo me pesa haberte ofendido* - You have no idea how it weighs on me to have offended you

pesca *s.f.* ⇨fishing

pescadería *s.f.* ⇨fishmonger's *UK* (*pl* fishmongers')

pescadero, ra *s.* ⇨fishmonger *UK*

pescado *s.m.* ⇨fish [Se dice *some fish* o *a piece of fish*. Incorrecto: *a fish*]: *pescado empanado* - fish in breadcrumbs

pescador, -a *s.* 1 *(hombre)* ⇨fisherman (*pl* fishermen) 2 *(mujer)* ⇨fisherwoman (*pl* fisherwomen)

pescar *v.* 1 *(peces)* ⇨to fish: *ir a pescar* - to go fishing 2 *col. (a una persona)* ⇨to catch: *pescar a un ladrón* - to catch a thief 3 *col. (una enfermedad)* ⇨to catch: *pescar un resfriado* - to catch a cold

pescuezo *s.m.* ⇨neck

pesimismo *s.m.* ⇨pessimism

pesimista ▌ *adj.* 1 ⇨pessimistic ▌ *s.com.* 2 ⇨pessimist

pésimo, ma *adj.* ⇨dreadful: *un conductor pésimo* - a dreadful driver; ⇨awful ⇨abominable: *en condiciones pésimas* - in abominable conditions

peso *s.m.* 1 ⇨weight 2 *(adelgazar): perder peso* - to lose weight 3 *(carga)* ⇨burden 4 *(sobrepeso): exceso de peso* - excess weight 5 *(báscula)* ⇨scales *UK pl;* ⇨scale *US* 6 *(importancia): una decisión de peso* - a weighty decision 7 lanzamiento de ~ ⇨shot putting 8 ~ ligero ⇨lightweight 9 ~ medio ⇨middleweight 10 ~ pesado ⇨heavyweight 11 quitar un ~ de encima a alguien ⇨to take a weight off *sb's* mind ⇨to take a weight from *sb's* shoulders

pesquero, ra ▌ *adj.* 1 *industria pesquera* - fishing industry ▌ **pesquero** *s.m.* 2 ⇨fishing boat

pestaña *s.f.* ⇨eyelash (*pl* eyelashes)

pestañear *v.* 1 ⇨to blink: *Estás pestañeando mucho, ¿te pasa algo?* - You are blinking a lot, is there anything wrong? 2 sin ~ ⇨without batting an eyelid

peste *s.f.* 1 *(olor)* ⇨stink [U] 2 *(enfermedad)* ⇨plague

pestillo *s.m.* 1 *(cerrojo)* ⇨bolt 2 *(de una cerradura)* ⇨catch (*pl* catches)

petaca *s.f.* 1 *(para el tabaco)* ⇨tobacco pouch (*pl* tobacco pouches) 2 *(para una bebida)* ⇨hip-flask 3 hacer la ~ *col.* ⇨to make an apple-pie bed *inform: hacer la petaca a alguien* - to make an apple-pie bed for sb

pétalo *s.m.* ⇨petal

pincel

petardo *s.m.* **1** *(explosivo)* ⇨banger *UK;* ⇨firecracker **2** *col. (aburrimiento)* ⇨bore

petición *s.f.* **1** ⇨appeal: *hacer una petición* - to make an appeal; ⇨request **2** *(por escrito y firmada)* ⇨petition

peto *s.m.* ⇨overalls *US;* ⇨dungarees *UK pl*

petróleo *s.m.* ⇨oil

petrolero *s.m.* ⇨tanker ⇨oil tanker

pez *s.m.* **1** ⇨fish *(pl* fish, fishes) **2** **~ de colores** ⇨goldfish **3** **~ espada** ⇨swordfish *(pl* swordfish, swordfishes) **4** **~ gordo** *col.* ⇨big shot *inform*

pezón *s.m.* ⇨nipple

pezuña *s.f.* ⇨hoof *(pl* hooves, hoofs); ⇨foot *(pl* feet)

piadoso, sa *adj.* ⇨merciful

pianista *s.com.* ⇨pianist

piano *s.m.* ⇨piano

piar *v.* ⇨to chirp ⇨to cheep

picadura *s.f.* **1** *(de mosquito)* ⇨bite **2** *(de avispa)* ⇨sting

picante *adj.* **1** *(una comida)* ⇨hot ⇨spicy **2** *(un tema)* ⇨dirty: *un chiste picante* - a dirty joke

picaporte *s.m.* ⇨handle ⇨door handle

picar ❚ *v.* **1** *(un mosquito)* ⇨to bite **2** *(una avispa)* ⇨to sting **3** *(por escozor, por irritación)* ⇨to itch ⇨to tickle **4** *(un abono de viaje)* ⇨to punch **5** *(un alimento)* ⇨to be hot: *Esta salsa pica mucho* - This sauce is too hot **6** *(trocear)* ⇨to chop **7** *(comer)* ⇨to have a snack **8** *(un pez)* ⇨to bite **9** *col. (una persona)* ⇨to rise to the bait ⇨to take the bait: *Si intentan convencerte, no piques* - If they attempt to convince you, don't take the bait ❚ **picarse** *prnl.* **10** *(enfadarse)* ⇨to get annoyed **11** *(el mar)* ⇨to get rough

picardía *s.f.* ⇨cunning ⇨guile *form*

pichón *s.m.* ⇨pigeon

picnic *s.m.* ⇨picnic: *Vayamos de picnic al bosque* - Let's go for a picnic in the woods

pico *s.m.* **1** *(de una montaña)* ⇨peak **2** *(de un ave)* ⇨beak ⇨bill **3** *col. (boca)* ⇨gob *very inform:* *¡Cierra el pico!* - Shut your gob!; ⇨trap *inform* **4** **no abrir el ~** *col.* ⇨not to say a word **5** **un ~** *col. (una fortuna)* ⇨a fortune

picor *s.m.* ⇨itch *(pl* itches)

picotazo *s.m.* ⇨peck

pie *s.m.* **1** *(de una persona)* ⇨foot *(pl* feet) **2** *estar de pie* - to stand; *ponerse de pie* - to stand up **3** *(de un objeto)* ⇨base ⇨bottom **4** *(de una montaña)* ⇨foot *sing* **5** *(unidad de medida)* ⇨foot *(pl* feet) **6** **al ~ de la letra** ⇨word for word **7** **andar con pies de plomo** *col.* ⇨to tread carefully **8 a ~** ⇨on foot **9 de pies a cabeza** *col.* ⇨from top to toe **10 empezar con buen ~** ⇨to get off on the

right foot **11 no tener ni pies ni cabeza** *col.* ⇨to be absurd **12 pies planos** ⇨flat feet

piedad *s.f.* **1** *(comportamiento)* ⇨mercy **2** *(devoción)* ⇨piousness *form*

piedra *s.f.* **1** ⇨stone **2 quedarse de ~** *col.* ⇨to be stunned

piel *s.f.* **1** *(de una persona, de un animal)* ⇨skin **2** *(cuero)* ⇨fur: *piel sintética* - imitation fur **3** *(de una fruta, una verdura)* ⇨peel **4** *(cuero)* ⇨leather **5** **~ de gallina** ⇨goose pimples *pl*

pienso *s.m.* ⇨fodder

pierna *s.f.* **1** ⇨leg **2 estirar las piernas** ⇨to stretch *one's* legs

pieza *s.f.* **1** ⇨piece **2** *(de una máquina)* ⇨part: *pieza de recambio* - spare part **3** *AMÉR. (habitación)* ⇨room

pijama *s.m.* ⇨pyjamas *UK pl;* ⇨pajamas *US pl*

pijo, ja ❚ *adj.* **1** *col. desp.* ⇨posh *UK inform* ❚ *s.* **2** *col. desp.* ⇨rich kid

pila *s.f.* **1** *(fregadero)* ⇨sink **2** *(para generar corriente)* ⇨battery *(pl* batteries) **3** *(montón)* ⇨pile ⇨heap: *Hay una pila de papeles en mi mesa* - There is a heap of papers on my table **4 cargar las pilas** *col. (cargarse de energía)* ⇨to recharge *one's* batteries *inform*

pilar *s.m. (en arquitectura)* ⇨pillar

píldora *s.f.* ⇨pill ⇨tablet

pillar ❚ *v.* **1** *(coger)* ⇨to catch **2** *col. ¿Te pillo en mal momento?* - Have I caught you at a bad time? **3** *(atropellar)* ⇨to run over **4** *col. (atrapar)* ⇨to catch: *¡Te pillé!* - I caught you!; ⇨to nab *inform* **5** *¡Te he pillado!* - Got you! **6** *col. (una enfermedad)* ⇨to catch ⇨to go down with *sth UK inform* **7** *col. (entender)* ⇨to get the picture ⇨to latch on *UK inform* ❚ **pillarse** *prnl.* **8** ⇨to catch ⇨to get caught: *Me he pillado los dedos con la puerta* - I got my fingers caught in the door

pilotar *v.* **1** *(un avión)* ⇨to pilot **2** *(un barco)* ⇨to steer ⇨to navigate **3** *(un coche)* ⇨to drive

piloto *s.com.* **1** *(de un avión, un cohete)* ⇨pilot ⇨navigator **2** *(de un coche)* ⇨driver **3** **~ automático** ⇨automatic pilot ⇨autopilot

pimentón *s.m.* ⇨paprika

pimienta *s.f.* ⇨pepper: *pimienta blanca* - white pepper

pimiento *s.m.* ⇨pepper: *pimiento rojo* - red pepper; *pimiento verde* - green pepper; ⇨bell pepper *US*

pimpón *s.m.* ⇨ping-pong *inform;* ⇨table tennis

pin *s.m.* ⇨badge *UK*

pinar *s.m.* ⇨pine forest ⇨pine wood

pincel *s.m.* **1** ⇨paintbrush *(pl* paintbrushes) **2 ir hecho un ~** *col.* ⇨to be immaculately dressed ⇨to be very smartly dressed

P

pinchadiscos *s.com.* ⇨disc jockey ⇨DJ

pinchar ❚ *v.* **1** ⇨to jab: *El médico me pinchó con una aguja* - The doctor jabbed me with a needle; ⇨to prick **2** *(una rueda)* ⇨to get a puncture **3** *col. (un disco)* ⇨to play **4** *col. (inyectar)* ⇨to give an injection **5** *(un teléfono)* ⇨to bug ⇨to tap **6** *col. (chinchar)* ⇨to needle *inform;* ⇨to get a rise out of ❚ **pincharse** *prnl.* **7** *col. (inyectarse droga)* ⇨to shoot up

pinchazo *s.m.* **1** ⇨jab **2** *(de una rueda)* ⇨puncture ⇨flat tyre *UK: Me temo que tenemos un pinchazo* - I'm afraid we have a flat tyre **3** *(marca que deja en la piel)* ⇨needle scar

pincho *s.m.* **1** *(de metal)* ⇨spike **2** *(en una planta)* ⇨thorn **3** *(de comida)* ⇨portion

pingüino *s.m.* ⇨penguin

pino *s.m.* **1** ⇨pine (tree) **2** *(en gimnasia)* ⇨handstand **3 en el quinto ~** *col.* ⇨miles away ⇨miles from anywhere **4 hacer el ~** ⇨to do a handstand ⇨to do a headstand

pinta *s.f.* **1** ⇨pint **2 tener buena ~** *col.* ⇨to look good: *Esto tiene buena pinta* - This looks good **3 tener mala ~** *col.* ⇨to look bad: *Esto tiene mala pinta* - This looks bad

pintada *s.f.* ⇨graffiti [U]

pintado, da *adj.* **1** ⇨painted **2** *pintado a mano* - hand-painted **3** *recién pintado* - wet paint

pintalabios *s.m.* ⇨lipstick

pintar ❚ *v.* **1** *(una pared, un edificio)* ⇨to decorate ⇨to paint **2** *(un cuadro)* ⇨to paint **3** *(colorear)* ⇨to colour in **4** *(importar, valer)* ⇨to count for: *Yo aquí no pinto nada* - I don't count for anything here ❚ **pintarse** *prnl.* **5** *(maquillarse)* ⇨to put on *one's* make-up

pintor, -a *s.* ⇨painter

pintoresco, ca *adj.* ⇨picturesque

pintura ❚ *s.f.* **1** *(sustancia para pintar)* ⇨paint **2** *(cuadro, obra)* ⇨painting ❚ **pinturas** *pl.* **3** ⇨coloured pencils

pinza ❚ *s.f.* **1** *(para la ropa)* ⇨clothes peg *UK;* ⇨clothes pin *US* **2** *(para el pelo)* ⇨hair grip ⇨clip ❚ **pinzas** *s.f.pl.* **3** *(para las cejas)* ⇨tweezers **4** *(para el hielo)* ⇨tongs

piña *s.f.* **1** *(fruta)* ⇨pineapple **2** *(del pino)* ⇨pine cone **3 ser una ~** *col.* ⇨to be a very well-knit group

piñón *s.m.* **1** *(fruto)* ⇨pine nut **2** *(de una bicicleta)* ⇨back cog ⇨gear wheel

pío, a *adj.* **1** ⇨pious **2 no decir ni pío** *col.* ⇨not to say a word **3 pío-pío** *(de un ave)* ⇨tweet-tweet

piojo *s.m.* ⇨louse *(pl lice)*

pionero, ra ❚ *adj.* **1** ⇨pioneering: *técnicas pioneras* - pioneering techniques ❚ *s.* **2** ⇨pioneer

pipa *s.f.* **1** *(para fumar)* ⇨pipe: *fumar en pipa* - to smoke a pipe **2** *(semilla)* ⇨pip *UK;* ⇨seed *US* **3 pasarlo ~** ⇨to have a great time

pique *s.m.* **1** ⇨rivalry **2 irse a ~ 1** *(un barco)* ⇨to sink **2** *col. (un negocio)* ⇨to go under

pirado, da ❚ *adj.* **1** *col.* ⇨nuts *inform* ❚ *s.* **2** *col.* ⇨nut *inform*

piragua *s.f.* ⇨canoe

piragüismo *s.m.* ⇨canoeing

pirámide *s.f.* ⇨pyramid

pirata ❚ *adj.* **1** *(falso)* ⇨bootleg: *un disco pirata* - a bootleg record **2** *(de los piratas)* ⇨pirate: *un barco pirata* - a pirate ship ❚ *s.com.* **3** ⇨pirate

piropo *s.m.* ⇨compliment: *decir un piropo a alguien* - to pay sb a compliment

pirrar *v. col.* ⇨to be crazy about: *Me pirra la escalada* - I'm crazy about climbing; *Le pirra cómo cocina mi madre* - He's crazy about my mother's cooking

pirulí *s.m.* ⇨lollipop ⇨lolly *UK (pl* lollies)

pis *s.m. col.* ⇨pee *inform;* ⇨piss *vulg*

pisada *s.f.* **1** *(huella)* ⇨footprint **2** *(paso)* ⇨footstep

pisar *v.* **1** ⇨to step ⇨to tread *UK: Por favor, intenta no pisarme el pie* - Please try not to tread on my foot **2** *(el acelerador)* ⇨to step: *pisar el acelerador* - to step on the accelerator **3** *(avasallar)* ⇨to walk all over **4** *(estar en un lugar)* ⇨to set foot {in/on}

piscina *s.f.* ⇨swimming pool ⇨pool

piscis *adj. / s.com.* ⇨Pisces *n*

piso *s.m.* **1** *(para vivir)* ⇨flat *UK;* ⇨apartment *US* **2** *(suelo)* ⇨floor **3** *(planta, nivel)* ⇨storey *UK;* ⇨floor: *Vivo en el segundo piso* - I live on the second floor **4 autobús de dos pisos** ⇨double-decker ⇨double-decker bus *(pl* double-decker buses) **5 ~ piloto** ⇨show flat

pisotear *v.* **1** *(con los pies)* ⇨to trample **2** *(avasallar)* ⇨to walk over

pisotón *s.m. dar un pisotón a alguien* - to tread on sb's foot

pista *s.f.* **1** *(indicio)* ⇨clue: *buscar pistas* - to look for clues **2** *(rastro)* ⇨trail **3** *(cancha)* ⇨court: *una pista de tenis* - a tennis court **4** *(de coches de carreras)* ⇨track **5** *(de atletismo)* ⇨track **6** *(de aterrizaje)* ⇨runway **7** *(de patinaje)* ⇨skating rink ⇨rink **8** *(de patinaje sobre hielo)* ⇨ice rink **9** *(de baile)* ⇨floor **10** *(de esquí)* ⇨slope

pistacho *s.m.* ⇨pistachio

pistola *s.f.* ⇨pistol ⇨gun

pistolero, ra *s.* **1** *(hombre)* ⇨gunman *(pl* gunmen) **2** *(mujer)* ⇨gunwoman *(pl* gunwomen)

pitar *v.* **1** *col. (con el claxon)* ⇨to beep *inform;* ⇨to blow the horn **2** *col. (abuchear)* ⇨to boo and hiss **3** *AMÉR. (fumar)* ⇨to puff **4 salir pitando** *col.* ⇨to dash off *inform*

pitido *s.m.* **1** *(de un silbato)* ⇨whistle **2** *(de un claxon)* ⇨beep ⇨honk

pito *s.m.* **1** *(silbato)* ⇨whistle **2** *col. (pene)* ⇨willie ⇨willy **3** **entre pitos y flautas** *col.* ⇨what with one thing and another

pitorro *s.m.* ⇨spout

piyama *s.m. AMÉR.* ⇨pyjamas *UK pl;* ⇨pajamas *US pl*

pizarra *s.f.* **1** *(para escribir)* ⇨board **2** *(en un colegio, negra)* ⇨blackboard ⇨chalkboard *US* **3** *(en un colegio, blanca)* ⇨whiteboard **4** *(piedra)* ⇨slate [U]

pizca *s.f.* **1** *col.* ⇨a little bit: *Ten una pizca de paciencia* - Have a little bit of patience; ⇨crumb **2** *(de sal)* ⇨pinch **3** **ni ~** ⇨not a bit ⇨not a jot

pizza *s.f.* ⇨pizza

pizzería *s.f.* ⇨pizzeria ⇨pizza restaurant

placa *s.f.* **1** ⇨plate **2** *(conmemorativa)* ⇨plaque **3** *(insignia)* ⇨badge *UK* **4** *AMÉR. (de un vehículo)* ⇨number plate *UK;* ⇨license plate *US*

placard *s.m. AMÉR.* ⇨built-in closet

placentero, ra *adj.* ⇨pleasant

placer ❚ *s.m.* **1** *(goce)* ⇨pleasure ⇨delight [U] **2** *(satisfacción)* ⇨pleasure: *Es un placer* - It's a pleasure ❚ *v.* **3** ⇨to please

plaga *s.f.* **1** *(de un animal dañino)* ⇨pest ⇨infestation: *una plaga de cucarachas* - an infestation of cockroaches **2** *una plaga de langostas* - a plague of locusts **3** *(de una enfermedad infecciosa)* ⇨plague

plan ❚ *s.m.* **1** *(proyecto)* ⇨plan ⇨scheme **2** *(manera de actuar): Lo dije en plan broma* - I said it as a joke ❚ **planes** *pl.* **3** ⇨arrangements ⇨plans: *¿Tienes planes para mañana por la noche?* - Have you got plans for tomorrow night?

plancha *s.f.* **1** *(electrodoméstico)* ⇨iron **2** *(actividad)* ⇨ironing **3** *(lámina)* ⇨plate **4** **a la ~** ⇨grilled ⇨done on the griddle *US*

planchar *v.* ⇨to iron ⇨to do the ironing: *Tengo que planchar* - I have to do the ironing; ⇨to press

planear *v.* **1** *(tramar un plan)* ⇨to plan [CONSTR. 1. to plan + to do sth 2. to plan + interrogativo]: *Estoy planeando visitarte* - I'm planning to go visit you **2** *(un avión)* ⇨to glide **3** *(un ave)* ⇨to glide ⇨to soar

planeta *s.m.* ⇨planet

planificación *s.f.* ⇨planning: *planificación familiar* - family planning

planificar *v.* ⇨to plan [CONSTR. 1. to plan + to do sth 2. to plan + interrogativo]

plano, na ❚ *adj.* **1** ⇨level ⇨flat ❚ **plano** *s.m.* **2** *(de una construcción)* ⇨plan **3** *(mapa)* ⇨plan: *un plano de calles* - a street plan **4** *(diseño)* ⇨design **5** *(en fotografía): un primer plano* - a close-up **6** *(en matemáticas)* ⇨plane

planta *s.f.* **1** *(vegetal)* ⇨plant **2** *(de un edificio)* ⇨floor ⇨storey *UK: un edificio de cuatro plantas* - a four-storey building **3** *(del pie)* ⇨sole **4** **~ baja** ⇨ground floor *UK;* ⇨first floor *US*

plantación *s.f.* ⇨plantation

plantado, da *adj.* **1** ⇨planted **2** **dejar ~** ⇨to stand *sb* up: *Me dejaste plantado* - You stood me up

plantar *v.* **1** *(una planta)* ⇨to plant **2** *(poner)* ⇨to put **3** *col. (abandonar)* ⇨to dump *inform: Si es tan terrible, ¿por qué no te plantas?* - If he's so awful, why don't you just dump?

plantear ❚ *v.* **1** *(un asunto)* ⇨to set out: *plantear una cuestión* - to set out an issue; ⇨to raise: *plantear dudas* - to raise doubts ❚ **plantearse** *prnl.* **2** ⇨to consider: *plantearse una posibilidad* - to consider a possibility; ⇨to think about

plantilla *s.f.* **1** *(de una empresa)* ⇨staff **2** *(de un equipo deportivo)* ⇨squad ⇨players *pl* **3** *(de un zapato)* ⇨inner sole

plantón *s.m.* **dar plantón a alguien** - to stand sb up

plasta *s.com.* **1** ⇨pest *inform;* ⇨nuisance ⇨drag *very inform* **2** **dar la plasta** - to nag

plástico *s.m.* ⇨plastic: *una bolsa de plástico* - a plastic bag

plastilina® *s.f.* ⇨plasticine® *UK*

plata *s.f.* **1** ⇨silver **2** *AMÉR. col.* ⇨dough *very inform, old-fash* **3** **hablar en plata** - to speak frankly

plataforma *s.f.* **1** ⇨platform **2** **~ petrolífera** ⇨oil rig

plátano *s.m.* **1** *(fruto)* ⇨banana **2** *(árbol)* ⇨banana tree

plateado, da *adj.* **1** *(color): zapatos plateados* - silver shoes **2** *(con una capa de plata)* ⇨silver-plated

platillo ❚ *s.m.* **1** *(de una taza)* ⇨saucer **2** **~ volante** ⇨flying saucer ❚ **platillos** *pl.* **3** *(instrumento)* ⇨cymbals

platino *s.m.* ⇨platinum

plato *s.m.* **1** *(recipiente)* ⇨plate: *plato hondo* - soup plate **2** *(comida elaborada)* ⇨dish *(pl dishes): Ese plato de carne tiene un aspecto realmente bueno* - That meat dish looks really nice **3** *(componente de un menú)* ⇨course: *De primer plato hay sopa* - For first course there's soup **4** *(en un tocadiscos)* ⇨turntable

plató *s.m.* ⇨set

playa *s.f.* **1** ⇨beach *(pl beaches): Pasamos el día en la playa* - We spent the day on the beach **2** *(zona de vacaciones)* ⇨seaside: *Pasaré el verano en la playa* - I'm going to spend the summer at the seaside

P

plaza *s.f.* **1** *(en una ciudad, en un pueblo)* ⇨square **2** *(mercado)* ⇨market **3** *(de un vehículo)* ⇨seat **4** *(en un centro, en una escuela)* ⇨place **5 ~ de garaje** ⇨parking place **6 ~ de toros** ⇨bullring

plazo *s.m.* **1** ⇨term: *a corto plazo* - in the short term; *a largo plazo* - in the long term; *en un plazo de dos meses* - within two months / in a period of two months **2** *(fecha tope)* ⇨deadline **3 a plazos** ⇨on credit ⇨in instalments: *pagar algo a plazos* - to pay for sth in instalments

plegable *adj.* ⇨folding: *una mesa plegable* - a folding table

plegar *v.* ⇨to fold

pleito *s.m.* ⇨lawsuit

pleno, na ▌ *adj.* **1** *(lleno)* ⇨full: *estar en pleno uso de las facultades* - to be in full command of one's faculties **2** *(en el tiempo)* ⇨middle: *en pleno otoño* - in the middle of the autumn **3** *(en el lugar)* ⇨right: *en pleno centro de la ciudad* - right in the centre of the city ▌ **pleno** *s.m.* **4** ⇨plenary *(pl* plenaries) **5 en pleno** ⇨whole ⇨entire

pliegue *s.m.* **1** ⇨fold **2** *(de una tela)* ⇨pleat

plomo ▌ *s.m.* **1** ⇨lead **2 sin ~** *(gasolina)* ⇨lead-free *UK;* ⇨unleaded *US* ▌ **plomos** *s.m.pl.* **3** ⇨fuses: *Se han fundido los plomos* - The fuses have blown

pluma *s.f.* **1** *(de un ave)* ⇨feather **2** *(para escribir)* ⇨fountain pen ⇨pen ⇨quill *old-fash*

plumero *s.m.* **1** *(objeto)* ⇨feather duster **2** *(adorno)* ⇨plume **3 vérsele el ~ a alguien** *col.* ⇨to know what sb is up to: *Se te ve el plumero* - I know what you are up to

plural *adj. / s.m.* ⇨plural ■ Ver cuadro plural forms of nouns

población *s.f.* **1** ⇨population **2** *(lugar)* ⇨village ⇨town ⇨city *(pl* cities)

poblado *s.m.* **1** *(lugar poblado)* ⇨settlement **2** *(pueblo)* ⇨village

pobre ▌ *adj.* **1** ⇨poor ▌ *s.com.* **2** *(persona sin medios económicos)* ⇨poor person **3** *(persona que da pena)* ⇨poor thing: *Está enfermo, el pobre* - He's ill, the poor thing

pobreza *s.f.* ⇨poverty ⇨misery

pocilga *s.f.* **1** ⇨pigsty *(pl* pigsties); ⇨sty *(pl* sties) **2** *col. (lugar sucio)* ⇨slum *inform*

poco, ca ▌ *indef.* **1** *(con nombres incontables)* ⇨little: *un poco de azúcar* - a little sugar **2** *(con nombres contables)* ⇨few: *Había pocos coches el domingo* - There were few cars on Sunday ▌ **poco** *s.m.* **3** ⇨a little: *Comió un poco* - She ate a little; ⇨a bit: *Solo te pido un poco de tiempo* - I'm only asking for a bit of time **4 unos pocos** ⇨some ⇨a few: *Solo vinieron unos pocos* - Only

a few came over **5 un poco de** ⇨some: *¿Me pasas un poco de leche, por favor?* - Could you pass me some milk, please? ▌ *adv.* **6** ⇨not very: *Esa dieta es poco saludable* - That diet is not very healthy; ⇨little: *Salgo muy poco* - I go out very little **7** *(con un verbo)* ⇨not much: *Queda poco en la nevera* - There isn't much left in the fridge **8 dentro de poco** ⇨soon ⇨shortly **9 hace poco** ⇨a little while ago **10 poco a poco** ⇨little by little ⇨gradually **11 poco hecho** *(un filete)* ⇨raw **12 por poco** ⇨nearly: *Por poco me caigo* - I nearly fall ■ Ver cuadro few / a few / little / a little

podar *v.* ⇨to prune

poder ▌ *s.m.* **1** *(tener permiso)* ⇨power: *Tiene el poder para hacerlo* - She has the power to do it **2** *(tener capacidad)* ⇨power: *Tiene el poder de mover cosas* - She's has the power to move things; ⇨ability *(pl* abilities) **3** *(control)* ⇨power: *No tengo poder sobre él* - I've no power over him; ⇨dominion *form* **4 en el ~** ⇨in power ▌ *v.* **5** *(ser capaz)* ⇨can: *Puedo hacerlo* - I can do it; ⇨to be able to **6** *(para pedir permiso)* ⇨can [CONSTR. ~ + do sth]: *¿Puedo ir al pueblo caminando?* - Can I go to the village on foot?; ⇨may *form:* *¿Puedo ir al cuarto de baño?* - May I go to the toilet? **7** *(para expresar posibilidad)* ⇨may ⇨might *form:* *Puede que vaya al cine esta noche* - I might go to the cinema tonight **8 no ~ con** *No puedo con él* - I can't handle him; *No puedo con este ruido* - I can't take this noise **9 no ~ más** ⇨to have had enough: *No puedo más con esta situación* - I've had enough of this situation

poderoso, sa *adj.* ⇨powerful ⇨mighty *lit*

podrido, da *adj.* **1** ⇨rotten **2 estar ~ de dinero** *col.* ⇨to be filthy rich

poema *s.m.* ⇨poem

poesía *s.f.* **1** *(género)* ⇨poetry **2** *(poema)* ⇨poem

poeta *s.com.* ⇨poet

poético, ca *adj.* ⇨poetic

polaco, ca ▌ *adj.* **1** ⇨Polish ▌ *s.* **2** ⇨Pole ▌ **polaco** *s.m.* **3** *(idioma)* ⇨Polish

polar *adj.* **1** ⇨polar **2** *Círculo Polar Ártico* - Arctic Circle **3** *forro polar* - fleece

polea *s.f.* ⇨pulley

polémico, ca *adj.* ⇨controversial

polen *s.m.* ⇨pollen

policía ▌ *s.com.* **1** *(hombre)* ⇨policeman *(pl* policemen) **2** *(mujer)* ⇨policewoman *(pl* policewomen) ▌ *s.f.* **3** *(institución)* ⇨police *pl*

policial *adj. investigación policial* - police investigation

polideportivo *s.m.* ⇨sport complex *(pl* sport complexes); ⇨sports centre *UK;* ⇨sports center *US*

polígono *s.m. polígono industrial* - industrial estate

polilla *s.f.* ⇨moth

política *s.f.* **1** ⇨politics [Se usa más con el verbo en singular]: *política internacional* - international politics; *Me gusta la política* - I like politics **2** *(plan de acción)* ⇨policy *(pl policies)*: *política exterior* - foreign policy; *política interior* - domestic policy

político, ca ▌*adj.* **1** ⇨political: *un partido político* - a political party **2** ⇨in-law: *mi primo político* - my cousin-in-law ▌*s.* **3** ⇨politician

póliza *s.f.* **1** ⇨official tax stamp **2** *póliza de seguros* - insurance policy

polizón *s.m.* ⇨stowaway

pollera *s.f.* AMÉR. ⇨skirt

pollo *s.m.* **1** ⇨chicken: *pollo asado* - roast chicken **2** *(cría)* ⇨chick

polo *s.m.* **1** *(helado)* ⇨ice lolly UK *(pl* ice lollies); ⇨lolly UK *(pl* lollies) **2** *(en geografía)* ⇨pole: *Polo Norte* - North Pole; *Polo Sur* - South Pole **3** *(en electricidad)* ⇨pole **4** *(deporte)* ⇨polo **5** *(prenda de vestir)* ⇨polo shirt

Polonia *s.f.* ⇨Poland

polución *s.f.* ⇨pollution

polvareda *s.f.* ⇨cloud of dust

polvo ▌*s.m.* **1** *(suciedad)* ⇨dust **2** *quitar el polvo* - to dust **3** *(sustancia)* ⇨powder [U]: *detergente en polvo* - soap powder **4** *estar hecho,cha* ~ ⇨to be exhausted ▌*polvos* *pl.* **5** *(de maquillaje)* ⇨face powder

pólvora *s.f.* ⇨gunpowder

polvoriento, ta *adj.* ⇨dusty

pomada *s.f.* ⇨ointment

pomelo *s.m.* ⇨grapefruit

pomo *s.m.* ⇨doorknob: *El pomo de la puerta se cayó haciendo un fuerte ruido* - The doorknob fell with a bang; ⇨knob

pompa *s.f.* **1** *(burbuja)* ⇨bubble **2** *(ostentación)* ⇨pageantry ⇨pomp **3** *pompas fúnebres (ceremonia)* ⇨funeral

pómulo *s.m.* **1** *(hueso)* ⇨cheekbone **2** *(mejilla)* ⇨cheek

ponente *s.com.* ⇨speaker

poner ▌*v.* **1** *(colocar)* ⇨to put: *Pon los libros en la estantería* - Put the books on the shelf; ⇨to place ⇨to set UK **2** *(mandar una tarea)* ⇨to set UK: *El profesor nos puso algunos ejercicios* - The teacher set us some exercises **3** *(dejar en un sitio)* ⇨to put: *Pon las bolsas allí* - Put the bags over there; ⇨to stick *inform* **4** *(añadir)* ⇨to put *sth* in: *Pon más azúcar* - Put more sugar in it **5** *(conectar, encender)* ⇨to turn on ⇨to switch on **6** *(comunicar por teléfono)* ⇨to put through: *Pon-*

me con tu hermano - Put me through to your brother **7** *(un fax, un telegrama)* ⇨to send **8** *(una película, un programa)* ⇨to show **9** *(la mesa)* ⇨to lay **10** *(una comida, una bebida)* ⇨to give [CONSTR. to give + dos objetos]: *Ponme un zumo de naranja, por favor* - Give me an orange juice, please **11** *(programar)* ⇨to set: *Puse el despertador a las siete* - I set the alarm clock for seven **12** *poner al día* - to update **13** *volver a poner* - to replace **14** *¿qué ponen?* - what's on? ▌*ponerse prnl.* **15** *(en una posición)* ⇨to stand **16** *(cambiar el estado de algo)* ⇨to turn: *Se está poniendo oscuro* - It's turning dark **17** *(empezar)* ⇨to start: *ponerse a trabajar* - to start working **18** *(vestirse)* ⇨to put on [Se construye con un complemento: to put on a jumper - ponerse un jersey]; ⇨to get dressed [No se usa con complemento: to get dressed after a swim - ponerse la ropa después del baño] **19** *(el sol)* ⇨to set

poni *s.m.* ⇨pony *(pl* ponies)

ponqué *s.m.* AMÉR. ⇨cake

popa *s.f.* ⇨stern

popote *s.m.* AMÉR. *(pajita)* ⇨straw

popular *adj.* **1** *(famoso, conocido)* ⇨popular **2** *(tradicional)* ⇨traditional

popularidad *s.f.* ⇨popularity

póquer *s.m.* ⇨poker

por *prep.* **1** *(a través de)* ⇨through: *Entramos por la ventana pequeña* - We went through the small window; ⇨via: *Me enteré por mi hermana* - I only found out about it via my sister; ⇨across: *Paseamos por el bosque* - We walked across the wood **2** *(indica diferentes lugares)* ⇨around: *Viajar por Europa* - Travel around Europe; ⇨round **3** *(indica tiempo aproximado):* por la noche - at night; *por la tarde* - in the evening **4** *(indica el modo de hacer algo):* por orden alfabético - in alphabetical order **5** *(indica la causa de algo): por necesidad* - out of necessity **6** *(indica la persona o cosa que hace algo)* ⇨by: *Esta música fue compuesta por Chopin* - This music was composed by Chopin **7** *(indica la razón de algo)* ⇨for: *Me disculpé por llegar tarde* - I apologized for being late **8** *(indica el precio)* ⇨for: *Me he comprado un CD por tres libras* - I've bought a CD for 3 pounds **9** *(indica por dónde)* ⇨up: *Camina por la calle conmigo* - Walk up the street with me **10** *(en sustitución de)* ⇨for: *Cambié el jersey por una falda* - I changed the pullover for a skirt **11** *(en una multiplicación)* ⇨times: *Tres por tres son nueve* - Three times three is nine **12** *(precedido y seguido de un verbo): hablar por hablar* - to talk for the sake of it **13** *(cantidad que se reparte)* ⇨per: *kilómetros por hora* -

P

kilometres per hour; *por cabeza* - per head **14 ~ mucho que** ⇨however hard ⇨however much **15 ¿por qué?** ⇨why? **16 ¿por qué no?** ⇨why not?

porcelana *s.f.* **1** ⇨china **2** *vajilla de porcelana* - china **3** *(material)* ⇨porcelain

porcentaje *s.m.* ⇨percentage ⇨rate: *el porcentaje of nacimientos* - the birth rate

porche *s.m.* ⇨porch *(pl* porches)

porcino, na *adj. ganado porcino* - pigs

porción *s.f.* **1** *(de comida)* ⇨portion ⇨helping **2** *(rebanada)* ⇨slice: *una porción de sandía* - a slice of watermelon **3** *(parte)* ⇨part ⇨share

pornográfico, ca *adj.* ⇨pornographic

porque *conj.* ⇨because

porqué *s.m.* ⇨reason: *El porqué de mi dimisión no te concierne* - The reason for my resignation doesn't concern you

porquería *s.f.* **1** ⇨muck *inform* [U]; ⇨filth [U] **2** *(comida)* ⇨junk food **3** *col. (algo de poco valor)* ⇨rubbish *UK inform*

porra *s.f.* **1** *(apuesta)* ⇨sweepstake **2** *(de un policía)* ⇨truncheon *UK;* ⇨nightstick *US* **3** *col. mandar a alguien a la porra* - tell sb to go to hell

porrazo *s.m.* **1** ⇨blow ⇨thump: *Se cayó al suelo de un porrazo* - She fell to the floor with a thump; ⇨bash *inform (pl* bashes); ⇨whack *inform* **2 de golpe y ~** *col.* ⇨all of a sudden

portaaviones *s.m.* ⇨aircraft carrier

portada *s.f. (de un periódico)* ⇨front-page

portaequipajes *s.m.* **1** *(maletero)* ⇨boot *UK;* ⇨trunk *US* **2** *(baca)* ⇨roof rack

portal *s.m.* **1** *(puerta)* ⇨street door ⇨doorway **2** *(entrada)* ⇨entrance hall

portátil ∎ *adj.* **1** ⇨portable ∎ *s.m.* **2** *(ordenador)* ⇨laptop

portavoz *s.com.* **1** *(sin especificar sexo)* ⇨spokesperson **2** *(hombre)* ⇨spokesman *(pl* spokesmen) **3** *(mujer)* ⇨spokeswoman *(pl* spokeswomen)

portazo *s.m.* **1** ⇨bang **2** *dar un portazo* - to slam the door

portento *s.m.* ⇨genius ⇨marvel

portería *s.f.* **1** *(en deportes)* ⇨goal **2** *(de un edificio)* ⇨porter's lodge **3** *(vivienda de un portero)* ⇨porter's house

portero, ra *s.* **1** *(en deportes)* ⇨goalkeeper ⇨goalie *inform* **2** *(de un edificio)* ⇨porter ⇨caretaker *UK;* ⇨janitor *US* **3** *(de un hotel, de una discoteca)* ⇨doorman *(pl* doormen)

portorriqueño, ña *adj./s.* Véase **puertorriqueño, ña**

Portugal *s.m.* ⇨Portugal

portugués, -a ∎ *adj./s.* **1** ⇨Portuguese **2** *(plural genérico): los portugueses* - the Portuguese ∎ **portugués** *s.m.* **3** *(idioma)* ⇨Portuguese

porvenir *s.m.* ⇨future

posada *s.f.* ⇨inn

posar ∎ *v.* **1** *(para una foto, para una obra de arte)* ⇨to pose ∎ **posarse** *prnl.* **2** ⇨to perch **3** *(un avión)* ⇨to land **4** *(el polvo)* ⇨to settle

posavasos *s.m.* ⇨coaster

posdata *s.f.* ⇨postscript ⇨PS

poseer *v.* **1** *(bienes)* ⇨to own ⇨to possess *form* **2** *(cultura, conocimientos)* ⇨to have

posesión *s.f.* ⇨possession *form*

posesivo, va ∎ *adj.* **1** ⇨possessive ∎ **posesivo** *s.m.* **2** *(en gramática)* ⇨possessive ∎ Ver cuadro possessive adjectives and pronouns

posibilidad ∎ *s.f.* **1** ⇨possibility *(pl* possibilities); ⇨chance ⇨alternative: *No hay otra posibilidad* - There's no alternative; ⇨option ∎ **posibilidades** *pl.* **2** *(medios, recursos)* ⇨means

posible *adj.* **1** ⇨possible: *Esa es una de las posibles decisiones del problema* - That's one possible solution to the problem **2 a ser ~** ⇨if possible: *A ser posible, llámame* - Call me, if possible **3 hacer algo lo mejor ~** ⇨to do *sth* as best one can **4 hacer todo lo ~** ⇨to do *one's* best ⇨to do everything in *sb's* power **5 ser ~ que** ⇨might: *Es posible que vaya* - I might go

posición *s.f.* **1** ⇨position **2** *(en una competición)* ⇨position ⇨place **3 en ~** ⇨in position **4 en ~ vertical** ⇨upright

positivo, va *adj.* **1** ⇨positive **2** *(en matemáticas)* ⇨plus: *números positivos* - plus numbers

poso *s.m.* ⇨dregs *pl*

posponer *v.* ⇨to postpone [CONSTR. to postpone + doing sth]: *Hemos tenido que posponer el viaje al extranjero* - We've had to postpone travelling abroad; ⇨to delay [CONSTR. to delay + doing sth]; ⇨to defer [CONSTR. to defer + doing sth]

posta (a ~) ⇨on purpose: *Lo hizo a posta* - He did it on purpose; ⇨deliberately

postal ∎ *adj.* **1** ⇨postal: *el servicio postal* - the postal service ∎ *s.f.* **2** ⇨postcard ⇨card: *Te enviaré una postal desde Escocia* - I'll send you a card from Scotland

poste *s.m.* **1** ⇨post **2** *(en deportes)* ⇨goalpost

póster *s.m.* ⇨poster ⇨pin-up

posterior *adj.* **1** *(en el tiempo)* ⇨subsequent: *De eso ya hablé en mi intervención posterior a la charla* - I referred to that during my contribution subsequent to the talk **2** *(en el espacio)* ⇨back: *el asiento posterior de un coche* - the back seat of a car

postgraduado, da *s.* ⇨postgraduate ⇨postgrad

postizo, za *adj.* ⇨false: *dientes postizos* - false teeth

postre *s.m.* ⇨dessert ⇨afters *UK inform;* ⇨pudding *UK inform: ¿Qué hay de postre? -* What's for pudding?

postura *s.f.* **1** *(forma de estar)* ⇨position *form;* ⇨posture: *Estás sentada con una mala postura -* You are sitting on a bad posture **2** *(forma de pensar)* ⇨attitude ⇨position *form;* ⇨posture: *una postura bastante defensiva -* a rather defensive posture

potable *adj.* **1** ⇨drinkable **2** *agua potable -* drinking water; *agua no potable -* water not fit for drinking

potaje *s.m.* ⇨vegetable stew

potencia *s.f.* **1** ⇨power: *potencia mundial -* world power; ⇨potency **2** *(en física)* ⇨output

potente *adj.* ⇨powerful

potro, tra ❚ *s.* **1** *(genérico)* ⇨foal **2** *(macho)* ⇨colt **3** *(hembra)* ⇨filly *(pl* fillies) ❚ **potro** *s.m.* **4** *(en gimnasia)* ⇨vaulting horse

pozo *s.m.* **1** ⇨well: *un pozo de petróleo -* an oil well **2** *(agujero)* ⇨shaft: *el pozo del ascensor -* the elevator shaft

práctica ❚ *s.f.* **1** ⇨practice: *Todavía necesita un poco de práctica -* She still needs a little practice **2** *(experiencia)* ⇨experience ❚ **prácticas** *pl.* **3** ⇨work experience

practicante ❚ *adj. / s.com.* **1** *(de una religión)* ⇨practising *adj;* ⇨churchgoer *n* ❚ *s.com.* **2** ⇨medical assistant

practicar *v.* **1** *(una actividad, una profesión)* ⇨to practise *UK: Mi madre practica la medicina -* My mother practises medicine; ⇨to practice *US* **2** *(un deporte)* ⇨to do: *Todos deberíamos practicar algo de deporte -* We should all do some sport **3** *Practico el baloncesto desde hace años -* I've been playing basketball for years **4** *(una operación quirúrgica)* ⇨to perform: *Practicaron una autopsia al cadáver -* They performed an autopsy of the dead body

práctico, ca *adj.* **1** *(real)* ⇨practical **2** *(útil)* ⇨handy ⇨practical: *conocimientos prácticos -* practical experience

pradera *s.f.* ⇨meadow

prado *s.m.* ⇨meadow

precaución *s.f.* ⇨caution ⇨precaution

precavido, da *adj.* ⇨cautious ⇨wary

precedente ❚ *adj.* **1** ⇨preceding ⇨foregoing *form* ❚ *s.m.* **2** ⇨precedent: *sentar un precedente -* to set a precedent **3** *sin precedentes -* unprecedented

preceder *v.* ⇨to precede *form: El otoño precede al invierno -* Autumn precedes winter

precintar *v.* ⇨to seal

precio *s.m.* **1** ⇨cost ⇨price **2** *(tarifa)* ⇨fare **3** *a mitad de ~* ⇨half-price **4** *a ~ de coste* ⇨at cost

price **5** *no tener ~* ⇨to be priceless **6** *¿qué ~ tiene...?* ⇨How much is...?

preciosidad *s.f.* *¡Qué preciosidad de casa! -* What a lovely house!

precioso, sa *adj.* **1** *(de gran valor)* ⇨precious ⇨valuable **2** *(por su belleza)* ⇨beautiful ⇨lovely

precipicio *s.m.* **1** ⇨precipice **2** *al borde del precipicio -* on a razor edge

precipitado, da *adj.* ⇨hasty: *decisiones precipitadas -* hasty decisions; ⇨rash

precipitar ❚ *v.* **1** *(desencadenar)* ⇨to precipitate: *precipitar un acontecimiento -* to precipitate an event **2** *(lanzar)* ⇨to throw ⇨to hurl ❚ **precipitarse** *prnl.* **3** *(apresurarse)* ⇨to rush in to it: *No te precipites y piénsalo bien -* Don't rush in to it, think carefully about it **4** *(lanzarse)* ⇨to throw oneself

precisar *v.* **1** *(necesitar)* ⇨to need [CONSTR. to need + to do sth]; ⇨to require [CONSTR. to require + that]: *Si precisas más información... -* If you require any further information... **2** *(especificar)* ⇨to specify: *¿Puede precisar el día exacto de tu llegada? -* Could you please specify the exact date of your arrival?

precisión *s.f.* ⇨precision ⇨accuracy

preciso, sa *adj.* **1** *(exacto)* ⇨accurate ⇨precise **2** *(necesario)* ⇨necessary

precoz *adj.* **1** ⇨early **2** *(un niño)* ⇨precocious **3** *(para cosas negativas)* ⇨premature

predecir *v.* ⇨to predict [CONSTR. to predict + that]; ⇨to forecast: *Han predicho nieve para esta noche -* Snow has been forecast for tonight

predicar *v.* **1** ⇨to preach: *predicar con el ejemplo -* to practice what one preaches **2** *(defender)* ⇨to advocate: *predicar una idea -* to advocate an idea

predicción *s.f.* ⇨prediction ⇨forecast: *la predicción meteorológica -* the weather forecast

preescolar *s.m.* ⇨nursery school

prefabricado, da *adj.* ⇨prefabricated: *una casa prefabricada -* a prefabricated house

prefacio *s.m.* ⇨preface

preferencia *s.f.* **1** *(inclinación)* ⇨preference **2** *(primacía)* ⇨precedence **3** *dar preferencia a algo -* to give priority to sth

preferible *adj.* ⇨preferable ⇨better

preferido, da ❚ *adj.* **1** ⇨favourite *UK;* ⇨favorite *US* ❚ *s.* **2** *(en una clase)* ⇨teacher's pet

preferir *v.* ⇨to prefer [CONSTR. 1. to prefer + doing sth 2. to prefer + to do sth]: *Prefiero ir sola -* I prefer to go alone; ⇨would rather: *Preferiría no hablar de ello -* I'd rather not talk about it

prefijo *s.m.* ⇨prefix *(pl* prefixes)

pregonar *v.* **1** *(una noticia)* ⇨to spread **2** *(a voces)* ⇨to proclaim: *No vayas pregonando tus*

P ❚

virtudes por ahí - Don't go round proclaiming your virtues

pregunta *s.f.* ⇨question: *hacer una pregunta* - to ask a question

preguntar ❙ *v.* **1** ⇨to ask [CONSTR. 1. to ask + dos objetos 2. to ask + interrogativo]: *Deja de preguntarme lo mismo* - Stop asking me the same thing **2** *(por una información concreta)* ⇨to enquire *UK form;* ⇨to inquire *form* [CONSTR. 1. to inquire about sth 2. to inquire + interrogativo]: *Preguntó por el futuro de la empresa* - He inquired about the future of the company **3** *(acerca de algo)* ⇨to ask about **4** *(buscar)* ⇨to ask for: *Hay una mujer en la puerta que pregunta por ti* - There's a woman at the door asking for you **5** *(interesarse)* ⇨to ask after: *Mi madre preguntó por el recién nacido* - My mother asked after the newly born ❙ **preguntarse** *prnl.* **6** ⇨to wonder [CONSTR. to wonder + interrogativo]

preguntón, -a *adj. col.* ⇨inquisitive

prejuicio *s.m.* **1** ⇨prejudice [U]; ⇨bias **2** *tener prejuicios* - to be prejudiced

preliminar *adj.* ⇨preliminary: *resultados preliminares* - preliminary results

prematuro, ra *adj.* ⇨premature: *un bebé prematuro* - a premature baby

premiado, da *adj.* **1** *(número)* ⇨winning **2** *(persona, obra)* ⇨prize-winning

premiar *v.* **1** *(dar un premio)* ⇨to award a prize: *Fue premiada por el mejor dibujo* - She was awarded the prize for the best drawing **2** *(recompensar)* ⇨to reward

premio *s.m.* **1** ⇨award ⇨prize **2** *dar un premio a alguien* - to award sb a prize **3** *(recompensa)* ⇨reward **4** ~ **en efectivo** ⇨cash prize **5** ~ **gordo** ⇨first prize ⇨big prize

prenda *s.f.* ⇨a piece of clothing ⇨article of clothing

prender ❙ *v.* **1** *(con alfileres)* ⇨to pin **2** *(incendiar)* ⇨to set light *UK;* ⇨to set fire *US: prender fuego a algo* - to set fire to sth; ⇨to ignite *form: El fuel se prende de manera espontánea por culpa de la alta temperatura* - The fuel spontaneously ignites because of the high temperature **3** *AMÉR. (encender)* ⇨to switch on ⇨to plug in ❙ **prenderse** *prnl.* **4** *(incendiarse)* ⇨to catch fire: *Esa casa se prendió debido a una fuga de gas* - That house caught fire due to a gas leak

prensa *s.f.* **1** ⇨press **2** *(conjunto de periodistas)* ⇨press **3** ~ **amarilla** ⇨gutter press **4** ~ **del corazón** ⇨gossip magazines

preocupación *s.f.* ⇨worry *(pl* worries); ⇨concern

preocupado, da *adj.* ⇨anxious ⇨concerned: *Estoy preocupada por tu salud* - I'm a bit concerned

for your health; ⇨worried ⇨troubled: *estar preocupado por algo* - to be troubled by sth; ⇨apprehensive

preocupante *adj.* ⇨worrying: *Es una situación muy preocupante* - It's a very worrying situation; ⇨fraught *UK*

preocupar *v.* **1** *(producir intranquilidad)* ⇨to worry [CONSTR. 1. to worry + (that) 2. to worry about sth/sb]: *No te preocupes por mí* - Don't worry about me **2** *(importar)* ⇨to concern: *Me preocupa el bienestar de mi familia* - The well-being of my family concerns me

preparación *s.f.* **1** *(estudio)* ⇨preparation: *No necesité mucha preparación para el examen* - I didn't need much preparation for the exam **2** *(realización)* ⇨preparation: *En esta receta se tardan 20 minutos para su preparación* - This recipe needs 20 minutes of preparation **3** *(para un deporte, una profesión)* ⇨training ⇨coaching **4 en ~ para** ⇨in preparation for

preparado, da *adj.* **1** *(listo)* ⇨ready: *¿Estás preparado para el viaje?* - Are you ready for the trip?; ⇨poised: *La empresa está preparada para lanzar su nueva campaña comercial* - The company is poised to launch its new advertising campaign; ⇨prepared **2** *(para desempeñar una labor)* ⇨qualified: *estar muy preparado* - to be highly qualified; ⇨educated **3 preparados, listos, ¡ya!** ⇨ready, steady, go! *UK;* ⇨on your marks, get set, go! *US*

preparador, -a *s.* **1** ⇨trainer ⇨coach *(pl* coaches) **2** ~ **físico,ca** ⇨fitness coach

preparar ❙ *v.* **1** ⇨to prepare [CONSTR. to prepare + to do sth]: *¿Están los jugadores preparados para jugar un partido difícil?* - Are the players prepared to play a tough game? **2** *(una comida)* ⇨to concoct: *Nos preparó un plato sorprende* - He concocted the most amazing dish; ⇨to make **3** *(una infusión)* ⇨to brew **4** *(para un deporte, un trabajo)* ⇨to train [CONSTR. to train + to do sth] ❙ **prepararse** *prnl.* **5** ⇨to prepare oneself ⇨to get ready: *prepararse para un acontecimiento* - to get ready for an event

preparativos *s.m.pl.* ⇨preparations

preposición *s.f.* ⇨preposition ■ Ver cuadro

presa *s.f.* **1** *(animal cazado)* ⇨prey: *pájaro de presa* - bird of prey **2** *(de un río, un canal)* ⇨dam

prescindir *v.* **1** ⇨to do without: *No puedo prescindir de ti* - I can't do without you **2** *(omitir)* ⇨to dispense with

presencia *s.f.* **1** ⇨presence **2** *(aspecto exterior)* ⇨appearance **3 en ~ de** ⇨in the presence of

presenciar *v.* **1** *(ser testigo)* ⇨to witness [CONSTR. to witness + doing sth]: *Tuvo que presenciar cómo*

preposiciones de posición

AT

IN

ON

UNDER

BEHIND

IN FRONT OF

NEXT TO

BETWEEN

AMONG

OPPOSITE

UP

DOWN

INTO

OUT OF

THROUGH

ACROSS

ALONG

PAST

ONTO

OFF

OVER

P

se llevaba la policía a su amiga - She had to witness his friend being taken by the police **2** *(asistir)* ⇒to attend: *Mucha gente presenció el partido* - Many people attended the match

presentación *s.f.* **1** *(de una persona)* ⇒introduction **2** ⇒presentation

presentador, -a *s.* **1** ⇒presenter *UK: un presentador de televisión* - a television presenter; ⇒host *US* **2** *(en la radio)* ⇒announcer **3** *(de un espectáculo)* ⇒compere *UK*

presentar ∎ *v.* **1** *(a una persona)* ⇒to introduce [CONSTR. to introduce sb to sb]: *Mi novio me presentó a sus padres* - My boyfriend introduced me to his parents **2** *(un programa de radio o televisión)* ⇒to present *UK;* ⇒to host *US* **3** *(tener)* ⇒to have: *El testigo presenta una herida de bala* - The witness has a bullet wound **4** *(pruebas)* ⇒to submit ∎ **presentarse** *prnl.* **5** *(llegar, aparecer)* ⇒to show up ⇒to turn up **6** *presentarse a un examen* - to sit an exam

presente ∎ *adj.* **1** ⇒present **2** *(actual)* ⇒present ⇒current: *Los problemas presentes hoy en día* - Current problems **3** tener ~ ⇒to bear in mind ∎ *s.m.* **4** *(momento actual)* ⇒present **5** *(en gramática)* ⇒present tense

presentimiento *s.m.* ⇒feeling: *Tengo el presentimiento de que las cosas van a salir bien* - I have the feeling that things will turn out ok; ⇒hunch *(pl* hunches): *Tuvo el presentimiento de que iba a pasar algo malo* - She had the hunch that sth bad was going to happen

presentir *v.* ⇒to have the feeling ⇒to have a hunch

preservar *v.* ⇒to preserve ⇒to protect [CONSTR. to protect against/from sth]

preservativo *s.m.* ⇒condom *UK*

presidencia *s.f.* ⇒presidency ⇒chairmanship

presidente, ta *s.* **1** *(de un gobierno)* ⇒president ⇒prime minister **2** *(de una empresa)* ⇒chair (sin especificar sexo) ⇒chairman (hombre) *(pl* chairmen); ⇒chairwoman (mujer) *(pl* chairwomen)

presidiario, ria *s.* ⇒prisoner ⇒convict

presidio *s.m.* ⇒prison

presidir *v.* **1** *(un acto)* ⇒to chair: *presidir una reunión* - to chair a meeting **2** *(ocupar el lugar más importante)* ⇒to preside [CONSTR. to preside at/over sth]: *presidir la mesa* - to preside at the table **3** *(imperar)* ⇒to dominate: *El entusiasmo ha presidido mi vida* - Enthusiasm dominates my life

presión *s.f.* **1** ⇒pressure [U] **2** ~ **arterial** ⇒blood pressure

presionar *v.* **1** ⇒to press [CONSTR. to press + to do sth]: *Presionó el botón para poner en marcha la*

máquina - Press the button to start the machine **2** *(a una persona)* ⇒to put pressure on: *Le presionaron para que contestase a la pregunta* - They put pressure on him to answer the question

preso, sa *s.* ⇒prisoner: *preso político* - political prisoner; ⇒convict

prestado, da *adj.* **1** dejar prestado - to lend **2** tomar prestado - to borrow

préstamo *s.m.* **1** ⇒loan: *préstamo bancario* - bank loan **2** *(en lingüística)* ⇒borrowing **3** *(en economía)* ⇒lending

prestar *v.* **1** *(dejar)* ⇒to lend [CONSTR. to lend + dos objetos]: *Devuélveme los discos que te presté* - Give me back the records I lent you **2** *(al pedir prestado)* ⇒to borrow: *¿Me prestas tu boli?* - Can I borrow your pen? **3** *(en un juicio)* ⇒to give: *prestar declaración* - to give evidence **4** ~ **atención** ⇒to pay attention

prestigio *s.m.* ⇒prestige ⇒standing

presumido, da *adj.* ⇒boastful ⇒vain

presumir *v.* **1** *(alardear)* ⇒to boast [CONSTR. 1. to boast about sth/sb 2. to boast + that]: *Ella nunca presume de sus notas* - She never boasts about her marks; ⇒to show off: *Se compró ese coche enorme solo para presumir* - He bought that huge car just to show off; ⇒to brag **2** *Este chico presume de guapo* - This boy reckons he's handsome **3** *(suponer)* ⇒to presume: *Presumo que no vas a ir* - I presume you are not attending

presuntuoso, sa *adj.* ⇒boastful ⇒conceited ⇒pretentious

presupuestar *v.* ⇒to budget

presupuesto *s.m.* **1** *(dinero)* ⇒budget **2** *(cálculo)* ⇒estimate

pretender *v.* **1** *(aspirar a algo improbable)* ⇒to expect [CONSTR. to expect + to do sth]: *¿Qué pretendes que diga?* - What do you expect me to say? **2** *(aspirar a algo probable)* ⇒to hope: *Mi primo pretende batir el récord del mundo en salto de altura* - My cousin hopes to break the world record in the high jump **3** *(intentar)* ⇒to try [CONSTR. to try + to do sth]: *No pretendas hacer tantas cosas al mismo tiempo* - Don't try to do so many things at the same thing **4** *(cortejar)* ⇒to try to win sb's hand: *Este hombre me pretende* - This man is trying to win my hand

pretérito *s.m.* **1** *pretérito perfecto* - present perfect **2** *pretérito imperfecto* - imperfect **3** *pretérito perfecto simple* - past tense **4** *pretérito pluscuamperfecto* - past perfect

pretexto *s.m.* ⇒excuse

prevención *s.f.* ⇒prevention

prevenir *v.* **1** *(impedir)* ⇒to prevent [CONSTR. to prevent (from) + doing sth] **2** *(avisar)* ⇒to warn [CONSTR.

1. to warn + (that) 2. to warn + to do sth]: *Nos previ- nieron que no comiésemos el pescado* - We were warned not to eat the fish

prever *v.* ⇨to anticipate [CONSTR. to anticipate + that]; ⇨to foresee: *No preveo ninguna dificultad* - I don't foresee any difficulties

previo, via *adj.* **1** ⇨previous **2** *previo pago de una cantidad* - on payment of an amount of money

previsión *s.f.* ⇨forecast: *previsión meteorológica* - weather forecast

previsor, -a *adj.* ⇨far-sighted: *Es muy previso- ra y siempre tiene las cosas preparadas* - She is very far-sighted and always has things ready

previsto, ta *adj. tener algo previsto* - to plan to do sth

prima *s.f.* ⇨bonus (*pl* bonuses)

primario, ria *adj.* **1** ⇨primary: *educación pri- maria* - primary education **2** *(básico)* ⇨basic

primavera *s.f.* ⇨spring

primaveral *adj. (parecido a la primavera)* ⇨spring-like

primer *adj.* Véase **primero, ra**

primera *s.f.* **1** *(marcha de un vehículo)* ⇨first gear **2** *(clase)* ⇨first class: *viajar en primera* - to travel first class

primero, ra ∎ *numer.* **1** ⇨first **2 a la primera** ⇨at the first go **3 a primeros** ⇨at the beginning: *a primeros de mayo* - at the beginning of May **4 de primera** *col. (excelente)* ⇨great **5 lo primero de todo** ⇨first of all ⇨the most important thing **6 primera clase** ⇨first class **7 primeros auxi- lios** ⇨first aid ∎ **primero** *adv.* **8** ⇨first: *Primero lee el libro, y luego, resúmelo* - Read the book first, and then summarize it; ⇨first of all

primitivo, va *adj.* **1** *(simple)* ⇨primitive **2** *(he- cho por primera vez)* ⇨original **3** *(de los oríge- nes)* ⇨primitive: *una especie primitiva* - a primi- tive species

primo, ma *s. (familiar)* ⇨cousin: *primo herma- no* - first cousin; *prima hermana* - first cousin

princesa *s.f.* ⇨princess (*pl* princesses)

principal *adj.* ⇨chief ⇨main: *Este es el edificio principal* - This is the main building; ⇨princi- pal: *la razón principal para mudarme* - the principal reason for moving; ⇨central

príncipe *s.m.* **1** ⇨prince **2 los príncipes** ⇨the prince and the princess **3 ~ azul** ⇨Prince Charming **4 ~ heredero** ⇨crown prince

principiante *s.com.* ⇨beginner ⇨novice

principio *s.m.* **1** *(comienzo)* ⇨beginning: *Tienes que pagar al principio de la autopista* - You have to pay at the beginning of the motorway; ⇨start **2** *(norma de conducta)* ⇨principle **3** *(idea*

de una doctrina) ⇨principle: *los principios de la física moderna* - the principles of modern phys- ics; ⇨tenet *form* **4 al ~** ⇨at first ⇨initially ⇨to begin with **5 a principios de** ⇨at the beginning of **6 desde el ~** ⇨from the outset **7 en ~** ⇨in principle

prioridad *s.f.* ⇨priority (*pl* priorities)

prisa *s.f.* **1** ⇨haste [U]; ⇨rush: *¿A qué viene esa prisa?* - What's the rush?; ⇨hurry **2 correr ~** ⇨to be urgent **3 meter ~** ⇨to hurry *sb* up **4 te- ner ~** ⇨to be in a hurry ⇨to be in a rush

prisión *s.f.* ⇨prison ⇨jail: *Ha estado en prisión desde 1980* - He has been in jail since 1980; ⇨gaol *UK old-fash*

prisionero, ra *s.* ⇨prisoner

prismáticos *s.m.pl.* ⇨binoculars

privado, da *adj.* ⇨private: *en privado* - in pri- vate

privilegiado, da *adj. / s.* ⇨privileged *adj*

privilegio *s.m.* ⇨privilege

proa *s.f.* ⇨prow ⇨bow

probabilidad *s.f.* ⇨probability (*pl* probabili- ties)

probable *adj.* **1** ⇨likely: *Es probable que lle- guen tarde* - They are likely to be late; ⇨proba- bly: *Es probable que hagas lo mismo que yo* - You'll probably do the same as me; ⇨probable: *Es probable que me ganes al tenis* - It is proba- ble that you'll beat me at tennis **2** *lo más proba- ble es que…* - chances are that… **3 poco ~** ⇨un- likely

probador *s.m.* ⇨fitting room

probar ∎ *v.* **1** *(el funcionamiento de algo)* ⇨to test ⇨to try out: *Fui a la montaña a probar mis esquís nuevos* - I went to the mountains to try my new skis out **2** *(una comida, una bebida)* ⇨to taste ⇨to try ⇨to sample: *Siempre prueba la comida de mi plato* - He always samples the food from my dish **3** *(demostrar que es verdad)* ⇨to prove [CONSTR. to prove + that]: *Tendrás que probar que estabas allí* - You will have to prove that you were there; ⇨to demonstrate: *Estas ci- fras prueban que la empresa está creciendo* - These figures demonstrate that the company is growing; ⇨to show **4** *(intentar hacer)* ⇨to try [CONSTR. to try + doing sth]: *Prueba a comer cinco veces al día* - Try eating five times a day ∎ **pro- barse** *prnl.* **5** ⇨to try on: *¿Dónde me puedo pro- bar estos vaqueros?* - Where can I try these jeans on?

problema *s.m.* **1** ⇨problem ⇨trouble [U]: *Me temo que tienes un problema* - I'm afraid you are in trouble **2** *¿Cuál es el problema?* - What's the matter? **3** *meterse en problemas* - to get into

P

trouble 4 sin ~ ⇒without any problems ⇒without difficulty ⇒smooth

procedencia *s.f.* ⇒source ⇒origin: *¿Cuál es la procedencia de este producto?* - What's the origin of this product?

procedente *adj. (procedente de)* ⇒from

proceder *v.* **1** *(venir, ser de un sitio)* ⇒to come from: *proceder de Marte* - to come from Mars **2** *(ejecutar)* ⇒to proceed

procedimiento *s.m.* ⇒method ⇒procedure

procesador *s.m.* ⇒processor: *procesador de textos* - word processor

procesar *v.* **1** *(en un tribunal)* ⇒to prosecute ⇒to arraign *form: Le procesaron por perjurio* - He was arraigned on charges of perjury **2** *(unos datos)* ⇒to computerize

procesión *s.f.* ⇒procession

proceso *s.m.* **1** ⇒process *(pl* processes) **2** *(juicio)* ⇒prosecution

procurar *v.* ⇒to try [CONSTR. to try + to do sth]: *Procuraré hacerlo bien* - I'll try to do it well; ⇒to endeavour *UK form;* ⇒to endeavor *US*

prodigio *s.m.* ⇒prodigy *(pl* prodigies)

producción *s.f.* **1** *(acción de producir)* ⇒production: *la producción de acero* - the production of steel; ⇒yield **2** *(resultado)* ⇒output ⇒throughput: *Tenemos que mejorar la producción* - We need to improve our throughput **3** *(agrícola)* ⇒produce [U]

producir ■ *v.* **1** *(un producto)* ⇒to produce **2** *producir en serie* - to mass-produce **3** *(causar)* ⇒to produce ⇒to prompt: *Sus palabras produjeron una sensación de miedo* - Her words prompted a sensation of fear ■ **producirse** *prnl.* **4** ⇒to take place

producto *s.m.* ⇒product: *producto de fabricación casera* - home-made product

productor, -a *s.* ⇒producer

proeza *s.f.* ⇒feat

proferir *v.* ⇒to utter *form;* ⇒to hurl: *proferir insultos* - to hurl insults

profesión *s.f.* ⇒profession ⇒occupation *form;* ⇒trade: *Es carpintero de profesión* - He is a carpenter by trade

profesional *adj.* ⇒professional

profesor, -a *s.* **1** ⇒teacher ⇒schoolteacher **2** *(de colegio (hombre))* ⇒master *old-fash;* ⇒schoolmaster **3** *(de colegio (mujer))* ⇒mistress *(pl* mistresses); ⇒schoolmistress *(pl* schoolmistresses) **4** *(de universidad)* ⇒lecturer *UK* **5** *(de algún deporte)* ⇒instructor **6** *profesor de autoescuela* - driving instructor **7** *sala de profesores* ⇒staff room

profesorado *s.m.* ⇒teachers *pl;* ⇒teaching staff

profeta *s.m.* ⇒prophet

profundidad *s.f.* **1** ⇒depth **2** **en ~** ⇒in depth ⇒deeply

profundo, da *adj.* **1** ⇒deep **2** *(grande, sincero)* ⇒profound: *Tienes mi más profunda simpatía* - You have my profound sympathy **3** *Este pozo es poco profundo* - This well is shallow

programa *s.f.* **1** *(de radio, televisión)* ⇒programme *UK;* ⇒program *US* **2** *(de una obra de teatro, un concierto)* ⇒programme *UK;* ⇒program *US* **3** *(en informática)* ⇒program **4** *(plan)* ⇒schedule: *un programa de vacaciones* - a holiday schedule

programación *s.f.* **1** *(de radio, televisión)* ⇒programmes *UK pl;* ⇒programs *US* **2** *(de un mecanismo)* ⇒programming *UK;* ⇒programing *US* **3** *(en informática)* ⇒programming *UK;* ⇒programing *US*

programador, -a *s.* ⇒computer programmer *UK;* ⇒computer programer *US*

programar *v.* **1** *(planificar)* ⇒to schedule ⇒to time **2** *(en informática)* ⇒to program [CONSTR. to program + to do sth] **3** *(un vídeo)* ⇒to set

progresar *v.* ⇒to make progress ⇒to get on *UK: ¿Cuánto estás progresando con el inglés?* - How are you getting on with your English?; ⇒to advance

progresista *adj. / s.com.* ⇒progressive

progreso *s.m.* ⇒progress [U]; ⇒advance

prohibición *s.f.* ⇒ban

prohibido, da *adj.* **1** ⇒forbidden ⇒off-limits **2** *Nos tienen prohibido fumar* - We are not allowed to smoke **3** *(en carteles)* ⇒no: *Prohibido aparcar* - No parking

prohibir *v.* **1** ⇒to forbid [CONSTR. 1. to forbid + to do sth 2. to forbid from + doing sth 3. to be forbidden]: *Le prohibieron ir al concierto* - She was forbidden from attending the concert; ⇒to prohibit *form* **2** *(mediante una ley o una norma)* ⇒to ban: *La nueva ley prohíbe fumar en lugares públicos* - The new law bans smoking in public places

prójimo *s.m.* ⇒fellow man *(pl* fellow men)

prólogo *s.m.* ⇒preface ⇒prologue

prolongar ■ *v.* **1** ⇒to prolong: *Hemos decidido prolongar nuestra estancia una semana más* - We have decided to prolong our stay by another week; ⇒to stretch ■ **prolongarse** *prnl.* **2** ⇒to go on: *Nuestra propiedad se prolonga más allá del río* - Our property goes on beyond the river

promedio *s.m.* **1** ⇒average **2 como ~** ⇒on average

promesa *s.f.* **1** ⇒promise: *romper una promesa* - to break a promise; *cumplir una promesa* - to keep a promise **2** *falsas promesas* ⇒hot air *inform*

prometedor, -a *adj.* ⇒promising

prometer ■ *v.* **1** *(asegurar como cierto)* ⇒to promise [CONSTR. 1. to promise + (that) 2. to promise + to do sth 3. to promise + dos objetos]: *Había prometido que vendría conmigo* - She had promised to

come with me; ⇨to pledge: *Ambas partes han prometido acabar con los enfrentamientos* - Both sides have pledged to end the fighting; ⇨to vow: *Después del terrible viaje en autobús prometí que me compraría un coche* - After an awful bus trip I vowed to buy a car **2** *(tener un gran futuro)* ⇨to show promise **I prometerse** *prnl.* **3** *(una pareja)* ⇨to get engaged

prometido, da I *adj.* **1** *(asegurado como cierto)* ⇨promised **2** *(para casarse)* ⇨engaged **I** *s.* **3** *(hombre)* ⇨fiancé **4** *(mujer)* ⇨fiancée

promoción *s.f.* **1** *(ascenso)* ⇨promotion **2** *(de un curso académico)* ⇨year **3 de ~** ⇨on special offer

promocionar *v.* **1** *(un producto)* ⇨to promote **2** *(ascender)* ⇨to promote: *La promocionaron después de estar trabajando un año en la empresa* - She was promoted after a year in the company

promover *v.* ⇨to promote: *Están promoviendo un estilo de vida sana en los colegios* - They are promoting a healthy way of life on schools

pronombre *s.m.* ⇨pronoun

pronosticar *v.* ⇨to forecast ⇨to predict [CONSTR. to predict + that]

pronóstico *s.m.* ⇨forecast: *el pronóstico meteorológico* - the weather forecast; ⇨prediction

pronto *adv.* **1** ⇨soon [Hace referencia a un acontecimiento futuro]: *Estaré pronto en casa* - I'll be back home soon **2** ⇨early [Hace referencia al principio de un período]: *Sam se levanta pronto para ir a trabajar* - Sam gets up early to go to work **3 de ~** ⇨suddenly ⇨all of a sudden **4 ¡hasta pronto!** ⇨see you soon! **5 tan ~ como** ⇨as soon as [CONSTR. Nunca va seguido de un verbo en futuro]

pronunciación *s.f.* ⇨pronunciation

pronunciar *v.* **1** *(decir algo)* ⇨to utter *form;* ⇨to say **2** *pronunciar un discurso* - to make a speech **3** *(articular un sonido)* ⇨to pronounce *form*

propaganda *s.f.* **1** ⇨advertising **2** *propaganda política* - political propaganda

propagar *v.* **1** ⇨to spread: *El incendio se propagó rápidamente* - The fire spread rapidly **2** *(una doctrina)* ⇨to propagate

propiedad *s.f.* **1** ⇨property ⇨estate **2 ~ privada** ⇨private property

propietario, ria *s.* ⇨owner ⇨proprietor

propina *s.f.* **1** ⇨tip **2** *dar propina* - to tip **3** *col.* *(en un espectáculo)* ⇨encore

propio, pia *adj.* **1** ⇨own **2** *(típico)* ⇨typical **3** *(para un fin)* ⇨convenient **4** *La propia autora hizo la presentación de su obra* - The author herself presented her work

proponer I *v.* **1** ⇨to propose [CONSTR. 1. to propose + that 2. to propose + doing sth]: *Propuso ir a Turquía de vacaciones* - He proposed going to Turkey on

holidays; ⇨to suggest **I proponerse** *prnl.* **2** *(tener como objetivo)* ⇨to aim

proporción I *s.f.* **1** ⇨proportion **I proporciones** *pl.* **2** ⇨size

proporcionar *v.* **1** *(poner a disposición)* ⇨to provide [CONSTR. to provide with sth]: *Me proporcionaron todo lo necesario* - They provided me with what was necessary; ⇨to supply **2** *(una alegría, una satisfacción)* ⇨to give [CONSTR. to give + dos objetos]

proposición *s.f.* **1** ⇨proposal: *Creo que su proposición es muy interesante* - I think her proposal is very interesting; ⇨suggestion ⇨proposition **2** *(en gramática)* ⇨clause

propósito *s.m.* **1** *(objetivo)* ⇨aim ⇨object ⇨objective **2** *(razón, motivo)* ⇨purpose **3** *(intención)* ⇨intention **4 a ~** *(con intención)* ⇨on purpose ⇨deliberately **2** *(por cierto)* ⇨by the way **5 a ~ de** ⇨on the subject of

propuesta *s.f.* ⇨proposal

prórroga *s.f.* *(en deporte)* ⇨extra time *UK;* ⇨tie-break ⇨overtime *US*

prosa *s.f.* ⇨prose

prospecto *s.m.* **1** ⇨information leaflet ⇨prospectus **2** *(de un medicamento)* ⇨instructions *pl*

prosperar *v.* **1** *(económicamente)* ⇨to prosper ⇨to flourish **2** *(tener éxito)* ⇨to be successful

prosperidad *s.f.* ⇨prosperity

próspero, ra *adj.* ⇨prosperous

protagonista *s.com.* **1** ⇨main character **2** *(hombre)* ⇨hero *(pl* heroes) **3** *(mujer)* ⇨heroine **4** *el protagonista de una fiesta* - the centre of attention at a party

protagonizar *v.* **1** ⇨to star: *Una famosa actriz protagoniza esa película* - A famous actress stars in that film **2** *protagonizar un escándalo* - to be involved in a scandal

protección *s.f.* **1** ⇨protection **2** *protección civil* - civil defence

protector *s.m.* **1** *(de material blando)* ⇨pad **2** *(de material duro)* ⇨protector

proteger I *v.* **1** ⇨to protect [CONSTR. to protect against/from sth]: *Intenté protegerme del viento* - I tried to protect myself from the wind; ⇨to guard ⇨to shelter **2** *proteger del sol* - to shade **3** *(a un fugitivo o delincuente)* ⇨to harbour *UK* **I protegerse** *prnl.* **4** ⇨to shield ⇨to protect oneself

protesta *s.f.* **1** ⇨protest **2** *(escrita y firmada)* ⇨petition

protestante *s.com.* ⇨Protestant

protestantismo *s.m.* ⇨Protestantism

protestar *v.* **1** *(quejarse)* ⇨to complain [CONSTR. 1. to complain + that 2. to complain about + sth]: *Siempre está protestando del tiempo* - She is always

P

complaining about the weather 2 *(estar en des-acuerdo)* ⇨to protest [CONSTR. to protest + that]
provecho *s.m.* 1 *sacarle provecho a algo* - to benefit from sth 2 ¡buen provecho! ⇨enjoy your meal! ⇨bon appetit!
provechoso, sa *adj.* 1 *(útil)* ⇨useful 2 *(renta-ble)* ⇨profitable
proveer *v.* ⇨to supply: *proveer a alguien de algo* - to supply sb with sth
provincia *s.f.* ⇨province
provisión ‖ *s.f.* 1 *(hecho de proveer)* ⇨provision ⇨supply ‖ **provisiones** *pl.* 2 ⇨provisions ⇨supplies ⇨stores
provisional *adj.* ⇨provisional
provocar *v.* 1 *(un efecto)* ⇨to cause [CONSTR. 1. to cause + dos objetos 2. to cause + to do sth]; ⇨to bring about 2 *(enfado, violencia)* ⇨to provoke 3 *(el de-seo sexual)* ⇨to be provocative 4 *(un incendio)* ⇨to start
proximidad ‖ *s.f.* 1 ⇨closeness ⇨proximity *form* ‖ **proximidades** *pl.* 2 ⇨vicinity *sing*
próximo, ma *adj.* 1 *(siguiente)* ⇨next: *Voy a coger el próximo tren* - I'm taking the next train 2 *(en el espacio)* ⇨nearby ⇨close
proyección *s.f.* 1 ⇨projection 2 *(de una pelícu-la)* ⇨showing
proyectar *v.* 1 *(planear)* ⇨to plan [CONSTR. 1. to plan + to do sth 2. to plan + interrogativo] 2 *(diseñar)* ⇨to design 3 *(una película)* ⇨to show
proyectil *s.m.* ⇨missile ⇨projectile
proyecto *s.m.* 1 *(plan)* ⇨project: *un proyecto de investigación científica* - a scientific research project; ⇨scheme ⇨plan 2 *(diseño)* ⇨design 3 *(trabajo)* ⇨project
proyector *s.m.* ⇨projector
prudencia *s.f.* ⇨good sense ⇨prudence ⇨wis-dom
prudente *adj.* ⇨wise ⇨sensible: *Sé prudente y no conduzcas muy deprisa* - Be sensible and don't drive too fast; ⇨prudent *form*
prueba ‖ *s.f.* 1 *(concurso, competición)* ⇨con-test ⇨event 2 *(examen)* ⇨test 3 *(de un artista)* ⇨audition 4 *(de algo que se acaba de comprar)* ⇨trial 5 *(de que algo es cierto)* ⇨proof [U] 6 hacer una ~ ⇨to experiment 7 poner a ~ to test 8 ~ de fuego ⇨acid test 9 ~ del embara-zo ⇨pregnancy test ‖ **pruebas** *pl.* 10 ⇨evi-dence [U]
psicología *s.f.* ⇨psychology
psicólogo, ga *s.* ⇨psychologist
psiquiatra *s.com.* ⇨psychiatrist
psiquiatría *s.f.* ⇨psychiatry
psiquiátrico *s.m.* ⇨mental hospital ⇨asylum *old-fash*

púa *s.f.* 1 *(en una planta)* ⇨thorn 2 *(pincho de metal)* ⇨spike 3 *(de un erizo)* ⇨quill ⇨spine 4 *(en música)* ⇨plectrum *(pl* plectra, plectrums)
pub *s.m.* ⇨bar ⇨pub
publicación *s.f.* ⇨publication
publicar *v.* ⇨to publish
publicidad *s.f.* 1 *(para anunciar un producto)* ⇨publicity [Se dice some publicity o a piece of public-ity. Incorrecto: a publicity]; ⇨advertising 2 *(conjun-to de anuncios por TV)* ⇨adverts *pl*
publicitario, ria *adj.* ⇨advertising
público, ca ‖ *adj.* 1 ⇨public: *transporte público* - public transport 2 relaciones públicas ⇨pub-lic relations [U] ‖ **público** *s.m.* 3 ⇨public 4 *(de un cine, de un teatro)* ⇨audience 5 *(de un acon-tecimiento deportivo)* ⇨crowd ⇨spectators *pl*
puchero *s.m.* 1 *(recipiente)* ⇨pot 2 hacer pu-cheros *col.* ⇨to pout
pudor *s.m.* ⇨embarassment
pudrir ‖ *v.* 1 ⇨to rot: *Este plátano pudrió el resto de la fruta* - This banana rotted the rest ‖ pu-drirse *prnl.* 2 ⇨to decompose ⇨to rot ⇨to go off *UK inform*
pueblo *s.m.* 1 *(población)* ⇨village ⇨town 2 *(conjunto de personas)* ⇨people 3 *(país, nación)* ⇨nation
puente *s.m.* 1 ⇨bridge 2 *(de vacaciones)* ⇨long weekend 3 ~ aéreo 1 *(servicio)* ⇨shuttle service 2 *(tipo de vuelo)* ⇨shuttle
puerco, ca *s.* ⇨pig
puerro *s.m.* ⇨leek
puerta *s.f.* 1 ⇨door: *puerta corredera* - sliding door; *puerta principal* - front door; *puerta trase-ra* - back door 2 *llamar a la puerta* - to knock at the door 3 *(de una valla)* ⇨gate 4 *(en fútbol)* ⇨goal 5 ~ de embarque ⇨gate *UK*
puerto *s.m.* 1 ⇨harbour *UK;* ⇨harbor *US;* ⇨port 2 *(de montaña)* ⇨pass *(pl* passes); ⇨mountain pass *(pl* mountain passes) 3 *(pesquero)* ⇨fishing port
Puerto Rico *s.m.* ⇨Puerto Rico
puertorriqueño, ña *adj. / s.* ⇨Puerto Rican
pues *adv.* 1 *(puesto que)* ⇨because: *Vuélvemelo a contar, pues no me he enterado de nada* - Tell it to me again, because I didn't understand any-thing 2 *(entonces)* ⇨then: *¿Pues qué hacemos?* - What do we do then? 3 *(respuesta dubitativa)* ⇨well: *Pues, no sé si iré o me quedaré* - Well, I don't know whether I'll go or I'll stay
puesta *s.f. puesta de sol* - sunset
puesto, ta ‖ *adj.* 1 *(una prenda de vestir)* ⇨on: *Llevo puestas las zapatillas de deporte* - I have my trainers on 2 *(la mesa)* ⇨set [CONSTR. to be all set + to do sth]; ⇨laid ‖ **puesto** *s.m.* 3 *(empleo, colocación)*

puzle

⇨post *form;* ⇨position **4** *(en un mercado)* ⇨stand ⇨stall *UK* **5** *(en una feria, en una exposición)* ⇨stand **6** *(en una carrera, en una competición)* ⇨place: *primer puesto* - first place **7** *(militar)* ⇨post **8** *(de periódicos)* ⇨newsagent's *UK (pl* newsagents'); ⇨newspaper stand **9 puesto que** ⇨as ⇨since

púgil *s.m.* ⇨boxer

pulcritud *s.f.* ⇨neatness

pulcro, cra *adj.* ⇨neat: *un aspecto pulcro* - a neat appearance; ⇨immaculate

pulga *s.f.* **1** ⇨flea **2 tener malas pulgas** *col.* ⇨to be bad tempered

pulgada *s.f. (medida)* ⇨inch *(pl* inches)

pulgar *s.m.* ⇨thumb

pulir *v.* ⇨to polish

pulmón *s.m.* ⇨lung

pulmonía *s.f.* ⇨pneumonia [U]

pulóver *s.m. AMÉR.* ⇨pullover

pulpa *s.f.* ⇨pulp

pulpo *s.m.* ⇨octopus *(pl* octopuses)

pulsación *s.f.* **1** *(al escribir a máquina): cinco pulsaciones por minuto* - one word per minute **2** *(latido)* ⇨heartbeat

pulsar *v.* ⇨to press

pulsera *s.f.* **1** *(joya)* ⇨bracelet **2** *(del reloj)* ⇨strap

pulso *s.m.* **1** *(pulsación)* ⇨pulse **2** *(firmeza en la mano)* ⇨steady hand

pulverizar *v.* **1** *(un sólido)* ⇨to pulverize ⇨to pulverise *UK* **2** *(un líquido)* ⇨to spray **3** *(derrotar)* ⇨to crush **4** *(romperse en pedazos)* ⇨to smash

punta *s.f.* **1** ⇨point ⇨tip **2** *(de la nariz)* ⇨end **3** *(clavo pequeño)* ⇨drawing pin *UK;* ⇨tack *US;* ⇨thumbtack *US* **4** *(del dedo)* ⇨fingertip **5** *(del pelo)* ⇨end: *puntas abiertas* - split ends **6** *(de un lápiz)* ⇨stub **7** *sacarle punta a un lápiz* - to sharpen a pencil **8** *(de una flecha)* ⇨barb **9 de ~ en blanco** ⇨dressed up to the nines **10 en la ~ de la lengua** ⇨on the tip of *one's* tongue: *Lo tengo en la punta de la lengua* - It's on the tip of my tongue

puntada *s.f.* ⇨stitch *(pl* stitches)

puntapié *s.m.* ⇨kick

puntear *v.* **1** *(un instrumento de cuerda)* ⇨to pluck **2** *AMÉR. (liderar)* ⇨to lead

puntería *s.f.* **1** ⇨marksmanship **2** *tener buena puntería* - to be a good shot / to be a good marksman

puntiagudo, da *adj.* ⇨pointed ⇨sharp

puntilla *s.f.* **1** *(encaje)* ⇨lace edging **2** *(puñal)* ⇨dagger **3 de puntillas** *andar de puntillas* - to tiptoe

punto *s.m.* **1** *(círculo pequeño)* ⇨dot **2** *(signo ortográfico)* ⇨full stop *UK;* ⇨period *US* **3** *(en una lista de cosas)* ⇨item **4** *(en una competición deportiva)* ⇨point **5** *(lugar)* ⇨place **6** *(en costura, en una herida)* ⇨stitch *(pl* stitches) **7** *(argumento)* ⇨point **8 a ~ de** ⇨on the point of **9 dos puntos** ⇨colon **10 en ~ 1** *(para horas)* ⇨o'clock: *Son las tres en punto* - It's three o'clock **2** *(para minutos)* ⇨on the dot: *Son las ocho y diez en punto* - It's ten past eight on the dot **11 en su ~** ⇨done just right ⇨medium **12 estar a ~ de** ⇨to be about to **13 hacer ~** ⇨to knit **14 hasta qué ~** ⇨how far ⇨to what extent **15 labor de ~** ⇨knitting [U] [Se dice *some knitting* o *a piece of knitting.* Incorrecto: *a knitting*] **16 ~ cardinal** ⇨point of the compass **17 ~ débil** ⇨weakness *(pl* weaknesses); ⇨weak point **18 ~ de ebullición** ⇨boiling point **19 ~ de partida** ⇨starting point **20 ~ de vista** ⇨point of view **21 puntos suspensivos** ⇨three dots ⇨dot, dot, dot **22 ~ y aparte** ⇨new paragraph **23 ~ y coma** ⇨semicolon **24 y ~** ⇨end of story ⇨full stop *UK*

puntuación *s.f.* **1** *(de un texto)* ⇨punctuation **2** *(de un examen)* ⇨mark **3** *(de una competición)* ⇨score ■ Ver cuadro en página siguiente

puntual *adj. (una virtud)* ⇨punctual ⇨on time: *Seré puntual* - I will be there on time

puntualidad *s.f.* ⇨punctuality

puntuar *v.* **1** *(un texto)* ⇨to punctuate **2** *(un examen)* ⇨to mark *UK;* ⇨to grade *US* **3** *(en una competición)* ⇨to score

punzada *s.f.* ⇨stabbing pain ⇨puncture

puñado *s.m.* ⇨handful ⇨pocketful

puñal *s.m.* ⇨dagger

puñalada *s.f.* ⇨stab *inform*

puñetazo *s.m.* ⇨punch *(pl* punches)

puño *s.m.* **1** ⇨fist **2** *(en una herramienta)* ⇨handle **3** *(de una camisa)* ⇨cuff

pupa *s.f. (en los labios)* ⇨cold sore

pupitre *s.m.* ⇨desk

puré *s.m.* **1** ⇨purée *US* **2** *puré de patatas* - mashed potatoes **3** *(sopa)* ⇨soup: *puré de verduras* - vegetable soup

pureza *s.f.* ⇨purity

purificar *v.* ⇨to purify: *purificar el aire* - to purify air

puro, ra ■ *adj.* **1** ⇨pure ⇨sheer: *Fue pura suerte* - It was sheer luck ■ **puro** *s.m.* **2** ⇨cigar

purpurina *s.f.* ⇨glitter

pus *s.m.* ⇨pus

puzle *s.m.* ⇨jigsaw puzzle ⇨jigsaw

P⬛

signos de puntuación

.	**full stop** (punto) **dot** (punto)	Se usa: – Al final de una oración: · *My name is James Bond.* / (Me llamo James Bond.) – Para marcar una abreviación: · *R.A.F. (Royal Air Force)* / (Fuerza Aérea Real) – Para separar el dominio (.com, .org, etc.) de una dirección de correo electrónico. En este caso, se denomina **dot**. – Para señalar el final de los números enteros: · *a rise of 12.6%* / (una subida del 12,6%)
,	**comma** (coma)	Se usa: – Para indicar una pausa breve en una oración: · *He worked very hard, but he failed the exam.* (Trabajó muy duro pero suspendió el examen.) – Para separar palabras en una enumeración: · *The box contained red, blue, yellow, green, brown, black and orange pencils.* (La caja contenía lápices rojos, azules, amarillos, verdes, marrones, negros y naranjas.) Atención: generalmente no se usa coma delante de "and": · *I washed the dishes and Linda dried them.* / (Yo lavé los platos y Linda los secó.) – Para separar los millares en una cifra: · *150,000 pounds* (150.000 libras)
:	**colon** (dos puntos)	Se usan delante de una enumeración: · *Please come to my class with the following: paper, pens, ruler and pencils.* (Por favor, venid a mi clase con lo siguiente: papel, bolígrafos, regla y lápices.)
;	**semicolon** (punto y coma)	Se usa para enlazar diferentes partes de una oración: · *The sun was getting low; it would soon be dark.* (El sol estaba poniéndose; pronto oscurecería.)
?	**question mark** (signo de interrogación)	Se usa al final de una pregunta directa: · *What time is it?* (¿Qué hora es?)
!	**exclamation mark** (signo de exclamación)	Se usa para expresar sorpresa, enfado, entusiasmo o para dar órdenes: · *What a wonderful surprise!* (Qué maravillosa sorpresa!)
" " or **' '**	**quotation marks** (comillas)	Se usan para reproducir lo que una persona dice o piensa: · *'Can you tell me the way to the library?', I asked.* (¿Puede decirme cómo se va a la biblioteca? –pregunté.)
'	**apostrophe** (apóstrofo)	Se usa: – Para indicar que se han omitido letras en una forma apostrofada: · *I'm (I am) happy to see you.* / (Estoy contento de verte.) – Seguido de "s" para expresar posesión: · *This is my dad's car.* / (Este es el coche de mi padre.)
()	**brackets** (comillas)	Se usan para separar una información extra del resto de la oración: · *Plymouth (on the south coast of Devon) is a naval port.* (Plymouth (en la costa sur de Devon) es un puerto naval.)
-	**hyphen** (guión)	Se usa: – Para formar palabras compuestas: · *He's a well-known actor.* (Es un actor conocido.) – Para escribir las cifras compuestas entre el 21 y el 99: · *thirty-five.* (treinta y cinco)
—	**dash** (raya)	Se usa para separar información en una oración: · *Some of the players —about seven or eight of them— had already left the field.* (Algunos de los jugadores —unos siete u ocho— ya habían abandonado el campo.)

q *s.f. (letra del alfabeto)* ⇒q
que ▌ *conj.* **1** ⇒that: *Liam me dijo que había llamado a las nueve menos cuarto* - Liam said that he had rung at a quarter to nine **2** *(con valor comparativo)* ⇒than [Se dice *taller than me*. Incorrecto: *taller that me*]: *Mi hermana es más alta que yo* - My sister is taller than me **3** *(con valor consecutivo)* ⇒that: *Hace tanto frío que no quiero salir a la calle* - It's so cold that I don't want to go out **4** *(con valor causal)* ⇒because: *Ahora no puedo hablar, que estoy trabajando* - I can't talk now because I'm working; *Vamos, que es tarde* - Come on, it's late **5** *(con valor final): Ven, que te voy a dar algo* - Come here, I'm going to give you sth **6** *(con valor distributivo)* ⇒whether... or...: *Que vaya yo, que vengas tú, el resultado será el mismo* - Whether you go or I go, the result will be the same **7** *(con valor enfático): Sí que quiero ir* - I do want to go **8** *para ~* ⇒so that: *Les di caramelos, para que se callaran* - I gave them some sweets, so that they would be quiet ▌ *pron.relat.* **9** *(referido a personas)* ⇒who (sujeto): *Este es el hombre que me prestó el dinero* - This is the man who lent me the money; ⇒whom (objeto): *La mujer con la que me viste es mi madre* - The woman whom you saw me with is my mother; *El chico que viste ayer es mi hermano* - The boy you saw yesterday is my brother **10** *(referido a cosas o a animales)* ⇒which: *Ese es el gato que se comió la tarta* - That is the cat which ate all the cake; *La falda roja que compré ayer fue muy cara* - The red skirt I bought yesterday was very expensive; ⇒that: *Este es el perro que me mordió* - This is the dog that bit me; *Este es el jarrón que compré en China* - This is the vase I bought in China **11** *(precedido de un adjetivo)* ⇒how: *Me contaron lo divertida que fue la fiesta* - They told me how entertaining the party was **12** *lo ~* ⇒what: *No sabes lo que quieres* - You don't know what you want **13** *yo ~ tú* ⇒if I were you:

Yo que tú, no lo haría - If I were you, I wouldn't do it
qué ▌ *interrog.* **1** *(una elección entre un número amplio de opciones, o entre distintas opciones que no están establecidas)* ⇒what: *No sé qué decir* - I don't know what to say; *¿Qué ingredientes le pusiste a la sopa?* - What ingredients did you use in the soup? **2** *(una elección entre un número limitado de opciones ya establecidas)* ⇒which: *¿Qué jersey te gusta más?* - Which pullover do you like best?; *¿En qué autobús vas?* - Which bus do you take? **3** *(para preguntar por la edad)* ⇒how: *¿Qué edad tiene tu hermano?* - How old is your brother? **4** *¿para qué?* ⇒what... for?: *¿Para qué es eso?* - What's that for? **5** *¿por qué?* ⇒why? **6** *¿qué tal...?* ⇒how...?: *¿Qué tal la fiesta?* - How was the party? **7** *¿qué tal estás?* ⇒how are you? **8** *¿qué tal si...?* ⇒how about...?: *¿Qué tal si vamos al cine?* - How about going to the cinema?; ⇒what about...?: *¿Qué tal si cenamos en un italiano?* - What about having dinner in an Italian? **9** *¿qué te parece si...?* ⇒how about...?: *¿Qué te parece si cenamos fuera?* - How about going out for dinner? **10** *¿y qué?* ⇒so what?: *¿Y qué?, eso a mí no me importa* - So what? I don't care ▌ *excl.* **11** *(con un sustantivo)* ⇒what: *¡Qué día tan bonito!* - What a lovely day!; *¡Qué tiempo tan malo!* - What awful weather! **12** *(con un adjetivo, sin sustantivo, o un adverbio)* ⇒how: *¡Qué feo!* - How ugly!
quebrar *v.* **1** *(romper)* ⇒to break **2** *(arruinarse)* ⇒to go bankrupt
quedar ▌ *v.* **1** *(concertar una cita)* ⇒to arrange to meet: *He quedado con mis amigos a las siete* - I've arranged to meet my friends at seven **2** *(una prenda de vestir)* ⇒to suit ⇒to fit: *Estos zapatos te quedan muy bien* - These shoes fit you perfectly **3** *(haber)* ⇒to be left: *Quedan solo dos yogures* - There are only two yogurts left **4** *(acordar algo)* ⇒to agree [CONSTR. 1. to agree + (that) 2. to agree + to do sth]: *Quedamos en que se*

Q

subiría el sueldo - We agreed that the salary would go up; ⇒to arrange **5** ~ **bien** ⇒to make a good impression: *No he quedado muy bien* - I didn't make a good impression ∎ **quedarse** *prnl.* **6** *(permanecer)* ⇒to stay: *Nos quedamos en casa* - We stayed at home **7** *(despierto)* ⇒to stay up **8** *quedarse de pie* - to remain standing **9** *(reaccionar)* ⇒to be: *Me quedé sorprendida* - I was surprised **10** *(terminar en un estado)* ⇒to end up: *Al final me quedaré solo* - I'll end up alone **11** *quedarse dormido* - to oversleep **12** *quedarse mirando algo fijamente* - to stay gazing at sth **13** *Me he quedado sin azúcar* - I've run out of sugar **14** *(apropiarse)* ⇒to keep: *¡Quédatelo!* - Keep it!

queja *s.f.* **1** *(lamento)* ⇒moan **2** *(protesta)* ⇒complaint: *presentar una queja* - to make a complaint

quejarse *v.prnl.* ⇒to complain [CONSTR. to complain + that]; ⇒to grumble [CONSTR. to grumble about sth]; ⇒to moan [CONSTR. 1. to moan + (that) 2. to moan about sth]: *quejarse del tiempo* - to moan about the weather; ⇒to protest

quejica ∎ *adj.* **1** *col.* ⇒whingeing *UK inform;* ⇒whining ∎ *s.com.* **2** *col.* ⇒whinger *UK inform;* ⇒whiner

quejido *s.m.* ⇒moan ⇒groan

quemado, da *adj.* **1** ⇒burned ⇒burnt **2** *(por el sol)* ⇒sunburned ⇒sunburnt **3** *col. (harto)* ⇒burnt-out ⇒hacked off *inform*

quemadura *s.f.* **1** ⇒burn **2** *(por el sol)* ⇒sunburn

quemar ∎ *v.* **1** ⇒to burn: *He quemado los papeles* - I've burnt the sheets of paper **2** *(incendiar)* ⇒to set fire to: *Han quemado el bosque* - They've set fire to the forest **3** *(con agua hirviendo)* ⇒to scald ∎ **quemarse** *prnl.* **4** ⇒to burn oneself **5** *(por el sol)* ⇒to get sunburnt **6** *(una comida)* ⇒to burn **7** *(un edificio)* ⇒to burn down

querer *v.* **1** *(desear)* ⇒to want [CONSTR. to want + to do sth]: *Quiero comer algo* - I want sth to eat **2** *(amar)* ⇒to love **3** *no* ~ *decir Perdón, no quise decir eso* - I'm sorry, I didn't mean to say that **4** ~ **decir** ⇒to mean [CONSTR. to mean + that]: *Iré con ellos, con Nicholas y Heather, quiero decir* - I'll go with them, with Nicholas and Heather, I mean **5** *sin* ~ ⇒by accident ⇒accidentally

querido, da *adj.* **1** ⇒dear ⇒precious ⇒beloved *lit: su querido hijo* - his beloved son **2** *(en una carta)* ⇒dear **3** *(apelativo)* ⇒darling ⇒honey *US*

queso *s.m.* ⇒cheese: *queso rallado* - grated cheese; *queso azul* - blue cheese; *queso de untar* - cheese spread

quicio *s.m.* **1** ⇒frame **2** *sacar a alguien de* ~ *col.* ⇒to drive *sb* mad

quiebra *s.f.* **1** ⇒bankruptcy **2** *llevar a la quiebra* - to bankrupt **3** *declararse en* ~ ⇒to go under

quien *pron.relat.* **1** ⇒who: *Fue él quien me lo dijo* - It was him who told me **2** *(indefinido)* ⇒whoever: *Quien quiera algo, que venga* - Whoever wants sth, let them come; *No hay quien te entienda* - Nobody can make sense of you **3** *(precedido de una preposición)* ⇒whom form: *Esas son las personas con quienes he hablado* - Those are the people with whom I've spoken; *Esos son los niños con quienes juega Jen* - Those are the children Jen plays with **4** *no ser* ~ *para col. Tú no eres quién para insultarme* - Who are you to insult me? **5** ~ **más,** ~ **menos** *col.* ⇒each one in their own way: *Quien más quien menos, aquí todos ayudamos* - Everybody helps here, each one in their own way

quién ∎ *pron.interrog.* **1** *(sujeto)* ⇒who: *¿Quién es esa chica?* - Who's that girl?; *Me pregunto quién habrá llamado* - I wonder who phoned **2** *(objeto)* ⇒who: *¿A quién estás hablando?* - Who are you speaking to? **3** *(precedido de una preposición)* ⇒whom form: *¿A quién debo enviarle mi solicitud?* - To whom should I send my application? **4** *de* ~ ⇒whose: *¿De quién es este abrigo?* - Whose is this coat? ∎ *pron.excl.* **5** *¡Quién pudiera viajar en el tiempo!* - If only I could travel backwards in time!

quienquiera *pron.indef.* ⇒whoever: *Quienquiera que haya hecho esto, lo pagará* - Whoever has done this, will pay for it

quieto, ta *adj.* ⇒still: *¡Estate quieto!* - Keep still!

química *s.f.* ⇒chemistry

químico, ca ∎ *adj.* **1** ⇒chemical **2** *sustancia química* ⇒chemical ∎ *s.* **3** ⇒chemist

quince *numer.* **1** ⇒fifteen **2** *(fecha)* ⇒fifteenth

quinceañero, ra *s.* **1** *(de quince años)* ⇒fifteen-year-old **2** *(adolescente)* ⇒teenager

quinceavo, va *numer.* ⇒fifteenth

quincena *s.f.* ⇒fortnight *UK: Pasamos una quincena allí* - We spent a fortnight there; ⇒two weeks

quincenal *adj.* ⇒fortnightly *UK;* ⇒bimonthly *US*

quincuagésimo, ma *numer.* ⇒fiftieth

quiniela *s.f.* ⇒pools *pl*

quinientos, tas *numer.* ⇒five hundred

quinto, ta *numer.* ⇒fifth

quiosco *s.m.* ⇒kiosk ⇒stand: *quiosco de periódicos* - newspaper stand

quirófano *s.m.* ⇒operating theatre *UK;* ⇒operating room *US*

quirúrgico, ca *adj.* **1** ⇒surgical **2** *intervención quirúrgica* - surgery

quisquilloso, sa *adj.* **1** *(que se ofende fácilmente)* ⇒touchy **2** *(tiquismiquis)* ⇒fussy ⇒choosy *inform*

quitamanchas *s.m.* ⇒stain remover

quitar ∎ *v.* **1** ⇒to take away ⇒to remove ⇒to take off: *No quites las manos del volante* - Don't take your hands off the steering wheel **2** *(la ropa)* ⇒to take off **3** *(algo que estorba)* ⇒to clear away **4** *(lo que cubre algo)* ⇒to strip: *Quitamos* *el papel de las paredes* - We stripped the wall paper off the walls **5** *(robar)* ⇒to steal ∎ **quitarse** *prnl.* **6** *(apartarse):* ¡*Quita!* - Get off!; ¡*Quítate de ahí!* - Move aside! **7** *(una mancha)* ⇒to come out: *Esta mancha no se quita* - This stain won't come out **8 quitarse algo de encima** ⇒to get rid of *sth*

quizá *adv.* ⇒maybe ⇒perhaps

quizás *adv.* Véase **quizá**

Q

r *s.f. (letra del alfabeto)* ⇨r

rábano *s.m.* **1** ⇨radish (*pl* radishes) **2** *Me importa un rábano* - I don't give a hoot

rabia *s.f.* **1** *(enfermedad)* ⇨rabies: *Este perro tiene la rabia* - This dog has rabies **2** *(enfado)* ⇨rage ⇨anger **3** *Me da rabia llegar tarde* - Being late makes me angry **4** *hacer algo con rabia* - to do sth angrily **5** *tener rabia a algo* - to be angry about sth **6** *tener rabia a alguien* - to be angry at sb

rabieta *s.f. col.* ⇨tantrum: *cogerse una rabieta* - to throw a tantrum

rabioso, sa *adj.* ⇨furious

rabo *s.m.* **1** *(de un animal)* ⇨tail **2** *mover el rabo* - to wag its tail **3** *(de una fruta)* ⇨stalk

rácano, na *adj. col.* ⇨stingy *inform*

racha *s.f.* **1** *(de suerte)* ⇨spell **2** *(de viento)* ⇨gust of wind **3** *una mala ~* ⇨a run of bad luck

racial *adj.* ⇨racial

racimo *s.m.* ⇨bunch (*pl* bunches)

ración *s.f.* **1** *(parte racionada)* ⇨ration **2** *(trozo o porción)* ⇨portion

racional *adj.* ⇨rational

racismo *s.m.* ⇨racism

racista *s.com.* ⇨racist

radar *s.m.* ⇨radar [U]

radiactivo, va *adj.* ⇨radioactive: *desechos radiactivos* - radioactive waste

radiador *s.m.* ⇨radiator

radiante *adj.* **1** *(muy brillante)* ⇨glorious ⇨radiant: *un sol radiante* - a radiant sun **2** *(muy alegre)* ⇨radiant: *Hoy estás radiante* - You look radiant today

radical *adj.* ⇨radical ⇨drastic

radio ▌ *s.m.* **1** *(de una circunferencia)* ⇨radius (*pl* radii) **2** *(de una rueda)* ⇨spoke **3** *(hueso del antebrazo)* ⇨radius ▌ *s.f.* **4** *(aparato)* ⇨radio

radiocasete *s.m.* ⇨radio cassette recorder ⇨ghetto blaster *inform*

radiografía *s.f.* **1** ⇨X-ray ⇨radiography **2** *hacer una radiografía* - to X-ray

radioyente *s.com.* ⇨listener

ráfaga *s.f.* **1** ⇨gust: *una ráfaga de aire* - a gust of wind **2** *(de disparos)* ⇨burst ⇨round

raído, da *adj.* ⇨frayed ⇨worn

rail *s.m.* ⇨rail

raíz *s.f.* **1** *(de una planta, de un diente)* ⇨root **2** *(en matemáticas)* ⇨root: *raíz cuadrada* - square root **3** *echar raíces* **1** *(una planta)* ⇨to take root **2** *col. (una persona)* ⇨to put down roots

raja *s.f.* **1** ⇨crack ⇨split **2** *(rebanada)* ⇨slice

rajar ▌ *v.* **1** *(abrir)* ⇨to cut: *Raja la sandía para probarla* - Cut the water-melon to taste it; ⇨to slit **2** *(un tejido)* ⇨to tear: *Se me rajó el vestido* - My dress tore **3** *(un neumático)* ⇨to slash **4** *col. (con un arma)* ⇨to stab ⇨to slash **5** *col. (hablar mucho)* ⇨to chatter: *Deja de rajar, ¿quieres?* - Stop chattering, will you? ▌ **rajarse** *prnl.* **6** *col. (arrepentirse)* ⇨to back out ⇨to get cold feet: *Me rajé y no fui* - I got cold feet and didn't go

rajatabla (a ~) ⇨to the letter ⇨rigorously

rallado, da *adj.* ⇨grated

rallar *v.* ⇨to grate: *rallar queso* - to grate cheese

rama *s.f.* **1** *(de un árbol)* ⇨branch (*pl* branches) **2** *(de una ciencia)* ⇨branch (*pl* branches) **3** *irse por las ramas col.* ⇨to go off the point ⇨to beat about the bush

ramo *s.m.* **1** *(conjunto de flores)* ⇨bunch (*pl* bunches) **2** *(de flores, muy artístico y decorado)* ⇨bouquet

rampa *s.f.* ⇨ramp

rana *s.f.* **1** ⇨frog **2** *salir ~ col.* ⇨to turn out badly ⇨to disappoint

rancho *s.m.* **1** *(casa)* ⇨ranch (*pl* ranches) **2** *(en el ejército)* ⇨grub *inform;* ⇨food

rancio, cia *adj.* **1** *(comida)* ⇨rancid ⇨musty **2** *(persona)* ⇨unpleasant

rango *s.m.* **1** ⇨rank **2** *de alto rango* - high-ranking

ranura *s.f.* ⇨slot ⇨groove

rapar *v. col.* ⇨to crop

rape *s.m.* **1** *(pez)* ⇨monkfish ⇨goosefish *US* **2** *col. (hecho de rapar)* ⇨cropping **3** *al ~* ⇨closely cropped

rapidez s.f. **1** ⇒speed **2 con ~** ⇒quickly

rápido, da I adj. **1** (referido a la velocidad) ⇒fast ⇒rapid ⇒swift **2** (servicio veloz de trenes o de correo) ⇒express **3** (breve, en poco tiempo) ⇒quick ⇒prompt ⇒rapid **4** (inteligente, despierto) ⇒quick **I rápido** adv. **5** ⇒quickly ⇒fast ⇒in a hurry

raptar v. ⇒to kidnap ⇒to snatch

rapto s.m. ⇒kidnapping

raqueta s.f. ⇒racket ⇒racquet

rareza s.f. **1** (manía) ⇒quirk **2** (singularidad) ⇒eccentricity (pl eccentricities); ⇒peculiarity (pl peculiarities): Creo que todos tenemos nuestras pequeñas rarezas - I think that we all have our little peculiarities; ⇒rarity (pl rarities)

raro, ra adj. **1** (extraño) ⇒strange ⇒odd: ¡Qué raro! - How odd!; ⇒unusual: un comportamiento raro - an unusual behaviour; ⇒curious ⇒funny **2** (excéntrico) ⇒weird **3** (poco común) ⇒rare **4 raro en** ⇒unlike: Es raro en ella ser tan cruel - It's unlike her to be so cruel

rascacielos s.m. ⇒skyscraper ⇒high rise

rascar v. **1** (la piel) ⇒to scratch: Deja de rascarte - Stop scratching yourself **2** (quitar rascando) ⇒to scrape sth off **3** col. (una toalla, una prenda) ⇒to be itchy

rasgar v. **1** ⇒to rip **2** (papel) ⇒to tear

rasgo s.m. **1** (de la cara) ⇒feature **2 a grandes rasgos** ⇒in broad outline

rasguño s.m. ⇒scratch (pl scratches)

raso, sa adj. **1** (plano, liso) ⇒flat **2** (cucharada) ⇒level: una cuchara rasa - a level spoonful **3** (el cielo) ⇒cloudless ⇒clear **4** (un soldado) ⇒enlisted US

raspar v. **1** ⇒to scrape off: Raspé la pintura de la pared - I scraped the paint off the wall; Me he raspado el codo con la pared - I scraped my elbow on the wall **2** (al contacto con la piel) ⇒to be rough: Esta toalla raspa - This towel is rough

rastrear v. ⇒to track ⇒to trail

rastrillar v. ⇒to rake

rastrillo s.m. **1** ⇒rake **2** AMÉR. (aparato) ⇒razor

rastro s.m. **1** (huella, pista) ⇒trace ⇒trail ⇒scent **2** (mercado) ⇒flea market

rasuradora s.f. AMÉR. ⇒shaver

rata I s.com. **1** col. (tacaño) ⇒mean UK; ⇒cheapskate inform **I** s.f. **2** ⇒rat

ratificar v. ⇒to confirm ⇒to ratify: ratificar un tratado - to ratify a treaty; ⇒to approve

rato s.m. **1** ⇒while **2** ratos libres - spare time **3** pasar el rato - to mess around

ratón, -a s. **1** ⇒mouse (pl mice) **2** (en informática) ⇒mouse **3 ~ de biblioteca** (persona) ⇒bookworm inform

ratonera s.f. **1** (trampa) ⇒mousetrap **2** (agujero) ⇒mousehole

raudal s.m. **1** ⇒torrent ⇒flood **2 entrar a raudales** - to stream in

raya s.f. **1** (línea) ⇒line **2** (de color) ⇒stripe **3** (signo ortográfico) ⇒dash (pl dashes) **4 de rayas** ⇒striped

rayar I v. **1** (hacer rayas) ⇒to scratch ⇒to scuff **2** (estar cerca) ⇒to border on ⇒to verge on: Tu bondad a veces raya en la tontería - Your kindness sometimes verges on stupidity **I rayarse** prnl. **3** ⇒to get scratched

rayo s.m. **1** (relámpago) ⇒(flash of) lightning: Hubo muchos rayos durante la tormenta - There was a lot of lightning during the thunderstorm; ⇒bolt **2** (de sol) ⇒ray **3** (de luz) ⇒beam **4** pasar como un rayo - to flash past **5 ~ láser** ⇒laser beam **6 rayos X** ⇒X-rays

raza s.f. **1** (de personas) ⇒race **2** (de animales) ⇒breed **3** un perro de raza - a pedigree dog; un caballo de pura raza - a thoroughbred horse

razón s.f. **1** (motivo) ⇒purpose: ¿Cuál es la razón de esto? - What's the purpose of that?; ⇒reason **2** (capacidad de pensar) ⇒reason **3 con ~** ⇒justly **4 no tener ~** ⇒to be wrong **5 tener ~** ⇒to be right [Se dice to be right - tener razón. Incorrecto: to have reason]: ¡Tienes razón! - You're right!

razonable adj. **1** ⇒reasonable ⇒healthy ⇒rational **2 ser poco razonable** - to be unreasonable

razonamiento s.m. **1** (hecho de razonar) ⇒reasoning **2** (conjunto de razones) ⇒argument

razonar v. ⇒to reason [CONSTR. to reason + (that)]; ⇒to argue [CONSTR. to argue + that]

reacción s.f. **1** ⇒reaction ⇒response **2 ~ en cadena** ⇒chain reaction ⇒knock-on effect UK

reaccionar v. ⇒to react ⇒to respond

reacio, cia adj. ⇒reluctant ⇒unwilling

reactor s.m. **1** (avión) ⇒jet **2 reactor nuclear** - nuclear reactor

real adj. **1** (verdadero) ⇒real ⇒actual **2** (de la realeza) ⇒royal

realeza s.f. ⇒royalty

realidad s.f. **1** ⇒reality ⇒truth: La realidad es que nunca pensé que vendría - The truth is that I never thought he was going to come **2 en ~** ⇒actually ⇒in fact ⇒as a matter of fact inform

realismo s.m. ⇒realism

realista adj. **1** ⇒realistic ⇒down-to-earth: un proyecto realista - a down-to-earth project **2** (una descripción) ⇒gritty ⇒lifelike

realización s.f. **1** ⇒carrying out ⇒realization form **2** (cinematográfica) ⇒production

realizar I v. **1** (hacer, llevar a cabo) ⇒to realize ⇒to realise UK; ⇒to make **2** (conseguir, alcanzar)

R

⇒to achieve ⇒to carry out ⇒to fulfil *UK* ∎ **realizarse** *prnl.* **3** *(uno mismo)* ⇒to fulfil oneself *UK;* ⇒to fulfill oneself *US* **4** *(cumplirse, alcanzarse)* ⇒to come true

reanimar *v.* ⇒to revive ⇒to resuscitate

reanudar ∎ *v.* **1** ⇒to resume *form* [CONSTR. to resume + doing sth] **2** *(una amistad)* ⇒to renew ∎ **reanudarse** *prnl.* **3** ⇒to begin again

rebaja ∎ *s.f.* **1** ⇒reduction ⇒deduction ⇒discount: *¿Puede hacerme una rebaja?* - Could you give me a discount? ∎ **rebajas** *pl.* **2** ⇒sales: *las rebajas de enero* - the January sales **3 en rebajas** ⇒on offer *UK*

rebajar ∎ *v.* **1** ⇒to reduce ⇒to demean ∎ **rebajarse** *prnl.* **2** *(humillarse)* ⇒to lower oneself

rebanada *s.f.* ⇒slice

rebaño *s.m.* **1** ⇒herd ⇒drove *UK* **2** *(de ovejas)* ⇒flock

rebeca *s.f.* ⇒cardigan

rebelarse *v.prnl.* **1** *(una persona)* ⇒to rebel **2** *(un grupo de personas)* ⇒to revolt

rebelde ∎ *adj.* **1** ⇒fractious ⇒rebellious ⇒unruly ∎ *s.com.* **2** ⇒rebel

rebelión *s.f.* ⇒rebellion ⇒uprising ⇒revolt

rebobinar *v.* ⇒to rewind

rebosante *adj.* ⇒overflowing: *estar rebosante de felicidad* - to be overflowing with joy; ⇒bouncing ⇒ebullient

rebosar *v.* **1** *(desbordar)* ⇒to overflow: *El agua ha rebosado y ha inundado el baño* - The water has overflowed and flooded the bathroom; ⇒to spill over **2** *(derrochar un sentimiento)* ⇒to be overflowing with ⇒to be brimming with: *rebosar simpatía* - to be brimming with charm

rebotar ∎ *v.* **1** *(un balón)* ⇒to bounce ⇒to rebound ⇒to ricochet **2** *col. (enfurecer)* ⇒to bug *inform: Lo que me rebotó fue la ironía de tus palabras* - What bugged me was the irony of your words; ⇒to piss off *very inform* ∎ **rebotarse** *prnl.* **3** *col. (enfurecerse)* ⇒to get in a huff *inform: Te rebotas por cualquier cosa* - You get in a huff about anything

rebote *s.m.* **1** *(en deporte)* ⇒bounce ⇒rebound **2** *(hecho de rebotar)* ⇒rebounding **3** *col. (enfado): pillarse un rebote* - to get into a temper **4 de ~** *col.* ⇒by chance

rebozar *v.* ⇒to fry in batter: *rebozar el pescado* - to fry fish in batter

rebuznar *v.* ⇒to bray

recado *s.m.* **1** *(mensaje)* ⇒message: *Tengo un recado para ti* - I have a message for you **2** *(tarea)* ⇒errand: *hacer un recado a alguien* - to run an errand for sb

recaer *v.* **1** *(un enfermo)* ⇒to suffer a relapse ⇒to relapse **2** *(un premio): El premio ha recaído en la escritora más joven* - The prize has gone to the youngest writer

recalcar *v.* ⇒to stress ⇒to emphasize ⇒to emphasise *UK* [CONSTR. to emphasize/-ise + that]: *Recalcó que era importante acabar a tiempo* - She emphasised that it was important to finish on time

recámara *s.f.* **1** *(cuarto)* ⇒dressing room ⇒side room **2** *(en un arma)* ⇒chamber ⇒breech *(pl breeches)* **3** *AMÉR. (dormitorio)* ⇒bedroom

recambio *s.m.* **1** *(para una máquina, un coche)* ⇒spare part ⇒spare ⇒replacement **2** *(de un bolígrafo, de una pluma)* ⇒refill

recapacitar *v.* ⇒to reconsider ⇒to retrain

recargar *v.* **1** *(una batería)* ⇒to recharge: *recargar las pilas* - to recharge the batteries; ⇒to charge **2** *(una decoración)* ⇒to decorate excessively **3** *(forzar demasiado)* ⇒to get overloaded: *Procura no recargarte de trabajo* - You shouldn't overload yourself with work

recaudar *v.* ⇒to collect: *recaudar fondos* - to collect money; ⇒to raise

recepción *s.f.* **1** ⇒reception **2** *(de un hotel)* ⇒reception

recepcionista *s.com.* ⇒receptionist ⇒clerk *US*

receptor *s.m.* **1** *(aparato)* ⇒set **2** *(televisión)* ⇒receiver **3** *(persona)* ⇒recipient **4** *(en deporte)* ⇒catcher ⇒receiver

receta *s.f.* **1** *(médica)* ⇒prescription **2** *(de cocina)* ⇒recipe

recetar *v.* ⇒to prescribe [CONSTR. to prescribe + dos objetos]: *La doctora me recetó unos calmantes* - The doctor prescribed me some painkillers

rechazar *v.* **1** ⇒to reject ⇒to decline *form* [CONSTR. to decline + to do sth] *form;* ⇒to turn down **2** *(una invitación)* ⇒to refuse [CONSTR. to refuse + to do sth]; ⇒to turn down **3** *(un cheque)* ⇒to bounce

rechistar *v. hacer algo sin rechistar* - to do sth without saying a word

rechupete (de ~) *col.* ⇒scrumptious ⇒delicious

recibidor *s.m.* ⇒hall

recibir *v.* **1** ⇒to receive ⇒to get **2** *(dar la bienvenida)* ⇒to welcome ⇒to greet **3** *(un premio)* ⇒to collect **4** *(una señal)* ⇒to pick up

recibo *s.m.* **1** *(de haber pagado algo)* ⇒receipt **2** *(de agua, teléfono)* ⇒bill

reciclar *v.* ⇒to recycle ⇒to reclaim

recién *adv.* **1** ⇒newly ⇒recently ⇒freshly **2** *(cosa): recién estrenado* - brand-new **3** *AMÉR. (apenas)* ⇒just ⇒a moment ago

reciente *adj.* **1** *(hace poco tiempo)* ⇒recent **2** *(pan, alimento)* ⇒fresh

recipiente *s.m.* ⇒container

JAR

CARTON

BOX TIN *(UK)* BOX OF MATCHES
CAN *(UK/US)*

recital *s.m.* **1** *(de música)* ⇒concert ⇒recital **2** *(de poesía)* ⇒reading

recitar *v.* ⇒to recite: *recitar un poema* - to recite a poem

reclamación *s.f.* **1** *(petición)* ⇒claim ⇒demand **2** *(queja)* ⇒complaint ⇒protest

reclamar *v.* **1** *(pedir)* ⇒to claim ⇒to demand [CONSTR. 1. to demand + do sth 2. to demand + that]; ⇒to assert **2** *(quejarse)* ⇒to make a complaint ⇒to complain [CONSTR. to complain + that]

reclinar ∎ *v.* **1** *(una parte del cuerpo)* ⇒to rest ⇒to lean ∎ **reclinarse** *prnl.* **2** *(echarse, tumbarse)* ⇒to lean back ⇒to recline

recluso, sa *s.* ⇒prisoner ⇒intern

recluta *s.m.* ⇒recruit ⇒conscript

reclutamiento *s.m.* ⇒recruitment ⇒conscription

reclutar *v.* ⇒to recruit ⇒to conscript

recobrar *v.* ⇒to recover ⇒to get back

recodo *s.m.* ⇒twist ⇒bend

recogedor *s.m.* ⇒dustpan

recogepelotas *s.com.* ⇒ball boy ⇒ball girl

recoger *v.* **1** *(del suelo)* ⇒to pick up ⇒to retrieve **2** *(a una persona)* ⇒to pick up ⇒to fetch **3** *(flores, frutos)* ⇒to collect *UK*; ⇒to pick ⇒to reap **4** *(ordenar)* ⇒to clear away ⇒to put away ⇒to tidy up *UK* **5** *(juntar, reunir)* ⇒to gather ⇒to pack up

recomendable *adj.* ⇒recommended ⇒advisable

recomendación *s.f.* ⇒recommendation

recomendar *v.* ⇒to recommend [CONSTR. 1. to recommend + (that) 2. to recommend + doing sth 3. to recommend sb + to do sth]: *Te recomiendo que vayas al médico* - I recommend that you see a doctor; *Te recomiendo que lo veas* - I recommend you to see it; ⇒to advise ⇒to suggest

recompensa *s.f.* ⇒reward ⇒payoff

recompensar *v.* ⇒to reward ⇒to repay

reconciliar ∎ *v.* **1** ⇒to reconcile: *reconciliar a dos personas* - to reconcile two people; ⇒to bring together ∎ **reconciliarse** *prnl.* **2** ⇒to make it up: *Después de la pelea se reconcilió con su novia* - After the quarrel he made it up with his girlfriend; ⇒to be reconciled: *Me he reconciliado con mi hermano* - I'm reconciled with my brother

reconocimiento *s.m.* **1** *(aceptación)* ⇒acknowledgement ⇒admission **2** *(médico)* ⇒examination **3** *(identificación de una persona)* ⇒recognition

reconquista *s.f.* ⇒reconquest

reconstruir *v.* **1** *(un edificio)* ⇒to reconstruct ⇒to rebuild **2** *(un acontecimiento)* ⇒to reconstruct: *reconstruir los hechos* - to reconstruct events

récord *s.m.* ⇒record: *batir un récord* - to break a record; ⇒record-breaking

recordar *v.* **1** *(traer a la memoria)* ⇒to remember [CONSTR. 1. to remember + that 2. to remember + do sth 3. to remember + interrogativo]: *No puedo recordar su número de teléfono* - I can't remember his number; *Recuerda ir al banco mañana* - Remember to go to the bank tomorrow; *¿Recuerdas haber estado aquí?* - Do you remember having been here?; ⇒to recall ⇒to recollect *form* **2** *(hacer que no se olvide algo)* ⇒to remind [CONSTR. 1. to remind + (that) 2. to remind + to do sth]: *Recuérdame que le compre a mamá un regalo* - Remind me to buy Mum a present **3** *(parecerse)* ⇒to remind: *Me recuerdas a una amiga* - You remind me of a friend of mine

recorrer *v.* **1** *(sin un rumbo fijo)* ⇒to roam ⇒to tour **2** *(un lugar)* ⇒to go round: *Recorrí toda la ciudad buscando esa tienda* - I went round the whole city looking for that shop

recorrido *s.m.* **1** ⇒route ⇒journey **2 tren de largo ~** ⇒long-distance train

recortar *v.* **1** ⇒to cut out: *recortar una foto* - to cut a photograph out **2** *(reducir)* ⇒to prune ⇒to cut down

recorte *s.m.* **1** *(de un periódico, una revista)* ⇒cutting *UK*; ⇒clipping **2** *(en un presupuesto)* ⇒cut ⇒cutback

recreativo, va ∎ *adj.* **1** ⇒recreational ∎ **recreativos** *s.m.pl.* **2** ⇒amusement arcade

recreo *s.m.* **1** *(descanso)* ⇒playtime ⇒break *UK*; ⇒recess *US* *(pl* recesses*)* **2 patio de ~** ⇒playground ⇒schoolyard *US*

recta *s.f.* **1** ⇒straight line **2 ~ final** ⇒home straight

rectangular *adj.* ⇒rectangular ⇒oblong

rectángulo *s.m.* ⇒rectangle ⇒oblong

rectificar *v.* **1** *(un dato)* ⇒to correct: *rectificar una información* - to correct a piece of information; ⇒to rectify **2** *(una conducta)* ⇒to rectify ⇒to reform **3** *(un error)* ⇒to correct oneself

R ∎

recto, ta ▮ *adj.* **1** *(derecho)* ⇨straight **2** *(honrado)* ⇨honest **▮ recto** *adv.* **3** ⇨straight ⇨straight ahead: *Sigue recto hasta el semáforo* - Go straight ahead as far as the traffic lights; ⇨straight on ⇨upright **4 todo recto** ⇨straight ahead ⇨straight on

recuadro *s.m.* ⇨box *(pl* boxes); ⇨inset

recuerdo ▮ *s.m.* **1** *(del pasado)* ⇨memory *(pl* memories); ⇨recollection **2** *(de un lugar)* ⇨souvenir **▮ recuerdos** *pl.* **3** *(saludo)* ⇨regards

recuperación *s.f.* **1** ⇨recovery ⇨regeneration **2** *(de información)* ⇨retrieval: *recuperación de datos* - data retrieval **3** *(de materiales)* ⇨reclamation

recuperar ▮ *v.* **1** ⇨to recover: *Se recuperará pronto de la gripe* - She will soon recover from the flu **2** *(una asignatura)* ⇨to pass **3** *(en informática)* ⇨to retrieve: *recuperar datos* - to retrieve data **4** *(dinero)* ⇨to recoup **▮ recuperarse** *prnl.* **5** *(recobrar la salud)* ⇨to recover ⇨to get better

recurrir *v.* **1** *(a una persona)* ⇨to turn to: *Recurrieron a mí para que los ayudara* - They turned to me for help **2** *(en derecho)* ⇨to appeal: *recurrir una sentencia* - to appeal against a sentence

recurso ▮ *s.m.* **1** *(método)* ⇨method ⇨resort **2** *(en derecho)* ⇨appeal **3 como último ~** ⇨as a last resort **▮ recursos** *pl.* **4** ⇨resources: *recursos naturales* - natural resources

red *s.f.* **1** *(material)* ⇨net ⇨mesh *(pl* meshes) **2** *(informática)* ⇨network **3 la ~** ⇨the internet

redacción *s.f.* **1** *(hecho de redactar)* ⇨writing **2** *(trabajo escrito)* ⇨composition ⇨essay **3** *(oficina)* ⇨editorial office **4** *(plantilla)* ⇨editorial staff

redactar *v.* **1** ⇨to write ⇨to edit ⇨to compose **2** *(un contrato, un testamento)* ⇨to draw up

redactor, -a *s.* ⇨writer ⇨editor

redada *s.f.* ⇨raid

redicho, cha *adj. col.* ⇨la-di-da *inform;* ⇨pedant

redil *s.m.* ⇨pen ⇨fold

redondear *v.* **1** *(hacer redondo)* ⇨to round off **2** *(una cifra)* ⇨to round off: *Me redondearon el precio a 30 libras* - They rounded off the price to 30 pounds **3** *(una cifra, hacia arriba)* ⇨to round up **4** *(una cifra, hacia abajo)* ⇨to round down

redondel *s.m. col.* ⇨circle ⇨ring

redondo, da *adj.* ⇨circular ⇨round

reducción *s.f.* ⇨reduction ⇨cutback

reducido, da *adj.* **1** ⇨reduced ⇨depleted **2** *(pequeño)* ⇨small ⇨sparse

reducir *v.* **1** ⇨to reduce: *El coche redujo su velocidad* - The car reduced speed **2** *(gastos,*

personal) ⇨to cut **3** *(un dibujo)* ⇨to reduce **4** *(la velocidad)* ⇨to slow down **5** *(un precio)* ⇨to depress

reembolso *s.m.* ⇨refund ⇨repayment

reemplazar *v.* ⇨to replace ⇨to displace

referee *s. AMÉR.* ⇨referee

referencia *s.f.* **1** ⇨reference **2 ~ cruzada** ⇨cross-reference

réferi o referí *s. AMÉR.* ⇨referee

referir ▮ *v.* **1** *(contar)* ⇨to tell ⇨to relate *form* [CONSTR. to relate + interrogativo]: *referir una historia* - to relate a story; *El superviviente refirió cómo escapó del incendio* - The survivor related how he escaped from the blaze **▮ referirse** *prnl.* **2** *(aludir)* ⇨to refer: *En su discurso, el científico se refirió a un importante descubrimiento* - In his speech, the scientist referred to an important discovery; ⇨to talk: *Me refiero a lo que pasó el otro día* - I'm talking about what happened the other day

refilón (de ~) ⇨out of the corner of *one's* eye: *mirar algo de refilón* - to look at sth out of the corner of one's eye; ⇨glancing

refinar *v.* ⇨to refine ⇨to polish

reflejar ▮ *v.* **1** ⇨to reflect ⇨to mirror **▮ reflejarse** *prnl.* **2** ⇨to be reflected

reflejo *s.m.* **1** ⇨reflection **2** *(movimiento)* ⇨reflex *(pl* reflexes)

reflexión *s.f.* ⇨reflection *form;* ⇨thought ⇨thinking

reflexionar *v.* ⇨to think about ⇨to reflect *form:* *reflexionar sobre un problema* - to reflect on a problem

reforma ▮ *s.f.* **1** ⇨reform **▮ reformas** *pl.* **2** *(de un edificio)* ⇨repairs

reformar ▮ *v.* **1** ⇨to reform **2** *(un edificio)* ⇨to repair ⇨to do up **▮ reformarse** *prnl.* **3** *(comportarse mejor)* ⇨to turn over a new leaf ⇨to reform

reformatorio *s.m.* ⇨reformatory *(pl* reformatories)

reforzar *v.* **1** ⇨to reinforce ⇨to shore up ⇨to bolster **2** *(un vínculo, una cantidad)* ⇨to strengthen ⇨to tighten: *reforzar la vigilancia de un lugar* - to tighten the security of a place

refrán *s.m.* ⇨saying ⇨proverb

refrescante *adj.* ⇨refreshing

refrescar ▮ *v.* **1** *(el tiempo)* ⇨to get cooler ⇨to freshen **2** *(poner más fresco)* ⇨to cool **3** *(recordar)* ⇨to refresh: *refrescar la memoria* - to refresh one's memory **▮ refrescarse** *prnl.* **4** *(quitarse el calor)* ⇨to cool down: *Me metí en el agua para refrescarme* - I got in the water to cool down; ⇨to cool off

refresco *s.m.* **1** ⇨soft drink **2** *(de frutas)* ⇨squash *UK* *(pl* squashes) **3** *(de limón)* ⇨lemonade *UK*

refrigerador *s.m.* ⇨refrigerator

refuerzo *s.m.* ⇨reinforcement

refugiado, da *s.* ⇨refugee

refugiar ∎ *v.* **1** ⇨to shelter ⇨to give refuge: *Refugié a un inmigrante en mi casa* - I gave refuge to an immigrant in my house ∎ **refugiarse** *prnl.* **2** ⇨to shelter: *refugiarse de la lluvia* - to shelter from the rain; ⇨to take refuge ⇨to take shelter: *Me refugié en una cabaña* - I took shelter in a hut

refugio *s.m.* **1** ⇨shelter ⇨refuge **2** *(de montaña)* ⇨mountain refuge

refunfuñar *v.* ⇨to grumble [CONSTR. to grumble about sth]; ⇨to grouch *inform*

regadera *s.f.* **1** ⇨watering can **2** *AMÉR. (aparato)* ⇨shower **3** estar como una ~ *col.* ⇨to be out to lunch *inform*

regadío *s.m.* ⇨irrigation

regalar *v.* **1** ⇨to give [CONSTR. to give + dos objetos]: *Me regalaron un CD* - They gave me a CD **2** *(a desconocidos)* ⇨to give away

regaliz *s.m.* ⇨liquorice *UK* [U]; ⇨licorice *US*

regalo *s.m.* ⇨gift ⇨present

regañadientes (a ~) ⇨reluctantly ⇨grudgingly

regañar *v.* **1** *(reprender)* ⇨to scold *old-fash;* ⇨to tell off *No me regañes* - Don't tell me off **2** *(discutir)* ⇨to argue

regar *v.* **1** *(una planta)* ⇨to water **2** *(la tierra)* ⇨to irrigate

regata *s.f.* ⇨regatta

regate *s.m. (en fútbol)* ⇨dribble

regatear *v.* **1** *(al comprar)* ⇨to haggle ⇨to bargain **2** *(en deportes)* ⇨to dribble

regazo *s.m.* ⇨lap: *Ven y siéntate en mi regazo* - Come and sit on my lap

régimen *s.m.* **1** *(dieta)* ⇨diet **2** hacer régimen - to diet **3** *(sistema político)* ⇨regime **4** a ~ ⇨on a diet: *estar a régimen* - to be on a diet

regimiento *s.m.* ⇨regiment

región *s.f.* ⇨region

regional *adj.* ⇨regional

registrar ∎ *v.* **1** ⇨to examine ⇨to search: *Nos registraron en el aeropuerto* - They searched us at the airport; ⇨to go through ⇨to inspect ∎ **registrarse** *prnl.* **2** ⇨to register **3** *(en un hotel)* ⇨to check in ⇨to register

registro *s.m.* **1** *(lista)* ⇨register **2** *(búsqueda)* ⇨search *(pl* searches) **3** ~ civil ⇨registry office

regla *s.f.* **1** *(para hacer líneas)* ⇨ruler **2** *(norma)* ⇨rule **3** *col. (menstruación)* ⇨period: *tener la regla* - to have one's period **4** en ~ ⇨in order: *Todo está en regla* - Everything's in order

reglamentario, ria *adj. uniforme reglamentario* - regulation uniform

reglamento *s.m.* ⇨rules *pl;* ⇨regulations *pl*

regocijar ∎ *v.* **1** ⇨to rejoice *form* [CONSTR. to rejoice + to do sth] ∎ **regocijarse** *prnl.* **2** ⇨to rejoice *form;* ⇨to be delighted

regocijo *s.m.* ⇨joy

regresar *v.* **1** ⇨to be back: *Regreso a las 20.00* - I'll be back at 8 pm; ⇨to return [CONSTR. to return + to do sth] **2** *(venir)* ⇨to come back **3** *(ir)* ⇨to get back ⇨to go back **4** *AMÉR. (a una persona)* ⇨to give back

regreso *s.m.* ⇨return

reguero *s.m.* ⇨trail ⇨trickle

regulación *s.f.* ⇨regulation

regular ∎ *adj.* **1** *(de grado medio)* ⇨middling *inform: una representación regular* - a middling performance; ⇨so-so ⇨average **2** *(constante)* ⇨steady ⇨frequent **3** *(normal, ordenado)* ⇨regular **4** *(en gramática)* ⇨regular ∎ *v.* **5** ⇨to adjust ⇨to regulate

regularidad *s.f.* **1** ⇨regularity ⇨consistency **2** con ~ ⇨regularly

rehabilitación *s.f.* ⇨rehabilitation

rehacer *v.* ⇨to do again ⇨to redo

rehén *s.com.* ⇨hostage

rehuir *v.* ⇨to avoid ⇨to shun

rehusar *v.* ⇨to refuse [CONSTR. to refuse + to do sth]

reina *s.f.* ⇨queen

reinado *s.m.* ⇨reign

reinar *v.* ⇨to reign [CONSTR. to reign over sth/sb]; ⇨to rule

reino *s.m.* ⇨kingdom

reintegro *s.m.* ⇨refund

reír ∎ *v.* **1** ⇨to laugh ∎ **reírse** *prnl.* **2** ⇨to laugh: *No se rieron cuando les conté el chiste* - They didn't laugh when I told them the joke **3** *(burlarse)* ⇨to make fun of: *Se rieron de mi apariencia* - They made fun of my appearance; ⇨to laugh at: *No te rías de mí, estoy hablando en serio* - Don't laugh at me, I'm serious **4** *(a carcajadas)* ⇨to cackle **5** *(tontamente)* ⇨to giggle **6** *(con sarcasmo)* ⇨to snigger **7** *(disimuladamente)* ⇨to titter

reivindicar *v.* ⇨to claim

reja *s.f.* **1** ⇨bar ⇨grille **2** entre rejas ⇨behind bars

rejilla *s.f.* **1** ⇨gride ⇨grating ⇨grille **2** *(para equipaje)* ⇨rack ⇨luggage rack

rejuvenecer *v.* ⇨to feel rejuvenated: *Rejuvenecí al volverte a ver* - I felt rejuvenated when I saw you again

relación *s.f.* **1** ⇨relationship ⇨relation **2** *(nexo)* ⇨connection ⇨correspondence ⇨link **3** *(de amistad,*

R

de amor) ⇨relationship ⇨interaction **4** *(matemática)* ⇨ratio **5** *(información escrita)* ⇨record ⇨account **6 en ~ con** ⇨regarding *form;* ⇨vis-à-vis **7 relaciones públicas 1** *(profesión)* ⇨public relations **2** *(persona)* ⇨public relations officer **8 relaciones sexuales** ⇨sexual relations

relacionado, da *adj.* ⇨related [CONSTR. related to sth/sb]; ⇨allied

relacionar ∎ *v.* **1** ⇨to link ⇨to relate: *Los médicos relacionan el tabaco con el cáncer* - Doctors relate smoking with cancer; ⇨to associate ⇨to connect ⇨to correlate ∎ **relacionarse** *prnl.* **2** *(estar conectado con)* ⇨to be related to **3** *(dos o más personas)* ⇨to socialize ⇨to socialise *UK:* *relacionarse con otra gente* - to socialise with other people

relajación *s.f.* ⇨relaxation ⇨release

relajado, da *adj.* ⇨relaxed ⇨free and easy

relajante *adj.* ⇨relaxing

relajar *v.* ⇨to relax: *relajar los músculos* - to relax one's muscles; *Esta música me relaja* - This music relaxes me; *Relájate* - Relax

relamer ∎ *v.* **1** ⇨to lick ∎ **relamerse** *prnl.* **2** ⇨to lick one's lips: *El niño se relamía saboreando el helado* - The kid was eating an ice cream and licking his lips; ⇨to smack *one's* lips

relámpago *s.m.* **1** *(rayo)* ⇨flash of lightning: *No hubo relámpagos durante la tormenta* - There was no lightning during the thunderstorm; ⇨bolt ⇨whistle-stop **2** *(lo que es muy rápido)* ⇨lightning: *una visita relámpago* - a lightning visit

relatar *v.* ⇨to relate *form* [CONSTR. to relate + interrogativo]; ⇨to recount *form;* ⇨to narrate *form*

relativo, va ∎ *adj.* **1** *(alusivo)* ⇨relating **2** *(que no es absoluto)* ⇨relative ∎ **relativo** *s.m.* **3** *(en gramática)* ⇨relative: *pronombre relativo* - relative pronoun

relato *s.m.* **1** *(historia, cuento)* ⇨story *(pl stories)*; ⇨tale ⇨narration *form* **2** *(informe, noticia)* ⇨report **3** *(de algo que ha ocurrido)* ⇨account

relevar *v.* **1** *(liberar de un peso)* ⇨to relieve **2** *(sustituir)* ⇨to substitute

relevo *s.m.* **1** ⇨change-over ⇨changing **2** *hacer un relevo* - to relieve sb

relieve *s.m.* **1** *(cosa que sobresale)* ⇨relief: *en relieve* - in relief **2** *(conjunto de accidentes geográficos)* ⇨relief **3** *(importancia)* ⇨prominence **4 poner de ~** ⇨to stress

religión *s.f.* ⇨religion

religioso, sa *adj.* ⇨religious

relinchar *v.* ⇨to neigh ⇨to whinny

reliquia *s.f.* ⇨relic ⇨antique

rellano *s.m.* ⇨landing

rellenar *v.* **1** *(un impreso, un formulario)* ⇨to fill in ⇨to complete **2** *(un pollo)* ⇨to stuff [CONSTR. to be stuffed with sth] **3** *(un agujero)* ⇨to plug **4** *(un vaso)* ⇨to refill

relleno, na ∎ *adj.* **1** ⇨filled **2** *un bollo relleno de chocolate* - a cake with chocolate filling **3** *un impreso relleno* - a completed form **4** *(un pollo)* ⇨stuffed **5** *col. (una persona)* ⇨plump ⇨podgy ⇨pudgy *US* ∎ **relleno** *s.m.* **6** *(de un dulce)* ⇨filling **7** *(de un pollo)* ⇨stuffing

reloj *s.m.* **1** *(en una pared)* ⇨clock **2** *(en la muñeca)* ⇨watch *(pl watches)* **3** *(despertador)* ⇨alarm clock **4** *(de péndulo)* ⇨grandfather clock **5** *(de bolsillo)* ⇨pocket watch *(pl pocket watches)* **6** *(de cuco)* ⇨cuckoo clock **7** *(de arena)* ⇨hourglass *(pl hourglasses)* **8 contra ~ 1** *col.* ⇨against the clock: *trabajar contrarreloj* - to work against the clock **2** *(en ciclismo)* ⇨time trial

relojería *s.f.* ⇨clock and watch shop ⇨watchmaker's ⇨watchmakers'

reluciente *adj.* ⇨shining ⇨gleaming ⇨glossy

relucir *v.* ⇨to glitter ⇨to shine

remangar *v.* ⇨to roll up *one's* sleeves

GRANDFATHER CLOCK POCKET WATCH WATCH ALARM CLOCK CUCKOO CLOCK HOURGLASS

remar *v.* **1** ⇒to row **2** *(en una canoa)* ⇒to paddle

rematar *v.* *(finalizar, acabar)* ⇒finish off ⇒to follow through

remate *s.m.* **1** *(en deportes)* ⇒shot **2** *de ~ col. loco de remate* - barking mad

remediar *v.* **1** *(un daño)* ⇒to put right ⇒to redress ⇒to repair **2** *No lo puedo remediar* - I can't avoid it

remedio *s.m.* **1** *(cura)* ⇒cure ⇒remedy *(pl remedies)* **2** *(solución)* ⇒remedy *(pl remedies)*; ⇒solution **3** *no queda más ~ que* ⇒there's nothing else for it but: *No queda más remedio que comprar otro* - There's nothing else for it but to buy another one

remendar *v.* **1** ⇒to mend ⇒to correct **2** *(ropa)* ⇒to patch ⇒to darn

remiendo *s.m.* *(parche)* ⇒patch *(pl patches)*; ⇒darn

remite *s.m.* ⇒return address *(pl return addresses)*

remitente *s.com.* ⇒sender

remitir ▌ *v.* **1** *(enviar)* ⇒to send: *remitir una carta* - to send a letter **2** *(enviar dinero)* ⇒to remit *form* **3** *(disminuir)* ⇒to abate *form: Dentro de unos días remitirá el calor* - In a few days the heat will abate; ⇒to recede **4** *(hacer referencia)* ⇒to refer: *remitir a una página* - to refer to a page ▌ **remitirse** *prnl.* **5** *A las pruebas me remito* - The proof is there for all to see

remo *s.m.* **1** ⇒oar **2** *(de una canoa)* ⇒paddle **3** *(deporte)* ⇒rowing

remojo *s.m. dejar algo en remojo* - to leave sth to soak

remolacha *s.f.* ⇒beetroot *UK;* ⇒beet *US*

remolcador *s.m.* ⇒tug

remolcar *v.* ⇒to tow

remolino *s.m.* **1** ⇒eddy *(pl eddies)*; ⇒swirl **2** *(de aire)* ⇒whirlwind **3** *(de agua)* ⇒whirlpool ⇒maelstrom

remolón, -a *adj. col.* ⇒lazy: *No seas remolón y levántate* - Don't be lazy, come on, get up!

remolque *s.m.* ⇒trailer ⇒tow: *a remolque* - on tow

remontar *v.* **1** *(elevarse en el aire)* ⇒to soar up: *El pájaro remontó el vuelo* - The bird soared up **2** *(vencer)* ⇒to overcome: *remontar un problema* - to overcome a problem **3** *(subir): remontar una cuesta* - to go up a slope; *remontar un río* - to go up river **4** *(en deporte): remontar un partido* - to come from behind

remordimiento *s.m.* ⇒remorse ⇒pang of conscience ⇒regret

remoto, ta *adj.* ⇒remote ⇒far-off

remover *v.* **1** *(un líquido)* ⇒to stir ⇒to churn **2** *(la tierra)* ⇒to turn over **3** *(un asunto)* ⇒to stir up **4** *AMÉR. (a una persona)* ⇒to depose

remunerar *v.* ⇒to pay [CONSTR. to pay for sth]; ⇒to remunerate *form*

renacimiento *s.m.* **1** *(resurgimiento)* ⇒rebirth **2** *(movimiento cultural)* ⇒the Renaissance

renacuajo *s.m.* *(cría de la rana)* ⇒tadpole

rencor *s.m.* ⇒resentment ⇒grudge

rencoroso, sa ▌ *adj.* **1** ⇒resentful ⇒unforgiving ▌ *s.* **2** ⇒resentful person

rendido, da *adj.* ⇒exhausted ⇒washed-out

rendija *s.f.* ⇒gap ⇒crack

rendimiento *s.m.* **1** *(económico)* ⇒yield ⇒profit **2** *(de una persona)* ⇒performance ⇒achievement **3** *(de una empresa o un país)* ⇒productivity **4** *(de una máquina)* ⇒output

rendir ▌ *v.* **1** *(dar beneficio)* ⇒to produce ⇒to yield ⇒to be profitable **2** *(cansar, fatigar)* ⇒to exhaust **3** *~ homenaje* ⇒to pay a tribute ▌ **rendirse** *prnl.* **4** *(desistir)* ⇒to give up [CONSTR. to give up + doing sth] **5** *(en una batalla)* ⇒to surrender [CONSTR. to surrender to sb]

renegar *v.* **1** *(de una religión)* ⇒to renounce: *renegar de una creencia* - to renounce one's belief **2** *(de una persona)* ⇒to disown: *Nunca renegaré de mi familia* - I will never disown my family **3** *col. (protestar)* ⇒to grumble [CONSTR. to grumble about sth]

renglón *s.m.* ⇒line

reno *s.m.* ⇒reindeer *(pl reindeer)*

renovación *s.f.* **1** ⇒renewal ⇒regeneration ⇒revamp **2** *(de un edificio)* ⇒renovation **3** *(puesta al día)* ⇒updating

renovar *v.* **1** ⇒to renew ⇒to modernize ⇒to renovate **2** *(poner al día)* ⇒to update

renta *s.f.* **1** *(ingresos)* ⇒income ⇒revenue **2** *AMÉR. (alquiler)* ⇒rent **3** *declaración de la ~* ⇒tax return: *Tienes que hacer la declaración de la renta* - You have to do your tax return

rentable *adj.* ⇒profitable ⇒cost-effective

renunciar *v.* **1** *(rechazar)* ⇒to refuse [CONSTR. to refuse + to do sth]: *renunciar a una oferta* - to refuse an offer; *Renunció a trabajar para esa empresa* - He refused to work for that company; ⇒to renounce **2** *(abandonar)* ⇒to abandon ⇒to give up: *renunciar a una idea* - to give up an idea; ⇒to forswear

reñido, da *adj. (un partido)* ⇒hard-fought ⇒close

reñir *v.* **1** *(regañar)* ⇒to tell off ⇒to argue ⇒to squabble **2** *(pelear)* ⇒to quarrel [CONSTR. to quarrel with sb]

reojo (de ~) ⇒out of the corner of *one's* eye: *mirar a alguien de reojo* - to look at sb out of the corner of one's eye; ⇒sideways

reorganizar *v.* **1** ⇒to rearrange ⇒to reorganize ⇒to reorganise *UK* **2** *(en política)* ⇒to reshuffle

reparación *s.f.* ⇒repair: *en reparación* - under repair; ⇒overhaul ⇒refit

R

reparar *v.* **1** *(algo material)* ⇨to fix: *Me van a reparar el teléfono* - I'm having my phone fixed; ⇨to repair ⇨to mend **2** *(un daño)* ⇨to make amends for ⇨to atone *form* **3** *(notar, darse cuenta)* ⇨to notice [CONSTR. 1. to notice + (that) 2. to notice + interrogativo]

reparo *s.m.* **1** ⇨objection ⇨inhibition ⇨qualm **2** *poner reparos* - to object

repartidor, -a *s.* **1** *(hombre)* ⇨delivery man *(pl delivery men)* **2** *(mujer)* ⇨delivery woman *(pl delivery women)*

repartir ▮ *v.* **1** ⇨to deal [CONSTR. to deal + dos objetos]: *Repartí una carta a cada jugador* - I dealt each player a card; ⇨to give out ⇨to hand out **2** *(compartir)* ⇨to share **3** *(a domicilio)* ⇨to deliver ▮ **repartirse** *prnl.* **4** ⇨to be shared out

reparto *s.m.* **1** *(entrega)* ⇨delivery *(pl deliveries)*: *reparto a domicilio* - delivery service **2** *(distribución)* ⇨distribution ⇨share-out *UK* **3** *(de actores)* ⇨cast ⇨cast list

repasador *s.m. AMÉR. (para secar los platos)* ⇨tea towel *UK;* ⇨dishtowel *US*

repasar *v.* **1** ⇨to revise *UK;* ⇨to review *US;* ⇨to go over **2** *(revisar)* ⇨to check [CONSTR. 1. to check + (that) 2. to check + interrogativo]

repaso *s.m.* ⇨revision *UK;* ⇨review *US*

repelente ▮ *adj.* **1** *(repulsivo)* ⇨repellent ▮ *s.m.* **2** *(de insectos)* ⇨insect spray ⇨insect repellent **3** *col. (sabihondo)* ⇨know-all *inform*

repente (de ~) ⇨suddenly ⇨all of a sudden

repentino, na *adj.* ⇨sudden ⇨overnight

repercutir *v.* ⇨to affect: *Los conflictos entre los dos países repercutieron en la industria pesquera* - The conflicts between the two countries affected the fishing industry

repertorio *s.m.* **1** *(conjunto de obras)* ⇨repertoire **2** *(colección de cosas)* ⇨collection

repetición *s.f.* **1** ⇨repetition ⇨repeat **2** *(en un concierto)* ⇨encore

repetir ▮ *v.* **1** ⇨to repeat [CONSTR. to repeat + that]: *¿Podrías repetirlo?* - Could you repeat it, please? **2** *(un ejercicio)* ⇨to do again ▮ **repetirse** *prnl.* **3** *(un suceso)* ⇨to happen again: *Aquello nunca volvió a repetirse* - That never happened again **4** *(una persona)* ⇨to repeat oneself

repicar *v.* ⇨to chime ⇨to peal

repisa *s.f.* ⇨ledge ⇨shelf *(pl shelves)*

repleto, ta *adj.* ⇨packed: *La habitación estaba repleta de gente* - The hall was packed with people; ⇨crammed ⇨full up *UK*

replicar *v.* ⇨to reply [CONSTR. to reply + that]; ⇨to rejoin

repollo *s.m.* ⇨cabbage

reponer ▮ *v.* **1** *(reemplazar)* ⇨to replace **2** *(responder)* ⇨to reply **3** *(una obra teatral, una película)* ⇨to put on again ⇨to rerun ⇨to revive **4** *reponer fuerzas* - to get back one's strength ▮ **reponerse** *prnl.* **5** ⇨to recover

reportaje *s.m.* **1** ⇨report **2** *(escrito)* ⇨article

reportero, ra *s.* ⇨reporter

reposar *v.* **1** *(descansar)* ⇨to rest **2** *(estar enterrado)* ⇨to be buried ⇨to lie **3** *reposar la comida* - to let one's meal settle

reposo *s.m.* **1** ⇨rest **2** *guardar reposo* - to rest

reprender *v.* ⇨to tell off: *Me reprendieron por llegar tarde* - I was told off for being late; ⇨to reprimand *form*

representación *s.f.* **1** ⇨representation ⇨recreation **2** *(de una obra)* ⇨performance

representante *s.com.* ⇨representative ⇨agent

representar *v.* **1** *(significar)* ⇨to stand for ⇨to spell **2** *(actuar)* ⇨to perform **3** *(hacer un papel)* ⇨to act ⇨to play ⇨to portray **4** *(actuar en nombre de alguien)* ⇨to represent **5** *(simbolizar)* ⇨to represent **6** *(aparentar)* ⇨to look

represión *s.f.* ⇨repression ⇨suppression

reprimir *v.* **1** *(un sentimiento)* ⇨to suppress: *reprimir la risa* - to suppress a laughter; ⇨to control ⇨to hold back **2** *(una revuelta)* ⇨to suppress ⇨to crush: *reprimir una rebelión* - to crush an uprising; ⇨to put down ⇨to resist

reprochar *v.* ⇨to reproach

reproche *s.m.* ⇨reproach *form (pl reproaches)*

reproducción *s.f.* **1** *(copia)* ⇨reproduction ⇨print **2** *(de los seres vivos)* ⇨reproduction

reproducir ▮ *v.* **1** ⇨to reproduce ▮ **reproducirse** *prnl.* **2** *(un ser vivo)* ⇨to reproduce *form*

reproductor *s.m. (de discos compactos)* ⇨CD player ⇨compact disc player

reptar *v.* **1** *(una serpiente)* ⇨to slither **2** *(un soldado)* ⇨to crawl ⇨to slink

reptil *s.m.* ⇨reptile

república *s.f.* ⇨republic

República Checa *s.f.* ⇨(The) Czech Republic

República Dominicana *s.f.* ⇨Dominican Republic

republicano, na *adj. / s.* ⇨republican

repuesto, ta ▮ *adj.* **1** ⇨recovered ▮ **repuesto** *s.m.* **2** ⇨spare part **3** *de repuesto* ⇨spare

repugnante *adj.* ⇨revolting: *Esos comentarios son repugnantes* - Those comments are revolting; ⇨disgusting ⇨loathsome

reputación *s.f.* ⇨reputation

requerir *v.* **1** *(necesitar)* ⇨to require [CONSTR. to require + that] **2** *(pedir)* ⇨to demand ⇨to call for

requesón *s.m.* ⇨curd cheese ⇨cottage cheese

requisito *s.m.* ⇨requirement

res *s.f.* ⇒cattle *pl*

resaca *s.f.* **1** *(de las olas)* ⇒undertow **2** col. *(de alcohol)* ⇒hangover

resaltar *v.* **1** *(destacar)* ⇒to stand out **2** *(recalcar)* ⇒to emphasize ⇒to emphasise UK [CONSTR. to emphasize/-ise + that]

resbaladizo, za *adj.* ⇒slippery

resbalar *v.* **1** ⇒to slip: *El suelo estaba cubierto de hielo y me resbalé* - The ground was icy and I slipped; ⇒to skid ⇒to slide **2** *(implicando caída)* ⇒to slip over: *Me resbalé y caí al suelo* - I slipped over on the floor **3** *(ser resbaladizo)* ⇒to be slippery

resbalón *s.m.* **1** ⇒slip **2** *dar un resbalón* - to slip

rescatar *v.* **1** ⇒to rescue ⇒to retrieve ⇒to save **2** *(del olvido)* ⇒to recover

rescate *s.m.* **1** *(liberación)* ⇒rescue **2** *(dinero)* ⇒ransom

reseco, ca *adj.* ⇒very dry ⇒parched

resentimiento *s.m.* ⇒resentment ⇒umbrage

reseña *s.f.* ⇒review ⇒profile ⇒write-up

reseñar *v.* ⇒to review

reserva ❚ *s.com.* **1** *(suplente de un equipo)* ⇒reserve ⇒substitute ❚ *s.f.* **2** *(de animales)* ⇒reserve ⇒game park **3** *(de un grupo de personas)* ⇒reservation: *una reserva india* - an Indian reservation **4** *(de un billete, un hotel)* ⇒booking UK; ⇒reservation **5** *(provisión, suministro)* ⇒reserve ⇒supply *(pl* supplies) **6** *(discreción, comedimiento)* ⇒reticence ⇒secretiveness **7** *tener algo en ~* ⇒to have *sth* in reserve

reservar *v.* **1** *(ahorrar, guardar)* ⇒to save ⇒to put aside ⇒to set aside **2** *(un billete, una habitación)* ⇒to book ⇒to reserve

resfriado, da ❚ *adj.* **1** *estar resfriado* - to have a cold ❚ *resfriado s.m.* **2** ⇒cold

resfriarse *v.prnl.* ⇒to catch a cold

resguardar *v.* ⇒to shelter ⇒to protect [CONSTR. to protect against/from sth]

resguardo *s.m.* **1** *(de una compra)* ⇒receipt ⇒sales slip US **2** *(protección, refugio)* ⇒shelter

residencia *s.f.* **1** ⇒residence *form* **2** *(de ancianos)* ⇒old people's home **3** *(de estudiantes)* ⇒hall of residence UK

residente *s.com.* ⇒resident

residir *v.* ⇒to live ⇒to dwell *form: Residen en un agradable pueblecito* - They dwell in a small, nice village

residuo *s.m.* ⇒waste [U]: *residuos radioactivos* - nuclear waste; ⇒jetsam [U]; ⇒residue

resignarse *v.prnl.* ⇒to reconcile ⇒to resign oneself [CONSTR. to resign oneself to + doing sth]: *El estudiante se resignó a pasar el verano estudiando* - The student resigned himself to spending the summer studying

resistencia *s.f.* **1** ⇒resistance **2** *(física)* ⇒stamina: *Necesitas resistencia física para subir a esa montaña* - You need stamina to climb that mountain; ⇒endurance **3** *(en electricidad)* ⇒resistor

resistente *adj.* ⇒strong ⇒resistant ⇒hard-wearing: *ropas resistentes* - hard-wearing clothes

resistir *v.* **1** ⇒to resist [CONSTR. to resist + doing sth] **2** *(soportar)* ⇒to bear [CONSTR. 1. to bear + doing sth 2. to bear + to do sth] **3** *(un peso)* ⇒to hold out

resolver *v.* **1** *(un problema)* ⇒to solve ⇒to resolve **2** *(un misterio)* ⇒to solve ⇒to settle **3** *(una situación)* ⇒to sort out **4** *(decidir)* ⇒to decide [CONSTR. 1. to decide + (that) 2. to decide + to do sth 3. to decide + interrogativo]; ⇒to determine

respaldar *v.* ⇒to support ⇒to back (up)

respaldo *s.m.* **1** *(ayuda)* ⇒support ⇒backing **2** *(de un asiento)* ⇒back

respectivo, va *adj.* ⇒respective ⇒relative

respecto *s.m.* **1** *No tengo nada que decir al respecto* - I don't have anything to say regarding this matter **2** *con respecto a algo* - with regard to sth

respetable *adj.* ⇒respectable ⇒worthy

respetar *v.* **1** *(mostrar respeto)* ⇒to respect **2** *(obedecer, acatar)* ⇒to obey

respeto *s.m.* **1** ⇒respect **2** *faltar el respeto a alguien* - to be rude to sb

respetuoso, sa *adj.* ⇒respectful

respiración *s.f.* **1** ⇒breath: *quedarse sin respiración* - to be out of breath; ⇒breathing **2** *contener la ~* ⇒to hold *one's* breath ⇒to catch *one's* breath **3** *cortar la ~* ⇒to take *sb's* breath away **4** *~ boca a boca* ⇒kiss of life

respirar *v.* **1** ⇒to breathe: *respirar aire puro* - to breathe clean air **2** *(respirar hondo, una vez)* ⇒to take a deep breath **3** *(respirar hondo, varias veces)* ⇒to breathe deeply

resplandecer *v.* ⇒to shine: *Las estrellas resplandecían en el cielo* - The stars shone in the sky; ⇒to beam ⇒to glow

resplandeciente *adj.* ⇒shining ⇒gleaming

resplandor *s.m.* **1** *(del sol)* ⇒glare ⇒radiance **2** *(de un objeto)* ⇒gleam ⇒shine

responder *v.* **1** *(contestar)* ⇒to answer ⇒to reply [CONSTR. to reply + that]; ⇒to respond [CONSTR. 1. to respond + that 2. to respond by + doing sth 3. to respond to sth] **2** *(tener el efecto deseado)* ⇒to respond **3** *(responsabilizarse)* ⇒to take responsibility [CONSTR. to take responsibility for sth]: *Yo respondo de mis actos* - I take responsibility for my acts

responsabilidad *s.f.* ⇒responsibility *(pl* responsibilities); ⇒liability: *responsabilidad civil* - public liability

R

responsabilizar ∎ v. 1 *(culpar)* ⇨to hold responsible [CONSTR. to hold responsible for sth]: *Me responsabilizaron del accidente* - They held me responsible for the accident 2 *(asignar)* ⇨to put in charge [CONSTR. to put in charge of sth]: *Te responsabilizo de la contabilidad* - I'm putting you in charge of the accounts ∎ **responsabilizarse** *prnl.* 3 ⇨to take responsibility [CONSTR. to take responsibility for sth]: *No te preocupes, yo me responsabilizo de esto* - Don't worry, I'll take responsibility for this

responsable ∎ *adj.* 1 ⇨responsible ⇨accountable ∎ s.com. 2 *(encargado)* ⇨person in charge: *Yo no soy la responsable de este cometido* - I'm not the person in charge of this assignment; *¿Quiénes son los responsables de la gestión?* - Who are the people responsible for managing this? 3 *(culpable)* ⇨person responsible: *¿Quién es el responsable de esto?* - Who's the person responsible for this?; *Nosotros somos los responsables del accidente* - We're the ones responsible for the accident 4 **hacerse ~ de** ⇨to take responsibility for *sth* 5 **ser ~ de** ⇨to be responsible for *sth*

respuesta s.f. ⇨answer ⇨reply *(pl* replies); ⇨response

resquebrajarse v.prnl. ⇨to crack ⇨to split

resta s.f. ⇨subtraction

restablecer ∎ v. 1 ⇨to restore: *restablecer la calma* - to restore calm; ⇨to redress ∎ **restablecerse** *prnl.* 2 *(recuperarse)* ⇨to recover: *restablecerse de una enfermedad* - to recover from an illness

restar v. 1 *(en matemáticas)* ⇨to subtract [CONSTR. to subtract sth from sth]: ⇨to take away ⇨to deduct 2 *(quedar)* ⇨to remain

restaurante s.m. 1 ⇨restaurant 2 *(de comida para llevar)* ⇨takeaway *UK;* ⇨takeout *US*

restaurar v. ⇨to restore *form;* ⇨to reconstruct ⇨to renovate

resto ∎ s.m. 1 ⇨rest: *Te pagaré el resto mañana* - I'll pay you the rest tomorrow; ⇨remainder ∎ **restos** *pl.* 2 ⇨remains: *los restos de la comida* - the remains of the meal; ⇨remnants

restregar v. ⇨to rub ⇨to scrub

restricción s.f. ⇨restriction ⇨constraint: *restricciones económicas* - financial constraints; ⇨restraint

resucitar v. 1 ⇨to raise from the dead ⇨to resurrect 2 *(renovar energías)* ⇨to breathe life into

resuelto, ta *adj.* ⇨determined: *Parece muy resuelta* - She seems to be really determined; ⇨resolute *form;* ⇨decided

resultado s.m. 1 ⇨result ⇨effect 2 *tener como resultado* - to result in 3 *(de un partido)* ⇨score ⇨final score

resultar v. 1 *(funcionar, ir bien)* ⇨to work out: *Nuestro plan no resultó* - Our plan didn't work out; ⇨to go off 2 *(ser)* ⇨to be: *Este libro resulta caro* - This book is expensive; ⇨to prove 3 **~ que** ⇨to turn out that: *Resultó que se casaron* - It turned out that they got married

resumen s.m. 1 ⇨summary *(pl* summaries); ⇨extract 2 *(académico)* ⇨abstract

resumir v. ⇨to summarize ⇨to summarise *UK;* ⇨to compress ⇨to condense

resurrección s.f. ⇨resurrection ⇨resuscitation

retablo s.m. ⇨tableau *(pl* tableaux)

retar v. ⇨to challenge

retener v. 1 *(a una persona)* ⇨to detain ⇨to hold ⇨to keep 2 *(una cantidad de dinero)* ⇨to withhold ⇨to deduct ⇨to impound 3 *No hay nada que me retenga aquí* - There's nothing to keep me here 4 *retener en la memoria* - to keep in one's head

retirado, da *adj.* 1 *(jubilado)* ⇨retired 2 *(alejado)* ⇨remote ⇨secluded

retirar ∎ v. 1 *(quitar)* ⇨to remove ⇨to dislodge 2 *(apartar)* ⇨to move *sth* out of the way 3 *(retractarse)* ⇨to withdraw: *Retiro lo dicho* - I withdraw my remarks 4 *(del mercado, de la venta)* ⇨to recall ∎ **retirarse** *prnl.* 5 *(jubilarse)* ⇨to retire 6 *(de una competición)* ⇨to withdraw 7 *(en una batalla)* ⇨to retreat

retiro s.m. 1 *(jubilación)* ⇨retirement 2 *(alejamiento temporal)* ⇨retreat

reto s.m. ⇨challenge

retocar v. ⇨to touch up: *retocar el peinado* - to touch up one's hair

retoque s.m. ⇨retouching [U]; ⇨touch *(pl* touches)

retorcer v. 1 ⇨to twist 2 *(la ropa)* ⇨to wring out 3 *retorcerse de dolor* - to writhe in pain

retorcido, da *adj.* 1 *(una idea)* ⇨convoluted *form;* ⇨kinky 2 *(una persona)* ⇨devious ⇨perverse

retorno s.m. ⇨return ⇨comeback

retortijón s.m. col. ⇨stomach cramp

retraído, da *adj. (tímido)* ⇨shy ⇨retiring ⇨withdrawn

retransmisión s.f. ⇨broadcast

retransmitir v. ⇨to broadcast ⇨to network ⇨to relay

retrasado, da *adj.* 1 ⇨late ⇨behind ⇨overdue 2 *desp. (en el desarrollo mental)* ⇨backward

retrasar ∎ v. 1 *(posponer)* ⇨to delay: *El vuelo se retrasó una hora* - The flight was delayed by an hour 2 *(ralentizar)* ⇨to hold up: *Un accidente retrasó el tráfico* - The traffic was held up by an accident; ⇨to set back 3 *(un reloj)* ⇨to put back ∎ **retrasarse** *prnl.* 4 ⇨to be late 5 *(en los estudios)* ⇨to fall behind ⇨to get behind

retraso *s.m.* **1** *(demora)* ⊸delay **2** *(tardanza)* ⊸lateness **3** *con retraso* - behind schedule

retratar *v.* **1** ⊸to paint a portrait **2** *(describir)* ⊸to portray: *El escritor retrata la sociedad de la época en su novela* - The writer portrays the society of that time in his novel; ⊸to depict

retrato *s.m.* **1** *(pintura)* ⊸portrait ⊸portrayal **2** *(fotografía)* ⊸photograph ⊸portrait **3** ~ **robot** ⊸identikit picture **4** **ser el vivo** ~ **de alguien** ⊸to be the living image of *sb*

retrete *s.m.* **1** *(inodoro)* ⊸toilet ⊸lavatory *UK form (pl* lavatories) **2** *(habitación)* ⊸lavatory *UK form (pl* lavatories); ⊸loo *UK inform;* ⊸john *US inform;* ⊸cubicle

retroceder *v.* **1** *(ir hacia atrás)* ⊸to back away ⊸to move back ⊸to recede **2** *(en una batalla)* ⊸to retreat ⊸to fall back **3** *(en una clasificación)* ⊸to go down

retrovisor *s.m.* **1** *(dentro del coche)* ⊸rear-view mirror **2** *(a los lados del coche)* ⊸wing mirror *UK;* ⊸side mirror *US*

retumbar *v.* **1** ⊸to boom ⊸to echo ⊸to rumble **2** *(como un trueno)* ⊸to thunder

reunión *s.m.* **1** *(hecho de reunir)* ⊸gathering **2** *(sesión)* ⊸meeting: *asistir a la reunión* - to attend the meeting; ⊸assembly ⊸conference **3** *(de personas que no se ven hace tiempo)* ⊸reunion

reunir ▪ *v.* **1** *(dinero)* ⊸to raise ⊸to collect **2** *(personas)* ⊸to get together ⊸to round up **3** *(información)* ⊸to garner *lit* ▪ **reunirse** *prnl.* **4** *(personas)* ⊸to gather ⊸to meet ⊸to assemble

revancha *s.f.* **1** ⊸revenge **2** **tomar la** ~ ⊸to get *one's* revenge [CONSTR. to get one's revenge for sth]

revelación *s.f.* ⊸revelation ⊸exposure

revelar *v.* **1** *(un secreto)* ⊸to reveal [CONSTR. 1. to reveal + that 2. to reveal + interrogativo]; ⊸to expose **2** *(una foto)* ⊸to develop

reventar *v.* **1** ⊸to burst ⊸to pop **2** *(explotar)* ⊸to explode

reverencia *s.f.* ⊸bow: *hacer una reverencia* - to take a bow; ⊸curtsy *(pl* curtsies)

reversible *adj.* ⊸reversible: *una cazadora reversible* - a reversible jacket

reverso *s.m. (de un papel)* ⊸back: *escribir algo en el reverso* - to write sth on the back; ⊸the other side ⊸reverse

revés *s.m.* **1** *(de una prenda de vestir)* ⊸wrong side **2** *(en tenis)* ⊸backhand **3** **al** ~ **1** *(con lo de delante hacia atrás)* ⊸back to front *UK;* ⊸backwards *UK;* ⊸backward *US* **2** *(con lo de dentro fuera)* ⊸inside out **3** *(con lo de arriba abajo)* ⊸upside down **4** *(con el sentido contrario)* ⊸the wrong way round: *Lo entendí al revés* - I got it the wrong way round **5** *(contrario a los planes)* ⊸backwards: *Todo ocurrió al*

revés - Everything happened backwards **6** *(contrariamente)* ⊸contrary: *Al revés de lo que se esperaba, llegaron* - Contrary to what was expected, they arrived **4 del** ~ ⊸inside out

revisar *v.* **1** *(comprobar)* ⊸to check [CONSTR. 1. to check + (that) 2. to check + interrogativo]; ⊸to inspect ⊸to examine **2** *(para mejorar algo)* ⊸to revise ⊸to review

revisión *s.m.* **1** ⊸check: *Hizo una última revisión del texto* - She gave the text a final check; ⊸review ⊸revision **2** *(médica)* ⊸examination ⊸check-up **3** *(de un coche)* ⊸service

revisor, -a *s.* ⊸collector ⊸inspector: *el revisor del autobús* - the bus inspector

revista *s.f.* **1** ⊸magazine **2** *(especializada)* ⊸journal ⊸periodical

revivir *v.* ⊸to revive

revolcar ▪ *v.* **1** ⊸to knock down ⊸to knock over ▪ **revolcarse** *v.prnl.* **2** *(dar vueltas)* ⊸to roll around ⊸to wallow **3** *vulg. (practicar juegos amorosos)* ⊸to pet

revolotear *v.* **1** *(un insecto, un ave pequeña)* ⊸to flutter: *Las mariposas revoloteaban por el jardín* - Butterflies were fluttering around the garden; ⊸to flit **2** *(un ave grande)* ⊸to wheel: *Las gaviotas revoloteaban en la playa* - The seagulls were wheeling above the beach **3** *(moverse alrededor de alguien)* ⊸to swarm: *Los niños no dejaban de revolotear alrededor del abuelo* - The children didn't stop swarming around grandpa

revoltijo *s.m.* ⊸jumble

revoltillo *s.m.* Véase **revoltijo**

revoltoso, sa *adj.* ⊸naughty ⊸unruly

revolución *s.f.* ⊸revolution

revolucionar *v.* **1** ⊸to revolutionize ⊸to revolutionise *UK: Las nuevas medidas económicas revolucionaron la industria pesquera* - The new economic measures revolutionised the fishing industry **2** *(a una persona)* ⊸to stir [CONSTR. to be stirred] **3** *(un motor)* ⊸to rev

revolucionario, ria *adj.* ⊸revolutionary

revolver *v.* **1** *(desordenar)* ⊸to jumble [CONSTR. Se usa generalmente seguido de las preposiciones together y up]; ⊸to turn over **2** *(una sustancia)* ⊸to stir **3** *(un huevo)* ⊸to scramble **4** *(con las manos)* ⊸to fumble **5** *(un asunto)* ⊸to stir up

revólver *s.m.* ⊸revolver ⊸handgun

revuelto, ta *adj.* **1** *(un huevo)* ⊸scrambled **2** *(el estómago)* ⊸upset **3** *(el mar)* ⊸choppy ⊸rough

rey *s.m.* **1** ⊸king **2 los reyes** ⊸the king and the queen **3 los Reyes Magos** ⊸the Three Wise Men

rezagarse *v.prnl.* ⊸to fall behind ⊸to lag

rezar *v.* **1** ⊸to pray [CONSTR. 1. to pray + that 2. to pray for sth/sb] **2** *(un texto, un cartel)* ⊸to read

R

ría *s.f.* ⇨long inlet

riachuelo *s.m.* ⇨brook ⇨stream

riada *s.f.* ⇨flood

ribera *s.f. (orilla)* ⇨bank ⇨riverside

rico, ca ∎ *adj.* **1** *(con dinero)* ⇨rich ⇨wealthy: *Su familia es bastante rica* - Her family is rather wealthy; ⇨affluent **2** *(comida)* ⇨delicious ⇨tasty **3** *(encantador)* ⇨lovely col. ∎ *s.* **4** *(persona con dinero)* ⇨rich person

ridiculizar *v.* ⇨to ridicule ⇨to deride

ridículo, la *adj.* **1** ⇨ridiculous ⇨foolish ⇨nonsensical **2 hacer el ridículo** ⇨to make a fool of oneself **3 poner a alguien en ridículo** ⇨to make a fool of *sb*

riego *s.m.* **1** *(de una planta)* ⇨watering **2** *(de un cultivo)* ⇨irrigation ⇨watering

rienda *s.f.* **1** ⇨rein **2 dar ~ suelta** ⇨to give free rein to **3 llevar las riendas** ⇨to be in charge

riesgo *s.m.* **1** ⇨risk ⇨gamble ⇨danger **2 correr el riesgo** - to take a chance

riesgoso, sa *adj.* AMÉR. ⇨risky ⇨dangerous ⇨chancy inform

rifa *s.f.* ⇨raffle

rifar *v.* ⇨to raffle: *Van a rifar tres libros* - They're going to raffle three books

rifle *s.m.* ⇨rifle

rígido, da *adj.* **1** ⇨rigid ⇨stiff: *Tenía las piernas rígidas después de estar en la misma posición durante mucho tiempo* - Her legs were stiff after being in the same position for a long time; ⇨inflexible **2** *(severo)* ⇨strict

riguroso, sa *adj.* **1** *(difícil de soportar)* ⇨harsh **2** *(muy severo)* ⇨strict ⇨severe **3** *(minucioso)* ⇨rigorous ⇨meticulous

rima *s.f.* ⇨rhyme

rimar *v.* ⇨to rhyme

rincón *s.m.* ⇨corner ⇨nook

rinoceronte *s.m.* ⇨rhinoceros *(pl* rhinoceroses, rhinoceros); ⇨rhino inform

riña *s.f.* **1** *(discusión)* ⇨row UK; ⇨argument: *Tuvieron una riña estúpida* - They had an stupid argument; ⇨quarrel **2** *(pelea, lucha)* ⇨fight

riñón ∎ *s.m.* **1** ⇨kidney **2 costar un ~** col. ⇨to cost an arm and a leg ∎ **riñones** *pl.* **3** *(parte baja de la espalda)* ⇨lower back

riñonera *s.f.* ⇨money belt

río *s.m.* **1** ⇨river **2** *río abajo* - downstream; *río arriba* - upstream

riqueza *s.f.* **1** ⇨riches *lit* [U]; ⇨wealth [U]; ⇨affluence [U] **2** *(cualidad)* ⇨richness

risa ∎ *s.f.* **1** ⇨laugh **2 entrarle a alguien la ~ floja** col. ⇨to get the giggles *inform* **3 mondarse de ~** col. ⇨to laugh *one's* head off *inform* **4 partirse de ~** col. ⇨to laugh *one's* head off *inform;* ⇨to split *one's* sides *inform* ∎ **risas** *pl.* **5** ⇨laughter [U]

risueño, ña *adj.* **1** ⇨cheerful **2** *(expresión)* ⇨smiling

ritmo *s.m.* **1** *(velocidad)* ⇨rate: *ritmo de crecimiento* - rate of growth; ⇨pace **2** *(en música)* ⇨rhythm ⇨beat

rito *s.m.* **1** *(regla)* ⇨rite *(ceremonia, costumbre)* ⇨ritual

rival *s.com.* ⇨rival ⇨competitor

rivalidad *s.f.* ⇨rivalry *(pl* rivalries); ⇨competition

rizado, da *adj.* ⇨curly

rizar *v.* **1** ⇨to curl: *rizarle el pelo a alguien* - to curl sb's hair; *El pelo se me riza con la lluvia* - My hair curls with the rain **2** *(el mar)* ⇨to ripple ⇨to ruffle

rizo *s.m.* **1** ⇨curl **2 rizar el ~** col. ⇨to loop the loop ⇨to split hairs

robar *v.* **1** *(un objeto)* ⇨to steal: *Alguien ha robado mi monedero* - Somebody has stolen my purse; ⇨to pinch UK inform **2** *(un lugar)* ⇨to rob: *Una banda de ladrones robó el banco* - A gang of thieves robbed the bank **3** *(a una persona)* ⇨to rob [CONSTR. to be robbed]: *Anoche me robaron* - I was robbed last night ∎ Ver cuadro

roble *s.m.* ⇨oak ⇨oak tree

robo *s.m.* **1** *(de guante blanco)* ⇨theft **2** *(en una casa)* ⇨burglary *(pl* burglaries) **3** *(en un banco, una tienda)* ⇨robbery *(pl* robberies) **4** *(abuso)* ⇨gyp US; ⇨rip-off inform

robar (steal / rob / burgle)

• **Steal** se usa cuando se especifica aquello que se roba, pero no la persona o el lugar que se roban:

· *My car* has been **stolen**!
(¡Me han robado el coche!)

· *Someone* has **stolen** *my handbag*!
(¡Alguien me ha robado el bolso!)

• **Rob** se usa cuando se refiere a la persona o el lugar que han sido robados:

· *We* have been **robbed**!
(¡Nos han robado!)

· *The man* who **robbed** *the bank* has been caught.
(Han cogido al hombre que robó el banco.)

• **Burgle** se usa cuando se roba en un edificio:

· *A band of thieves* **has burgled** *some houses in my neighbourhood.*
(Una banda de ladrones ha robado en varias casas de mi barrio.)

robot *s.m.* ⇒robot ⇒droid

robusto, ta *adj.* ⇒robust: *un árbol robusto* - a robust tree; ⇒sturdy ⇒strong

roca *s.f.* ⇒rock [U]

roce *s.m.* **1** *(rozamiento)* ⇒rubbing ⇒friction **2** *(discusión)* ⇒brush *(pl* brushes)

rociar *v.* ⇒to sprinkle ⇒to spray

rocío *s.m.* ⇒dew

rock *s.m.* **1** ⇒rock **2** ~ **duro** ⇒heavy metal

rocoso, sa *adj.* ⇒rocky

rodaja *s.f.* ⇒slice: *una rodaja de melón* - a slice of melon

rodaje *s.m.* *(de una película)* ⇒filming ⇒shooting

rodar *v.* **1** *(dar vueltas)* ⇒to roll: *rodar por el suelo* - to roll along the floor **2** *(una película)* ⇒to shoot ⇒to film

rodear *v.* **1** ⇒to surround ⇒to circle ⇒to ring **2** *rodear a alguien con los brazos* - to put one's arms around sb

rodeo *s.m.* **1** ⇒detour **2** *Déjate de rodeos* - Stop beating around the bush **3** *(espectáculo)* ⇒rodeo

rodilla *s.f.* **1** ⇒knee **2 estar de rodillas** ⇒on one's knees **3 ponerse de rodillas** ⇒to kneel down **4 sobre las rodillas** ⇒on *sb's* knee

rodillera *s.f.* **1** *(parche)* ⇒knee patch *(pl* knee patches) **2** *(banda elástica protectora)* ⇒knee bandage **3** *(en deporte)* ⇒knee pad

rodillo *s.m.* **1** *(de cocina)* ⇒rolling pin **2** *(de pintura)* ⇒paint roller **3** *(de un mecanismo)* ⇒roller

roedor *s.m.* ⇒rodent

roer *v.* **1** *(algo duro)* ⇒to nibble: *Las ardillas roían las piñas* - Squirrels were nibbling the pine cones **2** *(un hueso)* ⇒to gnaw

rogar *v.* **1** ⇒to plead [CONSTR. 1. to plead with sb 2. to plead for sth]: *Rogué a mi padre que me dejara ir* - I pleaded with my father to let me go; ⇒to beg [CONSTR. to beg + to do sth]: *Rogué a Mark que me ayudara* - I begged Mark to help me; ⇒to request [CONSTR. 1. to request + that 2. to request + to do sth]: *Les rogamos que se abrochen los cinturones* - We request you to fasten your seat belts **2 hacerse de** ~ ⇒to play hard to get **3 se ruega no fumar** ⇒please do not smoke **4 se ruega silencio** ⇒silence please

rojizo, za *adj.* ⇒reddish

rojo, ja ∎ *adj.* **1** ⇒red **2** *(la cara)* ⇒flushed **3** *(un ojo)* ⇒bloodshot **4 ponerse** ~ ⇒to go red ⇒to blush ∎ **rojo** *s.m.* **5** *(color)* ⇒red

rollizo, za *adj.* ⇒plump

rollo *s.m.* **1** *(con forma cilíndrica)* ⇒roll: *un rollo de papel higiénico* - a roll of toilet paper **2** *(de película)* ⇒film **3** *col. (lo que resulta pesado)* ⇒drag *very inform: La película fue un rollo* - The film was a real drag; ⇒bind *inform* **4** *¡Qué rollo!* - What a pain!

romance *s.m.* ⇒romance

románico, ca ∎ *adj.* **1** ⇒Romanesque: *una fachada románica* - a Romanesque façade; ⇒Norman ∎ **románico** *s.m.* **2** ⇒Romanesque

romano, na *adj./s.* ⇒Roman

romántico, ca *adj.* ⇒romantic

rombo ∎ *s.m.* **1** ⇒rhombus *(pl* rhombuses); ⇒lozenge ∎ **rombos** *pl.* **2** *(de una baraja)* ⇒diamonds

romería *s.f.* ⇒traditional celebration in which people go in a procession to a local shrine

romo, ma *adj.* ⇒blunt

rompecabezas *s.m.* **1** *(juego de piezas)* ⇒jigsaw ⇒jigsaw puzzle **2** *(acertijo)* ⇒puzzle ⇒conundrum

romper *v.* **1** ⇒to break ⇒to shear off **2** *(en varias piezas)* ⇒to smash **3** *(haciendo ruido)* ⇒to snap ⇒to crash **4** *(una relación)* ⇒to sever **5** *(una relación sentimental)* ⇒to break up ⇒to split up ⇒to break off **6** *(tela, papel)* ⇒to tear up **7** *(una promesa)* ⇒to breach *form*

ron *s.m.* ⇒rum

roncar *v.* ⇒to snore

ronco, ca *adj.* ⇒hoarse: *una voz ronca* - a hoarse voice; ⇒gruff ⇒husky

ronda *s.f.* ⇒round

rondar *v.* **1** *(una persona)* ⇒to hover **2** *(un animal, un ladrón)* ⇒to prowl **3** *(una cifra, una edad)* ⇒to be around ⇒to be going on **4** *(un fantasma)* ⇒to haunt

ronquido *s.m.* ⇒snore ⇒snoring

ronronear *v.* ⇒to purr

roñoso, sa *adj.* **1** *col. (una persona)* ⇒tight-fisted *inform;* ⇒stingy *inform* **2** *(un metal)* ⇒rusty

ropa *s.f.* **1** ⇒clothes *pl;* ⇒clothing **2** *tender la ropa* - to hang out the washing **3** *ropa blanca* - linen **4** *ropa de cama* - bedclothes **5** *ropa de sport* - casual clothes **6** *ropa interior* - underwear **7** *ropa de abrigo* - warm clothes

ropero *s.m.* ⇒wardrobe ⇒closet *US*

rosa ∎ *adj./s.m.* **1** *(color)* ⇒pink ∎ *s.f.* **2** ⇒rose

rosado, da ∎ *adj.* **1** ⇒pink ∎ **rosado** *s.m.* **2** *(vino)* ⇒rosé

rosal *s.m.* ⇒rose bush *(pl* rose bushes)

rosario *s.m.* **1** *(oraciones)* ⇒rosary: *rezar el rosario* - to say the rosary **2** *(cuentas)* ⇒rosary beads *pl*

rosca *s.f.* **1** *(de pan)* ⇒roll **2** *(de un tornillo)* ⇒thread **3 no comerse una** ~ *col.* ⇒not to get off with anyone *very inform* **4 pasarse de** ~ *col.* ⇒to go too far

roscón *s.m.* **1** ⇒ring-shaped bun **2** *Roscón de Reyes* - ring-shaped cake which is eaten at Epiphany

rostro *s.m.* ⇒face

R∎

rotación *s.f.* ⇒rotation
roto, ta ▌ *adj.* **1** ⇒broken **2** *col. (agotado)* ⇒worn out ▌ **roto** *s.m.* **3** *(en una tela)* ⇒tear ⇒hole
rotonda *s.f.* ⇒roundabout *UK;* ⇒traffic circle *US*

ROUNDABOUT (UK) / TRAFFIC CIRCLE (US)

rotulador *s.m.* ⇒felt pen ⇒felt-tip pen ⇒marker
rótulo *s.m. (letrero)* ⇒sign
rotundo, da *adj.* ⇒categorical: *una respuesta rotunda* - a categorical reply; ⇒emphatic ⇒outright
rotura *s.f.* **1** ⇒fracture ⇒breakage **2** *La inundación provocó la rotura de las cañerías* - Pipes burst due to the flood
rozadura *s.f.* **1** *(en la piel)* ⇒chafed skin [U] **2** *(en una superficie)* ⇒scratch *(pl scratches)*
rozar *v.* **1** *(tocar)* ⇒to touch **2** *(acariciar)* ⇒to brush: *Noté tu pelo rozando mis hombros* - I felt your hair brushing my shoulders **3** *(raspar)* ⇒to scrape: *Rocé el coche de al lado al aparcar* - I scraped the car next to me as I was parking **4** *(hacer herida)* ⇒to rub: *La mochila me está rozando el hombro* - The rucksack is rubbing into my shoulder
rubí *s.m.* ⇒ruby *(pl rubies)*
rubio, bia ▌ *adj.* **1** *(color natural)* ⇒fair ⇒fair-haired **2** *(color natural y teñido)* ⇒blond **3** *(la cerveza)* ⇒lager ▌ *adj. / s.* **4** *(una persona)* ⇒blonde
ruborizarse *v.prnl.* ⇒to blush ⇒to go red *UK;* ⇒to redden
rucio, cia ▌ *adj.* **1** *(canoso)* ⇒grey *UK;* ⇒gray *US* **2** *AMÉR. (rubio)* ⇒fair ⇒blond ▌ *s.* **3** ⇒grey *UK;* ⇒grey horse *UK*
rudo, da *adj. (grosero)* ⇒rough ⇒rude

rueca *s.f.* ⇒spinning wheel
rueda *s.f.* **1** ⇒wheel: *rueda de repuesto* - spare wheel **2** *(neumático)* ⇒tyre *UK;* ⇒tire *US* **3** ~ **de prensa** ⇒press conference
ruedo *s.m.* ⇒bullring ⇒arena
ruego *s.m. (petición, súplica)* ⇒request
rugido *s.m. (de un animal)* ⇒roar
rugir *v.* ⇒to roar ⇒to howl
ruido *s.m.* **1** ⇒noise: *hacer ruido* - to make noise; ⇒bump ⇒rattle ⇒roll ⇒sound **2** *(jaleo)* ⇒row *UK* **3** ~ **sordo** ⇒thud
ruidoso, sa *adj.* ⇒noisy: *Tus vecinos son muy ruidosos* - Your neighbours are too noisy; ⇒loud ⇒rowdy
ruina ▌ *s.f.* **1** *(situación)* ⇒downfall: *Esto será mi ruina* - This will be my downfall; ⇒ruin **2** *estar en la ruina* - to be ruined **3** *(destrucción)* ⇒collapse **4** *estar hecho,cha una* ~ *col.* ⇒to feel like a wreck *inform* ▌ **ruinas** *pl.* **5** *(de un edificio)* ⇒ruins
ruiseñor *s.m.* ⇒nightingale
ruleta *s.f.* ⇒roulette
Rumanía *s.f.* ⇒Romania
rumano, na ▌ *adj. / s.* **1** ⇒Romanian ⇒Rumanian ▌ **rumano** *s.m.* **2** *(idioma)* ⇒Romanian ⇒Rumanian
rumbo *s.m.* **1** ⇒course ⇒direction **2** ir ~ **a** ⇒to head towards ⇒to head for
rumor *s.m.* ⇒rumour *UK: difundir un rumor* - to spread a rumour; ⇒rumor *US;* ⇒hearsay
ruptura *s.f.* **1** ⇒break ⇒rift ⇒rupture *form* **2** *(de una pareja)* ⇒break-up
rural *adj.* ⇒rural
Rusia *s.f.* ⇒Russia
ruso, sa ▌ *adj.* **1** ⇒Russian: *Tiene un amigo ruso* - She has a Russian friend ▌ *s.* **2** ⇒Russian **3** *(hombre)* ⇒Russian man *(pl Russian men)* **4** *(mujer)* ⇒Russian woman *(pl Russian women)* **5** *(plural genérico): los rusos* - the Russian ▌ **ruso** *s.m.* **6** *(idioma)* ⇒Russian
rústico, ca *adj.* **1** ⇒rustic **2** en rústica *(encuadernación)* ⇒paperback
ruta *s.f.* **1** ⇒route **2** *(en navegación y en aviación)* ⇒lane **3** *AMÉR. (carretera)* ⇒road
rutina *s.f.* ⇒routine

s *s.f. (letra del alfabeto)* ⇒s
sábado *s.m.* ⇒Saturday
sábana *s.f.* ⇒sheet
saber ∎ *v.* **1** *(conocer, tener noticia)* ⇒to know [CONSTR. 1. to know + (that) 2. to know + to do sth 3. to know + interrogativo]: *No sabía que ibas a venir* - I didn't know that you were coming; *¿Sabes ir?* - Do you know how to get there? **2** *(dominar una habilidad)* ⇒can: *No sé nadar* - I can't swim **3** *(tener conocimientos)* ⇒to know **4** *(un idioma)* ⇒to speak **5** *(tener un sabor determinado)* ⇒to taste [CONSTR. to taste like/of sth] **6** *(tener noticias)* ⇒to hear from: *No sé nada de Penny desde hace dos semanas* - I haven't heard from Penny for two weeks **7** *para que lo sepas* ⇒for your information **8** *que yo sepa* ⇒as far as I know *inform* [Se utiliza para dar una opinión o hacer un comentario] **9** *quién sabe* ⇒who knows **10** *yo qué sé col.* ⇒how should I know? *inform* ∎ *s.m.* **11** ⇒wisdom ⇒knowledge
sabiduría *s.f.* ⇒wisdom
sabio, bia ∎ *adj.* **1** ⇒wise ∎ *s.* **2** ⇒wise person ⇒learned person
sabor *s.m.* ⇒flavour UK; ⇒flavor US; ⇒taste: *Esto tiene un fuerte sabor a cebolla* - This has a strong taste of onions
saborear *v.* **1** *(paladear)* ⇒to savour UK; ⇒to savor US: *saborear un plato* - to savour a dish **2** *(deleitarse)* ⇒to savour UK; ⇒to savor US; ⇒to relish: *saborear un triunfo* - to relish a triumph
sabotaje *s.m.* ⇒sabotage
sabroso, sa *adj.* **1** *(una comida)* ⇒tasty **2** *col. (una historia)* ⇒juicy *inform*
sacacorchos *s.m.* ⇒corkscrew
sacapuntas *s.m.* ⇒pencil sharpener ⇒sharpener
sacar *v.* **1** ⇒to take out: *¿Puedes sacar las llaves del cajón?* - Can you take the keys out of the drawer?; ⇒to draw out **2** *(obtener)* ⇒to get [CONSTR. to get + dos objetos] **3** *(producir)* ⇒to bring out: *Han sacado una edición especial* - They have

brought out a special edition **4** *(comprar)* ⇒to buy [CONSTR. to buy + dos objetos]; ⇒to get [CONSTR. to get + dos objetos] **5** *(resolver)* ⇒to work out **6** *sacar una foto* - to take a photo **7** *sacar el máximo partido* - to make the most of **8** *(en fútbol)* ⇒to take the throw-in ⇒to take the kick **9** *(en tenis)* ⇒to serve **10** *(una parte del cuerpo)* ⇒to stick out: *sacar la lengua* - to stick out one's tongue **11** *~ a la luz* ⇒to bring to light
sacarina *s.f.* ⇒saccharin
sacerdote *s.m.* ⇒priest
saciar ∎ *v.* **1** *(el hambre)* ⇒to satisfy: *saciar el hambre* - to satisfy one's hunger; ⇒to sate *form* **2** *(la sed)* ⇒to quench: *saciar la sed* - to quench one's thirst ∎ *saciarse prnl.* **3** *comer hasta saciarse* - to eat one's fill; *He comido fresas hasta saciarme* - I've eaten my fill of strawberries
saco *s.m.* **1** ⇒sack [Hay dos formas de decir *un saco de patatas*: a sack of potatoes (si está lleno) y *a potato sack* (si está vacío)] **2** *saco de dormir* - sleeping bag **3** AMÉR. *(prenda de vestir)* ⇒jacket
sacramento *s.m.* ⇒sacrament
sacrificar ∎ *v.* **1** *(un animal)* ⇒to slaughter **2** *(renunciar a algo)* ⇒to sacrifice ∎ *sacrificarse prnl.* **3** ⇒to make sacrifices
sacrificio *s.m.* **1** ⇒sacrifice **2** *hacer un sacrificio* - to sacrifice
sacudida *s.f.* **1** ⇒shake ⇒shaking **2** *(impresión)* ⇒shock
sacudir *v.* **1** *(mover de un lado a otro)* ⇒to shake ⇒to jerk **2** *(para limpiar algo)* ⇒to shake the dust off: *sacudir una alfombra* - to shake the dust off a carpet **3** *(conmocionar)* ⇒to shake: *La noticia sacudió a todo el país* - The whole country was shaken by the news
safari *s.m.* **1** ⇒safari: *ir de safari* - to go on a safari **2** *(parque zoológico)* ⇒safari park
sagitario *adj. / s.com.* ⇒Sagittarius *n*
sagrado, da *adj.* ⇒holy ⇒sacred
sal *s.f.* **1** ⇒salt **2** *~ fina* ⇒table salt **3** *~ gorda* ⇒sea salt

S

sala 760

sala *s.f.* **1** *(habitación)* ⇒room: *sala de espera* - waiting room; *sala de profesores* - staff room; *sala de fiestas* - nightclub **2** *(para conciertos, para reuniones)* ⇒hall **3** *(de un hospital)* ⇒ward **4 ~ de estar** ⇒living room

salado, da *adj.* **1** *(con mucha sal)* ⇒salty ⇒salted **2** *(gracioso, ingenioso)* ⇒witty **3** *(el agua)* ⇒briny **4** *AMÉR. (con mala suerte)* ⇒unlucky

salar *v.* **1** ⇒to salt **2** *AMÉR. (un plan)* ⇒to upset ⇒to ruin ⇒to spoil

salario *s.m.* **1** ⇒pay [U] **2** *(al mes, al año)* ⇒salary *(pl salaries)* **3** *(al día, a la semana)* ⇒wage ⇒wages **4 ~ mínimo** ⇒minimum wage

salchicha *s.f.* ⇒sausage ⇒banger *UK inform;* ⇒wiener *US*

salchichón *s.m.* ⇒spiced sausage

salero *s.m.* **1** *(recipiente)* ⇒salt cellar *UK;* ⇒salt shaker *US* **2** *(donaire)* ⇒grace ⇒gracefulness

salida *s.f.* **1** *(lugar por donde se sale)* ⇒exit ⇒way-out **2** *(partida a otro lugar)* ⇒departure **3** *col. (dicho ocurrente)* ⇒quip ⇒sally *(pl sallies)* **4** *(solución)* ⇒solution **5 ~ de emergencia** ⇒emergency exit **6 ~ de incendios** ⇒fire escape **7 ~ del sol** ⇒sunrise

salir ∎ *v.* **1** *(pasar de dentro afuera)* ⇒to exit *form* **2** *(a divertirse)* ⇒to go out **3** *(del interior de un lugar)* ⇒to go outside **4** *(de un coche)* ⇒to get out **5** *(a la superficie)* ⇒to emerge **6** *(marcharse de un lugar)* ⇒to leave ⇒to go out **7** *(tener una relación)* ⇒to go out ⇒to see: *¿Sales con alguien?* - Are you seeing anybody? **8** *(aparecer)* ⇒to appear **9** *(el Sol y la Luna)* ⇒to rise **10** *salir un momento* - to pop out **11** *salir a comer* - to eat out **12** *salir corriendo* - to run away **13 ~ bien** ⇒to turn out well **14 ~ mal** ⇒to turn out badly ∎ **salirse** *prnl.* **15** *(un líquido)* ⇒to leak ⇒to boil over **16** *(un gas)* ⇒to leak **17** *(de un límite)* ⇒to go off **18 salirse alguien con la suya** *col.* ⇒to get one's own way

saliva *s.f.* ⇒saliva

salmón *s.m.* ⇒salmon *(pl salmon)*: *salmón ahumado* - smoked salmon

salón *s.m.* **1** *(de una casa)* ⇒living room ⇒sitting room *UK* **2** *(de un hotel)* ⇒lounge *UK* **3** *(para reuniones)* ⇒hall **4 ~ de actos** ⇒main hall

salpicar *v.* ⇒to splash: *Me salpiqué de aceite* - I got splashed with oil; ⇒to splatter

salsa *s.f.* **1** ⇒sauce **2** *(jugo de la carne)* ⇒gravy *(pl gravies)* **3** *(baile)* ⇒salsa **4 estar alguien en su ~** *col.* ⇒to be in one's element

saltador, -a *s.* ⇒jumper: *saltador de altura* - high jumper; *saltador de longitud* - long jumper

saltamontes *s.m.* ⇒grasshopper

saltar ∎ *v.* **1** ⇒to jump ⇒to jig **2** *(una gran distancia)* ⇒to bound ⇒to leap **3** *(de repente)* ⇒to spring **4** *(un fusible)* ⇒to fuse *UK* **5** *(una alarma)* ⇒to go off ∎ **saltarse** *prnl.* **6** *(una clase)* ⇒to skip **7** *(una norma)* ⇒to ignore **8** *(un semáforo)* ⇒to jump *UK;* ⇒to run *US*

salto *s.m.* **1** ⇒jump: *salto de altura* - high jump **2** *(de una gran distancia)* ⇒leap **3 ~ de longitud** ⇒long jump

salud *s.f.* **1** ⇒health: *gozar de buena salud* - to be in good health **2** *(buen estado físico)* ⇒fitness **3 ¡salud! 1** ⇒cheers! **2** *(al estornudar)* ⇒bless you!

saludable *adj.* **1** *(sano)* ⇒healthy **2** *(provechoso)* ⇒salutary *form*

saludar *v.* **1** ⇒to say hello **2** *(al encontrarse con alguien)* ⇒to say hello ⇒to greet **3** *(en el ejército)* ⇒to salute **4** *(con la mano)* ⇒to wave **5 le saluda atentamente** *(en cartas)* ⇒yours faithfully [Se usa cuando en una carta no se nombra al destinatario]; ⇒yours sincerely [Se usa cuando en una carta se nombra al destinatario]

saludo ∎ *s.m.* **1** *(al encontrarse con alguien)* ⇒greeting **2** *(en el ejército)* ⇒salute **3** *(con la mano)* ⇒wave ∎ **saludos** *pl.* **4** *(recuerdos)* ⇒regards

salvación *s.f.* ⇒salvation

salvador, -a *adj. / s.* ⇒saviour *UK n;* ⇒savior *US n*

Salvador (El ~) ⇒El Salvador

salvadoreño, ña *adj. / s.* ⇒Salvadoran

salvaje *adj.* ⇒wild ⇒savage

salvamanteles *s.m.* ⇒mat ⇒place mat

salvamento *s.m.* **1** ⇒rescue ⇒salvage **2** *bote de salvamento* - lifeboat

salvar ∎ *v.* **1** ⇒to save: *Aquella mujer me salvó la vida* - That woman saved my life ∎ **salvarse** *prnl.* **2** ⇒to be saved **3 ¡sálvese quien pueda!** ⇒every man for himself!

salvavidas *s.m.* **1** ⇒lifebelt **2** *chaleco salvavidas* - life jacket

salvo, va ∎ *adj.* **1** *a salvo* - safe ∎ **salvo** *prep.* **2** ⇒except

san *adj.* ⇒Saint

sanar *v.* ⇒to get better ⇒to heal: *Sanará pronto* - She will be healing soon; ⇒to cure ⇒to recover

sanción *s.f.* **1** ⇒sanction ⇒punishment [U] **2** *(multa)* ⇒fine **3** *(en deporte)* ⇒suspension

sancionar *v.* **1** *(castigar)* ⇒to penalize ⇒to penalise *UK: sancionar a alguien por exceso de velocidad* - to penalise sb for exceeding the speed limit **2** *(aprobar)* ⇒to sanction: *sancionar una ley* - to sanction a law **3** *(en deporte)* ⇒to suspend

sandalia *s.f.* ⇒sandal

sandía *s.f.* ⇒watermelon

sánduche *s.m.* AMÉR. ⇨sandwich (*pl* sandwiches); ⇨sarnie UK *inform*

sándwich *s.m.* ⇨sandwich (*pl* sandwiches); ⇨sarnie UK *inform*

sangrar *v.* **1** ⇨to bleed **2** (*un texto*) ⇨to indent **3** *col.* (*aprovecharse de una persona*) ⇨to milk

sangre *s.f.* **1** ⇨blood **2 a ~ fría** ⇨in cold blood **3 ~ fría** ⇨nerve [CONSTR. nerve + to do sth]; ⇨cool nerve

sangría *s.f.* ⇨type of punch made of red wine and fruit

sangriento, ta *adj.* ⇨bloody ⇨bloodthirsty

sánguche *s.m.* AMÉR. ⇨sandwich (*pl* sandwiches); ⇨sarnie UK *inform*

sanidad *s.f.* ⇨public health

sanitario, ria ▪ *adj.* **1** ⇨sanitary **2** *personal sanitario* - health workers ▪ **sanitario** *s.m.* **3** AMÉR. ⇨toilet ⇨bathroom

sano, na *adj.* **1** ⇨healthy **2 ~ y salvo,va** ⇨safe and sound

santiamén (en un ~) ⇨in no time at all ⇨in a jiffy *inform*

santo, ta ▪ *adj.* **1** ⇨holy ⇨saintly ▪ *s.* **2** ⇨saint ▪ **santo** *s.m.* **3** (*día de una persona*) ⇨saint's day **4 santo y seña** ⇨password **5 ser algo santo de la devoción de alguien** *col.* ⇨to be *one's* cup of tea

santuario *s.m.* ⇨sanctuary (*pl* sanctuaries)

sapo *s.m.* ⇨toad

saque *s.m.* **1** (*en fútbol*) ⇨kick: *saque de esquina* - corner kick; *saque de puerta* - goal kick; *saque de banda* - throw-in **2** (*en tenis*) ⇨serve ⇨service

saquear *v.* ⇨to sack

sarampión *s.m.* ⇨measles

sarcástico, ca *adj.* ⇨sarcastic

sardina *s.f.* ⇨sardine ⇨pilchard

sargento *s.m.* ⇨sergeant

sartén *s.f.* **1** ⇨frying pan ⇨pan **2 tener la ~ por el mango** ⇨to be in control

sastre *s.m.* ⇨tailor

satélite *s.m.* ⇨satellite

satisfacción *s.f.* ⇨satisfaction ⇨pleasure: *Le contestó con satisfacción* - She answered him with pleasure; ⇨contentment

satisfacer *v.* **1** ⇨to satisfy **2** (*contentar, agradar*) ⇨to please

satisfactorio, ria *adj.* **1** ⇨satisfactory **2** *un resultado poco satisfactorio* - an unsatisfactory result

satisfecho, cha *adj.* **1** ⇨satisfied ⇨pleased **2 darse por ~** ⇨to be happy

sauce *s.m.* ⇨willow

saudí *adj. / s.* ⇨Saudi

saudita *adj. / s.* Véase **saudí**

sauna *s.f.* ⇨sauna

savia *s.f.* ⇨sap

saxo *s.m.* ⇨sax *inform* (*pl* saxes)

saxofón *s.m.* ⇨saxophone

scout *s.com.* **1** (*sin especificar sexo*) ⇨Scout **2** (*chico*) ⇨Boy Scout **3** (*chica*) ⇨Girl Scout

se *pron.pers.* **1** (*él, con valor reflexivo*) ⇨himself: *El niño se cortó con un cuchillo* - The boy cut himself with a knife **2** (*ella, con valor reflexivo*) ⇨herself: *Mi hermano se arregló mucho para la fiesta* - My brother dolled himself up for the party **3** (*una cosa, con valor reflexivo*) ⇨itself: *El perro se ha estado rascando* - The dog has been scratching itself **4** (*usted, con valor reflexivo*) ⇨yourself: *¿Se ha hecho daño?* - Have you hurt yourself? **5** (*ellos, ellas, con valor reflexivo*) ⇨themselves: *Mis primas se lesionaron jugando al rugby* - My cousins both injured themselves when they were playing rugby **6** (*con valor recíproco*) ⇨each other: *Mis abuelos se quieren* - My grandparents love each other; ⇨one another **7** (*a él*) ⇨to him: *¿La cinta? Se la di ayer* - The tape? I gave it to him yesterday **8** (*a ella*) ⇨to her: *¿El libro? Ya se lo he mandado* - The book? I've already sent it to her **9** (*a ellos, a ellas*) ⇨to them: *¿La carta? Fiona se la llevó* (*a los abuelos*) - The letter? Fiona took it to them **10** (*a usted, a ustedes*) ⇨to you: *¿Quiere que se lo traiga?* - Do you want me to bring it to you? **11** (*con valor pasivo*): *Aquí se venden sellos* - Stamps are sold here **12** (*con valor impersonal*): *Se recibió a los embajadores en el palacio* - The ambassadors were received at the palace

secador *s.m.* ⇨hairdryer ⇨dryer

secadora *s.f.* ⇨tumble dryer UK; ⇨dryer US

secar ▪ *v.* **1** ⇨to dry **2** (*con un trapo*) ⇨to wipe ⇨to wipe up ▪ **secarse** *prnl.* **3** ⇨to dry oneself **4** (*por completo*) ⇨to dry out ⇨to dry up UK

sección *s.f.* ⇨department ⇨section

seco, ca *adj.* **1** ⇨dry ⇨withered: *Me temo que las flores están secas* - I'm afraid the flowers are withered **2** (*un tono de voz*) ⇨crisp ⇨curt **3** *col.* (*con mucha sed*) ⇨parched *inform* **4 parar en seco** ⇨to stop dead

secretaría *s.f.* **1** ⇨secretary's office **2** (*colegio, universidad*) ⇨admissions office

secretario, ria *s.* ⇨secretary (*pl* secretaries)

secreto *s.m.* **1** ⇨secret: *contar un secreto* - to tell sb a secret **2 en ~** ⇨in secret ⇨secretely

secta *s.f.* ⇨sect

sector *s.m.* ⇨industry ⇨area ⇨sector

secuestrador, -a *s.* **1** (*de una persona*) ⇨kidnapper ⇨captor **2** (*de un avión, un vehículo*) ⇨hijacker

S ▪

secuestrar *v.* **1** *(a una persona)* ⇨to kidnap ⇨to abduct **2** *(un avión, un vehículo)* ⇨to hijack

secuestro *s.m.* **1** *(de una persona)* ⇨kidnapping **2** *(de un avión, un vehículo)* ⇨hijacking

secundaria *s.f.* ⇨secondary education

secundario, ria *adj.* ⇨secondary

sed *s.f.* **1** ⇨thirst [Se dice *to be thirsty* - *tener sed.* Incorrecto: *to have thirst*] **2** *Tenía tanta sed que me bebí un litro de agua sin parar* - I was so thirsty I drank a whole litre of water without stopping **3** *(deseo intenso)* ⇨thirst: *sed de aventuras* - thirst for adventure

seda *s.f.* **1** ⇨silk **2 como la ~ 1** *(suave)* ⇨very smooth ⇨extremely smoothly **2** *col. (sin complicaciones)* ⇨like a dream

sede *s.f.* **1** ⇨base **2** *(central)* ⇨headquarters *pl;* ⇨HQ **3** *(en deportes)* ⇨venue

sediento, ta *adj.* ⇨thirsty

segar *v.* ⇨to mow

segmento *s.m.* ⇨segment

seguido, da *adj.* **1** ⇨running **2 todo seguido** ⇨straight ahead

seguidor, -a *s.* ⇨fan ⇨follower

seguir *v.* **1** *(ir detrás)* ⇨to follow ⇨to dog **2** *(continuar)* ⇨to keep [CONSTR. to keep + doing sth]; ⇨to keep on [CONSTR. to keep on + doing sth]: *Siguen visitándonos de vez en cuando* - They keep on visiting us from time to time; ⇨to go on [CONSTR. to go on + doing sth]; ⇨to carry on [CONSTR. to carry on + doing sth]; ⇨to continue [CONSTR. 1. to continue + doing sth 2. to continue + to do sth] **3** *(permanecer en un estado): ¿Sigue lloviendo?* - Is it still raining? **4** *(dar apoyo)* ⇨to support **5** *(órdenes)* ⇨to follow **6 ~ el ritmo** *(en música)* ⇨to keep time

según *prep.* **1** ⇨according to: *Según dice él, el incendio fue provocado* - According to what he says, it was arson **2** *según el calendario previsto* - on schedule

segundo, da ∎ *numer.* **1** ⇨second ∎ **segundo** *s.m.* **2** *(unidad de tiempo)* ⇨second

seguridad *s.f.* **1** ⇨safety ⇨security **2** *(certeza)* ⇨certainty **3** *(en sí mismo)* ⇨self-confidence **4 ~ ciudadana** ⇨public safety **5 ~ social** ⇨social security UK; ⇨welfare US **6 ~ vial** ⇨road safety

seguro, ra ∎ *adj.* **1** *(sin duda)* ⇨certain ⇨sure: *¿Estás seguro?* - Are you sure? **2** *(libre de peligro)* ⇨safe ⇨secure **3** *(firme)* ⇨safe ⇨secure **4** *(de sí mismo)* ⇨self-confident ⇨clear ∎ **seguro** *s.m.* **5** ⇨insurance **6** *(dispositivo)* ⇨safety catch **7 seguro a terceros** ⇨third-party insurance **8 seguro de vida** ⇨life insurance ⇨life assurance UK ∎ *adv.* **9** ⇨certainly ⇨fast **10 seguro que** ⇨to be bound to

seis *numer.* **1** ⇨six **2** *(fecha)* ⇨sixth

seiscientos, tas *numer.* ⇨six hundred

seísmo *s.m.* ⇨tremor ⇨earthquake

selección *s.f.* **1** ⇨selection ⇨choice ⇨pick **2** *(en deporte)* ⇨team: *la selección nacional* - the national team

seleccionar *v.* **1** *(elegir)* ⇨to select ⇨to choose **2** *(marcar)* ⇨to tick UK: *seleccionar la respuesta correcta* - to tick the correct answer; ⇨to check US **3** *(en un espectáculo)* ⇨to cast

selecto, ta *adj.* **1** *(conjunto de personas)* ⇨select: *lo más selecto de la sociedad* - the most select people of society **2** *(una cosa)* ⇨choice: *un vino selecto* - a choice wine **3** *(un lugar)* ⇨exclusive

sellar *v.* **1** ⇨to stamp **2** *(lacrar)* ⇨to seal

sello *s.m.* ⇨stamp

selva *s.f.* **1** ⇨jungle **2** *(tropical)* ⇨rainforest

semáforo *s.m.* ⇨traffic light

semana *s.f.* **1** ⇨week **2** *Nos reunimos cada dos semanas* - We meet fortnightly **3 entre ~** ⇨during the week **4 fin de ~** ⇨weekend **5 ~ santa** ⇨Easter ⇨Holy Week

semanal *adj.* ⇨weekly

sembrar *v.* ⇨to sow

semejante *adj.* ⇨similar

semestre *s.m.* ⇨semester US

semicírculo *s.m.* ⇨semicircle

semifinal *s.f.* ⇨semi-final

semilla *s.f.* ⇨seed

seminario *s.m.* **1** *(de sacerdotes)* ⇨seminary *(pl* seminaries) **2** *(de un tema)* ⇨seminar **3** *(departamento)* ⇨department

senado *s.m.* ⇨Senate

senador, -a *s.* ⇨Senator

sencillez *s.f.* **1** *(de un estilo, de una tarea)* ⇨simplicity **2** *(de una persona): comportarse con sencillez* - to behave in an unassuming way

sencillo, lla ∎ *adj.* **1** *(simple, sin dificultad)* ⇨simple ⇨straightforward **2** *(sin adorno)* ⇨plain ⇨simple **3** *(una persona)* ⇨unpretentious ⇨simple ∎ **sencillo** *s.m.* **4** *(disco)* ⇨single

senda *s.f.* ⇨trail: *Están intentando encontrar una senda para subir a la montaña* - They are trying to find a trail to go up the hill; ⇨track ⇨path

senderismo *s.m.* ⇨hiking

sendero *s.m.* **1** *(para ir a pie)* ⇨path ⇨footpath UK **2** *(carretera)* ⇨track

Senegal *s.m.* ⇨Senegal

senegalés, -a *adj. / s.* ⇨Senegalese

seno *s.m.* **1** *(pecho)* ⇨breast **2** *(de una organización)* ⇨heart **3** *(de una familia)* ⇨bosom

sensación *s.f.* **1** ⇨feeling ⇨sensation: *una sensación indescriptible* - an indescribable sensation **2** *causar sensación* - to cause a sensation

sensacional *adj.* ⇨sensational

sensatez *s.f.* ⇨sense ⇨good sense

sensato, ta *adj.* ⇨sensible ⇨reasonable: *Tu petición parece razonable* - Your requests seem reasonable; ⇨well-advised

sensibilidad *s.f.* ⇨sensitivity ⇨feeling

sensible *adj.* **1** ⇨sensitive **2** *(notable, evidente)* ⇨noticeable ⇨appreciable *form*

sentado, da *adj.* **1** ⇨sitting ⇨seated **2 dar algo por sentado** ⇨to take *sth* for granted

sentar ▌ *v.* **1** *(una prenda de vestir)* ⇨to fit ⇨to suit **2** *(una acción)* ⇨to go down: *Tus comentarios les sentaron mal* - Your remarks didn't go down well with them **3** *(un alimento)* ⇨to agree with: *La leche no me sienta bien* - Milk does not agree with me **▌ sentarse** *prnl.* **4** ⇨to sit ⇨to sit down ⇨to take a seat

sentencia *s.f.* **1** ⇨sentence **2** *(dicho breve)* ⇨maxim

sentenciar *v.* ⇨to sentence [CONSTR. to sentence sb to sth]: *Lo sentenciaron a tres años de prisión* - He was sentenced to three years imprisonment

sentido *s.m.* **1** *(capacidad para percibir)* ⇨sense **2** *(significado)* ⇨meaning ⇨sense **3** *¿En qué sentido?* - In what way? **4** *no tener sentido* - to be senseless **5** *(dirección)* ⇨direction **6** *calle de sentido único* - one-way street **7 dejar sin ~** ⇨to knock out **8 en el ~ de las agujas del reloj** ⇨clockwise **9 ~ común** ⇨common sense **10 ~ del humor** ⇨sense of humour **11 tener ~** ⇨to make sense [Se dice: *It makes sense* - *Tiene sentido*. Incorrecto: *It has sense*]

sentimental *adj.* ⇨emotional ⇨sentimental

sentimiento *s.m.* **1** ⇨feeling **2** *sentimiento de culpabilidad* - guilt

sentir *v.* **1** ⇨to feel: *sentir frío* - to feel cold **2** *(intuir)* ⇨to sense [CONSTR. 1. to sense + (that) 2. to sense + interrogativo] **3** *(lamentar)* ⇨to regret *form* [CONSTR. 1. to regret + (that) 2. to regret + to do sth]: *Siento haber llegado tarde* - I regret to have been late; ⇨to be sorry: *Siento no poder contestarte a esa pregunta* - I'm sorry I can't answer that question; *Lo siento* - I'm sorry **4** *(oír)* ⇨to hear: *Lo sentí entrar* - I heard him coming in **5** *(tener la sensación)* ⇨to have the feeling: *Siento que algo malo va a pasar* - I have the feeling sth bad is going to happen **6 lo siento** ⇨I'm sorry

seña ▌ *s.f.* **1** ⇨signal **2** *hacer señas a alguien* - to signal to sb **▌ señas** *pl.* **3** ⇨address *sing*

señal *s.f.* **1** ⇨sign ⇨indication **2** *(letrero)* ⇨sign **3** *(de dinero)* ⇨deposit **4** *(marca)* ⇨mark **5** *(de tráfico)* ⇨road sign ⇨signpost **6** *(en un contestador automático)* ⇨tone

señalado, da *adj.* ⇨distinguished

señalar *v.* **1** ⇨to indicate [CONSTR. 1. to indicate + (that) 2. to indicate + interrogativo]; ⇨to show ⇨to point: *El niño señaló el juguete que quería* - The child pointed at the toy he wanted **2** *(entre muchas cosas)* ⇨to point out

señalización *s.f.* ⇨roadsigns *pl;* ⇨signposting

señalizar *v.* ⇨to indicate *UK*

señor, -a *s.* **1** *(hombre)* ⇨man *(pl* men); ⇨sir *form* **2** *(mujer)* ⇨woman *(pl* women); ⇨madam *form* **3** *(tratamiento de respeto)* ⇨gentleman *(caballero) (pl* gentlemen); ⇨lady *(dama) (pl* ladies) **4** *(usado con un apellido)* ⇨Mr *(hombre)* ⇨Mrs *(mujer casada)* ⇨Ms *(mujer, sin especificar estado civil)* **5** *(usado en cartas)* ⇨sir *(hombre) form;* ⇨madam *(mujer) form*

separación *s.f.* **1** *(espacio)* ⇨space **2** *(distanciamiento)* ⇨division ⇨separation **3** *separación de bienes* - division of property **4** *(matrimonial)* ⇨separation

separar ▌ *v.* **1** ⇨to separate [CONSTR. to separate from sth/sb]; ⇨to detach **2** *(alejar)* ⇨to move away **▌ separarse** *prnl.* **3** ⇨to part *form* **4** *(una pareja)* ⇨to separate [CONSTR. to separate from sth/sb]; ⇨to split up ⇨to break up

sepia ▌ *adj. / s.m.* **1** *(color)* ⇨sepia **▌** *s.f.* **2** *(molusco)* ⇨cuttlefish *(pl* cuttlefish)

septentrional *adj.* ⇨northern

septiembre *s.m.* ⇨September

séptimo, ma *numer.* ⇨seventh

septuagésimo, ma *numer.* ⇨seventieth

sepultar *v. (enterrar)* ⇨to bury

sepultura *s.f.* ⇨grave ⇨tomb

sequía *s.f.* ⇨drought

ser *v.* **1** ⇨to be: *Es amigo mío* - He is a friend of mine; *¿Cuánto es?* - How much is it? **2** *(estar hecho de)* ⇨to be made of: *Esta mesa es de madera* - This table is made of wood **3** *(al indicar origen)* ⇨to be from ⇨to come from: *¿De dónde eres?* - Where do you come from? **4** *(pertenecer)* ⇨to belong to: *Ese reloj era de mi abuelo* - That watch belonged to my grandfather **5 a no ~ que** ⇨unless **6 de no ~ por** ⇨if it wasn't for **7 no {sea/vaya a ser} que** ⇨just in case **8 o sea** ⇨or rather **9 sea como sea** ⇨no matter how **10 sea lo que sea** ⇨whatever it is **11 ~ de** ⇨to become: *¿Qué ha sido de ella?* - What has become of her? **12 ~ para** ⇨to be intended for ⇨to be for: *Este vestido es para la fiesta* - This dress is for the party **▪** Ver cuadro de

Serbia *s.f.* ⇨Serbia

serbio, bia ▌ *adj.* **1** ⇨Serbian **▌** *s.* **2** ⇨Serb ⇨Serbian **▌ serbio** *s.m.* **3** *(idioma)* ⇨Serbian

serenar ▌ *v.* **1** ⇨to calm *sb* down: *Traté de serenarlo, pero estaba demasiado nervioso* - I tried

to calm him down, but he was too excited ∎ **se-renarse** *prnl.* **2** ⇨to calm: *El mar se serenó* - The sea calmed; ⇨to calm down: *Serénate, no es para tanto* - Calm down, it's not that important

serenidad *s.f.* ⇨serenity ⇨composure ⇨calmness

sereno, na ∎ *adj.* **1** ⇨calm: *El bebé estaba sereno en su cuna* - The baby was calm on its cradle; ⇨peaceful ⇨serene ∎ **sereno** *s.m.* **2** ⇨night watchman

serial *s.m.* ⇨serial ⇨series (*pl* series)

serie *s.f.* **1** (*cosas relacionadas*) ⇨series (*pl* series): *Ha habido una serie de apagones en la ciudad* - There has been a series of blackouts in the city; ⇨succession **2** (*de radio, televisión*) ⇨series (*pl* series)

serio, ria *adj.* **1** (*importante*) ⇨serious: *Su enfermedad no es tan seria como pensábamos* - Her illness is not as serious as we thought; ⇨severe ⇨grave **2** (*fiable*) ⇨reliable ⇨serious (*una persona*) ⇨earnest ⇨formal **4** *una persona poco seria* - an unreliable person **5** *ponerse serio* - to become serious **6** (*una expresión, un gesto*) ⇨grim **7** *en serio* ⇨seriously ⇨honestly **8** *¿en serio?* ⇨really? **9** *tomarse algo en serio* ⇨to take *sth* seriously

sermón *s.m.* **1** ⇨sermon ⇨homily *inform* (*pl* homilies) **2** *col.* (*amonestación*) ⇨lecture

serpentear *v.* ⇨to twist and turn ⇨to wind ⇨to snake: *El río serpentea por el bosque* - The river snakes through the forest

serpentina *s.f.* ⇨streamer

serpiente *s.f.* **1** ⇨snake **2** *serpiente de cascabel* - rattlesnake

serrar *v.* ⇨to saw

serrín *s.m.* ⇨sawdust

servicial *adj.* **1** ⇨helpful **2** *ser poco servicial* - to be unhelpful

servicio *s.m.* **1** ⇨service **2** (*religioso*) ⇨service **3** (*cuarto de baño*) ⇨toilet *UK*; ⇨W.C. *UK*; ⇨bathroom *US* **4** (*de caballeros*) ⇨gents *UK inform* **5** (*de señoras*) ⇨ladies *UK* **6** (*en tenis*) ⇨service **7** *de* ∼ ⇨on duty **1 2 8** *libre de* ∼ ⇨off duty **9** ∼ *a domicilio* ⇨delivery service **10** ∼ *militar* ⇨military service

servidor, -a ∎ *s.* **1** *col.* (*usado en cartas*): *tu servidor* - yours truly ∎ **servidor** *s.m.* **2** (*en informática*) ⇨server

servilleta *s.f.* ⇨napkin ⇨serviette *UK*

servir ∎ *v.* **1** (*una comida*) ⇨to serve **2** (*una bebida*) ⇨to pour **3** (*en una organización, en un grupo*) ⇨to serve **4** (*estar capacitado*) ⇨to be good **5** (*ser de utilidad*) ⇨to be good: *Esta sartén no sirve* - This frying pan is no good; ⇨to be no use:

¿De qué sirve estudiar las lecciones de memoria? - What's the use of learning lessons by heart?; ⇨to be useful ∎ **servirse** *prnl.* **6** (*una comida*) ⇨to help oneself **7** (*una bebida*) ⇨to pour oneself

sesenta *numer.* **1** ⇨sixty **2** (*sexagésimo*) ⇨sixtieth **3** *los* ∼ (*década*) ⇨the sixties: *estar en los sesenta* - to be in one's sixties

sesión *s.f.* **1** ⇨session **2** (*de cine*) ⇨showing **3** (*de teatro*) ⇨performance

seso ∎ *s.m.* **1** (*juicio, sensatez*) ⇨sense ∎ **sesos** *pl.* **2** ⇨brains **3** *devanarse los sesos col.* ⇨to rack *one's* brains *inform*

seta *s.f.* ⇨mushroom

setecientos, tas *numer.* ⇨seven hundred

setenta *numer.* **1** ⇨seventy **2** *estar en los setenta* - to be in one's seventies **3** (*septuagésimo*) ⇨seventieth

seto *s.m.* ⇨hedge

seudónimo *s.m.* ⇨pseudonym ⇨pen name

severo, ra *adj.* **1** (*estricto*) ⇨severe ⇨stern ⇨strict: *un castigo severo* - a strict punishment **2** (*clima*) ⇨harsh

sexagésimo, ma *numer.* ⇨sixtieth

sexo *s.m.* **1** (*género*) ⇨sex **2** (*relaciones sexuales*) ⇨sex

sexto, ta *numer.* ⇨sixth

sexual *adj.* **1** ⇨sexual **2** *vida sexual* - sex life

sexualidad *s.f.* ⇨sexuality

sexy *adj.* **1** ⇨sexy **2** (*una mujer*) ⇨foxy *inform*

si *conj.* **1** (*en una oración condicional*) ⇨if: *Si llama, dile que me he ido* - If she rings, tell her I'm out; *¿Y si llueve?* - What if it rains? **2** (*al expresar un deseo o algo imposible*) ⇨if only: *¡Si tuviera más dinero!* - If only I had more money! **3** (*al expresar una duda*) ⇨whether: *No sabemos si vendrán* - We don't know whether they will come **4** (*nota musical*) ⇨B **5** *como* ∼ ⇨as if ⇨as though **6** ∼ *no* ⇨otherwise: *Estudia, si no no vas a aprobar el examen* - Study; otherwise you won't pass the exam; ⇨or else

sí ∎ *pron.pers.* **1** (*él, con valor reflexivo*) ⇨himself: *Se rió para sí* - He laughed to himself **2** (*ella, con valor reflexivo*) ⇨herself: *Karen dijo para sí que nunca lo olvidaría* - Karen said to herself that she would never forget him **3** (*ellos, ellas, con valor reflexivo*) ⇨themselves: *Se rieron para sí* - They laughed to themselves **4** *por* ∼ *misma* ⇨by herself ⇨on her own **5** *por* ∼ *mismo* ⇨by himself ⇨on his own **6** *por* ∼ *mismos* ⇨by themselves ⇨on their own ∎ *s.m.* **7** ⇨yes ⇨yeah *inform, spoken* ∎ *adv.* **8** ⇨yes ⇨yeah *inform, spoken* **9** *¡claro que sí!* ⇨of course! **10** *creo que* ∼ ⇨I think so **11** *de*

por ~ ⇨in itself: *De por sí, no es una mala idea* - It's not in itself a bad idea; ⇨per se **12 porque** ~ ⇨just because: *¿Por qué lo has hecho? Porque sí* - Why did you do that? Just because

sida *s.m.* ⇨AIDS

sidra *s.f.* ⇨cider *UK;* ⇨hard cider *US*

siembra *s.f.* ⇨sowing

siempre *adv.* **1** ⇨always [CONSTR. Se sitúa detrás del verbo *to be* y de los verbos auxiliares y modales: *James has always been late* - *James siempre llega tarde;* y delante de los demás verbos: *I always walk to school* - *Siempre voy andando al colegio*] **2 como** ~ ⇨as usual ⇨as always **3 para** ~ ⇨for ever *UK;* ⇨for good **4** ~ **que** *(con la condición de)* ⇨as long as: *Te ayudaré siempre que me pagues* - I'll help you as long as you pay me **2** *(cada vez que)* ⇨whenever: *Evita los atascos siempre que puedas* - Avoid traffic jams whenever possible **5** ~ **y cuando** ⇨as long as

sien *s.f.* ⇨temple

sierra *s.f.* **1** *(herramienta)* ⇨saw **2** *(cordillera)* ⇨(mountain) range **3** *la sierra de Madrid* - the mountains near Madrid

siesta *s.f.* ⇨nap

siete *numer.* **1** ⇨seven **2** *(fecha)* ⇨seventh

sigiloso, sa *adj.* ⇨stealthy

sigla *s.f.* ⇨abbreviation ⇨acronym

siglo *s.m.* **1** ⇨century *(pl* centuries): *en el siglo XIX* - in the 19th century **2 por los siglos de los siglos** ⇨world without end **3** ~ **de oro** ⇨golden age

significación *s.f.* **1** *(sentido, significado)* ⇨meaning **2** *(importancia)* ⇨significance

significado *s.m.* ⇨meaning

significar *v.* **1** *(querer decir)* ⇨to mean [CONSTR. to mean + that]: *La luz roja significa que hay que parar* - The red light means that you must stop; ⇨to stand for: *«ONU» significa «Organización de las Naciones Unidas»* - *«UN»* stands for *«United Nations»;* ⇨to signify **2** *(tener importancia o valor)* ⇨to mean: *Ella significa mucho para mí* - She means a lot to me

significativo, va *adj.* ⇨significant

signo *s.m.* **1** ⇨sign: *signo del zodíaco* - star sign **2** *(de admiración)* ⇨exclamation mark **3** *(de interrogación)* ⇨question mark **4** *(de puntuación)* ⇨punctuation mark

siguiente *adj.* **1** ⇨following ⇨next **2** *¡el siguiente! (en un establecimiento)* ⇨next, please!

sílaba *s.f.* ⇨syllable

silbar *v.* ⇨to whistle

silbato *s.m.* ⇨whistle

silbido *s.m.* ⇨whistle ⇨whistling

silencio *s.m.* **1** ⇨silence **2 en** ~ ⇨in silence ⇨quietly **3 guardar** ~ ⇨to keep quiet **4 ¡silencio, por favor!** ⇨quiet, please!

silencioso, sa *adj.* ⇨silent ⇨quiet

silla *s.f.* **1** ⇨chair **2** *(de un bebé)* ⇨pushchair *UK;* ⇨buggy *(pl* buggies); ⇨stroller *US* **3** *(giratoria)* ⇨swivel chair **4** *(de jardín)* ⇨garden chair **5** *(de ruedas)* ⇨wheelchair **6** *(de montar)* ⇨saddle **7** *(eléctrica)* ⇨electric chair

sillín *s.m.* ⇨saddle

sillón *s.m.* ⇨armchair

silueta *s.f.* ⇨silhouette ⇨outline: *la silueta de la ciudad* - the outline of the city; ⇨contour

silvestre *adj.* ⇨wild

simbólico, ca *adj.* ⇨symbolic

símbolo *s.m.* ⇨symbol

simetría *s.f.* ⇨symmetry *(pl* uncount)

similar *adj.* ⇨similar

similitud *s.f.* ⇨similarity *(pl* similarities); ⇨affinity *(pl* affinities)

simio, mia *s.* ⇨ape

simpatía *s.f.* **1** ⇨affection ⇨liking **2** *(encanto)* ⇨charm **3 tomarle** ~ **a alguien** ⇨to become fond of *sb*

simpático, ca *adj.* ⇨nice ⇨likeable

simpatizar *v.* ⇨to get on well: *simpatizar con alguien* - to get on well with sb

simple *adj.* **1** ⇨simple ⇨plain **2** *(mero)* ⇨mere **3** *(una persona)* ⇨geek *inform*

simplificar *v.* ⇨to simplify

simultáneo, a *adj.* ⇨simultaneous

sin *prep.* **1** ⇨without [CONSTR. without + doing sth]: *Lo hice sin pensar en las consecuencias* - I did it without thinking of the consequences; *un libro sin ilustraciones* - a book without pictures; *sin que lo supiera nadie* - without anybody knowing; ⇨free from: *sin ingredientes artificiales* - free from artificial ingredients **2 quedarse** ~ ⇨to run out of: *quedarse sin mantequilla* - to run out of butter **3** ~ **embargo** ⇨but: *No estudié mucho, sin embargo, aprobé* - I didn't study much, but I passed; ⇨however: *Llegaron tarde, sin embargo, no se disculparon* - They were late, however, they didn't apologize; ⇨nevertheless: *No me encuentro bien, sin embargo, iré* - I don't feel well, but I'll go nevertheless; ⇨though ⇨yet

sinagoga *s.f.* ⇨synagogue

sincero, ra *adj.* ⇨sincere ⇨frank ⇨truthful ⇨honest: *Para serte sincera, no me gusta nada* - To be honest, I don't like it at all

sindicato *s.m.* ⇨union ⇨trade union *UK;* ⇨labor union *US*

singular *adj. / s.m.* ⇨singular *form*

S

siniestro, tra ▌ *adj.* **1** ⇨sinister ▌ **siniestro** *s.m.* **2** ⇨accident

sino ▌ *s.m.* **1** ⇨destiny (*pl* destinies); ⇨fortune ▌ *conj.* **2** ⇨but: *No quiero esto, sino aquello* - I don't want this but that

sinónimo, ma ▌ *adj.* **1** ⇨synonymous ▌ **sinónimo** *s.m.* **2** ⇨synonym

síntesis *s.f.* ⇨synthesis *form* (*pl* syntheses); ⇨summary (*pl* summaries)

sintético, ca *adj.* ⇨synthetic

síntoma *s.m.* ⇨symptom

sintonizar ▌ *v.* **1** (*ajustar*) ⇨to tune: *sintonizar una radio a una emisora* - to tune a radio to a station ▌ **sintonizarse** *prnl.* **2** (*escuchar una cadena de radio*) ⇨to tune in

sinvergüenza ▌ *adj.* **1** ⇨shameless ▌ *s.com.* **2** ⇨cheeky devil *UK inform*

siquiera *adv.* **1** (*al menos*) ⇨at least **2** ni ~ ⇨not even: *Ni siquiera me avisaron* - They didn't even warn me

sirena *s.f.* **1** (*ser fabuloso*) ⇨mermaid **2** (*alarma*) ⇨siren

Siria *s.f.* ⇨Syria

sirio, ria *adj./s.* ⇨Syrian

sirope *s.m.* ⇨syrup

sirviente, ta *s.* ⇨servant

sisear *v.* ⇨to hiss

siseo *s.m.* ⇨hissing

sistema *s.m.* **1** ⇨system: *sistema decimal* - decimal system **2** ~ montañoso ⇨mountain range

sitio *s.m.* **1** (*lugar*) ⇨spot: *Este es mi sitio favorito de la playa* - That's my favourite spot of the beach; ⇨place ⇨location **2** (*espacio*) ⇨space ⇨room: *No había sitio para todos* - There wasn't room for everyone **3** (*lugar cercado*) ⇨siege **4** hacer ~ a alguien ⇨to make room for *sb* **5** ir de un ~ a otro ⇨to rush around **6** otro ~ ⇨elsewhere ⇨somewhere else **7** ~ web ⇨web site

situación *s.f.* **1** (*posición*) ⇨situation ⇨position ⇨location **2** (*estado*) ⇨climate: *la situación política* - the political climate; ⇨condition ⇨state

situado, da *adj.* **1** ⇨located ⇨situated *form* **2** *Está situado junto al río* - It is by the river **3** estar ~ ⇨to stand: *un edificio que está situado junto al río* - a building which stands by the river

situar *v.* **1** (*localizar*) ⇨to locate *form;* ⇨to find [CONSTR. to find + dos objetos]; ⇨to place: *No lo sitúo* - I can't place it **2** (*poner, colocar*) ⇨to place ⇨to put ⇨to situate *form*

sobaco *s.m.* ⇨armpit

sobar *v.* **1** *col.* (*una tela*) ⇨to finger: *Deja de sobar el mantel* - Stop fingering the cloth **2** *col.* (*a una persona*) ⇨to paw *inform;* ⇨to touch up *UK*

inform 3 *col.* (*dormir*) ⇨to get some shut-eye *inform*

soberano, na *s.* ⇨sovereign *form*

soberbio, bia *adj.* **1** (*muy bueno*) ⇨superb **2** (*arrogante*) ⇨arrogant ⇨proud

sobornar *v.* ⇨to bribe [CONSTR. to bribe + to do sth]: *Me sobornaron para que me mantuviera callado* - They bribed me to keep quiet

sobra ▌ *s.f.* **1** *Hay tiempo de sobra* - There's plenty of time ▌ **sobras** *pl.* **2** ⇨remains ⇨leftovers

sobrante *adj.* **1** ⇨spare ⇨remaining **2** (*comida*) ⇨leftover

sobrar *v.* **1** (*haber de sobra*) ⇨to have too much (con incontables): *Nos sobra comida* - We have too much food; ⇨to have too many (con contables): *Les sobran caramelos* - They have too many sweets **2** (*quedar*) ⇨to have left: *Me ha sobrado una docena de huevos* - I've got a dozen eggs left

sobre ▌ *s.m.* **1** (*de cartas*) ⇨envelope ▌ *prep.* **2** (*encima de*) ⇨on ⇨onto ⇨upon **3** (*por encima, sin tocar*) ⇨over **4** (*acerca de*) ⇨about **5** (*alrededor de*) ⇨about: *Estaré allí sobre las tres* - I'll be there at about three **6** ~ todo ⇨above all

sobrecogedor, -a *adj.* ⇨frightening: *una situación sobrecogedora* - a frightening situation; ⇨shocking ⇨startling ⇨overwhelming: *un silencio sobrecogedor* - an overwhelming silence

sobredosis *s.f.* ⇨overdose

sobrenatural *adj.* ⇨supernatural

sobrepasar *v.* **1** ⇨to exceed: *sobrepasar el límite de velocidad* - to exceed the speed limit; ⇨to overtake **2** (*ser mejor*) ⇨to outdo

sobresaliente ▌ *adj.* **1** (*que sobresale*) ⇨overhanging ⇨salient *form* **2** (*excelente*) ⇨outstanding ▌ *s.m.* **3** (*nota*) ⇨A (*pl* A's)

sobresalir *v.* **1** (*salirse*) ⇨to bulge ⇨to overhang **2** (*destacar*) ⇨to stand out ⇨to stick out

sobresaltar ▌ *v.* **1** ⇨to startle: *El trueno me sobresaltó* - The thunder startled me ▌ **sobresaltarse** *prnl.* **2** ⇨to jump: *Me sobresalté al oír el teléfono* - I jumped when I heard the telephone; ⇨to start

sobrevivir *v.* (*vivir con estrechez*) ⇨to survive

sobrino, na ▌ *s.* **1** (*chico*) ⇨nephew **2** (*chica*) ⇨niece ▌ **sobrinos** *s.m.pl.* **3** ⇨nieces and nephews

sobrio, bria *adj.* **1** (*no borracho*) ⇨sober **2** (*decoración*) ⇨sober ⇨restrained

sociable *adj.* **1** ⇨sociable **2** *una persona muy sociable* - a good mixer

social *adj.* ⇨social: *vida social* - social life

socialismo *s.m.* ⇨socialism

socialista *adj./s.com.* ⇨socialist

sociedad *s.f.* **1** ⇒society (*pl* societies) **2** (*unión de personas o países*) ⇒league **3** (*empresa*) ⇒company (*pl* companies) **4** ~ **anónima** ⇒public limited company **5** ~ **de consumo** ⇒consumer society **6** ~ **limitada** ⇒limited company

socio, cia *s.* **1** (*en un negocio*) ⇒partner **2** (*en un grupo, una asociación*) ⇒member **3 hacerse socio de un club** - to join a club

socorrer *v.* ⇒to go to the aid of

socorrista *s.com.* ⇒lifeguard

socorro *s.m.* **1** (*ayuda*) ⇒aid ⇒relief: *una operación internacional de socorro* - an international relief operation; ⇒SOS: *una llamada de socorro* - a SOS call **2** ¡socorro! ⇒help!

sofá *s.f.* **1** ⇒sofa ⇒couch (*pl* couches); ⇒settee UK **2** ~ **cama** ⇒sofa-bed

sofocante *adj.* ⇒suffocating ⇒stifling

sofocar ∎ *v.* **1** (*un fuego*) ⇒to put out: *sofocar un incendio* - to put a fire out; ⇒to extinguish **2** (*cansar mucho*) ⇒to exhaust: *El aeróbic me sofoca* - Aerobics exhausts me ∎ **sofocarse** *prnl.* **3** (*por el calor*) ⇒to suffocate: *En verano siempre me sofoco al andar* - In summer I always suffocate when I'm walking **4** (*por un esfuerzo*) ⇒to get out of breath: *Los asmáticos se sofocan fácilmente* - Asthmatics get out of breath very easily **5** (*enfadarse*) ⇒to get worked up

soga *s.f.* **1** ⇒rope **2 estar con la** ~ **al cuello** *col.* ⇒to be in deep trouble ⇒to be in deep water

soja *s.f.* ⇒soya UK; ⇒soy US

sol *s.m.* **1** ⇒sun **2** (*nota musical*) ⇒G **3** *luz del sol* - sunshine **4** *Hace sol* - It's sunny **5** *tomar el sol* - to sunbathe **6 no dejar a alguien ni a** ~ **ni a sombra** ⇒not to leave *sb* alone **7 puesta de** ~ ⇒sunset **8 salida de** ~ ⇒sunrise

solapa *s.f.* **1** (*de una prenda*) ⇒lapel **2** (*de un libro*) ⇒flap

solar ∎ *adj.* **1** ⇒solar **2** *luz solar* - sunlight ∎ *s.m.* **3** (*terreno*) ⇒building site ⇒plot

soldado *s.m.* **1** ⇒soldier **2** ~ **raso** ⇒private ⇒GI US

soleado, da *adj.* ⇒sunny

soledad *s.f.* ⇒loneliness ⇒solitude

solemne *adj.* ⇒solemn *form*; ⇒dignified

soler *v.* **1** (*para hablar del presente*) [CONSTR. usually + to do sth]: *Suelo ducharme todos los días* - I usually have a shower every day **2** (*para hablar del pasado*) ⇒to used to [CONSTR. to use to + do sth]: *Cuando era pequeño solía ir al parque todos los días* - When I was little, I used to go to the park every day

solicitar *v.* **1** ⇒to request *form* [CONSTR. 1. to request + that 2. to request + to do sth]: *Se solicita a los visitantes que respeten las instalaciones* - They request the visitors to respect the installations; ⇒to solicit *form* **2** (*un empleo*) ⇒to apply for: *Va a solicitar un trabajo para este verano* - He's going to apply for a job for this summer

solicitud *s.f.* **1** ⇒request **2** (*por escrito*) ⇒application ⇒application form: *Rellena la solicitud* - Fill in the application form

solidaridad *s.f.* ⇒solidarity

solidez *s.f.* ⇒solidity

sólido, da ∎ *adj.* **1** ⇒solid **2** (*firme, fuerte*) ⇒firm ⇒strong **3** (*un conocimiento*) ⇒sound ∎ **sólido** *s.m.* **4** ⇒solid

solista *s.com.* ⇒soloist ⇒lead singer

solitario, ria ∎ *adj.* **1** (*persona*) ⇒lonely ⇒solitary **2** (*vacío, desierto*) ⇒deserted ∎ **solitario** *s.m.* **3** (*juego de cartas*) ⇒patience [U]

sollozar *v.* ⇒to sob

sollozo *s.m.* ⇒sob

solo, la ∎ *adj.* **1** (*sin compañía*) ⇒alone [Hace referencia al estado de soledad. CONSTR. Nunca va seguido de un nombre]: *Me gusta estar sola* - I like being alone; ⇒lonely [Hace referencia al sentimiento de soledad]: *Me siento triste y sola* - I feel sad and lonely; ⇒solo **2** (*uso enfático*) ⇒single: *No me queda ni un solo minuto libre* - I don't have one single minute free **3** (*yo solo*) ⇒by myself **4** (*tú solo*) ⇒by yourself **5** (*él solo*) ⇒by himself **6** (*ella sola*) ⇒by herself **7** (*nosotros solos*) ⇒by ourselves **8** (*vosotros solos*) ⇒by yourselves **9** (*ellos solos*) ⇒by themselves **10** (*una cosa sola, un animal solo*) ⇒by itself [En este caso puede hacer referencia tanto al estado como al sentimiento de soledad] **11** (*una bebida alcohólica*) ⇒neat **12** *café solo* ⇒black coffee ∎ **solo** *s.m.* **13** (*de música*) ⇒solo

solomillo *s.m.* ⇒fillet steak ⇒tenderloin steak

sólo o solo *adv.* **1** ⇒only ⇒just **2 solo que** ⇒only

soltar ∎ *v.* **1** (*dejar de sujetar*) ⇒to let go of **2** (*liberar*) ⇒to release ⇒to free **3** (*aflojar*) ⇒to loosen **4** (*decir*) ⇒to let out ∎ **soltarse** *prnl.* **5** (*desatarse*) ⇒to come undone **6** (*desprenderse*) ⇒to come off **7 soltarse la melena** *col.* ⇒to let *one's* hair down *inform*

soltero, ra ∎ *adj.* **1** ⇒single ⇒unmarried ∎ *s.* **2** (*hombre*) ⇒bachelor ⇒single man (*pl* single men); ⇒unmarried man (*pl* unmarried men) **3** (*mujer*) ⇒single woman (*pl* single women); ⇒unmarried woman (*pl* unmarried women)

soltura *s.f.* **1** ⇒fluency ⇒ease **2** *conducir con soltura* - to drive smoothly and easily **3** *hablar con soltura* - to speak fluently

solución *s.f.* ⇒solution: *una solución ingeniosa* - an ingenious solution; ⇒key

S

solucionar *v.* **1** ⇒to solve ⇒to sort *sth* out *inform* **2** *(un problema)* ⇒to work *sth* out: *¿Puedes solucionarlo?* - Can you work it out?

somalí *adj./s.com.* ⇒Somali

Somalia *s.f.* ⇒Somalia

sombra *s.f.* **1** *(lugar protegido del sol)* ⇒shade **2** *(que proyecta un cuerpo)* ⇒shadow **3** *(señal, atisbo)* ⇒shadow **4** ~ **de ojos** ⇒eyeshadow

sombrero *s.m.* **1** ⇒hat: *sombrero de copa* - top hat **2 quitarse el ~** *col.* ⇒to take off *one's* hat to *sth/sb*

sombrilla *s.f.* **1** ⇒parasol **2** *(de la playa)* ⇒beach umbrella

sombrío, a *adj.* **1** *(un lugar)* ⇒gloomy ⇒dark **2** *(una persona)* ⇒sombre *UK*; ⇒somber *US*; ⇒gloomy

someter ■ *v.* **1** ⇒to subjugate: *Los romanos sometieron a muchos pueblos* - The Romans subjugated many peoples; ⇒to subdue **2** *someter algo a votación* - to put sth to the vote ■ **someterse** *prnl.* **3** ⇒to undergo: *someterse a una operación* - to undergo an operation

somier *s.m.* ⇒sprung bed base

somnífero *s.m.* ⇒sleeping pill

somnoliento, ta *adj.* ⇒sleepy ⇒drowsy: *Tuvo que madrugar y estuvo somnolienta todo el día* - She had to get up early and was drowsy the whole day; ⇒somnolent *lit*

son *s.m.* **1** ⇒pleasant sound **2 sin ton ni ~** *col.* ⇒without rhyme nor reason

sonajero *s.m.* ⇒rattle

sonámbulo, la *s.* ⇒sleepwalker ⇒somnambulist *form*

sonar ■ *v.* **1** ⇒to sound **2** *(un timbre)* ⇒to ring **3** *(las campanadas de un reloj)* ⇒to strike: *En el reloj sonaron las siete* - The clock struck seven **4** *(un despertador)* ⇒to beep **5** *(producir un recuerdo)* ⇒to look familiar: *Tu cara me suena* - You look familiar to me; ⇒to sound familiar **6** ~ **a** ⇒to sound like ■ **sonarse** *prnl.* **7** *(la nariz)* ⇒to blow *one's* nose

sonido *s.m.* **1** ⇒sound **2** *(metálico)* ⇒clang

sonoro, ra *adj.* ⇒resounding: *una crítica sonora* - a resounding criticism; ⇒loud ⇒sonorous

sonreír *v.* ⇒to smile: *Aquel chico me sonrió desde la ventana* - That boy smiled at me from the window; ⇒to grin

sonriente *adj.* ⇒smiling

sonrisa *s.f.* ⇒smile ⇒grin

sonrojar ■ *v.* **1** ⇒to make blush: *Con tantos elogios vas a sonrojarme* - You're going to make me blush with so many compliments ■ **sonrojarse** *prnl.* **2** ⇒to go red ⇒to blush: *Es muy tímido y se sonroja con facilidad* - He's very shy and blushes easily

soñador, -a *s.* ⇒dreamer

soñar *v.* **1** *(mientras se duerme)* ⇒to dream [CONSTR. to dream + (that)] **2** *(desear)* ⇒to fantasize **3** *soñar despierto* - to daydream **4 ¡ni soñarlo!** ⇒no way!

sopa *s.f.* **1** ⇒soup: *sopa de verduras* - vegetable soup **2 hasta en la ~** *col.* ⇒all over the place

soplar *v.* **1** *(con la boca)* ⇒to blow **2** *(una vela)* ⇒to blow out **3** *col. (un secreto)* ⇒to blab **4** *col. (beber)* ⇒to booze *inform*

soplo *s.m.* **1** ⇒puff **2** *soplo de aire fresco* - breath of fresh air **3 en un ~** ⇒in a flash

soplón, -a *s. col.* ⇒informer ⇒grass *very inform* *(pl grasses)*

soportar *v.* **1** *(tolerar)* ⇒to bear [CONSTR. 1. to bear + doing sth 2. to bear + to do sth]: *No soporto ir de compras* - I can't bear going shopping **2** *(un peso)* ⇒to support ⇒to bear

soporte *s.m.* **1** ⇒support: *El suelo se mantiene con soportes de madera* - The floor is held up by wooden supports **2** *(para el equipaje)* ⇒rack **3** *(atril)* ⇒stand

sorber *v.* **1** ⇒to sip **2** *(con una pajita)* ⇒to suck

sorbo *s.m.* **1** ⇒sip **2** *beber a sorbos* - to sip

sordera *s.f.* ⇒deafness

sordo, da ■ *adj.* **1** *(persona)* ⇒deaf **2** *(sonido)* ⇒dull ■ *s.* **3** ⇒deaf person **4 hacerse el ~** ⇒to turn a deaf ear **5 quedarse ~** ⇒to go deaf **6** ~ **como una tapia** *col.* ⇒as deaf as a post *inform*

sordomudo, da *adj.* ⇒deaf and dumb

sorprendente *adj.* ⇒surprising ⇒amazing

sorprender ■ *v.* **1** ⇒to surprise ⇒to amaze **2** *(coger desprevenido)* ⇒to catch unaware **3 no me sorprende** ⇒no wonder ⇒it doesn't surprise me ■ **sorprenderse** *prnl.* **4** ⇒to be surprised

sorprendido, da *adj.* ⇒surprised

sorpresa *s.f.* ⇒surprise: *La miró con sorpresa* - He looked at her in/with surprise

sortear *v.* **1** ⇒to draw lots ⇒to raffle **2** *(un obstáculo)* ⇒to find a way around ⇒to dodge **3** *(una dificultad)* ⇒to overcome

sorteo *s.m.* ⇒draw ⇒drawing *UK*; ⇒raffle: *Nunca he ganado nada en un sorteo* - I have never won anything in a raffle

sortija *s.f.* ⇒ring: *sortija de compromiso* - engagement ring

sosiego *s.m.* ⇒tranquillity ⇒calm

soso, sa *adj.* **1** *(con poco sabor)* ⇒bland ⇒tasteless **2** *(con poca animación, sin gracia)* ⇒dull: *La fiesta fue bastante sosa* - The party was rather dull; ⇒uninteresting ⇒insipid

sospecha *s.f.* ⇒suspicion

sospechar *v.* ⇒to suspect [CONSTR. to suspect + (that)]

≡S

sospechoso, sa ❚ *adj.* **1** ⇒suspicious ❚ *s.* **2** ⇒suspect

sostén *s.m.* **1** ⇒bra **2** *(soporte)* ⇒support

sostener *v.* **1** *(sujetar)* ⇒to support **2** *(sujetar con las manos)* ⇒to hold **3** *(una charla, una conversación)* ⇒to have **4** *(una opinión)* ⇒to maintain *form* [CONSTR. to maintain + that]

sotana *s.f.* ⇒cassock

sótano *s.m.* **1** *(piso, planta)* ⇒basement **2** *(para guardar cosas)* ⇒cellar

sprint *s.m.* **1** ⇒sprint **2** *hacer un sprint* - to sprint

stop *s.m.* ⇒stop sign

su *poses.* **1** *(de él)* ⇒his: *Su madre es intérprete* - His mother is an interpreter; *Sus padres no están en casa* - His parents aren't home **2** *(de ella)* ⇒her: *Su padre es profesor* - Her father is a teacher; *Sus amigos se burlaron de ella* - Her friends mocked her **3** *(referido a una cosa o a un animal)* ⇒its: *Sus orejas son enormes* - Its ears are huge **4** *(de ellos, de ellas)* ⇒their: *Mis padres están decorando su habitación* - My parents are decorating their room **5** *(de usted, de ustedes)* ⇒your: *¿Su nombre, por favor?* - Your name, please?; *¿Llevan ustedes sus entradas?* - Do you have your tickets with you?

suave *adj.* **1** *(al tacto)* ⇒smooth ⇒soft **2** *(al gusto)* ⇒mild **3** *(carácter)* ⇒gentle **4** *(un clima)* ⇒mild

suavidad *s.f.* **1** *(tersura)* ⇒smoothness ⇒softness **2** *(dulzura)* ⇒gentleness

suavizante *s.m.* **1** *(del pelo)* ⇒conditioner **2** *(de la ropa)* ⇒fabric softener

suavizar *v.* ⇒to make *sth* smoother ⇒to soften

subasta *s.f.* ⇒auction

subastar *v.* ⇒to auction

subida *s.f.* **1** ⇒rise: *una subida de precios* - a rise in prices **2** *(cuesta, pendiente)* ⇒slope

subir **1** *(a un coche, a un taxi)* ⇒to get in **2** *(a un avión, a un tren, a un autobús)* ⇒to get on ⇒to board **3** *(el volumen)* ⇒to turn up **4** *(escalar)* ⇒to climb **5** *(ascender)* ⇒to rise: *El precio de la gasolina ha subido* - The price of petrol has risen **6** *(incrementar, aumentar)* ⇒to raise: *El Gobierno ha subido los impuestos* - The Government has raised taxes **7** *(levantar)* ⇒to raise **8** *(trepar)* ⇒to scramble up **9** *(cuando el que habla está abajo)* ⇒to go up: *Sube por una manta* - Go up and bring a blanket **10** *(cuando el que habla está arriba)* ⇒to come up: *¡Sube, quiero enseñarte algo!* - Come up, I want to show you sth! **11** ~ **andando** ⇒to walk up **12** ~ **corriendo** ⇒to run up ❚ **subirse** *prnl.* **13** *(una prenda de vestir)* ⇒to pull *sth* up

submarinismo *s.m.* ⇒scuba diving ⇒underwater exploration

submarino, na ❚ *adj.* **1** ⇒underwater ❚ *s.m.* **2** ⇒submarine ⇒sub *inform*

subrayar *v.* **1** *(marcar con una raya)* ⇒to underline: *subrayar una palabra* - to underline a word **2** *(recalcar)* ⇒to stress: *Mi profesora subrayó la importancia de la lectura en voz alta para aprender lenguas* - My teacher stressed the importance of reading aloud when learning a second language; ⇒to emphasize ⇒to emphasise *UK* [CONSTR. to emphasize/-ise + that]

subsistir *v.* ⇒to survive: *Subsistieron a base de pan y agua* - They survived on bread and water

subterráneo, a ❚ *adj.* **1** ⇒underground ❚ **subterráneo** *s.m.* **2** *AMÉR.* *(medio de transporte)* ⇒metro ⇒underground *UK*; ⇒subway *US*

subtítulo *s.m.* ⇒subtitle

suburbio *s.m.* **1** *(de bajo nivel económico)* ⇒poor area **2** *(en malas condiciones)* ⇒slum area

subvención *s.f.* ⇒subsidy *(pl* subsidies); ⇒grant

suceder *v.* **1** *(ocurrir)* ⇒to happen **2** *(en oraciones interrogativas o negativas)* ⇒to go on: *¿Qué sucede?* - What's going on? **3** *(sustituir)* ⇒to succeed: *El príncipe sucederá al trono a los veinte años* - The prince will succeed to the throne when he's twenty

suceso *s.m.* ⇒happening ⇒event

suciedad *s.f.* ⇒dirt

sucio, cia *adj.* **1** ⇒dirty **2** *(sucio y desordenado)* ⇒messy

sucursal *s.f.* ⇒branch *(pl* branches)

sudadera *s.f.* ⇒sweatshirt

Sudáfrica *s.f.* ⇒South Africa

sudafricano, na *adj./s.* ⇒South African

sudar *v.* ⇒to sweat

sudeste *s.m.* ⇒south-east

sudor *s.m.* ⇒sweat

suegro, gra ❚ *s.* **1** *(hombre)* ⇒father-in-law *(pl* fathers-in-law) **2** *(mujer)* ⇒mother-in-law *(pl* mothers-in-law) ❚ **suegros** *pl.* **3** *(suegro y suegra)* ⇒parents-in-law

suela *s.f.* ⇒sole

sueldo *s.m.* **1** ⇒pay [U] **2** *(al mes, al año)* ⇒salary *(pl* salaries) **3** *(al día, a la semana)* ⇒wage ⇒wages

suelo *s.m.* **1** *(de una vivienda)* ⇒floor **2** *(en la tierra)* ⇒ground **3** *(para cultivar)* ⇒soil

suelto, ta ❚ *adj.* **1** *(sin atar)* ⇒loose **2** *llevar el pelo suelto* - to wear one's hair down **3** *(holgado)* ⇒loose **4** *(al hablar)* ⇒fluent ❚ **suelto** *s.m.* **5** *(monedas)* ⇒loose change

sueño *s.m.* **1** *(estado de reposo)* ⇒sleep **2** *tener sueño* - to be sleepy **3** *(lo que se sueña)* ⇒dream ⇒vision **4** *echar un sueñecito* ⇒to have a nap

S ▰

suerte *s.f.* **1** ⇒luck [Se dice *some luck, a stroke of luck* o *a piece of luck.* Incorrecto: *a luck*]; ⇒fortune ⇒chance **2** *Soy un tío con suerte* - I'm a lucky guy **3** *buena ~* ⇒good luck **4** *echar algo a suertes* ⇒to draw lots **5** *mala ~* ⇒misfortune **6** *por ~* ⇒fortunately

suéter *s.m.* ⇒sweater

suficiente ∎ *adj.* **1** ⇒enough ⇒sufficient ⇒adequate ∎ Ver cuadro *demasiado / suficiente* ∎ *s.m.* **2** *(calificación)* ⇒pass *(pl* passes)

sufijo *s.m.* ⇒suffix *(pl* suffixes)

sufrimiento *s.m.* ⇒suffering

sufrir *v.* **1** *(un daño físico)* ⇒to suffer **2** *(un daño moral o emocional)* ⇒to go through **3** *(un accidente)* ⇒to have

sugerencia *s.f.* ⇒suggestion: *hacer una sugerencia* - to make a suggestion

sugerir *v.* ⇒to suggest [CONSTR. 1. to suggest + (that) 2. to suggest + doing sth 3. to suggest + interrogativo]: *Les sugerí que pidieran un préstamo* - I suggested they should ask for a loan; *Sugerí que fuéramos al cine* - I suggested going to the cinema

suicidarse *v.prnl.* ⇒to commit suicide ⇒to take one's own life: *Esa poetisa se suicidó en el mar* - That poet took her own life at sea

suicidio *s.m.* ⇒suicide

sujetador *s.m.* ⇒bra

sujetar *v.* **1** ⇒to hold: *Sujétalo bien, que no se caiga* - Hold it tight so that it doesn't fall **2** *(atar, abrochar)* ⇒to fasten **3** *(amarrar)* ⇒to strap

sujeto, ta ∎ *adj.* **1** *(fijo, firme)* ⇒secure ⇒fastened ⇒held in place **2** *estar ~ a* ⇒to be subject to ∎ **sujeto** *s.m.* **3** *(en gramática)* ⇒subject **4** *(persona)* ⇒person *(pl* people)

suma *s.f.* **1** *(operación matemática)* ⇒addition ⇒sum *UK* **2** *(cantidad)* ⇒amount ⇒sum **3** *(total)* ⇒total ⇒sum

sumar *v.* ⇒to add ⇒to add up

sumario *s.m.* ⇒summary *(pl* summaries)

=S

suministrar *v.* ⇒to supply ⇒to provide [CONSTR. to provide with sth]

súper ∎ *adj.* **1** col. ⇒super *inform* ∎ *s.m.* **2** *(supermercado)* ⇒supermarket

superar ∎ *v.* **1** *(exceder)* ⇒to exceed **2** *(un récord)* ⇒to break ⇒to beat **3** *(una dificultad)* ⇒to overcome **4** *(una prueba)* ⇒to pass ∎ **superarse** *prnl.* **5** ⇒to surpass oneself ⇒to get better

superficie *s.f.* **1** ⇒surface **2** *(de tierra)* ⇒area

superior *adj.* **1** *(mejor)* ⇒superior **2** *(más alto)* ⇒upper **3** *(más importante)* ⇒senior

superioridad *s.f.* ⇒superiority

superlativo, va *adj.* ⇒superlative ∎ Ver cuadro comparative and superlative forms of adjectives

supermercado *s.m.* ⇒supermarket

superstición *s.f.* ⇒superstition

supervisar *v.* ⇒to supervise

supervisión *s.f.* ⇒supervision

supervivencia *s.f.* ⇒survival

superviviente *s.com.* ⇒survivor

suplente *s.com.* **1** ⇒substitute ⇒replacement **2** *(profesor)* ⇒supply teacher

suplicar *v.* ⇒to beg [CONSTR. to beg + to do sth]; ⇒to implore [CONSTR. to implore + to do sth] *lit;* ⇒to plead [CONSTR. to plead with sb]

suponer *v.* **1** *(imaginar)* ⇒to suppose ⇒to imagine ⇒to assume [CONSTR. to assume + (that)] **2** *(traer consigo, significar)* ⇒to mean ⇒to involve [CONSTR. to involve + doing sth]

suposición *s.f.* ⇒assumption ⇒guess *(pl* guesses)

supuesto, ta *adj.* **1** ⇒supposed **2** *(cuando se desconfía)* ⇒ostensible *form: El supuesto asesino fue detenido* - The ostensible murderer has been arrested **3** *dar algo por supuesto* - to take sth for granted **4** *por supuesto* ⇒of course

sur *s.m.* **1** ⇒south **2** *del sur* - southern **3** *en dirección sur* - in a southerly direction

surafricano, na *adj. / s.* Véase **sudafricano, na**

suramericano, na *adj. / s.* ⇒South American

sureste *s.m.* ⇒south-east

surf *s.m.* **1** ⇒surfing **2** *hacer surf* - to surf **3** *tabla de surf* - surfboard

surfista *s.com.* ⇒surfer

surgir *v.* **1** ⇒to arise ⇒to emerge **2** *(un problema)* ⇒to arise ⇒to come up

suroeste *s.m.* ⇒south-west

surtido, da ∎ *adj.* **1** ⇒assorted: *galletas surtidas* - assorted biscuits ∎ **surtido** *s.m.* **2** ⇒selection ⇒assortment

surtidor *s.m.* ⇒petrol pump *UK*

suscripción *s.f.* ⇒subscription

suspender *v.* **1** *(un examen)* ⇒to fail **2** *(cancelar)* ⇒to suspend ⇒to cancel

suspense *s.m.* **1** ⇒suspense **2** *novela de suspense* - thriller; *película de suspense* - thriller

suspensores *s.m.pl.* AMÉR. ⇒braces *UK;* ⇒suspenders *US*

suspicaz *adj.* ⇒suspicious ⇒distrustful

suspirar *v.* ⇒to sigh

suspiro *s.m.* ⇒sigh

sustancia *s.f.* **1** ⇒substance **2** *(química)* ⇒chemical

sustancial *adj.* ⇒essential ⇒fundamental

sustantivo *s.m.* ⇒noun

sustitución *s.f.* ⇒replacement ⇒substitution

sustituir *v.* ⇒to replace [CONSTR. to replace sth/sb with sth/sb]: *Sustituyeron a Wally por Rebecca* - They replaced Wally with Rebecca; ⇒to substitute [CONSTR. to substitute sth/sb for sth/sb]: *Me*

sustituyeron por otra empleada - They substituted me for another employee

sustituto, ta *s.* ⇒substitute ⇒replacement ⇒deputy

susto *s.m.* ⇒fright: *dar un susto a alguien* - to give sb a fright; ⇒scare

sustracción *s.f.* ⇒subtraction ⇒taking away

susurrar *v.* ⇒to whisper: *susurrar al oído* - to whisper in sb's ear

sutil *adj.* ⇒subtle

suyo, ya *poses.* **1** *(de él, precedido del verbo «ser»)* ⇒his: *¿Ese coche es de tu hermano? Sí, es suyo* - Is that car your brother's? Yes, it's his **2** *(de ella, precedido del verbo «ser»)* ⇒hers: *¿Esta falda es de tu hermana? Sí, es suya* - Is that skirt your sister's? Yes, it's hers **3** *(de ellos, de ellas, precedido del verbo «ser»)* ⇒theirs: *¿Esto es de tus padres? Sí, es suyo* - Is this your parents'? Yes, it's theirs **4** *(de usted, de ustedes, precedido del verbo «ser»)* ⇒yours: *¿Este abrigo es suyo?* - Is this coat yours? **5** *(de él, precedido de un sustantivo)* ⇒of his: *Una vecina suya me dijo que se*

sentía muy solo - A neighbour of his told me he felt a bit lonely **6** *(de ella, precedido de un sustantivo)* ⇒of hers: *Ha llegado un sobrino suyo* - A nephew of hers has arrived **7** *(de ellos, de ellas, precedido de un sustantivo)* ⇒of theirs: *Un compañero suyo me contó lo que habían hecho* - A classmate of theirs told me what they had done **8** *(de usted, de ustedes, precedido de un sustantivo)* ⇒of yours: *¿Ese médico es amigo suyo?* - Is that doctor a friend of yours? **9** *(de él, pronombre)* ⇒his: *El suyo es más pequeño* - His is smaller **10** *(de ella, pronombre)* ⇒hers: *La suya es más bonita* - Hers is prettier **11** *(de ellos, de ellas, pronombre)* ⇒theirs: *El suyo es de color rojo* - Theirs is red **12** *(de usted, de ustedes, pronombre)* ⇒yours: *¿El suyo es azul?* - Is yours blue? **13 ir a lo suyo** ⇒to go *one's* own way: *Mi hermana va a lo suyo* - My sister goes her own way; ⇒to think only of oneself **14 salirse con la suya** ⇒to get *one's* own way: *Siempre te sales con la tuya* - You always get your own way

S ▌

t *s.f. (letra del alfabeto)* ⇒t

tabaco *s.m.* **1** ⇒tobacco [U] **2** *(cigarrillos)* ⇒cigarettes *pl* **3** ⇒ de liar ⇒rolling tobacco **4** ~ negro ⇒black tobacco ⇒dark tobacco

tabaquería *s.f. AMÉR.* ⇒tobacconist's *(pl tobacconists')*

taberna *s.f.* ⇒tavern *US;* ⇒inn

tabique *s.m.* **1** *(pared)* ⇒partition ⇒partition wall **2** *(nasal)* ⇒bone of the nose

tabla ∎ *s.f.* **1** *(de madera)* ⇒board ⇒plank **2** *(de números, cifras)* ⇒table: *la tabla de multiplicar* - the multiplication table; *la tabla periódica* - periodic table **3** *tabla de planchar* - ironing board **4** *tabla de surf* - surfboard ∎ **tablas** *pl.* **5** *(empate)* ⇒stalemate: *acabar en tablas* - to be drawn **6** tener tablas *col. (en una actividad)* ⇒to be an old hand

tablero *s.m.* **1** *(de juegos de mesa)* ⇒board: *tablero de ajedrez* - chessboard **2** *(panel)* ⇒board

tableta *s.f.* **1** *(pastilla)* ⇒tablet **2** *tableta de chocolate* - bar

tablón *s.m.* ⇒board: *tablón de anuncios* - noticeboard; ⇒plank

taburete *s.m.* ⇒stool

tacaño, ña *adj. desp.* ⇒mean *UK;* ⇒stingy ⇒tight-fisted *inform*

tachadura *s.f.* ⇒crossing-out ⇒correction

tachar *v.* ⇒to cross out

tachuela *s.f.* **1** *(chincheta)* ⇒drawing pin *UK* **2** *(clavo)* ⇒tack **3** *(adorno)* ⇒stud

taco ∎ *s.m.* **1** *(de madera, de plástico)* ⇒plug **2** *(de billar)* ⇒cue **3** *(de queso, de jamón)* ⇒cube **4** *(comida mejicana)* ⇒taco **5** *(de una bota de fútbol)* ⇒stud **6** *AMÉR. (en un zapato)* ⇒heel **7** *col. (palabrota)* ⇒swear word **8** *decir tacos* - to swear **9** *col. (mezcla de ideas)* ⇒muddle: *hacerse un taco con algo* - to muddle sth; ⇒mess **10** *col. (gran cantidad)* ⇒pile: *Tengo un taco de cosas que hacer* - I have a pile of things to do ∎ **tacos** *pl.* **11** *col. (años): Eva tiene veintitrés tacos* - Eva's twenty-three

tacón *s.m.* **1** ⇒heel **2** *zapatos de tacón* - high-heeled shoes

táctica *s.f.* **1** *(estrategia)* ⇒tactic **2** *(juego)* ⇒ploy ⇒gambit

táctil *adj.* ⇒tactile

tacto *s.m.* **1** *(sentido)* ⇒touch **2** *(textura)* ⇒feel: *un tacto resbaladizo* - a slippery feel **3** *(delicadeza)* ⇒tact **4** *tener tacto* - to be tactful **5** *hacer algo con tacto* - to do sth tactfully **6** *hacer algo sin tacto* - to do sth tactlessly

tajada *s.f.* **1** *(trozo)* ⇒slice: *una tajada de carne* - a slice of meat **2** *col. (ganancia)* ⇒cut *inform;* ⇒percentage *US* **3** *col. (borrachera): llevar una tajada* - to be smashed

tal *adj.* **1** ⇒such: *No hay tal cosa* - There's no such thing **2** con ~ de (que) ⇒as long as ⇒provided that: *con tal de que me llames* - provided that you phone me **3** ¿qué tal...? *¿Qué tal la obra de teatro?* - How was the play? **4** ¿qué ~ estás? ⇒How are you? **5** ¿qué ~ si...? ⇒How about...? ⇒What about...? **6** ~ como ⇒just as **7** ~ cual ⇒just as it is ⇒exactly as it is **8** ~ vez ⇒maybe ⇒perhaps

taladradora *s.f.* **1** ⇒drill **2** *(para la calle)* ⇒pneumatic drill **3** *(de papel)* ⇒paper punch

taladrar *v.* **1** ⇒to drill **2** *(con máquinas grandes)* ⇒to bore **3** *(un ruido, una mirada)* ⇒to pierce: *Le taladró con la mirada* - He pierced her with the eyes

taladro *s.m.* ⇒drill

talar *v.* ⇒to cut down ⇒to fell

talco *s.m.* ⇒talc ⇒talcum powder

talento *s.m.* **1** ⇒talent **2** *una persona con talento* - a talented person **3** *(capacidad, habilidad)* ⇒ability *(pl abilities)*

talla *s.f.* **1** *(escultura)* ⇒carving **2** *(de ropa)* ⇒size: *¿Qué talla usas?* - What's your size?; *Mi hermana usa la talla 40* - My sister takes size 40 **3** *(categoría)* ⇒stature: *una persona de gran talla intelectual* - a person of great intelectual stature **4** dar la ~ ⇒to measure up

tallar *v.* 1 ⇒to carve ⇒to work: *tallar la madera - to work wood* 2 *(una piedra)* ⇒to sculpt 3 *(una joya)* ⇒to cut

taller *s.m.* 1 *(lugar de trabajo)* ⇒workshop 2 *(de vehículos)* ⇒garage 3 *(de arte)* ⇒studio

tallo *s.m.* ⇒stalk ⇒stem

talón *s.m.* 1 ⇒heel 2 *(de dinero)* ⇒cheque *UK;* ⇒check *US* 3 **pisar los talones a alguien** ⇒to be on *sb's* heels

talonario *s.m.* ⇒chequebook *UK;* ⇒checkbook *US*

tamaño *s.m.* 1 ⇒size: *¿Qué tamaño tiene? - What size is it?* 2 **~ familiar** ⇒family size

tambalearse *v.prnl.* 1 ⇒to stagger: *El terremoto hizo que me tambaleara - The earthquake made me stagger;* ⇒to reel 2 *(una creencia)* ⇒to waver

también *adv.* 1 ⇒too [CONSTR. Siempre se sitúa al final de la oración]: *Me encantan las vacaciones, pero también me gusta trabajar - I love holidays but I like working too;* ⇒as well [CONSTR. Siempre se sitúa al final de la oración] 2 *(delante del verbo inglés)* ⇒also [CONSTR. Se sitúa delante del verbo principal y después del verbo auxiliar]: *También estudio alemán - I'm also studying German*

tambor *s.m.* 1 ⇒drum 2 *(músico)* ⇒drummer

tampoco *adv.* 1 ⇒either [CONSTR. Se usa con oraciones negativas se sitúa al final]: *A él no le gusta el fútbol y a mí tampoco - He doesn't like football and I don't either* 2 ⇒nor *UK* [CONSTR. Se usa en frases después de *neither* o *not*]: *No voy a aprobar el examen. Yo tampoco - I am not going to pass the exam. Nor am I;* ⇒neither [CONSTR. Se usa con oraciones afirmativas]: *Julie nunca hace su cama, ni tampoco su hermano - Julie never makes her bed, and neither does her brother*

tampón *s.m.* 1 *(para los sellos)* ⇒ink pad 2 *(para el flujo menstrual)* ⇒tampon

tan *adv.* 1 *(con un adverbio, con un adjetivo)* ⇒so: *¿Por qué eres tan desagradable conmigo? - Why are you so nasty to me?;* ⇒that: *No es tan malo - It's not that bad* 2 *(con un adjetivo seguido de un sustantivo en plural)* ⇒such: *Nunca he visto naranjas tan grandes - I've never seen such big oranges* 3 *(con un adjetivo seguido de un sustantivo en singular)* ⇒such a ⇒such an: *Este es un lugar tan bonito que me quedaría aquí para siempre - This is such a nice place that I could stay here for ever* 4 **tan... como** ⇒as... as: *Mi hermano pequeño es tan alto como yo - My younger brother is as tall as I am* 5 **~ pronto como** ⇒as soon as [CONSTR. Nunca va seguido de un verbo en futuro] 6 **~ solo** ⇒only

tanque *s.m.* 1 ⇒tank: *un tanque de agua - a water tank;* ⇒reservoir 2 *(carro de combate)* ⇒tank

tantear *v.* 1 ⇒to sound out: *tantear a alguien - to sound sb out* 2 *tantear el terreno - to see how the land lies* 3 *(palpar)* ⇒to feel

tanteo *s.m.* 1 *(en deporte, en un juego)* ⇒score 2 *(cálculo)* ⇒estimate

tanto, ta ∎ *adj./s.* 1 *(con nombres incontables)* ⇒so much 2 *(con nombres contables)* ⇒so many 3 **hasta las tantas** ⇒until the small hours 4 **tanto... como** 1 *(con nombres incontables)* ⇒as much... as: *No tiene tanto dinero como tú - She hasn't got as much money as you* 2 *(con nombres contables)* ⇒as many... as: *Hay tantos libros como alumnos - There are as many books as pupils* 3 *(igualdad)* ⇒both... and: *Tanto España como Francia están en la Unión Europea - Both Spain and France are in the European Union* ∎ **tanto** *s.m.* 5 *(en ciertos deportes)* ⇒point 6 *(en fútbol)* ⇒goal 7 **estar al tanto de** ⇒to be aware of: *No estoy al tanto de la situación - I am not aware of the situation;* ⇒to keep track of *sth/sb* 8 *(cantidad)* ⇒so much: *Me reí tanto - I laughed so much* 9 **Venga, ¡no es para tanto!** - Come on, it's not such a big deal! 10 *(duración)* ⇒so long ⇒such a long time 11 *(frecuencia)* ⇒so often 12 **en tanto que** ⇒in that form 13 **mientras tanto** ⇒in the meantime ⇒meanwhile 14 **por tanto** ⇒thus ⇒so ⇒therefore

tapa *s.f.* 1 ⇒lid: *la tapa de la caja - the lid of the box;* ⇒top ⇒cap 2 *(de un libro)* ⇒cover 3 **~ dura** *(de un libro)* ⇒hardback

tapadera *s.f.* 1 *(para cerrar algo)* ⇒lid ⇒cover 2 *(para encubrir algo)* ⇒cover

tapar ∎ *v.* 1 *(cubrir)* ⇒to cover 2 *(con las sábanas)* ⇒to cover *sb* up 3 *(con ropa)* ⇒to wrap *sb* up 4 *(una caja, un bote)* ⇒to put the lid on 5 *(una botella)* ⇒to put the top on ⇒to put the cork on 6 *(un agujero)* ⇒to plug 7 *(obstruir)* ⇒to bar ⇒to block (out) 8 *(esconder)* ⇒to hide ∎ **taparse** *prnl.* 9 *(abrigarse)* ⇒to wrap up 10 *(con las sábanas)* ⇒to cover oneself up

tapete *s.m.* 1 ⇒table cloth 2 *(para jugar a las cartas)* ⇒card table 3 *AMÉR. (alfombra)* ⇒carpet 4 *AMÉR. (felpudo)* ⇒mat ⇒doormat

tapia *s.f.* ⇒wall

tapicería *s.f.* 1 *(tela)* ⇒upholstery 2 *(lugar)* ⇒upholsterer's 3 *(técnica)* ⇒tapestry-making

tapiz *s.m.* ⇒tapestry *(pl tapestries)*

tapizar *v.* ⇒to upholster

tapón *s.m.* 1 *(de un recipiente)* ⇒top: *un tapón de rosca - a screw top;* ⇒stopper 2 *(de corcho)* ⇒cork 3 *(en un fregadero, un lavabo)* ⇒plug 4 *(para el oído)* ⇒ear plug 5 *col. (atasco)* ⇒jam

taponar ∎ *v.* 1 ⇒to block ⇒to plug ∎ **taponarse** *prnl.* 2 ⇒to get blocked: *Se me taponaron los*

T

taquilla `774`

oídos en el avión - My ears got blocked on the plane

taquilla *s.f.* **1** ticket office **2** *(en un cine, en un teatro)* box office **3** *(en un vestuario)* locker

taquillero, ra *adj.* **1** *un espectáculo taquillero* - a box-office hit show *s.* **2** box-office clerk

tarántula *s.f.* tarantula

tararear *v.* to hum: *tararear una canción* - to hum a melody

tardar *v.* **1** *(un período de tiempo): Tardaré dos días en terminar el trabajo* - It will take me two days to finish the work **2** *(más tiempo del normal)* to take a long time: *El presidente tardó en llegar al lugar* - It took the president a long time to get to the place **3** *No tardes mucho* - Don't be too long **4** *¿Cuánto se tarda en llegar?* - How long does it take to get there? **5** *Se tarda unas tres horas* - It takes about three hours

tarde *s.f.* **1** *(hasta las seis)* afternoon: *Llegaré por la tarde* - I will arrive in the afternoon **2** *(a partir de las seis)* evening **3** *a media* ~ at the end of the afternoon **4** *buenas tardes (hasta las seis)* good afternoon; *(a partir de las seis)* good evening **5** *de la* ~ *(para las horas)* p.m. [Cuando se dice *p.m.* no se dice *o'clock*] [Procede de *post meridiem* (después del mediodía)]: *Llegaré a las 6 de la tarde* - I'll arrive at 6 p.m. **6** *hacerse* ~ to be getting on *adv.* **7** late: *No llegues tarde* - Don't be late **8** *como muy* ~ at the latest **9** *más* ~ later on **10** *más vale* ~ *que nunca* better late than never **11** ~ *o temprano* sooner or later

tarea *s.f.* **1** task job **2** *(del colegio)* homework [Se dice *some homework* o *a piece of homework*. Incorrecto: *a homework*] **3** *(del trabajo)* assignment undertaking

tarifa *s.f.* **1** rate price **2** *(de un medio de transporte)* fare

tarima *s.f.* platform dais *(pl* daises)

tarjeta *s.f.* **1** card: *tarjeta del día de San Valentín* - Valentine card **2** *(de un cajero automático)* cash card *UK*; cashpoint card **3** ~ *de crédito* credit card **4** ~ *de embarque* boarding card **5** ~ *de teléfono* phone card **6** ~ *de visita* business card **7** ~ *postal* postcard

tarrina *s.f.* tub

tarro *s.m.* **1** jar [Hay dos formas de decir *un tarro de mermelada: a jar of jam* (si está lleno) y *a jam jar* (si está vacío)]; pot **2** *col. comerse el tarro* - to think hard

tarta *s.f.* **1** cake gateau *(pl* gateaux, gateaus) **2** *(de hojaldre)* tart **3** *(dulce o salada)* pie

tartamudear *v.* to stammer

tartamudo, da *adj.* **1** *ser tartamudo* - to have a stutter *s.* **2** stutterer stammerer

tasa *s.f.* **1** *(cantidad de dinero)* fee charge **2** *(número indicativo)* rate: *tasa de natalidad* - birth rate **3** *(impuesto)* tax

tasca *s.f.* bar pub

tatarabuelo, la *s.* **1** *(hombre)* great-great-grandfather **2** *(mujer)* great-great-grandmother *tatarabuelos* *s.m.pl.* **3** *(tatarabuelo y tatarabuela)* great-great-grandparents

tatuaje *s.m.* tattoo

tauro *adj. / s.com.* Taurus *n*

taxi *s.m.* taxi cab *inform US*

taxista *s.com.* taxi driver

taza *s.f.* **1** cup [Hay dos formas de decir *una taza de café: a cup of coffee* (si está llena) y *a coffee cup* (si está vacía)] **2** *(más alta y grande)* mug **3** *(contenido)* cupful: *Necesitas una taza y media de azúcar* - You need one and a half cupfuls of sugar **4** *(retrete)* bowl

tazón *s.m.* **1** *(sin asa)* bowl **2** *(con asa)* mug

te *pron.pers.* **1** *(no reflexivo)* you: *Te he llamado varias veces* - I phoned you several times; *¡Cállate!* - Shut up! **2** *(reflexivo)* yourself: *¿Te has cortado?* - Have you cut yourself?

té *s.m.* **1** tea **2** *(con limón)* lemon tea

teatro *s.m.* **1** *(lugar)* theatre *UK*; theater *US* **2** *(género)* theatre *UK*; theater *US*; drama **3** *Deja de hacer teatro* - Stop making such a fuss **4** *obra de* ~ play

tebeo *s.m.* comic

techo *s.m.* **1** *(de una habitación)* ceiling **2** *(tejado de un edificio)* roof

tecla *s.f.* key

teclado *s.m.* **1** *(conjunto de teclas)* keyboard keys *pl* **2** *(instrumento musical)* keyboard

teclear *v.* **1** to key in **2** *(en una máquina de escribir)* to type (in)

técnica *s.f.* **1** technique **2** *(tecnología)* technology

técnico, ca *adj.* **1** technical *s.* **2** technician **3** *(más especializado)* engineer

tecnología *s.f.* **1** technology *(pl* technologies) **2** *de alta* ~ high-tech **3** ~ *punta* the latest in technology

teja *s.f.* tile

tejado *s.m.* roof

tejer *v.* **1** *(una tela)* to weave to spin **2** *(hacer punto)* to knit

tejido *s.m.* **1** fabric material **2** *tejidos* - textiles **3** *(en anatomía)* tissue **4** *(trama)* weave **5** *AMÉR. (labor de punto)* knitting

tela *s.f.* **1** fabric cloth: *un trozo de tela* - a piece of cloth; material **2** *(escocesa de cuadros)* tartan *UK*; plaid *US* **3** *(vaquera)* denim **4** *(lienzo)* canvas **5** ~ *de araña* spider's web

T

⊸cobweb ∎ *adv.* **6** *col. (mucho)* ⊸loads *inform: Compro tela de cosas* - He bought loads of things

telaraña *s.f.* ⊸spider's web ⊸cobweb

tele *s.m. col.* ⊸telly *UK inform: ¿Qué hay en la tele?* - What's on the telly?; ⊸boob tube *US inform*

telediario® *s.m.* ⊸news [U]

teleférico *s.m.* ⊸cable car ⊸funicular railway

telefonazo *s.m. col.* ⊸ring ⊸call

telefonear *v.* ⊸to telephone *form;* ⊸to phone ⊸to call

telefónico, ca *adj.* ⊸telephonic ⊸telephone: *una llamada telefónica* - a telephone call

telefonillo *s.m.* ⊸entryphone® *UK;* ⊸intercom *US*

telefonista *s.com.* ⊸operator ⊸telephonist

teléfono *s.m.* **1** ⊸telephone ⊸phone: *¿Cuál es tu número de teléfono?* - What's your phone number? **2** *estar al ~* ⊸to be on the phone **3** *llamar por ~* ⊸to telephone *form;* ⊸to phone ⊸to call **4** *~ inalámbrico* ⊸cordless phone **5** *~ móvil* ⊸mobile phone *UK;* ⊸mobile *UK inform;* ⊸cellphone *US*

telegrama *s.m.* ⊸telegram

telenovela *s.f.* ⊸soap opera ⊸serial

telepatía *s.f.* ⊸telepathy

telescopio *s.m.* ⊸telescope

telesilla *s.m.* ⊸chair lift ⊸ski lift

telespectador, -a *s.* ⊸viewer

televisar *v.* ⊸to televise

televisión *s.f.* **1** ⊸television ⊸TV: *Lo vi en la televisión* - I watch it on TV **2** *~ por cable* ⊸cable television **3** *~ por satélite* ⊸satellite television

televisivo, va *adj. programación televisiva* - television programmes

televisor *s.m.* ⊸television ⊸television set

telón *s.m.* ⊸curtain

tema *s.m.* **1** ⊸topic ⊸subject: *Vamos a cambiar de tema* - Let's change the subject; ⊸issue **2** *(asunto)* ⊸matter: *Este tema me preocupa* - I am worried about this matter **3** *(musical)* ⊸theme

temblar *v.* **1** ⊸to tremble **2** ⊸to shiver: *temblar de frío* - to shiver with cold **3** *(la voz)* ⊸to quaver **4** *(un edificio)* ⊸to shudder ⊸to shake

temblor *s.m.* **1** ⊸trembling ⊸shaking **2** *(de la voz)* ⊸quaver **3** *(por frío, de fiebre)* ⊸shivering **4** *~ de tierra* ⊸tremor ⊸earthquake

temer *v.* **1** ⊸to fear [CONSTR. to fear + (that)]: *Temo que llegue tarde* - I fear that he will be late; ⊸to be afraid of **2** *me temo que* ⊸I'm afraid: *Me temo que ya no podemos hacer nada para remediarlo* - I'm afraid we can't do anything about it now

temerario, ria *adj.* ⊸reckless ⊸rash

temible *adj.* ⊸fearsome ⊸fearful

temor *s.m.* ⊸fear

temperamento *s.m.* **1** *(naturaleza)* ⊸temperament **2** *Tiene mucho temperamento* - He is very temperamental **3** *(firmeza)* ⊸fighting spirit ⊸determination

temperatura *s.f.* ⊸temperature: *a temperatura ambiente* - at room temperature

tempestad *s.f.* ⊸storm ⊸tempest *lit*

templado, da *adj.* **1** ⊸warm **2** *(tiempo)* ⊸mild **3** *(comida)* ⊸lukewarm

templo *s.m.* **1** ⊸temple **2** *(iglesia)* ⊸church

temporada *s.f.* **1** *(época)* ⊸season: *la temporada de baloncesto* - the basketball season **2** *(tiempo)* ⊸spell: *Viví en Madrid una temporada* - I lived in Madrid for a spell; ⊸time [U]; ⊸period **3** *de ~* ⊸seasonal: *fruta de temporada* - seasonal fruit; ⊸in season **4** *~ alta* ⊸high season **5** *~ baja* ⊸low season

temporal ∎ *adj.* **1** ⊸temporary ∎ *s.m.* **2** ⊸storm

temprano, na ∎ *adj.* **1** ⊸early: *fruta temprana* - early fruit ∎ **temprano** *adv.* **2** ⊸early: *Me levanté temprano* - I woke up early

tenaz *adj.* ⊸tenacious ⊸determined

tendedero *s.m.* **1** *(cuerda)* ⊸clothes line ⊸washing line **2** *(utensilio)* ⊸clothes horse **3** *(habitación)* ⊸drying room

tendencia *s.f.* **1** ⊸tendency *(pl tendencies)* **2** *(moda)* ⊸trend

tender *v.* **1** *(la ropa)* ⊸to hang out **2** *(extender)* ⊸to spread ⊸to extend **3** *tender la mano* - to offer to shake hands **4** *(mostrar una tendencia)* ⊸to tend: *tender a algo* - to tend towards sth **5** *(una trampa)* ⊸to lay

tendero, ra *s.* **1** ⊸shopkeeper *UK;* ⊸storekeeper *US* **2** *(de una tienda de ultramarinos)* ⊸grocer

tendón *s.m.* ⊸tendon

tenedor *s.m.* **1** ⊸fork **2** *(de un restaurante)* ⊸star: *un restaurante de cuatro tenedores* - a four star restaurant

tener *v.* **1** *(poseer)* ⊸to have: *Tengo una bicicleta de montaña* - I have a mountain bike; ⊸to have got: *Tengo un lunar en la frente* - I've got a mole on my forehead **2** *(sentir)* ⊸to have got: *Tengo un dolor en la pierna* - I've got a pain in my leg **3** *(sujetar)* ⊸to hold **4** *(una característica)* ⊸to be: *Irene tiene cincuenta años* - Irene is fifty **5** *¿Qué tiene eso de malo?* - What's wrong about it? **6** *~ lugar* ⊸to take place: *La cumbre tuvo lugar en Italia* - The summit took place in Italy **7** *~ que* ⊸must [Se usa cuando la obligación es de carácter personal]: *Tengo que irme* - I must go; ⊸to have to [Cuando la obligación es externa o impuesta, se usa *to have to* como verbo modal]

T

teniente *s.com.* **1** *(categoría militar)* ⇒lieutenant ⇒first lieutenant US **2** *(sustituto): teniente de alcalde* - deputy major

tenis *s.m.* **1** ⇒tennis **2** ~ **de mesa** ⇒ping-pong® ⇒table tennis

tenista *s.com.* ⇒tennis player

tenor *s.m.* **1** *(cantante)* ⇒tenor *form* **2** *(significado)* ⇒meaning ⇒sense **3** *a* ~ *de algo* ⇒in accordance with *sth form*

tensar *v.* ⇒to tauten ⇒to tighten: *tensar una cuerda* - to tighten a string

tensión *s.f.* **1** ⇒tension **2** *(de una persona)* ⇒strain: *hacer algo en tensión* - to do sth under strain; ⇒stress **3** *(eléctrica)* ⇒voltage ⇒tension **4** ~ **arterial** ⇒blood pressure

tenso, sa *adj.* **1** *(apretado)* ⇒tight ⇒tense **2** *(nervioso, ansioso)* ⇒tense

tentación *s.f.* ⇒temptation

tentáculo *s.m.* ⇒tentacle

tentador, -a *adj.* ⇒tempting: *una propuesta tentadora* - a tempting suggestion

tentar *v.* **1** *(seducir)* ⇒to tempt [CONSTR. to tempt + to do sth]: *Me tentó para que me fuera de vacaciones con ellos* - He tempted me to go on holidays with them **2** *(tocar, palpar)* ⇒to feel

tentempié *s.m. col.* ⇒bite ⇒snack

tenue *adj.* **1** *(una tela)* ⇒soft ⇒thin **2** *(un color, un olor)* ⇒faint ⇒dim ⇒pale **3** *(una relación, un acuerdo)* ⇒tenuous

teñir *v.* **1** *(una tela)* ⇒to dye ⇒to tint **2** *(el pelo)* ⇒to dye

teología *s.f.* ⇒theology

teoría *s.f.* **1** *(conocimiento)* ⇒theory *(pl theories)* **2** *(hipótesis)* ⇒thesis *form (pl theses)*

teórico, ca ▮ *adj.* **1** ⇒theoretical ▮ *s.* **2** ⇒theoretician ⇒theorist

terapia *s.f.* ⇒therapy *(pl therapies)*

tercer *adj.* Véase **tercero, ra**

tercero, ra *numer.* ⇒third

tercio *numer.* ⇒third

terciopelo *s.m.* ⇒velvet

terco, ca *adj.* ⇒obstinate ⇒stubborn

terminación *s.f.* ⇒ending

terminal ▮ *adj.* **1** *un enfermo terminal* - a terminally ill patient ▮ *s.f.* **2** *(de un aeropuerto)* ⇒terminal **3** *(de una línea de transporte)* ⇒terminus *(pl terminuses, termini)*

terminar *v.* **1** *(finalizar)* ⇒to finish [CONSTR. to finish + doing sth]: *Cuando termines la novela, ayúdame con los platos* - When you finish reading your novel, help me with the dishes; ⇒to end ⇒to come to an end **2** *tener algo sin terminar* - to have sth unfinished **3** ~ *por* ⇒to end up: *La cocina se estropeó, así que terminamos por cenar fuera* - The cooker broke so we ended up going out for supper

término *s.m.* **1** *(vocablo)* ⇒term **2** *(fin)* ⇒end ⇒conclusion **3** *(condición)* ⇒terms *pl* **4** ~ **medio** ⇒the happy medium

termo® *s.m.* ⇒Thermos® *(pl Thermoses)*; ⇒Thermos flask® ⇒vacuum flask

termómetro *s.m.* ⇒thermometer

ternera *s.f. (carne)* ⇒veal

ternero, ra *s. (animal)* ⇒calf *(pl calves)*

ternura *s.f.* ⇒tenderness ⇒affection

terraza *s.f.* **1** *(de una vivienda)* ⇒balcony *(pl balconies)* **2** *(en el piso superior)* ⇒flat roof **3** *(muy grande, con techo)* ⇒veranda ⇒porch US *(pl porches)* **4** *(de un bar, un restaurante)* ⇒terrace

terremoto *s.m.* ⇒earthquake

terreno *s.m.* **1** ⇒ground [U]; ⇒land: *Se ha comprado un terreno* - She has bought a piece of land **2** *(en geología)* ⇒terrain *form*

terrestre *adj.* **1** *(por la tierra)* ⇒overland: *un viaje terrestre* - an overland journey **2** *(de la Tierra)* ⇒terrestrial *form: la fauna terrestre* - the terrestrial fauna

terrible *adj.* ⇒terrible ⇒fearful *form;* ⇒shocking

territorio *s.m.* **1** ⇒territory *(pl territories)* **2** *(esfera de acción)* ⇒domain *form*

terrón *s.m.* ⇒lump: *un terrón de azúcar* - a sugar lump

terror *s.m.* ⇒terror

terrorífico, ca *adj.* ⇒terrifying ⇒frightening

terrorismo *s.m.* ⇒terrorism

terrorista *s.com.* ⇒terrorist: *una banda terrorista* - a terrorist group

tertulia *s.f. (reunión)* ⇒gathering

tesorero, ra *s.* ⇒treasurer

tesoro *s.m.* **1** ⇒treasure **2** *(persona)* ⇒jewel **3** ⇒público ⇒Treasury

testamento *s.m.* **1** ⇒will **2 Antiguo Testamento** ⇒Old Testament **3 Nuevo Testamento** ⇒New Testament

testarudo, da *adj./s.* ⇒stubborn *adj;* ⇒pigheaded *inform adj*

testículo *s.m.* ⇒testicle

testigo *s.com.* **1** ⇒witness *(pl witnesses)* **2** *(en una carrera de relevos)* ⇒baton: *entregar el testigo* - to pass the baton

testimonio *s.m.* ⇒testimony *(pl testimonies)*

tetera *s.f.* ⇒pot ⇒teapot

tetilla *s.f.* ⇒teat UK; ⇒nipple US

textil *adj.* ⇒textile

texto *s.m.* **1** ⇒text **2** *libro de texto* - textbook **3** *procesador de textos* - word processor

tez *s.f.* ⇒complexion ⇒skin

T

ti *pron.pers.* **1** *(no reflexivo)* ⇨you: *Esto es para ti -* This is for you **2** *(reflexivo)* ⇨you: *¿A ti también te duele la espalda? -* Have you got backache too?

tibio, bia *adj.* **1** ⇨lukewarm ⇨tepid **2** ponerse ~ *col.* ⇨to stuff oneself

tiburón *s.m.* ⇨shark

tiempo ∎ *s.m.* **1** *(duración)* ⇨time: *pasar el tiempo -* to spend time; *perder el tiempo -* to waste time; *ahorrar tiempo -* to save time **2** *(clima)* ⇨weather: *Hoy hace buen tiempo -* The weather is nice today; *Ayer hizo mal tiempo -* The weather was bad yesterday **3** *(en deporte)* ⇨half *(pl halves)* **4** a ~ ⇨in time **5** a ~ **completo** ⇨full-time **6** a ~ **parcial** ⇨part-time **7** ¿cuánto tiempo...? ⇨how long...? **8** hace ~ ⇨a long time ago: *Eso pasó hace tiempo -* That happened a long time ago; ⇨ages ago *inform* **9** **llegar a ~** ⇨to be on time: *Tranquilo, llegaremos a tiempo -* Take it easy, we'll be on time **10** ~ **libre** ⇨free time ⇨spare time **11** ~ **muerto** *(en baloncesto)* ⇨time out **12** ~ **verbal** ■ Ver cuadro verb tenses ∎ **tiempos** *pl.* **13** ⇨times: *en los viejos tiempos -* in the good old days

tienda *s.f.* **1** ⇨shop: *tienda de regalos -* gift shop; ⇨store *US* **2** *(de comestibles)* ⇨grocer's *(pl grocers');* ⇨grocery *(pl groceries) US* **3** *ir de tiendas -* to go shopping **4** ~ **de campaña** ⇨tent

tierno, na *adj.* **1** *(un alimento)* ⇨tender **2** *(pan)* ⇨fresh **3** *(una persona)* ⇨affectionate ⇨tender **4** *(una historia)* ⇨tender **5** *(una mirada o una voz)* ⇨melting

tierra *s.f.* **1** *(planeta)* ⇨earth: *¡Salvemos la Tierra! -* Save the Earth! **2** *(terreno)* ⇨land *lit* [U] **3** *(superficie)* ⇨ground: *bajo tierra -* underground **4** *(materia)* ⇨soil: *Compré un saco de tierra -* I bought a bag of soil **5** *(patria)* ⇨home ⇨native land **6** ejército de ~ ⇨army *(pl armies)* **7** **la ~ prometida** ⇨the promised land **8** por ~ ⇨overland **9** ~ **batida** *(tenis)* ⇨clay **10** ~ **de nadie** ⇨no-man's land **11** **tierras altas** ⇨highlands **12** tomar ~ ⇨to land

tieso, sa *adj.* **1** ⇨rigid ⇨stiff **2** *(asombrado)* ⇨speechless: *Se quedó tieso con la noticia -* He was left speechless with the news **3** *col. (de frío)* ⇨frozen stiff

tiesto *s.m.* ⇨flowerpot

tigre *s.m.* **1** ⇨tiger **2** *AMÉR. (animal)* ⇨jaguar

tijera *s.f.* ⇨scissors *pl*

tila *s.f. (infusión)* ⇨lime tea ⇨lime flower tea

tilde *s.f.* ⇨accent

timar *v.* ⇨to con *inform* [CONSTR. to con sb out of sth]; ⇨to swindle *inform* [CONSTR. to swindle sb out of sth]: *Me han timado con la compensación -* They have swindle me out of my compensation

timbre *s.m.* **1** ⇨bell **2** *(de una puerta)* ⇨doorbell **3** *(sello)* ⇨stamp **4** *(de la voz)* ⇨pitch

timidez *s.f.* ⇨shyness ⇨timidity

tímido, da *adj.* ⇨shy: *¡Venga, no seas tímido! -* Come on! Don't be shy!; ⇨timid

timo *s.m.* ⇨con *inform;* ⇨trick

timón *s.m.* **1** ⇨rudder **2** *AMÉR. (de un vehículo)* ⇨steering wheel

tímpano *s.m.* ⇨eardrum ⇨tympanum *form*

tinaja *s.f.* ⇨large earthenware jar

tinta *s.f.* ⇨ink

tinte *s.m.* **1** *(sustancia)* ⇨dye **2** *(lugar)* ⇨dry cleaner's *(pl dry cleaners')* **3** *(cariz)* ⇨overtone: *un ligero tinte de optimismo -* a slight overtone of optimism

tintinear *v.* **1** *(un objeto de metal)* ⇨to jingle **2** *(una campanilla)* ⇨to tinkle **3** *(algo de cristal)* ⇨to chink ⇨to clink

tinto ∎ *adj.* **1** ⇨red ∎ *s.m.* **2** ⇨red wine

tintorería *s.f.* ⇨(dry) cleaner's *(pl (dry) cleaners')*

tío, a ∎ *s.* **1** *(pariente)* ⇨uncle (hombre) ⇨aunt (mujer) ⇨auntie (mujer) *inform* **2** *col. (individuo)* ⇨guy (hombre) *inform;* ⇨girl (mujer) ⇨woman (mujer) *(pl women)* ∎ **tíos** *pl.* **3** *(tío y tía)* ⇨aunt and uncle

tiovivo *s.m.* ⇨merry-go-round ⇨roundabout *UK;* ⇨carousel *US*

típico, ca *adj.* **1** ⇨typical: *Es típico de él -* It is typical of him! **2** *(tradicional)* ⇨typical: *un plato típico -* a typical dish

tipo *s.m.* **1** *(modelo, clase)* ⇨kind ⇨sort: *No me gusta este tipo de pasteles -* I don't like this type of sweet; ⇨type **2** *(hombre)* ⇨guy *inform;* ⇨bloke *UK inform* **3** *(aspecto de una mujer)* ⇨figure: *Esa chica tiene buen tipo -* That girl has a good figure **4** *(aspecto de un hombre)* ⇨physique **5** ~ **duro** ⇨hard man ⇨tough guy

tique *s.m.* **1** ⇨ticket **2** *(de compras)* ⇨receipt ⇨sales slip *US*

tiquismiquis *adj.* ⇨fussy ⇨picky

tira *s.f.* **1** *(length)* ⇨strip **2** **la ~** *col.* ⇨a lot ⇨loads *inform pl: Había la tira de gente -* There were loads of people there

tirachinas *s.m.* ⇨catapult *UK;* ⇨slingshot *US*

tirador ∎ *s.* **1** *(persona)* ⇨shot ∎ **tirador** *s.m.* **2** *(de una puerta)* ⇨doorknob ⇨knob ⇨handle **3** *(de un cajón)* ⇨knob ⇨handle

tiranía *s.f.* ⇨tyranny

tirano, na *s.* ⇨tyrant

tirante ∎ *adj.* **1** *(estirado, tenso)* ⇨tight ⇨taut **2** *(una relación)* ⇨strained ⇨tense ∎ *s.m.* **3** *(de un vestido)* ⇨strap ∎ **tirantes** *s.m.pl.* **4** ⇨braces *UK;* ⇨suspenders *US*

T

tirar 778

tirar ■ *v.* **1** *(lanzar)* ⇒to throw **2** *(derribar)* ⇒to knock down ⇒to pull down **3** *(desechar)* ⇒to throw away **4** *(disparar un arma)* ⇒to shoot **5** *(volcar, echar al suelo)* ⇒to knock over ⇒to tip over **6** *(atraer hacia sí, arrastrar)* ⇒to pull **7** *(malgastar)* ⇒to be free with ⇒to waste **8** *(de algo)* ⇒to tug: *No me tires del brazo* - Don't tug my arm **9** *(en deporte)* ⇒to shoot ■ **tirarse** *prnl.* **10** *(permanecer, estar)* ⇒to spend: *Me tiré toda la semana con él* - I spent the whole week with him **11** *tirarse de cabeza* - to dive

tirita® *s.f.* ⇒plaster *UK*; ⇒sticking plaster *UK*; ⇒Band-Aid® *US*

tiritar *v.* ⇒to shiver: *tiritar de frío* - to shiver with cold

tiro *s.m.* **1** *(de un arma de fuego)* ⇒shot **2** *pegar un tiro* - to shoot **3** *(en un deporte)* ⇒throw ⇒shot: *parar un tiro* - to stop a shoot **4** *al ~ AMÉR.* ⇒on the spot ⇒at once ⇒immediately **5** *~ al blanco* ⇒target shooting **6** *~ con arco* ⇒archery **7** *~ libre* **1** *(en baloncesto)* ⇒free throw **2** *(en fútbol)* ⇒free kick

tirón *s.m.* **1** ⇒pull ⇒tug **2** *(un motor)* ⇒jerk ⇒twitch *(pl twitches)* **3** *de un ~* ⇒in one go

tiroteo *s.m.* ⇒firing ⇒shooting ⇒shoot-out

títere ■ *s.m.* **1** ⇒puppet ■ *títeres* *s.m.pl.* **2** *(guiñol)* ⇒puppet show

titular ■ *s.m.* **1** *(de un periódico)* ⇒headline **2** *(de una cuenta bancaria)* ⇒holder ■ **titularse** *v. prnl.* **3** *(llevar como título)* ⇒to be called: *¿Cómo se titula?* - What's it called? **4** *(en una universidad)* ⇒to graduate

título *s.m.* **1** *(de una película, un libro)* ⇒title **2** *(nobiliario)* ⇒title **3** *(documento, diploma)* ⇒certificate ⇒diploma **4** *(académico)* ⇒qualification **5** *(universitario)* ⇒degree

tiza *s.f.* ⇒chalk [U]: *Dame una tiza* - Give me a piece of chalk

toalla *s.f.* **1** ⇒towel **2** *tirar la ~ col.* ⇒to throw in the towel *inform* **3** *~ de baño* ⇒bath towel

tobillo *s.m.* ⇒ankle

tobogán *s.m.* **1** ⇒slide **2** *(con forma de castillo)* ⇒helter-skelter *UK*

tocadiscos *s.m.* ⇒record player

tocar *v.* **1** ⇒to touch **2** *(palpar)* ⇒to feel: *Como estaba oscuro, llegué hasta la puerta tocando las paredes* - As it was dark, I managed to reach the door feeling the walls **3** *(un instrumento)* ⇒to play: *¿Tocas la guitarra?* - Do you play the guitar? **4** *(en algunos juegos)* ⇒to be sb's turn: *Te toca a ti* - It's your turn **5** *(un premio)* ⇒to win **6** *Nos toca estudiar este fin de semana* - We have to study this weekend **7** *(las campanadas de un reloj)* ⇒to strike **8** *(un timbre)* ⇒to ring ⇒to press

tocayo, ya *s.* ⇒namesake

tocino *s.m.* ⇒pork fat

todavía *adv.* **1** *(en oraciones afirmativas)* ⇒still: *Mi padre todavía disfruta jugando con trenes* - My dad still enjoys playing with train sets **2** *(en oraciones negativas)* ⇒yet [CONSTR. Se sitúa al final de la oración]: *El cartero no ha venido todavía* - The postman hasn't come yet; *¿Has terminado? Todavía no* - Have you finished? Not yet **3** *(en oraciones negativas expresando énfasis)* ⇒still: *Son las cuatro de la mañana y todavía no hemos acabado* - It's four in the morning and we still haven't finished **4** *(incluso)* ⇒even: *Él es todavía más guapo que su hermano* - He is even more handsome than his brother ■ Ver cuadro en página siguiente y ver cuadro already / yet

todo, da ■ *indef.* **1** ⇒all: *He estado enferma toda la semana* - I've been ill all week **2** *(referido a cosas)* ⇒everything: *Guardamos todo en el armario* - We put everything away in the wardrobe **3** *(entero)* ⇒whole: *Todo el país votó en contra* - The whole country voted against it **4** *así y todo* ⇒nevertheless **5** *con todo* ⇒even so ⇒all the same **6** *del todo* ⇒completely: *No estoy del todo satisfecha* - I'm not completely satisfied **7** *lo primero de todo* ⇒first of all **8** *por todas partes* ⇒all over: *Hubo inundaciones por todas partes del país* - There were floods all over the country **9** *sobre todo* ⇒above all ⇒especially: *Sobre todo, no olvides los anillos* - Don't forget the rings, especially **10** *todo el mundo* ⇒everybody ⇒everyone **11** *todo recto* ⇒straight ahead: *Sigue por esta calle todo recto* - Follow this road straight ahead **12** *y todo lo demás* ⇒and so on ■ **todos, das** *pl.* **13** ⇒all: *Todos fuimos al cine* - We all went to the cinema; *Quedan reservados todos los derechos* - All rights reserved **14** *(frecuencia)* ⇒every: *todos los días* - every day

toga *s.f.* ⇒robe

toilet *s.m. AMÉR.* ⇒toilet *UK*; ⇒W.C. *UK*; ⇒bathroom *US*

toldo *s.m.* ⇒awning

tolerancia *s.f.* ⇒tolerance

tolerante *adj.* ⇒tolerant

tolerar *v.* ⇒to tolerate ⇒to put up with *sth/sb*: *No tolera su actitud* - He cannot put up with his attitude

toma *s.f.* **1** *(de una ciudad)* ⇒taking **2** *(en cine)* ⇒take **3** *(de poder)* ⇒assumption **4** *(de corriente)* ⇒socket **5** *(de agua, gas)* ⇒mains **6** *(de un medicamento)* ⇒dose

tomado, da *adj./s. AMÉR. col.* ⇒drunken ⇒drunk

T

tomar *v.* **1** ⇨to take: *Toma estas manzanas* - Take these apples **2** *(coger)* ⇨to catch: *¡Tómalo!* - Catch it! **3** *(comer, beber)* ⇨to have: *¿Tomamos un café?* - Shall we have a coffee? **4** *(una ciudad, una población)* ⇨to take: *Tomaron la ciudad en dos días* - They took the city in two days; ⇨to capture **5** *(una medicina)* ⇨to take: *Necesito tomarme una aspirina* - I need to take an aspirin **6** *(un medio de transporte)* ⇨to take: *Tengo que tomar el autobús para ir a trabajar* - To go to work, I have to take the bus **7** AMÉR. *(una bebida alcohólica)* ⇨to drink **8** *tomar apuntes* - to take notes **9** *tomar el sol* - to sunbathe **10** *tomar medidas* - to take measures **11** *tomarse algo en serio* - to take sth seriously **12** *tomarse algo bien* - to take sth well **13** *toma* ⇨here you are: *Toma, mi número de teléfono* - Here you are; my phone number **14** ~ *a mal* ⇨to resent **15** ~ *el pelo* ⇨to tease: *Deja de tomarme el pelo* - Stop teasing me!; ⇨to take the mickey UK *inform* **16** ~ *parte en* ⇨to take part in **17** ~ *prestado* ⇨to borrow

tomate *s.m.* **1** ⇨tomato *(pl* tomatoes) **2** ~ *frito* ⇨tomato sauce

tomillo *s.m.* ⇨thyme

tomo *s.m.* **1** ⇨volume: *Tengo una enciclopedia en ocho tomos* - I have an encyclopedia in eight volumes **2** *de* ~ *y lomo col.* ⇨out-and-out

tonalidad *s.f.* ⇨tonality *(pl* tonalities)

tonel *s.m.* ⇨barrel

tonelada *s.f.* ⇨ton ⇨tonne UK

tónico, ca ∎ *adj.* **1** *(en gramática)* ⇨stressed: *una sílaba tónica* - a stressed syllable; ⇨tonic ∎ *tónico s.m.* **2** *(reconstituyente)* ⇨tonic **3** *(loción capilar)* ⇨hair tonic **4** *(loción dérmica)* ⇨skin tonic

tono *s.m.* **1** *(de un sonido)* ⇨tone ⇨pitch *(pl* pitches) **2** *(de un color)* ⇨shade **3** *(de un discurso)* ⇨tone **4** *(música)* ⇨key *(pl* keys) **5** ~ *de llamada (en un teléfono)* ⇨ringtone

tontear *v.* **1** *(hacer cosas tontas)* ⇨to play the fool **2** *(decir cosas tontas)* ⇨to talk nonsense **3** *col. (coquetear)* ⇨to flirt: *Estaba tonteando con el vecino* - She was flirting with the neighbour

tontería *s.f.* ⇨nonsense [U]: *No digas tonterías* - Don't talk nonsense

tonto, ta ∎ *adj.* **1** ⇨silly ⇨foolish: *No seas tonto* - Don't be foolish; ⇨dumb US *offens;* ⇨stupid ∎ *s.*

todavía (still / yet)

• **Still** indica que una acción continúa:

· *My dad **still** enjoys playing with train sets.*
 (Mi padre todavía disfruta jugando con los trenes de juguete.)

Se usa en oraciones afirmativas, interrogativas y en las negativas que se quiere dar énfasis. **Still** se sitúa detrás de los verbos auxiliares y modales, y delante del resto de los verbos.

afirmativa	negativa	interrogativa
*That plant **still** has flowers.* (Esa planta todavía tiene flores.) *I'm **still** waiting.* (Estoy todavía esperando)	*It's ten o'clock and he **still** hasn't come.* (Son las diez y él todavía no ha llegado.)	*Is he **still** here?* (¿Está aquí todavía?)

• **Yet** afirma que algo no ha ocurrido o pregunta si va a ocurrir:

· *I haven't seen the film **yet**.*
 (Todavía no he visto la película.)

Se usa en oraciones negativas y en interrogativas. **Yet** se sitúa al final de la oración.

afirmativa	negativa	interrogativa
–	*He isn't here **yet**.* (Todavía no está aquí.)	*Hasn't he gone **yet**?* (¿No se ha marchado todavía?)

(Ver también cuadro **alredy / yet**.)

2 ⇒fool: *Soy tan tonta* - I'm such a fool; ⇒idiot ⇒simpleton **3** hacer el ~ *col.* ⇒fool about ⇒play the fool **4** hacerse el ~ *col.* ⇒to act dumb: *No te hagas el tonto que te he visto* - Don't act dumb, I've seen you

tope *s.m.* **1** *(límite)* ⇒limit ⇒maximum: *el tope de los descuentos* - the maximum of my discounts **2** *(pieza)* ⇒stop **3** *(de una puerta)* ⇒doorstop **4** a ~ *col.* ⇒flat out *inform;* ⇒packed: *La sala estaba a tope* - The room was packed

topo *s.m.* ⇒mole

toque *s.m.* **1** ⇒touch *(pl* touches) **2** *(llamada telefónica)* ⇒call **1 2 3** ~ de queda ⇒curfew

toquilla *s.f.* ⇒shawl

torbellino *s.m.* **1** ⇒whirlwind **2** *(de cosas)* ⇒whirl: *un torbellino de sensaciones* - a whirl of sensations

torcer ∎ *v.* **1** ⇒to twist **2** *(doblar)* ⇒to bend **3** *(cambiar de dirección)* ⇒to turn: *Tuerza a la izquierda, por favor* - Turn left, please ∎ torcerse *prnl.* **4** *(una parte del cuerpo)* ⇒to sprain **5** *(ir mal)* ⇒to go wrong **6** *(doblarse)* ⇒to bend: *La viga se ha torcido últimamente* - The beam has recently bent a little

torear *v.* **1** *(a un toro)* ⇒to fight **2** *col. (una dificultad)* ⇒to sidestep

torero, ra ∎ *adj.* **1** ⇒bullfighting ∎ *s.* **2** ⇒bullfighter

tormenta *s.f.* **1** ⇒storm **2** *(con rayos y truenos)* ⇒thunderstorm **3** ~ de ideas ⇒brainstorming

tormento *s.m.* **1** *(suplicio)* ⇒torment: *Escucharla todos los días es un tormento* - Listening to her everyday is a real torment **2** *(tortura física)* ⇒torture

tormentoso, sa *adj.* **1** *(el tiempo atmosférico)* ⇒stormy **2** *(una situación)* ⇒stormy

tornado *s.m.* ⇒tornado *(pl* tornadoes, tornados); ⇒twister *US inform*

torneo *s.m.* ⇒tournament

tornillo *s.m.* **1** ⇒screw **2** *(con tuerca)* ⇒bolt **3** faltarle a alguien un ~ ⇒to have a screw loose

torno *s.m.* **1** *(de un carpintero)* ⇒lathe **2** *(de un alfarero)* ⇒potter's wheel

toro ∎ *s.m.* **1** ⇒bull **2** *(una persona fuerte)* ⇒strong man ∎ toros *pl.* **3** *(corrida)* ⇒bullfight **4** *(toreo)* ⇒bullfighting: *¿Te gustan los toros?* - Do you like bullfighting?

torpe *adj. (patoso)* ⇒clumsy ⇒graceless

torpedo *s.m.* ⇒torpedo *(pl* torpedoes)

torpeza *s.f.* **1** *(falta de habilidad)* ⇒clumsiness **2** *(acción poco acertada)* ⇒blunder: *Fue una torpeza de tu parte* - That was a blunder of you **3** *(falta de inteligencia)* ⇒stupidity

torre *s.f.* **1** ⇒tower **2** *(en ajedrez)* ⇒castle ⇒rook **3** ~ de viviendas ⇒tower block

torrencial *adj.* ⇒torrential

torrente *s.m.* **1** ⇒torrent **2** *(de palabras)* ⇒stream: *un torrente de insultos* - a stream of insults; ⇒rush

torrija *s.f.* ⇒French toast

torso *s.m.* ⇒torso: *ejercicios para fortalecer el torso* - exercises to strengthen the torso; ⇒trunk

torta *s.f.* **1** *(masa)* ⇒dough **2** *col. (bofetada)* ⇒smack ⇒slap **3** *(caída) col.* ⇒fall **4** *(choque) col.* ⇒crash **5** *AMÉR. (tarta)* ⇒cake **6** *AMÉR. (bocadillo)* ⇒sandwich *(pl* sandwiches) **7** ni ~ *col. No entiendes ni torta* - You don't understand a thing

tortazo *s.m.* **1** ⇒trad **3** *col.* ⇒clout *UK inform;* ⇒slap: *un tortazo* - a slap in the face; ⇒smack **2** *(golpe) col.* ⇒thump

tortícolis *s.f.* ⇒stiff neck: *Tengo tortícolis* - I've got a stiff neck

tortilla *s.f.* **1** ⇒omelette **2** ~ española ⇒potato omelette **3** ~ francesa ⇒plain omelette

tortita *s.f.* ⇒pancake

tórtolo, la *s.* **1** ⇒turtledove **2** *col. (persona)* ⇒lovebird

tortuga *s.f.* **1** *(de tierra)* ⇒tortoise **2** *(de agua)* ⇒turtle

tortura *s.f.* ⇒torture

torturar *v.* ⇒to torture

tos *s.f.* **1** ⇒cough: *una tos seca* - a hacking cough **2** *un ataque de tos* - a coughing fit

toser *v.* ⇒to cough

tostada *s.f.* ⇒toast [U]

tostador *s.m.* ⇒toaster

tostar ∎ *v.* **1** ⇒to toast **2** *(la piel)* ⇒to tan ∎ tostarse *prnl.* **3** ⇒to tan ⇒to go brown

total ∎ *adj.* **1** ⇒total: *un éxito total* - a total success ∎ *s.m.* **2** ⇒total ⇒grand total: *El total después de todas las operaciones es muy elevado* - The grand total after all the operations is really high

tóxico, ca ∎ *adj.* **1** ⇒toxic ∎ tóxico *s.m.* **2** ⇒poisonous substance

trabajador, -a ∎ *adj.* **1** ⇒hardworking ∎ *s.* **2** ⇒worker **3** ~ social ⇒social worker

trabajar *v.* **1** ⇒to work: *trabajar mucho* - to work hard; ⇒to labour *UK form* **2** *¿En qué trabajas?* - What do you do?

trabajo *s.m.* **1** ⇒work [U]: *quedarse sin trabajo* - to find oneself out of work; *estar en el trabajo* - to be at work; ⇒labour *UK* [U] **2** *(empleo)* ⇒job: *un trabajo fijo* - a permanent job **3** *(tarea)* ⇒task ⇒piece of work ⇒job: *hacer un trabajo* - to do a job; ⇒assignment **4** *(para clase)* ⇒project **5** ~ en equipo ⇒teamwork **6** ~ eventual ⇒casual work

UK; ⇒temporary work **7** ~ **manual** ⇒manual labour [U]; ⇒manual labor *US* [U] **8 trabajos forzados** ⇒hard labour [U]; ⇒hard labor *US* [U] **9 trabajos manuales** *(artesanía)* ⇒handicrafts ⇒craftwork *sing*

trabalenguas *s.m.* ⇒tongue twister

tractor *s.m.* ⇒tractor

tradición *s.f.* ⇒tradition

tradicional *adj.* ⇒traditional

traducción *s.f.* ⇒translation

traducir *v.* **1** *(de forma oral)* ⇒to interpret **2** *(de forma escrita)* ⇒to translate: *Lleva meses traduciendo este libro* - He has been translating that book for months

traductor, -a *s.* ⇒translator

traer *v.* **1** ⇒to bring [CONSTR. to bring + dos objetos]: *¿Puedes traerme el monedero?* - Could you bring me my wallet?; ⇒to get [CONSTR. to get+ dos objetos] **2** *(causar)* ⇒to bring: *Esto traerá problemas* - This will bring problems **3** *(cargar)* ⇒to carry: *Traía muchas bolsas* - He was carrying many bags

traficante *s.com.* ⇒dealer ⇒trafficker

traficar *v.* ⇒to deal ⇒to traffic

tráfico *s.m.* **1** ⇒traffic **2** *tráfico de drogas* - drug trafficking

tragaperras *s.f.* ⇒fruit machine

tragar ▌ *v.* **1** ⇒to swallow **2** *(aguantar, soportar)* ⇒to put up with: *Tuve que tragar con sus insultos toda la noche* - I had to put up with their insults all night ▌ **tragarse** *prnl.* **3** ⇒to swallow: *Me tragué un chicle* - I swallowed a chewing-gum **4** *col. (creerse)* ⇒to swallow: *No me tragué tu historia* - I didn't swallow your story; ⇒to buy *US inform*

tragedia *s.f.* ⇒tragedy *(pl* tragedies)

trágico, ca *adj.* ⇒tragic

trago *s.m.* **1** ⇒drink ⇒gulp ⇒drop *inform: un trago de cerveza* - a drop of beer **2** *(contratiempo)* ⇒cruel blow ⇒hard time: *pasar un mal trago* - to go through a hard time

tragón, -a *adj./s. col.* ⇒glutton *n;* ⇒pig *inform*

traición *s.f.* **1** ⇒treachery [U] **2** *(contra el país)* ⇒treason [U]: *alta traición* - high treason **3** *(acto)* ⇒betrayal **4 a ~** ⇒treacherously

traicionar *v.* **1** ⇒to betray ⇒to double-cross *inform* **2** *(los nervios)* ⇒to let down

traidor, -a *s.* ⇒traitor

traje *s.m.* **1** ⇒suit ⇒outfit **2** *traje de noche* - evening dress **3** ~ **de baño 1** *(para hombres)* ⇒swimming trunks *pl* **2** *(para mujeres)* ⇒swimming costume **4** ~ **de novia** ⇒wedding dress *(pl* wedding dresses)

trama *s.f.* ⇒plot

tramar *v.* ⇒to be up to: *Creo que ellos están tramando algo* - I think they are up to sth; ⇒to scheme ⇒to plot

tramo *s.m.* **1** *(de una superficie larga)* ⇒section ⇒stretch *(pl* stretches) **2** *(de una escalera)* ⇒flight

trampa *s.f.* **1** *(para cazar)* ⇒trap ⇒snare **2** *(engaño)* ⇒trap ⇒set-up **3** *hacer trampas* - to cheat **4 caer en la ~** *col.* ⇒to fall for a trick *inform* **5 tender una ~** ⇒to lay a trap (for)

trampolín *s.m.* ⇒springboard ⇒diving board

tramposo, sa *s.* **1** ⇒cheat **2** *(en las cartas)* ⇒card-sharp

tranquilidad *s.f.* ⇒peace: *Necesito tranquilidad para leer* - I need some peace to read; ⇒quiet

tranquilizar ▌ *v.* **1** ⇒to calm ⇒to calm down: *Tranquiliza a tu padre, que está muy nervioso* - Calm your father down, he is very nervous; ⇒to reassure [CONSTR. 1. to reassure + (that) 2. to reassure + to do sth] ▌ **tranquilizarse** *prnl.* **2** ⇒to calm down

tranquilo, la 1 *adj. (un sitio)* ⇒calm: *El mar estaba muy tranquilo* - The sea was really calm; ⇒quiet ⇒peaceful **2** *(sin nervios)* ⇒calm: *Parecía tranquila* - She looked calm; ⇒relaxed ⇒undisturbed **3** *(música)* ⇒soft

transatlántico *s.m.* ⇒ocean liner ⇒liner

transbordador *s.m.* **1** ⇒ferry *(pl* ferries) **2** *(espacial)* ⇒space shuttle

transbordo *s.m.* **1** ⇒change **2** *(en un viaje)* ⇒connection ⇒transfer

transcurrir *v.* ⇒to pass ⇒to elapse *form: Transcurrieron tres semanas* - Three weeks elapsed

transeúnte *s.com.* ⇒passer-by *(pl* passers-by)

transformar *v.* **1** *(un objeto en otra cosa)* ⇒to convert ⇒to turn [CONSTR. to turn something into something]: *transformar el hielo en agua* - to turn ice into water **2** *(a una persona, un proceso)* ⇒to transform ⇒to change

transfusión *s.f.* ⇒transfusion: *transfusión de sangre* - blood transfusion

transición *s.f.* ⇒transition *form*

transmitir *v.* **1** *(una señal)* ⇒to transmit *form* **2** *(una enfermedad)* ⇒to pass on **3** *(una información)* ⇒to hand down ⇒to convey **4** *(un programa)* ⇒to broadcast ⇒to transmit

transparentar ▌ *v.* **1** *(mostrar)* ⇒to show [CONSTR. to show + interrogativo]: *Tus ojos transparentaban cuán asustado estabas* - Your eyes showed how scared you was ▌ **transparentarse** *prnl.* **2** *(clarearse)* ⇒to be see-through: *Tu vestido se transparenta* - Your dress is see-through

transparente *adj.* **1** ⇒clear ⇒transparent **2** *(una tela)* ⇒see-through ⇒sheer **3** *(sin tapujos)* ⇒open ⇒clear ⇒transparent

transportar *v.* **1** ⇒to transport ⇒to carry **2** *(mercancías)* ⇒to freight ⇒to convey

transporte *s.m.* **1** ⇒transport *UK: transporte público* - public transport; ⇒transportation *US* **2**

T▊

(envío) ⇒conveyance *form;* ⇒shipment ⇒shipping **3** medios de ~ ⇒means of transport *UK*

tranvía *s.m.* ⇒tram *UK;* ⇒streetcar *US*

trapecio *s.m.* **1** *(barra)* ⇒trapeze **2** *(figura plana)* ⇒trapezium ⇒trapezoid *US*

trapo ∎ *s.m.* **1** ⇒rag ⇒cloth **2** *(para secar los platos)* ⇒dishcloth **3** *(de cocina)* ⇒tea towel *UK;* ⇒dishtowel *US* **4** *(para el polvo)* ⇒duster *UK* ∎ trapos *s.m.pl.* **5** *col. (ropa)* ⇒clothes

tras *prep.* **1** ⇒after: *Tras recibir la noticia se puso a saltar* - He began to jump after hearing the news **2** *(por detrás)* ⇒behind: *Está tras la puerta* - She is behind the door

trasero, ra ∎ *adj.* **1** ⇒back: *asiento trasero* - back seat; ⇒rear: *puerta trasera* - rear door ∎ trasero *s.m.* **2** *col.* ⇒behind *euphem, inform;* ⇒bottom *inform*

trasladar ∎ *v.* **1** *(un mueble)* ⇒to move **2** *(a una persona)* ⇒to transfer ⇒to second *UK* ∎ trasladarse *prnl.* **3** *(una persona)* ⇒to move: *Me trasladé a otra sección* - I moved to another section **4** *(mudarse)* ⇒to move

traslado *s.m.* ⇒transfer ⇒move

trasluz (al ~) ⇒against the light

trasnochar *v.* ⇒to stay up late ⇒to have a night on the tiles *inform*

traspasar *v.* **1** *(un cuerpo)* ⇒to go through: *La bala traspasó la pierna del soldado* - The bullet went through the soldier's leg; ⇒to pierce **2** *(un negocio)* ⇒to sell **3** *(un límite)* ⇒to go beyond: *traspasar una barrera* - to go beyond a barrier **4** *(el alma)* ⇒to pierce

traspaso *s.m.* ⇒transfer

trasplantar *v.* **1** *(una planta)* ⇒to transplant **2** *(un órgano)* ⇒to transplant **3** *Los médicos consiguieron transplantarle un corazón al paciente* - The doctors managed to transplant the patient a heart

trasplante *s.m.* ⇒transplant

trastada *s.f. col.* ⇒prank *old-fash;* ⇒mischief

trastero, ra ∎ *adj.* **1** *cuarto trastero* - junk room ∎ trastero *s.m.* **2** ⇒junk room

trasto *s.m.* **1** *(objeto)* ⇒a piece of junk *inform* **2** *col.* ⇒little devil: *Eres un trasto* - You are a little devil! **3** tirarse los trastos a la cabeza *col.* ⇒to have a blazing row

trastornar ∎ *v.* **1** *(causar molestias)* ⇒to disturb **2** *(hacer perder la razón)* ⇒to cause to become deeply disturbed ∎ trastornarse *prnl.* **3** ⇒to become deeply disturbed: *El anciano se trastornó cuando creyó haber perdido a su hijo* - The old man became deeply disturbed when he thought he had lost his son

trastorno *s.m.* **1** *(cambio anormal)* ⇒disruption **2** *(molestia)* ⇒bother **3** *(problema médico)* ⇒disorder

tratado *s.m.* **1** *(acuerdo)* ⇒treaty *(pl treaties):* *tratado de paz* - peace treaty **2** *(estudio)* ⇒treatise: *un tratado de física* - a physics treatise

tratamiento *s.m.* **1** ⇒handling ⇒processing **2** *(de un problema)* ⇒handling ⇒treatment **3** *(médico)* ⇒treatment

tratar ∎ *v.* **1** ⇒to handle ⇒to process **2** *(a un enfermo)* ⇒to treat: *La están tratando los mejores médicos* - The best doctors are treating her **3** *(un problema)* ⇒to deal with ⇒to handle **4** *(un asunto, a alguien)* ⇒to deal with **5** *(intentar)* ⇒to try [CONSTR. to try + to do sth] **6** *(un libro)* ⇒to deal with ⇒to be about: *¿De qué trata la novela?* - What's the novel about? ∎ tratarse *prnl.* **7** *(un asunto)* ⇒to be about

trato *s.m.* **1** *(entre personas)* ⇒contact ⇒treatment **2** *(comercial)* ⇒deal ⇒bargain

trauma *s.m.* **1** ⇒trauma **2** *(lesión)* ⇒trauma ⇒injury

través (a ~) **1** *(por entre, de un lado a otro)* ⇒across ⇒over: *Saltó a través de la cancela* - She jumped over the gate **2** *(por medio de)* ⇒through: *Le conocí a través de su padre* - I met her through his father

travesía *s.f.* **1** *(viaje)* ⇒crossing ⇒cruise **2** *(calle)*

travesti o **travestí** *s.m.* ⇒transvestite ⇒cross-dresser

travesura *s.f.* ⇒mischief [U]; ⇒prank: *A los niños les encanta hacer travesuras* - Kids love playing pranks

travieso, sa *adj.* ⇒mischievous ⇒naughty

trayecto *s.m.* **1** ⇒journey ⇒haul **2** *(de una línea de transporte)* ⇒route **3** ⇒distance

trayectoria *s.f.* **1** *(dirección)* ⇒path ⇒trajectory *(pl trajectories)* **2** *(evolución)* ⇒development ⇒progression **3 4** ⇒ profesional ⇒career

trazar *v.* **1** *(dibujar)* ⇒to draw **2** *(concebir)* ⇒to draw up ⇒to devise

trébol ∎ *s.m.* **1** *(planta)* ⇒clover **2** *(símbolo irlandés)* ⇒shamrock ∎ tréboles *pl.* **3** *(de una baraja)* ⇒clubs

trece *numer.* **1** ⇒thirteen **2** *(fecha)* ⇒thirteenth **3** mantenerse en sus ~ ⇒to stick to *one's* guns

treceavo, va *numer.* ⇒thirteenth

trecho *s.m.* ⇒stretch *(pl stretches);* ⇒distance: *Hay un trecho entre tu casa y la mía* - There is a bit of distance between your house and mine

tregua *s.f.* **1** ⇒truce **2** sin ~ ⇒without respite

treinta *numer.* **1** ⇒thirty **2** estar en los treinta - to be in one's thirties **3** *(fecha)* ⇒thirtieth

tremendo, da 1 *adj. (terrible)* ⇒tremendous ⇒terrific ⇒horrendous ⇒howling **2** *(extraordinario)* ⇒formidable ⇒mighty ⇒stupendous

tren *s.m.* **1** ⊸train: *ir en tren* - to go by train; *estación de tren* - railway station **2** ~ **de alta velocidad** ⊸high-speed train **3** ~ **de cercanías** ⊸local train **4** ~ **de largo recorrido** ⊸long-distance train **5** ~ **de lavado** ⊸car wash **6** ~ **de vida** ⊸lifestyle

trenca *s.f.* ⊸duffle coat

trenza *s.f.* ⊸plait *UK: Ayer llevaba trenzas* - I had plaits yesterday; ⊸braid *US*

trepar *v.* **1** ⊸to climb ⊸to scramble **2** *(una planta)* ⊸to creep

tres *numer.* **1** ⊸three **2** *(fecha)* ⊸third

trescientos, tas *numer.* ⊸three hundred

tresillo *s.m.* **1** ⊸three-seater sofa **2** *(un sofá y dos sillones)* ⊸three-piece suite

triangular *adj.* ⊸triangular

triángulo *s.m.* ⊸triangle: *un triángulo equilátero* - an equilateral triangle

tribu *s.f.* ⊸tribe: *las tribus indígenas* - the indigenous tribes

tribuna *s.f.* **1** ⊸platform **2** *(en deporte)* ⊸stand ⊸grandstand

tribunal *s.m.* ⊸court ⊸tribunal

tributo *s.m.* **1** *(impuesto)* ⊸tax *(pl* taxes) **2** *(homenaje)* ⊸tribute

triciclo *s.m.* ⊸tricycle

tricota *s.f.* *AMÉR.* ⊸jersey ⊸pullover ⊸jumper *UK*

tricotar *v.* ⊸to knit

tridimensional *adj.* ⊸three-dimensional

trigésimo, ma *numer.* ⊸thirtieth

trigo *s.m.* ⊸wheat

trimestral *adj.* **1** ⊸quarterly ⊸three-monthly **2** *una revista trimestral* - a magazine published every three months

trimestre *s.m.* ⊸term: *He estudiado mucho este trimestre* - I've studied a lot this term; ⊸session *US, SCOT*

trinar *v.* **1** *(un pájaro)* ⊸to twitter ⊸to warble **2** *col. (una persona): Están que trinan* - They are hopping mad

trinchar *v.* ⊸to carve: *¿Puedes trinchar el pavo?* - Could you please carve the turkey?; ⊸to slice

trinchera *s.f.* ⊸trench *(pl* trenches)

trineo *s.m.* **1** ⊸sledge *UK;* ⊸sled *US* **2** *(tirado por perros o caballos)* ⊸sleigh ⊸sledge *UK*

trío *s.m.* **1** *(conjunto de tres personas)* ⊸threesome ⊸trio **2** *(composición musical)* ⊸trio

tripa *s.f.* **1** ⊸belly *inform: tener tripa* - to have a belly; ⊸tummy *inform* **2** *Me duele la tripa* - I've got stomach ache

triple *numer.* ⊸triple ⊸treble

triplicar ∎ *v.* ⊸to triple: *triplicar una cantidad* - to triple an amount of money ∎ **triplicarse** *prnl.* **2** ⊸to treble: *La población de la ciudad se*

ha triplicado - The population of the city has trebled

tripulación *s.f.* ⊸crew

tripular *v.* **1** *(un barco)* ⊸to sail ⊸to man **2** *(un avión)* ⊸to fly

triste 1 *adj. (con tristeza)* ⊸sad: *La película me puso triste* - The film made me sad; ⊸miserable: *Me siento muy triste* - I feel miserable; ⊸gloomy **2** *(lamentable)* ⊸sorry ⊸sad **3** *(desalentador)* ⊸gloomy

tristeza *s.f.* ⊸sadness ⊸sorrow *form: un sentimiento de tristeza* - a feeling of sorrow

triturar *v.* **1** ⊸to crush: *triturar almendras* - to crush almonds **2** *(papel)* ⊸to shred

triunfal *adj.* **1** ⊸triumphal **2** *(un gesto)* ⊸triumphant

triunfar *v.* **1** *(ganar)* ⊸to triumph ⊸to win **2** *(tener éxito)* ⊸to succeed [CONSTR. to succeed in + doing sth]; ⊸to be successful **3** *(en los naipes)* ⊸to trump

triunfo *s.m.* **1** ⊸triumph **2** *(en los naipes)* ⊸trump

trocear *v.* ⊸to chop up ⊸to cut into pieces

trofeo *s.m.* ⊸trophy *(pl* trophies)

trombón *s.m.* ⊸trombone

trompa *s.f.* **1** *(de un elefante)* ⊸trunk **2** *(instrumento musical)* ⊸horn

trompeta *s.f.* ⊸trumpet

tronar *v.* ⊸to thunder ⊸to boom

tronco *s.m.* **1** ⊸trunk **2** *(ya cortado)* ⊸log

trono *s.m.* ⊸throne: *subir al trono* - to come to the throne

tropa *s.f.* **1** *(de soldados)* ⊸troop **2** *(de gente)* ⊸troop ⊸crowd **3** *entrar en tropa en un lugar* - to troop in a place

tropezar ∎ *v.* **1** ⊸to trip [CONSTR. to trip over sth]: *Tropecé con el cable* - I tripped over the cable; ⊸to stumble: *Tropecé con la silla* - I stumbled against the chair **2** *(con una dificultad)* ⊸to run into: *Tropecé con varios problemas* - I ran into several problems ∎ **tropezarse** *prnl.* **3** *(encontrarse por casualidad)* ⊸to come across: *Estaba buscando un libro y me tropecé con un montón de viejos cómics* - I was looking for a book and I came across a lot of old comics **4** *(encontrarse con alguien)* ⊸to bump into ⊸to come across

tropezón *s.m.* ⊸stumble ⊸trip

tropical *adj.* ⊸tropical

trópico *s.m.* ⊸tropic

trotar *v.* ⊸to trot

trote *s.m.* ⊸trot: *ir al trote* - to go at trot

trozo *s.m.* **1** ⊸piece ⊸bit: *un trozo de comida* - a bit of food **2** *(grande)* ⊸hunk

trucha *s.f.* ⊸trout *(pl* trout)

T

truco *s.m.* **1** ⇒trick **2** *(maña)* ⇒knack: *cogerle el truco a algo* - to get the knack of sth **3** *(acción deshonesta)* ⇒dodge

trueno *s.m.* ⇒thunderclap ⇒thunder [U]: *un trueno* - a clap of thunder

tu *poses.* ⇒your: *Ha sonado tu despertador* - Your alarm clock went off

tú *pron.pers.* **1** ⇒you: *¿Fuiste tú la que llamó?* - Was it you that rang? **2** ~ **mismo** ⇒yourself: *Hazlo tú mismo* - Do it yourself; ⇒you yourself **3** ~ **solo** ⇒by yourself ⇒on your own: *¿Lo hiciste tú solo?* - Did you do it on your own?

tubería *s.f.* **1** ⇒pipe **2** *(de desagüe)* ⇒drainpipe

tubo *s.m.* **1** ⇒tube **2** *(para bucear)* ⇒snorkel **3** *AMÉR. (de un teléfono)* ⇒earpiece **4** ~ **de ensayo** ⇒test tube **5** ~ **de escape** ⇒exhaust pipe

tuerca *s.f.* ⇒nut

tuerto, ta ∎ *adj.* **1** ⇒one-eyed ∎ *s.* **2** ⇒one-eyed person

tulipán *s.m.* ⇒tulip

tumba *s.f.* **1** ⇒grave **2** *(sepulcro)* ⇒tomb

tumbar ∎ *v.* **1** *(derribar)* ⇒to knock down: *La tumbó con la propuesta* - He knocked her down with the proposal; ⇒to knock over ⇒to blow down: *El viento tumbó los árboles de la avenida* - The wind blew down the trees of the avenue ∎ **tumbarse** *prnl.* **2** ⇒to lie down

tumbona *s.f.* ⇒deckchair

tumor *s.m.* ⇒tumour *UK;* ⇒tumor *US*

tumulto *s.m.* ⇒commotion: *Su llegada provocó un tumulto* - His arrival caused quite a commotion; ⇒tumult *form;* ⇒turmoil ⇒rush

túnel *s.m.* ⇒tunnel

túnica *s.f.* ⇒tunic ⇒robe

turbante *s.m.* ⇒turban

turbio, bia *adj.* **1** *(un líquido)* ⇒cloudy ⇒muddy **2** *(un asunto)* ⇒shady *inform: un asunto turbio* - a shady business; ⇒murky

turco, ca ∎ *adj.* **1** ⇒Turkish ∎ *s.* **2** *(de Turquía)* ⇒Turk **3** *AMÉR. (árabe)* ⇒Middle Easterner ∎ *turco s.m.* **4** *(idioma)* ⇒Turkish

turismo *s.m.* **1** *(actividad)* ⇒tourism: *un experto en turismo a países extranjeros* - an expert on overseas turism **2** *(hecho de hacer turismo)* ⇒sightseeing: *hacer turismo* - to go sightseeing **3** *(coche)* ⇒car **4** **oficina de** ~ ⇒tourist information office

turista *s.com.* **1** ⇒tourist **2** *(visitante)* ⇒sightseer

turístico, ca *adj.* **1** ⇒tourist: *información turística* - tourist information; ⇒tour: *un guía turístico* - a tour guide **2** *(lleno de turistas)* ⇒popular among tourists

turnarse *v.prnl.* ⇒to take turns ⇒to alternate

turno *s.m.* **1** ⇒turn: *Tienes que esperar a que sea tu turno* - You have to wait for your turn **2** *(de trabajo)* ⇒shift: *turno de noche* - night shift **3** **a turnos** ⇒in turns

Turquía *s.f.* ⇒Turkey

turrón *s.m.* ⇒sweet traditionally eaten at Christmas ⇒nougat

tutear *v.* ⇒to address *sb* using the «tú» form

tutor, -a *s.* **1** *(a nivel jurídico)* ⇒guardian **2** *(en la enseñanza)* ⇒tutor *UK*

tutoría *s.f.* **1** *(cargo)* ⇒tutorship **2** *(sesión)* ⇒tutorial

tuyo, ya *poses.* **1** *(precedido del verbo «ser»)* ⇒yours: *Este lápiz es tuyo* - This pencil is yours; *Esta es mi camisa, y aquella es la tuya* - This is my shirt, and that is yours **2** *(precedido de un sustantivo)* ⇒of yours: *He conocido a un amigo tuyo* - I've met a friend of yours **3** *(pronombre)* ⇒yours: *La tuya es mejor* - Yours is better

u I *s.f.* **1** *(letra del alfabeto)* ⇨u I *conj.* **2** ⇨or: *uno u otro* - one or the other

Ucrania *s.f.* ⇨Ukraine

ucraniano, na I *adj. / s.* **1** ⇨Ukrainian I **ucraniano** *s.m.* **2** *(idioma)* ⇨Ukrainian

úlcera *s.f.* ⇨ulcer ⇨sore

ultimar *v.* **1** ⇨to finalize ⇨to finalise *UK: ultimar los detalles* - to finalise the details **2** *AMÉR. (a una persona)* ⇨to kill ⇨to murder

ultimátum *s.m.* ⇨ultimatum

último, ma *adj.* **1** *(en el tiempo)* ⇨last [CONSTR. the last + to do sth]; ⇨final **2** *(en el espacio)* ⇨last ⇨back: *Su novio está sentado en la última fila* - Her boyfriend's sitting in the back row **3** *(más reciente)* ⇨latest: *¿Has escuchado su última canción?* - Have you heard their latest song? **4** *(más alto)* ⇨top **5** *(extremo)* ⇨last: *la última solución* - the last solution **6 por último** ⇨lastly

ultramarinos *s.m.* ⇨grocer's *UK (pl* grocers'); ⇨convenience store *US*

umbilical *adj.* ⇨umbilical: *cordón umbilical* - umbilical cord

umbral *s.m.* **1** *(de una puerta)* ⇨threshold **2** *(principio)* ⇨threshold: *en el umbral de una nueva época* - on the threshold of a new age; ⇨verge

un, -a I *art.indeterm.* **1** *(delante de un sonido no vocálico en inglés)* ⇨a: *una araña* - a spider **2** *(delante de un sonido vocálico en inglés)* ⇨an: *un insecto* - an insect I *indef.* **3** Véase **uno, na** ■ Ver cuadros a / an y a / an / the

unánime *adj.* ⇨unanimous

unanimidad *s.f.* **1** ⇨unanimity **2 por ~** ⇨unanimously

undécimo, ma *numer.* ⇨eleventh

único, ca I *adj.* **1** ⇨only ⇨sole **2** *(excepcional)* ⇨unique **3** *hijo,ja ~* ⇨only child I *s.* **4** *el único* - the only one I **únicos, cas** *pl.* **5** ⇨the only ones

unidad *s.f.* **1** *(medida)* ⇨unit **2** *(pieza)* ⇨piece **3** *(uniformidad)* ⇨unity **4** *(sección)* ⇨unit: *unidad de cuidados intensivos* - intensive care unit

uniforme I *adj.* **1** ⇨uniform ⇨steady: *un desarrollo uniforme* - an steady development I *s.m.* **2** ⇨uniform

unión *s.f.* ⇨union

unir I *v.* **1** ⇨to join: *Estaba intentando unir las dos piezas* - He was trying to join the two pieces; ⇨to connect: *Uní los dos cables* - I connected both wires together; ⇨to unite: *Deberíamos permanecer unidos para conseguir lo que queremos* - We should be united to get what we want **2** *(relacionar)* ⇨to link **3** *(estar unido a)* ⇨to be attached to I **unirse** *prnl.* **4** *(agruparse)* ⇨to join

universal *adj.* **1** ⇨universal **2** *(mundial)* ⇨world: *historia universal* - world history; ⇨world-wide

universidad *s.f.* ⇨university *(pl* universities); ⇨college *US*

universitario, ria I *adj.* **1** *ciudad universitaria* - university campus I *s.* **2** ⇨university student **3** *(licenciado)* ⇨graduate

universo *s.m.* ⇨universe

uno, na I *numer.* **1** *(cantidad)* ⇨one *form: Solo tengo un bolígrafo* - I've only got one pen **2** *(fecha)* ⇨first: *Mi prima nació el uno de marzo* - My cousin was born on the 1st of March I *indef.* **3** ⇨a: *He visto pasar una mariposa* - I saw a butterfly; ⇨one: *Yo también he visto una* - I saw one too ■ Ver cuadro a / an **4** ⇨someone: *Ha venido uno y se lo ha llevado* - Someone came and took it **5** *cada uno* ⇨each one: *Cada uno debe hacer sus deberes* - Each one should do their homework **6** *de ~ en ~* ⇨one at a time **7** *el uno al otro* ⇨one another: *Se abrazaron el uno al otro* - They hugged one another **8** *~ mismo,ma* ⇨oneself **9** *~ tras otro,tra* ⇨one after the other I **unos, nas** *indef.pl.* **10** ⇨some: *¿Quieres unas galletas?* - Would you like some cookies?; ⇨a few I *adj.* **11** *(aproximadamente)* ⇨about: *unas cincuenta personas* - about fifty people

untar *v.* **1** ⇨to spread **2** *(con mantequilla)* ⇨to butter **3** *(con aceite o grasa)* ⇨to grease **4** *col. (sobornar)* ⇨to bribe

U

uña

uña *s.f.* **1** ⇨nail **2** *(de la mano)* ⇨fingernail **3** *(del pie)* ⇨toenail **4 ser ~ y carne** ⇨to be inseparable

urbanización *s.f.* **1** ⇨housing estate *UK;* ⇨residential development ⇨housing development *US* **2** *(proceso)* ⇨urbanization ⇨urbanisation *UK: la urbanización de terrenos rurales* - the urbanisation of rural land

urbano, na *adj.* ⇨urban ⇨town

urgencia ∎ *s.f.* **1** ⇨emergency *(pl* emergencies); ⇨urgency ∎ **urgencias** *pl.* **2** *(en un hospital)* ⇨casualty *UK* [U]; ⇨casualty department *UK;* ⇨casualty ward *UK;* ⇨emergency room *US*

urgente *adj.* **1** ⇨urgent **2** *(el correo)* ⇨express

urna *s.f.* **1** *(de votos)* ⇨ballot box *(pl* ballot boxes) **2** *(para las cenizas)* ⇨urn **3** *(vitrina)* ⇨glass case

urraca *s.f.* ⇨magpie

Uruguay *s.m.* ⇨Uruguay

uruguayo, ya *adj./s.* ⇨Uruguayan

usado, da *adj.* **1** ⇨used **2** *(pila)* ⇨flat **3** *(desgastado)* ⇨worn-out ⇨cast-off

usar *v.* **1** ⇨to use: *Siempre me usa para obtener lo que quiero* - She always uses me to get what she wants **2** *(una prenda, un perfume)* ⇨to wear: *Uso vaqueros a diario* - I wear jeans daily **3 de ~ y tirar** ⇨disposable ⇨throwaway **4 sin ~** ⇨unused ⇨unworn

uso *s.m. (utilización)* ⇨use: *uso habitual de* - regular use of [U]; ⇨usage: *uso industrial* - industrial usage

usted *pron.pers.* **1** ⇨you: *Usted estuvo aquí ayer, ¿no?* - You were here yesterday, weren't you?; *Era usted* - It was you **2** *(con valor posesivo)* ⇨yours: *¿Es de usted este libro?* - Is this book yours? **3 ~ mismo** ⇨yourself: *Sírvase usted mismo* - Help yourself **4 ~ solo** ⇨by yourself ⇨on your own: *¿Lo ha hecho usted solo?* - Did you do it on your own?

usual *adj.* ⇨usual

usuario, ria *s.* **1** ⇨user **2** *saber informática a nivel usuario* - to be computer literate

utensilio *s.m.* ⇨utensil ⇨tool: *utensilios de cocina* - kitchen tools

útero *s.m.* ⇨womb ⇨uterus *(pl* uteri, uteruses)

útil ∎ *adj.* **1** ⇨useful: *un consejo útil* - an useful piece of advice ∎ *s.m.* **2** *(herramienta)* ⇨tool

utilidad *s.f.* **1** *(cualidad de ser útil)* ⇨usefulness **2** *(provecho)* ⇨profit

utilizar *v.* ⇨to use: *No deberías utilizar aparatos eléctricos en el baño* - You shouldn't use electric devices on the bathroom; ⇨to make use of: *Los jugadores pueden utilizar todas las instalaciones* - The players can make use of all the facilities; ⇨to deploy: *utilizar los recursos* - to deploy resources

uva *s.f.* **1** ⇨grape **2 estar de mala ~** *col.* ⇨to be in a bad mood

UVI *s.f. (Unidad de Vigilancia Intensiva)* ⇨intensive care unit

v *s.f. (letra del alfabeto)* ⇨v

vaca *s.f.* **1** *(animal)* ⇨cow: *enfermedad de las vacas locas* - mad cow disease **2** *(carne)* ⇨beef

vacación *s.f.* **1** ⇨holiday *UK: vacaciones de verano* - summer holidays; *irse de vacaciones* - to go on holiday; ⇨vacation *US* **2** *(en la universidad)* ⇨vacation **3** *(de mitad de trimestre)* ⇨half-term holiday *UK;* ⇨half-term break *US*

vacante ∎ *adj.* **1** ⇨vacant: *Queda una habitación vacante* - There's a vacant room; ⇨unoccupied ∎ *s.f.* **2** ⇨vacancy *(pl* vacancies): *Hay una vacante en mi empresa* - There's a vacancy on my company

vaciar *v.* **1** *(dejar vacío)* ⇨to empty: *vaciar una habitación* - to empty a room **2** *(en arte)* ⇨to cast: *vaciar una estatua en bronce* - to cast a statue in bronze

vacilación *s.f.* ⇨hesitation

vacilar *v.* **1** *(dudar)* ⇨to hesitate ⇨to dither *offens* **2** *(sin estabilidad)* ⇨to wooble ⇨to tooter **3** *col. (fanfarronear)* ⇨to show off **4** *col. (tomar el pelo)* ⇨to banter with *sb* ⇨to tease

vacío, a ∎ *adj.* **1** *(sin cosas, sin gente)* ⇨empty **2** *(sin cosas)* ⇨hollow ∎ *vacío s.m.* **3** *(sentimiento)* ⇨void **4** envasado al vacío ⇨vacuum-packed **5** vacío legal ⇨loophole

vacuna *s.f.* **1** ⇨vaccine **2** *(acción)* ⇨vaccination **3** ~ de recuerdo ⇨booster (shot)

vacunar *v.* ⇨to vaccinate ⇨to inoculate

vacuno, na *adj.* **1** ⇨bovine **2** *ganado vacuno* - cattle

vadear *v.* ⇨to wade ⇨to ford

vado *s.m.* **1** *(de un río)* ⇨ford **2** *(de una acera)* ⇨entrance ⇨access [U]

vagabundo, da *s.* ⇨tramp ⇨hobo *US (pl* hoboes, hobos); ⇨bum *US inform;* ⇨vagrant *form*

vagar *v.* ⇨to roam: *vagar por las calles* - to roam the streets / to roam about the streets; ⇨to wander: *vagar por la ciudad* - to wander around the city

vagina *s.f.* ⇨vagina

vago, ga ∎ *adj.* **1** *(perezoso)* ⇨lazy ⇨(bone) idle **2** *(impreciso)* ⇨vague ⇨dim: *recuerdo vago* - a dim memory ∎ *s.* **3** *(perezoso)* ⇨dosser *UK inform;* ⇨loafer *inform* **4** hacer el vago ⇨to laze about ⇨to loaf around **5** ojo vago ⇨lazy eye

vagón *s.m.* **1** *(de pasajeros)* ⇨carriage *UK;* ⇨coach *UK (pl* coaches); ⇨car *US* **2** *(de mercancías)* ⇨wagon *UK;* ⇨goods wagon *UK;* ⇨freight car *US* **3** ~ restaurante ⇨dining car ⇨buffet car *UK*

vaguear *v.* ⇨to laze ⇨to laze {about/around}: *Mi hermana estuvo vagueando todo el día ayer* - My sister lazed about all day long yesterday; ⇨to doss {about/around} *UK inform*

vaho *s.m.* **1** ⇨steam **2** *(en un cristal)* ⇨condensation

vaina *s.f.* **1** *(de un puñal)* ⇨sheath **2** *(de una espada)* ⇨scabbard **3** *(cáscara)* ⇨pod **4** *AMÉR. (un asunto)* ⇨issue

vainilla *s.f.* ⇨vanilla

vaivén *s.m.* **1** ⇨rocking ⇨swinging ⇨swaying: *el vaivén de las olas* - the swaying of the waves **2** *(cambio)* ⇨up and down: *La vida tiene muchos vaivenes* - Life has a lot of ups and downs

vajilla *s.f.* **1** ⇨crockery [U]; ⇨service **2** *(de porcelana)* ⇨china [U]

vale ∎ *s.m.* **1** ⇨coupon ⇨token *UK;* ⇨voucher: *vale descuento* - discount voucher ∎ *interj.* **2** ⇨okay! *inform;* ⇨(all) right! ⇨fine!

valentía *s.f.* ⇨bravery: *Les otorgaron las medallas por su valentía* - They were awarded medals for their bravery; ⇨boldness ⇨gallantry *form*

valer ∎ *v.* **1** *(costar)* ⇨to cost: *¿Cuánto vale?* - How much does it cost? **2** *(tener un valor)* ⇨to be worth: *no valer nada* - not to be worth anything; *Esta radio no vale ese dinero* - This radio isn't worth that money **3** *(servir, ser útil)* ⇨to be useful ⇨to be of use: *Eso solo vale para leña* - That's only of use as firewood **4** *No vale* - It's useless **5** *No valgo para esto* - I'm no use for this **6** *(contar)* ⇨to count: *Ese tiro no vale* - That

shot doesn't count **7** *(estar permitido)* ⇨to be allowed: *Eso no vale* - That's not allowed **8** *(ser válido)* ⇨to be valid: *Este documento ya no vale* - This document is no longer valid **9** *(una prenda)* ⇨to fit **10 más vale que** ⇨had better: *Más vale que me cuentes la verdad* - You had better tell me the truth **11 ~ la pena** ⇨to be worth [CONSTR. to be worth + doing sth]: *Vale la pena verlo* - It's worth seeing it **12 ¡vale ya!** ⇨enough! ∎ **valerse** *prnl.* **13** *(manejarse)* ⇨to manage by oneself

válido, da *adj.* ⇨valid

valiente *adj.* ⇨brave ⇨bold: *Era una escaladora valiente y decidida* - She was a bold and fearless climber; ⇨courageous ⇨gritty: *una decisión valiente* - a gritty decision; ⇨lion-hearted *lit*

valioso, sa *adj.* ⇨valuable

valla *s.f.* **1** ⇨fence ⇨barrier: *levantar una valla* - to erect a barrier **2** *(en atletismo)* ⇨hurdle: *100 metros vallas* - 100 metres hurdles **3 ~ publicitaria** ⇨billboard *US;* ⇨hoarding *UK*

valle *s.m.* ⇨valley ⇨vale *lit, old-fash*

valor *s.m.* **1** *(precio)* ⇨value ⇨worth **2** *(valentía)* ⇨bravery ⇨nerve [CONSTR. nerve + to do sth]: *Tuvo el valor de correr detrás del ladrón* - He had the nerve to run after the burglar; ⇨valour *UK lit* **3** *(desvergüenza, frescura)* ⇨nerve **4 tener valor** - to be brave **5 armarse de ~** ⇨to pluck up courage **6 ~ adquisitivo** ⇨purchasing power **7 ~ sentimental** ⇨sentimental value

valorar *v.* **1** *(poner precio)* ⇨to value ⇨to assess **2** *(apreciar, estimar)* ⇨to value: *No sabes cómo valorar la dedicación de tu madre* - You don't know how to value your mother's dedication; ⇨to appreciate ⇨to appraise

vals *s.m.* ⇨waltz *(pl* waltzes*)*

válvula *s.f.* ⇨valve: *una válvula de seguridad* - a safety valve

vampiro *s.m.* ⇨vampire

vandalismo *s.m.* ⇨vandalism

vanguardia *s.f.* **1** *(movimiento cultural)* ⇨avant-garde: *un movimiento de vanguardia* - an avant-garde movement; ⇨avantgarde **2** *(de un ejército)* ⇨vanguard **3 estar a la ~** ⇨to be in the vanguard

vanidad *s.f.* ⇨vanity [U]

≡V **vanidoso, sa** *adj.* ⇨vain

vano, na *adj.* **1** *(inútil)* ⇨pointless ⇨vain **2** *(infundado)* ⇨unfounded: *esperanzas vanas* - unfounded hopes; ⇨forlorn **3** *(presumido)* ⇨vain **4 en vano** ⇨in vain

vapor *s.m.* **1** ⇨steam ⇨(water) vapour *UK;* ⇨(water) vapor *US* **2 echar vapor** - to steam

vaquero, ra ∎ *adj.* **1** ⇨denim: *una cazadora vaquera* - a denim jacket ∎ *s.* **2** ⇨cowboy ⇨cowherd

3 *película de vaqueros* - western ∎ **vaqueros** *s.m.pl.* **4** *(pantalones)* ⇨jeans

vara *s.f.* **1** ⇨stick ⇨cane *UK* **2 dar la ~ col.** ⇨to nag [CONSTR. 1. to nag about sth 2. to nag at sb] *inform: Ese tío siempre me está dando la vara* - That guy is always nagging at me; ⇨to go on at *sb inform: Mi hermana siempre me está dando la vara para que le preste ese vestido* - My sister is always going on at me to lend her that dress; ⇨to annoy

variable *adj.* ⇨changeable: *El tiempo es bastante variable* - The weather is notoriously changeable; ⇨variable: *una tasa de interés variable* - a variable interest rate; ⇨varying

variación *s.f.* ⇨variation

variar *v.* **1** ⇨to vary ⇨to alter: *Se ha modificado la tasa de interés* - The rate of interest has been haltered **2 para ~** ⇨for a change: *Llegó tarde, para variar* - He arrived late, just for a change

varicela *s.f.* ⇨chickenpox

variedad *s.f.* **1** ⇨variety *(pl* varieties*)* **2** *(surtido)* ⇨range: *Esa pastelería tiene una gran variedad de dulces* - That confectionery has a great range of sweets; ⇨choice

varilla *s.f.* **1** ⇨rod **2** *(de un paraguas, de un abanico)* ⇨rib

varios, rias ∎ *adj.* **1** *(diversos)* ⇨various: *libros varios* - various books **2** *(algunos)* ⇨several: *varios amigos* - several friends ∎ *pron.* **3** ⇨some: *han venido varios* - some came

varón *s.m.* ⇨male ⇨boy: *Enhorabuena, es un varón* - Congratulations! It's a boy

varonil *adj.* ⇨manly

vasco, ca ∎ *adj. / s.* **1** ⇨Basque ∎ *vasco s.m.* **2** *(idioma)* ⇨Basque

vasija *s.f.* **1** ⇨vessel *old-fash* **2** *(de barro)* ⇨crock ⇨pot

vaso *s.m.* **1** ⇨glass *(pl* glasses*)* [Hay dos formas de decir *un vaso de agua: a glass of water* (si está lleno) y *a water glass* (si está vacío)] **2** *(de plástico)* ⇨cup **3** *(en anatomía)* ⇨vessel: *vaso sanguíneo* - blood vessel **4 ahogarse en un ~ de agua** ⇨to get worked up over nothing **5 ~ capilar** ⇨capillary *(pl* capillaries*)*

vasto, ta *adj.* ⇨vast: *la vasta extensión del desierto* - the vast extension of the desert; ⇨immense ⇨huge

vaya *interj.* **1** *¡vaya por Dios!* - oh dear! **2** *¡vaya catarrazo!* - what a stinking cold! **3 ~** ⇨gee *US inform*

vecindario *s.m.* ⇨neighbourhood *UK;* ⇨neighborhood *US*

vecino, na ∎ *adj.* **1** ⇨neighbouring *UK;* ⇨neighboring *US* ∎ *s.* **2** ⇨neighbour *UK;* ⇨neighbor *US* **3**

los vecinos de un barrio - the residents of an area

vegetación ▮ *s.f.* 1 ⇨vegetation ⇨greenery ▮ **vegetaciones** *pl.* 2 ⇨adenoids

vegetal ▮ *adj.* 1 ⇨vegetable: *aceite vegetal* - vegetable oil ▮ *s.m.* 2 ⇨vegetable

vegetariano, na *s.* 1 ⇨vegetarian ⇨veggie *UK* inform 2 *(estricto)* ⇨vegan: *Los vegetarianos más estrictos ni siquiera comen miel* - The strictest vegans won't even eat honey

vehículo *s.m.* ⇨vehicle *form*

veinte *numer.* 1 ⇨twenty 2 *(fecha)* ⇨twentieth 3 *estar en los veinte* - to be in one's twenties

vejez *s.f.* 1 *(período)* ⇨old age 2 *(conjunto de características)* ⇨old nature

vela *s.f.* 1 *(de luz)* ⇨candle ⇨taper 2 *(de un barco)* ⇨sail 3 *(deporte)* ⇨sailing 4 *hacer vela* - to sail 5 *en ~* ⇨sleepless: *pasar la noche en vela* - to have a sleepless night

velar ▮ *v.* 1 *(proteger)* ⇨to look after: *Vela por tus intereses* - Look after your interests 2 *(a un enfermo)* ⇨to sit up with: *Cuando tuve la varicela, mi padre me veló toda la noche* - When I had chickenpox, my father sat up with me the whole night 3 *(a un muerto)* ⇨to keep vigil [CONSTR. to keep vigil for sb]: *Ayer velamos a mi abuelo* - Yesterday we kept vigil for my grandfather ▮ **velarse** *prnl.* 4 *(un carrete)* ⇨to get exposed: *Se me veló la película* - The film of my camera got exposed

velatorio *s.m.* ⇨wake

velero *s.m.* ⇨sailing ship ⇨sailing boat *UK;* ⇨sail boat *US*

veleta ▮ *s.f.* 1 *(objeto)* ⇨weather vane ▮ *s.com.* 2 *col. (persona)* ⇨fickle 3 *ser un veleta* - to blow with the wind

vello *s.m.* ⇨fuzz ⇨hair

velo *s.m.* ⇨veil

velocidad *s.f.* 1 ⇨speed: *límite de velocidad* - speed limit; *ir a gran velocidad* - to go at high speed; *aumentar la velocidad* - to speed up; *reducir la velocidad* - to slow down; ⇨velocity *form* 2 *(en una caja de cambios)* ⇨gear: *segunda velocidad* - second gear

veloz *adj.* ⇨fast

vena *s.f.* 1 ⇨vein 2 *en ~ col.* ⇨in the mood for

vencedor, -a ▮ *adj.* 1 ⇨winning ⇨victorious ▮ *s.* 2 ⇨winner

vencer *v.* 1 ⇨to win 2 *(al enemigo)* ⇨to defeat ⇨to beat 3 *(un sentimiento)* ⇨to overcome: *vencer la tristeza* - to overcome sadness 4 *(en una competición)* ⇨to beat ⇨to defeat 5 *(un plazo)* ⇨to expire

venda *s.f.* 1 ⇨bandage 2 *(para los ojos)* ⇨blindfold

vendaje *s.m.* ⇨bandage ⇨dressing

vendar *v.* 1 ⇨to bandage 2 *(los ojos)* ⇨to blindfold

vendaval *s.m.* ⇨gale

vendedor, -a *s.* 1 ⇨seller ⇨vendor: *El vendedor de la casa quiere cerrar el contrato esta semana* - The vendor of the house wants to exchange contracts this week 2 *(en una tienda)* ⇨shop assistant *UK;* ⇨retailer ⇨sales clerk *US* 3 *(hombre)* ⇨salesman *(pl salesmen)* 4 *(mujer)* ⇨saleswoman *(pl saleswomen)* 5 *vendedor de periódicos* - newsagent

vender *v.* 1 ⇨to sell: *vender al por menor* - to sell retail 2 *(de forma ilegal)* ⇨to bootleg 3 *(un negocio)* ⇨to sell off 4 *se vende* ⇨for sale

vendimia *s.f.* ⇨grape harvest

vendimiar *v.* ⇨to harvest grapes

veneno *s.m.* 1 ⇨poison 2 *(de las serpientes o los insectos)* ⇨venom

venenoso, sa *adj.* ⇨poisonous ⇨venomous

venezolano, na *adj. / s.* ⇨Venezuelan

Venezuela *s.f.* ⇨Venezuela

venga *interj.* 1 *col. (para apremiar)* ⇨go on! *inform;* ⇨come on! *inform* 2 *col. (para expresar incredulidad)* ⇨come on! *inform;* ⇨come off it! *inform*

venganza *s.f.* ⇨vengeance ⇨revenge

vengar ▮ *v.* 1 ⇨to avenge *lit: vengar la muerte de alguien* - to avenge sb's death ▮ **vengarse** *prnl.* 2 ⇨to take vengeance ⇨to take revenge [CONSTR. to take revenge on sb]: *Me vengué de todos ellos* - I took revenge on them all

venir *v.* 1 ⇨to come [CONSTR. to come + to do sth]: *Vino de vacaciones* - He came on holidays; *¿De dónde viene?* - Where does he come from? 2 *venir a la memoria* - to come into sb's mind 3 *(en un medio escrito)* ⇨to appear ⇨to be: *No viene en el diccionario* - It isn't in the dictionary 4 *(una prenda)* ⇨to be: *Este vestido me viene pequeño* - This dress is too small 5 *(volver)* ⇨to come back ⇨to be back: *Esperadme que vengo pronto* - Wait for me, I'll be back soon 6 *que viene* ⇨the coming ⇨next: *el año que viene* - next year 7 *~ a ser* ⇨to amount to 8 *~ bien* ⇨to be welcome 9 *~ mal* ⇨to not suit ⇨to not be convenient

venta ▮ *s.f.* 1 *(de un producto)* ⇨sale 2 *(fonda)* ⇨inn 3 *a la ~* ⇨on sale 4 *en ~* ⇨for sale ⇨on the market ▮ **ventas** *pl.* 5 ⇨sales ⇨selling

ventaja *s.f.* 1 ⇨advantage 2 *(en una competición)* ⇨lead 3 *(en tenis)* ⇨advantage

ventana *s.f.* ⇨window

ventanilla *s.f.* 1 *(ventana de un vehículo)* ⇨window 2 *(taquilla)* ⇨box office

ventilación *s.f.* **1** ⇨ventilation **2** *(hueco)* ⇨opening (for ventilation): *Dejaron una ventilación en la bodega* - They left an opening for ventilation in the cellar

ventilador *s.m.* ⇨fan ⇨ventilator

ventilar *v.* ⇨to ventilate ⇨to air

ventisca *s.f.* ⇨blizzard

ventoso, sa *adj.* ⇨windy ⇨blustery: *un día ventoso* - a blustery day

ventrílocuo, cua *s.* ⇨ventriloquist

ver ∎ *v.* **1** ⇨to see: *No veo sin lentillas* - I can't see without contact lenses **2** *(observar atentamente)* ⇨to look **3** *(la televisión)* ⇨to watch: *ver los dibujos* - to watch the cartoons **4** *(visitar)* ⇨to see: *Ven a vernos cuando quieras* - Come and see us any time! **5** *(comprender)* ⇨to see: *No veo por qué no* - I don't see why not **6** *(considerar)* ⇨to think **7** *Te veo contento* - You seem happy **8** vamos a ~ ⇨let's see **9** veamos ⇨let's see **10** ~ de repente ⇨to spot **11** ~ por casualidad ⇨to catch sight of **12** ya veré ⇨I'll see **13** ⇨to see each other **14** *(encontrarse): verse obligado a hacer algo* - to be obliged to do sth **15** vérselas con *col.* ⇨to reckon with ∎ Ver cuadro see / look at / watch

veranear *v.* ⇨to spend the summer: *Solemos veranear en la costa* - We usually spend the summer at the coast; ⇨to holiday *UK;* ⇨to vacation *US*

veraneo *s.m.* ⇨summer holiday: *lugar de veraneo* - summer holiday resort

veraniego, ga *adj.* ⇨summery: *¡Qué veraniega vienes hoy!* - You look summery today!

verano *s.m.* **1** ⇨summer **2** *(en zonas tropicales)* ⇨dry season

veras (de ~) ⇨really [CONSTR. Se sitúa delante del adjetivo]: *Lo siento de veras* - I'm really sorry; ⇨truly

veraz *adj.* ⇨truthful

verbena *s.f.* ⇨fair ⇨jamboree

verbo *s.m.* **1** ⇨verb **2** ~ auxiliar ⇨auxiliary verb **3** ~ modal ⇨modal verb ∎ Ver cuadro en esta página y cuadros auxiliary verbs, modal verbs y verbos con dos objetivos

verdad *s.f.* **1** ⇨truth: *decir la pura verdad* - to tell the plain truth **2** *ser verdad* - to be true **3** *(en un contexto interrogativo): Estás de acuerdo, ¿verdad?* - You agree, don't you?

verdadero, ra *adj.* **1** ⇨real: *Es la verdadera propietaria de la casa* - She is the real owner of the house; ⇨true: *Creo que sus comentarios son verdaderos* - I think their comments are true; ⇨proper *UK* **2** *(sincero)* ⇨truthful

verde ∎ *adj.* **1** ⇨green **2** *(una fruta)* ⇨green ⇨unripe **3** *(un terreno)* ⇨green: *una zona verde* - a green area **4** *col. (una persona)* ⇨green ⇨inexperienced **5** *Estoy verde en matemáticas* - I'm

weak at maths **6** *col. (un chiste)* ⇨dirty ⇨blue ⇨inform ∎ *adj. / s.com.* **7** *(ecologista)* ⇨green: *el partido de los verdes* - the Green party ∎ *s.m.* **8** *(color)* ⇨green **9** *(césped)* ⇨grass **10** poner ~ *col.* ⇨to have a right go *inform:* *poner verde a alguien* - to have a right go at sb

verdugo *s.m.* ⇨hangman *(pl* hangmen)

verdura *s.f.* ⇨vegetables *pl: Odio la verdura* - I hate vegetables; ⇨greens *pl*

veredicto *s.m.* ⇨verdict: *emitir veredicto* - to give a verdict

verbos transitivos e intransitivos

Según el tipo de objeto que lleven, los verbos pueden ser transitivos o intransitivos:

- Los **verbos transitivos** necesitan un objeto directo para que su significado sea completo:

 · The jury **chose** <u>the winner</u>.
 (El jurado eligió al ganador.)

 · The chest **contained** <u>a treasure</u>.
 (El cofre contenía un tesoro.)

 En el diccionario estos verbos aparecen marcados como "**v** [T]".

- Los **verbos intransitivos** nunca llevan un objeto directo:

 · The train **arrived** two hours late.
 (El tren llegó dos horas tarde.)

 · Robin always **lies** about his age.
 (Robin siempre miente acerca de su edad.)

 En el diccionario estos verbos aparecen marcados como "**v** [I]".

- Algunos verbos pueden ser **transitivos e intransitivos**, dependiendo del contexto:

 · She **opened** <u>the window</u>. / The window **opened** suddenly.
 (Abrió la ventana. / La ventana se abrió de repente.)

 · I can't **start** <u>the car</u>. / The car won't **start**.
 (No puedo arrancar el coche. / El coche no arranca.)

 · **Move** <u>those boxes</u> from here. / John has **moved** to another flat.
 (Quita esas cajas de aquí. / John se ha mudado a otro piso.)

 En el diccionario estos verbos aparecen como "**v** [T, I]".

vergonzoso, sa *adj.* **1** ⇨disgraceful ⇨shameful: *un acto vergonzoso* - a shameful act **2** *(tímido)* ⇨shy

vergüenza *s.f.* **1** *(bochorno)* ⇨embarrassment ⇨shame: *No tienes vergüenza* - You have no shame **2** *(deshonra)* ⇨disgrace **3** *hacer pasar vergüenza* - to embarrass **4** *Debería darte vergüenza* - Shame on you **5** *¡Qué vergüenza!* ⇨How embarrassing! **6 tener ~** ⇨to be embarrassed ⇨to feel embarrassed

verídico, ca *adj.* ⇨true: *una historia verídica* - a true story

verja *s.f.* **1** *(valla)* ⇨railings *pl: No pude saltar la verja* - I couldn't jump over the railings **2** *(puerta)* ⇨iron gate

verruga *s.f.* ⇨wart

versión *s.f.* ⇨version: *versión original* - original version

verso *s.m.* ⇨verse

vértebra *s.f.* ⇨vertebra *(pl* vertebrae)

vertebrado, da ▮ *adj.* **1** ⇨vertebrate **▮ vertebrado** *s.m.* **2** ⇨vertebrate

vertedero *s.m.* ⇨dump ⇨(rubbish) tip *UK*

verter *v.* **1** *(basuras)* ⇨to dump **2** *(líquido en un recipiente)* ⇨to pour **3** *(lágrimas)* ⇨to shed **4** *(derramar líquido)* ⇨to spill: *Vertí agua por toda la habitación* - I spilt water all over the room

vertical *adj.* ⇨vertical ⇨upright: *en posición vertical* - in an upright position

vértigo *s.m.* **1** ⇨vertigo **2** *tener vértigo* - to be afraid of heights

vestíbulo *s.m.* **1** ⇨hall *UK;* ⇨hallway *UK* **2** *(en un edificio público)* ⇨foyer ⇨lobby *(pl* lobbies): *el vestíbulo del hotel* - the lobby of the hotel

vestido, da ▮ *adj.* **1** ⇨dressed: *vestido de negro* - dressed in black; ⇨clad *lit;* ⇨clothed **▮ vestido** *s.m.* **2** ⇨dress *(pl* dresses) **3** *(largo)* ⇨gown

vestir ▮ *v.* **1** *(poner ropa)* ⇨to dress ⇨to clothe **2** *(llevar puesto)* ⇨to wear: *Esa mujer vestía pantalones de rayas* - That woman was wearing a pair of striped trousers; *Ese hombre siempre viste de negro* - That man always dresses in black **3 - de** ⇨to dress in **▮ vestirse** *prnl.* **4** *(ponerse ropa)* ⇨to get dressed

vestuario *s.m.* **1** *(conjunto de ropa)* ⇨wardrobe ⇨clothes *pl* **2** *(ropa de teatro, cine)* ⇨costumes **3** *(en instalaciones deportivas)* ⇨changing room *UK;* ⇨locker room *US*

veterano, na *adj. / s.* **1** *(con experiencia)* ⇨veteran: *un actor veterano* - a veteran actor; ⇨old hand ⇨old-timer *inform* **2** *(de guerra)* ⇨veteran *n;* ⇨vet *US inform*

veterinario, ria *s.* ⇨veterinary *form (pl* veterinaries); ⇨veterinarian *US form;* ⇨vet ⇨veterinary surgeon *UK form*

vez *s.f.* **1** ⇨time: *Vi a Emma varias veces* - I saw Emma several times **2** *(turno)* ⇨turn: *pedir la vez* - to ask for one's turn; ⇨go **3 a la ~** ⇨at once: *No habléis todos a la vez* - Don't talk all at once; ⇨at the same time **4 alguna ~** ⇨ever **5 a veces** ⇨at times ⇨sometimes **6 cada ~ más** ⇨every time ⇨more and more **7** *cada vez más lento* - slower and slower **8 cada ~ mayor** ⇨increasing **9 cada ~ menos** ⇨less and less **10 de una ~** ⇨once and for all **11 de ~ en cuando** ⇨from time to time ⇨now and again **12 en ~ de** ⇨instead of **13 érase una ~** ⇨once upon a time **14 otra ~** ⇨again **15 por primera ~** ⇨for the first time **16 una ~** ⇨once: *Solo te lo diré una vez* - I'll only tell you once **17 una ~ más** ⇨once {again/more}: *¿Podrías repetirlo una vez más?* - Could you please repeat it once more?; ⇨yet again **18 una y otra ~** ⇨again and again ⇨over and over

vía ▮ *s.f.* **1** *(de un tren)* ⇨track: *El tren se salió de la vía* - The train went off the tracks; ⇨railway {line/track} ⇨railroad *US* **2** *(ruta)* ⇨route **3** *(en anatomía)* ⇨tract: *vías respiratorias* - respiratory tracts **4 en vías de extinción** ⇨dying **5 la Vía Láctea** ⇨the Milky Way **6 por ~ aérea** ⇨by air **7 por ~ terrestre** ⇨by land **8 ~ pública** ⇨thoroughfare *form* **▮** *prep.* **9** *(a través de)* ⇨via: *El tren de Londres a Manchester va vía Watford* - The train from London to Manchester goes via Watford

viajante *s.com.* ⇨travelling sales representative *UK;* ⇨travelling sales rep *UK*

viajar *v.* ⇨to travel: *Me encanta viajar en invierno* - I love to travel in winter; ⇨to journey *lit*

viaje *s.m.* **1** *(excursión)* ⇨trip: *hacer un viaje* - to make a trip; ⇨jaunt **2** *(trayecto)* ⇨journey **3** *(visitando varios lugares)* ⇨tour **4** *(por mar, por el espacio)* ⇨voyage **5 ¡buen viaje!** ⇨have a good trip! **6 estar de ~** ⇨to be on a trip ⇨to be away **7 ~ de estudios** ⇨field trip **8 ~ de ida** ⇨outward journey **9 ~ de ida y vuelta** ⇨round trip ⇨return journey *UK* **10 ~ de negocios** ⇨business trip **11 ~ de novios** ⇨honeymoon **12 ~ de vuelta** ⇨return journey

viajero, ra *s.* **1** *(persona que viaja)* ⇨traveller *UK;* ⇨traveler *US;* ⇨voyager **2** *(dentro de un medio de transporte)* ⇨passenger

vial *adj.* *educación vial* - road awareness

víbora *s.f.* **1** *(serpiente)* ⇨viper **2** *col. (persona):* *ser una víbora* - to have a vicious tongue

vibración *s.f.* ⇨vibration

vibrar *v.* **1** *(un objeto)* ⇒to vibrate **2** *(la voz)* ⇒to quiver **3** *(emocionarse)* ⇒to be thrilled

viceversa *adv.* ⇒vice versa

vicio *s.m.* ⇒vice ⇒bad-habit: *Ha cogido el vicio de no querer comer pescado* - He's got into the bad-habit of rejecting fish

vicioso, sa ▪ *adj./s.* **1** ⇒hooked *inform adj: vicioso de algo* - hooked on sth ▪ *s.* **2** ⇒addict

víctima *s.f.* **1** ⇒victim **2** *(de un accidente, de una guerra)* ⇒casualty *(pl casualties)* **3** hacerse la ~ ⇒to play the victim

victoria *s.f.* **1** ⇒victory *(pl victories)* **2** no cantes ~ antes de tiempo ⇒Don't count your chicken before they are hatched

victorioso, sa *adj.* ⇒victorious

vid *s.m.* ⇒vine ⇒grapevine

vida *s.f.* **1** ⇒life *(pl lives)* **2** *(como período de tiempo)* ⇒lifetime: *He visto dos guerras en mi vida* - I've seen two wars in my lifetime **3** así es la ~ ⇒that's life **4** en la ~ ⇒never **5** estilo de ~ ⇒way of living **6** ganarse la ~ ⇒to earn a living **7** lleno de ~ ⇒full of life **8** para toda la ~ ⇒for life **9** pasar a mejor ~ ⇒to pass away *euphem* **10** pegarse la gran ~ *col.* ⇒to live it up *inform* **11** quitarse la ~ ⇒to take *one's* own life ⇒to commit suicide

videocasete *s.m.* ⇒videocassette

videoclip *s.m.* ⇒video

videoclub *s.m.* ⇒video shop

videojuego *s.m.* ⇒video game ⇒computer game

vídeo o video *s.m.* **1** *(aparato)* ⇒video cassette recorder ⇒video *UK;* ⇒VCR *US* **2** *(cinta)* ⇒video ⇒videocassette ⇒videotape

vidrio *s.m. (material)* ⇒glass

viejo, ja *adj.* ⇒old ▪ *s.* **1** *(hombre)* ⇒old man *(pl old men)* **2** *(mujer)* ⇒old woman *(pl old women);* ⇒old lady *inform (pl old ladies)* **3** hacerse ~ ⇒to grow old

viento *s.m.* **1** ⇒wind **2** *Hace viento* - It's windy **3** *(muy fuerte)* ⇒gale **4** *(de costado)* ⇒crosswind **5** *(de una tienda)* ⇒string **6** *(instrumentos)* ⇒wind instruments: *Esa es la sección de viento* - Those are the wind instruments **7** contra ~ y marea ⇒no matter what **8** ~ a favor ⇒tail wind **9** ~ en contra ⇒headwind

vientre *s.m.* **1** ⇒stomach ⇒belly *inform (pl bellies)* **2** *(materno)* ⇒womb

viernes *s.m.* **1** ⇒Friday **2** Viernes Santo ⇒Good Friday

Vietnam *s.m.* ⇒Vietnam

vietnamita ▪ *adj./s.* **1** ⇒Vietnamese ▪ *s.m.* **2** *(idioma)* ⇒Vietnamese

viga *s.f.* **1** *(de madera)* ⇒beam **2** *(de hierro)*

⇒girder **3** *(de un techo)* ⇒rafter

vigente *adj.* **1** *(una costumbre, un precio)* ⇒current **2** *(una ley)* ⇒in force

vigésimo, ma *numer.* ⇒twentieth

vigía *s.com.* ⇒lookout ⇒watchman

vigilancia *s.f.* **1** ⇒vigilance ⇒watchfulness ⇒alertness **2** *(policial)* ⇒surveillance ⇒security

vigilante ▪ *adj.* **1** ⇒vigilant ⇒watchful ▪ *s.com.* **2** *(de un edificio)* ⇒guard ⇒caretaker *UK* **3** *(hombre)* ⇒watchman *(pl watchmen)* **4** *(mujer)* ⇒watchwoman *(pl watchwomen)* **5** *(de un zoo, de un museo)* ⇒keeper **6** ~ jurado ⇒security guard **7** ~ nocturno ⇒nightwatchman *(pl nightwatchmen)*

vigilar *v.* **1** ⇒to keep watch over ⇒to keep an eye on: *Vigila mi cámara mientras me doy un baño* - Keep an eye on my camera while I go for a swim **2** *(la policía)* ⇒to police **3** *(en un examen)* ⇒to invigilate

vigor *s.m.* **1** ⇒vigour *UK;* ⇒vigor *US;* ⇒energy *(pl energies)* **2** entrar en ~ ⇒to take effect ⇒to come into force **3** poner en ~ ⇒to put into operation ⇒to enforce

vigoroso, sa *adj.* **1** ⇒vigorous **2** *(un esfuerzo)* ⇒strenous

vikingo, ga *s.* ⇒Viking

villa *s.f.* **1** ⇒villa **2** *(población)* ⇒town

villancico *s.m.* ⇒carol ⇒Christmas carol

vinagre *s.m.* ⇒vinegar

vínculo *s.m.* ⇒link: *un vínculo muy estrecho* - a very tight link

vino *s.m.* **1** ⇒wine: *vino tinto* - red wine; *vino blanco* - white wine **2** *vino rosado* - rosé

viña *s.f.* **1** ⇒vineyard **2** *(planta)* ⇒vine

viñedo *s.m.* ⇒vineyard

viñeta *s.f.* **1** ⇒vignette **2** *(en un periódico)* ⇒cartoon

violación *s.f.* **1** *(de una norma)* ⇒violation ⇒infringement: *violación de la ley* - infringement of the law **2** *(de una persona)* ⇒rape

violar *v.* **1** *(una norma)* ⇒to violate ⇒to break: *violar una ley* - to break a law **2** *(a una persona)* ⇒to rape

violencia *s.f.* **1** ⇒violence **2** con ~ ⇒roughly **3** ~ doméstica ⇒domestic gender

violento, ta *adj.* **1** *(agresivo)* ⇒violent ⇒rough **2** *(situación)* ⇒awkward ⇒embarrassing

violeta ▪ *adj./s.m.* **1** *(color)* ⇒violet ▪ *s.f.* **2** *(flor)* ⇒violet

violín *s.m.* ⇒violin

violinista *s.com.* ⇒violinist

violonchelo *s.m.* ⇒cello

virgen *adj.* **1** ⇒virgin **2** *(una cinta, un CD)* ⇒blank

virgo *adj./s.com.* ⇒Virgo *n*

virtud s.f. 1 *(cualidad)* ⇨virtue 2 *(capacidad)* ⇨power ⇨capacity: *Tiene la virtud de enfadarme* - He has the capacity to make me angry

virtuoso, sa adj. / s. 1 *(con virtudes)* ⇨virtuous adj 2 *(experto)* ⇨virtuoso *(pl virtuosi, virtuosos)*: *un virtuoso del violín* - a virtuoso violinist; *una actuación virtuosa* - a virtuouso performance

viruela s.f. ⇨smallpox

virus s.m. ⇨virus *(pl viruses)*: *un virus informático* - a computer virus

visado s.m. ⇨visa

visera s.f. 1 *(de una gorra)* ⇨peak UK 2 *(de un casco)* ⇨visor US 3 *(gorra)* ⇨cap

visibilidad s.f. ⇨visibility

visible adj. ⇨visible ⇨clear: *en un lugar visible* - on a clear spot

visillo s.m. ⇨net curtain

visión s.f. 1 *(capacidad)* ⇨vision ⇨eyesight 2 *(imagen irreal)* ⇨vision ⇨fantasy 3 *(punto de vista)* ⇨view ⇨insight 4 ~ **de futuro** ⇨foresight 5 ~ **general** ⇨overview

visita s.f. 1 *(hecho de ir a un lugar)* ⇨visit 2 *(persona que visita)* ⇨visitor 3 *(a una página web)* ⇨hit 4 *(a un museo)* ⇨viewing 5 **hacer una ~** ⇨to call on ⇨to drop in: *Decidimos hacerles una visita al pasar por allí* - We decided to drop in as we were passing 6 ~ **guiada** ⇨tour 7 ~ **relámpago** ⇨flying visit 8 ~ **turística** ⇨sightseeing trip

visitante s.com. 1 ⇨visitor ⇨caller UK 2 *(turista)* ⇨sightseer

visitar v. ⇨to visit ⇨to pay a visit to

vislumbrar v. ⇨to catch sight of ⇨to glimpse

visón s.m. ⇨mink

víspera s.f. 1 ⇨eve 2 *La víspera de su cumpleaños* - The day before his birthday 3 ~ **de Todos los Santos** ⇨Hallowe'en ⇨Halloween

vista s.f. 1 *(capacidad de ver)* ⇨eyesight ⇨sight 2 *(órgano)* ⇨eyes pl: *a la altura de la vista* - at eyes' level 3 *(lo que se ve)* ⇨view: *La vista desde mi ventana es muy hermosa* - The view from my window is very pretty 4 **a la ~** ⇨in view ⇨in sight: *estar a la vista* - to be in sight 5 **a primera ~** ⇨at first sight ⇨at a glance 6 **a simple ~** ⇨at first glance ⇨to the nacked eye 7 **de ~** ⇨by sight: *La conozco de vista* - I know her by sight 8 **en ~ de** ⇨in view of *form* 9 **¡hasta la vista!** ⇨see you! 10 ~ **cansada** ⇨eyestrain 11 ~ **panorámica** ⇨panoramic view

vistazo s.m. ⇨glance ⇨quick look: *echar un vistazo a algo* - to take a quick look at sth

visto, ta ■ adj. 1 *Está visto que no quieres venir* - Obviously, you don't want to come 2 *Ese vestido ya está muy visto* - That dress is too unoriginal 3 **estar bien ~** ⇨to be well thought of: *Está bien visto ceder el asiento* - Giving up one's seat is well thought of 4 **estar mal ~** ⇨to be frowned upon: *Escupir en la calle está mal visto* - Spitting in the street is frowned upon 5 **por lo visto** ⇨apparently ■ **visto** s.m. 6 *visto bueno* - approval

visual adj. ⇨visual

vital adj. 1 *(importante)* ⇨vital 2 *(lleno de vida)* ⇨vital *form*

vitalidad s.f. ⇨vitality

vitamina s.f. ⇨vitamin

vitorear v. ⇨to cheer: *El público vitoreó al cantante en cuanto salió* - The public cheered the singer as he went out

vitrina s.f. 1 ⇨glass case ⇨cabinet 2 AMÉR. ⇨shopwindow

viudo, da s. 1 *(hombre)* ⇨widower 2 *(mujer)* ⇨widow

vivar v. AMÉR. ⇨to cheer

víveres s.m.pl. ⇨provisions

vivero s.m. 1 *(de plantas)* ⇨nursery *(pl nurseries)*; ⇨garden centre UK 2 *(de peces)* ⇨fish farm

vivienda s.f. 1 ⇨home: *segunda vivienda* - second home; ⇨flat UK 2 *(alojamiento)* ⇨housing ⇨accommodation

vivir v. 1 ⇨to live: *vivir hasta los noventa y nueve* - to live to ninety-nine 2 *(sufrir una experiencia)* ⇨to experience 3 *(ganarse el sustento)* ⇨to live off: *Vivo de mis cuadros* - I live off my paintings

vivo, va adj. 1 *(con vida)* ⇨alive ⇨living 2 *(animado)* ⇨lively 3 *(inteligente)* ⇨sharp ⇨clever 4 *(un color)* ⇨bright ⇨vivid 5 **vivo o muerto** ⇨dead or alive

vocabulario s.m. ⇨vocabulary

vocación s.f. ⇨vocation

vocal ■ adj. 1 ⇨vocal: *cuerdas vocales* - vocal cords ■ s.f. 2 ⇨vowel

vocero, ra s. 1 AMÉR. *(sin especificar sexo)* ⇨spokesperson 2 AMÉR. *(hombre)* ⇨spokesman *(pl spokesmen)* 3 AMÉR. *(mujer)* ⇨spokeswoman *(pl spokeswomen)*

volador, -a adj. ⇨flying

volante s.m. 1 *(de un coche)* ⇨steering wheel 2 *al volante* - at the wheel 3 *(de tela)* ⇨frill 4 *(papel escrito)* ⇨referral note

volantín s.m. AMÉR. ⇨kite

volar v. 1 ⇨to fly: *Odio volar* - I hate flying 2 *(con el viento)* ⇨to blow away: *Se me voló el sombrero* - The wind blew my hat away 3 *(hacer explotar)* ⇨to blow up: *Volaron el edificio* - They blew the building up; ⇨to blow open 4 *(desaparecer)* ⇨to disappear: *Cuando llegué, los bombo-*

nes habían volado - By the time I got there all the bonbons had disappeared

volcán *s.m.* ⇨volcano (*pl* volcanoes)

volcar ◼ *v.* **1** ⇨to knock over ⇨to upset: *El cliente volcó el vaso* - The customer upset the tumble **2** *(para vaciar el contenido)* ⇨to empty out **3** *(un coche)* ⇨to turn over ⇨to overturn **4** *(una embarcación)* ⇨to capsize ◼ **volcarse** *prnl.* **5** *(darse la vuelta)* ⇨to tip over ⇨to keel over **6** *(desvivirse)* ⇨to do one's utmost

voleibol *s.m.* ⇨volleyball

voltereta *s.f.* **1** ⇨somersault: *dar volteretas* - to turn somersaults **2** ~ **lateral** ⇨cartwheel

voltio *s.m.* ⇨volt

volumen *s.m.* **1** *(espacio que ocupa un cuerpo)* ⇨volume **2** *(sonido de un aparato)* ⇨volume: *subir el volumen* - to turn the volume up **3** ~ **de trabajo** ⇨workload

voluminoso, sa *adj.* ⇨bulky ⇨sizeable

voluntad *s.f.* **1** ⇨will **2** *(determinación)* ⇨willpower ⇨determination **3** **buena** ~ ⇨goodwill ⇨willingness **4** **última** ~ **1** *(último deseo)* ⇨last wish **2** *(testamento)* ⇨last will and testament

voluntario, ria ◼ *adj.* **1** ⇨voluntary: *trabajadores voluntarios* - voluntary workers ◼ *s.* **2** ⇨volunteer

volver ◼ *v.* **1** ⇨to come back ⇨to get back: *volver a la normalidad* - to get back to normality; ⇨to return **2** *(girar)* ⇨to turn **3** *volver a poner* - to replace **4** *(convertirse)* ⇨to go: *volverse loco* - to go crazy; ⇨to become **5** ~ **a llamar** ⇨to call back **6** ~ **en sí** ⇨to come round **7** ~ **loco** ⇨to drive *sb* mad ◼ **volverse** *prnl.* **8** *(hacia algo)* ⇨to turn **9** **volverse atrás** ⇨to go back on: *Se volvió atrás en su decisión* - He went back on his decision

vomitar *v.* **1** ⇨to vomit ⇨to throw up *inform;* ⇨to be sick *UK inform* **2** **tener ganas de** ~ ⇨to feel sick

vómito *s.m.* **1** *(hecho de vomitar)* ⇨vomiting **2** *(devuelto)* ⇨vomit [U]

vosotros, tras *pron.pers.* **1** *(sujeto)* ⇨you: *¿Vosotras fuisteis a la fiesta?* - Did you go to the party? **2** *(objeto)* ⇨you: *¿No os han dicho nada a vosotros?* - Haven't they told you anything? **3** **con** ~ **mismos,mas** ⇨with yourselves: *¿Estáis contentos con vosotros mismos?* - Are you pleased with yourselves? **4** ~ **mismos,mas** ⇨yourselves: *¿Iréis vosotros mismos?* - Are you going yourselves?; ⇨you yourselves **5** ~ **solos,las**

⇨by yourselves ⇨on your own: *¿Lo habéis hecho vosotros solos?* - Did you do it on your own?

votación *s.f.* ⇨vote ⇨voting

votante *s.com.* ⇨voter

votar *v.* ⇨to vote [CONSTR. 1. to vote + (that) 2. to vote + to do sth]: *votar a favor de alguien* - to vote for sb

voto *s.f.* **1** ⇨vote: *voto nulo* - blank vote **2** *(promesa religiosa)* ⇨vow **3** ~ **a favor** ⇨aye ⇨yea **4** ~ **en contra** ⇨nay **5** ~ **nulo** ⇨spoilt ballot paper

voz *s.f.* **1** ⇨voice: *Tenía una voz encantadora* - She had a lovely voice **2** **en** ~ **alta** ⇨aloud **3** **en** ~ **baja** ⇨in a quiet voice **4** **no tener ni** ~ **ni voto** ⇨to have no say **5** ~ **de alarma** ⇨warning **6** ~ **pasiva** ⇨passive ◼ Ver cuadro the passive

vuelo *s.m.* **1** ⇨flight: *vuelo regular* - scheduled flight **2** **alzar el** ~ ⇨to fly off **3** ~ **sin motor** ⇨gliding

vuelta *s.f.* **1** *(regreso)* ⇨return **2** *(movimiento alrededor de un punto)* ⇨turn **3** *(paseo)* ⇨turn ⇨walk **4** *(en bici)* ⇨ride **5** *(en coche)* ⇨drive **6** *(en una carrera)* ⇨lap **7** *(dinero que sobra de pagar algo)* ⇨change **8** *(de un pantalón)* ⇨turn-up *UK;* ⇨cuff *US* **9** *(en una competición)* ⇨leg ⇨round: *Todavía están en la primera vuelta* - They are still on the first round **10** *dar la vuelta a algo* - to turn sth over **11** *dar la vuelta a la manzana* - to go round the block **12** **a la** ~ ⇨on the way back: *Te recogeré a la vuelta* - I'll pick you up on the way back **13** **a la** ~ **de la esquina** ⇨just around the corner **14** **darle vueltas a algo** ⇨to go over and over *sth* in *one's* head **15** **darse la** ~ ⇨to turn around **16** **de** ~ ⇨back

vuelto, ta ◼ *adj.* **1** *un jersey de cuello vuelto* - a polo neck sweater ◼ **vuelto** *s.m.* **2** *AMÉR. (dinero)* ⇨change

vuestro, tra *poses.* **1** *(delante de un sustantivo)* ⇨your: *Vuestro padre me ha contado lo que habéis hecho* - Your father told me what you've done **2** *(detrás de un sustantivo)* ⇨of yours: *Vuestro amigo me cae muy bien* - I really like that friend of yours **3** *(precedido del verbo «ser»)* ⇨yours: *¿Es esto vuestro?* - Is this yours? **4** *(pronombre)* ⇨yours: *Esta casa es más pequeña que la vuestra* - This house is smaller than yours

vulgar *adj.* **1** *(poco educado)* ⇨vulgar *offens;* ⇨common *UK offens* **2** *(corriente)* ⇨common ⇨everyday

w *s.f. (letra del alfabeto)* ⇨w
walkman® *s.m.* ⇨Walkman® ⇨personal stereo
whisky *s.m.* **1** ⇨whisky (*pl* whiskies) **2** ~ escocés ⇨Scotch

windsurf *s.m.* ⇨windsurfing: *hacer windsurf* - to go windsurfing

W ▬

x *s.f. (letra del alfabeto)* ⇨x
xenofobia *s.f.* ⇨xenophobia

xenófobo, ba ▌*adj.* **1** ⇨xenophobic ▌*s.* **2** ⇨xeno-
phobe
xilófono *s.m.* ⇨xylophone

X

y ▌ *s.f.* **1** *(letra del alfabeto)* ⇨y ▌ *conj.* **2** ⇨and **3** *(al decir la hora)* ⇨past [Se dice *twenty-five past four* - *las cuatro y veinticinco.* Incorrecto: *four past twenty-five*]: *Son las seis y veinticinco* - It's twenty-five past six; ⇨after us: *Son las nueve y diez* - It's ten after nine **4** *¿Y tú?* - What about you? **5** *¿y si...?* **1** ⇨how about...?: *¿Y si hacemos un descanso?* - How about if we stop for a while? **2** ⇨what if...?: *¿Y si no voy?* - What if I don't go?

ya ▌ *adv.* **1** *(antes del momento actual)* ⇨already: *Yo he leído este libro ya* - I've read this book already **2** *(antes de lo esperado)* ⇨already: *¿Ya has acabado?* - Have you finished already? **3** *(ahora)* ⇨now: *Nos vamos ya* - We're leaving now; ⇨right now **4** *Ya lo sé* - I know **5** ~ no ⇨no longer ⇨not any longer: *Ya no son amigos* - They aren't friends any longer; ⇨not any more **6** ~ que ⇨as ⇨since: *Ya que no vienes conmigo, le diré a ella que venga* - Since you are not coming with me, I will tell her to come along; ⇨inasmuch as *form* ▌ *¡ya! interj.* **7** *(al acordarse de algo)* ⇨of course! **8** *(al entender algo)* ⇨yes! ⇨ok! **9** *(por fin)* ⇨at last!

yacimiento *s.m.* **1** *(de minerales)* ⇨field: *yacimiento petrolífero* - oilfield; ⇨pit **2** *(arqueológico)* ⇨site

yanqui *s.com. col.* ⇨Yankee *inform*

yarda *s.f.* ⇨yard ⇨yd

yate *s.m.* ⇨yacht

yegua *s.f.* ⇨mare

yema *s.f.* **1** *(del huevo)* ⇨yolk **2** *(de un dedo)* ⇨fingertip

yerba *s.f.* **1** *(en el campo, en un jardín)* ⇨grass **2** *con yerba* - grassy **3** *cortar la yerba* - to mow the grass **4** *(como medicina, como alimento)* ⇨herb **5** *mala yerba* - weed **6** *quitar las malas yerbas* - to weed

yerno *s.m.* ⇨son-in-law (*pl* sons-in-law)

yeso *s.m.* **1** ⇨plaster **2** *col. (vendaje)* ⇨plaster of Paris

yo *pron.pers.* **1** ⇨I: *Yo antes jugaba al tenis* - I used to play tennis **2** *(sujeto al final de frase, precedido del verbo «ser»)* ⇨me: *¿Quién es? Soy yo* - Who is it? It's me; *Soy yo quien tiene que pedirte perdón* - It's me who should apologize to you **3** ⇨self: *mi yo interior* - my inner self **4** ~ mismo,ma ⇨myself: *Lo hice yo mismo* - I did it myself **5** *¡yo qué sé! col.* ⇨don't ask me! *inform;* ⇨search me! *inform* **6** ~ que tú ⇨if I were you **7** ~ solo,la ⇨by myself ⇨on my own: *Lo hice yo sola* - I did it on my own

yodo *s.m.* ⇨iodine

yoga *s.f.* ⇨yoga

yogur *s.m.* ⇨yoghurt ⇨yogurt

yudo *s.m.* ⇨judo

z *s.f.* *(letra del alfabeto)* ⇒z
zafiro *s.m.* ⇒sapphire
zamarra *s.f.* ⇒sheepskin jacket
zambomba ∎ *s.f.* **1** *(instrumento musical)* ⇒traditional percussion instrument ∎ ¡zambomba! *interj.* **2** *(sorpresa, admiración)* ⇒wow!
zampar *v. col.* ⇒to stuff oneself *inform: Me he pasado todo el día zampando* - I've been stuffing myself all day; ⇒to scoff *UK inform: Se zampó la tarta entera* - He scoffed the whole cake; ⇒to wolf *inform;* ⇒to polish off *inform*
zanahoria *s.f.* ⇒carrot
zancada *s.f.* ⇒stride
zancadilla *s.f.* **1** ⇒trip **2** *poner la zancadilla a alguien* - to trip sb up
zángano, na ∎ *s.* **1** *col. (persona)* ⇒lazybones *inform (pl* lazybones); ⇒loafer *inform* ∎ zángano *s.m.* **2** *(abeja macho)* ⇒drone
zanja *s.f.* ⇒trench *(pl* trenches); ⇒ditch *(pl* ditches)
zapatería *s.f.* ⇒shoe shop *UK;* ⇒shoe store *US*
zapatero, ra ∎ *adj.* **1** *la industria zapatera* - the shoe industry ∎ *s.* **2** *(persona)* ⇒shoemaker ⇒cobbler *UK old-fash* ∎ zapatero *s.m.* **3** *(mueble)* ⇒shoe cupboard
zapatilla *s.f.* **1** *(para andar por casa)* ⇒slipper ⇒carpet slipper *UK* **2** *(para hacer deporte)* ⇒trainer *UK: tres pares de zapatillas* - three pairs of trainers; ⇒sneaker *US: Me puse unas zapatillas gastadas* - I put on a pair of worn sneakers **3** *(de ballet)* ⇒ballet shoe
zapato *s.m.* **1** ⇒shoe: *unos zapatos planos* - flat shoes; *unos zapatos de tacón* - high-heeled shoes **2** *zapatos de cordones* ⇒lace-ups
zapping *s.m.* ⇒zapping
zarandear *v.* ⇒to shake: *No me zarandees* - Don't shake me; ⇒to push around

zarpa *s.f.* ⇒paw
zarpar *v.* ⇒to set sail: *La expedición zapará el próximo viernes* - The expedition will set sail next Friday; ⇒to sail
zarza *s.f.* ⇒bramble ⇒blackberry bush *(pl* blackberry bushes)
zarzamora *s.f.* **1** *(fruto)* ⇒blackberry *(pl* blackberries) **2** *(planta)* ⇒blackberry bush *(pl* blackberry bushes); ⇒bramble
zigzag *s.m.* ⇒zigzag
zodíaco *s.m.* ⇒zodiac: *signo del zodíaco* - sign of the zodiac
zombi ∎ *adj. / s.* **1** *col. (medio dormido)* ⇒zombie *inform* ∎ *s.m.* **2** *(muerto)* ⇒zombie
zona *s.f.* **1** ⇒area ⇒zone: *una zona montañosa* - a mountainous area; ⇒region **2** ~ euro ⇒Eurozone *inform* **3** ~ peatonal ⇒pedestrian precinct *UK* **4** ~ verde ⇒green space
zoo *s.m.* ⇒zoo
zoquete ∎ *adj.* **1** *col.* ⇒dense ∎ *s.com.* **2** *col.* ⇒dimwit ⇒
zorro, rra *s.* **1** ⇒fox *(pl* foxes) **2** *(hembra)* ⇒vixen
zueco *s.m.* ⇒clog
zumbar *v.* **1** *(un insecto)* ⇒to buzz **2** *(una máquina)* ⇒to drone ⇒to whirr *UK*
zumbido *s.m.* **1** *(un insecto)* ⇒buzzing [U]; ⇒buzz **2** *(una máquina)* ⇒hum ⇒whirr *UK;* ⇒drone
zumo *s.m.* ⇒fruit juice ⇒juice
zurcir *v.* ⇒to darn: *Ya he zurcido los calcetines* - I've already darned my socks
zurdo, da ∎ *adj.* **1** ⇒left-handed: *un jugador de béisbol zurdo* - a left-handed baseball player ∎ *s.* **2** ⇒left-hander
zurrar *v. col.* ⇒to wallop *inform*
zurrón *s.m.* ⇒bag

Terms and conditions of use

This dictionary is available in two versions: either as a book or as a book with CD-ROM. If you have the book with CD-ROM, then the following licence and instructions apply.

Terms and conditions of use

This is a legal agreement between you ('the Customer') and Cambridge University Press ('the Publisher'):

1. Licence

(a) The Publisher grants the Customer the licence to use one copy of this CD-ROM (i) on a single computer for use by one or more people at different times, or (ii) by a single person on one or more computers (provided the CD-ROM is used on only one computer at any one time and is only used by the Customer), but not both.

(b) The Customer shall not: (i) copy or authorise the copying of the CD-ROM, (ii) translate the CD-ROM, (iii) reverse-engineer, disassemble or decompile the CD-ROM, (iv) transfer, sell, assign or otherwise convey any portion of the CD-ROM, or (v) operate the CD-ROM from a network or mainframe system.

2. Copyright

All material contained within the CD-ROM is protected by copyright and other intellectual property laws. The Customer acquires only the right to use the CD-ROM and does not acquire any rights, expressed or implied, other than those expressed in the licence.

3. Liability

To the extent permitted by applicable law, the Publisher is not liable for direct damages or loss of any kind resulting from the use of this product, or from errors or faults contained in it and in every case the Publisher's liability shall be limited to the amount actually paid by the Customer for the product.

Condiciones de uso

Este diccionario se puede adquirir en dos versiones: sólo como libro o como libro con CD-ROM complementario. Si ha adquirido esta última versión, se aplicarán la licencia y las instrucciones que siguen.

Condiciones de uso

Éste es un acuerdo entre usted ('el cliente') y Cambridge University Press ('la editorial'):

1. Licencia

(a) La editorial otorga el cliente la licencia de uso de un ejemplar de este CD-ROM (i) en un solo ordenador que pueden utilizar uno o varios usuarios de modo no simultáneo, o (ii) por una sola persona en uno o varios ordenadores (siempre y cuando el CD-ROM lo use el cliente en un solo ordenador en un momento dado), pero no en ambos casos.

(b) El cliente no puede: (i) copiar ni autorizar la copia del CD-ROM, (ii) traducir el CD-ROM, (iii) realizar ingeniería inversa, desensamblar ni descompilar el CD-ROM, (iv) transferir, vender, asignar ni traspasar ninguna porción del CD-ROM, ni (v) utilizar el CD-ROM desde un sistema ni una red.

2. Copyright

Todo el contenido del CD-ROM está protegido por derechos de autor y otras leyes de propiedad intelectual. El cliente adquiere únicamente el derecho de uso del CD-ROM, sin más derechos, explícitos ni implícitos, que los expresados en la licencia.

3. Responsabilidad

En la medida permitida por la ley aplicable, la editorial no se hace responsable de ningún daño directo ni pérdida de cualquier tipo como consecuencia de uso de este producto, o de errores o fallos en él contenidos o en cualquier caso la responsabilidad de la editorial se limitará a la cantidad abonada por el cliente para adquirir el producto.

Installing the dictionary

Windows

1. Turn on your computer and start Windows.
2. Insert the CD in the CD-ROM drive: an installation window will appear on the screen.
3. To start the installation process, choose 'Sí'.

Next, a window will appear on your screen. It will inform you of the state of the installation process. Please bear in mind that this process could take up to 15 minutes. Leave the window on the screen until you receive a message informing you that the installation process has been completed.

IMPORTANT

If installation does not begin automatically, the Autorun function on the CD has been turned off by Windows and you will need to complete the following steps to start installation:
a. Double-click on the icon, *Mi PC*.
b. Within *Mi PC*, double-click on the CD-ROM icon.
c. Once the CD-ROM is open, double-click on the file: win-install.bat.

Mac OS X

1. Turn on the computer and start Mac.
2. Insert the CD in the CD-ROM drive.
3. Double-click on the CD-ROM icon and once it is open, double-click on the file: instaladorMAC.

Linux

1. Open the file: linux-install.tar.gz, found inside the CD-ROM.
2. Drag to the desktop: linux-install.sh.
3. Double-click on the file: linux-install.sh or use a terminal window.

How to start the dictionary

Double-click on the *Diccionario Cambridge Pocket* icon on your desktop.
For support and frequently asked questions, go to www.cambridge.org/elt/cdrom.

SYSTEM REQUIREMENTS

For all platforms:
128 MB RAM; 600 MB hard disk space available; graphic resolution: 1024x768 and 16 colour bits; CD-ROM drive; Adobe Flash Player 9

Recommended Navigators:
Internet Explorer 6.0 or higher
Mozilla firefox 1.5 or higher
Safari 2.0 or higher

Instalación del diccionario

Windows

1. Encienda el ordenador e inicie Windows.
2. Introduzca el CD en la unidad de CD-ROM, le aparecerá la ventana del instalable.
3. Para iniciar el proceso pulse 'Sí'.

A continuación saldrá una ventana que le irá informando del proceso de instalación; puede tardar hasta 15 minutos. Deje la ventana en la pantalla hasta que aparezca un mensaje informando de la finalización de la instalación.

IMPORTANTE

Si la instalación no se inicia automáticamente, es debido a que la función de inicio automático del CD está desactivada; debe realizarse el siguiente procedimiento para comenzar la instalación:
a. Haga doble clic en el icono de Mi PC.
b. Dentro de Mi PC abra el CD-ROM haciendo doble clic sobre su icono.
c. Una vez abierto el CD-ROM haga doble clic sobre el fichero win-install.bat.

Mac OS X

1. Encienda el ordenador e inicie Mac.
2. Introduzca el CD en la unidad de CD-ROM.
3. Haga doble clic sobre el icono CD-ROM y, una vez abierto, doble clic sobre el fichero instaladorMAC.

Linux

1. Abrir el fichero linux-install.tar.gz situado dentro del CD-ROM.
2. Arrastrar al escritorio linux-install.sh.
3. Ejecutar el fichero linux-install.sh haciendo doble clic sobre el mismo o en una ventana de terminal.

Inicio del diccionario

Haga doble clic en el icono del Diccionario Cambridge Pocket, situado en el escritorio.
Para recibir asistencia o consultar las respuestas a las preguntas más habituales, visite la página www.cambridge.org/elt/cdrom.

REQUISITOS DEL SISTEMA

Para todas las plataformas:
128 MB de memoria RAM; 600 MB de espacio en disco disponible; resolución gráfica de 1024x768 y 16 bits de color; unidad de CD-ROM; Adobe Flash Player 9

Navegadores recomendados:
Internet Explorer 6.0 o superior
Mozilla firefox 1.5 o superior
Safari 2.0 o superior

The English-Speaking world

■ Countries and territories where English is official language and mother tongue

■ Countries and territories where English is one of the official languages